HANDBUCH
DER ALTERTUMSWISSENSCHAFT

BEGRÜNDET VON IWAN VON MÜLLER
ERWEITERT VON WALTER OTTO
FORTGEFÜHRT VON HERMANN BENGTSON

ZWEITE ABTEILUNG, ZWEITER TEIL
ERSTER BAND

LATEINISCHE GRAMMATIK

VON

LEUMANN-HOFMANN-SZANTYR

ERSTER BAND

C. H. BECK'SCHE VERLAGSBUCHHANDLUNG
MÜNCHEN

LATEINISCHE LAUT- UND FORMEN- LEHRE

VON

MANU LEUMANN
EM. ORD. PROFESSOR
AN DER UNIVERSITÄT ZÜRICH

C. H. BECK'SCHE VERLAGSBUCHHANDLUNG
MÜNCHEN

Neuausgabe 1977 der 1926–1928 in 5. Auflage erschienenen
‚Lateinischen Laut- und Formenlehre'

CIP-Kurztitelaufnahme der Deutschen Bibliothek

Leumann, Manu
Lateinische Laut- und Formenlehre. – Neuausg. 1977
d. 1926 – 1928 in 5. Aufl. ersch. „Lateinischen Laut-
und Formenlehre". – München: Beck, 1977.
    (Handbuch der Altertumswissenschaft: Abt. 2;
    Teil 2, Lateinische Grammatik/ von Leumann-
    Hofmann-Szantyr; Band 1)

ISBN 3 406 01426 7

ISBN 3 406 01426 7

© C. H. Beck'sche Verlagsbuchhandlung (Oscar Beck) München 1977
Druck der C. H. Beck'schen Buchdruckerei Nördlingen
Printed in Germany

VORWORT

Die Vorgängerin dieser lat. Laut- und Formenlehre, erschienen 1926/28, war zu ihrer Zeit abgefaßt worden als eine gründliche Erneuerung der 4. Auflage des Werkes von *Fr. Stolz*. Mit ihr zusammen ging die Neubearbeitung der lat. Syntax von *J. H. Schmalz* durch *J. B. Hofmann*. Die Bearbeiter genossen damals beide, als Redaktoren am Thesaurus Linguae Latinae, die Vorteile und Erleichterungen, die dessen reiche Handbibliothek den Benutzern bietet. So wurde der alte *Stolz-Schmalz* im Jahre 1928 durch den *Leumann-Hofmann* abgelöst. Für die nach Jahrzehnten abermals fällige Erneuerung der beiden Teile übernahm, nach dem Hinschied von *J.B.Hofmann* (1954), *A.Szantyr* die Syntax; sie erschien 1965, zusammen mit einer gemeinsamen Einführung als selbständigem Heft. Nun folgt endlich, durch manche Hemmnisse verzögert, auch die noch gründlichere Neugestaltung der Laut- und Formenlehre; mit ihr findet also die Gesamterneuerung der Lateinischen Grammatik ihren Abschluß.

Von wissenschaftlichen Darstellungen normativen wie auch deskriptiven Charakters ist diese Grammatik von Anbeginn an dadurch geschieden, daß sie als eine historisch-erklärende Grammatik geplant war. Darin vereinigen sich zwei Aspekte. Der Gebrauch des antiken Lateins und seine schriftliche Bezeugung erstreckte sich über acht Jahrhunderte; in dieser Zeitspanne hat sich auch das gesprochene Latein weiterentwickelt bis zur Vorstufe der romanischen Sprachen. Darüber hinaus aber gehört zum vollen Verständnis der Sprache und ganz besonders ihres Formenbaues die Einsicht in deren Vorgeschichte, die sich bis auf die indogermanische Grundsprache zurückverfolgen läßt. Und als Bestandteil des immer umfassender ausgebauten Handbuchs der Altertumswissenschaft muß sie auch in gewissem Umfang umfassend sein.

Im Rahmen des Handbuchs aber wendet sie sich ganz besonders an klassische Philologen. Bei diesen ist, wie bei allen Benutzern, zunächst nur die Vertrautheit mit der normativ vereinfachten lat. Schulgrammatik vorausgesetzt. Und ihr Interesse gilt naturgemäß vorwiegend den literatursprachlichen Werken, und damit im Bereich der Sprache dem Wortschatz mit den wechselnden Wortgebräuchen und noch stärker den syntaktischen Normen und den stilistischen Feinheiten. Dagegen richtet es sich nur sehr gedämpft auf die von den Indogermanisten bevorzugte Laut- und Formenlehre: die grammatischen Formen werden als schlechthin gegeben hingenommen, und sie gelten nicht als irgendwo und irgendwann einmal entstandene, d. h. von einem Sprecher oder Schriftsteller geschaffene und erstmals gebrauchte Formen.

Darauf muß sich hier die historische Behandlung von Lautlehre und Morphologie einstellen; die wesentlichen Anforderungen sind damit festgelegt. Aber eben darum empfiehlt es sich wohl, an dieser Stelle den wichtigsten Weg zur Aufdeckung der sprachlichen Vorgeschichte kurz zu erläutern: er folgt der innersprachlichen Vergleichung. Formale Differenzen in Wortbildern gleicher Funktion lassen sich durch Rückführung auf eine gleichartige Vorstufe oder gemeinsame Grundform als sekundär entstandene lautliche Differenzierungen erkennen und begründen; das Gleiche gilt auch umgekehrt bei Verschiedenheiten der Verwendung eines einheitlichen morphologischen Formelements. Solche Erkenntnisse sind durchaus auch im Bereich des vertrauten Lateins der Schulgrammatik zu gewinnen. Und nur mit solchen Argumentationen kann man für sprachgeschichtliche Fragestellungen Interesse wecken und für die Lösungen Verständnis aufbauen. So lassen sich die kombinatorischen Lautveränderungen von Konsonantengruppen in innerer Wortfuge von den einfachsten bis hin zu *ss* für *tt* in *to*-Partizipien wie *passus* zu *patior* ordnen und aus zeitloser Beschreibung in historische Abfolgen umsetzen, oder Erscheinungen wie die sog. Vokalschwächung, also die Abweichungen kurzer Vokale in nichtersten Silben, speziell das *i* für *a* wie in *ac-cidere* neben *cadere*, in Regeln formulieren. Aus dieser Erwägung heraus sind Musterbeispiele gelegentlich vorausgenommen oder ausführlicher erläutert oder auch syntaktisch unterbaut worden. Und da Beispiele am stärksten überzeugen, so wurde auf reichliche Vorlegung von solchen auch aus vorklassischer Zeit geachtet, also in der Lautlehre auf Zeugnisse aus altlateinischen Inschriften, mit Verweis auf die reiche und handliche Sammlung von Diehl („D") statt auf CIL I², und für alle Bereiche der Morphologie auf Belege aus der alten Literatur, also aus Plautus und den anderen Skenikern, sowie aus Ennius' Annalen.

Die meisten der aus solcher interner Vergleichung erschlossenen Erscheinungen der Lautlehre, z. B. *id* für *isd* in *ī-dem*, sind im Kern gewonnen aus dem Vergleich von synchron gebrauchten Wortformen wie *īdem* neben *ea-dem*; sie beziehen sich also auf Einzelheiten der gesamten Formenlehre; aus ihr sind sie herausgelöst und in ein selbständiges Lautsystem eingebaut. Eine gewisse Schwierigkeit ergibt sich also daraus, daß die Lautlehre notgedrungen vor der Formenlehre zu behandeln ist; eine Abhilfe bieten reichliche Querverweise. Eigentlich gehört nur die Schrift an den Anfang, die Lautlehre dagegen hinter die Formenlehre.

Nun reicht freilich das Latein mit seiner Vorgeschichte bis in die indogermanische Grundsprache zurück; und die Geschichte der Einzellaute muß von dieser Tatsache ausgehen. Hier sind also die meisten Ergebnisse unter Verzicht auf Ableitung und nähere Begründung als gegeben oder bewiesen hinzunehmen. Demgemäß ließ sich in der Heranziehung von Entsprechungen in den verwandten Sprachen eine gewisse Beschränkung verantworten. Häufiger wurde für Vergleichszwecke nur auf das Griechische verwiesen, dessen Kenntnis für Philologen ohnehin unentbehrlich ist.

In der nicht historischen, sondern system-interessierten Betrachtung der modernen Sprachen gilt als Grundelement nicht mehr der Laut (das „Phon"), sondern das Phonem. Die traditionelle Phonetik befaßte sich mit den Lautklängen einer gegebenen Sprache, insofern sie akustisch zu erfassen und artikulatorisch zu beschreiben sind. Hinter diesen steht, nach der modernen Phonologie, ein einfacheres System der „Phoneme" oder intendierten Laute. Bei den einer direkten Beobachtung und der experimentellen Nachprüfung nicht zugänglichen Sprachlauten der toten Sprachen werden die Laute zugleich als Phoneme behandelt; so wird hier nur in Ausnahmefällen auch der Terminus Phonem benutzt. Der Terminus „Lautlehre" läßt sich beim Latein nicht adaequat durch „Phonemlehre" ersetzen; und der Terminus „Phonologie" ist nicht mehr eindeutig.

Wie in der historischen Lautlehre, so hat auch in der Formenlehre die externe Sprachvergleichung viele grundlegende neue Voraussetzungen geschaffen; zum Anschluß an diese sind vorgängig die einzelsprachlichen Belege intern zu ordnen. Und besonders ist diese innerlateinische Rekonstruktion zu beteiligen in allen Bereichen der Stammbildung von Nomen und Verbum, also in Gebieten, die in den Grammatiken früher meist allzu einseitig formal und zu wenig sprachhistorisch behandelt wurden. Soweit das Material es verlangte, bin ich hier ausführlicher geworden; auch Eigennamen wurden einbezogen.

Die Blickrichtung mehr auf innersprachliche Entfaltung als auf Bewahrung isolierter grundsprachlicher Erbstücke entspricht nicht nur den Anforderungen an eine Grammatik des Lateins; sie entspringt der Grundeinstellung des Verfassers, daß die traditionelle Indogermanistik den Möglichkeiten einzelsprachlicher gesonderter Weiterentwicklung zu wenig Aufmerksamkeit schenkte und sie ganz allgemein vernachlässigte oder unterschätzte. Diese Interessenverschiebung wirkt sich in sämtlichen Bereichen der Morphologie aus: hier hat man es mit realen Wortformen oder Wörtern zu tun, bei denen an der formalen Entfaltung auch Satzfunktion oder Bedeutung mitbeteiligt sind.

Die vom modernen Strukturalismus verlangte Erneuerung der grammatischen Darstellung der Formenlehre wie auch seine Zielsetzung liegen außerhalb sprachgeschichtlicher Betrachtung. Seine Vertreter beschränken sich auf die normalisierte Idealform des klassischen Lateins etwa von Cicero bis Ovid oder Livius und erstreben für deren Beschreibung eine maximale Vereinfachung der Regeln; bestenfalls können sie der Schulgrammatik einige Anregungen bringen.

Die Einzelforschung der Jahre 1926 bis 1962 habe ich in der Zeitschrift Glotta mit meinen Berichten begleitet und teilweise kritisch besprochen (Bände 18–29; 34; 36; 42); auf diese Zitierungen und meine Stellungnahmen habe ich vereinfachend meist nur in eckigen Klammern mit [Gl. 18, 275] bis [Gl. 42, 120] hingewiesen. Bei vielen umstrittenen Problemen habe ich auf eindeutige Stellungnahme als Anerkennung oder Ablehnung von vorliegenden Lösungsvorschlägen verzichten müssen und mich nur auf Argumente pro und contra beschränkt. Man darf die Kompetenz des Verfassers einer umfassenden Darstellung nicht überfordern und soll auch nicht vergessen, daß viele an sich verlockende Probleme mit dem vorhandenen Material nicht zu lösen sind, oder doch nur methodisch erlaubte, aber unverbindliche Lösungen gestatten. In diesem Sinn mag man auch die Berechtigung sehen für die reiche Anführung mancher älterer Vorschläge.

Bei der Neubearbeitung ist wohl der alte Rahmen bewahrt geblieben. Doch sind besonders in der Formenlehre viele Abschnitte neu und oft ausführlicher formuliert worden im Dienst der Klarheit und Verständlichkeit wie auch von notwendigen Ergänzungen. Größere Veränderungen und Erweiterungen wird man in allen Teilen antreffen; zum Teil bedingten sie auch die an sich unerwünschte Vergrößerung des Umfangs. Sie alle aufzuzählen wäre nutzlos; so seien nur ein paar der auffälligsten hier erwähnt. Umgestaltungen in Anordnung und Gliederung: Kombinatorische Konsonantenwandel (§§ 198–223). Nominalkomposition (§§ 333–341). Nominalflexion nach den lat. fünf Deklinationen (§§ 347–361). Aufbau des lat. Verbalsystems (§§ 390–392). – Erweiterungen und Zusätze: Griechische Entlehnungen im Latein (Vokale § 85; Konsonanten s. § 135, 3; Nominalflexion § 365; Verbalflexion § 414, 9). *qu*-Pronomina (§§ 374–377). Praeverbkomposita (§ 418 I). *sc*-Praesentien (§§ 405; 415 II).

Zürich, 15. Mai 1976   *Manu Leumann*

INHALTSVERZEICHNIS

I. Abkürzungen und Literaturhinweise XV
II. Sonstige Erläuterungen XXVII

LAUTLEHRE

I. Vorbemerkung (§§ 1–39)

A. Schrift und Aussprache (§§ 1–23) 3

  1. Bestand und Herkunft des lat. Alphabets (§§ 1–4) 3
    Die ältesten lat. Sprachdenkmäler (§ 5)

  2. Besonderheiten der lat. Schrift (§§ 6–10) 8
    Halbes M (§ 6). I und V als Konsonant und als Vokal (§ 7). $c\ k\ q$ und g (§ 8). z (§ 9). Neue Buchstaben unter Claudius (§ 10)

  3. Alte Schreibgewohnheiten (§§ 11–16) 12
    B für be (§ 11). Kennzeichnung langer Vokale (aa für $\bar{a}$; ei für $\bar{\imath}$; $\acute{a}$ [Apex] für $\bar{a}$; nur modern: $\mathring{u}$ in gen. plur. $deum$ (§§ 12–14). Doppelschreibung und Sicilicus für lange oder Doppelkonsonanten (§ 15). gg für ng (§ 16).

  4. Aussprache des Lateins (§§ 17–23) 15
    Orthographie und Aussprache (§ 17). Vulglat. Lautwandel in der Schrift (§ 18). Normalaussprache (§ 19). Zeugnisse aus dem Griechischen (§ 20). Vokalquantitäten, Langvokale in geschlossenen Silben (§§ 21–22). Silbenteilung (§ 23).

B. Indogermanischer Lautbestand und einzelsprachliche Lautvertretungen (§§ 24–28) 23
    Über Lautvertretungen (§ 24). Idg. Lautbestand: nach Rekonstruktion (§ 25); Phonembestand (§ 26). Lautentsprechungen in den idg. Sprachen (§ 27). Italokeltisch und Gemeinitalisch als Zwischenstufen (§ 28).

C. Das Ablautsystem des indogermanischen Vokalismus (§§ 29–39) . 29

II. Lateinische Lautvertretungen und Lautentwicklungen (§§ 40–246)

A. Vokale und Diphthonge (§§ 40–134) 43

  1. Die Vokale in selbständiger Entwicklung (§§ 40–85) 43
    Kurze Vokale (§§ 40–51). Griech. ʋ im Latein, lat. qu im Griechischen (§ 52). Langvokale (§§ 53–56). Haupttonvokale im Vulgärlatein (§ 57). Sonantische idg. Liquiden und Nasale (§§ 58–64). Diphthonge; ihre Entwicklung im Altlatein (§§ 65–84). Wiedergabe griechischer Vokale im Latein (§ 85).

  2. Stellungsbedingte Vokalwandel (§§ 86–116) 79
    Vokalschwächungen in Mittelsilben (§§ 86–95). Kurze Vokale und Diphthonge in Endsilben (§§ 96–100). Synkope (§§ 101–107). Sonstige Vokalbeeinflussungen: Vortonige Wandel, Fernassimilation, Interversion (§§ 108–112). Vokalzuwachs als Anaptyxe und Prothese (§§ 113–116).

Inhaltsverzeichnis

3. Bedingte Kürzungen und Dehnungen (§§ 117–130) 105
Kürzungen: vor Vokalen, vor *nt nc rc*, in Auslautsilben, Iambenkürzung, Kürzung im absoluten Auslaut (§§ 117–123). Dehnungen: Ersatzdehnung, Dehnungen vor Konsonantengruppen (§§ 124–129). Quantitätswechsel (§ 130).

4. Hiat und Kontraktion, Elision und Aphaerese (§§ 131–134) . . 117

B. Konsonanten (§§ 135–234) 124

1. Konsonanten als Einzellaute (§§ 136–182) 124
Lat. $i̯$ und $u̯$ bzw. idg. y und w (§§ 136–146). *r l* und *m n* (mit ital. $r̥ l̥ m̥ n̥$) (§§ 147–153). Tenues und Mediae: Gutturale (§§ 154–159); Dentale (§§ 160 bis 162); Labiale (§§ 163–164). Lat. *ch th ph* (§§ 165–166). Idg. Mediae aspiratae im Latein und lat. *f h* (§§ 167–178). Idg. und lat. *s*, auch *z* (§§ 179–182).

2. Lautveränderungen in Konsonantengruppen (§§ 183–223) . . . 181
Inlautende Gruppen und Doppelkonsonanz (§§ 183–188). Gruppen im Wortanlaut (§§ 189–195). Inlautgruppen (§§ 196–223). Vorbemerkung (§ 196). Verschlußlaut plus Konsonant (§§ 197–201). Gruppen aus *s* und Verschlußlaut (§§ 202–204). *s* (> *z*) vor Stimmhaften, *sl sm sn*, auch hinter Konsonanten (§§ 205–212). Kons. + *f-* in Komposita (§ 213). *r l m n* als erste Laute: mit *s*, mit *r l m n i̯ u̯*, mit freien und gedeckten Verschlußlauten (§§ 214–222). Doppelschreibung des einen von zwei Konsonanten auf volkstümlichen Inschriften (§ 223).

3. Konsonanten im Wortauslaut (§§ 224–230) 219
Gruppen im Auslaut (§§ 225–227). Ausl. *-m, -s, -d* (§§ 228–230).

4. Konsonantische Fernwirkungen und Haplologie (§§ 231–234) . 230

C. Betonung und Akzent (§§ 235–246) 235

FORMENLEHRE
NOMEN

I. Vorbemerkungen (§§ 247–261)

A. Die Elemente des Wortschatzes (§§ 247–249) 257

B. Die Verfahren der Wort- und Stammbildung (§§ 250–261) . . . 258
Stamm und Wurzel, Praefixe und Suffixe (§§ 250–251). Suffixe: Verteilung, Funktionen, Entfaltung (§§ 252–256). Retrograde Bildungen in Flexion und Morphologie (§§ 257–258). Bedeutungswandel, auch mit Wechsel der Wortart (*testa*; *vetus*, *uber*); Adverbiale Erstarrungen; Tmesis (§§ 259–261).

II. Stammbildung des Nomens (§§ 262–332)

A. Sondergruppen (§§ 263–270) 273
Wurzelnomina (§ 263). Einfache *o*-Stämme ohne Kennlaut (§§ 264–266). *ā*-Stämme, Feminina und Maskulina (§§ 267–268). Motion (§ 269). *ē*- und *iē*-Stämme (§ 270).

Inhaltsverzeichnis

B. *o*- und *ā*-Suffixe mit Kennlauten (§§ 271–305) 286

   -eus, -neus, -aceus, -aneus (§§ 271–272). *-io-*: *-ius* (§ 273); abstr. *-ia* (§ 274); ntr. *-ium* (§ 275); *-itia -itium* und *-monia -monium* (§ 276). Adjj. *-arius* (§ 277), *-torius* (§ 278), *-icius -īcius* (§ 279). *-uos -vos*, mit *-ivus -tivus* (§§ 280–281). *-lo- -ro-*: Deminutiva auf *-ulo- -ello-* (§ 282). Adjj. auf *-ulus* (§ 283). *-edula, -ela* (§ 284). Instrumentalnomina auf *-tro- -culo- -bulo- -bro-* (§ 285). *-ro-* (§ 286). Fem. *-tura* (§ 287). *-tero-*, Typus *extero- intimo-* (§ 288). *-mo-* (§ 289). *-no-*: Adj. *-no- -ino- -gno- -tīnus -rnus* (§§ 290–292). *-no-* hinter Langvokal (§ 294); *-ānus* (§ 295); *-īnus* (§ 296). *-o-* hinter Vschll. oder *s*: *-idus* (§ 297). *-ndus, -bundus -cundus* (§ 298). Adj. auf *-to-* (§§ 299–301). *-(u)lentus* (§ 302). *-icus -ticus* (§ 303). Sonstiges *-co-* (§ 304). *-so-*, mit *-osus* (§ 305).

C. *i*-Stämme, Substantive und Adjektive (§§ 306–315) 342

   Substantiva: Einfaches *-i-*, auch mit Nomin. *-ēs* (§§ 306–307). Fem. *ti*-Abstrakta (§ 308). Mask. *-ati-*, meist Ethnika (§ 309). Adjektiva: Einfach *-i-*, *vi-* Adjj., Typus *inermis* usw. (§ 310). *-ilis -tīlis* (§ 311). *-bilis*, mit *-bris* (§ 312). Denomin. *-lis* hinter Langvokal (*-ūlis -īlis -ālis*) (§ 313). *-stri- -sti- -bri-* (§ 314). *-ensis* (§ 315).

D. *u*-Stämme und *u̯*-Stämme, nur Substantiva (§§ 316–318) 353

   *-tu-*Maskulina, mit Supin. *-tum -tū* (§ 316). Einfaches *-u-* (§ 317). Die idg. Diphthongstämme lat. *Iov- bov- nāvis* und *rēs* (§ 318).

E. Konsonantstämme (§§ 319–331) 358

   r-Stämme: Personalnomina auf *-ōr- -tōr-* (§ 319). *r/n*-Neutra (§ 320). *n*-Stämme, nomin. *-o (-en* fast nur Neutra), gen. *-ōn-is*, seltener *-in-is* (§§ 321 bis 326): Personalnomina mask. *-ōn-* und *-in-* (§ 322); mask. *-iōn-* (§ 323). Verbalabstrakta fem. *-iōn- -tiōn-* (§ 324). Fem. Abstrakta auf *-din- -gin-* (*-ēdo -īdo -tūdo*; *-ūgo -īgo -āgo*) (§ 325). Nomina auf *-men* und *-mentum* (ntr.) und *-en -entum* (§ 326). Dentalstämme. *-d-, -t- (-it-: equit-* usw.), *-nt*-Stämme (§ 327). Abstrakta auf *-tat- -tut-* (§ 328). *k*-Stämme: Nomin. *-ex -ix* gen. *-ic-is*; fem. *-īc-*, adj. *-āc-* (§ 329). *s*-Stämme (meist lat. *-r*-Stämme mit *r < s*): *es*-Neutra (*genus -eris*), *ōs*-Maskulina (*honōs, calor*, gen. *-ōris*) usw. (§ 330); Suffixableitungen (*sceles-tus iūs-tus, flōsculus* usw.) (§ 331).

F. Nichtsuffixale Merkmale: Reduplikation, Endverkürzung usw. (§ 332) 381

III. Nominalkomposition (§§ 333–341)

A. Allgemeines und Formales (§§ 333–335) 383

B. Die Haupttypen der Komposita (§§ 336–341) 393

IV. Nominalflexion (§§ 342–389)

A. Substantiva und Adjektiva (§§ 342–366) 404

   1. Die indogermanischen Voraussetzungen (§§ 342–347) 404

      Katergorien (§ 342). Wortstamm und Kasusendung (§ 343). Idg. Kasusendungen (§§ 344–346). Gliederung in fünf lat. Deklinationen (§ 347).

2. Die lat. fünf Deklinationen (§§ 348–361) 417
ā-Dekl. (§§ 348-350). *o*-Dekl. (§§ 351-353). 3. Dekl., kons. Deklination und *i*-Kasus (§§ 354-357). *u*-Dekl. (§§ 358-360). *ē*-Dekl. (§ 361).

3. Flexionswechsel und Heteroklisie (§§ 362–364) 447

4. Eingliederung griechischer Nomina und Namen (§§ 365–366) . . 453

B. Pronomina (§§ 367–377) 460

   1. Personal- und Possessivpronomina (§§ 367–369) 461

   2. Geschlechtige Pronomina (§§ 370–377) 466
      Stämme (§§ 370-374); Kasusformen und Adverbia (§§ 375-377).

C. Zahlwörter (§§ 378–381) 484

D. Steigerung der Adjektiva (§§ 382–385) 495

E. Adverbialbildungen (§§ 386–389) 499
   Von Adjektiven (§ 386). Typus *par-iter* (§ 387). Typus *fund-itus* (§ 388). Suffix *-tim* (*partim statim nominatim*) (§ 389).

VERBUM

V. Das Verbalsystem und seine Formen (§§ 390–398)

Formenbestand und idg. und lat. Verbalsystem (§§ 390–392) . . . 505

Idg. und lat. Personalendungen (§§ 393–397) 512

Idg. Praesensstämme und lat. vier Konjugationen (§ 398) . . . 518

VI. Praesenssystem (§§ 399–432)

A. Praesensstämme (§§ 399–418) 521

   1. Unregelmäßige lat. Verben aus idg. athematischen Praesensbildungen (§§ 399–404) 521
      eo ire mit *nequeo* (§ 399). *sum esse* mit *fui* und *possum potui* (§ 400). *volo velle* mit *nolo malo* (§ 401). *do dare* mit *con-dere* (§ 402). *edo esse* 'essen', *fero ferre, fio fieri,* etc. (§ 403). Einsilbige Stämme auf Langvokal: *flare, flere, scire; stare* (§ 404).

   2. Verben der lat. 3. Konjugation aus idg. Praesensbildungen (§§ 405–409) 532
      Stamm gleich Wurzel mit Themavokal (§ 405). Idg. Nasalpraesentien (*iungo, sterno*) (§ 406). *sc*-Praesentien (§ 407). Idg. *-yo*-Praesentien (§ 408). *t*- und *s*-Praesentien (§ 409).

   3. Stammbildungsgruppen in den lat. vier Konjugationen (§§ 410–417) 539
      Ererbte Typen in der lat. 1. bis 4. Konjugation (§ 410). Wechsel der Flexion (§ 411).

1. Konjug. Sondergruppen: Denomin. *-are* und Iterativa auf *-(i)tare* (§ 412). Typus *occupare* (§ 413). Komplexe Stammsuffixe: *-igare -erare* usw., entlehnte griech. Verben (§ 414).

Sondergruppen der 2., 3., und 4. Konjugation. 2. Konjug.: Typus *calēre*; *iacēre/iacĕre*; *piget*; Denominativa auf *-ēre* und *-ēscere* (§ 415). 3. Konjug.: Denomin. *-uere*; Deverb. *-essere* (§ 416). 4. Konjug.: Denominativa und Vereinzeltes (§ 417).

4. Verbalkomposita (§ 418) 557

Mit Praeverbien (§ 418 I). Mit sonstigen Vordergliedern (§ 418 II).

B. Flexionsformen (Tempora und Modi) des Praesensstammes (§§ 419 bis 431) 566

Bestand des Praesenssystems (§ 419). Indik. praes. (§§ 420–421). Imperative (§§ 422–423). Die lateinischen Konjunktive (§§ 424–426). Futur und Imperfekt; die *b*-Tempora (§§ 427–428). Infinitive, Partizipien, Gerundium (§§ 429–431).

VII. Perfektsystem (§§ 432–446)

A. Perfektstämme (§§ 432–441) 585

Übersicht (§ 432). Redupliziertes Perfekt (§ 433). Idg. themat. Aorist als lat. Perfekt (§ 434). Langvokalige Perfekta: lat. Stammvokale $\bar{e}\ \bar{a}\ \bar{o}$; $\bar{\imath}\ \bar{u}$ (§ 435). *s*-Perfekt hinter Kons.; Stammvokal (§ 436). *v*-Perfekt und *u*-Perfekt; Typus *movi* (§ 437). Perfektkurzformen zu *s*-Perfekt (2. sing. *dixti*) und *v*-Perfekt (2. sing. *amasti*) (§ 438). Nichtmarkierte Perfekta (§ 439). Zuordnung der Perfektstämme zu Praesensstämmen (§ 440). Nebeneinander mehrerer Perfekta (§ 441).

B. Flexionsformen des Perfektstammes (§§ 442–449) 606

Zur Funktion des idg. Perfekts (§ 442). Indik. perf. (§ 443). Perfektnebentempora (§§ 444–445). Infinite Formen (§ 446).

C. Nominale *t*-Formen (§§ 447–449) 611

to-Partizip: Funktion (§ 447); Bildung des Stammes (§ 448). Ptc. fut. *-turus*, infin. fut. akt. *-turum esse* und pass. *-tum iri* (§ 449).

VIII. Finite Formen außerhalb des lat. Systems

Typus *faxo -im, amasso -im* (§§ 450–452) 621

REGISTER

Sachverzeichnis 627
Wörterverzeichnis 633

I. ABKÜRZUNGEN UND LITERATURHINWEISE

Abh. Berlin (usw.) .... Abhandlungen der Akad. d. Wiss. Berlin (Göttingen, Wien usw.)
AE .... Année épigraphique (in der Revue archéologique)
AGI....................... Archivo glottologico italiano
AJPh .... American Journal of Philology
ALL .... Archiv für lat. Lexikographie und Grammatik, Leipzig (1–15) 1884–1908
Allen, Vox .... W. S. A., Vox Latina, s. S. 17[1]
Allg. Teil .... A. T. zu dieser Lat. Grammatik, als Anhang zur Syntax von *Szantyr* ausgegeben
ALMA .... Archivum Latinitatis Medii Aevi (Bulletin Ducange), Brüssel 1924 ff.
Altheim, Spr. .... Fr. A., Geschichte der lat. Sprache von den Anfängen bis zum Beginn der Literatur, Frankfurt a. M. 1954
Festschr. Altheim .... Beiträge zur alten Geschichte usw., hg. von Ruth Stiehl u. H. E. Stier, Bd. I, Berlin 1969
Ammann-Festgabe I, II........ Innsbrucker Beiträge zur Sprachwiss. I II, Innsbruck 1953/4
Ant. Cl...................... L'Antiquité Classique, Louvain
Anz. Wien .... Anzeiger der Wiener Akademie, phil.-hist. Klasse
Arch. Ling. .... Archivum Linguisticum 1 ff., Glasgow 1949 ff.
Arch. Rom. .... Archivum Romanicum, Genf 1917 ff.
Audoll(ent) .... Defixionum tabellae, coll. Aug. A., Paris 1904 (Neudruck Frankfurt 1967)
Bader .... Frç. B., La formation des composés nominaux du latin, Besançon 1963 (in § 335, 1 b nachzutragen)
Baecklund................... S. B., Die lat. Bildungen auf -fex und -fieus, Upsala 1914
Baehrens, Komm. .... W. A. B., Sprachlicher Kommentar zur vulglat. Appendix Probi, Halle 1922
BB .... „Bezzenbergers Beiträge": Beiträge zur Kunde der idg. Sprachen, hg. von A. B., Band 1–30, 1877–1907
Bechtel, HP .... Fr. B., Die histor. Personennamen des Griechischen, Halle 1917
Beekes...................... R. S. P. B., The development of the proto-i.-e. Laryngeals in Greck, den Haag 1969
Bennett, Synt. .... C. E. B., Syntax of early Latin I II, Boston Mass. 1910/14
Benveniste, Noms d'agent ...... E. B., Noms d'agent et noms d'action en i.-e., Paris 1948
Benveniste, Orig. .... E. B., Origines de la formation des noms en i.-e., Paris 1935
Mél. Benveniste.............. Mélanges linguistiques, offerts à E. B., Paris 1975
Bindel...................... A. B., De decl. lat. titulorum quaestiones selectae, Diss. Jena 1912
Blass-Debrunner .... Fr. Bl.-A. D., Grammatik des neutest. Griechisch, Göttingen (12. Aufl. 1965)

Blümel	W. B., Untersuchungen zu Lautsystem und Morphologie des vorklass. Lateins, München 1972 (Beiheft 8, Neue Folge, zu MSS)
Bonnet, Grég.	M. B., Le Latin de Grégoire de Tours; Paris 1890
BPhW	Berliner Philologische Wochenschrift
Brandenstein	W. B., Griechische Sprachwissenschaft I–III (Sammlung Göschen 117, 118a, 924/924a)
Brugmann I; II 1, 2, 3	K. B., Grundriß der vergleichenden Grammatik der idg. Sprachen, 2. Aufl. Strassburg 1897ff.; vgl. *Delbrück*
Brugmann, Diss.	K. B., Das Wesen der lautlichen Dissimilation, Sächs. Abh. 27, Heft 5, 1909
Bruns, Fontes	C. G. Bruns – O. Gradenwitz, Fontes iuris Romani antiqui, Tübingen, 7. Aufl. 1909
BSL	Bulletin de la Société de Linguistique de Paris
BSL c. r.	comptes-rendus zu BSL
BSOS bzw. BSOAS	Bulletin of the School of Oriental (and African) Studies, London
Burger, Et.	Ed. B., Etudes de phonétique et de morphologie latines (Recucil de travaux, Univ. de Neuchâtel, Fac. des lettres fasc. 13), Neuchâtel 1928
Burs. Jb.	Jahresbericht über die Fortschritte der klass. Altertumswissenschaft, begr. von K. Bursian
Cahiers de Saussure	Cahiers Ferd. de Saussure (Untertitel: Revue de linguistique générale), 1–29, Genève 1941–1975
Chantraine, Form.	P. Ch., La formation das noms en grec ancien (Coll. ling. 38), Paris 1933 (1964)
CIL	Corpus Inscriptionum Latinarum (die Inschriften meist ohne CIL nur mit Bandnummer II bis XV zitiert). Die Inschriften aus CIL I² zitiere ich nach D
ClPh	Classical Philology, Chicago 1906ff.
ClQu	Classical Quarterly, London 1907ff.
ClR	Classical Review, London 1887ff.
Cocchia, Saggi	Enr. C., Saggi glottologici, Napoli 1924
Coll. Latomus	C. L., collection de publications, Bruxella 1949ff.; vgl. Latomus
Coll. ling.	Collection linguistique, publiée par la Société de linguistique de Paris
Cooper	F. T. C., Word formation in the Roman sermo plebeius, New York 1885 (vgl. S. 25[1])
Corolla ling.	s. unter *Sommer*
C. R., auch c. r.	comptes rendus
D	s. *Diehl*; vgl. dazu S. 7[4]
Debrunner	A. D., Griechische Wortbildungslehre, Heidelberg 1917
Festschr. Debrunner	Sprachgeschichte und Wortbedeutung, Festschrift A. D., Bern 1954
Delbrück, Synt. I, II; V	B. D., Vergleichende Syntax der idg. Sprachen, Band I, II, III (bzw. *Brugmann–Delbrück*, Grundriß der vergl. Grammatik der idg. Sprachen III, IV, V, Strassburg 1894, 1897, 1900
Devine	A. M. D., The latin thematic Genitive singular, Stanford University, 1970
Devoto, Adattamento	G. D., Adattamento e distinzione nella fonetica latina, Florenz 1923
Devoto, Storia	G. D., Storia della lingua di Roma, Bologna 1940, Neuausgabe 1969 (auch deutsch: Geschichte der Spra-

	che Roms, Heidelberg 1968; it. S. 1–429 gleich dt. S. 1–344)
Diehl (und D)	Altlat. Inschriften, ausgewählt von E. D., ³1930 (Kleine Texte nr. 38/40); s. S. 7⁴
Diehl, Chr(ist). III	E. D., Inscriptiones Latinae Christianae veteres, III (Indices) Berlin 1930
Diehl, Vulg.	Vulglat. Inschriften, hg. von E. D.; s. S. 17⁴
Die Spr.	Die Sprache, Zeitschrift für Sprachwissenschaft, Wien 1955 ff.
DLZ	Deutsche Literatur-Zeitung
Doer	Br. D., Die römische Namengebung, Stuttgart 1937
Döttling	s. S. 423⁴
Dottin	G. D., La langue gauloise, Paris 1920
Eckinger	Th. E., Die Orthographie lateinischer Wörter in griech. Inschriften, 1893
Ehrlich	H. E., Untersuchungen über die Natur der griech. Betonung, Berlin 1912
E.-M.	A. Ernout-A. Meillet, Dictionnaire étymologique de la langue latine, Hictoire des mots. Paris 1932; ⁴1959
Emerita	E., Boletin de linguistica . . . clasica, Madrid 1933 ff.
Eos	E., Commentarii societatis philologae Polonorum
Eranos	E., Acta philologica suecana, Upsala
Ernout, Aspects	A. E., Aspects du vocabulaire latin (Et. et comm. 18), Paris 1954
Ernout, Elém. dial.	A. E., Les éléments dialectaux du vocabulaire latin (Coll. ling. 3), Paris 1909
Ernout, Philologica I–III	A. E., Philologica (Et. et comm. 1), Paris 1946; Philologica II (Et. et comm. 26), 1957; III, 1965 (Sammlungen von Aufsätzen)
Ernout, Recueil	A. E., Recueil de textes latins archaïques, Paris ⁴1957
Ernout-Meltzer	A. E., Historische Formenlehre des Lateinischen, übersetzt von H. M., Heidelberg ²1920 (Original: Morphologie historique du latin, Paris ³1953)
Ernout-Meillet	s. E.-M.
Mél. Ernout	Mélanges de philologic . . . offerts à A. E., Paris 1940
EtCl.	Etudes classiques (belgische Zeitschrift)
Et. et comm.	Etudes et commentaires, Librairie Klincksieck, Paris
Euphrosyne	Revista Luso-Brasileira de Filol. Cl., Lissabon
Evidence	s. Winter, Evidence
Fachtagg.	II. Fachtagung für idg. und allg. Sprachwissenschaft, Vorträge und Veranstaltungen, Okt. 1961 (Innsbrukker Beiträge zur Kulturwiss., Sonderheft 13), Innsbruck 1962 (s. Kuryłowicz und Szemerényi)
Faust	M. F., Die antiken Einwohnernamen . . . auf -itani, Göttingen 1966
Festschrift	alle Festschriften (auch Festgaben, Symbola, Munera oblata; Hommages, Mélanges offerts, Gedenkschriften usw.) werden unter dem Namen des Geehrten aufgeführt
FEW	Französisches Etymologisches Wörterbuch, s. v. Wartburg, FEW
Fiesel	Eva F., Namen des griechischen Mythos im Etruskischen (Ergänzungsheft Nr. 5 zu KZ), Göttingen 1928
Fl. u. Wortb.	Flexion und Wortbildung, Akten der V. Fachtagung der Idg. Gesellschaft, Sept. 1973 Regensburg, hg. von M. Rix, Wiesbaden 1975
Fontes	s. Bruns, Fontes

Fraenkel, Iktus .... Eduard *Fr.*, Iktus und Akzent im lat. Sprechvers, Berlin 1928
Fraenkel, Plautin. .... Ed. *Fr.*, Plautinisches im Plautus, Berlin 1922.
Fraenkel, Nom. ag. .... Ernst *Fr.*, Geschichte der griech. Nomina agentis auf -τηρ -τωρ -της, I II Strassburg 1910/12
Gauthiot .... R. *G.*, La fin de mot en indo-européen, Paris 1913
Gercke-Norden .... A. *Gercke-E. Norden*, Einleitung in die Altertumswissenschaft; Band I–III, Leipzig 1910 (vgl. *Kretschmer* Spr., *Vollmer*, Metrik)
GGA .... Göttingische Gelehrte Anzeigen
Giacomelli .... Gabriella *G.*, La lingua falisca, Florenz 1963
Gl. .... Glotta, Zeitschrift für griech. und lat. Sprache, Göttingen 1909 ff. - Verweise auf meine Glottaberichte in [ ].
Gn. .... Gnomon, Kritische Zeitschrift für die gesamte klass. Altertumswissenschaft
Gonda, Moods .... J. *G.*, The character of the i.-e. moods, Wiesbaden 1956
Gonda, Refl. .... J. *G.*, Reflections on the numerals 'one' and 'two' in ancient I.-E., Utrecht 1953
Grandgent .... C. H. *Gr.*, An introduction to Vulgar Latin, Boston Mass. 1907
Graur, Cons. gém. .... A. *Gr.*, Les consonnes géminées en latin, Paris 1929
Graur, I et V .... A. *Gr.*, *I* et *V* en latin (Coll. ling. 29), Paris 1929
GRM .... Germanisch-Romanische Monatsschrift, Heidelberg
Güntert, Ablprobl. .... H. *G.*, Indogerman. Ablautprobleme, Strassburg 1916
Gymnasium .... Zeitschrift für Kultur der Antike, Heidelberg
Hehl .... A. *H.*, Die Formen der lat. 1. Dekl. in den Inschriften, Diss. Tübingen 1912
Heraeus, Kl. Schr. .... W. *H.*, Kleine Schriften, Heidelberg 1937
Hermann, Lautg. (L. u. A.) ..... Ed. *H.*, Lautgesetz und Analogie, Abh. Gött. 23, Heft 3, 1931
Hermann, Silbenbild. .... Ed. *H.*, Silbenbildung im Griechischen (Erg.-Heft 2 zu KZ), Göttingen 1923, Neudruck 1973
Hermes .... Zeitschrift für classische Philologie
Homm. Herrmann .... Hommages à L. *H.* (Coll. Latomus 44), Brüssel 1960
Hirt, Vok. .... H. *H.*, Der idg. Vokalismus (Idg. Gramm. II), Heidelberg 1921
Hoffmann (§ 161 Lit.) .... E. *H.*, De titulis Africae latinis quaestiones phoneticae, Diss. Breslau 1907
Hofmann, LU .... J. B. *H.*, Lat. Umgangssprache, Heidelberg 1926, ²1936 (Nachdruck 1951)
Humanitas .... H., Revista do Instituto de Estudios classicos, Coimbra (eingegangen)
I.-E. and I.-E-ans .... Indo-European and Indo-Europeans, Papers... Third I.-E. conference, 1970 (genauerer Titel und Inhalt: s. Krat. 16, 148)
IF, mit IFAnz .... Indogermanische Forschungen, mit Anzeiger (für Rezensionen usw.)
IIJ .... Indo-Iranian Journal, den Haag 1957 ff.
Janssen .... H. H. *J.*, Historische grammatica van het latijn I II, den Haag 1952/57
Jbb. kl. Philol. .... Neue Jahrbücher für das klassische Altertum
Jeanneret .... M. *J.*, La langue des tablettes d'exécration latines, Paris 1918
JIES .... Journal of Indo-European Studies, USA, 1973 ff.
Juret, Dom. .... C. *J.*, Dominance et résistance dans la phonétique latine, Heidelberg 1913

Juret, Manuel	*C. J.*, Manuel de phonétique latine, Paris 1921 (dazu: *A. C. J.*, La phonétique latine, Strasbourg 1929; 2. éd. entièrement refondue 1938)
Kajanto	*I. K.*, The latin Cognomina (Soc. sc. Fenn., Commentationes Hum. Litt. 36, Teil 2), Helsinki 1965
Kent, Sounds	*R. G. K.*, The Sounds of Latin (s. S. 24³)
Kohlstedt	Titel s. § 148 Lit., S. 142².
Krat.	Kratylos, Krit. . . . Rezensionsorgan für idg. und allg. Sprachwissenschaft, Wiesbaden 1956 ff.
Krause, Westtochar. Gramm.	*W. Kr.*, W. Gr., Bd. I Grammatik, Heidelberg 1952
Festschrift Krause	Indogermanica, Festschr. für W. Kr., Heidelberg 1960
Kretschmer, Einl.	*P. Kr.*, Einleitung in die Geschichte der griech. Sprache, Göttingen 1896 (Neudruck 1970)
Kretschmer, Spr.	*P. Kr.*, Sprache, in: Gercke-Norden, I 6, ³1921 (vgl. S. 25³)
Festschr. Kretschmer	Beiträge zur griech. und lat. Sprachforschung, Festschrift für P. Kr., Berlin 1926
Gedenkschrift Kretschmer	s. Mnemes charin
Kroll, Studien	*W. Kr.*, Studien zum Verständnis der römischen Literatur, Stuttgart 1924
Kronasser, Etymol.	*H. Kr.*, Etymologie der hethit. Sprache I (1966), Wiesbaden
Kronasser, Semasiol.	*H. Kr.*, Handbuch der Semasiologie, ²1968
Kühner-Blass (I) und *Kühner-Gerth* (II)	Ausführl. Gramm. der griech. Spr., I³ 1 u. 2 Elementar- und Formenlehre, 1890/92; II³ 1 u. 2 'Satzlehre', 1898/1904
Festschr. Kuiper	Pratidānam, Indian . . . Studies presented to F. B. J. K., den Haag 1968
Kuryłowicz, Apoph.	*J. K.*, L'apophonie en indo-européen (Polska Akad. Nauk, Prace języ. 9), Wrocław 1956 (vgl. S. 40⁴)
Kuryłowicz, Categ.	*J. K.*, The inflectional categories of Indo-European, Heidelberg 1964
Kuryłowicz, Et.	*J. K.*, Etudes indo-européennes, Krakau 1935
Kuryłowicz, Fachtagg.	s. Fachtagg.
Kuryłowicz, Idg. Gr.	*J. K.*, Indogermanische Grammatik. II Akzent und Ablaut, Heidelberg 1968. Zu III s. *Watkins*
KZ	(Kuhns) Zeitschrift für vergl. Sprachforschung
Labhardt, Contrib.	*A. L.*, Contributions à la critique et à l'explication des Gloses de Reichenau, Thèse Neuchâtel 1936
Lang.	Language, Journal of the Linguistic Society of America, Baltimore. – Dazu Lang. Diss. und Lang. Monogr.
Latomus	Revue d'études latines, Brüssel. Vgl. Coll. Latomus
Lausberg I, II	*H. L.*, Romanische Sprachwissenschaft, Göschen nr. 120/120a; 250
Lehmann, Phonology	*W. P. L.*, Proto-Indo-European Phonology, Austin (Texas), USA 1952
Lejeune, Phon. myc.	*M. L.*, Phonétique historique du mycénien et du grec ancien, Paris 1972
Leo, Plautin. Forsch.	*F. L.*, Plautinische Forschungen, Berlin ²1912 (und Neudrucke)
Festschrift Leo	Charites, F. L. . . . dargebracht, Berlin 1911
Leumann, Homer. Wörter	*M. L.*, Homerische Wörter, Basel 1950
Leumann, Kl. Schr.	*M. L.*, Kleine Schriften, Zürich 1959
Leumann, -lis	*M. L.*, Die lat. Adjektiva auf -*lis* (Untersuch. zur idg.

	Sprach- und Kulturwiss. hg. von Brugmann und Sommer, Heft 7), Strassburg 1917
Leumann, Morphol. Neuer.	*M. L.*, Morphologische Neuerungen im altind. Verbalsystem, Mededel. Ned. Akad. N. R. 15, 73–123 (nr. 3), Amsterdam 1952
Lindsay, ELV	*W. M. L.*, Early Latin Verse, Oxford 1922, Neudruck 1968
Lindsay-Nohl	*W. M. L.*, Die lat. Sprache, Übersetzung von *H. N.*, Leipzig 1897; Neudruck 1976
Ling. Posn.	Lingua Posnaniensis, Poznán 1949 ff.
Lingua	Lingua, Haarlem 1949 ff.
Löfstedt, Beitr.	*E. L.*, Beiträge zur Kenntnis der späteren Latinität, Diss. Uppsala 1907
Löfstedt, Coniect.	*E. L.*, Coniectanea, Uppsala 1950
Löfstedt, Komm.	*E. L.*, Philolog. Kommentar zur Peregrinatio Aetheriae, Upsala 1911 (Neudruck 1962)
Löfstedt. Late Latin	*E. L.*, Late Latin, Oslo 1959
Löfstedt, Synt. I, II	*E. L.*, Syntactica, I² Lund 1942, II 1933
Löfstedt, Verm. Stud.	*E. L.*, Vermischte Studien zur lat. Sprachkunde (Skrifter Hum. Vet. Samfundet Lund, nr. 23), 1936
Lohmann	*J. L.*, Genus und Sexus (Erg.-Heft 10 zu KZ), Göttingen 1932
Lommel	*H. L.*, Studien über idg. Femininbildungen, Diss. Göttingen 1912
Lustrum	s. S. 25⁴
Mahlow, Neue Wege	*G. H. M.*, Neue Wege durch die griech. Sprache, Berlin 1927
Manessy-Guitton	*Jacqueline M.-G.*, Recherches sur les dérivés nominaux à bases sigmatiques en sanscrit et en latin, Univ. de Dakar, Publ. sect. de langues et de lettres nr. 13, Dakar 1963
Maniet	*A. M.*, L'évolution phonétique et les sons du latin ancien, Louvain, ³1957
Mém. Marouzeau	s. Mémorial
Martinet, Economie	*A. M.*, Economie des changements phonétiques, Bern 1955
Marx, Moloss.	*F. M.*, Molossische und bakcheische Wortformen in der Verskunst der Griechen und Römer, Sächs. Abh. 37, Heft 1, Leipzig 1922
Maurenbrecher	*B. M.*, Hiat und Verschleifung im alten Latein, Leipzig 1899
Mayser I²	*E. M.*, Grammatik der griech. Papyri der Ptolemäerzeit, I Laut- und Wortlehre (1906), 2. Aufl. I 1 und 2, von *U. Schmoll*, 1970
Meillet, Innov.	*A. M.*, De quelques innovations de la déclinaison latine, Paris 1906
Meillet, Ling. I	*A. M.*, Linguistique historique et linguistique générale (Coll. ling. 8), Paris 1926
Meillet-Printz	Einführung in die vergl. Grammatik der idg. Sprachen, Leipzig 1909
Meillet-Vendryes	Traité de grammaire comparée des langues classiques, Paris 1924, ³1960
Mél. Meillet	Mélanges linguistiques offerts à A. M., Paris 1902
Meinersmann	*B. M.*, Die lat. Wörter und Namen in den griech. Papyri, Leipzig 1927
Meister, EN	*K. M.*, Lateinisch-griechische Eigennamen, Leipzig 1916

I. Abkürzungen und Literaturhinweise XXI

Meisterhans	*K. M.*, Grammatik der attischen Inschriften, 3. Aufl. von *Ed. Schwyzer* („*Meisterhans-Schwyzer*"), Berlin 1900; Neudruck 1971
Mém. Maronzeau oder Mémorial	Mémorial des études latines (Festgabe für J. Marouzeau), Paris 1943
Meyer-Lübke I, II	*W. M.-L.*, Grammatik der romanischen Sprachen, Leipzig 1890, 1894
Mignot	*X. M.*, Les verbes dénominatifs latins (Et. et comm. 71), Paris 1969
Mnem.	Mnemosyne (philolog. Zeitschrift), Leiden (Lugd. Batav.), Holland
Mnemes charim	Gedenkschrift Paul Kretschmer, I II, Wien 1956/57
MSS	Münchener Studien zur Sprachwissenschaft, München 1951 ff.
Muller, Altital. Wb.	*F. M. Jzn*, Altitalisches Wörterbuch, Göttingen 1926
Mus. Helv.	Museum Helveticum, Schweizer. Zeitschrift für Altertumswissenschaft, Basel 1944 ff.
Nacinovich	*M. N.*, Carmen arvale I, II, Rom 1933/34
Narten	*Johanna N.*, Die sigmatischen Aoriste im Veda, Wiesbaden 1964
Neuphilol. Mitteilungen	Helsingfors
NGG	Nachrichten der Göttinger Gesellschaft (Akademie) der Wiss., Phil.-hist. Kl.
Niedermann, Contrib.	*M. N.*, Contributions ... à l'explication des gloses latines (Recueil de travaux, Univ. de Neuchâtel, Fac. des lettres fasc. 1) 1905
Niedermann, Lautl.	*M. N.*, Histor. Lautlehre des Lateinischen, Heidelberg ³1953
Niedermann, Précis	*M. N.*, Précis de phonétique latine (1. Aufl. 1906, dt. Übersetzung 1907), Paris ⁴1968
Homm. Niedermann	Hommages a M. N. (Coll. Latomus 23), Brüssel 1956
Mél. Niedermann	Mélanges offerts a M. N., Neuchâtel 1944
NJbb	Neue Jahrbücher für das klassische Altertum bzw. (seit 1928) für Wissenschaft und Bildung
Norden, Alt-Germanien	*E. N.*, A.-G., Leipzig 1934
Norden, Priesterb.	*E. N.*, Aus altröm. Priesterbüchern (Skrifter Hum. Vet. Samfundet Lund, nr. 29), 1939
Norden zu Aen.	Vergil Aeneis Buch VI, erklärt von *E. N.*, Leipzig ³1926
NSc	Notizie degli scavi, Rom (für lat. Inschriften)
NTS	Norsk Tidskrift for Sprogvidenskap, Oslo
N.-W. I, II, III	*Fr. Neue*, Formenlehre der lat. Spr., 3. Aufl. von *C. Wagener*, I–IV, Leipzig 1892–1905
Olcott	*G. N. O.*, Studies in the word formation of the latin inscriptions, Rome 1898
OLZ	Orientalistische Literatur-Zeitung
Osthoff, Forsch.	*H. O.*, Forschungen im Gebiete der idg. nominalen Stammbildung I, Jena 1875
Osthoff, MU V	Morphologische Untersuchungen (hg. von *H. O.* und *K. Brugmann*) Band V, Leipzig 1890
Osthoff, Perf.	*H. O.*, Zur Geschichte des Perfekts, Strassburg 1884
Osthoff, Suppl.	*H. O.*, Vom Suppletivwesen der idg. Sprachen, Heidelberg (Rektoratsrede) 1899
Paideia	Rivista letteraria (usw.), Genua
Pallottino	*M. P.*, Etruscologia, 1942 (dt. Übersetzung: Die Etrusker, Frankfurt 1965)
Pariente Est.	*A. P.*, Estudios de fonetica y morfologia latina, Salamanca 1949

PBB	*Paul* und *Braune*, Beiträge zur Geschichte der deutschen Sprache (Zeitschrift)
Pedersen, 5me décl.	H. P., La 5*me* déclinaison latine, Medd. Danske Akad. 11, 5, 1926
Pedersen, Formes sigm.	H. P., Les formes sigmatiques du verbe latin, Medd. 3, 5, 1921
Mél. Pedersen	Mélanges linguistiques, offerts à H. P. Aarhus, 1937 (Acta Jutlandica IX 1)
Philol.	Philologus, Ztschr. für das klass. Altertum
PhW	Philologische Wochenschrift (bis 1921 BPhW)
Pieske	E. P., De titulorum Africae latinorum sermone, Diss. Breslau 1913
Pirson	J. P., La langue des inscriptions latines de la Gaule, Brüssel 1901
Pisani, Preist.	V. P., Studi sulla preistoria delle lingue indeuropee, Mem. Accad. Lincei ser. VI, vol. IV 545–653 (= fasc. 6,1–109), 1933
Pisani, Saggi	V. P., Saggi di linguistica storica (Scritti scelti), Turin 1959 (Neudruck 1971)
Festschr. Pisani	Studi linguistici in onore di V. P. (I, II), Brescia 1969
v. Planta	R. *von Pl.*, Grammatik der osk.-umbr. Dialekte I II, Strassburg 1892/97 (Neudruck 1973)
Festschr. Pokorny	Beiträge zur Indogermanistik und Keltologie, J. P. gewidmet, hg. von W. Meid, Innsbrucker Beiträge zur Kulturwiss. Bd. 13, 1967
Porzig, Gliederung	W. P., Die Gliederung des idg. Sprachgebiets, Heidelberg 1954
Prinz, *o* et *u*	O. P., De *o* et *u* vocalibus inter se permutatis . . . quaestiones epigraphicae, Diss. Halle 1932
Probleme	Probleme der lat. Grammatik, hg. von K. Strunk (Wege der Forschung 93), Darmstadt 1973
RA	Revue archéologique (vgl. AE)
Rc. Accad. Lincei	Rendiconti, Accad. dei Lincei, Classe di Scienze morali ser. VI, Roma
Rc. Ist. Lomb	Rendiconti Lettere, Istituto Lombardo di Scienze, Milano
R.-E.	Real-Encyclopaedie der class. Altertums-Wissenschaft
REA	Revue des Etudes Anciennes
Redard	G. R., Les noms grecs en -της -τις (Et. et comm. 5), Paris
Reichmuth	J. R., Die lat. Gentilicia, Diss. Zürich 1956
REIE	Revue d'Etudes Indo-Européennes, nur Bd. 1, 1938
REL	Revue des Etudes Latines, Paris
Homm. Renard	Hommages à M. R. (Coll. Latomus 101), Brüssel 1969
Gedenkschrift Renou	Mélanges d'indianisme, à la mémoire de L. R., Paris 1968
Rev. Belge	R. B. de philologie et d'histoire, Brüssel
Rev. phil.	Revue de philologie
RhM	Rheinisches Museum für Philologie
Ric. ling.	Ricerche linguistiche, Boll. Ist. di glottologia, Roma 1950 ff.
RIGI	Rivista Indo-Greco-Italica, Bd. 1–20, Neapel 1917 ff.
Risch, Wortb.	E. R., Wortbildung der homerischen Sprache, Berlin ^{1}1937, ^{2}1974
Riv. fil.	Rivista di filologia classica

I. Abkürzungen und Literaturhinweise

Romania	R., Recueil trimestral (étude des langues romanes), Paris
RPh	Revue de Philologie, Paris
Rüedi, Ἑλλ.	Eve H. R., Vom Ἑλλανοδίκας zum ἀλλαντοπώλης, Diss. Zürich 1969
Sächs. Abh. (Ber.)	Abhandlungen (Berichte) der Sächs. Akademie der Wissenschaften, Leipzig
Safarewicz, Et.	J. S., Etudes de phonétique et de métrique latines, Wilno 1936
Safarewicz, Rhot.	J. S., Le rhotacisme latin, Wilno 1932
Safarewicz, Studia	J. S., Studia językoznawcze (inhaltlich Kleine Schriften), Warschau 1967
Festschr. Safarewicz	Studia in doeuropeiskie (Etudes indo-eur.); J. S. ... oblatum. Polska Akad. Nauk, Prace Kom. jęz. 37, Warschau 1974
Saussure, Recueil	Ferd. de S., Recueil des publications scientifiques, Heidelberg 1922
Mél. de Saussure	Mélanges de linguistique, offerts à F. de S., Paris 1908
Sb	Sitzungsberichte der Akademie (Berlin usw.)
Schmidt, Pluralbild.	Joh. S., Die Pluralbildungen der idg. Neutra, Weimar 1889
Rüd. Schmitt, Dichterspr.	R. S., Dichtung und Dichtersprache in idg. Zeit, Wiesbaden 1967
Schmitt-Brandt	R. S., Die Entwicklung des idg. Vokalsystems, Heidelberg 1967
Schmoll, Sprachen	U. S., Die vorgriechischen Sprachen Siziliens, Wiesbaden 1958
Schöll	Fr. Schoell, De accentu linguae latinae veterum grammaticorum testimonia (Acta soc. phil. Lips. VI), 1876
Schrijnen, Collectanea	J. S., Verspreide opstellen (Verstreute Aufsätze), Titel Coll. Schr., Nijmegen-Utrecht 1939
Schrijnen-Fischer	J. S., Einführung in das Studium der idg. Sprachwissenschaft, übersetzt von W. F., Heidelberg 1921
Festschr. Schrijnen	Donum natalicium Schr., Verzameling van opstellen, Nijmegen-Utrecht 1929
Schuchardt, Voc.	H. S., Der Vocalismus des Vulgärlateins I–III, Leipzig 1866–1868
Schulze, EN	W. S., Zur Geschichte lateinischer Eigennamen, Abh. Gött. Ges. V 5, 1904 (Neudrucke 1933; 1966)
Schulze, Kl. Schr.	W. S., Kleine Schriften, Göttingen 1933; 2. Aufl. 1966 mit Nachträgen, S. 783–892, hg. von W. Wissmann
Schulze, Qu. ep.	W. S., Quaestiones epicae, Gütersloh 1892
Schwyzer I, II	Ed. S., Griechische Grammatik, München I 1939, II 1950
Seelmann	E. S., Die Aussprache des Lateins (s. S. 17[1]), 1885, Nachdruck 1970
SEG	Supplementum epigraphicum graecum, Lugd. Bat. 1923 ff.
Seyfried	E. S., Die Ethnika des alten Italiens (s. S. 326[1])
de Simone	C. de S., Die griechischen Entlehnungen im Etruskischen I, II, 1968/70
Skutsch, Kl. Schr.	F. Sk., Kleine Schriften, Leipzig 1914
Sofer, Lat. u. Rom.	J. S., Lateinisches und Romanisches (aus Isidors Etymologiae), Forschungen zur gr. und lat. Gr. 9, 1930 (teilweise Vorabdruck in Glotta 16–18, vgl. Gl. 19, 243 f.)
Solmsen, Beitr.	F. S., Beiträge zur griech. Wortforschung, Strassburg 1909

Solmsen, Stud.	*F. S.*, Studien zur lat. Lautgeschichte, Strassburg 1894
Solmsen-Fraenkel	*F. S.*, Indogerman. Eigennamen als Spiegel der Kulturgeschichte, hg. von E. *Fr.*, Heidelberg 1922
Solta, Spr.	*G. R. S.*, Zur Stellung der lat. Sprache, Österr. (Wiener) Sbb. 291, 4. Abh., 1974
Sommer	*F. S.*, Handbuch der lat. Laut- und Formenlehre, Heidelberg ²1914
Sommer, Hethiter	*F. S.*, Hethiter und Hethitisch, Stuttgart 1947
Sommer, KE	*F. S.*, Kritische Erläuterungen (zum Handbuch), Heidelberg 1914
Festschr. Sommer	Corolla linguistica, Festschrift für F. S., Wiesbaden 1955
Specht, Urspr.	*F. Sp.*, Der Ursprung der idg. Deklination, Göttingen 1944, Neudruck 1962
Die Spr.	s. unter D
StCl	s. Studii Clasice
St. Etr.	Studia Etrusca
StIt.	Studi Italiani di filologia classica
Stolz, HG	*F. St.*, Historische Grammatik der lat. Sprache, I 2 (S. 365–706): Stammbildung, Leipzig 1895
Stolz-Debrunner(-Schmid)	Geschichte der lat. Sprache, 4. stark umgearbeitete Aufl. von *W. P. S.*, 1966 (Göschen 492/492a)
Streitberg-Festgabe, Leipzig 1924	
Festschr. Streitberg	Stand und Aufgaben der Sprachwissenschaft, Festschrift für W. Str., Heidelberg 1924
Studii Clasice	St. Cl., Editura Academiei rep. soc. România, Bukarest 1959 ff.
Sturtevant, Pronunc.	*E. H. St.*, The pronunciation of Greek and Latin (s. S. 17[1])
Svennung, Anredeformen	*J. Sv.*, Anr. (Skrifter Hum. Vet. Samfundet i Uppsala, nr. 42), 1958
Svennung, Comp. Luc.	*J. Sv.*, Compositiones Lucenses, UUA 1941: 5
Svennung, Kl.Beitr.	*J. Sv.*, Kleine Beiträge zur lat. Lautlehre, Uppsala Univ. Arsskrift (UUA) 1936: 7
Svennung, Wortstud.	*J. Sv.*, Wortstudien zu den spätlat. Oribasius-Rezensionen, UUA 1933
Symb. Osl.	Symbolae Osloenses, Oslo 1922 ff.
Szantyr, Synt.	*A. Sz.*, Lat. Syntax und Stilistik (zweiter Band dieser lat. Grammatik), 1965
Szemerényi, Einf.	*O. Sz.*, Einführung in die vergleichende Sprachwissenschaft, Darmstadt 1970
Szemerényi, Fachtagg.	*O. Sz.*, Principles of etymological research in the i.-e. languages, in: Fachtagg. (s. dort) 175–212
Szemerényi, Numerals	*O. Sz.*, Studies in the i.-e. system of numerals, Heidelberg 1960 (s. S. 485[1])
Szemerényi, Syncope	*O. Sz.*, Syncope in Greek and I.-E., Neapel 1964
Szemerényi, Trends	*O. Sz.*, Comparative Linguistics, in: Current Trends in Linguistics, ed. by T. A. Sebeok, vol. IX Linguistics in Western Europe 119–195, The Hague 1972
TAPhA	Transactions and Proceedings in the American Philological Association, Boston Mass.
Thes.	Thesaurus linguae Latinae (vgl. S. 273[3])
Thes. Onom.	Thesaurus suppl.: Nomina propria latina; nur litt. *C D*
Thumb-Hauschild	*A. Th.*, Handbuch des Sanskrit, dritte stark umge-

	arbeitete Auflage von *R. H.*, I 1 und 2, Heidelberg 1958/59
Thumb-Scherer	*A. Th.*, Hdb. der griech. Dialekte, 2. Aufl. 2. Teil von *A. Sch.*, Heidelberg 1959
Festschr. Tovar	Homenajc a A. T., Madrid 1972
Tr. Phil. Soc.	Transactions of the Philological Society
Väänänen	*V. V.*, Le Latin vulgaire des inscriptions pompéiennes (Helsinki 1937), deutsch ²1959, ³1966, Akad.-Verlag, Berlin DDR
Vendryes, Int. init.	*J. V.*; Recherches sur l'histoire et les effets de l'intensité initiale en latin, Paris 1902
Vetter nr.	*E. V.*, Hdb. d. ital. Dialekte, I Texte (nr. 1–512) mit Glossar (vgl. S. 8¹), Heidelberg 1953
Vig. Chr.	Vigiliae Christianae (ed. Chr. Mohrmann), Amsterdam 1947 ff.
Vollmer, Metr.	*F. V.*, Römische Metrik, in: Gercke-Norden, I 8, 1923
Vox Rom.	Vox Romanica (romanistische Zeitschrift), Zürich u. Bern 1936 ff.
Wackernagel I–III	*J. W.*, Altindische Grammatik, Göttingen: I Lautlehre (¹1896), ²1957 mit neuer Introduction von *L. Renou* und Nachträgen von *A. Debrunner*. – II 1 Nominalkomposition (¹1905), ²1957 mit Nachträgen von *A. D.* – II 2. Die Nominalsuffixe, von *A. D.*, 1954 (hier zitiert als *Wn.-Dbr.*, s. S. 273⁴). – III Nominalflexion, von *A. D.* und *W. W.* – Dazu Registerband von *R. Hauschild*, 1964
Wackernagel, Kl. Schr.	*J. W.*, Kleine Schriften, Göttingen ²1969
Wackernagel, Synt. I II	*J. W.*, Vorlesungen über Syntax, I ²1926, II ²1928, Basel
Wackernagel, Verm. Beitr.	wieder abgedruckt in Kl. Schr. 764–823
Festschr. Wackernagel	'Αντίδωρον, Festschr. J. W., Göttingen 1923
Walde, It. Spr.	*A. W.*, Die ital. Sprachen, in: W. Streitberg, Die Erforschung der idg. Sprachen I 127–230, Strassburg 1916
Walde, Spr. Bez.	*A. W.*, Über älteste sprachliche Beziehungen zwischen Kelten und Italikern, Rektoratsschrift Innsbruck 1917
Walde-Pokorny	*A. W.-J. P.*, Vergleichendes Wörterbuch der idg. Sprachen I–III, Berlin 1927–1932, Nachdruck 1973 (vgl. S. 258¹)
v. Wartburg, FEW	*W. von W.*, Französisches etymologisches Wörterbuch, Bd. I–XVI; Zusatzbände im Erscheinen; Basel und Zürich
Watkins, Evidence	s. *Winter*, Evidence
Watkins	zu Indoeur. Grammar III s. *Kuryłowicz*, Idg. Gr. II
Watkins It.-C.	*C. W.*, Italo-Celtic revisited, in: Ancient Indo-European Dialects (S. 20–50), Berkeley Calif. 1966 (genauen Titel, und Inhalt s. Krat. 12, 33)
W.-H.	*A. Walde-J. B. Hofmann*, Lat. etymol. Wörterbuch I–III (LEW), Heidelberg ⁴1966
Whatmough PID	*J. Wh.*, The Prae-Italic Dialects of Italy, II London 1933
Wilmanns	*W. W.*, Deutsche Grammatik I–III, Berlin
Winter, Evidence	Evidence for Laryngeals, ed. W. W., the Hague 1965 (s. S. 40⁴)
Wissmann	*W. W.*, Nomina postverbalia in den altgerman. Sprachen, Göttingen 1932
Wissowa, Rel.	*G. W.*, Religion und Kultus der Römer, München ²1912
WklPh	Wochenschrift für klass. Philologie (bis 1920)

Wn.-Dbr.	s. *Wackernagel* (II 2)
Wölfflin, Ausgew. Schr.	E. W., Ausgewählte Schriften, Leipzig 1933
Word	Journal of the Linguistic Circle of New York, 1945 ff.
WSt	Wiener Studien, Zeitschrift für klass. Philologie
ZDMG	Zeitschrift der Deutschen Morgenländischen Gesellschaft
ZII	Zeitschrift für Indologie und Iranistik, Leipzig 1922–1936
Živa Ant.	Živa Antika 'Antiquité vivante', Skoplje YU 1950 ff.
ZRPh	Zeitschrift für Romanische Philologie, 1876 ff.
Zucchelli	Br. Z., Studi sulle formazioni latine in *-lo-* non diminutive, Parma 1970 (s. S. 312[1])

II. SONSTIGE ERLÄUTERUNGEN

A. Abkürzungen für lat. Autoren und Quellen: wie im Thesaurus linguae Latinae (Index auctorum), mit einigen durchsichtigen Vereinfachungen. Beachte: Plt. für Plautus; Quint. für Quint. inst.; NT für 'Novum Testamentum'.

Glossographen und Grammatiker. Fest. und Paul. Fest. ohne Stellenangaben, die Ausgaben enthalten Wortindices. – App. Probi: s. *Baehrens*, Komm. 4–8. – Consentius de barbarismis: ed. M. Niedermann, Neuchâtel 1927 (vgl. Gn. 14, 438–442). – Die von Nonius überlieferten Wortformen und Fragmente aus den altlat. Skenikern usw. sind nach diesen Autoren zitiert, die der Annalisten nach H. Peter, Historicorum Romanorum reliquiae I, Leipzig 1914. – Grammatikalische Angaben aus republikanischer Zeit (Varro, Nigidius, Caesar usw.) sind gesammelt von Funaioli, Grammaticae Romanae fragmenta, Teubner 1907 (Neudruck 1964). Kaiserzeitliche Grammatiker sind zitiert mit Bandnummer und Seite der Grammatici Latini I–VII von H. Keil.

Inschriften. Die kaiserzeitlichen Inschriften im Corpus inscriptionum Latinarum werden nur mit Bandzahl II–XV (ohne CIL) und Nummer aufgeführt. – Von altlateinischen Inschriften werden die kürzeren (aus CIL I²) nach *Diehl* mit D 1–836 zitiert (vgl. S. 7⁴; auf Beigabe einer Konkordanz D ~ CIL I² habe ich nachträglich verzichtet). Beachte CE für Carmina latina epigraphica (Anthol. lat. II 1–3, ed. Buecheler, Lommatzsch). – Die alten juristischen Texte, sowohl die in der Literatur bezeugten Fragmente (Leges regiae, Lex XII tab.) als auch die inschriftlich erhaltenen Gesetze usw. (CIL I² 582–594, also Lex repett., Lex agr., Lex Iul. munic. usw.) findet man bequem bei Bruns, Fontes (hier „F"). Im Einzelnen: SCBacch: D 262, F 36. – Sent. Minuc.: D 453, F 184. – Lex Spol., Lex Luc.: D 256 f., F 104. – Lex par. fac. Put.: F 170. – Laud. Turiae (vgl. S. 15⁴): F 128. – Mon. Ancyr. oder MA (Monumentum Ancyranum): Res gestae des Kaisers Augustus.

B. Orthographie; Gebrauch von Zusatzzeichen. Langvokale sind nicht als solche bezeichnet in zitierten Textstellen von lat. Autoren und in den inschriftlichen Belegen, beides gemäß den Editionen. Die Längestriche ($\bar{a}$, $\bar{e}$ usw.) stehen also, einige unvermeidliche Inkonsequenzen ausgenommen, nur in den grammatisch besprochenen Vokalen und Wortformen. Zur Bezeichnung der Vokallänge in geschlossenen Silben s. § 22 mit Zusatz. Zu ausl. -*o* für -$\bar{o}$ s. § 122b. Zu früher üblichen -*ûm* und *quîs* für -*orum* und *quibus* s. § 14 Zus.; zu *ausu's* § 134, 2c; zu -*u'* -*i'* für altlat. metrische Kürzen -*us* -*is* vor Kons. s. § 229 S. 227³. – Zur Wiedergabe in Texten von *V* im Lautwert von kons. *u* durch *v* s. § 7a; ebenda zu *i* für kons. *I*, also für *i̯*.

C. Sonstige Zeichen und Abkürzungen.

> 'wird zu', < 'entstanden aus': s. § 28 Ende, auch zu →.

~ 'entsprechend, analog, korrespondierend', z. B. § 377 D.

∅: 'Null, Zéro'.

Zu doppeltem Bindestrich = neben einfachen - s. § 255c S. 265 und § 333 I A 2 u. 3 S. 383.

M. c. L.: 'Muta cum Liquida'.

PPP (auch Ppp): Participium perfecti passivi.

LAUTLEHRE

I. VORBEMERKUNG

A. SCHRIFT UND AUSSPRACHE

1. BESTAND UND HERKUNFT DES LATEINISCHEN ALPHABETS (§§ 1–4)

1. Das lat. Alphabet bestand bis gegen das Ende der Republik aus den 21 Zeichen für die Buchstaben *a b c d e f g h i k l m n o p q r s t u x*; erst zur Zeit von Cicero und Augustus wurden *y* und *z* zugefügt. Die Buchstabenformen entsprachen im wesentlichen den Majuskeln A B C usw. unserer modernen sog. Antiqua, so wie sie in Italien im 15. Jh. als Druckschrift erneuert wurde. Zur Herkunft sei folgendes bemerkt.

a) Als eine Vorstufe der römischen Buchstaben erweist sich, wie auch ihre Reihenfolge im Alphabet bestätigt, ein griechisches Alphabet; bei vielen Buchstaben (A B E I K M N O T) sind die griechischen Entsprechungen nach Lautwert und Buchstabenform unverkennbar, selbst wenn man sich nur auf das ionisch-attische Einheitsalphabet stützt, das etwa seit 400 v. Chr. alle alten lokalen Alphabete verdrängte. Doch kann das Einheitsalphabet nicht die Quelle sein; denn das lat. Alphabet besitzt darüber hinaus, abgesehen von der nur römischen Neuerung G, noch die Zeichen Q (gr. ϙ) und F (als *f*, im Griechischen aber als *w*, genannt Wau oder Digamma), und ferner das H als *h* (gr. *hēta* statt ion. *ēta*) und das X als *ks*; weiter haben die älteren Formen von lat. C D L P R S in lokalen griechischen Alphabeten ihre Entsprechungen. Ganz allgemein sichert lat. X im Lautwert von *ks*, gegenüber gr. X gleich χ (*kh*) im „ostgriechischen" und damit im ionischen Alphabet, als Quelle ein „westgriechisches" Alphabet. – Die nächsten griechischen Nachbarn von Rom siedelten in Kampanien; das westgriechische Alphabet der Stadt Cumae Κύμη, die etwa 720 v. Chr. als Kolonie von Chalkis auf Euboea gegründet worden war, könnte wenigstens als Vorbild für die lat. Buchstabenformen genügen; und diese Herleitung vertraten *Mommsen* und *Kirchhoff*.

b) Aber zwei Eigenheiten, die Bezeichnung der Gutturale und die Buchstabennamen, sind nur aus etruskischen Voraussetzungen verständlich. Die Etrusker haben, als erstes Volk in Italien, ein (west)griechisches Alphabet angenommen. Die ihnen benachbarten Umbrer und Osker (genauer die Samniten) verdanken ihre nationalen Alphabete nur indirekt den Griechen; unmittelbar haben sie etwa 500 v. Chr. von den Etruskern das sog. jüngere etruskische Alphabet übernommen: beweisend ist hierfür die Übereinstimmung im Zeichen 8 für *f* und im Fehlen des im Etruskischen offenbar überflüssigen, den Oskern und Umbrern aber eigentlich unentbehrlichen O. Nun scheidet sich zwar das Latein gerade durch sein F für *f* und sein O von jenen Alphabeten; aber dem jüngeren etruskischen Alphabet ging im 7. und 6. Jh.

v. Chr. ein älteres voraus, das sich von seinem westgriechischen Vorbild noch kaum unterschied, wie besonders die Alphabetinschrift von Marsiliana beweist. Das ältere etruskische Alphabet besaß, wie auch das daraus abgeleitete venetische Alphabet, noch das O sowie B und D; und es verwendete für *f*, an Stelle des Zeichens 8 (vermutlich aus ⌐, Lit. s. Gl. 43, 114[1]), in Anlehnung an sein griechisches Vorbild (*Schwyzer* I 226 f.), die Verbindung FH (in linksläufiger Form), d. h. *vh*; so schreibt noch die Maniosinschrift; und aus diesem FH ist im 6. Jh. v. Chr. das lat. F vereinfacht. Die Römer haben also im 7. Jh. ihr Alphabet von den Etruskern übernommen.

c) Das etruskische Alphabet stammt nach *Sommer*, IF 42, 93 ff. aus Phokis (Delphi). *Schulten*, Klio 33, 99 ff. versucht die gewagte Theorie zu erneuern, daß die Etrusker ihre Schrift aus Kleinasien mitbrachten.

Lit.: *Lejeune*, Sur l'adaptation de l'alphabet étrusque aux langues i.-e. de l'Italie, REL 35, 88–105, mit älterer Literatur; ders. ib. 40, 149–160 (mit weiteren Verweisen). *Ullman*, The Etr. Origin of the Roman Alphabet and the Names of the Letters, ClPh. 22, 1928, 372–377. *Hammarström*, Beiträge zur Gesch. d. etr., lat. u. griech. Alphabets, Helsingfors 1920 [*Nehring* Gl. 13, 291]; ders., Arctos 1 (Helsingfors 1930), 2–40. *Fiesel* Gn. 3, 505 (zum Alphabet von Marsiliana). *Herbig*, Altital. Alphabete, in Ebert, Reallex. d. Vorgesch. I 129–136. *Conway*, Italic Dialects 461; *Conway-Whatmough*, Praeitalic Dialects, passim. – Zu 8 für F in Etrurien und Lydien: *Sommer*, Sb. München 1930, Heft 1 [dazu *Kretschmer*, Gl. 21, 159]. Im faliskischen Alphabet dient für F ein Pfeilzeichen ↑ unklarer Herkunft; s. *Lejeune*, REL 44, 141 ff.

S. auch *Jensen*, Schrift 422–442 (griech. Alph.), 478–496 (altital. Alphabete). *Février*[1] 381–417 (griech.), 437–481 (ital.). *Traina*, L'alfabeto e la pronunzia del latino, Bologna ²1963. Mit anderem Ziel: *Dornseiff*, Alphabet in Mystik und Magie, Leipzig ²1925. – Zum griechischen Alphabet s. § 3.

2. Die lat. Buchstabennamen geben die Vokale durch den reinen Lautwert (als Länge) wieder, die Verschlußlaute stützen sie mit nachgestelltem *ē* (z. B. *pē cē*; Ausnahmen die beiden gutturalen Tenues *kā qū*), die Dauerlaute mit vorangestelltem *e* (*er el em en es ef*); dazu *hā* und *ix*. Die Namen *ā ī ū* sind offenbar Nachbildungen zu *ē ō*, die griechisches $\bar{\epsilon}$ $\bar{o}$ (ει ου) fortsetzen (ἒ ψιλόν und ὂ μικρόν sind erst byzantinisch; s. *Schwyzer* I 140); *tē cē* usw. sind Nachbildungen von *pē* (gr. πεῖ, d. h. πē). – Bei *cē kā qū* muß die Differenzierung aus dem Etruskischen stammen (s. § 8); danach ist zu vermuten, daß die Etrusker die neuen Buchstabennamen geschaffen haben. Doch sind im Etruskischen die Buchstabennamen nicht bezeugt; im Latein sind die frühesten Zeugen Plautus, für *a m o* (*amo*, Merc. 304, vgl. Truc. 690) und für die *i* longa (s. § 13), und Lucilius 351 ff.; dazu Varro frg. 241 Fun. für *e* vor den Semivocales und hinter den Tenues. – Zur Schreibung *k b* für die Silben *ka be* s. § 11.

Zusatz. Zur Benennung der Dauerlaute. Zu *ef er el* s. auch *Peeters*, MusB 7, 571–579. – Nach *Schulze*, Die lat. Buchstabennamen, Kl. Schr. 444–467, ergeben sich aus Terentianus Maurus als ältere Benennungen, entsprechend den lautierenden vocales *ā ē* usw. auch lautierende „semivocales" *r l m n* und *f s x* ohne Stützvokal *e*. – *Strzelecki*, De litt. rom. nominibus, [vgl. REA 56, 210] bzw. Die lat. Buchstabennamen, Das Altertum (ostdt. Ztschr.) 4, 1958, 24–32, will auch *rē lē* usw. (wie *pē* usw.) erweisen. – Bei den Griechen, deren Sprache fast keine auslautenden Konsonanten besitzt, ist die Benennung ιφφε ιλλε ιμμε ιννε ιρρε ισσε beim Buchstabieren durch einen Papyrus des 4. Jh. n. Chr. bezeugt (*H. I. L. Milne*, Greek Shorthand Manuals, London 1940, 70). Aus gleichem

Grunde heißen sie in den romanischen Sprachen *effe elle* etc. bzw. *iffe ille* etc. – Name des h als *hā*: als Muster darf man *kā* vermuten. Zur späteren Benennung als *ah* bzw. *ach* s. § 178 III c. – *Gordon*, The letter names of the latin alphabet, Univ. of Calif. Classic Studies vol. 9, Berkeley–Los Angeles 1973. – Zu den romanischen Alphabeten und Buchstabennamen s. im Übrigen etwa *M. Cohen*, La grande invention de l'écriture 260–280. – Zu den deutschen Buchstabennamen s. *Ed. Hermann*, NGG 1929, 215–232 [Gl. 30, 267 f.]; *Jellinek*, Sb. Wien 212, 1930, 2. Abh. 37.

3. Zahlzeichen. Bei den Römern und, mit nur unwesentlichen Abweichungen, auch auf etruskischen, oskischen und umbrischen Inschriften werden Zahlen geschrieben nach dem Additionsverfahren unter Verwendung der Zeichen: I '1', V '5', X '10', ↓ ⊥ ⊥ L '50', C '100', Ð D '500', ⋈ ∞ ⳽ Ⓓ M '1000'; belegt sind die ältesten Formen etwa seit dem 3. Jh. v. Chr. – Vielfache von Tausend und Hunderttausend bezeichnet später ein Oberstrich bzw. dreiseitige Einfassung, z. B. X̄ '10000', |X| '1000000'. In anderer Weise diente ⳽ '1000' als Grundlage für ((|)) '10000'; dazu entsprechend |)) '5000'. – Nach dem gleichen Additionssystem verwendet das ältere griechische Ziffernsystem die Zeichen I '1', Γ '5', Δ '10', Ρ '50', Η Η '100', Ρ '500', ↓ '1000'. Die griechischen Zeichen, abgesehen von I '1', sind Initialabkürzungen: π(έντε) '5', δ(έκα) '10', h(εκατόν) '100', χ(ίλιοι) '1000', dazu die Ligaturen πδ '5·10' und πh '5·100'. – Die Herkunft der lat. Zahlzeichen ist unklar, I ist einfaches Symbol wie im Griechischen; auch das Zählsystem (1, 5, 10, 50 usw.) entspricht dem ebengenannten älteren griechischen. Aber das griechische akrophonische Prinzip für die weiteren Zahlenwerte, π(έντε) δ(έκα) usw. kann im Latein bestenfalls für C als *c(entum)* gelten; es versagt bei *m(ille)*, da M hier eine junge Form ist, die ältere entspricht ungefähr dem griech. Φ. Die Deutung von V, L und D als halbierte X, C und Φ ist zwar einleuchtend bei D '500', doch ist sie wahrscheinlich überall erst eine nachträgliche Zeichenauffassung, sicher bei L wegen der alten Form ↓. – Nach *Rix*, Festschr. Pisani 845–856 ist das akrophonische Prinzip nach dem griechischen Vorbild in Südetrurien geschaffen und als solches in Rom noch in der Königszeit übernommen worden.

Zusatz. *Gardthausen*, GRM 1, 1912, 401 ff., versucht, das akrophonische Prinzip ganz durchzuführen. Eine Variante dazu bringt *Pisani*, KZ 80, 205 f.: akrophonisch für *q(uinque) d(ecem)* usw., gestützt auf nordetruskische Buchstabenformen. – Andere Vorschläge: *Mommsen*, Ges. Schr. VII 267 u. 283, erklärte L, C und M aus den für die Aufzeichnung italischer Sprachen (doch nicht des Etruskischen) überflüssigen Zeichen der griech. Aspiraten χ ϑ und φ, nämlich westgriech. ↓, Θ und Φ, sowie X '10' aus X 'ξ', was nicht recht überzeugt. Ähnlich *Mentz*, Gesch. d. gr.-röm. Schrift, Leipzig 1920 [s. *Nehring*, Gl. 13, 290]: die Zahlzeichen gehen auf die Zusatzbuchstaben des griech. Alphabets zurück: Φ '1000', Ψ '100', X '10', halbiert *D* '500', *L* '50', *V* '5'. – Nach *Gundermann*, Die Zahlzeichen, Univ.-Programm Gießen 1899, sind sie ebenso wie die griechischen mitsamt dem darin erkennbaren Prinzip unmittelbar aus alten semitischen Buchstabenzeichen herzuleiten.

4. Das griechische Alphabet, die φοινικήϊα γράμματα nach Herodot 5, 58, geht mit seinen Buchstabenformen und Buchstabennamen und seiner phonetisch oder phonologisch sinnlosen Anordnung auf das phönikische Konsonanten-Alphabet zurück; es mag um 900 v. Chr. in Milet in Gebrauch gekommen sein. Die entscheidende Neuerung war die Schaffung der Vokalzeichen A E O (und ion. H) aus Laryngalzeichen; später kamen die sog. Zusatzbuchstaben hinter dem Y auf, nach deren Verwendung die lokalen griechischen Alphabete sich in Gruppen ordnen. Das grundlegende Werk war *A. Kirchhoff*, Studien zur Gesch. d. gr. Alph.,[4] 1887. Siehe bes. *Schwyzer* I 137–150 mit neuerer Literatur; *G. Pfohl*, Das Alphabet (sc. die griechische Schrift), Wege der Forschung Bd. 88, Darmstadt 1968, p. XIV sq. (Sammlung neuerer Aufsätze verschiedener Verfasser); weiter *Lejeune*, C.-R. Acad. des inscriptions 1966, 505–511; *Falkner*, Zur Frühgeschichte des gr. Alph., Wien 1948 (Entstehung im 9. Jh. in Rhodos); *Luria*, Kadmos 6, 135–150 (unvollendet); *Rehm*, Sb. München 1935, Heft 9; ders. im HdArch., hrsg. v. W. Otto, 192 ff.; *Rhys Carpenter*, AJA 37, 1933, 8–29 u. 42, 1938, 58–69; *L. H. Jeffery*, The Local Scripts of Archaic Greece, [3]1969.

Die Vorgeschichte dieses **phönikischen Alphabets** führt auf die noch ungeklärte Erschaffung oder Erfindung und Variierung des allerersten reinen Konsonantenalphabets um 2000 v. Chr. irgendwo am Ostrand des Mittelmeers. Die wichtigsten frühen Zeugnisse sind das ugaritische Alphabet von Ras Shamra mit 30 Zeichen (Konsonanten-Keilschrift des 15. Jhdts.; zum Alphabet s. *Eissfeldt*, FuF 26, 1950, Heft 17) und das 'proto-sinaitische' Alphabet mit etwa 35 Zeichen (ca. 1500). Ein Zusammenhang der phönikischen Schrift mit den ägyptischen Hieroglyphen ist sehr wahrscheinlich. Für sich steht das 'proto-phönikische' Alphabet von Byblos (Ende des 3. Jahrtausends).

Lit.: Zur frühen Schriftgeschichte vom phönikischen bis zum lateinischen Alphabet s. die einschlägigen Kapitel in *Joh. Friedrich*, Gesch. der Schrift, Heidelberg 1966; H. *Jensen*, Die Schrift in Vergangenheit und Gegenwart, [2]Berlin, 1958; *Février*, Histoire de l'écriture, [2]1959; *Cohen* (Titel § 2); *Jirku*, ZDMG 100, 515–520. – Zur Entwicklung der Alphabetschrift s. HdArch. I (1939): Schrift 147 ff.; Phoeniker 160–166; Griech. Kreis 191 ff.; Ital. Kreis 206; Lat. Schrift 208–212. Speziell für das Latein: *Ernst Meyer*, Einführung in die lat. Epigraphik, Darmstadt 1973, 23–45.

5. Die ältesten lateinischen Sprachdenkmäler.

a) **Inschriften aus vorhistorischer Zeit.** Linksläufige Schriftrichtung zeigen etruskische, umbrische und oskische Texte in ihren nationalen Alphabeten, und so auch verschiedene sehr alte lat. Inschriften: die Maniosspange aus Praeneste, die Lars-Cotena-Inschrift aus Falerii, die Dioskureninschrift aus Lavinium, die Duenosschale aus Rom und eine Schale aus Ardea, dazu die Basis aus Tibur D 720[1] p. 86 bzw. Vetter nr. 512 (unverständlich). In Bustrophedonfolge, also abwechselnd von Zeile zu Zeile links- und rechtsläufig, schreibt die Foruminschrift und die Fuciner Bronze; sonst ist die Schriftrichtung rechtsläufig. Bei linksläufiger Schrift sind auch die einzelnen Buchstaben nach links gerichtet, z. B. in der Form ꟻ für F.

Maniosspange (fibula Praenestina, D 719) um 600[a], nicht oskisch: *Manios med vhe vhaked* (FHE: FHAKED) *Numasioi* 'Manius me fecit Numerio'. – Die **Lars-Cotena-Inschrift** D 175 ist sprachlich bemerkenswert durch *pretod de zenatuo sententiad vootum dedet* 'praetor de senatus sententia votum dedit' und durch *cuando* 'quando', *rected* 'recte'. – **Duenos-Inschrift** (Duenosschale, 5. Jh., ohne Worttrennung, D 720): *iouesat deiuos qoi med mitat nei ted endo cosmis uirco sied; asted noisiopetoitesiai pakari uois; duenos med feced en manom einom duenoi ne* (*dze noine?*) *med malo statod* 'iurat deos qui me mittat ne in te comis virgo sit; . . .; Duenos (Bonus) me fecit . . . bono, ne me malo sistito'; der Inhalt scheint ein Liebeszauber zu sein; beim zweiten Satz gehen die Deutungsversuche weit auseinander. – **Foruminschrift** unter dem Lapis niger (D 254, um 500 v. Chr.), fragmentarisch, aber mit Worttrennung; darin *quoi* 'qui', *sakros esed* 'sacer erit (esset?)', *kalatorem, recei* 'rēgī' (*regei* D[3] ist Versehen), *iouxmenta kapia(d)* 'iumenta capiat', *iouestod* 'iusto' (Abl.). Inhalt nach *J. Stroux*, Philol. 86, 460–491, Bestimmungen für den rex sacrificulus über das Halten von Diener (*kalator*) und Gefährt (*iouxmenta*). – Bronze vom Fuciner See, also aus dem Gebiet der Marser (*Caso Cantouios*-Inschrift), um 300 v. Chr., D 224; darin *apurfinem* und *Martses* (*Marsis*, aus *Mārtįeis) 'den Marsischen (Legionen)'. – Aus Ardea und Umgebung (Latium, 4./3. Jh.) ein Teller und fünf Altäre (Vetter nr. 364; die letzten zwei s. Gl. 42, 83 f.): *neuen deiuo* 'novem de(or)um'; *neuna fata* 'Nonae Fatae', *neuna dono*, *Parca Maurtia dono* 'Parcae Martiae d.'; *Lare Aineia d.* 'Lari Aeneae d.'; *Castorei Podlouqueique qurois* (dazu *Radke*, Gl. 42, 214–219). – Eine Zitierung verdienen auch zwei altfaliskische Geräteinschriften (Vetter nr. 244 f.): zwei Becher (rechtsläufig) *foied uino pipafo* (andere Fassung *pafo*), *cra carefo* 'hodie vinum bibam, cras carebo'; Schale: (linksläufig) *eko Kaisiosio*, (rechtsläufig) *eko lartos* 'ego Kaesii, ego Lartis'.

b) **Älteste Inschriften der historischen Zeit.** Die Inschrift des Duilius (Duilius) auf der **Columna rostrata** zum Seesieg von 261 v. Chr. (D 271) stammt in ihrer erhaltenen Form aus der frühen Kaiserzeit; strittig ist, ob diese eine mit Grammatikerhilfe vorgenommene Erneuerung des schwer lesbar gewordenen Originals ist (so *Niedermann*, Recueil 209–220 [Gl. 27, 77 f.]) oder die archaisierende Abfassung eines kaiserzeitlichen Grammatikers (so *Wackernagel*, 46. Jh. d. Vereins schweizer. Gymn.-Lehrer, Aarau 1919, 162–170 [fehlt in: Kl. Schr.]); merkwürdige Pseudoarchaismen empfehlen mehr die zweite Annahme. Vgl. auch Gl. 12, 273 f. und *Ernout*, Festschr. Pisani 343[2]. – Unter den Inschriften der Zeit um 200 v. Chr. steht an erster Stelle das **Senatusconsultum de Bacchanalibus** D 262 (abgekürzt: SCBacch.) vom Jahre 186 v. Chr., dessen Voraussetzungen uns Livius 39, 8–19 überliefert. Außerdem sind zu nennen das **Dekret des L. Aemilius Paullus** D 263 vom Jahre 189 v. Chr. und die meist in Saturniern abgefaßten **Scipionengrabinschriften** D 539–547. – Zur Orthographie der klassischen Zeit s. § 17a.

Lit.: Zu den alten Inschriften *Lejeune*, Mém. Marouzeau 13[1]. Zu den einzelnen: Maniosinschrift: *W. P. Schmid*, IF 70, 200–208 (Sprache „latinisch", nicht lateinisch). Duenosinschrift: *Goldmann*, Die Duenosinschr., Heidelberg 1926, mit den älteren Deutungen [Gl. 18, 245]; *Dirichs*, Die urlat. Reklamestrophe des sabin. Töpfers Dufnos, Heidelberg 1934 [Gl. 26, 87]; *Krogmann*, Die Duenosinschr., Berlin 1937 [Gl. 29, 163]; s. ferner Gl. 18, 245 f. (*Kent, Pisani*); 23, 119 (*Frazer*); 36, 125 (*Bolelli*); 42, 84 (*Pisani*); *Runes*, Gl. 21, 125–133. – Foruminschrift: s. Gl. 23, 119–121 (*Stroux, Pisani, Goldmann*); 24, 147 (*Ribezzo*); 42, 84 (*Dumézil*); dazu Homm. J. Bayet, Coll. Latomus 70, 172. – Bronze vom Fuciner See (D 224): *Goidànich*, Saggi ling. 229–245 (= StIt. 10, 238 ff.), vgl. Gl. 29, 162 f.; *v. Grienberger* IF 23, 337–352. – SC Bacch.: Zum inhaltlichen Aufbau s. *Fraenkel*, Hermes 67, 369–396; *J. Keil*, Hermes 68, 306–312; *Krause*, Hermes 71, 214–220; *Dihle*, Hermes 90, 376–379 [Gl. 42, 84 unten]. – Reproduktionen: *At. Degrassi*, Inscriptiones latinae liberae rei publicae, Imagines, Göttingen 1965. – Sprachliche Interpretationen einiger ältester Inschriften bei *Solta* 67–75.

Die außerordentlich reichhaltige Sammlung von *E. Diehl*, Altlat. Inschriften (Kl. Texte für Vorlesungen und Übungen, hg. von H. Lietzmann, 38/40), [3]1930 ([4]1959, [5]1964, hg. von *K. Schubring*, praktisch unverändert), ist so handlich, daß die dort aufgenommenen altlat. Inschriften in dieser Grammatik nicht nach dem CIL I[2], sondern nach dieser Sammlung mit der Sigle D zitiert werden (eine Konkordanz der nach Diehl zitierten Inschriften mit dem CIL I[2] soll der Anhang bringen). Auf den sprachlichen Index D

p. 93–109 sei besonders hingewiesen, weil er viele Nachweise für altlateinische Schreibungen und Lauterscheinungen bietet. – Andere Sammlungen (vgl. Gl. 34, 206): *Ernout*, Recueil de textes latins archaïques, Paris ³1947, ⁴1957; *Pisani*, Testi latini arcaici e volgari, Turin 1950; *Warmington*, Remains of old Latin, IV, Archaic Inscriptions, Loeb Classical Library nr. 359, 1940. – Die faliskischen Inschriften bei *E. Vetter*, Hdb. d. ital. Dialekte I, Heidelberg 1953, 277–331, ebenda 331–359 die alten Inschriften aus Latium (Ardea, Praeneste, Tibur); dazu die dialektischen Glossen ebenda 362–378. – Die alten Gesetze bei *Bruns-Gradenwitz*, Fontes iuris Romani antiqui, Tübingen ⁷1909 (nur zitiert als: Fontes).

c) Drei alte religiöse Texte seien hier auch erwähnt. Das mit *enos lases iuu̯ate* beginnende Carmen arvale D 138, in den Arvalakten von 218ᵖ aufgezeichnet; wichtige Interpretation von *Norden*, Priesterb. 107–254 [Gl. 34, 206 f.]; allzu ausführlich *M. Nacinovich*, Carmen arvale I, II, Rom 1933/34 [Gl. 24, 147–149]. S. ferner *Ferri*, Latomus 13, 390–393 [Gl. 36, 125]; *von Blumenthal* IF 48, 248–251 [Gl. 21, 185]; *Tanner*, Cl. Q. 11, 1962, 209–238 (metrisch iktusbetonte Saturnier). *Calvo*, Emerita 25, 387; 447 (neuartige Deutung). Zu den Carmina Saliaria v. *Grienberger* IF 27, 199–232; zu *Leucesie* (Vok.) s. § 82b; zur Auguralformel *ullaber arbos quirquir est* usw. (bei Varro ling. 7, 8) *Norden*, a. O. 3–106, *Latte*, Philol. 97, 143–159 [Gl. 36, 125]. Besser verständlich sind die alten Gebete bei Cato agr. 139 u. 141, s. dazu *C. Appel*, De Romanorum precationibus, Gießen 1909. Manche Festusglossen stammen aus priesterlicher Überlieferung.

Auch sprachlich wichtig sind schließlich die bei römischen Juristen und Antiquaren erhaltenen, freilich sprachlich modernisierten Fragmente der Zwölftafelgesetze vom Jahr 451/450 v. Chr. (bei *Bruns*, Fontes 15–40).

2. BESONDERHEITEN DER LATEINISCHEN SCHRIFT (§§ 6–10)

6. Das *m* zeigen die linksläufigen Inschriften in der alten fünfstrichigen Form ᛉ; aus der entsprechenden rechtsläufigen Form muß die Abkürzung *M'* für den Vornamen *Mānius* entwickelt worden sein. Ein zweistrichiges, also halbiertes *m* (Λ) besitzt das umbrische Alphabet neben dem fünfstrichigen; Verrius Flaccus (frg. 13, Funaioli gramm. p. 517; Zeit des Augustus) soll ein zweistrichiges *m* eingeführt haben zur Bezeichnung des durch Vokalverschleifung aufgegebenen (§ 228 I e). Wegen einer anderen Spur desselben s. § 427 Zus. c über *dicae*.

7. *I* und *V* für kons. $i̯$ und $u̯$; Varianten der Umschrift.

a) Für konsonantisches $i̯$ besaß und benötigte das Griechische kein eigenes Zeichen; wo dialektisch der Laut vorkam, mußte das I (Iota) auch hierfür aushelfen, ebenso im Etruskischen. Entsprechend dient im Latein das *I* nicht nur zur Bezeichnung des Vokals *i* (auch *ī*), sondern auch für konsonantisches $i̯$, etwa in *iugum Iovem maior eius*. Auch in dieser Lautlehre wird, gemäß dem Gebrauch moderner Textausgaben, bei Zitierung von lat. Wörtern *i* für beide Lautwerte verwendet, also auch für kons. $i̯$. Doch wird, wo der Lautwert zur Diskussion steht, das konsonantische *i* durch $i̯$, das vokalische durch $ĭ$ gekennzeichnet. – Früher wurde für lat. $i̯$ zweckmäßigerweise *j* verwendet, also etwa *jugum Jovem major ejus*; doch hat sich dieser Gebrauch nicht durchgesetzt. – Für die Grundsprache gilt eine andere Regelung. Früher bezeichnete man das kons. *i* mit *Brugmann* durch $i̯$; dafür wird in neuerer Zeit *y* (entsprechend dem englischen Lautwert) gebraucht, so auch in dieser Darstellung; also (lat.) $i̯$ und (idg.) y bezeichnen den gleichen Laut. Entsprechend ist für idg. $u̯$ jetzt idg. w im Gebrauch.

Genauer gesagt, wird von den Phonologen mit y das idg. Phonem bezeichnet, das je nach Stellung neben Konsonanten oder Vokalen selbst als Vokal i oder als Kons. $i̯$ erscheint (§ 26). Da auch die antiken Römer ihre I und V in beiden Werten verwendeten, mögen die Phonologen in ihnen ihre Vorläufer erkennen. Für die Grundsprache ist dies Verfahren im Rahmen des Ablautes erwägenswert, für das historische Latein ist es, auch nach *Sturtevant*, Pronunc. 140, ungeeignet, wenn Lautgeschichte und Aussprache zu berücksichtigen sind; es versagt bei Gegensätzen wie *Mai̯us/Gāi̯us, Troi̯a/Trōi̯a* (adj. Aen. 1, 119); ebenso für $u̯/ŭ$ mit *seru̯it u̯olu̯it* (prs. *servīre volvere*)/*serŭit u̯olŭit* (perf. zu *serere velle*), auch etwa bei *aqu̯a/u̯acŭa* oder *qu̯ī/cui*.

b) Der Buchstabe gr. Ⅎ (Digamma) hatte im Latein durch Vereinfachung aus *FH* den Lautwert f erhalten; damit war er unverwendbar geworden als Zeichen für kons. $u̯$. – Die Zeichengruppe *FH* (so noch Maniosspange, § 5, und schon im Etruskischen) diente in griechischen Dialekten zur Bezeichnung eines stimmlosen $u̯$ (w), also annähernd eines f (*Schwyzer* I 226).

c) Dem Buchstaben griech. Υ (Ypsilon), dessen alter Lautwert in den meisten Dialekten u (nicht $ü$) war, entspricht nach Form und Stellung im Alphabet das lat. V; es bezeichnet sowohl vokal. u (und $ū$) als auch kons. $u̯$. In der modernen Philologie außerhalb Deutschlands wird dieses lat. V einheitlich durch u (in Majuskel V) transliteriert, so auch bei konsonantischem Lautwert, etwa in *uua iuuenis diuido uidua seruus* für *ūva iuvenis dīvido vidua servus*, um zu schweigen von u für v in *qu* (*qu̯*) und von *-ngu-* für *-ngu̯-* und von den Sonderfällen *duis Duenos Duilius suauis* für *du̯is Du̯enos Du̯īlius su̯āu̯is*. Eine Abhilfe wurde schon im Altertum versucht, s. § 10 über ⅎ.

d) Hier wird die einheitliche Umschrift u nur wie in der Epigraphik bei der Wiedergabe von inschriftlichen Zeugnissen verwendet; wo es auf den kons. Lautwert ankommt, wird das differenzierende $u̯$ gebraucht; im Übrigen folge ich der im Beginn der Neuzeit (Petrus Ramus) aufgekommenen Verteilung von v und u auf die beiden Lautwerte, ausgenommen bei *qu* und den Sonderfällen. Als Phonem der Grundsprache wird $u̯$ und $ŭ$ durch w dargestellt.

Zusätze. Der an sich ganz unbegreifliche Verzicht auf das F (gr. Ⅎ) für den Lautwert $u̯$ erklärt sich wohl daraus, daß ein einfaches Zeichen für das dem Griechischen fehlende f sich als unentbehrlich durchgesetzt hatte; als Notlösung ergab sich für $u̯$ die Mitverwendung des V nach der Doppelverwendung des I. – Zur Zeit des Cicero wurde das gr. υ erneut ins lateinische Alphabet aufgenommen, diesmal mit dem Lautwert $ü$ und nur zur genaueren Wiedergabe griechischer Wörter mit υ, also nicht des υ in diphth. αυ und ευ; seinen Platz fand es zusammen mit z am Ende des Alphabets. S. dazu Perl, Die Einführung der ... Υ und Z in das lat. Alphabet, Philol. 115, 196–233. – In der Phonetik bezeichnen j und v nicht die Halbvokale, sondern stimmhafte Spiranten.

8. c k q und g. Das Zeichen C, älter $<$, setzt nach Form und Stelle im Alphabet das gr. Gamma (Lautwert g) fort; trotzdem hat es im Latein den Lautwert k. Eine solche Umwertung von g zu k ist im Lateinischen nicht erklärbar, da hier die ererbten Laute k und g trotz zeitweisen Zusammenfalls in der Schrift in C (im 5./4. Jh. v. Chr.) in der Aussprache als k und g geschieden blieben und daher auch in der Schrift historisch richtig aufs neue geschieden wurden. Wohl aber ist die Umwertung verständlich im Etruskischen (vgl. *Schulze*, Kl. Schr. 461 f.); denn dieses besaß nur eine Art nichtaspirierter Verschlußlaute, nicht die beiden Stufen Media und Tenuis, weshalb es auch die Zeichen *b* und *d* zugunsten von *p* und *t* aufgab, wodurch sich auch in Lehnwörtern lat. *t* für gr. δ erklärt (§ 162d). Bei den Gutturalen dagegen verteilte es die drei Zeichen *C K* und *Q* auf drei Aussprachen des *k* je nach dem folgenden Vokal, durch den offenbar die *k*-Artikulation hör- und spürbar modifiziert wurde. Diese Regelung war vorbereitet und indiziert durch die Beschränkung des gr. Koppa (Ϙ) auf die Stellung vor *o* und *u*; sobald man im Namen Koppa die Verwendung des *Q* für *k* vor *o* vorgezeichnet empfand, mußte man das Kappa (ϰ) auf *k* vor *a* beschränken und für *k* vor *e* einen Behelf suchen, für den eben nur im Etruskischen das sonst unbesetzte Gamma (*g*) zur Verfügung stand. Auch die lat. Buchstabennamen *kā cē qū* versinnbildlichen diese Regelung. Indem die Römer die fürs Lateinische nutzlose Verteilung der drei *k*-Buchstaben von den Etruskern übernahmen, beraubten sie sich eines eigenen Zeichens für *g*, für welches das *C* als altes Gamma mitaufkommen mußte. Die Behebung dieser Unzuträglichkeit, d. h. die Erfindung des aus dem *C* durch einen Beistrich modifizierten *G* wird dem Sp. Carvilius Ruga (frühes 3. Jh. v. Chr.) zugeschrieben (frg. 1 Fun. p. 3); im Alphabet fand es seinen Platz an der Stelle des aufgegebenen gr. Zeta.

Einzelheiten. a) Nur die Foruminschrift zeigt die Verteilung der drei *k*-Zeichen in reiner Form mit *kalatorem kapia sakros, recei* 'rēgī', *quoi* 'quī', *nequ*-, ebenso die faliskische Ceresinschrift mit *karai ceres fifiqod* sowie (für *g*) *arcentelom eqo*; die Duenosinschrift zeigt *k* vor *a*, aber *q* nur für *qu̯*, und demgemäß *c* nicht nur vor *e*, sondern auch vor *o*: *pakari, qoi, feced, cosmis* 'cōmis' und *virco* 'virgo'. Vor *e* steht *k* in der Maniosinschrift *vhe vhaked* und z. B. in *Keri* (gen. zu *Cērus*) D 137.

b) Gehalten hat sich das Zeichen *q* nur vor *u̯* in *quis equos* usw.; für *qu* steht es in *qoi* der Duenos-Inschrift, und auf späten Inschriften findet sich ebenso *qi qem*. Doch blieb *q* nach inschriftlichen Zeugnissen längere Zeit auch vor *o* und vor vokalischem *u* in Gebrauch: *Luqorcos* (Λυϰῶργος) D 767, *ueqo* 727, *Mer- Mirqurios* 170, 764, *Sequndano* 133, *forum pequarium* I² 2197; *contiquere* des Aeneisverses IV 2213 (Pompeji); *pequnia* bleibt im Amtsstil gebräuchlich bis in die Zeit Ciceros, D 260, 261, 268, abgekürzt *peq.* 365, 389; nach *Ritschl*, Opusc. IV 687, steht Accius hinter dieser Orthographie. In *Proqilia* D 519 ist das *q* übertragen aus *Proqulus oder einer älteren Form *Proqulia. Vereinzelt steht *q* vor *o* auch für *g* (entsprechend dem *c* für *k* und *g*): *eqo* D 739, 744, wie in der faliskischen Ceresinschrift. – Die Beschränkung des *q* auf die Verbindung *qu̯* in *quis equos* usw. wird schon von Lucilius 382 verlangt. Hierfür war die Schreibung *cu* immer eine Ausnahme, außer in Falerii: *cuando* D 175, altfalisk. *cue ϑanacuil*.

c) Das *k* vor *a* erhielt sich fast nur in Wörtern des Amtsstils, besonders in den Abkürzungen *K(aeso) Kal(endae)*, auch *k(alumniae) k(aussa)* Lex Rubr.; sonst etwa *aede Kastorus* D 264; vgl. auch Quint. 1, 7, 10; später fast nur mehr im Namen *Karus* (Thes. Onom. s. *Cārus*) und in *karissimus* der Grabschriften (Diehl Chr. III p. 494), auch in *kaput* (s. Thes. s. *caput*).

d) Das *c* im alten Wert von *g* zeigen die Abkürzungen der Praenomina *C.* für *Gāius* und *Cn.* für *Gnaivos Gnaeus*; die Abkürzungen sind also älter als die Einführung des Zeichens *G*; schon erwähnt sind *recei virco Luqorcos*; vgl. noch *eco* D 740, *cratia* 65, *Cemelus* 'Gemellus' 596, *paaco* 258, *Macolnia* 771; entsprechend auf der Columna rostrata D 271 *leciones macistratos exfociont* usw. – Falsch modernisiert ist *Sangus* Liv. 8, 20, 8 aus *Sancus*. Lit.: *Gardthausen*, RhM 72, 362³; *Lejeune*, REL 35, 96 f.; *Schmidt*, RE I 1629 ff.; *Rix*, IF 65, 131.

9. Das z. Das g übernahm im Alphabet die Stelle, die offenbar noch kurz vorher das z innegehabt hatte. Die Umbrer und Osker verwenden in ihren nationalen Alphabeten das z (Z, I) im Lautwert ts; im lat. Alphabet der oskischen Inschrift von Bantia bezeichnet es dagegen das stimmhafte s (phonetisch z, wie der s-Laut in nhd. *Rose Sonne*, frz. *église*). In Falerii begegnet es für ts im Praenomen *aruz* 'Arrunts' (lat. *Arruns -untis*) Vetter nr. 332, und für etymologisches s in *Folcozeo Zextoi* Vetter nr. 324b, auch in lateinisch-faliskisch *de zenatuo(s) sentientiad* D 175. Im alten Latein ist es nicht sicher nachzuweisen; *dzenoine* der Duenosinschrift ist zweifelhaft; im Carmen Saliare steht nach Varro ling. 7, 26 *cozeulodorieso*, gedeutet als *Conseuiod orere* 'beginne mit C.' von *Dirichs* (s. *Altheim*, Spr. 406[1]), also mit *-oz-* gleich *-onts-*.

Ein eigenes Zeichen für den Lautwert ts oder ds war immerhin für das älteste Latein kaum vonnöten; eines für stimmhaftes z war für die Zeit vor dem Wandel z > r kaum zu entbehren, eher schon für ezn (> ēn, § 205 ff.). Nach Martianus Capella verabscheute (detestatur) Appius Claudius, sicher der Censor des Jahres 312 v. Chr., das z; dem gleichen Censor wird auch die Einführung der Schreibung *Valerius* für *Valesius* zugeschrieben (die Zeugnisse bei Funaioli gramm. p. 1); die beiden Nachrichten lassen sich in dem Sinne verknüpfen, daß vorher nicht *Valesios*, sondern **Valezios* geschrieben wurde (vgl. § 180c). Zum Abscheu vor dem z s. auch *Sommer*, KE 6. Bei dieser Chronologie begreift sich leicht das Einrücken des g an die Alphabetstelle des z.

Als das z durch Varro und Cicero zur Wiedergabe griechischer Namen und Wörter mit ζ erneut in die lat. Schrift Aufnahme fand, erhielt es seinen Platz am Ende des Alphabets; auch Augustus rechnete das Alphabet nur bis x nach Suet. Aug. 88, benützte aber das z. Quintilian 12, 10, 27 sq. bewunderte die Süße des y und des z; dazu 1, 4, 7. Zum Aufkommen des z s. *Perl* 116 ff. (Titel s. § 7 Ende).

Zusätze. a) Voraussetzung für die zweimalige Übernahme des gr. Z im Lautwert des stimmhaften s [z] war eine entsprechende Aussprache des ζ. Nun war dessen Lautwert im griechischen Sprachgebiet nicht einheitlich (*Schwyzer* I 329 u. 217). In hellenistischer Zeit hatte es zweifellos die verlangte Aussprache; und so trifft man es außer im lateinischen Alphabet der oskischen Inschrift von Bantia (Vetter nr. 2) in den lat. Inschriften schon vor Augustus, und zwar sowohl vor Vokal (*zōna* usw.), als auch in den Lautgruppen gr. ζβ ζδ ζμ lat. zb zd zm: *Lezbia* VI 35671, 35808; *Artavazdis* neben *-vasdis* MA; *Zmyrn-* D 315, 659, CE 496, vgl. Catull und Hor. epist. 1, 11, 3; *Zmaragdus* VI 24454, 35572, vgl. *zmaragdus* Lucr. 2, 805 u. 4, 1125 Petron. 55, 6 vs. 12; *Cozmus* VI 5202, 20772; *Azmenus* 27136. – Später, nach der vulglat. Affrizierung von dį und einfachem į̯ zu dz, dient es auch zur Bezeichnung des Lautwertes dz: *adzutor* und *azutor*, *zebus* 'diēbus', *oze* 'hodiē', *Zonysius*, *zabulus*, *Azabenicus*; ferner *huzus* 'huius' usw. (§ 139bγ).

b) Vor der Neueinführung des z wurde gr. ζ im Anlaut durch s wiedergegeben: *Setus* (Ζῆθος) D 599; im Inlaut durch ss, so auch in unserem Plautustext (obgleich zu Plautus' Zeit die Doppelschreibung von Konsonanten noch nicht üblich war): *massa* μᾶζα und die Verben auf *-isso -ίζω* wie *atticisso cyathisso malacissor*, bei Cicero etwa *obrussa* ὄβρυζα 'Goldprobe'. Dieses s- bzw. -ss- ist eher eine Lautsubstitution für gr. ζ im Lautwert von dz als genaue Wiedergabe eines dialektischen gr. σσ an Stelle von ζ, wie es durch Grammatiker für Tarent nur mit -σσω bezeugt ist, s. *Leumann*, Kl. Schr. 162 f., 172 (*massa*), auch unten § 181b. Zu *-izare -idiare* ältere Lit. bei *Svennung*, Comp. Luc. (UUÅ 1941, 5) 131, § 79.

10. Neue Buchstaben. Das alte Alphabet der 21 Buchstaben reichte von *a* bis *x*, so noch für Cicero (nat. deor. 2, 93, dazu or. 160; vgl. Quint. 1, 4, 9) und für Augustus, s. § 9. Doch erreichte zu ihrer Zeit mit der Aufnahme des *y* und des *z* für griechische Wörter das lat. Alphabet seine volle Zahl von 23 Buchstaben. – Nachher versuchte nur noch der für Grammatik interessierte Kaiser Claudius (41–54 n. Chr.) eine Erweiterung durch drei Buchstaben. Das Zeichen ⊢ ist inschriftlich unter Claudius nur für gr. υ nachgewiesen; da aber hierfür bereits *y* in Gebrauch war, möchte man eine andere Bestimmung vermuten und sucht diese, nicht sehr überzeugend, in der Bezeichnung des in *optumus optimus* vermuteten Zwischenlautes zwischen *u* und *i* (§ 92 B); der Buchstabe ⊢ ist sonst nur in Gebrauch im Alphabet von Thespiai in Boiotien für ein dem ι sich näherndes ε, und im nationalen Alphabet der Osker, und zwar mit der Umschreibung *i*, für einen zwischen *e* und *i* liegenden Vokal (etymologisch *ī* und *ē*); außerdem in Heraklea als halbes H(ēta) für *h* bzw. Spiritus asper. – Das ⅃, ein zur Unterscheidung von lat. *F* umgekehrtes gr. Digamma, dient zur Bezeichnung des konsonantischen *u̯* (*v*) und damit also zur Beseitigung der Doppelwertigkeit von *V* als *u* und als *v*: ⅃*ixit* VI 26067, *amplia⅃it* 31537, ⅃*o⅃emus*, *bo⅃e*, *Io⅃i*, *Ar⅃alium* (neben häufigerem *V*) Acta Arv. imp. Claud. C. – Als Parallele zu dem Doppelzeichen *x* (und zu *z*?) dient Ↄ (Antisigma) für *bs* und *ps*. – Diese Schriftreformversuche überlebten die Regierungszeit des Claudius ebensowenig wie sein wiedererwecktes *ai* für *ae* (§ 76). – Siehe bes. *F. Bücheler*, De Ti. Cl. Caesare grammatico (Kl. Schr. I 1); *Baehrens*, Komm. 52.

Die Entwicklungsgeschichte der lat. Buchstabenformen, einschließlich der Ligaturen, der Abkürzungen, der Kursive und der tachygraphischen Zeichen, wird in den Handbüchern der Epigraphik und der Paläographie behandelt. *E. Hübner*, HA I² 646; *R. Cagnat*, Cours d'épigraphie Latine ⁴1914; *H. Foerster*, Abriß d. lat. Palaeogr., Stuttgart 1961; *Rehm-Klaffenbach* in: Grundlagen d. Arch. (HdArch. 1969) 360 ff.; *W. M. Lindsay*, Notae Latinae.

3. ALTE SCHREIBGEWOHNHEITEN (§§ 11–16)

11. Buchstabe für Buchstabenname. Gelegentlich wird nach Scaur. gramm. VII 15, 1 ff. ein Buchstabe für seinen Namen gesetzt: *dcimus bne krus* mit *d b k* für *de be ka*. Man kann manche fehlerhafte Schreibungen auf Inschriften nach diesem Prinzip rechtfertigen, etwa *Dcumius* D 70, *debtur* 471, *lubs* 'lube(n)s' 82, 217, *Albsi* 'Albe(n)si' 9. – S. *Hammarström*, Arctos 1, 15 u. 31; *Ritschl*, Opusc. IV 481.

12. Kennzeichnung langer Vokale durch Doppelschreibung, Diphthongschreibung, I longa und Apex.

Doppelschreibung. Im letzten Jahrhundert der Republik, auf datierten Inschriften hauptsächlich zwischen 135 und 75 v. Chr., werden die langen Vokale *ā ē* und *ū* gelegentlich durch *aa ee uu* wiedergegeben, etwa in *aara leege iuus*. Im Oskischen beobachtet man auf Inschriften im nationalen Alphabet teilweise schon früher das gleiche Verfahren in Anfangs- oder Stammsilben: *paam* 'quam (akk. fem.)', *aasas* 'ārae', *Maatreis* 'Mātris'; *teerúm* 'Gebiet'; *fiisnam* 'fānum'; mit *uu* für etymologisches *ō duunated* 'dōnāvit', *Fluusai* 'Flōrae', *uupsens* neben *upsens* 'fēcērunt', im Inlaut nur *tristaamentud* 'testāmentō'. Antike Nachrichten (Funaioli gramm. 30 nr. 24) schreiben die Einführung der lat. Doppelschreibung dem Dichter Accius zu, dessen Lebenszeit bis ins 1. Jh. v. Chr. reicht; richtiger gilt sie, nach Quint. 1, 7, 14, „usque ad Accium et ultra" und geht auf oskisches Vorbild zurück; Lucilius 352 ff. bekämpfte sie. Vgl. auch *Pepe*, StIt. 20,

105–120 [Gl. 36, 128 f.]. – In der Kaiserzeit findet man fast nur noch *uu* in den Kasusendungen der 4. Dekl. mit *ū*.

Belege aus D: *aara* 208, *maanium* 149, *faato naatam* 584, *Maamius* 243, *Vaalus* 668, *Vaarus* 294, 357, *Vaarius* 669, *famaa* (Abl.) 306, *paastores* (132 v. Chr.) 430, *aastutieis* (fal. Köche) 122; *ree* 584, *seedes* 294, 583, *Sullai Feelici* 302, *leege* 208; *haace leegei seese luuci* 268 (lex Bant.); *Luucius Puupius* 413, *Muucius* 68, 453, *Temuudino muunienda* 429, *cuurauerunt* 690, *iuure* (58 v. Chr.) 270, *iuus pequlatuu* (um 81 v. Chr.) 269, *arbitratuu* (117 v. Chr.) 453. Für *oo* ist der einzige alte Beleg *uootum* 175 in Falerii; vgl. später *Vrsioonis* III 12009. Zu Doppelschreibung in geschlossenen Silben s. die Belege in § 22. Bei *ī* half man sich anders. – Der bekannte Vorname *M.* erscheint in griechischer Schreibung wohl nach oskischer Manier in alter Zeit nur als Μααρκος (Delos) D 101, 130, 133, 171; danach auch lat. *Maarco* 583 und Gentilicium Μααρκιον *Maarcium* 287, dazu Μααρκελλος. Vgl. *Schulze*, EN 464[6]; Aussprachebesonderheiten suchte in diesem *aa Eckinger* 9 f. – Über älteste Belege in oskischem Gebiet und über Oskisch als Vorbild zuletzt *Lazzeroni*, Ann. Sc. Norm. Pisa 25, 124–135.

Zu *aha ihi* für *ā ī* (*Ahala nihil*) s. § 178 III b α, γ.

13. Diphthongschreibung und I longa. Viele lat. *ū* und *ī* sind aus Diphthongen entstanden. Für *ū* sind daher die etymologischen Schreibungen *oi* bzw. *oe* und *ou* bis etwa 100 v. Chr. noch recht gebräuchlich; in der Kaiserzeit verschwinden sie; s. §§ 73 u. 80. – Etwas anders steht es bei *ī*. Nach dem Zusammenfall des alten Diphthonges *ei* mit dem echten *ī* in der Aussprache *ī* ist etwa von 150 bis 70 v. Chr. *ei* neben *i* gebräuchlich als graphisches Zeichen für klass. lat. *ī* jedes Ursprunges: *Sullae Feleici* D 299, 300, statt *Felicei*; s. § 69. – Daneben wird *ī* seit Sullas Zeit auch durch ein über die Zeile hinausragendes I, die sog. I longa, wiedergegeben: FELIcI und vIcvs I² 721; man pflegt diese I longa durch *í* zu umschreiben (s. dazu § 14), also *Felíci* und *uícus* (ungenau ist *Felíci* und *uícus* D 301); *caementícium* D 25. Erstaunlicherweise wird die I longa schon erwähnt bei Plautus, Aul. 77. – In der Kaiserzeit verliert die I longa diese alte Funktion; sie wird lautlich bedeutungslos statt des zeilenrechten I vereinzelt für beliebiges *i* gebraucht. Bemerkenswert ist aber nun ihre Bevorzugung bei zwischenvokalischem konsonantischem *i̯*, beispielsweise in *eius* bzw. *eiius*, die als eIvs und eIIvs (selten eIIvs) begegnen, s. § 138, 1 b α. Zu I longa für postkons. vulglat. *i̯* s. *Väänänen* 35.

14. Apex. Die drei vorgenannten Längenbezeichnungen, Doppelschreibung, Diphthongschreibung und I longa, werden in caesarischer Zeit abgelöst durch den Gebrauch des sog. Apex über dem Vokalzeichen; aber auch dessen Anwendung ist nur ganz unverbindlich und selten. In der Form ähnelt er der Koronis ' oder dem Akut; so wird er auch durch letzteren umschrieben. Frühe Beispiele aus D sind: NÁSONI *Násoni* 307, *Fláca* 742, *Pápius arbitrátu Pólliónis* 658, *né reuerére ó* 686, *fémina frúgi tú* 673, *Iúlio* 314, *úna* 648; häufiger in 644, wo auch *éi* in *bonéis invéisa*. Aus späterer Zeit seien erwähnt das Monumentum Ancyranum (1, 1 *rérum gestárum* usw., auch *nón, contrá*), das Gedicht CE 29, ein Mosaik in Pompeji (s. Gl. 18, 247) und ein Gaius-Papyrus Pap. corp. lat. 77 p. 151 (s. Gl. 19, 235). Auch bei Grammatikern wird seine Funktion erwähnt, Quintilian 1, 7, 2 f. empfiehlt ihn nur zur Unterscheidung von graphischen Homonymen wie *malus* und *málus*, *palūs* und *pālus*, dagegen „longis syllabis omnibus adponere apicem ineptissimum est". Vgl. auch Scaur. gramm. VII 18, 14. – Da der Apex, ähnlich wie bei den Konsonanten der Sicilicus, als Ersatz oder Vereinfachung für die ältere Doppelschreibung empfunden wird (Quint. 1, 4, 10), so wird er mißbräuchlich öfters auch dort für vv gesetzt, wo dies nicht für *ū*, sondern für *υu* oder *ŭŭ* steht: SALV́M SERV́M '*salvum servum*' XII 3499, STRENV́S '*Strenuus*' VI 28123 usw.

Nur ganz ausnahmsweise steht der Apex auf dem *i* (EXCÍDERE Mon. Ancyr. I 15), und nach § 13 umschreibt *i* nicht *í*, sondern die I longa, z. B. in DĪVO IV́LIO *diuo Iúlio* D 314. – In Vergilpapyri (Pap. corp. lat. p. 9 ff.) wird der Apex oft nach unerkennbaren Prinzipien gesetzt; so p. 19 f.; in einem zeichnet er, wohl nach Verwendung des griech. Akuts, die Worttonsilben aus, die sich bekanntlich nur in der zweiten Hexameterhälfte mit den Vershebungen decken, so etwa Aen. 2, 39 *scínditur incértum stúdia in contrária vúlgus*.

Siehe bes. *J. Christiansen*, De apicibus et I longis, Kiel (Husum) 1889; *Oliver*, AJPh. 87, 129–158 (Apex, Sicilicus), 158–170 (I longa).

Zus. Zum Gebrauch des Zirkumflexes in älteren Textausgaben zur Formdifferenzierung (nicht als Längezeichen zu fassen!) in *-ûm* des Gen. plur. der *o*-Stämme und in *-îs* des Dat.-Abl. plur. *quîs* s. §§ 353 und 374, 2b. – Zum Gebrauch des Apostrophs für Aphaerese in *ausu's* s. § 134, 2c. – Zu *i* und *u* in oskischen Wörtern in Sperrdruck im nationalen Alphabet der Osker s. Allg. Teil 25*, zu *i* auch § 10 und § 57 Zus. c.

15. Doppelschreibung von Konsonanten und Sicilicus. Das Latein besitzt wie das Griechische und das Deutsche intervokalische gedehnte bzw. lange Konsonanten, die man, phonetisch ungenau, aber der Schreibung entsprechend, als geminierte Konsonanten oder Doppelkonsonanten zu bezeichnen pflegt; vgl. §§ 184 u. 196, 1b. Die Doppelschreibung beruht wohl auf dem Gefühl der Silbenscheide im Konsonanten: *mit-tō mis-sus* (§ 23a). Nach dem Zeugnis der Inschriften ist diese Doppelschreibung im Latein erst allmählich obligatorisch geworden: seit 135 v. Chr. ist sie ziemlich häufig, seit etwa 100 v. Chr. ist sie allgemein durchgedrungen. Die ältesten Zeugnisse sind *Appios* D 339 (wohl 212 v. Chr.), *Hinnad* 340 (kurz nach 211 v. Chr.), letzteres offenbar nach der griechischen Schreibung mit νν, Ἔννα, auf Münzen Hενναίων; dann folgt das Dekret des Aemilius Paullus D 263 (189 v. Chr.) mit *uellet turri essent possidere oppidum*, aber auch *posedisent iousit*. Dagegen das SCBacch. (186 v. Chr.) mit seiner rückständigen Amtsorthographie zeigt nur die Einfachschreibung; etwa mit *Duelonai* 'Bellōnae' *uelet facilumed tabelai* 'tabellae', *comoinem* 'commūnem', *ese necesus iousisent, hoce* ntr. 'hocc', *Bacanal, oquoltod* 'occultō'. – Nach Festus s. v. *suovetaurilia* hat Ennius (239–169 v. Chr.) die Doppelschreibung eingeführt; das mag für die literarische Überlieferung richtig sein, an die die antiken Grammatiker bei solchen Fragen allein zu denken pflegen; dann lehnte sich Ennius, wie das schon Festus sagt, hierin wie auch im Hexameter seiner Annalen an das griechische Vorbild an, nicht etwa an das oskische oder an das messapische seiner Heimat Rudiae (so *Conway-Whatmough* II 597). – Zu Kürzung von gedehnter intervokalischer Konsonanz bot sich nur Gelegenheit bei *ss* nach langem Vokal: *caussa* jünger *causa* § 182a; zu *mīlle* plur. *mīlia* s. § 148 dα. Zu *eiius* neben *eius* s. § 13. Zur Kürzung ursprünglicher Doppelkonsonanz vor oder hinter Konsonant s. § 196, 1bβ.

Noch weit seltener als bei den Vokalen der Apex dient bei den Konsonanten der formal ihm gleichende Sicilicus etwa seit Augustus als Ersatz für die Doppelschreibung: mvḿiaes VI 21736, sabelío V 1361, osá X 3743; er soll auch in „alten" Handschriften gebräuchlich gewesen sein nach Marius Victorinus.

Zum Sicilicus s. Mar. Victorin. gramm. VI 8, 1–4; Isid. orig. 1, 27, 29; ferner *Christiansen* (Titel § 14) 20 f.

16. *gg gc* für *ng nc* wie gr. γγ γκ in ἄγγελος ἀγκύλος. Für den Nasal vor Guttural wollte Accius (gramm. frg. 25 Fun.) auch im Latein *g* schreiben, also *aggulus agceps* für *angulus anceps*. Daß das *n* vor gutturalem Verschlußlaut wie im nhd. *Anker* den gutturalen Nasal *ŋ* („Agma") bezeichnet, wird hierdurch bestätigt. Von Zeugnissen auf Inschriften kenne ich nur aus Pompeji das halbgriechische hybride *cunnuliggeter* IV 4699, gleich virtuell *-λιγγητήρ von lat. *lingere* (gr. λείχειν), kaum lat. Adverb auf -*iter*. – Nach dem griechischen Vorbild hat das Gotische *gg* für lautlich *ŋg* übernommen, vgl. *tuggo* nhd. *Zunge*, § 162c.

x **als Doppellaut.** Statt einfachem *x* wird in alter Zeit oft *xs* geschrieben: *exstrad* SCBacch., *maxsume* D 88 (etwa 150 v. Chr.), *proxsimum* 59, *saxsum* 544, *interrexs* 62, *felixs* 650. – Der Widerspruch zwischen einfachem Zeichen und zweifachem Laut führte in späterer Zeit auch zu umständlichen oder pleonastischen Schreibungen wie *cs* und *cx cxs xss xx xcs*: *uicsit* VI 17677, II 1240, 2256, XI 3266, 6078, *salacs* VIII 20855; *uicxit* VI 17387 add. p. 3520, VIII 12930, III 14292, *uic.xit* NSc 1927, 422; *coniuncxs* VI 29403, *facxsis* Act. arv. Claud. C 27; *Doxssaes* VI 35134a, *exssempla* XI 3614, 20; *Maxximinus* XII 1416, *uxxorem* XII 913, *uixxit*, VI 13146, 17203, XIII 3033, auch IX 4028 ohne Silbentrennung; *uixcsit* X 2993; weitere Belege bei Diehl Chr. III Index 608 u. 615 (für *uixit* und *uxor*). Fehlerhaft ist *xc*: *iuxcta* VI 14614. Dagegen *sx* und *ssx*, vielleicht auch *ss*, dürften Versuche sein zum Ausgleich zwischen der traditionellen Schreibung *x* und der inzwischen aufgekommenen Aussprache -*s* bzw. -*ss*-: *coiusx* VI 25833, *Felisx* VIII 23323, *uissxit* XI 3567; auch *uissit coius* sind in späterer Zeit häufig, etwa VI 24724a, 34026, s. §§ 204a, 225 II c α Zus. – Vgl. auch *Sommer*, Gl. 1, 183.

4. AUSSPRACHE DES LATEINS (§§ 17–23)

17. Orthographie und Aussprache des Lateins haben von der archaischen bis in die klassische Zeit erhebliche Änderungen durchgemacht; in der vulgärlateinischen Entwicklung der Kaiserzeit hat sich der Lautwert mancher lateinischer Buchstaben und Buchstabengruppen gewandelt; darüber kann erst die Darstellung der Lautlehre genauere Auskunft geben.

a) Die **Orthographie** der klassischen Zeit, also die Standardorthographie ist uns vertraut aus Schulgrammatiken und aus den Texteditionen klassischer Autoren; gesichert wird sie durch offizielle Inschriften aus dem Beginn der Kaiserzeit, etwa den Rechenschaftsbericht des Kaisers Augustus vom Jahre 14p (sog. Monumentum Ancyranum), indirekt auch durch Nachrichten von Grammatikern, die sich ihrerseits vorwiegend auf literarische Texte, d. h. auf die Tradition der älteren Handschriften stützen. Sie ist nicht ganz fest fixiert. Vgl. dazu *A. Durry*, Eloge funèbre (gemeint ist die sog. Laudatio Turiae), Paris 1956 (Belles Lettres B 154), p. LXXXIII sqq. – Die Orthographie bringt manche Lautdifferenzen nicht zum Ausdruck, so die Vokallängen in ihrem Gegensatz zu den Kürzen, die kons. *i̯ u̯* gegenüber den Vokalen *i u* (s. § 7), auch nicht prosodische Merkmale wie Wort- und Satzakzent. Die Inschriften bezeichnen nur ausnahmsweise diese für die

Leser ihrer Zeit entbehrlichen Merkmale wie Vokallängen, Silben-, Wort- und Satzende.

b) Die Aussprache der klassischen Zeit, also für unsere Betrachtung die Standardaussprache, ist in erster Linie aus der Orthographie der klassischen Inschriften zu erschließen, unter Mitbeachtung der Wechselformen. Weitere Zeugnisse sind: die Differenzen gegenüber früherer und späterer Orthographie; Angaben antiker Grammatiker wie Terentianus Maurus und Marius Victorinus über die Natur der Laute; für die Vokalquantitäten offener Silben und möglicherweise auch für die Art der Betonung die Metrik und Prosodie, und ergänzend auch der Klauselrhythmus; die Wiedergabe von Lehnwörtern und fremden Eigennamen, so die von griechischen im Latein und von lateinischen im Griechischen, insoweit über die gleichzeitige griechische Aussprache begründete Vermutungen bestehen; sprachgeschichtliche Ergebnisse aus der historischen Lautlehre des Lateins vom Indogermanischen bis zu den romanischen Sprachen.

c) Die fremden Sprecher, im Altertum wie in der Gegenwart, übertragen unwillkürlich die Artikulationsbesonderheiten ihrer eigenen Muttersprache auf die Laute des Lateins. So seien hier wenigstens die gröbsten Differenzen der Einzellaute gegenüber der traditionellen Lateinaussprache im Hinblick auf das Schriftdeutsche genannt: Das *s* ist immer stimmlos, also auch im Anlaut vor Vokal und im Inlaut zwischen Vokalen (hier wie nhd. -ss-). – Das *c* ist immer als *k* gesprochen, auch in *ce ci* (Cicero und Caesar also als *Kikerō* und *Ka̧esar*). – Das *e* ist auch in e-Diphthongen als *e* gesprochen: *oe* als *o̧e* (nicht *ö*), *ae* als *a̧e* (nicht *ä*), *eu* als *e+u* (nicht wie nhd. *eu* in *heute*). – Das *i* ist auch hinter Kons. vor Vokal ein voller Vokal ($rătĭō$, nicht $rātsjo$). – Der moderne Brauch, Vokalquantitäten offener Silben zwar gezwungenermaßen im Vers (Hexameter usw.) zu artikulieren, sie aber in der Prosa als nichtexistent zu behandeln (abgesehen allenfalls von der Differenzierung bei Flexionszeichen, wie dem -$ā$ des Abl. sing. fem.), ermangelt jeder sachlichen Rechtfertigung. – Über Vokallängen in geschlossenen Silben s. § 22.

d) Zur Lateinaussprache in der Gegenwart. Einzig sinnvoll, dazu international zweckmäßig ist, bei aller Unverbindlichkeit in Kleinigkeiten, die Aussprache nach der klassischen Orthographie, bzw. für die Vokallängen und -kürzen nach den Zeugnissen der Metrik; ihre Anerkennung als verbindlich liegt freilich noch in weiter Ferne. Gegenwärtig haben weitere Gültigkeit die „pronuntiatio restituta" (in Mitteleuropa), in der nur die lat. Vokalquantitäten nicht beachtet werden, und die „pronuntiatio Romana sive ecclesiastica" (in Italien), gekennzeichnet besonders durch *č ǰ* statt *k g* in *ce ci ge gi* und durch Fehlen des *h*. – S. dazu *F. Bömer*, Gymnasium 73, 1966, 459; *Marouzeau*, La prononciation du latin, Paris 1931.

Selbst unter der Voraussetzung, daß die Standardwerte der isolierten Laute approximativ richtig bestimmt sind, bleibt die Interpretationsfrage unlösbar bei den bekannten orthographischen Schwankungen, so bei *-uos/-uus* und *vo/vu* (§ 46), *-umus/-imus* (§ 92 B), auch *hūmor/ūmor* (§ 178 III a γ) oder *caussa/causa* (§ 182a), und bei den lautlichen Assimilationen der Praeverbien, etwa *ob-/op-sequī* oder *con-/col-lēga* (§ 196, 3). Es ist zu bedenken, daß sicher schon im antiken Grammatikunterricht die Aussprache zum Teil nach der Schrift (Orthographie) bzw. nach morphologischer Wortanalyse geregelt wurde.

Lit. zur Aussprache. *Sturtevant*, The pronunciation of Greek and Latin: Sounds and accents, Chicago Ill. ²1940 (darin Latein 106-189); *Lindsay-Nohl*, Die lat. Sprache 1897 (Neudruck 1967), 14-171; *A. Traina*, L'alfabeto e la pronunzia del latino, Bologna ²1963; *W. S. Allen*, Vox latina, Cambridge 1965 (mit Blick auf englische Studenten); *Schlossarek*, Die richtige Aussprache des klass. Lateins, Breslau ²1931. Überholt: *Corssen*, Über Aussprache, Vokalismus und Betonung der lat. Sprache I II, ²1868/70; *Seelmann*, Die Aussprache des Lateins nach physiologisch-historischen Grundsätzen, 1885. - Rein theoretische Bedenken gegen die Ausspracherekonstruktion nur schriftlich überlieferter Sprachen bei *Harweg*, Krat. 11, 33-48, wo von gra(pho)phonematischen Systemen gehandelt wird.

18. **Vulgärlateinische Lautwandel** der Kaiserzeit kommen nur in beschränkter Anzahl in Grammatikertraktaten wie der Appendix Probi oder Consentius de barbarismis oder in der Schreibung der Inschriften manifest zum Ausdruck, in letzteren etwa mit *Agustus Domna espiritus rius pelegrinus cinque* für *Augustus domina spīritus rīvus peregrīnus quīnque*; dann auch *e* für *ae*, kombinatorische Wandel von Konsonantengruppen wie in *veclus* für *vet(u)lus*, *tt ss* für *pt x* (*sette, uissit* 'vīxit'), Fehlen von *h- -m*, von *n* vor *s* (*mesa mesis*). Andere bleiben unter dem traditionellen Schriftbild mehr oder weniger verdeckt; ihre Spuren rücken erst durch die romanische Sprachentwicklung in helleres Licht.

Die wichtigsten im Romanischen bestätigten Wandel sind mit den nötigen Verweisen die folgenden: *ae̯* > *e* (§ 77); Vokale in Tonsilben (§ 57); Betonung und Prosodie (§§ 239 u. 245); Konsonantisierung von antevokal. *e i* zu *i̯*, von *u* zu *u̯* (§§ 42f, 139b, 141bδ); Affrizierung von *i̯-* und von *di̯ ti̯ gi̯ ci̯* (§ 139bγ); Palatalisierung von *c g* vor *e i* (§ 159; zur Palatalisierung vgl. auch Gl. 34, 212 über *Burger*); dazu die obengenannten *Agustus* § 84, *Domna* § 103a, *espiritus* § 116, *rius* § 145d, *pelegrinus* § 232, *cīnque* § 378, *veclus* § 160b, *sette* '7' § 197 und *vissit* § 204.

Zusatz. Die Problematik des Vulgärlateins einerseits als nichtklassische und nachklassische lat. Umgangssprache der Kaiserzeit und andrerseits als Basis der romanischen Sprachen ist vielschichtig, die Literatur dazu kaum überblickbar. Hier sei nur der doppelte Aspekt des Terminus klar herausgehoben. Aus der Vergleichung der romanischen Einzelsprachen ergibt sich als deren Grundform eine vom klassischen Latein in vielen Einzelheiten abweichende, auch nicht immer einheitliche Sprachform; sie verdient die Bezeichnung „Urromanisch". Andrerseits zeigen die lat. Sprachquellen der Kaiserzeit zahlreiche Abweichungen von der klassischen Norm; auch Grammatiker bezeugen solche besonders im Wortschatz, oft unter dem Stichwort „vulgo"; sie stellen offensichtlich jüngere Weiterentwicklungen des gesprochenen Lateins vorwiegend der einfacheren Volksschichten dar, und so werden sie nun insgesamt als Vulgarismen bezeichnet; doch bilden sie keineswegs eine geschlossene einheitliche Sprache „Vulgärlatein". - In sehr vielen Punkten nun decken sich die Rekonstruktionen des Urromanischen mit bezeugten vulgärlateinischen Formen. In diesem Sinne kann man vereinfachend sagen, daß die romanischen Sprachen nicht auf das klassische Latein zurückgehen, sondern auf das „Vulgärlatein".

Lit. zum Vulgärlatein im Bereich des Lateinischen: *Tovar*, A Research Report on Vulgar Latin, Kratylos 9, 113-134; *A. Kuhn*, Roman. Philologie, in Wiss. Forschungsber. ed. Hönn, Bd. 8, Frankfurt 1951, 58-89; *Leumann*, Urroman. und Vulglat., Ling. Posn. 8, 1-11; *Einar Löfstedt*, Late Latin, Oslo 1959; *Burger*, Pour une méthode du 'Roman commun', Mém. Marouzeau 163-169 (Merkmale: Strukturveränderungen durch Intensitätsakzent und Palatalisierung; Bruch zwischen gesprochener und geschriebener Sprache; Zeit um 200-800); *Lausberg* I §§ 32-34. - Verkehrt über Vulgärlatein als „Sprachbund": *Pisani*, KZ 76, 47; danach *Altheim*, Spr. 2 ff. [dazu *Leumann*, Krat. 1, 165-167]. - Reiche Belege in *Diehl*, Vulglat. Inschriften (über 1500), in Kleine Texte nr. 62, 1910 (vergriffen), und in den Indices zu *Diehl* Chr. (Bd. III). Zu vielen Einzelheiten: *Baehrens*, Sprachl. Komm. zur vulglat. Appendix Probi, 1922. - Dazu die Hinweise in meinen

Glottaberichten in [ ] auf: *Suess*, zu Petrons Cena [18, 244]; *Sofer*, zu Isid. orig. [19, 243–245]; *Muller*, A Chronology of Vulgar Latin [20, 271]; *Heraeus*, Kl. Schr. mit „Die Sprache Petrons und die Glossen" [28, 6]; *Niedermann*, Consentii ars de barbarismis [28, 6; dazu Gn. 14, 438–442]; *Väänänen* [28, 7], 2. Aufl. Berlin, Akad.-Verlag 1959 (³1966); *v. Wartburg*, Ausgliederung der roman. Sprachräume [Gl. 27, 77], auch als Buch erweitert 1950. - Weitere Lit. s. Allg. Teil S. *48f.

19. Normalaussprache. Im wesentlichen ist in der klassischlateinischen Periode, angesichts der orthographischen Änderungen in der vorausgehenden Epoche, das Schriftbild sicher phonologisch lautgetreu, abgesehen von der Nichtkennzeichnung der langen Vokale und der konsonantischen *i* und *u* (*i̯ u̯* bzw. *j v*). Dagegen werden manche phonetische Feinheiten, die in der Schrift gar nicht oder doch nicht deutlich zum Ausdruck kommen, aus der Lautgeschichte mehr oder minder sicher erschlossen; genannt seien: offene/ geschlossene Aussprache der Vokale; Nasalierung der Vokale vor *ns nf*; verschiedene Aussprachen des *l*; andere bleiben uns zweifellos gänzlich verborgen. Mit diesen Einschränkungen mögen die folgenden Angaben die Normalaussprache der lateinischen Laute andeuten.

ă: wie *a* in nhd. *lachen, man*.
ā: wie *a* in nhd. *Vater, Gabe*, engl. *a* in *father*, frz. *a* in *grâce*.
ĕ: kurz und offen, wie *e* in nhd. *Rettung*, italien. *bello*.
ē: lang und geschlossen, wie *é* in nhd. *See*, frz. *fée*.
ĭ: kurz und offen, wie *i* in nhd. *in, wissen*, it. *sì*.
ī: lang und geschlossen, wie *i* in nhd. *Igel, sie*, frz. *vie*, it. *nido*.
ŏ: kurz und offen, wie *o* in nhd. *Gott*, frz. *col colère*.
ō: lang und geschlossen wie *ó* in nhd. *Rose, Sohn*, frz. *chose*, it. *padrone*.
ŭ: kurz und offen, wie *u* in nhd. *Butter, dunkel*, engl. *full*.
ū: lang und geschlossen, wie *u* in nhd. *Mut, Ruder*.
y: wie *ü* als Kürze und Länge in nhd. *Fürst, über*, frz. *nul, pur*.
ae: wie einsilbiges *a* + *e*, also annähernd wie nhd. *ei* in *Stein* (nicht wie nhd. *ä*).
au: wie nhd. *au* in *Auge, Haus*.
oe: wie einsilbiges *o* + *e*, also annähernd wie nhd. *eu* in *heute*.
eu: wie einsilbiges *e* + *u*, auch vielleicht *ē* + *u*, s. § 81.
ui: wie einsilbiges *u* + *i*, also wie in nhd. *pfui*, nur in *huic cui* und Interjektion *hui*.
Das konsonantische *i*, also *i̯*, von *Iuppiter Iūnō iūs eius* war Halbvokal, nicht Spirans wie nhd. *j* in *jeder*. Hinter Konsonant vor Vokal ist *i* immer voller silbischer Vokal: *sapiēns quoniam ratiō* sind dreisilbig ⏑ ⏑ —.
Das konsonantische *u*, umschrieben als *v* oder als *u̯* (§ 7), war Halbvokal, etwa wie engl. *w* in *water*, nicht Spirans wie nhd. *w* in *Wasser*.
l war teils palatal (hell), teils velar (dunkel); palatal war es in *ll*, im Wortanlaut und im Wortinlaut vor *i ī* (und *e ē*?); velar war es im Wortauslaut, und im Wortinlaut vor Konsonanten und vor *ā ō ū*.
r war wohl das Zungenspitzen-*r*.
m und *n* wurden wie nhd. *m n* ausgesprochen.
Vor gedecktem Nasal, also in Lautgruppen wie *ēns* und *ent enc emp*, wurde der Vokal möglicherweise nasaliert ausgesprochen (§§ 152d u. 220b).
Ausl. *-m* war in der Aussprache irgendwie reduziert (§ 228 II b).
n vor Gutturalen, also in *anguis uncus nunquam*, wurde als gutturaler Nasal *ŋ* ausgesprochen, also ebenso wie in nhd. *Anker, Enkel* (s. § 16).
Die Lautgruppe *gn* wurde als *ŋn* gesprochen, also *magnus ignis* als *maŋnus iŋnis* (§ 42a), soweit nicht die Aussprache sich nach dem Schriftbild richtete; zu anl. *gn-* s. § 192.
p t c entsprachen etwa den französischen *p t c* (*c* in *car coeur*); es fehlte ihnen der Hauch (Aspiration) der nhd. besonders norddeutschen Aussprache, deren Tenues annähernd als *ph th kh* gesprochen werden.

Dem *qu* (*qu̯*) mag das italien. *qu* von *quattro* usw. entsprechen. Ob es einlautig oder zweilautig war, ist umstritten (s. § 156 d).

b d g mögen den nhd. *b d g* in der norddeutschen Aussprache gleichen.

c g waren in allen Stellungen Verschlußlaute, auch vor *e i ae oe*; also *cella centum Cicero cista Caesar coetus* klangen wie *kella kentum kikerō kista ka̯esar ko̯etus*.

t war Verschlußlaut auch vor *i* + Vokal: die Aussprache etwa von *ratiō* (‿ ‿ —) *etiam* (‿ ‿ —) *stultitia* (— ‿ ‿ ‿) entsprach, wie die Metrik bestätigt, dem Schriftbild. Die Aussprache *rātsjo ētsjam stultītsja* ist fehlerhaft.

s bezeichnete durchaus einen stimmlosen Laut (nhd. *ß* in *beißen*, frz. *c* oder *ss* in *placer chasser*), also auch, im Gegensatz zum Deutschen, anlautend vor Vokal in *sōl* und inlautend zwischen Vokalen in *rosa causa*.

z in griechischen Lehnwörtern und Namen ist in der Stellung vor *b d m* als stimmhaftes *s* gesprochen (wie intervokal. *s* in nhd. *Rose*, frz. *baiser*); bei intervokalischer Stellung ist daneben auch eine Aussprache *dz* denkbar. Vgl. § 9 Zus. a.

f war labiodentaler Reibelaut.

h war im Wortinlaut in der Aussprache geschwunden (wie im Nhd.); im Wortanlaut war es wohl nur schwach artikuliert. S. § 178 III.

x hatte den Lautwert *ks*.

Zur Schulaussprache des Lateins vom Altertum bis zur Renaissance s. *Maria Bonioli* (rez. *Happ*, IF 70, 102).

20. Zur Bestimmung von Lautklang und Lautentwicklung im Latein lassen sich auch Zeugnisse aus dem Griechischen verwerten, nämlich griechische Umschrift von lat. Wörtern und Namen und lateinische Wiedergabe von griech. Lehnwörtern usw.; sie kommen bei den lat. Lauten zur Sprache. Es ist immerhin Vorsicht angezeigt: die griech. Lautwerte der klassischen und hellenistischen Zeit sind nicht einheitliche Größen. Jedenfalls ist für Lautbestimmungen im Latein die in Amerika üblich gewordene Translitteration der griech. Buchstaben durch ihre Entsprechungen im lat. Alphabet nicht verwertbar; bemerkenswert sind folgende Wiedergaben: gr. η ω als *ē ō*, υ als *u*, ει ου als *ei ou*, ά ὰ als *á à*, ή ὼ als *é ó*, ᾶ ῆ ῶ als *â ê ô*; weiter γγ als *ng*, φ ϑ χ als *ph th kh*, ξ als *ks*, ψ als *ps*, ζ als *z*, Spiritus asper als *h*, Ϝ als *w*; s. *Martinet*, Word 9, 160. – Für die resp. Wiedergaben der Vokale s. § 85; für die Konsonanten s. in § 135, 3 die Verweise.

21. Vokalquantitäten. Kurze und lange Vokale (*a* und *ā*, *e* und *ē* usw.) sind im Latein nicht nur verschiedene Formen ein und desselben Lautes, insofern die kurzen *e i o u* als offene, die Längen *ē ī ō ū* als geschlossene Laute bestimmt werden. Vielmehr sind sie im Hinblick auf ihre Funktion **verschiedene Laute** (Phoneme), so gut wie *r* und *rr* (fut. *feret*, konj. *ferret*) oder wie etwa die Konsonanten *b* und *p*, *t* und *d* oder wie im Griechischen die Vokale ε und η, ο und ω; daß Kürzen und Längen nicht durch verschiedene Buchstaben bezeichnet werden, ist ein freilich verzeihlicher Mangel der Schrift: das Altindische vermeidet ihn mit seinen verschiedenen Zeichen für *a i u r̥* und *ā ī ū r̥̄*. Am Quantitätsunterschied haften gegebenenfalls Unterschiede der Bedeutung oder der Funktion; die Anzahl der Homonyme der Aussprache ist erheblich geringer als die der nur graphischen Homonyme („Homogramme"). Die Vokalquantitäten sind, nach moderner Terminologie, phonologisch relevant. – Uns sind diese Quantitäten in der Hauptsache nur aus metrischen Texten bekannt.

Semasiologische Unterschiede in offenen Silben (Kürzen *ă ĕ* usw. hier nur beim Nomen ausdrücklich bezeichnet). Beim Nomen: *mălus* 'schlecht', *mālus* 'Mast', *mālus* fem. 'Apfelbaum', *mālae* 'Kinnbacken'; *pĭlus* 'Haar', *pīlus* 'Manipel', *pĭla* 'Ball', *pīla* u. -*um* 'Mörserkeule'; *ŏs* 'Knochen', *ōs* 'Mund'; *lĕvis* 'leicht', *lēvis* 'glatt'; *pŏpulus* 'Volk', *pōpulus* fem. 'Pappelbaum'; *mŏrātus* 'verweilend', *mōrātus* 'gesittet' (vgl. den Witz bei Suet. Nero 33, 1); lŭtum 'Schmutz', lūtum 'Färbekraut'. Vor ị̆ (in *maior, eius*) ist der Vokal kurz, die Silbe lang, s. § 138, 1 a. Beim **Verbum**: *parere* 'gebären', *pārēre* 'gehorchen'; *iacĕre* 'werfen', *iacēre* 'liegen'; *edere* 'essen', *ēdere* 'herausgeben'; *venīre* 'kommen', *vēnīre* 'verkauft werden'; *cecĭdit* 'er fiel', *cecīdit* 'er fällte'; *occĭdit* 'er stirbt, starb', *occīdit* 'er tötet, tötete'; *condĭtus* 'gegründet', *condītus* 'eingemacht'. **Funktionelle Unterschiede**. In **Kasusendungen** der ersten vier Deklinationen: -*a* nom., -*ā* abl.; -*e* vok., -*ē* Adverb; -*is* nom. gen. sing., -*īs* akk. pl. (*omnis*); -*us* nom. sg., -*ūs* gen. sg., nom. akk. pl.; auch *hoc* ntr. sg., *hōc* abl.; *hic* 'dieser', *hīc* 'hier'. Im **Verbalparadigma** zwischen Praesens und Perfekt: *scabit scābit, legit lēgit, venit vēnit, fodit fōdit, fugit fūgit*. In der **Wortbildung** der Adjektive: -*icius* und -*īcius*, -*inus* und -*īnus*.

22. Vokallängen in offenen und geschlossenen Silben. In offenen Silben sind die Vokalquantitäten in erster Linie aus der metrischen Verwendung in Versen feststellbar, in zweiter Linie aus der Art der Wortbildung oder aus der Wiedergabe der Vokale in den romanischen Sprachen; nur bei sehr wenigen Wörtern sind sie unbekannt. Irrtümer in der Vokalquantität kommen im klassischen Latein nicht vor; Quantitätswechsel ist auf ein paar Sonderfälle beschränkt (s. § 130). – Die Vokalquantität ist ebenso nachweisbar in der Stellung vor **Muta cum liquida**; denn vor dieser Konsonantengruppe bleibt die Silbe offen; sie bildet als solche bei den alten Skenikern nicht Position (sog. correptio Attica), und bei den anderen Dichtern nur wahlweise, seitdem Ennius in Nachbildung griechischer Verstechnik diese Freiheit im lateinischen Hexameter eingeführt hatte (s. zu den Einzelheiten auch § 239a): *lucrum* 'Gewinn', *dēlūbrum* 'Heiligtum'; zu *pater* gehört ein Genetiv *pătris*, zu *māter* aber *mātris*; neben *perīculum* mit anaptyktischem *u* in -*cul*- ist nur *perīclum* denkbar. – Übrigens bestimmt in vorletzten offenen Silben die Vokalquantität die Tonstelle.

In sog. **geschlossenen Silben** des Wortinnern folgen auf einen Vokal zwei oder mehr Konsonanten; damit ist für die Metrik die Silbe ohne weiteres eine Länge „durch Position". Die metrische Verwendung gestattet also hier keine Feststellung der Quantität des Vokals an sich; und <u>man pflegt meist alle Vokale in positionslangen Silben als Kürzen zu sprechen</u>. Tatsächlich aber ist auch vor zweifacher Konsonanz Vokallänge möglich, so gut wie im Griechischen η und ω als eindeutige Vokallängen auch vor zweifacher Konsonanz stehen, etwa in χρῆσθαι χρῶνται. Der Nachweis von Vokallänge vor zweifacher Konsonanz ist angewiesen auf äußere und innere Zeugnisse. Äußere Zeugnisse, die freilich nicht alle notwendig für das klassische Latein gelten müssen, sind Grammatikerangaben, inschriftliche Zeugnisse (*aa, á*, I longa, *ei* usw., §§ 12–14); dann speziell bei *ē ī ō* die griechische Schreibung η ει ω sowohl für römische Namen usw. in griechischer Überlieferung als auch für griechische Lehnwörter und Namen im Latein; für *ē ī ō ū* indirekt die romanischen Sprachen (zunächst freilich nur fürs Vulgärlatein, § 57); bei *ō* eine Nebenform mit *au* (*ōlla, Pōlla,* § 83 A 3). Soweit solche Längen sich als sekundäre Dehnungen erweisen, sind sie in §§ 125–130 behandelt. Unter inneren Zeugnissen sind gemeint morphologische Erwägungen mannigfacher Art, lautgeschichtliche Verknüpfungen und vermutete etymologische Entsprechungen. Bezüglich der Zeugnisse der Grammatiker, der Inschriften und der romanischen Sprachen ist es dabei vollkommen belanglos, ob die durch sie nachgewiesenen Vokallängen der morphologischen bzw. etymologischen Erwartung entsprechen oder widersprechen; im Fall des Widerspruchs kann es sich um sekundäre Vokaldehnungen handeln.

Zeugnisse. a) Grammatikernachrichten (vgl. *Heraeus*, ALL 14, 393–422 u. 449–477): *īns- cōnf-* Cic. orat. 159; *lūstrum* 'Fünfjahropfer' gegen *lŭstrum* 'Schmutz' Paul. Fest.; *calēscit* Gell. 7, 15, 3; *līctor* Gell. 12, 3, 4; *āctus* Gell. 9, 6; *rēxit* usw. Prisc. II 466, 17; *benīgnus* ebd. 82, 7; *ārma* (eher konstruiert als beobachtet) Pomp. V 285, 24; *in-lēx* 'gesetzlos' Paul. Fest. (gegenüber *inlĕx* zu *illicio*); *lūx* zirkumflektiert, § 240.

b) Inschriftliche Belege, außer den in § 12 und §§ 125–129 angeführten (vgl. auch § 436 B 2 b Zus.). Vor *ns*: *ouáns* und *cénsum* MA; implicite *-ēns-* durch Schreibungen wie *Crensces*. Ferner: *aarmi-* XIII 11774 (212ᴾ), *fórma* VI 20674, 3, *órnátum* D 644, *lárgus* VI 32521 b 2, *iúrgia* IV 7698 c (cf. § 103 b), *noundinum* SC Bacch., *Mánlius* (*Schulze*, EN 442⁶), *Pólliónis* D 658 (§ 83 A 3 a); *régna* CE 422, 2; *náscerer*, *lústrum* und *óstium* MA (vgl. *ó* in *Ostiensium* XIV 4532); *iústissimus* XI 3805 *po(l)loucta* D 88; *dedúxí* und *réx* MA, *réxit* sim. s. § 436 B 2 a Zus. *ei* und *I* longa für *ī*: *indeixsit* D 406 (vgl. 264), *ueixsit* 614, 649, ᴠɪxɪᴛ 627, 646, 3 vgl. 608, 6, 683, 7 usw.; *erceiscunda* Lex Rubr. 2, 55, *prIscus* D 338 (Name); *a(f)fleicta* D 88, *conscreiptus* Lex Iul. munic.; *mIllia* MA, *Eillurico* D 336; *quInq(uennalis)* D 129, *quIntus* und *Queinctius* s. § 126 a.

c) Griechische Wörter und Namen im Latein (vgl. § 85 B 1 u. C 5 a): gr. η lat. *ē*: *palimpsēstus Sēstus orchēstra, Crēssa* Hor. 'Kreterin', *Tecumēssa*, *catalēcticus, Allēctō* Verg., *plēctrum scēptrum, prolēpsis*; *pēgma*; *lēmma, Lēmnus*; – gr. ει lat. *ī*: *sīstrum* σεῖστρον, *danīsta* Plt. δανειστής; *alīpta* Mart. ἀλειπτής; *dictēria* Cic. plur. δεικτήρια; *ellīpsis*; auch gr. ῑ lat. *ī*: *pīncerna* (zu πῑν- s. *Heraeus*, Kl. Schr. 201 f.); – gr. ω lat. *ō*: *exóstra, glōssa*; *geōrgica, Iōlcus*; – gr. ου lat. *ū*: *Procrūstēs, cērūssa* Plt. 'Bleiweiß'; *Lycūrgus chīrūrgus*; – gr. dor. ᾱ lat. *ā*: *Halicarnāssus* (-νᾱσσός ion. -νησσός), *Parnāssus*. – Lat. Wörter und Namen im Griechischen: Μααρκος, κῆνσος, πρωτήκτωρ, Πρεῖσκος usw.

d) Für innerlateinische morphologische Erwägungen seien einige charakteristische Proben genannt. Nach gen. *audāc-is ferōc-is lūc-is* auch nomin. *audāx ferōx lūx*, ebenso *vōx Pollūx* Suffix *-trīx*, *plēbs*; nach *rēg-is* auch *rēx rēgnum*. Nach *pāstor pābulum pāvī* auch prs. *pāsco*, nach *nātus nōtus* auch *nāscor nōsco*; nach *calēre* auch *calēscere*; nach *rōdere* auch *rōstrum* (§ 198 b). Nach *fās iūs vās flōs* auch *fāstus iūstus vāsculum flōsculus*. Nach *corōna* auch *corōlla*, weil aus *corōn(e)lā*. Nach *ūnus* auch *ūndecim* (s. aber § 119 aγ). – Nach lautgeschichtlicher Verknüpfung: *iūstus* wegen altlat. inschr. *ioṷestōd*; *mīlvus* 'Weih' wegen altlat. *mīlŭos*; *āctus* wegen *ex-āctus* gegenüber *făctus effectus*; *plōstrum* neben *plaustrum*. – Nach einer etymologischen Gleichung *(g)nōsco* neben altiran. *xšnās-* gr. γι-γνώσκω, § 407 II A 2.

e) Die romanischen Sprachen führen auf Vokallänge etwa bei *corōlla vīlla mīlle nūllus*; *bēstia fūstis crēscere*; *dīxit*; *cīnque* (für *quīnque*). S. *Meyer-Lübke*, REL; *Gröber*, Vulglat. Substrate, in ALL Bd. 1 bis 7; auch *Sonnenschein*, Hidden quantities, ClR 26, 1912, 78. – Vgl. aber die Kritik an roman. **stēlla* bei *Szemerényi*, Gl. 38, 200 (merkwürdig gr. στηλας Pap. Corp. lat. n. 278, 6 (wie Στηλατινα SC Orop. 9). Anlehnung an gr. στήλη 'Säule'?

Zusatz. In dieser Laut- und Formenlehre sind in angeführten Wörtern und grammatischen Formen die Vokallängen offener Silben als solche durch den Längenstrich gekennzeichnet; in geschlossenen Silben insoweit, als Längen durch eines oder mehrere der obigen Zeugnisse als gesichert erscheinen; in geschlossenen Silben garantiert also das Fehlen des Längestrichs nicht unbedingt Kürze des Vokals. – Zur Quantität des Stammvokals im *s*-Perfekt s. § 436. – Zur Quantität und Längenbezeichnung von ausl. *-o* des Nomin. sg. in der 3. Dekl. und der 1. sg. des Verbums s. § 122 b. – In Anführungen aus Texten und von Inschriftenbelegen werden die Längen nicht bezeichnet, da hier nur die Überlieferung gegeben werden soll.

23. Silbenteilung und Silbengrenze sind hinsichtlich der Schreibung (Orthographie) und Aussprache und der grammatischen Theorie getrennt zu behandeln. In Schrift und Aussprache erscheint vereinzelt in wirklich oder scheinbar durchsichtigen Zusammensetzungen die etymologische Silbenteilung, vgl. Quint. 1, 7, 9 *haru-spex abs-tēmius*, s. auch *Schulze*, Kl. Schr. 495². Ähnlich ist die morphologische Silbentrennung, bei der Reduplikation *vhe:vhaked* Maniosinschr., vgl. falisk. *pe:parai* Vetter nr. 241, bei einer Partikel *for. sit. an* Laud. Turiae. – Im Übrigen gilt Folgendes.

a) Die Silbengrenze ist **natürlich gegeben** hinter offenen Silben wie in *re-us ci-tō* und im Innern eines gedehnten, doppelt geschriebenen Konsonanten: *es-se vel-le ag-ger*; hier ist der Konsonant auf zwei Silben verteilt (vgl. § 15), seine Implosion beschließt bei Verschlußlauten die erste Silbe, die Explosion eröffnet die zweite. Diese Art von Silbenteilung wird bestätigt durch die Zeilenbrechung auf Inschriften, z. B. in der Lex Rubria, oder noch deutlicher in der Lex Malacitana, CIL II 1964 (Bruns, Fontes nr. 30b), unter Domitian: *cre/ari accipi/endis renunti/ato suffragi/um patrocini/umue* (hiernach rein orthographisch auch *qu/is qu/ae qu/em qu/od qu/os*), *pecu/nia crea/ri cu/ria demo/liundum singu/los co/mitia di/u̯om; cau/tum cau/sam, prae/ diatoria, nego/tium ra/tionem*; endlich *pos/sit amis/si*, auch *ei/ius*.

b) Auch bei **zwei Konsonanten** liegt auf der genannten Inschrift die Silbenfuge zwischen diesen, selbstverständlich bei *rt rc nt mp* usw.: *sor/tem opor/tebit or/dinent mer/cati haben/tem sun/to rogan/dis eun/dem tem/pus*, aber auch bei *st ct mn gn*: *cis/tam quaes/torem fac/ta rec/te om/nes cog/nitus*; dagegen natürlich *ne/que*; andere Fälle fehlen hier. Vereinzelt findet man auch eigentliche Silbentrennung durch Punkte, so *Flac.cil.la* X 5871 oder *Va.le.ri.us My.ris.mus . . . con.iu.gi ca.ris.si.mae be.ne.me.rent.ti* (Gl. 16, 224; vgl. *Hofmann*, IF 56, 116 f.). Anders als im letzten Wort etwa Silbentrennung auf Inschriften: *sep/pte(m), uic/xit liquis/sti alum/mno* (zu *ppt mmn* s. § 223a). – Bei Gruppen von drei und mehr Konsonanten gelten entsprechende Regeln, Trennung vor Muta cum Liquida, aber innerhalb der Gruppen wie *ct st*, also einerseits *tem/plum cas/tra*, andererseits *sanc/tus emp/tus*. Diese Silbenabteilung entspricht offenbar der Aussprache bzw. dem Sprachgefühl der Schreibenden und gibt damit die Silbengrenze.

c) Die Silbengrenze liegt **vor Muta cum Liquida**: *du/plex pū/blicus sa/cra a/gros pa/trem*, übrigens auch *sta/gna*. Da Muta cum Liquida ursprünglich im Latein keine Position bildet, ist also die Silbentrennung die Grundlage des Quantitätsgefühls. Positionslang ist eine Silbe nicht eigentlich deshalb, weil auf einen kurzen Vokal (in *captus castus cantus*) zwei Konsonanten folgen, sondern weil die Silbe (*cap cas can*) auf einen Konsonanten schließt, während der zweite Konsonant bereits zur folgenden Silbe gehört. Also *cap cas can* sind metrisch einem *cā* von *cāsus cārus cānus* gleichwertig. Übrigens war man sich schon im Altertum darüber klar, daß auch unter den metrisch gleichwertig als Längen verwerteten Silben noch Längenunterschiede bestanden; s. z. B. Quint. 9, 4, 84 ff.

Siehe dazu: *Dennison*, Syllabification in Latin Inscriptions (betrifft vorwiegend Zeilenbrechung), ClPh. 1, 47–68; *v. Helle*, Gl. 11, 29–50; *Baehrens*, Komm. 76; *Hermann*, Silbenbild. 231–235; *Safarewicz*, Et. 18; *Hill*, Lang. 30, 439–447 [Gl. 36, 132¹]. – Zur Silbentrennung vor Muta zum Liquida s. § 239a.

d) Abweichend von den Zeugnissen der Inschriften lehren die Grammatiker, daß solche Konsonantengruppen, die auch im Anlaut eines lateinischen (bzw. griechischen) Wortes vorkommen, als Silbenanlaut die folgende Silbe beginnen. Sie trennen also *fa-ctus o-ptimus* und *pote-stas ca-stra*, auch *sum-psit*; dieser Lehre folgt auch die Zeilenbrechung im Veronenser Palimpsest von Gaius inst. (s. *Guil. Studemund* im Apographon desselben p. XXIV). – Diese Lehre der Grammatiker folgt griechischen Vorbildern, entspricht aber nicht der lateinischen Aussprache.

e) Worttrennung findet man nicht in den Handschriften, wohl aber auf den meisten Inschriften der republikanischen Zeit. Maniosspange und Foruminschrift verwenden hierfür den Dreipunkt oder den Doppelpunkt (⁝ oder :), ähnlich wie die ältesten griechischen Inschriften. Das Übliche aber ist, wie im Oskischen und Umbrischen auch, ein einfacher Punkt in Höhe der Zeilenmitte, so etwa in SCBacch., Scipionengrabschriften, Lex Spoletina und den großen Gesetzen. Doch schon die Duenosinschrift zeigt scriptio continua. Die Bezeichnung des Wortendes läßt auch Enklise und Proklise erkennen: *-que* und *-ve* werden immer ohne Worttrennung angehängt. Eine Präposition wird mit dem von ihr regierten Nomen vereinzelt, aber keineswegs konsequent, zusammengeschrieben (unberücksichtigt in D): *ingremiu(m)* D 542, *protrebibos* 227, *apurfinem* 224, *immontem, adterminum* usw. 453 (Sent. Minuc., s. *Meister*, SB Heidelberg 1924/25, 3. Abh. 29[1]), *infronte* 694, *inparte* Gl. 18, 247 oben, *inaltod* Col. rostr. 10 usw.; *inmunicipio* Bruns Fontes 27, 6, *exformula* ib. 41, 8; dazu mit Silbentrennung *a.ba.mo.re* VI 35767, *ab.ste* Pap. corp. Lat. 247 I 18 (Brief zwischen 21 u. 14 v. Chr.). Offenbar sind die Praepositionen in der Aussprache proklitisch an ihre Nomen angelehnt. – Etruskisches Vorbild der Worttrennung behauptet *Nicolau*, REIE 1, 85–88 [Gl. 36, 128]. – Kaiser Augustus gebrauchte keine Worttrennung nach Suet. Aug. 87, 3. – Interpunktionszeichen in den Texten sind von den modernen Editoren zugefügt.

B. INDOGERMANISCHER LAUTBESTAND UND EINZELSPRACHLICHE LAUTVERTRETUNGEN

24. Über Lautvertretungen. Eine historische Lautlehre hat in erster Linie die vorhistorischen Lautwandel festzustellen; zu den Grundlagen und den Verfahren s. Allg. Teil §§ 42–46 und 54 f. In Ergänzung dazu sei noch folgendes bemerkt: Im eigentlichen Sinne sind es nicht die Laute, die sich wandeln, verstummen, sich angleichen usw.; die Sprecher sind die Träger der lautlichen Veränderungen; die des klassischen Lateins verbinden trotz ununterbrochener Sprachtradition eine Wortbedeutung, z. B. 'ich komme', mit einem anderen Lautbild (*veniō*) als ihre Vorfahren zur Zeit der Grundsprache (*$^*g^w emy\bar{o}$*) oder ihre Nachkommen der romanischen Periode (frz. *je viens*). Doch erfolgen die Veränderungen für die Sprachträger unbewußt und meist unbeobachtet; diese stehen in lautlichen und morphologischen Fragen ihrer Sprache in keiner Weise mit einem bewußten Streben nach

Veränderung gegenüber, sondern, wenn überhaupt, dann nur mit dem Bestreben ihre überkommene Sprache in unveränderter Form zu gebrauchen, um richtig verstanden zu werden. Insofern ist es auch unbegründet, etwa mit *E. Otto*, Zur Grundlegung der Sprachwissenschaft, Bielefeld 1919 (Nachdruck 1964) aus der Betrachtung des Ergebnisses (nicht des Vorgangs!) in den Assimilationen die Auswirkung eines Strebens nach Bequemlichkeit zu sehen oder mit *Havers*, Hdb. d. erklär. Syntax, Triebkräfte zu unterscheiden und damit hinter den unbewußten Sprachveränderungen eine Art Zielstrebigkeit oder Teleologie zu suchen.

Für das historische Latein sei noch folgendes vorausgeschickt. Die Einzellaute sind nur zum Teil unverändert erhalten, so die langen Vokale und der Diphthong *au*, von den kurzen Vokalen nur die in erster Wortsilbe, ferner die Mehrzahl der Konsonanten in der Stellung zwischen Vokalen, ausgenommen die Mediae aspiratae, das $i̯$ (idg. *y*) und das *s* ($>$ *r*). Für deren Schicksale ist man vorwiegend auf „zwischensprachliche Vergleichung" angewiesen. Man verknüpft also im Prinzip lateinische Wortbilder mit ihren anderssprachigen Entsprechungen, hier unter angemessener Beschränkung auf das Oskisch-Umbrische und die idg. Hauptsprachen; zur Vereinfachung geht man dabei von der rekonstruierten idg. Wortgestalt aus. Die Lautwandel in Konsonantengruppen (§§ 183–223), die sog. kombinatorischen Lautwandel, erweisen sich ganz vorwiegend als Assimilationen; sie ergeben sich zumeist aus „innersprachlicher Vergleichung"; denn sie erfolgen beim Zusammenstoß von erkennbaren morphologischen Elementen in inneren Wortfugen. – Ungeregelte Lautentsprechungen, besonders in Tiernamen, versucht man als tabuistische Entstellungen zu deuten und zu rechtfertigen, siehe *Kronasser*, Semasiol. 170 f. – Zur phonetischen Gliederung der Konsonanten im Latein s. § 186.

Übersicht über Literatur und Hilfsmittel.
Gesamtdarstellungen. *F. Sommer*, Hdb., ²1914, Neudruck ³1948. *Lindsay-Nohl*, Die lat. Sprache, 1897, Neudruck Hildesheim 1970. *R. G. Kent*, The Sounds of Latin, Language Monogr. XII, 1932, ³1945; The Forms of Latin, Ling. Soc. of America, 1946. *E. Kieckers*, Histor. lat. Grammatik I Lautlehre, II Formenlehre, München 1930/31, ³1962. *J. Safarewicz*, Histor. lat. Grammatik, Halle 1969 (vorher polnisch: Zarys, Warszawa 1953). Noch kürzer: *V. Pisani*, Grammatica latina storica e comparativa (Manuale storico II), Turin 1948, ³1962. *C. Tagliavini*, Fonetica e morfologia storica del latino, Bologna ³1963. *H. H. Janssen*, Historische grammatica van het Latijn I II, den Haag 1952/57. – Griech.-Lat.: *A. Meillet-J. Vendryes*, Traité de grammaire comparée des langues classiques, Paris 1924, ³1960. *C. D. Buck*, Comparative Grammar of Greek and Latin, Chicago 1933. – Nur Lautlehre. *F. Stolz*, HG I: 1. Lautlehre (1–364), 2. Stammbildungslehre (365–706), Leipzig 1894/95. *M. Niedermann*, Précis de phonétique historique du latin, Paris 1931, Neudruck 1968; ders., Histor. Lautlehre, Heidelberg ³1953 (methodisch scharf; ohne Heranziehung des Griechischen). *A. Maniet*, L'évolution phonétique et les sons du latin ancien, Louvain ²1955. *A.-C. Juret*, La phonétique latine, Strasbourg ²1938 (Lautwandel geordnet nach dem Stellungswert im Wort; sehr einseitig). Dazu vier Aufsätze: *Ed. Hermann*, Charakteristik des lat. Lautsystems, Gött. Nachr. 1919, 229–286 (phonetische Tendenzen: stärkere Lippentätigkeit usw.). *G. Bottiglioni*, Tendenze fonetiche, Athenaeum 7, 449–474; 8, 27–50 (rückwärts rückende Artikulation [s. Gl. 20, 268]). *A. Martinet*, Word 6, 26–41 (phonologisch drei Perioden). *W. Brandenstein*, Kurze Phonologie des Lateins, bei *Altheim*, Spr. 481–498. – Zur Aussprache. *E. H. Sturtevant*, The Pronunciation of Greek and Latin, Philadelphia 1940 (und Neudrucke). *A. Traina*, L'alfabeto e la pronunzia del latino, ²1963. *W. S.*

Allen, Vox Latina, Cambridge 1965 (Aussprache des klass. Lateins). – Formenlehre. *A. Ernout*, Morphologie historique du latin, Paris 1914 (auch deutsch: *Ernout-Meltzer*, Histor. Formenlehre des Lateinischen, Heidelberg [2·3]1920). – Stammbildung des Nomens. *Stolz*, HG I (s. oben). *F. T. Cooper*, Word Formation in the Roman Sermo plebeius, New York 1885; Neudruck Hildesheim 1971. – Dazu Hilfsmittel und Materialien: *Neue-Wagener* (N.-W.), I–III. *Georges*, Lexikon der lat. Wortformen, Leipzig 1890. Ferner: Thesaurus linguae Latinae, im „Kopf" der Wortartikel. Spezialwörterbücher und Wortindices zu Einzelautoren: *G. Lodge*, Lexicon Plautinum I II, 1914–1933; Index zu Ennius ed. *Vahlen*, usw. Sprachliche Indices zu *E. Diehl*, Altlat. Inschriften (Kleine Texte nr. 38/40), Berlin [3]1930, [4]1959, Nachdruck [5]1964, und zu *Diehl*, Christ. (Inscriptiones latinae christianae veteres), Bd. III 478 ff. *O. Gradenwitz*, Laterculi vocum latinarum, Teil B: A-tergo-Index (nach Wortausgängen geordnet), Leipzig 1904.

Geschichte der lat. Sprache. *A. Meillet*, Esquisse d'une histoire de la langue latine („Esq."), Paris [2]1928 und Neudrucke, zuletzt ed. *J. Perrot*, 1966, mit neuer Bibliographie. *G. Devoto*, Storia della lingua di Roma, Bologna 1940, neu 1969, auch deutsch: Geschichte der Sprache Roms, Heidelberg Winter, 1968. *L. R. Palmer*, The Latin Language, London [1]1954, [4]1964. *G. R. Solta*, Zur Stellung der lat. Sprache (nämlich unter den idg. Sprachen und unter den umliegenden Sprachen in Italien), SB Wien (Öst.) 291, 1974, 4. Abh. *Stolz-Debrunner* (-*W. P. Schmid*), Gesch. d. lat. Spr., Göschen 492/492[a], Berlin [4]1966. *J. Collart*, Histoire de la langue latine, Paris 1967. *V. Pisani*, Manuale storico della lingua latina: I 1 Le origini e la lingua letteraria fino a Virgilio, 1962. *F. Altheim*, Gesch. d. lat. Spr. von den Anfängen bis zum Beginn der Literatur, Frankfurt 1951 (vom Standpunkt des Althistorikers; mehr Forschung als fortlaufende Darstellung). *E. Löfstedt*, Late Latin, Oslo 1959. Zum Umgangs- bzw. Vulgärlatein: *G. Reichenkron*, Histor. Latein.-Altroman. Grammatik, I Einleitung, Wiesbaden 1965.

Grundsprache. *K. Brugmann*, Grundriß, 2. Aufl., I Lautlehre, II 1 Stammbildung, II 2 Nomen, II 3 Verbum. Ders., Kurze vergleichende Grammatik der idg. Sprachen (KVG), Leipzig 1904 und Neudrucke. *A. Meillet*, Introduction à l'étude comparative des langues indo-européennes, Paris 1903, [8]1937 und Neudrucke (auch deutsch: *Meillet-Printz*, Einführung in die vergl. Gr., Leipzig 1909). *J. Kuryłowicz* (als Herausgeber), Idg. Gramm., Heidelberg, im Erscheinen: I Lautlehre; II *Kuryłowicz*, Akzent und Ablaut, 1968; III Formenlehre: 1. *C. Watkins*, Idg. Verbalflexion, 1969. *O. Szemerényi*, Einführung in die vergleichende Sprachwissenschaft (mit reicher Literatur), Darmstadt 1970. Kürzer: *H. Krahe*, Idg. Sprachwissenschaft, I II, 5. Aufl., Göschen 59 u. 64; ders., Einleitung in das vergleichende Sprachstudium (hg. von *W. Meid*), Innsbruck 1970. *W. P. Lehmann*, Proto-Indo-Eur. Phonology, Austin Texas 1952 (vgl. § 26). *V. Pisani*, Glottologia indeuropea, [4]1971 (mit bes. Berücksichtigung von Griechisch und Latein). Ferner: *P. Kretschmer*, Sprache (Griech. und Lat.), in *Gercke-Norden*, Einleitung in die Altertumswissenschaft I 6, 1910, 139–229 (auch als Einzelheft, [3]1923). *H. Güntert-A. Scherer*, Grundfragen der Sprachwissenschaft, Heidelberg 1966. *O. Szemerényi*, Richtungen der modernen Sprachwissenschaft I (1916–1950), Heidelberg 1971; ders., Comparative Linguistics, in: *Sebeok* (editor), Current Trends in Linguistics vol. 9 (Linguistics in Western Europe), 1972, 119–195 (mit reicher Literatur). *A. Martinet*, Eléments de linguistique générale, Paris 1961. *L. R. Palmer*, Descriptive and comparative linguistics, London 1972.

Forschungsgeschichte. *A. Walde*, Die italischen Sprachen (1816–1916), in *Streitberg* (Herausgeber), Die Erforschung der idg. Sprachen I 127–230. Bericht über 1920–1940 von *Cousin* im Mém. Marouzeau. Berichte über ein oder mehrere Jahre von 1907–1962 in Ztschr. Glotta, von *F. Skutsch* in Bd. 1–3, *F. Hartmann*, Bd. 4–12, *A. Nehring*, Bd. 13–16, *M. Leumann*, Bd. 18–29, 34, 36, 42. Berichte über einzelne Gebiete früher in *Bursian*, Jb., bis Band 276 (Leipzig 1942), seit 1957 in Lustrum Internat. Forschungsberichte, Verlag Spectrum, Utrecht. – Forschungsbibliographien. *J. Cousin*, Bibliogr. de la langue latine 1890–1948, Paris 1951. L'année philologique, jeweils Abschn. III A, Latin, ed. *J. Marouzeau* u. *Juliette Ernst* (Bd. 42 für 1971), Paris. Für Indogermanistik und Einzelsprachen: Idg. Chronik, ab 1966/67 in jedem Halbjahresheft der Ztschr. Die Sprache, Bd. 13 ff., darin Latein von *W. Dressler*. Früher im Idg. Jahrbuch (jeweils Teil VIII: Italisch), Band 1–30, für 1912–1948. Außerdem: Bibliographie linguistique, Lit. seit 1946, Verlag Spectrum, Utrecht. – Wichtigste Fachzeitschriften (meist auch mit Rezensionen): Gl. (Glotta); IF mit IFAnz.; BSL mit BSL C.R.; KZ; Language; Die Sprache (seit 1949); JIES (seit 1973); Kratylos (nur Rezensionen, seit 1956).

25. Der indogermanische Lautbestand. Für die schriftliche Darstellung des idg. Laut- bzw. Phonembestandes ist hier, außer bei den Gutturalreihen und bei konsonantischen *i* und *u*, die Bezeichnungsweise beibehalten, der *Brugmann* durch seinen Grundriß zu einigermaßen allgemeiner Anerkennung verholfen hat.

Vokale: *a e o, i u*; $_e$ *ə*; *ā ē ō, ī ū*.
Kurz- und Langdiphthonge: *ai ei oi, au eu ou*; *āi ēi ōi, āu ēu ōu*.
Sonantische (vokalische) Liquiden und Nasale: Kürzen ṛ ḷ ṃ ṇ, Längen r̥̄ l̥̄ m̥̄ n̥̄.
Sonanten (Resonanten): Halbvokale *y w* (*i̯ u̯*); Liquiden *r l*; Nasale *m n*.

Verschlußlaute:

	Tenuis	Media	Tenuis aspirata	Media aspirata	(Zugehöriger Nasal)
Labiale:	*p*	*b*	*ph*	*bh*	(*m*)
Dentale:	*t*	*d*	*th*	*dh*	(*n*)
Palatale:	*k′*	*g′*	*k′h*	*g′h*	(*ñ*)
Velare:	*k*	*g*	*kh*	*gh*	(*ŋ*)
Labiovelare:	*k^w*	*g^w*	*k^wh*	*g^wh*	(*ŋ*)

Spiranten: stimmlos *s*, stimmhaft *z*; zweifelhaft *þ*.

Erläuterungen und Ergänzungen: a) Das tiefgestellte kleine $_e$ dient dazu, in Wortrekonstruktionen schlecht vereinbare Vokalentsprechungen der Einzelsprachen (d. h. Reduktionsvokale) vereinfacht darzustellen, s. § 30 Ende. – b) Das *ə*, „Schwä", symbolisiert einen kurzen Vokal unbestimmter Klangfarbe, der im Wechsel zu langen Vokalen steht (s. §§ 33 u. 38); der Name stammt aus der hebräischen Lautlehre. – c) Zu *y* und *w* s. § 26, auch § 7a. – d) Unter den Verschlußlauten sind die drei letzten Reihen als die „drei Gutturalreihen" zusammenzufassen; in ihrer Bezeichnung besteht noch keine Norm. Bei *Brugmann* sind die Palatale, hier *k′ g′* usw., durch *k̑ g̑* umschrieben; die (reinen) Velare, hier *k g*, durch *q g*; die Labiovelare, hier *k^w g^w*, durch *q̯ᵘ g̯ᵘ*. Für das Latein ist die Scheidung zwischen *k′* und *k* oft undurchführbar. – e) Die Labiovelare sind einfache Verschlußlaute, bei denen gleichzeitig mit der velaren *k*-Artikulation Lippenrundung stattfand, also nicht *k*-Laute, denen ein *u̯* (*w*) unmittelbar folgte; im Latein ist idg. *k^w* durch *qu* (*qu̯*) fortgesetzt. – f) Die den drei Gutturalreihen zugeteilten Nasale *ñ* und *ŋ* sind die lautlichen Realisationen eines Nasals (*n*) in der Stellung vor den gutturalen Verschlußlauten ihrer Reihe. Man hat in entsprechender Stellung auch vokalische *ñ̥* und *ŋ̥* als Varianten zu *n̥* angesetzt. – g) Das stimmhafte *z* ist in ähnlicher Weise die Erscheinungsform des stimmlosen *s* nur vor Medien: *zd* für *sd*. – h) Die Grundsprache besaß keine gedehnten oder geminierten Konsonanten; solche wurden verkürzt bzw. vereinfacht, so idg. 2. sing. **esi* 'du bist' aus **es-si*. Ausgenommen ist die affektiv bedingte emphatische Gemination in familiären Wörtern (§ 184b). – i) Eine andere Art von Expressivität wird seit *Havers* mit sehr einseitigen Argumenten dem *u* (und *ū*) der Grundsprache zugesprochen: als „sakrales *u*" sei es seinem dumpfen Klang nach Symbol des Numinosen; aus dem Latein so motiviert die *u*-Flexion (neben der *o*-Flexion) von Götternamen, s. § 264, 2a mit Lit., auch etwa die Funktion des Suffixes *-tu-*. Vgl. auch § 37b. Lit. zum sakralen *u*: *Havers*, Anz. Wien 1947, 139–165 [Gl. 34, 208], auch 1951, 43–46 (Suffix *-tu-*); *Specht*, Urspr. 303 f.; *Mayrhofer-Paßler*, KZ 71, 81–89; *Specht*, Die Spr. 1, 43–49 (in Verben der kultischen Reinigung wie *lovere putāre pluit*); auch *Kronasser*, Semasiol. 160, 164. – Zum „Symbolwert" der Laute s. auch *Zucchelli* 133 f. mit Lit.

26. Der idg. Lautbestand nach *Brugmann* ist rein sprachvergleichend erschlossen als gemeinsame Vorstufe für die Einzelsprachen; insofern ist er die angemessene Grundlage auch für die Erläuterung der lat. Lautgeschichte. – Die moderne Indogermanistik aber beschäftigt sich vorwiegend mit dem Lautbestand als Lautsystem, und sucht als dessen Kern oder Vorstufe ein einfacheres oder älteres Phonemsystem festzulegen; für lateinische Lautprobleme ist das nur vereinzelt von Bedeutung. Bei den Vokalen und Sonanten nach § 25 handelt es sich dabei, gesamthaft betrachtet, um das idg. Ablautsystem (s. §§ 29–38), im Einzelnen aber um die Beziehungen zwischen vokal. $i\ u$ und kons. $i̯\ u̯$ und um das (als Vokal abgelehnte) Schwā als Nachwirkung von Laryngalen plus Vokal, und um Laryngale (Kehlkopflaute) als ehemalige Bestandteile von langen Vokalen und Sonanten. Bei den Konsonanten geht es vorwiegend um die drei Gutturalreihen (§ 154), um das an Gutturale gebundene idg. $þ$ (§ 179b β) und um die idg. Tenues aspiratae (§ 176).

Das phonologisch vereinfachte idg. Phonemsystem findet man am bequemsten bei *Lehmann*, Phonology 99. Es umfaßt nur 28+4 Phoneme, nämlich (etwas vereinfacht, vgl. Gl. 42, 81 f.):

9 Vokale: $e\ a\ o\ _e$; $ē\ ā\ ō,\ ī\ ū$;

6 „Resonants" (als Vokal und als Konsonant gebrauchte Sonanten): $m\ n\ w,\ r\ l\ y$;

12 Verschlußlaute: $p\ b\ b^h,\ t\ d\ d^h,\ k\ g\ g^h,\ k^w\ g^w\ g^{wh}$;

1 weiterer „Obstruent": s;

4 Laryngale, symbolisiert mit X (zu den Bezeichnungen von *Sturtevant* s. § 38).

Zusatz. Es fehlen gegenüber *Brugmann* besonders: die Diphthonge (*ei eu* usw.), weil zweiphonemig (als *ey ew* usw.), die vokalischen $i\ u\ r̥\ m̥\ n̥$ als bedingte Erscheinungsformen (Allophone) der Resonanten $y\ w\ r\ l\ m\ n$, und das unter den Laryngalen versteckte Schwā ə. – Zu y und w vgl. auch § 7a Zus. – S. ferner *Szemerényi*, Trends 135; *Leumann*, Kl. Schr. 398–407; *H. Pilch*, KZ 75, 24–33.

In der Terminologie beachte man: Zu „Resonantes" vgl. Sonanten ($r̥$ sonans usw.). – Verschlußlaute (Mutae) = „Occlusivae", Tenues = „Surdae", Mediae = „Sonorae". – Spiranten, Reibelaute = „Fricativae". – Liquida l; Vibrans r.

27. Die wichtigsten Lautentsprechungen in Übersicht. Die Hauptentsprechung ist immer zuerst genannt. Die in Klammern eingefaßten sind seltenere besonders bedingte Entwicklungen. In [] stehen erforderlichenfalls die Lautwerte der in Einzelsprachen ungewöhnlich verwendeten Buchstaben.

Lautlehre. I. Vorbemerkung

Vertretung der idg. Laute in den wichtigsten Einzelsprachen:

	Idg.	Lat.	Griech.	German.	Altind.	Lit.
Kurze Vokale (nur in lat. ersten Wortsilben):	e	e (i, o)	ε	e (i)	a	e
	o	o (e, u)	o	a	a	a
	a	a	α	a	a	a
	ə	a	α (ε, o)	a	i	a
	i	i	ι	i (e)	i	i
	u	u	υ	u (o)	u	u
Lange Vokale:	ē	ē	η	ē	ā	ė [ē]
	ō	ō	ω	ō	ā	uo
	ā	ā	ā, ion. η	ō	ā	o [ō]
	ī	ī	ῑ	ī	ī	y [ī]
	ū	ū	ῡ	ū	ū	ū
Diphthonge:	ei	ī	ει	ī	e [ē]	ei, ie
	oi	ū (oe, ī)	οι	ai	e [ē]	ai, ie
	ai	ae	αι	ai	e [ē]	ai, ie
	eu	ū	ευ	eo (iu)	o [ō]	(j)au
	ou	ū	ου [ū]	au	o [ō]	au
	au	au (ō)	αυ	au	o [ō]	au
Sonanten:	r̥	or (ur)	ρα, αρ	ur	r̥	ir̃
	l̥	ol, ul	λα, αλ	ul	r̥	il̃
	m̥	em	α	um	a	im̃
	n̥	en	α	un	a	iñ
	r̥̄	rā	ρᾱ	ur	īr (ūr)	ir
	l̥̄	lā	λᾱ	ul	īr (ūr)	il
	n̥̄	nā	νᾱ	un	ā	in
Halbvokale:	y [i̯]	i̯-, —, -i-	‘, —	j	y [i̯]	j
	w [u̯]	ʋ (u)	F (—)	w	ʋ [u̯]	ʋ
Liquiden:	r	r	ρ	r	r (l)	r
	l	l	λ	l	r (l)	l
Nasale:	m	m	μ	m	m	m
	n	n	ν	n	n	n
Spirans:	s	s- -r-	‘, —, σ	s	s (ṣ)	s (š)
Verschlußlaute:	p	p	π	f (ƀ b)	p	p
	b	b	β	p	b	b
	bh	f-, -b-	φ	ƀ b	bh	b
	t	t	τ	þ (d d)	t	t
	d	d	δ	t	d	d
	dh	f-, -d- (-b-)	ϑ	d d	dh	d
	k'	c [k]	κ	h (g g)	ś	š
	g'	g	γ	k	j [ǰ]	ž
	g'h	h (g)	χ	g g	h	ž
	kʷ	qu	π, τ	hw (gw)	k, c [č]	k
	gʷ	ʋ (-gʋ-)	β, δ	kw	g, j [ǰ]	g
	gʷh	f-, -ʋ- (-gʋ-)	φ, ϑ	gw gw	gh, h	g

Zusatz. Im Germanischen erscheinen gemäß der german. Lautverschiebung die idg. Mediae aspiratae *bh dh gh* als Mediae *b d g*, die idg. Mediae *b d g* als Tenues *p t k*, die idg. Tenues *p t k* als stimmlose Spiranten *f þ χ*. Doch wurden letztere nach dem Vernerschen Gesetz in Stellung vor dem idg. Akzent nachträglich sonorisiert zu *ƀ đ ǥ*, weiter daraus *b d g*; vgl. zu den Gutturalen die Tabelle in § 154 β.

28. Von den vielen lautlichen Neuerungen, durch die das Latein sich vom Indogermanischen unterscheidet, sind bestimmte auch in anderen idg. Sprachen anzutreffen, so einige im Keltischen und sämtliche im folgenden aufgezählten im Oskisch-Umbrischen; die Beurteilung dieser Übereinstimmungen ist mitentscheidend für die Annahme der vorhistorischen Zwischenstufen des Italokeltischen und des Ur- bzw. Gemein-Italischen; vgl. dazu Allg. Teil §§ 13, 16, 18–20, und zuletzt *Jeffers*, JIES 1, 330–344.

1. *ə* wird *a* (in allen Sprachen außer Indoiranisch).

2. *eu* wird *ou*: **doukō* 'dūcō' got. *tiuha* idg. **deukō*; *ew* wird *ow*: *novos* 'novus' gr. νέϝος idg. **newos* (s. § 66 u. § 43 a), vermutlich jung.

3. *r̥ l̥* werden *or ol*: **torstos* 'tostus' idg. **tr̥stos*; **qu̯oltos* 'cultus' idg. **ku̯l̥tos*. *m̥ n̥* werden *em en*: *decem*, **kentom* 'centum', **mentis* 'mēns', idg. **dek'm̥*, **k'm̥tom*, **mn̥tis*.

4. *r̥̄ l̥̄ n̥̄* werden *rā lā nā*: **strātos* 'strātus', **wlānā* 'lāna', **gnātos* '(g)nātus', idg. **str̥̄tos **wl̥̄nā **g'n̥̄tos*.

5. Zwischenvokal. *y* schwindet wie im Griechischen: **trees*, weiter *trēs*, aus **trei̯es* ai. *tráyas* idg. **treyes*.

6. Die Mediae aspiratae *bh dh g'h gwh* entwickelten sich vorhistorisch zu den stimmlosen Spiranten *f þ χ χu̯*: sicher im Anlaut: *ferō* gr. φέρω idg. **bherō* 'trage'; **þūmos* 'fūmus' gr. θυμ-ιάω 'räuchere' idg. **dhūmos* 'Rauch'; **χiem-* 'hiems' gr. χιον- 'Schnee' idg. **g'hiom-*; **χu̯ormos* 'formus' 'warm' gr. θερμός idg. ** gu̯he/ormos*; wahrscheinlich auch im Inlaut: **amfō* 'ambō' gr. ἄμφω idg. **ambhō* 'beide'; **meþi̯os* 'medius' ai. *mádhyas* idg. **medhyos* 'mittlerer'; **þiŋχō* 'fingo' zu gr. τεῖχος idg. **dhing'h- dheig'h-* 'bilde aus Ton'; **sniχu̯em* 'nivem' gr. νίφα idg. akk. **snigwhm̥* 'Schnee'.

7. Zwischenvokal. stimmloses *s* wird stimmhaftes *z*: **gezō* 'gerō' aus **gesō*, neben *ges-tus*.

8. Idg. *-t-t-* wird *-ss-*, idg. *-t-tr-* wird *-str-*: *messis* 'Ernte' zu *metō* 'ernte', *rōstrum* 'Schnabel' zu *rōdō* 'nage'.

9. Idg. *-ts-* wird *-ss-*: *quassī s*-Perf. zu *quatiō*.

10. Idg. *-tl-* wird *-kl-*: **pōklom* 'pōculum' 'Becher' urspr. 'Trinkgefäß' idg. **pōtlom* ai. *pātram*.

11. *p – kw* wird *kw – kw*: *coquō* aus **kwekwō* idg. **pekwō* 'koche'; *quīnque* gr. πέντε aus idg. **penkwe*.

12. Ausl. *-t* wird *-d*: altlat. *deded* 'dedit', **siēd* 'siet'.

In verkürzter Darstellung schreibt man statt: *ə* wird *a* einfacher *ə > a*; umgekehrt bedeutet *a < ə* „*a* aus *ə* entstanden". – Bei Laut- und Formveränderungen, die nicht rein lautlich, sondern vielmehr durch Analogie oder Kontamination erfolgen, verwende ich gelegentlich den Pfeil → : *o → u* bedeutet: „*o* ist analogisch durch *u* ersetzt".

C. DAS ABLAUTSYSTEM
DES INDOGERMANISCHEN VOKALISMUS

29. Am Bestand der idg. Vokale in der hier angenommenen Rekonstruktion ist bemerkenswert die Mannigfaltigkeit. Außer den fünf normalen Vokalen in den beiden Quantitäten (*a ā e ē o ō i ī u ū*) treten in entsprechender Weise auch vokalische *r l m n* auf (*r̥ r̥̄ l̥ l̥̄ m̥ m̥̄ n̥ n̥̄*); dazu kommt das $_e$ und ein in seinem Lautwert schwer bestimmbarer Vokal ə (Schwā). Als Diphthonge sind anerkannt Gruppen, in denen einer der drei ersten Vokale *a e o* (bzw. *ā ē ō*) als erstes Glied mit einem *i* oder *u* als zweitem Glied verbunden ist, also die Kurzdiphthonge *ai ei oi au eu ou* (und die Langdiphthonge *āi ēi ōi āu ēu ōu*).

Die Gegensätzlichkeit der Vokale *a e o* einerseits und *i u* andererseits offenbart sich aber noch stärker in einer anderen Tatsache: nur zwischen den drei ersten Vokalen *a e o ā ē ō* findet man in etymologisch verknüpften Wörtern und Wortformen einen Wechsel, dem der von nhd. *binde band gebunden Binde Band Bund* oder *nehme nahm genommen Benehmen Entnahme Vernunft* oder *Hahn Huhn* oder *Schwieger* (*Schwäher*) *Schwager* entspricht. Die Vokale *i u* dagegen sind gewissermaßen starr wie Konsonanten; und sie berühren sich mit den vokalischen *r l m n* (*r̥ r̥̄* usw.) darin, daß sie ebenfalls einen Konsonanten gleicher Artikulation (*i̯ u̯* bzw. *y w*) neben sich haben. Also strukturell sind *i u* und *r̥ l̥ m̥ n̥* gleichwertig. – Die Längen *ī ū r̥̄ l̥̄ m̥̄ n̥̄* kann man dagegen nur mit geringerem Recht als starre Vokale bezeichnen; sie stehen, Sonderfälle abgerechnet, nicht in etymologischem Wechsel zu den Kürzen *i u r̥ l̥ m̥ n̥*.

Die Rekonstruktion des indogermanischen Vokalismus erfolgt also nach zwei ganz verschiedenen Verfahren (vgl. § 26). Erstens geht sie den unmittelbaren Weg aller idg. Sprachvergleichung, indem sie aus dem Lautstand von Erbwörtern der Einzelsprachen wie lat. *pater*, gr. πατήρ, ai. *pitá* auf eine gemeinsame Grundform schließt, hier idg. *pətē(r)*, vgl. Allg. Teil § 45. So ergeben sich die rekonstruierten idg. Vokale, wie sie als Vorstufen der lat. Vokale vorausgesetzt werden. Zweitens baut sie die Ordnungen der in den Einzelsprachen nicht erklärbaren und in bestimmtem Umfang ererbten Vokalwechsel aus zu einem System der idg. Vokalwechsel, das selbst als „morphonological phenomenon" die Grammatikalisierung einer historisch-phonetischen lebendigen Entwicklung darstellen muß. Dieser zweite Weg, der natürlich weit in unsichere Vorzeiten zurückschreitet, führt auf das sog. idg. Ablautsystem. Da im Gegensatz zum Griechischen im Latein von diesem ererbten System nur noch wenig lebendig nachwirkt und von dem Bewahrten das meiste dazu noch durch Sonderentwicklungen der idg. und lat. Vokale und Diphthonge und der Wortbedeutungen entstellt oder verdeckt ist, so sollen im folgenden nur die Grundzüge dieses idg. Ablautsystems dargelegt und vorwiegend mit lateinischen, griechischen und deutschen Beispielen erläutert werden.

Das Ablautsystem gliedert sich zunächst in zwei Gruppen, den Ablaut der Kürzen und den der Längen: 1. die vollstufigen Kürzen *e o a* mit ihren Wechselformen a) für sich allein, b) in Verbindung mit *i u r l m n* (hier finden die Kurzdiphthonge und die *r̥ l̥ m̥ n̥* ihre Einordnung); 2. die (vollstufigen) Primärlängen *ē ō ā* mit ihrer Wechselform ə a) für sich allein, b) in Verbindung mit *i u r l m n* und deren Wechselformen (hier kommen die *ī ū r̥̄ l̥̄ m̥̄ n̥̄* zur Sprache). Der Ablaut der Kürzen, besonders der e/o-Ablaut, ist in seinen Wirkungen noch in allen Einzelsprachen stark bemerkbar; der Ablaut der Primärlängen ist vorwiegend eine Angelegenheit der eigentlichen Indogermanistik.

30. Der Ablaut der Kürzen *e o a*, in den drei einfachen Reihen.

Die *e*-Reihe: Wechsel *e o ē ō* Ø (das durchstrichene Ø bedeutet hier 'Null', d. h. Fehlen eines Vokals). Lat. *tego toga tēgula* zeigen einen Wechsel *e* : *o* : *ē*, gr. φέρω φορά φώρ einen Wechsel *e* : *o* : *ō*, lat. *es-t s-unt* (endungsgleich mit *fer-t fer-unt*) einen Wechsel *e* :Ø. Zusammengefaßt ergibt das die Wechselformen *e o ē ō* Ø; hierbei bildet *e* die Grundstufe oder Vollstufe (V), *o* die *o*-Abtönung der Vollstufe (V⁰), *ē* und *ō* Dehnstufe von *e* und *o* (D und D⁰); das Fehlen eines Vokals, historisch als Schwund desselben zu betrachten, wird bezeichnet als Schwundstufe (S); bei unklaren Lautentsprechungen vermutet man eine Reduktionsstufe (R). – Beispiele: Wz. *sed* 'sitzen': V *sedeo*; V⁰ *solium*, wenn aus **sodiom*; D *sēdimus sēdēs sēdāre*; S *sīdit* aus redupliziertem idg. **si-sd-eti *sizdeti* gr. ἵζει, ai. *sīdati* (für **sizdati*), dazu *nīdus*, nhd. *Nest*, ai. *nīḍas -ám* aus **ni-zdos* 'Nieder-sitzen'. – Wz. *dek'*: V *decet decus dignus* (§ 42a); V⁰ *doceo*; S *disco* aus **di-dc-scō* (Perf. *didicī*). – *ped-* 'Fuß': V *ped-em*; V⁰ gr. πόδ-α, umbr. *du-pursus* (*u* aus *o*, *rs* aus *d*) 'bipedibus', lat. *tri-pod-āre* mit *tripudium*; D *pēs*; D⁰ gr.-dor. πώς, got. *fōt-us*, nhd. *Fuß*. – Wz. **wekʷ* 'sprechen': V gr. (F)ἔπος; V⁰ gr.-hom. (F)ὄπ-ί 'mit Stimme', lat. *vōc-āre*; D⁰ *vōx*. – Am deutlichsten bleibt der Wechsel *e* : *o* sichtbar, etwa in *nex nec-em* : *noceo*, *pendo* : *pondus*; die *o*-Stufe ist seit idg. Zeit zuständig in Verben des Typus *moneo doceo noceo*, vgl. *spondeo*: gr. σπένδω, *torreo* (*rr* aus *rs*): gr. τέρσομαι, *mordeo*: gr. σμερδνός, nhd. *Schmerz*. Dem Wechsel Simplex *e* : Kompos. *o* in gr. φρέν- εὔ-φρον- entsprechen vielleicht *terra* : *extorris*, *tellūs* : *meditullium*, *velim* : **ne-volim* (*nōlim*). – In den Suffixen *-ter-* der Verwandtschaftsnamen und der Nomina agentis sind im Griechischen und auch im Lateinischen viele Stufen belegt: V vok. *Iuppiter*, umbr. *Iupater*, gr. πάτερ; V⁰ εὐπάτορα ῥήτορα; D πατήρ, osk. *patír* (*i* für *ē*), δοτήρ; D⁰ εὐπάτωρ ῥήτωρ *victōr-em -ia*; S *patr-is* πατρ-ός *vic-tr-īx arā-tr-um sū-tr-īna*.

Die *o*-Reihe: Wechsel *o ō* Ø; selten. Man setzt sie an, wo neben dem *o* kein *e* bezeugt ist; hier läßt sich natürlich eine allfällige *o*-Abtönung nicht erkennen. Wz. *od*: V *odor odium*, D *ōdī*; Wz. *bhod*: V *fodio*, D *fōdī*.

Die *a*-Reihe: Wechsel theoretisch *a o ā ō* Ø; doch werden die beiden *o*-Abtönungen hier vielfach angezweifelt, wenigstens für die Grundsprache. Wz. *ak'*: V *aciēs acuo acus*, gr. ἄκρος; V⁰ *ocris* Liv. Andr. 'Berg', umbr. *ocri-* 'Burg, Berg'; D *ācri-*. – V *sacro-*; D *sācri-* Plt. – V *scabo*; V⁰ *scobis* 'Sägemehl'; D *scābī*. – V *ago*, gr. ἄγω; D *amb-āgēs ind-āgo*; D⁰ gr. ἀγωγή. – V *ancus* 'qui aduncum bracchium habet' Paul. Fest., gr. ἀγκών ἀγκύλος; V⁰ *uncus* aus **onkos*, gr.-hom. ὄγκος 'Widerhaken'.

Die Reduktionsstufe (R), als Zwischenstufe zwischen V und S, wird angesetzt, wenn im Latein anstelle eines *e* oder *o* ein anderer kurzer Vokal (meist *a*) erscheint. Sie wird üblicherweise durch ein kleines tiefgestelltes *e* bezeichnet, auch etwa durch ⁰ oder ₀ oder durch ε (Jer'). Vgl. §§ 37c, 48, 60, 62.

31. Die Kurzdiphthongreihen und die Samprasāraṇa-Reihen, d. h. die Variationen der *e*-Reihe bei Verbindung mit Sonanten. Wenn in der *e*-Reihe der ablautende Vokal statt zwischen zwei normalen Konsonanten vor einem durch einen weiteren Konsonanten gedeckten *i u r l m n* steht, so nimmt der Wechsel V : S die Form *ei* : *i*, *eu* : *u*, *er* : *r̥* an, d. h. die Schwundstufe ist nicht wie im Falle *e* : Ø durch totalen Silbenverlust gekennzeichnet, sondern sie wird durch einen der Kurzvokale *i u r̥ l̥ m̥ n̥* gebildet. Als Vollstufen erhalten wir die Diphthonge *ei eu*; demgemäß müssen wir oder dürfen wir wenigstens auch *er el em en* vor Konsonant als *e*-Diphthonge betrachten. – Steht das vollstufige *e* nicht vor, sondern hinter konsonantischen *i u r l m n*, so ergeben sich zu den Vollstufen *ye we re le me ne* als Schwundstufen ebenfalls die Kurzvokale *i u r̥ l̥ m̥ n̥*, der sog. Samprasāraṇa-Ablaut der altindischen Grammatiker.

Das System der Kurzdiphthongreihen in der *e*-Reihe ergibt also in theoretischer Vollständigkeit folgendes Bild:

	S		V	V⁰	D	D⁰
	konson. vor Vok.	vokal. vor Kons.				
e-Reihe	Ø	Ø	*e*	*o*	*ē*	*ō*
ei-Reihe	*y* (*i̯*)	*i*	*ei*	*oi*	*ēi, ē*	*ōi, ō*
eu-Reihe	*w* (*u̯*)	*u*	*eu*	*ou*	*ēu, ē*	*ōu, ō*
er-Reihe	*r*	*r̥*	*er*	*or*	*ēr*	*ōr*
el-Reihe	*l*	*l̥*	*el*	*ol*	*ēl*	*ōl*
em-Reihe	*m*	*m̥*	*em*	*om*	*ēm*	*ōm*
en-Reihe	*n*	*n̥*	*en*	*on*	*ēn*	*ōn*

Die Dehnstufen D und D⁰ der Kurzdiphthonge sind vielfach bezweifelt und jedenfalls nur unsicher nachweisbar, möglicherweise schwand schon in der Grundsprache das *i* oder *u*; andernfalls wurde bei *ēi ēu* und auch bei *ēr ēl ēm ēn* vor Konsonant das *ē* in den meisten Sprachen gekürzt. Vgl. auch § 34.

Bei den Samprasāraṇa-Reihen nimmt die Folge V : V⁰ : S folgende Formen an: *ye* : *yo* : *i* (*i̯e* : *i̯o* : *i*); *we* : *wo* : *u* (*u̯e* : *u̯o* : *u*); *re* : *ro* : *r̥* usw.

32. Im Latein ist nun *ei* zu *ī* und *eu* über *ou* zu *ū* geworden; daher erscheint der idg. Ablaut *ei* : *i* oder *eu* : *u* im klassischen Latein als rein quantitativer Wechsel *ī* : *i* bzw. *ū* : *u*; und in den weiteren Gruppen verdecken andere Entstellungen die ursprüngliche Ordnung. So ergibt die Entsprechung zwischen den idg. Reihen und ihren lateinischen Lautentsprechungen bei Beschränkung auf S, V und V⁰ folgendes Bild:

Idg.			Lat. (normal)		
S	V	V⁰	S	V	V⁰
i	*ei*	*oi*	*i*	*ī*	*oe, ū, ī*
u	*eu*	*ou*	*u*	*ū*	*ū*
r̥	*er*	*or*	*or*	*er*	*or*
l̥	*el*	*ol*	*ul*	*ul*	*ul*
n̥	*en*	*on*	*en*	*en*	*on*

Die Einordnung von lateinischen Formen ist also bei *ū or ul en* nur an Hand von Vergleichsformen anderer Sprachen oder nach der Zugehörigkeit zu einem bestimmten Typus der Wortbildung möglich.

Beispiele. *ei*-Reihe. Wz. *bheidh* 'vertrauen': V *fīdo* alt *di(f)feidens* gr. πείθεσθαι; V⁰ *foedus* alt *foideratei* gr. πεποιθέναι; S *fīdēs* gr. πιθέσθαι πίστις πιστός. – Wz. *deik'* 'zeigen': V *dīco* alt *deicerent* gr. δείκνυμι; V oder D *dīxī* aus **deiks-* oder **dēiks-*; S *dictus iū-dic-em* gr. δίκη. – Wz. *ei* 'gehen': V *īs* 'du gehst' aus **ei-si, ībam* aus **ei-fām*, auch vor Vokal *eo* aus **ei̯-ō*; S *red-i-tus itāre*. – *ye*-Reihe im Komparativsuffix: V *ma(i)iestās* aus **mag-yes-*; V⁰ *ma(i)ius* aus **mag-yos*; D⁰ *ma(i)iōrem* alt *maiosibus* aus **mag-yōs-*; S *mag-is* 'mehr', *magister*. Vgl. auch lat. *hiem-* **him-* § 168.

eu-Reihe. Wz. *deuk*: V *dūco* alt *abdoucit* aus **deukō* got. *tiuha* nhd. *ziehe*; V oder D *dūxī* aus **deuks-* oder **dēuks-*; S *dux duc-em ductus*. – Wz. *eus* 'verbrennen': V *ūro* aus **eusō* gr. εὔω; S *ustus*. – Wz. *yeug*: V pl. *iūgera* aus **yeuges-* gr. pl. ζεύγη zu τὸ ζεῦγος; *iūmentum* alt *iouxmenta*; S *iugum* gr. ζυγόν, *coniug-em* gr. συ-ζυγ-, dazu mit infigiertem *n iungo*. – Wz. *leuk* 'leuchten': V *lūx lūc-is, lūmen* idg. **leuksmn̥*, vgl. gr. λευκός got. *liuhaþ* nhd. *Licht*; V⁰ *lūceo* aus **loukeyō, lūcus* alt *loucom* osk. lok. *lúvkei* 'Hain' lit. *laũkas* 'Feld' ahd. *lôh* (nhd. Ort *Eschen-lohe* usw.); V⁰ *lūna* praenest. *Losna* aus **louksnā* urspr. 'leuchtend' vgl. aksl. *luna* russ. *lunà* 'Mond' apr. *lauxnos* 'Gestirne' av. *raoxšna-* 'leuchtend'; S *lucerna lucubrāre*. – *we*-Reihe. Wz. *swep* 'schlafen': V (idg. *swe-* > lat. *so-*, § 43b) *somnus* aus **swepnos* aisl. *svefn* (ai. *svapnas*), *sopor*; D⁰ *sōpīre*; S gr. ὕπνος aus **supnos*.

er-Reihe. Wz. *wert* 'wenden': V *verto* nhd. *werde*; V⁰ *vortī* nhd. *ward*; S alt *aru̯orsum oinuorsei* 'universi'. – Wz. *bher* 'tragen': V *fero*; D⁰ *fūr* aus **fōr* gr. φώρ φωράω; S *fors* aus **bhr̥tis*. – *re*-Reihe. Wz. *prek'* 'bitten, verlangen': V *precēs* mit *precārī*; V⁰ *procus* 'Freier, Brautwerber'; S *posco* aus **porskō* idg. **pr̥(k')-sk'ō*.

el-Reihe. Wz. *kʷel* 'pflegen': *colo* aus **kʷelō* gr. πέλομαι ai. *cárati*; S *cultus* aus **kʷl̥tos*. – Wz. *kel* 'verbergen, hehlen': V *occulo* aus *-celō* nhd. *hehle*; D *cēlāre*; S *occultus* (zu alt *oquoltod* s. Allg. Teil S. 54* unten), vor Vokal *cl-am*. – *le*-Reihe: Wz. *bhleg* 'brennen': V gr. φλέγω; S *fulgur fulgeo*; eine Reduktionsstufe in *flagro flamma* aus **flagsmā*.

en-Reihe. Wz. *men* 'denken': V gr. μένος lat. *reminiscor* (*-min-* aus *-men-*); V⁰ *moneo mōnstrum meminī* (*-min-* aus *-mon-*) gr. μέμονα; S *mēns mentis* aus **mn̥ti-* ai. *matis, com-mentus* gr. αὐτό-ματος, *mementō* gr. μεμάτω idg. **memn̥-tōd*; auch vor Vokal S *mn* in osk. *memnim* 'monumentum', falls aus **memn-iom* und nicht synkopiert aus **memon-iom*. – *ne*-Reihe. V Negation *ne* 'nicht' in *ne-que ne-scio ne-fās* usw.; D *nē* (nicht die Prohibitivnegation!) in *nēquam nēquīquam*; S Privativpraefix *in-* für **en-* gr. ἀ- ai. *a-* nhd. *un-* idg. *n̥-*.

Bei der *a*-Reihe und der *o*-Reihe sind Diphthongvariationen selten. *ai*-Reihe. Wz. *mais*: V *maestus maereo*; S *miser*. – V *aemulus*; S *imitor imāgo*. – V *baetere*; S *ar-biter* (§ 162bβ). – *ar*-Reihe: vielleicht *arceo* gr. ἀρκέω, V⁰ (eher als S) *Orcus*.

Über R oder S von *er el em en* vor Vokalen, vor *y* (*i̯*) und *ə* s. §§ 60, 62, 64.
Eine Reduktion von *ei eu* zu *ī ū*, also einen sekundären Ablaut *i* : *ī* bzw. *u* : *ū* versucht *Kuryłowicz*, Apoph. 122–130 zu erweisen, zur Erklärung der *ī ū* von lat. *trītus dēfrūtum* [vgl. Gl. 42, 80].

33. Der Ablaut der vollstufigen Längen $ē\ ō\ ā$: die drei langvokaligen Reihen. Außer den obenerwähnten Längen $ē\ ō\ ā$ als Dehnstufen zu vollstufigen $e\ o\ a$ gibt es noch weitere $ē\ ō\ ā$, die zwar in der Rekonstruktion von jenen nicht zu unterscheiden sind, aber im System der Vokale eine andere Stelle verlangen. Diese treten nämlich in solchen Lagen auf, wo Vollstufe erwartet wird, sie sind also vollstufige $ē\ ō\ ā$. Was deren andere Stufen angeht, so ist V⁰ zu $ē$ und $ā$ auch vorhanden als $ō$; dagegen ist Dehnstufe nicht nachweisbar, da dreimorige Vokallängen ($ê\ ô\ â$), falls es sie einmal gab, für uns in den Einzelsprachen von den zweimorigen Längen nicht unterscheidbar sind. In der Hauptsache beschränkt sich hier der Ablaut auf V und S: die Schwundstufe zu $ē\ ō$ und $ā$ ist in gleicher Weise $ə$ (Schwā); in der Rekonstruktion ist dieser Vokal dadurch festgelegt, daß er im Altindischen eindeutig und regelmäßig als i erscheint (in einigen morphologischen Kategorien als $ī$), dagegen in fast allen anderen Sprachen mit a zusammengefallen ist; nur im Griechischen ist außer α dafür in den $ē$- und $ō$-Wurzeln auch ε und ο anzutreffen, vielleicht in Bewahrung einer besonderen Altertümlichkeit. Im Latein ergeben sich also als V : S die Vokalwechsel $ē : a$, $ō : a$; $ā : a$; V⁰ immer $ō$.

$ē$-Reihe. Wz. $dhē$ 'setzen, machen': V $fēcit$ gr. (hom.) θῆκε τί-θη-μι; V⁰ $sacerdōs$ aus *$sakro$-$dhōt$- gr. θωμός 'Haufen'; S $crēditus$ $abditus$ aus *-$datos$ idg. *$dhətos$ gr. θετός ai. $hitas$, ferner fac-io (neben $fēc$-$ī$). – Wz. $yē(k)$ 'werfen': V $iēcit$ gr. hom. ἕ-ηκε; S $iacio\ iaceo$. – Wz. $sē$ 'säen': V $sēvī\ sēmen$ nhd. $Same$; S $satus$. – Wz. $rē$ 'berechnen': V $rērī$; S $ratus\ ratiō$. – V $fēs$-$tus\ fēr$-iae osk. $fíisnu$ aus *$fēsnā$ '$fānum$'; S $fānum$ aus *$fasnom$. – V gr. εὔληρα 'Zügel': V⁰ lat. (v)$lōrum$.

$ō$-Reihe. Wz. $dō$ 'geben': V $dōnum\ dōs\ dōtis$ gr. δῶρον δί-δω-μι; S $dămus$ $dăbam\ dătus$ gr. δοτός. – V $cōs\ cōtis$ 'Wetzstein'; S $cătus$ 'schlau', urspr. 'geschärft' (nach Varro sabin. für '$acūtus$') ai. $śitás$ zu Wz. $śā$. – V $ōc$-ius gr. ὠκύς; S $acupedius$ 'cui praecipuum erat in currendo acumen pedum' Paul. Fest. – Auf gleicher lautlicher Basis beruhen die höchst unsicheren etymologischen Verknüpfungen von gr. κώπη und lat. $capulus$, gr. νῶτον und lat. $natēs$, lat. $ōvum$ 'Ei' und $avis$ 'Vogel'.

$ā$-Reihe. Wz. $stā$ 'stehen': V $stāre\ stāmen$; S $status$ (ai. $sthitas$), $sistimus$ aus *$sistamos$ gr. ἵσταμεν, $superstit$- aus -$stət$-. – Wz. $bhā$ 'feierlich sprechen': V $fārī\ fātum\ fāma$ gr. φησί φήμη; V⁰ gr. φωνή; S $fateor$ gr. φαμέν. – Wz. $pāk'$ $pāg'$ 'fügen': V $pāx\ pācis\ pāgina\ compāgēs$ gr. πήγνυμι; S $pasciscor$ Perf. $pepigī$ aus *pe-pag-ai gr. παγῆναι.

$ə$ in zweiter Silbe: $animus$ aus *$anamos$ < *$anə$-mos osk. akk. $anamúm$ gr. ἄνεμος altind. prs. ani-ti 'atmet'.

T. Burrow, Shwā in Sanskrit, Tr. Phil. Soc. 1949, 22–26, bestreitet die Vertretung von idg. $ə$ durch skt. i; seine morphologischen Hilfsannahmen zur Rechtfertigung von idg. i statt $ə$ in den einschlägigen Fällen sind unhaltbar; s. Leumann, Krat. 1, 29.

34. Über Diphthongvariationen der Langvokalreihen. Wie die vollstufigen Kürzen $e\ o\ a$, so treten auch die vollstufigen Langvokale $ē\ ō\ ā$ in Verbindung mit den (vokalischen oder konsonantischen) Sonanten $i\ u\ r̥\ l̥$ $m̥\ n̥$ auf. Stehen diese letzteren an zweiter Stelle, so ergibt sich vor Vokal einfach $ēy$ ($ōy$ $āy$) $ēw$ $ēr$ $ēl$ $ēm$ $ēn$ mit Silbenfuge zwischen dem Langvokal und dem Sonanten. Vor Konsonant entstehen theoretisch die Langdiphthonge $ēi$ ($ōi$ $āi$) $ēu$ $ēr$ $ēl$ $ēm$ $ēn$; doch sind solche dreimorige Silbenträger nicht sehr beständig: in den Einzelsprachen können, wie oben § 31 ausgeführt, $ē$ sowie die Fortsetzer von idg. ei eu und er usw. möglicherweise die Stelle von postulierten $ēi$ $ēu$ und $ēr$ usw. einnehmen. Als Schwundstufe zu diesen $ēi$ $ēu$ kann man $əi$ $əu$ postulieren; für diese würde man in den meisten Einzelsprachen ai und au erwarten, doch sind Beispiele selten und umstritten (§ 66 *taurus*, § 83 A am Ende: lat. Wechsel $au : ō$); vgl. § 35 zu *filius*.

Gehen die i u $r̥$ bzw. y w r usw. dem Langvokal voraus, so gelten sie grundsätzlich als Schwundstufen von ei eu er usw.; mit folgendem $ē$ entstehen normale $yē$ $wē$ $rē$ usw. Steht nun aber auch statt des Langvokals $ē$ dessen Schwundstufe, so ergibt sich theoretisch ein Wechsel $yē : yə$ (bzw. $iə$) usw.; dafür aber erscheint der Wechsel $yē : ī$, etwa in lat. *viē-re* 'flechten' : *vītilis* 'geflochten' (Erweiterung eines ptc. *$vī$-tus*). – Im Griechischen erscheint für $yə$ auch -ĭᾰ, speziell als Femininsuffix der Kons.-Stämme, μέλαινα aus -ανjα, gegenüber $ī$ der anderen Sprachen; vgl. § 269 B 1.

Nun ist nach der traditionellen Rekonstruktion die Schwundstufe zu $ē$ $ō$ $ā$ das Schwā $ə$. Im Falle der Schwundstufen zu den vorgenannten $yē$ $rē$ usw. kommt vor Konsonant also das $ə$ hinter die Sonanten y r usw. zu stehen. Und wenn wir einmal die hier nicht zu begründende Voraussetzung machen, daß das $ə$ nicht eigentlich ein Vokal ist, sondern sich wenigstens hinter den Sonanten mehr wie ein Konsonant beträgt (als „Laryngal" umschrieben mit $ʔ$, § 38), dann müssen ihrerseits die Sonanten in ihrer vokalischen Gestalt i u $r̥$ usw. auftreten; das ergibt theoretisch die Schwundstufengruppen $iʔ$ $uʔ$ und $r̥ʔ$ $l̥ʔ$ $m̥ʔ$ $n̥ʔ$ vor Konsonant.

Diesen im Vokalsystem in solcher oder ähnlicher Lautform einzusetzenden Lautgruppen entsprechen nun in der unmittelbaren Rekonstruktion der idg. Laute aus Wortgleichungen erstens $ī$ $ū$, und zweitens im Falle $r̥ʔ$ $l̥ʔ$ $m̥ʔ$ $n̥ʔ$ die Ansätze $r̥̄$ $l̥̄$ $m̥̄$ $n̥̄$; anders ausgedrückt: $iʔ > ī$, $uʔ > ū$; $r̥ʔ > r̥̄$, $l̥ʔ > l̥̄$, $m̥ʔ > m̥̄$, $n̥ʔ > n̥̄$. Hiernach sind auch $ī$ $ū$ $r̥̄$ $l̥̄$ $m̥̄$ $n̥̄$ keine autonomen Vokale, sondern nur Schwundstufenformen von fallenden Langdiphthongen. – Verschieden sind also die Ergebnisse, zu denen die idg. Lautrekonstruktion führt ($ī$ $ū$ $r̥̄$ $l̥̄$ $m̥̄$ $n̥̄$), und diejenigen, die durch Festlegung der Stelle im Ablautsystem bzw. durch Annahme einer eventuellen frühindogermanischen Lautung gewonnen werden ($iʔ$ $uʔ$ $r̥ʔ$ usw.). Aber im Hinblick auf die Einzelsprachen meinen diese und ähnliche Wiedergaben das gleiche; am gebräuchlichsten sind im Falle der r l m n die Wiedergaben durch $r̥̄$ usw. (de Saussure, Brugmann), $r̥ə$ (Meillet) $ₑrə$ usw. (J. Schmidt, Hirt, Walde) oder jetzt $r̥ʔ$ usw. In dieser Darstellung werden $r̥̄$ $l̥̄$ $m̥̄$ $n̥̄$ beibehalten; sie empfehlen sich erstens als Parallelen zu $ī$ $ū$, und zweitens haben sie vor $r̥ə$ $ₑrə$ usw. den Vorzug, falschen Lautauswertungen zuvorzukommen: $r̥ə$ sollte nämlich, da idg. $r̥$ zu lat. *or* wird, zu lat. *ora* führen, idg. $ₑrə$ zu lat. *ara*, während das Ergebnis das in der Definition von idg. $r̥̄$ liegende lat. *rā* ist und lat. *ara* nur eine besonders bedingte Nebenform dazu darstellt (§ 64). Einzig für lit. *ir il* aksl. *rъ lъ* und allenfalls germ. *ur ul* läßt sich idg. $r̥ʔ$ $l̥ʔ$ oder $r̥ə$ $l̥ə$ als unmittelbare Vorstufe verwenden.

35. Während alle diese mit ə zusammenhängenden Gruppen für das Verständnis der Stammbildung des Indogermanischen und auch des Altindischen und selbst noch des Griechischen von entscheidender Bedeutung sind, hat das Latein von diesen Diphthongvariationen der Langvokalreihen nur noch Relikte bewahrt.

Wenn $ēi$ und $ōi$ schon früh zu $ē$ und $ō$ wurden und deren Schwundstufe $əi$ durch $ī$ vertreten ist, so erhalten wir also das Ablautverhältnis $ē:ī$ und $ō:ī$. Lat. *fē-mina*, ursprünglich 'die Säugende', *fēlāre* 'saugen', vgl. gr. ϑήσασϑαι ϑῆσϑαι, ai. *dhā* (§ 171a), und *fī-lius* 'Sohn', ursprünglich 'Säugling', vgl. ai. Ppp. *dhītas*, zeigen möglicherweise solchen Wechsel $ē:ī$ einer Wurzel *dhēi* (*Solmsen*, IFAnz. 19, 29; vgl. auch § 55; aber von *fīerī* leitet *fīlius* ab *Lejeune*, BSL 62, 67, s. auch *Hamp*, BSL 66, 219). Lat. *pōtus* (Ersatz für *pītus) *pōculum* (ai. *pátram* idg. *pōtlom) gr. πῶμα aeol. πώνω und att. πίνω πῖϑι ai. Ppp. *pītas* setzen eine Wurzel *pōi* 'trinken' voraus. Vgl. auch *Benveniste*, Orig. 168 f.

Bei Verwandten des Verbums *gigno* zeigen *geni-tor* gr. γενέ-τωρ ai. *jani--tar-* eine Stufe $g'enə$, gr. κασί-γνητος γνήσιος eine Stufe $g'nē$, lat. *gnātus nātus*, ai. *jātas*, got. *himina-kunds* usw. (s. § 63) eine im Ppp. zuständige Schwundstufe $g'\bar{n}$ (bzw. $g'n̥ə$, $g'_enə$); die Wurzel erscheint also in den drei Stufen $g'enə$ $g'nē$ $g'\bar{n}$ ($g'n̥ə$ $g'_enə$). Zu allen rekonstruierten $\bar{r}$ $\bar{l}$ $\bar{m}$ $\bar{n}$ kann man entsprechende, in erster oder zweiter Silbe vollstufige Wechselformen *erə* und *rē* (*rō rā*), *elə* und *lē*, *emə* und *mē*, *enə* und *nē* voraussetzen, zu vielen auch nachweisen. – Dazu sei noch folgende Ergänzung beigefügt. Normalerweise sind Wurzeln einsilbig: *teg* 'bedecken', *bher* 'tragen'. Dagegen sind, sofern man das ə nach älterer Auffassung als Vokal betrachtet, diese Wurzeln wie $g'enə$ $g'nē$ nun zweisilbig mit V *e* in der ersten oder V $\bar{e}$ ($\bar{o}$ $\bar{a}$) in der zweiten Silbe, doch so, daß nie beide Silben zugleich vollstufig († $g'ēnē$) sein können. Da man diese Wurzeln meist in der Form mit Vollstufe der ersten Silbe ansetzt, zeigt also die zweite Silbe im Idg. ein Schwä ($g'enə$) oder im Altindischen ein *i* (*jani*); Wurzeln dieser Struktur, deren Schwundstufe beider Silben durch ein $ī$ $ū$ $\bar{r}$ $\bar{l}$ $\bar{m}$ $\bar{n}$ vertreten ist, bezeichnet man als Schwä-Wurzeln oder mit Ausdrücken der altindischen Grammatiker als Seṭ-Wurzeln (*seṭ* aus *sa-i-ṭ* 'mit *i* versehen'); *Hirt* gebrauchte dafür den Ausdruck „schwere Basen". Übrigens gibt es auch Schwä-Wurzeln ohne einen der sechs Sonanten, z. B. *petə ptē ptō* 'fallen' ai. Inf. *pati-tum* gr. πτῶ-μα.

36. Zur Vorgeschichte. Die allgemeine Ablauttheorie versucht, das hinter dem Bestand des rekonstruierten idg. Vokalismus stehende System in seiner allmählichen Entfaltung zu erfassen und mitsamt den daraus entwickelten morphologischen Funktionen darzustellen. Hinsichtlich Existenz oder Qualität sind gegenwärtig am stärksten umstritten der Ansatz von idg. *a*, die sog. Reduktionsvokale, die langen Sonanten, die Langdiphthonge, und schließlich die Stufenfolge in der Entfaltung des Ablauts der Kurzvokale. Die Laryngaltheorie, die die alte Ansetzung des vokalischen Schwä ablöst und vielfach erweitert, berührt speziell die Langvokale; hier überschneiden sich besonders stark strukturalistisch-synchronistisch-phonologische und sprachvergleichend-sprachhistorische Überlegungen.

Zur Erforschung des Ablautes. Der Vokalwechsel wurde erstmalig von *J. Grimm* für die deutsche Grammatik als Ablaut bezeichnet; daneben ist in romanischen Ländern die Gräzisierung Apophonie in Aufnahme gekommen, im Englischen sagt man Vowel gradation 'Vokalsteigerung', im Russischen 'Ablaut'. – Das älteste Ablautsystem stammt von den altindischen Grammatikern; sie faßten als Grundstufe die heutzutage als Schwundstufe erkannte Form *i u r̥* der kurzvokaligen Diphthongreihen und leiteten daraus die Vollstufe (Guṇa) und Dehnstufe (Vr̥ddhi, Vriddhi) als Steigerungen ab; ähnlich noch *Schleicher*. Nach Entdeckung oder Erschließung der idg. *r̥ l̥* durch *Osthoff* und der *m̥ n̥* durch *Brugmann* (1876) erfolgte 1879 die Aufstellung eines eigentlichen idg. Ablautsystems, in dem nicht sowohl die einzelnen idg. Vokale als vielmehr ihr gegenseitiges Verhältnis erschlossen wurde, in *Ferd. de Saussures* grundlegendem Mémoire sur le système primitif des voyelles (wieder abgedruckt in *Saussure*, Rec. 1–268); hier findet man die *i u r̥ l̥ m̥ n̥* gleichgeordnet, die *r̥̄ n̥̄* und *ə* festgelegt und die konsonantische Natur des *ə* erschlossen. Die saubere Scheidung der kurzvokaligen und der langvokaligen Reihen verdankt man *H. Hübschmann*, Idg. Vokalsystem, 1885, die der dehnstufigen und der vollstufigen *ē ō ā Chr. Bartholomae*, BB 17, 1894, 91. Nach diesen hat sich besonders *H. Hirt* um die Systematisierung des idg. Vokalismus bemüht: Idg. Vokalismus (Idg. Gr. II) 1921, und zuletzt *Kuryłowicz*, s. unten. – Vgl. auch *Schwyzer*, I 353–364, *Lehmann*, Phonology 70. – Der einstige Widerspruch gegen die idg. *r̥ l̥ m̥ n̥* (*J. Schmidt*, Kritik der Sonantentheorie, 1895) wird gelegentlich wiederbelebt, so mit Argumenten aus der Phonetik von *Collinder*, KZ 51, 46–56 (dazu *Meriggi*, IF 44, 1–10), oder mit solchen des Systems, so *Schmitt-Brandt*, s. § 37h.

37. Zur Ablautentfaltung der kurzvokaligen Reihen. Soweit die langvokaligen Reihen nach der Laryngaltheorie nur als Unterfall der kurzvokaligen anzusehen sind (§ 38), gelten die Feststellungen für beide Reihen. Die sog. Vollstufe mit Vokal *e* ist die Grundstufe, aus der die anderen Stufen unter unklaren Voraussetzungen, aber offenbar unter verschiedenen Akzentbedingungen hervorgegangen sind. Die quantitativen Veränderungen, besonders Schwundstufe und Reduktion, setzen einen vorwiegend exspiratorischen Akzent (Nachdrucksakzent, stress) voraus. Der Erklärung der Ablautstufen aus Veränderungen von Akzentart und Akzentstelle erwachsen aus zwei Gründen sehr große Schwierigkeiten: einerseits unterliegen in mehrsilbigen Wörtern die Vokale aller Silben in verschiedener Weise der Akzentwirkung des Haupttons; andererseits hat der ursprünglich rein lautliche akzentbedingte Vokalwechsel bereits in der Grundsprache durch Übernahme morphologischer Funktionen eine nicht mehr akzentbedingte Verteilung gefunden.

Einzelheiten. a) In bestimmten Flexionskategorien sind Vollstufe mit Tonsilbe und Schwundstufe mit Tonlosigkeit so gekoppelt, daß das Auftreten der Schwundstufe als Folge der Tonverschiebung erscheint: Suffix *-tér -tér- -tr-́-* in gr. πατήρ πατέρα πατρός; gr. λιπεῖν λιπών φυγεῖν φυγών gegenüber λείπειν λείπων φεύγειν φεύγων; idg. athematisches Präsens von *es* 'sein' und *ei* 'gehen': sing. *és-mi é(s)-si és-ti* aber pl. *s-més s-thé s-énti*, und sing. *ei-mi ei-si ei-ti* aber pl. *i-més i-té y-énti* (so vom Altindischen vorausgesetzt; vgl. gr. εἶμι ἴμεν, doch ist der griechische Akzent beim finiten Verbum nicht ererbt). Doch ist bei dieser Bindung von Akzent und Vollstufe eine Rechtfertigung für die dabei anzunehmende Akzentverschiebung im Plural der athematischen Verbalflexion schwer auszudenken; *Meillet*, BSL 31, 1–7 erklärt diese Bindung als zufällig (!). – Nach *Meillet* BSL 27, 124–128 steht die Schwundstufe der Wurzel bei Antritt eines Sekundärsuffixes, also in morphologischer Funktion, vgl. auch *Benveniste*, Origines 165. Offenbar ist das eine sekundäre Funktionalisierung der Vokalverteilung. – Zum „Schwebeablaut" als angeblich geregelter Alternative zwischen den Vokalstufen benachbarter Silben äußert sich kritisch *Anttila*, Proto-i.-e. Schwebeablaut, Berkeley 1969 (dazu *Strunk*, Die Spr. 17, 68); vorsichtig auch *Szemerényi*, Trends 145 f.

b) Die **Dehnstufe** hatte *Streitberg*, IF 3, 1893, 305 als kompensatorische Dehnung bei Verlust der folgenden Silbe erklären wollen: nom. **pətḗr* 'Vater' aus ***pətére*, **pē(d)-s* 'Fuß' aus ***pédes*. *Szemerényi*, Trends 141 f. will **pətēr* auf ***pətérs* zurückführen. – Rein analogisch trat *ē* (als *ee*) neben *e* nach Muster von *ei* neben *i*, so *Kuryłowicz*, Apoph. 146. – Die dynamisch-expressive Erklärung durch *Pisani*, RAccLinc. VI, X (1935), 394–421 ist unhaltbar [s. Gl. 27, 65 f.]. Mit gleicher Reserve sei hierbei auch *E. Mayrhofer-Paßler*, Über den sakralen und expressiven Charakter der idg. Langdiphthonge, KZ 71, 81–89 erwähnt: *ū* in idg. **mūs *sūs* lat. *mūs sūs* als Ablautform zu einem Langdiphthong; die sakralen Bezüge sind mir nicht deutlich (zum „sakralen *u*" vgl. § 25i). – Vgl. noch *Leumann*, Vokaldehnung, Dehnstufe und V$\underset{\cdot}{r}$ddhi, Kl. Schr. 360–371. – Keine V$\underset{\cdot}{r}$ddhi im Latein, s. *Wackernagel*, Ai. Gr. II 2, 104. Ausführlich zur Dehnstufe *Szemerényi*, Einf. 106–111.

c) Die Bedingungen für Eintritt der **Reduktionsstufe** sind ganz undeutlich. Die Benennung des Reduktionsstufenvokals durch *H. Güntert*, Ablpr. 41, als „Schwä secundum" und seine Bezeichnung durch ъ oder ь (jer und jer', Namen zweier reduzierter Vokale des Altkirchenslavischen) hat sich nicht eingebürgert. Gegen ihre Ansetzung wendete sich *F. Edgerton*, Lang. 10, 245 u. 263. *A. Walde*, *o*-farbige Reduktionsvokale im Idg., Festschr. Streitberg 152 ff., glaubte auch Reduktion von abgetöntem idg. *o* feststellen zu können. S. auch *Galton*, AJPh. 71, 180–188. – Die neueste Ablautforschung macht reichen Gebrauch von der Reduktionsstufe, etwa *Schmitt-Brandt*, und in Verbindung mit den Laryngalen *Adrados*, Emerita 26, 249–309. Nach *Kuryłowicz*, Apoph. 388 ist sie historisch jünger als die Schwundstufe und nicht deren Vorstufe.

d) Die ***o*-Abtönung** dürfte, im Gegensatz zu den quantitativen Veränderungen, einen vorwiegend musikalischen Akzent (pitch) voraussetzen, wie er an sich vom Griechischen und Altindischen aus für die späteste Periode der Grundsprache zu erschließen ist; danach wäre sie jünger als der quantitative Ablaut; die umgekehrte Chronologie vertritt *Kuryłowicz*, Apoph. 94 und 391. – Die *o*-Abtönung scheint auf sekundärer Enttonung eines *e* zu beruhen; wenigstens sprechen hierfür die *o* in Komposita für *e* der Grundwörter wie in gr. πατήρ εὐπάτωρ, φρένες εὔφρονες; doch stehen der Durchführung dieser Auffassung viele Schwierigkeiten entgegen. Vgl. *Hirt*, IF 32, 212; *Güntert*, IF 37, 1 ff.; *Kretschmer*, Gl. 10, 229; *Loewe*, KZ 56, 227–263; komplizierter *Kuryłowicz*, Apoph. 36–96. – Das Bestehen einer originalen ***o*-Abtönung für idg. *a* und *o*** wird vielfach bestritten; die bestehenden Wechsel *a : o* werden analogisch oder als Wechsel R : V⁰ der *e*-Reihe erklärt; s. *Hübschmann*, IF Anz. 11, 44; *Güntert*, IF 37, 80; *Hirt*, Vok. 181.

e) Die Existenz eines **autonomen idg. *o***, das man zur Verdeutlichung auch wohl als *ó* oder *ȃ* bezeichnete, neben dem aus *e* abgetönten und gegebenenfalls durch *ȏ* symbolisierten Abtönungs-*o*, und damit überhaupt die Existenz einer selbständigen *o*-Reihe und auch einer *ō*-Reihe wurde vielfach in Zweifel gezogen; vgl. *Hirt*, Vok. 30 § 54; *Sturtevant*, Lang. 14, 104; *H. Pedersen*, 5e décl. lat. 20.

f) Auch ein **idg. *a*** ist nicht allgemein anerkannt. Nur vier südliche Sprachen (Armen., Griech., Ital., Kelt.) besitzen neben dem *o* ein *a*; das sprachvergleichende Verfahren verlangt ein idg. *a*. Beispiele sind nicht allzu zahlreich, aber sehr charakteristisch, etwa für anl. *a*- lat. *agere arāre angere animus alius ab ante* ~ gr. ἄγω ἀρόω ἄγχω ἄνεμος ἄλλος ἀπό ἀντί, für inl. *a* lat. *caper sal laevus* ~ gr. κάπρος ἅλς λαι(F)ός. – Die Ablehnung stützt sich einseitig auf die Konstruktionen des Ablautsystems und das anl. heth. *h* (§ 38) und erklärt die südlichen *a* als Neuerungen, *Kuryłowicz*, Apoph. 174–195 [vgl. Gl. 27, 65; 28, 1; 42, 80 f.]. S. aber *Specht*, Ursprung 204[1]. *H. Kuhn*, KZ 71, 129–161, spricht etwas leichtfertig von einer *a*-Mode in der Zeit der Auflösung der idg. Sprachgemeinschaft. – S. noch *Reichelt*, KZ 46, 309–350 (Material zu lat. *a* in Wurzelsilben); *Szemerényi*, Einf. 128.

g) Die Leugnung von autonomen *i u* und *o a*, in Verbindung mit der Ablehnung eines rein vokalischen Wortanfangs, führt in letzter Konsequenz zur Annahme eines **einzigen frühidg. Grundvokals *e***, aus dem alle übrigen Vokale durch Akzentwirkungen oder Laryngalnachwirkungen (§ 38) hervorgegangen wären, und weiter zu der von *Benveniste* aufgestellten **Trilitteralität der frühidg. Wortwurzeln** vom Typus *pet* (Allg. Teil S. 14*). S. dazu auch *Leroy*, Homm. E. Buyssens 125–132.

h) Ein ganz andersartiges Bild gibt R. *Schmitt-Brandt*, Die Entwicklung des idg. Vokalsystems, Heidelberg 1967 (dazu ders., Krat. 11, 166–174, und *Polomé*, Die Spr. 15, 175–187, kritisch). Hilfsannahme: eine neue Gutturalreihe der „Uvulare"; Kernpunkte: nur drei frühidg. Grundvokale $a\ i\ u$; Neuerungen sind $e\ o$. Uvulare verlangen offene Vokale, demgemäß neben ihnen $i > e$, $u > o$ („nicht abl. o"), a unverändert. Sonst betontes frühidg. $a > e$, unbetontes $a > o$ (abl. o). Unbetontes $o > e$ (R-Stufe) bzw. Ø (S-Stufe); es bleibt nur erhalten, wo sonst das Wortbild unerkennbar würde. Bei i/ei und u/eu sind i und u die Grundstufen; zu ihnen traten $ei\ eu$ als morphologisch-analogische Wechselformen.

38. Zur Vorgeschichte der langvokaligen Reihen; Laryngaltheorie und konsonantische Schwā.

a) Die Hauptforschung der letzten Jahrzehnte beschäftigte sich mit dem Ablaut der Langvokale und ganz besonders mit dem Schwā $ə$. Schon *Saussure* hatte den Ablaut der langvokaligen Reihen $\bar{e} : ə$ usw. als einen weiteren Sonderfall des Verhältnisses V : S der e-Reihe gefaßt; dem $i : ei$, $r̥ : er$ ließ er ein $ə : eə$ entsprechen, woraus $eə > \bar{e}$ gefolgert werden mußte; entsprechend $aə > \bar{a}$ und $oə > \bar{o}$. Doch erlaubte $ə$ als gemeinsame Schwundstufe zu den drei Langvokalen $\bar{e}\ \bar{a}\ \bar{o}$ auch eine andere, heute weithin anerkannte, Interpretation durch Umwertung und Differenzierung des vokalischen Schwā $ə$; sie wurde in der Hauptsache durch *Kuryłowicz* gegeben. Danach stehen hinter dem zwischen Konsonanten als Vokal rekonstruierten $ə$ und dem nach obiger Annahme durch Kontraktion oder Ersatzdehnung in den drei Langvokalen aufgegangenen Gebilde drei oder genauer sogar vier **konsonantische Schwā**, bezeichnet als $ᴈ$ und im einzelnen durch Zahlenindices unterschieden, und zusammengefaßt als idg. **Laryngale**; das erste ist e-gerichtet oder e-farbig, das zweite und vierte a-farbig, das dritte o-farbig (oder auch e-farbig). Hiernach ist ihre Lautentwicklung folgendermaßen bestimmt:

$$eᴈ_1 > \bar{e} \qquad eᴈ_2 > \bar{a} \qquad eᴈ_3 > \bar{o} \qquad eᴈ_4 > \bar{a}$$
$$ᴈ_1 e > e \qquad ᴈ_2 e > a \qquad ᴈ_3 e > o \qquad ᴈ_4 e > a.$$

Dazu kommt $ᴈe$ (Schwā consonans + Reduktionsvokal) $> ə$ (vokalisches Schwā); letzteres wäre also eigentlich nur der Reduktionsvokal des kurzen e, vor dem das konsonantische Schwā geschwunden ist, wie es allgemein hinter Konsonant vor Vokal schwindet [vgl. Gl. 27, 65]. Weiter ergibt sich $iᴈ > \bar{i}$, $uᴈ > \bar{u}$, $r̥ᴈ > r̥̄$ usw. (§ 34). Phonetisch betrachtet man zwei dieser verschiedenen $ᴈ$ als velare Spiranten ($ᴈ_2$ und $ᴈ_3$), die anderen beiden als Laryngale (Kehlkopfverschlüsse, $ᴈ_1$ und $ᴈ_4$). Zur Symbolisierung dieser Lautwerte verwendet man besonders in Amerika (*Sturtevant*) phonetisch gemeinte Umschreibungen: ʼ für $ᴈ_1$, ʔ für $ᴈ_2$; x (stimmloser *ach*-Laut) für $ᴈ_3$, γ (stimmhaft) für $ᴈ_4$. Andere Umschreibungen sind A (so schon *de Saussure*) bzw. $E\ A\ O$, X, H (*Pedersen*), oder $ħ$ (*Kuiper*), nötigenfalls mit Zahlenindices; und dazu für labialisierte und palatalisierte Laryngale, mit denen neuerdings ohne genügende Begründung gerechnet wird, H^w bzw. H^y oder ähnlich.

b) In diesem Umfang sind die drei oder vier Laryngale um des Ablauts der Langvokale willen erschlossen, aber nicht in den Einzelsprachen direkt nachzuweisen. Im Hethitischen aber ist $ḫ$ (h) ein ziemlich häufiger Laut, ohne Entsprechung in anderen idg. Sprachen bei Erbwörtern (vgl. Allg. Teil S. 11* Mitte), z. B. vor anl. *a- o-* der anderen Sprachen in gr. ἀντί lat. *ante* heth. ḫanti oder gr. ὀστέον lat. *os ossis* heth. ḫastai (doch ohne ḫ- heth. *apa* gleich gr. ἀπό ai. *apa* lat. *ab*). In diesem heth. ḫ (einfachere Umschrift *h*) sieht man den Fortsetzer eines idg. Laryngals, $ə_2$ bei gr. usw. *a-*, $ə_3$ bei gr. usw. *o-*. – Bekanntlich besitzt das Semitische in seinen altertümlichen Formen und ebenso auch das Ägyptische mehrere velare Spiranten und Laryngale; so versucht man mit diesen vier idg. Schwä oder Laryngalen auch die Urverwandtschaft von Indogermanisch und Semitisch glaubhaft zu machen.

c) Von weiteren möglichen Konsequenzen dieser Theorie seien nur drei erwähnt: die lautliche Wirkung auf Tenues, so die schon von *de Saussure* angebahnte Erklärung der idg. Tenues aspiratae *th ph* usw. aus $tə$ $pə$, genauer $tə_2$, $pə_2$ wie im letzten Beispiel in ai. *asthi* oder *path-* 'Pfad' § 176 I c, oder die Erklärung des mittleren *b* statt *p* von *bibo* aus $pə_3$ (§ 163b β), und die These, daß es im frühen Idg. überhaupt keinen vokalischen Wortanlaut gab, sondern daß dem vokalischen Anlaut (und auch vielen Anlautkonsonanten) unserer Rekonstruktionen immer eines der vier Schwä vorausging, wonach *es* 'sein' eigentlich den Ansatz $ə_1es$ erfordert (vgl. § 435 A 3 über Perf. *ēdī ēmī*). – Das Hauptinteresse der neueren Forschung ist, wie man sieht, darauf ausgerichtet, weitere Argumente für das einstige Bestehen von Laryngalen zu beschaffen, oder umgekehrt möglichst viele ungelöste lautliche oder morphologische Probleme der Einzelsprachen, angefangen mit den prothetischen Vokalen des Griechischen, mit Hilfe normaler oder auch affizierter Laryngale zu lösen, etwa das Auftreten eines *c* in nomin. *senex* (s. § 329, 1). Dazu auch die labialisierten Laryngale oder Labiolaryngale H^w bzw. H_1^w usw. von *Martinet* (E^w, A^w, O^w bei *Adrados*, sogar als Geminaten), so zur Erklärung des lat. *v*-Perfekts, und die palatalisierten Laryngale.

d) Für eine Darstellung der lateinischen Grammatik sind diese Theorien um das vokalische und die konsonantischen Schwä (die Laryngale) an sich entbehrlich; doch mußten sie erwähnt werden, da manche Forscher (z. B. *Juret*) auch bei Etymologisierung von lat. Wörtern sich dieser Symbole zu bedienen für angemessen halten.

Lit.: *Kuryłowicz*, L'apophonie en indo-européen, Polska Akad. Nauk, Wrocław 1956 [Gl. 42, 79–81; vgl. auch Gl. 27, 64 f.]; ders., Idg. Grammatik II, Akzent und Ablaut, Heidelberg 1968, 199–338; ders., Proc. VIII. Int. Congr. of Linguists, Oslo 1958, 216–251; *Martinet*, ebd. 36–61; *Lehmann*, Phonology 22–35; 85–98; *Szemerényi*, Trends 138 f. – Zu heth. ḫ und Laryngalen: *Lindeman*, Einführung in die Laryngaltheorie, Göschen 1247/47a, 1970; *Sturtevant*, The Indo-Hittite Laryngeals, 1942; *Couvreur*, Ant. cl. 12, 103 ff.; *Hendriksen*, Medd. Danske Vid. Selsk. 28, 2, 1941; *Sommer*, Hethiter 77 ff. – Laryngale: *Szemerényi*, Trends 122; *Puhvel*, Laryngeals and the indoeur. Verb, Univ. of Chicago Publications in Linguistics 21, 1960 (darin 1–14: Bibliographie); *W. Winter*, Evidence for Laryngeals, Univ. of Texas, Austin [1]1960, [2]1965 (Sammelschrift, darin *Watkins*, s. unten); *Polomé*, Zum heutigen Stand der Laryngaltheorie, Rev. Belge 30, 444–470; *Kuryłowicz*, Mél. van Ginneken 199–206 (gegen idg. *a* [Gl. 28, 1 f.]); *Kuiper*, Die Spr. 7, 14–31 (über späten Laryngalschwund im Altindischen); *Benveniste*, Origines 147–173, (hier über Laryngale vor vokal. Wortanlaut und trilitterale Wurzeln, etwa für *es* 'sein' $ə_1es$, für *ar* (in lat. *artūs* gr. ἀραρίσκω) $ə_2er$, für *od* (lat. *odor* gr. ὄζω) $ə_3ed$);

Adrados, Emerita 26, 249–309; 31, 185–211; Estudios sobre las laringales indoeuropeas, Madrid 1961; *Cardona*, Lang. 39, 91–100. *R. S. P. Beekes*, The Development of the Proto-i.-e. Laryngeals in Greek, The Hague 1969. – Speziell zu lat. Problemen: *Watkins* (in: Evidence[1] 183–194; Titel oben unter *Winter*) über Laryngalwirkungen im Italischen [Gl. 42, 83]; *Benveniste*, Arch. ling. 1, 16–19 über $\bar{e}$ in lat. perf. $\bar{e}m\bar{\imath}$ $\bar{e}d\bar{\imath}$ [Gl. 36, 141]; *Martinet*, Word 9, 253–267: lat. v des v-Perfekts aus idg. H^w [Gl. ebd.]; ders., Economie 210; *Adrados*, Emerita 27, 323: zu *avis* 'Vogel' Grdf. *o*Hui*. – Zu den Vorstufen: *Szemerényi*, La théorie des laryngales de Saussure à Kuryłowicz, BSL 68, 1–25.

39. Vokalwechsel außerhalb des Ablautsystems. a) Aus idg. Vokalkontraktion stammen vermutlich die $\bar{o}$ in Kasusendungen der o-Stämme, so pl. nomin. *-ōs* aus *-o-es* sing. dat. *-ōi* aus *-o-ei* und ebenso bei $\bar{a}$-Stämmen *-āi* (diese *-ōi* und *-āi* sind gesichert als idg. Langdiphthonge). – b) Eine idg. Dehnung von u und vielleicht auch i in Einsilblern wie *mūs* 'Maus' sucht *Specht*, KZ 59, 280–298, nachzuweisen. – c) Ein Wechsel $i : \bar{\imath}$ scheint sich zu ergeben aus lat. *vir* got. *wair* gegenüber ai. *vīras* lit. *výras*; unklar ist das *ei* neben i in umbr. *veiro viro*. Eine Erklärung aus idg. Akzentwirkung oder Ablaut bei *J. Schmidt*, KZ 26, 383, und *Hirt*, Vok. 95 ff., ist wenig überzeugend; eher ist erst lat. *vir* im Vokativ *mī vir* aus **vīr(e)* gekürzt und dann das i verschleppt (so *W. Horn*, Festschr. Behaghel 79; s. auch § 130 II B 1). Kürzung im Kompositum *decemvir* ist unmöglich [Gl. 42, 93]. – d) Besonders in der lat. Stammbildung steht öfter $\bar{\imath}$ neben *io*: *compendī* (*facio* 'erspare') neben *compendium* Stamm *-io-*; osk. *legín-* neben lat. *legiōn-* (*-iōn-* wohl Dehnstufe von *-ion-*); *venī-mus* neben *veniu-nt* (*iu* aus *io*); *Latīnus* neben *Latium*; *tībī-cen* neben *tībia* (für *tībio-can). Früher faßte man diesen Wechsel als Ablaut auf, s. *Ehrlich*, Beton. 69 f.; *Brugmann*, IF 33, 275; *Skutsch*, Kl. Schr. 37; aber einen Ablautwechsel *io* : $\bar{\imath}$ gibt es nicht, s. *F. Sommer*, SächsAbh. 30, Heft 4, 1914, 224. Tatsächlich handelt es sich um ein jüngeres Nebeneinander von *io* und $\bar{\imath}$ aus meist morphologischen Gründen, s. § 133 II Zus. γ.

II. LATEINISCHE LAUTVERTRETUNGEN UND LAUTENTWICKLUNGEN

A. VOKALE UND DIPHTHONGE

1. DIE VOKALE IN SELBSTÄNDIGER ENTWICKLUNG

a) Kurze Vokale in ersten Wortsilben (§§ 40–51)

40. Vorbemerkung. a) Vorhistorische Entwicklungen. Von den ererbten Vokalen sind im Latein die Längen im wesentlichen unverändert bewahrt geblieben, die Kürzen und die Diphthonge dagegen nur in ersten Wortsilben und auch da nur in beschränktem Umfang, in scharfem Gegensatz zum Griechischen; dadurch ist die Auswahl der Beispiele bedingt.

b) Die fünf kurzen Vokale erhielten mancherlei Zuwachs: das *a* durch das Schwā *ǝ* und durch den zu lat. *a* entwickelten Reduktionsvokal; das *e* und das *o* durch die Entwicklung von *m̥ n̥* zu *em en* und von *r̥ l̥* zu *or ol*, ferner durch Entfaltung anaptyktischer Vokale (die dann weiter zu *i* und *u* wurden) und durch bedingte Lautwandel; das *i* und das *u* in nichtersten Silben durch Vokalisierung von *y* (*i̯*) und *w* (*u̯*) hinter Konsonanten. Alle diese fünf Vokalqualitäten bleiben in ersten Wortsilben wenigstens einigermaßen ungestört erhalten, in nichtersten Silben erleiden die Kürzen sehr starke Veränderungen nach *i* oder *u* hin, gelegentlich schwinden sie vollständig.

Eine Vermehrung erfahren unter den langen Vokalen: das *ā* durch die Entwicklung von *r̥̄ l̥̄ n̥̄* zu *rā lā nā*; das *ō* aus *ou̯e*; alle fünf aus Vorgängen der Dehnung von Kürzen vor Konsonantengruppen, der Ersatzdehnung und der Kontraktion; schließlich das *ī* und das *ū* aus der Monophthongierung von Diphthongen. Alle diese Längen sind bis ins historische Latein meist unverändert bewahrt; Kürzungen erfolgen nur unter Sonderbedingungen.

Von den Kurzdiphthongen sind selbst in ersten Wortsilben nur drei übriggeblieben, das *au*, das *ai* (als *ae*), und vereinzelt das *oi* (als *oe*). Die anderen sind monophthongiert, nachdem *eu* zu *ou* geworden war, und zwar erst in historischer Zeit: das *ei* zu *ī*, das *ou* zu *ū*, das *oi* meist zu *ū*.

c) Das Vulgärlatein ist gekennzeichnet durch einen vollkommenen Umbau des Vokalsystems, dessen Einzelheiten sich freilich zum Teil erst aus den romanischen Sprachen erkennen lassen. Von den Diphthongen blieb nur *au* erhalten; das *ae* wurde zu offenem *ẹ̄*, das *oe* zu geschlossenem *ẹ̄*. Die alten Unterschiede der Vokalquantitäten wurden dann gänzlich aufgegeben, nicht aber die der Vokalqualitäten; das Nähere in § 57.

41. Die kurzen Vokale in ungestörter Entwicklung, also in ersten Wortsilben.

Idg. *a* bleibt lat. *a*: *aciēs acus* vgl. gr. ἄκρος; *ager* (aus *agros) umbr. *ager* gr. ἀγρός nhd. *Acker*; *aro arātrum* gr. ἀρόω ἄροτρον; *ango* gr. ἄγχω vgl. got. *aggwus* (nhd. *eng*); *salio* gr. ἅλλομαι Grdf. **saly-*; *alius* gr. ἄλλος Grdf. *alyos; *amb-(īre)* gr. ἀμφί; *ante* gr. ἀντί (heth. *hanti*, § 38b).

Idg. *ə* (Schwā) statt *a* wird angesetzt, wo dem (vorausgesetzten) *a* der meisten idg. Sprachen im Indoiranischen ein *i* gegenübersteht (oben § 30): *pater* osk. Dat. *paterei* umbr. vok. *Iupater* 'Iuppiter', gr. πατήρ ahd. *fatar*, aber ai. *pitar-*, apers. *hama-pitā* gleich gr. ὁμο-πάτωρ, also idg. **pəté(r)*. — Am bemerkenswertesten ist das Auftreten des *ə* in Ableitungen mit schwundstufigem Verbalstamm von Wurzeln auf Langvokal, so in den Ppp. *status* (ai. *sthitas*) *datus ratus satus catus*.

Idg. *e* bleibt lat. *e*: *ego* gr. ἐγώ; *est* osk. *est* gr. ἐστί; *lego fero tego sequor* gr. λέγω φέρω στέγω ἕπομαι; *sex septem decem* gr. ἕξ ἑπτά δέκα; *genus* gr. γένος; Perfektreduplikation *meminī* gr. μέμονα; *et* gr. ἔτι 'noch dazu, auch'; *ne-* (*ne-scio, ne-fās*) aksl. *ne* ai. *na* 'nicht'; auch im freien Wortauslaut: *-que* gr. τε ai. *ca*; vok. *lupe* gr. λύκε; imper. *age* gr. ἄγε.

Idg. *o* bleibt lat. *o*: *octō* gr. ὀκτώ; *orbus* gr. ὀρφανός got. *arbi* nhd. ntr. *Erbe*; *potis* (*sum, possum*, § 400 C) gr. πόσις 'Gatte' ai. *patis* 'Herr; Gatte'; *ovis* gr. οἶς, älter ὄϊς ὄϜις ai. *avis* lit. *avìs*; gen. *bovis* gr. βο(Ϝ)ός; *oculus* gr. Wz. ὀπ- (s. § 155b); *os ossis* gr. ὀστέον; *hostis* got. *gasts* nhd. *Gast*; *noct-* nhd. *Nacht* usw. Besonders häufig im Wechsel mit *e* als Ablaut (§ 30), so in Stammsilben: *spondeo* zu gr. σπένδω, *torreo* 'dörre' zu gr. τέρσομαι 'vertrockne', *noceo* zu *necāre nex*, *toga* zu *tego*, *procus* 'der Freier' zu *prec-ēs* 'Bitten', *ob* zu gr. ἐπί. — Auch in Auslautsilben ist lat. *o* aus idg. *o* noch zu beobachten: *equ-os -om* gr. ἵππ-ος -ον; inschr. *opos Venos* D 757, 761, 769 wie gr. γένος. — In *mola folium nox* ist trotz gr. μύλη φύλλον νύξ das lat. *o* ererbt; zum gr. υ s. *Schwyzer* I 351 f.; zu νύξ § 165b Zus.; zu *folium* auch *Szemerényi*, Syncope 86⁵.

Idg. *i* bleibt lat. *i*: *quis* osk.-umbr. *pis* gr. τίς; *bis* altlat. *dvis* gr. δίς aus *dϜίς ai. *dvis*; *tri-um tri-bus* gr. τρι-ῶν τρι-σί ai. *tri-bhis tri-ṣu*; Praesensreduplikation in *gi-gno si-sto* gr. γί-γνομαι ἵ-στημι; *vidēre* gr. (Ϝ)ἰδεῖν; Perf. *fidī scidī* zu Präs. *findunt scindunt* ai. *bhindanti chindanti*. Oft nach § 32 als sog. schwundstufiger Vokal im Ablautwechsel mit idg. *ei* (lat. alt *ei*, klass. *ī*): *dĭc-tus in-dic-āre iū-dic-em dic-io* Gen. *dic-is* vgl. gr. δίκη, neben *dīcere* inschr. *deicerent* gr. δείκνυμι. Auch in nicht-ersten Silben ist lat. *i* aus idg. *i* noch zu beobachten: *patr-ius* gr. πάτρ-ιος; *ovis* gr. ὄ(Ϝ)ις.

Idg. *u* bleibt lat. *u*: *iuvenis* ai. *yuvan-*; *fuga* gr. φυγή; *lupus* gr. λύκος; *mŭsca* (roman. *ŭ*) gr. μυῖα aus *μυσ-ϳα; *duo* gr. δύο. Oft nach § 32 deutlich Schwundstufenform zu vollstufigem idg. *eu*, mit *o*-Stufe *ou*, die beide als lat. alt *ou*, klass. *ū* erscheinen: *iūgum* gr. ζυγόν ai. *yugam* heth. *yukan* got. *juk* nhd. *Joch* neben *iūgera* (§ 330 A 2b), *iūmentum* alt inschr. *iouxmenta*, gr. ζεύγνῡμι; *rŭbro-* nomin. *ruber* umbr. *rufru* gr. ἐρυθρός (daneben dial. *rūfus* umbr. *rofu*, § 173b, also idg. *rudhros und *roudhos); *fuga fugio* neben Perf. *fūgī* gr. φεύγω. Auch in Auslautsilben: *pecu* ai. *paśu* got. *faihu* (nhd. *Vieh*); *genu* gr. γόνυ; Supinum auf *-tum* ai. Infin. auf *-tum*; Verbalabstrakta der 4. Dekl. auf *-tus* ai. *-tus*.

42. Veränderungen der Kurzvokale in erster Wortsilbe oder in beliebiger Wortsilbe.

$e > i$ unter verschiedenen Bedingungen:

a) Vor gutturalem Nasal, also *eŋ* > *iŋ*; das *eŋ* steht vor gutturalem Verschlußlaut und kann auf idg. *eŋ* (*en em*) oder *ŋ̥* (*n̥ m̥*) zurückgehen. *quīnque* (*ī* nach § 126 a α) aus **quiŋque* aus idg. **peŋkʷe* (aber osk. *pompe*); *tinguo* gr. τέγγω; *singulī* aus **sem-gnos* (eher als aus **sm̥-*); *inguen* gr. ἀδήν 'Drüse' idg. **ŋgʷen-*; *long- prop-inquos* gr. τηλε-δ-απός aus **-ŋkʷos*, § 304, 2; *septingenti* für **septem-gentī*. – Der Wandel betrifft auch noch das aus *a* geschwächte *e* (§ 89 a): zu *tango* Kompositum **at-taŋgō*, geschwächt **at-teŋgo*, daraus *attingo*, ebenso *cōnfringo impingo* neben *frango pango* usw. – Der Wandel *e* > *i* tritt auch ein vor *gn*: *dignus* aus **dek-nos* zu *decet*, *lignum* zu *legere*, urspr. 'gesammeltes (Holz)', *ignis* ai. *agnís* idg. **egnis* oder **ŋgnis*; daraus ergibt sich für lat. *gn* die Aussprache *ŋn*; s. § 200 a.

Zu *e* in *amb(i)egnus* s. § 94. – Im Romanischen finden sich nur Spuren einer Aussprache *ŋn* für lat. *gn*; vermutlich wurde in der Aussprache das *gn* nach der Schrift restituiert; s. dazu *Wyatt*, Lang. 42, 666 f.

Unerklärt ist das *e* statt *i* von *iuvencus* idg. **yuwŋ̥k'os* (ai. *yuvaśas*, nhd. *jung*, § 61); vielleicht bleibt *e* nach *v* erhalten wie in *iuvenis*; unwahrscheinlich ist Entlehnung aus umbr. *iuenga*.

b) *erc* > *irc* dialektisch im Altlatein. *Mirqurios Mircurios* D 764, 773 (Praeneste), 168 (Firmum Picenum), 169 (Issa), 171 (Delos, 150 v.); *stircus* (Luceria) D 257; *commircium Mircurius* brauchten die Antiqui nach Gramm. VII 77, 12. Vgl. osk. *amiricatud* (**admercato*). – Ähnlich steht *firmus* neben *fermē*, was die Rückführung auf ein **fergmos* nahelegt.

c) *emb emp* > *imb imp* sporadisch vor *r l*, vielleicht dialektisch. *imber* < **embris* < Grdf. **m̥bhris* vgl. osk. *anafriss* 'Imbribus' gr. ἀφρός 'Schaum' ai. *abhrá-* 'Gewölk'. *sim-plex* (neben *sem-el sem-per*), vgl. gr. ἁ-πλοῦς, idg. **sm̥-*. Dagegen steht *e* in *membrum* (*br* wohl aus *sr* nach § 207; *e* aus *ē*) und in *templum exemplum* (zu den Grundformen s. § 216 a).

Auch ohne folgendes *r* oder *l* findet man *imb imp*, so in *simpuvium* 'Schöpflöffel beim Opfer', *limbus* 'Saum' neben *lembus* 'Kahn', *nimbus*; Ausnahmeschreibung *Noŋimber* Ferial. Cum. Oct. 18. Aber normal *December tempus nempe semper*.

Siehe noch *Hermann*, GöttNachr. 1919, 246; *Solmsen*, KZ 34, 10; *Ribezzo*, RIGI 10, 1926, 295: *emp* > *imp* älter als *empl* < *eml* in *exemplum*.

d) *en* > *in*. Dieser Wandel ist nur eingetreten in der Praeposition *in* (mit *inter interior intrā intus indu-*) sowie danach analogisch (s. § 173 a) in *inf-* (> *īnf-*) der Gruppe *īnferī īnfrā īnferior īnfimus*, und im Privativpraefix *in-* für *en-* aus idg. **ŋ̥-* (§ 61). Der Praeposition *in* idg. **en* entspricht gr. ἐν germ. nhd. *in*, auch wohl Postposition osk. umbr. *-en*. Altes *en* ist noch bezeugt in *enque* Col. rostr., *endo empos enfitiare* (Löwe, Acta soc. phil. Lips. 5, 306); unsicher *en urbid* 'in urbe' in mars. *menurbid* D 224. – Das Oskisch-Umbrische zeigt bei beiden Wörtern im Wortanlaut *an*: *anter-* 'inter-', und *antakres* 'integris', s. *Sommer*, IF 43, 43; *Untermann*, IF 63, 188.

Die Erklärung von *in* für *en* liegt wohl in der Vortonigkeit. Es handelt sich um zwei unselbständige Einsilbler; Praepositionen waren proklitisch (§ 23 e), so darf man wohl

46 Lautlehre. II. Lateinische Lautvertretungen und -entwicklungen

an vortonige Schwächung nach § 108a denken unter Verweis auf altlat. inschr. *Menerua* D 175–178, 772, 778, auch falisk. *Menerua* Vetter nr. 320. Andere Bedingungen gelten nur für beschränkte Bereiche, so die oben genannten Wandel *en* > *in* vor Gutturalen und Labialen, auch etwa regressive Vokalassimilation (§ 111) beispielsweise für **enitiom* > *initium*.

e) *eei* > *iei*. Vermutlich vor dem Wandel von ausl. *-ei(s)* zu *-ī(s)* wurde *eei* zu *iei*; freilich ist kein Beleg älter als dieser Wandel, also als 150 v.: *mieis* Plt. Men. 202 (codd. P, deest A), D 546; *abiegnieis aesculnieis* neben *abiegnea* Lex par. Put. (I² 698); *u̯inieis* D 408; zu Pronomen Akk. *eum eōs* pl. *iei ieis* (D 265 und oft), später *iī iīs* neben wiederhergestelltem *eī eīs*; dazu vielleicht pl. *dī dīs* zu *deus*, wenn aus *deei(s) diei(s)* und nicht aus *deivei(s) dīvī(s)*; vgl. *dieis* III 14 147⁵.

Siehe *Leumann*, Kl. Schr. 41 f. Die Schreibung *iei* ist zu häufig, um lediglich als falsche graphische Auflösung eines bereits einsilbigen *ī* gelten zu können. – Falsch *Maurenbrecher*, Parerga 33: *mīus* aus **mīus* aus **mei̯-os* (mit unnatürlicher Silbentrennung!).

f) *eo* > *i̯o*. Im Romanischen ist postkonsonantisches *-eo- -ea-* usw. ganz allgemein ebenso wie *-io- -ia-* zu *-i̯o- -i̯a-* (*-jo- -ja-*) geworden. Ob die Lautentwicklung als *-eo- -e̯o-* *-i̯o-* oder als *-eo- -io- -i̯o-* anzusetzen ist, läßt sich schwer entscheiden, da die lateinische Schrift für vokalisches *i* und für konsonantisches *i̯* das gleiche Zeichen benutzt. – Die ältesten inschr. Belege der Schreibung *-io-* für *-eo-* sind: *pariat* 'pāreat' D 268, 10 (ca. 120 v.), *polliciarus* 'pollicēāris' Tab. defix. D 801², 13, *nocias* D 638, *aenia* 'aēnea' I² 1680, *aliari* 'āleāriī' Pompeji (s. *A. Labhardt*, ZRPh. 61, 359). Vgl. auch *vinea non vinia* usw. App. Probi. Umgekehrte Schreibung: inschr. *moreor* 'morior' Pompeji Gl. 27, 78; *faceundum* XII 4159 III 5579; vulgär *-ācius* für Suffix *-āceus*; dazu § 50e.

Vgl. *Väänänen* 36–38, *Baehrens*, Komm. 39 ff. (spitzfindig und oft unzuverlässig).

g) Auf Inschriften, besonders solchen der Kaiserzeit, und in späteren Handschriften findet sich häufig auch in Tonsilben und Anfangssilben, besonders aber in Vortonsilben, *i* für *e* geschrieben, ohne daß Bedingungen festzustellen wären, etwa *fruminto* Fast. Praen. Apr. 25; vgl. *festuca non fistuca* App. Probi.

h) Analogisch aus Komposita in die Simplicia verschleppter Schwächungsvokal, nicht rein lautliche Entwicklung ist das *i* für *e* von *plicāre* (vgl. gr. πλέκω), etwa aus *applicāre*; altlat. *spicit* Plt., trotz *speciēs spectāre* etwa aus *cōn-spicio*; *miniscitur* Paul. Fest., zu gr. μένος, aus *reminiscitur*. Entsprechende Verschleppung des Schwächungsvokals zeigen wahrscheinlich die ersten Silben von *mihī tibī sibī*, s. § 367,5.

Lit. zu *e* > *i*: *Niedermann*, *E* und *I* im Lat., Basler Diss. 1897 [dazu IFAnz. 10, 137 f.; *Brugmann* I p. XLII]; *Sommer* 56. Einzelnes bei *Niedermann*, Mnem. 11, 1943, 124²; *Svennung*, Pall. 118 ff.; *Sturtevant*, Pronunc. 112. – Das *i* für *e* von *vitulus* und *vigeo* soll „expressive" Lautvariation sein nach E.-M. s. v.

43. *e* > *o* unter verschiedenen Bedingungen.

a) Idg. *eu̯* (gr. εϝ) wird lat. *ov* : *novus* gr. νέϝος ai. *navas*; *novem* gr. **ἐννέϝα* ai. *nava*; *tuus suus* älter **tovos sovos* (*souom soueis* D 122 al.) gr. hom. τεός ἑός (§ 369); abl. *Iove* (inschr. alt *Diou̯-* § 137a) ai. lok. *Dyavi* idg. wohl sicher **dyeu̯-i* (§ 318 A 2b); *iūs rūs* urspr. idg. **yeu̯os *reu̯os*, s. § 142b; vgl. § 132 unter *re-* zu *rūrsus*. Dazu *ovāre* Umgestaltung von gr. εὐάζειν. – Der Wandel ist weiter verbreitet. Er ist auch oskisch (und umbrisch): Praenomen *Núvellum*; latinisiert Praenomen *Nouios* D 771, Gentile *Novius*; pron. abl. *súvad* 'suā' (s. § 369 A); dat. *Diúvei*. Er ist auch keltisch, vgl. *Noviodūnum* und auf der Tabula aliment. Vel. (ca. 110ᵖ) *pagus Nouidunus* neben *saltus Neuidunus*, und weiter auch balto-slavisch. – Trotzdem ist im Latein der Wandel jung, wegen inschr. *neuen* 'novem' in Ardea (s. § 5;

dazu *Vetter*, IF 62, 4 u. 31), vgl. fal. *eu̯* in Praenomen *Euios* Vetter nr. 241 gleich osk. (in lat. Inschriften) *Ou*. und Ουιος (s. § 146c); unsicher ist *Consevios*, s. § 9. – Vgl. auch Diphthong *eu* > *ou* § 66.

Der Schwund der einstigen Media aspirata *gh* vor *v* in *brevis levis* (§ 168) ist noch jünger als der Wandel *eu̯* > *ou̯* (Allg. Teil § 49). – Unerklärt sind *sevērus* und das *-euam* der Foruminschrift. – Nach *Safarewicz*, Eos 47, 101–103 ist das *e* in *neuen* gegen den Lautwandel *eu̯* > *ou̯* bewahrt in Anlehnung an das *e* von *decem*, so wie sicher in aksl. *devętĭ* nach *desętĭ*.

b) Idg. *swe-* > *su̯o-* > *so-*: *socer* gr. (σϝ)ἑκυρός ai. *śváśuras* ahd. *swehur* (nhd. noch *Schwäher*) idg. **swek'uros*; *soror* ai. *svasā* lit. *sesuõ* idg. **swesō(r)* **swesr-* (s. § 207); *sopor* idg. **swepōs*, vgl. *somnus* idg. **swepnos* (§ 32; kaum **swopnos*, so *Schindler*, Die Spr. 12, 72–75); *sonit* (*sonat*) ai. *svanati* idg. wohl **sweneti*; weniger sicher *sodālis*. – Wegen *su̯o-* > *so-* s. § 145b. – Ein Sonderfall ist *e* > *o* zwischen zwei *qu* in der Vorstufe **kʷekʷō* von *coquo*, § 28 nr. 11 und § 163bα.

c) *el* > *ol* nur vor velarem *l* (§ 148b), d. h. vor den Vokalen *a o u* in *ela elo elu* und vor Konsonanten (in *elK*), ausgenommen in *ell*. Beispiele vor Vokalen: *volo* aus **velō* neben Konj. *vel-im* (vgl. § 401, 1b); *colo* aus *quolō* aus **kʷelō* gr. πέλομαι (§ 145a); *holus* (in alt *helus* Paul. Fest. war das *e* nach gen. **heleris* restituiert, *Sommer*, IF 11, 333); vor *lu̯* aus *lŭ* (nach § 141bα) in *solvo* aus **se-luō* zu gr. λύω und in *volvo*; dazu die griech. Lehnwörter *oliva oleum* aus ἐλαί(ϝ)α ἔλαι(ϝ)ον, Zwischenstufe **olaiu̯-* (Allg. Teil § 43), und *tolōneum* (woraus nhd. *Zoll*) App. Probi aus τελωνεῖον, sowie die etruskischen Namen *Volaterrae velaϑri* und *Volumnius velimna* (*Schulze*, EN 258 f., 377, 567[2]). – Vor zweifacher Konsonanz weiter *olK* > *ulK* nach § 45b: *ulcus -eris* aus **olkos* **elkos* gleich gr. τὸ ἕλκος (statt **ἔλκος); *vult* älter *volt* aus **welti*.

Unklar ist *hauelod* der Foruminschrift. – Zu *vel* aus **vell* s. § 148dβ. – In *celōx scelus gelāre* verhinderte die palatale Aussprache der vorangehenden Gutturals den Wandel *el* > *ol* nach *Havet*, MSL 5, 46[1]; richtiger nimmt man wohl analogische Restitution des *e* nach *celer* gen. *sceleris gelidus* an. – Zu *helvus celsus* s. § 148dβ.

d) Isoliert ist das *o* für *e* der Nebenform *amploctor* (Liv. Andr. Od. 19 *genua amploctens*) zu *amplector*; eine Vokalstufe *plok* wie in gr. πλόκαμος neben πλέκω ist im Verbum unverständlich; aber ein Lautwandel *e* > *o* ist hier auch unwahrscheinlich.

e) *e* > *oe* in inschr. *Hoerculi poenates* s. § 74 Ende.

f) *om* für *em* wohl nur durch Vokalassimilation, s. § 111 zu *homo vomo glomus*.

44. *o* > *e*. Anl. *vo-* vor Dentalen, genauer *vor- vos- vot-*, gehen um 150 v. Chr. in *ver- ves- vet-* über; nach Quintilian 1, 7, 25 soll Scipio Africanus (der Jüngere) als erster für *vortex* und *vorsus* die *ve-*Formen gebraucht haben. Weitere Beispiele: *Vortumnus Vertumnus*, *vorro verro*, *voster vester*, *voto veto -āre*, *Voturios Veturius*; aus etymologischen Erwägungen auch nach § 202 *vespa* (aber kaum *verbum*, hier Ablaut zu got. *waúrd* nhd. *Wort* aus **wr̥-dhom*); ferner (mit inl. *-vo-*) die Lehnwörter *averta* (Ed. Diocl.) gr. hell. ἀορτής (**ἀϝορτάς) 'Mantelsack' und *Avernus* (*lacus*, Lucr. 6, 746) gegenüber gr. Ἄορνος (*Leumann*, Die Spr. 5, 71–76 bzw. Gl. 42, 106), sowie *verēdus* 'Postpferd' gall. **vo-reidos*. Zu *averta* s. auch § 46 Zusatz.

48   Lautlehre. II. Lateinische Lautvertretungen und -entwicklungen

Der Schwund des *v* in inl. *-vo-* ist älter als der Wandel *vo-* > *ve-*, daher *sĕorsum dĕorsum* (§ 118); jüngere Entlehnungen waren **avorta* **Avornos*.

Zus. Zu *di bene vortant*. Beim Verbum *vertere* würde man nach der idg. Ablautregelung im Altlatein erwarten: Praes. *verto* (idg. *er*, nhd. *werden*), Perf. *vortī* (idg. *or* oder *r̥*, nhd. *ward wurden*), Ppp. *vorsus* (**vorssos*, idg. *r̥*, ai. *vr̥ttas*), *dī-vortium* 'Scheidung' (idg. *r̥*); und so bietet das Umbrische Praes. imper. *couertu*, aber Fut. ex. vom Perfektstamm *couortus*, Ppp. *trahuorfi*; auch in osk. Ϝεϙσορει '*Versōrī*' ist das *e* ablautgemäß (vgl. E.-M.). Im literarischen Altlatein dagegen bietet die handschriftliche Überlieferung bei Plautus *o* nicht nur in *vorsus* mit *vorsari* usw., sondern auch meist im Praesensstamm (*di bene vortant* usw.), dazu auch in der Ableitung *vorsus -ūs* mit *vorsūtus*; auf alten Inschriften begegnet leider keine Praesensform, wohl aber richtig perf. *aduortit* D 264 und Ppp. *oinu(u̯)orsei aru̯orsum* SCBacch.; vermutlich hat irrige Grammatikertheorie fälschlich *vort-* in die praesentischen Formen des Plautustextes eingeführt: Zu einem alten Perfekt *vortit* verlangten sie auch ein Praes. *vortit*. – Klass.-lat. *vortex*, *Māvors* und *dīvortium* (seit Plt., aber *diu̯ertium* Laud. Turiae) sind in Dichter- und Rechtssprache bewahrte Archaismen; die Scheidung *vortex fluminis est*, *vertex capitis* (Gramm. VII 99, 11) ist aus Vergils Gebrauch abgezogen; zu *dīvortium* vgl. § 275 B 2 Zus.

Lit.: *Solmsen*, Stud. 19 ff., *Leumann*, Kl. Schr. 142³ (zu *vortex* Verg. Aen. 1, 157). – *Pedersen*, KZ 36, 90 (*ve* > *vo*, nicht *vo-* > *ve-*); *Danielsson*, Sert. philol. 83² (*ve-* dialektische Modeform des Scipionenkreises).

Phonetisch ist beim Wandel *vor* > *ver* eine regressive Dissimilation *vo* > *ve* gebunden an eine progressive Assimilation *or* > *er*, vgl. *Brugmann* I 143; *Hermann*, NGG 1919, 244.

45. *o* > *u* vor *r, l, m, n* + Kons.; s. besonders *Prinz*, 15 ff. u. 75 ff.

a) *or* > *ur* (ausgenommen *vor* > *ver*, § 44): *furnus* 'Ofen' (*fornus* Varro bei Non. 531) neben *fornāx*; *curvus* 'krumm' neben *corvus* 'Rabe'; später *furmica non formica* App. Probi. Ferner *ur* für *or* aus idg. *r̥* (§ 59) in *ursus* usw. Spät *durco* für gr. δόρκων, eine Schiffsart (Gl. 19, 245).

Da *or* in *forma corpus mortuus torreo* usw. erhalten ist, scheint *ur* eine nicht stadtrömische Aussprache zu sein.

b) *olK* > *ulK*, d. h. *o* > *u* vor silbenschließendem, also velarem *l* (§ 148b); das *ol* kann idg. *el ol l̥* fortsetzen: *sulcus* gr. ὁλκός 'Furche', *pulmentum* umbr. *pelmner*, *fulgur* ai. *bhr̥gu-* 'Lichtgottheit'. Ferner *stultus* neben *stolidus*, *culpa* alt *colpa* Gramm. II 27, 12, *multa* 'Strafe' alt *molta* D 256, 257 osk. akk. *moltam*, infin. *moltaum*, gen. *Culcidis* i. Κολχίδος bei Quint. 1, 4, 16 (aus einer altlat. Medea-Tragödie), *Pulcher* alt *Polc(er)* D 459, *Fulvius* alt inschr. *Folvius* 342, 355 al. Ebenso in nicht-ersten Silben (*īnsulsus* neben *salsus*, § 91 aα). Auch *-l* im Auslaut ist silbenschließend, daher auch *-ol* > *-ul*: *cōnsul* inschr. alt *cosol*, *simul* alt *semol* D 88. – Zu *ol* in *solvo volvo* s. § 43 c, in *volgus* usw. § 46.

Nach *Prinz* 15–17 erfolgte der Wandel erst um 150 v. Chr. – Zweifelhaftes über *ol* > *ul* vor *i* (also vor Vokal) bei *Persson*, IF 26, 60.

c) *omb-* > *umb-*: *umbō umbilīcus* gr. ὀμφαλός; *rumpia* Enn. entlehnt aus gr. ῥομφαία. – Angefügt sei *om* > *um* vor Vokal: *Numidae* aus gr. Νομάδες; *umerus* aus **omesos* (§ 215b Zus.); *hum-us* 'Erde' zu gr. χθον-. Erhalten ist *om* in *domus*, nach *Sommer*, KE n. 14, hinter Dental; anders *Juret*, MSL 20, 203.

d) *o* > *u* vor gutturalem Nasal *ŋ*, d. h. *oncŏ ongu̯* > *unc ungu̯*: *uncus* gr. ὄγκος 'Widerhaken', *hunc* altlat. *honce* D 256, *cūnctī* alt *conctos* Arvallied;

Kurze Vokale 49

unguis (*uṇguis*) zu gr. ὄνυξ, *homunculus* § 282 C 2b, *nuncupāre* (*-unc-* < *-ŏnc-*) für **nōmicupāre* (§ 103b). – Aber *ong* bleibt unverändert in *longus* nhd. *lang*, (dial.) *tongēre* Fest. got. *þagkjan* nhd. *denken*.

e) *und unt* für *ond ont* in *frundēs* Enn. ann. 261, *frunte* VI 35736 usw. beruht nicht auf Lautwandel, sondern auf analogischem Ausgleich der Vokalfärbung mit dem Nom. sg., wo *frǭ(n)s* fast wie *frūs* ausgesprochen wurde, vgl. *populea fruns* im Hexameterausgang Enn. ann. 577. – Vgl. *Sommer* 66; *Baehrens*, Komm. 54.

46. Verzögerung des Wandels $o > u$ **hinter** *v* **und** *u*, also Schreibung *vo uo* für *vu uu* (beide inschr. *VV*) bis zum Beginn der Kaiserzeit. So, entgegen § 45b und d, *volgus volnus voltus volt āvolsus Volcānus Volturnus Volscī* und *avonculus* für *vulgus vulnus* usw. Ferner in nichtersten Silben (§ 145 d α) bei den Endungen *-us -um -unt* aus *-os -om -ont*, etwa: *servos equos vīvos mortuos* bzw. *-om*; gen. pl. *dīvom* (Verg. Aen. 1, 46 usw.), *bovom* (Varro ling. 9, 33); 3. pl. prs. *volvont sequontur metuont* usw.; beim Deminutivsuffix *-ulus parvolus*; in Konjunktion *quom* für *cum*. – Nach Quintilian 1, 7, 26 schrieben noch seine Lehrer *servos cervos* für *servus cervus*.

Inschriftliche Belege: *aeuom* D 647, 20, *proauos* 245, *Dauos* 69, *uiuos* 645; *aiquom* SC Bacch., *seruos* D 98, 601, *paruos* 684, 8, *saluos* 606; *compascuos* 453, 33, *mortuos* 543, 801, *arduom* 294, *perpetuom* 389; gen. pl. *souom* 305; *duomuires* 241; gen. sing. *Diouos* 110, *senatuos* SC Bacch.; 3. pl. *ueiuont* 680, *comfluont* 453, 13. Aber das Mon. Ancyr. schreibt *riuus uiuus*.

Mit zwei Lautproblemen, dem Wandel $o > u$ und dem Schwund von *v* vor *o u* (§ 145a und d), ist hier noch ein Schriftproblem verknüpft. Bei *vu* (und *uu*) konnte die Schreibung *VV* zu einer Zweideutigkeit führen in der Zeit, wo im Altlatein mit *VV* langes *ū* wiedergegeben wurde (etwa von 150 bis 70 v. Chr., § 12). So ist nach *Niedermann*, Mél. Saussure 58 (vgl. *Baehrens*, Komm. 66) *VO* lediglich als alte Schreibung bewahrt zur Vermeidung des zweideutigen *VV*, nicht aber ein Zeugnis einer Aussprache *vo*. Zwingend ist diese Auffassung nur für *quo* > *cu*, teils wegen älterer umgekehrter Schreibungen (*quom, oquoltod,* Allg. Teil S. 54* unten), teils wegen *secundus* aus **sequondos* (ursprünglich 'der folgende') gegenüber *sequontur*. Aber alt **avorta* (gr. ἀορτής) war nicht unter Beibehaltung der Schreibung mit *vo* lautlich zu **avurta* geworden (im Gegensatz zu *amurca* aus gr. ἀμόργη), denn es folgte um 150 v. Chr. dem Wandel *vort* > *vert* als *averta* (§ 44). – Ferner ist ganz allgemein im klassischen Latein die Schrift später als die Aussprache modernisiert worden, also schrieb man damals nicht nur nach der Aussprache, sondern man richtete sich auch in der Aussprache nach der Schrift. Der klassischen Schreibung *vo* entsprach wohl auch eine Aussprache *vo*. – In *Volscī* und *aequor* blieb die Form mit *ŏ* durch Historiker bzw. durch die Dichtersprache bewahrt, in *quoniam quondam* durch die Assoziation mit anderen *qu*-Konjunktionen.

Lit.: *Prinz* 42; 46ff.; *Sturtevant*, Pronunc. 119; *Sommer* 67; *Brugmann*, IF 38, 121[2]; *Hermann*, Silbenbild. 220 § 277; ders., NGG 1918, 128.

47. Wechsel von *a* **und** *o*.

a) $o > a$. Für zu erwartendes *ov* erscheint *av*: *caveo* gr. κο(F)έω; *caverna cavus* roman. (portug. usw.) *covo* gr. κό(F)οι · κοιλώματα Hesych.; *favissae* 'Erdhöhlen' bei Gell. 2, 10 neben *fovea*; *faveo* neben altlat. *foue* D 781; *paveo* gr. πτοέω; *lavo* gr. hom. λο(F)-.

Die Erklärung ist ganz unsicher. Auf Grund von Gegensätzen wie *fovea : favissae* nimmt man nach *Thurneysen* und *Havet* an, *ov* sei nur in vortoniger Silbe zu *av* geworden, also in *cavēre caverna favēre lavāre* (alt freilich *lavĕre*), mit vielfacher Verschleppung des *av* in Tonsilben. Nach *Szemerényi* wurde in die Praesentien **foveō *coveō *lovō* das *av* für *ov* eingeführt im Lautausgleich mit den Perfekta *fāvī cāvī lāvī*, deren *āv* rein lautlich aus *ōv* entstanden sei (§ 56b); s. dazu aber § 437 I C 2. – An alten Ablaut ist nicht zu denken. – Lit.: *Thurneysen*, KZ 28, 1887, 154 ff.; *Havet*, MSL 6, 17 ff.; *Solmsen*, KZ 37, 1 ff.; *Juret*, Dom. 260; ders., MSL 20, 190; *Buck*, Comp. Gr. 84; *Sturtevant*, Lang. 14, 107 f.; *Szemerényi*, KZ 70, 52–58; 65–70 (danach *Mayer*, Gl. 32, 277).

b) *a* > *o*. Statt und neben *va-* erscheint *vo-*: neben *vacīvos vacuos vacātio* steht *vocīvos* Plt. Ter. *uocatio* (*vocātio*) Lex repett. 77 (84), Lex Iul. munic. 93, 103; ererbt ist *a* wegen umbr. *uaśetom*. Die Belege sprechen dafür, daß der Wandel in vortoniger Silbe erfolgte, mit Verschleppung in *vocuam* Laud. Turiae II 33.

Einen entsprechenden Wandel *qua-* > *quo-* aus späterer Zeit vermutet *Brüch* für inschr. *Quodratus Codratus* Κοδρατος; da aber dessen Belege alle aus dem griechischen Osten stammen, so besteht hier angesichts von gr. Akk. κοδράντην Ev. Matth. 5, 27 aus lat. *quadrantem* mehr Wahrscheinlichkeit für griechische Lautsubstitution. – Zu praenestin. *Quorta* D 530 s. § 380.

Lit.: *Sommer*, KE n. 31; *Baehrens*, Komm. 38. – Zu *Quodrātus*: *Brüch*, ZRPh. 56, 376–387; s. dazu Gl. 27, 79 f.

48. Lat. *a* steht einem *e* der anderen Sprachen gegenüber in auffälligen Beispielen. *quattuor quater quadru-*: osk. *petora* umbr. *petur-*, gall. *petor--ritum* 'Vier-rad(wagen)' *Petrucoriī* 'Vier-heer' neben *Tricoriī*, gr. att. τέτταρες dor. τέτορες äol. πέσυρες (hom. πίσυρες), ai. *catvāras catur-* av. *caϑrucaśma-* 'vieräugig' (ai. av. *ca-* nur aus idg. k^we-), lit. *keturì ketur-*, got. *fidwōr*; *mag-nus maius* aus **mag-i̯os*: gr. μέγας akk. μείζω ion. μέζω aus **megyos-m̥*; *flagrāre*: gr. φλέγω; *patēre* osk. *patensīns*: gr. πετάννυμι (hom. πίτνημι); *grad-ior* mit *gradus grassārī grallae* (zu Ptc. *gressus* und Subst. *gressus -ūs* s. § 89c): aksl. *gręd̨ǫ* 'komme' got. akk. *grid* 'Schritt'; *carpo*: lit. *kerpù* 'schneide'; *fragilis frāctus*: got. *brikan* nhd. *brechen*; *sacēna* 'dolabra pontificalis' Fest.: lat. *secāre* umbr. *prusekatu*. – Bedingungen für einen innerlateinischen Lautwandel *e* > *a* sind nicht festzustellen; lat. *a* scheint, wie gr. ι in πίσυρες πίτνημι, die sog. Reduktionsstufe der *e*-Reihe (§§ 30, 37c) fortzusetzen.

Weitere Beispiele bei *Güntert*, Ablautprobl. 52; vgl. auch *Kuryłowicz*, Apoph. 395; *Hirt*, Idg. Gr. II 80; *Schwyzer* I 351 (zu gr. ι: lat. *a*). – Aus analogischen Beeinflussungen will *Petersen*, Lang. 14, 39–59 diese lat. *a* statt *e* erklären [Gl. 29, 165]; ähnlich schon vor ihm *Kent*, Lang. 2, 184–187 [Gl. 18, 253].
Umgekehrt steht lat. *e* gegen gr. α in *melius*: gr. μᾶλλον aus **μάλ-ι̯ον, vgl. μάλα μάλιστα.

49. *u* > *o*. a) Für antevokal. *ur* (idg. *us* und *ur*) erscheint im Latein teils *ur* teils *or*. Lat. *ur* aus *us* (> *uz*) in *nurus -ūs* gr. νυός (§ 194 sub *sn-*), auch wohl in *furvus* 'finster', für welches, neben *fuscus* 'dunkelfarbig', eine Vorstufe **fuzuos* gefordert ist. Lat. *or* aus *us* in *forem* aus **fu-sē-*, vgl. osk. *fusid* 'foret'; aus *ur* vermutlich in *forēs* neben gr. θύρα (vgl. immerhin § 171a). Vielleicht hat in *nurus* und *furvus* das *u* der folgenden Silbe die Erhaltung des *ur* bewirkt, so *Sommer*, IF 11, 326.

b) In Lehnwörtern wird *u* > *o* gefordert bei gr. υρ durch *storax* (seit Ciris 168) neben gr. στύραξ 'Gummiharz' und durch *sporta* 'Korb' Cato (-*ula* Plt.) aus gr. σπυρίς (akk. -ίδα), bei υδ durch *cotōneum* 'Quitte' (seit Cato) gr. κυδώνιον. – In *sporta* und *cotōneum* spricht zwar *t* aus *d* für etruskische Vermittlung (§§ 8 u. 162 d), aber andrerseits besaß das Etruskische kein *o* (§ 1). S. *de Simone* II 271, 279; *Solmsen*, Gl. 3, 241; etwas anders *Nehring*, Gl. 13, 11. – Vgl. auch § 85 A 3 c.

c) Die Schreibung *o* für echtes *u* ist übrigens im alten und vulgären Latein nicht selten anzutreffen und erklärt sich aus der offenen Aussprache des *u*: *erodita* D 642; falsch archaisierend *exfociont* 'effugiunt' auf der Columna rostrata D 271; *norus* IX 2450 (200ᴅ); *oxor* V 6305; *turma non torma* und *puella non poella* App. Probi. Siehe besonders *Prinz* 15 ff., mit teilweise allzu subtilen Rechtfertigungen. – Spätes *iocundus* für *iūcundus* wohl durch volksetymologische Anlehnung an *iŏcus*.

50. *i* > *e*. a) *-is-* wird antevokalisch über *-iz-* zu *-er-*: *sero* 'säe' aus redupliziertem **si-sō* (für athem. **si-sē-mi*). Ebenso in nichterster Silbe (vgl. § 86 III b): gen. *cineris* aus **kenis-es* vgl. gr. κόνις; *Falerii* aus **Falis-io-* wegen *Falis-cī*; Wechsel zwischen *er* vor Vokal und *is* vor Kons. in den Perfektnebentempora (*-eram -ero* und *-issem*, 2. pl. perf. *-is-tis*).

Zu *Falerii* s. auch *Schulze*, EN 565⁴. – In *dirimo dirhibeo* mit *dir-* aus *dis-* ist das *i* nach Komposita mit *dis-* wie *dis-tineo* wiederhergestellt. In dem Mittelmeerlehnwort *pirus* aus **pisos* (gr. ἄπιον) mag das *i* rustike Artikulation sein. – *Sommer* 63 (Anm. 3) bestreitet den Wandel für die erste Wortsilbe.

b) *ii* > *ie* durch Kontakt-dissimilation, betrifft nur nichterste Silben: *adiese* u. *-ent* 'adiisse(nt)' SCBacch. (3 Stellen, sonst nur *-ise(nt)*). – Zu *ie* (für *ii*) in *hietāre pietās* s. § 94, zu *aliēnus* § 55 b. Vergleichbar *eei* > *iei* oben § 42 e.

c) *-ri-* vor Dentalen wird zu *-er-*: *certus* gr. κριτός; s. § 149 a α.

d) *-im* > *-em* im Akkusativ des Fragepronomens *quem* idg. **kʷim* gr. τίν-α ai. ntr. *kim*. Über nichterstsilbiges *-im* und *-em* im Akkusativ der *i*-Stämme s. § 357 C 1.

e) Die Schreibung *e* für klass. lat. *i* beliebiger Wortsilben ist im alten und im vulgären Latein vielfach anzutreffen; sie erklärt sich aus der offenen Aussprache des *i*, die sich auch aus der griechischen Wiedergabe mit ε etwa in Τεβέριος D 133, 171 ergibt (vgl. auch § 86 III b). – Belege aus D: *aidiles* nom. sg. 540, (doch s. § 99), *trebibos* 'tribubus' 227, *Tempestatebus* 541, *Falesce* 122, vgl. *magester* Quint. 1, 4, 17; auffallend häufig vor Vokal: *Feroneae* D 58. *fileai* 771, *vieam precaream* 468; vgl. rustikes *vea* 'via', als *veha* etymologisiert bei Varro rust. 1, 2, 14. Zu Cottas *e* für *i* s. § 71. – Aber altlat. *e* für klassisch lat. *i* in unbetonten Silben (*Apolenei, Menerua*, doch kaum *meretod*) stellt teilweise auch den älteren Lautstand dar.

f) Antevokalisches gr. ι nichterster Silben wird in volkstümlichen Entlehnungen öfters durch *e* wiedergegeben: *cochlea* κοχλίας 'Schnecke', *nausea* ναυσίη, *trochlea* τροχιλία 'Winde, Hebezeug'; *cotōneum* § 49 b; dazu *mattea* § 85 A 3 c. – Inschr. *Deana* häufig (Thes. Onom. s. *Diāna*), offenbar durch Angleichung an *deus*. – Lit.: *Niedermann*, Mnem. 11, 1943, 124¹; *Väänänen*, 21 f.; *Sturtevant*, Pronunc. 110 f.

51. Wechsel zwischen *i*, *u* und *y*. Die einzige Funktion des zu Ciceros Zeit neu eingeführten Buchstabens lat. *y* war die Wiedergabe von gr. υ als *ü* (s. § 52). In der Kaiserzeit aber erscheint es bedingt auch für lat. *i* und *u*, besonders auf Inschriften.

a) *i* > *y* hinter anlautenden Labialen: für *vi- fi- mi-* schreiben die Inschriften nicht selten *vy- fy- my-*, so in *vyr fydes Fyrmus myser Mythras*. Dazu *vyr vyrgo vyrga* App. Probi. – Das *y* soll offenbar ein mit der Mundstellung der vorausgehenden Labiale gesprochenes *i*, also eine Art *ü* bezeichnen.

Inschriftliche Belege. Für *vy-* (auch Schreibung *by-* und selbst *bu-*): *byro* Diehl Chr. 1537; *byyris* VI 31038; *uniuyriae* XI 1800 (*-by-* VI 12405, 23606); *byrgo* Diehl Chr. 2934, *byrginio* VI 2499; *sebur* 'sēvir' XIV 319; *burgo* 'virgo' VI 28062. – Für *fy-*: *fydes* CE 512, *fydeles* VIII 15724; *Fyrmus* sehr häufig, etwa VI 26710 XIV 429 Gl. 18, 247, *Fyrmina* XIV 966; vgl. φυρμος IG XIV 2406, 85; *fyscus* ist vorausgesetzt durch gr. φοισκος (*Milne*, Titel s. § 2, nr. 719). – Für *my-*: *mysera* CE 476, 613, XIV 429; *Mythra- Mytra-* häufig, etwa VI 730 VII 541 VIII 8440 Gl. 24, 149; *myrmillo* (s. *Frei-Korsunsky* 26 f.).

S. *Baehrens*, Komm. 52, auch zu den Nachrichten der Grammatiker; *Coleman*, Transactions Phil. Soc. 1962, 94 (zu *vyr*).

b) Pseudogriech. *y* für echtlat. *i*: *stylus* für *stilus* 'Stiel, Griffel, Stil'; *satyra* für *satira*, nach σατυρικός; *sylva* wohl nach gr. ὕλη. – *byblio-(thēca* usw., Thes. s. v. p. 1958, 63 sqq.) ist schon griechisch.

c) *y* für lat. *u.* Inschr. *Tertyllus* VI 27629, 31153 wird griechischen Namen auf -υλλος angeglichen sein; zu gr. -υλλ- für lat. *-ull-* in Namen wie Τύλλιος, *Sylla* s. *Perl*, Philol. 115, 226. – Ohne griech. Anklang *mylieres* XII 4524 (beachte aber italien. *moglie*), *gyla* Gramm. (s. Thes.). – Spät *inclytus* CE 266 und Hss. (*Prinz*, Gl. 29, 145) für poet. *inclutus* nach gr. κλυτός.

d) Zum Wechsel *u/i* in *libet clipeus* s. § 92 C.

52. Wiedergabe von griechisch υ im Latein und von lateinisch *qu* im Griechischen. a) Seit der erneuten Aufnahme des gr. Buchstabens υ ins lat. Alphabet als *y*, also seit Ende der Republik (§ 7 Zus.) ist *y* als graphischer und lautlicher Vertreter von gr. υ und ῡ (lautlich *ü* und *ǖ*) gebraucht und demgemäß in der normierten Sprache auf griechische Wörter beschränkt, so inschr. *Cyrene* D 287. – Hier wird nur gr. ῠ behandelt, zur Wiedergabe von gr. ῡ durch lat. *ū ī ē oe* s. § 85 B 3c.

Die älteren Quellen geben gr. υ durch lat. *u* wieder; lautlich steht dahinter nicht nur eine Lautsubstitution für den dem Latein fehlenden Laut *ü*, sondern mindestens in alten Lehnwörtern auch die lautgetreue Wiedergabe einer süditalischen Aussprache des gr. υ (ῡ) als *u*. Belege aus Inschriften zu gr. ῠ in Namen: auf etruskischen Spiegeln *Amucos* D 759, *Marsuas* 763, *Luqorcos* 767, auf einer Schale *Canumede* 778; weiter *Glucera* 639, *Pulades* 652, *Suneros* 173, *Surus* 166, *Trup.* (Τρύφων) 133, *Lucios* (Λυκίους) 128, *Erucina* 212, *Corumbus* 617; *Lumphieis* 'Νύμφαις' (s. § 162c Zus. α); in Appellativa *crupta* 416, *mustae* (μύσται) 236 f., *sunhodus* 690; aus der Literatur *Amphitruo* Plt., *Bruges Burrus* Enn. (Φρύγες Πύρρος), *Burria* und die Appellativa *burrus* 'feuerrot', *buxus cubus culigna cumba cupressus, aes cupr(i)um* 'Kupfer', *druppa* (§ 102), *gubernāre* (§ 158c), *guminasium* (§ 115), *lacruma* (§ 162c), *murra, murtus -a* mit *-ētum, obrussa* (ὄβρυζα 'Goldprobe'), *purpura* (πορφύρα), *spēlunca* (σπηλυγγ-); zu *scutica* 'Peitsche' Hor. Ov. (*σκυθική) und *tocullio* 'Wucherer' Cic. (*τοκυλλίων) s. *Leumann*, Kl. Schr. 172 u. 173 f.; vgl. *botrus clamus* § 365 B 4a. Das Romanische setzt Formen mit *u* voraus für κρυπτή θύννος θύρσος τύμβος: italien. *grotta tonno torso tomba*. – Über *i* als Wiedergabe von gr. υ s. § 85 A 3c.

Lit.: *Friedmann* 86–92; *Graur* 80–83; 37; *Baehrens*, Komm. 59 f.; *Schwyzer* I 181 ff. und 157 f. (hier „*Sulla* aus *Surula*, zu Σύρος"); die Verknüpfung mit Σύρος ist unglaubhaft.

b) Wiedergabe von lat. *qu* im Griechischen, speziell von *quĭ*. Die normale Wiedergabe (außer vor *ĭ*) ist κου, seltener κο oder κυ, etwa Τορκουατος *'Torquātus'*, κυαιστωρ (vgl. osk. *kvaisstur* umbr. *kvestur*), auch vor *ī*, speziell in *Quīntus* (zum *ī* s. § 126a) mit Κουΐγκτος D 276, Κοιντος. Zu Κοδρατος s. § 47b Zus.

Lat. *quĭ* erscheint als gr. κυ: inschr. Ἀκύλλιος für *Aquillius* D 279, 446/7; Κυρείνου *'Quirīnī'* Mon. Ancyr., literar. Ἀκύλας *Aquila* usw. Diese Entsprechung κῠ/*quĭ* gilt ebenso umgekehrt für griechische Lehnwörter: *squilla* für σκύλλα, *māla quidōnia* (> ahd. *quidden* nhd. *Quitte*) für gr. μᾶλα Κυδώνια (aus Kreta); erst in später Zeit steht *qui* auch für κῡ. – Die lautliche Auswertung für die Aussprache von lat. *qu̯* ist schwierig; s. auch § 156d.

Belege in Auswahl. Lat. *qu* als gr. κου κο κυ: Κουαδρατος usw.; vor *ī*: Κοιντος in Delos D 101, 130, 133, 281; vgl. 287, MA; Κοιντιλιος MA; Κουινκτος 276. – Lat. *quĭ* als gr. κυ: Aus NT: Ἀκύλας (*Aquila*) act. 18, 2, Εὐρακύλων act. 27, 14, Κυρήνιος (*Quirīnius*) Luc. 2, 2. Aus Literatur: Ταρκύνιος, Τράγκυλλος, Αἰσκυλῖνος (*Esquilīnus*), Ἀκυληια (*Aquileia*). – Gr. κυ als lat. *quĭ*: *squilla* (σκύλλα) 'ein kleines Meertier' Lucil. 1240, Cic. nat. deor. 2, 123, Hor., Plin. epist. 2, 17, 28; *quiathus* (Thes. s. *cyathus*); *quiamus* κύαμος (aber *Ciamus* D 353), *hyosquiamus*; *coloquinta* κολοκύνθη; bei υ aus οι in *quiliacus* κοιλιακός (Thes. sub *coel*-); zu *liquiritia* s. § 192 *gl*-. Nur in gelehrten Wörtern *cy*: *cygnus* (§ 200a), *cymbalum*; in frühen Übernahmen *cu* (*culigna cumba cuprum*, s. oben). – Gr. κῡ als lat. *quī* in Namen CIL III (Osten): *Filoquirius* (-κύριος) 2402, *Quirilla* (Κυρίλλα) 8719, *Anquira* (Ἄγκυρα) 12489. Zu *anquīna* s. § 85 C 1 b γ.

Lit. *Eckinger* 120 ff.; *Väänänen* 45 f.; *Debrunner*, IF 46, 91; *Schwyzer* I 158; *Svennung*, Pall. 126; *Vendryes*, BSL 25, 41; *Hammarström*, DLZ 1932, 1890; *Perl*, Philol. 115, 228–232.

b) Die ererbten Langvokale: Bewahrung und Veränderung (§§ 53–57)

53. Die langen Vokale in ungestörter Entwicklung.

Idg. *ā* bleibt lat. *ā*: *māter* osk. gen. *maatreis* umbr. gen. *matrer* gr. dor. μάτηρ got. *mōþar*; *frāter* umbr. nom. pl. *frater* gr. att. φράτηρ 'Angehöriger einer Phratrie' got. *brōþar* nhd. *Bruder*; *su̯āu̯is* aus *su̯ādu-is* gr. dor. ἁδύς aus idg. *swādus*; *fārī* gr. dor. φαμί; gen. pl. *istārum* gr. hom. τάων ai. *tāsām* idg. *tāsōm*; Suffix *-tāt-* gr. dor. -τᾱτ- att. -τητ- av. *-tāt-*.

Idg. *ē* bleibt lat. *ē* (german. *ē* > ahd. *ā*): *sēmi-* gr. ἡμι- ai. *sāmi-* ahd. *sāmi-*; *fēcit* gr. ἔ-θηκε; *fē-lāre* gr. θήλη, zu *fē-mina* gr. θῆ-σθαι 'saugen' (§ 171a, doch s. auch § 35); *rēg-em* ai. *rāj-* kelt. *rīg-* (in *Dumno-rīx* usw.); *sēmen* aksl. *sěmę* ahd. *sāmo* nhd. *Same*, dazu got. *-sēþs* nhd. *Saat*; *plē-nus* umbr. *plener*, *plē-rum*(*-que*) gr. *πληρος in πληρόω, gr. πίμ-πλη-μι; *nē-re* gr. νή-θω vgl. got. *nē-þla* nhd. *Nadel*; altlat. *siēs* 'sīs' gr. εἴης.

Idg. *ō* bleibt lat. *ō*: *ōc-ior* gr. ὠκ-ίων zu ὠκύς ai. *āś-īyān* zu *āśu-*; *legō* gr. λέγω; *octō* gr. ὀκτώ; abl. der *o*-Stämme auf *-ō* alt *-ōd* gr. delph. Fοίκω 'von Hause' ai. *-ād*. Vollstufenvokal z. B. in *dōnum* osk. *dúnúm* perf. *duunated* 'donavit' ai. *dānam*, vgl. gr. δῶρον und *dă* in *datus dare* (§ 33); (*g*)*nōsco* (mit *nōtus*) ai. γιγνώσκω (§ 407 II A 2); *pōculum* gleich ai. *pātram* (zu *pō-tus*). Dehnstufenvokal z. B. in *vōx vōc-is* ai. *vāk*, zu *vōc-āre* gr. ὀπί (§ 155b); *sōp-īre* zu *sōp-or* (W. *swep*); *nōs* av. *nā̊* neben *nŏs-ter* ai. *nas* 'uns'; Suffix (*vic*)-*tōr-* gr. (ῥή)-τωρ neben gen. -τορος.

Idg. *ī* bleibt lat. *ī*: *vīs* gr. (F)ἶ-φι 'mit Gewalt'; *vīvos* osk. *bivus* pl. ʻ*vivi*ʼ ai. *jīvas* lit. *gývas* idg. **g^wīvos* mit *vīvere* ai. *jīvati*; Suffix *-īnos* in *dīvīnus* osk. *deivinais*; Optativzeichen *ī* in *sīmus velīmus*. — Zur altlat. Schreibung *ei* s. §§ 69 ff.

Idg. *ū* bleibt lat. *ū*: *mūs* gr. μῦς ai. *mūs* ahd. *mūs* nhd. *Maus*; *sūs* (umbr. akk. pl. *sif*) gr. ὖς ahd. *sū* nhd. *Sau*; *iūs* 'Brühe' ai. *yūs* 'Brühe'; *fūmus* ai. *dhūmas* usw. (§ 171 a); Suffix *-tūt-* got. *-dūþ-*.

54. Veränderungen der Langvokale.

ā > *ē*. Ein kaiserzeitlicher Wandel *i̯ā-* > *i̯ē-*, also Palatalisierung des *ā* durch *i̯-* zeigt sich in inschr. und roman. *Ienuarius* für *Iānuārius* und in hschr. und roman. *ienua* für *iānua*; er ist also nicht auf Vortonigkeit beschränkt. Viel älter ist die offenbar durch beidseitiges *i̯* bedingte Entwicklung in *iēiūnus* 'hungrig', *iēientāre* 'frühstücken', bei dem man freilich gemäß § 138, 1 a richtiger von einem Wandel **i̯ai̯-* > *i̯ei̯-* spricht; *i̯ai̯-* in *iāiūnus iāientāculum* ist handschriftlich bezeugt für Plautus (*Skutsch*, Kl. Schr. 74) und Spätere (s. Thes.); auch wird es vorausgesetzt durch verkürztes *iantāre* 'frühstücken' (Suet. Vit. 7, 3 u. 13, 1; s. Thes. s. *ieiento*). — Erwähnt seien auch inschr. *Dieniensis* (von *Diānium*) II 3125; *treiectus* (mit *ē* für *ā* vor *i̯*) VI 1884 (130ᵖ), XIV 254; und weiter roman. **jectāre* (frz. *jeter*) für *iactāre*.

Lit.: *Niedermann*, Contrib. 27³; *Brüch*, Gl. 25, 35–42; *Svennung*, Pall. 114 (*Treiectus*). *Saeturnus* D 195 (so auch wohl zu lesen für *Sateurnus* Fest. aus Salierlied) für *Sāturnus* ist nicht erklärt, auch nicht durch *Kretschmer*, Die Spr. 2, 70 f. oder durch *Herbig*, Philol. 74, 446. — *Caeculus* versucht *Muller*, Mnem. 58, 89–93 mit *Cācus* zu verknüpfen [Gl. 21, 194].

55. a) *ē* > *ī*. Ein *ī* für erwartetes *ē* zeigen *suspīcio dēlīnio subtīlis* und *fīlius*. Bei *suspīcio* neben *spec-* in *speciēs spectāre*, das ein *spēc-* als Ablautform erlauben würde, und bei *dēlīnio* (Gloss. u. Hss.) für *dē-lēnio -īre* zu *lēnis* kommt wohl nur eine Erklärung durch Assimilation in Frage. Bei *fīlius* 'Sohn', ursprünglich 'Brustkind, Säugling' (von **fēlā* 'Mutterbrust', § 171 a), führt umbr. *feliuf filiu* ʻlactentesʼ auf die gleiche Erklärung; doch könnte das *ī* auch nach § 35 ererbt sein. In *subtīlis* 'fein, zart' neben *tēla* aus **texlā* (§ 209 a) geht das *ī* auf Ersatzdehnungs-*ē* zurück.

Ererbtes *ī* in *suspīcio* behauptet *J. Otrębski*, KZ 66, 243, gestützt auf ganz andersartigen slavischen Wechsel *e/i* (in *el ɛl il*). — Zu *convīcium* 'Schmähung' s. § 273, A 3 Zus. — Inschr. *grauido* für *gravēdo* analogisch nach Typus *lubīdo*.

b) *iī* > *iē* und *uī* > *uē* durch Dissimilation ist die nächstliegende Erklärung für *aliēnus* 'fremd' *laniēna* 'Fleischbank' gegenüber sonstigem Suffix *-īnus -īna* (s. § 294, 2), und für (*fräter*) *patruēlis* 'Vetter', *carduēlis* 'Distelfink', Ableitungen von *patruus carduus*, gegenüber sonstigem Suffix *-īlis* (*Leumann*, Gl. 18, 272).

c) Auf alten Inschriften beruht *i* für *ē* und *e* für *ī* meist auf altem *ei*, s. § 71, auch zur Schreibung *ei* für *ē*; rustikes *ē* für monophthongisches *ī* ist nicht gesichert.

d) Zu *ae* für *ē* in *faenum faenus* und *scaena scaeptrum* s. § 78; zu *oe* für *ē* in *coena* s. § 74 b.

56. 1) Lat. -āvos und idg. ēw > āv, ōw > āv.

a) Bei Annahme eines Wandels idg. -ēwo- > lat. -āvo- lassen sich lat. (g)nāvus 'kundig', rāvus 'grau' (§ 168 Zus.), flāvus 'gelb' lautlich gleichsetzen mit aisl. knār grār ahd. blāo (nhd. grau blau; altgerm. ā aus idg. ē), so zuerst *Hirt*, IF 37, 223 (und Idg. Gr. II 184). Weniger überzeugend ist die Annahme eines Ablauts n̥ r̥ l̥ (lat. nā rā lā): nē rē lē (altgerm. nā rā lā).

b) Lat. octāvos (ebenso oskisch wegen *Úhtavis* '*Octāvius*') geht als Ableitung von idg. *ok'tōu (*ok'tōw) 'acht' auf *ok'tōwos zurück (s. § 380 A; *Sommer*, SbMünchen 1950, H. 7, 37[1]). Den gleichen Wandel -ōwo- > -āvo- vermutet *Meillet* (*Meillet-Vendryes* 107) für flāvus, bei Ablaut ō : ē gegenüber nhd. blau (s. oben a). *Szemerényi*, KZ 70, 51 ff., will auch in den lautlich und formal schwierigen Perfekta fāvī cāvī lāvī (§ 437 I C 2) das āv aus ōv herleiten und damit dann das a der Praesentien rechtfertigen (§ 47a).

2) ō > ū im Einsilbler fūr gleich gr. φώρ, mit ō im Ablaut zu o e in fero gr. -φόρος φέρω nach § 30. Ebenso wohl cūr aus quōr; s. auch § 130 II B 1 zum ū von hūm-ānus. Freilich -ōm in Mehrsilblern wandelt sich im gen. pl. über -ŏm zu -um (§ 228 II a). – In erster Wortsilbe in Lehnwörtern. In grūma (neben grōma) 'Meßgerät der Feldmesser', entlehnt aus gr. γνώμων (so Paul. Fest.; oder *γνῶμα?, vgl. die Ableitung grōmaticī, *γνωματικοί?), ist die ganze Umgestaltung, nicht nur ū für ō wohl etruskischer Vermittlung zuzuschreiben; s. *de Simone* II 286 ff. – Ferner trūcta 'Forelle', gr. τρώκτης. Zu flūta s. § 133 II b.

57. Entwicklung der Haupttonvokale im Vulgärlatein. Der romanische Vokalismus ist schon vorgebildet im Vulgärlatein. Die Veränderungen erfassen meist die Vokalquantitäten und darauf die Vokalqualitäten; hier können nur die Hauptpunkte erwähnt werden.

a) Die ererbte Unterscheidung von Kürzen und Längen in beliebigen Wortsilben (§ 21 f.) findet im Vulgärlatein und ebenso im Vulgärgriechischen ihr Ende etwa im 3. Jhdt. n. Chr. Alle betonten Vokale, speziell in offenen Silben, werden in der Lautdauer vereinheitlicht, d. h. der Unterschied zwischen alten Kürzen und Längen geht verloren; die betonten Vokale werden gleichmäßig länger gesprochen als alle Vokale in anderer Stellung; also der Akzent allein, offenbar ein im Wesen seiner Artikulation veränderter Akzent, bedingt oder bewirkt Vokallänge. Dieser Zustand wird natürlich in der Schrift nicht sichtbar, er wird hauptsächlich aus den romanischen Sprachen erschlossen; bestätigend kommen hinzu Grammatikerangaben (*piper* mit ī usw.) und metrische Verstöße.

b) Trotz des Verfalls oder der Vereinheitlichung der Vokalquantitäten reduzieren sich die alten 2×5 Vokale nicht einfach auf nur 5 Vokale. Außer bei ă und ā fallen die alten Kürzen nicht mit den alten Längen im gleichen Laut zusammen; es kommt nun die an die alte Quantität gebundene Vokalqualität zur Auswirkung, d. h. die offene Aussprache der Kürzen und die geschlossene der Längen: die Kürzen ĕ und ŏ ergeben offene ę und ǫ, die Längen ī und ū ergeben geschlossene i̧ und u̧; die zwischen den offenen ĕ ŏ und den geschlossenen ī ū liegenden geschlossenen ē ō und offenen ĭ ŭ fallen in je einen Laut zusammen, nämlich in ρ bzw. ϱ. So entsprechen sich die Vokalreihen

klass. lat. $\bar{\imath}$ $\breve{\imath}$ $\bar{e}$ $\breve{e}$ $\bar{a}$ $\breve{a}$ $\breve{o}$ $\bar{o}$ $\breve{u}$ $\bar{u}$

vulglat. i ρ ϱ a ϱ ρ u

Die 10 lat. Vokale reduzieren sich auf 7 im Vulgärlatein; von den monophthongierten Diphthongen wird ae zu offenem ϱ (§ 77), oe zu geschlossenem ρ (§ 74). Diese Formulierung genügt wenigstens für die romanischen Schriftsprachen; in Dialekten vermuten die Romanisten noch Spuren von 9 oder 10 Vokalen.

Zusätze zu b. Die alte Akzentstelle bleibt bewahrt, mit wenigen Ausnahmen wie *muliére pariéte filiólo* und *intégro* (§ 239) und Rekomposition. Die unbetonten Vokale in der vorletzten Silbe der lat. Proparoxytona werden im Romanischen vielfach synkopiert, besonders im Französischen, vgl. mit lat. (obliquer Kasus) *comite cinere aquila camera* und (infin.) *mittere vincere* frz. *conte cendre aigle chambre* und *mettre vaincre*.

Belege zum Untergang der alten Quantitätsdifferenz, also alte Kürzen als Längen in der Tonsilbe, alte Längen als Kürzen in der Vortonsilbe (zu letzteren vgl. auch § 108b). α) Grammatikerangaben usw.: Consent. p. 11 Niederm. *pīper* und *ŏrator* 'vitium Afrorum familiare' bzw. 'speciale'; *ŏrator* Aug. doctr. christ. 4, 24. Dazu *Cocchia*, Riv. fil. 47, 216–222. – β) Metrisches. Bei literarisch geschulten Dichtern: *ēdere* 'essen' Drac. Romul. 8, 413; häufiger Kürzungen: *sacrămenta* Damas.; besonders im Ausgang des Hexameters (vgl. hierzu auch § 130 I B), so *hĕredes* Cypr. Gall., *mătrona* Ennod., *lŭgubris* Prud., *căelestis* (Thes. s. v. p. 67, 54); vgl. *Vollmer*, Metr. 19. Aus volkstümlichen Schichten: *Vĕnerem* und *ŭbi* CE 44, 2 u. 5 (Pompeji, vgl. *Väänänen* 19); Hexameterausgänge *ăetatis*, *dĭlexit* CE 548 uam.; Soldatenlieder: *hăbet* in *tantum vini nemo habet quantum fudit sanguinis* Vopisc. Aurelian. 6, 5 (2. Hälfte III^p); zu weitgehend *Pfister*, MSS 15, 23–38. – γ) Das Griechische kennt, im Gegensatz zum Latein, unbetonte lange Vokale in vorletzter Silbe, Typus ἄνθρωπος. Im späteren Griechisch der Kaiserzeit wurden wie im Latein unbetonte Vokallängen gekürzt; solche η und ω erscheinen demgemäß in späten lat. Lehnwörtern (und im Romanischen) als Kürzen *ĕ* und *ŏ*: *erĕmus* ἔρημος, *idŏlum* εἴδωλον, auch roman. **sinapi* (aber *sinăpis* Plt. Psd. 817); die Bewahrung der griech. Akzentstelle im Latein ist also nicht Ursache der lat., sondern Folge der griech. Vokalkürzung. So *André*, BSL 53, 138–158 [Gl. 42, 94 f.]; umgekehrt wieder *Pulgram*, AJPh. 86, 138–158. – Auch bei altlat. *ancŏra* aus gr. ἄγκυρα ist die Annahme einer Vokalkürzung durch Bewahrung der griech. Akzentstelle (*Wackernagel*, Kl. Schr. 1198 nach *Havet*; *Pisani*, AGI 33, 59 zu p. 312, 8) kaum haltbar; s. zu ancora § 85 B 4 bγ. – Nach Anleitung von *idŏlum* erklärt sich aber m. E. die vulglat. westroman. Anfangsbetonung von *fīcatum* 'Leber' (frz. *le foie*, italien. *fégado*); *fīcatum (iecur)* Apic. ist, mit *-ātus* nach § 299, 1a, die 'mit Feigen, *fīcī*, gemästete' Gänseleber (vgl. Hor. sat. 2, 8, 88 *ficis pastum iecur anseris*), aber in der Wortgestalt — $\cup\cup$ seinem spätgriech. Vorbild σῡκωτόν (ἧπαρ) angeglichen; s. Thes. und FEW s. v. – Schon Tertullian idol. 3 bezeugt indirekt die Betonung *idolum*, wenn er das Wort als Deminutivum von gr. εἶδος 'forma' (lautlich *idos*) bezeichnet.

c) Über Vokalqualitäten. Ein Gegensatz offen (Kürze) : geschlossen (Länge) ist von späten Grammatikern bezeugt (Pomp. V 102, 4–13 für *ē*, Serv. IV 421, 16–21 für *ē* und *ō*). Im älteren Latein ist er, im Gegensatz zum Griechischen, aus der Lautgeschichte nicht erkennbar: beide Paarlinge werden *e i o u* zu *ē ī ō ū* gedehnt (§§ 205 ff.); Kontraktion von *ee* ergibt *ē* usw. (§ 133 I). Offene Aussprache der Kürzen *ĭ* und *ŭ* läßt immerhin ihre nicht seltene Wiedergabe durch gr. ε bzw. ο und umgekehrt vermuten (§§ 50f u. 49b; § 85 A 3). – Der vulglat. qualitative Zusammenfall von *ĭ* und *ē* (nicht aber der von *ŭ* und *ō*) hat eine ältere Parallele: im Oskischen wird für beide das gleiche Zusatzzeichen |– (umschrieben als *í*, § 14) benutzt, *líkitud* 'licētōd', für Länge auch *íí* in *fíisnam* usw.; sie waren also qualitativ gleich ausgesprochen. Daher wird vielfach angenommen, daß diese oskische Eigenheit der Artikulation sich von Kampanien her in die Umgangssprache von Rom und von da weiter ins Vulgärlatein verbreitet habe; s. etwa *Devoto*, RcIstLomb. 63, 593–605 [Gl. 21, 188].

d) Über sonstige Vokalwandel im Vulgärlatein siehe die Verweise in §§ 18 u. 40 c.

Lit.: *Lausberg* I 144 ff. §§ 154–164; ferner alle romanistischen Handbücher; *Ettmayer*, in Streitberg, Gesch. d. idg. Sprachwiss. II 1, 259; *Hermann*, Silbenbild. 237; *Hall*, Lang. 26, 6 ff.; 15–18; *Norden*, Kunstprosa 628 (Verfall der Vokalquantitäten); *Svennung*, Pall. 118–124 (Vertauschung von *e* und *i*); *Prinz*, *o* et *u* [Gl. 23, 126].

c) Die indogermanischen vokalischen Sonanten im Latein (§§ 58–64)

58. Die kurzen Sonanten $\mathring{r}$ $\mathring{l}$ $\mathring{m}$ $\mathring{n}$, d. h. die silbebildenden idg. Liquiden und Nasale (Liquida sonans und Nasalis sonans) treten als Schwächungsprodukte von idg. *er el* oder *re le* und von *em en* oder *me ne* zwischen Konsonanten auf. Sie erscheinen in den italischen Sprachen zunächst als *or ol* und *em en* (§§ 31 f.), und zwar begegnen sie, außer in den Stammsilben von mehr oder weniger isolierten Wörtern, in bestimmten Verbalableitungen, so im Stamm der *to*-Partizipien und der *ti*-Abstrakta, und in vielen Praesensbildungen, auch wohl im Plural der lat. reduplizierten Perfekta. Im Latein sind also idg. $\mathring{r}$ $\mathring{l}$ und idg. *or ol* in urlat. *or ol* zusammengefallen, desgleichen idg. $\mathring{m}$ $\mathring{n}$ und idg. *em en* in urlat. *em en*; lat. *or ol* und *em en* vertreten daher im Ablautsystem sowohl die idg. Schwundstufe als auch eine Vollstufe. – Die außerlateinischen Vertreter der idg. Sonanten findet man in § 27 sowie in den hier folgenden Paragraphen.

59. Idg. $\mathring{r}$ ist vertreten durch lat. osk. umbr. *or*, gr. ρα (und αρ), ai. $\mathring{r}$, germ. *ur* (got. *aúr*, d. h. *or*), lit. *iř*, aksl. *rъ* : *cord-* gr. hom. κραδ-ίη att. καρδ-ία aksl. *srъd-ьce*; *cornū* got. *haúrn*; *vermis* aus **vormis* nach § 44 nhd. *Wurm*; *corpus* ai. instr. *kṛpá* 'an Gestalt'; *porrum* 'Lauch' gr. πράσον; *cornus* 'Kornelkirschbaum' gr. κράνος; *portus* 'Hafen' idg. *pṛtu-* 'Furt' nhd. *Furt* gall. *ritu-* aus **pritu-* in *Augusto-ritum* usw.; av. *pəšu-* mit *hu-pərəϑwa-* 'εὔ-πορος'; *posco* aus **por(k)skō* idg. **pṛk'-sk'ō* ai. *pṛcchāmi*; *sors fors* Stamm *sorti- forti-* aus **sṛtis *bhṛtis* zu *sero fero*; *mors* ai. idg. *mṛtis* vgl. nhd. *Mord*, dazu *mortuus* aksl. *mrъtvъ*; *momordimus* ai. *mamṛdimá* (Wz. *mard* 'zerreiben') idg. **memṛd(ə)mé* Wz. *(s)merd* in nhd. *Schmerz* gr. σμερδ-αλέος; *vorsus* ai. *vṛttas* § 44; ähnlich *morsus* usw., *ortus* umbr. *ortom*. Zweifelhaft *por-* in *por-tendo* gr. πάρ. – Auslautend *-ur* aus *-or* (nach § 99) aus **-ort* aus **-ṛt* in *iecur* aus **ieq̆uort* ai. *yákṛt*, s. § 320a Zus.

Zus. Unter unklaren Bedingungen erscheint auch lat. *ur* statt *or* in Fällen, in denen die anderen idg. Sprachen auf idg. $\mathring{r}$ führen: *ursus* aus **urksos*: idg. **ṛk'þos* in ai. *ṛkṣas* gr. ἄρκτος; doch scheint ein Wandel *or* > *ur* auch ohne Grundform idg. $\mathring{r}$ vorzukommen, s. § 45a. Am häufigsten steht lat. *ur* für erwartetes idg. $\mathring{r}$ oder *or* nach Labiovelaren, Velaren und Labialen, so in *curro* für **kṛsō*, *curvus*, *gurdus*, *gurges*, *murmuro*, *urgeo* wenn aus **vurgeō*. – Eine Erklärung sucht man teils in einer bereits idg. Nebenform zu $\mathring{r}$, nämlich in einer Reduktionsstufe ᵘṛ oder ъr, so *Brugmann* I 453, *Sommer* 47 u. 65 oder *Hirt*, Vok. 99, *Reichelt*, IF 40, 62, *Güntert*, Ablprobl. 100 u. 135, teils in dialektischer (umbr.) Entwicklung von *or* zu *ur*. Nach *Szemerényi*, Die idg. Liqu. son. im Lat., Budapest 1941, 48 [Gl. 34, 209] bzw. KZ 71, 200[1] u. 73, 71 ff., ist vielmehr lat *ur*, ebenso wie germ. *ur*, die lautgesetzliche Entwicklung aus idg. $\mathring{r}$, und *or* analogische Umgestaltung nach Wechselformen mit lat. *or* aus idg. *or*, was z. B. bei *cor* und bei *posco* höchst unglaubhaft erscheint.

Idg. *l̥* ist in allen idg. Sprachen entsprechend vertreten wie idg. *r̥*, also als lat. osk. umbr. *ol*, gr. λα (und αλ), ai. *r̥* usw.: *mollis* aus **moldu̯i-* idg. **ml̥dus* ai. *mr̥dus* 'zart'. Da freilich im Latein *ol* vor Konsonant zu *ul* wurde, erscheint idg. *l̥* fast immer als lat. *ul*, s. § 43 c.

Szemerényi betrachtet lat. *ul* als unmittelbare Entwicklung aus idg. *l̥*, entsprechend dem bei *r̥* Gesagten.

60. In der Stellung vor Vokal entsteht als Schwächung eines idg. *er el* entweder nur konsonantisches *r l*, oder *r l* mit einem Vokalrest davor, der sog. Reduktionsstufe *ₑ* von *e* (vergleiche im Griechischen neben φέρω einerseits δί-φρ-ος, andererseits φαρ-έτρα). Im Italischen erscheint dieser Vokalrest vor *r l* als *a*: lat. *caro* umbr. *karu* osk. gen. *carneis* gr. καρ-ῆναι zu gr. κείρω aus **κερι̯ω*; *palea* gr. παλύνω zu lit. *pẽlūs* 'Spreu'. Auf gleicher Voraussetzung beruht die Vokalentsprechung lat. *a* ai. *i* lit. *i*: *haru-spex* 'Eingeweideschauer' ai. *hirā* 'Ader'; *varus* lit. *vìras* 'Finne, Hautkrankheit'. – Die diesen lat. *ar al* vorausliegende idg. Lautung wird sehr verschieden dargestellt, als *ₑr ₑl ᵒr ᵒl, ₑr ₑl, r̥r l̥l*, auch einfach als *r̥ l̥*; vgl. § 30 Ende.

Zusätze. a) Hierher auch *salvus* 'heil' (*-vus* aus *-u̯os*, s. dazu § 141 b α) umbr. *saluuom*. Grdf. **sₑlowos*, daneben Grdf. **solwos* in lat. *sollus* usw. (§ 217 b). In osk. *salavs* σαλαϝς aus synkopiertem **sal(o)u̯os* ist das zweite *a* anaptyktisch.

b) Die Schwächungsform von idg. *er el* vor *y* (*i̯*) ist umstritten. Man erwartet idg. *r̥ l̥* wie vor anderen Konsonanten, also lat. *or ol*, wie es sicher erscheint in *morior* ai. *mriyáte* idg. **mr̥y-e-* und **mri-e-*, Sandhidoppelformen nach *Edgerton*, Lang. 19, 118 § 136 und *Szemerényi*, Numerals 84 (vgl. § 136 b). Doch findet man auch lat. *ar al* in *pario -ere* zu lit. *periù* 'brüte' und in *salio -īre* gr. ἄλλομαι (das *a* von *salio* wohl allenfalls auch auf idg. *a* zurückgehen); vermutlich zeigen *paris -it salis -it* die vor Vokal erwarteten *ar al*, und *pario salio* sind danach ausgeglichen aus älterem **pori̯ō *soli̯ō* aus **pr̥yō *sl̥yō*. Umgekehrt über *pario morior: Sommer* 47, *Walde*, Festschr. Streitberg 180. – Bei *mulier*, wenn aus **ml̥yesī*, geht lat. *ul* wohl auf eine antekonsonantische Zwischenstufe *ol* zurück.

61. Idg. *m̥* ist vertreten durch lat. (osk.-umbr.) *em* (*im en*) gr. α, ai. *a*. Im Auslaut: *septem decem* (umbr. *desenduf* 'zwölf') gr. ἑπτά δέκα ai. *sapta daśa* idg. **septm̥ *dek'm̥*; akk. *pedem* gr. πόδα idg. **pedm̥ *podm̥*. Im Anlaut: *imber* für **embri-* (§ 42 c). Im Inlaut mit *en* aus *em* vor *t*: *centum* gr. ἑ-κατόν ai. *śatam* idg. **k'm̥tom* (Allg. Teil S. 21* f.); *-to-*Ptc. *vento-* (ntr. *ēventum* 'Ereignis') zu *venīre* gr. βατός ai. *gatás* idg. **gʷm̥tós*.

Idg. *n̥* (lautlich vor idg. Velaren *ŋ̥*, vor idg. Palatalen *ñ̥*) ist entsprechend vertreten durch lat. *en* (> *in* nach § 42 a und d, > *ēn* vor *s* u. *f* nach § 125 b), osk.- umbr. *en* gr. α ai. *a* germ. *un*. Im Auslaut: *nōmen* ai. *nāma* idg. **nōmn̥*, vgl. auch gr. *-μα* in ὄνομα usw. Im Anlaut: *ēnsis*, wenn gleich ai. *asis* 'Messer'; *inguen* gr. ἀδήν § 42 a; *in-* priv. gr. ἀ- (ἀν- vor Vokal) ai. *a-* (*an-* ebenso) germ. nhd. *un-* (vgl. § 333 IV A 2); *ĭnferus* ai. *ádharas* (s. § 173 a). Im Inlaut: *argentum* osk. abl. *aragetud* (*-get-* für *-gent-*) gall. *argento-* ai. *rajatam*; *iuvencus* umbr. *iveka iuengar* ai. *yuvaśás* 'Jüngling' nhd. *jung* aus urgerm. **i̯uu̯uŋk'áz* idg. **yuwŋ̥k'ós*; *lingua* alt *dingua* got. *tuggōn-* nhd. *Zunge* idg. **dn̥g'hwā*; *dēnsus* gr. δασύς idg. **dn̥sús*; *mentum* nhd. *Mund* idg. **mn̥tom*; Suffix *-mentum* idg. **-mn̥tom* in *testāmentum* osk. abl. *tristaamentud* ahd.

hliumunt nhd. *Leumund*; *mēns* Stamm *menti- ai. matis* 'Gedanke' got. *gamunds* 'Andenken' idg. *$m\underset{\circ}{n}tis$; *tentus* gr. τατός ai. *tatas* idg. *$t\underset{\circ}{n}tos$.

62. Die lat. Wiedergabe des idg. Reduktionsvokals vor antevokal. *m* und *n* ist nicht zuverlässig bestimmbar; man erwartet *a* wie vor *r l*, also *am an*. Für lat. *an* aus $_en$ sprechen *manēre* gr. μένειν, *canis* § 156a, *ianitrīcēs* § 64, für lat. *en* aber *tenuis* gr. τανυ- ai. *tanus* nhd. *dünn*. Für $_em$ in erster lat. Wortsilbe bietet sich *em* in *semel* gr. ἅμα, aber auch *um* in *humī* gleich gr. adv. χαμαί und *hum-us* (mit *hum-ilis*, vgl. § 311, 1b und § 322 C Zus.); für das nichterstsilbige *-umus -imus* (mit *-timus -issimus*, § 92 A Ende) setzt man konventionell vorlat. *-amos* aus idg. *-$_e$mos* an, entsprechend dem gall. *decametos* 'decimus', aber freilich im Widerspruch zu osk.-umbr. *nessimo-* osk. *ultiumam*.

Güntert, Ablprobl. 67 m. Lit.; *Sommer*, KE 13 nr. 7; *Hirt*, Vok. §§ 112 u. 117; *Walde*, Sprachl. Bez. 42.
Die Schwächungsform von idg. *em* vor *y* ($\underset{\circ}{i}$) liegt vor in *veniō*; es geht mit gr. βαίνω auf idg. *$g^w\!\!_e myō$ zurück, mit *n* aus *m* nach § 137 c.

63. Die idg. „langen Sonanten" $\bar{r}\ \bar{l}\ \bar{n}$ ($r_\partial\ l_\partial\ n_\partial$, $_er\partial\ _el\partial\ _en\partial$) erscheinen im Italischen, Keltischen und ebenso im Griechischen als *rā lā nā*; die weiteren außerlat. Vertreter sind in § 27 genannt; zu der umstrittenen Vertretung gr. ρω λω neben ρᾱ λᾱ s. *Schwyzer* I 360 ff., *Beekes* (Titel s. § 38 Ende) 210–216, *Cowgill* in: Evidence 152, *Strunk*, Gl. 47, 1–8. Über die Stellung im Ablautsystem s. § 34 f.

Idg. $\bar{r}$: *crātēs* got. *haúrds* nhd. *Hürde* Grdf. *$k\bar{r}ti$-; *rādīx* aus *vrādīc- got. *waúrts* nhd. *Wurzel* Grdf. *$w\bar{r}d\text{-}īk$- (zu gr. ῥίζα aeol. βρίζα aus *wrid- s. *Specht*, KZ 59, 124 und *Schwyzer* I 352 Zus. 3); *grānum* ai. *jīrṇas* 'zerrieben' got. *kaúrn* nhd. *Korn* aksl. *zrъno* Grdf. **g'r̄nom*; *strātus* Grdf. **str̄tos* vgl. gr. στρωτός ai. *stīrṇas* 'hingestreut'; *grātus grātēs* osk. gen. *brateis* ai. *gūrtas gūrtis* (zur Bedeutung s. § 447 II A Zus.). Vgl. auch § 379 c zu *quadrāgintā*.

Idg. $\bar{l}$: *lātus* 'getragen' aus *tlātos gr. τλητός Grdf. *$t\bar{l}tos$; *lātus* 'breit' aus *stlātos Grdf. *$st\bar{l}tos$, vgl. aksl. *steljǫ* 'sterno'; *lāna* 'Wolle' aus *vlānā, ai. *ūrṇā* aus *vūrnā, nhd. *Wolle* aus *wulnō Grdf. *$w\bar{l}nā$; *clādēs* gehört sicher zu *percello* aus **-kel(ə)dō*.

Idg. $\bar{n}$: *gnātus* 'Sohn' *nātus* 'geboren' paelign. dat. pl. *cnatois* gall. *Cintugnātus* 'Erst-geboren' got. *himina-kunds* 'himmel-entstammt' ai. *jātas* 'geboren' idg. *$g'\bar{n}tos$, ursprünglich 'erzeugt' als Ppp. zu *gigno* Wz. *$g'nē$, dazu *nātio* und *nāscor*. *gnārus* 'kundig', zu sonst starrer Wz. *g'nō* in *gnōsco*; zum Ablaut s. *Rüd. Schmitt*, IIJ 8, 271.

Für idg. $\bar{m}$ gibt es im Latein keine unzweideutigen Belege; man erwartet dafür lat. *mā* und vermutet es in *māteriēs* 'Bauholz', mit *mā*- aus *dmā- zu *domus* gr. δέμω usw.

64. Als Wechselformen zu lat. *rā lā (mā) nā* bzw. zu den Entsprechungen der anderen Sprachen für idg. $\bar{r}\ \bar{l}\ \bar{m}\ \bar{n}$ erscheinen in vielen Sprachen in fertigen Wörtern vereinzelt Formen mit zwei kurzen Vokalen beiderseits des *r l m n*, vom Typus gr. κάρα- κάμα-τος θάνα-τος neben κρᾱ- Ppp. κμη-τός θνη-τός; als idg. Grundlage dieser Wechselformen seien hier $_er\partial$ $_el\partial$ $_em\partial$ $_en\partial$ nach § 34 angenommen. Das Latein zeigt in solchen Fällen *ar al* und *an* bzw. *ana ani*; die einsilbigen *ar al an* werden hier auf ältere zweisilbige *ara ala ana* zurückgehen, mit Synkope des zweiten Vokals in mehrsilbigen Wörtern. Solcher Art sind: *armus* 'Oberarm' nhd. *Arm* gegenüber ai. *īrmas* (aus *$\bar{r}mos$); *palma* 'flache Hand' ahd. *folma* gr. παλάμη idg. *$p_el\partial m\bar{a}$; *antae* 'Türpfeiler' gegenüber ai. *ātā* (aus *$\bar{n}t\bar{a}$) 'Rand'; *anat(i)-* (*anas anatis*) ahd. *anut* nhd. *Ente* lit. *ántis* gegenüber ai. *ātis āti* (aus *$\bar{n}tis$ *$\bar{n}ti$) 'ein Wasservogel' gr. νῆσσα (aus *νᾱτια *$\bar{n}ty\partial$, mit dem ai. *āti* formal identisch) 'Ente'; *ianitrīcēs* (bei Juristen; Erweiterung mit *-īc-* von *ianiter-* wie *mātrīx* von *māter*) 'Frauen von Brüdern' gr. hom. εἰνάτερες metrisch für ἐνάτερες gegenüber ai. *yātar-* aksl. *jętr-y* (aus *$y\bar{n}ter-$). – In gleicher Weise läßt sich *arduus* 'steil' mit ai. *ūrdhvas* 'aufrecht, aufwärts' verknüpfen (doch vgl. § 161b Zus.) und *parti-* 'Teil' mit ai. *pūrtis* 'Lohn, Verdienst' (zu gr. πέπρωται).

Man vergleiche aus dem Griechischen besonders θάνατος und θνητός, κάματος und κμητός, ταλα- und τλη-; die hom. Flexion von κάρη 'Haupt' kombiniert die zwei Stämme καρα(σ)-ατ- und κρᾱ(σ)-ατ- in nomin. κάρη und gen. κρᾱατος, vgl. ai. Stamm *śīrṣṇ-* (*Leumann*, Hom. Wörter 159).

Vermutlich waren die Vorstufen von *ara* und *rā* ursprünglich in Akzentabhängigkeit verteilt auf verschiedene Ableitungen und Flexionsformen. Wie die grundsprachlichen Wechselformen im Ablautsystem nebeneinander einzuordnen sind, ist umstritten. S. *Kuryłowicz*, Apoph. 195–201; *Schwyzer* I 362; auch *Specht*, KZ 59, 115, *Lommel*, ib. 203, *Szemerényi*, Gl. 38, 231 oben; *Beekes* 198 ff.

d) Die Diphthonge: ihre Entwicklung im Altlatein (§§ 65–84)

Vorbemerkungen zu den Kurzdiphthongen. Zu ihrer Einordnung im Ablautsystem s. § 31. – Zur Phonologie macht *Safarewicz*, Studia 162–168 (auch Eos 44, 123–130) folgende Feststellungen: Die lat. Diphthonge, auch altlat. *ai* und *oi ou*, sind biphonematisch (Vokal plus Sonant), also ebenso wie ihre idg. Vorstufen bei *Lehmann* (s. § 27) gemäß der Schreibung *ew* für *eu* usw.; es erfolgt daher eine phonologische Änderung bei einer Monophthongierung wie *ou > ū*, aber auch bei einer Angleichung wie *ai > ae* und *oi > oe*; danach sind klass.-lat. *ae* und *oe* Monophoneme als „phonologische Diphthonge". – Zu den normalen sechs Diphthongen kommen hinzu *ui*, nur in dat. *huic cui* (s. § 376) und Interjektion *hui* (*Hofmann*, Umgangsspr. 17 § 20), sowie *yi*, nur in griechischen Namen (§ 85 C 4). – Zur Weiterentwicklung der Diphthonge im Latein s. §§ 68 ff.; zu ihrer Entwicklung in nichtersten und Schlußsilben auch §§ 95 u. 100. – Vgl. auch *Blümel* 9–33.

65. Die *i*-Diphthonge.
Idg. *ei* (osk. *ei* gr. ει) bleibt altlat. (inschr.) *ei*, woraus bald *ī*: *dīcere* alt *deicerent* osk. *deikum* gr. δείκνυμι; *fīdere* alt *dīfeidens* gr. πείθεσθαι; *cīvis* alt *ceiuis* zu ai. *śevas* 'freundlich'; *dīvos* 'Gott' alt *deiuos* osk. *deivai* 'divae' lit. *diẽvas* ai. *devas*. – Vgl. § 69 ff.

Idg. *ai* (osk. *ai ae* [umbr. *e*] gr. αι) bleibt altlat. (inschr.) *ai*, woraus bald *ae*: *aedēs* '*Herd*' alt *aidilis* vgl. gr. αἴθω 'brenne'; *aevom* gr. αἰ(F)ών; *caecus* got. *háihs* 'einäugig'; *laevos scaevos* gr. λαι(F)ός σκαι(F)ός aksl. *lěvъ*; *prae* alt *praifectos* osk. *prai prae* umbr. *pre* vgl. gr. παραί. – Vgl. § 76 ff.

Idg. *oi* (osk. *úi* gr. οι) bleibt altlat. *oi* (nur Inschriften), woraus bald *ū* oder seltener *oe*: *mūnicipium commūnis* alt *moinicipieis comoine* osk. *múinikad* 'communi' got. *gamains* nhd. *gemein(sam)* (vgl. § 337c); *ūnus* alt *oino, oinuorsei* 'universi', *oinumama* 'unimamma' als Umsetzung von gr. Ἀ-μαζών 'Amazone' (davon als Ländername *Unomammia* Plt.) umbr. *unu* gr. οἴνη 'Eins auf dem Würfel' got. *ains* nhd. *ein*; *foedus* alt *foidere foideratei* vgl. gr. πέποιθα. – Alt *oi* klassisch *ū* ohne sichere idg. Parallelformen: *cūrāre* alt *coirauere coerauere* (Praeneste *coraueron* D 12) paelign. *coisatens* Vetter nr. 216; *lūdus* alt *loidos* D 31, 122, 211; *ūtilis ūtī* alt *oitile oeti*. Unsicher *hūc* aus **hoi-ce*. – Vgl. § 73 ff.

Abweichend *oi* > *ī* hinter *ṿ*- und *l*-. – *ṿoi-* > *ṿei-* (> *ṿẹ̄-*) > *ṿī-* scheint gesichert für *ṿīcus* gleich gr. Ϝοῖκος (alt inschr. *ueicus* D 260, *uecus* 207, *uecos* 217; vgl. *ueicinei* IV 4967). – *loi-* > *lī-* ist trotz widersprechendem *loidos* > *lūdus* etymologisch zu erschließen aus *lībāre* 'Spenden darbringen' von **lībā* < **loibā* (wie gr. λοιβᾶσθαι Hes. von λοιβή), für *līmus* 'Schlamm' mit nhd. *Lehm;* neben *lībertās* (zu *līber* 'frei') steht *loebertatem* (mit *oe* für *oi*) Paul. Fest. und fal. gen. *loifirtato* Vetter nr. 253. Übrigens auch anl. *cloi-* > *clī-* in *clīvus* 'Hügel' (*cleiuos* D 428) gleich got. *hlaiw* ntr. 'Grab'.

Zusätze. a) Andere für *ṿoi-* > *ṿei-* > *ṿī-* und *loi-* > *lei-* > *lī-* beanspruchte Beispiele sind anfechtbar: perf. *ṿīdī* ist nach seiner Bedeutung Neubildung zu *ṿideo*, nicht Entsprechung zu gr. (Ϝ)οἶδα nhd. *ich weiß*. Wie in lat. *ṿīnum* steht monophthongisches *ī* auch in fal. *uinu* (§ 5) umbr. *ṿinu uinu*; das widerrät die direkte Gleichsetzung mit gr. Ϝοῖνος (vgl. Allg. Teil § 24), trotz vorderasiatischer nicht idg. Grdf. **woino-* (auch für hebr. *jajin*; merkwürdig hethit. *wiyanas*). Zum *ī* von perf. *relīquī* s. § 418 I A 2 bβ. Zu *lībum* 'Opferkuchen' neben got. *hlaib-* mask. 'Brot' (*Pisani*) s. § 176 II b und Gl. 42, 89. – Den Wandel *ṿoi-* > *ṿī-* bestreitet Sturtevant, Lang. 10, 6–16.

b) Ein Sonderfall ist *līber* 'frei' (*leiber* D 263 al.), plur. 'Kinder' (nom. pl. *leibereis* D 88), *Līber* 'Gott des Weins' (dat. *Leibero* D 145, *Lebro* 144; *Leber* Quint. 1, 4, 17): Zeitlich geht dem *ei* voraus latino-falisk. *oi*, s. oben; jünger fal. *o* in *loferta* 'līberta' Vetter nr. 322a (zu altlat. *Loebesum* s. § 180c, zu *oe* für *oi* § 73). Dieses *loif-* geht auf *louf-* zurück, wohl durch Dissimilation des *u* gegen *f*, vgl. osk. *Lúvfreis* gen. 'Līberī' und venet. *louderobos* (Allg. Teil § 22b), mit *ou* aus idg. *eu* (§ 66) nach Vergleich mit gr. ἐλεύθερος.

c) Zu *oi* > *oe* und zu *oi* in Schlußsilben s. §§ 74 f.

66. Die *u*-Diphthonge. Idg. *ou* bleibt altlat. (inschr.) *ou*, woraus bald *ū*: *lūcus* alt *loucos* 'Hain' aus 'Lichtung im Wald' D 48, 256, osk. lok. *lúvkei*, Grdf. idg. **loukos* nach ahd. *lôh* nhd. (*Eschen*)*lohe*, lit. *laŭkas* 'Feld', vgl. ai. *lokas* 'Raum, Welt'. – Vgl. § 80 f.

Idg. *eu* wird gemeinital. *ou* und fällt so mit idg. *ou* zusammen in altlat. *ou*, woraus bald *ū*. Idg. *eu*, nicht *ou*, erweisen die Gleichungen für *dūco* alt *abdoucit indoucere* D 539, 264 got. *tiuha* nhd. *ziehe* und für *ūrō* gr. εὕω idg. **euso*; s. auch *iūgerum* § 330 A 2 b. – Vgl. § 82 zu osk. *toutā-* und zu *Leucesie* und *neuna*; ferner § 43a zu idg. *ew* > lat. *ov*. – Zu vok. *Iūpiter* gleich. gr. Ζεῦ πάτερ s. § 318 A 2 b.

Idg. *au* bleibt lat. *au*: *auris* lit. *ausìs* got. *ausō* nhd. *Ohr*; *augeo auxilium* got. *-aukan* gr. αὐξάνω; *aut* osk. *avt* (umbr. *ote*) gr. αὖτε; *paucus paulum* gr. παῦρος; *au-* in *au-fero au-fugio* gr. αὐ-χάττειν· ἀναχωρεῖν (Hesych) lit. *au-* aksl. *u-*.

In *taurus* osk. ταυρομ umbr. *toru turuf* gr. ταῦρος (aber gall. *tarvos*) wurde früher das *au* auf idg. *əu* zurückgeführt (§ 34) unter unhaltbarer Verknüpfung mit der ai. Wz. *tu tū* 'stark sein' (prs. *tavīti*, also Wz. *tuə*, nicht *təu*), ebenso in *re-staur-āre* gr. σταυρός 'Pfahl' im Blick auf ai. *sthūṇā* 'Pfosten'. Vgl. weiter § 83 B am Ende zu *Muller* über Wechsel *ū/au*.

67. Die **Langdiphthonge** verloren teilweise schon im Idg. unter unklaren Bedingungen ihren zweiten Bestandteil und erscheinen daher seit grundsprachlicher Zeit als einfache Langvokale; so stehen *ē* und *ō* für *ēi* und *ōi* in *fēmina pōculum* (§ 35). Vor *m* ging *u* von *ēu ōu* verloren in **diēm *bōm*, s. § 318 A 1b. Im absoluten Auslaut steht idg. *ō* neben *ōu* im Dual der *o*-Stämme; im Latein ist nur *ō* fortgesetzt in *ambō duo octō*, beachte aber *octāv-us*; s. § 378.

Kürzungen von Langdiphthongen sind im Latein nur für Auslautsilben sicher zu erschließen, so bei Kasusendungen der 1. und 2. Dekl. (vgl. § 344): *-āi* > *-ai* im Dativ und Lokativ sing., also auch im Nomin. plur. der *ā*-Stämme, *-ōis* > *-ois* im Ablativ plur. der *o*-Stämme; ferner *ēu* > *eu* (woraus lat. *ū*) in der lat. Entsprechung zu gr. nomin. Ζεύς (§ 318 A 2b). – Vielleicht lat. *ī ū* aus idg. *ēi ēu* in den *s*-Perfekta *dīxī dūxī*, s. § 436. – Wegen neuentwickelter lat. *ēu* s. § 72 zu *seu neu*, wegen *āu* § 103b zu *gaudeo*. – Zur Wiedergabe von gr. ᾱι ωι (ᾳ ῳ) im Latein s. § 79b.

68. Entwicklung der lat. Diphthonge in historischer Zeit. Im 3. und 2. Jh. v. Chr. werden die bestehenden *ei oi* und *ou* zu *ī ū* und *ū* monophthongiert; in *ai* und vereinzelt in *oi* erfolgt eine Öffnung zu *ae oe* (diphthongischen *ae̜ oe̜*); eine Monophthongierung von *au* zu *ō* gehört nur bestimmten Sprachschichten an. – Betroffen sind hiervon in gleicher Weise alle vorhandenen Diphthonge, sowohl die ererbten in ersten Wortsilben wie die durch Vokalschwächung entstandenen *ei* für *oi ai* und *ou* für *au* der nichtersten Silben und die *ei* für *oi ōi ai* und die *ai* für *āi* der Schlußsilben oder die Diphthonge griechischer Lehnwörter.

69. Altlat. *ei*. Das *ī* des klassischen Lateins erscheint im Altlatein der Inschriften teils als *i* und teils als *ei* geschrieben, und zwar wird bis etwa 150 v. Chr. der auf einen der *i*-Diphthonge zurückgehende Laut durch *ei* oder allenfalls durch *e* bezeichnet, das alte monophthongische *ī* dagegen nur durch *i*; nachher treten in der Schreibung Verwechslungen von *ei* und *i* auf, bis schließlich einzig die Schreibung *i* übrigbleibt. Also um 150 v. Chr. erfolgte ein lautlicher Zusammenfall der älteren *ei* und *ī* in *ī*.

Den Übergang der Schreibung von *ei* zu *i* durch einen Lautwandel *ei* > *ī* zu interpretieren ist naheliegend, aber wohl allzu einfach. Der Lautwert ist nicht allein aus der Schreibung *ei* bestimmbar; etymologisch beruht das *ei* zwar auf alten *i*-Diphthongen; doch kommt wegen der Wechselschreibung *e* für *ei* auch die Aussprache als langes geschlossenes *ẹ̄* in Frage. Das Problem der Aussprache ist bei altlat. *ei* und bei gr. attisch ει im wesentlichen das gleiche, beide bezeichneten wahrscheinlich nacheinander die drei Aussprachen *ei ẹ̄* und *ī*. Die angenommene Zwischenstufe *ẹ̄* galt im Latein vermutlich für die Zeit der alten Inschriften von mindestens 200 bis 150 v. Chr.; denn in dieser Zeit findet man nicht nur statt *ei* mehrfach die Schreibung *e*, sondern auch für richtiges *ē* und *e* die Schreibung *ei* (§ 71); überdies mag *ei* als Schreibung für ein monophthongisches *ẹ̄* in dieser Zeit griechischer Einflüsse auch durch die Parallele des als *ẹ̄* gesprochenen gr. ει unterstützt gewesen sein.

Zusatz. Ausl. *-ei* der iambischen Wörter *sibei ibei nisei* wird seit den altlat. Skenikern als Kürze gemessen, durch Iambenkürzung nach § 121, und später durch *-i* oder auch *-e* wiedergegeben. Danach muß man wohl für Plautus' Zeit das *-ei* dieser Wörter lautlich als monophthongisches *-ẹ̄* (> *-ẹ̆* > *-ĭ*) ansetzen.

70. Für das alte Latein sind die Plautushandschriften bezüglich *ei* infolge orthographischer Modernisierung ohne Beweiskraft gegenüber den Inschriften. Von diesen sind die wichtigsten das SCBacch. vom Jahre 186 v. Chr. D 262, das Dekret des Aemilius Paullus vom Jahre 189 v. Chr. D 263 und die Scipionengrabschriften D 539 ff. Eine von $\bar{\imath}$ noch abweichende Aussprache (sei sie nun *ei* oder $\bar{e}$) ergibt sich mit Sicherheit aus der geregelten Orthographie der SCBacch.: *ei* steht in *sei, deicerent* (osk. *deikum*), *ceiuis* (osk. *ceus*), *preiuatod* (osk. *preiuatud* umbr. *prever* 'privis'); in *inceideretis* (*ei* aus *ai*); in *sibei* (osk. *sifei*) *uobeis ibei ubei utei*; in nom. pl. *quei uirei foideratei eeis*; dagegen steht *i* für altes ursprüngliches und für durch Ersatzdehnung aus $\bar{\imath}$ entstandenes $\bar{\imath}$ in *scriptum figier uenirent audita* und *trinum* sowie in gen. sg. *sacri Latini urbani*; vgl. auch *filios Barbati* D 541, *uita* (osk. *biita*) 542, abl. *turri* 263. – Eine ursprüngliche Lautverschiedenheit bei den $\bar{\imath}$-Endungen der *o*-Stämme dokumentiert sich auch in der metrisch geregelten Literatur: der gen. sg. der *io*-Stämme zeigt im Altlatein nur einsilbiges, offenbar aus -$i\bar{\imath}$ kontrahiertes -$\bar{\imath}$, im Plural steht zweisilbiges, also unkontrahiertes -*iei*, s. § 353 am Ende; allerdings hat auch der Vokativ einsilbiges -$\bar{\imath}$, wo -$\bar{\imath}$ für -*ie* sprachlich schwierig ist: *PubliCorneli* D 542, s. § 133 II Zus. γ.

Seit etwa 150 v. Chr. erscheint auf Inschriften auch die Schreibung *i* für den vorher durch *ei* bezeichneten Laut, und umgekehrt: einerseits nom. pl. *purgati* D 264, 12; andrerseits gen. sg. *cogendei* D 92, akk. pl. *omneis* 269, 32, 430, *turreis* 356, ferner *ueita* 122, *ueiginti* 644, ebenda *Neicia* (Νικίας), imper. *nolei* 671. Die Schreibung *ei* für klass. lat. $\bar{\imath}$, sei dies vorher durch *ei* oder durch *i* wiedergegeben worden, bleibt bis weit in die Kaiserzeit in Übung, s. *Lommatzsch*, ALL 15, 129. Gelegentlich stehen *ei* und *i* dabei historisch richtig; erwähnt sei *deiuinam* D 260, 16 (58 v. Chr.).

Zusätze. a) Das Material gestattet kein Urteil darüber, ob nichterstsilbiges *ai* trotz der alten Schreibung *ei* unmittelbar zu $\bar{e}$ monophthongiert worden war. S. zum Problem *Solmsen*, IF 4, 240–249. – b) Das von Beginn an als *i* geschriebene lat. $\bar{\imath}$ geht nicht auf einen Diphthong zurück. Unhaltbar ist die Rückführung des Genetiv-$\bar{\imath}$ der *o*-Stämme auf idg. -*ei* (lok. sing.), des altlat. inschr. -*ei* nur auf vorhistor. -*oi* -*ai*; so *Ehrlich*, Unters. 72, *Kent*, Lang. 6, 304–318 [Gl. 21, 189]. – c) Lucilius 359–362 gibt Vorschriften über Gebrauch von *ei* oder *i* (für *mille, miles, pilum* und *pila*); vgl. dazu Varro gramm. frg. 272 Fun. Die Interpretation ist sehr umstritten; nach *Sommer*, Hermes 44, 70–77 (dazu KE 18f.) gibt Lucilius künstliche Vorschriften, gestützt auf eine συμπάθεια-Theorie (*ei* für Plural, Größeres usw.), nach *Kent*, Gl. 4, 299–302 (und AJPh. 34, 315–321) stützt er die historische Verteilung von *ei* und *i*; s. auch *Guil. Suess*, Petronii imitatio eqs., Dorpat 1927, 39. Als sicher ergibt sich nur, daß für Lucilius der lautliche Zusammenfall bereits erfolgt war. – d) Zu Plautus. Zur Aussprache in seiner Zeit: *Sturtevant*, Pronunc. 114 (*ei* noch lautlich $\bar{e}$); *Ernout*, Rev. phil. 39, 190 ff. Zu *ei* für $\bar{\imath}$ bei Plautus: *eira* 'ira' s. § 71; in Plautushandschriften: *Kent*, ClPh. 9, 199 [s. *Hartmann*, Gl. 8, 278]; *Leumann*, Kl. Schr. 122[1]. – e) Das klassische Latein kennt neues diphthongisches *ei* zwischen Konsonanten aus Kontraktion, in *deinde* usw., s. § 132; in *deicio reicio*, § 138, 2 Zus. β. Zur Interjektion *ei* (Plt., Verg. Aen. 2, 274 usw.) s. *Hofmann*, Umgangsspr. 13 § 12 und *Loewe*, KZ 54, 103; zu Interjektion *eia* s. § 138, 1 a γ. – f) Griech. ει ist, außer vor Vokal, durch lat. $\bar{\imath}$ wiedergegeben; Cicero epist. 9, 22, 3 bezeugt die Lautgleichheit von gr. βῖνεῖ und lat. *bīnī* 'je zwei'. Beispiele: *pīrāta* πειρατής, *danīsta* δανειστής, *sīrius* Σείριος, *Atrīdēs* Ἀτρείδης usw.; s. § 85 C 5a.

71. In der Zeit vor 150 v. Chr. zeigen die Inschriften auch die Schreibung *e* als seltenere Wechselform zu *ei*: *deuas* gen. sg. 'divae' D 39 (vgl. *uecos*

Leber oben § 65), *conpromesise* SCBacch., nom. pl. *ploirume* D 541, dat. sg. *Apolone Hercole* D 12 ff., 79 ff. Die drei Schreibungen *e ei i* zeigt in der Dativendung nebeneinander die Weihung *Iunone Seispitei Matri* D 118. Auch andere Zeugnisse eines *e*, d. h. *ē*, an Stelle von *ei ī* fehlen nicht ganz: (*amici*) *ab antiquis ameci et amecae per e litteram efferebantur* Paul. Fest. (vgl. *ameicitiam* Lex agr.); rustikes *vĕlla* und *spĕca* bezeugt Varro rust. 1, 2, 14 und 1, 48, 2; auf *ī*, nicht auf *ĭ*, bezieht sich wohl auch bei Cic. de orat. 3, 46 die Bemerkung, Cottas *e* für *i* „messores videtur imitari". Das Romanische führt auf *vēcīnus (frz. *voisin*) statt *vīcīnus* (vgl. *uecos* oben). Der Wortwitz zwischen *ĕra* 'Herrin' und *īra* 'Zorn' bei Plautus Truc. 262 *comprime sis eiram* usw. begreift sich am besten bei einer Aussprache *ẹ̄ra* des Schriftbildes *eira*. Beachte auch *dēlēritās* Laber. 138, zu *dēlīrus*.

Umgekehrt erscheint auch die Schreibung *ei* für klass. lat. *ē*: *neiquis* neben *nequis* SCBacch., *leigibus* D 82, *pleib-* 258 und I² 22; zu *decreiuit* s. unten; über *ei* für monophthongisiertes *ae* s. § 77. – Weiter erscheint die Schreibung *ei* selbst für kurze *e* und *i*. Begreiflich ist diese Verwendung des *ei* für eine Kürze in den Fällen, wo *ei* historische Orthographie eines durch Iambenkürzung verkürzten *ei* (bzw. *ẹ̄*) ist, also in *tibei sibei ubei utei* (§ 121). Dieser Gebrauch bot offenbar den Ansatz zur Schreibung *ei* für unbetontes *ĕ* in *inpeirator* D 263, *heicei* 'hīce hīc ('hier')' als Spondeus gemessen D 579, bald auch für betontes *ĭ* in *ceinis* VI 282, 28, *seine* 'ohne' Lex repett. 54, *seibi* D 676; die Schreibung *seibi* neben *sibei* lehrt nur, daß die Vokale beider Silben ziemlich gleich ausgesprochen waren. Vgl. auch *aedeific-* D 394¹ p. 85.

72. Die gegenseitige Vertauschung der Schreibungen *ei* und *e* sowohl für altes *ei* wie für altes *ē* sind das stärkste Zeugnis dafür, daß die Schreibung *ei* in der Zeit bis 150 v. Chr. ein bereits monophthongisches *ē* bezeichnete; freilich muß dieses in der Aussprache geschlossener gewesen sein (also *ẹ̄*) als das alte lange *ē*, da es im klassischen Latein als *ī* dem unverändert erhaltenen alten *ē* gegenübersteht. Dazu kommt ein zweites weniger gewichtiges Zeugnis.

Eine Aussprache *ẹ̄* für älteres *ei* blieb in nicht genau zu umschreibenden Fällen vor *v* als *ē* erhalten: *-eiv-* > *-ēv-*: perf. *dēcrēvī lēvī* aus *-ei-vai* (*decreiuit* D 263) zu (*dē-*)*cerno lino*, Wz. *kri* (gr. κρι-τός) *li* mit Vollstufe *krei lei*; *lēvis* 'glatt', vgl. gr. λεῖ(F)ος; *seu*, offenbar *sēu*, Nebenform zu *sīve* aus **sēve* (alt *seive*) aus *sei-ve*, entsprechend *ceu* als *cēu* (vgl. *neu* als *nēu* gleich *nē-ve*, das ebenfalls oft als *neiue* geschrieben erscheint, D 268 usw.; freilich herrscht überhaupt ein Durcheinander zwischen *nē* und *nei*). Vgl. auch Alessio, Festschr. Pisani 37 zu roman. **stēva* für *stīva*. – Allerdings findet man auch *-īv-* aus *-eiv-*, so in *sīvī* mit alt *posīvī* (§ 438 II C 2c Zus.; vgl. auch zu perf. *polīvī* neben *lēvī* § 163 c ϑ), *sīvī* vielleicht durch Vokalausgleich nach *sino* (*po-*)*situs* zur Scheidung von *sēvī* zu *sero satus*, und in *dīvus dīva* sowie im Lehnwort *Achīvī* älter **Acheivei* (§ 95). Aber auch bei *dīvus dīva* ergibt sich eine ältere Aussprache *dẹ̄vos dẹ̄va* mit Wahrscheinlichkeit aus der Nebenform *deus*: nach Schwund des *v* vor *o* gemäß § 145dα kam der Stammvokal vor Vokal zu stehen, was seine Kürzung bedingte und die Entwicklung **deivos* **dẹ̄vos* **dẹ̄os* *deus* vermuten läßt. Das entsprechende Lautverhältnis wie

Diphthonge: *ei; oi, oe*

zwischen *dīva* und *deus* besteht zwischen *olīva* und *oleum* aus gr. ἐλαί(F)α ἔλαι(F)ον, eine Vorstufe *olęvom* ist überdies in got. *alēw* bewahrt (vgl. Allg. Teil § 43). Auch in den Lehnwörtern *platĕa balnĕum* aus gr. πλατεῖα βαλανεῖον ist das lat. *ĕ* Verkürzung aus einem nur graphisch als Diphthong ει erscheinenden *ę̄*; für weitere Belege s. § 85 C 5bα. – Zu *dĕus seu* usw. s. auch *Mayer*, Gl. 32, 277 f.

73. Altlat. *oi oe* und klass. lat. *oe ū.* Im klassischen Latein sind in *ū* drei Lautungen zusammengeflossen, die im Altlatein in der Schrift noch als *oi, ou* und *u* geschieden sind. Für alt inschr. *oi* sind in § 65 *comoine, oino, coirauere, loidos, oitile* (D 262, 541, 31, 211, 264) genannt worden; zu *oitile* vgl. paelign. *oisa aetate* Vetter nr. 214. Die frühesten Zeugnisse der Schreibung *u* und damit der Aussprache *ū* sind *utier* D 542, *usura* 92 (etwa 146 v. Chr.); für Aussprache *ū* zeugt auch die pseudohistorische Schreibung *cour-* statt *coir-* (§ 75a). Zweifelhaft ist diese Aussprache für Plautus; jedenfalls ist das für Bacch. 129 behauptete Wortspiel zwischen *lūdus* (*loidos*) und *Lȳdus* (gesprochen *lūdus*) kein durchschlagendes Argument. – Neben den Schreibungen *oi* und *u* erscheint *oe*: *Coera* D 41, *coerauere* 26, 27 usw., *oeti* 260 (58 v. Chr.). Viele Belege der Formen *coir(aueront)* und die meisten von *coer(auere)* stehen auf Stiftungsurkunden der Jahre 113–84 aus Capua. Von den datierten Belegen für *oe* ist keiner älter als 113 v. Chr. Eine Lautentwicklung *oi* > *oe* > *ū* ist danach höchst unwahrscheinlich; vielmehr ist in diesen Wörtern *oe* rein graphisch für *oi* eingeführt nach dem *oe* aus bewahrtem *oi* (§ 74) und nach *ae* für altes *ai*. – Die Schreibungen *oi* und *oe* an Stelle von *ū* sind als Schriftarchaismen bis ans Ende der Republik in Gebrauch geblieben: *oenigenos* Paul. Fest., *loedis* Cic. leg. 2, 22, *oesus* 3, 10 usw., *moerorum* Verg. Aen. 11, 382, auch *moenitum* Plt. Bacch. 926.

74. *oe* im historischen Latein.

a) In Lehnwörtern wird gr. οι als lat. *oi* übernommen, wie das daraus entwickelte *ū* von *pūnīre* belegt. Im klassischen Latein steht dafür *oe*: *poena* gr. ποινή (s. § 158a), *Poenī* gr. Φοίνικες (zur lat. Verkürzung des Namens s. § 234 Zus. ε), *Phoebus* gr. Φοῖβος, *Croesus* (s. § 85 C 1a). – In neun lateinischen Wörtern ist auch lat. *oi* nicht zu *ū* geworden, sondern als *oe* vertreten: *foedus -eris* 'Bündnis', *foedus* 'häßlich', *foetēre, Poenī* und *poena* (zwei alteingebürgerte Lehnwörter), *moenia* 'Mauern'; *proelium* (Grundform unbekannt); *oboedio, amoenus* (*oe* in nichterster Silbe). In allen Beispielen geht dem *oe* ein Labial voraus, in *proelium* wenigstens indirekt; doch kann dieser, auch von phonetischen Erwägungen ganz abgesehen, nicht die allein zureichende lautliche Rechtfertigung bieten für die Verhinderung des Wandels *oi* > *ū*; das beweisen die Gegensätze *Poenī*: *Pūnicus, poena*: *pūnīre impūne, moenia*: *mūnīre* (*moeniundae* D 657) *mūrus* (*moiros* D 356, *moerum* 366, 646) und *mūnia* 'Leistungen' (sicher auch aus **moinia* wegen *moinicipieis comoine*). Auch die durch *Poenī poena*: *Pūnicus pūnīre* nahegelegte Einschränkung „*oi* > *oe* hinter Labial außer vor *ĭ* der folgenden Silbe" versagt vor *moenia*: *mūnīre* und besonders vor der Tatsache, daß *moenia* 'Mauern' und *mūnia* 'Leistungen' auf die gleiche lautliche Grundform *moinia zurückgehen. Also beruht die Bewahrung der Diphthonge wohl eher darauf, daß hier die Aussprache nach dem archaisierenden Schriftbild zurückgebildet wurde: die bewahrte Schreibung oi in dem offenbar veralteten *moinia 'Mauern' führte zur Aussprache oe (diphthongisches o̯ẹ), entsprechend dem ae (a̯ẹ) aus ai. Die gleiche Annahme läßt sich für Poenī: Pūnicus rechtfertigen: die Poenī waren seit 146 v. Chr. nur noch eine historische Erinnerung, aber Begriffe wie mālum Pūnicum oder fidēs Pūnica lebten weiter; ähnlich ist poena ein Juristenwort, pūnīre und impūne aber gehören mehr der Alltagssprache an; auch foedus 'Bündnis' kann Archaismus der Rechtssprache sein. Von proelium amoenus oboedīre kann man hier absehen, weil deren oe kaum auf einfaches oi zurückgeht.

Nach *Wackernagel*, Kl. Schr. 734 ist oe bewahrt durch Popularisierung archaischer Formen. Nach *Marouzeau*, BSL 17, 273, ist oe die in den neun Wörtern früh erfolgte Fixierung feiner stadtrömischer Aussprache; ū ist rustik. Vgl. *Devoto*, Storia 100.

Zu *oboedio*, mit oe hinter Labial in nichterster Silbe, s. zuletzt *Szemerényi*, Gl. 38, 240–245, mit älterer Literatur. Wenn es, wie kaum zu bezweifeln, ein Kompositum von audīre ist ('obaudire' nach Paul. Fest.), so erwartet man, mit au > ou > ū nach § 95, die Form *obūdīre. Darin für ū pseudohistorisches oe (wie in lagoena, § 85 B 3cβ) nach *Burger* [Gl. 19, 236] und *Godel*, Cahiers de Saussure 18, 58[12]; nach *Szemerényi* audio aus *aus-dō, dazu oboud- (§ 95) > oboid- durch Dissimilation (vgl. ou → oi bei līber, § 65 Zus. b). – Ältere Lauterklärung (nach *Schulze*, Kl. Schr. 346, zu gr. ἄϊον): *awizdiō > *auzdiō > audio, hinter ob- lautlich > -ou̯izd- > -uid- > -oed-. – Anders *Pisani*: aus *obboedīre [Gl. 36, 145]. – Zur Bewahrung von oi als oe s. *Lejeune*, REL 29, 97–102.

b) In der Kaiserzeit ē für oe, und umgekehrt oe für älteres ē ĕ ae. Für klass.-lat. oe zeigen Inschriften seit Ende I[p] e (also Monophthongierung zu ē): *Phebus* IV 1890 (Pompeji), III 2370; *Mesiaca* VI 2759; *pena* VI 19596 (vgl. roman. *pẹna*); gleicher Art vielleicht (hispan.) *dureta* (Augustus) 'Badewanne' neben gr. δροίτη, vgl. *Schwyzer*, KZ 62, 199.

Zusatz. Pseudohistorisches oe, meist durch Anklang oder volksetymologisch gestützt; vieles in Handschriften (s. Thes. s. vv.) und weit über das Altertum hinaus gültig. α) oe für ē: inschr. *Ephoebus* (nach *Phoebus*) Tab. cer. Pomp. 82, 4, vgl. *Aephoebus* Gl. 18, 247, *ephoebicus* VI 17591 X 3255; *foelicia* V 7138. *coena* (durch Angleichung an κοινός, vgl. Plut. qu. conviv. 8, 6, 5 p.726e; vielleicht schon in *coenalia* D 780); hs. *obscoenus*; *Camoena* nicht antik (nach *amoenus*); *foetus* (nach *foetēre*?). – β) oe für vulglat. ę aus alt ae und ĕ (nach § 57). Für ae: *coelum* (nach gr. κοῖλος, von Varro ling. 5, 19 latinisiert *cavum caelum*), inschr. *coelicolae* Gl. 42, 86; *coelebs*; *poenitet* (nach *poena*); *moestus* Diehl Christ. 4627; *moesoleum* VIII 688 (für *maes*- statt *maus*-, § 85 C 2). – Für alt ē oder ae: *foenum, foenus -eris*. – Für alt ĕ: inschr. *poenates* IX 259, *Poetronia* VIII 16476, *moerenti* RA 12, 324 n. 56; auch *Hoerculi* VI 30879.

75. Einzelheiten zu oe und oi. a) Phonetisch war der Wandel oi > ū sicher kein sprunghafter Wandel. Aber die lautlichen Zwischenstufen sind schwer zu bestimmen. Daß oe dafür kaum in Frage kommt, wurde schon in § 73 bemerkt. Am nächsten liegt die Annahme einer Entwicklung oi > oü > ou > ū; nur muß man zugeben, daß der Wandel von altem ou zu ū zeitlich früher liegt als der Wandel oi > (*ou >) ū (vgl. *Lūciom* mit ū aus ou neben *oino* D 541); und inschr. *ou* für *oi* in *courauerunt* D 251 u. 394[1] p. 85 und in *plouruma* D 579 gegenüber *ploirume* 541 'plūrimī' (s. § 385) ist Pseudoarchaismus. – In Praeneste sind oi und ou in ō zusammengefallen: *coraueron* D 12 wie *Losna* (§ 80); in Falerii steht neben älterem *oi* in *Loifirtato* jüngeres *ō* in *loferta* (§ 65 Zus. b). Zum Problem der lautlichen Zwischenstufe s. bes. *Sommer* 75; *Hermann*, NGG 1919, 239 u. 245, Lautg. 45 u. 56.

b) Lat. *nōn* hat die nur in *oe* für *oi* entstellte archaische Nebenform *noenum* Plt. Aul. 67 u. Varro bei Non. 144, 2 bzw. (vgl. § 228 I d) *noenu* (aus Ennius) Lucil. 987 Lucr. 3, 199; 4, 710. Da *nūllus* als *ne-ūllus* aufzufassen ist und *ūllus* als Deminutivum zu *ūnus* auf **oinelos* zurückgeht, so muß man *noenum* auf *ne-oinom* 'nicht eines' zurückführen. Von diesem gelangt man zu einerseits *noenum* und andrerseits *nōn* besser über kontrahiertes **nōinom*, so *Solmsen*, KZ 44, 205, als über elidiertes n' *oinom*, so *Sommer*, KE 29.

c) Ein neues lat. *oe* entsteht durch Kontraktion aus zweisilbigem *o-i o-e o-ē*, so Anlaut *coe-*: *coetus -ūs* aus **co-itus* zu *co-īre*; *coe-* aus *co-e- co-i-* (aus *co-a-* durch Vokalschwächung) in Ppp. *coeptus* und prs. altlat. *coepio -ere* (Plt. Men. 960 Pers. 121); das zu **co-eptos* **co-ipiō* gehörige Simplex **apio* ist fast verschollen, s. Paul. Fest. s. *ape, apex* und vgl. *apiscor* u. *cōpula*. Das *oe* in perf. *coepī* (3. sg. *coepit* ist Normalform seit Plt.) für alt *co-ēpī* (s. § 132 s. *co-*) ist wohl angeglichen an *oe* in Ppp. *coeptus*.

d) Zur Übernahme von gr. οι und ωι als lat. *oe* s. § 79 u. § 85 C 1 a.

76. Altlat. *ai* und klass. lat. *ae*. Für klass. lat. *ae* beliebiger Herkunft steht im alten Latein der Inschriften noch *ai* (vgl. § 65): *Gnaiuod aidilis* D 539, *haice aiquom* 262, *praifectos* 227, *quaistores aire* 228; *Aimilius* 263, *Caicilius* 412, *Maicius* 101; bei den *ā*-Stämmen sg. dat. *Dianai* 44, 52, *Loucinai* 255, lok. *Romai* 771, pl. nom. *tabe(l)lai datai* 262; das *-ai* des Gen. sing. ist hier nicht verwertbar, da es zweisilbiges *-āī* war, § 349. – Das Oskische schreibt den echten Diphthong im lat. Alphabet als *ae*, im nationalen Alphabet als *ai*, wobei *i* ein offenes *i* bezeichnet (§ 10).

Die Schreibung *ae* ist zuerst belegt im entlehnten *Aetolia* D 343 etwa 187 v. Chr. und in *aedem* 186 v. Chr. im Praescript des SCBacch. (gegenüber *ai* im Text, die Belege oben unter D 262). Diese Schreibung meint sicher diphthongisches *ae*, also die Aussprache des nhd. *ei* in *Stein* usw. Das ergibt sich auch aus der Wechselschreibung *aei* des 2. Jh. v. Chr.: *conquaeisiuei* D 430, *Caeicilius* 457, *Maeili* 735. Die Aussprache wird bestätigt durch die Wiedergabe von gr. αι in der Literatur mit lat. *ae* in αἰθήρ *aethēr*, ἀνάπαιστος *anapaestus* usw. (s. § 85 C 1 a) sowie durch die von lat. *ae* mit gr. αι in *Caesar* Καῖσαρ, *Laelius* Λαίλιος D 130, und mit einem Diphthong in ahd. *keisur* nhd. *Kaiser* aus *Caesar*.

In der Kaiserzeit erlebte die *ai*-Schreibung eine kurze Renaissance unter Kaiser Claudius (41–54 n. Chr.); sonst ist sie nur in Oberitalien im Dat. sg. häufiger anzutreffen (*Hehl* 11 f.), und zwar nach *Collart*, Rev. hist. suiss. 22, 1942, 101–104, unter venetischem Substrateinfluß.

Ein neuer Diphthong *ai* entstand in altlat. imperf. *aibam*, s. § 403, 5 a.

77. Die diphthongische Aussprache des *ae* bestand nach der sorgfältigen Orthographie guter Inschriften bei den Gebildeten sicher bis ins 3. u. 4. Jh. n. Chr.; vgl. auch Scaur. gramm. VII 16, 10. Aber die Schreibung *e* für *ae*, besonders in den Kasusendungen, dann auch in Stammsilben, breitet sich in der späteren Kaiserzeit seit dem 2. Jhdt. immer mehr aus; in den romanischen Sprachen ist *ae* mit *ĕ* zusammengefallen (§ 57), selten mit *ē* (§ 78, 1 c). – Wann diese monophthongische Aussprache des *ae* als offenes *ē* (etwa *ǟ*) in Rom selbst sich durchsetzte, ist nicht genau festzustellen. Im Umbrischen ist, um dies hier zu erwähnen, altes *ai* seit Beginn der Überlieferung, also seit rund 200 v. Chr., durch *ē* (geschrieben *e*) vertreten. Im Latein außerhalb Roms ist die Schreibung *e* für *ae* oder *ai* ungefähr ebenso alt: *cedre* 'caedere' mit *cedito* (neben *-ai* im ursprünglich zweisilbigen gen. sg. *dinai moltai*) Lex Spol. D 256 (in Umbrien, sicher frühes 2. Jh. v. Chr.), *Cesula* 'Caesulla' D 43 (Pisaurum) und Vetter nr. 322 f. (Falerii, ebda *pretod* 'praetor' D 175), dat. *Fortune* 64 (Tusculum), pl. nom. *muste* (μύσται) 236 (Samothrake). Auch die gelegentliche Schreibung *ei* meint offenbar *ē*: *Ceisia* 770 (Praeneste), *queistores* 217 (Fuciner See). – Weiter ist die Aussprache *ē* als ländlich bezeugt durch Lucilius 1130 *Cecilius pretor ne rusticus fiat* (betrifft Praeneste) und, trotz schlechter Überlieferung, sehr deutlich durch Varro ling. 5, 97 *quod illic* (in Sabinis) *fedus*, in Latio rure ⟨*h*⟩*edus*; *qui in urbe ut in multis a addito haedus*. Wahrscheinlich waren also die Landstädte Latiums die Träger einer bäuerlichen oder rustiken Aussprache *ẹ̄* für *ae*; und von ihnen aus gelangte diese sowohl in die Kolonien latinischen Rechts, wie z. B. Spoletium und Pisaurum, wo freilich auch umbrischer Einfluß möglich ist, als auch in bestimmte Schichten von Rom. – In späterer Zeit ergibt sich der Zusammenfall von *ae* und *e* auch aus der umgekehrten Schreibung *ae* für offenes *e*, etwa *baenae maerenti* VI 35118.

78. *e* für *ae* und *ae* für *ē* und für *ā*. – Wechsel von *ae* und *ē* erwähnt Varro ing. 7, 96 f. für *faenus, obscaenus, scaena, scaeptrum*.

1. *ē* für *ae*. a) *lēvir* 'Schwager' ('Bruder des Gatten' nach Paul. Fest.) ist lautlich stark entstelltes Erbwort, das **daever* lauten sollte (gr. δᾱήρ aus *δαι(ϝ)ήρ ai. *devár-* idg. **daiwēr*), im Auslaut an *vir* angeglichen ('*quasi laevus vir*' Dig.); zu *l* für *d* s. § 162c. – b) Schwanken bei *faenum* 'Heu', *faenus -oris* 'Wucher', *obscēnus* 'unheilvoll' (*omen sim.*). Ursprünglich wohl *ae* in *faenum*, nach inschr. *faenisicei* Sent. Minuc. (D 453) 37, auch *faenum* IV 4000; *ē* in *fenus*, nach Varro (bei Gell. 16, 12, 8) schrieb Cato *fenerator*. *obscaenus* nach Varro mit *ae* wie *scaena*. Zu *Mūrēna* neben *mūraena* s. § 79a Zus. – c) Lat. *ē* statt *ae* als Vorstufe der romanischen Formen (vermutlich rustike Aussprache) in *saeta* usw.: frz. *oi* für lat. *ẹ̄*: **sẹta, *prẹda, fẹnum* frz. *la soie, la proie, le foin*; auch **sẹpes* 'Zaun'. S. etwa *Lausberg* I 190 § 241; *Rohlfs*, Gl. 39, 271 f.; auch *Pisani*, DLZ 1962, 79 zu *sēbum* 'Talg' Plt. aus german. **saip-* (nhd. *Seife*). Beachte auch bei Horaz *Thrēx Thrēssa* mit *ē* für *ae* (dies nach § 79b). – d) Über monophthongisches *ae* des Praeverbs *prae* in *prehendo* s. § 118 Ende (sub „*e* für *ae*").

2. *ae* für *ē*, vielleicht als hyperurbane Aussprache; fast nur umstrittene Beispiele. a) Etymologien. *saeculum* zu Wz. *sē* in *sē-vī sē-men* (zuletzt *Diehl*, RhM 83, 255 [Gl. 26, 93]; dagegen *v. Blumenthal*, IF 54, 40 [Gl. 27, 91]). *paene* zu *pēnūria*. Usw. – b) Zu *obscaenus faenus* s. oben 1b. Zu *oe* für *ae* (wie für *ē*) s. § 74bβ. – c) Für gr. η (oder dor. ᾱ): *scaena scaeptrum* gr. att. σκηνή σκῆπτρον (dor. σκᾱνά, σκᾶπτον bzw. σκᾶπτρον). Inschr. *scaena* D 246, 642, 11; sicher Diphthong in *scaina* 143. Erklärungsversuche: *ae* Hyperurbanismus nach *Niedermann*, Contrib. 8²; *ae* behelfsmäßige lat. Lautsubstitution für offenes gr. η (wie in gen. sg. *ā*-Dekl. *-aes* nach gr. -ης), so *Bonfante*, REL 12, 157–165 [Gl. 26, 88 f.], ähnlich *Juret*, Manuel 365. Durch etrusk. Vermittlung *ai* für gr. ᾱ, angesichts von etr. *calaina* gr. Γαλήνη oder *Γαλᾱνᾱ (Nereide), so *Ernout*, Aspects 67, nach *Schulze*, Kl. Schr. 638, dazu *de Simone* II 36.

3. *ae* für *ā*. Zu inschr. *Saeturnus* s. § 54 Ende. Zu *scaena* s. oben.

Lit.: *Sturtevant*, Pronunc. 123-129 (bes. § 134); ders., TAPhA 47, 107-116 [Gl. 12, 239]; *Meister*, IF 26, 78 u. 90; *Sofer*, Lat. u. Rom. 177; *Väänänen* 23 f. (*e* in Pompeji); *Bindel* 26 u. 36; *Hehl* 14 u. 31; *Meillet*, BSL 27, 64.

79. Wiedergabe von gr. αι οι und ᾱι ωι.

a) Gr. αι οι wurden im 3. Jhdt. v. Chr. sicher noch wiedergegeben als lat. *ai oi*; diese unterlagen dann dem lat. Wandel *ai > ae* bzw. *oi > oe*. Nur für gr. αι sind beide lat. Stufen noch belegt mit inschr. dat. *Aiscolapio* und *Aescolapio* D 4 ff. (zu gr. αι s. unten); für gr. οι > lat. *oi > oe* ist nur *oe* belegt, etwa in *poena* (§ 74a). Bei Entlehnungen nach dem Wandel wurden gr. αι οι unmittelbar in lat. *ae oe* umgesetzt; ältestes Zeugnis ist *Aetolia* (§ 76); weitere Belege s. § 85 C 1.

Aisclāpios ist die lokale gr. Namensform Αἰσκλᾱπιός in Epidauros (für att. Ἀσκληπιός); von da wurde nach Livius 10, 47, 7 im Jahr 293 v. Chr. der Kult des Heilgottes nach Rom verbracht; zu den Namensformen s. *Schwyzer* I 276 litt. γ, *Wissowa*, Rel. 307[1]. – Vielleicht geht lat. *paelex* 'Kebsweib' angesichts von gr. παλλακή -ίς auf ein dialektisches gr. *παῖλαξ zurück, s. *Walde*, IF 39, 85. – Neben *mūraena* aus gr. μύραινα 'ein Meerfisch' mit *ae* steht ein Cognomen *Mūrēna* mit *ē* (auch inschr. auf Münzen, CIL I[2] p. 749 nr. 95); deren Identität behauptet Columella 8, 16, 5, sicher mit Recht. – *Painsscos* D 763 ist verschrieben für *Panisscos* (gr. Πᾱν-ίσκος).

b) Auch gr. ᾱι ωι (ᾳ ῳ) in frühen Entlehnungen werden durch die Diphthonge lat. *ae oe* wiedergegeben: *Thraex* (noch bei Petr. 45, 12) Θρᾷξ, *cōmoedia* κωμῳδία, *auloedus* Cic. Mur. 29; die Verkürzung *āi ōi > ai oi* erfolgte vermutlich unmittelbar bei der Übernahme als lat. Lautsubstitution. – Nach dem lautlichen Schwund des sog. Iota subscriptum im Griechischen werden gr. ᾳ ῳ lautgerecht schon seit Plautus durch *ā ō* vertreten: *Thrāx* Θρᾷξ, *ōdēum* ᾠδεῖον, *Hādēs*.

clātrī mask. 'Gitter' Cato Hor. (*fenestra clatrata* Plt.), sicher volkstümlich wegen *crāclī* App. Probi (§ 160b), ist plur. zu *clātrum* ntr. (wie *rāstrī* zu *rāstrum*) gr. dor. κλᾆθρον (att. κλεῖθρον); zu *ā* s. *Wackernagel*, Kl. Schr. 1056 f. – *prōra* gr. πρῷρα, bei Plt. *prōrēta* ion. *προφρήτης (s. IF 57, 156). Lat. *-ōus* für gr. -ῷος s. § 266d. – Ganz unsicher *taeda* 'Fackel' aus gr. akk. δᾆδα zu δαΐς. – Aus *crāpula* 'Rausch' möchte man auf ᾱι in gr. κραιπάλη schließen; *Ernout*, BSL 30, 121 bemüht für αι: *ā* etruskische Vermittlung, also umgekehrt wie bei *scaena* (§ 78, 2c).

80. Altlat. *ou* und *ō* für *ū*. Als inschriftliche Zeugnisse für *ou* anstelle von klass. *ū* sind außer den in §§ 32 u. 66 genannten *abdoucit loucos* noch etwa aus D anzuführen: *iouxmenta* 'iūmenta' 254, *noutrix* 47, *adiouta* 89, *poublicom* 265, *poumilionom* 779, *noundinum* 262; dann *ioudex* 296, *iourare* 268, perf. *iousit* 81; 263; 294; 745 usw. (daneben *iusit*), SCBacch. *-isent*. In den Wörtern der Amtssprache *ioudicare iourare iousit* wird *ou* bis etwa 90 v. Chr. bewahrt. Für *ou* in Endsilben (4. Dekl. gen. *-ūs*) fehlen inschriftliche Belege, vgl. § 100. – Die Schreibung *o* und Aussprache *ō* ist in Latium dialektisch: in Praeneste *Losna* (§ 32) und *Poloces* D 760, in Norba *Locina* 109; dazu aus anderer Überlieferung *rōbus* 'rūfus' (*bos robus* die rustici) Paul. Fest. (ebenso umbr. *rōfo-* 'rot') mit *rōbīgo* 'Rost'; zu *nounas* 'nōnās' s. § 142a. – Als frühester Beleg der Schreibung *u* und damit der Aussprache ū begegnet der Vorname *Lucius* auf zwei Scipionengrabschriften (vgl. § 82 Zus.). Also ist *ou* im 2. Jhdt. v. Chr. nur mehr historische Orthographie; sogar pseudohistorisch steht *ou* für *ū* aus *oi* (§ 75a). Aber jedenfalls sichert der Gegensatz von *u* und *ou* im regelmäßigen *Iuno Loucina* D 108 ff. für *Iūno* altes monophthongisches *ū* und verbietet damit beispielsweise dessen Ableitung von *Iov-* in *Iuppiter Iovis*.

81. Neu entstandene *eu*-Diphthonge im Latein.

a) Für die Partikeln *neu seu ceu* aus *nēve seive *ceive* ist wahrscheinlich *ēu* anzusetzen, § 72.

b) Die Interjektionen wie *heu ēheu* stehen außerhalb normaler Lautentwicklung; übrigens ist auch bei ihnen *ēu* nicht ausgeschlossen. – Das ebenfalls interjektionale *heus*, das des Angeredeten Aufmerksamkeit erwecken will und meist einen Vokativ hinter sich hat (besonders häufig *heus tu*), erhielt von *Wackernagel*, Kl. Schr. 1249 ff., die kühne Deutung als idg. Imperativ **gheuse* 'höre' (gleich ai. *ghoṣa*), mit Apokope wie in *dīc(e)* und stockender Lautentwicklung bei *eu* oder allenfalls mit emphatisch gedehntem *ēu*.

c) *neuter* ist als Zusammenrückung dreisilbiges *ne-uter* 'nicht einer von zweien' (mit enklitischem indefinitem *uter*). Sicher zweisilbiger Gebrauch findet sich zuerst Ciris 68.

d) Bei lat. *eo*-Stämmen bleibt aus Formzwang das *eu* zweisilbig in *deus deum eum oleum* usw., auch natürlich in *eunt euntem eundum* (zu *īre*). Dagegen in griechischen Heroennamen wie *Pēleus Atreus Orpheus* wird das *eu* in der klassischen Dichtung einsilbig gebraucht entsprechend dem gr. -εύς, vgl. § 133 II auch zu dreisilbigen *Pēlĕus* im Altlatein und § 85 C 3 zu gr. ευ als lat. *eu*.

e) Zu spätlat. *pēuma* für *pēgma* gr. πῆγμα s. § 200.

82. Zeugnisse für alt *eu* im Latein; Chronologie des Wandels *eu* > *ou*.

1. Die Wandel *eu* > *ou* und *eu̯* > *ou̯* (idg. *eu̯* > lat. *ov*) sind phonetisch gleichartig als Labialisierungen des *e* zu gerundetem *o* durch Angleichung an das folgende gerundete *u* bzw. *u̯*; sie sind beide gemeinitalisch. Bei *eu̯* > *ou̯* ist *eu̯* noch im frühesten Latein bezeugt (in *neuen* 'novem' § 43a); man möchte gleiches Alter für die Vorstufe von lat. *ou* < idg. *eu* annehmen. Folgendes sind die unsicheren Zeugnisse für solches *eu* im Latein.

a) Die griechische Wiedergabe des als *L.* abgekürzten lat. Praenomens *Lūcius* ist Λεύκιος (Belege s. unten); entsprechend Λεύκολλος Polyb. 'Lūcullus' und Λευκανοί Isocr. 8, 50 'Lūcānī'. Ob gr. Λεύκιος rein lautlich ein frühlat. (oder osk.) **Leukios* wiedergibt, ist fraglich; das *ou* bzw. *ū* des Stammnamens *Lūcānī* setzt trotz gr. Λευκανοί vermutlich idg. *ou* fort als Ableitung von idg. ital. **loukos* (lat. *lūcus*). So bleibt die wahrscheinlichste Annahme doch die einer Lautsubstitution bei Wiedergabe des dem Griechischen fehlenden Diphthongs ital. *ou* durch gr. ευ (gr. ου ist nur graphischer

Diphthong, lautlich $\bar{u}$); sie war unterstützt durch volksetymologische Anlehnung an λευκός 'weiß' (*Danielsson*, Sert. philol. Johansson 91[2]).

b) Das am wenigsten anfechtbare Zeugnis ist *Leucesie* in einem Salierlied, wohl Epiklese eines Gottes im Vokativ (*v. Grienberger*, IF 27, 224–232). Man vergleicht *Lūcetius* Naev., auch *Iuppiter Lucetius* („a luce" Paul. Fest.), nach Macrobius in einem Salierlied (!). – Nicht zugehörig sind der keltische *Mars Leucetius* oder *Loucetius* (s. *Wissowa*, Rel. 114[3]) und der Name Λουκέτιος eines Sikulerfürsten V[a].

c) *Neuna fata* (Ardea, s. § 5a) ist sicher die Fata ('Fee') *Nona*, die nach Varro bei Gell. 3, 16, 9–11 der Geburt im neunten Monat vorsteht; danach ist *neuna* älteres idg. *newenā (§ 380), zeugt also nur für bewahrtes *e* in antevokal. *eu̯*, ebenso wie *neuen* 'neun'.

d) Gr. ευ > lat. *ou* (> $\bar{u}$) in alt *Pollūcēs*. Die Übernahme von gr. Πολυδεύκης ist nicht notwendig früher erfolgt als der Wandel lat. *eu* > *ou*; denn hier ist auch, umgekehrt wie in Λεύκιος, lat. Lautsubstitution *ou* für gr. ευ denkbar.

e) Zu *cozeulodorieso* eines Salierliedes s. § 9.

2. *ou* für etymol. *eu* ist in Italien weiter verbreitet. Bezeugt oder vorausgesetzt ist es im Oskisch-Umbrischen mit osk. *toutā-* und *Lúvfreis*, dazu mit monophthongiertem $\bar{o}$ in umbr. *tuta* bzw. *totam*, idg. *teutā 'Volk' (s. Allg. Teil § 19), auch im Venetischen mit *louderobos* § 65 Zus. b; innerhalb der latino-faliskischen Gruppe mit fal. *oi* aus *ou* und venet. *ou* in den Entsprechungen zu lat. *līber* (§ 65 Zus. b); doch ist im Venetischen auch *eu* bezeugt mit *teuta* (in *Làgole*, s. Kratylos 6, 3). Wie immer man die Beweiskraft der einzelnen Zeugnisse bewerte, die alte Annahme eines schon uritalischen Wandels *eu* > *ou* ist nicht mehr zu halten. – Nach *Ribezzo*, RIGI 17, 80 erfolgte der lat. Wandel in der „Königszeit".

Zusatz. Belege. Zum Praenomen. Im Griechischen immer ausgeschrieben, in alter Zeit nur als Λεύκιος, inschr. D 148 (Neapel), 171 (Delos, um 150[a]), 183 (Rhodos, III[a]) usw.; ebenso bei Historikern seit Polybios; erst später auch Λούκιος. Im Latein ausgeschrieben inschr. *Lucius* neben *ou* in *Loucanam* und *abdoucit* D 539, also mit junger Orthographie *u* offenbar deshalb, weil als Schrifttradition nur die Abkürzung *L.* bestand. Für älteres *Loucios vgl. osk. *Lúvkis*, dazu die lat. Gentilicia *Ter(tia) Loucia* (Corfinium) D 550, *Loucilios* 721 und *Loucilia* Vetter nr. 366 m. – Zu *Lūcānī*. Lat. *Loucanam* § 295, 1 aγ, vgl. osk. *Lúvkanateis* Vetter nr. 173, Λουκανομ nr. 200 F 1 p. 138 (gr. ου als Diphthong oder als $\bar{u}$ zu lesen?). – Zu *Pollūcēs*. Zwischen gr. Πολυδεύκης und lat. *Pollūx* bestehen die Zwischenformen **Poldoucēs Polloucēs*: inschr. *Podlouquei* (für *Pold-*, Gl. 42, 83 f.) Ardea (s. § 5a; vgl. etr. *Pultuke*), *Polouces* D 759 (*Poloces* 760, beide auf etr. Spiegeln), literar. *Pollūcēs* Plt.; zu *-ld-* > *-ll-* s. § 218a, zu nomin. *Pollūx* § 362, 3. Die Beteuerungspartikel *pol* ist aus vok. *Polloucē(s)* verkürzt.

83. Lat. *au* und seine Wechselformen.

A. Wechsel *au*/$\bar{o}$. 1. In der Hochsprache ist *au* unverändert erhalten. Ursprungslautungen sind: idg. *au*; *au* synkopiert aus *au̯i* (s. § 103b) in *auspex audēre cautum*; $\bar{a}u$ aus $\bar{a}u̯i$ in *gaudeo*, in *naufragus* zu *nāvis* (falls das *nau-* hier nicht dem gr. ναυ-ηγός unmittelbar nachgebildet ist); $\bar{a}o$ in *Maurtia* (§ 133 II Zus. a); gr. αυ in *nauta* usw. (§ 85 C 2). – Das Oskische zeigt ebenfalls *au*, im Umbrischen ist es zu $\bar{o}$ monophthongiert; die Beispiele s. § 66.

2. Neben oder für hochlat. *au* findet man in Rom mindestens seit dem frühen 1. Jh. v. Chr. und außerhalb der Stadt noch früher auch *ō*, und zwar einerseits in Namen, wo die *ō*-Form notwendigerweise aus der *au*-Form entstanden ist, wie *Clōdius* (aus *Claudius*; bekannt ist der Volkstribun von 58 v. Chr. und Gegner Ciceros), und andrerseits in Appellativen, wo das gleiche Verhältnis mindestens in der Mehrzahl der Fälle vorliegen muß. Doch ist *ō* nicht die allgemein-vulgärlateinische Entwicklung aus *au*, sondern lediglich eine sozial begrenzte Aussprache familiärer Vertraulichkeit in Praenomina, ferner bestimmter Gebiete oder Bevölkerungsschichten, die sich nicht richtig durchsetzte. Das ergibt sich aus den romanischen Sprachen: nur in wenigen Wörtern ist *au* wie *ō* behandelt, geht also auf vulglat. *ō* zurück; es sind hauptsächlich vulglat. *ōlla* (*aula*) 'Topf'; *fōcēs* pl. (*faucēs*) 'Kehle', mit *fōcāle*; *cōda* (*cauda*) 'Schwanz', vgl. *Cōdēta* Paul. Fest. und frz. *la queue* (also anl. *k-*, nicht *ch-*). – Umgekehrt lat. *scauria* gegen gr. σκωρία.

3) Belege für lat. Doppelformen mit *au/ō*.

a) Inschr. *au* und *o* nebeneinander in Namen, d. h. in Praenomina, Gentilicia, Cognomina und Ortsnamen. Praenomen *Olus* I² 1781 VI 7093, gen. *Oli Grani* im Senar neben *A*(*ulus*) *Granius* D 586, *Aulus Olo suo* IV 2353, Add. p. 219, dazu *Olipor* § 142 Zus. δ. – Weibliches Prae- und Cognomen *Pōlla* (vgl. § 148 dα): inschr. vor Einführung der Doppelschreibung (nach § 15) alt *Pola* D 163, 587, Vetter nr. 322g, *Póla* I² 1843; dann *Polla* VI 37710, 38358 al., literarisch Cic. fam. 11, 8, 1, ferner *Vespasia Pōlla*, *Vipsānia Pōlla* usw.; vgl. *Paulla* D 114, 547, literar. *Paula* Cic. fam. 8, 7, 2, vgl. D 235. Dieses *Paula* ist fem. zum mask. Cogn. *Paullus* 337, vgl. (*Aemilius*) *Paullus*; dann *Paulus* 392; dazu Ableitung *Pōllio*, inschr. D 426, gen. *Pólliónis* 658, gr. Πωλλίων (neben Πολλίων, dies nach gr. πολλ- 'viel') und die gentilizisch benannte Tribus *Pōllia*. Beachte auch *pōllulus* adj. Cato agr. 10, 2 u. 21, 3, *pōllulum morae* Cic. fam. 12, 12, 2, demin. zu *paulum*. Entsprechend wohl inschr. *Posilla* D 602, 673, aus **Pauxilla* (nicht für *Pusilla*). – *Clōdius* neben *Claudius*. Inschr. *Ofdius* (*Aufidius*) D 234, *Orucle*(*ius*) (*Aurunculeius*) 558. *Plotus* neben *Plautus* (derselbe Mann) 557, vgl. *Plotia* 606, literar. *Plōtīnus*. – Ortsnamen. *Osculāna pugna* (*Ausculum*, s. Schwyzer, RhM. 77, 109¹). Der Berg *Sōracte* nördl. von Rom heißt bei Cato orig. 52 (bei Varro rust. 2, 3, 3) *Sauracte*, vgl. *sōrex*.

b) In Appellativen *ō* für oder neben *au*. Altlat. *aula* bzw. *aulla* 'Topf', vgl. *Aululāria* Plt.; seit Iª fast nur noch *ōlla*, so Catull 94, Varro, Cic. fam. 9, 18, 4; vgl. Paul. Fest. '*aulas*' *antiqui* ... *quas nos dicimus* '*ollas*', und *aulicocta* neben *ōllicoqua* (§ 336, 1 Zus. γ). Inschr. häufig *olla* (sc. *ossuāria*) 'Graburne', geschrieben mit *ó* (also *ō*) XIV 3838 CE 973, 1133. Zu *ll/l* s. § 148 d α, auch für *paulum pōllulum*. – *ōricula* (*auri-cula* demin. zu *auris*) Rhet. Her. 4, 10, 14, Cic. ad Q. fr. 2, 15, 2; dazu *ōricla* App. Probi, auch D 801², 25 p. 87; *ōricilla* Catull. 25, 2; *ōricula* und *ōrum* (*aurum*) sagen die *rustici* nach Fest., dazu *ōrāta* Fischname (und Cognomen) Fest. – *cōrus* (χῶρος NT act. ap. 27, 12) neben *caurus* 'Nordwestwind'. – *sōrex* 'Spitzmaus' neben *saurex* (s. Hübner, Gl. 47, 266 ff.). – In Pompeji *obscultat* und *opscultat* mit Präfixeinmischung für **ōscultat* '*auscultat*'. – *ōspicatur* (*ausp-*) Quadrig. – Geläufige Doppelformen: *cōpa cōpo* neben *caupo* (s. Thes.); *cōda/cauda*, *cōlis/caulis*; *fōcāle* (Hor.) 'Halstuch' und *suffōcāre* (Cic.) 'erwürgen' gegenüber *faucēs*. – Vgl. auch *aurichalcum* volksetymologisch für gr. ὀρείχαλκος.

c) Hyperurbanes oder pseudoarchaisches *au* für echtes *ō*; man vergleiche Vespasians scherzendes *Flaurus* für *Flōrus* (Suet. Vesp. 22) nach plur. *plaustra* neben *plōstra* (inschr. *plostrum* D 467 Lex Iul. munic. 60). So das *au* in *plaudere* nach Thurneysen, KZ 28, 157; ursprünglich ist *ō* wegen Kompos. *explōdere* (nicht *ū* wie in *exclūdere*, § 95); *plodite* las Quintilian (6, 1, 52) am Schluß der altlateinischen Dramen. Pseudoarchaisch *cautēs* 'Felsenriffe' seit Verg. neben *cōtēs* 'Wetzsteine' (*cautibus* Lucan. 7, 140); *austium* D 181; *scauria* 'Metallschlacke' Lex met. Vipasc. 47 (*-reis*, vgl. 46) für gr. σκωρία Aristot. Bei Paul. Fest.: *auscultārī* (nach *Osculana pugna*?); *aureae* (als Anklang an *aurum*) neben *ōreae* 'Zügel' (Ableitung von *ōs ōris*, vgl. gr. στόμιον), also auch *aureax*

(§ 99 Zus.). Gleiche Herleitung verlangt *aurīga* 'Wagenlenker', *per origam* Varro rust. 2, 7, 8.

Lit.: *Brüch*, Gl. 26, 145–178 (mit vollem Material); *Baehrens*, Komm. 61–63; *Väänänen* 30 f. (Pompeji); *Sturtevant*, Pronunc. 129–132; *Bertoldi*, Riv. fil. 18, 20–33 [Gl. 36, 133]. Nach *Brüch* und *Bertoldi* ist die *ō*-Aussprache von außen her nach Rom eingedrungen. Nach *Meillet*, BSL 27, c. r. 63 f. war die alte *au*-Aussprache durch Kolonisten im Imperium verbreitet worden und daher im Romanischen bewahrt geblieben, bevor sie in Italien durch die *ō*-Aussprache abgelöst wurde. – Zu *Clōdius* s. *Sommer*, KE 22 f. Zu *cautēs*: *Brüch* 164 f., *Baehrens* 111, *Leumann*, Gl. 42, 89. – Sicher unhaltbar ist die Annahme eines ererbten Ablautwechsels *ō* : *au* (nach § 34, aus idg. *ōu*: *əu*, nach *Joh. Schmidt*, Pluralbild. 407[1]) bei *ōs* 'Mund' : *aus-* (in *austium auscuārī*); sie wird vielfach vertreten: *Rocher*, Gl. 16, 74–84 [Gl. 18, 251]; *Bonfante*, St. It. 7, 208 [Gl. 21, 188]; *Pisani*, Rc. Ist. Lomb. 76, 222.

B. Nebeneinander von *au*, *ō* und *ū*. Zu *scrōtum* 'Hodensack' Cels. stellen sich die Glossen *scrautum pellīceum* 'in quo sagittae reconduntur' Paul. Fest. und *scrutillus* (*scrū-*) 'venter suillus conditā farte expletus' (Plt. frg.). Zu ntr. *rūdus*, pl. *rūdera* 'Steinschutt' (§ 168 Zus. b) und *rūdusculum* 'aes infectum' ('rohes Erz') stellt man vielleicht richtig *rōdus* bei Lucil. 1192 *plumbi pauxillum rodus* 'Senkblei' und bei Festus „*rōdus* vel *raudus*", mit Interpretationen; Grundform ist offenbar **roudos*, woraus in Rom *rūdus*, sonst in Latium (nach § 80b) *rōdus*, und aus diesem hyperkorrektes *raudus*, wohl zur Erklärung von *Rauduscuāna porta* (Paul. Fest.). Entsprechendes gilt wohl bei *scrōtum*.

Mit einem Ablautwechsel *ū* : *au* (nach § 34) in *cūdere* : *caudex* und *clūdere* : *claudere* operiert *Fr. Muller*, Mnem. 58, 97. – Neben *lautus* ist *ū* in *illūtus* 'ungewaschen' Vokalschwächung nach § 95, *ō* in *lōtus* (mit *illōtus*) vulgär, *Wackernagel*, Kl. Schr. 1277 f.

84. Wandel *au* > *a*. Ein einigermaßen geregelter Lautwandel *au* > *a* besteht nur bei meist unbetontem *au* als Ferndissimilation gegen ein *u* der folgenden Silbe; er wird durch romanische Formen bestätigt. Inschr. *Agustus* (für *Augustus*) seit Kaiser Nero, IV 2124 (Pompeji), dazu *mensis Agustus* in christlichen Inschriften; Belege Thes. sub *Augustus* p. 1379, 32 sqq., 1391, 55 sqq.; vgl. Gloss. *agustus* und italien. *agosto*, Stadt *Aosta*, frz. *août*. – *agurium* Gloss. für *augurium* (auch in frz. *bon-heur*); dazu *Agurīna* Diehl Chr. 4517. – *anculus* VI 19004 al. aus *a(v)unculus*, s. § 133 II b. – *as-cultāre* (für *ausc-*) Caper gramm. VII 108, 6, italien. *ascoltare* (daraus durch Praefixeinmischung und -tausch frz. *écouter* als **exscultāre*). – Namen: *Arunceius* VI 13416, vgl. Ἀρόγκιος für *Auruncius* Schulze, EN 434[4]. *Fastina -ila* (für *Faustīna -illa*) VIII 23496 u. 21087 wohl Ableitungen von *Fastus* aus *Faustus*. *Esarorum* von *Esarus* aus *Isaurus* (Gl. 1, 4). Italien. *Ascoli* aus *Ausculum*, *Pesaro* aus *Pisaurum*; dazu *Nema(u)sus* frz. *Nîmes*.

Bedeutungslos sind daneben vereinzelte *a* für *au* auf Inschriften ohne folgendes *u*, etwa *papertate* VI 25741 oder *Cladius* 34925 usw. (wenn wirklich für *Claudius*). – Zu literar. *au* aber inschr. *ae* in *mau-/maesōlēum* s. § 85 C 2.

Lit. zu *agustus* usw.: *Niedermann*, Contrib. 25 ss., ders., RhM 60, 459; *Sommer*, KE 22; *Baehrens*, Komm. 63. – Falsch *Terracini*, AGI 22/23, 641: *Agust-* als Vulgarismus der Aussprache von Griechen; bekanntlich wurde gr. αυ in der Kaiserzeit zu αv (αβ), *Schwyzer* I 198 litt. β.

85. Wiedergabe griechischer Vokale im Latein.

Das Basismaterial bilden Lehnwörter und Eigennamen. Beide erscheinen teils in volkstümlicher Gestalt (besonders Namen auf Inschriften), teils in literarischer Form. Da die Übernahmen zu sehr verschiedenen Zeiten erfolgten, sind auch die Lautentwicklungen beider Sprachen zu berücksichtigen.

Griechische Vokale im Latein. Griechische Lehnwörter als Zeugnisse für lat. Lautwandel sind jeweils in der Lautlehre aufgeführt. Die hier folgende gedrängte Übersicht gruppiert nach griechischen Kürzen, Längen und Diphthongen; als Norm wird die attische Form vorausgesetzt. Die Betonung folgt den lateinischen Gesetzen.

Lit.: Für Appellativa: *F. O. Weise*, Die gr. Wörter im Latein, 1882, 11–42 (Vokale 33–39, Konsonanten 39–42). – Ferner: *Schwyzer* I 157 f.; *Ernout*, Aspects 21–86 (Lehnwörter; darin über lat. Lautwandel 24–26, Vokalschwächung, frz. „apophonie", 34 f., Vokale 60 ff. [vgl. Gl. 36, 143]); *W. Kahle*, De vocabulis gr. Plauti aetate... receptis, Diss. Münster 1918; *B. Friedmann*, Die jon. u. att. Wörter im Altlatein, Helsingfors 1937 [vgl. IF 57, 155 ff.]. – Über vermutete Bewahrung der gr. Akzentstelle im Latein s. unten B 4a zu *ancora erĕmus* und § 237, 2a zu *Philippus* 'Goldmünze'. – Vgl. auch § 241, sowie zur Flexion § 365. – S. auch *Kretschmer*, Gl. 14, 220 zu *Orlando*. – Zur Betonung lateinischer Wörter im Griechischen s. *Wackernagel*, Kl. Schr. 1197.

A. Kurze Vokale. 1. Normalvertretung gr. α ε ι ο als lat. *a e i o*. In erster Wortsilbe: *a*: *Apollo platea*; *e*: *techina*; *i*: *cista*; *o*: *coma corōna ostreum*. – In nichterster Silbe unverändert: *a*: *calamus petasus stomachus, cithara, pelagus, hilaris, harpagāre*; *Priamus Daedalus, Italus*; *tyrannus metallum*. – *e*: *drāpeta pyelus*. *i*: *cophinus prasinus dapsilis*. *o*: *obolus amphora crotalum*; *Apollo*.

2. Änderungen durch lat. Vokalschwächung nach § 87 ff. (s. auch *Weise* 62 f.). Gr. α: > *e* in *talentum Tarentum, camera phalerae, Aleria*. α > *i*: *māchina trūtina patina, Catina Numidae*; *balineum dapināre Agrigentum*; *Massilia*. α > *u* vor velarem *l* und Labialen: *condulus* 'ānulus' Paul. Fest., *scutula crāpula, stranguläre*; *catapulta*; *Hecuba* alt *Hecoba*, *sēsuma*. – Gr. ε > *i*, *u*, *o*: *Sicilia Siculus* (vgl. inschr. *Menolaui* D 665); schon gr. *Ptolomaeus*. – Gr. ι > *u* inschr. *Lusumacus* I² 2293. – Gr. ο > *i*: *apica angina, indigena*; *Dēmipho*; > *u*: *epistula, lautumiae*; *Troiugena*; *amurca cothurnus promuscis*; *ampulla* aus *-or-la*.

3. Besonderheiten (meist isoliert). a) Wandel von α ε ι ο. α) Vor zwei Konsonanten, meist in lat. Tonsilbe. Gr. α: > *e*: *pessulus* πάσσαλος; > *i*: *canistrum, cōmissārī*; > *u*: *aplustre* ἄφλαστον. – Gr. ι: > *e*: *menta*; > *u*: *marsuppium*. – Gr. ο: > *u*: *bulbus, puls -ltis* πόλτος; *rumpia* § 165aα; *nummus* νόμιμος, *gummi*; *durco* δόρκων; *purpura*; *murmurāre murmillo*. – β) In offener Silbe. – ιᾱ > *ea*: *nausea* § 181b α Zus., *troclea*. ε > ι in *citrus* κέδρος, *scriblīta* § 193. ευ > *ov* in *ovāre* εὐάζειν, § 43a. ελ > *ol* in *oleum olīva*, § 43c. ο > *u* in *cunīla*. Fo > *ve* in *averta* § 44. Endung *-io-* als altlat. *-eo-*: *nausea cotōneum* § 50 f. – γ) Durch Angleichung. Gr. ο als lat. *au*: *aurichalcum* (nach *aurum*) ὀρείχαλκος 'Messing'. Praeverb προ- als lat. *prō-* in *prōlogus prōpināre*, s. § 418 I A 2bγ.

b) Anl. gr. ι vor Vokal, inl. zwischen Vokalen bleibt lat. *i̯* (§ 138, 3b u. 4b): anl. *i̯ambus* usw. (*i̯-* zuerst in *I̯ūdaeus* Hor. Lucan.); inl. *Achāi̯a, Dēi̯a-*

nīra, adj. *Trŏžus* usw. – Antevokal. anl. ι- und ἑ- wurden im Vulgärlatein konsonantisiert zu ị- und dies weiter affriziert zu *z* (*zerāx* ἱέραξ, *Zortē*), zusammen mit *dịo-* > *zo-* aus gr. διο-, § 139 b γ.

c) Gr. υ > klass. lat. *y* seit Cicero; > altlat. *u* : *Burrus buxus* usw., § 52 a; vereinzelt > altlat. *o* : *Tondrus* D 776 Τυνδάρεως; *storax sporta* § 49 b; *Pseudolus* Plt.; *soccus* 'leichter Schuh' (σύκχος Hes., s. *Frei-Korsunsky* 64); ferner > *i* als lat. Lautsubstitution für gr. Lautwert *ü* : *murmillo* Cic. (*Frei-K.* 26 f.); *grillus*; inschr. *Stigio* D 168 b (= *Stygio* Verg. Aen. 4, 638), *Sisipus* D 404, *Ciamus* 353, *Tice* X 8249 Τύχη, *Chiteris* VI 33602 Κυθηρίς. Zu *limpa* (*-idus*) s. § 92 C. Zu κυ > *qui* s. § 52 b. – Lat. *-ea* in *mattea* 'leckere Speise' Varro ling. 5, 112 (ματτύη, *-ea* für *-ia* nach § 50 f); vgl. auch *maesoleum* unten C 2.

4. Sonstige lat. Änderungen. a) Synkope kurzer Vokale (vgl. §§ 102 ff.). In Paenultima : *Hēr(a)clēs*; σπυρίδ-α > *sporta* § 49 b; χαλικ- > *calc-* § 165 a α; δρυ-πεπής > *druppa*; κόλαφος > *colapus colophus* Quint. 6, 3, 83 (*percolopāre* Petr. 44, 5) > *colpus* Lex Sal. (italien. *colpo*, frz. *coup*). In nichterster Antepaenultima : *balneum* (alt lat. *balineum*); inschr. *Acmemeno* § 115; *trochleae*; *Pollūcēs* § 82 am Ende. – b) Anaptyxe (vgl. §§ 114 f.). κλ > *col, cul* in *Herculēs Aesculāpius.* – κμ χμ χν : *Alcumēna* Plt.; *Tecumēssa dracuma*; *techina.* – φν : inschr. *Daphinus Dafine* (Thes. Onom.). – μν : *guminasium* Varro Catull. 63, 60; anl. *mina* μνᾶ. – Anl. κν- : *Cinips* κνίψ, s. § 115. – c) Interversion (§ 112) : *tarpezīta corcōt-*.

5. Schon griech. Vokalsynizese, woraus lat. Diphthonge *ae au oe ei* (*ī*), s. unter B 5. – Griech. metr. Dehnung, *ī-* in *Italus Italia* usw., s. § 130 I A 2.

B. Lange Vokale. 1. Normalvertretung gr. ᾱ η ῑ ω als lat. *ā ē ī ō*; ου als *ū*; ῡ als *ȳ*, älter *ū*. – *ā* : *āera* (akk.) Enn., *crātēr* Verg., *drāpeta* Plt., *āthlēta*, *theātrum*, *Syrācūsae.* – *ē* : *ephēbus pēra metrēta hēmina*; *Athēnae Thēbae.* – *ī* : *mastīgia* Plt., *phīmus* 'Würfelbecher' Hor., *sīmus.* – *ō* : *obsōnium corōna cōnōpium.* – *ū* : *mūsa eunūchus*; *Selīnūs -ūntis.* – Gr. ῡ lat. *ȳ* : *gȳrus sȳrinx asȳlum*; plur. *prothȳmiae* Plt. (Plautus schrieb *u*). Als lat. *ū* in alten Übernahmen (vgl. *ŭ* für υ § 52 a) : inschr. *Dionusius* D 188, *Crusipus* (Χρύσιππος) 738, *Prothumus* 635, *Prune* (Φρύνη) 606, *Phutio* (Πυθίῳ) 20; *cumatium* Lex par. Put. (*cȳm-* Vitr.); literarisch *Cūmae*; *mūraena sambūca*; zu *lūdius* s. § 273 A 2 Zus. Zu *oe* s. unten 3 c. – Vokallängen auch vor mehrfacher Konsonanz (vgl. § 22 c); *prāxis Adrāstus orchēstra glōssa cērūssa* usw. – Lat. *-ēns-* für *-ησ-* in inschr. *thensaurus Onensimus*, s. § 152 e. – Gr. -ηλος substituiert durch lat. *-eolus* in *pasceolus* (§ 165 a α), *phaseolus* 'Bohne' Col. und (danach?) *baceolus* 'töricht' Augustus Suet. Aug. 87, 2; vgl. *Frei-Korsunsky* 72.

2. Nichtattischer Vokalismus. a) *ā* für dor. usw. ᾱ (att. η). Namen: *Aesculāpius* § 79 a Zus., *Athāna* Petron 58, 7, *Lātōna* (Λᾱτώ); *Ālei* und *Ālid-* (mit *Ālid-ēnsēs*) Plt. Capt., *Āpīrēnsēs* (zur Landschaft Epirus) Cato frg. p. 71, 3 Jordan, *Parnāssus* (§ 22 b), *Carthāgo* s. § 232 C; vgl. *Messāla* § 152 e; *Prosamus* D 243, *Trachālio* Plt., *Sīlānus* D 774, 777, auch als Männername (Σειλανός, -ηνός), dazu *sīlānus* 'Springbrunnen' Lucr. (s. *Frei-Korsunsky* 81). Appellativa: altlat. *māchinae* plur. Plt., *cādūceum*

§ 162bγ, *clātrī* § 79b Zus., *chorāgium* Plt., *clāvis* (*Lacōnica!* Plt. Most. 404, s. *Leumann*, Die Spr. 5, 75); *plāga* (att. πληγή) seit Plt. und Ter. (davon *plāgāre* Vulg.); bei Fest. *trachālī, mālum* 'Apfel' (später auch *mēlum*); *zāmia*; bei Paul. Fest. plur. *coclācae* (κάχληξ; s. § 365 A 3a) und *cnāsōn*- (*Leumann*, Kl. Schr. 174²), auch *nārīta* 'ein Fisch' (νηρίτης, Redard, Noms en -της 81 ἀναρίτης); *proāgorus* Magistrat in Katane (Cic. Verr.); *sācōma* Vitr. 'Gewichtstein'; *cāmus* Itala 'Maulkorb' (κημός; εὐκᾱμία Sophron). Zu *lātomiae* s. unten C 2. – b) *ē* für nur ion. η (att. ā, s. *Friedmann* 18; 32): *crēterra* Naev. (hom. κρητήρ); *prōrēta* s. § 79b, *phētrium* s. § 233 A. – c) Für spät η im Lautwert *i* lat. *i*: *calcosteïs*, § 159b; aber für altlat. *lines* (bei Non. p. 544) ist wohl *lēnis* zu lesen, gr. ληνίς 'Trog'. – d) *ō* für dor. ω: *pōlypus* (*ō* Plt. Enn. Hor. Ov. Mart.) aus sizil.-gr. πώλυπος Epicharm; für ion. ep. ου, s. *Leumann*, Hom. Wörter 317 f.

3. Besonderheiten. a) ω > *ū* : *cūpa* (κώπη) 'Handgriff' Cato agr. 21; akk. *glaucūmam* s. § 365 A 2; *trūcta* 'Forelle' (τρώκτης; § 56, 2). – b) Zu lat. *ai ae* für att. η in *scaena* s. § 78, 2c. – c) Gr. ῠ. α) ῡ > lat. *ī*: Vorhistor. in etr.-lat. *Crisida Creisita* D 775 f., auch etr. *Crisiϑa* (gibt gr. hom. akk. Χρυσηίδα wieder; *Creisita* verschrieben für *Criseita*; zu etr. *i* s. *Fiesel* 38 ff.). In der Kaiserzeit als Lautsubstitution für gr. ῡ als *ū* (vgl. oben A 3c zu *ĭ* für υ): *gīrus* γῦρος (App. Probi, vgl. italien. *giro*); *cyma* u. *cīma -ae* 'Pflanzensproß' (κῦμα, vgl. it. *cima*); *cīmītērium* (frz. *cimetière*) aus c*ȳm*- aus κοιμητήριον. Der griechische Wandel ῡ > *ī* erfolgte, trotz *Niedermann*, Mél. Ernout 275, erst später, *Schwyzer* I 184 oben. – β) Gr. οι > hell. gr. ῡ, daher auch lat. *y*: *Eunya* VI 19328 usw. und sogar *ephybus* Prud. c. Symm. 1, 170 für *ephoebus* (§ 74bα Zus.). Hiernach als umgekehrte Schreibungen gr. οι und danach lat. *oe* für ῡ (s. *Svennung*, Kl. Beitr. 30–40 u. 60): Ἄλοιπος und *Aloepus* (VI 21662 XIV 478) für Ἄλυπος (zu λύπη 'Trauer'), auch *goerus* Non., sogar *goela* Virg. gramm. für *gyla* (lat. *gŭla*, § 51c); vgl. C 4 zu *caroenum*. Aber merkwürdig früh (beachte dazu lat. *oe* > *ū* § 73) *lagoena* Plt. Cic. Hor. Petron. neben *lagūna* (*Väänänen* 25) gr. ἡ λάγυνος; *Antamoenidēs* Plt. Poen. (Angleichung an *amoenus*?). Vgl. um 100ᵃ *Moelattēnsis* (*molea*- codd. Gellii) bei Sempronius Asellio frg. 8 Peter p. 183, 1, Ableitung von *Mylassa* (mit kar. σσ/T, *Schwyzer* I 310). – γ) ῡ > lat. *ē*: inschr. *Protemus* D 242, 261 Πρόθῡμος; umgekehrt *cōlyphium* 'ein Fleischgericht' Plt. κωλήφιον. Wohl durch Praefixeinmischung abl. *remulcō* 'im Schlepptau' Caes. für gr. *ῥῡμουλκός (in ῥῡμουλκέω).

4. Lat. Kürze gegen kl. gr. Länge. a) Kürze schon als griechisch zu erschließen. Hellenist.-gr. σχέμα abl. *schĕmă* Plt. s. § 365 A 2; zu *lacrŭma* (mit -*āre*) gr. *δάκρῡμα s. § 162c; zu *chĕragra* s. unten C 5a. – Zu spätgr. und daher lat. *ĕ ŏ* in *erĕmus īdŏlum* gegen klass.-gr. ἔρημος εἴδωλον s. § 57b Zus. γ. – b) Kürzung im Latein. α) Lautlich. Vor *rc*: *Hĕrculēs*, § 119 b. Vor Vokal: *Ampĭo platĕa* usw., § 118. – β) Metrisch. Anl. *ŏ* in *Orĭōn*, § 130 I B. – γ) Analogisch. Kurz *ŏr* für *ūr* in *ancora* seit Acc., gr. ἄγκυρα, wohl nach *amphora*, Terminus für Schiffstonnage, so *André*, nach *Sommer* 102; s. dazu § 57b Zus. γ. – Lat. *ĕ* in *crĕpĭda* 'Halbschuh' Catull. (Plt. -*ula*) mit *crĕpīdo* für gr. κρηπῐδ- nach lat. *crĕpāre crĕpidus*, vgl. Gl. 42, 95, *Frei-Korsunsky* 18.

5. Lat. einsilbiger Diphthong aus griech. oder lat. Vokalsynizese (vgl. § 133 II). Lat. *ae* aus αε in *Phaethon* Varro At. 10, aus ᾱη in *Nīcaenus*, aus ᾱϊ in inschr. *Heraes*. – Lat. *au* aus ᾱο in *Laudicēa lautumiae*, s. unten C 2. – Lat. *ī* aus ει in *Atrīdēs ostrīnus*. – Lat. *oe* aus υ-ι in *caroenum* s. unten C 4.

C. Diphthonge. 1. Gr. αι und οι. a) Sie erscheinen als *ae* und *oe*. Für *ae* (s. § 76) vgl. akk. *aethera*, *Aetna*, *sphaera*, *paenula* § 165aα; älter noch inschr. gen. *Aisclapi* (gr. Αἰσκλ-, s. § 79a). Für *oe* vgl. *moechus Phoebus Croesus*, *Adelphoe* Ter.; zu lat. *oi* (*oe*) > *ū* in *poena Poenī* und *pūnīre Pūnicus* s. § 74a. Auch *ae oe* vor Vokal, *Aeacus Aeolus Maeander* (verkürzt *ăe* in *Pellaeō* § 118), und *Boeōtia Coeus* (Κοῖος); aber in den frühesten Entlehnungen *ai̯ oi̯* (bzw. *ai̯i̯ oi̯i̯*, § 138, 1aγ): inschr. *Aiax Maia* D 768 u. 171, literar. *Aiāx* (zu -*āx* s. § 329, 2a) *Graius* (*Γραῖος), *Troia* (wovon *Troiānus*). – *boia* 'Fessel', Grdf. βοείη?

b) Besonderheiten. α) Vokalschwächung bei αι > *ai* in vorletzter Silbe (§ 95): *ai* > *ei* > *ē*, daraus vor Kons. (lat. *v*) *ī*, *olīva Achīvī* (zu *Argīvī* s. § 145dα), vor Vokal *ĕ* in *oleum* (aber auch *i* in *rumpia* § 165aα). Die Vokalschwächung fehlt in *mūraena machaera palaestra Pīraeus spēlaeum* usw. – β) Wechsel *oe/ĭ*. Für „Vokalverschleifung" ist als terminus technicus συναλιφή *synalĭphē* die ältere Form (so Quint. Consent.), συναλοιφή eine jüngere griech. Neubildung, modern *Synaloephe*; s. Leumann, Gn. 14, 440. – γ) *anquīna*, nach Isid. 'quo ad mālum antemna constringitur', nur Lucil. 1114 (*anchora* cod.) und Cinna frg. 3, sicher aus gr. (inschr.) ἄγκοινα. Vermutlich gebrauchte Lucilius *ancuina* mit Diphthong *ui*, geschrieben nach § 8 Zus. als *anquina* und metrisch fälschlich interpretiert als *anquīna*. Anders Rocco, Gl. 32, 98. S. ferner zu κυ lat. *qui* § 52b. – δ) Att. οιη > οη, Meisterhans-Schwyzer 57, daher *oē* in *poēta poēsis poēma*. – Statt Diphthong *oe* ist zweisilbig *oē* zu lesen in *Prōpoētides* Ov. met. 10, 221 u. 238. – ε) Lat. *o* für antekons. οι in spätlat. *diocisis parochia* (διοίκησις παροικία); nach Niedermann, Gn. 14, 275 durch Ferndissimilation *oi – i* > *o – i*.

c) Langdiphthonge ᾱι ωι > altlat. *ae oe*; ᾳ ῳ > lat. *ā ō*. Belege s. § 79b.

2. Gr. αυ als lat. *au*: *nauta nausea causia glaucus*, auch *nau-archus Agauē* (nicht *Agāvē*). Gr. ᾱο > gr. αυ übernommen als lat. *au*: *lautumiae* Plt. Poen. 827 Cic. Verr. (*Syracusanae*!) *λᾱοτομίαι (vgl. λᾱο-τόμος -τομέω; *lātomiae* Plt. Capt. 723 reproduziert die gemeingriechische Form); inschr. gen. *Laudicaes* (Capua) D 702, *Laudicēa* Stadt in Syrien Cic. epist., Einwohner *Laudicēnus*, als *laudi-cēnus* ausgedeutet Plin. epist. 2, 14, 5; daneben *Laodicensis* (*ā*, *ē*) D 304. S. auch Prinz 99; Heraeus, Kl. Schr. 191; Schwyzer I 248 oben; Frei-Korsunsky 22 f. – *ae* für *au* in inschr. *maesoleum* seit 4 n. Chr. (gleich *mausōlēum*), von kar.-gr. Μα-ύσσωλος, also α-υ > lat. *a-i* > *ai* > *ae* (Leumann, Kl. Schr. 178–182).

3. Gr. ευ wird als lat. *eu* übernommen (zu histor. lat. *eu* vgl. § 81): *euge* (εὖ γε) Plt., *eunūchus Eurōpa Eurus Euxīnus*; auch vor Vokal: *eu-angelium*, *euoe* (später *evoe* wiedergegeben) bzw. *euhoe* (εὐοῖ, εὐοῖ). – Zu ευ > *ou* > *ū* in *Pollūcēs* (Πολυδεύκης) s. § 82 am Ende. – Der Wechsel *au/eu* in *petaurum* 'Sprungbrett' Iuv. *peteurista* Stilo ist bereits griechisch, Schwyzer I 198.

4. Gr. υι als lat. Diphthong *yi*, nur antevokalisch: literarisch *Īlīthyia Harpyiae Thyiades*. – Vielbehandelt *agēā* Enn. 'Schiffsgang' (nach Paul. Fest.), anscheinend aus ἄγυια 'Straße', mit *ē* für *oe* aus υι nach *Maurenbrecher*, Parerga 204; sicher nicht aus einer Nebenform *ἄγεια, so zuletzt *Shipp*, Gl. 39, 153. – *caroenum* 'gekochter Süßwein' Ed. Diocl. aus καρύινον (von καρύη 'Nuß'); lautlich wohl υ-ι > ū umschrieben als *oe* nach oben B 3cβ, oder schon im Griechischen angeglichen an οἶνος.

5. Gr. ει ist zur Zeit lateinischer Entlehnungen nur graphisch ein Diphthong; schon im klassischen Attisch wurde ει als *ẹ̄* gesprochen. Daraus in hellenistischer Zeit lautlich *ī*, zuerst vor Kons., dann auch vor Vokal, *Schwyzer* I 191–194; vgl. dazu über lat. *ei* > *ẹ̄* > *ī* oben § 70 mit Zus. f und § 72. Also wurde graphisch ει in klassischer Zeit als *ī* übernommen, in altlateinischer Zeit aber noch als lautlich *ẹ̄* (graphisch lat. *ei*), mit nachfolgendem Wandel zu *ī*. Vor Vokal jedoch erfolgte in volkstümlichen Wörtern Verkürzung zu *ĕ* (*platĕa*) bzw. zu *ĭ* nach § 118. – Ein Sonderfall ist die Interjektion *heia eia* 'wohlan' gr. εἶα; vgl. zum *ei* § 138, 1aγ, zum Gebrauch *Hofmann*, Umgangsspr. 25 f. – Es folgen Belege.

a) ει vor Kons. lat. *ī*: *chīridōtus* Scipio minor, *pīrāta* Cic., *īdyllium* Plin. min.; *Ēpīrus Pīraeus Euxīnus*; *Sīrēn Sīrius*, auch *Simoīs*; dazu mit gr. ει aus älter ει in *Pēlīdēs Atrīdēs* und *ostrīnus borīnus* (§ 133 II b); *ī* vor mehreren Konsonanten (§ 22) in *danīsta* (*δανε-ιστής > -ειστής) *sīstrum*; gr. ει (*ῑ*) aus älterem ιει in *Hygīnus propīn pīn-cerna*, § 133 I. – *chĕragra* Hor. sat. 2, 7, 15 ist gr. *χεράγρα, mit hell. χερ- für χειρ-, *Frei-Korsunsky* 14.

b) ει vor Vokal. α) > *ē*, alt im absoluten Auslaut im Buchstabennamen *pē* (§ 2). Vor Vokal wohl nur literarisch: *Orēades* Verg. (-*ī*- bei Gell. 9, 9, 13); *Aenēās*; Suffixe *-ea -eus -eum*: *chorēa* Lucr. Verg., *cicorēa* Hor., *centaurēa* u. *panacēa* Verg.; *prytanēum* (Cic.), *ōdēum Mausōlēum*; *Mēdēa* Plt. Psd. 869, *Cytherēa* usw., *Alexandrēa* Hor.; *Sigēum Scylacēum*; *Alphēus*, *Argēus* Hor., *Ēlēus* Prop.; *Sperchēus*; att. -ειος (ion. -ήιος): *Achillēus Pelopēus* usw.; Wechsel *ē*/*ī* in *Dārēus*/*-īus* (Überlieferung?; s. *Tolkiehn*, PhW 1923, 44 u. 68). – In Umgangssprache > *ĕ*: *platĕa balneum, gynaecĕum* Plt. Most. 759, *cādūceum -eus* § 162bγ; *Ālei* ('Ηλεῖοι) Plt. Capt.; *chorĕa* Verg. – β) > *ī*: *Thalīa*; *Clīō Spīō* Verg.; *Antiochīa*. Dazu italien. *zio* 'Onkel' (θεῖος). – In Umgangssprache > *ĭ*: bei Plautus *Ptolemocratĭa thermopŏlium Seleucĭa*; *Alexandrĭa* (wegen *-ĭnus*, *Wackernagel*, Kl. Schr. 1331 oben); ferner etwa *acēdĭa, cōnōpĭum* Hor., *caristĭa* Ov. (*χαριστεῖα, *Leumann*, Kl. Schr. 174).

2. STELLUNGSBEDINGTER VOKALWANDEL

a) Vokalschwächungen in Mittelsilben (§§ 86–95)

86. I. Vorbemerkungen. In ersten Wortsilben sind die idg. kurzen Vokale und, wenigstens bis ins Altlatein, auch die Kurzdiphthonge noch verhältnismäßig treu erhalten; in allen nichtersten Silben dagegen zeigen sie durchgreifende Veränderungen. Dabei sind, wie auch in anderen Sprachen, die Endsilben besonders stark und wohl auch besonders früh ergriffen worden, daher sind deren Vokale zum Teil auch anders verändert als die der übrigen Nicht-Erstsilben, also der Mittelsilben. Diese Vokalveränderungen in Mittelsilben, hier als **Vokalschwächungen** bezeichnet, zeigen sich am auffälligsten am Vokal *a* mitsamt den *a*-Diphthongen *ai* und *au*, weniger klar an *e* und *o*. Ihnen unterlagen auch früh übernommene griechische Ortsnamen und Lehnwörter (s. § 85 A 2 und B 1aα); daher darf man den Eintritt der Vokalschwächungen wohl noch ins 5. Jhdt. v. Chr. datieren. Sie sind aber Sonderentwicklung in Latium oder Rom; nicht einmal das Faliskische scheint sie gekannt zu haben. Im Oskischen und Umbrischen erscheint nur ganz vereinzelt *u* oder *i* für altes *a* vor oder auch hinter Labialen.

Durch diese Vokaländerungen stehen die Nichterstsilben in scharfem Gegensatz zu den Anfangssilben. Bei der nur durch die Stellung im Wort geregelten Verteilung von Vokalbewahrungen und -änderungen muß die Wortbetonung im Spiel gewesen sein. Vokaländerung dieser Art setzt Unbetontheit der betroffenen Silbe voraus, dies rechtfertigt die Bezeichnung als Vokalschwächungen. Also waren einst im Latein die Anfangssilben betont, und die Vokalschwächungen sind Folgeerscheinungen oder Auswirkungen der damit erschlossenen Betonung der ersten Wortsilben, der sog. exspiratorischen Anfangsbetonung (§ 242). – Ganz unzweckmäßig ist die Bezeichnung oder Benennung der Vokalschwächungen in Mittelsilben als **Umlaut** (so z. B. *Hermann*, Silbenbildung 216) oder, in der französischen Sprachwissenschaft, als **Apophonie** (Ablaut).

Zusatz. Die meisten evidenten Belege von Vokalschwächungen finden sich, wenn man von den Lehnwörtern absieht, in den Stammsilben von Verbalkomposita des Typus *perfectus perficere* gegenüber Simplex *factus facere*. Das nicht seltene Fehlen der Vokalschwächung erklärt sich bei Lehnwörtern durch deren Aufnahme erst nach der Wirkung dieses Lautwandels, und entsprechend bei Komposita durch deren erst spätere Bildung oder Worteinung, so etwa bei *satis-facere cale-facere* gegenüber *perficere* aus **per-facere*, oder bei *per-facilis* gegenüber *difficilis* aus **dis-* oder **dus-facilis*, auch bei *de-mandare* gegenüber *commendare*. Ferner ist in komponierten Verben der Lautwandel aus etymologischem Bewußtsein vielfach wieder rückgängig gemacht worden nach dem Verfahren der sog. **Rekomposition**: *consacrare* (Mon. Ancyr. und spätlat.) für älteres *consecrare* nach Simplex *sacrare*. – In spätlateinischer und romanischer Zeit, wo die Verbalkomposita an sich seltener werden, ist nach bestimmten Praeverbien die Rekomposition recht gebräuchlich; sie offenbart sich übrigens nicht nur in der Vokalwiederherstellung, sondern auch in der aus dem Romanischen erschließbaren Betonung, etwa *re-négo* für *rénego* nach *négo*. – S. zur Rekomposition auch Allg. Teil § 53 am Ende; ferner *Battré*, De recompositionis... usu et notione, Diss. Jena 1909, *Löfstedt*, Komm. 259; *Hermann*, Lautg. 153 u. 156 f.; *Meyer-Lübke* II 618; *Lausberg* I 141, 6.

II. Normale Vertretung der kurzen Vokale in Mittelsilben

Ererbtes	in geschl. Silben	in offenen Silben	vor Vokal	vor velarem l	vor Labialen $p\ b\ f\ m$	vor $u̯$, das schwindet
i	i	i	i	(i, u)		
u	u	?	u, v	(u)		
a	} e	} i	—	} u	} u, i	} u
e			e			
o	u		—			

Die gleiche Vokalfärbung gilt auch für die anaptyktischen Vokale, § 114.

In nichtersten Silben sind also von kurzen Vokalen fast nur die „geschlossenen" i und u anzutreffen. Im Hinblick auf die ursprünglichen $a\ e\ o$ führte die Entwicklungsrichtung von offenen zu geschlossenen Vokalen, die Artikulation von größerer zu geringerer Mundöffnung.

III. Da hiernach ursprüngliche i und u von der Vokalschwächung nicht eigentlich betroffen sind, seien sie hier vorausgenommen.

Idg. usw. i bleibt erhalten vor zweifacher Konsonanz: *magister* urspr. 'der Größere' und *anti-stes* urspr. 'Vor-steher' enthalten das alte i von *magis* und *anti (§ 38); Ppp. in Komposita unverändert wie im Simplex: *con- in-victus, ad-dictus, ē-missus* usw.; *dif-findo*; *salictum* zu *salix* (*-icis*) gegenüber *frutectum* zu *frutex* (*-icis*). In dieser Stellung wird kein anderer kurzer Vokal zu i; hiernach setzt jedes i vor zweifacher oder Doppelkonsonanz in erster Linie ursprüngliches i fort, auch bei *is* gegenüber *er* in *Falisci* neben *Falerii* oder Perf. *-is-tī -is-se* neben Plqpf. *-er-am*. Anderen Ursprung als i kann es nur haben in *inc irc* usw. nach § 42, in *ill* nach § 149αγ; ferner vor Muta cum liquida etwa in *vehiclum disciplīna*; zu *vīgintī* s. § 110. – Erhaltenes i vor einfacher Konsonanz: *cīvitās cīvicus avicula* Ableitungen von den i-Stämmen *cīvis avis*; *irriguus*; *aditus reditus*; *invideo*; altlat. perf. *scicidī*; bei den *io*-Praesentien wie *capio* 1. 2. plur. *capi-mus -tis* (§ 421b); *effigiēs*. – Auch vor Vokal: *patrius* gr. πάτριος. – Über *er* für *ir* (*cineris Falerii fueram*) s. § 50a.

Idg. usw. u bleibt erhalten vor zweifacher Konsonanz: Ppp. *ad-ductus*; *volucris*; *dif-fundo*; *dēgūnere* ('degustare' nach Paul. Fest.) setzt **dē-gusn-* voraus. Als Kompositionsvokal trat i an die Stelle von u in *harispex* D 556 (§ 334a). – Vor einfacher Konsonanz ist die rein lautliche Entwicklung unklar. Meist steht u, so in isoliertem *arbutus* 'Erdbeerbaum' fremden Ursprungs; in *coniugem tutudī* (*pecudis*?) könnte das u freilich durch etymologisches Gefühl bewahrt sein. Neben *inclutus* ist üblicher *inclitus* (s. Thes. s. v.).

Zusätze. a) Für Schwächung $u > i$ spricht gen. *capitis* neben nomin. *caput* (mit wohl ererbtem u); das u in *caputalem* SCBacch. und *Caputo* D 817 ist kaum archaisch bewahrt, vielmehr nach *caput* restituiert. Zweideutig ist *manica* 'Handfessel' neben *manus*, die Suffixform *-ica* vielleicht nach *pedica*. Vgl. zu *bīgae* § 138, 2bγ.

b) Vor *r* führt die Schwächung bei anderen Vokalen nicht zu *i*, sondern nur bis zu *e* (§ 90); auch für *ur* steht *er* in *socer -erī* aus **socuros -ī* idg. **swek'uros* (§ 43b); Lautentwicklung vielleicht *ur* > *or* > *er*. Freilich widersprechen *satur -ura -um* sowie *augur cīcur -uris*; da man aber im absoluten Auslaut *-ur* aus *-or* antrifft (§ 99 Zus.), so kann man die Differenz mit verschiedenem Flexionsausgleich erklären, nach gen. *socerī* auch nomin. *socer* (statt *-ur*), dagegen nach nomin. *augur* auch gen. *auguris* (statt *-eris*); vgl. Prisc. gramm. II 27, 17 antiqui *auger* et *augeratus*. – Zu *ancora* s. § 57 bγ, zu *obstipuī* neben *obstupuī* § 92 A.

c) Vor Vokalen stehendes lat. *u* geht meist auf *ov* zurück, § 143c (*dēnuō*); häufig in der Morphologie, Suffix *-uus* § 280, 1a; 4. Dekl. dat. *-uī* pl. ntr. *-ua* § 358; Perfekt auf *-uī* § 437.

Lit.: *Graur* 15–34 [Gl. 20, 268 f.], *Persson*, Gl. 6, 87–92.

87. Die offeneren Vokale *a e o* zeigen vor einfachem Konsonant eine gleichartige Entwicklung, alle drei sind im Normalfall zu *i* geworden; eine ältere Zwischenstufe *e* ist bei *a* sicher vorauszusetzen, bei *o* zu vermuten; nur jüngeres *o* bleibt unverändert. Vor zweifacher Konsonanz erscheinen alte *a* und *e* als *e*, altes *o* als *u*. Am eindrucksvollsten ist nach Zahl und Art der Belege die Entwicklung des alten *a*. Es folgen die Belege.

Vokal *a*. Ursprüngliches *a* erscheint in Mittelsilben in normalen Situationen α) als *e* vor mehrfacher Konsonanz, β) als *e* vor *r* und hinter *i*, γ) als *i* vor einfacher Konsonanz, δ) verschieden vor *l* (*-ulu-*, *-ili-*), vor Labialen, vor *u̯*, s. § 91 ff.; ε) keine Belege für Stellung vor Vokal.

α) *e* für *a* vor zwei- und mehrfacher Konsonanz: *perpessus* (für **perpassus*), *incestus* (*castus*); *perfectus, delectāre* (zu *lacio*, § 155b), *ineptus*; *commendāre, ascendere* (*scandere*), *concentus*; *biennis* (*annus*), *condemnāre*; *inermis, imberbis, inertia* (*in-erti- iners* zu *ars*); *cōn- re-fertus -fercio* (*farcio*), perf. *pepercī, co-erceo* (*arceo*), *excerptus*; *refello*, perf. *fefellī*; *peregrī* mit *-īnus* (zu *ager*), *integrum* umbr. *antakres* (urspr. 'unberührt', zu *tango*), *cōnsecrāre, obstetrīx*. In Lehnwörtern: *talentum, Tarentum Agrigentum* (Τάρᾱς 'Ακράγᾱς -αντος); osk. *Pompeius* (§ 138, 1aβ); aber jünger *metallum* usw. – Die Vokaldehnung vor *ns* (§ 125bγ) ist jünger als diese Vokalschwächung: *ascēnsus incēnsus*. – Zu *ing* für *ang* in *contingo cōnfringo* s. § 89a. Unverständlich *i* statt *e* in *praefiscinī* 'unberufen' zu *fascinum* (gr. βάσκανος, § 170).

β) *e* für *a* vor antevokal. *r* und hinter *i*: zu *pario*: *reperio*, perf. *peperī, puerpera* 'kindgebärend, Wöchnerin', *vīpera* für **vīvi-para*; ferner roman. **sēperāre* (frz. *sevrer* 'entwöhnen') für *sēparāre*; *vīve-rādīx, lēge-rupa*; vor *r* aus älterem *z* (*s*): *reddere* zu *dare*; *Numerius* alt *Numasioi*. In Lehnwörtern: *camera* καμάρα, *phalerae* φάλαρα; *Aleria* 'Αλαλία (§ 232 A 1); aber jünger *hilarus* Plt. und *barbarus*. Hinter *i*: *variegāre*; *ambiegnus* § 42a.

γ) *i* für *a* vor einfachen Konsonanten: *exigo cōnfiteor* usw., s. § 88a.

Vokal *e*. Ursprüngliches *e* bleibt unverändert *e* in den Stellungen, in denen für *a* ein *e* eintrat, also vor mehrfacher Konsonanz: *necesse, congestus, scelestus, cōnservāre, cōn-sentio, imbellis*; *moletrīna, fūnebris*; vor *r*: *dēfero contero*; vor *r* aus *z* (*s*): *congero*, infin. *legere*, gen. *sceleris Veneris*; hinter *i* in gen. *liěnis* (so Plt. Curc. 244); vor Vokal (-*eo-* aus -*eyo-*): *aureus, moneo*; *expleo, ineo* (*in-īre*); *ideō*. – *e* wird *i* vor einfachen Konsonanten: *obtineo colligo* (*teneo lego*) usw., s. § 88e.

Vokal o. Ursprüngliches o wird zu u vor mehrfacher Konsonanz, zu i vor einfachen Konsonanten, zu e vor r und hinter i: *feruntur* vgl. gr. φέρονται (o bleibt hinter u̯ in *sequ̯ontur*, § 145 d); *secundus* aus **sequ̯ondos*, urspr. 'der folgende'; *homunculus* § 282 C 2b; *alumnus* zu *alere* (vgl. gr. τρεφόμενος zu τρέφειν); *onustus venustus* usw. (§ 331 d); *dupundī* Lucil. zu *pondō*; *meditullium* (§ 335 a α); *industrius* (*indostruus* Paul. Fest., s. dazu § 336, 2); *haruspex*; inschr. *Maurt-* (für *Mārs -rtis*, § 133 II b Zus. α) als *Mā-urt-* aus *Mā(v)ort-*, s. Leumann, Die Spr. 5,74; kaum nach Szemerényi, Syncope 99[2] aus *Māvort-* durch Synkope des o. In Lehnwörtern: *cothurnus, amurca* ἀμόργη 'Ölschaum', Demin. *ampulla* aus **amporla* zu Lw. *amp(h)ora*; *Acheruntem* Plt. – o wird i vor einfachen Konsonanten: *novitās* gr. νε(F)ότης; s. § 88 o. o wird e vor r in *-fero-* 'tragend', Entsprechung zu gr. -φόρος (§ 265 c); hinter i in *pietās varietās* gegen *novitās*. – Bewahrt ist o in *extorris* (§ 335, 1 a).

88. a e o werden zu i (jüngeres o zu u) in offener Silbe vor einfachen Konsonanten, ausgenommen vor r, velarem l, und mit Einschränkungen vor den Labialen p b m v.

Vokal a. Altes a > i: *exigo* aus **ex-agō, displicet, conticuit, allicio* § 155 b, *cōnfiteor, adipiscor* (*apiscor*). Perf. *cecinit* aus **kekane* (air. *cechan*) zu *cano*, entsprechend *cecidit tetigit* (*tango*); gen. *tībīcinis* (zu *cano*); *igitur* aus einwortigem *quid-agitur*?; vok. *Iuppiter* (umbr. *Iupater* § 41); *itidem* aus **ita-dem*; Ortsname *Amiternum* aus **am Aternom* § 102 Zus. Auch lat. a aus idg. ə in *-sti-* aus *-sta-* : *cōnstituo, sistite* ἵστατε, perf. *stetimus* idg. **ste-stə-me* gr. ἕσταμεν ai. *tasthima*, ebenso in *-di-* aus *-da-*: perf. *dedimus, dēditus* (*datus*); weiter in *cōnsitus* (*satus*), *perficio, animus* osk. *anamúm, genitor* § 35. – Alt a > i vor m in *animus inimīcus*; vor palatalem l in *dēsilio* (*salio*), *concilium* (zu *calāre* 'rufen'); hinter i̯ in *con-i̯icio* (geschrieben *conicio*, alt *coniec-*, § 138, 2 b). – In Lehnwörtern: *māchina* dor. μᾱχανά (att. μηχανή) 'Werkzeug, List' mit Verb *-ārī* gr. -ᾶσθαι; *dapināre* Plt. δαπανᾶν; *trūtina* 'Waage' u. *runcina* 'Hobel' (n nach *runcāre*) τρῡτάνα ῥυκάνη; *balineum* Plt. (vgl. D 294) βαλανεῖον; *Catina* Κατάνη; *Numidae* νομάδες; vor palat. l *Massilia* Μασσαλία. Zu a in *Italia* vgl. Allg. Teil 25* unten. Jüngere Entlehnungen, mit bewahrtem a, *pelagus metallum* usw.

Vokal e. Altes e > i: *obsideo, colligo, ērigo, indigeo* (*egeo*), *adspicio* (*specio*); *ēnicāre* Plt.; *explicāre* (ohne Simplex); 2. plur. imper. *legite* (gr. λέγετε); perf. *cōnstitī prōdidī* (*stetī dedī*); *dīmidiātus* (*medius*, § 339, 2); *fēmina* gr. Suffix -μένη § 293; *huncine sīcine* 'diesen?' 'so?' Plt. aus **honce-ne *seice-ne*; *indi-dem* (*inde*); *prōtinus* neben *hāc-tenus*. Auch vor m in *eximo comprimo*. Vor palat. l: *Catilīna* (zu *catulus*, § 296 II a); auch in Lehnwörtern: *familia* osk. *famelo* aus **famelii̯ā, Sicilia* Σικελία.

Vokal o. Altes o > i: keine Verbalkomposita; dem perf. *meminī* entspricht gr. μέμονα; *īlico* 'sogleich' (pro *in loco*, s. § 209 c); akk. *hospitem* für **hos(ti)-pot(im)* (§ 338, 1 a); *novitās *newo-tās* (νε(F)ότης); sog. Kompositionsvokal (s. § 334, 1) in *armi-ger* aus **armo-* vgl. gr. ὁπλο-φόρος. Entlehnt: *apica* 'ovis quae ventrem glabrum habet' (Paul. Fest.) ἄποκος; *angina* ἀγχόνη; *indigena* ἐνδογενής LXX; latinisiert *Proserpina* (gr. -φόνη); i nicht lautlich, sondern als 'Kompositionsvokal' in *Clītipho Dēmipho* Ter. (Κλειτοφῶν Δημοφῶν). – Analogisch restituiertes oder neueingeführtes *o* (jüngeres *o*) wird *u* : *repudiāre tripudium* zu **pod-* 'Fuß' (§ 335a); als Kompositionsvokal hinter *i̯* in gräzisierenden *Troiu-* und *Graiu-gena* (gegenüber *terri-indi-gena*); vor *p* in *induperator* (§ 130 I C 3b); gräzisierend und jung *-io-* in *socio-fraudus* Plt. Psd. 362; *vio-cūrus* Inschr.

Zusatz. Einen Sonderfall stellt gen. *-oris -uris* bei den *es*-Neutra statt älterem *-eris* dar. Der alte Vokalwechsel nomin. *-os*, sonstige Kasus *-es-* ist im Griechischen bei Neutra wie γένος μένος bewahrt mit gen. -εος (att. -ους ion. -ευς) aus *-es-os* und entsprechend im Latein mit *genus -eris*, alt *-os -es-es* usw. (§ 330 A). Andere Neutra aber zeigen gen. *-oris*, so *lītus frīgus pectus corpus*; das *o* ist hierher aus dem Nomin. alt *-os* verschleppt. Doch ist bei *tempus* noch das ältere *e* bewahrt in *temperī* 'zu rechter Zeit' und in den Ableitungen *temperāre* und *tempestus*. – Für *-oris* aber erscheint *-uris* in gen. *fulguris*, wo die Stammsilbe ein *u* enthält, also mit *ur* nicht als Vokalschwächung, sondern in einer Art perseverierender Assimilation (Vokalharmonie): also altlat. *fulgus*, bei Paul. Fest. (gleich ai. *bhargas* 'Glanz'?), alt gen. **-eris; -er-* noch in *fulgerator* VI 377 und auf Münzen unter Diokletian), dann **-oris* (vgl. *fulgorivit* Naev. trag. 12), daraus *-uris*; hiernach nomin. *fulgur*. Nomin. *rōbur* lautlich aus **rōbor*, dessen *-or* aus *rōboris* zurückverschleppt ist; das Wort ist ein alter *es*-Stamm, nach Ableitung *rōbustus* wie *onustus* (komplizierter über *rōbur Godel*, Cahiers de Saussure 18, 69). – *ebur -oris* und *guttur -uris* scheinen alte *r*-Stämme zu sein.

89. Besonderheiten und Unregelmäßigkeiten.

a) Auch vor *ng nc* wurde *a* nur zu *e* geschwächt, **at-ta͡ngō* > **at-te͡ngō*; erst hiernach Wandel *e͡n* > *i͡n* nach § 42a, also > *attingo*; ebenso *compingo īnfringo*; mittelsilbiges *i͡n* aus *e͡n* beruht also nicht auf Vokalschwächung.

b) Zweifache Konsonanz sind auch die Gruppen aus Muta cum Liquida, also *gr cr tr br* sowie *cl*, und dazu *qu̯*. Demgemäß steht vor ihnen nach § 87 als Schwächungsvokal *e* (für etymol. *a* und *e*, soweit analysierbar): *integro- cōnsecrāre perpetrāre* (auch roman. **alecri-*, italien. *allegro*, für *alacris*), und *cerebrum celebri- persequor*, auch *genetrīx meretrīx moletrīna* (trotz *genitor meritōrius molitor, K. Meister*, KZ 45, 183). Nun bilden aber Muta cum Liquida im Altlatein keine Position (§§ 22 u. 239a); danach steht der vorangehende Vokal in offener Silbe, also würde man *i* erwarten wie vor einfachem Konsonant. Das findet man aber nur vor *cl* in altlat. Typus *vehiclum*, dessen *i* statt *e* aus jüngerem *vehiculum* (nach § 114a) bezogen zu sein scheint. Das *e* vor M. c. L. wie in sonstigen geschlossenen Silben deutet darauf hin, daß im vorhistorischen Latein auch M. c. L. Position bildeten, oder anders ausgedrückt, daß die Muta und die Liquida auf die beiden Silben verteilt waren. – S. *Hermann*, Silbenbild. 216, 226, 229. – In *arbitrārī* steckt ursprüngliches *i*; unklares *i* in *tonitrus calcitrāre*; zu *u* in *lucubrāre genuclum* § 91aγ.

c) Fehlen der Vokalschwächung zu *i* vor einfachen Konsonanten. Soweit *e* oder *a* in jüngeren Zusammenrückungen und Rekompositionen steht, ist es in § 86 I besprochen. Für Beispiele, bei denen diese Erklärung nicht anwendbar ist, bemüht man sich um individuelle Rechtfertigungen. Zu *en* statt *in* in *iuvenis* (gegen gen. *hominis virginis*) nach *sen-* (pl. *senēs*) s. *Brugmann*, ALL 15, 7. – Umstritten ist das nur bis zu *e* geschwächte *a* der zwei *io*-Deponentien *aggredior perpetior*. Nach *Pedersen*, MSL 22, 37 und *Götze*, IF 41, 131 (ablehnend *Hermann*, Silbenbild. 225) stand zur Zeit des Wandels *e* > *i* dieses *e* noch in geschlossener Silbe wie vor M. c. L., nämlich vor *di̯ ti̯*, bevor postkons. *i̯* zu *i* vokalisiert war nach § 137c; aber bei anderen *io*-Verben steht doch *i* aus *a*, in *dēsilio corripio accipio*, dazu *i* aus *e* in *adspicio*; überdies stand immer vokal. *i* in prs. ind. 2. 3. sg., 1. 2. pl. der *io*-Praesentien (s. § 398c). Nach *Juret*, Manuel 263 ist das *e* bewahrt in Angleichung an die ptc. dep. *aggressus perpessus*. Das Simplex *gressus*, trotz *grassārī*, stammt aus den Komposita, danach *gressus -ūs*, ebenso *fessus* 'ermüdet' wohl aus *dēfessus* (sie gehören zu dep. *fatiscor* und *dēfetiscor*; s. dazu *Brender* Gl. 20, 46–53, *Hermann*, L. u. A. 152. Umgekehrt meistert *Petersen*, Lang. 14, 54 die Schwierigkeit des *a* in *gradior* neben *gressus*: er setzt unter Verweis auf got. *grid* 'Schritt' usw. ein altes lat. **gred* (idg. **ghredh*) an, was angesichts von *grassārī gradus grallae* nicht überzeugt; dann *gradior* zu -*gredior* nach Muster *patior* neben *perpetior*. – In *genetīvus* (*Genetiva* Lex Urson.), *dēfetīgāre* (mit *e* aus *a*) und in *sepelīre* scheint die Bewahrung des *e* der zweiten Silbe durch die Vokalfolge *e — e — ī* bedingt zu sein angesichts des *i* vor *ī* in *Libitīna*. Trotz der modernen Schreibung *Genitiv* frz. *génitif* ist *genetīvus* die lat. Form, *Lachmann* zu Lucr. 1, 1. – Sonstiges *e* statt *i*: *vegetus*, gen. *segetis interpretis*, hier wohl durch Vokalassimilation, § 110. Bewahrtes etymolog. *e* in Verbalkomposita (junge Komposita?) z. B. in *com-edo prō-tego, re-secāre*, vor *p* in *in-crepāre*. – Das *a* statt *e* in gen. *Caesaris iubaris* wird aus nomin. -*ar* bezogen sein; auf Inschriften begegnet nicht selten *Caeseris* (Thes.), s. *Baehrens* Komm. 29, *Väänänen* 19. – Zu *ancŏra* s. § 57 b Zus. γ.

90. Zur Lautentwicklung und Chronologie.

a) Die Stufe *e > i*. Vor einfachen Konsonanten sind außer *e* auch *a* und *o* zu *i* geworden. Der phonetisch einfachste Wandel ist hier *e > i*. Er war nach phonetischer Betrachtung auch Zwischenstufe bei *a*, also *a > e > i*. Vor *r* blieb *e* bewahrt, danach hat das *r* die Entwicklung *e > i* verhindert. Ebenso ist bei *o > i* trotz *Pisani*, KZ 67, 28 f. eine Zwischenstufe *e* wahrscheinlich, also *o > e > i*, s. § 94 zu *pietās*. Der Wandel von mittelsilbigem *e* zu *i* ist somit für ältere *e a* und *o* gemeinsam erfolgt als jüngste Stufe; er scheint erst im 3. Jhdt. v. Chr. sein Ziel erreicht zu haben, nach alten *e*-Schreibungen wie *soledas* und *mereta* D 294, *Apolenei* 15, *Esqelino* 727, *Tempestatebus* 541; Ursprungsvokal wohl *o* in *Esqelino* (§ 91 c β), *i* in *Tempestatebus*.

b) Der Wandel *a > e* war als vermutlich erste Stufe ein einheitlicher Wandel in allen Stellungen, vor einfacher und vor mehrfacher Konsonanz (übrigens auch in *ai*, s. § 95, auch zu *au*). Da aber *a > e* (*> i*) viele griechische Lehnwörter betroffen hat, wie *talentum māchina olīva*, so kann man die Schwächung *a > e* kaum weiter zurückdatieren als bis ins 5. Jhdt. v. Chr.; als Terminus ante quem berechnet *Rocco*, Gl. 32, 95 f. mit unsicheren historischen Argumenten gar erst die erste Hälfte des 3. Jhdts. Die vorausgesetzte Anfangsbetonung kann natürlich früher aufgekommen sein als die durch sie ausgelösten Vokalschwächungen. – Das Faliskische hat am Wandel *a > e* nicht teilgenommen: dial.-fal. perf. *peparai* 'peperī' (Vetter nr. 241), lat.-fal. *cuncaptum* D 175. Auch die bewahrten *a* der Maniosinschrift in *Numasioi* und *vhevhaked* (§ 5) sind chronologisch kaum auszuwerten, weil vielleicht dialektisch (so z. B. *Ernout*, Elém. dial. 43, *Lenchantin de Gub.*, Riv. fil. 49, 33). Als Terminus post quem darf man das Zwölftafelgesetz (450 v. Chr.) betrachten wegen -*cant*- statt -*cent*- in *incantassit occantassit*; so z. B. *Stolz*, IF 18, 475, *Altheim*, Spr. 302. – Erhaltenes *a* auch etwa in *formucapēs* (§ 336, 1 c α).

c) Unter Miteinrechnung der anderen Schwächungsergebnisse vor *l* und Labialen (§§ 91 f.) erklärt phonologische Betrachtung deren erste Stufe als „phonologisch uniform"; diese wurde erst durch die folgenden Konsonanten „phonetisch modifiziert", etwa zu *e* vor *r*. S. dazu § 93 über *Safarewicz* und *Godel*.

d) Vokalschwächung und Synkope. Beide Veränderungen können nur unbetonte Vokale treffen. So ließe sich historisch die Vokalschwächung als lautliche Vorstufe der Synkope betrachten; doch ist eine solche Annahme in keiner Weise aus dem Material zu begründen, wenn man von βαλανεῖον > *balineum* Plt. > *balneum* absieht. Die Chronologie der Synkopierungen ist vielschichtig (§ 107). − Die Annahme von *Skutsch*, Kl. Schr. 495 f., daß der Wandel *a* > *e* vor mehrfacher Konsonanz über eine Zwischenstufe der Synkope führte, ist unhaltbar, weil sie nur bestenfalls für *a* vor gedecktem *n* oder *r* anwendbar wäre, etwa in *ascendo excerpo* mit *scand carp* > *sc̥nd c̥rp* > *scend cerp*. Damit erledigt sich auch die Vermutung eines Einflusses etruskischer Synkopierung bei der lat. Vokalschwächung.

Allgemeine Literatur. *Sommer*, KE 24 nr. 24; *Götze*, IF 41, 130 f. (relative Chronologie); *Graur*, *i* et *u* en latin; *Harl*, KZ 63, 6 f. („überkurze" Vokale); *Ernout*, Aspects 34 sq.; *Fr. Bader*, Apophonie et recomposition, Rev. phil. 34, 236−247 (behandelt eingespielte Vorgänge der Wortkomposition als rein lautliche Entwicklungen [Gl. 42, 91]); s. auch unten § 334a zum Kompositionsvokal. − Ferner: *Niedermann*, Précis 27−53; *Juret*, Manuel 298; *Pisani*, KZ 67, 27−29. − *Rix*, Krat. 11, 158 ff. (= Probl. lat. Gr. 90 ff.), speziell 160 u. 162, setzt als Vorstufe für Schwächung und Synkope eine lautlich unbestimmbare, labile gemeinsame „phonematische Größe", eine Art Minimalvokal ein.

91. Vokalschwächung vor velarem *l*. Das *l* hatte in vorhistorischer Zeit zwei Aussprachen (s. § 148b), eine velare (*ł*) vor Konsonant (*łK*) und vor den dunkleren Vokalen *a o u*, und eine palatale (*l'*) in *li* und *ll*: das ergibt sich aus den verschiedenen Rückwirkungen eines *l* im Inlaut auf vorausgehende Schwächungsvokale und anaptyktische Vokale, man vergleiche die Paare *famulus/familia, Siculus/Sicilia*, und *-bulum/-bilis*. Nur palatales *l'* verhält sich dabei wie ein beliebiger normaler Konsonant nach §§ 87 f.

a) Das Material. Dem velaren *ł* können nur *a o u* vorausgehen, kein *e* (daher allgemein *eł* > *oł*, § 43c). Die Vokalschwächung führt unter dieser Rückwirkung des *l* immer zu *oł*, woraus weiter *uł*.

α) *ł* vor Konsonant (*łK*). *ałK* wird *ułK*: neben *salsus saltāre* stehen *insulsus exsultāre*; entsprechend *inculcāre*, auch *exsculpo* (das Simplex *sculpo*, neben *scalpo*, ist mitsamt der Bedeutung aus dem Kompositum verselbständigt); *adultus* zu *alere*. Lehnwort *catapulta* καταπάλτης (nicht -πέλτης, s. *Fraenkel*, Nom. ag. I 242 f.). − *ełK* > *ułK* in *sepultus sepulcrum* neben *sepelīre* (wenn nicht *ul* aus *ol* aus *l̥*). − *ołK* > *ułK* (mit *ol* aus idg. *l̥*, § 59): *occultus* usw.

β) *ł* vor Vokal (ohne *i*). *ałV* > *ułV*: *adulēscēns* von *adolēsco* aus **adalēscō* zu *alere*; vereinzelt *dēsuluērunt* (zu *dē-silio*) Plt. Rud. 74. Sonst nur Lehnwörter: *crāpula* κραιπάλη 'Rausch', *pessulus* 'Riegel' πάσσαλος, *scutula* 'rhombenähnliche Figur' σκυτάλη, auch *strangulāre* στραγγαλᾶν; aber jünger *a* bewahrt in *scandalum cymbalum* -αλον (bedenklich *Baehrens*, Komm. 36); auch gelehrt *Italus* mit *Italia*. − *ełV*: *occulo* wohl aus **ob-celō* (gleich ahd. *helen* 'hehlen'), vgl. *cēlāre*. Deminutivsuffixe *-ulus* und *-culus -a -um*, wegen der Doppeldeminutiva auf *-ellus -cellus* aus *-elos -kelos* (nach § 282 F 1a), etwa in *porc-ulus flōs-culus*; *-olus* (sicher als bewahrte ältere Form) hinter *e* und *i*: *alveolus fīliolus*, roman. **fiola* (nhd. *Phiole*) aus hell. φιέλη, sowie nach § 46 hinter *v*: *parvolus*, auch *frīvolus*. Auch *-iol-* (aus *-iel-* ?) in *violentus* und danach *vīn- sanguin-olentus* (§ 302). Entlehnt *Siculus* Σικελός, *scopulus* σκόπελος, *famulus* osk. *famel* (s. § 98, Zus.). − *ołV*: *sēdulō* 'eifrig' aus **sē(d)dolō(d)* 'ohne Arglist' (daraus adj. *sēdulus*); *anculus* Grdf. **ambhi-kʷolos* gr. ἀμφίπολος; wohl perf. alt *tetulī*, danach *contulī*. Lehnwörter *epistula* ἐπιστολή und *paenula* φαινόλης (§ 165aα). – Anaptyktisches *o* (nach § 114a) in *ol* (> *ul*): *pō-clom* > *pōculum*, *pā-blom > *pābulum* (§ 285, 4), *populus*, *Herculēs*. – Auf alten Inschriften oft noch die Zwischenstufe mit *ol* (*Prinz* 18ff.): *pocolom* und *Hercolei* häufig, *Aiscolapio* D 4, auch *conciliaboleis*, *tabolam*, *popolom*; für nicht-anaptyktisches *u* etwa *aidicolam* D 51, *Tuscolana* 112, *sorticola*, *consoluerunt*, *detolerit* Lex repett. 50 sq. u. 76 sqq. (vgl. Gl. 42, 85 oben).

γ) Vulglat. Typus *genuclu für *geniculum*, also *u* für *i* nach Synkopierung von *pul cul* zu *pl cl*: *manuplus* für *manipulus*, vgl. inschr. (*com-*)*manuplaris*; *anus* ('alte Frau') *non anucla* App. Probi; inschr. *annuclus* 'jährig' für *anniculus* (auch *anculus* III 14353); *cubuclarius* häufig, von *cubiculum*; *pēduclus* Petr. 57, 7 (von *pēdis* 'Laus'); roman. *genuclu (italien. *ginocchio*) für lat. *geniculum* (von *genu* 'Knie'), vgl. *tardi-genuclus* Laev. S. bes. *Heraeus*, Kl. Schr. 140–144, auch zu *manuclus* (vulglat. für *manipulus*) Schulze, Kl. Schr. 469 f. – Angesichts von *cubuclārius* ist das *u* nicht übertragen aus *u*-Stämmen als Grundwörtern (*manus anus genu*); m. E. wirkte nach der Synkope hier das velare *l* durch die Lautgruppe *pl* bzw. *cl* hindurch nach rückwärts.

b) **Zur Durchführung.** α) Die Durchführung ist beschränkt durch den Paradigmazwang, es gibt in Flexionsparadigmen keinen Wechsel *il/ul* gemäß dem Vokal der Endung: das *ul* des nomin. sing. steht auch vor *i*-Vokal von gen. auf *-ī* (*populī* usw.) und auf *-is* (*consulis*, *Herculis*), das der 1. sg. *cōnsulo* auch in der 2. 3. sg. *cōnsulis -it*; das *-il* von nom. sg. *vigil* steht auch vor *u* im gen. pl. im Titel *praefectus vigilum*; doch inschr. auch *vigulum* V 2998 XIV 3626 usw., auch βιγούλω 3050, und imper. *vigula* IV 858. – β) In Stammsilben ist *ol* für *ul* festgehalten in Komposita wie *incolere* (idg. *k^wel-*), *incola* (wohl idg. *k^wol*), *obsolēscere*, *-ētus* nach den Simplicia *colere solēre*; auch *ol* aus *al* (*alere*) in *adolēsco suboles indolēs* (vgl. *prōlēs*); mit einem vermutlich von einem Grammatiker konstruierten *olēscere* 'crēscere' erläutert Festus *adolēscit* und *subolēs*. Beachte auch *incolumis* neben *calamitās* (§ 328, 1a). – γ) Lautlich merkwürdiges *-ilus* steht in *aquilus mutilus nūbilus* und in *sībilus aquila*, auch *il* in *ventilāre*; ob darin ein etymologisches *i*, nicht ein geschwächtes *i* vorliegt, bleibt zweifelhaft. Gegen *rutilus* 'rötlich' beachte man immerhin den Stammnamen der *Rutulī*, offenbar doch der 'Rothaarigen'. Sonderbar *equila* 'Stute' Varro Men. 236, Anklang an *aquila*? – S. *Götze*, IF 41, 110, *Specht*, KZ 62, 212[1], *Meyer-Lübke*, Don. nat. Schrijnen 694.

c) **Zur Vorgeschichte.** α) Die letzte Vorstufe des *ul* war überall *ol*. So ist *olV* bewahrt geblieben in *fīliolus parvolus* usw.; altlat. Inschriften zeigen noch *ol* für *ul*, s. oben α γ. Für alt *olK* zeugen inschr. *consolto* D 456 und indirekt *oquoltod* SCBacch. Bei anaptyktischem *u* in *cul* usw. sind inschriftlich mehrfach alle drei Stufen *-cl-* *-col-* und *-cul-* belegt, so bei *Aisclāpios Herclēs* (D 3 sqq., 78 sqq.), *poplos*, also hier bestand nie eine Stufe *-cel-*, trotz *Hercele* D 762. – β) Lautliche Zwischenstufen. Die relative Chronologie zwischen allgemein *el* > *ol* und Vokalschwächung *a* > *e* ist unbestimmbar. Die Entwicklung vor *lK* war also entweder *alK* > *elK* > *elK* > *olK* oder direkt *alK* > *alK* > *olK* (ohne Zwischenstufe *elK*). Die

Schlußphase *olK* > *ulK* ist allgemeiner Lautwandel (§ 43 c), nicht Vokalschwächung. – Bei *olV* (> *ulV*) mit ursprünglichem Vokal *o* machen *sēdulō* und *epistula* einen so jungen Eindruck, daß eine Vokalschwächung *ol* > *el* mit nachfolgendem *elV* > *olV* ausgeschlossen scheint. – *Esquilīnus* und *inquilīnus* sind vielleicht Ableitungen von **excola* und *incola* aus einer Zeit, als diese noch *-quola* lauteten (*o* nach § 268); eine Zwischenstufe **en-quelā* mit *e* aus Vokalschwächung läßt sich aus *inquilīnus* nicht zwingend erschließen. – Zu *oquoltod* und *inquilīnus* s. auch Allg. Teil 54* unten.

Lit.: *Graur* 34–40; *Sommer*, KE nr. 24; *Götze*, IF 41, 130 f. (relative Chronologie); *Pisani*, KZ 67, 27.

92. Vokalschwächung und Wechsel von *u* und *i* vor Labialen (vgl. auch *u* aus *a* bzw. *o* vor *u̯* in *dēpuu̯io dēnuō* § 143c). Vor den antevokalischen Labialen *p b f* und *m* erscheinen in Mittelsilben alle alten kurzen Vokale in der schriftlichen Aufzeichnung als *u* und als *i* (archaisch vereinzelt als *o* und *e*), doch so, daß unabhängig von der Ursprungslautung teils *u* teils *i* bevorzugt ist; am bekanntesten ist der Wechsel *-umus/-imus* der Superlative; Vokale vor M. c. L. (*br*) werden hier mitbehandelt. Zur Entwicklung vor *u̯*, das den Labialen lautlich nahe steht, s. § 143 (*dēnuō*).

A. **Das Material.** Die Beispiele ordne ich, soweit möglich, nach der Ursprungslautung.

Altes *i*: *vituperare*, selten *u̯itip-*, zu *u̯itium*; zu *i*-Stämmen *ponti-* u. *testis*: neben *pontifex testimōnium* inschr. *pontufici* D 311, 591, *testumonium* 268; *Lusumacus* I² 2293 Λυσίμαχος. Ableitungen von kausativen *ē*-Verben mit demselben wohl echten *i* (oder *e*?) wie in PPP *monitus* (§ 415 a γ): **lūcubrum* in (*ē-*)*lūcubrāre*, *documentum*, *monumentum*, daneben *monimentum* häufig, *monementum* D 676. – Nur *i* in 1. pl. zu *io*-Präsentien, *facimus capimus*, in dat. pl. *mentibus*, in *Cistiberēs*.

Altes *u*: *obstupuī obstipuī*; *Cornificius*, daneben *Cornuf-* (Thes. Onom.); *quadru-pēs* (*-pedāns*) *-plex*, aber *quadri-fāriam*; *manufestus* und *manif.*; *lacrima* aus gr. **δάκρυμα*, häufig *lacrumāre*; dat. pl. 4. Dekl. auf *-ibus*, selten *-ubus* (§ 360), dazu inschr. *trebibos* 'tribubus' D 227. Nur *concubīna* usw. – Unsicher ob alt *u* oder *i* in *dis-sipāre* (auch *īn-s. ob-s.*), seltener *dis-supāre* (alt *u*, wenn *supāre* 'iacĕre' Fest. nicht lediglich aus dem Kompositum erschlossen ist; alt *i* beim Vergleich von *īn-sipĕre* Pompon. Atell. 50 mit skt. *kṣip* 'werfen').

Altes *a*: in Verbalkomposita meist *i* vor *i* der folgenden Silbe, so *surripio accipio*; entsprechend mit *caput praecipitem occipitium*; daneben freilich altlat. *u* in *surrupuī* Plt., inschr. D 260, 14, Gl. 7, 393, *surrupitur* Plt. Poen. (vgl. *surruptus* unten), *erupuit* neben *eripuit* CE 1007, 4 u. 6, *occupito* Plt. Stich. 760 nach Nonius; sonst *u* oder *i*: *auceps -upis* neben *princeps -ipis*; *occupāre*, neben *recuperāre* perf. *reciperáui* Mon. Ancyr.; *contubernālis* 'Zeltgenosse' (*taberna*), daneben nicht selten inschr. *contib-* (s. Thes.); nur *naustibulum*; neben *manubiae* D 355 (*manus*, *habēre*) auch *manibiae* (Caesar, MA); neben *mancipium* auch *mancupium* Lex Tarent. 30 und Gramm., vgl. gen. *mancupis* Varro ling. 5, 40. Vor *m* nur *i* in *animus -a* und *inimīcus* (zu

Superl. *-imus* s. unten). – Vor *v dēpuvio* zu *pavio*. – Über *a* in Diphthong *au* s. § 95. – Entlehnt: *Hecuba, Hecoba* Quint. 1, 4, 16, Ἑκάβη; *percolopāre* Petr. (§ 165aα); *sēsuma* σησάμη. – Dem lat. *adhibēre* usw. steht im Umbrischen außer *prehabia* einmaliges *prehubia* 'praebeat' gegenüber.

Altes *e*: *eximo comprimo*; vor Suffix *-mentum* von Verben der 3. Konjug. *regi-m.*, aber *integu-m. ēmolu-m.*; neben *querimōnia* inschr. *querum.* PhW 1926, 186. Hierher auch *sibi*, wenn in enklitischer Stellung *quei sibei* (so D 262, 304, 616) aus **quei sebei* (den lat. *mihi tibi sibi* entsprechen, mit dem ursprünglichen *e*, umbr. *mehe tefe* osk. *sifei*; vgl. § 170).

Altes *o*: *induperator* Enn., Lw. *lautumiae* § 85 C 2. Kompositionsvokal (§ 334a) als *u/i* in *aurufex aurifex, carnufex carnifex*; *Crassupes* D 237 (auf Münzen *u* seltener als *i*, I² p. 756 nr. 277). Nur *i* im themat. Praesens 1. pl. *legi-mus* (mit *-mur -minī*), bei Stützung durch 2. pl. *legi-tis*; aber *possumus volumus quaesumus* (§ 451), freilich auch *edimus ferimus* neben 2. pl. *estis fertis*. – Zu 1. plur. *simus* für *sumus* s. § 400 A 1 Zus.

Urspr. Vokal unsicher: *aestimāre* (mit *exīstimāre*), seltener *-umāre*; nur *autumāre* (nicht lebendiges Wort, *Ernout*, Latomus 1, 75 [Gl. 28, 15]); *manubrium* neben *manibrium*.

Vereinzelt vor zweifacher Konsonanz (*mn pt*) als Vokalschwächung *u* (statt *e*) aus *a*: *condumnari* neben *condemnatus* D 268, 10, *surruptus* (mit *-tīcius*) Plt. für *surreptus* (vgl. oben *surrupuī*), auch *subruptus* Lex Atin.; *corruptus* Tac. dial. 20, 2 nach *Hendrickson*, ClPh. 36, 240–245 [Gl. 34, 209]. Ebenso wohl *triumphus* aus gr. θρίαμβος.

Wechsel *-umus/-imus* im Suffix der Superlative und Ordinalia und in einigen Nomina. Ursprungslautung ist idg. *-ₑmos* mit Reduktionsvokal gleich lat. *a* (§ 62), nach gall. *Auxamo- decametos* (§ 380). Die alten Inschriften zeigen fast nur *-umus*: *ploirume* u. *optumo, parisuma, facilumed, saipisume, maxsume, proxsumeis, nobilissumam* u. a., *ultuma* (D 541, 539, 262, 122, 88, 268, 270, 615), *Iouei optumo maxsumo* Gl. 36, 125 (Capua 108ᵃ), *decuma* D 92 mit Δέκομος I² 1051 (häufiger Δέκμος) und *Decumius*; *Postumus* und *Postumius* (literar. ebenso *postumus*); *victima* und *victuma* D 801², 9 u. 14 (sonst *victima*). Die Handschriften der alten Skeniker haben im Ganzen häufiger *i* als *u*; bemerkenswert ist der Gegensatz *optumus/minimus* (kaum Vokalharmonie nach § 110), *decumus/septimus*; vgl. inschr. *Iovi optumo maximo* I² 1423 (vielleicht erst nachrepublikanisch). Seit Caesar ist *-imus* durchaus vorherrschend. – Oskisch und Umbrisch haben keine Vokalschwächung, doch osk. *ultiumam* (*-ţiu-* aus *-tu-*) und *nessimas* 'proximae', umbr. *hondomu* 'infimo' und *nesimei*. – *o* für *u*: in falisk. *Maxomo* Vetter 322d, 328, lat. *Maxomo* XI 7515, *Optomo* II 4291. – S. bes. *Sommer* 104 ff., *Niedermann*, Précis 28–37, *Allen*, Vox lat. 56 ff., *Perl*, Philol. 115, 230 n. 104, *Touratier*, BSL 67, 150, *Graur* 40 ff. [Gl. 20, 268 f.].

B. Die Schreibungen *u i* und die Aussprache. Die phonetische Interpretation der Schreibungen bietet die größten Schwierigkeiten, auch wenn man eine lautliche Praedisposition der Labiale für die Vokale *o* und *u* anerkennt. Die meist hochbewerteten Angaben der Grammatiker haben nur bescheidenes Gewicht: für die klassische Zeit stützen sie sich wie wir auf die Schreibungen von Handschriften und alten Inschriften; sonst können sie nur als Zeugen für die Schulaussprache ihrer eigenen Zeit gelten; bestenfalls sind sie abhängig von ihren Vorgängern. Und ihr Interesse ging vorwiegend auf Homologisierung der Doppelschreibung und auf eine normierte, ihnen korrekt erscheinende Aussprache im Schulunterricht.

Die meisten Nachrichten sind verfügbar für das *-umus/-imus* der Superlative. Erstmals begegnen beide miteinander 117 v. Chr. in der Sententia Minuciorum D 453 mit *infimo* neben *infumum*. Die Kernfrage ist, ob hier und weiter im klassischen Latein die Doppelschreibung zwei Aussprachen, *i* und *u*, bezeichnen soll, oder ob sich hinter ihr ein einheitlicher, durch *u* und *i* nur annähernd wiedergegebener Laut verbirgt; als ein Laut zwischen *u* und *i* wäre ein Mittellaut *ü* anzunehmen. Letztere Auffassung ist heute fast allgemein anerkannt (*Sturtevant*, Pronunc. 120 f. § 126; doch vgl. unten § 93), was mir freilich nicht genügend begründet erscheint. Sie stützt sich besonders auf Quintilian 1, 4, 8 medius est quidam *u* et *i* litterae sonus, non enim sic *optumum* dicimus ut *optimum* (*opimum* B; variae coniecturae), et ⟨in⟩ *here* neque *e* plane neque *i* auditur; die Angabe über den nicht reinen Auslaut von *heri* 'gestern' läßt bei *optimus* etwas ähnliches, also einen Zwischenlaut zwischen *u* und *i* vermuten, wohlgemerkt für Quintilians Zeit. Die gleichen Beispiele behandelt er 1, 7, 21 sq. nur für die Schrift: *optimus maximus* ut mediam *i* litteram, quae veteribus *u* fuerat, acciperent, Gai primum Caesaris inscriptione traditur factum (sicher in einer Weihung an *Iuppiter Optimus Maximus*); *here* nunc *e* littera terminamus (dagegen stehe *heri* in Handschriften der alten Komiker und in Briefen des Augustus). Sachlich ist die *i*-Schreibung *-imus* zwar älter als Caesar; aber der Übergang der Schreibung von *-umus* zu *-imus* könnte doch (ähnlich wie der von *ai* zu *ae*) auch chronologisch einen Aussprachewandel implizieren. Im Superlativ und in den Ordinalia, wo der Ursprungslaut weder *u* noch *i* ist, scheidet auf Inschriften etwa das Jahr 100 v. Chr. die Schreibungen *-umus* und *-imus*, also wohl auch die Aussprachen. Wenn *o* als Vorstufe reicher bezeugt wäre (*Maxomo Hecoba*), dann wäre damit *u* als ältere Aussprache gesichert. Das *e* in inschr. *monementum* ist die bekannte Verwendung von *e* für unbetontes *i*. – Auch zwei orthographische Tatsachen sprechen eher gegen die Theorie eines „Mittellauts *ü*": an seiner Stelle begegnet fast nie *y* und nie das neue Zeichen ⊢ des Kaisers Claudius (s. § 10). Belege für *y*: *lachrymis* D 684, *contybernali* IX 2608, auch *lybens* V 6876, *gybernator* V 3430–36. – Nach *Godel* (unten Abschn. D) bezeichnet Quintilian mit seinem „medius sonus" nicht ein *ü*, sondern ein mittleres *u* bzw. *i*.

Die Beispiele zeigen solche Widersprüche, daß bei keiner Lauterklärung ohne zahlreiche Behelfsannahmen durchzukommen ist. Solche sind: analogische Ausgleichungen (2./1. pl. *-itis/-imus*); chronologischer Abstand der Bildungen (*integumentum/regimentum*); Bewahrung der Aussprache nach der Schrift; as- oder dissimilatorische Fernwirkungen des Vokals der vorausgehenden Stammsilbe (*optumus minimus*; aber *ultimus*).

C. Sonderfälle. Ein Wechsel *u/i* in erster Wortsilbe vor Labial findet sich fast allein hinter *l*: *lubet libet* (sicher idg. *u*); *Lubitina* I² 1264; *liber* 'Bast' neben *dēlubrum* 'delibratum, decorticatum' (sc. *fustem*) Paul. Fest.; neben *clipeus* auch *clupeus* (Verg., Mon. Ancyr.); nur *lupus* (idg. *u*); vor *mp lumpa *limpa limpidus* (s. § 162c Zus. α). – *Thybris*

-*idis*, im Wortkern wohl etrusk. Form für *Tiberis*, geht bei Vergil zurück auf gr. Θύβρις eines sibyllinischen Orakels (Θύβριδος ἄπλετον ὕδωρ), s. *Meister*, EN 53–75. – In Fremdwort hinter *s* : *subina sibina* 'illyr. Jagdspieß'. – Hinter *l* vor *nt* : *lunter linter* 'Kahn'. – Vgl. *Graur* 68–74.

Vortoniger Wandel *i* > *u* in inschr. *stupendia* 'Dienstjahre' VI 2496 XIV 3631 und oft, auch στουπ-; es ist nicht Soldatenwortspiel mit *stupendus*, so *Sommer* 64; *stipendium* mit etymol. *ĭ*, haplologisch aus *stipi-pendium* 'Soldzahlung' (vgl. § 336, 1a); *stī-* nur aus Versnot, wegen Anlaut *st-*, Enn. ann. 265 *Poeni stipendia pendunt*, Catull. 64, 173; metrisch *stĭ-* spät. – Gegen *Havets* Erklärung des *i* von *libet* als Schwächung aus *u* in der engen Wortgruppe *quem lubet* (MSL 6, 16²) spricht die Wortautonomie von *lubet*; der Wechsel *u/i* in Mittelsilben vor Labialen erfolgt überdies unabhängig von der Vokalschwächung.

93. Zur Vorgeschichte und lautlichen Fixierung des Vokals vor Labialen.

In Mittelsilben erscheinen vor ungedeckten Labialen alle ursprünglichen Kurzvokale nur als *u* oder *i*, doch ohne strenge Regelung; über den hinter der Wechselschreibung (besonders -*umus*/-*imus*) vermuteten „Mittellaut *ü*" ist oben gesprochen worden. – Wenn man bei alt *a e o* als Schlußphase die Entwicklung *o* > *u* (> *i*) annimmt, so sind als Vorgänge der eigentlichen Vokalschwächung nur *a* > *o* und *e* > *o* und weiter gemeinsam *o* > *u* zu bezeichnen. Ein Wechsel *u/i* besteht auch in erster Wortsilbe, doch gesichert nur bei urspr. *u* (*lubet*); das spricht ebenfalls für einen abschließenden generellen Wandel *u* > *i* auch bei -*umus*. – Ob beim Wandel *a* > *o* eine Zwischenstufe *e* anzusetzen ist, läßt sich nicht entscheiden; das gleiche Problem bei *al* > *ol*, § 91 c β. Nach *Graur* (40–74) erfolgte auch hier die normale Vokalschwächung *a* > *e* > *i*; erst dann vor Labialen *i* > *u*; seine Unterlagen sind weniger die alten Inschriften als späte Zeugnisse in Handschriften, auch vereinzeltes Fortleben von *u* im Romanischen. – Moderne Phonologen operieren mit dem Phonem eines unbestimmten Vokals (vgl. Gl. 42, 90): nach *Safarewicz*, La valeur phonologique de latin *ü*, Studia 170–174 (= Studii Clasice 2, 85–88) war dies Phonem die erste Stufe der Vokalschwächung; es wurde erst später je nach folgendem Konsonant mit den schon bestehenden *e i o u* identifiziert (vgl. oben § 90c); das lautliche *ü* von -*umus* -*imus* war ein Allophon von *u* bzw. *i*. Nach *Godel*, Cahiers de Saussure 18, 53–69 war die erste Phase *a* > *e*, die zweite *e* > *i* und *o* > *i* (*u*), die dritte, bei -*umus* -*imus* „une voyelle indéterminée, dissimulée sous les graphies *i u*"; vgl. § 107 Lit. (*Rix*). – Im Osk.-Umbr. ist der Wechsel -*umo*-/-*imo*- für -*amo*- wohl nur als lat. Einfluß zu erklären.

94. Beeinflussung der Vokalfarbe des Schwächungsvokals durch vorangehende Laute: *i̯ u̯* und *i e* zeigen eine retardierende Wirkung; die Beispiele seien hier zusammengefaßt. Lat. *i̯u* (für *i̯o*) in *Troiugena* (aber *i̯i* aus *i̯a* in *con-i̯icio*). – *u̯e* statt *u̯i* in *iuvenis iuvencus* (*Brugmann*, ALL 15, 1). – -*eo*- -*io*- -*u̯o*- mit *o* statt *u* vor *l*, so in den -*ulus*-Deminutiva *aureolus filiolus parvolus*, ferner in *violentus* (vgl. auch *sociofraudus viocūrus* § 88 o).

Reich bezeugt ist -*ie*- (auch aus -*io*- -*ia*-) statt erwartetem -*ii*-: *societās* gegen *novitās*, *hietāre* gegen *clāmitāre*, *variegāre* gegen altlat. *pūrigāre* (*pūrgāre*); Gen. -*ietis* zu Nomin. -*ies* in *ab- ar- par-ietis* gegen *mīles* -*itis*, Gen. *hiemis* mit *hiemāre*, Gen. *liĕnis Neriĕnis* zu *lien Nerio* (*Meister*, EN 14) gegen *virginis* usw.; dazu *ambegnus* (*ambegni* : 'bos et verbix mit *agnus* zu beiden Seiten' Paul. Fest.) aus *ambiegnus* (aus -*agnos*) gegen sonst *eᵻn* > *iᵻn* (*ignis*, § 42a). Danach hat das vorangehende *i* durch prohibitive Dissimilation die Entwicklung von *ie* zu *ii* verhindert, so *Brugmann* Diss. 162. In *piissimus* stoßen zwei echte *i* zusammen; doch wird die Form gemieden (Cic. Phil. 13,43). – Im Widerspruch dazu steht im Wortlaut kontrahiertes *ī* aus *ie* in *tībīcen*, wenn aus *tībio-can*, s. dazu § 133 II Zus. γ.

Lit.: *Kent*, Lang. 6, 313 f.; *Jacobsohn*, Phil. 67, 525; *Juret*, MSL 20, 157.

Für das unerwartete *u* von *concutio* aus *con-quatio*, das man durch Synkope des *a* erklärt (-*qu̯at-* > -*cut-*, § 103b am Ende), dürfte doch eher eine durch *qu̯* nach *u* hingelenkte Vokalschwächung anzuerkennen sein, also eine Zwischenstufe *conqu̯utiō*, mit *qu̯u* > *cu* nach § 145 e β.

95. Vokalschwächung der Diphthonge. Direkt betroffen sind nur *ai* und *au*, genauer deren *a*; dessen Schwächung erfolgte früher als der Wandel *ai* > *ae*. Bei *oi* besteht keine Klarheit. Die Wandel *ei* > *ī* und *ou* > *ū* (mit *eu* > *ou* > *ū*) gelten für alle Silben (§§ 69 ff. und 80), sie erfolgten also unabhängig von der Vokalschwächung.

ai > *ei* (> *ī*), demnach Wechsel *ae/ī*: **caid-* in *caedere*, *-cīd-* in *occīdere cecīdī pāri-cīda* (*ei* noch in *inceideretis* SCBacch.); *cōnsīptum* Paul. Fest. zu *saepīre*, *exquīsītus exquīro* zu *quaero*, *inīquos* zu *aequos*; vor zweifacher Konsonanz *exīstimāre* zu *aestimāre*. Entlehnt *Achīvī* ᾿Αχαιϝοί und *olīva* (Allg. Teil § 43). Zu *-eius* in Gentilnamen s. § 138, 1bβ. – Hyperkorrekt *pertīsum* Scipio Afr. für *pertaesum* mit steigerndem *per-* (s. Allg. Teil 5* f.; zu *per-* vgl. § 339, 3b), vgl. auch *distaesum* Paul. Fest.

au > *ou* (> *ū*), demnach Wechsel *au/ū*: *inclūdo* zu *claudo*, *dēfrūdāre* in Handschriften neben *dēfraudāre*; *accūsāre* abgeleitet von *causa*; *illūtus* zu *lautus* s. § 83 B. – Schwächung fehlt in *restaurāre*. – Zu *oboedīre* neben *audīre* s. § 74a (Petit).

oi > (*ei* >) *ē* ergibt sich aus *pōmērium* 'Auguralbezirk in Rom', nach Varro ling. 5, 143 und Gell. 13, 14, 1 'Raum *post murum*', also Grdf. *postmoiriom (entstellt ist *posimirium* Paul. Fest.); *ē* statt *ī* eher archaische Schreibung als Bewahrung der Lautstufe *ē* vor *r*; man vergleiche in Auslautsilben *oi* > *ei* > *ī* (§ 100). Ein Zeugnis der Vokalschwächung *oi* > *ī* ist vermutlich perf. *relīquī* (s. § 418 IA 2bβ). – In Komposita steht sonst *ū* für alt *oi*, so in *illūdere*, *sēcūrus*, *impūne*; doch ist *ū* aus *oi* allgemeiner Wandel (§ 65), also hier nicht als Zeugnis für Vokalschwächung zu verwerten.

b) Kurze Vokale und Diphthonge in Endsilben (§§ 96–100)

96. Die Auslautsilben mehrsilbiger Wörter erleiden im Lauf der Sprachgeschichte in allen Sprachen stärkere Verkürzungen und Abschleifungen als die übrigen Teile des Wortes. Das ist neben anderem ein Beweis dafür, daß auch beim Sprechen doch das Wort und nicht der Satz die artikulatorische Grundeinheit darstellt. Veränderungen, die den Wortauslaut lediglich in seiner Stellung vor einem folgenden Wort, also im Satzinnern oder in Wortgruppen betreffen, bezeichnet man als Sandhiwirkungen. Bei vokal. Auslaut zeigen sich solche vor vokal. Anlaut in der Metrik als Elision (§ 134a), vor kons. Anlaut als sog. Apokope von Kürzen (§ 98).

In Endsilben haben die Veränderungen der kurzen Vokale auch im gedeckten Auslaut zweifellos früher eingesetzt und sich teilweise stärker ausgewirkt als die an sich vergleichbaren Vokalschwächungen in Binnensilben. In Einsilbern ist die Endsilbe zugleich Anfangssilbe; hier gilt selbstverständlich die Anfangssilbenbehandlung, d. h. unveränderte Erhaltung. Einsilbler auf kurzen Vokal sind nur bewahrt geblieben in Proklise, *ne* in *nescio ne-fās*, und in Enklise, *-que -ve -ne -ce*; zu imper. *dă* 'gib' s. § 402a. Von kurzvokaligen Einsilblern auf Konsonant seien genannt nom. sg. *as os ars dux cor*, 2. sg. *es*, pron. *is id quod*, dazu *bis*; zu nom. sg. *hĭc* s. § 372, zu akk. *quem* für *quim § 357 C1.

97. Kurze Vokale im absoluten Auslaut finden sich vorwiegend in Flexionsformen. Auslautende idg. Kürzen bleiben in autonomen Wörtern normalerweise erhalten, über Schwund s. § 98. Im Latein begegnen als Auslautkürzen *-a* und *-e*; das *-e* setzt sicher auch älteres *-i* fort.

Altes *-a* (in den Beispielen *a* aus idg. *ə*) bleibt als *-a* erhalten: adv. *ita* 'so' mit *aliuta* und *itidem* aus **ita-dem* gleich altind. *iti* 'so'. – In der Nominalflexion entsprechen sich lat. *-a* und gr. *-α* in vok. sg. der *ā*-Stämme (§ 349) und in ntr. pl. der Kons.-Stämme (*genera* wie gr. γένεα, § 344); deren Beurteilung ist eng verknüpft mit der von lat. *-a* für *-ā* in nomin. sg. der *ā*-Stämme und in ntr. pl. der *o*-Stämme; zu letzteren s. § 346.

Idg. *-e* ist erhalten. In der Flexion entsprechen sich lat. *-e* und gr. *-ε* in vok. sg. der *o*-Stämme (*amīce* wie φίλε, § 344) und in imper. der themat. Verben (*age* wie ἄγε, § 422a). Einzelwörter auf *-e* sind *quīnque* (wie gr. πέντε, § 378), dazu die Partikeln *-que* usw.

Idg. *-i* wird zu lat. *-e*. Beim Nomen: nomin. sg. *-e* der *i*-Neutra, so *mare* aus **mari* (neben pl. *mari-a*), entsprechend *rēte*, adj. *facile tāle breve* neben mask. *-is*; dem abl. sg. *ped-e* entspricht gr. (dat.) ποδ-ί, § 355. Ferner *ante* aus **anti*, § 38.

Idg. *-o* wird wohl lat. *-e*: imper. dep. *sequere* gleich gr. ἕπεο (ἕπου) aus **sek^weso*. Zu Nomin. *iste* s. § 375; unsicher perf. 3. pl. *-ēre* § 443.

Idg. *-u* > *-e*? Die enklitische Fragepartikel *-ne* in lat. *nōn-ne* ist gebraucht wie ai. *nu* in *na-nú*; vgl. auch gr. enklit. νυ. S. Skard, Enn. u. Sall., Avh. Norsk Vid. Ak. Oslo 1933, 4. – Zu *-u* in *cornu* s. aber § 359.

98. Abfall von kurzen Vokalen. Die sog. Apokope betrifft besonders *-i* und *-e*; sie findet sich häufig in Hilfswörtern, seltener in autonomen Wörtern. Die Praepositionen *ab ob sub* bilden eine eigene Gruppe.

a) Abfall von *-i -e* (*-u -a*).

Für Abfall von *-i* ist das Material insofern nicht homogen, als in manchen Beispielen erst nach dem Wandel *-i* > *-e* die Apokope als Abfall von *-e* erfolgte. In Zweisilblern: *et* umbr. *et* aus **eti* gr. ἔτι 'noch' ai. *ati* 'darüber hinaus'; *aut* osk. *auti aut* umbr. *ote* aus **auti*; *post* altlat. *poste* Plt. Asin. 915 aus **posti* (aus **pos* als Gegensatzbildung zu **anti*; osk. *ant*, osk. u. umbr. *post*); *tot quot* ai. *táti káti*, vgl. lat. *toti-dem*; adv. *facul* aus **fakḷ* aus ntr. **fakli* (vgl. *facultās* § 103b). Auch wohl *sat* in *sat-ago* usw. aus **sati*, ntr. zu erstarrtem adj. *satis* (vgl. *pote : potis*); davon abgeleitet Kompar. *satius* mit *satiāre*. – In Flexionsformen: 3. sg. *-t*, 3. pl. *-nt* als Primärendung (§§ 393 f.) aus idg. *-ti -nti*, in Zweisilblern *est sunt* ai. *asti santi* gr. ἐστί (§ 400); so auch in Mehrsilblern, etwa lat. *ag-it -unt* (ai. *aj-ati -anti*) und ebenso osk. (vestin.) *didet* 'dat', umbr. fut. *fust furent* 'erit erunt'. Aus einem Salierlied wird noch bei Festus (sub *pretet*) *tremonti* 'tremunt' überliefert. – Sicher erst auf Lautstufe *-e* erfolgte der Schwund in drei Fällen: in imper. *fac* (Grdf. **faki* wegen *faci-o*), vgl. noch im Versausgang *sīc face* Plt. Stich. 185 Ter., immer *confice* usw. seit D 780; in den meist vielsilbigen Neutra auf *-al -ar* für *-āle -āre* wie *vectīgal Bacchānal* (*Bacanal* SCBacch.) und *calcar* (zur Kürzung des *ā* s. § 123 mit Zus. 2); in den vereinzelten Infinitiven auf *-er* für *-ere* (aus *-esi*, § 429), so *noli me tanger* D 752, altlat. *biber dare*.

Abfall von altem *-e*. In Flexionsformen: vok. *vir* (*mī vir* Plt.) und *puer* Ter. (*puere* Plt.); imper. *dīc dūc*, seit Plt. (selten *dīce dūce* bei Plt., beachte Rud. 124; Lautmuster waren wohl *hīc(e)* 'hier' und *hūc(e)*), *fer* § 403, 2, *inger* Catull 27, 2 (jedenfalls nach *affer*), *misc sane* D 780 (*miscĕre* für *-ĕre?*). In Hilfswörtern: *em*, aus imper. *eme* urspr. 'nimm'; vielleicht *heus* § 81 b; *sīremps* neben *sīrempse* 'ebenso' (juristischer Terminus, *-pse* wie in *ipse*, § 373 d); *dein* aus *deind(e)* wegen *-n* trotz ursprünglicher Endung *-im* (vgl. *exim* neben *exinde*, § 376, sowie *dehinc* und *proin* § 132, dazu § 215 b α). In den enklitisch gebrauchten und Proklise bewirkenden Partikeln *-ne* 'nicht', *-ne* Fragepartikel, *-ve -que -ce*: *quīn* auffordernd (§ 374 a; Synt. § 373) aus *quī-ne* 'wie nicht'; *sīn* aus *sei-ne*; umgangssprachlich *vīn ain viden ēn* aus *vīs-ne ais-ne vidēsne estne* (§ 211 d), auch *mē-n* Verg. *tū-n* Plt. Hor.; *seu neu* (*sēu nēu*, § 72) neben *sei-ve* (*sīve*) *nē-ve*; *nec ac* neben *neque atque*; *hĭc hunc hoc hīc hinc sīc* neben *huiusce hōsce hĭci-ne* (aus *hice-ne*), *sīcine* Plt. aus *seice-ne*, inschr. alt *honce* D 256 usw. (s. § 372 C). – Zur altlat. Apokope in *nemp'*, etwa Plt. Rud. 565/7, *ind' ill'* usw. s. *F. Skutsch*, Plautin. u. Roman. 100, auch *Lindsay*, ELV 71 ff., sowie zum späteren Gebrauch mit Elision *Richmond*, Gl. 43, 96.

b) Zur Lautgeschichte. Bei den meisten Zweisilblern ist die „Apokope" des *-e* lautlich als Ausdrängung (Synkope) in enger Wortgruppe zu verstehen, so bei proklitischem *nec ac*: *nequ̯(e)-dum* > *necdum*, *atqu̯(e) tēd* > *ac tē* (zu *c* aus *qu̯* s. § 155 b); also sind *neque atque* ursprünglich nur vor Vokal (sic!) erhalten; zur Verteilung im späteren Latein s. *Löfstedt*, Synt. I² 331 ff. Auch bei *dīc*: so *dīc mihi* aus *dīce mihi* (*Gummere*, TAPhA 69, 389–391 [Gl. 29, 170]). – Zu *ab sub ob* neben gr. ἀπό ὑπό ἐπί s. §§ 102 u. 163 c. Erhaltung von *-i* als *-e* (statt Abfall) nach *Bonfante*, KZ 62, 265 und 64, 75 [Gl. 26, 89] nur in starken Zweisilblern wie *mare ante*. S. dazu auch *Safarewicz*, Et. 57–59.

99. Kurze Vokale im gedeckten Auslaut, d. h. in Endsilben vor Konsonant. Ursprüngliche *a e i* sind normalerweise durch *e* vertreten, nur vor *s* und *t* durch *i*; für urspr. *o* und *u* steht lat. *u*. – Ausgenommen sind Vokale, die erst spät aus Längen gekürzt sind, etwa vor *-nt* und *-t* nach §§ 119 a u. 123 a; diese bleiben als Kürzen gleicher Vokalfarbe erhalten, ihre Kürzung erfolgte also erst nach der Endsilbenschwächung.

a wird geschwächt zu *e*: *arti-fex* aus *-fax* zu *facio*; in ähnlichen Wurzelnomina (§ 263 II) *rēm-ex* zu *ago*, *inlex* zu *illicio* aus *-lacio* (§ 155 b), *auceps princeps* zu *capio*, *oscen tubicen* zu *cano*; *anti-stes* (*-s* aus *-ss*) aus *-stat-s*. Entlehnt *latex* gr. λάταξ; vielleicht *paelex*, s. § 79 a Zus.
e bleibt unverändert vor zweifacher Konsonanz und vor *-r -n -m*. In Wurzelnomina *au-spex* 'Vogel-schauer', *prae-pe(t)s*. Vor ererbtem *-r* in *iter* und in *inter super*, vor lat. *-r* in verkürztem Auslaut in *vesper puer gener, alter*; *ager, ācer*. In *-en -em* aus idg. *-n̥ -m̥* (§ 61): *nōmen lūmen*; akk. *pedem*; *decem*. Vor *c* in *dōnec* (§ 228 I d). – Nur vor *-s -t* wird *e* zu *i* und zwar rein lautlich (nicht nach *fac-is -it*, so *Maniet*, Ant. class. 21, 5–12 [Gl. 36, 134]): 2. 3. sg. 2. pl. *ag-is -it -itis* aus *-es(i) -et(i) -ete-s* (§ 395), so auch *reddit* neben *dat*; gen. sg. *ped-is* aus *-es*. Zu erhaltenem *-et* in *egomet mēmet* s. § 367 a, zu nomin.

sing. *-es* der *t*-Stämme s. Zusatz. – In altlat. Inschriften noch häufig *-et -es*: perf. *dedet* passim, gen. *Cereres Salutes Veneres* D 30, 192, 210.

i bleibt erhalten. Vor *x* in *salix filix calix*. Vor *-s -t*: 2. 3. sg. der *-io*-Praesentien der 3. Konjug. *capis capit*; vor *-s* in nom. sg. der *i*-Stämme wie *ovis cīvis*, dazu in *magis*. – In altlat. Inschriften auch *-es* für *-is* in *aidiles* D 540, als umgekehrte Schreibung nach gen. *Cereres/-is*.

o wird zu *u*, so in der Flexion vor *-d -s -m -nt*: *aliud* gr. ἄλλο (ai. *anyad*) Grdf. *alyod; *animus* vgl. gr. ἄνεμος, ntr. *iugum* gr. ζυγόν, 3. pl. *ferunt*, alt *tremonti* (§ 98a), gr. dor. φέροντι. Ferner etwa ntr. *genus* gleich gr. γένος (ebenso *Venus*), *maius* aus **mag-i̯os* (§ 32), Endung *-bus*; Adverbialsuffix *-tus* in *intus* gr. ἐντός; 1. pl. *-mus*; dazu *-us* < *-os* für *-is* < *-es* in gen. sg. *Venerus* (§ 355) sowie in *quoius*, und in 2. sg. dep. *spatiārus* (§ 397b). – Bewahrt ist *o* auf alten Inschriften: *Nou̯ios Plautios* D 771, *donom* und *pocolom* häufig, *Luciom* und *cosentiont* D 541, *opos* 757, *Venos* 761, *trebibos* 'tribubus' 227. Hinter *u* und *u̯* (*v*) ist es in der Schrift länger bewahrt (§ 46): *servos mortuos* usw.

u bleibt erhalten, so vor *-s -m* in der 4. Dekl., etwa *manus cantus -um*, supin. I *cubitum*; vor *-t* in *caput*, vielleicht vor *-r* in *satur cicur*. – Junge Bildungen sind *redux intercus*. Ein halber Oskismus ist bei Ennius *famul* für *famulus*.

Zusätze: Abweichungen. *a* ist erhalten: vor *-r* in *Caesar iubar*, durch Vokalassimilation in *anas* (§ 110), präventiv hinter *e* in *aureax* 'aurīga' Paul. Fest. (*ōreae aureae* 'Zügel', § 83 A, und *ago*; kaum *-āx* aus *-ax* nach § 129 Zus.). – *i* für *e* in *undecim duodecim*, durch Fernversetzung aus *-dicem* zur Wahrung von *-dec-* '10' (kaum durch Angleichung an das Ordinale *undecimus*), ferner in *enim*, osk. *inim*. Weiter *-im* in Indeklinabilia: *illim ōlim exim* § 377 B Zus., *partim* § 389. – *-um* aus *-om* auch in Einsilblern, wohl in proklitischer Schwächung, in Konj. *cum* aus *quom* und Praepos. *cum* aus *com* (gegen Praeverb *com-*, antevokal. *co-*); s. auch § 145a Zus. β. – *e* für *i* analogisch in nomin. sing. *iūdex*, Grdf. **i̯ous-dik-s* 'Recht-weiser' (vgl. osk. *meddix*), offenbar nach *-ex* neben *-icis* in *haru-spex arti-fex*. – Das *-es* des Nominativs der *t*-Stämme ist wohl normalisiert. Bei denen mit gen. *-etis* (*seges, hebes*) ist ursprüngliches *e* unverändert erhalten, und zwar vor älterem *-ss* aus *-t-s* (vgl. § 225 II cγ zu *mīless*), da altes *-es* zu *-is* wurde (gen. sing., 2. sing.). In altlat. *an-* und *prae-cipes* (gen.*-pitis*) ist das *u* von *-caput-s* zu *e* geschwächt. Ebenso *e* aus *a* in *antistes*. Dagegen bei *comes* mit etymologischem *i* (*com-i-t-s 'Mitgänger') ist *-es* wohl an die Stelle von *-is* getreten. Merkwürdig ist *i* in nomin. *lapis*, wenn gleich gr. λεπάς. – Älteres *o* bleibt im Schlußglied von jüngeren Komposita in der ganzen Flexion bewahrt, also auch endsilbig in nomin. sing. *inops praecox concors* usw., sowie in *compos impos* (gen. *-otis*; s. Szemerényi, Syncope 379 ff.). Aber nach Beispielen wie *mīles -itis* ergab sich zu gen. *hospitis* (aus *-pot-is*, § 88) *e* statt *u* in nomin. *hospes* aus *ghosti-pot-s, § 338, 1a; anders Szemerényi. – Vor *-r* steht *u* aus *o* in den Passivendungen *-tur -mur* und in den Neutra nomin. sing. *ebur rōbur fulgur iecur*, wiederhergestelltes *o* in *marmor*; in *aequor* ist *o* hinter *u̯* bewahrt, § 46; zu nomin. *-ur* der alten *s*-Neutra *rōbus *fulgus s. § 88 Zus. – *e* vor *l* ist anaptyktischer Vokal in vulglat. *figel mascel* (Inschr., App. Probi) mit *-el* für *-ulus*; Vorstufe ist synkopiertes *figlus masclus. Dieses lat. *-el* hat keinen direkten Zusammenhang mit vorhistor. *-elos*, eher ist es indirekter Oskismus, vgl. osk. *famel* (Paul. Fest.). Das Gleiche gilt wohl für *famul* Enn. ann. 313 (danach Lucr. 3, 1035). – In *vigil pugil* bewahrtes *i* wie *e* vor *l* wohl aus *-ll* (nach § 148 d β), d. h. mit *-il(i)s* > *-ill* > *-il*, gegenüber *-ul* in *facul* (§ 98a); s. *Pisani*, Ric. ling. 4, 163 [Gl. 42, 93].

100. Diphthonge zeigen in Endsilben die gleiche Entwicklung wie in Mittelsilben (§ 95); als eigentliche Vokal-Schwächungen sind nur die Wandel *ai* > *ei* und *oi* > *ei* anzuerkennen; für *au* (> *ou*?) fehlen Belege. Die weiteren Wandel *ei* > *ẹ̄* > *ī* nach § 69 und *ou* > *ū* (§ 80) sind unabhängig von der Stellung im Wort. Die drei *i*-Diphthonge erscheinen somit in Endsilben als *ī*; die wichtigsten Vorkommen sind einige Flexionsformen.

Idg. -*ai* > lat. -*ī*: perf. 1. sg. *peper-ī* vgl. fal. *peparai*, s. § 442. Ferner dat.-abl. pl. der *ā*-Stämme *aqu-īs* aus -*ais* vgl. osk. -*ais* umbr. -*es*; zur Vorstufe -*āis* s. § 350. – Alt -*ei* wird klass.-lat. -*ī*: dat. sg. -*ī* idg. -*ei* der lat. 3. 4. 5. Dekl., *ped-ī senātu-ī re-ī*, vgl. osk. -*ei*; dat. sg. der Pronomina *mihi tibi sibi* (alt inschr. -*ei*, osk. *sifei*, § 92 A), *illī alterī* (osk. *altrei*). – Idg. -*oi* oder -*ei* > lat. -*ī* in lok. sing. der *o*-Stämme, *domī bellī Corinthī*, vgl. alt -*oi* in gr. οἴκοι, aksl. -*ě*, alt -*ei* in osk. -*ei* (s. § 345, Lok. b; 352 Ende). – -*oi* > -*ī* in nom. pl. mask. der *o*-Stämme, *virī istī*, vgl. gr. οἴκοι αὐτοί (§ 353), auch dat.-abl. pl. -*ois* > -*īs* (hier Vorstufe -*ōis*), vgl. gr. -οις osk. -*úís*; in beiden Formen noch archaisch *oi* (geschrieben *oe*): *pilumnoe poploe* in einem Salierlied (bei Festus) und *ab oloes* 'ab illīs' Paul. Fest. – Idg. -*ous* > lat. -*ūs* in gen. sing. der *u*-Stämme wie *manūs*, vgl. osk. -*ous* umbr. -*or*, auch got. -*aus*.

Zusatz. *ai* und *au* in Einsilblern: *ai* als *ae* in praepos. *prae*, vgl. osk. *prai* umbr. *pre*, auch gr. παραί; zu *praes* -*dis* s. § 132, zu nomin. *aes* § 331 A. – *au* in *hau*(*d*) und in nomin. sing. *laus fraus*. – Auffällig ist -*oi* > -*ī* wie in Mehrsilblern nicht nur in pron. nomin. pl. *hī quī* (diese wie *istī*), sondern auch in nomin. sg. *quī* aus *quoi*, § 375. – Die verschiedenen lat. auslautenden -*ai* (> -*ae*) in Endungen der *ā*-Dekl. sind aus älterem -*āi* verkürzt worden (§ 67), aber erst nach der Schwächung von altem -*ai* zu -*ei*; so auch in fem. nomin. sing. *haec quae* (osk. *pai*). Also dat. pl. mask. fem. *hīs quīs* (mit -*īs* aus -*ōis* -*āis*) wohl nicht lautlich, sondern analogisch nach den Mehrsilblern *illīs* usw.

Vgl. dazu *Kent*, Lang. 1, 103–106 (ausl. *ae*); *Safarewicz*, Et. 54–57.

c) Vokalsynkope (§§ 101–107)

101. Synkope oder Vokalschwund. Vollständige Ausdrängung kurzer Vokale im Wortinnern zwischen Konsonanten, die sog. Synkope, ist, im Gegensatz zum Griechischen, im Latein häufig zu beobachten, und noch häufiger im Oskischen und Umbrischen; vgl. lat. *dexter* osk. *destrst* umbr. *dextra* gegen gr. δεξιτερός. Da betonte Vokale offenbar nicht schwinden können, so setzt der Schwund eines nach der lat. Dreisilbenbetonung betonten Vokals wie des *i* von **dexiteros* eine andere Betonungsregelung voraus, etwa die vorhistorische Anfangsbetonung, oder doch die altlat. *fácilius*-Betonung, so in *balneum* aus altlat. *balineum* Plt. (aus gr. βαλανεῖον). Doch sind auch noch unter der Dreisilbenbetonung sowohl nach- wie vortonige Vokale geschwunden. Die Synkopierungen erstrecken sich sprachhistorisch von der vorhistorischen Zeit bis zur Ausbildung der romanischen Sprachen. Dies ist der Hauptgrund dafür, daß keine festen Bedingungen der Synkope aufzustellen sind. Ein begünstigender Faktor ist die Nachbarschaft eines der Sonorlaute *r l m* oder *n*. – Kommt infolge von Vokalsynkope ein solcher Sonor (einschließlich *i̯ u̯*) zwischen zwei Konsonanten zu stehen, so wird er Silbenträger, d. h. Vokal (**agrelos* > **agrlos* d. i. **agr̥los*; § 149); solcher Vokalschwund ohne Silbenverlust wird mit einem Ausdruck der altind. Grammatik als Samprasāraṇa bezeichnet (vgl. § 31). Die weitere Lautentwicklung (hier **agr̥los* > **agerlos* > *agellus*) wird an anderen Stellen behandelt.

102. Bei der Mannigfaltigkeit der Beispiele und der Unmöglichkeit einer historischen Aufteilung werden die Belege hier nach der Silbenstelle im Wort und nach den dem Vokal benachbarten Konsonanten geordnet.

Synkopierungen in der **zweiten** Wortsilbe mehrsilbiger Wörter; nur in dreisilbigen Wörtern ist dieser Vokal zugleich nach der Dreisilbenbetonung nachtonig.

Zwischen gleichen Verschlußlauten: *reddo* aus redupliziertem **re-didō* (§ 402 c), *cette* Plt. (plur. zu *cedo*) aus **ce-date* 'gebt her', *reccidī rettulī repperī* aus *re-cecidī -tetulī -peperī* (zu Praeverb *red-* fast nur vor Vokal s. § 418 IA 2b β), *druppa* Plin. aus gr. δρυ-πεπής 'baumgereifte (Olive)'. Vgl. § 162d zu *matus*.

Zwischen Geräuschlauten: *doctus* neben *doceo* wohl aus **dokitos*, vgl. *monitus* neben *moneo*; *cūnctārī* Iterativum aus **conc-itārī* zu dep. **concor -itur* gleich ai. *śaṅkate* 'ist ängstlich' ptc. *śaṅkita-* (vgl. § 221b); *cūnctī* 'alle' wohl aus **con-citī* (zu *cieo*, 'zusammenzitiert'); *quīndecim* aus **quīnque-decem*; *praeco* 'Herold' aus **prai-dikō*, § 322 A 3a; *propter* aus **prope-ter* zu *prope*; altlat. *ancipes* (*anceps*, § 333 II c) aus **ambi-caputs*; *postus* Lucr. (*repostus* Verg.) aus *positus*; *hospit-* aus **ghosti-pot-* § 338, 1a; *officīna* 'Werkstatt' neben *opificīna* (Plt. Mil. 880), abgeleitet von *opifex* 'Handwerker', ebenso *officium* für **opificium*. Ferner noch § 163 c α *abdūco* aus **apo-doukō*; *necdum* aus *neque-dum* § 98b usw.

Zusatz. Zum Verhältnis von lat. *amb- am- an-* (auch umbr. *amb- an-*) als Praeverb (vgl. § 418 I A 2c) und als Praefix. Ererbt ist **ambi* (gr. ἀμφί, § 170). Daraus *amb-*, vor Vokalen durch Elision, so in *amb-īre amb-igere amb-arvālis amb-urvāre amb(i)-egnus*; vor Konsonanten durch Synkope, woraus weiter *am- an-*, so bei Paul. Fest. *amp-terminī* und *am-segetēs*, dann *am-plector 1, am-puto 1, amicio* aus **amb-i̯acio* (vgl. § 138, 2b), *an-cipes, anculus* § 91a β, *an-quīrere* (*circum-qu.* Paul. Fest.), *ancīle* § 209b. Vereinzelt ist *am* vor Vokal verschleppt: Ortsname *Amiternum* aus **am Aternom* 'beiderseits des Flusses Aternus'. – An selbständiges *am-* neben *ambi-* denkt *Schulze*, EN 542³; s. auch *Specht*, Gn. 2, 693. – Zu *amptruāre* s. § 199 a α.

103. Neben Sonor (*r l m n z*).

a) **Zwischen Sonoren:** *ulna* aus **ŏlenā* (nach gr. ὠλένη); *vulnus* aus **vo-lenos* (s. § 216b; altes *-ln-* wird *-ll-*); *balneum* s. § 90d; *ornus* aus **orinos* aus **ozinos* (§ 107d); (*n*)*ūllus* aus **(ne-)oinelos*, demin. zu *ūnus* alt *oinos*; *bellus* aus **du̯enelos*. In der Kaiserzeit *domnus -a* für *dominus -a*.

b) **Hinter Sonor vor Geräuschlaut. Hinter *r*:** *iūrgāre* (mit *iūrgium*, ū in *iūrgia* § 22b), alt *iūrigandum* Plt. Merc. 119 (*obiūrigem* Trin. 68, 70) von **iūrigus* aus **i̯ouz-agos* 'Recht betreibend'; ähnlich *pūrgāre* aus **pūrigāre* (durch Konjektur Plt. Aul. 753) von *pūrus* (s. aber § 414, 1); iter. auf *-itāre*: *hortārī* neben *horitātur* und *horitur* Enn. ann. 346, 432; entsprechend *portāre* von PPP **poritus* zu **porei̯ō* § 412, 2ba; *misertus est* Val. Max. 7, 4, 3 u. 9, 3, 4, CE 512, 5, sonst *miseritus -itum*; zu *ardeo* neben *āridus* s. § 415 D 1b; *pergo* aus **per-regō* vgl. perf. *perrēxī*, ähnlich *porgo* (§ 217a), *surgo*; *surpuit* 'surripuit' Plt. Capt. 760, Mart. 12, 28, 10; *virtūs* aus **viro-tūs* vgl. *servi-tūs*; *pars partim* aus **paratis -im* (§ 64); *Herclēs* (s. § 114b) aus **Hēraclēs* Ἡρακλῆς. Spät für *viridis virdis* App. Probi, auch romanisch (italien. *verde*). – **Hinter *l*:** *alter* (osk. *alttram*) aus **aliter(os)*, vgl. adv. *aliter*;

Vokalsynkope

valdē für **valide* zu *validus*, *calda aqua* neben *calidus* etwa seit Varro (vgl. Quint. 1, 6, 19; *Baehrens*, Komm. 14); *calfacio* s. § 121; akk. *calcem* 'Kalk' aus gr. χαλικ- (§ 165aα); *Pollūcēs* s. § 82d. – Hinter postkons. *r* und *l* mit Samprasāraṇa (§ 149αγ): *sacerdōs* aus **sakr̥dōs* aus **sakro-dhōt-s* 'Opferbereiter' (jüngere Komposita sind *sacrilegus sacrificāre*); *expergīscor* aus **ex-pro-grīscor* wegen av. *fra-γrīsəmnō* 'erwachend' (Wz. *ger*, gr. ἐγείρω ἐγρήγορα); demin. **agrelos* > **agr̥los* (> *agellus*), **pōclelom* > **pōcl̥lom* (> *pōcillum*); **facli-tās* > **facl̥tās* (> *facultās*).

Hinter *m*: *princeps* aus **prī(s)mo-kap-s* 'das Erste (von der Beute) nehmend', lautlich ebenso plur. *forcipēs* 'Zange' (s. § 336, 1b); *nuncupāre* für **nōmicupāre*; *sinciput* Plt. 'Schweinskopf usw.' angeblich aus **sēmi-caput* 'Halb-kopf' (eher wohl aus **su̯īno-caput*); *sēstertius* 'zweieinhalb (Asse)' aus **sēmis tertius* 'der dritte halb' (über **sēmst-* > **sēnst-*; § 378 B '2'); *Pom(p)tīnus*, § 219. – Hinter *n*: *antae* aus **anatā-* (§ 64); *cante* 'canite' Salierlied (Varro ling. 7, 27); *vindēmia* für **vīnidēmia* von **vīno-dēmos* 'Wein abnehmend'. – Hinter postvokal. *u̯*: -*au*- aus -*au̯i*-: *au*- für *avi*- 'Vogel' in *au-ceps au-spex* 'Vogel-fänger -schauer'; *audeo* von *avidus*; *cautum* für **cavitum* zu *caveo* (aus **kou̯eō*, § 47a) wie *monitum* zu *moneo* (neugebildet *cavitum* Lex agr., *cavitio* Paul. Fest.); ähnlich *fautum*. -*au*- (aus -*āu*-) für -*āu̯i*- in *gaudeo* neben *gāvīsus* (vgl. formal *video vīsus*, s. auch *Szemerényi*, Gl. 33, 241²), auch wohl in *claudo* wegen *clāvis* 'Schlüssel'. – *ū* und *ō* aus *ou̯e ou̯i* (aus idg. -*ewe- -ewi-*) etwa in gen. *iūris* < **i̯ou̯ezes*, *nōnus* < **nou̯enos*, s. § 142b. – Hinter postkons. *u̯ i̯* vielleicht mit Samprasāraṇa; doch vgl. zu *concutio* aus **con-quatiō* § 94 Ende, und zu *abicio*, Grdf. **ab-i̯aciō*, s. § 138b.

c) Vor antevokal. Sonor, hinter Geräuschlaut. Vor *r*: *suprā(d)* (umbr. *subra*) neben *superī*, ebenso *īnfrā intrā extrā(d)* (osk. *ehtrad*) neben *īnferī interior exterī* (zu inschr. *supera infera* s. § 115); ähnlich synkopiert -*tr*- aus -*ter*- in *contrā contrō-vorsiae* (osk. *contrud*) *retrō citrā ultrā*; eine idg. Ablautwechselform mit -*tro*- ist trotz got. *hidrē* usw. nicht wahrscheinlich. Weiter *dextro-* neben *dextero-, dextrō-vorsum* (*dextrōrsum*); *postrī-diē* lok. 'am folgenden Tage' zu *postero-*. Dann *nostro- vestro-* gegenüber gr. ἡμέ- ὑμέ-τερος. In nichtklass. Formen inschr. *iugra* 'iūgera' Lex agr., *cedre* 'caedere' Lex Spol. (D 256), *dedrot* 'dedĕrunt' D 117, vgl. 79. – Vor *l* nur in nichtklass. Formen: inschr. *tableis* Lex agr.; aus der Appendix Probi (dazu *Baehrens*, Komm. 16) etwa *tabla stablum baplo* ('vāpulo') *anglus oclus masclus* sowie *veclus* aus **vetlus* (§ 160b) aus *vetulus*; ebenso im Umbrischen lok. *tafle* gen. *katles* (lat. *catulus*). Wohl dreisilbig als Daktylus *facilia* D 92 (wie *capitibus* Enn., § 130 I C). – Vor *n*: *pōno* aus **posnō* aus **po-sinō* wegen perf. *po-sīvī* (§ 438 II C 2c), *ornāre* für **ord(i)nāre*. – Aus Verszwang *circlōs* Verg. gg. 3, 166.

104. Synkopierungen in einer dritten Wortsilbe, meist der vorletzten Kürze eines Viersilblers. Alte Beispiele. Mit Suffix -*ĭnos* (§ 291b): *pōpul(i)nus* zu *pōpulus*, *colurnus* zu *corulus*; *Falernus* < **Falerinos* (*r* aus *s* wegen *Falis-cī*); Deminutiva auf -*elos* (§ 149a Zus.): *gemellus corōlla ampulla* aus **gemen-elos* **corōn-elā* **ampor-elā* (*nl rl > ll*). Weiter *misertus* für -*itus* § 415 C 2; *puerpera* 'Wöchnerin' aus **puero-para* 'Kind-gebärend'; *ūsurpāre* 'in Gebrauch nehmen' von **ūsu-rapos* (*ūsus* und *rapere*); *sepul-tus -crum* wohl aus *sepeli-tos -clom; gen. magistrī bei Suffix -teros; audācter neben vērāciter usw. Im Vulgärlatein -ulo-Deminutiva: Felicla IV 2200, auch auf -clo- aus -culo- : Paterclus VI 31096, aedicla VI 25359, ovicla VIII 8247, in der App. Probi articlus nepticla anucla; ōricla § 83 A. Auch Instrumentalnomina auf -culum (aus -clom) zeigen durch Synkope wieder -clum, etwa vehiclum.

Zusatz. In lībertās falisk. gen. Loifirtato (§ 65) sieht man am besten eine Nachbildung von paupertās; selbst bei vorausgesetzter Grdf. *leudherotās läge kaum Synkope in dritter Wortsilbe vor, eher zweimal Synkope in zweiter Wortsilbe (*loufrotās > *loifr̥tās > lībertās); vgl. auch Sommer, IF 11, 227. – Künstlich nach puerpera ist puertia Hor. c. 1, 36, 8, s. Jachmann, RhM. 71, 545 f. – Die meisten Beispiele machen den Eindruck irgendwie analogischer, also nicht rein lautlich bestimmter Entwicklung. Aber Götze, IF 41, 80 ff. (mit vielen unsicheren Beispielen) betrachtet gerade diese Synkopierungen in dritter Wortsilbe als lautgesetzlich und als die frühesten.

105. Synkopierungen jünger als die Dreisilbenbetonung, also in vortonigen Silben. Noch aus vorhistorischer Zeit wohl disciplīna figlīna neben discipulus figulus; zu extrēmus s. § 288 A 2d. Aus historischer Zeit: calfacio olfacio § 121; inschr. vetrānus stablārius speclārius; umblīcus D 801[2] p. 87; zu cubuclārius vgl. § 91 a γ, zu miscellus § 282 E 2; Lug(u)dūnum (CIL III p. 248); Actemerus XII 1210 Ἀγαθήμερος; roman. *mattīnus aus mātūtīnus (vgl. Brugmann, IF 33, 300[1]).

106. Synkope in Endsilben, fast nur von i und o vor -s in Nominativformen der 3. und 2. Dekl. In zweisilbigem nom. sg.: fem. ti-Abstrakta mit im Latein langer Stammsilbe ars mors mēns für *artis *mortis *mentis (idg. *mr̥tis *mn̥tis, § 308), keine Synkope bei kurzer Stammsilbe, etwa in sitis; zur Erklärung durch Synkope s. aber § 362, 2a. Hinter r : vir, wohl trotz merus ferus rein lautlich aus *viros; mit Samprasāraṇa hinter postkons. r sacer ager ācer aus *sakros *agros *ākris (sakros noch Foruminschrift; ager auch umbrisch, s. § 149 a β). In mehrsilbigem nomin. sg.: hinter postkons. r: alacer celeber (selten analogisch alacris celebris); sonst hinter r: socer miser puer dexter mit -er aus *-ers aus *-eros (bei Plautus Men. socerus 957 neben socer 1046); die Synkopierung ist hier älter als der Wandel z > r, denn -erus bleibt bei r aus s (§ 215b Zus.), so in umerus numerus (vgl. Numasios Maniosspange), cumerus -a 'vas nuptiale, ein rituelles Gefäß' Varro u. Paul. Fest. (vgl. ai. camasá- neben kaṃsá- 'Becher'). Ein Sonderfall ist quater aus *quatrus (§ 381). Unter der Dreisilbenbetonung schwindet i in -ātis -ītis (§ 309 B 1): cuiās nostrās (zum Akzent s. § 237 B 1b) und Arpīnās Samnīs aus quoiātis (so noch Plt.) usw. Zweifelhaft ist für salūs eine Grdf. *salūtis. – Zu nom. sg. -is für -ius in Gentilnamen wie Caecilis s. § 352.

107. Erläuterungen zur Synkope. a) Die Bedeutsamkeit der Nachbarschaft von r l m n beobachtete Ciardi-Dupré, BB 26, 188. – b) Die stärkste Beachtung fanden die Gegensätze validus : valdē und superus : suprā. Nach v. Planta I 215[2], Vendryes und Pedersen erfolgte Synkope nur, wenn noch mindestens zwei Moren folgten; in den widersprechenden Kasus validī -ō -ae bzw. superī -ōs usw. wären i bzw. e durch Paradigmazwang wiederhergestellt worden. Ähnlich wird von Burger der Gegensatz dem Streben nach binärem Rhythmus (— — oder — ᴗᴗ, vgl. § 121 Ende) zugeschrieben. Immerhin waren *validē *superā als Adverbien in ihrem Lautstand mehr gefährdet als die voll autonomen Adjektiva validus superus. Brugmann und Baehrens dachten daher an vortonige Kürzung in Verbindungen wie val(i)dē magnus oder sup(e)rā caput. – Auch dex(i)tero- : sinist(e)ro- ist bemerkenswert. – c) Osthoff, ALL 4, 464 f. betrachtet im Anschluß an audācter frequenter synkopierte Formen als verallgemeinerte Schnellsprechformen („Allegroformen") gegenüber den nicht synkopierten „Lentoformen", womit freilich die Verteilung doch noch nicht erklärt ist. – d) Die Ungleichzeitigkeit auch vorhistorischer Synkopierungen ergibt sich hinsichtlich der relativen Chronologie etwa in Bezug auf den Wandel $z > r$ (ca. 340[a], s. § 180c): älter als dieser ist die Synkope in *po-sinō > *poznō (> pōno), jünger ist sie in *osinos > *orinos > ornus; unbestimmbar ist sie für rr bei parra (Vorstufe *parezā, vgl. § 181a), ebenso bei farr-. – e) Die phonetisch ansprechende Auffassung, daß die Synkopierungen nur eine letzte Fortsetzung der Vokalschwächungen in Mittel- und Endsilben darstellten (vgl. oben βαλανεῖον > balineum > balneum), begegnet vielen Schwierigkeiten und verträgt sich auch schlecht mit der Tatsache, daß die Synkopierungen im Oskisch-Umbrischen keine Vokalschwächungen fortsetzen. – Zum chronologischen Verhältnis der lat. Anaptyxe zur Synkope s. § 113 Zus. α; zu Vokalschwächung und Synkope s. § 90d.

Lit.: Rix, Die lat. Synkope als histor. und phonolog. Problem, Krat. 11, 156–165 (auch in: Probleme d. lat. Gr. 90–102); Götze, IF 41, 80 ff.; 107 ff. (Bestimmungen über Quantität der Nachbarsilben; vgl. Nehring, Gl. 14, 244, auch J. B. Hofmann, Festschr. Streitberg 376); Sommer 134; ders. IF 11, 4 ff. u. 38 ff.; Stolz, IF 18, 477 (zu dexter); Pedersen, MSL 22, 1–12; Vendryes, Int. init. 181 ff.; Devoto, Adattamento 75 ff. (Synkope psychologisch bedingt durch sensibilità morfologica [IF 44, 366]); Juret, MSL 21, 93; ders., Manuel 266 und Dom. 111 ff.; ders., REL 15, 73 (zu pōno, unhaltbar, s. Gl. 28, 13); Burger, Et. 37 ff., 45 f. [Gl. 19, 236; Hofmann, IF Anz. 49, 303 f.]; Safarewicz, Et. 9; Mahlow, Neue Wege 171 f. – Synkope im Vulgärlatein: Väänänen 43 f.; Baehrens, Komm. 12–24; Gross, Syncope... in Latin Inscriptions, New York 1930 [Debrunner, IF 50, 169 f.]; im Romanischen: Meyer-Lübke I 54; 261; 273; 321; Ettmayer, Gl. 25, 84. – Synkope ist im Osk.-Umbr. noch weiter verbreitet, s. v. Planta I 212, Benediktsson, NTS 19, 1960, 157–295. Zur Synkope im Etruskischen (Pultuke 'Πολυδεύκης' usw.) s. de Simone II §§ 63 f. Zu Spuren von Synkope im Griechischen s. Szemerényi, Syncope in Greek, Neapel 1964.

d) Sonstige Vokalbeeinflussungen: Vortonige Wandel, Fernassimilation, Interversion (§§ 108–112)

108. Vortonige Vokalwandel können nur unter der historischen Dreisilbenbetonung eintreten; dabei ist die vortonige Silbe meist die Anfangssilbe eines mehrsilbigen Wortes. In diesem Sinne sind einige Wandel kurzer Vokale in bestimmter Lautnachbarschaft wohl als akzentbedingt anzuerkennen; dagegen ist die Kürzung von Vokallängen in solchen Silben sehr zweifelhaft.

a) Vortoniger Wandel kurzer Vokale:
va- > vo- in vocīvos neben vacuus, jünger in Quodrātus, s. § 47b.
ov > av : lavāre pavēre aus *lov- pov-, § 47a.
ov > uv > u (restituiertes oder jüngeres ov): vereinzelt inschr. Nuember (I² 1082 IV 2455), cluaca, auch App. Probi, 'cloāca' (alt clouaca D 404); das Cognomen Louella

erscheint im Akrostich CE 511 als *Luella.* S. bes. *Sommer* 109 f., *Baehrens*, Komm. 58. Gleicher Lautwandel nachtonig in *dēnuō*, § 143.

o > e zwischen Dentalen (im weiteren Sinn): *serōr-* inschr. II 515 III 3174 CE 1822; Belege auch im Romanischen.

en > in: vorhistorisch in *Minerva* und wohl in Praepos. *in* für *en* (s. § 42 d); jünger in *sinātus* App. Probi, s. dazu *Baehrens*, Komm. 48.

b) Die Annahme **vortoniger Kürzung von langen Vokalen** stützt sich hauptsächlich auf *mŏlestus ăcerbus* neben *mōlēs ācer*; aber Gegenbeispiele gegen rein lautliche Kürzung sind zahlreich, etwa *mātūrus fūlīgo hūmānus*, und auch die sog. *mamilla*-Kürzung (§ 185 a) genügt nicht als Stütze. Es wird also alter Ablaut o : ō bzw. a : ō vorliegen. S. *Sommer* 129 f.; *Fay*, IF 26, 32–38 (für Kürzung). – Zu *prŏfānus prŏfectō* neben normalem *prō* s. § 418 A 1 b γ; zu anl. ŏ- in *Orīōn* Verg. usw. s. § 130 I B.

Erst im späteren Vulgärlatein wird der Verfall der Vokalquantitäten speziell an vortonigen Vokallängen sichtbar; die Kürze findet auch Anwendung in gepflegter Dichtung, s. § 57 Zus. α.

109. Assimilation bei kurzen Vokalen in benachbarten Silben. Erste und zweite Wortsilben zeigen im Latein oft gleiche Vokale, deren einer als Kürze nicht den Lauterwartungen entspricht, so etwa das nicht geschwächte zweite *a* bzw. *e* von *calamitās* und *vegetus* oder das erste *i* von *vigil* gegenüber dem *e* der sicher verwandten *vegeo vegetus*. Offensichtlich ist die Vokalgleichheit das Ergebnis einer Vokalassimilation, einer progressiven in *alacer vegetus*, einer regressiven in *vigil*. Da diese Erscheinungen aus verschiedenen Zeiten und Sprachschichten stammen können, lassen sich keine eindeutigen Bedingungen formulieren. Die Assimilation wirkt besonders leicht über *l* oder Nasal hinweg, und zwar rein aus äußeren Gründen bei *a* und *e* im Schriftbild vorwiegend progressiv, bei *i* und *o* meist regressiv (eigentlich als Lautvorgang „praegressiv", vorausgreifend).

110. Progressive Assimilation, Erhaltung der Gleichheit (gegen Vokalschwächung) oder Angleichung eines folgenden Vokals in offener Silbe an den Vokal der ersten Silbe. Unbetontes *a* in zweiter Wortsilbe erhalten: *alapa*; *alacer* (aber roman. **alécris *alécro-*, italien. *allegro*); gen. *anatis* (aber pl. *anitēs* Plt. Capt. 1003), und danach nomin. *anas* 'Ente'. Folgendes *r* scheint die Öffnung eines *e*, also *ar* für *er* zu begünstigen, vgl. außer *farfarus* und *Caesar* etwa aus der App. Probi *ansar, passar.* Griechische Lehnwörter wie *cannabis barbarus* sind keine eindeutigen Zeugnisse; für *camera* (aus gr. καμάρα) bezeugt die App. Probi *cammara.* Bewahrtes *e* in zweiter Wortsilbe: akk. *segetem hebetem* § 110. Vgl. auch § 88 Zus. zu gen. *fulguris* neben *corporis*, § 92 A zu *-umus -imus*, § 89 c zu *sepelīre* und *perpetior*. – Weitere Beispiele aus dem Vulgärlatein: *tonotru* App. Probi, inschr. *oppodum* Lex agr. 81, *Modoratus* VIII 10798. – Da vor zweifacher Konsonanz *e* (auch *e* aus *a*) nicht zu *i* geschwächt wird, ist Assimilation an (teilweise beidseitiges) *i* oder *ī* die einzige Erklärung für *i* statt *e* in *vīgintī trīgintā* (statt **vīcentī *trīcentā*, vgl. *vī- trī-cēsimus*, § 379), *vicissim* aus **vi(ce)-cessim, cicindēla* (neben *cicendula!*) 'Kerze', zu *candēre*. Zu gr. κάλανδαι für *kalendae* s. § 119 a Zus. α.

Zusatz. Im Vulgärlatein auch *ar* für betontes *or er*, vielleicht als progressive Assimilation, in *faras* IV 4278 'foras', *novarca* App. Probi. – Lit.: *Baehrens*, Komm. 24 ff., 36 f.

111. Regressive Assimilation. Ein betontes *e* der offenen ersten Wortsilbe wird, meist über *l m n* hinweg, einem *i* oder *o* der zweiten Wortsilbe angeglichen, der sog. *i*- und *o*-Umlaut. *i*-Umlaut: *milium* 'Hirse' aus **meliom* wegen gr. μελίνη; *tilia* 'Linde' neben gr. πτελέα; *siliqua* 'Schote' für **sceliqua*; *similis* für **semilis* aus **semalis* und *cinis* für **cenis*, im Ablaut zu gr. ὁμαλός und κόνις; *sinister* aus **senisteros*; *vigil* s. oben. In Hilfswörtern: *ni*- aus *ne*- in *ni-hil ni-sī ni-mīs* (-*mīs* wohl aus *minus*); zu *tibi sibi* s. § 92 A. –
– *o*-Umlaut: *bonus*, älter *du̯enos*, § 140b; indirekt ist *e* vor *ĕ* noch erhalten in *bene* und *bellus *du̯enelos*; **homōn*- aus *hemōn*-, *hem*- noch in *hemōnem* Paul. Fest. und in *nēmō* aus **ne-hemō*; *color* 'Farbe' aus **celōs* 'Verhüllung', zu *occulere* '*cēlāre*'; *glomus* alt -*os*, romanisch auch **glemus*; bei *vomo* -*is* -*it* ai. 3. sg. *vamiti* kann *o* trotz gr. ἐμέω ererbt sein. Beigefügt sei *purpura* gr. πορφύρα. – Zu *pupugī didicī momordī* für *pepugī* usw. s. § 432 I Zus. α.

Beispiele regressiver Assimilation aus der Kaiserzeit im Vulgärlatein besonders der Inschriften: *rutundus* für *rotundus*, *Rustuta* VI 25680 für *Res(ti)-tuta*, *butūmen* für *bitūmen*, *dupundium*, wenn für *di-p*. (aus **dvi-p*.), *lacātio* für *locātio*; *prau̯ato* 'probātō' III 2007; *nux Terentīna* für *Tar.* (*Svennung, Pall.* 109). Auch in längeren Wörtern, vielleicht vor einem Nebenton, *sa*- für *se*- in *Sabastianus* XI 3238, *sabaciarius* VI 3053 (*Löfstedt*, Komm. 290).

Lit.: *Sommer* 112; ders., IF 11, 325–341 (*i*- und *o*-Umlaut); *Lindsay-Nohl* 232; *Devoto*, Riv. fil. 4 (54), 1926, 518–522 (*alacer* unter etrusk. Einfluß); *Vendryes*, Int. init. 294 306 (*segetem*); *Hermann*, Gött. Nachr. 1919, 234 (Phonetisches); *Baehrens*, Komm. 24–36 (Vulgärlatein); *Väänänen* 26.

112. Als **Interversion** bezeichnet man den gegenseitigen Platzwechsel von Vokal und Liquida zwischen Konsonanten, Typus *trap* > *tarp* oder umgekehrt. Im Latein ist sie kaum zu beobachten. Bei Plautus ist sie an wenigen Stellen für ein paar Lehnwörter durch das Metrum gesichert: *phyrgio* 'Goldsticker' Aul. 508 (aber *phry̆gio* in Men. häufig); gegen die Überlieferung *tarpezīta* Curc. 341, 406 für gr. τραπεζίτης 'Geldwechsler' und *corcōt*- gegen gr. κροκωτός 'krokusgelbes' Gewand in *corcōtāriī* Aul. 521 (neben Senarausgang *crocōtulam* Epid. 231). – Der Placentiner Tinca, dessen unrömische Aussprache durch Lucilius kritisiert wurde (Cic. Brut. 172), sprach nach Quint. 1, 5, 12 *precula* für *pergula*. – *Etruscus* scheint Variante zu **Turscus* (lat. *Tuscus*, § 214a) zu sein. – Als Normalform ist in echtlat. Wörtern Interversion nicht nachgewiesen, nur für einige Etymologien vermutet: *pulmo* 'Lunge' aus **plumō* neben gr. πλευμών (*Schulze*, Kl. Schr. 57); *auscultāre* von **aus-klu-t*- 'ohr-hörend' (§ 263 C), wie gr. ὠτακουστέω von ὠτ-ακουστής; *dulcis* gegen gr. γλυκύς (Grundform unklar, wohl **dluku̯-i*-). – *por* in *por-tendo* kaum aus *pro*-; s. § 418 I A 2c.

Zusätze. a) Der für Interversion öfters gebrauchte Terminus „Metathese" bleibt besser reserviert für Platztausch zweier Konsonanten, sei es als Kontaktmetathese (§ 202 *vespa*) oder als Fernmetathese (§ 231).

b) Nicht einzelsprachliche Interversion, sondern die Nachwirkung von idg. Ablautverhältnissen liegt vor im Verhältnis von *proc-us prec-ēs* zu *porc*- in *po(rc)-scō*, § 32. – Zu *certus ter* gegenüber gr. κριτός τρίς s. § 149.

c) Interversion oder Metathese zweier sich berührender Sonanten, teils über die Silbenfuge hinweg, teils im Wortanlaut, erfolgte unter unklaren Bedingungen anscheinend schon in der Grundsprache bei den Gruppen inl. *rv̯ lv̯* (*ru̯ lu̯*) und anl. *u̯r u̯l* (> *u̯r u̯l*): *neru̯os paru̯os alu̯os* gegenüber gr. νεῦρον παῦρος αὐλός; umgekehrt *taurus* gr. ταῦρος gegen kelt. *tarvos* (s. dazu *Specht*, Urspr. 35 f.). Ähnlich *lupus* gr. λύκος idg. **luk os* neben ai. *vŕ̥kas* lit. *vilkas* nhd. *Wolf* idg. **u̯l̥k^wos* (vgl. § 158a). – Äußerlich ähnlich ist die sog. *i*-Epenthese, ein Wandel *aki̯o* > *aik̯i̯o* > *aiko* (gr. φαίνω aus **φαν-jω, Schwyzer* I 272 f.). Im Latein gibt es dafür keine glaubhaften Belege. Ganz Unsicheres bei *Thurneysen*, KZ

28, 155 (*Gāvios > *Gāivos > Gāius; s. § 145d Zusatz). Zimmermann, BB 27, 331; Cornu, ALL 12, 560.

Lit.: *Grammont*, Streitberg-Festgabe 111–118 (Interversion als allgemeine Spracherscheinung); *Hammarström*, Beitr. 20 (*precula*); *Meyer-Lübke*, KZ 30, 345 (*precula*).

e) Vokalzuwachs als Anaptyxe und Prothese (§§ 113–116)

113. Anaptyxe. Die Aussprache schwieriger Konsonantenfolgen wird in einzelnen Fällen erleichtert durch einen Einschubvokal als Übergangslaut. Die Erscheinung heißt Vokalentfaltung oder Anaptyxis; den anaptyktischen Vokal bezeichnet man auch als Sproßvokal. Betroffen sind im Latein zunächst die vorhistorischen Lautfolgen *cl bl* in wichtigen Suffixen und vielleicht *mn* in der Flexion der *men*-Neutra; andere wie *pl* sind umstritten; in der Vokalfarbe entspricht der Sproßvokal den Schwächungsvokalen nichterster Silben, speziell vor *l* und *m* (§ 86ff. bzw. § 91 f.). Weitere Beispiele liefert im Altlatein griechisches Lehngut für *cl cn cm*. Die Inschriften der Kaiserzeit liefern für Inlaut und Anlaut eine Fülle von vereinzelten Fällen. – Für die Anordnung ist maßgebend der letzte Laut der Konsonantenfolge.

114. Verschlußlaut plus *l*, *m*, *n*, auch *stl sm*.

a) *cl bl* in den deverbativen Instrumentalsuffixen klass.-lat. -*culum* (in *pōculum*; osk. -*klom*, § 285, 2) und -*bulum* (in *stabulum*; osk.-umbr. *stafl-*), dazu im Adjektivsuffix -*bilis*. Der anaptyktische Vokal ist, wie man sieht, *u* (älter *o*) vor velarem *l* und *i* vor *li*, entsprechend dem Vokal bei Vokalschwächung (§ 91). – Nur bei diesem Suffix -*culum* zeigt das Altlatein auch noch die Form ohne Sproßvokal; Plautus gebraucht, im Gegensatz zum denominativen Deminutivsuffix -*culus* -*a* -*um* (§ 282 C), beim Instrumentalsuffix normal -*clum*, doch daneben auch, besonders im Senarausgang, -*culum*, etwa *pōculum* Mil. 653 Rud. 589; /*perīclum* (-*culum* cod.) und *perīculō*/ Capt. 740; metrisch gesichert auch *saeclum* (Mil. 1079 Truc. 13; in Kretikern *saeculum* Trin. 283), ebenso *pōclum* (Curc. 359, *pocla* [*poda* codd.] As. 771); doch zeigen die altlat. Becherinschriften 13-mal *pocolo*(*m*) D 1–219, nur einmal *poclom*, Année épigr. 1965 nr. 280a (Ariminum). Zu *piaclum* D 256 vgl. umbr. *pihaclu*; -*clo*- noch im Mon. Ancyr. mit *periclo spectaclum saeclares*. Die Hexameterdichtung bewahrt -*clo*-, ursprünglich wohl nur zur Meidung eines Kretikus: *vincla* Enn., *saecla perīcla gubernāclum* Lucr. – In den Suffixen ntr. -*bulum* fem. -*bula* (alt -*bol*-) aus idg. -*dhlom* -*dhlā* (§ 285, 4) und adj. -*bilis* (§ 312) ist die Anaptyxe älter als alle Überlieferung: *stăbulum* (vgl. osk. *staflatas*, umbr. *staflare*), *sūbula* 'Nadel' idg. *stə-dhlom *sū-dhlā; alt *conciliaboleis* Lex repett. 31; nur *stăbilis nōbilis mōbilis*. Doch wurde noch vor der Anaptyxe -*blis* hinter *l* zu -*bris* dissimiliert in *alebris*.

b) Sonderfälle, meist in griechischen Namen usw. α) *cl*: *Herculēs*, inschr. noch *Hercolei* D 79 ff., viel älter nomin. *Hercle* 772, *Fercles* 773, dazu dat. *Herclei* 78; zu etrusk. Vermittlung s. § 119b. *Aesculāpius*, alt inschr. *Aiscolapio Aisclapi* D 3 f. (gr. Ἀισκλᾱπιός 'Asklēpios' s. § 79a); ähnliche Anaptyxe gr. Ἀσκαλαπι- *Schwyzer* I 278 Ziff. 2). Metri gratia konjiziert *anculāre* Liv. Andr. Od. 39, scaen. 54 (zu *anclāre* s. § 160b). Jünger *trichili*-

nium IV 5244. – β) *pl gl gm cm cn* usw.: *pl* > *pul*: *mani-pulus* § 336, 2a. – *gl* > *gul*: *iūgulāns* Paul. Fest. (sub *naucus*) für *iūglāns* 'Walnuß' (§ 142b). – *gm*: *tegimen specimen* gegen *agmen* (vgl. § 200a). – *cm* > *cum*: *drachuma* Plt. δραχμή (vgl. aber auch *dragma* § 200a); *Alcumēna* Plt. (auch D 768) 'Αλκμήνη; *Tecumēssa* Grammatici; später inschr. *Acume* häufig (Thes.). – *cn* > *cin*: plur. *techinae* 'τέχναι' Plt. Most. 550 Poen. 817 (Anklang an *māchinae* ?). – *stl*: zu *ergastulum* s. § 232 A 1, zu *postulāre* § 209c Zus. – *sm* > *sim* (?): *musimo* 'Mufflon' (in Sardinien) Plin., gr. μούσμων. – *mn*-: *mina* Plt. μνᾶ.

Zusatz. Anfangsstufe und Endstufe sind bei Synkope und Anaptyxe einander entgegengesetzt, so bei *cl* und *cul*: Anaptyxe *pōclum* > *pōculum*, Synkope *oculus* > *oclus*, demin. *aedicula* > *aedicla* usw. (§ 104); im gleichen Wort (Instr.-Nomen) **cubiclum* > *cubiculum* > *cubuclum* (§ 91aγ). Die beiden Vokalwandel laufen jahrhundertelang unter unklaren örtlichen und sozialen Bedingungen nebeneinander her, denn die Synkope reicht von vorhistorischer Zeit bis ans Ende des Altertums. Gelegentlich ist die sprachhistorische Situation unklar. Eher Anaptyxe (im Latein) als Synkope (im Umbrischen) liegt vor in lat. *tabula* (*tabola* SCBacch.) umbr. *tafle* (und lat. *tableis*, § 103 Ende) und speziell in lat. *populus* umbr. *poplom*: altlat. *poplo*- in *pilumnoe poploe* Salierlied bei Festus, inschr. -*pl*- D 50, 128, 263 usw., metrisch Plt. As. 4 usw.; dazu für späteres *pūbl*- die alten Formen der Ableitung usw. *poplicus* SCBacch. u. häufig (*Prinz* 93), Gentilicia *Poplicius* D 421, 580, *Poplilius* X 6514, Ποπλιλία Mon. Ancyr., Praenomen *P*. gleich alt **Poplios* (griech. Umschrift Πόπλιος D 101, 133, 172 usw., MA, und griech. Historiker, *Eckinger* 62 u. 94), falisk. *Poplia* häufig, Cogn. *Poplicola* D 440 (zu *pūbl*- für *popl*- s. § 130 II B 1); aber Stadt und Juno *Populōnia*. – Bei *mpl* fehlt die Anaptyxe in *templum exemplum*. Bei Plautus neben *extemplō* 'sofort' nur im Senarausgang *extempulō*.

c) *mn* und *gn*, Flexion verschiedener *n*-Stämme.

α) In gen. *nominis* ist trotz -*mn*- in Kasusformen anderer Sprachen wie altind. gen. *nāmnas* got. gen. pl. *namnē* (vgl. gr. νώνυμνος) kaum Anaptyxe bei einer Grdf. **nōmn-es* anzunehmen, vielmehr andere Ablautstufe -*men*- (> lat. -*min*- nach § 87), wie sie auch in gen. got. *namins* aksl. *imene* besteht. – Eher Anaptyxe dagegen in gen. *itineris* für **itinis* aus idg. **itn-es*: im Hethitischen zeigen die *tr*/*tn*-Stämme nur -*nn*- aus -*tn*-. Anaptyxe erklärt auch am einfachsten das *c* statt *qu* im Wort für 'Leber': idg. gen. **yek^{w}n-es* (§ 320) > **i̯eknes* (nach § 155b) > **iecinis* (daraus *iecinoris*); eine Verschleppung des *c* aus *qu* von nomin. *iecur* (aus **i̯equor*, § 59) ist viel weniger wahrscheinlich.

β) Wenn man das *i* aus *e* der Suffixe für weibliche Abstrakta -*gin*- und -*din*- (-*āgo* -*īgo* -*ūgo* und -*tūdo*, § 325) als anaptyktisch betrachtet, so lassen sich diese als *n*-Ableitungen von *k*-Adjektiven (auf -*āc*- -*īc*- -*ūc*-) oder von *t*-Abstrakten (auf -*tūt*-) deuten: lautlich *cn* > *gn* > *gin* bzw. *tn* > *dn* > *din*; zu *cn* > *gn* (*dignus*) und zu -*tn*- vgl. § 200 a u. b. Die Erklärung stammt von *Thurneysen*, KZ 26, 305f., s. dazu *Brugmann* II^2 1, 152. Aber der vorausgesetzte semasiologisch-morphologische Zusammenhang zwischen etwa *vorāx* und *vorāgo*, *virāceus* und *virāgo*, *verrūca* und Ortsname *Verrūgo* (*Meister*, EN 35) und die Funktion des fem. *n*-Suffixes bleiben unklar. Die Anaptyxe müßte älter sein als der Wandel *gn* > *n̥n* (§ 42a). – Anaptyxe in *tegimen regimen* ist unwahrscheinlich angesichts von *agmen*, s. § 326.

115. Auf kaiserzeitlichen Inschriften, selten früher, findet man anaptyktische Vokale in mannigfaltige Konsonantengruppen eingeschoben. Im Wortinlaut zeigen sie vereinzelt die Farbe eines Nachbarvokals; meist aber erscheint *i*, bzw. *e* vor *r* und *u* vor *m*, also die Vokalfarbe der Schwächungsvokale. In Anlautgruppen ist der neue Vokal entweder ein *e*, oder er entspricht dem Vokal der Anlautsilbe. - Die meisten Beispiele solcher Anaptyxe sind an sich nicht Zeugnisse des Vulgärlateins, das vielmehr durch die umgekehrte Erscheinung der Vokalsynkope ausgezeichnet ist. So trifft man die Sproßvokale vorwiegend einerseits in unlateinischen Konsonantenfolgen von Lehnwörtern, und andrerseits im Munde von Fremdsprachigen, d. h. auf Inschriften der Provinzen. Man beachte, daß gelegentlich für die Anaptyxe Aussprache der Konsonantengruppe nach der Schrift vorausgesetzt ist, etwa *n* als dentales *n* oder *g* als Verschlußlaut, beide statt als gutturales *ŋ* bei *nc* oder bei *gn* (gegen § 42a).

Inlautgruppen. *cl gl*: *trichilinium* und *iūgulāns* s. § 114b. - *tr dr br pr fr*: *nutirices* VI 10554, *Extericata* VIII 19928, *magisteratus* D 257, *materi* XI 5015, *frateres* III 9735, *expectara* CE 920 (§ 116); *Hadirianae* VI 32202, *Quaderati* VIII 6255 sq.; *supera* D 584 (Pentameter!). *infera* 294. - *rn mn*: *Coronicei* 'Cornĭcī' D 40, *Areniensis* II 105; *Acmemeno* D 774 (Praeneste, etr. Einfluß) Ἀγαμέμνων, *guminasium* Varro, Catull 63, 60 γυμνάσιον, *omines* 'omnēs' (nach (*h*)*ominēs*?) I² 1259 IX 385 XII 2366 usw. - *gn pn fn*: *digina* VI 25741, *reginante* Gl. 29, 163, *abiegineas* (*-ineus* vielleicht durch Suffixwechsel) neben *abiegnieis* Lex par. Put., ⟨*si*⟩*genataru*(*m*) IV 3340 XXVI; *Daphine -us* und *Dafine -us* Δάφνη -ος (Thes. Onom.). - *nt nc ng*: *Abascanitus* VI 5028; *anicillae* III 5061 (kaum demin. zu *anus anicula*); osk. *Anagtiai* für lat. *Angitiae*. - *ct pt*: *in.vi.ci.te* VI 80, *Ocetavi* VIII 6239; *Sepetumienus* XIII 7109. Zu *opituma* s. § 288 A Zus.

Anlautgruppen. *cr- gr- tr- pr-* (meist aus Afrika): *Ceresce*(*n*)*s* VIII 16940; *Geracilis* VIII 6237; *Terebonio* D 159, vgl. VIII 22424; *Pirisca* VIII 25971. - *cl-*: *Celodia* VIII 3520. - *gn- cn-*: *Ginaeus* III 2147, 8599; *Cinips* Gl. 36, 126f. (κνίψ); vgl. plur. *scinīfēs* Petr. 98, 1, Vulg. (entlehntes gr. σκνῖφες; aber LXX κυνάμυια). - *tm-*: hschr. *timiticus* WSt. 67, 160 n. 110 (τμητικός). - *sp-*: σιπιριτους Audoll. 270, 18. - *bd-*: *bidellium Niedermann*, Emerita 11, 278 (βδέλλιον).

Lit.: *A. W. de Groot*, Anaptyxe im Latein 1921: im späteren Latein regelmäßige Erscheinung, doch nicht gleichzeitig in den verschiedenen Konsonantengruppen; größtenteils später durch Synkopierung wieder beseitigt. *Sommer* 138. *Goetze*, IF 41, 103; 110 u. 120. *Harl*, KZ 63, 14f. („überkurze" Vokale). *Jacobsohn*, Quaestiones Plautinae, Diss. Göttingen 1904, 11 (*-clum* und *-culum* bei Plt.). *Szemerényi*, Festschr. Pisani (gen. *hominis*). *Baehrens*, Komm. 16f. - Weitergreifende Vokalentfaltungen im Oskischen, gar keine im Umbrischen, s. *v. Planta* I 251ff.

116. Vokalprothese vor *sp- st- sc-*. In der Kaiserzeit, etwa seit 100ᵖ, begegnet auf Inschriften und Papyri häufig ein „prothetisches" (auch „prosthetisches") *i-*, seltener *e-*, vor *s* impurum, d. h. vor anl. *sp- st- sc-*, auch in griechischen Wörtern vor *sm-* bzw. *zm-*. - Belege für *i*: *vir ispectabilis* VI 31986, *Isspes* 'Spēs' VI 7974, vgl. XIV 1198; *ispiritus* Audoll. 250, *Ispartacus* X 1974; *Istefanus* VI 26942, *in istatuam* XI 5996; *isciatis* VI 18659, *isculse* 'sculpsit' Gl. 21, 184; dazu ebenda *subisceribsi* (mit falscher Wortfuge *abistulerunt* Gl. 42, 85 unten); *Ismurna* IV 7221, *Izmurna* VI 6792 (*Väänänen* 48), *Izmaragdus* VI 156, 26010. - Für *e*: *espiritum* IX 6408; *Aestercoriae* VI 28512. Dazu, nach dem Lautwandel *exp- > esp-*, die Pseudoschreibung *exp-* für *sp-* (vgl. § 204e): *explendido* IX 259, *expectara* 'Gespenster' CE 920 ('spectra', Anlehnung an *exspectāre?*), *expopondiderunt* 'spopondērunt' Gl. 21, 184. - Dazu als umgekehrte Schreibung auch Weglassung eines etymologischen *i-* vor *st- sp-*: *strumentum* für *istr-*, *sciadicus* (*-aticus*) 'ἰσχιαδικός' 'Ischias-leidend' (s. Thes. s. *instrūmentum* und *ischiadicus*); *Spania* '(H)ispania' Gl. 42, 86 Mitte (s. Zusatz a); *stericus* (*ist-* gr. ὑστ-).

Zusätze. a) Der chronologisch früheste Zeuge der Prothese ist Plinius, nat. 12, 7 (*Ernout*); er mißdeutet σπανίαν 'selten' seiner Quelle Theophrast zu *Hispania*, also zu *Spania*; s. zu *Spania* auch *Blass-Debrunner* § 41 Zus. und die Bedenken bei *Prinz*, Gl. 26, 104. – b) Eine spezielle Folge der durch die Schreibung *exp-* für *sp-* repräsentierten Erscheinung ist in späteren Handschriften die Verwechslung von Simplicia mit Anlaut *st- sp-* und deren *ex-*Komposita, etwa *stāre/exstāre spectāre/exspectāre* (Thes. s. *exspecto* p. 1887, 59 sqq.). Ausführlich *Ernout* II 200ff. – c) Die gleiche Prothese findet sich im Griechischen von Kleinasien, *Schwyzer* I 413 litt. β, *Schmitt*, IFAnz. 12, 73–76. Doch bietet die Annahme von *Schuchardt* II 348 und *Pisani*, daß diese Aussprache durch kleinasiat. Christen nach Rom verpflanzt wurde, chronologische Schwierigkeiten. *Pisani*, Studi byz. e neoell. 5, 1938, 530 [Gl. 29, 165]; *Dressler, i-*Prothese... in Kleinasien (und im Vulglat.), Balk. E 9, 93–100 (Sofia; nach Bibl. ling. 1965, 106 nr. 2463). – Aufkommen in Nordafrika vermutet *Prinz*, Zur Entstehung der Prothese vor *s* impurum, Gl. 26, 97–115 [Gl. 28, 7f.]. – d) Entstanden ist dieser Vorsatzvokal wohl eher als Sandhierscheinung im Satzinnern hinter kons. Wortauslaut (vgl. oben *in istatuam*) als im absoluten Wortanlaut. – e) Zum Fortleben in den westromanischen Sprachen vgl. frz. *épée étroit écrire* aus *esp- est- esc-* (oder *isp- ist- isc-*), lat. *spatha strictus scrībere.* – Die Sandhiverteilung des *i-* im Italienischen ist eine sekundäre Regelung.

Weitere Lit.: *L. Sommer*, De prosthesi et aphaeresi, Diss. Jena 1900; *Hermann*, Silbenbildung 216; *Harl*, KZ 63, 21 („überkurze" Vokale); *Ernout, exsto* et les composés latins en *ex-*, Philologica II 198–207 [Gl. 36, 134f.]; *Schuchardt*, Vok. II 338ff.; *Lausberg* II 26 § 353.

3. BEDINGTE KÜRZUNGEN UND DEHNUNGEN VON VOKALEN

a) Kürzungen: vor Vokalen, vor *nt nc rc*, in Auslautsilben, Iambenkürzung, Kürzung im absoluten Auslaut (§§ 117–123)

117. Kürzung nach der Stellung in der Silbe.

Kurze Vokale und lange Vokale sind im Latein verschiedene Laute bzw. Phoneme; der Quantitätsunterschied ist für Wortbedeutung, Etymologie und Morphologie relevant. Die Quantitäten sind im Prinzip fest; freilich werden uns durch die Metrik nur die in offenen Silben erfaßbar. Doch kann Vokallänge auch in geschlossenen Silben bestehen, wo die archaische Schrift sie teilweise noch sichtbar macht. Vgl. §§ 21 u. 22; zu *Iŭppiter* s. § 184b. – Dessen ungeachtet gibt es Quantitätsveränderungen unter besonderen Bedingungen sowohl als Kürzungen von älteren Längen wie auch umgekehrt; sie kommen in den folgenden Paragraphen zur Besprechung. – Zu sonstigen Quantitätswechseln s. § 130.

118. Vokalkürzung vor Vokal. Gekürzt wird ein Vokal vor einem anderen: „*vocalis ante vocalem corripitur*". An sich ist diese Kürzung nicht auf das Wortinnere beschränkt, das lehrt die Kürzung von Einsilblern im sog. prosodischen Hiat, so bei den alten Skenikern *quŏ agis, quĭ amat, sĭ eget*, vereinzelt bei Daktylikern, *me dĭ ament* Catull, *sĭ abest* Lucr., *quĭ amant* und *tĕ amice* Verg., *mĕ amas* Hor. serm. 1, 9, 38, dazu wohl *-um* als gekürztes *-ŭ* (nach § 228 II a) in *num adest* Hor. serm. 2, 2, 28; ähnlich Kürzung des Schlußvokals kretischer Wörter, Enn. ann. 332 *milia militŭm octo/*, Verg. Aen. 5, 261 *sub Iliŏ alto/*, dies sicher nach homerischem Muster (Z 512 κατὰ Περγάμου ἄκρης/). Im Wortinnern ist die alte Länge neben der jüngeren Kürze noch bezeugt bei *ī* und *ū*, in gen. *illīus* und perf. *fūī*; möglicherweise war sie hier durch einen noch erhaltenen Gleitlaut i̯ bzw. u̯ (*illīi̯us, fūu̯ī*) länger geschützt. Es folgen die Beispiele.

Älter *ī*, jünger *ĭ*. *Dīāna* Plt. Enn. Verg. Hor., *Dĭāna* seit Lucil. Cic. Verg. im Hexameterausgang, d. h. nach § 130 I B. – Zu *-ius* im pronominalen Genetiv für *-īus* s. § 376 B 2aα. – *pĭus* hat etymolog. *ī* nach osk. *diúveí piíhiúí 'Iovi pio'* (Agnone, B 15). – Zu *fī-* neben *fĭ-* in Formen von *fio* s. § 403, 3. – In griech. Wörtern: adj. *Chĭum* (*vīnum*) Plt. Curc. 78 Poen. 699 (gr. Χῖος aus *Χί-ιος, wie Σάμ-ιος). Eine rustike Aussprache *Ampĭo* ('Αμφίων, *Amphīo* Verg. ecl. 2, 24) zitiert Quint. 12, 10, 57. Lw. *graphĭum* 'Schreibstift' Ov. am. 1, 11, 23, γραφεῖον (ει mit Lautwert *ī*, § 85 C 5).

Alt *ū* aus *ūv* steht vereinzelt noch für klass.-lat. *ŭ*. Im *v*-Perfekt von Verben auf *-uere* (§ 437 I C 1c): *īnstituī* aus *-*ū-vī* (neben *-ū-tus*) usw. Sonst seit Plautus *-ŭī*. *ū* neben *ŭ* auch noch in perf. *fūī* : *fūimus* Enn. ; *fŭit* Plt., s. § 400 B 2. Zu *ŭ* aus *ū* in praes. *suo spuo* s. § 408. – Vgl. *pruīna* § 206 sub *su̯*.

ē neben *ĕ*. Praeverb usw. *dē-* vor Vokal: *dĕhinc* Verg. oft, Hor. ; *dĕinde* Ter. Andr. 483 u. spät; *dĕamo* Plt.; *dĕerant* Mart. 7, 96, 3 (oder *dērant*?); *dĕhīsco* Verg. gg. 3, 432; *dĕorsum* 'hinunter' (aus *dē-vorsum*, § 44 Zus.) Lucr. 2, 202; 3, 1016, vielleicht Lucil. 703; *dĕūro* Lucil. 1037. Zur Vokalkontraktion (*dēsse, deinde* usw.) s. § 132. – Etymol. *ē* in Flexionsfuge: 5. Dekl. *-iēī* neben *-ĕī* s. § 361, 3. – Nur *ĕ* für älter *ē*: In Einsilblern der 2. Konjug. 1. sg. ind. *-eo* konj. *-eam* usw. in *flĕo nĕo* (*ex*)-*plĕo rĕor*, s. § 420. In *creāre* neben *crē-vī crē-sco*. – *ĕ* aus *ę̄* (aus älter *ei* und gr. ει, § 72): *dĕus*; in Mittelsilbe *oleum platea balneum* (§ 85 C 5b).

ŏ aus *ō* nur im Praeverb und Praefix *prŏ-* aus *prō*: *prŏavus* Verg. Aen. 3, 129 (vgl. gr. πρό-παππος). Praeverb *prō-* > *prŏ-* (nicht *prōd-*!) in alter Bedeutung 'fern, weg' in *prŏhĭbeo* 'halte fern, hindere': *prŏhĭbent* Verg. georg. 3, 398; 4, 10, Lucr.; *prohib-* sicher ∪∪ (nicht einsilbig) auch bei Plautus; vgl. auch § 132. – Zu *prŏ-* vor Konsonant nach gr. προ- s. §§ 130 I B; 418 I A 2b. – Zu *co-* aus *cǫ-* im Praeverb *com-* s. § 228 IIb Zus. β.

ĕ für *ae*. In Praeverb *prae-* (vgl. § 132), wohl nach *prŏ-* für *prō-*: *prăeut* Plt. häufig, *prăeustis* Verg. Aen. 7, 524; *prĕhendo* und *prendo* seit Plt. Dazu *Pellăeō* Plt. Asin. 333 (gegen 397). Danach war *ae* in dieser Stellung schon früh Monophthong; vgl. § 78 zu *scaena*.

ā: keine Zeugnisse für Kürzung, wegen Kontraktion (§ 133 II). Vor Vokal *ā* in *Gāius* § 138, 3a, gen. *-āī* § 349, spät *-ăit* für *-āvit* § 438 II B. Zu *ăit* 'sagt' s. § 138, 1c.

Keine Kürzung von *ā* in gelehrter Übernahme griechischer Formen und Namen: akk. *āera* Enn., *āetus* mit *haliāetus* (zu *ā* s. *Schwyzer* I 265f.); auch nicht von η und ω etwa in Suffix *-ēius -ήιος, in *-ōus -ῷος von *arctōus* 'nördlich' usw. (§ 266d).

119. Kürzung vor Nasal oder Liquida plus Verschlußlaut, speziell vor *nt nd nc* und *rt rc*. Eine gleichartige Kürzung zeigt auch das Griechische (*Schwyzer* I 279α). Man bezeichnet sie gelegentlich als Osthoffsches Gesetz.

a) **Vor Nasal + Vschll.** Vor *nt nd* in Verbalformen der Tempus- und Modusstämme auf *ā* und *ē*, auch auf *ī*: 3. pl. *-ant -ent* (mit *-antur -entur*) neben 1. pl. auf *-āmus -ēmus*, etwa *laudant -ābant erant legant* oder *flent* *legent laudent essent*, wonach zu *-īmus* sekundär *-int* in *sint velint laudāverint*; Ptc. prs. und Gerundivum der 1. u. 2. Konjug., so *laudant- -andus, flent--endus*. Schwache Indizien dieser Kürzung sind das Fehlen des Apex auf Vokalen vor *nt nd* und einige lat. Lautwandel (s. unten), das stärkste ist gr. ε in -εντ- der lat. 2. Konjug., etwa μερεντι *merĕntī*, Βαλεντῖνος *Valĕntīnus*. — Vor *nc* in *nŭncupāre* § 45d. — Diese Kürzung gilt wohl mit Recht als gemeinitalisch, vgl. *Hermann*, NGG 1919, 230; *v. Planta* I 210; *Brugmann* I 800; phonetisch beseitigt sie Überlängen bzw. dreimorige Silbenträger. In umso auffälligerem Gegensatz zu dieser Kürzung steht daher die Dehnung vor *nct mpt*, § 126.

Zusätze. α) Keine Vokalschwächung des *a* von *-ant- -and-*. Da mittelsilbiges *a* vor *nt* noch in griech. Lehnwörtern zu *e* geschwächt wurde (τάλαντον *talentum*, § 87a α), so müßte altes *-ănt- -ănd-* in *-antur -antem -andus* als *-ent- -end-* erscheinen. Und doch kann die Kürzung kaum jünger sein als die Vokalschwächung. Offenbar ist also *ă* für *ĕ* restituiert zum Ausgleich mit dem *ā* vor einfachem Konsonat in *laudāmus -āre* usw. – Vielleicht ist daher bewahrte Vokalschwächung in isoliertem Wort die bessere Erklärung für das *e* von *Kalendae*, sofern nämlich dieses richtig als Ableitung von *calāre* 'ausrufen' erklärt wird mit Varro ling. 6, 27 *kalendae, quod his diebus calantur . . . nonae a pontificibus . . . in curia Calabra . . .* (1. sg.) *kalo eqs.* (eine Nebenform *calēre gleich gr. καλεῖν ist wegen *kalo* unmöglich); die griechische Wiedergabe als κάλανδαι (*Eckinger* 18) wird am ungezwungensten als Übernahme noch vor der lat. Vokalschwächung gefaßt. Jüngeres inschr. lat. *kalandae* (V 1682 IX 1095 X 539) gibt die griech. Form wieder. – β) Aus etymologischen Gründen ist hiernach Kürzung anzusetzen für *ventus* (got. *winds*) als Ableitung von idg. Wz. *wē* (in gr. ἄ(F)ημι usw.). Kürzung vor *mb* in *membrum* (s. § 215b Zus.). – γ) Die Mehrzahl der Zeugnisse der romanischen Sprachen weist auf Kürzung. Kurzes *ĭ* bezeugt indirekt, d. h. nur als Positionslänge, Servius gramm. V 426, 34 für *princeps* (Grdf. **prī(z)mo-kaps*). Verhältnismäßig jung (frühestens II^a) muß die Kürzung erfolgt sein bei *ī* und *ū* aus *oi ou ove*, also in *vĭndēmiae* (vgl. § 103b), *ŭndecim* aus **oinozdecem, nuntius* aus *noventios (§ 142b); auf *ĭ ŭ* weisen die romanischen Sprachen (frz. *vendange, onze, annoncer*). Dagegen deutet das Romanische auf *ē* bei *vendere* (alt *vēnum dare*, §§ 228 I b, 418 II B).

b) Vor *r* + Vschll. Der Nachweis einer Kürzung ist schwierig wegen der gegenläufigen Dehnung von Kürze vor *r* + Kons. (§ 128). Etymologisch verlangt und inschriftlich durch *ú* bezeugt ist *ū* in *iūrgāre* (§§ 103b u. 22). – Bei *Herculēs* aus gr. Ἡρακλῆς ist eine Zwischenstufe *Hērclēs vorausgesetzt (§ 103b, § 114b α), vielleicht zeugt für sie *Hērculanius* VIII 21036; Kürze *ĕ*, also *hĕrc-*, ist im Namen nicht zu erweisen; in der Interjektion *hercle* besteht wohl Kürze, doch aus oskischer Herkunft; denn sie ist herkunftsmäßig Vokativ zum osk. *o*-Stamm *Herclo-* (dat. dial. *Herclo* D 77; in osk. *Herklúí* ist *ĕr*, nicht *ēr*, aus der Schreibung mit *e* bezeugt, vgl. § 57c zur Schreibung von *ē*). Zu etrusk. und ev. osk. Zwischenstufe s. *de Simone* II § 236. – Nicht aufklärbar sind Fälle eventueller Vokalkürzung vor *rd* und vor *rl* > *ll*, so in *ardeo* als Ableitung von *āridus*. Zu *pĕrna* 'Schinken' trotz altind. *pā́rṣṇi-* 'Ferse' s. *Wackernagel*, Sprachl. Unt. 195 (*ĕ* wegen daraus entlehntem gr. πτέρνη), und *Benveniste*, BSL 50, 41.

c) Eine Gruppe für sich bilden hier die Deminutiva zu *r(o)-* und *n(o)-*Stämmen auf *-lo-* und *-culo-*. Kurzes *ŏ* vor *nc* ist wegen des Wandels *onc* > *unc* nach § 45d anzusetzen für die Vorstufe von *-unculus*; das ist morphologisch berechtigt bei Nomina auf *-o -inis* (< *-on-es*) (*homin- homunculus*); bei *-o -ōnis* (*carbo, carbunculus*) mag man *-ōn-k-* > *-ŏnc-* > *-unc-* ansetzen oder mit Verschleppung von *-unculus* rechnen. Unbestimmbar ist die Quantität des *o* von *uxorcula* (zu *uxōr-*), vermutlich war sein Vorbild *sororcula*, eine junge Bildung von nomin. *sorŏr* nach Muster *frāterculus*. Bewahrte Länge des *ō* zeigt *corōlla* aus **corōn(e)lā*, gegenüber dem oben genannten *-ullus*. S. auch § 282 B.

120. Kürzung in Endsilben. Erhaltene Längen. Die Vokalquantitäten sind durch die klassische Metrik auch in Endsilben eindeutig bestimmt. Diese Endsilben sind in der Mehrzahl im Latein Flexionsendungen von Nomen und Verbum. Von den Längen geht $\bar{\imath}$ meist auf einen i-Diphthong zurück, der auf altlat. Inschriften noch *ei* geschrieben ist; s. § 100 zu *ai ei oi*, auch zu $\bar{u}$ aus *ou*; der Diphthong *ae* ist älteres $\bar{a}i$, § 67. Diese Vokallängen bleiben meist als solche erhalten. – Unsorgfältige Aussprache von Endsilben war, wie Quintilian 1, 11, 8 und 11, 3, 33 leider ohne Einzelheiten berichtet, zu seiner Zeit verbreitet. – Über Auftreten von Längen sei dies vorausgeschickt.

a) **Absoluter Auslaut.** Einige Langvokale sind erst zu Beginn der Überlieferung um 200^a durch Schwund von *-d* nach § 230 auslautend geworden: das sind die *-$\bar{a}$ -$\bar{o}$ -$\bar{\imath}$ -$\bar{u}$ -$\bar{e}$* im Abl. sing. der fünf Deklinationen, mit den Adverbien auf *-$\bar{e}$* und *-$\bar{a}$* (*probē suprā posteā*) und dem *-tō* des imper. fut., sowie das *-$\bar{e}$* der Einsilbler abl. und akk. *mē tē sē* und Praepos. *sē*. – Auslautende Vokallängen kennzeichnen viele Flexionsendungen von Nomen und Verbum; außerdem folgende Wörter: *octō vīgintī trīgintā*, die einsilbigen Partikeln usw. *nē prō tū ō*, mit *-ī* aus Diphthong *sī nī quī*. – Zur Kürzung des *-ō* der 1. sg. (*lego* usw.) und des Nomin. sing. der geschlechtigen n-Stämme (*homo legio* usw.) s. § 122b.

b) **Im gedeckten Auslaut** sind Langvokale am häufigsten in den Nominativen auf *-s* der 3. Dekl., die hier nicht zu den Flexionsformen gerechnet werden. Langvokale stehen: Vor *-s* in vielen Kasusendungen, sekundär durch Ersatzdehnung in akk. pl. *-ōs* aus *-ons* usw. (§ 152a), meist aber als Naturlängen oder alte Diphthonge: beim Verbum in 2. sg. *-ās -ēs -īs* der Flexionsstämme auf Langvokal; beim Nomen in Neutra *plūs ōs vās* und in folgenden geschlechtigen Nomin. sing.: auf *-ēs* in der 5. und in Vokalstämmen der 3. Dekl. wie *diēs rēs aedēs prōlēs*, dazu in *bōs*; auf *-ōs -ēs* der *s-/r*-Stämme *honōs arbōs flōs Cerēs*; in Dentalstämmen auf *t*, so *nepōs salūs*, Suffixe *-āti-* in *nostrās Arpīnās* mit *Samnīs* und *-tāt-* in *novitās* usw., *-tūt-* in *virtūs* usw., und auf *-d-*, so *mercēs hērēs custōs palūs pēs*; in n-Stämmen wie *sanguīs* (aus *-ins*). – Vor *-n*: nomin. *rēn liēn* (?); Partikeln *quīn sīn nōn*; auch *vīn* aus *vīs-ne*. Vor *-r*: *fūr*, vgl. § 123a. Zur Kürzung vor *-m* s. § 228 II a. – Vor *-c*: *hallēc* (gen. *-ēcis*) 'Fischsauce'; Adverbien *hīc hūc sīc illīc illūc posthāc*. – Vor zweifacher Konsonanz, ohne metrische Gewähr: Nominative auf *-x* der Gutturalstämme mit Langvokal, Typen *audāx* (gen. *-āc-is*), *victrīx, fēlīx ferōx Pollūx*, einsilbig *lūx pāx rēx lēx* (zu $\bar{e}$ s. § 22a); dazu *plēbs*. – Durch sekundäre Dehnung *-ēns* aus *-en(t)-s*, § 152b. – Zu *palŭs* 'Sumpf' s. § 121, zu *sangu̯ı̆s* § 152a.

Lit. über Kürzung in Endsilben: *Safarewicz*, Etudes de phonétique et de métrique latines, Wilno 1936 (Zusammenfassungen S. 27, 67, 112). – Zum Idg.: *Brugmann* I 914. *Gauthiot*, La fin de mot en i.-e., Paris 1913.

121. Die **Iambenkürzung** (IK), auch als „Gesetz der *brevis brevians*" bezeichnet. In der alten skenischen Dichtung können (sic!) Wörter iambischer Form (∪ —) für sich eine Hebung oder auch eine Senkung bilden, sie gelten dann metrisch als Doppelkürze (∪∪, Pyrrhichius), vgl. die so gekürzten *bonīs* Ter. Eun. 8, *novōs* Plt. Truc. 244, *amās* Pers. 177 (Anap.).

Die Einzelheiten dieser sog. Iambenkürzung bei den alten Dichtern sind hier nicht zu behandeln; doch ist die metrische Iambenkürzung die Ausweitung einer Aussprachebesonderheit ihrer Zeit. Bei reichlich einem Dutzend alltäglicher meist auf Vokal auslautender Wörter dieses Silbenbaues waren Aussprache und Klangbild als Doppelkürze in der alten Umgangssprache so fixiert worden, daß in der Folgezeit nur die verkürzte Aussprache im Gebrauch blieb; so trifft man sie mit dieser Messung auch in der klassischen Dichtersprache, die keine Iambenkürzung kennt. Sicher wurden sie auch von Cicero so gesprochen.

Es sind je zwei Adverbien auf -ē(d) und auf -ō(d): bĕnĕ mălĕ und cĭtŏ mŏdŏ ('soeben', -ŏ Paul. Fest.), dann verschiedene Pronomina usw. auf alt -ei -ī : mĭhĭ tĭbĭ sĭbĭ (vgl. § 367, 5), ĭbĭ ŭbĭ, hĕrĭ, nĭsĭ quăsĭ; weiter nĭmĭs (§ 111) und nĭhĭl (vgl. § 228 I d), auch ĕgŏ, cĕdŏ; unsicher dŭŏ fĕrĕ ĭtă; endlich vĭdĕn (neben vĭdēn) Plt. häufig, aus vidēsne, dabei vĭdĕn ut (vgl. Allg. Teil 60* § 52) von Bacch. 492 an bis Verg. Aen. 6, 779 Tib. 2, 1, 25. Zum Lautwert des ungekürzten -ei der ersten acht Beispiele s. § 69 Zusatz; zu -i in heri s. § 352 (Lok.). In Büchern stand auch -e für -i, so in here quase sibe nach Quint. 1, 7, 22 u. 24 (dazu 1, 4, 8). – Außerdem erfaßte die sprachliche Iambenkürzung die als beinahe selbständige Wörter empfundenen Vorderglieder des Typus calē-facio (§ 418 II C 3): die gekürzte Form ŏlĕ-facio călĕ-facit ist Voraussetzung für eine Synkopierung zu olfacio calfacit (bezeugt seit Catull bzw. Ovid); vgl. auch vĭdĕ-licet (so Plt. Ter., vĭdē- nur As. 599). – Aus der Umgangssprache stammen sicher auch pălŭs (zu Gen. palūdis) Hor. ars 65, homŏ Lucr. (vgl. § 122b), sowie die interjektionsartigen Imperative căvĕ Catull. Hor. Prop. (und commodă Catull), pŭtă Priap. (N.-W. III 299).

Für die skenische Dichtung gab *F. Skutsch* die folgende Formulierung des Gesetzes „eine iambische Silbenfolge, die den Wort- oder Verston auf der Kürze trägt, oder der die tontragende Silbe unmittelbar folgt, wird pyrrhichisch". Hiernach sind außer langvokaligen auch positionslange Endsilben von der Kurzmessung betroffen; und überdies ist nicht von iambischen Wörtern die Rede, sondern von iambischen Silbenfolgen. Tatsächlich ist die IK nicht ganz auf zweisilbige (iambische) Wörter beschränkt; sie verkürzt vereinzelt im Vers auch iambische Wortanfänge vielsilbiger Wörter (*pŭdĭcitia* Plt. Amph. 930, *sĕnĕctūtem* Stich. 568), sowie erste Wortsilben hinter Einsilbern besonders im Verseingang (/*quĭd ĭstuc* As. 32), s. § 373, 2a. Hierzu neben *diŭ* metrisch *diŭturnus*, seit Ov. met. 3, 472 (*Solmsen*, Stud. 194). – Belege für *fĕrē* s. Thes.

Phonetisch liegt der IK offenbar die Zusammenfassung der zwei Silben zu einem einzigen Sprechakt zugrunde. – Im Einzelnen sind die lautlichen Beurteilungen mannigfaltig; denn sie sind mitbedingt durch die jeweiligen Vorstellungen vom lat. Akzent und auch vom sog. Versiktus.

Lit.: Erkannt wurde die IK von *C. F. W. Müller* im Jahr 1869; die antiken Grammatiker haben die Erscheinung nicht beobachtet, auch wenn sie und etwa Cicero wohl die Senare der alten Skeniker als Verse lasen. – *Lindsay*, ELV 35–59; 113f. *O. Skutsch*, Prosod. u. metr. Gesetze der IK, 1934. *Alice Brenot*, Les mots et groupes iambiques réduits, Paris 1923. *Safarewicz*, Etudes 14–36 u. 91–107. *Vollmer*, Sbb. München 1924, 4. Abh. *Fraenkel*, Iktus und Akzent 344. *Drexler*, Die Iambenkürzung, Hildesheim 1969. – Nach *Burger*, Etudes 57 und nach *Safarewicz*: Tendenz zu binärem Rhythmus [Gl. 19, 236 u. 27, 82 f.]. – Zur Wechselschreibung *here/-i* s. Gl. 42, 89 f.

122. Kürzung von Vokallängen im absoluten Auslaut, nur in wenigen Sonderfällen.

a) Vorhistor. -$\breve{a}$ für -$\bar{a}$ in zwei Kasusformen. Idg. -$\bar{a}$ ist in der Nominalflexion als Länge, wenn überhaupt, dann nur bewahrt im lat. -*gintā* der Zehnerzahlen wie *trīgintā* gegenüber dem -$\breve{a}$ von gr. τριά-κοντα, ursprünglich sicher 'drei Zehner'; s. dazu § 379. – Lat. -$\breve{a}$ steht für idg. -$\bar{a}$ (-$e_{\cancel{2}2}$) in den beiden gemäß § 267b morphologisch eine Einheit bildenden Endungen nomin. sg. fem. der $\bar{a}$-Stämme und ntr. pl. der o-Stämme. – Rein lautlich ist diese Kürze -$\breve{a}$ nicht zu erklären; vgl. § 97. Zu morphologischen Rechtfertigungen s. § 349 für fem. sing. -a, § 346 für ntr. plur. -a. Nach *Lejeune*, BSL 45, 104 u. 110 und nach *Szemerényi*, Numerals 123 ist idg. -$\bar{a}$ verkürzt, außer wo es durch $\bar{a}$ im System gestützt ist, wie in Imper. *amā*.

Ausl. -$\bar{a}$ in imper. *stā laudā* usw. kann auf idg. athem. -$\bar{a}$ oder mit Kontraktion auf themat. -$\bar{a}(y)e$ zurückgehen. – Wechsel von -$\bar{a}$ und -$\breve{a}$ zeigen *contra* (meist -$\bar{a}$), *frustra* und *iuxta*, wohl durch gegenseitige Beeinflussung: alt ist -$\bar{a}$, -$\bar{a}d$ nur in den beiden auf -*trā*, vgl. inschr. *exstrad*.

b) Kürzung von ausl. -$\bar{o}$. Ausl. -$\bar{o}$ ist die Grundform in Flexionsformen: α) 1. sg. aller Praesentien, so themat. -$\bar{o}$ idg. -$\bar{o}$ in *ago* gr. ἄγω usw., dazu fut. -*bo*; auch wohl pron. 1. sg. *ego* gr. ἐγώ. β) nomin. sg. der geschlechtigen *n*-Stämme auf lat. -o (gen. -$\bar{o}nis$ und -$\breve{\imath}nis$) idg. -$\bar{o}$ (aus älterem -$\bar{o}n$, s. § 151), mask. *homo praedo ordo*, fem. *Iūno virgo legio ratio*. γ) ehemalige Duale *$du\bar{o}$ ambō octō*, idg. -$\bar{o}$ aus älterem -$\bar{o}u$ (§ 67). δ) dat. abl. -$\bar{o}$ der o-Dekl., idg. dat. -$\bar{o}i$ und abl. -$\bar{o}d$, dazu Imperativendung -$t\bar{o}$, alt -$t\bar{o}d$ (§ 423). – Bei α und β wird in dieser Grammatik -o, nicht -$\bar{o}$ geschrieben, s. unten. Kurzmessung des -$\bar{o}$ findet sich bei den alten Skenikern in iambischen Wörtern (nach § 121), also aus Gruppen α β γ in *vŏlŏ dăbŏ ĕgŏ* neben *dīcō amābō, hŏmŏ* neben *lēnō*, nur *duŏ* neben *ambō*. Aus der Umgangssprache stammt also auch *vŏlŏ* Catull, *hŏmŏ* Lucr., sowie das an *scĭŏ* angelehnte *nescĭŏ* Plt. Aul. 71 al., Catull 85 (s. dazu *Lindsay*, ELV 173 f.). Bei nicht-iambischen Wörtern begegnet die Kürze durch Übertragung vereinzelt seit Horaz und Ovid etwa in *mentiŏ Pŏlliŏ* (elidiert *Pōlli(o)* Verg. ecl. 3, 84) und *nēmŏ tollŏ*. In den Fällen zu δ sind (abgesehen von rein metrischen Iambenkürzungen der Skeniker und den isolierten *cĭtŏ mŏdŏ*) die frühesten Belege *estŏ* Ovid, *vincendŏ* Seneca; ältere Beispiele iambischer Form fehlen wohl nur zufällig. – Die Nichtbezeichnung der Länge des -$\bar{o}$ in Fall α und β, d. h. in 1. sg. prs. und nomin. sg. der *n*-Stämme folgt dem Verfahren des Thes. ling. Lat. in den Lemmata als den Nennformen der Artikel.

Lit.: *R. Hartenberger*, De o finali apud poetas latinos, Diss. Bonn 1911; *Bednara*, ALL 14, 333; *Vollmer*, Metrik 20. – Nach *Strzelecki*, Abh. Poln. Akad. 68, 1949, H. 3, 1–13 [s. Gl. 34, 209 unten; *Haffter*, Mus. Helv. 8, 329] wäre für Vergil das ausl. -*o* bereits anceps gewesen, da er es in Wörtern kretischer Form elidiere (schwaches Argument, vgl. § 134a zur Elision). S. auch *H. Sądej*, Eos 45, 130.

c) Als „Kürzung durch Tonanschluß" bezeichnet man die Kurzmessung besonders von antekons. *tū* und *sī* vor Enklitika bei Plautus, speziell in *tŭ quidem, sĭ quidem* (man vergleiche *ĕquidem* für *ego quidem*). Ähnlich wohl *quăsĭ*, älter *quasei* aus *quam sei* (inschr. *quansei* Lex agr. 27), genauer wohl aus *quą̄ sei* mit nasaliertem $\bar{a}$, auch wohl *hŏdiē* aus Abl. *$h\bar{o}(d)$-$di\bar{e}(d)$,* § 372, 1 a.

Lit.: *Vollmer*, Sbb. München 1917, 9. Abh.; *Lindsay*, ELV 73. Zum Lautlichen auch *J. B. Hofmann*, Gn. 2, 43: ,,Morenverlust funktionsschwach gewordener Wortgruppen" [Gl. 18, 252]; *Debrunner*, IF 44, 116 (Parallelen aus anderen Sprachen). – Zu *equidem* s. *Burckhardt*, Philol. 90, 498 [Gl. 27, 88]; *Szantyr*, Syntax 174. – Nicht hierher trotz *Vollmer*, Sbb. München 1922, 4. Abh. 14 *prŏ-* in *prŏpello prŏfānus*, s. § 418 I A 2 b γ.

123. Kürzung langer Vokale im gedeckten Auslaut vor -*t* -*r* -*l*. Belege. Beim Verbum: Vor -*t*: akt. 3. sg. -*ăt* -*ĕt* -*ĭt* der Flexionsstämme auf Langvokal, gegenüber 2. sg. -*ās* -*ēs* -*īs*, 1. pl. -*āmus* -*ēmus* -*īmus*, pass. 3. sg. -*ātur* -*ētur* -*ītur* usw. (s. Allg. Teil § 44 Anf.), etwa *laudăt erăt legăt, habĕt legĕt laudĕt, audĭt velĭt* usw.; auch in Einsilbern, also *stăt flĕt scĭt ĭt fĭt sĭt* neben *stās flēs* usw. – Vor -*r* beim Verbum: pass. u. dep. 1. sg. -*ŏr* -*ăr* -*ĕr*, etwa *sequŏr legăr laudĕr*, gegenüber akt. 1. sg. -*ō* pass. 2. 3. sg. -*āris* -*ētur*; dep. imper. fut. -*tŏr* -*ntŏr* gegen akt. -*tō* -*ntō*. – Beim Nomen vor -*r* und -*l*: nomin. sing. auf -*ŏr* -*ăl* -*ăr* der Stämme auf -*ōr*- -*āl*(*i*)- -*ār*(*i*)- und auf -*ĕr* der Verwandtschaftsnamen: -*ŏr* neben gen. -*ōr-is* bei Nomina agentis auf -*tŏr* -*sŏr* wie *victŏr messŏr*, bei fem. *uxŏr sorŏr*, bei -*ŏr* für -*ōs* der *s*/*r*-Stämme wie *honor* (alt *honōs*) oder *maior*. Ntr. -*ăl* und -*ăr* aus -*āle* -*āre* (§ 98a), neben pl. -*ālia* -*āria*: *vectīgăl calcăr*. Mask. fem. -*ĕr* in *patĕr mātĕr frātĕr*, neben gr. -ηρ in πατήρ μήτηρ. – Aber keine Kürzung in autonomen Einsilblern: *fūr, cūr* (§ 56b), *Nār* CE 409, 2, *vēr*, und *sōl*.

Die Kürzung erfolgte in der Zeit des Plautus, etwa seit 200^a. Bei den alten Skenikern ist Langmessung noch vorherrschend. Vor -*t*: *arāt* Plt. Asin. 874, /*faciāt* Poen. 489, *pōnēbāt* Enn. ann. 371, /*solēt* Plt. Merc. 696, *amēt* 1022, *dēt* Pers. 327, *scīt* 762 (anap.), inschr. *seit 'sūt'* D 260. – Vor -*r* und -*l*: *morōr* Plt. Rud. 1248; *auctōr* Psd. 231 (anap.), *uxōr* Asin. 927, *sorōr* Poen. 895, *bacchānāl* Aul. 411a. – Im Hexameter zeigt Ennius mehrfach die Kürze vor -*t*, *splendĕt et horret* var. 14, *mandēbăt* ann. 138. – In iambischen Wörtern ist bei den alten Skenikern die Kurzmessung üblich. – Zu *par sal vel* usw. s. § 225c, d.

Zusätze. a) Auch bei analogischem -*or* für -*ōs* (§ 180 f) zeigt Plautus noch die Länge, *stultiōr* Bacch. 123, *amōr* Merc. 590, Ennius die Kürze, *sūdŏr* ann. 406. Zu *fārī* ist die 1. sg. **fōr* nicht bezeugt. – Für *patĕr mātĕr frātĕr* (-*ĕr* Catull) ist -*ēr* vorausgesetzt durch gr. πατήρ und osk. *patir* (-*ir* aus -*ēr*); bei Plautus ist die Quantität des -*er* metrisch nur für *Iuppiter* als -*ĕr* bestimmbar. Angesichts von -*or* aus -*ōr* besteht kein Anlaß, mit *Brugmann*, IF 38, 131, an Verwendung des Vokativs auf idg. -*ĕr* als Nominativ (wie in *Iuppiter* gleich gr. Ζεῦ πάτερ, § 318 A 2b) zu denken.

b) In literarischen Lehnwörtern erscheint gr. -ηρ als lat. -*ēr*: *āēr* Lucr. 6, 1026 Verg. georg. 3, 546, *aethēr* 6, 640. – In *Hannibal Hasdrubal* enthält -*bal* etymologisch eine Länge (phoenik. *ba'al*); demgemäß bei Ennius nomin. *Hannibāl* ann. 381, aber gen. -*bālis* sat. 14 (auch Varro Men. 213), vgl. Probus bei Gell. 4, 7. Dann wurde das verkürzte -*ăl* des dominierenden Nominativs auch in die obliquen Kasus verschleppt, die klassische Dichtung mißt -*bălis*, so Horaz (nicht nur im Hexameter) und Silius unter metrischem Zwang.

c) Zur Kürzung vor -*m* s. § 228 II a.

Lit.: Belege für die alte Langmessung bei *C. F. W. Müller*, Plautin. Prosodie, *Lindsay*, ELV 118–125. S. auch *Safarewicz*, Et. 44.

Lautlehre. II. Lateinische Lautvertretungen und -entwicklungen

b) Dehnungen: Ersatzdehnung, Dehnung vor Konsonantengruppen (§§ 124–129)

124. Ersatzdehnung bei Schwund von *s*. Postvokal. *s* vor einem stimmhaften Konsonanten, d. h. phonetisch stimmhaftes *z* nach § 179, ist im Latein geschwunden, gegebenenfalls unter Dehnung eines vorangehenden kurzen Vokals; die Lautdauer des schwindenden *z* blieb in der Silbe erhalten als Zuwachs zur Vokaldauer. Zu dieser sog. Ersatzdehnung s. *Hermann*, Silbenbild. 204 ff. Die betroffenen Konsonantengruppen werden in §§ 205–212 ausführlich behandelt.

Hier genügen ein paar Beispiele. Dehnung vor: *sd* > *zd*: *īdem* aus **izdem* für **is-dem*; *sīdo* aus redupliziertem **si-zd-ō*, auch *nīdus* aus idg. **ni-zd-os* (§ 30). – *sn*, *sm* (*s* bleibt hier im Osk.-Umbr. erhalten). *sn*: *cānus* 'grau' vgl. paelign. *casnar* 'Greis'; *ahēnus* umbr. *ahesnes*. Dazu *ksn*: *sēnī* aus **seks-noi*; *rtsn*: *cēna* alt *cesnas* Fest., osk. *kerssnā-* umbr. *śesnā-*. – *sm*: *cōmis* alt *cosmis*. – *ksl*: *āla* 'Achsel' (und 'Flügel') aus **akslā* wegen demin. *axilla* und nhd. *Achsel*. – *ksu̯*: *mālo* aus **mag(i)s-volo*, § 401, 2. – Zu *ankn-* > *ān-* s. § 222.

125. Vokaldehnung vor *ns* *nf* mit oder ohne Schwund des *n*.

a) In der idg. Auslautgruppe *-ns* des akk. plur. ist das *n* geschwunden, unter Dehnung eines vorausgehenden kurzen Vokals: *equōs trīs* aus *-ons -ins*. Phonetisch liegt auch hier Ersatzdehnung vor: die Lautdauer des geschwundenen *n* ist dem Vokal zugewachsen. Einzelheiten s. § 152a und d.

b) Vor inl. *-ns-* *-nf-* ist jeder Vokal lang, ebenso vor lat. ausl. *-ns* aus *-nts* (in ptc. *legēns* usw.). Da *f* im Latein nur Anlautkonsonant ist (§§ 167; 177a), so kann *nf* im Wortinnern nur in Komposita hinter *con-* und den beiden *in-* stehen, dazu in *īnferī* *īnfrā* usw. – Zeugnisse. Cicero orat. 159 bezeugt Länge nur für die Vorsilben *in-* und *con-* vor *s* und *f*; seine Beispiele sind *īnsānus īnfēlīx* und *cōnsu̯ēvit cōnfēcit*. Die Inschriften bieten Belege hierfür mit *ei* für *ī* und mit Apex (*eimfereis* XV 6235, *einfereis* Gl. 26, 88, *cónficiunt* CE 98, 6), doch auch für Langvokal vor anderen *ns*: *tránslata* XIII 1668 I 27 (Orat. imp. Claud.), *ménsum* CE 98, 6; und griechische Inschriften bestätigen sie für *ē* mit η: κῆνσος usw., etwa Κηνσωρῖνος Mon. Ancyr.

Zur Ersatzdehnung. *s* und *f* sind stimmlose Spiranten; vor solchen schwindet *n* in vielen Sprachen, gegebenenfalls unter Ersatzdehnung des vorausgehenden Vokals, so im Altgriechischen vor *s* (fem. πᾶσα aus **πανσα, *Schwyzer* I 287), im Neugriechischen vor χϑφ, im Osk.-Umbr. vor *h* aus χ in *saahtúm* 'sanctum' (§ 126 a β), vielleicht vor χ auch im vorgeschichtlichen Latein in *aŋkn* > *ān* (s. § 222 sub *u̯kn*), dann im Germanischen vor χ (got. *h*; nhd. *brachte*, *gedacht*, schwzdt. mit *ā*, zu *bringen denken*); oder unter dessen Nasalierung, im Altindischen *aṃsa- aṃśa-*. Lautgeschichtlich ist wohl überall als Zwischenstufe nasalierter Vokal vor *ns nf* anzunehmen; doch berichtet die lat. Überlieferung nichts von einer nasalierten Aussprache. – Im Vulgärlatein ist auch hier das *n* geschwunden; die inschr. Zeugnisse beginnen schon im Altlatein mit *cos.* 'cōnsul'. – Zur lautlichen Entwicklung s. § 152d. – Chronologie. Die Vokaldehnung oder Nasalierung ist jünger als die Vokalschwächung in Mittelsilben, da diese auch vor *ns* erfolgt: *-ēnsus* < *-ēnssos* < *-anssos* in *ascēnsus* zu *scandere*, *incēnsus* indirekt zu *candēre* (§ 415 B); s. auch § 209b zum *ē* von *anhēlāre*.

Dehnung vor *ns* wird bestritten von *Collinge*, Proceedings V. Int. Congress of Phonetic Sciences 237 f.

126. Vokaldehnung vor -nct-, -nx- und -mpt-.

a) Dehnung vor -nct- -nx-. Sichere Belege für Vokallänge nur vor nct (lautlich ŋkt) sind to-Partizipien gegenüber Kürze vor dem nc ng usw. von deren Grundverben. Gellius 9, 6, 3 bezeugt ū in unctitare gegenüber ŭ in unguo. Auf Inschriften steht oft Apex oder I longa: häufig defúnctus (Thes.) und sánctus, seiúnctum VI 1527 e 38, cúnctárum CE 1127; cInctus X 4104, extInctus VI 25615. Zu quīntus s. unten. – Schwach bezeugt ist Vokaldehnung vor nx: inschr. coniúnx VI 6592, coniúnxit XII 4333 a 31 (13ᵖ). – Andrerseits bezeugt Priscian II 466, 19 vĭ- für vinxī; und das Romanische setzt als Partizipien tinctus iunctus mit kurzem ĭ ŭ fort; der Notannahme einer erneuten Vokalkürzung vor vulglat. nt aus nct (santus für sānctus § 221b) widerspricht roman. *quīntus. – In dieser Grammatik werden die Vokale vor nct nx als Längen bezeichnet, also sānctus iūnctus usw.

Zusätze. α) Das to-Ordinale quīntus (inschr. quIntum Mon. Ancyr., κοεıντος) verdankt sein ī der Dehnung vor nct in älterem *quinktos; zum Gentilicium Quīnctius s. § 221b. Doch hat hier auch dessen Grundwort, das Ordinale quīnque, ein unetymologisches ī statt ĭ (iŋ aus ĕŋ, § 42a): Festus bezeugt ī und c (alte Schreibung c für g nach § 8?) in veraltetem quincentum (aus *quīnque-centum) für klass. quingentī '500'; die romanischen Sprachen setzen für '5' und '15' cīnque und quīndecim voraus (frz. cinq quinze). An rein lautliche Dehnung vor nqu ist kaum zu denken, das Romanische weist nicht auf ī in propinquus (oder relinquo). So muß das ī von quīnque durch Rückübertragung aus dem Ordinale stammen, nach *Thurneysen*, KZ 30, 501f.

β) Eine phonetische Begründung der Dehnung von Kürzen vor nct nx ist schwierig, zumal angesichts der Kürzung von Längen vor nt (§ 119a). In der Entsprechung zu lat. sānctus zeigt zwar auch das Oskisch-Umbrische Vokaldehnung; aber die ist angesichts von osk. saahtúm umbr. sahatam als Ersatzdehnung bei Schwund von n vor χ in Zwischenstufe *sanχto- > *sāχto- zu verstehen. Eine gleiche Zwischenstufe *sāχto- im Latein würde Rückverwandlung χt > kt und Restitution des Nasals wie bei īns- cōnf- implizieren.

b) Allfällige Vokaldehnung vor mpt, nur in to-Partizipien und t-Ableitungen von emo und Komposita. Motiviert durch Vokalkontraktion ist die Länge in den Komposita dēmptus cōmptus prōmptus neben prs. dĕmo cŏmo prŏmo usw. dē- co- prō-emo; ihnen schloß sich sūmo sūmptus an, daher consūmpta VI 37412. – Für ēmpt- in Formen ohne Kontraktion gibt es einige Zeugnisse auf Inschriften: coémpto Mon. Ancyr. 3, 11, redémpta CE 1127, 2 (Ρεδηνπτα CIG 9811), adémpta CE 1988, 36, émptor (spät, s. Thes. s. v. p. 536, 58): vermutlich nicht lautliche sondern analogische Dehnung von perf. -ēmī aus, nach *dēmī dēmptus. – In dieser Grammatik wird emptus geschrieben gegenüber dēmptus.

127. Dehnung vor gn. Inl. gn hat nach § 200a den Lautwert ŋn. Länge des Vokals vor Suffix -gnus lehrt Priscian II 82, 7, also benīgnus prīvīgnus trotz etymologischer Kürze des Mittelvokals; dem entspricht inschr. prIvIgno VI 3541. Inschriftliche alte Zeugnisse der Länge, d. h. Dehnung, vor anderem gn bestehen besonders für signum, bei welchem die Etymologie und demin. sĭgillum ältere Kürze sichern: seignum D 44, sIgnum 353, auch wohl seinq. 217 und seino (s. zuletzt *Lejeune*, REL 30, 95 [Gl. 36, 126]). – Dehnung vor gn ist jünger als der Wandel egn > ign § 42a und als die Vokalschwächung in ambiegnus (§ 94).

Die romanischen Sprachen führen auf Kürze vor gn etwa in dignus; und für lat. ŏ in cognitus argumentiert *Juret*, MSL 20, 198 u. 21, 92. – Ob man mit lokalen oder sozialen Unterschieden der Aussprache rechnen darf, ist fraglich. In dieser Grammatik werden magnus ignis signum pugna usw. ohne Längezeichen geschrieben. S. zuletzt *Loicq*, Latomus 21, 257–278 [Gl. 42, 91]; *v. Wartburg*, Frz. etymol. Wb. XI 609 signum. – Etymolog. ē hat rēgnum neben rēx. Zu aprugnus aprūnus s. § 200 Zus. α zu gn.

128. Länge als **Dehnung** vor *r* + Kons. ist inschriftlich vielfach bezeugt (vgl. § 22b): *quárto* Mon. Ancyr. 3, 22, XII 3851, *llbértls* X 2523, *Fórtunata* VI 2527, *árcae* XIII 1708, *órdinis* u. *órnamenta* Orat. imp. Claud. (XIII 1668 II 11), *fórma, aarmi-*; vulgäres *ārma* bezeugt anscheinend Pomp. gramm. V 285, 24; vgl. auch Νῶρβα der Historiker. – Die romanischen Sprachen zeugen, wie es scheint, für *ō* in *ordo forma* (aber für *ĭ* in *firmus*, Gröber, ALL 2, 287). – So galt Dehnung vermutlich nur in bestimmten sozialen Schichten. Jedenfalls bestand Kürze zur Zeit der Vokalschwächung wegen *refertus* (neben *far(c)tus*) und *inermis*. – Etymologische Länge besteht in *Mārs* (alt *Māvors*) mit gen. *Mārtis, Mārcus, Mārcellus*, in *prōrsus* usw. und in *iūrgāre* (§ 103b); nur solche Längen werden in dieser Grammatik durch Längestrich bezeichnet, nicht die Dehnungslängen. – Zu bezeugter Vokallänge in *hesternus* s. Specht, KZ 68, 202[2] (*hēst-*), richtiger *Szemerényi*, Gl. 38, 116 (*-tērn-*).

129. Vokaldehnung in Typus *āctus* (Lachmannsches Gesetz) und Verwandtes. Im *to-*Partizipium und den Verbalableitungen mit *t-*Suffixen erscheint ein kurzer Stammvokal als Länge nur bei Verbalstämmen auf *g* und bei einigen auf *d*: *āctus lēctus vīsus* zu *ago lego video*, nach dem sog. Lachmannschen Gesetz. Gellius 9, 6 bezeugt *ā* für *āctus* und intens. *āctitāre* gegenüber *ă* in *ago*; Inschriften bieten etwa *á é* in *áctus* XI 3805, *exáctus* XIII 1668 I 20, *redácta* VI 701, *táctus* Gl. 18, 247. *léctus* XI 1826, *léctor* CE 1012, 1163 und gr. η in ἄλληκτος '*allēctus*', προτήκτωρ AE 1965 nr. 114, κονρήκτορ (*Schulze*, Kl. Schr. 424). Lautliche Kriterien sind das Fehlen der Vokalschwächung bei Wurzeln auf *ag ad* in *exāctus coāctus contāctus occāsus* (gegenüber denen auf *ac at* in *cōnfectus perpessus*, § 87) und einfaches intervokal. *-s-* aus *-ss-* bei Verben auf *d* in *cāsus vīsus* (§ 182a), *ēsus* (zu *ēst* von *edere* s. § 403). Das Romanische setzt lat. *ē* fort in *rēctus rēctor*. – Die hiernach erwartete Länge steht aber nicht in *strictus* wegen roman. *ĭ* (in italien. *stretto* frz. *étroit*), und wegen *ss* in *passus* zu *pando* (*ūva passa, passus -ūs*), in *sessus fissus scissus* (idg. Wz. *sed bhid sk'id*) und in den im Latein isolierten *lassus* und *tussis*. – In dieser Grammatik wird bei etymolog. *-g-t-* die Länge geschrieben, also *āctus rēctus*; vor *ss* aus *-d-t-* ergibt sich die Vokalquantität eindeutig aus der Schreibung mit einfachem *s* im Schriftlatein nach Länge.

Da für etymolog. *-g-t-* bzw. *-d-t-* bereits in der Grundsprache *-kt-* bzw. *-t-t-* (> *-ss-*) eingetreten war (§§ 197a, 198), so muß die Länge hier auf einer sekundären Differenzierung des *-kt-* aus *-g-t-* gegenüber dem reinen *-kt-* beruhen: in ererbtem **aktos* wurde vermutlich das *g* nach **agō* etymologisch restituiert; und erst dieses restituierte **ag-tos* führte rein lautlich unter Vokaldehnung zu **āktos āctus*.

Zusatz. Für entsprechende Vokaldehnung vor *x* aus *gs* im Wortinlaut spricht inschr. *á* in *máximus* VI 2080, 17 (gegen *ă* in *magis*), sofern es nicht durch *ā* in *magnus* (§ 127) beeinflußt ist, und weiter das Fehlen der Vokalschwächung (vgl. oben *exāctus*) in *exāmen* aus **ex-agsmen* (nach § 210a) und in *adaxint* Plt. Aul. 50 zu *ad-igo* gegenüber *offexis* Plt. Sie fehlt vor ausl. *-x* in *rēmex* (gen. *-igis*, zu *agere*, § 263 II a); zu *aureax* s. § 99 Zus. – Zum *ē* in perf. *rēxī tēxī* s. § 436 B 2b.

Lit.: *Lachmann* zu Lukr. 1, 805 (Beobachtung); *de Saussure*, Recueil 431 (Erklärung). Ferner: *Niedermann*, Précis 92 ff.; *Otrębski*, Prace filol. 14,1 [Gl. 20, 270]; *Devoto*, Adattamento 91 f. *Bartoli*, St. it. 20, 59–77 (*āg tēg* seien alte Wurzelformen; unhaltbar). *Kent*, Lang. 4, 181–190: *ē* in *lēctus rēctus* verschleppt aus perf. *lēgī rēxī* [Gl. 19, 243]; ähnlich *Kuryłowicz*, Harvard Stud. 72, 295–299 (s. dazu *Anttila*, Krat. 15, 39); *Watkins*, ibid. 74, 55–65; *Hermann*, Silbenbild. 208 § 263. – Zu *ĕ ĭ* in *fessus* 'erschöpft', *fissus* usw. durch phonetische Sonderbedingungen: *Meillet*, BSL 27 C. R. 68 u. 70; *Maniet*, Homm. Niedermann 230–237 [Gl. 36, 134]. Phonologische Überlegungen bei *Safarewicz*, Et. 183 f.

130. Wechsel und Vertauschung von Vokalquantitäten.

I. Unter dem Druck des Metrums. Daß die Römer fehlerhaft gesprochene Vokalquantitäten in der Bühnenrezitation beanstandeten, lehrt Cicero (orat. 173, de orat. 3, 196), freilich nach griechischen Vorbildern. Da die Metrik der Hexameterdichtung für uns die gewichtigste Quelle für Vokalquantitäten in offenen Silben ist, so müssen bestehende Differenzen hier erwähnt werden. An sich kennt die lat. Dichtung weder metrische Dehnung noch metrische Kürzung, auch wenn Quintilian mit anl. $\bar{\imath}$- für $\breve{\imath}$- in *Italiam* und mit inl. $\breve{\imath}$ für $\bar{\imath}$ in *ūnius* (Verg. Aen. 1, 2 u. 41) beide anerkennt. Von den vereinzelten lat. Beispielen sind die meisten als griechische Eigennamen reine Graezismen.

A. Dehnung. 1. Griechische Typen. Nur im Griechischen, speziell in der homerischen Sprache, war metrische Dehnung eine durch Tradition geregelte Besonderheit zur Adaption prosodisch ungeeigneter Wörter für den Hexameter, hauptsächlich als Arsisdehnung. Folgendes sind die Haupttypen: Dreikürzendehnung: ∪ ∪ ∪ ⌣ > — ∪ ∪ — (Πρῑαμίδης gegen Πρίαμος); ∪ ∪ ∪ > — ∪ ∪ (οὔρεα, neben ὄρεα ∪ ∪ ⌣, sing. nur ὄρος); Vierkürzendehnung vor der bukolischen Dihaerese: ∪ ∪ ∪ ∪ > ∪ —∪∪ (μεμᾱότε gegen μεμαώς); Antispastdehnung im Versausgang: ∪ — — ⌣ > — — — ⌣ (᾽Απόλλωνος/, Οὐλύμποιο/ gegen ᾽Απόλλων mit ᾰ, ῎Ολυμπος); Thesisdehnung zur Einpassung von Wörtern mit Kretikus als Silbenfolge — ∪ — > — — —; von sekundären Verschleppungen ist dabei abgesehen. In diesem Rahmen benutzt die lat. Dichtung griechische Muster von Namen; Länge für Kürze in Appellativen erlaubt sich fast nur Lukrez.

2. Lateinische Beispiele. Dreikürzendehnung. Bei Vergil: anl. $\bar{\imath}$- in *Italiam* und ganz selten in *Itala*, gegen normal *Italus* ∪ ∪ — (vgl. Allg. Teil 25* unten); *Sīcelides* (gr. Wortform) ecl. 4, 1 gegen *Sĭculī*; *Sīcănia*, adj. -*ius* gegen *Sĭcānus*(!) im Versausgang (Σῐκᾰνοί Call. hy. 3, 57); *Phillyrīdēs* georg. 3, 550 Sohn der Φιλύρα (Φιλυρίδης Hsd.; λλ nach Muster ἔλλαβε); bei Prop. anl. $\bar{a}$- in *Arabia* adj. -*ius* gegen $\breve{a}$- in *Arabēs* (vgl. ᾽Αρραβία Theocr. 17, 86). Bei Lukrez: abl. *glōmere* 1, 360 (gegen *glŏmus glŏmerāre*); zu *relliquiae relligiōnem* s. § 418 I A 2bβ; zu $\bar{\imath}$ $\bar{u}$ in *līquidus flūidus* s. II B 1. – Nach Muster der Vierkürzendehnung: ntr. pl. *cōnūbia* seit Catull (nach *nūbere*), sonst *cŏnūbia* (nicht *cōnūbịa*!) Lucr. 3, 776 Verg. Aen. 1, 73; *lemūria* ntr. pl. 'Lemurenfest' gegen *lemŭrēs* 'Totenseelen' Ov. fast. 5, 421/ 483; *ariētibus* Stat. – Thesisdehnung: *Vātīcānus* Mart. im Pentameter gegen *Vătīcānus* Hor. carm. 1, 20, 7; vgl. Ov. Pont. 4, 12, 1–16 zu *Tūtĭcānus*. Zu $\bar{\imath}$ in *stīpendia* s. § 92 C. – Zum Namen *Italia* s. jetzt Solta 43 f.

B. Kürzung. In Umkehrung der genetischen Verhältnisse der Wortpaare werden im Latein auch, besonders in Namen, Längen durch Kürzen ersetzt, was man also, mit den nötigen Vorbehalten, als metrische Kürzung bezeichnen mag. Das betrifft wenigstens den Typus Antispastdehnung $\breve{a}/\bar{a}$ in den Versausgängen ᾽Απόλλωνα/᾽Απόλλων: zu *Ōrīōn* (im Versinnern — — Verg. Ov., gr. immer ᾽Ωρίων, aus *᾽Οαρίων) anl. $\breve{o}$- in *Orīōn/* Aen. 1, 535 al. Ov.; entsprechend *Lăvīnī/*, *Fĭdēnam/* 6, 773 (gegen *Fīd*- Hor. epist. 1, 11, 8), *Grădīvus/* Ov. met. 6, 427 (immer $\bar{a}$ im Versinnern); *Cămēnae* ? (§ 206 *sm*);

auch wohl *rŭdentem/* 'Tau' Verg. gegen *rūd-* Plt. Rud. 1015; *cŏturnīx* 'Wachtel' seit Ov. gegen *cōt-* Plt.; *sēlībra* Mart.; *Dĭāna* (§ 118). Ein gleichartiger Kunstgriff ist *cōnscrībillent* Catull 25, 11 gegen *scrībere*. – Zu *mŏlestus ăcerbus* s. § 108b, zu Praeverb *prŏ-* neben *prō-* (*prŏpellat/* Lucr. 6, 1026 gegen *prō-* 1028) s. § 418 I A 2bγ. Vgl. *ŏrĭundī* § 139a; ferner s. auch § 57 Zus. b β. – Zu *chĕragra* s. § 85 C 5a.

Lit.: *Bednara*, ALL 13, 330 (Material); *Meister*, EN 21; *Leumann*, Gl. 19, 249 (*ĭ-/ī-* in *Ital-*); ders. Kl. Schr. 146³ (*Orīōn* usw.); *Wackernagel*, Kl. Schr. 1280ff. (*cōnŭbia*); *Schulze*, EN. 532⁹ (*Fĭdēnae*); *Norden* zu Aen. 6, 84 (*Lăvīnī*); *Marx*, Molossische und bakcheische Wortformen, Sächs. Abh. 37, 1, 1922, 11 ff. (mit falscher Beurteilung des *ŏ-* in *Orīōn* usw. als sprachliche, statt als metr. Erscheinung). – Zur metrischen Dehnung im Griechischen grundlegend *W. Schulze*, Quaestiones epicae, 1892.

C. Aushilfen bei metrischen Schwierigkeiten, im Hexameter meist für Wörter kretischer Form (— ∪ —). Ennius stützt sich zwar auf Homer, hat aber die metrische Dehnung nicht als legitime Freiheit in den lat. Hexameter eingeführt; man beachte im Verseingang *capitibus* ann. 490 als Daktylusersatz, nicht als — ∪ ∪ —. Indirekt wird das bestätigt durch Meidung bzw. Ersetzung metrisch unverwendbarer Formen. Von Aushilfen seien folgende genannt. Im Altlatein rein lautlich neue Silbenkürzen: nur bei den Skenikern durch metrische Iambenkürzung (§ 121); auch im Hexameter durch Vernachlässigung von ausl. *-s* (*omnibu(s) prīnceps*, § 229).

Speziell im Hexameter, meist von Ennius an. 1. Lautliches. a) Neue Silbenlängen durch Positionsbildung vor Muta c. Liquida (§ 239a). – b) Antevokalische kurze Vokale: α) Beseitigung durch Verschleifung in *-eī -eō* usw. (§ 133 II); durch Konsonantisierung von *i u* zu *i̯ u̯* unter Schaffung neuer Positionslängen in *abi̯ete genu̯a tenu̯is* (§§ 139a, 141bβ). β) Neuschaffung durch *u* für *u̯* in *sŭādet silŭa* (§ 140 Zus. β, § 141bε). – 2. Syntaktisches. a) Tmesis: *in-que -merentes* Lucr. 2, 1104, *inter- quaecumque -pretantur* 4, 832, *super- unus -eram* Verg. Aen. 2, 567, *circum-/ terga -dati* 2, 218. S. § 418 I B 1 d. – b) Anastrophe: *arma . . . inter* Verg.; *hōs super* usw.; vgl. *Szantyr*, Syntax 216. – c) „Poetischer Plural" von Neutra auf *-ium*, so *silentia gaudia*, auch *oblīvia* für sing. fem. *oblīviōn-*. – 3. Morphologisches. a) Doppel- oder Nebenformen. *saeclīs/saecula* (und *saecla*), § 114a; *cōpula/cōplāta*; in Flexion gen. pl. *-um* für *-ium* der *nt*-Partizipia usw., *amantum parentum*, § 357; Verbalformen: imperf. *vestībat* § 428 I C 1a, perf. 3. pl. *-ērunt* § 443; plqpf. *requi̯ē(ve)rant* u. ä. § 438 II A. – b) Ersatzbildungen, meist zur Schaffung einer Doppelkürze. Neue Adjektiva auf *-eus* wie *virgin-eus*, § 271a. Neutra auf *-men* (im 5. Fuß abl. *-mine* plur. *-mina*) für *-mentum* wie *fragmina lībāmina*, § 326a. Iterativa auf *-itāre* wie *increpitāre imperitāre*, § 412 II c, auch *induperātor, indugredī* Lucr. Künstliche Ableitungen: *-itās* Lucr. für *-entia* in *differitās pestilitās*. Ptc. *-āns -antis* (scheinbar für *-ātus*) wie *stellāns comāns*, § 431 Zus. γ. Für 'zwölf' *bis sex* Enn. ann. 323; *quotiēs* zur Meidung von *quīnquiēs* (Ov. ars 2, 447) usw. – c) Neue verbale Rektionskomposita. Typus *omnipotēns* und Komposita auf *-fer* u. *-ger* und auf *-ficus* wie *lētifer āliger horrificus*, § 336a.

Lit.: Zum Ganzen s. *Vollmer*, Metrik 17 ff. mit Lit.; *Leumann*, Kl. Schr. 137; 143–155; *Bednara* ALL 15, 223–232.

II. Nicht metrisch bedingte Quantitätsdifferenzen.

A. Generell. 1. Nebeneinander von Länge und Kürze aus idg. Ablaut: lat. *e/ē*, *i/ī* (aus idg. *i/ei*), *u/ū* (aus idg. *u/eu*) usw., § 32. – 2. Längen für Kürzen durch lat. Dehnung vor Konsonantengruppen (metrisch wirkungslos), §§ 125–129; Kürzung von Längen vor Vokalen § 118, im Auslaut von *-ō* § 123, von Längen vor *-t -r -l* § 123. – 3. Morphologische Dehnung von *i u* vor einzelnen Suffixen, *ignī-tus tribū-nus fīnī-re*, s. § 253c. – 4. Zufälliges Nebeneinander in nichtverwandten Suffixen: *-ĭnus* und *-īnus*, §§ 291 u. 296; *-ĭcius* und *-īcius*, § 279; *-ārium* und in Lehnwörtern gr. *-άριον*, § 277, 2g. – 5. Zu perf. indik. 3. pl. *-ĕrunt* neben *-ērunt* s. § 443; zu *ī* neben *ĭ* in perf. konj. 2. sg. und pl. *-is -itis* s. § 445, 1 *dīxerītis*, § 452, 2a *faxīs*. – 6. Umgestaltung der Quantitäten im Vulgärlatein und im Romanischen, § 57.

B. Einzelfälle. 1. Lat. Wörter, meist mit Längen als Dehnungen, analogisch oder scheinbar. In *hūmānus* neben *hŭmus hŏmo* ist das *ū* merkwürdig; vielleicht Ableitung vom formal isolierten nomin. **hūm* aus **hōm* 'Erde' (gr. χϑών, § 322 C Zus., etwas anders *Meillet*, Ling. I 279). – Das *i* von lat. *vir* got. *wairs* usw. gegenüber *ī* in ai. *vīrás* lit. *výras* (usw.; s. dazu § 39c) ist als Ablaut kaum erklärbar; eher in lat. *viro-* Kürzung von idg. *ī* als umgekehrt, *Szemerényi*, Syncope 329. – *pūblicus* gehört funktionell zu *pŏpulus*; altlat. steht noch inschr. *poplicus* (§ 114b Zus.); mit Länge der ersten Silbe schon Plt. Naev., dazu inschr. *poublicom* D 265 (vgl. *Poublilia* 44); die Umgestaltung erfolgte nach *pūbēs* fem., s. zum Sachlichen *Benveniste*, Rev. phil. 29, 7–10 [Gl. 36, 149 f.; 42, 116]. – *lī* in *līquidus* Lucr. (und einmal *līquor*) ist nicht Positionslänge vor *qu̯* (vgl. § 156d). Es stehen nebeneinander *liquēre* (wovon *liquidus liquor*) und das Deponens *līquitur* 'zerfließt'; zu ihnen gehören als fast synonyme ptc. prs. ntr. pl. *līquentia* (*vīna* Lucr.) und *līquentia* Lucr. Verg. Hiernach wagte Lukrez, auch im gleichwertigen Adjektiv *līquidus* mehrmals die Länge zu gebrauchen; beide Messungen im gleichen Vers 4, 1259 *crassaque conveniant liquidis et līquida crassis*. S. Leumann, Festschr. Pisani 641 f. (anders *Marx*, Moloss. 30). Und *flūidus* bzw. *flūvidus* mit *ū* statt *ŭ* bei Lucr. 2, 464 *flūvida constant* ist als Variation zum vorausgehenden (2, 452) *liquida constant* gebildet. – *trīduum bīduum*, gegen ai. *tri-dívam* 'Zeitraum von drei Tagen', hat *ī* nach *postrīdiē*, *Wackernagel*, Kl. Schr. 833[1]. – Bei *persōna* 'Maske' ist die Herleitung von *persōnāre* (Gell. 5, 7) unhaltbar, nicht nur wegen des *ō*, ebenso die Rückführung über etrusk. φersu auf gr. πρόσωπον (s. *de Simone* II 293–298). – *fērālia* 'Totenopfer', mit adj. *fērālis*, hat etymol. *ē* (metrisch *ē* Verg. Ov.), aber volksetymol. *ĕ* Ov. fast. 2, 569 '*quia iusta ferunt*' (nach Varro ling. 6, 13). – Zu perf. *iŭssī* mit *ŭ* gegen altlat. *ou* s. § 410, 2b α.

2. Griech. Lehnwörter. Zur Vokalkürzung in *ancŏra erĕmus* s. § 57b Zus. γ.

C. Für expressive Vokaldehnung nach Art der altind. Pluti (vgl. *Leumann*, Kl. Schr. 360f.) gibt es im Latein keine Angaben der Grammatiker und auch keine sicheren sprachlichen Zeugnisse. Ganz Unsicheres „de caractère populaire" bei *Vendryes*, Mél. J. Chlunsky, 148ff. – Vokalkürzung bei expressiver Konsonantendehnung in *Iuppiter* s. § 184c.

4. HIAT UND KONTRAKTION, ELISION UND APHAERESE (§§ 131–134)

131. Allgemeines. Hiat im Wortinnern und Vokalkontraktion. Zwei Vokale stoßen im vorhistorischen Latein zusammen, entweder morphologisch bedingt in der Fuge von Zusammenrückungen bei vokalischem Wortausgang (meist von Praeverbien) vor vokalischem Anlaut (und vor *h* plus Vokal), und in inneren Wortfugen der Flexion, Suffixableitung und Komposition, oder rein lautlich bedingt nach Schwund von intervokal. *i̯* (§ 137a), *h* (§ 178 III b), *u̯* (unter Bedingungen, §§ 143–145), vulglat. *g* (§ 159b). Der so entstehende Vokalzusammenstoß oder „Hiat" wird bei vielen Gruppen beseitigt durch Zusammenfassung der beiden Vokale zu einer Silbe, d. h. durch Kontraktion oder Synizese zu einem Langvokal bzw. Diphthong. Nur in der Dichtung nachweisbar, tritt in einigen Fällen die Synizese (συν-ίζησις) auf, d. h. metrisch erwiesene Einsilbigkeit bei Bewahrung beider Elemente in der Schrift und offenbar auch in der Aussprache als nichtstandardisierter Diphthong, etwa -*ea̯* -*eo̯*. Immerhin hat etymologisch oder morphologisch orientiertes Sprachgefühl die Kontraktion oft verzögert oder verhindert. Auf alle Fälle müssen auch die nichtkontrahierten Formen und Vokalgruppen am Rande mitberücksichtigt werden.

Die paradigmatischen griechischen (attischen) Vokalkontraktionen der kontrahierenden Verba und Nomina haben im Latein keine Entsprechung. In der lat. Verbalflexion sind zwei Formengruppen aus den Kontraktionsgruppen fernzuhalten: bei den lat. Praesentien zu -*āre* -*ēre* ist die formale Gleichsetzung von -*āmus* -*ātis* und -*ēmus* -*ētis* mit den griechischen kontrahierten thematischen Formen zu -άω -έω auf att. -ῶμεν -ᾶτε und -οῦμεν -εῖτε kaum berechtigt (§ 420); wohl aber ist bei -*āre* für *ō* und *ē* der 1. sg. ind. *laudō* und des konj. -*ēs* -*ēmus* -*ētis* Kontraktion aus -*aō* und -*aē*- (bzw. -*āō* und -*āē*-) sicher vorauszusetzen. Bei den *v*-Perfekta sind die Kurzformen wie -*āsse* -*ēsse* nur zum kleinsten Teil lautlich kontrahiert aus den vollen Formen -*ā(v)isse* -*ē(v)isse*, s. § 438 II.

Eine für das Latein unwesentliche Voraussetzung ist die Annahme, daß die Kontraktion ungleicher Vokale über eine Zwischenstufe der gegenseitigen lautlichen Annäherung vor sich ging. Wichtiger wäre für Zwischenstufen bei vorhistorischen Kontraktionen die relative Chronologie zwischen Kontraktion und anderen mitbeteiligten Vokalwandeln; sie ist oft unsicher. Hier wird immerhin vorausgesetzt, daß gegebenenfalls Vokalkürzung vor Vokal nach § 118 und Vokalschwächung *a* > *e* als Vorstufen der Kontraktion anzusehen sind, also *dē-agō* > *dĕ-agō* > *deegō* > *dēgō*. – Zur Vokalkontraktion im Allgemeinen s. *Brugmann*, Zur Geschichte der hiatischen Vokalverbindungen, Sächs. Ber. 65, 3. Heft (zum Latein speziell S. 152, 167, 169 u. 208); *Stolz*, IF 18, 462–468, *Sommer* 115; *Hirt*, Vok. 228 (zum Idg.). Zur Synizese in altlat. Dichtung: *Lindsay*, ELV 59–64; *Rau*, KZ 58, 145–169 [Gl. 23, 126].

Vokalkontraktionen mit den einsilbigen Praeverbien (*dē-*, *co-* usw.) als Vordergliedern werden vorausgenommen. Dann folgen die übrigen Beispiele, geordnet nach dem Zusammentreffen gleicher und ungleicher Vokale; bei letzteren ergeben sich jeweils zwei Vokalgruppen, die offeneren Vokale *a e o* und die geschlossenen *i u*.

132. Die sechs einsilbigen Vordergieder auf Vokal: die Praeverbien *dē- co- prō- prae- re-* und die Negation *ne-*.

dē- : *dē-a-* > *dē-* : *dēgo, dēbeo* (etymologisch deutlich noch *dĕ-hibeo* Plt. Trin. 426). Jung *de-amāre*. – *dē-e-* > *dē-* : *dēmo* (mit *dēmptum dēmpsī*); *dērrāsse* Lucr. Verg. Zu *dē-sum de-esse* : *de-e-* (so meist die Handschriften) ist metrisch immer einsilbig, also *de͜e-* gleich *dē-* : *dēst* und fut. *dēro -it -unt* Verg. Hor., *dēsse* Lucr. (-*em* Catull 64, 151); bei Terenz füllt -*ee*- in *deerat deerit* eine Hebung (Phorm. 299, Ad. 881; kein Beispiel bei Plt.); dazu inschr. *derant* D 352, *de/runt* Lex Malac. 1, 10. – *dē-i-* wohl über *dĕ-i-* kontrahiert zu *dei̯*- in *deinde* Verg. usw. (inschr. *dende* CE 543, 4; 1118, 3), *dehinc* Plt. Ter., *deinceps* Lucr. 2, 333, *deicere* (aus *dē-(i̯)icere*, § 138, 2 Zus. β) Hor. – *dē-(v)o-*

> de̯o- : de̯orsum Plt. Lucr. (später di̯o-, daraus iosum, § 139bγ); ähnlich se̯orsum (sorsum codd. Plt.). – Ferner bei Plt. e̯ō e̯a vor zwei Konsonanten in de̯ōsculārī de̯artuāre de̯asciāre.

co- (zu co- vor Vokal für com- s. § 227 B Zus. b). co-a- > cō- : cōgo (zu *co-agō vgl. pf. co-ēgī), cōpula (zu *co-apio, s. § 75c), combūro wohl aus *co-amb-ūro; cōluĕrunt Lucr. 2, 1061 (zu co-alēsco). Jüngeres co-a- in coarguo coartāre. – co-e- > cō- : cōmo (mit cōmpsī). Jüngeres co-e- in co-emo, 3. pl. co-eunt; auch co-erceo (zu arceo). – co-o- > cō- : akk. cōpem mit cōpia (Gegensatz inops inopia). Sonst nur vereinzelt Kontraktion bei co-hon- co-op- co-or- : cōnestat Acc. trag. 445; cōperuisse Lucr. 5, 342 (vgl. 6, 491; cōpertus Cato nach Gell. 2, 17, 7); cōritur Aetna 406. Inschr.: imper. coptato Lex Iul. munic. 106; häufig mit ō cors cortis (für co-hort-), auch chors (s. § 166d). co-ō- > cō- : cōram (zu ōs ōris, Endung nach palam). – Bei co-ā- co-ē- keine Kontraktion (vgl. § 133 II Zus. β): coāgulum coāctus coēgī. Archaisierend co-ēpī Plt. Cas. 651, 701, Merc. 533, auch Lucr. 4, 619; zur Kontraktion in co̯epī s. § 75c. – co-i- > coe- in coetus -ūs und coepio s. ebenda.

prō- (s. § 418 I A 2bγ sub prōd-, auch zu prŏhĭbeo). prō-a- > prō- : prōlēs (über *prŏ-olēs ?, vgl. sub-olēs). – prō-e- > prō- : prōmo, prōmptus. – prō-(v)o- > prō- : prōrsus, mit prōsa (sc. ōrātio), *prō-vorssos. – Unkontrahiert: pro-avus; pro-ut. – pro-i- > pro̯i- : pro̯inde Verg.; bei Plautus proin als ⌣ ⌣ vor Kons. (Amph. 311, auch Ter. Andr. 408); pro̯ind(e) vor Vokal, meist proinde ut; vgl. zu dein § 98a. Künstlich prohib- als prŏb- in Hebung Lucr. 1, 977; 3, 863, nicht kontrahiert aus *prō-hab- oder prŏ-hib-, sondern nach praebeo dēbeo neben prae- dē-hibeo.

prae-, älter prai-, wird mit i- a- e- zu prai- prae- kontrahiert (Zwischenstufen unsicher): praetor *prai-itōr 'qui praeit (Feldherr)'. – praes gen. -dis 'Bürge' (inschr. plur. praevides Lex agr. 47), *prai-(v)id- aus -vad- zu vas vadis 'Bürge'. praebeo (*prai-habeo, wie gr. παρ-έχειν), in Plt.-Hss. oft praehib- (als ⌣ ⌣ oder —). – praemium *prai-emiom, vgl. eximius zu *emere 'nehmen'. Formen von prae-esse: inschr. in Gesetzen: praesse repett. 31, fut. praerit -runt Iul. 37–69, -rint Gl. 36, 126; ferner praerant Mon. Ancyr. 3, 35, praest in Formel cohors cui praest (ille) der Militärdiplome (CIL XVI passim). – Merkwürdig prĕhendo für *prai-hendō, trotz praeda aus *prai-hedā, s. § 118; dazu prendo § 133 I.

re- ist Form vor Kons.; daher *re-i̯iciō > *re-iciō > re̯icio (§ 138, 2bβ); *re-u̯orssos > *rovorssos (nach § 43a) > rūrsus § 142 Zus. α, wohl Konträrbildung zu prōrsus. Vor Vokal steht red-, s. § 418 IA 2bβ.

ne- Satznegation, sekundär Wortnegation. Kontraktionen: *ne-(v)olō > nōlo § 401b. *ne-(h)emō > nēmo. *ne oinom > noenu und nōn §§ 75b, 228 I d. *ne-oin(e)los > nūllus, vgl. nunquam, nusquam. ne-uter; zu ne̯uter s. § 81c. – Ausführliche Behandlung bei Brugmann, IF 6, 79–89.

133. I. Zusammenstoß und Kontraktion gleicher Vokale; Längen und Kürzen gleicher Vokalfarbe (etwa ā und ă) werden hier als gleiche Vokale gerechnet. aā: lātrīna lābrum für lavā-, § 144a. Inschr. Phrates (aber Phraātēs Hor., Mon. Ancyr.). – ee: nom. pl. trēs wie gr. att. τρεῖς aus *trees, § 356; altlat. commētāre iter. auf -itāre (alt -etāre ? vgl. hietāre) zu *commeāre.* - *ē* aus *ehe* (§ 178 III b α): *vēment-, nēmo* seit Plt.; aber jung *vehiculum.* - *ĕ* aus *ēe* : *rēāpse,* § 373 s. *ipse.* - Zu *prendo* vgl. Quint. 1, 5, 21 über Schreibung *prehend-.* - *i i* > *ī.* Vorhistor. *prīmus* § 288 A 2d, nach Schwund von *h* aus *ihi* : *bīmus* § 168; dat. *mī*; *nīl.* Ferner *vītāre* § 412 B 1, *bīgae* § 138, 2 b γ. Inschr. *-īt* für perf. *-iit* : *adit* Mon. Ancyr., *pereit* IV 64, § 438 II C 3. - *ī* aus *īi* : *dītior dītiae* neben *dīvit-,* § 144 a. Spät inschr. *vinti* '20', § 159 b. - Bei *-io-*Stämmen: ausl. *-ī* aus *-iī* im gen. sg. *fīlī* usw.; in der Kaiserzeit (inschriftlich seit Lex Iul. munic., 45ᵃ) nom. u. dat.-abl. pl. *-ī* und *-īs* für *-iī* und *-iīs,* s. § 70, auch zu *dī dīs* (neben *deus*), und § 353. - Inschr. *pissimus* IX 249 für *piissimus,* s. § 385; cogn. *Pīnus* wohl für *Pi-īnus* (Leumann, Kl. Schr. 66). - Zu *aetās* aus **aivitās* s. § 328, 1 a Zus. - Griechische Kontraktion: *ĭĭ* > *ī* in lat. adj. *Chīus* (zu *Chĭus* s. § 118); *iī* > *ī* bei hellenist. ει im Lautwert von *ī* (Schwyzer I 15; 194 oben; 248): *Hygīnus, Hygīa* (II 981 VIII 25160 usw.), gr. Ὑγεινός aus Ὑγιεινός, ebenso Ὑγεῖα; *propīn* aus προπιεῖν, ähnlich *pīn-cerna* πῑγ-κέρνης 'Trinkmischer' (Heraeus, Kl. Schr. 194 u. 201). - *ō* aus *-ō(v)o-* in *prōrsus dextrōrsum* § 144. Griechische Kontraktion ωο > ω in *zōthēca* Plin. epist. 2, 17, 21. - *u u* > *ū,* meist inschr. in gen. pl. auf *-uum* : *dumvir* Thes. sub *duo virī* p. 2253, 80, CE 260, 1; *currum* s. § 360, auch in Adjj. auf *-uus.* Vielleicht *mortus,* IV häufig (Väänänen 41).

II. Zusammenstoß ungleicher Vokale. Die phonetisch als „hintere" Vokale bezeichneten *i u* kontrahieren nicht mit folgenden *a e o,* vgl. etwa *fīlia aciēs audio -iunt* und *fuam fuero dēnuō praecipuus -ī* (zu *-ie-* > *-ī-* und zu *fuisse* s. unten). Dafür werden in späterer Zeit antevokal. *i* (auch *e*) und *u* konsonantisiert zu i̯ bzw. u̯, s. §§ 139 u. 141 b. - Auch *e* kontrahiert im Allgemeinen nicht mit folgendem Vokal, vgl. *dea deus puteolus eunt*; der Druck der Paradigmen ist zu stark; *ne-uter* s. § 81 c. Immerhin ist in der Flexion der Nomina auf *-eo-* in gewissem Umfang Synizese *-e͜ī -e͜ō* metrisch zu erkennen; in der klassischen Dichtersprache begegnet sie oft unter metrischem Zwang und im Versausgang. So bei Namen auf gr. -ευς : lat. *-e͜us* (altlat. auch *-ĕ-us*), Gen. *-e͜ī* : *Nēre͜ī* Plt. Enn. Verg., *Prōte͜ī* Verg., dat. *Menesthe͜ō* Aen. 10, 129, *Typhōe͜ō* 9, 716 (vgl. Leumann, Kl. Schr. 124²; N.-W. I 504 ff.). Bei Adjektiven auf *-e͜us,* z. B. *aureus* bei Verg. Aen. : *aure͜ō* 8, 372, *-e͜īs* 1, 726 al., *-e͜ā* (im Verseingang) 1, 698 (vgl. Bednara, ALL 14, 335), hier sicher in Nachahmung von gr. hom. χρυσέῳ Ψ 196 usw.; nom. pl. *ferre͜ī* 6, 280. Bei Substantiven: *balte͜ī* 10, 496, *alve͜ō* 7, 33. - Zur Synizese bei *eo-*Kasus des Pronomens *is* s. § 371 b γ.

Es folgen die anderen Vokalgruppen.

a) Verbindungen offener Vokale untereinander.

a-e > *ae* : Gen. *aeris,* s. unten Zus. β. - *Phaethōn* Varro At. 10. *ae̯* > *ē* : 2. sg. konj. *stēs laudēs,* § 425 b. - Spät *āē* (gr. ᾱη): geschrieben *ae* in *Nīcaenus* (Νῑκᾱηνός von Νικαία, Konzil 325ᵖ), Aussprache unbestimmbar. - Spät *aēneus* Prud. c. Symm. 1, 102, vgl. Αινοβαρβος.

-aō > *-ō,* vorhistorisch, in 1. sg. *stō* gleich umbr. *stahu,* § 404. - *ao* (aus *āvo*) > *ā* in *mālo* alt *māvolo* § 401 b; in *Mārs,* dazu dialektisch > *au* in inschr. *Maurte,* s. Zusatz α. - Spät *aō* > *au* in inschr. *Faurianus* aus *Fa(v)ōr-,*

Prinz 99; *āo* > *au* in *Flauleius* für *Flāvol-*, *Schulze*, EN 436. – Griech. ᾱο > (gr. αυ >) lat. *au* in *lautumiae Laudice*, § 85 C 2.

eā einsilbig in *antehāc* Plt. oft, Hor. carm. 1, 37, 5. – Synizese *eą̄* *eǭ* usw. beim Nomen, s. oben.

o-a, o-e > *ō* : *cōgo cōmo*, s. § 132. – *ōa*: für *quŏ-ad* 'bis wohin' inschr. *quod* (mit *ō*), daneben *quad* (CE 992 al.), das aber wohl aus *coad nach § 141 b γ zu erklären ist; Belege bei *Szantyr*, Synt. 655 § 356 Zus. b. – *oā* bleibt erhalten, *coāctus*, s. Zusatz β. Spät durch Kontraktion > *ō* oder *ā* : für *cloāca* inschr. *cloca* VI 7882 und *claca* VI 1523 (dazu *cacla* Gloss. nach § 233 C).

b) *a e o* mit folgenden *i u* ergeben Diphthonge: *a-i* > *ai*, *ae*, *o-i* > *oi*, *oe*, *e-i* > *ei* (nur teilweise > *ī*); *a-u* > *au*, *e-u* > *eu*; ferner *u-i* > *ui*.

-āī > *-ai* > *-ae*, gen. sg. *aquāī aquae*, s. § 349; gr. αϊ > *ai* > *ae* : *Heraes* D 637 gr. Ἡραϊς. – Entsprechend *-ēī* > *-ei̯*, gen. *rei̯ Achillei̯*, s. § 361, 3. – *eï* > *ei̯* in *deinde*, § 132; vielleicht *e-i* > *ei̯* > *ē* für *ole-itās* § 328, 1 c; vgl. *commētāre* oben I unter *ee*. – Gr. ει : schon gr. Kontraktion zu ει (> lat. *ī*) in *Pēlīdēs Atrīdēs* mit *ī* in Arsis, bei Homer nur in Thesis (als -εϊ-); vielleicht erst lat. Kontraktion zu *ei* > *ī* bei Suffix -ινος in ὀστρέ-ινος lat. *ostrīnus* seit Turpil. com. 74 (Gn. 13, 30 Mitte), βορε-ινός lat. *borīnus*, spät bezeugt, aber mindestens so alt wie seine lat. Nachbildung *austr-īnus* Verg. georg. 2, 271. – *o-i* > *oi* > *oe* : *coetus*, § 132.

a-u > *au* in vulglat. *aunculus* IX 3040 al. (nhd. *Onkel*) aus *avunculus* (vgl. *aus*, § 147 d α), einsilbiges *au* wegen *au* > *a* in *anculus* § 84; Belege s. Thes. II p. 1607, 67 ff. – *o-u* > *ou̯* : *prout* Hor. sat. 2, 6, 67.

uī > *ui̯* : dat. *cui huic*, s. § 376 B 1 b. – *-uī* > *-ui̯* > *-ū* im selteneren Dativ sing. der 4. Dekl. und Supinum II *facile dictū*, s. § 359 (Dativ b). – Synizese: *ui* > *ui̯* : *fuisse* Plt. Rud. 1079; perf. *effutuistī* Soldatenvers bei Suet. Iul. 51. > *ū* in *flūtāre* Lucr. 3, 189 u. 4, 77 für *fluitāre* (hiernach wohl gr. πλωτή 'obenauf schwimmender Fisch, Muräne' umgestaltet zu lat. *flūta* Varro); spät in 2. pl. *fustis* VI 7470.

Zusätze. α) Die alte Form *Māvors -rtis* brauchen archaisierend Cic. nat. deor. 2, 67 ('*qui magna verteret*'), Liv. 22, 1, 11 und Dichter (Verg. Hor.); inschr. D 156. Aus **Māort-* (nach § 145 c) kontrahiert *Mārs -rtis* seit Plt. Enn. (zu *ā* vgl. Μααρκος § 12). Daneben inschr. dat. *Maurte* D 152, *Maurtia* in Ardea (§ 5 a), lautlich aus *Mā(v)ort-*, s. § 87 sub *o*. Die osk. Entsprechung zu *Māvors* ist *Māmers* (so Festus; mit Ableitung *Māmertīnī*), und die zu *Māvortius* also osk. *Mamerttio-* (mit Μαμερσα); zu *Mārtius* gehört der Name der Marser (s. § 161 b; also nicht osk. Namensform), inschr. *Martses* D 224 (IV[a]); neben Praenomen *Mārcus* (aus *Mārt-kos) steht *Māmercus*, im rom oskisch bei der Gens Aemilia (Fest. u. Liv.). – Das Lautverhältnis *Māvort-/Māmert-* ist unklar; vielleicht *Māvort-* pseudoarch. für **Māvert-* (gemäß § 44), daraus durch Fernassimilation *Māmert-*, oder umgekehrt. S. noch *Schulze*, EN 466; *Danielsson*, Sertum philol. Johansson, Göteborg 1910, 81; *Norden*, Priesterb. 136[2]. – Unsicher **tāvont-* > *tant-us*, s. § 377 D 1 b.

β) Die vorhistor. Vokalfolgen *oā oē* und *aē* bleiben unkontrahiert in *coāctus coēgī* und *ahēnus*, im Gegensatz zu *o-a o-e* und *a-e* in *cōgo cōmo* und gen. *aeris*; zu *coēpī* > *coepī* s. § 75 c. Von ntr. **ayes-* 'Erz' (lat. *aes*, § 330 A 2 a): gen. *ayes-es > *a-ezes > *aeris* und *no-*Ableitung *ayes-nos > *ahēnus* (mit *Ahēno-barbus*), umbr. noch *ahesnes* (zu *h* s. § 179 III b β, zu *-esn-* > *-ēn-* § 206). Ob die Vokallänge oder der historische Akzent für die Verschiedenheit (*có-agō > *cōgo*, aber *coāctus*) verantwortlich war, ist unklar.

γ) Der Bereich der Kontraktion *ie* > *ī* ist umstritten. Unanfechtbar ist nur ausl. *-ie* > *-ī* im Vokativ der *io-*Stämme, *fīlī Válerī*, doch s. § 352. Im Wortlaut ist *ie* (meist aus *io* durch Vokalschwächung, § 24) normalerweise bewahrt, bezeugt etwa in *pietās societās arietem hietāre hiemem*. – Doch wurde auch *ī* in Mittelsilben morphologisch als kontrahiertes *ie* interpretiert, meist aufgrund benachbarter *io*-Formen; das glaubhafteste Beispiel ist *tībīcen* aus **tībio-can*. Alles andere ist sehr unsicher. So *ī* aus *ie* in bzw. vor denominativen Suffixen: *-īti-* (§ 309) in *Samnītes* neben *Samnium*; *-īlius* der Gentilicia neben *-ius* (*Lūcīlius* neben *Lūcius*, zu demin. *-elo-*); *-īnum* in Ortsnamen neben *-ius*; ferner *fatīgāre* Ableitung von **fati-agos* (§ 414a); in der Verbalflexion: (*fīn*)-*īmus -ītis* aus *-io-mos -ie-te* (s. aber § 421); im Auslaut inf. pass. auf *-ī* aus *-ie* wegen *agie-r* neben *agī* (§ 430b). – Zu morphologisch bedingtem *i* für *ii* (*officiperda*) s. § 334, 1b; zu *-īn-* neben *-iōn-* in Typus osk. *legīn-* lat. *legiōn-* s. §§ 39d; 324 C.

δ) Zu den betonten Hiatusvokalen besonders im Romanischen vom Typus lat. *pius tuus meus* s. B. *Löfstedt*, Eranos 60, 80–92.

Lit.: *Wackernagel*, Kl. Schr. 476² (gegen *ī* aus *io* in *tībīcen*); *Schulze*, EN 442⁴, 456 (*-īlius*), 549 (*Sestīnum*); vgl. auch § 296 III (*Latīnus*); *Szemerényi*, Gl. 38, 117 (*Samnītes*; auch **hīm-* aus **hiem-*, verbaut in *hībernus*). *Pisani*, IF 54, 209–213 (ders., KZ 67, 29 u. Gramm. lat. 28 § 43): *-ie-* > allgemein *-ii-*, dann Kontraktion akzentabhängig, *-ii-* und *-ii-* > *ī*, dagegen unbetontes *-ii-* > *-ie-* [Gl. 27, 80]; vgl. auch Gl. 29, 172 zu *Quirītēs*.

134. Elision und Aphaerese statt Hiat im äußeren Sandhi.

Die Überbrückungen des Zusammenstoßes von Wortauslaut und Wortanlaut in der Fuge zwischen zwei Wörtern im Satz gehen unter dem Sammelnamen der Sandhi-wirkungen; vgl. § 226 zum Sandhi der Konsonanten im Latein; Quintilian 9, 4, 32 (ff.) spricht von *iunctura* 'Verbindung'; die moderne Phonologie verwendet den Terminus als „juncture" (engl., mit Symbolzeichen ╪) für alle Arten von Fugen, speziell auch für die morphologischen Fugen im Wortinnern. – Man erwartet in der Tat beim Vokalzusammenstoß zwischen Wörtern eines Satzes rein lautlich eine ähnliche Behandlung wie in Fugen des Wortinnern. Doch ist psychologisch die Verbundenheit selbst zwischen Wörtern einer engen syntaktischen Verbindung, also eines Syntagmas oder einer geprägten Wendung, weniger eng als die der Glieder eines einzigen Wortes.

1. Elision. Zunächst ist zwischen Prosa und Poesie zu unterscheiden; die rhythmisierte Kunstprosa steht wohl der Poesie näher. Quintilian l. c. 33 erwähnt, sicher nur für Reden, also für gesprochene Prosa, ungünstige und erträgliche Fälle des „hiatus" bei *vocalium concursus*. In metrischen Texten, die allein eine genauere Beobachtung gestatten, ist die Behandlung von außen her betrachtet ähnlich wie in der morphologischen Wortfuge, wo ein stammauslautender Vokal etwa der *o-* und *ā*-Stämme übergangen wird vor Vokal, und zwar sowohl vor Suffixen wie *-ius -ōsus -estris* wie vor zweitem Kompositionsglied (§ 334b). Zwar ist in der Skenikermetrik vereinzelt unter unklaren Bedingungen der Hiat anzutreffen, als sog. legitimer Hiat. Generell aber wird, vom sog. prosodischen Hiat (§ 118) abgesehen, der Auslautvokal (Kürze, Länge, *-ae*, Vokal+*m* als Nasalvokal, § 228, 1) vor anl. Vokal übergangen bzw. ausgestoßen; man nennt die Erscheinung Elision, auch wohl συνεκφώνησις 'Zusammen-aussprache'. Diese Bezeichnung mag für die Prosa ebenso angemessen sein wie Synaloephe 'Verschleifung' 'Verschmelzung' (von Aus- und Anlaut); doch kann man bei der Zusammenrückung *magnŏpere* (aus *magnō opere*) und in der quantitierenden Metrik jedenfalls dann nicht mehr von Verschmelzung reden, wenn ein

langer elidierter Vokal einer folgenden Kürze prosodisch keinen Längenzuwachs bringt: Verg. ecl. 3, 84/88 *Pōlli(ō)amat*, Aen. 1, 332 *ignār(ī)hominum*, 1, 68/*Ili(um)in Italiam*. Andrerseits ist das Verständnis mancher Textstellen durchaus vom Vorhandensein eines nicht nur geschriebenen, sondern auch wenigstens andeutend gesprochenen „elidierten" Auslautvokals abhängig, etwa in gen. sg. *animī animae*. Über die wirkliche Aussprache in der Rezitation besteht keine Klarheit; Cicero orat. 150 u. 152 spricht von *vōcālīs coniungere*. – Für den modernen Schulunterricht muß man bei metrischen Texten die Aussprache mit voller Elision aus praktischen Erwägungen empfehlen.

Die genauere Behandlung gehört nicht in die Grammatik, sondern in die Metrik; verwiesen sei auf *Vollmer*, Metrik 10 u. 20, 21, *Lindsay*, ELV Kap. III § 43ff. und die metrischen Handbücher; ferner auf *Maurenbrecher*, Hiatus und Verschleifung im alten Latein, 1899; *W. Kroll*, Studien 19; *A. Siedow*, De elisionis aphaeresis hiatus usu in hexametris, Diss. Greifswald 1911; *L. Müller*, De re metrica ²327 u. 368; auch *Bednara*, ALL 14, 317ff.

2. **Aphaerese.** Vernachlässigung des anl. statt des ausl. Vokals, als Aphaerese bezeichnet, findet sich ausschließlich beim anl. *e-* der 3. sg. *est* (meist Copula) und der 2. sg. *es*.

a) Inschriftliche Zeugnisse zitiere ich aus D und CE. Hinter V o k a l e n : hinter fem. *-a* (vgl. osk. *viu teremnatust* 'via terminatast', aber *destrst* 'dextra est', Vetter nr. 8, 4 und 74): in Prosa *u̯ocitatast* und *sitast* D 606, in Senar *sitast* CE 86, in Daktylen *traductast* D 306, 4 (aber *contra est* ib. 9), *relatast* 631, *terrast* 643; hinter *-ō*: *indiciost* 646, 5 (Senar); hinter *-e*: *qualest* CE 97, 4. H i n t e r *-um*, auch *-am -em*: so *-ust* (für *-umst* oder *-um est*): *scriptust* D 585 (Senar), *moriundust* CE 118 (Senar, ebd. *molestust*), *redeu(n)-dus(t) tibi/* CE 120 (aber trotz Einsilbigkeit auch Vollschreibung, *veniundum est tibi/* D 620); nicht als Hilfsverbum in *paullum est* D 581, 1 (vgl. 586, 5; 630). Dazu *quisquanst* D 306, 1, *itidest* CE 1559, 6. Einsilbiges *-um est* durch „Synaloephe" in rhetorischer Klausel (*praesidium est*) wird anerkannt von Quint. 9, 4, 109. – Im Altlatein besteht diese Aphaerese auch h i n t e r *-us*, also in *-ust* für *-us est*, in Prosa *u̯ocitatust* D 453, 17 (Sent. Minuc.), in Daktylen *situst* 579, *natust* CE 98, 1, 2; dazu *satiust* D 832.

b) Bei den alten Skenikern sind diese Aphaeresen häufig; in den Handschriften ist freilich Pleneschreibung üblicher. Für Aphaerese auch in der Schrift bei Plautus s. *Lodge*, Lexicon Plautinum II (s. v. *sum*): *-ast* p. 692, *-ist* (*tibist* usw.) p. 693, *-umst* usw. p. 693 u. 696; erwähnt seien hierzu *itidemst* und *nequam est* As. 178, meist *certum est* Hss., doch z. B. *-ust* Amph. 1048, *-umst* cod. A Merc. 505 u. 546, *-unst* P gegen *-um est* A Trin. 1063; ferner *opust* A gegen *opus est* P Stich. 95 (bis). – Ein Sonderproblem stellt die Einsilbigkeit von *-is est*: die Handschriften (Lodge p. 695a) schreiben meist *-e est*, so mask. *simile est, quale est* Amph. 442/601, 537/8, *exorabile est* P gegen *-bilist* A Stich. 74; seltener *-is est*, so Aul. 324 (aber *-e est* Fest.) u. 421. Gestützt auf dieses *-e est* drucken hier Leo und Lindsay *-est*, zu Unrecht wie ich glaube; richtig wäre *-ist*, entsprechend dem *-ust* für *-us est*. Das *-e est* der Handschriften ist eine Erfindung der Grammatiker; ursprüngliches *-is est* des Textes (für Aussprache *-ist*) war in der Plautustradition um des Metrums willen zu ntr. *-e est* korrigiert worden.

c) Für die 2. sg. *es* (alt *ess*, § 225 I a) bestehen nur metrische Zeugnisse der Aphaerese hinter *-us*; hier verdeutlichen unsere Ausgaben den grammatischen Wert, doch nicht die Aussprache, durch Apostroph (Lodge p. 689 u. 733), etwa *ausu's* Aul. 740 und oft, *vaniloquo's* (*-quus* Hss.) Amph. 379, so auch éinmal bei Vergil, Aen. 1, 237 *pollicitu's*. Auch vor Vokal als Länge *-u's*, richtiger *-u'ss* (nach § 225 Ia), so Plt. Rud. 871 *ut nanctu's habe/*.

d) Sprachgeschichtlich hat sich diese Aphaerese wohl so ausgebreitet: Ununterscheidbar von Elision war sie in ntr. *quāle est*. Zuerst erfolgte zwecks Verdeutlichung hinter Adjektivfeminina auf *-a* die Vernachlässigung des anl. *e-* der Hilfswörter *est* und *ess* (dieses im Dialog!), Typen *sita-st mala-ss*. Die weitere Ausbreitung von *-st* für *est* vollzog sich analogisch und zwar zunächst bei Adjektiven, unter gegenseitiger Beeinflussung der *o-* und *i-*Adjektive: nach ntr. *-e-st* auch *-um-st*; nach fem. *-a-st* auch fem. (mask.) *-is-st* (*-ist*), nach mask. *-is-st* auch *-us-st* (*-ust*). – An Schwund des ausl. *-s* von *-us* vor Vokal, also *-u(s) est* > *-ust*, ist trotz Leo nicht zu denken; in der alten Metrik ist *-s* nur vor Konsonant vernachlässigt (§ 229a).

Lit.: *Brinkmann*, De copulae *est* aphaeresi, Diss. Marburg 1906 (dazu *Hartmann*, Gl. 5, 319); *Siedow* (Titel am Ende von a); *Schulze*, Kl. Schr. 436f. (*-ust*); *Leo*, Pltin. Forsch. ²279ff., 285 (*-est* für *-is est*); *Lindsay*, ELV 74ff.; *Sommer*, KE 92–94; *Lindsay-Nohl* 139.

B. KONSONANTEN

1. KONSONANTEN ALS EINZELLAUTE

135. Die einzelnen Konsonanten des Idg. und des Lateins.

1. Anordnung. Die für die Grundsprache angesetzten Konsonanten sind in § 25 aufgeführt. Hier ist die Anordnung auf das Latein ausgerichtet: Sonanten: idg. y w und lat. $i̯$ $u̯$ (v); idg. u. lat. r l m n (§§ 136–153). Verschlußlaute (Tenues, lat. c t p, und Mediae g d b): Gutturale (einschl. idg. k^w g^w lat. $qu̯$ $gu̯$), Dentale, Labiale. Aspirierte lat. Tenues *ch th ph* usw. (§§ 154–166). Idg. Mediae aspiratae, mit lat. f und h (§§ 167–178). Idg. u. lat. s (§§ 179–182). – Über die idg. Tenues aspiratae s. § 176, über die idg. $þ$-Laute hinter Gutturalen § 179b β.

2. Hauptpunkte der Entwicklung zum und im Latein. In freier Stellung sind die Liquiden (r l) und die Nasale (m n) sowie Tenues und Mediae im Wesentlichen unverändert bewahrt geblieben; nur idg. g^w erscheint meist vereinfacht als $u̯$ bzw. v. Die großen Veränderungen betreffen die anderen Laute, die Einzelheiten sind kompliziert. Die „Halbvokale" lat. $i̯$ $u̯$ werden in einigen Stellungen zu vokalischen i bzw. u; zwischen oder vor manchen Vokalen schwinden sie. Die idg. Mediae aspiratae erscheinen im Wortanlaut als h oder f, im Wortinlaut als h (g $u̯$), d, b. Idg. s zwischen Vokalen ergab lat. r; vor stimmhaften Konsonanten schwand es unter Ersatzdehnung. – Zu den Entwicklungen in Konsonantengruppen s. §§ 183–225.

3. Zur lat. Wiedergabe griechischer Konsonanten in Lehnwörtern und Namen. Die normale Wiedergabe in klassischer Zeit entspricht, mit Ausnahme von c statt k für gr. κ, im Allgemeinen der in § 20 angegebenen modernen Umschrift, also π τ κ als *p t c*, β δ γ als *b d g*, φ ϑ χ als *ph th ch*, ferner σ als *s* (ξ als *x*, ψ als *ps*), ζ als *z*, ρ λ μ ν als *r l m n*, Spiritus asper als *h*. Für andere Wiedergaben seien hier die Hinweise zusammengestellt. Verschlußlaute: π als *b* und β als *p* § 164b; δ als *l* (*lacrima*) und als *t* (*sporta*) § 162c, d; κ als *g* und γ als *c* § 158c, -κλ- -κν- als *-gl- -gn-*, -γμ- (σάγμα) §§ 199b, 200a; κυ als *qui* § 52b. Ten. aspir.: φ ϑ χ als altlat. (und volkssprachl.) *p t c*, klass.-lat. *ph th ch* § 165a u. b; als Spiranten (ϑ und φ als *f*) § 165d u. g, zu spir. χ vgl. § 178 IIIb ε (*michi*); zu φϑ χϑ als *pth cth* und φρ χρ als *prh crh* § 165e u. f. – Spiritus asper als *h* § 178 V, $h̔$- und

-р̥р̥- als alt r- -rr-, klass. rh- -rrh- § 147 c. - ζ als altlat. s- bzw. -ss-, klass. ι̯ § 181 b. - Zu gr. ϝ als lat. v (u̯) s. § 140 c δ; zur Wiedergabe von lat. v (kons. u, also u̯) durch griech. ου und υ s. § 146 c. - Wegen Unregelmäßigkeiten s. auch § 365 F.

a) Lat. i̯ und u̯ bzw. idg. y und w (§§ 136–146)

136. Idg. y und w als Vokale und Konsonanten.

a) **Schrift und Umschrift.** Das alte lat. Alphabet benutzt für konsonantische i und u, d. h. für i̯ und u̯ die gleichen Zeichen *I* und *V* wie für die vokalischen i und u (s. § 7). Als normal ist bei *I* und *V* der vok. Wert vorausgesetzt; der kons. Wert wird erkennbar in Versen durch das Metrum, in der Sprachgeschichte aus lautlichen und orthographischen Wirkungen. - Über i̯ u̯ (y w) als lat. Phoneme handeln *Hoenigswald*, Lang. 25, 392–394 und *Godel*, Les semivoyelles en latin, Stud. ling. 7, 90–99.

b) **Idg. postkons.** y w vor Vokal wechseln mit idg. *i u* (§ 31 f.); hier wäre die Bezeichnung der y w als „Allophone" zu *i u* allenfalls berechtigt. Im Wortanlaut: **dyēm* gr. hom. Ζῆν und **di(y)ēm* lat. *diem* (ähnlich lat. *quiēs* aus **quiētis*, § 308, gegenüber iran. **šyāti-* aus **ćyāti-* 'Segensfülle', auch im Namen Παρύ-σατις) oder **dwō* gr. δώδεκα (aus **δϝω-*) nhd. *zwei* und **du(w)ő* gr. δύο umbr. *tuva* lat. *duō*. Bei altlat. konj. *siēs* 'sīs' ist nicht zu entscheiden, ob das lat. *si-* idg. *sy-* oder *si(y)-* fortsetzt, vgl. ai. *syās* (ved. auch *siyās*) und got. *sijais*. - Im Wortinnern wechseln in gleicher Funktion postkons. *-yo-* und *-i(y)o-*; letzteres steht besonders nach langen Silben (πάτρ-ιος *patr-ius*).

Der ungeregelte Wechsel verdeckt eine ältere Regelung, die als Sievers'sches bzw. Sievers-Edgertonsches Gesetz benannt ist. Beim Wortanlaut handelt es sich um satzphonetische Doppelformen: *dy- dw-* hinter kurzem Vokal, *di(y)- du(w)-* hinter langer Silbe. Dieser idg. Wechsel Kons./Vokal gilt auch im Wortinnern und übrigens wohl auch für die Sonanten r/r̥ l/l̥ m/m̥ n/n̥. - S. zuletzt kritisch *Sihler*, Lang. 47, 53–78; ferner *Edgerton*, Lang. 38, 352–359 [Gl. 42, 92]; ferner *Hermann*, Silb. 357, *Lindeman*, NTS 20, 38–108, *Lehmann*, Lang. 31, 355–366, ders., Festschr. Kuiper 39–45 (rigved. *-ăniā-* aus *-anHiā-*, Position durch Laryngal), *Horowitz*, Sievers' Law and the Evidence of Rigveda, 1974 (Analogien, nicht Gesetz). S. auch *Szemerényi*, Trends 148 Ziff. 5.

c) Überdies waren y w hinter wortanl. s oder Vschll. nicht sehr stabile Elemente: 'nähen' Wz. idg. *syū* (so altind.) und *sū* (so vor Kons. lat. *sū-tilis*, *sūbula* § 285, 4, ai. *sūtram* 'Faden'; zu *sŭere* s. § 408); 'speien' Wz. idg. *spyū* (zu erschließen aus got. *speiwan* und gr. πτύω mit πυτίζω, von **πτυτόν*, für πτ- aus py- vgl. § 163 a zu σκέπτομαι) und *spū* (lat. *spū-tum spŭere*); 'gestern' idg. **ghyes* (ai. *hyas*) und **ghes* (lat. *her-ī*, *hes-ternus* nhd. *gestern*, § 292 a; zu gr. χθές s. § 179 b Zus.); nhd. *sechs* lat. *sex* neben **swek's* (§ 378); Reflexivpron. **swe-* und *se-* (lat. *sē*, *sibi*, vgl. aber § 369 A 2 b); s. auch § 194 zu *sermo* usw.; lat. *du̯is* 'bis' neben Praeverb *dis-*. Vermutlich verlangt jeder Einzelfall eine Sondererklärung.

137. Idg. y und lat. i̯. Zuerst Übersicht über idg. y. Es ist erhalten als lat. i̯ im Wortanlaut vor Vokal, ferner als Rest der intervokal. Lautgruppen *-gy- -dy-* und *-sy-* und vom altlat. anl. *dy-*. Sonst wurde postkons. y vor Vokal zu vokalischem *i*. Intervokal. y ist geschwunden.

a) Anl. idg. *y-* bleibt erhalten als lat. *i̯-* (geschrieben *i*): *i̯ubeo* altind. *yudh* (vgl. § 171 b β); *i̯uvenis i̯uvencus* altind. *yuvan- yuvaśas* nhd. *jung* (§ 61). Im

Griechischen entspricht teils *h* (Spiritus asper), so in *i̯ecur* gr. ἧπαρ (§ 59), teils ζ, so in *iugum* nhd. *Joch* gr. ζυγόν; die griechische Doppelvertretung ist nicht sicher aufgeklärt, s. *Lejeune*, Phon. myc. 165, *Lehmann*, Phonol. 50, *Schmitt-Brandt* 79 f. (ζ aus *Hy*), *Wyatt*, Gl. 46, 229–237 (normal ζ, bedingt *h*).

Zwischen Vokalen ist idg. *-y-* im Latein geschwunden, ebenso im Osk.-Umbr. und im Griechischen: akk. *eum* (dazu umbr. fem. *eam*, pl. *eaf*) ai. nomin. *ayam*, idg. **eyom* (§ 371 a); *ahēnus* (für *aēnus*, *h* nur graphisch) zu **ayes-*, s. § 178 III b β; kausative Verben auf *-eo* wie *moneo* gr. -έω altind. -*áyati*; mit nachfolgender Vokalkontraktion *trēs* osk. *trís* gr. τρεῖς, alle aus **trees* idg. **treyes* altind. *trayas*. Zu *-y-* hinter Kompositionsfuge s. § 138, 2.

Die ursprüngliche Anlautgruppe *dy-* des Götternamens *I̯ov-* (*I̯uppiter*) ist im Italischen noch erhalten als *di̯-*, sie wurde dann zu *i̯-* vereinfacht; zu *dy-* vergleiche man mit lat. abl. *Iove* altind. lok. *dyavi* idg. **dyew-i* (s. § 318 A 2 b). Inschriftlich altlat. und osk. *di̯ou̯-*: lat. DIOV- (-*os* -*is* -*ei* -*em*) s. D (Altlat. Inschr.) Seite 88 Index; wie dat. lat. DIOVEI D 123 auch osk. dat. *Diúvei* ΔιουϜει, neben *Iúvei*; umbr. nur *Iuve*.

Nach der Art der Zeugnisse ist bei inschr. lat. DIOV- nicht mit der idg. Wechselanlautform **di(y)-* für **dy-* (§ 136 b) von *diēs Diēspiter* zu rechnen. – Von den inschr. Nebenformen zu *I̯ānus I̯ūturna* ist DIANOV 783 einer volksetymologischen Verknüpfung mit *Diāna* entsprungen; DIVTVR(NAI) D 134 ist pseudoarchaisch mit *diuturnus* verknüpft. Unhaltbar *Altheim*, Spr. 243: zu halb-etr. **di̯ū-tur* 'Juppiter-sohn'.

b) Die vorhistor. Inlautgruppen *-gy-* *-dy-* ergeben lat. *-i̯i̯-* (-*i̯-*) in kompar. *maius peius*; in *maiōr- maius* ist angesichts von *magis maximus* und gr. μέγας vor der Komparativendung ein *g* einer Grdf. **mag-yŏs-* geschwunden, in *peior* wegen *pessimus* ein Dental, vermutlich *d*, also **ped-yōs*; s. *Sommer*, IF 11, 78 u. 83. Ebenso lautlich *aio* 'sage ich' aus **ag-i̯ō*, vgl. *adagium prōd-igium*; vermutlich auch fal. *foied* 'hodie' aus **ho-di̯ēd* (§ 372, 1 a), ein umgestaltetes Erbwort (vgl. ai. *adya* 'heute'; s. *Stolz*, IF 18, 451[1]); in lat. *hodiē* ist das *d* etymologisch restituiert. – Vermutlich lat. *-i̯-* auch aus idg. *-sy-* über *-zi̯-* in pronom. gen. *eius* aus **esyo*, und entsprechend *quoius cuius* und *huius*, s. § 376 A 2a. Lautlich sind *maius eius* als *mai̯i̯us ei̯i̯us* zu verstehen, § 138, 1b.

Zusatz. Vielleicht *-i̯-* aus idg. *-ghi̯-* in *Maia*, wenn gleich altind. *Mahī*. – Dem lat. *Maius* entspricht nach Paul. Fest. als Monatsname osk. *Maesius*; das Lautverhältnis ist nicht aufgeklärt.

c) Sonst ist postkons. idg. *y* im Latein zu silbischem *ĭ* vokalisiert worden. Adjektiva auf *-ius*: *medius* osk. *mefiai* altind. *madhyas* usw. (§ 171 b); *alius* osk. *allo* 'alia', gr. ἄλλος got. Vorderglied *alja-* idg. **alyos*; *socius* aus **sok^wyos* (zu *sequī*), wo der Verlust des labialen Elements von *k^w* folgendes *y* zur Voraussetzung hat (§ 155). Verben auf *-io* idg. *-yō* wie *capio* got. *hafja* (nhd. *hebe*) mit Komposita; *rapio* gr. ἐρέπτομαι; *specio* ai. *paśyāmi* (§ 410, 3 b).

Zusatz. *venio* aus **g^wemyō* (§ 157, 1 b); dabei ital. *-mi̯-* > *-ni̯-*, mit Verschleppung des *n* in lat. perf. *vēnī* und osk. praet. *kúm-bened* umbr. fut. ex. *benust* (Bedenken bei *Schwyzer* I 309 Zus. und bei *Kretschmer*, Einl. 158[2]). Ebenso *ni̯* aus *mi̯* in *quoniam* aus **quom i̯ām* 'da schon'. Aber die Grundform von *etiam* (dreisilbig nach Quint. 1, 4, 10) war wohl herkunftsmäßig **eti-i̯ām* (zu **eti* s. § 98 a); entsprechend wird man *nunciam* (- ∪ - Plt. As. 1) auf **nunce-i̯am* zurückführen.

138. Lat. intervokal. -i̯- und -ĭ̯-, anl. antevokal. i̯- und ĭ̯-.

1. Intervokal. i̯. a) Zur Herkunft. In ererbten Bildungen aus idg. -gy- -dy- -sy- (*maius peius eius*), s. § 137b. Lat. *meio* 'harne' ist wohl auf **meihō* zurückzuführen, § 168 Zus. a. – In diesen etymologisch deutlichen Fällen ist der Vokal vor i̯ kurz (vgl. *măg-is*); die Silbe ist trotzdem lang, die Länge kann aber nicht am Vokal (als *ā* usw.) bezeichnet werden: *ai̯o* ist als *ai̯i̯o* zu interpretieren. Silbenlänge gilt auch bei unklarer Herkunft des i̯.

Weitere Belege. α) Ohne Herleitung: *cai̯o* 'ich haue', *bai̯ulus* 'Lastträger', *bai̯a* 'Bucht' mit Ortsname *Bai̯ae*, *rai̯a* 'Rochen' (Seefisch), *troi̯a* 'Sau', *ei̯ulāre* 'jubeln'; *Mai̯us* (*mēnsis*) und *mai̯ālis* 'kastrierter Eber', *Ve(i̯)ī* mit *Vei̯entēs*, *Trai̯ānus*. Italien. *scarafaggio* setzt lat. **scarabai̯us*, nicht *-aeus* voraus; zum *f* s. § 173 d. – β) Suffix *-eius*: im Gentilnamen *Pompeius* geht *-eius* nach Ausweis von osk. *Púmpaiians* 'Pompeiānus' zurück auf *-ăi̯i̯os*, durch Vokalschwächung (nach § 87 *a* α). Im Übrigen s. dazu und auch zu *plēbēius* § 273 A 1 d. – γ) Einige sehr früh übernommene griech. Namen mit antevokal. -αι- -οι- zeigen gleiches lat. i̯ (*Schwyzer* I 194³): Αἴας *Ai̯āx*, Μαῖα *Mai̯a*, *Γραῖος *Grai̯us*, Τροίη *Troi̯a*; s. § 85 C 1 a, auch ib. 5 zu Interjektion *ei̯a*. – δ) Sekundär im Inlaut *-i̯-* in *dē- ē- prō-i̯ĕcī -i̯ectus* und *-(i̯)icio*, s. unten 2 b.

b) Doppelschreibung des i̯ und Langmessung der Silbe. α) Der Langmessung der Silbe vor dem i̯ entspricht dessen Doppelschreibung bis in die Kaiserzeit: inschr. EIIVS (auch EIIVS, EIIVS, oben § 13, Thes. sub *is* p. 456, 61 sqq.), *maiiestati* XIII 3672, *Pobleiios* D 734, *Traiiani* CE 29, 4, *Seiius* 112, *Pompeiianus* Väänänen p. 49, auch *coiiuc-* D 701; *maiior eiius* im Ambrosianus des Plautus; Cicero schrieb *aiio Maiia* nach Quint. 1, 4, 11; handschriftliche Spuren: für *aiio* bei Plautus (s. Thes. sub *aio*); Hor. epist. 1, 15, 45 codd. Ψ *alio* (für *aiio*); vgl. Iuv. 4, 113 *vellent-* für *Veiient-*. – β) Prosodisch wirkt das i̯ als Doppelkonsonanz i̯i̯, also positionsbildend nach kurzem Vokal; dabei wird die Silbengrenze in das i̯ verlegt, also *ai̯-i̯ō ei̯-i̯us*, vgl. inschr. *ei/ius* § 23 a am Ende. Kürze des *e* von *peius* wird durch italien. *peggio* bestätigt. *Hoenigswald*, Lang. 25, 393 will, wie *Schulze* bei Gentilsuffix *-eius*, den Lautwert durch *-i̯jus* (*mai̯jus pei̯jus*) verdeutlichen. S. auch Ter. Maur. 618–626; *Kent*, TAPhA 43, 35–56; *Sturtevant*, Pronunc. 145 f.; *Sommer*, KE 185.

c) Schwund dieses i̯ vor *i ī*. Zu *aio* lauten die 2. und 3. sg. *ăis ăit*, und nur in diesem Fall bleibt Kürze, also *ă*. Sonst zeigen die metrischen Belege Länge, also *ā* oder *ē*, gen. *Coccēī* Hor., *Pompēī* Lucan., plur. nom. *Grāī* Lucr. 6, 908, Hor., vok. *Vēī* Prop. 4, 10, 27, imper. *mēīte* (zu *meio*) Pers. 1, 114; also ist inschr. *-ei* als zweisilbiges *-ēī* zu interpretieren in gen. sg. *Pompei* Mon. Ancyr., *Tondei* D 415, *Livinei* I² 1613. Dazu wohl *Graecus*, **Graicos* aus **Gra(i̯)-icos* von *Graius* (zum Gebrauch von *Graius* und *Graecus* s. *Ernout* III 84), sowie Dat. *quoiei > cui*, § 376 B 1 b. – *Graius* nicht aus **Graivos* (so Solta 59), wegen *Gnaeus* aus *Gnaivos* (§ 145 d α), trotz *Aiāx*. – Zum Schwund des i̯ vgl. weiter unten nr. 2b.

2. In den Wortinlaut versetztes anl. i̯-, hinter Konsonant und Vokal.

a) Hinter der Fuge junger Zusammenrückungen und Verbalkomposita bleibt nach Ausweis der Metrik i̯ als Anlaut des zweiten Gliedes unangetastet, sowohl hinter Konsonant, etwa in *i̯ami̯am* (zu *eti̯am quoni̯am* s. § 137c) oder in *adi̯acet adi̯uvāre, coni̯ugem, ab- sub- dis-i̯ectus* und *-i̯ēcī*, *iniūria*, als auch hinter Vokal, so in *sē-i̯ungo ē-i̯ūrāre* oder in *-i̯ectus -i̯ēcī* hinter *dē ē prō*. – Schwund von solchem intervokal. *i̯* (nach § 137a) wohl in *hornus*, s. § 372, 1a.

b) **Schwund des *i̯* vor *i* und seine Wiederherstellung in den Komposita von *iacio*.** Im Praesensstamm dieser Komposita steht, wenn man von der traditionellen Orthographie zunächst absieht, normal und erwartungsgemäß nach klassischer Metrik *-i̯icio* (wie *-ficio* neben *facio*), so als Daktylus — ∪ ∪ einerseits, mit positionsbildendem Kons. *i̯*, *coni̯icit in- dis- ad- ab- ob- sub-i̯icit*, andrerseits *dē- ē- prō-i̯icit*. Die Handschriften freilich und ihnen folgend unsere Ausgaben schreiben durchweg gegen die metrisch postulierte Aussprache nur éin *i*, also Schreibung *con-icit* usw., so bei Vergil als — ∪ ∪ *-icit -icis* imper. *-ice* hinter *ob- sub- con- in-* und hinter *dē- prō- re-* (Aen. 10, 473, gg. 3, 389); entsprechend als — ∪ ∪ — (nur hier metrisch gefordert) 3. pl. *-iciunt* hinter *ad- ob- sub- con- re-*; auch abl. *obice* — ∪ ∪ (Aen. 8, 227 al.), *obicibus* — ∪ ∪ — (gg. 2, 480) zu *obi̯ex* 'Riegel' (nomin. erst bei Grammatikern, s. Thes. s. v.). Dazu Acc. 348 *dissicit* und noch deutlicher imper. *dissice* Verg. Aen. 1, 70 (wieder aufgenommen durch *disi̯ectam* 128), mit *ss* als metrischem Notbehelf, lies *disi̯ice*. – Zu *porricio* aus *por-i̯icio* s. § 217a. – Inschr. *proicito* Lex par. Put. I 12.

Die antike Orthographie vermeidet also *coniicit* usw. mit Schreibung *ii* als lautlich *i̯i* (alt *i̯e* in inschr. *proiecitad* D 257, *conieciant* Lex repett. 50). – Aber Quintilian 1, 4, 11 und viel ausführlicher Gellius 4, 17 anerkennen zwei *i*, etwa *coniicit*; Velius Longus verlangt für *coi̯icio* (ohne *n*, so wie *coi̯ug-?*, Belege s. § 217a) sogar drei *I*: *coiiicit* als *coi̯-i̯icit* (s. dazu Lindsay-Nohl 61 § 55; Thes. s. v. p. 305, 54–71); vermutlich ist *co-icio* nur eine künstliche Form; da die Grammatiker nur auf die Orthographie achteten und nicht lautlich zwischen *i* und *i̯* schieden, verlangten sie hier die antevokal. Form *co-*.

Dieses nur gesprochene *i̯* der klassischen Sprache in *con- ob-i̯icio* ist nicht lautlich erhaltenes *i̯*, sondern Restitution nach dem Simplex *i̯acio*: die für die klassische Zeit irreführende Schreibung mit nur éinem *i* führt vielmehr in lautgetreuer Orthographie die altlat. Aussprache *conicit* usw. ohne *i̯* weiter; das *i̯* von vorplautinischem **coni̯icit* war vor *i* ebenso geschwunden wie in *ă̄t Grā́ī*, oben 1c. Nur in dem verundeutlichten Kompositum *amicīre*, 1. sg. **am-i̯icio* aus **am-i̯acio* 'sich etwas um-werfen' (vgl. Varro ling. 5, 132 *amiectum* 'circumiectum') unterblieb die Wiederherstellung; zu *am-* s. § 102 Zus.

Zusätze. α) Metrisch gesicherte altlat. Belege für *cŏnicio* usw., also für Aussprache *i* statt *i̯i* hinter Konsonant, sind die Senarausgänge ∪∪ ∪ —/ Naev. com. 94 *abiciam*, bei Plautus Merc. 932 *conicitis*, Rud. 769 *coniciam*, As. 814 *obicias*. – Gleiche Messung findet sich vereinzelt bei späteren Daktylikern: *adic-* ∪∪ seit Manilius (s. Thes. s. *adicio* p. 666, 31–34), *inic-* und subst. *obicēs* ∪ ∪ — (nach Ennius?) Sil. 4, 24 u. 13, 352. Vermutlich handelt es sich in der Kaiserzeit um Regelung der Aussprache nach der Orthographie.

β) Hinter Praeverbien auf Vokal. *ē- prō- re-* und *trā-* sind die antekonsonantischen Formen von *ex- prōd- red- trāns-*; sie setzen also ursprünglichen Anlaut *i̯-* von *-icio* voraus. Bei *prō- trā-* keine Besonderheit: — ∪ — *prō-ĭcī* Plt. Cist. 618, *prō-ĭce trā-ĭcit* Verg. Aen. 6, 835; 10, 400. Dieses postvokal. *-icit* mag die Bewahrung der postkons. Schreibung *-icit* unterstützt haben. – In *dē- ē- re-(i̯)icio* wird durch Synizese *ē-i* zu *ēi̯* bzw. *e-i* zu *ei̯* kontrahiert; so einsilbiges *ēi̯* als orthogr. *ei* in Vershebung in *dēicere* — ∪ ∪

Konsonanten: Lat. i̯   129

Hor. sat. 1, 6, 39, *dēicit* Val. Fl. 7, 514, *ēicit* Lucr. 3, 877 u. 4, 1272; entsprechend *ei* in imper. *reice* — ◡ Verg. ecl. 3, 96; ebenso *tra̯ice* Prop. 2, 12, 18; aber auch *reice* — ◡ ◡ (lies *rei̯i̯ice*) georg. 3, 389, lautlich wie *eius* oder allenfalls wie *relligio* § 130 I A 2; lange erste Silbe auch (in Senkung) in *reiecit reiectus* Lucr. Verg. – Zum Problem s. auch *Mather*, Harvard Studies 6, 83–126; *Hermann*, NGG 1918, 126 ff.; *Lindsay*, ELV 140.

γ) Gleicher Schwund eines i̯ vor *i* ist vorausgesetzt in *bīgae* 'Zweigespann': *dwi-yugā- 'zweijochig' (sc. Stuten) > *du̯i-i̯igā- (nach § 86 III Zus. a) > *du̯i-igā- > *bīgae*; entsprechend *quadrīgae*; vgl. auch *Szemerényi*, Gl. 38, 118 oben.

3. Inl. vokal. -i̯- zwischen Vokalen. In lat. Wörtern finden sich nur wenig Beispiele. Praenomen *Gāi̯us* (wie *Lāi̯us* gr. Λᾱϊος), metrisch —◡◡ Lucil. 422, Petr. 54, 1, Mart. (auch vok. *Gāī* 9, 92), D 609, CE 428, 5, auch griechisch etwa SEG 6, nr. 210 vs. 4 u. 6; vgl. Schreibung gr. Γαειος Gl. 18, 248, *Blass-Debrunner* § 41 Zus. 1 (zu *Schwyzer* I 196 Ziff. 3), und *gai̯ŏlus* Stat. silv. 1, 6, 17; zur Herleitung s. § 145 d Zus.

Zusätze. a) Intervokal. *i* in jungen Ableitungen. Adj. *Vēi̯us* Prop. 4, 10, 31, als *Vei̯- ius* von *Vei̯ī* (vgl. gr. Κήϊος Κώϊος). Zu Adjektiven auf *-uus* und *-uis*: mit Komparativsuffix *-ior*: *strēnuior* Plt. Epid. 446, *tenuior* Cic. Mur. 73, *exiguior* Dig. (meist vermieden, § 385 b); zu *tenuis* ntr. pl. *tenŭi̯a* wohl in Prosa, *tenu̯i̯a* § 141 b β. Beim Verbum perf. *coïit, coïēre* Prop. Einige isolierte Substantiva auf *-ui̯um* s. § 143 c α. – b) In entlehnten griech. Namen ist solches *ĭ* häufig, meist in Suffix -ιος mit Ableitungen: *Achāi̯a* Ἀχᾱϊά, *Lāi̯us*, *Nāi̯ades* Verg. ecl. 6, 21, *Trōi̯us* Aen. 1, 119, *Acheloi̯us, Minōi̯us*; *Plēi̯ades Dēi̯anīra*; Suffix -ήϊος in *Nērēi̯us Priamēi̯us Achilēi̯us Aenēi̯us* usw.

4. Anl. vokal. ĭ- vor Vokal. In echtlat. Wörtern nur (als Neuentwicklung) in plur. *ĭī ĭīs* zu Pronomen *is* und in einigen Formen des Verbums *īre*, so ptc. *ĭēns*, perf. *ĭī* mit *ĭeram* usw. Häufiger ist es in griech. Lehnwörtern und Namen: *ĭambus* (◡ — ◡) Catull 54, 6 ἴαμβος, *ĭaspis, ĭōta, Iocastē, Iōlcos, Iōnes* Ἴωνες; mit *ī-*: *mare Ionium* (Verg.), *Iō* (— —) Ἰώ; *ĭynx* ἴυγξ (u. ἴυγξ) 'Wendehals' Plin. – Volkstümliche Entwicklung von *ĭ-* zu i̯- zeigt *I̯ūdaeus* Hor. sat., vgl. *I̯ūdaea* Lucan. 2, 593; weiter i̯- > *dz-* § 139 b γ; in der gotischen Bibel wird der Anlaut von gr. Ἰουδαῖοι teils *Iu-* teils *Ju-* geschrieben, *Streitberg*, Got. El.-Buch § 35, 2.

Lat. *iugere* (vom Schrei des Weihs, Lautqualität des *i* und Quantität des *u* unbestimmbar) bei Paul. Fest. wird Lehnwort sein, vgl. gr. ἰυγή und ἰύζω.

Lat. i̯- wird graphisch durch gr. Iota wiedergegeben, etwa in Ιουστος für *Iūstus*; lautlich wird damit vokal. *i-* gemeint sein. Die Namensform des Stammvaters der gens Iulia *Iūlus* (◡ — ◡) bei Verg. Aen. 1, 288 muß aus griechischer Tradition stammen.

139. Wandel von postkons. ĭ vor Vokal zu kons. i̯; Zusammenfall von klass. lat. i̯ und vulglat. di̯ in d'j > dz.

a) Die Hexameterdichter (doch nicht die alten Skeniker) verwenden, zur Meidung metrischer Schwierigkeiten, gelegentlich positionsbildendes i̯ für *i*: im Versanfang *avi̯um* Enn., *abi̯etibus* und *fluvi̯orum* Verg., im Versausgang *omni̯a* Verg., *Anti̯um* Ov. met. 15, 718, *ori̯undī* (als ◡ — —!) Lucr. 2, 991; sonst etwa *īnsidi̯antēs* Enn., *Lāvīni̯a* Verg., *abi̯ete* und *ari̯ete* (5. Daktylus) Verg., *abi̯egnī* Prop. 4, 1, 42, *Nāsidi̯ēnī* Hor., *Servīli̯ō* (*Heraeus*, Kl. Schr. 250⁴), *grāti̯a* D 631; vgl. *tenvi̯a* § 141 b. Es handelt sich bei Ennius eher um Nachahmung griechischer Freiheiten des damaligen Homertextes wie πόλιας θ 560 als um Ausnützung volkstümlicher Aussprache. – S. *Voll-*

mer, Metrik 18, *L. Müller*, De re metrica 256 f., *Marx*, Sächs. Abh. 37, 1, 1922, 45 f. – *R. Pfister*, MSS 15, 23–38 sucht noch weitere Zeugnisse in der Metrik der volkstümlichen versus quadrati (s. aber Gl. 42, 92).

b) Vulglat. *Kĭo* > *Ki̯o* (*K* = Konsonant). Im Vulgärlatein der Kaiserzeit wurde postkons. *-io-* usw. (auch das gemäß § 42f aus *-eo-* usw. entstandene) allgemein zu *-i̯o-* usw., also etwa *ratĭo* > *rati̯o*, *sēm(i̯)animis*, oder *valeat* > *vali̯at*, *pāreat* > *pāri̯at* D 268, 11; man nennt diese Erscheinung gelegentlich Jotazismus. – Da die Schrift kein eigenes Zeichen für *i̯* besitzt, wird dieser Lautwandel nur indirekt sichtbar, sei es durch Fehlen des *i* oder durch in der Schrift sichtbare Auswirkung auf den vorausgehenden Konsonanten, d. h. durch dessen Palatalisierung.

α) Schwund des *i̯*, besonders hinter *r*, *l* und *qu* (in runden Klammern ( ) ist das geschwundene *ĭ* > *i̯* angegeben). Hinter *r l* (nach deren Palatalisierung zu *r′ l′*): *aes cuprum* 'κύπριον, Kupfer', inschr. *par(i)etes* VI 31007, *compatr(i)ota* XI 3541, *tr(i)unphali* XIV 1726; *al(i)eno* VI 10464, *abal(i)enare* 14027, 14930, 36364. Hinter *st* und *n* (Suffix *-ēnsis* statt *-i-ēnsis* ?): *Oste(n)sis* (zu *Ostia*) XIV 429; 584, *Carthaginesi* XIII 2000. – Hinter *qu* (*qu̯*) im Wortstamm *quiĕ-*: inschr. *qui̯ētem* CE 1988, 13, *Quetus* häufig, *inquetare* VI 27489; *quescas* VI 2108 al. (Belege bei Diehl Chr. III Index 134 u. 576), sogar *cesquant* '*qu̯(i̯)ēscant*' VI 3446, vgl. *quinqu(i)es* Gl. 36, 127. Ähnlich vielleicht *qui̯ēsce* Plt. Merc. 448, *vi̯ētus* Hor. epod. 12, 7. – Dazu wohl umgangssprachlich *sōdēs* 'bitte' aus erstarrtem *sī audēs* über *sī* > *si̯-*.

β) Lautwandel durch *i̯*. Konsonantendehnung vor *i̯*: inschr. *soccio-*, s. § 223 a α. Romanische Betonung *pari̯éte fili̯ólu*, § 239. Schreibung Φλαυγιος 'Flāvius' (Gl. 18, 248; gr. γι meint *j*, *Schwyzer* I 312). Schwund des *l* vor *ni̯* in βανιατορ Pap. (*Meinersmann* 9), d. i. *bani̯ātor* aus *balni̯ator* für *balneātor* (vgl. italien. *bagno* aus *ba(l)ni̯o*). Zu *ti̯* s. § 161 b. – Zu *l′i̯* als Vorstufe der frz. Mouillierung von *la fille* s. § 148 d ε.

γ) Vulglat. *d′i̯* > *dz* aus klass. lat. *i̯* und aus vulglat. *di̯*.

Klass. lat. *i̯* im Anlaut und Inlaut wird im Vulglat. über eine Spirans *j* zu einer assibilierten Affrikata *dz*, etwa *i̯* > *j* > *dj* > *d′j* > *dz′*; auf Inschriften wird das Ergebnis oft durch *z* wiedergegeben: *Zanuarius* X 2466, *Zovianus* XIV 1033, *huzus* 'huius' VI 37200 b 5, *cozus* 'coiux (coniunx)' Diehl Chr. 4246, κοζους X 719; *Zerax* 'Ἱέραξ' X 3699 I 16, *Zorteni* (*jort-*, gr. 'Ἑορτή) VI 15558; auch durch *g* vor *e* (vgl. § 159b), *Troge* CE 901 gen. zu *Troia*. Dazu, ohne Zusammenhang mit altlat. *Dianus* '*Iānus*' (oben § 137 a Zus.), die umgekehrte Schreibung *di* (nach *z* für *di̯*) in *Diavolenus* '*Iavolēnus*', *codiugi* X 2559, *Madias*, und später die Schreibung *gi* (vgl. § 159b) in *Gianuaria* IX 4335 (503 n. Chr.), *congiugi* XI 1016, schon früher gr. Τραγειανός (Gl. 18, 248); schließlich die romanische Entwicklung, italien. *Gennaio* < *Ĭēnuārius*, *peggio* <*peius*.

Die gleiche Lautentwicklung zeigt auch die Lautgruppe *di̯*, im An- und Inlaut aus antevokal. *di*, im Inlaut auch älteres *di̯* in *adi̯utor* u. ä.; das lehren die inschriftlichen Wiedergaben als *zi z* (*dz*) und, als Umkehrung, *i*. Inl. *-di-* als *-z-* und *-i-*: *Azutor* VIII 18224, 26989 (*Adz-* 26683), *Aiutor* XIV 871 (vgl. Thes. I 717, 71), *aiutricis* III 11240, *Aiectus* VI 19027. – Anl. *di-* > *di̯-* als *zi-* und *z-*: *Zies* VIII 11099, *zebus* 'diēbus' XIV 1137. In griech. Namen und Wörtern: *Ziomedis* VIII 17422 (anders etr. *Ziumiϑe*, *de Simone* I 67), *Zonysius* VI 32647, *Zodorus* VI 3381 VIII 9139, Dat. Ζοσχορούτι X 2154, *Zopantus* 'Διόφαντος' VIII 14601, *Zadumene* IX 4326, *zaeta* 'δίαιτα' VIII 9433, *zaconus* III 2654, *zabulus* in Handschriften häufig (Thes. s. *diabolus*). Als *i-*: *ies* '*di̯ēs*' III 2225, auch für *di̯-* aus *de-* in *iosum* 'deorsum' (Hss., s. Thes.). – Inl. *-di-* > *di̯* als *zi, z, i*: *Gennazio* VIII 12035, *Aziab- Azabēnicus* ''Αδιαβ- 'Αζαβηνικός'; *oze* 'hodiē' VIII 8424 (vgl. Prisc. II 24, 6); *priie* 'prīdiē' V 1713. – Eine (wohl von Grammatikern empfohlene) umgekehrte hs. Schreibung *-di-* für *-z-* besonders in entlehnten griechischen Verben auf *-ίζειν*, etwa *acontidiāre* (*sanguis*) Chiron 24, vgl. hom. ἀνακοντίζειν E 113, *baptidiare* βαπτίζειν, *iudaeidiant* Comm. instr. 1, 37 (Akrostichon); vgl. hierzu *Leumann*, Kl. Schr. 166f. – Vgl. zu *di̯-* und *-di̯-* im Romanischen italien. *giorno* frz. *jour* aus lat. *di̯urnum*, italien. *oggi* aus (*h*)*odi̯ē*. Über *-ti̯-* s. § 161 b.

Lit.: *Maas*, WSt. 63, 94ff.; *Svennung*, Kl. Beitr. 7–29 (auch zu *cuprum*); *Carnoy*, TAPhA 47, 145–152; *Sturtevant*, Pronunc. 171 § 196a, b. Speziell zur roman. Entwicklung: *Meyer-Lübke* I 328; 427ff.; *Lausberg* II 54ff.; früher *Schuchardt*, Voc. I 67. – Nach *Burger*, Cahiers de Saussure 13, 19–33 wurden im Vulgärlatein alle Konsonanten vor i̯ palatalisiert [Gl. 42, 92 f.]. *Perl*, Philol. 115, 211 Fußn. (Inschr. Belege für vulglat. z).

140. Idg. *u̯* **und lat.** *u̯* **bzw.** *v*. Die Schicksale des konsonantischen *u* (des *u̯*) sind im Latein besonders mannigfaltig; die meisten einschlägigen Fragen hat seinerzeit *Solmsen* in seinen „Studien" geklärt. Zum Schriftproblem und zur Umschrift von lat. *V* als vokal. *u*, *ū* und als kons. *u̯*, *v* s. § 7c, d, auch *Leumann*, Festschr. Pisani 635 f., *Bennett*, Lang. 42, 665.

Idg. *u̯* (*u̯*) ist im Allgemeinen unverändert als lat. vorhistor. *u̯* (lat. *v*) bewahrt, ebenso als osk. u. umbr. *v* im einheimischen Alphabet bzw. als *u* (*u̯*) im lat. Alphabet; in manchen griechischen Dialekten (ohne Ionisch und Attisch) ist es noch als Digamma (Ϝ) erhalten.

a) Idg. anl. *u̯-* vor Vokal und inl. *-u̯-* zwischen Vokalen bleibt bestehen als lat. *v*: *verto* ai. *vart* nhd. *werden*; *veho* aksl. *vezǫ* usw. (§ 168) idg. **u̯egʰō*; Wz. *u̯es-* 'bekleiden' ai. *vas* in lat. *ves-tis* gr. ἠμφί-(Ϝ)εσται; *volo*, opt. *vel-īs* got. *wil-eis*, auch nhd. *will*; *vērus* nhd. *wahr* aksl. *věra* 'Glaube'; *vĭdēre* gr. Ϝιδεῖν; *vōs* vgl. ai. *vas*. Inl. *-u̯-*: *laevus scaevus* gr. λαι(Ϝ)ός σκαι(Ϝ)ός; *novos* gr. νέϜος ai. *návas*; *ovis* gr. ὄϜις ai. *avis*. – Idg. *u̯r̥-* *u̯l̥-* ergeben antekons. *u̯-* in vorlat. *u̯rā- u̯lā-*, hier schwindet das *u̯*, s. § 63 zu *rādīx*, *lāna*, auch § 195 zu *rīdeo*, *rōdere*.

b) Postkons. *u̯* (vor Vokal). Die idg. Anlautgruppen *k'u̯- su̯- du̯-* sind erhalten als lat. *qu-* (d. i. *qu̯-*), *su̯-* (vor *ā ē*), *du̯-* (nur archaisch-lateinisch). – Belege: Idg. *k'u̯-* lat. *qu̯-* in *queror questus* ai. *śvas* 'seufzen' (so auch inl. *-k'u̯-* in *equos*, § 155). – Idg. *su̯-* vor *ā ē* in *su̯āvis* vgl. ai. *svādus* gr. att. ἡδύς dor. (σϜ)ᾱδύς, dazu *su̯adeo*, und in *su̯esco*; dieses *su̯-* bildet in der Metrik nicht Position, so im Hexameterausgang Enn. ann. 243 *sententia su̯ādet*, Lucr. 6, 1282 *horrida su̯āsit*, 2, 4 *cernere su̯āvest*, 6, 793 *mittere su̯ēvit*. Zu *s-* aus *su̯-* in *soror sonus* s. § 43b. – Idg. *du̯-* bleibt bis um 250ᵃ erhalten, wird dann zu lat. *b-*: idg. **du̯i-* 'zwei-' und **du̯is* 'zweimal' in alt *du̯i-* (DVI-*dēns -cēnsus* Paul. Fest.), jünger *bi-* (*bi-dēns -ennis*, *bīmus* § 168, *bīgae* § 138, 2bγ), und in alt *du̯is* (nicht *du̯is*) Paul. Fest., jünger *bis*; vgl. ai. *dvi- dvis* und gr. δι- δίς (aus *δϜι- *δϜις). Ohne Entsprechung in anderen Sprachen: *du̯ellum* (lok. *du̯elli* Plt. As. 559 Capt. 68 al.; vgl. DVELONAI 'Bellōnae' SCBacch.) neben *bellum* seit Enn. Plt.; spätere Archaismen sind *du̯ellum* Lucr. 4, 968 sowie *perdu̯ellis perdu̯ellio*. Weiter DVENOS als Name Du̯enos-inschr. (§ 5a), als adj. *du̯ona* 'bona' Liv. Andr., DVONORO '*du̯onōrom*, bonōrum' D 541, *du̯en-* auch in Falerii Vetter nr. 242 B. Gentilname *Du̯ellius*, *Bellius* Cic. orat. 153, d. i. der als Duilius (lies *Du̯ilius*) bekannte Seesieger von Mylae 260ᵃ. – Zu idg. *g'hu̯- >* lat. *f-* (*fera*) s. § 168.

c) Postkons. *u̯* in Inlautgruppen. Erhalten bleibt *-ru̯-*: *servos* § 264c, *fervēre*; zu *parvos nervos* s. § 112 Zus. c. – Lat. *-u-* ist Rest der Lautgruppen *-du̯-* und *-g'hu̯-*: lat. *su̯āvis* aus **su̯ādu̯i-*, zu **su̯ādus* ai. *svādus* fem. *svādvī*; lat. *levis brevis* mit *-vi-* aus *-g'hu̯i-*, vgl. § 168. – In *-tu̯-* wurde das *u̯* (*u̯*) zu vokal. *u*: *quattuor* (zum *tt* s. § 223 Zus. a) ai. *catvāras* got. *fidwōr* idg.

*$k^wetw\bar{o}r$-; *mortuus* aksl. *mrъtvъ* (nicht einzelsprachlich parallel nach *vīvus* aksl. *jivъ* entwickelt, s. § 447 II B). – Unkenntlich durch Assimilation wird idg. *w* bzw. vorhistor. *u̯* in einigen Konsonantengruppen: -*lu̯*- > -*ll*- in *sollus*, § 217b, -*ldu̯*- > -*ll*- in *mollis*, § 59. Schwund hinter Labialen: *p* aus *pu̯*, inl. in *aperio oportet*, § 201, anl. vielleicht in *pius*, § 191; -*b*- aus -*bhu̯*- vermutet man in *superbus* und in -*bā*- des Imperfekts (s. § 428 II).

Zusätze. α) Lat. *bi*- *di*- und *bis du̯is dis*-. Da lat. *bi*- *bis* sicher auf *du̯i*- mit kons. *u̯* zurückgehen, besteht kein Anlaß, wegen *dŭo* eine Nebenform *dŭi*- *dŭis* nach § 136b ins Spiel zu bringen, vgl. dort. Lat. Praefix *di*- für *bi*- ist entlehntes gr. δι-, auch wird umgekehrt in gr. Komposita δι- durch lat. *bi*- ersetzt, *bisōmum* gr. δίσωμον (zu σῶμα) 'Doppelsarg'; die Phonologen schufen den Terminus biphonematisch. Das Praeverb *dis*- 'auseinander' geht nach Ausweis von got. *twis-stass* 'διχοστασία' ebenfalls auf idg. **dwis* zurück, in noch älterer Sonderentwicklung.

β) Vokalisierung des *u̯* von *du̯*- *su̯*- ist eine Künstlichkeit der Hexametersprache. Aus dem archaischen Schriftbild DVELOM '*bellum*' hat Ennius, ann. 559 im Hexameterausgang, sein dreisilbiges *dŭellum* entwickelt, das von Horaz übernommen wird; die späte Bedeutung 'Duell, Zweikampf' ist eine Ausdeutung der bei Paul. Fest. genannten volksetymologischen Herleitung von *duo*. – Im Hexameterausgang und sonst braucht Lukrez (nach Ennius?) auch *sŭādet sŭēvit*, etwa 4, 1157. 6, 953; ähnlich *sŭērunt* Cic. Arat.; *Sŭēvī* (*Sŭēbī*) Lucan. 2, 51. Italien. *soave* dürfte ein nichtvolkstümliches lat. *sŭāvis* fortsetzen.

γ) Für einen dem *du̯*- > *b*- entsprechenden vorhistorischen Lautwandel *tu̯*- > *p*- zeugen nur unsichere Etymologien; die einleuchtendste ergibt die Verknüpfung von *paries* 'Wand' mit lit. *tveriù* 'zäune', *tvorà* 'Bretterzaun'. Vgl. auch vulglat. *pīpīta* § 141 b δ.

δ) In einigen frühen Entlehnungen ist gr. ϝ als lat. *v* bewahrt: *Achīvī* § 95, *olīva* § 43c, *clāvis* § 85 B 2a, *averta* § 44; -*lāvos* in inschr. *Menelauos Nicolauos* D 785 (dazu 665) u. 126. Aber zu *Argīvī* und zu *Dāvos* s. § 145 d Zus. – *Velia* ist italischer Name der durch die eleatischen Philosophen berühmt gewordenen Stadt, den die Griechen teils als Ὑέλη teils als Ἐλέα wiedergeben, s. Schulze, Kl. Schr. 395; also antevokal. υ (anl. ὑ-) statt ϝ. – Zu *Italia* für *Vi*- s. Allg. Teil 25* unten. – Zu gr. ϝ im Etruskischen (*Aivas* usw.) s. Fiesel 13, 19; de Simone I 11–14. – Zur Wiedergabe von lat. *v* im Griechischen s. § 146c.

141. Lat. *u̯* bzw. *v* hat verschiedene Ursprünge.

a) Konsonantische Ursprünge vom Idg. aus. Der einfachste ist idg. *w* (§ 140). Ein zweiter ist das labiale Element der idg. Labiovelare (§§ 155 u. 157): die Tenuis k^w erscheint als lat. *qu̯*, die Media g^w hinter *n* (phonet. ɯ) als -(*n*)*gu̯*-, umschrieben -*ngu*-, etwa in *unguen*. Als einfaches lat. *u̯* (*v*) erscheinen: die Media g^w im Anlaut in *venio vīvos* usw. und im Inlaut (außer nach *n*) in altlat. *fīvere* '*fīgere*', die Med. aspir. g^wh im Inlaut in *nivem* (§ 169). – Auch ist lat. inl. *u̯* der Rest der Gruppen -*g'hw*- in *brevis levis* (§ 168) und -*dw*- in *su̯āvis*.

b) Lat. Ursprünge. Postkons. lat. *u̯* (*v*) vor Vokal aus vokal. *u*: vorhistorisch hinter *r l*; hinter anderen Konsonanten aus Versnot bei Daktylikern, später allgemein im Vulgärlatein.

α) Hinter *l r*: *solvo* aus **se-luō* (vgl. gr. λύω), *volvo* aus **veluō* (gr. (ϝ)ἐλύω). Meist geht das vorausgesetzte -*uo*- nach § 143 auf noch älteres -*ou̯o*- zurück: *salvos* < **saluos* < **salou̯os* (§ 60a; ursprüngliches -*lu̯*- ergibt lat. -*ll*-, § 217b); *cervos* § 280, 2b; auch *arva*, *arvos ager* neben *pāscua*; vgl. *Minerva* § 180d. Nach Langvokal ist -*lu*- -*ru*- im Altlatein noch erhalten: *mīlŭos pēlŭis* (ai. *palāvī*) *lārŭa*, jünger *mīlvos pēlvis lārva*, Maurenbrecher 202 u. 234.

β) **Postkons. vokal.** *u* ersetzen nichtskenische Dichter vereinzelt durch kons. *u̯*, zuerst aus Versnot, dann als dichterische Freiheit: *quattu̯or* Enn. ann. 93, *mālu̯istī* Lucil. 91 sq., *tenu̯ia* (*tenvia*) Lucr. 4, 66 al. (*tenve* 4, 1242; *extenvantur* 4, 1262); dann auch im Versausgang *tenvis* Lucr. 2, 232 al., *genu̯a* (*genva*) Verg. Aen. 5, 432. Statius, selbst ohne Beleg für *tenvis*, übersteigert das mit *tenvi̯*-: *tenvi̯ōre* (nicht *tenui̯ōre*) silv. 1, 4, 36 Theb. 12, 2, *tenvi̯(a) ossa* 5, 597 (vgl. 6, 196); zu *i̯* vgl. 139a. Zu *fortuītus grātuītus* (-*tŭīt*- Plt. Cist. 740 Hor. carm. 2, 15, 17) -*tu̯īt*- im Hexameter in Senkung: Petron. 135, 8 v. 9 al.; mit künstlicher Auflösung *grātŭĭtus* Stat. silv. 1, 6, 16. – S. *Maurenbrecher* 249, *Vollmer*, Metr. 18.

γ) *cua* > *qua* mit *coa* > *qua* und Verwandtes. Für vorausgesetztes *cu-a* steht vortonig *qua* in drei alten Ableitungen von *u*-Stämmen: *Sanquālis* Fest. von *Sancus* -*ūs*; *nequālia* 'detrimenta' Fest., wenn von idg. **nek'u*- (gr. νέκυς; kaum *qu* als silbisches *cŭ* nach § 8 Zus. b); plur. *arquitēs* (§ 327, 2 c), metrisch *arquitenēns* (§ 336, 4 b), *arquātus* von *arcus* -*ūs*, in verschiedenen Bedeutungen, in Versen öfters entstellt zu *aequātus*, Varro Men. 148, Lucr. 4, 333, Ov. met. 11, 590. Dazu *reliquus* für *relicuus*, s. § 143 c β. – Unsichere Etymologie: *quirītēs* aus **co-vir*- (zu *cūria*) nach *Kretschmer*, Gl. 10, 149f.; 13, 136¹. – Umgekehrt *aqua* Lucr. 6, 552 dreimorig als *acua* (s. *Lachmann* z. St.), ebenso *acuam* IV 3948; *qu̯* bildet nicht Position, s. § 156d; zu *acqua* s. § 223 am Ende.

δ) *cua* > *qua* im **Vulgärlatein**: *vacua non vaqua* App. Probi, *pasqua* Pompeji (s. *Väänänen* 40). Ferner meist mit Praeverb *co*- vor Vokal *coa*- > (*cu̯a*- >) *qua*-: *quactiliarius* 'coāct*-' 'Filzhandwerker' Pompeji (vgl. *quoactile* Edict. Diocl.); *quaglator* X 3910 XIV 25 (vgl. *cu̯aglavi* CE 477, 4); *quaequális* 'co-aequ-' CE 1014, 5; *quepit* 'coēpit' VIII 21511; *inquata* 'inchoāta' XI 4127 (218 n. Chr.), vgl. *inchuandi* Prinz 86; dazu *quaxāre* (§ 412 A 4 a) 'quaken' Fest.

Im **Romanischen** ist postkons. vokal. lat. *u* meist konsonantisiert zu *u̯* und dann vielfach geschwunden (*Lausberg* I 195 § 251, *Meyer-Lübke* I 422); im **Vulgärlatein** der Inschriften und der Texte ist die Konsonantisierung abgesehen von *cua* > *qua* nur in bestimmten orthographischen Besonderheiten erkennbar, so aus der Nichtschreibung des *u*: *febrarias* IV 4182, 4983 und App. Probi; inschr. *Ianarius, quattor* häufig; dann aus Doppelschreibung des vorausgehenden Konsonanten, *Iannuarias* (§ 223 a γ), aus *rb* für *ru̯* (nach § 146b) in *aperberit* 'aperŭerit' Diehl Chr. 825, aus *qua* für *cua*, s. oben γ. – Eine Zwischenstufe -*tu̯*- ist für -*p*- vorausgesetzt in vulglat. und roman. *pipīta* aus *pītŭīta*.

ε) In Umkehrung des Gebrauches *genu̯a* für *genŭa* (oben β) brauchen nichtskenische Dichter auch postkons. *u̯* als vokal. *u* (sog. Diaerese), so metrisch gesichert *dissolŭo* Catull 66, 38, vgl. 2ᵇ, 3 u. 61, 53, Tib. 1, 7, 2, *siluae* Hor. c. 1, 23, 4 al.; vgl. *sŭādent dŭellum* § 140 c β. Vgl. auch oben *acua*.

142. Vorhistor. -*ou̯e*- -*ou̯i*- > *ō* oder *ū*. Erhalten oder wiederhergestellt sind *ou̯e ou̯i* etwa in *noverca ovis novitās*. Meist aber steht für erwartetes *ou̯e* oder auch *ou̯i* entweder *ō* oder *ū*.

a) Die Beispiele für *ō*. Angesichts von *monitus monimentum* neben *moneo* muß man *mōtus mōmentum* neben *moveo* auf **movitos *movimentom* zurückführen; ebenso gehören *fō-mentum* und *fō-culum* 'Wärmpfanne' zu *foveo* (vgl. Plt. Capt. 847); *tōtus* 'ganz' und *tō-mentum* 'Polsterung' setzen entsprechend ein **toveō* 'stopfe voll' voraus; als Vorstufen für perf. *mōvī* usw. muß man **movuī* < **movivei* usw. ansetzen (s. § 437 I C2). Durch *nōnus* (neben *novem*) wird ein idg. **newenos* > **novenos* fortgesetzt; vgl. inschr. *nounas* X 2381, *Neuna* in Ardea (§ 82, 1 c), paelign. Gentile *Nounis* 'Nōnius' Vetter nr. 216; ein Quellenautor von Festus verlangt wegen *novem* für *nōnae* die Schreibung *ou* (*ov*). Für *contio* (*cō*-?) schreibt das SCBacch. abl. *couentionid*, die Etymologie ist also *co(n)ventio*. Neben lat. *Nōla* (in Kampanien) steht osk. *Núvl*-.

b) **Zeugnisse für ū.** Lat. *iūs* und *rūs* haben als idg. Grundformen **yewos* und **rewos* (§ 330 A 2a); lautliche Zwischenstufen sind **i̯oṷos *roṷos*, nach § 43a; rein lautlich sind die einsilbigen *rūs iūs* wohl Rückbildungen aus den obliquen Kasus. Jedenfalls aber setzen *iūstus* und gen. *iūris* ältere **i̯oṷestos* und **i̯oṷes-es* fort angesichts von abl. *iouestod* der Foruminschrift (dazu *ioviste* Paul. Fest.) und von *iouesat* 'iūrat' der Dṷenosinschrift; als Vorstufe von *rūsticus* ist **roṷesticos* das Muster für das absonderliche *domesticus* (§ 303 II b). Als Übersetzung von Διὸς βάλανος geht *iūglāns* (Varro ling. 5, 102, Cic.) auf *Iovis glāns* bzw. **di̯oṷez-gland-* zurück. In *nundinum* (inschr. gen. pl. *noundinum* SCBacch., *nondin-* D 268, 30, vgl. *Nondinarius* VIII 5620) ist *novem* und Erbwort *din-(om)* 'Tag' enthalten, Grdf. **noṷen-dinom* 'Zeitraum von neun Tagen' (*Sommer*, Mél. Pedersen 269 [Gl. 28, 18]; vgl. § 338, 2 Zus. c). Weniger sicher ist für *nuntius* (*nū-*?, vgl. *nountius* Gramm., *nontiare* D 264, 268) eine Grdf. **noṷentios*. Aus *nūdus* und got. *naqad-* 'nackt' läßt sich eine Grdf. **nogʷodhos* vermuten. *cūria* aus **co-ṷir-iā* 'Männergesamtheit' (vgl. volsk. *couehriu* Vetter nr. 222) nach *Kretschmer* (s. *quirītēs* § 141 b γ). *prūdēns* ist etymologisch **prŏ-vidēns* 'voraus-sehend'.

c) Das beteiligte *ṷ* setzt meist idg. *w* fort, doch idg. *gʷ* in *contio* und *nūdus*, idg. *gʷh* eventuell in *vōtus*. – Das *ū* geht sicher zunächst auf *ou* zurück, das durch Synkope aus *-eṷe-* (wegen *Neuna*) oder aus *-oṷe- -oṷi-* (wegen *iouestod*) entstand: **i̯oṷesto-* > **i̯ousto-* > *ṷūstus*. – Für die abweichende Entwicklung zu *ō* wird man mit *v. Planta* Vokalausgleichung mit dem *ŏ* der verwandten Formen annehmen dürfen: *nōnus* aus *nounos* nach *novem*, entsprechend *mōtus* nach *moveo* (oder nach *mōvī*?).

Zusätze. α) Lat. *ū* auch in *rūrsus*, s. § 132 unter *re-*. – β) Neben *ōpilio* 'Schafhirt' steht *ūpilio* Verg. ecl. 10, 19 (vgl. *Prinz* 69); im ō- und ū- steckt also *ovi-* 'Schaf'; *Ernout* betrachtet *ū* als stadtrömisch, *ō* als rustik. – γ) Umbr. *comohota* (mit *oho* für *ō*) entspricht dem lat. *commōtus*, vielleicht als Entlehnung. Die herkömmliche Interpretation von umbr. *vufetes* (*vuf-* aus **wogʷh-*) durch lat. *vōtus* von *voveo* ist kaum haltbar; *Devoto* (Tab. Ig. 342) deutet es aus dem Zusammenhang als 'leer'. – δ) Für *puer* steht *por*, verbunden mit Gen. des Praenomens des Herrn, in altertümlichen Sklavennamen vom Typus *Gāipor* gen. *-oris* (*-ŏr-*?) 'Gāī puer'; Quint. 1, 4, 26 zitiert die wohl selbstgebildeten Plurale *Marcipores Publiporesque*; dazu bei Plin. *Lucipores*; bezeugt sind als Singulare die Namen *Quīntipor* Varro Men. 59, bei Festus *Quīntipor Mārcipor Gāipor* (*-ī-*?), dazu inschr. *Gaipor* I² 996, *Quintipor* 2430, *Olipor* (d. i. *Aulī puer*) D 549, auch mit I longa, also *ī*, I² 1263; dazu als formal echte Komposita (§ 338, 1a) *Marpor* D 548, *Naepor* ('Gnaei puer') in (dat.?) *Naepori* I² 1342. Die für eine lautliche Vereinigung von *puer* und *-por* benötigte Grdf. **poṷero-* ist unbequem, s. unten § 143 b Zus. β. Vgl. besonders *Solmsen*, Studien 103; ders., IF 31, 477; auch *Baehrens*, Komm. 34.

Lit.: *Solmsen*, Stud. 82ff. (darin: *ū* aus *ou(e)* Allegroform mit Synkope, *ō* aus *o(ṷ)o* < *oṷe* Lentoform, mit Verweis auf *ṷootum* D 175); *Sommer* 159 (*ō* älter, lautgesetzlich); *v. Planta*, IFAnz. 10, 56; *Debrunner*, IF 54, 115¹ (*oṷe* > *ō*, aber *oṷi* > *ū*; widerlegt durch *iūstus*); *Juret*, Domin. 195; *Ernout*, Elém. dial. 46; *Otrębski*, Symb. gramm. 329; *Pariente*, Estudios 57; 60 (*tōtus* zu lat. *tŏt*); *Szemerényi*, Fachtagg. 195ff. [Gl. 42, 118]: *tōtus* zu osk. *touto* 'Volk'; *Burger*, Etudes 87–97; *Rix*, Krat. 11, 157: *ū* nicht durch Synkope aus *oṷe*, sondern als *ou* aus phonolog. Zwischenstufe *oṷu* für *oṷe*.

143. -uo- aus -oṷo-.

a) **Morphologische und etymologische Belege**, meist rekonstruiert, für antevokal. *u* aus älterem *ov* (*av ev iv*). α) In nichtersten Silben. Das *-u-*

der *u*-Perfekta wie *domuī monuī genuī* setzt, neben *to*-Ptc. -*i-tus*, virtuell
*-*i-vī* voraus (s. Allg. Teil 56* oben litt. δ); das *i* von -*itus* *-*ivī* kann älteres
a e i o fortsetzen. Das -*u-ī* im dat. sing. der 4. Dekl. wie *senātuī* geht vermutlich
auf idg. -*ew-ei* zurück (§ 359). In *dēnuō* ist **dē novō(d)* verschmolzen.
Inschr. *oinuorsei* SCBacch. ʻ*ūniversī*ʼ mit -*nu̯o*-, aus -*no-vo*- (nicht mit -*nu̯o*-),
trīduum geht auf idg. **tri-di̯u̯om* zurück. *vidua* idg. *widhewā (ai. *vidhavā*,
§ 171b). Praesentien auf 1. sg. -*uō* aus -*ovō*: *ind-uo ex-uo*, *abluo* aus -*lovō*
(*lovĕre* zu *lavāre*), vgl. *ēluo* Plt. für *ē-lavo wegen perf. *ēlāvī* Plt.; *adi̯uvāre*,
inschr. *adi̯ou̯*- (s. § 437 I C 3). S. auch zu *arva* § 280, 2 c. – β) In ersten
Wortsilben *ov* für *u*, meist nach inschriftlichen Zeugnissen. Für (*tuos*) *suos*
(vgl. § 43a) *souo*- D 145 al., *suom* neben *souo* 581, 4, *suuo* 701. Drei Praesentien
fluere pluere iuvāre: *conflouont* und *flouius* (neben *comfluont* und einmal
fluio) Sent. Minuc. D 453; *plovēbat* Petron. (Cena, 44, 18), vgl. *perplovere*
ʻrinnenʼ (von einem Gefäß, *patera*) Fest.; *iouent* D 122 (vgl. *adiouta* D 89).

b) Das Lautliche. Letzte gemeinsame Vorstufe aller dieser -*uo*- in nichterster
Silbe war vermutlich -*ou̯o*-; zu *ou̯* aus älterem *eu̯* (etwa in *exuo* aus
**eks-eu̯ō*) s. § 43a. Wenn hier *N* als Zeichen für einen beliebigen Konsonanten
gesetzt wird, so führte der Übergang von *Nou̯o* zu *Nuo* nicht mit Synkope
über *Nu̯o* (so *Götze*, IF 41, 112 u. 122, *Safarewicz*, Festschr. Cviklinski, 1936,
311 zu inschr. *oinuorsei*), sondern über *Nuu̯o*, vgl. *dēpuvio* zu *pavio* (§ 92);
zum Wechsel zwischen *uu̯* und *u* s. c; vgl. auch vortonig *ov* > *u* (*Nuember*)
§ 108a. – Das *u* statt *ov* in erster Wortsilbe ist angesichts von *moveo novos*
usw. lautlich nicht berechtigt. Die Simplicia *fluere pluere iuvāre* sind also
verselbständigt aus Komposita wie *perpluere affluere adiuvāre*; junge Ableitungen
sind *fluidus* und *flūvidus*. Die Formen *tuos suos* stammen vermutlich
aus Enklisenstellung der Typen *diem sovom, inschr. ⟨*maiorum*⟩ *souom*
D 305, *quei soueis* 122; s. dazu auch § 369.

Zusatz. Das Nebeneinander der Schreibungen *sou̯os* und *suos* hatte umgekehrte
Schreibungen im Stamm *Di̯ou̯*- *I̯ou̯*- zur Folge: neben DIOVEI D 123 steht DIVEI 120,
lies *di̯ŭ-ei*; einer Lesung *di̯u̯-ei* entspräche zwar gr. Διϝεί Διεί-φιλος ai. *dive*, sie verbietet
sich aber durch das *d*-lose IVII d. i. *i̯ŭe* D 121; auch das Oskische bietet dat. *Diúvei*
ΔιουϝΕι neben *Iuvei* (gen. *Iúveis*), das Umbrische *Iuve patre* und *Iuve* bzw. *Iuu̯e*. –
Pseudohistorisch ist vermutlich *poueri* IV 3730 (vgl. CE 34), für *puer*-, das etymologisch
wohl mit *pu*- anlautete; s. auch § 142 Zus. δ zu -*por*.

c) *uv* und *u* vor Vokal. Schwund von *u̯* hinter *u* und *ū* besteht in akk.
suem aus *suv-em zu *sū-s* (§ 317c) und in perf. -*ūī* aus -*ūvī* (§§ 118 u. 437
I C 1c), etwa *īnstitūit*, *fūit*, vgl. inschr. *fuueit* D 615. Man darf solchen
Schwund also auch für die Zwischenstufe *uu̯o* zwischen *ou̯o* und *uo* annehmen,
Muster **dēnuu̯ō* oben a, **suu̯os*. Es widersprechen, außer *ūva* (*v* aus
idg. g^w, lit. *úoga* ʻBeereʼ), auch *iuvenis* mit Anhang und Nomina wie
fluvius. Deren Problem ist aber eher orthographisch als lautgeschichtlich:
als Vorbeugung gegen irrtümliche Lesung bewahrte man die Orthographie
VV (als *uv*) hinter *i̯*- und vor -*i̯*- und beeinflußte damit natürlich auch die
Aussprache: anl. IVVE (*i̯uve*-) statt IVE (*i̯ue*-, nicht *ive*-) in *iuvenis* mit
iuventūs Iuventius usw., entsprechend *adiuvāre*; inschriftlich auch *iuenis*
CE 83, 367, 743, 863, 978; *iuenta* D 603, CE 979, 1149; *Iuentius* D 140, CE
73; *iuabat* 429, 4, *iuat* 1553, 8. Für inlautend vvio (-*uvio*-) statt vio (*ŭi̯o*,

nicht u̯o) stehen die deutlichsten Beispiele neben Verben auf -ŭere: fluvius prōfluvium, pluvius, alluviēs dīluvium malluviae, exuviae (zu ex-uere), auch dēpuvio zu pavio.

Besonderheiten. α) -uvium bzw. -ŭium (dies teilweise zu -ulum entstellt) im Namen zweier Opfergefäße: atannuium (var. lect. athannuvium) Paul. Fest., atanulum -us Gloss. (vgl. Gl. 27, 88); simpuium, in inschr. abl. pl. simpuis Act. Arv. (ferner als hs. -ulum Varro ling. 5, 124 Cic. leg. 3, 36 und Paul. Fest.). – In Carm. Sal. (Paul. Fest. s. axamenta) ist neben Iunonius Minervius (sc. plur. versūs) für Ianuli mit Lindsay die Emendation Ianu-ii zu empfehlen (zu Stamm Iānu- s. § 264, 2a). – Wegen Fehlschreibung l für i vgl. auch § 138, 1 bα alio für aiio und § 287 Zus. a zu vēlātūra. – β) reliquiae (⏑ ⏑ ⏑ – seit Plt. Curc. 388, Most. 81 ist Ableitung von altlat. relicŭos (aus -qu̯ou̯os, § 280, 3); dies ist die trotz hs. -quos metrisch vielfach gesicherte Form des Plautus, etwa Cist. 188, 506; noch bei Lukrez reliquo- — ⏑ ⏑ — 3, 648 u. 4, 976 (lies rellicuo-, zu rell- s. § 418 I 2 b β). In *relicu-iae erfolgte vor zwei Vokalen und unter etymologischer Erleichterung der Wandel -cuĭ- > -qui̯- früher und zog adj. altlat. relicuos > klass. lat. reliquos nach. S. bes. Lachmann zu Lucr. 5, 679 p. 305 sq. – γ) Bei Eigennamen: neben Iguvīnus auch Iguvium, neben Lānŭvīnus Hor. auch Lānuvium Ov. fast. 6, 60 (aber inschr. Lanuine I² 2259, Lanuio D 107). Zu Pācuvius vgl. mars. Pacuies Vetter nr. 723, inschr. Paqui(us) D 421 und metrisch Pācu̯ī bei Varro Men. 356 (auch osk. praen. *Paqu̯ios, Väänänen 50). Salluius Σαλλουιος (ŭ hinter ll) D 307, turma Salluitana D 267. Ferner Vesu(v)ius, Dānu-(v)ius 'Donau'. – δ) Das gegen die Normalorthographie benutzte u̯ in inschr. mortuua CE 974, posuuit (häufig) gilt als phonetischer Übergangslaut.

144. Schwund von intervokalischem u̯ erfolgte unter unklaren Bedingungen (Wortakzent, Allegroform?) zwischen qualitativ gleichen Vokalen, die dann kontrahiert wurden (vgl. § 133, 1); der Schwund setzt vielfach junge Vokalwandel voraus, so lov- > lav-, ei > ē > ī, Vokalschwächung e > i. Beispiele: lātrīna aus *lau̯ātrīna (§ 296 II c), entsprechend lābrum 'Becken'; kompar. dītior, plur. dītiae Ter. neben dīvitior dīvitiae; oblītus aus *oblīvitus (danach auch praes. oblīscor Acc. 488 für übliches oblīvīscor); fībula 'Spange' für *fīvibula von fīgere altlat. fīvere (§ 157, 1b); sīs 'bitte' für sī vīs 'wenn du willst'; dī 'Götter' für dīvī (aus *dei̯u̯ei; dazu inschr. deina dinai 'dīvīn-' Lex Spol. D 256); prōrsus (mit prōsa, sc. ōrātio) für prō-vorsus (alt -vor- nach § 44 Zus.), ebenso dextrōrsum usw. (§ 377 C 1 Zus. a); vielleicht mōs, s. § 330 B; aetās für *aivitās § 328, 1a Zus.; praes akk. praedem 'Bürge' aus *prai-videm (plur. praevidēs § 132) zu vas vadis. – Zu implēram für implēveram s. § 438 II D 1.

Zusätze. dīus Enn. nicht aus *divios (trotz Schwering, IF 34, 3¹), sondern hinzugebildet zu fem. dīa, entlehnt aus gr. hom. δῖα. – aivi > ai-i > ai > ae in aetās § 328, 1a und in praes 'Bürge' § 132.– Nach Sommer 160 und KE 48 blieb u̯ vor betontem Vokal erhalten; damit sind zu rechtfertigen oblīvīscor neben oblī(vi)tus, dīvitiae neben dī(vi)tem (durch Ausgleich auch dītior; zu dīs für dīves s. § 362, 1α), dīvīnus neben dī (trotz dīno- D 256), ferner avārus sevērus.

145. Bedingter Schwund des u̯ vor Vokalen. Geregelt ist der Schwund eines u̯ im Wortinlaut vor den sog. „dunklen" Vokalen ŏ ō und u ū; freilich wurde das u̯ hier vielfach wiederhergestellt. Im Vulgärlatein begegnet auch Schwund vor anderen Vokalen. – Nur im absoluten Wortanlaut bleibt alt u̯o- als vo- erhalten: idg. wo- in voveo, idg. wr̥- lat. u̯or- in vorsus (§ 44), idg. gʷo- lat. u̯o- in vorāre volāre, idg. we- > lat. u̯o- in volo (vgl. konj. velim) oder *volgus* (*vulgus*). Dagegen schwindet im Wortinnern sowohl postkons. als postvokal. u̯ vor dunklen Vokalen.

a) Die Belege von *qu̯o* > *co* seien vorausgenommen. Anl. *co-* aus älter *qu̯o-*. Aus idg. *kʷo-* : *colus -ūs* fem. 'Spinnrocken', gr. πόλος; *cottīdiē* s. unten. Aus idg. *kʷe-* über *qu̯o-* : *colo* idg. **kʷelō* ai. *car* gr. πέλομαι, § 43 c, vgl. noch *quolundam* D 122 (zu *inquilīnus* neben *incola* s. Allg. Teil 54* unten); ähnlich *coquo*, s. Zus. γ. – Inl. -*qu̯o-* > -*co-*, weiter -*cu-* durch Vokalschwächung: *secundus* 'der zweite' aus **sequ̯ondos* 'der folgende', zu *sequī*; *stercus* neben *sterquilīnium*; ähnlich *tergus* aus **tergu̯os* § 169; *iecur* aus **i̯ecor* aus **i̯equ̯or* § 59.

Zusätze. α) In Formen des *qu*-Pronomens ist fast immer *quo-* für *co-* restituiert nach *qui quis quālis* usw.; lautlich entwickeltes älteres *co-* bzw. jüngeres *cu-* hielt sich nur in bedeutungsisolierten und in besonders häufigen Formen, so in *cottīdiē* (künstlich *quo-*, vgl. Quint. 1, 7, 6) gegenüber *quotannīs* (§ 260 C 2) und in *cuius cūr*, älter *quoius* bzw. **qu̯ōr.* – Bei dem nach *quis quī* usw. restituierten lat. *qu̯o-* wiederholt sich der Wandel zu *co-* im Vulgärlatein: *comodo* D 801¹ S. 86, *cotannis* XIV 836, für 'cum quō' *con co* VI 15921, *quon quo* IX 4230 usw.

β) Die Konjunktion *cum* 'als' geht als Korrelativum zu *tum* auf älteres *quom* zurück, inschr. *quom* SCBacch. usw. (Belege bei *Prinz* 45), *queiquomque* D 268, vgl. *quoniam* § 137 c; die durch Quint. 1, 7, 5 scheinbar gerechtfertigte späte und humanistische Schreibung *quum* ist mit Recht aus modernen Textausgaben verschwunden. – Dagegen die Praeposition *cum* 'mit' ist altes **com* (so als Praeverb *com- co-*; auch osk. *com* und *com- kúm-*, umbr. *com* und *kum-*). Zu *o* > *u* vgl. § 99 Zus. – Eine *qu*-Schreibung der Praeposition wurde erst möglich, als die Konjunktion bei bewahrter Schreibung *quom* bereits *cum* ausgesprochen wurde: *quom* 'mit' ist eine pseudoarchaische umgekehrte Schreibung; auf alten Inschriften ist sie ziemlich häufig (D 544; 682; alte Gesetze, s. Thes. s. *cum* p. 1339, 82 sqq.); in Plautushss. etwa Epid. 219 *cum* A, *quom* P; umgekehrt Mil. 384. Das Praeverb erscheint nur als *com-* bzw. *con-* auf alten Inschriften, so mehrfach im SCBacch.; doch vgl. *quom-* für *con-* in *conqueinīscam* § 407 I B 1 Zus., *quoin quoseruis* 'cōnservīs' IV 1241. – Entsprechend ist *oquoltod* 'occultō' SCBacch. umgekehrte Schreibung. Siehe dazu und zu *quom* auch Allg. Teil 54* unten; weiter *Bersu*, Gutturale 53; *Hermann*, NGG 1918, 127.

γ) Zu *coquo* aus **quoquo* (idg. **pekʷō*, § 163 b α) vgl. altlat. inschr. *auliquoquibus* (§ 336, 1 Zus. γ) sowie den Wortwitz von Cicero mit dem Gleichklang zwischen vok. *coque* und Partikel *quoque* bei Quint. 6, 3, 47; als Partikel inschr. *coque* III 1537. –

b) Anl. *su̯o-* > *so-*. Idg. *swo-* : *sonus* ai. *svanas* Grdf. **swonos*; *sord-ēs* zu nhd. *schwarz* (§ 210 b); *sūdōr* Grdf. **swoidōs*, vgl. mask. **swoidos* (nhd. *Schweiß*) als Grdw. von lat. *sūdāre* und *sūdārium* § 277, 2 a; *sōpīre* idg. **swōp-*. – Zu idg. **swe-* > *swo-* > lat. *so-* in *socer soror somnus* s. § 43 b.

c) Inl. postvokal. -*u̯o-* : altlat. *mā-volo* > **māolō* > *mālo*; zu *Māvors* > **Māors* > *Mārs* s. § 133 II Zus. a; *dē- sē-vorsum* > *deorsum seorsum*, vgl. § 118. Inschr. *Iaolena* VI 19668 al.

d) -*u̯o-* in der Flexion, d. h. u̯ vor *o*-Endungen.

α) Der Schwund eines u̯ vor *o ō u* führte im Paradigma der lat. -*u̯o-*Stämme wie *deivos servos equos* und *novos -a aequos -a* zu einem Wechsel der Stammausgänge mit und ohne u̯: rein lautlich blieb *nov-* unangetastet in *nov-ī -īs -a, nov- dīv-* auch in den zugeordneten *a*-Feminina *nova dīva*. Nur in wenigen Nomina wurde der *v*-lose Stamm verallgemeinert: Praenomen *Gnaeus* (altlat. noch abl. *Gnaiu̯od* D 539) gegenüber *naevus* 'Muttermal' (§ 192). Als Zwillingsformen blieben *deus oleum* (mit Hinzubildungen fem. *dea olea*) und *dīvus olīvum* (diese auch gestützt durch fem. *dīva olīva*; zu *olea* und *olīvum* s. *Leumann*, Die Spr. 5, 75⁴); erstarrt *parum* 'zu wenig' (inschr. noch *paruum* D 801², 39, S. 87) aus und neben *parvom -vum* 'klein, wenig'; neben gen. pl. *bovom* zu *bōs* steht *boum*, beide bei Varro (ling. 8, 74; 9, 33). – Bei restituiertem *v* hält sich die Schreibung *vo* für *vu* (vv) bis ins klassische Latein, also *-vos* und *-vom* (auch gen. pl., *divom pater*), und dazu demin. *-volus*, s. § 46 mit Belegen aus Inschriften. – Nach Einführung der normalisierten Schreibung *-vus -vum -vulus* schwand rein lautlich abermals das *v*, nun vor Vokal *u*, so in vulglat. Inschriften *uius* 'vīvus' D 676 und oft, *aeum* CE 960, 7, *annum noum* IX 6081, *aus* 'avus' IX 748 (dazu *aunculus* 'av-' II 5713 al., auch *a(v)ula* VIII 4120b), Adjektivnamen auf *-īvus* wie *Lascius* IX 3473, *Primitius* V 4488; die Appendix Probi tadelt *ecus* (für *equus*) und *aus flaus rius* (vgl. span. usw. *rio* 'Fluß'). Pseudohistor. *-īvos* in *Argīvī* (gr. Ἀργεῖοι) als Nachbildung zu *Achīvī* (dazu s. § 140 c δ) und in *archīvum* für *-ium*, s. § 281 e. S. auch *Solmsen*, Stud. 44, *Baehrens*, Komm. 66 (*equs*), 81 f.

β) Beim Verbum ist die 3. pl. praes. der thematischen Verben betroffen mit Endung alt *-ont- (-unt, -untō, -untur)*; das durch Systemzwang wiederhergestellte *v* bzw. *qu̯* ergibt die Formen *solvont sequontur*, normalisiert *solvunt sequuntur*; und daraus seit der Kaiserzeit mit *c* für *qu̯ secuntur* (*relincunt* Pap.), womit erneut der gleiche Lautstand erreicht ist wie früher bei *secundus*.

Zusatz. Eine Aussprache *-os* bzw. jünger *-us* (wie in *Gnaeus Flāus*) für *-vos* hat zur Folge die umgekehrte Schreibung und Aussprache *-avos* für *-a-us* gr. -αος im Heroennamen *Oinomau̯os* D 766 (vgl. *Labhardt*, ZRPh. 61, 358) und im Sklavennamen *Dāvos* (Plt. Amph. 365, Ter., *Dāvus* Hor., Δᾶος Menander; inschr. *Dauos* D 69 al.; s. *Leumann*, Die Spr. 5, 76), auch in inschr. *dei synnaui* für θεοὶ σύνναοι; hier *u̯* nicht für gr. ϝ, trotz dor. ναϝός, wohl aber in inschr. *Menelauos* § 140 Zus. δ. – Das Praenomen *Gāius* (dreisilbig, § 138, 3) mit seinem intervokal. *i* erklärt sich, trotz falisk. Praenomen *Gaavis Gavia*, lautlich wohl als Ableitung von *Gāos* aus *Gāu̯os*, nicht als *Gāu̯ios* mit Schwund des *u̯*; andere lautliche Herleitung s. § 112 d.

e) *u̯u* (nicht aus *u̯o*) im An- und Inlaut. Die Lautfolge *u̯u (u̯u)* war in der Grundsprache aus morphologischen Gründen undenkbar. Doch konnte die Folge *u̯u* neu aufkommen, wenn sekundär hinter *u̯* ein *u* zu stehen kam; dann schwand das *u̯*. Die Beispiele sind verschiedenartig.

α) Entwicklung eines Reduktionsvokals lat. *u* vor *r l* (§ 59 Zusatz). Hinter *u̯*: unsicher *urgeo* aus *u̯urg-* (idg. *u̯erg-*). Hinter Labiovelar *gʷ* > vorlat. *gu̯*: während bei diesem *gu̯* das *g* vor andern Vokalen schwand und nur das *u̯* erhalten blieb (§ 157 β), erscheint es in einigermaßen zuverlässigen Herleitungen vor neuem *u* als *g*, so in *gula* 'Kehle' für *gu̯ula *gʷelā*, *gurdus* 'töricht' für *gu̯urdus* (*gʷer-* zu gr. βαρύς oder βραδύς). – β) *qu̯u* > *cu*, *gu̯u* > *gu*. Unmittelbar einsichtig sind: *arcus* 'Bogen' aus *arqu̯us* wegen *arquitenēns*, *arquitēs*; *quincuplex* für *qu̯īnqu̯uplex* nach *quadruplex*, vgl. auch *quincūnx*. Zu *concutio* s. § 103 b am Ende. – γ) Das bei Verben auf *-ēre* übliche *-uī*-Perfekt ergibt mit vorausgehendem *u̯* die Lautfolge *-u̯uī*, so zu *fervēre languēre liquēre* theoretisch *fervu-ī *langu̯-uī liqu̯-uī*; das erste erscheint entstellt als *(cōn-)ferbuit* Hor. sat. 1, 2, 71 mit *rb* für *ru̯* nach § 146 b, das zweite orthographisch als *languit* (lies *langŭit*), so metrisch *relanguit* Ov. met. 6, 291, das dritte als *licuit* Cic. nat. deor. 1, 117, metrisch *dēlicuit* Ov. met. 7, 381 al.; s. *Leumann*, Festschr. Pisani 635–642. – δ) Das seit der Kaiserzeit bestehende lat. anl. *vu-* aus *vo-* in *vulgus vultur* usw. (§ 46) blieb vermutlich deswegen erhalten, weil zu dieser Zeit lat. *v* bereits als Spirans *ƀ* ausgesprochen war.

f) **Ungeregelter Schwund des *v* zwischen ungleichen Vokalen im Vulgärlatein.** Die meisten Beispiele zeigen labialen Wortanlaut; hier ist bei Annahme spirantischer Aussprache des *v* (nach § 146 α) der Schwund durch Ferndissimilation erklärbar. Belege: inschr. *Faentinus* Gl. 18, 247 oben; *Faor* Gl. 42, 86 Mitte, vgl. III 10440; *faōnius* Thes. s. *fav-* (als *faōnius* Grundform von schwzdt. *Föhn*); *paimentu 'pavīmentum'* VI 34 884, vgl. 4419ᵃ (mit Kontraktion des *-a-ī-* zu *ē* auch *pementu* 17987), *moere 'movēre'* Audoll. 275, 282 ff.; auch *failla paor* App. Probi (vgl. *Baehrens* Komm. 82, *Heraeus* Kl. Schr. 234¹). Gleicher Art ist wohl *forum boārium* 'Rindermarkt' (*bo-* für *bov-* sonst nur in Gen. pl. *boum*), auch vielleicht *Noem(bres)* I² 1024 VI 2120. – Das frühe *noicia 'novīcia'* D 800 beruht nach *Debrunner*, IF 46, 92 analogisch auf *no-us für *novus*. – Zu vulglat. perf. 3. sing. *-āit* für *-āvit* s. § 438 II B Zus., zu roman. imperf. *-ēam* für *-ēbam* § 428 I C 2.

146. Zur Aussprache von *v* und zur Wiedergabe im Griechischen.

a) Lat. *u̯* (*v*) war lautlich die konsonantische Form des vokalischen *u*; dem entsprechen in der Schrift die Verwendung eines einzigen Zeichens *V* für *u̯* und für *u* und in der Lautgeschichte die bedingten Lautwandel *u̯ > u* und *u > u̯*; auch geht *u̯* als lat. Laut meistens auf die kons. Form des idg. Sonanten bzw. Halbvokals *u̯* zurück. Der Lautklang und die Artikulation waren also nicht die des nhd. *w*, eines labiodentalen Spiranten, sondern etwa die des engl. *w*; diese Aussprache galt bis zum Ende der Republik. Dann ging *v* über in eine labiale Spirans *ƀ*; das ergibt sich aus den Vertauschungen von *v* (*u*) und *b* auf den Inschriften der Kaiserzeit wie *avere 'habēre'* und *habe 'avē'* (s. ausführlicher § 164c). – Eine erste Stufe einer bilabialen Spirans will man erschließen aus vereinzelt inschr. *mu* (d. i. *mu̯*) für normal *nv*, etwa *imu̯icti* V 7809, *imu̯enias* CE 1814; das *comu-* in *comu̯ou̯ise* SCBacch., *comu̯iu̯ia* D 122 ist jedenfalls als möglicherweise etymologische Schreibung des Praeverbs *com-* lautlich dafür nicht auswertbar. Die zweite Stufe einer labiodentalen Spirans (wie nhd. *w*) scheint angedeutet in der Schreibung *-nv-* (inschr. *nu*) der Wortfuge für etymologisches *-mv-*: *Libitinanu̯e* Lex Iul. munic. 104 (neben *-amu̯e* 94); *eunu̯e* Tab. cer. Dac. (CIL XVI) passim. – S. *Sturtevant*, Pronunc. 140–143.

b) Man muß wohl einen frühkaiserzeitlichen Wandel (*ru̯ lu̯ >*) *rƀ lƀ > rb lb* anerkennen; auf Inschriften ist *rb lb* für histor. *rv lv* besonders häufig: *Nerba* auf Münzen, inschr. etwa *serbus* VI 300, *parbulum* XIII 1981, *salbus* VI 31066, *Salbia* III 4850, *Silbanus* IX 229; dazu *alveus non albeus* App. Probi; ferner umgekehrte Schreibungen, so *Oluia* Eph. ep. 8, 798, *uerua 'verba'* IX 259, *aceruam 'acerbam'* CE 80, 1823 und oft (Diehl Chr. III Index p. 478). – Zu perf. *ferbuī* s. § 145e γ.

c) **Wiedergabe des lat. *u̯* (*v*) im Griechischen.** Dem Griechischen fehlt der Laut; der lat. Schreibung folgend wird in älterer Zeit das kons. *u̯* ebenso wie das vokal. *ŭ ū* durch gr. ου wiedergegeben. Anl. *v-*: Ουάρρων ουετρανός, Ουόλσων, inl. *v*: Οκταουιος Φλαουιος Σευηρος, auch αρουαλις MA. Schwierigkeiten bereitet hier den modernen Herausgebern die Akzentuation, etwa in Οκταουιος; sie rechnen dieses ου teils als Vokal (Länge?), d. h. als Silbe, teils als Konsonant. – Selten ist Wiedergabe von anl. *v-* durch gr. o, so in Οαδμων Plb. *Vadimo*, Οιβωνιος; es fehlt anl. in Ολτεινια SC Thisb., inl. in Οκταιος. – Für intervokal. *v* steht oft nur gr. υ, also wie ein zweites Element eines Diphthongs: Αυεντινος Αυιδιος Φλαυιος Σευηρος; ferner meist hinter o, Ουειδιος *Ovīdius*, Νουιος; beim lat.-osk. Praenomen *Ovius* (abgekürzt inschr. *Ou.*) gr. Ουιος ist οὐ- statt ὀυ- in Οὗος (gen. Οὐίου D 171) irreführend. – Seitdem in der Kaiserzeit sowohl lat. *b* und lat. *v* wie gr. β lautlich zur stimmhaften Spirans *ƀ* geworden waren, dient auch β zur Wiedergabe von lat. *v*, so in ηβοκατος *ēvocātus*. – Zur griech. Wiedergabe von lat. *qu* s. § 52 b. – Das gr. Ϝ ist in wenigen alten Wörtern durch lat. *v* wiedergegeben, so in *Achīvī olīva*, s. § 140 Zus. δ. – S. noch *Eckinger* 93, *Meinersmann* 111 f.

b) Die Liquidae *r* und *l* und die Nasale *m n* (§§ 147–153)

147. Idg. und lat. *r*.

a) Idg. *r* bleibt lat. *r* in allen Stellungen. Anlaut (im Griechischen steht davor „prothetischer" Vokal, *Schwyzer* I 309, z. T. aus Laryngal, § 38): *rego* gr. ὀρέγω, dazu nhd. *recht*; *rēx* ai. *rāj-* gall. *-rīx*; *ruber* umbr. *rufru* gr. ἐρυθρός. Inlaut: *fero* gr. φέρω, dazu nhd. *gebären Bahre*; *orbus* gr. ὀρφανός, dazu nhd. *Erbe*; *trēs* gr. τρεῖς usw. (§ 378); *frāter* ai. *bhrātar-* nhd. *Bruder* (§ 167); Suffix *-tro-* (*arātrum*, § 285a). Auslaut: *inter* ai. *antar*; *super* vgl. gr. ὑπέρ; vok. *pater* gr. πάτερ. – Oft ist lat. *r* konsonantischer Teil der lat. Entwicklung von idg. *r*-Vokalen (§§ 59 u. 63): lat. *or ur* aus idg. r̥, lat. *rā* aus idg. r̥̄. – Lat. *r* zwischen Vokalen geht vielfach auf *s* zurück. – Zu *r* aus *l*, *n*, *d* durch Ferndissimilation s. § 232 A, ebenda über *l*, *n*, *d* aus *r*. – Lat. *rr* beruht immer auf *r*-haltigen Konsonantengruppen, so auf *rs* (§ 214a), in Kompositionsfugen auf *dr nr* (§§ 199c, 216c).

b) Aussprache. Lat. *r* war Zungenspitzenlaut, also dentales *r*. Das lehren die Grammatiker wie Ter. Maur. 238. Für vorhistorische Zeit ist dentale Aussprache gewährleistet durch die Lautwandel, die *r* im Austausch mit dentalen Lauten zeigen: *z > r* um 350 v. Chr. (§ 180); die oben erwähnten Ferndissimilationen; *d* aus *r* (§ 162b); dazu *vor- > ver-* wie *vot- > vet-* um 150 v. Chr. (§ 44).

c) Griech. ρ ist durch lat. *r* wiedergegeben, vgl. *prōlogus* πρόλογος, *amphora* ἀμφορεύς. Aspiriertes (stimmloses) gr. ρ in anl. ῥ- und inl. -ρρ- wurde anfangs ohne Aspiration durch lat. *r-* bzw. *-rr-* wiedergegeben, altlat. inschr. *Regium* (D 430; 132a), literar. *rēsīna* 'Harz' *ῥησίνᾱ* att. ῥητίνη, *Burrus* Enn. Πύρρος (§ 164b γ), *porrō* πόρρω; zu *turris* s. § 181a. Die Gebildeten der klassischen Zeit schrieben und sprachen *rh-* bzw. *-rrh-*: *Rhēgium*, *Pyrrhus*, *Carrhae*. – Auch andere fremde *r-* in Namen werden hiernach oft durch *rh-* wiedergegeben, so immer *Rhēnus* (wohl nach gr. Ῥῆνος), vereinzelt *Rhaetī* und sogar (gall.) *rhēda* 'Wagen'. – Zur Aussprache von gr. ῥ- s. *Lejeune*, Phon. myc. § 140; zu inschr. *crh- prh-* für gr. χρ- φρ- s. § 165 f.

d) Über vorhistorischen Schwund von *r* vor *sk st ssn* (*po(r)sco*, *to(r)stus*, *ce(r)sna* 'cēna') s. § 214c; über Vernachlässigung des *r* vor Konsonant auf späten Inschriften s. § 218b; über Assimilation an folgendes *l* (*agellus*, *intellego*) § 216a.

148. Idg. und lat. *l*.

a) Idg. *l* (im Altind. meist durch *r* vertreten) bleibt lat. *l*: *linquo* vgl. gr. λείπω dial. λιμπάνω got. *leihvan* (ai. riṇakti); *lūcus* 'Hain' lit. *laũkas* 'Feld' (§ 66); *colo* aus *quelō gr. πέλομαι (§ 145a); *molo* got. *malan* nhd. *mahlen* vgl. gr. μύλη; *alius* gr. ἄλλος got. *alja-* Grdf. *alyos; altlat. *clepo* got. *hlifan* gr. κλέπτω; *plē-* 'füllen' gr. πλη- (ai. *prā*); mask. *sal* gr. f. ἅλς ἁλός.

Öfters ist lat. *l* konsonantischer Teil der lat. Entwicklung von idg. *l*-Vokalen (§§ 59 u. 63): lat. *ol ul* bzw. *lā* aus idg. l̥ bzw. l̥̄. – Über *l* aus *d* (*oleo*, „sabin." *l*) s. § 162c, über *l* aus *r n* durch Ferndissimilation § 232 A, zu *-alm-* aus *-agm-* (*sagma salma*) s. § 200a Zus. – Lat. *ll* beruht, soweit erklärbar, auf *l*-haltigen Konsonantengruppen, so auf *ls* § 214a, auf *ld* § 218a, auf *lw* § 217b, auf *rl nl* und *ln* § 216, auf *ssl* § 209b α.

b) Aussprache. Das Phonem *l* besaß im vorhistorischen Latein zwei stellungsbedingte Aussprachen (Lautwerte), eine neutrale oder palatale als *l′* vor den palatalen Vokalen *i ī* und *ĕ* (?), sowie als *ll*, und eine sekundär daraus differenzierte „velare" als *ł* in allen anderen Stellungen. Kenntlich wird die letztere an der Veränderung der kurzen Vokale vor dem *ł*: in nichtersten offenen Silben erscheinen nach §§ 91 u. 114a, b vor neutralem bzw. palatalem *l* alle kurzen Vokale (auch alte *a, o*) als *i*, also ebenso wie vor beliebigen Konsonanten; und vor velarem *ł* (d. h. vor *la lo lu lK* und ausl. *-l*) erscheinen sie sämtlich (auch alte *e, i*) in nichtersten Silben als *u*, in ersten als *o* (§ 43 c). Phonetisch wirkt also die Velarisierung durch das affizierte *l* hindurch nach rückwärts: *-eło-* > *-oło-*. So ergibt sich der Gegensatz *-ul(o)-/ -ili-* in *cōnsul exul* und *cōnsilium exilium, Siculus* < Σικελός und *Sicilia* < Σικελία, auch *stabulum* und *stabilis, facultās* und *facilis*; vgl. ferner § 91 b γ zu vulglat. *cubuclum* neben klass. *cubiculum*. – In Anfangssilben bewirkt das *ł* die Velarisierung eines vorausgehenden *e*, d. h. den Wandel *el* > *ol* (> *ul*, s. § 43 c): **ełaivā* > *olīva*; für das etymologische *vel-* in *velim velle vel* steht *vol-* in *volam volo volumus* und in *volt voltis* (jünger *vult vultis*); ausl. *-ul*, alt *-ol*: *cōnsul, cosol* D 50 usw. – Vor *ll* bleibt *e* unverändert: *velle, excellere*, dazu *e* aus *a* in perf. *fefellī*; also ist *ll* nicht velarisiert; oder sprachhistorisch ausgedrückt: die Velarisierung des *l* zu *ł* vor Konsonant ist jünger als die Entstehung von *ell* aus *els* usw. (§ 216b); vgl. auch unten dβ über *helvus vel*. – Auf *l* wirkt folgendes *ē* merkwürdigerweise velarisierend, so in impf. *volēbam* u. fut. 2. sg. *volēs* zu *velle*, in *adulēscēns*, in *Herculēs* mit anaptyktischem *u* aus *o*. – Nach *Safarewicz*, Studia 215 f. war das palatale *ll* ein eigenes Phonem.

c) Das Bestehen verschiedener Aussprachen des *l* bezeugen in unklarer Weise auch antike Grammatiker und in gewissem Umfang die romanischen Sprachen. Plinius unterschied beim *l* einen *sonus exilis* in der Gemination (*ll*), einen *sonus plenus* (*pinguis* nach anderen Grammatikern) im Silbenauslaut (also etwa in *altus pulsus*) und hinter silbenanlautendem Konsonant (also etwa in *plēnus clārus fluvius*), und einen *sonus medius* in den übrigen Fällen, also im Wort- und Silbenanlaut; diese Anwendungsbestimmung von *sonus plenus* und *exilis* läßt sich nur sehr gezwungen mit der oben gegebenen von velar und palatal vereinigen. – Die Grammatikerzeugnisse findet man bei *Linday-Nohl* 106.– Das Schrifttalienische zeigt einen Wandel *pl cl* > *pi̯ ki̯* usw. (*piano chiaro* für lat. *plānus clārus*), die partiale Aussprache des *l* voraussetzt.

d) Besonderheiten. α) Jünger *-l-* für älter *-ll-* nach langem Vokal und Diphthong. Für *-īlli-* erscheint *-īli-*: *vīlicus* von *vīlla, mīlia* von *mīlle* (aus *-i*); ob hier das einfache *l* lautlich eine Kürzung des *ll* oder ein stärker palatales *l* bezeichnen soll, bleibt unklar. Bewahrte alte Schreibung *ll* wohl in inschr. *millia* (auch mit I longa vor *ll*) Mon. Ancyr., *millibus* D 646. – Hinter *au* (doch nicht hinter *ō* aus *au*) ist altlat. *ll* zu klass.-lat. *l* verkürzt. Am besten bezeugt ist inschr. *paullo-/paulo-* in Cogn. (und Praen.) als *Paullus -a* 'der (die) Kleine, Jüngere'; Belege zu *ll/l*, auch zu *au/ō* s. § 83 A 3: inschr. mit *l* als *ll Pola*, dann *Paullus Paulla*, dazu *Pōllio*, schließlich *Paulus*; in der Literatur *Paullus* und *Paulus*. Entsprechend adv. *paullum* 'wenig' Mon. Ancyr.; literarisch normal *paulum paulisper paulātim*; in Plautushss. vereinzelt *paullum*, Vid. 49 Most. 624, meist nur als varia lectio; dazu volkstümlich demin. *pōllulum*. Ferner entsprechend alt *aula* 'Topf' (mit *Aulurāria* Plt. *auxilla* § 209a), dann abgelöst durch *ōlla*. – Vgl. auch § 199b zu *caelum* 'Meißel'. – Zu *Messalla* neben *Messāla* s. § 184c. – In *nōlle mālle* ist *ō ā* etymologisch gefordert (s. § 401, 2); die Bewahrung des *ll* hinter Langvokal blieb durch das *ll* von *velle* gestützt.

β) Altes *el* vor Kons. dürfte immer auf *ell* zurückgehen: *helvus* 'gelb' aus **hellu̯os* aus **ghelsu̯os* nach lit. *geĩsvas*. Lautlich mehrdeutig *celsus excelsus*, vielleicht durch Vokalausgleich mit *excellere* (anders *pulsus perculsus* neben *pellere percellere*). *semel* < *-els* <

-alis, mit -is nach bis. Ebenso wohl -el aus -ell in Partikel vel 'oder', ursprünglich 2. sing. *vels(i) 'willst du' (s. § 401, 1c); eine Spur von -ll vielleicht noch in daktylischem vel uti Enn. ann. 340, noch unsicherer Ter. Haut. 640. – Vgl. vigil § 99 am Ende.

γ) Im historischen Latein leben die beiden Aussprachen des l wohl traditionsgemäß weiter; doch analogischer Ausgleich durch Paradigmazwang ist stärker als die vokalumfärbende Wirkung des l (vgl. § 91b): Siculus plur. Siculī, nicht *Sicilī; zu catulus gehört catulīna (sc. caro) gegenüber dem isolierten Cognomen Catilīna (Niedermann, Mnem. 3, 1936, 276 [Gl. 27, 88]).

δ) In der Kaiserzeit findet man bei Nomina auf -ulus einen Nomin. auf -el: figel mascel App. Probi, inschr. figel X 423, mascel Gl. 42, 86 oben, Mascel II 1110 VIII 7161 und oft, Vernacel VIII 10 891. Trotz osk. famel sind das keine Oskismen; dieses -el entstand aus postkons. -lus der synkopierten figlus masclus, entweder rein lautlich oder allenfalls analogisch zum Gen. auf -ī nach ager sacer. – Zu -ilus in mutilus nūbilus s. § 91b γ.

ε) Für zwei bemerkenswerte Entwicklungen des l in einzelnen romanischen Sprachen findet man schon Spuren im Latein der Inschriften und Glossen. Der Übergang alK > auK (alterum > frz. autre, alte Aussprache aut-) begegnet auf Inschriften in Aubia 'Albia' XII 5111 und, allerdings durch Ferndissimilation begünstigt, in cauculus (s. Thes.) für calculus, vgl. καυκουλατορι Edict. imp. Diocl. Das vor i̯ (aus antevokal. i) mouillierte l', jünger i̯ (italien. figlia, frz. fille aus lat. fīlia) scheint schon bezeugt zu sein durch inschr. fiios (d. i. fī(l')jōs) VI 667, fius III 14809, Iuiius VIII 8449 (209ᴅ), Corneia VIII 357, 16967, 17225, Aureius VIII 9544, -ia III 27711; dazu 'Ακύιος neben 'Ακύλλιος Aquillius D 447 (Ephesus, 129ᵃ) und die umgekehrte Schreibung coliuci 'coi̯i̯ugī' III 2406.

Lit.: Zum vorhistor. l: Walde, It. Spr. 171; Hermann, NGG 1919, 235 u. 238; zum ll Safarewicz, Studia 215f. Zur lat. Aussprache: Sturtevant, Pronunc. 147–150; Sletsjøe, La prononciation de l et u en latin, Symb. Osl. 35, 144–159. Zu den röm. Grammatikern: Hel. Kohlstedt, Das Romanische in den Artes des Consentius, Diss. Erlangen 1927, 27–39 u. 62–74. Zu vīlla, vīlicus: Nach Meillet BSL 31, 97 bezeichnet ll vor a, e (auch in stella) nicht langes, sondern palatales l, das als solches vor i in vīlicus nicht bezeichnet werden mußte. Zu figel Mascel: Oskismus nach J. B. Hofmann, Festschr. Streitberg 371f. Zu fī(l)ius (§ 139b β): Herbig, Gl. 5, 249; Altheim, Gl. 20, 160f.; Svennung, Kl. Beitr. 13; Hermann, Silbenbild. 210; Baehrens, Komm. 77. Zum Romanischen: Meyer-Lübke, Die Schicksale des lat. l im Romanischen, Sächs. Ber. 86, 2, 1934 [Gl. 26, 90].

149. Jüngere italische r̥ l̥ n̥. Zeitlich nach der Entwicklung von idg. r̥ l̥ n̥ zu ital. lat. or ol en (§ 59 ff.) entstanden neue italische r̥ l̥ n̥, die zu lat. er il in führten.

a) Die Tatsachen, für deren Erklärung jüngere r̥ l̥ n̥ als Zwischenstufen angesetzt werden, sind verschiedene scheinbare Interversionen (Kontaktmetathesen) von interkons. r l n plus Vokal, so von le ne zu el en, und von ri ne zu er in; auch ro lo no sind als Vorstufen zu vermuten. Die Beispiele seien hier geschieden nach der Stellung im Wort und nach morphologischen Kategorien.

α) Für erwartetes ri in der ersten Wortsilbe erscheint vor Dental meist er: ter (*ters, vgl. terr-uncius, auch wohl ter als Länge Plt. Bacch. 1127) aus idg. *tris (gr. τρίς, ai. tris), Zwischenstufe *tr̥s; dazu ternī aus *tris-noi (vgl. bīnī, § 206), tertius, testis (vgl. osk. tristaamentud und trstus 'testēs'); certus aus *kritos gr. κριτός. Widersprechend crĭsta crĭspus; aber trīstis 'traurig' hat rī. Vgl. Sommer 62.

β) Für endsilbiges postkons. -ros -ris in nomin. sing. der ro- und ri-Stämme erscheint -er (§ 106). ro-Stämme: ager aus *ag'ros gr. ἀγρός ai. ajras 'Trift' nhd. Acker; sacer für sakros (so noch Foruminschr., also trotz umbr.

nomin. *ager* lat. Sonderentwicklung); danach auch griech. Entlehnungen wie *conger* γόγγρος 'ein Fisch (Meeraal)', *Alexander* 'Αλέξανδρος (aber gelehrt *Teucrus*). *ri*-Stämme: *ācer* aus **ācris*, *alacer* aus **alacris*; zur Regelung masc. *ācer* fem. *ācris* ntr. *ācre* s. § 354 C 4a.

γ) Für morphologisch postulierte nichterstsilbige *re ri ro*, *le li lo*, *ne ni (no)* erscheinen oder werden vorausgesetzt *er*, *il*, *in*; als Vermittlung wird eine Zwischenstufe ital. $r̥$ $l̥$ $n̥$ angesetzt. So **sakr̥dōt-* für *sacerdōt-* aus **sakrodhō-t-*; Superlativ *pigerrimus* wohl aus **pigr-is-amos* und entsprechend *facillimus* aus **faklisamos* (§ 385a); *facultās* aus **fakli-tās*.

δ) Das reichste Material hierfür liefern die *lo*-Deminutiva (§ 282 B) mit *-ell-* aus *-erl-* sowie *-ill-* und *-ell-* für *-il-l-* bzw. *-in-l-*. Als Grundform des Deminutivsuffixes bei *o*-Stämmen (und danach bei *ā*-Stämmen) wird hierbei *-elo-*, nicht *-olo-* angenommen; dafür spricht außer der Gleichung *porculus* lit. *paršẽl-is* nhd. *Ferkel* das lat. *-ellus* der Doppeldeminutiva: *porcellus* erklärt sich nur aus **pork-el-elos*; ein **pork-ol-olos* hätte lat. **porcullus* ergeben. So mit *-ll-* aus *-rl-*: *agellus* < **agerlos* < **agr̥los* < **agrelos* (zu *agro-*); ebenso *capella sacellum*; vgl. osk. *Aderl-* 'Atella', auch umbr. *Padellar*. – Mit älterem *-l-l-*: *pōcillum* aus **pōkl-elom* über **pōkl̥lom*, zu *pōclum* 'Becher'; ebenso *axilla* zu **akslā* (> *āla*, § 209a), *vexillum* zu **vekslom* (> *vēlum*). – Mit *-ll-* aus *-nl-*: *pugillus* < **puginlos* < **pugn̥los* < **pugnelos* (zu *pugnus*); ebenso *sigillum tigillum* zu *signum tignum*; auch *pastillus* zu *pānis* (nach Paul. Fest.), lautlich älter **pastni-los* zu **pastni-s* (§ 211d); *vatillum* zu *vannus* (§ 200bα); daneben aber *-ello-*: *columella* zu *columna*, *scabellum* zu **scab-nom* (> *scamnum* 'Schemel'); *Sabellī* s. Allg. Teil 25*.

Zusatz. Für ital. $r̥$ $l̥$ $n̥$ kommen nicht in Betracht die Deminutiva auf *-ello- -illo-* von lat. Nomina auf postvokal. *-ro- -lo- -no-*, also von denen auf *-ero- -ulo-* (aus *-elo- -olo-*) *-ino-* (aus *-eno-*), in denen lediglich das *e* des deminutiven *-elo-* synkopiert ist: *tenellus puella* zu *tener puer*; *porcellus aucella* (**avicella*) zu *porculus avicula*; *gemellus asellus* zu *geminus asinus* (aus *-enos*); *bellus* zu *bonus* als **du̯en-(e)los* zu *du̯enos*; doch auch *-illo-* zu *-ulo-*: *ancilla* zu *anculus* (**am-qu̯olos*, § 91a β), *pūpilla* zu *pūpula* von *pūpa*. Ferner *homullus* aus **homon(e)los*, *ampulla* aus **ampor(e)lā* zu *amphora*.

b) Zum Lautvorgang. Man kann alle vorgenannten Lautveränderungen rein beschreibend umfassen mit dem Ausdruck „Umspringen" (Umstellung, Metathese, Interversion), etwa in interkons. *re* > *er*, *li* > *il*; doch sind einige zusätzlich mit Vokaländerung verbunden, so *ri*, *ro* > *er*, *ne* (*no*?) > *in*; freilich mag für *-illo-* statt *-ello-* oder umgekehrt auch analogische Vertauschung mit im Spiele sein. Junge Interversion findet man in Spuren in einigen Lehnwörtern wie *tarpessīta* Plt. aus gr. τραπεζίτης (§ 112). Als phonetisch ausreichende Erklärung auch für einzelne der obigen Erscheinungen wird „Metathese" betrachtet von *Hermann*, NGG 1919, 265 (*ter* aus **tris*), von *Burger* 51 für *pastillus sacerdōs*; vgl. *Juret*, Dom. 153–157, Manuel 145. Aber einheitlich und phonetisch einleuchtend erklären sich alle diese Wandel nur durch Annahme einer Zwischenstufe ital. $r̥$ $l̥$ $n̥$, also bei vorhistor. *ri ro re* > lat. *er* durch eine Entwicklung **tris* > **tr̥s* > **ters* > *ter* bzw. **agros* > **agr̥s* > **agers* > *ager* (zu **agrs* vgl. got. *akrs* 'Acker') und **agrelos* > **agr̥los* > **agerlos* > *agellus*. – Entsprechend zwischen vorhistor. *li le* und lat. *il* eine Zwischenstufe $l̥$; das neue *i* vor *l* ist durch Stellung vor *ll* in *pōcillum* und

superl. *-illimus* gesichert; also ist auch für adv. *facul* eine Entwicklung
*facli > *facḷ > *facil (> *facul*) anzusetzen, entsprechend für *facultās*.

Ausführlich zum Lautproblem: *G. K. Strodach*, Latin Diminutives in *-ello/a-* and *-illo/a-*, Language Diss. 14, 1933, 13–25. – Zu *ager* s. auch *Mayer*, Mnemes charin II 29–35.

150. Idg. *m* bleibt lat. *m* : *māter* osk. gen. *Maatreis* gr. dor. μάτηρ; *morior mors* ai. *mriyate mr̥tyus*, vgl. nhd. *Mord*; *mēns-is* gr. μήν ion. μείς; *domus* gr. δόμος; *homo* got. *guma* 'Mann'; Flexionsendungen: 1. pl. *-mus* aus *-mos* gr. dor. -μες ai. *-mas*; im Wortauslaut (gr. -ν aus *-m*): 1. sg. sek. *-m* altlat. *siem* ai. *syām* gr. εἴην, akk. sg. *-um* alt *-om* und fem. *-am*, osk. *-om* und *-am* (*-ām*), ai. *-am* und *-ām*, gr. -ον und -ην bzw. -ᾱν.

Zusätze. α) Idg. ausl. *-m* ist teils morphologisch teils etymologisch gesichert. Doch wurde seine phonetische Existenz in Zweifel gezogen, zugunsten von bereits idg. *-n* aus *-m*: In den beiden Hauptzeugen für *-m*, Latein (Italisch?) und Altindisch (Indoiranisch?), bestand für *-om -am* als Aussprachevariante im Satzsandhi auch Nasalvokal (§ 228 II). Die anderen Sprachen, einschließlich Hethitisch, zeigen *-n*, wie das Griechische mit akk. -ον -ᾱν, oder setzen es voraus, vgl. etwa akk. got. *þan-a* 'den' gleich gr. τόν; doch ist nur in diesen Sprachen *-m* mit *-n* zusammengefallen. Im Latein und Altind. sind sie geschieden, ererbte *-n* sind als *-n* vertreten (vgl. lat. *in* osk. *-en* gegen *com cum*, ai. vok. *takṣan* wie gr. τέκτον); gr. ausl. -ν ist in manchen etymologisch oder morphologisch gesicherten Beispielen aus *-m* entstanden (ἕν, χθών, 1. sing. -μι und -ν [aus *-m*] in prs. δίδω-μι und imperf. ἐ-δίδω-ν); also ist *-n* für *-m* Neuerung der Einzelsprachen. S. *Hermann*, KZ 41, 17, *Gauthiot*, Fin de mot 158 gegen *Meillet*, MSL 9, 365 u. 20, 172, *Cuny*, BSOS 8, 477–486 [Gl. 28, 4].

β) Zu idg. und lat. *-ms-* > *-ns-* § 215b Zus., zu *-mi̯-* > *-ni̯-* (*venio*) § 137c, zu *-mt-* > *-nt-* (*ventum, contra*) § 219; zu *-n-* in *tenebrae* s. § 207; zu *-pn-* > *-mn-* (*somnus*) s. § 200c. – Zu *n-* für *m-* in Glossenwörtern wie *nespila* s. *Sofer*, Isid. 100.

γ) *Campānus* ist entstellte Ableitung von *Capua*: osk. **Kapu̯ān(o)s* ist gräzisiert zu Καππανός, daraus lat. *Campānus* durch volksetymologische Anlehnung an *campus*; vgl. *Van Windekens*, Ling. Posn. 8, 38, auch *Szemerényi*, Festschr. Pisani 978.

151. Idg. *n* (dental) bleibt lat. *n* : *nōs* vgl. ai. akk. *nas* gr. du. νῶϊ, akk. *nec-em* gr. νέκ-υς, *nepōt-* ai. *napāt* nhd. *Neffe*; *genus* gr. γένος, *tenuis* gr. τανυ-, Suffixe *-no- -ōn-*; (*g*)*nōsco* gr. γνῶναι γι-γνώσκω, *ignis* ai. *agnis*; *ante* gr. ἀντί, Ptc. *-(o)nt-* und 3. pl. *-ont -unt* gr. -οντ- u. dor. 3. pl. -οντι, *ānser* vgl. ai. *haṃsas*. – Lat. *n* vor Gutturalen bezeichnet den homorganen Nasal *ŋ* (nhd. auch zwischenvokalisch *ŋ*, geschrieben *ng* in *Angel singen*): *ango* gr. ἄγχω idg. **aŋg'hō* (dazu nhd. *eng*), *unguen* ai. *añjanam* 'Salbe' schwzdt. *Anken* 'Butter' idg. **oŋgʷen-*; *uncus* gr. ὄγκος (Hom. Δ 151) 'Haken'. Das Griechische bezeichnet Nasal vor Guttural durch γ in γγ γκ γχ (vgl. § 16). – In den *n*-losen Nominativen auf *-ō* (*-o*) der geschlechtigen *n*-Stämme *Cato homo virgo caro orīgo mentio* usw. gegenüber gr. -ων in Πλάτων τέρμων ἀλγηδών usw. fehlt das *n* seit idg. Zeit, vgl. ai. nom. *-ā* der mask. *an*-Stämme, s. § 345. Entsprechende Nominative auf *-ē* aus *-ēn* fehlen; vermutlich sind sie durch neue Formen ersetzt, so in *iuvenis* § 322 C 2, *verrēs* § 307 Zus. 2 d, *flāmen* § 326 B.

152. Schwund des *n* vor *s* (und *f*) im Latein unter Ersatzdehnung (vgl. § 125).

a) In ausl. idg. -*ns* ist *n* sehr früh geschwunden unter Dehnung eines vorangehenden kurzen Vokals: akk. pl. -*ōs* -*īs* -*ūs* aus -*ons* -*ins* -*uns*, vgl. got. -*ans* -*ins* -*uns*, gr. dial. -ονς -ινς -υνς, ferner -*ēs* aus *-*ens* aus *-*n̥s* (gr. -ας) bei den Konsonantstämmen. Dieses -*ns* ergibt osk. -*ss* (*feihúss* 'muros') und umbr. -*f* (*vitluf* 'vitulos', *trif* 'trīs'); für Ersatzdehnung auch im Umbrischen spricht vereinzeltes -*eif* statt -*if* in *au̯eif treif*. Vgl. auch osk. nomin. -*uf* der *ōn*-Stämme aus -*ōn-s*, § 324 C. – Latein. nomin. sing. *sanguīs* (Plt. Merc. 550 Lucr. 4, 1050 Verg.) setzt *-*in-s* voraus; jünger analogisch *sanguĭs* seit Verg. gg. 3, 508.

b) Lat. ausl. -*ns* (mit Dehnung vorangehender Kürze) geht auf -*nts* (auch aus -*nd-s*) zurück in nomin. sing. der *nt*- und *nd*-Stämme wie *frōns* (zu *front*- und *frond*-) *legēns amāns glāns*. Daß die Bewahrung des *n* vor *s* durch sog. Systemzwang im Ausgleich mit den Stämmen *front*- *frond*- *legent*- usw. unterstützt war, ist sehr wahrscheinlich. Doch gilt die Erhaltung des *n* vor *s* bei vermutlich gleicher lautlicher Vorstufe -*nts* auch für Indeklinabilia: Praepos. *trāns* und multiplikative Zahladverbien *totiēns* usw., hier neben üblicherem -*iēs* in *sexiēs* usw. (§ 381).

c) Inl. -*ns*- (und -*nf*-) ist unter Dehnung einer vorangehenden Kürze (§ 125b) bis in historische Zeit bewahrt; im klassischen Latein wurde es orthographisch fixiert. Der Ursprung von -*ns*- ist teils -*n-s*- in Kompositionsfuge (hier auch -*n-f*-), besonders bei *com*- und den beiden *in*- als Vordergliedern, teils idg. -*ns*- etwa in *ānsa ānser mēnsis cēnseo*, teils älteres -*nss*- nach § 198 aus -*nt-s*- und -*nt-t*- in Verbalformen und -ableitungen der Typen *sēnsī*, subst. *sēnsus* -*ūs*, ptc. *incēnsus* zu *sentio incendo*.

d) Ersatzdehnung und Erhaltung des *n*. An sich bewahrt der Quantitätszuwachs des Vokals bei der Ersatzdehnung die Lautdauer des geschwundenen *n*; der Lautvorgang führte sicher über Nasalierung des Vokals, etwa *ens* > *ẹⁿs* > *ẹ̄s* > *ēs* (§ 125b β). Nun ist in den Fällen b und c die Bewahrung des *n* eine Besonderheit nur des literarischen Lateins; dagegen ist seine Nichtschreibung, d. h. sein Schwund, über die Typen *sexiēs vīcēsimus* hinaus festzustellen sowohl im Altlatein (inschr. *cos* 'cōnsul') als auch im Vulgärlatein (inschr. *meses* 'Monate') und damit im Romanischen (italien. *mese*, frz. *mois*); weiteres Material folgt unten. – Die Erhaltung des *n* zugleich mit Vokaldehnung beruht daher offenbar auf einer künstlichen Regelung in der Sprache der Gebildeten: von diesen Kreisen wurde im 2. Jahrh. v. Chr. in Fällen von nasaliertem -*ẹ̄s*- das *n* zusätzlich in Aussprache und Schrift wieder eingeführt, und zwar vermutlich zuerst in den vielen durch Systemzwang unterstützten Fällen von Abschnitt b und c. Erst nach diesen Mustern erfolgte die Wiedereinführung des *n* auch im Typus *totiēns* und in den Wörtern mit ererbtem *ns* wie *ānsa mēnsis*, auch in dem durch das Fehlen des anl. *h*- als rustik gekennzeichneten *ānser*; sie ist also stadtrömisch. – Die ehemalige, im klassischen Latein kaum noch gültige Nasalierung des Vokals vor *ns* (und *nf*) ist also nur phonetisch erschlossen. Zur Aussprache und Lautentwicklung s. auch *Wyatt*, Lang. 42, 667; zum „phonologischen" Wert der lat. Nasalvokale s. *Safarewicz*, Studia 168 f. u. 178 [vgl. Gl. 27, 67 f.]; nach ihm galt die Nasalierung auch vor *v* wegen der Schreibung *couentionid* SCBacch. – Die Annahme gleichzeitiger Dehnung von Vokal und von *s* angesichts von vereinzeltem inschr. *nss* (*Sommer* 245, *Hermann*, NGG 1919, 247) ist verfehlt; s. § 223 Ende zu inschr. *mensses*.

e) Dokumentation für das Fehlen des *n* auf Inschriften. Im Altlatein: Amtlich *cos.* (vgl. Quint. 1, 7, 29); inschr. *cosol* D 50, 153, *cosol cesor cosentiont* 540 sq. (aber in den Elogien 540 u. 541 *consol censor*); *cosoleretur* (neben *censuere*) SCBacch. Suffix *-esis* hinter Ortsnamen (für *-ensis*): *Alb(e)si* 9, *Arimenesi* 50, *Abelese* 587, *Pisaurese* 117; dazu *Albesia scuta* und *dies Aliesis* ('*Alliēnsis*') Paul. Fest. Ptc. prs. *-es* für *-ens*: *lub(e)s* D 82, 217, *libes* 182, *scies* 256. *Mōstellāria* Plt. (*mōstellum Demin. zu kl.-lat. *mōnstrum*). *cofeci* D 780; *iferi* IX 5813 al. – Zu *Lūcā bōs* m. aus *Loucāns s. § 295, 1 Zus. γ. – Im klass. Latein: Ordinalia auf *-esimus* (vgl. *u̯icesma* D 11) und Zahladverbien auf *-iēs*, s. §§ 380f. Merkwürdig Suffix *-ēsis* bei Cicero in *foresia hortesia* (nach Vel. Long. gramm. VII 79, 1).

Im Vulgärlatein: *mesa asa* App. Probi. Auf Inschriften: *-esis* häufig, etwa *Misenesis* X 3503, *Narbonesis* XII 4399, *atriesis* VI 6242. Ptc. prs. *-es -as*: *pares* XIV 487, *doles* IX 1236, 1287, *praeteries* CE 1145, *festinas* 1319, *negotias* VI 9663 usw., als Namen *Pudes* III 8447, *Vales* VI 32573 usw., dazu auf Papyri Πούδης Οὐάλης Κλήμης, mit akk. Βάλητα Gl. 36, 126, auch *Costas* III 1194 (*Eckinger* 114, *Väänänen* 68, *Meinersmann* 78ff.). Ferner etwa *nosci* '*nōn scit*' IV 1173, *ispose* '*spōnsae*' VIII 3485, *tosor* XV 7172, *coseruas -a* häufig, *meses* 'Monate' häufig.

f) Hiernach auch umgekehrte Schreibungen und Aussprachen (nicht expressive Nasalierung, so *Graur*, Cons. gém. 96f.) mit *n* hinter Langvokal vor *s*: in griech. Wörtern: *thensaurus* XIV 3679, Plautushss., θησαυρός; *ludis Megalensibus* s. § 315a; *Onensimus* I² 1862; *Insidi* V 4220, Gl. 36, 126 (zu Ἴσις, mit Präfixeinmischung); *Scaptensůla* Lucr. 6, 810 (vgl. Festus) aus Σκαπτῆς ὕλης (ῠ!) Hdt. 6, 46, 3. In lat. Wörtern: *mēnsūra*, *ē-* und *in-mēnsus* (zu *metīrī*); *occansio* App. Probi; inschr. *Caensariensis* VIII 21116, *Crensces* III 4466; für ausl. *-ēs -ās*: akk. pl. *mensens* VI 7872, nom. pl. *caelibens* RA 36 nr. 27, 13; nom. sg. *herens* XIV 3630 u. sonst, *Ravennans* 1170; auch für *-ĕs*: *pariens* 'Wand' VI 17565. Danach auch umgekehrt *nt*-Flexion bei nomin. *-ēs -ās* in *Herculēs -entis*, § 363 B 2, und *praegnās -antis* (nhd. prägnant; zu alt *-ās -ātis* s. § 337c), und nomin. *-s* in *serps* Ven. Fort. für *serpē(n)s*, § 362, 3. – Zu nomin. *Atlans Dymans* für gr. *-ᾱς* (-ανς) s. *Debrunner*, IF 46, 91.

153. Ansetzung von ital. *n̥* als Parallele zu ital. *r̥ l̥* ist oben § 149a δ schon behandelt worden. Das Material beschränkt sich hier auf die *lo*-Deminutive von *no*- und *ni*-Stämmen. Nach üblichem *-illo-* neben *-no-* (*sigillum* neben *signum*) ist eine Lautentwicklung *signelom > **sign̥lom* > *siginlom > *sigillum* anzunehmen und damit ein Wandel ital. *n̥* > *in* anzuerkennen. – Wohl analogisch auch *-ello-* neben *-no-*.

c) Gutturale Tenues und Mediae (§§ 154–159)

154. Das Gutturalproblem. Für das Latein werden hier im wesentlichen zwei Arten von idg. gutturalen Verschlußlauten als Tenues, Mediae und Mediae aspiratae vorausgesetzt, die Gutturalreihen der idg. Palatale und der Labiovelare; deren Vertretungen in den Einzelsprachen bedingt die beiden Gruppen der Kentum- und der Satemsprachen (s. Allg. Teil 21*f.). Die idg. Palatale *k' g' g'h* (bei *Brugmann* $\hat{k}$ $\hat{g}$ $\hat{g}h$) sind dadurch bestimmt, daß den *k*-Lauten der vorwiegend westlichen Kentumsprachen in den meist östlichen Satemsprachen *s*-artige Spiranten gegenüberstehen. Die idg. Labiovelare k^w g^w g^wh (Velare mit Lippenrundung, bei *Brugmann* $q^u_\circ$ $g^u_\circ$ $g^u_\circ h$) beruhen auf folgender Entsprechung: k^w-Laute, etwa wie lat. *qu̯*, teilweise auch Labiale, in den Kentumsprachen, dagegen reine *k*-Laute in den Satemsprachen. — Eine Zwischenstellung nahmen die umstrittenen idg. „reinen Velare" ein, angesetzt nach einigen evidenten Wortgleichungen, in denen alle idg. Sprachen reine *k*-Laute zeigen, Muster lat. *cruor* gr. κρέας und ai. *kravis* aksl. *krъvь*, idg. **krew*-). — Die rein phonetisch naheliegende Vermutung, daß die Kentumsprachen den ursprünglichen Lautstand mit *k*-Lauten und *kʷ*-Lauten im Prinzip bewahren (wonach also die Neuerung in den beiden Hauptreihen auf Seiten der Satemsprachen mit ihren *ś*-Lauten und *k*-Lauten liegt), ist nicht streng zu beweisen.

Tabelle der Lautentsprechungen

Idg.	Kentumsprachen	Satemsprachen
Palatale *k' g' g'h*	**k *g *gh*, daraus: gr. κ γ χ germ. χ *k g* lat. u. osk.-umbr. *c g h*	**ś *ź *źh*, daraus: ai. *ś j h* av. *s z z* aksl. *s z z* lit. *š ž ž*
Labiovelare *kʷ gʷ gʷh*	**kʷ *gʷ *gʷh*, daraus: gr. π β φ (τ δ ϑ vor *e*) germ. χʷ *kʷ gʷ* (got. *ƕ q gw*) lat. *qu v (gu) f*- osk.-umbr. *p b f* hethit. *kʷ*	**k *g *gh*, daraus: ai. *k g gh* (*c j h* vor idg. *i, e*) av. *k g g* (*c j j* vor idg. *i e*) aksl. *k g g* (*č ž ž* vor *i e*) lit. *k g g*

Zusätze. α) In wichtigen Satemsprachen sind die idg. Labiovelare zwar vor dunklen Vokalen (*a o*) und vor Konsonanten als *k g* vertreten, dagegen vor idg. *i* und *e* zu „einzelsprachlichen Palatalen" weiterentwickelt; sie sind da also doppelt vertreten, als ai. *k g* und *c j* (phonet. *č ǰ*), als aksl. *k g* und *č ž* (aus *ǰ*). — Um Mißverständnissen zuvorzukommen, sei auf eine Komplikation des Altindischen hingewiesen: hier sind die beiden Stimmhaften der idg. Palatale (*g' g'h*) lautlich mit den jüngeren „einzelsprachlichen Palatalen" aus Labiovelaren (*gʷe/i gʷhe/i*) in ai. *j* bzw. *h* zusammengefallen, s. Tabelle. Wohl aber sind im Avestischen und überhaupt im Iranischen die Reihen auch bei den Stimmhaften noch sauber geschieden, als *z z* und *j j*. Beachte idg. *kʷs* > av. χš, idg. *k's* > av. *š*, wichtig auch wegen idg. þ hinter Guttural, § 179 b β. — Im Mykenischen, den griech. Dokumenten in „Linearschrift B", sind die Labiovelare noch nicht zu Labialen oder Dentalen geworden; man umschreibt sie durch *q* (*qa qe qi qo*); Tenues, Mediae und Mediae aspiratae erscheinen als *q*, sind also in der Schrift nicht unterschieden. S. *Lejeune*, Phon. myc. § 8 u. §§ 30 ff.

β) Das Gutturalproblem war in methodischer Hinsicht eines der wichtigsten in der älteren Indogermanistik. Als besondere Reihe wurden die idg. Palatale erkannt von *Ascoli* und zum Teil von *Fick* (Ehemalige Spracheinheit S. V, 3ff., 62ff.). Die Benennung als Kentum- und Satemsprachen nach dem Kennwort lat. *centum* av. *satəm* '100' stammt von *v. Bradke*. Der Ansatz von drei idg. Gutturalreihen geht zurück auf *Osthoff*, MU V 63[1] und *Bezzenberger*, BB 16, 234. — Zum Gutturalproblem s. bes. *Szemerényi*, Trends 128; auch *Bechtel*, Hauptprobleme 291ff. (fürs 19. Jhdt.); *Bersu*, Die Gutturalen im Latein, 1885; *Hermann*, KZ 41, 32ff.; *Hirt*, Idg. Gr. I 226ff., II 17; *Bremer*, Streitberg-Festgabe 20; *Kuryłowicz*, Fachtagg. Innsbruck 108–110; auch etwa *Schwyzer* I 54 u. 291–296; *Ribezzo*, RIGI 6, 224ff., 7, 62ff.; *Pisani*, Preist. 559ff. (zu den idg. Palatalen:

getrennte Entwicklung zu *s̑*-Lauten in den einzelnen Satemsprachen). – Zur mittleren Reihe vgl. die „Uvulare" von *Schmitt-Brandt*, s. § 37 h. – S. auch *Steensland*, Die Distribution der uridg. sog. Gutturale, Acta univ. Upsal., Studia slav. Upsal. 12, Stockholm 1973.

γ) Alle bisherigen Versuche, die drei Reihen auf zwei oder gar auf eine einzige Reihe von Velaren zurückzuführen, haben nicht zu definitiven Ergebnissen geführt; erwähnt seien: Entstehung der Labiovelare k^w usw.: nach *Hirt* a. O. aus Velaren plus *w*, nach *Reichelt*, IF 40, 40ff., bes. 61–65, aus reinen Velaren, ähnlich *Kuryłowicz*, Apoph. 356ff. § 45: nur in den Kentumsprachen Labialisierung reiner Velare vor *e i* als Überkompensation gegen drohende Palatalisierung (vor Konsonanten bestanden also nie Labiovelare); ders., Et. 1–26 [Gl. 27, 63]; s. dagegen *Szemerényi*, Syncope 401. Nach *Whatmough*, Mél. Pedersen 45–56 waren sie Doppelverschlußlaute *kp* usw. [Gl. 28, 2]. – Entstehung der idg. Palatale: durch Assibilation aus Velaren: *Kuryłowicz*, Apoph. 366ff. § 46; durch Palatalisierung von Velaren vor *e i* mit nachträglicher Verschleppung nach *Hirt*, *Ribezzo* AGI 22/23, 131–151, *Georgiev*, KZ 64, 108–126 [Gl. 28, 2]; die Annahme kann *$ok'tō$ '8' nicht erklären (doch s. § 378 A). Reine Velare aus Palatalen, meist im Anlaut vor *r* oder *a*, im Inlaut hinter *s* oder *u* nach *Meillet*, MSL 8, 277.

155. Tenues. a) Idg. sog. palatales k' bleibt lat. c (phonetisch k): *centum* aber ai. *śatam* lit. *šim̃tas* idg. *$k'm̥tom$; *decem* gr. δέκα aber ai. *daśa* idg. *$dek'm̥$ § 378; *dīcere* osk. inf. *deikum deicum* gr. δείκνυμι 'zeige' aber ai. *diś* 'zeigen'; *pecu* umbr. pl. *pequo* 'pecua' got. *faihu* aber ai. *paśu*; *octō* gr. ὀκτώ aber ai. *aṣṭau* lit. *aštuonì* idg. *$ok'tō$; mask. *axis* vgl. nhd. *Achse* gr. ἄξων aber fem. lit. *ašìs* aksl. *osь*; *coxa* nhd. bair. *Haxe* ai. *kakṣā* u. *-a-* avest. *kaša-* mask.); *dexter* gr. δεξιτερός aber zu vergleichen av. *dašina-* lit. *dẽšinas*. Idg. $k'w$ (nicht k^w!) bleibt lat. *qu* in *queror questus* gegen ai. *śvas* 'seufzen' und in *equos* got. *aiƕa-tundi* 'Dornstrauch' (wörtlich 'Pferde-zahn') gegen ai. *aśvas* idg. *$ek'wos$; beachte gall. *epo-* in *Epōna*.

b) Idg. labiovelares k^w erscheint als lat. *qu* (osk.-umbr. *p*), aber ai. slav. *k* (bzw. *č* vor idg. *e i*): *quis* osk. *pis* umbr. *pis-i* gr. τίς heth. *kwis*, dazu Stamm *k^wo-* lat. *quo-* osk.-umbr. *po-* gr. πο-, aber 'wer' ai. *kas* lit. *kas* aksl. *kъ-to* ntr. *čь-to*; *sequitur* gr. ἕπεται ai. *sacate*; *linquo* gr. λείπω aber ai. *ric* 3. sg. med. *riṅkte*; *aqua* got. *aƕa* nhd. *-ach -a* in Flußnamen (wie *Salz-ach Fuld-a*) aber russ. Flußname *Oka*; *oculus* aus *$ok^w(e)los$, zu Wz. ok^w 'sehen', gr. ὀπ- in perf. ὄπωπα. *-que* gr. τε aber ai. *ca*.

Etymologisches idg. k^w erscheint vor Vschll. und *s* als (idg.?) k, lat. *c*, speziell vor *t s* und vor $i̯$ (*y*). Vor *t*: PPP der Verben auf idg. $k^w g^w$: zu *coquo coctus* (vgl. gr. πεπτός ai. *pakva-*), (*re-)lictus* zu *linquo* ai. *riktas, sectārī* Iter. zu *sequī*; *ūnctus* zu *ungu̯o* ai. *añj* 3. sg. *anakti* 'er salbt'; vgl. auch § 98b zu lat. *ac nec*. Vor *s*: perf. *coxī ūnxī*; auch im Auslaut *vōx* ai. *vāk* av. *vāxš*, (dazu gr. hom. dat. ὀπί 'mit Stimme' und lat. *vŏc-āre*), zu Wz. wek^w in gr. (ϝ)ἔπος usw. (nach nom. *vōx* auch gen. *vōcis* statt *$vŏquis$). – Vor $i̯$ bzw. idg. *y* (§ 137c): *socius* zu *sequī*, vgl. auch *exseciae* App. Probi; *lacio* Paul. Fest. (*al- ē- il-licio* usw.) aus *$lak^wyō$ wegen *laqueus*, dazu *lax* 'fraus' Paul. Fest., *in-lex* 'lockend' Plt. und *dēliciae*, iter. *lactāre* Paul. Fest. mit *dēlectāre*; *in-* und *ē-lix* (oder *-lex*) unbelegt, nur bei Paul. Fest. plur. *inlicēs* 'canales in quas aqua influit', *ēlicēs* 'sulci aquarii eqs.' (auch Colum.), *colliciae* 'Wasserrinnen' und *dēlicia* Paul. Fest. (*-quia* Vitr.), alle zu *līquitur* 'zerfließt'. – Zum *c* für *qu* in *iecur* s. § 114cα. – Zu lat. *qu̯o-* > *co-* s. § 145a; zu *qu̯* in *reliquiae* § 143cβ.

Zus. Im Hethitischen ist k^w vor t bewahrt in *nekuz* (d. i. *nek^wts*), gegen *kt* der anderen Sprachen wie lat. *noct-* (nhd. *Nacht* usw.); gr. υ statt ο in νυκτ- wohl als Nachwirkung des labialen Elements von k^w; durch Ausgleichung πτ in πεπτός. S. *Schindler*, KZ 81, 290 *(nekuz* gen.).

c) Idg. reinvelares *k* bleibt lat. *c*: *cruor* (§ 154); *caput* ai. *kapucchalam* 'Haarbüschel am Hinterkopf'; *caesariēs* ai. *kesaram* 'Mähne' (*s* statt *ṣ* vor *r* ähnlich wie Bewahrung des *s* vor *r* im Latein, § 180 e α); *caveo* (aus *$ko\u{u}e\bar{o}$, § 47 a) gr. κοέω 'beachte' ai. *kavis* 'Seher'; *scabo* lit. *skabù* 'schneide, haue'; *lūx lūceo* gr. λευκός usw. ai. *ruc*, vgl. lat. *lūcus* und *lūna* mit Verwandten, §§ 66 u. 211 a.

Zu ai. *kapucchalam* (als *ka-pucchalam*) und zu *kesaram* s. auch *Mayrhofer* s. vv.

156. Unsichere etymologische und unklare lautliche Entsprechungen. Lautwert von lat. *qu*.

a) *cāseus, vapor* und *canis.* – Lat. *cāseus* (*s* aus *ss* nach § 182 a) und aksl. *kvasь* 'Sauerteig' ließen sich zur Not unter einer Grdf. *$k\=w\=asso$*- (idg. *-ss-*?) vereinigen; zum Fehlen des *w* im Latein vgl. § 136 c. Besser rechnet man mit einem alten Wanderwort. – Nach Bedeutung und Lautklang scheinen lat. *vapor* 'Dampf', gr. κάπνος 'Rauch' und lit. *kvãpas* 'Duft' etymologisch zusammenzuhängen; aber lat. *va-* aus idg. *kwa-* ist kaum glaubhaft. – S. zu diesen vielbehandelten Problemen *Reichelt*, IF 40, 44 ff. (44[1] *cāseus*), sowie die etymologischen Wörterbücher. – Lat. *canis* Stamm *can-* statt **cun-* 'Hund'. Idg. Stamm *k'un-* bzw. gen. **k'un-es* ergibt sich aus gen. gr. κυν-ός ai. *śun-ás* lit. *šuñ-s*; ablautend zu nomin. **k'uō(n)* vok. **k'uon* nach gr. κύων κύον ai. *śvā śvan* (akk. *śvānam*) lit. *šuõ* (aus **śwuo*), vgl. auch altir. *cú* gen. *con* und nhd. *Hun-d*. Danach erwartet man lat. gen. **cun-is*, nomin. **quō*, allenfalls akk. **quonem* > **conem*. Rechtfertigung des lat. *a* (statt *o* oder *u*) nach § 48 ist ein Notbehelf; Assoziation mit *canere* (!) wagte schon Varro ling. 7, 32; danach Ausgleich zwischen **con-* und **quan-* zu *can-*. Vgl. etwa *Kent*, Lang. 2, 186; *Specht*, KZ 66, 37–39; etwas anders *Szemerényi*, Festschr. Pisani 979–984.

b) Mit Annahme eines *k*- mobile oder protheticum ermöglicht man die Zuordnung von lat. *aper* 'Eber' zu gr. κάπρος (wozu lat. *caper* 'Bock'!) und von aksl. *kostь* 'Knochen' zu *ost-* der andern Sprachen (gr. ὀστέον lat. *os ossis*, § 176 II a); *Pisani* [Gl. 34, 208 Mitte], *Otrębski*, KZ 81, 219; ursprünglich Laryngalanlaut nach *Schmitt-Brandt* 105. – Das *s* mobile vor Tenuis (§ 179 b α) läßt sich kaum vergleichen. – Anl. *s-* statt *sc-* zeigen *silex* 'Kiesel' und *siliqua* 'Schote' (aksl. *skolьka*), offenbar durch ferndissimilatorischen Schwund im Anlaut. – Neben *scirpus* 'Binse' Plt. ist *sirpus* vielleicht Entstellung aus der Zeit, als *sci-* in der Aussprache zu *szi-* bzw. *si-* geworden war.

c) Idg. k^wu- im Latein. Diese Lautfolge boten nur die idg. Adverbien für 'wo, wie, wann' vom Stamm des Frage- und Indefinitpronomens, vgl. gr. dial. ὄπυι 'ποῖ', osk. *puf* umbr. *pufe* 'lat. *ubi*', osk. *puz* 'lat. *ut*', altind. *kutra k(u)và* 'wo' (vgl. *kutas*), aksl. *kъde* 'wann'. Statt lat. *ubi (ubei), ut (uti utei), unde* erwartet man also mit *cu-* aus *qu̯u-* lat. **cubi* **cuti* (aus idg. **k^wudhei* **k^wuta-i*) und **cunde*, s. dazu § 377 B; rein lautlicher Schwund eines *k^w-* bzw. *qu̯-* vor *u* ist ganz unglaubhaft. Nun sind *-cubi* und *-cunde* als solche lat. *cu-*Formen bezeugt, freilich nur als Indefinita in Enklise: *sī-cubi* 'wenn irgendwo' Ter. Cic., *nē-cubi* Caes., *ali-cubi* Ter. und *ali-cunde* Plt. (dies deutlich zu *aliquis* Epid. 332), *sī-cunde* Cic. Att. 13, 30, 2 Liv. 26, 38, 5, *nē-cunde* Liv.; semasiologisch gehören sie alle eindeutig zu indefin. *quis* in *sī quis ali-quis*. Das Fehlen des *c-* in *ubi unde* ist also nicht lautlich zu erklären (idg. **k^wu-* > lat. anl. *u-*, inl. *-cu-*), sondern als Ergebnis komplizierter Ausgleiche zu betrachten. – Die lat. Korrelation zwischen fragend *u-* und demonstrativ *i-* von *ubi ibi*, **uta ita*, *unde inde* galt einst auch für *uter* **itero-* (in *iterum*, § 288 A 2 c); dem *u-* von *uter* entspricht aber in den anderen Sprachen nicht **k^wu-*, sondern **k^wo-* (gr. πότερος osk. *púterei-píd* got. *ƕaþar* und ai. *kataras* aksl. *kotoryj*); und ebenso steht *unquam* 'jemals' (vgl. *n(e)-unquam*, auch *ne-utiquam* Plt.) neben pron. *quisquam* anstelle von **quomquam* (indef. **quom* wie rel. *quom cum* gegenüber *tum*, § 145 a β). So möchte ich vermuten, die Gleichwertigkeit von vorhistor. *sī* mit *sīc* 'so' und von *ne* mit *nec* 'nicht'

(§ 333 IV A 1) habe die Ablösung des anl. c- und damit den Fragestamm lat. u- ermöglicht, etwa Ersatz von *ne-cuter (aus *ne-quoteros, lautlich wie concutio neben quatio, § 94), aufgefaßt als *nec-uter, durch ne-uter (dreisilbig, § 81 c). – Lit.: *J. Schmidt*, KZ 32, 407 (kʷu- > lat. u-); *Sommer*, KE 68 nr. 57; auch *Hermann*, NGG 1918, 134, *Walde*, Ital. Spr. 181. – Unverwertbar ist aliunde neben alicunde: die ali-Adverbien ohne c gehören zu alius, so aliunde 'anderswoher' (eindeutig Plt. Poen. 560), aliuta Paul. Fest., dazu alibi Plt.

d) Zur Aussprache von qu. Die Fragestellung lautet: war lat. qu zweilautig (biphonematisch) als k + w, oder war es einlautig (monophonematisch) gemäß dem Symbolzeichen kʷ des idg. Labiovelars, als Velar mit gleichzeitiger (nicht: nachfolgender) Lippenrundung? Antike Beschreibungen sind undeutlich (*Lindsay-Nohl* 98 f.). Bei den Tatsachen von Schrift, Umschrift, Prosodie, Lautgeschichte und Morphologie sprechen, wie mir scheint, die stärkeren Argumente für Zweilautigkeit kw-: Die lat. Schrift verwendet mit QV zwei Zeichen (anfangs sowohl für qu als für cu, § 8), ebenso die verwandten Sprachen ohne genaue Lautentsprechung, als lat. Entlehnung osk. kvaisstur umbr. kvestur; gr. κο κου in Κοιντος usw. (§ 52 b); vgl. fal.-lat. cuando D 175, auch cue, und spätlat. Obsecuens V 6061, cui 'quī' XIV 1688 usw. Prosodie: qu̯ bildet nicht Position, also ist Einlautigkeit bei Silbenscheide se-qu̯itur e-qu̯us wohl möglich; aber auch Muta cum Liquida bildet bei den alten Skenikern keine Position; und Ennius hatte, als er im Hexameter nach Homer die Langmessung der Silbe vor M. c. L. einführte, für qu̯ kein homerisches Vorbild. Beachte die Auflösung acua Lucr., § 141 d γ am Ende; zu li in līquidus s. § 130 II B 1. Parallele Lautwandel. Auch idg. kʷw > lat. qu̯ in queror. Labiovelare Media und Media aspirata ergeben mit n zusammen -ngu̯- (unguentum usw.), worin erst *Touratier* ein paralleles monophonematisches gu̯ vermutet hat; in anderer Stellung bleibt davon nur u̯ (u̯) übrig (venio, nivem), also bestand in der älteren Zwischenstufe lat. *gu̯- ein selbständiges u̯, übrigens ebenso wie bei idg. -g'hw- in brevis (§ 168). quo- > co- wie su̯o- > so- (§ 145). Vulglat. coa- > qua- (§ 141 b γ). quīnque > vulglat. cīnque (§ 231 b). aqua > acqua (§ 223 Zus. α). Vgl. auch concutio aus *con-quatio (§ 103 b am Ende). Morphologie: secūtus zu sequor (idg. sekʷ-) ist Neuerung für *sectus angesichts von iter. sectārī und von coctus zu coquo; Muster zu secūtus locūtus von sequor loquor kann nur volūtus neben volvor gewesen sein, also entsprach hier das qu̯ dem lu̯; s. Gl. 23, 125; 36, 131¹.

Lit.: Für Einlautigkeit: *Debrunner*, IF 46, 90; *Godel*, Stud. ling. it. 7, 1953, 18 f.; *Brandenstein* bei Altheim, Spr. 487; *Sturtevant*, Pronunc. 169 f.; ders., Lang. 15, 221–223. Für Zweilautigkeit: *Janssen* 49–51; ders., Homm. Niedermann 184–190; *Wyatt*, Lang. 42, 666. – Vgl. auch *Lindsay-Nohl* 99 f.; *Hermann*, Silbenbild. 217 f.; ders., NGG 1919, 250¹; *Touratier*, Statut phonol. de qu et gu en latin class., BSL 66, 229–266 (qu als kʷ ein Monophonem, dessen lautliche Realisation eine Sequenz kw ist).

157. Mediae. Idg. sog. palatales g' bleibt lat. g: genus gr. γένος aber av. zan 'erzeugen' (ai. ntr. janas); gnō (nōvī ignōtus, altlat. inschr. gnoscier) gr. γνω- aber aksl. zna- (ai. jñā-); ago gr. ἄγω aber av. az- (ai. aj-).

Idg. labiovelares gʷ bleibt gemeinital. gu̯ (woraus osk.-umbr. b) und wird urlat. gu̯. a) Dies bleibt erhalten nur nach Nasal: unguen umbr. umen (für *omben), mit unguo, vgl. ai. añjanam 'Salbe' (zu añj, prs. 3. sg. anakti), inguen pl. -ina 'Weichen' gr. ἀδήν 'Drüse' Grdf. *n̥gʷen-. – Sonst wird urlat. gu̯ zu lat. v oder zu g. – b) gʷ > lat. v anl. vor Vokal, inl. zwischen Vokalen: venio vēnī osk. umbr. ben- (§ 137 c), gr. βαίνω, Grdf. gʷem in ai. gam got. qiman 'kommen'; vīvos osk. bivus ai. jīvas (§ 53); vorāre gr. βορά (oft bestritten); veru 'Bratspieß' umbr. pl. berva got. qairu 'Stachel'; ūva lit. úoga 'Beere'; altlat. fīvere Cato (klass.-lat. fīgere mit g, zum Ausgleich mit perf. fīxī) lit. dygùs 'spitzig'; ferner hinter r: torvos zu gr. τάρβος, ervum aus *er(o)gʷom vgl. gr. ὄροβος (vgl. § 264, 1 b). – c) gʷ > lat. g vor r l n: gravis *g‍ʷraw-* zu gr. βαρύς ai. *gurus* idg. *g‍ʷₑrus*; *grātēs* ai. *gūrtis* 'Lobpreisung' Grdf. *g‍ʷr̥tis* (§ 63); *migrāre* zu gr. ἀμείβω; *glandi-* 'Eichel' aksl. *želǫdь*, vgl. gr. βάλανος; *agnus* gr. ἀμνός (aus *ἀβνός) *ag‍ʷnos*. Dazu *gu* aus *g̑u̯u-* vor sekundärem *u* in *gula gurdus*.

Idg. reinvelares *g* bleibt lat. *g* : *tego* gr. στέγω lit. *stógas* 'Dach'; *gelu* vgl. osk. γελα 'πάχνη' aksl. *zlědica* (aus *geld-) 'Reif, pruina' nhd. *kalt*; *grūs*, vgl. gr. γέρανος nhd. *Kranich* aksl. *zeravь*.

Zusätze. α) Idg. Anlautwechsel *gw-/w-* wird postuliert von *Poultney*, Lang. 39, 398–408 als Wirkung des Satzsandhi hinter ausl. -*d*. - β) Schwund von anl. *g* in *lac lucūns* s. § 233 A. - γ) Häufigkeit von anl. lat. *g* in „mots expressifs" will *Marouzeau*, Latomus 5, 157f. beobachten; er nennt *gula gutta gallus grandis grossus* usw.

158. Unregelmäßigkeiten und Abweichungen bei Gutturalen.

a) Lat. *p* für *qu̯*, *b* für *v*. In der Vertretung der Labiovelare als *qu̯ v* liegt eines der schärfsten Unterscheidungsmerkmale gegenüber dem Oskisch-Umbrischen mit *p b*. Die Grenzlinie für die *qu/p*-Vertretung suchte *Schrijnen* dialektgeographisch festzulegen, s. Coll. Schrijnen 202 ff., dazu Streitberg-Festgabe 336 (vgl. Allg. Teil 37* § 29 Ende). S. ferner *Porzig*, Festschr. *Krause* 179 ff. – Wo also im Latein *p b* als Vertreter von idg. Labiovelaren auftreten, sind Lehnwörter aus *p*-Sprachen anzuerkennen (vgl. Allg. Teil § 48, 1). Griechische Lehnwörter sind *poena* XII tab. (nicht aus osk. *poinā, so *Devoto*), gr. ποινή (Erbwort, av. *kaēnā*, aksl. *cěna* und lit. *káina* 'Preis', idg. *k‍ʷoinā*) und *boāre* βοᾶν; gallisch ist die *Epona*, zu *equos* (idg. *k'w*). Den Hauptbestand bilden oskische bzw. „sabinische" Wörter: *lupus*, vgl. Hor. c. 1, 22, 9 *silva lupus in Sabina* (idg. *luk‍ʷos* gr. λύκος, neben *wl̥k‍ʷos*, s. § 112c); *bōs bov-is* (statt *vōs *vov-is*) umbr. akk. *bum* gr. βοῦς βο(ϝ)-ός ai. *gaus* (s. § 318 A); *popīna* 'Garküche' Plt. Cic. echtlat. *coquīna* (zu *coquo*, s. § 163bα); ferner manche Personennamen, etwa *Pontius* (osk. *Púntiis* Πομπτιες) gegen echtlat. *Quīnctius*; *Pompeius Petreius* wohl zu osk. *pompe* '5' *petora* '4'.

Lit.: *Ernout*, Elém. dial. 67, *Ribezzo*, RIGI 14, 59–99 [Gl. 21, 185f.], *Kent*, Lang. 2, 188 (*volpēs*, zu *lupus*); *Devoto*, Storia 82; *Weise* 26. – *Pisani*, Paideia 20, 191 : *poena* lat. Grdf. *pends-nā* zu *pendere*, unhaltbar schon wegen *pūnīre*.

b) Wechsel von inl. *g* und *k*. Ererbt im Wurzelauslaut nach Nasal in *pango pepigī* (gr. πήγνυμι ἐπάγην) neben *păciscor, pāx pācis*, s. Brugmann I 629, *Szemerényi*, Trends 147. Ähnlich *angulus* 'Winkel' gegenüber gr. ἀγκύλος 'gekrümmt' bzw. altlat. *ungulus* 'Ring' (oskisch nach Festus) neben *ancus* 'qui aduncum brachium habet' Paul. Fest., *uncus* 'Haken', ἀγκών 'Ellbogen'; kaum nur italisch *aŋklos > *aŋglos. – In *pingere* statt *pinc-* (zu gr. ποικίλος ai. *piś* usw.) liegt Angleichung an *fingere* vor, *Schulze*, Kl. Schr. 260. – Zum *g* statt *c* in *vīgintī septingentī* s. § 379, in *neglego* § 199b, in *digitus* § 232 C.

c) Anl. lat. *g-* für *c-* in volkssprachlichen Lehnwörtern aus dem Griechischen (gr. κ- und χ-): *gubernāre* κυβερνᾶν, *grabātus* 'Bett' hell. κράββατος κράβαττος, *gōbius* (und -*io*) 'ein Fisch' κωβιός, *gaunaca* 'persischer Pelz' καυνάκης, *galbanum* 'ein Harz' χαλβάνη; später *galatus* App. Probi κάλαθος 'Korb', *gamba* 'Bein der Tiere' (frz. *la jambe*) καμπή, *gambarus*

'Hummer' neben *cammarus* κάμμαρος, *gummi* neben *cummi* κόμμι; vgl. auch italien. **golfus* für κόλπος und *grotta* aus vulglat. **grupta* (*crupta* D 416) für *crypta* κρυπτή. Zu Ortsname *Gnōssus* (Kreta) s. § 192. Inl. *g* für *c* in *congius* κογχίον 'ein Flüssigkeitsmaß', lat. mask. wohl nach *modius*. *Agrigentum* Ἀκράγας -αντος (nach lat. *ager agrī*). Bei den ältesten Lehnwörtern liegt vielleicht getrennte Entlehnung aus einem Mittelmeersubstrat vor, s. Allg. Teil 32* § 24. – Lit.: *Fohalle*, Mél. Vendryes 157–178 (*g* durch mediterranes Substrat); *Bonfante*, Homm. Herrmann 170–182 (*g*- für *k*- süditalisch); *Chantraine*, Etrennes Benveniste 18; *Kretschmer*, Gl. 22, 101f., 104 (*grabātus* aus dem Illyrischen); *Baehrens*, Komm. 88; *Ernout*, Aspects 25. – Umgekehrt anl. und inl. lat. *c* für gr. γ: *conger* 'ein Meerfisch' γόγγρος (nach lat. *congerere*?); *amurca* 'Ölschaum' ἀμόργη, *spēlunca* σπῆλυγξ -γγος. Durch etruskische Vermittlung *Catamītus* Plt. Men. 144 Cic. Phil. 2, 77 'Liebling, *amasius*', etr. *Catmite* aus gr. Γανυμήδης (vielleicht durch Einmischung von gr. κατα-); s. dazu auch *de Simone* II 189 f.

d) Vertauschung von *qu* und *c* vor Vokal. Analogisch *huiusque* Lex Urson., *hoiusque* D 260 für altlat. *huiusce*, nach *cuiusque* zu *quisque* (*Löfstedt*, Verm. Stud. 42); umgekehrt *usce ad* IV 2437. Durch Assimilation inschr. altlat. *Podlouqueique* '*Pollūcī-que*' (§ 5 a). Durch reziproke Metathese *cesquent* VI 3446 für *qu(i)escent*. Zu *cīnque* für *quīnque* s. § 231 b, zu vulglat. *co-* für *quo-* § 145 a.

e) *gu* und *g* wechseln als *ngu* und *ng* bei Verben wie *ungu̯o exstingu̯o* (*Bersu* 99ff.). Vorbild ist hier *iungo* neben *iūnxī iūnctum* für *ungo* 'salbe' zu *ūnxī ūnctum*; ursprüngliches *ngu̯* in *unguo* (§ 157 α); alt *unguentariei* I² 1594, jünger *ungentari* I² 1703 IX 5839. Bei dem bedeutungsnahen *tinguo* 'benetze' ist angesichts von gr. τέγγω älter das lat. *tingo*. Bei *in- ex- di(s)-stinguo* und *-ngo* erlaubt gr. στίζω (mit στιγμή usw.) keine sichere Entscheidung; die Überlieferung spricht für ursprüngliches *gu̯*. – Für *urgeo* begegnet inschr. *urguerer* VIII 2728, 74 (um 148ᵖ).

f) Schicksale der Gutturale in Konsonantengruppen. Anl. *kn- gn- gl-* s. § 192, *kt- ks-* § 190 a, b. Inl. *km gm kn gn* § 200 a; *rkt lkt* u. *rks lks* (auch mit *k* aus *g qu̯*) > *rt, lt* u. *rs ls* §§ 221 b u. 203 a; *rkm lkm lgm* > *rm lm* § 222; *nkn* und *ngn* § 222; *ks* (meist *ex- sex-*) vor Stimmlosen § 204 b, vor *f* § 213; Schwund des *ks* vor Stimmhaften §§ 205–211. – Zur Aussprache von *-gn-* als *-ŋn-* s. § 42 a.

159. Die Vorboten und Vorstufen der romanischen Palatalisierung von *c g* vor den palatalen Vokalen *e i* und vor vulglat. *i̯* (aus *i*, *e* vor Vokal, § 139 b).

a) Assibilierung von *c* (alt *k*) ist auf Inschriften nur dürftig bezeugt, mit datierten Belegen seit Vᵖ; die Entwicklung *ci̯o* (d. i. *ki̯o-*) > *tśjo* setzt also zwei Jahrhunderte später ein als die Entwicklung *ti̯o* > *tsjo* (§ 161 b). Sichtbar wird die neue Aussprache auf Inschriften durch Schreibungen wie *tc* und *s* für *c*, auch *ss* (*s* vor *j*) für *sc*: *intcitamento* XIV 2165, *dissessit* '*disce-*' VIII 21801, *consiensia* '*conscientia*' XII 2153, ferner durch Vertauschungen von *tio* und *cio* („umgekehrte Schreibungen"): *Marcias* '*Martias*' XIII 2365 (493ᵖ); weitere Belege bei Diehl, Chr. III 293; früher einmal in Afrika: *terminac⟨iones⟩* und *defenicionis* VIII 8812 (zwischen 222 und 235); die älteste örtliche Verbreitung ist noch nicht bestimmt. S. zuletzt *Mras*, WSt. 63, 86–101 [Gl. 34, 212]. – Das Umbrische zeigt eine gleiche Palatalisierung schon in vorchristlicher Zeit: für palatalisiertes *k* vor *e i* besitzt das nationale Alphabet ein eigenes Zeichen ç (umschrieben als *ç*); im lat. Alphabet steht ein *s* mit diakritischem Zeichen: *çersnatur* '*cēnātī*', *śesna* '*cēnam*'. Die spätlat. Palatalisierung des *c* ist unabhängig von der umbrischen.

Die frühen lat. Lehnwörter im Germanischen sind noch mit der Aussprache *k* übernommen worden: *acētum* got. *akēt* (westgerm. mit Metathese *atīk nhd. *Essig*), *lucerna* got. *lukarn*; *urceus* > *urkjus* got. *aúrkjus*; *cellārium* nhd. *Keller, cista* nhd. *Kiste, cicer* nhd. *Kicher(-erbse)*. – Die Griechen geben lat. *c* in allen Stellungen durch κ wieder, Κικέρων wie Καῖσαρ und Κάτων. Also *Cicero* wurde zu des Redners Zeiten *Kikerō* ausgesprochen.

b) Die Lautentwicklung von intervokal. *g* ist schwer zu fassen. Einerseits ist es auf Inschriften oft weggelassen; doch bedeutet die Nichtschreibung kaum Lautschwund des *g*; sie verbirgt vielmehr vermutlich eine im Latein nicht schreibbare schwache Spirans, eine velare vor dunklen Vokalen, so in *A*(*g*)*usta* VIII 8977, *eo* neben *ego* 13134, vgl. etwa frz. *rue* aus *rūga*, und eine palatale (*j*-artige) vor *e* und *i*, so in *calcosteis* App. Probi '-*stegis* i. χαλκοστεγής' (§ 85 B 2c), *ma*(*g*)*ester* III 14730 (vgl. italien. *maestro*), *trienta* 'trīgintā' XII 5399, entsprechend *vinti* CE 1332 (italien. *venti*) aus *vi*(*j*)*inti*. Daher auch in umgekehrter Schreibung *Agetius, Origentis* (zur Wahrung der Aussprache *a-e- ori-*, nicht *ae- ori̭-*) u. ä. – Für eine stärkere Aussprache als palatale Spirans *ź* oder als Affrikata *j́* zeugt die Schreibung *z* in *septuazinta* (Spanien, Diehl, Chr. 1428). – Die Palatalisierung des anl. *g* vor *e* und *i* ergibt sich indirekt aus den Schreibungen *za* und *gia* für *i̭a-* in *Zanuarius Gianuarius* (s. § 139bγ). – Auf alle Fälle verliefen die Entwicklungen von *c* und von *g* vor palatalen Vokalen nicht ganz parallel. – Erwähnt sei eine ältere Palatalisierung in oskischem Gebiet: *Iovi Flazio* X 1571 gleich osk. *Iuvei Flagiúí* Vetter nr. 94, vgl. *Pisani,* AGI 39, 112, *Wissowa* Rel. 121[10].

Lit.: *Sturtevant,* Pronunc. 168 § 191c; *Baehrens,* Komm. 87; *Ettmayer,* Gl. 25, 81–84; *Lausberg* II 39f. Speziell zu *vi*(*j*)*inti fri*(*j*)*ida* (frz. *froid* gegen italien. *freddo*) s. *Jud,* Vox Rom. 11, 258, *Labhardt,* ZRPh 61, 357, *Pisani,* Rc. Ist. Lomb. 73, 2, 16 [Gl. 34, 212]. Vgl. auch *Svennung,* Kl. Beitr. 43; *Redard,* Homm. Niedermann 304.

d) Dentale Tenuis und Media (§§ 160–162)

160. Tenuis. a) Idg. *t* bleibt lat. *t*: *tuus* älter *tovos* umbr. *touer* gr. hom. τε(ϝ)ός usw. (§ 369); *trēs* gr. τρεῖς usw. (§ 378); *pater* osk. *patir* gr. πατήρ usw. (§ 41); *sterno* gr. στόρνυμι ai. *star-*; *est* gr. ἐστί usw. (§ 400); *ferunt* gr. dor. φέροντι usw. (§ 419); *septem* gr. ἑπτά usw. (§ 378); Suffixe *-to- -ti- -tu- -tōr- -tero-* gr. -το- -τι- (-σι-) -τυ- -τορ- -τερος.

b) Idg. *-tl-* > lat. *-cl-* > *-cul-*, nur nachweisbar im idg. Suffix *-tlo- -tlā* für Instrumentalnomina (§ 285, 2); der Wandel ist gemeinitalisch, daneben auch litauisch. Hinter Vokal: *pōculum* (s. § 114a); zu *piāclum piāculum* vgl. umbr. *pihaklu*; dem osk. *sakaraklom* entspräche ein lat. **sacrāculum*. Hinter Konsonant: aus *marculus* Lucil. Mart., kombiniert mit Demin. *martellus* Isid., ergibt sich eine Grdf. **martlos* 'Hammer'; hinter *k* (*g*): *baculum* aus **bak-tlom* vgl. gr. βάκ-τρον; nach etymologischen Kombinationen von Niedermann *furcula* aus **furg-klā* und *falcula* gleich (sikul.) Ζάγκλη 'δρέπανον' [s. Gn. 1937, 29 Mitte] (daraus als Neoprimitiva *furca* und *falx*); möglicherweise *speculum* aus **spek-tlom* zu *specio* und entsprechend *vinculum* (zu *vincīre*). – Der Wandel wiederholt sich im Altlatein und im Vulgärlatein. Lw. *anclāre* Liv. Andr., *exanclāre* Plt. aus gr. (ἐξ-)ἀντλεῖν. Bei neu aufgekommenem lat. *-tl-* (meist synkopiert aus *-tul-*): *veclus* 'vetulus'

App. Probi (vgl. italien. *vecchio*, frz. fem. *vieille*), *tuclu* 'titulum' VIII 9985, *aclhetico* VI 10154 'āthlēticō'; *porcācla* durch Fernmetathese aus *porclāca (*porcilaca* Plin.) '*portulāca*'; *crācli* App. Probi aus *crātlī durch Fernmetathese aus *clātrī* (§ 79b). – Umgekehrte Aussprache: *Artlaus* III 11240 für *Arclaus* (so VIII 3131, 'Αρχέλαος); *spatula (frz. *épaule*) aus *spacla, durch Metathese aus *scapula*. – Wegen *stl* vgl. *stlīs/sclīs* § 193, *īlico* § 209c; die Grundform von *postulāre* ist umstritten.

Zusätze. α) Einige Belege für *tr* > *cr* in Afrika (Substratwirkung?): *macri* VIII 373, *Aucronia* 654; gleicher Wandel im Paelignischen: *sacaracirix* Vetter nr. 213 wäre lat. *sacrātrīx, entsprechend *pristafalacirix*. – Lit.: zu *porcācla* *Schopf*, Fernwirk. 202, *Leumann*, Ling. Posn. 8, 4 (falsch *André*, Latomus 15, 298); zu *spatula* *Leumann*, Kl. Schr. 55. – β) Über die sehr unsichere Gleichsetzung von lat. *latēre pūtēre* mit gr. λαθεῖν πύθειν, also über eine Lautentsprechung lat. *t* gr. θ mit Basis idg. Ten. aspir. *th* s. § 176. – Lat. *patior* und gr. παθεῖν sind nicht zu vereinigen wegen gr. πενθ- in πένθος πέπονθα, also gr. α aus *n̥*-Vokal. – γ) Zu lat. *ss* aus idg. *-t-t-* und *-ts-* s. § 198.

161. Spätere Veränderungen des inl. *t*.

a) Seltenes *d* für *t* auf Inschriften ist Vorbote romanischer Entwicklung: *tridicum* IV 5380, *opordet* 4430, *i(m)mudavit* Audollent 122 (IVp, vgl. *Castellani*, AGI 40, 181–183). S. *Weinrich*, ZRPh 76, 205–218.

b) Assibilierung des *t* vor vulglat. *i̯* (aus antevokal. *i* und *e*, § 139b), der sog. Jotazismus. Seit dem 2. oder 3. Jhdt. ist -*ti̯o*- als -*tsjo*- ausgesprochen worden; Zeugnisse für -*tsj*- sind außer Serv. gramm. IV 445, 8 die Schreibungen inschr. *tzi*, nach Kons. auch *tz* *si* *s*, und später *ci* für klass.-lat. antevokal. -*ti*-: *Laurentzio* VIII 12396, *Vincentzus* Audollent 253, *sepsies* XII 2086, *tersiu* VIII 21462, kal. *Marsias* XII 1792, 2094 bzw. *Marsas* VIII 9751, *Crescensa* 21540, *resurricxionis* Gl. 13, 300f., dann *nacione* VI 34637, *tercium* XII 5347, *Quincius* VIII 3611; vgl. *concupiscencia* Comm. instr. II 23, 18 (im Akrostich) und auch got. *kawtsjo* 'cautio' (551p), und im Romanischen etwa italien. *piazza* (frz. *place*) aus *platja (< *platea*, § 72). Daher stammen auch sprachgeschichtlich falsche Schreibungen mit -*ti*- für -*ci*- in älteren Ausgaben: *conditio* 'Bedingung', inschr. nur Lex met. Vipasc. frg. 2, 27 u. 34 (*Bruns*, Fontes p. 294), für *condicio* (zu *dīcere*, vgl. *dicio*, s. § 324 A 1 Zus.), durch Einmischung von *condere* 'abmachen' (*Ernout* II 157–169); umgekehrt *Bonifacius* nach *bonum facere* für *Bonifātius* von *bonum fātum* (Übersetzung von Εὐτύχιος, *Hülsen* RhM 81, 187); noch anders *cocio* für *coctio* (*Pisani*, DLZ 1962, 79). – Im Romanischen sind lat. -*tio*- und -*cio*- trotz beiderseitiger Assibilation nicht lautlich zusammengefallen. – Die Assibilierung des *ti̯* erfolgt auch hinter *s*: *Ametyssianus* neben *Ametyste* IX 4028, *Faussianus* (Gl. 42, 86) und *Fausianus* (Gl. 21, 188f.) für *Faustianus*. So vielleicht auch *depossio* lautlich aus *depostio (zu *depostus*), Belege bei Diehl, Chr. III p. 511. – In einzelnen italischen Dialekten ist die Assibilierung in vorchristlicher Zeit erfolgt, so im Oskischen von Bantia (lok. *Bansae* Vetter nr. 2) und im Marsischen (*Martses* D 224), *Marsus* wäre lat. *Mārtius*, vgl. *Schulze*, EN 465, *Altheim*, Spr. 398f. – Der Wechsel von postkons. *ti* mit *ci* im Stadtnamen *Leptis Lepcis* in Afrika betrifft nicht das Latein.

Lit.: *Sturtevant*, Pronunc. 171f.; *Baehrens*, Komm. 42; *Ettmayer*, IF 43, 10; *Mras*, WSt. 63, 86–101; *Kohlstedt* 83–85; *Pisani*, AGI 39, 47–68 (von Kampanien nach Rom eingeführt); *Meyer-Lübke* I 427; *Lausberg* II 55f. Material auch bei *Jeanneret* 48, *Pirson* 71, *Hoffmann* 52. – S. auch § 139 b γ zu *di̯o* > *dzo*.

162. Idg. *d* und lat. *d*.

a) Idg. *d* bleibt lat. *d*: *dīvos deus* ai. *devas* lit. *diẽvas* idg. *deiwos; *duo* gr. hom. δύω usw. (§ 378); *edo* gr. fut. ἔδομαι ai. *ad* got. *itan* nhd. *essen*; *vidēre* gr. (F)ἰδεῖν; *spondeo* vgl. gr. σπένδω; *cord*- gr. κραδ-ίη (§ 59); *nīdus* aus *nizdos (§ 30); *aliud* gr. ἀλλοδ-απός vgl. ai. *anyad*.

Zu *dį̄-* > *į̄-* (gen. *Iovis*) s. § 137 a; zu *-dį̄-* > *-į̄-* (Kompar. *peius*) s. § 138, 1 a; zu *dų̄-* > *b-* (*bis, bonus*) s. § 140 b; zu *dr* > *tr* s. unten e. – Zu lat. inl. *d* aus idg. *dh* (*medius*) s. § 171 b α. – Über Assibilierung vor *į̄* in vulglat. *dį̄o* > *dzo* s. § 139 b γ. – Statt lat. *d* trifft man gelegentlich *r* oder *l*, also zwei Laute, die dem *d* phonetisch als Stimmhafte dentaler Artikulation nahestehen; die Bedingungen sind nicht immer genau zu fassen.

b) Lat. *d* > *r* und *r* > *d*. α) Zwischenvokalig. Durch Ferndissimilation: *merīdiē* für **medīdiē* (s. Zusatz); *maredos* Gloss. für *madidōs*. Durch Anlehnung an ein geläufiges Suffix: *columbārēs* (*olīvae*) aus gr. κολυμβάδες. Ungeregelte Abweichungen: *peres* 'pedes' Consent.; inschr. *experet* 'expedit' XV 7199; *eritor* 'ēditor' X 6565 (*Löfstedt* Gl. 4, 258); *Athenororus* (Thes. s. *Athēnodōrus*); *irus* 'īdūs' (Thes. p. 239, 22). – Vgl. noch *Svennung*, Pall. 126, *Loewe*, Prodr. 352.

Zusatz: *merīdiē* 'am Mittag' dissimiliert aus **medīdiē*, dies durch dissimil. Schwund aus lok. **mediei diē* 'mitten am Tage' (§§ 232 A 3, 233 A). Zu *medīdiē* vgl. Cic. orat. 157 *cur non 'medidies'?*, und *mediālis* 'mittäglich' Paul. Fest., durch Haplologie aus **medīdiālis*. Zu Nomin. *merīdiēs* (aus lok. *-diē*) s. § 257 A 2 b.

β) Im Auslaut von Praepos. *apud*: *apur finem* D 224 (mars.-lat.), *apor* Paul. Fest. – Im Praeverb *ad-*, meist vor Labial (*b, f,* auch *v*): *arbiter* (*ad* und *bit-* zu *baetere*), vgl. umbr. *ař putrati* 'arbitrātū'; *arcesso* wohl aus **ar-facesso* (kaum umbr. Lehnwort, so *Haas*, Die Spr. 3, 157). Dazu isolierte Zeugnisse: *arfuise* und *aruorsum* SCBacch., dazu *aruorsu* D 257; *arferia* 'aqua... sive vas vini (gebraucht beim Totenopfer)' Paul. Fest.; *arveho* Cato agr. 135, 7 u. 138; *arvena arventor* Gramm., *Arventus* VI 2572, vgl. IX 890; *arger* 'agger' Prisc. (konstruiert?); ἀρχεπτορεμ (Fluchinschrift, Dessau 8757) mit χ nach gr. ἀρχε-Komposita, für *acceptor* Lucil. 'accipiter'. Man vermutet Dialektizismus wegen umbr. Praeverb *ař-* bzw. *ars-* für *ad-*, z. B. *arsfertur* 'Herbeibringer' (ein Priester) und umbr. *ř* bzw. *rs* aus intervokal. *d*; vgl. volsk. *arpatitu* Vetter nr. 222. S. *Thurneysen*, KZ 30, 498[1], *Ernout*, Elém. dial. 111, *Nacinovich* II 224, *Mahlow*, Neue Wege 487 (verfehlt).

γ) Umgekehrt *d* für *r* in *crūdus* durch Ferndissimilation (§ 232 A 2) und in *cadūceus -eum* 'Heroldstab' aus gr. dor. κᾱρῡκεῖον, wohl durch Anlehnung an *cadūcus* (als 'Stütze des Herolds').

c) Lat. *d* > *l*, sog. sabinisch *l*, anl. vor Vokal, auch inl. zwischen Vokalen. Anl. *l-*: *lingua* alt *dingua* (Gramm. VI 9, 17), vgl. got. *tuggo* nhd. *Zunge*, Grdf. **dn̥g'hwā*; *lēvir* 'Schwager' für **daever* (§ 78, 1 a); *lautia* alt *dautia* Paul. Fest.; *lacruma* alt *dacrima* Liv. Andr. (bei Paul. Fest.), entlehnt aus gr. **δάκρυμα* (§ 85 B 4a). Inl. *-l-*: *oleo* mit *olfacio* neben *odor* mit *odēfacit* Paul. Fest. und *odium* (§ 275 B 3a), vgl. gr. ὀδ- in ὀδμή usw. Bei *lingua lēvir lautiae* wurde volksetymologische Beeinflussung durch *lingere laevus lautus* vermutet, sehr gezwungen auch bei *lacruma* und *olēre* durch *lacus* oder *lacer* und durch *oleum*. – Weitere Beispiele: *impelīmenta* Paul. Fest., *dī novēnsilēs* neben *deiu̯. Nou̯esede* (Pisaurum) D 187 ('Novensides' a Sabinis Varro ling. 5, 74); *ūlīgo* neben *ūdus*; *solium* 'Sitz', wenn zu *sedēre*; *mālus*, wenn für **mādus* aus **mazdos* nhd. *der Mast*. – Das *l* für *d* hat *Conway* IF 2, 157–167 als dialektisch sabinisch erweisen wollen, daher die – sachlich kaum begründete – Bezeichnung als „sabin. *l*"; das Verhältnis *odor* : *olēre* ist befremdlich (Meidung der Homonymität mit *olor* 'Schwan'?). Nach

Schrijnen, KZ 46, 376 ist *l* teils sabinisch, teils vulgärlateinisch, soweit nicht etymologisch aus *dl* entstanden. – In *Ulixēs* ist das *l* bereits griechisch, dial. 'Ολυσσεύς für 'Οδυσσεύς, s. *Kretschmer*, Gl. 3, 331 f., 28, 253 u. 278; *Whatmough*, PID II 562; zu *x* gegen gr. σσ s. § 181 b.

 Zusätze. α) Gr. dat. pl. νύμφαις 'Göttinnen des Wassers' erscheint durch Entlehnung als inschr. lat. *Numphis* D 188, aber auch als lat. *Lumphieis* 'Νύμφαις' D 148 (Neapel) und als osk. *Diumpais* Vetter nr. 147; dazu gehört lat. *lumpa* (mit *limpidus*) bzw. *lympha* Lucr. Verg. (mit *lymphāticus* 'wahnsinnig', vgl. § 303 II c δ); s. *Wackernagel*, Kl. Schr. 1224 f. Ob der Anlautwechsel von gr. *n-* zu lat. *l-* direkt durch Ferndissimilation zwischen Nasalen oder mit „sabin. *l*" über ein osk. **dumpā* erfolgte, ist unklar. – Anders *Solta*, Festschr. Pokorny 93–97: zu *limpidus*, dies indirekt Entsprechung (mit osk. *p*) zu lat. *liquidus*.

 β) Umgekehrte Ersetzung von *l* durch *d*. Für *calamitās* (mit altem *l*, § 328, 1 a) brauchte Cn. Pompeius *cadamitās* (Gramm.), wohl beeinflußt durch *cadere* (vom Fallen des Getreides bei Sturm), so '*a cadendo*' Isid. – *adeps adipis* 'Fett' wird trotz *ĭ* als Entlehnung von gr. ntr. ἄλειφα 'Salböl' gedeutet; im Latein ist *l* auch bezeugt, durch *alipes* App. Probi und durch Chiron (ed. Oder, Index p. 302). – Bei Homer (II 149) heißen die beiden Pferde des Achill Ξάνθος und Βαλίος, etwa 'Hell' und 'Dunkel'; einer gleichen Quelle wie Βαλίος ist vermutlich entlehnt lat. *badius* (seit Varro Men. 358) als Pferdefarbe, etwa 'kastanienbraun'.

 Lit.: *Sommer*, KE 65 nr. 52; *Ernout*, Elém. dial. 98, *Baehrens*, Komm. 83, *Hermann*, Lautges. 44, *Kronasser*, Semasiol. 170 (tabuistische Lautveränderung), *Mahlow*, Neue Wege 291 f. (leichtfertig). Zu Einzelheiten: *Brüch*, IF 41, 377 (*larix*), *Pisani*, KZ 80, 202.

 d) *t* für *d* zeigen zwei alte offenbar durch das Etruskische vermittelte gr. Lehnwörter, *sporta* und *cotōneum*, s. § 49 b. – Inschr. *t* für *dd* in *retere* V 5135; entsprechend vielleicht *matus* 'betrunken' Petr. 41, 12 (Cena), wenn aus synkopiertem *mad(i)dus*, so *Specht*, KZ 55, 12.

 e) *dr* fehlt in echtlateinischen Wörtern; es ist zu *tr* geworden; s. § 199, auch zu *quadru-* und zu *dr* in Lehnwörtern und fremden Namen wie *dracuma* δραχμή, *draco*, *druppa* (§ 102), *Drūsus*, *Hadriānus*.

e) Labiale Tenuis und Media (§§ 163–164)

163. Tenuis: a) Idg. *p* bleibt lat. *p*: altlat. *potis-sum* (*possum*) gr. πόσις 'Gatte', altind. *patis* 'Herr' und 'Gatte', usw. (§ 41); *pecu* (§ 155); *pēs pedis* gr. dor. πώς ποδός got. *fōtus* nhd. *Fuß*; *prō* gr. πρό ai. *pra* got. *fra-* (nhd. *ver-*); *clepo* § 148 a; *capro-* 'Bock' gr. κάπρος 'Eber'; *septem* gr. ἑπτά; *serpēns* gr. ἕρπω; prs. *specit* (1. sg. *-io*) mit *spectāre*, vgl. nhd. *spähen*, ai. *spaś-* 'Späher' prs. *paśyati* av. *spasyeiti* gr. σκέπτομαι (σκεπτ- aus **spekj-*, vgl. §§ 137 c, 233 D).

 b) Fernassimilationen u. ä. α) Für idg. *p — kʷ > kʷ — kʷ* bestehen drei Belege: *quīnque* aus **quenque* aus idg. **penkʷe* gr. πέντε ai. *pañca*; *quercus* ahd. *fereh-eih* 'Eiche', *forha* 'Föhre'; *coquo* aus **quoquō* (§ 145 a Zus. γ) aus **quequō* aus idg. **pekʷō*, so aksl. *pekǫ* ai. *pacati*, vgl. gr. πέσσω aus **pekʷ-yō*, πόπανον 'Kuchen' ἀρτο-πόπος (Phryn.) 'Brot-bäcker'. – Die gleiche Assimilation zeigt beim Zahlwort '5' auch altkymr. *pimp* und altir. *coic*, doch kann man sie kaum als italo-keltisch betrachten: von osk.-umbr. **pompe* '5' und *popīna* (§ 158 a) wird sie nicht notwendig vorausgesetzt, und sie fehlt in (kelt.) *Hercynia silva*, wenn dies mit *herc-* aus **perk-* als 'Eichenwald' mit got. *fairguni* 'Gebirge' zusammengehört. S. bes. *Reichelt*, IF 40, 52;

Mayer, KZ 70, 76–105; *Szemerényi*, Lang. 46, 142; *Watkins*, It.-C. 30. – Umgekehrte Fernassimilation *pr — k^w > pr — p* in *prope* aus **pro-k^we*; der Labiovelar ist aus dem Superlativ *proximus* erschlossen; s. *Kent*, Lang. 12, 252.

β) Für 3. sg. *bibit* 'trinkt' ergibt sich eine Grdf. idg. **pibeti* aus Kombination von ai. *pibati* mit altir. *ibid*; also *p — b >* lat. *b — b* durch Fernassimilation. – Dahinter steckt ein weiteres Lautproblem: idg. **pibeti* ist zweifellos in der Flexion vereinfachtes redupliziertes Praesens der Wz. *pō pī* 'trinken' von lat. *pōtus* gr. πίνω (zu dieser s. § 35 Anfang); danach muß idg. *p — b* auf noch älteres *p—p* zurückgehen. Die heute meist anerkannte Lösung operiert mit stimmhaftem Laryngal (§ 38): -p_{23}- > -*b*-, s. *Kuryłowicz*, Et. i.-e. I 54 (auch Actes IV. Congrès int. de ling. 64). Früher hatte *Thurneysen* (IF Anz. 22, 65) wegen der Seltenheit von idg. anl. *b-* (§ 164a) frühidg. anl. *b- > p-* (also **bibeti > *pibeti*) erschlossen.

c) Die Praeverbien und Praepositionen *ab ob sub*, ihr Auslaut *-b* und ihre Nebenformen. α) Ihre Entsprechungen zeigen *p*, so gr. ἀπό ἐπί ὑπό (*ob* ἐπί, myken. *opi*; dialektisch auch gr. ἀπ ἐπ ὑπ vor Konsonant), altind. *apa api upa*; der Auslautvokal fehlt im Latein, wohl durch Synkope (§§ 98b, 102), ebenso im Osk.-Umbr., vgl. umbr. *ap-ehtre* '*ab-extrā*', osk. *úp* mit abl. 'bei', osk. συπ gegen umbr. *sub- su-*; zum *s-* von lat. *sub* s. § 190b. Spuren des alten *p* zeigen *aperio operio*, s. § 201, vielleicht auch *opācus supīnus*. Da die drei Praepositionen nur proklitisch gebraucht sind, kann lat. *-b* für *-p* nicht als Wandel im Wortauslaut gedeutet werden, sondern nur als Sandhiwirkung im Satzinlaut oder in der Kompositionsfuge, also als Assimilation zur Stimmhaftigkeit an folgende Mediae (nach § 196, 1a), vgl. etwa *abdere obdūcere sub dīvō*. Und diese *ab ob sub* wurden dann vor die anderen Stimmhaften *r l m n i̯ u̯* verschleppt und schließlich als Normalformen aufgefaßt. Als solche galten sie den Römern: auch vor Stimmlosen (Tenues und *s*) steht nach guter Orthographie gegen die Aussprache *b*, vgl. *obtineo sub terrā*, auch Adv. *subter subtus*; ebenso im Falle der Praefixeinmischung bei Lehnwörtern, etwa in *absīs obsōnium*, s. § 196, 3bγ. Soweit hier Handschriften und Inschriften *p* zeigen, ist es nicht das alte bewahrte *p*, sondern das an die folgenden Stimmlosen assimilierte *b*: inschr. *opsides* D 539, *opsignetur* Lex repett. 67, *optenui* D 546; die Tenuis steht fast immer vor *p*, so *opperior oppōno opprimo* und *suppetit suppleo supplex*. S. dazu § 196, 3b.

β) Neben *ab ob sub* stehen die mit *s* erweiterten Formen *abs- obs- subs-* bzw. *aps- ops- sups-*, fast nur als Praeverbien; ihr Vorbild mag *ex* neben *ec-* oder auch ererbtes *aps* (gr. ἄψ) neben **ap* gewesen sein. Die *s*-Formen stehen nur vor Tenues, besonders in altertümlichen Komposita; öfters sind sie vereinfacht (vgl. § 203b) zu *os- sus-*, vor *p* auch *as-*: *opstrūdo, obstinet* 'ostendit' Fest., also *ostendo* (auch umbr.) aus **obs-tendo* 'strecke entgegen', *oscen* 'Weissagevogel' aus **ops-can-*; *sustineo sustulī, suscipio, susque, suspendo* (vgl. auch *susp-* wohl aus *sups-sp-* in *suspicio suspīrāre*); *abscēdo, abstineo abstulī abstraho, aspello asportāre aspernārī*; *abs tē* (*aps te* Plt. Men. 266). – Das Praeverb *ā-* vor *m* und *v* in *ā-mitto ā-vello* ist vom Latein aus als lautliche Entwicklung aus *aps-* zu deuten (nach § 205a); demgemäß wird auch die Nebenform *ā* der Praeposition *ab* aus *abs-* vor Stimmhaften entstanden sein; zur Verteilung von *ā* und *ab* als Praeposition s. auch *Prinz*, Gl. 26, 110 ff. [Gl. 28, 7 f.]. Aber für das osk.-umbr. Praeverb *ā-* (osk. *aamanaffed* 'mandāvit', umbr. *ahavendu* 'āvertitō') ist diese lautliche Erklärung nicht anwendbar. Nach *Sturtevant*, Lang. 15, 145 ist lat. *ā-* wie osk.-umbr. *ā-* (osk. *aa-* umbr. *aha-*) zum Teil mit dem altind. Praeverb *ā-* 'hin' gleichzusetzen; die Bedeutung paßt schlecht.

γ) Für *ab* (oder *abs*) erscheint mehrfach *af* auf Inschriften republikanischer Zeit: *af Capua* neben *ab Regio* D 430, *af u̯inieis* und *af u̯illa* neben *ab castello* 408, *af u̯obeis* 264, *af Lyco* 304, *af muro* 415, *af solo* 377, *af speculu* 451; vgl. Cic. orat. 158 '*af*' *nunc tantum in accepti tabulis manet*; paelign. *afded* 'abiit' Vetter nr. 213. Unbefriedigende Erklärungsversuche: *ab v-* > *af v-* nach *Wölfflin*, ALL 7, 506; *aps r-* > *af r-* (vgl. *sr-* > *fr-* §§ 194 u. 207) nach *v. Planta* I 477 f. – Zu Praeverb *au-* vor *f-* s. §§ 66 u. 418 IA 2c.

δ) Eine Ablautform zu **apo* ist *po-* in *po-situs* (zu *pōno*, § 406, 2), *polūbrum*, auch wohl in *porcēre* 'arcēre, prohibēre' Fest. (kaum aus *prō-arcēre*); *polīre* (für **po-linere*) ist retrogradiert aus perf. *po-līvī* (vgl. § 72 zu perf. *lēvī* mit *ē*).

164. Idg. *b* und lat. *b*. a) Idg. *b* (sehr selten) bleibt lat. *b*: *baculum* vgl. βάκτρον (§ 160b); *balbus* vgl. gr. βάρβαρος; *dē-bilis* zu ai. *balam* 'Kraft' (§ 337c); *trabs*, vgl. osk. *triibúm* 'domum', umbr. *trebeit* 'versatur' lit. *trobà* 'Haus' nhd. *Dorf*; *lūbricus* vgl. nhd. *schliefen schlüpfen*. Zu *bibere* s. § 163bβ. – Zum Vorkommen von idg. *b* s. *Schwyzer* I 291, Zus. 1, zu idg. *b* im Latein *Leroy*, Symb. Kuryłowicz 183 f. – Lat. *b* geht ferner im Anlaut auf *du̯-* zurück, § 140b, im Inlaut auf idg. *bh* und *dh*, § 167 ff., auf *s* beim Wandel *-sr-* > *-br-*, § 207. Zum *b* von *pūblicus* s. § 130 II B 1.

b) Lat. *p* und *b* in Lehnwörtern, speziell für gr. π und β; gr. φ wird in alter Zeit wie π behandelt, s. § 165a. α) Lat. *p* für gr. π (und φ): *poena* ποινή (s. § 158a) usw.; *Poenī* Φοίνικες usw. – Lat. *b* für gr. β: *balneum* § 101, *bulbus* βόλβος, *gubernāre* κυβερνᾶν; auch für german. *b* in spätlat. inschr. *brūtis brūta* 'Braut', *burgus* (*burgāriī* seit Hadrian) got. *baúrgs* nhd. *Burg* (auch im Sinn von gr. πύργος gebraucht). – β) Lat. *p* für gr. β : lat. *Canōpus* und gr. Κάνωβος, Stadt bei Alexandrien, zeigen verschiedene Wiedergabe eines aegyptischen Labials. – Lat. *triumphus*, älter *triumpe* (Arvallied) aus θρίαμβος verdankt sein *p* wohl etruskischer Vermittlung. – γ) Lat. *b* für gr. π und φ, wohl als lat. Wiedergabe süditalischer Aussprache. Für gr. π: *Burrus burrus buxus carbasus* gr. Πύρρος πυρρός πύξος κάρπασος. Zu *buxus* auch *Buxentum* gr. Πυξοῦς -οῦντος, Ort in Lukanien (vgl. *Fleminck*, Latomus 4, 15–21). Die Namensform *Burrus* gebraucht Ennius (ann. 178, vgl. Cic. orat. 160) für den König Pyrrhos von Epirus, den Gegner der Römer 282–272[a] in Süditalien; das Adjektiv der Haarfarbe *burrus* 'feuerrot' ('*rufus*' nach Paul. Fest., s. auch *burranicus*) wurde wohl zusammen mit dem Namen als dessen Interpretation übernommen. Lat. *b* für gr. φ: *Brugēs* Enn. gr. Φρύγες (mit Βρίγες Hdt. 7, 73), *ballaena* Plt. (entstellt *Belena* Quint. 1, 4, 15, *Wacker-*

nagel, Kl. Schr. 1279³) gr. φάλλαινα 'Walfisch'; die Annahmen, daß die gebende Sprache nicht direkt das Griechische, sondern bei *Brugēs* das Thrakische (*Kretschmer*, Einl. 229), bei *ballaena* das Illyrische (*Brüch*, Gl. 10, 198; *Krahe*, IF 54, 119; *Alessio*, Word 7, 27) gewesen sei, scheinen mir nicht zwingend, angesichts der Beispiele von lat. *b* für gr. π; dazu ist φάλλαινα, Fem. zu mask. *φάλλων von φάλλος (vgl. § 322 A 2), als sinnvolle Benennung eine rein griechische Bildung.

c) Vertauschung von *b* und *v* (graphisch *u*) zeigen die Inschriften der Kaiserzeit in weitem Umfang; man mag die Erscheinung als vulgärlateinisch betrachten. Doch ist die Verteilung ziemlich regellos und daher schwer zu interpretieren. Von einem vollständigen lautlichen Zusammenfall kann nicht die Rede sein; jedenfalls sind *b* und *v* in den Romanischen Sprachen im Wortanlaut noch geschieden, in entsprechender Verteilung wie im Latein. Als lautliche Grundlage ist danach wenigstens für zwischenvokalige Stellung ein Zusammenfall von *b* und *v* anzunehmen, und zwar in einem neuen Laut, nämlich in einer bilabialen oder sogar labiodentalen Spirans wie nhd. *w* (übliche Umschriften *v̌* bzw. β); der erste Schritt war vermutlich ein Lautwandel des *v* zu *v̌*, der zweite die auch im Griechischen etwa gleichzeitig erfolgte (*Schwyzer* I 207) Spirantisierung des intervokal. *b* zu *v̌*. – Das totale Durcheinander von *b* und *v* (*u*) auf Inschriften erklärt sich wohl auf folgende Weise: durch die Vertauschbarkeit von inl. *b* und *v* in der Schrift ging den Halbgebildeten der Maßstab für die Unterscheidung im Anlaut verloren. Also ist im Einzelfall die Schreibung *b* oder *v* (*u*) kein zuverlässiges Zeugnis für die Aussprache.

Belege aus Inschriften. *v* (graphisch *u*) für *b*. Im Anlaut: *uene* 'bene' VI 18536 XIV 1169; *uimatus* 'zweijährig' VI 36545ᵃ (vgl. *vaclus* 'baculus' App. Probi). Intervokalisch: *Amauilis* '-bilis' III 8324, *incomparauili* VI 13383 (vgl. *toleravilis* App. Probi); *liberta*(*u*)*us* I² 1330; *auena* 'habēna' Inscr. chr. 981, 2; *iuuente* XI 137; *liuertus* VI 32647; *deuebet* '*dēbēbit*' III 9450; fut. *liceuit* XIV 166. – *b* für *v*. Im Anlaut: *baliat* 'valeat' IV 4874, *beni* 5125; *Berecundus* VI 20217; *Berna* und *bobis* XIV 3323; *bixit* VI 13292 u. oft, *se biuo* häufig, *se bibo* 'sē vīvō' VI 13102 (vgl. *baplo* 'vāpulo' App. Probi). Intervokalisch: *habe* '*avē*' XIV 1169; *lebis* VI 4999; *in cibitate Triberis* ('*Trev-*') VI 34676; *Primitibus -a* 4532; 14552 usw.; perf. *dedicabit* XIV 36, *isperabi* X 8189. – Vor vokal. *i* oder kons. *i̯* (nach § 139b): *Flabius -a* XI 3541 XIV 2379, *Octabia* X 2801, *Libius* XIV 25. – Merkwürdig *amuitum* '*amb-*' XIV 1323. – Gegenüber *bovīle* Cato 'Kuhstall' benutzt Varro *bubīle* (*ū*?), offenbar eine Angleichung an *cubīle*. – Zu *Nerba* für *Nerva* usw. s. § 146b.

Lit.: *Väänänen* 50f.; *Baehrens*, Komm. 79–81; *Mahlow*, KZ 58, 56ff. (unhaltbare Zurückdatierung [Gl. 21, 188]); *Terracini*, AGI 27, 132–152; 28, 1–31 u. 134–150 (anl. *b-* für *v-*, sog. Betazismus, zuerst in Campanien als Lautsubstitution auf oskischer Grundlage, weil dort dem lat. *v* aus idg. g^w ein osk. *b* entsprach [Gl. 27, 81f.]); *Politzer*, Word 8, 211–215 (Ausgang von Süditalien); *Lausberg* II §§ 300 u. 373 (lokaler Betazismus in Spanien); *Parodi*, Romania 27, 177 (Betazismus als Sandhiwirkung nach kons. Auslaut). – Vgl. auch § 146a.

f) Lat. *ch*, *th*, *ph* (§§ 165–166)

165. Die griechischen Aspiraten χ ϑ φ im Latein.

Das Latein zeigt aspirierte Tenues in zwei Fällen: erstens in griechischen Lehnwörtern und Namen, hier für gr. χ ϑ φ, mit vielen Besonderheiten; zweitens in echtlat. Wörtern (und einigen etrusk. Namen), meist neben und statt nichtaspirierten Tenues (zu *cachinnus* s. § 176c). Die Ausbreitung ergibt sich aus der Orthographie griechischer Wörter auf Inschriften.

a) In alter Zeit werden die gr. Aspiraten χ ϑ φ, in vorchristlicher Zeit gesprochen *kh th ph*, durch die allein zur Verfügung stehenden lat. Tenues *c t p* wiedergegeben, also ebenso wie die gr. Tenues κ τ π. In volkstümlichen frühen Übernahmen bürgerten sich die nicht mehr als Lehnwörter erkannten unaspirierten Formen in Schrift und Aussprache für immer ein.

α) Appellativa, meist in literarischer Überlieferung (s. auch *Ernout*, Aspects 62 f.). c für χ: *calx* Plt. χάλιξ 'Stein, Kalk' (vgl. *calecandam* D 294, *calicata* und *decalicatum* Paul. Fest.). *calāre* 'herablassen' Vitr. χαλᾶν. *caerefolium* 'Kerbel' χαιρέφυλλον. *caristia* Ov. fast. χαριστεῖα (*Leumann*, Kl. Schr. 174 f.). Im Inlaut: *conca* V 5501 κόγχη (*concha* Plt.-Mss.). *soccus* σύκχος Hes. (§ 85 A 3c). Zu *dragma*, δραχμή als Gewicht, s. § 200a. – *t* für ϑ: *tūs* Plt. ϑύος. Roman.: *tursus* Gloss. it. *torso*, ϑύρσος. *tunnus 'Thunfisch' ϑύννος. Im Inlaut: *scutica* 'Peitsche' *σκυϑική (§ 52a). *clātrī* κλᾷϑρα (§ 79b Zus.). Nicht eindeutig gr. Vorbilder: *menta* 'Minze' Cato, μίνϑη und *Saguntum* Ζάκυνϑος. – *p* für φ: *paenula* Plt. φαινόλης (*Schwyzer*, MH 2, 50 ff.). *paler(ae)* D 267 Ende, 654 φάλαρα (*phalerae* bei Plt. Ter. überliefert). *pasceolus* Plt. Rud. 1314 'Geldbeutel' φάσκηλος, an lat. Deminutiva angeglichen. *Poenī* (*Poenulus* Plt.) Φοίνῑκες. Im Inlaut: '*apuam*' nostri, '*aphyen*' (ἀφύην) Graeci vocant (ein Fisch) Plin. 31, 95. *percolopare* Petr. von κόλαφος (*colpus frz. *coup*). *sīpo* σίφων und *sīpunculus* Plin. epist. *purpura* Plt. πορφύρα, *-eus* Liv. Andr. -εος. *ampulla* Demin. (§ 87o) zu *ampora* (App. Probi), sonst *amphora*, ἀμφορεύς (vgl. Name *Ampio* § 118). *lumpa* νύμφη (§ 162c Zus. α), dazu *limpidus*. *rumpia* 'thrak. Waffe' Enn. ann. 390 Liv. 31, 39, 11, ῥομφαία. *spaerīta* 'eine Brotart' Cato agr. 82, σφαιρίτης. *spinter* ntr. (!) 'Armband' Plt., σφιγκτήρ. – Mit unklarer Gemination *struppus* 'Riemen' Liv. Andr. Od. 9 Morel u. Fest., στρόφος; *Accherūns* Plt. Ἀχέρων. Zu *bracchium* s. § 223 Zus. α. – Beigefügt seien aus Inschriften: *calcidicum* D 28 χαλκ-. *bacas* '*bacchās*' und *bacanal* '*bacchānal*' SCBacch. Βάκχαι (vgl. *Bacis* D 599). *teatro* D 261. 393 ϑέατρον. – Aber ionische Form mit π für att. φ ist *apēliōtēs*.

β) Namen, aus altlat. Inschriften (nur Belege aus D). Mythologische Namen auf etrusk. Spiegeln aus Praeneste: *Crisida* 775 Χρυσηίς, *Aciles* 773, 776, 783, *Melerpanta* 766 Βελλεροφόντης. Personennamen. χ: *Crusipus* 738 Χρύσιππος. *Antiocus* 100 u. oft. – ϑ: *Traex* 408 Θρᾷξ. *Agato* 124. *Protemus* 242, 261 Πρόϑυμος. *Setus* 599 Ζῆϑος. *Mitredatis* 695 (vgl. 303). *Spinter* 691 Σπινϑήρ. – φ: *Parnaces* 617 (iran., Φαρν-). *Pilipus* 763. *Prune* 606 Φρύνη. *Stepanus* 126, 594. *Trupo* 133 (*p* und *ph* 239) Τρύφων. *Nicepor(us)* 588, 639 (-φορος). *Aprodite* sim. 220 (vgl. 140).

γ) Bei Plautus sind handschriftlich *ch th ph* Modernisierungen für *c t p*, etwa in *māchina techina* und *Achillēs Athēnae Amphitruo* und *Charīnus Thesprio Philto* usw.

b) Von den des Griechischen kundigen Gebildeten wurde seit den Zeiten des jüngeren Scipio Africanus, also seit Mitte II[a], die Aspiration auch in die lateinische Aussprache eingeführt und in der Schrift durch *h* bezeichnet. Die ältesten inschriftlichen Zeugnisse sind *Achaia* (neben *Corinto*, ebenda *triumphans*; 146[a]) D 91. Seit 100 v. Chr. wird dieses *h* regelmäßig geschrieben. Wie weit und wie lange es in den verschiedenen Bevölkerungsschichten gesprochen wurde, ist nicht festzustellen.

c) Die Inschriften der späten Republik und der Kaiserzeit zeigen neben häufigem Fehlen des *h* auch mannigfache unberechtigte oder doch unerwartete *ch th ph*. Diese Verwendungen für gr. κ τ π mögen teils mißglückte Schreibungen sein, teils hyperurbane Aussprache oder Volksetymologie bezeugen.

Belege. *Niche* VIII 22644, 237 Νίκη, *Sotherichus* VI 27584 Σωτηρίχος, handschriftlich *trophaeum* ('Siegeszeichen, Trophäe') seit Silius, τρόπαιον. Besonders häufig erscheint das *h* bei einer falschen Tenuis des Wortes, besonders des Wortanlauts (graphische Metathese aus unbestimmter Erinnerung), so in D schon aus republikanischer Zeit: *Phutio* 20 Πυθίῳ, *Calithuce* 595 Καλλιτύχη, *Chiteris* 596 Κυθηρίς, *Phampilus* I² 1238; dann aus CIL VI: *Chorintus* 25228, *Thrypera* 25327, *Photus* 28083 Πόθος, *Ephagatus* 35146 (so auch echtlat. *sephulcrum* 3452 al.). Rein graphische Entgleisung mit lat. *gh* usw.: *Epaghatus* VIII 10478, *Poebhus* VI 7375, *Rodhope* X 1307, *pihalas* VIII 1858 φιάλας, auch *Hethaera* D 585. - S. *Schulze, Kl. Schr.* 425ff., auch *Solmsen-Fraenkel* 187¹.

d) Aussprache in der Kaiserzeit. Im hellenistischen Griechisch wandelten sich die gr. Tenues aspiratae χ θ φ (*kh th ph*) in der Aussprache zu Spiranten, phonet. χ (*ach*- und *ich*-Laut), þ (engl. *th* in *thing*), und *f (Schwyzer* I 205). In der Kaiserzeit wurde also gr. φ lautlich angemessen durch lat. *f* wiedergegeben, s. unten g. Ob dagegen auch die Aussprache χ þ ins Latein Eingang fand, läßt sich aus der Umschreibung mit *ch th* nicht erkennen. Man kann höchstens vereinzelte in lat. Wiedergabe eingeschobene gr. X Θ so deuten und das *ch* für *h* in lat. *michi nichil* damit erklären (s. § 178 III b ε). Indirekt ist die Aussprache þ auch gesichert als Vorstufe von lat. *f* in *Afenodorus* III 9178 (*Schwyzer* I 158); man kennt *f* als Lautersatz für þ aus italien. *Mafalda Maffei* und aus russ. *Afanasij Fjodor* (Θεόδωρος). Ein anderer Lautersatz für þ ist *z* (*ts*) in italien. *zio* 'Onkel' aus *þīos* gr. θεῖος; vgl. dazu *Izophilus* (lies *Zio*-) App. Probi. - Die Erklärung als Lehnwort von *laena* 'Oberkleid' Cic., Varro, Paul. Fest. aus gr. χλαῖνα verlangt die Vermittlung einer Zwischenstufe *χlainā > *hlainā durch eine unbekannte Sprache.

e) Griech. φθ χθ werden im Latein außer allenfalls durch *pt ct* (*Aptorus* VI 24705 Ἄφθορος) nur durch *pth cth* wiedergegeben, nicht durch *phth chth*; in griechischen Inschriften und Papyri finden sich freilich nur vereinzelte πθ χθ, etwa ἄπθιτον Del. 316 (vgl. *Schwyzer* I 210 f.). So inschr. *Apthonetus* (Thes.), *Apthorus* (*Schulze, EN* 337⁴), *pthois* Act. Arv. 32323, 115 u. 140 φθοίς, literar. *dipthongus* (Thes.), *Pthia* Verg. Aen. 1, 284 (Hor. c. 4, 6, 4), *Ericthonius* georg. 3, 113, so auch die neueren Textausgaben, s. bes. *W. Schulze*, Orthographica 1894 (Neudruck: „Sussidi", Rom 1958, 49 [Gl. 42, 88]). - Die moderne Aussprache *ft* und Schreibung *phth* (*Diphtherie, Diphthong, Ophthalmologie*) beruht entweder auf spät- und neugr. *ft* (aus φθ und πτ) oder auf der reinen Translitteration; entsprechend *chth* in *Ichthyologie* usw.; im Französischen schreibt man *pht*, etwa *diphtongue*. - In griech. Namen besteht πφ und τθ, als Konsonantendehnung: Σαπφώ, Ἀτθίς 'Attika', s. *Schwyzer* I 316 litt. δ.

f) Die Gruppen *crh clh* usw. In gr. χρ θρ φρ trat nach Grammatikerangaben der Hauch hinter das ρ, vgl. *Schwyzer* I 212 oben zu χρόνος ἀφρός. Inschriftliche Bestätigung gestattet die griechische Majuskelschrift nicht, wohl aber dank dem Buchstaben *h* die lateinische; übrigens auch für gr. χλ φλ. Doch kann die Aussprache *crh clh trh* im Latein nicht allgemein verbreitet gewesen sein, wie sich aus falscher Anwendung erschließen läßt. - Belege aus Inschriften. *crh*: *Crhes- Crhist- Crhys-* s. Thes. Onom. s. *Chr*-; vgl. auch *Crhestus* XI 7549, *Crhysaor* VI 32186, *Crhone* V 7449, *Melicrhus* VI 8065, *Polycrhonia* VIII 18327. Danach auch für lat. *chr*: *lacrhimas* CE 601, *sepulcrhum* VI

24891 VIII 1027, *pulcrham* VIII 20903, 6. Nur graphisch für gr. κρ: *Teucrhianus* (neben *Crhesimus*) VI 6340. – *trh*: *Trhaso* D 243; 394[1] (S. 85), *Mitrhidatis* 307, *Trhac-* VI 2954 und oft, *Trhaec-* VI 28130 usw., *Trhept-* VI 27384 usw. XII 1775 XIV 935, *Aetrhae* VI 32433. Danach auch nur graphisch für lat. *tr*: *fratrhes* VI 25720, *Etrhuscilla* VIII 15643. – *prh*: *Aprhodit-* häufig seit IV 1367 (Pompeji), s. Thes. II 231, 17, *Epaprhoditus* Audoll. 215, *Prhonimus* V 2937, *Prhygia* CE 1168. – *clh*: *Clhoe* V 4721, *Clhorides* VI 37618; dazu *aclhetico* (§ 160 b). – *plh*: *Plhegusae* VI 35210.

g) Die Entsprechungen gr. φ ~ lat. *f* sind sehr verschiedenartig.

α) In Erbwörtern entsprechen sich anl. gr. φ- (lautlich *ph*) und lat. *f*- als einzelsprachliche Vertreter von idg. *bh*- etwa in *fero* gr. φέρω, § 170; zu *nefrōnēs* gr. νεφροί s. § 169 Zus. – In alten Lehnwörtern wird gr. φ wiedergegeben durch lat. *p*, in *paenula spinter* usw., oben a; ausnahmsweise durch *b*, s. *ballaena* § 164 bγ; erst seit Ende der Republik durch *f*, s. unten. – Ein viel älteres Beispiel von *f* ist allein *fūcus -ī* Plt. Ter., identisch mit gr. τὸ φῦκος 'rotfärbende Seeflechte, Schminke', und zwar sowohl wegen des Flexionsgegensatzes (vgl. § 365, 3 b) wie auch als Name einer Meerespflanze sicher durch Entlehnung, doch wegen des Anlautes nur durch beidseitige Entlehnung aus einer Mittelmeersprache. – Unhaltbar sind die beliebten Herleitungen von *fenestra* aus gr. *φανήστρα und von *forma* als Erb- oder Lehnwort neben gr. μορφή durch reziproke Fernmetathese.

β) Lat. *f* wird durch gr. φ wiedergegeben, so inschr. (Delos, D 133 u. 172) *Saufeius* Σαυφηιος, *Aufidius* Αὐφίδιος (113ª), Φαβέριος (78ª), *Foluios* Φολουιος, bei Historikern Φάλισκοι, Φάβιος, Φούριος usw. (*Schwyzer* I 158). Lautlich ist das gr. φ in republikanischer Zeit noch als Aspirata *ph* zu verstehen, als Lautersatz für den im Griechischen fehlenden Laut *f*; vgl. Quint. 1, 4, 14 *Graeci aspirare 'f' solent, ut pro Fundanio Cicero testem, qui primam eius litteram dicere non possit, irridet*. – Nach dieser Entsprechung *f*: φ ist vielleicht die Wiedergabe von gr. φ durch lat. *f* anfangs als nur graphisch, nicht lautlich anzusehen. Frühe Zeugnisse von *f* für gr. φ sind: *Orfeus* D 140 (59ª, verschollen), *Fedra* 692 (Rom), dazu in Pompeji *Fyllis Dafne Trofime* usw. (*Väänänen* 57). Häufiger und regelmäßig tritt *f* erst im 3./4. Jhdt. auf (*Mommsen*, Ges. Schr. VII 792). Die App. Probi verlangt *amfora strofa* statt *ampora stropa*; vgl. *Baehrens*, Komm. 90.

γ) Gr. σφ- ~ lat. *f*-. Die normale Wiedergabe von gr. σφ- ist altlat. *sp*- (*spinter*), dann *sph*- (*sphaera* usw.). – Eine Entsprechung gr. σφ- lat. *f* zeigen drei seit Plautus bezeugte Nomina: *fidēs* pl. 'Saiten', *funda* 'Schleuder', *fungus* 'Schwamm' gr. σφίδες Hes., σφενδόνη, σφόγγος (hom. att. σπόγγος); sie sind vermutlich in beiden Sprachen getrennte Entlehnungen aus einer verschollenen Sprache, s. *W.-H.* u. *E.-M.* s. vv., auch *Cuny*, BSL 37, 1–6 (*funda*), *Kluge*, Gl. 2, 55. Vgl. aber § 176 II a β. – Sehr unsicher ist unter gleicher Lautensprechung die Verknüpfung bei zwei Verbalstämmen: lat. *fallo* (nhd. *falle*?) und gr. σφάλλω, lat. *fragor -ōris* 'Krachen', sofern nicht zu *frango* sondern zu gr. σφαραγέομαι altind. *sphūrj*. Entlehnung ist bei Verben ganz unwahrscheinlich; um Erbgleichheit zu rechtfertigen, müßte man zwei Anomalien bemühen: *s* mobile für den Anlaut (§ 179 b α) und idg. Tenuis aspirata *ph* (§ 176 II a γ); ein idg. Anlaut *zbh*- ist unmöglich.

δ) Vereinzelt erscheint im Romanischen inl. *f* als Aussprache für ein hyperkorrektes geschriebenes *ph* statt *p* (nach § 166 a), so schon lat. inschr. *sulfur* X 8044 für *sulphur sulpur* 'Schwefel', roman. **golfus* 'Busen, Golf' für gr. κόλπος (§ 158 c); man vergleiche dagegen roman. **colpus* für gr. κόλαφος (oben a α). S. *Niedermann*, Contrib. 7[2]; *Pisani*, Rc. Ist. Lomb. 75, 257 f. [Gl. 34, 211 unten].

166. *ch th ph* in lateinischen Wörtern. Altüberkommene aspirierte Tenues besaß das Latein nur in einigen Personennamen etruskischen Ursprungs wie *Cethēgus Otho*; das mag den Römern die Wiedergabe der griech. χ ϑ φ durch *ch th ph* seit 150ª erleichtert haben. Erst nachher, etwa seit 100ª, beobachtet man auch in lateinischen Wörtern und festeingebürgerten Lehnwörtern eine spontane Aspiration reiner Tenues. Cicero (orat. 160) schildert seine Stellungnahme: ursprünglich lehnte er aus Traditionstreue die Aspiration ganz ab, konzedierte dann später aber Aspiration in *pulchro-* (und in

Cethēgus Carthāgo triumphus), blieb jedoch bei *sepulcrum corōna lacrima* und bei *Orcivius Mato Oto* aus aesthetischen Erwägungen „*quia per aurium iudicium licet*". Bei Catull 84 spricht Arrius aus Vornehmtuerei *chommoda*. Quintilian (1, 5, 20) las auf Inschriften *chorona chenturio praecho* (zu inschr. *chorona* s. Thes.; belegt ist *centhurio* IX 4123). – Bedingungen und Dauer dieser spontanen sporadischen Aspiration sind nicht zu fassen; die Annahme volksetymologischer oder assoziativer Beeinflussung durch griechische Wörter genügt bestenfalls in wenigen Fällen, etwa bei *chorōna* durch χορός, bei *pulcher* durch πολύχρους, bei *chāritās* (selten *chārus*) durch χάρις, bei *Gracchus* neben *Bacchus*.

Beispiele aus Inschriften. a) In Nachbarschaft von *r* und auch *l* besonders häufig, so bei *cr cl* (auch gr. κρ κλ): *sepulchrum* D 690 und oft, *pulchro-* (*Pulcher* D 623, Sohn des bekannten Clodius), *lachrymis* 684 und oft (aber auch *sepulcrum hau pulcrum* 581, *lacruma* 647, 13), ferner etwa *Luchrio* VI 27570, *fulchra* XII 944, 22; *trichilinium* 'tricl-' IV 5244. Weiter bei *rc lc* (auch gr. ρκ λκ), seltener bei *lp mp*, meist in Personennamen (auch in griechischen): *Orchivius* III u. VIII (*Schulze*, EN 68), *March-* VIII häufig, *Dorchas* (Thes. Onom.), *orchus* CE 1829 (vgl. das Naevius-Epitaphium, Gell. 1, 24, 2); *Volchano* D 682, *Alchimus* VI 33917; *Ulphiae* 29395, *Calphurnius* (Thes. Onom.), *Encolphius* 24450 al., vgl. umgekehrt Σολφίκιος (s. *Eckinger* 63 u. 96ff.); *Olumphia* XIII 12075 VIII 21284. – b) Sonstiges. *Flacchus* VIII, *bacchillum* (nach *Bacchus*?) VI 18086. Umgestaltungen von Ἀμάραντος Ἀμίαντος nach ἄνθος bzw. Χρύσανθος sim. sind *Amaranthus* (häufig, s. Thes.; vgl. *amaranthi* CE 492, 23 und schon gr. Ἀμάρανθος) und *Amianthus* XIII 5293; nur *nt* in *Abascantus*, das keine Assoziation mit ἄνθος usw. erweckte. – c) Nur als umgekehrte Schreibungen wird man *sch sth* für gr. σχ στ und für lat. *sc st* betrachten; jedenfalls wurden gr. σχ σθ lautlich zu *sk st*. Belege: *schenicos* XI 5265, 20, *Areschusa* VI 12317 al.; *Prisch(a)e* 34058, *Fuschus* 23150; *Sthefanus* XI 2583, *Megisthe* VI 24500; *Fausthilla* 29623, *Festhiva* VIII 5446, *cisthifer* Inscr. Gsell I 2071. – d) *chōrs* für *cohors* 'Kohorte' (und 'Gehege', *chortis aves* Mart.), auch gr. χώρτης (s. Thes. sub *cohors*), ist Kontamination zwischen gesprochenem *co(h)ors* und traditionell geschriebenem *cohors*, ähnlich *inchoāre* zwischen gesprochenem *incoāre* und altem *incohāre* (Mon. Ancyr.).

Lit.: Zu *pulcher* usw.: *Vendryes*, Mél. Meillet 118; *Lindsay-Nohl* 69; *Sommer* 199 (spontane Aspiration); *Brandis*, De aspir. lat. quaestiones selectae, Diss. Bonn 1881; *Seelmann* 256; *Roscher*, Curtius' Stud. 2, 143. – Zur Aspiration in etrusk. Namen s. *Schulze*, EN 172 (*Gracchus*), 202 (*Otho*), 274 (*Matho*), 94 u. 322 (*Thalna*).

g) Die idg. Mediae aspiratae im Latein und lat. *f, h* (§§ 167–178)

167. Vorbemerkungen. In echtlat. Wörtern tritt lat. *f* bloß im Wortanlaut auf; in den Inlaut gelangt es nur durch Komposition, vgl. *prō-fuit pro-fānus*. Die Lautentsprechungen zu lat. *f* in anderen Sprachen sind mannigfaltig. Der einfachste Fall ist folgender: dem *f* von lat. *fero frāter* osk. *fer-* umbr. *frātr-* entsprechen überall Labiale (§ 170): gr. φ (Lautwert *ph*, φέρω φρᾱτρ-ία), ai. *bh* (*bhar- bhrātr-*), av. *b* (*bar- brātar-*), germ. *b* (got. *bairan* nhd. *Bruder*), aksl. *b* (*berǫ bratrъ*); diese Labiale der andern Sprachen sind aber nicht auf den Wortanlaut beschränkt. Der idg. Grundlaut war also ein dritter Labial neben *p* und *b*, man setzt ihn als Media aspirata *bh* an, sowohl aufgrund von altind. *bh*, als auch weil man von *bh* phonetisch am einfachsten zugleich zu gr. *ph*, lat. bzw. ital. *f* und zu german. und slav. *b* gelangt. Ähnliche Entsprechungen einer dritten Artikulationsart von Verschlußlauten neben Tenuis und Media zeigen sich, wenn man vom Latein vorläufig absieht, auch bei Dentalen und Gutturalen; das ergibt die Mediae aspiratae *bh, dh, g'h gh g^wh*. Deren Entwicklung führt nur im Latein zu verschiedenen Ergebnissen im Anlaut (stimmlos) und im Inlaut (stimmhaft). Hier wird daher eine vereinfachte Übersicht vorausgeschickt, mit Einfügung von Zwischenstufen nach der bestbegründeten Theorie von *Ascoli*.

Tabelle

Idg. med. aspir.	Altind. med. aspir.	Avest.[3] media	Griech. ten. aspir.	Ital. Spirans stimmlos	Osk.-Umbr., Lat. nur anl. stimmlos	Lat. inlautend stimmhaft	
						vorhistor. Spirans	histor. Media
$g'h$	h	z	χ (kh)	χ^1	h	g	$(n)g$ u. h
g^wh	gh/h^2	g/j	φ/ϑ	$\chi_{\cap}^{u\,1}$	f	$g\underset{\cap}{u}$	$(n)g\underset{\cap}{u}$ u. v
dh	dh	d	ϑ (th)	$\dh$, auch f	f	$\underset{\cdot}{d}$ und $\dh$	d und b
bh	bh	b	φ (ph)	f	f	$\dh$	b

[1] χ bezeichnet hier den *ach*-Laut.
[2] Wechsel *gh/h* wie *k/c* und *g/j* in Tabelle § 154 mit Zus. α.
[3] Im Iranischen und Baltoslavischen sind die Mediae aspiratae ebenso vertreten wie die Mediae (gemäß Tabelle § 154 unter Satemsprachen); da sind also die beiden Klassen zusammengefallen.

Zusätze. α) Anstelle der idg. Mediae aspiratae setzen manche Forscher stimmhafte Spiranten (Fricativae) idg. *ƀ đ* usw. an, so *Walde*, Sprachl. Bez. 71; s. aber *Hermann*, KZ 41, 27ff. Nach *Peeters*, KZ 85, 1-4 keine Vschll., phonemisch in Opposition zu Tenuis und Media. – β) Idg. Med. aspir.+Tenuis ergibt bereits ¦idg. Media+Med. aspir., also *bh-t* > *bdh*, *gh-t* > *gdh*, *dh-t* > *ddh*, sog. Bartholomaesches Gesetz (*Brugmann* I 625f.; *Kuryłowicz*, Akzent u. Ablaut 339–342; *Szemerényi*, Trends 146). Fürs Latein ist nur *dh-t* von Bedeutung für einige Etymologien, s. § 171 Ende. – γ) Nach *Kuryłowicz*, Fachtagg. Innsbruck 107 [Gl. 42, 82f.], auch Proceedings IX. Int. Congr. of Linguists 1964, 13, war die Vorstufe von idg. *bh* usw. wegen des Bartholomaeschen Gesetzes nicht stimmhaft. – δ) *Bartoli* wollte der Grundsprache die Reihe der Mediae aspiratae ganz absprechen: die Aspiration sei beschränkt auf die drei „südöstlichen Kolonialsprachen" (Altind., Griech., Ital.) und zwar als gemeinsame dialektische Sonderentwicklung der idg. Mediae (*b d* usw.) vor dem idg. Hochton. Diese Theorie ist offensichtlich inspiriert durch das sog. Vernersche Gesetz über die Spaltung der german. stimmlosen Spiranten; aber der Beweis ist gescheitert. *Bartoli* vielfach, so AGI 22, 63–130; 32, 17–40; Riv. fil. 9, 207ff.; s. Gl. 18, 249f. – ε) Für das Verständnis der lat.-griech. und lat.-altind. Wortgleichungen ist das „Grassmannsche Gesetz" (KZ 12, 81ff.) der Aspiratendissimilation zu beachten: gr. πευθ- (*peuth-*) aus *φευθ- (*pheuth-*) aus idg. *bheudh-*; ai. *budh* aus idg. *bhudh*, im Ablaut zu *bheudh-*; vgl. *Schwyzer* I 261. – ζ) Zur Rekonstruktion s. *Szemerényi*, Trends 132. Letzte wichtige Behandlungen: *Szemerényi*,The Med. aspir. in Latin and Italic, Arch. ling. 4, 27–53; 99–115; 5, 1–21 [Gl. 36, 211]; *Rix*, Beitr. zur Namenforschung 8, 127–143. S. auch *Porzig*, Festschr. W. Krause 176 u. 187. – η) *Martinet*, Economie 332–345 (vgl. auch Gl. 36, 135) behandelt die Entwicklung der idg. Mediae aspiratae im Italischen (gemäß *Ascoli*) als Probe historischer Phonologie bzw. Phonemik d. h. als Transformation des Konsonantensystems. S. auch *Untermann*, Word 24, 484–487. – ϑ) Die grundlegende Darstellung von *Ascoli* (KZ 17, 241 ff.) stammt aus dem Jahr 1868. Die eigenartige Entwicklung zur Stimmlosigkeit im Italischen und im Griechischen deutete *Kretschmer*, Gl. 14, 317 als Substratwirkung.

168. Idg. sog. palatales *g'h* (gr. χ, germ. *g*; ai. *h* av. *z*, aksl. *z*, lit. *ž*) wird allgemein zu ital. χ (*ach*-Laut); daraus osk.-umbr. *h* in allen Stellungen, jedoch lat. *h* nur im Anlaut vor Vokalen (außer *u*) und im Inlaut zwischen Vokalen. Anl. *h*- : *hiems* gr. χιών avest. *zyå*; neben **g'hiom-* (§ 355 A 1b Zus.) stand Stamm **g'him-* in avest. gen. *zəm-ō* ai. *him-* Kompos. gr. δύσ-χιμ-ος, lat. *him-* verdeckt in *bīmus* aus **du̯i-him-os* 'zwei-wintrig, zweijährig', vgl. altind. *śata-him-a-* 'hundertjährig' (dazu *Wüst*, KZ 62, 276); s. *Sommer*, Münch. Ak. Abh. 27, 1948, 71f. Ntr. *holus* alt plur. *helusa* aksl. *zelije* 'Gemüse'; *haedus* got. *gaiti-* nhd. *Geiß*. Zu *homo* got. *guma* s. § 179b Zus. – Inl. intervokal. *h* : *veho* ai. *vah* avest. *vaz-* aksl. *vezǫ* nhd. *be-wege* gr. iter. (F)ὀχέομαι 'reite'; osk. inl. *h* in *feihúss*, s. unten. – Ebenso idg. reinvelares *gh* (ausgenommen die Satemsprachen): *hostis* (alt 'peregrinus' Paul. Fest.) got. *gasti-* nhd. *Gast* aksl. *gostъ*; *hortus* osk. *húrz húrtúm* gr. χόρτος got. *gards* '*Umhegung, Garten' dazu *cohorti-*; *pre-hendo* gr. χανδάνω engl. *to get* aksl. *gadajǫ*. – Anl. idg. **g'hu* wird über ital. χu zu lat. *fu-* : *fundo* got. *giuta* (nhd. *gieße*) als erweiterte Wz. *g'hud* neben *g'hu* in gr. hom. χύ-το ai. *hu* av. *zu* (*zav-*). – Auch idg. *g'hw-* führt (ähnlich wie idg. labiovel. *g^wh-*) über ital. χu̯- zu lat. *f-* : *fera* 'wildes Tier' aus **g'hwer-*, vgl. mit *ē* gr. θήρ hom. aeol. φῆρες 'Kentauren' lit. *žvėrìs*; *fax* lit. *žvãkė*.

Inl. ital. χ (aus idg. *g'h*) wird im Latein, wie gesagt, nur zwischen Vokalen zu *h*, sonst zur stimmhaften Spirans *g*; die weitere Entwicklung ist durch die Nachbarlaute bestimmt : *ng* > *ng*; zwischenvokal. *gu̯* > *gu̯* > *u̯* (lat. *v*). Belege für lat. *ng* aus idg. *ṇg'h*: *ango* gr. ἄγχω aksl. *ǫziti*, dazu *angustus* von ntr. **aṇg'hos* ai. *aṃhas* av. *ązō*, vgl. adj. aksl. *ǫzъ-kъ* nhd. *eng*; *fingo* 'bilde (aus Ton)', dazu gr. τεῖχος (osk. *feihúss* 'mūrōs') nhd. *Teig*, Wz. av. *daēz-* idg. *dheig'h* (zu lat. *figulus figūra* mit *g* s. unten); *mingo* zu gr. ὀμείχω av. *maēz-*; *lingo* gr. λείχω aksl. *liz-*; unsicher wegen lat. anl. *p- pinguis* neben gr. παχύς (wenn Grdf. **bhṇg'hu-*). – Zwischenvokal. -*gu̯-* (aus idg. -*g'hu̯-*) > lat. -*u̯-* (*v*, vgl. *v* aus idg. *g^w* § 157): *brevis* aus **breguis* aus **breχu̯i-* idg. **mreg'hwī-* zu *u*-Adjektiv gr. βραχύς av. *mərəzu-* (§ 195). Gleiche Entwicklung wie für idg. -*g'hw-* auch für -*ghw-* : *levis* aus **leguis* zu ai. *laghu-* gr. ἐλαχύς. Zu *ev* in *brevis levis* s. § 43a, zu *br-* aus *mr-* s. § 195.

Zusätze. a) Zwischenvokal. *g'h* als lat. *h* oder *g*. Für lat. *h* ist das gewichtigste Zeugnis *veho*; das zweite *lien* 'Milz', aus **lihen* nach ai. *plīhan-* av. *spərəzan-* (§ 193), ist überzeugend (*mihi* ist nicht ganz eindeutig, s. § 367, 5); für lat. *g* sprechen die Ableitungen von *fingo*, nämlich *figulus figūra effigiēs*, und *ligurrio* neben *lingo*, § 417 B 2. – Mit *h* als lautgerechter Vertretung erklärt sich auch *meio* 'harne', eine Nebenform zum obengenannten *mingo*, zwanglos als **meihō* (> **mei-ō*) aus thematisch flektiertem idg. **meig'hō* wie in anderen Sprachen (gr. ὀμείχω, av. *maēzaiti* gleich ai. *mehati*). – Für das abweichende *g* mag man bei *figulus* auf eine Lautgruppe -*gl-* (idg. **dhighlos*) zurückgreifen, bei *figūra effigiēs* auch Verschleppung des in *fingo* berechtigten *g* annehmen. S. dazu *Solmsen*, IF 31, 467[1], *Sommer*, KE 62, *Meillet-Vendryes* 72 § 103; *Szemerényi*, Arch. ling. 4, 51 statuiert -*g'hu-* > lat. -*gu-* in *figūra*. – Bei Annahme von normal lat. *g* sucht und findet man umgekehrt Sonderrechtfertigungen der abweichenden *h*, entweder: *veho* (statt echtlat. **vegō*) aus ländlichem Dialekt, s. *Porzig*, Festschr. W. Krause 177, oder: *h* in *veho vehit* nur graphisch (nach § 178 III bγ), *veo* von *vexī vectus* aus gebildet nach *struo* neben *struxī structus*, so *Pisani*, IF 50, 30f. [Gl. 23, 127f.], dazu ders., St. it. 11, 325 [Gl. 26, 89]. – Aus idg. *g'hs* ergibt sich normal *ks*, lat. *x*, so in lat. perf. *vexī*; nach ihm scheint das PPP *vectus* mit *ct* normalisiert zu sein; rein lautlich hätte sich wohl lat. *gd* ergeben aus idg. *g'h-t* > *g'dh* (nach § 167 Zus. β). Allenfalls könnte man auch eine ital. Zwischenstufe **weχ-s- *weχ-to-* ansetzen; das gleiche gilt für *tractus*; bei *lectus* 'Bett' ist das Verbum im

Latein untergegangen, Wz. *legh* in gr. aor. λέκτο, ntr. λέχος, nhd. *liegen*. – Zu *g* in *ego* gr. ἐγώ gegen *h* in ai. *aham* s. § 367, 1.

b) Anl. *ghr- ghl-* erscheinen im Latein als *gr- gl-*, vielleicht auch als *r- l-*. Vertretung *gr- gl-* (bei reinvelarem idg. *gh*): *gradior* idg. **ghredh-* nach got. *grid* 'Schritt' aksl. *grędǫ* 'komme'; *glaber* idg. **ghladhro-* nach nhd. *glatt* aksl. *gladъkъ*. Vertretung *r- l-* (nach verschiedenen, teils unsicheren Verknüpfungen): *rāvos* 'grau(?)' nhd. *grau*, dazu vielleicht *grāvastellus* (sc. *danīsta*) Plt. Epid. 620 (*gravast-* P, *ravist-* A, beides Paul. Fest.); *rūdus* plur. *rūdera -um* 'Schutt' altsächs. *griot* nhd. *Grieß* Grdf. **ghreud-es-* und *-o-*; *lūridus* 'blaßgelb' neben gr. χλωρός (Wechsel *ū/ō?*); *lūtum* 'gelbe Farbe, Gelbkraut' zu *helvus* (*Kuryłowicz*, Apoph. 124). – Bei Anerkennung von *gr- gl-* als lautgerechte Vertretung ist *r- l-* besonders zu motivieren: dialektisch nach *Sommer*, KE 50 nr. 50; normal nur vor *u* bzw. *u̯* im Wortinnern nach *Agrell* (künstlich, s. Gl. 20, 269f.); Lautentwicklung ital. χr- > lat. ǵr- > gr-. – Bei Anerkennung von lautgerechtem *r- l-* ist die Lautentwicklung ital. χr- > hr- > lat. r-; hier Sondererklärungen für lat. *gr-gl-* (*gradior, glaber*): Aspiratenbzw. Spirantenferndissimilation (auf Stufe idg. *gh–dh* > *g–dh* bzw. *g–d̑* > *g–d̑*), so *Walde*, IF 19, 98; Spirantenstimmtonassimilation an vorlat. inl. *d̑*, also χr-d̑ > gr-d̑ > gr-d nach *Kieckers* (s. Gl. 21, 186). S. auch *Muller*, IF 39, 183f.

c) Einem vorausgesetzten idg. *g'* der anderen Sprachen entspricht in drei Beispielen im Altindischen die Aspirata *h* (avest. *z*): ai. *mah-* bzw. *mahat-* gegen lat. *mag-nus* gr. μέγας got. *mikils*; ai. *aham* gegen lat. *ego* (§ 367); ai. fem. *hanu-* gegen lat. **genu-* in *genu-īnus* (*dēns*, § 296 I C), gr. ἡ γένυς nhd. *Kinn*.

169. Idg. labiovelares $g^w h$ (gr. φ/ϑ, ai. *gh/h*, av. *g/j* (*ž*), aksl. *g/ž*, lit. *g*; heth. *kw*, § 154) wird über ital. χ$_n^u$ allgemein zu osk.-umbr. *f*, aber nur im **Anlaut** zu lat. *f*: altlat. *formus* 'heiß' Paul. Fest. (gr. ϑερμός) ai. *gharmas* 'Glut' nhd. *warm* idg. **g^w hormos*; **fen-* 'schlagen', nur lat. erweitert in *dē-of-fen-do*, unerweitert idg. **g^w hen* in gr. ϑείνω φόνος, aksl. *ženǫ gъnati* 'jagen' (idg. **g^w hen-/*g^w hn-* in 3. sg. **g^w hen-ti* 3. pl. **g^w hn-onti* in ai. *hanti* (av. *jainti*) *ghnanti* heth. *kwenzi kunanzi*). – **Inl.** $g^w h$ wird über ital. χ$_n^u$ > *gu̯* zu vorlat. *gu̯*. Dies bleibt erhalten hinter *n* in der Verbindung lat. *ngu̯*: *anguis* lit. *angìs* (med. aspir. bei Heranziehung von ai. *áhis* = av. *ažiš*, gr. ὄφις); *ninguit* 'es schneit' lit. *sniñga* (s. unten *nix nivis*); auch hinter *r*: ntr. *tergus* 'Fell' (aus **tergu̯os* nach § 145a) gr. (σ)τέρφος idg. **(s)tergwhos*. Bei intervokalischem *-gu̯-* schwindet vorhistorisch das *g* (also idg. *-g^w h-* > lat. *v*, vgl. Allg. Teil 55*): akk. *nivem* gr. Hesiod νίφα, vgl. prs. *nīvit* (neben *ninguit*) gr. νείφει av. *snaēž-* ahd. *snīwan* (nhd. *schneien*) idg. **sneig^w h-* und got. *snaiws* (nhd. *Schnee*) lit. *sniẽgas* aksl. *sněgъ* idg. **snoig^w hos*; *cōnīveo* '(Augen) zudrücken' perf. *cōnīxī* zu got. *hneiwan hnáiw* 'sich neigen' (§ 192 sub *kn*).

Zusatz. Für inl. *-g^w hr-* gibt es ein merkwürdiges Zeugnis: dem gr. νεφροί (**neg^w hros*) 'Nieren' und 'Hoden' entsprechen mit Stammerweiterungen *nefrundinēs* 'rienēs' der „Antiqui", als 'Hoden' *nebrundinēs* in Lanuvium und *nefrōnēs* in Praeneste, alles nach Festus. Statt *nefr-* mit inl. *f* erwartet man altlat. *nebr-* wie in Lanuvium; das *f* beruht auf Pseudoanlautbehandlung *ne-frund-* wie ähnlich in *īnferus* (§ 173 a). Nach *Pisani*, Mem. Accad. Lincei IV, IX, II 361, soll der Labial (*f* oder *b*) oskische Herkunft beweisen, aber die labiale Tenuis (osk. *pis*, § 158 a) beweist nichts für die Media aspirata, vgl. oben anl. *f-* aus *g^w h-*. S. noch *Walde*, Sprachl. Bez. 68, *Reichelt*, IF 40, 60[1]. – Unsicherer ist für *febris* die Grdf. **dheg^w h-ri-*, wohl wie gr. τέφρα 'Asche' von Wz. *dheg^w h* 'brennen', ai. *dah* mit *dagdha-* usw. – Andrerseits übertrifft für *fragrāre* 'duften' die Analyse als vollredupliziertes **g^w hrā-g^w hrā-* (gr. φρη in ὀσ-φρή-σομαι, ai. *ghrā* 'riechen') jede andere Erklärung, trotz einmaligem *frā-* Catull 6, 8; vielleicht *-gr-* durch dissimilatorische Entlabialisierung des zweiten $g^w h$. Vgl. auch $g^w r-$ > *gr-* in *gravis* (§ 157 γ).

Konsonanten: Die idg. Mediae aspiratae

170. Idg. *bh* wird ital. *f*. Dies bleibt lat. *f* im Anlaut: *fero fräter* s. § 167; *fā-rī* gr. φη-μί, dazu *faterī* osk. *fatium* 'reden' (vgl. gr. φατός) und *fāma* gr. dor. φάμᾱ; *fāgus* fem., gr. ἡ φηγός 'Steineiche' § 264, 1c; *findo* ai. *bhid* (prs. med. *bhind-*); *fuga* gr. φυγή; *fungitur* ai. med. *bhunkte*; *frango* got. *brikan* (nhd. *brechen*); *flōs* osk. *Fluusai* 'Florae' vgl. nhd. *Blust Blume*; *faba* aksl. *bobъ* Grdf. **bhab(h)-*. – Im Inlaut entwickelt sich ital. *-f-* über *-δ-* zu lat. *-b-*: *nebula* gr. νεφέλη; *tibī sibī* osk. *tfei sifei* umbr. *tefe* ai. *tubhyam* aksl. *tebě sebě*; *lubet* ai. *lubh* got. *liubs* (nhd. *lieb*); *probāre* osk. perf. *prúfatted*; *ambō amb(i̯)-* (§ 102 Zus.) gr. ἄμφω ἀμφι-; *umbil-īcus* gr. ὀμφαλός; *orbus* gr. ὀρφ-ανός, dazu nhd. *der Erbe*; *albus* umbr. *alfu* gr. ἀλφός 'weißer Ausschlag' ("sabin." *alpus* Paul. Fest. ist vermutlich etrusk. Schreibmanier für *albus*); *fabro-* 'Handwerker' (urspr. Adj. 'geschickt' nach Adv. *fabrē factus* Plt.) aksl. *dobrъ* 'gut'; *fiber* Stamm *fibro-* (für **febro-*) av. *bawra-* lit. *bĕbras* nhd. *Biber* idg. **bhebhros*. Auch *Sabīnī*, s. Allg. Teil 25* und unten § 174 Ende zu *Rix*. – Die Entsprechung anl. β-/f- in gr. βάσκανος 'neidisch' lat. *fascinum* 'männliches Glied' mit *fascināre* 'behexen' verlangt für *fascinum* die Vermittlung durch eine (thrakische?) Zwischenstufe. Die Gleichsetzung von messap. *bilia* mit lat. *fīlia* ist lautlich problematisch, vgl. § 35.

171. Idg. *dh* erscheint im Latein nur teilweise als Dental, und zwar als *d* im Wortinlaut (meist zwischen Vokalen); sonst erscheint es als Labial, und zwar im Wortinnern unter Bedingungen als *b*, im Anlaut als *f*. Im Oskisch-Umbrischen erscheint idg. *dh* in jeder Stellung als *f*. Als gemeinsame und einheitliche Vorstufe ist hier ital. *þ* vorausgesetzt.

a) Anlaut. Idg. *dh* > ital. *þ* > ital. lat. *f*: *fūmus* ai. *dhūmas* aksl. *dymъ* lit. pl. *dúmai* idg. **dhūmos*; vgl. gr. θῡμ-ιᾶσθαι 'räuchern'; *fingo* § 168; *fēcit* gr. (ἔ)θῆκε (zu praes. *facio*, vgl. § 402b); *fēlāre* von **fēlā* gr. θήλη 'Mutterbrust', mit *fē-mina* zu gr. θῆ-σθαι 'saugen', ai. *dhā dhītas* (§ 35); *forēs* (§ 49a) gr. θύρα got. *daúr* (aus **dur-*; nhd. *Tor*) lit. *dùrys*, überall **dhur-*, daneben *forum* aksl. (mask.) *dvorъ* 'Hof' Grdf. **dhworo-* (*Walde, IF* 39, 79). *Faunus* wird gleichgesetzt mit (illyr.) *Daunus* Verg. Aen. Buch 10 u. 12 [Gl. 23, 140]; zu diesem wohl messap. *Dauniī*, vgl. auch *Borgeaud, Les Illyriens* 116.

b) Inlaut. Idg. *dh* > ital. *þ*.

α) Intervokal. *þ* > *đ* > lat. *d*. Zu *fīdo fidēs foedus* vgl. gr. πείθομαι πιθέσθαι πέποιθα Wz. *bheidh* (§ 32); *medius* osk. *mefiai* got. *midjis* ai. *madhyas* usw. (gr. hom. μέσσος aus **μεθ̯ος) idg. **medhyos*; *aedēs* ursprünglich 'Herd', zu gr. αἴθω ai. *idh* 'anzünden'; *vidua* aus *-ovā* aksl. *vъdova* ai. *vidhavā* idg. **widhewā* (dazu got. *widuwō* nhd. *Witwe*); mit Wortinlautbehandlung sechs lat. Komposita auf *-dere* zur idg. Wz. *dhē* 'stellen' gr. θη ai. *dhā* (§ 402b), mit lat. *ab- in- con-dere* vgl. ἀπο- ἐν- συν-θεῖναι, ferner *ad- per-* und *crē-dere* (§ 171c). Auch lat. *nd* aus idg. *ndh* in *offendīcēs* 'Mützenbänder' Fest., *-fend-* aus idg. **bhendh-* in ai. *bandh* nhd. *binden*.

β) Unter Sonderbedingungen ital. *þ* > *f* > lat. *δ* > *b*. Hinter *u*: *über* gr. οὔθαρ ai. *ūdhar* nhd. *Euter*; *iubeo* (*b* aus Dental wegen *iussī iussum*) ai. *yudh* 'kämpfen' lit. *jundù* 'rege mich'; *līber* gr. ἐλεύθερος (§ 65 Zus. b). – Vor *l*: Instrumentalnomina auf *-bulum -bula* (§ 285, 4) idg. *-dhlom -dhlā* gr.

-θλον -θλη, z. B. *stabulum* nhd. *Stadel, Stall*, Ableitungen osk. *staflatas*, umbr. *staflarem* paelign. *pristafalacirix.* – Vor *r* : *rubro-* gr. ἐρυθρός (§ 41); *glabro-* s. § 168 Zus. b. – Hinter *r* : *verbum* umbr. *verfale* got. *waúrd* (nhd. *Wort*), Grdf. *werdhom **wr̥dhom*; *barba* nhd. *Bart* aksl. *brada* Grdf. *bhardhā (lat. *b-* statt *f-* wohl durch Fernassimilation).

Zusätze. Die hier gegebenen vier Bedingungen für inl. *b* statt *d* aus idg. *dh* sind von *Osthoff* als Beschreibungen des Sachbestandes festgestellt; phonetisch sind sie recht verschiedenartig, dazu nicht ohne Ausnahmen (*arduus?*, § 64). Lat. *ibi* und *ubi* enthalten das gleiche Suffix, dessen *b* in *ibi* ein idg. *dh* fortsetzt nach prakrit. *idha* av. *iδa* 'hier' gr. ἰθαιγενής und ebenso in *ubi* (umbr. *pufe*, § 156 c) nach aksl. *kŭde* 'wo'; danach hätte sich *idi nach *ubi* gerichtet. – Nach *Juret*, Manuel 123 und *Muller*, IF 39, 173ff. ist aus phonetischen Gründen inl. *b* die normale Vertretung von idg. *dh*; nur unter Sonderbedingungen ergab sich *d.* – Inl. *dhr* erscheint als osk.-umbr. *-fr-* und lat. *-br-*; doch gibt es ein sicheres altes Zeugnis eines Dentals im Italischen, sizil.-griech. λίτρα 'Pfund' (λεῖτρα Mon. Ancyr., ει für ῑ) gleich lat. *lībra*; s. dazu § 175 e.

c) Vorlat. *zdh* > lat. *st*. Idg. *-zdh-* erschließt man aus der Entsprechung lat. *st* got. *zd* in lat. *hasta* (umbr. *hostatu*) got. *gazds* 'Stachel' (nhd. *Gerte*) Grdf. **ghazdho-/-ā* und in lat. *cust-ōd-* got. *huzds* 'Schatz' (nhd. *Hort*), dazu iran. sak. *kuṣḍa-* 'Palast', Grdf. **kuzdho-*; s. zuletzt *Bennett*, Lang. 42, 734 f.; *Szemerényi*, Arch. Ling. 4, 44 ff.; unwahrscheinlich über *hasta Szem.* ibid. 5, 13 (gleich gr. πόσθη 'penis'). – Morphologisch ergibt sich vermutlich vorlat. *-zdh-* aus idg. *-dh-t-* (in *to*-Partizipien usw.): *dh-t* > idg. *ddh* nach § 167 Zus. β (Gesetz von Bartholomae); *ddh* > *dzdh* > *zdh* (d^zdh parallel zu t^st < *-t-t-*; dies freilich > lat. *ss*, § 198 Zus. a). Zwar zeigen die etymologisch gestützten PPP von Wurzeln auf *dh* ebenfalls *ss*, etwa *gressus* mit *grassārī* oder *iussus*, doch vermutlich nur durch jüngere Normalisierung. Isolierte *t*-Ableitungen von *dh*-Wurzeln führen, die Richtigkeit der Herleitung vorausgesetzt, auf lat. *st*: unanfechtbar erscheint *aestus -ūs* 'Glut, Hitze, Wogen des (kochenden usw.) Wassers' und *aestās* 'Sommer(hitze)' zu Wz. *aidh* (in gr. αἴθω), Grdf. **aidh-tu-* bzw. **aidh-to-tāt-*; einleuchtend ist auch *īnfestus* 'feindlich' aus 'unerbittlich' gleich gr. ἄ-θεστος (zum θ vgl. θέσσασθαι böot. Θιό-φειστος und πόθος), Grdf. *(*n̥-*)*gʷhedh-tos.* – Lat. *crēdere* geht angesichts von ai. *śrad-dhā* av. *zraz-dā* auf idg. **k'red-dhē-* zurück (vgl. Allg. Teil § 14), mit **k'red* Wechselform zu **k'r̥d* lat. *cor* usw., § 59 (abgelehnt von *Benveniste*, Vocab. I 177); nach den sonstigen lat. Komposita der Wz. *dhē* (*abdere* usw.) wäre hier der Wandel von *zd(h)* zu *st* rückgängig gemacht worden, daher *crezd-* > *crēd-*. Komplizierter *Szemerényi*, Arch. Ling. 4, 49 f.

172. Wechsel von anl. lat. *f-* und *h-*. An sich ist im Wortanlaut von Erbwörtern *h-* nur Fortsetzer von idg. *g'h-* (und *gh-*); als lat. *f-* erscheinen idg. *bh- dh- gʷh-* und *g'hʷ-*. Doch werden von Glossographen und Grammatikern für ehemalige Mediae aspiratae beliebiger Artikulationsstelle als lat. Wechselformen *h-/f-* und *f-/h-* überliefert, meist als „alt" oder als „sabinisch"; Inschriften bieten Vereinzeltes. a) *f-* neben klass.-lat. *h-*: '*faedus folus fostis fostia*' *antiqui dicebant* Paul. Fest.; *fariolus* Ter. Scaur., *fordeum* Quint. 1, 4, 14; sabinisch sind nach dem Sabiner Varro *fasēna* 'harēna', *fedus* 'haedus' (bei Vel. Long.), *fircus* (ling. 5, 97). – b) *h-* für klass.-lat. *f-*: *horda* (bōs Varro rust. 2, 5, 6) neben *forda* (Varro ling. 6, 15, Paul. Fest. usw.) 'trächtig' (zu *ferre*?); '*hanula*' *quasi* '*fanula*' Paul. Fest., '*horctum*' *et* '*forctum*' *pro* '*bono*' Paul. Fest. (zu lat. *f-* vgl. *forctes* '*boni*', gleich *fortis*); '*febris*' *quae ante* '*hebris*' Serv.; *haba* Falisci oder Antiqui für *faba*

Gramm.; auch für eine mythologische Genealogie wird der Wechsel benutzt: *Halaesus, a quo se dictam terra Falisca putat* Ov. fast. 4, 73. – c) Auf Inschriften dialektisch *f*- für *h*-: falisk. (§ 5 a) *foied 'hodiē'*; in Praeneste *Foratia* D 504, auf etr. Spiegeln *Fercles* und *Felena* D 773 u. 775; einmal umgekehrt inl. etr. *Cahatial* neben lat. *Cafatia natus* I² 2037 (*Schulze*, EN 351). In Falerii und Praeneste bestand starker etruskischer Einfluß. – d) Die doppelte Lautwiedergabe deutet auf ein *h* mit bilabialer Behauchung (wie man sie beim Blasen hervorbringt); sie wäre in etruskisch infiziertem Gebiet verbreitet gewesen. Die römischen Grammatiker stützen sich mit der Zuschreibung an die Antiqui selbstverständlich nur auf alte schriftliche Zeugnisse. – e) Auswertung für Etymologien: *fel* zu gr. χολή, *faux* zu gr. χάος, *honōs* zu gr. εὐ-θενής (*$g^{w}hen$-), u. a. m.

Lit.: *Hiersche*, Gl. 43, 103–118; *Whatmough*, Mnemes charin II 199 („turbulence"); *Schrijnen*, Coll. Schr. 217, 222ff.; *Terracini*, St. Etr. 3, 209–248 (mittelmeerischer Einfluß); ferner *Ernout*, Elém. dial. 69, *v. Planta* I 442f., *Walde*, It. Spr. 184. – *C. Lindstem*, Apophoreta V. Lundström (1936) 149–158 bestreitet alle Beispiele, s. Gl. 28, 5f., *Kroll*, Gn. 13, 445.

173. Lat. *f* im Wortinlaut. Dem Wortinlauts-*f* des Oskisch-Umbrischen als Fortsetzer der idg. Mediae aspiratae stehen im Latein die Stimmhaften *d b* und *v* gegenüber; die Entsprechung *b/f* gilt auch für nur-italische Wörter, *tribus tabula probāre* umbr. *trifor tafle* osk. perf. *prúfatted*. Innerhalb des Latino-Faliskischen gehört inl. -*f*- dem Faliskischen an (inschr. *carefo* 'carēbo', *loferta* 'liberta'), vielleicht auch dem Praenestinischen (*nefrōnēs*, § 169 Zus.). Eine kartographische Festlegung der *f/b*-Grenze versuchte *Schrijnen*, Coll. Schr. 214, Karte neben S. 206, vgl. auch *Porzig*, Festschr. W. Krause 176–179.

Im Übrigen sind folgende Fälle von lat. inl. -*f*- zu unterscheiden.

a) **Hinter morphologischer Wortfuge.** In reduplizierter Perfektform: *fe-fellī* zu *fallo*; vgl. mit Worttrenner *vhe:vhaked* (osk. perf. *fefac*-) der Maniosspange. – In Komposita allgemein: *prō-ferre* usw., *nau-fragus* usw. Zu *d* statt *f* in *con-dere* s. § 171 b α. – Infolge volksetymologischer Zerlegung (Praefixeinmischung) hinter Anfangssilben *ne*- und *in*-: *nefrundinēs* s. § 169 Zus.; *īnfula*; *īnfimus* (ai. *adhamas*) mit *īnferus* (ai. *adharas*, nhd. *der untere* idg. **ṇdheros*). Andere Begründungen dieses *f* von *īnferus* sind entbehrlich und meist sehr künstlich: dialektisch nach *Meillet*, BSL 22, 23 und anderen; *īnfrā* aus **ensrā* (lautlich gemäß § 207) nach *Thurneysen* KZ 30, 491, *Juret*, Don. nat. Schrijnen 699 [vgl. Gl. 20, 271 oben]; *īnfumus* (mit *g'hu*- > *fu*-, § 168) als **in humō* 'auf der Erde' nach *Pisani* RhM 95, 7 f. und sonst [vgl. Gl. 23, 141 f.; 36, 135].

b) Die etymologisch durchschaubaren Wörter mit -*f*- im Wortinnern sind zweifellos Lehnwörter aus *f*-Dialekten: *rūfus* (umbr. *rofu* got. *rauda*- [nhd. *rot*], Grdf. **roudhos*, neben gr. ἐρεύθομαι wie λοιπός neben λείπω) steht neben echtlat. *rubro*- (§ 41). *fifeltares* D 260, 15 (Furfo) mag im Stamm dem lat. *fidēlis* entsprechen. Ohne sichere Anknüpfung: *scrōfa* 'Sau', *tōfus* 'Tuffstein', *vafer* 'schlau', *offa* 'Bissen', *būfo* Verg. gg. 1, 184 'ein Getreideschädling' (s. dazu *Leumann*, Die Spr. 6, 158–161).

c) Von den Ortsnamen aus dem *f*-Gebiet behalten manche das *f*, so *Ufēns* 'Fluß im Volskergebiet', daher lat. *tribus Ouf*(*entina*), oder *Tifernum* am Oberlauf des *Tiberis*. Andere zeigen latinisierte Lautform: *Stabiae* osk. *Stafianam*; Gentile *Fidiculānius* und *Fificulānī* (*Schulze*, EN 476³; vgl. ebd.

344² *Privernum Prifernum*); *Sabīnī Sabellī* neben osk. *Safinim* 'Samnium' (§ 174 am Ende). – Bei Gentilnamen findet man sowohl *b-* als *f-*Formen, *Albius Alfius, Orbius Orfius, Rubrius Rufrius,* Ableitungen von den vorausgesetzten Cognomina **Albus* bzw. **Alfos* 'Weiß' usw.

d) Vereinzelt zeigt das Romanische *-f-* gegen lat. *-b-*: italien. *tafano* lat. *tabānus* 'Bremse, οἶστρος' und *scarafaggio* lat. *scarabaeus* bzw. *-aius* (§ 138, 1 a α), wohl Dialektwörter aus Süditalien. Zu frz. *siffler* für lat. *sībilāre* vgl. *sifilare* als „*vile*" *verbum* Non. p. 531, *sifilus* App. Probi; hier vielleicht schallmalendes *f*.

Lit.: *Ernout*, Elém. dial. 30 ff.; auch *Ribezzo*, RIGI 10, 295; *Baehrens*, Komm. 89 (*sifilus*), *Pisani*, Rc. Ist. Lomb. 75, 270 (**scarafaius*).

174. Zur Lautentwicklung der idg. Mediae aspiratae im Italischen. Festgelegt ist durch Wortgleichungen die Ausgangsphase; idg. *bh dh g'h gᵘh* (oder allenfalls *b̌ d g' gᵘ*); gegeben sind die Endphasen, einerseits osk.-umbr. *f f h f* (dazu umbr. inl. -(*m*)*b*- -(*n*)*d*-), andrerseits lat. anl. ebenso *f f h f*, aber inl. *b d/b h/(n)g v/(n)gu̯*. Diese Endphasen sind nicht durch sprunghafte Lautwandel erreicht worden; als lautliche Zwischenstufen sind im Italischen auf alle Fälle Spiranten (Fricativae) benötigt, nach der einen Theorie stimmlose, nach der anderen stimmhafte.

Die erstere Theorie ist die oben in § 167 vorgeführte und in die Behandlung der Einzellaute mit einbezogene von *Ascoli*: italische stimmlose Spiranten *f þ χ χᵘ* erfuhren im Latein nur im Anlaut keine gewichtigen Veränderungen, lat. *f- f- h- f-*; im Wortinnern wurden sie nachträglich stimmhaft, mit Weiterungen. Als Vorstufe der ital. *f þ χ* von idg. *bh dh gh* her setzt man hierbei meist *ph th kh* an, wie sie ja auch im Griechischen (φ ϑ χ) zwischen idg. *bh dh gh* und den gr. *f þ χ* der Kaiserzeit stehen. Also im einfachsten Fall kurz: idg. *bh* > *ph* > ital. *f* > lat. anl. *f*, inl. *b̌* > *b*. – Nach der anderen Theorie wurden die angesetzten stimmhaften Spiranten ital. *b̌ d g gᵘ* nachträglich im Oskisch-Umbrischen allgemein stimmlos, im Latein aber nur im Anlaut. Hierbei ist keine lautliche Zwischenstufe zwischen idg. *bh dh* usw. und ital. *b̌ d* usw. benötigt. Also kurz: idg. *bh* > ital. *b̌* > osk.-umbr. *f*, aber > lat. inl. *b*, nur anl. *f*.

Zweifellos ist bei der zweiten Theorie der Lautweg kürzer, er erfordert nur einen noch dazu partiellen Wechsel betreffs des Stimmtons. Sie wird besonders von solchen Forschern vertreten, die den genealogischen Begriff der „Italischen Sprachgruppe" ablehnen (s. Allg. Teil § 20), und die auch eventuell der Ansetzung von idg. *b̌ d* statt *bh dh* usw. zuneigen. Am stärksten spricht dafür, nach *Rix*, die dem Oskischen entlehnte gr. Namensform Σαυνῖται der *Samnītēs*, bei Grdf. **Sab̌n-* (s. Allg. Teil 25*). – Ohne Gewicht sind hierbei die lat. Schicksale der idg. Tenues aspiratae (§ 176); ohne Bedeutung bleiben die osk.-umbr. inl. *f f h f* bei Nichtanerkennung der italischen Sprachgruppe. Unauswertbar ist für die erste Theorie der Wandel von intervokal. lat. *s* zu *z* (> lat. *r*) als Parallele für inl. *f* > *b̌* > lat. *b*, weil er auch im Oskisch-Umbrischen gilt, in welchem das *f* stimmlos blieb; er wurde von *Sommer*, KE 54 und *Hermann*, NGG 1919, 251 n. 44 so benutzt.

175. Zugunsten der ersten Theorie sprechen einige Einzelentwicklungen, insofern sie bei stimmloser Zwischenstufe (ital. $f\ \phi\ \chi\ \chi^u$) phonetisch am leichtesten verständlich sind. a) Lat. inl. h aus $g'h$ in *veho* setzt notwendig eine stimmlose Stufe χ voraus. – b) Die irgendwie bedingten lat. -*b*- statt -*d*- aus idg. *dh* (über *stabulum verbum* gegen *medius vidua*) verlangen für den Sprung von dentaler zu labialer Artikulation eine geeignete Zwischenstufe; als solche kann nur, wie auch im Wortanlaut, die stimmlose Spirans gelten, also $\phi > f$; der Laut ϕ gehört zu den wenigstbeständigen (vgl. § 165d). – c) Idg. *sr* ist, ebenso wie *bhr* und *dhr*, durch lat. anl. *fr*- und inl. -*br*- vertreten (§§ 194 u. 207), und *s* ist ein dentaler Laut; für beide Stellungen ist naheliegend nur die Entwicklung $sr > \phi r > fr$; bei Zwischenstufe inl. *zr* oder *dr* wäre Assimilation zu *rr* zu vermuten. Der hiermit postulierte Wandel inl. $\phi r > fr > br$ bei -*sr*- unterstützt die gleiche Annahme für -*dhr*- > -*br*-. – d) Auch die Entwicklung idg. -*zdh*- > lat. -*st*- (oben § 171 c) spricht für eine stimmlose Zwischenstufe: dem Verlust des Stimmtons auf Stufe -*sth*- folgte hinter *s* nicht Spirantisierung zu ϕ, sondern Verlust der Aspiration, wie etwa in neugr. στ aus altgr. σϑ. Sehr schwach begründet ist die Zuteilung von lat. *virga* 'Rute' zu lit. *vizgéti* 'schwanken', mit der *Scheftelowitz*, KZ 54, 230 eine Entwicklung idg. *zgh* > lat. *rg* begründete. – e) Ursprüngliches *dh* ist durch *t* vertreten in sizil.-gr. λίτρα '*libra*' (*Schulze*, Kl. Schr. 277; vgl. § 171b Zus.) und in Αἴτνη (seit Pindar) '*Aetna*', zu *aidh* in gr. αἴϑω. Die einfachste Annahme (*Ribezzo, Szemerényi*) geht dahin, daß ein italischer Dialekt, das Ausono-Sikulische (s. Allg. Teil 29* Zus.), eine Entwicklung $dh > th > t$, also eine stimmlose Zwischenstufe voraussetzt. Dann muß man *rutilus* 'rot' (mit *Rutulī* 'die Roten') als ausonisches Substratwort des Lateins betrachten, dissimiliert aus *rutro- idg. *rudhros, mit Vokalanaptyxe, also etymologisch identisch mit echtlat. *rubro*-.

176. Die umstrittenen idg. Tenues aspiratae

I. Vorbemerkungen. a) Einzelsprachlich sind Tenues aspiratae (*kh th ph*) nur im Altindischen als gesonderte Verschlußlautreihe neben den Mediae aspiratae (*gh dh bh*) unmittelbar bezeugt; durch das Altiranische sind sie als bereits indo-iranisch zu erweisen. Die Tenues aspiratae des Griechischen dagegen, also χ ϑ φ (*kh th ph*) sind mit ganz wenigen Ausnahmen die Fortsetzer der idg. Mediae aspiratae (s. § 167). – Die Ansetzung von idg. Tenues aspiratae $k'h\ k^wh\ th\ ph$ und die Erschließung von deren einzelsprachlichen Fortsetzern hat hiernach als einzige Grundlage die altind. Tenues aspiratae mit ihren lat., griech., german. Entsprechungen; als Erweiterung kommt bei Fehlen von indoiranischen Zeugnissen hinzu die Konfrontierung ähnlicher irrationaler Entsprechungen von Mutae zwischen anderen Einzelsprachen, etwa von lat. *t* gr. ϑ in *latēre* λαϑεῖν oder von lat. *h*- german. *h*- in *habēre* ahd. *habēn*. – Statt idg. Tenues aspiratae eventuell idg. stimmlose Spiranten $f\ \phi\ \chi$ bei Annahme von idg. stimmhaften Spiranten $\eth\ d\ g$ statt der Mediae aspiratae (s. § 167 Zus. α), so *Walde, Merlingen*, also idg. χαϑ- statt *khabh- für *habēre*.

b) Als lat. und griech. Entsprechungen ergeben sich hierbei öfter Tenues, *c t p* bzw. κ τ π, seltener die Fortsetzer der idg. Mediae aspiratae, also lat. anl. *h*- *f*- *f*-, gr. χ ϑ φ. Wahrscheinlich ist dieses unbefriedigende Ergebnis mitbedingt durch voreilige etymologische Verknüpfungen von Wanderwortentsprechungen als Erbwörter.

c) Die Tenues aspiratae sind also nicht als gesicherte idg. Laute mit eindeutigen Entsprechungen erwiesen; in der Phonology von *W. P. Lehmann* fehlen sie (s. § 26). Doch sind auch umgekehrt die Versuche, die indoiranischen Tenues aspiratae als Neuerungen dieser Sprachgruppe, etwa als bedingte Sonderentwicklungen aus einfachen Tenues zu erweisen, nur teilweise geglückt. Die Laryngaltheorie (*Kuryłowicz*, *Kuiper*) deutet ai. *th* aus idg. *tH* ($t_{?2}$, § 38 c); das geradezu zwingende Beispiel ist sg. gen. av. *paϑō* (ai. *path-ás*, aber Stamm *pathi-* [für **pati-*?, aus **pn̥tə-*] vor kons. Endung), neben nom. av. *pantā̆* (ai. *panthās* für *pantās); doch kann als *t* der Entsprechungen lat. *pont-* 'Brücke', gr. πόντος 'Meer' (zur Bedeutung vgl. hom. ὑγρὰ κέλευϑα) und πάτος 'Pfad' nicht eindeutig dem av. ϑ (ai. *th*) der obliquen Kasus zugewiesen werden; erwägenswert ist auch noch ai. *sthā-* 'stehen' gegen gr. lat. *stā-* und wenige weitere. Nach einer anderen Theorie erfolgte im Altindischen Aspiration des *t* in ererbtem *st sp* usw., vgl. wieder ai. *sthā* (so *Hiersche*); auch dabei bleibt ein großer unerklärter Rest. – Einige einzelsprachliche Aspiraten hat man als „expressive" Varianten von Tenues erklärt, so das *ch* von lat. *cachinnus*. – Bei Tenues aspiratae in rekonstruierten idg. Wortformen muß man sich also vorläufig damit bescheiden, diese *k'h* *kʷh* *th* *ph* als Hinweise auf nicht normale oder noch ungeklärte Lautentsprechungen zu betrachten. – Zu *ponth-* s. nun *Szemerényi*, in: Fl. u. Wortb. 334.

II. Liste der wichtigsten allenfalls einschlägigen Wörter, unter Anordnung nach der Stellung der kritischen Laute im Wort und Beachtung möglicher lat.-griech. Wortgleichungen.

a) Hinter *s*. α) Anl. lat. *sc- sp- st-*: *scid-* (*scindere*) gr. σχιδ- (!); ai. *chid* ist mehrdeutig; *scelus* gr. σκολιός ai. *skhal* 'straucheln' (s. aber unten *fallo*). *stāre stătus* (ă aus ə) gr. στῆναι στατός ai. *sthā sthitas* (*i* aus ə, § 33). *spernere* gr. ἀσπαίρω 'zucke' ai. *sphurati* 'zucken'. – β) Inl. lat. *st*: perf. 2. sg. *-is-tī* gr. -ϑα ai. *-tha* (§ 442). Inl. lat. *ss*: *os* gen. *ossis* gr. ὀστέον heth. *hastai* ai. *asthi* (dazu *Benveniste*, Orig. 6 f.). Superl. *-issimus*, darin *-isso-* zu gr. -ιστος ai. *-iṣṭhas* (s. § 382). – γ) Bei anl. *s* mobile lat. *f-* gr. σφ-: *fallo* gr. σφάλλω ai. *skhal* 'straucheln'; s. § 165 g γ, auch zu *fīdēs* 'Saiten', *funda* 'Schleuder', *fungus* 'Schwamm'.

b) Im absoluten Anlaut lat. *h*, *f*: *hāmus* ahd. *hamo* (nhd. *Hamen*) 'Angelhaken'. *habēre* (osk. *haf-* umbr. *hab(ē)-*) got. **habē-* (ahd. *habēn*); nach normaler Rekonstruktion entspricht freilich german. *hab-* (*χαβ-) dem lat. *cap-* in *capio*, auch got. *hafts* dem lat. *captus*, nach *ē*-Flexion und Bedeutung aber entspricht german. *habē-* dem lat. *habēre*. *folium* gr. φύλλον neben ai. *phalam* 'Frucht' (Bedeutung!). Dazu (*h*)*lībum* (nach § 168) 'Kuchen' got. mask. *hlaib-* (nhd. *Laib*) 'Brot' aksl. *chlěbъ* (zuletzt *Pisani*, Latomus 16, 585 [Gl. 42, 89]).

c) Im Inlaut lat. Tenuis *t c* (*ch*). Lat. *t*: *planta* 'Fußsohle' zu gr. πλατύς ai. *pr̥thus* av. *pərəϑu-* 'breit'; *mentula* 'penis' ai. *manth-* 'quirlen', dazu lat. *mamphur* (d. i. osk. *mamfur*) 'Drechselstab' Paul. Fest.; *cento* 'Kleid aus Flicken' ai. *kanthā* (zuletzt *Belardi*, Ric. ling. 4, 29ff.); *rota* 'Rad' ai. *ratha-* av. *raϑa-* 'Wagen'; *quatio* 'schüttle' ai. *kvath* 'kochen' got. *ƕaþjan* 'schäumen'; *latēre* gr. λαϑεῖν (anders *Benveniste*, Orig. 192). Lat. *c* und *ch*: *socius* ai. *sakhā/sakhi-* av. *haχa* (aber eher *socius* direkt zu *sequī*, § 155 b). *cachinnus* gr. καχάζω (wohl lautmalend).

d) Im Inlaut *ng*, *d*, *b*, d. h. wie lat. Vertreter von idg. Med. aspir.: *congius* 'ein Flüssigkeitsmaß' gr. κόγχη 'Muschelschale' und 'Flüssigkeitsmaß' zu ai. *śaṅkha-* 'Muschel' (zuletzt *Brüch*, IF 60, 29), doch vielleicht *congius* entlehntes gr. demin. κογχίον mit *-g-* nach § 158 c. *unguis* 'Fingernagel' gr. ὄνυχ- ai. *nakha-*. *radius* 'Rad-speiche' zu ai. *ratha-* 'Wagen' nhd. *Rad* (aber dies eher zu lat. *rota*).

Lit.: *R. Hiersche*, Untersuchungen zur Frage der Ten. aspir., Heidelberg 1964 (Entstehung einzelsprachlich aus Tenues hinter *s* im Altind. u. Griech.). *Kuryłowicz*, Apoph. 375–382 (idg. *th* aus *tH*). *Kuiper*, IIJ 1, 91 (ai. *panthās*); *Szemerényi*, Einf. 62; *Seebold*, KZ 85, 200 f. (Ten. aspir. nur hinter *s* bewahrt, sonst zu Med. aspir. geworden).

177. Lat. *f*, Herkunft, Gebrauch und Aussprache. a) Über die idg. Herkunft von anl. *f* aus Mediae aspiratae ist §§ 167ff. gehandelt, vgl. auch § 176 II b. Zu *fr-* aus *sr-* s. § 194, zu *fr- fl-* aus *mr- ml-* (?) § 195. Zu lat. inl. *-f-* s. § 173 a, zu *af* für *ab* § 163 c γ; statt *Sfeti* D 720[1] (Tibur, IV[a]) lies *-os φetios*, Vetter nr. 512. – Wiedergabe von griech. φ in der Kaiserzeit durch lat. *f* und umgekehrt s. § 165g. – Zu lat. inl. *f* für gr. π (*sulfur*, *golfus) s. § 165 g δ. Anl. *f-* für gr. π- durch Assoziation: *flūta* s. § 133 II b s. *ui*; zu *fornicārī* Tert. neben gr. πορνική nach lat. *fornix* s. *Szemerényi*, Festschr. Pisani 963–968.

b) Der stimmlose Spirant (Fricativa) *f* war der Aussprache nach labiodental, artikuliert mit Engenbildung zwischen oberen Schneidezähnen und Unterlippe, Ter. Maur. 227. Mit dem Griechischen als Maßstab erklärt Quintilian 12, 10, 29 den Laut des *f* als '*horridus*'. Inschriftlich *-mf-* deutet, trotz *Hermann*, NGG 1919, 249, auf ältere bilabiale Aussprache (wie bei *p b*): *im fronte* I² 1420, *comfluont* (neben *conflouont*, *in flouium*) D 453, *imfo*(*s*)*sos* Gl. 14, 237, jünger *imfelic-* III 14438, *imfanti* XII 3559, *eimfereis* XV 6265 (*n* vor *f* schwand im Vulgärlatein, § 152); in Papyri *comficiendum* Pap. Corp. p. 209 unten, *imfra* p. 225 A 2 (150ᴅ); vgl. Thes. s. *inf-* (*īnfāns*, *īnfero*).

178. Lat. *h*: Herkunft, Auftreten und Verstummen.

I. Lat. *h* setzt idg. *g'h* und *gh* fort, anlautend in *hiems* und *hostis*, inlautend zwischen Vokalen in *veho*; die lautliche Zwischenstufe war χ (der *ach*-Laut); zu *h* in Erbwörtern s. §§ 167–176. Intervokal. *h* im Wortinnern ist selten: *traho incohāre vehemēns*; in Interjektionen, so *ehem eheu hahae*, nur in solchen auch ausl. *-h*: *prōh vāh āh ōh*. – Intervokal. und postkons. *h* in der Kompositionsfuge nach Praeverbien: *cohors dehisco dehinc adhibeo prohibeo prehendo* usw., vgl. § 132; nicht positionsbildend hinter Konsonant in *abhorreo adhaereo inhiāre redhibeo dir*(*h*)*ibeo*, *anhēlāre* zu *hālāre* (nach § 209b).

In griechischen Wörtern und Namen gibt *h* den Spiritus asper wieder, anl. *hilaris Herculēs* usw., auch den inlautenden (s. unten V); ferner den von ῥ- und -ῥῥ- (§ 147c, auch § 165f). – Zu *h* als Zeichen der Aspiration der Tenues, also *ch th ph*, in lat. Wörtern wie *pulcher* und in griechischen bei Wiedergabe von χ ϑ φ s. §§ 165f. – Die Phonologen sehen in *h*, d. h. im anl. *h-* der Standardsprache nicht ein autonomes Phonem, sondern nur „eine relevante Eigenschaft des Anlautvokals"; s. Gl. 36, 131 mit Fußnote.

II. Im klassischen Latein setzt anl. und inl. *h* älteren *h*-Gebrauch in fester Schrifttradition fort; doch ist es, soweit die schriftlichen Zeugnisse Aussagen gestatten, in der Aussprache sehr gefährdet. Ob inl. intervokal. *h* überhaupt noch gesprochen wurde, ist zweifelhaft. In der ländlichen Umgebung von Rom war auch anl. *h-* in republikanischer Zeit schon verstummt, vielleicht auch bei den unteren Schichten der Stadt selbst. Jedenfalls erhielt sich die Tradition des gesprochenen *h* nur in den sozial gehobenen Schichten. Sonst ist in der Kaiserzeit *h* ein stummer Buchstabe bzw. ein toter Laut. Nur Schule und Rhetorikunterricht haben es durch die Jahrhunderte nach dem Schriftbild am Leben erhalten, im Wortinlaut sogar neu belebt (*michi* für *mihi*). In der Volkssprache war es untergegangen, dementsprechend fehlt es in den romanischen Sprachen; das *h-* im Französischen besteht nur als orthographische Restitution nach dem Latein, vgl. *heure hôte homme* lat. *hōra*(*m*) *hospite hom*(*i*)*ne*, oder als *h aspirée* in germanischen Lehnwörtern, vgl. *la hâte* '(*die*) *Hast*'.

III. Zum Schwund des *h* in Aussprache und Schrift (Quint. 1, 5, 19 sqq.) sind die folgenden Beobachtungen zu verwerten.

a) Wortanlaut. α) Fehlen des *h*. Schon vorhistorisch war *h* geschwunden in *ānser* (kaum Angleichung an *anas -atis*; *h-* verlangt durch gr. χήν nhd. *Gans* usw., *ns* durch ai. *haṃsas*). Rustik *edus* für *haedus* und *ircus* für „*sabin.*" *fircus* (Varro ling. 5, 97). – Fehlen des *h* auf Inschriften: *erceiscunda* Lex Rubr., *hanc ostiam* D 800 (vgl. *hostias non ostias* App. Probi), *Oratia* D 567, *ospitis* VI 13114. Später häufig: *arena, abere* '*habēre*', *eres, ora; oze* '*hodiē*' § 139bγ; *ortus* CE 578, 1. Mit volksetymologischer Ummodelung:

adstatus (sc. *centurio*) '*hastātus*' XI 5215 Gl. 42, 86. Der griech. Baumname ἄγνος ist als ἁγνός übersetzt durch lat. *agnus castus* (danach nhd. botan. *Keusch-lamm-baum*). – β) Falsche Zusetzung eines *h*-. Umgekehrte Aussprache. Nach Nigidius frg. 21 Fun. (bei Gell. 13, 6, 3) *rusticus fit sermo, si adspires perperam*; so wohl *herus* (Catull nach Thes., einzelne Hss. des Plautus) für *erus* 'Herr'. *hinsidias* Arrius bei Catull. 84. Umgekehrte Schreibung: *hostium* Peregr. Aeth. (*Löfstedt*, Komm. 94 f.); inschr. *habeat* '*abeat*' Lex Salpens. 2, 41 sq.; *eres heius* II 3520, *ostes ho(c)cidit* III 3800. – γ) Sonderfälle. Etymologisch unberechtigtes *h* zeigen: *humerus* (*umeros* D 801², 27; s. § 215b Zus.); *hūmor* (mit *hūmēns hūmidus hūmectus*) neben *ūmor*; zur Schreibung s. Thes. s. *hūmor*. Kaum anl. *hū*- nach koinegr. aspir. ὅ-. – In *hālāre* 'hauchen' mit *anhēlāre* 'keuchen' ist das *h*- wohl onomatopoetisch. – *haurio* zu gr. αὔειν (*Schulze*, Kl. Schr. 193³); bei letzterem ist der Anlaut doppeldeutig. – *havē* ist nicht Imperativ zu *avēre* 'begehren', sondern punisches Grußwort (vgl. *avō* plur. Plt. Poen. 994, 998); im Volksmund verlor es das *h*-, daher *avē*, dazu plur. *avēte*. – In fremden Namen: *Aeduī* und *Haeduī*, *Adria* und *Hadria* (*Hatria*). – S. auch *Rühle*, De aspiratione voc. *haud haurio hālāre*, Diss. Marburg 1915.

b) Intervokal. -*h*-, Schwund in Aussprache und Schrift. α) Fehlen des -*h*-. Vorhistorischer Schwund wohl in *lien* 'Milz' gegenüber altind. *plīhan*- und in *meio* (§ 168 Zus. a). Schwund in der Aussprache in Kompositionsfuge wird bestätigt durch nachfolgende Vokalkontraktion oder Vokalkürzung (§§ 132, 133): *bīmus* < **dui-himos* (§ 168), *nēmō* < **ne hemō*, auch *děhibeo* neben *děbeo*; Weiteres bei *habēre* s. unten δ. Vgl. Doppelformen im historischen Latein. Ohne -*h*- *nīl* (*com-*)*prēndo prēnsus* (Plt.), nicht in Fuge *mī vēmēns*; daneben *h* bewahrt in *mihi nihil prehendo* usw. (*nihil* ⌣ ⌣ und *nīl* im gleichen Vers Catull 17, 21 u. 64, 146); auch jünger *cōrs* 'Gehege' Martial, inschr. *cors chors* gr. χώρτης χώρτης 'Kohorte' für klass.-lat. *cohors*. – Dazu wohl inschr. (dial.) *Nahart*- D 332 neben sonstigem *Nārtēs*, *Sehia* 525, sonst *Seius*. – β) Indirekte Zeugnisse. *h* als „Hiatuszeichen" (durch umgekehrte Schreibung): *ahe* für *aë* (zur Vermeidung der Lesung *ae̯*) in *ahēnus* seit SCBacch. (**ai̯esnos*, §§ 206, 133 IIc, 291b), so auch umbr. *ahesnes* (und *stahu* '**staō*' lat. *stō*, *pihatu* '*piātō(d)*'); weiter inschr. *Danahe* VI 18846 XV 636; *dehe* 'deae' VI 32583, *huhic* 18773 uam.; *cohoptemus* IVᵖ (Gl. 27, 78 unten). – γ) Schreibung eines *h* zwischen gleichen Vokalen für Länge; *mehe* für *mē* Quint. 1, 5, 21 (nach *mihi* neben *mī*); *aha* für *ā* (vgl. *vehemēns/ vēmēns*, *prehendo/prēndo*) in Cogn. *Ahala* gleich appell. *āla* 'Achsel' wegen Cogn. *Axilla* (s. § 209a). Ebenso im Umbrischen (Tafeln VI/VII) *aha ehe* usw., etwa *Sahata* neben *Sahta Sata*, s. *v. Planta* I 59. Die Notiz Varro rust. 1, 2, 14 *rustici viam* '*veham*' *appellant* scheint *vehere* ohne gesprochenes *h* vorauszusetzen. – δ) Vor *habēre* stehen unter Nichtberücksichtigung des *h* die antevokalischen Praeverbformen *red*- und *dir*- in *redhibeo dirhibeo* (*diribeo* die Hss. nach dem Thesaurus; kein metrischer Beleg für *dirh*-); ebenso *co*- statt *com*- (§ 228 IIbβ) in *cohibeo*, auch in *cohērēs cohortārī*. – ε) Schreibung *michi nichil* als Zeugnis der Wiedererweckung des *h* in der Aussprache. Für die Spätlateiner, die kein *h* mehr sprechen konnten, führten die Grammatiker offenbar als Ersatzlautung das spätgriech. spirantische χ (palataler *ich*-Laut) ein, mit der traditionellen Wiedergabe des gr. χ als lat. *ch*: daher *michi nichil*, häufig in Handschriften, etwa bei Varro ling. oder Peregr. Aeth. (*Löfstedt*, Komm. 97). Die Belege auf Inschriften beginnen um 400 n. Chr., *michi* CE 676, 7 (395ᵖ), *nichil* etwa Gl. 21, 184 (um 495ᵖ). Und *c* in *mici nicil* (VIII 24513) ist eher orthographische Substitution für *ch* als lautliche für den *ich*-Laut; das *g* in *migi* CE 637 bezeichnet die entsprechende stimmhafte Spirans, vgl. zu *vigintī* § 159b. Weitere Belege für *michi mici migi* s. Thes. s. *ego* p. 254, 36–40; für *michi mici* und *nichil nicil* Diehl Christ. III Index p. 520 u. 558. Im Mittelalter sind *michi nichil* durchgeführt. Zum Lautlichen s. auch Gl. 36, 127 und *Schulze*, Kl. Schr. 466. Gleichartige Umsetzung ist wohl *Vachalis* Sidon. für *Vahalis* Tac. 'Waal, Mündungsarm des Rheins', bei Caesar noch, vor der german. Lautverschiebung, *Vacalis*.

c) Gleichartiges *ch* für *h* sicher auch im späten Buchstabennamen *ach* als Ersatz für *hā* (*H*, § 2 Zus.), das infolge lautlichen Zusammenfalls mit *ā* (*A*) unbrauchbar geworden war. In Anlehnung an die Interjektion *ah* (nun auch nur *ā* ausgesprochen) übernahmen die Grammatiker das Schriftbild *ah* als Buchstabennamen mit Schreibung und Aussprache *ach*, woraus später *acha*: italien. *acca*, frz. span. *hache*, daraus engl. *ache* [*ēč*]. S. dazu besonders *Schulze*, Kl. Schr. 462–467.

IV. Aussprache für die Prosodie. In der Metrik wird vom Altlatein an *h* prosodisch durchaus dem gr. Spiritus asper entsprechend behandelt, vermutlich nach dem griechischen Vorbild, d. h. es wird als nichtexistent betrachtet. Vor anl. *h*- wird Vokal und -*um* usw. elidiert; inl. *h* hinter Kons. bildet keine Position: *ădhūc ănhēlus ĭnhaeret*, ebenso anl. *h* hinter einfachem Schlußkonsonant. Erst spätlateinische Dichter zeigen positionsbildendes *h*, in falscher Auswertung von Vergilstellen wie Aen. 9, 160 /*terga fatigamus hasta*, s. *Vollmer*, Metrik 20; *Lindsay*, ClQu. 10, 97; *Bonfante*, Emerita 3, 170. – Die Aussprache von ausl. -*h*, nur in den volkstümlichen Interjektionen *ah vah proh oh*, ist durchaus unklar; zu ihrem Gebrauch s. auch *Hofmann*, Umgangsspr. ²14, 18, 20. In später Zeit verlangten hier die Grammatiker die Schreibung mit -*ch*, sicher mit der entsprechenden Aussprache.

Lit. zur Aussprache des *h*: *Sturtevant*, Pronunc. ²155–160; *Sommer*, KE 71 nr. 60; *Marouzeau*, Homm. Niedermann 238–243 [Gl. 36, 135]; *Burger*, Mémorial 163; *Baehrens*, Komm. 100 f.

V. Lat. *h* in griech. Wörtern und Namen für Spiritus asper der Handschriften bzw. für gr. inschr. *h* (in epichorischen Inschriften vor Einführung des ionischen Alphabets um 400ᵃ, s. *Schwyzer* I 218–222). a) Im Wortanlaut *hilaris hērōs hōra, Herculēs* (mit *hercle, mēherculēs* usw.), hellenist. Ἐλπίς *Helpis* D 649 usw., vgl. *Helpidius*. Merkwürdig *Orcus* gr. Ὄρχος (*Wissowa*, Rel. 310⁹). Vgl. *Väänänen* 58. – b) Im Wortinlaut (sog. Interaspiration), meist am Beginn eines zweiten Kompositionsgliedes, im literarischen Griechisch unbezeichnet: α) zwischenvokalig (wie gr. inschr. εὔhορκος (att.), προhέδρα, Εὐhαγής): inschr. *Euhodus* D 688 CE 1049 IV 515 usw., *Euhelpistus*, auch *Mahes* D 303, 787; literar. *Polyhymnia* Hor., *perihodus* Fest. Quint. 9, 4, 32, *prohoemium* ib. 10, 1, 48, Cic. Att. 16, 6, 4. – Sonderfall *euhoe* Hor. c. 2, 19, 5 u 7 (*evoe* sim., *N.-W.* III 995) gr. εὐοῖ Ap. Dysc.; dazu *Euhias* 'Bacchantin' Hor. carm. 3, 25, 9 (vgl. gr. εὐάζω Tragg.), *euhāns -antis, Euhius* Hor., Petr. – β) postkons. (wie gr. inschr. πάρhεδρος ἔσhοδον παρhεταξάμενος): inschr. *Panhormus* D 290 X 7299 (dazu Cic. Verr.), *sunhodi* D 690; literar. *Philhetaerus* Cic. fam. 14, 4, 6; *exhedra* Varro Cic. – Zu *rh* für gr. ῥ s. § 147 c.

h) Indogermanisch und lateinisch *s*, auch *z* (§§ 179–182)

179. In der Grundsprache war *s* (stimmlos) ein sehr häufiger Laut, in Wurzeln wie in Flexionsendungen. In den meisten Stellungen blieb es unverändert bis ins Latein erhalten. Doch wurde *s* vor stimmhaften Konsonanten und zwischen Vokalen in vorhistorischer Zeit zu stimmhaftem *z*; vor Stimmhaften schwand es dann unter Ersatzdehnung (s. § 124); zwischen Vokalen wurde dieses *z* im 4. Jhdt. v. Chr. im Latein, wie übrigens auch im Umbrischen, zu *r*, der sog. Rhotazismus.

Im Griechischen wurde anl. *s*- vor Vokal zu *h*- (Spiritus asper); intervokal. *s* ist geschwunden über eine Zwischenstufe *h*; und in Nachbarschaft von *r l m n* ist inl. *s* meist unter Ersatzdehnung geschwunden. – Im Altindischen bleibt *s* meist erhalten; es schwand vor einfachen und aspirierten Medien unter Ersatzdehnung; hinter *i u r k* wurde es im Indoiranischen, wie im Slavischen, zu *ś* (Umschrift ai. ṣ, av. š), und dies hinter *i u* vor Stimmhaften weiter über *ž* (so av.) zu *r*; ausl. -*s* wurde zu einem *h*-artigen Laut, dem sog. Visarga ḥ. – Lat. *s* ist in allen Stellungen stimmlos. Zu lat. *z* als stimmhaftes *s* des Griechischen (*Lezbia*) s. § 9 Zns.

a) Belege, soweit möglich Erbwörter, für Bewahrung des *s*. α) **Anlaut.** *sequitur* ai. *sacate* gr. ἕπεται, *septem* (§ 378), *salio* gr. ἅλλομαι, *sūs* gr. ὗς nhd. *Sau.* – *sp- st- sc-* : *spondeo* vgl. gr. σπένδω, *specio* (§ 163a); *stāre* gr. στῆναι (§ 176 IIaα), *sterno* (mit *strātus*) vgl. gr. στορέσαι ai. *stṛṇāti*; *scaevus* gr. σκαι(F)ός, *scabo* got. *skaban* nhd. *schaben*, *scindo* gr. σχίζω. – *-ks- ps-* > lat. *s-* s. § 190b. – Zu idg. *sy- sw- sm-* usw. s. § 194, zu *sr* > *fr-* (und inl. -*br*-) § 207. – β) **Inlaut.** *sp st sc*: *vesper* gr. ἕσπερος ἑσπέρα, *sisto* gr. ἵστημι idg. *sti-stā-mi, est* aus *esti* § 400a, (*g*)*nōsco* gr. γιγνώσκω *g'nōsk'ō*. – Zu inl. -*ks- -ps-*, auch zu -*ts-* > -*ss-* s. § 202. Zu -*ns-* und -*ns* s. § 152. – γ) **Auslaut.** Hinter Vokal: Endung 2. sg. -*s* (§ 393, 1) in altlat. *siēs* ai. *syās* gr. εἴης § 400b. Endungen beim Nomen: nomin. sing. m. f. -*s* in *equos* ai. *aśvas* (gr. -ος) idg. *ek'wos, ovis* ai. *avis* gr. ὄ(F)ις οἷς, *sūs* gr. ὗς; gen. sg. -*is* aus -*es*, nom. pl. -*ēs* usw., dat. pl. -*bus*; s. § 345. Ferner *es*-Neutra, *genus* gr. γένος ai. *janas*; Adverb *bis* alt *duis* ai. *dvis* gr. δίς. – Hinter Kons.: nomin. sg. (vgl. § 196, 2a): *Ops plēbs* (*plēps*) *urbs, vōx rēx nix arx falx lānx* usw.; -*s* aus -*ts* in *nepōs novitās mīles* und *pēs palūs* (gen. -*dis*), *nox* (*noct*-), *ferēns* (-*ent*-), *ars* aus *art*(*i*)*s*. Ferner *ex* gr. ἐξ, *sex* gr. ἕξ nhd. *sechs.* – Sonderfälle: -*s* aus -*ss* in ntr. *os* (*oss-is*) *vās*, m. *as* (*ass-is*), 2. sg. *es*; vielleicht aus -*s-s* in *mūs flōs mōs*; vgl. § 225 I.

b) **Besonderheiten von seiten der Grundsprache.**

α) Das sog. *s* **mobile.** Neben anl. *s* plus Kons. (sog. gedecktem *s* oder *s* impurum) bestanden auch Formen ohne *s*; also *sk- st- sp-* wechselten ungeregelt mit *k- t- p-*. Genannt seien *tonāre* neben ai. *stanayati* 'donnert' (gr. στένω 'seufze'?), *tego* gr. τέγος neben gr. στέγω lit. *stógas* 'Dach', *tergus* § 169, *tundo* ai. *tudati* neben got. *stautan* nhd. *stoßen*; *pendo* zu ai. *spandate* 'zuckt', *spuo* zu gr. πτύω (§ 136c); *caveo* gr. κοέω 'merke' ai. *kavis* 'der Weise' neben ahd. *scouwôn* nhd. *schauen* gr. θυο-σκόος (wenn nicht aus *θυεσ-κόος); vgl. auch § 165gγ zu lat. *f-*/gr. σφ- (σφίδες). – Die Wurzeln *stā spē* und andere zeigen in keiner Sprache *s*-lose Formen.

Vermutlich war Fehlen des *s*- ursprünglich satzphonetisch hinter ausl. -*s* aufgekommen, vgl. altind. -*s st-* > -*st-*, vgl. *Edgerton*, Lang. 34, 445 mit Darlegung des vedischen Sandhi. Wenig glaubhaft ist Erklärung des *s* als sekundärer Zuwachs, als „Praeformativ" (Praefix), so *Schrijnen*, Coll. Schr. 111ff., 147ff.; doch vergleiche *s-uper* § 190b. – Zu *coruscus non scoriscus* s. *Baehrens*, Komm. 59. – Mit *s* mobile auch vor anl. Vokal bzw. vor geschwundenem anl. Laryngal rechnen *Schwartz*, Lang. Diss. 40, 19ff., *Hoenigswald*,

Lang. 28, 182. – *Alessio*, Festschr. Pisani 28, operiert für Etymologien mit einem „*s* prostheticum" in *scrōfa*, auch in σφίδες. S. auch *Bednarczuk*, Festschr. Safarewicz 31 f. (-*t st*- im Sandhi aus -*t* ˢ*t*- nach § 198).

β) Lat. *s* als Vertreter von idg. *þ*. In manchen Wörtern entspricht der Lautgruppe *ks* der meisten idg. Sprachen im Griechischen nicht *ks* (ξ, so in δεξιτερός ἄξων lat. *dexter axis*), sondern κτ bzw. χϑ φϑ: Typus lat. *texere* gegen gr. τέκτων, idg. Wz. *tek'þ*.

Dieser Lautwechsel *s/t* in *ks/kt* ist gebunden an einen vorausgehenden Guttural, freilich an einen beliebigen der drei Gutturalreihen als Tenuis oder als Media aspirata. Am deutlichsten zeigt sich der Gegensatz nach Zahl und Art der Beispiele zwischen Altindisch und Griechisch; als Symbole dieses *s/t*-Wechsels benutzt man idg. *þ* bzw. *ðh*. An vier Beispielen ist auch das Latein mit *ks* (*x*) bzw. *s* beteiligt. Lat. *texo* 'webe' (ursprünglich 'zimmere'), heth. *takš*- ai. *takṣ* mit subst. *takṣan-* (av. *tašan-*) 'Zimmermann' gegen gr. τέκτων, dazu auch nhd. *Dachs*. Im Inlaut hinter *r* nur lat. *s* aus *ks* (*x*) in *ursus* (aus **orksos* § 59 Zus.) ai. *r̥kṣas* (av. *arəša-*) idg. **r̥k'þos* angesichts von gr. ἄρκτος gall. Statueninschrift *dea Artio* 'Bärengöttin' (sitzende Göttin mit Bär, Muri bei Bern). Im Anlaut mit lat. *s*- aus *ks*-: *situs* 'gelegen' (als *to*-Ptc. Plt. Aul. 609 Cato agr. 12 u. 89 wie *po-situs);* *situs -ūs* 'Lage' ai. *kṣi* (av. *ši-/šay-*) 'siedeln' gegen gr. hom. ἐύ-κτιτος, idg. **k'þitos*; *sitis* 'Durst' (aus 'Dürre'; mit *situs -ūs* 'Vermodern') ai. *kṣi* 'vernichten' med. *kṣīyate* 'schwindet' (av. infin. χšayō) gegen gr. φϑίσις 'Hinschwinden' (mit φϑίνω) idg. **gʷhþi-tis* bzw. **gʷðhi-tis*. – In Zusammenhang damit steht auch bei anl. lat. *h*- aus idg. *g'h-* die Rekonstruktionsdifferenz in den Erbwörtern für 'Erde' und 'Mensch' lat. *humus* (mit *humilis*) gr. χαμ-αί aksl. *zemlja* bzw. *homo* got. *guma* (s. § 322 C Zus.) gegen gr. χϑών χϑαμαλός altind. *kṣam-* und gegen *tk* in den erst später bekannt gewordenen hethit. *tekan* und tochar. *tkan*; vielleicht auch die von lat. *hes-* in *herī hesternus* nhd. *ges-tern* (§ 292a) gegen gr. χϑές altind. *hyas* (§ 136 c).

Lösungsversuche. Der Ansatz einer interdentalen stimmlosen Spirans idg. *þ*, die phonetisch die Hauptmerkmale der Artikulation von *s* und *t* in sich vereinigt, ist als Rekonstruktion nur ein Notbehelf, aber zweckmäßig als Symbol des Wechsels *s/t*. – Durch Lautsubstitution: *Benveniste*, BSL 38, 139–147: idg. „affrizierter Guttural" (bzw. „Sibilovelar") *kˢ* [Gl. 28, 3]; *Kuryłowicz*, Apoph. 364–366; *Allen*, Lingua 7, 128–130; *Pisani*, REA 37, 148 u. AGI 46, 24f.; *van Ginneken*: *kþ* Entsprechung zu einem kaukas. Lateral; *Merlingen*, Zs. f. Phon. u. allg. Sprw. 13, 167f.; *Duroy* (a. O.): *t* in gr. ἄρκτος eine griech. Unregelmäßigkeit. – Durch Kontaktmetathese: Wegen hethit. *tekan* zuerst *Brandenstein*, Gl. 25, 27–30. Weiter: *Merlingen*, Die Spr. 8, 74–76 Grdf. *tk'*, daraus einerseits *kt*, andrerseits *tsk'* > *kts* >*ks*; ders., Mnemes charin II 49–61 [Krat. 5, 19 unten]. *Durante*, Ric. ling. I 234–249: *tk* > *þk* > *kþ*. – *Burrow*, Journal Am. Or. Soc. 78, 85 u. 88; 79, 255 u. 262 (ἄρκτος und ai. *r̥kṣas* [über **r̥tśas*] aus idg. **r̥tk'os* (dagegen *Kuiper*, IIJ 10, 121–124). – Weiter zu ἄρκτος *ursus*: *Rix*, MSS 27, 85 nr. 4, 12; *Szemerényi*, Einf. 46 Ziff. 6, 3. – S. ferner *Gunnarson*, On the i.-e. Dental Spirants, NTS 24, 21–82.

Nicht Lautwechsel *s/t*, sondern *-so-* und *-to-* morphologisch verschiedene Suffixe: Zu *ursus* *Specht*, Ursprung 239ff.; *Szemerényi*, Fachtagg. Innsbr. 180f.: lat. *ursus* aus **r̥k't-yos* (*s* aus *ty* wie in *Mārsī*, § 161b). Zu anderen Beispielen: *Burrow*, Sanskrit Lang. 81 (dagegen *Leumann*, Kratylos 1, 29). – Weitere Literatur: bei *Szemerényi*, Trends 134 f.; dann *Schindler*, Die Spr. 13, 191–205 (χϑών usw.); *Wright*, The i.-e. interdental Spirants, Omaggio lui Al. Rosetti, Bukarest 1965, 1017–1022; *Duroy*, Ant. Cl. 23, 305 bis 320; *Rüd. Schmitt*, Dichterspr. 66 Note 412 (zu gr. κλέος ἄφϑιτον gleich ai. *akṣitam śravas*); ferner Gl. 28, 3 zu *Benveniste*, *Kuryłowicz*, *van Ginneken*. – S. auch *Brugmann* I 790–793; *Schwyzer* I 325 f. (Zus. 4).

c) Einzelheiten. α) Idg. *-ss-* war zu *-s-* vereinfacht worden, s. § 400a zu lat. 2.sg. *ess* 'du bist'. – β) Idg. *z* (stimmhaftes *s*) bestand nur als „Allophon" des stimmlosen *s* vor *d g dh gh* (vgl. § 205); im Latein ist es als solches nicht erhalten, s. § 206 zu *mergus*, § 30 zu *nīdus*, § 171c zu *hasta* und *crēdere*. – γ) Zu anl. *sr-* > *fr-* und inl. *-sr-* > *-br-* s. §§ 194 u. 207. Zu angeblich *-su̯-* > lat. *-b-* im *b*-Futur s. § 428 II C.

180. Der sog. **Rhotazismus**, Wandel *s* > *r*. **Intervokal.** -*s*- entwickelte sich über stimmhaftes ital. -*z*- zu lat. -*r*-, ebenso zu falisk. -*r*- (*Faler-iī* neben *Falis-cī*) und umbr. -*r*-; das Oskische blieb auf der Stufe *z*, geschrieben *s* im nationalen, *z* im lat. Alphabet (§ 9).

a) **Italische** Belege: gen. pl. der *ā*-Stämme Endung lat. -*ārum* umbr. -*aru* osk. -*azum* bzw. -*asúm* gegen ai. pron. -*āsām* gr. hom. τάων idg. pron. -*āsōm*; foret osk. *fusíd*; *cūrāre* altlat. *coirā*- umbr. *kuratu* gegen paelign. pf. 3. pl. *coisatens*; Maniosspange *Numasioi* 'Numeriō'. Weiter *nurus* -*ūs* 'Schwiegertochter' neben ai. *snuṣā* aksl. *snъcha* (ahd. *snur* nhd. veraltet *Schnur*, mit *r* aus *s*) gr. νυός idg. **snusós* fem. (*Szemerényi*, Syncope 318 ff. will idg. **snusus* ansetzen); *aurōra* vgl. gr. aeol. αὔως (att. ἕως) altind. *uṣas*- Grdf. **ausōs*; *aurum* lit. *áukšas* (mit unorganischem *k*); *corulus* nhd. *Hasel* (in *Hasel-nuß*).

b) Auf diesem Lautwandel beruht der lat. **Lautwechsel** *r/s*, intervokal. junges *r* gegen ursprüngliches *s* vor *t* usw., so beim Verbum (vgl. Allg. Teil § 44α): *gero ūro queror quaero haurio maereo* neben *gestus gessī ussī questus quaestor haustus maestus*; plqpf. ind. -*er-am* gegen konj. -*is-sem*, infin. u. konj. imperf. auf -*re* -*rem* in *age-re* -*rem* gegen -*se* in *ēg-is-se* -*sem*; beim Nomen *r*-Stamm der obliquen Kasus der alten *s*-Stämme gegen -*s* im Nominativ und vor Suffixen, die mit *t* oder *c* beginnen: Gen. *sceleris fūneris iūris* gegen nomin. (ntr.!) *scelus fūnus iūs*, und Ableitung *sceles-tus fūnes-tus iūs-tus*, auch *arbor-is Cerer-is ciner-is* gegen nomin. *arbōs Cerēs cinis* und *arbus-tum*; weiter gen. *flōr-is mar-is plūr-is* plur. *Ligur-ēs* (Λίγυ-ες) gegen *flōs flōs-culus mas mas-culus plūs plūs-culum Ligus Ligus-ticus*; vgl. auch etwa *nefār-ius fēr-ī fēr-iae* mit *nefās hes-ternus fēs-tus* und *dir-imo* -(*h*)*ibeo* mit *dis-traho* usw.

c) **Alte Formen mit *s*** sind noch mehrfach überliefert, besonders durch Varro ling. 7, 27 und Festus; die meisten gehen sicher auf sakrale Texte oder amtliche Urkunden zurück. Kasus von *s*-Stämmen: *arbosem helusa* ('*holera*') *pignosa foedesum maiosibus Lasibus* (vgl. *Lases* im Arvallied); Wortstämme: *asa* 'āra' (vgl. osk. *aasas*), *fesiae plusima asena* („sabin." *fasena*) 'arēna' (§ 172a), *esa* 'domna' Gloss. (zu *erus* 'Herr'), auch „sabin." *ausum*. Die Form *loebesum* '*līberum*', vermutlich Göttername, bei Varro ling. 6, 2 (mit Apparat) und Paul. Fest. (neben *loebertatem*) ist umstritten: nach *Benveniste*, REL 14, 51–58 [Gl. 27, 90] echtes altes *s*, zu rechtfertigen nach *Sabini . . . Liberum 'Loebasium'* (Serv. Verg. gg. 1, 7), eher aber mit pseudoarchaischem *s* für alt *r*, angesichts von osk. gen. *Iúveis Lúvfreis* Vetter nr. 170 gleich lat. *Iouis Liberi* (Furfo) D 260; zu *oe* in *līber* 'frei' s. § 65 Zus. b. – Der Wandel zu *r* kann also zeitlich nicht allzuweit zurückliegen, nach zwei literarischen Notizen ist er in Rom auf die Mitte des 4. Jhdts. v. Chr. zu datieren: nach Cic. fam. 9, 21, 2 führte als erster seines Geschlechts L. Papirius Crassus (Diktator 340[a]) nicht mehr die Namensform *Papisius*; nach Pomponius dig. 1, 2, 2, 36 „erfand" Appius Claudius (der bekannte Censor von 312[a]) die Schreibung *r* für *s* in zwei Gentilnamen, *r litteram invenit, ut pro Valesiis 'Valerii' essent et pro Fusiis 'Furii'* (frg. 1 Fun. p. 1), womit die Nachricht über seinen Abscheu gegen das lat. *z* (s.

oben § 9) zu kombinieren ist; eine indirekte Bestätigung für das ältere *s* bieten dazu das Praenomen *Volesus* und das Cognomen *Fusus* bei sehr frühen Angehörigen der beiden Gentes, offensichtlich die Grundwörter der beiden Gentilicia auf *-ius* (vgl. § 273 A 1c). Vgl. auch *Auseli* Paul. Fest. (für *Aurelii*). Zu *Furius* s. *Reichmuth* 103.

d) Frühdatierung von *s* > *r* durch *aurum* und *Minerva*; Ausbreitung und Verbreitung. Für *Götze*, IF 41, 87 ist Terminus ante quem der Galliersturm 387ᵃ, weil die Kelten *aurum* bereits mit *r* entlehnten (altir. *or*), s. Allg. Teil 35* § 28. Nach *Safarewicz* findet sich keine Spur mehr von *s* in den nach dem Galliersturm neu aufgezeichneten Gesetzen [Gl. 23, 126]. – Der Name der Göttin *Minerva*, altlat. *Menerva* (§ 42d), wird traditionell auf **Menesou̯ā* zurückgeführt; ihr Kult gelangte vermutlich aus Falerii noch in der Königszeit nach Rom (*Wissowa*, Rel. 252); die *r*-Form bestand nach *Altheim*, Spr. 404–413 im benachbarten Veji schon im 6. Jhdt., also wohl auch in Falerii. – Auch im Sikulischen *r* aus *s* vielleicht schon Vᵃ wegen λέπορις 'Hase', s. Allg. Teil 29* Mitte. – Zwischen den beiden *r*-Gebieten Umbrien und Rom liegt Falerii; dies ist nach *Terracini*, StEtr. 5, 350, der Ausgangspunkt des Wandels *s* > *r*. – Kartographische Darstellung der Verteilung von *r* und *s* rings um Latium bei *Conway*, Verners law in Italy.

e) Scheinbare Ausnahmen.

α) Ein *r*, das nach kurzem Vokal dem *z* folgte, verhinderte dissimilatorisch den Wandel zu *r*; das *z* wird dann zu *s* zurückverwandelt: *miser* (nicht **merer*), etymologisch im Ablaut mit **mais-* in *maestus maereo*. – *aser* (überliefert *assyr*, mit *assaratum*, Paul. Fest.) 'Blut' gleich heth. *esḫar* ai. *asr̥g* gr. ἔαρ εἶαρ Call. – *caesariēs*, vgl. ai. *kesara-* § 155 Ende. – *disertus* 'beredt' ist nach *diserte loqui* Plt., *diserta explanatio* Rhet. Her. zurückzuführen auf **dis-erctus* 'auseinandergelegt' (vom Rede-inhalt), von **dis-erceo*, s. *Leumann*, Homm. M. Renard I 547–550; es gehört nur durch Volksetymologie zu *disserere*. – Unsicher *rosa*. Nicht über langen Vokal hinweg in *aurōra*.

β) *-s-* nach Kürze in jüngeren Lehnwörtern wie (gr.) *basis*; so wohl auch zu rechtfertigen in *cisium* (gall.), *asinus*, *casa* aus unbekannter Quelle. Nach Länge ist auch *s* aus *ss* möglich (§ 182a), etwa theoretisch in *bāsium*, *agāso*, *equīso* (von lat. *equus*!). – Oskisch ist D 260 *mense Flusare* 'Flōrālī', vgl. osk. *Fluusai* 'Flōrae'. Gleiche Herkunft darf man vermuten für ⟨*vi*⟩*asieis* 'viāriīs' Lex agr. 12 und für manche Gentilnamen auf *-āsius -ēsius -ūsius*.

γ) Durchsichtige Komposita bewahrten im Wortinlaut das *s* des ehemaligen Wortanlauts: *ni-sī*, *dē-silio*, *dē-sidium*; vgl. auch *po-situs* altlat. perf. *po-sīvī* zu *pōno* (Allg. Teil. § 44 Ende).

Lit.: *Safarewicz*, Le rhotacisme latin, Wilno 1932 [Gl. 23, 126 f.]; *Altheim*, Gesch. d. lat. Spr. 404–413, 17. Kap. Rhotazismus [Gl. 34, 206].

f) Typus *honōs* für *honor*. Ausl. *-s* ist lautgesetzlich erhalten. An die Stelle von *-ōs* trat *-ōr* (> *-ŏr*, § 123c) im Nomin. sg. der zweisilbigen *-ōs*-Maskulina wie *honor ūmor* und fem. *arbor* und der Komparative wie *maior melior* durch Ausgleich mit dem *-ōr-* aus *-ōs-* der obliquen Kasus, wohl unter Anlehnung an das *-or -ōris* der Nomina agentis auf *-tor -tōris* und von *uxor soror* mit echtem ererbtem *r*. Bei einigen Nomina stehen aber archaisches oder archaisierendes *-ōs* und jüngeres *-or* bis in historische Zeit nebeneinander (Belege s. *Ernout*, Philologica II 27; *N.-W.* I 262 ff.): *honōs* D 542, 544, Mon. Ancyr., Ter. Cic. Caes. Liv. Verg. neben *honor* seit D 546 und Plt. (s. Thes. s. v.); *colōs odōs labōs lepōs* Plt., *labōs* auch Catull. Verg. Sall., ferner *arbōs* Cic. Verg.

Das *-s* blieb immer bewahrt in den Einsilblern wie *flōs mōs mūs mas* (Plt. Rud. 104); nom. vok. sg. *Lar* (seit Plt.) ist Rückbildung aus plur. *Larēs* (vgl. *Lasēs* Arvallied). – *iānitōs* Varro ling. 7, 27 ist mißratene Archaisierung von *iānitor*. – Nach *Safarewicz* 98 ff.

wäre in iambischen Wörtern wie *honōs* das *-s* erhalten geblieben, in anderen *-ōs* zu *-ō* geworden, mit nachträglichem Ausgleich zu *-or*; s. dagegen Leumann, Gl. 23, 127. Vgl. auch § 331b über *Mezger*. – S. zuletzt Strunk, in: Fl. u. Wortb. 305f.

181. Sonderentwicklungen: Lat. *rr* aus *rs*. Gr. σ und ζ im Latein.

a) Lat. *rr ll*. Intervokal. *rs ls* entwickelten sich über *rz lz* zu *rr ll* (vgl. § 214a). Etymologische Beispiele. Für *rs* : *errāre* vgl. got. *airzeis* (nhd. *irre*); *torreo* ai. *tarṣayati* (nhd. *dörren*) Grdf. **torseyō*, vgl. gr. τέρσομαι 'trocknen (intr.)', nhd. *Durs-t*; dazu lat. *terra* aus **tersā* osk. ntr. *teer⟨úm⟩*; *terreo* umbr. *tursitu* (ī) 'terrētō'; *farreus* umbr. *farsio*; *porrum* § 59; *verrēs* 'Eber' zu ai. *vr̥ṣan-* 'Mann, Stier' (vgl. § 307 Zus. 2d). Für *-ls-* : *collum* (*-us*) got. nhd. *hals*; *vallis* gr. dor. (F)ᾶλις 'Elis', Grdf. **walsis* (*Schulze*, Kl. Schr. 112 nr. 4). – Morphologisches: infin. *ferre velle* (§§ 180b, 429); superl. *pigerrimus facillimus* (§ 384); adv. *ter* mit *terr-uncius*, s. § 149aα, § 225 I d.

Zusätze. Bei anderen lat. *rr* ist die Vorstufe, *rs* oder *res*, unsicher. Wenn *parra* 'ein Unglücksvogel' wegen umbr. *parfa* (gegenüber *tursitu* usw.) aus **paresā* (§ 107) synkopiert ist, dann kann gen. *farr-is* trotz got. adj. *bariz-eins* 'κρίθινος' nicht auf **fares-es* zurückgehen. Lat. *parri-* in *parricīda* ist ohne sichere Entsprechung, aber nicht aus *patri-* zu erklären. – *Ceriālis* (besser als *Cereālis*, s. Thes.) ist vermutlich *-ālis*-Erweiterung von **Cerez-ios > *Cerzios > *Cerrius*; *Cere-* statt *Cerri-* in *Cereālis* nach *Cerēs*; sicher nicht mit dissimilatorischem Schwund des zweiten *r* aus **Cerer-ālis*. – Frühes Lehnwort ist *turris*, wie auch osk. *tiurrí*, aus gr. dial. τύρρις Hes. für τύρσις (vgl. att. ἄρρην Τυρρηνοί für ἄρσην Τυρσηνοί). Zu *porrō* s. § 352 (Abl.). – S. noch Leroy, Latomus 6, 17 u. 9, 3.

b) Wiedergabe von gr. σ und ζ.

α) In Lehnwörtern erscheint gr. σ als lat. *s*, so *astra* τὰ ἄστρα usw.; zwischenvokal. σ bzw. σσ : *thēsaurus* θησαυρός, *basis* βάσις; *Cassandra, narcissus*; *ss* auch hinter Vokallänge (vgl. § 182b): *glōssa, glōssărium*. – In *Cnōsus Cnōsius* (bzw. lat. *Gnōsus, Gnōsius* Verg., § 192) und in *Mausōlēum* Prop. ist einfaches σ neben σσ schon griechisch: literar. Κνωσός Hom. (v. l.) Call. hy. 1, 42, Κνώσιος Pind. Ol. 12, 16 Polyb. usw.; ebenso Inschriften. – Gelegentlich inschr. *ss* für einfaches σ : *bassis* D 243, *bassilica* s. Thes.

Zusatz. Lat. *rēsīna* 'Harz' geht auf dial. gr. **ῥησίνᾱ* zurück, bezeugt ist nur ῥητίνη; zu gr. τι > σι s. Schwyzer I 270. – Lat. *nausea* 'Seekrankheit' ist gr. ion. ναυσίη (att. ναυτία). – Lat. *rosa* neben gr. ῥόδον ist unklar, vielleicht geht es als Wanderwort über **(w)rodi̯ā* auf gr. ῥοδέᾱ 'Rosenstock' zurück. – Zu lat. *x* statt *ss* in *Ulixēs* verweist Kretschmer, KZ 29, 433f. auf Ὠλίξης bei Ibykos, zum *l* statt *d* s. § 162c; vgl. auch de Simone I 124ff., II 126; *Fiesel* 48–56; *taxāre malaxāre* gehen auf gr. *s*-Aorist τάξαι μαλάξαι zurück, nicht auf das σσ-Praesens (Leumann, StCl. 10, 11).

β) Für gr. ζ kam lat. *z* erst zur Zeit von Cicero in Gebrauch, auch in *Zmyrna Lezbia* usw. (§ 9 Zus. a). Die ältere Wiedergabe von ζ war lat. anl. *s-*, inl. *-ss-*, etwa inschr. *Setus* D 599 Ζῆθος, auch wohl *Saguntum* Ζάκυνθος, ferner *-issāre -ίζειν* (*atticissāre* Plt.; s. § 414, 8); sie hielt sich in voll latinisierten rein volkstümlichen Wörtern wie *saplūtus* Petr. ζάπλουτος Hdt., *massa* μάζα 'Teig', *obrussa* (ὄβρυζα) 'Goldprobe' (s. Frei-Korsunsky 57), *trissāre* τρίζειν 'zwitschern'. Genaueres s. § 9 Zus. b; zu *-idiāre* für *-izāre* s. § 139bγ.

182. Lat. intervokal. *ss* und *s*.

a) Lat. intervokal. *ss* ist, soweit rückführbar, Fortsetzer von idg. *-t-t-* und *-t-s-* (§§ 198, 202a), sowie von vorlat. *-s-s-* (perf. *ges-sī*); hinter kurzem Vokal bleibt es erhalten; zur Kürzung in *quăsillus* s. § 185aγ. Hinter langem Vokal und Diphthong wurde -ss- etwa um 100 v. Chr. in der Aussprache zu einfachem *s* verkürzt; ältere inschr. Zeugnisse von *s* für *ss* stammen aus der Zeit vor Einführung der Doppelschreibung, so *iousisent* und *compromesise* SCBacch. Die neue Schreibung -s- für -ss- folgte der Aussprache nur langsam, die *ss*-Zeugnisse sind zahlreich. Nach Quintilian 1, 7, 20 galt zu Ciceros Zeit *cassus* 'cāsūs', *divissiones* 'dīvīsiōnēs', *caussae*; Cicero und Vergil hätten noch so geschrieben; nach Mar. Victorin. VI 8, 5 schrieben die Antiqui *odiossus fussus aussus caussa*. Von *ss*-Schreibungen auf Inschriften seien erwähnt: *cassum* D 666, 5, *mīssit* 646, 3, *promeisserit* Lex Rubria, *religiossus* I² 590, 2, *formossus* CE 1040, 3, *quaesso* 420, 8; *caussa* besonders auf amtlichen Inschriften, *caussa* und *claussus* (neben *clausus*) Mon. Ancyr. Vereinzelt auch *ss* in Plautushss.: *promissimus* B und *dimissero* A Plt. Rud. 777 u. 791, *ussurae* A Trin. 181, *aussim* A Merc. 301.

b) Einfaches klass.-lat. -s- hinter langem Vokal oder Diphthong geht also normalerweise auf älteres -ss- zurück; die wichtigsten zwei Formkategorien liefern die Ableitungen von Dentalverben, also das *to*-Partizipium und Suffixableitungen mit *-ti- -tiōn- -tu- -tūra -tor* sowie das *s*-Perfekt: *ūsus mīsi* zu *ūtor mitto*; zu Verben auf *d rāsus suāsum vīsus rīsus lūsus laesus clausus* und *rāsī suāsī dīvīsī rīsī lūsī laesī clausī*; *s*-Perfekta auch von Verben auf *r* aus *s*: *haesī hausī*. – Umgekehrt steht vor klass.-lat. *ss* nur kurzer Vokal; eine schon im Altertum (Gramm. VII 79,19 – 80,7) beachtete Ausnahme bilden die aus morphologischem Gefühl bewahrten -ss- in den Kurzformen von *v*-Perfekta (s. § 438 II), also infin. -*āsse* für -*āvisse* usw., so *errāsse cōnsuēsse audīsse nōsse*, auch *ēsse* 'essen' (§ 403), sowie im Typus *amāsso -im* (§ 451).

c) Vereinzelt vulglat. *ts* für lat. *s*, etwa anl. italien. *zocco* (vgl. *zoccoli* demin.) für lat. *soccus* (gr. σύκχος, § 85 A 3c), inl. *pitsinnus* 'winzig klein'. S. *Graur*, Romania 56, 265 ff., *Hubschmid*, Rev. ling. Rom. 27, 365 ff.; vgl. neugr. dial. τσ für altgr. σ- bzw. -σσ-, *Schwyzer*, KZ 61, 225.

2. LAUTVERÄNDERUNGEN IN KONSONANTENGRUPPEN

a) Inlautgruppen und Doppelkonsonanz (§§ 183–188)

183. Die Grundsprache besaß Konsonantengruppen sowohl im Wortanlaut als im Inlaut. Von denen des Anlautes blieben einige Typen erhalten, etwa *sk- st- sp-, kr- tr- pr-, kl- pl-*; andere wurden vereinfacht, so *ks- ps-, dr- > tr-*, manche erst zu Beginn der lat. Überlieferung, so *dy- > i̯-* (gen. *Iovis*), *dw- > b- (bis), gn- > n- (gnātus), stl- > l- (locus, līs)*. – Von Änderungen im Inlaut ererbter Gruppen seien nur *tl > cl* (§ 199b) und *-t-t- > -ss-* (§ 198) genannt.

Inlautgruppen sind im Latein sehr zahlreich; die meisten bilden sich in morphologischen Fugen, sei es durch Stammbildung von Nomina und Verben, sei es durch Zusammenrückung oder Komposition. Die Chronologie von Lautveränderungen in solchen Gruppen, die für den Sprecher durchsichtig, also „motiviert", und daher jederzeit restituierbar sind, ist nicht genau festzulegen.

Einen Sonderfall bilden die Kontaktassimilationen zur **Doppelkonsonanz**; das Latein ist reich an solchen. In der Grundsprache sind sie nicht zu beobachten; selbst morphologisch unmittelbar gegebene Doppelkonsonanz wurde vereinfacht, so *ss* in idg. 2. sg. **es-si* > **esi*, s. § 400a. Daneben bestand aber, mindestens in der familiären Sprache, affektisch bedingte Konsonantendehnung. Daher sind hier die Probleme von Doppelkonsonanz und Gemination vorausgenommen.

184. Doppelkonsonanz zwischen Vokalen, spontane Dehnung und Kürzung von Konsonanten.

a) **Langer bzw. gedehnter Konsonant** mit Silbenscheide im gedehnten Laut, geschrieben als sog. Geminata und danach meist als Doppelkonsonanz bezeichnet, ist normalerweise etymologisch motiviert; er entsteht morphologisch in einer Binnenfuge: am einfachsten durch das Zusammentreffen zweier gleicher Konsonanten (hier unter Umständen auch etymologisch als zweikonsonantig ausgesprochen), etwa *ad-dūco quid-dam per-rārō com-mīlito in-nocēns nōn-nūllī dis-sentio dis-similis*, auch infin. *es-se*, perf. *ges-sī*; häufiger aber durch Angleichung des vorderen an den folgenden bei sog. Totalassimilation, etwa *ap-peto col-ligo*; s. dazu § 196, 1b. – Zu Doppelkonsonanz infolge Synkope in *rettulī druppa* s. § 102. – Zu *rr ll* aus *rs ls* s. § 214.

Zu altlat. *-ss-* aus gr. -ζ- s. § 181b β. Zur bedingten Konsonantendehnung vor kons. Sonanten s. § 223 (vulglat. *suppremus* usw.; *quattuor*). – Zu Doppelkonsonanz im Wortauslaut s. § 225 (*ess, hocc*). Im Wortanlaut besteht sie nicht.

b) **Spontane Dehnung von zwischenvokalischen Konsonanten** ist meist als expressiv zu betrachten. In einigen oft affektbesetzten Wortgebräuchen zeigen verschiedene idg. Sprachen gedehnte Konsonanten, besonders hinter dem Vokal der ersten Silbe; aufgrund der Gleichartigkeit mag man diese Dehnung der idg. Umgangssprache zuschreiben.

α) Dehnung in **Personennamen**, meist in Kurznamen, zeigt das Griechische, am reichsten das Boeotische: Τέλλις Μέννεις Σιμμίας Δικκώ Στράττις Σαπφώ. Die Dehnung erfolgte spontan offenbar nur im Vokativ, bei eindringlicher oder nachdrücklicher, emphatischer Artikulation; die Namensform mit Dehnkonsonant wurde dann als affektisch-hypokoristisch empfunden und auch in den Nominativ und überhaupt in die Namengebung verschleppt; auch das Germanische zeigt Beispiele, ahd. *Sicco Otto*. Aus dem Latein gehören hierher wohl *Varro* (zu *vārus*), *Gracchus* (zu *gracilis*) und weiter die Doppelkonsonanz in zahlreichen Gentilnamen auf *-ius*, insofern diese (nach § 273 A 1 c) auf verschollene Individualnamen mit Gemination zurückgehen: *Allius Arrius Mummius Ennius, Accius* (vgl. *Acca*) *Mettius Appius* (Praenomen), *Babbius Addius Baggius, Blossius*.

β) Gleichartig ist die Dehnung in **Personaladjektiven** wie *cuppēs* Plt. Trin. 239(zu *cupidus*), *flaccus* (**flācus* § 195 *ml-*; inschr. alt *Fláca* D 742), *lippus crassus grossus, gibber* 'bucklig'; man vergleiche gr. μίκκος, γύννις 'Weichling' (zu γυνή), auch λεχχώ 'Wöchnerin'.

γ) Ebenso in Nomina der **Kindersprache** bzw. der Ammen- oder Kinderstubensprache, in erster Linie in Lallwörtern: 'Mutter' *amma mamma* (daneben *mama* VI 6571 X 2965; vgl. Thes. s. v. p. 244, 13 sqq.); 'Vater' *appa* (auch Cognomen), *atta* in *atavus* 'atta avi' Paul. Fest. (vgl. got. vok. *atta*, heth. nomin. *attas*); 'Amme' *mamma, nonna*; vgl. dazu gr. vok. πάππα, 'Großvater' πάππος, 'Amme' τίτθη; ferner *fellāre* 'saugen' (s. unten c), *pappāre* 'essen', *lallāre* Pers. (von der Amme gesagt); unsicher *bulla gutta bucca*; zu *vacca* vgl. altind. *vaśā*. Dazu wohl *cuppēs*, s. § 327,1 b.

δ) Schallnachahmende, onomatopoetische Verben, von Tierschrei *gannīre hinnīre garrīre*; *gluttīre* 'verschlingen', von *glut*, s. *Specht*, KZ 55, 6 f.

ε) Ohne spürbare Expressivität: lat. *cch* aus gr. χ in *bracchium* (inschr. *bracchia* D 801², 28 p. 87) βραχίων (vgl. § 223 Zus. α); vielleicht expressiv in *Accheruns* Plt. 'Αχέρων, doch wohl eher durch etrusk. Vermittlung, nach *Pasquali*, St. Etr. 1, 291 ff. [Gl. 18, 251 f.]; lautlich durch Zwischenstufe **Accrunt-* (*ccr* nach § 223 a α) aus etr. *aχrum*; Lit. bei *de Simone* I 132, der aber durch vorgesetztes † eine etrusk. Vermittlung ablehnt. – *tt* in *cottīdiē* (inschr. *cott-* Lex Iul. munic. 16; *cŏti-* erst Mart. 10, 65, 8 u. 11, 1, 2) gegenüber einfachem *t* in *quotannīs*; s. dazu § 260 C 2.

Lit.: Zu den Namen: *Ernst Fraenkel*, RE 16, 1648–1670 (Art. „Namenwesen"); *Solmsen-Fraenkel*, Idg. Eigennamen 135–153; *Kuryłowicz*, Onomastica 6, 1960, 187–192; ders., BSL 62, 1–8; *Herbig*, Kleinasiat.-etrusk. Namengleichungen, Sb. München 1914, 2. Abh.; *Schulze*, EN. 422–434 u. 519–521 (ferner anders 172 über *Gracchus*, 315 über *Varro*); *Norden*, Alt-Germanien 281 (*Varro* illyrisch). – *Heraeus*, Die Sprache der röm. Kinderstube, Kl. Schr. 158–180. – *Persson*, IF 26, 67 f. (*vacca, cattus*); *van Ooteghem*, EtCl. 31, 64–70 (bei Körperfehlern: *crassus, gibber* usw.). – Allgemein: *A. Graur*, Les consonnes géminées en latin, Paris 1929; *Vendryes*, Int. init. 107; *Schwyzer* I 315; *Kronasser*, Hdb. d. Semasiol. 169 ff.; *Martinet*, La gémination consonantique; *Wissmann*, Nomina postverbalia 160¹ (Gemination als Lautsymbolik).

c) **Konsonantendehnung mit Vokalkürzung, Typus *Iuppiter*.** Bei Konsonantendehnung von Tenues *c t p* hinter langem betontem Vokal ist gleichzeitige Vokalkürzung anzunehmen, auch wenn sie günstigenfalls nur durch romanische Zeugnisse zu belegen ist; bei Langvokal aus Diphthong (*ī ū* aus *ei ou*) kann die Kürzung erst nach dessen Monophthongierung erfolgt sein, also nicht vor 200ᵃ. Das *pp* von *Iuppiter* aus vok. **Iū-pater* (§ 318, 2b) wird emphatischer Aussprache im Gebetsanruf entstammen; zur Schreibung *pp* s. *Jordan*, Hermes 16, 52. Gegen Vokalkürzung hier *Lenchantin de Gub.* Riv. fil. 50, 12. Ganz zweifelhaft *Agrippa* § 337d Zus. β. – Ohne Rechtfertigung bleiben: *littera* (I² 588, 10; 78ᵃ), älter *leitera* Lex repett. 34 (123ᵃ), roman. *lĭtt-* (frz. *lettre* usw.); *mittere* (frz. *mettre*), etymol. Grdf. **meit->*mīt-*; vereinzelt *littus* neben *lītus* (davon italien. *lido*); *stlatta* § 193. Für *cippus* ist eine Grdf. **k'eipos* zu vermuten, vgl. inschr. *ceip.* D 224 (Fuciner See) und altind. *śépas* 'penis'. – Einige weitere Beispiele in der Spätzeit, in welcher Vokallänge unwesentlich ist (§ 57): neben *būcina* auch *buccina* (Thes. s. v. p. 2231, 44 u. 52; 2233, 24); für *sūcus* (auch romanisch) steht *succus* CE 280. Die Handschriften bieten mehr. – Consentius gramm. V 392, 1 (p. 11, 5 Ndm.) tadelt *tottus* (*ō*?) für *tōtus*, das Romanische (frz. *tout*, italien. *tutto*) scheint **tŏttus* fortzusetzen; hier wird man emphatische Aussprache anerkennen, s. *v. Wartburg*, FEW XIII 128.

Bei *l*: inschr. häufig *fellāre* (bes. in Pompeji), hschr. meist *fēlāre* 'saugen' mit etymologisch einfachem *l* (§ 171 a); inschr. *Messalla* D 463 Mon. Ancyr. III 29 für *Messāla* (s. § 295, 1 aγ). Bei *r* keine eindeutigen Beispiele; *narrāre* (*nárrat* Rede des Claudius, XIII 1668, 37, umbr. *naratu*) gilt als Ableitung von *gnārus*; die Etymologie ist auch umstritten bei *parricīda*, schwächer bezeugt *pāricīda*.

d) Auf späteren Inschriften findet man noch andere unmotivierte Doppelschreibungen. Betroffen sind Momentanlaute und Dauerlaute; meist folgen sie dem Vokal der ersten Silbe oder dem Tonvokal; dieser Vokal ist meist eine Kürze. Genannt seien: *citto* CE 1328; *tritticum* dreimal (neben *triticum*, lautlich *trĭ-*) VIII 17896; *neppotes* 22791ᵃ;

Roggatus 23303; *sibbi* VI 27958, *sebbaciar⟨ia⟩* 3028; *arrespex* I² 2015 'haruspex'; *carrissimus* (hinter *ā*!) VI 27820; *valle* 'vale' IV 5386; *sepellitus* (-*ī*-) 'sepultus' XIII 1968 (al., s. *Schulze*, EN 448¹); *immaginifer* (s. Thes.; vgl. *Heraeus*, ALL 11, 63); weitere Belege bei *Pellegrini*, St. it. 17, 353ff., *Graur*, Cons. gém. passim. Daß „falsche" Gemination auch in der Aussprache vorkam, zeigt die Warnung der App. Probi vor *dracco callīgo cammara*, vgl. dazu *Baehrens*, Komm. 75f.; es folgt wohl auch aus der Konsonantendehnung von italien. *immagine* (vgl. *Lausberg* II 67 §§ 491–493); Rumänien und die Westromania kennen keine gedehnten Konsonanten mehr. – Die Zeugnisse der Inschriften sind zum Teil wohl nur umgekehrte Schreibungen einer Fremdbevölkerung, die keine Konsonantendehnung sprach.

e) Nicht in den Bereich der Lautlehre gehört die von der Wortbedeutung induzierte **analogische** Konsonantendehnung: inschr. konj. *vellit* für *velit* nach *vellet* (§ 401, 1 b Zus.), *rennuo* nach *annuo* (*Niedermann*, Gl. 1, 267), Suffix *-ella* für *-ēla* nach den Deminutiven (s. § 284b). – Zu *relligio* Lucr. Verg. s. § 130 I A 2.

185. Kürzung gedehnter Konsonanten (Geminatenvereinfachung).

a) Gedehnte Konsonanten, speziell Dauerlaute (*mm nn rr ll ff ss*), doch auch Verschlußlaute (*cc pp*) werden vor dem Wortton verkürzt, unter Verschiebung der Silbengrenze, das sog. **Mamilla-Gesetz**. Am eindrücklichsten ist der Lautwechsel zwischen Grundwort und Ableitung in *mamma mamilla, canna canālis, farr- farīna, currus curūlis, pollen polenta* (§ 299, 2b), *offa ofella*. Weiter *ŏmitto* aus **ommittō* (**ob-mittō*). Vereinzelte Belege für Kürzung von *cc pp*: vulglat. *sacellus* neben *saccus*; inschr. häufig *Sucessus* (*Schulze*, EN 447); zu *oportūnus* für **ob-p-* s. § 294 a. – Die Erklärung des Wandels als Geminatendissimilation vor folgendem *ll* usw. nach § 231 b würde als Erklärung wohl für *mamilla ofella quasillus sacellus* und *omitto* genügen, nicht aber für *canālis curūlis* und andere Fälle. Insofern ist die Benennung dieser Kürzung als „Mamilla-Gesetz" irreführend.

Zusätze. α) Ausgerechnet beim Musterbeispiel *mamilla* wäre das einfache *m* der Ableitung der ursprüngliche Lautstand nach *Schulze*, EN 462 u. 520f., die Doppelkonsonanz in *mamma offa* beruhe auf affektischer Konsonantendehnung. – β) Für *quasillus* 'Körbchen' ergibt sich eine Vorstufe mit *ss* indirekt aus dem Grundwort *quālus*, s. § 209 b. – γ) Zu *argīlētum* neben *argilla* s. § 365 A 4 b. – δ) Kein sicheres Zeugnis ist *cŏruptus*: bei Lucil. 1243 *ore corupto/* (für *corr-* nach Consentius) ist gr. κορύπτω gemeint; auf die falsche Deutung stützt sich Lucr. 6, 1135 *caelum ... coruptum/* (*corumptum* codd.); s. *Heraeus*, Kl. Schr. 225f.; *Diels*, SB Berlin 1922, 56. – ε) Zu *disertus* 'beredt' s. § 180 e α. – ζ) Eine der vortonigen Konsonantenkürzung vergleichbare Vokalkürzung erschloß man aus dem Verhältnis *mōlēs* : *mŏlestus*; s. dazu § 108 b. – Siehe im übrigen noch *Sommer*, KE nr. 62; *Safarewicz*, Rhot. 48–65 (nur Tendenzen, nicht Gesetz [Gl. 23, 127 oben]); *Graur*, Cons. gém. 101.

b) **Geminatenfernassimilation** bzw. Längenassimilation zeigen die *pp*-Formen des Namens *Apollo*, inschr. dat. *Appollini* V 6603 wie osk. gen. *Appelluneis* (vgl. *Schulze*, EN 446⁸), und die *tt*-Form *Brittanni* Lucr. 6, 1106. Der letztere Name zeigt auch Fernmetathese der Gemination mit *Brittan-* für *Britann-* (Thes. s. v. p. 2195, 27–30). Diese Erscheinungen entspringen einfach der Unsicherheit über die Stelle der Geminata in fremden Namen. – Vgl. *Schopf* 192.

c) **Geminatenkürzung** hinter Langvokal und Diphthong erfolgte bei *ll* (*vīlicus, caelum* 'Meißel', § 148 d α) und bei *ss* (*causa*, § 182 a). – Die App. Probi tadelt *garulus* für *garrulus*. – Kürzung gedehnter Verschlußlaute in der Fuge nach Langvokal ist vorauszusetzen bei *sē(d)-dūco, mē(d)-cum* usw., s. § 196, 1 b für weitere Fälle.

d) Zur sog. Geminatenauflösung bei Verschlußlauten, Wandel *bb* > *mb* usw., s. § 220 b β. Zu *amandula* für *amygdala* s. § 197 f.

Lit.: *Graur*, Cons. gém. 97; *Erika Kretschmer*, Festschr. Kretschmer 100 ff.; *Schulze*, Kl. Schr. 289.

186. Manche Konsonantengruppen („Nexus" nach Jespersen), sowohl zwei- als dreilautige, sind seit der Grundsprache unverändert erhalten geblieben, etwa im An- und Inlaut *tr* (*trēs, arātrum*), *st* (*stāre, gustus, est* aus *esti), nur im Inlaut *nt* (ptc. *agent-*, 3. pl. *-unt* aus *-onti*). – Die meisten Konsonantengruppen entstehen durch morphologische Vorgänge der Flexion und Wortbildung; auf diesem Wege können im Latein auch zwei gleiche Konsonanten in einer Binnenfuge zusammentreffen, etwa in *per-rārō*, s. § 184a.

Nicht alle Gruppen sind beständig; die Aussprache wurde bei vielen vereinfacht durch sog. „kombinatorische Lautwandel", auch „Kontaktwandel", in praxi meist durch partielle oder selbst totale progressive Assimilationen (§ 196). Deren Eintritt ist in erster Linie bedingt durch die phonetischen Hauptgegensätze der Einzellaute (vgl. Allg. Teil S. 63* oben) stimmhaft/stimmlos, Momentanlaut/Dauerlaut, verschiedene Artikulationsstellen; stimmhaft sind Sonanten *r l m n*, Halbvokale *i̯ u̯*, Mediae *b d g*, stimmlos sind die Tenues *c* (mit *qu̯*) *t p* und die Fricativae *s f*; Momentanlaute sind die Verschlußlaute (Occlusivae), also Tenues *c t p* und Mediae *g d b*, sowie *i̯ u̯*, Dauerlaute dagegen *r l m n* und *s f*; nach der Artikulationsstelle sind von hinten nach vorn geschieden Gutturale (bzw. Velare) *c qu̯ g*; Dentale *t d n*, auch *s r l*, Labiale *p b m f*.

Bestimmte Kontaktwandel sind besonders deutlich, so bei Lautgruppen, die durch Lehnwörter neu eingeführt wurden (*km* in gr. δραχμή: lat. *dracuma* § 114 b β und *dragma* § 200 a), oder bei solchen, die durch andere frühere Lautwandel neu geschaffen sind: rein lautlich entstanden neue *r*- und *n*-Gruppen durch die Wandel idg. *r̥ n̥* > lat. *or en* vor Kons. oder idg. *r̥̄ l̥̄* > lat. *rā lā* hinter Kons., oder lat. *tl* durch lat. Synkope in *vet(u)lus* usw. Viele neue Gruppen ergaben sich durch morphologische Vorgänge mit Konsonantenzusammenstoß in innerer Wortfuge, so ohne Lautveränderung etwa *saep-sī -tum* oder *in-dignus*, mit Lautverlust etwa *ful(c)-sī -tum i(n)-gnōtus*.

187. Ergebnisse des Zusammenstoßes von Konsonanten. Das häufigste Ergebnis bei zweifacher Konsonanz ist die teilweise oder vollständige **Assimilation.** Normal erfolgt sie „progressiv", d. h. als Adaptation des vorangehenden an den folgenden Konsonanten: *in-* priv. vor Vokal in *in-ops in-imīcus*, aber *im-berbis im-probus ir-ritus il-licitus* (s. § 196, 3; Allg. Teil, S. 63*); man spricht von antizipatorischer oder progressiver Angleichung an den folgenden Konsonanten. Seltener, besonders bei *l*, ist die Angleichung in umgekehrter Richtung (die *Magnien* leider als progressive Assimilation bezeichnet): *ld > ll, ln > ll* (vgl. Allg. Teil § 44γ) und (*ls rs >*) *lz rz > ll rr* (*velle ferre*).

Als seltenere Gegenstücke zur Assimilation sind zu nennen: die sog. Differenziation (auch Kontaktdissimilation genannt), etwa *tl > kl*, § 160b (gegenüber *dl > ll*), oder *-sr- > -br-* (freilich mit Zwischenstufen, § 175c), und die Überbrückung bei einer schwierigen Lautfolge durch Einschub entweder eines anaptyktischen Vokals wie in *drachuma* Enn. (§§ 113–115) oder eines kons. Übergangslautes (früher irreführend „euphonischer Laut" genannt), so vorhistorisch *p* in *emptus*, konj. *empsim, exemplum*, alle zur Wz. *em* 'nehmen', oder spät *t* in *Istrahel*. – Mehr ins Gebiet der Vokale reicht, als Weiterführung einer Assimilation, die sog. Ersatzdehnung eines vorausgehenden kurzen Vokals bei Schwund eines *n* vor *s* (§ 125b) und eines *z* (aus *s*) vor Stimmhaften (§ 205). – Bei Gruppen von drei Konsonanten schwindet öfters der mittlere: *fultum* für **fulctum*, s. § 221.

188. Lit. zur Lautentwicklung in Konsonantengruppen: *Maniet* 40ff.; *Hermann*, NGG 1919, 250ff. (Analysierung aller solcher Kontaktwandel als As- oder Dissimilationen); *Devoto*, Adattamento e distinzione nella fonetica latina, Florenz 1923 (vgl. *Leumann*, IFAnz. 44, 364–368 und dazu *Devoto*, Scritti minori 9f.); *Magnien*, BSL 34, 35–47 (Dreikons.-Gruppen [Gl. 24, 150]). – Die ältere Lehre vom „Stellungswert" der Laute betrifft ebenfalls Konsonanten in Gruppen: der vordere wird meist assimiliert, er ist also schwächer, phonetisch gesprochen als Verschlußlaut nur implosiv. S. auch Allg. Teil Ende von § 54 über *Hermann*, *Kretschmer* und *Juret*.

b) Konsonantengruppen im Wortanlaut (§§ 189–195)

189. Die Entwicklung mehrfacher Konsonanz geht im Anlaut oft andere Wege als im Inlaut, vgl. etwa *(g)nātus* aber *dignus*. Das liegt daran, daß das Latein im Wortanlaut meist die dem Satzanlaut oder dem isolierten Wort zukommende Lautentwicklung durchführte, oder, anders ausgedrückt, daß die Anlautgruppen immer als Silbenanfang gelten im Gegensatz zu den oft durch Silbenfuge geschiedenen Inlautgruppen. In der Grundsprache und den meisten Einzelsprachen sind die Wörter autonom, der Wortanfang ist nicht durch Sandhiwirkungen im Satzzusammenhang gefährdet, sondern stabil; eine Ausnahme bildet das Inselkeltische. – Zu später Vokalanaptyxe in kons. Anlautgruppen s. § 115.

190. a) Von zwei Verschlußlauten schwindet der erste in den Gruppen *pt-* und *kt-* (fast nur Lehnwörter): *tilia* neben gr. πτελέα myken. *pterewa* (Mittelmeerwort?); *tŭnĭca* ist phönik. Lehnwort, vgl. hebr. $k_e \bar{p}\bar{o}net$ gr. ion. κιθών (att. χιτών); aus dem Griechischen: *tisicus* Petr. (Cena) 64, 3 φθισικός, *tisana* IV 4986 πτισάνη, Tolomaidi X 3018 Πτολομ- (aber *pthois* § 165e); *Tesiphon* V 500 Κτησ-.

b) Vschll. + *s*: der Vschll. schwindet.

ps-: *sabulum* 'Sand' aus **psaflom*, vgl. gr. ψάμμος aus **ψαφμος. Entlehnt aus dem Griechischen: *salmos* XI 4629 ψαλμός, *sittacus* 'Sittich' ψιττακός, auch *Syche* Test. Dasum. 35. – Aber *sp-* für gr. ψ- in *Spyche* VI 26713 IX 3971 al. wird schon griechisch sein, vgl. altatt. inschr. σφυχή 'ψυχή' (*Meisterhans* 93 N. 835). – Eine Entsprechung lat. *p* gr. *ps-* vermutete man in *parra* (umbr. *parfa*, § 181a) gr. ψάρ 'Star', *pūlex* 'Floh' gr. ψύλλα, *palpāre* gr. ψηλαφάω; wenn anzuerkennen, dann gr. *ps-* aus *sp-*, und Wechsel *p-/sp-* mit *s mobile*. – Ein idg. Anlaut *pst-* in lat. *sternuo*, § 406, 3.

ks-: *serēsco* Lucr., mit *serēnus* neben gr. ξερός (vgl. *Specht*, KZ 66, 202); *sitis* und *situs*, s. § 179bβ; *ksn-* > *sn-* > *n-* in *novācula* s. § 194. – Den ital. **sup *super* von lat. *sub super* osk. συπ *supruis* umbr. *sub super* entsprechen als Formen ohne *s-* altind. *úpa upári* germ. nhd. *auf über* (der Anlaut von gr. ὑπό ὑπέρ könnte auch *su-* gewesen sein). Das ital. *s-* ist unerklärt, sicher vor Vokal nicht idg. *s mobile*; für die Rückführung von *super* auf **(e)ks-uper* ist gr. ἐξ-ύπερθε Soph. Phil. 29 keine ausreichende Stütze. Ein ähnliches „prothetisches *s-*" vermutet *Meillet*, BSL 30, 80 [Gl. 20, 273] in lat. *s-ine* gegen gr. ἄνευ got. *inu* 'ohne'. S. auch *Krahe*, IF 58, 148. Nicht besser *Heubeck*, Orbis 13, 266 f.

c) *sk- sp- st-* bleiben erhalten: zu *scindo specit spondeo stāre* s. §§ 176 II a, 163 a. – Zu Wechsel *sp-/p-* usw. s. § 179 b α „*s* mobile".

191. Vschll. + lat. i̯ u̯ (idg. *y w*). Zum wahlweisen Fehlen von idg. *y* und *w* hinter anl. Vschll. oder *s-* s. § 136 c.

Idg. *dy-*, ital. altlat. *di̯-* wird lat. *i̯-* : gen. *Iovis* alt *Di̯ou̯-*, s. § 137 a.

Idg. *dw-*, altlat. *du̯-* wird um 250ᵃ lat. *b-* : adj. *du̯enos* 'bonus' s. § 140 b.

Idg. *k'w-* > lat. *qu̯-* in *queror*, s. § 155.

Idg. *tw-* > lat. *p-* in *paries* 'Wand', s. § 140 c Zus. γ. Vielleicht *pānus* 'Geschwulst', aus **tu̯anknos*, zu lit. *tviñkti* 'anschwellen'. – Ganz unsicher Wechsel *tw-/t-* für Verknüpfung von gr. σίφων < **twībh-* mit lat. *tībia*, bestritten von *Schwyzer*, KZ 58, 204. Zu lat. *tē* neben gr. σέ < **tu̯e* s. § 369 A b.

Ital. *pu̯-* > *p-* würde zur Not die etymolog. Verknüpfung von *pius* mit *pūrus* unter Grdf. **pu̯ī-i̯os* erlauben.

Med. aspir. + *w*. *bhw-* > ital. *f-*, wenn lat. *fīo* zu Wz. idg. *bhū* ital. *fū-* zu stellen ist, unter Grdf. **bhwīi̯ō* (§ 403, 3). – *dhw-* > lat. *f-* : *suf-fīo* Cato 'räuchere' < **dhu̯ii̯ō*, zu gr. θύω; vgl. *forum* gleich aksl. (m.) *dvorъ* 'Hof' (§ 171 a; nicht erst Schwund des u̯ nach § 145 b). – Da auch *bh- dh-* vor Vokal zu *f-* wurden, darf man eine Zwischenstufe *fu̯-* für *bhw- dhw-* annehmen. Zu *g'hw-* > *f-* (*fera*) s. § 168.

192. Vschll. + *r, l, n*. Folgende Besonderheiten sind zu nennen.

dr- begegnet nur in fremden Wörtern wie *dracuma Drūsus*; vgl. § 162 e. Zu *dr-* > *tr-* s. *antruāre* § 199 a α Zus.

gl- ist erhalten in *glōs* Plt. ('*viri soror*' Paul. Fest.), vgl. gr. γάλως, *glūbo* vgl. gr. γλύφω, *glaber* (s. § 168 Zus.). — Lat. *gl-* aus *gʷl-* in *gland-* 'Eichel', § 157 γ. – Lat. *glōria* dürfte zu *gnōros 'bekannt' (in *ignōrāre* gr. γνώριμος) gehören, mit Wandel *gn-* > *gl-* im Satzsandhi. – Verlust des anl. *g*: durch ferndissimilator. Schwund *gl — c* > *l — c* in griech. Lehnwörtern: *γλυκοῦντ- > lat. *lucūnt-* Lucil. Varro Paul. Fest. 'ein Gebäck', γλυκύ(ρ)ριζα > lat. *liquiritia* (nhd. Lakritze) 'Süßholz' Veg. (IVᵖ), mit *qui* nach § 52 b und Angleichung von An- und Auslaut an *liquidus* und Suffix *-itia* (nach *-idia* für *-ιζα*, § 139 b γ); *lact-* 'Milch' lautlich aus **glact-* vgl. gr. γαλακτ- (aus dem Griech. entlehnt nach *Szemerényi*, KZ 75, 176 f., wie sicher *lactūca* aus γαλακτοῦχος). Vielleicht auch in *landīca* 'κλειτορίς' Gloss. als Ableitung von *gland-* (*J. B. Hofmann*, IF 56, 115).

dl- > *l-* ? Vermittels einer Grdf. *dlonghos wurde lat. *longus* (nhd. *lang*) gewaltsam verknüpft mit idg. **dl̥ghos* 'lang' (ai. *dīrghas* aksl. *dlъgъ* usw.; zu gr. δολιχός s. *Szemerényi*, Sync. 74³); anders *Strunk*, Gl. 47, 3 und MSS 28, 109 ff.

Nachidg. *tl-* > lat. *l-* (aber inl. *-tl-* > *-cl-*, § 160 b): *lātus* 'getragen', zu perf. (*te*)*tulī*, idg. **tl̥tos*, vgl. gr. τλητός (§ 63). – Lat. *Latium* ist nicht etymologisch mit umbr. *agre Tlatie* zu kombinieren, s. *Schulze*, EN 375 sub *Tula*.

Alt *gn-* (meist idg. *g'n-*, doch auch *kn-*) ist vereinzelt noch als lat. *gn-* bezeugt, dann zu *n-* vereinfacht. Im Praenomen *Gnaeus* (inschr. Γναῖος

D 101, 130 usw., abl. *Gnaiu̯od* 539, dazu osk. *Gnaivs* und *Gn.*) blieb der Guttural wohl in der Aussprache bewahrt, in Anlehnung an die Abkürzung *Cn.* (zum *c* s. § 8 Ende). Daneben Schreibungen ohne Guttural: *Naeus* Lib. de praen. 5, Gentile *Naevius*, inschr. Ναῖος Mon. Ancyr. und Sklavenname *Naepor* (§ 142 c δ); lautliche Vorstufe vielleicht *u̯n-* wie bei inl. *-gn-* (§ 42 a), so *Hermann*, NGG 1919, 257. Die etymologische Zugehörigkeit von *naevus* 'Muttermal' ergibt sich aus *gneus* Paul. Fest. – Die Wurzeln lat. *gnā-* 'geboren werden' und *gnō-* 'erkennen'. *gnātus* 'Sohn' (dichterisch, auch D 581, 5 al.), 'geboren von' bzw. '(Jahre) alt' (inschr. D 557 f., 577 bzw. 543 sqq., auch Lex repett.), sonst *nātus*; *gnō-* in *gnōtū* Paul. Fest., *gnōbilis* Acc. trag. 283 und inschr. *gnoscier* SCBacch., sonst *nōsco nōtus* usw. Im Wortlaut nach Praefixen bleibt *gn* dieser Wurzeln erhalten (§ 200 a) in *prae-gnās prō-gnātus a(d-)gnātus* und *a(d-)gnōsco*, ferner *cogn- ign-* aus *con-gn- in-gn-* nach § 222 in *cognātus* und *cognōsco cognitus ignōtus ignōbilis* (aber *nōmen* gehört nicht zu Wz. *gnō*, vgl. ai. *nāman-*; s. dazu § 326 A 3 b). – Durch geläufigeres *ignārus* blieb *gnārus* gestützt, dazu *gnārigāvit* 'narravit' Liv. Andr.; aus *ignāvus* ergibt sich **gnāvos*; *nārus* und *nāvus* nennt Cic. orat. 158. – Zur Aussprache von inl. *-gn-* als *-u̯n-* und zu *cogn-* aus *con-gn-* s. §§ 42 a u. 200 b; zu lat. *gn-* s. auch *Schwyzer*, KZ 56, 10–13; *Schulze*, EN 263². – Spät Anaptyxe bei *gn- cn-* in *Gineo ganarus* und *Cinips*, § 115. – Gr. γν- als lat. *gr-* (durch etrusk. Vermittlung oder durch Ferndissimilation): *grōma -ae*, s. § 56, 2.

kn- > gn- > n-: *nīdor* 'Fettdampf' aus **knīdōs*, vgl. gr. hom. κνίση aus **knīds-ā*. Für *nītor nīxus sum* 'stütze mich' bei Paul. Fest. noch *gnītor gnīxus* („*prisci dixerunt*"). Hierfür und für *cōnīveo* (§ 222) ergibt sich eine Grdf. **kneigʷh-* aus got. *hneiwan* (nhd. *neigen*); praes. *nītor* 3. Konjug. kaum aus **nīvitor*, vielmehr retrograd aus *nīsus* für *nīxus*. Lat. *gn-* (schon gr. γν-?) in den gr. Städtenamen Κνίδος Κνωσσός: akk. *Gnidum* Catull 36, 13, *Gnidon* Ov. (weiteres Thes. Onom. s. v. p. 513, 45; 47; 53); adj. *Gnōsius* Verg. passim, *Gnōs-* Tib. 3, 6, 39 Ov. passim. – In Lehnwort *cnāsōn* Paul. Fest. *κνάσων* (*Leumann*, Kl. Schr. 174²). – Mit gr. κνέφας 'Dunkel des Abends' läßt sich lat. *crepus-culum* 'Abenddämmerung' (seit Plt., dazu *creperus* 'dunkel') nur auf Umwegen gleichsetzen; *Szemerényi*, Festschr. Pisani 971–975 versucht Verknüpfung mit altind. *kṣap* 'Nacht'. – Zu *cn- > cin-* (gr. κνίψ) s. § 115.

dn- > n- in lat. *nux nuc-is*: die german. Entsprechung (engl. *nut*, nhd. *Nuß*) beruht nach aisl. *hnot* auf vorgerm. bzw. idg. **knud-*; daraus durch Fernmetathese **dnuk- >* lat. *nuc-*.

193. Die dreikonsonantigen *spr- str- scr-* und *spl- stl-*.

spr- besteht nur in *sprē-tus sprē-vī* zu *sperno*.

str- ist nicht selten, und teilweise sicher ererbt. Genannt seien *strepo stringo strīdo* und *strēna* 'Festgeschenk', *strēnuus strūma*, auch *strātus* aus **str̥tos* § 63; *strebula* Plt. 'Opferfleischstücke' ist umbrisch nach Festus; gr. Lehnwort *strangulāre* (§ 91 aβ). – Merkwürdig nach Festus *strittavus* der Antiqui für *tritavus* (Plt. Pers. 57 *atavos tritavos/*, als *-os str-* mißdeutete Quelle für Festus?). – *scrīblīta* Cato 'Art Backwerk' aus gr. **στρεβλίτης,* wohl durch Ferndissimilation oder Angleichung an *scrīpulum* 'kleines Gewicht' (vgl. *Redard*, Les noms grecs en -της 91). – Spät *str*- > *sr*- in *sructor* VIII 9426; vgl. inl. *sr* § 207 g.

skr- ist bewahrt als *scr*- : *scrībo* (vgl. gr. σκαρῑφάομαι mit anaptyktischem α), *screāre, scrūtārī, scrīnium, scrobis* 'Grube', *scrōfa* 'Sau' (mit unlat. -*f*-).

spl- in *splendeo* (dazu vielleicht altind. *sphuliṅgas* 'Funke'). – Lat. *lien* 'Milz' hatte wohl Anlaut idg. *spl*- angesichts von gr. σπλήν altind. *plīhan*-; zur Grundform s. auch § 168 Zus. a.

stl- > klass.-lat. *l*-; vereinzelt noch *stl*- bei Festus, so *stlocus* 'locus' (auch inschr. V 7381), vgl. *īlico* § 209 c; *stlembus (equus)* 'langsam' Lucil. 1109 (aber lat. *lembus* Plt. 'schnelles Schiff' ist entlehntes gr. λέμβος); *lātus* 'breit' aus **stlātos* (idg. **st̥tos*, § 63); Festus erklärt *stlatta* (eine Art Schiff) *a latitudine*, kannte also **stlātus*; vgl. auch ntr. pl. *stlātāria* Enn. ann. 182 'Waren für ein Lastschiff'. – Neben *līs* gen. *līt-is* 'Streit' ist in der Rechtssprache als Archaismus *stlīs -tis* bewahrt, bei Cic. orat. 156 *decemvir(or)um stlitibus iudicandis* (auch inschr.); daraus einerseits durch ferndissimil. Schwund *slīt*- (bezeugt nur einmal inschr. nomin. *slis* Lex repett. 7, daneben aber *lis* und *lit- leit-*), andrerseits später *sclīt*- (X 1249; vgl. § 160 b). – Lat. *stloppus* Pers. 5, 13 'ein Geräusch' ist wohl Basis von roman. **scloppo* italien. *schioppo* 'Gewehr' (*Meyer-Lübke*, REW nr. 8270). – S. auch *Pisani*, L'Italia dialettale 12, 216–225 [Gl. 27, 81]. – Unglaubhaft: *Phelps*, Lang. 13, 279–284 [Gl. 28, 4]: idg. *sl*- > lat. u. gr. *stl*- durch Substrateinfluß; *Radke*, Gl. 44, 34–40: (*st*)*līmen* in *po-stlīminium*.

194. *s*- mit Sonanten: *si̯- su̯-*; *sr*-; *sl- sm- sn*-.

Zu idg. *sy*- s. § 136 b u. c (*siēs, suere*); auch zu eventuell lat. *si̯*- in *sōdēs* § 139 b α.

Idg. *sw*- ist erhalten als lat. *su̯*- vor *ā* und *ē* in *su̯āvis su̯ādeo su̯ētus*, § 140 b. Zu *s*- aus *su̯*- vor *o* in *soror sopor sūdor* und *sonus* s. §§ 145 b u. 43 b, zu schon idg. *s*- neben *sw*- in *sex sē* s. § 136 c. Auch in einigen Wurzelgleichungen entspricht dem *sw*- anderer Sprachen nur lat. *s*-: *sermo* neben osk. *sverrunei* 'dem Sprecher' nhd. *schwören* engl. *an-swer*; *sīdus* zu lit. *svidùs* 'glänzend'; *sērius* zu got. *swērs* nhd. *schwer*; im ersten Beispiel kann es sich wegen osk. *sv*- nicht um ererbten Anlautwechsel handeln. – S. auch *Ehrlich*, Untersuch. 75.

Idg. *sr*- > *þr*- > lat. *fr*-, aber griech. > *hr*- > ῥ-: *frīgus* mit -*eo*, gr. ῥῖγος mit -έω; *frāgum* 'Erdbeere' vgl. gr. ῥάξ ῥαγός '(Wein-)Beere'; Grdf. **srīgos* **srāg*-; s. zuletzt *Szemerényi*, Arch. Ling. 4, 27–53. Vgl. inl. -*sr*- > lat. -*br*- § 207 und zum Lautlichen § 175 c.

sl- sm- sn- > lat. *l- m- n*-; da im Osk.-Umbr. die *s*-Anlaute erhalten sind, ist das Fehlen des *s*- im Latein nicht mit idg. *s* mobile (§ 179 b α) zu erklären.

sl- in osk. *slaagid* abl. 'Grenze'. Lat. *l*- aus *sl*- nach den etymologischen Verknüpfungen: *lūbricus* 'schlüpfrig' ~ got. *sliupan* nhd. *schlüpfen*, Grdf. **sleub*-; *languēre* ~ aisl. *slakr* ahd. *slach* 'schlaff'; *līvēns* 'bläulich' (pl. *prūna* Ov.) ~ aksl. *sliva* 'Pflaume'. – Nicht *sl*- > lat. *fl*-, s. § 207 Zus. c.

sm- > lat. *m-*. *mīca* 'Krümel' vgl. gr. σμῑκρός μῑκρός; *mīrus* zu altind. idg. *smi* 'lächeln'. Nach Paul. Fest. sagten die Antiqui *cosmittere* für *committere*; vgl. idg. *smeid in got. *bi-smeitan* nhd. *schmeißen*. – Zu *zm-* in griech. Wörtern für σμ- ζμ- s. § 9 Zus. a.

sn- > lat. *n-*. *nāre*, *nătāre* 'schwimmen', vgl. umbr. *snata* 'gewässert' (?) mit *a(n)-snata*, altind. *snā* 'baden usw.'; *nix nivis* idg. **snig^{wh}-s*, vgl. gr. ἀγά-ννιφος und Allg. Teil 55* § 44; *nurus -ūs* 'Schwiegertochter' zu gr. ἡ νυός, vgl. ai. *snuṣā* usw., s. § 180a; *nūbere*, *sn-* wegen *cōnubium* aus **con-sn-* (§ 211e), vgl. aksl. *snubiti* 'um ein Mädchen werben' (bezweifelt von *Szemerényi*, Syncope 325). – *ksn-* > *sn-* > *n-* : *novācula* 'Schermesser' aus **ksnov-*, vgl. altind. *kṣṇu* 'wetzen'.

195. Sonant *w*, *m* (als Kons.) + Sonant *r*, *l* (als Kons.)

Idg. *w* vor Kons. sollte im Wortanlaut nur als Vokal *ŭ* auftreten, nicht als Kons. *u̯*. Doch begründen für einige lat. anl. *r- l-* die Entsprechungen anderer Sprachen einen älteren Anlaut *wr- wl-*. Überdies konnte die Lautentwicklung idg. *r̄ l̄* > lat. *rā lā* bei *w*-Anlaut zu vorlat. *u̯rā- u̯lā-* führen.

Idg. *wr-* bzw. vorlat. *u̯r-* in *rīdeo* altind. *vrīḍate* 'wird verlegen' Grdf. **wrizd-*; *rōdere* (mit *rōstrum* 'Schnabel, Rüssel') ags. *wrōtan* (mit *wrōtila, nhd. *Rüssel*; *W. Schulze*, Kl. Schr. 472 f., *Lidén*, KZ 56, 221 f.); *repente* wohl zu gr. (F)ρέπειν. *rādīx* mit **u̯rād-* aus **wr̄d-* (s. § 63). – *rēno* 'Tierfell' Varro Caes. Sall. ist entlehnt aus german. *wrēnō (dies zu gr. *Fρήν 'Widder, Lamm' in gr. hom. πολύ-ρρην).

Idg. *wl-* bzw. vorlat. *u̯l-* in *lōrum* 'Zügel' neben gr. pl. εὔληρα; vermutet in *lepidus*; *lāna*, **u̯lānā* aus idg. **wl̄nā*, s. § 63.

mr- ml- : auch diese Anlaute sind für einige idg. Wörter sicher zu rekonstruieren, vgl. av. *mrū-* (altind. *brū*) 'sprechen'.

Lat. *brevis* (zu *v* aus *g'hu̯* s. § 168) idg. **mreg'hw-i-* aufgrund von *u*-Adjektiv **mr̥g'hu-* in avest. *mərəzu-* gr. βραχύς, auch in got. *ga-maúrgjan* 'verkürzen'; Lautentwicklung *mr-* > *mbr-* > lat. *br-* wie in gr. hom. βροτός 'sterblich' aus *mrotos < **mr̥tos*, vgl. ἄ-μβροτος. – Für eine Entwicklung *mr-* > lat. *fr-* führt man weniger zwingende Entsprechungen an, darunter *fremo* ~ gr. βρέμω (und μορμύρω), pl. *fracēs* Cato 'Ölhefe' ~ *marceo*. – *Walde*, Ital. Spr. 185 operiert in *brevis* mit einer Zwischenstufe *v̆r-*, woraus normal *fr-*, aber durch Spirantendissimilation *br-* (vgl. § 168 Zus. b am Ende).

Für idg. *ml-* im Latein fehlen eindeutige Beispiele. α) Nachidg. *ml-* > *fl-* : hierfür spricht die am ehesten einleuchtende approximative Gleichsetzung von *flaccus* (für *flācus, § 184b β) mit gr. μαλακός (und βλάξ) 'schlaff', Grdf. *mlākos; Wechsel *lā* : *ala* nach § 64). β) *ml-* > *bl-* : die hierfür benutzte Verknüpfung von *blandus* mit *mollis* (aus **mol̥dṷi-*, § 59) ist gekünstelt (bei *Reichelt*, KZ 46, 324 f.; doch siehe auch *Scheftelowitz*, ZII 6, 101). γ) *ml-* > *pl-* ergibt die Verknüpfung von *plectere* 'strafen' mit *mul(c)ta* 'Strafe', *Sommer* 227. δ) *ml-* > *l-* : *lascīvus* zu βλάξ, *Ehrlich*, Untersuch. 55[1], ders., Zur idg. Sprachgesch. 64.

mn- > *min-* in Lehnwörtern : *mina* gr. μνᾶ; *guminasium*; s. § 85 A 4. Im Inlaut lateinischer Wörter ist Anaptyxe *-mn-* > *-min-* nicht gesichert, § 114cα.

Zusatz. Das Lautproblem bei *formīca* 'Ameise'. Die Wortentsprechungen der anderen Einzelsprachen lassen sich, vom Suffixvokal abgesehen, bei Annahme verschiedener Fernwirkungen am einfachsten unter einer Grdf. **morw-ī-* oder auch **worm-ī-* vereinigen, nämlich altind. *vamrī-* (auch *vamrá-*, dazu *valmī-ka-* 'Ameisenhaufen'), av. *maoiri-*, slav. **morvī-*, gr. dial. bei Hesych βορμ-āκ- βυρμ-āκ- (β- für ϝ-), ορμικας, dazu mit Fernassimilation att. μύρμ-ηκ-. Die gleiche unauflösbare Konsonantenentsprechung wie *form-īca* att. μύρμ-ηξ zeigt auch *form-īdo* 'Schrecken' gr. μορμώ. Der Hinweis auf idg. *mr-* > lat. *fr-* (s. oben) hilft nicht weiter. – Lit.: *Solmsen*, KZ 34, 18–34; *Meillet*, BSL 20, 115 (Grdf. **morm-*, im Latein dissimiliert zu **borm-* > *form-*); zum Lautlichen anders *Hermann*, NGG 1919, 272; *Walde-Pokorny* II 306f. – *Specht*, Urspr. 45 motiviert die singulären Lautveränderungen durch Sprachzauber, *Meillet* nimmt sie einfacher als Kennzeichen von idg. volkstümlichen Wörtern, von 'mots populaires'.

c) Konsonantengruppen im Inlaut (§§ 196–223)

196. Vorbemerkungen.

1. Assimilationen in Wortfugen. Konsonantengruppen im Wortinlaut entstehen vorwiegend in innerer Wortfuge durch morphologische Vorgänge. Manche bleiben unverändert erhalten, die meisten aber werden durch Assimilation vereinfacht; doch wird die ursprüngliche Lautung aus etymologisch-morphologischem Bewußtsein oft wiederhergestellt. Die partiellen und totalen Assimilationen sind weitgehend gelenkt durch die phonetischen Besonderheiten der sich berührenden Laute, zu diesen s. § 186 f.

a) Als sehr weitgreifende Wandlungen sind kurz vorauszunehmen die Assimilationen des Stimmtons. Zur Stimmlosigkeit: die stimmhaften Medien *g d b* werden durch Verlust des Stimmtons zu *c t p* vor allen Stimmlosen, d. h. vor den Tenues *c* (*qu̯*) *t p* und vor den Frikativen *f* und *s*, Typus *gt* > *ct* in *āctus* für *ag-tus zu *ago*, *scrīpsī* für *scrīb-sī zu *scrībo*. Die Medien fallen also in diesen Stellungen lautlich zusammen mit den alten Tenues *c t p* (in *fac-tus* zu *fac-io*, *saep-sī* zu *saep-io*). Die Phonologen bevorzugen im Hinblick darauf eine andere Formulierung: die Oppositionen *g/c d/t b/p* sind in dieser Stellung „neutralisiert" (aufgehoben); doch beschreiben sie damit nicht den Lautvorgang, sondern eine ihnen wichtige Konsequenz dieser partiellen Assimilation. – Assimilation zur Stimmhaftigkeit: stimmloses *s* wird stimmhaft (*z*) vor allen stimmhaften Konsonanten, d. h. vor *g d b*, *r l m n*, *i̯ u̯*. Diese Assimilation ist freilich nicht unmittelbar zu beobachten, da das *z* weiter unter Ersatzdehnung geschwunden ist: *disgesō > *dizgezō > *dīgero*, auch **eks-u̯ech̄o* > **egz-u̯ehō* > **ez-u̯ehō* > *ēveho*; vgl. zu den Praeverbien auf *s* § 205a, und zu *ab sub* § 163 c α.

b) **Geminaten** bestehen im Latein bei allen Konsonanten außer *u̯*; zu *i̯i̯* s. §§ 137b u. 138.

α) **Ursprünge.** Aus Zusammenstoß von zwei gleichen Konsonanten bei Komposition (s. § 184a): *addūco subblandus interrēgnum commūnis dissentīre* usw.; bei Synkope: *reddo, rettulī, druppa* § 102. – In griech. Lehnwörtern *porro burrus* § 147c, *lēmma comma, saccus sittacus hippāgo, tessera*; vgl. auch kelt. *carrus*. Singulär *offa*. – Über expressive Geminaten usw. s. § 184b. – Die meisten Geminaten entstanden aus totaler Assimilation, besonders in Überbrückung der Fugen von Verbalkomposita; von Sonderfällen seien genannt: *ll* aus *rl* in *intellego puella*, meist regressiv aus *ls ln ld* (§§ 214, 216b, 218a); *ss* aus *ts* und aus idg. *-t-t-* (§ 198).

β) Vereinfachungen von Geminaten: intervokal. nach langem Vokal *ll* > *l* in *vīlicus* und *ss* > *s* (§ 185c); vgl. auch unten zu *sēdulō sēcūrus* und Allg. Teil § 49. – Ferner wurden schon vorhistorisch, was also nicht immer direkt zu beobachten ist, lat. Geminaten vor oder hinter Konsonant vereinfacht bzw. verkürzt; vgl. die verkürzten *-cc -ll -ss* (*hoc, vel, os*) im Auslaut, der phonetisch der Stellung im Inlaut vor Kons. entspricht. Für den wichtigsten Fall, *s* statt *ss* (aus *s-s, t-s*, idg. *t-t*), seien erwähnt: hinter *r l n*: *forsitan* 'fors sit an', perf. *arsī*, PPP *vorsus versus* (s. Allg. Teil 55* § 44β, γ), altlat. *cesnā* neben osk. *kerssnā-* (§ 211b); wie *rs* in *versus* auch *ls ns* in *excelsus dēfēnsus*; hinter *c*: *existere* für *ecs-sistere* (*ex-sistere*); vor *c t p* in *es-(s)cit* § 400 A 2 und den Fugen *s-sc s-st s-sp* mit den Praeverbien *dis- trāns- ad-* (> *as-*), vereinzelt auch mit *ex-*: *di(s)scindo di(s)stāre di(s)spergo*, entsprechend *trān(s)scendo* usw., *a(s)scendo a(s)stringo a(s)spicio*, **ecs-scandō* > *e(s)scendo* (§ 203b α), **ecs-stāre* > *extāre*, *ex(s)pectāre*; auch in Nominalkomposita: *mū(s)-scerda* Plin. 'Mäusekot', *iū(s)-stitium* 'Rechtsstillstand'. Dazu *-us (e)st* > *-ust*, § 134b. – Nicht *ssu̯* > *su̯*: *dissu̯ādeo assu̯ēsco*; künstlich *fossrix*, § 198 Zus. b. – Andere Beispiele: *rrg* > *rg* in **perr(e)gō* > *pergo*, ähnlich *surgo, surpuit* (§ 103b); *llu̯* > *lu̯* in *helvos*, § 148dβ; (*rsn lsn* >) *rrn lln* > *rn ln* § 214a; *ggn* > *gn* in *agnātus*; *rtc* > *rcc* > *rc* in *Mārcus* (§ 221c). – In Dreiergruppen besteht Doppelkonsonanz von Tenues oder *f* nur vor *r l* bei Praeverb *ad* und vereinzelt bei *ob ex*: *accrēsco acclāmāre attribuo applicāre*, auch *aggredior* und *afflīgo*; dann *occlūdo opprimo* und *effringo* (zu *eff-* s. § 213).

γ) Totale Assimilation des *d* erfolgte zweifellos wie hinter kurzem Vokal (bei *ad-* in *annuo* usw.) so auch nach langem Vokal; doch wurde dann der gedehnte Konsonant gekürzt, nicht der Vokal. Die Beispiele betreffen die einsilbigen Ablative auf *d* und das Praeverb *sē*, alt *sēd* (§ 230b): abl. **hōd-ce* > **hōcce* > *hōce* (D 59) > *hōc*; *quō(d)cum*; **mēd-com* > **mēccom* > *mēcum*; mit *sēd* als Praepos.: **sēd dolōd* > *sēdulō*, **sēd cūrād* > *sēcūrus*, als Praeverb: *sēgregāre sēcernere sēparāre*. Analog wohl auch vor *l m i̯* in *sē-ligo -mōtus -i̯ungo*; zu **sēd-u̯orssom* > **sēvorsum* (*sēo-* > *sĕo-* § 145aδ) vgl. *su̯ā(d)u̯is* § 140c.

2. Fugen in Flexion und Stammbildung lassen die meisten Veränderungen in den neugeschaffenen kons. Inlautgruppen erkennen. In der Flexion sind es bei den Nomina die hier mitherangezogene Fuge im Wortausgang zwischen Kons.-Stamm der 3. Dekl. und Endung *-s* des Nom. sing., bei Verben die Fugen zwischen dem Verbalstamm auf Konsonant und dem *s* des *s*-Perfekts oder dem *t* des *to*-Partizips, in der nominalen Stammbildung die Fugen vor dem *t* oder *m n l* der deverbativen Suffixe *-tu- -tōr-* und *-men-* oder der denominativen *-to- -no- -mo- -lo-*. – Mit den beiden Hauptvoraussetzungen der Stimmtonassimilationen und der Vorstufen von *ss* (*ts* und *-t-t-*) sollen nun die Lautgestaltungen von ein paar solchen Fugen zusammengestellt werden; lat. *x* gilt als *cs* (*ks*); ursprüngliche Laute stehen, soweit ausgedrängt, im Wort in ( ), soweit durch Assimilation verändert, hinter dem Wort in ( ).

Konsonanten: Assimilationen in Inlautgruppen (§ 196, 2 u. 3)

a) Nomin. auf *-s* (vgl. § 225 B c): *nec-s* (*nex*), *rēc-s* (*g*), *praecoc-s* (*qṷ*), *nic-s* (gen. *niv-is*, *v* aus *gṷ* bzw. *gʷh*, Allg. Teil 55* § 44); *op-s*, *plēp-s* (*b*); mit *-t-s* > *-ss* > *-s*: *sege(t)s novitā(t)s dō(t)s salū(t)s, ar(t)s pul(t)s men(t)s*, mit *-d-s* > *-ts*: *praese(d)-s lau(d)-s palū(d)-s fron(d)-s* 'Laub'.

b) *s*-Perfekt und *to*-Partizip. *illec-sī -tum* (zu *illicio*), *coc-sī -tum* (*qṷ*, zu *coquo*), *auc-sī -tum* (*g*), *ūnc-sī -tum* (*gṷ*), *vec-sī -tum* (*h*, älter *g*); dazu *ful(c)-sī -tum*, *tor(qṷ)-sī -tum*, *ful(g)-sī*; *saep-sī*, *scrīp-sī -tum* (*b*); *sen(t)-sī sēnsus* (**sent-tos*), *mī(t)-sī missus*, mit *ds* > *ts ēvā(d)-sī ar(d)-sī*. – Deverbativa: *ul(c)-tio -tor -trīx*; *ful(c)-mentum*; *ful(g)-men* 'Blitz'; *cae(d)-mentum* 'Haustein'.

c) Zusammenrückungen, besonders in der Flexion der Pronomina: *dc* > *tc* > *cc*: ntr. *hoc*, alt *hocc* (§ 224 I b) aus **hod-ce*; entsprechend *quicquam* (neben *quidquam*), *quippe* neben *quidpiam* (§ 374, 4b). Nasale vor Vschll.: *mc* > *nc* (lautlich *ŋk*): *tunc* neben *tum*, *hunc*; *md* > *nd*: *eun-dem*.

3. Besonders instruktiv ist die Binnenfuge hinter Praeverbien auf Kons., also *in- com- inter- ad- ob- dis- ex-* usw., und hinter *in-* privativum.

a) An sich wird rein lautlich der Auslaut, soweit phonetisch geeignet, an den folgenden Anlaut assimiliert, entweder partiell nach Artikulationsart oder -stelle (*op-secrāre, im-probus*), oder total, in einem Schritt (*intel-lego*) oder in zweien (*ob-ferō* > **op-ferō* > *offero*). Die Ergebnisse bei totaler Assimilation seien am Praeverb *ad-* in einer Tabelle dargestellt:

Totale Assimil. des *d*	nach Artikulationsart		nach Artikul.-stelle (Gutt., Dent., Lab.)
	stimmhaft/stimmlos	Momentanlaut/ Dauerlaut	
Assimil. einfach	*dt* > *tt*: *attingo*	*dr* > *rr*: *arrigo* *dl* > *ll*: *allicio* *dn* > *nn*: *annuo*	*dg* > *gg*: *aggredior*
Assimil. in zwei Stufen	*dc* > *tc* ⟶ *dp* > *tp* ⟶ *ds* > *ts* ⟶	*ts* > *ss*: *assisto*	*tc* > *cc*: *accēdo* *tp* > *pp*: *appeto*
in drei Stufen	*df* > *tf* ⟶	*tf* > *þf* ⟶	*þf* > *ff*: *affero*.

Die assimilierten Formen sind – mit Ausnahme von *op- sup-* statt *ob- sub-* – diejenigen unserer Wörterbücher und der normalen Textausgaben, also schon die einzelner antiker Grammatiker. Das Oskische assimiliert nicht: *adfust, adpúd*; daneben *az* (d. i. *ads*). Erkennbar werden für uns derartige Lautwandel durch die morphologische Formenanalyse, also durch „innere Vergleichung". Aber die Möglichkeit solcher Analyse besteht bei den Verbalkomposita nicht nur als nachträgliche Retrospektive der modernen Sprachforscher, sondern sie bestand auch aus Bedeutungsgründen weithin im Sprachgefühl der seinerzeitigen Sprecher; und diese wehrten sich gegen die Verundeutlichung der vorderen Elemente durch die Lautassimilation und restituierten gegebenenfalls die etymologisch verlangte Lautung; sie machten also den Lautwandel rückgängig (s. Allg. Teil § 53 b). Tatsächlich sind, mindestens in der Schrift, nebeneinander die assimilierte Form wie *affero* und die restituierte, scheinbar also ursprüngliche wie *adfero* im Gebrauch. – Abgesehen ist hierbei von Komposita, deren Bildung erst nach dem Lautwandel erfolgte, etwa bei Plautus *exdorsua exballistabo*.

b) Eine verbindliche Orthographie oder „Rechtschreibung" läßt sich selbst aus den amtlichen Inschriften der republikanischen Zeit nicht erweisen, also auch für Textausgaben nicht gewinnen. Das Normale ist wohl Assimilation, doch ist für manche Wörter der Amtssprache die etymologische Schreibung bevorzugt, sogar inschr. *inperium* und *conlega*. – Es folgen einige Angaben über die Behandlung von *ob- ab- com- in-* in ausgewählten Inschriften des Altlateins und der Augusteerzeit (Mon. Ancyr., Laud. Turiae), sowie über einzelne Praeverbien des Plautustextes in Handschriften und Ausgaben.

α) Altlat. Inschriften (Sammlung von *Diehl*, also Nummern von D). *ob- ab- sub-*: *opsides* 539, *optineo* 269 al.; *apsoluo* 260, Lex repett., *supsigno* Lex agr.; *occultus* wegen *oquoltod* SCBacch. (Allg. Teil § 43). – *ad-*: *accipio* und *appareo* 269, *a(f)fleicta* 88, dagegen *adtributa* 429, *adsignare* Lex agr. – *com-/con-*: *com-* vor *d f v*: *comductus* Lex agr. 25, *comfluont* Sent. Minuc. 13, *comuouise* SCBacch., *comual(l)em* Sent. Minuc. *con-*: *conlegium* 68, 73, 261, *conleibertus* 584, *conlatus* 298, 359, *conlocare* 642, 4 *conpromesise* SCBacch., *conmoda* Lex Iul. munic. 23, aber *complureis* 270 a 14. – *in-*: *inpeirator* 263, *inperium* Leges (daneben *imp.*, s. Thes.), *inpulsus* Lex agr., *inmolatum* Lex Arae Narb. I 18 u. 32, *inrogare* 268; merkwürdig *imprivatum* 'in pr.' Lex agr. 27. – *in-* priv.: *inmortalis* 270 a 15, Lex Iul., ebd. *inmolitus*.

β) Mon. Ancyr. *apsenti*, ferner *accipio occupāre oppressa supplicāre*. – *ad-*: *adsignāre*, *administrāre*, auch *adque* 'atque'. – *com-*: *commercium complures*; *conlega -ium* (*collega* nur einmal). – *in-*: *im-* vor *p* in *imperium -ator impensa*, aber *in-* vor *m* und *l* in *inmissus inlatus* (*bellum*). – Laud. Turiae (ed. *Durry*, p. LXXXIII sqq.): *obsequor, adquiro, conlega, inmortalis*.

Für *ad-* gilt, wie man sieht, Meidung der Assimilation; in späteren Inschriften steht sogar oft *at* vor Stimmhaften: *atuocatus* Gl. 36, 126 unten, *atueho, atmoneo*, sogar *athibeo* Gl. 42, 86; vgl. *atnis* 'annīs' § 200 a β.

γ) Daß die Schrift mit *obt-* in *obtineo* entgegen der Aussprache nur der Ratio folgt, sagt Quint. 1, 7, 7: *aures magis audiunt p*. Indirekte Zeugnisse der in der Aussprache vollzogenen Assimilation sind besonders auf Inschriften die pseudohistorisch mit Praefix geschriebenen Wörter und Namen, also umgekehrte Schreibungen mit „Praefixeinmischung" (s. Allg. Teil § 60 Ende), mit *in-* so *Inlyricus* (Münzen des Traian, auch XIV 2165), *Insidi*; mit *ad-*: Wortwitz zwischen *assum* 'adsum' und *assum* 'gekocht' Plt. Poen. 279; *adstatus* für '(h)astātus' (s. § 204 c; nach *adstāre/astāre*); mit *ob ab* lat. *obsōnium* Plt. 'Zukost' *absīs* Plin. 'Halbkreis' aus gr. ὀψώνιον ἀψίς; noch krasser (nach *adr- adl-* für *arr- all-*) mit *ob-* und *sub-*: *obbripilatio* 'horripil.' (*Niedermann*, Mél. Saussure 72), *sublecetauet* 'sollicit.'; weiter *obscultāvit* 'ausc-'; für lat. *ax-ungia* 'Achs-schmiere' im Romanischen teils **ex-ungia*, teils **ab-sungia* über Zwischenstufe **ass-* (s. Gl. 21, 189 zu *Graur*). Vgl. auch § 418 I B 2.

c) Die Editoren literarischer Texte geraten also hier in ein Dilemma. Wissenschaftliche Textausgaben befolgen nur mit Einschränkung die Assimilation; die Orthographie der Handschriften oder gar die mutmaßliche Schreibweise des Autors sind darin nur unzureichend zu erkennen. Hier sei mit einigen Proben die an Plautus geübte Editorenpraxis dargelegt; für ihn bestehen autoritative Editionen, und die öfters zweigeteilte (A und P) Überlieferung ist auch mit Hilfe des Plautuslexikons von Lodge einigermaßen überblickbar. Die Orthographie der Handschriften ist, ganz allgemein gesprochen, nicht mehr die der Plautuszeit, wohl aber vorklassisch und wenig einheitlich; die einen Herausgeber normalisieren archaisierend, so mit Grenzen Lindsay, die andern folgen den Handschriften oder einer Klasse, so Leo und Ernout; s. *Redard*, Le rajeunissement du texte de Plaute, Homm. Niedermann 296 ff., und für die Praeverbien speziell 305 f.

Über die Schreibung der Plautus-Handschriften sei Folgendes gesagt. Bei Praeverb *ad-* ist üblich einerseits *acc-* vor Vokal in *accēdo accipio accubāre*, andrerseits *ad-* in *adcrēsco adgredior adloquor adnuo adsum adficio adfīnis*. Bei Praeverb *ob-* ist vor *c g f* durchweg assimiliert, so *occipio oggero offero*, auch *offuit offutūrum*. – Als kritische Fälle der Assimilationspraxis werden hier besprochen *ob-* bzw. *op-* vor *s-* und *t-* und die beiden *in-* vor *m- p-* und vor *r- l-*. Praeverb *ob* (vgl. § 163 c): Bevorzugung von *obs- obt-* in P, von *ops- opt-* in A; doch auch gemeinsam in AP *ops- opt-*, so *opsecro* Poen. 387, 392, 417; *optinēre* normal, und *obs-*, so *observāre* Trin. 1007, auch (gegen *ops-* B) *obsequī* Trin. 230, *obsignāre* Psd. 706. Praeverb *in-* und Praefix *in-* priv.: vor Labialen fast nur *im-*, einerseits *imper-āre* mit *-ātor* und *-ium*, *impertīre impetrāre impetus*, andrerseits *immortālis* (fast überall), *immemor immeritus* und *im-pius -prūdēns -pudīcus -pūne*, aber *inpos*. Vor *l r* meist *inl- inr-*, sowohl *inlicio* (mit Ableitungen), *inlūxit* und *inrīdeo inruptio* als *in-lepidus -lēx -rāsus -ritus* (mit *inritāre*).

Editionen. *Lindsay* normalisiert durchweg, und zwar mit *ops- opt-*, bei Praeverb *in-* mit *imp-* (*impingere impluvium*), aber bei *in-* priv. mit *inm- inp-*, so *inmānis inpos, inpius -probus -prūdēns -pudēns -pudīcus -pūrus*. *Leo* dagegen geht mit den Handschriften, bei varia lectio in P meist mit B oder E, er wechselt also mit *obs-/ops-, obt-/opt-* und *inp-/imp- inl-/ill-* usw.; ähnlich auch *Ernout*. – Doch ganz konsequent ist keine Ausgabe. *Lindsay* beispielsweise weicht von seinen Normen ab mit *inpensius* Ep. 566 (gegen *imp-* Bacch. 394) und andrerseits etwa mit *imperītus* Cas. 832, *impos* Cas. 629 (hier *inpos* Hss.!). *Leo* normalisiert bei *in-* priv. öfters mit *imm- imp-* gegen die Handschriften, so *immortālis* Amph. 455, 822 al., *immundus* Cist. 113 sq., Most. 106, *immoene* Trin. 24 al., *immodestia* Amph. 163, Merc. 27 (trotz *inmodestus* mit den Hss. Rud. 193 al.), auch *impūne* Men. 621 Merc. 820; ferner *inrīdeat* Aul. 232 (nach 221).

Weitere Einzelheiten zu *ad-, ab- ob- sub-* und *com- in-* über Bevorzugung der nichtassimilierten Formen bei einzelnen Verben, Gebrauch in Inschriften und Handschriften bei *Prinz*, ALMA 21, 87–115; 23, 35–60 [Gl. 34, 212f.]. – S. auch § 418 I A 2 a.

4. Zum Anordnungsprinzip. Da bei den vorherrschenden Assimilationen die progressiven weit überwiegen, empfiehlt sich die Anordnung nach dem letzten oder zweiten Konsonant der Gruppe, soweit nicht gleichartige Entwicklungen eine besondere Zusammenfassung erlauben.

Die hier gewählte Anordnung ist:

Vschll. + Vschll. (u. *s f*) § 197. Idg. *t-t* > lat. *ss* § 198.
Vschll. + *r l, m n, i̯ u̯* §§ 199–201.
s-Gruppen (stimmloses *s*) §§ 202–204.
s (> *z*) vor Stimmhaften §§ 205–212.
  Durchschaubare Fugen nach *dis- ex- sex-* usw. § 205.
  Einfaches *z* vor Stimmhaften §§ 206–207.
  zl zm zn hinter Kons. §§ 208–212.
Kons. + *f* § 213.
rs ls, ms ns §§ 214–215.
r l m n + *r l m n, i̯ u̯* §§ 216–217.
r l m n + Vschll., auch in Dreiergruppen §§ 218–222.
Vulglat. Doppelschreibungen eines Konsonanten einer Gruppe § 223.

Das Hauptgewicht liegt auf den vorhistorischen Lautentwicklungen. Doch werden auch spätere Wandlungen und die Schreibungen auf kaiserzeitlichen Inschriften berücksichtigt; für diese findet man reichere Belege in den Indices zu *Diehl*, Vulglat. Inschr. (Kleine Texte nr. 62) S. 156–167 und zu *Diehl*, Inscr. lat. christ. III ([1]1931, [3]1968). – Über relative Chronologie von Lautwandeln s. Allg. Teil 56* u. 63*.

Von anderen Verfahren seien erwähnt (vgl. § 188): *Sommer*: nach dem letzten Kons. und der Zahl der vorangehenden. *Juret*: nach der Silbengrenze (im Hinblick auf den Stellungswert). *Hermann* und *Maniet*: nach dem Ergebnis als Assimilation oder Dissimilation. Merkwürdig über kons. Dreiergruppen *Magnien*, BSL 34, 35–47 [Gl. 24, 150].

Verschlußlaut plus Konsonant (§§ 197–201)

197. Verschlußlaut plus Verschlußlaut oder *s f*. Als erste Normalisierung ist die Stimmtonassimilation vollzogen oder vorausgesetzt (§ 196, 1 a): Tenuis statt Media steht vor Tenuis oder *s f*; Media statt Tenuis steht vor Media. Also bleibt Tenuis vor Tenuis oder *s* unverändert, so in morphologischer Fuge *fac-tus cap-tus*, *faxim (fac-sim) cap-sim*; ebenso Media vor Media, etwa *ad-dūco sub-do*. Im Übrigen kann noch weitere progressive Angleichung bis zur Geminata führen.

a) **Media vor Tenuis**. Die Medien *g d b* werden stimmlos (also zu *c t p*) vor den Tenues *c t p*. In Verbalableitungen auf *-to-* usw.: *bt* > *pt* in *scrīptus* zu *scrībo*; *gt* > *ct* in *lūctu- āctus rēctus* zu *lūgeo ago rego* (zur Vokaldehnung *ā* in *āctus* s. § 129). Im Sandhi *quot per* CE 170, *set qui* 613, 5. – Bei gleicher Artikulationsstelle entsteht unmittelbar Geminata, im Sandhi *at tuos* VI 31066, *at tegulas* I² 1252; im Wortinnern *cette* aus **ce-date* § 102, in Fuge am deutlichsten nach den Praeverbien *ad ob sub*, also *ad-t-* > *att-*, *ob-p-* > *opp-*: *attingo, oppōno supplex*.

b) **Tenuis (auch aus Media) vor ungleicher Tenuis**: durch Angleichung an die Artikulationsstelle entsteht meist ebenfalls Geminata. (*dc* >) *tc* > *cc* hinter kurzem Vokal: *accēdo accūsāre*; *iccircō* (Thes.), **hod-ce* > *hocc* § 225 I b. Entsprechend (*dqu̯* >) *tqu̯* > *cqu̯*: *acquīro, quicquam*, auch *ac* aus **acc* aus *atque*; vielleicht *ecquis*. Etymologisch *cc* < *tc* wohl in *siccus* < **sit(i)-cos, peccāre* (Wz. *pet*). Zu *c* aus *cc* nach langem Vokal (*mēcum*) s. § 196, 1 bγ; vgl. *Mārcus* § 221 c. – (*dp* >) *tp* > *pp*: *apportāre*; *quippe* mit *quippiam* § 196, 2 c, *topper* § 373 a. – (*bc* >) *pc* > *cc*: *occīdo succēdo*. – Keine Assimilation bei (*bt* >) *pt*: *obtineo, subter, subtus* (> italien. *sotto*).

c) Bei **Media vor ungleicher Media** durch Assimilation Geminata: *dg* > *gg*: *agger, aggredior*. – *bg* > *gg*: *oggannio, suggero*.

d) **Tenuis vor Media** wird stimmhaft. Nur so erklären sich die Normalformen der Praepositionen *ad* und *ab ob sub*, s. § 163 c.

e) **Media vor *s* und *f*** wird stimmlos. *gs* > *cs* (*x*), *bs* > *ps*: *s*-Perfekt *rēxī, scrīpsī*; in Fuge *opsequor*, § 196 b. – Bei gleicher Artikulationsstelle weiter Vollassimilation: dental *ds* > *ts* > *ss* (*assequor*), s. § 198; labial *bf* > *pf* > *ff*: *offero, suffundo*. – Weiter auch bei ungleicher: *df* > *tf* > *ff*: *affero*.

Zusatz. Idg. Media aspirata vor *t* oder *s*. Zur idg. Entwicklung *bht* > *bdh* s. § 167 β. – Für morphologisch deutliche Verbalformen ist vor *t* und *s* der Auslautkonsonant des lat. Praesensstammes benutzt, so das *b* (aus idg. *bh*) von *scrībo nūbo* in *scrīptus nuptus scrīpsī nūpsī*. Entsprechend ist wohl das *f* in osk. *scriftas* von prs. *scrīf-* bezogen; weiter *ft* > *ht* in umbr. *screhto*. – Neben *h* (aus idg. *g'h*) in *veho traho* steht *c* in *vectus tractus vēxī trāxī*, s. dazu § 168 Zus. a.

f) **Spätere Veränderungen, meist aus Inschriften**.
Restituiertes *bt bs*: inschr. *scribtus conlabsus*, dazu *labsus* App. Probi (vgl. *Baehrens*, Komm. 90). – Umgekehrt *ps* für normalisiertes *bs*: ptc. *apsolutus, apsentia*, seit dem Altlatein (s. § 196, 3 b. c).
Volle Assimilationen. Inschr. *ct* > *tt*, auch einfaches *t* besonders nach langem Vokal: *U̯itoria* D 761 (*U̯ict-* 765, beide Praeneste); *inu̯ito* XII 5561; *autione fata* Pompeji, *autor* (auch App. Probi), *Adautus* (Thes.); *coator* V 4504/05; *Frutuosa* VI 26185; *brattea* neben *bractea* (s. Thes.); *Ottobres* XI 2537, *Otauia* VIII 16151, *Ota(u̯)us* IV 4870. Bei

lattuca Ed. Diocl. 'lactūca' mag Ferndissimilation wirksam gewesen sein (*Kretschmer*, Gl. 3, 313 f.). – Umgekehrte Schreibung (oder Umdeutung) *factum* für *fātum* (s. Thes.). Von den romanischen Sprachen zeigt nur das Italienische *tt*, etwa mit *otto* 'octō'. – S. noch *Väänänen* 43, *Baehrens*, Komm. 45 u. 85. – Im Oskisch-Umbrischen dagegen *kt* > *ht* (über Zwischenstufe χt): umbr. *uhtur* 'auctor', osk. *saahtúm* 'sanctum', vgl. § 125 b.

pt > *tt* (> *t*): inschr. (und italien.) *sette* 'septem'; *otimo* 'optimō' VIII 466. Umgekehrte Schreibungen für dieses *tt*: *filio meo octemo* Gl. 18, 248; *laptūca* Gloss. (doch beachte rumän. *pt* aus lat. *ct*). – *bc* > *cc* erneut: inschr. *suc cura* XIII 14203, 40 al.; vgl. *succurator* (Gl. 42, 86). – *gd* > *dd*: gr. ἀμυγδάλη 'Mandel' > lat. *amiddula* App. Probi (s. *Baehrens*, Komm. 36 f.); daneben *nd* in *amendola* Gloss. (s. Thes.; italien. *amendola*), nach *Schwyzer*, KZ 61, 236 oben, durch Geminatenauflösung *dd* > *nd*, eher wohl aus gr. *ἀμυγγδάλη mit γγ 'ng', zu *ngd* > *nd* vgl. *nct* > *nt* in *spinter* § 222 b. – Zu *agd* > *aud* > *ald* s. § 200 a Zus. zu *gm*.

Zu vulglat. *cs* (*x*) > *ss* und *ps* > *ss* s. § 204 a.

198. -*tt*- > -*ss*- und -*ts*- > -*ss*-. Einen Sonderfall bildet idg. -*t-t*- (auch aus -*d-t*-); es erscheint im Latein als -*ss*-, speziell bei morphologischer Fuge in *t*-Ableitungen von Dentalverben (vgl. Allg. Teil § 44 β, γ), so zu *percutio patior fodio* im *to*-Partizipium *percussus passus fossus*, auch in *iussus* zu *iubeo* (§ 171 b β), in Ableitungen auf -*ti*- -*tōr*-, zu *meto* in *messis* 'Ernte' *messor*. – Normale Assimilation ist *ts* > *ss*, bei entsprechender Fuge in *percussī iussī*, s. § 202. – Das -*ss*- aus -*t-t*- wird in vielen Situationen zu -*s*- verkürzt bzw. vereinfacht, so in vorhistorischer Zeit hinter *r l n* (§ 196, 1 b β) in PPP *versus salsus dēfēnsus* oder im *tu*-Abstraktum *sēnsus* -*ūs*, zu *verto *saldō* (*sallo*) *dēfendo sentio*, erst zu Beginn des klassischen Lateins hinter Langvokal und Diphthong (§ 182), in *rāsus cāsus rīsus laesus ausus clausus ūsus* zu *rādo cado rīdeo laedo* (**laid*-) *audeo claudo ūtor* (*oit*-). Ebenso *s* für *ss* aus *ts* in perf. *sēnsī* und *rīsī laesī clausī*.

Zusätze. a) Zur Vorgeschichte. Die Vertretung -*ss*- für idg. -*t-t*- ist auch keltisch und germanisch. Die anderen Sprachen zeigen -*st*-, so das Griechische etwa mit σχιστός gegenüber lat. *scissus*, mit μήστωρ ψεύστης zu μήδομαι ψεύδομαι; ebenso das Baltoslawische und das Iranische, dies mit einem *st*, dessen *s* hinter *i u* nicht zu š wird; das Altindische allein zeigt -*tt*-. Danach ist die Lautentwicklung so zu erklären: in der Grundsprache wurde, entgegen sonstiger Kürzung (§ 183), das -*tt*- aus Deutlichkeitsgründen bewahrt und als wirkliches doppeltes *t*, d. h. als -*t-t*- artikuliert, woraus über -*t't*- -*tˢt*- sich -*tst*- ergab. In den *st*-Sprachen schwand das vordere *t* durch Kontaktassimilation, also *tst*- > *sst* > *st*; in den *ss*-Sprachen schwand in vermutlich gemeinsamer Vorstufe (vgl. Allg. Teil §§ 16 f.) zunächst das hintere *t* durch Ferndissimilation gegen das vordere, also *tst* > *ts*, woraus weiter *ss*. Altind. *tt* ist restituiert, allenfalls aus *tst* entwickelt (wie das *tth* von *utthā* 'aufstehen' aus **ut-sthā*). Das Hethitische zeigt *tst* in 3. sg. praet. *ezta* (*z* gleich *ts*) neben 1. sg. *edun*, zu Wz. *ed* 'essen'. – Auch das Oskisch-Umbrische gehört zu den *ss*-Sprachen: osk. *rs* (aus *rss*) in Ϝερσορει 'Versōrī'; das Umbrische zeigt weiter *rf* aus *rss* in *trahu̯orfi* 'trānsvorsē' und entsprechend (*n*)*f* in *mefa* 'Art Opferkuchen' gleich lat. *mēnsa* ursprünglich 'Fladen' (vgl. Verg. Aen. 7, 116 u. 125; *Kretschmer*, Gl. 8, 79).

b) Lat. *str* in *claustrum tōnstrīna* neben *claudo tondeo*. Idg. -*t-tr*- ergab, entsprechend dem idg. -*t-t*- > -*tst*-, idg. -*tstr*- in den idg. *tr*-Ableitungen (lat. -*trum* -*trīna* -*trīx*); darin blieb das zweite *t* in der Gruppe *tr* erhalten, woraus sich bei *ts* > *ss* in allen Sprachen die Folge *sstr* > *str* ergibt (also nicht etwa in den *ss*-Sprachen mit *tst* > *ss* zuerst *tsr* > *ssr*): zu *rōdere* gehört *rōstrum* (§ 195), gleichartig sind *rāstrum claustrum*; neben *tōnsor* (zu *tondēre*) stehen *tōnstrīna tōnstrīx*; nach solchen Mustern auch die Augenblicksbildungen *ambēstrīcēs* Cas. 778 (*ambas estrices* codd.), *persu̯āstrīx* Plt., *dēfēnstrīx* Cic. – Die nom. ag. fem. *fossrīx cursrīx* bei Charisius (s. Thes.), zu mask. *fossor cursor*, sind gebildet etwa nach *victor victrīx*, entweder volkstümlich oder als reine Grammatikerkonstruktionen. –

Etymologisch undurchsichtig gewordenes frühidg. *-ttr-* hatte *-tr-* ergeben in gr. μέτρον, falls *tro*-Ableitung zu Wz. *med* in lat. *modus* (*de Saussure*, Recueil 422).

c) Lautentwicklung nach *Cocchia*: idg. *tt* > *ḥḥ* > *ss* (*ḥḥ* auch wegen umbr. *f* in *mefa*); entsprechend *ttr* > *ssr*, weiter *ssr* > lat. *str* (so auch *Niedermann*, Précis ²219 und andere). – Nach *Kent* im PPP Zwischenstufe *tst* > *ts* (> lat. *ss*) in Anlehnung an das *d t* des Praesensstammes.

d) Lat. *st* statt *ss* aus idg. *-t-t-* durch Paradigmazwang in *est estis* (*ē-*) zu *edere* 'essen', s. § 403. – Zu idg. *-d-dh-* > lat. *zd* in *crēdere* s. § 171 c.

e) Junges lat. *tt* aus *-t-t-* (auch *-d-t-*) in *attendo* usw.; zu *cette rettulī* s. § 196 b α, zu *volun*(*t*)*-tās* § 328, 1 b.

Lit. zu idg. *tt* > lat. *ss* usw.: *Brugmann* I 624 u. 666; *Sommer* 241; *Szemerényi*, Einf. 96 f.; *Meillet*, MSL 22, 213 [Idg. Jb. 9, 23 n. 48]; *Emeneau*, Lang. 9, 232 ff.; *Kent*, Lang. 8, 18–26; *Pisani*, Preist. 617; *Strunk*, MSS 25, 113–129: Ein Fall von Ökonomie des Lautwandels; *Cocchia*, Saggi 1 ff., 112 ff. [vgl. auch Gl. 18, 252 f.].

199. Vschll. plus *r*, *l*.

a) *dr* zeigt einige Besonderheiten.

α) *dr* > *tr* ist gesichert durch zwei Etymologien: *taetro-* aus **taidros* zu *taedet*; *utri-* 'Schlauch' (nomin. *uter*) zu idg. **udro-* 'Wasser' in gr. ὑδρο-, ὑδρία 'Wasserkrug' ai. *sam-udram* 'Meer' (vgl. gr. ὕδωρ); dazu sicher auch *lutra* 'Otter' (Varro [*lira* Hs.], Plin.) mit unerklärtem *l-*, angesichts von avest. *udra-* gr. ὕδρα ὕδρος nhd. *Otter*. S. auch *Pisani*, DLZ 1962, 80.

Zusatz. Hiernach weitere Worterklärungen: *red-an-truāre* mit *amptruāre* (*amptr-antr-* aus **amb(i)-tr-*) im Salierlied (bei Festus) zu ai. *dravati* 'läuft', also vielleicht anl. *dr-* > *tr-* (*-tru-* aus *-dreu-* nach § 143 a). – Mittelmeerwort *citrus* gleich gr. κέδρος' Zitronenbaum'. – In *tri-quetrus* 'dreieckig' ist *quadrum* 'Viereck' verbaut. – *palpetrae* 'Augenlider' Varro, inschr. D 801², 22 S. 87, auch romanisch (frz. *les paupières*), Nebenform zu *palpebrae* Cic., ist wohl durch Ferndissimilation über **palpedrae* aus *palpebrae* entstanden; ähnlich inschr. *catecra* Pompeji durch Ferndissimilation aus **catetra* (§ 232 C) aus *catedra* gr. καθέδρα. – Inschr. plur. *rutramina* für **rūderāmina* zu *rūdera* (sg. *rūdus*), § 326 A 2 c. – *Alixentros* und *Casenter*(*a*) D 764 f. u. 775 (Praeneste) zeigen wohl mit *t* etruskische Lautgebung, doch vgl. Quint. 1, 4, 16 über *Alexander* und *Cassantra* „*in celebribus templis*".

β) Demgegenüber steht lat. *dr* in Ableitungen des Viererzahlwortes: *quadru-* in *quadru-pēs* *-plex* *quadrīga* (§ 138, 2 b γ), dazu in *quadrāgintā*, *quadrum* mit *quadrātus*. Das Vorderglied *quadru-* setzt idg. **kʷetru-* fort (s. § 378 B), in lat. *quater* aus **kʷetrus* (av. *caϑruš*) ist *t* erhalten oder wiederhergestellt. – Eine überzeugende Rechtfertigung des *dr* fehlt; entweder ist es verschleppt aus *quadrāgintā* mit *-drā-* aus *-twrā-* aus idg. *-twr̥-* (s. § 379 c), oder es steht allenfalls *d* für *t* durch Ferndissimilation gegen beidseitige Tenues in **quatrupēs* **quatrācintā*.

Lit.: *Thurneysen*, KZ 32, 562–566 (*dr* > *tr*); *Lagercrantz*, KZ 37, 157–170 (*redantruāre*); *Niedermann*, Rev. phil. 7, 22 (*rutramina* [Gl. 24, 157]); *Schwyzer*, KZ 62, 201 (anl. lat. *dr-*); *Endzelin*, KZ 65, 134 (*tr* in spät *quatrīduō* nach *trīduō*). – *Meillet*, BSL 26, 70 (gegen *dr* > lat. *tr*).

γ) Bewahrt ist *dr* sonst nur in fremden Namen (§ 162 e), in *Adria* und *Hadriānus*, also ebenso wie anl. *dr-* etwa in *Drūsus* (§ 192). – Der Name des Meeres ist gr. ὁ Ἀδρίας (Lys. 32, 25 Isokr. 5, 21), lat. *Adria* oder *Hadria* (Catull, Hor.) bzw. *Hadriāticum mare* (Caes. civ. 1, 25, 3, Inschrr.); doch der Name der Veneterstadt ist *Atria* Paul. Fest., Inschrr., Einwohner *Atriātēs* (gr. *Ἀτριᾶται) Varro. Das *-tr-* des Stadtnamens ist also nicht durch lat. *dr* > *tr* zu erklären, sondern aus der etruskischen Schrift. S. auch RE II 2144, sowie I 417 zur Stadt gleichen Namens in Picenum.

δ) Jünger *dr* > *rr* in Komposita mit *ad* (§ 196, 3a): *arrigo arripio.* – Spät *dr* > *rr* (*r*): inschr. *quaraginta* XIII 11032, *qaragita* VIII 12200, *quarranta* XIII 7645, so auch romanisch (frz. *quarante*).

b) Die übrigen Gruppen.

br > *rr* in älteren Komposita mit *sub* : *surripio*, perf. *surrēxī*. Vgl. inschr. *obbri-* für *horri-* § 196, 3bγ. – Nicht bei *ab-* in *abripio* usw. zur Meidung des lautlichen Zusammenfalls mit *ad-*Komposita.

tl > *cl* : gemeinitalisch in *piāclum* usw.; spätlateinisch in *veclus* usw.; s. § 160b. – Vereinzelt *tr* > *cr*, inschr. *macri 'mātrī'*, s. ebd.

cl, aus *tl* (auch spätlat. aus *cul* in *oclus articlus* usw. App. Probi), bleibt erhalten. – *neglego* aus *nec lego* durch Fernassimilation § 232 B (zu *nec* 'nicht' s. § 333 IV A 1, zu *-lego* gr. ἀλέγω Rix, MSS 27, 104, 26). – Die griechischen Namen inschr. *Eglectus Egloge* (z.B. VI 37636; 25187) lauten bereits im Griechischen Ἔγλεκτος Ἐγλογή; vgl. zu ἐγλ- *Schwyzer* I 335 unten Ziff. 2, *Blass-Debrunner* § 19, 3.

dl > *ll* : *sella* 'Stuhl' (*in sella sedere* Cic.) vgl. gr. lakon. ἐλλά, mask. got. *sitls* nhd. *Sessel*, Grdf. **sed-lā -los*, zu lat. *sedēre; rāllum* Plin. 'Pflugschar' zu *rādere*; einfaches *l* hinter *ae* in *caelum* 'Meißel' Varro (*caelāre -ātus* seit Enn.) zu *caedere*, falls nicht Grdf. **caidslom* (vgl. § 209 b). – Ferner *pelluviae* § 334, 1c und Komposita mit *ad-*: *alligāre, allicio*; auch *arrigo*.

200. Vschll. + m, n.

a) *k*, *g* + *m*, *n*. *km* > *gm* : *segmentum* zu *secāre*. Auch *gm* für gr. κμ χμ in Lehnwörtern verschiedener Schichten: *Pyragmōn* Verg. Aen. 8, 425; *dragma* δραχμή (bei Fachschriftstellern, s. Thes.) 'ein Gewicht'; *tetragmum* (*-ginum* codd.) 'τετρά(δρα)χμον' Liv. 37, 46, 1; 58, 4; 59, 4; 39, 7, 1. Dagegen zeigt gr. δραχμή als 'Münze' in früherer Übernahme Anaptyxe: *drachuma* Plt., § 114bβ.

gm bleibt vermutlich erhalten : *agmen* Enn. Cato von *ago* (vgl. ai. *ájman-* ntr. mask. 'Bahn, Zug'); *augmen*(*tum*) zu *augeo* (vgl. mask. ai. *ojman-* lit. *augmuõ*); entsprechend *fragmen*(*tum*), *tegmen*.

Nach *Sommer* 230 vielmehr *gm* > *mm* in *flamma* (doch s. § 210a); dann wäre *agmen* synkopiert aus **agemen*, vgl. *tegumentum*. – Die Gleichung *flāmen* ai. *brahmán-* ist umstritten; s. zuletzt dagegen *Thieme*, ZDMG 102, 93[1] u. 127[1]; auch *Wn.-Dbr.* 765 litt. b.

Zusatz. Im Vulgärlatein erscheint *agm* als *aum*, meist in griechischen Lehnwörtern: ntr. σάγμα 'Packsattel' > lat. fem. *sauma* (daher nhd. *Saum-tier -pfad*); φλεγμ- > lat. *fleum-*; πῆγμα > lat. *pēuma* App. Probi; auch lat. *fraumentum* (Thes. s. *fragm-*). Lautlich vermutlich *sagma* > **saguma* (wie *drachuma*) > **sa-uma* (nach § 159b) > *sauma*. Durch umgekehrte Aussprache daraus dialektisch (italien.) *salma*; vgl. auch *agd* > *aud* > *ald* bei *smaragdus*. – S. dazu *Niedermann*, RhM 60, 461; *Svennung*, Kl. Beitr. 42; *Sofer*, Lat. u. Roman. 151–153; *Baehrens*, Komm. 88.

kn > *gn* > gesprochen *ŋn* (s. unten): *dignus* zu *decet*; als Stoffadjektive *īlignus* zu *īlex -icis*, *salignus* zu *salix -icis*. – In Entlehnungen aus dem Griechischen lat. *gn* für gr. χν κν: *culigna* Cato 'Weingefäß' usw., κυλίχνη; *cygnus* Cic. Verg. (*cycnus* Lucr.) κύκνος; plur. akk. *dagnades* (*avium genus* eqs. Paul. Fest.) gr. *δαχνάδες, cf. δαχνάζω; *Prognē* Verg. gg. 4, 15, Ov., weibl. Name XI 6177, Πρόκνη; auch wohl *Ognus* Verg. Aen. 10, 198. Vgl. auch anl.

gn- für gr. κν- § 192. – Alt auch hier Anaptyxe in *techina* Plt., τέχνη. – Zu *acnua* 'ein Feldmaß' s. W.-H.

gn bleibt in der Schrift als *gn* : *lignum tignum* zu *lego tego*; zu *-gn-* > *-gin-* s. § 114cβ; zu *agnus* gr. ἀμνός s. § 157. – Als Aussprache des *gn* ist *ŋn* erwiesen durch *i* aus *e* in *lignum dignus* (§ 42a), auch durch inschr. *-ngn-* in *dingnissim(a)e* XIV 1386, *singnifer* VI 3637 al., weniger sicher, wegen allfälliger Praeverbeinmischung, *ingnominia* Lex Iul. munic. 120 sq., *ingnis* IV 3121, *congnatus* VI 8168 u. öfters (Thes. sub *cogn.*); indirekt auch durch *mana* '*magna*' VI 14 672, 12. Vgl. auch § 222 zu *ignōtus* für **in-gnōtus*.

Zusätze. Zur Aussprache s. *Sturtevant*, Pronunc. 155 § 178b; auch *Sommer* 234; *Cocchia*, Saggi 119; *Collinge*, Proceedings Int. Congr. of Phonetic Sciences, Basel 1965, 237; *Magnien*, BSL 34, 38 (Aussprache *ŋn*, vgl. Gl. 24, 150). Nach *Safarewicz*, Festschr. Pisani 871 ist dieses *ŋ* (er schreibt *ñ*) ein besonderes lat. Phonem. Vgl. auch § 42a, und s. § 127. – Im Romanischen ist keine Spur dieser Aussprache beobachtet, auch die Grammatiker machen keine Angaben. Also ist wohl nach der Schrift die Aussprache *g-n* restituiert worden, so *Buck*, Compar. Gr. 147, *Ward*, Lang. 20, 73; ein Zeugnis dafür ist die Anaptyxe in inschr. *digina* (§ 115).

Abweichende Entwicklungen. α) Neben *aprugnus caprugnus* mit merkwürdigem Suffix *-gno-* (kaum zu *gigno* wie *prīvignus*, § 265 e) stehen *aprūnus caprūnus*; und als Vorstufe für *frūnī-scor -tus* ergibt sich **frūgnī-* im Hinblick auf plur. *frūgēs*, § 406, 2 Zus. Also lautlich *ūn* aus *ugn* (Schwund des *g* oder des *ŋ*), gegebenenfalls unter Ersatzdehnung. Man darf wohl diese drei Wörter mit nicht normaler Lautentwicklung der Bauernsprache zuweisen. S. noch *Szemerényi*, Gl. 38, 232 und *Leumann*, Gl. 20, 270 (über *Agrell*).

β) In der Kaiserzeit vereinzelt *nn* für *gn* (lautlich *ŋn*): inschr. *sinnum* IX 2893 (auch Gl. 21, 184), dazu schon altlat. *seino* (s. § 127); *propunnantes* Gl. 36, 126; in Handschriften *stannum* 'Werkblei; Zinn' neben älter *stagnum* Plin. (-*eus* Col.), auch romanisch. – Ferner für *agn-* durch Rekomposition (*Schwyzer*, KZ 56, 11) bzw. durch Praefixeinmischung *atn-* (statt *adn-*, § 196, 3 b β, für *ann-*) in *atnatos* '*agnātōs*' II 4332, vgl. *atn-* für *ann-* in *atnis* '*annis*' VI 17508.

b) *t*, *d* + *m*, *n*.

dm > *mm*, wenige Zeugnisse. Neben *admīror* hs. *ammīror* (s. Thes.). Hinter Diphthong Kürzung bzw. Vereinfachung des *mm* zu *m* (formal also Schwund des *d* vor *m*): *caementum* 'Haustein' zu *caedere*. – *mamma* 'Mutterbrust' ist Lallwort, nicht auf **madmā* (zu *madēre*) zurückzuführen; vgl. auch § 185a.

tn und *dn*. Zwei Auffassungen stehen einander gegenüber, *tn dn* > *nn* und *tn dn* > *nd*; für beide bestehen einleuchtende Beispiele.

α) *tn* > (*dn* >) *nn*. *tn*: *annus* 'Jahr' got. *aþna-* Grdf. **atnos*; *penna* 'Flügel' zu Wz. *pet* in gr. πέτομαι 'fliege' (vgl. § 211c zu *pesna*); *vannus* fem. Verg. 'Getreideschwinge', aus **vatnos* wegen demin. *vatillum* Varro 'Worfschaufel' (aus **vatnelom*, § 149a δ); daneben noch *vallum* Varro. – *dn*: *mercēnnārius* (jünger *-ēnā-*) 'Söldner' aus *mercēd(i)n-* zu **mercēdo -inis* (vgl. *mercēdōn-ius* Paul. Fest.), einer Nebenform zu *mercēd-* 'Lohn, Sold'. Komposita mit *ad-* wie *annuo*.

β) *tn dn* (auch idg. *dhn*) > *nd*: *fundus* für idg. **bhudhnos*, dies nach ai. *budhnas* 'Boden, Grund', vgl. ags. *bodan* 'Boden', auch gr. πυθ-μήν; *unda* 'Welle' aus **udnā*, vgl. gr. hom. ἁλοσ-ύδνη 'Meeres-woge' als Beiwort der Thetis, zu idg. **udn-* 'Wasser' (neben **udr-*, § 199aα) in ai. gen. *udn-as* umbr. abl. *une* aus **udn-i* (kaum aus **und-i*); prs. *pando* aus idg. *nā-*

Praesens (§ 406c) *patnā- angesichts von osk. patensins (*patnesēnt 'panderent') und gr. hom. πίτνημι (att. πετάννυμι); die Auffassung von pando als n-infigierendes Praesens wie frango neben fragmentum usw. ist unwahrscheinlich. – Hiernach postulierte Grundformen: für mundus 'rein' *mudnos oder *mūtnos; für Gerundivum -ndus aus -tnos (s. § 298b).

γ) Dem lat. nd des Gerundivums entspricht osk. nn in sakrannas; die Gentilicia Cupiennius (vgl. Schulze, EN 283) und Herennius scheinen osk. Gerundiva auf -enno- aus -endo- als Cognomina *Cupiendus und *Herendus 'wünschenswert' vorauszusetzen. Vorstufe des osk. nn also nd oder dn. Zu lat. nn aus nd s. noch § 220 a. – δ) tn > osk. kn ist unhaltbar; der Ansatz stützte sich auf die sachlich unfundierte Gleichsetzung von osk. lok. sg. akenei umbr. akk. pl. acnu mit lat. anno- 'Jahr'. S. Devoto, Tab. Ig. 416 § 285 (überholt Kent, TAPhA 57, 52). – ε) tn > lat. nt erschließt Bonfante, Rc. Ist. Lomb. 65, 64–66 [Gl. 23, 142f.]: planta 'Fußsohle' aus *platnā, zu gr. πλατύς; dem gegenüber annus aus *atsnos; beides unhaltbar. – ζ) Spät panna Gloss. (nhd. Pfanne) aus *patna aus patina (gr. πατάνη) nach Niedermann, Gl. 1, 270; nach Vendryes, BSL 25, 42 wäre das Wort aber keltisch. – η) Zu umgekehrter Schreibung tn für nn s. oben a β. – ϑ) Inschr. Frauenname Ariagne (bei Historikern u. inschr., s. Thes.) für Ariadne ist bereits griechisch, Schwyzer I 208.

Lit.: Thurneysen, KZ 26, 1883, 301–304. Szemerényi, Tr. Phil. Soc. 1950, 169–170 (für tn > nd; mundus, -ndus). Sommer, KE nr. 73 S. 86 (zur Semasiologie bei vannus). Evangelisti, Festschr. Pisani 353 (*mudnos). Godel, Cahiers de Saussure 18, 71 [Gl. 42, 93]: *patnō > *panno, erhalten in dispennite Plt. Mil. 1407; daraus analogisch pando, etwa nach scando. Petersson, Idg. Heterokl. 13 u. 17 (schon idg. dhn dn > ndh nd). Schulze, Kl. Schr. 471 (mundus). Meillet, MSL 21, 113: n in unda und lit. vanduõ 'Wasser' bezogen aus n-infigierendem Praesens (ai. Wz. ud, prs. unatti 3. pl. undanti). VanWindekens, Ling. Posn. 8, 38f. – Grammont, Festschr. Wackernagel 73 (über dn > nd usw. als allgemeine Spracherscheinung; „Interversion" [vgl. oben § 112] oder auch „Kontaktmetathese").

c) p, b plus m, n.

pm > (bm >) mm: summus mit umbr. somo aus *supmos vgl. ai. upamás; ammentum (auch āmentum Ov., āmentātus Cic.) 'Riemen', bes. 'Wurfriemen für Lanze' Caes. Verg. aus *apmentom, zu apere aptus; hinter zu erschließendem Diphthong weiter mm > m in rūmentum 'abruptio' Paul. Fest. aus *reupmentom.

bm > mm: Verbalkomposita mit sub-, so summitto summoveo, vereinzelt mit ob-, so ob- und om-movēre Cato agr. 134, 2 u. 4, ommentāns Liv. Andr. Od. 9, inschr. ommutuerun(t) Audoll. 112; vgl. auch om meritis VI 23680 u. 26094. – Etymologisch bhm > mm > m hinter Diphthong in glūma 'Hülse des Getreidekorns' (Varro rust. 1, 48, 2), zu glŭbere 'abschälen' Cato (vgl. gr. γλύφειν).

pn, bn (meist aus bhn) > mn: somnus idg. *swepnos (§ 43b), vgl. gr. ὕπνος; Samnium aus *Saŭniom (gr. Σαύνιον) neben Sabīnī (s. § 174, Ende); scamnum 'Schemel' aus *scabnom wegen Demin. scabillum (-ill- Cato agr. 10, 4 Quint. 1, 4, 12, später -ell-), wohl zu ai. skabhnāti 'stützt'. Weniger sicher mn aus pn in omnis, damnum. Vereinzelt in Komposita mit ab-: amnuit Gloss., inschr. amnegauerit VI 14672, 10. Umgekehrte Schreibung inschr. obnibus VIII 7384 u. Gl. 13, 298 (Karthago). – Über spätes mn > nn s. § 216d.

201. Vschll. plus i̯ u̯.

di̯ und gi̯ > lat. i̯ (i̯i̯): peius aus *pedi̯os; maius aus *magi̯os neben magis, aio aus *agi̯ō. S. § 137 b.

Lautlehre. II. Lateinische Lautvertretungen und -entwicklungen

Für $b\dot{i}$ mit Fuge hinter *sub-* erscheint spät $m\dot{i}$: inschr. *sumiacente* VI 13102, vermutlich analogisch nach *summissus* sim.

Vorhistor. lat. $g\underset{\sim}{u}$ (aus idg. g^w, g^wh, $g'h\textrm{\textsubring{v}}$) > lat. $\underset{\sim}{u}$ bzw. v: *fīvere*, akk. *nivem, brevis*, s. §§ 157 β u. 168 f.

$d\underset{\sim}{u} > \underset{\sim}{u}$ bzw. v: *sųāuis* § 140 c; *sēvocāre* aus **sēd-ųoc-*. Zu $d\underset{\sim}{u} > rv$ (in *arvorsum* usw.) s. § 162 b β. – $d\underset{\sim}{u}$ mit Fuge hinter *d* in späten Quellen > *bb* bzw. *b*: *abbena* Gloss.; inschr. Name *Quobuldeus* X 7769 für *Quodvultdeus*, vgl. W. Schulze, EN 344³. – Vgl. auch $t\underset{\sim}{u} > p$ in vulglat. *pīpīta* § 141 b γ.

Lat. *p* aus $p\underset{\sim}{u}$ mit Fuge hinter altem Praeverb *ap op* (§ 163 c α): *aperio* für **ap-ųerio*, vgl. ai. *apa-var* 'aufdecken', entsprechend *operio* (zum Prs. vgl. lit. *àt-veriu -vérti*); *oportet* aus **op-ų-* (s. § 415 B). – Wegen *Campānus* neben *Capua* s. § 150 Zus. γ.

Gruppen aus *s* und stimmlosem Verschlußlaut (§§ 202–204)

202. Vschll. + *s*. In Erbwörtern idg. *k's* erhalten als lat. *x*: *axis, dexter* § 155. – Aus idg. *ps* vermutlich lat. *sp* in *vespa*, vgl. ahd. *wafsa* lit. *vapsà*, Grdf. **wopsā*, aus **wobhzā* nach Szemerényi, Arch. ling. 4, 52 (lat. *ve-* aus *vo-* nach § 44); auch in *crispus*; vielleicht aus idg. *ks* lat. *sc* in *viscus* § 264, 1 a. – Die wichtigsten morphologischen Belege für Vschll. + *s* sind nach § 196, 2 b die *s*-Perfekta (idg. *s*-Aoriste, § 436); lat. *ps* in *ipse* wohl aus **is-pse* (§ 373, 4).

a) Die Tenues *c* und *p* bleiben vor *s* unverändert (lat. *x* ist als *cs* bzw. *ks* zu interpretieren): perf. *aspexī illexī dīxī*, auch *coxī* ($q\underset{\sim}{u}$) und *saepsī*; altlat. fut. *faxō capsō*. *ts* > *ss* (> *s* hinter langem Vokal; §§ 198 u. 182 b): perf. *concussī* zu *concutio*; *mīsī* alt **mīssī* (**meissei*) zu *mitto*; auch 1. sing. *possum* aus **pot-sum* neben 3. sg. *pot-est* (s. § 400 C), und ebenso wohl *possideo* (§ 418 II B).

b) Die Mediae werden vor *s* stimmlos; im Konsonantismus unterscheiden sich also *s*-Perfekta von Verben auf Medien nicht von denen auf Tenuis. – *g* (auch idg. g^w) u. *gh* (> lat. *h*) plus *s* > *x*: *rēxī neglēxī ūnxī vēxī traxī* ($\bar{a}$?) zu *rego neglego unguo veho traho*, konj. *adāxint* zu *adigo* (*ad + ago*). – *b* (*bh*) + *s* > *ps*: *scrīpsī nūpsī*. – *d* (*dh*) + *s* > *ts* > *ss* (verkürzt *s* nach Länge): *clausī dīvīsī*, auch *iussī* (älter inschr. *iousit*) zu *claudo dīvido* und *iubeo* (§ 171 b β); *s*-prs. *vīso* (§ 451, 1 Zus.) zu *video*. Bei Fuge hinter *ad*: *assentior assiduus*.

203. Vereinfachungen von *ks* (*x*) *ps ss* hinter oder vor Konsonanten.

a) *ks ps ss* hinter den Sonanten *r l m n* in den *s*-Perfekten. Zunächst bleiben *x* und *ps* erhalten, *ss* wird nach § 196, 1 b β zu *s* verkürzt. Weiter gelten für Erhaltung oder Schwund der *k* (*c*) und *p* die gleichen Entwicklungen in den Gruppen *rcs rps* der *s*-Perfekta und in den Gruppen *rct rpt* der *to*-Partizipien usw. (über diese s. § 221); auch die Verkürzung *ss* > *s* bei Verben auf Dental gilt für beide Kategorien. Dauernd erhalten bleibt *ps* (und *pt*) hinter *r l m*: *serpsī carpsī sculpsī* und *dēmpsī* (zu dessen *p* s. § 215 c); *x* (und *ct*) bleibt nur hinter *n*, d. h. phonetisch hinter *ŋ*: 4. Konjug.: *sānxī vīnxī*; mit *nx* für *ŋg-s* 3. Konjug. *finxī iūnxī plānxī*, auch *ūnxī* (zur Vokallänge vor *nx* und *nct* s. § 126). – Sonst erfolgen Vereinfachungen. *ks* (und *ct*) hinter *r* und *l*: das *k* schwindet. *s*-Perfekta mit *rs ls* aus *rks lks* (und PPP mit *rt lt* aus *rct lct*). *rs* : *farsī sarsī* zu *farcio sarcio*, vgl. perf. *parsī* Plt. u. konj. *parsīs* Plt. Bacch. 910 zu *parco*; *torsī* zu *torqueo*; für *rg-s* 3. Konjug. (im PPP *rs* statt *rt*) *sparsī*, 2. *tersī ursī*; zu *mersī* s. § 206 sub *zg.* – *lks* > *ls* : perf. *fulsī (fulcio), mulsī (mulceo* 'streichle'); für *lg-s* 2. Konjug. *fulsī indulsī mulsī* ('melken'), *alsī. – ss* im Perfekt aus *ts* (wenig Beispiele, mehr für *ss* aus *t-t* im PPP) wird hinter *r* und *n* zu *s* verkürzt: *arsī (ardeo), sēnsī (sentio)*.

Zus.: Priscian II 486, 9 u. 539, 2 verlangt für die zwei *lg*-Verben perf. *fulxī mulxī* mit *lx*, offenbar zur Differenzierung vom perf. der beiden *lc*-Verben.

b) **Gruppen mit *s* zwischen zwei Tenues.** Die meisten Beispiele liefern die Praeverbien *ab ob sub* vor *sc st sp* und *abs obs subs* (mit *s* nach § 163 c β) sowie *ex* vor *c t p*, und, was hier beigefügt sei, vor *f*.

α) *s* zwischen gleichen Tenues: *ksk* > *sc*, *psp* > *sp*, offenbar mit ferndissimilatorischem Schwund (§ 231 Zus. γ). *xc* > *sc*: alt *sescentum* '600' aus **sex centum*; *Esquilīnus* aus *Exqu̯*. (Gegenstück zu *inquilīnus*); *escendo* 'ersteige' aus **ek(s)-skandō* (also *ěsc-*, nicht *ē* für *ex* wie in *ē-gero* usw.). Dazu drei *sc*-Praesentien (§ 407 I A 1) : *posco* < **porscō* < **pr̥skʼō* < idg. **pr̥kʼ-skʼō* (Zwischenstufe **pr̥skʼ-*), *disco* wegen perf. *di-dic-ī* aus **dikʼ-skʼō* (umstritten wegen gr. διδάσκω); *misceo* erweitert aus **miscō* < **mig-skʼō* (*mig-* wie in gr. aor. ἐμίγη). – Normal steht bei *ex*-Komposita wiederhergestelltes oder neugebildetes *ex-c-* : *excēdo excipio excelsus.* – *psp* > *sp*, mit Praeverbien *abs ab* und *subs sub* : *aspello* Plt., *asportāre*, vor *sp* (*ab-sp-* oder *abs-sp-*) *aspernārī* zu *spernere*, auch adj. *asper*, vgl. ai. *apa-sphúras* 'weg-stoßend'; *suspendo*, vor *sp suspicio suspīrāre*. Sonst steht vor *p* nur *ob sub* : *oppōno opprimo oppidum* und *suppeto supplex*. – Auf *tst* hat man die Lautfolge *st* zurückgeführt in *mustum* (W.-H.) und in *ast* (*Szantyr* 489 § 261 Zus. c). Über postulierte Zwischenstufe *tst* in der Entwicklung idg. *-t-t-* > lat. *ss* s. § 198 Zus. a.

β) *s* zwischen verschiedenen Tenues. *kst* > *st* : Gentilname *Sestius* (neben *Sextius*; *Sēstius* Σήστιος ist vermutlich ein anderer Name); *Mastarna* etr. *Macstrna*, alter Etruskerheld (zum Namen s. *Schulze*, EN 85 f., *de Simone* II § 228 A 1); vor *r* : *illustris* und *lustrāre* 'beleuchten' (vgl. *illustrāre*), Ableitungen von einem **lustrum* (*lū-?*) aus **l(e)uks-trom* zu *lūcēre* (vielleicht identisch mit *lūstrum* 'Lustration'). Aber nach griechischem Sprachgefühl lat. *ext-* > gr. ἐκτ- in ἐκτράνιος, *Schwyzer*, KZ 56, 309–313. – Meist ist *kst* wiederhergestellt : *sextus, textus* (*textilis*), *exterī, extendo*; dazu *ext-* für *ex-st-* in *extāre extinguere*. Lat. *xt*, d. h. *kst* in isolierten lat. Wörtern ist durch Synkope zusammengerückt: zu *dexter* vgl. gr. δεξιτερός; *iuxtā* wohl aus **iugistā(d)*; in *mixtus* für **misc-tus* > **mistus* wurde für das *c* des Stammes *misc-* ein sicherer Platz vor dem *st* gefunden. – *ksp* nur in *ex*-Komposita, unverändert : *expendo experior*.

psk > *sc* : *Oscus*, älter *Opscus* Enn. ann. 296 (*Obscē* Titin. com. 104, nach Praepos. *ob*; etymol. *p* nach gr. Ὀπικοί); Praeverbien *obs-* und *subs-* in *oscen* 'Weissagevogel' (**ops-can-*) und *sus-cipio -cēnseo -citāre*. Gegenüber *susque* merkwürdig *absque* mit *b*; Bewahrung des *b* auch in *abs-cēdo -cīdo -condo* usw. und in *subscūs -ūdis* 'ein Terminus des Bauhandwerks' Cato (zu *cūdere*).

pst > *st*: mit *subs- obs- abs-* : *sustulī sustineo, ostendo* (auch umbr.); *astulī* nach Char. I 237, 2. Aber mit restituiertem *b* : *abstulī abstineo abstraho abstrūdo* (vgl. auch *abs tē*), *obstinet* 'ostendit' (trag.) und *obstrudant* (com.) bei Festus; ebenso *ab- ob-* vor *st-* : *abstāre* Hor., *obstāre obstetrīx obstinātus*.

204. *x* und *ps* im späteren Latein. Im Vulgärlatein der Inschriften setzt sich die Vereinfachung fort oder wiederholt sich: die Tenuis wird dem folgenden *s* assimiliert oder schwindet. – a) *x* > *ss* bzw. *s* (auch im Romanischen): inschr. *u̯issit* 'vīxit' IV 148, *u̯isit* X 413 und oft; vgl. auch § 16 Ende sowie § 225 II c α Zus. über ausl. -*x* > -*s*. Umgekehrte Schreibung *oxa* 'ossa' VI 3446; aber zu *x* in *Ulixēs* s. § 181 b. Und kaum haltbar ist die Deutung von altlat. term. techn. *ad amussim* 'genau' als entlehntes gr. ἄμυξις, s. *Szemerényi*, Festschr. Pisani 969 f. – *ps* > *ss* bzw. *s*: *isse* 'ipse' IV 1085; *scriserunt* VI 22579 usw., auch hinter *l* in *isculse* 'sculpsit' Gl. 21, 184; dazu als umgekehrte Schreibung *ixi* 'ipsī', zitiert bei Suet. Aug. 88. – S. auch *André*, REL 31, 198. – b) Erneut *exc-* > *esc-*: *escipio* (Thes.), *in escelsis* VIII 21041. Vgl. auch die Belege aus Handschriften von *esc-* für *exc-* usw. bei *Ernout* II 201. – c) *tst* besteht nur theoretisch in Komposita wie *adstāre adstringere*; die Aussprache *ast-* wird bestätigt durch umgekehrte Schreibung *adstatus* XI 5215 al. (Gl. 42, 86) für '(*h*)*astātus*, mit Lanze versehen'. – d) Erneut *xt* > *st*: *mistīcius*, Hier. (zu *mixtus*, Leumann, Kl. Schr. 17); *Estricata* VIII 24488 und oft. Umgekehrte Schreibungen: *textatum* 'test-' Pap. Corp. p. 204 nr. III 92 (94ᴾ); *mextum* 'maestum' Audoll. 250; *extivas* 'aestīvās' X 5349, 7. – e) *exp-* > *esp-* in *ex-*Komposita ergibt sich aus inschr. *exp-* für *esp-* (aus anl. *sp-*, s. § 116): *expectara* 'Gespenster' CE 920 für *spectra* Cic.; ähnlich *explendidus*. – f) Erneut *psc* > *sc*: *suscriptio* Pap. Corp. – Indirekt erwiesen auch durch Praefixeinmischung von *ob* in vulglat. *ōscultāre* (für *ausc-* nach § 83 A): *obscultat* IV p. 219 ad nr. 2360. Vgl. auch *Väänänen* 66; *Traube*, Abh. Bayer. Akad. 25 H. 2², 10 zu Bened. reg. 1; *Stabile*, Riv. fil. 42, 363.

s (> *z*) vor Stimmhaften, *sl sm sn* auch hinter Konsonanten (§§ 205–212)

205. Vor stimmhaften Lauten wird *s* stimmhaft, also zu *z*; *z* in der Grundsprache nur vor Media und Media aspirata, s. §§ 162c, 171c (*mālus, hasta*). Das *z* hat im Latein keinen Bestand; nur in zwischenvokaliger Stellung wird es zu *r*, § 180. Von Sonderfällen abgesehen schwindet dieses *z* vor stimmhaften Konsonanten, gegebenenfalls unter Ersatzdehnung eines vorangehenden kurzen Vokals (§ 124). Die Lautgruppen werden unten einzeln besprochen; nur die Fälle mit ganz durchsichtiger morphologischer Fuge werden hier vorausgenommen.

a) Komposita mit den fünf Praeverbien auf *-s*, das sind *dis- trāns- ex- abs- subs-*. Vor Tenues und *s* ist stimmloses *s* bewahrt, etwa *dis-* in *discutio -tendo -pendo -similis*; vor den stimmhaften Konsonanten steht *dī-*, also Lautentwicklung *dis-g-* > *dizg-* > *dīg-* vor *g*, und entsprechend vor *d b* und vor den Sonanten *r l m n i̯ u̯*: *dī-dūco -ruo -luo -minuo -iūdicāre -vortium*. – *trans-d-* > *tra̯zd-* > *trād-*, die Länge *ā* stammt erst aus der Ersatzdehnung, nicht aus der Dehnung von Vokal vor *ns* nach § 125b. Beispiele: *trā-do -lātus -meāre -nāre -i̯ectus -vehor*. – *ex*: *ecs-d-* > *egzd-* > *ezd-* > *ēd-*. Beispiele: *ē-gero -dūco -bullio -rigo -ligo -mergo -necāre -i̯ectus -vocāre*, auch *ē-minus* (nach Gegensatz *com-minus*), *ē-normis*. Nach prs. *ē-bibo* auch *ē-pōtus*. – *abs subs* (zum Ursprung s. § 163cβ, zum Gebrauch von *aps- sups-* vor Tenues s. § 203bβ): Schwund des *ps* bzw. *bs* nur vor *m v*: *ā-mitto -moveo -veho -verto*, auch *ā-mēns*, nur in Spuren bei *sups-*: **sups-(e)mō* > **subzmō*

>*suzmō > *sūmo*, entsprechend *sursus* (*sū-*?) aus *subz-vorssos. Als Praeposition ist *ā* für *ab abs* weiter verbreitet: *ā mē, ā nōbīs*; als Praeverb steht vor Stimmhaften normalerweise *ab- sub-*. – Osk. *ee- eh-* für *ex-* (*eestint*) und umbr. *ehe-* ist wohl lautlich vor Tenuis entstanden, vgl. osk. *ehtrad* 'extrā(d)'; weniger klar ist osk.-umbr. *ā-*.

b) Vorderglieder *trēs, sex. trēdecim* für *trēs-decem. *sē-* aus *sex-* (wie *ē-* aus *ex-*) in *sēdecim*, Cogn. *Sē-digitus, sēmēnstris* (*sex* und *mēnsis*) 'sechs-monatig', *sē-virī, sēnī* 'je sechs' aus *sex-noi § 381. – Wiederhergestelltes *sex* in *sexdecim* Nep. Liv., *sexvirī*.

c) *is quis* vor Partikeln: mask. *īdem* aus *is-dem, *quīdam* aus *quis-dam.

d) Hinter langem Vokal Schwund des *-s* der 2. sing. vor der umgangssprachlich aus enklit. *-ne* apokopierten Fragepartikel *-n* (§ 98a): *vīn* 'willst du' aus *vīsne, entsprechend *audīn*; ferner mit Iambenkürzung (§ 121), in der alten Komödie *abin rogan tacen viden*.

Zusatz. Im Griechischen steht neben σδ σβ σμ in hellenistischer Zeit ζδ ζβ ζμ mit ζ als stimmhaftem *s* (*z*), danach in entlehnten Namen ebenso lat. *zd zb zm* (s. § 9 Zus.), etwa inschr. *Artavazdes Lezbia Cozmus*.

206. Einfaches postvokal. *s* vor Stimmhaften: in den meisten Lautgruppen Schwund des *z* (aus *s*), gegebenenfalls unter Ersatzdehnung, wie in den *dis*-Komposita, § 205a. Andere ältere Behandlung *sg* > *rg*; *sr* > *br* s. § 207; *si̯* > *i̯i̯* § 138, 1.

zd: *iūdex -icis* aus **i̯ous-dik-* 'das Recht weisend'. Idg. *-izd-* > *-īd-* usw.: *sīdit* redupl. prs. *si-zd-eti, dazu *nīdus* aus *nizdos (§ 30); *rīdeo* § 195; *pēdo* neusloven. *pezdĕti*; *pēdi-* 'Laus' vgl. av. *pazdu-* 'schädliches Insekt'; *mālus* 'Mastbaum' aus *mazdos (§ 162c). Dazu *dī-dūco trē-decim ī-dem* § 205 a–c. Vgl. auch *crēdo* § 171c.

zg: *iūglāns*, s. § 142b; *dīgerō* aus *diz-gezō § 205a. – Eine abweichende ältere Entwicklung idg. *zg* > lat. *rg* ergibt sich aus der Wortgleichung *mergo* 'tauche' lit. *mazgóti* 'waschen' ai. *majj* 'versinken'; also sind perf. *mersī* ptc. *mersus* und iter. *mertāre* Acc., *mersāre* junge Analogiebildungen.

sl: sehr zweifelhafte Beispiele von Suffixableitungen: *edūlis* < *edos-lis; *sedīle* < *sedis-li (*Specht*, Urspr. 149[3]); Suffix *-ēla* aus *-es-lā* § 206. Sonst nur in komplizierteren Gruppen, s. § 209. – Zu vermutetem *sl* > lat. *bl* s. § 207 Zus. c; zu spät *sl* > *scl* § 209bβ.

sm ist durch Paul. Fest. noch mehrfach als altlateinisch bezeugt, im Osk.-Umbr. ist es erhalten (umbr. *esmei* 'huic', v. Planta I 480): *dusmo in loco* Liv. Andr. trag. 39 'im Dickicht', zu *dūmus dūmētum*; *cosmittere*; *osmen* 'ōmen' Varro ling. 6, 76 (Etymologie unbekannt); ferner: *cosmis* 'cōmis' Duenosinschr. (§ 5a). Zu *prīmus* *prīsmos s. § 288 A 2d; *impōmenta* 'quasi imponimenta' Paul. Fest., etwa 'Nachspeise', setzt wegen *pōno* aus *po-sinō (s. bei *sn*) älteres **impos(i)menta* voraus. – Nach *Ernout*, MSL 13, 323 sollen die lat. *sm*-Formen dialektisch sein. – Zu *resmo-* 'Ruder' s. § 210c.

Kaum zweifelhaft ist *Casmenae* Paul. Fest. und Varro ling. 7, 27, trotz *ă* in *Camēnae* (nach § 130 I B?); vgl. *Casmilla/Cămilla* Verg. Aen. 11, 543. Nach *Kretschmer*, KZ 55, 84 *cămillus* 'Jüngling' zu gr. Κασμῖλοι.

sn : *cānus* 'grau' aus **căsnos*, gesichert durch osk. *casnar* 'senex' (Paul. Fest.; dazu inschr. paelign., Vetter nr. 214), vgl. auch *cas-cus* 'uralt' und zu *casn-* nhd. *Hase* aus **kasō(n)* 'der Graue' (vgl. ai. *śaśa-* 'Hase' aus **śasa-*). Die Vorstufe zu lat. *ahēnus* bietet umbr. *ahesnes*, Grdf. **ai̯es-nos* (vgl. §§ 133 II Zus. β und 291 b, auch zu *venēnum*). Lat. *vēnum* (*dare*, *īre*) 'Verkauf' idg. **wesnom* ai. *vasnám* 'Kaufpreis', vgl. gr. ὦνος mit ὠνέομαι. Lat. *fānum* aus **fasnom* angesichts von osk. fem. *fēsnā-*; *bīnī* aus **du̯isnoi* (§ 381 B). Zwei *n*-Praesentien (nach § 406 c): neben altlat. perf. *po-sīvī* prs. **po-sinō* > **posnō* > *pōno* (Allg. Teil 56* § 44 Ende); *dēgūnere* 'degustare' Paul. Fest. aus **-gusn-*. – Zu altlat. *Losna cesna pesna* s. § 211.

su̯ : **dis-vendō* > *dīvendo*. Entsprechend wohl *-usu̯ī-* > *-uzu̯ī* > *-ūu̯ī-* (weiter > *-ūī-* > *-ŭī-*, dies nach *fūī* > *fuī*, § 143 c) in *pruīna* 'Reif (als Tau)', zu Wz. *pr(e)us* in ahd. *vriozan* nhd. *frieren* mit *Frost*, morphologisch Ableitung von idg. **prusu̯ā* in ai. *pruṣvá* 'Wassertropfen'.

Lautlich anders *Juret*, Don. natal. Schrijnen 700 (ebenso *Hermann*, Silbenbild. 205 u. 221 und andere): Zwischenstufe **pruru̯īnā*, dann dissimil. Schwund des zweiten *r*. – Das *r* von *furvus* 'dunkel' geht auf *s* zurück angesichts von *fuscus* 'dunkel'; Grdf. kaum **fusu̯os*, eher Entwicklung **fusou̯os* > *fuzu̯os* > *furu̯os* > *furu̯os furvus*. – Einen Wandel idg. *-sw-* > lat. *-b-* konstruiert *Pisani* für das lat. *b*-Futur (s. § 428 II C) und benutzt ihn auch für ebenso zweifelhafte Etymologien.

207. *sr* zeigt nur in Komposita mit *dis- ex-* usw., also in durchsichtigen und daher jungen Komposita die vor stimmhaften Konsonanten zu erwartende Entwicklung, also *dis-r-* > *dizr-* > *dīr-*, § 205. Sonst sind mit *sr* andere Probleme verknüpft.

Der Entwicklung anl. *sr-* > lat. *fr-* (*frīgus* gr. ῥῖγος, § 194) entspricht inl. *-sr-* > *-br-*; dafür bestehen nur alte etymologisch-morphologische Zeugnisse: *ri-* und *ro-*Adjektive von *s*-Stämmen, meist von *es*-Neutra: *-ebris -ebro-* aus *-esris -esro-* : *fūnebris fēnebris* zu *fūnus fēnus -eris*; *muliebris* zu *mulier* aus *-es-* (§ 60 a); *cerebrum* **k'erəs-rom*, vgl. ai. *śiras* ntr. 'Kopf'; *tenebrae* dissimiliert für **temebrae* (§ 232 A 2) aus **temes-ro-* (zu ai. *tamas* ntr. 'Finsternis', vgl. lat. *temere* § 330 A 1 b), entweder gleich ai. fem. pl. *tamisrās* oder direkt gleich nhd. adj. *finster* (*Szemerényi*, Fachtagg. Innsbruck 199 f. [Gl. 42, 118]). *Septembri-* (*Kal. Sept.*) usw. wohl verkürzt aus **septem-mē(n)s-ri-* 'zum sieben-Monat, *mēns-is*, gehörig'. *sobrīnus* 'Vetter' (als 'Schwestersohn') aus **swesr-īnos* zu *soror* (**swesōr*, § 43 b, Stamm **swesr-* in ai. instr. *svasr-ā̆*, mit *sr* > *str* in aksl. *sestra* nhd. *Schwester*); zur Bedeutungsentwicklung s. *Leumann*, Kl. Schr. 76 f. *crābro* 'Hornisse' lit. *širšuõ* (für **širšruõ*) idg. **k'r̥sro*. Hierher wohl auch *membrum* aus **mēmsrom* (vgl. § 215 b Zus.) und *umbra*. – Die lautliche Zwischenstufe zwischen idg. *sr* und lat. *fr br* war jedenfalls *þr*, § 175 c.

Zusätze. a) Lat. *br* in *cerebrum tenebrae* aus idg. *dhr* nach *de Witt*, Lang. 16, 89 u. 93; unhaltbar. – b) Frühidg. *-esr-* > idg. *-ēr-* (vgl. *Streitberg*, IF 3, 329) ist verlangt durch lat. Stamm *vēr-* ntr. 'Frühling' aus **wesr-* neben gr. nomin. ἔαρ aus **wesr̥* (vgl. ai. *vasanta-* m. usw.); später Einführung von *vēr-* in lat. nomin. *vēr*, von ἔαρ in oblique Kasus als ἔαρ- und in ἐαρινός. – Nomin. *vēr* aus idg. **wēsr*, ebenso lat. *hīr* 'Hand' Gramm. aus **ghēsr* (vgl. gr. χείρ) nach *Duchesne-Guillemin*, BSL 39, 211–221. – c) Parallelen Wandel inl. *sl* > *bl* (> *bul*) und auch anl. *sl-* > *fl-* vermutet *Mayrhofer*, Arch. ling. 4, 117–120 [Gl. 34, 210]; die etymologischen Analysen und Verknüpfungen, *pābulum f ābula* von Wz.

pās bhās, flaccus flecto zu ahl. *slach slingan* sind nicht überzeugend. Dagegen *Szemerényi*, ib. 6, 31–45. – d) Idg. *sr* > lat. *tr* in *atrōx* aus **aserōx* (zu *aser* 'Blut', § 180 e α) nach *Pisani*, L'etimologia, Milano 1947, 137; künstlich; würde zu „auson." *litra* (§ 171 b Zus.) passen. – e) *sr* > *rr* zeigt das kelt. Lehnwort *sarracum* Sisenna, *serracum* Cic. (-ā-?), 'Lastwagen' angesichts von mittelir. *sessrach*. – *dirrumpo* in Handschriften (Thes.) wohl äußerlich nach *corrumpo* (*con-* und *dis-* stehen in Korrelation). – f) Morphologisch jüngeres lat. *sr: disrumpo* häufig in Handschriften, s. Thes. s. *dīrumpo*. – Zu den Feminina *cursrīx fossrīx* s. § 198 Zus. b. – g) Lautlich jüngeres *sr* aus *str* im Vulgärlatein: inschr. *Casresis* (*Schulze*, EN 60³), *nosro* XIII 7813, *Esricatus* VIII 16313 a (geschrieben *Exricatus* ib. 8229). Aus synkopiertem *postris* 'posterīs' (XIV 1443) *posrīs* X 7955 XIV 595; vgl. Anlaut inschr. *sructor* und auch *slīs* § 193. – h) In der Kaiserzeit *sr* > *str* oder *sdr* in fremden Namen. *Istrahel*, schon griechisch in Septuaginta (*Blass-Debrunner*, Nt. Gr. § 39, 5). *Osdroēs* (*rex Parthorum*, iran. [*Chusrau*] **Hu-sravāh*) Spart. Hadr. 13, 8, *Osdroēnī* Hist. Aug., *Ostroēnī* Capitol. Maximin. 11. Vgl. auch *Hasdrubal*. – Zu *sr* > *str* s. auch *Ribezzo*, RIGI 10, 297.

208. An Hand von *ex-* und *sex-* vor *l m n* wurde in § 205a u. b die von *z* auf vorangehendes *k* (*c*) zurückgreifende Sonorisierung *-ecsl- > -egzl- > -ezl- > -ēl-* erläutert. Mit solchen Lautentwicklungen sind auch etymologische Verknüpfungen genauer zu verdeutlichen; vorwiegend handelt es sich um die Stellung vor *l m n*. Auch hierfür sind wie für *sm* (oben § 206) inschriftlich oder als Glossenwörter noch ältere Formen mit *s* (phonetisch *z*) bezeugt; vor *m*: *iouxmenta, resmo-*, vor *n losna* 'lūna', *pesnas* 'pennās', *cesna* 'cēna'. – Die Hauptkategorien sind deverbative Nomina: Neutra auf *-men -mentum* wie *iūmentum* und Nomina auf *-lo- -mo- -no-* wie *tēla* 'Gewebe' zu *texere* oder *scālae* zu *scandere*; ferner Grundwörter zu komplizierteren Deminutiven, vgl. die Gruppen *quālus/quasillus, pīlum/pistillum, āla/axilla*. Ein Beispiel für sich mit Schwund vor *ǝ* (*u̯*) sind zu *mālo* 'will lieber' die Formen *māvīs māvolt* und, statt und neben *mālo*, bei Plautus *māvolo māvelim māvellem* (§ 401, 2): das *mā-* geht auf *magis* zurück, also mit Synkope *magis volō > *magzvolō > *mazvolō > māvolo* (*Solmsen*, Stud. 55); die Rückführung auf *mage volo* mit *mage* nach § 229 Ende (*Sommer*, IF 11, 57) ist nicht vorzuziehen.

209. Gruppen mit Kons. vor *sl*.

a) *ksl* (*xl*) > *gzl* > *zl* (weiter *-azl-* > *-āl-*); die Gruppierung *-āl-/-axill-*. – *tēla* 'Gewebe' als **texlā* zu *texere* (*tēlam texere* Ter.); vielleicht *mantēle* 'Handtuch' aus **-terg-sli* zu *man(us)* und *tergere*. Als Mittelmeerwort **mukslos* 'Maultier' in lat. *mūlus* vgl. gr. μυχλός 'Φωκεῖς · ὄνους τοὺς ἐπὶ ὀχείαν πεμπομένους' Hes.; daneben wohl **musklos* wegen demin. inschr. *muscella* IV 2016. – Nach Cic. orat. 153 entstand durch Schwund des *x* in cogn. *Axilla* (vgl. *Schulze*, EN 420³) die Form *Āla* (d. i. *Ahala*, § 178 IIIbγ), und Entsprechendes zeige sich bei *maxillae taxillus paxillus vexillum*. Sprachhistorisch interpretiert im Hinblick auf die Deminutiva (§ 282, 2) besagt das: aufgrund von *axilla* aus **akslelā* geht *āla* zurück auf eine Basisform **akslā* (vielleicht *ā-* nach § 129 Zus. b, wenn Ableitung von *agere*) 'Achsel', jünger auch lat. 'Flügel', gleich nhd. *Achsel*. Ebenso sind aus *paxillus* 'Pflock' Varro, *taxillus* Pompon. ('*talus*' nach Priscian), *vexillum* 'Fahne(ntuch)' die Grundformen **pagslos, *takslos, *u̯ekslom* für *pālus* 'Pfahl', *tālus* 'Knöchel', *vēlum* 'Segel, Vorhang' zu erschließen.

Aber *mālae* 'Kinnbacken' (seit Plt.) ist trotz *maxillae* (seit Cic. a. O.) doch wahrscheinlich eine Ableitung von *mandere* 'kauen', also Grdf. *mand-slā; dann wäre *maxilla* eine pseudoarchaische Form, zu *mālae* etwa nach *āla/axilla* hinzugebildet (von Cicero selbst?); so zuerst *Thurneysen*, IF 21, 177, der auch *auxilla* 'olla parvula' Paul. Fest. und *pauxillus* (mit *pauxillīsper* gleich *paulīsper*) seit Plt. als solche Neuerungen erklärt, zu *aula aulla* 'Topf' und zu *paulus -um* 'klein, wenig' (auch cogn. *Paullus*, § 83 A); dann wäre demin. *paullus* von *pauros (*parvos*, § 112 Zus. c) abgeleitet.

b) *ssl* und *nsl. – ssl* (etymol. *tsl*) > *sl* > *zl* (weiter *-azl-* > *-āl-*) : *quālus* Plt. Verg. 'Korb' neben demin. *quăsillus* Cato, Tib. 4, 10, 3 'Körbchen' (aus **quass-*, § 185a), zu *quatio* 'schüttle', Grdf. **qu̯at-slos*; *ancīle* 'beidseitig eingeschnittener (heiliger) Schild' Enn. (nach Varro ling. 7, 43 *ab ambecisu*) aus **am(bi)-caid-sli*, vgl. *ancaesa* (*vasa* Paul. Fest.); auch wohl *caelum* 'Meißel' (§ 199b sub *dl*). – *nssl* (etymol. *nd-sl*): *scālae* 'Treppe' zu *scandere*, also aus *scand-slā; zu *mālae* s. oben bei *ksl. – nsl* oder *nssl*: *tōlēs* 'Kropf', wegen *tōnsillae* (*tōs-*) 'Mandeln'. – *nsl* in *ansl* > *āl*: *hālāre* mit *exhālāre* '(aus)-hauchen' und *anhēlāre* 'keuchen' vereinigen sich unter Grdf. **ansl-* > (*h*)*āl-* und **an-ansl-* > **an-ensl-* > *an*(*h*)*ēl-* (vgl. § 125bγ). Zu *trā*(*ns*)*-lātus* s. oben § 205a. – Unsicher *prēlum* 'Presse' zu *premere*, mit *ms* > *ns* nach § 215bβ.

Zusätze. α) Schwierig ist vereinzeltes *ll* für *l* (vgl. auch *mm* in *flamma* § 210 a Zus., *nn* in *penna* § 211 c). Auf die varia lectio *quallus* Verg. gg. 2, 241 ist zwar nichts zu geben; aber *ull* steht statt *ūl* offenbar in *pullus* 'Tierjunges' neben *pŭsillus* 'klein' (*puer* Cato); zu Grdf. *putslos s. *Sommer*, KE n. 75 S. 86, auch *Hermann*, NGG 1919, 260 f. (nr. 50); 276 f. – *grallae* 'Stelzen' gehört zu *gradior* (mit *d* aus *dh*, § 168 Zus. b); zwar gilt idg. *dl* > *ll* (*sella*, § 199 b), aber *dhl* ergibt *bl* > *bul*, wenigstens hinter Fuge (§ 171 b β); vielleicht wurde *gradlā erst nach dem Wandel *dh* > *d* von *gradior* abgeleitet. – An sekundäre Gemination nach § 184 b ε wird man bei keinem dieser Beispiele denken wollen.

β) *ssl* im Vulgärlatein. Durch Synkope zusammengerücktes *ssl* führt durch *sl* über *stl* zu *scl*: *assula* 'Holzspan' > *assla > *astla, daraus *astula* und *ascla* nach Char. gramm.; *astula* auch Gloss. und Hs., dies wohl in Anlehnung an (*h*)*asta*; zu *ascla* s. auch *Niedermann*, IF 15, 113¹. Vgl. *insula* > *īsola > *īsla (frz. *île*) > *iscla (italien. *Ischia* bei Neapel).

c) *stl* > *sl* > *zl*. *pīlum* Cato 'Mörserkeule' aus *pistlom wegen *pistillum* Plt. 'Mörserkeule', zu Wz. *pis* 'im Mörser zerstampfen' (*n*-Praes. *pīnso*, § 406a). Altlat. *īlicō* 'sofort' pro 'in loco' Fest. (semasiologisch wie nhd. *auf-der-Stelle*', vgl. Plt. Poen. 486; Truc. 627 *sta ilico*; zu *stlocus* s. § 193).

Zus. Dieser Lautentwicklung widerspricht *postulāre*, sofern man als dessen Basis ein *tlo*-Neutrum (oder *tlā*-Fem.) **pr̥*(*k*)*sk-tlom* > *porstlom (von *posco*, § 203 b α) ansetzt. – Zu *ergastulum* s. § 232 A 1, zu *textilis* § 311 Lit. – Zu *pīlum* s. noch *Sommer*, KE n. 23 S. 23.

210. Gruppen mit Kons. vor *sm*.

a) *eksm* > *egzm* > *ezm* > *ēm*. Die Komposita mit *ex-* und *sex-* sind in § 205a u. b genannt. Sonst nur deverbative Neutra auf *-men* und *-mentum* (§ 326 A): *iūmentum* 'Zugtier', zu *iungo*, alt pl. *ioux̌menta* Foruminschr., Grdf. **i̯eugs-m-*; *subtēmen* 'Einschlag im Gewebe', zu *subtexere*, **-teks-*(*s*)*mn̥*; hiernach entsprechend *lūmen* aus **leuksmn̥*, zu *lūcēre*; *exāmen* 'Bienenschwarm, von der Königin ausgeführt', *eks-ăgsmen (zu *ā* s. § 129 Zus. b), zu *ex* + *agere*; *contāmen (in *contāmināre* 'beflecken') zu *tangere* bzw. *contingere*; *sāmentum* der Herniker bei Fronto 'pellicula de hostia (in apice flaminis)', wenn zu *sancīre*, *sacer*.

Konsonanten: Inlautgruppen mit Kons. vor *sl*, *sm*, *sn*

Zus. *amm* für *ām* in *flamma* (vgl. § 209 b Zus. α), zu *flag-* in *flagrāre*, vgl. lett. *blazma* 'Widerschein des Feuers' (*Schulze*, KZ 51, 61); einer Grdf. mit *gm* (vgl. gr. φλέγμα) statt *gsm* widerspricht *agmen* zu *ago* (§ 200 a). Anders *Juret*, Don. natal. Schrijnen 699 f. [Gl. 20, 270].

b) *psm. apsm-* > *ā-m-* in *āmitto*, *āmēns*, *ā mē*, s. § 205 a. – *sūmo* aus *sups* (*sub*) + *emō*.

Zwei altlat. *sur*-Formen bei Festus, perf. *surēmit* (Liv. Andr. Od. 37) 'sumpsit' und konj. (Typus *ausim*, § 451, 1) *surempsit* 'sustulerit', setzen, mit *r* aus *z*, eine Praesensform **suzmō* voraus, aus **sups-(e)mō* (zu perf. *sūmpsī* s. § 436 I b γ); umbr. *sūm-* in *sumtu* 'sūmitō' muß lat. Lehnwort sein. – Andere Erklärungen der *sur*-Formen (die für prs. *sūmo* bedeutungslos sind): **suz-ēmit* nach perf. *sus-cēpit*, so *Niedermann*, PhW 1922, 295; *sur-ēmit* nach *dir-ēmit*, so *Götze*, IF 41, 127; *suz-* vor *m* aus *suts-* > *suss-* (nach c), zu Praeverb *ud*, ai. *ud*, *Szemerényi*, Gl. 38, 230³. – Rein äußerliche Nachbildung nach *sur-ēmit* ist *sur-ēgit* (zu *surgo*) Liv. Andr. nach Festus.

c) *ssm* (*ss* aus *ts*): nur ein unklarer Beleg, neben *rēmus* 'Ruder' *resmo-* auf der umstrittenen (§ 5b) Inscr. col. rostr. in *triresmos* 'tri-rēmēs'. Lat. *resmo-* ist kaum nur Erfindung eines Grammatikers; aber es läßt sich nicht mit gr. ἐρετμός unter einer gemeinsamen Grundform vereinigen. S. *Schwyzer*, KZ 63, 55 f.

d) *stm* > *sm* > *zm*. *pōmērium* aus **post-moiriom* (§ 95), wegen der Bedeutung wohl Gegensatzbildung zu einem **anti-moiriom*. – Bei wiederhergestelltem *stm* schwindet nur das *t*: 'posmeridianas' (*pom-* codd., *posm-* Vel. Long.) *quadrigas quam* 'postmeridianas' *libentius dixerim* Cic. orat. 157. Vgl. auch inschr. *pos morte* X 649, *pos missione* VI 2907 XII 682; hiernach verallgemeinert *pos* für *post*, etwa *pos obitu(m)* VI 29925.

e) *nsm*: *cosmittere* (§ 206 sub *sm*) aus *con-sm-* (aus *com-sm-*). *trāmeāre* für *trāns-meāre* (§ 205 a); *trāmes -itis* 'Weinranke' aus **trans-(s)mit-* (s. § 336, 1 b).

211. Gruppen mit Kons. vor *sn*.

a) *ksn* > *gzn* > *zn*. *lūna* inschr. *losna* (*Losna*) in Praeneste D 760, idg. adj. **louksnos* 'leuchtend' in av. adj. *raoxšna-* (von Mond, Sirius usw.), idg. *ou* nach russ. *luná* 'Mond' altpreuß. *lauksnos* 'Gestirne'. *arānea* 'Spinne' vereinigt sich mit gr. ἀράχνη unter Grdf. **araksn-* (keine Vokalschwächung, wie in *exāmen* § 210 a). – *ēn- sēn-* aus *eks-n- seks-n-* (*ēnormis*, *sēnī*) s. § 205 a, b. – Zu *lūna* als 'Mond' s. *Scherer*, Gestirnnamen bei den idg. Völkern 71 ff.

b) *rssn* (mit *ss* aus *ts*): Entwicklung *ertsn* > *erssn* > *ersn* oder *essn* > *esn* > *ezn* > *ēn* in *cēna* 'Mahlzeit' altlat. *cesna* Fest., vgl. umbr. *şesna* 'cēnam' *çersnatur* 'cēnātī', osk. *kerssnais* 'cēnīs', Grdf. **kert-snā* zu Wz. *kert* (ai. *kart*) 'schneiden'. – Zu älterem *rsn* > *rn* s. § 214 a.

c) *essn* (mit *ss* aus *ts*) > *esn* > *enn* (?): *penna* 'Feder' und 'Flügel', sicher zu Wz. *pet* in gr. πέτομαι 'fliegen'. Für alt *pesna* Fest. ergibt sich Grdf. **pet-snā*; für *penna* eine Nebenform **pet-nā* anzusetzen, ist unbefriedigend, aber *enn* < *esn* ist ebenso unbefriedigend; vgl. § 209 b Zus. α.

d) *stn* > *sn* > *zn*: *pōne* (auch D 246) 'hinten' aus **postne* (umbr. *postne*, vgl. lat. *superne*, § 290 f); fragendes *ēn* 'ist wohl', in *ēn-unquam* Plt. Ter. Verg., aus **est-ne*; *pānis* aus **pastnis* wegen *pastillus* (§ 149 a δ).

e) *nsn*: *trā-nāre* aus **trans-(s)nā-*. *cōnubium* aus **con-sn-* bzw. **kom-sn-* (§ 194).

212. Zur Lautgeschichte. Da *s* vor Stimmlosen erhalten bleibt, so haben alle eben behandelten Lautgruppen, auch die komplizierteren, als letzte Stufe vor dem Schwund die Lautform *zl zm zn* durchlaufen, und demgemäß als vorletzte *gzl bzm gzn* usw., wie oben § 205 a für *ex-d* usw. ausgeführt wurde. In der Überlieferung fehlt der Buchstabe *z* (§ 9); *sm* ist noch reichlich bezeugt, *sn* nur für ehemals kompliziertere Lautungen, *sl* überhaupt nicht. Ob der Schwund des *z* in den sämtlichen letzten *z*-Stufen der drei Gruppen *sl sm sn* gleichzeitig erfolgte, ist also fraglich. Wohl aber ist anzunehmen, daß jeweils die letzte *z*-Stufe vor dem Schwund unter Ersatzdehnung in jeder der drei Gruppen *sl sm sn* gemeinsam galt, also z. B. die Wandel *ezn* > *ēn* in **aëznos* > *a(h)ēnus* und (**kerssnā* >) **cezna* > *cēna* gleichzeitig erfolgten. – Doch bestehen für die Zwischenstufen verschiedene Überlegungen oder Vorschläge: für *ksl* (*āla*): *Götze* 147: *ssl* > *sl* > *zl*; für *psm* (*sūmo*): *Sommer* 252 *bzm*, aber ib. 136 und *Götze* 127, § 107 *sm*; für *ksn* (*lūna*): *Hermann*, BPhW 1916, 157 *sn* > *zn*, aber *Juret*, Dom. 26 *ssn* > *zzn* > *zn*; für *stn* (*pānis*): *Götze* 147 *ssn* > *sn* > *zn*, aber *Sommer* 253 *zdn* > *zn*.

Zu den Zwischenstufen s. noch: *Götze* (später *Goetze*), IF 41, 127; 145–148; *Hermann*, NGG 1919, 261 ff.; 276 ff.; 283. – Ferner *Meillet*, MSL, 22, 211–214 [Idg. Jb. 9, 22 f. nr. 48]: Schwund von *s* bzw. *z* nur im Latein und im Altindischen.

213. *f* (auch *fr fl*) als letztes Element einer Konsonantengruppe. Vschll. + *f* und *s* + *f* führen durch Assimilation zu *ff*. Da *f* an sich nur am Wortanfang stehen kann, ist das *f* in allen Beispielen Anlaut eines Verbalstammes oder Nomens. *obf- subf-* (oder *ops-f- sups-f-?* § 163 c β) > *off- suff-*: *offero, sufficio*; (zu *au-f-* als Ersatz für *ab-f-* s. ibid. c ε); auch *p-f* > *ff* in *officium* § 102. – *adf-* > *aff*: *affero affirmāre, affatim* § 260. – *sf* > *ff*: Praeverb *dis-* in *diffundo*; zu *difficilis* s. § 338 e.

ks + *f*. Praeverb *ex-* mit *f-* führt zu *eff-*: *effārī effero effundo* usw. – Daneben in Handschriften öfters *ecf-*, besonders bei altlat. Autoren, freilich nicht selten durch Abschreiber infolge falscher Interpretation als *et f-* entstellt zu *etf-*: *ecfero ecficio ecflīctim*. Bei Plautus führt *Lindsay* (nach *Ussing*) in seiner Ausgabe *ecf-* durch; *Leo* und *Ernout* geben *ecf-* nur bei handschriftlicher Gewähr, etwa *ecficio* Bacch. 695, Poen. 428, Psd. 1324; für die Überlieferung s. *Lodge*, Lex. Plt. s. *eff-*, Thes. s. *eff-*. In altlat. Inschriften ist *ecf-* noch nicht nachgewiesen. – Reine alte Lautentwicklung war vermutlich *ecsf-* > *esf-* > *eff-* (vgl. § 418 I A 2 a); später rekomponiertes *ecsf-* führte zu *ecf-*, vielleicht unter Anlehnung an gr. ἐκ- vor Kons. – Restituiert inschr. *exferto* Lex Spol. D 256; später *sexfascālis* (Inschrr.).

r l m n als erste Laute: mit *s*, *r l m n i̯ u̯*; mit freien und gedeckten Verschlußlauten (§§ 214–222)

214. *rs* und *ls*. a) **Frühes**, auch idg. *rs ls*, intervokalisch oder vor *n* bzw. *d*: das *s* wird regressiv stimmhaft und dann total assimiliert, also *rs* > *rz* > *rr* und *ls* > *lz* > *ll*; vor *n* und *d* werden die *rr ll* verkürzt zu *r l* (vgl. § 196 b β). – Belege (§ 181 a): *rr* aus *rs* in *errāre, torreo, farreus*, infin. *ferre* usw.; *ll* aus *ls*: *collum, vallis*, infin. *velle*. – *rsn* > *rzn* > *rrn* > *rn*: *perna* 'Ferse' vgl. ai. *pāṛṣṇi-* got. *fairzna* Grdf. **pērsnā*; *cernuos* 'kopfüber' zu **kerəs-* (in *cerebrum*, § 207), also aus **kersnou̯os*; *ternī* 'je drei' als Ableitung von *ter* aus **tris* (§ 149 a), also Zwischenstufe **tersno-*; vielleicht Name *Turnus* (König der Rutuler) aus **Tursnos*, zu Τυρσ-ηνοί nach *Schulze*, EN 574[6]. – *orzd* (idg. *r̥zd*) > *orrd* > *ord*: *hordeum* zu nhd. *Gerste*, Grdf. **ghr̥zdeyom*; *turdus* 'Drossel' Grdf. *tṛzdos. – lsn > lzn > lln > ln: alnus 'Erle', vgl. lit. alksnis (mit unorganischem k).

Herkunft und Grundform des Lehnworts *ferrum* sind umstritten, s. zuletzt *Krogmann*, KZ 64, 267 ff.

b) Lat. *rs* und *ls* gehen zurück auf kompliziertere Lautgruppen: lat. *rs* auf *rks* (*rx*) in *ursus*, perf. *farsī*, und auf *rss* (aus urspr. *rt-t* und *rts*) in ptc. *vorsus* perf. *arsī*; lat. *ls* auf *lks* in *alsius*, perf. *fulsī* (s. §§ 203a und 221d). – Freilich ist bei *rs* aus *rss* das *r* vermutlich restituiert, vgl. auch *rsc* > *sc*, unten c. Formen ohne *r*, also mit nur einfachem *s* (auch nach kurzem Vokal) sind (*īn-*)*su̯asum* (*ā*?) Plt. Truc. 271 (mit Festus) 'ein Dunkelfärbemittel' aus *sward-to-* > *su̯arsso-*, zu *sordeo* und nhd. *schwarz*, und besonders -*vos-* neben -*vors-* 'versus': *advosem* 'adversarium' Paul. Fest., *deosum* 'hinab' Cato Varro (später *iosum*, § 139bγ), *prōsa* aus *prō-vorsa* (§ 144a) trotz *prōrsus*, inschr. *rúsus*.

Zusätze. α) Inschr. *vors-* und *vos-* wechseln vielfach in der Sent. Minuc. D 453: *sursum* (oft), *sursum u̯orsum*, *sursuorsum* und *susum*, *susu u̯orsum*; neben *controu̯orsiae* auch -*u̯ers-* und -*u̯os-*; doch nur *deorsum*. – β) Neben *dorsum* 'Rücken' steht hs. (mit *ss*!) *dossum* (Thes.) und inschr. *Dosuo* D 521 (vgl. *dossuārius*). Die Grundform ist unbekannt; für Restituierung des *r* bestand bei diesem isolierten Wort keine Möglichkeit; also ist wohl vulgär *ss* neben hochsprachlich *rs* anzunehmen (vgl. Abschnitt c). Zu *rs* > *ss* vergleiche noch *Thessandrus* Verg. Aen. 2, 261 aus gr. *Thers-* (*Wackernagel*, Kl. Schr. 754), *pessica* (frz. *pêche*) 'persica, περσική, Pfirsich' App. Probi (dazu *Baehrens*, Komm. 102). – γ) Vulglat. dialektisch *rs* > *rr* in Name *Hirrutus* VI 1485 VIII 21789, sicher gleich *hirsūtus* 'struppig'. – δ) Andere Vorstufen von lat. *rs*: Junge Fugen, etwa *per-similis*, konj. *inter-sit*, *superstes*, *perspicuus*; Entlehnungen: *Persae*, *persōna* (§ 130 II B 1), *thyrsus* > italien. *torso* § 52 a, *arsineum* 'Haarnetz' Cato, *ἀρσινόειον, benannt nach einer *Arsinoe*, wohl der Gattin Ptolemaios' VII. (vgl. *Leumann*, Kl. Schr. 175 f.), *Persephonē*. – Zu *rs* in *Mārsī* s. § 161 b, zu analogischem *rs* in *sparsus cursor* § 448 I A 2 Zus. b. – Vgl. auch *Moralejo*, Emerita 14, 82–95.

c) Schwund des *r* in *rsc rst rsp* und *rssn*. – Bei stimmlosem *rs*, also bei *rs* in Stellung vor Stimmlosen, ist das *r* geschwunden: *rsc* > *sc* in *posco* (§ 203bα), ähnlich wohl in *compesco*; *Tuscus* umbr. *Turskum*, zu gr. Τυρσ-ηνοί. – *rst* > *st*: *testis* (§ 149aα); *to*-Ptc. *tostus* aus *torstos* idg. *tṛs-tos*, zu *tors-* in *torreo* (§ 181a); *fastīgium* von *farsti-*, dies zu ai. *bhṛṣṭis* 'Spitze'. Vgl. auch *postulāre* § 209c Zus. Erst auf späten Inschriften für *superstes* und Ableitungen öfters *supestes* usw., XIII 1981; 2000, Audoll. 275. – *rsp* > *sp*: nur *Māspiter* Varro Gell. für *Mārspiter* (so inschr. D 161). – Sonderfall *rssn* > *sn* in *cesna* > *cēna*, § 211b.

215. *ns* und *ms*.

a) Idg. *ns* und lat. *ns*. Die Gefährdung des *n* vor *s*, unter Vokaldehnung (*cos. 'cōnsul'*), mit Wiederbefestigung oder Schwund des *n* ist in § 152c, d ausführlich behandelt; hier wird davon abgesehen.

α) Intervokal. *ns* ist erhalten in Erbwörtern: *ānser* § 178 III a α, *mēnsis*, vielleicht *ēnsis* § 61, *cēnseo* osk. infin. *censaum* vgl. ai. *śaṁs* 'verkünden'. Unaufgeklärt ist *īnsula*. – Jüngeres *ns* in *s*-Perf. *mānsī* mit *mānsio* (trotz *mantāre*); in Kompositionsfugen, *īn-sero īn-signis īn-sipidus*. – *ns* aus *nss* (idg. *nt-t* und *nt-s*) in *t*-Ableitungen und *s*-Perfekta von Verben auf *nt nd*: *sēnsus -ūs* (und perf. *sēnsī*), *scānsio ascēnsus, dēfēnsus, pēnsum* zu *sentio scando dēfendo pendo*.

β) *ns* vor Tenuis bleibt erhalten: *mōnstrum trānstrum*, in Fugen *īn-struo īn-spicio īn-scius*.

Zus. Lat. 1. sg. *inquam* (3. sg. *inquit*) läßt sich mit imper. altlat. *īnsece* gr. hom. ἔννεπε unter einer Wurzel *sequ̯* (*sek^w*) nur verknüpfen als **en-squ̯-ām*; aber Schwund des *s* in *nsqu̯* > *nqu̯* widerspricht dem sonstigen Verhalten von lat. *s* und ist kaum zu verteidigen. Gleicher *s*-Schwund wird auch für eine Etymologie von *tranquillus* benutzt. Ähnlich nach *Szemerényi*, Fachtagg. Innsbr. 188 f. *septentriōn-* als Sternbild aus **septem-striōn-* 'Sieben-Gestirn', *-str-* zu gr. ἀστήρ pl. ntr. ἄστρα lat. *stella* aus **ster-lā*.

b) *ms*. Zu idg. *ms* > lat. *ns* s. Zusatz.

Für einen jüngeren Wandel *ms* > *ns* gibt es einige Zeugnisse. α) Intervokal. *ms* > *ns* in Zusammenrückungen: *altrin- intrin-secus* mit *-in-s-* (*-īns-*) gegenüber adverbiellem *-im* der Pronomina in *utrimque* usw. (s. § 377 B Zus.). Inschr. *quansei* '*quam sei, quasi*' § 122c. Praeverb *con-* aus *com-* in *cōnsul cōnsequor*. – β) *ms* > *ns* vor Kons.: *com-sn-* > *consn-* > *cōsn-* > *cōn-* in *cōnubium* § 211e. *quisquanst* D 306 (s. § 134b). Lautlich postuliert auch für *sēstertius* aus **sēmis-tertius* Zwischenstufen **sēmst-* > **sēnst-* (§ 103b) und für *prēlum* < **prenslom* < **prem-slom*. – γ) Restituiertes *ms* ergibt *mps* im *s*-Perf. *dēmpsī* zu *dēmo*, konj. *empsim* zu *emo*; vgl. *mt* > *mpt* in *emptus* § 221a. Ebenso im Auslaut: nomin. *hiemps* (§ 225 II c β) neben dem üblichen durch Paradigmazwang bewahrten *hiems*. Vgl. auch *am-segetēs* § 102 Zus.

Zusatz. Idg. *ms* ist, soweit morphologisch postulierbar, in den meisten Einzelsprachen als *ns* oder wie idg. *ns* fortgesetzt (ai. ved. 2. sg. aor. *agan* aus **a-gam-s* 'du gingst', Stamm *pumās-* 'Mann' instr. *pum̥s-ā*; gr. gortyn. ἔνς att. εἴς, daraus Stamm ἐν- für ἐμ-, zu lat. *sem-el*). Nur im Gotischen ist *ms* (*mz*) bewahrt: in *amsa-* 'Schulter' idg. **omsos* (ai. am̥sa- umbr. lok. *onse uze*), wo das *m* indirekt auch gesichert ist durch gr. ὦμος und lat. *umerus* (aus **omesos* über **omezos*, § 106, nicht direkt aus **omsos*), und ntr. got. *mimz* 'Fleisch' (ai. mām̥sa- aksl. m̨so) idg. **mēmsom* (dazu lat. *membrum*, § 207). Lat. *ānsa* 'Henkel' lit. *ąsà* läßt sich hiernach als **amsā* mit Wz. *am* 'umfassen' in *amplus* (§ 216a) verknüpfen. Vgl. auch § 346 zu ausl. idg. *-ns* des akk. pl. aus *-ms*. – S. *Brandenstein*, Studien zur idg. Grundsprache, Wien 1952, 5–12; nach ihm nur idg. ausl. *-ms* > idg. *-ns*, intervokal. idg. *-ms-* mit Silbenfuge erst einzelsprachlich > *-ns-*. S. aber *Szemerényi*, Numerals 138; *Polomé*, Revue belge 45, 800 ff.

216. *r l m n* plus *r l m n*.

a) *rl* > *ll*, ebenso *nl* > *ll*. Ursprünge von *rl nl*: In Kompositionsfugen hinter Praefixen auf *-r -n* vor *l-*; *-rl-* vereinzelt bei Praeverbien *super inter per*, regelmäßig beim fast verschollenen *por* (in *por-tendo*, § 112): *supellex, intellego, pellego, pol-liceor -luo -lūceo* (*-lingo* s. unten); *-nl-* bei *in-*, *con-* (< *com-*) und bei *in-* privativum: *il-licio -lūdo, colligo collēga collībertus* und *il-licitus*. – Durch Synkope in den *lo*-Deminutiven von *ro- no-* und *r- n*-Stämmen usw. (§§ 149a δ mit Zus. u. 282 B): *puella* zu *puer, satullus* zu *satur*; *agellus* < **agerlos* (< **agrelos*), *stella*, und *bellus* < **du̯en(e)los* (zu *bonus*), *nūllus* < **n(e)-oin(e)los* zu *ūnus, homullus, corōlla*. – Ferner *nl* > *ll* in *malluv-iae* und *-ium* 'Handwaschwasser, -becken' Fest. (*man(us)* und *lavo*).

Umgekehrte Schreibungen: inschr. *Inlyricus* s. § 196, 3 b γ; CE 1988, 41 *auro conlata* ist Umsetzung von gr. χρυσοκόλλητος. – Bewahrtes *nl* im Gentile *Manlius*: vermutlich junge Synkopierung aus *Mamilius*.

ml > *mpl* : *exemplum* zu *ex-emō (*eximo*) 'nehme heraus', also aus *ex-em-lom; *amplus* 'umfassend' wohl aus *am-los zu Wz. *am* '(um)fassen'.

Phonetisch ist das stimmlose *p* merkwürdig (*Hermann*, NGG 1919, 271), vielleicht Anschluß an *exemptus*; als Übergangslaut erwartet man *b*, also *mbl*, wie in anderen Sprachen (gr. perf. μέμβλωκε zu aor. μολεῖν, *Schwyzer* I 277 litt. a; frz. *humble* aus lat. *hum(i)lis*); nicht überzeugende Lautentwicklung zu *mpl* bei Grundform *exemslom (*Juret*, Don. natal. *Schrijnen* 697–699). – Mit etymologischem *mp* wohl *temp-lum*, also nicht mit gr. τέμενος zu verbinden. – Unerklärt ist *simpludiarea: funera sunt quibus adhibentur ludi* Fest.; man suchte also darin *lūdus*. – Schon griechisches *ml* > *mbl* im semitischen Namen *Iamblichus* Cic. epist. 15, 1, 2, arab. *i̯amliku* 'er wird herrschen', zu Wz. *mlk*.

b) Lat. *rn* aus *rkn rdn* in *quernus ornāre*, § 222. – Nur durch Ferndissimilation unterstützt *rn* > *nn* in *Perpenna* neben *Perperna*, *Schulze*, EN 88.

ln > *ll* durch regressive Assimilation: *collis* vgl. lit. *kálnas* 'Berg'. – Lat. *ll* hat mannigfache Ursprünge, so mit *l* als erstem Laut noch *ld l̥ ls*; aus morphologischen Gründen kommt *ln* als Vorstufe von *ll* am ehesten noch in Frage bei Verben mit *ll* im Praesens gegenüber einfachem *l* sonst, nämlich als idg. *n*-Praesentien (§ 406, 2), und bei *ll*-Nomina als vermutlich ehemaligen ablautenden *n*-Stämmen. So *tollo* neben perf. (*te*)*tulī* aus *tol-nō idg. **tl̥nāmi*; *pello* neben perf. *pepulī* und iter. altlat. *pultāre* aus *pelnō (s. Allg. Teil § 44γ), vgl. gr. hom. πίλναται 'nähert sich'; oder Stamm *fell-* zu *fel* n. 'Galle', gen. *fellis* aus *feln-es (danach analogisch gen. *mellis* zu *mel* 'Honig', *Szemerényi*, KZ 75, 183[1]); als sekundärer *i*-Stamm *pellis* fem., abl. *pelle* aus *peln-i, vgl. nhd. ntr. *Fell*. Nach den Beispielen mit *e* vor *ll* sind die Wandel *ln* > *ll*, auch *ls* > *ll* (§ 214a) und *ld* > *ll* (§ 218a), älter als der Wandel *el* > *ol* vor Kons. (§ 43c). – Sekundäres lat. *ln* : durch Synkope (§ 103a) in *ulna* 'Ellbogen' aus *ōlenā vgl. gr. ὠλένη ahd. *elina* (nhd. *Elle*), auch in *volnus*; aus *lsn* in *alnus*, § 214a. – Zu vulglat. *ln̥* > *nn̥* (βανιατορ) s. § 139bβ.

Zusätze. α) *pollingere* Plt. mit *pollinctor* 'Leichenwäscher' Plt. stellt *Vendryes*, Rev. Celt. 47, 442 als *n*-Praesens zu idg. *nigʷ* 'waschen' (in ai. *nij*, gr. χερ-νιβ-, aor. νίψαι zu νίζω); statt **pol-ningu̯*- wohl eher, mit lat. Praeverb, **por-ningu̯*-, daraus durch Ferndissimilation **por-lingu̯*-, also mit *ll* aus *rl*. – β) Manches ist umstritten. Lat. *pello* nach *Marstrander*, Symb. Osl. 2, 25 aus *peldō wegen ptc. *pulsus*. *ulna* soll nach *Ernout*, BSL 30, 14 über das Etruskische aus gr. ὠλένη entlehnt sein. – γ) Ein Wandel *ln* > *ll* erfolgte auch im Keltischen und im Germanischen (vgl. oben *pellis*), aber nicht gemeinsam; anders *Hermann*, NGG 1919, 255. Für das Latein bestreitet den Wandel *Pariente*, Emerita 18, 143 f. – S. noch *Sommer* 502 zu den *ll*-Praesentien.

c) *nr* > *rr* und *mr* > (*nr* >) *rr* in Komposita mit *in-* und *com-*, so *irrigāre*, *irritus*, *corruo*. – Für eine Entwicklung *mr* > *mbr* gibt es trotz *Götze*, IF 41, 120 § 82 keine überzeugenden Belege. Zu *Cambriānus* s. *Schulze*, EN 139[13].

d) *nm* und *mn*. – *nm* > *mm* bei den beiden Praefixen *in-* vor *m*, so *imminēre* und *immortālis*; vgl. § 196, 3b.

mn bleibt unverändert; verschiedene Ursprünge. Idg. *mn* in *alumnus* (§ 293), *columna*. Lat. Zusammenrückung in akk. *quemnam*. Idg. *pn* in *somnus* § 200c.

Umgangssprachlich *mn* > *nn*. Im Sandhi: *tanne* Afran. com. 410 bei Fest. (zu *tamine*, nach *sīcine*, s. § 377 a); *etiannunc* Vel. gramm. VII 78, 19; *nōbīscum* zur Meidung von *cum nōbīs* wegen Anklang an *cunnus* nach Cic. orat. 154 (dazu Quint. 8, 3, 45); inschr. *quan nunc* CE 1145. – Im Wortinnern: *antennae* (s. Thes., auch *Forssman*, KZ 79, 18); volkssprachlich *solennis*, freilich unter Einwirkung von *perennis*; inschr. *danno* CE 1339, 19; *alunnus alonnus* VI 27070 III 2240; *Vertunno* XI 4644 a (vgl. *Vertuno* Arvalakten 176ᴅ, BCA 55, 279); *Sollini* IX 2892; *coluna* RA 46, 179 n. 54. – *mn* > *mm* selten: *solemmo* VI 28117. – *mn* > *mpn*: *condempnaverit* Cato-Zitat (bei Festus s. *siremps*); in Handschriften *sompnus, dampnāre, contempno* (*Ritschl*, Opusc. V 356); vermutlich hyperkorrekte Schreibung durch Einfluß der Schule, nach *sumptus* neben oder für volkstümliches *sumtus*, § 221 a. – Vereinfachung von suffixalem idg. *mn* zu *m* oder *n* vermutete *J. Schmidt*, Kritik d. Sonantentheorie 87 ff. u. 131.

Lautlich *ᴡn*, geschrieben *gn* (*ignis, magnus*), s. § 42 a.

217. *r l m n* plus *i̯ u̯*.

a) Zu den *i̯*-Gruppen; vgl. besonders §§ 137–139. Postkons. idg. *y* (bzw. *i̯*) vor Vokal wird vorhistorisch zu Vokal *i*, § 137 c. Neu entsteht *ri̯ ni̯* durch Zusammenstoß von *inter- in-* (und *con-*) mit anl. *i̯-* (*iacio, iungo, iūstus*, § 138, 2). Im Vulgärlatein wird postkons. -*io-* (auch aus -*eo-*) zu -*i̯o-*. Im Einzelnen ist noch folgendes zu bemerken:

ri̯ > *rr* in *porricio* (meist *exta*) 'vorlegen' aus **por-i̯icio* (vgl. *dissicit* § 138, 2 b), Opferterminus Plt. Psd. 266 Verg. Aen. 5, 238, dazu Fest.; mit *to-*Ptc. *inter caesa et porrēcta* Varro. – Dies nicht zu verwechseln mit *porrēctus* 'ausgestreckt' von *por-rigo* zu *rego*, davon als synkopierter Imper. (§ 103 b) mit *bracchia* sim. *porge porgite* Plt. Epid. 733 Psd. 708 Verg. Aen. 8, 274. – Zu *por-* s. § 59.

mi̯ > *ni̯* in *venio quoniam*, § 137 c; bei Praeverb *com-* in *con-i̯ungo con-i̯ectus*. – Auf Inschriften der Kaiserzeit wird (seit D 617) für *coniug-* auch *coiug- coiiug-* geschrieben (Thes. s. *coniux*), also anscheinend *ni̯* > *i̯i̯* > *i̯*; s. aber § 138, 2 b; vgl. auch *coiecit* VI 14027, *coiectum* RA 7, 210 nr. 49, *coicio* (Thes.), sowie wegen vulglat. *i̯* > *dz* die Schreibung *cozus*.

Idg. *ny* (*ni̯*) > idg. *ly* (*li̯*): im Gegensatz zu idg. **alyos* (lat. *alius* got. *alja-* usw., § 137 c) 'anderer von mehreren' zeigt das Indoiranische *anya-*; dessen *n* statt *l* ist auch ererbt und sogar ursprünglicher, angesichts der offensichtlich verwandten ai. *antara-* got. *anþar* nhd. *anderer* (gegen lat. *alter*) 'der andere (von zweien)'. Also ist idg. **anyos* Vorstufe von idg. **alyos*. So nach *Debrunner*, REIE 3, 1943, 5–16.

b) Zu den *u̯*-Gruppen.

Idg. *lw* > *ll* ergibt sich aus lat. und osk. *sollo-* 'ganz, alle' gleich ai. *sarva-* (av. *haurva-*) 'heil, ganz, plur. alle' und gr. ὅλος (homer. οὖλος); Belege: osk. pl. *sullus* 'omnes' usw., *sollum* „osce 'totum'" Fest. (s. dazu Vetter S. 374); im Latein nur in Komposita, *sollers* (*sollo-* und *ars artis*), *solli-citus* (mit denomin. -*āre*), *solli-ferrea* ntr. pl. ('*genus teli*' Fest., nach gr. παγ-χάλκεος) Liv. 34, 14, 11 (aus einem Annalisten); unklar sind die religiösen Termini *sollistimum tripudium* Cic. u. Fest. und *sollemnia sacra*.

Sonst nur unsichere Beispiele für *ll* aus *lu̯*; vgl. noch § 218 a zu *mollis*. – S. bes. *Sommer*, KE 80 f. nr. 66 (gegen *Solmsen*, KZ 38, 437, der Erhaltung von idg. *lw* annahm); auch *Specht*, KZ 64, 21, *Walde*, Festschr. Streitberg 173 Fußn. – Sekundär entstandenes lat. *lu̯* in *salvos* (Ablautwechselform zu *sollo-*, § 60), *alvos* (§ 112 c), *helvos* (§ 148 d β).

ru̯ lu̯ > *rb lb* in der Kaiserzeit, inschr. *Nerba salbus*, § 146 b.

Zu inschr. *mu̯* statt *nu̯* bei den Praeverbien *com-* und *in-* vor anl. *v* (*imu̯icti* usw.) s. § 146 a.

218. *l* vor Vschll.; *r l* vor Kons. im Vulgärlatein.

a) *ld* > *ll*, so als erster *Meyer*(*-Lübke*), KZ 28, 171: *sallo* neben ptc. *salsus* aus **saldō* (Allg. Teil § 44γ), bestätigt durch got. *saltan* nhd. *salzen*; *percello* neben ptc. *perculsus* aus *-*celdō* (trotz perf. *perculī*), damit wohl verwandt *clādēs*; Lehnwort altlat. *Pollūcēs* (später *Pollūx*) aus *Poldoucēs aus gr. Πολυδεύκης (Belege s. § 82, 1 Zus.). – *ld*ṳ > *ll*ṳ > *ll* in *mollis* aus *moldṳi- (§ 59).

Zus. *lt* > vulglat. *nt* belegte man früher mit *muntu* IV 1493; aber die Lesung ist irrtümlich nach *Väänänen*. Das *nt* in (*cultellum*, *non*) *cuntellum* 'Messer' (App. Probi; zu *culter*) beruht auf Ferndissimilation.

b) *r* und *l* vor beliebigen Konsonanten sind auf Inschriften der späteren Zeit öfters nicht geschrieben, also in gewissen Schichten nur unvollkommen artikuliert worden; den fehlenden Buchstaben setze ich in ( ). Erwähnt seien aus Pompeji *ste*(*r*)*cus Ma*(*r*)*tialis He*(*r*)*mete* IV 1754, 4550, 5532; ferner etwa *Po*(*r*)*cia* VI 35619, *Fo*(*r*)*tunata* 34928 und öfters, *Satu*(*r*)*nina* VIII 20374, *conse*(*r*)*u̯i* CE 1245, 7, *cu*(*r*)*sor* III 9002; dann *du*(*l*)*cissimo* VI 15104, 21627 usw., *sepu*(*l*)*cru* VI 17349; *Eumo*(*r*)*fus* XI 2597. – S. *Väänänen* 69; *Baehrens*, Komm. 71 (zu *du*(*l*)*c*-); auch *Jeanneret* 50. – Vgl. auch die entsprechende Weglassung von Nasalen § 220 b.

219. Als **Nasale vor Verschlußlauten** treten die homorganen auf, also *m* vor Labialen, *n* vor Dentalen (einschließlich *s*, § 215b), ꞃ (durch *n* wiedergegeben) vor Gutturalen. Zur Schreibung *gg* für *ng* des Accius s. § 16.

Die deutlichsten Beispiele sind Komposita usw. mit *com*- und *in*-, soweit nicht etymologische Restitution eintrat (s. oben § 196, 3b). Vor Labialen: *com-primo* usw.; *in*- als *im*-: *imprīmīs* ('*unter den ersten'; *im-pōno*; *improbus im-bellis*. – Vor Dentalen: *com*- als *con*-: *con-do con-tingo*, *contra*, *cōn-sero*; *in*- in *in-tendo*, *in-teger*. Restituiert *com-ductus* Lex agr. Zu vorhistor. *ꞃt* > *nt* (*quīntus*) und zu vulglat. *mpt* > *mt* > *nt* vgl. § 221. – Vor **Gutturalen** *com*- *in*- als phonet. *coꞃ*- *iꞃ*-, geschrieben *con*- *in*-: *con-gero -cutio -queror*, *in-genuus -cipio -quīro -quilīnus*; *in-gēns -certus*.

Weitere Beispiele für *m* (> *n*) vor *c t*: *mc* > *nc* (lautlich *ꞃc*): *prīnceps* aus *prīm(*o*)*-cap*- § 103b und *ancipit*- aus *am(*bi*)*-caput*- § 102. Vor Partikel -*ce* (verkürzt -*c*): akk. (auf -*m*) *hunc* alt *honce* (§ 45d) aus *hom-ce; *tunc* neben *tum*; *illinc* neben *illim*, dazu *inde* (§ 98a). Ferner *nunquam*. Wiederhergestelltes *m* in akk. *quemque*, (*quī-*)*cumque*, *quamquam*, *utrimque*. – *mt* > *nt*: *centum* '100' (§ 379), *ventum* (supin. zu *venio*, zu urspr. *m* s. § 137c). – Restituiertes *mt* > *mpt* (vgl. *ms* > *mps* § 215bγ): *to*- Ptc. zu *emo* *em-tos > *emptus* (umbr. *emps* 'emptus' ist wegen der Bedeutung aus dem Latein entlehnt). Dagegen ist in *temptāre* das *p* wohl stammhaft (Wz. *temp*), vielleicht auch in *contemptus* (s. zu *contemno* § 222). – *mt* (> *mpt*) aus *met* durch Synkope in *palūdēs Pomptīnae*, offenbar benannt als *Pometīnae nach der Stadt *Pometia*. – *md* > *nd*: akk. *eundem* und *quendam*; *quondam*, *tandem*.

Im Satzsandhi, meist auf späten Inschriften: -*m c*- > -*n c*-, entsprechend mit *qṳ*: vor -*que quonque* 'et cum' D 264, 12, *idenq*(*ue*) XI 3583, *spenque* III 1854; sonst: *iden Claydius* (dreimal) VI 15282, *tan cito* CE 1150, *cun coniugi* VI 11645, *con quo* V 128, *cun quem* XI 2657. – -*m t*- > -*n t*-, -*m d*- > -*n d*-: *quen tumulat* CE 1599, *tan durum* IV 1895. Vgl. Cic. epist. 9, 22, 2 über Anklang von *an illam dīcam* an *landīca*. – -*n p*- > -*m p*-: *imprīvatum* Lex agr. 27, *im pace* VIII 5493; *im balneum* IV 2410. – S. *Abbott*, AJPh. 38, 73–81.

Verkehrte Schreibungen auf Inschriften. *mt md* für *nt nd*: als Schreiberwillkür in Lex Iul. munic. *quamtus sentemtia* und *damdum tuemdum*; ferner *cumta* für *cunta 'cūncta' XII 975. Zu *sumtus volumtas* s. § 221 a. – *np nb* für *mp mb*: *Ponponius* VI 24656 al.; *menbra* VI 28695; *quen peperit* Audoll.

220. Sonderfälle im Vulgär- und Spätlatein.

a) *mb* > *mm*, *nd* > *nn*, nur vereinzelt. – *mb* > *mm*: *commūro* 'combūro', inschr. CE 95 VI 26215 al. (Thes. s. *combūro* p. 1761, 28 sqq.), auch in Handschriften; *ammulantibus* Inscr. christ. Brit. 94 (s. Thes.). – *nd* > *nn* (hierfür auch alte Beispiele): *grundio* 'grunze' Caecil. com. 103 (mit *grundītus* Cic.): vor *grunnio* warnt App. Probi. *tennitur* (Donat., *tenditur* codd.) Ter. Phorm. 330. Zu *dispennite* Plt. s. § 200b (am Ende, Lit. sub *Godel*). Auf Inschriften der Kaiserzeit: *Verecunnus* IV 1768, *Secunnus* XIII 5191, *Oriunna* VI 20589; *innulgen(tia)* X 1211. – Im Oskischen ist *nn* aus *nd* bezeugt durch Gerundivum *sakrannas* 'sacrandae', vgl. auch zu *Cupienn-ius* § 200b γ. Hiernach werden die lat. *nn*-Formen von *Ernout*, Elém. dial. 83 u. 176 als dialektisch auf oskischer Grundlage betrachtet; mit Recht bestritten von *Rohlfs*, GRM 18, 37. – S. auch *Baehrens*, Komm. 78, *Väänänen* 66 f.

b) **Fehlender oder überzähliger Nasal vor Verschlußlaut.** Nichtschreibung eines Nasals vor Vschll. auf Inschriften ist wie bei *r l* (§ 218b) eher ein Zeichen der Nachlässigkeit (vgl. *Schulze*, EN 212[8]) als ein indirektes Zeugnis des Aufgehens der *m* und *n* in einer Nasalierung des vorangehenden Vokals (wie bei *ns*), so *Safarewicz*, *-mu̯-* en latin, Munera philol. L. *Ćwikliński*, Poznań 1936, 305 f.

α) **Fehlender Nasal.** *m* fehlt vor *b p*: *dece(m)bris* D 569; *Tapios* D 528 (gegen *Tampi* 527, Praeneste), *Sepronius* VIII 21761, *Olypum* VI 37834, 34, *Nyphe* IV 2495, 3580, 4833. – *n* fehlt vor *t d*: *frote* I² 1374 al., *mereti* VI 25805 al., *vigiti* III 14207; 3. pl. *-u(n)t* D 704 (vgl. perf. *fecerut* § 225 II c α Zus.); κετυρία Pap. Michigan CIPh. 22, 243 n. 2, 7 (200ᴾ); *Ama(n)dus* VI 12944, 26552, 35747. – *n* fehlt vor *c qu g*: *priceps* VI 34293, *nu(n)c* CE 642, al., *sactus* XIII 11976 und häufig; *qui(n)que* VI 25691; *li(n)gua* Audoll. 303, häufig in Mss. der Mediziner und bei Chiron. Weitere Belege bei *Jeanneret* 51.

β) Seltener trifft man zugesetzten Nasal, meist gemäß irgendwie motivierter Assoziation: *sciantis* IX 5860 (wohl nach 3. pl. *sciant*), *Semptumia* VIII 6680. Zu *Campānus* s. § 150 Zus. γ; zu gen. *Herculentis* § 152 am Ende. – Zu den sporadischen Erscheinungen eines „irrationalen" Nasals, nämlich der dissimilatorischen Geminatenauflösung (*bb* > *mb*, ins Latein entlehnt *Sambatius* 'am Sabbath geboren') und der expressiven Nasalierung (*strabo* bzw. *strabus* [στραβός] 'schielend' > italien. *strambo* 'krumm, verkehrt', Zwischenstufe vielleicht **strabbus* nach § 184b β) s. *Schwyzer*, KZ 61, 222–252, speziell 231f., 242, 249; auch *Erika Kretschmer*, Festschr. Kretschmer (1926), 116–119; *Graur*, Cons. gém. 98.

221. Hinter *r l m n*: Vschll. vor Vschll. oder *s*. In dieser Stellung bleibt *p* erhalten, *c* wird meist ausgedrängt.

a) **Mittleres *p* und *b*. *rpt lpt* bleiben erhalten**: *to*-Ptc. zu Verben auf *rp lp*: *excerptus*, *sarptus* (*sarpta vīnea* Fest., zu *sarpere* 'Zweige abschneiden') und *scalptus* mit (*īn-*)*sculptus*. – *mbp* > *mp*, *mbc* > *nc*: nur alte Komposita mit Praepos. *ambi-* unter Synkopierung des *i*: *amputāre amplector anculus* usw., s. § 102 Zus. – *mpt* (aus restituiertem *m-t*, § 219, in *emptus sūmptus*.

Schon altlateinisch *mpt* > *nt* im Lehnwort *lanterna* Plt., Erweiterung von gr. λαμπτήρ. – Im Vulgärlatein Schwund des *p*, also *mpt* > *mt*, vereinzelt weiter > *nt*: inschr. *emt*-VI 26007, *coemt*- VIII 100, *peremt*- X 4427, *Redemtus -a* VIII 9441 XII 1694, *promtissima* VIII 9064; *sumtu* (*ū*, *ŭ*) häufig seit IIᴾ; *temtau̯erit* III 8742; *volumtas* (vgl. unten) VIII 21554, 26582 XII 2230 XIII 6427. Vgl. ebenso osk. *pomtis* 'quinquies'. – Weiter *nt* in griechischen Wörtern: *Amente* 'Αμέμπτη VI 16348; in Handschriften *epilenticus* (ἐπιλημπτικός 'epileptisch', also nicht *-ēpt-* > *-ēnt-*!), s. Thes. Die Aussprache *nt* für *mpt* ist auch vorausgesetzt durch die graphische Fernmetathese *competrici* 'contemptrīcī' RIGI 8, 153. – Häufiges hs. *volumptās* für *voluntās*, mit inschr. *volunptate* VI 15018 und *volumtas*

(s. oben), ist nicht einfach umgekehrte Schreibung, sondern Kontamination aus *voluntās* 'Wille' und *voluptās* 'Vergnügen'; etwas anders Schulze, Kl. Schr. 284 f.

Im Vulgärlatein *rpt lpt* > *rt lt*: *to*-Ptc. *sortus* zu *sorbeo*; zu *sculpo* inschr. *scultus* CE 923, IX 2125 usw. (vgl. auch IF 40, 116 zu *scutāneus* für **scul(p)tāneus*).

b) Mittleres *c*. *rct lct* > *rt lt* (vgl. auch § 203a zu *rcs lcs*): *to*-Ptc. usw. bei Verben auf *rc lc*: *sartus* aus *sarctus* (s. unten) zu *sarcio* 'ausbessern'; *fartus* (mit *refertus* und *farti-*, § 308) zu *farcio* 'vollstopfen'; auch *tortus* zu *torqueo* (zu *ct* für *q̯t* vgl. *coctus* zu *coquo*, § 155); adj. *artus* 'eng' aus **arctos* als *to*-Ptc. zu *arceo* (zur Bedeutung vgl. *co-erceo*), s. auch zu *dis-ertus* § 185aε. – *ultus ultor* für *ulct-*, zu *ulcīscī*; *fultus* zu *fulcio*; auch adj. *multīcius* 'geglättet' Iuv. (zu *mulcēre*, Leumann, Kl. Schr. 21 f.); vielleicht *multa* 'Geldstrafe' (alt *molta* D 256, *moltāre* 257), osk. *moltā-* umbr. *muta*.

Vereinzelt ist *rct* noch bezeugt durch Paulus Festi: *ferctum* 'Opferfladen' (*fertum* Cato, dazu osk. *fertalis*); *sarcta tecta* 'geflickte Dächer' (*sarta t.* Plt. Cic.); *forctes sanates* (das Adj. *fortis*, s. § 172) und *forctus* 'bonus'. – Restituiertes *lct* zeigt *mulctus* 'gemolken' Gramm. zur Meidung der Homonymie mit *multus* 'viel', und danach *mulctrum* 'Melkeimer', zu *mulgēre*; ebenso perf. *mulxī*.

nct, also phonetisch *n̯kt*, > *n̯t* > *nt*: *quīntus* neben *quīnque* aus **qui̯n̯ktos* (idg. **pen̯kʷtos* gr. πέμπτος), vgl. *nd* in *quīndecim* aus **qui̯n̯que-decem* (§ 126aα); Lehnwort ntr. *spinter* (ĭ?) Plt. Men. 'Armband' gr. mask. σφιγκτήρ. – *nct* ist in der Schrift bewahrt im Gentilnamen *Quīnctius* Cic. Quinct., auch inschr. *Queinctius* D 611, und im Praenomen *Quinctus* D 647 (= CE 59). – Sonst wiederhergestelltes *nct*, teilweise wohl nach *nx*-Perfekta, in den *to*-Partizipien usw. von Verben auf *nc* (*ng ngṷ*): *sānctus vīnctus, iūnctus fūnctus, exstīnctus ūnctus*, auch *pollīnctor*. – Danach muß in lat. *nct* beim Fehlen von Restitutionshilfen ein Vokal zwischen *nc* und *t* durch Synkope geschwunden sein, so in *cūnctārī* (§ 102) und in *cūnctī* 'alle', dies wohl gleich neugebildetem *con-citus* von *con-cieo* (zu *u* aus *o* s. § 45d).

Im Vulgärlatein der Inschriften wiederholt sich der Wandel *nct* > *nt* (lautliche Zwischenstufe *n̯t* wohl in *sangtus* Audoll. 251, 2, 16): sehr häufig *defuntus* (Thes.), auch *santus*, V 8136 usw.; ferner etwa *cintus* VI 16514, 36272, *cunti* (Thes.), *debinti* '*dēvīnctī*' X 1251. Weitere Belege bei Diehl, Chr. III Index s. vv. p. 503, 505, 508. – Gelegentlich umgekehrte Schreibung *nct* für *nt*, in Anlehnung an *sanctus/santus* etwa *Crysanctus* (Χρύσανθος) VI 12052, *Sanctipe* (Ξανθίππη) 9800, ferner *regnancte* IX 411. – Vgl. noch Sommer 255, Seelmann 278.

c) *rtc rdc* > *rcc* > *rc*: Praenomen *Mārcus* aus **Mārt-kos* (bzw. **Māvort-kos*, vgl. osk. *Māmercus*, § 133 IIbα); demin. *corculum* Plt. aus **cord-celom* (wenn nicht direkt von nomin. *cor* aus gebildet). – *ntc* > *nc* im Sandhi: inschr. 3. pl. *exspectanque* CE 1027, *tabificanque* Pompeji (nicht *-antque*, so CE 934).

d) Gruppen mit Endkonsonant *s*. Zu den einschlägigen *s*-Perfekta als Hauptgruppe s. § 203a für die Einzelheiten, zu den entsprechenden *to*-Partizipien s. oben a.

rps lps mps und *n̯ks* (*nx*) bleiben erhalten, perf. *serpsī sculpsī sūmpsī sānxī*. – Spät *rs* für *rps* in perf. *sorsi*, s. § 436 A 2 h.

rks lks (auch für *rgs lgs*) > *rs ls*. *ursus* s. § 59; *alsius* 'frierend' Lucr. zu *algeo*. Perf. *farsī fulsī* usw. § 203a; zu *mersī* s. § 206 sub *zg*. – Man vergleiche dazu im Wortauslaut *mers* Plt. für *merx*, § 225 IIcα. – Restituiert perf. *mulxī* zu *mulgeo*, wie *mulctus*, oben b.

mps > *ms* auf späteren Inschriften (vgl. *mt* für *mpt* oben a): *promsit* (ō) CE 712, 10, *presumserit* (ū) VI 31997, *contemserit* III 9450; *Comse* 'Κόμψη' Thes. S. auch *André*, REL 31, 199.

222. Verschlußlaut zwischen zwei Sonanten: der Verschlußlaut schwindet (außer bei *ngn*).

Schlußkons. *m*, meist deverbative Neutra auf *-men -mentum*. – *rkm* (*rq̯m*) > *rm* : *tormentum* 'Winde' zu *torq̯-eo*. Zu *vermina* s. Zusatz. – *lkm* und *lgm* > *lm* : *fulmentum* 'Stütze' zu *fulc-io*; *fulmen* 'Blitz' für *fulgmen zu *fulg-eo*. – *rpm* > *rm* : *sarmen* Plt., *sarmentum* Cic. 'Reisig', von *sarpere* (§ 221a); plur. *dēcermina* Paul. Fest. (*carpere*). – *lpm* > *lm* : *pulmentum* 'Zukost' Plt. (*-ārius* Cato), wegen umbr. *pelmen in gen. *pelmn-er* von Wz. *pelp* in *pulpa* 'eßbares Fleisch' Cato (mit *pulpāmentum* Plt.).

Zusatz. *vermina* ntr. pl. 'Leibschmerzen' Lucr. Fest. ist, nach dem Gebrauch von *vermināre*, als Ableitung von *vermēs* 'Würmer' empfunden worden, sachlich wohl vertretbar, aber morphologisch unmöglich; wenig einleuchtend ist die Deutung als *vergmina von *vergere* 'sich neigen'.

Schlußkons. *n*. – *rkn* (*rq̯n*) und *rgn* > *rn* : *quernus* 'aus Eichenholz' aus *q̯erq̯-nos*; *urna*, wenn zu *urc-eus* gehörig.

nkn (*u̯kn*) : *au̯kn* > *ān*, also Schwund unter Ersatzdehnung einer vorangehenden Kürze: *quīnī* 'je fünf' für *q̯u̯in̯q̯u-noi*. *ānus* 'Fußring' Plt. (mit demin. *ānulus* 'Ring' Naev.), entweder zu *anc-* in *ancus* 'gebogen' (§ 158b) oder mit *Muller*, Altit. Wb. zu *angere*, Grdf. *au̯nchos*. Vielleicht *pānus*, § 191 sub *tu̯-*. Auch *cōn-* aus *con-cn-* in *cōnīveo cōnixus* 'Augen zudrücken' (zu Simplex *nītor* 'stütze mich', alt *gnītor*, § 192 sub *kn-*); vgl. umbr. *conegos kunikaz* 'nixus' wohl aus *kon-kn-*. – Als lautliche Zwischenstufe zwischen *au̯kn* und *ān* ist am ehesten *au̯chn* anzunehmen, mit Schwund des *u̯* vor Spirans χ, wie des *n* vor *s f* (§ 125b). – Nach *cō-nixus* auch *cō-nexus*, statt *connexus* (ō nach Gell. 2, 17, 8). – Zum *ng* von *septingentī nōngentī* s. § 379.

ngn (*u̯gn*) > graphisch *gn* : *con + gnōsco* > *cognōsco*; entsprechend *cognātus ignōtus*; der Schwund des vorderen *n* erklärt sich aus der Aussprache *-u̯n-* für *-gn-* (§ 42a), also hier lautlich *-u̯-gn-* > *-u̯-u̯n-* > *-u̯n-*.

rdn > *rn* : *ornāre* zu *ordo -inis*, aus *ord(i)nāre* (§ 103 Ende); zur Bedeutung von *ornāre* neben der von *ordināre* vgl. gr. κοσμεῖν 'schmücken', älter 'ordnen'.

Schlußkons. *r*, *l*. Im Vulgärlatein geht in *mbr mbl ndr* die Media *b* bzw. *d* gelegentlich verloren: inschr. *nouemres* XV 4653, *memra um(bi)licus* Audoll. 134, 135, 190; *Alessanro* VI 3069 (vgl. gr. 'Ανρομάχη, Schwyzer I 277).

223. Doppelschreibung des einen Konsonanten einer Gruppe. In fast sämtlichen zweiteiligen Konsonantengruppen wird vereinzelt auf Inschriften und in nichtliterarischen Papyri der vordere oder der hintere Konsonant doppelt geschrieben, in manchen dreiteiligen auch der mittlere. Orthographisch sind sowohl die Verschlußlaute als auch die Dauerlaute (Sonanten, *s*, *f*) betroffen; danach sind die Beispiele geordnet. Bei einigen Gruppen der Typen *ggr sst* und *sttr* mag man darin eine Rücksicht auf die phonetische Silbengrenze vermuten.

a) Vorderer Konsonant doppelt, also wohl lautlich gedehnt. α) Vschll. vor *l r, m, i̭ u̯, s*: *obblatione* XI 5750, *pubblico* IX 2857; *aggro* III 2448, *pereggre* XII 86; *Pettronius* XIII 11989, *Mattrona* VIII 7251; *supprema* VI 17050, CE 452 u. 563, usw. (vereinzelt auch umgekehrt *pr pl* für *ppr ppl*: *opressa suplicant*); *obbripilatione* (§ 196, 3 b γ); *Addmetus* VI 18616; *socci̭orum* IV 5659 V 4410 VI 6874, *socci̭etate* XIV 5176 (zu i̭ vgl. § 139 b β, *Väänänen* 36); *acqua* s. unten. *Stattius* VI 2753; *ippso* VI 7652. Zu *cx* s. § 16. ‐
β) Vschll. vor Vschll.: *acctum* (und *Augussti*) Fontes nr. 157 p. 356 P. 115, 16, *acctario* VI 33822, *defunccto* (Gl. 36, 127); *sep/ptem* (§ 23), *seppte* XIV 3344, *nupptum* CE 613, *Grappte* VI 25322. ‐ γ) Dauerlaute vor *r, n, i̭, u̯*: *Affrae* XIII 2237 vgl. 8303. *alum/mno* VI 29056, vgl. 22520, oμ/μνι Audoll. 231, *Memmnone* III 33 u. 34. *memorri̭am* VI 10718; *curulli̭um* XI 3887, *filli̭us* häufig; *conni̭ugi* XIII 11658a, *Licinni̭anus* öfter (III Index p. 2575); *sollu̯it* VI 32579 vgl. XIII 1188; *Iannu̯ari̭o* III 2107, Eph. epigr. 8, 783. ‐
δ) Dauerlaute vor Vschll.: *Anntonia* VIII 19714. ‐ *ssc sst ssp* häufig: *Painsscos* (i. Πανίσκος) D 763, *disscente* IV 1278, *Casscellius* I² 2040; *magisster* D 62, *essto* Lex repett. 41, *Augussti* (s. oben bei *acctum*), *liquis.sti* NSc. 1926, 247, *Iusstus* IV 4551, *Faus/stinus* VIII 5034, *Fausstino* III 10429, *Antesstius* III 6581 II 22; dazu *casstrese* VI 8523, *pisstr-* XIII 8255; *Isspes* § 116.

b) Mittlerer Konsonant doppelt. *posttrema* VI 19007, 9, *Exttricatula* (für *Esttr-*) VIII 7660. *exemppli* X 5902, vgl. *semppttemu̯ir* VI 32435. *Sexttianus* (*-xtti-* als *-stti̭-*) Inscr. Gsell I 675.

c) Hinterer Konsonant doppelt. *rr ll*: *agrro* VI 35736; *Manllius* XI 5612. ‐ *ss*: *verssa* VI 14404 al., *Urssi* XI 4942, *Marssi* XII 5686, 547 (nichts Altes trotz der Ursprünge von lat. *rs*, § 214b). *mensses* VI 26858 X 1541 usw., *transseo* CE 484, *transsegerat* jüd. Katak. Monteverde 145, *in ssomno* XI 2579. ‐ *Bepssanio* 'Vips-' VI 29002. Über *xss* s. § 16. ‐ *tt* usw.: *culttor* RA 40, 196 nr. 114. *postteros* VI 19915, 35395 al. *post/teris* VIII 5281, *Arbusttus* XII 5423; *Crisppinus* XV 670 b. *Ponttiae* V 7341, *Anttonius* VIII 13290, *merent.ti* (§ 23 b); *camppidoctor* VI 2697. *longgu* VI 29401 (*gg* wohl nach gr. γγ 'ng', *n* nachträglich eingefügt). ‐ *Merccuri, vinccantur, urssos, omnni* Audoll. 253 (Karthago).

Zusätze. α) Über zufällige Bezeugung gehen hinaus zwei Dehnungen von Tenuis vor u̯: vorhistor. *quattuor*, Vorstufe *qu̯atu̯ōr-* (§ 140c); in der Kaiserzeit *acqua* App. Probi, vgl. italien. *acqua* (zu *aqua* mit erster Silbe als Länge bei Lukrez s. § 141 b γ). ‐ In *bracchium* Plt. aus gr. βραχίων (§ 184 b ε) kann man mit oskischer Vermittlung *cch* vor i̭ rechtfertigen (Gl. 18, 252).

β) Zur Auswertung der Doppelschreibungen für die Silbengrenze s. bes. *Hermann*, Silbenbild. 110–123, mit griechischen Belegen wie inschr. τέθαπτται, und besonders σστ wie ἔσστα; dazu 'Αφφροδίσιον IG VII 1713; s. auch *Schwyzer* I 238. ‐ Von gleichartigen Geminationen als durchgeführten Lautwandeln oder orthographischen Konventionen nenne ich: Im Oskischen regelmäßig vor i̭, etwa gen. *Dekkieis* neben nomin. *Dekis* (aus *-ios*), gen. *kúmbennieís*, vereinzelt vor *r*, akk. *alttram* 'alteram' (*v. Planta* I 537–545; anders erklärt von *Muller*, IF 37, 197f.); übrigens auch *sst* in *passtata* (gr. παστάδα) 'porticum'. ‐ Westgermanische Konsonantengemination vor *r l i̭ u̯*. ‐ Im Altindischen Vorschriften von Grammatikern über *aggni-, brahmman-* usw., *Renou*, Grammaire sanskrite § 7. ‐ Ohne strenge Regeln im Italienischen, oben *acqua*, oft vor *r*, etwa *febbre, Meyer-Lübke,* Italien. Gr. 137 u. 140.

Lit.: *Hermann*, Silbenbild. 110–123; 236f. (lat. Beispiele); ders., NGG 1919, 248 oben (*quattuor*); *Baehrens*, Komm. 76f. (auch zu *acqua*); *H. Gavel*, Note sur les redoublements de consonne devant semivoyelles en latin vulgaire, Annales publ. par la Fac. des Lettres de Toulouse, Juin 1952, 101–110; *Väänänen* 36 (*socciorum*); 62 (*acctum*); *Schulze*, EN 447[5] (*obblatione*); 448[1] (*fillius*); ders., Kl. Schr. ²862 (zu *acqua*).

3. KONSONANTEN IM WORTAUSLAUT: GRUPPEN UND -*M* -*S* -*D*

224. In einer flektierenden Sprache wie dem Latein sind fast alle Wortauslaute die Ausgänge von Flexionsformen. Von den mehrkonsonantigen

Ausgängen sind die wichtigsten Konsonantengruppen zu beobachten im Nomin. sing. der Konsonantstämme, im endungslosen von Neutra mit Stamm auf zwei Konsonanten (*cord- oss-*), und in dem auf *-s* der geschlechtigen Nomina (*plēbs rēx arx* usw.); beim Verbum sind es, nach Schwund von ausl. *-i*, die 3. pl. auf *-nt* und die 2. 3. sing. der athematischen Praesentien wie *es est* zu Wz. *es*. Das Material dieser „motivierten" Flexionsformen hat den Vorteil der Durchsichtigkeit, aber auch den damit verknüpften Nachteil der jederzeitigen Restituierbarkeit oder der Neubildung nach einem eingetretenen Lautwandel. Es ist also nicht durchweg mit ungestörter Lautentwicklung zu rechnen.

Die Konsonantengruppen erfahren im Wortauslaut, also „in pausa", generell die gleiche Behandlung wie im Wortinnern und speziell wie im Silbenauslaut, d. h. in innerer Wortfuge vor Kons., etwa *-ss* > *-s* (*os mīles*) wie *-s st-* > *-st-* (*dis(s)tinguo*). – Doch ist der Wortauslaut, besonders der einkonsonantige der Hilfswörter, auch von den assimilierenden Wirkungen des sog. Sandhi betroffen, s. § 226. – Dazu kommen später im Vulgärlatein der Inschriften die Verstümmelungen des Wortendes durch Abfall von Konsonanten.

225. Mehrfache Konsonanz.

I. Gedehnte Konsonanz (Doppelkonsonanz) ist im Wortauslaut verkürzt, also in der Schrift vereinfacht; morphologisch ist sie vorausgesetzt für den Nominativ sing. einiger Einsilbler auf *l* und *r* und des *-s* der geschlechtigen Dental- und vielleicht auch *s*-Stämme. – In den Neutra *mel fel far* ist die Stammform der obliquen Kasus *mell- fell- farr-* in den Nomin. verschleppt und dann verkürzt; zu *fell-* aus *feln-* s. § 216b; zu *farr-* aus *far(e)s-* vgl. got. *barizein*. Ausl. *-s* aus *-ss* im Nomin. der *ss*-Stämme mask. *as* ntr. *os*, und auch ntr. *vās*, dessen *s* nach langem Vokal in gen. *vās-is* älteres *ss* fortsetzt nach § 182a. Im Nomin. der geschlechtigen *t-* und *d*-Stämme ist die Entwicklung *-ts* > *-ss* > *-s*. Auch das *-s* der geschlechtigen *s*-Stämme läßt sich theoretisch auf *-s-s* (mit Nominativ *-s*) zurückführen, also in *mūs flōs honōs Cerēs* usw.; jedenfalls war schon in der Grundsprache die Verkürzung *-ss* > *-s* eingetreten; vgl. auch § 345 zu nomin. *flōs*.

Folgende metrische Spuren einer bis ins Latein erhaltenen Doppelkonsonanz sind zu erwähnen: a) *-ss* in 2. sing. *ess* 'du bist' Plt. Rud. 240 Merc. 489; zu Grdf. **essi* und Langmessung s. § 400 A 1 Zus. Zu *-ss* aus *-ts* s. unten II c γ Zus. – b) *-cc* in ntr. *hocc* 'dieses' aus **hod-ce* (s. § 372 B), vgl. fragend *hoccine* (aus **hocce-ne*) Plt. Amph. 514 Ter. Andr. 625: *hocc* Plt. Mil. 1025, inschr. *occ est* (tabula lusoria) VIII 17938; vgl. Thes. s. *hic* p. 2695, 70; 2697, 18. Das Neutrum ist metrisch Länge: *hoc erat* Verg. Aen. 2, 664 Hor. serm. 2, 6, 1 Prop. 4, 6, 40, aber nur durch Position, das *o* ist kurz. – c) *-l* aus *-ll*: *vel* 'oder' aus 2. sing. **vel-si* 'willst du', § 401, 1 c; *-ll* ist vorausgesetzt durch Vokal *e* (s. § 148 d β). *sal* 'Salz' als Länge für **sall* aus **sals* gleich gr. ἅλς. – *uls* mit ausl. *-ls* neben *ultrā* ist junge Konträrbildung zu *cis* neben *citrā*. – d) *-r* aus *-rr* aus *-rs*: *par* 'gleich', nom. sing. mask. als metrische Länge Plt. Poen. 376; wohl erstarrte Form, weil auch als ntr. so gemessen in *par est* Plt. Pers. 834 Catull Lucr. (vgl. umbr. *pars-est*) und *par* *erit* Plt. Capt. 315, s. auch Pers. 801. – *far* als Länge Ov. fast. 1, 338, vielleicht jung als Wagnis des Ovid. – *ter* 'dreimal' aus **terr*, vgl. *terr-uncius*, s. § 149 a. – In 2. sg. *fers* neben 3. sg. *fert*, zu *fero*, ist das *-s* analogisch wiederhergestellt. – Vgl. noch *Sommer* 275 f., 379 (*far*); ders., KE n. 92 S. 108 (*par*); *Lindsay*, ELV 138 (*ess, mīless*).

II. **Konsonantengruppen im Auslaut** zeigen manche Vereinfachungen.

a) Ausl. *-d* *-t* hinter Kons. sind geschwunden. Hinter *r*: *cor* aus* *cord* nach gen. *cord-is* und *iecur* Vorstufe **i̯equ̯ort* (§ 59); der Wandel idg. *r̥* > lat. *or* ist also älter; die Zeugnisse für *cor* als Länge, also Zwischenstufe **corr* (*Bücheler*, Kl. Schr. III 203), sind ganz unsicher. In 3. sing. *fert* ist das *-t* restituiert. – Hinter *c*: *lac* aus **lact*, nach gen. *lact-is*; zu nomin. *lact* s. § 362,1 β. – Hinter *n*: 3. pl. statt *-ont -unt* inschr. altlat. *-on -o* (perf. *dedron dedero dedro* D 79–81 u. 163) und später vulglat. *-un*, s. Zusätze.

b) Ausl. *-ns*. Zu akk. pl. *-ons -ins* > *-ōs -īs* s. § 152, auch zu *quotiēns/-iēs*; zu ntr. *-ns* für *-nt* (*ferēns*) s. § 354 C 4 b.

c) Verschlußlaut vor *-s* des Nomin. sing.; Media wird vor *s* stimmlos; s. § 196, 2 a. Im Einzelnen ist noch folgendes zu bemerken.

α) Erhalten bleibt *-ks* (auch für *-qu̯-s -g-s -gʷh-s*) als *-x*. Hinter Vokal: Wurzelnomina *lūx nex, praecox, rēx* (vgl. gall. *Dumno-rīx*), *nix*; Suffixe *-āx -trīx* (§ 329); *sex* und *ex*, vgl. gr. ἕξ und ἐξ. – Hinter *n* und *l r*: *lānx coniūnx* und *falx arx* usw. Doch stehen ausl. *-lks -rks* im Widerspruch zu inl. *-ls- -rs-* aus *-lks- -rks-* (perf. *fulsī tersī*, § 203 a); also ist in *falx arx* der Guttural nach den obliquen Kasus wiedereingeführt: bei Plautus mehrfach *mers* für *merx* 'Ware', etwa Persa 238 *mers tu mala es*; vgl. *commers* § 338, 4 b. Die Grammatiker differenzieren (künstlich) zwischen *cals* 'Kalk' und *calx* 'Ferse', beide mit gen. *calc-is* (s. Thes. sub 2. *calx* p. 197, 22 sq.). – Für *-kts* erscheint *x* in lat. *nox* wie in gr. νύξ.

Zusätze. Im Vulgärlatein der Inschriften Vereinfachung von *-unt* zu *-un -ut* *-u* und von *-x* zu *-s*. Für *-unt -ant* der 3. plur.: schon altlat. *dedrot* D 117, *dedero dedron -o* 'dedērunt' (s. oben). Auch später besonders Perfektformen, dem Inhalt entsprechend: *fecerun* VI 26224; 33688 usw., *coeperun* VIII 2547, praes. *quiescun* XII 6785, *exspectanque* s. § 221 c; *-ut* (vgl. § 220 b): *emerut* D 230, *fecerut* VIII 2192; 5926, *posuerut* III 14269; *-u: feceru* VI 22400, *solu̯eru* VIII 15120; *-um* für *-un* (vgl. § 228 II B γ): *fecerum* VI 26895, XI 2981, *restituerum* VI 32573, *egerum* VIII 11306; konj. praes. *quesquam* 'quiēscant' VI 25667. Danach umgekehrte Schreibung *-unt* für *-um*: *obitorunt* VI 19295, *eorunt* VI 19345. Weitere Belege bei Diehl, Chr. III Index, p. 524. Dazu *Diehl*, De m fin. 286, *Jeanneret* 64. – Wandel *-x* > *-s*, Entsprechung zu inl. *-x-* > *-ss-* (§ 204 a), so hinter Vokal inschr. *conius coius* (Thes. s. *coniux* p. 341, 67 sq.), *felatris* Pompeji, *felis* 'fēlīx' (Thes. p. 434, 82). – Daher auch die umgekehrte Schreibung *milex* V 893 al. (häufig); *milex ariex* App. Probi (dazu *Baehrens*, Komm. 91). Auf umgekehrter Aussprache, etwa nach *audās -ācis*, beruht gen. *praegnāc-is*, vgl. nom. *praegnāx* CE 498, 4; die alte Form ist *praegnās -ātis* 'schwanger', § 337 c. – Zu *pos* für *post* s. § 210 d.

β) *-ps*; *-ms* > *mps*. Erhalten bleibt *-ps*: *daps ops stirps*. Aber restituiertes oder neues *-bs* steht bei den *b*-Stämmen, so *caelebs urbs*, nomin. *plēbs* seit Ende der Republik für älteren Nomin. *plēbēs*. Die lautlich richtigen Schreibungen *pleps caeleps* sind bezeugt auf Inschriften und durch die App. Probi, s. dazu *Baehrens*, Komm. 89 f. Vgl. auch Praepos. *abs* neben *ab*; dazu *aps tē* in Handschriften (Plt. u. Cic. epist.), auch inschr. V 1515 XI 1129. – In dem vermutlich neugeschaffenen (§ 355) Nomin. *hiems* war rein lautlich *-ms* zu *-mps* geworden, denn die Grammatiker bekämpfen *hiemps* (Thes. sub *hiems* p. 2773, 64 sqq.); vgl. inl. *-ms-* > *-mps-* in perf. *dēmpsī*, § 215 bγ.

γ) *-ts* > *-ss* > *-s*, entsprechend der Inlautbehandlung *-ts-* > *-ss-* § 202a. Beispiele sind die Nominative aller Dentalstämme. *t*-Stämme: nach Vokallänge *-tās -tūs* der Abstrakta wie *novitās virtūs*, dann *nepōs līs*; nach Kons. *Māvor(t)s feren(t)s*; nach Vokalkürze *mīles aries*. *d*-Stämme: *mercēs custōs palūs pēs*; *glan(d)s fron(d)s*; *concor(d)s*; *lapi(d)s*. – Entsprechend steht *-s* für *-ts* bei den meisten *ti*-Stämmen mit langer Paenultima, sei es daß das *i* des ursprünglichen *-tis* synkopiert worden war, so angeblich in *ars mors mēns* usw. (§ 106) oder daß der Nominativ eine retrograde Neubildung darstellt, so sicher in Typus *nostrās* für altlat. *nostrātis* Plt. (§ 309 B 1).

Zusätze. Eine Zwischenstufe *-ss*, also Länge, ist für *mīles* vom Metrum verlangt im Senareingang /*milesimpransus* Plt. Aul. 528 (vgl. zur Silbenlänge in *aries* § 355 A 1 Zus.); sichere Kürze Enn. ann. 269 *miles amatur*/. – Das vorausgesetzte *-ss* aus *-ts* war bereits in der Grundsprache zu *-s* vereinfacht, so in Erbwörtern wie **newo-tās *nepōs *pēs*; doch war in den Einzelsprachen wohl *-ss* aus *-ts* restituiert. Freilich zeigt nur das Avestische einen deutlichen Unterschied zwischen *-ās* für etymol. *-āt-s* in *haurvatās* (aber altpers. *napā*) und *-ā̊* für etymol. *-ās* in nom. akk. pl. fem. *daēnā̊* und für *-ās(-s)* in nom. sg. der *s*-Stämme *mā̊* 'Monat', *ušā̊* 'Morgenröte', kompar. *-yā̊*; leider ist der nomin. sg. idg. **pē(d)s* im Av. nicht überliefert und im German. ersetzt (got. *fōtus*). Ob im Altlatein das *-s* von *mīless* prosodisch stärker war als das von idg. *-es* > lat. *-is*, ist unklar; doch s. § 99 Zus. – Das Griechische zeigt keinen Gegensatz bei den ausl. *-s* verschiedener Ursprünge; das Altindische zeigt bei Dentalstämmen restituiertes *-t*, so *napāt pāt*, dagegen *-s* bei etymol. *-s* und *-s-s*. Das Hethitische zeigt freilich nomin. *-s* bei Vokalstämmen, dagegen *-z* (lautlich *-ts*, restituiert oder ererbt) bei *t*-Stämmen. – S. auch *Sturtevant*, Lang. 8, 4.

226. Vorbemerkungen: Stellung in pausa und im Satzinneren. Der Wortauslaut wird gewohnheitsmäßig weniger sorgfältig artikuliert als der Wortanlaut. Dieser ist als psychologischer Wortkern im Wesentlichen unverletzlich (vgl. *Debrunner*, IF 46, 91 oben), von schwer sprechbaren Konsonantengruppen abgesehen. Immerhin kann in einer Flexionssprache wie dem Latein die Deutlichkeit der Wortendungen als Ausdruck der Beziehungen im Satz nicht stark vernachlässigt werden, ohne das Satzverständnis zu gefährden; man beachte die neue Satzstruktur der romanischen Sprachen.

Doch bilden im Satzzusammenhang manche syntaktisch zusammengehörige Wörter, sog. Syntagmen, engere Einheiten auch in artikulatorischer Hinsicht; demgemäß wird die Fuge im Syntagma lautlich ähnlich behandelt wie die Fuge innerhalb eines Kompositums oder einer Ableitung, also grob gesprochen wie im Wortinnern: der Auslaut wird an den folgenden Anlaut angeglichen, was dem allgemeinen Vorwiegen einer progressiven Kontaktassimilation entspricht. Diese Änderungen bilden das Gebiet der Satzphonetik, des „Sandhi" nach einem Terminus der altindischen Grammatiker: im Altindischen ist dieser Sandhi zwischen allen Wörtern des Satzes im Gefolge der Rigveda-Rezitation streng durchgeführt. Nur selten findet man umgekehrt die Anpassung des Wortlautes nach rückwärts, etwa im Altindischen bei *ś-* und *h-*, im Althochdeutschen des Notker mit *p- t- k-*, in viel komplizierterer Form im Altirischen. – Die wichtigste Sandhierscheinung im Latein betrifft freilich nicht die Konsonanten, sondern in der metrisch gebundenen Sprache das Zusammentreffen von ausl. Vokal mit anl. Vokal und die Überbrückung dieses Hiats durch „Synaloephe" bzw. „Elision", s. § 134a. – Zu Apokope als Synkope s. § 98b.

Auch im Griechischen findet man auf Inschriften Sandhi-Assimilationen (s. *Schwyzer* I 406ff.), etwa *-r d-* > *-d d-* in ανεδ δοι 'ἀνὴρ δῷ' im Gesetz von Gortyn III 20; entsprechend falisk. *pretod de 'praetor dē'* D 175, praenestin. *opeinod deu̯incam ted* 758. Ähnliche Anpassungen findet man auf spätlateinischen Inschriften, doch fast nur von proklitischen Einsilbern wie Praepositionen und Konjunktionen; sie sind bei den Wortinlautgruppen mitaufgeführt, z. B. § 219, 3. Absatz.

227. Im Wortauslaut, so wie ihn die lat. Grammatiken und Wörterbücher registrieren, sind hinter Vokal alle lat. Konsonanten vertreten mit Ausnahme von *g* (und *i̯ u̯*). Doch ist diese Auslautstellung bei den meisten erst sekundär zustandegekommen, lautlich durch Sandhiwirkung oder durch Abfall eines älteren Endvokals, oder morphologisch durch Neubildung, bei einigen wie *f* durch unklare Sandhiwirkung. Die ererbten *-m -s* und *-d* zeigen besondere Schicksale und werden unten einzeln besprochen. Für die übrigen folgt hier eine kurze Übersicht.

-b und *-f* sind als Sandhiformen verselbständigt, in *ab ob sub* und in *af* (für *ab*), § 163 c. – *d* ist in zwei nominalen Flexionsformen ererbt, s. § 230; ferner besteht es in *ad apud haud*. – *-t* in ntr. *caput*; *-t* aus älterem *-ti* (§ 98a) in *et tot sat*, auch in 3. sg. *-it*, und wohl in *at* 'aber', *-met*. – *-p* nur in (adv.) *volup* Plt. (häufig). – *-c* in ntr. *hallec* 'Fischsauce', in *lac* aus **lact*; ferner *-c* aus Partikel *-ce* in den Pronominalia *hic hīc sīc* usw., § 372, aus *-que* in *nec, ac* aus *atque* § 98b, aus *-cum* in *dōnec* § 228 I d. – *h* in Interjektionen, *vāh ōh*, § 178 I. – *-r* häufig; ererbt in Medialendung *-tur* usw.; beim Nomen in nom. sg. *pater āctor soror* usw.; dazu sekundär in *far par* § 225 I d, in *ager puer ācer satur* § 106, in Neutra wie *über iter iecur* (vgl. § 320), *calcar* (aus *-āri*) § 313 c. – *-l* in vielen Nominativen, *sal sōl cōnsul vigil pugil, famul, mel fel* § 225 I, ntr. *-al* aus *-āli*; in Adverbialia, *facul procul simul, vel* aus *vell* § 225 I c, *nihil* aus *nihīlum* § 228 I d. – *-n*: praepos. *in*; nom. sing. *lien, -cen* (*tībīcen* usw.), Neutra auf *-men*, § 326a; Partikeln: *-n* aus enklit. *-ne* in *quīn sīn*, aus *-s-ne* in 2. sg. *vīn ain vidĕn*, § 98a; *an, ēn; nōn* aus **noinom* § 228 I d; *tamen* aus *-em*, § 371 b; *dein* aus *deind*(*e*), § 98 a. Über angebliche Nasalierung *-en* > *-ę̄* s. 228 II b γ.

Abfall von Endkonsonanten zeigt das Faliskische: *mate he cupa 'mater heic cubat'* Vetter nr. 322 a. Auf lat. Inschriften ist er nur vereinzelt zu beobachten. Zum Fehlen von *-m* und *-s* s. §§ 228f., zu *-d* für *-t* (*fecid*) § 230 c. Fehlen von *-t* und *-n* in Pompeji (!) im Hexameter *quisquis ama*(*t*) *valia*(*t*)*, peria*(*t*) *qui no*(*n*) *scit amare* CE 946 (mit adn.; vgl. *Väänänen* 70). Zu *-un* für *-unt* der 3. pl. s. § 225 II c α. Weiteres Fehlen des *-n* in *no* für *nōn* VI 36377 X 2728. Fehlen eines *-r* in *frate* III 9029.

Lit.: *Gauthiot*, La fin de mot en indo-eur., Paris 1913; *Jacobsohn*, KZ 49, 213 ff. (zum Satzsandhi im Idg.).

228. Ausl. *-m* ist häufig in Flexionsformen; ferner enden auf *-m* mannigfaltige Adverbialia und Hilfswörter, Zahlwörter *septem decem undecim*; Adverbien auf *-tim*; ferner *clam palam cōram*; Konjunktionen *autem enim*, weiter die Einsilbler *-dam -dem* (in *quī-dam ī-dem*), *iam, nam* (aus **mān* gleich gr. μάν?, *Leumann*, Kl. Schr. 230¹), *tum cum, dum num*, praepos. *cum*; *em* und *hem*. Das lat. *-m* geht in den analysierbaren Fällen auf idg. *-m* zurück.

I. Besonderheiten nach der Überlieferung.

a) In der Dichtung (Skeniker und Daktyliker) hat nach Ausweis der Prosodie nur vor Kons. das *-m* vollen Konsonantenwert, oder vorsichtiger ausgedrückt, die Silben *-am -em -um* gelten hier als Längen; die singuläre Kurzmessung von *-im* in /*non enim rumores* Enn. ann. 371 ist mehrdeutig (s. auch *Leo*, Pltin. F. ²330²). Vor Vokal dagegen werden sie behandelt wie *-a -e -u*, d. h. sie werden „elidiert" unter scheinbarer Nichtbeachtung des *-m*. – Nicht-Elision von *-um -em* im Hexameter begegnet vereinzelt bei Ennius: *milia militum octo/* und /*dum quidem unus* ann. 332 u. 494, später nur mehr bei Einsilblern, vgl. *nŭm adest* Hor. (§ 118), *cu ameiceis* CE 57, 5 (= D 645).

    Zur Elision s. *Wyatt*, Lang. 42, 668f.; *L. Siedow*, De elisionis ... usu, Diss. Greifwald 1911; *Brunner*, MSL 13, 165. – Zum Terminus Elision s. § 134 a.

b) Gleichartige Elision in der gesprochenen Sprache: *anim(um)-advertere* (vereinzelt noch unverbunden, etwa Plt. Asin. 732 Capt. 110 Merc. 15); *vēn(um)-īre* 'verkauft werden (erst hiernach analogisch *vēn-dare > *vendere*, älter *vēnum dare*). – Nur Fall des *m* in *circu-īre* (Thes. s. *circumeo* p. 1135, 62sqq.) mit *circuitus* Caes. (auch für gr. περίοδος, so Cic.), neben üblichem *circitor*; *domu-itio* Skutsch, Kl. Schr. 135²; infin. fut. pass. *datu-īrī* (Thes. s. *do* p. 1660, 69); inschr. *que-ad-modum* II 5439 (quater).

c) Nach *-um* erleidet *est* Aphaerese des anl. *e-* wie nach Vokal, auch inschr. *moriundu(m)'st*, s. § 134b.

d) Früher Schwund von *-um* in drei Indeklinabilia: *dōnec* 'bis' neben *dōnicum* (beide Plt.); *nōn*, alt *noenum noenu* (§ 75b); *nihil*, alt akk. *nihilum* Lex repett. 78 al. (dazu *nōn* ... *hīlum* Lucil. 1021, Lucr. 4, 379), *ad nīlum* Lucr. 1, 237, andere Kasus *-ī -ō* wie von *o*-Stamm. Vgl. § 352 akk. – S. auch *Soubiran*, L'élision dans la poésie latine (nach *Drexler*, Gn. 39, 145 ff.).

e) Einführung des Sonderzeichens ∧ für antevokal. *-m* durch Verrius Flaccus, s. § 6, auch wegen Catos *dicae* für *dicam* (§ 427 Zus. c).

f) **Vernachlässigung des *-m* auf Inschriften.** Im Altlatein schreiben amtliche und offizielle Inschriften das *-m* richtig wie die Schriftsprache, so das SCBacch. oder die Lex Spol. D 256 (*loucom, piaclum*). Auf anderen Inschriften fehlt das *-m* seit früher Zeit, wenn auch ohne Konsequenz, sowohl vor Vokal als vor Konsonant, so Scipionenelogium D 541 *du̯onoro optumo fuise viro Luciom Scipione*, auch akk. *Aleriaque urbe*. Römische Münzen zeigen als gen. pl. *Romano* (335ᵃ–312ᵃ) und *Romanom* (312ᵃ–286ᵃ), CIL I², 745.

    Auf den vulglat. Inschriften der Kaiserzeit ist ausl. *-m* nur ein stummer Buchstabe; Beispiele für Weglassung sind *septe dece* (*Diehl*, Vulglat. p. 164), *nunqua, mecu*, auch *eideque* 'idemque' D 676. Die App. Probi tadelt entsprechend *īde passi ōli prīde* (s. *Baehrens*, Komm. 97f.). Dazu kommen auf Inschriften die Akkusative ohne *-m*, etwa *sale et aqua desideret* VI 29945; daß es nicht gesprochen wurde, beweisen auch Hexameterausgänge in CE wie *luce(m) u̯idere, fine(m) laborum*, auch mit stummem *-m mecum rediret*, CE 474, 8; 1190, 6; 516, 3. Dazu kommen umgekehrte Schreibungen wie *pro salutem sua* IX 2164 add. p. 673 oder *de frugalitate meam* VI 10246.

g) In den **romanischen Sprachen** ist ausl. *-m* spurlos untergegangen; ausgenommen sind nur einige Einsilbler, in denen es durch *-n* fortgesetzt ist: lat. *rem* frz. *rien*, lat. *quem* span. *quien*, lat. *m(e)um* frz. *mon*; vgl. auch italien. *domentre* 'inzwischen' aus *dum interim*.

II. Aussprache der Silben auf -*m*.

a) Zur Quantität des Vokals vor -*m*. Kürze bezeugt Priscian gramm. II 23, 13. Herkunftsmäßig war der Vokal kurz in akk. sing. der 2. u. 4. Dekl. auf -*om* bzw. -*um* und der 3. auf -*em* (aus idg. -m̥, ebenso in *decem*) und in *quem* (aus idg. -*im*). In den anderen Flexionsformen auf -*m* war der vorausgehende Vokal ursprünglich lang; sofern Priscians Angabe allgemein auch auf das ältere Latein ausgedehnt werden darf, war also in vorhistorischer Zeit Kürzung erfolgt. Drei Flexionskategorien setzen -*ām* -*ēm* -*īm* und -*ōm* voraus: beim Verbum alle 1. sg. auf -*m* (mit Ausnahme von *sum* neben 1. pl. *sumus*), also -*ām* -*ēm* -*īm* (dies für -*iēm*) neben 1. pl. -*āmus* -*ēmus* -*īmus* und 2. sg. -*ās* -*ēs* -*īs* (vgl. Allg. Teil § 44), so etwa *eram*, impf. -*bam*, plqpf. -*eram*, konj. *legam*; konj. *siem sim velim ausim*, perf. -*erim*; beim Nomen akk. sg. der 1. und 5. und vereinzelt der 3. Dekl., also Vorstufe -*ām* -*ēm* -*īm* etwa für *aquam*, *spem fidem* und *vim*, letztere neben nomin. *spēs fidēs* und *vīs*; zu urspr. -*ām* vgl. osk. *paam* 'quam' und gr. χώρᾱν ai. -*ām*; weiter gen. pl. aller Nomina ursprünglich -*ōm* (vgl. gr. -ων) als Vorstufe von -*ŏm* > -*um*, etwa in *rēg-um cīvi-um*, alt *deum dīvom* (auch in -*ōrum* -*ārum* -*ērum*). Zur rein interpretatorischen Schreibung -*ûm* im gen. pl. der *o*-Stämme (*deûm*) s. § 353.

Rein metrisch ist die Quantität eines Vokals vor -*m* nicht zu bestimmen. Für Kürzung alter Längen spricht: α) im Gen. pl. auf -*um* der letzte Vokalwandel -*om* > -*um* wie im Akk. sg. bei -*ŏm* > -*um*, auch wohl die Kurzmessung in *mīlia militum octo* bei Ennius; β) die fast uneingeschränkte Elision aller Silben auf -*m* im Vers; γ) griech. Umschriften wie διεμ neben διηβους Audoll. 267; δ) frz. *rien* aus vulglat. *rĕm*.

b) Die antike Aussprache der Silben auf -*m* ist umstritten, das -*m* wird nicht wie ein normaler Konsonant behandelt. Das Hauptzeugnis für die Nichtaussprache des -*m* vor Vokal gibt Quintilian (9, 4, 40): *m littera quotiens ultima est et vocalem verbi sequentis ita contingit ut in eam transire possit, etiamsi scribitur, tamen parum exprimitur ut* multum ille *et* quantum erat, *adeo ut paene cuiusdam novae litterae sonum reddat; neque enim eximitur, sed obscuratur, et tantum aliqua inter duas vocales velut nota est, ne ipsae coeant.* Eigentlich sind das zwei sich widersprechende Angaben; zuerst wird das *m* kaum ausgesprochen (parum exprimitur) und ergibt fast einen neuen Laut, dann ist es gleichsam nur ein Zeichen (nota), um zu verhindern, daß die zwei Vokale verschmelzen. Dabei gilt das Zeugnis nur für Quintilians eigene Zeit und vielleicht in erster Linie für schulmäßige Versrezitation, sein erstes Beispiel ist ein Vergilzitat (Aen. 1, 3). – Schon für die vorklassische und klassische Zeit muß man nach den Inschriften mit Unterschieden der Aussprache in den verschiedenen sozialen Schichten oder auch zwischen Rom und der Landschaft rechnen.

Die orthographischen und prosodischen Tatsachen dürften sprachlich etwa so zu deuten sein: Im Altlatein wurde -*m* in jeder Stellung sehr reduziert ausgesprochen, reduziert in dem Sinne, daß der vorausgehende Vokal nasaliert wurde; ob ihm ein Teil der Lautdauer des -*m* zuwuchs, ist unbestimmbar. Also -*am* wurde etwa -$\tilde{a}^m$ ausgesprochen. In der gepflegten Sprache der klassischen Zeit wurde wohl vor Konsonant das reduzierte -*m* wieder als voller Laut restituiert; vor Vokal dagegen blieb zunächst noch der Nasalvokal, und dieser verlor dann seine Nasalierung; in der Dichtung wurde er von Plautus an „elidiert" wie andere Vokale. – Die antiken Grammatiker berichten nichts von einer Nasalierung; doch können sie aus eigener Erfahrung nur über die Regelung der Aussprache in der Kaiserzeit Auskunft geben.

Zusätze. α) Nach *Hoppenbrouwers*, Vig. Chr. 14, 15–30 bestand als Aussprache des -*m* vor Vokal bei den christlichen Prosa-Schriftstellern des 2. bis 6. Jhdts. neben der „Elision" die „Liaison" (wie bei frz. -*n* in *mon ami*), diese als Neuerung. Das sei gemeint mit „per suspensionem" beim Grammatiker Melissus.

β) Das Praeverb *com-/co-*. Das Praeverb *com-* ist etymologisch identisch mit der Praeposition *cum* aus *com (vgl. Allg. Teil S. 54 unten); man vergleiche osk. und umbr. *com-* und *com*, s. § 145 a β. Während im Wortinnern intervokal. *m* als Silbenanlaut fest ist (*domus*, Suffix *-timus* usw.), erscheint das Praeverb, mit der Fuge als Silbengrenze, vor Vokal ohne das *m* als *co-*; Beispiele sind *co-ēgī co-erceo co-eo co-orior*, auch *co-hibeo co-hors*, dazu mit vorhistorischer Kontraktion *cōgō cōmo* usw. (§ 132). Als Lautentwicklung wird **com-a-* > *cǭ-a* > *co-a-* anzunehmen sein, also Nasalierung wie im Sandhi bei Endung *-om*, aber keine „Elision" des *-om* (-*ǭ*) im Einsilbler. – Vereinzelt steht *com-* vor Vokal, bewahrt in *comes -itis* und in *com-edere* (3. sg. *comest* seit Plt.; mit umgangssprachlichem Beiklang auch bei Cicero; erhalten als span. *comer*) infolge Verschiebung der Silbengrenze zu *co-mit- co-med-*, weil die etymologische Fuge in *com-i-t-* (§ 263, 2 c) und *com-edere* nicht mehr gefühlt wurde, ferner durch Neukomposition in jüngeren Komposita, so (mit verallgemeinertem *con-*) in *con-hērēs*, durch Restitution in κομακτωρ 'coāctor' Gloss. und Pap., s. auch LSJ s. v. – Gekünsteltes *com-īre* erwähnt Quint. 1, 6, 17.

Lat. *co-* kann trotz got. *ga-* nicht eine bereits idg. Nebenform von **kom-* sein; man sehe den Gegensatz zwischen got. *ga-mains* (nhd. *gemein*) und lat. *com-mūnis*. – Lat. *co-* statt *com-* stand auch vor *u̯-* bzw. *v-* (aus idg. *gʷ-* und *u̯-*): *contio* (*cō-?*) aus *co-ventio* (so SCBacch.); *cūria* wohl aus *co-vir-iā; vgl. auch umbr. *co-u̯ert*. S. auch *Leumann*, Mus. Helv. 32, 91 f.

γ) Mit der Aussprache des ausl. -*m* hat man neuerdings auch die des ausl. -*n* zu verknüpfen gesucht: -*em* und -*en* seien gleichermaßen als nasaliertes *-ǭ* gesprochen worden; die Schreibung -*en* bestehe nur dort, wo das -*n* im Paradigma durch inl. -*n*- gestützt sei (*nōmen* neben gen. *nominis*). Dagegen spricht eindeutig die gegensätzliche Lautbehandlung der Praeverbien *com-* und *in-* vor Vokal, ebenso auch die Tatsache, daß -*en* im Vers vor Vokal nie elidiert wird; genannt seien nur *nōmen est* als Kretikus Plt. Men. 811 Mil. 86 usw., *nomen avi* Verg. Aen. 5, 564. – Richtig ist lediglich dies: auf vulglat. Inschriften der Kaiserzeit wird -*n* ebenso wie -*m* öfters nicht geschrieben, *tubice*(*n*) neben *eiusde*(*m*) III 10518, und auch ohne Sandhirechtfertigung wird *n* für *m* geschrieben, etwa *quen omnes* VI 34024, *eorun* in pausa VI 13246; oder selten *m* für *n*, etwa *nomem* VI 31852, häufig 3. pl. perf. -*um* für -*un* aus -*unt*, so *cura*(*m*) *egerum* VIII 11306, *curarum* X 5589 (s. § 225 II c α Zus.). – Zur Theorie über idg. -*m* aus -*n* von *Cuny* s. § 150 α.

Lit.: Zur Prosodie von -*em*: *Vollmer*, Metr. 9 litt. b; 20 f. – Zu -*m* auf Inschriften: *E. Diehl*, De *m* fin. epigraphica, Jbb. Kl. Phil. Suppl. 25, 1899; *Baumert*, De *m* fin. epigr., Diss. Göttingen 1920; Belege bei *Diehl*, Vulglat., Index p. 164. – Zur Aussprache: *Sturtevant*, Pronunc. 151–153. – Zum Laut *-ǭ* (für -*em*) vor Vokal im Latein: *Maurenbrecher*, Hiat 43–71; *Safarewicz*, Studia 168–170 u. 178 f.; ders., Eos 35, 133–138 [vgl. Gl. 27, 67 f.; 42, 91 f.]. – Zu *-ǭ* für -*en* auch *Szemerényi*, Gl. 35, 106 f. (mit Lit.).

229. Ausl. -*s* ist in vielen idg. und lat. Flexionsformen enthalten. Im klassischen Latein ist jedes ausl. -*s* bewahrt, hinter kurzem wie hinter langem Vokal, sowohl einfaches ererbtes -*s* in nomin. sing. auf -*os -is -us* oder in 2. sg. 1. 2. pl. auf -*s -mus -tis*, als auch die -*s* aus -*ss* usw. von § 225 I und II c γ. Eine besondere Betrachtung erfordern jedoch die Zeugnisse für einfaches -*s* nach kurzem Vokal auf den alten Inschriften und in der alten Dichtung.

a) Die Bezeugung. Den Ausgang -os (> klass.-lat. -us), meist natürlich im Nomin. sing. der mask. o-Stämme, bieten die ältesten Inschriften noch als -os, mit *Manios Duenos sakros* (§ 5); die alten amtlichen seit dem SC Bacch. zeigen -us bzw. -uos -u̯os, auch -bus im Dat. pl. Auf anderen altlat. Inschriften jedoch ist das -s oft nicht geschrieben; so steht -o für -os vor Vokal wie vor Konsonant, *Q. Fourio A. f.* D 478, *L. Cornelio L. f.* 540, doch auch -os und später -us, so in gen. sing. der 3. Dekl. sowohl *Di̯ou̯o fileia 'Iovis filia'* als auch *nationu cratia* 'zum Dank für (glückliches) Gebären' D 65 (Praeneste); ähnlich -e für -is, so neben -o und -os in *M. Fourio C. f. tribunos militare* D 64 u. 152 (Tusculum). – Im Faliskischen steht in Gentilicia nomin. -io für -ios (Vetter nr. 274 u. 278) und gen. -o für -os in *loifirtato 'lībertātis'* Vetter nr. 253 (s. dazu *Giacomelli* 50).

In der altlateinischen Dichtung, sowohl bei Skenikern wie im Hexameter, ist -s hinter Kürze vor vokal. Anlaut immer hiatverhindernd, also als Kons. wirksam; vor kons. Anlaut aber ist es offenbar rein nach metrischem Bedürfnis prosodisch teils wirksam, teils vernachlässigt. Bei Plautus und Ennius bildet es z. B. mit anl. Konsonant Position im Ausgang von Septenaren wie *iratus siet/* Amph. 392 oder *animus domi est/* Aul. 181 oder in Hexametern wie *Diana Venus Mars/* ann. 62 oder */qualis conciliis* 222. Nicht wirksam, hier als (s) wiedergegeben, ist es in Senarausgängen wie *salvo(s) sis/* Rud. 103, *tempu(s) fert/* Ter. Ad. 839, und bei weitem häufiger in der Hexameterdichtung von Enn. ann. bis zu Lukrez und Ciceros Aratea, etwa in den Versschlüssen — ⏑ ⏑ — ⏑ *plenu(s) fidei* ann. 338 oder *omnibu(s) princeps* bei Cicero; letztes Beispiel, das einzige bei Catull, ist sein letzter Pentameterausgang (116, 8) *tu dabi(s) supplicium*. Dazu äußert sich Cicero orat. 161: quin etiam, quod iam subrusticum videtur, olim autem politius, ... (in -us) postremam litteram detrahebant, nisi vocalis insequebatur; ita non erat ea offensio in versibus quam nunc fugiunt poetae novi; vgl. auch Quint. 9, 4, 38; s. dazu *Vollmer*, Metr. 9. – Die Handschriften bieten -us bzw. -is, die modernen Ausgaben teils -us -is, teils -u' -i' (so Lindsay in seiner Plautusausgabe), aber immer mit den Handschriften *vin ain viden* (§ 98a).

Nach langem Vokal ist das -s auf den alten Inschriften fest, jedenfalls im -ōs -īs -ūs des Akk. pl. Nur außerhalb Roms fehlt es vereinzelt: im Faliskischen *cra 'crās'* Vetter nr. 244; in Praeneste (D 481, 493, 531 usw.) die weiblichen Praenomina *Maio* und *Mino* 'die Ältere' und 'die Jüngere' (-ō für alt -ōs, § 180 f); ferner -ā(s) -ē(s) in nom. pl. *matrona Pisaurese* D 117 (zu -ās im nom. pl. s. § 350); nom. sg. *Hercle* D 772. Der Gegensatz zwischen anscheinend festem -s nach langem und unsicherem -s nach kurzem Vokal ist phonetisch nicht zu begründen, auch nicht mit den komplizierteren Vorstufen des -s nach Länge. – Zu *Maio* als Praenomen vgl. *Maxima* D 17 u. 33.

Im Vulgärlatein der Inschriften fehlt -s nicht gerade selten, doch ohne jede Differenzierung nach vorangehender Vokalquantität oder folgendem Wortanlaut. – Ausl. -s ist bewahrt in der sog. Westromania (Frankreich, Iberische Halbinsel), aber untergegangen in der Ostromania (Mittel- und Süditalien, Rumänien). Es ist unwahrscheinlich, daß diese Entwicklung mit den Schicksalen des -s im Altlatein historisch zusammenhängt.

b) Zur Erklärung. Eine rein lautliche Erklärung kann höchstens das Aufkommen des altlat. s-Schwundes begründen. Daß die Wechselformen mit -s und ohne -s ursprünglich als Satzsandhi- und Pausaformen nebeneinander bestanden, ist wahrscheinlich. Nach *Havet* (ähnlich *Sommer* 304) wurde das *-s* in pausa zu einem Hauchlaut (wie im Altindischen zum Visarga *-ḥ*), der dann teilweise auch in den Satzinlaut verschleppt wurde und schließlich in der Aussprache schwand. Gemäß der Vernachlässigung des *-s* vor Kons. in der alten Dichtung wäre dagegen *-os -us* die Pausaform und *-o* die Sandhiform; man vergleiche den Schwund von *s > z* vor Stimmhaften in der Kompositionsfuge (so *Brugmann* I 918). – Die Wiederbefestigung des *-s* erfolgte im 2. Jhdt. v. Chr. als Normalisierung eines entweder in pausa oder im Satzinlaut (etwa vor *t- p- c-*) bewahrten *-s*, sicher im Kreise der Gebildeten und sehr wahrscheinlich unter dem Einfluß der Schrift und des Griechischen.

Zusatz. Weitere Erläuterungen zum *s*-Schwund. Rein lautlich nur *-ios > -io* nach *Proskauer*; phonetisch kaum begreiflich, die Häufigkeit von *-io* beruht auf dem Vorwiegen der *-io*-Gentilicia unter den *o*-Stämmen in den altlat. Inschriften. – Etruskischer Einfluß nach *Hammarström, Hermann, Terracini*. Einfluß des Vulgärgriechischen in Süditalien nach *Pisani*; nicht zureichend begründet. – Nach *Harsh* ist die Elision des *-s* in der altlat. Dichtung die Entfaltung einer poetischen Lizenz in Ausnützung einer älteren Sprechgewohnheit. Nach *Marouzeau* ist die Erhaltung des *-s* stadtrömisch; die Wiederbefestigung des *-s* ging von der Stadt Rom aus. – Nach *Safarewicz*, Festschr. Pisani 868–870 war ausl. *-s* im Vulgärlatein phonetisch stimmhaft, also *z*, daher sein Schwund in einem Teil der Romania.

Einzelheiten. *puncto tempore* Lucr. 4, 214 ist wegen 6, 230 *puncto ... in tempore* nicht mit *Leo* als *temporis puncto* zu interpretieren, s. *Sommer*, KE 96 f., *Lindsay*, ClQ 17, 107, *Ernout*, Rev. phil. 47, 152. – In alter Formel ist *iure consultus* Cic. als *iuris c.* zu verstehen, Belege s. Thes. s. *cōnsulo* p. 586, 30 sqq.; in *iure peritus* ist *iūre* Ablativ nach *Sommer* a. O., richtiger Genitiv des Sachbetreffs. – *mage* ist trotz *Leo* und *Niedermann*, Précis 133 nicht lautliche Nebenform zu *magis*, sondern Nachbildung dazu nach *pote* neben adverbial erstarrtem *potis*, so *Solmsen*, Stud. 57[1]. – Cic. orat. 153 zitiert *in vās--argenteīs*; das *vās-* für *vāsīs* beruht nicht auf lautlichem Schwund von *-īs* vor Vokal, sondern auf zusammengerücktem nomin. (pl.) *vās(a)-argentea* bzw. (sing.) *vās-argenteum*; s. auch *Niedermann*, Mél. Bally 428ff. und unten § 332 III. Zu 2. sing. indik. dep. *sequere* für *sequeris* s. § 397 b, zu *-ust* für *-us est* s. § 134 b.

Lit. Zum Altlatein: *Carola Proskauer*, Das auslautende *-s* auf den lat. Inschriften, Straßburg 1910. *J. B. Sullivan*, Final *-s* in Early Latin, Diss. Yale 1970. *Sommer*, KE nr. 82 S. 92–100; ders., Hb. 300–305; *Lindsay*, ELV 126f. – Zu Vulglat. u. Roman.: *Väänänen* 77–84; *Lausberg* II 79ff. – Zu Vorgeschichte und Erklärung: *Havet*, L'*s* latin caduc, Etudes rom. (Festschr. G. Paris, Paris 1891) 303ff.; *Hammarström* (Titel § 1 am Ende) 24; *Hermann*, Silbenbild. 219; 228; *Terracini*, St. Etr. 3, 216, auch Idg. Jb. 13, 404; *Pisani*, Studi Biz. e neoell. 5, 1938, 533; *Harsh*, TAPhA 83, 267–278. – *Gauthiot*, Fin de mot 113 (zum Idg.).

230. Ausl. *-d* im Latein; zur Herkunft aus idg. *-d* und *-t* s. unten. Lat. *-d* bleibt nach kurzem Vokal erhalten, ist aber nach langem Vokal um 200[a] geschwunden. Erhaltenes *-d* nach kurzem Vokal in ntr. der Pronomina, einsilbig *id quid quod*, mehrsilbig *illud aliud*. In proklitischen Wörtern, ohne klare Herkunft: *sed, ad, apud*; vereinzelt im Satzsandhi mit *-t*, vor Stimmlosen inschr. *set, at, aput*, später auch vor anderen Lauten.

a) Nach langem Vokal ist auf Inschriften das *-d* bis in den Beginn des 2. Jhdts v. Chr. geschrieben; alle Beispiele sind mit einer Ausnahme Formen des abl. sing. und sprachhistorisch zugehörige Bildungen: abl. auf *-ād -ōd -īd -ūd -ēd* (zu *-ēd* s. § 361, 1), Lokaladverbien auf *-ād* wie inschr. *suprad*, Adjektivadverbien auf *-ēd* wie *rected* D 175, imper. fut. auf *-tōd*. Die altertümliche Orthographie des SCBacch. zeigt noch durchweg das *-d*, so *in* *poplicod, sententiad*, auch *suprad, exstrad* und Adverb *facilumed* '*facillimē*'; es fehlt nur im Nachtrag *in agro Teurano*. Aber es fehlt schon drei Jahre früher (189ª) in abl. *ea* und *in turri Lascutana* D 263. In der kurzen Lex Spol. D 256 stehen nebeneinander als Ablative *eod, quod, bouid* und *quo die, dolo malo*. Inschriftliche Belege für Imper. fut. 3. sing. *-tōd* (§ 423) in Gesetzen sind *estod* und *licetod* D 257 (auch osk. *estud likitud*, Latinismen?), *uiolatod datod* plur. *suntod* neben *exuehito exferto cedito* ('*caeditō*') D 256.

b) Die pronominalen Einsilbler *mē tē sē* sind mit schließendem *-d* noch als *mēd tēd sēd* wohlbezeugt, besonders auf Inschriften, auch in der Literatur noch vereinzelt bei Plautus. Auch die fast verschollene Praeposition *sē* 'ohne' erscheint noch in älterer Form als *sēd*; dagegen ist *prōd-* für *prō* nur antevokalische Praeverbform. Belege zu *mēd* usw. s. § 367, 3 c; zu Praepos. *sēd* und Praeverb *prōd-* s. § 418 IA 2bγ. – *haud* ist proklitisch, sein *d* wird daher wie im Wortinlaut behandelt (vgl. Allg. Teil § 50): *haud aliter, haut temere* > *hau temere*; doch wird *haud* dann als Normalform gebraucht, s. dazu *Niedermann*, IFAnz. 18, 78 und Thes. s. v. p. 2558, 52sqq.

c) Auch die Sekundärendung 3. sg. idg. *-t* (§ 394) war zu lat. und osk.-umbr. *-d* geworden, nach kurzem wie nach langem Vokal, so noch bewahrt in archaisch-lat. inschr. *feced* (und *fecid*), *sied*, vgl. osk. *deded* und *fakiiad* '*faciat*'. Nach langem Vokal erwartet man also vielmehr Schwund des *-d*; sichere Beispiele fehlen. Denn seit dem Altlatein ist die Sekundärendung *-d* durch die Primärendung *-t* (aus *-ti*) ersetzt worden, im Perfekt also *-ed* durch *-et* > *-it*, in Scipionen-Elogien zuerst *fuet dedet*, dann *fuit cepit*.

d) Abfall des *-d* in Mehrsilblern auch hinter kurzem Vokal? Eindeutige Zeugnisse der Erhaltung sind nur die Neutra der Pronomina. Vielleicht muß man für das Lautliche auch hier von den Einsilblern die Mehrsilbler *illud aliud* scheiden, in ihnen könnte das *-d* nach den Einsilblern *id quid quod* bewahrt oder restituiert sein. Jedenfalls ist nur bei Abfall des *-d* auch hinter Kürze in Mehrsilblern die Rückführung von altlat. *dede* D 57, 151, 742 auf **deded* erlaubt. Und diese Annahme erklärt auch am einfachsten den Verlust des *-d* in den Adverbien *bĕnĕ mălĕ* mit ihrem *-ĕ* aus Iambenkürzung (§ 122): angesichts von noch bezeugtem *-ēd* in inschr. *rected facilumed* führte die Lautentwicklung von Grdf. **duenēd *malēd* kaum über *-ē* zu *-ĕ*, sondern über *-ĕd*.

e) In der Grundsprache läßt sich die Artikulationsart eines ausl. Dentals von Flexionsformen als *-d* oder *-t* nicht von den einzelsprachlichen Vertretungen aus rekonstruieren, sondern nur mit morphologischen Überlegungen bestimmen. So ergibt sich *-t* für die Sekundärendung der 3. sg. aus der Primärendung *-ti*, dagegen *-d* für das Neutrum der Pronomina idg. **id *alyod* durch die Erweiterungen lat. *id-em* 'das selbe' gleich ai. *id-am* 'dies', got. *þat-a* 'das' (*t* aus idg. *d*), gr. ποδ-απός ἀλλοδ-απός, auch ai. *tad-ā* 'dann', *yad-i* 'wenn'; unbestimmbar (*-d* oder *-t*) ist der Dental in abl. sing. *-ōd* und im Ausgang der r/n-Neutra (*iecur*, §§ 59 u. 320), sofern man ihn nicht mit dem *-d* der neutralen Pronomina gleichsetzt.

f) Lat. *-t* geht in den eindeutigen Fällen auf idg. *-ti* zurück, so in *tot et aut* 3. sg. prs. *-it*, übrigens auch postkons. *-t* in *post*, 3. sg. *est vult*, 3. pl. *sunt legunt*; s. § 98a. In *caput* ist es restituiert aus gen. *capitis*. – Eventuell Erhaltung von idg. *-t* als lat. *-t* in Partikel *-met* (*mē-met*, § 368 Anh. 1) unter Sandhibedingungen.

g) Über Abfall von *-t* auf späten Inschriften s. § 227 Ende.

Lit. zu *-d* und *-t* in der Grundsprache: *Brugmann* II 2, 164 (abl. *-ōd*); *Gauthiot*, Fin de mot 84 u. 98; *Schmidt*, Pluralbild. 180ff.; *Bezzenberger*, BB 14, 176. Zum Latein auch *Safarewicz*, Studia 184; *Lindsay*, ELV 120 f.

4. KONSONANTISCHE FERNWIRKUNGEN UND HAPLOLOGIE

231. a) Die Schwierigkeit, einen Konsonanten in kurzem Abstand erneut zu artikulieren, führt besonders bei *r* und *l* zur Gleichklangvermeidung. Entweder wird an der einen Stelle auf einen artikulatorisch verwandten Laut ausgewichen, etwa von *r* auf *l* oder umgekehrt, meist bei zwischenvokaliger Stellung, so *pelegrīnus* für *peregrīnus*, *mīlitāris* für **mīlit-ālis*; das ist die sog. **Ferndissimilation** (Distanzdissimilation, auch einfach Dissimilation). Oder der Laut wird an der einen Stelle übergangen (ausgelassen), etwa inschriftlich adj. *propius* für *proprius* 'eigen', bezeichnet als (fern)-**dissimilatorischer Schwund**, dieser meist bei angelehnten Konsonanten. – Selten ist der umgekehrte Vorgang, dieser vorwiegend bei Verschlußlauten: statt daß in kurzer Folge zwei nur ähnliche Laute artikuliert werden, wird zweimal der gleiche Laut ausgesprochen, die sog. **Fernassimilation**, etwa *bibō* für **pibō* 'trinke' (§ 163 b β); oder ein angelehnter Laut wird noch an einer zweiten Anlehnung bietenden Stelle ausgesprochen, der sog. **assimilatorische Zuwachs**, inschr. *Octrobres* für *Octōbrēs*. – Ein Sonderfall ist die kombinierte As- und Dissimilation, bei der drei Konsonanten im Spiel sind. – Endlich beobachtet man, meist bei zwischenvokaliger Stellung, die als **reziproke Metathese** (gegenseitige Fernumstellung) bezeichnete Platzvertauschung, etwa *leriquiae* für *reliquiae*, und bei angelehnter Stellung die **Fernmetathese** (Fernversetzung), so inschr. *tadrō* für *trādō*.

b) Das letzte Beispiel weist auf eine Besonderheit der Konsonantengruppen; sie läßt sich am besten mit der Reduplikation von *st-* verdeutlichen. Anl. *st-* wurde in der Grundsprache ursprünglich sicher wie ein Einzelkonsonant mit *st-* redupliziert, zu Wz. *stā* '(sich) stellen' prs. **sti-stā-*, perf. **ste--stā-* (vgl. § 433 A 1); die Folge *st—st-* ist dissimilatorisch erleichtert: zu *s—st* in prs. lat. *-sistere* oder zu *t—st* in ai. prs. *tiṣṭhati* bzw. zu *st—t* in lat. perf. *stetī*. Rein beschreibend kann man hier ebenso von dissimil. Schwund des ersten *t* bzw. des ersten oder zweiten *s* sprechen wie von Ferndissimilation des einen *st* gegen das andere zu *s* oder zu *t*; als Interpretation ist sprachpsychologisch die zweite Beschreibung die einleuchtendere. Eine gleichartige Situation findet sich bei der altind. und der griech. Aspiratendissimilation des Grassmannschen Gesetzes (§ 167 Zus. ε) oder bei lat. *qu̯—qu̯* > *c—qu̯* in vulglat. *cīnque* '5' (§ 378A), wo die phonologische Interpretation des lat. *qu̯* als mono- oder bi-phonematisch ins Spiel kommt, dann schließlich auch bei **sentientia* > *sententia* (bzw. vorhistorisch **sent(i̯)enti̯ā*) und ähnlichen Beispielen, und endlich auch bei der Geminatendissimilation (§ 185a).

c) Je nachdem ob ein vorangehender Laut auf die Artikulation an einer folgenden Wortstelle einwirkt, oder umgekehrt, spricht man von **progressiver** (fortschreitender) oder **regressiver** (rückwirkender) Fernwirkung; progressive Wirkung ist naturgemäß häufiger bei zwischenvokaliger Stellung. Die Bezeichnung regressiv ist rein äußerlich zu fassen, vgl. Gl. 27, 82 Mitte.

Zusätze. α) Lautlicher Anklang an ein anderes Wort, also das Spiel der Volksetymologie, begünstigt offenkundig vielfach diese Fernwirkungen; nicht immer ist allein die

Lautschwierigkeit auslösend. Besondere Gelegenheit für Fernwirkungen bieten etymologisch isolierte Wörter, also auch Fremdwörter, und zwar in der Volkssprache; das Vulgärlatein der Inschriften und weiter das Romanische liefern viele Beispiele. Aus diesen Feststellungen ergibt sich weiter, daß diese Lautwandel mehr sporadisch auftreten und nicht in feste Regeln zu fassen sind.

β) Über prohibitive oder prophylaktische Ferndissimilation (*miser* nicht gewandelt zu *mirer) s. § 180 e α und Allg. Teil 59* § 51. – Für Geminatendis- und -assimilation s. § 185 a α u. b.

γ) Alle diese Lautveränderungen sind als Fernwirkungen ihrem Wesen nach verschieden von den Kontaktwirkungen, also der Kontaktassimilation (§ 186f., auch Allg. Teil S. 63*), der Kontaktdifferenziation, für die das Latein kaum Beispiele bietet (*tl* > *cl*, § 160b), der Interversion (*trap-* > *tarp-*, § 112). – Von Kontaktlautwandeln sind einzig vergleichbar die in mittelbarem Kontakt, etwa der dissimilatorische Schwund in *psp* > *sp*, hier bezeichnet als (*p*)*sp*, in *asportāre*, § 203 b α; vorlat. *ts(t)* (> *ss*, § 198 a); (*s*)*ps* in *ipse*, § 373 d; *rg(r)* in *expergīscor*, § 103 b; die Dissimilationen *lcl* > *lcr* in *sepulcrum* § 285, 3 (vgl. auch § 283, 1 b zu *scalprum*), *rcr* > *ncr* (*cancellī* beruht auf **cancro-* zu *carcer*), *ngn* > *ngl* in *singulī* § 265 d, und die Metathese *lcr* > *rcl* in inschr. *sepurclu* Gl. 36, 127.

232. Beispiele. A. Ferndissimilation. 1. Wechsel zwischen *r* und *l*. *r* — *r*: regressiv > *l* — *r*: *Alabarchus, pelegrīnus* XI † 6473 al. (frz. *pèlerin*, nhd. *Pilgrim*), akk. *meletricem; Clustumeria* (eine Tribus), *plōrāre* aus *prō-ōrāre nach *Szemerényi*, Festschr. F. Altheim 182–191; *Glegorius* XIV 5158; *Calboforus* III 10457 (für Καρποφόρος); progressiv > *r* — *l*: ἔργαστρον > *ergast(u)lum*; auch wohl *curculio* 'Kornwurm'. – *l*—*l*: regressiv > *r*—*l*: *Parīlia* Fest der *Palēs; relīquī* s. § 418 IA 2bβ. *fragellum* (gr. φραγέλλιον NT) für *flagellum* (zu *flagrum*); *ar gallicum* (Pflanzenname, s. Gl. 28, 16 f.); *ululāre* > frz. *hurler*; progressiv > *l*—*r*: *Aleria* gr. Ἀλαλία (Stadt auf Sardinien); *pellīris* § 313, 2b; *longurio* s. § 322a. – Wechsel *l*/*r* in Suffixen durch progressive Dissimilation *l*—*l* > *l*—*r*: hinter *l*-haltigem Grundwort -*crum* für -*culum* (älter -*clum* aus *-*tlom*), -*brum* -*bris* für -*bulum* -*bilis* (älter *-*blo-* *-*bli-*) und -*āris* für -*ālis*, vgl. *lavācrum lavābrum flābrum* gegen *cubiculum stabulum pābulum*; *alebris salūbris* gegen *plācābilis* usw.; *mīlitāris familiāris* gegen *hospitālis comitiālis*; s. §§ 285 c und dβ; 312, 2; 313, 3.

2. Sonstige Wandel bei *r, l, m, n*. – *r*—*r* > *r*—*d*: *crūdus* (§ 297C) gleich ai. *krūrá-* 'blutig, roh' (vgl. *rārus* italien. *rado*; *Leumann*, Gn. 13, 33). – *l*—*l* > *n*—*l*: *cuntellus* § 218a. *alc*—*l* > *auc*—*l*: *cauculus* § 148dε. – *n*—*n* > *r*—*n*: *carmen* < *canmen zu *canere, germen* (ai. *janma*, § 326 A 1) zu Wz. *g'en* (komplizierter *Schwyzer*, KZ 61, 251); mehrdeutig *cancer* neben gr. καρκίνος. *n*—*n* > *l*—*n*: *vespertīliōn-* von *vespertīnus* § 323 B; *Messāla* aus -*ān-ān(u)s* § 295, 1aγ; *opulentus* § 302; vgl. *lympha* § 162aα. Progressiv > *n*—*l*: Σατορνεῖλος häufig (*Eckinger* 111) < *Saturnīnus*; > *n*—*r*: italien. *concerto* 'Konzert' (mit *concertare*) < lat. *concentus* (nicht aus lat. *concertāre* 'wetteifern'). – *m*—*m* > *m*—*n*: *tamen* § 371b. *m*—*n* > *b*—*n*: *hībernus* § 292a. *m*—*b* > *n*—*b*: *tenebrae* § 207. Vgl. auch zu *formīca* § 195 Zus. – *n*—*m* > *l*—*m*: *numpa* νύμφη > *lumpa lympha* (§ 162c Zus. α); *Galumedes*, Gl. 18, 247 oben; *molimentum* VII 2269 al.; vgl. Πάνορμος > italien. *Palermo*. – Zu lat. *Māvort-* osk. *Māmert-* s. § 133 II b Zus. α.

3. Bei Verschlußlauten Wandel von Artikulationsart oder -stelle. *d*—*d* > *r*—*d*: *merīdiē* § 162bα Zus.; *p*—*b* > *p*—*m*: *promuscis* 'Rüssel'

Varro aus gr. προβοσκίς (Anlehnung an *prōmere*?). *t—k—t > t—g—t*: *trīgintā* § 379. *- p—br > p—dr*: inschr. *palpetrae* neben *palpebrae* (*tr* für *dr*; s. § 199aα Zus.). *k—g > t—g*: σαρκοφάγος > lat. *sartophagus* IV 8742 und oft. *b—sp—m > b—st—m*: *blaspēmāre* (βλασφημεῖν) > roman. **blastēmāre* (frz. *blâmer*).

B. **Fernassimilation**, meist progressiv bei *r l m n*, regressiv bei Verschlußlauten (Artikulationsart oder -stelle oder -dauer). *l—r > l—l*: λείριον > *līlium* Allg. T. § 24; *involūcrum > imboluclum* Pap. Corp. nr. 251, 9 u. 14 (vgl. Thes.). *n—r > r—r*: *parcarpus* App. Probi. *m—n > m—m*: *Memelavos* XV 5076. *- p—b > b—b*: *bibere* § 163bβ. *c—g > g—g*: *neglego* § 199b; benutzt für Etymologien wie *gingīva* 'Zahnfleisch' von *cingere*, Schwyzer, KZ 57, 261 (vgl. Gl. 18, 270). *- p—qu̯ > qu̯—qu̯*: *quīnque coquo* § 163bα. *- p—ll > pp—ll*: *Appollo*, entsprechende Ferndissimilation vermutet in *mamilla* neben *mamma*, s. § 185a u. b.

C. **Kombinierte Dis- und Assimilation.** *k—p—p > k—k—p*: *Carcophorus* Gl. 24, 149 Mitte; *k—t—t > k—t—k*: **catetra* (aus καθέδρα, § 199aα Zus.) > *catecra*. Vgl. unten *Carthāgo*. *- d—n—m > d—d—m*: *Dydamius* (Thes. Onom.); Einwirkung von *Didymus*?; *m—n—b > m—d —b*: *madib(us)* 'Mānibus' VI 8581; *d—k—t > d—g—t*: *digitus* 'Finger', wenn zu Wz. *dic-* gr. δεικ- 'zeigen'. *-* Der punische Name von *Carthāgo -inis* war *qart-hadašt* 'Neu-Stadt'; er gelangte unter verschiedenartigen Fernwirkungen entweder getrennt ins Griech. (*k—th—d > k—kh—d*, Καρχᾱδών ion. Καρχηδών -όνος) und ins Lat. (> *k—th—g*, *Carthāgo*, mit Anklang an Suffix *-āgin-*), oder eher, wegen der Flexion, aus dem Griech. ins Lat. (*k—kh—d > k—th—g*).

D. **Reziproke Metathese** von intervokalischen oder nur an einer Stelle angelehnten Konsonanten. *r—l > l—r*: *leriquiae* tadelt Diom. gramm. I 452, 30; inschr. *lerinquas* Tab. defix.; Αὐλήριος Pap. und Inschr. (Gl. 7, 338; 13, 161). *- colurnus* für **corulnus* § 291b. - Umgekehrt Οὐαρελιανός 'Valer-' SEG I 117 nr. 451, 2; *clātrī > *crātlī > crāclī* App. Probi (s. § 160b). - Ferner *anhēlāre* > roman. **alenare* (Rückbildung nach § 258 B 4b frz. *haleine*, Gl. 29, 164); *palūdem > padule* Pap. Marini 119, 99 ff., vgl. italien. *padule*. *-* S. auch § 233 D.

233. A. **Ferndissimilatorischer Schwund** (*C* bezeichnet beliebigen Konsonant). Mit *r* bzw. *l*: *Cr* (oder *rC*)*—r > C—r*, so inschr. *phētrium* (**φρητρεῖον, Frei-Korsunsky* 34); *Ma(r)mers* (*Meister*, EN 51[1]); gemäß Etymologie *prō-c(r)ērus* (§ 286b), *t(r)aberna*; vgl. *flēbilis* > frz. *faible*; so auch wohl *Sab(n)īnus* (s. Allg. Teil S. 25*). Progressiv: *agrest(r)is* § 314a, *prop(r)ius*, *incrēb(r)ēsco*, *praest(r)īgiae*, *triēra(r)chus*; *alteru(l)trum* § 373, 6. Regressiv mit postkons. *i* oder *i̯* (§ 231b): *sent(i)entia* (aber nicht *beneficentia*, *-ior*, § 385c); **mediei-diē > *medei-diē > merīdiē* (§ 162bα Zus.). Doppelsuffix *-ār(i)-ārius* in *speclārārius* usw. (s. Svennung, Kl. Beitr. 54-58; Beispiele mit teilweise abweichender Erklärung). Mit *u̯* (in *qu̯*): vulglat. *cīnque* '5'. - Mit Vschll.: *obs(t)etrīx* Inschrr.; *s(t)isto* § 433 I b; στέγαστρον > *segestre*; *p(t)ytissāre* wohl schon gr. (*Leumann*, Kl. Schr. 159[1]). Zu (*g*)*lact-*

neben gr. γαλακτ- s. § 192. – Mit *s* progressiv zur Wahrung des Wurzelanlauts: perf. *ste(s)tī spo(s)pondī*, s. dazu § 434, 1 Zus. – Für dissimil. Schwund und assimil. Zuwachs eines intervokalischen, also freistehenden Konsonanten gibt es nur ganz unsichere Beispiele; s. zu *Fa(v)or* § 145 f, zu angeblich *Cere(r)ālis* § 181 a.

B. **Fernassimilatorischer Zuwachs.** Bei angelehntem *r*: regressiv *Octrobres* X 4531 al.; progressiv *Euphratre* X 3510; *Perpertua* XIII 6729; so wohl auch Περσεφόνη > lat. *Perserpina (> *Prōserpina* in Anlehnung an *prōserpere*). – Bei *m* und *n*: *semptemvir* VI 32345, 3; *semptimus Schwyzer*, KZ 61, 232; κίκιννος > lat. *cincinnus* 'Haarlocke'; sog. Antizipation eines Nasals (selten überzeugend): ῥυκάνη > lat. *runcina* 'Hobel' (nach *runcāre* 'jäten'?). – Zu *Campānus* (neben *Capua*) s. § 150γ. – *-istra* statt *-ista* hinter *l* in *ballista* > italien. *balestra*, über **-istla*(?); eher etruskisierend.

C. **Fernversetzung** (einseitige Metathese), fast nur von angelehntem *r*. Regressiv (*C—Cr > Cr—C*): *Prancatius* < *Pancr*-, Παγκρ- (*Schopf* 198); Ὀκτρωβίῳ XIV 249; *pristinarium* Audoll. 140; *fimbria* > *frimbia (frz. *frange*, daraus nhd. *Franse*). *conturbenali* NSc. 1920, 40 nr. 36. – Progressiv (*Cr—C > C—Cr*): *tadro* X 8249; *cocodrillus* (s. Thes. s. *croc*.); *interpetrārī* (s. Thes. s. *interpr*.); πρίστις *pristis* (Val. Fl.) 'ein gefährlicher Meerfisch' > *pistrīx* Cic. Arat. 152 Verg. (nach *pistrīx*, fem. zu *pistor* von *pīnsere* 'Körner stampfen, mahlen'); *Prīvātus* > Πιβρατος Ed. Diocl. Mit *l*: *cloāca* > *coācla* (auch *cācla*, § 133 II a; s. Thes. s. *cl*. p. 1358, 48); *port(u)lāca* > *porclāca > *porcācla* (§ 160 b). – Nur graphische Fernversetzung eines *h*: *Photus* (gr. Πόθος), § 165 c. – *xantus* statt *sanctus*, mit *x* im Akrostichon Comm. instr. 1, 35 u. 2, 19, *xantissimus* IX 1055; vgl. gr. ξέστης aus lat. *sextārius*, § 365, 8 a γ.

D. **Reziproke Fernmetathese.** Intervokal. *r—l > l—r* usw. sind in § 232 D behandelt. Als Metathesen komplizierterer Art seien hier genannt: *qu̯—c > c—qu̯* (auch als einseitige Metathese von *u̯* auffaßbar) inschr. *cesquit* (für *qu̯(i̯)ēscit* häufig, Diehl, Chr. III (Index) p. 576. – *sc—p(l) > sp(l)—c*: *scap(u)la* > *spacla (> *spatula*, § 160 b), vgl. umgekehrt idg. **spek'*- (lat. *specio*) > gr. σκεπ-, § 163 a; *disciplīna* > *displicīna* (nach *displicet*; Thes. s. *disc*. p. 1317, 8 sqq.); vgl. plur. *forcipēs* 'Kohlenzange' (§ 336, 1 Zus. α) > *forpicēs* Cato agr. 10, 3; 11, 4 (Mss.), jünger und roman. *forficēs*. – *nt—st > st—nt*: *intestīna* > (*i*)*stentīna* Chiron (Thes. s. *int*. p. 5, 65). – *knud- > *dnuk- in lat. *nux*, § 192 s. *dn*-. – *ng—c > nc—g*: (Metathese nur der Artikulationsart Tenuis/Media, vgl. oben § 232 C *digitus* und *Carthāgo*): gr. ἐγγυθήκη 'Amphorenständer' > entlehnt lat. *incitēga* Paul. Fest.

Lit.: Zum Latein s. *E. Schopf*, Die kons. Fernwirkungen, Göttingen 1919 (Beispiele aus Inschriften S. 78–207; Rez. GGA 1922, 224); *Hermann*, NGG 1919, 252 nr. 60–63 und 269 nr. 7–27; *Baehrens*, Komm. 67–74 (schlecht geordnet); *Sommer* 210. – Zu Einzelwörtern. *Carthāgo*: *Friedrich*, IF 39, 102 (vgl. Gl. 36, 146); E.-M. s. v.; *Maccarone*, AGI 19, 4. *meridiē* § 162 b α Zus., *alterutrum* § 373, 6 und *aula extāris* § 313, 3 a: *Wackernagel*, Kl. Schr. 1228. *ergastulum*: *Leumann*, Kl. Schr. 173⁵. *Maximiliānus*: *-īl*- nicht aus *-īn*-, sondern für *-ill*- nach *Leumann*, Kl. Schr. 83. *vespertīlio* von *-tīnus*: so zuletzt *Brüch*, Natal. C. Jax (Innsbr. Beitr. 3) 3, 181 ff.; *Regula*, Die Spr. 3, 189. –

Allgemeines: Grundlegend *M. Grammont*, La dissimilation consonantique dans les langues indoeur. et... romanes, Dijon 1895. *Brugmann*, Das Wesen der lautl. Diss., Sächs. Abh. 27, 1909, 139–178. *Hermann*, Neophil. 8, 128 ff. (banale Erklärung: Ursache Trieb zur Bequemlichkeit und zur Nachahmung); ders., LuA 62–71; ders., IF 50, 274–276. *Kent*, Lang. 12, 245–258 [Gl. 27, 82]. *Sommerfelt*, Diachronic and Synchronic Aspects (Samml. v. Aufsätzen), 201–209. *Schwyzer* I 256 f., 260 f., 268 f.

234. Als **Haplologie** bezeichnet man die Überspringung und damit Auslassung einer Silbe aus Kons. plus Vokal vor einer gleich oder ähnlich anlautenden, Typus lat. *sē(mi)modius* gr. ἀμ(φι)φορεύς, d. h. *sēmodius* 'halber Modius' aus **sēmi-modius*, ἀμφορεύς aus (hom.) ἀμφι-φορεύς 'beiderseits mit Träger, Amphore'; vgl. die modernen Fachtermini *Mor(pho)-phonologie* in der Sprachwissenschaft oder *Oekono(mo)-metrie* in der Volkswirtschaft. Andere Benennungen bringen den Verlust einer Silbe deutlicher zum Ausdruck: haplologische Silbenellipse, dissimilatorischer Silbenschwund, syllabische Dissimilation, superposition syllabique bzw. Silbenschichtung.

Der Normalfall setzt, wie man sieht, gleichen kons. Silbenanlaut und wohl auch Unbetontheit der schwindenden Silbe voraus. Die Situation dafür entsteht meist in der Wortbildung durch das Zusammentreffen ähnlicher Silben beiderseits einer inneren Wortfuge, sei diese, wie oben, die eines Kompositums oder die zwischen Wortstamm und Suffix, etwa in *sollici(ti)-tūdo*. Üblicherweise wird im Gang der Artikulation die vorangehende Silbe übersprungen. Im Übrigen lassen sich die Einzelbedingungen nur aus den Beispielen vieler Sprachen ablesen. Auch Vokal plus Konsonant kann vielleicht übersprungen werden; die Muster der Kurzformen *s*-Perf. 2. sg. *dīxtī mīstī* lassen sich am einfachsten erklären als *dīks(is)-tī mīs(is)-tī*; doch s. § 438 I. Vgl. auch mit infin. *dīxe* als *dīk(sis)-se* superl. *ip(sis)-simus* § 373, 4.

Die geschwundene Silbe, im folgenden in ( ), besteht (meist) aus **einfachem Konsonant** plus gleichartigem oder verschiedenem Vokal. Beispiele: *tru(ci)-cīdāre*, *ar(ci)-cubiī* 'qui excubabant in arce' Paul. Fest., *tragi(co)-cōmoedia* (*Schwering*, IF 37, 139), *tricoscināre* Oribas. 'sieben, seihen', zu **τρι(χο)-κόσκινον* 'Haarsieb' [Gl. 23, 144; *Svennung*, Wortstud. 133]; *vicissim* wohl aus **vici-cessim*; altlat. *me(dī)-diālis* Fest. 'mittäglich' (zu **medīdiē* s. § 162 b α); *an(ti)-testārī*, *grā(ti)-tulārī* § 414, 4, *por(ti)tōrium* s. § 279 Zus.; *paeni(ti)-tūdo* Pacuv. trag. 313 (vgl. *-tūrum* Acc. trag. 313); *resti(tū)tōrī* XII 5561, in obliquen Kasus *den(tī)-tiōnem* neben nomin. *dentītio* (zu *dentīre*) 'das Zahnen'; *cōnsis(ti)-tōrium* Tert. § 278, 2 Zus.; inschr. *Re-s(ti)tūtus* häufig (vgl. *Väänänen* 46); *sti(pi)-pendium* (§ 92 C), perf. *respondī* als **res(pe)pondī* (oder *respo(po)ndī*); *sē(mi)-modius*, *ca(mo)-milla* (aus gr. χαμαί-μηλον, *Bulhart*, WSt. 67, 149); inschr. *bene-(me)morius* (Diehl Chr. III Index p. 491); *īdō(lo)-latria* (*Svennung*, Riv. fil. 95, 66); *Prōtesi-(lāo)-lāodamīa* Laevius (§ 341). *tetrachmum* Caes. aus gr. τετρά-(δρα)χμον. – Nicht *nū(trī)-trīx*, s. § 329 c β, **quo(ti)-to-*, s. § 266 a α.

Sicher erfolgte die Haplologie schon im Moment der Wortbildung bei den verkürzten Ableitungen auf *-tāt-* und *-tūdin-* von *to*-Adjektiven und auf *-ārio-* von *tāt*-Abstrakten: von *honestus hones(ti)-tātem*, vgl. av. *amərə(ta)-tāt-* 'Unsterblichkeit' neben *haurva-tāt-* 'Heilheit', vgl. auch *venustās* usw.; *īnfīn(īt)itās* Cass. etwa nach *immēnsitās*; von *sollicitus cōnsu̯ētus sollici(ti)-*

tūdo cōnsu̯ē(ti)-tūdo, entsprechend *habi- dēlicā- inquiē-(ti)-tūdo*; zu Adjektiven als Grundwörtern für *-tās* und *-tūdo* s. §§ 328, 1 u. 325, 1b; von *voluntāt- volun(tā)tārius* usw., § 277, 2aα.

Zusatz: Sonderfälle. α) Haplologie über das Wortende hinweg wurde unsicher vermutet für Lucil. 123 /*in(de) Dicearch-*; s. *Niedermann*, Contrib. 19, *Bolling*, Lang. 24, 49, *Skutsch*, Gl. 2, 370. – β) Haplologie im Wort über eine Silbe hinweg ist vermutlich die Erklärung für *lapi(di)-cīda, āri(di)-tūdinem, san(gui)-sūgia* 'Blut-sauger, Blutegel' (Gloss. und roman.); ebenso progressiv verkürzt *cornici(ni)bus*, daraus Stamm *cornic-* für *corni-cin-* 'Hornbläser' (akk. *-cem* Varro ling. 6, 91, plur. *-cēs* Petron. 53, 12 u. 78, 6), s. *Heraeus*, Kl. Schr. 148 mit Note von *Hofmann*. – γ) Haplologischer Schwund einer Wortanlautsilbe kann fast nur als Fehlen einer Reduplikationssilbe erscheinen, so vielleicht beim Nomen praenestin. *cōnea* für *cicōnia* 'Storch' (Plt. Truc. 691). Beim Verbum simplex ist die Reduplikationssilbe funktionell und als Anfangssilbe gegen Schwund gesichert (vgl. *Leumann*, Pratidānam [Festschr. F. B. J. Kuiper], 1968, 53 f.); er erfolgt nur in Komposita, also im Wortinlaut, und da meist durch Synkope, s. § 433 I Zus. γ, auch zu *tulī* für altlat. *tetulī*. – δ) Als praeventive Haplologie oder Ferndissimilation betrachtet man mit sehr zweifelhaftem Recht in der Wortbildung die Nichtbenützung von *n*-Formantien hinter Stammausgang *-n-*: Meidung von *-ānus* (Typus *Rōmānus*) in *Athēn-iēnsis* statt *Athēn-ānus (*Wackernagel*, Kl. Schr. 1330); Meidung der *n*-Flexion zugunsten der *t*-Flexion bei Frauennamen auf *-ānē*, s. § 366, 1; Gleichklangvermeidung durch *-itāre* statt *-ātāre* bei den Iterativen, s. § 412 II c γ. – ε) Haplologie von Vokal mit Kons., Typus gr. τρι(ηρ)-αρχος (*Bücheler*, Kl. Schr. III 398): lat. *Pūnicus* läßt sich nur als **Poin(īc)-icos* aus gr. Φοινῑκ-ικός erklären (dabei ist auch *Poenī* verständlich, als Rückbildung aus *Poenicus, etwa nach *Gallī Gallicus*; zu *oe/ū* s. § 74 a). *trag(ac)antus* gr. τραγ-άκανθος (Gl. 26, 93; 42, 94); perf. 2. sg. *dix(is)tī* (§ 438 I); auch wohl *exta* 'Eingeweide' aus **ex(s)ecta*; *ips(iss)imus* (§ 373, 4). – ζ) Als Gegenstück zu diesem dissimil. Silbenschwund besteht nach *Svennung*, Kl. Beitr. 47–53 auch assimil. Silbenzuwachs (ähnlich wie der beim Stottern auftretende), so in inschr. *fi-li-lius sen-ten-tentia*; das sind eher Dittographien, also Versehen der Schreiber usw., Gl. 27, 82.

Lit.: *Fick*, KZ 22, 98–101 (griech. und lat. Beispiele); weitere ältere Literatur bei *Schwyzer* I 264 u. *Schrijnen-Fischer* 234. Ferner: *Niedermann*, Contrib. 19 ff.; *Szemerényi*, Syncope 141 (griech. Beispiele); *Cardona*, On Haplology in I.-E., 1968 (bes. Typen altind. ved. instr. *-yā* für *-yayā* und lat. perf. *dīxe dīxtī*). – Gegen haplologische Erklärung der morpholog. Beispiele wie *sollicitūdo* wendet sich *Pokrowskij*, KZ 35, 249 ff., 38, 278.

C. BETONUNG UND AKZENT

235. Allgemeines zu Wortton, Satzakzent, Metrik.

a) Wortton. α) Akzentstelle; Haupt- und Nebenton. Jedes autonome lat. Wort ist in seinem Klangkörper außer durch seine synchronisch betrachtet unveränderlichen Einzellaute auch noch durch einen festen, d. h. ebenfalls unveränderlichen Wortton (Wortakzent) bestimmt; dieser ist unabhängig von einem Satzakzent. Gegenüber der Tonsilbe sind alle übrigen Silben unbetont. – In vielsilbigen Wörtern schreibt man, sich an der eigenen Muttersprache orientierend, oft auch einer weiteren funktionell gewichtigen Silbe einen zweiten Akzent als sog. Nebenton zu (hier erforderlichenfalls durch Gravis bezeichnet, so in § 243 d). Die einzige antike Nachricht nennt die Zusammenrückung *dèxtro-vórsum*, *Schöll* 46.

β) Akzentcharakter. Die Hervorhebung der Tonsilbe kann artikulatorisch-klanglich auf zwei Weisen zum Ausdruck gebracht und akustisch vernehmbar gemacht werden, entweder durch Tonhöhe (Tonerhöhung) in einer musikalisch-chromatischen Tongebung, oder durch **Stimmstärke** bzw. **Lautheit** vermittels exspiratorischer Steigerung des Druckes oder Stimmaufwands.

Etwas zurückhaltender spricht man in der Phonetik von vorwiegend musikalischer bzw. vorwiegend exspiratorischer Betonung, in der Meinung, es seien die beiden Elemente in allen Sprachen an der Betonung gemeinsam beteiligt, nur mit verschieden starkem Anteil im einzelsprachlichen Bereich, s. etwa *Szemerényi*, Syncope Kap. III zum Griechischen. Das mag in modernen Sprachen experimentell nachweisbar und insoweit phonetisch richtig sein. Aber bei einer nur schriftlich überlieferten Sprache wie dem Latein stellt sich allein die eine Kernfrage: welche der beiden Akzentqualitäten erweist sich in den Vokalentwicklungen als bestimmend und in der Metrik als konstitutiv; hier kann der betonte Hinweis auf die phonetische Komplexheit des Akzentes den Blick nur trüben.

Qualitativ unterscheidet man demgemäß Sprachen mit **Hochton**, mit musikalischem Akzent (engl. *pitch*, frz. *ton*) und Sprachen mit **Starkton** oder **Druckton**, d. h. mit exspiratorischem (dynamischem) Akzent (engl. *stress*, frz. *intensité*, dt. auch *Druck*). Die Termini Pitch und Stress empfehlen sich durch ihre Kürze. – Innerhalb der Tonsilbe trifft die Hervorhebung den Vokal als sogenannten Silbenträger. Bei zweimorigen Vokalen, also Langvokalen oder Diphthongen, kann der Akzent, von anderen Varianten abgesehen, auf deren erste oder zweite Hälfte (More) konzentriert sein, so der musikalische im Griechischen als Akut (ansteigend) auf die zweite, also auf das Vokalende, als Zirkumflex (steigend-fallend) auf den Vokalanfang. Für das Latein kommen solche Unterschiede kaum in Betracht; s. § 240.

b) **Akzent, Silbenquantität und Metrik.**

α) Die Rede gliedert sich, unabhängig von den Wortgrenzen, in eine Silbenfolge von Längen und Kürzen. Soweit diese Folge für die Metrik konstitutiv ist, spricht man, terminologisch unglücklich, von quantitierendem Akzent, richtiger also von quantitativer Gliederung oder Metrik. Eine solche wird kunstmäßig in der griech. und lat. Dichtung verwendet, und entsprechend in der Klauseltechnik der Kunstprosa.

β) Die im Versmetrum ausgezeichnete oder hervorgehobene Stelle nennt man Hebung oder Arsis, auch wohl Iktus (gemeint als im Vortrag exspiratorisch markierte Silbe) bzw. Iktus-stelle. In den klassischen Sprachen ist sie durch eine Länge, allenfalls ersatzweise durch zwei Kürzen besetzt. Ebenso ist die Metrik der altindischen Kunstdichtung quantitätsbestimmt. Hier spricht man demgemäß von quantitierender Metrik; ihr verdanken wir im Latein, beiläufig bemerkt, in erster Linie die Kenntnis der Vokalquantitäten in offenen Silben. – Bei quantitativer Metrik spielt der Wortton für den Versbau keine Rolle, die metrische Gliederung der Rede ist unabhängig von der Folge der Tonsilben.

c) **Satzakzent.** Unabhängig vom festen Akzent der Einzelwörter begleitet im Satz noch ein emphatischer Satzakzent gliedernd oder syntaktisch verdeutlichend die Rede; freilich schweigt davon die antike Tradition fast völlig. Fragesätze waren sicher durch besonderen Tonfall gekennzeichnet. Satzanfang und Satzende sind Stellen der Hervorhebung; indirekt kann die Wortstellung Tonschwäche oder Unbetontheit erkennen lassen. – Die moderne Forschung ist damit beschäftigt, in der altlat. Skenikerdichtung aus bestimmten Wortfolgen einen Wortgruppenakzent zu erschließen, durch den der Wortakzent verschoben oder eliminiert wird (s. § 245).

d) **Akzentuierende Metrik.** Das Altgriechische besaß nach sicheren Zeugnissen eine musikalische Betonung; im Vers schwebt also eine Art freier Melodie über dem quantitierenden Metrum. In scharfem Gegensatz dazu steht die im Prinzip akzentuierende Metrik der modernen europäischen Sprachen mit ihrer (vorwiegend) exspiratorischen Wortbetonung: sie besetzt die Vershebungen bestmöglich mit betonten Wortsilben, der autonome Wortton (die Prosabetonung) kennzeichnet die Vershebungen (Schillers Glocke: *heúte múß die Glócke wérden*). Im späteren Griechisch und im Latein der Kaiserzeit wird die ältere quantitierende Metrik abgelöst durch eine akzentuierende Metrik. Man darf daraus im Griechischen auf einen Übergang von musikalischer zu exspiratorischer Wortbetonung schließen.

e) **Probleme beim lat. Akzent.** Betonungsart und auch Worttonstellen von Sprachen oder Sprachstufen, über die keine zuverlässigen Grammatikerangaben vorliegen, muß man, wie schon angedeutet, erschließen aus deren eventuellen Wirkungen, wie Vokalsynkope, Vokalschwächung, Prinzip der Metrik. – Die mit der Natur des lat. Akzentes (Pitch oder Stress) und dem Verhältnis von Wortton und Vershebung zusammenhängenden Fragen gehören zu den meistumstrittenen und auch meistbehandelten der lat. Sprachgeschichte.

f) Die **Einzelbehandlung** umfaßt drei Hauptteile.

I. Die historische Dreisilbenbetonung, §§ 236–241.

II. Vorgeschichte und Anfangsbetonung, §§ 242–243.

III. Betonungscharakter des klassischen Lateins; Wortakzent und Vershebung (Metrik), §§ 244–246.

236. Stelle des lat. Wortakzentes; Dreisilbenbetonung. Der lat. Wortakzent ruht bekanntlich in mehrsilbigen Wörtern auf der vorletzten Silbe (Paenultima), wenn diese eine Länge ist, sonst auf der drittletzten Silbe (Antepaenultima); diese Akzentregelung bezeichnet man als die lat. **Dreisilbenbetonung**; nach griechischem Vorbild benennt man auch etwa lat. Wörter mit Ton auf der Vorletzten bzw. Drittletzten als Paroxytona bzw. Proparoxytona. Lang ist eine Silbe, wenn entweder ihr Vokal lang ist (Naturlänge), oder ein kurzer Vokal in der Silbe von einem Konsonanten gefolgt ist, d. h. wenn ihm (mindestens) zwei Konsonanten folgen, deren erster noch zur Silbe des kurzen Vokals rechnet (Positionslänge).

Die Regelung läßt sich für Vergleichszwecke in drei Punkte auseinanderlegen: 1. Beschränkung des Haupttons auf die drei letzten Silben (wie im Griech.). 2. Innerhalb dieser Grenze Barytonese (ähnlich wie im Aeolischen): der Akzent rückt so nahe an den Wortanfang wie möglich, d. h. auf die drittletzte. 3. Herrschaft der Paenultima, die als Länge den Ton auf sich zieht. Diese Einschränkungen dürfen nicht sprachhistorisch als drei aufeinanderfolgende Phasen der Ausbildung der Dreisilbenbetonung aufgefaßt werden. Die Regelung läßt sich, nach *Kuryłowicz*, bei Morenrechnung in eine einzige Quantitätsbestimmung zusammenfassen. Die kleinste Einheit ist wie in der Metrik die Dauer des kurzen Vokals bzw. der kurzen Silbe, bezeichnet als More (der Terminus lat. *mora* 'Zeitdauer' wurde von *G. Hermann* eingeführt, als Ersatz für gr. χρόνος, bei Quint. 9, 4, 47 u. 84 „tempus"). Eine lange Silbe ist danach zweimorig, als metrisches Aequivalent von zwei Kürzen; mit dreimorigen Vokalen oder Silben braucht man im Latein nicht zu rechnen. Bei Morenrechnung lautet die Regelung: der Akzent steht auf der ersten der zwei Moren vor der Schlußsilbe: *ánimus* ᴗ ᴗ ×, *amícus* ᴗ ᴗᴗ ×, *régius* ᴗᴗ ᴗ ×.

Die Stelle des lat. Worttons ist direkt durch die antike Tradition bezeugt, etwa durch Cic. orat. 58 oder Quint. 1, 5, 30, und indirekt durch die romanischen Sprachen bestätigt. In ihnen ist, ungeachtet aller sonstigen Vokalveränderungen (§ 57), die Tonsilbe in bewahrten lat. Wörtern und Formen die gleiche geblieben; der Vokal unter dem Wortton bleibt besser bewahrt als die der anderen Silben. Im Französischen ergab sich durch Synkopierung der vorletzten Kürzen und in den Endsilben durch Abfall oder Reduktion zu „*e* muet" eine allgemeine Endbetonung.

237. Abweichungen und Ausnahmen von der Dreisilbenbetonung, hauptsächlich nach Angaben antiker Grammatiker. Einige kritische Vorbemerkungen sind angezeigt. Nur weniges ist sicher mit dem Gehör aus der Umgangssprache aufgenommen, so *Cámillus Céthēgus*, und *Amphĭo* bei Quintilian; Consentius nennt *trigintā* unter „exempla quae *in usu cotidie loquentium* animadvertere possumus." Die meisten Angaben sind höchst fragwürdig, oft auch widersprüchlich als vermutliche Spekulationen, besonders in latenter Abhängigkeit von griechischen Regeln oder als prosodische Folgerungen aus metrischen Beobachtungen. Jedenfalls belegen die Grammatiker einen für sie bemerkenswerten Akzent fast allgemein mit Versstellen, manchmal unabhängig vom Metrum, etwa *pōné* 'dahinter' mit Verg. Aen. 2, 725, *éxinde* 'darauf' mit 6, 743, meist aber mit Stellung der angeblichen Tonsilbe unter dem Versiktus bzw. in der Vershebung (vgl. dazu § 245); oder sie bezeichnen die betonte Silbe als Länge für Kürze, etwa bei *itáque* 'und so' („*utrum correptā mediā an productā dici debeat*"), was die vulglat. Dehnung akzentuierter Kürzen (§ 57a) voraussetzt, also für die klassische Sprache nicht verbindlich ist; ähnlich *pōnê* für *pōné*. Mit diesen Vorbehalten sind selbst die morphologisch einleuchtendsten der folgenden Angaben zu betrachten.

Daß eine Worteinung bei angehängtem einsilbigem Enklitikon durch neuen normalen Dreisilbenakzent als solche gekennzeichnet werde, gilt als Selbstverständlichkeit, wenigstens bei vorangehender Silbenlänge: *utérque* aus *úter* + *que*, *tantóne* aus *tántō* + *ne*, *ibídem* aus *ibī* + *dem*, *quibúscum* aus *quíbus* + *cum*; die Grammatiker bezeugen etwa *stimulóque* (1. sg., Acc. trag. 512) und, als Vergilzitate, *virúmque laurúsque calathísve*; s. aber unten 3d zu *armă̆-que*.

Die antiken Zeugnisse sind vereinigt bei *Schöll* 127–149 und 177–193, mit kritischen Erläuterungen 57–70; dazu auch *Liddell*, Lang. 2, 108–118. – Hier folgen die Einzelfälle.

1. **Betonung der Endsilbe (Oxytonese); Vokal als Kürze oder Länge, nach Theorien der Grammatiker.**

a) *pōné siné ergó*: Scheidung von Homonymen. *pōné* 'hinten' die Antiqui nach Festus; *siné* Prisc., dagegen imper. *póne sine* zu *pōnere sinere*. Aber anders Paul. Fest.: „*ergo* correptum" (scil. -ŏ) 'οὐκοῦν', 'also'; dagegen „productum" (-ō) 'χάριν', d. h. *ergō* postpos. 'causā', etwa in *honoris ergo* (vgl. Aen. 6, 670 *illius ergo*), was erst Spätere als *ergó* (*ergô*) interpretierten. Ntr. *vérum*, dagegen Konjunktion *vērúm* 'aber' (wohl erschlossen aus *verúmtamen*, Plt. Pers. 344). – Zu *suprá circúm* usw. s. § 238, 1b.

b) *Arpīnás* usw. und *Samnís*, nom. sg. für altlat. *-ātis -ītis* (§ 309c), kaum durch Synkope des *i* der Endsilbe (§ 106), vielmehr als neugebildeter Singular mit dem Akzent des viel häufigeren Plurals. – Jedenfalls besteht sonst keine Bewahrung der Tonstelle bei Abfall von *-ĭ* (> -ĕ) in *vectígal cálcar* aus *-áli -ári* und bei gen. sg. der ā-Dekl. *áquae* aus *aquáī* (kaum aus *áquāī* mit alter Anfangsbetonung).

c) *tantón* und *illíc* zeigen die vor Apokope des *-ĕ* (§ 98a) gültige Betonung von *tantó-ne* und **illí-ce*, sei es durch Bewahrung oder durch Anlehnung an die vollen Formen; *-ne* ist die Fragepartikel, *-ce* die deiktische Partikel (§ 372, 1b). Zu *illíc* gehören auch *illác illinc illác* sowie *istíc* usw. Auch *ad-hác* und *post-hác* seien hier erwähnt. Versbelege: *tantón* Aen. 10, 668 und 12, 503; *Pyrrhín* 3, 319; *illíc* 1, 206; im Versanfang *hác illác* 4, 363. – Einer Betonung *tantón* steht gegenüber die durch Iambenkürzung fürs Altlatein gesicherte Betonung **vidē(s)-n(e)* > *vĭdĕn*; vgl. auch bei Plautus *pŏtĭn ut*, vor Kons. *pŏtĭn* Pers. 175 (§ 400 C 2 c). – Zu *illíc illác* usw. bei Plautus s. auch *Fraenkel*, Iktus 273–287; 286 f. (*verúm*), 294 f. (*adhúc, egomét*); *Drexler* II 232 (gegen *istác*).

d) Als Grammatikerkonstruktion zur Scheidung von homonymen Flexionsformen betrachte ich die Oxytonierung der Adverbien *falsó, ūná, aliás*; ebenso die der Perfektkurzform *audít petít*, s. dazu § 438 II C 3.

2. **Betonung der Drittletzten bei vorletzter Länge.**

a) Akzent auf drittletzter Kürze. *Cámillus Céthēgus* (Quint. 1, 5, 22) zeigen als Namen fremder Herkunft offenbar die Bewahrung der etruskischen Tonstelle. Lat. *festra* der Antiqui für *fenestra* nach Paul. Fest. setzt als **fenstra* die Betonung *fénestra* voraus und läßt damit etruskischen Ursprung vermuten; bei Plautus verlangt das Metrum *fenstra* oder *festra* für überliefertes *fenestra* (Mil. 379 al.; vgl. Thes.). – Zu *Philippī* bei Plt. s. *Fraenkel*, Plautin. 18[1].

b) Auf drittletzter Länge. *ádprīmus* (bei Liv. Andr. Od. 11) s. § 238, 1c. *exádversum* nach Ter. Phorm. 88 (*Lindsay*, ClQu. 17, 203). *éxinde déinde*, diese wohl nach *éxim (-in) déin*, normal ist aber *deínde*, § 132. *trigíntá* s. § 379.

c) Die moderne Anfangsbetonung dreier Stadtnamen der italienischen Ostküste *Otranto Brindisi Pesaro* läßt zum mindesten epichorische Anfangsbetonung der antiken Namen *Hydrúntum* (Liv., gr. Ὑδροῦντ-), *Pisaurum* (vgl. § 84), *Brundisium* (gr. Βρεντέσιον) erschließen; s. *Kretschmer* Gl. 14, 220, *Devoto*, Storia 49. Vergleiche dazu § 243b β.

d) Zu lat. *ancora*, vulglat. *erĕmus* für gr. ἄγκῦρα ἔρημος und zu lat. *ficatum* s. § 57b Zus. γ.

3. Betonung einer vorletzten Kürze.

a) Gen. *Valérī* aus **Valériī* (wonach die Dreisilbenbetonung älter ist als die Vokalkontraktion) gegenüber Vok. *Válerī* aus **Válerie*, nach Nigidius Figulus, s. dazu § 352 (Gen. b).

b) Hinter Fuge: *ad-éō* 'soweit' aus 'bis dorthin' (vgl. *quō-ad* und *ad-hū́c*), zur Differenzierung von 1. sg. *ádeo* zu *adī́re*.

c) Angeblich vor *-met* in *egómet feci* (man denkt an *eg. fecit* Plt. Amph. 598); es wäre trotz sonstigem *egŏmet* (im Vers ∪∪— oder ∪∪⏑ bei Plautus) wohl mit alt *egō* (gr. ἐγώ) zu rechtfertigen; s. § 367, 1.

d) Betonte Kürze (ă) nach den Grammatikern in Fuge vor den beiden *-que*. Vor *-que* des Pronomens 'jeder': fem. *utrăque*, angeblich durch Ausgleich mit *utérque utrúmque* (man beachte dagegen *útique* 'auf jeden Fall'; *uti-* aus *uta* oder *utei*). Vor *-que* 'und': *itá-que* 'und so' (gegen *itaque* 'daher'; ă des ntr. pl. u. fem. sing.: *armá-que võtá-que*, *mūsă-que* (auch *-ve -ne*). Späte Dichter folgen dieser Lehre mit *a* in der Hebung, etwa *võtáque* ——∪. Vergil aber gebraucht nur als Daktylus *võtaque* gg. 1, 436, *armaque* Aen. 1, 248, *mellaque* gg. 1, 131; die von Modernen als Beispiele verwendeten *līmināque scelerăque* können sich nach ihrer Wortstruktur nicht auf Vergil stützen (*līminaque* —∪∪— Aen. 3, 91). – Grob gesagt lehren also die Grammatiker, daß vor *-que* 'und' nicht nur Längen betont sind, sondern auch die Kürze ă, Typus *võtáque*; und die modernen Schulgrammatiken folgen ihnen darin notgedrungen. Im vorklass. Latein kann diese Betonung nicht gegolten haben, das ergibt sich aus *itaque* und aus der Vokalschwächung *e > i* in *undique dēnique*. Vermutlich ging die Lehre aus von der künstlichen Differenzierung zwischen *itaque* und *itá-que*.

Zusatz. Zur Betonung vor *-que* usw.: Im Latein bestand nach *Turner*, TAPhA 96, 449–461 überhaupt keine Akzentänderung vor *-que* und anderen Partikeln, er vertritt gegen die Grammatiker nicht nur *égomet* und *díxīn*, sondern auch *virumque géneraque*. – Gezwungene Rechtfertigungen aus der Vorgeschichte: *Meillet*, MSL 20, 165 [Gl. 11, 255]: in *satúsque* ist die idg. Oxytonese des PPP **sətós* bewahrt. *Specht*, KZ 55, 196 f. [Gl. 19, 237]: die Oxytonese vor *-que* ist ererbt. *Walde*, WklPh. 1915, 793: *armáque* stammt erst aus der Zeit der Dreisilbenbetonung, in der das *-a* des ntr. pl. in der 2. Dekl. noch eine Länge war (nach § 122 a). *Brugmann* I 976: mit Nebenton *scélerà-que*, daraus *scelerá-que*.

4. Zur *fácilius*-Betonung bei Plautus s. § 245, 2b.

238. Proklise und Enklise; Zusammenfassung zweier Wörter unter einem Akzent. Im Gegensatz zum Griechischen kennt das Latein keine Akzentregeln für enklitische Wörter. Die Erscheinungen bestehen immerhin, sofern man unter Enklise und Proklise verallgemeinernd die Anlehnung eines Wortes an ein im Satz vorangehendes oder folgendes Wort versteht; ein enklitisches Wort kann hiernach nicht im Satzanfang stehen. Bestimmte Formen der Enklise wie die bei lat. *-que* 'und' sind ererbt. Wortstellung im Satz oder in Wortgruppen (Syntagmen) ist an sich eine Angelegenheit von Syntax und Stilistik, s. *Szantyr* 398 u. 692; und indirekt berührt sie auch das Aufkommen von Zusammenrückungen (§ 260 B). Usuelle Wortstellung kann sich aber auch in Vokalentwicklung und Wortbedeutung auswirken. Zum Gegensatz Autonome Wörter: Enklitika s. auch *Kalinka*, Burs. Jb. 250, 339; *Maniet*, Evolution phonétique ²28; *Martinet*, Economie 341. – Hier sind nur ein paar Punkte zu nennen.

1. Eine Gruppe für sich bilden die sog. Praepositionen. Ursprünglich selbständige Lokaladverbien, sind sie in der Folge einerseits unter Worteinung als ,,Praeverbien" mit Verben fest verwachsen (§ 418 I), andererseits als funktionelle Praepositionen mit einem folgenden Nomen (daher die Benennung, gr. πρόθεσις) syntaktisch eng verbunden; nur bei dieser zweiten Verwendung stellen sich Akzentprobleme.

a) Auf älteren Inschriften mit Worttrennung sind sie öfters nicht vom Nomen getrennt, etwa *intrebibos* 'in tribubus', s. § 23e. Ob man hierbei generell von Proklise der Praeposition sprechen kann, bleibe dahingestellt. Jedenfalls aber lassen sich *in* 'in' für **en* (§ 42d) und *cum* 'mit' für *com* (§ 99 Zus.) am einfachsten durch Vokalschwächung in Proklise erklären; und die Nachstellung des *cum* bei Pronomina wird man als Enklise bezeichnen müssen, einerseits *mē-cum nōbīs-cum*, andererseits *quī-cum quō-cum*; vgl. auch *quō-ad* gegen *ad-hūc ad-eō*.

b) Die Grammatiker bezeugen Endbetonung für manche zweisilbige Praepositionen, etwa *suprá, circúm*, gegenüber der Normalbetonung der Lokaladverbien *súprā éxtrā*; so auch *iuxtá* Char. gramm. I p. 245, 14 u. 301, 3. Die Endbetonung stammt kaum aus natürlichem Sprachgebrauch; offenbar wurde sie für den Schulunterricht postuliert zur lautlichen Differenzierung der verschiedenen Funktionen, und zwar in Anlehnung ans Griechische (παρά περί und πάρα πέρι). Quintilian scheidet zwischen praepos. *circúm* (Verg. Aen. 4, 254) und akk. *circum*. Zu *pōné siné* und *ergô* s. oben § 237, 1a. Priscian scheidet groteskerweise zwischen tonlosem *cum* in *mécum nobíscum* und *cúm* in *quocúm quibuscúm*; die letzteren waren nur bis zu Cicero lebendig, dem Grammatiker waren sie also nur literarisch bekannt.

c) Nur bei Praeverbien ist Worteinung durch Vokalschwächung im Verbalstamm markiert, etwa in *perficere dēligere collīdere inclūdere* neben *facere* usw.; hinter Praepositionen ist sie beschränkt auf adverbial erstarrte Wendungen, etwa *profectō īlicō sēdulō dēnuō*. Die erst für das historische Latein implizierte Dreisilbenbetonung gilt sicher ebenso für *óbviam ínvicem*, und auch bei Fehlen der Vokalschwächung. – Gellius bezeugt in seiner Diskussion über *ad*-Komposita (6, 7) Anfangsbetonung für *ádmodum, áffatim* (Plt. Cist. 231 im Senarausgang), auch *ápprobus* (Caecil. com. 228, Rückableitung aus *approbāre*), sowie, bei langer Paenultima(!), für *adprīmus* (Liv. Andr. Od. 11, Saturnier, also wohl aufgrund seiner Saturniermetrik).

2. Enklise von Partikeln usw.

a) Als Enklitika ererbt sind die koordinierenden lat. *-que* 'und' (gr. τε, ai. *ca*, got. *nih* gleich lat. *neque*) und *-ve* 'oder' (zu lat. *sī-ve* vgl. gr. ἠ-(F)ἐ). Schon auf alten Inschriften stehen sie ohne Worttrennung, etwa SCBacch. *isque senatuosque* und *neue* (*nē-ve*); zur Betonung vor *-que* s. oben § 237, 3d. Ähnlich fragendes *-ne* (vgl. § 98 sub *-e*). – b) Als Enklitika kann man alle an Pronomina angewachsenen Partikeln bezeichnen, so das *-ce* in altlat. akk.

hōs-ce hon-ce (*hunc*) oder die *-dem* usw. in *ibī-dem, quī-dam, mē-met*, doch auch *-dum* in imper. *mane-dum* usw. – c) Enklitisch sind die an zweiter Stelle im Satz stehenden Konjunktionen *enim, autem, quidem* (vgl. *tŭ-quidem* § 122c). Zu *igitur* s. § 88 (*a*). – d) Enklitisch werden durch Abnützung manche Beteuerungspartikeln, vgl. die Wortstellung in *per- ecastor -scītus* Ter. Daher auch die Verkürzung *pol* aus vok. *Pollūcē(s)* in *per- pol -saepe* usw. (§ 339, 3b). – e) Die Eigenart der Negation *ne* 'nicht', abgesehen vom ererbten *ne-que* nur mehr in Verwachsung mit einem autonomen Wort zu erscheinen (*ne-fās, ne-scio, ne-uter* sowie *nēmo, nōn* § 333 IV A 1, *nunquam* usw., auch *ni-si*), läßt sich wohl nur als sekundäre Proklise bezeichnen.

3. Enklise von Pronomina. Die Enklise manifestiert sich unter anderem durch Vokalschwächungen, besonders aber seit idg. Zeit in der Stellung hinter dem ersten Wort des Satzes selbst gegen die syntaktische Gliederung und auch dort, wo das Enklitikon den Platz nur vermittels Tmesis besetzen kann; vgl. oben *per- pol -saepe*; lat. Material bei *Wackernagel*, Kl. Schr. 74–93.

a) Die obliquen Kasus der Personalpronomina (1.) 2. 3. sing. erscheinen im Griechischen sowohl orthotoniert, etwa 2. sing. σοῦ σοί σέ, als auch enklitisch. Das läßt sich auch im Latein beobachten: *di te deaeque ament, per- mihi -brevis* (Cic. epist.). Daraus erklärt sich die Vokalschwächung $e > i$ in scheinbar erster Wortsilbe in *mihi tibi sibi* (§ 367, 5) und wohl *u* aus *ov* in *tuus suus* (§ 143b).

b) Das Pronomen lat. *quis*, idg. *kʷis, ist orthotoniert als Fragepronomen 'wer?' (gr. τίς nur mit Akut), tonlos dagegen als Indefinitpronomen (enklit. gr. τις, auch nhd. *wer wann* usw. in *irgend-wer* usw.). Dem entspricht im Latein seine Anlehnung an satzeinleitende Konjunktionen: *sī quis* wie gr. εἴ τις, *nē quis, num quid*, auch *ali-quis* (vgl. § 374a, auch *Szantyr* 194). Im SCBacch. steht ohne Worttrennung *nequis neiquis*, dagegen *sei ques, sei qua*; vgl. auch osk. *suae pis*.

c) Das Pronomen *quisque* 'jeder' ist in anderer Weise anlehnungsbedürftig: *ut qu., quem qu., suum qu., optimus qu.* Genaueres s. § 374, 5, auch zu *ubicumque* usw.

239. Unterschiede der Worttonstelle zwischen klassischem und vulgärem Latein zeigen mit aus den Romanischen Sprachen zu erschließender Betonung einer im klass. Latein kurzen, also unbetonten Paenultima drei Wortgruppen, als deren Vertreter *tenébrae* und, hinter antevokalischem *i̯* aus betontem *i*, akk. *muli̯érem fīli̯ólum* und *pari̯étem* gelten können.

a) Silbenlänge einer vorletzten Silbe trotz kurzem Vokal vor Muta cum Liquida (M. c. L.), Typus *tenébrae*. Nach dem Zeugnis der Romanischen Sprachen ist eine solche Silbe im Spätlatein tontragend, also vorher offenbar lang durch Position. Diese Betonung wird auch von Grammatikern mit Stellung im Hexameterausgang von Aeneis-versen begründet. Quintilian 1, 5, 28 sagt zu *volucres*/ 4, 525 „*metri condicio* (!) *mutat accentum*", gemeint ist hier umgekehrt: das Metrum erweist Silbenlänge, die Rezitation verlangt also die Betonung *volúcrēs* nach der Dreisilbenbetonung (sonst *vo-*

lucres metrisch ⌣ ⌣ —; s. dazu *Schöll* 26 f.); Spätere nennen, sicher auch aus Vergil bezogen, *tenébrae* (häufig belegt; im Versinneren nur ⌣ ⌣ —), *perágro* und andere Wörter. Bei *pharetra*, etwa gg. 3, 345 /*arma* ... *Cressamque pharetram*/ ist als homerisches Vorbild O 443 /τόξον ... ἠδὲ φαρέτρην/ nachzuweisen; im Versinneren ist auch hier die Messung ⌣ ⌣ —, bei Homer und bei Vergil. – Eine Erklärung ist schwierig wegen der obligatorischen Kurzmessung bei den altlat. Skenikern (Plautus usw.); erst Ennius führte hierfür Positionslänge ein, doch nur mit wenigen Beispielen, und sicher in Nachahmung homerischen Gebrauches, also vielleicht gerade mit *pharetra* im Versausgang. Nach Vorbild des Ennius sind in der klassischen Dichtung beide Messungen zugelassen. Aber Dichtersprache als Vorbild für die Aussprache im Vulgärlatein erweckt Bedenken, selbst wenn man die Wirkung der Vergilinterpretation in der Schule hoch bewertet. – Andrerseits lehrt die Vokalschwächung mit *e* statt *i* aus *a* in *cōnsecrāre impetrāre*, daß in vorhistorischer Zeit Position galt (§ 89b), und zwar wahrscheinlich seit idg. Zeit. Daran läßt sich wenigstens theoretisch eine vulglat. Betonung *tenébrae* auch anknüpfen; dann aber wäre *ténebrae* nur hochsprachlich, auch bei Plautus! So *Stolz-Debrunner* 111 (nicht mehr *Schmid* in der 4. Aufl. S. 121).

Zu Versuchen rein phonetischer Erklärung durch anaptyktischen Vokal (*teneb_erae*) s. *Baehrens*, Komm. 9, *Hermann*, Silbenbild. 218 u. 229 f. – S. ferner *Marouzeau*, REL 33, 344–351, *Timpanaro*, Festschr. Schiaffini, Rom 1965, 1075–1103 (Langmessung ererbt, von Ennius als Archaismus bewahrt); *Safarewicz*, Et. 16 ff.
Länge in Hebung gegen Kürze in Senkung mit *volucres* Ov. met. 13, 607. – Langmessung bei Zweisilblern in der Senkung seit Ennius, /*it nigrum* ann. 474; danach Verg. Aen. 4, 407; beide Messungen im gleichen Vers mit *patr-* Lucr. 4, 1222 und Verg. Aen. 2, 663, mit *nigr-* Hor. carm. 1, 32, 11.

b) **Akzentverschiebung** (*éo* und) *ío* > *ió* als Nebenfolge des Wandels von postkons. (*eo* und) *io* zu vulglat. *i̯o* (§ 139b); da der Akzent an einen vollen Vokal gebunden ist, rückt er vom kons. *i̯* weiter auf den benachbarten Vokal; phonetisch gleich ist im Rigveda der Wandel des Udātta zum echten Svarita beim Wandel von (metrisch) *-ia-* zu (orthogr.) *-yà-*. – Für das betonte *ó* des Typus *fili̯ólus* (*-um*) verweist *Schulze*, Kl. Schr. 424 auf inschr. *ó* (d. i. *ō*) und gr. ω: *Puteólis* X 1889, vgl. 8370, Ποτιωλοις (174ᵖ, *Väänänen* 37); vgl. auch hs. λαυριωλα; metrische Zeugnisse für *i̯ē* und *i̯ō* sind *muliere* (eher — — ⌣ als ⌣ ⌣ — ⌣) bei Dracontius (Vᵖ; s. Thes.) und *filiolus* Comm. instr. 2, 26, 6. – Bei *muli̯ére fili̯ólu* entwickelten sich die *é ó* im Romanischen als offene Vokale, wie sonstige betonte ursprünglich kurze *ĕ ŏ* (nach § 57). – Bei Typus *pari̯éte* sind als metrische Zeugnisse aus Statius (Ende Iᵖ) zu erwähnen *ariētibus* (mit *ari̯ē-* oder *ari̯ĕ-*) und *ări̯ĕte* zu erwähnen; zu *i̯* in *ari̯ete abi̯etibus* Verg. s. § 139a. Das romanische *é* von *pari̯éte* erscheint lautlich wie lat. *ē*, also als geschlossener Vokal, vgl. frz. *le paroi*; vermutlich war das durch frühen Schwund des *i̯* hinter *r* bedingt (vgl. § 139bα; schon Varro ling. 5, 98 erwähnt *ares* für *aries*; zu *ariēs* s. § 355, Nomin. A 1 Zus.). Inschr. *pariens* (§ 152 f) deutet auf wohl verschlepptes *ē* in nomin. *paries*.

S. *Baehrens*, Komm. 9 ff.; *Pisani*, IF 54, 209–213 [Gl. 27, 80]; *Juret*, Manuel 162.

c) Zu roman. *re-négo* für *ré-nego -āre* s. § 86 I Zus. Der vulglat. prothetische Vokal vor *s impurum* (§ 116) unterliegt nicht mehr der Dreisilbenbetonung: frz. *épée* aus (*e*)*spátha*; zur Vokalquantität beachte § 57a.

240. Angebliche Formen des lat. Silbenakzents. Die alten Grammatiker überliefern für das Latein drei bzw. vier verschiedene Silbenakzente; so gut wie sicher kamen sie auf diese Unterscheidung lediglich durch die verfehlten Bemühungen, den Gegensatz von gr. Akut und Zirkumflex im Latein wiederzufinden. Die lat. Benennungen accentus acutus, circumflexus, gravis sind Übersetzungen der gr. προσῳδία ὀξεῖα, περισπωμένη, βαρεῖα.

Innerhalb des Dreisilbenakzents folgt die Unterscheidung von Akut und Zirkumflex den griechischen Gesetzen. Normalakzent ist also der Akut; ein Zirkumflex kann nur auf langen Vokalen stehen, einerseits wie in griech. Properispomena bei kurzem Vokal der Endsilbe, etwa *mêta mûsa* (vgl. gr. μοῦσα), andrerseits, über das Griechische noch hinausgehend, in allen autonomen Einsilblern, so in *spês môs sôl môns lûx* (zu *mûs sûs* vgl. gr. μῦς ὗς), danach auch im orthotonierten Zweisilbler *ergô* (oben § 237, 1 a). Wegen *mûsa* usw. vergleiche man, daß nach Herodian auch das *-īna* der dreisilbigen Frauennamen unter Bewahrung der Akzentstelle als gr. -ῖνα erscheint (Σαβῖνα, Φαυστῖνα). – Ohne Entsprechung der Akzentstelle sind also nach dem lat. Dreisilbengesetz die gr. Typen x́ — ᴗ (μέτωπον ἄνθρωπος), x ᴗ x (Σωκράτης δρῑμύλος), ferner natürlich alle Oxytona (βωμός στρατηγός βασιλεύς und χρυσοῦς), dazu die akuierten Einsilbler mit Langvokal (μήν Ζεύς, χρή, Partikel ὥς, ptc. aor. στάς δούς, uam.). Vgl. auch § 241.

Nach seiner Tonlage war der gr. Akut eine Quint höher als der Gravis (d. h. als die Tonlosigkeit). Der Tonverlauf des gr. Zirkumflexes auf langem Vokal war, seiner Bezeichnung (ấ) entsprechend, eine Kombination von Akut und Gravis. Die gleichen Bestimmungen stehen für den lat. Akut und Zirkumflex.

Der Gravis, d. i. gr. βαρύς 'tieftonig', bezeichnet, wie ursprünglich auch im Griechischen, einfach Tonlosigkeit oder Unbetontheit, die für alle Silben eines Wortes außer der Tonsilbe gilt. – Der griechische Gravis ist erst in der späteren antiken Lehre, der die Texthandschriften und die modernen Schulgrammatiken folgen, zum Ersatz des Akuts auf Endsilben im Satzinnern geworden.

Die Media. Varro kennt aus dem gr. Grammatiker Tyrannio, seinem Zeitgenossen, noch eine vierte Akzentart oder Intonation, die μέση oder „media", nennt aber leider keine Beispiele; das hatte moderne unverbindliche Deutungsversuche zur Folge, etwa Gleichsetzung mit dem nachtonigen „unechten" Svarita im Rigveda, oder Bezeichnung eines funktionellen Nebentons auf der ersten Silbe von Vielsilblern, etwa in *lòngitúdo misericórdia*. Nach Benennung und Beschreibung war sie im Griechischen einfach klanglich ein Mittelton zwischen ὀξεῖα und βαρεῖα, aber nicht ein Wortton wie Akut oder Zirkumflex. – Die Gleichsetzung mit dem Zirkumflex durch *Juret* ist unvereinbar mit der Vierzahl der Akzente bei Tyrannio.

Die antiken Zeugnisse bei *Schöll* 79–88 (vgl. auch die Indices), dazu die Erläuterungen 33–50 zu Zirkumflex und Media. Das Varrofragment ist frg. 282 Fun. – *Juret*, Manuel 57 ff. – S. auch *Sievers*, IF 45, 119–151 (bes. 141) über (für ihn) spürbare Intonationsunterschiede beim modernen Lesen; dazu aber *Pöhlmann*, WSt 79, 201–213. – Zum griechischen Akzent s. *Schwyzer*, I 373 ff., zum Gravis speziell 387 Zus. 2. Dazu *Risch*, Mél. Benveniste 471 ff. und *Lejeune* (s. § 243 c).

241. Betonung geläufiger griechischer Namen und Fachtermini im Latein; Betonung und Verkürzung von griech. und lat. Namen im Neuhochdeutschen.

Die Mitberücksichtigung des Deutschen empfiehlt sich deswegen, weil es im Prinzip mit der lat. Lautgebung auch die lat. (!) Akzentstelle übernimmt. Das Verfahren geht letzten Endes auf die Humanistenzeit zurück; im Vorbeigehn sei bemerkt, daß in Holland beim Vorlesen oder Rezitieren griechischer Texte alle Wörter mit lateinischer Akzentuation ausgesprochen werden, trotz der gedruckten griechischen Akzente. – Eine weitere Entstellung schafft bei den Namen die nhd. Quantitätsregelung: betonter Vokal in offener Silbe ist Länge.

I. Griechische Namen werden im Latein nach dem lat. Dreisilbengesetz betont also auf der vorletzten Silbe, wenn sie eine griech. Länge ist, sonst auf der drittletzten. Der griech. Akzent wird nicht berücksichtigt; gr. αι und οι werden umgesetzt in lat. *ae* und *oe*; gr. ει erscheint meist als *ī*, seltener als *ē* oder *ei*: *Phaedrus Euboea* und *Tīresiās Aenēās Poseidōn*; s. dazu § 85 C. Zur Flexion s. § 365.

Die lat. Tonstelle kann sich zufällig mit der griechischen decken, so bei Zweisilblern (ausgenommen die gr. Oxytona), auf kurzem Vokal etwa *Paris Arēs Thalēs Solō(n)* und *Samos Chios Rhodos*, auf langem *Hādēs Mīnōs Phaedrus Glaucus Dēlos* sowie *Hector Troia*, und bei mehrsilbigen Properispomena, *Callīnus Alcaeus Hippōnax*, dazu *Epamīnōndās*, und bei Proparoxytona mit vorletzter Kürze, *Priamus, Pēgasus* sowie *Megara* (ntr. pl.), *Acropolis* (fem.).

In den anderen Namen zeigen sich sehr scharf die Unterschiede der beiden Dreisilbenbetonungen, wie eine Auswahl von Beispielen zeigen soll.

A. Griech. Oxytona (einschl. Perispomena). Als lat. Paroxytona (Ton auf vorletzter Länge): -ών: *Sarpēdōn*, Berg *Cithaerōn*; -ῶν: *Poseidōn*; -ῆς: *Hermēs*; -εύς: *Promētheus Eurystheus, Thēseus Orpheus*; fem. -ώ: *Lētō Īō, Sapphō, Clīō Hērō, Calypsō*; -άς: *Pallas*; -ηΐς: *Brīsēis*, als Epennamen *Achillēis* vgl. *Thēbāis*; -ίς in Ortsnamen: *Chalkis Phōcis Aulis*, -ῖς (gen. -ῖνος): *Eleusīs*. – Als lat. Proparoxytona bei vorletzter Kürze: -ών: *Télamō(n)*, in Ortsnamen *Marathōn Sicyōn*, dazu *Helicōn*, auch (nhd. der) *Parthenon*; -ῶν: *Xenophōn Antiphō(n)*; -κλῆς: *Sophoclēs Periclēs*; -εύς: *Ídomeneus*; fem. -ώ: *Eratō*; fem. -ίς in Ländernamen *Argolis*; Städtenamen *Orchomenos, Clazomenae*.

B. Griech. Paroxytona bei vorletzter Kürze als lat. Proparoxytona: -ύλος: *Aeschylus*; -ων: *Hierō(n) Agathōn*; -ους: *Oedipus*; -ης (gen. -ους): *Sōcratēs Dēmosthenēs Aristotelēs*; -ίᾱς: *Phīdiās Pausaniās*; -ίδᾱς: *Pelopidās*; -ίδης -άδης: *Thūcȳdidēs, Miltiadēs* fem. -η (-ᾱ): *Pēnelopē Andromachē Antigonē Eurydicē, Persephonē*; *Helena Hecuba* (gr. ῾Εκάβη); Insel *Ithaca*, Land *Achāia* (nhd. *Achaia*).

C. Griech. Proparoxytona mit vorletzter Länge als lat. Paroxytona: -ος: *Philippus Menelāus* (Sonderfall nhd. *Meleáger*); Land fem. *Ēpīrus*; -ις: *Theógnis* (nhd. auch *Théognis*); fem. -ᾰ: *Aegīna*; -ειᾰ: *Mēdēa*.

II. Verkürzte Formen im Nhd. für lat. (u. griech.) Namen, auch für Appellative, besonders solche der staatsrechtlichen Terminologie; diese Formen entstammen wohl vorwiegend französischer Vermittlung durch die große Literatur des 17. Jhdts. Viele Einzelheiten müssen übergangen werden. Die Kurzformen sind nhd. Oxytona (vgl. appellativ *das Phaenomén* aus frz. *le phénomène*, gr. φαινόμενον), meist bei unveränderter lat. Tonstelle, d. h. bei lat. praesuffixaler Länge.

A. Formen ohne *-ius*, verkürzt nur aus mindestens viersilbigen Namen. Götternamen: *Merkúr, Aeskuláp* (auch *Aéskulap*). Gentilnamen: *Terénz Lukréz Horáz; Sallúst Vergíl Ovíd Suetón* (aber unverkürzt *Lívius Géllius*). Gr. Name *Dionýs*. Ohne *-ium*: *Kapitól, das Domizíl*; ntr. gr. Stadt *Metapónt*. Vgl. auch *Glaukóm, Phoném* (§ 256 b Zus.).

B. Ohne suffixale Schlußsilbe (*-us*, auch *-is* usw.).

1. Griech. Namen. a) Personennamen. *Hephaést Aegísth; Homér Hesiód Herodót Lykúrg Plutárch Epikúr Diodór* (aber *Pindar, Télemach*; anders *Philipp*, weil auch Vorname). Ohne *-ēs*: *Orést Philoktét*, auch *Achíll*. – b) Städte: Ohne *-us*: *Korínth Milét Halikarnáss* (-ᾱσσός); ohne *-ae*: *Athén Syrakús*; Stammform: *Trapezúnt Selinúnt* (-οῦς -οῦντος). – c) Berge usw.: *Olýmp, Parnáss; Peloponnés* (*der* und *die*). – d) Zu appell. *Tyránn Ephóren* usw. s. unten 3 b. – e) Sonderfall *Odyssée* fr. *Odyssée*, Vorbild gr. ᾿Οδυσσεία (ion. -είη).

2. Lat. Namen. a) Götter: *Satúrn Neptún Vulkán; Apóll* (ohne *-o*). – b) Cognomina. α) ohne *-us*: *Catúll Tibúll Lukán*, ohne *-is*: *Martiál Juvenál*. β) lat. *-iānus*, nhd. *-ián*: Kaisernamen: *Oktavián Domitián Hadrián Diokletián*; auch *Traján*; Autoren: *Ulpián, Tertullián* (auch *Tertúllian*). Aber Pflanze *Báldrian* aus *Valeriāna*.

3. Personenbezeichnungen (für Ämter usw.), ohne lat. *-us -is -a*, also auch ohne gr. *-ος -ης*; plur. nhd. *-en*. a) Lat.: *Tribún(en) Legát(en), Aedíl*. Aber ohne Verkürzung und daher ohne Endbetonung *Kónsul(n), Áugur* (plur. meist *Augúren*), Amtsinhaber auf *-tor* wie *Práetor* (plur. *Praetóren*). – b) Griech.: *Tyránn(en), Philosóph(en)*; (gr. -τής) *Sophíst, Athlét*. Mit nom. sg. *-e*: *Ephébe(n), Stratége(n), Philológe Pädagóge*; (gr. -ίδης) *Kronide*, (gr. -είδης) *Atríde Pelíde*; (fem. plur. -ίδες -άδες) *Danaíden Hiketíden, Najáden*; die Inselgruppen *Sporáden* und *Kykláden*. Fast nur plur. (ev. sing. -e): *Dioskúren Ephóren Diadóchen*, fem. *Choēphóren*; auch die Stammesnamen (an sich gr. Kons.-Stämme) *Hellénen Helóten Nomáden Makedónen* (fem. *Amazónen* sowie *Sirénen*), dazu *Skýthen*

(gr. Σκύθαι). Geschlechternamen (gr. -ίδης, plur. -ίδαι), besonders im Osten: *Achaemeniden, Seleukiden Arsakiden Sassaniden*. – Stammformen: *Archónt(en), Zyklóp(en), Titánen*, übrigens auch *Magnét(e)* (der Stein). – Nicht endbetont *Sátyr(n)*.

4. Ämter usw. (bei Suffix -*ātus* -*ūs* mask.): *Senát Prinzipát Primát*, als nhd. ntr. *Tribunát Quaestorát*, auch *Prinzipát*.

242. Ältere vorhistorische Betonungen. Der lat. Wortton hat bis in die modernen romanischen Sprachen seine Stelle unverändert bewahrt. Diese nach der Quantität der vorletzten Silbe geregelte Dreisilbenbetonung des Lateins reicht aber nicht weit zurück in die Vorgeschichte. Sie folgte auf eine Periode der Anfangsbetonung, die ihrerseits die idg. freie Betonung abgelöst hatte.

In der indogermanischen Grundsprache war die Stelle des Worttons für jedes Wort und jede Wortform zwar fest bestimmt, nach unerkennbaren Gesetzen; aber gegenüber der Beschränkung auf die drei letzten Silben im Latein und im Griechischen war die Worttonstelle in dem Sinne frei, daß beim Nomen eine beliebige Silbe ihn tragen konnte. Diese idg. Akzentuation läßt sich wenigstens in ihren Prinzipien erschließen aus dem alten vedischen Akzent des Altindischen und seinen Übereinstimmungen mit dem griechischen; beispielsweise geht hiernach in Verbindung mit der Flexion auch die Akzentuation von gr. πατήρ πατέρα πατρός πάτερ auf die Grundsprache zurück. Diese Fixierung der Akzentstelle wird in Einzelheiten durch das Germanische und durch das Baltoslawische (russ. *luná* 'Mond') bestätigt. – Qualitativ war dieser idg. Akzent musikalisch, mindestens in seiner jüngsten Phase; als solcher lebte er fort bis ins Altindische und ins Griechische. – Im historischen Latein ist vom idg. Wortton (Tonstelle und Qualität) nichts bewahrt, wenn man die Tonlosigkeit, d. h. die Enklise von lat. -*que* und von ndefin. *quis* usw. ausnimmt.

Nachdem 1877 der Däne *Verner*, KZ 23, 97 für das Germanische mit seiner Anfangsbetonung das einstige Vorhandensein einer freien idg. Betonung durch deren Wirkung auf die Entwicklung der urgermanischen stimmlosen Spiranten erwiesen hatte (Vernersches Gesetz, s. § 27 Zus.), fehlte es nicht an Versuchen, auch für lat. Lautentwicklungen als Ursache oder Bedingung den ehemaligen idg. Hochton in Anspruch zu nehmen; doch sind sie alle gescheitert.

243. Sonderstellung der ersten Silbe als Anfangsbetonung im vorhistorischen Latein.

Im klassischen Sanskrit wird die ererbte freie Betonung des Vedischen unmittelbar von einer Dreisilbenbetonung abgelöst, deren Regelung nach der Quantität der vorletzten Silbe im Wesentlichen der des Lateins entspricht. In der Vorgeschichte des Lateins aber schiebt sich zwischen die beiden eine Periode mit Sonderstellung der ersten Wortsilbe, sie ist zu erschließen aus der sog. Schwächung oder sogar Synkope der kurzen Vokale in allen nichtersten Silben (§§ 86–107); diese Silben müssen also unbetont gewesen sein, womit sich eine Erstsilbenbetonung oder Anfangsbetonung ergibt. Da diese Vokalveränderungen auch die frühen griechischen Lehnwörter betroffen haben, wird man das Ende der Anfangsbetonung approximativ ins 4. Jhdt. v. Chr. ansetzen; für ihren Beginn bestehen keine durchschlagenden sprachlichen Argumente.

Damit ergeben sich also drei Akzentperioden: Idg. freie Betonung, Anfangsbetonung, Dreisilbenbetonung; sie sind als solche von der Forschung im Grundsatz allgemein anerkannt. Die Ablösung wird beidemal durch eine Überschichtung vorbereitet gewesen sein. – Die großen Differenzen der Auffassungen betreffen die Qualität des Akzents in den beiden letztgenannten Perioden, ob exspiratorisch (engl. „stress") oder musikalisch („pitch"). Für die jüngeren Perioden treten zu den Aussagen der antiken Grammatiker die indirekten Zeugnisse aus Sprache und Metrik.

a) Der Anfangston war, von seinen Wirkungen aus zu schließen, vermutlich exspiratorischer Natur, vgl. *Kent*, Lang. 7, 179–189 über Parallelen in anderen Sprachen.

Die phonetischen Erklärungsversuche sind freilich überaus mannigfaltig für die durch den Anfangston bedingten Vokalschwächungen, als deren Muster hier nur $a > e$ (weiter in offenen Silben $> i$, *perfectus perficit* gegen *factus facit*) genannt sei. Nach *Havet* und nach *Vendryes* trug ein Wort im vorhistorischen Latein gleichzeitig einen exspiratorischen Anfangston (intensité initiale) und einen musikalischen Hochton gemäß der Dreisilbenbetonung, was freilich schwer vorzustellen und nachzuvollziehen ist. Nach *Juret*, MSL 21, 93-107 (ders., Manuel 303) war die Sonderqualität der ersten Silbe nicht eigentlich eine Hervorhebung durch Betonung, sondern eine Bewahrung der Quantität als Komplement einer Vokalkürzung in weniger sorgfältig ausgesprochenen nichtersten Silben; die Vokalschwächung ($a > e$) sei erst eine Folge der Vokalkürzung; Kritik bei *F. Hartmann*, Gl. 12, 240 ff. – Nach *Pedersen*, KZ 38, 336-341 war wenigstens in den Verbalkomposita die Anfangsbetonung ererbt und als solche musikalischer Natur: *cón-taceō findet eine Betonungsentsprechung in ved. *prá bharati* 'prō-fert'. Nach *Möller*, IF 40, 169 u. 179 (ähnlich für Präfixkomposita *Bonfante*, AGI 24, 55 ff. [Gl. 21, 187 f.]) ist der Wandel $a > e$ nicht Schwächung, sondern vielmehr Wirkung eines musikalischen Hochtons auf dem a hinter unbetontem Praefix oder Praeverb (*$d\d{u}i$-ánnis$ > bi-énnis, *at-scándō > ad-scendo). Die beiden letzten Erklärungen sind unhaltbar, denn sie sind nur ausreichend für Komposita, nicht aber für $a > e$ ($> i$) in Lehnwörtern wie *talentum māchina* (s. *Sommer*, KE 24 nr. 34) oder für $o > u$ in *onustus secundus* oder *cothurnus*.

b) Das Aufkommen der neuen Anfangsbetonung, spätestens im 6./5. Jhdt., sucht man meist durch fremden Einfluß zu motivieren als Adstrat- oder Substratwirkung von Sprachen mit erschlossener Anfangsbetonung, nämlich – mit absteigender Wahrscheinlichkeit – von Etruskisch, Oskisch, Keltisch, Germanisch, Mittelmeersprachen.

α) Für das Etruskische ist Anfangsbetonung erwiesen durch häufige Vokalsynkope in griech. mythologischen Namen wie *telmun* Τελαμών, *semla* Σεμέλα (*Fiesel* 81 ff., *Altheim*, Spr. 312f.; *de Simone* II 33, 91); etrusk. Herkunft der lat. Anfangsbetonung vertraten *Skutsch*, Kl. Schr. 491-503 (Motto: lingua toscana in bocca romana); *Hartmann*, Gl.12, 241 f. – β) Zur Herkunft aus dem Oskischen (bzw. dem Sabinischen in Rom), das nur Synkope, aber keine Vokalschwächung kennt, s. *Devoto*, Storia 63 f.; zur osk. Anfangsbetonung s. auch *Thurneysen*, Gl. 1, 240. – γ) Neben dem Latein bzw. dem Italischen zeigen unter den idg. Sprachen auch das Germanische und innerhalb des Keltischen das Altirische Anfangsbetonung; eine sehr frühe Gemeinsamkeit kann das freilich nicht sein, wenn diese Betonung im Germanischen jünger ist als die Wirkung des Vernerschen Gesetzes (frühestens um 500 v. Chr.). Nur *Pisani*, RcAccadLinc. s. VI 6 (1930), 147 ff. [Gl. 21, 187] und Paideia 5, 339, sieht darin ein gemeinsames Erbe: danach war schon in der Grundsprache exspiratorische Hervorhebung (stress) der Anfangssilbe mit freier musikalischer Betonung verbunden, also ähnlich wie es Vendryes für das vorhistorische Latein angenommen hatte. – δ) Vielfach betrachtete man die exspir. Anfangsbetonung dieser drei idg. Sprachen als Substratwirkung einer voridg. Bevölkerung (zu der auch die Etrusker gehören würden), so *Hirt*, IF 9, 290-294, *Schrijnen*, Coll. Schr. 33-54

(Substrat die „Alarodier", die nach dem Berg Ararat benannt sind [Gl. 18, 253]), *Ribezzo*, RIGI 18, 61–101 [Gl. 26, 90], vorher ders., RIGI 12, 182–204 mit Verweis auf urlat. Anfangsbetonung von Ortsnamen an der Adria wie *Brindisi* (s. oben § 237, 2 c); *McGann*, Initial stress and the Latin „carmen", Gl. 37, 293–305 mit weiterer Literatur. Nach *Altheim*, Spr. 311 ff., 322 ff. erfolgte die Übernahme der Anfangsbetonung durch die Italiker erst von den um 400ᵃ in Italien eingebrochenen Galliern bzw. Kelten [Gl. 34, 205 unten].

c) Die Ablösung der Anfangsbetonung durch die Dreisilbenbetonung fällt etwa ins 4. Jhdt.; Auslösung und Ablauf dieses Wandels sind unerkennbar.

Nach *Muller*, IF 37, 187 ff. (207 f.) erfolgte gleichzeitig der gleiche Betonungswechsel in den Italischen Dialekten. Zur griechischen Dreisilbenbetonung besteht keine Beziehung, trotz *Kretschmer*, Einl. 156f., *Skutsch*, Gl. 4, 199, *Stolz-Debrunner* 54 (viel zurückhaltender *Schmid* in der 4. Aufl. 55 f.). Jedenfalls wäre bei dieser Annahme die lat. Regelung eine starke Vergröberung des griechischen Vorbildes, ähnlich wie in der Metrik die Vereinfachung des griechischen Trimeters zum lat. Senar: das Latein beschränkt die Akzentstelle auf die vorletzte Silbe (als Länge) und die drittletzte (bei vorletzter Kürze); das Griechische erlaubt auch die letzte Silbe (χειμών ἀληθής ἀγαθός στρατηγός); eine Beschränkung für die drittletzte Silbe bildet nicht die Quantität der vorletzten (betont als Kürze in ποικίλος, unbetont als Länge in ἄνθρωπος), sondern die des Vokals der letzten Silbe (gen. ἀνθρώπου zu nomin. ἄνθρωπος); vgl. § 241 über die Akzentuation griechischer Namen im Latein. – Zur griechischen Betonung s. *Lejeune*, Phon. myc. 293–298.

d) Nach üblicher Betrachtung erfolgte der Betonungswechsel in der Weise, daß sich neben dem Ton (Stress) der ersten Silbe in längeren Wörtern mit langer Antepaenultima zunächst auf dieser ein Nebenton (auch Stress) entwickelte, der dann allmählich zum Hauptton wurde: *sápièntia* > *sàpiéntia*.

Abgeschwächten Hauptton auf der Anfangssilbe als Nebenton könnte man für die Iambenkürzung in *calĕfacio* und *pudĭcitia* (§ 121) postulieren. Für diese Auffassung ist Voraussetzung die Stress-Natur der lat. Dreisilbenbetonung.

Mit einer Zwischenperiode eines schwankenden oder nicht fixierten Akzentes rechnen *Devoto, Kent, Drexler, Marouzeau*: zur Zeit der Übernahme der gr. Metrik befand sich der lat. Akzent „en voie de transformation". – Anders *Kurylowicz*, Metrik 37⁵.

S. *Walde*, IFAnz. 18, 54 (zu *Ahlberg*, Studia de accentu latino, Abschn. V), *Walde*,It. Spr. 154 f., auch *Muller*, IF 37, 190 f., *W. Schmid*, KZ 72, 30–46, *Puhvel*, Lang. 38, 415 und *Galton*, The Fixation of the Accent in Latin and Greek, Zs. für Phonetik 15, 1962, 273–299. – Zur Morenrechnung von *Kurylowicz* bei der lat. Dreisilbenbetonung s. § 236.

244. Akzentqualität im klassischen Latein. Der Dreisilbenakzent von IIIᵃ bis IIIᵖ steht zwischen zwei Perioden exspiratorischer Betonung, zwischen der vorhistorischen Anfangsbetonung und der spätlateinischen volkssprachlichen, sicher exspiratorischen Betonung. Hinsichtlich des Dreisilbenakzents der klassischen Periode stehen zwei konträre Auffassungen einander gegenüber: (1) **exspiratorische Natur (stress)**, besonders vertreten von Forschern in germanischem Sprachgebiet („deutsche Schule und Theorie"), (2) **musikalische Betonung (pitch)**, vorwiegend bei Forschern romanischer Muttersprache („französische Schule und Theorie"). Dazu kommen verschiedene vermittelnde Auffassungen, so (3) vorwiegend **musikalisch, doch auch mit sprachwirksamem stress**, (4) exspiratorisch im Volkslatein, dagegen musikalisch in der vom Griechischen beeinflußten Aussprache der Gebildeten; Genaueres s. § 245. Mir scheint die Auffassung (3) die geringsten Widersprüche zur antiken Tradition und zu den sprachgeschichtlichen Argumenten aufzuweisen. Im Wesentlichen sind dies die folgenden.

a) Die römischen Nationalgrammatiker seit Nigidius Figulus und Varro (Funaioli I 161 ff., 301 ff.; weiter *Schöll* 73 ff.) verwenden bis 300ᵖ nur Akzentkennzeichen rein musikalischen Charakters. Aber freilich sind diese Termini wie die ganze Akzentlehre eine Übertragung griechischer Kategorien auf das Latein; die griechischen Termini sind der Musik entnommen, und der musikalische Charakter der griechischen Betonung ist unbestritten: nach προσῳδία 'Dazu-Singen' lat. *accentus*, nach ὀξεῖα 'scharf, hoch' und βαρεῖα 'schwer, tief' lat. *acūtus* und *gravis*. – Die Möglichkeit einer ungeprüften Übernahme der Terminologie ist nicht auszuschließen. Erst zu Ende des 4. Jhdts. wird die Lautheit, also der exspiratorische Charakter erwähnt, bei Pompeius: *illa syllaba plus sonat quae accentum habet* (*Schöll* 77 f., vgl. ib. 101 Servius). Auch von einem exspiratorischen Vers-Iktus spricht erst der Grammatiker Sacerdos (Vᵖ, s. *Labhardt*, Euphrosyne 2, 65–75).

b) Als lautliche Auswirkungen eines exspiratorischen Worttons darf man Kürzungen unbetonter Langvokale anerkennen. Sieht man von den besonders gearteten generellen Kürzungen in Endsilben ab, so erfolgten solche Kürzungen im jüngsten vorhistorischen Latein freilich nur beschränkt, nämlich in der Iambenkürzung und der Kürzung durch Tonanschluß (§§ 121, 122c), also durch Zusammenfassung zweier Silben unter dem Wortakzent zu einer einzigen, offenbar einer Drucksilbe. Auf eine gleiche Betonungsart lassen aber auch Synkopierungen kurzer Vokale hinter oder vor der Tonsilbe schließen, und solche sind ebenfalls wohlbezeugt (*ūsurpāre*, *suprēmus*, *calfacio*, *disciplīna*, §§ 104f.); nur sind die Normen solcher Synkopierungen nicht zu fassen; nicht wenige gehören sicher der Volkssprache an. – Andere Lautwandel in unbetonten Silben setzen, falls akzentabhängig, nicht notwendig einen exspiratorischen Akzent voraus, etwa *ov* > *av* in *pavēre* (§ 47a), postkons. *v* aus *u* in *Sanquālis* (§ 141b), vulglat. *Agustus* (§ 84).

c) Am stärksten umstritten sind die Argumente aus Versbau und Klauseltechnik; sie erfordern eine ausführliche Darlegung.

245. Betonung und Metrik; Wortakzent und Vershebung (Iktus). Ihr Verhältnis ist nur unter Berücksichtigung des Griechischen zu behandeln; es bildet nicht nur eine allgemeine Parallele, vielmehr war die griechische Dichtung den Römern unmittelbares Vorbild für ihre Metrik. Zu den Problemen s. bes. *Sturtevant*, Pronunc. 177–189.

1. Die Situation des Griechischen ist folgende. Der Wortakzent war nach ihren eigenen Grammatikern musikalisch; das konstitutive Element für die Metrik ist demgemäß die Silbenquantität, nicht der Wortton (vgl. § 235bβ). – Ein totaler Umbruch, der Übergang zu akzentuierender Metrik, erfolgt erst spät, etwa im 3. Jhdt. n. Chr., offenbar im Zusammenhang mit einem Übergang zu exspiratorischer Betonung. – Die Situation des Lateins hinsichtlich der Metrik ist, grob gesprochen, die gleiche: quantitierende Metrik in der literarischen Dichtung, etwa bei Plautus, Ennius, Vergil; Aufkommen akzentuierender Metrik im Volkslatein, deutlich etwa im 3./4. Jhdt. – Man

sollte danach für das klassische Latein auf musikalische Betonung schließen; erst für das späte Vulgärlatein ergäbe sich exspiratorische Betonung.

2. Hier liegt die Hauptschwierigkeit für die deutsche Theorie einer lat. exspiratorischen Betonung. Bei solcher ist eine quantitierende Metrik unnatürlich und sprachwidrig, wie sie es auch in den Versuchen der deutschen Barockdichtung war; sie wäre also im Latein rein durch sklavische Abhängigkeit vom griechischen Muster bedingt. – Aber selbst dann mußte die exspiratorische Betonung der natürlichen Sprache in denjenigen Punkten zum Durchbruch kommen, die der quantitierenden Metrik nicht entgegenstanden: die Dichter mußten die Worttonsilben nach Möglichkeit auf die Vershebungen verlegen, d. h. den Zusammenfall von Wortton und Vershebung (Iktus) begünstigen und umgekehrt die unbetonten Silben, speziell die Endsilben, von den Vershebungen fernhalten. Nun fallen auch bei quantitierender Metrik unvermeidlicherweise manche Worttonsilben auf einzelne Vershebungen. Die deutsche Metrikforschung bemüht sich also im letzten Grunde um den Nachweis, daß ein solcher Zusammenfall von Wortton und Vershebung (gemeint als Iktus) gesucht und beabsichtigt ist im Sinn einer akzentuierenden Metrik (s. dazu ausführlich *Sturtevant*). Dabei stellt sich dieser Nachweis verschieden für die Hexameterdichtung und für die altlat. Skenikerdichtung.

a) Im **Hexameter** ist ein Gegensatz zwischen erster und zweiter Vershälfte unverkennbar: in der ersten reichlicher Widerstreit (engl. *clash*) von Wortakzent und Vershebung, in der zweiten meist Zusammenfall. In der deutschen Philologie gilt seit G. Hermann und Ritschl dieser Widerstreit als ästhetisch erstrebter Gegensatz (*Schöll* 31 f.; *Vollmer* 11 f.). Ihre Gegner betrachten ihn, wie mir scheint mit Recht, als nicht beabsichtigt und rein durch das Sprachmaterial bedingt: nach der Struktur der lat. Wörter und dem Paenultimaakzent auf Länge ergibt sich der Zusammenfall im 5. und 6. Fuß nahezu unvermeidlich, und ebenso der Widerstreit im Versanfang bei den häufigen kretischen Wörtern (— — —, auch — ⌣⌣ —) und allgemein vor der beliebten Penthemimeres-Zäsur.

Zusatz. Gegen die Begründung des Verzichts auf Viersilbler (⌣ ⌣ — ×) im Ausgang des klass. Hexameters (Vergil) gegenüber Ennius und Lukrez zwecks Meidung eines unbetonten Wortausgangs in der 5. Hebung läßt sich einiges einwenden. Ennius gebraucht sie am Versende ohne Einschränkung, etwa ann. 43 *pedem stabilībat*, 151 *gentes opulentae*, 194 *pretium dederītis*, 55 *aerumnas tetulisti*. Vergil verwendet sie zwar beliebig im Versinneren (Aen. 1, 10 *pietate*, 12 *tenuere*, 28 *Ganymedis*, 323 *maculosae*; vgl. ecl. 2, 4. 35. 60), nicht aber im Versausgang, außer in greifbarer Abhängigkeit vom Griechischen, etwa Aen. 4, 316 *per inceptos hymenaeos*, gg. 2, 84 *Idaeis cyparissis* ∼ Hom. ε 64 εὐώδης κυπάρισσος, Aen. 4, 667 *femineo ululatu* ∼ M 138 μεγάλῳ ἀλαλητῷ. Daß die Meidung einer unbetonten Silbe in der 5. Hebung nicht die Ursache ist, ergibt sich aber aus zwei Tatsachen. Erstens fehlen Viersilbler auch hinter Wortton auf Einsilblern oder bei elidierten Mehrsilblern, nur etwa Aen. 6, 802 *aut Erymanthi* ∼ ζ 103 ἢ Ἐρύμανθον, gg. 3, 26 *solidoque elephanto* ∼ τ 564 πριστοῦ ἐλέφαντος; bei Ennius sind auch sie häufig: 112 *di genuerunt*, 113 *dis oriundum*, 171 *ut miserērent*, 307 *aev(om) agitabant*. Zweitens werden ebenso Fünfsilbler (— ⌣⌣ — ×, auch — — — ×) gemieden, nur etwa ecl. 8, 1 al. *Alphesiboeus* ∼ Σ 593 παρθένοι ἀλφεσίβοιαι, auch gg. 4, 463 *Ōrīthyia*, 4, 270 (Pflanze, plur.) *centaurēa*; für Ennius dagegen sind sie kennzeichnend als Kunstmittel im Versausgang, ann. 10 *pennis condecoratum*, 132 *concordibus aequiperare*, 119 *sonus Egeriai*. Also ist bei Vergil die Ursache des Verzichtes ein aesthetisches Mißfallen an gewichtigen vier- und fünfsilbigen Vers-

ausgängen. – Auch die allmähliche Beschränkung des Pentameterausgangs auf Zweisilbler (von Catull bis Ovid) hat nichts mit dem Wortakzent zu tun.
S. *Nougaret*, REL 24, 251–271 (zur Meidung von —/∪ ∪— ×); *Pöhlmann*, Philol. 103, 267 ff. (gegen *Ritschl, Vollmer*). S. auch die Vorbemerkungen in *Jackson-Knight*, Accentual Symmetry in Vergil (Oxford 1939), 3–7. Zu Horaz: *Zinn*, Wortakzent in den lyr. Versen des Horaz (Diss.), München. *Seel-Pöhlmann*, Quantität und Wortakzent im horaz. Sapphikon, Philol. 103, 237–250 (keine Iktuswirkung [Gl. 42, 94]).

b) **Wortakzent und Versiktus im Senar der altlat. Skenikersprache.** Der deutschen Forschung gilt exspiratorischer Akzent und damit auch erstrebte Übereinstimmung von Wortton und exspiratorischer Vershebung (als Vers-iktus) als Postulat; die gewichtigste Ausnahme bildet die sog. End-iktierung, d. h. Endsilbe in Vershebung. Bei Dreisilblern suchte sie *Fraenkel* wenigstens für die 2. 3. 4. Hebung (also für —³ ∪ —⁴ usw.) zu rechtfertigen mit einer Verschiebung des Wortakzents auf die Endsilben von kretischen und iambischen Wörtern, unter dem Druck eines supponierten Satzakzents oder Wortgruppenakzents; Typus *voluptás mea*. Damit wird die Norm einer Dreisilbenbetonung autonomer Wörter natürlich nicht erschüttert und exspiratorische Betonung nicht bewiesen, höchstens als zulässig erwiesen.

Ich muß mich hier auf ein paar Literaturhinweise beschränken. *Ed. Fraenkel*, Iktus und Akzent im lat. Sprechvers, 1928 [Gl. 19, 237–239]; *Drexler*, Gl. 13, 42–64; ders. in vielen Arbeiten, darunter Plautin. Akzentstudien I II III 1933, speziell zu end-iktierten iambischen Wörtern (II 346 „plautin. Gruppenakzent"; [Gl. 23, 128–131]); *Vandvik*, Rhythmus und Metrum, Symb. Osl. Suppl. 8, 1937, 237 ff., mit der Folgerung: der neben dem pitch bestehende stress war nicht stark genug, das Metrum zu affizieren; *Ph. W. Harsh*, Iambic Words and Regard for Accent in Plautus, Stanford Univ. 1949: bewußte Meidung endiktierter iamb. Wörter, also Übereinstimmung von Vers-iktus und Wortakzent erstrebt; ders., Early Latin meter and prosody (Forschungsbericht), Lustrum 3, 1958, 5–80; *Lindsay*, ELV 18–33 u. 317–323; *Sturtevant*, Coïncidence of Accent and Ictus, AJPh 14, 234–244 (statistisch, für Plautus, s. *Kroll*, Gl. 13, 284).
Keine zuverlässigen Schlüsse lassen sich ziehen aus der Umgestaltung des gr. Trimeters zum lat. Senar, d. h. durch Ersetzung der obligatorischen Kürze in der 2. und 4. Senkung durch eine Ancepssilbe, so daß einzig die vorletzte Silbe des Senars (und des troch. Septenars) eine Kürze sein muß. Ebensowenig aus der beschränkten Einfügung der Dreikürzenwörter: nicht *genéra facilia*, sondern *génera* und *fácilia* bzw. *facilía*. Manche wie *Vendryes* und *Lindsay* sehen in der sog. *fácilia*-Betonung noch eine Spur der alten Anfangsbetonung; sie gilt aber auch im klass. Sanskrit, ohne daß ihr dort eine Anfangsbetonung vorausging. – Zur *fácilius*-Betonung s. *Skutsch*, Gl. 3, 381; *Thierfelder*, bei *Fraenkel*, Iktus 357–395.

c) Der altlat. **Saturnier**, ein vermutlich einheimischer italischer Vers, ist nur in geringen Resten bewahrt, literarisch in Versen der Odyssia des Livius Andronicus und des Bellum Poenicum von Naevius, inschriftlich in den Scipionen-Elogien D 539–544 u. a. Die Metrik ist dunkel und ergibt daher nichts für die altlat. Betonung. Als quantitierend wurde er ausführlich analysiert von *Leo*; als akzentuierend nach der Dreisilbenbetonung von *Thurneysen, Lindsay*, nach der Anfangsbetonung von *Draheim*. – Nach *Pasquali* (und *Fraenkel*) ist er als Umgestaltung griechischer lyrischer Versmaße entstanden: erstes Kolon aus katalekt. iamb. Dimeter, zweites als Ithyphallicus oder colon Reizianum; Rezeption als Liedvers, später Rezitationsvers.

Lit.: *Leo*, Der saturnische Vers, Gött. Abh. 8, 1905, nr. 5. - *Lindsay*, ELV 9; *Thurneysen*, Der Saturnier, 1885; *Frazer*, AJPh. 30, 430; *Burger*, Et. 58-79 (quantitierend). - Griechische Herkunft: *Pasquali*, Preistoria della poesia romana, Florenz 1936 (Inhalt bei *Norden*, Priesterb. 278 f.; eindringende Kritik von *Kapp*, GGA 198, 1936, 477-492). Dazu *Altheim*, Spr. 365. - Zur Problemgeschichte: *Koster*, Mnem. 57, 267-348; *Harsh*, Lustrum 3, 222-226. - *Pasquali*, Metrica 100. - S. ferner etwa: *Skutsch*, Gl. 3, 379f.; *Bergfeld*, Gl. 7, 1-20; *Kroll*, Studien 11.

3. Akzentuierende Metrik.

Verse mit akzentuierender Metrik beginnen im 4. Jhdt. n. Chr. bei den Christen sich zu zeigen; genannt seien der Hymnus Abecedarius gegen die Donatisten des Augustin in troch. Tetrametern (Oktonaren) und Grabgedichte in Hexametern. Indirekte Zeugen sind Dichter wie Dracontius mit ihren prosodischen Verstößen gegen die Vokalquantität in traditioneller Metrik. - Der lat. Wortschatz ist für streng quantitierende Hexameter denkbar ungeeignet, besonders für die Versanfänge; so sind bei Commodian die wesentlichen Merkmale der neuen Technik nicht betonte Kürzen als Hebungen, sondern Längen für metrische Kürzen der Senkungen. - Schon in pompejanischen Inschriften finden sich vereinzelt Kürzen in Hebung, vgl. *hábet* im Soldatenvers bei Vop. Aur. 6, 5 (um 275p) *tantum vini nemo habet quantum fudit sanguinis*. Und eine ältere Stufe akzentuierender Technik, bei noch bewahrten Vokalquantitäten, sucht *Pfister* schon für die klassische Zeit zu erweisen in den Triumphalversen der Soldaten in trochaeischen Septenaren bzw. *Versus quadrati* (ältester Beleg 91 v. Chr. *postquam Crassus carbo factus, Carbo crassus factus est*); man muß dazu immerhin bemerken, daß für Cicero (orat. 184) Senare der Komiker sich kaum von Prosa unterschieden.

Belege aus Commodian. Kürzen als Hebung: im 5. Fuß als Daktylus *húmilis, édere, ódia, óculis*, als Trochaeus *déus* (häufig), *ibi, sibi, hómo, bóna*; im 6. Fuß (selten) *trábem, préces, crúcem, súmus*, dazu fut. *erimus eritis*. Längen als metr. Kürzen: häufige Versausgänge wie *mundi nătúram* (fast nur mit Naturlängen); Verseingänge wie *fĭdēlĕs ádmoneó* inst. 2, 6, 1. *ŏstĕndĭt quaé poterít, séd ĕt dĕmónstravít*. In der Versmitte sind die Hebungen öfters schwer bestimmbar.

Lit.: Zur Änderung im Vulgärlatein s. §57. - *W. Meyer (aus Speyer)*, Anfang und Ursprung der lat. u. griech. rhythmischen Dichtungen, Abh. Bayer. Akad. 17, 1886 (= Abh. zur mittellat. Rhythmik II, Berlin 1915, 18). *Nicolau*, Sources de la versification latine accentuelle, ALMA 9, 55-91. *Norberg*, Le vers accentuel au bas latin, Mél. Chr. Mohrmann, Utrecht 1963, 121ff. *Burger*, Le vers accentuel en bas latin, REL 37, 230-246. - *Pfister*, Volkstümliche versus quadrati, MSS 15, 23-38. Zur Vorgeschichte des versus quadratus vgl. *Fraenkel*, Hermes 62, 357-370 [*Kroll*, Gl. 18, 288]; auch *Altheim*, Spr. 366-391.

4. Die Klauseltechnik, d. h. die rhythmische Gestaltung der Ausgänge von Satz und Kolon in der Kunstprosa folgt dem griechischen Vorbild; sie ist also rein quantitierend (Cic. orat. 184-218). Die bevorzugten Ausgänge sind 4- bis 7-silbig (letzte Silbe anceps) und zwar: — ∪ — ∪; — ∪ — — ∪; — ∪ — — ∪ —; — ∪ — — ∪ —. - Auch sie wird im 4. Jhdt. n. Chr. abgelöst durch die akzentuierende Technik des „Cursus"; Hauptformen 5- bis 7-silbig: cursus plenus ×́ × × ×́ ×; cursus tardus ×́ × × ×́ × ×; cursus velox ×́ × × × ×́ ×. - S. *Nicolau*, L'origine du „cursus" rhythmique et les débuts de l'accent d'intensité en latin, Paris 1930.

Akzeptiert man die 4. Akzentauffassung (Pitch der Gebildeten, Stress der Volkssprache), so vermochte Cicero in Volksreden mit seinen quantitativen Klauseln und musikalischem Akzent doch seine volkssprachlichen Hörer zu faszinieren. Seine Klauselregeln galten nicht nur für geschriebene Reden (man las im Altertum laut), sondern auch für öffentlich vorgetragene, in denen freilich die Klauseln auf besondere Stellen beschränkt waren (orat. 168; 221).

246. Schlußbemerkungen. Die Forschung kreist seit hundert Jahren unentwegt bei der lat. Dreisilbenbetonung um zwei schwer faßbare Probleme, um ihre phonetische, klangliche Wesensart und um ihre Anknüpfung an die vorhistorische Sonderstellung der ersten Wortsilbe, den sog. Initialakzent. Sie stellen sich als Basisprobleme durch die ihnen zugeschriebenen Lautwirkungen, also durch direkt beobachtbare Spracherscheinungen, das erste hauptsächlich durch die vieldeutige Verteilung der Worttonsilben in der Dichtung auf die Vershebungen, das zweite durch die sog. Vokalschwächungen in nichtersten Silben. Als entscheidende Wesensmerkmale jeder Betonung irgendeiner Sprache ergeben sich einerseits die Differenz der Lautstärke (exspiratorischer, dynamischer, Intensitäts- oder Druck-Akzent, kurz Stress), andrerseits die Tonhöhe (musikalischer Akzent, Pitch); der Grad der Differenzierung kann recht verschieden sein. Nur sehr bedingt kann auch als sekundäres Kennzeichen Vokaldehnung oder Silbenlänge der Tonsilbe hinzutreten.

Die Scheidung gemäß Wirkung von Stress oder Pitch beginnt für die Forschung schon bei der Grundsprache mit ihrer „freien" Betonung. Denn der idg. Ablaut setzt offenbar, wenn man von der *o*-Abtönung absieht, ursprünglichen Stress-Akzent voraus; dagegen führt die Rekonstruktion von den frühestbezeugten literarischen Einzelsprachen aus zu einem idg. Pitch-Akzent kurz vor der Sprachentrennung. – Das Merkmal der lat. Anfangsbetonung um 400 v. Chr. war Stress, nach ihrer Wirkung auf die Vokale der folgenden Silben. Ganz unglaubhaft sind zwei ergänzende akzentgeschichtliche Annahmen, nämlich das ungestörte Weiterleben der ererbten freien Pitchbetonung auf beliebiger Wortsilbe neben stressbetonter Anfangssilbe (so *Pisani*, s. Gl. 21, 187), und die Zwischenschaltung eines plautinischen „Wortgruppenakzents" zwischen Anfangs- und Dreisilbenbetonung (so *Drexler*, Gl. 13, 42 ff., bes. 54 f.; vgl. dazu auch Gl. 23, 130). – Diese Anfangsbetonung wird vor Beginn der Literatur, also im frühen dritten Jahrhundert, abgelöst durch die historische Dreisilbenbetonung. Wesensmäßig war diese musikalisch (Pitch), wenigstens nach den Angaben der römischen Grammatiker, insofern diese die für das Griechische geschaffene Terminologie auf das Lateinische übertrugen mit *accentus* für προσῳδία usw. Doch sprechen für dynamischen Stress die Iambenkürzung und vortonige Synkopierungen. Die Feststellungen über eventuellen beabsichtigten Zusammenfall von Wortton und „Versiktus" sind nach meiner Meinung nicht schlüssig.

Soweit man anerkennt, daß phonetisch die Tonsilbe in allen Sprachen durch eine Verbindung von Stress und Pitch gekennzeichnet ist, spricht man statt von reinem Stress oder Pitch zurückhaltender (§ 235 a β) davon, daß das eine oder andere Element dominiert. Für die Natur der klassischen Dreisilbenbetonung ergeben sich gemäß den Bewertungen der Argumente also widersprechende Auffassungen; man vergleiche dazu den Überblick von *Laurand*, L'accent grec et latin, Remarques et bibliographie choisie, Rev. phil. 12, 1933, 133–138.

a) Akzent rein exspiratorisch oder doch vorwiegend Stress, so nach der „deutschen Schule", etwa *Walde, Schöll, Sommer, Lindsay, Vollmer, Fraenkel, Altheim, Palmer, Allen*, auch *Sturtevant*.

b) Rein musikalisch oder doch vorwiegend Pitch, so nach der „französischen Schule", etwa *Vendryes, Meillet, Niedermann* (Précis 16), *Maniet, Bergfeld* (Gl. 7, 1–20), auch *W. P. Schmid* (in *Stolz-Debrunner* 4. Aufl. 56 f. § 80), *Alfr. Schmitt*.

c) Vorwiegend Pitch, doch mit ausreichender Beteiligung von Stress für Beeinträchtigung der Vokale unbetonter Silben. Mir scheint diese Auffassung am besten mit den sprachlichen Erscheinungen vereinbar.

d) Eine Kompromißlösung scheidet nach sozialen Schichten: Stress im Volks- oder Vulgärlatein, Pitch in der Aussprache der vom Griechischen beeinflußten Gebildeten, so früher *Gaston Paris*, dann *Abbott* (Cl. Rev. 2, 444–460), *Herbig* (IFAnz. 37, 19–22), *Debrunner* (IF 46, 92), *Kent* (Sounds 64 § 66, auch in The educated Roman and his accent, TAPhA 53, 63–72), *Pulgram* (KZ 71, 218–237), weniger eindeutig *Devoto*.

Literatur ist oben zu den einzelnen Fragen angeführt; hier sei noch einiges nachgetragen. Zum historischen Akzent äußern sich in irgendeiner Richtung alle historischen Grammatiken. S. noch *Meillet*, Esq. neuere Auflagen p. XI; *W. S. Allen*, Vox Latina, Cambridge 1969, 83 ss., 92 ss. (zur lat. Aussprache, für Leser mit englischer Muttersprache bestimmt); ders., Accent and Rhythm, Prosodic Features of Latin eqs., London 1973; *Galton*, The Fixation of the Accent in Latin and Greek, Zs. für Phonetik 15, 1962, 273–299; *Liénard*, Festschr. M. Renard I 551–560 (für Stress). – Zum Wesen des Akzentes s. *Alfr. Schmitt*, Untersuchungen zur allg. Akzentlehre 1924, zum Latein 185–239 (zur Sache s. *Nehring*, Gl. 15, 252 f.); ders., Proben eines Wörterbuchs der sprachwiss. Terminologie, Das Sachgebiet Akzent, Beiheft zu IF 51, 1933; ders., Musikal. Akzent und antike Metrik, München 1953. – Zu Prosodie und Metrik s. etwa *Luc. Müller*, De re metrica (ohne die alten Skeniker), ²Petersburg 1895; *Vollmer*, Röm. Metrik (in *Gercke-Norden*, Teil I 8), mit älterer Literatur. S. auch *Crusius-Rubenbauer*, Röm. Metrik ²1963, 5–9 (Prosodie); *Nougaret*, Traité de métr. latine, Paris 1945 (mit Literaturverzeichnis), *W. J. W. Koster*, Traité de métrique grecque ⁴1966 (zur lat. Prosodie 313–320). – Zur Akzentgeschichte s. *Walde*, It. Spr. 150–162 (Forschungsgeschichte bis 1916); *Sturtevant*, Pronunc. ²177–189 (sehr detailliert); *Palmer*, The Latin Language⁴, 211–214; *Devoto*, Storia 98, 147, 159, 286 f.; *Altheim*, Spr. 311 ff., 322 ff. – Forschungsberichte: *Kalinka*, Griech.-röm. Metrik (seit 25 Jahren), Bursian Jb. 250, 1935, darin zum Latein 339–372 u. 381 ff.; *Harsh*, Early Latin Meter and Prosody (1935–1955), Lustrum 3, 1959, 215–250; *Getty*, Classical Latin Meter and Prosody (1935–1962), Lustrum 8, 103–160. – Indogerman. Betonung, Akzent und Metrik: *Szemerényi*, Einf. 67 ff. (zum Latein 74 f.); ders., Trends 136–138; *Krahe*, Idg. Sprachwiss. (Göschen 59) 48 ff. u. 72; *Kuryłowicz*, Akzent und Ablaut (Idg. Gr. II 1), darin zum Latein nur 191–193; ders., The quantitative meter of I.-E., in: I.-E. and I.-E-ans, 1970, 421–424; ders., Metrik u. Sprachgesch., Polska Akad. Nauk, Prace języ. 83, 1975, 33–41 (zu Plautus); *Rüd. Schmitt*, Dichtung u. Dichtersprache in idg. Zeit, 1967, 307–313. *W. S. Allen*, Accent and Rhythm, prosodic features of Latin and Greek, – Versuch einer direkten Rückführung der Metren der alten idg. Sprachen auf metrische Elemente (Kola) der Grundsprache: *West*, Gl. 51, 175–179.

FORMENLEHRE
NOMEN

I. VORBEMERKUNG

A. DIE ELEMENTE DES WORTSCHATZES

247. Zum belegten lat. Wortschatz liefern die sog. **Erbwörter** und die **Lehnwörter** nur einen kleinen Anteil. Der Hauptbestand erweist sich als **Neubildungen** der vorhistorischen und der historischen Zeit; ihre Darstellung ist die Hauptaufgabe einer lat. Wortbildung. Über Spuren verlorener Wörter und latenten Wortschatz (*sēd-īre, *potēre usw.) s. Allg. Teil 67*f.; ebenda 39*–50* über soziale Stufen und Schichten der lat. Sprache und damit auch des Wortschatzes. – Die Verbreitung und besonders das Erstauftreten ist bei vielen Wörtern von Bedeutung; das gilt in einem spezifischen Sinne für viele Wörter der Hexametersprache, die mit Ennius beginnt; Dichterwörter in diesem Sinn finden erst in der silbernen Latinität Aufnahme in die Prosa, etwa in die des Livius und Tacitus. S. auch *Szantyr*, Synt. 766 über Neologismen bei Autoren.

Für Erstbezeugung und Wortchronologie ist man jetzt bei *A* bis *M* zuverlässig orientiert durch den Thesaurus linguae Latinae („Thes."); im übrigen ist man angewiesen auf *Walde-Hofmann* und die Speziallexika (*Lodge* zu Plt., *Wetmore* zu Vergil, *Merguet* zu Cicero usw.) oder die Wortindices zu Einzelausgaben (Ennius ed. *Vahlen*, Lucilius ed. *Marx* usw.). – Ein Verzeichnis aller dieser lexikographischen Hilfsmittel bietet *Zucchelli*, Profilo storico-critico degli studi linguistici latini, in: Introduzione allo studio della Cultura Classica, Mailand 1974, 527–553. S. auch § 262c zu *Faider*.

Mit „Wörtern" des Wortschatzes sind, unter Außerachtlassung der Flexionsformen oder „Wortformen", nur die den Wortgebrauch repräsentierenden Lemmaformen gemeint, unter denen sie in den Wörterbüchern erscheinen, also die „Lexeme" nach moderner Terminologie. – Für historische Betrachtungen der Stammbildung können aber auch Flexionsformen von Bedeutung sein.

248. Von den **Erbwörtern** sind nur wenige durch alle früh und reich bezeugten idg. Sprachen verbreitet, etwa die Verwandtschaftswörter, Namen verschiedener Körperteile und größerer Tiere, die Zahlwörter, und manche Verben, als Elemente des „aristokratischen" Wortschatzes (s. Allg. Teil 15* Mitte; dazu *Thieme*, KZ 78, 247). Meist sind Entsprechungen zu lat. Erbwörtern nur in einigen verwandten Sprachen vorhanden, etwa im Germanischen. In der folgenden Behandlung der lat. Nominalstammbildung werden als „ererbt" und damit als nach ihrer Wortgestalt gegeben solche Wörter aufgeführt, die noch in wenigstens einer anderen idg. Sprache in **gleicher Stammbildung** (doch abgesehen allenfalls von Ablauts-, Genus- und Flexionsdifferenzen) vorliegen, ohne daß sich die Annahme der Entlehnung oder einer getrennten gleichartigen Neubildung aufdrängt. Es werden daher auch unter den als „nur lat." aufgeführten Beispielen manche Erbwörter verborgen sein, daneben freilich auch Entlehnungen aus verschollenen Sprachen. – Über allfällige engere Beziehungen des Lateins im Erbwortschatz zu Hethitisch, Arisch (Indoiranisch), Germanisch s. Allg. Teil 11*, 22* ff.

Der idg. Wortschatz wurde erstmals von *Aug. Fick*, Vgl. Wb. d. idg. Sprachen (⁴I 1891) zusammengestellt. Das jetzt maßgebende Werk ist *Walde-Pokorny*, Vgl. Wb. d. idg. Sprachen I–III, 1927–1932; es ist angeordnet nach eigenem Alphabet (Vokale, Verschlußlaute, *r l m n s*) und hierunter nach Wurzeln und deren Ableitungen in den Einzelsprachen; demgemäß sind darin die einzelnen Erbwörter, von einfachen Verben abgesehen, nur versteckt enthalten, subsumiert unter den Wurzeln. Kürzer und für Philologen bequemer zu benutzen ist *J. Pokorny*, Idg. etymol. Wb. I II, 1959–69. S. auch Allg. Teil 76* f. § 67 und *Porzig*, Gliederung, passim. – Von etymologischen Wörterbüchern des Lateins seien nur genannt: *Walde-Hofmann*, unentbehrlich auch durch die verarbeitete Fachliteratur; *Ernout-Meillet*, mehr wortgeschichtlich als etymologisch, zuverlässiger Führer für klassische Philologen (vgl. Gn. 13, 27 ff.).

249. Lehnwörter und Fremdwörter. Als Fremdwörter bezeichnet man gelehrte Übernahmen aus anderen Sprachen, die zum mindesten von Gebildeten immer als fremd empfunden werden, als Lehnwörter dagegen volkstümliche Entlehnungen, die der neuen Sprache in Lautstand und Wortform meist stärker angepaßt sind und nicht mehr als fremd gelten, von denen auch lat. Ableitungen gebildet werden, wie etwa *podagr-ōsus* Lucil. von *podagra*. Kulturlehnwörter sind zu allen Zeiten ins Latein aufgenommen worden. Die wichtigsten gebenden Sprachen in früher Zeit waren sicher Griechisch (*oleum, ancora, poena*) und Etruskisch (*ātrium, histrio*); s. dazu auch Quint. 1, 5, 55 ff.

Zu den griechischen Lehnwörtern. Ältere Sammlungen: *O. Weise*, Die griech. Wörter im Latein, Leipzig 1882; *Saalfeld*, Tensaurus italograecus, Wien 1884. Bei *Ernout*, Aspects du vocabulaire latin, sind die Lehnwörter ausführlich behandelt, pp. 17–92 [Gl. 36, 143 f.]. Nur im Latein erhaltene, im Griechischen unbezeugte Wörter bei *Frei-Korsunsky*, Griech. Wörter aus lat. Überlieferung, Diss. Zürich 1969. S. auch Allg. Teil 37* § 30 f. und *Szantyr*, Synt. 759 ff., bes. 763 (Literatur). – Zu den formalen Komplikationen bei der Übernahme (zu etrusk. Vermittlung s. *de Simone* I 132–149): Lautliche Veränderungen der Vokale s. § 85, der Konsonanten § 135, 3. – Morphologie: Einpassung der Nomina in die lat. Deklinationen s. § 365; Eingliederung der Verben in die lat. 1. Konjugation s. § 414, 9. – Nominale Wortbildung: griechische Suffixe oder Suffixgebräuche im Latein (z. T. als Vermutungen) s. § 365 E. – Zu Gräzismen im Allgemeinen s. auch *Szantyr*, Synt. 759–765, und ebd. 740 zum lat. Wortschatz; zu Gräzismen bei Cicero *Safarewicz*, Festschr. Pagliaro („Studia") III, 1969, 193–215. – Die meisten von Plinius (nat.) übernommenen oder aus griechischen Quellen ausgeschriebenen Fachtermini und Sachbezeichnungen sind als Fremdwörter im Latein zu bezeichnen; s. z. B. *Ernout* III 125–150: Le vocabulaire botanique latin. – Entlehnung über das Oskische vielleicht *Accherūns* (doch s. § 184 b ε). – Zu etruskischen Lehnwörtern s. Allg. Teil 33* f. – Über Kontaktbeziehungen des Lateins zum Keltischen ist ebd. 35*–36* gehandelt; nachgetragen sei *K. H. Schmidt*, Die Stellung des Keltischen in frühgeschichtlicher Zeit, Gl. 43, 151–167; ders., Keltisches Wortgut im Lateinischen, Gl. 44, 151–174.

B. DIE VERFAHREN DER WORT- UND STAMMBILDUNG

a) Stamm und Wurzel, Präfixe und Suffixe (§§ 250–251)

250. Stammbildung: Wortstamm und Wurzel. Aufgabe der historischen Stammbildungslehre ist es, die Neubildungen im lat. Wortschatz nach ihrer Entstehung zu verdeutlichen und sie gegebenenfalls an grundsprachliche Bildungen anzuknüpfen; das wichtigste Verfahren ist die Suffixableitung. – Zu den Vorgängen bei der Wortbildung und Stammbildung s. Allg. Teil 67*–74*; vgl. auch *Schwyzer* I 416 ff.

Bei der Stammbildung wird abgesehen von den Flexionsendungen, die dem Ausdruck der syntaktischen Funktionen oder der Beziehungen im Satz dienen. Das allen Flexionsformen gemeinsame Element bei Nomen und Verbum ist der Wortstamm als Träger der Wortbedeutung. – Die nominalen Wortstämme zeigen manche lautliche Wechselformen, teils ablautbedingte und insofern ererbte (*pēs/ped-, bō-s/bū-bus*), teils erst durch lat. Lautwandel wie Vokalschwächung und Vokalkürzung bedingte (*homō* bzw. *-ŏ/homin-, mare/mari-a*), s. dazu § 343 d.

Einsilbige Wortstämme, die morphologisch unzerlegbar sind, bezeichnet man bei Nomen und Verbum mit einem Terminus aus der hebräischen Grammatik als Wurzeln (Symbol das mathematische Zeichen $\sqrt{\ }$). Solche sind die Bedeutungskerne von „Wurzelnomina", wie *ped-* oder *duc-* in *pēs dux*, hauptsächlich aber von vielen einfachen Verben der lat. 3. Konjug. auf Konsonant wie *cad-* 'fallen' oder *pet-* 'losstürzen auf', aber auch von Verben auf Langvokal, etwa *flē- flā- plē- scī-*. Im Allgemeinen versucht man Nomina auf verbale Wurzeln zurückzuführen, also *dux* 'Führer' auf *dūco* 'führe', nicht umgekehrt, soweit man wenigstens glottogonische Erwägungen ausklammert. – Neben den Bedeutungs- oder Verbalwurzeln gibt es auch pronominale oder Deutewurzeln, vgl. *i-s e-um qui-s quo-d, *me-* in *mē meus*.

Zusatz. Zu den modernen Auffassungen über ursprüngliche Gestalt oder Struktur der idg. Verbalwurzeln sei folgendes bemerkt: Sie sind immer einsilbig; die früher anerkannten „zweisilbigen Basen" (bei *Hirt* und anderen) sind durch die neue Laryngaltheorie beseitigt. Die Wurzel besteht also aus einem Vokal zwischen Konsonanten; man stellt ihre Struktur dar mit Symbolzeichen der amerikanischen Strukturalisten (*Whorf* u. a.): T = Kons. einschl. $ρ$; R = Resonant (einer der 6 Sonanten *r n y* usw., § 26), etwa bei *Kuryłowicz*, Apoph. 106ff., 169 u. 392: Vokal *e* (oder *o*); davor als Anlaut 1 Kons., auch eventuell 2 (etwa *st- tr- sw-*), selten 3 (*str- spl-*); dahinter entweder 1 Kons., „leichte Wurzel" (*TeT* und *TeR*), oder Sonant plus Vschll. oder *s*, „schwere Wurzel", Typus *TeRT*. – Nach der genetischen Theorie von *Benveniste*, Origines 147–173, war die frühidg. oder voridg. Wurzel nur trilitteral (doch anders als im Semitischen), vom Typus *sed leg* es idg. *sed leg $ρ_1$es*; die überzähligen Konsonanten der historischen Wurzeln (wie das *d* in *ten-d-*, das *t* in *ver-t-*) sind sekundäre Erweiterungen, als Affixe, Suffixe oder Wurzeldeterminative. – Mit anderen apriorischen Voraussetzungen stellte die Forschung Wurzelstrukturen der Form *KeReTe* oder *KeTe* auf. S. zuletzt *Ammer*, Die Spr. 2, 193–214; *Szemerényi*, Trends 143.

251. Meist enthält ein Wortstamm außer dem unzerlegbaren Wurzelbestandteil noch hinten oder vorn ein oder zwei Silben als weitere Wortformbestandteile, die auch in anderen Wörtern in ähnlicher Weise erscheinen, das sind die sog. Suffixe und Praefixe. Die Praefixe sind, abgesehen von der andersartigen Reduplikation (§§ 332 I u. 433), größtenteils auch in selbständiger Verwendung anzutreffen als Praepositionen bzw. Praeverbien, so *cum* (*com-*) *per ante* in den Nomina pl. *com-ped-ēs* 'Fesseln', *per-pet-*, *anti-sti-t-* und in den Verben *com-pōno per-eo* usw. Andere sind immer unselbständig, so nur vor Nomina *vē- so-* und *in-* priv., nur vor Verben und

Verbalableitungen *dis-* und *re(d)-*; man behandelt sie bei den Nominalkomposita und bei den komponierten Verben. – Ganz für sich steht ein ererbtes rein morphologisches Infix, ein nur in bestimmten verbalen Flexionsformen in die Wurzel eingeschobener Nasal, vgl. prs. *iungo tundo rumpo* neben *iugum tutudī ruptus*, s. § 406, 1.

Zusatz. Die Termini Suffix und Praefix sind umstritten, weil sie, wörtlich genommen, falsche Auffassungen erwecken können; diese Eigenschaft teilen sie freilich, wie bekannt, mit fast allen termini technici: „richtig" waren alle die Benennungen nur im Gedankengang derer, die sie prägten. Natürlich ist *suffīxum* 'das hinten Angeheftete' eine äußerliche Beschreibung, nicht anders als *praepositio* 'die Voranstellung' oder *rādīx* 'Wurzel' oder auch *Atom* 'unteilbar'. Aber die Funktion solcher Fachtermini ist doch allein die, das Bild einer Spracherscheinung in einem einzelnen Aspekt oder auch in ihrer ganzen Mannigfaltigkeit zu evozieren, und dafür müssen sie beständig sein; die Auffassungen über ihre Wesensart dagegen sind zeitbedingt und wechselnd. – Die Zusammenfassung von Prae- und Suffixen unter einem Oberbegriff, etwa als „Formantien" (*Brugmann*), ist für die Einzelsprachen ganz unzweckmäßig. Der moderne, alle semasiologischen Wortbestandteile (Flexionsendungen, Wurzelablaut, Suffixe, Wurzeln) umfassende Terminus Morphem mit den einzelnen Morphen entspricht nicht den Bedürfnissen bei der Behandlung von Einzelsprachen. – S. *Brugmann*, IF 18, 50[1].

b) Suffixe: Verteilung, Funktionen, Entfaltung (§§ 252–256)

252. Mit Nominalsuffixen werden Nomina gebildet, also Substantiva und Adjektiva. Diejenigen Suffixe, die, für unsere Zergliederung, sekundär an die Stämme fertiger Nomina wie *rēg-* 'König' angetreten sind, etwa *-ius -ālis -īna -num* in *rēg-ius* usw., nennt man denominative oder Sekundärsuffixe; entsprechend heißen die Ableitungen, weil „de nomine" gebildet, Denominativa oder auch Denominalia. Demgegenüber heißen die Ableitungen „de verbo", also von Verben oder Verbalwurzeln, Deverbativa oder auch Deverbalia, ihre Suffixe demgemäß deverbative oder Primärsuffixe, etwa *-men -ēla -bilis* in *ag-men quer-ēla flē-bilis*; die Benennung „primär" wollte eigentlich besagen, daß diese Suffixe zur Wortbildung nur an Wurzeln antreten, nicht an fertige Wörter. Die Scheidung ist von wesentlicher Bedeutung (vgl. Allg. Teil 69*).

Manche Suffixe erscheinen freilich in beiden Verwendungen, etwa *-uus -tor* in denom. *ann-uus viā-tor* und in deverb. *praecip-uus geni-tor*; meist ist dann die eine der beiden (hier die erste) durch Umgliederungsvorgänge aus der anderen abgezweigt.

Mit Suffixen werden auch Adverbien gebildet, denominative von Adjektiven mit *-ē* oder *-(i)ter*, von Substantiven mit *-tus* und *-ātim* (*fundi-tus, pāg-ātim paul-ātim*), deverbative mit *-tim* (*sta-tim festīnā-tim*), s. § 386ff. Dazu kommen die pronominalen Adverbien, s. § 377. – Über Suffixbildungsklassen bei lat. Götternamen s. *Radke*, Die Götter Altitaliens, 1966 (kühn).

253. Formale Suffixabgrenzung. Suffixale Bestandteile können im Lauf ihrer Verwendung nicht nur ihre Funktion, sondern auch ihren lautlichen Umfang ändern, von den rein lautlichen Veränderungen ganz abgesehen.

a) Eine allgemeine Schwierigkeit bietet bei vielen Denominativen die Abgrenzung des Suffixes gegen das Grundwort, also die Festlegung der morphologischen Fuge, die man durch ein Strichlein bezeichnet; rein formal kann man beispielsweise *Rōmānus* als *Rōmā-nus* oder *Rōm-ānus* analysieren. Tatsächlich sind die Grenzen oder Fugen insofern unbeständig, als, wie hier, beide Festlegungen richtig sein können, aber für verschiedene Zeitpunkte: die Bildung des Adjektivs erfolgte vorhistorisch als *Rōmā-nus*, die Fuge vor dem *ā* gilt dagegen für das historische Latein; s. unten. – Ein Suffix kann mit dem Auslaut des Stammwortes verwachsen, eventuell zu einem Suffixkonglomerat: *-ā-tu-* zu *-ātu-* in *sen-ātus*, *-it-āre* zu *-itāre* in *rog-itāre*, *-tōr-ius* zu *-tōrius* in *damnā-tōrius*.

b) Spezielle Schwierigkeiten ergeben sich beim Zusammenstoß zweier Vokale oder auch zweier Konsonanten in der Fuge zwischen Stamm des Grundwortes und Suffixanlaut. Bei Konsonantstämmen als Grundwörtern ist die Fuge leicht festzustellen, etwa in *patr-ius urb-ānus* und *rēg-num sceles-tus*; im Allgemeinen auch bei *u-* und *i-*Stämmen, so vor Vokal *āctu̯-ārius saltu̯-ōsus* und *fēti̯-ālis mīli-ārius*, und vor Konsonant, doch hier meist mit Dehnung des *u i*, etwa *cornū-tus* (s. unten c). Bei den *o-* und *ā-*Stämmen dagegen mit vokalisch anlautenden Suffixen liegt die Fuge vor dem Stammvokal: die *o* und *ā* waren bereits als Bestandteile der Kasusflexion empfunden, so werden sie vor solchen Suffixen übergangen oder vernachlässigt: *equ̯-īnus aur-eus aqu̯-ōsus*; dieses Verfahren geht bis in die Grundsprache zurück. Daher führte bei Antritt vor konsonantisch anlautenden Suffixen wie *-no- -li-* an *ā-*Stämme (*Rōmā-nus Silvā-nus, cūriā-lis Vestā-lis*) eine Verschiebung der Abgrenzung zu den volleren Suffixen *-ānus -ālis* (*urb-ānus rēg-ālis*). – Entsprechende Schwierigkeiten bestehen bei den Kasusendungen, s. § 344d.

c) Eine einzige andersartige lautliche Besonderheit ist die praesuffixale Dehnung des *i* und *u* der *i-* und *u-*Stämme vor einigen mit Konsonant anlautenden Suffixen. So stehen *ī ū* vor *-no-* in *Tiberī-nus tribū-nus*, vor *-li-* in *cīvī-lis tribū-lis*, vor *-to-* in *crīnī-tus cornū-tus*. Für Dehnung des *o* der *o-*Stämme bestehen trotz *Bellōna annōna aegrōtus* keine überzeugenden Beispiele, ebensowenig für Dehnung von *i u* vor anderen Suffixen. Vergleichbar ist im Griechischen die Dehnung von ι υ und sekundär von ο vor -της und -τος, etwa in πολί-της πρεσβύ-της und δεσμώ-της; aus dem Litauischen lassen sich für Dehnung von *i u* die Suffixe *-ynas -ūnas* und etwa *ausý-tas* gleich lat. *aurī-tus* nennen. – Dagegen ist lat. *ā* und gr. ᾱ/η in entsprechenden Ableitungen von *ā-*Stämmen nicht Dehnungsvokal, sondern bewahrter langer Stammauslaut, so in lat. *-ā-nus -ā-lis -ā-tus* (*Rōmā-nus cūriā-lis ānsā-tus*). Und nach nächstliegender Auffassung war dieses *ā* das Vorbild für lat. *ī ū*, auch etwa im Griechischen, wo übrigens -ᾱλος -ηρός -ωτός (in σιγηλός πονηρός κροκωτός) mindestens ursprünglich deverbativ von -άω -έω -όω abgeleitet sind; man vergleiche die Langvokale vor den entsprechenden *s-*Aoristen und *-to-*Verbaladjektiven. Zudem steht lat. *ī ū* für *ĭ ŭ* auch in den PPP *fīnī-tus statū-tus*, entsprechend dem *ā* von *cūrā-tus*.

Zum Problem s. *Meid*, Zur Dehnung praesuffixaler Vokale, IF 62, 260–295 (280–284 lat. *-īnus*) und 63, 1–28; nach ihm ist die Dehnung expressiv, den Substantiv-charakter markierend; sie fehlt bei nur modifizierender (also nicht „exozentrischer") Bedeutung etwa der Deminutiva. – S. auch *Fraenkel*, Nom. ag. II 130ff.; *Szemerényi*, Sync. 307f. – Nach *Thieme*, KZ 78, 243f., sind *aurī-tus cornū-tus* abgeleitet von alten Dualen auf *ī ū*.

Kuryłowicz sieht im Wechsel *i* : *ī* einen komplizierten Ablaut (vgl. oben § 32 Zus.) [Gl. 42, 80].

254. Zu Funktion und Ursprung der Suffixe; vgl. Allg. Teil 69*. Eine **Gesamtfunktion** oder Funktionseinheit eines Suffixes besteht **nicht** oder doch nur bei kleiner Suffixverwendung. Bei denominativen Adjektiven wie denen auf *-eus* (in *aur-eus* usw.) ergibt sich das schon daraus, daß die Suffixfunktion nicht allein am Grundwort (*aurum*) hängt, sondern überdies die Beziehung zwischen diesem und dem regierenden Nomen des Syntagmas (*aur-ea coma*) ausdrückt; ein Sonderfall ist die annähernde Gleichwertigkeit von Genetivendung und Adjektivsuffix *-ius -īlis* usw. (s. *Szantyr*, Synt. 60 Zus. α). – Dagegen läßt sich in vielen Fällen eine **Hauptfunktion** bestimmen, die meist auch die Grundfunktion fortsetzt; danach benennt man etwa *-eus* als Suffix für Stoffadjektive. Der Grund für die relative Einheit des Suffixgebrauches liegt darin, daß er auf ein einziges oder wenige Muster zurückgeht; das ergibt sich aus der Art der Suffixausbreitung, und es bestätigt sich durch die historisch durchschaubaren Fälle. – Logische oder synchron beschreibende Betrachtung kann natürlich für jedes einzelne stärker verbreitete Suffix eine Vielfalt von Funktionen festlegen; sprachhistorisch haben sich diese als sekundäre Differenzierungen entfaltet, wie *-eus* für Farbenadjektive, in *nivei equi* 'schneeweiße Pferde'. S. dazu auch *Leumann*, *-lis* 128–131.

Zusätze: a) Die Annahme, daß die idg. Suffixe ursprünglich ohne deutliche Funktion gewesen seien (eine Weiterführung der Ludwigschen Adaptionstheorie für die Flexionsendungen), ist unhaltbar, trotz *W. Petersen*, AJPh. 37, 173ff. u. 255ff. und *Burrow*, The Sanskrit Language 117–119 (s. dagegen *Leumann*, Krat. 1, 30f.). – b) Manche Suffixe sind nachweisbar in historischer Zeit aus ursprünglich selbständigen Wörtern entstanden, etwa das frz. Adverbialsuffix *-ment* aus lat. (*sānā* usw.) *mente*. Entsprechend wurden vielfach idg. Suffixe als ehemalige zweite Glieder von Komposita oder von Zusammenrückungen gedeutet, so besonders bei *Hirt*, Idg. Gr. III [Gl. 18, 260f.], *Fay* [Gl. 10, 252f.], auch *Sütterlin*, IF 45, 308 [Gl. 18, 268], *Niedermann*, IF 10, 223; früher *Prellwitz, Krogmann, Mezger* und vielen anderen; doch sind fast alle Erklärungen dieser Art höchst fragwürdig. Siehe etwa unten zu *-tero-* § 288 A (unter Lit.), *-īvus* § 281 (unter Lit.), *-īnus* § 296 III Zus., *-i-dus* § 297 D 2, *-ōsus* § 305, 5, *-sti-* § 314, 1f, *-tāt-* und *-tūt-* § 328, 1 d. Nach *Specht*, Urspr. 315 und 353ff. sind alle in frühen suffixartigen Gebilden (als Wurzeldeterminativa) und in Kasusendungen auftretenden Laute nach ihrer Herkunft Stämme von Demonstrativpronomina.

255. Funktionen der Nominalsuffixe und Gliederung des Suffixbestandes.

a) Die stärker verbreiteten Nominalsuffixe pflegt man nach ihren Hauptfunktionen zu benennen. Unter den **Deverbativen** treten hervor als **Substantive** die Nomina agentis auf *-tōr-* (*can-tor* 'Sänger'), die **Verbalabstrakta** oder Nomina actionis (*Szantyr*, Synt. 742–745) auf *-ēla -tūra -ium -tiōn- -tu- -ōr-* (*loqu-ēla cul-tūra imper-ium ges-tio can-tu- tim-or*), die **Werkzeugnamen** auf *-trum* und *-culum* (*arā-trum gubernā-culum*), die **Nomina rei actae** auf *-men -mentum* (*sē-men flū-men impedī-mentum frag-mentum*); als **Adjektiva** die der passiven Möglichkeit auf *-bilis* (*laudā-bilis*) und natürlich Partizipien und Gerundivum. – Unter den **Denominativen** sind zu nennen als Substantive: die Deminutiva (auch Diminutiva genannt nach frz. *diminutif*) auf *-ulus -a -um* (*Graec-ulus lūn-ula oppid-ulum*), auf *-llus -a -um* (*agellus ampulla sigillum*), und, besonders zu Nomina der lat. 3. Dekl., auf *-culus -a -um* (*ēnsi-culus aedi-cula opus-culum*); dann die Adjektivabstrakta auf *-ia -itia -tāt- -tūdo* (*superb-ia laet-itia sāni-tās longi-tūdo*); als Adjektiva die Zugehörigkeitsadjektiva auf *-ius -ārius -īnus -ālis* (*patr-ius oner-ārius dīv-īnus ann-ālis*), Ortsadjektiva auf *-ticus* (*rūs-ticus aquā-ticus*), Stoffadjektiva auf *-eus* (*aur-eus*), Besitzadjektiva auf *-ōsus* (*herb-ōsus*).

Diese einzelnen Funktionen lassen sich nicht als Bestandteile eines geordneten und sinnvollen Systems gruppieren. Es sind isolierte, jedenfalls nicht logisch koordinierte Funktionen; und bemerkenswert ist bei ihnen nur, daß für einzelne scheinbar einheitliche Funktionen mehrere Suffixe nebeneinander bestehen, etwa für Verbalabstrakta, Adjektivabstrakta, Zugehörigkeitsadjektiva. Das ist freilich nicht anders als in der Flexion von Nomina und Verben, wo ebenfalls ein „Morphem" in Gestalt verschiedener „Morphe" erscheint, der Nominativ in den verschiedenen Flexionen, das Perfektum bei verschiedenen Verben.

b) Nur modifizierende Suffixe. Herauszuheben ist die Sonderart einiger Suffixe, die funktionell nicht eine irgendwie gemeinte („exozentrische") Beziehung der Ableitung zum Grundwort ausdrücken, sondern lediglich den Begriffsinhalt des Grundwortes modifizieren, einschränken, steigern; das sind unter den Substantiva die Deminutiva (*ēnsiculus : ēnsis*), Pejorativa (*fīliaster : fīlius*), Augmentativa (gr. -ών, § 322 B 3), unter den Adjektiva die funktionellen Variationen der PPP auf *-tus* durch Erweiterung mit *-ilis -īvus -īcius* (*text-ilis capt-īvus empt-īcius*) und natürlich die Komparative und Superlative, dazu die Restrictiva (*melius-culus*) und Elative (mit Praefix *per-: per-bonus*). – Nach dieser Verwendung bezeichnet man solche Ableitungen auch wohl als „endozentrisch".

c) Personalsubstantiva und -adjektiva. In der Wortbildung ist öfters bei Ableitungen wie auch bei Grundwörtern eine Scheidung erforderlich je nach ihrer Anwendbarkeit auf Personen oder auf Sachen. Personaladjektiva in diesem Sinne bezeichnen seelische, geistige oder soziale Eigenschaften, etwa wie nhd. *kühn, klug, frei*; ihr Gegenstück sind die Sachadjektiva für Eigenschaften, die rein mit den Sinnen wahrgenommen werden, etwa *breit, hell, warm*. – Eine Scheidung der Nominalsuffixe in solche für Adjektive und andere für Substantive ergibt sich im Einzelfall aus dem Material; bei Adjektiven wird die Scheidelinie sehr leicht durch Substantivierung überschritten. – Speziell bei Personalnomina ist die Scheidung zwischen Gebrauch als Subst. und als Adj. öfters unverbindlich, so bei *mas* 'Mann' und 'männlich', vgl. *Szantyr*, Synt. 157 § 92.

d) Logische Ordnung und praktische Anordnung der Suffixe. Grundlegend bleibt die Scheidung in Deverbativa und Denominativa; die Art des Grundwortes determiniert bis zu einem gewissen Grade die Möglichkeiten bestimmter Funktionen. Folgt man dieser Beobachtung weiter, so läßt sich eine logisch verantwortbare Aufgliederung nur auf Grundlage der

Wortkategorien erstellen. Von den drei Klassen Subst., Adj., Verbum als Grundwörtern werden je drei Arten Ableitungen gebildet, als Subst., Adj., Verben; an diese lassen sich weitere Unterteilungen anschließen, etwa bei Nomina die für Personen und Sachen. Aber eine Übersichtlichkeit wird damit nicht erreicht; s. dazu ausführlich *Leumann*, Kl. Schr. 84–107. – So eignet sich als praktische Einteilung doch nur die rein formale Anordnung der Suffixe nach ihrer Flexion (Deklination) und weiter, hinsichtlich ihrer Lautform, nach den Kennlauten.

256. Entfaltung der Suffixe durch Nachahmung von Mustern. Die Neuerungen durch Ableitung werden – nicht anders als die der Flexion und viele der Syntax – durch **Kontamination** oder **Analogie** vollzogen; die Muster sind entweder bedeutungsverwandt oder gegensätzlich; s. dazu Allg. Teil 68*ff. §§ 59–62 mit Erläuterungen und weiteren Beispielen. Hier genügen wenige Bemerkungen.

a) **Kontamination** liegt vor, wenn ein bestehendes Wort nach einem assoziativ verknüpften umgestaltet wird, etwa *rārō* 'selten' nach *frequenter* zu (altlat.) *rārenter*; der komplexe Wortausgang *-enter* wird als einheitliches „Suffix" übertragen. Ähnlich etwa als Ersatz für eine ältere Ableitung *merīdi-ōnālis* 'südlich' Firm. math. nach *septentriōn-ālis*, als wirkliche Neubildung *cord-īcitus* Sidon. nach *rādīc-itus*, *ess-entia* (für gr. οὐσία, Quint. 8, 3, 33) mit *-entia* als Notbehelf etwa nach *differentia*. Von einem normativen Standpunkt aus nennt man eine solche Zerlegung des Musterwortes wohl auch „Suffixverkennung" oder „falsche Suffixabtrennung".

b) Das verbreitetste Verfahren bei der Suffixableitung läßt sich als **viergliedrige Analogiebildung** darstellen: *emptīcius* 'gekauft(er Sklave)', wenn gebildet nach *novīcius* 'neuer (neu ins Haus gekommener) Sklave', setzt als Basisglieder noch *novus* und *emptus* (*servus*) voraus, läßt sich also vereinfacht als Proportion darstellen: *novus* : *novīcius* = *emptus* : x; danach x = *emptīcius*. Auch auf diese Weise entsteht zunächst nur eine einzige individuelle Neubildung. Gehört aber deren Grundwort einer festen Formgruppe an, so ist eine weitere Ausbreitung sehr erleichtert: nach *empt-īcius* (von Waren) auch etwa *importāt-īcius advect-īcius* (s. dazu § 279, 2a). Erst hierdurch wird *-īcius* zu einem eigentlichen Suffix, das nun für einige Zeit produktiv (exkursiv) wird. – Auf gleiche Weise erfolgt auch die Entwicklung und erste Ausbreitung neuer Flexionsformen.

Als durchsichtiges Beispiel für Suffixausbreitung von einem einzigen Musterwort aus sei hier der Typus *Morphém* genannt, eine Schöpfung moderner Linguisten für Sprachbeschreibung. Prototyp ist *Phonem* (vgl. dazu § 26), spezialisiertes griech. ntr. φώνημα von φωνέω; als Gegenstücke wurden *Graphem* und *Morphem* gebildet, nach γραφή und μορφή neben φωνή; dies sind die Benennungen der Grundelemente von Lautlehre, Schrift und Formenlehre. Ihnen folgten dann, von Grundwörtern anderer Gestalt, *Monem Chronem*, *Semem Tagmem* (σῆμα τάγμα), *Lexem Taxem* (λέξις τάξις), *Klassem* (lat. *classis*) und viele andere. Nicht alle haben Aussicht auf allgemeine Rezeption.

c) **Kompositionssuffixe und „synthetische Komposita"** (vgl. Allg. Teil 73* § 63). Viele Suffixe erfüllen zusätzlich zu ihrer semasiologischen Hauptfunktion noch vereinzelt die rein formale Aufgabe, die Bildung eines

Kompositums aus zwei Gliedern zu besiegeln. Erläutert sei das mit der Adjektivierung praepositionaler Wendungen durch das Zugehörigkeitssuffix *-ānus*. Die Zeit- und Ortsangaben *ante merīdiem* 'vor Mittag' und *sub urbe* 'in Nähe der Stadt' sind adjektiviert zu *antemerīdi-ānus suburb-ānus*; die Verwendung von *-ānus* (vgl. § 333 IA 3) ist hier offenbar ausgelöst lediglich durch das Bestehen älterer Zugehörigkeitsadjektive *merīdiānus urbānus*; bei der beabsichtigten Adjektivierung von *sub urbe* drängte sich *urbānus* im Bewußtsein vor, das Ergebnis war *sub=urb-ānus*. Gleichartige Adjektivierungen durch andere Suffixe sind *sub=terr-āneus* Cic., *extra=ordin-ārius*, *ex=tempor-ālis* Petron. Nun steht aber, um zu *-ānus* zurückzukehren, dieses Suffix auch weiter in den gleichartigen *antelūcānus* (Cic., zu *ante lūcem* 'vor Tageslicht'), *subsōlānus* (Sen., *sub sōle*, sc. *oriente*) 'östlich, Ostwind', *subbasilicānus* Plt. Capt. 815, *trānspadānus* (zu *Padus* 'Po'), *antesignānus* (Caes., *mīlitēs*), ohne daß daneben einfache *lūcānus *sōlānus usw. beständen (die späten *lūcānus* [Gl. 34, 217] und *Padānus* sind Rückbildungen nach § 258 A 2b aus den „Komposita"). Also hat das Suffix *-ānus* durch Umwertung in *suburb-ānus* die neue Kompositionsfunktion übernommen; *antemerīdiānus* diente als Muster für *antelūcānus* usw. – Durch Nachweis einer solchen zusätzlichen Verwendung wie hier bei *-ānus* werden die Voraussetzungen für die oft supponierte oder postulierte Einheit einer Suffixfunktion erschüttert.

Zusatz. Auch zur Bildung von Besitzkomposita werden in gewissem Sinne noch zusätzlich Suffixe verwendet (vgl. § 337 Zus. α), so wohl schon in der Grundsprache *-i-* in *bi=enn-is in=erm-is*; *-io-* in *acu=ped-ius* 'schnellfüßig' Paul. Fest. (gegen suffixloses gr. ὠκυ-ποδ- Hom.; vgl. gr. ὁμο-πάτρ-ιος nach πάτριος neben älterem ὁμο-πάτωρ, *Schwyzer* I 437²); *-o-* in *bīmus *dwi=him-os* usw. § 266 b; andere in jüngerer Zeit mehr vereinzelt, so *-eus* in *cōnsanguin-eus, collact-eus* 'Milchbruder' (Inschr., *-ea* Iuv.); *-āneus* in *collactāneus* Iur. (formal angelehnt an *collēctāneus* Caes.); *contempor-āneus* Gell.

d) Anderer Art sind die unter Verwendung eines Suffixes mit autonomer Funktion gebildeten „synthetischen Komposita", auch wohl „Zusammenbildungen" genannt; Proben seien *lecti=stern-ium* 'Lager-ausbreitung (für eine Göttermahlzeit)' und *con=tubern-ium* 'Zeltgenossenschaft': in ihnen bildet das Suffix in eigentlicher Funktion ein Abstraktum von bestimmter Bedeutung, nicht anders als bei einfachem Grundwort etwa in *domin-ium* von *dominus*; zugleich aber sind damit die vorangehenden zwei Nominalstämme zu Komposita geläufiger Typen zusammengeschlossen, nur freilich zu Komposita, die nicht selbständig außerhalb der *-ium*-Ableitung existieren. – Dies ist der reine Tatbestand. Für sprachgeschichtliche Betrachtung sind entweder die als Personalnomina vorausgesetzten Grundwörter *lecti-sternus* '*lectum sternens*' und plur. *con-tubernī* 'Zelt-genossen' (zu *taberna*) verschollen, oder die *-ium*-Ableitungen sind allenfalls direkt nach evidenten Mustern wie *sacri=fic-ium cōn=sort-ium* synthetisch gebildet. – Der Typus *inter=column-ium* Cic. Vitr. hat sein direktes Vorbild im Griechischen, alt inschr. att. μετα=κιόν-ιον; vgl. auch Lehnwort *prōscēnium* nach προσκήνιον. – Gleichartige Funktion erfüllt übrigens beim Verbum das Suffix *-āre* in den sog. Parasyntheta, etwa in *ex-ossāre* oder *expectorāre*, § 418 IC 2.

e) Als Suffixverband oder Suffixkomplex sei die Zusammenordnung etymologisch nur im gemeinsamen Grundelement verknüpfter Suffixableitungen bezeichnet, insofern sie sich durch Wiederkehr in mehreren Beispielgruppen als eng erweist; Suffixverbände sind meist der einzelsprachlichsynchrone Restbestand einer komplizierteren vorhistorischen Entwicklung. Als Muster seien genannt: Verbum, *u*-Adj., *es*-Ntr. in gr. ἥδομαι ἡδύς ἧδος lat. *angere* (bzw. *angī*) *angu- *angos (in *angi-portus* § 317b und *angus-tus* § 331 A 1a), bzw. *-ēre*, *-ōr*-Verbalnomen, *-idus*-Adj. in *cal-ēre -or -idus* (§ 297); der Verband bei *aquātum īre* (§ 316 A 2 a β); oder, als Ableitungen von Praepositionen *in ex* ἐν ἐξ: *in-tus* ἐν- ἐκ-τός, *in- ex-trā, in- ex-timus* (s. Tabelle § 288 A 1). – Vgl. *Leumann*, Über *u*- und *yu*-Adjektive des Altind., in Gedenkschrift L. Renou, 467 ff.

c) Retrograde Bildungen in Flexion und Morphologie (§§ 257–258)

257. Bei der **retrograden Ableitung** oder Rückableitung führen die Proportionsglieder umgekehrt von einer suffigierten Ableitung oder Flexionsform rückwärts zu einem neuen Grundwort, Typus *cēnāre* : *cēna* = *pugnāre* : x; also x = *pugna*; ursprünglich ist *pugnāre* nämlich Ableitung von *pugnus* 'Faust'. Auch diese Art der Ableitung findet sich in allen Bereichen der Morphologie; durch sie entstehen in der Stammbildung neue scheinbare Grundwörter (Neoprimitiva). Ebenso entstehen in der Flexion neue (scheinbare) Grundformen, sofern man als Basisform beim Nomen den Nomin. sing. (mask. bei Adjektiven) anerkennt und beim Verbum die 1. sing. praes. act. Die Erscheinung soll hier in stärkerer Differenzierung vorgeführt werden als im Allg. Teil 71*, und zwar getrennt für Flexion und für Wortbildung.

In der **Flexion** neue (scheinbare) **Basisformen**.

A. **Beim Nomen.**

1. **Nominativform aus Flexionsformen.** Am ausgedehntesten in der 3. Dekl. mit klass. lat. *-is* bei Kons.-Stämmen wie *canis mēnsis nāvis* und mit *-s* statt *-ēs* in *Pollūx plēbs* usw., s. dazu § 362, mit weiteren Beispielen. – Hier seien nur Sonderfälle erläutert. a) mask. *-us* aus fem. *-a* bei geschlechtigen Lebewesen (s. § 269 C 1) : *spōnsus viduus* (s. Gnomon 13, 29; ererbt nur *vidua*, § 171bα), *columbus, sīmius* (s. Ling. Posn. 8, 5); Schimpfwort *bēluus* Cic. ? (s. Thes.); *vesti-spicus* s. E.-M. – b) „Singulativ", Einzelperson einer Gruppe im Plural: α) aus Plural generell: *sēvir* (*sexvir*), *decemvir* Cic. leg. agr. 2, 16, *decemprīmus* X 7236, cogn. *Sacrātīvir* Caes. civ. 3, 71, 1. Aus dualischem Plural: *coniūnx, parēns* (vgl. nhd. fachsprachl. *der* oder *das Elter*). – β) aus gen. pl. auf *-um* nomin. sing. der *o*-Dekl.: *duomvir* I² 1225, *triumvir*, zuerst gen. pl., schon wegen gen. *duum, trium*, zum akk. sing. umgedeutet etwa in *Antonium trium virum* 'den A. von den „Drei Männern"', vgl. Cato or. frg. 40, 3 *si trium virum siem*, Varro rust. 1, 2, 10 *Scrofam, vigintivirum qui fuit*, und bei Gell. 13, 12, 6 *ego trium-virum*, auch Cic. Att. 2, 6, 1. – Zwei der vier *-ōnus*-Formen bei Paul. Fest. von *ōn*-Stämmen sind wohl aus gen. pl. *-ōnum* falsch erschlossene Flexionsformen, zwei davon bezeichnen kollegiale Priesterämter; zu akk. pl. 'epolōnōs antiquī' vgl. inschr. *triumvir epulonum* und speziell Gell. 1, 12, 6; *cūriōnus* diente als Muster für *decur-* und *centur-iōnus*. – c) ntr. *-um*. α) aus plur. *-a* der 3. Dekl.: *iūgerum*

§ 330 A 2 b, *vāsum, fluentum* § 357 A 3 b, *dulcium* 'Süßigkeit' § 364, 2 c. – β) aus altem gen. pl. *-um* der 2. Dekl.: sing. ntr. *sēstertium -ī -ō* '100000 Sesterze' also etwa 'ein Groß-Sesterz', doch nur mit Multiplicativa auf *-iēs* wie *deciēs* '10 mal', also verkürztes *deciēs* (*centēna mīlia*) *sēstertium* (vgl. z. B. N.-W. I 184).

2. **Nomin. und vollflektiertes Nomen aus erstarrter Wendung mit Nomen**, oft mit Übergang von adverbaler zu adnominaler (attributiver) Verwendung: a) Aus praepositionaler Fügung (vgl. § 340 B): *prōcōnsul* aus *prō cōnsule*, *prōnōmen*; adj. *sēdulus* § 91 a β. – b) Aus verschiedenartigen Syntagmen. Aus Lok. sing.: *merīdiēs* § 162 b α Zus.; nom. pl. *prīmōrēs* aus *prīmō ōre* (*labra*, § 333 III C). Aus Akk.: *vindicta* 'Befreiung' aus *vim dictam* 'angesagte Gewalt' (Plt. Curc. 212 *istoc verbo vindictam para*; dazu XII tab. 3, 3 *vindicit*, richtiger wohl *vim dīcit*, vgl. Szemerényi, Festschr. Altheim I 174³); davon *vindex* mit *vindĭcāre*. Pron. *quīvīs quīlibet* 'jeder beliebige' aus *quid* (akk.) *vīs* 'was du willst', *quid* (akk.) *lubet facere* (vgl. Plt. Aul. 777 *loquere quid vis*, Ter. Haut. 464 *faciat quid lubet*, sc. *facere*), s. Szantyr, Synt. 202. – Plur. mask. *plūsculī* aus akk. ntr. *plūsculum* 'etwas mehr' (§ 282 E 2).

B. **Beim Verb.**

1. **Varia. Neue Praesensformen.** Simplex aus Kompositum: *sculpo clūdo* (s. § 418 I B 1 b). Akt. trs. *laetāre* nur Liv. Andr. trag. 7 Acc. 513 aus dep. intr. *laetārī*, vgl. Wackernagel, Syntax I 133 zu *plectere* 'strafen' Auson. Negiert *nōn indecent* Plin. epist. 3, 1, 2 aus ptc. *nōn indecēns*. Zu *ambīre* praes. *ambiō -iunt -iam* statt *amb-eo* usw. (§ 399 a Zus. γ). – Zu perf. oder *to*-Ptc.: *prō-strāre* zu *-āvī -ātus* (vgl. nhd. fachspr. *korrelieren* zu *korrelat*, lat. *cor-relātus*). Roman. **potēre* zu *potuī* (§ 400 C 3). *vervagere* Colum. aus *vervactum* 'Brachfeld' Cato (Charpentier, Gl. 9, 46). *mān-su̯ēsco* aus *man-su̯ētus* 'handgewohnt' (§ 418 II B). *tripertīre* späte Grammatiker aus *-ītus. facio* zu *fēcī* (§ 402 b Ende). *cale-facio* zu *cale-factus* von *cale-fīo* (§ 418 II C 3). – Neues Perf. *posuī* für *po-sīvī*, zu *positus* (§ 438 II C 2c Zus.). – 2. *-āre* zu adj. *-ātus -āticus*. Zu denomin. Possessivadjektiven auf *-ā-tus*, aufgefaßt als *to*-Partizipien (§ 299, mit 1 a): *armāre corōnāre* aus *arm- corōn-ātus* 'bewaffnet, gekrönt'; vgl. *dōtāta* (*uxor*) und *indōtāta* Plt., *dōtāre* erst Verg.; *lēgāre* 'abordnen' zu *lēg-ātus* (zu diesem s. § 268 B 3). Vgl. auch *praegnāre* 'schwängern' zu **praegnāta* für *praegnās*. – *-āre -ārī* zu *-āticus* (§ 303 II Zus. δ): *fānārī* 'umherschweifen' Maecen. (Thes., fehlt bei Morel) zu *fānāticus, lymphāre* 'wahnsinnig machen' zu *lymphāticus*.

258. In der morphologischen Wortbildung neue Wörter.

A. **Bei gleichartiger Wortfunktion.** 1. **Substantiva.** a) Aus Deminutiven: *scutula* 'Schüssel' Mart. aus *scutella* Cic. (von *scutra* Plt. Cato). Spät *auca* 'Gans' (frz. *oie*) als 'großer Vogel' aus *aucella < *avicella* (von *avicula*, nicht aus **avica*, s. Leumann, Ling. Posn. 8, 7 f.). Aus scheinbaren Deminutiven, Instrumentalnomina auf *-culum* (§ 285, 2), ntr. pl. *guberna* Lucil. 578 und ähnlich roman. **retina* (frz. *les rênes*) 'Zügel'. – b) Ehemalige **zweite Bestandteile von synthetischen** (§ 256 d) **und von Dekom-**

posita (§ 333 I A 3): *crūrum fragium* Apul. aus *crūrifrag-ium*, ähnlich (*denti-*) *fricium* (*auri-*) *scalpium*, s. § 275 B 3 b; (*auri-*) *fodīna* § 296 II c. Ohne *in-* priv.: *nocentia* Tert. aus *in-nocent-ia*, ebenso (*īn-*) *fortūnium* (Thes.), (*in-*) *temperiēs* (§ 270 c), (*in-*) *grātia* (§ 274 A 1 e). – 2. Adjektiva durch sekundäre Verkürzung. a) Ersparung eines scheinbar entbehrlichen suffixartigen Elements: *-us* für *-āt-us* in Praeverbadjektiven neben komponierten *-āre*-Verben: *efferus dīmidius* usw.; auch *exhērēs* 'enterbt'. Vgl. unten B 3 und § 333 IV B 3. – b) Aufgabe eines Vordergliedes in Komposita verschiedener Art. In synthetischen verbalen Rektionskomposita (von *vagārī, su̯ādēre, sāgīre*): (*nemori-*) *vagus*, (*male-*) *su̯āda* (§ 336, 2 c), (*prae-*) *sāgus*. In Adjektiven mit *in-* priv.: plur. (*in-*) *iugēs* § 336, 1 Zus. δ; (*ne-*) *sapius* § 336, 2 Zus. α; *mūnis* 'officiōsus' Plt. Merc. 105 aus *im-mūnis* Poss.-Komp. § 337 d. Weiter etwa *clīvis* aus *dē-clīvis* (*Hofmann*, IF 55, 306); *pedāneus* Col. aus *tri-ped.* Cato. – Aus suffigierten Komposita Typus (*ante-*) *lūcṇnus*, (*sub-*) *sōlānus*, § 256 c.

B. Ergebnis andere Wortart (Rückbildungen im engsten Sinn), scheinbare Grundwörter der Ableitungen. 1. Adj. aus Abstr. auf *-tās*: *libertus* s. § 301 b. *pestilis* Arnob., zu *pestilitās* Lucr. – 2. Subst. aus Suffixableitung: *ostrum* (abl. *-ō* Verg.) 'Purpur' aus *ostrīnus* (gr. ὀστρεῖνος, § 296 I D). *uncinus* 'Haken' aus *unc-inātus* (nach *cardin-ātus*, § 296 I C Ende). *irreligio* aus *-ōsus*, § 333 IV A 2 b α. – 3. Adj. aus Verbum, meist *o*-Adj. aus Verbum auf *-āre*; zu den mit Praepositionen zusammengesetzten s. § 333 IV B 3 a. a) Aus transitiven Verben. Aktiv: *crucius* (*vinum* Lucil.); substantiviert (*prae-*)*dīvīnus* 'Wahrsager' Cic.; vgl. *prae-nuntius* neben *-āre*. Passiv, aus *-āre*: *truncus* 'verstümmelt' (aus *truncāre*, dies denomin. von subst. *truncus* 'Baumstrunk'); *sēpar*; *sēgrex* Sen.; viele vielleicht aus *-ātus* (wie oben A 2 a *efferus exhērēs*): *oblitterus, concinnus, reprobus, trānsformis*. S. dazu §§ 339, 2 und 337 Zus. δ. – b) Aus intransitiven Verben. Adjj. (*Skutsch*, Kl. Schr. 38 f., 81 f.): *festīnus*, (*nec-*)*opīnus, anhēlus*, und *dēgener* Verg. Liv.; adv. *abundē* (aus *abundāre*, dies nach *redundāre*). *incānus* aus *incānēscere*. Zu *aegrōtus* vgl. § 414, 9 litt. A 4. Subst.: *adulter, rebellis*. – 4. Subst. aus Verbum. a) Varia. *sībilus* 'Zischen' Verg. ecl. 5, 82. *dēdecus. statua* aus *statuere* s. § 280, 2 c. *hostia* „Opfertier" aus *hostīre*. – b) Speziell Verbalsubstantiva auf *-a*, „Neoprimitiva", von Verben auf *-āre -ārī* (nomina actionis), vgl. § 267 d und *Linde*, Burs. Jb. 1929, 59–68; reich entfaltet erst in den romanischen Sprachen und dort als Postverbalia bezeichnet. Lat. *pugna, lucta* Auson., *occa* 'Egge' IV[p], *secta* (aus *sectārī*), *dēstina* Vitr., *offēnsa* § 447 II D Ende; *ova für *ovātio* gr. ὄβα Plut. Marc. 22, 1, dazu Crass. 11, 11 ὄουα ὁ ἐλάττων bzw. ὁ πεζὸς θρίαμβος, also 'kleiner Triumph'. Spät *roga* zu *rogāre*, s. *Heraeus*, Kl. Schr. 152[5]. Roman. *alēna (frz. *la haleine*) zu *anhēlāre* (Gn. 13, 28 f.)

259. Änderungen im Wortschatz durch Bedeutungswandel. Minimale Bedeutungsvariationen begleiten fast jeden Vorgang der Wortbildung; davon ist hier nicht zu sprechen, nur von der Möglichkeit auffälliger Wandel besonders im Bereich der Konkreta wie lat. *testa* 'Schale' → roman. *testa* 'Kopf' (frz. *la tête*). An sich fallen auch solche Vorgänge in den Bereich der Bedeutungslehre oder Semasiologie (Semantik) bzw. als Bezeichnungswandel ('Kopf' lat. *caput* → roman. *testa*) in den der Onomasiologie. Den Wortschatz betreffen sie insofern, als ein Wort als solches bestimmt ist durch die mit dem Lautklang verknüpfte und durch ihn vermittelte Bedeutung.

1. Der Vorgang des reinen Bedeutungswandels sei durch drei Beispiele verdeutlicht; man beachte, daß scheinbar absonderliche Wandel ihr Ziel erst durch mehrere weniger auffällige Zwischenstufen erreichen; s. im übrigen auch Allg. Teil 77*ff. § 68f. (*Szantyr*) zur Theorie des Wandels. a) Frz. *témoin* 'Zeuge' geht auf lat. *testimōnium* 'Zeugnis' zurück, löst also lat. *testis* ab; den ersten Beleg bietet Peregr. Aeth. 45, 4 *peregrinus . . . nisi testimonia habuerit qui eum noverint*; s. dazu *Szantyr*, Syntax 748. – b) Zu *testa* beachte man die chronologische Folge der Belege im 4./5. Jahrhundert: 'billige Trinkschale (aus Ton)' Amm. 22, 4, 6 *testā bibere iam pudebat*; 'menschliche Hirnschale (Schädel) als Trinkgefäß' Itin. Anton. Plac. 22 *testam de homine . . . in qua . . . bibunt*; dann als isolierter Gegenstand Auson. epigr. 72 *abiecta in triviis inhumati glabra iacebat/testa hominis*; als Körperteil eines Lebenden Prud. perist. 10, 762, auch Marcell. med. 7, 23 *caput* (!) *fractum . . . et testa collisa* (vgl. schon Cels. 7, 12, 1 D *labans ossis testa . . . calvaria*); Ps. Soran. med. 229 *omentum, quod circa testam est*. – Meine frühere Darlegung (vorige Auflage 193; vgl. Kl. Schr. 293; Gl. 20, 274 f.; dazu Ling. Posn. 8, 7) fand vorwiegend Ablehnung, *Meyer-Lübke*, WuS 12, 10–13, *Löfstedt*, Synt. II 352[2], *Goldberger*, Gl. 18, 16–24; die mehr gefühlsmäßigen als sachlichen Einwände gegen Verwendung einer Hirnschale als Trinkschale im technisch weniger reich versorgten Altertum sind mir unverständlich: Kelten brauchten sie: Liv. 23, 24, 12 *Boi . . . calvam (consulis occisi) auro caelavere, idque sacrum vas iis erat*, als *poculum* für den *sacerdos*; bei den Germanen zeugt dafür die Wielandsage; bei den Indern bedeutet *kapāla-* 'Schale' und 'Schädel', um von noch massiveren Zeugnissen zu schweigen (vgl. *Scheftelowitz*, BB 28, 155). – c) Lat. *lūcius* 'Hecht' und *gaius* 'Häher' sind die alten lat. Vornamen *Lūcius* und *Gāius*, übertragen auf den Hecht, weil er glitzert, *lūcet*, und auf den Häher, weil er „gai gai" schreit (s. Thes. s. *gaius*); ähnlich wohl *titus* 'Taube'; zu allen dreien s. Gl. 20, 278; *Niedermann*, Recueil 61[4], auch IF 26, 55ff.

2. Bedeutungswandel mit oder durch Übergang in eine andere Wortklasse oder Wortart. Die weitverbreitete einfache Substantivierung von Adjektiven ist in der Syntax behandelt, s. *Szantyr*, Synt. 152ff. Ein Wandel mit Numerus- und Genuswechsel ist m. E. ntr. plur. christl. *fortia* 'kräftige (Taten)' → *-ia-*Abstr. roman. fem. sing. 'Kraft' in frz. *la force* usw. (Ling. Posn. 8, 10; anders bei *Szantyr* 154). Sonst gibt es bei den Nomina nur Einzelfälle, auch diese zum Teil mehr syntaktischer Natur. Eigennamen als Appellative sind soeben mit *lūcius* und *gaius* belegt worden. – Ein Wandel Subst. → Adj. ist ganz selten und untypisch; zu *vetus* '*Jahr' > 'alt' und *über* 'Euter' > 'reichlich' s. *Szantyr* 158f., aber zu *vetus* auch § 328, 1 b sowie Gl. 34, 231, zu *über* auch *Hamp*, Gl. 48, 141–145 sowie *exūberāre* § 418 I C 1 b. – Zu *truncus* adj. neben *tr.* subst., verknüpft über das Verb *truncāre*, s. § 258 B 3 a. Sonderfälle der Dichtersprache: zu plur. fem. subst. *victrīc-ēs* plur. ntr. adj. *victrīcia (arma)* nach *fēlīcēs -īcia*; von subst. fem. *hospita* 'Gastfreundin' (§ 269 B 3 b) führt der Weg (bei Vergil) über fem. sg. 'gastlich' (*terra*), mit als Adjektiv negiertem *inhospita*, zu adj. ntr. pl. *hospita (aequora)*, *inhospita*, s. *Leumann*, Kl. Schr. 149[3]; Belege s. auch N.-W. II 34. – Zu *ferus* adj. aus *fera* subst. (§ 168) s. *Pisani*, StIt 12, 306 [Gl. 27, 78].

3. Erstarrung flektierter Kasusformen, also Übergang zu den Flexionslosen; s. besonders § 260 A. Als Beispiele seien genannt: Interjektionen aus Vokativen als Götteranrufungen: *hercle* § 355 (Vok.), *pol* verkürzt aus *Pollūcēs*. – Nebensatzkonjunktionen durch Funktionswandel, besonders aus pronominalen Akkusativen: *quom* > *cum, quod, quia*, doch auch aus Adverbien: *ubi (prīmum), ut* (§ 377 B u. D 2); aus finiter Verbalform *licet*. – Partikeln mancher Art: *tum, tam* (mit *tamen*, § 377 D 2); *iterum, rūrsum; cēterum, sōlum, tantum* 'nur'; *vērō*; aus Verbalformen: *vel* § 401, 1 c, *igitur* § 88 a.

4. Flektierte Nomina, meist Adjektiva, aus unflektierbaren Gebilden, also aus adverbialen Ausdrücken und Wendungen, sog. Hypostasierungen (Allg. Teil § 63); der Vorgang ist gebunden an Wortformen, die sich zu solcher Umdeutung formal bequem darbieten: *penitus -a -um* aus adv. *penitus* (§ 388; *Szantyr*, Synt. § 101 e); *nūpero-* Plt. aus adv. *nū-per* (§ 339, 3 b), wohl nach *recēns*, Capt. 718 *recēns captum hominem nūperum novīcium*, s. *Leumann*, Kl. Schr. 50[1]. Spät *extrīnsecus -a -um*, s. *Löfstedt*, Coniect. 52ff. – Aber adj. *perperus* ist Rückbildung aus *perperitūdo* Acc. vom adv. *perperam*. – Der Terminus „Hypostase" stammt von *Usener*, Kl. Schr. I 250.

260. Adverbiale Erstarrungen syntaktischer Satzglieder.

A. Eingliedrige. Kasusformen. 1. von Adjektiven und Partizipien. a) Nomin., in praedikativem Gebrauch: *rūrsus* § 142 Zus. α, *prōrsus*; *deinceps* (adj. *-cipem* Paul. Fest.); *recēns*, fast nur *recēns nātus* seit Plt. (beachte Cist. 136 Verg. gg. 3, 156). Unsicherer *trāns* § 410, 1; *mordicus*; *aliter* § 387 a. – b) Akk. ntr. (substantiviert) von Quantitäten: *plūs, minus, magis*; *parum (parvom*, § 145 d α), *cēterum, tantum* 'nur' usw. Vgl. *aliās* (sc. *vicēs?*, doch s. § 341: gen. b). Vielleicht aus Nomin.: *secundum* '*folgend' als Praepos., als Partikel *vērum*. – c) Abl.-Instr. der Art und Weise, die Adverbien der o-Adjektive *rēctē falsō vērō*, §§ 230 a; 386 a. – 2. von Substantiven. Akk.: *partim, statim* § 389 a, b; *circum* 'herum', erst Praeverb aus innerem Akk. in *circum īre* 'einen Kreis gehen' > 'herumgehen' (vgl. Verg. Aen. 4, 416), dann auch Praepos. (anders *Szantyr*, Synt. 225; jünger *circā*, nach *extrā*); *forās* Zielakk. 'zur Tür' > 'hinaus' (erst hierzu als lok. *forīs* 'draußen'). Abl.-Instr.: *meritō* 'nach Verdienst', *modo* 'soeben', *grātīs* § 333 IV A 2 b β; Lok. *temere* § 330 A 1 b, Dat. fin. als Adjektiversatz *frūgī* (*Szantyr*, Synt. 158 litt. b).

B. Zweigliedrige Gebilde. Wörter beliebiger, jedoch enger syntaktischer Fügung, die nach üblicher Wortstellung nebeneinander stehen, verwachsen unter Bedeutungseinung zu sog. „Zusammenrückungen"; sie sind noch rein grammatisch als zweigliedrige Syntagmen auffaßbar, solange nicht lautliche Änderungen wie Sandhi oder Vokalschwächungen die Worteinung auch formal sanktionieren. Die wichtigsten unter ihnen, die nominalen, sind in § 333 I B besprochen, die verbalen in § 418. Hier sind die funktional zu adverbialen Ausdrücken, zu Konjunktionen und Ähnlichem erstarrten Gebilde anzuführen. – 1. Substantiv mit Attribut im Ablativ. Als Instr.: *quō-modō quā-rē*; *rē-vērā*; *reāpse* § 373, 4 Zus.; *magn(ō)-opere* 'sehr' (vgl. *opere maximō, tantō* Plt. Epid. 248, 721). Auch *quem-ad-modum*. Als Lok.: *postrī-diē merī-diē ho-diē* (§§ 352 Lok., 233 A, 372, 1 a). Sie sind Zeugnisse für die Wortstellung in vorhistorischer Zeit; s. dazu auch *Szantyr*, Synt. 406 ff. § 215. – 2. Praeposition. a) mit abhängigem Substantiv: *sēdulō, īlicō, dēnuō* (für *sē dolō, in locō, dē novō*, §§ 91 a β, 209 c, 143 a); *dē subitō*; *ex templō* demin. zu *ex tempore* (*Szemerényi*, Fachtagg. 187 f.); *profectō* aus *pro factō*; *im-prīmīs*; *ob-viam, in-vicem, ad-modum, affatim* § 308; *inter-viās* (§ 349 gen. b). Vgl. dazu die praepositionalen Rektionskomposita *sēdulus obvius* usw., § 340 A. – b) mit Lokaladverb (vgl. *Szantyr*, Synt. 283); Praeposition später nur verdeutlichend, ursprünglich wohl als Lokaladverb, etwa *ab-hinc* 'weg von-hier'; so *ex-* und *de-inde, in-ibi, ad-hūc ad-eō* usw. (vgl. § 377 B). *de-intus* Vulg. (frz. *dans*); später *īn-super* usw., *ab-ante* (frz. *avant* zeitlich), wohl aus Umgliederung etwa von *ab ante⸗portam* zu *ab⸗ante portam* 'von vor-dem-Tor'. Zu den sog. Doppelpraepositionen s. auch *Löfstedt*, Late Latin 164. – c) Praeposition in älterer Funktion als Adverb der Zeit und des Ortes (*ante* 'vorher', *post* 'später') mit abl. separ. *eā* bzw. *hāc* 'von da, hier weg': *ant-eā, post-hāc* (*post-illā* Enn. ann. 41, *post-inde* Enn. ann. 11); danach *inter-eā* usw. (s. § 377 C 2). – Sekundär *prae-ut, prō-ut* mit Vergleichssatz (vgl. *sīc-ut*), als Ersatz für einen Ablativ. – 3. Pronominalkasus, meist von *quo-*, mit Partikel, als Konjunktion usw.: *quō-minus* (*minus* gleich '*nōn*', *Szantyr* Synt. 454 litt. f β), *quī-n* § 98 a, *quoniam* (**quom i̯am*, § 137 c), *quō-usque, hāc-tenus*; *simul-ac. -per* in *paulīs- parum- nū- sem-per* (s. dazu § 339, 3 b). *at-quī* 'aber irgendwie'> 'freilich' § 374, 2 a (aber *atque* 'und' aus *ad-que* 'und dazu'); *etiam* (§ 137 c Zus.); *id-eō*, (*quod*) 'das dadurch, (daß)'. – 4. Zwei Partikeln. Mit *-dum*: *nōn- vix- nē- eho-quī- inter-dum* (vgl. auch *age- mane-dum*); *ne-que, ni-si* aus *ne-sī* § 333 IV A 1. Als unterordnende Konjunktionen: *sīc-ut, tam-quam, prius-* und *post-quam*; *et-sī, quăsī* (*quam sī*, § 122c); *dōnī-cum* (zu **dō-ne* s. § 290 f). – 5. Zwei gleiche Glieder (emphatisch, nicht distributiv): *iam-iam, sē-sē* (§ 341 Zus. c). Zu *quam-quam quis-quis ut-ut* s. § 374, 4 c.

C. Sätze. 1. Mit finiten Verbalformen: *sīs* 'bitte' aus *sī vīs*, § 144; *scī-licet* s. § 418 II C 2; *forsitan* aus *fors-sit-an* § 333 I A 2; zu *quī-libet* s. § 257 A 2 b. –. 2. Nominalsätze ohne Copula. *nu-diūs-tertius* 'vorgestern' s. § 318 A 2 b. – *quotannīs* 'jährlich' (*-īs* nach *hīs annīs*) und *cottīdiē* 'täglich' (*ī* und *ē* nach *postrīdiē*) aus *quot annī* bzw. **quotī diēs* (sc. *sunt*) nach gr. ὁσ-έτη Xen. Ar., ὁσ-ημέραι Thuk. Ar. – *propediem* 'nächstens' aus *prope diēs* 'nahe (ist) der Tag'. – 3. Verkürzt durch Aposiopese: *mē-diūs-fidius* § 318 A 2 b, *mēherculēs* (scil. *iuvet*).

Zus. Nach *quot-annīs* auch *quot-mēnsibus* Cato, *quotcalendīs* Plt. Stich. 60, *quot-diēbus* Jur.; *quotquot-annīs* u. *-mēnsibus* Varro. – Zu *cottīdiē*: für *co-* statt *quo-* s. § 145a Zus. α; für *tt* statt *t* s. § 184 b ε (nicht *cotti-* aus **quoti-to-* gleich altind. *kati-thas* wegen der Bedeutung; s. § 266 a α).

261. Tmesis (gr. τμῆσις 'Zerschneidung'), auch Wortspaltung genannt, erfolgt in erster Linie in den Fugen von ursprünglichen noch durchsichtigen Zusammenrückungen, nur ganz ausnahmsweise in anderen Wortfugen, etwa vor Suffixen. Auch komponierte Verben und Partikeln sind davon betroffen worden. Öfters ist die scheinbare Spaltung bewahrter älterer Gebrauch, so *at pol quī* Plt. Rud. 946 für *atquī pol*, *Szantyr*, Synt. 493. Manche Spaltungsformen aber sind nur Umgehungen einer metrischen Schwierigkeit, so *septem . . . triōnī* Verg. (dazu Quint. 8, 6, 33).

Einige Gruppen sind zu nennen. Am bekanntesten ist die Tmesis im engeren Sinne, die Spaltung komponierter Verben durch *que* usw., *disque tulissent* Plt. Trin. 833 (Anap.!); *inque pedītur* Lucr.; hiernach bei mit *in-* negiertem PPP *inque salūtātus* Verg.; im Spätlatein *prōde . . . est* (*prōdest*), wonach auch *prōde fit*; *inter- non -est*. S. ausführlicher § 418 I B 1 d. – Gleichartige Spaltung eines Nomens Lucil. 983 *de- in-que -petīgo* (*denique* p. codd.). – Zu *per- mihi -grātum* usw. s. § 339, 3 b.

Zerlegung von zweistämmigen Nomina in der Wortbildung, meist Verselbständigung des Schlußbestandteils von Dekomposita usw. (s. § 258 A 1 u. 2). Substantiva: auf *-ium* (§ 275 B 3 b) *ordia prīma* aus *prīmordia*, (*crūri-*) *fragium* usw.; (*īn-*) *fortūnium*; (*tri-*) *modius* § 273 A 2; (*auri-*) *fodīna* § 296 II c. Adjektiva: (*im-*) *mūnis*; (*ante-*) *lūcānus* (zu *lūx*, § 256 c); Ortsname (volksetymologisch) *Argī lētum* § 300b Zus. Griechische Komposita: *Hēlio- nam -gabalus, pseudo- quoque -chrīstiānī*, s. dazu *Bögel*, ALL 15, 469. In Fuge von Suffixableitung: *saxō cere- comminuit -brum* und *Massilī- portabant . . . -tānās* Enn. ann. 609 f. (meist dem Ennius abgesprochen, zu Suffix *-ītānus* s. § 295, 1 a γ).

Zerlegung von Syntagmen mit Umgliederung: *igitur* aus *quid agitur?*, § 88 a; *manedum, pellego* → *mane, dum pellego* (s. *Szantyr*, Synt. 611, *Leumann*, Kl. Schr. 54); *sē-met ipsum* → *sē met-ips*(*im*)*um*, s. § 368 Anh. 1. Zu *quī- . . . -cumque* s. § 374, 5, zu *fervē- bene -facitō* § 418 II C 3.

Lit.: *Wackernagel*, Synt. II 171 u. 175. *Löfstedt*, Komm. 184–188 (Spätlatein); 280 (selbständiges *praeter* aus *praeter-eā*). *Marouzeau*, Rev. phil. 45, 184. *Bernard*, Die Tmesis der Praeposition (s. § 418 I B 1 d).

II. STAMMBILDUNG DES NOMENS

262. Hauptaufgabe; Anordnung der Suffixe.

a) Die Darstellung sieht ihre Hauptaufgabe darin, die Verbreitung der Suffixbildungen und, soweit möglich, ihre Entfaltung im Sinne der in §§ 250–261 (bzw. Allg. Teil 67*–74*) gekennzeichneten Vorgänge bei der Bildung neuer Wörter zu verdeutlichen. Isolierte Wörter konnten nicht ganz übergangen werden; über sie findet man aber am ehesten Auskunft in den etymologischen Wörterbüchern. – Autornamen hinter einem lat. Wort geben lediglich die Erstbezeugung an.

b) Die Anordnung der Suffixe erfolgt nach Stämmen (Deklinationsklassen) und innerhalb dieser nach Suffixen. Reihenfolge: Wurzelnomina § 263; einfache o- und $\bar{a}$-Stämme (mit $\bar{e}$- und $i\bar{e}$-Stämmen) §§ 264–270; o- und $\bar{a}$-Suffixe §§ 271–305; i- u- und Kons.-Stämme §§ 306–331. Innerhalb dieser Gruppen folgt die Ordnung dem „Kennlaut" (§ 255d), d. h. sie erfolgt nach dem vorausgehenden Vokal oder Konsonant, also -eo- (mit -neo- -āneo- -āceo-); -io- (mit -ia -ium -itia -ārius usw.); -uo- -vo-; -ro-, -lo- usw.

c) Gesamtdarstellungen oder Sammlungen. *Stolz*, HG 441–588; *Lindsay-Nohl* 359–411; *Kühner-Holzweissig*, Ausführliche Grammatik der lat. Spr. I 959 ff. (unzulänglich); *Meillet-Vendryes* 340 ff. (für Latein sehr knapp). – Weitere Hilfsmittel für Suffixinventar und für Verbreitung bei Autoren (vgl. § 247 Ende): *Gradenwitz*, Laterculi vocum Latinarum, Leipzig 1904 (Neudruck 1964), Teil B: alphabetischer A-tergo-Index aller lat. Wörter. *Rowald*, Repertorium der lat. Wortverzeichnisse zu einzelnen Schriftstellern (in der Bibl. Teubneriana, vgl. Gl. 8, 316[1]). *Faider*, Répertoire des index et lexiques d'auteurs latins, Belles Lettres 1926. *Zucchelli* (s. §247). Thesaurus linguae Latinae (für *A – M*, im Druck *O*). – Für Vulgärlatein: *Cooper* (Vorkommen bei einschlägigen Autoren); *Olcott* (für Inschriften); *Grandgent* 18 ff. – Für Verbalnomina: *Bögel*, NJbb. Suppl. 28, 1903, 57 ff. – Für das Namensystem: *E. Fraenkel*, Art. Namenwesen in RE XVI 1641 ff. Für Gentilicia: *Schulze*, Zur Geschichte lateinischer Eigennamen, 1904 (Neudrucke 1931, 1966). Für Cognomina: *Kajanto*, The Latin cognomina, Soc. sc. Fenn., Commentationes hum. litt. 36, 2, Helsinki 1965. Für Götternamen: *Radke*, Die Götter Altitaliens, Münster 1965.

Fürs Romanische: *Meyer-Lübke* II 390 ff. – Für Osk.-Umbr.: *v. Planta* II 1 ff. – Fürs Idg.: *Brugmann*, Band II 1; *Hirt*, Idg. Gr. III [Gl. 18, 260]; hierfür ferner wichtig: *Wackernagel-Debrunner*, Altind. Gramm. Band II 2: Die Nominalsuffixe, 1954 (im Folgenden zitiert als *Wn.-Dbr.*). Fürs Griechische: *Schwyzer* I 455–544; *Chantraine*, La formation des noms en grec ancien, Paris 1933; *Debrunner*, Gr. Wortbildungslehre,1917.

A. SONDERGRUPPEN

263. Die Wurzelnomina sind formal nicht weiter analysierbar; Typus und viele Einzelwörter ererbt; manche Feminina in die i-Dekl. übergetreten, so *nāv-is*. Zum Idg. s. bes. *Brugmann* II 1, 130–146; *Wn.-Dbr.* 4–47; auch *Benveniste*, Orig. 176 f. (zum Ablaut); ebenso *Schindler*, BSL 67, 31–38. –

Man bezeichnet die Wurzelnomina auch, etwas irreführend, als Nomina mit Suffix Null (Suffix Ø).

A. **Ohne erkennbare Zugehörigkeit zu einem idg. Verb** bzw. einer Verbalwurzel. 1. mask.: *vad-* 'Bürge'; *Iov-* (mit *diēs*) und *bov-* § 318 A; *ēr* 'Igel' (?, s. Thes.; vgl. *ērīcius* und gr. χήρ); *sal* pl. *salēs* (daneben ntr.) gr. ἅλς, ὁ und ἡ; s-Stämme *mūs flōs* usw. § 330 C. – 2. fem.: *noct-* § 41; *nux* § 192 Ende; *fax*; pl. *faec-ēs*; *pix* (gr. πίσσα aus **pik-i̯ă*); *līc-* in akk. *trī-līc-em* 'drei-fädig', sc. *lorīcam* Verg. Aen. 3, 467 (dazu *līcium*); *daps* '(Opfer-)Mahlzeit'; *nār-is* (nom. sing. für *nās) pl. *nārēs -ium*; *nāv-is* § 318 A 2 c; *rē-s* § 318 B; *vī-s* § 330 C Zus. 3; *sū-s* § 53 (nicht zu Wz. *sū* 'gebären', s. *Szemerényi*, Syncope 332 f.). – Viele nur-lateinische Einsilbler sind vielleicht alte *i*-Stämme (vgl. § 357 B wegen gen. pl. *-ium*), so *cruc- lanc- arc- merc- calc- fauc-ēs*; *frond- front- lent- lend-*. – 3. ntr.: *cord-* § 59, *lact-* § 192, *oss-* § 176 IIα; *ōs*, *crūs*, *iūs* 'Brühe' § 53, ua.; s. § 330 C. – 4. adj. (?) *mas* gen. *mar-is* § 180b; *trux*. – 5. Beigefügt seien einige ererbte ursprünglich zweisilbige Nomina: mask. *sōl* § 320b; fem. *glōs* § 330 C Zus. 2; *grū-s* vgl. gr. γέρανος; *hiem-s* (zu Stamm **him-* s. § 168); ntr. *vēr* § 320a Zus. – Zu den lat. s/r-Neutra *aes iūs rūs* s. § 330 A 2a.

B. **Wurzelnomina neben Verben.** Ob für das Frühidg. die Simplicia neben Verbalwurzeln, etwa lat. *nex* neben ai. Wz. *naś*, als Ableitungen von diesen Primärverben (deskriptiv: als Ableitungen „mit Suffix Null") zu betrachten sind, ist nicht erkennbar; sicher gilt es für die Komposita wie *con-i̯ug-*.

1. **Simplicia.** a) **Verbalabstrakta**, fem., ursprünglich ablautend; viele ererbt, auch wenn das entsprechende Primärverbum im Latein nicht bezeugt ist. *vōx* ai. *vāk vāc-* gr. hom. ὄπ- § 155b; *lēx* Stamm *lēg-* vgl. av. *rāz-an-* ntr. 'Gebot'; **tēg-* verbaut in *tēgula* 'Ziegel', zu *tego*; *dic-* (*dicis causā* 'formell') ai. *diś-* 'Hinweis' usw. zu *dīco*, vgl. gr. δίκ-η; *vic-* 'Wechsel', mit abl. *vice* 'anstelle von' und *in-vicem*; *nix niv-is* § 169 (künstlich plur. *ningu̯-ēs* Lucr. 6, 736 nach prs. *ningu̯it* neben *nīvit*); *nex nec-is* (mit *sēmi-nex* 'halb-tot' Verg. Liv.); plur. *prec-ēs* § 32; *lax* '*fraus*' Paul. Fest. (sub *lacit*, vgl. § 155b); akk. *vehem* Varro, nomin. *veh-is* (für *vex, zu *veho*) 'Fuhre' Col. Plin.; dat. auf *-ī* als infin. pass. u. dep. (*ag-ī veh-ī sequ-ī*), vgl. ai. infin. *nir-áje*, s. § 430, 1a. *pāx* (auch umbr. abl. *pase*); *frūx* (plur. *frūg-ēs*, dat. *frūgī* § 260 A 2), zu *fruor*, vgl. *frūctus*; *lūx*. – Wurzeln auf Langvokal: *vī-s* und *spē-s* (plur. *vīr- spēr-* s. § 330 C Zus. 3). Wohl von einem *ē*-Verb *subolēs*, s. § 307. Zu *requiēs* akk. *-iem* s. § 270 Zus. δ. – b) **Nomina agentis**, mask. *rēx rēg-is* ai. *rāj-* mit *sam-rāj-* (fehlt im Osk.-Umbr. und Iran.), kelt. in gall. Namen *-rīx*. *dux* 'Führer' (aus Kompos. ?, vgl. ahd. *heri-zog-o* nhd. *Herzog*). *pēs ped-is* (gr. πούς, § 163a), ai. Wz. *pad* 'gehen'.

2. **Komposita**, Bedeutung aktiv, selten passiv, Vorderglied Nomen oder Praeverb, als verbale Rektionskomposita ererbt. Aktiv etwa mit Nomen *parti-ceps*, mit Praeverb *prae-sid-* (*sedeo*); s. ausführlicher § 336, 1.

Zusätze. Von Wurzeln auf Langvokal nur fem. *tri-bus -ūs* (umbr. gen. *trifor*; mit *u* statt *ū*, wenn zu Wz. *bhū*; umstritten) und *testis* (zu *stāre*, § 149 a α; vgl. aber unten C). – Über *-gena* als angebliches Wurzelnomen s. § 268 C 1 Zus.

C. *t*-Bildungen als (synthetische) Komposita bei Wurzeln auf Vokal, seit idg. Zeit, aktiv ai. *deva-stú-t* 'Götter-preisend', gr. ὠμο-βρώ-τ- 'Rohesverzehrend', passiv ai. *deva-śrú-t* 'von den Göttern gehört', gr. ἀ-γνώ-τ- ἀ-δμή-τ-, s. besonders *Wn.-Dbr.* 46 § 12e, auch *Hirt*, IF 32, 272 ff., *Fraenkel*, Nom. ag. I 77 ff. Ein Simplex als fem. Verbalabstraktum ist nur *dōs dō-t-is* (gen. pl. *-tum* Val. Max.) '*Gabe' als 'Mitgift' gr. δώς 'Gabe' Hsd., zu *dare dō-num*; gleichartig wohl *cōs* (§ 33). – Auch im Latein nur mehr Reste der Komposita, fast alle aktiv: zu *dhē* (von *fēcit*, § 402b) *sacerdōt-* aus **sakrodhō-t-* (§ 149aγ) '*opfer-vollziehend, Priester'; zu *plē* 'füllen' *locu-plē-t-* 'reich', aus 'seinen *loculus* (Geldsack) füllend' (*Skutsch*, Kl. Schr. 408 Fußn.). Zu *i* 'gehen' *ped-i-t-* 'Fußgänger', *com-i-t-* 'mit-gehend' oder plur. 'zusammengehende' (vgl. *ex- in-itium* § 275 A 3); so auch gr. προ-βάτ- 'vorangehendin plur. hom. πρόβατα 'Schafe' (*Risch*, Wortb. § 73a; nicht „aktives" Verbaladj. auf -το-). Zu *stā/stă* 'stehen' *-sti-t-* (*i* aus *a* nach § 88) in *anti-sti-t-* '*Vor-steher, Priester', *praestit-* (*larēs* Ov.), *superstit-* 'überlebend', vgl. § 269 B 3b zu osk. *Anterstatai*; auch *interstit-ium* spät (anders *iūstitium*, 'Rechtsstillstand', § 275 C 2c); danach sollte man für *testis* **tri-sti-* eigentlich **tri-stit-* erwarten, also plur. *testēs* wohl haplologisch für **testit-ēs*. Vielleicht **aus-klut-* in *auscultāre*, § 112. – Passiv nur *mān-su̯ē-t-* 'hand-gewohnt, zahm'.

a) Einfache *o*-Stämme ohne Kennlaut (§§ 264–266)

264. Einfache *o*-Stämme im Latein; Nomin. noch altlat. *-os -om*, klass.-lat. *-us -um*, Substantiva und Adjektiva. Bei den Erbwörtern ist vielfach nicht zu entscheiden, ob das *o* als Flexionszeichen, als Suffix oder gar als Wurzelbestandteil zu betrachten ist. Im Allgemeinen bildeten die *o*-Stämme in der Grundsprache eine jüngere Schicht des Wortschatzes. – Für das Latein ist *-us -um* einfaches Flexionszeichen, nur ganz vereinzelt noch Wortbildungselement. – Die Mehrzahl der mit Kennlauten ausgestatteten *o*-Stämme, also die auf *-ius -uus -nus -tus* usw. lassen sich als gleichartige Suffixbildungen gruppenmäßig zusammenfassen; Erbwörter mit diesen Ausgängen sind je nach Situation schon hier oder erst bei den Kennlautsuffixen aufgeführt.

Zu den *o*-Stämmen der Grundsprache s. *Specht*, Urspr. 6 f., 103. Wenig ergiebig ist wegen apriorischer Voraussetzungen *Gagnepain*, Les noms grecs en -ος et en -ᾱ, Contribution à l'étude du genre en i.-e., Paris 1959, der die ursprüngliche (idg.) Funktion von -*os* und -*ā* an griechischen Mustern zu entwickeln versucht (s. dazu *Szemerényi*, Krat. 8, 41–49).

Ererbte oder altüberkommene Nomina, die meisten ohne Anschluß an ein Verbum.

1. Substantiva. a) Maskulina. Tiernamen: *agnus* § 157, 1c, *cancer* § 232 A 2, *equus* § 155a, ? *mūlus* § 209a; *fiber* § 170, *pīcus* umbr. *peico, porcus* (vgl. *Benveniste*, BSL 45, 74), *squalus, taurus* § 66 Zus., *turdus* § 214a, *ursus* § 179bβ; zu *haedus* vgl. § 168, zu *lupus* s. § 158a. – Personen: *vir* § 130 II B 1, *avus, socer* § 43b (danach Flexion von *gener, Hermann*, IF 53, 102). *dīvus* § 65 (*deus* §§ 72, 145dα). – Körperteile: *collus* s. unten, *umerus* § 215b Zus., *armus* § 64; dazu *varus* 'Hautausschlag' lit. *viras* 'Finne'. – Sachen: *cippus* § 184c, *mālus* '*Mast*' § 162c, *urvus (in *amb-urvāre*) osk. *uruvú* gr. ὀρϝος, *ventus* § 119aβ, *viscus* Plt. (*-um*) 'Mistel, Vogelleim' gr. ἰξός, § 202. Deverbativ *nīdus* § 30. – Nur lat.: *cibus, focus, nōdus* und viele andere. – b) Neutra. Metalle: *aurum* § 180a, *argentum* § 61. Sonstiges: *porrum* § 59, *saxum, verbum* § 171bβ. Deverbativ *iugum* § 41, *oppidum* (vgl. gr. πέδον; zu ai. *pad* 'gehen'). – Stammvokal ntr. *e* neben mask. *o*: *serum* gr. ὀρός und *ervum* gr. ὀροβός (*Wn.-Dbr.* 102 § 32a); *aevum* altlat. noch *-us* got. *aiws*; *vallum* 'Verschanzung', kollektiv zu *vallus* 'Pfahl' (gr. ἧλος, Schulze, Kl. Schr. 79f., Thieme, KZ 79, 122); *collum* (aus koll. plur. *colla*?), neben altlat. *collus*, § 181a; *forum* § 171a. – c) Feminina auf *-os*, lat. *-us*, als solche nur bezeugt im Griech. und Lat. (Lit. bei *Szemerényi*, Syncope 319f.; s. auch ders., Trends 152, *Specht*, Urspr. 356f.): Tiernamen: *lupus* usw. s. § 269 A 2. Baumnamen: *fāgus* gr. ἡ φηγός § 170 (aber german. *ā*-Stamm fem. ahd. *buohha* nhd. *Buche*), *quercus, cornus* § 59, *corulus* § 180a; hierbei die Frucht als Ntr.: *corulum* (vgl. Lehnwörter *pirus mālus* u. *pirum mālum*); *alnus* § 214a, *ornus* § 103a, *taxus* gr. τόξον 'Bogen' (wohl Mittelmeerwort). – S. dazu auch *Schrader*, Sprachvergl. ³II 170–184.

   2. Wechsel zwischen *o*- und *u*-Stamm. a) Wechsel in Götternamen (mask.) und Baumnamen (fem.), „sakrales *u*" (§ 25 i). Neben *Iāno- Sanco-* stehen dat. *Iānuī Quirīnō* Lex regia (bei Fest. p. 189 M.), (gen.) *aedēs Sancūs* Fest. (s. *praebia* und *Sanqualis*), Liv. 8, 20, 8 u. 32, 1, 10 *Sangūs* (vgl. § 8 d zu *g* für *c* oder *q*); dazu die Ableitungen *iānua, Iānuārius, Iānual 'libi genus'* Paul. Fest. (vgl. auch § 143 c α zu *Iānulus*); *Sanquālis* (*avis, porta* Fest.); auch zu *Cōnso- Cōnsuālia*; s. bes. *Schulze*, EN 473 f. – Neben *quercu-* 'Eiche' mit *querquētum, querquētulānus* Fest. steht *quercētum* (durch Dissimilation?); neben *fāgo-* 'Buche' steht *fāgūtum 'Buchenwald' in *Fāgūtālis*. Welche Stammform die ursprüngliche ist, läßt sich im Einzelfall nicht immer entscheiden. – S. noch *Specht*, KZ 64, 4 u. 10 [Gl. 28, 9]; *Ernout*, Philologica II 173–178 [Gl. 36, 137]; *Cuny*, RPh. 4 (56), 5–24 [Gl. 21, 190]. – Zu *domo-/domu-* s. § 265 a α. – b) Idg. *u*-Stämme als lat. *o*-Stämme. *erus* 'Herr' av. *aѣhū-*; *mergus*, wenn gleich altind. *madguv-*. Adjektive: *dēnsus* gegen gr. δασύς; *gurdus* 'stolidus' Laber., wenn gleich gr. βραδύς; *probus* ai. *prabhu-* 'mächtig' (zu Wz. *bhū*; ebenso *superbus*). Umgekehrt lat. *nurus -ūs* aus idg. *o*-Femininum (doch s. § 180 a).

   3. Adjektive, *-us -um* mit fem. *-a*, so ererbt, vgl. *novus -um -a* gr. νέος -ον -ᾱ ai. *navas -am -ā*. Weitere Beispiele: *albus* § 170, *rūfus* § 173 b, *helvus* § 148 d β, *calvus* § 280, 2 a; *caecus laevus* und *scaevus* § 65; *longus* s. Allg. Teil § 17, *parvus* § 112 c; *vērus* § 140 a; *orbus* § 41. Substantiviert *servus* (s. *homo* Plt.) nach av. *spā pasu-š(h)aurva-* 'vieh-hütender Hund', vgl. die Bedeutung von *servāre* 'hüten' (scil. das Haus) Plt. – Zu *ferus* s. § 269 C 1.

   265. *o-* und *ā*-Stämme **deverbativ** oder neben Verben. Ursprünglich im Wortstamm meist *o*-Vokal, im Latein nur noch Reste (a-c); dazu viele andersartige Neubildungen (d, e).

   a) **Nomina actionis** als ererbter Typus, vgl. gr. λόγος πρόλογος ἐκλογή zu λέγω, τροφή zu τρέφω. α) *-us* mask.: *modus, rogus* 'Scheiterhaufen' zu *rego* vgl. *ērigo* 'errichte' (ntr. *-um* Afran.; sizil. ῥογός entlehnt), *sonus* § 145b, *sulcus* 'Furche' ὁλκός, *torus* zu *sterno*, abl. *pondō* § 330 A 3, *uncus* gr. ὄγκος 'Haken'; mit altem Diphthong (nach § 65 f.): *lūcus* alt *loucos*, *lūdus* alt *loidos*, *vīcus* gr. ϝοῖκος, **swoido-* (§ 145b), auch wohl *clīvus*. Merkwürdig: *-us* fem. in *domus* 'Haus', *o*-Stamm in lok. *domī* abl. *domō* (fem. *domī meae, domō meā* Plt. Mil. 158, 739, Merc. 831 usw.) wie griech. ὁ δόμος, neben δέμω (lat. fem. *u*-Stamm nach *porticus -ūs*; kaum ererbte *u*-Flexion, wegen altind. *damūnas-*, so Meid, IF 63, 151. 159; Manessy-Guitton, IIJ 8, 171). – Neutra auf *-us -ī* (*vulgus, vīrus, pelagus*) s. § 363 A 2d. – β) *-a* fem.: *toga* zu *tego*; **vora* in *vorāre*, § 157; *rota* (dazu *rotundus*, § 298 A 1b); *mora*; *mola* (aber gr. μύλη); auch wohl *cūra*, aus **koisā* nach § 65, **lība* in *lībāre*, ebenda. – Mit Schwundstufe im Stamm *fuga* gr. φυγή (erweitert aus Wurzelnomen, vgl. gr. hom. akk. φύγα-δε).

b) **Nomina agentis** mask., Typus gr. τομός 'schneidend', ursprünglich wohl in Komposita (vgl. c). *procus* 'Freier, Werber' (§ 32 sub *er*); *coquus* 'Koch' vgl. *pop-īna* 'Küche' § 158a (alter *o*-Vokal trotz *o* aus *e* in prs. *coquo* § 43b, vgl. gr. ἀρτο-κόπος aus -πόκος (myken. *a-to-po-qo*; zu πέσσω). – Dem auch im Vokal mit prs. *coquo* assoziierten *coquus* sind nachgebildet *condus promus* Plt. Psd. 608.

c) Nomina agentis als **verbale Rektionskomposita** (vgl. § 336, 2); im Latein ist das *o* des Stammes nicht mehr zu erkennen. Vorderglied meist Nomen, Typus gr. δορυ-φόρος κουρο-τρόφος δρυ-τόμος, auch *πρό-λογος 'Vorsprecher' (neben πρό-λογος 'Vor-rede', oben a) in lat. *prōlogus* Ter. Haut. 11, Hec. 9 (*Frei-Korsunsky* 60 f.). So lat. *furci-fer* '*Gabel-träger, Halunke' Plt. (*-fer* lautlich aus *-foros*, nach § 87 *o*); danach z. B. von *gerere mōri-gerus* Plt.; neubelebt in der Hexameterdichtung nach griech. Vorbild, N.-W. II 2f. Dazu auch *anculus*, § 91|αβ. – Weitere solche Rektionskomposita in lat. Sonderentwicklung, meist vom Praesensstamm, in Anlehnung an *furci-fero-* neben prs. *fero*, etwa *sacri-legus lucri-ficus blandi-loquus*. – Ebenso mit Praeverb oder Praefix: *prōd-igus prō-fluus īn-scius*.

d) **Passive Verbalkomposita** mit Schwundstufe, darunter auch ererbte Typen. Zu Wz. *gen* (prs. lat. *gigno*) *-gno-* 'gezeugt, geboren': *prīvi-gnus* 'Stiefsohn', *beni-gnus*, vgl. gr. νεο-γνός, patronymisch gall. *Trutiknos* neben lat. *Druti f.* I² 2103 (dazu *de Simone*, Gl. 43, 171), auch lepont. fem. *Krasani-kna* und *Meteli-kna*; ferner wegen *bi-gnae* 'geminae' Paul. Fest. auch *singulus* dissimiliert aus **sem-gnos*, wie got. *aina-kla-* 'vereinzelt' aus **aina-kna-* **oino-gnos* und got. *niu-klaha-* 'νήπιος' aus *-gno-kos*. – Zu *capreā-ginus* s. § 272, 1 Zus.

e) **o-Adjektiva neben Verben**. Neben themat. Verben (lat. 3. Konjug.) ohne Praeverb. Ererbt *vīvus* neben *vīvere* (§ 53). Alt wohl *fīdus*; *mergae* 'Gabel'?; *parcus* zu *parcere* wohl nach *prōdigus* neben *-ere*; Göttername *Aius Locūtius*. Zu *coquus prōmus* s. oben b.

Zusatz. Neben Verben auf *-āre -ēre -īre* stehende Adjektive sind nicht deverbative Ableitungen, sondern entweder deren Stammwörter oder Rückbildungen aus ihnen. Als Stammwörter denominativer Verben erweisen sich: *probus sānus* neben *-āre* (*probāre sānāre*); *albus* neben *-ēre*, *misero-* neben *-ērī*; *saevus* neben *-īre*, *largus* neben *-īrī* usw. S. dazu §§ 412 ff. – Rückbildungen (vgl. § 258 B 3) aus Verben auf *-āre -ārī*: *truncus anhēlus*; (*nec-*)*opīnus*; ferner die meisten formal mit Praepositionen zusammengesetzten Adjektive, diese aus *-āre* und *-ēre* bzw. *-ēscere*, etwa *re-curvus* oder *in-cānus*, auch *Suāda*, § 336, 2 c.

266. Denominative *o*-Adjektive.

a) Ableitungen von Indeklinabilien seit idg. Zeit. α) **Ordinalia von Zahlwörtern**: *septim-us* bis *decim-us*, s. § 380. Dazu *quot-us* 'der wievielte'

(Cic.), von *quot* 'wie viele', zunächst in *quotus-quisque* nach *decim-us quisque* (§ 374, 5, *quisque* γ). – β) Adjektivierung von Lokaladverbien usw.: *super-us* *inter-us von *super inter* (§ 288 A 1); *supern-us* von *superne* (§ 290f). *anti-os von *ante* (gr. ἀντίος von ἀντί) in *antiō-per* πρὸ τούτου Gloss. (zu *antiae* s. § 273 A 2); *pretium* 'Preis' von *praepos.* *preti (vgl. gr. hom. προτί) 'gegen'. *dubius* von *du-bhi 'auf zwei Seiten' (vgl. *am-bhi § 102 Zus., gr. ἀμφί 'auf beiden Seiten'). Ererbt *medius alius* von *medhi (*ali s. *Sommer*, IF 11, 5; 24, 24; *Brugmann*, IF 24, 160). Jünger: *nūperus* von *nūper* (§ 259, 3); *nimius* von *nimis*. – *noctua* (sc. *avis*) 'Eule' von *noctū*; vergleichbar ist *iānua* (von *Iānu-*, § 264, 2). – γ) -*er-us* neben *es*-Neutra: *creperus* 'ungewiß' Pacuv. Varro von adverbial erstarrtem abl. *crepere 'im Halbdunkel' (zu *crepus in *crepus-culum*), vgl. *temere* § 330 A 1b und *Wn.-Dbr.* 138 litt. h. Dubiös ist adj. *scelerus* (fem. -*a* Plt. Psd. 817 *sināpis*); wenn anzuerkennen, dann umgedeutet aus gen. pl. von *scelus* in *scelerum caput* Plt. häufig. S. noch *Szemerényi*, Festschr. Pisani 972.

b) -*o*- als Kompositionssuffix hinter Kons.-Stämmen (§ 335, 2 Ende). Schon grundsprachlich bei Besitzkomposita (*Brugmann* II 1 §§ 60, 1 u. 85, 1; *Wn.-Dbr.* § 42): *bīmus* aus *dwi-him-os 'zwei-wintr-ig' (§ 168). Ferner *trīduum* (§ 338, 2 Zus. c); *in-iūr-us* Naev. Plt.; *per-fid-us* (§ 340 A); *tripectora vis* (*Geryonis*) Lucr. 5, 28; *in-decōr-us* s. unten c. – Zu *mīli-ped-a* 'Tausendfuß' s. § 269 B 3b. – Zum Typus s. auch *Sommer*, Zur Geschichte der griech. Nominalkomposita, Abh. Bayer. Akad. NF 27, 1948, 46–72.

c) Typus *decōr-us*, neben Verbalnomina auf -*or* -*ōris*, kleine Gruppe, vorwiegend dichterisch. *decōrus* Plt. Cic. 'schicklich', auch *in-decōrus*, adv. -*ē* Plt. Rud. 194 (*decor* -*ōris* Cic. Lucr., zu *decet*); *honōrus* Val. Fl., *inh.* Sil.; *canōra vōx* Plt. Poen. 33 Acc. Cic. (*canor* Lucr. 4, 191); *sonōrus* Verg. (*sonor* Lucr.); *sopōrus* Verg. (*sopor* Lucr.); *odōrus* Varro ling. 6, 83, Verg., *inod.* Pers. (*odor* Plt.). *vapōrus* spät. – Prototyp *decōrus*; Ursprungsform m. E. *indecōrus* nach oben b wie *iniūrus*; Zwischenstufe *haud decōrus* (Plt. Aul. 220, vgl. Mil. 619). – Zu idg. -*tr-o-* (*arātrum*) s. § 285; zu *cānus* aus **kasn-o-* § 206. – Zu *Bellōna* s. § 269 B 2b. Isoliert *Aurōra*.

d) Entlehntes -*ō-us* bei augusteischen Dichtern neben griech. Namen auf -*ō-*, etwa *Mīnōum mare* neben *Mīnōs*, *Argōus* neben *Argō* (Schiff der Argonauten), enthält scheinbar denominatives *o*-Suffix. Die griechischen Vorbilder bei Dichtern (und Geographen) sind aber normale -ιος-Adjektiva auf -ώ-ιος bzw. -ῷος (vgl. § 273 A 1 b), also Μινῷος Ἀργῷος von Μίνως Ἀργώ. So besonders von griech. ώ-Feminina, im Latein noch *Lātōus* (Apoll, Sohn der Leto), *Inōus*; adj. *Cōus, mare Myrtōum, Sardōum* (Σαρδώ 'Sardinien'); *Lesbōus* (*barbitos* Hor.) ist wohl Nachbildung von *Σαπφῷος; vgl. auch *hērōus*. – Von ἠώς 'Morgenröte' *ēōus* u. *ēōus* 'östlich', hiernach (im Griech., als Sondergruppe) *arctōus* 'nördlich' und *eurōus*. – S. *Schwyzer* I 467 Mitte, *Frei-Korsunsky* 20 zu *eurōus*.

e) Scheinbare oder wirkliche *o*-Flexion bei Nomina der 3. Dekl., nur Spezialfälle. Bei Personalsubstantiven: *epulōn-us cūriōn-us* s. § 257 A 1 b β. – Nur fem. -*a* (ohne mask. -*us*) zur sexuellen Femininisierung von Kons.-Stämmen (s. § 269 B 3 b–d): *client-a hospit-a fidicin-a caupōn-a*, Göttinnen *Alemōn-a Bellōn-a Lātōn-a*, Adjektiva *sterila gracila paupera*. – Ansetzung von ntr. -*um*, adj. -*us* über ntr. plur. -*a* der 3. Dekl. bei Daktylikern: *fluentum* 'Strömung' (abl. -*ō* Sil.) aus substantiviertem ntr. plur. des ptc. prs. *fluent-a* Lucr. Verg. (*Leumann*, Kl. Schr. 150[1]); entsprechend falsche Ansätze adj. *(*in-*)*hospitus* (nur -*a* als fem. sing. und ntr. plur., § 259, 2) und *silentus (nur plur. *silenta loca* Laev., s. § 302 Zus. a); vgl. auch zu *unguenta* § 326 C 2. Umgekehrt adj. *Aniēn-us (ohne Erläuterung bei *Meister*, EN 37): zum poetisch als Adj. gebrauchten Flußnamen *Anio -ēnis* ntr. pl. *Aniena fluenta* Verg. gg. 4, 369 (danach *flūmina* Tib. 2, 5, 69), variiert zu fem. sg. *unda* Prop. 1, 20, 8. – Aus Ländername subst. *Thrāca* (*terra* Enn., Θρᾴκη) adj. *Thrācus* Val. Fl. 2, 202, *Thraecus* Gell. 10, 25, 4 u. 19, 12, 6 sq., für *Thrāx*.

b) Einfache *ā*-Stämme, fem. und mask. (§§ 267–268)

267. Substantiva auf einfaches -*a*, meist Feminina, wenig Maskulina. Die kombinierten *a*-Suffixe (-*ea* -*ia* usw.) werden bei den *o*-Stämmen (-*eo*- -*io*- usw.) mitbehandelt.

Feminina, als Flexionsklasse ererbt. Auswahl von Beispielen. a) Sachbezeichnungen, als solche nicht analysierbar. Ererbt: *lingua* § 61, *barba* § 171b Zus., *coxa* § 155a, *palma* § 64, *perna* § 119b, *ulna* § 216b; *aqua* § 155b, *unda* § 200bβ; *ānsa* § 215b Zus.; *mola* § 41; *malva* gr. μαλάχη?; *columba, vacca* § 184bγ, *vespa* § 202. Nur lat. bzw. ital., doch im Idg. einigermaßen anknüpfbar: *bucca gena*; *bulla mīca spīca virga*; *rīpa, terra*; *īra* § 70 Zus. d; *parra* (§ 181a); ohne überzeugende Anknüpfung: *vola*; *āra* osk. plur. *aasas*; *glēba*; *via* osk. *viu*; *caussa, culpa* osk. *kulupu, cūra* (§ 65). – b) Kollektiva, urspr. fem. sg. -*ā* gleich ntr. pl. -*ā* der *o*-Stämme (vgl. § 364, 3a): *Ōstia* 'Stadtname' neben plur. *ōstia* 'Mündungen (des Tiber)'; vielleicht fem. **fora* in akk. pl. *forās* 'hinaus'; *faba* 'Bohne' neben aksl. mask. *bobъ*; ähnlich bei Kons.-Stämmen: *opera* 'Mühe' zu *opus* 'Werk', *ōra* 'Rand' zu *ōs*. – c) Abstrakta (nomina actionis) neben Verben. Zu *toga fuga* s. oben § 265aβ. Nur lat. *iuba* (**yudhā* 'Schüttelung'; zu *iubēre* § 171bβ); *traha* Col. (-*hea* Verg. gg. 1, 164) 'Dreschfahrzeug' zu *trahere*; *arca*. – d) Rückbildungen. Aus Verben: *statua pugna secta* usw., s. § 258 B 4b. Aus Deminutiven: *auca* § 258 A 1a; vielleicht *furca* § 160b. Aus Adj. auf -*āx*: *falla* Nov. com. 12. – e) -*ae* fem. pl. kollektiv (*Szantyr*, Synt. 15 f.), zu *o*-Ntr.: *epulae balneae*, auch Stadt in Spanien *Emporium* und -*iae* (*Faust* 71); Geschlechtswechsel unerklärt; vielleicht ursprünglich Bedeutungsunterschied (nach *malluvium* 'Waschschüssel' und -*ae* 'Waschwasser'?). – f) Großenteils künstliche Benennungen von Göttinnen, die meisten aus Varro rer. div. (frg. 143–184 Fun., Quelle Aug. civ. Buch 4 und 6), so von Verben *Lua Panda Prema Pertunda*, von -*ōn*-Stämmen *Alemōn-a Pōmōn-a* (vgl. Suffix -*ōnus* § 294, 3c).

268. Grammatische Maskulina auf -*a*, nur als Personalnomina für Männer (Appellativa und Eigennamen), also für sexuelle Maskulina.

A. Eigennamen. 1. Fremde Namen. a) Griechische Namen auf -*ᾱς*: lat. alt *Aenēa*, später *Dāma Mūsa Geta* usw., Belege s. § 365 A 1cβ. – b) „Numidische" Namen in Nordafrika: *Iugurtha Micipsa Masinissa Iuba* usw. – c) Etruskische Namen auf -*na* als lat. Cognomina: *Caecina Perpenna* (-*erna*) *Sisenna Spurinna*, vgl. die Etruskernamen *Vibenna Porsenna*, s. *Schulze*, EN 65–109; 262ff. – d) Flußnamen: *Cremera, Albula*, s. *Szantyr*, Synt. 8 § 15. Dazu *Adria* (mask. Lucr. 5, 614 *vagus*).

2. Namen lateinischen Ursprungs: fast nur feminine Appellativa als mask. Cognomina, sehr verbreitet. Tiernamen: *Bestia* (*Calpurnius*), *Vacca*

Asina Scrōfa Capra; *Aquila Merula Pīca*; *Mūrēna* (§ 79a Zus.), *Ōrāta* (§ 83, 3b), *Lamia*; *Galba* ('Holzwurm'). Speisefleisch: *Catilīna* (§ 148dγ), *Porcīna, Arvīna* (*Leumann*, Kl. Schr. 75). Geräte: *Acerra* ('Weihrauchkästchen'), *Caligula* ('Stiefelchen'), *Dolābella* ('kleine Spitzhacke'); griech. *Hēmīna*; *Fimbria*; *Sagitta*. Sonstiges: *Flamma, Massa*.

Bei *Bulla Acerra Scapula* und andern hält *Schulze*, EN 417 f. etruskischen Ursprung (!) für möglich. – Neutra auf -*um* aus dieser Kategorie werden meist grammatisch mit -*us* maskulinisiert, vgl. die Centurionen-Cognomina *Baculus Spiculus Classicus*; anders *Corculum*. – Namen ohne erkennbaren appellativen Ursprung: *Numa, Agrippa* (§ 337 d Zus. β), *Seneca* (zu *senex?*); *Atta* (wohl 'Vater', § 184 b γ); *Cotta*, u. a. m. – Zu Männernamen auf -*a* s. *Kajanto* 105 f.

B. Appellativa. 1. Griechische Lehnwörter: *nauta poēta pīncerna* usw., § 365 A 1cα. – 2. Im Latein unanknüpfbare oft einstämmige Nomina für niedrige Berufe: *cacula* Plt. 'Troßknecht', *lixa* 'Marketender', *sculna* '*sequester*' (bei Gell. 20, 11, 2), *bargina* (*Schulze*, EN 74), *scurra* 'Spaßmacher', *verna* 'Haussklave'. Die Vermutung etruskischer Herkunft liegt nahe, so *Vendryes*, MSL 22, 97; *Ernout*, Aspects 91. – 3. Etymologisch durchsichtige lat. Komposita mit verbalem Schlußglied auf -*a*, Typen *in-cola* und *agricola*. Wichtigste Beispiele: *in-cola* 'Ein-wohner' (mit *inquilīnus*, § 91aβ), Plt. Aul. 406 (plur.) *incolae, accolae, advenae*; Cato orig. 20 *convenae*; *convīva* (meist plur., wegen *con-* 'zusammen'); *indigena*. – *agri-cola* 'agrum colens' (*rūri-cola* Ov., *latebri-cola* Plt. Trin. 240, *domi-cola?, § 275 A 2); nach umgedeutetem 'Acker-bewohner' auch *silvi-cola* Naev. und *caeli-cola* poetisch seit Enn. (vgl. *caelestis* § 314, 1e); *lapi-cīda* (*caedere*, s. § 234 Zus. β); mit unerklärtem Vorderglied *pāri-cīda*; *aurīga* 'Zügel-führend' (§ 83 A 3c). Ferner viele Augenblicksbildungen wie *eri-fuga* (auch *trāns-fuga*), *lēge-rupa, officiperda, agri-* und *hērēdi-peta* ('*hērēdium* [§ 334, 1b] *petens*'). – Außer der Reihe: plur. *collēgae* 'mit gemeinsamem Auftrag' (*lēga wohl entnommen aus *lēgā-tus*, ursprünglich *lēg-ātus* 'mit einer *lēx*, Vertragstext, beauftragt'). Simplex *scrība* (dazu *Kretschmer*, Gl. 31, 152 f.).

C. Der Typus der Komposita, am besten repräsentiert durch *indigena* und *agricola*, ist wegen seiner Eigenartigkeit vielfach behandelt.

1. Griechische Vorbilder. a) Lat. -*gena*, fast nur poetische Komposita. *indigena* 'Eingeborener' Verg. Liv., *Troiugena* und *aliēnigena* in carmen (des Marcius vates, bei Liv. 25, 12, 5), *Graiugena* Pacuv. 364, *terrigena* Lucr., *caeligenae* (fem., von *Victoria, Venus*) Dichter, nach Varro ling. 5, 62, *nūbigenae* (*Centaurī*) Verg.; gen. *Sōlis eōigenae* CE 428, 4. – Nach meiner Auffassung ist *indigena* entlehntes hellenist. (LXX) ἐνδογενής (zu -*a* für -ης s. § 365 A 1cα, zu *indu*- § 418 IA 2aδ) und damit Prototyp der lat. Entfaltung; vgl. gr. διογενής Hom., Καδμογενής und γηγενής Aisch., Κυπρογενής Hsd. – b) Hybride Bildungen bei Plautus auf -*triba* (*ī*?, zu gr. τρίβω) sind *flagri-* Psd. 137 und *ulmi-triba* Pers. 278 (wie *mastīgia* gebraucht von Sklaven, denen '*plagis costae callent*'), vgl. gr. aktiv παιδο-τρίβης -ου 'Trainer', sonst -τρίψ, πεδο-τρίψ 'die Fesseln πέδαι reibend' (von Sklaven, Com.), auch passiv (?) οἰκο-τρίψ 'Haussklave' Ar.; zu gr. -τρίβης s. *Fraenkel*, Nom. ag. II 161 f., *Rüedi*, Ἑλλ. 151. – c) Da die meisten anderen Bildungen poetisch und

offenbar jung sind, muß man die ersten lat. mask. Komposita auf -*a* als Nachbildungen griechischer Muster auffassen. So schon mit Vorsicht *Meister*, EN 46 f. u. 130; für *pāricīda(s)* vermutet er πατρ-αλοίας (gr. Komiker, μητρ-αλοίας Aisch.) als Vorbild.

Zus. *Saussure*, Recueil 585–594 sah in -*gena* mit -*a* aus -*ə* die reine Wurzel (§ 33 f.) eines alten idg. Wurzelnomens mit *s*-losem Nominativ. Ähnlich *Pedersen*, 5. décl. 52, über das -*as* von *pāricīdas* (unten 2) als -*ās* aus idg. -*əs* unter Vergleich von ai. ved. *tuvi-ṣváni̇s* [Gl. 18, 255 f.].

2. *hosticapās* und *pāricīdās*: diese zwei Nominative auf -*as* (also -*ās*) überliefert Paul. Fest.: *hosticapas* 'hostium captor' und (sub *parici⟨di⟩ quaestores*) aus einem Gesetz des Königs Numa (frg. 12) *si qui hominem liberum ... morti duit, paricidas esto*. Das -*s* erklärt sich wohl als formale Maskulinisierung nach -*os* der *o*-Dekl., wie im (oder nach dem) Griechischen; dort ist noch dialektisch im Boiotischen und sonst nomin. -ā (mit gen. -ᾱς) erhalten (*Szemerényi*, Gl. 35, 195; s. aber *Morpurgo*, Gl. 39, 93).

Die Zusammenstellung von *paricidas esto* mit der Bestrafungsformel in Gesetzen (*dare*) *damnas esto*, in der man *damnātus* erwartet (*Muller*, Gl. 9, 183 ff.), hilft nicht weiter; jedenfalls ist die Deutung der beiden von *Walde*, IF 39, 90 als *ti*-Abstrakta auf -*ā-tis* (nach § 309) morphologisch unhaltbar. – Ganz anders, doch nicht besser *Pisani*, Paideia 20, 1965, 189–192: *parici das* etwa gleich *paricii damnas* (gen. *parici* Paul. Fest. s. oben; *das* Ablautform zu *dōs*). – S. auch unter 1 Zus. zu *Pedersen*.

3. Versuchte idg. Anknüpfung des Kompositionstypus. Die zwei formalen Parallelen aus anderen Sprachen, gr. -άρχης -νίκης sim. und aksl. *vojevoda* genügen nicht, den Typus als ererbt zu erweisen. a) Die griechischen Komposita wie τριηρ-άρχης sind junge Umgestaltungen nach ἀρχή von solchen auf -αρχος (nur ναύ-αρχος), nach dem Vorbild der Besitzkomposita, hom. αἰολο-μίτρης ἀργυρο-δίνης usw.; die auf -νίκης, auch πατρ-αλοίας, sind von νικάω ἀλοιάω ('dreschen, schlagen') aus gebildet. Zu den Bildungen s. *Schwyzer* I 451 nr. 4, *Chantraine*, Formation 26–30. – b) In slav. *voje-voda* 'Woiwode', d. h. 'Heerführer' enthält -*voda* den Stammvokal *o* (neben prs. *vedǫ* 'führe'). Ob das *o* von (*agri-*)*cola* ebenfalls idg. *o* fortsetzt, wie es oben § 91 c β für *incola* erwogen wurde, läßt sich nicht entscheiden. Es geht hierbei um den Gegensatz gr. -ος lat. -*a* in αἰ(γ)-πόλος (wäre lat. **-quolos -colus*) und *agri-cola*; der griech. Typus δρυ-τόμος ψυχο-πομπός hat als lat. Entsprechung *furci-fer*; Abstrakta des Typus τροφή πομπή (oben § 265 a) erscheinen nicht als Schlußglieder solcher Komposita. – c) Schließlich ist slav. *voje-voda*, grammatisch fem. u. mask., keinesfalls direktes idg. Erbe, als Femininum wäre es Determinativkompositum 'Heer-führung'; die Bedeutung 'Heer-führer' und mit ihr das maskuline Geschlecht ist eine Neuerung des Slavischen. – S. bes. *Fraenkel*, Nom. ag. II 118–123 (zu den slav. mask. Personalnomina femininer Gestalt, auch zu *vojevoda*), *Solmsen*, Hermes 46, 288, *Rüedi*, Ἑλλ. 28 (Lit. zu *vojevoda*). – Weitere Literatur bei *Zucchelli* 147[76].

269. Grammatisches Femininum und sexuelle Motion. Eine eigene grammatische Femininform besteht seit idg. Zeit nur bei *o*-stämmigen Adjektiven und deiktischen Pronomina; dafür wird die *o*-Flexion ersetzt durch die *ā*-Flexion: wie lat. *novus nova* auch gr. νέος νέα ai. *navas navā*; Pronomina wie gr. ὁ ἡ got. *sa sō* (§ 373, 1), die freilich situationsmäßig sicher vorwiegend auf Lebewesen hinwiesen. Dagegen wurde bei sexuellen *o*-Maskulina, d. h. für die sog. sexuelle Motion, erst in den Einzelsprachen zur Bezeichnung des weiblichen Partners die *ā*-Flexion übernommen, so lat. *domina dea* zu *dominus deus*, vgl. dagegen noch gr. ion. ἡ θεός neben ὁ θεός. Vielmehr waren in der Grundsprache mit gewissen Einschränkungen Ableitungen auf

-ī gebraucht sowohl für das grammatische Femininum bei Adjektiven anderer Flexionen als auch für die Motion bei Substantiven; im Latein sind davon nur in der Motion noch deutliche Nachwirkungen zu beobachten, so in *avia* oder im *ī* von *victrīx* oder *rēgīna*, nicht aber bei Adjektiven der 3. Dekl.; zum *i* von *brevis* s. § 310, 1.

Generell ererbt ist aber bei Bezeichnungen des natürlichen Geschlechts (männl. oder weibl.) der entsprechende Gebrauch des grammatischen Geschlechts (mask. bzw. fem.), auch wenn dieses in der Wortform selbst nicht zum Ausdruck kommt, sondern nur etwa in Epitheta (*hic* und *haec sacerdōs*). Soweit darüber hinaus ein Bedürfnis für sprachliche Kennzeichnung entstand, erfolgte sie teils lexikalisch (*senex* m., *anus* f.), teils morphologisch vermittels Suffixableitung. Nur dieses letztere Verfahren gehört also zur nominalen Stammbildung; doch wird seine Begrenzung nur bei Mitberücksichtigung der anderen Möglichkeiten überschaubar. – Im Lauf der lat. Sprachgeschichte hat in manchen Fällen der Sprachgebrauch gewechselt; das führt ins Gebiet der Lexikologie und kann hier nur in Sonderfällen berücksichtigt werden.

Lit.: *Wackernagel*, Synt. II 9 ff.; *Szantyr*, Synt. 8 f.; *Ernout*, Mél. Saussure 209; *Meillet*, BSL 32, 6–11; *Lommel*, Studien; *Lohmann*, Genus und Sexus 80 ff.; *Schwyzer* II 27 f. u. 30 f.; *Delbrück*, Verwandtschaftsnamen. – Material: N.-W. I 890–930.

A. Lexikalische und syntaktische Mittel.

1. Heteronymie. Ererbte Wortpaare: *pater māter, frāter soror, gener nurus, lēvir glōs*; Lallwörter inschr. *tata mamma* (*Heraeus*, Kl. Schr. 159–164); ferner *vir uxor, marītus spōnsa* (bzw. *nova nupta*), *mas(culus) fēmina, senex anus, servus ancilla*. – Haustiere: *taurus vacca, aries ovis* (in alten Zitaten noch *ovis* m.), *hircus capra*, spätlat. *caballus equa*.

2. Communia (gleiche Bezeichnung, mit *hic* und *haec* zu verbinden): *sacerdōs* (fem. D 32–35, Paul. Fest. sub *flaminica*), *antistes cīvis comes hospes interpres*; *verna*; *compar* m. u. f. Tiere: *bōs canis līmāx*. Altertümlich: *ovis* auch m.; Fem. *-us* bei *o*-Stämmen (vgl. gr. ἡ ἄρκτος, ἡ ἵππος): *haec agnus, porcus* Fest.; mit Zusatz *fēta* 'trächtig', *fēmina* ('säugend'?): *lupus* Enn. (vgl. Quint. 1, 6, 12), *porcus* Cato agr. 134, 1 (sonst *porca*). – Dazu Fem. *mea puer* Liv. Andr., *Fortunae Iovis puero* XIV 2862; *pollentem ... deum Venerem* Calv. carm. 7 (wie hom. δεινὴ θεός, kaum gen. pl. wie hom. δῖα θεάων). – Zu *parēns coniūnx* s. unten 4.

3. Epikoina (nur ein grammat. Geschlecht für beide natürlichen Geschlechter), als Tierbezeichnungen: f. *bestia, fera, avis, volucris; serpēns*; m. *piscis, anguis, vermis*; ntr. nur *animal* als substantiviertes Adjektiv. Weiter als Namen meist von wildlebenden Tieren; manche Verschiebungen noch in historischer Zeit. a) Mask. (*hic*) allein oder doch bevorzugt: 3. Dekl.: *lepus, mūs, vespertīlio; accipiter vultur pāvo olor ānser; pāpilio, cīmex culex pūlex*. Auch *o*-Stämme: *ursus lupus, asinus* (*asellus*), *haedus vitulus agnus; cervus, cunīculus*; Vögel: *pullus; mīlvus corvus graculus pīcus gāius*, zu *turdus* vgl. Varro rust. 3, 5, 6; Fische: *sparus lūcius*. – b) Fem. (*haec*). 3. Dekl.: *vulpēs, fēlēs, testūdo; grūs cornīx perdix hirundo anas; hirūdo*. Dazu die *ā*-Stämme: *mūstēla caprea; talpa* (m. Verg.), *lacerta rāna; aquila cicōnia columba luscinia*

merula, noctua (sc. *avis*?); *vīpera*; *arānea, cicāda vespa musca formīca*. Griech. Lehnwörter: *sīmia panthēra*; *ballaena mūraena*.

4. **Elliptischer Plural** (syntaktisch Dual), besonders bei geschlechtigen Paaren; s. *Schwyzer* II 50; *Szantyr*, Synt. 19 § 29, mit Lit. a) Reziprokes oder koordiniertes Verhältnis bei ursprünglichen Adjektiven: *amantēs* vom Liebespaar (*amantium irae* Ter. Andr. 555); seit Plt. *coniugēs* (§ 263 B 2b). – b) Plural des männlichen Partners: *patrēs* XIII 4152 'Eltern' (gleich *pater et māter*); *genitōrēs* Thes. s. v. p. 1818, 24; *avī* 'Großeltern' p. 1611, 62 (*avibus* VIII 4669 nach *parentibus*); *socerī* Verg. Aen. 2, 457 Hor. c. 3, 5, 8 Liv. 26, 50, 6; *marītī* Thes. p. 404, 65; *dominī* p. 1911, 9. – c) Plural des weiblichen Partners (wie got. *bērusjōs* 'Eltern'): *parentēs* (ptc. aor. zu *pario*, § 431 A 2b), daraus retrograd, mit Blick auf den supponierten männlichen Partner, sing. *parēns* m. 'Vater'; *nutirices* VI 10554. – d) Andere Paare: *frātrēs* 'Geschwister', d. h. 'Bruder und Schwester' Thes. s. v. p. 1255, 57; *fīliī* 'Sohn und Tochter' p. 757, 43. – Gleichgeschlechtige Paare: *Castōrēs* 'Castor und Pollux'; *Cererēs* 'Ceres und Proserpina'.

B. **Motion durch Suffixe.**

1. Idg. ablautend *ī/yā*, vorwiegend hinter Kons.-Stämmen (zugleich für grammat. Fem. gebraucht bei Adjektiven), ai. sing. nomin. -*ī* gen. -*yās*, gr. nomin. -*i̯ă* gen. -*i̯ās* (§ 34) in τέκταινα βασίλεια (-ιᾰ in πότνια ψάλτρια, *Schwyzer* I 473) und in adj. μέλαινα βαρεῖα φέρουσα usw., vgl. § 310, 1 zu *gravis* und § 354 C 4c zu fem. *ferēns*. Spuren im Latein von nomin. -*i̯ă* : *Maia* ai. *Mahī* 'die Große' (lautlich wie kompar. *maius*, § 137b Zus.), lat. *avia* zu *o*-Stamm *avus*. – Mit diesem -*ia* war *avia* Vorbild für inschr. *nepōt-ia* (und *nept-ia*, vgl. unten 3c) und für *frātr-ia* '*uxor fratris*' Paul. Fest.; ähnlich wohl spät *cerv-ia* (frz. *la cierge*). Vgl. auch *Schulze*, EN 61. – Lat. -*ī*- nur in Erweiterungen, -*īna* in *rēg-īna* § 296 IIb, -*tr-ī-c*- in Typus *victrīx*, § 329, 3, unsicher in demin. *canī-cula*.

2. Idg. nichtablautend *ī*, ai. nom. -*īs* (Typus *vr̥kís* 'Wölfin' zu m. *vr̥kas*): nur als lat. *i*-Stamm nach § 306b *neptis* ai. *naptīs* (nhd. *Nichte*), zu *nepōt*-, ablautend idg. *nept*-, § 343d. – Zu den beiden *ī*-Suffixen s. bes. *Lommel*, Studien über idg. Femininbildungen, Diss. Göttingen 1912; *Wn.-Dbr.* 368–427; *Lohmann*, Genus u. Sexus 67–79; *Devine* 106; *Specht*, Urspr. 357 ff. – Zu Laryngal als ursprünglichem Kennzeichen für idg. Feminina (-*ī* < -*i̯ə* und -*ā* < -*ə₂*) s. *Szemerényi*, Krat. 8, 48.

3. „Suffix" *ā*. a) Zu mask. *o*-Stämmen, nach dem Vorbild der *o*-Adjektive (vgl. aber oben A 2 fem. *puer, lupus*). Belege: *dea* älter *deiva* zu *deus* älter *deivos* (beachte auch dat. pl. *dīs deābusque*, § 350), auch osk. *Deivai* als Name (dagegen ai. *dev-ī*); weiter Personen: *era domina* Plt., *adultera famula* Enn., *vira* Fest., dann *liberta socia amīca cōn-serva magistra* usw.; *marīta* Hor. Inschr.; Cogn. *Metella*; fem. inschr. *sacerda* (Gl. 27,67) setzt wohl eine Aussprache mask. *sacerdus* für -*dōs* voraus. Tiere: *equa* (ebenso ai. *aśvā* lit. *ašvà*), *taura* '*vacca sterilis*' Fest., *capra lupa cerva colubra*. Zu *vitulus* -*a*, *pīcus* -*a*, *porca* vgl. umbr. *vitluf* -*af*, *peico* -*a*, *porca*. – b) Hiernach in Notfällen auch zu Substantiven der 3. Dekl. (wie gr. ἡγεμόν-η zu ἡγεμών, *Artemōna* Plt. zu Ἀρτέμων, *Sōphrona* Ter., Ἀλκυόνη myth.): *clienta hospita* Plt.,

noctū-vigila (*Venus*) Plt.; dann verbale Rektionskomposita: *tībīcina* (zu geläufigem mask. *-cen*, nicht zu theoretisch denkbarem *-cinus*, § 336, 1 Zus. η), ähnlich *fidicina haruspica vestispica*, alle bei Plautus, *lānifica, antistita* Acc. Cic.; Göttinnen: *Praestita* (*Wissowa*, Rel. 273³) und osk. dat. *Anterstatai*, vermutlich *Bellōn-a Alemōn-a* (§ 294, 3 c); *caupōn-a* Lucil.; inschr. *coniuga*, dat. *sodalai* VIII 3762; hierzu auch wohl Tiername *mīli-ped-a*. Beachte *lea* Lucr. zu *leo*; dagegen sind *lēna cōpa* vermutlich älter als mask. *lēno caupo*, s. unten C 2. – c) Verdeutlichung sexueller Feminina durch *-a* : inschr. *socra* XIV 1526 al.; *socrua* für *socrus -ūs*; *nura nurua* für *nurus -ūs*; *nepta* X 7648 *neptia* XIII 8401. 11737 (frz. *nièce*) für *neptis*. *brūta* für german. *brūtis* 'Braut'. – *Lātōna* für **Lātō -ōnis* dor. Λατώ, § 365 C 1 b γ. – d) *-a* bei Adjektiven der lat. 3. Dekl., speziell bei solchen, die nur auf Frauen anwendbar sind: *sterila* Paul. Fest., *gracila* Ter. Eun. 314 Lucil., *praegnāta* (statt *praegnās*) Pap. Corp. 254, 19 (Brief, II^p). Ferner: *Veneris caelestae* X 1596 (134^p); *sublīma* Acc. 576; *paupera* Plt. frg. inc. 46 (erst später *pauper* Adj. d. 2. Dekl., *pauperōrum* Petr. 46, 1). Als Name *Sospita* CE 64.

> Lit.: *Wn.-Dbr.* 238 § 140 (*ā*-Motion der Substantiva); *Leumann*, *-lis* 45 f.; *Baehrens*, Komm. 106 f. – *Iūno Sospita* in Lanuvium (Cic. usw.) ist nicht fem. zu *sospes* 'salvus', sondern als 'bewahrend' Umgestaltung nach *sospitāre* von unerklärtem (dat.) *Iunone Seispitei* D 118, vgl. *Wissowa*, Rel. 188. – Zu *hospita* s. auch § 266 e. – Zur *a*-Motion im Latein s. *Lommel* 16 u. 30.

4. Voluminösere lat. Suffixe. a) *-trīx* in *genetrīx* zu *genitor* usw., s. § 329, 3 a. – b) *-issa* ist entlehntes gr. -ισσα (*abbāt- diācon-*): *frātrissa* 'frātris uxor' Isid. (ursprünglich wohl fem. zu *frāter* im christl. Gebrauch, Min. Fel. 9, 2 *fratres et sorores*). πατρώνισσα ist fem. zu πάτρων aus lat. *patrōnus*. Produktiv im Romanischen, italien. *princip-essa* frz. *princ-esse*. – c) *-itta*, nur in Frauennamen, spät: *Gall- Iūl- Pōll-itta*; Herkunft unbekannt. Im Romanischen produktiv, frz. *Juliette, Nicolette* usw.

> Lit.: *Schulze*, EN 40⁵ (*-issa*); 77³ (*-itta*, etrusk.?); *Debrunner*, Wortb. 152 § 300 und *Chantraine*, Form. 109 f. (gr. -ισσα); *Hasselrot*, Studia Neophil. 16, 89 ff. (*-itta* keltisch; dazu *Zucchelli*, Festschr. Pisani 1086 f.). *Kajanto* 129 (*-itta*).

5. Vereinzelte Aushilfen, ungeregelte Motion. a) Deminutiva (Suffixe *-ula -ella -illa*, § 282): (*anculus*) *ancilla, puer puella, adulēscēns/-entula* Plt., *caper capella*, praen. *Kaeso Caesulla*, cogn. *Fēlīx Fēlīcla* (vgl. *Zucchelli* 56); in alten Cognomina *-illa* (wohl sicher aus gr. -ιλλα): *Orest- Drūs- Cethēg-illa* (*Leumann*, Kl. Schr. 80–83). – b) Varia. Ererbt *socrus -ūs* idg. **swek'rūs* neben *socer* idg. **swek'uros* (s. zuletzt *Szemerényi*, Syncope 291 ff., 302 ff., 310). – *flāmin-ica* zu *flāmen* (*Wn.-Dbr.* 318 litt. f). – *-īna* : *rēg-īna gall-īna*; *concubīna* (**concubus*). Bei männlichen Cognomina auf *-a* Cognomina der Töchter auf *-īna*: *Messāl-īna Agripp-īna*. Nur das *ī* von *rēgīna* usw. gehört wohl zu Motionssuffix *ī*; das der Cognomina ist Femininform zu Suffix *-īnus* (*Leumann*, Kl. Schr. 78 f.; § 296 IA 3 c). – *-ĭlia* für Muttertier: *haedilia* Hor. carm. 1, 17, 9; *porcilia* Act. arv. a. 240; anscheinend *-ia*-Ableitung von *haedulus porculus*.

C. Maskulinum abgeleitet von Femininform. 1. Mask. auf *-us*: als Ergänzung zu Fem. auf *-a* (vgl. § 257 A 1 a): *viduus, spōnsus*, inschr. *avius*

'Großvater' (Thes. s. *avus* p. 1612, 48) zu *avia*, *concubīnus*; als Sexualisierung von Epikoina auf *-a*: *columbus* Catull., vgl. Varro ling. 9, 56; *sīmius* (*Leumann*, Ling. Posn. 8, 5 f.). Adj. *ferus* zu (subst.) *fera* 'bestia' § 168. – 2. Mask. als Ableitung von Fem.: *capreolus* von *caprea* (*Schulze*, Kl. Schr. 76); *gallus gallīnāceus* 'Hahn' von *gallīna* 'Henne'; *lēno* zu *lēna*, oben B 3b.

270. Lat. *ē*- und *iē*-Stämme (in der lat. 5. Dekl., § 361), nur Feminina, außer *diēs*; dazu fremde Namen wie *Herculēs* nur im Altlatein. a) Alle lat. Feminina auf postkons. *ē* sind Einzelfälle: *spē-s* ist Wurzelnomen, § 263 B 1a; zu *rēs* und *diēs* s. § 318; *fidēs*, *famēs*, altlat. *plēbēs*. Zu nom. sg. *-ēs* bei *i*-Stämmen wie *aedēs nūbēs clādēs* s. § 307. – b) *-iēs* als Primärsuffix für Verbalabstrakta, nicht mehr produktiv. Neben *maciēs scabiēs* stehen *ro*-Adjektive, lat. *macer scaber*; zu *aciēs rabiēs perniciēs* vgl. gr. ἄκρος λάβρος νεκρός. Lat. Verben sind Grundwörter zu *aciēs* (*acēre*), *scabiēs* (*scabere*), *seriēs* (*serere*), *speciēs faciēs* (*specio facio*), weiter zu *congeriēs effigiēs alluviēs prōgeniēs*, *prō-periēs* Cato (zu *pario*; vgl. Gl. 21, 197), *ēsuriēs* Tert. (wohl nach *luxuriēs*; künstlich *-iālis* Plt.). Im Latein sind isoliert *cariēs glaciēs saniēs ingluviēs permitiēs*. – c) Denominatives *-iēs*, teilweise neben *-ia*. Drei Konkreta (Grundwörter verschollen): *māceriēs māteriēs* (neben beiden *-ia*), *caesariēs*. Abstrakta: *pauperiēs*; *intemperiēs* (plur. *-iae*; jünger *temperiēs*; von adverbialem **intemperī* 'zur Unzeit', vgl. *temperī*). – Ferner die Adjektivabstrakta auf *-itiēs*, neben denen auf *-itia* (§ 276 A 1) und wohl aus solchen umgestaltet, etwa *scabritiēs* für *-itia* nach *scabiēs*.

Zusätze. α) Zum lat. Wechsel oder zur Mischflexion *-iā-/-iē-* (Belege s. N.-W. I 561 ff.). Die Hexametriker kombinieren gern bei Viersilblern nomin. akk. abl. *-iēs -iem -iē* und gen. dat. *-iae*, ähnlich wie bei griechischen Namen *-ēs -ēn -ē* und *-ae -ae* etwa in *Gēryonēs*, wo im Gen. die fünfsilbige *-ēī*-Form metrisch beschwerlich war (s. auch § 365 D 2 b). Beachte nomin. *effigiēs* Cic., *-ia* Plt., plur. *-iae -iās* Lucr. 4, 42 u. 105; danach setzen wohl auch *manubiae exuviae* einen Sing. *-iēs* voraus, *Specht*, KZ 65, 192. – Im Romanischen sind die *ē*-Stämme in die *ā*-Flexion übergeführt worden. – β) Die Verteilung — ⌣ ⌣ — (*māteriēs luxuriēs*) und — — ⌣ ⌣ (*pēnūria*) erklärte *Niedermann*, Mél. Saussure 56 mit der Vermeidung einer Dreikürzenfolge, und danach *Burger*, Et. 12 f. aus dem Streben nach binärem Rhythmus [Gl. 19, 235 f.]. – γ) Zur Vorgeschichte. Nicht überzeugend sind die Versuche, vorhistor. *-iē-* und *-iā-* auf idg. Ablautwechselformen einzelner Kasus zurückzuführen, s. dagegen *Sommer* 394; *K. H. Meyer*, IF 46, 108 (zum Slavischen). – Über zu postulierende idg. *ē*-Stämme (Wurzelnomina und Suffixableitungen) handelt *Pedersen*, 5me décl. [Gl. 18, 255 f.], und Tochar., Danske Ved. 28, 1 (1941), 100; über angebliches Nomen **calē* in *cale-facio* s. § 418 II C 3. – Nur deverbatives lat. *-iē-* ist eigentliches altes Suffix; dazu besitzt das Griechische keine wirklichen Entsprechungen, die anderen Sprachen nur zweifelhafte. Die beste Ablautentsprechung dürfte ai. *-ī* in *śamī* 'Werk', *śacī* 'Kraft' (daneben *ro*-Adj. *śakras*) sein, so *Wn.-Dbr.* 405 u. 407. Nach *Specht*, KZ 66, 212 f. ist *-iēs* genetisch mit *-io*-Praesentien verbunden (*speciēs*, also idg. *-yē-*; dazu *Specht*, Urspr. 329); suffixal wäre also nur das *ē*, so *Kronasser*, KZ 67, 98 f. [vgl. Gl. 34, 217 f.]. – δ) *requiēs* 'Ruhe' ist nicht ein Wurzelnomen, sondern ein *ti*-Abstraktum (§ 308) wie und nach *quiēs*; aber als Dreisilbler auf *-iēs* folgte es dem Typus *speciēs* mit heteroklitischem akk. *requiem* abl. *requiē* seit Cic.; danach auch künstlich abl. *quiē* Afran. 77 Laev. frg. 15.

B. O- UND Ā-SUFFIXE MIT KENNLAUTEN

a) Die Gruppen -eo-, mit -neus, -āneus -āceus (§§ 271–272)

271. Suffix -eo-, in Adjektiven -eus -a -um, in Substantiven -eus, -eum, -ea.
1. Stoffadjektive auf -eus, als Denominativa von Stoffsubstantiven, Typus *aureus*. Dem lat. -eo- entspricht gr. hom. -εο- in χρύσ-εος ἀργύρ-εος und altind. -áya- (selten) in *hiraṇy-áyas* 'golden', Grdf. -*eyos*. – a) Alte Beispiele. Seit Liv. Andr. *aur- argent- sax- lact-eus*; seit Plt. *ferr- plumb- ferrūgin-, lapid-, lign- laur- ulm- flōr-, caud-eus* (Scherzbildungen s. unten e); seit Enn. *flamm-eus*; seit Cato *spart- virg- adōr- silīgin- trītic- grān- must- lōr-eus*; seit Varro *aer-eus* (älter *ahēnus*), *vīteus* (von *vītis*), *scort-eus* 'aus Leder', *cortic- vīmin-eus*; ferner etwa *corneus* (von *cornu*) Cic., *farreus* (vgl. *cōnfarreātio*, umbr. *farsio*), *taureus* 'aus Leder' (nach gr. ταύρειος) Verg. – b) -*eus* als Erweiterung von Stoffadjektiven auf -*nus*: *ahēneus* Cato, *eburneus* Cic.; *coccineus* 'scharlachrot' Petron zu gr. κόκκινος Hdt. (Vorbild für *alb-ineus* Pallad., *lact-* Ven. Fort.), *cērineus* CE 1552 A 88 (gr. κήρινος). Ähnlich *rōbusteus* Vitr. – c) Ungemein beliebt und bequem im Hexameter besonders — ∪ ∪ —, auch in erweiterter Verwendung, s. *Bednara*, ALL 15, 228, auch *Skutsch*, Kl. Schr. 33/34 Fußn. 2, *Norden* zu Aen. 6, 281): *pōpulea frūs* Enn. (für *pōpulna frōns*), *arbor-eus arundin- pampin-, aequor- flūmin- lītor-, aether- sīder- fulmin- sulphur-, vīper-eus*; *angu-ineus* nach *sanguin-eus*; entlehnt *nectareus*. Dreisilbig noch *rām- spīc- tūr-* und *ros- croc-eus*. – d) Farbenbezeichnungen. *aureus argenteus* kommen zur Bedeutung 'gold- silberfarbig'; nach diesen und nach *pūniceus* Plt. *purpureus* Liv. Andr. Plt. aus gr. φοινίκειος πορφύρεος auch etwa *rubeus* Naev., *roseus* 'rosig', *croceus* 'safrangelb', *niveus* 'schneeig', *piceus* 'pechschwarz', *ferrūgineus* 'rostrot', *vitreus* 'glashell'; dazu *russeus* Plin. Petron aus *russus + roseus*, auch wohl *caeruleus* Plt. (Anap.) Enn. (Hexam.) Cato neben *caerulus* Plt. Enn. – e) Scherzbildungen des Plautus: *oculeus Argus*; *pugneus, stimuleus verbereus* (etwa nach *lōreus*); *testūdineus gradus* (als Stoffadj. mag *test.* schon bestanden haben); *stercoreus mīles*; *pulmōneus*. – f) Kompositionssuffix (nach § 256c Zus.): *cōn-sanguin-eus* Plt. (*sanguin-eus* Cic.), *col-lact-eus, bi-corpor-eus* (alt plur. *bi-corporēs* Naev.); *mediterreus* Sisenna; *altilāneus* Act. Arv. a. 183ᴾ. – g) Substantivierungen: *līnea* Plt. (sc. *restis*, zu *līn-eus* Cic. 'leinen'); *vīnea*; *picea* (sc. *arbor*); *caprea* 'Reh'; auch wohl *glārea, trabea*.

Lit.: *J. Schwede*, De adiectivis materiem significantibus quae ... suff. -*no-* et -*eo-* ope formata sunt, Diss. Breslau 1906; *Stolz*, HG 472 f.; *Meyer-Lübke* II 448. – Nach *Benveniste*, Orig. 74–76 wäre idg. -*eyos* als -*ey-os* Ableitung von *i*-Stämmen.

2. -eus-Adjektiva von Personennamen, Nachbildungen zu den entsprechenden griech. Adjektiven auf -εος und -ειος: *Hectoreus Nestoreus* (hom. -εος); *Tantaleus* (u. *Tartareus*) nach gr. -ειος, *nummī Philippeī* Plt., *castoreum* Lucr. 'Bibergeil' gr. καστορεῖον (zum Lautlichen s. § 85 C 5b α). –

Von lat. Namen: fast nur als — ⏑ ⏑ — im Hexameter: *Apollineus Caesareus Cupīdineus Herculeus Rōmuleus* (im silbernen Latein *Augusteus* Plin., *Nerōneus* Tac.); schließlich auch von Appellativen: *fēmin-eus* Cic. poet., *virgin-eus* Verg. (*-ālis* Cic.). – Hyperkorrekt *-eus* für *-ius*: *Venereus* CE 856, 14, *Corintheus*; vgl. *Baehrens*, Komm. 41.

3. Entlehnte Substantive: *cadūceus* καρῡκεῖον (§ 162bγ); *castoreum* s. oben, *cotōneum* κυδώνιον § 49b, *ostreum*, *balneum* βαλανεῖον § 90d; *platea* (*-εῖα*), *galea* (*-έη* bzw. *-έα*); *-ea* für gr. *-ίας* in *cochlea*, für *-ία* in *nausea*, § 50 f.

4. Nicht einzuordnende Substantiva, meist auf *-eus* oder *-ea*: *balteus cāseus clipeus culleus cuneus malleus pilleus pluteus urceus* bzw. *ālea ārea baxeae bractea fovea hirnea ocreae palea soleae* u. a. – *calceī* 'Schuhe' zu *calx* 'Ferse'; *alveus* zu *alvus*; *cavea* zu *cavus*?; zu *arāneus* vgl. gr. ἀράχνη. – *Ernout*, Philologica I 43–46 vermutet etruskische Herkunft für viele *-eus*-Nomina, etwa für *balteus clupeus*, auch für *ālea*.

5. -(*u*)*leus* denominativ für Substantiva, vermutlich zu deminutivem *-ulus* gehörig: *eculeus* 'Füllen' (*equus*), *hinnuleus* 'Hirschkalb' (*hinnus* 'Maulesel' Varro); *aculeus* 'Stachel' (*acus* f. 'Nadel'), *manuleus 'Ärmel' (?) in *manule-ātus -ārius* Plt., *nucleus* 'Kern' (*nux*). – *Weinhold*, ALL 4, 175; *Hakamies*, Neuphilol. Mitt. 54, 97–102 [Gl. 34, 218].

272. Suffixkonglomerate auf *-eus*: Adjektiva auf *-neus* mit *-gineus* und *-ginus*; *-āceus*; *-āneus*.

1. Die Stoffadjektive auf *-neus* sind mit *-eus* erweitert aus ebensolchen auf *-nus* (§ 291b), so *fāgineus* und *ahēneus eburneus coccineus* (§ 271, 1b), auch wohl *terrāneus (vorausgesetzt durch *medi- sub-t.*; *terrānus ersetzt durch *terrēnus*). In der Sprache der Landwirtschaft von Baumnamen: *īligneus* Cato erweitert aus *īlignus* (von *īlex*) nach *ligneus*; ähnlich *saligneus* Cato, danach *abiegneus* Fontes 170 (Lex par. Put., ebenda *-gineus*, wohl nach *fāgineus*); vgl. gr. hom. ἐλά-ινος und -ίνεος (nicht ererbter Wechsel; s. *Schwyzer* I 491 oben). Weiter *querneus* Cato; von Baumnamen auf *-ulus pōpulneus* Cato *aesculneus* Lex par. Put.; hiernach *fīc-ulneus* Cato.

-(*ā*)*gineus* und -(*ā*)*ginus*: Muster wohl *farrāgin-eus neben *farrāgo* und *farr-eus* (vgl. *Thurneysen*, KZ 26, 308); danach einerseits *fāg-ineus*, andrerseits *oleā-gineus* mit *vītigineus*, alle drei bei Cato; *fabāginus* (von *faba*) Cato muß Rückbildung aus *fabāgineus sein; vgl. die späteren entsprechenden *ferrūginus* Lucr., *oleāginus* Verg., auch *ficulnus* Catull Hor., *fraxinus* adj. Ov. Aber *capreāginus* zu Wz. *gen*, als Scherzbildung, 'reh-geboren' 'Reh-junges' (für 'gefleckt') Plt. – Im Übrigen ist die frühere Herleitung des *-gn- -gin-* von *gignere* trotz Verweis auf *beni-gnus* unhaltbar. Vgl. noch *Stolz*, HG 380.

2. Stoffadjektive auf *-āceus* (nur späte Orthographie *-acius* nach § 42f), besonders von Pflanzennamen abgeleitet. Scherzbildungen (*gallus*) *gallīn-āceus* und *Gēryon-āceus* Plt.; *must- heder- vīn-* Cato, *bēt- farrloli-* Varro, *viol-* Nepos, *test- sīl- mini-* Vitr., *ballaen-* 'aus Fischbein' Petron *argill- ros-* usw. Plin.

Vereinzeltes: *testuācium* (sc. *lībum*, 'in testu caldo' gebackener Opferkuchen) Varro ling. 5, 106; *pulleiāceus* '?' Suet. Aug. 87, 2; *pannūcius* Petron. Pers. (von *pannu-?*, *Scholz*, Gl. 43, 119–132). *ērīnāceus* Vulg. (*īrēn-* Plin., nach εἰρήνη) 'Igel' von *ēr* nach *gall-ināceus* (der Igel liebt die Hühnereier).
Muster war wohl *portulāc-eus von *portulāca*, kaum auf *mustum* bezogenes *mustāc-eus*, so *Schwede* (Titel am Ende von § 271, 1) 36[1]. – Zum Romanischen s. *Meyer-Lübke* II 457.

3. *-āneus*: recht verschiedenartige Adjektive. a) Deverbativ. Bei Cato *supervac-*, *cōnsent-* 'begreiflich'; *vīnum praelig-* 'vorher gelesen', *mustum*

circumcīd-, porca praecīd- (danach *succīd-* Plt.); später *succēd-* 'Ersatz-'. – b) Von PPP. *condīt-āneus* (*olīva* Varro, für *condītīva* Cato); *collēct-* Caes. (danach *miscell-* 'gemischt' Petr.); *reiect-* Caes. *ostent-* (*fulgura* Sen.). Hierzu *euerg-āneus* Vitr. – c) Von Adverbien und Adverbialia (einschl. Abl. temporis). Temporal: *subit-* (*cometēs* Sen.); *praesent-* 'sofort wirkend' Sen.; *mōment-* u. *tempor-* Tert. Ferner *spont-* Arnob. (gleichartig *ultrōneus* Tert. von *ultrō*). – d) Kompositionssuffix. *tri-ped-* 'drei Fuß lang' Cato. Lokal bei Cicero: *sub-terr-* und *medi-terr-* (dazu *extr-*), *circum-for-*. Bei Plin. 'castrense verbum' *conterrāneus* 'Landsmann'; dazu Nachbildungen wie *collact-* Gaius. – e) Daraus Simplicia, meist mit umgewerteter Bedeutung. *ped-āneus* (§ 258 A 2b) zu *pēs* (spätbezeugt), danach *calc-* 'Ferse' Tert., *fōc-* Colum.; *senatores pedanei* Gell. für *pedārius*. *terr-āneus* (*mūs* Firm. Mat., *-eola* ein Vogel) mit *sicc-* Colum., *font-* Sol.

Zur Entfaltung s. *Leumann*, IF 40, 116–123, zu *-āneus* neben *-ārius Baehrens*, Komm. 120. Der Ausgangspunkt von *-āneus* ist nicht faßbar; Versuch bei *W. Otto*, IF 15, 15; ferner *Hirt*, Idg. Gr. III 232.

b) Die Gruppe *-io-*, adj. *-ius*, subst. *-ia -ium*, auch mit weiteren Kennlauten (§§ 273–279)

273. *-ius -ia -ium*: Adjektiva in drei Gruppen; wenige Substantiva m. und f.; Subst. auf *-ium* s. § 275. Der ausl. Vokal der *o-* und *ā*-Stämme wird seit idg. Zeit vor *-ios* übergangen (vgl. gr. ἱππ-ιος).

A. Denominative Adjektiva der Zugehörigkeit.

1. Von Personalsubstantiven. a) Von Personenbezeichnungen seit idg. Zeit (wie gr. σωτήρ-ιος usw.). Schon altlat.: *patr-ius* (ererbt, gr. πάτριος), *rēg-ius, pontific- flāmin- augur- meretrīc- caupōn- lēnōn-ius, Agitātōr-ia fābula* Naev., *nāvis mercātōr-ia* Plt. (vgl. § 278, 1); *nūtrīc-ius* (inschr. auch *nuricius*) 'Ziehsohn', vgl. *nūtrīcio* § 323 A Vorbem. – Beachte *vir praetōr-ius, cēnsōr-ius* 'gewesener Pr., Z.', nach *vir cōnsul-āris* neben *cōnsul*.

b) Von Götternamen (vgl. gr. Ἀπολλών-ιος Ἀφροδίσ-ιος; *Lātōus* § 266d): *Mārt-ius* (auch *mēnsis M.*, vgl. dial. *Mārsus* § 161 Ende); *Iov-* D 211, *Sāturn- Neptūn- Lātōn- Diān- Vener-ius* (*res veneriae* Petr. 61, 7). Merkwürdig *Iūn-ius* (*mēnsis*; vgl. § 322 A 4b), jünger *Iūnōn-ius* Verg. *Lar-ius* 'custos cubiculi' seit Cic.

c) Von Personennamen; die lat. Gentilicia auf *-ius*. Wichtigster Anwendungsbereich von *-ius* für Zugehörigkeit ist hinter Personennamen naturgemäß die Bezeichnung von Kindern nach ihrem Vater; vgl. gr. hom. (aeol.) Αἴας Τελαμών-ιος und ital. *Ịov-ios* in vestin. *Herclo Iou̯io* und paelign. *Iou̯iois puclois* 'Διὸς κούροις' (Vetter nr. 220 u. 202). Nun waren die lat. Praenomina ursprünglich Individualnamen; an deren *io-*Ableitungen erfolgte die Entwicklung von patronymischem zu gentilizischem Gebrauch (adj. u. subst.). Am deutlichsten ist das zu erkennen an den Zahlwortpraenomina (*Quīntus Sextus Decimus*) mit *Quīnct-ius Sext- Septim-* usw. bis *Postum-ius* (zu *Postumus* s. § 288 A 2c Zus.). Entsprechend *Naevius* zu *Gnaeus* (*Naeus*, § 192), *Caesōnius Pompōnius* zu *Kaeso* osk. *Pompo, Procilius* zu *Proculus, Valerius Fūrius* zu *Volesus Fūsus* (§ 180 c), *Arruntius* zu etr. *Arrūns, Minātius* zu osk. *Minātus*; vgl. auch D 425 *Tul. Tullius Tul. f.* (Tibur). – Der Übergang zu gentilizischer Verwendung ist vermutlich jünger als die Maniosinschrift (§ 5), weil in dieser zwei spätere Praenomina als Individualnamen gebraucht sind. Erst im zweiten Jhdt. v. Chr. entwickelten sich die gentilizischen Adjektive zu substantivischen Gentilicia; der adjektivische Gebrauch lebt fort in *gens Claudia, via Flaminia, via Aemilia* usw.; vgl. auch *noutrix Paperia* D 47 und die Sklavenbezeichnungen mit dem Gentilicium der Herrn D 130. Dazu kommen die 16 gentilizischen Tribusnamen *Aemilia Claudia* usw.

Zusätze. Gleicher Art wie Gentilicia von Praenomina sind solche von Cognomina aller Sorten, von bezeugten und unbezeugten. Vorausgesetzt sind als Cognomina außer denen von Geburtsumständen wie *Geminus Gemellus* (als weibliche Praenomina in Praeneste *Gemna* u. *Gemela* D 496, 505) Adjektiva für Körpereigenschaften (Hautfarbe usw.), so für *Alb-* (osk. *Alf-*) *Flāv- Fulv- Helv- Rubr- Rutil- Nigid-ius* (zu **nigidus* s. § 415 D 1 c); *Hirt-ius, Barbāt-ius* D 136, *Claud- Plaut-ius; Opīm-ius*; weiter Tiernamen (als Cogn. etwa *Asina, Scrōfa, Verrēs*), so für *Aquil- Asin- Porc- Vitell-ius*; Pflanzennamen usw., für *Fab- Grān- Lent-ius, Caep-ius*; Charakter usw. *Aemil-ius (aemulus), Domit-ius*; Beruf oder Amt: *Flāmin-ius, Arquit-ius* (zu plur. *arquitēs* s. § 327, 2 c), *Hordeōn-ius, Fullōn-ius, Cōpōn-ius, Cornificius*; Stammesnamen, vgl. *Gabīn-ius* D 270, *Latīn-ius Tusc-ius Albān-ius*. – Zu *Ịūlius* und *Iūlus* s. § 138, 4. – Von Cogn. auf *-īnus* (§ 296 I A 4) stammt *Cānīn-ius*. Vgl. auch *Cupienn-ius* § 200 b.

Vor der früher beliebten etymologisch-soziologischen Auswertung von Gentilicia nach ihrem Grundwort sei gewarnt: als *io*-Ableitungen von ursprünglichen Individualnamen besagen sie nichts über den Beruf des ersten Trägers; *Porcius* ist morphologisch nicht von *porcus* abgeleitet, sondern von einem scherzhaften oder höhnenden Cognomen *Porcus*. – Das osk. Praenomen *Novius* ist formal gleich dem Adjektiv altind. *navyas* got. *niujis* 'neu'; die andere Interpretation als 'Neunter' ist schwer zu begründen.

Lit.: S. bes. *Schulze*, EN 48 ff., 510 ff.; *Solmsen-Fraenkel*, Idg. Eigenn. 135 ff.; *Fraenkel*, RE 16, 1648 ff.; 1652; *J. Reichmuth*, Die lat. Gentilicia, Diss. Zürich 1956; *Devine* 28 f.; *Dittenberger*, Hermes 41. – Zum adjektivischen Gebrauch der Gentilicia s. *Meister*, EN 81 ff., auch *Szantyr*, Synt. 60 (Zus. α), 427 (Zus. α am Ende). – Zu den Gentilicia auf erweitertes *-ius*, wie *-eius -idius -īlius -ĭlius*, s. *Schulze*, EN passim; *Fraenkel*, a. O. 1666. – *Rix*, Zum Ursprung des röm.-mittelital. Gentilnamensystems, in: Aufstieg und Niedergang der röm. Welt I 2 (1972), 700–758, speziell 722 ff.

d) *-eius -eia* für Adjektiva verschiedener Art. Für sich steht *plēbēius*; es enthält lautlich *ē* als Ableitung vom alten *ē*-Stamm *plēbēs* (§ 361, 3 e), also mit lautlich *-ēi̯us* (so Lucan.) aus *-ē-i̯os*; es war zweifellos das Vorbild für *pāgēi̯us*, inschr. D 261, von *pāgus*. – Gentilnamensuffix *-eius* in *Tarp- Petr- Āpul- Sauf-eius* usw., mit *-ul-eius* in *Aurunc-* usw. (§ 282 E 4 a). Da *-eius* in *Pompeius* auf *-ăi̯i̯os* zurückgeht (§ 138, 1 a β), muß man allgemein dies als Grundform ansetzen. Es ist morphologisch nicht weiter zu rechtfertigen, ist auch wohl nicht lateinisch, sondern entweder oskisch (vgl. Ortschaft *Pompeī*, benannt als 'die Pompejer'; inl. *f* in *Saufeius*) oder etruskisch. – Das lat. *-ĕius* (— ⌣) wird im Griechischen durch -ηιος wiedergegeben in Πομπήιος Σαυφήιος; offenbar ist gr. -ῆος aus -ήιος als Notbehelf benutzt, eine Schreibung -ειος konnte lautlich nur als *-ẹus* oder *-īus* interpretiert werden (vgl. § 85 C 5). – Diesen Gentilicia sind einige Personaladjektive nachgebildet: *lēg-uleius* Cic., *locūtuleius* Gell., *sterteia* und *secūtuleia* Petron. 75, 9 u. 81, 5. – Zu literar. *-ẹ̄us* für gr. -ήιος s. § 138, 3 b. –

Offenbar suffixal fem. -*eia* in fremden Schiffsbezeichnungen: *gandhor*- *veg-eia*; s. dazu *Vetter*, Mitt. d. Vereins kl. Philol. Wien 1925, 75.

Lit. zu den Gentilicia (aus Patronymika): *Schulze*, EN 385 f. -*eius*, 432 ff. -*eius* (bei etrusk. Namenstämmen älter noch -*aeus*), 457 f. -*eius* und -*uleius*; dazu 284 *lēguleius sterteius*. – Unhaltbar ist die morphologische Analyse bei *Schulze* 435 f.: idg. Suffix -*ios* bei *e/o*-Nomina sowohl mit als ohne Stammauslaut, daher einerseits -*e-ijos* gr. -ειος lat. -*eius*, andrerseits gr. -ιος lat. -*ius*. Das Hauptzeugnis für gr. -ειος, der aeol. Gebrauch von patronym. -ειος bei *o*-Stämmen, ist eine Neuerung; dieses -ειος ist als Universalsuffix auch bei Kons.-Stämmen verwendet; und es stammt als -*ios*-Ableitung von den Namen auf -ης, so -ειος neben -ης in Thessalien, *Schwyzer*, Del. 567 (-ης als -εις geschrieben) l. 80 f. Ἱπποκράτειος, 99 f. Ἀντιφάνειος, 112 Ἀντιγένειος; auf Lesbos patronym. 623, 56 Ἱερογένειος, 640 Σωγένειος, weibl. 621, 11 als Name Ἑλλανοκράτεια; das Muster für mask. -γένειος usw. war vermutlich nicht-patronym. fem. -εια (hom. ἠριγένεια, Ἰφιγένεια, Εὐρύκλεια oder -κλέεια). – Unhaltbar über lat. -*eius* gleich griech. aeol. -ειος *Solta* 8[7].

2. -*ius* adjektivbildend hinter Sachsubstantiven, in lat. Bildungen ganz selten. *Fidius* von *fidēs* (statt -*ei̯us*, vgl. oben 1 d *plēbēi̯us*) in *mēdiūsfidius* (§ 318 A 2 b), wohl nach griech. Ζεὺς Ὅρκιος; danach die *dī lucriī* bei Arnob. Substantiviert *fīlius fīlia*, von **fēlā* § 55 a. *modius* 'Scheffel (Getreidemaß)', wohl gemäß unten C 2 verselbständigt aus Kompos. adj. *sē(mi)*- oder *trimod-ius* (Plt. Men. 15 *non modio neque trimodio*).

varius kaum zu *varus* 'Finne'. *antiae* '*muliebres capilli demissi in frontem*' Paul. Fest. von *ant- 'Stirn' (in gr. hom. εἰσ-άντα). *colōrius* (von Kleidern) Augustus aus *dis-colōr-ius* (*vestis* Petron. 97, 3). – *crucius* s. § 412 A 3 Zus. – *lūdius* '(Schau)spieler' ist wohl Umdeutung von *Lydius* 'lydisch' auf *lūdus*, vgl. Plt. Aul. 402, Curc. 150 *ludii barbari*, Varro frg. 435 p. 363 Fun. *noxius* s. unten C 1. – Griech. Lehnwörter sind *pelagius āerius aetherius*. – Entlehnt ist auch -*ius* für Einwohnerbezeichnungen fremder Länder, vgl. *Aegyptiī* Αἰγύπτιοι, *Babylōn-ius Lēmn-ius Rhod-ius Dēl-ius* (*Chīus* s. § 118); beachte *Vēius* (für *Vei̯ent-*) § 138, 3. S. auch *Wackernagel*, Kl. Schr. 1325.

B. Deverbatives -*ius* als Primärsuffix; Typus ererbt, vgl. gr. ἅγιος altind. *śaṃsya- darśya*-, s. *Wn.-Dbr.* 800 § 646 a; 803 § 648. Im Latein nur in Spuren, oft zu komponierten Verben: *eximius* (*eximere*); *concubiā nocte* Enn.; *ar- īn-ferius* (zu *ferre*; infolge Beziehung auf *īnferī* Nachbildung *posteriae* CE 1255, 8); *oblīvia* Varro ling. 5,10 (sc. *verba*, 'vergessen'; vgl. auch § 275 B 2 Zus.). Von Simplicia: *genius*, *pluvius* (*aqua pluvia* XII tab. 7, 8 a), *fluvius*. – *ne-sapius* s. § 336, 2 c Zus. α; *socius* s. § 155 b.

C. -*ius* als Kompositionssuffix (vgl. § 256 c Zus.) bei verschiedenen Kompositionstypen. – 1. Bei praepositionalen Rektionskomposita: *ēgregius* (*ē grege* + -*ius*), *subiugia lora* Cato (*sub iugō*), *obnoxius* (*ob noxam*, daraus wohl verselbständigt *noxius*); *abstēmius*? – 2. Bei Besitzkomposita, volkstümlich, vorwiegend nach griech. Vorbildern (vgl. ὁμοπάτρ-ιος). Alt *acu-ped-ius*; *caldi-cerebr-ius* Petron.; *bimammius, aequicrūrius, prāvi*- und *torti-cordius* Aug. (nach gr. -κάρδιος?), *crassivēnius*; *lāti-clāv-ius* 'mit breiten Streifen'; *grandiscāpius, trīticum centigrānium* Plin.; *ūni-vir-ia* neben *ūni-vira* (Belege s. Diehl Chr. III 614); *sē-modius* s. oben A 2; *falsiiūr-ius* 'meineidig' Plt. Mil. 191 (*iūs*, sc. *iūrandum*), vgl. *in-iūr-ius* (*nefār-ius* von *ne-fās*). Als Name *Boni-fāt-ius* (nach griech. Εὐτύχιος). – Mit Umkehrung der Glieder: *ōridūrius* Gloss. (*ōre dūrō*). – Fem. *prīmigenia* (*primogenia* D 65, nach πρωτογένεια). *prīmicērius* univerbiert aus *prīmus cērae* (vgl. *prīmi-*

scrīnius). – 3. Bei verbalen Rektionskomposita: *Verticordia*; *fulcipedia*; *poscinummius*. Mit Umkehrung inschr. *domicurius* VIII 2797 (zu *cūrāre*). Schwer analysierbar *tubocantius* (wohl zu *cantāre*). – Zum griech. Typus ὁμο-γάστρ-ιος s. *Risch*, Mus. Helv. 2, 15–27.

D. Varia. Ohne faßbare Grundwörter. Adjektive: *caesius, ēbrius sōbrius, saucius, sērius, vatius*; *pius*. – Zu *spurius* s. *Kubitschek*, WSt. 47, 130–143 [Gl. 20, 284]: die Bedeutung 'unecht' ist durch Mißdeutung des Cognomens *Spurius* (*Sp.*) entwickelt: *Sp. f.* für *s. p. f.* '*sine patre filius*'. – Substantive: *nuntius* (**noventios?*, § 142b); *gladius, radius; tullius* 'σῦριγξ' Enn. bei Fest.; *longurius* Caes. Gall. 7, 84, 1 'ein Kriegsinstrument'.

E. *-ius* als spätlat. Suffix für Zunamen. In der späteren Kaiserzeit breiteten sich in der griechischen Namengebung die sog. Signa aus; ihre Bildungsweise findet seit dem dritten Jhdt. auch Aufnahme ins Latein und trägt bei zum Untergang des alten lat. Dreinamensystems. Formal sind es *-ios*-Ableitungen von Nomina (Δρακόντ-ιος, *Honōr-ius*), ganz besonders zuerst von Personaladjektiven (Ἱλάρ-ιος Γλυκέρ-ιος Παγκράτ-ιος Εὐσέβ-ιος, lat. *Hilarius* usw.); letztere wirken formal öfters wie Maskulinisierungen von -ία-Abstrakten: Ἡσύχιος Ἀκάκιος Ἀθανάσιος neben ἡσυχία ἀκακία ἀθανασία, *Cōnstantius Prūdentius* neben *cōnstantia prūdentia*. Im Latein breiten sich nach Ableitungen von adjektivierten Ptc. prs. besonders Namen auf *-antius -entius* aus: *Abundantius Exsuperantius Lactantius Vēnantius* und *Fulgentius Gaudentius Valentius Vincentius*, auch *Cōnsentius*; man beachte verselbständigtes *-entius* in *Magn-entius*, auch hinter verkürztem Stammwort in *Maxentius Auxentius* (zu *maximus, auxilium*).

Zu den Signa s. *Diehl*, RhM 62, 390; zu *-ntius Schwab*, Jbb. kl. Philol. Suppl. 24, 637ff.; weitere Lit. bei *Solmsen-Fraenkel*, Idg. EN 147[1]. – S. auch *Kajanto* 115f.

274. Substantiva auf *-ia*, im Kern nur denominative Gruppen.

A. Die Abstrakta auf *-ia*, Typen *audācia, mīlitia, exsequiae*.

1. Eigenschaftsabstrakta, abgeleitet von Adjektiven, Typus *audācia*, wohl ererbt (gr. σοφ-ία πονηρ-ία), doch in den anderen Sprachen selten (s. *Wn.-Dbr.* 840 § 670b).

a) Normalform im Latein vier- oder mehrsilbig, sehr produktiv von Adjektiven der 2. und 3. Dekl., doch fast nur von Personaladjektiven. Auswahl: *astūt- audāc- clēment- concord- dēment- fācund- inert- īnfām- iniūr- īrācund- memor- modest- perfid- pestilent- superb-ia*. Konkretisiert sind, notwendigerweise meist als pluralia tantum, etwa: *argūt-iae contrōversiae dīvitiae facētiae ineptiae miseriae vigiliae*.

b) Ständig zunehmend Ableitungen auf *-ent-ia*, also von adjektivierten Partizipien: *potentia praesentia prūdentia*, dann *adulēscent-ia cōnstant- ēloquent- neglegent- patient- reverent- sapient-ia* (vgl. *Szantyr*, Synt. 744 litt. f). Dazu *sententia* (zur Form gegenüber ptc. *sentient-* s. § 233 A), ursprünglich 'Meinung', in *sententiam rogāre* (d. i. fragen: '*quid sentīs?*'). – Hieraus deverbatives Suffixkonglomerat *-entia*; *valentia* und *cōnfīdentia* Naev. trag. 2 u. 4; *audientiam facere* Plt. Poen. 11, *dolentia* (für *dolor*) Laev., *decentia* (für gr. εὐπρέπεια) Cic.; weiter etwa *abstinentia indulgentia paenitentia*; *concupīscentia* Verbalabstrakt (wie gr. ἐπιθυμ-ία von -έω); in Anreden *ēmin- excell--entia*. So auch *-antia*, etwa *abund- ignōr- temper-antia*. – *ess-entia* als Wiedergabe von gr. οὐσία s. § 400 A 3. – *magnific-entia* zu *magnificus* wie Kompar. *-ficentior*, § 385c; entsprechend *mūnificentia*.

c) Ohne bezeugte Grundwörter: *contumāc-ia fidūc-ia incūr-ia luxur-ia pēnūr-ia* und plur. *calumn-iae indūt-iae intemper-iae* (§ 270 c) *praestīgiae*. Zu *ignōminia* s. *Forssman*, KZ 81, 72ff. – *cūria* aus **co-vir-ia* nach *Kretschmer*, Gl. 10, 149.

d) **Formales.** *industria* von alt *indostruus* (§ 336, 2 b), verkürzt für *-stru-ia*; ähnlich *reliquiae* für *-cu-iae* von *relicuus*, § 143 c β. – Das *-ia* der Abstrakta von Adjektiven auf *-ius*, für *-i-ia* (vgl. gr. abstr. ὁσία zu ὅσιος); so aber wohl entstanden nur *inglōria* 'ἀδοξία' Gloss. für *-i-ia* von *inglōrius* Cic.; die meisten Beispiele sind unsicher: *anxia* 'Angst' Drac. Orest. 558 ist eher Rückbildung aus *anxiāre*, *noxia* (*extra noxiam* Ter. Hec. 276) aus *innox-ius* (oder *obnoxius*). Zu angeblich *ēbria* 'Trunkenheit' s. *Friedrich*, Philol. 89, 443 [Gl. 26, 92]. Zu roman. **fortia* (frz. *la force* usw.) s. § 259, 2. – Suffix *-uria*: *cent-uria* nach *dec-uria* (auch umbr.), dies wohl nach *quīnc-uria* (vgl. umbr. *pumpeřies*), einer Nachbildung zu falsch zerlegtem **quetur-ia* (vgl. § 378 B, auch zu plur. *decurēs*).

e) Die bisher genannten Beispiele und auch die unter 2 und 3 folgenden sind, wenige Sonderfälle abgerechnet, alle mindestens viersilbig. Bei Adjektiven mit einsilbigem Stamm werden die Suffixe *-tās -tūdo* oder *-itia* verwendet, auch bei Personaladjektiven, vgl. den Gegensatz *sāni-tās īnsān-ia*, auch etwa *bland-itia forti-tūdo*. Nur scheinbar dreisilbig sind *cōpia* (*cōp-* aus *co-op-*, § 132), Gegensatz *inopia*, und *cūria*, s. oben. *grātia* ist herausgelöst aus *ingrātia*, s. § 447 II A Zus. – Zu *nuptiae* neben *nova nupta* s. *Szemerényi*, Syncope 326³.

Lit.: *Stolz*, HG 462f. mit älterer Lit. – *F. A. Demmel*, Die Neubildungen auf *-antia -entia* bei Tertullian, Diss. Zürich 1944. *Y. Malkiel*, Development of ... *-antia -entia* in the Romance Languages, Univ. of Calif. Publl. in Linguistics, Berkeley, I nr. 4, 1945, 41-187 (zum Latein 43-50).

2. Selten und sekundär von **Personalsubstantiven**; Typus *mīlitia*, so im Militärbereich (wohl nach *vigil-ia*): *mīlit-ia custōd-ia*. Kollektiv *familia* (osk. *famelo*) gleich pl. *famulī*, seit XII tab. 5, 4. Vgl. *centuria* oben 1d.

3. Scheinbar **deverbative Ableitungen**, als „Komposita", Typus *exsequiae*. Ein adjektivisches Zwischenglied ist entweder vorhanden oder vorauszusetzen, notwendigerweise als adjektivisches verbales Rektionskompositum nach § 336, 1 u. 2 bei Praefix oder Nomen als Vorderglied, da diese sich nicht mit Verben verbinden: *invid-ia* von *invidus* Plt., dies von *invidēre*, *vindiciae* von *vindex* neben *vindicāre*. Vorauszusetzen ist es bei *īnsidiae* (zu **in-sid-* vgl. *prae-ses -idis*), *dēsidia* Plt. (adj. *dē-sid-* Liv. ist Rückbildung), *dēlic-iae* (vgl. *il-lex* 'verlockend'), *exsequiae*, *exuviae*, *suppetiae* (vgl. adj. *prae-pet-*), *Esquiliae* (vgl. *incola*); mit *in-* privativum *inedia infitiae*; mit Nomen: *ax-ung-ia* 'Achs-schmiere', *malluviae* § 216a, *manubiae* 'Kriegsbeute' (*habēre*), *vindēmia* 'Weinlese' (zu **vīni-dēmus*, vgl. *prōmus*). In diese Gruppe gehören wohl auch *prōsapia*, *corrigia* 'Schuhriemen', *offūcia* 'Schminke' Plt., plur. *dīvidiae* 'Zerwürfnis' Plt. Acc., *excubiae exverriae* Paul. Fest.; *quidquidcadiae* bildet Festus (sub *quisquiliae*) aus *quidquid cadit*; Pflanzenname *citocacia* Gl. 17, 5. – Ein deverbatives **Simplex** ist *furia*, es erinnert an gr. μανία. Über deverbatives *-iā* in anderen Sprachen s. *Wn.-Dbr.* 833 litt. d; nach *Wackernagel*, Kl. Schr. 1295 sind auch Verbalabstrakta wie *dēsidia īnsidiae* als Typus ererbt; zu *īnfitiae* s. *Forssman*, MSS 32, 62 n. 27.

B. Substantivierte **Feminina von Personaladjektiven** auf *-ius*: *rēgia* (sc. *domus*); *victōria* (sc. *pugna*); *patria* (sc. *terra*), *Wackernagel*, Kl. Schr. 488; ähnlich wohl *colōnia prōvincia*. – Die **Ländernamen** auf *-ia* wie *Aetōlia Achāia Sicilia Apūlia Italia* sind die von Politikern und Historikern übernommenen griech. Formen (Αἰτωλία bis Ἰταλία, sc. χθών); ihnen folgen als lat. Bildungen (also mit Lehnsuffix *-ia*) etwa *Campānia Umbria Etruria*, *Graecia*, *Ūnomammia* 'Amazonenland' Plt. (vgl. *Oinumama* § 65), auch osk. *Vitelíú* (Allg. Teil 25* unten). Gleicher Art sind *Ibēria Gallia Germānia* usw. – Von deverbativem *io-*Adj. *pluvia* (sc. *aqua*) 'Regen', § 273 B.

C. Sonstige Substantiva auf -*ia*, ohne Einordnung oder sichere Anknüpfung. Tier- und Pflanzennamen: *bestia, cicōnia, luscinia, caecilia, tinia; tilia* (§ 190a), *vibia, vicia*. Gegenstände, Geräte: *acia* (*acus*), *ascia, fascia, fidēlia, fimbria, lacinia, māceria, māteria* (s. § 63), *storia, uncia*. Sonstiges: *fēriae* (§ 180b), *foria, glōria, nēnia, venia* (zu *venus* usw.); *hernia*. – Entlehnt *lautumiae* § 133 II a, *taenia*; mask. (gr. -ίας) *mastīgia, sīmia*.

275. Einfaches -*ium* bildet Neutra verschiedener Typen.

A. **Denominativa**, Muster *haruspic-ium* von *haruspex* 'Eingeweideschauer', Abstrakta von Personenbezeichnungen, mit je nach dem Grundwort wechselnden Bedeutungsausprägungen (Amt, Beruf, Betätigung, soziale Stellung, Gruppe); als Typus ererbt, vgl. osk. *medicim* *meddiciom 'Amt des Meddix', gr. μαρτύριον von μάρτυρ (*Chantraine*, Form. 56), lat. *convīv-ium* von plur. *convīvae* wie συμπόσ-ιον von συμπόται; altind. *adma-sadyam*; vorwiegend von Komposita abgeleitet; ursprünglich sicher substantivierte Neutra von -*io*-Adjektiven, vgl. got. *reiki* (nhd. *Reich*) aus *rēg-iom. – Von lat. Nomina personalia: *arbitrium artificium collēgium coniugium cōnsilium exilium* (*exul*) *hērēdium hospitium iūdicium magister-ium mūnicipium pāricīdium praecōnium puerperium sacerdōtium satellitium tībīcinium*; dazu *senium* von pl. *senēs, officium* von *opifex* (§ 102), *flāmōnium* nicht aus *flāmini-mōnium, sondern direkt von *flāmen* (§ 326 B); Suffixe -*tōr-ium* (§ 278, 2) und -*mōn-ium* (§ 276 B 1). – Weiter von substantivisch gedachten Personaladjektiven: *beneficium cōnsortium ieiūnium mancipium mendācium naufragium periūrium prīncipium sacrificium sacrilegium* (-*legus*) *silentium stultiloquium* (Plt., -*loquus* Plt.) *supplicium*, auch *biennium*. – Von verschollenen Stammwörtern: *com-it-ium* '*Zusammenkommen' (vgl. *com-it*- § 263 C), formal ebenso *in*- und *ex-it-ium*; *praemium* von *prai-emos 'vorwegnehmend', *quīnquertium repudium sōlācium contubernium* (plur. *contubernī); ähnlich *cōnfīnium*; vielleicht *convīcium* 'Schmähung' von *convīcī gr. σύνοικοι. – *domicilium* Plt. von *domi-cola 'Hausbewohner' (wie *agricola*)?

<small>Zu *convīcium* s. *Wackernagel*, Kl. Schr. 1284. – Bei Paul. Fest. zwei Etymologien „'*a vicis*' . . . *vel* . . *quasi* '*convocium*'", also zu *vōx*; letztere ist lautlich kaum zu halten: *ī* aus *ē* nach § 55a, dies ablautend zu *ō* in *vōx*; variiert von *Pisani* [Gl. 34, 226]: *vīc*- aus Aoriststamm -*veic*- (gleich gr. hom. Fειπ-, dissimiliert aus redupliziert idg. *we-wkʷ-*).</small>

B. **Verbalableitungen** verschiedener Art, mit Abzweigungen.

1. Verbalabstrakta von Verben der 1. Konjug., also bei -*āre* -*ārī*, Typus *dēsīder-ium* neben -*āre*. a) Zur Entstehung sei dies als Beispiel vorgeführt (vgl. Allg. Teil 72* § 62 Ende): Sowohl *iūdic-ium indic-ium* als *iūdic-āre indic-āre* sind denominative Ableitungen vom gleichen Grundwort *iūdex* bzw. *index* -*icis*; unter Bedeutungsspezialisierung mit Loslösung vom nominalen Grundwort werden vom Sprachgefühl *iūdicium indicium* als deverbative Ableitungen aufgefaßt. Entsprechende Dreiergruppen bestehen bei *augurium* (mit *augur augurārī*), bei *arbitrium auspicium dominium rēmigium sacrificium*. – b) Diese Umgruppierungen ermöglichten als Vorbilder unmittelbare Ableitung mit -*ium* von Verben auf -*āre*, die eine menschliche Betätigung ausdrücken, so *dēsīderium exercitium flāgitium imperium iūrgium lītigium nāvigium opprobrium suffrāgium suspīrium*, auch *vituperium*

(*Jud*, Vox Rom. 11, 137), *pecūlium, sēminium* (nicht direkt von *sēmen*), *adulterium* und *dēlīrium* (*adulter* und *dēlīrus* sind Rückableitungen aus *-āre*). – Die umgekehrte Ableitung, *-āre* zu *-ium*, möchte man vermuten für *fastīgātus, -āre* und (*in-*)*vestīgāre* neben *fastīgium vestīgium*, auch wohl für *aedificāre*. – Sondergruppe *-cin-ium* in *latrō- ratiō-cinium*, von Verben auf *-cinārī*, s. § 414, 6.

2. Von Primärverben der 3. (2. 4.) Konjug., doch nur von solchen mit Praeverb: *incendium* (*incendere*), *refugium, al- col-loquium, com- im-pluvium, suspendium, dis- ex-*(*s*)*cidium* (*scindere*), *obsequium*; zur 2. Konjug.: *remedium, prae-* und *sub-sidium*, zur 4.: *exordium* (*ex-ordīrī*, zu pl. *ordia* s. unten 3b); vgl. osk. gen. *kúmbennieís* (wäre lat. **conveniī*, vgl. italien. *convegno*). Für weitere Beispiele s. unten. – Für direkte Herleitung vom Verbum muß man mehrfach verschollene Praeverbkomposita ansetzen, etwa **dis-scindére* für *discidium*. Überdies kommen als Basiswörter auch verbale Adjektive in Frage, die neben solchen Verben stehen, etwa *cōnsul* und *prōfluus* (nach §§ 263 B 2 und 265 d) für *cōnsilium* und *prōfluvium* (zu *cōnsulere prōfluere*), oder mit konstruierbarem Zwischenglied *refugere → *refugus* (vgl. *profugus*) *→ refugium*. Beide Auffassungen sind möglich bei Lautdifferenz zwischen reiner Wurzel bei *-io-*Ableitung und charakterisiertem Praesensstamm beim lat. Verbum, etwa zwischen *cōnŭbium* (*ŭ* nach § 130 I A 2) *ex*(*s*)*cidium* und *nūbere scindere* (*Wn.-Dbr.* 831 litt. f); *Wackernagel* postuliert kaum zu Recht ererbte deverbative *-ium* und *-ia*.

Zus. Einzelheiten. *compendium* ist Konträrbildung zu *dispendium* von **dis-pendere* 'verteilt zuwiegen' (vgl. adj. *lībri-pēns*). – *dīvortium* 'Ehescheidung' zu dep. (3. plur./dual.) **dī-vertuntur* 'sie wenden sich auseinander' bzw. zu plur. **dis-vort-* (wie *con-iug-*; zu *-vort-* s. § 44 Zus.). – *praesidium* 'Schutz' mit *prae-* 'bei, zu Hilfe' wie in *prae-sēns*; formal gleich, aber mit *prae-* 'vor' (wie in *prae-esse*), *prae-sidēre* mit *praeses -idis* 'Vorsitzer'. – Zu *prōdigium* 'Vorzeichen' läßt sich nur formal vergleichen *prōdigere* 'verschwenden' mit *prōdigus*. – Nur metri gratia ist plur. *contāgia* Lucr. umgestaltet aus *contāgio -ōnis* Plt.; ähnlich *-ium* oder pl. *-ia* für *-iōn-* in *oblīvium* (plur. *-ia* als adj. s. § 273 B), *obsidium, dēliquium*; s. *Heraeus*, ALL 9, 133.

3. Echte und unechte eingliedrige Deverbativa auf *-ium*. a) Von *ē-*Verben, ihrem Auftreten nach ein alter Typus: *spatium* (*patēre*); *studium gaudium taedium*; *odium* (**odēre* § 162 c, Basis auch zu perf. *ōdī*). – b) Bei Zerlegung von unter C 2 behandelten Komposita zeigen die verselbständigten Schlußglieder formal die Gestalt von Deverbativa auf *-ium*: plur. *ordia prīma* Lucr. für *prīmordia*; *crurum fragium* Apul. aus *crūri-fragium*, *dentibus fricium* Plin. Val., (*auri-*) *scalpium* (Gl. 24, 157), inschr. plur. *dolia fecit* V 1729 Diehl Chr. 4185 (roman., frz. *le deuil*) aus *cor-dolium* (s. C 2); roman. **sternium* (lat. *lecti-st.*). Gleichartig wohl plur. *cremia* 'Brennholz' bei den „rustici" nach Colum., vgl. *tūri-cremus* Verg. Entstellt *cilium* Plin. aus *supercilium* (dies wohl zu *oc-culere*). S. auch *Niedermann*, Recueil 178 zu *scalpium*.

C. *-ium* als Kompositionssuffix: synthetische Komposita, als Abstrakta oft komplementär zu adjektivischen primären Komposita der §§ 336 ff.

1. Nach Muster der Deverbativa oben B 2 (*refugium*): *adagium* (*aio*), *ingenium praemetium prōlubium prōpudium supercilium*; zu *calāre concilium*, zu *mercārī commercium*.

2. Vorderglied Substantiv: a) als Objekt eines Verbalstammes beliebiger Konjugation; nach Muster umgedeuteter -*ium*-Ableitungen von verbalen Rektionskomposita (§ 336, 1b u. 2; vgl. auch *Jacobsohn*, Festschr. Leo 439), etwa nach *artific-ium naufrag-ium* analysiert als *arti-ficium nau-fragium*: *aqu-agium*, *vīvi-combūrium* Tert., *aedi-ficium, lumbi-fragium, denti-fricium, spīci-legium mal- pel-luvium* (§ 216a), *armi- tubi-lūstrium, aequi-lībrium, prīm-ordium, sti(pi)pendium* § 92 C, *auri- denti-scalpium, fēni-sicium, fronti-spicium, lecti-sternium* (399ᵃ, Wissowa, Rel. 422), *faci-tergium* Greg. Tur., *nās-turtium* (zu **tortāre*), *pan(n)u-vellium*, plur. *fordi-cīdia* Varro ling. 6, 15, *popli-fugia* (*fugāre*). – b) Mißbräuchlich auch mit Vorderglied als Subjekt der Verbalhandlung: *stīri- stīlli-cidium* (*cadere*), *galli-cinium* 'Hahnenschrei' (danach *-inium* in *conticinium*), *cordolium* (nur Plt. Apul. und romanisch) aus **cordi-dolium* (*cor dolet* Plt. Most. 149; zu *dolium* s. oben B 3b). Vorderglied als Lokativ: *domi-cēnium* Mart.; mit *nocti-surgium* übersetzt Festus (sub *egretus*) gr. (*)νυκτηγρέσια ntr. plur. – c) Schließlich schlechthin zur Verbindung zweier nominaler Glieder (etwa wie in Determinativkomposita, § 338, 1b): *terrimōtium* Gloss. 'Erdbeben' für *terrae mōtus* (kaum für *terra mōta*), *aquiductium* für *aquae ductus* (s. *Baehrens*, Komm. 124); *sōlstitium iūstitium* 'Rechtsstillstand' aus *sōl status, iūs statum*. – *cavaedium* Zusammenrückung aus *cavum aedium* nach *Skutsch*, Kl. Schr. 135².

3. Komplementär zu Besitzkomposita (etwa nach *bienn-ium* von *biennis*, analysiert als *bi-ennium*). Vorderglied Zahlwort *quīnqu-ertium, septi-montium* (zu *septem-m.* s. § 334, 1b), *bi- tri-vium* (für -*vi-ium*), *bi-sellium, bi-saccium* Petr. 31, 9 (frz. fem. *la besace*), *quadri-bācium* II 3386, *sēmi-cīnctium*; ähnlich *aequi-pondium, -noctium* Cato, *plēni- novi-lūnium*; danach -*ium* in entlehntem gr. τρί-κλινον lat. *tri-clīn-ium*. – Mit Adjektiv als Vorderglied: *lāti-fundium, meditullium* (*medius* und *tellūs*?), *prīvi-lēgium*.

4. -*ium* zur Substantivierung von praepositionalen Wendungen (Syntagmen), komplementär zu deren Adjektivierung (§ 340 A), vgl. etwa *per iūs* → (*periūrus* →) *periūr-ium*. *īnsomn-ium* 'Traum' von *in somnō* (nach gr. ἐνύπν-ιον von ἐν ὕπνῳ). Mit lokalen Praepositionen: *inter-column-ium* (nach gr. μετα-κιόν-ιον, vgl. μεταπύργιον und *Leaf* zu Hom. E 19); *inter-digit-ia -lūnium -mundia -nōdium*; *occipitium* Plt. (daraus rückgebildet für den Hexameter *occiput* Pers.; zu angeblichem *capitium* Isid. s. Gl. 19, 245), *post-līminium, pōmērium* (§ 95); *prae-clāvium -furnium -pūtium*, plur. *praecordia* 'Zwerchfell, Eingeweide'; *prō-scaenium, -cestria* (*prō castrīs*) Fest.; *sub-moenium -urbium*. So auch *adverbium* 'Adverb'. – Sekundär verbal empfunden (wie etwa *opprobrium*) wohl *prae-* und *dī-verbium* (nach gr. πρό- διά-λογος); vgl. got. *andawaurdi* 'Antwort'.

D. Verschiedenes. Denominativa: *somnium* 'Traum' (ererbt, gleich altind. *svapnyam* aksl. *sŭnĕje*, zu lat. *somnus*; s. zuletzt *Schindler*, Die Spr. 12,67); ferner *solium* 'Sitz' (von **sodā*, zu *sedēre*), auch wohl *corium* 'Fell' (Wz. *ker* in gr. κείρω), plur. *spolia*; *capitium* 'Mieder', *glandium* Plt.; *lūdibrium*; auch wohl manche der folgenden. – Sonstiges: *folium* (ererbt, § 41); *ātrium* (vgl. § 315, 2), *dōlium, fastīgium, gremium, labium, līcium, lōtium, praedium, proelium, sāvium, scrīnium; prōmuntŭrium* (*Jacobsohn*, Hermes 48, 311). - *auxilium* nach *Bloch*, Mus. Helv. 15, 136 aus *auctus -ūs + cōnsilium*. Zu *dulcium* s. § 364, 2 c. - Zu Typus altind. *ni-tya-* (*Wn.-Dbr.* 698 f.) gehört lat. *vī-tium* von Praepos. *vī-* (s. *Hoffmann*, MSS 23, 37 n. 4), auch wohl *propi-tius* von *prope, Wackernagel*, Synt. II 162.

E. Griechisches. 1. Lehnwörter: *obsōnium* ὀψώνιον 'Zukost'; *marsuppium* 'Geldbeutel'; auch wohl *saccipērium* Plt. Rud. 548 *σακκο-πήριον (σάκκος und πήρα), *indŭsium* (*-iātus* Plt.) *ἔνδυσιον (*Frei-Korsunsky* 22). - 2. Deminutiva auf *-iov*. Im Griechischen nicht belegte (s. *Frei-Korsunsky* s. vv.): *magīrisc-ium, indusium* (ἔνδυσις), *erōmen- monopod- nabl- prōlog-ium*; dazu plur. *tapētia* Plt. (zu οἱ τάπητες) mit neuem sing. *tapēte* Caecil. (nach *rēte* plur. *rētia*). Nach *pithēc-ium* als Kosewort (gr. *πιθήκ-ιον 'Äffchen') bildet Plautus (Mil. 989) *spinturnīc-ium* von einem lat. Vogelnamen; vgl. die griech. Hetärennamen bei Plautus wie *Pinacium, Crocōt-ium* (κροκωτός, § 299, 1 d). - *pall-ium* 'Griechenmäntelchen' ist gräzisierendes Deminutivum von lat. *palla* (*Frei-Korsunsky* 30), vgl. gr. χλαινίον zu χλαῖνα. Vielleicht *gutturnium* 'Gießkanne' Paul. Fest. von einem etr.-lat. *gutturna*. - Zu demin. -άριον lat. *-arium* s. § 277, 2 g.

276. Abstrakta auf *-itia -um* und *-mōnia -um*; hierbei *-ia -ium* nebeneinander, doch ohne gesicherten Zusammenhang.

A. *-itia* (mit *-itiēs*) und *-itium*, denominativ.

1. Als Feminina Eigenschaftsabstrakta, *-itia* im Kern von Personaladjektiven des Charakters und des Gemüts, *-itiēs* eher von Sachadjektiven. Zu *-itiēs* als Angleichung an *-iēs* s. § 270 c. - a) *-itia*: *amīc- bland- iūstlaet- maest- nēqu- pigr- pudīc- sēgn- stult- trīst-itia*, hierzu auch, bei Plt., *dūr-* und *mund-itia*; ferner *nōt-itia*. Erst später für Sachadjektiva: *long-* und *lāt-itia* VI 26259. - b) *-itiēs*: *amār- dūr- lāt- long- mund- tard- vāst-itiēs* usw.; *plān-itiēs* 'Ebene'. Künstlich (vgl. *immunditia* Plt.) *imbaln-itiēs* neben *illuv-iēs* Lucil. 600. - c) Sonderfälle: *pull-itiēs* 'junge Brut' Colum. 8, 9, 4 al., von *pullus* 'junger Vogel', wohl unmittelbar nach *puer-itia*, das Colum. 7, 6, 3 als 'Jugend' auch von Tieren (Ziegen) braucht. - *lān-itia* (*mollem e lanitia Attica ... vestitum* Laber. 67) zweifellos nach *mollitia* (*m. lanae* Plin.). - *prīmitiae* vom Adverb *prīmitus* § 281 c. - d) Zur Vorgeschichte. Prototyp war wohl *puer-itia*, nach *Meyer-Lübke*, ALL 8, 274 abgelenkte Nachbildung zu *mīlit-ia*; von da über *amīc-itia* weiter *bland-itia* usw. - Zum Rückgang von *-itiēs* s. *Szantyr*, Synt. 744 litt. g.

Nach *Brugmann* II 1, 194 *-iā-* Erweiterung von idg. *-(e)tā-*Abstrakten. - Zu *-itia* statt *-ia* s. auch § 274 A 1 e. - Weitere Lit.: *Stolz*, HG 463 f.; *Meyer-Lübke* II 519 (zur Ausbreitung im Romanischen).

2. *-itium*. a) Typus *serv-itium* von *servus*, von Personalsubstantiven abgeleitete Bezeichnungen der sozialen Stellung: *famuletium* 'servitium' Paul. Fest.; gleichartig wohl im Umbrischen lok. sing. (eher ntr. als fem.) *kvestretie uhtretie* 'unter der Quaestor- bzw. Auctorschaft'. - Kollektiva: *equ-itium* Colum. Ulp. und *av-itium*, von *equus avis*, nach dem bei Cicero häufig kollektiv gebrauchten *serv-itium*. - b) Semasiologische Gruppe *calv-itium*. Von *calvus* 'kahl' *calv-itium* 'Kahlheit' Cic., ursprünglich wohl als Merkmal des Sklaven, also nach *serv-itium*. Als Gegenstücke *lān-itium* 'Bewolltheit (der Schafe)' Verg. gg. 3, 384 sowie *capill- barb-itium* Apul. -

c) Für *serv-itium*, an das sich alles anschließen läßt, dürfte falsch zergliedertes *satellit-ium* (oder *comit-ium*) das Vorbild gewesen sein. Kaum dialektischer Herkunft; die umbr. Parallelen scheinen verdeckte Latinismen zu sein.

Verfehlt *calv-it-ium* als 'Kahl-gehen' zu *īre* (vgl. etwa *com-it-ium*), so zuletzt wieder Mezger, Lang. 24, 157 [Gl. 34, 218].

B. -*mōnium* und -*mōnia* sind im historischen Latein einheitliche denominative Suffixe; nach rein formaler Analyse sind sie Abstrakta auf einfaches -*ium* und -*ia* von Nominalstämmen auf -*mōn*-.

1. -*mōnium* bildet Abstrakta von Personalsubstantiven für eine soziale (auch juristische) Stellung und Funktion, ähnlich wie das einfache -*ium* in *sacerdōt-ium*, § 275 A 1): *patri-mōnium* 'das Erbe' und *mātri-mōnium* 'Ehe der Frau', ursprünglich 'Stellung des *pater* bzw. der *mater familias*' (verselbständigt aus Wendungen wie *patrimonium suscipere* 'die Stellung eines *pater f.* als Erbe antreten' und *in matrimonium ducere* 'in die Stellung einer *mater f.* einführen'). *testi-mōnium* 'Zeugnis' (aus *dicere pro t.* Cic. 'gemäß der Stellung als Zeuge'; vgl. auch § 259, 1 a); *vadi-mōnium* (zu *vas vadis* 'Bürge') 'Bürgschaft' (aus *v. promittere* sim.), Grdw. vielleicht als Name in *lacus Vadimonis* in Etrurien. – Weiterentwicklungen, auch von Adjektiven: bei Laberius *moechi- mendīci-* und *miseri-mōnium*; nach letzterem bei Petron 63, 4 *trīsti-m.*, sowie 61, 3 (als Gegenstück, deverbativ) *gaudi-m.* – Sonderfälle. *falsi-m.* 'falsches Zeugnis' in *reperiuntur falsi falsimoniis* 'als falsche Freunde durch *falsa testimonia*' Plt. Bacch. 541 (also nicht fem. -*mōnia*, so Thes.); *merci-m.* (öfters plur.) 'Ware, Handelsgeschäft' Plt. (Amph. 1, Stich. 404 al.), nach *testim.* (über *testārī* : *mercārī*). – Zu *flāmōnium* von *flāmen* s. § 275 A 1. – 2. -*mōnia* bildet Abstrakta von Personaladjektiven: *ācri- aegri- trīsti-, casti- sāncti-mōnia*; auffällig *parsi-m.* 'Sparsamkeit' Plt. (vgl. § 441 zu perf. *parsī*). *caeri-m.*, ev. etruskisch (dazu Roloff, Gl. 32, 128ff., 131ff.). – 3. Zur Vorgeschichte. Das vorausgesetzte Suffix -*mōn*- eines Zwischengliedes ist deverbativ (vgl. gr. τλή-μων μνή-μων, § 326 B), so im Latein mit fem. -*mōn-ia* nur *queri-mōn-ia* 'Klage' Plt. von *queror* und *ali-mōn-ia* (von *alere*), dies von *alimōn-* 'ernährend' (plur. *alimones* Gloss. Plac.), dazu Göttin *Alemōn-a* (vgl. § 269 B 3b), *alimōn-ia* 'Nahrung' Varro Men. 260 und dann II p. – Die Vermittlung zwischen deverbativem *alimōn-(-ia, -ium*) und den denominativen -*mōnia -mōnium* ist nicht deutlich.

Lit.: Zimmermann, KZ 39, 262–264; Stolz, HG 497, Pokrowskij, ALL 15, 370 u. 372 [vgl. Skutsch, Gl. 1, 399f.]. – Zu *mātrimōnium* s. auch Wackernagel, Kl. Schr. 469.

277. Mit -*ārius* (osk. -*asio*-) werden gebildet denominative **Adjektiva** nur von **Sachbezeichnungen**; von **Personenbezeichnungen** allein insoweit als die Personen als Sachen betrachtet werden; das gilt auch für *arbitrārius* 'ad arbitrum pertinens'. Substantivierungen sind sehr zahlreich.

1. **Gebrauch**, vgl. dazu auch *Nichols*, The semantic variability of -*ario*-, AJPh. 50, 40–63 (legt 21 Klassen fest [Gl. 20, 273]).

a) **Adjektive**. Alte Beispiele: *argent- oner-* (Naev. sc. *nāvis*) *patin-ūsūr-*; *cella vīnāria* u. *prōmptāria*; *Iānu- Febru-*; auch *precāriō* Plt. Speziell bei Cato agr., etwa (*dōlium, urceus, arca*) *amurc- aqu- must- vesti-*; (*falcēs*) *arbor- faen- strāment-*; (*asinus*) *clitell-* (auch Plt.) *mol- plaustr-*; (*crātēs*) *fīcstercor-*; *calcārius fornāx* usw. Neubildungen bei Plt. etwa: *āleāria lēx*; *ēsccrāpul-*; (*amīcus*) *auxili- cōnsili- manubi-*; *quaestus carcer-, aedēs lāment-, dī patell-, fūr thēnsaur-, fēlēs virgin-*. Alt auch noch: *bo-* (*bōs*, § 145f); *su-; via sal-; vīcus Iug-; palm-* Ter. Seit dem 1. Jh. v. Chr. etwa *āctuāria nāvis, ancorārius fūnis* Caes., *compendi-, fīdūci-, frūctu-, iūdici-, numm-, sūmptu-, tribu-, tumultu-* Liv., *valētūdin-* 'krank' Varr., *viāria lēx*.

b) Maskulina auf *-ārius*, substantiviert. Berufsbezeichnungen, meist Handwerker (als Hersteller) und Verkäufer von Waren (vgl. adjektivisch *faber ferrārius* Plt., *f. tign-* Cic., *f. lect-, pistor candid-, negōtiātor sēric-*; s. noch Plt. Aul. 508ff.): *aer-, ampull-, ānul-, calc-* 'Kalkbrenner' Cato, *calceol-, carbōn-, carpent-, centōn-, cori-, falc-, lān-, lapid-, lign-, marmor-* Plt., *māteri-, scrūt-* 'Trödler' Lucil., *scūt-* Plt., *statu-, vāscul-, alic-, avi-, altili-, botul-, cuppēdin-* Ter., *macell-, ole-* Plt., *pigment-, pōm-, porcīn-* Plt., *quasillāria* Petron, *salsāment-, unguent-, vīn-* Plt., *viol-* 'Violettfärber' Plt. Sonstiges: *argent-* 'Bankier' Plt., *mēns-* dass.; *besti-* 'Tierfechter', *rēti-* 'Netzfechter', *sīc-, incendi-*; *cisi-* 'Mietskutscher', *utricl-* (Gl. 9, 202); *furn-* 'Bäcker'; *pecu-* 'Viehzüchter'; *tabern-* 'Budenbesitzer' Plt.; *testāment-*. Als servi: *oper-* Plt. Cato; ferner *balne- cell- cubicul- lantern- lectīc- ōsti- silenti-*; Wärter von Haustieren: *asin-* Cato, *capr- columb- gallīn- pull-* Cic., von Anlagen: *salict-* Cato, *piscīn-, sacr-* 'Tempelhüter' Cic.; Ärzte: (*medicus*) *auricul- ocul- veterīn-*. Daher später als Beamte: *aqu- arc- āctu-* usw.; milites als Zugehörige zu einer Abteilung: *āl- classi- legiōn- vexill-*, unklar *rōr- tri- ferent-*; *mercēnn-* § 200bα; *essed- quadrīg- sagitt-*; *caus- ēmiss-*; *benefici- cornicul- duplic- rudi-*. Parteigänger: *aer- agr- Catilīn- pedprōlēt-*. Gentilicia auf *-ārius* s. *Schulze*, EN 415. — Ferner: *strufertāriī* Fest. — Zu *assārius* 'As' s. Gl. 34, 218 (*Wagenvoort*).

c) Substantivierte Neutra auf *-ārium*. Räumlichkeiten usw. Behälter (sc. *vās, scrīnium* sim.): *arm-* Plt., *ciner-* (*ossu-*), *libr-, ōll-* (Inscr. Dessau Index vol. III p. 941), *pān-* Varr., *urn-* ('Tisch') Varro, *vīn-* (sc. *vās*) Plt.; *sagīn-* 'Korb für Mästung von Gänsen'; *immiss-* 'Wasserkasten' Vitr. Gebäude und Räume: *aer-, armāment-, carn-* u. *fūm-*, plur. *grānāria* 'Kornspeicher' Plt. Cato, *pōm-, sacr-, sōl-* 'Söller' Plt. (dazu *nūbil-*), *tabul-*; *caldfrīgd- tepid-* (danach *balne-*); *api- avi- gallīn- lepor-, vīv-* Hor. (für *piscēs vīvī*; entlehnt nhd. *Weiher*); dazu *aestu-, ossu-*. Pflanzungen: *sēmin-, pōm-* (vgl. Cato agr. 48, 1), *ros-, viol-, virid-, vīti-* Cato. — Gebühren (sc. *dōnum, vectīgal* sim.): *āns-, calce-, cēr-* Cic., *column-* Cic., *loc-* (sc. *aes*) Varr., *ōsti-* Caes., *stipendi-, vās-* Cato. Geschenke: *congi- clāv- coroll- honōr- palm- pann- sal-*. Verzeichnisse usw.: *comment-, brevi-, summ-, ratiōn-* Suet. Dazu *Kalend-, itiner-*. — Varia: *sōlārium* (sc. *hōrologium*?) 'Sonnenuhr' Plt.; *auct-* Plt., *torcul-* (sc. *vās*?) 'Kelter' Cato; *cibāria* 'Futter, Ration' Plt. (nach *di-* 'tägliche Ration'?); *pulment-* 'Zukost'; *stlātāria* (*nāvis*?) Enn. ann. 226; *mīlli-*.

d) Substantivierte Feminina auf *-āria*. Erzgruben (sc. *fodīna*?): *aer- arēn- calc- ferr-* usw. Komödientitel (sc. *fābula*): *Aulul- Cistell- Mōstell- Vidul-* usw. Berufstätigkeit (sc. *ars*): *unguentāriam facere*

Plt. Poen. 703; *topiāriam f.* Cic.; *furn-* Cic.; *statu-*. Gestüt uä.: *equ- ovipecu-* Varro rust. 2, praef. 6. Pflanzen, sc. *herbae*, seit Plin. (*Cooper* 150). – *calvāria* 'Schädel'.

2. **Formale Besonderheiten.** a) Verkürzungen der Basiswörter durch Haplologie. *-t-ārius* bei Abstrakten auf *-tāt-* statt *-tāt-ārius*: *volupt-ārius* Plt., *volunt-* Cic., *hērēdit-* Cic., *sōlit-* Varro Cic. (*sōlitās* Acc.); *proprietārius* 'Eigentümer' Jur. – *sūdārium* 'Schweißtuch' Catull Petr. 67, 5 u. 13 (zu σουδάριον NT Luc. 19, 20 s. unten g) statt **sūdōr-ārium* (oder von *o*-Stamm **swoido-*, § 145b), nicht deverbativ von *sūdāre*. – *-ārius* statt *-āri-ārius* von Nomina auf *-ārium* (und *-āri-*): *bellārius* 'Verkäufer von *bellāria*'; auch wohl *pictores magnarii* VI 1739, 16.

b) *-uārius* steht normal in Ableitungen von *uo*-Stämmen, so *statu-ārius* 'Statuenhersteller', *febru-ārius*, und von *u*-Stämmen, *Iānu- pecu- sūmptu- tumultu-ārius*, auch vom pl. *ossua ossuārius*; aus solchen Vorbildern ist *-uārius* verschleppt, so in *dossu-* (*asellus* Varro; dazu als Rückbildung *Dossuo*). Nach *ossu-ārium* auch *bustu-* Cic., spät *sānctu-ārium*. Nach *arcu- statu-* (?) wohl *fabri tignuarii* (als Collegium in Arelate und Ostia; seltener *tign-arii*), auch *faber lectu-* (Thes. sub *faber* p. 11, 5). Wohl nach *lūctu-* spät *volupt-uārius*.

c) Ableitungen von **Adjektiven** einschließlich PPP und von Adverbien. Wie von Substantiven auch von substantivierten Adjektiven, so *fals-* Cato; *comment-* (sc. *volūmen*, von *commenta*); *parārium aes* Paul. Fest. (zu *par equōrum*); *quart- sext-* Cato, *mixt-* Lucil. (sc. etwa *urceus*, von *quarta* sc. *pars, mixta* sc. *pōtio*); *prīmārius* (*parasītus* Plt. '*qui primum locum obtinet*'); *bīn- quīn- sēn- dēn-ārius* (*dōlium quadrāgēn-* Cato, *lēx quīna vīcēn-* Plt.). Vielleicht *advers-ārius* von *adversae* sc. *partēs*. – Von adverbialen Ausdrücken; Vorbilder waren denominative *-ārius*-Adjektive, bezogen auf adverbial gebrauchte Kasusformen. So von *vice temere necesse subitō manifestō* bei Plt. *-ārius*; *praesent-* Plt. von *in praesentī*, *prōmptu-* von *in prōmptū* (dazu ntr. *prōmptuārium* sc. *armārium* 'Vorratsraum'); von *ordine* bei Cato, von *extrā ordinem* bei Caesar *-ārius*; von *frequenter frequentārium* '*frequentem*' Paul. Fest.; später etwa von *tempore clanculum perpetuō*, von *super numerum*. – Eine sekundäre Beziehung von *adversārius* Plt. auf die Praeposition *adversus* bot das Muster für *contr-ārius* Pompon. Varro Cic. von *contrā*; danach weiter *extr-* Ter. Phorm. 579, *ant-ārium bellum* Paul. Fest. (auch wohl *antārius fūnis* Cato). – Die enge semasiologische Bindung zwischen *-to-*Partizipien und *-tiōn-*Abstrakten dürfte der Anlaß gewesen sein, *-ārius*-Ableitungen von PPP zu bilden, die sachlich sich auf das Abstraktum bezogen: *auctārium* Plt. Merc. 490, *dat-* Plt., *admiss-* 'Zuchthengst' Plt. (dazu als Gegenstück *sectārius vervēx* Plt.); *remiss- subduct-* (*fūnis*) Cato.

d) Ableitungen von **Verben**. Ohne erkennbares Vorbild neben *-āre*: *postulāria fulgura* Fest. (sing. nomin. *-āris?*); *commūnicārius diēs* Paul. Fest.; zu *sūdārium* s. oben a; passiv *cruciārius* 'Gekreuzigter' Sen. contr., Petron. 112, 5. Neben 3. Konjug.: *gradārius equus* Lucil. 476, falls nicht von Subst. **grado-* (vgl. § 389 c β *gradātim*).

e) **Suffixwechsel.** α) *-ārius* und *-āris*. Genetisch und gebrauchsmäßig besteht kein Zusammenhang zwischen *-ārius* (aus *-āsios*) und *-āris* (Wechselform zu *-ālis*, § 313, 3 b). Nur sekundär entsteht durch die gemeinsame Form des ntr. plur. *-āria* bei Substantivierungen eine Berührung mit Flexionsvertauschung; s. dazu § 313, 3a Zus. und 3b. – Der Versuch von *Paucker*, KZ 27, 113–156, die „wesentliche Identität" von *-ālis/-āris* und *-ārius* zu erweisen, ist gescheitert. – β) *-ārius* und *-āneus* (§ 272). Bei *extrā* bestehen nebeneinander selbständige Ableitungen *extrārius* und *extrāneus*. Vermutlich ist das Gleiche anzunehmen bei *-āneus* neben *-ārius* in *praecīd- cōnsect-* und *ped- prōlēt- subit-*.

f) **Unerklärt**: *mortārium* 'Mörser' Plt. Cato, *simpludiarea funera* (§ 216a); *Pinārii*. – Nicht zu Suffix *-ārius*: *nefārius* Adjektivierung von *nefās*. Adj. *bi- tri-fārius* erst seit

Gell. Apul., hypostasiert aus unerklärten Adverbien auf *-am*: *bifāriam* Plt. Cato; s. *Skutsch*, Kl. Schr. 225.

g) Griechisches. Von voll latinisierten Lehnwörtern wie *charta* 'Papierblatt' (seit Varro Cic.; gr. χάρτης) sind lat. Ableitungen auf *-ārius* möglich, so *chartārius* mit *-ium*. Sonst aber ist neutrales lat. *-arium* hinter gr. Stammwörtern das gr. Deminutivsuffix *-άριον*: *ōdarium* Petron 53, 11 ist gr. ᾠδάριον; *fīmarium* 'Maske' Gloss. ist gr. φιμάριον 'Maulkorb' (*Heraeus*, RhM 80, 201 [Gl. 23, 141]); *mĭnărium* Plt. Rud. 1314 neben *mina* gr. μνᾶ; *sōnărium* ζωνάριον und *paenulărium*, Nov. Atell. 34. Auch *glossarium* bei Gell. 18, 7, 3 *lexidia et glossaria colligitis* ist neben λεξίδιον 'unwichtige Lexis' das gr. γλωσσάριον 'unwichtige Glosse'; erst spätere Umdeutung daraus ist *glōssārium* 'Glossar, Glossensammlung' (*Leumann*, Gl. 24, 156). – Umgekehrt gr. *-άριον* aus lat. *-ārium -ārius* vermutlich in σουδάριον (oben a), und sicher wegen des neutralen Geschlechtes in gr. ntr. δηνάριον ἀσσάριον und in *sextārius* > gr. *ξεστάριον, daraus retrograd ξέστης.

3. Zu Vorgeschichte und Herkunft. Lat. *-ārius* ist älteres ital. *-āsios*, so in osk. *sakrasias* 'sacrāriae', *purasiai, Flusasiais, degetasis*, auch als Dialektform statt *-ario-* in umbr. *plenasier urnasier* und in lat. ⟨*vi*⟩*asieis* Lex agr. 12, vielleicht auch in lat. *amāsius* (freilich deverbativ!). Doch findet *-āsio-* in der Grundsprache keine Anknüpfung.

Die Gleichsetzung lat. *-ārio-* osk. *-asio-* wird zu Unrecht bekämpft von *Terracini*, Origini prossime di *-ārius*, StEtr. 5, 317–346 [Gl. 24, 153f.], der aus italischen Ortsnamen *-ālis -āris -ārius* und *-āsius* als vier selbständige Suffixe erweisen will. – Versuche formaler idg. Herleitungen: Ableitung von *ā*-Stämmen, Muster *viā-sio-* neben *via*; Rechtfertigung des *s* aus einer Kasusform: *io-* oder *o-*Ableitung von altem gen. *viās* oder lok. pl. **viāsi* (*Buck, Prellwitz*, s. dazu *Stolz*, IF 18, 443²); aus Adjektivierung der Genetivendung *-sio* idg. *-syo* (die aber nur zu den *o*-Stämmen gehört), so *Brandenstein*, Gr. Sprw. III Göschen nr. 924, 21 oben. Gleichsetzung mit luv. *-assi*: *Ambrosini*, Studi e saggi ling. 2, 1962, 98–105.

Lit.: *Stolz*, HG 467ff.; *Brugmann* II 1, 195; *Cousin*, Mémorial 42³; *Heraeus*, ALL 12, 68; *Cooper* 147 u. 70; *Meyer-Lübke* II 507; *Stauff*, Le suffixe *-arius* dans les langues romanes, Thèse Upsala 1896. – Zu den german. Entlehnungen des Suffixes (got. *-areis*; nhd. *-er* in *Schäfer* usw.) s. *Wilmanns*, Dt. Gramm. II 283.

278. Die Adjektive auf *-tōrius* (*-sōrius*) sind ihrer Herkunft nach denominative Adjektive auf *-ius* nach § 273 A 1a von Nomina agentis auf *-tor* (*-sor*); man vergleiche die griechischen auf *-τήριος* wie σωτήριος neben Nomina auf *-τήρ*, auch umbr. *speturie*, wäre lat. **spectōriae*.

1. Adjektive, aus republikanischer Zeit etwa *Agitātōr-ia* Naev.; *nāvis mercātōr-ia praedātōr-ia* Plt. (*piscātōr-ia cumba* Afran., *nāvis* Caes.; *vectōr-ia* u. *speculātōr-ia nāvigia* Caes.); *saltātōr-ius* Scip. Afr.; *āleātōr- amātōr- nūgātōr-ius, cēnsōr- imperātōr- praetōr- senātōr-ius, dēclāmātōr-ius ōrātōr-ius, gladiātōr-ius*; *messōr-ius sūtōr-ius vindēmiātōr-ius, forum olitōr-ium*. – Dazu zwei Abzweigungen. a) Einheitliches deverbatives Suffix *-tōrius* ohne Grundwort auf *-tor* durch Analyse eines Musterwortes wie *piscātōr-ius* als *piscā-tōrius*. So *pugilātōrius*; *ūnctiōnēs sūdātōriae*; *meritōrius*; *tēctōria, versōria, dēvorsōria taberna*; doch erst später ganz geläufig: *vestīmenta cubitōria* und *cēnātōria* Petron, *vestis mūtātōria* Vulg.; *excīsōrius* Cels. – b) Denominatives |*-tōrius*, genauer *-ōrius*, von Beamtenbezeichnungen usw. auf *-tus*, nach *senātōrius praetōrius*: so von *lēgātus lēgātōria prōvincia* Cic. Att. 15, 9, 1; ähnlich *mūnus candidātōrium* ib. 1, 1, 2. Nach *praetūra* mit (*vir*) *praetōrius* 'gewesener Praetor' später zu *praefectūra* auch

(*vir*) *praefectōrius*. – Künstlich *puellātōrius* (*tībiae* Sol. 5, 19) nach *praecentōrius*.

2. Substantivierte Neutra auf *-tōrium -sōrium* (wie gr. -τήριον in χρηστήριον sim.): als reine *io*-Ableitung noch *praetōr-ium* 'Feldherrnzelt'; die meisten aber direkt deverbativ (vgl. Allg. Teil 72* § 62 zu *dormītōrium*). Bezeichnungen von Aufenthaltsräumen, Behältern, Gefäßen: *dēversōrium* 'Absteigequartier' Cic., *sēclūs-ōrium* 'Absperr-raum für Vögel' Varro, *sess-ōrium* Petron, *dormītōrium* Plin., *audītōrium* Quint., *ūnctōrium* Plin. epist.; *conditōrium* 'Sarg, Grab' Plin.; *gustātōrium* 'Schüssel' Petron; *pōtōrium* und *vās p.* Plin.

Zusatz. Formal bemerkenswert: *tentōrium* 'Zelt' Hirt., ursprünglich 'Bespannung', ist Nachbildung zu *tēctōrium* 'Bedeckung' Cato (adj. *-ius* Plt.) über *tēctus tentus*. – *piperātōrium* 'Pfefferfaß' von *piperātum*, etwa nach *gustātum gustātōrium*. – *cōnsistōrium* Tert. haplologisch für *cōnsisti-tōrium* von prs. *cōnsistere*, etwa nach *deambulātōrium* neben *-āre*. – *solvere portitōrī portōrium* (sc. *aes*) 'Hafengeld' oder 'Fahrgeld', Plt. Trin. 1107, vgl. Asin. 159, also haplologisch für *portitōr-ium*. – Unverständlich *territōrium*. Nicht zugehörig *prōmunturium*.

3. Substantivierte Feminina auf *-tōria -sōria*: *victōria* (sc. *pugna*), *versōria* (sc. *restis*). Für Petrons *barbātōria* 'Bartschur' und *comātōria acus* waren Vorbild verlorene Wendungen mit *tōnsōrius* (*culter* Petron); Zwischenglieder *tōnsus barbātus comātus*.

Lit.: *Stolz, HG* 465 ff.

279. Zwischen *-ĭcius* und *-īcius* besteht genetisch kein Zusammenhang. Beide sind zwar denominativ verwendet, aber nach Funktion und Gebrauch scharf geschieden. Zu beiden s. *Leumann*, Kl. Schr. 3–35, mit Stemmata der Entfaltung 12 u. 33; früher *Wölfflin*, ALL 5, 415–437; *Stolz*, HG 519 u. 522.

1. *-ĭcius* bildet Adjektive als Ableitungen von Beamtennamen: *patrĭcius* (*patrēs* 'Senatoren'), *aedīl- tribūn- praetōr- quaestōr-ĭcius*. Nach letzteren auch *pāstōr-ĭcius* Varro. Nach *lūdī aedīlĭciī* auch *lūdī Compitālĭciī* statt *-ālēs* und andere Festbezeichnungen: *Sāturnālĭcius, sodālĭcium, sacra gentīlĭcia, diēs nātālĭcius*. Substantiviert ntr. pl. *Sāturnālicia et sigillāricia* 'Festgeschenke' Spart. Hadr. 17, 3. – Ausgangspunkt wohl *patrĭc-ius* von einem verschollenen **patricus*. – Zu roman. *-aricius* vgl. *Spitzer*, Gl. 11, 224 f., *Thomas*, Romania 32, 217. – Merkwürdig inschr. Name *Doctĭcius* (Thes. Onom.).

2. *-īcius*, zwei Gruppen. a) *novīcius* und Typus *emptīcius*, mit *-īcius* erweiterte PPP. Nach dem unklaren (*servus*) *novīcius* ist (*s.*) *emptus* zu *emptīcius* erweitert, *emptīcius* ist Ausgangspunkt für die andern PPP mit *-īcius* (vgl. § 256b); teils kennzeichnen sie die rechtliche Stellung von Personen, so *adoptāt- adscrīpt- conduct- dēdit- dēduct- miss- recept-īcius*, teils die Eigenart von Waren, wie *advect- depst- foss-īcius*, teils sind sie Juristenfachwörter, so *cess- multāt- trāiect- trā(ns)lāt-*, auch *commendāt-īcius*. Vulgäres bei *Heraeus*, ALL 12, 71. – S. auch *Conrad*, Gl. 15, 37 zu *-īcius* im Senarausgang bei Plautus.

b) Materialadjektive von Werkstoffen, meist solchen des Bauhandwerks. *caement-īcius* 'aus Hausteinen': *murus* D 25 (das *ī* mit *I* longa geschrieben), *parietes* Inschr.; *strāment-*: *casae* Bell. Hisp. 16, 2; *crāt-*: *paries* Vitr. (auch Fest. s. *solea*); *later-* 'aus Ziegelsteinen': *domus* Varro Men. 524. –

Das Musterwort war *congestīcius* (vom Typus *empt-īcius*), aufgefaßt als 'aus *congesta* hergestellt', vgl. Caes. civ. 2, 15, 1 *aggerem . . . ex latericiis duobus muris* von gleicher Breite wie *ille congesticius ex materia agger* (*Leumann*, Kl. Schr. 292).

c) Isoliertes. *ērīcius* '(wie ein) Igel' Varro Men. 490, 'Igel' Ambr., romanisch, 'eine Kriegsmaschine' Caes. Sall., vielleicht als Materialadjektiv in der Soldatensprache entstanden 'aus Igel (*ēr*) bestehend'. – Als Stoffadjektive von zwei Wurzelfrüchten: *cēp-īcius* altlat. von *cēpa* 'Zwiebel', *rāp-īcius* von *rāpum* 'Rübe', Nachbildungen eines *rādīc-ius von *rādīx*? Ohne Zusammenhang mit Suffix *-āceus*. – *pellīceus* s. § 83 B.

c) *-uos -vos*, mit *-īvus -tīvus* (§§ 280–281)

280. *-vus* und *-uus*. Viele isolierte Bildungen.

1. **Vorbemerkungen.** a) **Lautliches.** Für nomin. akk. sing. steht im Altlatein *-vos -uos* und *-vom -uom*, § 46. – Das lat. *v* (*u̯*) setzt im Allgemeinen idg. *w* unverändert fort; hinter Vokalen und *r* kann es auch Vertreter von idg. *gʷ* (und *gʷh*) sein, so wohl in *torvus* § 157, 1b, *ervum* § 264, 1b. – Die Verteilung von lat. *-vo-* und *-uo-* entspricht nur teilweise dem vorhistorischen Zustand; und infolge der Vokalschwächung geht ,,vorhistor. lat. *-uo-*" meist auf *-ovo- -evo-* zurück (Muster *dēnuō*, § 143a). – Lat. *-vo-* ist erhaltenes älteres *-u̯o-* bzw. idg. *-wo-* hinter Vokalen (*laevus*), teilweise hinter *r* und Guttural (*corvus, equus lingua*); es kann auf ,,vorhistor. *-uo-*" zurückgehen hinter *r* und *l* (*arva, cervus, salvus, mīlvus*, § 141bα, auch § 217b zu *lu̯ > ll*), sowie hinter Guttural (*reliquus*). Lat. *-uo-*, hinter Konsonanten (außer *r, l*, Guttural) ist teils erhaltenes ,,vorhistor. *-uo-*" aus *-evo-*, teils aus *-u̯o-* neu entstandenes *-ŭo-*.

b) **Morphologisches.** Es gibt zwei entwickelte lat. Adjektivsuffixe, das deverbative *-uus* und das Suffix *-īvus* mit (deverbativem) *-tīvus* (§ 281). Dagegen stehen die Substantiva (mask., fem., neutr.) im Latein ziemlich isoliert nebeneinander und gehören daher mehr in den Bereich der Etymologie; ebenso die Adjektiva auf *-vo-*, unter denen nur Farbadjektiva eine kleine Gruppe bilden. – Nicht zugehörig sind Nomina mit wurzelhaftem *-vo-*, so *deivos* oder adj. *novos*.

2. **Die isolierten Bildungen.**

a) Alt ,,vorhistor. *-u̯o-*", d. h. lat. *-vo-* hinter langem Vokal, und teilweise hinter Guttural, *r, l* (?). **Substantive.** Mask.: *deivos* (*deus*, § 65), *naevos* 'Muttermal' (mit *Gnaiu̯os Gnaeus*, § 192); *clāvus, fāvus*; *equos* § 155a; *urvus gr. ὄρϝος § 264, 1; *corvus*; fem. *alvus* gr. αὐλός § 112c. Deutlich deverbativ: *clīvus* § 65; *rīvus*. Ntr. *aevum*. – Fem.: *clāva, stīva*; *lingua* § 162c; zu b: *ulva, valvae, silva*. **Adjektive**, ziemlich viele ererbt: *scaevus laevus* (§ 65), *saevus, prāvus, prīvus* (ital. *preiu̯o-*); *parvus* § 112c; *protervus*; *calvus* avest. *kaurva-*; vielleicht hierher *arduus* (§ 64, § 171b Zus.). Deverbativ: *vīvus* (§ 53; *gʷīw-os oder *gʷī-wos?); *nāvus* mit *ignāvus* (Wz. *gnō*; *ā* aus *ō* nach § 56, 1b); vielleicht *servus* (§ 264, 3). – Farbadjektiva auf *-uo-* (*Brugmann* II 1, 201; aus *u*-Adjektiven nach *Specht*, KZ 65, 200 f.): *flāvus* 'gelb'; *rāvus* 'grau' (?); *līvos (in *līvēre*?, ersetzt durch ptc. *līvēns*); *helvus* 'gelb' (§ 148dβ), *gilvus* 'honiggelb' (?), *fulvus* 'dunkelgelb', auch *furvus* (§ 49a).

b) Alt „vorhistor. *-uo-*" (lautlich meist aus *-ou̯o- -eu̯o-*), d. h. lat. *-uus*, dazu einige *-rv̯o- -lv̯o-*; das deverbative lat. Suffix *-uus* für Adjektive s. unten. – Vereinzeltes, meist denominativ. Substantiva: Ererbt *patruus* 'Vatersbruder' (Grdf. unklar; vgl. gr. πάτρως) und *vidua* (§ 171 b α). Ferner mask.: *carduus, mīluus lituus; acervus*; fem.: *bēlua, lārua* (jünger *lārva*); *Minerva* (vgl. § 180d); ntr.: *februum* 'purgamentum' Varro, Paul. Fest., Ov. fast. – Adjektiva: substantiviert *cervus* 'Hirsch' (gleich gr. κερα(F)ός 'gehörnt', bei Homer Attribut zu ἔλαφος). *salvus* § 60 Zus. a; *cernuus, strēnuus*.

c) Im Latein *-uus* denominativ abgeleitet: *noctua* 'Eule', von *noctū*, s. § 266 a β. – *annuus*: Vorbild für *annuus magistrātus* war *perpetuus mag.*, wie man annehmen darf; nach *annuus* dann *mēnstruus* (vgl. Catull 34, 17 f.), über *bi-ennis -mēnstris* (nach *Szemerényi*, Gl. 38, 116⁴: *-truus* aus **mens(i)-teros*). Deverbativ (gleich gr. -τέFος?), oder *-uus* von einer *to*-Ableitung: *mūtuus* 'geborgt' (von **moitos*, Allg. Teil 29* § 22 a, oder von *mūtāre*). *fātuus* 'weis-sagend (ein Gott)', zu *fātum*? – *statua* ist Rückbildung aus *statuere* (*st. statuam* Plt. Curc. 139, Cic., D 332). – Ptc. *mortuus* hat Grdf. **mr̥-two-* (§ 59).

Lit.: *Wn.-Dbr*. 919 § 736 (*patruus*, mit Lit.; dazu *Schmeja*, IF 68, 22 nr. 26); 711 f. (*mortuus, mūtuus*). – Zu *mortuus* s. auch § 140 c.

3. **Adjektivsuffix -*uus***, deverbativ, von Verben der 3. 2. (und 1.) Konjugation ableitend; bei transitiven Grundverben meist passive Bedeutung, ähnlich der von *-bilis*. Alt und vielleicht Musterwort ist **arə-u̯os* 'pflügbar' (vgl. gr. ἄρου-ρα) von *arāre*; so *agri arvi et arbusti et pascui* Cic. rep. 5, 3, meist substantiviert ntr. plur. *arva -ōrum* (sc. *rūra*; auch fem. *arva -ae* Naev., umbr. akk. *arvam*). Danach in der Landwirtschaft *pāsc-uos*, Plt. Truc. 149 *non arvos hic sed pascuost ager* (meist ntr. plur. *pāscua -ōrum*), mit *compāscuos ager* Sent. Minuc., Lex agr. (ebd. 25 *compāscere*), *silva caedua* und *hortus irriguus* Cato agr. 1, 7. – Aus anderen Bereichen, fast nur von Verben mit Praeverb: alt etwa *assiduus* XII tab. (danach Scherzbildung *accubuus* Plt.), *ambiguus* 'umstritten', *continuus, dīviduus, exiguus, ingenuus, perpetuus* (neben *perpet-*), *perspicuus, praecipuus, prōdiguus* (*hostiae* Fest.), *prōmiscuus, relicuus* § 143 c β; *vacuus* nach *aruus* (*ager frugum vacuus* Sall. Iug. 90, 1; von *vacāre*). Zuerst im Hexameter: *riguī . . . amnēs* Verg., *innocuus* Verg. (*nocuus* mit Negation Ov.), *occiduus* Ov. 'untergehend (*sōl*), westlich', *contiguus*; *supervacuus* Hor. Ov. 'überflüssig' ersetzt im Vers älteres *supervacāneus* Cato Cic.

Zusätze. Hierher wohl *caterva* (**-ua*) von *ā*-Verbum (umbr. *caterā-*). – Zwischen den Suffixen von *vocīvos* Plt. und *vacuus* klass. 'leer' besteht vermutlich kein genetischer Zusammenhang. – Als möglichen Prototyp mag man außer *arvos* in Erwägung ziehen *mūtuus* neben *mūtāre* (s. oben 2 c), auch *continuus*, sofern man dies nicht direkt von *tenēre*, sondern von einem alten *nu*-Praesens (gr. τάνυ-ται, τανύω) herleitet.

281. Die Adjektivsuffixe *-tīvus* und *-īvus* sind zusammenzufassen. Ich ordne die mannigfachen Verwendungen als Verzweigungen, die vom Typus *captīvus* gleich *captus* ausgehen. Ein passives *-to*-Partizipium, etwa *captus*, wird nach Ausweis des altlat. Gebrauchs durch Erweiterung mit *-īvus* zu einem Eigenschaftsadjektiv, hier *captīvus* (vgl. § 255 b). – Aus diesem Typus *captīvus* entwickelt sich ein denominatives *-īvus*, das richtig suffixal eine Zugehörigkeit ausdrückt, gebraucht vorwiegend bei Abstrakta mit den Suffixkennlauten *t* und *i*. Ausgangspunkt hierfür war die sachliche, dann auch morphologisch gefaßte Kombination von *-tīvus*-Adjektiven mit den Verbalabstrakten auf *-tiōn-*; hiernach *-t-īvus* von vielen *t-*Nomina (Abstrakta auf *-tāt-* usw.) und ebenso *-īvus* von Verbalabstrakta auf *-iōn-*, weiter von *-iēs -ia*. Hiernach ordnen sich die folgenden Gruppen.

a) Typus *captīvus*. Bei Plautus *sub-* und *ab-dit-īvus, adscrīpt-, capt-* (Schreibung *-eiv-* im späten akrostichischen Argument des Plautusstückes als *capteivei*), *fugit-* (nach *capt-*); bei Cato *condīt- strīct- tort-*; bei Cic. *īnsitnāt- stat- vōt-īvus, praerogātīva centuria* 'zuerst befragt' usw.; bei Hor. *abortīvus*; später *ortīvus* 'aufgehend, östlich' Manil., *dōnātīvus indictīvus* usw. – So auch vereinzelt von Adjektiven: *fēst-īvus* Plt.; *tempestīvus* s. unten; *lixīvus* 'ausgelaugt' Cato (vgl. *ē- prō-lixus*, wohl zu *līquitur*); *crūdīvus* Anthim. nach *coctīvus*.

b) *-tīvus* in Beziehung auf *-tio*: Typus *comparātīvus*. Sachlich gehören *instaurativi ludi* und *instauratio ludorum* Cic. zusammen. Von hier aus die neuen Fachtermini, die nicht mehr bedeutungskonform mit den *to-*Partizipien sind; sie haben vielmehr „aktive" Bedeutung; bei Cicero stehen *comparātio dēfīnītio dēlīberātio dēmōnstrātio ratiōcinātio trānslātio* neben *-tīvus*. Weiter so etwa *āct-īvus administrāt- collēct- incent-īvus* neben *-io*; in der Grammatik die Termini *pass- indicāt-īvus* und *nōmināt- accūsāt- genet- dat-īvus*. So auch wohl spät *lēgātīvus*.

Zu *-ntia* (eher als zu Partizipien auf *-nt-*): *absent-īvus* Petron., ähnlich *substant- concupīscent-īvus* Tert.; dazu *spont-īvus* Sol. *-ātīvus* korrelat zu *-ālis* in *plūr-ātīvus*. – Zu *-tāt-* in der Kaiserzeit: *cāritāt-īvus, quāli- potes- volup-tātīvus*.

c) Von anderen Nomina mit Kennlaut *t*. In der Landwirtschaft: *cucurbit-īvus* Cato agr. 7, 4. *sēment-īvus* Cato (*sēmentis*). *arbust-īva vītis* Colum. *arment-īvus* Plin. – *tempestīvus* Plt. Cato (gleich adj. *tempestus*) wurde durch Beziehung auf *tempestās* Muster für *aestīvus* Plt. von *aestās*; hiernach als Jahreszeitenadjektiv auch *hōcannīvus* von *hōc annō*. Nach *tempestīvus* auch *prīmitīvus* Colum. von adv. *prīmitus* Lucil.: beachte *primitus cum exit vitis, resecari solet* Varro, *primitivas vites resecare* und *-ivi flores* Colum. Hierzu auch *prīmit-iae* Verg., vgl. *primitias vitis resecare* Colum. – Sonstiges. *fūrt-īvus* Plt. (wohl nach *captīvus*). Spät *comit-īvus* von *comes*.

d) *-īvus* dem Anschein nach deverbativ als Primärsuffix, aber meist zugleich kombinierbar mit Abstrakta auf *-ia -ium -iōn- -iēs* als vermutlichen Stammwörtern. Neben *-ia* (vgl. *absent-īvus* oben b Zus.); *rediv-īvus* von *reduviae* (nicht mit adj. *vīvus* als *red(i)-vīvus*). – Neben *-ium*: *prōdig-īvus* (*hostiae* Act. lud. saec. Aug. 91), das Primärverbum fehlt. *indic-īva* 'Angeberlohn' nur Sen. rhet. – Neben *-iōn-* (wie *-tīvus* neben *-tiōn-*): *internecīvum bellum* Cic. Liv. neben *internecio* Acc. – Neben *-iēs* (?): *intergerīvī parietēs* Paul. Fest. (Ausdruck des Bauhandwerks, vgl. dazu *congeriēs*). – Ohne Abstraktum mit Kennvokal *i*: *vacīvos* (bzw. *voc-*) Plt. gleich klass. *vacuus*; danach wohl *nocīvus* Phaedr. Plin. für *nocuus*. *recid-īvus* Verg. (mit *cad-īvus, māla* Plin.), wohl von **recidiae*, ähnlich *subsic-īvus* (*secāre*) 'erübrigt' Grom., übertragen fem. *opera* Lucil. Cic.

e) Rest. *Grādivus. salīva, gingīva*. Adj.: *lascīvus, dalīvus*; *sonīv-ium tripudium* Cic. – Griechisch: *olīva Achīvī Argīvī* (§ 140 c δ). *archīvum* ist hyperkorrektes *archīum* (ἀρχεῖον), nach *rīvus* neben *rīus*, Timpanaro, Studi Urbinati 31, 1957, 195f. Zu *mūsīvum* (*opus* 'Mosaik') vgl. App. Probi *musium vel musivum, non museum*; das Wort ist eher afrikanisch als griechisch, die Bedeutung fehlt bei gr. μουσεῖον; s. bes. *Baehrens*, Komm. 64 und W.-H. sub *mūsēum*, beide für griech. Herkunft.

Lit.: *J. Breitmeyer*, Le suffixe latin *-īvus*, Thèse Genève 1933, mit vollständigem Material [Gl. 24, 153 oben]; *W. F. Otto*, IF 15, 35f.; 38f.; *Stolz*, HG 474–477; *Meyer-Lübke* II 540. – Herkunft unbekannt; keine sachliche Anknüpfung an ein idg. Suffix *-wo-*. – Lat. *-uos* und *-īvos* vereinigte man (z. B. *Hirt*, IF 31, 6) rein formal als *-vo-*Ableitungen von *o*-Nomina: *-uos* als *-o-vos* vom *o*-Stamm, *-ī-vos* von dessen *ī*-Form (gen. sing., s. § 345, 10 b); aber zwischen den Funktionen der beiden ist kein Zusammenhang ersichtlich. – Zu *-īvus*: ursprünglich, etwa in *fēst-īvus*, zweites Kompositionsglied, *eiwos (ai. *evas* 'Gang' nach *Brugmann*, IF 17, 369–373, oder *aiwom (lat. *aevum*) 'Zeit' nach *Sütterlin*, IF 45, 308. – Vergleich von deverbativem *cadīvus* und *secīvus* (*libum*, Fest.) mit aksl. *chodivŭ* 'wandelnd' (wo *ĭ* zum Verbalstamm gehört) und *sěčivo* 'Axt' bei *Meillet*, Etudes à l'étymologie du v.-slave II 365. – *-tīvus* nicht gleich ai. ptc. (gerundivum) auf *-tavya-*, so *Bopp*, s. *Wn.-Dbr.* 615 § 460 Ende.

d) Die Gruppen *-lo- -ro-*, mit Deminutiva auf *-ulo- -ello-*, nom. instr. auf *-tro- -cro- -bulo-*, abstr. auf *-tūra*, adj. Typus *extero- intimo-* u. a. (§§ 282–288)

282. Deminutiva im morphologischen Sinn werden gebildet mit *-ulus -um -a*, auch *-ellus -illus -um -a*, vorwiegend von *o-* und *ā-*Stämmen, ferner mit *-culus* und *-cellus -um -a*, diese meist bei Substantiven der 3. 4. 5. Deklination. Die Dreigeschlechtigkeit beruht darauf, daß im Latein das Geschlecht der Grundwörter beibehalten wird, vgl. *digitus -ulus, auris auricula, vās vāsculum*; das steht in scharfem Gegensatz zum nur neutralen Geschlecht der Deminutiva im Neuhochdeutschen auf *-chen -lein* und der griechischen auf *-ιον*. – Die Bezeichnung „Deminutiva" (modern auch „Diminutiva", nach frz. *diminuer, diminutif*), also 'Verkleinerungsformen', nennt wohl die Hauptfunktion; doch ist mit dieser der Gebrauch als Koseformen (Hypokoristika) vielfach untrennbar verknüpft; ihm entspringen die vielen Augenblicksbildungen ungezwungener Sprache, etwa bei Plautus, Catull, Cicern in den Briefen, Petron in den Freigelassenengesprächen. – Die im Latein mögliche Deminution von Adjektiven erfolgt nur unter Einschränkungen.

A. *-ulus -um -a*, alt *-olo-* aus *-elo-*. Von *o-* und *ā*-Stämmen: *digitulus foculus*, auch *Graeculus Poenulus, oppidulum, cistula lūnula*; als 2. bzw. 3. Deminutivum *ancillula cistellula* (von demin. *ancilla cistella*). Lautlich *-ol-* in *-eolus -iolus* (nach § 91 aβ): *calceolus Puteolī, linteolum, laureola* und *filiolus -a, gladiolus, palliolum, bestiola*. – Seltener von Nomina der 3. Dekl.: *adulēscentulus -a nepōtulus rēgulus sacerdōtula aetātula, glandulae* 'Mandeln (Drüsen)', *capitulum*; bei Stammauslaut *c* nur *-ulo-* statt *-iculo-* durch praeventive Ferndissimilation: *nūtrīc-ula meretrīc-ula fac-ula vōc-ula*; auch *calc-ulus* (unten D 1); von *-āc*-Adjektiven *-āc-ulo-*, *dīc-* Plt., *loqu-* fem. Lucr., *nūg-* Petr., ebenso *ferōc-ulus* Turpil. 107 Bell. Afr. 16, 1.

B. Die Formen mit *ll*, also *-ellus* (mit *-cellus*), *-illus*, *-ullus -um -a*, dazu *-llo-* hinter Langvokal. Das *ll* entspringt nicht expressiver Konsonantengemination, sondern der Assimilation eines stammauslautenden *l r n* in einigen Musterformen an das *l* von *-elo-* (> *-ulus*) nach Synkope von dessen *e* (mit *rl nl* > *ll*); zum Lautlichen s. §§ 149 a δ u. 216 a.

1. *-ellus -um -a.* Aus *-(e)l-(e)lo-*: *catellus* von *catulus* aus *-elos*; *ocellus* von *oculus* (aus *$*ok^w$-los*?), *tabella* zu *tabula* (aus *$*tablā$*?, § 114b Zus.); zweite Deminutiva von *-ulo*-Deminutiven: *porcellus cistella ofella*; adj. *novellus* osk. praen. *Núvellum*; von *-culo*-Deminutiven: *flōscellus, aucella* (von *avicula*, § 258 A 1a). – Aus *-er-(e)lo-*: *tessella*; adj. *misellus tenellus*; aus postkons. *-r-(e)lo-*: *agellus (agro-) libellus, castellum sacellum flagellum scalpellum, capella dolābella Fenestella lībella*; adj. *nigellus*. – Aus *-en-(e)lo-*: *asellus (asinus); lāmella, columella*, auch Cogn. *Col. (lāmina, columna); patella (patina* gleich πατάνη Sophron; *patera* retrograd); adj. *bellus* aus *$*d\underline{u}enelos$* (zu *bonus*).

2. *-illus -um -a.* Aus postkons. *-l-(e)lo-*: *axilla* zu *āla* (aus *$*aks-lā$*, § 209a), ebenso *pauxillum* zu *paulum* (s. unten E 2). – Aus postkons. *-n-(e)lo-*: *pugillus (pugnus), sigillum tigillum, scabillum (scamnum,* § 200c). – Bei *i*-Stamm *pastillus* von *$*pastni-$* (> *pānis,* § 211d). – Ferner *lapillus*, wenn aus *$*lapid-los$*. – Zu *-illa* gr. -ιλλα in weiblichen Cognomina (*Drūsilla* usw.) s. § 269 B 5a.

3. *-ullus -um -a.* Aus *-or-(e)lā*: *ampulla* (zu *amphora*, § 165aα). – Bei Nomina personalia auf *-n-* der 3. Dekl. (*-o -inis* und *-o -ōnis*) aus *-on-(e)los*: *homullus ($*hemon-(e)los$), lēnullus, Caesulla* (§ 269 B 5a); üblicher ist *-culus* in *homunculus* usw.

4. *-llo-* nach Langvokal. *-āllo-*: *rāllus* 'dünn' (*tunica* Plt. Epid. 230) zu *rārus* (kaum als *$*rād-los$* zu *rādere*). Aus *-ān-(u)lus*: cogn. *Hispăllus* neben *Hispānus* (D 546 f.); nicht *Messālla* aus *-ānula* (von *Messāna*?, so *Kajanto* 194), s. § 295, 1aγ. – *-ēlla*: *catēlla* zu *catēna*. – *-ōlla* (nicht *-ŏlla*, wegen *ŏ* > *ŭ* in *homullus*): *corōlla (corōna), persōlla* Plt. Curc. 192. – *-īllo-*: *hīlla (hila* cod. Varro) 'Darm, Wurst' Laber. Hor. (zu *hīra* Plt. Curc. 238, vgl. Paul. Fest.); *stīlla* 'Tropfen' (vgl. *stiricidium*). Aus *-īn-(e)lo-*: *catīllus (catīnus); vīllum* 'Weinchen' Ter. Ad. 786 (wohl nach gr. οἰνάριον); *pulvīllus* Hor.; adj. *rēgīllus* (von *rēgīna*, als Scherzbildung Plt. Epid. 223 *an regillam induculam an mendiculam*?); auch wohl adj. *bovillus suillus* mit *ī* als Ableitungen von adj. *-īnus*. – *-ūllus*: *ūllus nūllus* aus *$*(ne-)oin-(e)los$*. – *-aullo-*: adj. *paullus paulus*, falls aus *$*paur-(e)los$* (vgl. § 209a).

C. *-culus -um -a*, alt *-colo-* aus *$*-kelo-$* (mit 2. Deminutivum *-cellus -um -a*, aus *$*-kel-(e)lo-$*), vorwiegend von Nomina der 3. 4. 5. Dekl. Zwischen demin. ntr. *-culum* (später *-clum*) und dem deverbativen Suffix ntr. *-culum* (älter *-clum*) aus idg. *-tlom* für Instrumentalnomina wie *pōculum* besteht genetisch kein Zusammenhang (s. § 114a).

1. Hinter Vokal. *sŭ-cula (sūs sŭis); bū-cula (bōs,* zu *bū-* aus *bou-* s. § 218 A 2a). Von *i*-Stämmen: *ēnsi-culus aedi-cula nāvi-cula, auri-cula* (wie gr. ὠτ-ίον); von *i*-Adjj. *brevi- dulci- grandi-culus*; 2. Demin. *avi-cella*; adj. fem. *molli-cella* Catull. Durch Verschleppung *-i-culus* auch bei Kons.-Stämmen, etwa *anaticula pediculus*. – *-ī-cula* für *-ĭ-cula* im Hexameter, metrisch bequem: *canīcula* Hor., *cutīcula* Pers.; zu *sitīculōsus* s. § 305, 3. Von *u*-Stämmen: *arti-culus versi-culus, ani-cula; acu-cula* spät; zu *anucla genuclum* s. § 91aγ. Von *ē*-Stämmen fem. *-ē-cula*, zu *diēs rēs spēs, plēbēs*, auch *vulpēs*. –

Altertümlichkeiten sucht im ī von canīcula und febrīcula Jacobsohn KZ 46, 55 ff.

2. Bei Kons.-Stämmen (besonders auf r n s). Das Suffix -culo- tritt an den Stamm, bei Stämmen mit Nomin. -er und bei einsilbigen Neutra vielleicht sekundär an den Nominativ. a) -erculus -a und -orculus -a (-oroder -ōr-?): paterculus mātercula, frāterculus sororcula; amātorculus; muliercula; passerculus; adj. pauperculus. Ntr. corculum (cord-, vgl. § 221c), melculum (mell-). – b) -unculus -a (-unc- aus -onc-, § 45d, § 87o). Von Personalnomina: homunculus (homo), virguncula; bei Stamm -ōn- latr- tīr-unculus. Von Sachnomina auf -o -ōnis: drac- carb- par- (paro πάρων 'Kahn'), pugi- Cic., sīp- Plin. epist. (sīpho); fem. (von -o -inis) imāguncula, von -tiōn-Abstrakta contiuncula Cic., pōtiuncula 'Schlücklein' Petr. 47, 7, ratiuncula Plt. – c) -s-culus: mas- lepus- pulvis- flōs- mūs-culus; fem. arbus-cula; ntr. -s-culum: vās-, corpus- mūnus- opus-culum, iūs-culum Cato (iūs 'Brühe'); zu plūs-culum s. unten E 2. – Analogisch iecusculum (iecur, etwa nach corpusculum). Vom Nomin. (nach Muster der s-Stämme) bei u-Stämmen: lacusculus Col., domuscula (vgl. Hofmann, IF 38, 176 f.). – Zweite Deminutiva: flōscellus, iūscellum 'Brühe', vāscellum.

D. Besonderheiten, eventuelle Unregelmäßigkeiten.

1. Geschlechtswechsel, manchmal gepaart mit Bedeutungsdifferenzen. Nur scheinbar: diē-cula gehört zu diēs fem. (Wackernagel, Synt. II 35). Zu calculus 'Spielstein, Kiesel' ist das Grundwort calx mask. 'Spielstein' (Plt. Poen. 908 c. app.; Paul. Fest. calces, qui; gegen Ableitung von calx fem. 'Kalk' s. Loicq, Ant. Cl. 29, 30–50 [Gl. 42, 107]). tabernāculum 'Zelt' ist nach Leumann, -lis 94 nicht demin. zu taberna fem. 'Bude', sondern Nachbildung zu hībernāculum pl. -a 'Winterlager' (nom. instr. auf -clom, § 285, 2). – Wirklich: rān-unculus 'eine Pflanze' Cic., zu rāna fem. 'Frosch', übersetzt das als Demin. gefaßte gr. βατράχιον. – ungula 'Klaue, Kralle' neben mask. unguis mit -i-culus Plt. – ? fabulum 'Bohnenschote' zu faba (Paul. Fest. sub naucum). – 2. Formale Deminutiva mit abweichender Bedeutung. a) Bedeutungstrennung. Sie erfolgt durch Wandel beim Deminutivum, so durch Spezialisierung, etwa bei puella 'Mädchen' (§ 269 B 5 a), durch Umdeutung in einer festen Wendung, so bei ōsculum 'Kuß' aus (plur.!) ōscula iungunt Ovid, Petr. 67, 11 (vgl. osculari 'os ad os conferre' Paul. Fest. sub ausculari; ähnlich Debrunner, IF 46, 93; nur die Form beschreibend Hirt, s. Gl. 18, 261). Meist aber durch Fixierung einer neuen Bedeutung vermittels einer bildlichen Benennung: mūs-culus (von mūs) 'Mäuschen' für 'Muskel' und 'Muschel', pediculus (pēs) 'Füßchen' für 'Stengel'. Geschlechtswandel ist hierbei wohl durch Assoziationen ermöglicht. Neben armus 'Oberarm' stehen fem. (pl.) armillae 'Oberarmringe' und ntr. armillum 'ein Weingefäß' Paul. Fest.; nun wird in vielen Sprachen durch das Deminutivum von Körperteilen ein mit diesen verbundener Gegenstand bezeichnet (gr. δακτύλιον 'Fingerring'; nhd. Leibchen, mask. Ärmel zu Arm); läßt man auch lat. -co- als Zugehörigkeits- oder Deminutivsuffix gelten (s. F 1 b), so ist gleicher Art auch manica 'Ärmel' Cic. und 'Handfessel' Plt. (mit seinem Gegenstück pedica fem. zu pēs mask.), mitsamt manicula 'Handgriff' am Pflug Varro ling. 5, 135. – b) Verhältnis der Funktionen. Bei mūsculus armillae pediculus ist die Funktion des Deminutivsuffixes logisch bestimmbar als Ausdruck der Ähnlichkeit von Gestalt oder Funktion, der Artzugehörigkeit oder der Sachzugehörigkeit. In solchen Bedeutungen sieht man oft die ursprünglichste Funktion der Suffixe und die Vorstufe der Deminutivbedeutung (vgl. unten F 4). Für das historische Latein ist in jedem Fall nur die Priorität der einen oder anderen Funktion von Interesse; sie kommt hier wohl immer der hypokoristisch-deminutiven zu. – 3. Verschlepptes -unculus -a. Von Personalnomina: avunculus 'Onkel, Mutterbruder' (d. h. 'kleiner avus', als Sohn des avus); älter war wohl das normale Demin. *avolus 'Enkel' (worauf praenom. Aulus zurückgehen könnte), semasiologisch wie nhd.

Enkel (zu ahd. *ano* 'Großvater'); *für-unculus* Cic. nach *latr-*; *amāsiunculus* und *-a* Petr. 45, 7 u. 75, 6, zu *amāsius* Plt. – Von Sachen: Mask. *lemb-* und *lēn-* 'Kahn', nach *par-* (**lēnus* 'Kahn' gr. λῆνος 'Trog', Gl. 27, 72). *apr-* 'ein Feldzeichen' AE 15, 1910, 325 (wie *aper*, Plin. 10, 16; nach *drac-*?). *lucunculus* Afran. Petr. 'ein Gebäck' von *lucūnt-* (§ 192 *gl-*). Zu *sang-* Petr. 66, 2 s. Heraeus, Kl. Schr. 230. *rān-* s. oben D 1. Fem.: *dom-uncula* Petr. nach *ambulāti-*, *Hofmann*, IF 38, 177[1]. Ntr. plur. *statuncula* Petr. 50, 6 von fem. *statua*. – 4. Umstrittene Einzelwörter, meist Adjektive. Adj. *vetulus*, zwar als Deminutivum empfunden, ist morphologisch nicht mit *-ulus* von (adj.) *vetus* abgeleitet (richtig *vetus-culus* Fronto); es ist Konträrbildung zu *catulus* 'Tierjunges' (*vetus* + *catulus* → *vetulus*), vgl. Varro rust. 2, 9, 3 *catuli et vetuli*, sc. *canes*; im Altlatein ist *v*. besonders von Tieren gebraucht: Cato agr. 2, 7 *boves*, Plautus von *leo ovis vervex asinus*, daneben von Menschen. Es ersetzt das ältere *vetus* in der Kaiserzeit und im Romanischen (lautlich *veclus*, § 160 b). – *mas-culus* von subst.-adj. *mas* (danach nhd. *Männchen*), vgl. *fēmella* zu *fēmina*. – Adj. *anniculus* 'einjährig, jährig' (vulglat. inschr. *annuclus* § 91 a γ) ist nur formal als Demin. von subst. *annus* 'Jahr' zu beschreiben; ein Bedeutungswandel '*Jährchen*' > '*jährig*' ist ganz unglaubhaft (trotz Benveniste, Hitt. 79, Solta, IF 78, 270[21]; Frisk, Kl. Schr. 48 verglich nhd. *Jährling* [Gl. 29, 172]). Nach Thurneysen, Persson (Gl. 6, 91) und Szemerényi (Gl. 34, 276[1]) ist das Grundwort adj. **annicus*. Ohne eine Sternform ist es offenbar nicht zu erklären; ich betrachte es als Rückbildung aus **bienniculus* 'nur-zweijährig'; zur Rückbildung vergleiche man nhd. *jährig* aus *zwei-j*. oder auch lat. *mēnstruus* aus *bi-mēnstris*, § 280, 2 c. S. Krat. 15, 165, auch zu *masculus* und *vernāculus*. – *crepusculum* 'Abenddämmerung' Konträrbildung zu *dīlūculum* (Leumann, *-lis* 94), zu **crepus* s. § 266 a γ. – Zu lat. *-eolus* für gr. -ηλος s. § 85 B 1 am Ende. – *scutula* aus *scutella*, s. § 258 A 1 a.

E. Deminutive von Adjektiven, Adverbien und Personennamen.

1. Deminutive von Adjektiven sind im Griechischen und Deutschen wegen der Geschlechtsbeschränkung auf das Neutrum schon formal unmöglich. Im Latein sind sie sachlich ermöglicht unter syntaktischen Sonderbedingungen; sie stehen fast immer attributiv und in kosender Funktion. a) Durch Angleichung an benachbarte Deminutiva. So neben koordiniertem Wort *vetulae edentulae* (scil. *mulieres*) Plt. Most. 275; bei regierendem subst. demin. *filiola parvula* Rud. 39, *muliercula exornatula* Cist. 306, *servoli sordiduli* Poen. 270; *ensiculus aureolus* Rud. 1156, *aureolus libellus* (*Crantoris*) Cic. ac. 2, 135; *primulo diluculo* Plt. Amph. 737; *versiculi mollicelli* Catull 16, 4, *imula oricilla* 'Ohrläppchen' 25, 2, *frigiduli ocelli* Ciris 348; *animula vagula blandula ... pallidula ... nudula* Hadrian (Spart. Hadr. 25, 9). – b) Durch Verschiebung der Deminution vom Subst. auf das Adj. („Enallage"): *parvulus -a* (*puer, puella*) Plt., *infantes minutuli* Poen. 28, (*filiae*) *altera quinquennis, altera quadrimula* Poen. 85, *breviculus* (*homo*) Merc. 639, *mollicula* (*mulier*) Cas. 492 (vgl. Poen. 367/390), *barbatuli iuvenes* 'ein bißchen bärtig' Cic. Att. 1, 14, 5; *grandiculi globi* (statt *grandes globuli*) 'Bleikugeln' Plt. Poen. 481, *misellum pallium* (neben *tunicula*) Rud. 550; *aēnulum vās* (statt *aēnum vāsculum*) Paul. Fest., vgl. *aēneoli piscatores* ('Figürchen') Petr. 73, 6; *blandicella verba* Paul. Fest. – c) Hiernach freier verselbständigt: *novellus* (*bos, arbor, vitis*), vgl. osk. cogn. *Núvellum*. Affektbetont: *pulchellus* Cic. Att.; *bellus* (zu *bonus*), urspr. fem. (sc. *mulier*) 'die liebe gute', umgedeutet zu 'schön' Plt.; *misellus* (*homo*) Cic. Dazu auch *ūllus* von *ūnus*, geschaffen als Deminutivform nur für Gebrauch hinter Negation, vgl. *nūllus*.

2. *plūsculum* und Typus *maiusculus*. An sich konnten Neutra von Quantitätsadjektiven wie *tantum* 'so vieles' (vgl. *tantun-dem*) bei Substanti-

vierung deminuiert werden, *tantulum tantillum* 'nur so viel, so wenig', entsprechend (*ali-*)*quantulum*, vgl. auch *pauxillum* 'nur ganz wenig' zu *paullum* (in Basel braucht man *e wenigli* für 'ein wenig'). Hierzu gehört *plūs-culum* 'ein wenig mehr' Plt. Ter.; dies wurde nach *plūs plūrēs* vervollständigt zu *plūsculī* (§ 257 A 2b); hiernach *complūsculī* (*diēs*) 'einige wenige' Plt. Ter. zu *complūrēs*. – Dieses *plūsculus* gab das Muster ab für die kleine umgangssprachliche Gruppe von restriktiven Komparativen auf *-ius-culus*, Typus *meliusculus* 'etwas besser'; so bei Plautus *maius- minus- melius- tardiusculus*, bei Cic. Arch. 25 *longiusculus*. – Lat. *miscellus* Cato, später 'gemischt' durch Assoziation mit *miscēre*, war ursprünglich als *min(u)scellus* (zweites) Deminutivum zu *minusculus (Leumann*, Kl. Schr. 47). – Lautlich und sachlich unhaltbar *Fraenkel*, Arch. Ling. 7, 31: *-culus* hier aus *-tlos*, angesichts von lit. *mažiñtelis* zu *mãžas* 'klein, wenig'.

3. Von Adverbien (seit Plautus): *prīmulum* zu adv. akk. *prīmum* 'als erstes, zuerst'; *clan-culum*; *saepi-culē*; *haud longulē*.

4. Deminution von Personennamen. a) Bei Namen ist ein Deminutivum im Prinzip nur emotionell gerechtfertigt, als Ausdruck der Zärtlichkeit, vereinzelt auch der Verachtung. So in okkasionellem Gebrauch *Tulliola* Cic. (von seiner Tochter *Tullia*), *Verāniolus* und *Septimilla* Catull, *Tiberiolus* Tac. ann. 6, 5, 2. Ferner als usuelle, feste Namen: *Naevolus* (zu *Gnaeus*) Mart. (kaum ebenso *marculus* Paul. Fest.), von einem Cognomen *Lentulus*. Im Namensystem *-eius-*Erweiterungen aus Deminutiven auf *-ulus*, also mit Ausgang *-uleius*, so von Praenomina *Mārc- Naev- Septum-uleius*, von Cognomina *Aurunc-ul-eius* (§ 273 A 1 d), *Flāv-ol-eius*. – b) Im Griechischen dienen die geschlechtigen Deminutivsuffixe -ισκος -ισκη ebenfalls der Namenbildung, etwa mit Πατρ- Ναυ- Θεσσαλ- Σωφρον- Αἰσχυλ-ίσκος, Κυνίσκος und -η; von mytholog. Namen Ἡρακλ-ίσκος Theocr., *Pān-iscus* 'kleiner Pan (auch als Figur)' Cic. div. 1, 23, nat. deor. 3, 43, D 763 *Painsscos*. Dagegen die Neutra auf -ιον und -ἀσιον werden fast ausschließlich für weibliche Personen benutzt; ich nenne nur Namen von Sklavinnen und Hetären aus der griechischen Komödie bei Plautus: *Phoenīcium Pithēcium Crocōtium Stephanium* (vgl. *Philēmation* § 365 C 1 b δ) sowie *Adelphasium* 'Schwesterlein'. – Lat. demin. Cognomina s. *Kajanto* 37; 123ff.

F. Zu Herkunft und Vorgeschichte.

1. Formales. a) -*ulus*, älter *-olus* (mit *-eolus -iolus*) geht auf idg. *-e-los* zurück. Zeugnisse für *-e-* (als Ausgang der *o*-Stämme) sind falisk. *arcentelom* und *urnela* Vetter nr. 241, umbr. ç aus *k* vor (elidiertem) *e* in *struçlā-* 'Kuchen' (wäre lat. **strūcula*), lit. *paršẽl-is* als Entsprechung zu lat. *porculus*; auch got. *Wulf-ila* setzt wohl *-elō(n)* fort; das *e* im *-ello-* der Doppeldeminutiva wie *porc-ellus* verlangt eine Grundform *-e-le-lo-*. – Danach *e* (statt *ā*) auch bei den *ā*-Stämmen, etwa *fīliola* (*-elā*) zu *-olus* nach *fīlia* neben *-us*. – b) -*culus* (alt *-col-* noch in inschr. *aidicola*, § 91 a β) aus *-ke-lo-* ist zusammengewachsen aus den zwei idg. Deminutivsuffixen *-ko-* und *-lo-*. Dieses *-kelo-* begegnet nur im Italischen, vgl. osk. lok. *zicelei* akk. *zicolom* (*zi-* aus *diē-* gleich lat. *diē-s*), umbr. *struçla*. Einfaches *-ko-* als Deminutivsuffix ist im Latein nicht sicher zu fassen (vgl. oben D 2a zu *manica*); es ist sehr gebräuchlich im Altindischen, *mātr̥kā* zu *mātar-*, *putraka-* zu *putra-* 'Sohn'. Zur Verdeutlichung setzt man **oṷi-kā* (in *ovic-ula*) gleich mit ai. *avikā* 'Schafmutter' aksl. *ovьca* 'Schaf' (s. *Kretschmer*, Gl. 13, 134; dazu *Zucchelli* 23[1]); solche Musterformen mögen die beschränkte Ausbreitung von *-culus -a -um* auf

Nomina der 3. 4. 5. Dekl. inauguriert haben. Zu falsch rekonstruiertem lat. *avi-ca 'Vögelchen' s. auca § 258 A 1a.

2. Die Funktionen. a) Einfaches -lo- ist als Kosesuffix mindestens zu Personenbezeichnungen und männlichen Personennamen ererbt; vgl. altind. vr̥ṣa-la- '*Männchen' > 'Śūdra' zu vr̥ṣan- (also -al- aus -n̥l-), Aśvala- 'Pferdchen' als Kurzname zu einem Aśva-Namen, auch madgura- neben madgu- 'ein Wassertier'; griech. Κρατύλος Παχύλος zu adj. (als Namen) κρατύς παχύς (s. *Leumann*, Kl. Schr. 243), got. (flektiert als an-Stamm) Wulfila zu Namen mit Wulf-, Attila zu atta 'Vater', magula zu magu- 'Knabe', barnilō ntr. vok. zu barn 'Kind'. – b) Sog. Deminutiva sind in manchen idg. Sprachen durch ganz verschiedene Typen reich vertreten, überall in den beiden Hauptverwendungen, zur Bezeichnung der objektiven Kleinheit meist von Sachen, so lat. *cistula linteolum libellus ampulla pisciculus*, und als hypokoristischer (affektischer, emotioneller, expressiver) Ausdruck der Zärtlichkeit in der persönlichen Atmosphäre, so *uxorcula muliercula filiolus* und *auricula ocellus*; dazu auch spezialisiert in der Motion, etwa *puella ancilla* (§ 269 B 5a). In den zahlreichen Ausdrücken der Kinder- oder Kinderstubensprache, der vielleicht die ursprünglichsten Beispiele entstammen, sind die beiden Hauptfunktionen kaum zu scheiden.

3. Über das genetische Verhältnis dieser Funktionen bestehen verschiedene Auffassungen. Geht man von der Feststellung aus, daß bereits in der Grundsprache -ko- und besonders -lo- in Namen und Personalsubstantiven hypokoristischer Funktion dienten, so wird die Frage für das historische Latein gegenstandslos. Wohl aber liegt die Annahme nahe, daß von den Bezeichnungen für Personen die weitere Ausbreitung auf die für deren Körperteile und Kleidungsstücke übergriff (vgl. nhd. *Händchen, Öhrlein* bei Kindern) und erst von da aus auch bei weiteren Sachwörtern Verwendung fand. Bei dieser Ausbreitung ging dann, nach einem generellen Gesetz des Bedeutungswandels, die Affektbetontheit verloren, sodaß die reine Deminution als Merkmal blieb. Das ist jedenfalls der einfachste Weg, die beiden Hauptfunktionen historisch zu verknüpfen.

4. Will man weiter die hypokoristisch-deminutive Funktion des idg. Namensuffixes -lo- auf eine noch ältere mehr objektive Funktion zurückführen, so kommt die der Zugehörigkeit in Frage (vgl. oben D 2b). Im sozialen Rahmen der Familie konnte die -lo-Ableitung von Personennamen nur einen Sohn bezeichnen, wie dies später ja auch eine Spezialfunktion des Suffixes -ios wurde (§ 273 A 1c). Und aus patronymischem Gebrauch läßt sich der hypokoristische ungezwungen herleiten, wie ich es früher am lat. Suffix -īnus exemplifiziert habe (Kl. Schr. 71 f.; vgl. § 296 I A 3c): der zum *Albus* gehörige (Sohn) *Albīnus* ist für die Umwelt auch 'der junge *Albus*' oder, deminutiv gefaßt, 'der kleine *Albus*'.

Lit.: *Strodach*, Latin Diminutives in -ello/a- and -illo/a-, Lang. Diss. 14, 1933 (Lautliches [Gl. 24, 153]). *Szantyr*, Synt. 772 ff. (Funktion und Verbreitung; mit reicher Literatur 776 f.). *Hofmann*, LU § 129 (Funktion und Gebrauch). *Conrad*, Gl. 19, 127–148; 20, 74–84 (bei Plautus; nur emotioneller Gebrauch [Gl. 21, 191 f.]). *Fischer*, Studii Clasice 13, 66 (Augenblicksbildungen bei Plautus). *Zucchelli* 136 f. (Deminutiva von Adjektiven); dazu *Petersen*, ClPh 11, 426–451; 12, 49–67. *Zucchelli*, Sull' origine della funzione

o- und *a*-Suffixe: Deminutiva auf *-ulo-*. Sonstiges *-ulo-* 311

diminutiva del suffisso *-lo-*, Festschr. Pisani 1075 ff., bes. 1091 ff.: erst patronymisch, dann kosend; erst sekundär rein deminutiv; s. auch *Leumann*, Krat. 15,161–165, anders *Solta*, IF 78, 265–278. *Sieberer*, Die Spr. 2, 85–121. – Weitere Lit. bei *Zucchelli* 11 ff. – Zu den lautlichen Parallelformen anderer idg. Sprachen und speziell des Altindischen: *Wn.-Dbr.* 363 § 231 (altind. demin. *-ila-*); 862 § 693 (*-la-*); 515 § 361 a u. 539 § 368 b (*-ka-*); 541 § 372 (*-kara- -kala-* jung; nicht direkt gleich lat. *-culo-* wegen *k* statt *c*).

283. *-ulus -a -um* (ursprünglich wohl *-elo-*), auch einfaches *-lo- -la*.

1. Deverbativ (soweit erkennbar), Adjektiva und Substantiva.

a) Tätigkeitsadjektive aktiver Bedeutung auf *-ulus*, im Kern ererbt. Häufig Anwendung auf Lebewesen, manche Substantivierungen (Berufsbezeichnungen und Tiernamen). *bibulus* Lucr. Verg. (cogn. *Bibulus* 216ᵃ), *crēdulus* Cic., *ferulus gerulus tremulus*; von Schallverben *garrulus querulus strīdulus tinnulus*. Als Substantiva: mask. *figulus* (*fingo*) 'Töpfer', *legulus* '(Oliven-)Leser' Cato, *discipulus* (**discipio*, vgl. *disceptāre*); *grāculus* 'Dohle', altlat. *in-* und *con-volvulus* 'Wickelraupe'; fem. *serpula* 'Schlange' Fest., *arcula* (*arceo*) 'ein Vogel' Paul. Fest. – Anwendung auf Sachen: *ēminulus* (*dēns*), *pendulus, taedulus* Fest.; zu (*prō-*)*patulus* vergleicht man gr. πέτα-λον 'Blatt'. Als Substantiva (oft Werkzeuge): mask. *tumulus* 'Hügel', *capulus* 'Griff' und 'Sarg', *oculus* (Wz. *okʷ*, § 155b); neutr. *agolum* 'pastorale baculum' Paul. Fest. (vgl. auch **coagulum* in *coagulāre*), (*suc-*)*cingulum, iugulum* 'Schlüsselbein' (vgl. auch *iugulae* und gr. ζεύγλη), *strāgulum* 'Decke' (*strāg-* auch in *strāgēs*; zu *strā-tus*); zu Verben auf *c iaculum speculum vinculum* (vielleicht mit Suffix *-tlo-* > *-clo-*, § 285, 2a); fem. *cōpula* (**co-ap-* § 132), *scapulae* umbr. *scapla* (*scap-* in gr. σκάπτω; 'Schulterblatt' als 'Schaufel'), *rādula, secula* 'falx' (in Campania nach Varro ling. 5, 137; roman. *ē* ?, nhd. Lw. *Sichel*); *mūs-cipula* (falls nicht demin. zu **mūs-ceps*). Neben *iaculum* 'Wurfspieß' auch adj. *rēte iaculum* 'Wurfnetz' Plt. Truc. 35; in der wohl sekundären passiven Anwendung folgt ihm *re-*(*i̯*)*iculus* 'ausgemerzt' Varro.

b) Substantiva. Form *-lo-* hinter Kons., fast nur fem. u. neutr., oft Werkzeugnamen; neben *-lo-* ist mehrfach auch *-slo-* postuliert. Mit *ll* aus *dl* (§ 199b): *sella* (zu *sedēre*), *grallae* (*gradior*) 'Stelzen', *rāllum* (*rādere*) 'Pflugschar' Plin., dazu *caelum* (*caedere*) 'Meißel'; *tēla* (*texere*) 'Gewebe'. Mit vermutlich aus *-lo-* dissimiliertem *-ro- scalprum fulcrum flagrum* (s. aber auch § 285, 1d). – Mit *-slo- -slā* (§ 209): *pālus* (*pangere*), *mālae* (*mandere*), *scālae* (*scandere*), *prēlum* (*premere*); nicht erkennbar deverbativ: *mūlus* § 209a, *āla* (zu *axis*), *aulla, vēlum, prōtēlō* (*ducere aratrum*) Cato. – Mit *-mpl-* aus *-ml-* (§ 216a): *exemplum, ampla* 'Handgriff' (Cic.?, Amm.) und adj. *amplus*.

2. Sonstiges. a) Denominative Adjektiva auf *-ulus -ilus* (*Roloff*, Gl. 32, 137 f.): *caerulus* (*caelum*), *nūbilus, aquilus*; dazu vielleicht *caltula* 'gelb' (sc. *tunica*, von *caltha*; neben *crocōtula*) Plt. Epid. 231. – b) Nicht weiter einzuordnen. Substantiva: alt *angulus* § 158b, *corulus* § 180a, *umbil-īcus* § 170, *squalus* (∼ nhd. *Wal*); fem. *merula, nebula* § 170; weiter etwa *famulus* (auch osk.), *ungulus* (osk. nach Fest.) 'Fingerring', *stimulus, tutulus, vīdulus, vitulus*. Fem. *pergula*. Adjektiva: *aemulus, mutilus, petilus* (*Persson*, IF 26, 67).

Zu *rutilus* s. § 175e, zu *singulus* § 265d; zu *tēgula* § 263 B 1a; zu *ānulus* (demin.) § 222, zu *sībilus* (retrogr.) § 283, 2b. – Unverständlich adj. *bū-bulus* 'βοϝ-īnus'.

Lit.: *Br. Zucchelli*, Studi sulle formazioni latine in *-lo-* non diminutive, Univ. Parma, Ist. di lingua e lett. latina, 1970, 26–70 u. 151–199 (s. dazu Krat. 15, 161–165); *Samuelsson*, Verbalnomina auf *-ulus -a -um*, Gl. 6, 257–266. – Zur Herkunft: Verbaladjektiva auf *-lo-* wie lat. *bibulus* auch im Griechischen (s. *Schwyzer* I 483, *Chantraine*, Form. 237, 241), im Slavischen als Ptc. praet. act. (russ. *by-l* 'gewesen'), weiter im Armenischen (*Lejeune*, BSL 62, 85) und im Tocharischen; vgl. auch *Wn.-Dbr.* 216 litt. β. Nach *Benveniste*, Origines 41–49 sind idg. *lo*-Adjektiva von *l*-Neutra abgeleitet.

284. Die Suffixe -ēdula und -ēla.

a) Vogelnamen auf *-ēdula*: *acr- fīc- mon- nīt- querqu-ēdula*. Vermutliches Vorbild, mit zweitem Kompositionsglied **ēd-ulus* 'essend' (wie *bibulus*), war *fīc-ēdula* (sc. *avis*) 'Feigen-essend'; daraus Suffix *-ēdula*.

Lit.: *Zucchelli* 63–66; *Niedermann*, IF 10, 234–238.

b) Suffix *-ēla*. Deverbative Nomina rei actae: *su̯ād- loqu- querobsequ-ēla* seit Plt.; *tūt-ēla* von *tūtārī*, danach (*cōn-*)*fugēla*. – Dann nach Muster *tūtēla*, bezogen auf *tūtus*, Denominativa: einerseits *client- custōdparent-ēla*, andrerseits *caut- corrupt-ēla*; durch seine Beziehung auf *tūtor* auch *sūtēla* zu *sūtor*.

Die römischen Grammatiker vermischten dieses nicht mehr produktive *-ēla* orthographisch mit dem *-ella* der Deminutiva: Nonius p. 215 zitiert *obsequella* aus vier alten Autoren; aber für die rein deverbativen wie *querēla* fehlt natürlich das Grundwort (**quera* oder **querula*) eines eventuellen *-ella*-Deminutivums. Bei Plt. Psd. 110 scheidet sich die Überlieferung in *turbelas* Cod. *A* und Fest. und (wohl richtiges) *turbellas* codd. *P*. Vgl. noch *Heraeus*, ALL 14, 402; *Lachmann* zu Lucr. 3, 1015. – Vielleicht *cantilēna* aus *-ēla* zu **cantilāre*, § 294, 2 c; vgl. auch *vēlātūra* § 287 a.

Zur Herkunft. Vom Latein aus scheint das *ē* aus der 2. Konjug. zu stammen, vgl. *su̯ādē-la*, auch *candē-la* 'Kerze', dazu *adsidēlae* (wohl subst.) '*mensae . . . ad quas sedentes eqs.*' Paul. Fest. Vgl. *Zucchelli* 34 mit Fußn. 14. Nach *Benveniste*, Orig. 42 ist lat. *-ēla* Femininisierung eines aus dem Hethitischen erschlossenen idg. *-ēl*; nach *Frisk*, Kl. Schr. 45² Ablautform zu gr. (φειδ)-ωλή. – Nicht *querēla* als *-es-lā* vom *es*-Neutrum, so *Osthoff*, PBB 3, 346. – Kaum hierher *mustēla* 'Wiesel' Plt.

285. Idg. *-tro-, -tlo-, -dhlo-, -dhro-*, lat. *-tro-, -culo- -cro-, -bulo-, -bro-*. Im Idg. meist von Verben abgeleitete Werkzeug- und Ortsbezeichnungen (Neutra, wenige Fem. und Mask.).

S. bes. *Brugmann* II 1, 339 u. 377; fürs Lat. *Osthoff*, Forsch. I; fürs Osk.-Umbr. *v. Planta* II 20; zu idg. *-tro-* auch *Benveniste*, Orig. 109. *-tr-om* (gr. ἄρο-τρ-ον lat. *arā-tr-um*) ist im Idg. zunächst von den Nom. ag. auf *-ter- -tor-* (gr. ἀρο-τήρ lat. *arā-tor*) abgeleitet. – *-tlom* (lit. *žén-klas* 'Zeichen', *ár-klas* 'Pflug' aus **arə-tlom*; got. fem. *nē-þla* nhd. *Nadel* aus **nē-tlā*) ital. *-klom* lat. *-culum*. – *-dhlom* (gr. γενέ-θλη; ἔχε-τλον mit *-τλ-* statt *-θλ-* hinter χ) ital. *-flom* lat. *-bulum* in *sta-bulum* nach § 171 b β. – *-dhrom* (gr. βάραθρον) lat. *-brum* in *crībrum*. – Die vier rekonstruierten Suffixformen mit ihren Lautwechseln t/dh und r/l bei gleicher Funktion sind mindestens teilweise wohl als Differenzierungen des *-tro-* durch bereits inneridg. Lautwandel (*bht > bdh*; Ferndissimilation *r — r > r — l*) zu betrachten. Der mehrfache Ansatz ist verschiedentlich kaum gerechtfertigt; s. *Szemerényi*, Krat. 2, 120 f. zu den drei Suffixformen des idg. Worts für 'Pflug': **arə-tlom* in lit. *árklas, -dhlom* in slav. *ra(d)lo, -trom* in gr. ἄροτρον. – Im Latein stehen neben den *o*-Substantiven *i*-Adjektiva auf *-tri-, -cri-, -bilis* und *-bris, -tilis* (?), s. §§ 311 f. – Nur sekundär haben sich bei allen Suffixformen auch denominative Ableitungen abgezweigt.

1. Idg. *-trom -trā -tros*. Einfache Bildungen. Hinter Vokal: *arātrum, feretrum, fulgetrum* (*ē*?) Varro, *rutrum* (*ruere*) 'ein Werkzeug' Cato bei Fest.,

verētrum (*verērī*) 'αἰδοῖον'; zweifelhaft *vĕrātrum* 'Nieswurz' Lucr. Feminina: **clītra* bzw. **clei-trā* vorausgesetzt durch demin. *clītellae* 'Packsattel' (gleich umbr. akk. *kletram* 'lecticam', got. *hleiþra* 'Zelt', zu Wz. *k'lei* in gr. κλίνω). Verdeckt **lā-tro-* (vgl. *lā-mentum*) in *lātrāre* 'bellen'. – Hinter Kons.: *castr--āre* von *tro-*Ntr. (vgl. ai. *śas-tram* 'Messer'), *haus-trum* (*haurio*) Lucr., *mulctrum* Hor. bzw. *-tra* Verg. (*mulgēre*) 'Melk-eimer', *spec-trum* Cic. (für gr. εἴδωλον); zu Verben auf *d* (zu *-str-* s. § 198 Zus. b) *rāstrum* pl. *rāstrī* (*rādere*), *rōstrum*, *claustrum*, vielleicht plur. *castra* (zu ai. *chad* 'bedecken'?); unsicher *plaustrum*. Mask. *culter* 'Messer' wohl aus **(s)ker-tros* (gr. κερ- in κείρω).

Sonderfälle. a) Suffixales *-stro-* in verschiedenartigen Bildungen. Die Herkunft des *s* im lat. Konglutinat *-stro-* ist nicht erklärt (vgl. dazu § 331 B am Ende). Plur. *flustra* Naev. 'Fluten'; *lŭstrum* 'Morast', *lūstrum* (mit *lūstrāre* 'mustern' und *illūstris*) aus **leuk-strom*; *trānstrum* 'Querbalken' (Grundwort unsicher); *mōnstrum* (**monistrom*, zu *moneo*); plur. *serperāstra* 'Knieschienen' Varro (Cic.); fem. pl. *mollēstrae* Paul. Fest. (zu *mollē-scere?*). *capistrum* 'Halfter' (*capio*). Dazu volsk. *velestrom* '?' und *esaristrom* 'piaculum' Vetter nr. 222. – Unbezeugte griechische Nomina auf -ιστρον (-ιδ-τρον) sind *canistrum* (gr. nur κάναστρον, zu κανοῦν) 'Korb' Cic. und *calamistrum* 'Brennschere' Plt. (dies erweitert aus καλαμίς -ιδος). – Etruskische Herkunft vermutet *Herbig*, IF 37, 165–177 für *fenestra lanistra* (kritisch dazu *Hofmann*, Idg. Jb. 7, 3 f.). Über vulgäres *-stra* für *-sta* (*ballistra*) s. auch *Baehrens*, Komm. 73. – b) Denominativ von *tālus* 'Knöchel, Ferse' und *calx* 'Ferse' nach ungreifbaren Mustern *tālitrum* 'Schlag mit dem *tālus*' Suet. Tib. 68, 1 und **calcitrum* in *calcitrāre* 'ausschlagen' Cic. – c) Lehnwörter: *scēptrum* σκῆπτρον; *clātrī* § 79 b Zus. – d) Vielleicht in deverbativen Werkzeugnamen *-p-ro- -c-ro-* aus *-p-tro- -c-tro-* in *scalprum* 'Meißel' (demin. *scalpellum*) und *fulcrum* 'Stütze', von *scalpere fulcīre*; vgl. unten 2 a zu *baculum* usw. Andere Erklärung s. § 283, 1 b.

2. Idg. *-tlom -tlā* > ital. *-klom -klā* (§ 160 b) > lat. *-culum -cula* (alt noch *-clum*, § 114 a). Fast nur hinter Vokal; Wurzel oder Verbalstamm meist wie im PPP. Wenige Feminina. Hinter Langvokal: *pō-c(u)lum* ai. *pā-tram* (zu *pō-tus*), *ob-stā-culum*, *sae-c(u)lum* (ohne Verb); fem. *ind-* und *sub-ū-cula* (*ind-ūtus*); *perī-c(u)lum* urspr. 'Probe' in *per. facere* (*ex-perī-rī*, adj. *perī-tus*), *redimī-culum* (*-īre*), *rīdi-culum* 'Scherz' Plt.; fem. *pavī-cula* Cato. *-ā-culum* neben *-āre*: *piā-c(u)lum* (umbr. *pihaclu*), *gubernā-* (danach *retinā-* Verg.), *mīrā-*; fem. *novā-cula* 'Schermesser' § 194 Ende; *-culum* als 'Stätte': *augurā- cēnā- hibernā- umbrā- prōpugnā- receptā-* (dazu osk. *sakaraklúm* '**sacrāculum*'); ursprünglich auch *ōrā-* 'Anfrage-stätte' (vgl. Gl. 34, 228), *spectā-* 'Schau-stätte'. – *-ĭ-culum*: *cubi-* (*cubi-tum*). Zur 2. Konjug. *admini-* (zu *mini-* vgl. *ē-minēre*), *sedi-*, *prandi-* Fest.; dazu *fō-culum* 'Ofen' nur Plt. (*fovēre fō-tus*, vgl. *epulas foveri foculis* Capt. 847; aber mask. *fŏculus* Cato usw., *ŏ* Iuv. 3, 262, ist demin. zu *focus* 'Herd'). Zur 3. Konjug. (junger Typus): *curri- dēverti- discerni- perpendi- vehi-*. – Hinter Kons. nur *ferculum* 'Servierbrett' (*ferre*), *operculum* 'Deckel' (*operīre*, *opertus*).

Sonderfälle. a) *-c-ulum* von Verben auf *c. baculum* 'Stab' muß angesichts von gr. βάκ-τρον auf **bak-tlom* zurückgehen (Zwischenstufe **bak-klom*, *Niedermann*, Gl. 19, 4). Hiernach liegt es nahe, auch *speculum* 'Spiegel', *vinculum* 'Band', *sarculum* 'Hacke', *amiculum* (*amicīre*) 'Mantel', *torculum* (*torquēre*) 'Kelter' (neben *to-*Ptc. **spec- vĭncsar(c)- amic- tor(c)-tus*) auf *-k-tlom* zurückzuführen (doch vgl. zu *-lo-* in dieser Funktion § 283, 1 b), und ebenso *fulcrum* 'Stütze' neben *ful(c)-tus* auf **fulc-trom*. – b) Unsicher mask. *marculus* 'Hammer' aus **mar-tlos*. Eigenartig *rīdiculus* 'Lachen erregend', seit

Plautus Stich. 171 ff. als Adj. und auch als Subst. 'Spaßmacher'; anders adj. *lūdicrus* Cic. (formal nomen pers. wie mit *-tro-* gr. ἰατρός?). – Zu *ergastulum* s. § 232 A 1. – c) Denominativa nach einzelnen (deverbativen) Mustern: *umbrā-culum* 'Laube' nach *cēnā-culum*; *tabernā-culum* s. § 282 D 1; *senāculum* 'Senatssaal' Varro (zu *senā-tōrēs* nach *cēnā- spectāculum* und *-tōrēs*); *conventiculum* Cic. nach *dēverticulum*?; *staticulum* wohl 'Sänfte' (inschr. *vehiculis et -is* Bruns, Fontes nr. 118 I 28). Merkwürdig *clunaclum* '(Opfer-)Messer' Paul. Fest., wenn von *clūnēs*.

3. *-crum* dissimiliert aus *-klom* (idg. *-tlom*) gegen ein *l* im Stammwort: *lŭcrum*; *involucrum* (wohl *ū* wegen *-ūtus*; doch beachte gr. (ϝ)ἔλυτρον, Schulze, Q. ep. 336¹; *imboluclum* Pap.); *molucrum* Fest. (*-u-* nach älterem *-uclum* § 91 a γ; anders Specht, KZ 59, 231 f.); *sepul-crum* (neben *-tus*). Zu *-āre ambulā- lavā- simulā-crum*. Adjektivisch *lūdicrus*, *ēluācrus* (*lābrum -crum* Cato agr. 10, 4).

4. Idg. *-dhlom -dhlā* lat. *-bulum -bula. stă-bulum* 'Standort, *Stall*' (Erbwort, § 171 b β), neben *stă-tum* von *sistere*; dazu wohl *vestibulum* 'Vorhalle' (*Jacobsohn*, Festschr. Leo 431⁴); *pā-bulum* (*pā-sco pā-vī*); *trī-bulum* 'Dreschwagen' (*trī-tus* zu *tero*). Zu *-ēre lati-* 'Versteck' und *pati-* 'Galgen'. Zu prs. *-ēre nuci-frangibulum* 'Nußknacker' Plt. Zu *-āre*: *conciliā- exōrā- mendīcā- suscitā- vocā-bulum*; nach *vēnā-* auch *excipiābulum*; *rutā-bulum* 'Rührwerkzeug' Cato (s. § 412 B 1). – Feminina: *fā-bula*; *sū-bula* 'Ahle' (*sū-tus*, zu *suere*); *fībula* 'Spange' (zu *fīgere*, § 144); *mandibulae* 'Kinnbacken' Tert. (*mandere* 'kauen').

Sonderfälle. a) Denominative Neutra: plur. *cūnābula* 'Wiege, Windeln' Cic. zu *cūnae* (wohl verkürzt aus *incūnābula* Plt., dies von **incūnāre* für *in cunis condere*, Plt. Amph. 1107). 'Behälter für', vgl. zu *candēlābrum* (unten 5 a): *acētābulum* '(Essig-) Becher' Cato, *tūri-* Cic. Fachterminus *trientābulum* etwa 'Drittelung' Lex agr. 31 Liv. 31, 13, 9 (wohl von **trientāre*). – b) Scherzbildungen des Plautus: *dēsidiābula* Bacch. 376 wohl nach *conciliābula*; *sessibulum* Poen. 268, induziert durch *stabulum*. – c) Ohne Grundwort *cartibulum* 'Geräte-tisch' Varro ling. 5, 125. – Zu *fundibulum* für *-balus* gr. -βάλος s. *Leumann*, Kl. Schr. 45 f.

5. *-brum -bra*, teils ererbt aus idg. *-dhrom -dhrā*, teils nach *l*-haltigem Stamm dissimiliert aus *-blom -bla* (*-bulum -bula*). Neutra. Ererbt *crībrum* 'Sieb' (vgl. nhd. fem. *Reiter* 'grobes Sieb', air. *criathar*, Grdf. **krei-dhrom* und *-trom*; zu lat. *cernere*, vgl. *cribro cernere* Plt.). Ferner *flā-brum*; *dē-* und *pollūbrum* (*polluere*, vgl. hom. λύθρῳ 'durch Besudelung'); **lūcubrum* (in *ē-lūcubrāre*; von trs. *lūcēre*). Zu *-āre*: *lavābrum* (> *lābrum*); *ventilābrum*; *volūtā-brum* Verg.; dazu auch wohl die Ortsnamen *Vēlā-brum Vēnāfrum*. Feminina. *dolābra* (mit *Dolābella*); *illecebrae* (*illicio*, zu *lacio*); *terebra* 'Bohrer' (vgl. gr. ntr. τέρετρον); *palpebrae* (intr. **palpere*, Basis zu iter. *palpitāre* 'zucken'; vgl. § 232 A 3 zu *palpetrae*). Eine Gruppe bilden *latebrae salebrae scatebra*; nicht dazu *tenebrae* (§ 207). Adjektiva. *cūria calābra*; *crēbro-* (*crēscere*).

Sonderfälle. a) Denominativ *candēlā-brum* von *candēla* 'Kerze' nach **lūcubrum* neben *lūx* (vielleicht war die Vorstufe **candēlā-blom* Muster für *acētābulum*); auch mask. *-brus* Caecil., Petr. 75, 10. – b) Zweifelhaft sind die Stammwörter der *-ium*-Ableitungen *manubrium* 'Handgriff' und *lūdibrium* 'Gespött' aus 'Spielzeug' (*l.* Konträrbildung zu *opprobrium* nach E.-M.).

286. Einfaches *-ro- -rā*, häufiger idg. Ausgang von Nomina, nicht immer Suffix; ohne eindeutige Funktion. Lat. nomin. sing. mask. meist *-er* bzw. *-r* für *-rus* (*ager sacer* und *vir puer tener satur*, s. § 352).

a) **Substantive.** Erbwörter: *vir, aper caper, ager, taurus* (diese auch umbrisch); *faber* § 170; *socer* § 43b (ihm formal angeglichen *gener*); *vesper* gr. ἕσπερος; *caurus* 'Nordwestwind'; **stauro-* in *re-staurāre* (bewahrtes *au*, § 95); *puer* (vgl. § 143b Zus.); ntr. *lōrum* § 195. – Denominatives *-ro-* (in *-bro-* aus *-sro-*, § 207): *tenebrae, cerebrum, membrum*. – Zu deverbativem *-ro-* in *scalprum fulcrum* s. § 285, 1d; kaum *labrum* 'Lippe' zu *lambere*. – Fem. *-era*: *prīvera* 'mulier privata' Paul. Fest. (aus *prīva era*?, vgl. *prīvignus*), mit *nover-ca*; *littera*; *hedera* 'Efeu' (*hed-* zu *pre-hendo* 'ergreife'). – *-ero-* aus *-eso-* (§ 106) in *umerus cumerus numerus*.

b) **Adjektive.** Soweit etymologisch ableitbar, Verbaladjektive, seit idg. Zeit (vgl. gr. ἄκ-ρος πικ-ρός, paelign. *cup-ro-* 'gut'). Ererbt: *vērus* nhd. *wahr* vgl. aksl. *věra* 'Glaube', *plē-ro-* (in *plērīque*, § 334 B 2); *macer* nhd. *mager* gr. μακρός, *ruber* § 41. Nur lat. (bzw. ital.): *sērus*; *prō-cērus* (-**crē-ros*, zu *crēsco*); *clārus* (*prae-clārus* zu *praecellere*?), *gnārus, cārus, rārus*; *flōrus* '?' (nur *crīnēs* und Cogn.); *dīrus* (auch umbr. 'malus', Vetter S. 366), *mīrus; dūrus pūrus, obs-cūrus; amārus avārus*. Wohl substantiviert: mask. *mūrus* alt *moiros*; verbaut in *plōr-āre*. Postkons. (mit nomin. *-er* aus *-ros*): *sacro-* (auch osk.-umbr., zu *sancīre*), *integro-* (zu *tangere*, § 87α), *scabro-* (zu *scabere*); *pigro-* (*piget*), *taetro-* (*taedet*, § 199aα); *nigro- aegro- ātro-* (auch umbr.) *pulchro-*. Dazu wohl die Grundwörter *flagr- vibr- migr-* der Verben auf *-āre* (zu **migro-* s. § 157, 1c) und *lubr-* des adj. *lubricus*; zu *fulcrum* s. oben a. – *-ero-* (mit nomin. *-er -era -erum*): *tener* 'zart' (zu *ten-* 'spannen'), *lacer, miser* (§ 180eα); *līber* (ererbt, § 65 Zus. b). Entsprechend *satur*, **luxuro-* in *luxuria*? – Dazu sabin. *ciprum* 'bonum' Varro ling. 5, 159, wenn für *cuprum* (zu *cupio*), vgl. *Cubrar Matrer* Vetter nr. 233.

287. *-tūra -sūra -ūra*, im Kern **Verbalabstrakta**; formal sehen sie aus wie Ableitungen von *to-*Partizipien oder von *tu-*Abstrakta: *nātus*: *nātū*: *nātūra*, vgl. *ūsus ūsū ūsūra, cultus cultūra*. Alte Beispiele noch: *coniectūra cursūra pictūra scrīptūra statūra vectūra vēnātūra*; seit Cic. *iactūra mēnsūra sepultūra*; viele termini technici bei Vitruv. – *positūra* Lucr. aus Versnot für *positio*.

Zusätze. a) Sonderentwicklungen. Amts- u. Berufstätigkeit: Das Verhältnis von *cultūra pictūra mercātūra* zu *cultor pictor mercātor* war vorbildlich für *praetūra* Plt. zu *praetor*, wonach *quaestūra cēnsūra dictātūra*, aber auch *praefectūra* Plt. zu *praefectus*, später *architectūra, litterātūra, lanistātūra* Lex Iul. munic. 123. – Denominativa auf *-ātūra* entstehen über Adjektive auf *-ātus*: bei *aurum aurātūra* Quint. neben *aurātus* wie *pictūra* neben *pictus*; *arm-ātus -ātūra*; *corporātūra* Col. *membr- foli- arqu-* (auch VI 31564). Neben *veiātūra* Paul. Fest. wohl richtiger *vēlātūra* (Varro ling. 5, 44 c. adn., Plut.) 'Lohnfahrt, Transport' als Ableitung von **vehēla* (Suffix *-ēla* § 284 b; zu *i* für *l* vgl. § 143 c α). – Deverbatives *-ūra* in *figūra*. Spät im Vulgärlatein *fervūra* (für *fervor*) usw.

Lit.: *E. Zellmer*, Die Wörter auf *-ūra*, Diss. Jena 1930 [s. Gl. 21, 192; IF 51, 94f.]; *Stolz*, HG 557 f.; *Szantyr*, Synt. 744 litt. h. – Zu vulglat. und roman. *-ūra*: *Meyer-Lübke*, ALL 8, 319; *Niedermann*, NJbb. 29, 328; auch *Meyer-Lübke* II 535 u. 506; *de Dardel*, Cahiers de Saussure 17, 41: *A. Giacalone Ramat*. Das Suffix *-tūra*, in: Fl. u. Wortb. 120 ff. (zum Gebrauchsfeld).

b) **Zur Herkunft.** Eine semasiologische Begründung der Zugehörigkeit von *-tūra* und von Ptc. fut. auf *-tūrus -a -um* zu den *tu*-Abstrakta versucht *Benveniste*, Noms d'agent 101 [Gl. 34, 221 f.]. – Als *ro*-Ableitungen von deverbativen *tu*-Abstrakta lassen sich adj. *mātūrus* 'reif' und die Futurpartizipia auf *-tūrus* formal unschwer deuten (zur Länge *ū* s. § 253 c): *mātūrus* setzt zusammen mit *Mātū-ta* ein **mātu-* 'Reifung' voraus; ein *mātūra* (sc. *vis* sim.) konnte wohl das Vorbild abgeben für *nātūra* und *fētūra*; und *Kretschmer*, KZ 31, 463 f. vergleicht mit ptc. fut. *tāctūrus* als Ableitung von *tāctu-* gr. ἰσχῡ-ρός von ἰσχύς. Doch bleibt das Prototyp der Futurbedeutung, etwa von der Art wie *reditūrus*, noch zu suchen. – Ein direkter Zusammenhang zwischen abstr. *-tūra* und ptc. fut. *-tūrus* ist nicht zu erkennen; zu letzterem s. § 449, 1 b. – Die scheinbar für *-tūra* und *-tūrus* naheliegende Ableitung von den Nom. ag. auf *-tōr-* (*Zimmermann*, KZ 42, 303; *Zellmer* 4) ist lautlich unmöglich. – Die Primärableitung *figūra* Ter. (gegenüber *fictūra* Plt.) ist wegen *g* für *h* wohl jung (§ 168 Zus. a); dann wäre *figūra* in Anlehnung an *effigiēs* etwa nach *statūra* gebildet.

288. *-tero- -timo-* (auch zugehörige *-ero- -mo-*); *-aster.*

A. *-tero- -timo-* und Verwandtes; *-tero-* in Adjektiven der räumlichen Orientierung, hinter **Praepositionen** usw.; Funktion (von griech. -τερος) kontrastierend nach *Wittwer*, Gl. 47, 54ff. Typus ererbt.

1. Als Grundlage diene das **System der Ableitungen von Praepos.** (urspr. Lokaladverb) idg. **en* (gr. ἐν, lat. *in*, nhd. *in*). Neben **en* 'inmitten von (mehreren)' stand die Erweiterung idg. **enter* (ai. *antár*, lat. *inter*) 'inmitten von (zweien), zwischen', dazu mit *-o-* adjektiviert nach § 266aβ idg. **enteros* 'drinnen befindlich, innerer' (ai. *ántaras*, lat. **intero-*, dazu gr. τὰ ἔντερα 'Innereien, Eingeweide'). Diesem ist zugeordnet idg. **entomos* 'innerster' (ai. *ántamas* lat. *intimus*). Im Latein gehören zu **intero-* die Adverbien *intrā intrō*; als Adjektiv ist es ersetzt durch *inter-ior*, eine Erweiterung mit Komparativsuffix *-ior.* – Neben *-ter* und *-tero- -timo-* stehen vereinzelt Ableitungen ohne *t*: *super īnfrā, superī īnferī īnfimus* (ai. *upara- upama-*; *adhara- adhama-* § 173a), so wohl auch heth. *katt-era-* zu *katta* 'unten' gr. κατά (*Benveniste*, Hitt. 102).

Diese Suffixgruppierung besteht, freilich mit Lücken, wie die folgende Tabelle zeigen soll, auch neben anderen Praepositionen und bei pronominalen Grundelementen, und zwar meist in lokalen Oppositionspaaren, etwa *in ex* mit *intimus extimus*, vgl. auch gr. πρότερος ὕστερος gleich ai. *pratara- uttara-*. Der Typus lat. **in-tero- ex-tero-* und *in-timo-* zeigt allein den ursprünglichen Anwendungsbereich der „Steigerungssuffixe" idg. *-tero- -t₀mo-*, wie er auch im Germanischen sichtbar wird mit got. adv. *wi-þar* (nhd. *wider*), *iftuma-* 'nächster', nhd. adj. *vor-der nie-der*, ohne Dental *ober unter*. Die allgemein-komparativische Verwendung zur Steigerung der Adjektive im Altindischen (*-tara- -tama-*) und im Griechischen (σοφώ-τερος -τατος für *-ταμος) ist einzelsprachliche Neuerung.

2. **Morphologische Einzelheiten.** – a) Zu adverbialem *-ter*: nach *inter* auch *praeter*, *propter* und *subter*, s. § 387b. – b) Zu *-tero-* (mit *-terior*) und *-timus.* **op-terior op-timus* und *dē-terior* **dē-timus* ergänzen sich zum Gegensatzpaar 'besser – schlechter'; s. Zusatz. – *postero-* ist zu analysieren als *pos-tero-* (vgl. lit. *pãstaras* 'letzter' zu praepos. *pàs*), nicht als *post-ero-* (zu lat. *post* aus **posti*) oder als **posti-tero-* (so *Brugmann*, IF 24, 72). Zur Bedeutung von *postumus* s. Zusatz. – Zu *poster-ior -itās* Konträr-

Tabelle der Gruppierungen

Grund-element Praepos.	-ero- und -tero-	-er-ior und -ter-ior	-(i)mus und -timus	Adverbien -trā -trō	Superl. -tr-ēmus
super	*superī*	*super-ior*	(ai. *upa-ma-*) *summus* § 200 c	*suprā*	*suprēmus*
in inter	*īnferī*	*īnfer-ior* *inter-ior*	*īnfimus* *in-timus*	*īnfrā* *intrā intrō*	
ex	*extero-*	*exter-ior*	*ex-timus*	*extrā*	*extrēmus*
dē		*dē-ter-ior*	*dē-mus*		
ob			*op-timus*		
com-				*con-trā -trō*	
re-				*re-trō*	
**pos* (*post*)	*pos-terī*	*poster-ior*	*pos-tumus*		*postrēmus*
(*cis*)	*citer* Cato	*citer-ior*	*citimus*	*citrā citrō*	
(*uls*)		*ulter-ior*	*ultimus*	*ultrā ultrō*	
	dex-t(e)ro-	*dexter-ior*	*dex-timus*	*dextrō-vor-sum* Plt.	
	sinis-t(e)ro-	*sinister-ior*	*sinis-timus* Fest.	*dex-* u. *sinistrōrsum*	

bildungen *anterior* Cels., *anteritās* Gloss. – *dexterior* (Varro) und *deximus* (Thes. sub *dexter* p. 916, 44), sachlich einfach gleich *dexter*, sind geschaffen als reine Reimbildungen zu *exterior extimus* neben *extero-*. Das entsprechende *sinistimus* (Paul. Fest. sub *dextimus*) war Vorbild für den Auguralterminus *sollistimum tripudium* Cic. div. u. Fest. (s. *Sommer* 457). *dextrōrsum* aus *dextrō-vorsum* § 133; nach *sinistrō(r)sum* auch *laetrōsum* von *laevus*, mit Rückbildung *laetrum* 'sinistrum', und Nachbildung *longitrōsum*, alle bei Paul. Fest. – c) *-tero-* für „paarige" Pronomina usw. der Typen 'der hier – der da'. *nos-tro- ves-tro-* wie gr. ἡμέ- ὑμέ-τερος (auch *-ero-* in nhd. *uns-er*); *i-terum* (zu pron. *is*, ai. *itara-*); *u-ter u-tro-* (vgl. gr. πό-τερος; s. § 156c); *al-ter* (zu *alius*); *cēterum*, pl. *-ī* (**k'ei e-tero-*, zu umbr. *etro-* 'anderer' aksl. *jeterъ* 'irgendeiner'); *magis-tro-*, danach zu *minus ministro-*; *sequestro-* 'Vermittler' (zu *secus* aus **sequos* oder *-es*). – d) Einfaches *-mo-* in *summus* (**sup-mos*) und in *dē-mus* Liv. Andr., im Gebrauch nur Adverb *dēmum* 'endlich'. Dieses *dēmus* (neben *dē*) war vermutlich Vorbild für *supr-ēmus* (von *suprā*), wonach *extrēmus* und *postrēmus* (Brugmann, IF 14, 14). Einfaches *-mo-* weiter in *prīmus* aus **prīs-mos* (pälign. *prismu* 'praenomen *Prīma*' Vetter nr. 213), vgl. *prīdem* und *prīs-tinus prīs-cus*; darin *prīs* aus **pri-is* adv. 'früher', Ablautform zu ntr. **pri-(i̯)os prius* 'früher', formal wie *mag-is* neben **mag-i̯os maius*, § 138, 1 a. Unerklärt ist das darauf reimende *īmus* 'der unterste'. – e) Entsprechungen im **Oskisch-Umbrischen**, manche wohl aus dem Latein entlehnt. Zu *superī* osk. *huntruis* ~ *supruis* Vetter nr. 6. – Zu *inter* osk. *anter*, umbr. nur Praeverb. – Zu **intero-* osk. *Entraí*. – Zu *contrō-(versiae)* osk. *contrud*. – Zu *posterī* osk. u. umbr. *postro-* (vgl. lit. *pãs-taras*); osk. adv. *pústiris* gleich lat. *posterius* Ter. Zu *postumus* osk. *pustm- posmom*. – Zu *ultimus* osk. *últiumam* (zu *citrā* vgl. got. *hidrē*). – Zu *dexter* osk. umbr. *destro-*. – Zu *magister minister*: komparativisch umbr. *mestra* 'maior fem.', osk. *minstreis* 'minoris'; vgl. *Mastarna* (zu *magister*) § 203 b β.

Zusätze. Wie nomin. sing. mask. *-er* in *dexter alter* usw., so auch *super inferque vicinus* Cato agr. 149, 1; aber *inferus an superus ... deus* Liv. Andr. Od. 26. – Man erklärt üblicherweise *optimus* ohne Hemmungen als Ableitung von *ops* (*Ops*) 'Hilfe', als ob mit *-timus* ein Superlativ von einem Substantiv zu bilden wäre, dazu noch im Sinne eines Zugehörigkeitsadjektivs (zu *fīnitimus* s. unten B 2); die Schreibung *opituma* (§ 115) ist bedeutungslos. – Bei *postumus* erfolgte der Bedeutungswandel 'letzter' > 'nachgeboren' im Praenomen *Postumus*: nur ein nachgeborener Sohn ist der endgültig letzte (Leumann, Kl. Schr. 192); die kaum antike Schreibung *posthumus* entspringt der volksetymologischen Deutung '*post humationem patris natus*'. – Nicht hierher *-imus* in *septim-us*, s. § 380. Zu superl. *-issimus* s. § 384; zu *ipsimus* § 373, 4.

Lit.: *Sommer*, IF 11, 7–28 (*-tero-*); 205 ff. (*-timus* und *-mus*). *Risch*, Wortb. § 34. *v. Planta* II 18 u. 103. *Brugmann* II 1, 323–329 (*-tero-*); 225–228 (*-t₀mo-*). – Deutungen. *Streitberg*, IF 35, 196: sachliche Identität von *-tero-* und Suffix *-tēr -tōr* (*pater māter* als relatives Paar), s. dazu Idg. Jb. 4, 52 f. und *Goidànich*, Scritti in on. Trombetti 216. – *-tero-* und *-t₀mo-* zweite Kompositionsglieder, zu Wz. *ter* 'überschreiten' und *tem* 'schneiden': *Hirt*, Idg. Gr. III §§ 129 u. 207; vgl. *Jensen*, IF 52, 124 f.

B. *-tero- -timo-* denominativ.

1. Ein *-tero-* komparativischer Funktion bei Adjektiven besteht nur im Altindischen und im Griechischen. Doch vermutet man im Latein ein *-tero-* der vergleichenden Ähnlichkeit hinter Substantiven, unter Verweis auf gr. hom. rein steigerndes βασιλεύτερος und ai. nur bei Tiernamen vergleichendes *-tara-* (*Wn.-Dbr.* 603 f.) etwa in *aśvatara-* 'Maultier' zu *aśva-* 'Pferd'. Die drei Nomina sind *mātertera* 'Tante' Cic.; *porcetra* Pompon. (angeblich '*sus quae semel peperit*', s. Gell. 18, 6, 4–6) von *porcus*; *pullitro-* von *pullus* 'Hühnchen' (Varro rust. 3, 9, 9 *potius vetulis quam pullitris*, sc. *gallinis*). Mir scheint *pullitro-* eher, als Adj. dissimiliert aus **pullitulus*, eine Konträrbildung zu *vetulus* zu sein. – Für komparativisches *-tero-*: *Benveniste*, BSL 45, 80; *Sommer*, IF 11, 16 (*porcētra* von **porcēs*); *Niedermann*, Contrib. 30³ (vgl. auch Gl. 27, 85). – Zu oben A 2c gehört vermutlich *auster* 'Südwind', als Himmelsrichtung zu *aus-* (in *aurōra*), vgl. ahd. *ōstara*. – Nicht überzeugend *-tri-* aus *-tero-* in *sēmē(n)stris*, vgl. § 280, 2c.

2. *-timus* hinter Substantiven bildet keine Steigerungsadjektiva (zu *optimus* s. oben Zus.). Ortsadjektive sind *fīni-timus* 'benachbart, an der Grenze gelegen', und *maritimus* 'am Meer gelegen'; ihr Muster war *extimus* (*Leumann*, IFAnz. 41, 26 Mitte). – Vielleicht *lēgitimus* von *lēx* nach *fīnitimus*. – *aeditumus* ist aus *aedi-tuus* 'den Tempel hütend' zum Ortsadjektiv umgestaltet 'der im Tempel', oder umgekehrt (vgl. Gell. 12, 10); danach wagte Laevius (frg. 16 M.) *claustritumus*.

C. *-astro-* (wohl *ā*, weil bewahrt in nichterster Silbe), denominativ.

1. Von Substantiven als Substantive (wie die Deminutiva) 'eine Art von

...', meist abwertend 'ein kümmerlicher, minderwertiger ...'. Von Personen: altlat. *parasītaster paullulus* Ter. Ad. 779, deminuiert *peditastelli* Plt. Mil. 54 und *gravastellus* (?) Plt.; später *fīliaster -astra* 'Stiefsohn -tochter' Inschr. (häufig), dazu entsprechend *patraster mātrastra*; *catulaster* 'junger Bursche' (*catlastros ... formosos* neben *puellas maturas*) Vitr. 8, 3, 25. Von Namen *Antōniaster* und *Fulvīniaster* Cic., spät *Ambrosiaster*. – Von Pflanzen: *oleaster* 'wilder Ölbaum' Cic., *pīnaster* Plin., *apiastrum* 'eine Art *apium*' Varro; *siliquastrum* (von *siliqua* 'Schote') Plin.; später mehr. Dazu wohl *ungula⟨s⟩tros ungues magnos atque asperos Cato appellavit* Paul. Fest.; zu *unguis* mask. oder zu *ungula* fem.? – 2. Entsprechend von Adjektiven: *surdaster* Cic.; cogn. *Calvaster*: νεανίσκος (!) 'Ιούλιος Καλουαστρος Cass. Dio 67, 11, 4 (zum Jahr 90ᵖ; adj. *recalvaster* 'kahl' (von der Stirn an)' Vulg. (*recalvus* Plt. Rud. 317). – *formaster frigidus* 'eine Art Gebäck (*pānis*)' Titin. com. 166, von *formus* 'heiß' [sic]. – Viel später von Farbadjektiven, *fulvaster* 'rotgelblich' von *fulvus* und anderes. – In der Umgangssprache war *-astro-* wohl weiter verbreitet, als die Belege erkennen lassen.

Lit.: *Seck*, ALL 1, 390; *Stolz*, HG 543; *Müller-Graupa*, Gl. 31, 139–144 (*formaster*); fürs Romanische *Meyer-Lübke* II 560. – Die Herkunft ist unaufgeklärt. Da man allgemein das *-tero-* von *-astro-* mit dem von *mātertera* gleichsetzt, kreisen alle Bemühungen um das *-as-*. Im Hinblick auf *parasīt-ārī* neben *-aster*: *Brugmann* II 1, 195: *-ās-*Stamm des Infin. (vgl. *fās*: *fārī*); *Thurneysen*, Festschr. Wackernagel 120–123: mit Stamm des ptc. als *-ant-tro-* > *-astro-*. Nach *Ehrlich*, KZ 40, 374 u. 376 *-ās-* aus *-āves-*, Vergleich von *patras-*(*ter*) mit gr. πατρωϝ-. *Kretschmer*, Gl. 28, 263 Fußn. benutzt eine etrusk. Zwischenstufe. Nach *Sommer*, IF 11, 31–35 ist alt *-ātro-* bei Pflanzennamen umgestaltet zu *-astro-* nach (*rāp-*)*-istro-* usw.; aber vereinzeltes inschr. *-atro-* (*filiater*) ist nur Schreibfehler, nicht alte Form. – S. noch *Thomas*, REA 42, 520–528.

e) *-mo-*; die Gruppen *-no-*, mit *-ĭnus -rnus -īnus -ānus* (§§ 289–296)

289. *-mo- -mā*, vereinzelt aus älter *-smo-* (s. § 210 zu *flamma rēmus*), vielleicht auch aus noch älterem *-mno-* (§ 216 Ende). – Meist isolierte Wörter mit etymologischen Problemen (vgl. auch *Wn.-Dbr.* 749 litt. a); auch wohl einige Lehnwörter. Soweit analysierbar, deverbativ; z. B. *ani-mus fā-ma* adj. *almus*, doch ohne eindeutige Funktion des *-mo-*.

a) Substantive. Erbwörter: Mask. *ani-mus* (und *-a*, § 33), *armus* § 64, *culmus* nhd. *Halm* (zu *ex-cellere*, vgl. gr. κάλαμος), *fūmus* § 171 a, *līmus* 'Schlamm', fem. *ulmus*. Fem. *-ma*: *fāma* gr. att. φήμη (zu lat. *fā-rī* gr. φη-μί), *lāma* 'Sumpf', *palma* § 64. Nur lat.: *fimus grūmus hāmus rāmus*, *racēmus*; *brūma* (vgl. § 384 d), *līma* 'Feile', *lūma* (s. § 300 a), *rīma*, *rūma*, *spūma*, *strūma*, *plūma*, *forma norma parma*; *glūma* (*glūbere*), *trāma* (*trahere*); ntr. *pōmum*, plur. *arma*. Lehnwörter: *nummus* gr. νόμιμος; *grōma* § 56, 2, auch wohl *lacruma* (*dacrima* Liv. Andr.) gr. hell. *δάκρυμα -ατος* (s. § 365 I A 3); *volaemum* 'Birne' (gallisch). Lehnsuffix *-ismus* in (hybrid) *pāgān-ismus*; zahlreiche Lehnwörter auf *-ismus* gr. -ισμός, etwa *barbar- soloec- syllog- bapt-ismus*.

b) Adjektive. *almus* (*alere*), *firmus* (mit adv. *fermē* der gehobenen Sprache), *formus* 'heiß' § 169, *dusmo-* (jünger subst. *dūmus* 'Gestrüpp', § 206), *līmus* 'nach etwas schielend'. Lehnwort ist *sīmus* 'stülpnasig'. – Unerklärtes denomin. *-īmus* in *opīmus* 'üppig' (zu pl. *opēs*) und in *patr- mātr-īmus* 'dessen Vater bzw. Mutter noch am Leben ist' Cic. Ritualterminus (dubios Paul. Fest. nomin. *-īmēs* als plur., und irrtümlich auch als sing.); *ĭ* wahrscheinlich, da keine Nebenform *-umus*. Subst. *sacrima* (*ĭ*?) 'mustum (beim Opfer)' Fest. Sicher *ĭ* in *victĭma* 'Opfertier'. – *prīmus* aus **prīsmos* s. § 288 A 2 d.

290. Einfache -no- -nā (hinter langem Vokal teilweise aus -sno- -snā): mancherlei Substantive und Adjektive; doch mit im Latein erkennbarer suffixaler Funktion nur die Verbaladjektive des Typus *plēnus* (unter b), die Denominativa des Typus *dominus* (d), und die *no*-Adjektive von Praepositionen (f).

a) Erbwörter, vom Latein aus nicht ableitbar. Subst.: *agnus* § 157, 1 c; *cornus* § 59; *ulna* § 216 b; **dinom* 'Tag' in *nun-dinum* § 142 b; *vēnum* aus **wes-nom* § 206. Hierzu auch *fundus*, § 200 b β. – Adj. *ūnus* alt *oinos* § 65 (zu *bīnī* vgl. § 381 B).

b) Erkennbare Verbalableitungen. Idg. *no*-Adjektive standen in ihrer Funktion den *to*-Partizipien nahe oder entsprachen ihnen; manche sind früh substantiviert, so *lāna grānum dōnum*. – Ererbt: Adj.: *plē-nus* (auch umbr.) zu *im-plēre* (Vollstufe *plē-* ersetzt älter *pḹ-* bzw. *pḷə-* idg. *$p\bar{l}nos$ in ai. *pūrṇas* lit. *pìlnas* nhd. *voll* aus germ. **ful-na-*, dies hätte lat. **plānos* ergeben); *plānus* lit. *plónas*; *vānus* im Ablaut zu ai. *ūnás* 'ermangelnd'; auch wohl *mag-nus* neben *mag-is* gr. μέγα ai. *mah-* 'groß' und Wz. *mah-* 'verherrlichen'. Subst.: *lāna* (*vellere*) und *grānum* s. § 63; *dōnum* (*dare*) ai. *dānám* (auch osk., umbr., verbaut in venet. *donasto* Allg. Teil § 22 b). *somnus* § 200 c. – Neben lat. Verben: Adj. *dignus* (*decet*, § 42 a); substantiviert *lignum tignum* (*legere, tegere*), *signum*; plur. *frēna* und *-ī* (**frend-sno-*, zu *frendere*); neben lat. *-ēre* anscheinend subst. *habēnae* 'Zügel' (zu *habēre* 'halten') und adj. *egēnus* (doch s. § 291 b). Neben Verben anderer idg. Sprachen: Subst. *fornus furnus* 'Ofen' (gr. θερ- in θερ-μός, § 169); *cūnae* (gr. κοι- in κοί-τη, zu κεῖμαι); *scamnum* § 200 c; mit *-sno- cēna lūna penna* (§ 211).

c) Als *o*-Ableitungen von idg. *n*-Stämmen lassen sich auffassen *pugnus stagnum ānus* (**aṇknos*, § 222) *pannus cunnus* und adj. *cānus* (**casno-* § 206) neben gr. πυγών σταγών ἀγκών got. mask. *fana* (nhd. *Fahne*) ahd. *hodo* und nhd. *Hase*; vielleicht auch *rēgnum* neben **rēg'n-* in altind. *rājan- rājñ-*.

d) Ererbt ist denominatives *-no-* in der spezialisierten Bedeutung 'Führer von': *dominus* zu *domus*, *tribūnus* zu *tribu-*. Vgl. zum Typus gr. κοίρανος got. *þiudans kindins*, diese zu got. *harjis* 'Heer' *þiuda* lat. *genti-*. S. Osthoff, IF 5, 278; *Wn.-Dbr.* 205 § 90.

e) Die vielen etymologisch nur unsicher anknüpfbaren Nomina nenne ich in rein formaler Anordnung. Subst.: *annus vannus* (*nn* aus *tn*, § 200 b α), *cinnus* 'Mischtrank' (dub.), *sturnus* 'Star (Vogel)', *Iānus*, *pānus* 'Geschwulst', *pīnus* fem. 'Fichte'; *fānum* (**fas-nom*, § 33), *damnum, sīnum* 'Gefäß', *tīna* 'Weinbutte'; *caenum* 'Schmutz', *faenum* (*fēnum*, § 78, 1 b); *Faunus*. Fem.: *urna* (zu *urc-eus*?), pl. *antemnae* 'Segelstange' (s. § 293), *rāna, vēna, strēna* 'Omen, Neujahrsgeschenk' Plt. Fest. Suet., *spīna* 'Dorn', *prūna* 'glühende Kohle'. – Adj.: *bonus* alt *duenos*, *mānus* 'gut', *sānus* (auch umbr.), *amoenus, obscēnus*. – Lehnwörter: *prūnus* gr. προῦμνος, *poena* gr. ποινή § 158 a. Zu *vīnum* s. § 65 Zus. a.

f) Ableitungen von Praepositionen, Adjektive: *prōnus supernus*, formal Adjektivierungen von Praepositionsadverbien auf *-ne* wie *superne* (auch umbr.), *pōne* aus **pos(t)-ne* § 211 d, **dē-ne* in *dēnique*; *dōnicum* aus **dō-ne quom*. Nach *super supero- superne supernus* (§ 266 a β) auch *infernus* und *internus externus*. S. dazu Brugmann, IF 33, 304; *Wn.-Dbr.* 735.

291. Ausgang -ĭnus, Vereinzeltes und mehrere Gruppen.

a) Formal und funktionell Isoliertes. Subst.: *acinus pampinus, ricinus* 'ein Ungeziefer der Tiere' Cato; *pastinum* 'Hacke'; *fuscina* 'Dreizack', *pāgina* 'Blatt', *sarcina* 'Gepäck' (*-ātus* Plt. wie *suffarcinātus* Plt., neben *sarcīre farcīre*); *patina* (gleich πατάνη in Sizilien) 'Pfanne'.

Zusätze. Lehnwörter: lat. *-ina* aus gr. *-άνη* in *māchina* und *runcina*, s. § 88 a; zu *fascinum* vgl. § 170. Lat. *angīna* Plt. 'Angīna' aus gr. ἀγχόνη (*Leumann*, Kl. Schr. 172; Rocco, Gl. 32, 98 f.). – Zu *dominus* s. § 290 d, zu *uncīnus* s. § 296 I D. – *-innus: cachinnus. pisinnus* 'puer, parvus': *Priamique pisinnos* Att. Labeo für παῖδας Hom. Δ 35, App.

Probi (dazu *Baehrens*, Komm. 31; roman. *pitsinnus, s. *Wartburg*, FEW VII 611a). Etruskisierend wohl *sociennus* Plt. Aul. 659 und *homo levenna* Laber. ('*levis*' nach Gell. 16, 7, 11). Entlehnt *cincinnus* 'Haarlocke' gr. κίκιννος, § 233 B. Zu etr. *Spurinna* usw. s. § 268 A 1 c. – Unklar *trasenna* 'Netz' (von *trāns* nach *antemna*?).

b) Stoffadjektive auf *-nus -inus*, mit *-gnus -āginus*. Typus *-(i)no*- ererbt, vgl. gr. φήγινος (*Chantraine*, Form. 201; *Hirt*, Idg. Gr. III 236 f.; *Rocco*, Gl. 32, 98²); idg. *-ino-* wohl ursprünglich als *-i-no-* an *i*-Stämmen erwachsen (*Szemerényi*, Syncope 393), aber Musterformen sind nicht greifbar. Lat. *-rnus -lnus* sind teilweise als synkopierte *-rino- -lino-* aufzufassen, so *-rno-* bei *r* aus *s* (*Falernus*, § 104), *-lno-* wegen *-ln-* > *-ll-* (§ 216b). – Lat. *-rnus*: *māternus* (danach *paternus*, *Wackernagel*, Kl. Schr. 473); *eburnus* Lucil. 683 (auch Cogn. des Konsuls 116ᵃ); *Veliternus* (aus *-tri-nos*, zu *Velitrae*). – *-ēnus* aus *-es-nos* (§ 331 A 3b, vgl. gr. hom. φαεινός ἐρεβεννός aus *-εσ-νος*): *ahēnus* aus **a̯es-nos* (§ 124, zu *aes*; nach *vāsa ahēna* auch *vāsa terrēna* Cic.); vielleicht *egēnus* (wegen *egestās*, § 328, 1b, doch vgl. § 290b); substantiviert *venēnum*; kaum hierher *harēna*. Wohl lautlich wie *aēnus*, doch substantiviert, *pulvīnus* 'Kissen' aus *polvis-nos. – Besonders von Baumnamen: *īlignus* Ter., *salignus* Cato (beide mit *-gn-* aus *-cn-*, § 200a; hiernach zu *abiet- abiegnus* Plt. Enn.); *acernus*; zu *o*-Stämmen *colurnus* (zu *corulus*, § 232 D); *pōpulnus* Plt., *quernus* (§ 222). Als Baumnamen gebraucht (s. *Szemerényi*, Gl. 38, 225–232): *alnus* < **all(i)nos* < *alzinos < *alis-inos; *ornus* < *os-inos (§ 103a); schwierig *fraxinus*. – Jüngeres *-inus* von Pflanzennamen ist aus dem Griechischen entlehnt: *fāginus axis* Verg. gg. 3, 172 ist Umsetzung von hom. φήγινος ἄξων E 838; von Lehnwörtern seien genannt *murrinus* Plt., *cannabinus* Varro, *coccinus* Petron., *amygdalinus* Plin. (weitere bei *Weise*, Gr. W. i. Lat. 63); danach ist *-inus* Lehnsuffix in *iuncinus laur-inus* Plin. usw.

Durch funktionelle Berührung mit den Stoffadjektiven auf *-eus* entstanden die Erweiterungen auf *-n-eus -in-eus -gin-eus*, dazu Rückbildungen auf *-ginus*; s. dazu § 272, 1. – Zur Farbbedeutung von *-inus* vgl. § 254 zu *-eus*; bei Petron neben *coccinus* 'scharlachrot' 28, 4 auch *coccineus* 32, 2.

c) Zeitadjektive auf *-tinus* von Zeitadverbien und Zeitangaben, ererbter Typus, vgl. altind. *nū-t(a)nas* 'jetzig', lit. *dabar-tìnas -nis* 'jetzig', auch wohl gr. hom. ἐπηετανός (s. zuletzt *Forssman*, Pindar 121 f.). S. bes. *Hofmann*, IF 45, 71; *Wn.-Dbr.* 592 ff., 594 litt. e; *Benveniste*, Orig. 105 u. 108; auch *Mezger*, Word 2, 231. Lat. *crās-tinus* (vgl. altind. *śvás-tanas*), danach auch *perendinus* nach *Nehring*, Lang. 16, 8; *prīs-tinus* (§ 288 A 2 d); *diū-tinus* Plt. 'langdauernd'; *hornō-tinus* Cato 'heurig', *annō-tinus* Cic. 'vom vorigen Jahr her' (zu *annō* Plt.), *sērō-tinus* Colum.; auch wohl erstarrt adv. *prō-tinus* Cic. (umgestaltet *prōtinam* Ter.).

292. *-rnus* und *-rna* in Sondergruppen. – a) Zeitadjektive auf *-ernus -urnus*, auch *-ternus -turnus*. Typus ererbt, lat. *-rnus* vermutlich synkopiert aus *-ri-nos*, nach gr. ἐαρι-νός ἑσπερ-ινός neben lat. *vernus vesperna* (sc. *cena*, Plt. und Paul. Fest.). Gr. ἐαρι-νός bzw. seine idg. Vorstufe ist Ableitung von lok. ἔαρι 'im Frühling'; daraus ist *-inos* verallgemeinert. – Die Ableitungen beziehen sich auf Jahr und Jahreszeiten, Tag und Tageszeiten. Adj. *veternus (nur bewahrt als Subst., sc. *morbus*, 'Schlafsucht' Plt.) aus **wetesi-nos* (zu plur. *veterēs*); dann *aeternus* alt *aeviternus* von *aevum* mit *sempiternus* (also neues Suffix *-ternus*). *diūturnus* wohl aus **diū-ternus* nach *diurnus*. *vernus* (*vēr*), *hībernus* (*hiems*, s. unten). *hodiernus* (*hodiē*, danach spät *modernus*, von *modo* 'soeben'). *hesternus* (zu *heri*; zu *hester-* vgl. nhd. *gestern*, got. *gistradagis* 'morgen' als 'anderntags'). *nocturnus* von *noctū* 'nachts', nach diesem *somnurnae imagines* Varro Men. 427 (vgl. *nocturnae im.* Lygd. 4, 56) und *taciturnus* Plt. (*tacet nox* Catull 7, 7; *taciturna silentia* Lucr. 4, 583 wie *nocturna sil.* Ciris 210). *diurnus* wie oder nach *nocturnus*. Beachte: *per aeterna silentia aequiterna supplicia* 'gleichlang dauernd' Sidon. – Zu *hornus* 'heurig' s. § 372, 1a.

Einzelheiten zur Vorgeschichte. Ob das *e* bzw. *u* vor *-rnus* teilweise eine Länge war, bleibe dahingestellt; etymologisch erwartet man sie in *vernus* (*vēr*), *hornus*, *hodiernus*, *nocturnus*. Im Romanischen **diŭrnus* (italien. *giorno*). – Die traditionelle Gleichsetzung von *hībernus* mit gr. χειμερινός unter Grdf. **g'heimerinos* wird mit Recht abgelehnt von *Szemerényi*, der freilich kaum besser lat. Grdf. **hiem-ernus* (nach *vernus*) ansetzt (mit *ie* > *ī* nach § 133 II Zus. γ). – *diurnus* aus **diwesinos* nach *Götze*, IF 41, 80 mit Früheren; aus **div-erinos* nach *Szemerényi*, Vorbild für *nocturnus*. – Nach *diūtinus* ist wohl Kompar. *diū-t-ius* (mit *t*) geschaffen; zu *diŭturnus* s. § 121. – *taciturnus* nicht von *tacitor* 'Schweiger', so *Skutsch*, Kl. Schr. 37[1]. – Lit.: *Szemerényi*, Gl. 38, 107–118; 124 f.; *Stolz*, HG 479; *Brugmann*, MU 6, 359. *J. L. Butler*, Latin *-inus -ina*, *-inus -ineus*, Univ. of Calif. Publications in Linguistics 68, 1971 (s. dazu auch § 296 am Ende).

b) **Feminina auf *-erna*:** *caverna* (*cavus*), *cisterna* (auch umbr. als altes Lehnwort; *cista*); *fūsterna* 'oberer Teil der Tanne' (*fūstis*); *lacerna* 'Oberkleid'; *nassiterna* 'Gießkanne'; *taberna* 'Hütte' (**traberna*, von *trabs*); *lanterna* (erweitert aus gr. λαμπτήρ, § 221a), danach wohl *lŭcerna* (falls nicht zu *vesperna*; das *ŭ* ist im Latein isoliert). Neutra die Baumnamen *laburnum* und *vīburnum*. Verbaut *-rn-* in *gūturnium* 'Gefäß für Flüssigkeiten' Paul. Fest. und in den Vogelnamen *coct- spint-urnīx*.

-erna ist vermutlich ein etruskisches Suffix, oder die *-erna*-Feminina sind im Latein etruskische Lehnwörter. Vgl. *Niedermann*, IF 37, 151f., *Ernout*, Philologica I 30–32; auch *Jacobsohn*, Hermes 45, 82[1] und 213, *Herbig*, IF 37, 185[2] zu *Mastarna* (§ 203 b β).

293. *-meno- -mno-* bildete in der Grundsprache mediale Partizipia, vgl. gr. φερόμενος ἑπόμενος. Hierzu im Latein *fē-mina*, ursprünglich 'säugend' (zu *fē-* s. § 171a), und *alumnus* 'der aufgezogen wird, Zögling' (zu *alere*).

Alles Übrige ist morphologisch ganz unsicher: *columna terminus* neben ntr. *columen termen* (vgl. § 326 B); *lāmina* 'flache Platte' (aus *stlā-* wie *lātus* 'breit'?, § 193); *calumn-iae* (zu *calvere*?); *pilumnoe poploe* Salierlied (zu *pīlum*; *-umnus* künstlicher Ersatz für *-ātus*?); zu *vehemēns* vgl. § 106. Vielleicht etruskisch *autumnus*, *aerumna*, *Vertumnus*, *Picumnus*. – Ein von Praepositionen ableitendes Suffix *-mno-* wie in griech. πρύ-μνος von πρό vielleicht in lat. *antemnae*, so *Forssman*, KZ 79, 18f.; man erwartet freilich **anti-mnae*.

Lit.: *Benveniste*, BSL 34, 11–15 (*fēmina*, *autumnus* [Gl. 24, 152]); *Specht*, KZ 55, 13–18 (*fēmina*); *Ernout*, Philologica I 32–36 (etrusk. Wörter).

294. Die Suffixe mit *-no-* hinter langem Vokal, also *-ūnus -īnus -ānus*, auch *-ēnus -ōnus*, bilden, soweit analysierbar, nach ihrer Herkunft einfache **denominative *no*-Adjektive** zur Bezeichnung einer Zugehörigkeit zu Personen oder Sachen; Substantivierungen aller Art sind häufig. Der vor-

o- und *a*-Suffixe: *-rno-*; *-mno-*; *-ūno- -ēno- -ōno-*

angehende lange Vokal war ursprünglich Stammauslaut des Basiswortes; zur Dehnung von *u* und *i* in *-ū-nus -ī-nus* s. § 253c. – Vorausgenommen seien die schwächer entfalteten *-ūnus -ēnus -ōnus*.

1. *-ūnus* neben *u*-Stämmen, meist substantiviert: *tribūnus*, vgl. § 290d; *Portūnus*, zu *portu-* 'Hafen', dazu offenbar *opportūnus*; *pecūn-ia* von **pecū--nus*; *Neptūnus* (**neptu-*); *lacūna* (sc. *aqua*?, zu *lacus*); *fortūna* (**fortu-* auch in *fortuītus*). – Monophthongisches *ū* gesichert durch inschr. *tribunos* und *Fortune* neben *Fourio* D 64.

Zusätze. Adj. *opportūnus* von *ob portum* 'gegen den Hafen hin', ursprünglich vom Wind, daher 'günstig' (erste Silbe lang bei Plt. Lucr., Schreibung mit einem *p* nach *oportet*). – *fortūna* als Adj. noch in *Fors Fortūna* 'Günstiges Geschick', als Göttin mit Tempel und Festtag in Trastevere (Varro, Ov. fast. 6, 773, D 72f.); abl. *forte fortuna* Plt. Ter., als nomin. sing. bei Ter. Hec. 386. Dagegen in Phorm. 841 *o Fortuna, o Fors Fortuna . . . ope vestra . . . onerastis* (plur.!) sind zwei Göttinnen angerufen. Daher Acc. 110 *fors aut fortuna*, ähnlich 182. Vgl. Leumann, -lis 7[2]; zu den zwei Fortunen Wissowa, Rel. 256. – Unableitbar *ieiūnus*. Zu *aprūnus* s. § 200a Zus. α zu *gn*.

2. *-ēnus*, keine Beispiele von *ē*-Stämmen. – a) Adjektive. Aus *-es-nos*, von *es*-Neutra (§ 291b; § 331 A 3b) in *aēnus* (mit *terrēnus*), *egēnus*; ntr. *venēnum*. Morphologisch nicht durchschaubar: *serēnus, obscēnus*. – b) *-iēnus* von *io*-Stämmen, funktionell wie *-īnus* von *o*-Stämmen: *aliēnus* von *alius* 'zu (einem) andern gehörig'; *laniēna* (*taberna* Varro) von altlat. *lanius* 'Metzger' (wie *figlīna tab.* von *figulus*). Hiernach *-iēnus* eher durch Kontaktdissimilation aus *-iīnus* (Skutsch, Kl. Schr. 34, Gl. 3, 355[1]) als durch Sonderentwicklung aus *-ieinos* (so Brugmann, IF 12, 389). Zu *-iēnus* in Gentilicia wie *Lab- Nāsīd- Volus-iēnus* vgl. Schulze, EN 55[1], 104 f.; 438. – c) Feminina auf *-ēna*. Ohne sichere etymolog. Anknüpfung im Latein: *av- cam- cat- har-* (sabin. *fas-* § 172a), *verb-*. Vielleicht *habēnae* 'Zügel' zu *habēre* 'halten'; *sacēna* '*dolabra pontificalis*' Fest., zu *secāre*? Manche wohl etruskisch nach Ernout, Philologica I 27. – *cantilēna* Ter. 'Liedchen' wohl dissimiliert aus *-ēla* (wie *loquēla*) von **cantilāre* (das Verbum bei Apul. ist Rückbildung). *postilēna* '?' Plt. Cas. 125; *antilēna* Gloss. 'Brustriemen des Pferdes'. Zu *verbēna* s. Szemerényi, Festschr. Altheim 180.

Zusatz. Lat. *-ēnus* in griechischen Ethnika auf -ηνός des nordwestlichen Kleinasien mit Umgebung, so von Städtenamen *Abȳd- Lampsac- Pergam-*, auch *Dolich- Damasc-ēnus*, s. Schwyzer I 490 Ziff. 6; dazu *Tyrsēnī* Τυρσηνοί. Die attizisierte Form dieses -ηνός ist -ᾱνός, lat. *Bosporānus, Sardiānus, Phāsiānus* (Fluß Φᾶσις) sc. ὄρνις 'Fasan'. – Zu *Aniēnus* s. § 266e. – Lit.: Skutsch, Kl. Schr. 24–35 (*aliēnus* usw.).

3. *-ōnus* m. *-ōna* f., fast nur Personalsubstantiva. a) *patrōnus* und *mātrōna*, vielleicht mit gr. υἱωνός 'Enkel' zu vergleichen (s. auch Schmeja, IF 68, 22 f. wegen gr. μήτρως πάτρως 'Mutter- Vater-bruder'); *patr-* erst nach *mātr-* (Wackernagel, Kl. Schr. 472). Von *agricola* aus *colōnus* als Gegenstück zu *patrōnus* (vgl. Cato agr. praef. 2). – b) *-ōnus -ōna* für erwartetes *-ōn-*. Zu *epulōnus cūriōnus* s. § 257 A 1bβ. Merkwürdig *strabōnus* Petr. 68, 8 für *strabo* aus στράβων. Fem. *Lātōn-a* s. § 365 C 1bγ. – c) *-ōna* in Namen von römischen Göttinnen wie *Bellōna Annōna Pōmōna* (zu *bellum, annus* 'Jahresernte', pl. *pōma*) und *Alemōna* als Femininisierung nach § 269 B 3b von mask. Nomina personalia auf *-ōn-* (nach § 322 A 2b) bzw. *-mōn-*. Wei-

tere Ausdehnung von *-ōna* in *Orbōna* (*orbus*), *Abeōna* (*ab-eo -īre*), *Angerōna* usw. – d) Sonstiges. Unerklärt *caprōnae* 'equorum iubae eqs.' Paul. Fest. Entlehnt: *corōna* κορώνη. Zu *persōna* s. § 130 II B 1.

Lit. *Schmeja*, IF 68, 26 (*patrōnus* gr. πάτρως, υἱωνός). – Zu weitergreifenden Kombinationen über die lat. Götternamen auf *-ānus -a, -ūnus -a, -ōna* und eventuelle Parallelen: *Krahe*, Satura (Festg. O. Weinreich) 59–70: *-no-* personifizierend [Gl. 34, 219]; *Meid*, BzN 8, 72–126 (fürs Latein 89 u. 92ff.) [Gl. 42, 99]; *G. Radke*, Die Götter Altitaliens I, Münster 1965; *W. Otto*, IF 15, 21; *Pfiffig*, Die Spr. 14, 59; *Ernout*, Mél. Renard I 335–338. *Pisani*, Rc. Accad. Lincei VI, XI 775ff.: das *-n-* (*-ōn-*) als solches sei Femininsuffix [Gl. 27, 85f.]. – *Ernout* III 75ff. verknüpft mit Typus *Bellōna* die gallischen Göttinnennamen auf *-ŏna* wie *Epŏna* (Iuv. 8, 157), die Pferdegöttin (§ 155a).

295. *-ānus* bildet in beschränktem Rahmen Zugehörigkeitsadjektiva; den Kernbestand bilden Ableitungen von Ortsnamen und Ortsbezeichnungen. Seiner Herkunft nach ist es vereinheitlicht aus *no*-Ableitungen von *ā*-Stämmen; vgl. § 253a zu *Rōmā-nus urb-ānus*. Einen Sonderstrang stellt *-iānus* dar.

1. Einfaches *-ānus*. a) *-ānus*-Adjektive von Ortsnamen; Substantivierungen als Ethnika (Bürger oder Bewohner eines Orts); in Latium ist im Altlatein *-āti-* noch gebräuchlicher (*Ardeātēs Arpīnātēs*, § 309). Von *ā*-Stämmen: *Rōmā-nus, Norb- Alb-ānus* usw. Vereinheitlichtes *-ānus* von *o*-Stämmen: *Tuscul- Nōment- Querquētul-ānus*. Ebenso im oskischen Sprachgebiet von *ā*-Stämmen osk. *-āno-*: osk. *Abellanuí Núvlanús*, lat. *Cūmānus Baiānus, Campānus* § 150 γ, von *o*-Stamm *Pompeiānus* als *Púmpaiians*; auch umbr. *Treblanir*.

Zusätze. α) Nach *Rōma*: *Rōmānus* auch von Namen großer griechischer Städte: *Syrācūs- Thēb- Spart-*, auch *Troi-ānus*. – Ganz selten bei Namen auf *-ia -iae* (statt *-īnus*, § 296 I B 2 b): *Hadriānus Stabiānus Formiānus*. – Zu *Bosporānus* usw. s. § 294, 2 Zus. – β) *-icānus*: nach *Āfricānus*, von *Āfrica* (*terra*), aber bezogen auf *Āfrī*, auch *Pūnicānus* Cato agr. 18, 9 Cic., *Gallicānus* usw. – γ) Mit osk. *-āns* aus *-ānos* lat. ntr. *Campans genus* (§ 354 C4b), mit *-a* aus *-ā(n)s* nach § 365 A1 cβ Cogn. *Messāla* für **Messān-ān(o)s* (§ 232 A2; s. auch § 282 B4) und *Lūcā bōs* mask. 'lukanischer Stier' (d. h. 'Elefant', sc. des Pyrrhus) Naev. Plt. Lucr., vgl. auch Gl. 36, 127 (s. dazu *Meister*, EN 42ff., *Faust* 46f.); also *Lūcānī* (inschr. *Loucanam*, sc. *terram*, D 267) abgeleitet von Ortsname **Loucos* '*lūcus*' (§ 65). – Zu *-ānus* in Cognomina s. *Devine* 28f. – δ) *-ītānus*, Typus *Drepan-ītānī*, ist Erweiterung im Sinn einer Latinisierung von griech. *-ίτης* bzw. dor. *-ίτᾱς* für Ethnika von Städten in Großgriechenland und Sizilien, etwa *Neāpol- Sybar- Therm- Panorm--ītānus*; mit der politischen Ausdehnung des Reiches wird es als lat. Suffixbildung *-ītānus* bei Ortsnamen des ganzen Mittelmeerraumes gebraucht: in Iberien *Sallu-* D 267 (90a), *Gād-*, in Nordafrika *Ting-*, im Osten *Abdēr- Tom- Ascalōn- Samar-ītānus*. S. zuletzt *Faust*, Gl. 48, 137ff. – Unhaltbar *Pisani*, RIGI 20, 110: dor. *-ίτᾱς* oskisiert zu *-ītā(n)s*, dies latinisiert zu *-ītānus*. Ebenso unhaltbar schloß man aus frühem häufigem *-ītānī* im Westen auf eine einheimische *-īt-*Ableitung einer Substratsprache (westmediterranes *-īt-* bei *Devoto*, Storia 43, 'urhamitisch' nach *Pokorny* sub *Iberer* in Ebert, Reallex. d. Vorgesch.). – Lat. *virītānus ager* Paul. Fest. von *virītim*. – Vgl. *Maur-ītānī* (*-nia*), auch *ōlītānus*.

b) Von Appellativen als Ortsbezeichnungen und Personengruppen, von beliebigen Nominalstämmen: *silvānus* (*Mārs* Cato), *urb-ānus* Plt. (nach *Rōmānus*), *vīc- oppid- castell- īnsul- hortul- mund-ānus*, inschr. *Herculi Saxsetano* (*saxētum*), *pāgānī et montānī* Cic., *fontāna aqua* Ov.; hierzu wohl auch *hūmānus* (§ 130 II B 1). Ferner *mediānus* (vulgär, *Heraeus*, Kl. Schr. 228[2]) von *in mediō*, *praetōriānī* von *praetōrium*; weiter militärisch *prīm- secundānī* usw. 'zur *prīma* (*legio*) gehörig', danach *veterānī* von *veterēs* (vgl. *veterāna legio* Caes.), auch *pīlānī* 'zum *pīlus* (Manipel) gehörig' (nicht '*qui pilis pugnabant*', so Varro ling. 5, 89).

c) Von sonstigen Appellativen nur semasiologisch Vereinzeltes. *arcānus* von *arca*, *pūblicānus* 'Steuerpächter' von *pūblicum* 'Staatsschatz', *decumānus* 'Zehntenpächter'; *germānus* sc. *frāter* von *germen* (vielleicht aus *germnānus*); *membrāna* (sc. *cutis* ?); *iecun-ānum* '*victimārium*' Paul. Fest. (von *iecur* gen. *iecin-is*).

Zus. *secund-ānus* auf *secundus* 'günstig(er Fahrwind)' (§ 298 A1b) bezogen in *Ioυei Sequndano* gleich Διὶ Οὐρίωι D 133 (Delos). *Volcānus* von *volca* gleich altind. *ulkā* (gegen Gleichsetzung mit etr. *velχans* s. *Meid*, IF 66, 259ff.). *Diāna* von Ortsbezeichnung *sub diū* 'im Freien' (§ 318 A 2 b Zus.). – Entlehnt *decānus* gr. δεκᾱνός.

d) **Kompositionssuffix** bei Adjektivierung praepositionaler Ortsangaben (vgl. § 256c; Allg. Teil § 63 Mitte). Nach *urbānus* von '*sub urbe*' *suburbānus*, so mit *sub-* : *subbasilic-* Plt., *subrōstrānī* Cael. Cic. ep. 8, 1, 5, *subaediānus* Inschr., *subsōlānus ventus* (*sōl*) Cels. (hiernach *altānus v.* von *altum*, sc. *mare*). Mit *ante-* : *antesignānī*; *antelūc-* (*ante lūcem*; erst hiernach *lūcānus*); *ante-* und *postmerīdiānus* (erst hiernach *merīdiānus* und auch *prī-* und *cottī-diānus*). Mit *trāns-* : *-fret- -mont- -pad-ānus*. Ferner etwa *dēpontānī*.

e) **Deverbativ** in Namen von Schutzgöttinnen: *Levāna*, *Praestāna*; Muster wohl *Tūtāna*, auf *tūtārī* bezogen, aber von *in tūtō* (nach b) abgeleitet. Vgl. die Literatur zu *-ōna* § 294, 3c.

2. *-iānus* ist eine Abzweigung von *-ānus*, gebraucht für Ableitungen **von Personennamen** zur Bezeichnung einer Zugehörigkeit (*Caesar-iānus Cicerōn-iānus*). Das *i* stammt von den Gentilnamen auf *-ius* (*Tullius* : *Tulliānus*). Da aber der Kerngebrauch von *-ānus* derjenige hinter Ortsbezeichnungen ist und die späteren Gentilicia ursprünglich selbst Adjektiva waren (*pons Aemilius*, *via Flaminia*), so erfolgte die Ableitung von Gentilnamen offenbar zuerst von deren lokalem Gebrauch, nämlich als Namen der sechzehn gentilizisch benannten tribus rusticae, *tr. Aemilia*, *Cornēlia* usw. Die sekundär erfolgte Beziehung der Ableitungen auf die gentes bzw. auf einen ihrer hervorragenden Angehörigen (*Tulliānus*, *Clōdiānus*) wurde dann freilich die Hauptfunktion und führte damit zur Vereinheitlichung des Komplexes *-iānus*.

Sonderverwendungen als Maskulina für Personen. a) Adoptionscognomen, abgeleitet vom aufgegebenen Gentile bei Übertritt durch Adoption in eine neue Gens (s. *Doer* 74 ff.): *P. Cornelius Scipio Aemilianus*, von Geburt Sohn des *L. Aemilius Paullus*; *Fuluianus* D 337 (Fasten zu 180[a]); *Octāviānus*. Scheinbar vom Gentile der Mutter wohl bei Adoption durch den mütterlichen Großvater: Vespasian war der Sohn einer *Vespasia*. – b) Namen von Sklaven nach dem Gentile des früheren Herrn: *Lucretianus*, *servus publicus* I[2] 1337. – c) Bezeichnungen von Anhängern, mit einfachem *-ānus* in Sondersituation *Mariani* und *Sullani*, auch *Gracchanus tumultus*; mit verselbständigtem *-iānus* von Cognomina: *Miloniani* Cic., *Caesariani* Hirt., ebenso *Christiani* Tac.; *Asiaticianus* XII 1929; *milites Urbaniciani* Hist. Aug.;

Parteigänger bei Wagenrennen : *prasiniani* Petron. 70, 10. Von appellativen Personalnomina : *praefect*- und *duc-iānus*, eher nach *Caesariānus* sim. als nach falsch analysiertem *praetōri-ānus*.

Lit.: *Schnorr v. Carolsfeld*, ALL 1, 177–194. *Wackernagel*, Zu den lat. Ethnika, Kl. Schr. 1322–1345 (= ALL 14, 1–24), darin 1334 u. 1339 zu exotischem -*ītānus*. *E. Seyfried*, Die Ethnika des alten Italiens (Diss. Freiburg/Schweiz), Zürich 1951; darin 22 f. -*ānus*; 61–67 -*ītānus* (nur in Italien). *Faust*, Die antiken Einwohnernamen und Völkernamen auf -*itani*, -*etani*, Göttingen 1966. – Einzelheiten. Zu *pāgānī* (ἐθνικοί)'Heiden' als Träger der römischen Tradition s. *Bickel*, RhM 97, 1–47. Zu vulgärem -*ānus*: *Niedermann*, NJbb. 29, 328. Zu *veterānus* als ererbter Ableitung von *es*-Neutrum (unhaltbar) vergleicht *Bechtel*, Lexil. aus Homer gr. πετηνά 'Vögel', *Fay*, AJPh. 38, 87 ai. ved. Typus *sahasāná*- (s. auch *Wn.-Dbr*. 237 § 134 Ende; s. jetzt zum ai. Typus *Insler*, KZ 82, 1ff.). – *Battisti*, La formante etrusca -*ana* e . . . lat. -*ānus*, St. Etr. 17, 287–313 (auch in *B*., Sostrati e parastrati, 1959, 352–384). – Erweiterung -*āneus*, ohne sichtbaren Zusammenhang mit -*ānus*; s. § 272, 3.

296. -*īnus*, Adjektiva der Zugehörigkeit; viele Substantivierungen, bes. Feminina auf -*īna*. Lautlich idg. -*īnos*, allenfalls teilweise auch -*einos*.

I. Adjektiva, Anordnung nach der Bedeutung der Stammwörter.

A. Lebewesen. 1. Tiere: *su-īnus* vgl. ntr. got. *swein* (nhd. *Schwein*) aksl. *svinъ* mit *svinija*; *haed-īnus* vgl. got. *gaiteins*, *fibr-īnus* vgl. gall. *bebrīnos* ahd. *bibirīn*; ferner etwa *alc- angu- aquil- ariet- catul- cerv- equverr-īnus*, also nach beliebigem Stammauslaut; beachte *canthēr-īnus* von *canthērius*. Zu fem. *porcīna* s. II a. – 2. Götter: *dīv-īnus*; osk. *Māmert-īnī* (wenn nicht von *Māmertium* nach B 2b); *Sāturn-īnus* (-*īna* 'die Saturni nata' X 2933); *mātūt-īnus* (*Mātūta*). – 3. Menschen. a) Appellativa: *mascul- fēmin-, inquil-* (§ 91 c β), *forum coqu-, figl-* (*figulus*), *sūtr-* (*sūtor*, § 319 A 1 b), *fūstitud-* Plt. As. 34. Zu fem. subst. *figlīna* usw. s. II c. – b) Personennamen auf -*a* und -*us*: *Aeacid-* Plt., *Plaut-* Cic., *Iugurth-*, *Sibyll-* (gegen gr. -ειος). – 4. Sonderentwicklung als patronymisches bzw. metronymisches Suffix (durch Ellipse von *fīlius*): *sobr-* (*soror*, § 207), *lībert-* (alt, nach Suet. Claud. 24, 1), *adulter-īnus*; *amit-* Jur., auch παλλακ-ῖνος in Sizilien (Sophron). Ebenso -*īnus*-Cognomina von einfachen Cognomina : *Alb-īnus* ursprünglich 'als Sohn zum *Albus* gehörig', so auch *Calv- Long- Rūf- Manc- Cān-* (davon Gentilicium inschr. *Cáninius* Mon. Anc. 3, 30), bei alten Praenomina *Māmerc- Kaesōn-*, weiter etwa *Augur- Flāmin- Cēnsōr-īnus*, sogar (fem.) *Spēs-īna*. Auch fem. -*īna* als Aushilfe bei männlichen Cognomina auf -*a* in *Agripp- Messāl-īna* (vgl. § 269 B 5 b). Später dient -*īnus* einfach zur Namenvariation: *Cōnstant- Maxim- August-īnus*; *Ispesina* VIII 11 625 (zu *Spēs*). – S. zu -*īnus* auch *Kajanto* 36 u. 113 f.

B. Ortsangaben. 1. Ortsbezeichnungen: *vīc-īnus* (inschr. plur. *veicinei* IV 4167), *dea Cloāc-īna, Iūno Lūcīna* (von *lūcus* alt *loucos* 'Hain'; s. dazu unten Lit.). Zufällig von *i*-Stämmen : *porta Collīna*, *Alpīnus*, *marīnus* (vgl. got. fem. *marein-* 'Meer'). – 2. Ortsnamen: die -*īno*- Adjektiva dienen als Ktetika, substantiviert auch als Ethnika (Stammesnamen); besonders in Sizilien, Süd- und Mittelitalien. a) Vermutlich fremden Ursprungs in Süditalien, übernommen von den angesiedelten Griechen: Ταραντ-ῖνοι Hdt., Ἀκραγαντ-ῖνοι Pindar, so lat. *Tarent- Agrigent-īnus*; *Venus Erycīna*

o- und *a*-Suffixe: Adjektiva auf *-īnus*; Feminina auf *-īna*

(D 212 *Eruc-*, osk. *Herukinai* Vetter nr. 107). Danach *Aegyptīnī* Plt. Bei *io*-Stämmen: Ῥήγιον Ῥηγῖνοι Hdt., Βρεντέσιον -ῖνοι, so lat. *Rhēginus Brundisīnus, Rudiae Rudīnī* Enn. ann. 377. – b) Von da aus wohl gemeinitalisch, fast nur von Ortsnamen auf *-ia -ium* (gegenüber lat. *-ānus* von denen auf *-a -um*, § 295, 1 a). In samnitischem Gebiet zu *-ia* (osk.) *Bantīno-, Aesern- Venus-īnus*, zu *-ium Caud- Sab-īnus* (zu *Samnium*, s. Allg. Teil 25*); umbr. *Ikuvins* (lat. *Iguvīnus*, zu *-ium*), *Amerīnus* zu *-ia*. In latinischem Gebiet: zu *-ium Latīnus* (Λατῖνος Hsd.; zu *Latium*); *Lānuv- Capitōl- Palāt--īnus*; zu *Gabiī Gabīnus*; zu *-ia Anagn- Aric- Esquil-īnus* (*Esquiliae* Hor., kaum nur aus Versnot); aber auch zu *Alexandria -īnus* Plt., zu *Patavium* usw. Neben Neutra auf *-e*, d. h. zu *i*-Stämmen, *Praenest- Reāt-* usw. (*Otto*, IF 15, 28); nach *Varro R.* auch *Varro Atăc-īnus* (vom Flußnamen *Atax*). Nach *Kretschmer*, Gl. 10, 151 *Quirīnus* von **co-vir-iom*.

C. Sachen, nur vereinzelt: *genu-īnus dēns* 'Backenzahn, Molar' Cic. (fem. **genu-s* gleich gr. ἡ γένυς 'Kinnbacken'), durch sekundäre Beziehung auf ntr. *genus* auch *genuīnus* 'genuin' Cic. (nicht von *genu* 'Knie'; s. Gl. 34, 227). *uterīnī frātrēs* 'leiblich' Jur. von *uterus* 'Mutterschoß', sicher nach *sobr-īnus* usw. (oben I A 4). Subst. ntr. *sterquilīnum* (bei Voraussetzung eines *r/n*-Neutrums nach § 320 a dissimiliert aus *r-r* oder aus *n-n*). – Spät von Pflanzen *-īnus* für *-inus*, **fāg-īnus* usw. romanisch, *Niedermann*, NJbb. 29, 316). – Subst. mask. *uncīnus* 'Haken' Vitr. 5, 10, 3 (*uncīnus hāmus* Paul. Nol.) ist Rückableitung aus *uncīnātus* 'durch Haken verklammert' (Cic. ac. 2, 121 *hamatis uncinatisque corporibus*), einer Nachbildung von *cardin-ātus* 'verzapft' (*tignum* Vitr.)

D. Varia. Adjj.: *miser-īnus* Inschr. (nach Muster *-īnus* bei Namen, oben I A 3 b), nach *Niedermann*, Festschr. Debrunner 329ff.; Vorläufer romanischer Deminutiva oder Depreziativa (italien. *poverino*); ähnlich anscheinend *veter-īnus* 'Zugtier'. Vgl. auch *v. Planta*, ALL 12, 370; *Bulhart*, WSt. 67, 148. – Advv.: *peregr-īnus*, zu B 1. *repent-. sup-īnus* (Gegensatz *prō-nus*). Als Adverbien auf *-īnō* (vgl. § 386): *omn- repent- clandest--īnō*. – Rückbildungen: aus Verbum auf *-ināre -rī*: *dīvīnus* 'Wahrsager', *festīnus*; aus *to*-Ptc. *-ātus*. *inopīnus* (*ī* aus *ei*, s. § 226 *opeinod*). – In Entlehnungen gr. -εινος. Aus -εϊνος (§ 133 II b): *ostrīnus* 'purpurn'; *borīnus* 'nördlich' (danach lat. *austrīnus* 'südlich'). Aus -εινος in Namen: *Pothīnus* Πόθεινος, *Hygīnus* Ὑγεῖνος (adj. ὑγιεινός). – Ntr. *cumīnum* gr. κύμινον.

E. Suffixerweiterungen: *-cīnus* in *morticīnus*, 'tot (von Tieren)' Varro, als Schimpfwort Plt.; **pullicīnus* roman. 'Hühnchen' (*-cēnus* Hist. Aug.). – *-tīnus*: *paupertīnus* Varro frg. Non. p. 162 (nach *libert-īnus*). *vespertīnus* (nach *mātūt-īnus*; als Gegensätze Cic. nat. deor. 2, 52; vgl. Allg. Teil § 60), dazu *vespertīl-io* § 323 B 1. *Libitīna* 'Begräbnisgöttin' ohne Herleitung (s. W.-H.). *foetūtīnus* (adj. oder *-a* subst.) Probus (bei Gell., nach ihm die Späteren), irgendwie zu *foetēre*. Entlehnt: *Ligustīnus* (*ager* Liv.) ist gr. Λιγυστῖνος. *rumpotinus* (*ō, ĭ*?) wohl gallisch; adj. *arbores* 'Baumpflanzung als Stützen für Reben' Colum. 5, 7. – *-stīnus*: *clande-* (**clamde*, von *clam*). *inte(r)st-īnus*, wie gr. ἀγχι-στῖνος, *Forssman*, KZ 79, 27³. Andersartig wohl *mediastinus* (*ī*?) 'Knecht' Cato.

II. Substantivierungen auf *-īna* (Gruppen; deverbativ *ruīna* s. c), *-īnum, -īnus*. a) *-īna* von Tiernamen (oben I A 1), für Fleisch (sc. *caro*): *fer-īna* Verg. Aen. 1, 215, *agn- capr- porc- urs- vitul-īna* usw.; dazu cogn. *Catilīna* (§ 148 d γ); weiteres s. *Löfstedt*, Late Latin 24. Von Pflanzennamen: *farīna* 'Mehl' von *farr-* (§ 185 a; doch vgl. auch got. adj. *bariz-eins*), *porrīna* (*porrum* 'Lauch'), *rāpīna* (*rāpa*), alle drei bei Cato. – b) *-īna* als Motionssuffix (im Griechischen so nur ἡρωτνη, ἡρώνη, patronymisch in Ὠκεανίνη): *rēg-īna*, wohl auch *concub-īna*, vielleicht (in Sizilien!) Λόγος καὶ Λογτνᾶ Epicharm; zu *Agripp-īna* s. oben IA 4. Von Tiernamen: *gall-īna*, spät *cerv- (h)aed-īna*. – c) *-īna* von Handwerkernamen usw. (oben I A 3 a), für

Berufe (sc. *ars*, vgl. Varro ling. 5, 93) und für **Arbeits- oder Werkstätten** (sc. *taberna*). Als *ars* : *figl- medic-īna, ustrīna, doctrīna*. Als *taberna* sim.: *tōnstr-* u. *medic-īna* Plt. Amph. 1013; *sūtr- pistr- moletr- ustr-, lātr-* (*lavāre*), *pop-* § 265b, *offic-* (*opifex*), *aurific-* (*auri-fex*), pl. *lapicīd-īnae* (*lapi-cīda*); wohl nach solchen Mustern (ohne bezeugtes Grundwort) *pelle-su- aere-lav- auri-fod-īna* Varro ling. 8, 55 u. 62. Ferner *doctr-* und *discipl-īna*. – **Variationen**. Scheinbar **deverbativ** *fod-īna* (aus *aurifodīna* herausgelöst); vermutlich hiernach aus Bergbau usw. von *ruere ruīna*, von *lābī* **lābīna* (nhd. *Lawine*); weiter *rapīna*. Spät *molīna* 'Mühle' von *molere*. **Denominativ** pl. *salīnae* (davon *Salīnātor*, § 319 A 2); *piscīna* 'Fischteich'; *rūpīna* Apul. – *caupōn-a* 'Schenke' Hor. epist. 1, 11, 12 gehört wohl zu Typus *sūtr-īna*, als verkürztes **caupōn-īna*.

Zusätze. *-īna* in isolierten und unableitbaren Bildungen: *veruīna* (gleich *veru*) Plt. Bacch. 887; *sentīna*; *pruīna* (ai. *pruṣvā*, § 206). – *ag- car- cort- crum- cul- sag- vāg-īna*. – *ūrīna* 'Harn' flektiert den gr. infin. οὐρεῖν, *Scheller*, s. Gl. 42, 119; StCl. 10, 11 oben. – Neutra auf *-īnum*. Zu I A 3 a: *tōnstr-* Petr. 64, 4; *pistr-* 'Stampfmühle' Plt.; *figl-* (sc. *opus*) Plin. *salīnum* 'Salzfaß'. *tab*(*u*)*līnum* Paul. Fest., Varro. – Maskulina: *catīnus* 'Kessel' (Zugehörigkeit unklar). Zu *pulvīnus* 'Kissen' (von *pulvis -eris*) s. § 291b.

III. Zur Vorgeschichte. Lautlich *-īnos* und *-einos*.

Fast alle Zeugnisse belegen vorhistor. *-īnos*. Altlat. inschr. *-ino-*: gen. *Latīnī* SCBacch. (dazu Λατῖνος Hsd.), *Loucīna* (*Iuno*), *Salīnātor*; osk. *deivinais* (dat. fem. '*dīvīnīs*'), gen. pl. Μαμερτινο, gen. sg. *Kenssurineis* (entlehnter lat. Name); umbr. gen. *cabriner* 'caprīnī'. Parallelen aus anderen idg. Sprachen: Griech. κορακ-ῖνος, Ὠκεανῖναι 'Okeanostöchter' Hsd., Namensuffix -ῖνος (Καλλι-Κρατ-), ἡρωίνη, sizil.-gr. παλλακῖνος u. Λογίνα. Altind. *kulīna-* 'edel' von *kula-* 'Familie'. Lit. *kaimýnas* 'Nachbar' von *káimas* 'Dorf' (vgl. lat. *vīcīnus*), pl. *seserýnai* (wie lat. *sobrīnus*, *Wackernagel*, Kl. Schr. 471). – Parallelen für *-einos*: volsk. Bachname *Fibrēnus* (von **fibro-* 'Biber'), avest. Stoffsuffix *-aēna-* (*ərəzataēna-* 'silbern' usw.), kelt. **saleino-* (für lat. *salīna*, *Lohmann*, KZ 59, 143 f.), lit. *ropienà* (für lat. *rāpīna*); zu lat. *-iēnus* aus angeblich *-ieinos* s. § 294, 2b. – Fürs Latein ist ursprüngliches *-īnos* sicher belegt. Allenfalls mag in einzelnen Beispielen auch idg. *-einos* fortgesetzt sein.

Zusatz. Problematische, meist sachlich überholte Deutungen des *ī* oder *ei* von *-īno- -eino-* vor einem Suffix *-no-*. Von *i*-Stämmen stammend, *ī* für *ĭ* nach § 253 c. – Das aus gen. *-ī* und Motion (§ 269 B 1-3) bekannte *ī* der Zugehörigkeit: *Brugmann*, IF 12, 392[1], *Solta*, Die Spr. 5, 201–203. – Bei *-ei-no-* lok. *-ei* (*domī*, gr. οἴκει): *Bréal*, MSL 6, 413. – *ī* kontrahiert aus *io* (nach § 133 II Zus. γ), also *-īnos* von *io*-Stämmen (*Latīnus*): *Otto*, IF 15, 27. – Alter Ablaut *ī* : *io* für *festīn- opīn-*: *Skutsch*, Kl. Schr. 39f. – Das Verhältnis *-io- -īno-* (*Lat-*) beruht m. E. auf sekundärer Zuordnung. – *-einos* ursprünglich zweites Kompositionsglied **ei-nos* 'Gang' zu Wz. *i*, auch in *op- sup- fest-īnus*: *Krogmann*, KZ 63, 127.

Lit. Zu den Ethnika usw.: *Jacobsohn*, KZ 57, 113–115 (illyrisch; vgl. *Gschnitzer*, Ammann-Festg. II 118). *Wackernagel*, Kl. Schr. 1322–1345. *Seyfried*, Die Ethnika des alten Italiens 67–102. *Faust* 51. *Schulze*, EN 549 (*-īnum* in Ortsnamen neben Gentilicia auf *-io-*). *Otto*, IF 15, 27–32 u. 42 (neben Ortsnamen auf *-io- -o-* und *-i-*). – Zu Einzelheiten: *Leumann*, Kl. Schr. 63–80 (*-īno-* der Cognomina; darin 72 u. 76 über patronymisches *-īnus* in *Cēnsōrīnus sobrīnus* usw. [Gl. 34, 219]). *Lūcīna* von *lūcus*, nicht von *lūx*: *Leumann*, Die Spr. 6, 156–158 [Gl. 42, 112]. Λογίνα: *Hoenigswald*, Lang. 17, 249. Deminuierendes *-īnus*: *Zucchelli*, Festschr. Pisani 1088–91. – Zu *-īno-*/*-eino-* der anderen Sprachen: *Seyfried* 80[231] (Lit.); *Brugmann*, IF 12, 389. Ferner zu *-īno-*

Schwyzer I 491 Ziff. 9; *Chantraine*, Form. 203ff.; *Wn.-Dbr.* 435. – Zu *Butler*, Latin *-īnus -īna -inus*, Berkeley 1971 s. die Anzeige von *Anttila*, Die Spr. 18, 203ff.

f) *-o-* hinter Verschlußlauten und *s*, mit adj. *-idus -ndus -tus -icus -ōsus*, auch subst. *-tum -ētum* u. a. (§§ 297–305)

297. Verbaladjektivartige Adjektive auf *-idus*. Diese deverbativen Adjektive gehören zusammen mit den Verbalabstrakta auf *-ōs* bzw. *-or -ōris* (§ 330 B) ganz vorwiegend zu den Intransitiven oder Zustandsverben der 2. Konjug. auf *-ēre*; so bilden *-or* und *-idus* mit *-ēre -ēscere* einen Suffixverband nach § 256e. – Durch Abzweigung entstanden auch denominative *-idus*-Adjektive, besonders in der Hexameterdichtung.

A. Deverbativa wie *cal-idus*, die Hauptgruppe. 1. Entsprechend den Zustandsverben auf *-ēre* kann man einige Gruppen bilden. a) 'warm, kalt, feucht, fließend': alt *ār-* (§ 415 D 1 b), *cal- tep- ferv-, alg- frīg-; hūm-* (*hūmor* Enn., *-ēre* Catull), *liqu- mad- mūc-* (*-ēre* Cato), *ūv-* (*-ēscere* erst Lucr., *ūvēns* Petron Sil.), auch *flū-* Lucr.; dazu von pass. (dep.) *torrērī turbārī rapī torridus* Cic. Lucr., *turbidum mare* Plt., *rapidus fluvius* Plt. – b) 'leuchtend': alt *cand- nit- pall- splend-*, dazu seit Cic. *lūc- fulg- līv-, alb-* Ov., *lūr-* Plt. (*lūror* Lucr. 4, 332; *-ēre* fehlt); *rūb-* Plt. (wegen *ū* vgl. gr. ευ in ἐρεύθομαι). – c) 'nett, schmutzig; fest, schlaff': alt *plac- sord- squāl-, horr- rig-*, *sol-* (zu *solēre*, später mit *solum* assoziiert), *val-, tum- turg- frac-; lep-* (nur *lepor*); jünger *flōr-* Varro, *langu-* Acc., *putr-* Cic. Catull, *tāb-* Verg., von *lābī lābidus* Vitr. (nach *sol-*). – d) 'scharf riechend' uä.: *ac-* (*-ēre* Cato), *foet-, pūt-* (*-ēsco*); jünger *ol-* Hor., *ranc-* Lucr., *sap-* (*sapĕre*); ohne Verbum *paed-* Paul. Fest. (nur *-or* Cic.), *vap-* Augustus (zu *vapor, vappa*?). – e) durch Bedeutungswandel bei den Verben für Eigenschaften oder Zustände des Gemüts (*pallēre* 'bleich sein', auch vor Angst): alt *av-, cup-* (*-ĕre* prs. *-io*), *call-, stup-* und *obstup-* Plt.; *pav- tim-, rab-* (*-ēre*); jünger *torp-* Liv. 7, 36, 3 al., *stol-* (**stolēre*; vgl. *stultus*). Zu *viv-* Lucr. (*-ĕre*) s. 2c.

2. Ergänzungen. a) Besonderheiten. Zu *ī* neben *i* in *līquidus* s. § 130 II B 1. Zu *matus* aus *madidus* s. § 162d. Zu *subidus* 'geil' von *subāre* s. Gl. 20, 284. Zu erschlossenem **nigidus* s. § 415 D 1 c. *viridis* Plt. Cato statt *-idus* zu *virēre*, vielleicht nach *grandis* (*Bloch* 25[33]). *trepidus* Lucr. Sall. (*-ulus* Enn.?, bei Gell. 2, 29, 8) ist Rückbildung aus *trepidāre* Plt., das aus **trepitāre* (aksl. *trepetati* zu *trepetъ*) entstellt ist. Nicht hergehörig ntr. *lāridum* Plt., dann *lārdum* 'Speck'. – b) Funktionell gleichartig wie die Deverbativa, aber ganz isoliert: *hispidus* 'rauh' Verg.; *aemidum* 'tumidum' Paul. Fest.; *calidus* 'weißstirnig' s. unten D 1. – c) Von *o*-Adjektiven werden vereinzelt Verben auf *-ēre* abgeleitet (§ 415 D 1); so ist ein Nebeneinander von einfachen und von *-idus*-Adjektiven wie *flaccus* und *flaccidus* morphologisch ermöglicht, Muster *albus → albēre → albidus* Ov., *flāvus → ptc. flāvēns* Verg. *→ flāvidus* Plin., auch *gravis → -ēscere → fem. gravida*. Nach solchen Mustern wohl *flaccus → flaccidus* Lucr., auch *vividus* Lucr.; *formidus* 'warm' neben *frīgidus* Cato bei Paul. Fest. (zu *formus* s. § 169). In umgekehrter Folge *squālus* Enn. scen. 311 (nur hier) von *squālidus* aus, falls nicht *vestem squāl- et sord-idam* zu lesen ist (s. § 332 III; zu *squālitūdo* s. § 325 A 2 a); vielleicht auch *murcus* 'Selbstverstümmler' Amm. von *murcidus* 'träge' Pompon. aus. – Die Gleichsetzung von ahd. *albiz* (und slav. *lebedь*) 'Schwan' mit *albidus* (Ov.) bei *Hirt*, Idg. Gr. III 129 u. 220 ist hiernach unhaltbar.

B. Abzweigungen der *-idus*-Ableitungen von Substantiven. 1) Nach *algidus* (von *algēre*) neben *algu-* zu *gelu gelidus* Cato. Ähnlich nach *languor* *languidus* auch von *morbus morbidus* Varro Lucr.; nach *mūcidus* Plt. (*-ēre* Cato, *mūcus* Plt.) zu *sūcus sūcida lāna* Lucr., nach diesen beiden wohl *rōscidus* (von *rōs rōris*) 'tauig' Varro Verg. – 2. *lūx* neben *lūcidus* Cinna Lucr. (von *lūceo*) bot das Vorbild für *fūmidus* Lucr. von *fūmus*, weiter für *flamm-* Apul., *rōr-* Prop., *limp-* Catull, *imbr-* Sil., *spūm-* Apul., *visc-idus* Serv. – 3. Nach *flōr-idus* Lucr. Varro (*flōs*) auch *herbidus* Varro rust. 2, 1, 16.

C. Die Adjektive mit *-dus* hinter Langvokal oder Konsonant haben keine erkennbare Beziehung zu denen auf *-idus*; der Ordnung halber seien wenigstens erwähnt *sūdus* 'trocken' Plt., *foedus, claudus; cordus surdus tardus, mundus*. – Bei einigen ist jedoch eine Vorstufe *-idus* vermutet worden; man vergleiche *calda aqua, valdē* neben *calidus validus*, § 103 b, und *ūdus* der Augusteer für *ūvidus* 'feucht' Plt. – *crūdus* 'roh', angeblich aus **cruidus *crovidos* nach *Debrunner*, IF 54, 115 Fußn. Zusatz; ähnlich *Mezger*, Lang. 22, 194 und KZ 62, 22 [Gl. 26, 92]; s. aber § 232 A 2. – *forda* fem. 'trächtig' aus **forida* zu **forēre* (gleich gr. φορεῖν) nach *Schwyzer*, KZ 56, 11 Fußn. (illyr. nach *Pisani*, Saggi 175[1]), mit Nachbildung *gravida* für *gravis* (vgl. aber A 2 c). – *nūdus* läßt sich mit got. *naqad-* (nhd. *nackt*) vereinigen unter einer idg. Grdf. **nogʷodhos*.

D. Herkunft. Zu lat. *-idus* als Suffix bestehen keine evidenten Entsprechungen. 1. Zur Lautgestalt. Das *i* kann jeden beliebigen der fünf kurzen Vokale fortsetzen. Für das lat. *d* benutzen die vorgeschlagenen Entsprechungen zu einzelnen *-idus*-Adjektiven idg. *d, dh, th, t* oder *r*. *-do-* ergibt sich aus umbr. *calersu* (falls nicht lat. Lehnwort), **caledo-* 'weißstirnig' gleich lat. *calidus* Chiron Gloss.; ebenso aus got. *lauhatjan* 'blitzen', wenn dessen Basis dem lat. *lūcidus* entspricht. – *-dho-* ergibt sich für *nūdus* aus got. *naqad-* (oben C), auch für *calidus* 'warm', wenn man damit den Ortsnamen osk. *Callifae* erklärt. Nicht verwertbar ist Gloss. *arfet*, s. *Sommer*, KE 66 nr. 54. – Idg. *-etho-* (bzw. mit Laryngal *-etHo-*) in ai. Suffix *-atha-* gleich lat. *-idus* nach *Sturtevant*, Lang. 17, 5 [Gl. 34, 219]. – *-to-* zu lat. *-do-* dissimiliert nach Tenuis oder assimiliert nach Media, z. B. in *tepidus* oder *sordidus*, so *Fay* (s. *Niedermann* 221[3]); man beachte dazu, daß neben intr. *-ēre*-Verben auch partizipiale Adjektiva auf *-itus* stehen: *placitum est, tacitus, vegetus*; neben *horridus* steht ai. *hr̥ṣitá-*. – *-ro-* zu lat. *-do-* dissimiliert gegen *r* im Wortstamm, etwa in *frīgidus* gegenüber gr. ρο-Adjektiven, so *Bloch*.

2. Ursprüngliche morphologische Funktion des vom Latein vorausgesetzten *-do-*. Deverbativ: in *calidus* usw. – Denominativ von Adjektiven: *alb-idus gravi-da*; von Substantiven: *morb-idus fūm-idus* usw. Diese Verwendungen sind m. E. jung, s. oben A 2 c und B. – Aus zweitem Kompositionsglied abgeschliffen (überholte Theorien): *-do-* Wurzelnomen zu *dō* oder eher *dhē*, also 'gebend' oder 'machend' (*geli-dus lūci-dus* usw., oben B), so *Osthoff, Hoffmann*, RhM 73, 221; auch *morbus* 'Krankheit' aus **morodhos* 'Tod-machend', ähnlich *acerbus*, s. *Götze*, IF 41, 115.

Lit.: *Bloch*, Zur Herkunft der lat. Adjj. auf *-idus*, Festschr. Debrunner 19–32. *Niedermann*, Das Suffix *-do-*, IF 10, 221–234. *Ernout*, Philologica II 30–46 (*-idus* neben *-ēre* und *-or*). *Baecklund* 178 f. *Osthoff*, Verbum in der Nominalkomposition 122–125 (*-do-* 'gebend'). – Zusammenfall verschiedener idg. Suffixe in lat. *-dus* vermutet *Szemerényi*, Gl. 38, 244[2].

298. *-ndo-*: einfaches *-ndus*; Suffixe *-bundus* und *-cundus*.

A. Gerundivum auf *-ndus* und Gerundium gen. *-ndī* usw.

1. Form, Funktion, Verhältnis. a) Das Gerundium („Ger.") ist eine Art Verbalsubstantiv als Ergänzung des aktiven Infin. praes., der syntaktisch nur als Nomin. und als Akk. ohne Praeposition gebraucht wird, so *ars scrībendī* 'Kunst des Schreibens'. Das Gerundivum („Gerv.") auf *-ndus -a -um*, nach seiner spätlat. Verwendung auch wohl als Part. fut. pass. bezeichnet, ist als Verbaladjektiv eine Art passives Participium (ptc. necessitatis): *laudandus* 'zu lobend' usw. – Das Gerv. ist auch im Osk.-

Umbr. belegt, mit -nn- (-n-) aus -nd- (§ 220a), osk. *sakrannas* 'sacrandae', *upsannam* 'operandam', umbr. *pihaner* 'piandī', *anferener* '*am*(*bi*)-*ferendī*' (hier also -endo- mit *e*); das Fehlen des Ger. kann durch die Materialknappheit bedingt sein. – Sollte das Gerv. in den Italischen Dialekten eine Entlehnung aus dem Latein sein (so *Aalto* 116), so kann lat. *nd* auch auf idg. *ndh* oder allenfalls auf *tn* zurückgeführt werden.

b) Ein paar in der Bedeutung isolierte Bildungen auf -*undus* von Deponentia haben, offenbar altertümlich, die Bedeutung eines (medialen) Ptc. praes.: *secundus* 'der zweite', urspr. 'der folgende', aus *$sequ̯ondos$, zu *sequī*, *oriundus* Enn. ann. 113 'abstammend von', *lābundus* 'gleitend' Acc. trag. 570; dazu von *volvitur volvendus* 'sich wälzend' Enn. ann. 531 *clāmor*, Lucr., Verg. Aen. 1, 269 *mēnsēs*; auch wohl *rotundus* 'rund' von *ret- 'laufen' mit *rot-* statt *ret-* nach *rota* 'Rad'. Nach *nāscendus* (wie *oriundus*) bildet Varro (vgl. Gell. 3, 10, 7) von intransitiven -*sco*-Verben *adolēsc-* und *senēsc-endus* (s. *Szantyr*, Synt. 370 litt. γ). – Zu *secundus* 'folgend' > 'günstig' (sc. *ventus* Cic. Verg. Aen. 7, 23, also 'Rückwind') gehört *Secundānus*, § 295, 1 c Zus. Nach *secundus* neben *sequī* auch *obsecundus* (zu *obsequī*) in *obsecundāre* 'willfahren'.

c) Für -*endo*- erscheint bei Verben der 3. und 4. Konjug. archaisierend oft -*undo*- (aus -*ondo*-), so meist Plt. Ter., dann Sall. Gell., auch inschr. Lex repett. (ausgenommen 65 *tribuendei*, also hinter *u*), D 620 *veniundum est*; archaisch wohl *emundi* und *vendundi* bei Cic.; alte Formel dat. *iure dicundo*; immer *eundo-* (wie ptc. *eunt-*) zu *īre*. Nur hinter *u u̯ qu̯* scheint -*undo*- früh gemieden worden zu sein (doch beachte oben *secundus*): *loquendi* Plt., *volvendus* Enn., *restituendos* D 460, oben *tribuendei*. Danach ist vermutlich ursprüngliches -*ondo*- an ptc. -*ent*- zu -*endo*- angeglichen worden; bei dieser Annahme kann das -*end*- nicht auf idg. -*n̯d*- zurückgehen.

d) Aus Gerv. durch Substantivierung einige fem. Nomina: *merenda* 'Art Mahlzeit, Vesper' ('die verdiente oder zu verdienende *cena*'), *kalendae* (s. § 119aα), *turunda* 'Nudeln zum Mästen der Gänse' (aus **terunda*?) Cato. – Kaum zugehörig als denominative Bildung *crassund-ia* ntr. pl. 'Dickdarminhalt' Varro ling. 5, 111. Nicht hierher *crepund-ia* ntr. pl. 'ἀναγνωρίσματα, Erkennungszeichen' (s. *Leumann*, Kl. Schr. 193–195).

2. Zur Vielzahl der Herleitungen. Formal und funktionell hängen Ger. und Gerv. offensichtlich zusammen. Aber schon die Grundfrage ist aus dem Sprachgebrauch nicht zu entscheiden, ob das Ger. oder das Gerv. den ursprünglichen Gebrauch darstellt, aus dem sich der andere sekundär entwickelte; *Benveniste*, Orig. 135–146 nennt sie funktionell einheitlich als Verbalnomen der Zugehörigkeit, nur differenziert als Adj. im Gerv., als Gen. im substantivischen Ger. (was für das Latein kaum genügt). Dazu kommt die lautliche Mehrdeutigkeit des lat. *nd*. Alle bisherigen Deutungen von -*ndo*- sind schweren Einwänden ausgesetzt; daher denkt *Aalto* an nichtidg. Herkunft, und zwar des Gerundiums.

Zus. Die wichtigsten Herleitungsversuche. Mit Priorität des Gerundiums (als Verbalsubstantiv), zu einzelnen Kasus. a) Gleichsetzung von gen. *bibendī* mit ai. ved. infin. *pibadhyai*; aus lat. *end* ai. *adh* ergibt sich idg. *n̯dh*(!). So mit kleineren Varianten

Ceci, Fay (s. *Herbig*, IFAnz. 9, 37–39), *Pisani*, RhM 97, 62; ders. KZ 72, 217–221 (Kritik bei *Duchesne-Guillemin*, Krat. 7, 29). – b) Dat. fin. *scrībundō* (in *scr. arfuerunt* SCBacch. 'zum Schreiben waren da') aus (osk.-umbr.) Infin. auf *-om* (**skrīfom*) mit Postpos. *-dō* (nhd. *zu*) 'zu', so nach *Schröder*, KZ 14, 350 auch *Osthoff*, IF 5, 291 Fußn. am Ende. – c) Abl. instr. *-andō* bei denominativen *ā*-Verben (wie *cēnāre* von *cēna*) aus Lok. fem. *-āi* mit Postpos. *endo* 'in', so *Ribezzo*, RIGI 10, 197–213 [Gl. 18, 259; Idg. Jb. 12, 187 nr. 51]. – d) Durch *o*-Flexion erweitertes *-nd-* aus *-tn-* (§ 200 b β), nach hethitischen Verbalnomina auf *-atar*, gen. *-annas* aus *-atn-as*: *Sturtevant*, Lang. 23, 206–211; *Szemerényi*, Tr. Phil. Soc. 1950, 169–179 [Gl. 34, 219 unten]; *Risch*, ZRPh. 67, 359ff. (das lat. Gerundivum ist als Adjektiv deren *o*-Erweiterung, das Ger. also nicht ihr direkter Fortsetzer). Die bis anhin plausibelste Verknüpfung. Vgl. auch *Otrębski*, KZ 84, 90f.: *-ndo-*Entsprechung zu lit. ptc. auf *-tinas*.

Mit Priorität des Gerundivums (*Risch*, wie erwähnt): e) **bhwondos* oder **bhundos* 'werdend' (s. unten B 3) war Vorbild für *oriundus*, so *Sommer*, IFAnz. 13, 44. – f) *-end(o)-* ~ gr. -αδ- (in μαινάς -άδος), also aus *-n̥d-*: *Lebreton*, MSL 11, 145; *Meillet*, BSL 34, 3 [Gl. 24, 152]. – g) Mit erschlossenen speziellen Lautwandeln oder Lautwechseln. *-nd-* aus *-mn-*, Gerv. *-ndo-* bzw. Ger. *-ndī* zu gr. ptc. med. -μενος bzw. infin. (hom.) -μεναι (vgl. aber lat. *-mnus* in *alumnus*, *-min-* in *fēmina*, § 293, und 2. pl. imper. dep. *-minī*, § 397, 3): *Havet*, MSL 6, 231; *Thurneysen*, KZ 30, 493; *Bréal*, MSL 18, 180. – *-ndo-* aus *-nio̭-*, *vehendus* zu ai. *vahanīyas*: *Aufrecht-Kirchhoff* (s. unten *Conway*). – *-nd-* (erweitert zu *-ndo-*) Nebenform zu *-nt-* des ptc. act., *ferendo-*: *ferent-*: *Solta*, s. § 327, 3 c (ähnlich schon *Bopp*). – h) Suffix ehemals Schlußglied eines Kompositums: *-do-* 'gebend' (bzw. *-dho-* 'machend' nach *Pott*; wie in *lūcidus*, § 297 D 2). Vorderglied Akkusativ eines konstruierten Verbalnomens, **rubem-dos *ferom-dos*, so nach Früheren *Horton-Smith* (s. *Lindsay-Nohl* 625 § 95); ähnlich *Conway*, The Making of Latin, London 1923, 63; 81; 93. – *-ndo-* aus *-modo-* (*modus* 'Maß'): *rotundus* aus **roto-modos* 'Rad-maß (habend)', ger. *coquendī* als '**coquo-modi (peritus)*', so *Sütterlin*, IF 27, 118. – *nt-* Partizip plus *-do-* (von *-idus*): **ferenti-dos* nach *Ehrlich*, KZ 42, 311, bzw. **ferent-dos* nach *Gray*, BSL 35, 76–81. – i) Mehr glottogonisch bei *Benveniste*, Orig. 143 f.: *-n-do-* und *-n-t-* sind, zusammen mit *-r-ī* in *fīerī*, Ableitungen von einem *r/n*-Stamm, vgl. § 320 a Zus. und auch § 327, 3 c zu *Solta*.

Lit.: Material zu *-endo-/-undo-* s. *N.-W.* III 331–340. – Zum Gebrauch s. *Szantyr*, Synt. 368–380, darin 370 f. ausführliche Literaturangaben; *P. Aalto*, Untersuchungen über das lat. Ger. u. Gerv., Ann. Acad. Sc. Fenn. B 62 fasc. 3, 1949 (darin 20–41 über Erklärungsversuche); *v. Planta* II 401 f. (osk. *sakrannas* usw.). – Neuere Diskussion „Über Gerundium und Gerundivum" (zu Gebrauch und Syntax) in Gymnasium 69, 429 ff. (*Drexler*), 445 ff. (*Strunk*), und 74, 227 ff. (*Steinthal*). *Strunk*, Gl. 52, 273–287.

B. *-bundus* und *-cundus*, Verbaladjektiva aktiver Bedeutung, den Praesenspartizipien funktionell nahestehend.

1. *-bundus*, allmählich auf *ā*-Verben beschränkt. Erwähnt seien: alt *cassā-bundus* Naev. com. 120 ('*crebro cadens*' Paul. Fest.; *cassā-* für *cāsā-* wie in *cassāre* 'torkeln', von den Weinkrügen Plt. Mil. 852/6; die antiken Plautuseditoren verwechselten *cāsāre* und *quassant-*, s. zu diesem § 431 B 1). *lascīvī- lūdi- mori- plōrā- rīdi- verberā-* Plt.; *tuburchinā-* Cato; später *fremi-* Acc., *hinnī-* Quadrig. 78, *furi-* Cic., *errā-* Catull Lucr., *vertilā-* (§ 414, 4a), *praedā-* Sall., *cantā-* Petr.; *negibundus* 'negans' Fest. (nach *queri-* Cic.?). Vereinzelt *-ā-bundus* auch quasi-denominativ: *amōrā-* Laber., *noctuā-* Cic., *lixā-* Paul. Fest. zu *prō-lixē*.

2. Sechs Adjektiva auf *-cundus*: *fā-cundus* 'redegewandt' (*fārī*), *fē-cundus* 'fruchtbar' (vgl. *fē-mina fē-tus*), *īrā-cundus* (*īra*, *īrā-tus*), *iū-cundus* 'erfreuend' (*iuvat me*; *ad-iūtus*); *verē-cundus* (*verērī*); *rubi-cundus* Plt.

3. Zur Herkunft. *-bundus* erklärt man als zweites Kompositionsglied **bhu̯ondos* 'werdend' (oder 'seiend', so *Solta*) unter Bezugnahme auf aksl.

1. sg. *bǫdǫ* 'ich werde' (zu Wz. *bhū*, lat. *fuī*). Entsprechend *-cundus* nach *Benveniste* als 'schwellend', zu Wz. *k'ū*. Freilich entspricht ein Adjektiv als Schlußglied mit einem Verbalstamm als Vorderglied keinem der Kompositionstypen der Grundsprache.

Lit.: *Aalto* (Titel s. oben A am Ende) 48–57; *Stolz*, HG 569 f. – Zu *-bundus: Langlois*, REL 39, 117–134 (zur Ausbreitung). *Pianezzola*, Gli aggettivi verbali in *-bundus*, Firenze 1965 („exégèse stylistique"); ders., RPh 93, 491–493. *Solta*, Sb. Wien 212, 1, 45. – *Ehrlich*, KZ 42, 313 verknüpft *-bundus* mit imperf. *-bam* und fut. *-bo*; bei genauer Interpretation wäre das Prototyp ein *-undus*-Partizip (wie *ori-undus*) von einem deponentialen *b*-Futur der 1. Konjug.; der Bedingung entsprächen etwa *praedā- populābundus*, bei denen selbst der Kontext nicht immer die Scheidung zwischen 'plündernd' und 'plündern wollend, mit der Absicht zu plündern' gestattete. – Ein Zusammenhang zwischen *moribundus* und *morbus* ist nicht wahrscheinlich. Nach *Niedermann*, Mél. Meillet 104 ist *moribundus* (als Prototyp) kontaminiert aus *moriundus und *merbendus von einem *ē*-Verbum *merbēre, der Entsprechung zu lit. *mérdėti* 'im Sterben liegen' (Grdf. merdh-). – Zu *-cundus*: *Sommer*, KE 183 f. *sec-undus* → *se-cundus* Muster für *īrā-* und *fē-cundus*. *Benveniste*, BSL 34, 186 *-cundus* zu Wz. *k'ū*; formal variiert bei *Szemerényi*, Tr. Phil. Soc. 1950, 178 (aus **k'ūtnos*; *fēcundus* aus **fēt(u)-c.* usw.). *Pariente*, Emerita 15, 133–141 [Gl. 36, 139]; *Otrębski*, KZ 84, 91. *Ribezzo*, RIGI 10, 201[1]: *rubic-undus* *iuvic-undus von Verben auf *-īcere*.

299. Ein Suffix *-to-* ist sowohl in deverbativer als denominativer Verwendung weit verbreitet. Das deverbative idg. *-to-* bildet die passiven *to*-Partizipien und wird daher beim Verbum in §§ 447 f. behandelt. Dort sind als Anhang auch die sonstigen nicht-denominativen Nomina auf *-to-* und *-ta* zusammengestellt, da sie sich vielfach von den *to*-Partizipien nicht scheiden lassen.

Denominatives *-to-* (meist *-ā-tus -ī-tus -ū-tus*) bildet possessive Adjektive der Bedeutung 'versehen mit', als Sonderentwicklung aus den PPP auf *-tus* einer Gruppe von denominativen Verben, Typus *macula* → (*maculāre* →) *maculātus* 'gefleckt', vgl. auch nhd. *Stern* → *gestirnt* nach Typus *Krone* → (*krönen* →) *gekrönt*. Zu lat. *Barbātus* besteht die Entsprechung aksl. *bradatъ* lit. *barzdótas*; das Griechische zeigt -ω-τός, auch σεβασ-τός usw., das Oskische Cogn. *Pukalatúí* (zu *puklo-* 'Sohn'), das Umbrische *hostatu* 'hastātōs' (v. Planta II 40 f.; auch *Jacobsohn*, Festschr. Leo 426); trotzdem war die Entwicklung wohl nur einzelsprachlich, im Latein war sie mit *-ātus* besonders fruchtbar. Übrigens sind im Verhältnis zu *-ātus* manche *-āre*-Verben jüngere retrograde Gebilde, mit der Reihenfolge *arma* → *armātus* → *armāre* (§ 257 B 2), vgl. *Mignot* 273–278. – Zum *ī ū* und *ā* der *ĭ- ŭ-* und *ā-*Stämme s. § 253 c.

1. -*tus* hinter Langvokal. a) *-ātus*: zuerst als *-ā-tus* bei *ā-*Stämmen, etwa *ānsātus arēnātus Barbātus, Diadēmātus* (Cognomen des L. Caecilius Metellus cos. 117[a]), *hastātus litterātus, togātus* mit *praetextā- candidā-tus*, auch *cēnātus* (so wie *iūrātus*); *īrātus* (*īrāscī* ist Rückbildung). Dann einheitliches *-ātus* hinter anderen Nominalstämmen: *Cincinn-ātus* (Konsul 460[a]), *caesariātus*, *Dent-ātus*; nach *tog-ātus* auch *palli- chlamyd-ātus*; *aur- argent- ebur-ātus*; *ēgregiē cord-, ingeni- anim- sceler-ātus*. Zu *cēnātus* u. *iūr-ātus* 'durch Eid gebunden' vgl. § 447 II C 1, zu *lēgātus* § 268 B 3. Zu vulglat. *corātum* 'Herz', *ficātum* (§ 57b Zus. γ) 'Leber' s. *Niedermann*, NJbb. 29, 315. – **b)** *-ītus*: von *i*-Stämmen: *aur- crīn-ītus*, *offa pēnīta* Naev. com. 122a.

cassīta 'Haubenlerche' von *cassis* (gen. *-idis*!) 'Helm'; ohne bezeugtes Grundwort: *marī-tus* 'Gatte' urspr. 'mit einer jungen Frau versehen' (zu **marī*, *ī*-Stamm, s. Thieme, Kl. Schr. 505ff.); *cerrītus* 'verrückt' Plt. Wegen der Bedeutung kaum zugehörig *avītus* (*avus*) 'großväterlich', danach *patrītus* (Cognomina *Avītus*, *Patruītus*). Verselbständigtes *-ītus*: *fortu-* und *grātuītus*; subst. *pītu-īta*. – Nicht hierher die Lehnwörter auf *-īta* gr. mask. -της: *scriblīta* (§ 193 sub *str-*) u. *sphaerīta* 'σφαιρ-' Cato; *margarīta*. – c) *-ūtus* von *u*-Stämmen: *Cornū-tus* (danach *Nās-ūtus* 'mit Nase wie ein Horn'); *comitia tribūta*; **fāgūtum* s. § 264, 2a; *verūtum* 'Spieß' 'mit *veru* (eiserner Spitze) versehen' (*verūta pīla* Fest.). Von *tu*-Abstrakta: *cīnctūtus* (vgl. abl. *cinctu Gabino*); *versūtus* von Liv. Andr. gebildet für gr. Od. 1, 1 πολύτροπος (*versu-* von dep. *vertī* nach τρόπος von τρέπεσθαι); *statūtus* Plt. Rud. 317; adv. *āctūtum* (*āctu-* 'Treiben, Eile' in *āctuāria nāvis* 'Schnellboot'); *Mātūta* (§ 287 Zus. b). – Ungedeutet *astūtus* 'schlau', *ā-* nach inschr. *aastutieis* D 122 (nach *Knobloch*, Zs. für Phon., Sprachw. usw. 6, 1964, 549 f. umgestaltet aus gr. ἀστεῖος); abl. *astū* ist Rückbildung daraus. *argūtus* ist *to-*Ptc. zu *arguere*, § 447 II C 2. – Verselbständigtes *-ūtus* hinter *o*-Adjektiven: *cān-ūtus* 'grau' Plt. u. romanisch; *balb-ūt-* und *caec-ūt-īre* § 417 A 3b; auch wohl *hirsūtus* 'struppig' (**hirso-* dialektisch für **hirtio-*, lautlich wie *Mārsus*, § 161b). – Mißbräuchlich *bēlūtus* 'beluae similis' Paul. Fest. Unableitbar *alūta*, *cicūta*. – d) Für *-ōtus* fast nur griechische Lehnwörter auf -ωτός -ωτή: *crocōta* (*vestis*), *chīrīdōta* (*tunica*) von χειρίς 'Ärmel'; *cērōtum* (*unguentum*), früh durch *cērātum* ersetzt (daraus wohl als Rückbildung lat. fem. *cēra* für gr. mask. κηρός); in der Kaiserzeit lat. *-ātus* für -ωτός in *crocātus* Plin., *gypsātus* usw., vgl. auch *fīcātum* 'Leber' (§ 57b Zus. γ) für gr. συκωτόν. Gr. ὦτος 'Ohr-eule' ist offenbar verkürzt aus **ὦτ-ωτός*, gebildet wie lat. *aurītus*. – Mask. *-ōta* für gr. -ώτης in *idiōta patriōta*. – Zu *aegrōtus* s. § 414, 9 litt. A 4. Ganz unklar ist *caprōt-īnus* (*Iuno*, *nonae*) Varro ling. 6, 18.

2) *-tus* hinter Konsonant (meist nach Kons.-Stämmen). a) *-estus -ustus* von *s*-Stämmen jeder Art (*es*-Neutra, Maskulina auf *-ōs* bzw. *-or -ōris*, fem. *arbōs -ŏris*; s. § 330, § 331 A 1a). *-es-tus*: *fūn- scel- (in-)temp-*, dazu *iūstus* alt *iouesto-*, *mod-* § 330 A 3, *mŏl-* § 185 a ζ; *hon-* (*honōs*). – *-us-tus* aus *-os-tos*: *ang- aug- on- rōb- ven-*, *sub-verb-* § 339, 3a, *fīd-ustus*; auch *vetustus* 'bejahrt' von **vetos* 'Jahr' (§ 330 A 1c; vgl. zu *vetus* und *vetustās* § 328, 1b); *faustus* (**favos-* > **faos-* > *faus-*, oder **faves-* > *faus-tus*); *arbus-tus* (§ 300a). – *fās-tus*. – b) Sonstiges. *Tūber-tus* (altes Cognomen der Postumier); *polenta* fem. 'Gerstengraupen' zu *pollen* (Cato agr. 156, 5 *pollinem polentae*); zu *cruen-tus* s. § 320a Zus. Ntr. *salic-tum* usw. s. § 300a. Ohne Grundwort: *lacertus* mask. 'Muskel, Oberarm', mask. (u. fem. *-a*) 'Eidechse'. – c) Nicht hergehörig: Rückbildungen aus *-tās* (§ 328, 1b am Ende): *maiestus*, *lībertus*.

300. Denominative Neutra als Kollektiva und Ortsbezeichnungen, Typen *arbus-tum salic-tum* und *arbor-ētum*, vorwiegend von Baum- und Pflanzennamen. Bei diesen Termini der Landwirtschaft ist die Erstbezeugung meist unverbindlich für die historische Abfolge.

a) Zum Typus *arbustum*: aus adj. *arbustus* (*ager* Cic., s. *arvus* § 280, 3) wohl im Plural *arbusta* (*loca*) substantiviertes Neutrum 'Baumanlage' (Naev.

o- und a-Suffixe: Adjektiva possessiva auf -tus; Neutra auf -ētum   335

Enn. Cato); als direkte Nachbildung dieses Wortbildes, von *virgula* 'Rute'
aus, adj. *virgultus* (*vallis* Sall.), mit *virgultum* 'Gesträuch' Cato; vgl. auch
unten *hūmectus*; danach ist auch für *salictum* 'Weidengebüsch' ein Adj.
*salictus vorausgesetzt. Beispiele für *-ic-tum -ec-tum*: von *salix* 'Weide',
fīlix 'Farn' als Unkraut, *cārex* 'Riedgras', *frutex* 'Strauch': *salictum* Enn.,
fīlictum Col., *cārectum* Verg., *frutectum* Col. (*-icētum* Hor.). Verschlepptes
-ectus adj. und *-ectum* : plur. *dūmecta* Paul. Fest. (zu *dusmo-* § 206) 'Gestrüpp',
das Adj. *dūmectus war Vorbild für *hūmectus* 'feucht' (*loca* u. *locus* Cato, dazu *hūmectāre*), und dies für *rūdectus* 'trocken' (*terra, loca* u. *locus* Cato; von
ntr. pl. *rūdera* 'Geröll'); pl. *lumecta* Varro ling. 5, 137 (von *luma* [ū ?]) 'genus
herbae vel potius spinae' Paul. Fest.; pl. *virecta* Enn. Verg. (von *virēre* nach
hūm-ecta -ēre). Kaum hierher plur. *vervācta* 'Brachfeld'. – *fāgūtum s. § 264, 2a.

b) Typus *arborētum*. Von Bäumen usw., Belege hier aus republikanischer Zeit. Alte Lokalnamen in Rom: *Aesculētum Laurētum Cornētum* Varro
ling. 5, 152; demin. *querquētulum in *Querquētulāria porta* Fest. Bei Autoren: Plt. *murt-ētum*. Cato *cupress- harundin- vīn-*, dazu *olētum* aus *ole-ētum
von *olea* '*olīva*'; ferner *arbor-* Quadrig., *dūm- olīv-* Cic., *fīc- iunc- quercros-ētum* Varro. – Sekundär *-ētum* von Grundwörtern anderer Bedeutung:
sepulcr-ētum Catull; *Argīlētum* 'Platz in Rom' (*argilla*, s. § 365 A 4b; vgl.
Zus.), *sax-* Cic., *aspr-* Liv.; bei Col. *glabr-* u. *veter-* 'Brachfeld' (zu *veter-* vgl.
novus in *agrum novāre*); bei Plin. *fīm- sābul-* und *porcul-* (*porcula gleich
porca [nhd. *Furche*] 'Ackerbeet').

Zusätze. Häufig *-ētum* in Ortsnamen bis ins Romanische: *Ulmētum*, *Cerasētum
(*Kehrsiten* am Vierwaldstättersee), *Laurētum* (italien. *Loretto* frz. *Lourdes*), *Rōborētum*
> *Roveredo*; auch *Martyrētum, s. Glättli, Vox Rom. 7, 258ff. – Sonderfälle. Nach
falsch aufgelösten *frutīcētum* (Hor.) *sent-icētum* (*sentis* 'Dornstrauch') Plt. Capt. 860 in
einem Wortspiel mit *sentīre*; danach von *olēre* als Reim-Scherzbildung *olenticētum* (zuerst Apul.). – Unerklärt *būcītum* als 'Viehweide' Varro ling. 5, 164 (*būcētum* Lucan.), vermutlich Ableitung von einem Pflanzennamen. – Nicht hierher passend: *amulētum* Plin.
'Amulett', von *amulum* Cato (ἄμυλον 'feines Mehl'); *morētum* 'ein Gemüsegericht' Ov.,
App. Verg. – *Argīlētum* ist nach Varro ling. 5, 157 entweder von *argilla* abgeleitet, oder
es enthält *lētum* 'Tod'; vgl. dazu *Argī lētum* Verg. Aen. 8, 345.

Herkunft u. Lit.: *Thurneysen*, Festschr. Wackernagel 117–120. *A. Mayer*, Die lat.
Ortsbezeichnungen auf *-ētum*, Gl. 33, 227–233 (verständnisvoll): Musterform vermutlich
veprē-tum 'Dornhecke' Col. von *veprēs*, urspr. *ē-*Stamm; hiernach zuerst bedeutungsähnliche wie *dūm-ētum* Cic. *spīn-ētum* Verg. Ebenda 232 über ältere Kombinationen: *-ētum*
*to-*Ptc. zu *-ēre-*Verben, vgl. *acētum* (sc. *vīnum*) 'Essig', *olētum* 'Kot' Pers.; *quercētum* zu ai.
pārijāta- 'Paradiesbaum' (*Wackernagel*, Altind. Gr. I 57 § 52 a). – Eine Entsprechung zu
arbustus salic-tum will *Niedermann*, Gl. 19, 12 in gr. πλατάνιστος erkennen.

301. Denominatives *-to-*, subst. *-ta,* in Sonderfällen. a) Fem. *senecta* 'Alter' Plt.
(vom Nominativstamm *senec-*!) ist junge Substantivierung aus abl. *senecta aetate* Plt.;
dazu Nachbildung von *iuvenis* aus (seit I^a), adj. inschr. *aetate iuenta*, subst. Catull. 61,
235, Laber. 103 f. *in iuventa . . . in senecta.* – Die Gleichsetzung von *iuventa* mit got.
junda (aus *juwunda, vgl. nhd. *Jugend*) ergibt nur formal ein idg. **yuwn̥tā*; die übliche
Rückführung der idg. *-tāt(i)-*Abstrakta auf noch ältere *-tā-*Abstrakta darf sich nicht auf
lat. *iuventa/-tās* stützen. S. *Schöll*, IF 31, 309 f. – Auch in *vīta*, als angeblicher Ableitung
von adj. *vīvus*, sucht man das gleiche im Altind. häufige Suffix *-tā*, Grdf. idg. *gʷīwo-tā
(*vīvita) gleich lit. *gyvatà* (so zuletzt *Szemerényi*, Syncope 57[1]); das scheitert m. E. an
osk. (akk.) *biitam* Vetter nr. 3; so ist *vīta* deverbativ von Wz. *gʷiē* und deckt sich mit gr.
βιοτή. – b) *lībertus* 'Freigelassener', scheinbar von adj. *līber* abgeleitet, ist nur als Rückableitung aus *lībertās* verständlich, Muster *honestus* neben *honestās* (dies aus **honesti-tāt-*,

§ 328, 1 b). Entsprechende retrograde Adjektive sind *übertus* Gell., *maiestus* Petr. – Die Vergleichung von *līberta* (fal. *loferta*, § 65 Zus. b) neben *līber* mit etr. *lautniϑa* neben *lautni* (*Nehring*, s. Idg. Jb. 12, 355) scheint mir verfehlt. – c) Zu *-to-* in *tantus quantus* s. § 377 D I b, in Ordinalien wie *sextus* § 380; zu *-men-tum* neben *-men* § 326 A 4. – d) Griechische Lehnwörter sind die mask. Personalnomina auf *-ta* wie *nauta poēta, drāpeta*; *nāvita* für *nauta*, s. § 365 A 1 c α. – Zu den weiblichen Namen auf *-itta* wie *Pōllitta* s. § 269 B 4 c.

302. *-ulentus* (vereinzelt *-ol-* hinter *i*, § 91 a β; *-il-*) bildet von Substantiven denominative Adjektive etwa der Bedeutung 'versehen mit, reich an', also des Besitzes; vereinzelte Formen nach der 3. Dekl. Nicht sehr deutliche Gruppen. *vio-, op-* und *corp-* (mit *bucc-*) seit Plautus; als Gegenstück zu *corp-* entstand *graci-* Enn. (als Erweiterung aus *gracilis*); es war das Vorbild zu *maci-* Plt. von *maciēs*. Reine Sachadjektiva: *pūr- rōr-* (*pūs rōs*) Cato; als Kennzeichnung von Örtlichkeiten *pisc-* (*loca*) Plt., *pulver-* (*via*) Cic., *aqui-* (*lūna*) Varro. Weiter etwa *lūc-* (*lūx*) Plt. 'stattlich, ἐπιφανής, λαμπρός'; *ēsc-* Varro 'eßbar' usw. (wohl nach *vīno-*), dazu *ēsc- et pōsc-* Fest. s. *pollucere* (vgl. Gell. 4, 1, 17; *escae* und *pōscae* Plt. Truc. 610; ntr. pl. *ēsc- et pōt-* Cic. nat. d. 2,141); *violentus* (*vīs*) 'gewaltsam' (mit *-entia* seit Plt.; morphologisch unklar steht daneben *violāre*); es war das Vorbild für *vīnolentus*, lautlich wegen *-ol-* und sachlich wegen dessen Spezialverwendung 'weintrunken-gewaltsam' in *vin. virginem compressit* (Plt. Aul. 689 Cist. 159 Ter. Phorm. 1017), ebenso für *truc-* Plt. (von adj. *trux*) und *sanguinol-* (*seditiones*) Varro.

Zusätze. a) Nach der 3. Dekl. adv. *-lenter* in *fraud- lūc- turb-ulenter* und *violenter*. Aber nur vereinzelt Adjektivstamm *-lent-* (Belege bei N.-W. II 167 u. 735): *pestilēns* seit Cato; für älteres *violentus* braucht *violēns* erst Horaz (carm. 3, 30, 10 al.; *Violēns* Cognomen der Volumnier). Eindeutig ist also *violēns* eine Neuerung, wohl in Anlehnung an *vehemēns*; und sicher auch *pestilēns* (*locus* Cato agr. 14, 5), dies wohl aus zweideutigem ntr. pl. *pestilenta* sc. *loca* Laev. (danach weiter ntr. pl. *silenta loca* Laev. zu ptc. *silēns*, vgl. § 266 e), vielleicht unterstützt durch abstr. *pestilentia* neben *dīligēns -entia* usw.

b) Zur Herkunft. Klare Entsprechungen in anderen Sprachen fehlen. Fast alle Erklärungsversuche setzen kons. *-lent-* als ursprünglich voraus. Nach *Szemerényi* ist Prototyp *opulentus*, dissimiliert aus idg. **openent-* gleich heth. *happinant-* 'reich' (wozu auch gr. τὸ ἄφενος gehöre, trotz φ). Sonstige unverbindliche Verknüpfungen: *Ernout* (wie Frühere): *-ulo-* plus *-ento-*. Umgestaltung von idg. Suffix *-went-* (in gr. χαρί-(ϝ)εντ-, ai. *-vant-*): *Ehrlich*, KZ 38, 95: lat. *-ent-* aus *-ē-went-*; *Ribezzo*, RIGI 5, 128 [Idg. Jb. 9, 146 nr. 245] und 10, 297: *-lent-* aus *-went-* durch Dissimilation gegen anl. lat. *v-* in *vio- vīnolentus. Aitzetmüller*, Die Spr. 3, 131–134: *-lent-* und *-went-* enthalten ein „elatives" *nt*, die Possessivbedeutung steckt allein im *l* bzw. *w* [Gl. 42, 100]. – Unhaltbar ist die alte Herleitung von *vīnolentus* als 'wein-duftend' aus *vīnum olēns* bei *Niedermann*, IF 10, 242–245, *Skutsch*, Kl. Schr. 400[5]; 401[1].

Lit.: *Szemerényi*, The Latin Adjectives in *-ulentus*, Gl. 33, 266–281 (mit älterer Lit.); ders., Syncope 147 f. (zu **openont-*); *Ernout* und *Nichols* s. unter *-ōsus* § 305 [vgl. Gl. 34, 220]; *Solta*, Sb. Wien 232, 5, 39 f.

303. Die Suffixe *-icus* und *-ticus*, zum Teil griechische Lehnsuffixe; dazu auch denominatives *-cus*.

I. *-icus* (ohne *-ticus*). Den Hauptbestand bilden **denominative Adjektive der Zugehörigkeit**; neben wenigen deutlichen Gruppen viele isolierte Wörter. Öfters ist griechischer Einfluß unverkennbar.

A. Zur Suffixgestalt und zu sachlichen Entsprechungen zwischen Bildungen mit gr. *-ικός* und solchen mit lat. *-icus*. Lat. *i* in vorletzter Silbe kann jeden älteren kurzen Vokal vertreten (§ 86 II). Als Vorstufe von *ūnicus* (vom *o*-Stamm *ūnus* alt *oinos*) ergibt sich *oinokos durch got. *ainah-a* (nhd. *einig*) aksl. *inokъ*, vgl. ai. *eka-kás*. – Natürlich denkt man auch an urspr. idg. *-ikos* im Blick auf gr. -ικός, und dieses gestattet rein formal wohl eine Zerlegung in -ι-κός; doch läßt sich seine Ausbreitung im Griechischen nur gezwungen etwa mit μαντι-κός φυσι-κός auf *i*-Stämme zurückführen; und auch bei lat. *-icus* kann man für gleiche Analyse nur ganz unverbindlich auf vorlat. *ovi-kā (§ 282 F 1 b) und lat. *cīvi-cus* oder *siccus* (§ 197b), *raucus* (§ 304, 4) hinweisen. – Viel wichtiger sind die Lehnbeziehungen: lat. *-icus* ist weithin durch griechische Vorbilder geprägt oder als Suffix direkt entlehnt, ganz besonders im politisch-staatsrechtlichen Bereich. Das ist evident bei den ,,Ktetika'' von Ethnika (Völkernamen), *Gall-icus Germān-icus Ital-icus* wie gr. Πελασγ- Βοιωτ- Ἑλλην- Σηρ-ικός, doch auch sonst wahrscheinlich, *cīv-icus* nach πολιτ-ικός, *fabr-ica* (sc. *ars*) wie ναυτ-ική (τέχνη); weiter *bell-icus* wie πολεμ-ικός (*arte duellica* Plt. Epid. 450 wie πολεμική τέχνη Platon); αὐλικός lat. *aulicus* usw. Bei den Beispielen wurden daher die durch griechische Muster deutbaren Bildungen ausgesondert.

Zu gr. -ικός s. *Schwyzer* I 497 Ziff. 6, *Chantraine*, Form. 385; zu Parallelen in anderen Sprachen *Wn.-Dbr.* 312 § 198 b.

B. Ableitungen von Nomina und (selten) von Verben.

1. Aus lateinischer Tradition. a) Von Sachen: *modicus* (*modus*); *Hernicī* (von mars. *herna* 'saxa' nach Paul. Fest.); *trabica* (sc. *nāvis*; zu *trabs*) 'Floß' Pacuv. 406; *illīc auster* (*est*) *imbricus* Plt. Merc. 876 (danach *tempestās i.* Paul. Fest.; bei Plautus wohl nach gr. ὀμβρικός). Als Substantive *manica* und *pedica*, s. § 282 D 2a. An subst. *bellicum* 'Kriegsruf, Tuba' (*canere b.* Cic.) schloß sich an *classicum* (*canere cl.* Caes.); hiernach *canticum* 'Lied' Cic. von *cantus -ūs*. – b) Von Adjektiven (?): *morbus sonticus*; *famēlicus* Plt. (*natio* [!] Rud. 311; *famē-lis von *famēs*?, vgl. *fidē-lis*). – c) Von Verben anscheinend: subst. *medicus* Plt. von *medērī* (vgl. *Wn.-Dbr.* 149 litt. b; oder Rückbildung aus *medicāre -ārī*?; vgl. § 414, 2); fem. *vomica* 'Geschwür' (*vomere*?). Deverbatives *-ulcus* aus *-ul-icus* von zwei verschollenen *-ulāre*-Verben, ursprünglich sicher beide für angriffige Tiere gebraucht: *hiulcus* 'gierig' Plt. Trin. 286, 'klaffend' Cic. und *petulcus* 'mit den Hörnern stoßend' Lucr. (vgl. *petulāns* 'mutwillig'); vgl. auch adv. *mordicus* Plt. – d) Künstlichkeiten. *tenebricus* poeta ap. Cic. aus *-icōsus* Cic. (s. § 305, 2); *vāricus* Ov. ars 3, 304 aus *-icāre* Varro (von adj. *vārus*). *odiōsicus* Plt. als Adjektivableitung in Capt. 87 (*nos parasiti canes*) *venatici sumus* . . ., *molossici* (87) *odiosicique et multum incommodestici* wird nur verständlich, wenn *Molossici* (gr. Μολοσσικοί, att. Μολοττικοί) vom sich absichtlich versprechenden Schauspieler halbwegs zu *molestici* (mit *st* für gr. σσ ττ) umgebogen wurde: nur aus *molestici* erklärt sich Anhängung und Bildung von sowohl *odiosici* (*odiōs(s)us* = *molestus*, Synonyme nach *Landgraf* Gl. 3, 51) wie *incommodestici* (Anklang von *modestus* an *molestus* und an *multum incommodum*); etwas anders *J. B. Hofmann*, IF 38, 178. Zu *spūtātilicus* (*crimina*) Sisenna s. § 311, 2a. – e) Morphologisch Ungeklärtes. Adjj. *tetricus*, *lūbricus*. Subst.: Personen: *vitricus*, *Luperci*, *noverca*; Sachen: fem. *fulica* 'Bläßhuhn', *brassica*

'Kohl', *calautica* (Adj. ?, Afran. 37 *cum mitris calauticis*) 'eine Haarbinde für Damen', pl. *canicae* Lucil. Paul. Fest. 'Kleie', *mantica* 'Quersack', *pertica* (umbr. *perca*) 'Latte', *ridica* 'Weinbaupfahl', *sublica* 'Pfahl'; ntr. *trīticum* 'Weizen' (*trītus* 'zerrieben'), *pānicum* Caes. eine Getreideart (*pānis*).

2. Unter griechischem Einfluß. a) Im politisch-historischen Bereich, von Personen und sozialen Gruppen: *cīvicus* und *hosticus* (älter -*īlis*); *patricus* von plur. *patrēs*, 'senatorisch', als Grundwort zu *gens patric-ia* 'patrizisch'; so wie alt *popl-icus* (§ 114b Zus.) auch osk. *túvtiks* (*meddix tūticus* Liv., Name *Tūtic-ānus*); *pāgānicae fēriae* Varro ling. 6, 26; *classicus*; *lūstricus diēs* Paul. Fest.; *vīlicus*; *gent-* Tac. (älter -*īlis*), *urb-* Mart., CIL XIV 405, auch cogn. (vgl. gr. ἀστικός); zu *com-mūnic-āre* vgl. osk. *múinikú*. – Zu *flāminica* s. § 269 B 5b. – b) Sonst von Personenbezeichnungen: *domin- colōn- familiār-*; *histr-icus* (statt *histriōn-*) von Plautus Poen. prol. 4 u. 44 künstlich verkürzt (erst daraus durch antiquarische Gelehrsamkeit retrogradiert *hister*, trotz Liv. 7, 2, 6 etr. '*lūdio*'). Von -ōn-Stämmen -*ōn-icus*, so *histri- mūli- full- murmill-*. – c) Griechische Lehnwörter: *scēn- tragmel-icus* usw.; *lētharg- phrenēt- podagr-icus*; *pīrāt- naut-icus* usw. Von -ικός-Adjektiven losgelöste Adverbien auf -ικῶς seit Plt. latinisiert zu -*icē*: *cōmoedicē, graphicē, basilicē* usw. (s. § 365 B 1 Zus. a). *dapāticē* s. unten II Zus. γ.

C. Eigennamen und Ableitungen von Eigennamen.

1. Völkernamen in Italien auf postkons. -*co*-: *Aurun-cī* (gr. Αὔσον-ες, Allg. Teil § 22a), *Vols-cī* (gr. Ὄλσοι und Ουολουσκοι/*Voluskoi*/), *Tu(r)s-cī* § 214c, *O(p)s-cī* § 203b β, *Falis-cī* § 180; dazu *Dittenberger*, Hermes 41, 84 u. 89. – Beigefügt sei hier das Praenomen *Mārcus* aus *Māvort-kos*, auch osk. *Māmercus* (§ 221c). – 2. Von Ethnika (Völker- bzw. Stammesnamen) als Ktetika: *Āfr- Gall- Belg-* usw. nach griechischem Vorbild; dazu inschr. *Minerva ⟨Fl⟩anatica* [s. Gl. 23, 141]; auch *Asiāticus* Ἀσιᾱτ-ικός. Substantiviert *sicilicus* '¹/₄₈' (vgl. Pollux 9, 87); *scutica* § 52a. Anscheinend als Ethnika: *Hernicī* oben B 1a; *Italicī* D 430 (zu *bellum Italicum*, 92–89ᵃ). – Zu *Pūnicus* s. § 234 Zus. ε. *Graecus* wohl aus *Graị-ikos* (§ 138, 1c). – 3. Dazu -*ān-icus* von Völkernamen auf -*ānī*, besonders für technische Spezialitäten: *peristromata Campanica* Plt., *aratra Romanica* u. *Camp.* Cato agr. 135, 2, *Hispanicus gladius* Quadrig. 10b (bei Gell. 9, 13, 14); fem. subst. *pāgānica* (sc. *pila*) 'ein Ball' Mart., später adj. 'heidnisch'; als einheitliches Suffix *Graec-ānicus* (*trochileae* Cato agr. 3, 5), *Tusc-* (*atrium*, Varro ling. 5, 161), wohl auch *burrānicus* (*vas* und *potio* Paul. Fest.; zu *Burrus* Πύρρος?). Nach *pāg-* auch *cas-* (*Silvanus*, inschr. IIᵖ). – 4. Fremde Suffixe: Gentilicia auf -*icus*, keltische in Spanien, illyrische (auch -*ocus*), gallisches Adjektivsuffix -(*i*)*ācus*, s. *Schulze*, EN 11–25; 29–49; nach letzterem auch wohl lat. adj. *ebriācus* (auch romanisch) für *ebrius*, *Schulze* 284. – Inselname *Corsica*, seit D 541.

II. -*ticus*, -*āticus*, vorwiegend denominativ gebraucht.

<small>Vorbemerkung zur Abhängigkeit des lat. -*ticus* von gr. -τικός. Gr. -ικός ist häufig gebraucht hinter Maskulina (nom. ag. usw.) auf -της, so in ναυτ-ικός μυστ- πειρᾱτ- ἀθλητ- ποιητ- Ἠπειρωτ-ικός, alle diese auch ins Latein entlehnt. Eine Zusammengliederung des</small>

-τ-ικός zu -τικός erfolgte durch veränderte Wortanalyse auf zwei Wegen, zu deverbativem -τικός bei Nomina agentis zu Verben auf Vokal (oder zu Aoristen auf infin. -εῖν), etwa θηρᾱ-τικός ἀσκη- μῑμη- μαθη- (ὑπνω-) παιδευ-τικός, zu denominativem -τικός bei denominativen -της-Nomina, etwa ναυ- πολῑ- 'Ελεᾱ-τικός. S. dazu E. Fraenkel, KZ 45, 205 ff.

a) Deverbatives -āticus von ā-Verben: vēn- (canis fem. Plt., vgl. θηρευτικὸς κύων), dōn- (hasta Cato), mult- (aes D 228). – Nach vēn- bei Plautus scherzhaft cēn- (spēs) und vol- (hominēs), bei Varro err- (stella 'Planet', vgl. πλανητικός von πλάνης -ητος).

b) Denominatives -(ā)ticus, abgeleitet von Örtlichkeiten 'lebend in, befindlich in, stammend aus'. -ticus: exōticus Plt., von adv. ἔξω, ist gr. ἐξωτικός (freilich erst IIᵖ bezeugt, Frei-Korsunsky 54; vgl. jedoch πολῑ-τικός). rūs-ticus (*roves-ticos § 330 A 2a, danach Konträrbildung domesticus; doch s. unten Zus. θ); zweifelhaft inschr. Iuno Palostica D 115. – -āticus: umbr- Plt., scēn- Varro, fān- s. Zusatz δ, silv- (mala 'Äpfel' Cato, sues Varro), vīll- (gallinae Varro), aqu̯- (lōtos Ov.), fluvi- Col.; dazu salsa muriātica Plt. – In anderen Verwendungen: Asiāticus (virtuell von οἱ 'Ασιᾶται) adj. u. cogn. (Scipio As. Sieger 190ᵃ); mare Hadriāticum (Catull 4, 6; κόλπος 'Αδρ. Polyb., zu Hadria, s. Fraenkel, KZ 45, 224). Dazu stipendia Mārtiātica bei Prisc. (ursprünglich von campus Mārtius).

c) Ntr. -āticum denomin. für Abgaben usw. (so schon gr. -τικόν, etwa ναυ- προξενη-τικόν): viāticum 'Reisegeld' Plt. (dazu cēna viātica); später bei Juristen agr- balne- cēn-āticum usw.

Zusätze. α) Gr. Λιβυστικός Hdt. 4, 192, 3 verlangt als Vorbild ital. *Ligusticus (zu Ligurēs mit r aus s § 180 b, Wackernagel, Kl. Schr. 855). – β) falcula vīneātica nach falx silvātica, beides Cato. – γ) dapāticus mit adv. -icē Paul. Fest. ist offenbar durch Anlehnung an lat. daps verkürztes gr. δαπανητικός mit -ικῶς. – δ) Die Gruppe fānāticus: inschr. 'Tempeldiener', von fānum (sc. Cybelēs sim.); in der Literatur meist übertragen 'schwärmerisch, fanatisch, rasend' Cic., Hor. (furor); zum Übergang vgl. etwa Liv. 37, 9, 9 fanatici galli (i. γάλλοι); daraus fānārī, § 257 B 3 c. Danach von lympha (νύμφη, § 162cα) lymphāticus Plt., mit retrogr. -ātus Pacuv. (und -āre) νυμφόληπτος (-ους [se. appellant] '-aticos' Paul. Fest., '-atos' Varro ling. 7, 87]; lūnāticus 'epileptisch'. Hierzu wohl auch christl. libellāticī Cypr. – ε) Suffixwechselform zu umbrāticus usw. ist -ātilis, § 311, 2 c. – ζ) aviāticus 'Enkel', abgeleitet von avia 'Großmutter': in Mediolanum (Mailand) setzt eine Frau einen Grabstein (V 5902) filio . . . et . . . filiae suae et au̯u̯iaticis suis; wohl Klangreim nach viā- oder Adriā-ticus. In Norditalien Fortleben des Wortes (oder Neubelebung nach dieser Inschrift?), Meyer-Lübke, REW nr. 825. - η) Zu grōmāticus 'Feldmesser' s. § 56, 2. – θ) domesticus wird traditionell erklärt als Erweiterung von *domestis (wie agrestis), s. Hofmann, IF 38, 176; von ererbtem s-Stamm *demes- nach Benveniste, Orig. 67; vgl. Manessy-Guitton 70.

Lit.: Isenring, Die lat. Adjektiva auf -icus und -ticus, Zürcher Diss., Winterthur 1955 [Gl. 36, 139]. Stolz, HG 517 § 172 (-icus), 520 § 174 (-ticus). Demetrescu, Valvarea peiorativă a ... -āticus, Studii Clasice 2, 321-330. - -ticus soll co-Ableitung von Adverbien auf -ti sein nach Mezger, Lang. 24, 152 [Gl. 34, 221].

304. Unter den restlichen Nomina, meist Adjektiva auf -co- (und -quo-), findet man keine größeren funktionell bestimmten Gruppen; man kann sie nur formal nach dem vorangehenden Laut ordnen.

1. -īcus -ūcus -ācus; Zusammenhang mit Suffixen -ĭc- -ăc- § 329 ist unsicher. a) Auf -īco-: Deverbative Adjektive: am- pud-īcus, ferner mendīcus (mit echtem ī nach Plt. Rud. 1305); aprīcus postīcus s. unten. Denominative Substantiva: -īcus in umbil- lumbr-

-īcus. -īca in land- (zu gland- 'Eichel'), lect- lōr- rubr-īca, ferner vēs- urt-īca; cogn. mask. Nāsīca; zu formīc-a, erweitert aus -īc- oder -ī-, s. §195 Zus. – b) Auf -ūco-. Deverbative Adjektiva: cad- mand-ūcus (mandere 'kauen'), dazu fīdūc-ia. Substantiva (einige denominativ): -ūcus für Pflanzen in sambūcus 'Holunder', albūcus zu albus. -ūca denomin. in aerūca (aes) 'Grünspan' (man vergleicht albūgo aerūgo), verrūca 'Warze' (Cogn. -ūc-ōsus IV^a; vgl. Bergname Verrūgo; zu *versu-); ferner in fistūca 'Ramme'. Dazu aus Tier- und Pflanzenwelt (vgl. Schwyzer, KZ 61, 243[1]) curr- ēr- fest-ūca; ulūcus altind. ulūka- 'Eule' (Wn.-Dbr. 498 § 322); latinisiert lactūca 'Lattich' aus gr. γλακτοῦχος 'Milch enthaltend' nach Szemerényi, KZ 75, 178. – c) Auf -āco-. Adjektiva: mer- ēbri-ācus von und gleich merus ēbrius. Zu kelt. -iācus s. § 303 I C 4; zu opācus s. unten. Substantiva fem. -āca: lingulāca (urspr. Vogelname?) zu demin. von lingua, (adj.?) 'geschwätzig', scherzweise von Fischen Plt. Cas. 497, (mask.?) Varro Men. 381; Pflanzennamen, wohl von lat. Nomina abgeleitet: pastin- verbēn- portul-āca; vgl. Suffix -āc-eus § 272, 2. Deverbativ cloāca.

Lit.: Stolz, HG 520–523; Ernout, Philologica I 158, 165; v. Planta II 36. – Wenn zu -āx, dann lingulāca Muster als personales a-Fem. nach § 269 B 3 b. – In Denominativen ī und ū teilweise aus ĭ ŭ gedehnt nach Meid, s. § 253 c. – Gegen die ulūcus-Gleichung Thieme, Gedenkschr. Güntert 299[11].

2. Suffixe idg. -ko- -k^{w}o- in lat. -īc us -ācus -inquus usw. von Praepositionen bzw. Ortsadverbien. -īcus unter idg. Dehnung von Adverbien auf -i: vom lokalen *anti *posti (lat. ante post) antīcus Varro Cic. 'vorderer', postīcus altlat. Fest. Varro 'hinterer', mit ōstium p. Plt. 'Hintertür' (auch subst. ntr., dazu demin. fem. -ula, sc. iānua; merkwürdig inschr. u-Stamm akk. plur. posteicuus D 357, nach fem. porticus?); vgl. altind. pratīkam 'Antlitz', abhīka- von praepos. práti abhí. Stammglied unklar bei aprīcus 'sonnig'. – Ähnlich -ācus in opācus 'schattig' aus '(sonnen-)abgewandt' gleich aksl. adv. opako 'zurück' (*opā neben *opi lat. ob 'gegen'; man erwartet eher *apā nach lat. ab; vgl. altind. apāka- 'von ferne'. – Unklar reciprocus 'gegenseitig', entweder Kompositum aus re-co- + pro-co-, oder Adjektivierung von *re-que pro-que (vgl. altind. ā ca parā ca, uc-ca ava-ca, Wn.-Dbr. 546 litt. b). Genannt sei hier auch prīs-cus von Zeitadverb *prīs, § 288 A 2 d, und das ererbte iuvencus, § 61. – Von ante (zeitlich) antīquus 'alt' aus 'vorzeitig'. Zum Suffix in prop- und long-inquus vgl. gr. -απός, § 42 a.

Zur Anknüpfung in der Grundsprache. Zur Gleichsetzung von -inquus mit gr. τηλε-δ-απός 'von fernher stammend' Literatur bei Schwyzer I 604[1], Szemerényi, KZ 73, 60[1]. – Vielfach variiert sind die Suffixanalysen von lat. antīquus propinquus altind. pratīkam praty-añc- gr. πρόσωπον teils als Ableitungen mit Suffix -enk^w-, teils als Komposita mit *ok^w- 'Auge, Gesicht' (in lat. oc-ulus gr. ὄπ-ωπ-α usw.); s. Thumb-Hauschild I 2 § 322, Prellwitz, Gl. 15, 130–138 [Gl. 18, 262 f.]; Wn.-Dbr. 141 § 42 f, 152 ff. §§ 56 a u. 61; 520 Mitte; auch 540 oben zu reciprocus. Weiter zu -īk^w -ōk^w-: Risch, Wortb. § 63 b m. Lit.; Hamp, BSL 68, 83 ff.

3. -sco-, besonders -usco- -isco- -asco-. a) -sco- in Appellativen. -usco- adj.: coruscus 'schwankend', aerusc-āre 'betteln' Paul. Fest. – -usca denomin.: Rebensorte asinusca, labrusca 'wilde Rebe', ātrusca eine Traubenart, mollusca (nux) Plin. – -isco- (ohne erkennbaren Zusammenhang mit gr. demin. -ίσκος): vopiscus (auch Praenomen) 'überlebender nachgeborener Zwilling'; Pflanzen (Mignot 180[5]): mariscus (iuncus Plin.); auch wohl verbascum (ā?) usw. – Cornisca- (§ 350 Dat. Zus. a) hybrid mit gr. -ίσκη zu corn(īx) nach Ernout, Rev. phil. 38, 192–194. – b) -co- bzw. -sco- in Stammesnamen: Auruncī Tuscī usw., s. § 303 I C 1. – c) Ligurisches Suffix -asco- in Nordwestitalien in Ableitungen von Ortsnamen usw. (modern Bergamasken von Bergamo usw.). Früheste Belege in Sent. Minuc. D 453 (Genua, 117^a) die Flußnamen Veraglasca Tulelasca. S. J. U. Hubschmid, Die asko-/usko-Suffixe und das Problem des Ligurischen, Paris 1969 (s. R. Schmitt, Krat. 13, 218). Schmoll, Spr. Siz. 61 f. – Lit. zu gr. -ίσκος german. ahd. -iska- slav. -isk- usw. s. Zucchelli, Festschr. Pisani 1081[16].

4. Zweisilbler mit -co- -quo- hinter langer Silbe, viele Adjektive. Die Einzelwörter verlangen eher etymologische als morphologische Betrachtung. Genannt seien: Fem. -īca: spīca 'Ähre', mīca 'Körnchen', trīcae 'Ränke' Plt. – -auco-: paucus gleich ahd. fōh (vgl. gr. παῦρος, § 112 c) und nauco- (angeblich ntr. subst. 'Kleinigkeit, etwas Wertloses' Fest.) in gen. pretii nōn naucī faciō usw. Plt. Nicht hierher: raucus 'heiser', aus *ravi-cos,

zu *ravis* 'Heiserkeit' (Plt. Cist. 304 *ad raucam ravim*); spät *auca*, § 258 A 1 a. - -*sco*-. Adjj.: *fus-cus* neben *furvus*, § 49 a; *cas-cus* neben *cas-nos § 206; *luscus* (§ 417 A 3 b); *vescus* 'zart, dünn' bei Daktylikern; *lasc-īvus* (*lac-sco- zu *lacio*?). Subst.: *fiscus* 'Korb', *muscus* 'Moos', *viscus* s. § 264, 1 a; *mus-ca* 'Fliege' neben gr. μυῖα aus *mus-jă; *ēsca* 'Speise' (*ē* nach lit. *ėskà* 'Eßlust'; aus *ēd-skā), danach *pōsca*, s. § 302 sub *ēsculentus*. Altlat. *tesqua* (scil. *loca*), meist *tesca* (über nomin. *tesquos* > *tescos*) 'öde' Varro ling. 7, 10 sq. Hor., vgl. ai. *tuccha*- 'leer'? - -*cco*-. Adjj.: *broccus*; *siccus* zu *sitis*, s. § 197 b. Subst.: *floccus* 'Wollflocke', meist altlat. *nōn floccī facio*; *occa* 'Egge' § 258 B 4 b. Zu *ccin floccus Gracchus vacca* s. § 184 b. – Sonstiges. *spurcus, murcus* (§ 297 A 2 c), *hircus* 'Bock' aus -*quos* wegen samnit. (*h*)*irpus* 'Wolf' in *Hirpīnī*. *furca* 'Gabel' s. § 160 b. *truncus* 'Baumstrunk'. *iuncus* 'Binse'.

305. -*so*- als Ausgang von Nomina. Adjektive wie *laxus fluxus* werden beim PPP auf -*tus* mitbehandelt, s. § 448 am Ende. – Über etrusk. (?) -*issa* in *mantissa favissa* s. *Ernout*, Philologica I 35; über das (griech.) Motionssuffix -*issa* s. § 269 B 4 b. – Hier ist nur -*ōsus* zu behandeln.

-*ōsus*, denominative Adjektive der Bedeutung 'reich an, versehen mit'.

1. Schon Plautus und Cato liefern über 50 -*ōsus*-Adjektive; alle folgenden Beispiele ohne Autornamen sind bereits altlateinisch. Eine Gruppierung nach Begriffsinhalten ist unergiebig; daher wird hier rein formal nach Stammgestalt der Grundwörter geordnet; Besonderheiten der Suffixanfügung folgen. Von *o*-, *ā*- und kons. Stämmen: *damn- dol- fūm- morb- scrūpvent- vetern-ōsus; aqu̯- fām- form- harēn- herb- latebr- macul- nebul- Verrūc--ōsus; lien- rōbīgin-, cadāver-, ponder- sceler- mōr-, cicātrīc-; niv-* Ov. Liv.

Komplikationen. a) -*itōsus* statt -*itāt-ōsus* von Abstrakta auf -*tāt*-: *calam*- Cato Cic.; dat. *dignitosso* cod. Petr. 57, 10; vgl. unten *volupt-uōsus*. – b) -*iōsus* statt -*iōn-ōsus* von fem. -*iōn*-Abstrakta (Vorbild -*iōsus* von -*ium*-Neutra): bei Plautus *fact- oblīv- religsuperstit- luscīt*- (§ 417 A 3 b), bei Cicero *ambit- sēdit- suspīc-iōsus* und andere. – c) *fragōsus* 'rissig' Lucr. ohne Grundwort (älter *cōnfragōsus* Plt., s. *Fraenkel*, Plautin. 355[1]), erst durch Beziehung auf *fragor* auch 'krachend' Verg., hiernach zu *clāmor clāmōsus* seit Sen. (vorher vielleicht Rhet. Her. 3, 23). – d) -*iōsus*: von *i*-Stämmen *ventr*- Plt. *bīl*- Cels. (aber *pisc-ōsus* Verg. Ov., wohl metrisch bedingt); von -*io*-Neutra: *cōnsil- fastīdImper- obsequ̯- od- ōt- pecūl- pret- stud- vit-iōsus* (zu *axitiōsus* s. *Leumann*, Kl. Schr. 43 f.); von -*ia*-Feminina: *fur*- XII tab., *glōr- perfīd*-; von -*iē*-Abstrakta *car- rab-iōsus*. – Verschlepptes -*iōsus*: *cūr-iōsus* (Rückbildung aus *incūri-ōsus*); *labōr-iōsus* nach *negōti-ōsus studi-ōsus* oder *glōri-ōsus*. – e) -*uōsus*, normal von *u*-Stämmen: *aest- flex- fluct- quaestsalt- sūmpt- tumult-uōsus*, von *bēlua bēlu-ōsus* Hor.; zu *ossu-ōsus* Veg. vgl. *ossua* § 364, 5. – Verschlepptes -*uōsus*: *mōnstr*- Cic. (Muster *bēluōsus* nach *Redard* 5) mit *portent*-; *mont*- Cic. nach *saltu-ōsus*; *voluptuōsum est* Plin. epist. nach *sūmptuōsum est*. – f) -*īculōsus* und Verwandtes. Nach falsch analysiertem *perīcul-ōsus* (seit Cato): als Reimbildung *formīdulōsus* Naev. Plt. Ter. Cato (von *formīdo* -*inis*); als Kontaminationsbildungen *metūculōsus* Plt. (vgl. abl. *metu*... *periclo* Plt. Rud. 348) und adv. *somnīculōsē* Plt. Nach letzterem weiter -*īculōsus* von zwei *i*-Stämmen: *febrī*- Plt. Catull und *sitī*- Hor. epod. 3, 16; danach *lactīculōsus* Petr. 57, 8 (von *lact*- 'Milch'). – Zu *febrīculōsus*: Stammwort nicht ein Deminutivum von *febris* (wobei *ī* statt *ĭ* nicht zu erklären wäre); *febricula* (seit Cic., nie in metrischen Texten) ist mit *ĭ* anzusetzen, zu *sitis* ist kein demin. bezeugt. – g) Deverbativ oder doch auf Verbum beziehbar: *lābōsus* 'glitschig' (Lucil. 109 *iter*... *labosum atque lutosum*), von *lābēs* oder *lābī*. Zu *bibōsus* Laber. 80 (zwischen *annōsa* und *procāx*) statt *bibāx* sei auf *ēbriōsus* verwiesen. *calcitrōsus* 'ausschlagend' Colum. Petr. von *calcitrāre* oder *calcitro* -*ōnis*. Zu *clāmōsus* s. oben c.

2. -*ōsus* hinter Adjektiven, eine ungünstige Charaktereigenschaft noch steigernd (Muster wohl Krankheitsadjektiva wie *elleborōsus, rabiōsus*): *ēbriōsus* Cic. Catull für *ēbrius*; *bellicōsus* 'kriegerisch' (aus 'reich an *res bellicae*')

Cic. (hiernach *tenebricōsus* Cic.); *obnoxiōsus* Plt.; vielleicht *calcitrōsus* (oben 1g). – Anders Cogn. *Bonōsus* (von *bona -ōrum*), aber ebenfalls als Steigerung aufgefaßt; danach *Maximōsus* usw.; vgl. auch *Schulze*, EN 285.

3. **Stilistisches.** In technischen Schriften wie Cato agr. ist *-ōsus* „prosaisch" (*Axelson*, Unpoet. Wörter 61); von vulgärem Charakter des *-ōsus* spricht *Baehrens*, Komm. 118 f. Doch sind solche Verallgemeinerungen einseitig: evident poetisch sind etwa *annōsus onerōsus*, dazu die Nachbildungen der homerischen -όεις-Epitheta wie *ventōsus* ἠνεμόεις oder *piscōsus* (*amnis* Verg., hom. πόντον ἐπ' ἰχθυόεντα).

4. **Zur Schreibung.** Alt inschr. *-osso-* (nach § 182 a) in den Konsularfasten (*Imperi-Verrūc-*), merkwürdig *dignitosso* Petr. – Umgekehrte Schreibung *-onso-* (nach § 152 f) nur in *formonsus* (Inschr., Hss., von Grammatikern getadelt; s. Thes.); sie geht zweifellos auf eine verschollene berühmte Dichterstelle zurück; induziert war sie durch *intōnsus* (Apollo, gr. ἀκερσεκόμης) oder allenfalls durch *spōnsa*, s. *Skutsch*, Kl. Schr. 402, 404; *Baehrens*, Komm. 55 f.

5. Die **Herkunft** von *-ōsus* ist umstritten und im Grunde unerkennbar. Man versucht, es irgendwie entweder mit gr. -όεις oder mit -ώδης gleichzusetzen. a) Funktionell berührt sich *-ōsus* mit gr. -όεις aus -οϝεντ-ς, idg. Possessivsuffix *-went-* ai. *-vant-*; eine lautliche Verknüpfung ist nicht gelungen. Ein *-o-wn̥t-tos*, mit (unmotivierter) *-to-*Erweiterung (*Bopp, Osthoff*; s. *Solmsen*, Stud. 83) hätte lat. *-uēnsus* ergeben oder allenfalls *-ūsus* (*Szemerényi*, Gl. 33, 274²). Nach *Burger*, Et. 88 [Gl. 19, 237] ist *-ōs-us* mit *-o-* erweitert aus nomin. sing. *-o-wōnts*. Fem. *-ōssa* entlehntes gr. -οῦσσα bzw. dor. -ῶσσα nach *Stowasser*, WSt. 13, 174. – b) *-ōsus* wie gr. -ώδης zu Wz. *od* 'riechen' in lat. *odor*, gr. ὄζω perf. ὄδωδα. Nach *Skutsch*, Kl. Schr. 398 *vīnum ōsus* 'Wein duftend', *od-tos* (zu ō̆- für ŏ̆- vgl. § 129). Nach *Wackernagel* bei [*Niedermann*, IF 10, 246 *-ods-os* (*ods-* Ablautform zu *odōs -ōris*) als Besitzkompositum '(Bocks-)Geruch habend', mit *o*-Erweiterung (nach § 266 b) gegenüber gr. εὐ-ώδης; als lat. Musterformen bieten sich hierbei hinsichtlich der Vorderglieder nur *hirc- vīn-ōsus* und *citrōsa vestis* Naev. Pun. 10 (Vorbild wohl hom. εἵματα θυώδεα).

Lit.: *Ernout*, Les adj. latins en *-ōsus* et en *-ulentus*, 1948; 121 S. [Gl. 34, 220], dazu *Redard*, Humanitas 3, 1–12. *Nichols*, The semantic variability and semantic equivalence of *-oso-* and *-lento-*, Diss. Yale 1914 (dazu *Leumann*, *-lis* 89 u. 128–131). – Falsch zu *clāmōsus* (*s* bewahrt, Typus *sonōrus*) *Zimmermann*, KZ 44, 15.

C. *I*-STÄMME, SUBSTANTIVE UND ADJEKTIVE

Substantiva: Einfaches *-i-*, auch mit Nomin. *-ēs* (§§ 306–307)

306. Die *i*-**Stämme** waren in der Grundsprache parallel zu den *u*-Stämmen flektiert. In der lat. Flexion bilden sie zusammen mit den Konsonantstämmen die 3. Deklination. Den Grundstock bilden hier die ererbten *i*-Stämme, Substantive aller drei Geschlechter, auch wohl einige Adjektive; dazu kommen Zahlwort *trēs* Stamm *tri-* und teilweise pron. *quis* und *is*. – In der lat. 3. Dekl. sind im Prinzip *i*-Stämme die „Parisyllaba"; das entscheidende Merkmal ist also die Kombination von nomin. *-is* (auch *-ēs*; „gleichsilbig" mit gen. *-is*) und gen. pl. *-i-um*, bei Neutra von *-e* (aus *-i*) mit *-i-a -i-um*. Doch bestehen, vom Latein aus betrachtet, Mischflexionen, besonders mit *-i-um*, aber nomin. sing. ohne *-is*, so die idg. fem. *ti*-Abstrakta des lat. Typus *mors* *mēns*; der Verlust des *i* von nomin. *mortis usw. war teils analogiebedingt, teils lautgeschichtlich erfolgt. Bei manchen lat. Nomina der lat. 3. Dekl. ist die Zuteilung zu den *i*-Stämmen willkürlich, weil sich einerseits das *-ium* des gen. pl. ständig weiter ausgebreitet hat, andrerseits die Hexametriker metri gratia hinter langer Silbe nur *-um*, nicht *-ium* gebrauchen können; zum Problem vgl. §§ 354 u. 357.

Einfache *i*-Stämme, subst. mask. fem., sing. nomin. auf *-is* oder in Imparisyllaba „synkopiert" auf *-s* aus *-t(i)s*; ntr. *-e*.

a) Erbwörter. Nomin. *-is*: *hostis* § 168, *potis* (*sum*) s. § 400 C, *anguis* § 169, *avis* fem. umbr. akk. pl. *avif*, *axis* m., vgl. fem. lit. *ašìs* aksl. *osь*, *clūnis* m. f. ai. *śroṇi-* lit. *šlaunìs* (gr. κλόνις statt *κλοῦνις), *ignis* m. § 42a, *ocris* 'Berg' m. Liv. Andr. umbr. akk. *ocrem*, *ovis* (m.) f. umbr. akk. *uvem* vgl. § 41, *vallis* fem. § 181a, *vermis* § 59; *postis* m. wohl aus *porstis neben nhd. *First* aus *perstis. Ntr. *mare*. – Imparis.: *anas -atis* f. 'Ente' § 64, *glandi-* fem. § 157c. Zu *pōns pontis* als altem *ē*-Stamm s. § 176 I c, zu *ars mors mēns* usw. § 308.

b) Zu lat. *i*-Stämmen umgestaltete Erbwörter (vgl. auch *Ernout*, Philologica I 136–138 und *Szemerényi*, Syncope 247 ff.). Alte Kons.-Stämme mit gen. pl. *-ium*, Imparis.: *nox* f.; *dēns dentis* m. ai. *dant-* vgl. german. *tand-* gr. ὀδόντ- (s. auch § 403, 1b); entsprechend die *nt*-Partizipien § 431 A 1b. Meist auch nomin. *-is*: *mēnsis* § 330 C Zus. 4; *unguis* vgl. gr. ὄνυξ; fem.: *nāvis* § 318 A, *auris* § 66 (auch lit. *i*-Stamm), *nāris* (meist plur.); *foris* (auch *ā*-Fem. in adv. *forās forīs*). – Alte *ī*-Stämme: *neptis* § 269 B 2; *pēlvis*, älter *pēlŭis* § 141bα. – Alte *o*-Stämme: Mask.: *cīvis* (nach *hostis*; vgl. § 65), *caulis* gr. καυλός, *collis* § 216b, *imbri-* osk. dat. pl. *Anafriss* gegen ai. ntr. *abhram* 'Wolke', *piscis* got. *fisk(a)s*. Nur lat. *testis* gegen osk. *trsto-*, vgl. § 149aα und § 263 C. – Aus oder neben *ā*-Stamm *secūris* f. 'Beil' vgl. aksl. *sekyra* (Wanderwort?).

c) Nur lateinisch (Auswahl). Imparis.: Mask. *monti- fonti-, fronti-* (zu *-ti-* vgl. *Wn.-Dbr.* 642 litt. c), *frondi-* 'Laub' f. – Parisyllaba. Fem.: *apis, puppis, ratis, răvis* 'Heiserkeit' Plt. Cist. 304, *scōbis* 'Sägemehl', *trŭdis* 'Stange' Verg.; mask.: *scrŏbis* 'Grube' Plt., *torris* 'Brandscheit', *utris* 'Schlauch'; ntr. *rēte* 'Netz'. Auf *-ni-* (alle mask.): *fīnis* (*dhīgʷ-snis zu *fīgere*?), *pānis* (**pastni-*, § 211d), ferner *amnis crīnis fūnis pēnis*. Weiter *tōli-* fem. (**tonsli-*, § 209b); *febris* § 169 Zus. – Lehnwort *turris* § 181a.

307. Lat. Nomina mit nomin. *-ēs* (3. Dekl.), vom Latein aus *i*-Stämme, und hier als Einheit behandelt; keine deutlichen Gruppen; nur unsichere Kombinationen für idg. *ē*-Stämme. Vereinzelt Formen nach der 5. Dekl. bei *famēs sordēs*. Nur Feminina mit Ausnahme der sexuell bestimmten Maskulina *vātēs* (auch fem.) 'Wahrsager(in)' und *verrēs*. Auswahl von Beispielen. – Tiernamen: *vulpēs, canēs* (*fēta* Enn.), *fēlēs, palumbēs*. Ohne sichere verbale Anknüpfung: *pūbēs, plēbēs* (altlat. 5. Dekl.), *mōlēs* (davon *mōlīrī*). – Deutlich deverbativ, meist als Abstrakta; neben *-ēre*: *sordēs*, abl. *squālē* Pacuv., *tābēs*, auch wohl *prōlēs ind- sub-olēs* (zu intr. *alēre, § 415 B); neben *-ĕre*: *aedēs* (zu gr. αἴθειν, § 171bα), *caedēs, lābēs, luēs struēs* (*Norden*, Priesterb.

121), *rūpēs, saepēs* (neben *-īre*), *vehēs* 'Fuhre'; *fidēs* (5. Dekl., neben *fīdere*); unsicher *nūbēs*. Mit lat. Länge des Stammvokals (*Wackernagel*, Kl. Schr. 1285); *sēdēs*, sing. abl. *amb-āge* und plur.; alt *compāgēs* und *propāgēs* (später *-o -inis*). Zu *clādēs* und *crātēs* s. auch § 63. – Zur Verbreitung im Latein s. *Ernout* III 9–28: Les noms latins du type *sēdēs*.

Zusätze. 1. Wechsel in den Nominativformen bis ins späte Latein; es lohnt sich kaum, viele Einzelformen zu registrieren, zumal auf die Handschriften in diesen Fragen kein Verlaß ist. a) *-is* für *-ēs*. Der in der 3. Dekl. formal als Unregelmäßigkeit wirkende Nomin. auf *-ēs* wurde im Vulgärlatein gegen die Bemühungen der Grammatiker durch *-is* ersetzt zum Ausgleich mit den übrigen Kasus. Die App. Probi tadelt beispielsweise *vatis vulpis aedis clādis famis prōlis*; vgl. auch *volpis* Petron. 58, 11, *torquis* Prop. 4, 10, 44. – b) *-s* für *-ēs* in *plēbs nūbs* usw., s. § 362, 3. – c) Für *stirps* gebraucht Livius nomin. *stirpis* 1, 1, 11 u. 26, 13, 16 und vielleicht *stirpēs* 41, 8, 10. Hyperkorrekt vielleicht *facēs* Paul. Fest. und *trabēs*. – Vgl. *Jacobsohn*, KZ 46, 55–66; *Baehrens*, Komm. 105 u. 110 ff. Material bei N.-W. I 279 ff.

2. Vermutete Vorstufen für Einzelbeispiele oder als idg. Paradigmen (vgl. *Kronasser*, KZ 67, 83–98). a) Reine *ē*-Stämme: *vātēs, sēdēs* (gen. pl. *sēd-um*), *volpēs* (zu gr. ἀλώπη-κ-), s. Gl. 18, 255 unten, *Specht*, KZ 63, 94 f., *Fraenkel*, ibid. 189 f., auch *Hoffmann*, MSS 22, 32. Bei *vātēs* 'Seher' (*i*-Stamm nach *Schmitt*, Dichterspr. Note 340) steht gen. pl. *vātum* Verg. aus Versnot gegen *vātium* Cic. div. 1, 114. Nomin. *facēs* („antiqui" nach Paul. Fest.) für *fax* 'Fackel' wird mit lit. *žvãkė* gleichgesetzt. Ein *ē*-Stamm ist durch adj. *plēbēius* und demin. *plēbē-cula* gestützt für *plēbēs* (5. Dekl.), so vielleicht auch durch *volpē- mōlē-cula* für *volpēs mōlēs*, gegenüber *aedi-cula canī-cula* und *aedī-lis*, § 282 C 1. – Wenn überhaupt, dann sind wirkliche alte *ē*-Stämme der 3. Dekl. wohl die Abstrakta auf *-ēs* neben *-ēre*, also etwa *sordēs tābēs*. – b) Idg. *ēi/ī*-Motionsfeminina bei Verknüpfung von *can-ēs volp-ēs* mit altind. *vr̥kīs* und lit. *vìlkė* 'Wölfin', so *Lommel* 69 ff., *Jacobsohn*, KZ 46, 55, dagegen *Sommer*, KE 192 ff. – c) Idg. *i*-Stämme mit dehnstufigem nomin. auf *-ēis* > *-ēs*, *Hirt*, Vok. 55 u. 57. *Sturtevant*, Mél. Pedersen 57–62 [Gl. 28, 9] vergleicht weiter hethit. nomin. *-ais* neben gen. *-iias*. – d) Lat. mask. *verrēs* 'Eber' war wohl, mit *verr-* aus *vors-* nach § 44, als Entsprechung zu ai. *vr̥ṣan-* 'Stier' (gr. ἄρσην ?) einst ein *n*-Stamm; die lat. Flexion *verrēs* gen. *verris* beruht auf vorhistorischem gegenseitigem Ausgleich zwischen nomin. *verrē* (*-ē* wie *-ō* nach § 151; *-ēs* etwa nach *vulpēs*) und gen. *vern-is* (idg. *wr̥sn-es* ai. *vr̥ṣṇas*; lat. *-rn-* aus *-rsn-* nach § 214 a). – e) Ursprüngliche *s*-Stämme (vom Typus *Cerēs -eris*, § 330 D) wurden vermutet in *pūbēs* und *mōlēs*, wegen adj. *pūbēs -eris* und *mōlestus*. – f) Weitere Lit.: *Pedersen*, 5me décl. 54 ff. [Gl. 18, 255 f.]; *Kuryłowicz*, BSL 61, 13–20, zum Latein 19 f.; auch *Kretschmer*, Gl. 12, 211 über *McKenzie*, Greek Adjectives in -ης, ClQu. 13, 141–148. – Vgl. zu *verrēs* ai. *vr̥ṣaṇ- Benveniste*, Orig. 25.

i-Adjektiva (§§ 309–315)

308. Idg. fem. Verbalabstrakta auf *-ti-*, Typen gr. φάτις πίστις und σι-Abstrakta wie δόσις (*Schwyzer* I 504 ff.), ai. *smr̥ti- śruti-* (*Wn.-Dbr.* 622 ff.) usw. Im Latein nur Restwörter wie *sitis* 'Durst', als solche erhalten unter Verselbständigung gegenüber ihren Stammverben und deswegen meist Erbwörter; im Latein ist *-ti-* funktionell abgelöst durch *-tiōn-* (*ratio* usw., § 324 C). – Stammsilbe meist schwundstufig wie im *to*-Ptc. (also auch lat. *or en* < idg. *r̥ n̥*, lat. *rā nā* < idg. *r̥̄ n̥̄*, §§ 59–63). – Im Latein mit nomin. *-tis* (also Parisyllaba) nur hinter Vokal oder Geräuschlaut (auch *-ssis* < *-t-tis*, *messis*), sonst *i* „synkopiert" (s. dazu § 362, 2a) und *-s* aus *-ts*, Typen *mors mēns* Stamm *mor-ti- men-ti-*.

Beispiele. Nomin. *-tis*. Hinter Vokal: *sitis* gr. φθίσις § 179 b β; *vītis* 'Rebe' (vgl. *vītilis* § 311, 2a). Ferner mit sing. *-tis* anzusetzen: plur. *grātēs* neben (ptc.) *grātus* § 63; **fētis* 'Satzung' (vgl. got. *ga-dēþs* nhd. *Tat*) wohl in *fēti-ālis*; *mēti- 'Messung' in *mētīrī*; auch wohl *gnāti- (neben *gnātus*, vgl. ai. *jāti*- u. *jātas*) in *praegnās* § 337c. Hinter Geräuschlaut: *vestis* Wz. *ves-* in gr. perf. ἠμφί-(ϝ)εσται; *messis* 'Ernte' von *metere*, *tussis* 'Husten' zu *tundere*; *farti*- Plt. frg. (nomin. unbelegt) aus *farc-tis, zu *farcīre*. Dazu als Adverbien: (akk.) *statim cessim*, § 389, vgl. gr. στάσις umbr. *statita* (ī) '*statūta*'; *affatim* 'zur Genüge, zum Überdruß' (*edas* . . . *usque ad fatim* Plt. Poen. 534; *fatis zu *fatīgāre*); vielleicht *satis*. – Nomin. ohne *i* im Latein: *ars* St. *arti*- vgl. avest. *aši*- aus *ṛti- (Wz. *ar* auch in lat. plur. *artūs*); weiter *pars, mors fors sors*, auch *cohors*; *mēns gēns* St. *menti- genti-*. Dazu *quiēs* aus *quiē-tis (neben *quiē-tus*), s. § 136b und zu *requiēs* § 270 Zus. δ. Nicht von Verben auf -*āre*, trotz *satiās* und *damnās* (§ 309 C 2).

Zusätze. a) Hierzu wohl auch *crātis, cutis, futis* 'ein Wassergefäß' Varro ling. 5, 119, *pestis, restis*; mask. (als Instrumente?) *cassis* 'Jägernetz' und *vectis* 'Hebel' (zu *vehere*, nhd. *bewegen*). Kaum hierher *dōs* und *cōs* (§ 263 C). – b) Besonderheiten. *salūs*, neben *salvēre*, s. § 312, 2 b. – Zu *satiās* s. § 328, 1 a Zus. – *sēmentis* Plt. Cato, scheinbar denominativ von *sēmen*, als 'Aussaat' wohl nach *messis* umgestaltet aus *sēmentum (*Thurneysen*, Festschr. Wackernagel 118[1]). – *necesse* adv. 'notwendig' wohl ntr. zu adjektivisch interpretiertem *ne-cessis* (zu *cēdere*) 'kein Ausweichen'. – c) Idg. -*etis* (wie in gr. νέμεσις λάχεσις) vielleicht in *teges seges -etis*, doch s. § 327, 2 d. – d) Zu Gebrauch und Vorgeschichte: Nach *Benveniste*, Noms d'agent 112 bezeichnet idg. -*ti*- die 'réalisation objective' im Gegensatz zu „subjektivem" -*tu*-. – Die z. B. vom Gotischen mit *ga-kusts* gegen *kustus* nahegelegte Verteilung zwischen -*ti*- von Komposita und -*tu*- von Simplicia findet am Latein gar keine Stütze, die einzigen *ti*-Komposita sind *re-quiēti*- und *co-horti*-, bei -*tu*- findet man *adventus occāsus exercitus dīlēctus* usw. Zum Problem s. *Wackernagel*, Kl. Schr. 299–310 und zuletzt *Duchesne-Guillemin*, Krat. 7, 13 f. – Nach *Hirt*, IF 32, 277 ist -*ti*- eine *i*-Erweiterung von Suffix *t*-; ähnlich *Schwyzer* I 504. – Weitere Literatur bei *Risch*, Wortbild.[2] § 16.

309. -*āti- -īti-* usw.: denominatives -*ti*- mask., als subst. nur von Personen gebraucht, bezeichnet Angehörige einer politischen oder sozialen Gemeinschaft, als adj. besonders neben *ager campus terra* (vgl. osk. *vereias Lúvkanateis* Vetter nr. 173). Stark verbreitet ist nur -*āti-*, als Ethnika plur. -*ātēs*; nomin. sing. altlat. noch -*ātis*, dann -*ās*.

A. Gebrauch. 1. Ethnika. a) -*ātēs*: *Antemn-ātēs Anti- Arpīn- Sarsin- Fīdēn- Genu-* (neben -*ēnsēs* Sent. Minuc.) usw. b) -*ītēs*: *Samn-, Caer-ītēs* (*aquae*) von *Samnium Caere*; *Quirītēs* (vgl. § 141bγ). c) postkons. -*ti*-: *Alba Fucēns* (ū?), *Laurentēs Pīcentēs Veientēs, Teiburtes* D 264, *Nahartēs Tudertēs Camertēs.* – 2. Als lat. Appellativa danach auch sing. *nostrās cuiās, penātēs*; *decumātēs agri* Tac.; weiter *summātēs optimātēs*, später *magnātēs*, inschr. *iuuenates* V 5134. – 3. Sonstige -*āti*-Zeugnisse: umbr. dat. *Kaselate, Kureiate* (sc. '*familiae*'). Ungedeutet *Sanates* XII Tab. 1, 5, Fest. – Zu *damnās* s. § 268 C 2 Zus.

B. Zur Flexion (vgl. *N.-W.* II 27ff.; *Otto*, IF 15, 33 f.; Prisc. gramm. (Caper) s. *Schöll*, Acc. 143 ff.). 1. Nomin. sing. a) Altlat. -*ātis* -*āte*. Mask. bei Plt. *nostrātis quoiātis, īnfimātis* Stich. 493; bei Cato *Ardeātis Arpīnātis Tīburtis*, auch als Fem. *Laurentis terra* Enn. ann. 34. Ntr. *Samnīte.* – b) Nomin. -*ās* seit Lucil. Cic., vermutlich rückgebildet aus dem viel geläufigeren Plural -*ātēs*. Mask. *cuiās nostrās Samnīs*; als Cogn. *Arpīnās Suffēnās Maecēnās*, Annalist *Valerius Antiās*; vgl. osk. *Saipinaz* (z=ts) Vetter nr. 5 C 7

p. 35, umbr. *Casilos* aus *-ās*. Ntr. *oleum Casinās* Lucil.; *iter Arpīnās* Cic. Att. 16, 13, 1 (vgl. auch 5, 1, 3), *Laurēns castrum* Tib. 2, 5, 49. Mask. *nostrās Arpīnās* durch Synkope aus *nostrātis* nach antiker und moderner Auffassung (vgl. § 106); s. aber § 237, 1b, auch zu oxytoniertem *nostrás*. - 2. Plur. gen. *-ium*. Alte Formel *ex iūre Quirītium* Gaius inst. 4, 16 u. 34; *Samnītium*, *Laurentium* (§ 327, 3c) usw.; ntr. plur. *nostrātia* Cato.

C. Lit. 1. Zu den Ethnika. *Seyfried* 103–128 (mit älterer Lit.): *-āti-* ligurisch; *Ernout* III 29–54 (schließt aus der Verbreitung der Ethnika auf *-āti-* in ganz Italien und in Gallien auf vorhistorische Zusammenhänge); *Schulze*, EN 482 (*Pīcentēs Cōnsentēs*); 528 ff.; 543 ff.; *v. Planta* II 51. – Zum *ī* (aus *ie*?) von *Samnīti-* s. § 133 II Zus. γ. Zu *-ent-* in *Pīcent- Veient-* s. auch *Kretschmer*, Gl. 14, 86 u. 104 (Suffix idg. *-ent-* [nicht *-enti-*] für Tierjunge in *Pīcent-*, vgl. aksl. *-ęt-*; s. dazu § 327, 3c über affektives *-ent-* nach *Solta*); *Szemerényi*, Fs. Harri Meier, 1971, 531–544 (*Pīcentēs* von *Pīcēnum*); vgl. auch *Meister*, EN 39. – 2. Unhaltbare Herleitungen. *Brugmann*, IF 34, 399–402: unter Heranziehung von *damnās*: umgedeutete verbale *ti*-Abstrakta. *Mezger*, Word 2, 232 [Gl. 34, 221]: *ti*-Ableitungen von Adverbien auf *-ā* (nach ai. *amā-tya-*). *Fraenkel*, Nom. ag. II 132[2] (*-āti-* mit *i*-Flexion aus älterem *-āt-*).

310. Lat. *i*-Adjektive. In der Grundsprache waren *i*-Adjektive nur spärlich vertreten; die des Lateins sind zum Teil sekundäre Umgestaltungen. So scheinen manche andersstämmige idg. Adjektivtypen auf dem Wege über ihre *ī*-Feminina (§ 269 B 1) zu lat. *i*-Adjektiven geworden zu sein. Darüber hinaus aber entwickelte das Latein für Adjektiva eigene sehr produktive *i*-Suffixe, so das deverbative *-bilis* und die denominativen *-ālis -estris -ēnsis*.

1. Die lat. *vi*-Adjektive sind *i*-Erweiterungen des wichtigen Typus der idg. *u*-Adjektive (§ 317b), die im Griechischen durch die Adjektive auf -ύς (ταχύς πλατύς usw.) wohl vertreten sind. Dazu gehören lat. *levis* u. *brevis* (§ 168), *gravis* § 157, 1c, *su̯āvis* § 140b, *tenuis* § 62, auch *pinguis* § 168, *mollis* § 59, *dulcis* § 112.

Sie galten früher ausschließlich als Verallgemeinerungen der Femininform auf idg. *-ī*, woraus lat. *-is*; s. etwa *Szemerényi*, Festschr. Pisani 990. Doch finden sich vereinzelt gleichartige *vi*-Adjektive auch in anderen Sprachen, vielleicht als Erbstücke: ai. *ghr̥ṣvi-* neben *ghr̥ṣu-* 'munter' (*Specht*, KZ 65, 201); hethit. *parkui-* neben *parku-* 'hoch' (*Kronasser*, Etymol. 107 § 69 Zus. und 259 ff.); zum Altindischen s. auch *Wn.-Dbr.* 463 § 285 u. 467 litt. f; zum Idg. *Brugmann* II 1, 214 § 135.

2. Lat. *-is* als Kompositionssuffix. Ererbt ist der Typus lat. *inermis* 'der ohne *arma* ist, waffenlos', d. h. *i*-Suffix bzw. *i*-Flexion von Besitzkomposita mit Praefix oder Zahlwort als Vorderglied und Substantiv beliebiger Stammform als Hinterglied (§ 337). Beispiele: *im-berbis* 'bartlos', *īn-fāmis* (*fāma* 'guter Ruf'), auch wohl *ignōbilis* (s. unten § 312, 5); *dē-pīlis* 'dessen Haar weg ist', *dē-bilis* § 164a, *prō-clīvis* (§ 337c), *ē-linguis*; *bi- triennis* '2-, 3-jährig', *bi-rēmis -pennis -lībris*; *-cornis* (*cornu*; dichterisch); auch wohl *accipiter* 'Habicht' (angeglichen an *accipere*) aus **acu-petr-i-* 'mit schnellen Flügeln', vgl. gr. hom. ὠκύ-πτερος. – Danach mit Praeposition als Vorderglied auch andere Typen: Rektionskomposita wie *ab- ē-normis* 'der ab bzw. ē *normā*, ab bzw. aus der Norm ist', *il-lūstris* 'im Licht (?) seiend' (vgl. § 285, 1a), *ex-torris* (§ 335, 1a), *per-ennis*, auch wohl *per-duellis*. Danach die Rückbildungen aus Verben auf *-āre* wie *effrēnis trānsformis rebellis*.

Zusätze. a) Einzelheiten. *impūnis*, als Adjektiv zuerst bei Apul., ist retrogradiert aus *impūnitās*, Cic., vom altlat. Adverb *impūne* (Kompar. *-ius* Ter. Haut. 560); dies ist, als Terminus der Rechtssprache, entlehntes gr. νηποινί (ἀποινί) 'straflos', mit lat. *in-* für gr. ἀ- (s. § 333 IV A 2 a). – Altlat. *sublīmis* entspricht in *sublīmen rapere* Plt. dem gr. μετέωρος; die Herleitung aus *sub līmen* ist kaum zu rechtfertigen. S. *Haffter*, Gl. 23, 251– 261 [Gl. 27, 75]. Vorbild *prīmus*(?) nach *Szemerényi*, Festschr. Pisani 984. – Unerklärt *immānis*; zu *exīlis* (*ex-hīlis*?) s. *Pisani*, AGI 32, 128. – *īnsignis* (ntr. als subst. Enn. ann. 417) ist wohl Rückableitung aus PPP. *īnsignītus* Enn. ann. 332. – b) Das Suffix *-is* ist nicht obligatorisch. Belege zu *inermus ūnanimus* neben *-is* s. N.-W. II 150, *Stolz*, HG 411 f. Neben *sēm(i)animis* nur metri gratia als o-Stamm ntr. pl. *sēmanima*. Bei *immūnis* ist schon das Substantiv ein *i*-Stamm (pl. *mūnia* 'Leistungen'), auch bei *in-ers* (*arti-*). – Zu suffixalem *-us* bei Kons.-Stämmen (*bīmus*) s. § 266 b, zu *-ius* (*ēgregius*) s. § 273 C 1. – c) Entsprechungen sind gr. ἀν-αλκ-ις (s. *Schwyzer* I 450 Mitte), ai. *su-gandh-i-* 'mit gutem *gandha*, Geruch' (s. *Wackernagel* II 1, 105). – Vorbild waren wohl Komposita mit ti-Abstrakta als Schlußglied; man vergleiche ved. *ákṣiti-* 'ohne Vergänglichkeit' in *ákṣiti śrávas* 'unvergänglicher Ruhm' neben *ákṣita-*. – S. auch *Specht*, KZ 62, 221; *Poultney*, AJPh. 74, 367–382 [Gl. 36, 139]; unfruchtbar *Mahlow*, KZ 58, 46 f.

3. Lat. *-is* für erwartetes *-us*, teilweise deutlich durch analogische Umgestaltung. *fortis*, alt *forctis* und *forctus, horctus* (die s. Zeugnisse § 172); *lēvis* 'glatt', den *vi*-Adjektiven (oben Ziff. 1) angeglichen, o-Stamm gr. λεῖ(F)ος; *viridis* unter den *-idus*-Adjektiven (§ 297 A 2a); substantiviert *cīvis* § 306 b. – *hilaris* nach *trīstis* (*Baehrens*, Komm. 108), älter noch *hilarus*, als entlehntes gr. ἱλαρός. – Zu verschiedenen *-ilis* s. § 311, 1 a u. b.

4. Vereinzeltes. Deverbativ *iūgis* (*ū* Plt. Hor.), bes. *aqua* 'ununterbrochen fließend, Quellwasser' (vgl. Fest. s. *muries*), adv. *iūgiter* (dazu vielleicht *iūxtā* 'neben' aus *iūgistā*, superl. wie gr. μάλιστα). – Lat. deverb. *-ri-* neben *-ro-* (in ἄκρος, *săcro-*): *ācri-; sācri-* (auch osk. und umbr. *sakri-*, vgl. umbr. *pacri-*) in *porci sacres* Plt. Rud. 1208 (metrisch *ā*), Men. 290; *putri-*. – Deverbativ (?) *-ni-* : *lēnis, omnis, segnis*. – Adj. *mūnis* 'officiosus' s. § 258 A 2 b. – Einfaches *-is* in *grandis rudis turpis*. – Unklar plur. *gnārurēs* 'kundig' Plt. Most. 100 Poen. 47. – S. auch *Brugmann* II 1, 166.

311. Adjektive auf *-ĭlis*.

1. Varia. a) Deverbativa. *-ilis* hinter Verben auf *b* ist haplologisch vereinfachte *-bilis*-Ableitung, so *nūbilis* für **nūbi-bilis*, entsprechend *habilis* (*gladius* Enn.), *sorbilis* Cels., *lābilis* (Gegensatz *stabilis*) Tert. – *habilis* neben *habēre* war wohl Vorbild für *docilis facilis ūtilis* Plt., *fragilis* Acc., *agilis* Sisenna (kaum zu Recht mit o-Stamm ai. *ajirá-* gleichgesetzt). – b) Denominativa nur als Sonderfälle. *parilis* nach *similis*, vgl. Lucr. 2, 374/377, s. Allg. Teil § 60. *herbilis* nach *fartilis*, s. Ziff. 2 a. *pestilis* Arnob. s. § 258 B 1. – Lat. *-is* gegen gr. *-ός*: *similis* ὁμαλός (§ 111, doch s. auch § 313, 1), *humilis* χθαμαλός. – c) Isoliertes. *fūtilis* (zu Typus 2a, ptc. **fūtus*?; vgl. § 412 B 3a). *gracilis* und *sterilis*, mit *ā*-Femininum (§ 269 B 3 d). *fertilis* mit *-is* aus fem. *-ī* idg. **bher-trī* 'tragend' (*fertus* Avien. retrograd aus *fertilis*). *ūtēnsilis* Varro wohl kontaminiert aus *ūtendus* und **ūsilis* (nach Ziff. 2).

Lit.: *Leumann*, -lis 40–49; 74 (*pestilis*); 79; *Szemerényi*, Festschr. Pisani 987–994 (*fertilis*).

2. -tĭlis -sĭlis, Typen *fictilis, missilis, saxātilis.*

a) Typus *fictilis,* formal *-ĭlis* hinter PPP besonders von Primärverben des Handwerks, Bedeutungsnuance etwa „kunstvoll verfertigt, handwerksmäßig hergestellt"; beliebt bei Augusteern und in später Zeit. Weberei usw.: *corōlla plectilis* Plt. (ptc. *plectus); *textilis* Cic. Lucr., *nexilis* Lucr., *tōnsilia tapētia* Plt., *vītilis* Cato (zu *viēre*; vgl. *vī-tor vī-men*). – Töpferei, Skulptur usw.: *fictilis* Plt. Cato, *ferrātilis* (Scherzbildung) Plt., *flexilis* Verg., *fūsilis* 'gegossen' Caes., *rāsilis* Catull, *interrāsilis* Plin. – Bauhandwerk: *fissilis* Plt., *sectilis* und *structilis* Lex par. Put. II, *compāctilis* Vitr., *sal fossilis* Varro. – Tierzucht und Landwirtschaft: *altilis* 'gemästet' Plt. Lucil., ebenso *fartilis* Plin. (nach dessen Vorbild, bezogen auf *fartum*, von *herba* aus: *anser herbilis* Lucil.); *ūva pēnsilis* Plt. – Sonstiges: *piscātum hāmātilem et saxātilem* (Scherzbildungen) Plt. Rud. 290; *piscātū ēlectilī* Plt. Most. 730; *mola trūsātilis* Cato; *spongia dēlētilis* Varro 'Schwamm zum Auswischen'. Merkwürdig *supellex* gen. *-ectilis*; *spūtātilis 'anzuspeien' in *-tilica crimina* Sisenna (Cic. Brut. 260). – b) Typus *missilis. missile tēlum* (und *ferrum*) Varro Verg. (wohl aus Ennius; *missile* subst. Cato); danach *volātile tēlum* Lucr., weiter *bestiae* 'Vögel' Cic.; hiernach *equī gradū tolūtilī* Varro Men. 306, *rēptilia* plur. Vulg. – c) Typus *saxātilis*, Denominativa der Bedeutung 'wohnend an bzw. in', Vorstufe *piscēs saxātilēs* zu erschließen aus *piscātus saxātilis* Plt.: *piscis asprātilis* Plin. (Gl. 23, 139), *aquātilis (bestiae* Cic.; singulär inschr. *diis -ibus* V 5258). *fluviātilis* und *umbrātilis* Cic. Wohl künstlich *Pīsātilis* Naev. ('*e Pisis oriundus*' Fest.). – Vgl. *-āticus* § 303 II b.

Lit.: Leumann, *-lis* 52–76; auch 143 f. – Vielleicht ererbt, idg. *-tli-* bei Vergleich mit ai. *kr̥trima-* 'künstlich bereitet'; aber lat. *-tli-* > *-tilis* nur hinter *s*, also in *textilis* (sonst *-tl-* > *-cl-*), s. § 209 c Zus. – Zu *-tilis* und ai. *-trima-* s. auch *Wn.-Dbr.* 711 Mitte.

312. Die deverbativen Adjektiva (Verbaladjektiva) auf *-bilis*. Nach der Verwendung mehrere Gruppen.

1. „Passives *-bilis*", Verbaladjektiva der passiven Möglichkeit oder Wünschbarkeit. Muster *amābilis* 'liebenswürdig', *laudābilis* 'lobenswert, löblich', *flēbilis* 'beweinenswert'; weiter viele fachsprachliche Bildungen. Oft ist die negierte Form die wichtigere, so *inexplicābilis, īnfatīgābilis, inexōrābilis irrevocābilis*, wie nhd. *unerklärlich, unermüdlich, unerbittlich, unwiderruflich, undenkbar*; vgl. auch gr. ἀκίνητος (*Schwyzer* I 501 f., *Benveniste*, Noms d'agent 166). – Seit Cicero wird als Basis bei Primärverben auf Dental statt des Praesensstammes das PPP auf *-sus* (aus *-t-tos*, § 198) benutzt: *plausi- flexi- sēnsi-bilis* (statt *plaudi- flecti- sentī-bilis*). – Bei (*im-)possibilis* seit Quint. ist die Basis die 3. plur. *possunt* (etwa nach *leg-unt -ibilis*), oder die 1. sing. *possum*, nicht der Infin. *posse*.

2. „Instrumentales *-bilis*", Verbaladjektive scheinbar aktiver, in Wirklichkeit instrumentaler Bedeutung, gebraucht fast nie von aktiven Personen, nur von Sachen, durch die etwas erreicht wird, also wie adjektivierte Instrumentalnomina; gleiche Funktion anscheinend in umbr. *façefele* und *purtifele*. – Für *-bilis* in dieser Funktion steht nach *l*-haltigem Stamm auch *-bris*, so *anclābris, salūbris, alebris* (*alebria: bene alentia* Paul.

Fest., etwa scil. *pōma*, als ntr. nicht von Personen gebraucht). – Diese *-bilis -bris* stehen neben Instrumentalnomina auf *-bulum -brum*: zu *exōrābile carmen* Val. Fl. 'erbittendes Lied, Lied vermittels dessen man etwas erbittet' vergleiche man *exōrābulum* in Plt. Truc. 27 *amans ... quot ... exoretur exorabulis*. Beispiele zur Funktion: *alibilis*: Varro rust. 2, 11, 3 *molles (casei sunt) magis alibiles* (vgl. *sucus medicabilis* Colum.); *ascendibilem semitam* 'Steg, vermittels dessen man hinaufsteigt' Pompon.; *operam adiutabilem* Plt.; *placabilius est* mit infin. Ter. Phorm. 961 Ad. 608; *animo advorsabili* Acc.; *ludi ludificabiles* Plt.; *impetrabilis (orator, dies)* Plt. (vgl. *commendabilis* Liv. 37, 7, 15); *dormitio vigilabilis* Varro Men. 485; *patibilis natura* Cic.; *honorabilis* 'Ehre bereitend' Cic. Besonders deutlich von Verben des Klagens, oft mit *vōx*: *significabili voce* Varro ling. 6, 52; *lamentabili voce* und *gemitus elamentabilis* Cic.; *exsecrabile carmen* Liv.; *flebiles voces* Acc.; *gemitus lacrimabilis* Verg. Dazu *perplexabile verbum* Plt. Asin. 792. *terribilis* Enn.; *laetabilis* Cic., auch *laudābilis* fam. 15, 6, 1; vgl. *exitiābilis* unter 4.

Zusätze. a) Dieser Instrumentalgebrauch ist fast nur im Altlatein lebendig. Manche Adjektive sind sowohl in passiver als in instrumentaler Funktion gebräuchlich; beide vereinigt Ovid bei *flēbilis* in einem Vers, trist. 5, 1, 5 *flebilis ut noster status est, ita flebile carmen*. – Gestützt auf das Nebeneinander von passivem und scheinbar aktivem *-bilis* erlaubte sich der Wortkünstler Laevius (bei Gell. 19, 7, 10), ptc. *-ant-* für passives *-bilis* zu verwenden in *curis intolerantibus*. – b) Die instrumentalen *-bri-*Adjektiva. *alebris* s. oben. – *anclābris*: *vasa anclabria* 'Schöpfgefäße (der Priester)', übertragen auch *mensa anclabris* 'Tisch dieser Gefäße' Paul. Fest. – *lūgubris* (von *lūgēre*): *vestis* Ter. 'Trauerkleid' (subst. ntr. plur. Prop. Ov.), *cantus* Cic. – *salūbris* 'heilsam': *aqua* Varro; formal ist durch *salū-bris* und *salū-t(i)-* ein Verb auf *-uěre* (*-věre*) mit PPP *-ūtus* vorausgesetzt, vgl. *volvere volūbilis*. – *muliebris fūnebris* s. § 207.

3. „Aktives *-bilis*", in Ableitungen von Intransitiven der Ruhe und der Bewegung: *stăbilis* '(fest-)stehend' (*stabile stabulum* Plt. Aul. 233); *dūrābilis* 'dauernd', *lābilis* (oben § 311, 1a), *penetrābilis* (*frīgus* Verg.).

4. Sekundär Denominativa auf *-ābilis*, Muster wohl *honōr-ābilis* neben *honōrāre* und *honor*: *volupt(āt)-* Plt., *aerumn-* Lucr., *exiti-* Cic., *pernici-* Liv., *favōr-* Tac.

5. Zur Herkunft. Ein funktionaler Zusammenhang zwischen den lat. *-bilis*-Adjektiven und den ererbten Instrumentalnomina auf *-bulum -brum* (§ 285, 4) ist erkennbar bei den „instrumentalen" (*exōrā-bilis* und *-bulum*) und den „aktiven" (*stă-bilis -bulum*), nicht aber bei den „passiven" (*laudābilis*). Formal bleibt also der Zusammenhang zwischen *i*-Adjektiv und *o*-Substantiv zu bestimmen. Nun zeigt nur der Kompositionstypus *inermis* (§ 310, 2) ein adjektivbildendes Suffix *-i-*; und privatives *in-* spielt auch bei *-bilis* eine gewichtige Rolle. So läßt sich *stabilis* 'feststehend', als Muster der „aktiven", von negiertem *in-stabilis* 'ohne *stabulum* (Standplatz)' aus erklären. Für die „passiven" sehe ich das Vorbild in *i(n)-gnōbilis* 'unbekannt, unedel': mit einem postulierten **g'nō-dhlom* > **gnōbulum* 'Erkennungszeichen, Merkmal' folgt für *i(n)-gnōbilis* eine ursprüngliche Bedeutung 'ohne Merkmal', d. h. 'unerkennbar, unbekannt' (so noch Plt. Psd. 591 u. 964), daraus ergab sich *gnōbilis* 'erkennbar' Acc. trag. 283 (Fest. s. *nobilem*) durch Rückbeziehung auf *ignōtus* und *gnōsco*, und weiter *(g)nōbilis* 'vornehm'. – Die „instrumentalen" dürften ein jüngerer Typus sein.

Lit.: *Leumann*, *-lis* 80–134. *Löfstedt*, Verm. Stud. 84 ff. (aktives *-bilis* im Spätlatein). – Nach *Meillet*, BSL 33, 131 neben idg. *dhlo*-Neutra schon *dhl*-Adjektiva, daraus lat. *-bulum* und *i*-Adj. *-bilis*; s. auch *Fraenkel*, KZ 63, 188. – Zu aktiven Adjj.: *Löfstedt*, Verm. Stud. 84–88, *Svennung*, Pall. 287 f.; zum Romanischen und seinen Vorstufen *Eva Th. Hammar*, Lat. *-bilis* en français, Et. Rom. Lund 6, 1942 [Gl. 34, 221]. *Bendz*, Erenos 58, 36-50.

313. Denominatives -lis hinter Langvokal: -ālis -ēlis -īlis -ūlis; meist zur Bezeichnung der Zugehörigkeit.

1. *tālis quālis* und plur. *aequālēs* 'Altersgenossen' finden ihre Entsprechungen mit *k*-Erweiterungen in griech. τηλί-κος 'so alt', πηλί-κος pl. ὁμήλι-κες (für att. η steht dor. ᾱ), sie sind also ererbt; s. dazu § 377 D 1 a.

2. *-ūlis* - *īlis* - *ēlis*; zu *ū ī* von *ŭ*- *ĭ*-Stämmen s. § 253 c. a) Von *u*-Stämmen -*ū*-*lis*: *cu(r)rūlis*; *īdūlis* (*ovis* Paul. Fest.); *tribūlis*; ?*pecūlis* in *pecūlium* (§ 316 A 1b). Ohne Grundwort *edūlis* (nach *vīctūlis*?, aus *edos-lis*?). – b) Von *i*-Stämmen -*ī*-*lis*: *aedīlis* (inschr. altlat. *-dil-*, also echtes *ī*, D 229, 441, 540; vgl. falisk. *efiles*); *gentīlis* (junge Schreibung *genteiles* D 208); *cīvīlis hostīlis*; *Palīlia* (auch *Parīlia*); *pellīris* 'ex pelle' Paul. Fest. Substantiviert ntr. *ovīle* (sc. *stabulum*) 'Schafstall'; hiernach -*īle* für '-stall, -raum' von anderen Stämmen: *agn- bov- capr- equ- su-īle*; dazu *fēn- lign-īle*; allenfalls *cubīle* mit *sedīle*; pl. *su-ove-taur-īlia* 'ein Opfer'. – c) *-īlis* von *o*-Stämmen usw. (meist Personen); dieses *-ī-lis* kaum analogisch nach dem von *i*-Stämmen, vielmehr mit dem *ī* des gen. sing. (§ 345 Anh. b Zus. β): *erīlis servīlis*, *virīlis puerīlis*, *fabrīlis*; hiernach analogisch von anderen Stämmen (öfters schwach pejorativ, insofern nach *puerīlis servīlis*): *iuven- sen- an-* (*anus -ūs*); *scurr- vern- (-īlitās* Plt.). Ferner die Monatsnamen *Quīnt- Sext-īlis*, auch wohl *Apr-īlis*. – Ohne lat. Stammwörter die Gegenstände *monīle* 'Halsband', *serīle* 'Seil'. – Zu *exīlis* s. § 310, 2 Zus. a, zu *ancīle* § 209 b. – d) *-ēlis*. Von *ē*-Stamm *fidē-lis*, auch wohl *famē-li-cus*. Unklar *crūdēlis* (s. *Szemerényi*, Gl. 33, 280[2]); *contumēl-ia*. – Von *uo*-Stämmen *-uēlis*, wohl lautlich aus *-uilis* (§ 55 b): *carduēlis* 'Distelfink'; *patruēlis* (sc. *frāter*) 'Vetter', hiernach *frātruēlis*.

3. *-ālis* von beliebigen Stämmen; hinter *l* im Stamm dissimiliert zu *-āris* (z. B. *du-ālis*, aber *singul-āris*). Dazu die substantivierten Neutra auf *-al -ar* aus *-āli -āri* (§ 98a). a) Beispiele aus dem Altlatein: mit *-ālis*: *ann- aqu- bracchi- can- capit- cloāc- coemptiōn- comiti- congi- cūri- hospit- later- līber- modi- mort- mūner- nāt- nāv- nupti- prōdigi- sēmodi- sospit- tog- vēn- vi- virgin-*; *frūgālior rēgālior*; *animal* Cic.; mit *-āris*: *angul- capul- culle- diōbol- dōli- famili- figul- iocul- mīlit- pecūli- piācul- popul- proeli-*; *columbar*; über Wortgrenze hinweg *aula extāris* (*Wackernagel*). Ohne Stammwort: *ferālis maiālis rīvālis sodālis*; *fētiālis* oben § 308; *altāre* (*āles*?), *calpar*; *vectīgal*. *bacchānal* (wonach *lupānar*) ist Rückbildung aus *Bacchānālia*, gebildet nach *Volcān-ālia* (*Niedermann*, KZ 45, 349). *mediālis* für **medīdiālis* (§§ 234; 162b α Zus.). Von Götternamen noch *Diālis* (§ 318 A 2b), *Ceriālis* (§ 181 a), *Vestālis*; als Festesnamen auf *-ālia* noch *Carment- Cōnsu- Meditrīn- Sāturn-* usw. – Von besonderen Verwendungsweisen seien nur die Neutra als Bekleidungsgegenstände usw. genannt: *mortuālia* Naev., *collāre* 'Halsband' Plt., *cervīcal*, *fōcāle*, *pectorālia*; *pulvīnar* Plt., *toral* usw. – Von Verben:

vāpulāris ovālis s. Allg. Teil § 62 Ende; *mānālis fōns* (ursprünglich von *Mānēs* abgeleitet); *postulāria fulgura*; *intercalāris*. – Zu **ova* s. § 258B 4b.

Zusätze. Scherzbildung *ēmortuālis* (*diēs*) nach *nātālis* Plt. Psd. 1237, s. *Hofmann*, Gl. 15, 50. – Ntr. pl. *magnalia dei* seit Itala, scheinbar lat. *-ālis*-Ableitung, ist direkte Umsetzung von gr. τὰ μεγαλεῖα τοῦ θεοῦ 'die großen Taten Gottes' Act. apost. 2, 11: nach gr. *megalîa* neben *mégas* lat. *magnalia* (— ⌣ — ⌣) zu *magnus*. – Die paar alten Neutra plur. auf *-āria -ālia* mit (substantivierten?) Adjektiven als Stammwörtern gehören ursprünglich wohl zur 3. Dekl. (vgl. § 364, 2 a): *minūtālia* 'Kleinigkeiten' Petron 47, 5; *pulchrālia* '*pulchra*' (nur *-ālibus* Cato bei Fest.); *bellāria* 'τραγήματα, Nachtisch' Plt. ('*res bellis* (!) *aptae*' Paul. Fest., *-iōrum* Kaiserzeit); *rīdiculāria* 'Possen' Plt. – Als Kompositionssuffix (§ 256 c) in *sesquiped-ālis intermūr-ālis extempor-ālis ambarv-ālis contubern- -ālis* und anderen. – Merkwürdig *mund-iālis* seit Tert. (frz. *mondial*), vielleicht aus *super- mundiālis* Tert., und dies von **super-mund-ium*, vgl. plur. *intermundia* Cic.

b) Zu *-ālis -āris -ārius*. Festgehalten sei Folgendes: lat. *-āris* ist kein selbständiges Suffix, sondern nur dissimilatorische Wechselform zu *-ālis* hinter *l*-haltigem Nominalstamm (§ 232 A 1), vgl. *mīlitāris cōnsulāris populāris vulgāris sōlāris Latiāris Apollināris*, auch *pellīris*. Von den substantivierten Neutra plur. auf *-āria* gehören die einen zu *-āris*, die andern zu *-ārius* (§ 277, 2eα); herkunftsmäßig haben sie nichts mit einander zu tun. Erst in späterer Zeit ergeben sich Flexionswechsel, wie ja auch zu *-ālia* ein gen. plur. *-āliōrum* begegnet, § 364, 2a.

c) Zur Herkunft. Vergleichbare Ableitungen bietet nur das Oskische mit *-āli-* und *-āri-*, so *fertalis* (zu *fertum*, lat. 'Opferkuchen') und sabin. *mense flusare* D 260 (vgl. Vetter nr. 227) '*flōrālis*'. – Nach *-īlis -ūlis* von *i-* und *u*-Stämmen wäre *-ālis* von *ā*-Stämmen ausgegangen, etwa *aquā-lis viā-lis*, mit späterer Verselbständigung von *-ālis*. Gegen einen Anschluß an *tālis* spricht die Verschiedenheit der Funktion.

Eine sekundäre Analyse als *-ā-lis* (wonach erst *-ī-lis -ū-lis*) wäre anzunehmen bei Anknüpfung von *-ālis* an das etruskische Suffix *-al* (Gen./Adj.; *Herbig*, Gl. 4, 172 u. 186[1]).

Lit.: *Leumann*, *-lis* 4–39; *Stolz*, HG 510–513; *Muller*, Mnem. 54, 91. – Das Hethitische besitzt ein denominatives Substantivsuffix *-alli-*.

314. Adjektive auf *-stri- -sti- -bri-*.

1. Denominativa auf *-estris -estis*. a) Ortsadjektiva: *camp-estris* Cato, *silv-* Acc., *terr-* Plt., *rūr-* Apul.; *colōnia Iūlia Fānestris* (von *Fanum Fortunae*); **nem-estris* (zu *nemus*) in (*deus*) *nemestrīnus* Arnob. Dazu *palūstris* (*palūs -ūdis*) Sisenna. – b) *lānestris* (*pallium* im Juppitertempel) 'aus Wolle' Vop. Aur. 29, 1; Klangnachbildung zu *fānestris*. – c) *equestris* Cato, *pedestris* Quadrig. – d) *-estis* von Ortsbezeichnungen: *agr-* und *cael-estis*.

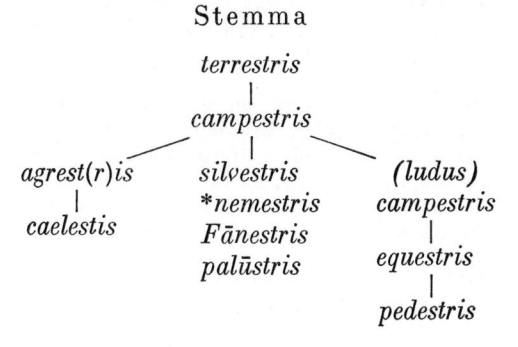

Stemma

```
                    terrestris
                        |
                   campestris
              _____/    |    _____
  agrest(r)is     silvestris       (ludus)
       |         *nemestris       campestris
   caelestis      Fānestris            |
                  palūstris        equestris
                                       |
                                   pedestris
```

e) Lateinische Entfaltung gemäß Stemma. Prototyp *terrestris*, nicht näher erklärbar. – Nach *campestris* *agrestris, dissimiliert zu *agrestis*. Komplementär zu den *di agrestes* (Verg. gg. 2, 493) Benennung der *di caelestes*, vgl. *caelicola* nach *agricola* (§ 268 B 3, dazu Varro rust. 1, 1, 4 *dei agricolarum duces*). – Nach *lūdus campestris* Cic. 'Übung auf dem campus Martius' von *equus* aus *equestris* (*cursus* Verg., *lusus puerorum* Paul. Fest. s. *Troia*; vgl. *proelia* sim. Hor. epist. 1, 18, 54 Suet. Aug. 83). Nach diesem, auf *equites* bezogen, *pedestris*.

f) Vielfache Versuche, einzelne Bildungen formal in der Grundsprache zu verankern. *Krahe*, PBB 71, 233: *-sti-* idg. Wechselform zu *-stri-*. *Mezger*, Lang. 24, 152 ff.: *ti* und *tri* suffigierte idg. Adverbien [Gl. 34, 221]. – *-sti-* und *-stri-* zu idg. Wz. *stā* 'stehen'. *Schulze*, Kl. Schr. 79: *caelestis* Kompos. **caile-st(a)tis* 'im Himmel Standort habend'; s. auch *Solmsen*, KZ 37, 20[1], *Brugmann*, IF 12, 185[1]; aber *e* ist nicht Kompositionsvokal oder aus lok. *-ei* herleitbar. – In *-estri-* das *-es* Stamm eines *-es*-Neutrums *Manessy-Guitton* 68 f. (dazu auch *Vendryes*, MSL 13, 384); *Sommer*, IF 11, 17 u. 21–27: *-tri-* umgestaltet aus *-tero-*, *campes-tri-* zu vergleichen mit gr. ὀρέσ-τερος. – *-es-tri-* aus *-et-tri-* (lautlich nach § 198 Zus. b): *Sommer* a. O.; *Mayer*, Mnemes charin II 30; und zwar von *equet-* 'Reiter' (*eques -itis*), mit *-et-*, wie mit *-ot-* gr. ἱππoτ- (§ 327, 2 c). – Zu *caelestis* s. auch *Thurneysen*, Festschr. Wackernagel 122: Suffix dissimiliert aus *-estris*; Grdf. *caerulestris. – Vergleich des *-tri-* mit dem altir. Aequativ auf *-ithir* bei *Thurneysen*, Hdb. d. Altir. 224 und *Lewis-Pedersen* 183. – Nicht hierher *domesticus*, s. § 303 II b.

2. Andere Bildungen. *illūstris* s. § 310, 2. – *sequester* ist alter *o*-Stamm, umgestaltet nach *equestris*, *Sommer* a. O. 25 f. – *tri-* und *sē-mē(n)stris* '3-, 6-monatig' enthalten offensichtlich Stamm *mēns-* 'Monat'; Suffix *-tri-* ohne Anschluß (vgl. § 280, 2c zu *mēnstruus*). Auch *septembris* usw. enthalten wohl *mēns-*, Grdf. **sept(e-m)ens-ri*?, *br* aus *sr* nach § 207. – Zu *-bri-* in *salūbris* s. § 312, 2b.

315. Denominative Adjektive auf *-ēnsis*; die meisten sind Ortsadjektiva.

1. Material. a) Von Gelände- und Ortsnamen; Orte in Rom, Latium und auch ferner. In Rom: *Aventīn- Veli-ēnsis*; von Flußnamen bei Rom *Ani- Arn-* (Tribusnamen); in Italien *Alli- Cremer-ēnsis*. Von Ortsnamen in ganz Italien: *Abell-* (inschr. *Abelese* D 587), *Alb-* (von Kolonie Alba Fucens; inschr. *Albsi patre* D 9), *Ōsti- Cann-* usw., etwa inschr. *matrona Pisaurese* D 117 (danach wohl Scherzbildung *pistōrēnsēs* Plt. Capt. 160); außerhalb Italiens *Narbōn-*, *Hast-* D 263, *Utic-* Lex agr., *Ālid-ēnsis* (Landschaft Elis) Plt. – Weiter *-iēnsis*, Muster wohl eher *Siciliēnsis* (Naev. Plt.) als *Massiliēnsis*, der politischen Expansion folgend: *Carthāgin- Athēn- Rhod- Corinth--iēnsis*; zum letzten s. Paul. Fest. s. v. (wo auch *Rōmān-* und *Hispān-ēnsis* erläutert werden); *Tarracīn-iēnsis* Petron. 48, 2.

Zusatz. Die Ableitungen von Ortsnamen sind vielfach als Ethnika gebraucht, s. *Wackernagel*, Kl. Schr. 1322; *Seyfried*, Ethnika 131–140; *Gähwiler* 20; *Faust* 128 ff.; *Meister*, EN 30 f. (*-ōn-ēnsis*). – Ntr. plur. *Megalē(n)sia* ist gr. *Μεγαλήσια von Μήτηρ Μεγάλη nach Ἑκατήσια (sing. mask. -ιος); im Latein sekundär, nach Suffix *-ēnsis* in der 3. Dekl., mask. *ludis Megalensibus* Didasc. Ter. Eun., *-esis* Cic. (s. *Wackernagel*, Kl. Schr. 1359[1]); zu *-ens-* s. § 152 litt. f. Ähnlich *Ithacēnsis* Accius für gr. Ἰθακήσιος.

b) Von appellativen Ortsbezeichnungen: *amnēsēs* 'urbes sitae prope amnem' Paul. Fest.; *ātriēnsis* 'Haushüter im Atrium' Plt.; *castr-*, *circ-*, *fret-*

(*mare* Cic.), *for-ēnsis* (zu *forum*, Varro Cic.), *hort-ēsia* 'Gartengewächse' Cic., *piscīn-* Lucil., *portu-* (in Ostia), *Diāna Nemor-ēnsis*, *prāt-*; das alte Cognomen *Laterēnsis* setzt eine Stätte **laterēs*, etwa 'Ziegelhaufen', voraus.

c) Nach *ātriēnsis* 'Hausmeister' später am Kaiserhof und in Munizipien Beamtenbezeichnungen: *commentāriēnsis* seit 150ᵖ für älteres *ā commentāriīs*; vgl. *āmanuēnsis* (*ā manū*) Suet.; *latercul-ēnsis* (nach *comm.*).

2. Zur Herkunft. Als Vermittlungsglied läßt sich einzig *ātriēnsis* ansprechen; da das Atrium von den Etruskern stammt, läßt sich gleiche Herkunft für *-ēnsis* vermuten. – Die lat. Entfaltung zeichnet *H. Gähwiler*, Das lat. Suffix *-ensis*, Diss. Zürich 1962 [Gl. 42, 99].

Indogermanische Herleitungen sind wenig überzeugend; genannt seien einige um der Tradition willen. *Bugge*, KZ 8, 35: Suffixe *-ent-* + *-ti-* (*-nt-t-* > *-nss-* > *-ns-* nach §§ 198 u. 196, 1 b β). *Ehrlich*, KZ 42, 314–316: *-iēnsis* älter als *-ēnsis*; Grdf. *-i̯ent-ti-*. – In *-ēnsis* Postpos. *en* oder *ens* (praepos. lat. *in*, gr. ἐν und εἰς) verbaut: *Prellwitz*, BB 22, 123 f.; *Brugmann*, IF 12, 183; *Zimmermann*, Philol. 76, 233. – Unverständlich *camensis cursor* Titin. com. 184, v. adn. – Kompositum aus *lēvis* und *dēnsus* ist wohl Cic. fam. 9, 12, 2 *munusculum . . . levidense crasso filo* (gemeint ist die Rede pro Deiotaro).

D. *U*-STÄMME UND *U̯*-STÄMME, NUR SUBSTANTIVE

316. Suffix mask. *-tu-*, Entfaltung eines ererbten Typus.

A. Die Grundsprache bildete mit *-tu-* Verbalabstrakta; bei Ableitungen von Primärverben erschien, nach Ausweis besonders des Altindischen, der Stamm der *-tu*-Abstrakta ebenso wie der der Nomina agentis auf *-tōr-* (§ 319 A 1) in der Vollstufe, in scharfem Gegensatz zur Schwundstufe bei den *ti*-Abstrakta (§ 308) und den *to*-Partizipien. Im Latein ist davon kaum noch etwas zu spüren, etwa bei *geni-tor* und *gnā-tus*, vielleicht auch bei *versu-* und *vorso-* zu *vertere* (§ 44 Zus.). Im Prinzip zeigen alle vier Ableitungen durchweg die gleiche Stammgestalt, und zwar durch Normalisierung die des *to*-Ptc. (§ 448 Vorbem.), soweit ein solches vorhanden ist; also hier *cultu- gestu- habitu- appetītu-* wie *cultus -a -um* usw., desgleichen mit *-ssu-* und postkons. *-su-* aus *-t-tu- gressu- lāpsu- morsu- sēnsu- pulsu- rīsu- ūsu-* wie die entsprechenden Partizipien auf *-sus -a -um*.

Vorbemerkungen zu *-tu-* in den verwandten Sprachen. Stammausgleich auch im Gotischen: dem lat. *gustus* entspricht got. *kustus* 'Prüfung'. Im Griechischen sind die *tu*-Maskulina zu τῦ-Feminina umgestaltet, etwa ἡ βρωτύς; sie sind aufs Ionische beschränkt, *Schwyzer* I 506. In anderen Sprachen sind von den *tu*-Abstrakta vorwiegend einzelne erstarrte Singularkasus in infinitivischer Funktion erhalten; dazu gehört das Altindische (*Wn.-Dbr.* 645 ff.), und das Latein mit Supina, s. unten Abschn. 2. Nur im Latein sind *tu*-Bildungen in beiden Funktionen in lebendigem Gebrauch. – Zum Idg. s. *Brugmann* II 1, 440 ff.; II 3, 906 § 809, 1. *Benveniste*, Noms d'agent 96 ff. u. 110 (vorwiegend zum Bedeutungsgehalt [Gl. 34, 221 f.]). Nach *Havers* sakralrechtliche Termini (sakrales *u*, s. § 25 i). – Zum Latein s. noch *Stolz*, HG 548; *Jos. Frank*, De subst. verb. in *-tus* desinentibus, Diss. Greifswald 1913; *Szantyr*, Synt. 743 litt. b..

1. Nomina mit voller Flexion im Singular; einen Plural bilden nur konkretisierte Abstrakta wie *flūctus*. a) Von im Latein bezeugten Primär-

verben weitere Beispiele: *cantus -ūs cāsus exercitus flātus flētus frūctus ictus dīlēctus lūctus nūtus partus cōnspectus status sūmptus ad- con- ē-ventus victus; passus* 'Schritt' zu *pandere, rictus* (*ī*?) zu *ringī, rūctus* zu *ē-rūgere*. Im Latein isoliert *aestus* § 171c; plur. *artūs* (vgl. *arti-* § 308); *gustus* got. *kustus*, zu lat. *dē-gūnere* (§ 206 s. *sn*); *portus* (*ob portum* XII tab.), ursprünglich '(enger) Durchweg' (vgl. *angi-portus* § 317b) av. *pərətu-* 'Furt'; *rītus; situs* 'Vermodern' (§ 179bβ). Unklares Grundwort bei *fastus* 'Verachtung', *saltus* 'Waldschlucht', *vultus*. – b) -*ītu-* -*ātu-* (seltener) von Verben der 4. und 1. Konjug., neben PPP -*ītus* -*ātus* und perf. -*īvī* -*āvī*. -*ītus -ūs* in *vest- prūr- aud- mūg- vāg-ītus*. – -*ātus -ūs* in klass. Zeit etwa in *appar- bāl- cōn- (com-)- me- merc- nūtrīc- orn- plōr- tract- vēn-ātus*. Zusammen mit *pecūl-ium* Plt. setzt *pecūlātus* 'Unterschleif' ein Verbum *pecūlāre (-ārī)* voraus; bezeugt ist nur *dēpecūlārī* Cael. hist. 62. – c) -*ĭtu-* als Sonderentwicklung, Typus *spĭritus*. Lat. *vomitus -ūs*, mit *i* aus ə, zeugt für alte Vollstufe, vgl. altind. absol. *vami-tvā*; hiernach -*itu-* für 'Schnaufen, Seufzen usw.' (vgl. Gl. 27, 69) auch von *ā*-Verben und anderen: *hālitus* mit *anhēlitus, spīritus; crep- strep- son-, frem- gem-itus*. – d) Einzelheiten. Nach Typus *spīritus* auch wohl, mit -*ultu-* aus -*ulitu-* von verschollenen Verben auf -*ulāre, tumultus singultus*, etymologisch zu ai. *tumula-* 'Lärm' und zu *singŭĕre* gleich got. *siggwan* nhd. *singen* (idg. *seng^wh-*, dazu gr. ὀμφή). – *impetus* haplologisch für *impetĭtus* (ai. infin. *pati-tum*; lat. *ī* in -*ĭto-* -*ĭvī* zu *petere* ist jünger). – Ferner abl. *astū* 'mit List' Plt.; verbaute *tu*-Abstrakta in *Portū-nus Neptū-nus fortū-na* (§ 294, 1 Zus.), auch in *fortu- grātu-ītus, pītu-īta, futuere*, vielleicht in den Abstrakta auf -*tūra* (§ 287b).

2. **Erstarrte Kasusformen** von *tu*-Abstrakta sind die Supina auf -*tum* und -*tū*. Darüber hinaus sind manche oblique Kasusformen, ähnlich wie im vedischen Altindisch, nahezu wie infinite Verbalformen gebraucht.

a) Der **Zielakkusativ auf** -*tum* (vgl. Synt. 380 f. § 204) steht als Supinum I im Latein nach Verben des Gehens und Schickens, etwa bei Plautus: *ire cubitum, dormitum, obsonatum, opitulatum, pastum; venire derisum, supplicatum; mittere speculatum, oratum; ducere canes venatum; vocare esum; dare nuptum*. Diese Konstruktion ist ererbt; gleicher Gebrauch im Altslavischen und Litauischen. Im klassischen Sanskrit wurde -*tum* zur allgemeinen Infinitivendung.

Zusätze. α) Hierher auch *pessum īre, dare*, ursprünglich 'hinunterzugehen', dann 'zugrunde', zu Wz. *ped* 'gehen'. – β) Typus *aquātum īre*; vgl. auch *Mignot* 292. Nach Muster *praeda: praedārī: praedātum īre* bildet sich in der Militärsprache bei denominativen Verben (vgl. Gell. 17, 2, 9 zu *cōpiārī* „verbum castrense"; von *cōpiae*) eine morphologisch feste Vierergruppierung -*ārī: -ātum: -ātio: -ātor*, mit dem Supinum -*ātum* neben dem Grundwort (*praeda*) als Kernpunkt, seit Cato orig. 33 *aquatum et lignatum . . . ire*. So auch *frūmentātum, pābulātum īre*; ganz selten nomin. -*ātus* usw. Hiernach später auch denominative -*ātor* wie *hordiator* (Pap. Dura-Europos II 3, unter Alex. Sev.) und -*ātio* wie *lignātio* § 324 B 3. – Zum Typus *praedārī* vgl. § 412 A 2 b. – γ) Das unpersönliche Passiv *ītur* 'man geht', persönlich schon Cato or. frg. 54 (bei Gell. 10, 14, 2) *contumelia mihi factum itur* 'man geht mich schmähen', bildet die Überleitung zum persönlich konstruierten Infin. fut. pass. auf -*tum īrī* (etwa Plt. Rud. 1242 *mihi istaec videtur praeda praedatum irier*). S. § 449, 3. – δ) Das syntaktische Gegenstück, -*tū* als abl. separ., ist selten: *obsonatu redire* Plt. (mehrfach). – ε) Lit.: Zur Entfaltung im Latein s. *Szantyr*, Synt. 380 f. § 204; *Wackernagel*, Synt. I 278 ff. Belege aus dem Umbrischen s. *v. Planta* II 438.

b) -*tū* und -*tuī*. Eine der bemerkenswertesten Anwendungen der lat. *tu*-Abstrakta ist der finale Dativ, etwa *gustuī dare* (s. Synt. § 68a); hierbei stimmt die Wendung *istaec lepida sunt memoratui* Plt. Bacch. 62 genau zu dem engbegrenzten Auftreten des sog. Supinum II auf -*tū*. Dieses wird nur von wenigen Verben gebildet und steht nur bei einigen Adjektiven, bei Plautus etwa *facile factu, formidulosus dictu, miserum memoratu* (Cist. 228). So kann dieses -*tū* des Supinum II nicht durchweg formal ein Ablativ (syntaktisch „abl. limitationis") sein; in einigen Gebräuchen muß es eine Dativform auf -*tū* fortsetzen (*Kroll*, Wiss. Synt. 54; *Szantyr* § 205), als lautliche Nebenform zu -*tuī* (vgl. § 359, Dat.). – Im vedischen Altindisch ist die entsprechende Dativform auf -*tave* als Infinitiv gebraucht.

c) Erstarrte instrumentale Ablative, Typus *iussū*, meist Ausdrücke der Amtssprache, *ductū arbitrātū incōnsultū*, diese alle bei Plautus; weitere s. N.-W. I 751 ff. Die mit *in-* negierten Formen wie *iniussū* (§ 333 IV A 2bβ) beweisen ihre Verselbständigung gegenüber den *tu*-Abstrakten und ihre Anlehnung an das negierte PPP *iniussus*; ein Verbalsubstantiv kann nicht mit *in-* negiert werden. – Etwas anders *nātū maior*.

B. Denominativa auf -*ātu-* von Personenbezeichnungen, zur Kennzeichnung von Ämtern, sozialer Stellung usw., Typus *magistrātus cōnsulātus*. Die Ableitung ergab sich durch Überspringung des verbalen Mittelgliedes in einer Reihe *augur → augurārī → augurātus*; gleicher Bedingung genügten auch etwa *comit-ārī, equit-āre, magist(e)r-āre* 'leiten' Fest. – Nur die auf kollektive Plurale wie *senēs* 'Senatoren' beziehbaren Ableitungen fungieren sekundär als Kollektiva, *sen- equit- pedit- comit-ātus*, nicht anders als *cīvitās nōbilitās* oder nhd. *die Reiterei*. – Beispiele: *decuriōn-* und *optiōn-ātus* Plt.; *cōnsul- tribūn-, augur- pontific-, princep- domin- potent-, prīm- summ-ātus*; ferner etwa *concubīn-* Plt., später *caelib- re-ātus*.

Ämterbezeichnungen auch in den italischen Dialekten (*v. Planta* II 41 u. 54), umbr. *su maronato* '*sub *maronatu*', sicher durch Entlehnung und daher in abgelenkter Flexion als *o*-Stämme: umbr. lok. *maronatei* osk. gen. *senateis tanginud*, letzteres genau wie im Altlatein inschr. *de senati sententia* D 221.

Verfehlte Erklärungen zu -*ātu-* von *senātus* bei *Szemerényi*, Fachtagg. 186 f. (ursprünglich als Kollektivum **seno-tās* wie *cīvitās*) und bei *Martinet*, s. § 329, 1. Zu *senātor* s. § 319 A 2 Zus.

317. Einfache *u*-Stämme, im Idg. Substantive der drei Geschlechter und Adjektive; im Latein nur mehr Substantiva.

a) Substantiva. Neutra (zu nomin. -*ū* s. § 359). Ererbt: *pecu* § 155a; *genu* gr. γόνυ (mit adv. γνύ-ξ) ai. *jānu jñu-* (nhd. *Knie* aus **g'new-om*); *veru* § 157, 1b. Nur lat.: *cornu* (doch vgl. § 59), *gelu*. – Mask., daneben Fem. (diese bezeichnet durch f.). Ererbt: *lacus, arcus* (auch f.), *quercus* f. (vgl. § 163bα, § 264, 2a), *sinus* 'Busen, Schoß' ai. *sānus* (und -*u*: ntr. *snu-*) 'Rücken'. Nur lat.: *gelus*, mit altlat. *algus*; *currus, gradus, metus* (auch f.), *penus, sexus; specus* (meist f.; einmal ntr. Verg. Aen. 7, 568, nach gr. τὸ σπέος?). *testu-* (ntr.?) 'Kochgefäß' oder 'Deckel' Cato agr. 74 f. *coquito sub testu* (vgl. 76, 2 u. 4; davon abgeleitet *testuāceus* § 272, 2 und *testūdo* 'Schildkröte'). – Nur Fem. Ererbt **genus* 'Kinnbacke' (ἡ γένυς) in *dēns genuīnus*

§ 296 I C; vielleicht *domu-* neben *domo-* (vgl. § 265 a α); nach *domu-* neben lok. *domī* wohl lat. *humu-* 'Erde, Boden' zu adv. *humī* (§ 62). Nur lat.: *anus*, *porticus* (fem. nach *domus*?); *manu-* (auch umbr.; *man-* zu vermuten in *malluviae* § 216, 1 a, *mān-su̯ētus*); plur. *īdūs*, danach wohl die Flexion von *quīnqu-ātrūs* Plt. *triātrūs* (vgl. Fest.), Grdf. **tri-ātrom* (wie **tri-divom* § 338, 2 Zus. c) zu *dies ater* als 'die drei dunklen (Tage nach den Iden)', *Wackernagel*, Kl. Schr. 1298 f. Zu *tribus* s. § 263 B 2; zu *tonitrus Wn.-Dbr.* 697 § 511 b Zus. – Zu den lat. *u*-Stämmen s. auch *Ernout*, Philologica II 15–24.

b) Adjektiva. Die idg. *u*-Stämme sind erweitert zu lat. *u̯i*-Stämmen, § 310, 1. Spuren unerweiterter *u*-Stämme: *acu-* 'spitz' als subst. fem. *acus* 'Nadel'; aber wohl *acu-* 'schnell' (für **ōcu-* gr. ὠκυ-, § 53) in *acu=ped-ius* Paul. Fest. (vgl. gr. ὠκύ-πους) und in *accipiter* § 310, 2 (doch s. W.-H., auch zu *acipēnser* der Fisch 'Stör'); *angu-* (got. *aggwus* nhd. *eng*, vgl. § 256 e) in *angi-portus* § 316 A 1 a; *argu-* 'klar' in *arguere*. Unsicher *dēnsus* gr. δασύς. Zu *torrus* got. *þaúrsus* 'dürr' s. *Jacobsohn*, KZ 46, 61[1].

c) Von idg. fem. *ū*-Stämmen sind die Einsilbler *sūs* 'Sau' (§ 53) und *grūs* 'Kranich' mit gen. lat. *-uis* aus *-uv-es* (vgl. § 143 c) in die lat. 3. Dekl. übergetreten. Der Zweisilbler *socrus* 'Schwiegermutter' (idg. *-ūs*, § 269 B 5 b) trat mit nomin. *-ŭs* durch Iambenkürzung in die lat. 4. Dekl. ein; nach *socrus* dann auch *nurus* 'Schwiegertochter', idg. fem. *o*-Stamm **snusos* (§ 180 a, § 264, 2 b). Gleichartig, als Personalnomen, wohl auch *anus*.

318. Die sog. idg. Diphthongstämme, mit Sonderformen in nomin. akk. (sg. u. plur.) und weiteren Stammdifferenzen.

A. Die in den drei alten Sprachen fortlebenden Einsilbler mit Stamm auf *-u̯*: idg. **nāu̯-* f. 'Schiff', **gʷou̯-* 'Kuh usw.', **dyeu̯-* 'Himmelsgott, Taghimmel' mask. und lat. altind. 'Tag' (auch kretisch nach Macr. Sat. 1, 15, 14), fortgesetzt durch lat. *nāvis*, *bōs*, *Iov-* mit *diēs*, gr. ναῦς βοῦς Ζεύς, altind. *naus gaus Dyaus*.

1. Die Flexion von der Grundsprache aus; zu *nāvis* s. unten 2 c.

a) Die normalen Kasus. Flexion wie bei Kons.-Stämmen auf *-u̯-*; aber *u*-Diphthong vor Endung mit kons. Anlaut. Vor Vokal Stamm auf *u̯* (lat. *v*, ai. *v*, gr. F): lat. *nāv- bov- Iov-*, gr. νᾱF- (hom. νηF-) βοF- ΔιF-, ai. *nāv- gav- dyav-* u. *div-*. Vor Kons. (Kasusendung oder zweites Kompositionsglied, auch Wortauslaut) Stamm auf Diphthong, so noch gr. ναυ-σί ναυ-(F)αγός 'schiffbrüchig', βου-σί βου-κόλος, vok. Ζεῦ.

b) Für die Problemkasus (akk. sing. u. plur., nomin. sing.) von idg. **gʷou̯-* und **dyeu̯-* **diu̯-* (lat. *bōs* und *Iov- diēs*) sind vorgängig deren idg. Grundformen von den drei Einzelsprachen aus zu bestimmen (im Attischen steht ου statt ω in akk. βοῦν βοῦς, vermutlich nach nomin. βοῦς und βουκόλος βού-της 'Hirt' usw.). Akk. sg.: ai. *gām* gr. dor. βῶν (hom. βῶν H 238, Bedeutung 'Schild') und umbr. *bum* führen zusammen auf idg. **gʷōm*; ai. *dyām* gr. hom. Ζῆν (Ζῆνα, s. *Leumann*, Hom. Wörter 47 u. 288 f., auch 201 zu βῶν) und lat. *diem* vereinigen sich unter idg. **d(i)yēm* (zu *di(y)-/dy-* s. § 136 b). Also stand im Idg. anstelle des *u*-Diphthongs (*ou eu* oder *ōu ēu*) lang *ō* bzw. *ē*; das *u*-Element war vor dem *m* geschwunden (andernfalls wäre

-*m̥* statt -*m* als Endung zu erwarten). Zu akk. vorlat. *bōm *diēm wurden neue Nominative lat. *bōs diēs* hinzugebildet. – Akk. plur. anscheinend direkt aus akk. sing. mit Endung -*s* gebildet (§ 346 'Akk.'), dann idg. Schwund des *m* vor -*s*: ai. *gās* gr. dor. βῶς (umbr. *buf* mit üblichem -*f* aus -*ns*). Im Latein durch Regelformen *bov-em* -*ēs* ersetzt. – Nomin. sing.: im Griechischen Kurzdiphthonge, βοῦς (att.), Ζεύς, ναῦς (ion. νηῦς ist wegen att. ᾰ hinter ν- sicher Neuerung); im Altindischen *au*, das normalerweise einen Langdiphthong fortsetzt, in *gaus Dyaus naus*, also für idg. *ōu ēu āu*. Die ältere Auffassung rechnete mit Kürzung der Langdiphthonge im Griechischen; die neuere, die solche trotz *ōi āi* in dat. sing. nicht anerkennt, operiert mit Laryngalen und rechnet wegen *rēs* (s. unten B) mit nachidg. zweisilbigem *e-u* usw. und folgender Kontraktion, wenigstens bei ai. *naus* gr. ναῦς mit *na-us aus *naHus bzw. *neH₂us. Wie dem auch sei, als lat. Ergebnis war bei **dyew-* im Nomin. jedenfalls mit *eu* > *ou* > *ū* die Form **Di̯ūs* oder *Diūs zu erwarten; s. dazu unten 2b *mediusfidius*.

2. Die lat. Flexion.

a) *bōs bov-is* (zum anl. *b-* statt *v-* s. § 158a). Zu nomin. *bōs* nach akk. *bōm s. oben 1b. Dat. plur. *bū-bus* mit *ū* aus *ou* (so auch demin. *bū-cula* und Kompos. *bū-cina*), vgl. gr. βου-σί und ai. *go-bhyas* (*ō* aus *u*-Diphthong). Seltener *bō-bus* mit *ō* nach *bōs*; also Ausgangsform nicht *bovi-bus (auch wenn rein lautlich *ovi* > *ō, ū* wohl möglich wäre nach § 142). Ererbter Stamm *bov-* vor Vokal auch vorausgesetzt in gen. plur. *bo-um* aus *bov-om* (§ 145dα), und neu eingeführt in akk. *bov-em bov-ēs* (ähnlich wie vereinzelt gr. βόα und hom. βόας). Zu gen. pl. *boverum* s. § 364, 1. – Zu (*forum*) *bo-ārium* s. § 145f.

b) *Iuppiter* gen. *Iov-is* 'Himmelsgott' und *Diēs-piter*, *diēs* 'Tag' (aus 'Taghimmel') sind differenziert aus dem idg. Paradigma **dyew-/diw-*. Lat. Stamm *Iov-* (auch in *Iov-ius*) inschr. noch *diou-* (*di̯o̯u-*; auch osk., § 137a); mit *ov* aus *ev* nach § 43a, idg. **dyew-*, vgl. ai. lok. *dyavi*. Dazu vok. *dyeu (gr. Ζεῦ) in vok. lat. *Iū-piter* umbr. *Iu-pater* gr. Ζεῦ πάτερ; zu lat. *pp* s. § 184, 2c; zum sekundären Gebrauch als Nomin. s. Gl. 28, 9–11. – Zu nomin. *Iovis* s. § 362, 1; zu gen. plur. *Ioverum* s. § 364, 1; zu *Ve-iov- Ve-diovs*. § 339, 3b. – Stamm **diw-* (gr. Δι(ϝ)-ός ai. *div-ás*) als 'Tag' in *trīduum* (meist abl. *trīduō*) aus *tri-div-om § 338, 2c; kaum in adj. *dīus* (s. § 144 Zus.). – Lat. Stamm *diē-*: nomin. *diē-s* 'Tag', auch *Diēs-piter*, D 773, Plt., Liv. 1, 24, 8, hinzugebildet zu akk. *diēm, oben A 1b; von da aus neue *ē*-Flexion, § 361. Von alt *Diēs* abgeleitet *flāmen Diālis*, von *diēs* ebenso *novendiālis* 'neuntägig'.

Restformen *dius diu* im Latein (mehrfach *dī-* statt *di-* durch volksetymol. Gleichsetzung mit adj. *dīus*). Nomin. idg. *dyēus (oder *dye-us), mit lat. *ū* aus *eu*: als 'Iuppiter' in erstarrter Schwurformel *mediusfidius* Cato or. frg. 54 Cic. usw., d. i. *mē diūs fidius* (wie *ita me Iuppiter*, sc. *amet*, Plt. Poen. 440); dann als *o*-Stamm flektiert: *per Dium fidium* (metrisch *Dī-*!) Plt. As. 23, *aedes Dii fidii*, s. dazu Wissowa 129 f. Entsprechende Umgestaltung und Umdeutung ist *dium fulgur*, für *Diūs fulgur wegen dat. *Iovi fulguri* (Belege Paul. Fest. s. *dium f.* und *provorsum f.*). Auch *dius* als 'Tag' in *nudiustertius* 'vorgestern', d. i. **nū dius t.*' 'nun ist es der dritte Tag'. – Vermutlich idg. endungsloser Lok. *dieu in lat. *diū* 'bei Tage' (verbunden mit *noctū* Plt.) und in *sub diū* 'sub caelo' Paul. Fest. s. *dium* (*ī*, nach *dīus*, Lucr. 4, 211), auch in *interdiū* 'bei Tage' Cato Caes. – Lat. adv. *diū* 'lange': auf alle Fälle gleich ai. *jyok* (aus **dyōk*) 'schon lange'; Zugehörigkeit zu *diū* 'bei Tage' als 'schon den (ganzen) Tag' ist möglich. – *Diāna* wohl von *sub dīū*. – Zu adj. *dīus* s. § 144 Zus.

c) Idg. fem. **nāu̯-* 'Schiff' ist im Latein zu einem *i*-Stamm normalisiert: zu gen. urspr. *nāv-is* neu nomin. *nāvis*, entsprechend gen. plur. *nāvi-um*. Vor vokal. Endungen in Altind. Griech. Lat., also schon in der Grundsprache nichtablautender Kons.-Stamm **nāu̯-* (**neH₂u̯-*). – Zu *nau-fragus* s. § 83 A 1.

B. Lat. *ē*-Stamm *rēs* 'Sache'. Die altind. ved. Entsprechung zeigt vor Kons. den Stamm *rayi-* (in *rayi-s -m -bhis -mant-*), vor Vokal den Stamm *rāy-* (instr. *rāy-ā* usw.); diesem Stammwechsel wird am besten die Laryngaleinfügung ₂₁ gerecht: **reHi-* vor Kons., **reHy-* > *rēi̯-* vor Vokal. Danach bestand auch im Latein vor Vokal der Stamm *rēi̯-*, woraus nach Schwund des *i̯* lat. *rē-*, sekundär auch vor Kons. in nomin. *rē-s* akk. **rē-m*; dazu und zu gen. dat. *reī* s. auch § 361, 3.

Lit.: Zu lat. *Iov- diēs diū* usw.: *Solmsen*, Studien 191 ff. (zum Teil abweichend); *Grace St. Hopkins*, Indoeur. **deiwos*, Language Diss. Heft 12 (20 ff. *Iuppiter*, 36 *dium fulgur*, 60 ff. *sub diu, dius*) [Gl. 23, 140]. Zum Griech. (Ζεύς βοῦς ναῦς): *Schwyzer* I 576–578. Zum Altind. *Wackernagel* III 214–227; *Thumb-Hauschild* I 70–75. – Zu den idg. Problemkasus: *Kuryłowicz*, Prace filol. 11, 225–229 (**naHus*); *Szemerényi*, KZ 73, 167–202 (*rēs* 172 ff., *nāvis* 185, *bōs* 186 ff., *Iov-* 197) [Gl. 42, 96 f.]; *Benveniste*, Orig. 58–60 u. 63; *Stang*, Symb. ling. Kuryłowicz 292–296 (**dyeum* > **dyēm*); *Debrunner*, IF 60, 326 (*rēs*); *Thieme*, ZDMG 95, 346³. *Georgiev*, Die Spr. 19, 140–147 umgeht die Langdiphthonge *ēu* usw. mit Spaltung der Diphthonge durch die drei Laryngale, also **dye₂₁us* usw. Dagegen *Schindler*, ibid. 148–157. S. auch *Szemerényi*, Einf. 166.

E. KONSONANTSTÄMME. REIHENFOLGE: STÄMME AUF *R N T C S*

a) *r*-Stämme und *r/n*-Neutra (§§ 319–320)

319. *r*-Stämme als Personalsubstantive.

A. Suffix mask. *-tor -tōris*.

1. Deverbative Nomina agentis seit idg. Zeit, Typus lat. *victor* 'Sieger' zu *vincere*; mit Motionsfemininum auf *-tr-īx*. Verbalstamm bzw. Wurzel lautlich ursprünglich Vollstufe; im Latein in gleicher Gestalt wie bei *tu*-Abstrakta und *to*-Partizipia (s. § 316 A): zu *augēre colere auc- cul-tor* wie *-tus -ūs* und *-tus -a -um*. – Beispiele: *dator, īnstitor* 'Händler' (*īnstāre* 'drängen'), *praetor* aus **prai-itōr* § 132 (auch *circitor* von *circum-īre*, § 228 I b), *nōtor* 'Identitätszeuge' Sen., *sūtor*; *genitor domitor*; *cultor, ul(c)-tor, pollīnctor, quaestor*; *messor cursor tōnsor*; von verschollenem Verb *līctor*. – *audītor*. – Von *ā*-Verben *-ā-tor*: *arā-tor*; so auf *-ātor Cūnct- cūr- dict- merc- ōr- pisc- -ātor*. – Abzweigungen von diesem *-tor* sind die denominativen *-ātor* und *-ītor*.

Zusätze. a) Besonderheiten. Vom Praesensstamm *pāstor* 'Hirt' wohl aus **pāsc-tor* von *pā-sco* § 407 I A 2; jung *colitor*, Gl. 42, 86 f. – Künstliche Determinativkomposita: *imbricitor* Enn. usw. (§ 336, 4 a), *armi-custor* inschr. (nach gr. ὁπλο-φύλαξ; auch Simplex *custor* für *custōs -ōdis*). – b) Gebrauch und Herkunft. Zur lat. Verbreitung s. *Stolz*, HG 550. Lit. bei *Szantyr*, Synt. 745 litt. k. – Zur Vorgeschichte s. *Brugmann* II 1, 336–339. Entsprechungen sind umbr. *arsfertur*, gr. δώτωρ -τορος (neben δοτήρ -τῆρος), altind. *dā-tā -tāram -trā* in zwei akzentuell und funktionell differenzierten Typen. Zum idg. Suffixablaut bei *-tōr-* s. *Wn.-Dbr.* 669 § 498 a; Reste im Latein in *-tr-īx -tr-īna* §§ 329, 3 und 296 II c u. e, auch in *arā-tr-um* § 285 Anf. Zum Stammablaut: alte Vollstufe bewahrt in *genitor* gr. γενέτωρ ai. *janitar-* gegen ptc. *gnātus* (§ 35); erst nach *genitor* wurde *genitus* gebildet. – Zu den Funktionen im Idg. s. *Benveniste*, Orig. 108 f.; ders., Noms d'agent, zum Latein speziell 57 ff. [Gl. 34, 221]; dagegen *Szemerényi*, ArchLing. 1, 1950, 188.

2. **Denominative** Bildungen auf *-ātor*; Vorbilder waren umgedeutete Deverbativa wie *fabricā-tor bell- merc- pisc-ātor*. Beispiele: *Līvius Salīnātor* (Konsul 219ᵃ), *cādūceātor* Cato Petron. 108, 12, ferner *āle-ātor calcul- clāv- aēn- gladi- lectisterni- vi- vindēmi-ātor*; auch fem. etwa *cistellātrīx*. – Zu *aquātor* usw. vgl. § 316 A 2 aβ.

Zusatz. *senātor* ist zu *senātus -ūs* (§ 316 B) hinzugebildet, etwa nach *vēn- merc-ātor* neben *-ātus -ūs*, vgl. *Pisani*, Saggi 221; zu *senātor* weiter *senāculum* Varro, wie *habitā-tor -culum*. – *veterātor* 'ergrauter Schlaukopf' Ter. Cic. von *veterēs* aus nach *senātor* bezogen auf *senēs*. – *litterātor* Catull von *litterā-tus* oder *-tūra* aus.

3. **Denominatives** *-ĭtor* volkstümlich; Muster wohl *molitor* (von *molere*) bezogen auf *mola*. Bei Plautus: *holitor* (*holus -eris*, vgl. *forum holitōrium*), *iānitor* (von *iānua*); *portitor* 'Zöllner' von *portus* 'Hafen', vgl. wegen der Bedeutung *portōrium* § 278, 2 Zus.; poetisch durch Umdeutung *portitor* 'Fährmann' bei Verg. *p. Orci*, Ovid *p. Charon*; erst spät 'Träger', nach *portāre*. – Wie *holitor* später *ficitor* Nov., *vīnitor* Cic.

Zusatz. Inschr. *u̯indemitor* IV 6672 nach *vīnitor*? – Merkwürdig *imporcitor* 'Furchenzieher' Paul. Fest. (sub *inp-*) neben *porca* 'Furche', eigentlich wohl '*qui in porcis semina ponit*'. – Von *funda* 'Schleuder' *funditor* Quadrig., nicht von *fundere*. – In diesem *-itor* vermutete *Birt*, Gl. 15, 120 ein altes **itor* 'Geher'; unhaltbar.

B. **Sonstiges**. 1. Zwei fem. Personalnomina auf *-ōr-*, nicht deverbativ: *soror* ererbt, § 207; *uxor* unaufgeklärt (vgl. Gl. 34, 222 unten). – 2. *-ter -tris* mask. u. fem. in eigentlichen Verwandtschaftsnamen: ererbt *pater* § 41 (mit *Iuppiter*, § 318 A 2 b), *māter* § 53, *frāter* § 167, fem. **i̯aniter-* in plur. fem. *ianitr-īcēs* § 64. Als ital. Entsprechung zu gr. θυγάτηρ nhd. *Tochter* ist nur erhalten osk. *futir* dat. *Fuutrei* Vetter nr. 123b–d u. 147 (also *Fuutrei* nicht Dativ eines nom. ag. fem. auf *-trī* von Wz. *fū* nach § 329, 3 a). – Zu *lēvir* s. § 78, 1 a. – 3. *venter* 'Bauch' ist wohl trotz gr. γαστήρ ein *i*-Stamm, vgl. *ventri-o*. Zu *accipiter* s. § 310, 2. – 4. Die Verbalnomina auf mask. lat. *-or -ōris* sind ursprünglich *s*-Stämme, § 330 B.

320. Vereinzeltes: Idg. *r/n*-Neutra; lat. *r*- und *l*-Stämme.

a) Idg. *r/n*-Neutra, die sog. Heteroklitika mit Stamm auf *-n*, aber nomin. auf *-r*, im Latein *femur iecur iter*. Bei *femur* 'Dickbein' mit bewahrter Flexion gen. *femin-is*, selten normalisiert gen. *femor-is* (s. Tabelle im Thes.). – Ursprünglich ebenso *iecur* 'Leber' gen. **iecinis* (dazu wohl adj. *iecun- -ānum* '*victimarium*' Paul. Fest.), im Latein normalisiert zu *iecur iecoris* Pacuv. und Cic. oder *iocur* mit gen. *iocineris* durch Überschichtung der beiden Stämme, seit inschr. D 801², 29 und Liv.; zum Stammvokal vgl. '*iecur* non *iocur*' App. Pr.; zur Grundform s. unten. – *iter* gen. *itineris* für **itinis*; altlat. normalisierte Formen gen. *iteris* und nomin. *itiner*; zu Stamm *itins.* auch § 114 c α.

Zusätze. Die absonderliche Flexion ist ererbt; nomin. -r oder -r̥, dies wohl noch älter -r̥t (ai. *yakr̥t*). Vgl. speziell zu *iecur* *iecin-is ai. *yakr̥t yakn-as*, lit. pl. fem. *jĕkn-ōs*, gr. ἧπαρ -ατ-ος (-ατ- Ersatz für -αν-, § 326 A 4); zum lat. Lautstand s. auch § 59 (-*ur* aus -*ort*), §§ 114 c α u. 145 a α (*c* für *qu* und anaptykt. *i*); Weiteres bei *Rix*, MSS 18, 79 ff., und dazu *Szemerényi* in: Fl. u. Wortb. 322. – Neben *iter* steht heth. *itar* 'Weg' toch. A *ytār* fem. – Durchgeführtes *r* in lat. *ūber* 'Euter' gegen ai. *ūdhar ūdhn-as* gr. οὖθαρ -ατος; zu adj. *ūber* s. § 259, 2. – Hierher auch *vēr* 'Frühling' nach gr. ἔαρ **wes-r̥* und ai. *vas-an-ta-*; wegen lat. -*ēr*- s. § 207 Zus. b. – Lat. Glossenwort *aser* 'Blut' (*assyr, assar-ātum* Paul. Fest.) zu ai. *asr̥g asn-as*, heth. *esḫar esḫan-as* gr. ἔαρ εἶαρ; vielleicht dazu lat. *sanguis*. – Im Latein fehlt das idg. Neutrum *wedōr 'Wasser', heth. *wātar weten-as*, ai. gen. *udn-as*, gr. ὕδωρ ὕδατ-ος, dazu umbr. *utur* (gleich ὕδωρ) abl. *une* (aus lok. *udn-i); im German. mit Durchführung teils von *r* (engl. *water*, nhd. *Wasser*), teils von *n* (got. *wato* gen. *watins*). – Das Nebeneinanderauftreten von *r* und *n* in sonstiger nominaler Stammbildung wird öfters auf ältere *r/n*-Neutra zurückgeführt, etwa für gr. δῶ-ρ-ον lat. *dō-n-um*; *cruor cruen-tus* nach § 299, 2 b (etwas anders *Ernout*, Philologica I 102; nicht Suffix idg. -*went-*, **krū-went-* nach av. *xr(ū)vant-*, so *Duchesne-Guillemin*, BSOS 9, 862); *somnus* *sop-n-os (aus *swep-n-os § 43 b) *sop-ōr*- gr. ὕπ-αρ (*Frisk*, Kl. Schr. 361, *Schindler*, Die Spr. 12, 74 f.); infin. *fie-r-ī* gerundiv. *fie-n-do-*, so *Benveniste*.

Lit.: *Benveniste*, Orig. passim [Gl. 27, 67]; *Ernout*, Aspects 117–149 [Gl. 36, 139]; *Sommer* 355; *Schwyzer* I 517; *Wackernagel* III 309 ff.; *Kronasser*, Etymol. 278 ff.; *Specht*, Urspr. 6; *Kammenhuber*, Corolla ling. 97–106 (hethit. *r/n*-Heteroclitica).

b) Isolierte lat. *r*- und *l*-Stämme. – *r*: mask. *carcer gibber later passer*; ntr. *acer cicer, iubar*; *caesar? in *caesar-iēs*, ferner *ador* usw., s. § 330 A 4, auch zu mask. *augur* und ntr. *fulgur*, die *Benveniste*, Orig. 37 als alte *r*-Stämme betrachtet. – *l*: mask. *vigil pugil mugil*, kaum *li*-Stämme mit -*gil* aus *-*glis* (gen. pl. *vigilum*). – *sōl* Erbwort, Grdf. unsicher (*swōl?); dazu gehört jedenfalls *sāwel in gr. hom. ἠέλ-ιος att. ἥλιος. S. dazu *Fraenkel*, KZ 63, 168–171; *Szemerényi*, Gl. 35, 100 f. – Ntr. *mel mell-is* nach *fel fellis*; zu diesem s. § 216 b.

b) *n*-Stämme auf -*ōn*- -*in*-: mask. -*ōn*- -*iōn*-, abstr. fem. -*iōn*- -*tiōn*-, -*din*- -*gin*-, neutrum -*men*, mit -*mentum* (§§ 321–326)

321. Als *n*-Stämme zeigt das Latein mannigfaltige Substantive der drei Geschlechter, doch keine Adjektive. In der Flexion ist durchgeführtes -*ōn*-, also -*o* -*ōnis* vorherrschend (mask. u. fem.). Ein obliquer Stamm auf -*in*- (aus -*en*-, ererbt oder mit *e* als anaptyktischem Vokal, § 114 c) findet sich bei den -*men*-Neutra, etwa *nōmen carmen* -*inis*, und bei *femur* (§ 320a), aber auch bei manchen Maskulina und Feminina, personal *homo virgo*, Sachen *ordo cardo*, abstr. fem. -*tūdo* usw. Zu nomin. -*o*, alt ererbt -*ō* statt -*ōn* s. § 151. – Die wichtigsten funktionellen Gruppen sind bei den Maskulina die Personalnomina auf -*o* -*ōnis* und -*io* -*iōnis* (§§ 322, 323), bei den Feminina die Verbalabstrakta auf -*io* -*iōnis* und -*tio* -*tiōnis* (§ 324) sowie die Abstrakta mit gen. -*inis* auf -*ēdo* -*tūdo* und -*ūgo* -*īgo* -*āgo* (§ 325).

322. Nomina auf **einfaches** -*o* -*ōnis* und -*o* -*inis*, vorwiegend Maskulina als Personenbezeichnungen.

A. **Nomina personalia auf** -*o* -*ōnis* (mask. außer *Iūno*), von volkstümlichem Charakter, im Latein stark entfaltet, oft unter griechischem Einfluß; vielfach als Cognomina gebraucht. Ursprünglich abgeleitet von Personaladjektiven, dann auch von Sachsubstantiven und von Verben; zu den idg. Parallelen s. unten 6.

1. Erweiterungen von Personaladjektiven. Als Cognomina: *Cato* etwa 'Schläuling' zu *catus*, *Varro* zu *vārus* 'krummbeinig', *Lento*, *Veiento* Plin. epist.; von *i*-Adjektiven *-i-ōn-*: *Turpio* (Didasc. Ter.), *Stabilio* D 29 u. 69, *Grandio*. Praenomina: *Kaeso* von *caesus* (sc. *ex matris utero* nach Paul. Fest. s. *caesones*; doch s. *Wissowa* 559²); dazu osk. *Nero* von *ner-* (gr. ἀνήρ) 'Mann'. – Benennungen: *Umbro* 'der umbrische (Fluß)'; *aquilo* 'Nordwind' von *aquilus* 'dunkel'; *capo* 'Kapaun', älter *capus*.

2. Denominativ von Sachsubstantiven. a) Bei- oder Spitznamen, abgeleitet von einem merkmalhaltigen Körperteil (*Schulze*, EN 315 oben), Typus *Capito* 'mit auffälligem Kopf'; so weiter *Bucco Fronto Nāso Labeo Dento* (auch *Denti-o*), *Dossuo Ventri-o Pedo*, Typus nach griechischem Vorbild (Κεφάλων Ῥίνων Γνάθων Γάστρων Πόσθων, *Bechtel*, HP 479–484; auch als Namen in der altlat. Komödie *Blepharo*, *Chīlō*, Parasit *Gnatho*). Auch appellativ, etwa gr. γάστρων γλάμων πόσθων, und entsprechend lat. *capito* (und *fronto*) Cic. nat. deor. 1, 80, vgl. Plt. Persa 60, auch *piscis capito* Cato, weiter *bucco* Plt. Bacch. 1088, *gulo*, auch *coxo* 'claudus' (Non. p. 25 sub *catax*), *falco* Paul. Fest. (auch Vogelname). – b) Von Gegenständen usw., sei es von solchen des Berufs oder der Liebhaberei 'sich abgebend mit' (funktionell ähnlich got. *staua -ins* 'κριτής' von *staua -ōs* 'κρίσις'): als 'Vorsteher von': *cūri-o centuri-o decuri-o*, durch Beruf: *calculo* (Varro frg. 235 Fun.), *sacco* (Scherzbildung des Atticus) Cic. Att. 7, 13a, 1, *quīnquerti-o* (von *-ium*) Liv. Andr. 'Fünfkämpfer'; als Landwirt bei Pflanzennamen (nur Cognomina; Deutung nicht überall verbindlich): *Cicero* (Plin. 18, 10; bezeugt seit IV*ᵃ*), *Pīso*, *Tūbero*, in gentile *Hordeōn-ius*; als Handwerker: *linteo* Plt., *resti-o*; cogn. *Stilo* (*Aelius St.* Lehrer des Varro; von *stilus* 'Schreibgriffel'), *Aculeo*, *Culleo*, *Pelli-o* Didasc. Plt. Stich., in gentile *Acerrōn-ius*; als Nutznießer: *particulo* Pompon. Atell. 140, *praedo* 'Räuber'; 'als Konsument: *epulo*, *catillo* Paul. Fest., *Mero* (für *Nero*!) Suet. Tib. 42, 1; als ständiger Gast: *ganeo*, *lustro*, *popīno* Varro Men. 308; nach Stellung oder Veranlagung: *verbero* (Sklave, von *verbera*; wie gr. κέντρων), *trīco* Plt. (*trīcae* 'Ränke'; ähnlich wohl *mango*, s. unten 5); *āleo*; auch wohl *nebulo* Ter. Eun. (vor ihm ScipioAfr.bei Gell. 4, 18, 3), Lucil. 577. Beachte, als 'Gefährten', die Plurale *combennōnēs* (zu *benna*) Paul. Fest., *compāni-ōnēs, congerrōnēs* Plt. Most. 931 al.; fem. *consorti-o* CE 111, 42. – Hierher wohl *murmillo*, s. *Frei-Korsunsky* 26 f. – Zu *-ōn-us* in *cūriōnus epulōnus* s. § 257 A 1 b β.

3. Deverbativa. a) Von Verben auf *-āre*, Muster etwa *epulo*, nach 2b von *epulae*, aber bezogen auf *epulārī*. *ante-ambulo* Mart., *blatero* Gell. 1, 15, 19, *cachinno* Pers., *calcitro* (auch *equus*), *commīlito*, *erro* 'Planet' Nigid., 'herumirrend' Tib., *incubo* (neben *-us*), *lani-o* 'Metzger', *lurco* (*-ārī*), *mandūco*, *occupo* Petr. 58, 11, *paedīco* Mart., *vitupero* Gell. 19, 7, 16. Hierzu *praeco* 'Herold' aus **praedico* (zu *praedicāre*, Plt. Stich. 194 f.). – b) Von Primärverben auf *-ĕre*, nur scheinbar altertümlich, in Wirklichkeit nach Muster derer auf *-āre*; Übertragung ausgelöst durch die Lautgleichheit von nomin. *-o* mit der 1. sing. praes. beider Konjugationen auf *-o* (sie rechtfertigt

auch subst. *cini-flo* neben *flāre*). Beispiele: *appeto* Laber., *edo* Varro Men. 529 (plur. *com-edōnēs -bibōnēs* Lucil.), *mando* Varro Men. 53 (*-ere* 'kauen'), *volo* 'Freiwilliger' (*velle*, nach Cannae); als Scherzbildungen schon bei Plautus *ēsuri-o* Pers. 103 (zu *-īre*), und Kasuskomposita, *forās-ēgerōnēs* Truc. 552, *virginēs-vendōn-idēs* (s. Zusatz); dazu *hāmō-trahōnēs* (§ 336, 4c). Inschr. *concrēsco*, Name *Bene-accipio* XI 2720. – *glutto* neben *gluttīre*.

4. Sonstiges. a) Nicht sicher herleitbar: *caupo lēno* (neben fem. *cōpa lēna*, s. § 269 C 2); *cālo* 'Troßknecht', *tīro* 'Rekrut'; *agāso equīso* (vgl. Gl. 15, 274); *fullo, vespillo, baro, balatro, helluo*. Etruskische Herkunft für manche, nicht nur für *sūbulo* 'Flötenspieler', vermutet *Ernout*, Philologica I 41. – *būteo* 'eine Falkenart' Plin. – b) Fem. *Iūno*: altlat. inschr. nie *di-* und nie *ou* (§ 80), also nicht von *Iov-* (gen. *Iov-is*) abgeleitet. Wegen adj. *Iūn-ius* (*mēnsis*) wohl ursprünglich *$i\underset{\sim}{u}\underset{\sim}{u}\bar{o}$ gen. *$i\underset{\sim}{u}n$-es* oder *$i\underset{\sim}{u}s\bar{o}$ gen. *$i\underset{\sim}{u}sn$-es*, mit Paradigmaausgleich. Nach *Meister*, EN 129 (zu S. 37) ursprünglich osk. *Iuna* ($i\underset{\sim}{u}n\bar{a}$), vgl. etr. *uni*. Kaum zu *iūnīx*, so *Van Windekens*, Minos 2. – Eigenartig über sexuell femininisierendes *-on-* (auch in *Bellōn-a virgo-in-is*) *Pisani*, Rc. Accad. Lincei VI 11, 775–794 [Gl. 27, 85 f.]. – Zu altlat. fem. *Gorgo -ōnis* für gr. Γοργώ usw. und zur lat. *-ōn- -ēn-*Flexion griechischer Frauennamen auf -ώ -η s. § 366, 1.

5. Griechisches im Latein. Für das griechische Sprachgefühl wirken die Kurznamen auf -ων von Namenwörtern, etwa Ἵππων Κλέων Τίμων, wie Ableitungen von den Sachwörtern ἵππος κλέος τιμή; danach mögen auch direkt Namen geschaffen sein von Nicht-Namenwörtern, etwa Τρύφων (mit fem. Τρύφαινα) von τρυφή 'Schwelgerei'. Einiges derartige an Namen und Appellativen der hellenistischen Zeit floß bis ins Latein und überdeckt sich mit lat. *praedo* usw. (oben Typus 2b): *Cerdo* und *cerdo* ('Schuster', nach Herondas 7) Pers. Iuv. Mart. gr. Κέρδων (von τὸ κέρδος 'Gewinn'); lat. *latro* 'Mietsoldat' Plt. (im griechischen Osten, vgl. Mil. 43 *Scytho-latrōnia* 'Skythen-Söldner-Land') ist gr. *λάτρων* (λάτρον 'Sold' Hes.); Cicero bildete *toculli-o* 'Wucherer' von plur. *τοκύλλια* 'die lieben Zinsen'; *mango -ōnis* 'Aufputzer von Waren' Varro ist wohl haplologisch verkürzt aus *manganōn-*, von μάγγανον 'Täuschungsmittel'.

Plautus benutzt die Ableitung in ein paar Scherzbildungen auf *-ōnida* (*-dēs*) gr. -ων--ίδης: neben *Pultiphagōnidēs* Poen. 54 (in der griech. Komödie stand wohl *Πολτο-φαγων-ίδης) stellen sich *Virginēs-vend-ōn-idēs* (vgl. § 333 I C Zus.) und *Argent*(*um*)-*exterebr-ōn-idēs* Pers. 702 f.; merkwürdig fem. *glandi-* und *pern-ōn-ida* (sc. *caro*?) Men. 210. – Plur. *phagōnēs* (wohl gr. *φάγων-ες) neben *edōnēs* Varro Men. 529. – Nachweise zu *cerdo latro toculio*: *Leumann*, Gn. 13, 29 f. und *Frei-Korsunsky* 13; 22; auch 24 f. zu *mango*, 34 zu *phago*. – Zur lat. *n*-Flexion griechischer Namen (mask. und fem.) auf -ως -ης -ώ -η als *-ōn-* und *-ēn-*Stämme s. § 366, 1.

6. Zur Vorgeschichte. Die ursprüngliche idg. Verwendung der *n*-Flexion bei personalen *o*-Adjektiven war individualisierend-substantivierend, nahezu namen-bildend, so besonders deutlich im Griechischen mit στράβων und Στράβων 'Schieler' von στραβός; ähnlich adj. γλίσχρων τρήρων; morphologisch gleichartig als Namen sind Αἴσχρων Μάκρων Πύρρων (*Bechtel*, HP 484 ff.; daneben aber als Kurznamen Ἀγάθων Ἀρίστων Ἱέρων). Wie gr. Μάκρων neben μακρός steht nhd. (*Karl*) *der Kühne* neben adj. *kühn*; im Ger-

Nasalstämme: *-o -ōnis* und *-o -inis* (§ 322) 363

manischen hat sich aus dieser individualisierenden *n*-Funktion die sog. schwache Adjektivflexion mit *n* entwickelt, got. *blinda -ins* neben *blinds*. − S. allgemein *Solmsen-Fraenkel*, Idg. EN. 124–130, Brugmann II 1, 292[1] (Lit.), 301 f., *Schwyzer* I 487. Zum Latein: *Fisch*, Subst. personalia auf *-o -ōnis*, ALL 5, 56–88; Zimmermann, ALL 13, 225 ff.; 415 ff.; 479 ff. Zum Romanischen: *Meyer-Lübke* II 495. Zum Idg. zuletzt: *K. Hoffmann*, MSS 6, 35–40.

B. Nichtpersonales *-ōn-*. 1. Sachbezeichnungen. Ererbt *crābro* 'Hornisse', § 207. Werkzeuge: *ligo, pīso (pīnsere), runco* (spät Verb *runcāre*), *mūcro* (künstlich *mŭ-* Hom. lat. 296). Sonstiges: *carbo ēro gillo, mutto, stolo, tolleno, turio, umbo*. − Nomina mit Suffix *-mōn-* s. § 326 B. − 2. Lehnwörter. Griech. *sīpo* § 165 a α (σίφων); oriental. *pāvo* 'Pfau' (aus gleicher Quelle griech. ταώς); fremd *burdo* 'Maultier'; *būfo* Verg., angeblich 'Kröte' (s. Die Spr. 6, 158–161). − 3. Griech. Augmentativa des Typus πυλών zu πύλη. Das Südromanische zeigt Denominativa auf *-ōn-* als Augmentativa oder Amplificativa 'großer (Gegenstand)'; ihr Vorbild kann nur gr. *-ών* des Typus αὐλών κοπρών πυλών zu αὐλός κόπρος πύλη (*Schwyzer* I 488) gewesen sein. Als Zwischenstufe sind im Griechischen verschollene, als lateinische Lehnwörter erhaltene Ableitungen anzunehmen, so *ἁρπαγών lat. *harpago -ōnis* 'Enterhaken' Plt. Caes. Itala (daraus nhd. *Harpune* usw.) neben ἁρπάγη *harpaga* 'Fleischhaken usw.'. Gleicher Art sind wohl auch *botryo* 'Traube' Mart. (*βοτρυών zu βότρυς), *μηλών *melo* 'Melone' zu μῆλον *mēlum* (neben *mālum*) 'Apfel', *lapatho, *πήρων *pēro* 'Stiefel' Cato Verg. zu πήρα *pēra* 'Ledersack', *saccipērio* bei Non. p. 531, 12 (zu σακκοπήρα bzw. Demin. *-ιον); *φορμίων *formio* Jur. 'Korb' (von demin. φορμίον zu φορμός); weiter zwei Tiernamen mit lat. *-ōn-* für gr. *-ος gōbio* (§ 158c) und *scorpio* sowie, mit Flexionswechsel, *crĕpīdo -inis* fem. 'Sockel' Cic. Verg. (*ĕ*, *ī*) zu gr. κρηπῖδ- (lat. *crĕpida* § 85 B 4 b γ) und vielleicht *hippāgo* (§ 325 B 3 d); nur lat. *sābulo* 'grober Sand' neben *sābulum*.

Zusatz. S. *Leumann*, Kl. Schr. 176 (*harpago*, dazu auch *Shipp*, Gl. 39, 152); *Frei-Korsunsky* 12 *botryo*, 19 *crepīdo*, 21 *gōbio*, 33 *pēro*, 38 *scorpio*. − Ganz unsicher *scapho* Caecil. com. 257. Zu *ponto* '*genus navium Gallicarum*' Caes. civ. 3, 29, 3 s. *K. H. Schmidt*, Gl. 44, 165. − Für *botruus non butro* App. Pr. lies *botrus non botruo* (anders *Baehrens*, Komm. 34 f.).

C. Andere *n*-Flexionen. 1. Altertümliche Flexion *-o -inis* (*-on-es* oder *-en-es*), mask. u. fem. Personalsubstantiva: *homo -inis* vgl. got. *guma -ins* 'Mann', s. Zusatz; fem. *virgo* (von *virga?*, vgl. gr. hom. ἔρνεϊ ἴσος). − Sachsubstantive: mask. *ordo* (zu *ordīrī?*), *turbo* 'Wirbelwind' (von *turba?*), 'Kreisel'. Häufiger sind Feminina: *margo* (auch mask.), *cardo, grando, harundo, hirundo, hirūdo, testūdo* (von *testu* 'Brotbackdeckel', § 317a); lanuv. *nebrundinēs* (§ 169 Zus.); deverbativ *aspergo*; *propāgo* und *indāgo* (*indu-agere*), diese beiden mit neuem Verb auf *-āgere*; ohne Verbindung mit *suffrāgāri* 'begünstigen' *suffrāgo* 'Hinterbug' Colum.; sicher auch *caro carnis* (auch osk. u. umbr.). − 2. Mit neuem Nominativ: *iuvenis* für *iuvō* oder *iuvē* (altind. nomin. *yuvā*, vok. *yuvan*, gen. *yūn-as*; im Latein Stamm *iūn-* nur noch in den Ableitungen *iūn-īx* § 329, 3a und kompar. *iūn-ior* § 383 c); *canis* (§ 156a); *pecten -inis* gr. mask. κτείς κτεν-ός 'Kamm'; *sanguīs*

(§ 326 C 1) *-inis*; *liēn -ēnis* (*ĕ* zu vermuten nach *liĕnōsus* Plt. Cas. 414; Erbwort, s. § 168 Zus. α), also ähnlich wie *hiems -emis* (*-ie-* für *-ii-* nach § 94). Zu *Anio -ienis* Flußname s. *Meister*, EN 17 ff.

Zusatz. *homo -inis* 'Mensch' ist Erbwort, vgl. got. *guma* 'Mann', lit. *žmuõ*; ursprünglich plur. 'die Irdischen' als idg. *n*-Ableitung von **g'hom-* 'Erde, Land' (lat. *hum-us* gr. χθον- usw.). Vielfacher Vokalwechsel im Suffix *-en-* und in der Stammsilbe, ursprünglich sicher nach kompensatorischer Verteilung auf verschiedene Kasus. Suffix: *-en-* > *-in-* in gen. lat. *hominis* got. *gumins*; *-ōn-* in den „starken" Kasus (vgl. § 343 d) sing. akk. *hemōnem* Paul. Fest., *homōnem* Enn. ann. 138, plur. nomin. osk. *humuns* (danach auch dat., umbr. *homonus*) lit. *žmón-ės*, dazu sing. nomin. *-ō(n)* in lat. *homo*, **hemō* in *nēmo*, altlit. *žmuõ*. – Stammsilbe zeigt alle Ablautstufen nach § 30 (außer *ē*). Im Grundwort 'Erde': *ĕ* in lit. *žẽm-ė* aksl. *zemlja*; *o* in gr. χθον- (ai. *kṣam-*); *ō* in gr. χθών (aus *-ōm*) ai. *kṣā-s*, vielleicht in lat. *hūm-ānus* (§ 130 II B 1); Red.-Stufe in gr. χαμ-αί, auch wohl in lat. *hum-ī* (§ 62); Schwundstufe in ai. gen. *kṣm-as* (*gm-as jm-as*, *Wackernagel* III 241 § 133), mit *a* aus *m̥* in *kṣa-pā-* 'Nacht'. – Dazu bei 'Mensch': *ĕ* in lat. *hemōnem, nēmo* aus **ne hemō* (zu *o* in *homo* s. § 111); Red.-Stufe in got. *guma* (doch kaum in *hemo*); Schwundstufe in lit. *žmuõ* plur. *žmón-ės*. – Gr. ausl. *-n* für *-m* in nomin. χθών, danach gen. χθον-ός, *m* in χαμ-αί χθαμ-αλός (s. *Schwyzer* I 408); ähnlich hethit. *n* in *tekan* gen. *takn-as*. Zum Anlaut hethit. *tk-* und gr. χθ-, ai. *kṣ-* gegen gr. χ- lat. *h-* got. *g-* balto-slav. *z̀-* s. § 179 b β Zus. – Ein ererbter *m*-Stamm ist auch *hiem-* 'Winter', Entsprechung zu gr. χιόν- 'Schnee'; zu einstigem Ablaut *hiem-/him-* s. § 168, zu nomin. *hiems* § 355 A 1 Zus.

323. Die *-iōn*-Maskulina.

A. Nomina personalia und Namen, wohl durchweg in hellenistischer Zeit entlehnter Gebrauch von gr. -ίων. Der Gebrauch in Appellativen ist ohne den in Namen nicht verständlich, der des Lateins nicht ohne den des Griechischen; dadurch ist die Form der Darlegung bestimmt.

Vorbemerkung. Griech. -ίων ist ursprünglich kein selbständiges Suffix: dem -ων neben -ος entspricht -ίων neben -ιος. So also individualisierend Κρον-ίων 'Kronos-sohn' für patronym. Κρόν-ιος 'der zu Kronos gehörige' (Typus Τελαμών-ιος), vgl. auch οὐραν-ίωνες für οὐράν-ιοι θεοί. Analog noch Καισαρίων *Caesario*, Sohn des Caesar von der Kleopatra; ebenso inschr. *socer-io* (auch germanisiert *sṷecerio*) 'Bruder der Frau', als 'Schwager' 'Sohn des *socer*' (*Hermann*, Gl. 17, 142; vgl. Gl. 36, 127 unten und *Baehrens*, Komm. 107); ferner übertragen *nūtrīc-io* (frz. *nourrisson*) quasi-metronymisch 'Sohn der *nūtrīx*, der Amme'; vgl. *nūtrīc-ius* § 273 A 1 a. – Ableitungen wie Καισαρ-ίων wurden auch interpretiert als 'kleiner Καῖσαρ'; solch familiärer Gebrauch etwa in gr. 'Αττικ-ίων 'Athenerlein' Ar. Pax 214; und darauf beruht m. E. die Umgestaltung von *homunculus* zu *homunc-io* Ter. (*-io* gleichwertig mit *-ulus*). – Durch sekundäre Nameninterpretation übernahm -ίων die Bedeutung 'sich befassend mit', etwa mit Tier- und Pflanzennamen Μοσχ- und Δαφν-ίων; das ist zwar an den Namen nicht erweislich, wohl aber an den appellativen Nachbildungen.

Griechische und lateinische Belege, geordnet nach der Appellativbedeutung der Grundwörter. Die Seltenheit literarischer Zeugnisse für appellatives gr. -ίων ist eine Folge des volkstümlichen Sprachgebrauchs.

1. Von Adjektiven. a) Griech.: Μειλανίων (Μέλας), Μαλακίων, Μικρίων; *Eucl-io* Ter.; appell. μαλακίων vok. Ar. Eccl. 1058; **μωρίων*; πορφυρίων 'ein Vogel'. – b) Lat.: *Pōllio* (*-ō-* § 83 A 3 a) zu *Paullus*; *Glabrio* (*Acilius* Gl. cos. 191ᵃ), *Pūsio* D 242, *Fēlīcio*; *Rūfio* usw.; *Prīmio Secundio* (Pompeji); *Mārcio*; appell. von Personen: *pūsio* Cic., *mīrio* Acc. (vgl. *Ernout*, Philologica I 41), *mōrio* **μωρίων* Mart.; *longurio* Varro Men. 562 (Grdw. wohl *longulus*, sc. *homo*). – 2. Von Namenwörtern: gr. Ἱππίων usw.; lat. von Namen *Caesario*

Senecio; appell. *senecio* Afran. com. 276 (von *senec-s*?); auch als Pflanzenname Wiedergabe von gr. ἠρι-γέρων. – 3. Von Stammesnamen (meist als Sklavennamen): gr. Κᾱρ-ίων Ar. (lat. *Cārio* Plt. Mil., Petr. 70, 10); appell. **φρυγίων* (*phrygio* Plt.) 'Goldsticker', **Λῡδίων lūdio* Liv. 'Schauspieler' (*lūdius* Cic., daher kaum von *lūdus*); lat. *Graeculio* Petr. 76, 10 (vgl. oben 'Ἀττικίων). – 4. Von Tieren, Pflanzen, Gegenständen. a) Griech.: als Namen etwa Γρυλ- Μοσχ- Σκυλλ- Ταυρ- Ψαρ- Μελισσ-ίων, 'Ἀμπελ- Δαφν-ίων, Φορμίων; Namen der altlat. Komödie: *Congrio* (zu *conger*, § 158c), *Lampad- Machaer- Sceparn- Stephan-io*. Appellativa 'sich abgebend mit': καμιν-ίων; φαρμακ-ίων u. λαγυνίων (Spottnamen für einen Arzt und einen Parasiten), **σαννίων lat. *sannio* Cic. de orat. 2, 251 (*sanna* 'Grimasse' Pers.); Vogelnamen ἀμπελίων σχοινίων. – b) Lat.: als alte Cognomina etwa *Asellio* (von cogn. *Asellus*); *Crūscell-io* neben *Crūs* (bei den Cornelii Lentuli). Appellativa, in der Kaiserzeit zunehmend, teilweise für sozial niedrige Berufe: *mūlio* 'Maultiertreiber' Plt.; *flagrio* Afran. com. 391; *lucrio* Paul. Fest., Petr. 60, 8 (auch in Pompeji, *Väänänen* 96[1]); *tenebrio* Varro Men. 539 al.; *libellio* ib. 256; *tabellio* Jur.; *litterio* 'Schreiblehrer' Amm.; *circumcellio* § 340 A. – 5. Nicht ableitbar lat. *cōcio* 'Makler', *ōpilio* Plt. 'Schafhirt' (**ōpilo-* aus gr. οἰο-πόλος 'schafe-weidend'?; s. auch § 142 Zus. β). *pūmilio* 'Zwerg' Lucr. 4, 1162 (*poum-* D 779), *stelio* 'Verfälscher (von Waren)'? Petr. 50, 5; *vapio* '*probrosus homo*' Plin. Etrusk. *histrio* Liv. 7, 2, 6 (zu *hister* s. § 303 I B 2b). Hochzeitszuruf *talassio*, zu gr. ταλασιουργός?

Zusätze. Soweit Nomina auf *-iōn-* von *i-* oder *io-*Stämmen abgeleitet sind, erfolgte ihre Einordnung bei den einfachen *-ōn-*Ableitungen in § 322 (*Ventrio, cūrio, restio, Turpio, tocullio, scorpio* usw.). – Zu den lat. Namen auf *-io* s. auch *Kajanto* 37 u. 120 f.; zu den Nomina *Fisch*, ALL 5, 56–88.

B. Andere Verwendungen. 1. Tiernamen als Benennungen. Denominativ (vgl. gr. ἀμπελίων oben A 4a): *rubellio* ein Fisch; *stellio* 'Sterneidechse' Verg. gg. 4, 243; *vespertīlio* (aus *-tīn-iōn-*, § 232 A 2, so schon *Pott*, s. Gl. 3, 251, seither immer wieder neu gefunden, Belege s. § 233 Lit.). Ferner *curculio pāpilio, pīpio*, s. § 332 I. – 2. Gegenstände. Denominativ: *matellio* Varro Cic. (gleich *matella*). *pernio* 'Frostbeule' Plin. (von *perna*). *cucullio* 'Kapuze' Cato (*cucullus* erst Mart.). Unmotiviert *scīpio* 'Stab' (für gr. σκίπων Hdt.). Deverbativ *pugio* 'Dolch' (wenn zu *pungere*; aber *ū* Mart.). Formal unableitbar: *gurgulio* 'Kehle' (zu *gula gurges*); *titio* 'Feuerbrand, *torrēs*' Lact. (onomatopoet.?). – 3. Von Distributiven: *ternio* Gell., *quīnio* Tert., s. § 381 IB, auch zu *ūnio* mask. – 4. Zu idg. *-iōn-* soll nach *Wn.-Dbr.* 349 das altind. Possessivsuffix *-in-* gehören.

324. Feminina auf *-iōn-* und *-tiōn-*, meist Verbalabstrakta.

A. *-iōn-*: Verbalabstrakta; einige Adjektivableitungen.

1. Verbalabstrakta, wenig Neubildungen. Neben Verben der 3. Konjug.: *adagio* 'Sprichwort' (zu *aio*, § 137b), *dicio* mit *condicio, legio, religio* (zu **re-lego -ere*, § 436 A 2e), *regio, excidio* (*ex-scindere*) Plt. Curc. 534, *suspīcio* (zu *ī* s. § 55a). Speziell in juristischer Sphäre: *pignoris-capio* Cato (angeblich *ā*, Gell. 6, 10), *ūsū-capio* Cic.; *pacio* (*ā*?) '*pāctio*' Fest.; *lēge-rupio*

Plt. Rud. 709 (neben nom. ag. -rupa Pers. 68), dēliquio (dēlinquere); ohne Prs. auf -ĕre: internecio (vgl. ē-nectus); oblīvio; neben -āre (-ārī) -ēre -īre: rebellio (dazu perduellio), opīnio, adulterio Laber. (sonst -ium); obsidio; ūnio fem. 'Union' Eccl. (zu ūnīre Tert.) in Anlehnung an commūnio.

Zus.: Statt -io jünger -ium (bzw. ntr. plur. -ia metri gratia, § 275 B 2 Zus.) bei contāg- oblīv- und bei obsid-; neben cōnsortio auch cōnsortium. – Zu condicio 'Bedingung' aus 'gemeinsame Absprache' s. Leumann, Mus. Helv. 32, 95f.

2. **Adjektivabstrakta.** Zu *i*-Adjektiven (kaum als *-i-ōn-* zu fassen): *commūnio* Cic., *cōnsortio* Lucil. (Reimwort zu *prōportio*?). *tālio* 'Vergeltung mit Gleichem' (*tālis*, Korrelat zu *quālis*); danach *dupl-io* XII tab.

B. *-tiōn-*, Ersatz und Erweiterung der alten Verbalabstrakta auf *-ti-* (§ 308), produktiv. Stammgestalt die gleiche wie in den *to*-Partizipien (soweit diese vorhanden).

1. Auswahl von Beispielen: *ratio* (vgl. *ratus*, zu *reor*), *mentio* (*commentus*; vgl. altir. *toimtiu*); *nātio* (*nātus*) 'Geburt' und 'Nation' (aus e. g. *natione Gallus* 'von Geburt' → 'von Nation Gallier'); *nōtio pōtiō mōtio*; *sēd-itio* (Allg. Teil 67* unten), *statio, cautio; cantio, contio* (*couentio*, § 142a), *emptio* (*emere*); *factio, sectio* (*sectus, secāre*); *āctio auctio*; *captio*; *missio passio sēcessio spōnsio vīsio occāsio laesio*; ferner *-ātio* (*cēn- ōr-* usw.), *-ītio* (*ērud- exped- mūn- larg-*), *-ūtio* (*cōnsec- loc- sol-*), *-ĭtio* (*mon- pos- vom-*).

2. **Einzelheiten.** a) Zur Verwendung von *-tio*, auch gegenüber *-tu-*, s. Szantyr, Synt. 34 litt. β; 742 litt. a, sowie Benveniste, Noms d'agent 96–104 (vgl. oben § 316 A Vorbem.), ferner Stolz, HG 545–548. – b) Sonderfälle. (*ad-*)*optio* zu **opio* *-ere* 'wünschen', nur erhalten in *praed-opiont* (*-oti-* Hs.) 'praeoptant' Fest., zu Iterativum *optāre*. Das mask. *optio* 'Gehilfe' wohl aus fem. 'Arbeit, Hilfe' von der in *opus* steckenden Wurzel *op.* – *portio*: entweder als abl. *portiōne* aus **prō ratione* oder allenfalls aus *prō portiōne* und dies aus *prō par(tī)tiōne* mit Haplologie und Vokalassimilation. – Haplologisch wohl sicher akk. *den(tī)tiōnem* § 234; aber nicht *mentiōn-*, weil 'Erwähnung' nicht zu *mentīrī* 'lügen' paßt.

3. **Sekundär denomin.** *-ātio* (etwa nach *dominus*: *domin-ātio*): *agricolātio* Colum. (danach *rūrātio* 'Landleben' Apul.). Typus *lign-ātio* 'Holzbeschaffung' (vgl. § 316 A 2aβ), so *-ātio* in *arēn-* u. *rūder-* Vitr., *frond-* Colum. – *orīgin-ātio* 'Etymologie, Ursprungssuche' Quint. 1, 6, 28. – *modiātio* (sc. *frūmentī*) Jur.

C. **Zur Vorgeschichte.** In den italischen Sprachen hat *-tiōn-* als Suffix für Verbalabstrakta das idg. *ti*-Suffix abgelöst; sonst ist es nur im Keltischen nachgewiesen, vgl. oben bei *mentio*. Got. *raþjō* (nhd. *Rede*) ist entlehntes lat. *ratio*. – Das Oskische zeigt zu *-iōn-* und *-tiōn-* folgende Entsprechungen: nomin. *-iuf* (aus *-iōn-s*, § 152a) in *úittiuf*, wäre lat. **ūt-io* (zu *ūtī*); *-tiuf* in *fruktatiuf*; obliquer Stamm *-īn-* in akk. *leginum* 'legiōnem', *tanginom*; *-tīn-* in akk. *medicatinom* (zu *meddix* § 336, 1a, wie lat. *iūdicātiōnem* neben *iūdex*), auch umbr. *natine* 'nātiōne' (v. Planta II 64).

Gleiches *-īn-* und *-tīn-* vermutet man in lat. *opīn-ārī* und *festīn-āre*. – Lautlich lassen sich lat. *-(t)iōn-* und osk. *-(t)īn-* wohl nur so verknüpfen, daß man ital.(!) *-īn-* als Kontraktionsprodukt aus abgelautetem *-ien-* betrachtet, nach § 133 II Zus. γ; jedenfalls sind

Fem. *n*-Abstrakta: *-iōn-, -tiōn-*; *-do -dinis* (*-ēdo -īdo -tūdo*) 367

-iōn- und *-tiōn-* die einzigen lat. fem. Abstrakta mit durchgeführtem *-ōn-*; hinter Konsonanten steht bei Abstrakten *-in-* aus *-en-*, § 325. An Ablaut *-iōn- -īn-* ist nicht zu denken, § 39 d. – Andrerseits läßt sich osk. *-tīn-* (für lat. *-tiōn-*) allenfalls mit got. *-þein-* unter einer idg. Grdf. *-tīn-* gleichsetzen (got. *baúrþein-*, Streitberg, IF 27, 158), und funktionell entspricht dem lat. *-iōn-* in *commūniōn-* got. *-ein-* in *gamainein-* (zu *commūnis* got. *gamains*, § 65). Das ließe sich so kombinieren, daß je ein Suffix (lat.) *-tiōn-* und (osk. got.) *-īn-* verschiedenartig verschmolzen waren in den Einzelsprachen. – Weiterreichende Kombinationen bei *Pisani*, RcAccadLincei s. VI 9, 775 ff. [Gl. 27, 86 Mitte]. Zu illyr. *tergitio* s. *Krahe*, IF 47, 328; zum Tocharischen *Pedersen*, Groupement 30.

325. Die Abstrakta auf *-ēdo -īdo -tūdo* und auf *-ūgo -īgo -āgo*. Die Feminina mit postkons. *-en*-Suffix flektieren auf *-o -inis* (im Gegensatz zu *-io -iōnis*). Einfache Feminina mit Stamm *-in-* sind in § 322 C 1 eingeordnet. Hier sind nur zu besprechen die produktiven Suffixe auf *-do -dinis* und auf *-go -ginis*.

A. Die *-din*-Suffixe *-ēdo -īdo* und *-tūdo*.

1. *-ēdo*, mit *-īdo*. Eine Entsprechung zu deverbativem lat. *-ēdo -ēdinis* zeigt das Griechische mit -ηδών -ηδόνος: *torpēdo* 'Erstarrung, Zitterrochen' von *torpēre* 'gelähmt sein' wie ἀλγηδών von ἀλγεῖν (*Schwyzer* I 529, *Chantraine*, Form. 361 f.). So ist *-don-* für solche Abstrakta wohl ererbt; das *ē* von *-ēdo* -ηδών war ursprünglich Ausgang des Verbalstammes. Die lat. Entfaltung ist annähernd zu rekonstruieren. – a) *-ēdo* für Reizzustände des Körpers: *torpēdo* 'Lähmung, Erstarrung' Cato, 'Zitterrochen' Cic.; *frīgēdo* 'Kälte im Körper, Frostgefühl' Varro Men. 77. Danach von Verben auf *-ĕre* für Krankheitsreizungen: *absūm-* (Scherzbildung) Plt., *ūr-* 'Getreidebrand' seit Cic. Dazu denominativ von Adjektiven, über *gravēdo* 'Gliederschmerzen' Cic., 'Schnupfen' Plt. neben *gravis* (aber von *gravē-scere*, Lucr. 4, 1069 *aerumna gravēscit*); ähnlich *dulcēdo* (fast gleich *prūrītus*) Laev. Lucr. Cic.; *aspr- pingu-*, spät *alb- putr- sals- scabr-ēdo* und andere. – b) Als Reizung auch *-īdo* in *cupīdo* fem. (mask. bei Dichtern für gr. ῎Ερως), mit *ī* von *cupī-vī*. Hiernach *libīdo*, auch wohl *formīdo*, beide Plt.

Zusätze. *cuppēdo* Lucr. (*-din-ārius* Ter. Eun. 256) in Anlehnung an *cuppēd-* 'naschhaft' (§ 327, 1 b). – Nach *dulcēdo* wohl *unguēdo* Apul. und, als Reimwort, *mulcēdo* Gell. – *tussēdo* Apul. ist kontaminiert aus *tussis* und *gravēdo* (vgl. Catull 44, 13). Nach *tussēdo* neben *tussīre* (**tussītāre*?) zu *ōscitāre ōscēdo* 'Gähnsucht' Gell. – Ohne Motivierung *intercapēdo* 'Unterbrechung' Turpil. Zu *capēdo* 'Opferschale' s. § 327, 1 a. – Zu **mercēdo* (in *mercēnnārius*, § 200 b α) für *mercēd-* 'Lohn' vgl. *cuppēdo* neben adj. *cuppēd-*. – *alcēdo* 'Eisvogel' ist wohl schon griech. Nebenform *ἀλκηδών zu ἀλκυών, vgl. ἀλγηδών und ἀηδών χελιδών. – Zu *crepīdo* 'Sockel' s. § 322 B 3. – Zum angeblich anaptyktischen Vokal in *-din-* s. § 114 c β. – Lit.: *Ernout*, Philologica I 191 (gibt eine andere Entwicklung). *Brugmann* II 1, 470 § 363.

2. Mit *-tūdo* sind Adjektivabstrakta gebildet: *aegri- albi- alti- ampli- crassi- dūri- firmi- forti- lassi- lēni- lippi- longi- magni- multi- pulchri- sāncti- sevēri- simili- sōli- suāvi- tardi- turpi-tūdo*; von Adjektiven auf *-ius* mit *-i-* statt *-ii-* (vgl. § 334, 1 b) *anxi-* und *noxi-tūdo* Acc. Wie von Adjektiven auch von Adverbien: *necessi-tūdo* 'enge Verwandtschaft', *temeri- perperi- vicissi-tūdo*. Von Substantiven: *parti-tūdo* 'Gebären' (von *partus -ūs*) etwa nach *aegri-tūdo*; *eritūdo* wohl durch Mißverständnis als 'servitudo' interpretiert Paul. Fest.

Zusätze. a) Neben Adjektiven auf *-tus* und *-idus*. Neben mehrsilbigen *to*-Adjektiven *-t-ūdo*, offenbar haplologisch für *-ti-tūdo* (*Fick*, KZ 22, 101): *cōnsu̯ē(ti)tūdo*, *habi(ti)-tūdo* (*habitus -a -um* 'beschaffen' Plt. Ter.), *sollici(ti)tūdo*; ebenso *miseritūdo* 'Mitleid, Erbarmen' Acc. trag. 79 als Ableitung nicht von *miser*, sondern von ptc. *miseritus* 'sich erbarmend', *valētūdo* 'Gesundheit' Plt. (Curc. 219 *dēcrēscit*; von *valētus) und *alētūdo* '*corporis pinguedo*' Paul. Fest. (*alētus, vgl. *alēre § 415 B). Spät *inquiētūdo*. – Neben *-idus*: von *sordidus* haplologisch *sordi(di)-tūdo* Plt. Poen. 970; daraufhin auch von *āridus* *āritūdo* Plt., sowie nach *sorditūdo* neben *sordēs* als Variationen zu *squālēs tābēs scabiēs* auch *squālitūdo* (Acc. trag. 340 abl., kaum aus *squālidi-tūdine), *tābitūdo* Plin., *scabitūdo* Petr. 99, 2. – *Pokrowskij* 245 hat vielmehr *cōnsu̯ē- valē- habi-* und *sordi- scabi-tūdo* durch Ansetzung eines deverbativen *-tūdo* als Verbalableitungen von *cōnsu̯ē-(u̯ī) valēre habēre* usw. erklären wollen; aber eine Übergangsstelle zum dominierenden Typus der Adjektivableitungen ist nicht erkennbar. – Auch denomin. *-din-* hinter *u-*Nomen (*habitus -ūs*) zur Erklärung von *-tūdo* (*Pokrowskij* 247) ist unglaubhaft. – *testūdo* von *testu*, § 317 a.

b) Die Herkunft von *-tūdin-* ist also nicht aufgeklärt. *Thurneysen* hatte es als *n*-Erweiterung von *-tūt-* erklärt (s. § 114 c β); ähnlich *Vendryes*, Int. init. 222; die sehr beschränkte Funktion von *-tūt-* im Latein (§ 328, 2) spricht nicht dafür. – Nach *Mezger*, Lang. 22, 199 [Gl. 34, 222] ist (*cōn-*)*su̯ētūdo* das Prototyp, als *-don-*Ableitung von einem idg. Adj. **su̯ētu-*. Über *Pokrowskij*, KZ 35, 244 ff. s. oben. – Lit. zu lat. Material und Gebrauch: *Szantyr*, Synt. 744 litt. d; *Stolz*, HG 555–557; *Niedermann*, Arch. Rom. 5, 1921, 442 (*hebetūdo*; *incūdo*).

B. Die *-gin-*Suffixe *-ūgo -īgo -āgo* für Abstrakta und Konkreta, ohne klaren Zusammenhang untereinander.

1. *-ūgo* ist rein denominativ gebraucht. Repräsentant und gewissermaßen Prototyp ist *ferr-ūgo* 'Eisenrost' (*-gineum pallium* Plt. 'rostrot'); vgl. *aer-ūgo* 'Grünspan' Cato, *aur-ūgo* 'Gelbsucht' Varro, *alb-ūgo* Plin. Nach Natur des Rostes als Überzug: *lān-ūgo* 'Flaum' Lucr., *sals-ūgo* 'Sole' Vitr.; weiter *moll-* und *asper-ūgo* 'weiche, harte Klette' Plin. Sonst nur *vesperūgo* 'Abendstern' Plt. für *vesper* (weil er bei rotem Abendhimmel erscheint; eigentlich wohl 'Abendröte'), vgl. *ferrūgo* vom Schleier der Sonne Verg. gg. 1, 467.

2. *-īgo* bildet Abstrakta von Verben und von Substantiven; öfters Bezeichnung von körperlichen Defekten. Das *ī* gehört zur Verbalwurzel in *intertrīgo* 'wundgeriebene Haut zwischen den Beinen, sog. Wolf' (*-trīgo* zu *trītus, tero*) und zum Stamm von Verben auf *-īre* in *ēsurīgo prūrīgo orīgo* (zu *orīrī*); der Ursprung des *-īgo* dürfte bei *inter-trī-go* liegen. Doch ist eine Entwicklungsfolge nicht aufzustellen. Es muß genügen, Bildungen zu vereinigen, die sich formal oder sachlich berühren.

a) Deverbativ von *-īre*: Vom Sprudeln des Wassers: *orīgo* 'Ursprung' Cato; Grundbedeutung m. E. 'Entspringen einer Quelle' (*origines fontium* Hor., *oritur fons* Vitr.), Bedeutungsentwicklung wie bei nhd. *Ursprung*, ahd. noch 'Quelle' (zu *er- ent-springen*); *scaturrīgo* Liv. (*scaturrex* Varro); danach für *vertex* 'Wasserwirbel' *vertīgo* 'Drehung' Ov., übertragen auch 'Schwindelgefühl'. – *ēsurīgo* Varro Men. 521. *prūrīgo* Cels. (danach *ūrīgo* Apul.); hierzu denominativ *tentīgo* Hor. (zu *tenta inguina*).

b) Meist denominativ, bes. Defekte und Schäden. α) Krankhafter Überzug uä.: *rōbīgo* (dazu *Rōbīg-ālia*) 'Meltau (des Getreides)' Varro und 'Rost (des Metalls)', mit adj. *-gin-ōsus* Plt. (*rōbus* adj. rustik gleich *rūfus* 'rot', § 80); *fūlīgo* 'Ruß' Plt. (zu altind. *dhūli-* und *-ī* 'Staub'); *mell-īgo* 'Bienenharz, ein Honig-überzug' Plin. Dazu wohl auch *ūlīgo* (adj. *ūdus*)

'Bodenfeuchtigkeit' Cato, cālīgo 'Dunst' (zu altind. adj. kāla-, fem. kālī 'dunkel'), lollīgo (ohne Grdw.) 'Tintenfisch' Cic., demin. -guncula Plt. – β) Räude, Hautausschlag uä. Außer inter-trī-go deverbativ auch wohl dēpetīgo Cato und impetīgo Lucil. (§ 261; inpetīx Paul. Fest.). Sonst -īgo denominativ von Substantiven : von mentum 'Kinn' mentīgo 'Kinn-Ausschlag (der Lämmer)' Colum. 7, 5, 21 (wonach ebenda ōstīgo von ōs [Gl. 19, 250]). Körperflecken: porrīgo Lucil. (von porrum, oft mit scabiēs verbunden), lentīgo 'Sommersprossen' Plin. (-gin-ōsus Val. Max.; lēns lentis 'Linse'), vitilīgo 'macula alba' Lucil. (ohne Grdw.). – γ) Von Adjektiven, Haustiere betreffend (vgl. oben mentīgo) : pull-īgo 'Schwärze (von Schaf-fellen)' Plin.; claud-īgo Chiron (claudus, claudere 'hinken'), dazu wohl pendīgo; übertragen gebraucht stribilīgo (Gell. 5, 20, 1, Gramm. Fun. p. 91 nr. 17), älterer Ausdruck für soloecismus, von gr. στρεβλός, wohl als 'tortuosa oratio'.

c) Isoliertes. remelīgo 'Frau, die Verzögerungen macht' Plt. Cas. 804 illae ... tam diu intus remorantur -ines, vermutlich Scherzbildung durch Wortspiel mit zwei Bedeutungen von remora 'Verzögerung' und 'Fisch ἐχε-νηΐς, die das Schiff festhaltende'; Anlehnung der Form an lollīgo. – silīgo 'Winterweizen', cōnsilīgo 'eine Heilpflanze' Plin. – Nur neben cālīgāre steht ein subst. cālīgo, nicht neben den anderen auf -īgāre, also cast- fat- fast- vest-īgāre; vgl. propāgo -inis neben propāgāre, § 322 C 1.

3. -āgo, Suffix mit mannigfaltigen Funktionen, fast nur Denominativa, zur Bezeichnung von Gegenständen, Pflanzen, Tieren. Das ā war ursprünglich Bestandteil des Grundwortes, sei es ā-Verbum oder ā-Substantivum : vorāgo 'Schlund' Cic. von vorāre oder *vora (§ 265 a β); forāgo ('Pfriem'?) Paul. Fest. von forāre; imāgo 'Bild' Plt. setzt zusammen mit intens. imitārī ein *imārī voraus. Dagegen similāgo 'feines Weizenmehl' Cato von simila; virāgo 'Mannweib' Plt. vielleicht von vira Paul. Fest. – Hauptanwendungen in Beispielen vorwiegend bis I^p: a) Krankheiten: coriāgo Colum., lumbāgo Paul. Fest. (von corium, lumbī); dazu capill- 'Haarwuchs' Tert. – b) Gemischte Speisen (nach simila : -āgo): farr- 'Viehfutter' Varro, sart- Pers. – Pflanzen in Plin. nat.: plant-āgo 'Wegerich' (planta 'Fußsohle'), lapp- 'Klette', cunīl-, auch plumb-āgo; später mehr. – c) Suffix -ilāgo (wohl auf similāgo zurückgehend): cartilāgo 'Knorpel' Cels. (ohne Grdw.); putrilāgo 'cariēs' Non. (von putris); salsilāgo 'Sole' Plin.; tussilāgo 'Huflattich' (Hustenmittel) Plin. – d) Sonstiges. hippāgo Paul. Fest. ist verkürztes gr. ἱππαγωγός oder latinisiertes ἱππᾱγός, att. ἱππηγός (sc. ναῦς) 'Pferdetransportschiff'; zu -in- s. § 322 B 3. Vielleicht danach carrāgo 'Wagenburg (der Germanen)' Hist. Aug. – Nicht hierher indāgo suffrāgo propāgo, s. § 322 C 1.

4. Lit.: Ernout I 165–192, -āgō -īgō -ūgō |du latin: ausführliche Einzelbehandlung, Ausbreitung von Krankheitsnamen als Bezeichnungen göttlicher Kräfte (-āgo 167 ff., -īgo 175 ff., -ūgo 183–185); III 136 ff.: die Pflanzennamen. – Nach traditioneller Auffassung (Thurneysen, KZ 26, 305 f., Stolz, HG 527, Ernout 188, Brugmann II 1, 512) ist das -gen- von -āgin- usw. entstanden als n-Ableitung von Nomina mit k in ihrem Suffix; also von -āc- -īc- -īco- -ūco- (zu -kn- > -gn- > -gen- s. §§ 200 a u. 114 c β), vgl. aerūgo: aerūca usw., auch vertīgo: vertex-icis. – Baecklund, -fex 193 vermutet in -gin- die Wurzel gen- von gignere (unhaltbar).

326. -men-Stämme, als Neutra -men -minis (mit -mentum), als Maskulina -mo -mōnis, selten -minis; keine Adjektiva.

A. Neutra auf *-men* und *-mentum*, etwa *agmen* und *fragmentum*, zu *agere, frangere*. Hier ist *-men* ererbtes deverbatives Suffix für „nomina rei actae" und weitere Sachbezeichnungen, nomin. *-men* aus idg. *-m̥* (ai. *-ma*, auch griech. -μα, § 61); zu lat. *-min-* aus idg. *-men-* oder *-mn-* s. § 114 c α. Neben den *men*-Neutra stehen, ohne wesentliche Bedeutungsunterschiede und fast nur aufs Latein beschränkt, die *-to*-Erweiterungen auf *-mentum*, vgl. *augmen* und *augmentum*, auch umbr. *pelmn-er* und lat. *pulmentum* 'Zukost' (§ 222). Lat. *-mentum* ist noch produktiv, dagegen ist *-men* für Neubildungen nur noch in stilisierter Sprache als Wechselform zu *-mentum* neu verwendet, so etwa *fundāmen lībāmen vēlāmen, mūnīmen*, auch *mōmen fragmen*.

1. *-men*, ältere Beispiele. a) Neben (lat.) Primärverben. Ererbt oder doch mit formalen Entsprechungen in anderen idg. Sprachen: *agmen* § 200a, *augmen, germen* ai. *janma* (§ 232 A 2), *grāmen* (vgl. gr. βρῶμα), (*sub-*)*strāmen, nēmen, nūmen* (*ad-nuo*, vgl. gr. νεῦμα), *sēmen* § 53, *stāmen, vīmen* (*vīē-re*, vgl. *vī-tilis vī-tis*), *volūmen*; zu *pēmin-ōsus* 'rissig' (*ārea* Varro rust. 1, 51, 1) vgl. ai. *pāmán-* mask. 'Krätze'. Nur lat.: plur. *ab-legmina, carmen* (*canere*, § 232 A 2), *columen* und *culmen* (zu *excellere*), *crīmen* (*cernere*) mit *dis-crīmen, dēcer*(*p*)*mina* § 222, *ful*(*g*)*men, sagmen* (*sancio, sacer*), plur. *segmina* bei Gell. 10, 15, 15; *specimen, tegimen* (*tegmen* Lucr., zu anaptykt. *i* s. § 114 b β), *subtēmen* (*texere*), plur. *tor*(*qu̯*)*mina, ver*(*g*)*mina*. Ferner *abdōmen* 'Bauch' (von *ab-dere*?). – Zu *nōmen* s. unten 3 b α, zu denomin. *-āmen* s. unter 2c. – b) Neben abgeleiteten Verben. *-ūmen*: *acūmen* (*acuere*; danach *cacūmen*, s. W.-H.), *statūmen* Caes.; unklarer Ableitung: *ferrūmin-ātus* 'geleimt', *legūmen* 'Gemüse'; *alūmen* 'Alaun', *bitūmen* 'Erdpech'. – *-āmen* bei *ā-*Verben (vgl. umbr. *tikamne*, wäre lat. **dicāmine*): *cert- for- medic- put-āmen* usw., auch *laetāmen* 'Dünger'.

2. *-mentum*. a) Von Primärverben. Auf Vokal: *in-crē-mentum* (perf. *crē-vī*), *suffī-* Cic. 'Räucherwerk' (*suffīre* Cato), *dētrī-* (perf. *dē-trī-vī*), *īnstrū-, assū-* Vulg. (*assuere*); *lā-mentum* (Verb verschollen); auf Kons.: *aug-, cae*(*d*)*-*, plur. *rā*(*d*)*-menta* 'Späne', *sar*(*p*)*-menta* 'Reisig', *ful*(*c*)*-* 'Stütze' Varro, *pig-, ter-* Plt. Bacch. 929 (gleich *dē-trī-*); mit anaptykt. Vokal hinter *g*: *iugu-* Cato, *integu-, regi-mentum*. Von Kausativen der 2. Konjug. *docu- monumentum* und *mō- fō- tō-mentum* (vgl. § 142 a und ptc. *mō-tus* zu *moveo*). – b) Von meist denominativen Verben: zu *-īre -īrī blandī- impedī- mōlī- mūnī- pavī- vestī-mentum*; zu *-uere argū-mentum*; zu *-āre -ārī fundā- ornā- testā-mentum*. – c) Sekundär denominatives *-āmentum*, nach Muster *armā-menta* 'Gerätschaften' (von *armāre*) neben *arma* oder *armātus*: plur. *ferrā-menta* 'Eisenwerkzeuge' und *aerāmenta* Paul. Fest. (s. *aeribus*); dann *ātr-āmentum, capill- fals- nīd- pulp- sals- scīt- tabul-āmentum* (inschr. D 260); *veterāment-ārius sūtor* 'für alte (Ledersachen)'. – So auch denomin. *-āmen* in *laterāmina* 'Ziegelwerk' (zu plur. *laterēs*) Lucr., *rūtrāmina* 'Schutt' Inschr. (aus **rūderāmina* zu plur. *rūdera*, Niedermann, RPh. 7, 22 [Gl. 24, 157]; *aerāmen* (frz. *airain*) spät.

3. Formale Besonderheiten. a) Mehrfach ist hinter Guttural *-smen* bzw. *-smentum* nach § 210 a zu postulieren; vgl. dazu § 331 B; bezeugt ist *iouxmenta* ('*iūmenta*' (zu *iungere*). Entsprechend wohl *sāmentum, frūmentum* (zu *frūc-tus* usw.); und, mit Suffix

-smen: flūmen (flūc-tus -ūs), exāmen (ex-agere), lūmen, rūmen (ē-rūgere), sūmen 'Saugbrust' (sūgere), contāmin-āre (tangere). Unerklärt ōmen alt osmen und līmen. – b) Zu Einzelwörtern. α) nōmen und cognōmen. Ererbtes *nōmn̥ ist nōmen, gleich altind. nā́ma, vgl. got. namō, auch gr. ὄνομα usw. Es gehört also etymologisch nicht zu Wz. idg. g'nō 'erkennen', wurde aber sekundär, erst nach dem Wandel lat. gn- > n- (§ 192), als Ableitung von nōsco (*gnōscō) empfunden; das ergibt sich für Plautus aus plur. fem. cognōminēs 'gleichnamig' (§ 337 c) und aus cognōmentum (sic!) 'Beiname', mit gn nach cognōscere. Eben daher erklärt sich cognōmen 'Beiname' und a(d)gnōmen 'Zuname' gegenüber praenōmen (ohne g) 'Vorname'; etwas anders Rix, Das etr. Cognomen, 1965, 10^{32}; s. auch Forssman, KZ 81, 99 (zu ignōminia). – β) armentum als 'Weide-Vieh' nicht von arāre 'pflügen'; doch auch kaum von arcēre, so Godel, Cahiers de Saussure 19, 93 ff. [Gl. 42, 105 f.]. – γ) ēmolumentum 'Vorteil' als 'Ausgemahlenes', Benveniste, Latomus 8, 3 [Gl. 34, 226]. – δ) impōmenta quasi 'inpōnimenta' Paul. Fest. 'Nachtisch', lautlich aus *impos(i)menta, vgl. impos(i)tus, auch pōno aus *po-s(i)nō, § 103 Ende. – ε) antepagmenta (-ā-?) Cato ist als Terminus der Architektur wohl Umsetzung von gr. προσπήγματα (dor. -πα-). – ζ) Zu sēmentis neben sēmen s. § 308 Zus. b.

4. Lat. -mentum als to-Erweiterung von -men ist unerklärt, es gehört sicher nicht zum Typus sceles-tus (§ 299, 2 b). Ein idg. *k'leu-mn̥to- ist zu erschließen aus altind. ved. śromata- 'guter Ruf(?)' und althd. hliumunt nhd. Leumund (mask., wie auch die alten -men-Neutra namo sāmo nhd. mask. Name Same), vgl. got. hliuma 'ἀκοή' als -men- Mask. Die griech. Neutra auf -μα (-mn̥) gen. -ματος zeigen eine sicher sekundäre t-Erweiterung in -ματ-; mit deren plur. -ματα (3. Dekl.) versuchte man lat. plur. -menta (2. Dekl.) zu verbinden; vgl. auch C zu unguen und unguentum. Perrot operiert für das t bzw. nt mit den supponierten nt-Pluralen (§ 327, 3 c zu Solta). |

Lit.: J. Perrot, Les dérivés en -men et -mentum (Et. et comm. vol. 39), Paris 1961 (umfassende Darstellung); Stolz, HG 498–500; Schwyzer, RhM 76, 440–446; Pokrowskij, ALL 15, 373; Szantyr, Synt. 744 litt. i; zu poet. -men Werner, Mus. Helv. 6, 29–32, Pasquali ib. 7, 227; zur Stammgestalt Graur, BSL 40, 144–146. – Zum Idg. Brugmann II 1, 232–245; Wn.-Dbr. 754 f.; Haudry, Le suffixe i.-e. -men-, BSL 66, 109–138 („nomina instrumentalia"); Schwyzer I 520 litt. γ, 522 litt. e; Porzig, Die Bedeutung der idg. men-Neutra, IF 42, 223–274 (S. 245 idg. mn̥-Neutra meinen Dinge als durch Form mit Kraft erfüllt; 264–268 lat. Beispiele; Bestreitung der wesentlich deverbativen Ableitung).

B. Lat. ntr. -men und mask. -mo (gen. -mōnis und -minis). In der Grundsprache waren mit ablautendem -men- sowohl Neutra gebildet als Maskulina (auch Adjektive: gr. μνή-μων -ονος); im Latein bestehen von geschlechtigem -men- nur wenig Reste. – Gegen lat. stāmen 'Aufzug beim Weben' steht gr. mask. στήμων. Neben sēmen 'Same' steht Sēmo -ōnis 'Gott der Saat' (im Arvallied Semuneis), wie im Altindischen neben ntr. bráhman- 'Opferspruch' mask. brahmán- 'Priester'. – Mit gr. τέρμων und τέρμα (ai. tarman-) sind zu vergleichen lat. termo Enn. ann. 479 und termen Acc. (nach Varro ling. 5, 21); Normalform freilich ist terminus, auch als Gottheit; in Sent. Minuc. (D 453) sing. -us, plur. akk. -ōs, aber zweimal termina duo (mit abl. -īs); s. dazu Niedermann, IFAnz. 29, 37. – Neben mask. flāmen-inis (mit Neutralform?) steht als Bezeichnung seines Amtes flāmōn-ium (§ 275 A 1); danach ist nomin. flāmen wohl junge Ersatzform für *flāmo oder *flāmē (vgl. § 151; auch § 200a). – Ein Erbwort auf -mōn für 'Lunge' (gr. πλευμών) ist mit Entstellungen fortgesetzt durch lat. pulmo (§ 112) und ai. kloman-. – Ganz für sich steht Tellumo (ū?), neben tellūs 'Erde' (Wissowa 192^1). – Mit deverbativem Adjektivsuffix wie gr. μνήμων lat. plur. alimōnēs mit Zubehör, § 276 B 3. – Zu -mōn- s. noch Vendryes, c. r. Acad. des Inscr. 1946, 97–109.

C. Stamm -in-: Mask. u. Ntr. mit neuem Nomin. -en (oder anders; auch mask. *-ins); Neutra auf -entum. 1. -in-. a) Mask. nomin. -en:

pollen 'feines Mehl' Cato; zu *pecten* s. § 322 C 2; zu *flāmen* oben B. – *sanguin-* 'Blut'; *s*-Nomin. *-īs* (*-is* erst Verg.), § 152a, jung auch wegen *-in-s* (> *-īs*), nicht *-en-s*. Zu vok. ntr. *sanguen* s. § 355 Vok. – b) Neutra: *inguen* gr. fem. u. mask. ἀδήν § 61. *unguen* 'Salbe' Cato, ebenso umbr. akk. *umen* (*umben), abl. *umne* (s. unten 2). *glūten* 'Leim'. Verdeckte *n*-Stämme *fel* gen. *-llis* aus *-l-nes* § 216b, danach *mel*. – 2. *-entum*: neben einfachem *-en* nur *unguentum*; nach *Szemerényi*, Festschr. Pisani 975 f. sind nomin.-akk. sing. *unguen* und plur. *unguenta* ursprünglich Formen eines einzigen Paradigmas, ptc. prs. ntr. *unguent (s. § 431); es ist verlockend, darin das Vorbild für *-men*: *-mentum* zu sehen. – Fem. *polenta* s. § 299, 2b. – Erbwort ist *argentum* 'Silber' (*-ent-* aus *-n̥t-*, s. § 61). – Zu *fluentum* s. § 266e.

c) Dentalstämme und *k*-Stämme (fem. *-ic-*, adj. *-āc-*) (§§ 327–329)

327. Dentalstämme: lat. Stämme auf *d* (selten) und *t*, wenig Neutra und Adjektive (außer ptc. *-nt-*). – Ein altes Wurzelnomen ist *pēs ped-is* 'Fuß' (§ 163). Von ererbten Suffixen sind die markantesten fem. *-tāt-* und *-tūt-* und das *-nt-* der Partizipien. Bei den Mehrsilblern auf *-t-* sind ein paar kleine Suffixgruppen zu erkennen; die Mehrzahl ist nur in etymologischen Wörterbüchern zu behandeln.

1. *d*-Stämme. a) *-ĭd-*. Mask. *lapis*. Feminina: *cuspis* 'Spitze'; *cassis* 'Helm' (zu *-ida* s. § 365 A 3c); entlehnt *capid-* 'Schale' (auch umbr.), gr. σκαφίς Hom.; daraus umgestaltet (?) *capēdo*. – Zu *pecud-* s. § 335, 1a Zus. – b) *d* hinter Langvokal. *hērēs -ēdis* s. § 336, 1a. Unklar mask. *custōd-*, fem. *mercēd- palūd-*; adj. *cuppēd-* 'naschhaft' (selten: Plt. Trin. 239, auch Cognomen Varro frg. 121 Fun.), mit Ableitungen ntr. plur. *-ēd-ia* Stich. 714, fem. *-ēd-ia* Cic.

2. *t*-Stämme, Substantive, soweit nichts anderes bemerkt. a) Ererbt: mask. *nepōt-* ai. *napāt* (nhd. *Neffe*), vgl. *nept-is* § 269 B 2; fem. *noct-* § 41 (sekundär *nocti-um*); ntr. *lact-* gr. γαλακτ- (γλακτ-). Zu mask. *hospit-* s. § 338, 1a, zu *Mārt-* § 133 IIb Zus. α. – b) Statt reiner Wurzel auf Vokal suffixales *t* (§ 263 C). Komposita: *sacer-dō-t- antisti-t-*, adj. *locu-plē-t-*; *com-i-t- ped-i-t-* 'Fußgänger'. Simplicia: *dō-t- cō-t-*. – c) Typus *eques -itis* 'Reiter, Ritter' von *equus*. Nomina personalia, meist im Plural gebrauchte militärische Termini: *arquitēs* 'sagittarii' Paul. Fest. (*arcus*), dazu *mīles vēles satelles*, *armitēs* ὁπλῖται Gloss. Offenbar war *pedit-* 'Fußgänger', spezialisiert 'Fußsoldat', das Vorbild für *equit-*, dem dann die anderen folgten. Dazu *ālit-* 'Flügelgänger, Vogel', nach diesem *caelit-* (von *caelum*, poetisch). – Die übliche morphologische Verknüpfung von *equit-* mit griech. ἱππότης, hom. ἱππότα (s. W.-H.; *Fraenkel*, Nom. ag. I 6) isoliert in unzulässiger Weise die beiden Wörter in ihren eigenen Sprachen. – Etruskische Herkunft von *mīles satelles* vermutet *Ernout*, Philologica I 46. – d) Sachsubstantiva auf *-it-* aus manchen Bereichen. Mask.: *tarmes* 'Holzwurm' Plt.; *līmes* 'Grenze' (auch osk.); *gurges* 'Strudel'; *poples* 'Kniekehle' (neue Deutungen s. Gl. 42, 115); *circes* 'Ring' Varro, Paul. Fest. (*circus*); *fōmes* 'Zunder'; *tudes* 'Hammer' (*tuditāre* Enn. Lucr.); *merges* 'Heugabel' (*merga* 'Garbe'); *palmes* 'Rebenschößling' (*palma*); *stīpes* 'Pfahl'; plur. *amitēs* 'Ruten des Vogel-

stellers' Paul. Fest. – Dazu -iet- (statt -iit-, § 94): aries 'Widder' (umbr. akk. erietu), abies 'Fichte' (f., als Baum; vgl. ἄβιν · ἐλάτην Hes.), paries 'Wand' (vgl. § 191); s. dazu Mayer, KZ 66, 97 [Gl. 34, 222]; Pisani, IF 54, 212; -et- hier „augmentativ" nach Knobloch [s. Gl. 42, 100]. – Fem.: seges -etis 'Saat', auch wohl teges -etis 'Decke' (tegere); vgl. ai. sravát fem. 'Fluß' (zu sru, sravati); Wn.-Dbr. § 69a, Benveniste, Hitt. 89. – e) Adj.: hebes -etis 'stumpf', teres -etis 'rund' (terere 'bohren'). dīves -itis 'reich' (zu dīvus nach Schulze, Kl. Schr. 468). Zu di indigetēs (-ites inschr.) s. Wissowa 18 u. Latte, 43-45; Vetter, IF 62, 26 [Gl. 36, 146 f.]. – Lautlich -et- statt -it- hinter e der Stammsilbe in hebet- teret- wie in seget- teget- durch Vokalassimilation, § 110. – f) Über caput -itis s. § 446a.

3. nt-Stämme. a) Ererbt ist deverbatives -nt- der aktiven Praesenspartizipien, s. § 431 A, auch zu Typus formal denomin. comant- 'belaubt' und zu quadrant-. – b) Vom idg. denomin. Possessivsuffix -ϝent- (in drei Sprachen, gr. χαρί-(ϝ)εντ-, hethit. -want-, altind. -vant-, nur hier auch -mant-; Wn.-Dbr. 871 f., 883) zeigt das Latein keine sichere Spur; zu cruentus s. § 320a Zus., zu comāns s. § 431 A 2 c; zu -ōsus angeblich aus -o-wn̥t-tos s. § 305, 5; nicht -ment- in clē- vehe-ment- (clē- und vehe- sind keine Nominalstämme). – c) Denominatives -nt- in nicht-original-lateinischen Ethnika: Veientēs (Veiī), Laurentēs, Pīcentēs (in Pīcēnum), ferner collis Avent-īnus, ein vielbehandeltes Thema seit Kretschmer's Aufsatz „Das nt-Suffix". Als Hauptfunktion eines ererbten und ägäisch-kleinasiatischen nt-Suffixes bestimmt Kr. die Zugehörigkeit: vorgriech. Ἄβαντες 'Einwohner von Ἄβαι', illyr. Τάρας, -αντος (woraus lat. Tarentum) benannt vom Flußnamen Tara; dazu als sekundäre Funktionen „deminutiv-hypokoristisch" (aksl. -ęt- für Jungtiere, etwa teḷęt- 'Kalb', danach Pīcentēs '*junge Spechte', Avent- zu avis) und „individualisierend-namenbildend" (gr. Βιαντ- Θαυμαντ-); eine weitere „kollektive" bot das Hethitische mit eshan-ant- weten-ant- ḫastiy- -ant- neben esḫar/-an- 'Blut', watar 'Wasser' (§ 320a Zus.), ḫastai 'Knochen'. Solta betrachtet als Kern ausgerechnet eine „expressiv-affektive" (also inhaltlose) Funktion, an die er, zusammen mit einem nt-Intensitäts-Plural, auch die – prima vista sicher deverbativen – idg. nt-Partizipien und lat. ndo-Gerundiva anschließen will. – Ob die vier nt-Funktionen wirklich zusammengehören und auf eine einzige (prot)indogermanische Vorstufe zurückgehen, ist mir sehr zweifelhaft. Im Latein sollte man Veientēs (von Veiī) eher mit Typus Ardeātēs Tudertēs (von Ardea Tuder) zusammenstellen, diese aber sind ti-Stämme, § 309 B; zu Laurentēs gehört gen. plur. inschr. -ium, nur bei Hexametrikern -um.

Lit.: Kretschmer, Das nt-Suffix, Gl. 14, 1925, 84-109 (zum Latein 104 f.); dazu ders., Anz. Österr. Akad. 87, 557; Solta, Sbb. Österr. Akad. 232, Heft 1 [Gl. 42, 99 f.; dazu E. Hofmann, Krat. 6, 100 f.]; Kronasser, Heth. Et. 247–264; Benveniste, BSL 57, 44–51 (hethit. -ant- nur individualisierend: neben gim- 'Winter' auch gimanz-a, vgl. ai. hemanta-). Mezger, KZ 79, 34; Machek, Ling. Posn. 1, 87–98. – Zu Pīcentēs plur. 'Spechtjunge' s. noch Szemerényi, KZ 71, 214 mit Lit.

328. Denominative Abstrakta auf fem. -tāt- und -tūt-.

1. Suffix -tāt-, nomin. idg. u. lat. -tās, belegt im Italischen, Griechischen und Indoiranischen, bildet Eigenschaftsabstrakta von Adjektiven (novi-

sāni-tās), dann auch Bezeichnungen von Amt oder sozialer Stellung von Personalsubstantiven (*aedīli- cīvi- hērēdi- socie-tās*). Eine kleine Sondergruppe für Ausdrücke der Obsternte beginnt mit *autumni-tās*. – Die Hauptprobleme sind formaler Natur; viele haplologisch verkürzte Bildungen.

a) Normal *-i-tās -ie-tās*. Von *i*-Stämmen: *cōmi- fidēli- nōbili- cīvi-tās*; von Adverbien auf *-e* aus *-i*: *temeri- necessi-tās*, auch *impūni-tās* Cic. (s. § 310, 2 Zus. a). Von *o*-Stämmen *-i-tās* aus *-o-tās*, *-ie-tās* aus *-io-tās* (§ 94): *novi-tās* vgl. gr. νε(F)ό-της (dor. -τᾱς), *boni- digni- firmi-tās*; *pie-tās* Plt., *societās* Cato, *varie-tās* Cic. – Analogisch *-itās* von Kons.-Stämmen (Nomina personalia): *auctōr- hērēd- virgin-itās* (dies wohl nach *castitās*).

Zusätze. Aus *calami-tās* und *in-columis* 'unversehrt' zusammen ist ein Adj. *calamis 'versehrt' zu erschließen (vgl. dazu auch § 162 c β zu *cad-*). – *plēbi-tās* Cato, Gegenstück zu *nōbili-tās*. – *aevi-tās* XII tab., jünger *aetās* (osk. *aitat-*), von adj. *aivos 'lebend', *Benveniste*, BSL 38, 107 [Gl. 28, 13]. – *Appie-tās* Cic. fam. 3, 7, 5, etwa nach *pietās*. – *satietās* Plt., funktionell zu *satur*, formal wohl von compar. ntr. *satius* 'mehr als genug', also abstr. 'Überdruß' (kaum nach *ēbrie-tās*); daneben *satiās -ātis* Plt. Lucr. al., wohl haplologisch verkürzt akk. *sati(et)ātem* (nicht *ti*-Abstraktum von *satiāre*). – *pestilitās differitās* Lucr. für *-entia*, s. § 130 I C 3 b; *māximitās* Ov. für *magnitūdo*, ähnlich *proximitās* Ov., alle vier metri gratia.

b) *-tās* hinter Kons. (Dauerlaute und *p*). Von Kons.-Stämmen: *paupertās, ūber- pūber-tās, iuven-tās, maies-tās* (s. §§32 u. 383). – Besonderheiten. *-er-tās* für *-ero-tās* in *līber(o)-tās*, § 104 Zus.; *viduertās* 'Unfruchtbarkeit des Ackers' in Gebet bei Cato, nach *ūbertās Wackernagel*, Kl. Schr. 797. – *facultas* aus *facli-tās § 149 a γ; ebenso wohl *simultās* 'Feindschaft' (falls nicht von adv. *simul*). – *cānentās* 'capitis ornamenta' Paul. Fest., wohl als '(Schmuck des) Greisenhaars' (vgl. *cānitiēs*, paelign. *casnar* 'senex') Konträrbildung zu *iuventās*. – *voluntās* entweder aus *velont-tās (-*nt-t-* > *-nt-*, nach § 198 Zus. e, trotz av. *-ant-t-* > *-ąst-* in *uxšyąstāt-*, *Benveniste*, BSL 55, 18 f.) oder haplologisch akk. *velonti-tātem > *voluntātem*; vgl. osk. gen. *Herentateis* (Göttin). Hier sei angeschlossen *identitās* 'ταὐτότης' IVᵖ, wohl nach *entitās, bei *J. B. Hofmann*, Philol. 89, 451 [Gl. 26, 93] nach *essentitās*. – *voluptās* von adv. *volup* Plt. – *-stāt-. -estās -ustās* neben Adjektiven auf *-estus -ustus* in *honestās venustās* durch Haplologie (§ 234): *honesti-tātem > *honestātem*; entsprechend *tempestās, vetustās*, auch *egestās* von *egestus. Abstr. *vetustās* ist also nicht Ableitung von adj. *vetus* 'alt'; dieses vielbehandelte Adjektiv (§ 259, 1 c) betrachte ich als Rückableitung aus *vetustās*. – *potestās* von *potis* 'Herr' wohl nach *maiestās*. – *pesestās* aus altem Gebet bei Festus (*avertas morbum eqs.*) ist wohl entstellt aus *peiestas* (von *peior* wie *maiestās* von *maior*). – *aestās* 'Sommer' für *aesti-tās von adj. (ptc.) **aesto-* 'heiß' (neben *aestu-* 'Glut'; vgl. § 171 c). – Aber umgekehrt sind Rückbildungen aus *-rtās -stās* die Adjektive *lībertus, ūbertus, maiestus*. – *anatem* 'morbum anuum' Paul. Fest., also Ableitung von *anus -ūs*, steht für *anitātem, sei es als Verschreibung (so *Pisani*, AGI 32, 125) oder durch Haplologie.

c) Sondergruppe *autumnitās* 'Herbst', dies von *autumnus* nach *aestitās 'Sommer' neben *aestus* (-*ūs*) 'Glut'; spezialisiert als 'Ernte, Lese (der Oliven)' Cato agr. 5, 8 (unmittelbar hinter *autumnus*), Varro Men. 443, 458. Hiernach 'Olivenernte' *ole-itās* (*oletas* cod.; vgl. § 133 II b) Cato agr. 6, 8; 144, 2, *olīvitās* Varro Men. 219, Col.; 'Feigenernte' *fīcitās* Nov.

d) Zur Vorgeschichte betr. *-tāt-* und *-tāti-*: Vereinzelt im Indoiranischen *-tāti-*, sicher als Neuerung (*Wn.-Dbr.* 621 § 464; *Renou*, BSL 55, 10–19, speziell 16–18). Und im Latein ist als gen. plur. *civitātium* neben *-tātum* durch Varro ling. 8, 66 anerkannt (andere Belege s. N.-W. I 40). Aber auch *-tātium* muß als lat. Sonderentwicklung gelten, denn als Abstrakta besaßen diese Nomina keinen alten Plural. Die Erschließung einer alten Suffixvariante *-tāti-* neben *-tāt-* (*Meillet*, Innov. 39) und entsprechend *-tūti-* (praegermanisch nach got. *-dūþi-*) neben (lat.) *-tūt-* ist also unhaltbar. – Diese Suffixe *-tāti-* und *-tūti-* dienten früher als Musterbeispiele der Umwertung von zweiten Kompositionsgliedern, d. h. als angebliche *ti*-Abstrakta der Bedeutung 'Kraft' von Wz. *tā tū* in bereits idg. determinativen Nominalkomposita.

Lit.: *Brugmann* II 1, 450 ff,; *Wn.-Dbr.* 620; *Hirt*, Idg. Gr. III 200. – Zu idg. *-tāt-* als angebliche Erweiterung von Suffix *-tā* (*iuventa: iuventās*) s. *Wn.-Dbr.* 616 litt. b α. – Zum Latein s. noch *Stolz*, HG 553; *Meyer-Lübke*, ALL 8, 321–334. – Zu *volup(tā)t-ārius* s. § 277, 2 a.

2. Suffix *-tūt-*, nomin. *-tūs*, umfaßt vier geläufige Ableitungen von Personalsubstantiven; drei bezeichnen Altersstufen in der Reihe *iuven-tūs* (wohl ererbt), *virtūs* (aus **viro-tūs*), *senec-tūs* (von *senec-* in nomin. *senex*); beizufügen ist *ani-tūs* Gloss. (von *anus -ūs*). – Konträrbildung zu **viro-tūs* als 'Mannestum' ist *servi-tūs* 'Sklaventum', vgl. umgekehrt gr. ἀνδρεία nach δουλεία. – Isoliert ist *tempestūs* für *tempestās* als 'supremum augurii tempus' Varro ling. 7, 51; wohl Mißdeutung des Adj. *tempestus*.

Idg. *-tūt-* als mask. Abstraktsuffix im Altirischen, *oitiu* Entsprechung zu lat. *iuventūs*, *ointiu* 'unitas'. Angebliches av. *gadō-tus* ist unhaltbar nach *Hoffmann*, Festschr. Eilers 188. – Ein Suffix *-tūti-* in vier got. Eigenschaftsabstrakta des Typus *mikil-dūþs* 'Größe'; vgl. oben zu *-tāti-*. – Zu lat. *-tūt-* s. noch *Ernout*, Philologica I 225–232. – Zu lat. *-tūdin-* als vermuteter Ableitung von *-tūt-* s. § 325 A 2 b.

329. *k*-Suffixe. Bei vorangehendem kurzem Vokal nomin. *-ex -ix*, bei langem *-āx -īx -ēx -ōx*. Als Neutrum nur *hallēc*.

1. Lat. *-ex -icis* (*-ic-* aus *-ec-* oder *-ac-*) und *-ix -icis* (*-ic-* ursprünglich). Sachsubstantive, meist mask. Deutlich deverbativ *vertex* alt *vortex* 'Wirbel', danach *scaturrex* Varro Men. 112. Denominativ *imbrex* 'Hohlziegel'. Sonst meist unableitbar, daher Suffixfunktion unbestimmbar; vermutlich viele vorlat. Lehnwörter; Quantität des Stammsilbenvokals oft unerkennbar, vereinzelt auch die des *i* von *-ix -icis*.

Verwendungsbereiche. Pflanzenreich. Bäume (als solche fem.): *īlex, vitex, larix* 'Lärche' (kelt. Lehnwort); niedere Pflanzen: *cārex rumex ulex fīlix*; Pflanzenteile (mask.): *caudex cortex frutex*. Kleintiere: *laurex mūrex dentex sōrex* (saur- § 83 A 3 b); *cīmex cŭlex pūlex* (Plt. Curc. 500). Körperteile und Körperschäden: *pantex* 'Wanst', *pōdex*, *pollex* 'Daumen' (adj. *digitus p.* Cato; zu *lacio*?); *famex* 'θλάσμα', *rāmex, varix*. Varia: *senec-* in nomin. sing. *senex* (plur. *senic-ēs* Plt. Cist. 373; *senec-tūs, senica* mask. Pompon. Atell. 111), von idg. **seno-* 'alt', vgl. kompar. *sen-ior*, gen. *sen-is* zu *senex* (abwegig über *ec* vor *s* in *senex* gegenüber *ā* in *senātus*, beide aus *e* plus Laryngal, *Martinet*, BSL 51, 42 ff. [Gl. 42, 100]). Weiter *rupex apex irpex* 'Rechen'. *latex* 'Naß' (entlehntes gr. λάταξ -αγος, also *-ic-* für *-ig-*; poetisch). *pūmex* 'Bimsstein' (zu *spūma*?). *silex* wohl ererbt. *calix* 'Schale' (vgl. gr. ἡ κύλιξ). *fornix* 'Bogen eines Bauwerks'. Zu plur. *forpicēs* 'Schere' aus *forcipēs* s. § 233 D. – S. bes. *Ernout*, Philologica I 140–148.

2. Suffix -āc- bildet im Latein in erster Linie Verbaladjektiva aktiver Bedeutung 'mit Hingabe etwas betreibend', also vorwiegend Personaladjektiva, öfters zur Bezeichnung einer tadelnswerten Neigung. Von Verben der 3. Konjug.: *emāx vendāx* Cato agr. 2, 7; *edāx, bibāx* (*Fūrius Bibāculus* Quaestor 216ᵃ), *capāx, dĭcāx* Plt., *efficāx, fallāx* (*-ācia* Plt.), *fugāx* Plt., *loquāx, rapāx, perspicāx* Ter.; dazu *salāx*, poet. *sequāx*. 2. und 1. Konjug.: *audāx, mordāx, tenāx* (mit *pertināx*, § 339, 3b, und *abstināx* Petr. 42, 5); *fūrāx* Plt. Pers. 421.

Spekulationen zur Herkunft. Im Rahmen der Rückführung von idg. kons. oder vokal. Suffixen auf Pronomina und Partikeln (vgl. dazu § 254 Zus. b) diente für semasiologische Begründung besonders die Verknüpfung von Suffix -*k*- bzw. -*ko*- mit der Partikel -*ke* (in lat. *hi-c*). S. dazu außer Ferd. Ewald, Entwicklung des *k*-Suffixes in den idg. Sprachen, Heidelberg 1924, und Specht, Urspr. 289 u. 308 f. noch Th. Baader, Die identifizierende Funktion der Ich-Deixis, 1929 [Gl. 18, 260¹] und Cl. Sandoz, Les dérivés i.-e.s en *-k(o)-*, Arbeitspapiere des Inst. für Sprachwiss. der Univ. Bern, Heft 10, 9–17, 1973 (Funktion individualisierend und determinierend).

Zusätze: a) Unsicheres oder Undeutliches. *pellāx* 'listig' (*Ulixēs* Verg. Aen. 2, 90) kann nicht zu *pellere* gehören; vermutlich frühe Umgestaltung aus *pel-lăx* zu *pellicio* 'verlocke', womit offenbar Lucr. 5, 1004 das Abstr. *pellācia* etymologisiert; s. auch E.-M. s. *lax*. – Ohne Verbum: *contumāx* 'widerspenstig, anmaßend' (zu *contemnere*?); *săgāx* (zu *sāgīre*?); *mendāx* 'lügnerisch' (von *menda* nach Frisk, Kl. Schr. 10); *vērāx*, Gegenstück zu *fallāx* (von einmaligem *vērāre* Enn.?, s. Gl. 42, 119 f.). *sōlāx* in *sōlāc-ium*, vgl. *cōn-sōlārī*. – *catāx* 'lahm'. – Lat. *Aiāx* (seit D 768, 773; zu *ai-* aus gr. αι- s. § 85 C 1 a) ist Umgestaltung von gr. Αἴας -αντος unter Anlehnung an *aio* etwa nach *loquāx* (vgl. auch Gl. 21, 193 zu Migliorini).

b) Zur Ableitung. Das *ā* von -*āc*- war ursprünglich Ausgang eines *ā*-Stammes, sei es der eines *ā*-Nomens, etwa in *fugāx* oder in *linguāx* 'geschwätzig' (Wort der *veteres* nach Gell. 1, 15, 19), oder der eines *ā*-Verbums, in *fūrāx* oder *sōlāx*. Wo *ā*-Nomen und abgeleitetes *ā*-Verbum neben -*āx* bestehen, konnte eine Umgliederung erfolgen, etwa bei *mināx nūgāx*, auch *pugnāx*, übrigens auch bei *vorāx* 'gefräßig', *procāx* 'frech', da die Verben *vorāre procāre* (altlat. 'fordern') selbst ein *ā*-Nomen zur Basis haben (§ 265 a β). – Wenn, wie anzunehmen ist, trotz vorwiegend deverbativer Verwendung von -*āx* das *k* denominativen Ursprungs ist, so sind drei Ausbreitungsstufen anzusetzen: 1. denom. Typus, *mināx fugāx*, 2. deverbativ Umgliederung zu *mināri* bzw. *fugere*, 3. durch morphologische Fugenverschiebung in *fug-āx* Anschluß an Verben der 3. Konjug. – Kaum vergleichbar ist gr. -*āk*-, das von Adjektiven ableitet, in φαιāκ- (hom. Φαίηκες), νέāκ-, λάβρāκ-; s. dazu Schwyzer I 497 Ziff. 4.

Ganz andersartig denomin.: *līmāx* (m., f.) 'Schnecke', von *līmus* 'Schlamm'; gr. λείμαξ Hes. ist wohl lat. Lehnwort; *fornāx* fem. 'Ofen', zu ai. *ghr̥na-* 'Glut' lat. *fornum* 'Ofen' Varro.

3. -*īx* -*īcis* fem. Substantiva (und einige Adjektiva), nur im Italischen.

a) Hauptgruppe sind die Motionsfeminina auf -*īc*- (fast nur -*tr-īc*-), eine ital. *k*-Erweiterung der idg. Motionsfeminina auf -*ī* (§ 269 B 1). Die -*trīx*-Feminina, vom lat. Standpunkt aus deverbativ neben -*tor*-Maskulina, sind genetisch mit Suffix -*tr-ī-c*- *ī*-Ableitungen von diesen Nomina agentis auf -*tōr*- -*tr*- (§ 319 A 1b): *genetr-īx* zu *genitor*, vgl. ai. *janitr-ī* zu mask. *janitar- -tr-*, auch gr. γενέτειρα (§ 269 B 1); weiter etwa *cul-pis- ul(c)- vic-trīx*; zu *cursrīx* s. § 198 Zus. b, zu paelign. -*cirīx* für -*trīx* s. § 160b Zus. α. Ohne mask. -*tor* bei nur weiblichen Berufen, *mere- obste-trīx*; bei *nūtrīx* (alt inschr. *noutrix* D 47) ist *noutrī* (ohne -*c*-) das Grundwort zu *nūtrīre* (aber zu osk. *Fuutrei* s. § 319 B 2). Gleichartig *nătrīx* 'Wasserschlange' als '*Schwim-

merin'; zu *nă-* bei *nāre* vgl. iter. *nătāre*. Unverständlich *cicātrīx* 'Narbe'. –
Mit *-īc-* sind zuerst zwei natürliche Feminina auf *-ter- -tr-* formal femininisiert worden: plur. *ianitrīcēs* (§ 64) und *mātr-īx* 'Muttertier' Varro. – Einfaches *-īc-* bei anderem Stamm: *iuven-īx* Plt. Mil. 304, jünger bezeugt, aber wohl älter *iūn-īx* 'junge Kuh', virtuell von *iuven-(is)* 'Jüngling'; zu *iūn-* vgl.
§ 322 C 2. – Zu *-str-* in *tōnstrīx* s. § 198 Zus. b.

b) Adj.: *fēlīx* 'glücklich', aus 'fruchtbar' *(arbor)*, ursprünglich wohl nur fem., mit *-īc-* formal femininisiertes adj. **fēlu-*, Entsprechung zu gr. θῆλυς 'weiblich', so zuletzt *Specht*, KZ 62, 237; 65, 202. – Zu ntr. plur. *victrīcia arma* Verg. s. § 259, 2. – Unklar *pernīx* 'schnell', seit Plt., kaum von *perna*. – Merkwürdig mask. *miscix (-īx?)* Petr. 45, 6.

c) Sonstiges. Vogelnamen, fem.: *cornīx* 'Krähe' (aber umbr. *curnāc-*); *coturnīx* 'Wachtel', *spinturnīx* (demin. *-īc-ium* Plt., § 275 E 2). – Sachsubstantiva, fem.: Deverbativ: altlat. *struīx* plur. *-īcēs* 'Aufbauten'; ohne metrische Gewähr für Länge *ī*: *appendīx* Cic. (fem.!; alt *amp-* nach Paul. Fest.); plur. *offendīcēs* s. § 171 b α. Nicht deverbativ, mit gesichertem *ī*: *coxendīx* 'Hüfte' Plt., neben *coxa* (Reimwort zu *appendīx*?; *Specht*, KZ 66, 221 ff.); *cervīc-* (meist plur.) 'Nacken'; *rādīx* (§ 195).

4. *-ōx* ist Ausgang einiger Adjektive. In *ferōx* (und *ătrōx*) gilt *-ōc-* als zweites Kompositionsglied: **ōkʷ-s* (> *-ōx*) Entsprechung zu gr. *-ωπ-* in βο-ῶπ-ις (vgl. *ὤψ in εἰς ὦπα, Schwyzer* I 426 Fußn. 4), also *fer-ōx* 'mit Wildtierblick' (*fera* fem. gleich gr. θήρ mask., § 168). – Suffix *-ōc-* : *vēlōx* 'schnell' (*vēl-* zu plur. *vēl-itēs, -ōc-* zu *ōc-ius*?); *celōx* 'schnelles Schiff' fem. aus adj. (sc. *nāvis*), Angleichung des entlehnten mask. κέλης Hdt. Thuc. an *vēlōx*. – Altlat. *solōx (sō-?)* 'struppig, rauh', von der Wolle. – Alpenwort *camōx* 'Gemse'. – *-ēc-* in *vervēx* mask. 'Widder' und in ntr. *(h)allēc* 'Fischsauce'.

Lit.: *Ernout*, Philologica I 133–163 (133 u. 162 *senex*; 140–148 *-ex -icis*; dann *-āx* 148 f., *-ēx* 150, *-īx* für Pflanzen u. Tiere 152, *-ōx* 155; *-īx -īgo* und *-āx -āgo* 156). Zu Pflanzen- und Tiernamen: *Ettmayer*, IF 43, 23, *Specht*, Urspr. 40 f., *Carnoy*, Atti VIII. congr. int. di studi Romanzi II (Firenze 1959), 474–486. *Otto*, IF 15, 40 f. (unverbindliche Überlegungen zu *-āc-*). – *-ōx* gleich gr. *-ωψ*: *Schmidt*, Pluralbild. 388 f.

d) *s*-Stämme (§§ 330–331)

330. *s*-Stämme. Im historischen Latein als *r*-Stämme erscheinend; Haupttypen deverbativ, die idg. *es*-Neutra des Typus *genus -eris* und die fast nur aufs Latein beschränkten Maskulina des Typus *odōs/odor -ōris*; dazu als Adjektiva die Komparative auf *-ior -ius* gen. *-iōris* (§ 383). Das intervokal. *s* für *r* ist noch bewahrt in überlieferten *pignosa maiōsibus* usw.; lautgerecht ist *s* erhalten im Wortauslaut, also im Nominativ (*honōs, Cerēs, genus, maius*), und in suffixalen Ableitungen vor *c t* wie *corpus-culum sceles-tus*; vgl. § 180b, c. – In der Grundsprache bestand Suffixablaut, *os/es/s* bei Neutra (§ 88 Zus.), auch *-ōs -ēs* bei Maskulina.

A. Die *-es*-Neutra: soweit analysierbar, meist deverbativ; im Stamm vorwiegend *e*-Vokal, wie in lat. *genus* gr. γένος; sog. Nomina rei actae; im

Latein nicht mehr produktiv. Nomin. *-us*, inschr. alt *-os* in *opos Venos* (§ 99). Zu unverändertem *e* vor *r* in *gener-is* s. § 87, zu gen. *-oris -uris* und nomin. *-or -ur* s. § 88 Ende bzw. § 99 Zus. Ende.

1. Normale Form *-us -eris* u. *-oris*. a) Auswahl von Beispielen. - *us -eris*, lautlich aus *-os -es-es*. Ererbt: *acus* 'Hülsen des Getreides', *genus, latus, onus, opus, scelus* (wenn gleich gr. σκέλος), *ulcus* gr. ἕλκος. – Nur lat.: *foedus*, **bhoidos*, statt **bheidos* lat. *fīdus* Enn. (nach Varro ling. 5, 86; auch in *fīdus--tus* Paul. Fest., vgl. unten Ziff. 3); *glomus, holus* (alt *helus*, § 43c); *pondus*; *rūdus*, plur. *-era* (vgl. § 168 Zus. b); *sīdus*; plur. *verbera, viscera*. – Mit Normalisierung des Suffixvokals *o* (von nomin. *-os*) gen. *-or-is*: *decus* ai. **daśas*, *frīgus* gr. ῥῖγος § 194, *nemus* (s. Benveniste, BSL 32, 79); *tergus* § 169; nur lat.: *corpus, lītus, penus* (mit praepos. *penes*), *stercus; tempus* 'Zeit', zu *tempora* 'Schläfen' (trotz Frisk, Kl. Schr. 85, 90), aber *-es- -er-* in *tempestus*, adv. *temperī*, dazu *temperāre*. – b) Verdeckt: fem. *Venus* ai. ntr. *vanas* (Allg. Teil 23* § 14). Lok. als adv. *temere* (ntr. ai. *tamas* 'Finsternis'), als infin. *leg-ere* (§ 429). Postpos. (*hāc-*)*tenus*. – c) Nur in Ableitungen erhalten: in demin. *crepus-culum* (s. aber § 192 sub *kn-*); **vetos* 'Jahr' (gr. τὸ (ϝ)ἔτος) in *vetus-tus* § 299, 2a 'bejahrt' (zu adj. *vetus* s. § 328, 1b); **augos* in *augustus* usw. – d) Ererbt *-nos* im juristisch-sozialen Bereich (*Meillet*, MSL 15, 260; zu Unrecht abgelehnt von *Manessy-Guitton*, Rev. phil. 38, 48–58): dazu die nur-lat. *fūnus* ('*Todesbefleckung' (*Wagenvoort*, Gl. 26, 122–127), *mūnus* (**moinos*, vgl. *mūnia* § 74), *vulnus* (**volenos*, § 216b); mit gen. *-or-is*: *facinus*, und *fēnus pignus*, doch diese mit *-ner-āre*.

2. *-us -eris* lautlich entstellt. a) Drei Einsilbler: *rūs rūr-is* ererbt, aus **rewos* (§ 142b; vgl. § 303 IIb zu *rūsticus*), av. *ravah-* ai. in *Purū-ravās*; ebenso *iūs* 'Recht' aus **yewos* (vgl. inschr. *i̯ou̯estod* '*iūstō*'). *aes aer-is* 'Erz', Grdf. **ayos *ayes-es* (ai. *ayas -asas*); lat. Vorstufe gen. **ai̯es-es* ist für *aeris* gesichert durch adj. *ahēnus*, s. § 133 II b β; nomin. lat. *aes* und got. *aiz* durch Stammausgleich, nicht Erbform **ais*: got. *áiz* (*-z!*) zu gen. **aiz-is* <**ai̯iz-is*; lautlich hätte **ayos* zu lat. **a-os* > **aus* geführt. – Zu *far farr-is* mit *rr* aus *rs* s. § 181a. – b) *iūgerum-ī* 'Juchart, Ackermaß' ist Ersatzsingular für **iūgus -eris* (mit *ū* aus *eu* nach § 66; gleich gr. τὸ ζεῦγος) zum geläufigen aber doppeldeutigen plur. *iūgera* gen. *-um* (Allg. Teil 66*); eindeutig plur. der 2. Dekl. ist nicht gen. *-um*, nur abl. *-īs* (bei Cato und Varro), üblich aber *-ibus* Varro Cic. usw., auch inschr. XIV 3340.

3. Vokal der Stammsilbe *o* bzw. *u* statt *e*. Durch lat. Lautwandel: *glomus* § 111, *holus ulcus fulgur* § 43c; *iūs rūs iūgerum* s. oben 2. – Durch Ausgleich mit dem Stamm von *o*-Maskulina des Typus *modus* (§ 265aα): *pondus -eris* statt **pendus* nach mask. **pondus -ī* in abl.-instr. *pondō* (woraus nhd. *Pfund*) 'an Gewicht'; ntr. **modus -eris* verbaut in *modes-tus moder-āre*, nach mask. *modus*, für **medus -eris* (dies in umbr. *mersto-* aus **medes-to-*), wohl zur Abgrenzung gegen *medērī*; *foedus* neben *fīdus*, oben 1a.

4. *-ur -or* gen. *-uris -oris*, scheinbare *r*-Stämme, mit nomin. *-r* für *-s* aus den anderen Kasus; zum Vokal *o u* s. § 99 Zus. für *-or -ur*, § 88 Zus. für *-oris -uris*. So *rōbur -oris* 'Eichenholz, Härte', *s* noch in *rōbus* Cato, adj. *rōbustus*; *fulgur -uris* 'Blitz', noch *fulgus* bei Paul. Fest.; denomin. *aequor* 'ebene

Fläche', wohl aus plur. *aequora* (nach *lītora*?; zu bewahrtem *quo* s. § 46 Ende).

Zus. Echte neutrale *r*-Stämme auf *-or -ur* sind wohl *ador marmor ebur guttur sulphur*, nach *Benveniste*, Orig. 37 u. 39 auch *fulgur* und *augur*.

Vieldiskutiert ist die *ur*-Flexion von mask. *augur* (alt auch *auger* nach Prisc.) 'Augur'. Man kann es kaum direkt erklären als Umwertung eines ererbten *es*-Neutrums der religiösen Sphäre **augos* (ai. *ojas* av. *aogō aojō̆*, vgl. lat. *augus-tus*) 'wirkende Kraft', zu lat. *augēre*. Vielleicht ist von einem ntr. **augus -uris* (mit *-ur-* für *-or-* wie *fulgur-*, § 88 Zus.) auszugehen; aus einem davon abgeleiteten *augur-āre* 'sich mit **augura* abgeben', wäre mask. *augur* 'Augur' retrograd abgeleitet. Zum religiösen Aspekt s. *Gonda*, Ai. *ojas*, lat. **augos* and the i.-e. nouns in *-es/-os*, Utrecht 1952 [Gl. 34, 223]; *Dumézil*, REL 35, 126-131 [Gl. 42, 106]; *Wagenvoort*, Mnem. 17, 1964, 53. – *lepus -oris* mask. 'Hase' ist Lehnwort, illyr. 'Schlapp-ohr' nach *Brüch*, KZ 46, 359.

Zu den idg. *-es*-Neutra s. weiter: *Wn.-Dbr.* 227 ff. § 127; 235 § 132; *Solmsen*, Studien 80 ff.; *Manessy-Guitton* (Titel s. § 331) 70 ff. zu *rūs iūs*.

B. Maskulina auf *-or -ōris*; alt nomin. *-ōs* in *honōs odōs* usw. (s. § 180f). Im Wesentlichen als lat. Sonderentfaltung Verbalabstrakta zu Intransitiven der 2. Konjug., d. h. zu Zustandsverben der äußeren Erscheinung auf *-ēre*, und daher auch indirekt neben Adjektiven auf *-idus*; zum Suffixverband s. § 297: Muster *tepor tepēre tepidus* (aber gegen lat. mask. *tepor* altind. ntr. *tapas*, wäre lat. ntr. **tepus -eris*). Vereinzelt auch zu Verben anderer Konjugationen; auch im historischen Latein noch produktiv. Kein Einzelwort kann mit Sicherheit für die Grundsprache beansprucht werden.

1. Äußerliche Eigenschaften. a) „Farben usw.": *albor candor decor līvor nitor pallor rubor splendor squālor*; dazu *lepōs lūror* neben *-idus*; *colōs* aus **kelōs* zu *occulere* § 111; isoliert *honōs* mit *-es-tus*. – b) „Hitze, Kälte, Geruch": *ardor calor tepor fervor*; *algor*; *mador liquor* (zu *lī-* s. § 130 II B 1), *ūmor mūcor*; dazu *vapor* neben *-idus*; isoliert *nidor* (§ 192 sub *kn-*); zu *sūdor* s. unten. *odor foetor rancor*; dazu *sapor* neben *-ēre*, *paedor* neben *-idus*. c) „Stärke, Schwäche, Festigkeit": *languor marcor, rigor tumor, tenor vigor*; dazu *sŏpor*; *labōs* neben *-āre*; *mōs* wohl aus **movōs*, § 144 a; akk. *robosem* (wohl *ō ŏ*) Paul. Fest. – Etwa nach *albus* : *albēre* : *albor* oder *āridus* : *ar(i)dēre* : *ar(i)dor* auch zu Adjektiven: *caldor* Varro (vgl. *calda aqua* § 103 b), danach später *frīgdor*; *curvor* Varro ling.; *amāror* u. *lēvor* Lucr. – 2. Gemütszustände, sicher nach übertragen gebrauchten *pallor līvor* usw.: *horror pavor stupor terror timor torpor*; in dieser Gruppe oft Fehlen von *-idus*, und speziell Ableitungen von Verben anderer Konjugationen: *dolor maeror, pudor, favor* Cic. (der es als noch ungewohnt empfindet); dazu von *-ēre tremor, angor* (von pass. *angī*), *furor*; von *-āre error* (zunächst für 'geistige Verstörtheit', Plt. Amph. 470) und *amor*. – 3. Geräusche, meist jung und daher ebenfalls ohne *-idus* und oft von anderen Verben: neben *-ēre strīdor canor clangor crepor fremor plangor sonor*; ferner *clāmor* neben *-āre, vāgor* Enn. Lucr. neben *-īre*; *fragor*; *rūmor*. Zu *canor* vgl. *canōrus* § 266 c. – 4. Zur Vorgeschichte. Die *-ōs*-Maskulina (mit sekundär in der Flexion durchgeführtem *ō*) und fem. *arbōs -ōris* haben ihre griechische Entsprechung in den Nomina auf -ως gen. -ους (aus *-o(s)-os*), fem. αἰδώς 'Scham', ἠώς (hom.) 'Morgenröte' und mask. γέλως 'Lachen', ἱδρώς (akk. hom. ἱδρῶ) 'Schweiß', dies wohl umgestaltet aus **swoidōs* gleich lat. *sūdor*, § 145 b, nach einem Adj. **swid-rós*. Das Indoiranische setzt eine idg. Form *-ōs* allein voraus als nomin. plur. (bzw. Kollektivum) der *es*-Neutra (*Schmidt*, Pluralbild. 143 f.). So besteht keine Nötigung, mit *Ernout* und andern für *honestus* ein Ntr. **honōs* neben lat. mask. *honōs* vorauszusetzen. – Das Bedeutungsverhältnis zwischen lat. ntr. *-os* (*-us*) und mask. *-ōs* (*-or*) in *decus rōbur* und *decor rōbōsem* ist nicht greifbar. Meist rechtfertigt man das Geschlecht der Maskulina als Ausdruck magischer Kräfte; nach *Boscherini*, St. it. 31, 113-126 [Gl. 42, 100] sind sie erst im Latein aus Neutra umgestaltet zum Ausdruck einer stärkeren Dynamik(?).

Lit.: *Meyer-Lübke*, ALL 8, 313 ff.; *Ernout*, Philologica II 27-54; am ausführlichsten *H. Quellet*, Les dérivés latins en *-or* (Et. et Comm. LXXII), 246 S., Paris 1969 (bestimmt

p. 112, 131, 150 Einheitsfunktion des *-or* als „Verlauf eines Vorgangs" [was den meisten Basisverben auf *-ēre* entspricht], operiert also quasi-synchronistisch für das *-or* aller Einzelbelege, d. h. ahistorisch im Hinblick auf die Ausbreitung; einseitige Methodenkritik an den früheren Arbeiten p. 97-111). - Im Romanischen sind die *ōs*-Maskulina generell zu Feminina geworden, s. *Dardel*, Cahiers de Saussure 17, 29-45 [Gl. 42, 100], mit Belegen schon aus dem Spätlatein 40 f.; vgl. *dolorem nefandam* CE 474, 6. - Unhaltbar ist die Auffassung dieser Maskulina als idg. *r*-Stämme, so zuletzt *Mezger*, KZ 62, 22 letzte Fußn. (s. Gl. 26, 92 zu *crūdus*) und Lang. 22, 195. - Zu *sopor* als angeblichem idg. *r/n*-Ntr. s. § 320 a Zus. Mask. *cruor* 'Blut' ist nicht deverbativ und vermutlich alter *r*-Stamm.

C. Sonstige substantivische *s*-Stämme aller drei Geschlechter. Fast nur Einsilbler, in denen das *s* also nicht suffixal ist. Im Nominativ *-s* bewahrt, abgesehen von jung sing. *lar*; die anderen Kasus mit intervokal. lat. *-r-*. Erbwörter: *mas*, demin. *mas-culus*, zu ai. *pu-mās-* (anders *Szemerényi*, Fachtagg. 193); mask. *mūs* § 53; fem. *nās-* § 263 A 2; ntr. *ōs* (ai. *ās* u. *āsan-*), *iūs* 'Brühe'. Nur lat.: mask. *glīs* 'Haselmaus', *rōs* 'Tau (Feuchtigkeit)', *flōs*; plur. *Larēs* (alt *Lases* Arvallied); ntr.: *crūs*; auf *-ss- os* 'Knochen' (zu gr. ὀστ-έον, vgl. § 176 II a β) und *vās* gen. *vāsis* (*s* aus *ss* hinter *ā*, nach § 182a). - Mehrsilbler: mask.: *cinis -eris* 'Asche' (§ 111; danach wohl *pulvis*), *vōmis* 'Pflugschar'; fem.: *arbor (-ōs) -ŏris*, *mulier -eris* (§ 60, Zus. b; *s*-Stamm wegen adj. *muliebris*, § 207), auch *tellūs -ūris* 'Erde'.

Zusätze zu Einsilblern. 1. Neutra. *fās* (mit *ne-fās*, § 333 IV A 1), *-s* suffixal; ohne Flexion; eventuell erstarrter Dativ als infin. *fārī*. Lehnwort *tūs -ris* 'Weihrauch' gr. τὸ θύος, lautlich *thuos > *tuus > tūs*; vielleicht ebenso *pūs* 'Eiter' gr. τὸ πύος. - 2. Sekundäre *r*-Flexion in fem. *glōs* Jur. 'Schwägerin'; ursprünglich *-ōw-*Stamm, nach gr. ἠγάλως, s. *Schmeja*, IF 68, 23. - 3. Einen *s*-Stamm nur im Plural zeigen fem. *vīs* 'Kraft', *spēs* 'Hoffnung' mit *vīrēs spērēs*, wie *mōs mūs* plur. *-rēs*. Die Singulare sind ererbte Wurzelnomina auf Langvokal *-ī* bzw. *-ē*: zu *vīs vim vī* 3. Dekl. vgl. gr. hom. (F)ἴς ἴν ἴφι; entsprechende Kasus *spēs spem spē* plur. *spēs* in der 5. Dekl., vgl. dazu als Verb slav. *spě-avest. spā-* 'proficere'. Als Frauenname (nach gr. Ἐλπίς) flektiert *Spēs* auf Inschriften auch gen. *Spētis, Spēnis* (§ 366, 1 e und 2 a), auch Dat. *Spentī* IX 1204. Der neue *s/r*-Plural *vīrēs* hat die Zweideutigkeit des *-s* in nomin. sing. *vīs* als Endung oder als Stammausgang zur Voraussetzung; so betrachtet *Bonfante* (s. Gl. 27, 68) umgekehrt die beiden als ursprüngliche *s*-Stämme, was bei *vīs* ganz undenkbar ist. - Vereinzelt finden sich Ergänzungsformen zum defektiven *vīs vim vī*: dat. *vī* Bell. Afr. 69, 2, inschr. *ui diuinae* V 327, gen. *vīs* spät bei Juristen, plur. *vīs* Lukrez. S. bes. *Ernout*, Philologica II 112-150, auch zu plur. *vīs* neben *vīrēs*. - Bei *spēs* vermutlich zuerst Ableitung *spēr-āre* nach *iūs iūrāre*; erst von *spērāre* aus plur. *spērēs* Enn.; s. dazu § 361, 2 c β. - 4. Mask. *mēnsis* 'Monat', ursprünglich 'Mond', ist idg. *s*-Stamm *mēns-* (Ablautform zu *mēnes-* in lit. *měnes-is*); lat. *mēns-em -um* gleich gr. μῆν-α -ῶν (zu lat. nomin. *mēns-is* s. § 357 B 2 a). - 5. *ānser -eris* 'Gans' (statt **hans-*, § 178 III a α) zeigt, nach gr. χήν χηνός aus **ghāns, -nsos*, Flexionsausgleich, wohl über akk. **hāns-erem* für **hānes-em > *hāner-em* nach gen. **hāns-es*.

D. Adjektive. Neben den *es*-Neutra standen im Idg. *es*-Adjektiva, mit nomin. sing. *-ēs*, Typen ai. *apás* 'tätig' neben ntr. *ápas* (lat. *opus*) 'Werk', gr. ψευδής neben τὸ ψεῦδος; viel häufiger sind freilich Komposita wie neben μένος adj. δυσ-μενής avest. *duž-manah-*. Als Simplicia hierher wohl, mit lat. *-ēs* gen. *-eris*, *Cerēs* und (*im-)pūbēs*; vielleicht auch *celer -eris* 'schnell', nomin. *celer* neu für **celēs* gr. κέλης, dies mit neu gen. *-ητος* für *-εος* bzw. *-ους*. - Zu *vetus* s. § 328, 1 b. - Junge Bildungen des Lateins sind die Komposita *multicolor, bi-corpor-*; zu *dē-gener* s. § 258 B 3 b. - Über die idg. Ptc. perf. act. auf *-wes-/-us-* s. § 446a; über die Komparative auf *-iōs- > -iōr-* s. § 383.

331. s-Stämme in Ableitungen.

A. Ableitungen von s-Stämmen wurden bereits in § 330 von Fall zu Fall genannt. Hier seien sie noch nach der lat. Lautbehandlung von inl. *s* geordnet; erhalten ist das *s* vor den Tenues *t* und *c*; als *r* erscheint es vor Vokal; Sonderentwicklungen sind *-sr-* > *-br-* und *-esn-* > *-ēn-*. 1. Mit erhaltenem *s*. a) bei Adjektivsuffix *-to-* 'versehen mit' usw., hinter *-es-* Neutra (s. dazu auch § 299, 2a). *-es-tus*: *fūn- scel- temp-estus*, dazu *iūs-tus*; ferner *honestus* (*honōs*), **egestus*? § 328, 1 b; *modestus. -us-tus* aus *-os-tos* (Neuerung; s. z. B. *Kuryłowicz*, Apoph. 68): *on- rōb-*; dazu *ang- aug-* (**angos *augos*), *ven-* (vgl. *Venus*), *arb-* (*arbor*); weiter *faus-tus fās-tus*. – b) *rūs-ticus*, s. § 303 II b. – c) Nicht hierher *-estris -estis*, § 314, 1. – d) *-culus -a -um* der Deminutiva (§ 282 C 2c): *flōs-culus arbus-cula opus-culum ōs-culum* usw.; *plūs-culum*; *vetus-culus*. – 2. Mit intervokal. *r* aus *s*. a) Verben auf *-āre* (Auswahl). *-er-āre*: *gener- oner- cōn-* u. *dē-sīder-, temper- vulner-āre* usw.; *moder-, iūr-* (alt *i̯ou̯esat* § 142b; zu *peierāre* s. § 412 A 3 Zus.); depon. *oper- vener-ārī*. *-ŏr-āre*: *decor- rōbor- stercor-āre*, dazu *fulgur-āre* u. *-īre* (*-ītus*). *-ōr-āre*: *colōr- honōr- labōr- odōr-āre, sopōr-ātus*. – b) Adjj. auf *-er-us* (?): *creperus scelerus* § 266aγ. Subst. *veternus* 'Schlafsucht' § 292a. – c) Adjj. auf *-ōr-us*: *decōrus canōrus* § 266c. – 3. Sonstiges. a) bei *r*-Suffixen mit *-br-* aus *-sr-* (§ 207): *tenebrae, cerebrum; fūnebris; muliebris; membrum* § 215b Zus. – b) *-es-no-* > *-ēno-*: *ahēnus, venēnum*, s. § 294, 2a; § 291b; auch *Manessy-Guitton* 59 ff.

B. Umstritten ist die Deutung von *s* vor Suffixen als Schwundstufe zu *es* von *es*-Neutra statt als „Wurzeldeterminativ" (was auch keine wirkliche Erklärung ist) etwa für *aux-ilium* (und gr. αὐξ-άνω) neben *aug-ēre *augos*, oder *anx-ius* zu **angos* in *angustus*, *als-ius* 'kalt, durchfroren' (Lucr. 5, 1015 *corpora*) zu *algor, algēre* 'frieren'. Mit der Deutung des **i̯eug-s-* von altlat. *ioux̌menta* '*iūmenta*' als Schwundstufe zu **i̯eugěs-* (lat. *iūgera*, § 330 A 2b) verträgt sich nicht die rein deverbative Verwendung der Suffixe *-men* und *-mentum*; Entsprechendes gilt für *mōnstrum* neben *monēre*, § 285a. Gleiches Problem bei *lūna* idg. **louksnā* (§ 211a).

Lit.: *Jacqueline Manessy-Guitton*, Recherches sur les dérivés nominaux à bases sigmatiques en sanscrit et en latin, Dakar 1963, darin 59 ff. *-ēnus* und subst. *-ēna, -estus* u. *-ustus*; 63 ff. echtes *u* in *-us-tus*, nach *u*-Adjektiven, vgl. adj. **angu-* neben *angustus* (aber ein *u*-Adj. steht neben *es*-Ntr. in altem Suffixverband, s. § 256 e); 75 ff. *alsius, auxilium*. Im Ganzen fürs Latein wenig ergiebig. *Mignot*, BSL 69, 121–154 (*-es* neben *-ōs*).

F. NICHTSUFFIXALE MERKMALE: REDUPLIKATION, ENDVERKÜRZUNG U. S. W.

332. Merkmale nicht suffixalen Charakters.

I. Reduplikation beim Nomen. Nur beim Verbum ist, von der Grundsprache her, die sog. Reduplikation in lebendigem Gebrauch, und zwar als grammatikalisiertes Mittel zur Bildung von Tempusstämmen, s. § 433 A zum Latein. Formgeschichtlich ist diese Reduplikation sicher eine Vereinfachung oder Verstümmelung des ersten Gliedes einer einstigen vollständigen Doppelsetzung („Reduplikation", Iteration) des Stammes oder Wortes. Und doch ist Reduplikation in der allgemeinen Stammbildung von Nomen und Verbum selten verwendet; in Vogelnamen als onomatopoëtischen Bildungen (vgl. Varro ling. 5, 75) wie *turtur upupa ulula* (dies wohl Rückbildung aus *ululāre*) ist sie deutlich ein Zeichen wirklicher Iteration als Nachahmung des Vogelrufs (vgl. altind. *ululā kr̥* Ath.-V., *Hoffmann*, MSS 1², 59, oder nhd. *Kuckuck*, auch *Wau-wau* 'Hund') oder auch der Intensität. Daher bezeichnet man auch die hier übliche Doppelsetzung der ganzen Wurzel einschließlich des Endkonsonanten als Intensivreduplikation; freilich wird dabei ein *r l n* im Auslaut des ersten Gliedes häufig durch Ferndissimilation verändert (§ 232 A): lat. *curculio* 'Kornwurm', gr. δαιδάλλω, *Schwyzer* I 646 f.; *Brugmann* II 3, 20.

Beispiele. Adj.: *balbulus, febris querquera*; meist Subst.: *cancer* (gr. umgekehrt καρκίνος), *carcer* (mit demin. *cancellī*), *curculio*; *furfur* 'Kleie', *gurgustium* 'Hütte'; mit einfacher Reduplikation (und *i* für *a, ō*): *cicindēla* 'Glühwürmchen' Paul. Fest. zu *candēre* (*cicendula* wohl aus quasi-demin. **cicendella* für *-ēla* rückgebildet), *cicōnia*; *cucumis, cucūlus*; *papula*, mit *papilla* 'Brustwarze' (Gegenstück zu *mamilla*!); *popl-it-* (Entsprechung zu gr. κύκλ-ος?, *p* aus *kʷ* dialektisch nach § 158a); *pāpilio*. Verben: *tintinn-āre -īre* (neben *tinnīre*), *gingrīre*; *cacāre*; *lallāre* Pers.; *pappāre* 'essen' Plt., Pers.– Verb mit Subst. (Verb Ableitung, oder Subst. Rückableitung): *murmurāre* mit *murmur*, *susurrāre* mit *susurrus* (aus **sur-surr-*?); *pīpāre -īre -iāre* mit *pīpio* 'junge Taube' Hist. Aug. (> frz. *pigeon* 'Taube'); *titubāre* 'schwanken'. Zu *memor* und *papāver* s. § 446a. – „Gebrochene Reduplikation": *greg-g-* 'Herde' zu Wz. *ger* in gr. ἀγείρω; *gur-g-it-*. – „Lallwörter" auf Inschr.: *tata* 'Vater', *mamma* Mutter, dat. *-ānī*, § 366, 1h; *pūpus -a* (auch praen.) 'Kleinkind', s. *Heraeus*, Kl. Schr. 159–170; 177 ff. – Zu *mamma* 'Mutterbrust' s. § 200b.

Lit.: *Stolz*, HG 439–441; *André*, BSL 61, 146–157 (Vogelnamen); *Marouzeau*, Le redoublement expressif en latin, Latomus 5, 341–343 *(cicōnia, susurrus)*; *Brüch*, Gl. 8, 238–240 *(farfarus)*.

II. Anormale Verkürzungen in Lehnwörtern. Im Anlaut: *rabo* für *arrabo* 'Anzahlung' Plt. Truc. 688 (690 sq. *'a' facio lucri, ut Praenestinis 'cōnea' est cicōnia*), wie wenn *ar-* eine entbehrliche Praeposition wäre, vgl. *ar-rideo* neben *rideo*. – Im Auslaut bzw. im Suffix zur Einfügung in lat. Wortformgruppen: *arra* Laber. Plin. Jur. für *arrabo* 'Handgeld' ἀρραβών. *catasta* Tib. 'Schaugerüst' *κατάστασις. *partecta*, s. *Kretschmer*, Gl. 10, 158¹. *lapa* (Thes.) für *lapathus, hippāgo* s. § 325 B 3 d. *Poenī* für Φοίνικες s. § 234 Zus. ε. – Erinnert sei auch an *dō* für *domum* (nach hom. δῶ neben δῶμα), *cael(um), gau(dium)* Enn. ann. 574 ff., nachgeahmt von Ausonius.

III. Verschränkung zweier in gleichem Kasus verbundener Nomina: wenige umstrittene altlat. Beispiele (von „Komposita" kann man hier kaum sprechen): Subst. und Adj.: Zu *vās(īs)-argenteīs* s. § 229 b Zus.; *palm(īs) et crīnibus* (auch bei Cic. orat. 153). Zwei Adjj.: Enn. *squāl(idam) et sordidam*, s. § 297 A 2 c; Plt. Bacch. 401 *cōm(is)- incommodus* (eher *comm(odus)-in-commodus*). – S. *Klotz*, Ersparung in Schrift und Wort, RhM 75, 98; *Niedermann*, Mél. Bally 431.

III. NOMINALKOMPOSITION

A. ALLGEMEINES UND FORMALES

333. Strukturen, Funktionen; Partikeln als Vorderglieder.

I. Formen und Strukturen.

A. Unter Komposita oder Zusammensetzungen im weiteren Sinne werden Wörter verstanden, in denen zwei (oder mehr) erkennbare Wortstämme oder Wörter als sog. Kompositionsglieder unter einem einzigen Akzent zu einer Worteinheit zusammengefaßt sind. Meist beschränkt man den Terminus auf Nominalkomposita (Substantive und Adjektive) von der Art wie *mūlo- -medicus magn-animus parti-ceps* oder *in-certus per-magnus* und auf Verben mit Praeverbien wie *ad-īre re-ferre dis-pōnere*. Nach Struktur und Vorgeschichte zerfallen sie in „Zusammenrückungen" und „echte Komposita".

1. Komposita im umfassenden Sinne begegnen auch bei anderen Wortarten, bei Pronomina und Zahlwörtern wie *nōs-met quis-quis* oder *duŏ-decim se(k)s-centī*, bei Konjunktionen wie *et-iam ne-que* oder *post-quam*. Hier handelt es sich wie bei den komponierten Verben (*ad-īre*) sprachgeschichtlich um Zusammenrückungen. Deren generelles Merkmal liegt in der mit der formalen Worteinung verbundenen Bedeutungseinung.

2. Formal dreigliedrige Komposita („Trikomposita") bestehen nach Syntax und Entstehung immer nur aus zwei Gliedern, deren eines selbst ein bereits bestehendes zweigliedriges Kompositum ist; dessen Elemente sollen hier durch doppelten Bindestrich als engere Einheit bezeichnet sein: *tri-furci=fer* (wie *tri-fūr*), *tri=saecli-senex* (sc. *Nestor*, nach Hom. A 250–252), *in=curvi-cervīcus*, kühner *turpi=lucri-cupidus*; bei Verben die sog. Doppelkomposita (*Szantyr*, Synt. 284 § 161) wie *re-col=ligere, com-prō=mittere, cor-re= spondēre, abs-con=dere*, bei Pronomina und Konjunktionen etwa *quī-cum=que, et=iam-sī* (wie *et-sī*), *forsitan* 'vielleicht' als **fors=sit-an*, auch etwa *nu-dius=tertius* 'vorgestern' (§ 318 A 2 b). – Wirklich mehrgliedrig können nur allenfalls Kopulativkomposita sein, s. § 341.

3. Es sei in diesem Zusammenhang darauf hingewiesen, daß ganz entsprechend Ableitungen von Komposita, auch solche von komponierten Verben, nicht als Komposita analysiert werden dürfen: *iniūstitia* ist nicht ein Kompositum *in-iūstitia*, sondern ein „Dekompositum", nämlich eine Ableitung von *in-iūstus* (als *in=iūst-itia*), entsprechend *in=imīc-itiae* (vgl. unten IV A 2 b). Entsprechende Ableitungen sind etwa *sub=urbānus* (vgl. § 256 c), *puer=per-ium* (von *puer-pera* 'puerum pariens' 'Wöchnerin'); *con=centus* von *con-cinere*, nicht *con*+*cantus -ūs*. Doch hat sich das naive Sprachgefühl darin häufig Umgruppierungen und Vereinfachungen erlaubt.

B. Zusammenrückungen als flektierte Gebilde. Ist von den beiden Gliedern speziell auch das Vorderglied grammatisch noch als selbständiges Wort erkennbar, etwa beim komponierten Verbum als Praeposition, beim Nomen als flektierte Kasusform, so spricht man formal von Zusammenrückungen, funktionell von Worteinungen, die semantisch durch Bedeutungseinung (auch oft mit Bedeutungsänderung) gekennzeichnet sind. Sie erfolgen nicht nach Mustern, sind also sehr verschiedenartig.

Beispiele zu den Nomina. 1. **Substantiva und Adjektiva**. In beiden Gliedern flektiert *rēs-pūblica*, *iūs-iūrandum*, *rōs-marīnus*; nur vok. (und nomin.) *Iuppiter Mārspiter*; *holus-ātrum* 'eine Pflanze' (*ātrum holus* Plt. Psd. 814), später nur am Ende flektiert gen. *-ī*. – Nur Schlußglied als regierendes Nomen flektiert, Vorderglied davon abhängig. So als Gen. in *senātūs-cōnsultum*, *gallī-cantus*, *lēgis-lātor*, *agrī-cultūra*, inschr. *corpore-custos* 'Leibwächter' (Thes. s. *corpus* p. 1015, 47 sq.), *Quīntī-por*, auch *iū-glāns* § 142 b; durch volksetymologische Zerlegung Ortsname *Argī-lētum* § 300 b Zus. Als Dat. *fideī-commissum*. Als Akk. *manum-iniectio* s. *Szantyr*, Synt. 34 litt. β. Als Abl.: separ. *manū-missio* 'Freilassung', instr. *ūsū-capio* Cic.; entsprechend mit PPP *manū-missus*, *sacrō-sānctus* 'durch ein Opfer bekräftigt' (erst daraus vereinfacht *sānctus* 'heilig'). – Noch weitergehend statt Flexion Suffixableitung, nur bei attributivem Adjektiv als Schlußglied, so lokal *Forō-Iūli-ēnsis* Cic., inschr. *Lūcō-Ferōni-ēnsis* AE 1962 nr. 86, *Hippōne-rēgi-ēnsis*, *Statuā-Valeriān-ēnsēs* VI 31893 a; nomin. *tertia-decim-ānī* 'Soldaten der 13. Legion' Tac. hist. 3, 32, 2. – 2. **Pronominale** Gebilde. Flexion: in beiden Gliedern *quis-quis*, *ūnus-quisque*, auch *trēs-virī* (nur teilweise, zu *triumvir* s. § 257 A 1 b β); nur Schlußglied *ali-quis*, *nescio-quis*, *n(e)-ūllus*, *nōn-nūllī*; nur Vorderglied (vor angewachsener Partikel usw., mit „Binnenflexion"): *ego-met* (mit *mē-met nōs-met*); *quis-que*, *quī-dam*, *quī-cumque -vīs -libet*; *is* in *ī-dem ea-dem*; *ho-* in *hic* (*hun-ce hōs-ce*); *plērī-que*, vgl. *plēra pars* Pacuv. 320 'Mehrzahl, Hauptteil'. – 3. **Adverbial erstarrte** zweigliedrige Gebilde mannigfacher Art, etwa *rē-vērā postrī-diē*, *in-vicem dē-nuō*, *ad-hūc* usw., s. ausführlicher § 260 B.

Zusatz. In jungen Gebilden dieser Art stehen die Glieder gelegentlich noch in ursprünglicher Freiheit getrennt, in sog. Tmesis (vgl. § 261, 2), so etwa *plēbis ... scītum*, *quī ... cumque*. – Bei älteren Zusammenrückungen ist die Durchsichtigkeit öfters verlorengegangen, meist durch Lautwandel, so in *sēvirī* (*sex-virī*), *sē(mi)s-tertius* '2½' § 103 b, durch Bildung eines Singulativs zum Plural, so *sēvir*, *triumvir*.

C. Von den Zusammenrückungen heben sich bei den Nomina ab die im sprachhistorischen oder engsten Sinn „echten Komposita", zweigliedrige Gebilde, die sich formal nicht als eine normale syntaktische Gruppe (ein Syntagma) analysieren lassen, weil nämlich das eine oder andere Glied (oder auch beide, wie in *agrĭ-cola*) nicht als selbständige Wortform besteht; sie setzen ererbte Typen fort. Die zwei formalen Hauptmerkmale sind am bequemsten an den sog. verbalen Rektionskomposita zu erkennen. Ein **Verbum** kann als nominales Schlußglied auftreten, es erscheint dabei entweder in Gestalt der reinen Wurzel, *tubi-cen* zu *canere*, *parti-cip-* zu *cap-ere*, oder als *o*-Stamm, *male-dic-us* 'quī male dīcit', *opi-tul-us* mit Stamm von perf. *tulī*, allenfalls als mask. *ā*-Stamm, *agri-col-a*. – Ein **Nomen** als Vorderglied erscheint in der Stammform, nicht etwa in der syntaktisch angemessenen Numerus- und Kasusform (nicht **partem-cap-* **opem-tulo-* *agrōs-cola). Nach diesem Merkmal nennt man solche echte Komposita auch wohl Stammkomposita. Der idg. Ursprung dieses Gebrauches von Stammformen, der allenfalls aus vorflexivischer Zeit stammt, steht hier nicht zur Diskussion. – Als Vorderglieder können auch unflektierte Gebilde auftreten, besonders vor Adjektiven, nichtselbständige sog. Praefixe wie *in-* privativum, steigerndes *per-*, und die sog. Praepositionen.

Echte Komposita entstehen, im Gegensatz zu den Zusammenrückungen, nur durch Nachahmung von Vorbildern, d. h. von bestehenden Musterformen; daher sind einige feste Typen ausgebildet. Die Muster sind teils ererbte Kompositionstypen, teils griechische Vorbilder gleicher Herkunft, diese besonders in der Dichtung und in Fachwissenschaften. Im Gegensatz zum Griechischen ist im Latein die Fähigkeit zur Komposition nur schwach entwickelt; die gebildeten Römer waren sich dessen bewußt; s. Allg. Teil 68* § 58, auch Quintilian 1, 5, 65–70. Als Ersatz für Besitzkomposita dient allenfalls seit dem Altlatein der Abl. qual., vgl. etwa Pacuv. 2 f.

Zusatz. Vereinzelt finden sich Zwitterformen, funktionell echte Komposita, aber mit Kasusform als Vorderglied; man nennt sie daher Kasuskomposita, im Griechischen etwa νουν-εχής ὁδοι-πόρος, *Schwyzer* I 452 Ziff. 8. Ähnlich im Latein: *Virginēs-vend-ōn-idēs* Plt. (s. § 336, 4 c); *multum-loquāx* Aul. 124 (nach πολύ-λογος?); *Larīs-colus* Laev. 'Lares colens', *vin-dic-* zu *vindicta*, § 257 A 2 b; mit Abl. *dulc-ōre-loquus* Laev. (für gr. ἡδυ-επής).
Lit. zur Nominalkomposition außerhalb des Lateins. Griech.: *Debrunner*, Griech. Wortbildungslehre 15–83; *Risch*, IF 59, 3–7 (Prinzipielles); ders., Wortbildg. d. homer. Spr. §§ 67–85; Altind.: *Wackernagel*, Altind. Gramm. II 1. Grundsprache: *Brugmann* II 1, 35 ff., 49 ff.; *Delbrück* V 139 ff., *Szemerényi*, Trends 160. – Zum Latein: *Françoise Bader*, La formation des composés nominaux du latin, Paris 1964. *Stolz*, HG 366–433.

II. **Bedeutung der Komposita und Funktion der Glieder.** Als Bedeutung der Komposita bezeichnet man die funktionell-syntaktische Verknüpfung der beiden Glieder, d. h. die Art der Determination des einen Gliedes durch das andere; diese ist natürlich teilweise vorbestimmt durch die Wortart der beiden Glieder als Substantiv oder Adjektiv, als Verbalstamm, als Praefix oder Praeposition. Das Schlußglied wird determiniert (näher bestimmt, eingeschränkt) durch das Vorderglied, etwa in *vīti-sator* 'Reben-pflanzer', *agri-cola* 'Acker-bauer', *cōn-servus* 'Mit-sklave', *sēmi-vīvus* 'halb-lebendig'; auch in Zusammenrückungen wie *agrī-cultūra*, *manū-missio*. Die umgekehrte Reihenfolge ist in echten Komposita ganz selten: *vinci-pēs* § 336, 6, *equi-fer* 'Wild-pferd'; vereinzelt in Zusammenrückungen, *Mārs-piter* (ursprünglich Vokativ), *rēs-pūblica*.

Die drei Hauptfunktionen in der ererbten Nominalkomposition. Es gibt wenig Bezirke der Grammatik, in denen eine logische Aufgliederung der Beispiele so wenig von der sprachgeschichtlichen Entfaltung erkennen läßt wie die lateinische Komposition; es bestehen zu viele individuelle Entwicklungen. So sollen an dieser Stelle wenigstens die wichtigsten gr. ererbten funktionellen Kategorien kurz vorgestellt werden.

A. **Verbale Rektionskomposita** (§ 336): aktiv *parti-ceps*, *sacri-legus*, *agri-cola*; *posci-numm-ius*; passiv (plur.) *con-iugēs*, *caeli-gena*, *prīvi-gnus*.

B. **Nominale Determinativkomposita**, nach indischer Terminologie Tatpuruṣa. Das nominale Schlußglied als Subst. wird determiniert durch das Vorderglied (§ 338); das ist ein Substantiv (syntaktisch meist einen Genetiv vertretend, Typus nhd. *Haus-tür*) oder ein Adjektiv (attributiv, Typus nhd. *Hoch-zeit*). Diese Komposition war in der Grundsprache kaum entwickelt; vgl. etwa gr. γη-λόφος 'Erd-hügel' und gr. nachhom. ἀκρό-πολις für hom. πόλις ἄκρη, im Latein *hospes* aus **hosti-pot(i)s* 'Gast-herr' (ererbt) und *angi-portus* 'enger Durchgang'. – Sehr verbreitet ist im Latein die Determination von Adjektiven (§ 339) durch Praefixe: ererbter Typus *in-certus*, weiter etwa *prae-clārus*, *per-magnus*, *dis-similis*.

C. **Besitzkomposita** (Possessivkomposita, die „Bahuvrīhi" der altind. Grammatik), meist aus Adjektiv (Zahlwort) plus Substantiv bestehend, in der Grundsprache recht verbreitet, speziell in der Namengebung. Formal sind sie, von der idg. Betonung vielleicht abgesehen, gleich gebaut wie nominale Determinativkomposita; ihr Begriffsinhalt aber ist nicht wie dort durch das Schlußglied festgelegt, sondern er ist adjektivisch-attributiv einem außerhalb stehenden Sachsubstantiv (oder auch namenbildend einer Person) als Eigenschaft oder Merkmal beigelegt, weshalb man sie auch wohl als Mutata oder Exozentrika bezeichnet. Die Wiedergabe erfolgt im Nhd. durch Beifügung von 'habend' oder 'mit' oder von Suffix -ig, Typus Lang-ohr ('Esel'; nicht: 'langes Ohr') 'lange Ohren habend' 'mit langen Ohren' bzw. 'lang-ohr-ig'. Als Schlußglieder waren ursprünglich wohl nur Körperteile, Schmuck- und Kleidungsstücke als Merkmale im Gebrauch (vgl. die griechischen Beispiele bei Homer, Risch, Wortbild. § 68). – So im Latein nach ererbten Mustern bi-dent-, quadru-ped-, anceps altlat. ancipes (*ambi-caput-, § 102) 'mit Kopf (Gesicht) auf beiden Seiten', in-op- 'nicht Mittel habend'; neu belebt durch Lehnübersetzungen griechischer Dichterwörter wie magn-animus nach μεγά-θυμος 'hochgemut'.

III. Der jüngere Bestand.

A. Die Zusammenrückungen sind als durchaus individuelle Bildungen oben unter IB charakterisiert und behandelt. Doch entsprechen einige Typen funktionell den echten Komposita, z. B. die mit determiniertem Nomen als Schlußglied den Determinativkomposita. Solche werden im folgenden bei den entsprechenden Kompositionstypen mituntergebracht.

B. Die in § 256c erläuterten Komposita mit funktionslosen Suffixen (sub=urb-ānus) und die sog. synthetischen Komposita (lecti=stern-ium) sind, was die verwendeten Suffixe angeht, in der nominalen Stammbildung mit aufgeführt; was die Kompositionstypen bei ihren zwei Stammgliedern betrifft, so werden sie bei den gleichwertigen suffixlosen Komposita untergebracht, also etwa lecti=stern-ium bei den verbalen Rektionskomposita des Typus sacri-legus, § 336, 2.

C. Die Hypostasierungen (s. § 259c) sind Adjektivierungen von adverbialen Ausdrücken; solche von zweigliedrigen Syntagmen ergeben Komposita: adj. plur. prīmōrēs aus prīmō ōre 'mit der Mundspitze' in abl. prīmōribus labrīs (Cic., s. Gn. 13, 32 f.), erst seit Livius von Personen 'die Ersten, Vornehmsten'. – Zu ihnen gehören die praepositionalen Rektionskomposita (§ 340), etwa adj. obvius aus (adv.) ob-viam, subst. plur. in-aurēs 'ein Ohrschmuck' aus in auribus, prō-cōnsul aus prō cōnsule. Die Funktion bestimmt sich gemäß dem lokalen, temporalen oder übertragenen Gebrauch der Praeposition. Das Gleiche gilt für die mit Suffixen erweiterten Gebilde wie sub=urb-ānus.

IV. Negationen und Praepositionen als Vorderglieder.

A. Negierende Vorderglieder. ne- und in- privativum sind beide ererbt, doch in funktionaler Verteilung: ne 'nicht' als autonome Wort- und Satznegation, im Latein nur noch in Zusammenrückungen bewahrt; in- privativum für Besitzkomposita (in-ops) und als Adjektivnegation (in-iūstus), im Latein nur mit geringen Gebrauchserweiterungen. – In Besitzkomposita können auch ab- dē- ex- privative Funktion erfüllen, etwa in ā-mēns dē-bilis ex-pers (§ 337c); zu dif-ficilis s. § 339, 2 unter ad-.

Jüngere Typen. Vorderglieder *ne-* und *in-* priv. (§ 333 III, IVA)

1. *ne* 'nicht' (ai. *na*; in lat. *ne-que* gleich got. *nih*, lat. *nisī* aus *nesī* Fest., *ne-sei) war als lat. Einsilbler auf kurzen Vokal zu lautschwach für seine Funktion; es blieb daher nur erhalten als Vorderglied *ne-* in festgewordenen Zusammenrückungen, dazu auch altlat. *ne-c* 'nicht', dann als *ni* in *nisī nimis nihil* (§ 111), vor Vokal oft als *n'-* (§ 132 Ende); als angehängtes Glied nur in *quīn* aus *quī-ne*, § 374, 2a.

Mit Subst.: *ne-fās* aus *ne fās est (mit *nefās-tus nefār-ius*, auch *ne-fandus*), *ne-cesse* § 308 Zus. b (mit *-ārius*), *nēmo* (*ne homo*, § 111), *nihil* § 228 I d, *nimis*. Mit Pronominalia: *nōn* und *nūllus* § 75 b (dazu *ningulus* 'nūllus' Enn., nach *singulus*); *ne-uter* § 81 c; *ne-utiquam* Plt.; dazu *n-unquam n-usquam n-uspiam*. Mit Verb (§ 418 II A 1): *ne-scio* (mit *nescius* § 336, 2 c Zus. α); *ne-volō > *nōlo*. — Merkwürdig: *ne-frend-* § 336, 1 c; *ne-pus* 'nōn pūrus' Paul. Fest.

nec 'nicht' gleich 'nōn' (Fest.), wohl mit dem *-c(e)* von *hi-c* usw. (§ 372, 1 b; nicht gleich *nec* aus *neque*, § 98 a), fast nur archaisch oder juristisch: mit Verb *nec-escit* XII tab. 5, 4, *nec-eunt* 'non eunt' Fest., sonst *nec-opīnāns* u. *-ātus*, *nec* (*neque* cod.) *satisfactum* Cato agr. 141, 4; *nec-rēctē* Plt. Most. 240; *nec-manifestus* XII tab. 8, 16; *sed nec pote* Enn. ann. 403; *rēs nec-mancipī*; *nec-erim*(?) s. § 371 a α. — Daneben *neg-* (wohl lautlich aus *nec*) in *neg-lego* (s. § 199 b), *neg-ōtium*, in Ableitungen *negāre* § 412 A 4 b (mit *negibundus*) und *negumāre* (nach *autumāre*). Zu diesem *nec* s. *Szantyr*, Synt. 448 f. (litt. a α) u. 450 f. (Zus. α); *Ferrarino*, *cumque* 36 ff.

2. *in-* privativum (gr. ἀ- ἀν-, ai. *a- an-*, nhd. *un-*, idg. *n̥-*, § 61) hat zwei ererbte Verwendungen: mit Substantiv bildete es nur adjektivische Besitzkomposita, Muster *in-op- in-erti- im-mūni-* usw. (§ 337 d); Wortnegation ist es nur vor Adjektiven, etwa *īn-fēlīx* (gegen *ne-* vor Subst.). Ausführlicher handeln darüber *Wackernagel*, Synt. II 284–293 und *Frisk*, Kl. Schr. 214, 216 ff. — Nur die Funktion als Wortnegation ist hier zu erläutern, auch im Hinblick auf einzelne späte Verwendungen als Negation von Substantiven und Verben.

a) *in-* vor Adjektiven und Partizipien; vgl. gr. ἄ-πιστος ἀν-όσιος ἄ-λυτος ἀ-έκων (ἄκων), ai. *a-śrīra- an-āśu- a-kr̥ta- a-ghnant- a-vidvas-*, nhd. *un-fein un-möglich un-befugt*; dazu *Frisk*, Kl. Schr. 183 ff. Viele lat. Beispiele, auch mit Vokalschwächung (lautlich *īn-* für *in-* vor *s- f-*, ferner *im-* vor Labialen usw.): *in-ficētus -firmus -īquus* (*aequus*) *-memor -piger -pius -probus -sānus -iūstus, i(n)-gnārus* § 222; mit längeren Suffixen *in-ūtilis -stābilis -dīviduus -mortālis -imīcus -sānābilis*; ohne Simplex *in-tegro-* § 87 a α, *in-columis* § 328, 1 a Zus. *īn-festus, in-vītus*; *to-*Partizipien (auch von verschollenen Verben): *in- -victus -lūtus -mēnsus, -ultus* (pass.), *i(n)-gnōtus*; *-eptus -grātus -certus -ritus* (*ratus*), *-sulsus*; *rē in-ōrātā* Cic.; auch *-cēnātus* (akt.). Dazu *īn-fandus*. *nt-*Partizipien: *non me indicente* Ter. Ad. 507 (wie *non iniussu meo* Hec. 704); *īnscient-* altlat., *inpārent-* Paul. Fest.; sonst meist adjektivierte Formen, so *in-nocent- -pudent- -prūdent- -sipient-*; dazu *in-fant- -sont- -potent-*, auch *-solent-*; *in-dicto=audientes sunt* 'ἀπειθοῦσι' Itala. — Besonderheiten: *in-hospita* nach adjektiviertem *hospita* (§ 259, 2); *im-portūnus* verkürzt für *in-opportūnus*. — Ersetzung von gr. ἀ- ἀν- durch lat. *in-* in Adverbien: *impūne* § 310, 2 Zus. a; *ineuschēmē* (§ 365 B 1 c α).

b) Negierung von Substantiven. Durch *ne-* in *ne-fās*, s. oben; durch *nōn* in plur. *nōn-sēnsūs* Lucr. 2, 930. Durch *in-* nicht idg.; im späteren Latein vereinzelte Bildungen, meist in Anlehnung an mit *in-* negierte Adjektiva. Zu unterscheiden sind einige Gruppen: α) Verbalabstrakta, fast durchweg gestützt durch negierte *to-*Partizipia (vgl. auch etwa gr. ἀ-στρατεία Aristoph. neben ἀ-στράτευτος), geordnet nach Suffixen: *-tu-*: abl. *incultū* Sall., *per incultum* Liv.; *intāctus* neben *tāctus* Lucr. 1, 454. *-iēs*: *illuviēs* altlat. (vgl. *illūtus*). *-tiōn-*: *indēvōtio* Ulp.; meist neben *-ātus*, so *inapparātio* Rhet. Her., *immoderātio* Cic. Arnob., *indisciplīnātio* Itala, *incōnsīderātio* spät. *-ēla*: *incorruptēla* Tert. — *irreligio* spät, aus *-iōsus*. Zu *intemperiēs* plur. *-iae* Plt. s. § 270 c. Zu *in-quiēs* 'Un-ruhe' Plin. Gell. vgl. adj. *inquiēs* 'unruhig' Sall. neben *inquiētus*. Zu *inglōria* s. § 274 A 1 d. —

β) **Erstarrte Kasus** in adverbialer Funktion. Typus *iniussū meō* Cato Ter. (s. a, bei *nt*-Ptz.) als negiertes *iussū meō* Plt. 'auf meinen Befehl'; ebenso *incōnsultū meō* Plt. Vgl. dazu *immeritō meō* Plt., § 316 A 2 c. - *ingrātiīs* Plt. (später *-tīs*) nach *grātiīs* (*-tīs*); s. § 353: Dat. Abl. Zus.

Zusatz. Adjektivabstrakta wie *iniūstitia impotentia inīquitās* sind nicht negierte *iūstitia potentia aequitās*, sondern Ableitungen von den negierten Adjektiven *in-iūstus* usw. (also *in=iūst-itia*); vgl. oben I A 3; *incommodum* subst. nach adj. *in-commodus*.

c) **Verba**. Die wenigen scheinbar mit *in-* negierten Verben sind nach ihrer Entstehung Ableitungen von mit *in-* negierten Adjektiven, so als Denominativa *īnsānīre* (ohne *sānīre!*), *improbāre*, auch *ignōrāre* und selbst *indecent*; s. § 418 II A 1, auch zu *ignōscere*.

B. Bei den Nomina mit **Praeposition** als Vorderglied sind die Funktionen von großer ursprungsbedingter Mannigfaltigkeit. Denn der Terminus Praeposition umfaßt zwei oder eigentlich sogar drei verschiedene Wortfunktionen und Wortarten. Diese sog. Praepositionen (etwa lat. *in ex*, gr. ἐν ἐξ, nhd. *in*) waren anfänglich selbständige Lokaladverbien (vgl. *Szantyr*, Synt. 214 f. § 114); lebendig geblieben sind sie nur in zwei engeren Bindungen, als „Praeposition mit Nominalkasus" und als „Praeverb mit Verb" (vgl. *in, ex, sub urbe* und *in- ex- sub-īre*; s. dazu § 418 I). Alle drei Funktionen sind beteiligt an der Entfaltung der Nominalkomposita. - Zur sog. Praefix- bzw. Praeverbeinmischung s. § 196, 3 b γ.

1. Als **Lokaladverbien** können sie gleichwertig mit Adjektiven auftreten in den altertümlichen funktionell adjektivischen Besitzkomposita (§ 337 c), etwa *prae-cipes prae-ceps* 'den Kopf voraus habend'; auch mit Suffixen, plur. *con=tubern-ālēs* 'die *taberna* gemeinsam habend'. Vgl. auch unten 3 b über *ex-animus*.

2. Aus der Verwendung als syntaktische **Praeposition** mit lokalem Kasus stammt die Gruppe der **praepositionalen Rektionskomposita** (§ 340), Adjektiva und auch Substantiva als Hypostasierungen von erstarrten Wendungen, Typen adj. *obvius* (*iēns*) 'entgegen (gehend)' aus adv. *obviam* *ob viam* (*īre*) 'dem Weg entgegen', auch mit Suffixen, etwa *sub=urb-ānus*; subst. plur. *inaurēs* 'Ohrschmuck', *prō-cōnsul*.

3. Bei den meisten Praepositionskomposita geht die Verwendung des Vorderglieds auf **Praeverbgebrauch** zurück.

a) Soweit das Kompositum gewissermaßen eine **Unterart des Schlußgliedes** bezeichnet, ist es sachlich unter die Determinativkomposita einzuordnen, etwa adj. *ob-longus* 'länglich', Pers.-subst. *prō-cōnsul*. Genetisch aber sind nur wenige so zu erklären, etwa *sub-rūfus cōn-servus*, und zwar diese nach griechischem Vorbild, ὑπ-έρυθρος σύν-δουλος. Die meisten Adjektive dieses Baus aber sind Retrogradierungen aus Verben (Postverbalia, nach § 258 B 3), vorwiegend aus „synthetischen" Verbalkomposita verschiedener Typen (§ 418 I C).

Dafür seien hier einige Beispiele erläutert; das Material findet man in § 338, 4 b (Substantive) und § 339, 2 (Adjektive). *ef-ferus* und *prō-curvus* sind poetische Adjektive; *efferus* Lucr. (*-i-tās* Cic. carm.) ist metri gratia zurückgebildet aus *efferātus* 'verwildert' (*animus* Cic.) von synthetischem *efferāre*; *prō-curvus* (*falx* Verg. gg. 2, 421, *litora* Aen. 5, 765) ist Konträrbildung zu *re-curvus* (*cornu* Aen. 7, 513), dies aber ist, schon wegen des rein praeverbialen *re-*, eine Rückbildung aus *re-curvāre* (Ov.). Entsprechend hat *in-cānus* Plt., etwa 'ergraut' oder 'ergrauend', sein *in-* von *incānēscere* (Catull) bezogen; vgl. auch § 258 B 3 c und *Norden* zu Aen. 6, 809. Das Adj. *ex-hērēs* 'enterbt'

(*-ēdem facere* wie *hērēdem facere* Plt.), formal Kompositum des Subst. *hērēs* 'der Erbe', ist rückgebildet aus dem synthetischen *exhērēdāre* 'aus den *hērēdēs* ausscheiden' Cic. bzw. aus dessen ptc. *exhērēdātus*. – Substantiva solchen Ursprungs sind sehr selten, etwa *dēdecus*. – Anderen Ursprungs sind die Verwendungen von *prae- per-* und *sub-* als Praefixe der Auf- oder Abwertung, also der Intensität, in *prae-clārus per-bonus sub-rūfus*, s. § 339, 3, auch zu *prō-mūtuus*.

b) Ist das Kompositum, bei Sachsubstantiv als Schlußglied, ein Adjektiv, etwa *ex-animus* oder *-is* 'ohne *anima*, leblos', so läßt dieses sich nach seiner Funktion nur als Besitzkompositum des Typus *prae-cipit-* bestimmen und unter diesen einordnen. Doch sind zweifellos auch diese in der Mehrzahl entstanden als Rückbildungen aus synthetischen Verbalkomposita auf *-āre* (§ 418 IC 2) oder deren Partizipien auf *-ātus*, also *exanimus* Lucr. aus *ex-animāre* oder *-ātus* (beide Plt.). Entsprechendes gilt für *trāns-formis* usw.; da *dis-* nur Praeverb ist, setzt *dis-sulcus* '*porcus, cum in cervice saetas dividit*' Paul. Fest. das späte *dissulcāre* bzw. *-ātus* voraus.

c) Bei Personalsubstantiv als Schlußglied und zugleich als Kompositum ist dessen Bestimmung als Determinativkompositum sachlich gegeben. Aber genetisch gehört hierher nur der Typus *cōn-servus* 'Mit-sklave'; doch war bei dessen Vorbild gr. σύν-δουλος (Hdt.) das συν- als ehemaliges Praeverb (in συν-δουλεύω) verselbständigt. – Der andere Typus, *prō-cōnsul*, ist oben unter 2 eingeordnet.

4. Von komponierten Verben abgeleitete Nomina sind, wie hier ausdrücklich betont sei, im Rahmen der Wortbildung nicht Praepositionskomposita, sondern gemäß oben IA 3 Dekomposita: von komponierten Verben werden verbale Nomina ebenso wie von Simplicia abgeleitet: *exōrā-bilis* von *ex-ōrāre* wie *amā-bilis* von *amāre*, *concen-tus -ūs* von *concinere* wie *cantus* von *canere* (also nicht *con-centus* aus *con-* plus *cantus*), *incol-a* von *in-colere*; trotz der Vorderglieder *ex- con- in-* sind diese Nomina keine Komposita. Bei vielen der folgenden Beispiele ergibt sich das, ebenso wie bei *incola* ohne **cola*, schon aus dem Fehlen des Grundwortes, bei anderen aus der Bedeutung, wie bei *coniectūra* 'Vermutung' gegenüber *iactūra* 'Verlust'.

Über die Participialia hinaus sind in der Hauptsache folgende Typen von suffigierten Deverbativa zu nennen, deren Praeposition morphologisch das Praeverb des Basisverbums ist. a) Personalsubstantiva wie *incola*, plur. *coniug-ēs, antistit-*; Nomina agentis auf *-tor*, so *prōtēctor, praetor* § 132. – b) Sachsubstantiva als Neutra: Nomina rei actae auf *-men* und *-mentum* wie *discrīmen exāmen subtēmen* und *incrē- dētrī- ēmolumentum*. Instrumentalnomina auf *-bro- -culo-* usw. wie *pollūbrum involūcrum obstāculum dēverticulum*. – c) Nomina actionis bzw. Verbalabstrakta (m., f., n.). *-tu-*: *dēlēctus affectus. -ti-* nur *cohorti-. -tiōn-* beliebig, alt etwa *contio* § 142 a, *occāsio, adoptio. -iōn-*: *excidio oblīvio condicio religio. -iēs*: *congeriēs prōgeniēs. -tūra*: *aper- coniec-tūra*. Weiter *obsequ-ēla, subolēs* sowie ntr. *-ium*: *exord- ingen-ium*, zu Verben auf *-āre dēsīder- adulter- praeiūdic-ium*. – d) Adjektiva: Typen *redux invidus*; mit markanteren Suffixen: *exōrā-bilis, exim-ius, praecip-uus, recid-īvus, effic-āx*. Selten bei Suffix *-idus* (meist zu *-ē-scere*, weil die Zustandsverba auf *-ēre* keine Praeverbien annehmen können), so mit *ex ēvān-idus expav-idus*, ferner *trā-* und *dī-lūc-idus*. – Zu Kompositionssuffixen s. § 256 c.

334. Zum Auslaut des Vordergliedes in der Fuge.

1. Vor kons. Anlaut des Schlußgliedes steht im Latein bei rein äußerlicher Beschreibung meist ein Kompositionsvokal *i* (früher auch Binde-

vokal genannt), etwa vor einfachem Konsonant in *agri-cola iūri-dicus*; lautlich erweist er sich als Ergebnis der Vokalschwächung (nach §§ 86 ff.), er erscheint als *e* vor *r* (*lēge-rupa*), als *u* und jünger *i* vor Labialen (*locu-plēs*, inschr. noch *pontu-fex* D 311, 591). Lautgeschichtlich geht der Kompositionsvokal zurück auf einen kurzen Stammauslautvokal (*i, o, u*) der *i- o-* und *u*-Stämme; die *ā*-Stämme haben sich den *o*-Stämmen angeschlossen, wie meistens auch im Griechischen (ψυχο-πομπός). In jüngeren Komposita ist das *i* auch hinter Kons.-Stämme verschleppt, *opi-parus* (*op-*). – Vor zweifacher Konsonanz steht *u* aus *o* in *indo-struus* mit *industria* (§ 336, 2b). Zu angeblich *e* in *caele-stis* s. § 314, 1f.

Belege. *i*-Stämme: *mūni-* und *parti-ceps ponti-fex turri-ger angui-manus*, inschr. *pisci-capus*. Dazu *fūne-rēpus* 'Seiltänzer'. – *o*-Stämme: *damni-ficus agri-cola, prīvi-gnus* (*i* vor *gn* nach § 42 a); dazu *indi-gena* (§ 268 C 1 a). Vor Labial usw. *u*: *locu-plēt-, Crassupēs*, inschr. *oinu-*(*u̯*)*orsei* SCBacch., *Oinu-mama* D 775 (aber Landesname *Ūnimammia* Plt.). Auch *indu-* in *induperātor* Enn. (künstlich für *in-*). – Danach *ā*-Stämme: *tubi-cen furci-fer*; *stellu-micāns* Varro. – *u*-Stämme: *corni-ger, angi-portus*; *acu-ped-ius* (§ 317b); auch *quadru-ped-*. *manu- mani-festus* ist wohl Zusammenrückung aus **manū festus* (*manŭ-* durch Iambenkürzung). – Kons.-Stämme mit sekundär eingeführtem *i*: *ped-i-sequus, op-i-parus -tulus, carn-i-vorus, oss-i-fraga* Lucr. 'ein Raubvogel'; auch wohl *arqu̯-i-tenēns* Enn. zu Stamm *arcu-*.

Besonderheiten. a) Kompositionsvokal *o*. Bei *-io-* und *-iā-*Stämmen beruht *o* wohl auf jüngerer lat. Lautentwicklung oder auf Meidung von *-ii-* in *socio-fraudus, viocūrus* (Varro ling. 5, 7; Inschr.); zu *-i-* für *-io-* s. unten b; in Ableitungen steht *-ie-*, so *socie-tās*. – Sonst steht *o* nur in Nachahmung griechischer Vorbilder oder gräzisierend: *Ahēno-barbus, Prīmo-genia* (*Fortūna*, in Praeneste D 65, auch *Prīmuta*. 70, *Wissowa*, Rel. 259 f., gr. πρωτο-γένεια, also lat. *-īa*?). *Cadmo-gena* Acc. (gr. Καδμο-γενής; mit *u* aus *o* *Graiu-gena* Pacuv.; s. § 268 C 1 a). Ferner *o* neben *i*: *mero-biba* und *multi-biba* Plt. Curc. 77, *scytalo-sagitti-pelli-ger* (s. § 341). Später *mūlo-medicus, vīco-magister, bardo-cucullus* Mart., *tunico-pallium*. – Auf Mißdeutung eines Abl. qualit. *albo galero* beruht *albo-galērus* Paul. Fest. – Daß die Römer in der zweiten Silbe mehrsilbiger griechischer Namen den Kompositionsvokal *o* erwarteten, zeigen manche Umgestaltungen: *Tēloboae* Plt. (Τηλεβόαι), inschr. *Pilotaerus* D 139; 640 (Φιλ-έταιρος), *iatrolipta* VI 8981 (ἰατρ-αλείπτης), *Europes* VIII 3357 (auch gen. *-ētis*) und *Europi*(*a*)*e* VI 13102 (Εὐπρέπης und *-εια*), *Astorope* VIII 21355 ('Αστερόπη), *Filopopulitani* VI 2601 u. 2785 (Φιλιππο-πολῖται). Umgekehrt aber *Philadespotus* VI 28376 und öfters, nach Φιλ-άδελφος. – Graezismus ist auch *ā* in *Asiā-genus* (*Scipio*, D 545) bzw. *-genēs* Liv.; gr. 'Ασια-γενής als Sklavenname. Zu *oleāginus* s. § 272, 1.

b) Kürzung des Stammes. Unter Benutzung des Kompositionsvokals *i* wird das wie ein überflüssiges Suffix wirkende *-in-* und *-er-* von *n-* und *s*-Stämmen vernachlässigt: *homi-cīda* (zu *homin-*, nach *pāri-cīda*?), *sangui-sūga* 'Blut-egel'; *opi-fex* (zu *opus*-*eris*), *vulni-ficus, foedi-fragus* Laev., *mūni-dator* CE 511, 7, *cini-flo* 'der (in) die Asche bläst' Hor. sat. 1, 2, 98 (s. § 322 A 3 b). Ähnlich wohl *septi-mont-ium* Varro ling. 6, 24 (älteres *septem-montium* ib. 5, 42 ist unglaubhaft, trotz *Sommer*, Zum Zahlwort 42). Vielleicht haplologisch *venē*(*ni*)*-ficus*. – Ebenso zeigen die *-io-* und *-iā-*Stämme (meist mehrsilbige Ableitungen) normalerweise *-i-* (statt *-ii-* oder *-io-*): *offici-perda* Cato, *hērēdi-peta* Petron 124, 2, *gaudi-u̯igente choro* CE 961; *mendāci-loquus* Plt., **viti-paros* (in *vituperāre*) '*vitium parans*' (vgl. auch *viti-lītigāre* 'de vitio lit.' Cato); *terti-ceps* Varro ling. 5, 50; *glōri-ficus, sapienti-potentes* (neben *belli-pot.*) Enn. ann. 181, *anxi-fer* (*anxia*) Cic. carm.; zu *mediterr-āneus* s. § 340 A Zus. *-i-* für *-ie-* (oder spät *-ia*?) in *faci-terg-ium* Isid. – Ähnlich *-i-* statt *-ii-* vor Suffix in *anxi-tūdo*, § 325 A 2. – Zum *ī* in *tībī-cen* s. § 133 II Zus. γ, zu dem von *merī-diē* § 162 b α; zum Fehlen des *i* in *puerpera* s. unten d.

c) Ohne „Kompositionsvokal" erscheinen berechtigterweise noch Konsonant- und Diphthongstämme, besonders einsilbige, in alten Komposita: *s*-Stämme: *mūs-cipula* 'Mause-falle', *mūs-cerda* Plin. 'Mäuse-kot' (vgl. altlat. *su-cerda* '*stercus suillum*'); **i̯oues-*

(*iūs iūris*) wie in Ableitung *iouestod* 'iūstō' (§ 330 A 2 a) auch in *i̯ou̯es-dic-* > *iūdic-* 'Richter' (jünger ist *iūri-dicus* 'juridisch') und in *iūs-(s)tit-ium* (s. § 275 C 2 c). Vielleicht alter Kons.-Stamm *man-* 'Hand' in *man-ceps -su̯ētus -tēle* (§ 209 a), vgl. *malluviae pelluviae* (und *-ium*) Fest. 'Waschwasser für Hände bzw. Füße', also **man-lou̯- *ped-lou̯-*. Stamm *sem-* 'eins' in *sim-plex*. Aber *cordolium* wohl haplologisch aus **cordi-dolium*, § 275 C 2 b. - *bū-* 'Rind' (wie in dat. plur. *bū-bus*, § 318 A 2) in *bū-caeda* und *bū-cina*; zu *bū-mamma* s. § 337 b; *nau-* 'Schiff' in *nau-stibulum*; zu *nau-fragus* vgl. § 83 A 1 (und poetisch *nāvi-fragus* Verg.).

d) Bei Vokalstämmen gelegentlich Verlust des Stammvokals (*i, u, o*) durch Synkope nach § 101 ff. *i*: *hospes, sinciput?*; *auspex* aus **avi-spec-*. - *u*: *man-ceps?*, doch s. oben c. - *o*: *vīn-dēm-ia*; plur. *forcipēs* 'Feuerzange' aus *formu-capēs* (s. § 336, 1 Zus. α); *princeps* aus **prī(s)mo-cap-*. Entsprechend bei *ro-* und *ero-*Stämmen: *sacerdōs* § 263 C, *puer-pera* (jünger mit Kompositionsvokal *sacri-legus*, auch *miseri-cors*). - Synkope eines *-e* in *quīn-decim* aus **quīnque-decem* über **quīnc-decem*. Zu *am- an-* aus *ambi-* (*anceps* usw.) s. § 102 Zus.

2. Vor vokalischem Anlaut des Schlußgliedes bleiben nur Kons.-Stämme unverändert: **iūr-igus* 'ius agens' in *iūr(i)gāre*, *ped-i-t-* (und auch *com-i-t-*, § 263 C). - Die Stammauslautvokale *i* und *o* mehrsilbiger Vorderglieder schwinden oder werden übergangen, ursprünglich wohl durch Elision; ein „Bindevokal" hätte vor Vokal keine Funktion. *i* fehlt in *fūnambulus* 'Seiltänzer', *grand-aevus*; auch in *amb-āgēs amb-urbium* und *ambegnus* (§ 94). - *o* fehlt: *magn-animus*, *rēm-ex* 'remum agens', *medi-ocris*. - *e* fehlt vor *e* aus *a* in *quīnqu-ennis quīnqu-ertium*; künstlich inschr. *quinqueannalis* D 62.

Zus. Nur das auslautende für das Wortverständnis unentbehrliche *i* der Einsilbler *bi-* (aus *du̯i-*) und *tri-* bleibt erhalten: *bi- tri-ennis*, danach auch *quadri-* (statt **quadruennis*); später nach *tri-* auch *quadri-angulus* mit *multi-angulus*. Vor geschwundenem *h* bzw. *i̯* war *i* erhalten geblieben, daher das *ī* aus *ii* von *bīmus trīmus* und von *bīgae* (wonach *quadrīmus* und *quadrīgae*; s. §§ 168 u. 138, 2 b γ). - Das *i* des unselbständigen *sēmi-* 'halb' ist öfters restituiert: nur *sēm-uncia*, aber *sēmi-ermis* Liv., *sēm-ermis* Tac., *sēmi̯-animis* Enn. Verg., *sēmi̯-(h)ominis* Verg. Ov., *sēm-ustus* Verg.

Das Griechische setzt den Vokalzusammenstoß *-o-a-* voraus mit der (anormalen) Kontraktion zu *ā* in dor. στρατᾱγός (att. στρατηγός, Schwyzer I 397 f.); dem entspricht altind. *ā* für *-a-a-* (aus *-o-a- -o-e-* usw.). Nachwirkung einer entsprechenden Kontraktion von idg. *-o-e-* zu lat. *ē* hat man vermutet in lat. *hērēd-* und *fīcēdula*; das zweite Glied würde die Wurzel *ed-* 'essen' enthalten.

3. Zu Kasusform statt Wortstamm im Vorderglied der Kasuskomposita s. § 333 IC Zus.

335. Als Schlußglieder dienen meist Nomina, daneben auch unselbständige Glieder in den verbalen Rektionskomposita wie *parti-ceps beni-gnus*. Die formalen Eigenheiten betreffen am Schlußglied einerseits den inl. oder anl. Vokal der Stammsilbe, anderseits bei Nomina die Flexion und zusätzliche Suffixe.

1. Vokal der Stammsilbe.

a) Morphologisch alter *o*-Ablaut eines *e* der Stammsilbe (wie in gr. εὔ-φρων -ον- neben φρήν -εν-) in vereinzelten Resten: *ex-torris* zu *terra*, *medi-tull-ium* zu *tellūs*, auch wohl *sacer-dō-t-* zu Wz. *dhē*; unsichtbar in *anculus* usw., § 265 c.

Restituiertes *pod- (woraus pud-) zu ped- 'Fuß' im Grundwort von tri-pud-ium und re-pud-ium (in repudiāre). Auch plur. lat. quadru-ped-ēs setzt angesichts von plur. umbr. petur-purs-us gr. τετρά-ποδα ein altes *quetru-pod- *quadru-pud- fort, das, nach Thurneysen, IF 4, 83[1], das Muster für die Flexion von fem. pecud- bot (vgl. quadrupedemve pecudem Lex Aq. bei Bruns, Fontes[7] p. 45, vom Jahr 287[a]).

b) Lautlich Vokalschwächung nach §§ 86 ff. in alten Bildungen, fast nur nach einsilbigem Vorderglied.

Belege: Vor einfachem Kons. *i* für *a*: *nau-stibulum, Iuppiter, prae-cipit- (caput), rēm-ig-, arti-fic-, laeti-ficus*; für *e*: *dī-midius, haru-spic-*; für *o*: *hospit-, īlicō*. – Vor zweifacher Konsonanz *e* für *a*: *in-eptus, in-cestus, bi-ennis, in-ers ex-pers -ertis* (zu *ars pars*), *in-ermis*; nomin. *ponti-fex rēm-ex au-ceps*; *in-tegro- per-egrī*. – Vor Labialen und *l* steht *u* für *a*: *con-tubern-ālis, aucup- (auceps*, aus **au̯i-cap-); īn-sulsus*; für *o*: *sēdulō, anculus* § 91 a β. – *ī* für *ai* (*ae*): *in-īquus, pāri-cīda*. – Zur Vokalschwächung in Komposita vgl. auch *Bader*, Rev. phil. 34, 236–247 [Gl. 42, 91].

c) Unsichtbarkeit des Anlautvokals. Durch Synkope in *iūrgāre* (von **iūr-agos*). Durch Vokalkontraktion über die Fuge hinweg bei vokalischem Anlaut (zum Lautlichen s. §§ 131 f.): *ē* in *nēmo*; *ī* in *nīl, bīmus, bīgae*; *ō* in *chōrs* (für *cohors*), *prōlēs*; *ai > ae* in *praes -dis* (wie in Ableitungen *praetor, praemium*).

2. Wortausgang der Nominalkomposita. Ein Nomen als Schlußglied behält im Allgemeinen seine Flexionsgestalt bei; nur wird in Possessivkomposita, insofern sie als Adjektive gebraucht sind, an einem neutralen Nomen das erforderliche grammatische Geschlecht wie in allen Adjektiven zum Ausdruck gebracht. Daneben erfolgen Anpassungen verschiedener Art, auch Suffixerweiterungen.

o- und *ā*-Stämme erhalten in Possessivkomposita die drei Endungen, *magnanimus -a -um*. Also mask. *-us* fem. *-a* auch für *ā*-Stämme, so *Ahēno-barbus sē-cūrus* (*barba, cūra*), fem. *Oinu-mama* 'Amazone' (§ 65), dies im Gegensatz zu griech. fem. -ος (ῥοδο-δάκτυλος Ἠώς; mask. εὔ-ζωνος, aber auch χρυσο-κόμης). Daneben Kompositionssuffix *-i-* in *bi-ennis īn-fāmis ex-torris*, § 310, 2. – *i*-Stämme bleiben unverändert: *af-fīnis, ex-perti-, conclāve*. Doch erscheint *-pot-* für *-poti-* in *hospes* gen. pl. *hospit-um* (vgl. § 338, 1 a) und in *compos impos* (s. zuletzt *Szemerényi*, Syncope 370 ff.). Zu *inter-cus* neben *cutis* s. § 340 A Zus. – *u*-Stämme: akk. *centi-manum* Hor., *ūni-manum* Liv. 35, 21, 3; akk. plur. *angui-manūs* Lucr. Aber meist Übertritt in die *o*-Flexion im Anschluß an die im historischen Latein doppeldeutigen Hauptkasus auf *-us -um*: *capri-cornus* gen. *-ī* Cic. Arat. (gr. αἰγό-κερως); auch wohl *in-accessus* 'unzugänglich' als 'sine accessū' Verg. Aen. 7, 11. Mit Suffix *-is* (nach § 310, 2) *reciproci-cornis aries* Laber. 153. – Ähnlich bei *-os*-Neutra wie *genus -eris*: *multi-genus -a -um* (*multigenis . . . figuris* Lucr. 2, 335, unter Verszwang, wohl nach *multi-modīs*. – Kons.-Stämme bleiben unverändert: *in-ops, quadru-ped-* (**-pod-*). Geschlechtige Flexion bei neutralen Schlußgliedern: plur. *bi-corporēs* Naev. carm. 19 M. (sing. *-or* Acc. 307); retrogradiert nomin. sing. *dēgener*; fem. plur. *cognōminēs* Plt.; *concord-* nomin. sing. *-cors*; *prae- an-cipit-* zu *caput* (plur. ntr. *-tia* als Adj.!). Daneben *o*-Flexion (bzw. Erweiterung mit Suffix *-o-*, § 266 b): *per-fid-us, bīmus, in-curvi-cervīc-um* Pacuv. 408. – Über sonstige Verwendung funktionsloser Suffixe s. § 256 c.

B. DIE HAUPTTYPEN DER KOMPOSITA

336. Verbale Rektionskomposita, verschiedene Typen. Muster *parti--ceps* '*partem capiens*', auch mit Praeverb *prae-ses -idis* 'Vor-sitzer'; unter den adjektivischen Personalnomina viele Substantivierungen. Das verbale Glied steht am Schluß (am Anfang nur in Typus 6); meistens entspricht es funktionell einem ptc. praes., ist also aktiv gemeint; und demgemäß vertritt die Stammform des Nomens im Vorderglied vorwiegend ein Akkusativobjekt, als Singular oder Plural. – Die Komposita mit Praeverb sind nach ihrer Bedeutung eigentlich Ableitungen von komponierten Verben (vgl. § 333 IV B 3). Die Typen 4a–c sind formal nominale Determinativkomposita in der Funktion von verbalen Rektionskomposita.

1. Typus 1: verbales Schlußglied formal Verbalwurzel, also wie ein Wurzelnomen, s. dazu § 263, B 2 u. C. Als Typus ererbt, vgl. gr. βοῦ-κλεψ 'Rinder stehlend', χέρ-νιβ- 'hand-waschend'. – Vokalschwächung eines *a* im Verbalstamm zu *e* (nomin.) bzw. *i* (andere Kasus).

a) Vorderglied **Substantiv**. Als Objekt: *-ceps -cipis* zu *capio* : *mūni-, parti-, au-* (*avi-*; gen. *-cupis*), *princeps* (*prīmum*, § 103b). *-fex -ficis* zu *facio* : *arti-fex* (sc. *faber*), *carnu- opi- ponti-fex*; ferner *rēm-ex*; *haru- au-spex* (*avi-*; vgl. ai. *spaś-* 'Späher'); *iū-dic-* § 206 (vgl. osk. *med-dix* 'oberster Beamter'), *vin-dic-* § 257 A 2b; *lībri-pend-* 'Sold zahlend' Plin. (vgl. *stipendium* § 92 C); *hērēd-* **g'hēro-ēd-* 'das Erbe verzehrend', der 'Erbe' (vgl. gr. plur. χηρωσταί); *fēni-sex* Varro. Mit *-t-* : *sacer-dō-t- locu-plē-t-*. – Subst. als abl.-instr. : *manceps* 'Aufkäufer' (*manus*); *tubi-cen* 'mit der Tuba Ton gebend', auch *cornitībī-cen*; mit *-t-* : *ped-i-t-*. Verb passiv: *ōlli-cox*, s. Zus. γ.

b) Vorderglied **Praeverb** (Muster *prae-sid-* zu *prae-sidēre*). *com-* 'zusammen-', daher zunächst nur Plural: *cōn-flug-ēs* (*cōnfluere*) Liv. Andr., *cōnsul-ēs* (*cōnsulere*), *con-iug-ēs* pass. (s. Zus. δ). *in-* : *in-lex* (*lacio*, § 155b). *obs-* : *oscen* § 203bβ. *prae-* : *prae-cox* pass. 'vor (der Zeit) gereift, frühreif'; *prae-sid-*, vgl. *dē-sid-* 'träge' Cato, *re-sid-* (aber fem. *prō-sed-a* '*meretrīx*' Plt. Poen. 266); *prae-sul* (*salio*) 'Vor-tänzer' Cic. *re-* : *re-dux* pass. Plt., akt. (*Fortūna*) Kaiserzeit. *sub-* : *sup-plex*. Mit *-t-* : *anti-sti-t-* usw. und *com-i-t-*. – Substantiviert mask. als Gegenstände (pass. oder akt.): *trā-dux* 'Rebenrankung zwischen Bäumen' Varro rust. 1, 8, 3/4; *re-sex*; *trā-mit-* 'Quer-ranke' und 'Querweg, Weg' (zu *trā-mittere*, mit einfachem *t*). *obic-* (auch fem.) 'Hemmnis' Verg. (*ob-įex*, § 138, 2b), vgl. *sub-icēs* '*sub-iectae*' Enn. (trag. 2) bei Festus. Dazu wohl *ob-sid-* (passiv) 'Geisel'. *in-cūs -ūdis* fem. 'Amboß', vgl. *subs-cūd-* Terminus der Architektur Cato Vitr.

c) Vorderglied **Praefix**. *ne-frend-ēs* (*arietēs* etc.) Fest. *sim-* und *du-plex*, vgl. umbr. ntr. *tu-plak* gr. δί-πλαξ. *sēmi-nex*, vgl. Wurzelnomen *nex* 'Tod'. – *atriplex* (auch *-plexum* Paul. Fest.) volksetymologisch latinisierter Pflanzenname gr. ἀτράφαξος.

Zusätze. α) plur. *forcipēs* 'Feuerzange, Zange' Cato, alt *formu-cap-ēs* Paul. Fest. (*formus* 'heiß'); zu *forpicēs* s. § 233 D. – β) *aqui-lex* 'Wasser zaubernd' (*Tuscus*) Varro Men. 444: plur. *-legēs* Sen., aber urspr. *-lic-ēs*, so Tert., Jur. (zu *lacio, ēlicio* 'locke', so Paul. Fest. für *aquae-licium*); vgl. *ē-lic-ēs* '*sulci aquarii*' (sekundär bezogen auf *liquēre*, *līquitur?*). – γ) *ōllĭ-cox* (nomin. unbelegt) 'topf-gekocht': ntr. pl. *exta ōllĭcoqua* Varro ling. 5, 104, nach 3. Dekl. sicher auch *aulicocia* Paul. Fest., inschr. *auliquoquibus* (Gl. 34, 206; 42, 84), verdeutlicht inschr. *aulicocta* (vgl. gr. δρυ-πεπής 'baum-gereift', lat. *druppa* § 102). – δ) Plur. *con-iŭg-ēs* (vgl. gr. σύ-ζυγ- ai. *sam-yuj-* got. *ga-juk-a*) 'zusammengeschirrte', übertragen 'Ehegatten'; sekundär sing. (§ 257 A 1 b α), daher nomin. mit *n coniūnx* (nach *coniūnxī*). Plur. *in-iug-ēs* (*boves*) Paul. Fest. 'noch nicht *sub iugo*', daraus erst Simplex *iugēs* 'eiusdem iugi pares' (sc. *boves*) Paul. Fest. Zu adj. *iūgis* s. § 310, 4. – ε) Schlußglieder *-pet-* *-pot-*: *noctem perpetem* Plt. wohl künstlich für *perpetuo-* (akk. *annum, diem, noctem* Plt.). *prae-pet-*: *avis* Enn. ann. 91, vgl. 94, zu *petere* (vgl. gr. πέτομαι 'fliegen') oder *patēre*. *com-pot-*: *compos animo* bzw. *voti* zu *competere animo* nach Szemerényi, Sync. 369 f. (*-pot-* statt *-pet-* wohl nach *compos* [Gegensatz *impos*] zu *potis*). – ζ) Verschollene Grundwörter des Typus *prae-sid-* (und *sacri-legus*) in den Abstrakta auf fem. pl. *-iae* und ntr. *-ium*: *dēlic-iae* 'Genüsse' Plt. (vgl. *dēlectāre*), *dēsid-iae* 'Müßiggang' (s. oben *dē-sid-*), *īnsid-iae*, *suppet-iae* und *subsid-ium*, s. dazu §§ 274 A 3 d; 275 B 2. – η) Zu mask. Nomina pers. werden Motionsfeminina auf *-a* gebildet: *fidi-cina* Plt., *vesti-spica* Varro, adj. u. subst. *lāni-fica* Kaiserzeit gegen mask. *tubi-cen*, *haru-spex*, *arti-fex*; also nicht *-fica* zu mask. *-ficus*, *-cina* zu (*fāti-*)*cinus*. So vielleicht auch *prōseda*, oben 1 b. S. § 269 B 3 b. – ϑ) Zeitadverb als Vorderglied in adv. *dein-ceps* 'nachher', dann 'der Reihe nach' (erstarrtes Adj., § 260 A 1 a); Vorbild war *princeps*, nach Umdeutung von dessen Vorderglied zum Zeitadverb *prīmum* 'zuerst'.

2. **Typus 2: verbales Schlußglied als *o*-Stamm** (mit „Suffix *o*", „thematisch flektiert"), Muster *sacri-leg-us*. Griech. Entsprechung ist Typus δορυ-φόρος neben φέρω, daher lat. *furci-fero-* aus *-foros* neben prs. *fero* (§ 265 c, d). – Nach Mustern wie -ποιός wurde im Latein vor „Suffix *o*" die Verbalwurzel in Gestalt des Praesensstammes der 3. Konjug. benutzt. Als Vorderglied meist Nominalstamm in Akkusativfunktion, seltener ein Praeverb. – Dieser Kompositionstypus mit der sprachlich bequemeren *o*-Flexion ist stark griechisch beeinflußt und daher im historischen Latein noch produktiv; mit älteren *arti-fex au-ceps iū-dic- cōn-flug-ēs* vergleiche man *lucri-ficus piscicapus iūri-dicus prō-fluus*; doch stammt wohl von da auch vereinzelt Wurzel statt Praesensstamm, etwa *-dicus -fidus*. – Zu den personalen Feminina auf *-a* wie *fidi-cina* s. oben Zus. η.

a) Vorderglied **Substantiv**, meist als Objekt. Stammvokal des Verbums der 3. Konjug.: *e*: *furci-fero-*, *mōri-gerus*, *sacri-legus* nach ἱερό-συλος (*sacra* subst. ntr. plur.: Benveniste, s. Gl. 36, 150), *sorti-legus* (gräzisierend *-logus* IV 5182, Baehrens, Komm. 124), *pedi-sequus*; *nūgi-vendus* Plt. Aul. 525 (var. l.). – *i*: *iūri-dicus, mero-bibus*. – *o*: *stulti-loquus* ∼ μωρο-λόγος Plt. Poen. 49, 514; zu *-fodus* s. Zus. ε. – *a*: *pisci-capus, busti-rapus* Plt., *naufragus*, vgl. *pulti-phagus* Plt. gr. *πολτο-φάγος*; *plāgi-pat-ida* 'qui plagas patitur' (s. § 365 E 1). Mit Vokalschwächung fem. *puer-pera* und *vīpera* (*vīvo-para*); ferner *-ficus*, etwa *damni-* und *venē*(*ni*)*-ficus* Plt.; dazu *-ficāre* in *aedi- sacri- lūdi-ficāre* usw. – *ā*: *scrōfi-pāscus*. – *ū*: *sangui-sūga* 'Blutegel'. – Stamm *tul-* (von *tollō*, perf. *-tulī*) in *opi-tulus*. – Danach auch von Verben der 2. Konjug.: *capri-mulgus* Catull 22, 10, *aedi-tuus*, auch *mani-plus* (*-plēre*) > *-pulus* 'hand-füllend, Handvoll'; mit syntaktisch anderem Vorderglied *nocti-lūca* (*lūna*) Laev. Weiter neben *ā*-Verben: *opi-parus* (*parāre*, oder *parere*), *tūricremus* Lucr. Verg., *carni-vorus* Plin., *socio-fraudus* Plt. (oder zu **fraudor fraus̄us*, § 448 I A 1 c); *fūn-ambulus* Ter.; *vēli-volus* Enn. ann. 388 (*nāvēs*; kühn *mare* Laev. Verg.), dazu umgestaltet nach Typus 4b *vēlivolantibus* poeta ap. Cic. div. 1, 67, das also kein *vēlivolāre voraussetzt; rēmi-vagus Varro Men.; vio-cūrus.

b) Vorderglied Praeverb oder Praefix. con-gruus, pro-fugus, prō- cōndē-fluus, cōn-scius, per-vicus (vincere) Acc. 158, in- und prō-vidus (vidēre), altlat. fem. prae-fica '(die Totenklage) vor-machend', perfica 'vollendend' Lucr. 2, 1116, industrius alt indo-struus Paul. Fest. (struere, wohl nach gr. βυσσοδομεύων, vgl. Gl. 34, 227 zu Benveniste; -ius für -uus nach industria, dies aus -stru-ia, § 274 A 1 d). Unsicher pro-spero-, vgl. aksl. sporъ 'reichlich'.

c) Andere Vorderglieder. bene- male-ficus, -volus. Das Muster bene-volus Plt. Cic. ist Umgestaltung von bene volēns (Plt. 20×), das nur in abstr. benevol-entia und Kompar. -entior weiterlebt. Ihm ist direkt nachgebildet bene-ficus Plt. (dazu -ficium Plt., -ficissimus Cato) mit -fic-entia -entissimus Cic. (daher nicht -fic-ient- oder -fac-ient-). bene-dicus existiert kaum, trotz häufigem bene dīcere. Ähnliche Situationen bestehen bei male-volus -ficus; häufiger ist male-dicus. Fem. adj. male-suāda Plt. Verg. (Famēs); daraus Suāda 'Πειθώ' Enn. ann. 308.

Zusätze. α) -sci-us (zu scio scīre) in cōn- īn-scius; danach statt -sciēns auch ne-scius (von ne-scio), plūs-scius Petr. 63, 9, Simplex scius Lucil. Pacuv. Petr. Lact. – Nach nescius (scio) auch ne-sapius (sapio) Petr. 50, 5, woraus vulglat. *sapius (frz. sage, Leumann, Ling. Posn. 8, 8 f.). – β) In magni-ficus ist -ficus fast suffixal gebraucht; der Weg von 'magna faciens' zu 'großartig' (miles Plt. Bacch. 966) führte m. E. über adv. magnificē (Psd. 167, 911), und zwar durch Anklang an basilicē (§ 365 B 1 Zus. α, vgl. dazu Fraenkel, Plautin. 193 f.), das Ennius trag. 85 mit rēgificē latinisiert. Wie magnificē dann auch mīrificē Cato, -um facinus Ter. Vgl. auch Baecklund 208. – γ) multi-forus, Ov. met. 12, 158 von der tībia, ist wohl als passives 'viel-durchbohrt' von forāre abgeleitet, vgl. bifidus. – δ) beni-gnus prīvi-gnus s. § 265 d. – oenigenos 'unigenitos' Paul. Fest. (vgl. gr. μονογενής). – ε) Verschollene Grundwörter (vgl. oben 1, Zus. ζ) in Ableitungen auf -ium und -īna, wie lectistern-ium und aurifod-īna pellesu-īna, s. §§ 275 C 2 a, 296 II c. – ζ) Erwähnt sei: Baecklund, Die lat. Bildungen auf -fex und ficus, Uppsala 1914.

3. Typus 3: Personalsubstantive als mask. ā-Stämme, Muster agricola 'agrum colens', incola (von in-colere) 'Einwohner'. S. § 268 B 3 u. C.

4. Als Schlußglieder stehen, etwa in der Funktion von Nomina agentis, solche Verbalableitungen, die auch als selbständige Nomina gebraucht sind oder als solche gebildet werden konnten; rein formal sind sie nominale Determinativkomposita. Es bestehen drei künstliche Bildungen von geringer Verbreitung.

a) Typus vīti-sator Acc. Verg. 'vitium sator, Reben-pflanzer' (vgl. §§ 338, 1a; 319 A 1 Zus. a). Als eigenständige Kunstbildung auch im Griechischen, etwa hom. μηλο-βοτῆρες 'Schafe weidend', ἀμαλλο-δετῆρες 'Garbenbinder', und im Altindischen (Fraenkel, Nom. ag. I 65; Wn.-Dbr. 679 § 502a). Beispiele (Vorderglied als Objekt oder als Instrumental): imbri--citor Enn. ann. 444, mūni-dator CE 511, 7; fem. silvi-cultrīx Catull; subducti÷supercili-carptōrēs Laev., armi-lūsor : ὁπλο-παίκτης Gloss. Hierzu vielleicht auch nomenclātor Cic., wenn zu calāre. Ähnlich das hybride arcuballista.

b) Typus arqui-tenēns 'bogen-haltend', mit ptc. prs. auf -ent- oder -ant-, nur lat. Typus (vgl. auch Fischer, StCl. 13, 76), in der alten Dichtung oft als Erweiterung von oder Ersatz für -o- (Typus 2) für fünfsilbigen Hexameterausgang. Vorderglied Subst., syntaktisch als Akk.-Objekt: *arqui-tenēns* (*Apollo*) Naev.; *frūgi-ferent-* und *aedi-tuent-* Lucr. (alt *-fer* Enn. bzw. *-tuus* Plt.); *omni-parēns* Lucr.; als gen. bei adj. *potēns*: *omni-p.* Enn. (παντο-κράτωρ), *caeli-p.* und *salsi-p.* Plt. Pers. 755 Trin. 820 (Gebetsstil), *belli-p.* Enn., *armi-p.* Acc.; als abl.-instr.: *vēli-volāns* (für *-volus*), *stellu-micāns* Varro, *gaudi-vigente choro* D 609. – Vorderglied Adjektiv in verschiedenen Funktionen: gen. pl. *alti-volantum* Enn. ann. 81 (ὑψι-πετής), *Iovis alti-tonantis* 541 (ὑψι-βρεμέτης), *su̯āvi-loquentī / ōre* 303 (ἡδυ-επής), vgl. *blandi-loquent-* (*-ulus* Plt., *-ia* Enn.; *-loquus* Plt.); vgl. *su̯āve olent-* Catull.

<small>Nicht hierher *-ant-* in *belligerantēs* Enn. ann. 195, weil neben *-āre* Plt.; aber wohl Vorbild für *quadrupedant- ūnanimant-*.</small>

c) Typus plur. *hāmō-trahōnēs* 'qui hamo trahunt' Paul. Fest., mit *trah-o -ōnis nach Typus *edo*; *hāmō* abl., also Kasuskomposition (§ 333 IC Zus.), nicht mit Kompositionsvokal *ŏ*. Zu *cini-flo ante-ambulo* und *Virginēs-vendōn-idēs* und zum Typus *edo* vgl. § 322 A 3 u. 5.

5. Typus *horri-ficus* 'schaudern machend', Komposita aus zwei verbalen Gliedern; meist Schlußglied *-ficus*. Vorderglied ein Verbalstamm der 2. Konjug.; ein singulärer Typus, nur altlateinisch und archaistisch. Also *horri-* ist Verbalstamm von *horrēre*, nicht das subst. *horror* (nach Typus *damni-ficus*, oben 2a) in singulärer Verkürzung als *horri-* aus **horrōri-(ficus)*. – Vorbild war vermutlich *laeti-ficus* (*-ficāre* Plt.; eventuell *mīri-ficus* Ter., *-ē* Cato), also ein Kompositum mit Adjektiv als Vorderglied, das sekundär auf dessen Denominativum *laetārī* (*mīrārī*) bezogen wurde; neben *lēnis* steht *dē-lēni-ficus* Plt. Mil. 192, das durch sein Praeverb mit dem Verbum *dēlēnīre* verknüpft ist.

<small>Ausbreitung. Mit *-ficus* (*-f.*) und *-ficāre* (*-āre*): *lūci-f.* Plt., *horri-f.* Lucr. (*-āre* Acc.), *algi-f., candi-f.* – Vorderglieder transitiver Verben sind als Passive zu verstehen, also *augi-ficāre* als *augērī facere*; daher sind hier *-ficus* und *-ficāre* fast gleichwertig mit Ptc. prs. und Infin. des einfachen Verbums: *terri-f.* Scaen. frg. und *-āre* Lucr. sind gleichwertig mit *terrēns* und *terrēre*; danach bildete Lucilius 654 paratragodisch ein *contemni-ficus* 'verachtend'. – Statt *-ficus* vereinzelt andere verbal gemeinte Schlußglieder: *horri-fer* Acc., *horri-sonus* (zu *sonāre*) Cic. poeta, *terri-loquus* Lucr. 1, 103, *perterri-crepus* Trag. inc. u. Lucr. – Angeschlossen sei das absonderliche inschr. *ululi-tremulus* 'heulendzitternd' IV 7963, etwa nach *horri-sonus*; nach *Väänänen* 106 Vorderglied *ulula* (die Eule der Athene).</small>

6. Typus 6: regierender Verbalstamm als Vorderglied, ererbter Typus, Muster gr. ἀρχέ-κακος (sog. Imperativkomposita; angeblich aus ἄρχε κακοῦ, *Brugmann*, IF 18, 68). Im Latein ausgestorben, in romanischen Sprachen neu entwickelt: frz. *porte-monnaie*. – Ganz vereinzelte Bildungen schon im Latein der Kaiserzeit: *vinci-pedes* 'vinciens pedes' schuf Tertullian pall. 5, 2 als Gegenstück zu *nūdi-pēs*, das er als 'nudans pedes' faßte. Als Wortspiel mit *Laodicēnī* 'Bewohner von Laodicea' gebraucht Plin. epist. 2, 14, 5 *laudi-cēnus* 'laudans cenam'. Als christliche Namen: *Vince-malus* Drac., Hypostase aus 'vince malōs (mala)'; *Spēra-in-deum.* – Mit Suffix *-ius* (§ 273 C 3): *Venus Verti-cord-ia* (*Wissowa*, Rel. 290[11]); *fulcī-ped-ia* Petron. 75, 6; *posci-numm-ius* Apul. – Das singuläre *flex-animus* (*oratio*, Pacuv. 177) 'quae flectit animum' ist, nach *Pisani*, StIt. 11, 123, Nachbildung eines griech. *καμψί-θυμος (Typus τερψί-μβροτος); es enthält also nicht als Besitzkompositum das ptc. *flexus*, sondern als verbales Rektionskompositum den Perfektstamm von *flexī* nach dem in κ. vermuteten Aoriststamm von ἔκαμψα. Vgl. *flexi-pēs* (s. *Szantyr*, Synt. 767), aber auch *versi-pellis* Plt., *versi-color* Cic.

Lit.: *Stolz*, HG 416–424; *Per S. Baecklund*, Lat. Bildungen auf *-fex* u. *-ficus*, Uppsala 1914 (S. 180 *horri-ficus* zu *horror*, S. 208 *magni-ficus*); *J. C. Arens*, *-fer* and *-ger* in the

Roman poetry, Mnem. 3, 1950, 241–262 (stilistisch orientiert [Gl. 34, 216]); *Fraenkel*, Plautin. 207 (Typus *arqui-tenēns*); *Skutsch*, Kl. Schr. 13 (*contemni-ficus*); 154[1] (*vincipēs*). – Allgemein: *Osthoff*, Das Verbum in der Nominalcomposition, Jena 1878 (speziell Griech., German., Roman.; nichts zum Latein).

Zus. Der altind. Typus *bharad-vāja-* 'den Preis davontragend' ist entstanden als Akklamationsname mit 3. sing. inj. als Vorderglied 'er trage den Preis davon'; zu *Sanatkumāra-* (Wz. *san*) 'er erlange einen Sohn' vgl. Rigv. 1, 100, 18 *sánat kṣétram*; weiter *kr̥tád-vasu-*, *guhad-avadya-*. – Später erfolgte Umdeutung zum Ptc. praes. – Zum Typus s. *Thumb-Hauschild* I 2, 406 Ziff. 2.

337. Besitzkomposita (vgl. § 333 II C), funktionell Adjektive, selten substantiviert. Schlußglied immer ein Substantiv, oft Bezeichnung eines Körperteils. Typen ererbt, aber erst durch griechische Vorbilder im dichterischen und technischen Wortschatz neu belebt; vereinzelt Suffix -*i*- (§ 310, 2), seltener -*o*- (*bīmus*, § 266b). – Anordnung nach den **Vordergliedern**, die das Schlußglied als Besitz oder Kennzeichen einer Person oder Sache nach Zahl oder Art determinieren.

a) **Zahlwort, Adjektiv**. Für Lebewesen: *bi*- '2' (aus **dui̯*-, § 140b): *bi-dent-* 'zweizähnig' (ein Lamm als *hostia*); *tri-faux* (*Cerberus*, vgl. gr. τρι-κάρᾱνος); *quadru-pēs*; *Sē-digitus* § 205b; *ūn-oculus* Plt. (μον-όφθαλμος), *Oinu-mama* § 65, *centi-manus* sing. (plur. ἑκατόγ-χειρες); *ūni-vira* CE 1306 al. (und -*viria*; gr. μόν-ανδρος). – *sicc-oculus* Plt. Psd. 77 (*ξηρ-όφθαλμος, vgl. -λμία); *albi-capillus* Mil. 631; *incurvi-cervīcus* s. § 335 Ende; *tardi-genuclus* Laev.; *Ahēno-barbus*, *Crassu-pēs*. *magn-animus* (μεγά-θυμος); *miseri-cord*- (vgl. gr. εὔ-σπλαγχνος). *grand-aevus* (μακρ-αίων); *soll-ers* -*rtis*.

Vergleiche ferner *bīmus* § 168; *bi-ennis*; *bi-color* Verg. (*versi-color* Cic.); *Tri-nummus* Plt. wohl Umsetzung eines gr. *Τρι-ώβολος (vgl. τρι-ώβολον Xen. Hell. 1, 5, 7 als Taglohn und Plt. Trin. 843); subst. *tri-dent-* 'Dreizack' Verg.; *dūr-acinus* (*ūva*, Suet.); *rēcti-angulus* (ὀρθό-γωνος). Pflanzen, ntr. subst. *tri-* und *mīlle-folium* (τρί- u. μυριό-φυλλον). – Ohne bezeugten Nomin. sing. sind gen. *bi-maris* (*Corinthi* Hor., zu *mare*) und akk. *bimarem* (*morbum* Auson., von einem *pathicus*, zu *mas* 'Mann'; falsch Thes.). – Umgekehrte Stellung der Glieder: *anim-aequus* Eccl. ist Rückbildung aus *anim-aequitās*, *Skutsch*, Kl. Schr. 9.

b) **Substantiv**, meist Stoffbezeichnung oder Tiername: *auri-comus* χρυσο-κόμης, *lān-oculus* Paul. Fest., *corni-frōns* (*cornu*) Pacuv., *angui-manus* 'mit Schlange als Hand' (Elefant) Lucr., *angui-pēs* -*comus* Ov., *tauri-formis* (ταυρό-μορφος) Hor., *nocti-color* (Memnon der Aethiopier) Laev. – *capri-cornus* (αἰγό-κερως) 'Steinbock'. – *ūva bū-mamma* Varro, Latinisierung von βού-μαστος, lat. *bū-mastus* Verg.

c) **Praeposition**, meist als Lokaladverb; öfters -*is* für -*us*. *ambi-* (*amb- am- an-*, § 102 Zus.) 'beiderseits ... habend', wie gr. hom. ἀμφι-φορεύς 'beidseits einen Träger, φορεύς, habend': *amb-egnus* (*agnus*) und *am-segetēs* Paul. Fest.; *an-cipes* (*caput*), jünger nomin. *anceps*. – *com-* 'zusammen': *cōp-* (*co-op-*, § 132) altlat. 'reich' und subst. mask. *com-ped-* 'Fessel' als 'die *opes*, *pedes* zusammenhaltend'. Von pluralischen **Subjekten** 'etwas gemeinsam (gleich) habend': *cognōminēs* 'gleich-namig' Plt. Bacch. 39 (zu *gn-* s. § 326 A 3b α), *con-cord-ēs* (*cord-* für 'Gesinnung'); *cōn-sors*; *com-mūnis* (plur. *mūnia* 'Aufgaben'; ererbt, § 65). Zu *collēga* s. § 268 B 3. – *dis-* 'auseinander (verschieden)': plur. *dis-cord-ēs*; *dis-color* seit Varro. – *prae-* 'vor': *prae-cipes*

-*ceps* 'Kopf voraus (stürzen usw.)'. Vielleicht temporal: *prae-gnāt(i)*- 'schwanger' als 'die Geburt vor sich habend' (so *Schwyzer*, KZ 56, 10³ [Gl. 19, 251]; zu *gnāti*- s. § 308); *prae-posterus* 'das Spätere voraus-habend, verkehrt'. – *prō*- 'vorwärts': *pro-fundus* 'tief, d. h. den Grund, *fundus*, voraus (tief) habend'; *prō-clīvis* 'abschüssig, d. h. einen Abhang, *clīvus*, vor sich habend' (erst danach *ac-clīvis*).

Komposita mit *dē*- 'weg-', *ex*- 'heraus-' *vē*- 'weg-' bezeichnen, ähnlich wie die mit *in*-priv., als gewissermaßen negative Besitzkomposita den Verlust oder das Fehlen eines Besitzes: *dē*-: *dēbilis* § 163 Zus.; *dē-pĭlis, dē-plūmis, dē-somnis* Petr. 47, 5. – *ex*-: *ē-dentulus* 'dessen Zähne aus(gefallen) sind, zahnlos' (§ 282 E 1); *ē-linguis*; *mente exsensa* (zu *sēnsu-*) Laev. frg. 8; *ex-sanguis*; vielleicht *ex-īlis* (nach Paul. Fest.); *ex-perti*- 'ohne Anteil'. – Vgl. Typus *exossāre* § 418 I C 3.

d) Praefix *in*- privativum, in dieser Funktion ererbt, vgl. gr. ἀ- ἀν- in ἄ-φρων ἀ-κλεής, 'nicht habend', d. h. 'ohne, -los' (§ 333 IV A 2): *in-op*- 'mittel-los', *in-erti*- (*ars*), *im-mūnis* 'ohne *mūnia*, Abgaben', *in-glōrius* Cic., *in-quiēt(i)*- 'unruhig, ruhe-los' Sall.; akk. *in-decŏr-em* Acc. Verg.; vgl. *in-accessus* § 335, 2. Vorausgesetzt *īn-fortūnus* durch -*ūn-ium*. – Zu adv. *im-pūne* s. § 310, 2 Zus. a.

Zusätze. α) Mit Suffixen (§ 256 c). -*is* (§ 310, 2): *bi-ennis dē-bilis prō-clīvis* usw., auch etwa *im-berbis, īn-fāmis, in-cēnis* (neben *in-cēnātus*). – -*ius*: s. § 273 C 2. – -*us* (§ 266 b): *bīmus, in-iūr-us, in-decōr-us* (§ 266 c). – -*ālis*: *con-tubern-ālis*; durch -*rn-ium* ist plur. *con-tabernī* vorausgesetzt (§ 256 d); *sesqui-ped-ālis* Hor. – -*eus*: *cōn-sanguin-eus*. – -*ōn*-: plur. *com-pāni-ōnēs* (vgl. § 322 A 2 b). – β) Sehr zweifelhaft Praenomen *Agrippa* 'qui in pedes nascitur' 'Steißgeburt' (nach Gellius), als im Auslaut verkürztes *agrei-pod*- 'vorn die Füße habend' (lok. *agrei* funktionell wie praepos. *prae*- in *prae-cipit*-; zu *pp* vgl. § 184 c), so *Schulze*, Kl. Schr. 474; *Pisani* [Gl. 20, 279]. – γ) *vē-cord*- 'von Sinnen' s. § 339, 3 b. – δ) Viele Praepositionskomposita sind nur nach ihrer Funktion Besitzkomposita, nach ihrer Entstehung aber Rückbildungen aus Verben auf -*āre* oder aus PPP auf -*ātus*; ich rechne dazu *ab-undē* (vgl. -*āre*), *ob-litterus* 'vergessen' Laev., *trāns-formis, ex-animus, dis-sulcus*; s. § 333 IV B 3 b. – ε) Ohne Grundwort (Subst. oder Adj.) und daher unerklärt etwa *con-cinnus* (aus -*āre*), *oblīquus, obscēnus, obscūrus, sublestus*.

338. Bei den nominalen Determinativkomposita (den „Tatpuruṣa" der altind. Grammatiker) sind Substantive und Adjektive getrennt zu behandeln.

Substantive, determiniert durch verschiedenartige Vorderglieder, nach denen sie hier gruppiert werden. Im Idg. und im Latein kaum entwickelt; s. *Jacobsohn*, Festschr. (Χάριτες) Leo 414–452; über die griechischen Typen s. *Risch*, IF 59, 1–61 und 245–294; zu Zusammenrückungen s. § 333 IB. Im Latein sind manche ältere Zusammenrückungen zu formal echten Komposita umgestaltet.

Determinierende Vorderglieder (vgl. § 333 II B):

1. Substantive, meist in Funktion eines Genetivs der Zugehörigkeit. a) Personenbezeichnung als Schlußglied wie auch als Kompositum. Ererbt nur *hospes*, aus **ghosti-pot(i)s*, Glieder lat. *hostis* und *potis*, also 'Gast-herr' (-*pot-s* nach paelign. nomin. *hospus* und -*t*-Stamm in gen. pl. *hospitum*, § 335, 2; zu nomin. lat. *hospes* s. § 99 Zus.). – Schlußglied nom. ag. auf -*tor* u. ä.: Typus *vīti-sator* s. § 336, 4 a; *armi-custōs* (jünger -*or*) ὁπλο-φύλαξ; *mūlo-*

-*medicus* ἱππ-ίατρος. – Altlat. Sklavennamen auf -*por* '*puer*': als Zusammenrückung *Ōlī-por* '*Auli puer*', als Komposita gemäß der Binnenkürzung *Marpor Nae-por* (§ 142 Zus. δ); dazu *Jacobsohn* 418. – b) Kompositum Gegenstand. *nau-stibulum* '*vas alvei simile*' Fest. (*nau-stăblom nach gr. ναύσταθμος?); Ortsname *Nau-portus* in Pannonien (vgl. gr. Ναύ-πακτος 'Schiffswerft'); plur. *nuci-frangibula* Plt.; *capri-fīcus* Ter.; *sū-* und *mūs-cerda* § 334, 1c. Sicher aus Zusammenrückung: *iū-glāns* § 142b; *aqui-ductus* (für *aquae-ductus -ūs*) App. Probi (mit Suffix *-ium terri-mōt-ium* § 275 C 2c). – *dom-ūsio* 'Haus-gebrauch' Varro Men. 517, Petron. (*ūsio* Cato; *dom-* für lok. *domī*). – c) Sog. Mischungskomposita 'zugleich das andere seiend', mit Kompos.-vokal *o* : *Gallo-graecī*, *Celt-ibērī*; *moecho-cinaedus* Lucil. (im Griechischen unbelegt); *tunico-pallium* Non. Vgl. *euro-notus, austro-āfricus* (sc. *ventus*). – d) Durch Zusammenrückung mit umgekehrter Anordnung in sekundärer Flexion: *cornu-cōpiae*, nomin. *-a* (s. Thes. s. *cornū* p. 968, 67 sqq.; 969, 2). *cav(um)-aedium* Plin. epist. 2, 17, 5. *domin-aedius* 'Herr der (pl.) *aedēs*' '*dominus aedium*'; *domin-* aus vok. oder akk. (*Skutsch*, Kl. Schr. 10).

2. Adjektive, attributiv zum Schlußglied (wie nhd. *Weiß-brot Schwerarbeit*): *perenni-servus* Plt.; *angi-portus* § 316 A 1a; inschr. *uell-annonam* '*bellam annonam*' (*Svennung*, Studi Castiglioni 1958, 971). – Zahlwörter: *tri-fūr* s. § 339, 1b. *sēmi-* (vgl. gr. ἡμί-θεος ἡ(μι)-μέδιμνος) in *sēm(i)-homin-* (Verg.), *sē(mi)-modius* (vgl. auch § 378 B, '2' Zus. c); danach *sē-* in *sē-lībra*; zu *sin-ciput* s. § 103b.

Zusätze. a) Sonderfälle. *multi-modīs* Plt. aus instr. plur. *multīs modīs*, ebenso *mīrimodīs*. *omni-genus* indecl. aus akk. *omne genus* (Varro rust. 3, 5, 11 u. 14 *aves* 'jeder-art Vögel'; vgl. Cato agr. 8, 2 u. *Szantyr*, Synt. 47 litt. β). – *prīmi-pīlus* 'centurio primi pili' wohl verkürzt aus *-pīlārius*; danach *prīmi-scrīnius* 'primus scrinii'. – Auf Umwegen: *merī-diēs* 'medius dies' (§ 162 b α Zus.).– *turpi-lucri-cupidus* Plt. – Zu angeblich *albogalērus* s. § 334, 1 a. – b) Mit umgekehrter Stellung: *equi-fer(us)* 'Wild-pferd', *ovi-fero-* Plin. nach griech. Typus ἱππ-αγρος (zu diesem s. *Wackernagel*, Kl. Schr. 722 ff.); dazu *feriferae* 'Wild-tiere' Gloss. (nicht Iterativkomp., so *Niedermann*, Gl. 1, 264). – c) Mit Zahlwörtern: die ererbten neutralen „Komplexiv-komposita" auf idg. *-om*: altlat. *du-centum* 'ein Zwei-hundert' (s. § 379); *trī-duum* 'Gruppe von drei Tagen' aus *tri-div-om, s. § 130 II B 1; *nun-din-um* aus *noven-din-om § 142 b; jünger mit *diēs*: *noven-di-ālēs* (*fēriae* Varro ling. 6, 26; *sacra* Liv.). So wohl auch ntr. *tri-vium*, falls nicht für *-vi-ium* (gr. τρί-οδος und *-ὁδ-ιον*); *terr-uncium* Plt. Capt. 477 (mit *terr-* aus *tris-* für *tri-*).

3. Praefixe. *vē-* (unerklärt) in *Vē-diovis* (s. § 339, 3b). – *ne-* in *ne-fās nēmo* usw., s. § 333 IV A 1; s. ebenda A 2bα zu *in-apparātio* usw.

4. Praeverbien. a) Personenbezeichnungen : *com-* und *sub-* nach gr. συν- und ὑπο- (hom. ἡ συν-έριθος, ὁ ὑπο-δμώς). *cōn-servus* 'Mit-sklave', *col-lībertus*, *con-discipulus*; mit Suffix *com-mīlit-ōn-* Cic. ; *sub-custōs -prōmus -Ballio* Plt.; *sub-magister, -centurio*; *sub-vas* XII tab. 1, 10 nach gr. ὑπ-έγγυος (vgl. *praes* aus *prae-vas* nach προ-έγγυος). – Zu *prō-cōnsul inter-rēx* s. § 340 B 3. Postverbal *ad-minister* (aus *-strāre*); *ex-hērēs* s. § 333 IV B 3a. – b) Sachbezeichnungen. *ante-pēs* 'Vorderfuß' Cic. Arat. nach gr. πρόπους; *inter-spatium* Tert. Zu *occiput* s. § 275 C 4. – Postverbalia: *dē-decus* (nach *decus* aus *dē-decorāre*). *com-mers* (*pax commersque* Plt. Stich. 519) für *commercium* aus *commercārī*. *prae-iūdicium* 'Vor-urteil' s. § 333 IV B 4c. Zu *cognōmen* s. § 326 A 3bα. – *conclāve* 'verschließbares Gemach' Plt. (schief *una* in

Paul. Fest. *conclāvia*: *loca quae una clave clauduntur*) ist substantiviertes Neutrum zu adj. *conclāvis, als retrograd zu erschließen aus *con-clāvātus* ('*sub eadem clave*' Paul. Fest.).

339. Adjektive (und adjektivierte *to*-Partizipien) als Schlußglieder in nominalen Determinativkomposita. Wichtig sind als Vorderglieder nur Indeklinabilia, nämlich das *in*- privativum (s. dafür § 333 IV A 2a) und viele Praeverbia; anderes trifft man besonders in Zusammenrückungen. – Die Anordnung folgt den determinierenden Vordergliedern.

1. Nomina als Vorderglieder. a) Substantiva. Vor Adjektiven mit verbaler Bedeutung in Kasusfunktion gebraucht: Typus *arqui-tenēns*, s. § 336, 4b; *turpi-lucri-cupidus* § 338, 2a. *auli-coctus* § 336, 1 Zus. γ. *ōri-putidus* Gloss. – *anim-aequus* s. § 337a Zus., *equi-fer(us)* § 338, 2b. – b) Zahlwörter und Adjektive. *tri*- adverbial 'dreifach': *tri-parcus* Plt., danach *tri-fūr -furcifer* Plt. (lat. *tri*- Ersatz für gr. τρίς in τρισ-άθλιος usw.). *tri-geminus* 'Drillings-', mit *centum-geminus* Verg.; *sēmi-vīvus* (vgl. ahd. *sāmi-queck*); *solli-citus* 'ganz erregt'. *dulc-amārus* γλυκύ-πικρος (vgl. *dulcis amāritiēs* Catull); inschr. *rudi-mātūrus* VIII 15880, 16. *levidēnsis* s. § 315 am Ende.

2. Praepositionen, deren alte Bedeutung noch erkennbar ist, also meist auf Praeverbgebrauch zurückgeht. Die Komposita sind daher oft als Rückableitungen aus komponierten Verben entstanden, teilweise als Ersatz für metrisch unverwendbare Partizipien auf -*ātus*, s. dazu § 333 IV B 3a. *ab*-: *ab-surdus* (? -*ido*-Adj. ?), vgl. *vox absona atque absurda* Cic. – *ad*-: *ad-aequē* Plt. (-*āre* Cic.). *ad-uncus* Plt. (-*āre* fehlt). *ac-commodus* Verg. (aus -*ātus*). – *ad-similis* Plt. (-*āre* Plt.) mit Nachbildungen *non ab-s.* Caes. und *cōn-s.* Plt.; zu diesem konträr *dis-similis* (nach diesen *com-* und *dis-par*). – *com*-: *con-dēnsus* (aus -*ēre*); fem. *compara* (aus -*āre*) 'vergleichbar' CE 218, 3. *con-cavus* u. -*vexus*. *con-dignus*, adv. -*ē*, wohl nach *nōn indignus*, vgl. *con-decet*. *com-plūrēs* nach gr. συμ-πλείονες (*Leumann*, Kl. Schr. 171²). – *dē*-: *dē-vexus*. *dē-honestus* Gell. (aus -*āre*). *dē-līrus* s. § 340 A. – *dis*-: *dī-midius* aus -*ātus* 'durchmittet', 'halbiert' (beide altlat., -*āre* erst Itala). *dis-similis* s. bei *ad-s.* Aber *dif-ficilis* ist wohl umgestaltet aus *dus-facilis (mit *dus*- gleich gr. δυσ- ai. *duṣ*-), *Wackernagel*, Synt. II 296 f. – *ex*-: *ef-ferus* aus -*rātus*. Zu -*ēscere*: *ex-pavidus* Laev., *ex-pallidus* Suet. Cal. 50, 1; *ē-vānidus* Ov., *ē-iuncidus* Varro; weiter *ē-gelidus* Catull. Verg.; *cūrae exanimālēs* 'entseelend' Plt. Rud. 221 (statt -*ant-ptc*.). – *in*-: *in-curvus* (-*āre*). *in-cānus*; *īn-suassus* (s. § 214b); Zusammenhang mit gr. hell. ἔλ-λευκος ἔγ-χλωρος ist denkbar. Im Spätlatein „verstärkendes *in*-" in *im-pinguis* ua., W.-H. I 688 Mitte; zu funktionslosem *in*- s. Szantyr, Synt. 806 Zus. α. – *ob*-: *ob-nūbilus* Enn. (vgl. *ob-nūbere*). *ob-uncus* poet. nach *ad-uncus*. *ob-longus* seit Plt., wohl nach gr. ἐπι-μήκης. *ob-noxius* (zu *noxius* aus obn. inn. und zu *noxia* s. §§ 273 C 1; 274 A 1 d). – *per*- 'durch-': *per-lūcidus* (-*ulus* Catull), zu -*ēre*. *per-vigil* (-*āre*). – Zu steigerndem *per*- und *prae*- s. unten. – *prae*-: *prae-validus* (-*ēre*). *prae-longus* Liv. (nach *prae*-(*ē*)*minēns*). Zeitlich 'vor(her)': aktiv *prae-sāgus* (-*īre*), *prae-nuntius* (-*āre*), *prae-dīvīnus* § 258 B 3a; passiv *prae-mātūrus* (vgl. *prae*-

cox). – *prō-* : *prō-curvus. prō-patulus.* Adv. *prō-palam.* – *re-* : *re-curvus, re-supīnus* (*-āre*). *re-probus* (*-āre*). Spät *re-tundus* für *rotundus*.

3. Mit Sonderfunktion, den Adjektivbegriff **steigernd** oder **abschwächend**: Praepositionen *prae-* und *sub-*, Praefixe *per-* und *vē-*.

a) *prae-* und *sub-*. Für steigerndes *prae-* mit Adj. war Muster das Praeverb *prae-* 'voran-' in ptc. *prae-(ē)minent- -cellent- -valent-*; daher seit I^a *prae-clārus -validus -potēns*, weiter *-celer -dulcis -dūrus -gravis* usw.; beachte *prae-* für *in-* in *prae-lūstris -signis*, mit Gegenstück *sub-lūstris* (*noctis umbra* 'schwach hell') Verg. Aen. 9, 373. – *sub-* abschwächend, sicher ausgegangen von Farbadjektiven wie *sub-niger -rūfus -aquilus* (dazu als Scherzbildung *sub-verbustus* Plt.); Vorbilder waren griech. ὑπ-ερυθρος ὑπό-λευκος -πόλιος usw. (s. *Debrunner*, Gr. Wortb. § 46). Erweiterter Gebrauch: *sub-trīstis* Ter., *-īrātus -rūsticus* Cic.; Rückbildung aus *stillāre* ist *sub-stillus* 'langsam oder schwach tropfend, tröpfelnd' (*lōtium* Cato agr. 156, 7, *tempus ante pluviam* Fest.).

b) Praefixe *per-* und *vē-*.

per- 'sehr', stark verbreitet, besonders umgangssprachlich, vor Adjektiven und Adverbien aller Art: *per-bonus -magnus -grandis, -īrātus -trīstis, -sībus* § 446a, plur. *-multī -paucī*, adv. *per-bene -diū -saepe -rārō; per-hīlum* Lucr. 6, 576; *per-vesperī* 'sehr spät abends' Cic. – Das Vorderglied ist nach meinem Urteil nicht identisch mit dem Praeverb *per-* 'durch', sondern entstanden aus Umgliederung der enklitischen Partikel *-per* von *parum-per paulīs-per nū-per*, vgl. *hau per bene* und *haud per dūdum* Plt. As. 186 Stich. 575; daß die Worteinung jung ist, ergibt sich aus dem Fehlen der Vokalschwächung (*per-facilis* gegen *dif-ficilis*; Ausnahme: *per-tināx* Plt. Capt. 289 zu *tenāx*, nur formal nach *pertinēre*; zu *per-tīsum* s. § 95) und ebenso aus der häufigen Tmesis, etwa *per pol saepe* Plt. Cas. 370, *per mihi brevis* Cic. Cluent. 2, *per mihi grātum* Cic. Briefe häufig; dazu gehört auch *perquam* in *per- quam -dignus* Plt. – Dieses steigernde *per-* trat in gleicher Weise auch vor adjektiv-artige Partizipien der Gemütsstimmung, *per-amāns, per-ōsus, per-taesus* (§ 95, § 447 B 2; vgl. auch Gl. 29, 170 f.), *per-territus* (erst daraus *per-terreo*). Und über *per-lubēns* 'sehr gern' entfaltete es sich zu einem steigernden Verbalpraefix fast nur vor Verben des Wünschens, Gefallenfindens (und ihrer Gegenstücke): *per-lubet, per-placet, per-cupio per-velim*, alle bei Plautus (mit Tmesis *per- videre -velim* Cic. Att. 15, 4, 2), *per-opus=est* Ter. Andr. 265, später *per-gaudeo -doleo*; dazu auch wohl *per-nōvī, per-negāre*; vgl. § 418 II A 3. – Lit.: *Leumann*, Kl. Schr. 49–54; *Szantyr*, Synt. 164 (Praepos. *per*; mit Lit.); ebd. 264 oben; *Hofmann*, Umgangsspr. 76.

Praefix *vē-* pejorativ etwa 'arg, schlimm, *male*, gr. δυσ-', nur in wenigen Wörtern. Vor Adj.: *vē-grandis* 'schlimm gewachsen' (mit der ursprünglichen Bedeutung von *grandis*), also 'klein': *gradūs* 'Schritte' Plt. Cist. 378; in der Landwirtschaft *oves* Varro, *farra* Ov., *frumenta* und *faba* Paul. Fest.; 'arg groß' anscheinend Lucil. 631 *vīta*; Cic. leg. agr. 2, 93 (Zitat) *maciēs*. – *vē--sānus* 'rasend' seit Plt., vgl. *male sānus* und *īn-sānus*. – *vē-pallidus* (*mulier*) Hor. – In Besitzkomposita vor Subst.: *vē-cord-* 'rasend' (Gegenstück *so-cord-*). Auch wohl in *vēscus* 'schlecht genährt' (*ēsca* 'Speise'), daher 'schwach, mager, kümmerlich' (Afran. 315 *vīrēs*, Lucil. 602; anders Lucr. 1, 326), dazu demin. *vēsculus* Paul. Fest.

Man stellt dazu auch das *vē-* von *Vẹi̯ov-* Cic., alte Form *Vēdi̯ov-* (Paul. Fest., Ov., Gell., inschr. dat. *Vediouei* D 208) 'Unterwelts-Juppiter'. – *vē-* ist unerklärt; nicht *vē-cord-* nach als *vē-ment-* aufgefaßtem *vehement-* (so *Niedermann,* IF 10, 255).

Lit.: Ov. fast. 3, 445–447; Gell. 5, 12; Fest.; *Wissowa,* Rel. 236 ff.; *Niedermann,* IF 10, 247–256. E.-M. s. *uē-* u. *uēscus. Marini,* St. it. 33, 114–126.

4. In Zusammenrückungen (vgl. § 333 IB) als Vorderglieder beliebige adverbiale Gebilde. Manche substantivierte Neutra. Adverbien als determinierende Glieder: *ante-nātus* (frz. *aîné*), *ante-pāctum* (*ante* 'vorher'), *post-futūrus; semper-vīvum* (ἀεί-ζωον); *prīmō-genitus, paen(e)-ultimus; bene-factum, male-sānus.* Mit Suffix *-ōn- ante-ambulo.* – Nomina in Kasusform. Gen.: *vērī-similis; senātūs-cōnsultum.* Abl.: instr.: *sacrō-sānctus* 'durch Opfer bekräftigt' (vgl. dazu *pede-temptim* § 389 Zus. zu b); abl. temp.: *noctū-vigila* (§ 269 B 3b); separ.: *manū-missus* 'aus der Gewalt entlassen'; dazu christl. Name *Ā-deō-datus*.

340. Praepositionale Rektionskomposita (vgl. § 257 A 2a) und Vergleichbares: adjektivierte praepositionale Wendungen wie *prō-fānus* aus *prō fānō* 'vor dem Heiligtum (seiend)', *sē-cūrus* 'sorglos' aus **sē cūrā* 'abseits von Sorge (seiend)'. Vereinzelt mit Suffixen wie *-is -ius -ānus* gebildet. – Eine Unterteilung ist zweckmäßig.

A) Typus *profānus*: Schlußglied Sachsubstantiv, Komposita Adjektive, mit Substantivierungen. *ab-*: *ā-vius. Ab-orīginēs,* interpretiert durch Verg. Aen. 7, 181 *aliique ab origine reges* (gr. Βορεί-γονοι ist Versuch einer griechischen Deutung; Βορει- ist formal unmöglich neben Βορέας usw.). – *ad-*: *af-fīnis. ad-prīmus* Liv. Andr. Od. 11 (davon adv. *adprīmē*). – *ante-*: *Ante-canem* Cic. Ar. (indecl.) nach gr. Προ-κύων (Sternbild). – *circum-*: mit Suffix *-iōn-* plur. *circumcelliōnēs* eine Haeretikergruppe. – *cis-*: plur. *Cistiber-ēs* (Feuerpolizei in Rom); mit Suffixen *Cis-alpīnus, Cis-* und *Trānspadānī.* – *com-*: *commodus* (*ut commodum est* Plt. Amph. 558) wohl aus **com modō* 'mit Maß'; erst daraus oder aus *commodāre* subst. *commodum* 'Vorteil'. – *dē-*: *dē-vius; dē-līrus* Varro Cic. 'wahnsinnig', kaum direkt aus *dē līrā* 'von der Furche (Spur), sc. abkommend', vielmehr retrograd aus synthetischem *dēlīrare* (§ 418 I C 2 b) Plt. – *ex-*: *ex-lēx*; mit *-is ē-norm-is, extorris* § 335, 1 a; mit *-ius ē-greg-ius.* – *in-*: plur. *in-aurēs* 'Ohrschmuck' (gr. plur. ἐν-ώτια, mit ὠτίον). – *inter-*: subst. *inter-vallum* (plur. *vallī* 'Palisadenpfähle'); Ableitung *inter-column-ium* s. § 275 C 4. – *ob-*: *ob-vius* s. oben; danach *prae-vius* 'vorausgehend' Ov. – *per-*: *per-nox* (meist *lūna*; dazu *Wackernagel,* Kl. Schr. 1229[1], vgl. *pernoctāre*). Mit *-is*: *perennis* 'dauernd' aus *per annōs*. Mit *-us* (§ 266 b): *perfidus* (*-ia* Plt.) 'treulos', wohl 'der immer *per fidem* sagt' (also „delokutiv", wie die Verben nach § 412 A 4b; nach *Fraenkel* 'qui *per fidem* sc. *fallit, decipit*', so im Thes. s. *fidēs* p. 674, 67 sqq.); danach *periūrus* 'meineidig' Plt. – *prae-*: mit *-io-* ntr. plur. *praecordia* 'Zwerchfell'. Zu *prae-gnāts.* § 337 c. – *prō-*: *prō-fānus* (zu *ŏ* statt *ō* s. § 418 I A 2 b γ). *prō-stibula, -um* 'Dirne'. – *sē-*: *sēdulus* s. § 91 a β. – *sub-*: *subdolus* wohl aus *sub dolō* (*agēns*) 'unter Arglist (handelnd)'. Mit *-is* oder *-ius* : *subiugia lōra* Cato; mit *-ānus: suburbānus*; mit *-ālis* : *subdīālis* Plin. (*sub diū*, s. § 318 A 2b).

Zusätze. *intercus* (*aqua*) Plt. Men. 891 'Wassersucht, ὕδρωψ' retrograd aus akk. *aquam inter cutem* (*et carnem*), vgl. Cic. off. 3, 92 *ad aquam -em*. – Wie eine lokale Praeposition steht *medio-* für *in mediō* (vgl. gr. μεσο- für ἐν μέσῳ in μεσο-ποτάμ-ιος) : *medi*(*o*)--*ocris* 'mittelmäßig' aus *in mediō ocris* 'in der Mitte (halben Höhe) des Berges'; danach *medi-* statt *medio-* vor Kons., mit Suffix in *medi-terrāneus* Cic. (*-terreus* Sisenna); vgl. auch *meditullium*. – Deverbativ zu *-āre* adv. *abundē*, adj. *dēgener* s. § 258 B 3. – Nach griech. Vorbild mit ἀντι- : *Anti-Cato*, eine Schrift des Caesar.

B. Scheinbare Determinativkomposita. Hinterglieder: 1. Adjektive. *prō-mūtuus* (*vectīgal* Caes.) aus *prō mūtuō*; *prō-meritus* aus *prō meritō* (*-tīs* Plt.); erst daraus retrograd *prōmereo*(*r*) Plt. – *in-cassus* Sulp. Sev. aus *in cassum* Lucr. – 2. Sachsubstantive. *prō-nōmen* 'Für-wort' aus *prō nōmine* nach gr. ἀντ-ωνυμ-ία. Vielleicht *prō-portio*. Spät *prō-mercēs* 'Belohnung, *super-ficiēs* 'Oberfläche', ursprünglich *quod super faciem est*. – 3. Personalsubstantiva. a) *prŏ-avus* 'Urgroßvater' nach gr. πρό-παππος 'πρὸ τοῦ πάππου'; nach *pro-avus* sowohl *prō-nepōs* als auch *pro-auctor generis* Suet. Claud. 24, 1. *ab-nepōs* 'Ururenkel' aus '(*nepōs*) *ab nepōte*'; hierzu umgekehrte Konträrbildung *ab-avus*. – b) *inter-rēx*, wohl erst nach *inter-rēgnum* '(*tempus*) *inter rēgna*'. Zu *ex-hērēs* s. § 333 IV B 3a. – c) *prō-cōnsul* und *ex-praefectus*. Für *prōcōnsul*, etwa Caes. Gall. 3, 20, 1 (wonach griech. ἀνθ-ύπατος, auch ἀντι-στράτηγος), ist in klassischer Zeit noch üblicher das ältere *prō cōnsule* 'anstelle eines Konsuls', etwa Cic. Verr. II 3, 212 *cum esses pro consule*, auch SCBacch. 11 *neu̯e magistratum neu̯e pro magistratud*; *pro*(*-*)*praetore*; vgl. Cic. Phil. 8, 27; leg. 1, 53 *pro consule ex praetura*, und weiter *pro magistratu* Lex repett. 70, *prō-praetor*; dazu *prōcōnsulātus prōpraetūra*. Viel jünger sind *ex-cōnsul, ex-praefectus* (s. Thes. s. vv.); Muster offenbar *expraetor*, rückgebildet aus *ex-praetura*.

341. In Kopulativkomposita, auch Additionskomposita genannt, sind die Glieder koordiniert und asyndetisch aneinandergereiht; sie sind wenig verbreitet. Ererbt ist einzig der Typus der Zahlwörter von 11 bis 17, etwa *trē-decim* (§ 205b), *duō-decim* gr. δώδεκα als 'drei-zehn, zwei-zehn' für 'drei, zwei und zehn'. – Laevius, der Neoteriker, schuf die griechisch konzipierten Werktitel *Sīrēno-Circa* und *Prōtesi*(*lāo*)-*Lāodamīa* (zur Haplologie s. § 234). – Unselbständig finden sich solche Gebilde als Vorderglieder von Komposita, *scytalo-sagitti-pelli-ger* (*Herculēs*, wohl aus einer Komödie), und als Basisglied von Ableitungen, *su-ove-taur-īlia* (*sacra*) 'Eber-Widder-Stier-Opfer' (auch *soli-t.* Fest., *solifür solli-* ? ; s. *Scholz*, Philol. 117, 3 ff.); *Opi-Cōns-īvia Wissowa*, Rel. 203[5]; *strū-fer*(*c*)*t-ārius* Fest. (*strū-* für *strui-* zu *struēs*); *palmi-ped-ālis* 'Hand- (und) Fuß-breit' Varro (Suffix nach *ped-ālis* gem. § 256c; erst Rückbildung daraus *palmi-pēs* Plin.).
Zusätze. a) *scytalo-sagitti-pelli-ger* Erweiterung von *pelli-ger* oder Komprimierung von drei *-ger*-Komposita. Ähnlich über *su-ove-taur-īlia Niedermann*, BPhW 1913, 1652. – b) Zu *dulc-amārus* s. § 339, 1b, zu *feriferae* § 338, 2b, zu *reciprocus* § 304, 2. Unverständlich *geruli-figulus* (*flāgitī*) Plt. Bacch. 381. – c) Formen der Iteration (Wortgemination). Rein verstärkend *sē-sē*; wiederholend *iam-iam*, ursprünglich im Dialog als Antwort *iam, iam* eqs. (Plt. Curc. 707 Pers. 818 usw.; Belege Thes. s. *iam* p. 119, 16 sqq.). Distributiv *duo duo* 'je zwei', s. *Szantyr*, Synt. 197[1]. Zu *quis-quis quam-quam ut-ut* s. § 374, 4c. – Zu *Slotty*, Die Kopulativkomposition im Latein, Potsdam 1911, s. *Hartmann*, Gl. 5, 322f. – Über asyndetische Verbindungen von Nomina s. *Szantyr*, Synt. 828 § 55; über Wortgemination ebd. 808 § 45.

IV. NOMINALFLEXION

A. SUBSTANTIVA UND ADJEKTIVA

1. DIE INDOGERMANISCHEN VORAUSSETZUNGEN

342. Die grammatischen Kategorien. Das Latein ist in Nachfolge des Indogermanischen eine flektierende Sprache. Zu den Nomina gehören Substantiva (Appellativa und Eigennamen) und Adjektiva, weiter auch Pronomina und Zahlwörter. Der sog. Stamm des Nomens ist als Wortkern der Bedeutungsträger. Dazu kommen am Nomen als ererbte grammatische Kategorien zum Ausdruck das Geschlecht (Genus), Ein- und Mehrzahl (Numerus), und dazu die „Fälle" (Kasus) für die Beziehungen der Nomina im Satz.

1. Maskulinum, Femininum und Neutrum sind als sog. grammatische Geschlechter (Genera: männlich, weiblich und sächlich) ererbt, ebenso die Verteilung des männlichen und weiblichen natürlichen Geschlechts (Sexus) auf die entsprechenden grammatischen Genera. Im Hinblick darauf bezeichnet man gelegentlich als „ungeschlechtig" die Neutra (Substantiva) und, in anderem Sinn, die Personalpronomina (*ego*, *tū*).

Zusätze. a) Im allgemeinen hat jedes Substantiv inhaerent sein bestimmtes grammatisches Geschlecht; formal sind Maskulina und Feminina in ihrer Flexionsklasse nicht unterschieden, und auch das Neutrum weicht von ihnen nur in Nomin. und Akk. ab, im Singular durch Endungslosigkeit. Darin vertreten die lat. 3. und 4. Deklination noch am reinsten den grundsprachlichen Zustand. Der Gegensatz mask./fem. zeigt sich erst offen in einem beigeordneten Pronomen oder Adjektiv, nicht anders als im Griechischen oder Neuhochdeutschen, wo freilich der bestimmte Artikel als bequeme Kennzeichnung zur Verfügung steht; lateinische Grammatiker gebrauchen im Notfall *hic*, *haec*, *hoc*, in Nachahmung von gr. ὁ, ἡ, τό. – Zweigeschlechtigkeit von Substantiven besteht nur als Ausdruck des natürlichen Geschlechts: *hic* und *haec* bei *bōs* und *ovis* (vgl. § 269 A 2 sowie *Szantyr*, Synt. § 10ff.). Bei anderen lat. Substantiven sind Genusschwankungen oder Genuswechsel selten: *diēs* m. und f., *metus* f. und m., *specu(s)* m. und f. und n.; zu *lūcī clārō* s. § 352 am Ende. – Der Untergang des Neutrums im Romanischen wird am Nomen im Vulgärlatein vorbereitet, etwa mit *fātus vīnus monumentus*, akk. *lactem*, vgl. *Szantyr*, Synt. § 18; *Baehrens*, Komm. 18; 39; *Appel*, De genere neutro intereunte, Diss. Erlangen 1883; *W. Meyer(-Lübke)*, Schicksale des lat. Ntr. im Romanischen, Halle 1883.

b) Die Entstehung des grammatischen Geschlechts in der Grundsprache muß man als Grammatikalisierung von ursprünglich für das natürliche Geschlecht verwendeten Formen betrachten; die Stufen sind nicht mehr zu rekonstruieren. Die glottogonische Spekulation hat sich diesem Thema seit Jacob Grimm mit Hingabe gewidmet. Vgl. dazu etwa *Brugmann* II 2, 82[1] (Lit.) und 86, *Delbrück*, Synt. III 96; *Paul*, Prinzipien [5]263, *Lohmann*, Genus und Sexus, Göttingen 1932; *van Royen*, Klassifikationssysteme (1929); *Havers*, Hdb. d. erklär. Syntax 102; *Meillet*, Ling. hist. I 211–229; II 24–28; *Kuryłowicz*, Categ. 207–226; *Wackernagel*, Synt. II 5f.; *Szemerényi*, Trends 150; *Szantyr*, Synt. § 8 (Literatur).

2. **Numerus.** Von den drei Numeri des Idg. haben sich als Kategorien im Latein nur Singular und Plural erhalten; der Dual ist untergegangen; im Altindischen und im attischen Griechisch war er noch lebendig.

Zusatz. Ererbte Dualformen bei den Zahlwörtern sind *duo, ambō*, auch *octō*, sowie *vīgintī*. – Alle andern Dualdeutungen einzelner Formen sind kaum haltbar. Als Dual auf *-ō*, wie gr. -ω, deutete man ein Gentilicium auf inschr. *-o* hinter zwei Praenomina: *M. C. Pomplio* und *Q. K. Cestio* (Rom bzw. Praeneste, D 79f.); nach *Meister*, EN 99–105 steht *-o* für *-os* (nach § 229a) als Singular; nach Vetter nr. 508 für *-ōs* als osk. Plural. – Gegen Dualdeutung von umbr. *ueiro pequo* 'viri et pecua' (*Wackernagel*, Kl. Schr. 280) will *Devoto*, Tab. Iguv. 198 die beiden Substantive als kollektive Ntr. plur. erklären, also *-o* aus *-ā*. – Zu sing. *cornū* als angeblichem Dual s. § 359. – Neutrales dualisches *-ī* in plur. *rāstrī frēnī* zu sing. *-um* nach *Schmidt*, Pluralbild. 6[1].

3. **Kasus.** Das Latein hat in seinen Paradigmen insgesamt sechs formale Kasus, bei Einrechnung des Vokativs (mit eigener Form nur im Singular der 2. Dekl.). Das Indogermanische verfügte demgegenüber syntaktisch und in einigen Flexionen auch formal über acht Kasus. Von diesen sind im Singular des Lateins erhalten, syntaktisch gesprochen, die vier grammatischen Kasus (Nomin. Akk. Gen. Dat.) plus Vokativ, und als „Kasus der Anschauung" der Ablativ mit drei Funktionen (die Form ererbt in der 2. Dekl. sing. auf *-ō*, alt *-ōd*). Dieser formal als lat. Ablativ bezeichnete Kasus vertritt als Mischkasus syntaktisch drei idg. Kasus, nämlich den Instrumental-Soziativ, den Lokativ und den Separativ (als separativer oder echter Ablativ). Damit ist gesagt, daß lat. Ablativformen auf idg. Abl.-, Lok.- oder Instr.-Formen zurückgehen können. – Sieht man vom Mykenischen ab, so hat das Griechische überhaupt nur die grammatischen Kasus bewahrt; die Funktionen des lat. Ablativs sind hier verteilt auf den formalen Dativ (Instr. und Lok.) und den Genetiv (separ. Abl.).

Zusätze. a) Im Idg. waren als Antwort auf die drei lokalen Fragen 'wo?, woher?, wohin?' drei lokale Kasus verfügbar:, Lok., separ. Abl., und, als Zielkasus, der Akk.; letzterer hatte also als syntaktischer Mischkasus eine grammatische und eine lokale Funktion. – Der Instrumentalis war Kasus des Mittels oder Werkzeugs und, als „Soziativ" oder „Komitativ", Kasus des Begleiters; er antwortet also auf die Fragen „womit?" und „mit wem?". S. dazu *Szantyr*, Synt. 101 § 77ff., auch *Szemerényi*, Trends 154f.; *Kuryłowicz*, Categ. 179ff.

b) Im Romanischen sind, wenn man vom Personalpronomen absieht, die Kasusformen bzw. Kasusendungen aufgegeben worden; ihre funktionellen Aufgaben sind teils durch eine geregelte Wortstellung, teils durch Praepositionen (lat. *dē ad* > frz. *de à*) übernommen worden. Formal gehen die romanischen Singularformen meist auf den lat. Akk., seltener auf den Nomin. (Vok.) zurück.

343. Wortstamm und Endungen; Wechselformen durch Ablaut.

a) Die Funktionen der Nomina im Satz kommen lautlich zum Ausdruck in den Wandlungen des Wortausgangs, den sog. **Kasusendungen** oder **Kasusexponenten**. Die Termini Morphem und Morph der Strukturalisten (s. Gl. 36, 136) werden hier vermieden, da sie auch die Wortbildungssuffixe und die Wortstämme mitumfassen. Die Funktion der „Kasusendungen", neuerdings als Morphosyntax bezeichnet, ist komplex, s. § 344.

b) **Träger der Wortbedeutung** unabhängig von der Funktion im Satz ist demgegenüber für grammatische Betrachtung der aus den Flexionsformen abstrahierbare Wortkern, d. h. der nach Abtrennung der Endungen übrigbleibende sog. **Wortstamm**; also wohlgemerkt nicht, wie scheinbar in den lat. und griech. Wörterbüchern und, mit mehr Berechtigung, in den modernen Sprachen, der Nominativ sing., da auch dieser meist durch eine Endung gekennzeichnet ist. Nur bei den neutralen *i-* *u-* und Kons.-Stämmen diente der reine Stamm auch als Nomin.-Akk. sing., d. h. dieser Kasus war „endungslos"; er hatte, wie man es neuerdings formuliert, die Endung Null. Die antike, stark sprachphilosophisch orientierte Sprachwissenschaft der Griechen und Römer ist nie zur Scheidung von Nominativ sing. und Wortstamm durchgedrungen, im Gegensatz zu den Sanskritgrammatikern, die die Nomina und Verba nach der Stammform (bzw. Wurzel) ordneten und damit weithin die Analyse der idg. Flexion und Stammbildung vorbereiteten. Die moderne Benennung eines Nomens (usw.) unabhängig von den Flexions- oder Kasusendungen ist „Lexem".

c) Zwischen Stamm und Endung bestand also ursprünglich eine Flexionsfuge, nicht anders als zwischen den zwei Gliedern eines Kompositums; man markiert sie durch einen Bindestrich, etwa nomin. sing. *rē-s*. Im Lauf der Sprachentwicklung ist aber diese Fuge teilweise schon in der Grundsprache und dann weiter vom Idg. bis zum historischen Latein durch Lautwandel überdeckt worden, womit auch der Stammausgang oft unkenntlich wurde; s. § 344d. – Für die Lautwechsel in diesen Fugen bei Nomen und Verbum dient als Gesamtbezeichnung neuerdings der Terminus „Morphonologie" (vgl. zur Form § 234).

d) **Wechselformen der Stammgestalt.** Der idg. Vokalablaut hatte in der Flexion offenbar manche Wechselformen geschaffen. Daher bestehen lautliche Varianten der Kasusendungen, etwa sing. gen. *-es -os -s*, auch akk. *-m/-m̥*. Besonders aber bestehen je nach „starken" und „schwachen" Kasus verschiedene Stammausgänge beim gleichen Nomen; bei den ablautenden Kons.-Stämmen waren starke Kasus sing. nomin. akk. und plur. nomin. Dazu sind im Latein infolge der Vokalschwächung die kurzen Vokale der vorletzten Silben nicht in ihrer ursprünglichen Gestalt bewahrt. In solchen Vorgängen sind besonders bei den *r-* *n-* und *s*-Stämmen die bekannten Stammwechsel begründet: lat. *-o/-in-* (*homo*, Suffix *-tūdo*) aus idg. *-ō(n)/-on-* bzw. *-en-*, lat. ntr. *-us/-er-* (*genus*) idg. *-os/-es-*; Einzelheiten sind in der Stammbildung erwähnt. – Im Latein sind freilich durch Normalisierung der Flexion viele solche Vokalwechsel in der letzten Stammsilbe, der sog. praedesinentiellen Silbe (der Silbe vor der Endung), beseitigt, die in anderen Sprachen noch erhalten sind. Aber Reste solcher Ablautwechsel wie *ō/ø* findet man noch in frühen Ableitungen von Konsonantstämmen: *nepōt-/*nept-*, so fem. *nept-is* § 269 B 2; *sūtōr-/*sūtr-*, dies in *sū-tr-īx sū-tr-īna*, auch (*arā*)-*tōr-/-tr--um* (§ 319 A 1b); *soror* < **swesōr/*swesr-* (nhd. *Schwester*) in *sobr-īnus* (§ 207); *hiem-/*him-* in *bīmus* (§ 168); *vōx vōc-is/*vŏc-* in *vocāre* (§ 53). Vgl. dazu auch *Kuryłowicz*, Apoph. 59 ff. – Bei den idg. *i-* und *u*-Stämmen galt eine andere Regelung; starke Kasus sind hier sing. gen. dat. und plur. nomin. mit Vollstufe idg. *ey ew*, also vor Vokal *ei̯ eu̯*, vor Kons. *ei eu*, auch *oi ou*; vergleiche zu den *u*-Stämmen der 4. Dekl. § 358 Zus.

e) Bei den Vokalstämmen auf $\bar{a}$ o i u der lat. 1. bis 4. Dekl. ist dieser Vokal das „praedesinentielle" Element; im davor liegenden Wortkern, also in der Silbe, die man nur vom lat. Standpunkt aus als eigentliche Stammsilbe betrachten muß, ist Ablaut nirgends direkt zu beobachten. Wohl aber zeigen Einzelsprachen gelegentlich Ablautwechselformen als idg. Erbe, vgl. zu *umerus* gr. ὦμος § 215b Zus., zu *armus* ai. *īrmas* § 64, zu *somnus* gr. ὕπνος §§ 43b, 32, 320a Zus.; bei *u*-Neutrum e/o/ø in lat. *genu* gr. γόνυ german. *knewa-* (nhd. *Knie*), § 317a.

Indogermanische Kasusendungen (§§ 344–346)

344. Die idg. Deklinationsendungen.

a) Für die gleichen Kasusfunktionen sind in den lat. fünf Deklinationen zum Teil durchaus verschiedene Endungen verwendet; so erscheint das Funktionszeichen (Morphem) des lat. Dat.-Abl. plur. in Gestalt zweier „Morphe", als *-īs* in der 1. und 2. Dekl., als *-bus* in den übrigen Fällen. Die Verschiedenheit der Endungen ist im vorgenannten Fall partiell ererbt, in anderen erst allmählich entwickelt.

b) Nur die Singularformen sind Träger einer einfachen Funktion, eben der Kasusfunktion. Im Plural ist die Funktion insofern komplex, als sie sowohl Kasus als Numerus umfaßt. Es gibt keinen numerus-unabhängigen Kasusexponenten, wie etwa wenigstens beim Personalpronomen, in altind. dat. *tu-bhyam* 'dir' *yuṣma-bhyam* 'euch' gegenüber lat. *ti-bī vō-bīs*, und auch kein kasus-unabhängiges Pluralsuffix, höchstens vielleicht rein deskriptiv das *-s* von *vō-bī-s* gegenüber *ti-bī* und genetisch das *-s* von akk. plur. *-ns* (s. § 346, Zus. zu Akk.). – Zu den Ursprungstheorien für die Kasusendungen s. § 345.

c) Nur bei Konsonantstämmen ist die Fuge zwischen Wortstamm bzw. Wortkern und Kasuszeichen einigermaßen deutlich, etwa in *ped-is -ī* usw.; meist ist sie lautlich verdeckt oder doch verdunkelt durch Vokalkontraktionen usw., bedingt durch das Bestehen von Wortstämmen sowohl auf Vokal als auf Konsonant und durch Anlaut von Endungen sowohl mit Vokal als mit Konsonant. Da im Latein fast nur noch das *-s* des Nomin. sing. ein kons. Endungsanlaut ist, so sind gerade im wichtigsten Kasus die Konsonantstämme oft lautlich entstellt (vgl. § 196, 2a zu *rēx novitās* Stamm *rēg- novitāt-*).

d) Daraus ergibt sich nun eine Schwierigkeit im Ansatz der lat. Wortstämme und in der Benennung der lat. Deklinationen. Nur die Nomina der 4. und 5. Dekl., wie mit Endung *-s* nomin. *senātus* und *rēs*, kann man angesichts des gesamten Paradigmas als *u*- bzw. *ē*-Stämme bezeichnen; denn in allen Kasus kehrt *u* oder doch *ū* und *ē* oder *ĕ* wieder. Anders steht es bei *ovis* gr. ὄϜις und *equos* (*lupus*) gr. ἵππος λύκος: aufgrund der *s*-Nominative auf *-i-s -o-s* sind sie sprachhistorisch als idg. *i*- bzw. *o*-Stämme zu analysieren; aber im gesamten lat. Paradigma kommen neben *i ī* auch *e ē* und neben *o* (*u*) *ō* auch *ī* (*lupī lupīs*) vor; im Griechischen freilich begegnen bei ἵππος in Flexion und Komposition nur orthographische *o*-Vokale, nämlich ο ῳ οι ου.

– Eine rein lat. Analyse muß also im Paradigma die Fuge für die Endung vor dem Vokal ansetzen: *equ-os -ī -ō* usw. – Trotz dieses Widerspruchs zwischen der idg. sprachhistorischen und der lat. deskriptiven Analyse sind die im Indogermanischen gerechtfertigten Bezeichnungen als *i-* und *o-*Stämme auch im Latein unentbehrlich; man denke nur an lat. Nomina mit nomin. sing. *-us* in der 2. und 4. Dekl.

345. Die Nominalflexion in der Grundsprache. Das Aufkommen der idg. Kasusendungen liegt in einer dunklen Vorzeit; das erlaubt keine sicheren Deutungen. Die nächstliegende und fast allgemein benutzte Voraussetzung betrachtet die späteren Kasuszeichen ebenso wie manche Wortbildungssuffixe als angetretene oder angefügte nicht-autonome Wörter, also Pronomina, hinweisende oder hervorhebende Partikeln, lokale Adverbien bzw. Postpositionen; so sucht man etwa im *-s* des Nomin. sing. als gewissermaßen suffigierten Artikel das Pronomen **so* 'dieser' (§ 373, 1). – Die *i-* und *o-*Pronomina haben teilweise eigene Endungen.

Lit.: Zu den idg. Kasusendungen: *Brugmann* Bd. II 2; *Wackernagel-Debrunner* III 1–82. Zur lateinischen Flexion: *Sommer* 314ff.; *Lindsay-Nohl* 419ff. – Belege für ungewöhnliche Flexionsformen: N.-W. I Substantive, II Adjektive usw.; für Buchstaben *A–M* auch die ersten Abschnitte der Artikel in Thesaurus linguae Latinae. – Zum Ursprung der Kasusendungen: *Hirt,* IF 17, 40ff.; *Hirt,* Idg. Gr. Bd. III; *Specht,* Urspr. 353–386 (s. § 254 Zus. b); *L. H. Gray,* Lang. 8, 183–199; *Meillet,* MSL 23, 141–145 (vgl. *Slotty,* Idg. Jb. 13, 71). *Lehmann,* On earlier stages of the i.-e. nominal inflection, Lang. 34, 179–202 (mit älterer Lit.): ursprüngliches Vierkasussystem *-s, -m, -?, ø*, drei sekundär festgelegt auf grammat. Geschlecht (*-os -om -ā*) und dann auf nomin. sing. *Szemerényi,* Trends 150.

Singular. Nominativ mask. fem. a) Indogerm. Kasusendung des Singulars *-s* („sigmatisch"): lat. *op-s, vōx* (§ 53); *ovi-s* pron. *i-s qui-s, manu-s,* auch *faciē-s*; alt *equo-s*; adj. *novo-s,* wie gr. φύλαξ (-κ-ς), ὄφι-ς τί-ς γένυ-ς; λύκο-ς; adj. νέ(ϝ)ο-ς. – b) Idg. endungslos („asigmatisch"): *r-* und *n-*Stämme, jedoch mit „Dehnstufe" *-ēr -ōr -ēn -ōn,* so gr. πατήρ δώτωρ adj. τέρην πίων τρήρων; im Latein verkürzt *-er -or* in *pater soror* (§ 123); zu lat. *-o* (*-ō*) statt *-ōn* (*homo cūrio, virgo Iūno*) s. § 151. – Formal asigmatisch auch die *s-*Stämme; doch kann *-s* in *flōs mūs* usw. auf *-s-s* zurückgehen (§ 225 I). – Ohne *-s* ferner die *ā-*Stämme: ai. *vaśā* 'Kuh', gr. χώρᾱ, got. *giba,* dazu aksl. *žena* 'Frau'; so lat. *vacca* 'Kuh'; *aqua* (zu *-a* statt *-ā* s. § 122a). – Zum Nomin. der Pronomina wie *quī quae iste* s. § 375.

Nach *Szemerényi,* Einf. 108f. war *-s* ursprünglich bei allen Kons.-Stämmen gebraucht; in *r- n-* und *s-*Stämmen war nach Assimilation an den Stammauslaut der Doppelkonsonant unter „Ersatzdehnung" vereinfacht worden; also *-er-s > -err > -ēr, -on-s > -onn > -ōn* (*> -ō*), *-os-s > -ōs*; lautlich nicht überzeugend, aber die Beschränkung der „Dehnstufe" auf die Stellung vor den drei Dauerlauten *r n s* rechtfertigend. – Anders über *-s* der *s-*Stämme *Specht,* Urspr. 354.

Vokativ (mask.). Der Vokativ ist syntaktisch nicht ein Kasus (ein „Satzglied") und daher wohl ohne Kennzeichen, also im Singular endungslos als reiner Stamm, im Plural gleich dem Nominativ. Im Latein ist die endungslose Form nur bei den *o-*Stämmen bewahrt, mit Stammausgang *-e* als Ablaut zu *o: amīce* wie gr. ἄδελφε lit. *dievè,* vgl. auch umbr. *Tefre* und ai. *putra*. – Eine isoliert erhaltene Vokativform ist das Vorderglied i̯ū von vok. nomin. *Iuppiter Iūpiter*, s. § 318 A 2b. – Zum Vokativ der *ā*-Stämme s. § 349; zu Vok. *Herculē* s. § 361, 1.

Akkusativ mask. fem. Endung idg. *-m* hinter Vokal bzw. *-m̥* hinter Konsonant. a) *-m*, lat. *-m*, hinter Kürzen *i u o*, idg. *-im -um -om* (gr. *-m* > -ν, also -ιν -υν -ον, s. § 150 Zus. α); erhalten in altind. *-im -um -am*, auch osk. *slagim húrtúm dolom*; lat. *-im* > *-em* in pron. akk. *quem*, lat. *-om* > *-um* in *deivom dīvum*. In der *ā*-Dekl. idg. *-ām* (altind. *-ām*; daraus gr. *-ᾱν* in χώραν); im Latein unter Kürzung des *ā* vor *-m* (§ 228 II a) lat. *-am*, aber osk. noch *-ām* im Einsilbler *paam* '*quam*', also vielleicht auch in subst. *viam* usw. Entsprechend lat. Kürzung bei *ē- ī- ū*-Stämmen, *fidem* (5. Dekl.), *vim neptim* und *socrum*. – b) Hinter Konsonant *-m̥* für *-m* (§ 61); daraus gr. *-α* in πόδ-α usw., lat. *-em* der 3. Dekl. in *ped-em rēg-em*.

Neutrum Nomin.-Akk. Es besteht eine einzige Form für beide Kasus, übrigens auch im Plural. a) Subst. und Adj. α) Im Idg. endungslos, d. h. reiner Stamm als Kasusform. Am deutlichsten bei *u*- und *i*-Stämmen: den lat. *genu pecu* entsprechen gr. γόνυ (gen. hom. γουνός aus *γονϝ-ος), ai. *jānu paśu* got. *faihu*; vgl. adj. πολύ, *puru, filu* (subst.); bei *i*-Stämmen lat. *-e* aus *-i* (§ 97): *mare facile* zu plur. *mari-a facili-a*. – Kons.-Stämme: *nōmen* aus idg. **nōmn̥* altind. *nāma*; *genus* alt *-os* gr. γένος ai. *janas* idg. **g'enos*; *ōs* (gen. *ōr-is*); *caput*; *os(s)* (gen. *oss-is*); durch Abfall eines Verschlußlautes entstellt lat. *cor(d) lac(t)* gr. γάλα(κτ), vgl. gen. *cord-is lact-is* γάλακτ-ος. – β) Nur bei den *o*-Stämmen in beiden Kasus Endung *-m*, also Ausgang *-o-m*; d. h. die Akk.-Form der *o*-Stämme aller drei Genera dient beim Neutrum auch als Nominativ. Subst. lat. *dōnum* altind. *dānam* idg. **dōnom*; gr. wieder -ο-ν, etwa δῶρον; Adj. idg. **newom* gr. νέ(ϝ)ον lat. *novom* ai. *navam*. Entsprechend osk. nomin. *sakaraklúm* (§ 285, 2), akk. *dúnúm* '*dōnum*'; Adj. nomin. *saahtúm* '*sānctum*', akk. umbr. *Turskum Tuscom*. – Die Verwendung des *-m* im Nominativ ist offenbar als Neuerung syntaktisch so zu verstehen, daß diese Neutra ursprünglich nicht als Subjekt verwendbar waren. – b) Bei den Pronomina Endung *-d*; zu lat. *i-d qui-d quo-d aliu-d* vgl. idg. **to-d* in altind. *tad* got. *þat-a*, auch gr. ποδ- und ἀλλοδ-απός (§§ 230e u. 375).

Genetiv. Idg. Endungen *-es -os -s*, offenbar Ablautwechselformen (*Benveniste*, Orig. 64), bei allen Stammklassen, ausgenommen die *o*-Stämme. Verteilung: *-es -os* bei Kons.-Stämmen und auch wohl bei *ā*-Stämmen, *-s* bei *i*- und *u*-Stämmen. Fortlebende Form *-es* in aksl. *-e*, in mask. *kamen-e* ntr. *sloves-e*, und in lat. *-is* (aus *-es* nach § 99), in *ped-is patr-is*, ntr. *gener-is*; Form *-os* in gr. -ος, in ποδ-ός πατρ-ός ntr. γένεος > att. γένους, in heth. *-as*, und in vereinzeltem lat. *-us* (inschr. *Cerer-us*); Form *-es* oder *-os* in altind. *-as*, in *pad-as, vāc-as* (zu *vāk*), ntr. *janas-as*, und in got. *-s*, in *naht-s baúrg-s*. – Form *-s* bei *i*- und *u*-Stämmen, hinter vollstufigem Diphthong und zwar idg. *-ei-s* in osk. *aeteis* '*partis*' usw., lit. *viẽšpaties* (*-ies* aus *-eis*), und idg. *-oi-s -ou-s* in got. *anstais sunaus* lit. *sūnaũs*; unbestimmbar in altind. *-es -os* (*ē ō*, aus älterem Diphthong) in *mates sūnos* und in ital. *-ous* (osk. *castrous* '*capitis*', umbr. *trifor* '*tribūs*'), woraus lat. *-ūs* der 4. Dekl., gen. *senātūs tribūs*. – Ferner *-s* bei *ā*-Stämmen, also *-ā-s* (vermutlich kontrahiert aus *-ā-es*), in gr. χώρας got. *gibos* lit. *galvõs* (*galvà* 'Kopf'), ebenso in osk. *vereias* umbr. *tutas totar*, im Latein nur in Spuren, etwa *pater familiās*.

Diese Genetivformen dienten auch als idg. Ablativ (separativus). Eine solche Doppelfunktion als grammatischer und zugleich als lokaler Kasus zeigt sich auch beim Akkusativ (s. oben § 342, 3 Zus. a); doch ist sie hier noch merkwürdiger, weil sie nur im Singular und beim *s*-Genetiv gilt; denn im Plural besteht eine gemeinsame Form für Ablativ und Dativ. – Im Singular beruht die doppelte Funktion also wohl auf lautlichem Zusammenfall zweier Endungen; nach *Benveniste*, BSL 50, 29 [Gl. 36, 136] waren im Hethitischen die beiden Kasus noch lautlich geschieden als gen. *-as* und abl. *-az* (lautlich *-ats*); vgl. noch *Szemerényi*, KZ 73, 66–68; zu *-az* auch *Rosenkranz*, KZ 60, 290; 63, 246f. – Im Griechischen hat nach diesem Gen.-Abl. auf *-s* der Genetiv ganz allgemein die Funktion des Abl. separ. mit übernommen.

Zum Gen. der *o*-Stämme lat. *-ī* gr. -οιο bzw. -ου s. unten Anhang S. 412f.

Dativ. Idg. Endung war ein *i*-Diphthong, und zwar *-ei*.

a) Idg. *-ei* ist gesichert durch osk. *-ei* (*paterei medikei leginei Diúvei*) und durch venet. *-ei* in *Ontei* und lepont. *-ei* in *Piuonei*. Also wird man auf *-ei* (nicht *-ai*) auch zurückführen altind. *-e* und aksl. *-i* (*materi slovesi synovi*) und ebenso lat. *-ī*, alt inschr. noch *-ei* in *Di̯ou̯ei* 'Iovī' usw.

Zus. Das Griechische hat nur vereinzelte Dialektspuren von *-ei*, so kypr. ΔιϜεί-φιλος; hier entspricht das ει metrisch gedehntem ῑ in hom. διίφιλος; weitere ΔιϜει-Namen bei *Bechtel*, HP 132; s. auch *Schwyzer* I 548. – Aufgrund von gr. -αι in χαμαί 'zu Boden' (mit dem wohl lat. *humī* erbgleich ist) und in infin. hom. δόμεν-αι setzte man früher *-ai* als idg. Dativendung an; das wäre dann syntaktisch ein lokaler Richtungsdativ; aber der idg. Dativ ist in erster Linie ein Kasus der (begünstigten) Person. Ausführlich zu *-ei* und *-ai* *Solmsen*, KZ 44, 161ff.; s. auch *Meillet*, BSL 32, 188; *Brugmann* II 2, 167; *Sturtevant*, TAPhA 62, 18–25 (*-ai* Ablaut zu lok. *-i*); *Kent*, Lang. 6, 308 u. 312: lat. *-ei* aus *-ai*, nicht identisch mit osk. *-ei* [Gl. 21, 189]; *Sommer*, IF 42, 126f. (venet. Dative auf *-ei*).

b) Bei den *o*- und *ā*-Stämmen ist die Dativendung *-ei* bereits in der Grundsprache mit den Stammauslauten *o* bzw. *ā* verschmolzen zu den idg. Langdiphthongen *-ōi -āi* (vgl. §§ 39a und 67), vgl. gāthā-avest. mask. *vəhrkāi* 'lupō', *ahurāi.ā* 'dem Ahura' und gr. -ωι -ᾱι (Umschrift meist -ῳ -ᾳ). Das Oskische zeigt wohl verkürzte *-oi -ai*: *húrtúi* 'hortō', *deivai* 'dīvae'; im Umbrischen folgte noch Monophthongierung zu *-ē*, geschrieben *-e*: *pople* 'populō', fem. *tute tote*. Die lat. Entwicklung ist widersprüchlich: einerseits wie im Oskischen Kürzung *-āi > -ai*, woraus weiter *-ae* (dat. *fēminae*); andrerseits aber *-ōi > -ō* (dat. *amīcō*, also wie hellenist.-griech. -ωι -ῳ > -ō), freilich neben arch.-lat. inschr. *-oi* (lautlich *-ōi*?) in *Du̯enoi* und praenestin. *Numasioi* (§ 5a) und falisk. *-oi* in *Titoi* u. *Zextoi* Vetter nr. 264 (mehrfach) und 324b.

Zus. Der Gegensatz lat. monophth. *-ō* und diphth. *-ai > -ae* aus idg. *-ōi -āi* hat manche Erklärungsversuche provoziert. Die Annahme von schon idg. Sandhiwechselformen *-ō* und *-ā* neben *-ōi* und *-āi* beseitigt ihn nicht; s. dazu etwa *Sommer*, KE 106 nr. 88, *Specht*, KZ 63, 77f., früher *Solmsen*, KZ 44, 197ff. Nach *Kent*, Lang. 4, 103 ist in *-āi > -ai* der *ā*-Stämme das *ā* restituiert, danach erneut *-āi > -ai*. *Pagliaro*, St. it. 8, 51–65 operiert mit Akzent- und Funktionsdifferenzen [Gl. 21, 189f.]: *-ō* aus *-o-ai*; dagegen *-o-ei > -oi > gen. *-ī*. – S. auch noch *W. P. Schmid*, IF 70, 202; *Blümel* 39ff. u. 56ff.; ferner *K. H. Schmidt*, Krat. 5, 183 wegen des Keltischen.

Der idg. Instrumental war, soweit überhaupt erkennbar, bei den Vokalstämmen allein durch Dehnung des Stammvokals gekennzeichnet: zu *o*-

Stamm Ausgang idg. -*ō* in altind. ved. *vṛkā́* lit. *vilkù* (adj. *gerúo-ju*), zu fem. *i*-Stamm ved. (selten) -*ī*, z. B. *júṣṭī*. So im Latein zu pron. *quis* instr. *quī* in formal erstarrtem *quī fit* 'wodurch geschieht es ?', *quī-cum* 'mit wem', s. § 374, 2a. Siehe beim Ablativ zu vermutetem instr. -*ō* neben abl. -*ōd*. – Die Instrumentalendung der Kons.-Stämme ist nicht faßbar.

Idg. Ablativus separativus der *o*-Stämme. Bei allen Stämmen mit *s*-Genetiv diente diese Form auch als Ablativ, s. oben beim Genetiv den Zusatz. Nur bei den *o*-Stämmen bestand eine eigene Ablativform, Ausgang idg. -*ōd* (altind. -*ād*). a) -*ōd* im Italischen in osk. *sakaraklúd* (§ 285, 2) und altlat. inschr. *Gnaiu̯od* D 539 usw. Dann Abfall des -*d* im Latein (s. § 230a), daher abl. -*ō*; übrigens auch im Umbrischen, abl. *puplu poplu*, und vorhistorisch im Griechischen, wo ein erstarrter Ablativ noch in inschr. delph. Ϝοίκω 'von Hause' vorliegt (*Schwyzer* I 549 f.). – b) Nach dem Vorbild von -*ōd* der *o*-Stämme bilden im Italischen alle Vokalstämme einen neuen Ablativ auf Langvokal plus -*d*, so lat. -*ād* -*īd* -*ūd* (jünger -*ā* -*ī* -*ū*) und osk. -*ād* -*íd* (*toutad, slaagid*). Den Anknüpfungspunkt für die neuen *d*-Formen boten vermutlich die alten Instrumentale auf monophthongisches -*ī* -*ū*; Vorbild waren die *o*-Stämme mit abl. -*ōd* neben instr. -*ō*; bedeutungsmäßig bildeten die beiden Kasus ein Paar als Ausdrücke für 'mit' und 'ohne'. – Eine etwas abweichende Ausdehnung des ablativischen -*d* erfolgte im Jungavestischen. – c) Im Italischen dient die Ablautwechselform -*ēd* bei *o*-Adjektiven als Adverbialsuffix, etwa lat. *longē*; älter -*ēd* noch in inschr. lat. *facilumed* SCBacch., osk. *amprufid* 'improbē'. – Das Slavische zeigt entsprechende Adjektivadverbien auf -*ě*, etwa aksl. *dobrě* 'gut', lautgleich mit lat. *fabrē*. Ob diese *ē*-Adverbien, entsprechend ihrer Funktion, ursprünglich Instrumentale auf idg. -*ē* waren, bleibe dahingestellt; im Italischen wäre das -*ē* durch -*ēd* ersetzt worden, als -*ōd* die Instrumentalfunktion des alten instr. -*ō* mit übernahm. – Zum „lat. Ablativ" der Kons.-Stämme auf -*ě* s. sofort beim Lokativ.

Der **Lokativ**, Kasus der Ortsruhe, ist als selbständiger Kasus im Latein, im Gegensatz zum Oskisch-Umbrischen, nicht mehr erhalten, sondern nur, ähnlich wie im Griechischen, in einzelnen erstarrten Singularkasus von *o*- und *ā*-Stämmen; scheinbar sind es Genetive in rein lokaler Funktion, so *bellī, mīlitiae* und *Corinthī, Rōmae*. S. dazu *Szantyr*, Synt. 101 u. 145, 149. – In der Grundsprache war das Kennzeichen des Lokativs der Vokal -*i*.

a) So zeigt bei **Kons.-Stämmen** der Lokativ im Altindischen die Endung -*i*, etwa in *pad-i*. Eine gleiche Endung zeigt im Griechischen und im Latein bei diesen Stämmen derjenige Kasus, der dort unter anderem auch die Funktion eines Lokativs erfüllt, nämlich der griech. Dativ ποδ-ί und der lat. Ablativ *ped-e* (mit -*e* aus vorhistor. -*i*, nach § 97). Also hat im Latein nur bei den Kons.-Stämmen der idg. Lokativ auf -*i* noch die zwei weiteren Funktionen (Separ. und Instr.) des lat. Ablativs mit übernommen.

b) Bei den *o*- und *ā*-Stämmen haben sich bereits grundsprachlich die Stammvokale mit dem -*i* des Lokativs zu Diphthongen verbunden: -*o-i* bzw. ablautend -*e-i* > -*oi* bzw. -*ei*; -*ā-i* > -*āi* (also gleichlautend mit dat. -*āi*, dies aber aus -*ā-ei*). Als Zeugnisse seien genannt: für idg. -*oi* oder -*ei* altind.

lok. -*e*; für -*oi* aksl. lok. -*ě* (sicher aus -*oi* in -*c*-*ě* aus -*k-oi*) und erstarrtes griech. οἴκοι (Akzent!) 'zu Hause', Ἰσθμοῖ; für -*ei* osk. *muinikei terei* 'in communi terra', *comenei* 'in comitio' (umbr. *komne*), und erstarrt griech. dor. πεῖ 'wo'. Für -*āi*: griech. erstarrtes Ὀλυμπίᾱι Νεμέᾱι; osk. -*ai* (lautlich -*āi*?) in *viai mefiai* 'in via media', *Bansae* 'in Bantia', dazu umbr. *tafle, tote*. – Im Latein sind erstarrte Lokative zu *o*-Stämmen auf -*ī* etwa *domī Corinthī bellī vesperī*, auch *hī-c* 'hier'; dieses ausl. -*ī* kann lautlich auf idg. -*oi* oder -*ei* zurückgehen; -*ei* als Grundform ist wahrscheinlicher, jedenfalls für *ī* in erster Wortsilbe in pronom. *hīc sīc* alt *hei-ce* *sei-ce, aber auch für Nomina wegen osk. -*ei*. Lat. Lokative auf -*ae* aus -*āi* sind *mīlitiae* Enn., *Rōmae*. Einzelheiten zu diesen lat. Lokativen s. am Ende von §§ 352 (-*ī*) und 349 (-*ae*).

Zus. Von einem besonders aus dem ältesten Indisch zu erschließenden idg. endungslosen Lokativ gibt es im Latein nur unsichere Spuren, etwa *diū* 'bei Tage' (§ 318 A 2 b), *penes* 'bei' (zu ntr. *penus -oris* 'Vorrat im Haus'). – Zu -*ī* -*ū* als Abl. der *i*- und *u*-Stämme s. oben beim Ablativ.

Anhang. Der Genetiv der *o*-Stämme und speziell das lat. -*ī* bereiten große Schwierigkeiten. Eine gemeinidg. Genetivendung der *o*-Substantiva ist nicht erschließbar. Das Oskisch-Umbrische hat seine Endung -*eis* (osk. *sakarakleis, kúmbennieis*, umbr. *katles, popler*) von den *i*-Stämmen übernommen.

a) Die Endung -*osyo*. Bei den *o*-Pronomina war die Endung -*syo*, auch wohl -*so*; also bei *to- 'der' gen. idg. *to-syo, in altind. *tasya* gr. hom. τοῖο (dazu wohl lat. gen. *huius* usw.); zu -*so* vgl. **to-(s)o* in gr. *το-ο (oder τοῖο?) > τοῦ und *te-so in got. *þis* nhd. *des*, dazu aksl. *če-so* 'wessen'. Durch Übertragung sind vermutlich diese Endungen auch bei *o*-Nomina gebraucht, -*o-syo* in altind. *devasya* gr. hom. -οιο falisk. -*osio* (s. unten); -*o-so* in griech. -ου bzw. -ω, -*e-so* in got. *dagis*. – Das eng zum Latein gehörige Faliskische zeigt -*ī* bei *o*- und *io*-Stämmen: *Marci Acarcelini mate* und *Maci Acacelini uxo* 'des M. Ac. Mutter bzw. Gattin' Vetter nr. 322. Aber daneben steht ganz unerwartet auch -*osio* als (altfalisk.) Endung: *eko Kaisiosio* 'ich (bin Eigentum) des Kaisios', Schaleninschrift Vetter nr. 245a; ferner *Neuo-* oder *Euotenosio* nr. 242 B; dazu in Ardea (Latium) jünger *Titoio* (lautlich -*oi̯i̯o*) nr. 364a. – Nach *Giacomelli*, La lingua falisca, 1963, 142 ff. besteht eine chronologische Verteilung: altfal. -*osio* VII[a] – V[a], jungfal. -*ī* IV[a] – II[a]; s. auch *Rix*, Gn. 36, 449 sowie *Safarewicz*, Eos 47, 103–105 (auch in seinen Studia językozn. 145–147), der übrigens eine echtlat. Entsprechung zu den obigen dial. -*osio/-oio* im ennianischen *Fufetioeo* (für -*oio*) vermutet; s. aber § 352 (Gen. litt. c).

Zusatz. Nach *Devoto*, Storia 60 sollen die Falisker den -*osio*-Genetiv von den Osko-Umbrern entlehnt haben, als diese ihn (nach Devoto) noch besaßen. – Neben *eko Kaisiosio* steht auf derselben Schale ein eindeutiger Genetiv in *eko Lartos* 'ich des Lars'; doch benutzt *Knobloch*, Ammann-Festgabe II 34 und Die Spr. 2, 131 das *Kaisiosio* zu der glottogonischen Analyse mit -*ios* als Adjektivsuffix oder -*io* als postponierter Partikel bzw. Pronomen hinter nomin. *Kaisios*. – Lit. zu -*osyo* s. noch bei *Thumb-Hauschild*, Hdb. d. Skt. I 2, 33[30]; *Schwyzer* I 555[4].

b) Die Endung -*ī*. Im Latein ist das -*ī* (gen. *vir-ī*) auch auf die 1. und von da auf die 5. Dekl. übertragen worden, altlat. gen. -*ā-ī* und -*ē-ī*. Sonst ist das

-ī auf die o-Stämme und auf wenige Sprachen zwischen dem Lateinischen und dem Keltischen beschränkt: inschr. gall. *Trutikni, Segomari* (Dottin nr. 17 u. 37); dazu lepont. *Aśkoneti*; zu -ī im Venetischen s. *Sommer*, IF 42, 109 f. u. 131 und *Untermann*, Krat. 6, 6. Im Inselkeltischen ist es nur für das Altirische bezeugt (*maqi* 'des Sohnes' usw.). Das Zeugnis des Messapischen mit -*ihi* (lautlich -ī) ist unklar: bei Namen auf -*as* (aus -*os*) gen. -*aihi* (*Dazimas* gen. *Dazimaihi*), nur bei Namen auf -*ias* gen. -*ihi* (*Platorihi*); s. *Porzig*, Gliederung 88 f., *de Simone*, Krat. 7, 123. – Nach den Zeugnissen der Inschriften ist dieses lat. -ī von Anbeginn an monophthongisch, Nachweise s. § 352. Das o des o-Stammes ist also darin nicht durch Kontraktion aufgegangen, sondern wie auch etwa vor Suffix -*ios* einfach übergangen; die ī-Ableitung muß daher im Idg. entweder sehr früh oder eher noch sehr spät erfolgt sein. – Neben einer morphologischen Deutung bestehen lautliche Verknüpfungen des -ī mit -*osyo* und anderen Endungen.

c) Zur Herleitung des -ī. α) Urspr. -ī. – *Wackernagel*, Kl. Schr. 1346 ff. verglich den lat. Gebrauch in *lucrī* und *multī facio* (also den syntakt. gen. pretii, *Szantyr*, Synt. 71 f.) mit dem des altind. „Praeverbale -ī" vor *kar* 'machen zu' und *bhū* 'werden zu', etwa *mithunī kar* 'paaren'. Doch erweist *Bloch*, KZ 76, 182–242 dieses -ī als junge Entfaltung [Gl. 42, 96]; und die Ausweitung auf alle lat. Genetivfunktionen ist dabei schwer zu begründen. – Doch wurde daraufhin das ī als Ausdruck des Bereichs oder der Zugehörigkeit außer im Genetiv auch im ī vieler denominativer Suffixe vermutet, so im ī der Motionsfeminina (§ 269 B 1), in lat. *dīvī-nus* (neben altind. *devī* 'Göttin'), in *erī-lis* (er. *fīlius* Plt. wie *erī* f.), auch in -ī-*vus* -ī-*cus* usw.; s. etwa *Hirt*, IF 31, 1 ff., *Schwyzer* I 465[3], *Specht*, Urspr. 339 u. 343; sogar das idg. Relativpronomen *yos (gr. ὅς) wurde dazu gestellt, *Lewy*, IF 56, 32. – β) Lautliche Anknüpfungen an andere Kasusformen. Als Lokativendung -ī aus -*ei* nach *Pisani*, Acme 4, 225 (nach Krat. 2, 103[1]), *Kent*, Lang. 6, 304–318 (und früher *Ehrlich*, Betonung 67 ff.); aber das -ī des Genetivs ist ein echtes ī, und syntaktisch ist Genetiv aus Lokativ schwer zu begründen; auch umgekehrt ist lok. *domī bellī* kein alter Genetiv. – Als alter Dativ -ī aus -o-*ei* nach *Pagliaro*, s. oben beim Dativ am Ende. – γ) -ī aus -*ie* (lautlich wie vok. -ī der *io*-Stämme, etwa *fīlī*), ursprünglich von -*io*-Adjektiven nach *Möller*, KZ 49, 219; -ī aus -*io* (Gen. und *io*-Adj. mit gleicher Funktion, Thema „Genetiv und Adjektiv", s. *Szantyr*, Synt. 60, Zus. α) nach *Ribezzo* RIGI 14, 98 u. 17, 79 [Gl. 21, 189; 24, 150]. – δ) -ī lautlich irgendwie aus idg. gen. auf -*osyo*. Nach *Pisani*, Gl. 22, 295, RhM 98, 315–324 (= Scritti 238–246) und sonst [s. Gl. 24, 150; 34, 213; 42, 96] -*osyo* > -*oi̯i̯o* > -*ei̯i̯e* > -*i̯i̯i* > -ī; s. dagegen *Lejeune*, REL 30, 120, *Giacomelli* a. O. (oben falisk. -*osio*); eher dafür *Szemerényi*, KZ 68, 208 f.; auch Krat. 2, 103[1]. Hauptschwierigkeit ist die Verwendung der jungen Vokalschwächung und damit zugleich die Trennung des lat. -ī von kelt. -ī (vgl. auch vok. -*eī* in *Pompeī* anstelle von -*ai̯i̯e*, § 352). Ähnlich *Must*, Lang. 29, 384, -ī aus -*esyo*; früher schon *Luchs*, Studemunds Studien II 334. – ε) Annahme einer Entlehnung aus einer vor voridg. Substratsprache in Europa ist, zumal bei einer Flexionsform, eher ein Notbehelf als eine Erklärung. Nach *Schrijnen*, Collectanea 55–72 [Gl. 20, 271] war das -ī ein „palaeo-europäischer" bzw. „alarodischer" Bestandteil des als idg.-nichtidg. Mischsprache betrachteten Venetischen und hat sich von da ausgebreitet. – ζ) Letzte ausführliche kritische Behandlung: *A. M. Devine*, The Latin Thematic Genitive Singular, Stanford Univ. (USA), Comm. on Linguistics 1970 [dazu Krat. 17, 173–176]; wenig befriedigend *Blümel* (mit Lit. 105 f.). Vgl. *Solta* 12[23] (Lit.); *Szemerényi*, Einf. 172 n. (6).

346. Indogerm. Kasusendungen des Plurals. Nominativ mask. fem., auch als Vokativ gebraucht. Idg. Endung -*es*, deutlich bei Kons.-Stämmen, gr. -ες altind. -*as*; dazu -*s* durch Synkope in osk. *humuns* 'homines' got. *gumans*. Im Latein nicht nachweisbar. – Bei *i*-Stämmen idg. -*ey-es* (vgl. § 343 d) in ai. -*ay-as*, gr. -ε-ες > -εις, auch got. -*eis* (/īs/) aus -*i̯-iz*. Im Latein

-ey-es > -ees > -ēs, etwa ignēs, auch trēs § 137a. Dieses -ēs ist auf die Kons.-Stämme übertragen, daher ped-ēs, und damit zur gemeinsamen Endung von i- und Kons.-Stämmen in der lat. 3. Dekl. geworden. – Zu den u-Stämmen s. § 358.

Bei den o- und ā-Stämmen war bereits in der Grundsprache Kontraktion erfolgt, -o-es > -ōs und -ā-es > -ās. Zeugnisse für -ōs sind ai. -ās und osk.-umbr. -ōs (osk. -ús in subst. Núvlanús, adj. bivus 'vīvī', pron. pús 'quī', ius-c 'iī'; umbr. -us -ur in Ikuvinus vok., prinuvatus, çersnatur); die für -ās sind ai. -ās, got. -ōs, lit. -os, und aus dem Osk.-Umbr. etwa osk. scriftas, altumbr. urtas 'ortae', neuumbr. iuengar 'iuvencae', auch pron. osk. pas 'quae'. Beide fehlen im Latein; zu eventuellem -ās s. § 350. – Abweichend von den Substantiven zeigen die o-Pronomina den Ausgang idg. -oi, offenbar aus -o-i, etwa *toi 'diese' (gr. hom. und dor. τοί). Der Gegensatz pron. -oi, subst. (und adj.) -ōs besteht freilich nur im Altindischen mit te gegen vr̥kās und im Gotischen mit þai gegen wulfōs. In den anderen Sprachen erfolgte ein Ausgleich, wohl nach der Gleichheit der Ausgänge im akkus. *tons wl̥kʷons und in anderen Pluralkasus. Im Oskisch-Umbrischen ist das -ōs auch auf die Pronomina übertragen, vgl. oben osk. pús und iusc; die meisten anderen Sprachen haben umgekehrt das pronominale -oi ins Nomen übernommen, daher griech. οἱ λύκοι und ebenso lat. ist-ī lup-ī (-ī aus -oi, altlat. noch poploe), auch aksl. ti vlьci; fürs Keltische vgl. gall. inschr. Tanotaliknoi (Novara). – Nach dem -oi statt -ōs haben im Latein die ā-Stämme (Nomen und Pronomen) das -ās unter Bewahrung der Länge ā, etwa nach Akk. -āns neben -ons, durch -āi ersetzt, woraus -ai > -ae wie in dat. lok. sing. -ae (§ 67). Etwas anders ist im Griechischen -ās unmittelbar durch -ᾰι nach -οι ersetzt (beachte Akzent in γνῶμαι χῶραι), nicht durch -ᾱι (vgl. -ᾱι -ᾳ in sing. dat. und lok.).

Anders über die idg. Verteilung von -ōs und -oi Devoto, Festschr. Hirt II 542: allgemein -oi; osk. -ōs Neuerung nach den anderen Deklinationen; s. auch Schrijnen, Coll. 100 Ziff. 4.

Neutrum Nomin.-Akk. Endung -ə (-ə₂) bei Kons.-Stämmen als altind. -i in catvār-i '4', gr. -α in τέτταρ-α und etwa in γένε(σ)-α > att. γένη, ptc. φέροντ-α, auch bei u-Stamm ἄστυ 'Stadt' ἄστε(ϝ)-α. – Bei o-Stämmen idg. -ā (aus -o-ə₂ bzw. -e-ə₂), so fortgesetzt in altind. ved. yugā 'lat. iuga', pron. tā, got. juka und þō, aksl. iga und ta, auch osk. prúftu und umbr. iuku 'verba'. Zum lat. -ă s. § 353; zur Gleichsetzung dieses idg. -ā mit dem des Nominativs der ā-Feminina s. § 267b; zu lat. -ă für idg. -ā s. § 122a.

Zus. Eine einheitliche Endung der Kons.- und der o-Stämme, sowohl griech -α als lat. -a, ist das Ergebnis sekundärer Vereinheitlichung. Im Griechischen wurde das -ă für -ā auch auf die o-Neutra übertragen. Im vorhistorischen Latein wurde umgekehrt bei den Kons.-Stämmen das -a aus -ə ersetzt durch das -ā der o-Neutra, das dann später im Auslaut gekürzt wurde, so lat. capit-a oper-a veter-a; dazu mari-a tri-a cornu-a. Und diese Übertragung war vermutlich gemeinitalisch angesichts von umbr. triia triiu-per trio-per. Doch s. zum -a des Nomin. sing. fem. auch § 349.

Akkusativ mask. fem. Endung idg. -ns hinter Vokal bzw. -n̥s hinter Konsonant. -ns hinter Kürzen i u o, also -ins -uns -ons, so noch erhalten griech. dial. ὄϝινς υἱυνς τονς (-ονς > att. -ους dor. -ως), got. gastins sununs *dagans*; daraus nach § 152a lat. *-īs -ūs -ōs*; entsprechend vermutlich hinter Längen in der lat. 1. und 5. Dekl. *-āns -ēns*, daraus *-ăns -ĕns* > *-ās -ēs*. Gesichert ist im Griechischen eine Zwischenstufe *-ăns* (kret. τιμανς) für att. -ion. -ᾱς, wegen ᾱ hinter allen Konsonanten. – Hinter Konsonant *-n̥s*, fortgesetzt in altind. *-as*, gr. -ας (πόδ-ας), auch wohl in got. *fōt-uns* (daraus sekundär *u*-Stamm *fōtu-*, 'nhd. *Fuß*'). Im Latein führt *-n̥s* nach § 61 über *-ens* zu *-ēs*; dadurch lautlicher Zusammenfall von akk. *ped-ēs* und nomin. *ped-ēs*. – Im Oskischen führte *-ns* zu *-ss*, so in *o*- und *ā*-Dekl. *feihúss* 'mūrōs' und *víass* 'viās'; im Umbrischen führte es zu *-f*, vermutlich über *-nþ* > *-nf*: *vitluf vitlaf* 'vitulōs -ās'; entsprechend *avif* 'avīs', *trif* (lat. akk. alt *trīs*).

Zus. Ein Vergleich der Akkusativendungen plur. *-ns -n̥s* und sing. *-m -m̥* verleitet dazu, die Pluralendung morphologisch auf *-m-s -m̥-s* zurückzuführen, also im *-s* ein Pluralzeichen hinter der Singularendung zu sehen; zu idg. *ms* > *ns* vgl. § 215 b Zus. – Schon idg. bei den *ā*-Stämmen *-āns* > *-ās*: *Brugmann* I 346, § 397 a 2, *Kuryłowicz* 222.

Genetiv. Endung idg. *-ōm* bei Kons.-Stämmen, so altind. *-ām* gr. -ων; daraus ital. *-om* lat. *-ŏm* (§ 228 II a) > *-um*, so *ped-um*, *frātr-um* (osk. *fratrúm* umbr. *fratrom*), *bo-um* aus *bov-om* § 145 d α wie gr. βο(F)-ῶν. – Auch bei *o*-Stämmen idg. *-ōm*, dies wohl kontrahiert aus *-o-ōm*, so gr. λύκων, ital. *-om* in osk. *Núvlanúm*, in Resten auch im Latein *-om -um* in *dīvom deum* (d. pater Enn. Verg.). – Zur Annahme von Endung idg. *-ŏm* bei Kons.-Stämmen und *-ōm* (aus *-o-om*) ursprünglich nur bei *o*-Stämmen s. *Szemerényi*, Numerals 140 Fußn. 91 (Lit.).

Beim idg. Pronomen **to-* 'dér', mit fem. **tā-* 'díe', ist die Endung *-sōm*: gen. plur. mask. **toi-sōm* in altind. *teṣām* aksl. *těcħ*, fem. **tā-sōm* in altind. *tāsām* gr. hom. τάων (lat. *istārum*, *hārum*, mit *r* aus intervokal. *s*). – Dieses fem. *-ā-sōm* ist im Italischen und im Griechischen auf alle Nomina mit *ā*-Stamm übertragen: osk. subst. *-asúm -azum*, umbr. adj. *pracatarum*, lat. *-ārum* der 1. Dekl.; gr. hom. -άων, ion. -έων, kontrahiert (Akzent!) att. -ῶν dor. -ᾶν. – Diesem lat. *-ārum* der 1. Dekl. ist das *-ōrum* der 2. Dekl. nachgebildet.

Zusatz. Bei mask. idg. **toi-sōm* ist sowohl *toi-* als Stamm (Form des nomin. plur.) statt *to-* als auch das *s* vor der Endung *-ōm* des gen. plur. abweichend. Setzt man im Femininum ebenfalls als Basis nomin. plur. **tās* voraus, so ergibt sich als Analyse entweder *tās-ōm*, wobei mask. **toisōm* erst dem Fem. nachgebildet wäre, oder allenfalls **tāsōm* aus **tās-sōm* entsprechend dem **toi-sōm* (zu idg. *-s-* aus *-ss-* s. § 179 c α). S. dazu *Hermann*, Festschr. Wackernagel 217–219, *Specht*, KZ 56, 270 f. Nach *Pisani*, Preist. 60³ u. 76 war *-āsōm* der *ā*-Dekl. eine gemeinsame Neuerung nur des Griech. und Osko-Umbr., nach seiner Graeko-Osko-Umbrer-Theorie (vgl. zu dieser Gl. 27, 75 f. und Allg. Teil 28* § 20); lat. *-āsōm* wäre danach aus dem Oskischen entlehnt.

Dativ-Ablativ. Im Italischen besteht durch Vereinfachung nur eine einzige gemeinsame Form für die Funktionen von Dat., Abl. (separ.), Instr. und Lokativ; lat. Ausgang in der 3.–5. Dekl. *-bus*, in der 1. u. 2. Dekl. *-īs*. Wie weit für die vier Kasus ursprünglich eigene Endungen bestanden, ist unklar.

a) Lat. *-bus* und die idg. *m/bh*-Endungen. Genaue Entsprechungen zu lat. *-bus*, alt *-bos* in inschr. *trebibos* 'tribubus' D 227, zeigen in der Funktion als Dative von Personen venet. *-bos* bei *o*-Stämmen in *Andeticobos*, *lou-*

derobos (s. Allg. Teil § 22b), messap. *-bas* in *Laidehiabas Logetibas* (s. Kretschmer, Gl. 12, 278), iberokelt. *-bos* (*K. H. Schmidt*, Krat. 5, 185 oben), dazu ohne *-s* gall. *-bo* in ματρεβο Ναμαυσικαβο 'den nemausischen Müttern' Dottin nr. 19. Im Oskischen steht *-fs* (aus *-fos*) in *luisarifs*, sonst daraus assimiliertes osk. *-ss* bzw. umbr. *-s* (*avis* 'avibus'). Die gemeinsame Grundform ist *-bhos* (bzw. *-bho*). – Das Altindische besitzt im Plural (und Dual) für oblique Kasus mit *bh* anlautende Endungen, instr. *-bhis*, dat.-abl. *-bhyas*, dual *-bhyām*, etwa *dvā-bhyām* 'lat. *duō-bus duā-bus*'; auch an gr. -φι (hom., myken., dial.) sei erinnert. Diesen sog. *bh*-Endungen stehen im Germanischen und Balto-Slavischen solche mit anl. *m* gegenüber (dat. plur. got. *-m* woraus nhd. *-n*); daher die Benennung *m/bh*-Endungen. Lautlich ist dieser Wechsel *m : bh* nicht zu erklären. – Mindestens als Dativendung ist *-bhos* sicher ererbt; die weiteren Ausgänge hinter *bh* bzw. *m* sind verwickelt.

b) *o*- und *ā*-Stämme. Bei *o*-Stämmen Instr. idg. *-ōis* (in altind. *-ais*); daraus offenbar gekürzt (instr. und dat.) gr. -οις und ital. *-ois*, so in osk. *-úis*, paelign. *suois cnatois* (umbr. *-es -er*), in altlat. *ab oloes* § 100; daraus weiter lat. *-eis -īs*. – Bei *ā*-Stämmen Ersetzung von *-ā-bhos* durch *-āis* (> *-ais*) nur im Griechischen und Italischen, gr. att. -αις, ital. *-ais* in osk. *kerssnais* '*cēnīs*', *deivinais* 'fem. *dīvīnīs*' (umbr. > *-es -er*); im Latein *-ais* > *-eis* > *-īs*. Die Ersetzung erfolgte vermutlich sehr früh, zum Ausgleich mit alt nomin. *-ōs -ās* akk. *-ons -ans*, zuerst vielleicht bei Adjektiven.

Idg. *-ōis* nicht bei *o*-Pronomina (ai. ved. *te-bhis*), Specht, KZ 56, 269. – Idg. Grdf. nicht *-ōis* sondern *-oy-is* nach Pisani, Rc. Ist. Lomb. 73, 2, 20 [Gl. 34, 213].

Lokativ. Idg. Endung in allen Flexionen *-su* nach altind. *-su* aksl. *-chъ*; griech. dat.-lok. -σι wohl umgestaltet aus *-su* nach sing. dat.-lok. -ι. Dialektisch gr. -σι auch bei *o*-Nomina und *o*-Pronomina: idg. **toi-su* in altind. *teṣu* aksl. *těchъ* gr. hom. τοῖσι; also *toi*- wie in gen. plur. *toi-sōm*; entsprechend -ᾱσι (altatt. -ῃσι) bei *ā*-Stämmen. – Im Italischen ist von dieser Endung keine sichere Spur anzutreffen; man hat, sicher zu Unrecht, gr. -οις und lat. *-īs* (ital. *-ois*) auf den idg. Lokativ *-oisu* zurückzuführen gesucht, so *Meillet*, Innov. 24, vgl. auch *Schmidt*, Pluralbild. 50[1]; wegen gr. -οισι s. auch *K. H. Schmidt*, Gl. 41, 7; *Thumb-Scherer* 341.

347. Gliederung in die fünf lat. Deklinationen. Die verschiedenartigen idg. Nominalflexionen, umfassend die Substantive, die Adjektive und die Pronomina, gliedern sich im Latein in nur fünf Deklinationen. Die Anordnung lehnt sich an die des Griechischen an, sie stammt von den römischen Nationalgrammatikern (*Jeep*, Redeteile 168). Vom lat. Standpunkt aus ist diese Einteilung durchaus natürlich und, von der Reihenfolge vielleicht abgesehen, die allein angemessene. Sprachgeschichtlich bilden die idg. *ā*-Stämme (wie gr. χώρα, νέα) die lat. 1. oder *ā*-Deklination; die idg. *o*-Stämme (wie gr. ἄνεμος, ζυγόν, νέος -ον) bilden zusammen mit pron. *illo- isto- quo-* die lat. 2. oder *o*-Deklination, *animus, iugum, novus*. Die idg. substantivischen *u*- bzw. *eu- ew*-Stämme (wie gr. γόνυ, πῆχυς) bilden die lat. 4. oder *u*-Deklination. Stämme verschiedener, z. T. unklarer Herkunft (ohne griechische Entsprechung), nur Substantive, sind in der lat. 5. oder ē-Deklination vereinigt. In der lat. 3. Deklination sind zwei selbständige Flexionen zu einer etwas ungeordneten Einheit zusammengeflossen (vgl. § 354): die idg. Konsonantstämme (Entsprechungen zu gr. πατρ- ῥητορ-χιον-, ποδ- νίφ(α), νεοτητ-, γενε(σ)-), zu denen als lat. υ-Stämme Ιον- βον- ναῦ- auch die idg. „Diphthongstämme" zu rechnen sind, und die idg. i- bzw. ei-ey-Stämme (wie gr. πόλις πίστις, dazu τρι- τί-ς in lat. tri- qui-s).

Zusatz. Durch gegenseitige Beeinflussung berühren sich enger die 1. und die 2. Dekl., vermutlich weil sie mit Besonderheiten bei den o-Pronomina und ohne solche bei den o-Adjektiven wie ille -ud und -a, nov-us -um und -a seit idg. Zeit verbunden waren: Gen. Sing. der 2. auf -ī, wonach bei der 1. -āī -ai -ae; Abl. Sing. auf -ōd -ō, wonach -ād -ā; Nomin., Akk., Dat.-Abl. Plur. auf *-oi -ī (urspr. pronominal), *-ons -ōs, *-ois -īs, wonach *-ai -ae, *-ans -ās, *-ais -īs; dann umgekehrt Gen. Plur. der 1. auf *-āsōm -ārum (urspr. pronominal), wonach -ōrum. – Die 3. und 4. Dekl. gehen enger zusammen in Dat. Sing. auf -ī und den ererbten Gen. u. Dat.-Abl. Plur. auf -um -bus. – Die 5. Dekl. schwebt zwischen diesen beiden Gruppen: nach der ā-Dekl. zeigt sie Gen. Sing. u. Plur. auf -ēī -ērum, wie in der 3. u. 4. endigt Dat. Sing. u. Plur. auf -ī und -bus. – In strukturalistischer Verregelung: *Householder*, A descriptive analysis of latin declension, Word 3, 48-58 (auch in: Probleme der lat. Grammatik 184-197).

2. DIE LATEINISCHEN FÜNF DEKLINATIONEN

Die lat. 1. oder ā-Deklination (§§ 348–350)

348. a) Die ā-Deklination umfaßt an Substantiven in erster Linie Feminina wie *aqua aquila lingua īra*, auch Motionsfeminina wie *dea era* zu *deus erus*; weiter Ableitungen mit lebendigen Abstraktsuffixen, so mit *-ia -itia* von Adjektiven wie *audāc-ia iūst-itia*, mit *-tūra -ēla* von Verben, etwa *sta-tūra quer-ēla*. – Ferner einige Maskulina bei männlichem Sexus wie *scrība agricola* (§ 268). – Bei o-Adjektiven dient *-a* als grammatisches Femininum zu *-us*, etwa *nova* zu *novus*, ebenso bei o-Pronomina wie *iste* (ausgenommen sing. gen. -īus dat. -ī); zu nomin. fem. *haec quae* s. § 375.

Zusätze. Der Stammausgang -ā wird lautlich auf -eə₂ (bzw. -eH₂) zurückgeführt, s. § 38 a; bei der lat. Flexion ist das allenfalls bedeutungsvoll für ausl. -a im Nomin. u. Vok. Sing. – *Georgiev*, Hethit. u. Etrusk. (Acad. Bulg., Ling. Balkanique VI 1, Sofia 1962) 21 versucht im Rahmen seiner hethit.-etrusk. Verwandtschaftstheorie die idg. ā-Flexion auf eine ältere āi-Flexion (eə₂y-Flexion) zurückzuführen, für die auch lat. pronom. fem. Nominativ *quae* und *haec* zeugen sollen; vgl. auch ders., Symb. Kuryłowicz 81–87.

b) Formen des Normalparadigmas:

	nomin.	akk.	gen.	dat.	abl.
sing.	-a	-am	-ae	-ae	-ā
plur.	-ae	-ās	-ārum	-īs.	

Zusätze. Ausl. -ae, in altlat. Inschriften noch -ai geschrieben, geht lautlich auf Langdiphthong -āi zurück (auch im lok. sing.); nur das -ae des gen. sing. ist älteres zweisilbiges -āī. – Nebenformen: sing. gen. altlat. -ās; plur. dat. fem. -ābus statt -īs zur Distinktion von mask. -īs. – Material für Sonderformen s. N.-W. I 7-48. – Die idg. Grundformen s. § 345 f.

349. 1. Dekl. Singular. Als Nomin. diente in der Grundsprache der reine Stamm auf -$ā$, so noch bewahrt in altind. -$ā$, griech. -$ā$ (χώρα, νέα), pron. altind. *sā* gr. ἡ (§ 373, 1), und vorausgesetzt durch osk.-umbr. -$ā$ > -$ō$ (osk. *viú* 'via', *touto* 'Volk', osk. *molto* umbr. *mutu muta* 'multa, Buße') gegenüber -$ă$ in lat. *aqua lūna aquila*, auch *aliqua sīqua*. – In gleicher Weise zeigt das Latein -$ă$ für erwartetes -$ā$ im Ntr. plur. der *o*-Stämme.

Die bisherigen Erklärungsversuche für -$ă$ statt -$ā$ sind nicht überzeugend. Rein lautliche Kürzung erfolgte allenfalls in iambischen Wörtern nach § 121, also in *aqua via mola* oder ntr. plur. *iuga*; an eine Übertragung des -$ă$ auf Wörter gleicher Flexionskategorie, aber anderen Silbenbaus wie *aquila vīta* oder ntr. plur. *templa* (so *Lindsay-Nohl* 425) ist nicht zu denken: -$ĕ$ für -$ē$ blieb auf *bene male* beschränkt; bei -o in *homo* folgte die Kürzung erst später. – Den Vokativ auf ererbtes -$ă$ will *Hermann*, KZ 62, 269 f. als Vermittlung benutzen: bei iambischen Wörtern fielen die beiden Kasus lautlich zusammen. Konkrete Beispiele nennt er nicht; sie sind auch kaum zu finden, da der Vokativ nur bei Personalnomina im Gebrauch ist (*era?, bona?, mea?*, Frauennamen?). – Unwahrscheinlich auch Verallgemeinerung des -$ă$ von -$yă$ der idg. -$ī/yā$-Stämme, vgl. gr. α in πότνια (so *Safarewicz*, Et. 30 ff. [Gl. 27, 83]); dieses Suffix, das hierfür im Nomin. als lat. -$iă$ erscheinen müßte, ist im Latein kaum nachzuweisen (vgl. *avia* § 269 II a); es fehlt als grammatisches und als Motionsfemininum zu Nomina der lat. 3. Dekl. (gegen gr. μέλαινα φέρουσα und δότειρα ψάλτρια). – Nur in ntr. pl. *iuga* ist die Erklärung des $ă$ von gr. ζυγά durch Übernahme des -$ă$ der Kons.-Stämme auch auf das Latein anwendbar. – S. noch *Lejeune*, BSL 45, 104 f., 110.

Über -$ās$ als Nominativausgang in mask. *pāricīdās* s. § 268 C 2.

Vokativ: lat. -$ă$ wie im Nomin., aber hier vermutlich ererbt aus -$ə$ > -$ă$, dies in umbr. *Tursa*, gr. νύμφᾰ, aksl. *ženo*. Zum Lautlichen s. § 97.

Nomin. und Vok. der griech. männlichen Namen auf -$ᾱς$ im Altlatein. Nomin. -$ᾱς$ wird latinisiert zu -a, § 365 A 1 c β. Griech. hellenist. Vok. -$ᾱ$ (*Schulze*, Kl. Schr. 84) wird von den Skenikern aus der Vorlage unverändert als Länge -$ā$ übernommen, Plt. As. 740 *Leōnidā*, Ter. Andr. 301 *Byrriā* (Πυρρίᾱ), Haut. 406 u. 688 *Clīniā* (aber *Getă* durch Iambenkürzung Phorm. 219, Ad. 506). Dagegen ist im Nomin. Länge -$ā$ umstritten. S. *Harsh*, Lustrum 3, 249; *Meister*, EN 44 f.; *Frei*, Flexion 79 ff. (und 13[1] für Lit.). S. auch Gl. 42, 95.

Akkusativ. Idg. -$ām$ > lat. -$ăm$ (§ 228 II a). Länge -$ām$ noch in osk. Einsilbler *paam* 'quam', als -$ān$ in gr. χώρᾱν usw.

Genetiv. Endungen: klass. -ae aus älter -$āī$; altlat. -$ās$; inschr. -aes.

a) **Normalform** -ae, älter zweisilbiges -$āī$, das lediglich durch die Metrik in der alten Dichtung erkennbar wird. Bei Plautus *fīliāī* (nur in der Formel *fīliāī nuptiīs* im Versschluß); Senar *magnāī rēī pūblicāī grātiā* Mil. 103 (Amtsstil?); inschr. *vītāī* D 603 (Senar); im Hexameter bei Ennius ann. die Versausgänge *viāī* 203, *silvāī frondōsāī* 191, *rēx Albāī longāī* 33, *terrāī frūgiferāī* 489 (vgl. Mart. 11, 90, 5); danach archaisierend Lukrez *aquāī vītāī animāī māteriāī* usw. Bei Vergil Aen. nur noch *aulāī mediō* 3, 354, *pictāī vestis* 9, 26, *aquāī* 7, 464, *aurāī* 6, 747, alles wohl Enniusreminiszenzen. – Aber die jüngere einsilbige Aussprache ist metrisch bereits für das Altlatein gesichert, etwa *filiae* Plt., *operae pretium* Enn. ann. 465; s. dazu *Leo*, Plautin. Forsch. ²338 u. 347.

Das Vorbild des im Latein das alte -$ās$ ersetzenden -$āī$ war der $ī$-Genetiv der *o*-Stämme. Die Übertragung des $ī$ mag zuerst bei den $ā$-Maskulina wie *scrība agricola* erfolgt sein; man vergleiche gr. neben fem. -$ᾱς$ mask. -$ᾱo$

(homer., daraus ion. -εω dor. -ᾱ; arkad. -αυ auch bei Feminina) nach dem -oo (att. -ου) der o-Stämme. S. dazu noch *Walde*, It. Spr. 197; *Safarewicz*, Etudes 56.

Zus. Auf alten Inschriften kann *-ai* des gen. sing. prosodisch ein- und zweisilbig sein, etwa in *Serviai*... *publicai* D 146; metrisch einsilbig (Senar) ist es in *pulcrai feminae* 581, 2. Als alt *-āī* wohl zu lesen in *Fortunai pocolo* 63 usw. (sicher Gen., vgl. *Salutes, Aisclapi pocolo* 192 u. 3 usw.). Zweisilbiges *-āī* ist auch dort anzunehmen, wo zugleich ehemals einsilbiges *ai* als *ae* geschrieben ist, so in *Aecetiai* D 1, *aedem Duelonai* im Praeskript des SCBacch., *Virriai s(ervus)* neben *Eucaerus* D 140, *rei dinai causa* und *moltas* neben *cedre* (i. *caedere*) Lex Spol. D 256. − Osk. mask. gen. *Maraheis* zu nomin. *Maras* anscheinend wie oder nach Muster von lat. *-āī*. − Spätlat. Schreibung *-ai* auf Inschriften s. *Bindel* 38, *Hehl* 10. − Schon früh inschr. *-e* für *-ae*: *Angitie* D 10, *Diane* (neben *Cesula* 'Caesulla') 43, *Fortune* 64, *Victorie* 217 f.

b) Die idg. Genetivendung *-ās* ist im Latein bewahrt geblieben im Terminus *pater familias*, seit Plt. Cato (danach auch *mater f., filius f.*); immerhin steht daneben *pater familiae*. Sonstige Belege: *Latonas* und *escas* Liv. Andr., *terras* und *fortunas* Naev., *vias* Enn.

In adverbialen Ausdrücken auf *-ās* ist formal keine Entscheidung möglich zwischen altem gen. sing. und akk. plur. (kaum lok. plur., aus *-ā-su*). Syntax und Bedeutung sprechen für gen. sing. bei *utrāsque* (von sing. *uterque*; Belege s. N.-W. II 596), also auch bei *aliās*. In altlat. *interviās* Plt. Ter. Turpil. (und *interpugnās* Enn. ann. 251) verlangt *inter* einen Akkusativ, die Bedeutung aber einen Singular (für Plural zuletzt *Gonzalez-Haba*, Gl. 42, 200−202; vgl. *Szantyr*, Synt. 18 unten, 234 litt. γ). − Über *devas Corniscai* s. Dat. plur. − Nicht gen. sing. *-ās* in Datumangaben *pridie kalendas, nonas*, sondern akk. pl. wie *īdūs*.

c) Eine Endung *-aes* begegnet vereinzelt auf privaten Inschriften republikanischer Zeit in Italien, meist in Namen einfacher Frauen: *Rufa Dianaes* D 701, *Pesceniaes*... *Laudicaes* 702, *Aquilliaes*... *Tertiae* 703, *Doxssaes* VI 35134 a, mask. *Midaes* VI 9290 (s. app. zu CE 365), zu *Mīda* Μίδας. Vermutlich Erweiterung von *-ae* (bereits monophthongiertes *ae*, lautlich *ẹ̄*) nach gen. gr. *-ης*, so *Väänänen* 83, *Bonfante* (s. § 78, 2), kaum nach osk. *-ās*; nicht gen. *-aes* zur Differenzierung von dat. *-ae* nach dem Vorbild der 3. Dekl. *Veneris Venerī*, so *Ernout*, Morphol. 34. − Weitere inschr. Belege für *-aes* und *-ais*: *Bindel* 22 u. 30, *Hehl* 8, 19, 22 f., *Pieske* 11. Zu *-aes* s. auch *Blümel* 40, *Devine* 15.

Dativ. Normalendung *-ae*, entsprechend osk. *-ai* in *deivai* (umbr. > *-e* in *tute*). Auf Inschriften alt *-ai*: *Dianai* D 44; 52, *Meneruai* 178, *Iuturnai sacrum* 135.

Zusätze. a) Altlat. *-ai*, gekürzt aus idg. *-āi* (§§ 100 Zus. u. 345), war immer einsilbig. Die Grammatiker, die sich über *-ae* oder *-ai* in dat. und gen. sing. äußern, scheiden nicht zwischen Schrift und Aussprache, also nicht zwischen altem einsilbigem *-ai* des Dativs und dem zweisilbigen (*-āī*) nur des Genetivs, Charisius zu Enn. ann. 489 (*terrāī*), Nigidius frg. 11 Fun., Quint. 1, 7, 18 f. (*-ai* gen. und dat., *-ae* nomin. plur.). Vgl. noch *S. Timpanaro jr.*, St. it. 22, 209−213. − Später wieder inschr. *-ai* unter Kaiser Claudius (vgl. § 10), doch nur im Dativ, also nicht archaisierend, sondern in Anlehnung an gr. *-ᾱι* zur Differenzierung gegen den Genetiv, so inschr. *Antoniai Augustai* und *Agrippinai* VI 931; weitere Belege s. *Hehl* 25. − Für eine Schreibung *-e* bestehen frühe Belege auf nicht-stadtrömischen Weihungen an Göttinnen: *Diane* D 43 (Pisaurum), *Fortune* 64 (neben *praidad*, Tusculum), *Victorie* 218 (Veji); im Wortausgang kam vulglat. *e* aus *ae̜* wohl früher auf als im Wortinlaut.

b) Auch ein altlat. Dativ auf *-ā* begegnet häufig außerhalb von Rom: *Diana, Feronia, Loucina, Matre Matuta, Matre Mursina, Meneru̯a* (D 45−175 unter den Namen der Göttinnen, *Feronia* auch Rev. phil. 27, 65, *Meneru̯a* auch Gl. 36, 126 oben); dazu in

Ardea (s. § 5 a) *Neuna dono* und *Parca Maurtia dono* sowie (mask.) *Aineia* Gl. 42, 84 oben; in Rom selbst nur *Minerṷa* D 177 und Frauenname *Fláca* 742. – Dieses *-ā* ist wohl Nebenentwicklung aus *-āi* (wie *-ō* aus *-ōi*); nach *Meister*, IF 26, 80–82 ist das *-ā* dem Gebrauch nach vulgär, nicht dialektisch, der Herkunft nach Sandhinebenform zu *-āi* (> *-ae*).

Ablativ: lat. *-ā* aus *-ād*, italische Neubildung nach dem *-ōd* der *o*-Stämme, vgl. osk. *toutad* (umbr. *tota*). Inschriftlich noch *-ad* in *sententiad* SCBacch. u. D 175, *de praidad* D 64 u. 152, *Hinnad* 340; ferner im SCBacch. *arvorsum ead* und die Lokaladverbien *suprad exstrad* (osk. *ehtrad*). In literarischer Überlieferung nur *Troiad[e] exibant* Naev. carm. 4 Morel und *sṷād* 'sic' Fest.

Lokativ. Endung *-ae* aus idg. *-āi* (vgl. gr. Ὀλυμπίᾳ), nur bei Städtenamen und in Formeln; lautlich wie dat. *-ae*. So *Rōmae*, bei Plautus *domi meae* häufig, *proximae viciniae* Bacch. 205 Mil. 273, *domi militiaeque*. Auf älteren Inschriften noch *-ai*, so *Romai* D 771, auch *Asiai*, *Syriai* 291. Entsprechend im Oskischen bei lebendigem Lokativgebrauch *-ai* und *-ae*: *viai* 'in via', *Bansae* 'Bantiae'.

Zusätze. Ortsname plur. *Velitrae* aus altem lok. sing. *-ae* nach *Johansson*, BB 13, 114. – Um die lokativisch gebrauchten *-ae* und *-ī* des Singulars der 1. und 2. Dekl. (*Romae, Tarentī, meae domī*) morphologisch zu koordinieren, mußten die Grammatiker sie als Genetive (mit Lokativ-Funktion) ansetzen; die Annahme ist logisch einwandfrei, aber sprachhistorisch nach Form und Funktion unmöglich. Bei pluralischen Namen steht nicht die Genetivform, vgl. *Faleriis, Athenis, Syracusis*.

350. 1. Dekl. Plural. Nominativ. a) **Endung** *-ae*: als Neubildung *-āi* (nach *-oi* der *o*-Stämme), woraus normal lat. *-ai* > *-ae*. Inschriftlich noch alt *-ai*, etwa *tabelai datai* 'tabellae datae' SCBacch. Für *-ae* schon früh *-e*: mask. *muste* 'μύσται' D 236.

b) Seltene **Endung** *-ās* (also gleichlautend mit akk. *-ās*, sog. *accusativus pro nominativo*): wenige ältere Belege. Literarisch nur Pompon. Atell. 141 *quot laetitias insperatas modo mi irrepsere in sinum*; inschr. pron. *hasc(e) mag(istras)* in Minturnae Gl. 26, 88, *quas* D 801², 7 S. 87 (Tab. devot.); in Pompeji *bene quiescant reliquias* und *asellinas rogant* (s. *Väänänen* 83 f.). – Dazu als lautliche Seltenheit (§ 229a) inschr. *-a* für *-ās* in *matrona Pisaurese* D 117, also zusammen mit *-e* für *-ēs*; daher nicht *-a* für *-ae* wie im dat. sing. (so *Ernout*, MSL 13, 324, *Petersen*, KZ 65, 255 [Gl. 29, 166]). – Spätere inschr. Belege für *-ās* wie *filias* bei *Meister*, IF 26, 83 f., auch *Pieske* 15, *Hehl* 37; literarische bei *Löfstedt*, Synt. II 329–333.

Daß diese Art des Auftretens als vulgärlateinisch zu bezeichnen ist, ergibt sich aus den Belegen. Nach *Meister* 82 u. 90 ist der alte Gebrauch vulglat.-stadtrömisch, nicht dialektisch, seine frühe Verbreitung außerhalb Roms erfolgte durch Kolonisten. Erst die späteren Zeugnisse sind sicher als „accus. pro nomin." Vorläufer der romanischen Entwicklung. – Die Herkunft aber ist sehr umstritten. Neben der Annahme genuin-lateinischer Entstehung ist Anknüpfung im Idg. oder im Osk. möglich; denn die idg. Endung war *-ās*, und sie ist im Osko-Umbrischen bewahrt (§ 346). Vereinzelte Bewahrung von idg. *-ās* nimmt *Väänänen* an, doch die Art der lat. Zeugnisse spricht dagegen. – Italischer Dialekteinfluß: in Pisaurum nach *Ernout*, Recueil 42 zu nr. 75 (*matrona Pisaurese*), also altumbrisch; oskisch nach *Löfstedt* a. O. – Nomin. lat. *-ās* durch innerlat. Systemausgleich zu akk. *-ās* nach den doppelwertigen *-ēs* *-ūs* der 3., 5. und 4. Dekl. nach *Pisani*, AGI 25, 138–141 [Gl. 23, 132]; umfassender *Lejeune*, REL 21, 87 ff. [Gl. 36, 137 f.].

Lit.: *Szantyr*, Synt. 30 f.; *Väänänen*, Neuphilol. Mitteil. 35, 81–95 [Gl. 26, 90]; *Vendryes*, Rev. phil. 36, 203; *Altheim*, Spr. 396 f.; *Gerola*, GHÅ 56, 1950, 325 ff. (zur romanischen Entwicklung [Gl. 34, 213]). Kritisch *Merlo*, Ann. Sc. Norm. Pisa 21, 1953, 114–121. – Skeptisch gegenüber altem lat. nom. plur. *-ās Kajanto*, Arctos 5, 1967, 72 ff.; s. auch *Blümel* 47.

Akkusativ. Lat. *-ās* aus nach-idg. *-ăns* wie gr. -ᾱς dial. -ανς. Aus *-ans* osk. *-ass* in *ϱiass*, umbr. *-af* in *ϱitlaf* usw.

Genetiv. a) Normalendung *-ārum* aus vorhistor. ital. *-āsōm*, von den Pronomina übernommen; osk.-umbr. *-āzom*, in osk. *egmazum* 'rerum', umbr. *pracatarum*; auch griechisch, in homer. θεάων. – b) Endung *-um* statt *-ārum* ist kein idg. Archaismus; es steht in Anlehnung an *-um* für *-ōrum* (§ 353) in zwei Fällen. Einerseits umgangssprachlich *drachmum* (δραχμῶν) nach *dēnārium*, vgl. Varro ling. 9, 85, und *amphorum* (ἀμφορέων) in *navis . . . duum milium amphorum* 'ein Schiff von 2000 Tonnen' in einem Brief des Lentulus an den Senat bei Cic. fam. 12, 15, 2. Andrerseits bei den Hexameterdichtern zu Viersilblern generis masculini auf *-a*, meist Komposita auf *-cola -gena*: *agricolum* Lucr., *caelicolum* Enn. Catull. Verg., *Troiugenum* Catull., *Graiu-* und *omnigenum* Verg.; ferner als Umsetzung von gr. -ῶν in lat. *-um* zu plur. *-idae -adae* gr. -ίδαι -άδαι lat. *Gangaridum* Verg., *Aeneadum* Lucr. (seltener *-ārum*) und zu Ethnika auf -ῖται lat. *Phasēlītum* Cic.

Zusätze. Ganz anders über gen. pl. *-genum -colum Saussure*, Rec. 585, *Pedersen*, 5me décl. 52 u. 56 (wegen *-a* aus idg. ə, vgl. § 268 C 1 Zus.). – Gen. pl. *trinum noundinum* SCBacch. 'drei Neun-Tage(sgruppen)' gehört wohl zu einem Neutrum **noven-dinom* (Typus *trīduum*, § 338, 2 Zus. c), mit ntr. idg. **din-* oder **dinom* 'Tag'; fem. plur. *nundinae* ist Umgestaltung nach *kalendae* (falls nicht wie *epulum* pl. *epulae*); s. *Sommer*, Mél. Pedersen 269–275 [Gl. 28, 18].

Dativ-Ablativ, auch Lokativ.

a) Endung *-īs*, älter inschr. *-eis*, geht zurück auf vorhistor. *-ais* (aus *-āis*, nach *-ōis* der *o*-Stämme); vgl. osk. *-ais* in *Diumpais* 'Nymphīs', adj. *deiϱinais* 'fem. *dīvīnīs*' (umbr. *-ēs*: *tekuries* 'decuriīs'). Inschr. *-eis* etwa in *soueis aastutieis* D 122, mask. *scribeis* 269 I 3, *af u̯inieis* 408, *ab scaleis* 428; als Lokativ *Mytileneis* 292; Schreibung *-es* in *Martses* '*Mārsīs*, d. i. *Mārti̯īs*' 224, *de manubies* 355 (gegen *-ibieis* 354); *-eis* neben *-es* in *soueis . . . nuges* 579, *delicieis* und *-iis* 612. – Über kontrahiertes *-īs* aus *-iīs* (*grātīs* usw.) s. § 353 Dat.-Abl.

Zus. Eine Endung *-ās* begegnet in inschr. *deu̯as Corniscas sacrum* D 39 (Trastevere); für einen Plural, also dat. pl. spricht zwingend *Corniscarum divarum locus . . . trans Tiberim cornicibus* (sic) *dicatus* Paul. Fest.; ein Dativ bei *sacrum* ist normal. Eine sichere Deutung fehlt; *-ās* und vorhistor. *-ais* als Satzdubletten aus *-āis* nach *Ernout*, Notes de philol. lat. nr. VII (*-ās* für *-āis* nach sing. dat. *-ā* neben *-āi*), sabin. *-ās* aus (unbezeugtem!) osk. *-āfs* aus *-āfos* (wie lat. *-ābus*) nach *Pisani*, Paideia 15, 242 f. [Gl. 42, 95]; lat. *-ās* aus idg. lok. pl. *-āsu* nach *Sommer* 332 f., lautlich und syntaktisch schwierig. Vgl. noch *Sommer*, KE 102 nr. 85. – Die Erklärung als gen. sing. auf *-ās* (so *Ribezzo*, RIGI 4, 79; *Hermann*, Gött. Nachr. 1919, 220–222) ist nur haltbar, wenn man *Cornisca* als Namen einer Krähengöttin betrachtet.

b) Endung *-ābus*, vorwiegend bei Personenbezeichnungen. Der Dat.-Abl. auf *-īs* ist der einzige Kasus, in dem die 1. und die 2. Dekl. nicht unterschieden sind, infolge des lautlichen Zusammenfalls der älteren *-ais* und *-ois* in altlat. *-eis* > *-īs*. Bei Personenbezeichnungen aber war im Dativ als dem Kasus der begünstigten Personen eine Scheidung oft unentbehrlich. So wurde zur Differenzierung bei Motionsfeminina eine neue Dativform auf *-ābus* geschaffen, zuerst offenbar in den Paaren *dis . . . deabus* seit Cicero und D 223 und, in testamentarischen Verfügungen, *filiis filiabusque* (Thes. s. v. p. 747, 27 sqq.), *libertis libertabusque* (häufig auf Inschriften seit I² 1278 u. 1330).

Die Femininform wurde dann auch für sich allein verwendet. Belege: *filiabus* Cato, orig. 94, *gnatabus* Plt. frg.; *Cassiabus . . . filiabus fratris mei, pupillabus meis* VIII 9052, 16 f., *filiabus suabus* VI 13146, AJPh. 33, 168 (in Anlehnung an *duābus/duōbus* auch mask. *suobus* VI 26957); *filiabus gemellabus* VI 38705; *amicabus* VI 7671; *feminabus alumnabus* VIII 9108. – Von Tiernamen *equabus asinabus* (Grammatiker), *mulabus* Capitol. Ver. 5, 4; differentiae causa auch *animabus* seit Tert. – Später öfters auch für nicht zweideutige Feminina auf *-īs*, wie schon in *feminabus*. So *-ābus* besonders für provinziale Göttinnen, übertragen von verselbständigtem *deābus*: *Dominabus* (Thes. s. v. p. 1941, 5–12), *Silu̯anabus* VI 14355, 11, *Nymphabus* VI 549. 36818 XI 3290 II 1164, *Fatabus* V 4209; dann *matronabus* V 4137 u. 4159, und, für weitere keltische Matronae, *matronis Aufaniabus, Gau̯adiabus* usw. (Inscr. Dessau 4780–4832; 9324–9328), *Glanicabus* AE 1954 nr. 103 (vgl. 107). Schließlich sogar von Feminina der 3. Dekl.: *matrabus* in XII (p. 926) und XIII (Thes. s. v. p. 444, 19); *Caelestabus* VIII 20744.

Bei Adjektiven und Sachsubstantiven in literarischen Texten, wohl künstlich archaisierend: Pron. *eabus* von weiblichen Wesen Cass. Hem. 32. Der Annalist Cn. Gellius gebrauchte nach Char. gramm. I 54 *-ābus* häufig (frgg. 12 ff., 22 f., 29), so außer *deabus* auch *puellabus*, dann (von den Sabinerinnen) *ex raptabus* und *cum aliis paucabus*, weiter *pro duabus pudicabus*. – Nicht von weiblichen Wesen: Cato agr. 152 *scopas . . ., eabus*. Liv. Andr. Od. 40 *deque manibus dextrabus* (zu Hom. ω 534 ἐκ χειρῶν, aus den Händen der Ithaker fielen die Waffen zu Boden). Cn. Gellius *portabus* und *oleabus* (vgl. Gl. 18, 254). Greg. Tur. *villabus* (s. *Bonnet*, Latin de Grég. 331). Dazu inschr. *(h)orabus* VIII 12794, XI 2611.

Lit. und Belege: Prisc. gramm. II 293; N.-W. I 36 ff.; *Sommer* 332; *Hehl* 41; *Pieske* 17. – Ursprungsform wahrscheinlich *manibus dextrabus* Liv. Andr., Vorbild *manibus ambabus*. Ein historischer Zusammenhang mit altind. *-ābhis -ābhyas* der *ā*-Stämme besteht nicht.

Die lat. 2. oder *o*-Deklination (§§ 351–353)

351. a) Die *o*-Deklination umfaßt seit idg. Zeit an Substantiven Maskulina (nomin. *-us*) wie *equus animus vīcus* und Neutra (*-um*) wie *iugum pōculum*. Dazu kommen als Feminina auf *-us humus*, Baumnamen wie *fāgus corulus pirus* (§ 264, 1 c; s. *Szantyr*, Synt. 8 § 15 Ende); Tiernamen (zu fem. *lupus* s. § 269 A 2); griech. *o*-Feminina wie *periodus dialectus*, Städte- und Inselnamen wie *Corinthus Dēlus Aegyptus*. – Zu den Neutra auf *-us -ī* (*vulgus vīrus*) s. § 363 A 2d. – Ererbt sind weiter *o*-Adjektive wie *novus*, ntr. *novum* (dreigeschlechtig, mit fem. *-a* nach der 1. Dekl. als Ergänzung), ebenso einige *o*-Pronomina wie *ille iste*, diese allerdings mit abweichenden Singularformen, lat. sing. nomin. *-e*, ntr. *-ud* (*-od* in *quod*), gen. *-īus*, dat. *-ī*.

Den Hauptbestand bilden aber Ableitungen mit lebendigen Suffixen (vgl. §§ 264–305). Genannt seien wenigstens die dreigeschlechtigen Deminutiva auf *-ulus -a -um* und *-culus -a -um*; ferner als Suffixe für Neutra: *-ium* für Abstrakta, denom. in *collēg-ium naufrag-*

-ium, deverb. in *imper-ium stud-ium incend-ium*; denom. *-ētum* für Ortsbezeichnungen wie *querc- laur- sepulcr-ētum*; deverb. *-trum -culum -bulum* für Instrumentalnomina wie *arā--trum gubernā-culum vocā-bulum*. Adjektiva mit denomin. Suffixen: für Zugehörigkeit *-ius -ārius -ĭcius -ānus -īnus -icus* in *patr-ius oner-ārius tribūn-icius urb-ānus dīv-īnus bell-icus*; für Stoffadjektive *-eus* in *aur-eus*; für 'versehen mit, reich an' (Besitzadjektive) *-tus -ātus* und *-ōsus* in *sceles-tus sceler-ātus* und *vent-ōsus*; deverbative Adjektiva auf *-uus* (meist passiv) wie *perspic-uus* und auf *-idus* (von Intransitiva der 2. Konjug.) wie *cal-idus;* dazu die *-to-*Partizipien und das Gerundivum auf *-ndus*.

b) Formen des Normalparadigmas:

	nomin.	vok.	akk.	ntr.	gen.	dat.	abl.
sing.	*-us*	*-e*	*-um*	*-um*	*-ī*	*-ō*	*-ō*
plur.	*-ī*	(*-ī*)	*-ōs*	*-a*	*-ōrum*	*-īs.*	

Abweichungen. a) Alte Kasusformen: Abl. sing. *-ōd*; dazu Adverb *-ēd* für *-ē.* Lok. sing. *-ī.* Gen. plur. *-um.* Zu den idg. Grundformen s. § 345 f. – b) Lautliche Störungen. *-io-*Stämme: Vok. sing. mask. *-ī* statt *-ie.* Kontraktion *-iī > -ī* vorhistor. im Gen. sing., seit I^a in plur. Nomin. mask. und in Dat.-Abl. – *-uo-*Stämme: neben *-uus -uum -vus -vum* alte Orthographie *-uos -uom -vos -vom.* – *-ro-*Stämme: sing. Nomin. Vok. auf *-r*, etwa *vir puer*, also ohne Endung *-us* bzw. *-e.* – c) Störungen im Paradigma. Sing. ntr. ~ plur. mask. *rāstrum frēnum* plur. *-ī*; plur. *caelī* nach gr. (christl.) οὐρανοί (auch Lucr. 2, 1097). Umgekehrt *locus* pl. *loca.* Zum Untergang des Neutrums im Romanischen s. § 342, 1 Zus. a. – Zum Stammvokal von *deivos* 'Gott' in *dīvus, deus*, plur. *dī* s. §§ 42 e, 65, 145 d und 144.

352. 2. Dekl. Singular. Nominativ: sigmatisch *-o-s*, daraus *-us* schon SCBacch. Altlat. *-os* inschriftlich, *Manios Duenos* (§ 5a), *Nouios* D 771; zu *-io* für *-ios* (*Cornelio, Claudio*) s. § 229a; zu *-vos -uos* bis in die klassische Zeit (inschr. *paruos equos uiuos mortuos*) s. § 46, auch für Akk. und Ntr. *-vom -uom* (inschr. *riuom aeuom seruom perpetuom suom*).

Zusätze. a) Inschr. *-i* in Gentilnamen auf *-ius* ist abgekürzte Schreibung, als *-i(us)* wiederzugeben, nicht etwa Lautschreibung für *-i(s),* vgl. im Praeskript des SCBacch. als Gentilnamen die der Konsuln *Marcius* und *Postumius*, die der Schreiber aber *Claudi Valeri Minuci,* oder auch *-ius* neben *-i* D 267. – b) Bei *io*-Stämmen steht auf alten Inschriften statt *-ios* bzw. *-ius* öfter *-is,* so in Gentilicia *Caecilis* D 562, *Aros Rufis* 'Arruns Rufius' 553, doch auch *Mercuris* 772, praen. *Vibis* 763; Vorbild hierfür war das Oskische mit durchgeführtem *-is* für *-ios,* so in praen. mit gent. *Viibis Ṹhtavis, Niumsis Heirennis,* Στενις Καλινις usw. (auch Akk. *Pakim*), allenfalls auch das Umbrische für etruskisch beeinflußte Inschriften. – Im Vulgärgriechischen kommen für die Substantive auf *-ιος* und *-ιον* seit dem 3. Jh. v. Chr. Formen auf *-ις -ιν* (*-ῖς -ῖν*?) auf (*Schwyzer* I 472; *Mayser-Schmoll*, Gramm. d. griech. Papyri I² 1, 1970, 130 f.). Diesem Vorbild folgen auch die lat. Wörter wie Αὐρηλις 'Aurelius', neugr. σπίτι(ν) für ὁσπίτιον *hospitium*; Belege bei *Chr. Döttling*, Flexionsformen lat. Nomina i. d. gr. Pap. u. Inschr., Basler Diss. Lausanne 1920, 43. – Über lat. nomin. *alis alid* s. § 373, 5. – c) *ro-*Stämme: Nomin. *-er.* Zum Schwund des *-os* nach postvokal. *r* (*vir puer tener exter satur*) s. § 106; zu *-er* aus postkons. *-ros* (*ager* gegen gr. ἀγρός; *magister;* Foruminschrift noch *sakros* 'sacer') s. § 149 a β; zu restituiertem volkssprachlichem *aprus* App. Probi s. *Baehrens*, Komm. 103; zu lat. Wiedergabe von griechischem *-ρος* (*conger Alexander Teucer, Codrus*) s. § 365 B 1 Zus. β und § 148 d δ. – Aus plur. *-erī* ist neugestaltet sing. *-erus* in Liv. Andr. Od. 26 *inferus an superus ... deus.* – Nomin. *uter* 'Bauch' Pap. Corp. nr. 278, 119; ähnlich *barbar.* – d) Zu Nomin. *famul* und *figel mascel* s. § 99 am Ende.

Vokativ: mask. *-e*, etwa *amīce domine*, ererbt, vgl. gr. ἄδελφε. — Bei allen *-ro*-Stämmen Vok. ohne *-e* (§ 98a), also gleich Nomin., *faber, vir* (oft *mī vir* Plt.), *puer* Ter.; doch gebraucht Plautus ständig vok. *puere* als Anrede an den Diener (also für gr. παῖ). Die endungslose lat. Form (gegenüber umbr. *Tefre*) ist nach *Skutsch*, Kl. Schr. 383 wohl die Nominativform, als Vok. gebraucht nach dem Vorbild von nomin. vok. *pater māter* (§ 123a).

Die *io*-Stämme wie *fīlius* und Personennamen zeigen *-ī* statt *-ie*, vok. *fīlī*, auch *Gāī* Lucil. 1035; Mart. 10, 17, 1; inschr. *Publī* und *Cornelī* D 542, 7; Schreibung *ei* für lautlich *ī* in *Leiu̯ei* (zu Λείβιος *Līvius* D 607[1] S. 85), *Taracei* ⏑ ⏑ —, zu *-ius* CE 362 = D 603. — Zur Betonung *Válerī* s. beim Genetiv (litt. b).

Ererbt war *-ie*, vgl. gr. hom. ὄλβιε, umbr. *Grabouie*. — Die lautliche Erklärung von lat. *-ī* aus *-ie* (allenfalls älter *-i̯e*) ist kaum zu umgehen; freilich ist dieser Lautwandel kontrovers (s. § 133 II Zus. γ). — Andere Erklärungen: *Wackernagel*, Kl. Schr. 476[2]: *-ī*, alt *-ei*, übernommen von den *i*-Stämmen. *Meillet*, Innov. 32: schon idg. vok. *-ī* der *io*-Stämme nach einer lit. Parallele (wo freilich auch nomin. *-īs* für *-ios*, vok. *gaidý* zu *gaidýs* 'Hahn'). Nach *Niedermann*, Hist. Lautl. ³54 (vgl. *Sommer* 117) *-ī* durch Apokope des *-e* aus *-i̯(e)*; etwas anders *Hermann*, Streitberg-Festg. 134: *-ī* nach Apokope des *-e* aus Dehnung im Anruf. — Im Latein existiert *-ie* nur als grammatische Normierung oder gräzisierend in stilisierter alter Dichtung: *Laёrtie* und *Saturnī fīlie* Liv. Andr., *Saturnie* Enn. ann. 456. — Zu *-eius* (*-ei̯i̯o-*) vok. einsilbiges *-eī* in *Pompei̯ Voltei̯* Hor.; kaum rein lautlich aus *-ei̯i̯e*, sondern unter Einführung des *-ī* der *-io*-Namen, also lautlich über *-ei̯ī* > *-e-ī*. Aber *Pompēī* Ov. trist. 4, 1, 1. — Zu *mī* als Vok. von *meus* (*mī fīlī*) s. § 367, 5 d.

Über Nominativform (*deus, populus* usw.) in vokativischer Verwendung s. *Szantyr*, Synt. 24 f., auch *Svennung*, Anredeformen 246 ff.

Akkusativ (beim Neutrum auch Nomin.) *-um*, altlat. inschr. noch *-om* (wie osk. *-om*): *loucom* D 256, *Luciom* 541, *Alixentrom* 764, ntr. *donom* 6, 10 u. oft, *pocolom* 1, 23 u. oft, adj. *sacrom* 87, 90, 151 u. oft, *poublicom* 265; ferner *-u̯om -uom*, s. beim Nomin. — Das *-m* ist nach § 228 I f oft nicht geschrieben; *-o* für *-om*: *oino optumo viro* 541, *pocolo* 41, 63; dazu *-u* für *-um*, etwa *conlegiu* 73, *donu* 151.

Der Schwund des *-om* in *nōn* und *nihil* ist aus der besonderen Verwendung des Akkus. in Antworten usw. zu verstehen: *nōn* aus **n(e)-oinom* 'ne ūnum' (*noenu* Enn. Lucr.); **ne-hīlom* > **nihīl* > *nihĭl* durch Iambenkürzung § 121, sekundäre Flexion des gekürzten *nihĭl* in *nihĭl-ī -ō*; vgl. auch § 228 I d.

Genetiv: Endung lat. *-ī*; zur Verbreitung und Herkunft des *-ī* s. § 345 Anhang litt. b. — Auch bei *io*-Stämmen steht im Altlatein nur *-ī*, nicht *-iī*.

a) Zur Schreibung dieses *-ī* auf Inschriften und zu *-ī* für *-iī*: Bis 150 v. Chr. Wiedergabe bei *o*-Stämmen nur durch *i*, so *latini sacri* SCBacch., *Saeturni Volcani* auf *pocolom*-Inschriften D 195, 219. Erst später kommt *-ei* auf, etwa gen. *feili suei* 437. Auch die *-io*-Stämme zeigen anfangs nur *-ī* für *-iī* (auch metrisch einsilbig, *flāgitī* Plt. in Senarausgängen, etwa Merc. 784), so *Aisclapi* D 3 usw.; dann auch Schreibung *-ei*, etwa *Vergilei* 613. — Aus dieser Orthographie und der frühen Kontraktion von *-iī* zu *-ī* ergibt sich zwingend monophthongisches *-ī* als Genetivendung. In geprägten Formeln wie *rēs mancipī* oder *compendī facere* 'ersparen' hält sich das kontrahierte *-ī* dauernd. — Das scheinbar regelmäßige *-iī* bei *io*-Stämmen, das schon Varro empfiehlt (frg. 252 Fun.), ist demnach nicht bewahrte alte Form, sondern eine analogische Wiederherstellung. In der zunächst allein beweiskräftigen Daktylenmetrik begegnet *-iī* zuerst vereinzelt beim Adjektiv seit Lukrez (*patriī, mediī*), dann beim Substantiv seit Vergil (*fluviī*) und Prop. (*imperiī, ingeniī* usw.); natürlich waren nur Formen wie *flāgitī* hier metrisch unmöglich. – Für Cicero und Caesar (*auxilii* Gall. 1, 31, 14, usw.) ist auf die handschriftliche Überlieferung kein Verlaß. – In späterer Zeit aber gilt *-iī* als die richtige Form.

Belege zur Kontraktion s. *Devine* 5–7; N.–W. I 133 u. II 44; *Bednara*, ALL 14, 339 (*-iī* bei Hexametrikern); *Jeanneret* 71. – Die altlat. Kontraktion *-iī* > *-ī* im Gen. sing. steht in scharfem Gegensatz zur gleichzeitigen Nichtkontraktion von *-iī* im Nomin. plur. mask. (und auch im Lok. sing.) und bei *-iīs* im Dat.-Abl. plur. aller Genera, deren *ī* auf einen älteren Diphthong zurückgeht. – Zu Namen auf *-eius* (*-ei̯i̯o-*) lautet die Genetivform metrisch auf *-ēī* aus: *Coccēī* Hor. (gegen Vok. *Voltei̯*).

b) Gen. *-ī* und Vok. *-ī* der *-io*-Maskulina. In republikanischer Zeit lauteten beide Kasus gleichermaßen auf *-ī* aus; doch differenzierte Nigidius Figulus (frg. 9 Fun., bei Gell. 13, 26) die dreisilbigen in der Betonung: Gen. *Valérī*, Vok. *Válerī*; Gellius kennt die Betonung *Válerī* nicht: *si quis nunc ... acuerit primam, non aberit quin rideatur*. Andrerseits widerspricht aber eine Betonung *Valérī* (Vok. und Gen.) der lat. Dreisilbenbetonung (§ 237, 3 a); doch war zu Gellius' Zeiten im Genetiv sicher viersilbiges *Valériī* die gepflegte Form; also bestand damals keine Homophonie der beiden Kasus mehr. Als Grammatiker mußte Gellius den veralteten Genetiv als *Valérī* betonen, in Anlehnung an das *Valériī* seiner Zeit. Ein Vokativ *Valérī* dagegen ließe sich m. E. nur durch Akzentausgleich im Paradigma rechtfertigen.

Leider läßt sich bei diesem vielbehandelten Problem schon die Vorfrage der Glaubwürdigkeit des Nigidius nicht befriedigend beantworten: beruhen seine Angaben auf Beobachtung, oder stellt er damit im Stil des Lucilius eine Theorie auf? Beides findet sich in seinen Fragmenten. Die einfachste Annahme ist wohl folgende: im Altlatein lauteten beide Kasus *Válerī*, sei es als schon kontrahierte Formen gemäß der Dreisilbenbetonung oder mit Wahrung des Tons der unkontrahierten **Válerie* und **Váleriī* nach der *fácilius*-Betonung; dann Akzentverschiebung zu *Valérī* zuerst im Genetiv im Anschluß an restituiertes *Valériī*, noch später (also nach Nigidius) Tonausgleich innerhalb des Paradigmas auch im bewahrten dreisilbigen Vokativ. – *Pisani*, Homm. Herrmann 624–638 [Gl. 42, 96] scheidet chronologisch die Kontraktionen: *-i̯e* > *-ī* ist älter als die Dreisilbenbetonung, daher vok. *Válerī*, dagegen *-iī* > *-ī* ist jünger, daher gen. **Valériī* > *Valérī*. – Wenn gen. *Valérī* als Repräsentant des Paradigmas der *-io*-Stämme gelten soll, so ist immerhin zu bemerken, daß für gen. *flāgitī* usw. des älteren Lateins oder *rēs mancipī* der Juristen nirgends eine Paenultimabetonung überliefert ist; vgl. *Ferrarino*, Studia et doc. historiae et iurispr. 2, 1937, 434–439. – Für vok. *Válerī* darf man nicht die Anfangsbetonung des idg. Vokativs bemühen.

c) Endung *-oeo* als Übernahme von gr. homer. -οιο: Enn. ann. 126 *Mettoeo Fufetioeo* und Ovid (frg.) *vīnoeo bonoeo*, etwa wie **οἴνοι̯' ἀγαθοῖο* (bei Quint. 1, 5, 12 bzw. 8, 6, 33; zu letzterem s. *Heraeus*, Kl. Schr. 240ff. [Gl. 21, 190]). Nicht Erbform als *-oio* aus idg. *-osyo*, so *Safarewicz*, s. oben § 345 am Ende (litt. a).

Dativ: idg. *-ōi* > lat. *-ō*, aber > osk.-umbr. *-oi*; dies erhalten als osk. *-úi* in *Maiúi, Hereklúi*, monophthongiert zu umbr. *-ē*, etwa *Iuvie 'Iovī*'. – Im Latino-Faliskischen noch Spuren von *-oi* (lautlich *-ōi*?): in Praeneste *Numasioi* (§ 5a), kaum durch oskischen Einfluß; falisk. *-oi* in *Zextoi Titoi* (*Herbig*, Gl. 5, 237–241); ein Grammatiker (Gramm. VI 12, 1 u.

17, 1) zitiert dat. *populoi Romanoi.* – Sonst schon altlat. *-ō*, auch vestin. *Herclo Ioṷio* Vetter nr. 220. – Zum Gegensatz im Dativ zwischen *-ō* und *-ae* s. § 345 Dativ (b Zus.).

Ablativ: Endung idg. *-ōd*, lat. *-ō*, alt *-ōd* (vgl. osk. *sakaraklúd* '*sacrāclō(d)*' und *contrud*); *-ōd* inschr. in *poplicod* u. *preiṷatod* SCBacch., *Gnaiṷod* D 539, *pro Cn. filiod* 44, *Benṷentod* 713, *ioṷestod* '*iūstō*' 254; beim Pronomen *eod die quod* 256 (Lex Spol.), vgl. dazu *-tōd* im Imper. fut. § 423 A 2b. Adverbialisiert *meretod* 'aufgrund des Verdienstes' D 51, 110, *meritod* 5 usw. – Aus *-ōd* dann *-ō* (§ 230), so im SCBacch. nur im Nachtrag *in agro Teurano*. – Durch sprachliche Iambenkürzung *-ŏ* in *modo, cito* (§ 121). – Wenn *porod* D 780 als Adverb *porrō* und dies als entlehntes gr. πόρρω (aus *πόρσω, vgl. πρόσω) anzuerkennen ist, dann ist darin das *-d* eine pseudohistorische Schreibung.

Die lat. Adverbien auf *-ē* bei den *o*-Adjektiven sind sprachgeschichtlich Ablative auf *-ēd* (s. § 345, Abl. litt. c). Inschriftlich ist das *-d* noch bezeugt in osk. *amprufid* '*improbē(d)*' und in lat. *facilumed* SCBacch. '*facillimē*', jungfalisk. *rected* D 175, literarisch wohl in Enn. ann. 365 *alted elata* (für *alte delata*). Sonst nur mehr *-ē* (vgl. auch umbr. *rehte* '*rēctēd*'). – Durch sprachliche Iambenkürzung *-ĕ* in *bene male*, s. dazu §§ 121 u. 230d. – Zu *-ē* als syntaktischem Ablativ vgl. auch *Specht*, KZ 62, 243 ff. (in *properē ōcius*).

Ein Lokativ auf *-ī* als Kasus der Ortsruhe lebt im Latein nur verdeckt weiter bei Städtenamen (*Corinthī, Tarentī*), dazu erstarrt bei *o*-Pronomina (*hīc, illīc*), in *domī* (fem., s. § 265a), und dazu in einigen Zeitausdrücken (vgl. *Szantyr*, Synt. 145 ff.). – Im Oskischen ist dieser Lokativ lebendiger Kasus mit Endung *-ei*; auch lat. *-ī (-ei)* wird eher auf idg. *-ei* als auf *-oi* zurückgehen; s. § 100 u. § 345 (Lok. b), auch zur Vorgeschichte. Ältere Inschriften schreiben unverbindlich *-ei* neben *-i*, genannt seien *Ferentei* D 610[2] S. 86, sowie *Delei* D 270, 285, und daneben *Deli* 280. – Jedenfalls sind die Formen auf *-ī* wie *Tarentī* erst nach dem Wandel *-ei > -ī* um 150 v. Chr. mit den Genetiven auf *-ī* gleichlautend geworden; das bestätigen auch die *io*-Stämme: im Altlatein wird lok. *-iei (-iī)* nicht zu *-ī* kontrahiert: *Sūniī* Ter. Eun. 519, *Brundusiī* im Hexameter Enn. var. 37. Erste kontrahierte Form ist (zu gr. Αἴγιον) lok. *Aegī* Lucr., inschr. *Aegei* Gl. 42, 86; in Cicero-Briefen *Antī* Att. 2, 6, 1 u. 8, 2; *Brundisi, Lanuvi*.

Literarische Zeugnisse: Lokal *domī* 'zu Hause', gleich altind. rigved. lok. *dame* (häufig), also vom *o*-Stamm *domo-* wie abl. separ. *domō* 'von Hause' (vgl. auch gr. ὁ δόμος); danach lokal-temporal *domī bellīque* (*domī duellīque* Plt. Asin. 559); vielleicht *peregrī* (mit *peregrē*). In Zeitangaben: *vesperī*; mit *diē* verbundene Adjektive: *postrī-diē* § 103c, *merīdiē* (*ī* nicht kontrahiert aus *iei*, s. § 162bα Zus.), *cottīdiē* § 260 C 2; dazu altlat. oder vorklass. *diē prīstinī* u. *diē quīntī* Cato, *diĕ septumī* Plt. Pers. 260 (vgl. Men. 1157 usw.); s. Gellius 10, 24, der auch Schreibung *-e* für *-i* bezeugt. – Unsicher *alternei* Arvallied (*Norden*, Priesterb. 182).

Die Grammatiker betrachteten dieses *-ī* als Genetivendung, s. § 349 (Lok.). – Das Sprachgefühl aber empfand das *-ei* bzw. *-ī* als flexionsunabhängiges adverbiales Lokativsuffix; das ergibt sich aus seiner Verwendung bei Nomina der 3. Dekl., bei denen der Ablativ (formal idg. Lokativ auf *-i*), etwa *rūre Carthagine*, wie bei *o*- und *ā*-Stämmen (*Rōmā* *domō*) durch die Separationsfunktion beansprucht war, so *rūrī* nach *domī, temperī* und *lūcī* nach *vesperī, Sicyōnī* und *Carthāginī* nach *Tarentī, Corinthī*, alle bei Plautus (zu *Tarentī* vgl. 365 B 5); *Tīburī*; dazu *herī here* (§ 121) als Erweiterung von **hes* (in *hes-ternus*, vgl. gr. χθές). – Darauf beruht auch das auf diesen Lokativgebrauch beschränkte scheinbare genus mask. oder ntr. von *lūcī* 'bei Tage' in *lūcī clārō* Plt., Varro Men. und von *cum lūcī* (*prīmō*).

Lit.: N.-W. I 370, II 643ff.; *Heckmann*, IF 18, 309–319; 327; *Funaioli*, ALL 13, 317. – Über *animī* in *animī pendeo* s. *Szantyr*, Synt. 75 litt. β. – Zum Lokativ im Griechischen s. *Schwyzer* I 549.

353. 2. Dekl. Plural. Nominativ: Endung osk.-umbr. *-ōs*; dagegen lat. *-ī*, älter noch *-ei*, aus idg. (pronominal) *-oi*. – Altlat. *-oe* (als jüngere Umschrift für *-oi*, § 73) noch in *pilumnoe poploe* Salierlied bei Fest. und *fesce*(*n*)*ninoe* (*-emnoe* Hs.) Paul. Fest.

a) Schreibungen auf alten Inschriften noch *-ei* (§ 69), etwa *u̯irei oinuorsei foideratei* (und pron. *quei*) SCBacch., *seru̯ei* D 263; später, noch in republikanischer Zeit, fast regelmäßig *leiberei, magistrei*, auch bei *-io*-Stämmen (wo *-ii* gemieden wird), so *cisiariei* 66, *nau̯iculariei* 289, *stipendiariei* 335; *Iuliei* 208 u. 593, *Saloniei* 418; ferner zu pron. *is* plur. *iei* und *eei*. Schreibung *-e*: *ploirume* D 541, *IIIu̯ire* 455, *Falesce* 122. – Zur Kontraktion *-iī* > *-ī* s. unten beim Dat.-Abl.; zu *dī* und *dīs* aus *dīvī dīvīs* s. § 144.

b) Daneben steht eine um *-s* erweiterte Form inschr. *-eis* (auch *-es -is* geschrieben), also gleichlautend mit Dat.-Abl., zeitlich von III^a bis I^p; nicht-stadtrömische Herkunft ist wohl zu vermuten, aber nicht zu lokalisieren. In der Literatur nur bei Pronomina: *hīs-ce* 'diese' Plt. Mil. 374, Psd. 539 al. Ter. Eun. 269 Liv. 9, 10, 9 (archaisierend); *illīs-ce* Plt. Most. 710; 935; *īs-dem* gegen sing. *ī-dem* verlangte Caesar (gramm. frg. 10 Fun.), also offenbar zur Differenzierung.

Inschriftliche Zeugnisse aus D (weitere ebenda Index p. 104). Pronomina. *heisce*: 27, 28, 242, 421 *h. magistreis*; *heisc*(*e*) 106, 200; *heis* 650, 694; *hisce*: 139 *h. ministreis*, 248 *h. magistris*, 220; 453, 13. *eeis* SCBacch.; *eis* 268, 16f. u. 23f. und alte Gesetze; *ieis* 265, Lex par. Put. III 12; *eisdem* 'iīdem': 96, 101, 241, 362, 369, 374, 415; Lex repett. 27; *isdem* I² 1467, 3. Gentilnamen: D 453 *Q. M. Minucieis Q. f. Rufeis*; ähnlich 88 (auch *leibereis*); 55, 184, 233, 272, 399, 635, 651, 797. Appellativa: *magistreis*: in Capua (um 110^a) 31, 97, 211; auf Delos 101, 133, 172; in Rom 690; 73 (Trastevere); in Falerii 122. *seru̯eis* in Cora 167. Adjektiva: *mustae pieis* 237 (Samothrake); *lapides profaneis* 253 (Tibur). – Schreibung *-es*: in Praeneste: *coques* und *magistres* 67, auch *fabres* XIV 2876; in Cora *duomu̯ires* 241; in Trastevere *u̯iolaries* usw. 72. – Vgl. N.-W. I 156; II 383 (*eeis*), 416 (*heisce*).

Eine überzeugende Herleitung für *-eis* fehlt. Vielleicht Zuwachs des *-s* durch Angleichung an das *-ēs* der 3. Dekl., aber nicht mit *Mayer*, Mnemes charin II 33[Gl. 42, 96] über die *-ro*-Stämme (*magistreis, leibereis*), bei denen der gemeinsame Nomin. sing. *-er* diesen Übergang begünstigt habe. – Einfluß von osk. nomin. plur. *-ōs* ist unwahrscheinlich. Am markantesten ist die Pronominalform *heisce*.

c) *Adelphoe, Clērūmenoe* Ter. sind Umschriften der Komödientitel gr. Ἀδελφοί, Κληρούμενοι.

Akkusativ. Aus idg. *-ons* lat. *-ōs*, aber osk.-umbr. *-ŏss*, in osk. *feihúss*, umbr. > *-uf* in *vitluf*; s. § 346.

Neutrum. Nomin. und Akk. *-ă*, wie im Griechischen aus oder vielleicht anstelle von *-ā*, vgl. osk.-umbr. **-ā* > *-ō* osk. *prúftú set*, umbr. *iuka iuku, arvia arviu*. Zu lat. *-ă* und zu gr. *-ă* s. auch § 349.

Genetiv. Die seit Beginn der Literatur gültige **Endung** ist *-ōrum*, eine auf das Latein beschränkte nicht sehr alte Nachbildung zu fem. *-ārum*; mit ihr wurde für *o*-Pronomina und *o*-Adjektiva im Plural eine volle Parallelität der Formen für Feminina und Maskulina erreicht; also wurde sie wohl zuerst bei diesen geschaffen, und dann das *-ōrum* auf die Substantiva übertragen. Alte inschr. Zeugnisse: *du̯onoro* D 541, *eorum* SCBacch.

Die **ursprünglichere Endung** war lat. *-um*, aus *-ŏm* aus idg. *-ōm* (vgl. gr. -ων), osk.-umbr. > *-ŏm* (osk. *-úm* in *Núvlanúm*, umbr. *-u, -o, puplu* 'populōrum'); zur Umschrift lat. *-ûm* s. Zusatz. – Sie ist im Altlatein inschriftlich noch reich bezeugt. Als *-om -o* in Münzaufschriften III[a] *Romanom Paistano* usw. D 706 ff.; in Ardea (§ 5a) *neu̯en deiu̯o*. Als *-um*: *socium* SCBacch., *deum (Maanium)* D 149, *leiberum* 647, 5 (Grabgedicht in Senaren), *duumvirum* s. § 257 A 1 b β, *aedilium plebeium* D 258. Literarisch ist *-um* bis in spätere Zeiten nur erhalten in festgeprägten Wendungen oder in Sachgruppen, zumeist von Personenbezeichnungen: *pro deum fidem* und *deum virtute, praefectus* und *centuria fabrum*; dazu auch *liberum quaesendum causā* Enn. scaen. 120, *procum patricium* Fest. Zu *trium virum* s. § 257 A 1 b β.

Bemerkenswerte **Anwendungsgruppen**. Für Maß und Gewicht (vgl. Varro ling. 8, 71 u. 9, 85): *nummum, dēnārium, sēstertium, modium, medimnum*; dazu die Distributiva bzw. Multiplikativa *bīnum ternum*, N.-W. II 329, *sēnum* Cic. Verr. II 2, 122; auch *omnium numerum* Petr. 68, 8; zu *trinum noundinum* (fem.) SCBacch. s. § 350, zu *iūgerum* § 330 A 2 b. – Beim Personalpronomen gen. pl. *nostrum vestrum* als Entsprechung zu sing. *meī tuī*, § 368 Anh. 2; beim Possessivpronomen *meum* bzw. *tuum parentum* Plt. Merc. 834 Poen. 1062, *maiorum nostrum* Aul. 166 Varro rust. 3, 3, 6 (vgl. *sou̯om* D 305); dazu gen. pl. *eum* Paul. Fest. (und Lex Iul. 52?).

Zum Auftreten in der **stilisierten Poesie**. Freieren Gebrauch zeigt die alte Tragödie, z. B. Pacuv. 43, 80–82; viele Zitate bei Cic. orat. 155 sq. Bei Ennius ann. 246 *verbum paucum*. Bei Hexameterdichtern (vgl. *Bednara*, ALL 14, 339) ist *-um*, wohl als Enniusreminiszenz, etwas stärker verbreitet, meist zur Bezeichnung von Personengruppen; genannt seien: Enn. Lucr. Verg.: *dīvom, virum*; Lucr. Verg.: *deum, Danaum* (Δαναῶν), *Graium* (Enn. ann. 148 *Graium genus* ist doppeldeutig); Verg.: *famulum, Achivom, socium* (auch Plt.; vgl. Liv. *praefectus socium*), *Teucrum, Italum*. Eine Sondergruppe bilden als Adjektive die viersilbigen poetischen Komposita: *horriferum* Pacuv., im Hexameter auch zur Meidung fünfsilbiger Formen auf *-ōrum* (vgl. § 245, 2 a Zus.), etwa Lucr. *noctivagum* und *consanguineum*, Verg. *magnanimum* (vgl. *Norden* zu Aen. 6, 307). – Für Belege s. auch N.-W. I 166–187.

Zusätze. Die nach Ausweis der Belege unhaltbare Annahme einer „euphonischen" Vermeidung von *-ōrum* hinter stammhaftem *r* (in gen. pl. *līberum, fabrum*) vertrat *Wölfflin*, ALL 12, 289; ähnlich *Hermann*, Lautgesetz u. Anal. 158. – *-um (-om)* ist nicht aus *-ōrum* „kontrahiert", wie man früher, gestützt auf Ciceros Autorität (orat. 155 *contraxerat*, sc. *Ennius*), annahm und in der Wiedergabe durch *-ûm (-ôm)* mit Zirkumflex verdeutlichte. Zu *ŭ* in *-um* s. § 228 II a.

Dativ-Ablativ. Endung *-īs* älter *-eis*, aus *-ois* aus idg. (instr.) *-ōis*. Die Form *-ois* in italischen Dialekten: osk. *ligatúis* 'lēgātīs' (umbr. > *-es*), paelign. *Jou̯iois puclois* 'Iovis fīliīs' (§ 273 A 1 c) und *suois cnatois* 'suīs gnātīs' Vetter nr. 202 f. Im Latein nur in Glossen (mit *oe* für *oi*): *privicliões* (entstellt für *preivicnois*) 'prīvīs' Fest. und pron. *ab oloes* 'ab illīs' Paul. Fest.; inschr. *quroïs* (in Ardea, § 5a) ist entweder gr. κούροις (i. Διοσκούροις) oder altlat. Form (so *Radke*, Gl. 42, 215). Im Altlatein noch häufig inschr. *-eis* etwa *in castreis* D 263, *Galleis* 21, *facteis* 542, *iudicieis* 632; lok. *Argeis* 288;

pron. *eeis* SCBacch. 5 u. 25; -*eis* neben -*is* in *alieis donis* 92, *ex summis pereiculeis* 332, auch 632 und sonst. – Zu *mieis* für *meīs* s. § 42e, zu *ieis* § 371 aβ.

Zur Vokalkontraktion im Plural von *iā*- und *io*-Stämmen. Zeugnisse der Inschriften. Bei den *io*-Stämmen erfolgt – im Gegensatz zum -*ī* aus -*iī* im Gen. sing. – im Altlatein keine Kontraktion bei -*iī* bzw. älterem -*iei* im Nomin. plur. mask. (und auch im Lok. sing. der Ortsnamen wie *Sūniī*), und ebensowenig bei -*iīs* bzw. -*ieis* im Nomin. plur. mask. sowie im Dat.-Abl. plur. der -*io*- und -*iā*-Stämme. Die lautliche Möglichkeit zur Kontraktion bot sich hier erst mit dem Übergang von alt *ei* zu *ī* um 150 v. Chr. Kontrahierte Formen findet man erst auf Inschriften des 1. Jhdts. v. Chr. (soweit datierbar), meist mit der Schreibung *ei* : Nomin. plur. mask. : *olearei* D 282, *feilei* 592, *socei* 639, dazu *lani* 69, *fluu̯i* Lex Urson. 791. 39; auch *alei* 628; vielleicht *eidem* 'iīdem' 27. Dat.-Abl.-Lok. ntr. u. fem.: *o(f)ficeis* 641, *Esquileis* (lok. zu *Esquiliae*) 648; dazu umgekehrte Schreibung -*ieis* für einfaches -*eis* (-*is*) in mask. *suieis* 634, 640, fem. *Lumphieis* (gr. Νύμφαις) 148. Im Mon. Ancyr. (*i* bezeichnet *I* longa): *stipendis, auspicis, colonis* und *in provincis* (neben *municipieis, iudiciis, manibiis*); die „tabula Hebana", eine Erztafel aus Magliano, unter Tiberius (s. Gl. 36, 126), schreibt nur -*is*, etwa *exis centuris* (*ex iis centuriis*); in den Const. veter. (CIL XVI) steht bis 107ᵖ *stipendiis*, von 114ᵖ ab *stipendis*. Zeugnisse aus Pompeji s. *Väänänen* 39.

In der Literatur sind nur metrische Stellen auswertbar. Keine Kontraktion findet sich bei Plautus und Terenz; die erste bei einem Skeniker ist *flāgitīs* Turpil. 162 im Ausgang eines Oktonars. Versnot zwang die Daktyliker, unentbehrliche Wörter kretischer Gestalt (— ∪ —) als — — zu verwenden; statt Kontraktion ist aber bei Ennius die Messung -*i̯ī*-, richtiger -*i̯ei*- (mit *i̯* nach § 139a) anzunehmen, ann. 163 *nōnīs Iūn(i̯)īs*. Charakteristisch ist der adverbial erstarrte Abl. *grātiīs* (mit *in-grātiīs*), metrisch nur so bei Plautus (Asin. 5, Cas. 315 usw.), dagegen *grātīs* Ov., *ingrātīs* Lucr. 5, 44 u. 6, 15; auch Cicero sprach und schrieb wohl *grātīs* (Belege für -*tiīs* und -*tīs* im Thes., sub *grātia* p. 2237, 63 sqq., sub *ingrātiīs* p. 1558, 30 sqq.). Vgl. noch *taenīs* (*taeni̯īs*?) Verg. Aen. 5, 269; übrigens auch nomin. plur. *Gābī* Prop. 4, 1, 34. – Jedenfalls führte seit der Augusteerzeit der Paradigmazwang unter dem Einfluß von Grammatikern und Schule zur Wiederherstellung von -*iī* und -*iīs*, wie ja auch im Gen. sing.

S. zuletzt *Devine* 8 f. – Die Formulierung *nonis Iuniis* hat Ennius den Annales maximi entnommen nach *Alfonsi*, StCl 15, 52. – Prop. 2, 34, 64 *Lāvīnīs* soll nach *Tränkle*, Mus. Helv. 28, 60² *Lāvīna* (statt -*ni̯a*) Verg. Aen. 1, 2 voraussetzen.

Die lat. 3. Deklination, Konsonantstämme und *i*-Stämme
(§§ 354–357)

354. A. Die 3. Deklination enthält Substantiva aller drei Genera und Adjektive. Sprachgeschichtlich sind in ihr die idg. Kons.-Stämme und *i*-Stämme vereinigt; zu den letzteren gehören auch *tri*- (plur. *trēs*) 'drei' und pron. *quis*. Ferner sind in ihr einige ehemalige fem. *ī*- und *ū*-Stämme aufgegangen, die Einsilbler *v̄is* (§ 330 C Zus. 3), *sūs* und *grūs*; *neptis* (§ 269 B 2) und *peluis pelvis* (§ 141 bα); aber nicht *febris*, zu *febrīculōsus* s. § 305, 1 f (zu weitgehend *Jacobsohn*, KZ 46, 55–66).

1. Kons.-Stämme flektierten ursprünglich mit Stammablaut (§ 343d); sie gehen vorwiegend aus auf *r n s* (> *-r-*) und auf Verschlußlaut, etwa mask. *ped-* zu *pēs*, fem. *op-* zu **ops*, ntr. *cor(d-) os(s-)*; zwei auf *v* werden als idg. Diphthongstämme gerechnet: *Iov-* (*Iuppiter*) und *bov-*, s. § 318 A; zu *niv-* s. § 169. – Als lebendige Suffixe für produktive Ableitungen seien genannt (vgl. §§ 319–331): fem. Adjektivabstrakta auf *-tūdin-* und *-tāt-* (*magni-tūdo, sāni-tās*); Verbalabstrakta fem. auf *-tiōn-* wie *cap-tio ōrā-tio*, mask. auf *-ōs* (*-or*) *-ōr-is* von Verben der 2. Konjug. wie *cal-or splend-or*; Neutra auf *-us -er-is* (*-os -es-es*) und *-men -min-is* wie *genus* und deverbativ auch *sēmen*; Personalnomina, und zwar Nomina agentis auf mask. *-tor -tōr-is* und fem. *-trīx -trīc-is* (*geni-tor gene-trīx*), mask. Nomina personalia auf *-ōn-* von verschiedenen Grundwörtern wie *nebul-o bib-o*. Weiter meist personale deverbative Adjektive auf *-āc-* wie *fall-āx aud-āx*, Komparative auf *-iōr-* (*-ior -ius* gen. *-iōr-is*) wie *long-ior mel-ior*.

2. *i*-Stämme mit nomin. *-is* (ntr. *-e* aus *-i*) wie mask. *hostis, ignis*, fem. *avis, ovis, sitis* (ohne plur.); mit nomin. *-ēs* (fem.) etwa *aedēs caedēs* (mask. nur *vātēs, verrēs* § 307 Zus. 2d); ntr. *mare, rēte* 'Netz'. Mit produktiven Suffixen: Ethnika usw. auf *-āti-* wie *Arpīnās* (altlat. nomin. *-ātis*) und plur. *optim-ātēs*; besonders Adjektivsuffixe, denomin. *-ālis -īlis* wie *ann- mort-ālis vir-īlis*, deverb. *-bilis* wie *laudā-bilis*, Typus *textĭlis*.

B. Normalparadigmen der zwei Flexionsstämme im Latein.

Vorbemerkungen. a) Musterwörter. Für Kons.-Stämme: mask. *duc- rēg-* (*dux rēx*); fem. *op-* 'Hilfe' (ohne Nomin., aber Göttin *Ops*), plur. 'Mittel', *lēg- vōc-* (*lēx vōx*), *fraudcīvitāt-* (*fraus cīvitās*); ntr. *nōmin- corpor- capit-* (*nōmen corpus caput*); adj. *pauper- dīvit-* (*pauper dīves*). – Für *i*-Stämme: mask. *hostis*, fem. *avis*, ntr. *mare*; Adj. *facilis gravis*. – Zu den idg. Grundformen s. § 345f. – b) Die ungewohnte Kasusanordnung dient hier zur deutlichen Scheidung der vereinheitlichten Kasusformen von den noch getrennten der beiden Flexionsstämme.

Normalparadigmen

	Getrennte Kasusformen			Vereinheitlichte Kasusformen		
Sing.	nomin.	ntr.	abl.	von den Kons.-Stämmen		
				akk.	gen.	dat.
Kons.-St.	-s	—	-ĕ (< -i)	-em	-is	-ī
i-St.	-is	-ĕ (< -i)	-ī (< -īd)			

	akk.	ntr.	gen.	von den *i*-Stämmen	
Plur.				nomin.	dat.-abl.
Kons.-St.	-ēs	-a	-um	-ēs	-ibus
i-St.	alt -īs	-ia	-ium		

C. Zusätze.

1. Die wichtigsten Voraussetzungen für diese Mischung schufen wohl die *i*-Stämme wie *hostis* mit Ablaut *i/ei* (§ 343d). a) Das *i* als Merkmal war

durch Lautwandel verloren gegangen in nomin. plur. *-ey-es* > *-e-es* > *-ēs*; in *hostēs* konnte man nur noch *host-* als Stamm empfinden, nicht mehr *hosti-*. Es ist wohl kein Zufall, daß die damit apperzipierte Endung *-ēs* im Latein (nicht aber im Osk.-Umbr.) auch auf die Kons.-Stämme übertragen wurde und dort das ältere *-ĕs* ersetzte, während umgekehrt später im Gen. sing. das *-ĕs* (> *-is*) der Kons.-Stämme das alte *-eis* bei den *i*-Stämmen ablöste, trotzdem dadurch deren Genetiv formal mit dem Nominativ meist gleichlautend wurde (nomin. und gen. *hostis*). – Im Oskisch-Umbrischen verdrängte umgekehrt im Gen. sing. *-eis* bei den Kons.-Stämmen das alte *-ĕs*. Das Oskisch-Umbrische entwickelte also ebenfalls eine Vermischung der beiden Flexionen, jedoch in anderer Weise und weniger weitgehend. – b) Die Endung dat.-abl. plur. *-bus* idg. **-bhos*, die einzige, die neben nomin. sing. *-s* mit Konsonant anlautete, ergab bei Kons.-Stämmen auf V schll. oder *s* schwierige Konsonantengruppen (etwa †*ped-bus* †*rēg-bus* †*flōs-bus* †*genes-bus*); hier boten die *i*-Stämme mit ihrem *-i-bus*, dessen *i* gewissermaßen als Bindevokal zu dienen schien, eine bequeme Aushilfe; hinter anderen Vokalen hielt sich einfaches *-bus* auch in der 3. Dekl., in *bū-bus sū-bus*. – c) Ob im Dativ sing. das *-ei* der Kons.-Stämme auf die *i*-Stämme übertragen wurde oder ob mit ihm das *-ey-ei* der *i*-Stämme über *-e-ei* > *-ēi* lautlich zusammenfiel, ist nicht zu entscheiden. – Zu Akkus. sing. *-em* aus idg. *-im* und *-m̥* s. § 357 C 1 b.

Zu den idg. Voraussetzungen s. *Benveniste*, Orig. 61 f.; *Safarewicz*, Mél. Benveniste 489–492. – *Janson*, Gl. 49, 111–142, versucht, die komplizierte lat. 3. Dekl. synchronisch mit einem Minimum an Regeln (im Stil von Pāṇini) zu beschreiben; vgl. § 357, 2. Absatz.

2. **Kasus außerhalb des Paradigmas.** a) Erstarrt adverbial *nox* 'nachts' XII tab. 8, 12 Enn. ann. 431, formal vermutlich wie oder nach gr. νυκτός alter Genetiv, synkopiert aus **noct-es* (so *Wackernagel*, Kl. Schr. 1228 f.; *Schindler*, KZ 81, 302), kaum Nomin., so *Adrados*; dazu *Watkins*, Symb. ling. Kuryłowicz 351–358. – b) Endung *-ī* in Lokativfunktion bei Kons.-Stämmen: *Carthāgin-ī, rūr-ī, lūc-ī, creper-ī, temper-ī*. Dieses *-ī* ist nicht das Ablativ-*ī* der *i*-Stämme, sondern Übernahme des Lokativ-*ī* von den *o*-Stämmen, s. § 352 Ende.

3. **Imparisyllaba und Parisyllaba.** Grob gesprochen erscheinen im Hinblick auf die Silbenzahl von sing. nomin. und gen. die *i*-Stämme, dank ihrer Nominativendung *-is*, auch *-ēs* (ntr. *-e*), als **Parisyllaba** „Gleichsilbler", etwa *hostis -is, nūbēs -is, rēte -is,* adj. *facilis (-e) -is*; dagegen die Kons.-Stämme mit Endung *-s* als **Imparisyllaba** „Ungleichsilbige", so *Ops opis, virgo -inis, comes -itis*. Der ursprüngliche Gegensatz ist noch am reinsten bewahrt bei den Adjektiven in den fünf oder sechs Kasus mit Doppelformen (oben im Normalparadigma die Kasus der linken Hälfte): *i*-Adjektive Muster *facil-is -e, -ī,* plur. *-ia -ium,* alt *-īs,* Kons.-Stämme (*dīvit- pauper- celer- veter-,* Komparative wie *meliōr-*) sing. abl. *-e,* plur. *-a -um,* immer *-ēs*. Doch ist bei vielen kons. Adjektiven die *i*-Flexion durchgeführt, wenn man vom Nomin. sing. absieht: *audāx,* aber *-ī, -ia -ium*. – Zu den Einzelheiten s. § 357.

4. **Zu den Adjektiva: Genusbezeichnung im Nomin. sing.** Man erwartet in der 3. Dekl. entsprechend den Substantiven zwei Formen, einen

s-Nominativ für mask.-fem., eine endungslose Form für ntr. Diesen Zustand zeigen fast alle *i*-Adjektive (*gravis -e, facilis -e*), von den Kons.-Stämmen indirekt die Komparative (*melior -ius*). – Die Schulgrammatik gliedert die Adjektive nach der Zahl der Endungen bzw. Formen, die für die drei Geschlechter im Nomin. sing., dem nach dem Sprachgefühl dominierenden Kasus gebraucht sind.

a) Adjektive dreier Endungen sind, nach künstlicher Regelung, einige -*ri*-Adjektiva, Muster *ācer ācris ācre*, entsprechend *alacer volucer equester* usw. Rein lautlich wurde **ākris* mask. fem. zu *ācer* (§ 149 a β), und auch ntr. **ākri* hätte wohl zu **ācer* geführt. Fem. *ācris* ntr. *ācre* sind also nach sonstigem -*is* -*e* normalisierte Formen.

Im Altlatein ist diese Regelung mask. -*er* fem. -*ris* noch nicht fest durchgeführt: mask. *ācris* Enn. ann. 369 *somnus*; fem. *ācer*: Naev. Pun. 54 *famēs*, Enn. ann. 471 *hiemps*; mask. *alacris* Enn. trag. 111, Ter. Eun. 304 *trīstis . . . alacris*, dazu Verg. Aen. 5, 380; 6, 685 (daneben -*er* 10, 728); auch mask. *celebris* Rhet. Her. 2, 4, 7 *locus* (*celeber* seit Tibull 2, 1, 33); mask. *equestris lūsus* (Paul. Fest. s. *Troia*); Liv. 27, 1, 11 *tumultus* (sonst *equester* seit Cic.); Ähnliches bei *celer*. – Die meisten *ri*-Adjektive sind aber zweier Endungen auf -*ris* -*re*, so *pŭtris lūgubris mediocris salūbris illūstris sēmēnstris*, auch Typus *campestris*; hier nur vereinzelt mask. auf -*er*, etwa *campester* Cato orig. 7 (*ager*; ferner Männername, sonst -*stris* seit Varro Cic.); *illūster* erst Val. Max., -*stris* seit Varro Cic. – Von den lat. kons. *r*-Adjektiven ist *pauper* 'arm' einer Endung (zu fem. *paupera* s. § 269 B 3 d). Dagegen *celer* 'schnell' ist im klass. Latein dreier Endungen wie *ācer*; ntr. *celere* Plt. Trin. 668 *nihil sic celere est*, Ter. Phorm. 179 *consilium*; Fem. ohne feste Regelung im Altlatein: *celeris* Cato, Caecil. 33 *nāvis*; *celer*: Liv. Andr. Od. 38 *hasta*, Lucr. 4, 160 *orīgo*; alle Nominativformen sind Neubildungen, vgl. zu *celer* als urspr. *s*-Stamm § 330 D. – Belege zu allen „unregelmäßigen" Formen bei N.-W. I 212–443 (Subst.) und II 15–20 (Adjj.).

b) Nur einer Endung sind alle Adjektive mit Nomin. auf lat. postkons. -*s*, also mit Stämmen auf -*c*- -*t*- -*nt*-. Eine eigene Neutralform fehlt, d. h. die *s*-Form wird nötigenfalls auch als Neutrum gebraucht, etwa *audāx fēlīx dīves clēmēns* und -*nt*-Partizipien, auch *pauper*; Umbrisch und Griechisch zeigen demgegenüber ein *s*-loses Neutrum, umbr. (substantiviert) *tuplak* gegen lat. ntr. *duplex*, gr. χαρίεν(τ) λέγον(τ) gegen lat. *legēns*; die für das Neutrum verlangten Stammformen wären im Latein **audāc **fēlīc **legent* usw. Eventuell -*en* aus -*ent* in *unguen*, s. § 326 C.

Die Versuche, das -*ns* von *legēns* ntr. mit Wandel -*nt* > -*ns* lautlich zu rechtfertigen (*Thurneysen*, ALL 5, 576; dagegen *Ehrlich*, IF 11, 301 f.), sind zwecklos: die Erscheinung ist semantisch-syntaktisch zu verstehen (vgl. *Szemerényi*, Gl. 35, 105 f.; *Durante*, Ric. ling. 3, 1954, 173; zum Griechischen s. *Kühner-Blass* I 547 § 150). Auszugehen ist von „Personaladjektiven" (s. § 255 c), die nur geschlechtig zu verwenden waren und erst sekundär mit Neutra verbunden wurden: nach *audāx homo* Plt. auch *audāx facinus* Plt. (Aul. 460 Mil. 309), ähnlich *dīves opus* Ov. ars 1, 70; hierzu die zwei Bedeutungen von *ēlegāns*, s. § 413 Zus. – Später rein grammatisch von beliebigen Adjektiven, dafür einige Beispiele: *semen duplex* 'Zwillinge' D 647, 5 (Senare), *aes triplex* Hor. carm. 1, 3, 9, *agmen faustum atque felix* Liv. 2, 49, 7, *oppidum locuples* Cic. Varr. II 4, 50, *ōs impudens* Ter. Eun. 597, *pabulum sit frequens* Varro rust. 3, 16, 12, *saxum mari imminens* Sall. frg. Weitere Belege s. N.-W. II 22 § 10. Vielleicht durch *ēlegāns* sim. legitimiert ntr. *Campāns genus* Plt. (§ 295, 1 α γ). – Sekundär volkstümlich ntr. -*nte*, Petr. 45, 4 *mūnus excellente*, 68, 3 *mel*; vgl. *dīte* § 362, 1 Zus. α. – *Brugmann*, KZ 24, 42 wollte das -*s* im Neutrum auf die Besitzkomposita als frühidg. Substantiva zurückführen; von anderen Einwänden abgesehen, sind auch passende lat. Beispiele kaum zu finden; Quint. 5, 10, 61 braucht *animal bipēs* für logische Distinktionen. – Danach mißbräuchlich mask. für ntr. akk. *prior* (*bellum, foedus*) Quadrig. 73 f.

c) Der Gebrauch des *s*-Nominativs auch als Femininum ist wohl eine Altertümlichkeit. Freilich diente bei kons. Adjektiven in der Grundsprache – wohl in allmählicher Ausbreitung – das Suffix *-ī/-yā-* (§ 269 B 1) auch der grammatischen Motion, also der Bildung von Feminina für Adjektive: ptc. prs. akt. fem. altind. *bharant-ī*, got. (als *īn*-Stamm) *bairand-ei-n-*, gr. (mit nomin. *-jă*) *φέροντ-jă > *φέρονσα > φέρουσα; auch ptc. perf. akt. altind. *-uṣ-ī* gr. -υῖα, kompar. altind. *-yas-ī* got.*-iz-ei-n-* (nicht im Griechischen); mit formaler Erweiterung auch im Slavischen.

Im Italischen bestehen dafür keine eindeutigen Zeugnisse; die Rückführung von ptc. fem. *ferēns* auf eine *ī*-Form (*-ṇt-ī > -enti-s > -ēns*) durch *Thurneysen* und zuletzt durch *Szemerényi*, Festschr. Pisani 990 f. ist nicht zwingend; s. dagegen z. B. *Specht*, KZ 65, 203. Sie müßte übrigens auch auf fem. *audāx* anwendbar sein. – Zu *-is* in Typus *gravis* s. § 310, 1.

355. 3. Dekl. Sing. Nominativ mask. u. fem. Verteilung der Endungen „extrem komplex" nach *Janson*, Gl. 49, 118–131. Vgl. § 357.

A. Endung *-s*: sigmatischer Nomin. (bei Imparisyllaba).

1. Kons.-Stämme. a) Stämme auf Vschll., ererbt (zum Lautlichen s. bes. § 196, 2a). *-c-s*, geschrieben *-x*: *pix lūx arx audāx*; *rēx, praecox, nix*; *op-s, urb-s*; *-t-s* (mit *-d-s*) *> -ss > -s* (vgl. § 225 II c γ mit Zus.): *nepōs mīles, novi-tās vir-tūs*, dazu *nox*; *pēs* (*ped-*) *custōs, lapis, laus*; ebenso *-nt-s* (mit *-nd-s*) *> -ns* (davor Vokaldehnung, § 125 b): *ferent-s > -ēns, frond-s > frōns* 'Laub'. – b) Stämme auf andere Konsonanten. *-s* sichtbar nur hinter *-m* *-n*: *hiem-s*, **sanguin-s > -īs* (§ 152a); unsichtbar hinter *-r* *-l* (aus *-rs* *-ls*, s. § 225 I zu *-rr* *-ll*) in *par pauper Caesar, sōl sal vigil*, und hinter *-s*, s. unten B 1.

Zus. Zu Erbwort *hiems* (§ 168): nomin. *hiems* ist lat. Neubildung, *Szemerényi*, Gl. 38, 122 f. (zu lat. *ms* vgl. auch § 215 b); *-ie-* kaum ererbt, vielmehr nach § 94 aus *-io-*, vgl. gr. χιον-, unabhängig davon ob idg. *-em > -om* anerkannt wird. S. auch *Specht*, KZ 53, 307. – Zur Messung des *e* der drei mask. *-iet*-Stämme bei Daktylikern (zu *-iet-* für *-iit-* s. § 94). Nomin. *-es* als Länge Lucil. 534 *aries, inquit*, auch Cic. Verg. (danach künstlich *ariētibus* Stat. Theb. 2, 492). Andere Kasus *ĕ*, d. h. metri gratia *-i̯et-* (nach § 139a) seit Verg., *abi̯ete ari̯ete pari̯etibus* (danach *i̯* auch in *ábi̯egnáe* Prop. 3, 19, 12). Andersartig vulglat. *pari̯éte*, s. § 239 b. – Für nomin. *-es* als Länge ist also wohl ein verschollenes **ariess* nach § 225 II c γ anzusetzen. S. noch *Meister*, EN 23 f. (*-ēs* als Dehnstufe); *Postgate*, ClQu. 1917, 17 (*-iēs* nach fem. *-iēs* in der 5. Dekl.).

2. Vokalstämme. a) *i*-Stämme (§§ 306–315), Nomin. *-is* und *-ēs*, also Parisyllaba. *-i-s*: *hostis ignis, sitis*; adj. *omnis*; pron. *qui-s i-s*. Nomin. *-s* statt *-is* durch „Synkopierung" des *i* (s. § 362, 2a): fem. *mēns ars*; mask. klass. *Arpīnās*. Nomin. *-ē-s*: fem. *aedēs caedēs, vulpēs*; zu mask. *verrēs* s. § 307 Zus. 2d. – b) Andere Stämme (*ī, ū*): *vī-s* § 330 C Zus. 3, *neptis* § 269 B 2; *sūs, grūs*; ferner *bōs* § 318 A 2a.

B. Ohne *-s*, asigmatisch in der Grundsprache. 1. Kons.-Stämme auf *-r* *-n* und *-s*, hinter gedehntem Vokal: *pater* gr. πατήρ; *n*-Stämme (§§ 321–325) auf *-o -inis* und *-o -ōnis* (*homo virgo*; *pulmo Iūno*); *s*-Stämme: *flōs mūs* *arbōs Cerēs*, kompar. *meliōs. Zu den Lautproblemen s. § 345 Nomin. b. – 2. Sonderfälle. *-en* als Neubildung (für *-ō* oder *-ē*) zu gen. *-en-es* > lat. *-inis*: *flāmen* (neben *flāmōn-ium*, § 326 B); *pecten* 'Kamm' (dagegen mit *-s* gr. κτείς aus **(p)kten-s* neben gen. κτεν-ός); *lien* 'Milz' (§ 178 III b α), danach *rien* (Plt. bei Fest.) für *rēn, sonst nur plur. *rēn-ēs* 'Nieren'. Auch *tubicen*.

Vokativ: seine Funktion hat die Nomin.-Form mitübernommen. – Sonderfälle besonders bei Götternamen. Ererbt als reine Stammform in beiden Gliedern vok. *Iuppiter* gleich gr. hom. Ζεῦ πάτερ, s. § 318 A 2b. – Den vok. *Marmar* des Arvalliedes D 138 faßt man nach *Jordan* als *Mār(t) Mār(t)*, doch folgt gleich darauf im Text vok. *Mars* und nomin. *Marmor*; s. *Solmsen*, Studien 76, auch *Nacinovich*, Carmen arvale I 115–181. Eigentlich erwartet man zu altlat. *Māvors* als Vokativ *Māvor(t)*.

Bei Enn. ann. 113 *o sanguen dis oriundum* ist vok. ntr. *sanguen* wohl Umdeutung eines alten vok. mask. *sanguen zu *sanguīs -inis*; immerhin findet sich nomin. ntr. *sanguen* Enn. scaen. 26, 202 Petron. 59, 1. – Vereinzelt Vokative auf *-e*, nach Muster der *o*-Dekl. Vok. *Dīte pater* in Verfluchungsinschriften D 801, Gl. 20, 267 (aber nomin. als Vok. *Dīspater* in Devotionsformel Macr. Sat. 3, 9, 10), vgl. nomin. *Dītis pater* § 362, 1 Zus. α. – Vok. *Harpage* Plt. Psd. 665 (im Versausgang), sonst nomin. und vok. *Harpax*, 653 usw., also nicht zu gr. Ἅρπαγος. – Inschr. *salutis principe* VIII 17612, christl. – Zu Interjektion *hercle* s. § 119 b.

Neutrum, Nomin.-Akk.: reiner Stamm, also endungslos. a) Bei *i*-Stämmen. Ausgang *-e* aus *-i*: *mare, rēte, mīlle*; so auch bei Adjektiven ntr. *-e* neben mask. *-is*: *grave facile tāle*. – Zu Adjj. auf *-ālis -āris* durch Abfall des *-e* (oder älter *-i*) verkürzte substantivierte Neutra auf *-al -ar* (§§ 98a; 313, 3; 123): *bacanal* 'bacchānal' SCBacch., *animal, calcar*. – b) Bei Kons.-Stämmen: *iubar -ar-is* 'Mähne', *acer -er-is* 'Ahorn', *hallēc -ēc-is* 'Fischsauce', *sem (gr. ἕν) 'eins' in *sem-per*. Eventuelle Lautdifferenzen zwischen Nomin. als reinem Stamm und Flexionsstamm beruhen auf internen lat. Lautwandeln, so die Vokaldifferenzen meist auf der lat. Vokalschwächung in nichtersten Silben. Beispiele: *caput* (*capit-*), *nōmen inguen* (*-in-*), *s*-Stämme mit Wechsel *s/r*, so *ōs* gen. *ōr-is*, entsprechend *crūs, iūs* 'Brühe', *opus* alt *opos* D 757 (*oper-*); Vereinfachung zweifacher Konsonanz im Auslaut (§§ 224 f.): *ŏs vās* für *oss *vāss (gen. *oss-is*; *vās-is* mit intervokal. *s* aus *ss*); *mel, far*; *lac(t), cor(d)*.

Zusatz. Zu den *r/n*-Neutra wie *iecur* s. 320 a. – Die kons. Adjektive gebrauchen als Neutrum (nomin. und akk.) die Maskulinform, also formal die Endung *-s*, so *audāx*, ptc. *legēns*; s. dazu § 354 C 4 b.

Akkusativ mask.-fem. Das idg. Kasuszeichen war *-m* hinter Vokal, *-m̥* hinter Konsonant. Also bei Kons.-Stämmen lat. Endung *-em* aus idg. *-m̥* (> gr. *-α*), *rēg-em ped-em op-em*, auch normalisiert *Iov-em bov-em, su(u̯)-em*. – Bei *i*-Stämmen idg. *-i-m* (altind. *agni-m*, gr. ὄϝι-ν, osk. *slaagim*); im Latein steht normal *-em*, also *ignem ovem* adj. *omnem*. Bei einigen Femininen findet sich lat. *-im*, etwa in *neptim sitim puppim*, doch nie bei fem. *i*-Adjektiven. Zur Verteilung und zur Herkunft des lat. *-im* und des *-em* bei *i*-Stämmen s. § 357 C 1.

Genetiv. Endung lat. *-is* (*patr-is nōmin-is gener-is cord-is* usw.) geht bei Kons.-Stämmen zurück auf idg. *-es* (vgl. aksl. *-e* in *sloves-e*); auch altlat. noch inschr. *-es* auf *pocolom*-Inschriften in *Iunone[ne]s*, *Veneres* D 104, 210. – Diese Endung *-is* wurde auf die *i*-Stämme übertragen, gen. *ignis nūbis partis*, alt *-es* in *Salutes* D 192. Dadurch wurden bei den Parisyllaba auf *-is* Nominativ und Genetiv gleichlautend: *hostis avis ovis, omnis*. Die alte idg. Endung *-eis* ist im Latein verschollen, s. dazu § 354 C 1 a.

Eine zweite Endung *-us* (aus *-os*) begegnet in der älteren Sprache besonders bei Götternamen, doch mit Ausnahme von *Tellūrus* Mart. Cap. 1, 49 nur auf Inschriften: *Cererus* D 31; *Venerus* 35, 210¹, 211, 213; (*aede*) *Kastorus* 264; 268, 17; *Leiberi patrus* 147, ara *Salutus* (*i*-Stamm) 82, *Honorus* Lex par. Put. II 11, *Caesarus* (des vergöttlichten Caesar?) D 812; ferner aber *regus* D 303, *nominus Latini* SCBacch. (l), *nationu cratia* D 65, *aerus* IV 2440, *unius hominus* (Versehen?) Lex agr. 60, auch 63; *partus* (*i*-Stamm) D 268, 12; fal. *loifirtato* (§ 65). Hinter *u̯*, *u* noch *-os* in *Di̯ou̯os* 110 (*Di̯ou̯o* 65), *senatuos* SCBacch. (vgl. D 175). – Zu *Iou̯os* D 772 als Nomin. s. Gl. 24, 149 zu *Pisani*. – Die nächstliegende Erklärung von lat. *-us* alt *-os* ist offenbar Gleichsetzung mit gr. -ος, und zwar als idg. Erbform, d. h. als Ablautform zu *-es*, kaum als Entlehnung (*Kastorus* nach gr. Κάστορος); nicht Übernahme des „faliskisierten etrusk. *-os*", so *Herbig*, Gl. 2, 100 unter Verweisung auf fal. *eko Lartos*. Nach *Szemerényi*, Festschr. Pisani 977 f. wäre sogar nur *-os* die bewahrte idg. Endung und lat. *-es* > *-is* eine Neuerung. – Trotz der lokalen Verteilung der Belege ist *-os/-us* kaum dialektisch im Latein, eher noch priestersprachlich.

Eigenartigerweise, aber wohl sicher in zufälliger Koinzidenz, begegnet auch in der Verbalflexion inschr. *-us* für *-is*, in 2. sing. konj. prs. dep. *spatiarus*; s. dazu § 397, 2.

Dativ. Endung *-ī*, wie osk. *-eí* aus idg. *-ei*. Auf alten Inschriften noch *-ei* oder auch *-e* geschrieben: *Apolenei* D 15, *Coronicei* 'Cornīcī' 40, *Di̯ou̯ei* 123 und *Iou̯ei* 122 al., *Iunonei* 110, *Mau̯ortei* 156, *Venerei* 212, *Salutei* (*i*-Stamm) 194; Schreibung *-e*: *Apoline* 18, *Honore* 102, *Iunone* 109 al., *Maurte* 152, *Iou̯e* neben *Iou̯ei* 256 (vgl. auch Quint. 1, 4, 17); nebeneinander *-e -ei -i* in *Iunone Seispitei Matri* 118. – Der infin. pass. (dep.) der 3. Konjug. auf *-ī*, Typus *agī sequī*, erklärt sich als Dativ eines Wurzelnomens (§ 263 B 1 a), syntaktisch dativus finalis. Auf Inschriften auch Schreibung *-ei*, so D 453, 44 *solu̯ei mittei*, D 269 *legei, accipei*, auch *darei*.

Zusatz. Dative auf *-e* (*Blümel* 64). a) In juristischen Formeln haben sich, durch schriftliche Fixierung in der Amtssprache bewahrt, Dativschreibungen auf *-e* (also *-ē*) bis in klassische Zeit erhalten, so (inschr.) *iure deicundo* D 657, Lex repett. 31, *iure civili studere* Cic. de orat. 1, 250; 2, 226; *aere* (sc. *flando*) Cic. epist. 7, 13, 2. – An dial. *-e* für *-ei* (*Meillet*, Innov. 25) ist nicht zu denken, ebensowenig an syntaktische Erklärung als Ablativ (so *Ribezzo*, RIGI 10, 208). – b) Merkwürdig bei Daktylikern vereinzelt metrisch gesichertes *-ĕ* (der Form nach also abl. auf *-ē*), etwa Prop. 4, 8, 10 *ōre*.

Ablativ. Endungen: *-ĕ* vorwiegend bei Substantiven, und *-ī* vorwiegend bei Adjektiven. Im Altlatein war die Verwendung nach Ausweis der Inschriften noch nicht so fest geregelt; zu den Einzelheiten s. N.-W. I 327–372 (Subst.), II 71–118 (Adj.); zur Verteilung im klassischen Latein s. § 357 A (Adjj.) und C 2 (Subst.). – a) Endung *-e*, lautlich aus *-i*, ist die überkommene idg. Lokativform der Kons.-Stämme (gleich griech. dat. -ι), so bei lat. Substantiven mask. *patre homine mīlite honōre*, fem. *legiōne ope virtūte* ntr. *nōmine genere ōre corde*. Sie ist auch übertragen auf die geschlechtigen *i*-Substantive, mask. *hoste igne*, fem. *gente arte*. – b) Endung *-ī* (alt *-īd*), bei den *i*-Stämmen nach dem idg. *-ōd* der *o*-Stämme gebildet. Gebraucht bei fast allen Adjektiven, so bei *i*-Adjektiven *omnī, gravī, facilī*, aber auch bei kons. Adjektiven, etwa *audācī, vehementī*. Ferner bei einer Anzahl von *i*-Substantiven, bei neutralen wie in *marī* (Gl. 36, 137) und bei denjenigen, die erst spät substantiviert worden sind aus Adjektiven, meist solchen auf *-āli- -āri-*, mit abl. *-ī* als Neutra (nomin. *-al -ar*), etwa *animālī vectīgālī calcārī*, als Maskulina sowohl personale, *aequālī, familiārī*, auch *affīnī, Athēniēnsī*, als auch nichtpersönliche, *nātālī* (*diē*), *annālī* (*librō*), *Aprīlī* und *Decembrī* (*mēnse*). Ferner bei einigen Feminina wie *turrī*, mit Anlehnung an akk. *-im*. – c) Ganz vereinzelt altlat. inschr. Endung *-ed*, wohl Erweiterung von *-e* (aus *-i*) nach *-īd -ōd*: ⟨c⟩*osoled* I² 19; die nach § 5b dubiose Columna rostrata D 271 enthält *-ed* in *dictatored* und in einem *i*-Adjektiv in *nau̯aled praedad* (neben einwandfreiem *-īd* in *in altod marid*).

d) Altlat. Belege aus Inschriften. Zu *-e* (Auswahl), bei Kons.-Stämmen: *ex hace lege* Lex repett. usw., *rege* D 344, *aetate* 544; neben *-ōd Gnaiu̯od patre* 539, *aire moltaticod* 228. – Zu *-ī*, alt *-īd*. Bei *i*-Stämmen aller Genera: *in... loucarid* 'in lūcō' 257; *turri, parti, sorti* s. § 357 C 2 u. 4 b. Auch in Kons.-Stämme verschleppt *-īd* und *-ī*: *in cou̯entionid* SCBacch. (aber *in contione* Lex repett. 15 u. 42), *airid* I² 38, *opid* D 122, *bou̯id* 256; *u̯irtutei* 544, 4; *marmori* 646, 5, *heredi* und *testamento hereditati deditionive* Lex agr. 23. – Zu *-īd* vgl. auch mars. *en urbid*(?) D 224 und osk. *slaagid* und von *i*-Adjektiven, wohl als Adverbien, *akrid*, paelign. *fertlid*.

Zu *-ī* als lat. Lokativendung bei Kons.-Stämmen (*rūr-ī, lūc-ī*) s. § 352 am Ende.

356. 3. Dekl. Plural. Nominativ (und Vokativ) mask. fem. Endung *-ēs*, aus *-ey-es*, übernommen von den *i*-Stämmen (vgl. *trēs*, plur. *quēs* § 374, 2a): *hostēs ignēs, avēs*, adj. *omnēs* usw.; danach bei Kons.-Stämmen etwa *ped-ēs, vōc-ēs* adj. *dīvit-ēs*. – Die idg. Endung der Kons.-Stämme war *-ĕs*, gr. ποδ-ες, im Oskischen synkopiert zu *-s*: *humun-s* 'homines'. – Zu *-īs* bei *i*-Stämmen als Nominativendung s. § 357 C 3 Zus.

Akkusativ mask. fem. Idg. Kasuszeichen *-ns* hinter Vokal, *-n̥s* hinter Kons. Also lat. Endung bei Kons.-Stämmen *-ēs* (aus *-ens* aus idg. *-n̥s*; *-n̥s* > gr. -ας), etwa *ped-ēs*. Hierdurch sind bei den Kons.-Stämmen plur. nomin. und akk. vorhistorisch in *-ēs* lautlich zusammengefallen. – Bei den *i*-Stämmen idg. *-i-ns* > lat. *-īs*. Bei Dichtern ist diese Endung als stilistischer Archaismus noch recht verbreitet; in der Prosa ist seit der Kaiserzeit *-ēs* allgemein durchgeführt. Einzelheiten zu *-īs* s. § 357 C 3 u. 4.

Neutra. Endung *-a* (vgl. § 346), so bei Kons.-Stämmen *nōmina genera aera capita corda ossa*, adj. *vetera*, kompar. *plūra meliōra*. Entsprechend bei *i*-Stämmen *-i-a*, so *moenia mīlia*, adj. *gravia facilia*; dazu *tri-a*. – Fast alle kons. Adjektiva zeigen die Form der *i*-Stämme, also *-ia*, speziell die *nt*-Partizipien, auch substantiviert *animant-ia*. Restform der alten kons. Flexion ist *fluenta* 'Strömungen' bei Daktylikern (s. § 266e). – Grundsätzlich geht die Verteilung von *-a* und *-ia* zusammen mit gen. plur. *-um* und *-ium*.

Genetiv. Endung *-um*, älter *-om*, wohl aus idg. *-ōm* (vgl. gr. -ων); ital. *-om* in osk. *fratrúm* umbr. *fratrum*. Inschr. lat. *-om* noch in *poumilionom* D 779, ferner hinter *u* in *duom*(*-vir*) § 378A, hinter *v* handschriftlich in *bovom* Varro ling. 9, 33 (jünger *boum*, § 145 dα). – So *-um* bei Kons.-Stämmen: *frātrum sorōrum opum meretrīcum nōminum operum*, kompar. *maiōr-um*; auch *cohors vigilum*. – Bei *i*-Stämmen entsprechend *-i-um*: *hosti-um parti--um*, vgl. *tri-um*.

Zur Verteilung von *-um* und *-ium* s. § 357 B 2 und A 1 (*complūrium*). – Zu *boṽ-erum* und zu *ālit-uum* s. § 364, 1 und 4 b.

Dativ-Ablativ. Endung *-bus*, alt *-bos* (4. Dekl. *trebibos*), aus idg. *-bhos* (daraus osk., mit Synkope, *-fs* > *-ss*, *luisarifs* und *teremniss*). Bei *i*-Stämmen *hosti-bus omni-bus*, auch *tri-bus qui-bus*. Entsprechend zu *sūs sŭis*: *sū-bus* Varro Men. 127 Lucr. 5, 969, und (nach plur. *sŭ-ēs*, § 143 c) *sŭ-bus* ib. 6, 974/7; zu *bōs* lautlich richtig *bū-bus*, § 318 A 2a. – Die Kons.-Stämme übernahmen dieses *-i-bus* zur Vermeidung lästiger Konsonantengruppen.

Zusätze. Inschr. *-ebus* in *Tempestatebus* D 541. Schreibfehler *senatorbus* SCBacch. 6 (neben zweimaligem *-ribus*). – Normalisiert *suibus* bei Varro ling. 5, 110 al.

357. Lat. *i*-Stämme und Verteilung der *i*-Kasus in der 3. Dekl. Über den vorhistorischen teilweisen Zusammenfall von idg. kons. Flexion und *i*-Flexion ist in § 354 gehandelt. Volle Einheitlichkeit ist in einigen Kasus nie erreicht worden, nach Varro ling. 8, 66 gebrauchte man „sine reprehensione" als abl. sing. *ovī avī* und *ove ave*, als gen. plur. *cīvitāt-um parent-um* und *-ium*, als akk. plur. *mont-ēs* und *-īs*. In fünf obliquen Kasus bestehen *i*-Formen und Nicht-*i*-Formen nebeneinander; von diesen weichen *-im* und *-īs* allmählich den Normalformen *-em* und *-ēs* (akk. sing. und plur.). Die andern drei aber auf *-ī -ia -ium* gegenüber *-e -a -um* (abl. sing., ntr. und gen. plur., hier als „kritische Kasus" bezeichnet) sind durch die Neuverteilung der Endungen auf bestimmte Nomina oder Nominalgruppen konstitutiv für die Ordnungen des klassischen Lateins.

Eine volle flexivische Einheit bildet die 3. Dekl. nur mit vier Kasusformen, sing. gen. dat. *-is -ī* und plur. nomin. dat. *-ēs -ibus*. – Janson, The Latin Third Declension, Gl. 49, 111–142, versucht eine Darstellung des neu organisierten klass. Systems der Literatursprache von Cicero bis Ovid, also auch des Lateins der Schulgrammatik. Der Wortstamm ist generell gegeben durch Abstrich der Endung *-is* vom Gen. sing.; gesucht sind feste Regeln für die Kasusbildung nach der Struktur der Stammformen, d. h. für die Verteilung der mehrfachen Endungen nach dem Stammauslaut, so im Nomin. sing., in den Kasus mit zusätzlichen *i*-Formen (*-im -ī*, *-ium -īs*), und für Scheidung von Subst.- und Adj.-Flexion.

Als überkommene Formen der *i*-Flexion sollten in den Einzelparadigmen die folgenden Formen miteinander gekoppelt sein: sing. nomin. *-is*, abl. *-ī*, plur. gen. *-ium* (und akk. *-īs*), dazu weiter ntr. sing. *-e*, plur. *-ia*. Im klassischen Latein besteht bei diesen Endungen eine neue Ordnung; das *-is* des nomin. sing. steht über oder außerhalb derselben: m. f. *-is* und ntr. *-e* sind gegenüber *-s* bzw. ∅ unregelmäßig verteilt. Im Ablativ sing. ist bei den Substantiven (ohne Neutra) *-ī* durch *-e* ersetzt, bei den Adjektiven dagegen *-ī* bewahrt und auch auf viele kons.-stämmige übertragen; dabei sind im Gebrauch von *-ī* oder *-e* die Adjektive auch von ihren Substantivierungen getrennt. Die Endungen *-ia* und *-ium* haben sich über ihren ursprünglichen Bereich hinaus ausgedehnt. Der Standard des klassischen Lateins ist in den Schulgrammatiken in Regeln gefaßt. – Hier werden nur die Hauptlinien gezogen unter Voraussnahme der Adjektive.

A. **Adjektiva.** 1. Als reine Kons.-Stämme, also mit bewahrtem *-e -a -um* flektieren die Komparative (*melior -ius* mit *-ōr-e -a -um*), von sonstigen

Adjektiven die kleine Gruppe *dīves pauper vetus memor*, alles ursprünglich Personaladjektive, und, als Komposita, *princeps superstes compos inops*; da sie nicht als Neutra gebraucht werden, fehlt bei ihnen *-a*, ausgenommen bei *vetus* (*Castra vetera* usw.). Zu plur. *dītia* von *dīves* s. § 362 I Zus. a. – Ntr. kompar. *plūs* subst. (sing. nur diese Form; gen. in *plūris aestimāre* usw.) hat richtig plur. *plūr-a* (zu *plūria* s. Lebek, RhM 114, 340). Das geschlechtige plurale tantum *plūrēs*, mit *complūrēs* (§ 339, 2), hat als Adj. gen. plur. *-ium*.

2. Mit *-ī -ia -ium* flektieren alle anderen Adjektive, sowohl die genetischen *i*-Stämme mit nomin. *-is -e* (*gravis, omnis, facilis*) als auch die ursprünglichen Kons.-Stämme mit nomin. nur *-s* (etwa *audāx fēlīx ferōx, vehement-*), auch die Komposita mit Kons.-Stamm oder Wurzelnomen als Schlußglied, so *an-* und *praecipit-ī -ia -ium* (trotz *capit-e -a -um*), abl. *inopī* trotz *ope* (aber *inop-um* Laber. wie *op-um*), gen. plur. (subst.) *locuplēt-ium* Cic. rep. 3, 16, *simplic-ium*; so auch ntr. plur. *praegnāt-ia* Varro rust. 1, 44, 4.

3. Die *nt*-Partizipien sind sprachgeschichtlich reine Kons.-Stämme, vgl. gr. λεγοντ- usw.; man erwartet also *-e -a -um*. Bei rein partizipialer Funktion steht abl. *-e*; plur. *-a* und *-um* sind abgelöst durch *-ia -ium*, doch hat sich *-um* vereinzelt gehalten. Über Einzelheiten s. Zus. b.

Zusätze. a) Zur neuen Verteilung von abl. *-ī* und *-e* ist auf das Neutrum hinzuweisen. Im Gegensatz zu den geschlechtigen *i*-Substantiven mit altem plur. *-ēs* und neuem abl. *-e* (*host-ēs -e* mask., *ment-ēs -e* fem.) hatten alle *i*-Neutra gegenüber den Kons.-Stämmen in den Nominativen (-Akkusativen) autonome Formen, plur. *-ia* sing. *-e* aus *-i* (*maria gravia* zu *mare grave*); bei ihnen blieb im abl. sing. das alte *-ī* (*marī gravī*) zur Wahrung der Differenz gegen nomin. *-e*. Dieses *-ī* (aus *-īd*) fiel erst in historischer Zeit lautlich mit dem *-ī* (aus *-ei*) des Dativs zusammen. – Bei den Adjektiven mit abl. *-e* besteht kein Neutrum auf *-e*: das sind die Komparative und die *nt*-Partizipien, mit ntr. *melius, legēns*, auch *vetus*. – Bei den *i*-Adjektiven wurde dann der *ī*-Ablativ als Einheitsform für alle drei Genera bewahrt; und danach wurde schließlich *-ī* als „Adjektivendung" auch bei den meisten konsonantstämmigen Adjektiven verwendet; und erst dem *-ī* folgten hier als Abschluß *-ia -ium*, da die drei Endungen bei den *i*-Adjektiven im Sprachgefühl fest gekoppelt waren.

b) Bei *nt*-Partizipien ist die Verteilung von abl. *-e* und *-ī* nach der syntaktischen Verwendung geregelt, eine in der Formenlehre ziemlich singuläre Erscheinung: in rein partizipialer Verwendung zeigen sie *-e*, besonders deutlich im Abl. absolutus (Beispiele s. *Szantyr*, Synt. 137 f.), so *vere ineunte, me praesente* (aber osk. *toutad praesentid*); als Adjektivierungen zeigen sie *-ī*, mask. *a sapienti viro*, fem. *praesenti pecunia*, als Substantive (Personalnomina) wieder *-e*, appell. *cum sapiente*, Namen *Valente*, auch *Prudente Clemente*. – Gen. plur. *-um* der Kons.-Stämme ist in Resten bewahrt, unabhängig von Substantivierung: *adulescentum amantum parentum* Plt., *rudentum* Pacuv. Lucr. Verg. (*rudens* 'Tau'); besonders metri gratia im Hexameter seit Ennius, ann. 186 *balantum pecudes*, meist im Versausgang, 81 *altivolantum*, 427 *induperantum*, so auch *animantum. meantum* Lucr., *sequentum silentum volantum* Verg. – Aus ntr. plur. ptc. *fluenta* neuer Singular *fluentum*, s. § 266 e.

B. Bei den Substantiven sind im Latein die *i*-Endungen sehr ungleichmäßig verteilt. Elementarstes Kennzeichen von *i*-Substantiven ist die Verknüpfung von markiertem Nominativ (*-is* mask., *-is* oder *-ēs* fem., *-e* ntr.) mit gen. plur. *-ium* (soweit wenigstens dieser Kasus früh bezeugt ist), bei Neutra auch mit plur. *-ia*, e. g. *hostis* mask., *avis* fem., *aedēs* fem., *mare* ntr. Doch haben analogische Ausgleichungen die ursprüngliche Scheidung weitgehend verwischt, vgl. §§ 263 A 2; 306 b, auch § 362, 1 zu neuen Nominativen auf *-is* und auf einfaches *-s*.

Sprachhistorisch ordnen sich die Gruppierungen von gen. plur. *-ium* bzw. *-um* mit nomin. sing. *-is* bzw. *-s* in folgender Weise.

1. Bei *i*-Stämmen (nach ihrer Herkunft). Gen. plur. *-ium*. Neben nomin. *-is*, fem. *-ēs*, ntr. *-e*: *hostis, avis, aedēs*; zu ntr. *mare* s. unten. – Neben nomin. *-s* (meist < *-ts* < *-ti-s*, s. dazu § 362, 2a): mask. *nostrās Arpīnās* (noch altlat. *-ātis*); fem. *mēns ars* St. *men-ti- ar-ti-* (*-tis* noch in parallelen Bildungen wie *sitis*); auch etwa *faux urbs* (nach gen. pl. *-ium* zu urteilen).

Neben *-ium* auch *-um*. Zu *apis* 'Biene' *examen apum* 'Bienenschwarm' Paul. Fest., Liv. (*apium* Cic. Varro usw.). Zu *pars partum* Enn. s. *Kroll*, Stud. 50. Zu nomin. *-ēs*: mask. *vātum* wohl nur poetisch (*-ium* Cic. leg. 2, 20 u. 30; nicht etwa ererbte mehrfache Stämme, so *Thieme*, ZDMG 107, 86); fem. *caedum* Sil. im Hexameter (*-ium* Liv. 1, 13, 3); *sēdum* Cic. Liv. (*-ium* erst später!); ntr. *marum* Naev. (*i*-Stamm *mare*, abl. *marī*, plur. *maria*; zu abl. *ē mare* Lucr. 1, 161 uä. s. Gl. 36, 136 f.). Evident künstlich bei Dichtern, aus Versnot bei Daktylikern, zu substantivierten Adjj. auf *-ēnsis -estris* usw.: *Veronensum* Catull 100, 2, *caelestum* Acc. 209 (c. pater Senarausgang), Catull usw., *agrestum* Verg. georg. 1, 10; *Veientum* Cato (nach *parentum* sim.), *Quiritum* Varro ling. 6, 68, Varius frg. 1 Morel, *Laurentum* u. *Tiburtum* Verg., *Samnitum* usw. Sil.; fem. *volucrum* 'der Vögel' Verg. (∪ ∪ — Aen. 3, 216, auch ∪ — — 8, 235 wie nomin. plur. *volucres*, § 239 a).

2. Bei Kons.-Stämmen (nach ihrer Herkunft). a) Gen. plur. *-um*. Neben nomin. *-s* normal, *lēx lēgum* usw.; dazu auch wohl *laus fraus* (*fraud-um* Cic. Sil., *-ium* Tac.). – Neben (geneuertem) Nomin. auf *-is*: *canis* § 156 a, *iuvenis* § 322 C 2. *mēnsis* (Kons.-Stamm nach § 330 C 4): *-um* Plt. Most. 81 Ov., in Prosa *-um* und *-ium*, Inschr. *-um* häufiger. Fem. *nāvis*, lat. *i*-Stamm (s. § 318 A 2 c). – b) Gen. plur. *-ium* neu. Nur *-ium*: *dent-* (*dēns* § 57), *pont-* (§ 176 I c); fem. *noct- vīr-ium* (zu plur. *vīr-ēs*, § 330 C Zus. 5); *niv-* (*nix*) Hist. Aug.; so wohl auch *merx* (*-ium* Sen. Tac.; akk. *-īs* Plt. neben *-ēs*). – Neben *cīvitāt-um* (Cic. Att. 6, 1, 15, ältere Form) stand nach Varro *cīvitāt-ium*, wohl angeregt durch Ethnika wie *Arpīnās*, gen. plur. *-ātium*, so inschr. D 270a 13. Mon. Ancyr.; *hērēditāt-um* und *-ium*. – *-um* in Resten, normal *-ium*: *parentum* usw., s. oben A Zus. b.

C. Nebenformen bei *i*-Stämmen: akk. *-im* und abl. *-ī* bei Substantiven, akk. plur. *-īs* auch bei Adjektiven. Als Normalendungen sind die von den Kons.-Stämmen übernommenen *-em -e -ēs* im Gebrauch. Daneben bestehen archaisch wirkende Nebenformen *-im -ī* und *-īs*; deren Verteilung läßt sich wohl einigermaßen beschreiben, aber nicht im Einzelnen begründen.

1. *-im* tritt nur gekoppelt mit *-ī* auf, immer in Anlehnung an nomin. *-is* (so auch pron. akk. *im* zu *is*). Gruppen: Flußnamen wie *Tiberis Albis Līris*, als solche mask. Fem. Appellativa: *neptis*; *febris sitis tussis*; *puppis*. *restis, secūris*; als griech. Lehnwörter *basis, turris* (§ 181 a). Belegstellen s. unten 4 a.

Die Herkunft von *-im* ist umstritten; drei Fakten sind zu berücksichtigen: idg. *-im* > lat. *-em* nach Ausweis von *quem*, § 50 d; idg. *-ĭm* in akk. der *ī*-Stämme > lat. *-im*-Einsilbler *vim* zu *vīs*, Mehrsilbler *neptim* zu idg. **neptīs* ai. *naptīs*, *pelūim* Laber. 94; lat. nomin. *-īs* erst nach akk. *-im*; in griech. Lehnwörtern (*basis turris*) lat. *-is -im* akk. pl. *-īs* wohl in Anlehnung an gr. -ις -ιν -ῑς (nur att. -εις, lautlich ebenfalls *-īs*). – Danach ist für lat. *-im* statt *-em* der *i*-Stämme wohl folgendes anzunehmen. Ein Einfluß des lat. *-im* der drei ī-Stämme auf die zahllosen ĭ-Stämme ist unglaubhaft. Am ehesten wird die formale Parallelität mit dem Akk. plur. in den anderen Deklinationen (-am -ās, -om -ōs, -em -ēs, -um -ūs) die Bewahrung von -im neben -īs ausgelöst haben; daran fanden die Lehnwörter Anschluß mit *basim turrim*. – So werden auch die adverbialen -tim in *partim statim raptim praesertim* verständlich als erstarrte Akkusativformen von ti-Abstrakten (§ 389).

Lit.: Idg. -im > lat. -em, also lautlicher Zusammenfall von idg. -im und -m̥ in lat. -em nach *Meillet*, MSL 20, 11 (und Innov. 30). *Sommer*, KE n. 94 S. 109: idg. -im blieb lat. -im, daher noch adv. *partim*; als Akk.-Endung wurde -im vor Beginn der Literatur durch das -em der Kons.-Stämme ersetzt. *Safarewicz*, Et. 52 ff.: lat. -im setzt idg. -im und -īm fort. *Bonfante*, REL 15, 83–87 [Gl. 28, 9]: -im nur in Lehn- und Fremdwörtern.

2. Abl. -ī bei Substantiven. Normalerweise zeigen auch geschlechtige i-Stämme abl. -e: *hoste igne mente*; doch ist bei manchen noch -ī gebräuchlich, so bei denen mit akk. -im, also *Tiberī sitī* usw.; ferner wenigstens als Nebenformen *imbrī ignī fīnī*; *hostī cīvī*; fem. *sortī partī nāvī*. – Zu altlat. inschr. -īd -ī bei Kons.-Stämmen wie *co‍u̯entionid opid* s. § 355 (Abl. litt. d).

3. Akk. plur. -īs (aus -i-ns) ist verbreiteter und länger im Gebrauch geblieben. Einerseits bei den oben für -im und für -ī genannten Nomina, etwa *febrīs puppīs turrīs partīs* und *fīnīs cīvīs nāvīs*. Andrerseits als archaisierendes Kolorit etwa bei Vergil, und zwar nur dieses -īs auch bei i-Adjektiven und bei nt-Partizipien, so bei Vergil *trīs, omnīs* (substantiviert) und -entīs (can- fer- ru- sil- usw., sonantīs). Die übliche klassische Form ist aber -ēs; das Mon. Ancyr. schreibt *fines*, aber *omnis*. – Also der Gebrauch von -īs ist nur eine Angelegenheit des Stils, nicht der Sprachgeschichte; unfruchtbar ist die Diskussion Gell. 13, 21, 1–11 zu Vergil.

Zusatz. Nomin. plur. -īs steht vereinzelt bei i-Stämmen: Varro ling. 8, 66 *hae puppīs restīs et hās puppīs restīs*; dazu in hschr. Überlieferung etwa bei Plt. *aedīs aurīs* Mil. 678 u. 883. Entsprechend altlat. inschr. -eis und -is: *pelleis* D 260 Ende, *omneis* 270, 16, *ceiu̯eis* Lex repett. 77, *fineis* u. *finis* Sent. Minuc., auch bei einem Kons.-Stamm ⟨prai⟩*toris* D 119. – Die Erklärung ist einfach: nach der Gleichheit von -ēs in plur. nomin. und akk. der Kons.-Stämme wurde die alte Differenz bei den i-Stämmen nomin. -ēs und akk. -īs normal zu -ēs -ēs, vereinzelt aber hyperkorrekt zu -īs -īs ausgeglichen. Vgl. auch *Lejeune*, REL 21, 87–91 (auch in: Probleme 165–171; vgl. Gl. 36, 137 f.).

4. Reiche Belege für die Kasus mit Doppelformen findet man bei N.-W. I (Subst.) und II (Adj. und substantivierte Adj.) für: Sing. Nomin. -s u. -is I 212–294; Akkus. besonders -im I 301–327; Abl. -ū u. -e I 327–370 u. II 71–118; Plur. Akk. -īs 375 ff. 383 ff. (Nomin. 381 f.), II 61–64 u. 119; Gen. -*ium* und -*um* I 314–429, II 64–66 u. 125–146; 273 (*plūrium*).
Auswahl von Belegen. a) Akk. -im (gekoppelt mit -ī -īs): *neptim febrim* Plt. Cato Cic. (-ī Plt. -īs Hor.). *sitim* und -ī Plt. Verg. *tussim puppim* und -īs Verg. *restim* Plt. Pers. 815 al., *peluim, turrim* Plt. Bacch. 710, Verg. – Inschr. aus D bei *turri-basi-*: *turrim* (vgl. osk. *tiurrí*) 388 (-em 359); abl. -ī 263 *in turri*; akk. -īs (geschrieben -is -īs -eis) mehrfach in 356–371 (daneben -ēs 357, 364, 373). *basim* 37 f. 95 usw. (243 *bassim*), -īs (-is -eis) 351 sq.; -im -īs auch Cicero. – b) Abl. -ī: *ignī* in Formeln, *aquā et ignī* (*interdīcere*) Lucil. Cic., *ferrō ignīque* (*vāstāre*) Liv. (vgl. Cic. Verr. II 1, 79 Verg. Aen. 7, 692), auch sonst, neben *igne*. *cīvī* Plt. Pers. 475 *cīvī fēminā. fīnī* Plt. Cato (-e Lucr. außer 1, 978); beachte *eā* und *quā fīnī* Cato (zu *fīnī* postpos. 'bis zu' s. Szantyr, Synt. 267 § 148). – Fem. *sortī* Enn. ann. 329 Lex repett. 53 Lex agr. 16. *partī* Plt. Pers. 72, Men. 479 *de partī meā*, inschr. Lex repett. 51. *nāvī*. – c) Akk. plur. -īs: *hostīsne an' cīvīs* Plt. Trin. 102; *hostīs* Verg., *cīvīs* Verg. ecl. 1, 71 (-ēs Aen.). Inschr.: *ponteis omneis* und *aedis* D 430; *finis* D 456–458, -eis Sent. Minuc.; *ciu̯is* auf Münzen unter Augustus, s. Hey, ALL 11, 270.

Lit. zu akk. plur. -īs bei Einzelautoren. In Plautushss.: *Anderson*, TAPhA 45, 129 ff. In Vergilhss.: *Börner*, Emerita 21, 182–234 (Subst.: -īs nur bei i-Stämmen); 22, 175–

210 (Adjj.). Bei Lukrez: *Ernout*, Rev. phil. 42, 133 ss. Kaiserzeit: s. *Hartmann*, Gl. 10, 254 zu *Tingdal*.

Die lat. 4. oder *u*-Deklination (§§ 358–360)

358. Allgemeines. Vorwiegend Maskulina, etwa *lacus*; daneben Feminina wie *manus acus porticus domus* und *anus* (dazu *socrus* und *nurus*, § 317 c), und wenige Neutra wie *pecu genu cornu gelu*, *testu* 'Topfdeckel'; keine Adjektiva mehr (s. § 317 b). – Einziges produktives Suffix ist mask. *-tu-* für Verbalabstrakta wie *cantus lūctus*, mit denomin. *-ātus* als Abzweigung, etwa *tribūn-ātus* und *prīm-ātus* (§ 316).

Formen des Normalparadigmas:

	nomin.	akk.	ntr.	gen.	dat.	abl.
sing.	-us	-um	-u (-ū)	-ūs	-uī	-ū
plur.	-ūs	-ūs	-ua	-uum	-ibus	

Zusätze. Zum idg. Ablaut des Stammvokals als *u/eu* (*ew*) in der Flexion s. § 343 d, zu den idg. Kasusendungen s. § 345 f. Speziell sei vermerkt: Vollstufe in gen. sg. als *-eu-s* oder *-ou-s* (> lat. *-ūs*), dat. sg. *-ew-ei* (> lat. *-uī*), nomin. plur. *-ew-es* (im Latein nicht erkennbar). Doch sei beigefügt, daß die Neutra wie *genu* in der Grundsprache ohne Ablaut des Stammvokals, also mit starrem *u* bzw. *w* flektierten, *Benveniste*, Orig. 86. – Bemerkenswerte Nebenformen: Sing. gen. *-ī* (*senātī*) und *-uis* (*senātuis*); dat. *-ū* neben *-uī*; plur. dat. *-ubus*. Für Lehren der Grammatiker und Stellennachweise s. N.-W. I 526–560.

359. 4. Dekl. Singular. Nominativ mask. fem. *-u-s* (auch Vok. fem. *anus* Plt. Curc. 133), und **Akkusativ** *-u-m*. Um 200 v. Chr. wurde auch das *-os -om* der *o*-Dekl. zu *-us -um*; der lautliche Zusammenfall hatte einige Abweichungen nach der *o*-Dekl. zur Folge, speziell altlat. gen. *senātī* statt *-ūs*, und dazu im Romanischen den Untergang der lat. 4. Dekl.

Neutrum. Reiner Stamm, also idg. *-ŭ* (vgl. gr. γόνυ ai. *jānu* 'Knie', got. *qairu* § 157, 1 b); dies sollte durch lat. *-ŭ* fortgesetzt sein, so schon Diomedes gramm. I 308, 14–16. Die Grammatikertradition aber überliefert Länge *-ū*. Dieser Ansatz beruht kaum auf Beobachtung der gesprochenen Sprache; er stützt sich vermutlich auf *-u* in Hebung vor Zäsur und einfacher Konsonanz in zwei demgemäß nicht zwingenden Vergilstellen, *nūda genū* Aen. 1, 320, *cornū*(*-que*) 11, 859, deren Vorbild wohl bei Ennius stand; *cornū* auch Cic. Arat. 30 (dazu 27 *genŭ omnī*); ebenso *genū* Ov. met. 4, 340; 12, 347, *cornū* 9, 97 fast. 3, 869. Zweifelhaft *verū* Plt. Truc. 628.

Lateinische Auslautdehnung erscheint unmöglich (vgl. § 97); für Ansetzung eines Laryngals (*-uH* > *-ū*) fehlt jede Berechtigung. Auch andere Erklärungen überzeugen nicht: als idg. Kollektivplural **pek'ū* 'Vieh' nach *Schmidt*, Pluralbild. 49; als ursprünglicher Dual bei paarigen Körperteilen **cornū* nach *Sommer*, KE 111 nr. 96 ('*Gehörn*' > '*Horn*'), **genū* nach *Hamp*, Gl. 48, 72. – Nebenformen: nomin. ntr. *genus* 'Knie' Lucil., *cornus* Varro, akk. *cornum* Ter., Bell. Hisp., Petron., s. Thes. sub v. p. 962, 77 sqq.

Genetiv: neben *-ūs* viele Nebenformen.

a) Normal *-ūs* aus *-ous*, seit Plt. Psd. 1197; entsprechend osk. *castrous*.

In der Kaiserzeit vereinzelt inschr. *-uus*, wohl zur Differenzierung von nomin. sing. *-ŭs*, so *conu̯entuus* II 2416, *exercituus* III 14354 (245ᴅ); XIII 8805. Vgl. auch *Lindsay-Nohl* 12 zu *-uus* in der Überlieferung von Verg., Hor., Plin.

b) Einen gen. *domos* (sicher *-ōs*) gebrauchte Augustus nach Suet. Aug. 87, 2. Wohl für *domūs* nach abl. *domō* neben *domū*. Andere Erklärungen: *ō* dialektisch für *ū* nach *Meillet*, Innov. 4; *-ōs* aus *-ōus* nach *Kretschmer*, KZ 31, 453; *-ōs* aus *-uos* über *-u̯os* (gem. § 145 d) nach *Pisani*, Ann. Sc. Norm. Pisa II, VII 229 [Gl. 29, 167].

c) Endung *-uis* ist besonders aus Varro überliefert: *senatuis quaestuis partuis fructuis exercituis* und *domuis*, s. Gell. 4, 16, 1–4, Non. lib. VIII; Varro mag *-uis* aus seiner Heimat Reate mitgebracht haben. – Entstanden ist gen. *-uis* in Anlehnung an die 3. Dekl. als Komplement zu dat. *-uī*, so Gellius, auch *Ernout*, IF 26, 91, *Lejeune*, REL 21, 93 [Gl. 36, 138]. – Doch ist bei den persönlichen (sexuellen) Feminina gen. *anuis* Ter. Haut. 287 sowie *socruis *nuruis das *-uis* vielleicht nicht jung und analogisch, sondern alte Genetivform der *ū*-Feminina, wie gen. *suis* zu *sūs* (vgl. § 317 c).

d) Altlat. inschr. *-uos*: *senatuos* mehrfach SCBacch. (*de senatuos sententiad*), auch D 432, vgl. 175. Dieses *-uos* ist Nebenform zu *-uis*, mit der Endung *-os* statt *-es* (§ 355, Gen.). – Die Schreibung *-uus* ist nicht jüngere Lautform für *-uos*. – Merkwürdig über einsilbiges *-uos Rosén*, s. unten beim Ablativ.

e) Gen. *-ū* bei Neutra. Nach einigen antiken Grammatikern sind die *u*-Neutra Monoptota, d. h. sie besitzen im Singular nur die einzige Kasusform auf *-ū*. Die Annahme eines gen. *-ū* entspringt vermutlich einer falschen Analyse der Flexion von Zusammenrückungen wie *cornu-bubulum* und *cornu-cervinum* als Rezeptausdrücken: gen. *cornu-bubuli* seit Cels. So *Sommer* 389. – Gellius 4, 16, 8 belegt mit einem Caesarfragment einen Genetiv (mask.) *dominatu*. Noch zweifelhafter *fine genu* 'bis zum Knie' Ov. met. 10, 536 (wohl Abl. wie in *osse fini* Plt.).

f) Altlat. meist gen. *-ī* nach der *o*-Dekl. (vgl. beim Nomin.). So gen. *senātī* (*cōnsultum* sim.) in Senatusconsulta: Cael. Cic. fam. 8, 8, 6; inschr. *ex senati consulto* u. ähnl. Lex agr. 31, D 221; 391; 453, 4; 456 ff.; danach auch oskisch, mit Gen. nach der *o*-Dekl., *senateis tanginud*; in der lat. Literatur gen. *senātī* etwa bei Plt. Epid. 189 u. Cas. 536 (*s. columen*), Annalisten, Sallust. Nach *Szemerényi*, KZ 73, 193 ist *senātī* Konträrbildung zu *populī*.

Weitere Formen: *quaesti* und *tumulti* Plt. Enn. Ter. al.; *victi sumpti gemiti* Plt., *nil ornati*, *nil tumulti* Ter. Andr. 365, *parti* Pacuv., *geli* Lucr. (Belege und weitere Beispiele besonders aus Accius bei Non. p. 483–491). – Gen. *pretii sumpti* in *sumpti facio* Plt. Lucil. ist wohl ebenso wie *quaesti facio* umgegliedert aus *plus quaesti facio*, *quid sumpti facere potest* (etwas anders über den Typus *lucri* und *compendi facio Szantyr*, Synt. 71 litt. b). – Spätlat. *sumpti* durch Suffixwechsel, *sūmptum -ī* für *sūmptus -ūs* nach *Collin*, ALL 13, 460.

g) Zur romanischen *o*-Dekl. der *u*-Nomina (italien. *lago* 'See') vergleiche man zu *lacus* inschr. gen. *laci* D 301, VI 175 (136ᴅ), *lagi* VI 975 b 37 (136ᴅ); s. auch § 363 A 2 a.

Dativ. a) Endung *-uī* seit Plautus, alt inschr. *-uei* in D 264 *senatuei*, ist lautliche Fortsetzung von **-ovei* idg. *-ew-ei*.

b) Endung *-ū* recht häufig (vgl. Gell. 4, 16, 4–9), wohl volkstümlich, deutlich als Dativus finalis bei den *tu*-Abstrakten, wozu auch mindestens teilweise das Supinum II auf *-ū* (Typus *facile dictu*, s. § 316 A 2b) gehört, Plt. Rud. 294 *quaestu et cultu*, Merc. 854 *usu'st*, Caes. (bei Gell.) *ornatu*. In anderen Syntagmen: Ter. Ad. 63; Cic. fam. 16, 4, 2 *sumptu ne parcas*, 10, 24, 3 (Plancus) *impetu*, 10, 31, 4 (Asinius) *senatu*, Caes. civ. 3, 89, 2 *cornu*,

Nep. Chabr. 1, 2 *genu*, Tac. ann. 3, 30, 2 *luxu*, Stat. *lacu*. – Bei Daktylikern aber fast nur aus Versnot dort, wo *-uī* hinter Länge unmöglich war. Einige Belege (vgl. *Bednara*, ALL 14, 344): Lucil. *anu gradu victu*, Lucr. im Versausgang 3, 971 *usu*, 5, 101 *visu*, Catull *coetu*, Verg. *aspectu, usu, curru*.

Zur lautlichen Kontraktion *-uī* > *-ū* s. § 133 II b. – Analogische Formenerklärungen bei *Ernout*, IF 26, 92 f. u. bei *Lejeune*, s. oben bei Gen. c (*-uis*). – Deutungen als (idg.) Kasusformen: endungsloser Lokativ (*-ōu* > *-ou* > *-ū*), als idg. Instr. auf *-ū*, als Abl. aus *-ūd*; sie vernachlässigen die Dativfunktion.

Ablativ. Endung *-ū*, älter *-ūd*, inschr. *magistratud* SCBacch., (*Di̯ou̯os* bzw. *Di̯ou̯is*) *castud* D 110 u. 255.

In *magistratud* ist das ausl. *D* etwas verzerrt geschrieben und wurde daher irrtümlich als *O* gelesen. – Phonologische Spekulationen über einsilbigen steigenden Diphthong *-uo* hier und in Gen. *-uos* bei *Rosén*, Mnem. 10, 1957, 239 ff. [Gl. 42, 97 f.]. – Inschr. *-uu* in *arbitratuu* D 453, 26 (Sent. Minuc.). – Zu abl. *impete* Lucr. für *impetū* s. § 364, 5.

360. 4. Dekl. Plural. Nominativ Endung *-ūs*, nicht sicher erklärt.

Bei lautlicher Rückführung auf idg. *-ew-es* muß man eine Entwicklung über *-oves* > *-uis* > *-u̯is* > *-ūs* annehmen; *-uī* > *-ū* im Dativ sing. (b) ist nur entfernt vergleichbar, weil normal *-uī* daneben erhalten ist. – Analogische Erklärung: Ausgleich mit Akk. *-ūs* nach Vorbild der 1. 2. 3. Dekl. (alt plur. nomin. idg. ital. *-ās* *-ōs*, *i*-St. *-ēs*, akk. *-ās* *-ōs*, Kons.-St. *-ēs*) nach *Lejeune*, REL 21, 87. – Syntaktisch Akkus. für Nomin. (unhaltbar) wie bei *-ās* der 1. Dekl., s. § 350 (Nomin. b).

Neutrum. Endung *-ua* in *cornua genua*. Vermutlich *genua* aus *$g'enw$-ə* wie gr. hom. γοῦνα aus *γονϝ-α: Vgl. umbr. *berva* (sing. *beru* entspricht dem lat. *veru*, § 157, 1b).

Akkusativ. Endung *-ūs* aus *-u-ns*.

Inschr. *-uus*: merkwürdig als *u*-Stamm (nach *porticus* fem. 'Vorhalle'?) *posteicuus* D 357 'Hintertüren'. – Akk. *-ōs* nach der 2. Dekl. in inschr. *grados* D 386 (aber *-us* 391), s. § 363 A 2.

Genetiv. Endung *-uum* bzw. älter *-uom*; bezeugt seit *pecuum* Cato, *manuum* Pacuv. Lucr. Rückführung auf idg. *-ew-ōm* mag man mit got. *suniw-ē* stützen. – Daneben selten aus *-uum* kontrahiertes *-ūm* > *-ŭm*; Einsilbigkeit gesichert: metrisch *currum* Verg. Aen. 6, 653; inschr. *exercitum* Mon. Ancyr.

Ein Sonderfall ist offenbar *passum*, aufgekommen in der Wendung *mīlle passum* '1000 Schritte' (Plt. Men. 178 Truc. 334 Cato orig. 26 Mart. 2, 5, 3). Bei Plautus ist eine Kontraktion der Lautform *-uom* noch nicht denkbar; vielmehr ist *passum* gen. plur. auf *-um* nach dem Muster der Maßbezeichnungen der *o*-Stämme wie *modium*, oben § 353; kaum *passum* zu *passibus* nach 3. Dekl. kons. *ped-um -ibus*. – Über gen. *alituum* zu nomin. plur. *ālitēs* 'Vögel' s. § 364, 4 b.

Dativ-Ablativ. Normale Endung *-ibus*, inschr. *trebibos* '*tribubus*' D 227, *porticibus* Mon. Ancyr., literar. *manibus, flūctibus*. Man erwartet altlat. *-u-bus*, woraus jünger *-ibus* mit *i* für *u* vor *b* nach § 92. Belege für *-ubus* sind selten, aber unanfechtbar: *tribubus* Varro ling. 5, 81 u. 181, Cic. rep. 2, 16 Liv., *artubus* Lucr., *lacubus* Varro rust. 1, 7, 7 Ov., *partubus* Hor. epod. 5, 5, *specubus* Verg. gg. 3, 376, inschr. *idubus* IV 5380.

Die Grammatiker abstrahierten, kaum zu Recht, aus einigen Beispielen die Regel, daß *-ubus* zur Differenzierung gegen Nomina der 3. Dekl. gebraucht wird: *arcubus artubus* zu *arcus* plur. *artūs*, gegen *arcibus artibus* zu *arx ars*. – Vgl. auch *su-bus* zu *sūs*, § 356.

Die lat. 5. oder *ē*-Deklination (§ 361)

361. Vorbemerkungen zur *ē*-Deklination. Sie umfaßt an Appellativen (vgl. § 270) fast nur Feminina, meist Abstrakta auf *-iēs*. Postkons. *-ēs* zeigen *fidēs* und *rēs spēs*. Im Altlatein gehörten zur 5. Dekl. auch *plēbēs* (klass. *plēbs*) 'Volk' und *famēs* 'Hunger', speziell mit alt gen. *plēbī famī* (dann *plēbis famis* seit Cic.) und immer abl. *famē*. – Einziges Maskulinum ist *diēs*, mit *merīdiēs*; *diēs* und *rēs* sind die beiden meistgebrauchten Wörter, auch fast die einzigen mit Pluralformen; beide sind Erbwörter, aber erst in nachidg. Zeit zu *ē*-Stämmen geworden (s. § 318). – Im Altlatein gingen nach dieser Flexion, speziell mit gen. *-ī*, auch aus dem Griechischen übernommene Personennamen auf -ῆς -ης, so *Herculēs Sophoclēs Eurīpidēs* gen. *-ī* (s. § 365 D 1) und aus dem Epos die zwei auf -εύς der Haupthelden, lat. *Achillēs Ulixēs*; die Auffassung dieser *ī*-Genetive als „metaplastische" Genetive nach der *o*-Deklination ist unhaltbar.

Formen des Normalparadigmas (für *rēs*, *diēs*) nach den antiken Grammatikern:

	nomin.	akk.	gen.	dat.	abl.
sing.	-ēs	-em	-ĕī -iēī	-ēī -iēī	-ē
plur.	-ēs	-ēs	-ērum	-ēbus	

Zusätze. Die Entfaltung dieser *ē*-Flexion erfolgte, wie § 347 Zus. erläutert wurde, in Anlehnung teils an die femininen *ā*-Stämme (gen. sing. *-ī*, plur. *-rum*), teils an die 3. Dekl. (dat. sing. *-ī*, plur. *-bus*). – Zur Mischdeklination von Viersilblern wie *māteria/-iēs* und von Namen wie *Achātēs* (gen. *-ae* usw. bei Daktylikern) s. § 365 D 2 b. – Die Formen der Normalflexion, also von *rēs* sing. *rēs rem rē* plur. *rēs rērum rēbus*, bedürfen nur weniger Erläuterungen und sind daher vorausgenommen. Die Formen gen. dat. sing. *reī* usw. sind ausführlicher zu besprechen. – Für Lehren der antiken Grammatiker und für Belege aller Formen s. N.-W. I 560–579; plur. *spēs* 637.

1. Singular. Nominativ sigmatisch, also *-ē-s*, als Neuerung nach dem Akk. bei *rē-s diē-s*. – **Akkusativ** *-em* gekürzt aus *-ē-m*. – **Ablativ** *-ē* aus *-ē-d*, dies nach *-ā-d* der *ā*-Stämme. Bezeugt ist zu *diēs* neben abl. *-ē* noch *-ēd* in der Lex Spoletina (D 256 *quo die* und *eod die quod*, doch im Duplikat CIL I² 366, Nachtrag p. 832 *died*), vgl. falisk. *foied* 'ho-diē' (§ 372, 1a). Nur mehr *-ē* auch in den Einsilblern *spē rē* (umbr. *re-per*), gegenüber abl. pronominal *mēd tēd sēd*. Zu abl. *diē* auch *postrī-diē merī-diē* bzw. *diē-quīntī* (§ 352 lok.). Abl. *-ē* auch bei einigen Feminina auf *-ēs* der 3. Dekl., so metrisch immer *famē* in Senar und Hexameter (Plt. Lucr. Verg., s. N.-W. I 214), vereinzelt *tābē* Lucr. 1, 806, *squālē* Varro Men. 254. – **Vokativ**: *Fidēs* Plt. Aul. 608, 611; sonst nur bei griechischen Namen: bei Plautus steht die Nominativform *-ēs*, erst später *-ē*, etwa *Herculē* Varro, *Drancē* Verg.; dieses *-ē* ist griechisch-hellenistische Endung (*Schulze*, Kl. Schr. 89 u. 96, *Leumann*, Kl. Schr. 114²). – Zu Interjektion *herclĕ* s. § 355 (vok.).

2. Plural. a) Gebrauch und Bezeugung. Bei den Abstrakta (auf *-iēs*, auch *fidēs famēs spēs*) bestand kaum ein Bedürfnis nach einem Plural; zu plur. *spēs* seit Plt. s. unter c; nach Cicero top. 30 sind zu *spēs speciēs* die Formen auf *-ērum -ēbus* nicht gebräuchlich. Die Pluralformen sind also in der Hauptsache beschränkt auf die sprachgeschichtlich nur sekundären ē-Stämme *rēs* und *diēs*, demgemäß sind sie nicht ererbt. – Bezeugt sind: plur. nomin. akk. *rēs diēs spēs* Plt.; *faciēs speciēs* seit Lucr. Verg.; gen. *rērum* usw. s. unten c; dat.-abl. *rēbus diēbus* Plt.

b) Die einfachen Formen. Nominativ *-ēs* aus *-ē-es*; eine Erbform mag hier *rēs* sein (§ 318 B). – Akkusativ *-ēs* aus *-ē-ns*, Zwischenstufe wohl *-ēns*. – Genetiv *-ē-rum* nach *-ā-rum* der ā-Stämme. – Dat.-Abl. *-ē-bus*, vgl. etwa in der 3. Dekl. *bū-bus sŭ-bus*.

c) Genetiv plur. *-ē-rum*, nomin. plur. *spērēs* und Verwandtes. α) Endung. *-ē-rum* (*rērum*) ist vorhistorisch als *-ē-sōm* hinzugebildet zu nomin. akk. plur. *-ēs* (*rēs*) nach *-ārum* (*-ā-sōm*) neben *-ās* (alt auch nomin. pl.) der ā-Stämme; wegen der Einsilbigkeit denke man an die Pronomina, etwa *hārum rērum quārum* (s. Gl. 18, 255). Erstbezeugungen: *rērum* Plt., *diērum* Cato; *faciērum* nur Cato or. frg. 71. – „Metaplastisch" *-ērum* von nomin. plur. *-ēs* der 3. Dekl.: *sordērum* Plt.; zu *boverum regerum* usw. s. § 364, 1; spät inschr. *menserum* (zu *mēnsēs* 'Monate') nach *diērum*. – β) Ein Plural zu *spēs* 'Hoffnung' wurde wohl in Anlehnung an den Gebrauch von gr. ἐλπίδες in Komödie und Tragödie geschaffen; vgl. Quint. 1, 6, 26 *quid plurali 'spes' faciet?* Neben plur. *spēs* (Plt.) steht *spēr-ēs* Enn. ann. 128 akk. u. 429 nomin. (hier neben Verb: *spero, si speres* eqs.); abl. *spēribus* Varro Men. 1 u. 350; einen Gen. *spērum*, der doch an einem geläufigen *spērēs* eine Stütze gehabt hätte, lehnte Cicero ab, wie oben vermerkt. Zum Ursprung des Stammes *spēr-* s. § 330 C Zus. 2.

d) Eine Endung gen. plur. *-ē-um* in *facieum specieum* (N.-W. I 576 f.) ist wohl nur Konstruktion der sie überliefernden Grammatiker, als Ergänzung zu *-ē-bus* etwa nach *-i-um -i-bus* in der 3. Dekl.

3. Sing. Gen. Dat. auf zweisilbiges *-ēī -ĕī* und einsilbige *-ē -ei̯ -ī*. – Gen. auf *-ēs*?

a) Die zweisilbigen Endungen nach den Schulgrammatiken. Die beiden Kasus haben die gleiche Form, Endung *-ĕī* nur hinter Kons. (*rĕī, fidĕī*), dagegen *-iēī* zu nomin. *-iēs* (*diēī, speciēī*). Diese Regel verdankt ihre Gültigkeit in der Kaiserzeit dem Unterricht der antiken Grammatiker. – Das *ĕ* von *-ĕī* ist formal erklärt als Kürzung aus *ē* vor Vokal nach § 118; rein lautlich müßte die Kürzung aber auch in der Folge *-iēī* eingetreten sein. – Eigentliches Flexionszeichen ist in beiden Kasus nur das *-ī* hinter dem Stammauslaut *ē*. Im Dativ ist das *-ī* die alte idg. Endung *-ei* wie in der lat. 4. und 3. Dekl. Für das *-ē-ī* im Genetiv war Vorbild sicher das *-ā-ī* der 1. Dekl., mit Bezugsformen alt akk. *-ēm -ām* und abl. *-ēd -ād*.

Diese einfache Ordnung von *-ēī* und *-iēī* in beiden Kasus bestand noch nicht im Altlatein. Für die Kontrolle muß in erster Linie die Metrik der alten Skeniker und der Augusteer dienen. Überdies ist einsilbiges *-ī* für *-eī* und ebenso *-iī* für *-iēī* des Genetivs aus Prosaautoren bis zu Sallust mehrfach bezeugt. – Die Einsilbler *rēs* und *spēs* nehmen begreiflicherweise eine Sonderstellung ein. Als Entsprechung zu Kasus von lat. *rēs* zeigt das Altumbrische nur die Form *ri*, als Abl. (aus *rē-d*), und als Dativ, also einsilbig (wohl älter *rei*); nach der altindischen Entsprechung bestand vor Vokal ein idg. Stamm *rēy-*, s. § 318 B; dazu auch abl. *rē* aus *rēy-ē* als idg. Instr. auf *-ē* [nach *Szemerényi*, KZ 73, 177.

b) Der **Dativ** sei als einfacherer Kasus vorausgenommen. Man erwartet für *rēs* und *diēs* die Formen *rē-ei *diē-ei, woraus durch Vokalkontraktion zunächst *rēi *diēi mit einsilbigem Langdiphthong *ẹ̄i*. Und das gesamte Altlatein zeigt im Dativ bei wechselnder Orthographie nur metrisch einsilbige Endung (lautlich wohl *-ei* aus *-ẹ̄i*), so Plautus und Terenz mit Schreibung *rei* und *die dii*, bei *fidēs* mit Schreibung *fide* (so auch D 60, Hor. sat. 1, 3, 95); die Schreibung *-e* auch in *quoi re* Plt. Poen. 815, in *facie* neben *facii* Lucil. (nach Gell. 9, 14, 21). – Dieser altlat. Auslaut *-ei* fiel lautlich mit dem alten Diphthong *-ei* zusammen und ging mit diesem um 150ᵃ in *-ī* über (§ 69), wenigstens in Mehrsilblern. Beim Einsilbler *rēs* dagegen wurde etymologisierend die Schreibung *rei* beibehalten und, wie man annehmen muß, auch in der Aussprache restituiert (zu anderen klass. lat. einsilbigen *ei* s. § 133 II b); Cicero sprach vermutlich *-ei* nur im Dativ *rei*, sonst aber *-ī* in *fidī diī* (bei Orthographie *fidei diei*). – Einen metrisch gesicherten zweisilbigen Dativausgang zeigen als erste Lukrez mit *rēī*, Horaz mit *rēī*, Manilius mit *fidēī*; das Vorbild hierfür war die Doppelmessung im Genetiv.

Dat. *-e* und *-ei* auf alten Inschriften: *Fide* D 60, *Spei* 199, *Spei Fide* 200; vgl. *Hercole* und *Herculei* 78 ff., 93 ff.

c) Im **Genetiv** ist *-ēī* morphologisch Nachbildung des *-āī* der *ā*-Stämme. Metrisch ist dieses *-ēī* im Altlatein sowohl hinter *i* als hinter Kons. bezeugt. Bei Plautus trifft man erstens *rēī fidēī diēī* (vgl. bei Enn. ann. die Hexameterausgänge 236 *lassu(s) diēī*, 338 *plēnu(s) fidēī*), zweitens mit gekürztem *ĕ rĕī*, meist im Senarausgang, drittens beliebig im Versinnern *rei diei* (*fidei*), dazu *spei* Ter. Das kontrahierte *-ei* entspricht unmittelbar dem kontrahierten *-ai* (> *-ae*) der *ā*-Stämme; offenbar war es die umgangssprachliche Form um 200ᵃ; einsilbiges *-ei* (*-ī*) ist die Form der folgenden republikanischen Zeit. Und *rēī* Plt. ist lautgeschichtlich nicht Zwischenstufe zwischen *rēī* und *rei*, sondern im Senarausgang metrische Sonderbehandlung des bewahrten archaischen *rēī*.

Zur Bezeugung. Gen. *rēī* mit *-āī* verbunden in archaisierendem *magnāī rēī pūblicāī grātiā* Plt., ebenso inschr. *rei* mit *ai* verbunden in *rei dinai causa* Lex Spol., wo *-ai* wohl *-āī* darstellt; s. § 349 (Gen. a). – Für einsilbiges *-ei* bietet die hschr. Überlieferung meist *-i* oder *-e*; viele Belege des vorklassischen *-i* bei Gellius (9, 14, 8–20, auch §§ 4 u. 25). Mit metrischer Gewähr: *fidei (fide, fidi)* Plt. Ter. Hor. Ov.; *diei* Ter., auch Hexameterausgang *noctisque dieique* Q. Cic., *dii* Verg. Aen. 1, 636 (vgl. gg. 1, 208); *prōgeniī* Pacuv.; *aciī* und *speciī* Cn. Matius (Neoteriker) frg. 7 u. 8 Morel; auch *famī* Lucil. Ohne metrische Gewähr, Schreibung *-i* (oder *-e*): vor *causā* 'wegen': *fami c.* Cato, *luxuriī c.* C. Gracchus, *perniciī c.* Cic. S. Rosc. 131; ferner *die acie requie* Sall.; inschr. *dii* III 12036 und *fidi* II 5042, 3. – Caesar verlangte pedan. *diē* und *speciē*, wohl zur Differenzierung zwischen Genetiv und Dativ. – Endlich ist *-ei* neben *-i* reichlich bezeugt in gen. *plēbei* (*pl. scitum, tribunus pl.*), auch bei Cicero, der freilich den neuen Genetiv *plēbis* weit bevorzugt; zu *fidei* bei Cicero in Klauseln s. Thes. s. v. p. 662, 46 sq. – Ein metrisch gesicherter Gen. *fidēī* begegnet wiederum zuerst bei Manilius. – Verfehlte Deutung der Schreibung *-ie* in *specie* als *-iae* nach der 1. Dekl. durch *Burger*, REL 10, 373–381 [Gl. 23, 131].

d) **Gleichheit von Gen. und Dat.** Die Regeln über Formgleichheit und über *-iēī* gegenüber postkons. *-ēī* haben also die Grammatiker aus der Prosodie der Formen im Hexameter seit Lukrez abgelesen und zur grammatischen Norm erhoben. – Im letzten Jahrhundert der Republik war aber in der Aussprache der Ausgang *-ei* einsilbig, gesprochen als *-ī* in Mehrsilblern, als *-e͜i* wohl in *rei* und *spei*.

e) **Übergang von 5. zu 3. Dekl.** bei *famēs plēbēs* und den griech. Namen auf *-ēs*. Der Singular der 5. Dekl. unterscheidet sich im Altlatein von dem der 3. Dekl. bei gemeinsamem Nomin. auf *-ēs* nur im Ablativ (*-ē* gegen *-ĕ*) und im Genetiv (*-e͜i -ī* gegen *-is*). – *famēs* und *plēbēs*, alte Nomina der 5. Dekl. nach Ausweis von gen. *famī* und *plēbī* bzw. *-ei*, nehmen gegen Ende der Republik einen gen. auf *-is* an und werden damit zu Nomina der 3. Dekl.; nur *famēs* behält den alten Abl. auf *-ē* bei. Erst nach dem neuen Gen. *plēb-is* ist retrograd nomin. *plēbs* gebildet.

Auch die **griechischen Namen auf lat.** *-ēs* flektierten bei Plautus nach der 5. Dekl., nach Ausweis des Abl. *Naucratē* Amph. 860 und der Genetive auf *-ēī* und *-ī*: gen. *-ēī* durch sichere Konjekturen in *Periphanēī filius* (mehrfach) und in *Charmidēī*, *Herculēī*; gen. *-ī* (d. h. *-ei*) in *Eurīpidī Achillī*, dazu *Ulixī* Liv. Andr. Diese Namen ersetzen nur zögernd seit etwa 150ᵃ den Genetiv auf *-ī* durch den der 3. Dekl. auf *-is*, der den antiken und modernen Grammatikern als Normalform gilt.

Zuerst erscheint, sicher volkstümlich, gen. *Herculis*; noch Varro ling. 8, 26 erkennt *Herculī* neben *Herculis* als üblich an. Cicero gebraucht vorwiegend den mit dem Dativ gleichlautenden Gen. auf *-ī*, so *Achillī Ulixī Herculī* und *Miltiadī Thūcȳdidī Archimēdī Agathoclī* usw. Ein inschriftliches Zeugnis aus sullanischer Zeit ist D 303 mit *regus Metradati f.* und *Mahes Mahei f.*; s. ferner N.-W. I 507–513. – Vergil gebraucht im Versausgang *Achillei* und *Ulixei* (⌣ — —) mit dieser gesicherten und offenbar aus Ennius übernommenen Orthographie *-ei*, nach der sich dann auch die Aussprache richtete: Horaz distrahiert das *-ei* künstlich zu *-ēī* in *Achillēī Ulixēī*, natürlich in Anlehnung an altlat. Genetive zu Namen auf gr. -ευς lat. *-eus* und *-ĕus*, etwa *Orphe͜i* und *Orpheī*.

f) **Angeblicher Genetiv auf** *-ēs*. Wenn das *-āī* in der *ā*-Dekl. ein älteres *-ās* abgelöst hat, so muß auch seine Nachbildung *-ēī* eine ältere Form abgelöst haben, vermutlich ein *-ēs* aus *-ē-es*, wo durch die Kontraktion der Genetiv, etwa **rēs*, mit dem Nominativ gleichlautend wurde. Davon wäre nicht zu reden, wenn nicht Gellius 9, 14, 1–7 auch Genetive auf *-ēs* aus alten Handschriften zitieren würde, so *diēs* aus Enn. Cic. Verg., *faciēs* aus Quadrig. Doch sind alle Zeugnisse zweifelhaft, um nicht zu sagen wertlos; beachte immerhin gen. *rabiēs* Lucr. 4, 1083. – Die falsche Deutung von *Diēs-piter* als 'des Tages Vater' (bezeugt bei Macr. Sat. 1, 15, 14) scheint einer allfälligen Umsetzung von hschr. *-ei* (*-ēī*) der Genetive in *-ēs* zugrunde zu liegen. – Anthimus muß seinen Gen. *faciēs* (*Mras*, WSt. 61/62, 112) indirekt aus Gellius bezogen haben.

Lit. zu Gen.-Dat. sing.: *Leumann*, Lat. Gen. *Achillī*, Kl. Schr. 108–130, zur 5. Dekl. speziell 125 ff. [Gl. 34, 213 f.]; auch Gl. 42, 115 zu *plēbs*; *Sommer* 396–398; ders., KE 186 f.; *Lindsay*, ALL 15, 144 (*Herculēī*); *Kroll*, Stud. 99²⁸. – Deskriptive Analyse der 5. Dekl.: *R. A. Hall*, ClPh 91, 1946, 84–90; *Householder jr.*, Word 3, 1947, 48–58.

3. FLEXIONSWECHSEL UND HETEROKLISIE

362. Heteroklisie und Verwandtes. Neuer Nominativ durch Rückableitung.

Vorbemerkung. Unter Heteroklisie subsumierte man im Altertum die der Norm nicht entsprechenden Flexionsformen der Nomina. Der Terminus ἑτερό-κλιτος 'anders flektiert' besagt zunächst, daß eine einzelne Form einem anderen Paradigma folgt als dem angestammten oder anerkannten, etwa bei *famēs -is* 'Hunger' der 3. Dekl. ein abl. *famē* nach der 5. Daneben besteht der Terminus Metaplasmus 'Umformung' für eine neue Form anstelle der alten. Im Rahmen einer normativen Grammatik gelten solche Formen als Unregelmäßigkeiten, Ausnahmen, Entgleisungen oder Fehler; doch bei anerkannten Autoren ließ man sie als dichterische Freiheiten oder als Archaismen gelten. Reiches, aber ganz ungeordnetes Material aus alter Literatur bietet Nonius Buch VIII '*de mutata declinatione*', etwa gen. *-ī* bei Nomina der 4. Dekl. (*sumpti quaesti senati* usw.), parisyllabischen Akkus. auf *-em* bei Imparisyllaba der 3. Dekl. wie *herem* Naev. für *heredem*, nomin. *itiner* und gen. *iteris* für *iter itineris*; Vulgärlateinisches bietet die Appendix Probi, s. *Baehrens*, Komm. 102–109. Zu Consentius, De barbarismis et metaplasmis s. *Leumann*, Gn. 14, 438 ff. – Einen Sonderfall bilden die idg. *r/n*-Neutra wie *iter iecur* als „idg. Heteroklitika" (§ 320).

Bei sprachhistorischer Betrachtung erweisen sich nicht nur die Ausnahmen, sondern auch viele normale Paradigmaformen oder Standardformen nach ihrer Bildung als solche sekundäre Neuerungen, etwa nomin. *diēs bōs* als Ergänzungen zu akk. *diēm (> *diem*) *bōm, s. § 318 A 1 b. Nicht nur vom Nomin. sing. her, sondern von einer jeden vielgebrauchten Kasusform aus kann also ein Nomen nach einem Muster anderer Flexion neu weiter dekliniert werden. Alle derartigen Neuerungen sind als momentane Analogiebildungen oder auch als Kontaminationsformen entstanden; meist genügte dafür ein rein formales Paradigmavorbild; gelegentlich ist auch ein semantisches Einzelmuster erkennbar. – Vgl. auch Allg. Teil 65 f. und *J. Egli*, Heteroklisie im Griechischen, Diss. Zürich 1954, 11–24.

Die in der normativen Grammatik anerkannten Ausnahmen dieser Art und Einzelfälle aus literarischer oder grammatischer Tradition sind in der Hauptsache schon bei der Flexion der lat. fünf Deklinationen zur Sprache gekommen. Hier sollen nun solche Flexionsabweichungen noch in einer Anordnung nach den typischen Grundlagen und Voraussetzungen vorgeführt werden, unter Heranziehung auch von volkssprachlichem Material aus den Inschriften. Viele Belege und weitere Einzelheiten findet man bei *Neue-Wagener* I 761–859 („Nomina abundantia"). – Vgl. auch Allg. Teil 65* f.

Die wichtigsten drei Möglichkeiten neuer Flexionsformen sind: (I) **Neuer Nomin. sing. zu den obliquen Kasus**; (II) **Flexionswechsel**, generell oder nur in einzelnen Kasus, **nach doppeldeutigem Nomin. sing. oder Nomin. plur.** (einschließlich Ntr. plur. auf *-a*); (III) **Neubildungen nach Nachbarformen im Paradigma**.

(I.) **Neuer Nominativ durch Rückbildung aus obliquen Kasus.** Zweifellos gilt für den normalen Sprecher und auch für den antiken Grammatiker beim Nomen der Nominativ sing. (mask. beim Adjektiv) als die Grundform, von der aus die Flexion der anderen Kasus festgelegt ist (vgl. dazu § 343b). Insofern können neue Nominativformen nur als Ergänzungen zu einzelnen obliquen Kasus gebildet werden. Dabei gehören allerdings in den Bereich der Stammbildung die in § 257 A 2 angeführten rein flexivisch normalen Fälle wie *merīdiēs* zu lok. *-diē* oder *septem-vir* zu plur. *-virī*. Zur Formenlehre gehören nur die Nominativformen, die anstelle einer bereits bestehenden treten; ein einfaches Beispiel aus der 2. Dekl. ist nomin. *-rus* statt *-er*, so *candelabrus* Petron 75, 10, *aprus* und adj. *t(a)etrus* App. Pr. (s. dazu *Baehrens*, Komm. 103 f.). – Reicher ist das Material nur bei **Nomina der 3. Dekl.** (Ergänzungen zu § 355 Nomin.).

1. **Neuer Nomin. auf *-is* (ntr. *-e*) nach gen. *-is* usw. Substantive** (wie klass. *iuvenis canis mēnsis* fem. *nāvis*, § 357 B 2a). Mask.: *Iovis* Enn. ann. 63 Petron 47, 4; 58, 2 (*Diovis* bei Varro ling. 5, 66). *bovis* Varro Men. 3 Petron 62, 13; *glīris* App. Pr.; *vōmeris* 'Pflug' Cato agr. 135, 2; *pectinis* App.

Pr.; *dentis* u. *fontis* Consent. p. 19, 1 Ndm. Dazu inschr. *municipes* Lex Malac. 5, 67 (zum viel häufigeren Plur. *-ēs*). – Fem.: *carnis* (gen. ?) Liv. Andr. 39, Liv. 37, 3, 4; *Opis* Plt. Bacch. 893; *gruis* Phaedr. 1, 8, 7, App. Pr. Zu *mentis* Enn. und *sortis* Plt. s. Ziff. 2a. Dazu nomin. *lītēs* Pap. Corp. nr. 254, 27 p. 367 (II^p). – Ntr. *lacte* (s. Zus. β). – Adj.: *indecoris* Acc. 193; *paris* (fem.) Atta com. 14, *praecoquis* (fem.) Nov. Atell. 106, *immemoris* Caecil. com. 31 (mask. ?). – Ntr. *excellente* Petron; *dite* Val. Fl.

Zusätze. α) *dītis dīs* und *Dītis Dīs*. Zu dem aus *dīvit-* in den obliquen Kasus verkürzten *dīt-* (§ 144) wurden in allen drei Geschlechtern getrennt neue Nominative gebildet: mask. *dīs* Ter. Ad. 770, fem. *dītis* (*Mycēna*) Priap. 75, 2, ntr. *dīte* (vgl. § 354 C 4 b Zus.) Val. Fl. 2, 296 (dazu plur. *dītia ... templa* Lucan. 9, 515). – Entsprechend beim Namen des Unterweltgottes: zu gen. *Dītis patris* nomin. *Dīs pater* Enn. und *Dītis* Aetna 642 bzw. *Dītis pater* Petron 120 v. 76), dazu inschr. vok. *Dīte pater* (§ 355 vok.). Der Name ist Übersetzung von gr. att. Πλούτων (*Wissowa*, Rel. 309 ff.). – β) Restituierte Nominative sind *lacte* Enn. ann. 352 (vor Kons. nur Caecil. com. 220) und *lact* Varro Men. 26, ling. 5, 104; vgl. *Szemerényi*, KZ 75, 172 oben. – γ) Ntr. sing. *tapēte* Caecil. aus plur. *tapētia*, § 275 E 2. – Lit.: *Ernout*, Philologica I 135 ff.; *Baehrens*, Komm. 102 ff.

2. Neuer Nominativ auf *-s* (imparisyllabisch) statt auf *-is*, nach Mustern. a) *ti*-Stämme, klass.-lat. zwei Gruppen. Fem. Verbalabstrakta auf *-ti-*, mit vorangehendem Kons.: nomin. *mēns mors* für **mentis* **mortis* (gegenüber *sitis messis* usw.) erklärt man konventionell durch Synkopierung, s. § 106, Zwischenstufe **ments* **sorts*. Maßgebend war aber jedenfalls die Möglichkeit einer Anlehnung an einsilbige Kons.-Stämme gleicher Wortstruktur wie mask. *dent-* 'Zahn', auch fem. *noct-* 'Nacht'. Nomin. *mentis* Enn. und *sortis* Plt. (Cas. 380, aber *sors* 300 usw.) sind eher bewahrte Erbformen als nach Ziff. 1 restituierte Formen. – Bei den mehrsilbigen Ethnika usw. auf altlat. *-ātis* ist klass.-lat. *-ās* (*Arpīnās, nostrās*, auch *Samnīs*, § 309 B 1) sicher nicht durch Synkope zu rechtfertigen. – b) Sonstiges *-s* für *-is* (vulglat.). Zu gen. *neptis* inschr. nomin. *neps* VIII 10772; 18694. *orbs* App. Pr. und Ven. Fort. (nach *urbs* gen. *urbis*). Vgl. auch *dēbil homō* Enn. ann. 324 (Vorbild wohl *vigil*) statt *dēbilis*.

3. Nomin. *-s* statt *-ēs*. Klass. *Pollūx* zu gen. *-ūcis*, vgl. *lūx lūcis*, für altlat. *Pollūcēs* (§ 82 am Ende). – Bei appellativen Einsilblern auf *b p* (vgl. *-s* für *-is* in *orbs neps*): *plēbs*, § 361, 3e, *trabs* Varro Men. 391, *saeps* Varro rust. 1, 14, 2, *nūbs* App. Pr., auch Cypr. Gall. – Eher gelehrt nach *urbs* als nach solchen Mustern bildete Ven. Fort. nicht nur *orbs*, sondern auch (carm. 8, 3, 195) *serps* 'Schlange' für gesprochenes *serpēs* (*-ēs* für *-ēns*, § 152 f., vgl. § 363 B 2). – Vgl. *Baehrens*, Komm. 110 f. – Zu Nomin. *-is* statt *-ēs* s. § 307 Zus. 1.

4. Sonstige Angleichungen des Stammes im Nominativ an den der obliquen Kasus oder an den Flexionstypus. a) Formal: *veter* Enn. ann. 17 für *vetus*; *aes* statt **aus* § 330 A 2a; *fel* § 216b. – b) Laute: *hiems* für *hiemps* § 215 b γ; *plēbs merx* für *plēps mers*, § 225 I c; *honor* für *-ōs*. – c) *e* statt *i* in *iūdex comes*, § 99 Zus. – d) Varia: *cornix* für *cornicen* s. § 234 Zus. β. *anceps* für alt *ancipes* s. § 363 B 1. *pestilēns* für **pestilentus*, aus plur. *loca pestilenta*, s. § 302 Zus. a.

363. (II.) **Von mehrdeutigem Nomin. sing. ausgehende neue Flexionen oder Einzelkasus.**

A. **Übergang in andere Deklinationen.**

1. Nomin. -*er* 2. u. 3. Dekl. a) 2. → 3. Dekl. *sequester -trī*, später *-tris* 'Schiedsrichter'. Zu *gener -er-ī* 'Schwiegersohn' : *-ibus* Acc. trag. 65; inschr. dat. *-ī*, nomin. plur. *-ēs*. Vgl. auch inschr. *socri tuo*, offensichtlich nach *patrī*. – b) 3. → 2. Dekl. bei Adjektiven. Mask. *paupero-* (*-ōrum* Petr. 46, 1), vielleicht über fem. *paupera* § 269 B 3 d. Ntr. *ācrum* App. Pr.

2. Nomin. -*us* mask. (fem.) 2. u. 4. Dekl., dazu ntr. 3. Dekl. a) 4. → 2. Dekl. Altlat. nur gen. sing. *senātī tumultī* usw., s. § 359. Inschr. plur. nomin. *passī* 'Schritte' IV 1734, akk. *gradōs* D 386; dat.-abl. *lacīs porticīs* Gl. 27, 78 unten. – Im Romanischen sind wegen nomin. akk. -*us* -*um* die Nomina der 4. Dekl. mit denen der 2. zusammengefallen. Belege für vulglat. inschr. abl. *-o* statt *-u* bei *Prinz, o et u* 140 f. – b) 2. → 4. Dekl. Neben plur. *fāstī* 'Fasten, Annalen' auch akk. *fāstūs* (Muster *statu-* neben *statī diēs* ?) seit Varro frg. 230 Fun., Hor. carm. 3, 17, 4 (v. app. crit.), dazu abl. *-ibus* Lucan. 10, 187. – Sing. dat. *vēnuī dare* Apul. künstlich für alt *vēnum dare* (*vendere*, § 228 I b), wohl nach *ūsuī dare*. – Andersartig, weil älter als der Lautwandel *-os* > *-us*, ist der Wechsel 2./4. Dekl. bei Götter- und Baumnamen (*Iānus, quercus*) und bei *domus*, s. §§ 264, 2 a u. 265 a α. – c) 2. → 3. Dekl. *-us -ī* und *-us -oris*: neben *cibus* 'Speise' plur. *cibora* Prob. gramm.; weitere Beispiele im Mittellatein; s. *Niedermann*, Gn. 5, 572 und Mnem. 11, 1943, 126; *Löfstedt*, Verm. Stud. 164 f. – d) -*us* ntr. 3. Dekl. und -*us* mask. und ntr. 2. Dekl. Als morphologisch koordinierte Bildung steht neben ntr. *pondus -eris* (statt **pend-*) das mask. **pondus -ī* in abl. adv. *pondō*, § 330 A 3. Noch auffälliger ist die Vermengung der beiden Stämme bei (ntr.) nur sing. *vulgus* 'Volksmenge' aus *o*-Mask. *volgo-* und *es*-Neutrum **velgos* > *volgus*. Alt ist der *o*-Stamm im Abl. als Adverb *vulgō* Plt. (mit verb. denomin. *vulgāre*) und in den obliquen Kasus (mask. ?), auch in akk. *vulgum* bei Dichtern (Acc., Lucr. 2, 921, Verg. Aen. 2, 99) und in Prosa vor allem bei Historikern (Sisenna, Caesar, Nepos, Sall., Liv.), auch bei Varro Men. 359; dazu nomin. mask. ebenda 81 *si vulgus secutus esset*. Die Neutralform *vulgus* (nomin. und akk., keine andere Kasusform) gelangt mit Terenz und Cicero zu allgemeiner Anerkennung. – Neben *viscus*, meist plur. *viscera* 'Eingeweide' inschr. akk. *viscum sacrum* '*penem* (?)' D 801[2], 33 p. 87. – Unklar *vīrus -ī* ntr. 'Gift' gegenüber gr. ὁ ἰός altind. ntr. *viṣam* (lat. Geschlecht kaum nach *venēnum*).– Zu *pelagus* ntr. akk. *-um* s. § 365 B 2. – Zu *pecus -udis* f. für *pecus -oris* s. § 335, 1 a Zus. – Ntr. plur. *vulta* Enn. ann. 464 steht neben *vultus -ūs* wie *to*-Ptc. *ēventum* neben *tu*-Abstr. *ēventus -ūs*.

3. Bei Nomin. -*ēs* 5. → 3. Dekl.: zu *plēbēs famēs Achillēs* altlat. gen. dat. *-ei -ei* der 5., jünger *-is -ī* der 3. Dekl., s. § 361, 3 c.

B. **Wechsel innerhalb der 3. Dekl.**

1. Imparisyllaba als Parisyllaba flektiert bei Nominativausgängen -*ēs* -*es* -*is*. a) -*ēs* (-*ētis*): akk. *mānsyem* Varro. Zu *requiēs* nach der 5. Dekl. s. § 270 Zus. δ. – b) -*ēs* (-*ēdis*): akk. *hērem* Naev. com. 58. – c) -*es* (-*itis*) inschr. dat. *Supersti* NSc 1920, 40 nr. 39. Abl. *praecipe* s. unten. – d) -*is* (-*idis*) abl. *lapī* Enn. ann. 398; vgl. auch abl. *Thetī* § 365

C 3 b. – e) *-is* (*-inis*; nomin. *sanguis* § 152 a): akk. *sanguem* Act. Arv. a. 218ᴰ. – f) *praecipes -itis* und *praeceps*. Altlat. nomin. nur *ancipes* (Plt. Rud. 1158), *praecipes*; nomin. *an- bi- prae-ceps* seit Cicero. Zu nomin. *praecipes* heteroklit. abl. *praecipe casu* Enn.; aus abl. *praecipe* usw. retrograd nomin. (klass.) *praeceps*, wohl in Anlehnung an *princeps*. Also *praeceps* nicht synkopiert aus *-cipes* bzw. *-caput-s*, so *Szemerényi*, Sync. 380 mit Fußn.

2. Parisyllaba als Imparisyllaba flektiert. a) Neu sing. *-ēs -entis* bei beliebigen Namen auf *-ēs*, nach Typus *Pudēs -entis* (§ 152 e u. f): dat. *Herculenti* VI 31158 al. (daraus retrograd nomin. *Herculens* App. Pr.; falsch darüber *Baehrens*, Komm. 96 f.); fem. *Spēs* dat. *Spenti* IX 1204. Auch zu adj. *praegnās* spät gen. *praegnantis*; aber nicht *pūbent-* Verg. zu adj. nomin. *pūbēs* (so *Schwyzer*, KZ 56, 10³), s. § 415 D 2 d. Auch bei *-ĕs*, nach Vereinheitlichung der Vokalquantitäten: *Superstens* III 410, dat. *-stenti* XII 5827. – b) Neu s-Plural *vīs vīrēs*, *spēs spērēs* s. § 330 C Zus. 3.

3. Kompliziertere Fälle. a) *glando* (*-inis*) Avienus für *glāns glandis* 'Eichel'. Der gen. *glandis* Verg. gg. 4, 80 f. (*non densior . . . grando, nec . . . tantum pluit ilice glandis*) wurde von Grammatikern als nomin. gefaßt und nach *grando* zu *glando* umgestaltet (anders *Baehrens*, Komm. 113 f.). – b) *glūten -inis* ntr. und spätlat. (Auson.) *glūs glūtis* fem. 'Leim'. Das Übergangsglied bildete m. E. akk. *glūten* (*taurīnum* usw.), als Akk. verdeutlicht zu *glūtem* (so *taurīnam*), wozu neu nomin. *glūs*, s. Gn. 13, 29. Doch s. auch *Niedermann*, Neue Jbb. 29, 1913, 325.

364. (III.) Neue Kasusformen, meist nach Nachbarformen im Paradigma; vorwiegend Pluralformen.

1. Basisform Nomin. plur. auf *-ēs*: 3. → 5. Dekl. gen. plur. *-ērum*. *sordērum* Plt. Poen. 314 (sonst *sordium*). – Vorklass. *-ērum* bei Kons.-Stämmen für *-um*, Typus *bovērum* (Quantität des *e* nicht metrisch faßbar): *boverum* und *Ioverum* (!) zitiert Varro ling. 8, 74; Cato agr. 62 *quot iuga boverum mulorum . . . habebis*; beim Annalisten Gellius (hist. 31) *regerum* und *lapiderum*; inschr. *Thraecerum* XIII 8319. Als *-ērum* betrachtet schon von *Löfstedt*, Spätlat. Studien 55¹, der daneben auch auf inschr. *menserum meseru* nach *diērum* in Altersangaben auf Grabsteinen verweist.

Sachlich eine individuelle Neubildung war plur. *Iovēs* zu *Iuppiter Iovis*, ebenso wie griech. Ζῆνες Ζᾶνες zu Ζεύς Ζηνός (vgl. *Leumann*, Hom. Wörter 288–293); vermutlich ist also gen. *Iovērum* das Prototyp und als solches zunächst Vorbild für *bovērum* statt des geläufigen *bovom boum*. Und zwar wurde nach *diērum* neben *diēs* gen. *Iovērum* gebildet; die Vermittlung bot *Diēs-piter* neben *diēs*. – Gezwungene Erklärungen als *-ērum*: *Sommer* 384 *boverum* aus **bovi-sōm* nach *bovibus* (aber ausgerechnet neben der Musterform *boverum* steht dat. *būbus*). *Pisani*, StIt. 12, 291 [Gl. 27, 68]: *iuga boverum* nach gen. plur. *iūgerum*. *Ernout* in E.-M. sub *ānser*: Suffix *-er-*.

2. Basisform Ntr. plur. auf *-a* (2., 3. u. 4. Dekl.). 3. (u. 4.) → 2. Dekl. *-a* gen. plur. *-ōrum* als erster Schritt. a) Nur gen. pl. *-ōrum*. Beliebige Appellativa: *holerōrum* Cato, Lucil. 510; *genuōrum* (zu *genua*, 4. Dekl.) Vitr. Chiron; ähnlich *tonitruōrum* (s. *Bonnet*, Grég. 358). Inschr. *aerorum* häufig (*aera* 'Dienstjahre'), nach *stipendiōrum*. – Speziell *-ia* → *-iōrum*, meist bei substantivierten Ntr. plur. auf *-ālia*. Festesnamen: *Bacchānāliōrum* Sall., *Sāturnāliōrum Agōnāliōrum* usw. (s. Macr. Sat. 1, 4, 5–16), inschr. *parentaliorum* V 4489, 13. Sonstige Nomina: *vectīgāliōrum* Macr., inschr. *nauáliorum* XIII 6714, *ancīliōrum* Hor. carm. 3, 5, 10 (zu *ancīle*, § 209b), *conclāviōrum* Vitr. zu *conclāve*, inschr. *missīliorum* VIII 12425. – b) Voller Plural mit *-ōrum -īs*: *vāsa*; Lehnwort *poēmata* usw., s. § 365 B 4e. Nur dat.-abl. *mūniīs*

IV^p zu fast flexionslosem *mūnia* 'officia'. – c) Neuer Singular auf -*um*. Volkssprachlich *vāsum ahēnum* Plt. Truc. 54 (vgl. Petr. 51, 4); *cochleārium* 'Löffel' App. Pr.; *altārium* Christ.; *bellārium* Paul. Fest. (vgl. *bellāria* § 313, 3a Zus.); *dulcium* 'Süßigkeit' Macr. (sonst plur. *dulcia*), ähnlich gr. βρέβιον (Thes. sub *brevis* p. 2179, 77); *iūgerum* § 330 A 2b; *tonitruum* (gen. -*uī* Varro Men. 412) aus plur. -*ua* Ov. met., ntr. für mask. -*ūs* nach *fulgura*. Vgl. gr. sing. μείλιον 'Meile' NT aus plur. μείλια (entlehntes lat. *mīlia*). – d) Umgekehrt *violentus* 2. → -*ēns* 3. Dekl. über plur. -*enta*, s. § 302α Zus., auch zu *fluentum* für -*ent*-. Zu gr. Μεγαλήσια 2. → lat. *Megalēsia* 3. Dekl. s. § 315, 1a Zus.

    3. -*a* ntr. plur. und -*a* fem. sing. (Grenzgebiet zwischen Flexion und Wortbildung). a) Die als Ntr. plur. der *o*-Stämme fungierende Form auf -*a* war ursprünglich als Kollektivum ein singularisches *ā*-Femininum (s. *Szantyr*, Synt. 9 § 17; erkannt von *Joh. Schmidt*, Pluralbild. d. idg. Neutra 18 ff., vgl. *Schwyzer* II 607β); Nachwirkung in *opera* 'Mühe' neben Kons.-Stamm plur. *opera* 'Werke' (vgl. § 267 b). – b) Im Romanischen bzw. im Vulgärlatein erfolgt vereinzelt Umwertung eines kollektiv auffaßbaren Ntr. plur. zum Fem. sing.: *castra* -*ae* Acc. praet. 16, als Ortsname Inschr. Gl. 42, 86 unten; *aera* 'Aera'. Vgl. frz. *la joie* aus plur. *gaudia* (Plt. Ter.), *la force* aus substantiviertem ntr. plur. *fortia* (§ 259, 2), *la feuille* aus *folia*, *la voile* 'Segel' aus plur. *vēla* (aber *le voile* 'Schleier, Vorhang' aus sing. *vēlum*). S. dazu *E. Löfstedt*, Komm. 134 f.; *B. Löfstedt*, ALMA 29, 14 (mit. Lit.); auch *Ilse Schön*, Ntr. u. Koll. (Morphem -*a*) im Lat. u. Roman., Innsbruck 1971; *Nehring*, Gl. 14, 120 oben. – c) Umgekehrt bei späten Dichtern Verwendung von Singularformen auf -*a* (griech. -α), fem. *gaza* und akk. mask. *aethera āera* (αἰθέρα ἀέρα), als ntr. plur. durch Umdeutung alter Dichterstellen, *gaza* Drac. (Verg. Aen. 1, 119), *aethera* Ven. Fort.; s. *Leumann*, Kl. Schr. 149².

4. Ausbreitung gewichtiger Pluralendungen. a) Gen. plur. -*ōrum* neben der 3. Dekl., fast nur inschriftliche Belege (s. Thes. s. vv., *Diehl* Christ. III Indices): *mensorum* (zu *mēnsis*) nach *annōrum*; *parentorum* (neben -*es* -*ibus*) CE 1568 nach *līberōrum*; danach auch *fratrorum* Dessau III 2 p. 851, Gl. 18, 247; *martyrōrum* Peregr. Aeth. (nach *sānctōrum*); *mulierorum* (!) IV 5213 nach *virōrum*. – b) Gen. plur. -*uum* neben -*ēs* der 3. (nach dat. pl. -*ibus*?): *fratruum* mehrfach; *virtutuum* XI 3873 (Muster etwa *sūmptuum*); *mensuum* (zu -*ibus* nach *iduum* -*ibus*). – *ālituum* Lucr. Verg. (für *ālitum* – ∪ – von *āles* 'Vogel') ist in *alituum genus* umgedeutet aus einem Adj. *ālituus*, s. *Leumann*, Kl. Schr. 150³. – c) Dat.-Abl. plur. -*bus* bzw. -*ibus* zu Nomina der 2. Dekl. Zweifelhaft literarisch *pannibus* Pompon. Atell. 70 (Muster ?); *a tergibus* Lucr. 2, 88. – Sicher inschriftlich von Personalnomina: *dibus* (*ī*, für *dīs*), meist neben *Manibus* oder *Penatibus*, auch in Opposition zu fem. *deābus*; *fīlibus* (zu *fīlius*), *nātibus* (zu *nātus* 'Sohn'); *avibus* (nach *nepōtibus*?); *amīcibus*; *vetrānibus* (nach *mīlitibus*?). Dazu auf Grabschriften auch *suibus* (für *suīs*) VI 11839 u. 35381, *sibi et sybus* (*y* für *ui*) VI 26896; s. auch *suobus* § 350 Dat. litt. b. Ferner inschr. *Matrabus* (nach *deābus*) und als Umkehrung dazu *Matris* '*Mātribus*' XII u. XIII.

5. Vereinzeltes. 4. (→ 3.) Dekl. Gen. -*uis* nach dat. -*uī*, s. § 359 (gen. c). – Abl. mask. sing. *impete* Lucr. Verg. (Versausgang *impete magno* sim.) von plur. *impetibus* aus; beide Formen aus Versnot für *impetū*, s. *Leumann*, Kl. Schr. 150². – Zu *os ossis* 'Knochen' für plur. *ossa* auch *ossua* -*uum* (davon *ossuārium* 'Urne', *ossuōsus*); erster Beleg anscheinend gen. plur. *ossuum* Pacuv. trag. 102; Musterwort: *artua* nach *Leumann*, Kl. Schr. 41; *cornua* nach *Svennung*, Comp. Luc. 119. Oder sing. *ossu* aus *ossum* (akk. Cn. Gell. 26)?

4. EINGLIEDERUNG GRIECHISCHER NOMINA UND NAMEN

365. Die volkssprachliche Übernahme griechischer Appellativa und Eigennamen, von der hier vorwiegend zu sprechen ist, beschränkt sich im Prinzip auf die Nominativform, womit zugleich die lat. Flexion und das grammatische Geschlecht festgelegt ist; sexuelle Maskulina auf -*a* behalten natürlich das genus masculinum. Die griechische Nominativform wird, soweit erforderlich, an eine geläufige der lat. 1. bis 5. Deklination angepaßt. Die elementarsten Fälle sind folgende. Gr. -ος mask. und -ον ntr. wurden in vorliterarischer Zeit als -*os* -*om* wiedergegeben; nach deren Wandel zu -*us* -*um* ist lat. -*us* -*um* als Entsprechung zu gr. -ος -ον festgelegt. – Griech. Feminina auf -ᾱ und -ᾰ sind durch lat. -*a* in ihrer Flexion bestimmt; da gr. att. -ίας und dor. -ᾱς der Maskulina nur als -*a* latinisiert werden konnte, so gehen auch diese nach der lat. *a*-Flexion; jedoch als Appellativa für Sachen usw. werden sie lat. Feminina (κοχλίας 'Schnecke' mask., *coclea* fem.), sonst bleiben sie Maskulina (ναύτης *nauta*, Σωσίας *Sōsia*, vgl. lat. mask. *scrība Sulla*). – Griech. -ων (gen. -ωνος und -ῶντος) erscheint als lat. -*a* (gen. -*ōnis*), Namen *Plato*, *Dēmipho*. – Im Folgenden wird das Material nach den ersten drei lat. Deklinationen geordnet, nicht nach der griech. Flexion.

Zusätze. a) Äußere Hinweise auf volkstümliche Übernahme sind unter anderem bestimmte Lautwiedergaben (*p t c* für gr. φ ϑ χ; *s*- -*ss*- für gr. ζ; s. § 135, 3); volle Latinisierung als Lehnwort ergibt sich aus der Bildung von lat. Ableitungen etwa in *chart-ārius* § 277, 2g, demin. *ampulla* zu *ampora* § 165 aα, auch *sīpunculus* § 282 C 2 b. – Zum Material im Ganzen s. § 249. Nomina, die als Literaturwörter ins Latein übergehen, zeigen, wie um der Vollständigkeit willen erwähnt sei, oft rein griechische Stammformen und selbst Kasusformen, so von Ennius an in der Hexameterdichtung, teilweise unter dem Druck des Metrums, akk. *aethera āera* Enn. Lucr., *aegida* Verg., akk. plur. *crātĕrăs aēnŏs* Enn., *Hectora* Acc.; später -*os* -*on* für -*us* -*um*; gr. -ίδης als lat. hybrides Suffix *Virginēs-vendōn-idēs* ua., Plt., s. § 320 A 5; mask. -*ēs* -*ēn*, etwa *anagnōstēs* -*ēn* 'Vorleser' Cic. fam. 5, 9, 2; die Schulwissenschaften die Substantive flektieren bei Quint. auf -*icē* (akk. -*icēn*, gen. -*icēs*, abl. -*icē*), so *grammaticē mūsicē rhētoricē* 1, 4, 4–6; 1, 10, 17; 2, 14, 3 und sonst, gegen älteres (adjektivisches, sc. *ars*) *grammatica* Varro Cic.

b) Zum Nomin. sing. als Übernahmeform s. *Frei* 3–5. Zur Wiedergabe der griech. Laute im Latein s. oben § 85 für Vokale, § 135, 3 für Konsonanten. – Für Materials. *Bednara*, ALL 14, 354–360; *Frei-Korsunsky* (im Griechischen unbezeugte Nomina); *Zwiener*, De vocum gr. ... usu (sc. Iᵖ), Breslauer philol. Abhandll. IX 6, 1909; auch *Pieske* 8. – *C. de Simone*, Die griech. Entlehnungen im Etruskischen I, II, 1968/70.

A. Griechische Nomina in der lat. 1. Dekl., also nomin. -*a* bzw. plur. -*ae* (Auswahl von Beispielen).

1. Nomina der griech. ᾱ-Dekl. a) Fem. auf -ᾱ, -ᾰ; auch auf att. u. ion. -η, dor. -ᾱ, da die meisten den Römern in der Frühzeit in dor. Form auf -ᾱ bekannt wurden, einige vielleicht als Plurale auf -αι, woraus lat. -*ae*. α) Sachbezeichnungen. *amurca* (-*ga* Ov.) § 87 (*o*); *ancora* § 85 B 4bγ; *angina* § 291a, *cērūssa*, *cista*, *corōna*, *crāpula* § 79b Zus., *crupta*, *gastra*, *harpaga* (*Leumann*, Kl. Schr. 176²), *hēmīna*, *māchina* § 88 (*a*), *malacia* 'Windstille' Caes., *mina* μνᾶ, *olīva* § 43c, *platea* § 72, *poena* § 158a, *rēsīna* § 181b, *scaena* § 78, 2c, *scutica* § 52a; plur. *comae*, *lautumiae* § 85 C 2; Städtenamen *Athēnae*, *Thēbae*, *Syrācūsae*. – β) Weibliche Namen. *Alcumēna* § 114bβ, *Hecuba* § 92 A (*a*), *Mēdēa*; dazu *Bacchae* (akk. pl. *Bacas* SCBacch.).

b) **Grammatische Mask.** auf -ᾱs -ης (bes. mit griechischen Suffixen nom. ag. att. -της sowie -ᾶς -ίας). α) **Sachbezeichnungen**, also im Latein Feminina: *artopta* Plt. Aul. 400, *authepsa* (*Frei-Korsunsky* 11), *ballista* (ib. 46), *catapulta* § 91aα, *cataracta* κατα-(ρ)ράκτης 'Fallgatter' Liv. 27, 28, 10, *charta* χάρτης (vgl. § 277, 2g), *hermae* 'Ερμαῖ, *margarīta* 'Perle' Cic. Petr., *metrēta* μετρητής 'ein Maß', *paenula* φαινόλης § 165aα, *spaerīta* und *scriblīta* (§ 193, *str-*) 'Brotsorten' (ib. 37), *tiāra* (aber *sacerque tiārās* Verg. Aen. 7, 247). Für gr. -ης gen. -οῦς *druppa* § 102. – β) **Tiernamen**, fem. akk. *amiam* Paul. Fest. ἀμίας 'Thunfisch', *coclea*, *opthalmia* Plt. Capt. 850, *saperda* 'Sardelle', *trūcta* § 56, 2; *sīmia* 'Affe' (*Frei-Korsunsky* 38, aber *catōblepās* Mela, s. ib. 12).

c) **Sexuelle Mask.** (Personenbezeichnungen), lat. mask. α) **Appellativa.** Nomina agentis auf -τᾱς (att. -της), Typus πο(ι)ητής *poēta*, ναύτης pl. -αι *nauta* pl. -ae (verdeutlicht *nāvita*, poet. seit Plt., *Leumann*, Kl. Schr. 148[2]). Bei Plautus weiter: *conchīta*, *danīsta*, *prōrēta*, *sȳcophanta* (mit -*ārī*); weiter etwa *analecta* *ἀναλέκτης, *āthlēta*, *baptista*, plur. *homēristae* Petr. 59, 3, *mystae* inschr. um 100[a] (so D 236 f.), *pīrāta*, *prophēta*, *proxenēta*, *sophista* Cic.; dazu wohl *nacca* '*fullo*' Paul. Fest. *νάκτης zu νάσσω. – Andere Bildungen. Bei Plautus *drāpeta*, *mastīgia*, *prōpōla*; ferner *pincerna* § 133 I, *satrapa*; *spintria* (*σφιγκτρίας). Dazu -*a* für griech. -ής gen. -οῦς in *indigena* § 268 C 1a. – Einwohnername *Areopagīta* (gr. -της) NT act. apost. 17, 34. – Flußname *Eurōta* Trag. inc. 207; Meer *Ādria*, *Hādria* ('Ἀδρίας) Hor. epist. 1, 18, 63 usw. (mit mask. Adj. mehrfach). – Als Suffix entlehnt -*ida* (-ίδης): *rapāc-ida* Plt., s. unten E 1.–β) **Männernamen** auf -ᾱς -ᾶς -ης (gen. att. -ου, dor. u. hellenist. -ᾱ). Aus Mythologie, altlat. *Aenea* Liv. Andr., *Pelia* (vgl. Quint. 1, 5, 61), *Tīresia* Lucil., *marsua* 'Marsyas-Statuette' Hor.; inschr. *Melerpanta* D 766 'Βελλεροφόντης'. Dazu *Pterela* Plt. Amph. (-λᾶς aus -λᾱος). Aus lat. Komödie: *Clīnia* Κλεινίας, so auch *Phaedria*, *Dēmea*, als Sklaven *Leōnida*, *Geta*; später *Hermia* und *Pausania* Cic. Besonders -*a* für gr. hellenist. -ᾶς, so inschr. *Dāma* D 61, *Sōta* 126; bei Autoren: *Aegypta* Cic. Att. 8, 15, 1; bei Horaz *Apella* ('Ἀπελλᾶς, vgl. -*ēs* § 366, 2a), *Dāma Epaphra Mēna Mūsa* (Arzt des Augustus). Auch osk. *Santia* 'Ξανθίας'. – Alte Cognomina: von Römern: *Chaerea*, *Thrasea*, *Glaucia*; *Pinthia* (Φιντίας) Val. Max. 7 c. 2, 4; von lat. Adj. *Mancia*. – -*a* aus osk. -ā(n)s in *Messāla* und *Lūcā bōs* s. § 295, 1a Zus. γ.

2. **Neutra auf -μα -ματος**, lat. Fem. -*ma* -*mae* im Altlatein. Akk.: *glaucūmam* 'grüner Star' Plt. (γλαύκωμα), *diadēmam* Pompon., *dogmam* Laber., alt auch *stigmam* Petr. 45, 9 u. 69, 1 (στίγμα, nicht στιγμή). Abl.: *syrmā* Afran. com. 64; Senarausgang *servīlī schēmā* Plt. (hellenist. σχέμα Hes. mit ε für η wie θέμα für θῆμα), dazu akk. plur. *schēmās* (σχήματα) 'Redefiguren' Petr. 44, 8. Erst später bezeugt: *cȳma -ae* (§ 85 B 3cα), *sagma -ae* (§ 200a Zus.), *paramma -ae* 'Ledersattel' Ed. Diocl. (*παρ-αμμα). Vgl. auch *grōma* §§ 56, 2, 192; *lacrima* § 289a. – Als Hetärenname *Philēma -ae* Gl. 42, 86 unten.

Lit.: *Szantyr*, Synt. 12 § 18c; *Frei* 3f.; *Lenchantin de Gubernatis*, Rev. phil. 50, 189; *Frei-Korsunsky* 62 u. 65 (*schēma, syrma*).

3. **Kons.-Stämme mask. u. fem., Typus lat. fem.** *crātēra lampada* gr. κρᾱτήρ -ῆρος mask., λαμπάς -άδος fem.

a) **Geräte** usw. Altbezeugt: *crātēra* Enn. Cic. Hor. Liv. (vgl. Zus.); *statēra* 'Waage' Varro Cic. (s. *Frei-Korsunsky* 84); *phalanga* 'Walze' (φαλαγγ-); *magida* 'Schüssel' Varro ling. 5, 120; *placenta* 'ein Kuchen' Cato (*πλακοεντ- πλακοῦντ-); *spēlunca* § 158c; *coclācae* 'runde Kieselsteine' Paul. Fest. (κάχληκ- bzw. dor. *κοχλᾱκ-). Ortsnamen: *Ancōna* in Picenum Cic. Caes. 'Αγκών, *Gortȳna* Lucan. – Später belegt: *absīda* Christ. ἀψῑδ-; *hebdomada* 'Woche'; *lampada* Avien. (aber *lampas -adis* Plt.). – b) **Lebewesen.** *sphinga*; *strīga* 'Hexe' Petr. 63, 4 u. 8 στρίξ (aber abl. plur. *strīgibus* Plt.). *attagēna* Varro Men. 403; *panthēra* πανθήρ (?). – Mask. *Numidae* mit *-icus* Sall., νομάδες mit *-ικός* Polyb. (s. *Classen*, ClQu. 13, 1968, 85–87).

c) **Einzelheiten.** Neben *crātēra* auch *crēterra* (ion. κρητήρ) Naev. carm. 7 (*-erra* für *-ēra* stammt kaum von Naevius, vgl. § 15); vgl. *Frei* 7. – Zu *crĕpĭda* s. § 85 B 4 bβ. – Lat. *cassĭda* 'Helm' Verg. ist wohl Umsetzung von lat. *cassis* nach griechischen Mustern. – Äußerlich gleichartig, aber kaum hierher gehörig: *sporta* § 49b; *taeda* 'Fackel' angeblich gr. akk. δαῖδα (δᾷδα). Inschr. alt *Crisida* s. § 85 B 3 cα ist unveränderte Verwendung von gr. hom. akk. Χρυσηΐδα (*Creisita* meint *criseita*).

Zur **Vorgeschichte**. Der Flexionswechsel führte über einen Akk. *-am*, so nach gr. hellenist. *-αν* für *-α* (στατῆραν μητέραν, *Mayser* I ¹199, I ²2, 46 Mitte), vgl. neugr. ἡ λαμπάδα; s. *Schwyzer* I 563 Ziff. 1. Zum Latein s. *Frei* 8; *Väänänen*, Neuphilol. Mitt. 39, 1938, 305–314); *Altheim*, Spr. 396f.; *Immisch*, N. Jbb. 29, 39; auch *Bonnet*, Grég. 365; N.-W. I 495ff.

4. **Varia.** a) Gr. *-ᾱς -αντος* mask. → lat. *-a -ae* fem. : *cilliba* (plur. *-ae* Paul. Fest.), neben *-ās* mask. 'runder Opfertisch' Varro ling. 5, 118/121. – Männernamen: abl. *Calchā* Plt. Men. 748, gen. *Antidamāī* und *-ae* Poen. 1045/47, inschr. gen. *Athamae*; dazu vok. *-ā* wie gr. *-ᾱ*, neben nomin. *-ās* (*Atlā, Pallā*), *Schulze*, Kl. Schr. 86. – Angefügt sei Cogn. *Mela* (*Pomponius Mela*), gr. Μέλᾱς gen. *-ανος*. – b) **Griech. Feminina auf *-ος* als lat. *a*-Stämme**, teilweise wohl nach bereits gr. Nebenformen auf *-ᾱ* : ἡ λάγῡνος lat. *lagoena lagūna* § 85 B 3 cβ. ἡ ἀργῑλος 'Tonerde' lat. *argīla* (> *argilla*, mit *-ill-* nach *favilla* sim.); davon abgeleitet *argīlētum*, § 300b Zus. *diōta* sc. *amphora* Hor. carm. 1, 9, 8, δίωτος -ον 'zweihenkelig'. – Tiername ἡ ἄποκος lat. *apica*, s. § 88 (o). Zu ὁ κηρός lat. *cēra* s. § 299, 1 d. – c) *amphora* für gr. *-ευς*, s. unten B 3. *pausa* Plt. aus imper. med. παῦσαι (denomin. *pausāre*, erst IVP); s. *Leumann*, StCl. 10, 11, vgl. *Szantyr*, Synt. § 18c Ende. *druppa* s. oben 1 b a.

B. **Griechische Nomina in der lat. *o*-Deklination.**

1. **Griech. *o*-Stämme.** a) *-us* mask.: *gōbius* § 158c, *cygnus* § 200a; *discus, saccus, soccus* § 165 aα; *circus, pontus, scopulus; dolus* usw. Namen: *Homērus* usw., *Achīvī* § 95, *Argīvī* § 145 dα usw. Fem.: Städte und Inseln, so *Corinthus, Dēlus*. Zu nomin. gr. *-ρος* lat. *-er* s. Zus. β. – b) *-um* ntr.: *oleum* § 72, *mālum*, *cotōneum* § 49b (zu *vīnum* gr. οἶνος s. § 65 Zus. a); *cadūceum* § 162bγ; *balneum* § 118; *archīvum* ἀρχεῖον § 281e; *talentum* § 87 aα. Deminutiva auf gr. *-ιον -άριον* usw. (im Griechischen teilweise unbelegt) s. §§ 275 E 2 u. 277, 2g. – c) **Adjektiva**: *glaucus, burrus* § 164bγ. Mit griech. Suffixen: *-ινος* (§ 291b) *prasinus* (dazu subst. *crocinum* 'Krokusöl' Plt.); *-ῷος* (§ 266d) *arctōus* usw.; *-ικος -τικός* (§ 303) *danīst-icus* Plt., *exō-ticus* Plt.

Zusätze. α) Adverbien auf *-ως -ικῶς* durch Plautus umgesetzt in lat. *-ē -icē*: *prothȳmē, euschēmē* (mit *haud in-euschēmē* *οὐκ ἀνευσχήμως, § 333 IV A 2a); *basilicē* und *dūlicē, āthlēticē* und *pancraticē* (*παγκρ.) Bacch. 248 (danach hybrid lat. *pugilicē* Epid. 20); *cōmoedicē*; (*per-)graphicē*; dazu *mīmicē* Catull 42, 8. Erst später lat. *-ōs -icōs* : *sophōs* 'bravo' Petr., *geronticōs* Augustus (bei Suet. 71, 2). – β) Für griech. nomin. sing. -ρος lat. teils *-rus*, teils latinisiert *-er* (vgl. Erbwort ἀγρός *ager*): Hinter zwei Kons. : *conger* § 158 c, *scomber*; Menander Ter.; *Alexander* (auch D 62); *Euander* Verg. (neben *-drus* mit vok. *-dre*), *Thymber* (mit Vok. *-bre*) Verg.; Fluß *Maeander* Lucan. Hinter anderer Länge : *Teucer* Verg. Hor. (wohl aus altlat. Tragödie). – Daneben *-rus* : inschr. *Alixentros* D 765, *Alexandrus*, *Nīcandrus* D 130. – Hinter kurzer Silbe: Adj. *podager* Enn. ποδαγρός. Subst. meist *-rus* : *trimetrus*; *cedrus* κέδρος 'Zeder', *citrus*; Namen *Codrus*; *Sceledrus* Plt. Mil.; *Meleagrus* Ov. (Metrum!). – Inschr. *-phor* für -φόρος: *Nīcēpor* D 639, 669, *Telesphor* VI 26594. Vgl. *barbar hilar* bei Grammatikern, dazu *Baehrens*, Komm. 104.

2. **Neutra auf -ος** (gen. -εος bzw. att. -ους): volkssprachlich lat. mask. (sic) *-us -ī*; zu ntr. lat. *-us* vgl. auch § 363 A 2d. *pelagus -ī* 'Meer' (nur *-ī -ō* Catull, Cic. Arat. usw.; akk. *-um* Corn. Sev.); akk. *-us* und genus ntr. nach τὸ πέλαγος nur in der Kunstdichtung, s. *Leumann*, Kl. Schr. 155 f. – *cētus -ī* τὸ κῆτος 'ein Meerfisch' 'Meer-Ungeheuer' (auch als Sternbild): akk. *-um* Plt. Capt. 851, gen. *-ī* Manil. Colum., dat. *-ō* Varro Men. 406, nomin. mask. *-us* Manil. Vitr. (aber gr. plur. *immānia cētē* Verg. Aen. 5, 822). – *fūcus -ī* seit Plt., τὸ φῦκος 'Schminke' (zu *f* für φ s. § 165 g α). – *melus* μέλος 'Lied': *-ō* Acc., akk. mask. *-um* Pacuv. 312 Nov. (aber griech. ntr. sing. *melos* Naev. Enn. Hor.; plur *melē* i. μέλη Lucr.). – τὸ Ἔρεβος 'Unterwelt': *Erebī -ō- um* Verg. – Stadtname τὸ Ἄργος: als Zielakkus. (Ἄργος ἱκέσθαι Hom.) *Argŏs venīre umgedeutet zum Akk. plur. *Argōs*; danach abl. (lok.) *Argīs* Plt., Varro rust. 2, 1, 6, *Argeis* D 288; nomin. *Argī* nach Varro ling. 9, 89 erst Liv., Sen. trag., Stat.

3. **Griech. Suffix -εύς. Mytholog. Namen** (gen. -έος und -έως) altlat. Suffix zweisilbig *-e-us* (gen. *-ĕī*) und einsilbig. *-eus* gen. *-eī* : gen. *Nērĕī* Liv. Andr. Pacuv., *Nērei* Enn. Plt., usw.; klass.-lat. nur einsilbig, meist gen. lat. *-ei*, dat. gr. -ει lat. *-ei*; s. *Leumann*, Kl. Schr. 124², *Lenchantin de Gub.*, Arch. Rom. 3, 1923, 64–66; N.-W. I 504 ff. Zu lat. *-ēs* für -εύς in *Achillēs Ulixēs* s. unten D 1. – Hafen Πειραιεύς gen. att. -αιῶς lat. *Pīraeus*, metrisch belegt – – – *-um -ō -ī* seit Plt. Ter. Catull. 64, 74; s. zu *-um* auch Cic. Att. 7, 3, 10. – *amphora* 'Amphore' für gr. ὁ ἀμφορεύς : wohl aus akk. *ἀμφορέᾱν (d. i. -ρᾶν, mit -ν nach oben A 3a) aus att. ἀμφορέᾱ Ar. frg., vgl. ἀμφορεᾱφόρος (beides Suda; vgl. *Frei* 7).

4. **Sonstiges.** a) Griech. nomin. -ύς > lautlich lat. *-us. botrus* 'Traube', dazu *botruo* § 322 B 3; *chlamus* (*clamus* non *clamis* App. Pr.). – *Phorcus* (gr. ῠ) gen. *-ī* Verg.; *Rhadamanthus* und *-um* Cic. Tusc. 1, 10; 1, 98 Verg. Aen. 6, 566 (gräzisierend akk. *-on* Ov. met. 9, 440), vielleicht schon gr. -νθος, s. *Mayser* I² 2, 49 l. 29 akk. -νθον.—b) *Oedipus* : *-um* Cic., *-ō* Plt., *-ī* Petr. nach gr. Οἰδίπους (gen. -ποδος) akk. -ουν und gen. -ου Tragg.; daneben *-podis* Cic. – Ähnlich lat. *pōlypus -ī* 'Tintenfisch' : akk. *-um* Plt.; s. *Leumann*, Homer. W. 318¹⁰⁸. – c) *architectus* Plt. Cic. ἀρχιτέκτων -ονος (nach griech. Versausgang der Vorlage *-ŏnem* Plt. Poen. 1110); *-us* Rückbildung aus *-ārī* nach *Niedermann*, Gl. 19, 1. – d) **Lat. Neutra.** *bracchium* gr. mask. βραχίων -ονος. – *purpurissum* 'Purpurschminke' Plt. (*-us* erst Hier.) gr. πορφυρίζον (gen. -οντος!), *Leumann*, Kl. Schr. 158. – e) Ntr. plur. *-a -ōrum -īs* (und *-ibus*) der als Plurale übernommenen μα-Neutra (zum Sing. s. oben A 2): *geumatīs* Plt. Poen. 709 zu plur. γεύματα; zu πο(ι)ήματα *in poēmatīs/* Plt. As. 174 (nach ἐν

ποιήμασιν/), *poēmatōrum* Afran. Weiteres bei N.-W. I 430 u. 439 f. – Zu ntr. plur. *aethera* s. § 364, 3 c.

5. Griech. Konsonantstämme vereinzelt durch lat. *-us -um* erweitert. a) Appellativa lat. mask. *-us*: ἄβαξ (gen. -ακος) *abacus* 'Spieltisch' Cato; ἐλέφαντ- *elephantus* Plt.; δελφίν *delphīnus*, τρυγών -όνος (sic) *trygōnus* 'ein Fisch' Plt.; στράβων -ωνος *strabōnus* 'Schieler' Petr. 68, 8. Vielleicht schon griech. Nebenformen nomin. ἄβακος ἐλέφαντος usw. (*Frei* 5 f.), sicher nicht lat. Nomin. *-us* aus griech. Gen. -ος, s. Gl. 42, 97 zu *André*. – b) Städtenamen lat. ntr. *-um*: Τάρᾱς -αντος *Tarentum, Agrigentum* § 158c, Σιποῦς (-όεις) *Sipontum* (Cic. Att. 9, 15, 1 lok. *Tarenti, Siponti*); diese vielleicht ergänzt aus gen.-lok. auf -ī (vgl. § 352, Lok.), so *André*.

C. Griechische Nomina in der lat. 3. Dekl.

1. Lat. *n*-Flexion mask. fem. *-o*, älter *-ō*, gen. *-ōnis* (selten *-inis*) für gr. mask. -ων (gen. -ονος, -ῶντος, -οντος, -ονος), auch für fem. -ώ (gen. -οῦς).

a) Appellativa, mask. *-ōn-* gr. *-ων-*. Nomina personalia (vgl. § 322 A 5): *latro* Plt. *λάτρων, tocullio* Cic. *τοκυλλίων; phago*. – Sachen: *sīpho* 'Röhre, Wasserheber' σίφων; *cnāsōn-* 'Kratzer' Paul. Fest. (*Leumann*, Kl. Schr. 174[2]). – Gr. -ών lat. *-ōn* 'Raum für': *ornīthōn* Varro, *andrōn* Paul. Fest.; Ortsname lat. (in Afrika) *Hippo rēgius*. Dazu *colophōn* Paul. Fest. – Augmentativa (s. § 322 B 3): *mēlo, botryo, harpago*; auch *crepīdo -inis* fem. – Gr. -οντ-: *leo, draco*. – Gr. *-no*-Stamm: *diācōn* christl., schon gr. διάκων für διάκονος. *trigo* 'ein Ballspiel' (Hor. *lūdumque trigōnem*, aber Lucil. akk. *trigōnum*) wohl aus gr. τρί-γωνος 'Dreieck', *Frei-Korsunsky* 68.

b) Personennamen, mask. und fem. *-ōn-*. α) Gr. mask. -ων -ωνος. Lat. *-o -inis* nur *Apollo* (inschr. *Apolo* D 772, dat. *-one* und *-ene* D 11 ff.); lat. *-in-* aus *-ōn-* nach vok. gr. "Απολλον, so *Meister*, EN 16; aber osk. *-ōn-* in gen. *Appulluneís*. Vgl. auch Stadtname *Carthāgo -inis* (§ 232 C). – Sonst *-o -ōnis*. Personen der Alten Komödie: *Sīmo* Σίμων, entsprechend *Thraso Gnatho Lyco* usw. (dazu *cerdo* 'Handwerker', § 322 A 5); weiter *-io* in *Acanthio Palaestrio Sceparnio* und *Mīcio Euclio* (*-ō* in *Sannio* Ter. Ad. 276); auch *Amphitruo* und *Telamo* Plt. In Inschriften: *Cleo, Trupo* (ŭ, Τρύφων), *Amphio* D 2; *Philemo* (*ē*) 126 usw.; *Acmemeno* D 774; *Alcmeo* Enn. (*Alcumeus* Plt. Capt. 562 nach Namen auf *-eus*, oben B 3); Pferdename *Ario*. Aus klass. Literatur *Plato* Cic., vgl. Quint. 1, 5, 60. Altes lat. Cognomen *Pilo* bzw. *Philo*, s. *Heraeus*, RhM 83, 53. – Vereinzelt schon früh *-ōn*: *Cleon* D 8; *Patro* u. *Patron* Cic. Att. 5, 11, 6 u. 7, 2, 4; *Lacon* (var. *Laco*) Hor. epod. 6, 5 'lakonischer Hund'. – β) Gr. -φῶν -φῶντος lat. *-pho -phōnis* (N.-W. I 235). Personen bei Terenz *Anti- Dēmi- Calli- Clīti-pho* (vok. *-ō* Ad. 564). Aber nomin. vok. *Aristophōntēs* Plt. Capt. (von gr. akk. -φῶντα lat. *-phōntem* aus). Stadt *Ctēsiphōn*. – Gr. -ων -οντος: lat. *Creōn-* Plt. Merkwürdig (fem.?) *Accherūns -untis* Plt., kaum direkt aus gr. Ἀχέρων, s. § 184 b ε. – γ) Für fem. gr. -ώ -οῦς altlat. *-o -ōnis* (vgl. lat. *Iūno -ōnis*): *Calypsōnem* Liv. Andr., *Iōnī* Plt., *Dīdōne* Enn. ann. 290, *Ēchōnis* VI 6323. – So wohl auch gr. dor. Λᾱτώ lat. *Lātō -ōnis, umgestaltet zu *Lātōna* nach *Bellōna* sim., § 294, 3 c; kaum etruskisch nach *Fiesel*, Lang. 11, 327. – δ) Grammatisches Fem. *-io* (gen. *-iōnis*) auf Inschriften für weibliche Kosenamen (neutrale Deminutiva) auf -ιον, wie mask. -io für -ίων: *Philēmatio -ōnis* (*-io*, neben *-ium* im Vers) D 584, *Plocio* 652, dat. *Ampelioni* VI 7295, *Chrysarioni* I ²1548; bei Plautus nur *-ium*, so *Philēmatium Ampelium Astaphium Selēnium*. S. N.-W. I 210; *Zimmermann*, Philol. 64, 499. – Vgl. § 366, 1 fem. *-ē -ēnis*.

2. Lat. *-tor -tōris* für gr. -τωρ (gen. -τορος) der epischen Namen (vgl. Varro ling. 10, 70): gen. *Castōris* Plt.; *Hectōris* (neben *Nestŏris*) Enn., seit Accius *Hectŏris*. S. dazu *Meister*, EN 27.

3. Für gr. -ις (gen. -ιος -εως -ιδος) lat. nomin. *-is* mit lat. *i*-Flexion. a) Appellativa. Fem. *basis turris* s. § 357 C. Auch *-is* für gr. Adjj. bzw. Subst. auf -ης (gen. att. -ους): *dapsilis* durch Anlehnung an lat. *habilis facilis* sim. *triēris* (nomin. Adj. Bell. Afr. 44, 2), neben *triērēs*, entsprechend *monpent- hex- hept-ērēs* und *-is*, wohl nach Wechsel *nūbēs/-is*. Mit -ης als lautlich lat. *-is calcosteis*, s. § 159b. – b) Namen. Fem. Lat. abl. *Thetī* Plt. Epid. 35 (s. *Fraenkel*, Plautin. 85¹); dat. *Dynamī* s. Thes. Onom. – Mask. *Serāpis* akk. *-im* und *-in* usw. (N.-W. I 224–230; 443 vok. *-i*). – Zu vok. *-i* (*-ī*) s. auch *Schulze*, Kl. Schr. 85. Zur *n*-Flexion fem. *-īn-* s. § 366, 1 f.

D. Männliche Namen auf lat. *-ēs* für gr. -ης (mit beliebiger Flexion, Gen. gr. att. -ου, -ους mit -κλέους, -ητος). 1. Die früh entlehnten *Herculēs* und, mit *-ēs* für gr. -εύς, *Achillēs Ulixēs* (ohne *Pollūcēs*), ferner historische Namen wie *Thūcȳdidēs Dēmosthenēs Themistoclēs* flektieren im Altlatein nach der 5. Dekl., gen. *-ēī* (Plt.) bzw. *-ei -ī*, dat. *-ei -ī*, abl. *-ē*, vok. *-ē* (s. § 361, 1 u. 3e), dann klass.-lat. nach der 3. Dekl., gen. *-is* (und *-ī*), abl. *-ĕ*, vok. *-ēs*. – Nomin. *-ēs* für -εύς in *Achillēs Ulixēs* geht auf etrusk. Vermittlung zurück (nicht frühe Einpassung ins Latein, auch nicht griech. Nebenform -ης, so *Schwyzer*, IF 38, 164); zu etr. *-e* in *aχile utuśe* usw. s. *de Simone* II 123, *Fiesel* 96, *Schwyzer* I 153 f. Nomin. inschr. *Aciles* in Praeneste D 773, 776, 783. – 2. Gr. -ης -ου, mythologische Namen in der klass. Dichtung. a) vok. (gr. -η) lat. *-ē*, bei Vergil *Anchīsē Tȳdīdē Pēlīdē* und *Drancē*, Belege N.-W. I 447. – b) Mischflexion in klass. Zeit: *-ēs -ēn -ē*, aber gen. dat. *-ae* (*Leumann*, Kl. Schr. 118¹, N.-W. I 513–517), also abgesehen von akk. *-ēn* wie etwa *māteriēs* mit gen. dat. *-ae* (§ 270 Zus.). Bei den Namen ist sie verständlich, also ist sie wohl von da auf die Appellativa übertragen. – 3. Gr. -ης -ητος neben -ης -ους: akk. *Chremem* Plt.; vok. *Chremē Lachē* neben akk. *-ētem* Ter.

E. Entlehnte Suffixe. Für Personalsubstantive: mask. -ίδης: bei Plt. *rapāc-ida* Aul. 370, *crūri-crep-ida* Trin. 1021, *plāgi-pat-ida* Most. 356 (s. § 336, 2a, auch 4c zu *-ōn-ida*); -ιστής: *lanista* Cic.; -ίων: *mūl-io* § 323 A 4b; -γενής: *indi-gena* § 268 C 1a; -ίτης in Ethnika: *-īt-ānus* § 295, 1aγ; fem. -ισσα: spät *sacerdōt- frātr-issa* § 269 B 4b. In Personennamen: -ων: Typus *Capit-o* § 322 A 2a; -ίων § 323a; fem. -ιλλα: *Drūs-illa* § 269 B 5a. Ländernamen auf -ία: *Gall-ia* § 274 B. Zu gr. -άριον und lat. *-ārium* s. § 277, 2g. – Für Sachsubstantiva (ntr.): -ιον demin.: *pall-ium, spinturnīc-ium* § 275 E 2; vgl. auch *glōss-arium* § 277, 2g; -ιστρον: *calam-istrum* 'Brennschere' Plt.; dazu mask. -ων augmentativ (belegt nur in Lehnwörtern): *harpag-o -ōnis* § 322 B 3. – Für Adjektive (vgl. dazu oben B 1c): -ινος Stoffadj.: *fāg-iunc-inus* § 291b; -ικός *bell-icus* und -τικός *rūs-ticus* § 303 I A Zus. u. II; vgl.

adv. -ικῶς *pugil-icē* oben B 1c Zus. α. – Umsetzung von korresp. Praefixen: lat. *in-* priv. für gr. ἀ- ἀν- in *impūne* § 310, 2a; *ineuschēmē*; *in-* für praepos. ἐν-; *prō-* für gr. προ- in *prōlogus*; *con-* für συν- in *cōn-servus* § 338, 4a, *sub-* für ὑπο- in *sub-niger* § 339, 3a, usw. – Über griech. Suffixe in Fremdwörtern s. André, Emprunts et suffixes nominaux en latin, Paris 1971.

F. Unvorhersehbare oder nicht unmittelbar durchschaubare Umgestaltungen der Flexion oder des Stammes (Verweise).
Namen seit dem Altlatein. Götter: *Aesculāpius* § 79a Zus., § 114bα. *Apollo -inis* oben C 1bα. *Lātōna* C 1bγ. *Pollūx* § 82 Zus. *Fest Megalēsia* § 315, 1a Zus. – Mythologie. *Achillēs*: *-ēs* oben D 1. *Aiāx* § 138, 1aγ (-*i̯*-), § 329, 2 Zus. a (*-āc-*). *Catamītus* § 158c. *Cocles -itis* (vgl. etr. *cuclu*), Κύκλωψ. *Herculēs* § 114bα. *Ulixēs* § 162c. – Völker und Städte. *Graecī* § 138, 1c. *Poenī* (und *Pūnicus*) Φοίνικες § 74a (*oe/ū*), § 234 Zus. ε (ohne gr. -ικ-). *Carthāgo* § 232 C. *Argī* τὸ Ἄργος oben B 2. *Pīraeus* oben B 3. *Tarentum* oben B 5b.

Appellativa. *agēa* § 85 C 4. *alcēdo* ἁλκυών § 325 A 1 Zus. *amphora* ἀμφορεύς oben B 3. *apica* ἄποκος oben A 4b. *arra* ἀρραβών § 332 II (vgl. *rabo* Plt. Truc. 688). *arsineum* 'Haarnetz' § 214b δ. *atriplex* § 336, 1c. *aurichalcum* § 83 A 3b. – *balneum* § 101 (dazu *baliscus* Petr. 42, 2; zur Bedeutung s. *Frei-Korsunsky* 11). *bracchium* oben B 4d. – *cadūceum* § 162b γ. *calcosteis* § 159b. *catasta* § 332 II. *cēra* § 299, 1d. *chĕragra* § 85 C 5a. *clamus* oben B 4a. *clātrī* § 79b Zus. *columbārēs* § 162bα. *coriandrum* Plt. Psd. 814 wohl schon griech. Nebenform von κορίαννον 'eine Pflanze'. *cotōneum* § 49c. *crepīdo* § 322 B 3. *cuprum* § 139bα. – *diācon* oben C 1a. *diōta* oben A 4b. *dragma* § 200a. *druppa* oben A 1bα. *durco* § 45a. – *ergastulum* § 232 A 1 (§ 233 Ende Lit.). – *fūcus*, *funda* und *fungus* § 165gα und γ. – *hippāgo* § 325 B 3d. – *lagoena* § 85 B 3cβ. *lanterna* § 292b. *latro* § 322 A 5. *lautumiae* § 85 C 2. – *mango* § 322 A 5. *mina* μνᾶ § 85 A 4b. – *nāvita* oben A 1cα. – *oleum*, *olīva* § 43c. *ostrum* § 258 B 2. – *pausa* oben A 4c. *pīncerna* § 133 I. *porrō* adv. § 352 (abl.). *purpurissum* oben B 4d. – *scutula* § 91aβ. *squilla* § 52b. – *tapēte* § 275 E 2. *tocullio* § 322 A 5. *trigo* oben C 1a. *tūs* § 330 C Zus. 1. – *vīnum* § 65 Zus. a.
Beispiele mit *p t c* für griech. φ ϑ χ s. § 165.

366. Ausbreitung der *n*- und der *t*-Flexion in der Umgangssprache vorwiegend bei griechischen Namen. – Auch bei inschriftlichen Belegen werden hier ausnahmsweise die Vokalquantitäten bezeichnet.

1. Die *n*-Flexionen, Stämme *-ōn- -ēn- -īn- -ān-*. Ausgangspunkt oder Vorbild aller Neuerungen war für die zweisprachigen Halbgebildeten die Entsprechung mask. gr. -ων -ωνος lat. *-o* (nicht *-ōn*) *-ōnis*. (a) Zu fem. gr. -ώ (gen. -οῦς) lat. *-o* bzw. *-ō* gen. altlat. *-ōnis*, Typus *Calypsōnis*, s. § 365 C 1bγ. – (b) Zu ntr.-fem. gr. -ιον lat. *-io*, Typus gen. *Philēmatiōnis*, ib. b δ. – (c) Zu fem. att. koinegr. -η (gen. -ης) lat. *-ē* gen. *-ēnis*: Paradebeispiel ist die Verfluchungsinschrift mit Sklavin *Danaē* und ihrem Herrn *Capito*: D 800 *Danae ancilla no(u̯)icia Capitonis*, es folgt akk. *Danaene(m)*. – (d) Zu mask. gr. -ως (gen. -ωτος in Namen mit Schlußglied ἔρως, so *Hermerōt- Nīcerōt-* Petr. 52, 3; 61, 1) lat. *-ōs* akk. *Phil-* und *Nīcerōnem* Petr. Cena 46, 8 u. 63, 1; *Erōs -ōnis*. – (e) Entsprechend zu mask. gr. -ης (gen. var.) lat. *-ēs* gen. *-ēnis*: dat. *Parnacēnī* D 617 (pers.-gr. Φαρνάκης). – (f) Zu fem. gr. -ις (gen. -ιδος -ιος -εως) lat. *-is*: frühe Beispiele für gen. *-īnis*: *Helpīnis* D 649; auch mask. *Attīn-*, s. Thes. – (g) Danach zu echtlat. fem. u. mask. *-is*: fem. *Vītālīnis* VI 5552, *Cereālīnī* 13131; mask. *Nātālīnī* V 2269 XII 4907. – (h) Mask. *-a* und *-ās* gen. *-ānis*, s. unten.

Weitere Belege zu (c) und zu (e) bis (h). (c) Fem. *-ē -ēnis* bleibt lebendig, bis ins 4. Jhdt. Zu *Giddenēnem* Plt. Poen. ist kein Nomin. bezeugt. Sehr häufig auf Inschriften, besonders bei Zweisilblern, gen. *Chrēstēnis Dafnēnis Nīcēnis Tychēnis*, dat. *Technēnī Irēnēnī, Terpsichorēnī* CE 1033. – Gelegentlich auch bei gräzisierten Namen auf *-iānē* (rein lat. *-iāna*, Proben s. N.-W. I 75): dat. *Aeliānēnī* X 2100, *Iūliānēnī* XII 1714; 2862. *Mārciānēnī*. – (e) Mask. *-ēs -ēnis* : gen. *Themistoclēnis* VI 28341, dat. *Hēraclēnī* III 10837, *Hermēnī* VI 12735. – Von echtlat. fem. *Spēs* (s. § 330 C Zus. 3) dat. *Spēnī* häufig, VI 26042; 26688 XIV 2745 (s. auch *Heraeus*, Kl. Schr. 161[1]). – (f) *-is -īnis*. Fem. bei Plt. : *Archilīnem* Truc. 130 (vok. *-is* 479; wohl gr. Ἀρχυλίς), *Sōtērīnis* Vid.; inschr. *Lampyrīnī* D 594, *Hymnīnī* 694; *cum Dynamīne filia* VI 19870; gen. *Heuresīnis*, dat. *Genesīnī* usw. Weiteres bei N.-W. I 523. – (g) *-is -īnis* von echtlat. Namen. Fem. gen. *Amābilīnis*, dat. *Nōbilīnī* VI 8189, *Sụāụīnī* XII 4979. Meist Mask. : *Aprīlīnī* VI 13840, *Nōbilīnī* IX 4694. – (h) Mask. *-a* bzw. *-ās* gen. *-ānis*: bemerkenswert bei germanischen Namen des Typus *Attila -ānis* und in romanischen Personenbezeichnungen des Typus *scrība -ānis*. Dazu lat. inschr. mask. *tatānī* und fem. *mamānī* (*tā- mā-*?) X 3646 bzw. 2965 (vgl. § 332 I). – S. dazu: *Schönfeld*, Wb. d. altgerm. Pers.-Namen XXIV f. (*Attila*); *Heraeus*, Kl. Schr. 161 f. (*tatānī*); *Kretschmer*, Gl. 11, 230 oben (gr. Ἀρτεμᾶς dat. -άνει); *Jacobsohn*, KZ 57, 80 (*scrībān-* nach *-ōn-*); *J. Jud*, Recherches sur la genèse ... des acc. en *-ain*, Diss. Zürich 1907; *Bonnet*, Grég. 380.

2. Die *t*-Flexionen, mask. *-ēs -ētis*, *-ās* (*-a*) *-ātis*, fem. *-ē -ētis*. Vorbild war gr. mask. -ης -ητος der Kurznamen wie Λάχης Χρέμης Δάρης, so auch Θαλῆς (vgl. akk. *Darēta* und *Darēn* Verg. Aen. 5, 456/460). Vgl. auch gr. -έρως -ωτος (oben 1d), hellenist. in Aegypten fem. -οῦς -οῦτος. Griech. Beispiele verschleppter *t*-Flexion sind selten, gen. pamphyl. Μειακλᾶτυς *Bechtel*, Griech. Dial. II 816, dat. Εὐκλῆτι CIL XIV 1889 (Ostia!).

Belege. a) Zu gr. -ης (gen. -ους, -ου) lat. *-ēs* gen. *-ētis* : *Philolachētis* (neben *-chis*) Plt. Der Maler Ἀπελλῆς lat. *Apellēs* (akk. *-ēn* Hor.; aber nomin. *-a* Plt.) akk. *-ētem* Petron. 64, 4; ferner inschr. Männername *Apellēt-* (s. Thes.), gen. dat. *Dioclētis* Thes., *Eusebētis* X 2294, *Eutychētī* VI 5714, *Hermētī* VI 25520; dazu *Mahētī* Gl. 17, 96[1]. – Von lat. *-ēs* dat. *Achillētī* Thes. – Von lat. fem. *Spēs* dat. *Ispētī* XIV 1198. – b) Mask. *-ās -ātis* (früher Νικίας lat. *Nīcia -ae*, oben § 365 A 1 cβ) : *Nīciātī* VI 15160; *Hermiātis* XIV 4770. Dazu *abbās -ātis* 'Abt' (gr. ἀββᾶς -ᾶ), mit Ableitung *abbāt-issa*. – Zu gr. Βιτᾶς -άδος und -ᾶτος s. *Schulze*, Kl. Schr. 417 f. – c) Fem. gr. -η und -ιᾱ lat. *-ē -ētis* und *-ia -iātis* : *Agapētī* Thes., *Crēstētī* XIV 2341 (Χρ-), *Galēnētī*; gräzisierte lat. Namen auf *-ānē* : *Aeliānētī* Thes., *Iūliānētī, Mārciānētis*; Namen auf *-ia* : *Aureliātī* VI 31981 usw. – *Volkmar Schmidt*, Sprachl. Untersuchungen zu Herondas, Berlin 1968, behandelt 47–69 griech. -ᾱς -ᾱτος und -ης -ητος.

3. Die bemerkenswerteste Erscheinung ist also, daß beliebige griechische Namen auf *-ēs* mask. und *-ē* fem. im Volkslatein mit gen. *-ēnis* oder *-ētis* flektiert werden.

Lit. Für Materialien: N.-W. I 102, 523, 244 (*-ēn-*, *-īn-*, fem. *-ēt-*); 522 (mask. *-ēt-*), 103 (fem. *-ēt-* u. *-āt-*). *Hehl* 49–62; *Bindel* 46, 51; *Pieske* 49; *Jeanneret* 76. – *Niedermann*, Mél. Bally 435 u. Gl. 19, 5[2]: angeblich dissimilatorische Meidung von *-ēn-* bei Namen auf *-ānē*. – Gr. -ης -ητος und -ως -ωτος in Aegypten: *Mayser* I[2] 2, 33 ff.

B. PRONOMINA

Vorbemerkung. Unter den Pronomina bestehen zwei nach Funktion und Flexion verschiedene Gruppen: die Personalpronomina *ego tū* usw., an die die adjektivischen Possessivpronomina *meus tuus* usw. angeschlossen sind, und die Demonstrativpronomina im weitesten Sinne, wie *hic is* und *quis*.

Die Personalpronomina faßt man auch zusammen unter der Bezeichnung „ungeschlechtige Pronomina"; sie haben seit idg. Zeit keine getrennten Formen für Mask. und Fem., außerdem eine von der der Substantive völlig abweichende Flexion, z. T. sogar verschiedene Stämme (*ego mē nōs*). Die geschlechtigen Pronomina, das sind die verschiedenen hinweisenden (deiktischen) oder Demonstrativpronomina und das Fragepronomen, gehen wenigstens teilweise mit der Flexion der *o*- bzw. *i*-Substantive oder Adjektive zusammen; doch beachte schon im Idg. Ntr. Sing. auf -*d* (*qui-d illu-d*), Gen. Plur. auf -*sōm*. Die Possessivpronomina *meus* usw. flektieren wie die *o*-Adjektive.

Nachweise für seltene, z. T. hier nicht belegte Flexionsformen s. bei *Neue-Wagener* II 346f., Darstellungen bei *Sommer* 407; *Lindsay-Nohl* 482; *Brugmann* II 2, 302; s. auch *Brugmann*, Die Demonstrativpronomina, Sächs. Abh. 50 (22), 1904, Heft 6; speziell für die Personalpronomina: *Petersen*, Lang. 6, 164–193; *La Terza*, RIGI 20, 173–188 (Pron. der 1. Pers.); *Meillet*, MSL 23, 141–145.

1. PERSONALPRONOMINA UND POSSESSIVPRONOMINA

367. Personalpronomina, Singular.

1. Nomin. 1. Pers. *ego* 'ich', idg. **eg'ō* und **eg'(h)om*, gr. ἐγώ, venet. *ego* (εχο, IF 42, 129) und got. *ik* altind. *aham*. – 2. Pers. *tū* 'du', idg. **tū* und **tŭ* (s. *Jacobsohn*, KZ 49, 168³; *Specht*, KZ 59, 287 zur idg. Quantität), gr. τύ-νη, sonst τύ σύ. Lat. *tūte* mit *tūti-met* vielleicht aus **tū-tŭ*. Zu *tŭ-quidem* s. § 122c.

Zusatz zu *ego*. Lat. *egŏ* durch Iambenkürzung, § 121; vereinzelt noch *egō* Plt., etwa Cist. 745. Dazu *ĕquidem*, verkürzt aus *ego quidem*, vgl. *tŭquidem*; s. *Burckhardt*, Philol. 90, 438 [Gl. 27, 88]. – Vulglat. inschr. *eo* (§ 159 b), die Grundform der roman. Sprachen. – Dem Wechsel idg. -*ō* -*om* bei *egō* entspricht anscheinend in der themat. 1. sing. des Verbums primär -*ō* und sekundär -*om* (gr. φέρω ἔφερον); s. dazu *Kieckers*, IF 38, 217; *Brandenstein*, Mnemes charin I 52. – Zur Analyse von lat. *egomet* als *egom-et* s. § 368 Anh. 1. – Altind. *h* als Aspirata (statt *j* aus *g'*) ist unerklärt (§ 168 c); man vermutet Laryngalwirkung; s. dazu *Puhvel*, Lang. 35, 70, auch *Debrunner*, Krat. 3, 33 (Tabelle zu *Liebert*). Nach *Pisani* geht das lat. *g* in *ego* auf idg. *g'h* zurück (vgl. dazu § 168 Zus. a und Gl. 23, 127 f.); in griech. ἐγώ sei γ (statt χ) eine Neuerung; also auch *k* in got. *ik*.

2. Oblique Kasus 1. 2. 3. sing. *me*- *te*- *se*- als Stämme, ursprünglich wohl reine Akkusative. Der Stamm *se*- ist nur reflexiv, sing. und plur. – Neben *te*- *se*- bestanden *twe*- *swe*-; s. unten § 369 A Zus. b zu *tuus suus*. – Es besteht kein nicht-reflexives Pronomen der 3. Pers. (sing. u. plur.); in den obliquen Kasus dient *is* als Ersatz bzw. als anaphorisches Pronomen.

3. Akkus. und Abl. *mē tē sē*, altlat. noch *mēd tēd sēd*. – Iteriert *sē-sē* häufig seit Plautus; vereinzelt *tē-tē*, Plt. Epid. 82, Ter., Cic. – Beachte *mē-cum tē-cum sē-cum*.

Zum Auslaut -*d*. Nach der Bezeugung sind in beiden Kasus die Formen mit -*d* die älteren; zum Schwund des -*d* s. § 230b. Ein idg. Flexionszeichen -*d* ist nur enthalten im abl. -*ōd* der *o*-Stämme; ferner dient -*d* als Endung des Neutrums (nomin. und akk.) der deiktischen Pronomina wie lat. *id istud*. – Bei den Ablativen *mēd tēd sēd* muß man das -*d*, zumal angesichts von altind. abl. *mat tvat*, als Ablativzeichen betrachten. – Im Akkusativ der Personalpronomina zeigt keine andere idg. Sprache eine Entsprechung zu -*d*. Als idg. Akkusativformen wird man **me *t(w)e* und **mē *t(w)ē* ansetzen nach gr. με σε (auch got. *mi-k*) und nach umbr. *tiom siom* (s. unten), altind.

enklit. *mā tvā*; die orthotonierten *mām tvām* sind erweitert entweder mit Partikel *-am* oder mit dem akkusativischen *-m* aller geschlechtigen Nomina; an „unfesten Nasal" (wie in dat. ai. *mahyam* avest. *mabya) denkt *Meillet*, MSL 21, 176.

Zusätze. a) Zu *mē*, *mēd*. Ganz unsicher ist die Analyse von lat. akk. *mēmet* als *mēm-et*, s. § 368 Anh. 1. Und jedenfalls kann man nur als Notlösung im *-d* von akk. *mēd tēd* den Rest einer Partikel *ed vermuten oder das *-d* mit dem der Neutra wie akk. *id* gleichsetzen; so *Brugmann*, IF 23, 310–312 (aus *mē* + *ed*), *Mahlow*, KZ 58, 47 f. (*mē* + *id*). – Akk. *mēd* wurde auch erklärt als hyperkorrekte Form für *mē* nach abl. jünger *mē* neben älter *mēd*, so *Osthoff*, Perf. 127, *Ribezzo*, RIGI 10, 212, *Petersen*, Lang. 6, 185 [Gl. 21, 190]; das würde die Rückverschiebung des Abfalls von *-d* bis in die Zeit der Maniosinschrift (VI^a) implizieren. Dazu *W. P. Schmid*, IF 70, 203.

b) Als Plural ist *sē* die Basis der nichtgrammatikalisierten Reziprozitätsform *inter sē* 'unter sich' für 'unter einander'; s. *Szantyr*, Synt. 176 f.

c) Belege der alten Formen. Aus Inschriften: Akkus. *med* Manios- und Duenos-inschrift (§ 5 a), auch D 721 u. 771, ebenso falisk., Vetter nr. 241 u. 257; *ted* D 758; *sed* SCBacch., D 268, 22 (daneben *sese*); dazu *sesed* D 122. Abl. *pro sed* D 82; 145. Ebenso vereinzelt noch bei Plautus, vor Vokal: Akkus. *mēd* As. 20, 632 Bacch. 357 Capt. 405, *tēd* As. 299, 536 Bacch. 571 Men. 940; Abl. *tēd, mēd* Cas. 90, 143. – Zur Schreibung *mehe* s. unten bei dat. *mihi*. – Zu abl. *sēd* vgl. auch praepos. *sēd*, § 418 I A 2 b β. – Osk.-umbr. akk. *mē *tē ohne *-d*, erweitert mit Partikel *-om* (wie altind. nomin. *tv-am*, akk. *tvām* vielleicht aus *tvā-am) zu *tē-om *sē-om, so umbr. *tiom siom*, dazu sekundär als Nomin. osk. *tiium*. – Zu den Stämmen *me- twe-* usw. s. bes. *Szemerényi* in: Wortb. u. Fl. 338 f.

4. Gen. sing. a) *meī tuī* sind formal Genetive der Possessivpronomina *meus tuus*; s. zur Bedeutungsentwicklung bei diesen § 368 Anh. 2. – b) Altlat. ganz selten *mīs tīs*: Plt. Mil. 1033 *quia tīs egeat*; Trin. 343; Psd. 6 *duōrum labōrī ... hominum ..., mei tē rogandī et tīs respondendī mihī*; Enn. ann. 132 prosodisch *mĭs* (Textfehler?). Vgl. *Fraenkel*, Pltin. 415. Sie gehen wohl zurück auf die idg. Dativformen *moi *toi, in Enklise geschwächt zu *mei *tei, mit *-s* erweitert nach gen. *-eis* der *i*-Nomina. – Künstlich zum *-s Hermann*, Silbenbild. 33: bezogen von einem vermuteten Gen. *meso.

5. Dat. *mihi tibi sibi*, altlat. noch *mihei tibei sibei*. Zur lat. und ital. Lautform: Ausl. *-ĭ* aus *-ī* aus *-ei* durch Iambenkürzung, § 121. Inschriftlich noch häufig *sibei*; prosodisch ⌣⌣ trotz Schreibung *-ei*: *mihei* D 628, *tibei* 92, *sibei* 546 u. 647; Schreibung *tibe* 542, *sibe* in Büchern nach Quint. 1, 7, 24. – Entsprechungen umbr. *mehe tefe*, osk. *sifei*, paelign. *sefei* Vetter 203; *f* und *b* führen zusammen auf idg. *bh*. – Lat. *i* statt *e* in erster Silbe ist wohl durch Vokalschwächung bewirkt (vgl. § 42h), vgl. zu enklitischer Stellung von *sibi* gegen die Syntax, nach § 238, 3a, SCBacch. *quei sibei deicerent necesus ese*. – Gemeinital. *mehei und *tefei *sefei sind Erbformen, vgl. Dativ 1. 2. sing. altind. *mahy-am tubhy-am*, 2. 3. sing. aksl. *tebě sebě* altpreuß. *tebbei sebbei*. Der Ausgang ital. *-ei* steht im Ablaut zu *-i* in altind. *mahi-am *tubhi-am. Diese personale Dativendung *-bhei* gehört wohl kaum zu den idg. *bh/m*-Endungen (§ 346 sub Dat.), da *b* statt *m* auch im Baltoslavischen erscheint. Sie ist auch in den Plural übertragen in altind. *asmabhyam* 'uns', *yuṣma-bhyam* 'euch'; vgl. auch unten zu lat. *nōbīs vōbīs*.

Zusätze zum Dativ der 1. Person. a) Zum *h* von ital. *mehei und von altind. *mahyam*. Bei reiner Lautvergleichung vereinigen sich die beiden *h* unter idg. *g'h*, also Grdf. idg. **meg'h(e)i*. Aber morphologisch erwartet man neben 2. sing. ital. *tefei aus *tebhei als

1. sing. *mefei aus *mebhei; dieser Erwägung entspricht das Avestische mit b, nicht z, in maibyā wie taibyā (d. i. *mabya wie *tabya). Vermutlich ist der Inlautlabial gegen das anl. m- dissimilatorisch entlabialisiert worden, im Italischen *mefei zu *meχei > mihi, im Altindischen *mabhyam zu mahyam. Nach Schleicher und Schulze (bei Loewe, KZ 48, 98 f.) erfolgte die Dissimilation schon in der Grundsprache; zu den Varianten dieser Erklärung s. Nehring, Gl. 16, 231 f. - Bei Ansetzung von idg. *meg'hei kombiniert man altind. dat. mahyam mit nomin. aham (so Pisani) und sieht in der Schlußsilbe *g'hei/g'hi eine idg. Partikel *g'hi (altind. hi 'denn'), so Hermann, IF 52, 214-216, Pisani, IF 50, 30, s. dazu Nehring a. O. [s. auch Gl. 18, 256; 23, 127 f.]. Vgl. auch Meillet, BSL 21, 65.

b) Späte Schreibung michi. Intervokal. h war im historischen Latein nur noch orthographisch bewahrt, nicht mehr gesprochen. Der Versuch, eine Schulaussprache von mihi nach der Schrift einzuführen, führte zur spätlat. Schreibung michi; s. § 178 III b mit litt. ε.

c) Lautlich mihi > *mii > mī. Die einsilbige Aussprache ist seit Plautus ebenfalls gebräuchlich; gesichert ist sie durch Elision von -ī vor Vokal etwa Amph. 1037 As. 750, Enn. ann. 194, vgl. Lodge, Lex. Plt. sub ego p. 462 col. II und Ritschl, Opusc. II 588 ff. - Das Nebeneinander von mihi und mī führte zur inversen Schreibung mehe für mē; diese Form, sicher eine Grammatikererfindung, las Quintilian (1, 5, 21) in Tragikertexten. S. zu mī auch Solmsen, Stud. 123².

d) mī beim Vokativ, Typus gnāte mī Plt., dient funktionell als Vokativ zu meus; übliche Wendungen bei Plt. sind am Beginn der Rede ō mī ere oder ere mī, vorwiegend eingeschoben mī ere, mī vir, mī pater; vgl. am Versanfang inschr. pater mei D 647, 12. Als Vok. fem. entspricht mea, etwa mea tu ancilla Cas. 646, mit Namen mea Gymnasium oder G. mea Cist. 59, 71 und 107, 112. Belege findet man bei Lodge, Lex. Plt. II 52-55. - Sprachgeschichtlich ist dieses mī der enklit. idg. Dativ *moi, gr. μοι, altind. enklit. me; daher die Bevorzugung angelehnter Stellung; vgl. gr. ὦ τέκνον μοι Eur. Alc. 313.

Dieses mī ist also nicht Vok. von meus (auch gr. ἐμός hat keinen Vok.); wohl aber wurde es so aufgefaßt, wie mea bei Feminina zeigt. Bei diesen erscheint mī erst als Neuerung seit Apuleius, zuerst offenbar bei den zweigeschlechtigen coniūnx parēns auch fem. mī coniūnx, mī parēns, auch wohl mī soror nach mī frāter. Der Grammatiker Caper (VII 102, 7) lehnt mī Paula ab.

Lit. zu vok. mī: Wackernagel, Kl. Schr. 1372; Havers, Kasussyntax 183; Wackernagel, Synt. II 77; Hermann, Streitbergfestgabe 133 f. (dazu Nehring, Gl. 15, 260). Zu meus als Vok. s. Svennung, Anredeformen 246 ff. - Falsch zu mī Loewe, KZ 51, 179: mei verkürzt aus *meios (meus), s. Nehring, Gl. 14, 239. - Zu lat. vok. meus s. Svennung, Anredeformen 246 ff.

368. Plural. Nomin. Akk. 1. pers. nōs, 2. pers. vōs, nur als Akkusativformen ererbt, vgl. akk. avest. nā̊ vā̊, aksl. gen. als akk. nas-ъ vas-ъ. Daneben kurzvokalig dat. idg. *nos *wos altind. enklit. nas vas avest. nō vō; diese im Latein Basis der Possessivpronomina nŏs-tro- vŏs-tro- (altlat., dann vŏs- > vĕs- § 44). Schwundstufe *n̥s in nhd. dat. (und akk.) uns.

Gen. nostrī vestrī und (partitiv) nostrum vestrum, s. unten (Anh. 2).

Dat.-Abl. nōbīs vōbīs alt -beis (SCBacch. und D 264 u̯obeis), ursprünglich nur Dativ: an das als Stamm empfundene nō- vō- von nōs vōs trat die Dativendung -bei von tibei (vgl. § 344b), als Pluralformen wurden *nōbei *vōbei zu -beis erweitert, etwa nach isteis (mit -eis aus älterem -ois), und daher auch als Ablativ verwendet.

Zusätze zu nōs und nōbīs. a) Akk. enos im Arvallied (s. § 5 c) enthält wohl als ē nōs die Beschwörungspartikel ē (vgl. ē-castor); s. Norden, Priesterb. 118, Loewe, KZ 54, 130. Nicht enos nach sing. nomin. ego. Weiteres bei Nacinovich II 345-348. - b) nīs 'nōbīs' Paul. Fest., gebildet zu akk. nōs nach hīs hōs. Nicht hierher die Lautfolge nois und uois der Duenosinschrift (§ 5 a). Anscheinend metrisch einsilbiges nōbīs vōbīs Plt. (Curc. 84

Merc. 988) ist durch Textemendation zu beseitigen. Unverwertbar sind *ni 'nōbīs'* und *vae 'vōbīs'* Paul. Fest. p. 379 M. – c) Vulglat. *nōs-cum vōs-cum* App. Probi (noch italien. *nosco vosco*) für *nō- vōbīscum*: nach *mē-cum* neben (akk. abl.) *mē* neu *nōs-cum* zu akk. *nōs*, s. dazu *Baehrens*, Komm. 124. Erst nach *nōs-cum* auch *sine nōs* (inschr. VIII 27279). Die Vergleichung von *nōs-cum* mit altind. gen. plur. *asmā-kam* durch *Fay*, JAOS 34, 331 hängt in der Luft. – d) Zu den idg. Grundformen. Nominativformen von eigenem Stamm (wie sing. *ego*): 1. plur. altind. *vay-am* nhd. *wir*, 2. plur. idg. *$y\bar{u}s$*; sie sind im Latein aufgegeben, im Verbalsatz war das Subjekt 'wir' in der Verbalform 1. plur. einbegriffen, die Form also oft entbehrlich, jedenfalls leichter als akk. *nōs* und nomin. sing. *ego*. – Idg. *nōs* gedehnt aus *nos* im autonomen Einsilbler nach *Meillet*, BSL 31, 65. Stufe *$ņs$* außer in nhd. *uns* auch in hethit. *anz-as* und in *$ņs$-met* gr. ἄμμε altind. *asmad-*, s. hier Anh. 1. – Lit.: *Sommer* 412; *Brugmann* II 2, 421.

Anhang 1: Verstärkungspartikel *-met* hinter Personalpronomina: seit dem Altlatein *ego-met, tūti-met* Ter. Haut. 374 (zu *tūte*); (akk.) *mē- tē- sē-met; mihi-met, tibi-met* Bacch. 325; nomin. u. akk. *nōs-met vōs-met*. Ferner ganz selten *ipse-met* (Amph. 102, Cic. Verr. II 3, 3); vereinzelt *meā-met culpā* (statt *meā-pte*) Poen. 446. – Aus spätlat. akk. *sē-met ipsimum* bzw. *-us* (zu *ipsimus* s. § 373, 4) entstand durch Umgliederung *sē met-ipsimo-* und weiter roman. *metipsimo-* 'selbst' (italien. *medesimo*, frz. *même*); cf. Thes. sub *metipse* p. 888, 18.

Von den vorgeschlagenen Anknüpfungen ist die einleuchtendste der Vergleich von (akk.) *nōs-met* mit altind. *asmat* (abl.), *asmad-īya-*, gr. hom. aeol. ἄμμε, att. ἡμεδ-απός aus idg. *$ņs$-met* bzw. *$ņs$-smet*: *$ņs$* 'uns', *(s)met* Partikel, vgl. altind. *smat* 'zugleich'; zum Lautproblem des ausl. *-t* vgl. § 230 f. Im Latein dann nach akk. *nōs-met* (mit *nōs* für *$ņs$*) auch *mē-met, ego-met*. – Andere Analysen: *egomet* als *$egom$-et(i)* 'ich auch', entsprechend akk. *$mēm$-et(i)*, ähnlich *Kieckers* [Gl. 18, 256]. Partikel *met* verkürzt aus akk. *$mē$-mēt* (wie *tē-tē, sē-sē*) nach *Cocchia*, Saggi 95. – S. noch *Hahn*, Lang. 18, 109 [Gl. 34, 214].

Anhang 2. Genetiv der Possessivpronomina als Genetiv der Personalpronomina. Zu *ego tū (sē)* gen. *meī tuī (suī)*. Zu plur. *nōs vōs* komplizierter: bei Plautus *nostrum vestrum (-um* alter gen. plur., § 353), auch *-ōrum -ārum*; seit Terenz auch *nostrī vestrī* (altlat. *vostr-* für *vestr-* bleibt hier unbeachtet). Im klass. Latein ist *nostrum vestrum* als Gen. partitivus gebraucht, sonst *nostrī vestrī*. – Ähnliche Genetivbildung der Personalpronomina findet sich auch in anderen Sprachen, s. *Brugmann*, KZ 27, 304 ff.

Die syntaktisch mitbestimmte Entwicklung erfolgte, nach dem Gebrauch bei Plautus zu urteilen, in mehreren Stufen. Ausgangspunkt ist der substantivierte Plural mask. fem. von Possessivpronomina zu plur. *nōs vōs*: *nostrī, vestrī* 'die Unsrigen, die Eurigen' ('die unseres bzw. eures Hauses'), etwa Amph. 8 *vōs vestrōsque omnīs*. Zur Erläuterung diene auch plur. *tuī* 'die Deinigen' und ntr. *tuum* 'dein Besitz' im Gen. partitivus: Poen. 766 *tuōrum apud mē nēmo est nec quicquam tuī* (Aul. 645 *sī ego tuī quicquam abstulī*, vgl. 654); dazu Psd. 584 (gen. poss.) *inimīcum... commūnem meum atque nostrōrum omnium*. So ergeben sich die folgenden Stufen.

I. Gen. auf *-um* (zu den Pluralen *nōs vōs*) *nostr-um vestr-um*, auch *-ōrum -ārum*. a) Ausgangspunkt: *nostrum* gen. zu plur. *nostrī* 'die Unsrigen' als gen. partit. hinter *nēmo* usw.: Poen. 527 *haud quisquam nostrum*, 540 u. 861 *nēmo nostrōrum* (vgl. Titin. 52 *vestrōrum aliquis*); Men. 23 *nē quis vestrum* (ähnlich 994, Amph. 27 al.); Ter. Hec. 240 *vestrārum nūlla est*. – b) Umdeutung von *nostrum* zu 'von uns' (also gen. zu *nōs*) infolge der Verwendung auch hinter nicht-negativen Pronominalia: hinter *uter* (usw.) Amph. frg. XIV (vor Vers 1035), Aul. 321 u. Men. 1085 *uter vestrōrum*, Stich. 141 *neutram vestrārum*; weiter Men. 51 *sī quis... vestrum*, Most. 280 *maxuma pars vestrōrum*, Amph. 4 *vestrōrum omnium*. Schließlich nicht adnominal Rud. 289 *honōrem nostrum* (fem.) *habēs*; 1145 *spēs... vestrum cognōscendum* (i. *vōs cognōscendī*, sc. *parentēs*).

II. Gen. auf -ī. a) Zu sing. *ego tū* auch gen. sing. *meī tuī* nach gen. plur. *nostr-um -ōrum* neben plur. *nōs*, aus einer Art von Konzinnitätsbedürfnis; partitiver Gebrauch ist hier unmöglich. Verwendungen: Truc. 370 *tuī videndī cōpia est*, Psd. 6 (*labōrī*) *meī tē rogandī et tīs respondendī mihi*. Adverbal bei *miseret, pudet, taedet* Trin. 431 Bacch. 379 Amph. 503 usw.; bei *similis* (*est*) Amph. 284, 442 usw. (*suī* Trin. 284, vgl. Rud. 49). – b) Seit Terenz hiernach auch plur. *nostrī* für entsprechende Funktionen: Singularisierend Ad. 765 (*puerum*) *vestrī* :: *nostrī* 'von einem der Eurigen, Unsrigen'; Phorm. 172 (wie *meī pudet mē*) *nostrī nōsmet paenitet*. – S. noch *Sommer* 412 f., sowie Gellius 20, 6. – Nach *Pieri*, RIGI 7, 269 war *nostrum* ursprünglich Ntr. sing.

369. Possessivpronomina.
A. Sing. 1. sing. *meus*, idg. *meyos, vgl. aksl. *mojь*; s. dazu *Brugmann*, IF 13, 148³. – Zu lat inschr. *mieis* '*meīs*' s. § 42e; zu vok. *mī* s. § 367, 5 Zus. d; zu vulglat. *mo*- s. unten. – 2. sing. *tuus* und 3. refl. *suus* zeigen seit dem Idg. durchaus parallele Formen: altlat. *tovos sovos (mit osk. *tuvai*, *súvad* usw.) aus idg. *tewos *sewos, vgl. gr. hom. τε(ϝ)ός ἑ(ϝ)ός. – Zu *suos* aus *sovos* durch Vokalschwächung in Enklisenstellung s. § 143b.

Zusätze. a) Nebenformen usw. zu *suus*. Altlat. *so*- für *suo*- in Enn. ann. 149 *sīs oculīs* (kaum alter Genetiv *sīs* zu *sē* wie *tīs* zu *tē*); *sam* '*suam*' Paul. Fest. p. 47, 3 M., *sās* Enn. ann. 101; zur Erklärung s. unten Zus. b Ende (zu *sōs* '*eōs*' s. § 373, 1). – *suad* '*so*' (*sv̥ād, sŭād?*) in *suad ted* '*sīc tē*' Fest. ist, wenn richtig interpretiert, vielleicht mit osk. *svai* '*sī*' zu verbinden. – Vulglat. inschr. *mo- to- so-* (auch vom Romanischen vorausgesetzt) für *meo- tuo- suo-*; Belege s. *Diehl*, Chr. III Index p. 597, 603; dazu *Geyer*, ALL 2, 34; zu *mo*- auch Thes. sub *meus* p. 913, 79 sqq. *to- so-* seien vorausgenommen, etwa *tīs* '*tuīs*' CE 430, 8, *sōrum* '*suōrum*' III 15 184, 13 usw. Aus akk. mask. *tuum suum* ergab sich lautlich *tūm sūm* > *tum sum* (Belege s. *Diehl*, Chr. III 596 u. 603); danach wohl fem. *tam sam* und weiter Stamm *to- so-* (für altlat. *so-* ist diese Erklärung kaum anwendbar wegen alt akk. *tuom*). – 1. Pers. *mo-* für *meo-* ist kaum lautliche Entwicklung; vermutlich *mo-* zu *mē* in formalem Ausgleich mit *to- so-* neben *tē sē*.

b) Idg. Genetiv der Personalpronomina (sing.) und idg. Possessivpronomina (sing.). In der Grundsprache diente als adverbaler Genetiv in gewissem Umfang der sog. Dativ *moi *toi (*soi), vgl. § 367, 5 d. In der Funktion des adnominalen Genetivs von Substantiven steht bei den Personalpronomina meist ein Zugehörigkeitsadjektiv, das sog. Possessivpronomen, so auch lat. *meus tuus* oder nhd. *mein, dein*; nur das Griechische benutzt beide Formen, ὁ ἐμὸς ἀδελφός und ὁ ἀδελφός μου (*Kühner-Gerth* I 554 Ziff. 3, *Schwyzer* II 200). – Diese Possessivpronomina sind aber ihrerseits Adjektivierungen älterer Kasusformen: idg. *meyos (lat. *meus*) stellt sich zu gen. gr. hom. μέο (kontrahiert ion. μεῦ, att. μοῦ), idg. *tewos (altlat. *tovos) zu altind. gen. *tava* aus *tewo, idg. *tewos *sewos zu gr. hom. τέο ἕο; die griechischen Formen bei *Schwyzer* I 602. Man vergleiche im Altindischen die Vṛddhiableitungen auf *-ka-*, adj. *māmaka- tāvaka-* von gen. *mama tava*, auch plur. *āsmāka-* von Stamm *asma-*; erst daraus Rückbildung gen. *asmākam* (vgl. aber auch *Wackernagel*, Ai. Gr. III 468 f.).

Neben *tewos *sewos standen als Ablautvarianten *twos *swos, nach gr. σός 'dein', *hwos (ϝ)ός 'eigen' altind. *sva- 'suus*'; vgl. auch aksl. *tvojь svojь*; zu diesen sind die Stämme der Personalpronomina idg. **twe- *swe-* als vollere Formen von **te- *se-* (oben § 367, 2) zu vergleichen. Sicher ursprünglich ist stammhaftes *w* nur in der 2. Person **twe-* und **tewo-* angesichts von nomin. *tū*. Nach *Benveniste*, BSL 50, 36 [Gl. 36, 140] sind die *w*-Formen der 3. Person Angleichungen an die der 2. Person. Jedenfalls ist also 2. Pers. *te-* Vereinfachung aus **twe-*, sei es als Sandhiwechselform oder in Enklise, vgl. § 136 c. – Daß im Latein neben *tewos *sewos (lat. *tovos sovos*) auch **two- *swo-* fortleben, nämlich in *tuos suos*, ist zwar lautlich möglich, aber unwahrscheinlich; die oben in Zus. a genannten *so-* für *suo-* (*sam sīs*) führt *Sommer* 414 auf idg. **swo-* zurück.

B. 1. 2. plur. *nos-tro- ves-tro-* : zum Suffix s. § 288 A 2c. Zum Wandel von altlat. *voster* zu *vester* um 150 v. Chr. s. § 44; zu Stamm *nŏs- vŏs-* s. § 368.

Zusätze. Das *e* von (neu-)umbr. *u̯estro-* ist schwer zu deuten. Setzt man idg. **wes-(tro-)* trotz **nos-(tro-)* voraus, so müßte altlat. *voster* eine Angleichung an *noster* sein; andernfalls müßte man umbr. *u̯estro-* als entlehntes jüngeres lat. *vester* betrachten. – Gegenseitige Beeinflussungen von *noster* und *vester* im Vulgärlatein: inschr. *nestro-* III 13742 (*Löfstedt*, RhM 67, 214); *u̯ostro-* CE 593, 833, XI 1823, auch romanisch, etwa frz. *le vôtre* und *votre*.

Ableitungen. Adj. *nostrās* plur. *-ātēs* § 309 A 2. Adv. *tuātim nostrātim* § 389 c γ.

Anhang. *-pte* als Identitätspartikel hinter Possessivpronomina; Abl. sing. fast formelhaft. Bei Plautus: *meō- tuō-pte* (*ingeniō* Capt. 371, *cōnsiliō* Mil. 605), *meā- tuā- suā-pte* (*culpā* Merc. 970 [vgl. *nostrā-pte* Ter.], *malitiā* Truc. 471, *sponte* Trin. 666); sonst nur *suumpte amīcum* Mil. 391. Auch später fast nur Abl., vgl. *suāpte manū* Cic. und *suōpte* 'suō ipsīus' Paul. Fest.

Ganz vereinzelt hinter Personalpronomina: *mē-pte* Plt. Men. 1059, *mihi-pte* und *vō-pte* 'vōs ipsī' ('ipsōs'?) Cato bei Paul. Fest.; *in eō-pte* Paul. Fest. – Man vermutet in *-pte* (aus **poti*) ein idg. **poti* 'selbst' (hethit. *pat*, lit. *pàts*), zu dem auch **potis* 'Herr' gehört. S. *Pedersen*, Hitt. 77, und *Benveniste*, Word 10, 260–263 [Gl. 36, 140]; ausführliche Kritik bei *Szemerényi*, Syncope 340 ff.; dazu 372². Vgl. auch W.-H. sub *-pte*, Sommer 448 f. – Nicht hierher lat. *ut-pote* (trotz *Benveniste*), s. § 400 C 2 c, und gr. hom. τί-πτε (s. zuletzt *Szemerényi*, Syncope 219).

2. DIE GESCHLECHTIGEN PRONOMINA

a) Stämme (§§ 370–374)

370. Die geschlechtigen Pronomina sind als *o*-Stämme flektiert mit Ausnahme der *i*-Flexion bei *quis* und *is* in einigen Kasus. Die mit den *o*- und *i*-Substantiven übereinstimmenden Formen sind bei der Flexion des Nomens mitbehandelt. Folgendes sind die wichtigsten Besonderheiten dieser Pronomina: besondere kurze Stämme, häufiges Antreten deiktischer Partikeln wie *-ce* (*-c*) *-pse* *-ī* *-quam*, dazu *-que* in *quisque quīcumque*, und demgemäß „Binnenflexion" wie abl. *hō-c*, akk. *quem-quam* und *quem-que*; in der Flexion ntr. auf *-d* in *id quod*, lat. gen. und dat. sing. auf *-ius* und *-ī*; bei den *o*-Stämmen in der Grundsprache nomin. mask. sing. endungslos (ohne *-s*), plur. auf *-oi*, plur. gen. auf *-sōm*; außerhalb der Flexion Adverbialbildungen, die dem Nomen fehlen, so in *i-bi i-ta*, *ill-im* (und *-inc*), *quō* 'wohin', *quō-r* 'warum'. – Als Zeigefunktionen unterscheidet man seit *Brugmann* die der 1., 2. und 3. Person bzw. die Ich-, Du- und Jener-Deixis (lat. *hic, iste* und *ille*), s. dazu *Szantyr*, Synt. 179 f. § 105.

Lit.: *Brugmann* II 2, 310 ff.; *Brugmann*, Dem. (1904); *Sommer* 416 ff.; N.-W. II 375 ff.; *Meillet*, Les démonstr. latins, REL 3, 51–54; ders., Le pronom personnel et les démonstratifs, MSL 23, 141–145 (s. Idg. Jb. 13, 71 nr. 49); ders., BSL 32, 19 (zu **so *sā* und *is*); *Otrębski*, Die Spr. 12, 16–25 (*is ipse iste ille hic*; eigenwillig); *Skutsch*, Kl. Schr. 344–362.

371. Pron. *is ea id* 'dér', mit *īdem eadem ĭdem* 'derselbe'.

a) Pron. *is*, idg. Stamm *i-/ei-*; einige altind. Flexionsformen: sing. nomin., mit Partikel *-am*, *ay-am iy-am id-am*; plur. instr. *e-bhis* gen. *eṣām* (**ei-bhis *ei-sōm*). – Lat. Nomin. *is* (nicht fem.!), vgl. osk. *iz-i-c* got. *is* (nhd. *er*), mit lat. *īdem* aus *is-dem, auch wohl *is-te*, *ipse* aus *is-pse. **Akkus.** altlat. mask. *im* vgl. altind. *im-am*, got. *in-a* (nhd. *ihn*); daneben *em* (lautlich aus *im*, vgl. zu *quem* § 357 C 1 b); *im* und *em* XII tab. 8, 12; 10, 8; 1, 1 und Paul. Fest.; *em-em* s. bei *īdem*. **Ntr.** *id* vgl. osk. *id-i-k* got. *it-a* (engl. *it*, nhd. *es*); dazu *id-em* gleich ai. ntr. *id-am*, s. unten b. **Ableitungen:** *i-terum i-ta i-bi.* – **Stammform** *ei-* (ganz ursprünglich Nomin., nach ai. *ay-am*) in gen. plur. *ei-sōm ai. *eṣā́m* osk. *eisun-k* (daraus im Osk.-Umbr. Stamm *eiso- ero-*). **Obliquer** Stamm *eyo-* in lat. *eo- eā-*, akk. *eum eam* usw. plur. nomin. *eī eae ea* usw., fem. *eā-* auch in osk. nomin. *iú-k*, akk. *ia-k* akk. plur. umbr. *eaf*. Ausgangspunkt ist akk. mask. *eum* < **eı̯-om*, ursprünglich Nomin. (gleich altind. *ay-am*), wegen Ausgang *-om* zum Akkusativ umgedeutet; daraus über akk. fem. *eam* und plur. *eōs eās* der oblique Stamm *eo- eā-*. Die Aufklärung über Stamm *eo-* verdankt man *Sommer*, Gl. 5, 253; vgl. dazu *Hofmann*, Festschr. Streitberg 380 f. Anders *Szemerényi*, Thes. sub *is* p. 455, 1–12. – S. auch W.-H., E.-M., *Sommer*, KE 195.

Zusätze. α) *nec erim* 'nec eum' Fest., vielleicht verwachsen aus *nec is im* 'nicht er ihn'. Nach *Otrębski* aus *ne kis im, s. Gl. 18, 256. – Altlat. abl. *eōd*, D 256. – Dat. plur. *ibus* s. § 375. – β) Plur. nomin. mask. *iī* dat. *iīs*, älter inschr. *iei ieis eieis* D 269, 6, u. 654, 264, 11, lautlich aus *eei eeis*, § 42 e. Daneben *ēī*: im Senarausgang Plt. Merc. 869, vgl. *ēidem* Mil. 758; entsprechend dat. *ēīs* Rud. 73 bzw. Poen. 167. Zu einsilbigem *īs* 'iīs' s. *Lachmann* zu Lukrez 4, 933; in Handschriften oft *hī hīs* für *ī īs*. – Plur. alt nomin. mask. mit *-s* als *eeis ieis eis* und gen. *eum*, s. § 353; abl. *eābus* § 350. – γ) Sonst Stamm *io-*: akk. *ium* D 257 (Luceria), Angleichung von *eum* an nomin. *is*. Vgl. auch osk. fem. *iuk* (s. unten § 372, 1 b Zus.). Unwahrscheinlich dat. fem. *iai* Duenosinschr., so *Thurneysen*, KZ 35, 200. – Für dat. mask. *iei* Lex Rubr. II 12 u. 30 (sonst *ei*) ist nur der Schreiber verantwortlich.

b) **Identitätspronomen** *īdem eadem idem*, weitere Flexion wie pron. *is* mit Identitätspartikel *-dem*. Ererbt ist nur ntr. *ĭdem*, als *id-em*, gleich ntr. altind. *id-am* 'id', also ursprünglich nur scharf deiktisch 'eben das' wie etwa D 377 *ad idem exemplum quod*, mit Bedeutungsentwicklung wie bei gr. (τὸ) αὐτό. – Zur Identitätspartikel entwickelte sich zunächst nur das Element *-em*; das Verhältnis *id* : *id-em* besteht auch bei akkus. mask. *em* : *em-em* (*emem* 'eundem' Paul. Fest.); es wurde vorbildlich für adv. *ita* : *it-em* und für *tam* : *tam-em (> *tamen*, § 232 A 2; zur Bedeutung s. Zus. ε). – Nach *idem* neben *id* wurden zu den anderen Formen von pron. *is* die Ergänzungsformen auf *-dem* statt auf *-em* gebildet, zunächst vermutlich zu den auf Vokal auslautenden, also fem. *ea-dem*, plur. *eī-dem eae-dem ea-dem*. Damit war die Identitätspartikel *-dem* geschaffen; sie fand etwas weitere Verbreitung: *toti-dem, tantun-dem*, adv. *ibī-dem indi-dem eō-dem*; ferner mit Verschiebung ins Temporale *iti-dem* (zu *ita*) 'wiederholt', *tan-dem* 'endlich' (*Godel*, Cahiers de Saussure 8, 61–63 [Gl. 36, 151]), unklar *prī-dem* (zu **prīs-* 'früher', § 288 A 2 d); das enklitische *quĭdem* ist vielleicht verselbständigt aus umgegliedertem *id-que-dem 'und das eben'.

Zusätze. α) Lautlich *idem* für *idom; vgl. oben zu akk. *eum* sowie osk. *pidum* 'quicquam' und *is-idum* 'īdem'. Ntr. immer *ĭdem*, nie *id-dem (zur Schreibung *eidem* s. unten). Daher *-dem* nicht aus abl. *eōd-em* > *eō-dem*, so *Thurneysen*, KZ 35, 198[1]. Muster für *-dem* war *idem* nach *Baunack*, MSL 5, 11, *Thurneysen*, KZ 27, 175. – β) Nomin. mask. *īdem* lautlich aus *is-dem (vgl. Cic. orat. 157 zu *isdem* Enn.); Schreibung *eidem* D 430, 676; aus *eidem* und *is* kontaminiert *eisdem* Gl. 36, 126, D 49, in I² mehrfach. Danach auch *eis* 'is' Lex repett. 3mal (daneben *is*) und ntr. *eide(m)* Lex Anton. Term. (Bruns,

Fontes 14 p. 94) 2, 20 *eaedem leges, eidemque ious*. – Nomin. plur. *eisdem* wie *eis*, s. § 353. – γ) Kontraktion und Synizese bei Daktylikern. Plur. nomin. mask. *īdem* (aus *iīdem*) Lucr. 1, 165; 3, 48 usw., Verg. Aen. 3, 158 al.; dat.-abl. *īsdem* Enn. ann. 193, Lucr. Verg. Sing. abl. *ĕōdem*: Lucil. 353 *ūn(ō) ĕōdemque* (ähnlich 570; 887; danach Lucr. 6, 961 Verg. ecl. 8, 81 Aen. 12, 847); fem. *ĕādem* Lucr. 1, 480 Verg. Aen. 10, 487. gen.-plur. *ĕōrundem* Enn. ann. 200. S. dazu *Sommer* 118; *Lindsay*, ELV 113 f.; *Vollmer*, Metr. 10. – δ) Inschr. akk. *iendem* VI 3708 offenbar nach vulglat. ger. *iendum* für *eundum* (von *īre*). – ε) Zum Bedeutungswandel bei *tamen* von 'ebenso (scil. wie unter anderen [günstigeren] Umständen)' zu 'trotzdem' vgl. etwa Plt. Amph. 825 ff.; daher die häufige Stellung von *tamen* am Satzende, Mil. 48, 306, Stich. 732. S. dazu *Szantyr*, Synt. 495 f.

372. Pron. *hic haec hoc*, plur. *hī hae haec*, 'dieser', Demonstrativpron. der 1. Person bzw. der Ich-Deixis.

1. Die Elemente, Stamm *ho*- und Partikel -*ce*.

a) **Stamm** *ho*-, in den meisten kurzen Kasusformen mit deiktischer Partikel -*ce* (> -*c*) erweitert. Deutliche Formen der *o*-Flexion (wie bei *o*-Adjektiven) sind ohne -*c* fast alle Pluralformen, dazu im Sing. mit -*c* akk. *hunc hanc* (*hom-ce *hām-ce), abl. *hōc hāc*, auch Lok. als Adverb *hīc* 'hier' aus *hei-ce (vgl. falisk. *he* und *fe*).

Hierher auch *hŏ-diē* falisk. *foied* (§ 172 c) 'heute' aus abl. *hŏd di̯ēd; lat. *hŏ*- für *hō* wohl als Kürzung durch Tonanschluß (*Osthoff*, IF 5, 290[1]; vgl. § 122 c und zu fal. *foied* § 137 b), kaum reiner Stamm *hŏ*; zur Bildung vgl. einerseits nhd. *heute* aus *hiu-tagu, andrerseits gr. σήμερον. Trotz etymologischer Verschiedenheit der Glieder sind lat. *hodiē* und (veraltetes) *hornō* ebenso koordiniert wie nhd. *heute* und *heuer*; adv. *hornō* nur Plt. Lucil. Varro (abgelöst durch *hōc annō*), adj. *hornus* nur Hor., Prop., Petron. carm., *hornō-tinus* nur Cato agr. 17, 2 *nuces* und Cic. Verr. II 3, 45 *frumentum*; so ist *hornus*, wohl mit *ō*, aus *ho-i̯ōr-inos zu erklären, mit idg. *i̯ōro- neben *i̯ēro- (nhd. *Jahr*). Nach *Szemerényi*, Gl. 38, 114 wäre *hornus* entlehntes gr. *ὡρινός. – Zu *hōrsum* s. § 377 C 1 Zus. a. – Der lat. Stamm *ho*- hat keine etymologische Entsprechung in anderen idg. Sprachen.

b) **Partikel** -*ce* ist im Italischen eine Art deiktisches Lokaladverb, gebraucht als Praeverb (etwa 'her, hin', s. § 418 I A 2c) in lat. *ce-dō ce-tte* § 402c und in osk. *ce-bnust*, sowie als postponierte Partikel, meist verkürzt zu -*c* bzw. -*k*, hinter einigen deiktischen Pronomina, so in lat. *hic* und bei osk.-umbr. **is*; dazu im Latein auch in Zusatzformen bei *ille iste*, ferner in adv. *sīc*, *nunc* und *tunc* (dies neben *tum*) und wohl in Partikel *ecce* und in altlat. *nec* 'nicht' § 333 IV A 1.

Zus. Formen mit -*k* des Osk.-Umbr. zu pron. **is* (v. *Planta* II 229): osk. fem. nomin. *iúk*, abl. *eisak* (umbr. *erac*); plur. mask. *iusc* gen. *eisunk*; dazu nomin. sing. m. n. *iz-i-c id-i-k* (umbr. *erek eřek*).

2. Die Flexionsformen. Sing. nomin. Mask. *hĭc* (inschr. *hec* neben *hic* D 541) aus **ho-ce*; *i* aus *o* geschwächt in Proklise nach *Skutsch*, Kl. Schr. 77 ff. (Stamm *hi*- ererbt nach E.-M.). Auch als Länge gemessen seit Lucil. 117 *hic est*/, und zwar nach ntr. **hocc*; vgl. *hicc est* CE 1533, 3 (s. Thes. sub *hic* p. 2695, 78; 2696, 65). – Ntr. *hoc*, inschr. alt (akk.) *hoce* D 44, 59, aus **hocce* < **hod-ce*; zu *hŏc* als prosodische Länge *hocc* (vgl. mit -*ne hoccine* Plt.) s. § 225 I b. – Fem. *haec* (ebenso ntr. plur. *haec*) aus **hā-ī-ce*. – Akk. *hunc*, älter *honc* D 541, *honce* 256, aus **hom-ce*; entsprechend fem. *hanc*; Abl. *hōc hāc* aus **hōd-ce *hād-ce*. – Plur. altlat. Nebenformen: Nomin. mask. *heisce* (*hīsce* Plt.) und *heis*, Belege s. § 353; fem. *hasc* s. § 350. Fem.

haec (also wie nomin. sing.; statt *hae*) vor Vokal Plt. Aul. 386 Ter. Eun. 582, vor Kons. Cic. Sest. 5 Verg. gg. 3, 305; dazu mit *-ne* Ter. Phorm. 1012 *haecine*. Danach auch (vor Kons.) *istaec* Plt. Men. 520, 766 Psd. 238. – Zu den Endungen in sing. *hĭc haec huius huic* s. §§ 375 f.

3. Zum Gebrauch von *-c* und *-ce*. Die Normalformen von *hic* zeigen von Plautus an ein festes *-c* im ganzen Singular (außer gen. *huius*); ebenso einige weitere einsilbige Formen, ntr. plur. *haec* und die Adverbien *hīc hinc hūc*. Angesichts der Seltenheit der Genetivformen *huiusce* und *hōrunc* war die Verstärkung durch *-ce* (> *-c*) ursprünglich wohl auf einsilbige Formen beschränkt. Ohne *-c* sind von den Einsilblern nur nomin. plur. *hī hae*, letztere wohl zur Differenzierung gegen *haec* fem. sing. und ntr. plur.; danach als Ausgleich auch mask. *hī*. Pluralformen auf *-s*, *hīs hōs hās*, auch *hīsce hōsce hāsce*, bilden eine Sondergruppe. – Die vollen Formen auf *-ce* sind sonst nur noch im Altlatein belegt, besonders auf Inschriften. – Die *c*-Formen zu *ille iste* sind nicht unmittelbar mit dem deiktischen *-ce* erweitert, sondern nach dem Muster von *hic* als Zusatzformen gebildet.

a) Volles *-ce* im Altlatein für normales *-c* (lautlich nach § 98a). Auf Inschriften: ntr. sing. *hoce* und plur. *haice* SCBacch.; *hoice hance* und *hace* bzw. *haace* Lex Bant. D 268; ferner *honce* D 256, ntr. *hoce* 44, 59, abl. *hoce* (*ō*) 59, 257; adv. *heice* 607, *hince* 430. Bei Ennius ann. 234 *haece locūtus*. Entsprechend von *ille* in Gebetsformeln bei Cato agr. 132 u. 139 *illāce* und *illiusce*. – Bei Plautus außer *hōsce* sim. nur vor fragendem *-ne* (lautlich *-ce- -ne* > *-cine*, § 88): *hicine* Most. 508, *haecine* Pers. 545, *hoccine, hancine* Rud. 189 (Thes. sub *hic* p. 2695, 11 sqq.); dazu *sīcine* Psd. 320 und oft, ebenso zu *ille iste illicine* Psd. 954 Truc. 599, *istācine* Psd. 847.

b) *-ce* hinter einsilbigen Kasusformen auf *-s*, gegenüber den Standardformen ohne *-ce*, begegnet noch bis in die klassische Prosa. Die Regelung bei Plautus läßt vermuten, daß in den einsilbigen Kasusformen *-ce* auch hinter *-s* stand, wobei nach Apokope des *e* auch das *c* etwa in **hōsc *hāsc* vor Kons. geschwunden war; insofern bestanden einst Sandhidoppelformen *hōsce* vor Vokal und **hōsc* (> *hōs*) vor Konsonant.

Belege für *-ce*. Auf Inschriften: plur. nomin. mask. *heisce* (§ 353), akk. fem. *hāsce* D 115, 294. Bei Plautus *hōsce hāsce hīsce* fast nur vor Vokal, *hōs hās hīs* vor Kons. – In anderen Versen: D 91 (Saturnier) *ob hāsce rēs*; Lucr. *hāsce, hīsce*; CE 19, 3 *hāsce*; Hor. sat. *hōsce hīsce*. In Prosa (Cicero und Spätere) nicht selten *hōsce hāsce hīsce*, vgl. Quint. 9, 4, 119 zu Cic. Verr. II 1, 1 *per hōsce diēs*. – Entsprechend zu *ille iste*: bei Plautus *illīsce* (nomin. plur.) Most. 510, 935, *pro istīsce* Rud. 745, *istōscin*(*e*) Asin. 932. In Kaufformeln *illōsce illāsce* Varro rust. 2, 2, 6; 2, 4, 5; 2, 5, 10 sq.

Gen. *huiusce* (für übliches *huius*), Gebrauch nach Thes. sub *hic* p. 2617, 43 sqq.: Plt. Cicero, Livius; Lex repett. 56 *hoiusce lēgis*, Lex Urson. 98 (ib. 91 u. 92 *huiusque*, Schreibfehler, s. § 158 d); ferner *huiuscemodī* Cato Varro Cic. Vgl. oben *illiusce* bei Cato. – Die Genetive *hōrunc hārunc* stehen bei Plautus vor Vok. und vor Kons. (z. B. Merc. 399 Stich. 450 und Curc. 71 Mil. 1016); sie verschwinden nachher; inschr. *hōrunc* vor Vokal D 581 (Senar).

Zusatz. Die *c*-Formen zu *ille* und *iste*. Als Ortsadverbien wie *hīc hinc hūc* auch *ill- ist- -īc -inc -ūc*. Neben Kasusformen von *ille iste* ohne *-c* gebraucht Plautus nach dem Vorbild von *hīc* auch solche mit *-c* (in den Handschriften meist entstellt), so sing. auf *-ic -aec -uc* (aus *-oc*), *-unc -anc*, *-ōc -āc*, dazu ntr. plur. *-aec*; vgl. auch Szantyr, Synt. 185. Auch Lucr. 4, 1083 *illaec*, Catull 50, 5 abl. *illōc* neben *hōc*; auch auf zwei Verfluchungsinschriften, D (p. 86 sq.) 801¹ nomin. *ilic ilaec* akk. *ila(n)c*, 801² *illunc* u. *eccillunc*. – Das gesamte Stellenmaterial s. Thes. sub *illic* p. 370.

373. Übrige Demonstrativpronomina mit *o*-Stämmen. Zu den Sonderformen der Kasus s. auch §§ 375 f.

1. Idg. *so/to*-Pronomen 'dér' : idg. nomin. mask. **so* fem. **sā*; sonst Stamm *to*-, akk. **tom *tām*, ntr. **tod*, repraesentiert durch griech. Artikel ὁ ἡ, τόν τήν, τό, altind. *sa sā, tam tām, tad*, got. *sa sō, þan-a þat-a* (nhd. den das). – Im Latein nur Reste. *so*-Stamm im Akkus. verwendet: in Ennius' Annalen (bei Fest.) *sum sam sōs* 'eum eam eōs' (vs. 98; 219; 22, 151, 256, 356), unsicher XII tab. 7, 7 *sum* (bei Fest. sub *viae*); lok. als Konjunktion *sī* alt *sei* 'wenn', als Adverb *sī-c* alt *sei-ce* 'so'; fem. nomin. **sā* in *sa-psa* (s. bei *ipse*); zu *sās* 'suās' s. § 369 A Zus. a. – *to*-Stamm: nur erstarrte Kasus als Adverbien, *tum tam*; zu *tōd* s. Imper. fut. § 423 A 2b; ntr. **tod* in adv. *topper* in sehr alten Zitaten (nicht 'cito' trotz Festus; zur Bedeutung s. *O. Skutsch*, ClQu. 56, 89⁴); ferner in Ableitungen wie *tot tālis tantus* (s. § 377 A u. D). Vgl. § 375 Zus. zu *tesiai*.

2. Stämme *illo*- und *ollo*- 'jener', Pron. der 3. Person (Jener-Deixis); seit Plt. *ille illa illud*. Stamm *ollo*- nur in Formeln bzw. Formularen und als Archaismus im Hexameter, sonst durch *illo*- ersetzt. Anscheinend ist *ill*- für *oll*- eine semantisch bedingte Lautangleichung an die Pronomina *is* und *iste*.

Zusätze. a) Zu *ille*. Mit der Iambenkürzung (§ 121) vergleichbar ist die Messung der ersten Silbe von *ille* und *iste* bei den alten Skenikern als Kürze, *ĭlle ĭste* (*Skutsch*, Plautin. u. Romanisches 140 ff.): s. *Sommer* 427 u. 429 f., auch KE 115 f. nr. 106; *Marx*, Sächs. Ber. 59, 129 ff. [vgl. auch Gl. 19, 237]; *Fraenkel*, Iktus 116³, 118¹. – Zu *illic* neben *ille* s. § 372, 3 Zus. – b) Zu *ollo*-. Nomin.: *olle quirīs* im Heroldsruf 'der und der *qu*.' Lex regia Serv. Tull. 6, aber *ollus* Varro ling. 7, 42 (ebd. *olla centuria*); plur. abl. *ob oloes* (s. § 353); inschr. *olleis legibus, illeis regionibus* D 260, gen. *ol⟨or⟩om* Col. rostr. 10; osk. *olu* Vetter 7. Ntr. *olla* Cic. leg. 2, 21. Adverb *ollīc* (kaum nomin. *ollic*) Paul. Fest. Bei Daktylikern: dat. *ollī* Enn. ann. 33 u. 119; ist Vergil häufig dat. *ollī*, plur. *ollīs* u. *ollīs*. Dazu adv. *ōlim* § 377 B Zus. mit unerklärtem *ō*; Ableitungen: *ōlim ōliōrum* Petron. 43, 8, *ōlitāna* 'vetusta' Gloss. – Zu *olla-ber -ner* der Auguralformel s. *Norden*, Priesterb. 65, *Mentz*, KZ 70, 209–227. – c) Lautlich *ollo*- wohl aus **ol-no*, vgl. aksl. *lani* aus **olnei* 'im Vorjahr'; zu *ol*- auch lat. *ul-trā*. S. bes. *Rozwadowski*, IF 3, 264–276.

3. *iste ista istud* 'dieser', Demonstrativpronomen der 2. Pers. bzw. der Du-Deixis. Der Stamm ist wohl zweigliedrig *is-to*-, verwachsen entweder als Nomin. aus pron. (nomin.) *is* 'er' und einer Partikel *-te*, oder umgekehrt aus einer Partikel *is* und dem *to*-Pronomen, als Akkus. oder Ntr. **is-tom **is-tod* (*istum istud*), mit nachträglicher Vervollständigung des Paradigmas. Bei der ersteren Erklärung entspräche nomin. *is-te* dem nomin. *ipse* aus **is-pse* (s. unten); dem fügt sich die Deutung von *eas te* der Auguralformel Varro ling. 7, 8 als *eās-te* 'istās'; und im *-te* als Partikel der Du-Deixis mag man das *-te* von *tū-te* wiedererkennen. Bei der zweiten Erklärung wäre die Flexion des *to*-Pronomens nur durch neue Nominative ergänzt, *iste ista* für **is-so **is-sā*. – Die etwas gezwungene Ansetzung von sonst unbezeugten Partikeln **te* oder **is* sucht man öfters durch Hilfskonstruktionen zu umgehen. Zu lat. *isto*- bildet umbr. pron. *esto*- zwar eine Parallele, aber zugleich eine weitere Schwierigkeit für die Erklärung.

Lit.: *Brugmann*, Dem. 81 (Partikel *te*). Zu *eās-te* (*Regenbogen* und *v. Blumenthal*) s. *Norden*, Priesterb. 48f. *Szemerényi*, Thes. sub *iste* p. 494, 18-29 (pron. *is* und pron. *to-*, dazu umbr. *esto-*, kompliziert). *Kuiper*, Meded. Ned. Akad. 1, 1938, 485ff. (deikt. Partikel *e* und pron. *sto-* aus *so+to-*; s. Gl. 29, 167, auch zu *Norden*). – Früher: *Thurneysen*, IF 39, 198 (*este* deikt. Adverb). *Muller*, IF 42, 59² (**es* 'da' in umbr. *esto-*; lat. *isto-* für **esto-* nach pron. *is*). – S. auch *Otrębski*, Die Spr. 12, 22; E.-M. (Partikel *is* und pron. *to-*); Weiteres bei W.-H. – Zu *isto-* mit erster Kürze bei den Skenikern s. oben 2a. Zu *istic* neben *iste* s. § 372 Zus.

4. *ipse ipsa* Identitätspronomen 'selbst'; ntr. *ipsum* (nicht *-ud*) seit Plt. Bacch. 284, offenbar als junge Ergänzungsform; denn für *ipse* als vorwiegend personales Pronomen war ein Neutrum kaum benötigt. – Entstanden ist der Stamm aus pron. *is* mit Partikel *pse*, also nomin. *ipse* aus **is-pse* (lautlich nach § 231 Zus. γ); Deklinationsmuster war *ille*. Bei Plautus bestehen noch Formen mit flektiertem *is*, besonders zum Femininum, also zu *ea-pse* mit adv. *reāpse*, freilich neben den normalen Formen mask. *ipsum*, fem. *ipsa ipsam*; sie fehlen im gen. dat. sing. und im Plural. – Nomin. *ipsus*, dem Ntr. *ipsum* entsprechend, im Altlatein (Plt. Ter.) fast ebenso häufig wie *ipse*, auch bei Enn., Cato; *ipsos* (?) Lex regia Numae (Paul. Fest. sub *aliuta*). – Zu adjektivischem *ipsus* superl. *ipsissimus* Plt. Trin. 988; im griech. Original stand wohl αὐτότατος (vgl. Aristoph. Pl. 83); daraus verkürzt *ipsimus* (§ 234ε; bei Petron 63, 3; 69, 3; 75, 11; 76, 1); vgl. dazu **sēmet-ipsimum*, § 368 Anh. 1. – Vulglat. *isse*, auch Schreibung *ixe*, § 204a.

Zusatz. Belege zu *eapse* usw. bei Plautus: Fem. *eapse* Cas. 602/604 Curc. 161, *eampse* Cist. 170 Poen. 272, *eāpse* Curc. 534 Trin. 974, *eaepse* Psd. 833; Mask. *eumpse* Pers. 603 (Truc. 133!), *eōpse* (ntr.) Curc. 538 (auch Liv. 40, 52, 5 z. J. 190ᵃ). – Zu *eapse* gehört *reāpse*, aus *rē* (nicht *rēd*!) *eāpse*, Truc. 815 (per coni.), auch Cic. rep. 1, 2 fam. 9, 15, 1; vgl. Scip. Afr. Minor (bei Festus) *rēque eāpse*. – Beigefügt seien *pse*-Formen mit dem fast verschollenen Pronomen **so* **sā* (oben Ziff. 1): fem. nomin. *sa-psa* (verdeutlicht aus **sā-pse*) Enn. ann. 430 Pacuv. 324; mit Stamm *so-* statt *to-* auch in akkus. mask. *sum-pse* Plt. Truc. 160. – Dazu *sē-pse* (statt *-pte*) Cic. rep. 3, 12, sowie adv. (?) *sīremps*(*e*)..*quasi* 'ebenso wie', nur in Gesetzen: Plt. Amph. 73, Cato (bei Fest. s. v.), Lex Bant. (D 268) 13, Lex repett. 73, Lex agr. 27; das Wort ist unerklärt.
Die Partikel *pse* glaubt man wiederzufinden in gr. ψε (syrakusan. Reflexivpron., *Kretschmer*, KZ 31, 438) und in lyk. *psse* (Nachweis s. Gl. 27, 84). – Andere Erklärungen für *ps*: Iterierter Akkus. *sum sum* > *sumpsum* (lautlich wie perf. *dēmpsī*, § 215bγ), danach fem. nomin. *sa-psa*; so *Sommer*, KE 117f. nr. 107. *-se* von nomin. *ipse* aus idg. **so* 'der', oben 1. – S. noch *Lindsay-Nohl* 506; *Otrębski*, Die Spr. 12, 19f. u. 21.

5. *alius -a -ud*, wie gr. ἄλλος -η -ο altind. *anyas -ā -ad* (zu *ny* für *ly* s. § 217a), also idg. **alyos -ā -od* 'ein anderer', Ableitung von adv. **ali* (§ 266 aβ). – Dazu Adverbien *aliter* (§ 387a), *aliās*, *aliuta*, *aliunde*, auch *alibi*.

Zusätze. a) Vereinzelt nomin. *alis*, ntr. *alid* seit Iᵃ. Belege für *alis*: D 260, 10, Catull. 66, 28, Sall. frg. *alis alibi*, Ius hosp. Bruns Fontes nr. 173, 2 (= II 2633; a. 27ᵖ) *omnes alis alium in fidem* (*suam*).... *receperunt*; erstarrt *ad alis alium* für gr. πρὸς ἀλλήλους usw. seit Itala. Ntr. *alid*: Catull. 29, 15; Lucr. 1, 263 (u. öfters) *alid ex alio*. Die lautliche Erklärung ist umstritten; sicher nicht *-is* für *-ius* wie in Gentilnamen (*Caecilis*) § 352. Nach *Sommer*, IF 24, 17ff. *alius alium* > *alis alium*. S. ferner *Sommer*, KE 119 nr. 108; *Skutsch*, Kl. Schr. 380f.; *Diels*, Sb. Berlin 1922, 58. – Stellennachweis Thes. sub *alius* p. 1623, 41 sqq., p. 1643, 41 sqq. – b) Kontrahierte Formen. Sing. gen. **ali-īus* > *alīus*: Cael. hist. 32 *nullius alīus rei* ... *causa*, Cic. nat. deor. 2, 123 *generis*; vgl. *alīusmodi* (§ 376 B2aβ); dat. *alī* (so Naev. com. 76 sqq.) > *alī*: in Versen Lucil. 619, Lucr. 4, 637 u. 6, 1227 *alī* ... *alīīs*, Varro Men. 235 *alī quī* (i. *quoi*); in Prosa: Lex Iul. 98 *aleiu̯e quoi*,

Fest. sub *praetexta bulla* p. 237 M. *nulli ali* (Paul. Fest. *alii*). Spät dat. *aliī* It. u. Vulg. Matth. 8, 9 *huic* ... *alii* (τούτῳ ... ἄλλῳ), 25, 15 *uni* ... *alii*. Plur. nomin. *ali* Inschr., *alei* D 628; dat. *alis* späte Inschrr.

6. Die sog. **pronominalen Adjektiva**, alles *o*-Stämme, nach ihrer Bedeutung ursprünglich auf den Singular beschränkt, folgen mit gen. *-īus* dat. *-ī* der pronominalen Flexion (aber ntr. *-um*); es sind *ūnus sōlus tōtus*, *uter* mit *ne-uter* (*utro-*), *alter* (*altero-*), und *ūllus* mit *nūllus*. Eine ähnliche Ausbreitung pronominaler Flexion zeigt das Altindische mit *eka-* 'einer', *víśva-* und *sárva-* 'ganz, plur. alle' (aber auch hier ntr. *-am*).

ūnus, altlat *oinos* ist Erbwort, s. § 65; dazu negiertes Ntr. *noenum* > *nōn* § 75b. Da *ūllus* als *oinelos* auf negative Sätze und auf *nūllus* (*ne ūllus*) beschränkt ist, so ist es als Deminutivum speziell für diesen Gebrauch geschaffen worden. – Zu *tōtus* s. § 142a. – Zu *uter* s. § 156c; zu *generis neutrī* (nicht *neutrīus*) für 'Neutrum' s. § 376 C 1a; zu *alter* (auch osk. *alttram*) s. § 387a; zum Suffix *-tero -*s. § 288 A 2 c. Dazu akk. spätlat. *alterutrum*, als *ein-ander* gr. ἀλλήλο- aus *alter alterum*, lautlich über *-alt-* > *-ult-* (vgl. *adulter*; § 91aα), dann Schwund des *l* nach § 233 A (vgl. *Wackernagel*, Kl. Schr. 1231).

374. Stämme *qui-* und *quo-*: **Interrogativpronomen *quis quid*** und **Relativpronomen *quī quae quod***, Stämme und Funktionen im Latein.

1. **Allgemeines.** Die Scheidung lat. *qui-* als Fragepronomen 'wer?' und *quo-* als Relativpronomen 'der, welcher' gilt nur für den Nomin. sing.; die Doppelflexion scheint auch durch das Korrelativpaar *quis* ~ *is* und *quo-* ~ *to-* (§ 377 A) vorausgesetzt zu sein. Hinzu kommt, daß das Fragepronomen 'wer?' eigentlich keinen Plural haben kann und im Nomin. sing. keine getrennten Formen für Mask. und Fem. benötigt; auch darin gehen formal nur *quis quid quem* und *is id em* (altlat.) zusammen; der Plural der *qu-*Pronomina flektiert vorwiegend als *o*-Stamm. – Nun dient weiter der *i*-Stamm orthotoniert (satzeinleitend) als Fragepronomen 'wer? was?', lat. *quis? quid?*, gr. τίς τί, außerdem aber enklitisch (an das erste Wort des Satzes angelehnt) als Indefinitpronomen 'irgend-wer -was', lat. *sī quis, nē quis, num quid*, auch *ali-quis*, griech. akzentlos τις τι (vgl. § 238, 3b). Das Indefinitpronomen aber benötigt einen Plural, also auch Pluralformen des *qui-*Stammes. – Unter solchen Bedingungen ist das komplizierte und ungeregelte Paradigma entstanden; es gilt im Wesentlichen auch für *quisquis, quisque quīdam* usw.

2. **Die Formen der beiden Stämme im Latein.**

a) Stamm idg. *k^wi-* lat. *qui-*. Nomin. *quis*, vgl. gr. τίς av. *čiš*; heth. *kwis*; *quid*, vgl. gr. τί altind. Partikel *cid*, aksl. *čь-to*. Akk. *quem* aus **quim* (§ 50d, vgl. gr. τίν-α). Instr. *quī*. Plur. (formal wie *i*-Stamm *trēs trium tribus*, ntr. *tria*): nur in Spuren *quēs quium*; durchgeführt *quibus*; fragend *quia-nam*.

Im Einzelnen. Instr. (meist ntr.) *quī* Plt.: interrog. *quī fit?*, *quī-cum* (beachte Capt. 1003), *quī prō* Asin. 397; *quī-dum? :: quia*; indef. enklit. *sī quī* Trin. 120, *cum quīquī* Poen. 536, 588, *ali-quī* Aul. 24 al., *ne-quī-quam* 'vergeblich' aus 'nicht irgendwie' (vgl. Lucil. 579; zu *quis-quam*); *cēterō-quī aliō-quī* (jünger *-quīn*); *at-quī* 'aber irgendwie', so Bacch. 824 (mit Tmesis *at pol quī*, § 261); Konjunktion *quīn* aus interrog. *quī-ne* 'warum nicht?' (s. dazu *Szantyr*, Synt. 676, *Brugmann*, IF 4, 226–232). – Plur. *quēs*: interrog. Pacuv. 221 *quēs [sunt īs? :: ignōtī, nescioquēs ignōbilēs*; indef. SCBacch. *sei ques esent, quei*, Acc. 477 (akk.?) *quēsdam*, Cato (bei Char. I 91, 17) *quēscumque*; bei Char. auch *aliquēs*;

vgl. weiter Varro ling. 8, 50. Gen. *quium* nach Serv. Aen. 1, 95. Dat.-Abl. *quibus*, als Form des Relativpronomens durchgeführt (Meidung des zweideutigen *quīs*, auch akk. zu *quēs*?). - Ntr. *quia*, als Fragepron. nur *quia-nam* 'quare, cur' Naev. (bei Fest.), Enn. ann. 259 (danach Verg. Aen. 10, 6, auch 5, 13); ferner *quia* 'weil' aus 'warum?' (s. *Szantyr*, Synt. 584), Bedeutungswandel ähnlich wie bei frz. *car* 'denn' aus lat. *quārē*. Formal und sachlich entspricht dem *quia-nam* gr. megar. σά μάν (*Leumann*, Kl. Schr. 230[1]); dem megar. σά entspricht lautlich ntr. plur. indef. ion. (ἄ)σσα att. (ἄ)ττα aus *$k^w\mathfrak{i}a$; also wird man lat. *quia* als Ntr. plur. anerkennen (zurückhaltend *Wackernagel*, Kl. Schr. 1244). - Lokaladverb *quirquir* 'wo immer' in der Auguralformel (§ 5c), *Norden*, Priesterb. 52, *Schmidt*, KZ 32, 415.

b) Lat. *o*-Stamm (*quo- quā-*) im Relativpronomen, nomin. *quī quae quod*, dazu in adjektivischen *ecquī aliquī quīdam* usw.; hier vom *i*-Stamm nur übernommen die Formen *quem* und *quibus*. - Sing. nomin. *quī quae* aus *quo-ī *quā-ī s. § 375; sonst regulär ntr. *quod*, fem. akk. *quam* (osk. *púd, paam*), abl. *quō quā*, alt noch *quōd* § 352. Zu *cuius cui* s. § 376. Plural im Prinzip wie zu *hic* mit *hī hōrum* usw., also *quī quae, quōs quās, quōrum quārum*. Aber dat.-abl. *quīs* nur altlat. und poetisch, formal wie *hīs*, nicht lautlich „kontrahiert" aus *quibus*; zur Schreibung *quîs* s. § 14 Zus.; zum Gebrauch N.-W. II 469, *Leo*, Plautin. Forsch. [2]316[1]; dazu *aliquīs* Liv. 24, 22, 14, inschr. XIV 3608, 21.

3. *i*- und *o*-Stamm (*$k^w i$*- und *$k^w o$*-) in anderen idg. Sprachen, Formen und Funktionen.

a) Gleiche Verteilung besteht im Oskisch-Umbrischen (mit *p* als Vertretung von idg. k^w): Stamm *pi*-, Frage- und Indefinitpron.: nomin. osk. *pis pid* (umbr. *sve-pis* 'sī quis'), osk. *pispis*, ntr. bei Fest. *pitpit*; dazu gen. *pieis* dat. *piei* (statt *peis *pei). Stamm *po*- als bestimmtes Relativpronomen: nomin. *puí paí púd* wie lat. *quī quae quod*; akk. fem. *paa̧m*; plur. nomin. mask. mit Endung -*ōs* (§ 346) osk. *pus*, ntr. *pai* wie lat. *quae*.

b) Stamm $k^w o$- im Nominativ als Frage- und Indefinitpronomen. Im Indoiranischen (neben Resten von $k^w i$-), altind. *kas kā* (ntr. *kim*; *cid* nurmehr Partikel), avest. *kā kat* (neben mask. *čiš* aus *$k^w is$*). Im Germanischen got. *ƕas ƕō ƕa*. Im Baltoslav. lit. *kàs*, aksl. *kъ-to*.

Die Verwendung der $k^w o$-Formen als Relativpronomen und seine Korrelation zum *to*-Pronomen ist kaum einzelsprachliche Neuerung im Italischen, Germanischen und Slavischen. - Im Hethitischen ist *kuis* auch Relativpronomen. - Das idg. Relativpronomen war durchflektiertes *yos *yā *yod, so altind. *yas yā yad* gr. ὅς ἥ ὅ akk. ὅν ἥν ὅ, mit rel. ὅσος οἷος gegen fragend πόσος ποῖος, und korrel. zu beiden dem. τόσος τοῖος (τοσοῦτος τοιοῦτος); allgemein-relativ sind die nach ὅσ-τις ntr. ὅ-τι gebildeten ὁ-πόσος ὁ-ποῖος.

4. Zu den Indefinitfunktionen. *quis* mit Komposita und Ableitungen zeigt im Latein drei Funktionen, die fragende orthotoniert als Satzeröffnung, die indefinite in Enklisenstellung, die eines allgemeinen oder substantivischen Relativpronomens im Nebensatz, vgl. *Szantyr*, Synt. 534. Die ursprüngliche Funktion ist die seiner autonomen Stellung im Satzanfang, also die Fragefunktion. Nur das satzeröffnende *nam* kann im Altlatein auch davortreten; bei Plautus sind *nam quis* und *quis-nam* etwa gleichwertig, sicher als Enniusreminiszenz steht *nam quis* bei Vergil, gg. 4, 445 u. Aen. 2, 373.

a) Die Indefinitfunktion und die Enklisenstellung bedingen als Neuerungen einander gegenseitig: noch vor ein ursprünglich orthotoniertes Fragewort kann sich nur ein anderes Fragewort drängen; die Vorstufe war ein Fragesatz mit zwei Fragewörtern, wobei das zweite sein Gewicht einbüßt, etwa vom Typus griech. hom. (Φ 150) τίς πόθεν εἰς ἀνδρῶν; 'wer woher' > 'wer irgendwoher'; entsprechend etwa nhd. *wer hat was gesehen?*

<small>Lit. bei *Szemerényi*, Gl. 35, 99[4]. – Für Priorität des Indefinitgebrauchs z. B. *Hermann* [s. Gl. 34, 214], *Gonda*, Lingua 4, 241 ff.</small>

b) Als indefinite *qu*-Formen erweisen sich weiter durch enklitische Stellung: *quam* 'irgendwie' (zu rel. *quam* 'wie') in *quis-quam*; *quis* 'irgendwer' in *ali-quis* und in dem auf negative Sätze beschränkten *haud quis-quam* 'nicht irgendeiner irgendwie' (vgl. *ne-quā-quam*; zu *quā* vgl. § 377 C 2a); das zweite *quis* von *quis-quis*, s. litt. c. Ohne manifeste Enklisenstellung ist das indefinite *quis* von *quis-piam* und von *quīdam*; immerhin steht *quispiam* oft hinter *sī* (-*piam* wohl aus -*pe-iam*; vgl. *quippe* aus **quid-pe*); subst. *quīdam* lautlich aus **quis-dam*, vgl. ntr. *quid-dam*. Sekundäre Differenzierungen sind hier wie beim unbestimmten Relativpronomen die adjektivischen *quo*-Formen *quī-dam quae-dam quod-dam*, *sī quae*; zunächst wohl aufgekommen im Femininum für Sachwörter, etwa *rēs quaedam*, vgl. *si quae lex* Lex agr. 41. – Ganz anderer Art ist die Enklise bei *quisque*, s. unten.

c) Im Pronomen *quis-quis* sind orthotoniertes rel. *quis* und enklit. -*quis* verbunden als 'wer irgendwer', vgl. gr. ὅσ-τις (ev. idg. **yos-kʷis*), so *Delbrück* V[1] 404. – Heute ist freilich fast allgemein bevorzugt die Auffassung als iteriertes bzw. distributives 'wer (und) wer', so *Brugmann* II 2, 353 § 347, 3; *Sommer* 447; *Szantyr*, Synt. 562. – Zu *quis-quis* gehören *quot-quot quālis--quālis* und *ut-ut quam-quam*, auch *quir-quir*.

<small>Vgl. osk. *pispis*, ntr. *pitpit* 'osce *quidquid*' Paul. Fest. sowie hethit. *kuiskuis*; in diesen Sprachen ist auch einfaches **kʷis* als Relativpronomen gebraucht. Zu hethit. *kuis-kuis* s. auch *Hahn*, TAPhA 68, 388–402 [Gl. 28, 12].</small>

d) Als unbestimmtes Relativpronomen ohne vorausgehendes Bezugswort ('wer das tut, der'; sachlich wie gr. ὅστις) dient im Latein auch einfaches *quis*, so in Gesetzen, Lex XII tab. 1, 4 *civi quis volet vindex esto*, Lex luci Luc. (D 257). Dazu auch *quī-vīs quī-libet*, sekundäre Nominative, Grundform *loquere*, *quid vīs*, s. § 257 A 2b. – Stamm *quo*-, also *quī quae quod*, diente demgemäß ursprünglich nur als bestimmtes Relativpronomen, in Korrelation zu demonstr. *to*-. S. dazu auch *Kroll*, Gl. 3, 7 ff.; *v. Planta* II 476; *Brugmann*, IF 4, 229[1] u. 231.

5. *quīcumque* 'wer immer' (vgl. umbr. *pisi pumpe*) und *quisque* 'jeder' bilden morphologisch eine Einheit: -*cumque* ist Anhängsel an Kasus und Adverbien des Relativpronomens; *quisque* lehnt sich an *quem*, *suum* und an Superlative an. Beide sind also in gewissem Sinn enklitisch. Ihr Anlehnungsbedürfnis ist eine Nachwirkung ihres Ursprungs, bei dem sie durch -*que* 'und' als zweite Glieder eines Paars bezeichnet waren. Die Erklärung stammt letztlich von *Skutsch*; bei Indogermanisten fand sie keine Zustimmung.

Hauptgebrauchsweisen seit dem Altlatein: -*cumque* (hier abgekürzt *c*.) in *quī-c. ut-c. ubi-c.*; in Tmesis etwa Plt. Pers. 210 *quoi pol c.*, Ter. Haut. 484 *quod cuique c.*, so auch später, etwa Cic. Tusc. 2, 15 *quo ea me c. ducet*. Lautlich älter *quomque* (was hier unbeachtet bleibt), relativisch 'und wann', mit *quom* korrel. zu *tum* (§ 145a Zus. β). – *quisque* (abgekürzt *qu.*) meist angelehnt, Typen *ut qu.*, *quem qu.*, *suum qu.*, *optimus qu.* und *decimus qu.* – Vom Latein des Plautus aus läßt sich folgende Entwicklung rekonstruieren. Ausgangspunkt ist *ubi* (*ut*) *quom-que* 'wo (wie) und wann' > 'wo (wie) immer'. Nach umgedeutetem *ubi-c. ut-c.* 'wo (wie) immer, wo (wie) jederzeit' ergaben sich als Variationen der beiden Glieder einerseits *quī-cumque* 'wer immer', andrerseits *ubi* (*ut*) *quisque* 'wo, wie, jeder'. Es folgen Belege der Stufen.

Vorstufen. *ubi-c.* Bacch. 653, *ut-c.* Epid. 49; vgl. auch Bacch. 252 *istīus ... ubi fit quāque mentio* (zu *quā*, § 377 C 2a, vgl. Most. 766) ursprünglich 'wo und auf welchem Wege'. – Stufen für *quī-cumque* waren sicher Variationen zu *ubi-c. ut-c.*, also *quō-c. locō*, *quō-c. modō*. – Dem *quom-que* 'immer' entspricht *ubīque* 'überall', auch dies ursprünglich angelehnt, *homines qui ubīque sunt* Cic. mehrfach. – Stufen für *quisque*. Amph. 1063 *ubi qu. instituerat, concidit*, Vid. frg. 19 *ubi quamque pēdem* ('Laus') *vīderat subfūrābātur omnīs*; Poen. 486 *ut qu. acciderat, eum* (auch Amph. 558 *ut ... lubet quidque, facias*).

Entwicklung der Stellungstypen von *quisque*, ausgehend besonders von *ut qu. ... ita* (daher einmalig *ita cuique* Amph. 634). α) *qu.* hinter Rel.-pron. in anderem Kasus (Typus *quam qu. norit artem*, bei Cic. Tusc. 1, 41): zuerst sicher Variationen zu *ubi qu.*, *ut qu.*: Curc. 467 *quo in quemque ... loco*, Trin. 855 *quo modo quidque agerem*; dann *quem qu.*, *quod qu.* usw. – β) Hinter *suus*. Pers. 451 *ut qu. ... suam* (Ter. Ad. 399); Varro ling. 9, 6 *ut suam qu.*; App. Claudius *suae qu. fortunae faber*; Plt. Capt. 400 *suus cuique* (*gnātus*) *est cārus*. Verg. Aen. 6, 743 *quisque suos*. Nach *suus cuique* später *proprius*, *īnsitus*, *paternus cuique*, auch *certis quaeque* Lucr. 1, 169. – γ) Die Typen *optimus qu.* und *decimus qu.*; Oberbegriff ist *prīmus qu.* Zwischenstufe ist *optimus qu. maximē* sim., dies verkürzt aus Satzperiode mit zwei Superlativen *ut qu. optimus ..., ita maximē*. Die beiden Formen sind aneinandergereiht im Musterbeispiel Cic. Verr. II 5, 90 *ut qu. in fuga postremus, ita in periculo princeps erat*; *postremam enim quamque navem piratae primam adoriebantur*. Vgl. ferner Cic. inv. 1, 19 *ut quidque primum, ita primum*; Plt. Men. 572 (plur.) *uti quique sunt optumi, maxime* eqs.; Cato agr. 131; mit *ubi* ib. 34, 1 *ubi qu. locus frigidissimus ..., ibi primum*. Nach *primus qu.* auch *decimus qu.* Plt. Psd. 973, *quinto quōque sulco* Trin. 524 bzw. *anno* Merc. 66; dazu *quotus qu.* (§ 266aα) und schließlich *ūnus qu.*

Zusatz. Lat. *quisque* gilt als Erbwort aufgrund von altind. *kaś ca*; aber die ungleiche Art der Verwendung verbietet die Gleichsetzung. Im Indoiranischen steht *kas ca* enklitisch ausschließlich verbunden mit dem Rel.-pronomen *yas* im gleichen Kasus als 'wer auch immer' (s. Wackernagel, Ai. Gr. III 571f. § 259dγ, eβ), ai. *yaḥ kaś ca*, avest. *yō ciš ca* (also *yō ciš* wie gr. ὅσ-τις), im Gegensatz zum lat. Typus *quem quisque*. – Der Einwand gegen *ut quom-que* 'wie und wann', es würden zwei Fragewörter nicht durch 'und' bzw. idg. *k^we* verbunden (vgl. gr. τίς πόθεν), ist unwirksam gegen gleichwertige (adverbiale) Fragewörter 'wie und wann', 'wo und wann'.

Zu *quisque* gehören *uterque*, *ubīque*, *undique*, *utique*.

Lit.: *Skutsch*, Kl. Schr. 155–164 (*-que* 'und' in *quisque* und *quīcumque*). L. *Hotz*, Die Enklisenstellung des Pron. *quisque*, Diss. Zürich 1941. *John*, *quisque*, *quisquis* und *quicumque*, Gl. 33, 287–306. *Wackernagel*, Synt. II 118 (gegen *Skutsch*). *Ferrarino*, *cumque* e i composti di *que* [Gl. 36, 140]. *Bernert*, Die Partikel *que*, Gl. 28, 78ff. (82f. *quisque*, *quicumque*). *Gonda*, The history of i.-e. *k^we*, esp. in Greek and Latin, Mnem. 7, 1954, 177–214 u. 265–296 [Gl. 36, 150]. – S. auch *Szantyr*, Synt. 199 (*quisque*), 474 Zus. a (*que*), 562 *quisque*, 170 litt. e (*optimus quisque*). Zur Tmesis in *qui ... cumque* s. *Wackernagel*, Kl. Schr. 75.

b) Kasusformen und Adverbia (§§ 375–377)

375. Gemeinsame Besonderheiten der Flexion bei *o*-stämmigen Pronomina, also einschließlich *hic* und *quī* und *eo-*. Gen. und Dat. sing. s. § 376; zu den Formen von *is* und *quis* s. § 371 und § 374, 2. – Sing. nomin. Mask. ohne *-s* (Ausgang *-o*, vgl. gr. ὅ, § 373, 1): im Latein *-o* > *-e* in *ille iste*, sofern *-e* nicht, wie in *ipse*, Ausgang einer Partikel ist. Mit Partikel *-ce* lat. **ho-ce* > *hic*,

§ 372, 2. Mit Partikel $\bar{\imath}$ (wohl auch in *utei*, § 377 B; Länge $\bar{\imath}$ nach gr. οὗτος-ί): Rel.-pron. *quī*, alt noch *quoi* D 254 (*qoi* 720), osk. *puí* umbr. *poi* (dazu § 100 Zus.). N tr. Endung *-d* (wie auch in *i-d qui-d*), ererbt und im Latein bewahrt (vgl. § 230 d): *quod* (osk. *púd*), *istud aliud* usw., verdeckt auch in *hoc* mit *hoccine* und in *topper*. Zu mask. *ollus ipsus* und ntr. *ipsum* s. § 373, 4. Fem. (und gleichlautend ntr. plur., vgl. § 364, 3), wie Mask. mit deiktischem *-ī*: mit *-c* erweitert *haec* aus **hā-ī-ce*; hiernach auch *istaec illaec* (neben üblichem *-a* wie beim Nomen). Einfach *-ī* in *quae*; alt *quai* Lex repett. 34, osk. *paí*; daneben der Funktion entsprechend ohne deiktische Partikel als indef. Rel.-pron. *sī qua* (*sei qua* SCBacch.), *aliqua*, jünger durch Ausgleich auch hier *quae* in *sī quae* (*causa* Lex repett. 37) usw.; danach singulär inschr. *ne quis ne qu(a)e-u̯e* Gl. 36, 128. – Lok. *hī-c sī-c*, alte Schreibung *heice seice*. – Plur. nomin. Im Mask. altlat. Nebenformen auf *-eis* bzw. *-īs* wie bei den Nomina: *heis* und *heis-ce, illeis, isteis, eeis*, s. § 353 (nomin. b). Fem. plur. *haec* s. § 372, 2 am Ende. Zu Neutra *haec* und *quae* s. bei Sing. fem. Dat.-Abl. *-ībus* statt *-īs*: *hībus* Plt. Curc. 506, wohl nach *ībus* 'iīs' Mil. 74, Titin. 59, dies zur Verdeutlichung für das aus *iīs* kontrahierte *īs*. Pompon. 104 ist metrisch nicht zu fassen.

<small>Andere *-bus*-Formen sind unsicher: Konjektur *ā tergo ībus* Lucr. 2, 88 (*a tergibus* codd.; zu *tergibus* s. § 364, 4c). Dem Plautus werden *illibus* und *istibus* zugeschrieben (Gramm. IV 545, 12; 548, 1); in unserem Plautustext fehlen sie. – S. bes. *Lachmann* zu Lucr. 4, 933.</small>

<small>Zusatz. Besondere Flexionsformen der *o*-Pronomina in der Grundsprache. Singular. Nomin. mask. endungslos (auf *-o*) s. § 373, 1, ntr. auf *-d*. Gen. auf *-syo* s. § 345 Anh. a. In den anderen Singularkasus zeigen verwandte Sprachen Stammerweiterungen, die mask. *o*-Formen mit *-sm*-, die femininen (von Stamm auf *o*, nicht auf *ā*) mit *-sy-* (aus *-sm-yā-*?), dat. mask. altind. *tasmai* got. *þamma* idg. **to-sm-ōi*; fem. altind. *tasyai*, mit welchem *Pisani* (s. Gl. 18, 245 f.) das *tesiai* der *Du̯enos*-Inschrift gleichsetzen will. Im Umbrischen sind *sm*-Dative belegt mit *esmei* 'huic', *pusme* 'cui'. – Plural. Aus pronominaler Flexion stammt nomin. plur. mask. *-oi* (lat. *-ī*) der *o*-Stämme und gen. plur. fem. *-ā-sōm* (lat. *-ārum*) der *ā*-Stämme; dies war Vorbild für mask. lat. *-ōrum*; s. § 346. Die Rückführung von lat. *ibus* 'iīs' auf idg. **ei-bhos* mit Berufung auf altind. *ebhis ebhyas* (*ē*, aus älterem *i*-Diphthong) des pron. *idam* durch *Brugmann*, Sb. Leipzig 60, 60, ist nicht gerechtfertigt. – Ital. *-ai* in lat. fem. *quae haec* wurde unter Vergleich mit lit. *taĩ* (als ntr. plur.) und avest. (fem. sing.) *xᵛaē-ča* als idg. pronominale Endung *-ai* betrachtet, s. *Bartholomae*, IF 21, 48 f.; aber man erwartet einen idg. Langdiphthong *-āi*. – Noch anders über *quae haec* fem. *Georgiev*, s. § 348a Zus.</small>

376. Die pronominalen Genetive und Dative.

A. Die normalen Typen sind *cuius cui* und *illīus illī*; sie sind ungeschlechtig, dienen also auch für das Femininum, was eigentlich nur sachlich beim Fragepronomen und formal bei einem *i*-Stamm wie *quis* zu erwarten ist.

1. Die Formen im Blick auf ihre Herkunft. Im klassischen Latein gehören zu *quis hic is* die Genetive *cuius huius eius*, mit langer Anfangssilbe bei kurzem Vokal, da intervokal. *i̯* als *i̯i̯* gilt (§ 138, 1 b); zu den *o*-stämmigen Pronomina der Gruppen *ille iste ipse* und *ūnus sōlus* usw. gehört Endung *-īus*, also *ill-īus ūn-īus*; daneben in daktylischen Versen auch Endung *-ĭus*. Die Dative erscheinen äußerlich, d. h. in der Schrift, wie die um das auslautende *-us* verkürzten Genetive, also *cui hui-c ei* und *illī ūnī* usw. – Wei-

tere für die Vorgeschichte zu erwähnende Fakten sind: bei *quis quī* alte Schreibung *quo-* für *cu-*, also *quoius quoi*; Nebeneinander von gen. *-us* und dat. *-ī* (alt *-ei*) beim Nomen bei *-us* für *-is* (§ 355) im Typus *Vener-us -ei*; neben gen. *cuius* ein poss. Adjektiv altlat. *cuius -a -um* 'wem gehörig'. – A priori läßt sich als wahrscheinlich folgendes annehmen. Von den vier repraesentativen Formen *cuius cui* (*quoius quoiei*) und *illīus illī* (*-ei*) sind gen. *quoius* (**qu̯-oi̯i̯os*) und dat. *illei* die ursprünglichsten; sie dürften als Vorbilder für dat. *quoiei* und gen. *illī(i̯)us* gedient haben. Es fehlen Zeugnisse dafür, daß das *ī* von *illīus* auf älteres *ei* zurückgeht.

2. Die sprachgeschichtlichen Verknüpfungen operieren vorwiegend mit *cuius cui*. Hier seien die wichtigsten genannt. a) Von gen. *cuius* aus. Die idg. pronominalen Genetive endeten auf *-syo*, so idg. **e-syo* und *kʷe/o-syo* nach altind. *asya* und *kasya* (av. *čahyā*); ihnen könnten lat. *eius quoius* entsprechen mit lautlich *-sy- > -i̯i̯-* (§ 137 b; der Lautwandel hängt an dieser Gleichung) und mit genetivischer *s*-Erweiterung im Auslaut. Zu gen. *quoius* dann dat. *quoiei*. So *Sommer*, KE 120 nr. 109; *Wackernagel*, Kl. Schr. 1245. *Lejeune*, BSL 49 c. r. 57 [Gl. 36, 140]. S. auch *Szemerényi*, KZ 68, 208 f. – b) Gen. *cuius* als erstarrter Nomin. des Adj. *cuius -a -um*. Das Adj. griech. ποῖος 'wie geartet' wurde entweder mit got. adv. *ƕaiwa* 'wie' unter idg. **kʷoiwos* (**kʷo-oiwo-*, altind. *eva-* 'Gang') vereinigt oder mit lat. adj. *cuius -a -um* unter idg. **kʷoi-yos* (Lok. **kʷoi* gr. ποῖ und Suffix *yo-*). Danach wäre gen. lat. *cuius* jünger, also erstarrter Nominativ. – Der Wortgleichung widerspricht freilich die Bedeutung von gr. ποῖος und das Fehlen eines lat. Adj. **huius -a -um*. Nach Art der Verwendung ist viel eher das possessive *cuius -a -um* umgekehrt Adjektivierung des poss. Gen. *cuius*: die Frage *cuius es?* 'wem gehörst du?' wurde, wenn an eine Frau gerichtet, umgesetzt zu *cuia es?* Zum Gebrauch von adj. *cuius* s. unten Abschn. D. – c) Ausgang von dat. *cui ei* aus. Zu den *i*-Pronomina *is quis* gehörten alte Dative **ei̯-ei* **quei̯-ei* (vgl. § 354 C 1 c), daraus mit Dehnung des *i̯* **ei̯i̯-ei > eī, quoiei* statt **kʷei̯i̯ei* nach Stamm *quo-*. Dazu Gen. auf *-us* nach *Vener-ei -us* (also gegen gen. **e-syo*). So *Szemerényi*, KZ 68, 208–215 [Gl. 34, 214]; lautlich sehr gezwungen. – d) Für gen. *-īus*: alter Gen. wie beim Nomen auf *-ī*, dieser noch in gen. *istī modī* (s. unten), auch gen. **quo-ī*; dies hypercharakterisiert durch *-os* zu *istīus quoius*; daher *ī* in *-īus* nicht gekürzt. So *Tovar*, Humanitas 1, 17–27.

Lit. Die Bemühungen bis etwa 1914 rekapituliert und kritisiert von *Herbig*, IFAnz. 37, 1917, 27–39 (dabei gen. *cuius* erstarrtes Adj.); s. auch *Brugmann* II 2, 330[1] (ebenfalls primär Adj. *cuius*). Weiter *Sturtevant*, TAPhA 44, 99–105 (dazu *Hofmann*, Idg. Jb. 4, 142 nr. 25); *Devine* 100ff.; *Georgiev*, Symb. ling. Kuryłowicz 81ff.; *Bader*, BSL c. r. 67, 115 (adj. *cuius -a -um* bis ins Idg. zurückversetzt).

B. Die lat. Normalformen und ihre Bezeugungen.

1. Gruppe *cuius huius eius, cui huic ei*.

a) Genetiv. Zur Schreibung. Inschr. *quoius* D 269 II 17; 539; 586 usw., *quius* (d. i. *cuius*) 615, cvɪlvs II 1953. *hoius*: *hoiusce* Lex repett. 56. *huiius* II 1953. Zur Rechtfertigung des Wandels *o > u* in *huius cuius* und *huic cui* läßt sich wenig sagen; vielleicht steht er als **hoi-i̯us > huius* in

Verbindung mit $oi > \bar{u}$ (§ 65), trotz der verschiedenen Bedingungen; beide waren um 200ᵃ erfolgt. – Inschr. *eiius* s. § 138, 1 b α, auch Gl. 19, 247 u. 27, 78.

Zur Prosodie von *cuius huius eius*. Klass. lat. — ‿, so auch meist Plautus, vor Kons. *c.* Amph. 132 Rud. 1002/5 usw.; *h.* Capt. 974 Men. 1071 usw.; *e.* Amph. 108 Pers. 830. – Daneben verkürzte (zweimorige) Messung bei den alten Skenikern, häufig als Hebung, als Senkung besonders im Senaranfang, also einsilbig als Länge oder allenfalls zweisilbig als Doppelkürze: *c.* Bacch. 1016 Rud. 78 (auch *quoius* D 586, 666, 685); *h.* Poen. 1136 (vgl. 387 sqq. Rud. 967) Cist. 607; *e.* Mil. 960 Amph. 989. Ganz vereinzelt im Hexameter, als Hebung, also sicher einsilbig, Lucil. 1039 *cuius voltū*, als Senkung Lucr. 1, 149 und Verg. catal. 9, 35 *cuius*, Cic. Arat. 111 *eius*. Für Einsilbigkeit sprechen metrische Gesetze (Verbot des zerrissenen Anapästs); vgl. auch *quoivīs-modī* (unten 2 a β bei *istīmodī*).

Lindsay in seiner Plautusausgabe (s. praef. pag. IV) druckt bei Messung als Trochaeus *quoiius huiius eiius*, dagegen bei zweimoriger Messung *quoius huius eius*, freilich mit Versehen, *huius* Capt. 95, *eius* Mil. 62, *quoius* Amph. 375.

b) Dativ. Auf alten Inschriften für *cui huic* : *quoiei* D 544,3 (Saturnier), Lex repett. 10, Lex agr. 6 × (in *quoieique*; aber *quoi* 15 ×); *quoei* VI 1932; *quoi* D 453, 44 u. 647, auch etwa Plt. Trin. 1126 cod. (dazu Quint. 1, 7, 27); *coi* D 664; *hoice* 268, 26 (*hoic* Lex Tarent. [Fontes p. 121] 30).

Zur Prosodie und Aussprache: Schon bei Plautus sind *cui* und *huic* vor Kons. einsilbige Längen. Der Diphthong *ui* ist im Latein beschränkt auf *cui huic* und Interjektion *hui* (vgl. Vorbem. vor § 65). Da das *i* der Dative sicher *ei* (> *ī*) fortsetzt, ist vielleicht *u̯ī* anzusetzen, wenn man nicht vorzieht *cui huic* als ältere zweisilbige **quoei *hoei* mit Messung ‿ ‿ durch Iambenkürzung zu fassen.

Bei Plautus *cui* als Länge vor Kons. (immer *quoi* ed. Lds.) z. B. Capt. 863 Amph. 538, 817. – *cui* als Länge vor Vokal ist prosodisch offenbar zweisilbiges *quoiei* (mit „Elision" des *-ei* (*quoiei* Leo im Apparat, *quoii* Lds. im Text): Amph. 538 Trin. 558 (vgl. Asin. 779); vor *est* Amph. 861 u. Merc. 615 (nach cod. *cui est* — —), hier wohl mit Aphaerese des *e-* als *quoiei* (*e*)*st*. *cūī* vor Kons. ist unsicher (Bacch. 225 Lds. *quoiiquam*); doch vgl. CE 368 (= D 631) *cŭī prŏ*. – Zu späterem *cŭī* und *cŭī* s. bei *huic*. – *huic* als metrische Länge z. B. Plt. Capt. 391 Trin. 359; ebenso Enn. ann. 567, Lucil. 78, 160, Varro At. 7, Catull, Lucr. usw. – Zweisilbig *hūīc* (**hoiei-c*) Amph. 702 (*hŭic* Leo, *huĭc* Lds.); ganz unsicher Psd. 775, Rud. 750.

Zweisilbiges *huic cui* bei nachaugusteischen Daktylikern. Als *hŭĭc* vor Kons. ‿ — Stat. silv. 1, 1, 107 u. 1, 2, 135, Ter. Maur. in verschiedenen Metren 793, 1345 al.; *cŭĭ* vor Kons. Sen. Tro. 852 (*cŭĭcumque*), Mart. 8, 52, 3; *cui* vor Kons. als ‿ — seit Statius, auch CE 1988 vs. 38 (und vor Vokal elidiert *cŭ*[*ĭ*] vs. 14). Diese künstliche Distraktion muß als Folge einer Finesse der schulmäßigen Vergilinterpretation aufgekommen sein: *huic* in Senkung vor Vokal und *cui* vor einfachem Konsonant wurden offenbar einmal als Doppelkürzen interpretiert, etwa *hŭĭc* in Aen. 8, 631 (Wölfflin!) *geminos huic ubera circum*, oder *cŭĭ* in 1, 267 oder 6, 812. – Diese prosodische Zerlegung des *ui* ist wohl auch verantwortlich für inschr. *huhic* (nicht in Versen) VI 18773, vgl. § 178 III β.

Zur Aussprache von klass. lat. *ui* läßt sich nichts Sicheres aussagen über das hinaus, was Schrift und Metrik lehren; also dat. *cŭī* gegenüber nomin. *quī*; damit mögen sich die Phonemtheoretiker abgeben. – Zu den Lautproblemen s. bes. *Maurenbrecher*, Parerga Kap. I und III mit großer Belegsammlung; dazu kritisch *Sommer*, KE 185 ff. Zur Aussprache s. *Sturtevant*, Pronunc. 134–137, auch *Husband*, TAPhA 41, 19–23 (s. Gl. 5, 318 f.). – Einen Lautwert *ü* für lat. *ui* versuchte früher *Birt* zu erweisen, zuletzt Gl. 15, 121 für *domuitio*.

Dativ *ei*, mit Dativendung *-ī* aus *-ei*, steht anscheinend neben gen. *eius* wie *quoi* neben *quoius*. Schreibung *eiei* wiederholt Lex repett. (daneben *ei*); *eei* X 1453, 10, *ei* D 616; zu *iei* s. § 371a Zus. γ. Prosodie bei Plautus: Vor Kons. zweimorig als Hebung und Senkung, entweder durch Synizese als *ẹ̄ī* oder durch Iambenkürzung als *eī* > *ĕĭ*, etwa Cist. 716 Mil. 185. Vor Vokal Länge wie *cui*, also wohl *ēī (*eii̯ei) mit Elision des -ī, so Rud. 25, 934, Bacch. 265, 1022. Als Doppellänge vor Kons. *ēī* Aul. 13, Bacch. 525, Cas. 37 (vgl. 35) usw.; die Länge der ersten Silbe offenbar nach gen. *eius*.

Bei Daktylikern selten, fehlt bei Vergil; *ēī* Lucr. 2, 1136 (Versausgang); einsilbig *ei* Catull 82, 3; Messung *ĕī* Ov. hal. 34 u. Germ. (wohl nach Dativ *rēī*, § 361, 3 b). — In der Umgangssprache galt wohl einsilbiges *ẹi*, in der Schule und der gepflegten Sprache zweisilbiges *ĕī*, in Anlehnung an akk. *eum*.

2. Gruppen *ille* und *ūnus*, Endungen gen. -*īus*, dat. -*ī*.

a) Im Genitiv ist -*īus* die Standardform der Endung, sie gilt für Plautus und ist für die klassische Prosa verbindlich. — In metrischen Texten bestehen zwei Nebenformen.

α) Wechsel -*īus*/-*ĭus* im Hexameter: -*ĭus* durch Kürzung des *ī* vor Vokal nach § 118. An sich gebrauchen auch die Daktyliker -*īus*; das *ī* steht sowohl in Arsis, etwa *ipsīus* Enn. ann. 598 Verg. Aen. 5, 55 u. 410, *tōtīus* Lucr. 6, 682, als auch in Thesis, *ipsīús* Lucr. 6, 309, *illīús* 1, 600, *nūllīús* Verg. gg. 4, 453. — Als Nebenform ist -*ĭus* geläufig seit Lucil. 158 *illĭus*, 366 *ūnĭus* und Lucr. 1, 984 *tōtĭus*, 1, 926 *nūllĭus*; besonders häufig im Versanfang, etwa *ipsĭus* Catull. 64, 43 al., Verg. Aen. 1, 114; 6, 396 al.,*ūnĭus* 1, 41.

Einzige Form der Art bei Plautus ist *alterīus* Capt. 306, wofür man kaum zu Recht *altrīus* vorschlägt; der Dativ lautet *alterī* Bacch. 462 usw. — Verwendung von -*ĭus* war für Cicero in rhythmisierter Rede denkbar, er analysiert de orat. 3, 183 *illius* als dritten Kretikus des Beginns der Rede eines Fannius. Aber Quintilian 1, 5, 18 sagt, eine Kürzung wie *ūnĭus* „extra carmen non deprendas". Offenbar ist -*īus* durch den Schulunterricht zur Norm erhoben worden. — Eine späte Neuerung ist gen. *tālīus* Bened. reg. 65 zu *tālis* nach *Löfstedt*, Coni. 128.

β) Altlat. Genetive auf zweimoriges, wohl einsilbiges -*īus* bei den Skenikern. Als feste Formel sei *istius modi* als — ´ ∪ ´— zusammen mit *cuius modi* als — ´ ∪ ´— vorausgenommen. Gegenüber Trin. 552 *istīus sit modī* steht univerbiertes *istīus m.* — — ∪ — Plt. Epid. 119 Merc. 144 Most. 746 Rud. 321 Ter. Haut. 387; metrisch ebenso *illius m.* Ad. 441, *unius m.* Haut. 205. Nur einmal orthographisch vereinfacht Truc. 930 *isti modi* (sic codd. edd.). Dem verkürzten *istius* entspricht verkürztes zweimoriges *cuius* in *cuius modī* als — ∪ —, etwa Men. 221, im Versschluß Most.817 sq. Rud. 83, 421 (man beachte *quoius* codd. Most. 640, 1117 Pers. 648 Trin. 501); dazu gehört die Schreibung *quoi* in dem durch Emendation restituierten *quoi-vīs-modī* Bacch. 400, Pers. 386 Psd. 741. Eine ältere Schreibung *quoimodī* oder *cuimodī* wird überdies vorausgesetzt durch *cuicuimodi* Cic. fin. 3, 30, Verr., *quoiquoi modi* Tusc. 3, 83; 5, 123; *cuimodi* Gell. 2, 8, 5; 9, 13, 4. Das -*ī*- in *istimodi* (so auch Cato or. frg. 20, 1) ist also verkürzt aus -*īus*-; als Zwischenstufe kann man *istī(u)smodī* ansetzen, was man rein äußerlich als Synkope eines *u* in Endsilbe beschreiben mag; danach erfolgte Schwund des *s* vor *m* nach § 206. Ohne metrischen Beleg ist gleichartiges „*alīmodī* pro *alīusmodī*" Paul. Fest.; *alius modi* ist überliefert Fann. hist. 1, *alii m.* Cael. hist. 3. — Diese *istī alī* sind also anderen Ursprungs als die Genetive mit nominaler Endung -*ī* (s. unten C 1); aber jedenfalls sind die feminin gebrauchten hier anzuschließen.

480   Formenlehre. IV. Nominalflexion

Zweimoriges *-ius* findet sich – ebenso wie zweimoriges *cuius* – auch in freierer Verwendung, in *illius* Aul. 35 Capt. 39 Epid. 717 usw. und in *ipsius* Ter. Haut. 576 Hec. 818, *istius* Phorm. 969 Trag. inc. 59; dazu *nullius coloris* Plt. Psd. 1196. – Ein Zusammenhang zwischen diesem zweimorigen *-ius* und dem *-ius* der Daktyliker läßt sich wohl nur so konstruieren, daß das letztere aus neuer metrischer Interpretation des plautinischen *illĭus* als — ⌣ ⌣ gewonnen wurde. Beachte vermutlich einsilbiges *-ius* in Hebung Lucr. 2, 548 *unius*.

b) Die **Dativendung** ist *-ī*, alt *-ei*, sowohl in Gruppe *quī* mit *quoiei* usw. als in den Gruppen *ille* und *ūnus* mit *illī ūnī*; in der letzten ist sie auch im Oskischen belegt durch dat. mask. *altrei* (der gleichlautend ist mit lok. *alttrei*); dagegen hat lat. *quoiei* dort keine Entsprechung.

Die Herkunft ist unklar. Sieht man für lat. *quoiei* neben gen. *quoius* das Vorbild bei den Nomina der 3. Dekl. (s. oben A 2 a), so kann man weiter lat. *istī ūnī* als Nachbildungen zu *quoiei* fassen, die eine Stütze fanden in *mihei tibei* mit Ausgang (nicht Endung) *-ei*; freilich sieht dabei osk. dat. *altrei* 'alterī' wie ein Latinismus aus. – Skutsch, Kl. Schr. 349 hatte allzu einfach aus dat. *illī istī* auf lat. *i*-Stämme *illi- isti-* geschlossen. – Das dativische lat. *-ei* läßt sich nur formal aufgrund von osk. lok. und dat. *altrei* als lokativisches *-ei* der *o*-Stämme erklären; syntaktisch ist Dativ aus Lokativ unmöglich, trotz griech. dat. -ι.

C. **Sonderformen in Gen. Dat. sing.**

1. Statt *-īus -ī* vereinzelt Formen nach **nominaler** Flexion, gen. *-ī -ae*, dat. *-ō -ae*. Manche Zeugnisse sind unsicher, teils durch Kürze der Fragmente, teils durch gestörte Überlieferung. Einigermaßen häufig sind nur gen. *-ī* und dat. fem. *-ae*.

a) Gen. *-ī. illī* Varro Men. 323 (dub.). *ipsī* Afran. 230. *ūnī*: Titin. 7 *uni collegi sumus*; Catull. 17, 17 *pili. aliī*: Varro rust. 1, 2, 19 *ad alii dei aram ..., ad alii*; ling. 9, 67 *generis*; Cael. hist. 3 *modi. sōlī*: Cato; IX 2827, 28. *neutrī* Varro ling. 9, 62 vom grammatischen Geschlecht (so auch später, nicht *neutrīus*). *ūllī*: Plt. Truc. 293 *coloris ulli. nūllī*: Ter. Andr. 608 *tam nulli consili sum*.

Zusatz. Zu Gen. *istī alī* mit aus *-ius* verkürztem *-ī* s. oben B 2 a β; gleichartig wohl das hier aufgeführte *coloris ulli*. Auch die feminin gebrauchten genetivischen *-ī* gestatten kaum eine andere Erklärung: Ter. Haut. 382 *isti fortunae*, Afran. 325 *toti familiae*, Cael. hist. 4 *alii rei causa*. – Dative, nicht Genetive, sind: *istī* Ter. Haut. 392; *illī* Prop. 4, 10, 43 (dazu Löfstedt, Synt. I² 235); *utrīque in rem esse* Plt. Aul. 129, Ter. Andr. 546.

b) Dat. mask. ntr. *-ō*, meist späte Zeugnisse. Bei Apuleius als Pseudoarchaismen *quō* mit *quō-vīs* sowie *illō istō ipsō utrōque*. Ferner: X 2311, 6 (carm.) *quo nupta viro*. CE 474, 12 *ipso*. Dat. *aliō*: Plt. Psd. 1263 *esse alium alio odio* (*alii* edd.); Rhet. Her. 2, 19; später häufig. Varro rust. 1, 18, 6 *uno* (dub.). VI 10246 *solo*. Prop. 3, 11, 57 *toto ... orbi*. Caes. Gall. 6, 13, 1 (*plebes*) *nullo adhibetur consilio*. CE 192 *altero* (*-ī* im Vorbild Publil. Syr. A 2).

c) Fem. Gen. *aliae*: Cic. div. 2, 30 *pecudis iecur*; Lucr. 3, 918 *aliae cuius ... rei*. – Dat. *-ae*: Cato agr. 14, 3 *hae rei*. Dat. *eae*: Plt. Mil. 348, Cato agr. 46, 1 (*similis*) *terrae eae*, 142; dazu *eaedem* Inschrr. Plt. Truc. 790 *istae dedi*. Dat. *illae*: Plt. Psd. 783 *rei* (auch Cato agr. 153, 154); Stich. 560 *filiae*; Cato (bei Fest. sub *mundus*) *i. adsimilis*; Inschr. D 636 CE 947, 4; 1988, 13 (kaum Gen., aber dat. fem. *illi* 20 u. 23); Pap. Corp. nr. 252 p. 365

Pronominale Sonderformen im Gen. Dat. sing.- Adj. *cuius -a -um*

(Brief, II^p). Plt. Mil. 1221 *ipsae* (unsicher). Mil. 802 *rei nulli aliae* (cf. Fest. sub *aliae rei*). Cato agr. 19, 1 *unae fibulae locum facito*. Plt. Mil. 356 u. 1019 *mihi solae*; Ter. Eun. 1004. Plt. frg. inc. 3 *omni totae familiae*, Nep. Tim. 3, 2 *insulae*. Plt. Rud. 750 *huic alterae*, Ter. Haut. 271, Phorm. 928; Caes. Gall. 5, 27, 5 *legioni*; Nep. Eum. 1, 6. Tib. 4, 6, 9 *ullae*. Cael. hist. 26 *nullae nationi*; Prop. 1, 20, 35 *curae*.

2. Volkssprachliche Neuerungen für *-īus* auf Inschriften. a) Gen. fem. *-aius -eius*. Varro ling. 8, 50 erwartet per analogiam zu mask. *quem quoius* als Fem. *quam quaius*. Jedenfalls drängte sich eine sexuelle Differenzierung auf; bezeugt sind auf Grabschriften *quaeius* X 9409 und *queius* mehrfach (III und IX). Ebenso *-aius* und *-eius* zu *ille ipse*: *ilaius* Audoll. 134 B 6, *sibi ipsaius* III 14014 und *illeius* VI 14 484, 14, *ipseius* III 2240 VI 2734 al., Schreibung *illaeus* XIII 5312. – Weg der Neuerung: entweder nach mask. *pueri illī-(i̯)us* auch fem. *puellae illae-i̯us* oder allenfalls nach dat. volkstüml. fem. *illae* neben mask. *illī* auch gen. fem. *illae-us* bzw. *-i̯us* zu mask. *illī-(i̯)us*; *-eius* mit *e* für älteres *ae*. – b) Mask. gen. *-uius*, dat. *-ui*. Gen. *ipsuius*: III 2377, 5 *i[n]ps-*, X 5935. Dat. *illui* X 2564 (cf. Thes. sub *ille* p. 341, 9). Vorbild wohl *huius hui* (so inschr. IX 5813), allenfalls *cuius cui*. Zu *illui* vgl. frz. *lui* 'ihm'.

D. Gebrauch von Adj. *cuius -a -um*, besonders bei Plautus, fortlebend im Spanischen, und von gen. plur. *cuium* (*quoium*), neben gen. sing. *cuius*. Doppeldeutig ist nur die Form auf *-us*, vgl. Amph. 375 *cuius nunc es?* :: *tuus* mit 378 *cuius es?* :: *Amphitryonis*. Wichtigste Verwendungen von *cuia*: als Fragepron. fem. Merc. 200 *cuia esset* sc. *mulier* (ähnlich 529, 720, 722; auch Ter. Eun. 321; als akk. mask. Andr. 763 *quoium puerum*, 932); Stich. 370 *quoiast navis?*, Rud. 478 sc. *urna* (Ter. Haut. 8 *fabula*); ferner *cuia vox* sc. *sonat?* Psd. 702 Bacch. 979 Merc. 864 Curc. 229 (vgl. Lucil. 965). – Unsicher als osk. Vergleichsformen: zu gen. Vetter nr. 102 *púiieh súm* als 'cuius sum', zu adj. fem. 161 *púiiu* 'cuia'.

Die Verwendung als bestimmtes Relativpron. erweist sich als Neuerung durch die syntaktische Inkonzinnität von *cuia* usw. gegenüber eindeutigem *cuius* als gen. (Rud. 1021 *dominus, cuiust* sc. *vidulus*): Epid. 294 *eum, quoiast fidicina*; ähnlich Cist. 632, Rud. 745 *cuiae erant, (earum) domino*; Bacch. 948 *Helenam . . ., cuia causa* 'um derentwillen', Subst. ntr. *cuium* '(der,) dessen Besitz' in Poen. 535 *domino, de quoio* (emend.) *ēderis* (zuvor *de alieno*). – Noch kühner ist in Anlehnung an adj. *cuius* die Pluralisierung von gen. *cuius* zu *cuium* 'wem (welchen Besitzern) gehörig', Trin. 534 (*ager*) *quoium fuit, alii . . . alii* (gegenüber 533 (*nemo*) *quoius fuit*, 536 *nunc hic quoius est*), vgl. Lex agr. 10 *eorum quoium eum agrum . . . esse oportet*; vermutlich entstanden durch Umdeutung von ntr. sing. adj. zu gen. plur. pron. auf *-um*, nach Cato agr. 139 (Gebetsformel) *si deus si dea es, quoium illud sacrum est*. Vgl. dazu inschr. VIII 9366 *utriumque Mauritaniarum*. – Spätere Zeugnisse: Verg. ecl. 3, 1 *cuium pecus*. Ferner nur mehr juristisch-archaisierend als Relativpronomen Wechselform zu gen. *cuius, quōrum* bei Cicero Verr.: *cuia res* II 1, 142; 3, 16. 68 (dazu Lex Term. II 2); *cuium nomen* II 3, 127 (auch Lex repett. 5 u. 29); Lex repett. 11 *quoia-u̯e in fide*. – Ableitung *cuiās* bzw. *quoiātis*, § 309 A 2.

377. Korrelation der Pronomina und Adverbien von Pronominalstämmen.

A. Zum Korrelationsverhältnis der Stämme. Zu den geschlechtigen Pronomina, also Demonstrativa und *qu-*Pronomina der drei Funktionen, gehören außer nominalen Ableitungen wie *tālis quālis* auch verschiedenartige Adverbien, teils erstarrte Kasusformen wie *tum quom*, teils Sonderformen wie *ibi ubi*; viele der funktionell zum Relativpronomen gehörigen haben sich zu Nebensatzkonjunktionen weiterentwickelt, etwa *quom* (*cum*), *ut*, *quamquam* (s. unten D Zus. β). Die meisten treten, ebenso wie ihre Grundwörter, in Korrelation auf. Diese Korrelation bestand schon in der Grundsprache zwischen Demonstrativa und Interrogativum bzw. Relativpronomen. Eine Vereinfachung des Lateins besteht formal darin, daß als Relativum der Stamm *quo-* an die Stelle von idg. **yo-* trat; syntaktisch wurden dadurch aber die *qu-*Formen überlastet.

Nach der Stammgestalt entspricht dem Fragepronomen nomin. *quis quid* in der Antwort *is id*, also 'wer? :: der', als vermutlich älterer idg. Typus. Bei anaphorischer Wiederaufnahme entsprechen einander die *o-*Stämme relativ *quo-* und demonstrativ *to-* (§ 373, 1), auch indefinit-rel. *quo- ~ to-* 'wer (etwa) ~ der' und definit-rel. *to- ~ quo-* 'der ~ welcher', so im Latein noch in Ableitungen, etwa *quantus ~ tantus* wie gr. πόσος ποῖος (rel. ὅσος οἷος) ~ τόσος τοῖος (bzw. att. -οὗτος). – Als Korrespondenz zu Stamm *i-* erscheint im Latein – trotz *is ~ quis* – anstelle der *qu-*Form mehrfach einfaches *u-* als Anlaut (ohne lautliche Entsprechung im Osk.-Umbr. oder im Griech.), Typus *ibi ~ ubi*, s. dazu § 156 c. – Die wichtigen Korrelationsformen sind also *to- ~ quo-* bzw. *is eo- ~ quis quo-*; dazu *i- ~ u-*, denen sich öfter *ali-* anschließt.

B. Stämme *i- ~ u-*, dazu *ali-*. Mit *-tero-* 'einer von beiden' (s. § 288 A 2c): **i-tero-* in adv. *iterum* 'wiederum' ~ *u-tro-* (gr. πότερος), dies mit *ne-utro- uter-que*, dazu **ali-teros > alter* mit adv. *aliter.* – Mit *-bi*, alt inschr. *-bei* Lokaladverbien: *i-bi ~ u-bi*, mit *ubī-que, utrubi* Plt. Stich. 696, 750, Cato (mit *-que* Cic.). Dazu *interibi* 'inzwischen' (zeitlich) Plt., *nūllibi* spät. Örtlich auch *in-ibi* Plt., vgl. *ab-hinc.* – Suffix idg. *-dhe* (§ 171 b Zus., vgl. umbr. *pufe* 'ubi'), im Latein zu *-dhei* erweitert. – *inde* lokal (wie abl.-separ.) 'von da' ~ *unde*, mit *undique aliunde alicunde, utrinde* Cic. Zur Herkunft s. Zusatz. – *-ta* modal: *ita* 'so' (mit *item itidem* § 371 b), *aliuta* Paul. Fest., *utei uti ut* 'wie', mit *uti-que ne-uti-quam ut-ut*, auch *uti-nam.* – Zu *ita* vgl. altind. *iti* 'so' (kaum gemeinsame Grdf. **i-tə*). Lat. *utei* wohl aus **uta-ī* (vgl. § 375 zu *quī*). Zur neuen Funktion von *ut* als Final- und Konsekutivkonjunktion s. *Leumann*, Kl. Schr. 57–60; anders *Szantyr*, Synt. 631. – *u-* für *quo-* ohne korrel. *i-*: *un-quam* 'jemals', mit *n-unquam* (zu pron. *quis-quam*); wohl indef. *um-* zu temporal *tum ~ cum.* – *us-quam* mit *n-usquam* 'nirgends' und *us-piam* (zu *quis-piam*) Plt. Cic.; vielleicht dazu *us-que* (nach Typus *ubī-que quis-que*). Mit *us-*, aus **ut-s*, vergleicht *Sturtevant*, Lang. 11, 1–4 [Gl. 27, 68] osk. *puz* 'ut' (final) und altind. *kutas* idg. **kʷu-tos* 'von wo'.

Zusatz. Das *in-* von *inde* geht lautlich zurück auf *im*, und zwar vermutlich auf das pronominale Ablativsuffix *-im* (vgl. W.-H. sub *inde*). Zu diesem gehören: *illim istim* neben *-inc*, also *hinc* aus **him-ce*; dann *ōlim* § 373, 2 b, *interim, utrim-que, altrim-secus* Plt. (s. *Szantyr*, Synt. 248). Weiter *-im* hinter Praepositionen, älter Ortsadverbien (über *inter-im?*): *ex-im* Enn. ann. 44, 155, Plt.; neben diesem steht mit einer Erweiterung *-de* (vgl. altlat. *quamde* für *quam*, s. Fest.) *exinde* Plt., ähnlich *deinde, subinde.* – Nach meiner Meinung ist *inde* verselbständigt aus *ex- de-inde* (zu *dein* s. § 98 a); *unde* zu *inde* nach *ubi ~ ibi.* – Die Verknüpfungen von *inde* mit gr. ἔνθεν, von *unde* mit aksl. *kǫdu* (*Hirt*, IF 1, 16) sind nicht zu halten.

C. Stämme *quo-* mit *eo-* und *ho-* (also zu pron. *quis is* und *hic*).

1. **Formen auf -ō (-ūc) für Zielangabe.** *quō* 'wohin' mit *quō-piam* Plt. Most. 966, *aliquō* Plt.; *eō*; *aliō, utrōque*; *hūc* mit *illūc istūc*. Mit gleichem *-ō* wohl auch *intrō ultrō retrō contrō(-versus)* (osk. mit *-d* als Abl. *contrud*) und *utrō* Ov., *neutrō* Ter.

Zusätze. a) Dazu mit Praepos. *quo-ad* (auch *ad-quō* Afran.), *ad-eō, ad-hūc; ad-usque* (metrisch für *usque ad*). Mit *vorsum* *quō-vorsum* > *quōrsum* (Schwund des *v* nach § 144), ebenso *-ōrsum* in *hōrsum, ist-* Ter., *ill- ali- intr-* Cato (bei Paul. Fest.), *retr-*; *dextr- sinistr-*; *utrōque vorsum* Plt. Capt. 368; jünger *quōquō-versus*. – b) Zu Ausgang *-ūc* neben *-ō*: der Vokalwechsel ist unerklärt. Wie *eō* vereinzelt auch *istō illō* und *hōc* (s. bes. *Solmsen*, KZ 44, 205–207 Fußn.). Die Gleichsetzung von *quō* mit gr. ποῖ 'wohin' (*Conway, Brugmann*) liegt nahe; aber man erwartet im Einsilber *quō* entweder *-oi* > *-ū* wie in erster Silbe in **hoi-ce* > *hūc* usw. (§ 65) oder *-oi* > *-ī* wie in nomin. sing. *quī* (§ 375) und in Auslautsilben (§ 100). Nach *Meillet*, MSL 20, 89 Grdf. *-ōi*, nach *Thurneysen*, IF 39, 194 f. Grdf. *-ōu*; nach *Solmsen* zwei verschiedene Suffixe. – c) Instrumentales *quō* in *quō-minus*, s. *Szantyr*, Synt. 680 § 376.

2. **Abl. fem. auf** *-ā*: *eā quā hāc*. a) Als Instr., sc. *viā*, auf Frage 'wie, wo': *quā*, mit *ne-quā-quam, ali-quā* Plt.; *hāc* mit *illāc istāc*. – b) Als Abl. separ.: Typus der Zeitadverbien *post-eā* 'später' aus 'nachher von da an' (§ 260 B 2c); *post-hāc* (kontaminiert *posteac* IV 1857, VI 5050 unter Claudius); danach *anteā antid-hāc; inter-eā* (vgl. *aṛuorsum ead* SCBacch.). Dann fast suffixal hinter anderen Praepositionen: *praeter-eā -hāc, propter-eā -hāc* mit *quā-propter*; auch mit *-tenus* (*Szantyr*, Synt. 267) *quā- hāc- quā-dam-tenus*.

Hier sind wohl auch anzuschließen *dextrā sinistrā* und *extrā* mit *suprā* (inschr. noch *-ād*); doch vgl. got. *þaþrō* 'von da' und *hidrē* 'hierher' (s. zuletzt *Krahe*, IF 64, 66–68). Zu *intrā extrā* im Latein vgl. *Hiltbrunner*, Gl. 40, 254–267.
In *inter-eā propter-eā* ist das *eā* ein Abl. instr. nach *Szantyr*, Synt. 234 litt. γ.

D. **Korrelativ** *quo-* ~ *to-*.

1. **Alte Ableitungen.** a) *tālis* ~ *quālis* 'so ~ wie geartet', nach Ausweis von gr. (att. η aus ā) τηλί-κος πηλί-κος 'so ~ wie alt', erst jünger 'so geartet' (vgl. τηλικοῦτος 'so groß' seit Platon u. Aristoph.) und nach altlat. plur. *aequ-ālēs* 'gleich-altrige, Altersgenossen' neben gr. ὁμ-ήλι-κες ursprünglich 'so ~ wie alt' (*Leumann*, *-lis* 18 u. 20). Formal wohl Komposita mit **ali-* 'Alter' (zu *alere*), auch *similis* aus **sem-ali-*, so zuletzt *Szemerényi*, Word 8, 47 f., auch Annali Ist. Univ. Or. Roma 2, 5 f., Gl. 35, 113 mit Fußn. 3; ablehnend *Lejeune*, REA 63, 434 f. – *quāli-tās* Cic. nach gr. ποιό-της. – b) *tantus* ~ *quantus* 'so ~ wie groß', ebenso osk. umbr. *e-tanto-* umbr. *panta* 'quanta', khotansak. (iran. Dial.) *ttanda- ~ canda-*. Vom Latein aus gelten sie als Ableitungen von *tam ~ quam* 'so ~ wie'. Nach *Szemerényi*, Gl. 35, 99 f., 102 f., 106 sind sie zu *o*-Stämmen umgestaltete idg. **tā-wont- ~ *kʷā-wont-* (altind. *(e)tāvant-* rel. *yāvant-*, auch gr. τέως ἕως); und lat. *tam* sei auf dessen Ntr. **tā-wont* zurückzuführen (lautlich bedenklich). – c) *tot ~ quot* 'so ~ wie viele', idg. **toti ~ *kʷoti* (§ 98a) in altind. *tati kati* und in lat. *toti-dem*; vgl. gr. hom. plur. τόσσοι aus **toti̯-oi*. Zu lat. *quot : quot-annīs, cottīdiē*, s. § 260 C 2, zu *quotus (-quisque)* s. § 266 a α; *quotumus* nach *septimus* bzw. *decumus* (§ 380 A).

2. Als **Adverbien** erstarrte Kasusformen und Isoliertes.

a) *tum* ~ *quom* (*cum*) 'dann, damals ~ wann, als', Zeitadverbien; *cum* als Konjunktion auch kausal usw., *Szantyr*, Synt. 618. Formal akk. sg. mask.; ursprünglich ntr. (?) nach *Brugmann*, IF 15, 69. – Zum Lautlichen bei *quom cum* s. § 145aβ. – Zu *quom* auch *quon-dam, quon-iam* § 137c, *-quomque* bzw. *-cumque* § 374, 5; vgl. auch *un-quam* oben Abschn. B. – b) *tam* ~ *quam* 'so ~ wie' (meist mit Adj., selten mit Verb), Modaladverb. Syntaktisch verkürzt *tam-quam* 'als ob', vgl. *sīc-ut* 'gleich wie' und nhd. *so-wie* 'und'. – Formal akk. sing. fem.; anders *Szemerényi*, s. oben bei *tantus*. – Zu *tam* auch *tam-en* und *tan-dem*, § 371b; über *tame* s. Zus. – Zu *quam* auch *quamquam* (Typus *quis-quis*), Indefin. *quam* 'irgendwie' in *quis-quam, un-quam* usw., s. oben § 374, 4b, c. – Zur verschobenen Korrelation „Kompar. ~ *quam*" s. Zus. – c) Vereinzeltes. Ntr. akk. *quod* als Konjunktion, s. *Szantyr*, Synt. 572. – *quia*, s. § 374, 2a. – *r*-Endungen (vgl. altind. *tar-hi* 'dann' ~ *kar-hi*, rel. *yar-hi* sowie got. *ƕar* 'wo'): *quōr cūr* 'warum' (zum Lautlichen s. § 56, 2). *quir-quir* (Typus *quisquis*) 'wo immer', in Auguralformel (§ 5c), s. *Norden*, Priesterb. 52.

Zusätze. α) *tame* „in carmine ... pro 'tam'" Fest. Fragend mit *-ne tamine* Plt. Mil. 628, gebildet zu *tam* nach *sīcine* (*seice-ne) neben *sīc*; daraus künstlich *tame*. – β) Zu *quam* als Vergleichspartikel: primär im aequativen Vergleich *tam facile* (bzw. *diū*) ~ *quam*. Dazu auch *quăsi* aus *quam sei* (§ 122c) 'wie wenn'. Ursprünglich mit Adj. auch *quam-quam* (formal Adverb zu *quisquis*) 'wie auch immer', etwa Plt. Stich. 722 *quamquam gravatus fuisti, non nocuit tamen* 'wie beschwert auch' oder Asin. 78 *qu. artē*; daraus zur konzessiven Konjunktion 'obgleich' entwickelt; vgl. *Szantyr*, Synt. 602f., auch zu *quam-vīs*. – Der Übergang zum komparativen Vergleich, d. h. Gebrauch von *quam* 'als' hinter Komparativ erfolgte durch Kontamination aus *tam doctus quam ille* und *doctior illo* (*Szantyr* 109), genauer wohl über negierten aequativen Vergleich, nach *non tam facile quam* auch *difficilius quam*. Hiernach auch als temporale Konjunktion *prius-quam*; erst danach auch *ante-quam post-quam* (vgl. umbr. *pre-pa* 'prae-quam, bevor'), ferner *praeter-quam* (ähnlich osk. *pruter pam* 'prius-quam').

C. ZAHLWÖRTER

378. Die Kardinalia bilden den Kern des Zahlensystems. Die Namen der Einer und der Zehner bis einschließlich '100' sind ererbt; das auf Fingerabzählung beruhende Dezimalsystem bestand also schon in der Grundsprache. Die Kardinalzahlen von '1' bis '4' waren als Adjektiva gebraucht und als Nomina flektiert, und zwar '2' als Dual, '3' mit Stamm *tri-* als Plural. Bei '4' ist die durch Stammablaut komplizierte Flexion im Latein aufgegeben. Von den Zahlen der Einerreihe sind durch Komposition abgeleitet die Zehnerreihe und die Hunderterreihe. – Von diesen drei Reihen als Grundzahlen sind weiter abgeleitet Ordinalia von '3.' an, Zahladverbien *semel bis* usw. und Distributiva *singulī bīnī* usw. Besonders die kleinen Zahlen erscheinen ferner als Vorderglieder von Komposita, die flektierten unter ihnen meist gruppenweise in den Stammformen *bi- tri- quadri-*; für viele bestanden griechische Muster mit δι- τρι- τετρα-. Dazu kommen Ableitungen von den substantivierbaren und flektierten Zahlwörtern, *du-ālis tri-āriī quadr-ātus, terti-ānus -ārius, tern-io*.

<small>Zu den idg. Grundformen s. bes. *Brugmann* II 2, 1–82, auch *Wackernagel*, Ai. Gr. III 400 ff., *Schwyzer* I 586 ff.; ferner *Szemerényi*, Studies in the i.-e. System of Numerals, Heidelberg 1960 (speziell zu den Zehner-Kardinalia von '10' bis '100' und zu den Einer-Ordinalia von '3.' bis '10.'). – Bezeugung der lat. Formen bei N.-W. II 275 ff. Dazu *Hallbauer*, De numeralibus latinis epigraphicis, Diss. Halle 1936.</small>

A. Die Kardinalia von '1' bis '10' als Zahlen.

'1'. a) Lat. *ūnus*, inschr. alt *oinos* (§ 65), auch umbr. *unu*: idg. **oinos*, auch in got. *ains* nhd. *ein*, aksl. *ino-rogъ* 'Ein-horn'. Zu lat. gen. *ūnīus* dat. *ūnī* s. § 376 B 2. – b) Idg. **sem-s* ntr. **sem* (gr. εἷς aus **ἕν-ς, ntr. ἕν, zu *n* für *m* s. § 150 Zus. α). Im Latein nur erstarrt in *sem-per* 'immer', vgl. got. *sin-teina* 'ἀεί'); s. dazu *Gonda*, Refl. 70. Ferner in Ableitungen; vgl. auch unten *mīlle*.

'2'. Idg. **duō* bzw. **duu̯ō*, gr. hom. δύω, auch aksl. *dъva*. Daraus lat. *dŭŏ* durch Iambenkürzung (§ 121), kaum ererbte Nebenform trotz gr. att. δύο (auch hom.). Erbformen der Flexion sind nur *duo* und in Umgestaltung dat. *duōbus*.

Einzelheiten. a) Zur idg. Lautgestalt. Zum Anlaut: auch idg. **du̯ō* (**du̯ō*, nach § 136 b) in altind. *dvau* (neben ved. metr. *duvau duvā*), got. *twai* nhd. *zwei*; vgl. lat. *du̯is bis* § 381 A. – Zum Ausgang *-ō*: formal ist *duo* eine als Zahlwort bewahrte Dualform; so im Latein sonst nur noch *ambō* und *octō*, vgl. gr. ἄμφω ὀκτώ. Die Dualendung *-ō* (so bei idg. *o*-Nomina, gr. τὼ ἵππω, vgl. § 342, 2 Zus.) ist Verkürzung aus idg. *-ōu* (§ 67), vgl. altind. normal *-au* aus *-ōu* in *dvau* '2', *ubhau* 'beide', *aṣṭau* '8' und bei *o*-Nomina *tāv aśvau*, sowie got. *ahtau* '8', und lat. *octāv-us* § 380 A.

b) Lat. *duo* als Einheitsform. α) Gebrauch. Ererbt für Nomin. und Akk. mask. u. ntr. Ferner erstarrt (flexionslos) abl. *duo verbis* Nov. Atell. 3, sowie in Verbindung mit flexionslosen Zehnerzahlen, etwa *vīgintī duo* '22' und *duo-dē-vīgintī* '18'. Als Neuerung auch nomin. fem. *duo* vereinzelt auf Inschriften der Kaiserzeit. – Akkus. mask. *duo* häufig, bei Plautus (im Versausgang), Cicero, Varro (etwa rust. 1, 18, 5 *duo vilicos et duas vilicas*). – β) Prosodie der Form *duo*: im Latein der Daktyliker (seit Lucil. 358) immer *dŭŏ*, etwa Catull 113, Lucr. 1, 384, Verg. Aen. 11, 285. – Bei Plautus und den altlat. Skenikern bildet das zweisilbige *duo* im Versinnern als ◡ ◡ eine metrische Länge (Arsis oder Thesis), etwa mask. nomin. Ba. 925 Mil. 1384 (auch Naev. com. 86), akk. Epid. 344, 373 (auch Acc. 321); fem. akk. Most. 776; ntr. Asin. 193 *duo talenta*, Rud. 823. Dagegen im Versausgang steht es als letzter Iambus ◡ —, als Pausaform wohl bewahrtes *duō*: mask. nomin. Amph. 974, 1108 (dazu Mil. 1384), akk. Epid. 186 Psd. 1000 *inter nos duo*; ntr. Ter. Haut. 838. Doch steht im Versausgang als Akkus. mask. meist die jüngere Form *duōs*, Amph. 480, 957, beachte Amph. 957 *inter vos duos*; ferner *duōs* Cas. 692, *dŭŏs* in Anapästen Cist. 701.

c) Die lat. Flexionsformen, als Sonderentwicklung (Stellennachweise im Thesaurusartikel von *Vollmer*, Thes. V 2241–44). Die Normalformen seit dem Altlatein: Mask. akk. *duōs*; fem. *duae*, *duās*; gen. und dat.-abl. *duōrum duōbus* und *duārum duābus*. Ausgangspunkt der pluralischen *o-/ā*-Flexion war wohl akkus. plur. *duōs* für *duō*; als Vorbild diente etwa *hōs hōrum* und fem. *hae hās hārum*; im Umbrischen auch dat.-abl. *tuves* (wäre lat. **duīs*); vgl. auch got. mask. *twai twans* und fem. *twōs*. – Dat.-abl. *duōbus* (auch *duābus*?) ist ererbte Dualform, nur im Ausgang *-bus* pluralisiert, vgl. altind. instr.-dat.-abl. *dvā-bhyām*. – Sonderformen. α) Gen. ältere Form *duum* (bzw. *duom*, § 46), Endung *-um* wie in *deum* usw.: Naev. com. 86 *duum nostrum* 'von uns beiden', Plt. Men. 542 *duum nummum*, weiter *duum milium* Caes. Sall. Liv. Das Nomen *duum-vir* geht auf gen. plur. *duum virum* zurück, vgl. § 257 A 1 b β zu *trium-vir*. Zu gen. plur. *duum virum*

s. auch Cic. orat. 156. – β) Ntr. *dua* nach *tria* (ähnlich umbr. *tuva* got. *twa*), inschriftlich in Pompeji; dazu *dua pondō* Quint. 1, 5, 15. – Zusatz. *ambō* hat die gleiche Flexion wie *duo* angenommen; spät auch dat.-abl. inschr. *ambīs*. – Zu *dextrābus* nach *ambābus* s. § 350 Ende.

'3'. *trēs* Stamm idg. *tri-*, vgl. altind. *tri-* gr. τρι- got. *þri-* usw., flektiert als *i*-Stamm (§ 356); alle lat. Kasusformen sind im Kern ererbt. Nomin. mit *ē* aus *e-e* lat. *trēs*, gr. τρεῖς (dial. τρέες), osk. *trís*, idg. **trey-es* (**treies*), vgl. altind. *trayas*. Akkus. lat. alt *trīs* umbr. *trif* gr. dial. τρίνς, idg. **tri-ns*. Ntr. *tria* vgl. umbr. *triia* gr. τρία. Zu gen. *trium* vgl. gr. τριῶν got. *þrijē*; dat.-abl. *tri-bus* wie Fragepron. *qui-bus* (§ 374, 2a), dazu umbr. *tris* aus **trif(o)s*.

'4' lat. *quattuor*, prosodisch mit ŭ Plt. Psd. 1303 in Kretikern, Mart. 8, 64, 3; 12, 36, 1, aber mit *u̯* Enn. ann. 93. – Als idg. Nomin. (plur.) ist zu rekonstruieren mask. **kʷetu̯ŏr-es* ntr. *-ə*, auch vielleicht indeklinabel endungslos *-r*, nach altind. *catvār-as -i* und got. nomin. akk. *fidwōr*; auf eine dieser Formen muß lat. *quattuor* zurückgehen.

Zusätze. a) Zum Lautlichen. Zu *qua-* statt *que-* s. § 48. – Merkwürdig *-ttu̯-* aus *-tu̯-* (s. § 223 Zus. a); künstlich *Kent* und *Ward* [s. Gl. 18, 253; 34, 211]: *quatt-* aus **qu̯āt-*, dies gedehnt nach *trēs quīnque*. – Lautentwicklung u̯/ŭ/u̯: idg. *-two-* > lat. *-ttŭo-*; lat. *-ttŭo-* > *-ttu̯o-* Enn., später auch vulglat.; dann *-ttu̯o-* > *-tto-*, so *quattor* inschr. (Kaiserzeit) häufig, etwa VI 24 461 XIV 980 III 4367. S. dazu §§ 140 a, 141 b β u. δ. – Unerklärt *quattus* VIII 25902, 3, 19, s. *Bücheler*, Kl. Schr. III 288. – b) Zur idg. Flexion: **kʷetu̯ŏr-* hatte Stammablaut als *r*-Stamm (§ 343 d), was wegen verschiedener lat. Ableitungen hier zu erwähnen ist. Schwundstufe zu *-tu̯ŏr-* in den obliquen Kasus: vor Vokal *-tur-* (phonolog. Schreibweise *-twr-*) in akkus. altind. *catur-as* gr. aeol. (hom.) πίσυρ-ας, lit. *ketur-*, osk. *pitora* (nach Fest. sub *petorritum*) wohl für *petora*; vor Kons. *-tu̯r̥-* (*-tu̯r̥-*) in gr. (Pind.) dat. τέτρασι (ρα aus r̥). S. unten zu *quadru- quadrāgintā quartus quater*.

Die flektierten idg. '1' bis '4' bildeten wohl einst ein Viererzählsystem; damit stände in Verbindung die Dualform von '8', auch eine etymologische Analyse von **penkʷe* '5' als elliptisches **pem-kʷe* '(4) und 1', und die Verknüpfung von **newn̥* '9' mit **newos* 'neu', griech. ἐν-νέα aus **ἐν-νέϝα?

Eine Scheide hinter '4', d. h. der Neubeginn einer Normalzählung zeigt sich auch beim Schlußglied in *quīnqu-ennis* usw. gegen *bīmus* usw. (doch vgl. zu *anniculus* § 282 D 4), bei den Ordinalia in den Monatsnamen *Quīnt- Sext-īlis* (doch vgl. § 313, 2 c wegen *Aprīlis*) und bei den Praenomina, s. unten § 380 A zu *decimus* Zus. b. – S. auch *Loewe*, Die Viererzählweise des Idg., IF 54, 190 ff.

'5' idg. **penkʷe* > lat. *quīnque*. Idg. anl. *p-* nach altind. *pañca* gr. πέντε πεμπ- usw.; zu lat. anl. *qu-* s. § 163 bα, zu *e* > *i* bzw. *en* > *in* § 42a, zu *ī* für *ĭ* nach Ordinale *quīntus* § 126 aα.

Im Vulgärlatein inschr. *cinque* durch Ferndissimilation *qu̯—qu̯* > *k—qu̯*, also *ci-* mit Lautwert *ki-*. Datierbare Belege etwa seit 300ᵖ, so Ed. Diocl. *cinquaginta*, Pap. Corp. nr. 199 a² p. 304 (398ᵖ); viele Belege in christlichen Inschriften; *cinque* und *cinquaginta* V 8737 X 5939. S. ferner *Schopf*, Fernwirk. 127, *Diehl*, Chr. Inschr. III p. 578. – Die Palatalisierung *ki* > *k'i* > *či* (italien. *cinque cinquanta*, frz. *cinq cinquante*, aber *quindici quinze* '15') setzt frühestens im 5. Jhdt. ein, s. § 159 a.

'6' idg. **sek's* lat. *sex* nhd. *sechs* gr. ἕξ altind. *ṣaṭ* aus **ṣaṣ*.

Neben idg. Anlaut *s-* auch *sw-*, § 136 c, nach gr. dial. (kret., delph. myk.) ϝέξ jungavest. *xšvaš* (mit sekundär präfigiertem χ). Lit. bei *Schwyzer* I 590[7]; s. auch *Nehring*, Die Spr. 8, 129–131; *Szemerényi*, Numerals 78; *K. Hoffmann*, Aufsätze zur Indoir. I 190.

'7' bis '10'. – '7' idg. *sept*m̥* lat. *septem* gr. ἑπτά altind. *sapta*. – Vulglat. inschr. *sette*, vgl. italien. *sette*. – '8' idg. **ok'tō* in lat. *octō* gr. ὀκτώ altind. ved. *aṣṭā*, und idg. **ok'tōu*, s. oben bei '2'. – Zu einer wegen antekons. *k'* vermuteten Vorform ***ok'itō* oder ***ok'etō* s. *Szemerényi*, Sync. 399 f., *Muller*, IF 44, 137 f.; zum Lautproblem s. § 154 Zus. γ. – '9' idg. **new*n̥*, vgl. altind. *nava* gr. ἐν-νέα. Lat. *novem* mit *ou* aus *eu* nach § 43a, mit *-em* für *-en* (< *-n̥*) durch Angleichung an *decem*; ältere Form inschr. *neu̯en* in Ardea (s. § 5a); zu ausl. *-n* vgl. auch Ordinale *nōnus* § 380 A. – Nach *Safarewicz*, Eos 47, 102 [Gl. 42, 89] ist *neu̯-* in lat. *neu̯en* jung als Angleichung an *decem*. – '10' idg. **dek'*m̥* ergibt sich aus Kombination von lat. *decem* mit griech. δέκα altind. *daśa* got. *taihun*. – Wegen älterer Wechselform **dek'*m̥*t s. § 380 A unter *decimus*.

'11' bis '17' als Additionszahlen. Die idg. und lat. Formen sind Zusammenrückungen (sog. Dvandva oder Kopulativkomposita, § 341), bestehend aus Einern plus '10'. Zu *-decim* für erwartetes *-dicem* s. § 99 Zus., auch *Brugmann* I 225. – '11' lat. *un-decim*, *un-* zu *ūnus*, aus *oinos-* oder ntr. *oinom-* (nach gr. ἕν-δεκα avest. *aēvan-dasa-*). Zu *ŭn-* s. § 119aγ. – '12' *duodecim* (*dŭŏ-* als Arsis Plt. Epid. 675, wie *dŭŏ* '2'), vgl. gr. δ(ϝ)ώ-δεκα (neben homer. δυώ-δεκα), altind. *dvā-daśa*. In Umstellung flektierbar, *decem duo* Frontin., *decem duae* VI 1261 a, so auch umbr. akkus. *desen-duf*; vgl. gr. delph. δέκα δύο. – *trēdecim* '13' aus **trēs-decem* § 205 b, vgl. altind. *trayodaśa* aus **trayas-daśa*. – *quīndecim* '15' aus **quīn(que)-decem*, vgl. altind. *pañcadaśa*. – *sēdecim* '16' aus **sex-decem*, wie altind. *ṣoḍaśa* aus **ṣaṣ-daśa*, idg. **seḱs-deḱ'*m̥*. – Umstellung, mit *et*, in den Constit. veteran. der Kaiser von Claudius bis Diocletian (CIL XVI) *decem et una, d. et tribus, d. et quinque, d. et septem*; aber *duodecim*. – Von '21' an regelmäßig Einer und Zehner verknüpft durch *et* (also wie im Griechischen mit καί), etwa *duo et vīgintī*, vgl. Thes. sub *duo* p. 2247, 9 s., dazu *Wackernagel*, Kl. Schr. 228.

'18' '19', '28' '29' usw. werden als Subtraktionszahlen gebildet, übrigens ähnlich wie im Griechischen '18, 19' δυοῖν bzw. ἑνὸς δέοντα εἴκοσι: lat. *duo-* bzw. *un-dē-vīgintī* '2 bzw. 1 herab von 20', so *duod*. Paul. Fest., *und*. Cic. Liv. (*un-* wie in *undecim* '11'). – Entsprechend etwa '28' *duodētrīgintā* Caes., '38' Cic. Liv., '88' *duo de LXXXX* Plin.; '39' *undēquadrāgintā* Cic. rep. 2, 27, '49' '59' Liv., '79' *undē/octōgintā annōs nātus* Hor. sat. 2, 3, 117, '99' *undēcentum* Plin.

B. '1' bis '10' als **Vorderglieder von Komposita**, besonders von Besitzkomposita (§ 337), und als Stammwörter von Ableitungen.

'1-': a) *oino- ūni-* : *Oinu-mama* § 65, *ūn-oculus* Plt. (gr. μον-όφθαλμος), *ūn-animus*; *ūni-vira* u. *-viria*. *ūni-versus*. *oeni-genōs* Paul. Fest. – b) Idg. *s*m̥*- (vgl. altind. *sa-kr̥t* 'einmal', gr. ἅ-παξ ἁ-πλοῦς, auch dor. ἅ-τερος für att. ἕτερος) ergibt lat. *sem-*, weiter *sim-* : *sim-plex -plus*; *singulī*. In Ableitungen : idg. *sem-* in *semel, similis* § 311, 1b.

'2-', '3-' : Normalformen *bi- tri-*; altlat. '2-' noch *du̯i-* § 140b. Ererbt **du̯i- *tri-*, vgl. altind. *dvi- tri- (-pad-* usw.), gr. δι- (aus δϝι-) τρι-; vorwiegend in Besitzkomposita. Idg. **tri-* war Vorbild für **du̯i-* (von **du̯ō* '2');

vgl. auch die Zahladverbia *bis ter* § 381 A. – Einzelheiten. '*bi-*': *bīgae* § 138, 2 b γ; mit Suffix *-ium* (§ 275 C 3) *bi-sacc-ium* Petr., *bi-sell-ium* Varro ling. 5, 128. *bi-gnus* § 265 d. Nebeneinander *bi-* und *tri-* (auch *quadri-* '4-'): *-dent- -cipit- -ped-* (vgl. *tripudium* § 335, 1 a); *-rēmis, -ennis* (mit *-ennium*), *-vium* (aus *-vi-ium*); *bīmus* (*-himus*, § 168). Adv. *-fāriam*.

Ferner '2-': *du-* statt *dvi- bi-* : *du-pond-ium* Varro, *du-plus -plex*; auch in *du-centum* und in *dubius* § 266 a β; vgl. umbr. ntr. *tu-plak*, **du-pod-*'zweifüßig', *duti* 'iterum'. Vermutlich ist *dŭ-* im Italischen aus **duō* als Stamm abstrahiert (vgl. *tre-centum*), kaum ererbt. S. aber *Gonda*, Refl. 40 [Gl. 34, 214 f.].

Zusätze: *bi- ambi- sēmi-*. a) Lat. *bi-* für griech. δι- in hybriden Komposita, ausgelöst durch die Lautgleichheit von '3-' in beiden Sprachen: *bi-clīnium* Plt. nach *tri-cl.*; *bi--lychnis* Petr.; inschr. *bi-sōmum* § 140 b α. – *bi-* für *bis* in *bi-sextus*, älter *bis-sextus* 'Schalttag', aus Datumangabe *ante diem bis-s. Kal. Mart.* '24. Febr. im Schaltjahr'. – Zu *bī-* in *bīduum* s. § 130 II B 1. – b) *ambi-* 'beidseitig' neben *ambō* (wie *dvi-* neben *duo*): *an-cipit-* usw., § 102 Zus. – c) Idg. **sēmi-* lat. *sēmi-* gr. ἡμι- 'halb-'. Schlußglieder sind meist verbale Adjektiva, bes. *to-*Participia: *sēmi-vīvus* (ebenso ahd. *sāmi-queck*); danach *sēmi-nec-* Verg. (vgl. gr. ἡμι-θνής), dazu *sēmi-somnus* Plt., *-animis* Enn.; *sēmi-doctus* Plt.; *sēm-ēsus* Verg. Als Schlußglieder Personalsubstantiva (vgl. gr. ἡμί-θεος, ἡμί-ονος): *sēmi-deus -vir -mas -bōs*. Maße (vgl. gr. ἡμι-τάλαντον): *sē(mi)-modius* § 234, *sēm-uncia, sēmi-hōra* Cic. – Ein Zahladverb **sēmis* '½-mal' stand neben *sēmi-* wie *bis* neben *bi-*; erhalten ist nur die nach § 103 b synkopierte Form **sēms- > sēs-* in zwei elliptischen Zahlausdrücken: *sēstertius* ursprünglich 'dritte-halb' aus '(2 und) ½-mal der dritte', also '2½', sc. *as*, als Münze 'Sesterz'; zur Ausdrucksform vergleiche Festus *trientem tertium pondo* '2⅓ Pfund' und *bes-alterum* '1⅔'. – *sēsque* '1½' als **sēmis-que* '(1-mal) und ½-mal'; als Vorderglied *sēsqui-*, Nebenform *sēsc-* nur vor *u-*, also aus *sēsqu̯-u-*; Belege *sēsqui-lībra* Cato, *sēscuncia* '1½ Unzen' (= ⅛ As) Col. Cels., *sēsqui-modius* Cic., *-mēnsis* Varro rust. 1, 27, 1, *-opus* Plt. Capt. 725, *-pede longior* Trin. 903 (verkürzt sagt Cic. or. 188 *sēsqui maior*, gleichwertig folgt 193 *-plex*), *Sēsc-* oder *Sēsqui-Ulixēs* Varro (Men. 460); *sēscu-plus*. Zu *sēmis* '½ As' s. unter „Sonstiges".

'3-' *tri-* ferner: *tri-ātrūs* Paul. Fest., *tri=saecli-senex* Laev. (§ 333 I A 2), *tri-angulus, -quetrus* 'Drei-(Vier-)eck', *tri-geminī, tri-ambī* Paul. Fest. 'dreibeide' (d. h. '3 statt 2 zusammen'); *tri-partītus, tri-* und *sē-mēnstris* 'Tri- und Se-mester' (3- und 6-monatig); **tri=cipit-ium*, aus Cogn. *-pit-īnus* nach § 296 I B 2b zu erschließender Bergname.

Nebenformen. *trĕ-*: *trecentum* § 379 d β. *tre-pondō. trēssis* s. unten. *ter-*: *testis* § 263 C. Aus *tris*: *ter-uncius* '3 Unzen', § 149 a α. – *tri-* für griech. τρισ- (Typus τρισ-άθλιος): bei Plautus *-parcus* Pers. 266, *-fūr* Aul. 633, *-venēfica* Aul. 86 (aber richtig *ter-venēficus* Bacch. 813). – *trit-avus* 'Urahn' als '3. Großvater' nach gr. τριτο-πάτωρ. – Griech. τρι-: *tri-gōn-* § 365 C 1 a am Ende. – Zu *tricoscināre* von entlehntem **τρι(χο)-κόσκινον* 'Haar-sieb' s. § 234.

'4-' *quadri-*, vor *p* auch *quadru-* nach § 92, oft Weiterführung von *bi- tri-*, so *quadr-īgae -īmus, quadri-angulus, -ennium, -vium* Catull 58, 4, *-iugēs equī* Verg. Aen. 10, 571; *quadru-pēs* Enn., *-plus -plex*; vgl. *quadrussis*. – Stamm *quadr-* auch in Ableitungen: *quadr-āre -āns -ātus*, dies mit Rückableitung *quadrus* (*-quetrus*).

Zusatz. Als Stammform für '4' ist *quadr-* eine lat. Neuerung, abstrahiert aus *quadr--āginta* '40', bezogen auf *quīnqu-āgintā*. – Die ererbte Stammform war **kʷetur-* (vgl. oben Zus. b zu '4'), so in altind. *catur-daśa* '14', *catur-aṅga-, catuṣ-pad-* 'Vier-fuß', ebenso umbr. *petur-purs-* (**-pod-*); vgl. got. *fidur-dōgs* 'vier-tägig' (*ur* für *aúr*), lit. *ketur-kójis* 'vierfüßig', auch gall. *petor-ritum*. Dazu vermutlich als ital. Ableitung *$k^w etur$-ia*, Musterform für *dec-uria cent-uria*; plur. *decur-ēs*, nach Paul. Fest. '*decuriones*', eher wohl 'Glieder einer *decuria*', sei es als Rückableitung oder als direkte Nachbildung von akk. *$quatur$-ēs*; vgl. auch die pluralischen Festesnamen umbr. *dequriā*- osk. *púmperiā-*, dazu *Schulze*, EN 545. Etwas anders zu *decuria Szemerényi* 98 f. – Neben idg. *$k^w etur$- stand vielleicht *$k^w etru$-, durch Interversion aus *$k^w et\mathring{w}r$- (*Brugmann* I 260, vgl. oben § 112 Zus. c), in avest. *caϑru-gaoša*- 'vier-ohrig' und gall. *Petro-coriī, petru-decametos* '14.'; man hat, wohl zu Recht, auch lat. *quadru-ped-* hierzu gestellt. S. auch *Pisani*, ZDMG 97, 327.

Sonstiges. Singuläre Kürzungen zeigen im Münz- und Maßsystem die Vielfachen und die Bruchteile eines *As* (lat. mask. *as* gen. *assis*). a) In den Vielfachen (vgl. Varro ling. 5, 169 f.; 9, 83 f.) erscheint *-ass-* nicht als *-ess-*, sondern nur mehr als *-ss-* : *trēssis* '3 Asse', von '4' ab als Ausgang *-ussis*, so *quadr-* bis *nōn-ussis*, dazu '10' *decussis*, '100' *centussis*; bei den Zehnern Ausgang *-ēssis*, sicher nach Muster *-ēsimus*, so *vīc- trīc- quadrāg--ēssis*. Ausgangsformen waren wohl *trēssis* und *quīncussis*, mit Vokalschwächung *a > e *tre(i̯)-essis > trēssis, *quīnqu-essis > quīncussis* lautlich wie *concussus* aus *con-quassus*, vgl. § 94 Ende; vgl. auch *quīncu-plus, quīnc--unx*); von hier ist *-ussis* verschleppt. – *Brugmann* II 2, 15¹ geht aus von *quadru-ssis*, mit idg. *$k^w etru$-. – *nōn-ussis* eher zur Verdeutlichung für *nov-ussis* als mit altem *noven*. – Hierzu auch '½ As' *sēmi-ssis*, auch unter Anknüpfung an das alte Adverb *sēmis* mit neuem Nomin. *sēmis* zu gen. *-issis*, und sekundär als 'halb' verwendet (wenn nicht Gewichtsausdruck 'halbpfündig') in *pānem sēmissem* Petr. 64, 6. – '2 Asse' heißt nicht *bēssis* (nach *trēssis*), sondern *du-pond-ius*, zu *dua pondō*. – b) Bruchteile des *As* zu 12 *unciae* (Unzenzahl hier in Klammern; keine Bezeichnung eventueller Vokallängen): ½ (6) *semissis*; ⅓ (4) *triens*; ¼ (3) *quadrans*; ⅙ (2) *sextans*; weiter ⅔ (8) *bessis*; ¾ (9) *dodrans*; ⅚ (10) *dextans*. Für die restlichen, ungeraden Unzenzahlen dienen: (1) *uncia*; (3) alt auch *ter-uncius*; (5) und (7) *quinc-* und *sept-unx*; (11) *de-unx*, d. h. abl. '*dempta uncia*', sc. *as* (so Varro), also mit Subtraktionsrechnung. Danach sind *dodrans* und *dextans* Verkürzungen aus *de-quadrans* und *de-sextans*. Unerklärt ist *bessis*, auch *besis* (also *bē-*). – Zu *triens quadrans* s. § 431 A 2d.

Zusatz. Suffixableitungen von substantivierten und damit spezialisierten Kardinalzahlen: *ūnicus* § 303, I A; *ūn-io* s. § 381 B a; *du-ālis*; *tri-ent-*; *-ārius* : *tri-āriī, mīliārius* 'Meilenstein'; *-uria* in *dec- cent-uria* s. Abschn. B, '4-' Zus.; *september* bis *december*, s. § 314, 2, auch *Brugmann* I 763 § 875 Ende.

379. Die ererbten Zehnerzahlen sind zweigliedrig; in irgend einer Form stehen als Vorderglieder die Einer, also etwa *$*tri$- *sek's-*, und als Schlußglied demgemäß das Zahlwort '10'. Als einzelsprachliche Schlußglieder seien genannt lat. *-gintā*, griech. *-κοντα*, altind. *-śat* (als fem. Nomen flektiert, akk. *-śat-am*; nur '30' bis '60'); das Zahlwort '10', rekonstruiert als *$*dek'ṃ$ oder *$*dek'ṃt$, erscheint also hier in anderen Ablautformen, als *$*(d)k'omt$ (gr. -κοντ-α) und als *$*(d)k'ṃt$ (altind. *-śat*, lat. *-gint-ā*). Die einzelsprachlichen weiteren Differenzen lassen sich bis jetzt nur zum Teil als individuelle analogische Neuerungen deuten. Ich beschränke mich auf die Hauptpunkte, unter Verweis auf *Szemerényi*, Numerals, fürs Latein speziell 5–26, 67–69, sowie 128 (*-ā*), 165–169 (*-gint-*).

a) Lat. *-gintā*: älteres *-cent-* ist wenigstens für *vīgintī* und *trīgintā* vorausgesetzt durch deren Ordinalia *vī-* und *trī-cē(n)simus* aus *-cent-t_emos* (s. § 380 B). Man erklärt *g* für *c* in *trīgintā* mit kons. Ferndissimilation (s. § 232 A 3), und *in* für *en* in *vīgintī* mit Vokalassimilation nach § 110; von '30' aus wurde *-gintā* in die höheren Zehner verschleppt. – Der Auslautvokal lat. *-ā* deckt sich nicht mit griech. *-ă*; die Deutung als Ntr. plur. (vgl. § 346) unter Berufung auf lat. *trī-* und gr. τριᾱ- ist kaum richtig; jedenfalls begegnet sie anderen Schwierigkeiten.

b) '20' *vīgintī* und '30' *trīgintā* sollten sich wie Dual und Plural ergänzen. Die Entsprechungen sind zu '20' gr. (dial.) Ϝίκατι (att. εἴκοσι) altind. *viṃśati* und zu '30' gr. τριάκοντα altind. *triṃśat* (danach auch '40' *catvāriṃśat*); *-iṃś-*, d. h. *-iś́-* steht für *-īś́-*, vgl. avest. *vīsaiti* '20'; dazu tochar. *wiki*. Hiernach ist idg. '20' sicher zu rekonstruieren als *wīk'ṃtī; dann muß *wī-* ein Zweierzahlwort sein, vielleicht vor *-dk'-* vereinfacht aus *dwī-*, zu *dwō '2', s. *Sommer*, IF 30, 404, auch *Benveniste*, Hitt. 85. *trī-* statt *tri-* und *wī-* (statt *dwi-* ?) sind wohl analogisch gedehnt, s. unten.

c) '40' bis '90'. α) Auslaut *-ā-* der Vorderglieder. Im Latein steht vor *-gintā* immer ein langer Vokal, doch entspricht dem Einerzahlwort nur das *ō* in *octō-gintā* '80'. Sonst steht ein *ā* von *quadrāgintā* '40' bis *nōnā-gintā* '90'. Im Griechischen steht vor *-κοντα* zwar *ā* in '30' τριά-κοντα, aber echtes *ē* (auch dor. η) in πεντή-κοντα '50' usw.; für '40' steht neben ion. τεσσερά-κοντα '40' dor. τετρώ-κοντα. Im Altindischen steht *ā*, nur in *pañcā-śat*, wohl aus idg. *ē*. Anknüpfbar ist, als Vokallänge, nur das gr. *ē* von πεντή-κοντα, nämlich an das *ĕ* von πέντε idg. *penk*^w*e* als dessen Dehnung; damit wäre πεντήκοντα Ausgangsform für ἑξήκοντα usw. – β) Dann muß das lat. mittlere *ā* von *quīnquāgintā* aus *ē* umgestaltet sein; man sieht darin seit *Brugmann* eine Angleichung an die Nachbarform *quadrāgintā*. Dessen idg. Grundform ist, mit dem antekons. Stamm von '4' (oben § 378 A), als *k*^w*etwr̥-(d)k'ṃt-* anzusetzen. Akzeptiert man ebenso wie beim *ē* für *e* von '5' die Auslautdehnung, so ist *r̥* durch *r̄* zu ersetzen (ein idg. *r̄* besteht freilich sonst nur, als *rə*, im Ablautsystem, §§ 34 u. 63); idg. *r̄* erscheint als lat. *rā* und als gr. ρᾱ und ρω, Muster *strātus* gr. στρωτός (*Schwyzer* I 361); damit gelangt man zu lat. *quatṳrā-* und gr. *τετϜρω-*; bezeugt sind *quadrā-* und τετρω-. – Mit dieser freilich schwierigen Konstruktion ist zugleich das merkwürdige lat. *-dr-* auf *-tṳr-* zurückgeführt; vgl. dazu § 199 a β; zu interkons. *ṳ* in vorlat. *-tṳr-* vgl. anl. *ṳr-* § 140 a; zum Lautvorgang s. auch *Hermann*, Silbenbild. 213 § 269. – Die Dehnung von *i e* zu *ī ē* in idg. *trī- penk*^w*ē-* entstand nach *Szemerényi* 135 durch Ersatzdehnung (?) bei Schwund des anl. *d-* von *-dk'omt* '10'; man könnte auch an Zwischenstufe *tri-kk-* vor der idg. Vereinfachung von Doppelkonsonanz denken, als Gegenstück zu lat. *Iūpiter* > *Iuppiter*. – γ) '70' *septuā-g.* (vgl. gr. ἑβδομή-κ.) aus **septumāg*. über ferndissimiliertes **septuṳāg*.; '90' *nōnā-g.* aus **nouen-āg*. Die Vorderglieder sind trotz des Anscheins nicht die Ordinalia (gr. ἕβδομος, lat. *nōnus*), s. *Sommer*, Sb. München 1950, 7, 36 [Gl. 34, 215]. *Szemerényi* führt die Rekonstruktion ebensoweit zurück wie bei *quadrāgintā*, d. h. mit Ansetzung von *m̄ n̄* (> lat. *mā nā*), also *septm̄-* > *septmā-* > *septumā-* bzw. **newn̄-* > *neunā-* > *nōnā-*. – Die (unhaltbare) Annahme eines Ordinalzahlvordergliedes von '70' bis '90' diente als Argument für eine einstige Duodezimalzählung bis '60', in der man babylonischen Einfluß vermutete, s. *Jacobsohn*, KZ 54, 86; *Schwyzer* I 592⁴; *Pisani*, Rendic. Accad. Lincei VI 8, 148.

Zusatz. Vulgärlat. Formen der Zehnerzahlen auf Inschriften. '20' *u̯inti* CE 562, 3; VIII 8573; 16566 usw.; s. § 159 b, auch *Pisani*, Rendic. Ist. Lomb. 73, 2, 16 [Gl. 34, 212]. – '30' Betonung *triginta* ist fehlerhaft nach Consent. p. 11, 10 Ndm. Inschr. *trienta*. – '40' *quaraginta, quarranta*, § 199 a δ. '50' *cinquaginta*, s. oben bei '5' *cinque*. – '90' *nonanta* VIII 27894, s. *Ihm*, ALL 7, 69.

d) Hundert und die Hunderter.

α) '100'. Idg. *k'm̥tom (m̥, nicht n̥, wegen lit. *šim̃tas*) : lat. *centum*, gr. ἑ-κατόν (ἑ- '1' für ἁ- wie in ἕτερος, zu εἷς), got. *hund-* und altind. *śatam* avest. *satəm* (aksl. verkürzt oder entlehnt *sъto*, russ. *sto*), daher die Benennung Kentum- und Satem-sprachen (Allg. Teil 21* § 13).

Idg. *k'm̥tom war, wie alle Zahlwörter von '5' aufwärts, flexionslos, daher unverändert in alten Komposita *centum-plex -pondium*; sekundär wurde es, gemäß dem Ausgang *-om*, im Indoiranischen und Germanischen als *o-*Stamm flektiert, besonders als neutraler Plural. – Etymologisch gehört es sicher zu '10' *dek'm̥t, ist also älteres *dk'm̥t-om; im Dezimalsystem steht es irgendwie elliptisch für '10 Zehner', vgl. got. '100' *taihuntēhund* als Schlußglied der Zehnerreihe; nach *Risch*, IF 67, 129 ist es flexivisch erstarrtes Neutrum des Ordinale auf *-os* 'das zehnte (Glied der Zehner)', nach *Szemerényi* 139 partitiver Gen. plur. (auf -*ŏm*) '(10) der Zehne'.

β) '200' bis '900' sind seit Beginn der lat. Überlieferung flektierte adjektivische *o-*Stämme mit Schlußglied *cento-* 'hundert' und den Einerzahlen als Vordergliedern. Formal wenig entstellt sind '200' *du-centī*, '300' *tre-centī*, '600' *ses-centī* (für *sex-c-*, § 203 b α); die übrigen zeigen offensichtlich den Einfluß der Zehnerzahlen auf *-gintā* mit *g* für *c* in *-gentī*: '500' *quīnque-cent- > *quīngent-*, '700' *septem-c- > *septing-* (also -*ĭn-*, aus -*em-*), '900' *nōng-* für *noven-c-. Weiter mit -*ingentī* (nach '700' *sept-*) '800' *oct-* und '400' *quadr-*, mit Vorderglied nach '40' *quadrāgintā*. – *Thurneysen*, KZ 26, 312 hatte *g* für *c* lautlich aus der Stellung zwischen zwei m̥ in '700' *septm̥-k'm̥tom herleiten wollen.

Die Pluralflexion ist eine Neuerung; älter war sicher flexionsloses *du-centum* usw., belegt bei Lucilius mit '600' und '200', 1053 *argenti sescentum ac mille*, 1051 *centum atque ducentum . . . milia*; Festus bezeugt altes *quīncentum*, und zwar explizit mit ī und mit *c*. Das Neutrum ist die Weiterführung von indekl. '100' *centum*; ihm entsprechen altind. *dvi- tri-śatam*, freilich gemäß dem flektierten Simplex *śata-* '100' als flektierte Neutra singularis, also als sog. Komplexivkomposita; sie mögen das Vorbild für diesen Kompositionstypus gegeben haben, vgl. § 338, 2 Zus. c.

γ) '1000' *mīlle*, substantivisches *i-*Neutrum, plur. *mīlia*. Im Singular flexionslos; nur altlat. abl. *mīllī*, Plt. Bacch. 928 *milli cum numero navium*, Lucil. 327 *milli nummum . . . uno*, vgl. 506.

Zusätze. Zu *ll/l* s. § 148 d α. – Zur Syntax: gen. plur. hinter subst. *mīlle*, s. Szantyr, Synt. 57 Mitte. – Griech. χείλιοι und altind. *sa-hasra-* (avest. *ha-zaŋra-*; erste Silbe aus idg. *sm̥-* '1', wie in gr. ἑ-κατόν) enthalten ein Nomen *g'heslo- '1000'; danach versucht *Sommer*, IF 10, 216 lat. ntr. *mīlle* als fem. *smī-g'hslī 'ein-tausend' zu erklären, worin *smī fem. zu *sem-*, gleich gr. μία.

380. Die lat. Ordinalia sind, mit Ausnahme von '1.' und '2.', Ableitungen von den Kardinalia, und zwar von '4.' bis '6.' mit Suffix *-to-*, von '7.' bis '10.'

mit Suffix -o-; dazu Suffix -ēsimus für die Zehner und Hunderter. Eine Besonderheit ist, vom Latein aus gesehen, bei den Zehnern die innere Verkürzung vor -ēsimus durch Fehlen von -int-, übrigens ebenso bei den Multiplikativa vor -iēs und in den Distributiva vor -ēnī, etwa bei '40' *quadrāgintā* verkürzt *quadrāg-ēsimus -iēs -ēnī*. – Die idg. Ordinalia von '3.' bis '10.' sind eindringlich behandelt worden von *Szemerényi*, Numerals 67–114; s. auch *Benveniste*, Noms d'agent 155ss. – Die gallischen Ordinalia von '1.' bis '10.' ('7.' *seχt-* bzw. *sextametos* usw.) aus Graufesenque findet man bei *Vendryes*, BSL 25, 36.

A. Ordinalia der Einer. '1.' *prīmus* aus **prīs-mos*, formal Superlativ zu *prior* 'der vordere, frühere'; s. § 288 A 2 d. – '2.' *secundus*, ursprünglich 'der folgende', zu *sequī*, s. § 298 A 1 b. – *alter* aus **ali-teros* 'der eine bzw. andere von zweien'; vgl. § 387 a, auch § 288 A 2 c. – Ererbt *i-terum*, s. § 377 B. – '3.' *tertius* (auch umbr. *tertim* aus *-iom*): Zu lat. *tert-* aus **trit-* s. § 149 a α. Idg. **tri-tios* bzw. **tri-tyos* auch in got. *þridja* (nhd. *dritte*); im Altind. *-īya-* statt *-ya-* in *tr̥tīya-*; älteres **tri-tīya-* mit Anlaut *tri-* war Vorbild für *dvitīya-* '2.'. Zum Ableitungssuffix s. bes. *Szemerényi* 81–85, der Suffix *-to-* in gr. τρί-τος als Neuerung betrachtet. – '4.' bis '6.': Zum idg. Suffix *-to-* s. unten bei '10.' – '4.' *quartus*, richtiger vielleicht *quārtus* nach inschr. *á* in Mon. Ancyr. 3, 23; III 4959; XII 3851. Dazu in Praeneste als weibliches Praenomen inschr. *Quorta* D 530.

Die Formerklärung für *quartus* ist kompliziert. Über den Stamm **kʷwetur-/kʷetur̥-* '4' hinaus verlangen die einzelsprachlichen Formen auch Ablautwechsel in der ersten Silbe, als Schwundstufe Anlaut **kʷt-* (altind. Sonderform '4.' *turīya-*, im Avest. noch mit Anlaut *χt-* aus *kt-*). So mit Suffix *-tos* **kʷetur̥-tos* griech. τέτ(ϝ)ρα-τος lit. *ketvir̃tas* und (mit vor Kons. verschlepptem *-tur-*) **kʷetur-tos* altind. *catur-thas*, mit Anlaut (kʷ)*tur-* gr. Name Τυρτ-αῖος. – Für die Grundform von lat. *quartus* hat man wohl nur die Wahl zwischen den beiden *-tur̥-*Formen, mit lat. *or* aus *r̥* und lat. *qua-* statt *kʷe-* also **quatu̯ortos* oder **(qu̯)tu̯ortos*; von der ersteren gelangt man über **quau̯ortos* (durch dissimil. Schwund des ersten *t*) > **quaortos* (§ 145 c) zu *quārtus*, so mit kleinen Varianten *Walde, Brugmann* und andere (*Szemerényi*, Gl. 35, 101, setzt **quatu̯or-tos* als junge lat. Ableitung von vorlat. **qu̯atu̯or* an, da er lat. *or < idg. r̥* nicht anerkennt). Die zweite Form **(qu̯)tu̯ortos* würde durch zweimalige Anpassung des Anlauts an *quattuor* über **qu̯ortos* zu *quartus* führen, so, mit Varianten, *Brugmann* II 2, 54, *Sommer* 472, ders. IF 14, 235. – S. bes. *Brugmann*, IF 28, 370³, *Szemerényi*, Numerals 79 (auch 19⁷⁷), *Meillet*, BSL 29, 34 [Gl. 20, 272].
Zur Scheide zwischen '4.' und '5.' bei den Praenomina s. unten hinter *decimus*.

'5.'. Idg. **penkʷ-tos*, vgl. gr. πέμπτος got. *fimfta* lit. *peñktas*; ebenso lat. **quīnc-tos* > *quīntus*; zum Lautlichen s. bei *quīnque* § 378 A. – Im alten Gentilnamen *Quīnctius* ist *nct* noch bewahrt geblieben, s. § 221 b. – '6.' *sextus* idg. **sek's-tos*, vgl. altind. *ṣaṣṭha-* gr. ἕκτος got. *saihsta* aksl. *šestъ* lit. *šēštas*. In lat. *sextus* ist *-xt-* restituiert für *-st-* nach § 203 b β.

'7.'–'10.'. Zum idg. Suffix *-os* vgl. § 266 a α, zu den Einzelformen *Szemerényi* 87–90 und 93. – '7.' *septimus*, älter *septumus*, altind. *saptamas*, gall. *seχtametos*, auch gr. ἕβδομος (für **ἕπταμος*): idg. **septm̥mos* bzw. **septm̥(m)-os*. – '8.'. Idg. **ok'tōw-os* > lat. *octāvus*, lautlich nach § 56, 1 b. **ok'tōw-os* ist angesichts von gr. ὄγδοος gedehnt (?) aus **ok'tŏw-os*, nach *Szemerényi* 88 f. – '9.'. Idg. **newe̯nos* bzw. **newn̥(n)-os*, daraus lat. *nōnus*, alt *Neuna* in

Ardea (§ 5a). Zu lat. *ō* wohl aus *ove* s. 142a. *-m-* statt *-n-* in umbr. *nuvime* altind. *navama-* kelt. *nametos* nach '10.' (lat. *decimus*), wie lat. *novem* für *-en* nach *decem*.

'10.' *decimus*, älter *decumus* (§ 92 A), vgl. altind. *daśama-* gall. *decametos*, also idg. **dek'ₑmos*, genauer **dek'ṃ(m)-os*. Daneben, ebenfalls mit Suffix *-os*, nicht *-tos*, idg. **dek'ṃt-os* in gr. δέκατος, got. *taihunda* (nhd. *der zehnte*), sowie lit. *dešim̃tas* aksl. *desętъ*. Aus Beziehung dieser Form auf **dek'ṃ* '10' (vgl. gr. δέκατος neben δέκα) stammt das Suffix *-to-* der Ordinalien von '4.' bis '6.', vermutlich beginnend mit '5.' – Die Ansetzung der Grundform **dek'ṃt* beruht auf dieser Analyse des Ordinale **dek'ṃtos* und der Zehner auf lat. *-gint-ā* gr. *-κοντ-α*. Danach ist **dek'ṃ* als jüngere antekonsonantische Sandhiform von **dek'ṃt* zu betrachten.

Zusätze. a) Nach *decumus* bzw. *septumus* wohl auch *quot-umus* 'der wievielte' von *quot* (**kʷoti*); nicht als ererbt gleichzusetzen mit altind. *katama-* 'wer (von vielen)' trotz *Wn.-Dbr.* 604 § 453 b, auch *Wackernagel*, Synt. II 112: *ka-tama-* (für *ka-* 'wer') ist im Altindischen als Ergänzung zu *ka-tara-* (gr. πότερος, vgl. lat. *uter*) 'welcher von zweien' gebildet worden. – b) Die Ordinalia dienten von *Quīntus* bis *Decumus* einst alle als männliche Praenomina, in historischer Zeit nur noch die mit Abkürzungen geschriebenen Q. (Qu.), S. (Sex.) und D.; man vergleiche die mit *-ius* abgeleiteten Gentilicia von *Quīnctius* bis *Decumius*, § 273 A 1 c. Die Praenomina folgten der Geburtsreihenfolge (nicht den Monatsnamen, **Septimus* 'geboren im *September*', so *Petersen*, TAPhA 93, 347 ff.). – Die Deutung der Gentilicia *Novius Decius* als osk. Entsprechung zu *Nōnius Decumius* (*Devoto*, Storia 55 unten) würde osk. Ordinalia **nov-os* '9.' und **dec-os* '10.' implizieren, was – zumal neben osk. **Pomptos* im Gentile *Pomptius* – größte Bedenken erweckt. Statt **newos* lat. *novos* 'neu' zeigen mehrere Sprachen die Ableitung **new-yos*, altind. *navya-* (neben *nava-*), got. *niujis*, gall. *Novio-dūnum* 'Neu-Stadt' usw. – c) Ableitungen von substantivierten Ordinalia: *-ius* in Gentilicia; *-ānus* plur. *-ānī* 'Zugehöriger zu' (*quart-ānī* 'zur 4. Legion', § 295, 1 b); *quart-ārius* usw.; *decum-ātēs agrī*. – Zu *prīmōrēs* s. § 333 III C.

B. Ordinalia der Zehner und Hunderter auf *-ēsimus* bzw. *-ēnsimus*. Der vorangehende Stamm der Kardinalia ist unversehrt nur bei den Hundertern, also in den jüngsten Erweiterungen der Zahlentermini, so *centducent-* bis *mīll-ēsimus*; dazu *multēsimus* Lucr. 6, 651, vgl. griech. πολλ--οστός wie ἑκατ-οστός. Verkürzter Stamm bei den Zehnern, *vīc- trīc- quadrāg--ēsimus*; erst im Spätlatein auch von '200' *duc-ēsimus*. – Der Ursprung von *-ēsimus* liegt bei den scheinbar verkürzten Zehnern; diese haben im Altindischen das Suffix *-tama-*, also idg. *-tṃmos* (*-tₑmos*); dem altind. *trimśat-tama-* von *trimśat* '30' (vgl. '20.' avest. *vīsąs-təma-*) entspricht unmittelbar lat. *trīcēnsimus* von **trīcent-ā* (*trīgintā*); gemeinsame oder jedenfalls gleiche Grundform ist **trīk'ṃt-tṃmos*; lautlich *-t-t-* > avest. *-st-* und > lat. *-ss-* (nach § 198), also *-ṃt-t-* > lat. *-enss-* > *-ēns-* bzw. *-ēs-*.

Zusätze. a) Das *-tṃmo-* dieser Ordinalia ist offenbar eine Abzweigung von dem räumlich-superlativischen Typus lat. *in-timus* altind. *ut-tama-* (der im Griechischen durch *-τατος* in ὕσ-τατος usw. ersetzt ist). – Das Griechische verwendet das von δέκα-τος weitergeführte Suffix *-tos* : zu (τριά-)κοντα Ordinale *-κοντ-τος* > *-κοστος* > *-κοστός*; das *-κοστός* entspricht also funktionell dem lat. *-gēsimus* der Zehner. – b) Zur Schreibung *-ens-* vgl. § 152 e. Normalform ist *-ēsimus*, offenbar Wiedergabe der volkstümlichen Aussprache. Alte amtliche Inschriften zeigen *-ensimus*, so durchweg Mon. Ancyr. (*u̯icens-* usw.), ferner etwa *u̯icensumo-* Lex repett. 21, Sent. Minuc. 27.

381. A. Multiplikativa, Zahladverbien, abgeleitet von den Kardinalia, von '5-mal' an mit Suffix *-iēs* bzw. *-iēns*, die ersten aber mit *-is*: '1-mal' *semel*, zu **sem-* '1'; Ausgang *-el* aus *-alis* nach § 148dβ. Endung *-is* nach *bis*. – '2-mal' *bis*, ererbt, altlat. noch *duis* (nicht *dŭis*), zu *duo*. Formal ist idg. *dwis (altind. *dvis*, avest. *biš*, gr. δίς) Nachbildung zu idg. *tris, wie in Komposita **dwi-*, lat. *bi-* nach *tri-*; vgl. auch unten *bīnī*. Das lat. Praeverb *dis-* geht ebenfalls auf idg. **dwis-* zurück, s. § 140 Zus. α, auch zu lat. *duis*. – '3-mal' *ter*, nach § 149aα aus idg. *tris, von *tri-* '3' mit Erweiterung *-s*, wie etwa griech. ἀμφίς zu ἀμφί. – Vgl. auch '½-mal' *sēmis* neben *sēmi-* (oben § 378 B unter '2-'). – '4-mal' *quater*, im Auslaut nach *tris > *ter* umgestaltet. Die Grundform war entweder *kwetrus, nach avest. *čaϑruš* (vgl. § 378 B zu Vorderglied *quadru-*) oder *kweturs, nach altind. *catuḥ* aus *-ur-s*.

Von '5-mal' an Zahladverbien auf *-iēs* bzw. *-iēns*. Ableitungen von den Einern: *quīnqu- sex- sept- oct- nov- dec-iēs*, also hier unter Weglassung des Auslauts der Kardinalia. Von den Zehnern mit innerer Kürzung (vgl. oben § 380 Anfang): *vīc- trīc-, quadrāg- bis nōnāg-iēs*. Von den Hundertern: *cent-iēs, du- trecent-iēs, quadringent-iēs* usw.; dazu *mīll-iēs*. Auch von unbestimmten Zahlwörtern *tot quot* usw.: *totiēs quotiēs*, dazu *aliquotiēs* mit *complūriēs* Plt. Cato, *pauciēns* Titin. 40 ('raro' Paul. Fest.); nach *aliqu-otiēs* auch *mult-otiēs* bei Prisc.

Zusätze. a) Zur Schreibung *-iens* (§ 152b,d,e). Auf Inschriften: durchgeführt im Mon. Ancyr., etwa *quinquiens terdeciens quadragiens milliens*; Lex agr. 25 *quotiens*, CE 1145 *totiens* (neben *quoties* und ptc. *praeteriens*). Handschriftlich *duodeciens* Cael. hist. 15, Varro rust. 1, 64. – S. auch N.-W. II 335. – b) Zur Herkunft. Lautlich muß *-iēns* auf *-ient-s* zurückgehen, offenbar als Nominativ eines *nt*-Stammes. Prototyp der Zahladverbien war ziemlich sicher, wegen des nur hier motivierten *i*, das Paar *quotiēns totiēns*, als Ableitung von *kwoti *toti (lat. *quot tot*, § 98a) 'wie bzw. so viele'. *Thurneysen*, ALL 5, 575 verglich sie mit altind. pron. *i-yant- ki-yant-* (dies für **ci-yant-*) 'so, wie groß', von pron. idg. **i-* und **kwi-* (lat. *is* und *quis*), lat. *quotient-* wäre Umgestaltung von **quient-* nach *quoti; das Suffix wäre nur *-ent-*, etwa wie in *triēns*, **-ent-s* muß Nomin. sing. mask. in adverbialer Erstarrung sein (wie etwa *recēns*, vgl. § 260 A 1a). – Wenig überzeugend ist die Verknüpfung mit dem Suffix *-in-* der altind. Possessivadjektiva wie *aśv-in-*, Wn.-Dbr. 349. Ganz unhaltbar *Szemerényi*, Gl. 35, 96[4]: *-ēs* als Endung des idg. Instr. plur. *-ōis* in *toti-ōis.

B. **Distributiva** 'je 1, 2 usw.', auch wohl Kollektiva genannt, Pluralia tantum. Gebildet mit Suffix *-no-*, die ersteren von den Multiplikativa (*bīnī* von *bis*), dann von 'je 5' an von den Kardinalia; hier Suffix *-no-* immer hinter lat. Langvokal. – 'je einer' *singulī*, aus **sem-g'no-*; zum quasi-suffixalen *-gnos* s. § 265d. – Nach Paul. Fest. auch altlat. *prīvī* (ebenso umbr. *prever*), ursprünglich 'je für sich', vgl. *prīvi-gnus* und *prīvi-lēg-ium*. – 'je 2' und 'je 3': *bīnī* aus **dwis-no-*, das Vorbild mag *oi-nos (lat. *ūnus*) gewesen sein. Kaum aus Dual *dwīnō gleich lit. *dvynù* 'Zwillinge'. – *ternī* aus **tris-no-* (vgl. *ter* aus *tris). Daneben nach *bīnī* umgestaltet zu *trīnī*, seit Plt. Psd. 704 *ter trīnī* und SCBacch. – 'je 4' *quaternī* nach *ternī* von *quater*; daneben nach *trīnī* auch *quatrīnī* Pompon. 123 Varro ling. 8, 55. – 'je der andere, je einer von zweien' *alternī*, abgeleitet von *alter*.

Von 'je 5' *quīnī* an Endung *-no-* hinter den Kardinalzahlen, bei den höheren als plur. *-ēnī*. Verschiedene Einzelformen sind leichter zu erklären vermittels einer Suffixform *-sno-*, und für Ableitungen von Kardinalzahlen bot überdies generell altes *tris-noi, analysiert als *tri-snoi, das geeignetste Vorbild. – 'je 5' *quīnī*, aus **quīnqu̯-noi* (nach § 222) oder aus **quīnqu̯-snoi* (lautlich über *qu̯īnksnoi* > *quīnsnoi* > *quīsnoi). – 'je 6' *sēnī* aus **sex-(s)noi*, § 205 b. – 'je 10' *dēnī* rein lautlich nur (wie *sēnī*) aus *dec-snoi, also *dexnoi zu erklären. Weniger einleuchtend *dēnī* zu *decem* analogisch nach *quīnī* neben *quīnque*. – 'je 7' *septēnī* und 'je 9' *novēnī* wohl nach 'je 8' *octōnī* von *octō*. – Die Verschleppung von *-ēnī* zu den Zehnern mag in Anlehnung an die Adverbien auf *-iēs* erfolgt sein: nach *sept-iēs* und *sept-ēnī* auch neben *vīc- trīc-iēs vīc- trīc-ēnī*, weiter *quadring-ēnī cent- mīll-ēnī*. Aber nur hier innere Kürzung analogisch auch bei den Hundertern: *ducēnī* Plt., *trecēnī* Liv. usw. zu *du- tre-centī*; bei diesen ist also rein formal *-entī* durch *-ēnī* ersetzt. Erst spät auch *ducent-ēnī*. Angeschlossen sei *nescio-quot-ēnī* 'irgendwieviele' Cic. Att. 12, 23, 1, nach *aliquot-iēs*.

C. Ableitungen. a) Als substantivische Kollektiva, Suffix mask. *-io -iōnis* 'Gruppe von 2 usw.' (sachliche Entsprechungen zu griech. fem. δυάς τριάς -άδος usw.): *bīnio ternio quaternio quīnio*. Dazu *singilio* 'ein Kleidungsstück' (gleich gr. ἁπλοΐς?). Hierzu wohl (als Vorbild?) *ūnio* Sen. 'Perle', Col. 'Zwiebel' (als Einheit trotz der vielen Schalen); vgl. auch *duplio* Paul. Fest. – Zu fem. *ūnio* 'Union' s. § 324 A 1. – b) *ūni-tās* Varro; *trīni-tās* Tert. – c) Adjektive auf *-ārius*, manche substantiviert: *bīn- quīn-ārius*; *versus sēnārius*; *dēnārius* 'Denar'.

Lit.: *Brugmann*, Die distrib. u. die koll. Numeralia der idg. Sprachen, Sächs. Abh. 25, 1907, Nr. 5, bes. S. 28 ff.

D. STEIGERUNG DER ADJEKTIVA

382. Eine regelmäßige Adjektivsteigerung mit Komparativ und Superlativ zeigen die meisten idg. Einzelsprachen: so gehört zu lat. *longus* 'lang' *long--ior -issimus*, zu nhd. *lang läng-er -st*, zu *süß süß-er -est*, zu griech. πιστός 'treu' νέος 'neu' πιστό- und νεώ-τερος -τατος, zu ἡδ-ύς 'süß' ἡδ-ίων -ιστος, zu altind. *priya-* 'lieb' *priya-tara- -tama-*, zu *pāpa-* 'böse' *svād-u-* 'süß' *pāp-* und *svād-īyas- -iṣṭha-*. In der Grundsprache waren diese erst in Ansätzen vorhanden. Die idg. Adjektive (sic) auf *-(i)yos- -istos* sind fortgesetzt durch die Steigerungsformen lat. *-ior -issimus*, got. *-iz-an- -ista-* (nhd. *-er -est*), griech. *-(ι)ίων -ιστος* (*-yos-* nur in den kontrahierten Formen plur. μείζ-ω -ους aus -οα -οες), altind. *-(ī)yas- -iṣṭha-*. – Die Verwendung des Suffixpaares *-tero--te̯mo-* (-*tm̥mo-*) für Adjektivsteigerung ist eine Sonderentwicklung des Griechischen und des Indoiranischen; in der Grundsprache bezeichnete *-tero-* wie im Latein nur gepaarte räumliche Gegensätze als Ableitungen von lokalen Adverbien usw., und nur in diesem Bereich erhielt das ihm zugeordnete *-te̯mo-* eine superlativische Färbung, so lat. *in-* und *ex-tero- -timus*, *dexter* und *sinister*, *noster* und *vester*, s. § 288 A; und von diesem *-te̯mo-* (auch *-e̯mo-*) stammt der Ausgang von lat. *-iss-imus*.

Lit. Zum Idg.: *Kuryłowicz*, Categ. 227–239. *Brugmann* II 1, 547 *-iyos-*, 392 *-istos*, 324 *-tero-*, 227 *-tm̥mo-*. *Schwyzer* I 536 -ίων -ιστος, 533 -τερος -τατος (für *-te̯mos*); *Wn.-Dbr.* 443 *-(ī)yas- -iṣṭha-*, 609 § 458 *-tara- -tama-*. *Puhvel*, JIES 1, 145–154. – *Risch*, Hom. Wortb. § 33, mit neuerer Lit. (2. Aufl. S. 88[76]). *Cowgill*, Italic and Celtic Superlatives, in: I.-E. and I.-E.-ans 113-153. – Speziell zum Latein: *Sommer*, Die Komparationssuffixe im Latein, IF 11, 1-96 (Komparativ, speziell 51 ff. *-ior*, dabei 56 ff. *magis*, *plūs*, *prīs-*) und 205-266 (Superlativ, speziell 216 f., 224-233, 244-252). *Brugmann*, IF 14, 9 (*-issimus*, dazu *Sommer*, KE nr. 111 p. 127). – Nachweise für seltenere Formen bei N.-W. II 184 u. 756. – Zu den Anfängen der romanischen synthetischen Steigerung mit *magis*, *plus* (frz. *plus grand*) s. *Szantyr*, Synt. 165 f.

383. Komparativ. Die wichtigsten Ablautformen des idg. Suffixes *-yes-* bzw. *-i̯es-* sind im Latein nebeneinander nur vertreten bei *maior* (Grdf. **mag-i̯ōs*) als *-i̯ōs-*, *-i̯os* > *-i̯us*, *-i̯es-* und *-is* in *maiōr-* (alt *maiōsibus* § 180 c), ntr. *maius*, Ableitung *maiestās*, adv. *magis*. Die Stufe *-is-* auch in *magister* (vgl. dazu als Komparative umbr. *mestru* und osk. *minstreis*), ferner in *prīs-* aus *pri-is* (zu *prior* **pri-yōs*) in *prīs-tinus* **prīs-mos* > *prīmus*, § 288 A 2 d, sowie im idg. Superlativ auf *-is-tos* und also auch in lat. *-is-simus*. – Nicht von einem Adjektiv als Positiv, sondern von einer (Verbal-)Wurzel abgeleitet sind, außer *maior* neben *mag-nus*, die Komparative ohne gleichstämmigen Positiv *peior* aus **ped-i̯ōs*, *melior* alt akkus. *meliōsem* zu gr. μᾶλλον (§ 48 Ende), plur. *plūr-ēs* (s. unten); *ōc-ius* ist Entsprechung zu gr. ὤκ-ιον neben Positiv ὠκ-ύς; *potior* mit adv. *potius potissimum* gehört etymologisch zu *potis* in *potis-sum* > *possum*. Zum Lautlichen sei noch daran erinnert, daß im Latein postkons. *i̯* zu vokalischem *i* wurde, daher *-ior -ius*, mit Ausnahme von *gi̯ di̯* in *maior peior* (s. § 137 b, c). Zu den alten *s*-Formen *maiōsibus plūsima* s. § 180 c.

Erst im Anschluß an die unmittelbar von Wurzeln gebildeten idg. *-yos-* Adjektive, die im Sprachgefühl sich als Steigerungen von daneben bestehenden Adjektiven einordnen ließen, sind nun weitere Komparative derart von Adjektivstämmen abgeleitet oder im Stamm umgeformt worden, daß das Suffix *-ior* gewissermaßen wie eine Flexionsendung verwendet wurde. So sind ursprüngliche Formen wie **swādi̯ōs *mreg'hi̯ōs* (vgl. gr. ἡδίων βράσσων zu ἡδ-ύς βραχ-ύς) umgestaltet worden zu *su̯āvior brevior* nach *su̯āvis brevis*; vgl. auch unten zu *iūnior*. Und gerade bei den meistgebrauchten alten unabhängigen Steigerungsformen auf *-ior* erfolgte aushilfsweise die Zuteilung eines nicht etymologisch verwandten Adjektivs als Positiv; daher das sog. Suppletivsystem *multum plūs*, *bonus melior* (zu *optimus* s. § 288 A, Ziff. 2 b u. Zus.), *malus peior* und *dēterior*; vgl. nhd. *viel mehr, wenig minder, gut besser* (*best* für **bess-est*), gr. ἀγαθός ἀμείνων usw. Vgl. dazu *Osthoff*, Zum Suppletivwesen der idg. Sprachen, 1899, 20 f.

Sonderfälle. a) Von *plūs plūrēs* ist mit einfacherem Suffix der Superlativ *plur--imum -imī* abgeleitet. Etymologisch und morphologisch hängt *plūs* irgendwie zusammen mit den formal deutlicheren Komparativen altind. adv. (erstarrtes Ntr.) *prāyas* 'meist' aus **plē-yos* und griech. πλέον πλέονες zu πολύς; dies sind deverbative Ableitungen von Wz. idg. *plē* 'füllen'; hierbei plur. mask. πλείους ntr. πλείω aus **plē-i̯os-es-a*, mit superl. πλεῖστος (gleich avest. *fraēšta-*) aus **plē-istos*, vielleicht att. umgestaltet aus **πλε-ις (zu den dial. Kurzformen πλέ-ες -ας -α s. *Leumann*, Kl. Schr. 214 f.). Aber in lat. *plūs plūrēs* und seinen Nebenformen ist eine Grundform **plē-yos -is* nicht direkt zu erkennen; lat. *ū* kann *ou* oder *oi* fortsetzen. Die altlat. Schreibvarianten sind: kompar. *plous* SCBacch., *pleōrēs* Carm. arv., *ploerēs* Cic. leg. 3, 6 (künstlich archaisierend); superl. *ploirume* Scipionenelogium D 541, *plouruma* D 579; ferner, auch als Zeugnisse eines alten *s* für *r*, *plīsima* Fest. und *plūsima* Varro ling. 7, 27. Also vermutlich alt flektiert **plē-i̯ōs-* in *pleōrēs*, unflektiert **plē-is* > **pleis* in *plīsima*; dazu ablautend (?) **plō-is* in *ploirume*, weiter mit *oi* > *ū plūs plūrēs plūrimī*; dagegen wäre *ou* in *plous plouruma* pseudohistorische Schreibung. – Zur Flexion usw. : *plūra* und *complūria* s. § 357 A 1; *plūs-culum* und *-ī* § 282 E 2; *plūs-scius* § 336, 2 c α; *com-plūrēs* § 339, 2. – Lit.: *Meillet*, BSL 22, 233 [Gl. 18, 256]; *Sommer*, IF 11, 93; *Benveniste*, Orig. 54 (kompar. *plē-is* kontaminiert mit ntr. subst. *plewos* > *plūs*, dies wie *yewos* > *iūs* 'Recht'); *Szemerényi*, in Studia Mycenaea ed. A. Bartoněk, Brno 1968, 33–35, mit Fußn. 35⁵⁰ (ntr. *plēyos* > *pleos* > *pleus* nach *minus* [warum nicht wie gr. ion. πλεῦνες aus πλέονες?] > *plous plūs*).

b) Ntr. *minus* ist seiner Form nach kein Komparativ; als inhaltliches Oppositum zu *maius* und zu *plūs* wurde es vervollständigt durch mask. *minor -ōris* (vgl. fem. *Mino* u. *Maio*, § 229 a) und superl. *minimus*, vielleicht in Anlehnung an *magi̯-ōs max-imus*. Zu *minus* s. § 410, 3 a, auch *Sommer*, IF 11, 61 ff.; vgl. auch *nimis* § 121.

c) *senior* und *iūnior*, zu *senex* gen. *sen-is* und zu *iuven-is*, sind als Personalnomina ohne Neutrum, überdies auch ohne Superlativ. *iūn-ior* vom Stamm *iūn-* (vgl. § 322 C 2); ohne das *n* altind. *yav-īyas-*, also ursprünglicher, falls nicht Angleichung an *navīyas-* zu *nava-* (lat. *novus*, dies ohne bezeugten Komparativ).

Zusätze. Zu *mulier* als urspr. Komparativ s. § 60 Zus. b. – Zu plur. *prīmōrēs* 'die Vornehmsten' s. § 333 III C; es gehört nicht primär zu *priōrēs* (so *Sommer*, IF 11, 64 f.). – Unhaltbar ist die Gleichsetzung des denominativen Suffixes gr. -ιων (lat. *-iōn-*, vgl. § 323 A) mit dem Komparativsuffix, gr. -ιων/-ιον-, bei *Schulze*, Qu. ep. 302 ff. – *Specht*, Urspr. 305 zerlegt idg. -i̯es- in -i-es-.

384. Der regelmäßige **Superlativ** endet auf *-issimus*. Vom Idg. her erwartet man das Suffix *-istus*, nämlich als *to*-Ableitung von Komparativstamm und Adverb auf *-is* (vgl. gr. μέγισ-τος neben lat. *magis*); *-is-simo-* steht also statt *-is-tos*. Doch bestehen daneben einfachere Formen, so *-simo-* etwa in *maximus* (*māx-* nach § 129 Zus.). – Der Ausgang *-imus*, auch *-umus* (§ 92), geht lautlich zurück auf idg. *-m̥mos* (andere Umschrift *-e̯mos* oder *-o̯mos*), wie in den Ableitungen des Typus *in-timus īnf-imus*, die wohl irgendwie als Vorbild für *-iss-imus* dienten, und in den Ordinalia wie *decimus* und *vīcēsimus*. Doch ist die Ableitung mit *-ss-* nicht aufgeklärt. – Einfaches *s* ist zu erschließen für die Superlative der *ro-* und *ri*-Adjektive wie *pigerrimus ācerrimus* und für *facillimus* zu *facilis*; hier geht das *rr ll* auf *rs ls* zurück; für das lautlich vorausgesetzte *pigris̯emos* *facilis̯emos* (§ 149 a γ) ergibt sich mit Wahrscheinlichkeit die Analyse *pigr-is-e̯mos*, Ableitung von Komparativ auf *-is-* mit Suffix *-e̯mos*; das entspräche auch der oben gegebenen Analyse vom *plūrimus*. Statt *-e̯mos* steht einfaches *-mos* in *prīmus* aus *pri-is-mos*, also wie auch in *summus dē-mum*. – Daneben besteht aber auch postkons. *-simus* in einigen „unregelmäßigen" Superlativen, so in *maximus* und *pessimus* (*mag- ped-*, s. § 137 b), ebenso in osk. *nessimo-* kelt. *nessam* 'nächster' (s. unten Zus. c). – Als italo-keltische Superlativsuffixe ergeben sich damit *-is-e̯mos* (Typen *plūrimus*, *pigerrimus*) und postkons. *-se̯mos* (Typus *maximus*). Für die Charakterisierung durch *-e̯mos* beachte man, daß die altertümlichsten Bildungen räumlich-relative Verhältnisse bezeichnen und nicht zu Eigenschaftsadjektiva gehören; sie bilden wohl den Ausgangspunkt für die Verknüpfung von idg. *-is*-Komparativ und *-e̯mo*-Ableitung im lat. Superlativ auf *-issimus*.

Versuche zur Erklärung des lat. *-ss-*. Idg. *-istho-* (altind. *-iṣṭha-*) > lat. *-isso-*, s. § 176 II a β. – Expressive Gemination *-isemo-* > *-issimus* und Anlehnung an *rr* in *pigerrimus* nach *Maurer*, Humanitas 3, 1951, 207–214; ähnlich *Bartoněk*, Listy filol. 3, 1955, 78. – Zu älteren Versuchen s. *Sommer*, IF 11, 247 ff.

Zusätze. a) Einzige lat. Spur von idg. *-istos* ist praepos. *iuxta* 'neben', aus deverb. **iug-ista* 'eng verbunden', zu *iungere*, vgl. § 203bβ. – b) *-is-m̥mos* ist auch keltische Superlativendung, *Sommer*, IF 11, 217; 224. Dazu gehört vielleicht auch der kelt. Inselname Οὐξισάμη. – c) Zu postkons. *-simus* (*maximus pessimus*) ferner: *proximus* neben *prop-ior* (*prope* aus **pro-kʷe*, § 163bα); danach wohl *medioximus* Plt. Cist. 512 u. 611, von *in mediō*. Adv. *ōximē* Paul. Fest. (wohl künstlich) für *ōcissimē* zu *ōcius*. – Gleiche Bildungen auch im Osk.-Umbr. und im Keltischen: osk. *nessimo-* 'nächster' gleich altir. *nessam*, aus **nedh-semo-*, kaum aus **nedh-t̯emo-*. Dazu vielleicht auch die Stadtnamen *Auximum* in Picenum und *Uxama* in Gallien (*Brugmann*, IF 14, 5), wenn als 'höchste' deverbativ zu Wz. *aug*. Zu italo-kelt. *-ss̯emo-* s. auch *Porzig*, Gliederung 99 f.; *Watkins*, It.-C. 36 ff.; *Cowgill* 124 ff.; *Solta* 13[25]. – d) Einfaches *-imus*: *pūrimē* (zu *pūrus*) und *clārimus* s. § 385a. – *minimus* s. § 383b. – Unklar osk. superl. *maimas* '*maximae*' neben kompar. adv. *mais* '*magis*'. – Zweifelhaft *ōcimum* '*graecum, et a celeritate nascendi est dictum*' Paul. Fest. (gr. ὤκιμον ist eine Pflanze). – Zu *ipsimus* s. § 373, 4. – *brūma* 'Wintersonnenwende' (nach Varro ling. 6, 8 '*quod brevissimus tum dies est*') ist offenbar ein Superlativ; wegen Superlativsuffix *-mo-* eher alt **mreg'humā* > **brehumā* > **breumā* > *brūma*, als jung **brevimā* > **breumā*. S. dazu W.-H. und *Cowgill* 126.

385. Besonderheiten der Steigerung in historischer Zeit.

a) *-errimus* bei Adjektiven mit einem *r* im lat. Stammausgang und entsprechend mit Nomin. sing. mask. auf *-er*, also bei Adjektiven auf *-ro- -ero- -ri-* und *-er-*, in *pigerrimus miserrimus ācerrimus pauperrimus*; so auch, sicher jung, bei *-er-* aus *-es-* in *veterrimus* Plt. (vgl. auch nomin. *veter* Enn.); dazu kompar. *veterior* nur Cato orig. 21 (üblicher ist *vetust-ior -issimus*). Nach *veter-* oder *miser-rimus* ist *minimus* (sc. *nātū?*) zu *minerrimus* Paul. Fest. umgestaltet. Zu Adverb *nūper* (§ 259, 4) superl. *nūperrimē*. Zu kompar. *dēter-ior*, eher wohl schon zu dessen Stammwort **dē-tero-* superl. *dēterrimus*; für *suprēmus* konstruiert Varro ling. 6, 5 und 7, 51 eine Ausgangsform *superrimus*. – Nach adv. *celerrimē* von *mātūrus* analogisch *mātūrrimē* Cato Caes. Sall. Vermutlich ist entsprechend adv. *pūrimē* (*p. tetinero* '*purissime tenuero*' Paul. Fest.) als *pūrrimē* zu fassen; ähnlich *clārimus* Gloss. – Die *-ri*-Adjektive mit nomin. sing. *-ris* bilden den Superlativ auf reguläres *-issimus*, so *illūstrissimus* seit Varro rust. 2, 1, 6 und Nepos; vereinzelt *celerissimus* Enn. ann. 460; in der Kaiserzeit inschriftlich *miserissimus integrissimus*. – *-illimus* nur in *fac-sim-* Plt., *hum-* Varro Liv., *grac-* Suet. Zu *-bilis*-Adjektiven nur *-bilissimus*, so *stab-* Cato, *nōb-*; auch *ūtilissimus*.

b) Steigerung von Adjektiven auf *-uus* und *-ius* erfolgt normalerweise durch Umschreibung mit *magis* und *maximē* (vgl. *Szantyr*, Synt. 165 § 98). Im Komparativ wird damit die Folge von drei Vokalen vermieden; und dem *magis* folgt *maximē*. Soweit *-ior -issimus* gebraucht sind, wird bei Adjektiven auf *-ius* das erste *i* von *-i-ior* übergangen (vgl. dazu *anxia*, wenn für *anxi-ia*, § 274 A 1 d, sowie *-i-* für *-ii-* in Komposita wie *offici-perda* § 334, 1 b): *industr(i)-ior* Plt. Most. 150 Cato, *innox(i)-ior* Cato, *necessāriōra* Tert.; aber anscheinend superl. *ēgregiissimā* Pacuv. 230; zu *piissimus* s. unten. – Die Folge *-uior* bei *-uus* ist weniger anstößig (s. *tenuior* usw. § 138, 3a); so weiter *strēnuior* Plt., *assiduior* Varro, ntr. *perpetuius arduius* Cato; beim Superlativ bestand hier überhaupt keine Lautschwierigkeit, vgl. *strēnuissimus arduissimus* Cato, vok. *patruissime* Plt. Poen. 1197.

c) *-entior -entissimus*. Die Adjektive auf *-volus -dicus -ficus* bilden im klassischen Latein seit Cicero ihre Steigerungsformen auf *-entior -entissimus*. Im Altlatein ist bei *-ficus* einfaches *-ior -issimus* reich bezeugt (*Sommer* IF 11, 74; *Neue-Wagener* II[3] 201; *Baecklund* 188): *mūnificior magnificius* Cato, *beneficissimus* Cato, *mīrificissimus* Ter., *magnificissimus* Acc. – Der Ausgangspunkt für diese Neuerung ist deutlich: *bene- male-volentior -entissimus* sind die regelmäßigen Steigerungsformen zu *bene-male-volēns* (diese bei Plt. häufig); *bene- male-volus* Plt. mit Adverb als Vorderglied ist eine jüngere Bildung (vgl. § 336, 2 c), d. h. eine Umgestaltung von *-volēns*; als sie aufkam, waren die Formen auf *-entior -entissimus* schon so gebräuchlich, daß sie nicht mehr durch einfaches *-ior -issimus* ersetzt wurden; daher nun das Paradigma *bene-volus -entior -entissimus*. Bei *bene- male-dicus* gilt mutatis mutandis das gleiche; *male-dīcentēs* Plt. Merc. 410; *-entiōrem* 142; der Komparativ *bene- male-dicentior* wird dabei *-ī-* nach *-dīcus* angenommen haben. Denn bei denen auf *-ficus* ist die Steigerung auf *-entior -entissimus* lediglich Nachbildung des Gebrauchs bei *-dicus*; *magnificentia* Caecil. Ter. (etwa nach *-loquentia*) zeigt den Weg; nur bei *-ficus* ist einfaches *-ior -issimus* vorher bezeugt. – *-ficentior* ist also nicht aus *-*ficientior* von Part. *facient-* (nach § 233 A) zu erklären; das belegte ›*ficientissim*‹ CIL VIII 2469 (= 2239) ist ein gelehrter Versuch, nicht ein altertümlicher Rest. – Zu *pius* wurde nach *benevolus -entissimus* ein Superlativ *pientissimus* gebildet; zahlreiche Belege in Grabinschriften; daraus ist zurückgebildet ein Positiv *piēns*, CE 1826, auch Gl. 6, 365 unten. Die Normalform *piissimus* ist seit Seneca nachweisbar (auch inschr. *pissimus*, § 133 I); aber Cicero Phil. 13, 43 tadelt sie als unlateinisch. – Gleichartig auch *benemorient-issimus* (*Bücheler*, Kl. Schr. III 360) zu *benemorius* VIII 21683, d. i. *bene-memorius* 'bonae memoriae', § 234. – *-us -entior* nicht nach *potis potentior*, so *Flašar*, Živa Ant. 4, 1954, 280–290.

d) **Mehrfache Steigerung** (Doppelgradation) besonders bei den zum Typus *-tero-* gehörigen rein-räumlichen nur quasi-komparativen Steigerungsformen. α) **Typus *exter-ior*** als Erweiterung von *extero-*, seit Beginn der Überlieferung (s. § 288 A 2), *superī* und *super-ior*, *exterus* und *-ior*, *dēter-ior* usw. Nach etwa *exter(us) exterior extimus* auch zu *dexter dexterior dextimus*, hiernach *sinisterior sinistimus*; übrigens nach *sinistimum auspicium* Fest. auch *sollistimum auspicium* Ap. Pulcher bei Fest. u. Cic. – Vgl. zum Kompar. *plūrēs* Steigerung *plūriōrēs* Fulg. myth., ähnlich zu *plūs* roman. *plū- siōra, dann *-ōrēs*, frz. *plusieurs*. – β) Verdeutlichung von abgesonderten Superlativen des Typus *extrēmus*: Superl. *postrēm-issimus* C. Gracchus bei Gell. 15, 12, 3; *extrēm- -issimus* Tert. apol. 19, 4; vgl. auch *minim-issimus* Arnob. – γ) Komparative zu Superlativen, **Typus *extrēm-ior*** (vgl. *Löfstedt*, Synt. II 204f.), ähnlich nhd. *der erstere, letztere*: *proxim-ior* Sen. Gaius; *extrēm-ior* Apul. Tert. Doch ist *extrēmior* auch erklärbar als Ergänzung zu *extrēmissimus*. – Material bei N.-W. II 243.

E. ADVERBIALBILDUNGEN

386. Die Adverbien von Adjektiven. Im klassischen Latein bilden die *o*-Adjektive ihr Adverb auf *-ē*, vereinzelt auch auf *-ō*, die Adjektive der 3. Dekl. dagegen auf *-iter*; diese Beschränkung des *-iter* auf die 3. Dekl. gilt noch nicht im Altlatein. Die romanischen Sprachen haben beide Formen aufgegeben und sich mit dem zum Suffix abgewerteten Abl. *mente* einen Ersatz geschaffen. – Zu den lat. Adverbialbildungen allgemein s. auch *Lindsay-Nohl* 629–658.

a) Die **Adverbien auf *-ē***, alt *-ēd*, der *o*-Adjektive sind formell alte Ablative, s. § 352; die Bildung ist gemeinitalisch. – b) Adverbien jüngerer und individuellerer Erstarrung sind die atypischen **ō-Adverbien** von *o*-Adjektiven, ebenfalls alte Ablative auf *-ō -ōd*. So bei Plautus (vgl. *Szantyr*, Synt. 117 oben): örtlich (sc. *locō*) *sēcrētō arcānō tūtō*; zeitlich *perpetuō crēbrō rārō repentīnō subitō cito*; modal *vērō falsō certō manifestō*; *omnīnō* (Adverb zu *omnis -e*, nach einem Muster wie *repentīnō* neben *repente*). – *meritō* ist entweder Abl. instr. des Neutrums *meritum*, also 'nach Verdienst', oder umgedeutet aus Dativ des Ptc. in *mihi meritō* 'mir, der es verdiente', vgl. Plt. Aul. 440 *merito id tibi factum est*. – c) Die **romanischen Adverbien auf *-mente*** (frz. *-ment*) sind vorbereitet durch Wendungen wie *minitantī mente* Lucr.; *obstinātā mente* Catull 8, 11; *furiātā, simulātā, tōtā mente* Verg., *sēcūrā . . . mente* D 608, *sānā m.* Cic. Dazu *Immisch*, NJbb. 29, 1929, 35; *Armini*, Eranos 23, 161; *Spitzer*, ZRPh. 45, 286; *B. Löfstedt*, IF 72, 94ff.; *McCartney*, ClPh. 15, 213–229 [dazu Gl. 12, 275]; *Meyer-Lübke* II 638.

387. Adverbien auf *-iter* wie *pariter* und auf *-ter* wie *aliter praeter*.

a) Die **Adjektivadverbien auf *-iter***: im klass. Latein nur von Adjektiven der 3. Dekl., im Altlatein und vereinzelt noch später auch von solchen der 2. Dekl., vgl. (*in-, per-*) *hūmāniter* Cic. epist. Im Osk.-Umbr. sind sie nicht nachzuweisen. – Die allmähliche Entfaltung läßt sich aus der frühen Verwendung noch einigermaßen erkennen; ich gebe daher hier nur altlat. Beispiele, dazu in ( ) die Zahl der altlat. Belege mehrfach bezeugter

Wörter. Ausgangspunkt ist das formal einzigartige *aliter* (42); danach *pariter* (39) durch Kontamination: *par* (*parī modō*) + *aliter* → *pariter*. Nach diesem der Bedeutung zufolge *similiter* (1) und *aequiter* (4). Weiter dann allmählich von beliebigen Adjektiven, in verschiedenen Bedeutungsgruppen: *ampliter* (8) *largiter* (6); *ācriter* (4) *dūriter* (6) *graviter* (13) *lēniter* (11); *audācter* (28) *lubenter* (27); *fortiter saeviter* (8) *cōmiter* (9) *blanditer* (3) *clēmenter* (4); *munditer turpiter* (2) usw. Dazu *ūniter* Lucr. – Formales: Der Ausgang *-enter* für *-entiter* bei Adjektiven auf *-ent-* in *lubenter* bzw. *libenter* (27), *sapienter* (23), *dīligenter* (16), *clēmenter* (4) entstand durch Haplologie (vgl. § 328, 1b über akk. *voluntātem*); ebenso *sollerter* Cic. Das Fehlen des *i* in *audācter* gegenüber *vērāc-iter* usw. erklärt man durch Synkope (§ 104); doch ist vermutlich *audācter* (*dīcere*) neben nomin. *audāx* als Konträrbildung zu *libenter* (*audīre*) neben nomin. *libēns* entstanden. – *rārenter* (6) nach *frequenter* Cato (vgl. § 256 a). Zu *violenter* s. § 302 Zus. a. – *faculter* Paul. Fest., als Erweiterung von adv. *facul*. – *nēquiter* von *nēquam*.

Das Prototyp *aliter* ist formal, nach *Skutsch*, erstarrter Nomin. sing. *aliteros*, vgl. etwa Plt. Truc. 172 *longe aliter est amicus atque amator* ('*ein weit anderer ist ein Freund und (ein anderer) ein Liebhaber*', also hier *-ter* aus *-teros* wie in *dexter*, § 106. Diese Nominativerklärung gilt wohlgemerkt nur für *aliter*, nicht aber, trotz *Skutsch, Ascoli, Lindsay, Solmsen*, Beitr. 156, für die Nachbildungen von *pariter* an; denn das Latein besaß keine *tero*-Ableitungen von Adjektiven wie das Griechische mit seinen *tero*-Komparativen (vgl. § 288 A 1). Daß der Übergang von *-iter* auf die Adjektive über *pariter* führte, ahnte schon *Delbrück*, Grdr. III 631 § 264. Neben adv. *aliter* blieb als Pronomen *altero-* bestehen, aus *alitero-* wie auch osk. *alttram* durch jüngere Synkope; s. dazu *Sommer*, IF 11, 3. – Andere Erklärungen der Form *aliter*: Vergleich mit altind. Ortsadverb *anyatra* 'anderswo' und gr. ἀλλότρ-ιος, *Fay*, KZ 42, 382; ähnlich *Magnien*, Don. nat. *Schrijnen* 619 f. (idg. adv. *-tro* und *-tros*), *Goidànich*, in Encicl. Ital. s. Lingua lat. p. 585 (*-ter* aus *-tris*). – Unhaltbar ist die alte Herleitung von *Osthoff*, ALL 4, 455 *breviter longiter* aus *breve iter longum iter*, wie nhd. *kurz-weg(s)*: die vorausgesetzten Muster sind jung, br. seit Rhet. Her., l. nur Lucr. 3, 676 für ältere *brevī longē*. – Lit.: *Skutsch*, Kl. Schr. Fußn. p. 25–27; *Brugmann*, IF 27, 245 f.; *Clara M. Knight*, Tr. Cambr. Philol. Soc. vol. VI (1926), part 3, 82; *Lindsay-Nohl* 631. Weiteres Material s. N.-W. III 683; 709; 725. Spät *quadrifāriter* Paul. dig.; s. auch *B. Löfstedt*, IF 72, 94.

b) Adverbien auf *-ter* von Praepositionen. Ererbt ist lat. *inter* neben *in*, idg. **enter* neben **en*, § 288 A 1; danach entsprechend neben *sub prae* usw. auch *subter, praeter* '(da)neben' (s. *Szantyr*, Synt. 244; auch als Praeverb in *praeter-īre -vehī*; alt *prae* 'bei' gleich gr. παραί, § 65); *propter* aus **propi-ter* zu *prope*, danach *obiter* zu *ob*, *circiter* zu *circum*; vgl. ferner (ererbt?) **prō-ter* zu *prō* in osk. *pruter* 'prius' und altind. *prātar* 'frühmorgens'. – Kaum unmittelbar zugehörig ist adv. *aliter*, s. oben.

388. Adverbien auf *-tus*, meist von Nomina abgeleitet, Typus *funditus* 'von Grund auf', also mit Ablativfunktion. Ererbt ist *intus* als Ableitung von Praepos. bzw. Lokaladverb *in*. Übertragung auf Nomina erfolgte getrennt nur im Latein und im Altindischen. – Hauptlinien der lat. Entfaltung: Nach *intus* auch *subtus* Cato. Nach *intus ēgredī* Plt. neben *in* auch *penitus ēgredī* Plt. zu *penes*. Nach *penitus* neben *penus -um* weiter *funditus* zu *fundus*, nach *funditus perdere* Plt., f. *ēvertere* auch *rādīcitus effodere* Cato, *stirpitus extrahere* Cic. Tusc. 4, 83. Nach *penitus scīre* auch *dīvīnitus scīre* Plt.; nach *dīvīnitus* auch *hūmānitus* Enn. Ter., *caelitus* Gloss. Ps.-Plac. Ferner etwa *pūblicitus* Plt., *antīquitus* Varro Cic., *prīmitus* Lucil. (vgl. § 281 c zu *prīmitiae*). Auch adjektiviert *penitus*, § 259, 4. – Weitere Belege s. N.-W. II 736. *cordīcitus* Sidon. nach *rādīcitus*, *Skutsch*, Kl. Schr. 45. *intestīnus* 'innen befindlich' nicht Ableitung von *intus* bzw. **entes-*; s. § 296 I E. Als Adjektivierungen von *-tus*-Adverbien wurden zu Unrecht erklärt *avītus, cūnctus, subitus -a -um*.

Zur Vorgeschichte. Idg. **entos* in lat. *intus*, gr. ἐντός, vielleicht in altind. *antas-* (wenn dies nicht für *antar-*). Dazu von anderen Praepositionen: lat. *subtus*; gr. ἐκτός (dial. ἐχθός, von ἐξ, *Schwyzer* I 630 litt. β) und altir. *acht*; altind. *antitas* usw. Das Romanische spiegelt mit den einzig erhaltenen lat. *intus* und *subtus* den idg. Zustand reiner als das Latein. – Entfaltung im Altindischen (erste Stufen auch im Altiranischen): Im Rigveda von Praepositionen, so *antitas, abhitas* (auch av. *aiwitō*), *parāvatas* (*parā ava-tas*);

dann von Pronomina, *ta-tas i-tas* mit *anya- viśva-tas*; schließlich, im Veda erst beginnend, von Nomina: *mukha-tas agra-tas*, athved. *dūra-tas* (für abl. *dūrāt* in rigved. *na antitas na dūrāt*). Als allgemeine nominale Ablativendung ist *-tas* bzw. *-tō* im Mittelindischen gebraucht, s. *Pischel*, Gr. d. Prakritspr. 249 § 465, *Geiger*, Pāli 78 f. – S. auch *Johansson*, BB 14, 162; *Delbrück*, Altind. Syntax 197–200; *Brugmann* II 2, 730.

389. Die Adverbien auf *-tim*: drei Gruppen sind zu unterscheiden. (a) Ihrem Ursprung nach sind *partim* und *statim* adverbial erstarrte Akkusative von zwei *ti*-Abstrakten (§ 308); zu *-im* als Kasusendung s. § 357 C 1. (b) Deverbatives *-tim*, nach *statim* neben *stāre* zunächst auf Verben der Bewegung übertragen, Beispiele *cursim*, *festīnātim*, und zwar unter formaler Anlehnung an das Supinum und die andern *t*-Ableitungen. (c) Denominatives *-tim*, meist *-ātim*, in distributivem Gebrauch, mit Untergruppen; erstes Muster *nōminātim* von *nōmināre*, auf *nōmen* bezogen.

a) *partim*, akk. von *pars*, syntaktisch ursprünglich als Akk. des Teils neben dem des Ganzen (bei *Szantyr*, Synt. 44 litt. c): *Gallos partim occidunt, partim abducunt* 'sie töten die Gallier einen Teil, einen Teil führen sie weg'. So *Skutsch*, Kl. Schr. 355¹. – *statim*, formal gleich gr. στάσιν, ursprünglich innerer Akk. in figura etymologica (bei *Szantyr*, Synt. 38 § 45 a): Plt. Amph. 276 *ita statim stant signa* 'so stehen die Sternbilder ihren Stand', d. h. 'auf ihrer Stelle', 'unbeweglich' (vgl. auch 239); daraus 'sofort' etwa wie in nhd. *aufderstelle*. – b) Deverbativ, nach erstarrtem *statim* neben *stāre* als Ergänzungen zu Verben des Gehens: bei Plautus *cursim curram* Psd. 358 und *recessim cēdam* Cas. 443. Im Gebrauch also wie spätlat. roman. Abl. des Gerundiums statt des Ptc. prs. act. (*Szantyr*, Synt. 369). Weiter etwa *cautim īre* Acc., *nōn dubitātim iter facere* Sisenna, *festīnātim*; *pede-temptim*, *cōnfestim* und *tolūtim* (s. unten Zusätze), *certātim*. Von transitiven Verben: *pilā expulsim lūdere* Varro Men. 456 (vgl. *datātim l.* Plt., *raptim l.* Nov.); solche weiter auch in passiver Interpretation (wie ein Adverb eines *to*- Ptc.), *passim* 'verbreitet' zu *pandere* 'ausbreiten', *sēparātim ac dispersim* Varro rust. 3, 2, 13, *confertim* Sall. – c) Denominative Ableitungen distributiver Bedeutung: Muster war *nōminātim* (*centuriōnes appellare* Caes.) durch Beziehung auf *nōmen* statt auf *nōmināre*. Danach α) von Bezeichnungen für Personen und Personengruppen *cūriātim* „nach Kurien" (*populum consulere* Cic.), *centuriātim* (*producti milites ... iurant* Caes.), *tribūtim* (*discribere ordines*), *ordinātim*, *generātim* (*copias ... constituerunt* „nach Nationen" Caes.; „generell" erst durch erneute Beziehung auf *genus*, seit Cic.); weiter *ōstiātim* 'Tür für Tür, Haus für Haus', *turm- caterv- cune- greg-*; *castell- pāg- regiōn- vīc-*, meist bei Liv.; hierher sicher *virītim* (*praedam, agros dividere* Cato); und zwar von *virīlis* aus gebildet, etwa nach *tribū-tim* (*nummos dividere*) neben *tribū-lis*, *cūriātim* neben *-ālis* (anders zu *virītim Kretschmer*, Gl. 10, 150). – β) Von Sachsubstantiven auf *-ātim*, Sondervorbild etwa *stillātim* 'Tropfen um Tropfen' Varro, von *stillāre*, bezogen auf *stilla*. So *guttātim* Plt. Enn., *articul-* Plt., *membr-, grad-ātim* (danach *gradātiō*). Dazu *paulātim* 'allmählich' von ntr. *paulum*, vgl. *p. dare* Cato Ter. Haut. 870 'immer wieder ein wenig' (wie *guttātim*), mit *summātim* Lucil. 1027 und *minūtātim* Cic. – γ) *-ātim* 'nach Art von'. Das Muster *prīvātim* gehört als 'je für sich' zur Gruppe α (erst sekundär wurde nach ihm das Adj. *prīvātus* gebildet). Durch erneute Beziehung auf *prīvus* 'eigen' wurde es Vorbild für *-ātim* in *altern- tu- nostr-ātim*; weiter über *suātim* von Tiernamen *can- su- bov-ātim* nach Nigid. fr. 22 Fun.; außerdem *urbān- Mauric-ātim*.

Zusätze. Zu a): Vulglat. *stetim* (Consent. ed. Niedermann p. 11, 25) durch Angleichung an perf. *stetī*. – Zu b) Undeutliche Deverbativa: altlat. *pede-temptim* 'vorsichtig' aus 'mit dem Fuß versuchend', zu *tempĕre* mit ptc. *temptus* in iter. *temptāre*; mit ähnlicher Bedeutungsentwicklung vielleicht *sēnsim* 'allmählich' zu *sentīre* 'spüren'. *tolūtim* 'trabend' Plt., daneben adj. *tolūtilis* Varro. Zu *cōnfestim* 'eilends' vgl. *festīnāre*. *vicissim* 'gegenseitig' aus *vice-cessim* (§ 110) 'im Wechsel schreitend'. *praesertim* 'besonders' von *prae-serere* 'voraus-einordnen'. *coxim* oder *cossim* 'kauernd' Pompon., zu *conquexī* (§ 407 I B 1 b), lautlich für *quexim* nach § 43 b(?). Kaum hierher *saltem*. – Zu c) Denominativa usw.: *proprītim* (statt *-iātim*) Lucr. 2, 975, sachlich nach *prīvātim*, formal wohl nach *virītim*. *ūbertim* (*lacrimulas fundere*) bildete Catull 66, 17 durch Verschränkung von *guttātim* (*lacrimae cadunt*) Enn. scaen. 206 und *ūberēs guttae* Lucr. 1, 349 (kaum formal nach *cōnfertim,* so *Wackernagel,* Synt. II 58). *-ātim* nach-*ātē*: Manche Adverbien auf *-tē* von *to*-Partizipien sind funktionell nahezu gleichwertig mit *-tim*: *cautim* und *-tē, disertim* und *-tē, dispersim* und *-ē.* Danach wohl zu adj. *-ātus* adv. *fortūnātim* Enn. ann. 108, *gravātim* Lucr. 3, 387 für*gravātē* Plt.; *fūrtim* 'heimlich' und *fūrtīvus* von *fūrtum* aus, nicht direkt von *fūr*; alle vier seit Plautus bezeugt. Künstlich *iuxtim* 'gleich daneben' Liv. Andr. trag. 11 für *iuxtā*; *interduātim* 'interdum' Paul. Fest. 'manchmal', etwa nach *paulātim.*

Lit.: *J. Schaffner-Rimann,* Die lat. Adv. auf *-tim,* Zürcher Diss. 1958 [Gl. 42, 98]; N.-W. I 549 ff.; s. auch *Szantyr,* Synt. § 49 a Zus. α; *Solmsen,* Stud. 31 ff. (auch zu *coxim*); *Brugmann* II 2, 680. − Überholte Deutungen der Endung *-im* von *-tim*: idg. Instr. auf *-mi*: *Hirt,* IF 5, 252 f.; *Bonfante* (s. Gl. 28, 9); reservierter *Kretschmer,* Einl. 110; etwas anders *Meillet,* BSL 25, 131.

VERBUM

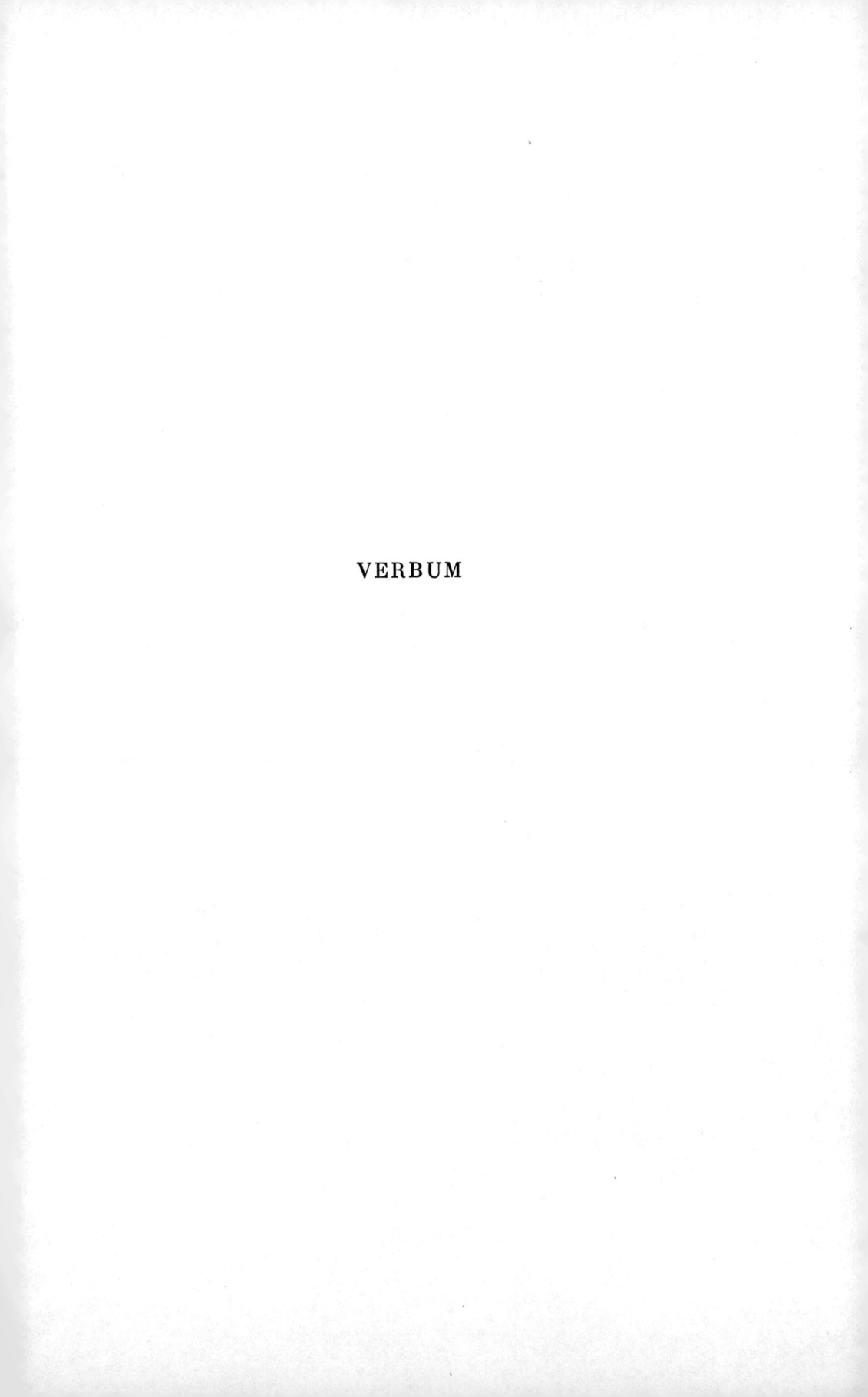

V. DAS VERBALSYSTEM UND SEINE FORMEN

FORMENBESTAND:
IDG. UND LAT. VERBALSYSTEM (§§ 390-392)

390. Allgemeines: die Gliederung der lat. Verbalformen.

1. Finite und infinite Formen. a) Zum **Verbum finitum** gehören die Verbalformen im engeren Sinn, die als Personalformen auch die Personen mitbezeichnen, also in Aktiv und Passiv die Tempora und Modi. Die finiten Formen (ohne Imperativ) und die Infinitive sind ziemlich symmetrisch entwickelt in den beiden Hauptteilen des Verbums, dem Praesenssystem und dem Perfektsystem; die zugrunde liegenden Praesensstämme und Perfektstämme weisen mannigfaltige Bildungen auf.– b) Zum **Verbum infinitum** gehören die verbalen Nomina infinitivartiger und partizipialer Natur, nämlich die Infinitive, die Supina auf *-tum* und *-tū*, die Partizipien auf *-nt-* und auf *-tus* (mit *-tūrus*), und die *-ndo*-Formen, nämlich das Gerundium (substantivisch, zum Infinitiv) und das Gerundivum (adjektivisch, wie ein Partizipium). Formal gehören Infinitive zu beiden Systemen; nur zum Praesenssystem gehören das *nt*-Partizipium und die *ndo*-Formen; formal außerhalb der Systeme, doch dem Perfektsystem näherstehend, stehen die *t*-Bildungen, also *to*-Partizipium, die *tu*-Supina und *-tūrum* als Ptc. und als Infin.

Zusatz. Nicht zum Verbum rechnet man die Verbalsubstantiva, also Nomina agentis auf *-tōr-*, Nomina actionis und rei actae auf *-tiōn- -tu- -ēla -ōr- -men*, und die Verbaladjektiva, etwa die auf *-bilis -idus*, und zwar deswegen, weil sie nicht von jedem Verb abgeleitet werden können und gewöhnlich keine verbale Rektion zeigen; sie werden im Lexikon gesondert aufgeführt und als „deverbative" Nomina in der nominalen Stammbildung behandelt; zur Zuteilung s. Verf., Kl. Schr. 95 f.

2. Die **grammatischen Kategorien** innerhalb von Praesens- und Perfektsystem sind: die Genera verbi Aktivum, Passivum und Deponens, die Tempora oder Zeiten (Praesens, Imperfectum usw.), die Modi (Indik., Konj., Imper.), und die Personen (1. 2. 3. sing. und plur.); dazu die schon genannten infiniten Formen.

a) Die **Genera verbi**, auch **Diathesen** genannt. Die Funktion des Aktivums bedarf keiner Erläuterung hinsichtlich seiner Vorstufe. Die idg. Grundform für lat. Passiv und Deponens war das Medium. Viele Verben konnten im Praesens-Aoristsystem sowohl als Aktiva flektiert und gebraucht werden, wie auch als Media, d. h. mit der Bedeutungsmodifikation einer Rückbeziehung der Verbalhandlung auf das Subjekt; bescheidene Spuren davon sind im Latein *induo/induor, lavo/lavor, veho/vehor, verto/(re-)vertor*, vgl. griech. ἐνδύω λούω und -ομαι; s. *Szantyr*, Synt. 287 ff. – Manche Verben waren in der Grundsprache nur medial flektiert, die sog. Media tantum. Solche bilden den Grundstock der weit entfalteten lat. Sonderkategorie der Deponentien, der Verben, wie man sie beschreibt, mit passiver Flexion bei aktiver Bedeutung; man vergleiche mit lat. dep. *sequitur moritur* die Media tantum altind. *sacate mriyate* und gr. ἕπεται altir. *sechethar*. – Die Passivfunktion der idg. Medialformen im lat. und griech. Praesenssystem (lat. pass. *agitur* zu *agit* wie gr. ἄγεται zu ἄγει) ist eine Neuerung, deren Anfänge bis in die Grundsprache zurückreichen müssen, angesichts der Passivformen des Gotischen und auch des Altirischen.

In den romanischen Sprachen ist diese ganze Flexion untergegangen; die alten Deponentien erhalten im Praesens aktive Flexion; vulglat. Vorstufen sind inschr. infin. *sequere* VI 7944, *morīre* Lex Sal. (vgl. it. *morire* frz. *mourir*); das perf. *funxit* XII 1381 setzt praes. **fungo* voraus, vgl. *iūnxit*; entsprechend im Romanischen Ersatz des periphrastischen Perfekts (*secūtus est* usw.) durch das von einem aktiv flektierten Praesens abgeleitete frz. passé défini (passé simple) usw.

b) Die drei Modi sind Indikativ (indik.), Konjunktiv (konj.) und Imperativ (imper.). Der Konjunktiv wird in der französischen Sprachwissenschaft und in der Romanistik Subjunktiv (subj.) genannt, nach seiner vorwiegenden Verwendung in untergeordneten Sätzen; beide Termini sind antik. – Für die Vorgeschichte des Lateins kommen noch zwei weitere Modi in Betracht, der idg. Optativ (opt.) und der Injunktiv (inj.). Der Optativ (von Syntaktikern auch wohl Kupitiv genannt) stand, wie noch im Griechischen, als ursprünglicher Wunschmodus, 2. pers. 'mögest du', neben dem Konjunktiv als Willensmodus, 1. pers. 'ich will'.

Zusatz. Als Injunktivformen (von *iniungere* 'beauftragen') bezeichnet man nach *Brugmann* augmentlose Indikativformen von praeteritalen Augmenttempora in nicht praeteritaler, sondern modaler und zwar konjunktivartiger Verwendung; lebendig ist dieser Gebrauch nur im frühen Altindischen, auch etwa als Prohibitivus hinter der Negation *mā* (gleich gr. μή). Als Rest in den klassischen Sprachen erweist sich 2. pl. imper. *legite* gr. λέγετε (gegenüber impf. ἐ-λέγετε). Die Definition als 'augmentlos' setzt den nur in der Prosa obligatorischen griechischen und indoiranischen Augmentgebrauch voraus. S. *K. Hoffmann*, Der Injunktiv im Veda, Heidelberg 1967, der als Hauptfunktion die „Erwähnung" von etwas dem Hörer schon Bekannten bestimmt, gegenüber dem Indikativ als Modus des „Berichts"; *Thomas*, Rev. phil. 30, 217–223; *Wright*, BSOAS 33, 184–199; *Brugmann* II[2] 3, 519. Gegen die Injunktivtheorie z. B. *Goidànich*, Saggi 29. – *Gonda*, The Character of the I.-E. Moods, 1956.

c) Die Tempora und die Modi von Praesens- und (aktivem) Perfektsystem (ohne ind. prs. u. perf.) sind als Stämme gekennzeichnet, so etwa im Praesenssystem das Praeteritum (impf.) durch *bā* (*amā-bā-mus*), Konj. prs. und Fut. der 3. Konjugation durch *ā* bzw. *ē* (*leg-ā-mus -ē-mus*).

Da im Latein lange Vokale vor *-m -t -nt -r* gekürzt werden (§ 123 a), so benutzt man soweit möglich zur Verdeutlichung des Stammes bzw. des der Personalendung vorangehenden Elements mit Vorteil die 2. sg., etwa *amā-s habē-s audī-s*, impf. *erā-s amābā-s*, konj. *sī-s siē-s amē-s forē-s fuissē-s, agā-s fuā-s* usw.; die 1. u. 2. pl. böten den gleichen Vorteil.

d) Die je drei Personen des Singulars und des Plurals sind ausgedrückt in den Personalendungen. Diese bezeichnen zugleich die Genera verbi. Zum Fehlen von Dualendungen s. § 395 Zus. – Die Romanisten zählen die 1. 2. 3. plur. als 4. 5. 6. Person.

Lit.: *Kuryłowicz*, Categ. II Diathesen (56–89), III Aktionsarten (Aspekte) und Tempus (90–135), IV Modi (136–147). *Szemerényi*, Trends 163 ff. *Hoffmann*, Das Kategoriensystem des idg. Verbums, MSS 28, 19–41.

3. **Verbindung von Stamm und Endung. Thematische und athematische Flexion.** Die Personalendungen treten an Verbal-, Tempus- und Modusstämme meist unmittelbar an, d. h. ohne einen „Bindevokal" oder Fugenvokal. Nur im Ind. prs. der lat. 3. Konjugation (ohne die Verben auf 1. sg. -*io*) sind Stamm und Personalendung durch einen Zwischenvokal verbunden, den sog. Thema-vokal (θέμα 'Stamm'), idg. *e* bzw. *o* (gr. pl. 2. λέγ-ε-τε, 1. -ο-μεν, 3. dor. -ο-ντι), woraus lat. *i* bzw. *u*: *leg-i-tis -i-mus -u-nt* (alt *-ont*). Danach bezeichnet man diese Praesensflexion als thematische Flexion und – gänzlich irreführend – auch die Verben mit solchem Praesens als thematische Verben. Ursprünglich war der Themavokal ein Bestandteil des Praesens- bzw. Verbalstammes; in den klassischen Sprachen wird er als Teil der Personalendung oder als „Bindevokal" empfunden; in historischer Sprachforschung ist der Terminus „Bindevokal" verpönt. Der ursprünglichere Typus der Praesentien ist freilich der ohne Themavokal; von ihm sind im Latein nur noch isolierte Reste erhalten, etwa 3. sg. *es-t vul-t* 2. sg. *scī-s*; das sind die athematischen Praesentien (oder Verben), im Griechischen auch wohl als *mi*-Verben benannt, nach der 1. sg. auf *-mi*, gr. εἰ-μι δίδω-μι. – Athematische Flexion zeigen im Latein zwar nur wenige Praesentien, wohl aber alle die Tempora und Modi, deren 1. sg. auf *-m* ausgeht, so *eram siem fuam*, und trotz des thematischen Ind. prs. *lego* die Konjunktive *legam legerem lēgerim* usw. – Eine Sondergruppe bilden die **Praesentien auf -*io*** der 3. Konjugation wie *capio fugio*, s. dazu § 398c.

4. Das lateinische **Verbalsystem** besteht aus zwei Untersystemen, Praesenssystem und Perfektsystem; diese sind formal auf den Stämmen von Indik. praes. und Indik. perf. akt. aufgebaut und symmetrisch mit Nebenformen ausgestattet. Jedes der beiden Untersysteme enthält Indikative der drei absoluten Zeitstufen, Konjunktive der zwei ersten und einen Infinitiv. Als Muster diene *flēre* 'weinen'; als Repraesentant der finiten Formen ist die 2. sing. eingesetzt.

Zeitstufe	Praesenssystem akt. (auch pass.) Praesensstamm *flē-*			Perfektsystem (akt.) Perfektstamm = *flēv-*		
	Indik.	Konj.	Infin.	Indik.	Konj.	Infin.
Gegenwart	*flē-s*	*fle-ā-s*	*flē-re*	*flēv-istī*	*-er-is*	*-isse*
Vergangenheit (Praeteritum)	*flē-bā-s*	*flē-rē-s*	—	*-erā-s*	*-issē-s*	—
Zukunft (Futurum)	*flē-bi-s*	—	periphr.	*-er-is*	—	periphr.

Das mit Umschreibung gebildete passive und deponentiale Perfektsystem (*laudātus sum, nātus sum*) ist unverkennbar durch die Benutzung des Praesenssystems von *esse* als einstiger Bestandteil eines Praesenssystems gekennzeichnet. Die erste entscheidende Stufe im Verbalsystem ist also der volle Ausbau des Praesenssystems.

Zusätze. a) Den Ansatz zu einem entsprechenden Futursystem bildet die Coniugatio periphrastica auf *-tūrus sum*, § 449, 2. – b) Außerhalb dieses Gesamtsystems stehen rein formal nur wenige finite Formen, nämlich die Typen altlat. *faxo ausim* und einige Konjunktivformen wie altlat. konj. *attigam ēvenat*, auch *forem fuam*, an infiniten Formen etwa das substantivierte Ptc. *parent-ēs* 'Eltern' (zu *pario*), dazu aber zur Vervollständigung der Systeme die nominalen *t*-Formen, PPP *-tus*, Supina *-tum* und *-tū*, mit Infin. fut. akt. *-tūrum* (*esse*), pass. *-tum īrī*.

391. Verhältnis des lateinischen zum indogermanischen Verbalsystem. Als ein Tempussystem in symmetrischem Doppelausbau ist das lat. bzw. ital. Verbalsystem eine fundamentale Neuerung. Verdeutlichen läßt sich das nur durch eine Konfrontation mit der erschlossenen idg. Ordnung, als deren schwacher Abglanz die des Griechischen gelten kann; das Hauptgewicht liegt beim Vergleich nicht auf der formalen Gestaltung, sondern auf der Funktion der verschiedenen Stämme.

a) Das idg. System: **Tempora und Aktionsarten**. In einer zurückliegenden Zeit der Grundsprache hatten die finiten Verbalformen noch keine feste Beziehung auf die drei Zeitstufen (Gegenwart usw.), sondern sie drückten die Aktionsart aus, d. h. die Art und Weise des Handlungsverlaufs; das erweist im Griechischen der nicht-praeteritale Gebrauch aller Aoristformen außer dem Indikativ, man denke etwa an den auf die Zukunft bezüglichen Prohibitivus μὴ ἔλθῃς; die einzige scheinbare Ausnahme ist der Indikativ, der zwar meist, vermittels des Augments, die Handlung in die Vergangenheit versetzt, aber ohne Augment einst auch als Injunktiv diente (oben § 390, 2b). Dabei bilden die finiten Formen ein (idg.) **Praesens-Aoristsystem**, aufgebaut auf Praesens- und Aoriststamm, beide Stämme mit Modi ausgestattet, aber nicht wie die beiden im Latein mit Tempora (wenn man vom idg. Imperfekt absieht, das allein formal zum Praesensstamm gehört; das gr. Futur ist formal, das Perfekt funktionell ein Praesens). – In grober Vereinfachung bezeichnete nun in diesem System der Praesensstamm eine Verbalhandlung als Verlauf von ununterbrochener Dauer (etwa nhd. *haben, sein, liegen, suchen*), seine Aktionsart ist durativ (auch benannt als kursiv, imperfektiv). Der Aoriststamm hingegen bezeichnet die Handlung im Hinblick auf den Augenblick ihrer Vollendung, ihrer *perfectio* (etwa nhd. *werden, finden*); seine Aktionsart ist punktuell (auch momentan, aoristisch, perfektiv genannt).

Der **Perfektstamm** steht für sich; als Träger der „perfektischen" Aktionsart dient er zum Ausdruck des durch eine vorangegangene Handlung erreichten Zustandes des Handlungssubjekts, kurz „Perfekt des erreichten Zustandes". So im Latein noch Restformen eines „perfectum praesens" *nōvī* 'ich habe erkannt und weiß nun', ähnlich *ōdī meminī*. Im älteren Griechisch haben noch alle Perfekta diesen Gebrauch, etwa ἕστηκα 'ich bin hingetreten und stehe nun', ähnlich ὄλωλα usw. Demgemäß sind die abgeleiteten Nebentempora *nōveram nōvero* und εἱστήκειν und (ganz vereinzelt) ἑστήξω τεθνήξω funktionell einfache Praeterita und Futura; ihre vom Typus *fēceram fēcero* hergenommene Bezeichnung als Plusquamperfectum und Futurum exactum ist zwar im Latein für die Form richtig, im Griechischen aber ganz irreführend, weil sie eine falsche Funktion vortäuscht. – Das „aktive" Perfekt war funktionell ursprünglich eine Medialform oder doch Ergänzung zu einem medialen Praesens, so gr. ἕστηκα ὄλωλα zu prs.

ἵσταμαι ὄλλυμαι; im Latein so nur noch perf. *revertī* zu prs. *revertor*, *meminī* zu *reminīscor*, implicite *pependī* zu *pendēre*.

Zusatz. Zur Terminologie. Nur „perfektisch" ist ein verständlicher Terminus in Anwendung auf die Aktionsart des Perfekts. Die vielgebrauchten „perfektiv" und „imperfektiv" sind überaus unglücklich; letzterer hat mit dem praeteritalen Imperfekt gar nichts zu tun, sondern meint 'Unvollendetheit bezeichnend', als Negierung von „perfektiv"; und dieses ist auf den Aorist (nicht auf das Perfekt) bezogen und meint eine Aktionsart im Hinblick auf die 'Vollendung' der Handlung; man sollte sie aufgeben. Mißverständliche Termini sind irreführend, unverständliche haben den Vorteil, sich der Fortentwicklung der Wissenschaft anzupassen. – Statt von Praesenssystem spricht *Meillet*, Ling. hist. 185 (s. bes. *Meillet*, Esquisse, Avertissement du nouveau tirage 1966 p. XI sq.) von Infectumsystem, nach Varro, der die Termini *infectum* und *perfectum* gebraucht (ling. 9, 97; 10, 33 u. 48). S. auch *Szantyr*, Synt. 300 ff.; *Strunk*, Gl. 49, 197 ff.; ders., IF 73, 279–311 (Zeit u. Tempus); *Safarewicz*, Studia 55–62 (them. Prs.). – Die französische Terminologie spricht auch in syntaktischer Betrachtung nicht von Konjunktiv des Prs. (Impf. usw.), sondern von Praesens (Imperfekt usw.) des Subjunktivs. – In der überaus lebhaften Aktionsartenforschung um die letzte Jahrhundertwende wurden, im Anschluß an die „vid" des slavischen Verbs, die Aktionsarten auch als „Aspekte" bezeichnet; hier besteht kein Anlaß, darauf einzugehen.

Zum lat. Verbalsystem s. auch in „Probleme der lat. Grammatik" *F. Hartmann* (340–351) und *Tronskij* (355–367).

b) Praesensstamm als Zentrum des Verbalsystems. Im eben skizzierten idg. Praesens-Aoristsystem genießt weder der Praesensstamm noch der Aoriststamm einen Vorrang vor seinem Partner, oder höchstens insoweit, als die bezeichnete Verbalhandlung für die bevorzugte Verwendung des einen oder des anderen Stammes prädestiniert war. Als ursprünglichste Wurzelflexionen gibt es ebensowohl Wurzelpraesentien wie Wurzelaoriste, und umgekehrt gibt es ebenso mit Suffixen von einer Wurzel (Wurzelaorist bzw. -praesens) abgeleitete Praesens- bzw. Aoriststämme (*sco*-Praesentien, *s*-Aoriste). – Allmählich aber erlangt der Praesensstamm und das Praesens als Tempus die zentrale Stellung im Verbalsystem mit der Folge, daß der Perfektstamm und die nominalen *t*-Formen von diesem statt von der „Wurzel" abgeleitet werden. Das scheint uns das Normale zu sein, und es gilt von Anbeginn an für die denominativen Verba, die nur als Praesensstämme von Nomina abgeleitet wurden (mit themat. *ye/yo*), so die Vorläufer der lateinischen vielen auf *-āre* und der weniger zahlreichen auf *-īre* (*fīnīre*, *tussīre* usw.); hier wurden notwendigerweise die anderen Stämme vom Praesensstamm (ohne *-ye-*) abgeleitet: *cūrā- fīnī-vī* und *-tum* wie prs. *cūrā- fīnī-mus*. – Bei den primären Verben dagegen sind nach idg. Vorstufe noch im Latein der Perfektstamm und das *to*-Partizip bzw. das *tu*-Supinum auch formal gegenüber dem Praesensstamm autonom als Ableitungen von der „Wurzel" oder besser von Verbalformen mit der reinen Wurzel als idg. Praesens- oder Aoriststamm. Das gleiche gilt aber auch für viele lat. Praesensstämme: abgeleitet und keineswegs Basis des *to*-Partizipiums (eher umgekehrt!) sind etwa: Wz. *vic-/veic-* in *vic-tus vīc-ī*, davon prs. *vinco*; Wz. *li-/lei-* in (*ob-*)*li-tus lē-vī*, davon prs. *li-no*; Wz. *gen(ə)-/gnā-* in *geni-tum -tus* (*g*)*nā-tus*, davon *genuī* und *gi-gn-o nā-scor*; Wz. *gnō-* in *nō-tus* (und in Wurzelaorist gr. ἔ-γνω-ν), davon *nō-vī* und *nō-sco*. – Erst unter dem Einfluß der Denominativa und im Zusammenhang mit dem Übergang vom Aktionsartensystem zum Temporalsystem wird wie auch in den anderen idg. Sprachen das Praesens zum Zentrum oder zur Grundform des Systems der Verbalformen, so wie es in der Auffassung der Römer galt und durch die römischen Grammatiker uns überliefert ist. Über Vorboten dieser Entwicklung s. § 440c.

392. Zur Vorgeschichte des lat. Verbalsystems.
I. Die historischen Entwicklungsstufen.
A. Formeller Aufbau: Opposition Praesens – Perfekt; symmetrischer Ausbau mit absoluten Zeitstufen. 1. Aufbau eines vollen Praesenssystems durch Ausstattung des Indik. praes. mit den Nebenformen von Tempora und Modi. – 2. Nach diesem Vorbild auch Ausstattung des Indik. perf., zunächst als „perfectum praesens" (*nōvī meminī*) und vielleicht als passives Perfekt (*captus est*, § 444b) mit entsprechenden Nebenformen zu einem vollen Perfektsystem.

B. Klassisches Verbalsystem (§ 390, 4), mit neuer Tempusfunktion des Perfekts und seines Systems. 1. Der Indik. perf., die Basis des Perfektsystems, entwickelt sich generell (nur ohne *nōvī meminī ōdī su̯ēvī*) zu einer Vergangenheitsform, als perfectum historicum, unter Fusion mit Resten des idg. Indik. aor. (*fēcit, dīxit*). – 2. Dieser Funktionswandel zieht auch die Nebentempora des Indik. perf. mit sich: diese, bisher Praeteritum und Futurum eines Gegenwartsperfekts, werden zu solchen eines Praeteritums, des neuen perfectum historicum. Daraus entwickeln sich die Funktionen von Plusquamperfectum und Futurum exactum und der bezogene Tempusgebrauch. Die Benennung *plūs-quam-perfectum* im Sinne von 'mehr-als-vergangen' findet darin seine Begründung.

Zusatz. Das idg. Perfekt wurde auch in einigen anderen Sprachen zum Praeteritum, durch Verlegung des Hauptgewichtes der komplexen perfektischen Aktionsart vom erreichten Zustand auf die vorausgegangene Handlung. Im Germanischen ergab sich daraus die gleiche temporale Opposition (Indik.) Praes. – Perf.; auch hier blieben nur wenige Gegenwartsperfekta erhalten, es sind die Hilfsverben *er kann, mag; weiß*, die noch im Neuhochdeutschen sich durch den Stammablaut im Plural und die 3. sing. ohne -*t* als ehemalige Perfekta zu erkennen geben. Im Griechischen wird das Perfekt erst in hellenistischer Zeit zum Praeteritum; aber durch den funktionellen Zusammenfall mit dem Aorist verliert es eine eigene Aufgabe und stirbt aus, s. *Schwyzer* II 283 f. – S. auch *K. H. Schmidt*, Das Perf. in idg. Sprachen, Wandel einer Verbalkategorie, Gl. 42, 1–18.

II. Wichtigste Verluste und Neuentwicklungen im Formenbestand des finiten Verbums gegenüber dem hier vorausgesetzten idg. Zustand.

A. Im ganzen Verbalsystem. 1. Aufgabe des Mediums als eigenes Genus verbi; Umwertung seiner Formen im Praesenssystem zu den Funktionen von Deponens und Passiv. – 2. Verlust des Nebeneinanders von Primär- und Sekundärendungen. – 3. Aufgabe des Duals. – 4. Verlust oder Fehlen des Augments; bezeugt ist es nur in den südöstlichen Sprachen Griechisch, Armenisch und Indoiranisch. Im Latein sind freilich die idg. Augmentpraeterita Imperfekt und Aorist aufgegeben (bis auf perf. *fēcit* und Typus *dīxit*). – 5. Verlust eines selbständigen Aorists, bis auf Reste im Typus konj. *faxim*.

B. **Tempora und Modi des Praesenssystems.** 1. **Imperfekt.** a) Verlust des idg. Imperfekts vom Typus gr. ἔλεγον ἔφην neben prs. λέγω φημί. b) Neuschaffung eines ital. Imperfekts mit *-bhā-*, lat. *laudā-bā-s* osk. 3. pl. *fu-fa-ns*; dazu nur mit *ā* lat. *er-ā-s*. – 2. **Futur.** a) Verwendung von idg. athemat. Konjunktivformen als lat. Futurum: *ero faxo*. b) Neues *ē*-Futur in der 3./4. Konjug., *leg-ē-s audi-ē-s*. c) Schaffung eines thematisch flektierten *bh*-Futurs, besonders für die 1. und 2. Konjug., *laudā-bō tenē-bō, dă-bō ī-bō*. – 3. **Konj. praes.** aus zwei älteren Formen. a) Neben athemat. Indikativ eine *ī*-Bildung, der alte idg. *ī*-Optativ: 1. pl. *vel-ī-mus*, altlat. 2. sg. *s-iē-s*, allgemein 1. sg. *-im*, so zum ehemaligen *s*-Aorist *ausim, faxim*. – b) Neben themat. Indikativ anstelle des *oi*-Optativs von gr. λέγ-οι-ς got. *nim-ai-s* usw. eine *ā*-Bildung bei idg. themat. Primärpraesentien, die in der 3./4./2. Konjug. fortleben, *leg- faci-, sci- hauri- fle- mone-ā-s*. – 4. Schaffung eines **Konj. Imperf.** mit *-sē-* (> *-rē-*): *es-sē-s laudā-rē-s* usw.

C. **Perfekt und Perfektsystem.** 1. Mehrere eigene Personalendungen, vermutlich Erbstücke; in indik. perf.: 1. sing. *-ī*, 2. sing. *(-is-)-tī*, 3. plur. *-ēre*. – 2. **Perf. Stammbildung.** a) Bewahrung zweier alter Bildungen, Typus *me-min- ce-cin-* redupliziert; Typus *ōd-ī ēd-ī* „langvokalig". – b) Entwicklung eines *v*-Perfekts hinter Verbalstamm auf Vokal, *nō-v-ī scī-v-ī laudā-v-ī*, mit *-uī*-Perfekt als Nebenform, *cubuī monuī rapuī* usw. – c) Funktionelle Verschmelzung des Indik. perf. der vorgenannten Stämme mit dem Indikativ einiger idg. Aoriste, speziell des *s*-Aorists als lat. *s*-Perfekt (*dīxit* gleich gr. ἔδειξε) und von *fēcit* (gleich gr. ἔθηκε) zum praeterital gebrauchten lat. historischen Perfekt. – 3. **Perfektsystem.** a) Auf der Basis des Perfekts des erreichten Zustandes (*nōvī*) Aufbau eines aktiven Perfektsystems symmetrisch zum Praesenssystem. – b) Dazu deponentiale und passive Entsprechung durch *to*-Partizipium mit dem Praesenssystem von *esse*. – 4. Verschiebung des gesamten Perfektsystems in die Vergangenheit im Gefolge des neuen historischen Perfekts; daraus der „verschobene" Tempusgebrauch.

Lit.: Zu den Kategorien des idg. Verbums und zum idg. Verbalsystem s. *Kuryłowicz*, Categ. 56–178; ders., Apoph. 31–35; ders., Zur Vorgeschichte des german. Verbalsystems, Steinitz-Festschr. 1965, 242–247. *Watkins*, Indo-Eur. Grammar III Morphol., Part One: Verb. Inflection; *Neu*, IF 72, 221–238 (hethit. und frühidg. Verbalsystem). – Sehr unverbindliche Auffassungen über die allmähliche Herausbildung des idg. Verbalsystems bei *Adrados*, Kratylos 10, 141–152 (vgl. *Tovar*, ebd. 9, 206 f.). – Zur Verschiebung des Verbalsystems vom Latein zu den romanischen Sprachen s. *Burger*, Cahiers de Saussure 8, 21–36. – Zum Augment in den idg. Sprachen s. *R. Schmitt*, KZ 81, 63–67. – Für andere Interessenten: *Touratier*, Morphophonologie du verbe latin, BSL 67, 139–174; ders., Essai de morphologie synchronique du verbe latin, REL 49, 331–357 (strukturalistisch).

III. Das Verbalsystem des **Oskisch-Umbrischen** stimmt mit dem des Lateins weitgehend überein: vier gleichartige Praesenskonjugationen, voll ausgebautes Praesens- und Perfektsystem; Perf. pass. meist synthetisch aus *to*-Ptc. und Verbum *es-*. – **Hauptunterschiede,** soweit erkennbar. Im Praesenssystem ein *s*-Futur (vgl. die Bemerkungen § 426 B 2 und § 450, 1 Zus. a); Infin. auf *-om*. Im Perfektsystem: kein *v*-Perfekt; dafür ein *tt*-Perfekt (*prúfatted* § 170), ein *f*-Perfekt und einige unklare Bildungen.

Nicht nachweisbar sind Supinum II, Infin. perf. akt., Gerundium und Ptc. futuri. S. dazu *Porzig*, Festschr. W. Krause 181 ff.

IDG. UND LAT. PERSONALENDUNGEN (§§ 393–397)

393. Die indogermanischen Personalendungen.
1. Die verschiedenen idg. Endungen der 1. 2. 3. sing. und 3. plur. zeigen als feste Elemente oder Kennzeichen die Konsonanten *m s t* und *nt*, so noch im Latein etwa konj. *lega-m -s -t -nt*. Ursprünglich zeigte jede Person, vom Indoiranischen und Griechischen aus gesehen, vier meist durch Vokalzusatz differenzierte Formen, nämlich im Aktivum und im Medium je zwei (eine sog. primäre und eine sekundäre), gemäß folgender Tabelle (Medium primär auf *-ai* oder *-oi*, s. unten):

	Aktivum		Medium	
	primär	sekundär	primär	sekundär
sing. 1.	-*mi*	-*m*	-(*m*)*ai*	?
2.	-*si*	-*s*	-*sai*	-*so*
3.	-*ti*	-*t*	-*tai*	-*to*
plur. 3.	-*nti*	-*nt*	-*ntai*	-*nto*

Zum Aktivum sei für die primären Endungen verwiesen auf altind. *-mi -si -ti -nti*, hethit. *-mi -si*, *-zi -nzi*, gr. sing. 1. εἰ-μι (*i-* 'gehen'), 2. hom. ἔσ-σι, 3. ἐσ-τί, 3. pl. dor. φέρο--ντι, got. *-m -s -þ -nd*; die sekundären sind als Auslautkonsonanten weniger gut bewahrt, vgl. immerhin altind. *-m -s -t* und *-n*, und gr. aor. ἐφάνη-ν -ς – und alt -ε-ν. Im griechischen Medium sind die beiden Endungsformen noch klar erkennbar, im Latein wenigstens noch 3. sg. *-to* plur. *-nto* in dep. *-tur -ntur* aus *-to-r -nto-r* (zum *-r* s. § 396). – Formal betrachtet erscheinen die Sekundärendungen als die einfacheren; die reinen Konsonanten im Aktivum, im Medium erweitert mit *-o*; hinter diesen sekundären Formen enthalten alle primären noch ein *-i*, 3. sing. pl. aktiv *-ti -nti*, medial theoretisch *-toi -ntoi*; zu diesem idg. Endungssystem s. *Neu*, IF 72, 234 ff. (*-m -s -t -nt*); IF 73, 347–354 (*-mai-sai* etc.), auch *Seebold*, KZ 85, 190[19]; *Schwyzer* I 658[1]. Vorausgesetzt ist hier, daß normalgriech. -ται -νται auf *-toi -ntoi* zurückgehen (das altind. *-e* in *-te -nte* ist doppeldeutig); -τοι -ντοι sind direkt bezeugt im Arkadischen und implicite im Mykenischen (*-to*); dies sind die Ursprungsformen nach der einleuchtenden Erklärung von *Ruipérez*, Emerita 20, 8–31; dazu Minos 9, 156–160 (kypr. Gegensatz *keimai* ~ *keitoi*); s. auch *Thumb-Scherer* 132 u. 350; *Watkins*, Idg. Gr. III 1, 127 ff. (zum Italischen 146–159). – Sicher ist diese Ordnung in manchen Einzelheiten das Ergebnis einer Normalisierung, man denke nur an primär 1. sg. athemat. *-mi*, themat. *-ō* (*lego*, gr. λέγω, got. *-a*, lit. *-ù*).

2. In der 1. und 2. plur. sind *m* bzw. *t* die Kennkonsonanten; sonst ist keine klare Ordnung erkennbar. In der 1. plur. akt. zeigt nur das Altindische zwei Formen, primär *-mas* und sekundär *-ma* (dies wohl idg. *-me*, auch fortgesetzt in got. *-m*). Mit lat. *-mus*, aus *-mos*, vergleicht sich unmittelbar aksl. *-mъ*, weiter auch ai. *-mas*, und, deutlich mit Vokalablaut, gr. dor. -μες und auch ahd. *-mēs*. – 2. plur. akt. idg. *-te* in gr. -τε, balto-slav. *-te*, got. *-þ* aus *-te*, altind. sek. *-ta*, lat. (sek.) imper. *-te*; zu lat. indik. *-tis* s. § 395.

Zusätze. a) Die Verteilung der Endungen war in der Grundsprache folgende: primäre im Indik. praes.; sekundäre im Indik. der Augmenttempora, d. h. des idg. Imperf. und Aor. (also auch im Injunktiv), sowie im Optativ; primäre und sekundäre im idg. Konj. Im Latein ist diese Doppelheit beseitigt, im Aktivum zugunsten der Primärendungen; über altlat. Spuren der Sekundärendung in der 3. sing. (praet. *-d* statt *-t*) s. § 394. – Zu den Imperativendungen s. § 422. – Das Perfekt hatte teilweise eigene Endungen, beachte etwa lat. 3. plur. *-ēre*, griech. sing. 1. οἶδ-α, 2. οἶσ-θα; s. im übrigen § 442 f. Es war formal aktiv, auch im Stammablaut, funktionell aber ursprünglich medial und jedenfalls nicht transitiv; es besaß also ursprünglich keine Medialformen. – Zu den Dualendungen s. § 395 Zus.

b) Den Ursprung der Verbalflexion sucht man beim Nomen; das Verbum gilt wohl zu Recht dem Nomen gegenüber als jünger; doch sucht der Etymologe möglichst alle Nomina auf Verbalwurzeln zurückzuführen. Die Personalendungen betrachtet man hiernach als angetretene bzw. suffigierte Pronomina; man verknüpft das *-m* der 1. sing. mit dem Ich-Pronomen (lat. *mē* gr. με), das *-t* der 3. sing. mit dem deiktischen *to-* (gr. τόν usw.). Nach *Hirt* dagegen sind die Personalformen als Ganzes ursprüngliche Nominalformen, unter Hinweis auf das *-nt-* der 3. plur. und des Ptc. praes. akt. Das Interesse für solche offenbar unlösbare glottogonische Fragen ist gegenwärtig wieder im Steigen. – Nach *Knobloch*, Lingua 3, 407–420 soll der Themavokal „indice de l'objet" gewesen sein; vgl. § 436 C über das *s* des idg. *s*-Aorists.

Lit.: *Seebold*, Herkunft der idg. Personalendungssysteme, KZ 85, 185–210, speziell 208 f.; *Hirt*, Über den Ursprung der Verbalflexion im Idg., IF 17, 36–84; *Brugmann*, Zur Frage des Ursprungs der (idg.) Personalendungen, IF 39, 131–139; *Kuryłowicz*, Apoph. 24–35; *Szemerényi*, Trends 149; 167; *Kieckers* (*-nt-*, s. Idg. Jb. 10, 43); *Safarewicz*, Sur les désinences verbales en grec et en latin, Studia 107–116; *Neu*, Die idg. primären Medialendungen, IF 73, 347–354. Unbrauchbar *Gray*, Lang. 6, 229–252 [Gl. 21, 191]. – S. ferner: *Schwyzer* I 646 oben, 657 f. (auch weitere Literatur). *Brugmann* II 3, 589 ff., *Hirt*, Idg. Gr. IV, 136 ff.

394. Die Formen der lateinischen Personalendungen.

Aktivum (ohne Imperativ und Indik. perf.).

3. sing. *-t* und 3. plur. *-nt*. Im Oskisch-Umbrischen, in dem diese beiden Personen ausreichend bezeugt sind, bestehen je zwei Endungen, 3. sing. *-t* und *-d*, 3. plur. *-nt* und *-ns*; nach ihrer Verteilung entsprechen *-t* und *-nt* den idg. primären *-ti* und *-nti*, sie haben also das ausl. *-i* verloren; und *-d* und *-ns* entsprechen den sekundären *-t* und *-nt*, sie sind also daraus entstanden; Belege s. Zusatz a. – Eine ähnliche Verteilung ist ebenso für das vorhistorische Latein vorauszusetzen, auch wenn im Standardlatein nur je eine Endungsform, *-t* bzw. *-nt*, besteht. In der Primärgruppe, also etwa in *est agit laudat* und *sunt* (alt *sont*) *agunt laudant*, setzen sie sicher die primären idg. *-ti* und *-nti* fort; im Plural zeugt dafür auch *tremonti* 'tremunt' Carm. Sal. (s. § 98a). In der Sekundärformengruppe ist das *-nt* von plur. *erant sient velint* kaum die unverändert erhaltene Sekundärendung *-nt*, viel eher verallgemeinertes primäres lat. *-nt* aus *-nti*; dafür spricht außer der gleich zu behandelnden 3. sing. auch das Faliskische mit *-(n)t* für primäres idg. *-nti* in prs. *cupat* 'cubant', dagegen *-(n)d* in *-od* für sekundäres *-ont* in perf. *fifiqod* 'fīnxērunt'; die Belege sind Vetter nr. 296, 298, 322b und 241, zu *fifiqod* s. *Lejeune*, Festschr. Sommer 146 f. [Gl. 36, 142]. – Im Singular ist in der Sekundärformengruppe, also in *erat laudābat siet velit*, das lat. *-t* die erst gerade vor Beginn der Literatur hierher verschleppte Primärendung (idg. *-ti*); denn im frühen Altlatein der Inschriften ist wie im Oskischen als Sekun-

därendung noch -*d* aus idg. -*t* gebraucht, praenestin. *vhevhaked* Maniosspange und altlat. *sied feced* (neben unerklärtem *mitat*) Duenosinschrift (beide s. § 5a), *feced* D 721; vgl. auch fal. *douiad 'det'* (§ 402d) gegen *cupat 'cubat'* (Vetter nr. 241 u. 322d, e). Das *esed* der Foruminschrift kann man als *esset* und als *erit* fassen, denn fut. *ero* ist eine idg. Konjunktivform, § 424, 1a. – Die Ersetzung von -*ed* (*e* altes *ĕ*) durch -*it* läßt sich aus den alten Inschriften ablesen: *fecid* neben später zugefügtem *dedit* D 771, *dedet* 40, 102, 152 al., *dedit* 4, 44 al. – Um 200^a wäre -*d* hinter langem Vokal, also in lat. Konj. *sied *legād, nach § 230c geschwunden; das mag die Verallgemeinerung des primären lat. -*t* unter Kürzung des Langvokals unterstützt haben.

Zusätze. a) Oskische (o.) und umbrische (u.) Belege. Für -*t* und -*nt*, indik. prs., fut., fut. ex.: sing. o. u. *est 'est', fust 'erit',* o. *deiuast dicust fefacust,* u. *ferest, fakust*; o. *faamat* u. *tiçit.* plur. o. u. *sent 'sunt',* u. *furfant, furent, pepurkurent.* – Für -*d* und -*ns*, konj. prs. usw. und (durch Normalisierung) indik. perf. sing. o. -*d* (u. Abfall des -*d*): *deiuaid pútiad fakiiad* (u. *façia*); *prúfatted 'probāvit', upsed deded* (u. *dede*); dazu konj. impf. *fusid 'foret'* § 426, perf. *fefacid.* plur. o. *deicans pútians,* u. *sins 'sint' dirsans '*didant, dent'* und o. *prúfattens uupsensfufens* paelign. *coisatens,* sowie o. impf. *fufans '*fubant, erant',* konj. perf. *tribarakattins.*

b) Für -*unt* in indik. prs. und perf. ist noch altlat. -*ont* bezeugt: *tremonti, praedopiont* § 324 B 2 b, *nequinont* Liv. Andr. (§ 399 b α), *sont* D 294, *cosentiont* 541, *coiraueront* 122, *dederont* 228 (auch *dedrot* 117, *dedron* 79, *dedero* 80), vgl. Quint. 1, 4, 16; außerdem hinter *u* und *v* gemäß § 145 d β *ruont confluont ueiuont* usw.

c) Das Altlatein zeigt vereinzelt im Praesens -*nunt*, es diente wohl der Meidung einsilbiger Formen. Häufig ist nur *danunt 'dant'* seit Naev. und Plt., auch D 88 in Saturnier (zum Gebrauch s. Thes. sub *do* p. 1659, 65–75); bei Skenikern vorwiegend im Versausgang, gegen *dant* im Versinnern (so beide im gleichen Vers Caecil. com. 176). Ferner in Komposita von Einsilbern (meist bei Festus bezeugt): *explēnunt*; zu *ire* 'gehen' -*īnunt* für -*eunt* in *prod-* und *red-* Enn. ann. 156 u. Od. 14. Dazu in Mehrsilbern (wohl überall mit -*ī-*): *inserinuntur* Liv. ebd. 28, *'solinunt ferinunt'* pro *'solent feriunt'* Fest.; unglaubhaft ist 1. sg., auch nach Bedeutung, *solino 'consulo'* Messalla bei Festus. – Vorbild für (*īmus ītis*) **īnunt* war wohl (*dāmus dātis*) *dănunt*, für *int* (Gloss.) neben *īmus* wohl *sint* neben *sīmus*. – Eine einleuchtende Erklärung für -*nunt* fehlt. Erwähnt seien: *dant* > *dan*(?), dies verdeutlicht zu *dan-unt*, s. *Pedersen*, IF 2, 302; ebenso über -*īnunt*(??) *Marstrander*, Sy. Osl. 2, 28 (PhW 1925, 86). Erweitertes **dant-unt* > *danunt* (nach § 233 A) nach *Sommer* 491. Zum Silbenausgleich *dant* > **dannt* > *danunt*, so *Walde*, WklPh. 1915, 793. Anschluß an die *n*-Praesentien (§ 406, 2), trotz der Beschränkung auf die 3. plur.: am ehesten wohl *datus danunt* nach *situs sinunt*, so *Sommer*, KE 132 nr. 120 (und überdies wohl akt. **inserinunt* kontaminiert aus *īn-sero* (*satus*) 'säe ein' und **īn-sino* 'setze ein, propfe ein' (vgl. *po-situs*) wegen des zu beiden gehörigen Ptc. *īn-situs*). **danō* neben Wz. *dō-* wie gr. αἰσ-θάνομαι neben Wz. θη *dhē* nach *Carnoy*, RevBelge 3, 185. Zu -*īnunt* 1. sg. **īnō* gleich lit. *einù*, so zuletzt *Krause*, KZ 69, 163. – S. auch *Puhvel*, Laryngeals 30; *Otrębski*, Les formes du type *danunt*, Eos 33, 325–331.

395. Andere Personen des Aktivums.

1. sing. lat. -*o* (-*ō*) und -*m*. a) Bei thematischer Flexion primär -*ō* (aus idg. -*oHo* nach *Neu*), gekürzt zu -*ŏ* zuerst in iambischen Formen; seit der Kaiserzeit allgemein -*ŏ* (§ 122b): *lego ago* gr. λέγω ἄγω, *rapi-o, moneo* aus -*ei̯-ō,* 1. Konjug. *laud-ō* aus -*ā-i̯ō* (vgl. gr. τιμῶ aus -*άω*), *stō* aus **stā-ō* vgl. umbr. *stahu*. – Das gleiche -*ō* ist auch für -*mi* in die athemat. Praesentien (außer *sum*) eingeführt: *eo* (*īre*), *volo, edo, dō,* auch *sisto* für -*āmi,* s. §§ 399–403 und 405b (*sisto*). – Gleiches -*ō* im idg. athemat. Konjunktiv,

lat. fut. *ero* gleich gr. ion. konj. ἔω aus **es-ō*, fut. *faxo dabo fēcero*. – b) Die sekundäre Endung war athematisch *-m*, so auch im Latein (nur hinter ursprünglich langem Vokal). In alten Optativen *-im* als lat. Konj. im Praesens neben athemat. Ind.: *sim* (*siem*), *velim*, *edim*, *duim*, im Perfekt usw. neben themat. Konj. als Futurum: *faxim ausim* neben fut. *-o* und *lēgerim fuerim* neben fut. ex. *-ero*; ferner *-am* und *-em* aus *-ā-m* und *-ē-m* in den lat. Praeterita *eram legēbam lēgeram*, den lat. Konjunktiven *legam legerem lēgissem* und dem Injunktiv *inquam* 'sag ich'. – Zu *-m* in *sum* s. § 400 A 1 Zus. α. Osk. *-m* in perf. (!) *manafum* 'mandāvī'. – Sekundär themat. *-o-m* (gr. impf. ἔλεγ-ον) ist im Latein nicht nachzuweisen.

2. sing. Die einzige lat. Endung ist *-s*, wie *-t* in der 3. sing.; das *-s* wird demgemäß je nach Tempus oder Modus auf idg. primär *-si* und auf sekundär *-s* zurückgehen, auf *-si* mit Abfall des *-i* jedenfalls in *ess* 'du bist' neben *est* 'er ist' (§ 400 A 1a Zus.), auf *-s* dagegen neben 1. sing. athemat. *-m* in *siēs erās* usw., mit bewahrter Vokallänge vor *s*. Dabei kontrastiert freilich der Schwund des *-i* in prs. ind. themat. **lege-si* > **leges* > *legis* mit seiner Erhaltung im einst gleichlautenden Infin. **lege-si* > *legere*.

1. plur., lat. nur *-mus*, aus *-mos*, vgl. griech. dor. -μες, § 393, 1b.

2. plur.: Normalendung ist *-tis*, lautlich aus *-tes*, eine nur lat. Endungsform. Ererbt ist aber *-te* (vgl. § 393, 1b), einzige Endung 2. plur. im Griechischen und Baltoslavischen, im Latein nur Imperativendung, im Altindischen als *-ta* allgemeine Sekundärendung. Dies war auch seine idg. Funktion; so stand es im Injunktiv (§ 390, 2b Zus.), und diese Form kam auch aushilfsweise zur Verwendung als Imperativ: idg. **ag'ete* in lat. *agite* gr. ἄγετε ai. *ajata*. Die Form der Primärendung 2. plur. ist nicht erschließbar. – Wahrscheinlichste Erklärung für das zusätzliche lat. *-s*, nach *Osthoff*, Ztschr. für österr. Gymnasien 31, 1880, 70: nach imper. sing. *age* plur. *agite* neu indik. *agitis* (für *-te*) nach sing. *agis*; dann Verallgemeinerung von *-tis*. Kaum nach 1. plur. idg. sek. *-me* neben primär *-mes* (altind. *-ma* und *-mas*) zu 2. plur. sek. *-te* neu primär *-tes*, so andeutungsweise *Brugmann*, KZ 24, 91/92 Fußn. Wegen anderer Erklärungen s. auch *Wackernagel*, Kl. Schr. 1236 (Fußn.).

Zusatz. Verbale Dualendungen sind im Latein nicht erhalten, im Gegensatz zum Griechischen. Unhaltbare Vermutungen über alte Dualformen im Latein: 2. plur. *-tis* aus *-tes* gleich altind. primär 2. dual. *-thas*, nach *Speijer*, MSL 5, 189. – *deda* D 163 nicht 'die beiden geben', s. dagegen *Meister*, IF 26, 69; ders., EN 100[1]. – Perf. 3. plur. *-ēre* als angebliche Dualform widerlegt schon Quint. 1, 5, 42 sq.; eine altlat. *-ēre*-Stelle, die zufällig von zwei Personen handelte, muß den Anstoß zur Dualdeutung gegeben haben.

396. Die normalen Personalendungen von Passiv und Deponens sind (ohne Themavokal) *-r -ris -tur*, *-mur -minī -ntur*; die des Imperativs (2. 3. pers., nur dep., kaum pass.) sind *-re -tor*, *-minī -ntor*. Sie erscheinen nur im Praesenssystem; das Perfektsystem ist bekanntlich mit *to*-Partizip plus *esse* periphrastisch gebildet. Vom Typus *faxo* sind ein paar 3. sing. pass. belegt, so *faxitur, iussitur* (zu fut. *iusso*); s. dazu § 451, 2b.

Die **r-Formen** der 3. sing. und plur. auf *-tur -ntur*.

a) Im Gegensatz zu den oben § 393, 1a genannten idg. Medialendungen auf Vokal *-oi* (*-ai*) bzw. *-o* enden die des lat. Deponens auf *-ur*; lat. *-(n)tur* wohl sicher aus -(n)tor, vgl. *nancitor* (§ 407 I B 1b). Ein solches zusätzliches -r findet sich auch in anderen idg. Sprachen, den sog. r-Sprachen. Zu ihnen gehört zunächst das Oskisch-Umbrische mit *-ter -nter*, osk. *sakarater* 'sacrātur', *vincter* '(con-)vincitur', marruc. *ferenter* 'feruntur', auch umbr. *herter* 'oportet'; dazu umbr. -*ntur* in *emantur*, wohl als Latinismus; vielleicht auch das Venetische mit *tolar* 'bringt dar' (s. *Porzig*, Festschr. W. Krause 175). Zum Verhältnis *-tor* : *-ter* s. *K. H. Schmidt*, IF 68, 165 ff. – Von den keltischen Sprachen zeigt das Altirische in den medialen-deponentialen Formen sing. *-der -dir -dar*, plur. *-ter -tir -tar* (*d* aus *t*; *t* aus *nt*), ähnlich auch in den passiven Formen, doch mit Variationen im Vokal (s. *Thurneysen*, KZ 37, 92–95; 59, 18). – r-Endungen im Neuphrygischen in Fluchformeln auf Grabschriften der Kaiserzeit aus Phrygien (Nummern nach *Calder*, JHSt. vol. 31, 33, 46 oder *Friedrich*, Kleinasiat. Sprachdenkmäler, Kleine Texte nr. 163, 1932, 128–140, mit Lit. S. 124) : das Verbum in 'wer diesem Grab Böses antut' lautet gewöhnlich αδδακετ (2, 3 usw.), vereinzelt αββερετ (6), denen sachlich lat. *ad-ficit ad-fert* entsprechen, doch daneben auch αδδακεται (53) und -τορ (40, 48, 63), αββερε-ται (13) und -τορ (25, 73, 75, 79), also mit Medialendungen wie gr. -ται und lat. *-tur*. – Das Hethitische zeigt neben *-ta -nta* fakultativ in Primärendungen *-tari -ntari*. – Auch im Armenischen begegnen r-Formen, ebenso im Tocharischen, die freilich schwer zu analysieren sind; vgl. *Krause*, Westtochar. Gramm. 193 u. 201 f. – Auch ohne Klarheit im Einzelnen ist damit eine bereits grundsprachliche r-Erweiterung von Medialformen auf *-to -nto* kaum zu bezweifeln.

b) In neueren Untersuchungen wird das Problem erweitert durch Verknüpfung mit r-Endungen in der 3. plur. des Perfekts, das zwar formal eher zum Aktiv, funktionell aber zum Medium gehörte (vgl. § 391a): lat. *-ēre* (§ 443), altind. akt. *-ur*, med. *-ire*, auch athemat. prs. med. *śere* (gegen gr. κέαται κεῖνται). Nach *Neu* 230 f. hatte ursprünglich nur die 3. plur. eine Endung *-or*; von kombiniertem *-nt-or* wurde das *-r* auch übertragen in die 3. sing.

c) Einfaches *-r* (statt *-ter -tur*) als 3. sing. pass. in den italischen Dialekten: umbr. *ferar* und *ier* in VI b 50 *pone . . . ferar* 'cum ferātur', 54 *nosue ier* 'nisi itum sit'; osk. konj. perf. (pass.!) *sakrafir* 'sacrātum sit', unsicher *loufir* 'libeat'. Man vergleicht mit umbr. *ferar* altir. *do-berar*; auch venet. *tolar* wurde so gedeutet. Diese Formen mit einfachem *-r* gelten nach *Zimmer* als „*man*-Formen" oder als unpersönliches Passiv 'man trage' bzw. 'es werde getragen'. Daß *ferar* (*bherār*) wirklich die Vorstufe von *ferātur* war, ist unerweislich. Zum längeren *-ier* neben *-ī* des lat. Infin. pass. s. § 430, 2.

Zusatz. Vor Bekanntwerden der r-Formen anderer Sprachen erklärte man das lat. -*r* aus -*s* als Rest des Reflexivpronomens, lat. *sē* (*Bopp*, modifiziert *Pedersen*, KZ 40, 167 ff.); Parallelen solcher „Verba reflexiva" mit freiem oder suffigiertem Reflexivpronomen als Passiva boten das Slavische (mit aksl. *sę*, russ. -*s' -sja*), das Nordgermanische (mit -*sk* aus -*sik*, vgl. auch nhd. *sich finden* für *gefunden werden*), und manche Beispiele aus romanischen Dialekten.

Lit.: *Neu*, IF 73, 347 ff. *Edith Claflin*, AJPh. 48, 166 ff. (s. auch Idg. Jb. 13, 72 f. Exzerpt von *Slotty*); *Claflin*, Lang. 5, 232–250; 14, 1–9 [Gl. 18, 257; 20, 272; 29, 168]. *Kerns* u. *Schwartz*, Lang. 13, 263–278 [Gl. 28, 13]. *Petersen*, Lang. 12, 157–174 [Gl. 27,

84]. *Lloyd-Jones*, The development of the verbal *r*-forms [*Hartmann*, Gl. 6, 323 f.]. *Pedersen*, Groupement 44; 49 f. [*Nehring*, Gl. 16, 219]. *Porzig*, Gliederung 83 ff. *Goetze*, Kulturgesch. d. Alten Orients (Hdb. III, I, 3) 56. *Specht*, KZ 66, 30 f. (*r*-Passiv [sic] „schnurkeramisch"; zum Terminus s. Allg. Teil 24* Mitte). *Pisani*, Preist. 567 ff. – *Thurneysen*, Zum (kelt.) Dep. u. Passiv mit *r*, KZ 37, 92–111; ders., Altir. Hb. § 574 (zu *berar*). Zimmer, Über das italokelt. Pass. u. Dep., KZ 30, 224–292. *Brugmann*, IF 39, 49 f. *Walde*, Sprachl. Bez. 7 ff.; 19 (vgl. Allg. Teil 24*). *Watkins*, It.-C. 39. Zu venet. *tolar: Prosdocimi*, Lingua etr. II 175 ff.; *Lejeune*, BSL 61, 202 ff. (1. sing.). *Radke*, Gl. 43, 132–140 (osk. *loufir*). *Levi*, AGI 26, 47 (*ier*). – *Hermann*, Gött. Nachr. 1926, 280 (*ferar* altes *r*-Nomen; mit Vorgängern, s. IF 39, 62[1]). *Kammenhuber*, KZ 77, 43–46. – *Sommer* 491 f.; *v. Planta* II 377–392; *Brugmann* II 3, 657. *Szemerényi*, Trends 167.

397. Die übrigen Endungen von Deponens und Passiv.

1. Ausbreitung des -*r* auf 1. sing. und 1. plur. Nur vom Latein aus gesehen sind jedenfalls -*tur* und -*ntur* die ursprünglichsten *r*-Endungen; das auslautende -*r* wurde darin als Merkmal der Dep.-Pass.-Funktion empfunden. Danach 1. sing. zu akt. themat. -*ō* dep. -*ō-r* > -*or* (*induor sequor videor*); athemat. -*m* wird durch -*r* ersetzt: zu aktiv *legā-m legerē-m* > -*am* -*erem*; pass. *legā-r* > -*ar*, *legerē-r* > -*er*. Ebenso in der 1. plur. -*mur* zu aktiv -*mus*. Ähnliches im Keltischen.

Zu Imper. fut. -*tor* -*ntor* für noch altlat. -*tō* -*ntō* bzw. -*tōd* -*ntōd* s. § 423 B 2. – Zu Infin. dep. u. pass. altlat. -*ier* (neben -*ī*) s. § 430, 2.

2. 2. sing. -*ris* und -*re*. Im klassischen Latein ist -*re* obligatorisch als Imperativendung, sonst steht meist -*ris*. Im Altlatein steht in allen Modi bei Terenz immer, bei Plautus zumeist -*re*. Lautlich läßt sich -*re* mit griech. -σο gleichsetzen, also auf idg. -*so* zurückführen; funktionell paßt das nur für den Imperativ als ehemalige Injunktivform (§ 390, 2b), *sequere* gleich ἕπεο (ἕπου) idg. *sek^weso*. Also ist das -*so* bzw. lat. -*re* auch in den Indikativ verschleppt worden; und im Indikativ trat neugebildetes -*ris* neben und an die Stelle von -*re*, ebenso wie akt. 2. plur. -*tis* das ältere -*te* ersetzte, und zwar beide nach gleichem Vorbild akt. 2. sing. indik. *leg-is* neben imper. *leg-e*. Einen funktionellen Wert hatte -*ris* gegenüber -*re* nur im Indikativ praes.; ihm folgten die anderen 2. sing. des Praesensstammes (Konj. praes. usw.), doch mit geringerer Konsequenz. – Die Herleitung im Wesentlichen nach *Speijer* (*Speyer*), MSL 5, 183. – Zur Verteilung von -*re* und -*ris* bei Plautus s. *Clara M. S. Müller*, Gl. 17, 137–142 [Gl. 19, 240]; s. auch zu anderen Autoren N.-W. III 202 ff.

Neben -*ris* (oder -*re*) begegnet vereinzelt -*rus* (aus -*ros*): *experīrus* Cato agr. 157, 8; inschr. -*ārus*, meist in carmina, so *spatiarus* D 608 (= CE 960), *utarus* 645, *figarus* IV 2082, *patiarus* VI 10736; dazu *polliciarus* Tab. devot. D 801², 13 S. 87 und (imper.) *lege et morarus* CE 1876. – Als Erklärungen nur Notbehelfe: *Ernout*, MSL 15, 280: -*ros* aus idg. -*so*+*s*, dagegen -*re* aus idg. -*se*; *Vetter*, WSt. 24, 534. – Man fühlt sich erinnert an -*us* für -*is* beim Nomen in gen. *Venerus* usw., § 355.

3. Zu 2. plur. -*minī* (auch imper.) findet sich keine anklingende Personalendung in anderen Sprachen; doch ist eine idg. Endung ohnehin auch aus griech. -σθε und altind. -*dhve* -*dhvam* nicht zu rekonstruieren. Schon *Bopp* und *A. W. Schlegel* haben -*minī* des Indikativs als umgewertete mediale Partizipialform angesprochen: indik. *sequiminī* (sc. *estis*) gleich griech.

ἑπόμενοι (ἐστέ); zu Spuren von partizipialem *-meno-* im Latein s. § 293. Eine bessere Erklärung ist nicht bekannt. Schwer verständlich ist es jedenfalls, daß in einem Paradigma einzig die 2. plur. periphrastisch gebildet sein soll und dazu noch ohne Copula blieb; ein entfernt vergleichbarer Fall, griech. perf. pass. 3. plur. γεγραμμένοι εἰσί, ist mit εἰσί und als Ersatzbildung für das undeutlich gewordene γεγράφαται besser gerechtfertigt. – Das *-minī* des Imperativs aber will *Wackernagel* als infin. pro imper. erklären unter Gleichsetzung mit gr. infin. -μεναι; bedenklich ist hier, daß dieses -μεναι ursprünglich nur dialektisch in athemat. Flexion (hom. ἔμ-μεναι δό-μεναι) gebraucht war; für lat. *sequiminī* bestand keine Entsprechung gr. *ἑπέ-μεναι. – Zu imper. 2. pl. *-minō* und *-minor* s. § 423 B 2.

Lit.: *v. Planta* II 312 f.; *Porzig*, IF 42, 273; *Wackernagel*, Verh. 39. Philol.-Vers. 281 – Versuch einer Verknüpfung von gr. -σθε und altind. *-dhve* bei *Risch* 254 (Titel s. § 443 unter 3. plur.).

IDG. PRAESENS
UND DIE LAT. VIER KONJUGATIONEN

398. a) Die idg. Praesensstämme in der lat. 3. Konjug., infin. *-ĕre*. In der Grundsprache bestanden zwei Praesensflexionen, die thematische und die athematische (§ 390, 3). Kennzeichen der thematischen war ein starrer Stamm, endend auf den Themavokal idg. *e/o* (> lat. *i/u*), dahinter die Personalendungen; diese Flexion lebt reichlich fort im Praesens der lat. 3. Konjug., so mit reinem Verbalstamm etwa in *ago lego*, mit Stamm auf Praesenssuffix etwa *gnō-sco*. – Die Flexion der athem. Praesentien war altertümlicher und demgemäß formal komplizierter: erstens bestand im Aktivum Ablautwechsel im Verbalstamm, Vollstufe im Indik. sing., Schwundstufe in fast allen anderen Formen (ohne idg. Konjunktiv, der formal wie ein themat. Indikativ flektiert); zweitens ergab sich bei Wurzeln auf Kons. vielfach Konsonantenzusammenstoß in der Fuge zwischen Stamm und Endung. Athematisch flektierte Praesentien sind im Latein wie in fast allen Einzelsprachen stark im Rückgang (vgl. *Ernout*, Aspects 151 ff.); die meisten sind in der themat., also lat. 3. Konjugation aufgegangen, so reduplizierte wie *sisto*; einige erhielten sich als „unregelmäßige", so *es-* 'sein', *ed-* 'essen', *ei-* 'gehen'. So ist die lat. 3. Konjugation das Sammelbecken für die meisten idg. Praesentien beider Flexionen.

b) Die drei lat. Praesensstämme auf Langvokal der 1. 2. und 4. Konjug., mit infin. *-ā-re -ē-re -ī-re*, bilden gesamthaft das Gegenstück zu dem Stamm auf Kurzvokal bzw. Themavokal in der 3. Konjug. Für reine Beschreibung ist im Praesens die Langvokalflexion in der Hauptsache athematisch, so ganz deutlich im Imper. 2. sg. auf *-ā -ē -ī* und im Indikativ von den 2. sing. ab mit *-ā-s -ā-mus -ā-tis*, *-ē-s*, *-ī-s* usw.; aber themat. Endung ist hier das *-ō* der 1. sing.: *-a-ō* (> *-ō*), *-e-ō -i-ō* gegenüber athemat. (sek.) *-m* in den Nebentempora mit 1. sing. *-am -em -im* zu 2. sg. *-ā-s -ē-s -ī-s*. – Sprachhistorisch ist die Lage komplizierter: in allen drei Praesensbildungen ist die neue Flexion zusammengeflossen aus einer athematischen von wenigen Verben auf $\bar{a}$ $\bar{e}$ $\bar{\imath}$ ($f\bar{a}$-$r\bar{\imath}$ $n\bar{a}$-re, $n\bar{e}$-re, $sc\bar{\imath}$-re) und einer thematischen auf 1. sg. $-i̯\bar{o}$, also $-\bar{a}$-$i̯\bar{o}$ > $-a\bar{o}$ > $-\bar{o}$, $-\bar{e}$-$i̯\bar{o}$ und $-e$-$i̯\bar{o}$ > $-e\bar{o}$, $-i$-$i̯\bar{o}$ > $-i\bar{o}$ (s. im Einzelnen § 420); 2. sing. $-\bar{a}s$ teils aus $-\bar{a}$-si, teils aus $-\bar{a}$-$i̯esi$ > $-\bar{a}esi$ > kontrahiert $-\bar{a}s$. — Für die lat. Praesensflexion ist daher die idg. Teilung athematisch ∼ thematisch abgelöst durch eine Scheidung langvokalisch ∼ kurzvokalisch, mit wesentlich anderer Verteilung.

c) Eine Sondergruppe bilden die Praesentien der lat. 3. Konjug. auf $-io$ $-is$ wie *capio fugio*, und zwar zusammen mit den Primärverben der 4. Konjug. auf $-io$ $-\bar{\imath}s$ wie *haurio sentio*. Thematisch gebildet sind hier 1. sing. $-i$-$\bar{o}$ und 3. plur. $-i$-unt; die anderen vier Personen aber sind athemat. Formen, nicht nur die der 4. Konjug. mit $\bar{\imath}$ wie *haurī-s* $-\bar{\imath}$-*mus*, sondern auch die der 3. wie *capĭ-s* $-t$ $-mus$ $-tis$ und infin. $-ere$ aus $-i$-si; denn das $ĭ$ von *capi-ō* $-unt$ geht durch das ganze Praesenssystem (konj. $-i$-am usw.), und so kann das i in den vier Praesensformen nicht so wie bei ag-is $-it$ neben ag-o als geschwächter Themavokal e/o aufgefaßt werden. — Im Griechischen dagegen flektieren die entsprechenden $i̯o$-Praesentien rein thematisch, etwa χαίρω aus *χαρ-ι̯ω. — Man spricht hier neuerdings abkürzend von halbthematischer Flexion, im Hinblick auf Entsprechungen im Baltischen und Slavischen; s. dazu bes. § 421, ferner §§ 408 u. 410, 3b, auch § 390, 3b.

d) Vom Latein aus gesehen ist die Praesensflexion von *fero sum* oder *volo edo* in etwas anderer Weise halbthematisch: athem. 2. 3. sing. 2. plur. *fers fert fertis, es(s) est estis*, themat. 1. sing. 1. 3. plur. *fer-o -imus -unt, s-umus s-unt* usw. Sie wird sehr gezwungen von einigen Forschern als eigentliche oder ursprünglichste idg. Form der athem. Flexion betrachtet, gegenüber der rein athem. Flexion im Altindischen und im Griechischen. Repräsentant der ererbten halbthematischen Flexion wäre hiernach lat. *sum sumus sunt* und *es est estis*, nach *Bonfante*, BSL 33, 111–129 [Gl. 23, 132]; dazu *Bonfante*, Gl. 22, 289–295, zu dem alten athem. Praesens von *edo* 'ich esse'.

Natürlich steht diese Theorie im Rahmen der lange beliebten Abwertung von Altindisch und Griechisch als wichtigster Vertreter für die Rekonstruktion der grundsprachlichen Paradigmen, die aber in diesem Fall auch vom Hethitischen gestützt werden. S. auch *Adrados*, Fachtagg. Innsbruck 148 f.; *Loewe*, KZ 56, 234 f.; ablehnend *Szemerényi*, Sync. 190.

VI. DAS PRAESENSSYSTEM

A. PRAESENSSTÄMME

1. UNREGELMÄSSIGE LAT. VERBEN AUS IDG. ATHEM. PRAESENSBILDUNGEN

399. Wz. *ei/i* 'gehen', prs. *eo īs*, infin. *īre*; fast gleiche Flexion zeigt *(ne-)-queo (ne-)quīre* '(nicht) können'.

a) *īre* 'gehen', prs. *eo īs*. Zur Ablautverteilung. Im Indik. praes. ursprünglich sing. *ei*, plur. *i*, vgl. gr. εἶ-μι ἴ-μεν altind. *é-mi i-más*; im Latein ist *i* nur noch anzutreffen in perf. *iī*, sowie als Schwundstufe in nominalen Formen, ptc. prs. nomin. sing. *iēns* (vgl. gr. ἰών, ai. *yant-*), und verschleppt für *ī* (aus *ei*) in den *tu*-Abstrakta und Supina *ad-itus amb-itus -ūs* und ptc. fut. *ĭ-tūrus*; vgl. auch *ped-i-t- initium* (§ 263 C). – Also ererbte Vollstufe *ei* > lat. *ī* in indik. 2. 3. sg. *īs *īt* aus *ei-si *ei-ti* (auch altlit. *eisi eiti*), entsprechend imper. *ī* (*ei* in Plt. cod. A, *Leumann*, Kl. Schr. 122¹), *abei* D 581, 3. sing. *ītō* (umbr. *eetu*), 2. pl. *īte* (s. zu *ī* § 422 A). Danach auch indik. 2. 1. plur. *ī-tis ī-mus* (3. pl. *red-īnunt* s. § 394c). – Die durchgeführte Vollstufe *ei* differenziert sich im Latein lautlich in *ī* vor Kons. und *ĕ* (aus *eḭ-*, § 137a) vor Vokal. So *ī* auch in pass. *ītur* (*eitur* D 294), weiter *ī-bam ī-bo, ī-re* mit *īrem*. Dagegen *ĕ* in 1. sing. themat. *eo* aus *eḭ-ō*, 3. plur. *eunt*, entsprechend ptc. *eunt-*, ger. *eundī*, konj. *eam*.

Zusätze. α) Das Verhältnis ptc. nomin. *iēns* gen. *euntis* ist singulär; s. *Sommer*, KE 176 n. 144. Vulgär *ient-* in inschr. *praeter-ientes* V 7464, *ientibus* VI 10241; wegen *iend-* vgl. akk. *iendem* für *eun-dem* § 371 b Zus. δ. – β) Zu 3. plur. altlat. *-īnunt* und Gloss. *int* s. § 394 Zus. b. – γ) *ambīre*, regelmäßiges Verbum der 4. Konjug. (prs. 3. plur. *ambiunt*, fut. *ambiet* usw.) ist verdunkeltes Kompositum von *īre* mit Praeverb *amb-*, vgl. *Sommer* 538; aber *ĭ* im *tu*-Abstr. *amb-itus*, wie in *ad- ex-itus*. Vereinzelt regelmäßige Formen nach der 4. auch von anderen Komposita, fut. *trāns-iet* Tib. 1, 4, 27, *ex-iēs* Vulg. usw., s. Thes. s. *exeo*. – Zu perf. *iī* s. § 438 II C 2 b.

b) *(ne-)queo (ne-)quīre* '(nicht) können' flektiert im aktiven Praesenssystem wie ein Kompositum von *īre*; bezeugt vorwiegend bei Plautus und Terenz und noch bei Lukrez, also altlateinisch. Meist mit Negation *ne-queo* oder *nōn queo*, seltener ohne, vgl. etwa Plt. Psd. 570, Ter. Ad. 737 sq. Der Formenbestand muß aufgeteilt werden, Belege bei N.-W. III 622.

α) Aktive Formen des Praesenssystems: *queo quīs quit queunt, queam -ās -at -ant, quībam -bat* (Trin. 657 Rud. 600), *quīrem* Merc. 55, *quībo* Mil. 1240; bei Lukrez e. g. *nequīmus* 3, 363, *queāmus* 4, 826, *quībat* 1, 93, *nequībunt*. Man beachte 2. sing. *quīs*, etwa *quantum quīs, fuge* Most. 527, *nōn quīs* 840; 3. plur. *nequīnont* Liv. Andr. Od. 14, wie *redīnunt*. – β) Aktives Perfekt (bei *īre iī*, nur ausnahmsweise *īvī*): *quīvī* Rud. 91 al., *nequīvit* Poen. 848; verkürzt *nōn quīsse* Lucr. 5, 1045, *nequīsse* Catull 4, 4; also normal nach der 4. Konjug. – γ) Passivformen mit passivem Infinitiv (wie bei *posse potestur*, § 400 C 3): Plt. Sat. frg. 109 *retrahī nequītur*, Rud. 1064 *ut nequītur comprimī*, Pers. 194 *nec subigī queantur*. Perf.: Ter. Hec. 572 *nōscī nōn quītast*; aber Pacuv. 390 *séd cum contendī nequītum vī* (Acc. 662 *nequītus sum*; *ī* nach *nequīvī*); Cato orig. 24 *id* (sc. *fānum*) *nequītum exaugurārī*. – δ) Ein Ptc. prs. *queēns* mit abstr. *queentia* ist bei Quint. 8, 3, 33 zitiert, offenbar künstliche Bildungen als Ersatz für das fehlende Ptc. von *posse* mit Ableitung; wohl von 1. sing. *(ne-)queo* aus nach *(ne-)scio* mit *sciēns scientia*. – ε) Zur Herkunft: Vermutlich verwachsen aus *nequ(e) it* oder pass. *nequ(e) ītur* 'es geht nicht', s. E.-M. und W.-H.

400. *esse* 'sein', *est* 'er ist', *sum* 'ich bin'; nur Praesenssystem von Wz. *es*. In Nebenformen und suppletiv im Perfektsystem Stamm *fū fŭ*, idg. Wz. *bhū* 'werden'. Dazu altlat. Inchoativum *escit*. Außerdem Praeverbkomposita wie *ad- dē- prae- prō-sum* und *-fuī*; zu *prōd-* in *prōd-est* s. § 418 I A 2bγ 2. Nur im Praesensstamm zugehörig *posse* 'können', *pos-sum pot-est*, im Perfekt ergänzt durch *potuī*.

A. Praesenssystem, Wz. *es- s-*.

1. Indik. praes. (mit Imper.). Das Latein zeigt im Indikativ drei *es*-Formen *es est estis* und drei *so*-Formen (mit *su-* aus *so-*) *sum sumus sunt*. In der Grundsprache bestand andere Verteilung: Vollstufe *es-* im Singular, Schwundstufe *s-* im Plural (nach *Bonfante* freilich idg. „halbthematische" Flexion, s. § 398d).

a) 1. 2. 3. sing. 3. plur. Die idg. Flexion sing. 1. **es-mi* 3. **es-ti* plur. 3. **s-enti* (oder **s-onti*) ist im Prinzip gesichert durch altind. *asmi asti santi*, gr. εἰμί ἐστί εἰσί (dor. ἐντί), got. *im ist sind*, osk. 3. sg. pl. *est sent*; dazu mit 3. plur. **sonti* durch aksl. *jesmъ jestъ sǫtъ*, hethit. *esmi eszi asanzi* (für **sanzi*); zur 2. sg. s. unten. Direkt ererbt sind danach lat. *est sunt*; zum Abfall von *-i* s. § 98a; inschr. *sont* D 294. – Nach indik. *est sunt* auch imper. *estō suntō*, s. § 423 A 1.

Zusätze. 2. sing. idg. **esi* (aus **essi* nach § 25 h) in ai. *asi* gr. εἶ aus **ehi*. Restituiertes *ss* in gr. hom. ἐσ-σί (nach 3. sing. ἐσ-τί); zweideutig ist einfaches *s* in got. *is* aksl. *jesi*. – Lat. *es* steht als sichere prosodische Länge noch Plt. Amph. 836 Psd. 610, also als *ess* (nach § 225 I a), ebenfalls aus **essi*; als sichere Kürze seit Enn. ann. 578. – Als Imper. erwartet man die reine Wurzel, also *es* als Kürze; metrisch auswertbare Belege fehlen im Altlatein. Bei Tibull Versanfang *hūc ades* 1, 7, 49 u. 2, 1, 35. – Ganz unsicher 2. sing. *essis* Acc. praet. 16 *optume essis meritus*; wenn anzuerkennen, dann Verdeutlichung von *ess*. – Zu den Formen mit Aphaerese 2. 3. sing. hinter Vokal *-'s -'st (-m-st)* s. § 134, 2.

b) 1. 2. plur. und lat. *so*-Formen. Die erwartete Ablautform *s-* zeigt nur altind. *s-más s-tha*; dafür *es-* 2. plur. *estis* (und ebenso imper. *este*) durch Ausgleich mit dem Singular, speziell mit **esti*), wie in gr. ἐσ-τέ (und danach ἐσ-μέν). – Die lat. *so*-Formen **som* (so osk. *súm*), **somos, sont*. Ererbt ist *so-* nur in **s-onti* > *sunt*. Die 1. plur. **s-mos* wurde zu **somos* (> *sumus*) verdeutlicht, spätestens als in anl. *sm-* das *s-* schwand (§ 194), in Anlehnung an 3. plur. *sont* und an themat. **legomos *legont*. Hernach trat in der 1. sg. für **esmi* die Form **som* zu pl. **somos*, wohl nach imperf. **esām* neben **esāmos* (*eram erāmus*).

Zusätze. α) Zu *sum sumus* s. bes. *Szemerényi*, Sync. 191 ff. Unhaltbare Deutungen: *Loewe*, KZ 56, 230: aus Injunktivformen **osṃ *osmos* [Gl. 20, 272]. *van Wijk*, IF 18, 56: Ablautform **sęmos*, zu zweisilbiger idg. Wurzel *ese. Foley*, Lang. 41, 59–64 (ahistorische Konstruktionen). – β) Zu lat. *sumus : su-* aus *so-* wohl durch Vokalschwächung (nach § 92 A), zuerst im Gebrauch als Hilfsverb, etwa *secūtī sumus*; vgl. inschr. *secuti simus* CE 186; dazu kommen ein paar literarische Zeugnisse in Fragmenten, bei Mar. Victorin. p. 9, 5 K. Aber das *simus* von *contenti simus* in einem Brief des Kaisers Augustus (Suet.

Praesensstämme: *esse* mit *fui*

Aug. 87, 1) ist vermutlich als konj. *sīmus* zu fassen. – γ) Mit *esum* ('*sum*' *olim dicebatur* '*esum*') erhält Varro ling. 2, 100 den einheitlichen Anlaut *e-* für die Leitformen 1. sing. der drei Tempora *esum eram ero*; die Form war wohl nur zu diesem Zweck von einem Grammatiker konstruiert; als Sternchenform, **esum*, würden wir sie einführen. Mit der 3. sing. als Leitform nach dem Verfahren der altind. Grammatiker, also mit *est erat erit* hätte sich das Problem gar nicht gestellt. – δ) Inschr. vulglat. *so* aus *sum*, z. B. X 2070 XIV 7181.

2. Weitere Formen mit Stamm *es* : Infin. *es-se*, mit *es-sem* (§§ 429 u. 426). – Fut. *ero*, flektierend wie themat. indik. praes. *lego*, ist sprachgeschichtlich athem., d. h. kurzvokaliger Konjunktiv idg. 1. sing. **es-ō*, gleich gr. ion. ἔω, s. § 424, 1 a. Seit der Kaiserzeit als 3. plur. *erint*, auch *poterint*, in Anlehnung an fut. ex. *fuerint*, s. § 445, 1 Zus. b. – Imperf. *eram* < **es-ā-m*, s. § 428 I C 4. – Dazu als *sco*-Praesens (§ 407 I A 1) altlat., fast nur 3. sing., *e(s)-scit* ('*erit*' Paul. Fest.), Futurbedeutung 'wird sein' aus 'geht über in', 'beginnt zu sein'. Belege: XII tab. 1, 3; 5, 4 u. 5 (*nec-es-cit*); 5, 7; 10, 8 *cui auro dentes iuncti escunt*; Lucr. 1, 619; dazu Kompos. *super-escit* ('*-erit*' Fest.) Enn. ann. 494 Acc. 266; *ob-escet* '*oberit*' Paul. Fest.; Weiteres s. N.-W. III 602. Vgl. auch § 418 II C 3 zu *calē-scit* und *-fit*. – Zu *essentia* s. § 256a.

3. Formen mit Stamm *s-*: Konj. (idg. Opt., § 424, 2) mit *-iē-*/*-ī-* : *sim sīs sit, sint,* altlat. noch daneben *siem siēs siet* (inschr. *sied* § 394), *sient*; 1. 2. pl. nur *sīmus sītis*; also zu analysieren *s-iē-s s-ī-mus*; vgl. ai. *syā́m -s -t -ma* usw., got. *sij-au* (nhd. *ich sei*), auch gr. sing. εἴην plur. εἶμεν aus **esii̯ēm* **esīme*. – Ptc. idg. **sent-*/*sont-*/*sn̥t-*; zu **sent-* vgl. nomin. plur. mask. gr. dor. ἔντ-ες; zu **sont-* gr. att. ὄντ-, aksl. *sy* gen. *sǫšta*; zum Ablaut altind. *san, sant- -am, sat-ā́*. Im Latein *sent-* oder *sn̥t-* noch in *prae-* und *ab-sent-*, auch wohl *dī cōn-sent-ēs*; dazu inschr. *insentibus* XIV 3945. Der Gebrauch von *prae-* (wie gr. παραί 'bei') in *prae-sēns* (auch osk.) ist altertümlich gegenüber *ad-esse*, Benveniste, Ling. gén. 122 ff. Ein Simplex *sont-* vielleicht als Adj. 'schuldig' (mit *īn-sōns, sonticus*) gleich nordgerm. *sannr*, s. zuletzt *Seebold*, Die Spr. 15, 26. – Caesar, frg. 28 p. 156 Fun., bildete theoretisch *ēns* zu *est*, angeblich nach *potēns* neben *pot-est*. Vergil behilft sich Aen. 3, 489, mangels eines lat. Partizipiums, mit *super* '*qui super-es*' für gr. περι-ών. Cicero bildete *essentia* zur Wiedergabe von gr. οὐσία (bezogen auf ptc. ὀντ-, fem. οὖσα), wohl nach einem Vorbild wie *differentia*; zum Gebrauch s. Quint. 2, 14, 2 u. 8, 3, 33; ferner Thes. s. v.

Zusatz. Die älteren Formen *siem* usw., auch in Komposita, stehen bei den Skenikern fast nur im Senarausgang, der bevorzugten Stelle für Archaismen und Neologismen. So stehen etwa im gleichen Vers *sit* und am Versende *siet* Plt. Men. 341 Ter. Eun. 555 Haut. 620, *sint* und *sient* Plt. Mil. 227; vgl. Cic. orat. 157 zu *siet*. Weitere Belege für *siet* stehen bei Cato Enn. Lucr. und auf alten Inschriften. Für *sīt* (sic!) alte Schreibung *seit* D 260, 11. – Konj. prs. *adessint* Lex repett. 63 ist kontaminiert aus *adsint* und *adessent*.

B. Perf. *fuī*; Stämme *fū-* und *fu-*.

1. Suppletivsystem prs. *es-* perf. *fu-*. Die idg. Wurzel *es* 'sein' war im Gegensatz zu *bhū* 'werden, entstehen' durch ihre Bedeutung ungeeignet sowohl für die perfektische Aktion (nach § 391a) als auch für die aoristische; nur rein formal hat sich im Altindischen aus den augmentierten Imperfektformen von *as* (sing. 1. *āsam*, 3. *ās*, pl. 3. *āsan*) ein praeterital gebrauchtes

Perfekt entwickelt (sing. 1. 3. *āsa*, speziell über 3. plur. als *āsur*); ähnlich im Griechischen 2. sing. ἦσθα (anders *Schwyzer* I 677[5]). Verschiedene Einzelsprachen bildeten aus *es* und *bhū* ein suppletives System, s. *Lejeune*, Homm. M. Renard I 532–537. So im Italischen das Latein mit *est* und *fuit*, dazu *fuam forem futūrus*, das Osk.-Umbr. mit *est* und fut. *fust*, dazu osk. *fufans* 'erant', *fusid* 'foret', *fufens* 'fuerunt' und umbr. *fefure* 'fut. ex. fuerint', imper. *futu* 'esto', *fuia* 'fiat' (sicher von Aoriststamm *fū*-; die Quantität des *u* ist aus der Schrift nicht bestimmbar).

2. Lat. *fū*- und *fŭ*- als Perfektstamm, *fŭ*- als Verbalstamm. Die *fu*-Formen stehen auch mit den Praeverbien des Praesensstammes *es*- : *ad-fuī* (auch *ar-fuī* § 162bβ); *ā-fuī* (nicht *au*-; künstlich *ab-fuat* Fronto nach *absit*); *prae-prō-fuī*; aber *potuit* zu *pot-est*. In perf. *fuī* antevokal. Stamm *fŭ*-; vereinzelt noch altlat. *fū*-, Enn. ann. 377 *fūimus*, Plt. Bacch. 1087 *fūerunt*, Capt. 555 troch. Sept. *quibus īnspūtārī salūtī fūit atque īs prōfŭit*. Also ist *fŭ*- aus *fū*- vor Vokal gekürzt nach § 118. Aber erhaltenes altlat. *fū*- vor Vokal setzt noch älteres *fūv*- voraus (vgl. § 437 I C 3); morphologisch ist dieses *fūvit* wie *īnstitūvit* ein *v*-Perfekt, also *fū-vit* (inschr. *fuueit* D 615?), wohl auf der Basis von idg. Wurzelaorist *bhū-t* wie *nōvī* auf der von *g'nōt* (gr. ἔφῡ ἔγνω, altind. *abhūt*, umbr. imper. *futu*, aksl. *by zna*); freilich ist bei lat. *fuit* aoristische Verwendung als 'er wurde' selten, doch s. dazu *Knecht*, fio fui ...?, Gymn. 77, 211–217. Anders über das *v* von *fūvit Sommer*, s. unten.

Zusatz. Verbalstamm antekons. *fŭ*- (als Imper. *fu* Arvallied wohl mit *ū*). An sich erscheint das idg. *ū* in den Einzelsprachen nur vor Vokal als *-uṷ-*, woraus weiter *ŭ* (vgl. gen. *suis* gr. ὑός zu nomin. *sūs* gr. ὗς; § 143 c). So erklärt sich lat. konj. *fuat* aus *bhuṷ-āt*, formal gleich lit. praet. *bùvo* 'er war' (§ 425 B 2 a); das *fŭ*- von *fuat* aus *fuv-āt* ist also anderen und älteren Ursprungs als das von *fuit* aus *fŭ-vit*. Antekons. lat. *fŭ*- gr. φῠ- ist nur erklärbar als verschlepptes antevokal. *fu*- φυ-: nach konj. prs. *fuam* auch konj. imperf. *fu-zēm* lat. *forem* gleich osk. *fuzē*- (nach diesem wohl weiter indik. osk. *fŭ-fans* *fu-bant*); weiter *fŭ-tūrus* und wohl iter. *futāre* § 412 B 3 a. Entsprechend gr. φῠ- vor Vokalen aus *φυϝ*- in hom. perf. ptc. fem. πεφυ(ϝ)-υῖα und 3. pl. πεφύ(ϝ)-ᾱσι neben φῡ in x-Perfekt πέφυ-κα oder in φῡσί-ζοος φῡλή φῦλον; dann φῠ vor Kons. in ptc. mask. πεφυ-(ϝ)ῶτε und in φύσις, φυτόν mit φῠτεύω; Vorbild mit ursprünglich ῠ etwa λύω mit λύσις λῠτός neben λέλῡ-κα λῡσι-μελής.

S. besonders *Sommer* 125 u. 559; E.-M. s. *fuam*; *Solmsen*, Stud. 168 ff. – Verfehlt über einen Konj. *fuim -it* wie *duim*: *v. Blumenthal*, RhM 87, 267–271. – *Watkins*, in Idg. Gr. III 1, 150 (zu idg. *es/bhū*).

C. *posse* 'können' mit perf. *potuī*. Seit Beginn der Literatur gelten die Formen des klassischen Lateins, prs. indik. 1. 3. sing. *pos-sum pot-est* usw., also Praefix *pot*- vor Vokal in *pot-est -erat -erit*, daraus *pos*- vor *s*- nach § 202a in *pos-sum -sunt -sim*; danach auch infin. *posse* statt *pot-esse*. – *pot*- ist eine vereinfachte Form des Praefixes; im Altlatein noch viele Formen mit *potis*; dies ist praedikativ gebrauchtes *potis* 'Herr, einer Sache mächtig' (§ 41), in Zusammenrückung *potis-sum* 'ich vermag'. Neben *potis* auch *pote*. – Im Altlatein vereinzelt auch passives *potestur*.

1. Zur Gestalt des Vordergliedes: *potis* ist funktionell erstarrt, es steht auch bei Neutrum und bei Plural als Subjekt: Plt. Amph. 693 *istuc potis est fieri*, Poen. 227 *potis sunt* (für *potēs sunt*). Wenig bezeugt ist *pote*, aber vorausgesetzt ist es durch *pot(e)-est*; nach indik. *pot-est* Konj. *pot-siēt > possiet*,

dazu weiter als 1. sg. *possiem* und *possum*. – *pote* ist entweder herausgelöst aus *potin* '*potis-ne*', oder es ist Neutralform **poti*, vgl. die Steigerungsformen ntr. (auch als Adverb) *potius potissimum*; kaum lautliche Nebenform zu *potis* nach Muster *mage magis*, *sat satis* (§ 229b), so *Niedermann*, Précis 133 nach Früheren.

Belege für ältere Formen (s. auch N.-W. III 611 ff.); die aus Plautus und Terenz ohne Autornamen. a) Infin. *potesse* häufig, etwa Cist. 30, Most. 1015, Lucr. 1, 665 al., D 683, 9; dazu konj. imperf. *potesset* Enn. ann. 222, auch wohl Mil. 884 (*-isset* cod.). – b) Formen mit *potis*: *p. es* Mil. 684. 1322 Pers. 35; *est* Curc. 269 Poen. 286 Ad. 344. 626 usw.; *sunt* s. oben; *siem* Merc. 331, *sīs* Poen. 875, *sit* Lucr. 5, 881, inschr. SCBacch. 27 *potisit* (d. i. *potis sit*), *sint* Varro rust. 2, 2, 1; *erat* Eun. 113. Also alt ist konj. prs. *potis sit* bzw. *potissit*, konj. imperf. *potesset* zu infin. *potesse*. Die Formen *potisset* und *potisse*, wenn anzuerkennen (Plt. Mil. 884, Lucil. 203/205 bei Non. p. 445, 31), sind kontaminiert aus *potissit* und *potesse(t)*; eine rein morphologische Erklärung (so bei *Schulze*, Kl. Schr. 437) ist nicht angemessen. – c) *pote* 'es ist möglich', öfters für hs. *potest* einzusetzen, auch in *ut-pote* 'nämlich' enthalten (dies nicht zu Partikel *-pte*, s. § 369 Anh. und *Szantyr*, Synt. 421 litt. γ); in Gesprächsformel der Aufforderung mit fragendem *-ne* als *potin* vor Vokal. So meist *potin ut* mit 2. sing. 'ist es möglich, daß du'; es folgt *taceas* Pers. 175, *molestus ne sis* Epid. 63 al., *abeas* Psd. 393, ohne *ut* Pers. 297 *potin abeas*; selten mit Infinitiv als Frage (vgl. *pote* Trin. 352): Curc. 246, Poen. 1089 *potin tu fieri subdolus?*, Cist. 231 *potine tu ... facere?* (aber Poen. 309 *potesne mi auscultare?* :: *possum*); mit 3. Person Trin. 759 *potin est ... (argentum) exorari?* :: *potest*; vgl. mit *pote* im Versausgang, also gesichert Aul. 309 *censen ... pote?* Also *potin ut* aus *potisne* (sc. *est*) *ut*; dann durch Abschleifung auch mit Infin., also scheinbar für *potes-ne*. – *pote* 'er kann' Catull 67, 11.

2. Passivformen mit abhängigem passivem Infinitiv, vgl. *nequītur* § 399bγ. Wenig Belege, keine bei den alten Skenikern, im Gegensatz zu *nequītur*: Enn. ann. 612 *nec retrahi (...) potestur*; aus alten Reden zitiert Festus *potestur* und *poterātur*; Lucr. 3, 1010; Cato agr. 154 *possītur*; Lex repett. 66.

3. Perf. *potuī* und adj. *potēns* 'mächtig'. Zu *pot(e)-est* sollte ein Perfekt **pote-fuit* gehören, allenfalls **pot-fuit*; einziges Zeugnis ist Ter. Phorm. 535 *hic si pote fuisset exorarier*, offenbar eine Künstlichkeit. Formal gehört *potuī* als *uī*-Perfekt zu einem praes. **potēre*, und zwar zusammen mit adj. *potēns* 'mächtig', das Ennius einmal wohl künstlich als ptc. 'könnend' gebraucht, ann. 333 *bellum tolerare potentes*; belegt ist italisch **potēre* 'können' durch osk. *pútiad* (wäre lat. **poteat*) mit Infin. 'possit'. Zu roman. **potēre* als Rückbildung aus perf. *potuī* s. Allg. Teil 67* oben.

Zusätze. *Szemerényi*, Sync. 371 stellt osk. *pútiad* zur 4. Konjug., also ins Lat. umgesetzt akt. **potiat* zu **potīre*, gegenüber lat. dep. *potiātur* zu *potīrī*, mit Noterklärung für lat. *potent-* statt **potient-* und ohne Beachtung der Aktionsartdifferenz zwischen 'können' und 'sich bemächtigen'. – Lautlich unmöglich ist die Erklärung von *potuī* aus **pot-fuī* zu prs. **pot-sum*, die seit *Corssen* immer wiederkehrt, etwa bei *Muller*, Altital. Wb. s. *potis*, und etwas verändert bei *Horn*, Sprachkörper 31. – *Juret*, REL 15, 72 [Gl. 28, 13] parallelisiert *potuī potēns posse* mit *voluī volēns velle* und erschließt damit unter Nichtberücksichtigung der altlat. Formen ein athemat. Praesens *pot-*, also *posse* aus **pot-si*. – Zu kaiserzeitl. *poterint* für *poterunt* und *possint* s. § 445, 1 Zus.

401. *velle* 'wollen', Wz. idg. *u̯el*, lat. prs. *volo* (*vīs*) *vult*; dazu *nōlo* 'will nicht', *mālo* 'will lieber'.

1. *velle*. a) Zu Wurzel und Stammvokal. Als Verwandte aus anderen Sprachen seien hier nur genannt nhd. *wollen*, 1. sing. *ich will*, und altind. Wz.

$u̯r̥$ $u̯ar$ 'wählen'. Lautlich idg. $u̯el$- > lat. $u̯ol$- in fast allen Stellungen; das e von $u̯el$- bleibt nur erhalten vor $ī$ und vor ll, in $u̯elī$-s und $u̯elle$. – Zur Flexion. $u̯olo$ flektiert in den meisten Formen wie ein regelmäßiges oder normales Verbum der 3. Konjug., also wie $colo$ oder $molo$: imperf. $u̯olēbam$, fut. $u̯olam$, perf. $u̯oluī$, ptc. $u̯olent$-. Nur die abweichenden Formen sind hier zu besprechen.

b) **Praes. indik.** „halbthematisch" nach § 398d; d. h. eindeutig athematisch $u̯ult$ und $u̯ultis$, formal thematisch $u̯olo$ $u̯olumus$ $u̯olunt$; zu $u̯olumus$ statt -$imus$ s. § 92 A. Für $u̯ult$ $u̯ultis$ alt noch $u̯olt$ $u̯oltis$, § 46; $u̯olt$ aus *$u̯el-ti$, vgl. altlit. pa-$u̯elt$ 'er erlaubt'; $u̯oltis$ setzt idg. *$u̯l̥-te$ fort. Zu 1. sg. $u̯olo$ sei für älteres *$u̯el-mi$ auf altlit. pa-$u̯elmi$ verwiesen. – Zum athemat. Indikativ gehört der athemat. $ī$-Optativ, hier mit durchgeführtem $ī$, als lat. Konjunktiv, 1. pl. $u̯elī$-mus wie got. $wilei$-ma, 2. sing. $u̯elīs$ ($ī$ Verg. Aen. 11, 528) für *$u̯el$-$yē$-s. – Dazu Infin. $u̯elle$ aus *$u̯el$-si § 214a, mit Konj. imperf. $u̯ellem$ -$ēs$ sowie Partikel $u̯el$ (s. unten c). – Neben ptc. $u̯olent$- steht, als athemat. Form, älteres *$u̯elont$- in $u̯oluntās$ (§ 328, 1 b).

Zusätze. Lat. $u̯ol$- geht auf idg. *$u̯el$- zurück, lautlich nach § 148 b, auch auf *$u̯l̥$- (> lat. $u̯ol$-) in 2. plur. $u̯oltis$ $u̯ultis$. Auch nhd. $wollen$ (1. 3. sing. $will$) setzt älteres $wellen$ (got. $wiljan$) fort. Zum idg. e-Vokal in lat. $u̯el$-$īs$ -it s. auch $Hoffmann$, Festschr. Kuiper 7. – Vulglat. inschr. konj. prs. $u̯ellit$ (auch $u̯ellis$ CE 836) zeigt ll statt l durch Angleichung an konj. imperf. $u̯ellet$, $Schulze$, EN 448[1].

c) Die 2. sing. $u̯īs$ gehört zusammen mit $inu̯ītus$ 'unwillig' zu einer Wz. *$u̯ei̯ə/u̯ī$ 'erstreben' und ist als *$u̯eis$ Entsprechung zu rigved. $veṣi$. – Lat. $u̯īs$ auch in $sīs$ 'bitte' aus $sī$ $u̯īs$ (§ 144); danach künstlich zu 2. plur. $u̯ultis$ auch $sultis$ Plt. As. 1.

Die Versuche, $u̯īs$ als Form von $u̯elle$ lautlich auf *$u̯elsi$ zurückzuführen, wobei $uois$ der $Du̯enos$inschrift (§ 5 a) als Zwischenstufe benutzt wird, sind verfehlt. – Die alte 2. sing. *$u̯elsi$ 'willst du' lebt vermutlich fort in der Partikel $u̯el$ 'oder' ($u̯el$ hoc? $u̯el$ $illud$?); lautliche Zwischenstufe *$u̯ell$, s. § 148 d β und § 225 I c. Formale Variationen zu dieser Herleitung: Injunktiv *$u̯el$-s nach $Jacobsohn$, KZ 45, 344 ff.; Imper. 'wähle' (nicht: 'wolle') endungslos oder thematisch oder mit Partikel -$ī$. – Vgl. auch $Szantyr$, Synt. 501 Zus. a; W.-H., von $Planta$ II 470[3], $Sommer$, KE 150 nr. 128; $Meillet$, MSL 19, 68. – 2. sg. $u̯olis$ (zu $u̯olo$ wie $colis$ zu $colo$) Ven. Fort. nach $Boas$, Gl. 16, 71 f.; ähnlich 1. pl. $u̯olimus$ ib. 65[1].

2. $nōlo$ $nōlumus$ $nōlunt$ und entsprechend $mālo$ gehen zurück auf ältere *ne-$u̯olo$ $mā$-$u̯olo$ angesichts von 2. 3. sing. altlat. ne-$u̯īs$ ne-$u̯olt$ (bei Plautus noch neben $nōn$ $u̯īs$, $nōn$ $u̯olt$) und von lat. $mā$-$u̯īs$ $mā$-$u̯ult$. Zu $mā$-$u̯olo$ aus *$magis$ $u̯olo$ über *$magz$-$u̯olō$ s. §§ 124 u. 208.

Zur Entfaltung der Flexionsformen und zur lautlichen Entstehung der Stammgestalt. a) Die Stämme $nōl$- $māl$- sind nach praes. indik. $nōlo$ $mālo$ neben $u̯olo$ auch in die übrigen Formen des Praesenssystem eingeführt worden: $nōlim$ $mālim$, $nōlēbam$ $mālēbam$ und, mit ll, infin. $nōlle$ $mālle$ mit $nōllem$ $māllem$ (seit Terenz belegt; zum ll hinter Langvokal s. § 148 d β); ferner perf. $nōluī$ $māluī$, ptc. $nōlent$- (üblicher ist $inu̯ītus$). Sonderformen imper. $nōlī$ zu 2. pl. $nōlīte$; letzteres ist zur Imperativform auf -te umgebildet aus konj. $nōlītis$ (*ne $u̯elītis$). – Inschr. $nonleba$ '$nōlēbam$' XI 6078 zeigt $nōn$- als Verdeutlichung; beachte nl für ll, § 216 a. – Bei Plautus finden sich neben $mālo$ $mālim$ noch im Versausgang die alten Formen $māu̯olo$ $māu̯elim$, sonst nur $māu̯ellem$ (dazu Hofmann, IF Anz. 28, 60). Für Belege s. N.-W. III 620. – Nach praes. $mā$-$u̯ult$ restituiertes perf. $māu̯oluit$ Petron. 77, 5 (Cena). – b) Vorausgesetzt ist im $ā$ und $ō$ von $mālo$ $nōlo$ eine Vokal-

Praesensstämme: *velle* mit *nolle malle*; *dare*

kontraktion im Gefolge des Schwundes des *v* von *volo*; solcher Schwund ist beschränkt auf *vo* im Wortinnern (nach §§ 133 II, 145 c), also *mā-volō* > *māolō* > *mālo*. Danach wird man auch für *nōlo* ansetzen *ne-volō > *neolō > *nōlo*, so *Solmsen*, Stud. 9 u. 53; kaum *ne-volō > *novolō (nach § 43 a) > *noolō > *nōlo*, so *Sommer*, KE 151 nr. 129. Die Kurzformen *mālim māllem* und *nōlim nōllem* sind Analogiebildungen für lautrichtige *mā-* und *ne-velim -vellem*. – Komplizierter, mit unhaltbaren Voraussetzungen über die Praesensflexion von *volo, Loewe,* KZ 56, 235 f. [Gl. 20, 272]. – Vor *lt*, d. h. in der 3. sing. und 2. plur., wurde die Kurzform vermieden; eine Momentanbildung *nōltis* wird zitiert Diom. I 386, 19; vgl. oben *sultis*.

402. *dăre* 'geben': idg. Wz. *dō/də* > lat. *dō/dă* (§ 33).

a) Lat. Wz. *dă*, in *dăre dătus dăbo*. Von den Verben der lat. 1. Konjug. unterscheidet sich *dăre*, vom Perfekt abgesehen, nur durch die Kürze des *a* vor einfachem Konsonant, etwa *dămus, dăbam dăbo dăre*, pass. *dătur,* imper. *dătō*. Zu perf. *dedī* s. § 433 A 4b. – Die Komposita gehen nach der 3. Konjug.: *ad- dē- ē- prō- trā-do -dis -dit -dĕre*; zu *vendo -ere* verkaufen s. § 228 I b. In den Komposita wird das in zweite Wortsilbe verschobene *a* geschwächt zu *e* (vor *r, nt nd*) oder zu *i* (vor einfachem Kons., § 86 II); dadurch fallen manche Formen mit solchen der 3. Konjug. zusammen: Simplex *dare darem, dant- dandus* und *damus datus,* Komposita *ad-dere -derem -dent- -dendus* und *-dimus -ditus*; in Verbindung mit der 1. sg. auf *-dō* (wie Simplex *dō*) führt das zum Übertritt in die 3. Konjug., also mit neuen Formen 3. plur. *ad-dunt,* konj. *-dam -dās,* fut. *-dam -dēs* und imperf. *-dēbam*. Eine Restform ist fut. *red-dibo* Plt. Cas. 129 Men. 1038, zu *dăbo*; vgl. auch inschr. *reddebit* V † 8752. – Wie das Simplex *dăre* flektiert nur *circum-dăre,* als jüngeres Praeverbkompositum.

b) Das Glied *-dere* zeigt etwa in der Hälfte der Komposita eine andere Bedeutung, nämlich 'stellen, setzen', so in *con-dere* 'gründen', *ab-dere* 'verbergen', auch *ob- sub-* und *per-dere* und wohl *dī-vi-dere* mit Praeverb *vi-* 'auseinander' (§ 418 I A 2c); dazu *crē-dere* § 171c und adj. *prae-ditus* (ursprünglich wohl '*voran-gesetzt durch, voranstehend'). Dieses *-dĕre* entspricht dem griech. ϑη/ϑε von τίϑημι ϑετός (vgl. Allg. Teil S. 68* oben). Diese Wurzel hatte grundsprachlich ein redupliziertes Praesens, gr. τίϑημι τίϑεμεν, ai. *dadhāmi dadhmas,* ebenso wie die Wz. *dō* 'geben', gr. δίδωμι δίδομεν, ai. *dadāmi dadmas*; da idg. *dh* im Wortinnern als lat. *d* erscheint (§ 171b α), so mußten in Komposita bei gleichartiger Flexion die Formen mit *ə*-Vokal von *dhē* im Latein mit denen von *dō* lautlich zusammenfallen. Das Simplex zu *dhē* ist im Italischen durch prs. *facio* abgelöst (vgl. osk. *fakiiad* umbr. *façia* 'faciat'); sprachgeschichtlich entspricht perf. *fēcit* dem gr. aor. ἔϑηκε als ererbte Form; zu perf. *fēcit* wurde retrograd ein neues prs. *facio* gebildet (mit neuem perf. osk. *fefac-*); vgl. § 435 A2. S. auch *Porzig,* Festschr. W. Krause 181.

c) Das Praesens. Das athem. Praesens *dō dămus* ohne Ablaut mit Schwundstufe *dă* ist eine Vereinfachung des Lateins gegenüber gr. δίδωμι altind. *dadāmi*. Auch lat. *dō dămus* geht auf redupliziertes **di-dō(-mi)* *di-da-mos zurück; sicheres Zeugnis dafür ist *reddo* aus *re-didō (s. § 418 I A 2bβ); der Verlust der Reduplikation erfolgte zuerst in den Komposita (vgl. perf. *con-tulī* zu alt *tetulī* usw., § 433 A 3c); das Simplex folgt bei *dăre* später, nicht aber beim zweiten *-dĕre*, wegen des zerrissenen Zusammenhangs zwischen *f-* (redupl. *fid-*) im Simplex und *-d-* (*-did-*) in den Komposita. – Im Osk.-Umbr. fehlen Komposita zu *dare*, der Praesensstamm des Simplex ist redupl. *did-*: vestin. praes. themat. *did-et* (Vetter nr. 220), osk. fut. *did-est*, umbr. konj. prs. *dirsans* (wäre latinisiert **did-ant*). – Formen eines Wurzelaorists (gr. 1. pl. ἔδομεν) wird man bei einem Verbum der Bedeutung 'geben' am ehesten im Imperativ erwarten (gr. δό-τω δό-τε); so faßt man die alten *ce-do cette* (§ 102) als Imperative des Wurzelaorists: **(ce-)dō* wie lit. *dúo-k*, **(ce-)date* wie gr. δότε.

Zusatz. 2. sing. indik. *dās* und imper. *dā* mit *ā* statt *ō* oder *ă* zeigen vermutlich Angleichungen der Vokalfarbe an sonstiges *ă*; d. h. in Komposita trat zu 1. sing. *-(di)dō (-mi)* eine 2. sg. *-(di)dōs > *-dās*; entsprechend 3. sing. **dāt > dăt*. Die Normalerklärung ist freilich Einführung des *ă* für *ō* aus dem Plural, mit sekundärer Dehnung **dăs > dās* im autonomen Einsilbler. Zur Bezeugung des *ā* s. *Lindsay*, ALL 11, 127, zur Dehnung *Sommer*, KE 154 nr. 130, *Kieckers*, IF 37, 237. – Ansetzung nichtreduplizierter Grundformen ist bedenklich: 1. sing. *dō* aus **dōō* oder **daō*, oder aus **dō-i̯ō* gleich aksl. iter. *dajǫ*. – Zu 3. plur. *danunt* s. § 394 Zus. c. – Nach *Hofmann*, Umgangsspr. 32 § 41 soll *dō* in *cedo* eine Lokalpartikel sein.

d) Lat. Stamm *du-* und dialekt. Stamm **duu̯ī-*. Einige Modalformen italischer Dialekte zeigen auf Inschriften einen Stamm *dou* nur vor *i*, primitiv formuliert einen Praesensstamm *dou̯ī-*, so falisk. *douiad* 'det' Vetter nr. 241, umbr. imper. *purtuu̯itu purdouitu* (aus *-doṽītō*) 'porricitō'. Irgendwie scheint dazu zu gehören altlat. *duim*, formal freilich alter *ī*-Optativ, gebraucht als Wunschkonjunktiv (Belege s. N.-W. III 311); lautlich wohl *duī-* in Komposita oder Enklisenstellung aus *dou̯ī-* (Typus *dēnuō*, § 143); bei Plautus meist im Senarausgang: Capt. 331 als *nē duīs* (daneben *nē duās* Aul. 238 Merc. 401), As. 460 *ne duit*, Trin. 436 *dī duint/tibī*; so auch von Komposita des zweiten *-dere* Aul. 672 *tam duim quam perduim*, Poen. 610 *dī tē perduint* (ähnliche Formeln auch später noch); Amph. 672 *(nē) crēduīs*, Truc. 307 *crēduit* (daneben *-duās -duat* Asin. 854 Bacch. 476; 504); unsichere Konjektur *arduuitur* XII tab. 10, 7; zu *duim* als Optativ auf *-im* s. § 424, 2 a. – Nach konj. *-duim* vereinzelt auch fut. (ex.) *-duō* (vgl. *fēcer-im* und *-o*, *fax-im* und *-o*): Plt. Aul. 585 *sī hoc concrēduō*, frg. inc. 2 *ciccum nōn interduō*; zu perf. *concrēduī* Plt. s. § 437 I B 3; künstlich archaisierend wohl auch *adduēs* 'addideris' Paul. Fest. – Als Verdeutlichungen verschiedener Art von Opt.-Konj. *dou̯ī-* bzw. 3. sing. **dou̯īt* betrachte ich die oben zitierten Dialektformen: mit konj. *-āt* fal. *douiad*, mit imper. *-tōd* umbr. **por-dou̯ītōd*, vgl. lat. *nōlītō* neben konj. *nōlit*.

dou̯- als Variante oder Erweiterung von *dō* ist sprachlich unverständlich, trotz *Hirt*, IF 21, 170; bei griech. kypr. infin. δοϝέναι (gegen att. δοῦναι) ist die Analyse δοϝ-έναι unwahrscheinlich, s. *Schwyzer* I 808 f. – *Günther*, KZ 69, 238 vermutet im *u̯* das 'sakrale *u̯*' (§ 25 Zus. i). – *Szemerényi*, Sync. 198³ und Festschr. Altheim I 175–178 will lat. *duim* unter Trennung von fal. *douiad* usw. aus idg. opt. (aor.) **dō-yē-m *dō-ī-mos* herleiten; doch erwartet man **də-yē-m* (gr. δοίην), das in lat. konj. **da-ēm > dem* stecken könnte. – Vgl. noch *Sommer* 539 u. KE 155 nr. 131; *Mayer*, Gl. 35, 123 ff.

403. Die Verben *edere ferre fierī vomere* und *aio inquit*.

1. Wz. *ed* 'essen' (osk. infin. *ed-um*, got. *itan* nhd. *essen*); alte Komposita *amb-edo, com-edo* (zu *com-* für *co-* s. § 228 II b β).

a) Zur Flexion des Praesensstammes. Idg. indik. prs. athem. **ed-mi* ist bezeugt durch 1. 3. sing. altind. *admi atti* hethit. *etmi ezzi* (dazu imperf. 3. sing. *ezta*, d. i. lautlich *ētst* oder *etst*); andere athem. Formen gr. infin. hom. ἔδ-μεναι, imper. *ἔσθι (gleich ai. *addhi*) als Basis von gr. ἔσθω ἐσθίω (*Thurneysen*, IF 39, 189), auch fut. ἔδομαι als athem. Konj. (nicht als themat. Indik.); weiteres folgt unten. – Im Latein ist indik. prs. „halbthematisch",

Praesensstämme: *edo* 'esse' (*edere* und *esse*) 529

flektiert also drei Formen thematisch, *ed-o -imus -unt*, die andern drei athematisch; *es est estis*. Diese und weitere athem. Formen gelten bis zum Ende der Republik; vermutlich enthalten sie lang *ē*, sind also als *ēs ēst ēstis* zu umschreiben; entsprechend imper. *ēstō*, infin. *ēsse*, pass. *ēstur* Plt. Dem athem. Indik. entspricht der *ī*-Konj. *ed-im -īmus -int*. Ganz ebenso seit Plautus *com-ēs -ēst -ēsse -edim*, dazu *amb-ēst* Paul. Fest. (perf. *amb-ēdī* Plt. Merc. 239/241). – Die rein thematischen, also nach der 3. Konjug. regelmäßigen Formen prs. ind. *ed-is -it -itis*, konj. *ed-am*, infin. *ed-ere* sind erst seit der Kaiserzeit im Gebrauch; ein Vorläufer ist Plt. Poen. 534 *ubi bibas, edas*.

b) Zum Wurzelvokal anl. *ĕ-* und *ē-* vor einfacher Konsonanz: *ĕ-* steht in allen mit *ed-* beginnenden Formen des Praesenssystems, also in den themat. *ed-o -imus -unt*, in *ed-am -ēbam* usw. und konj. *ed-im*. – Morphologisch zu *ĕd-* gehöriges *ēd-* im Perfekt *ēdī*, s. § 435 A 3. – Schwundstufe *d-* nur in *dent-* 'Zahn' (§ 306b), falls ptc. prs. zu *edo*.

c) Wurzelvokal vor *ss* und *st*. Morphologisch *ds* und *dt* ergaben lautlich lat. *ss* (§ 198); hinter langem Vokal aber wird *ss* zu *s* verkürzt. Danach müßte man infin. *esse* auf *ed-se zurückführen; doch bleibt auch *ēd-se bzw. *ēd-si möglich, da auch in verkürzten Infinitiven auf *-āsse -ēsse -īsse -ōsse* (*nōsse* für *nōvisse*) und in *-āsso*-Formen *ss* und die Vokallänge durch Systemzwang bewahrt bleiben (§ 182b). – Ptc. klass.-lat. *ēsus*: für Grundform *ēd-tos spricht der Gegensatz von *sĕssus* zu *sed-* (zum Lautproblem s. auch § 129). In den Plautushss. steht für *ēsus* mit Ableitungen meist *ss* (eingeführt durch antike Plautuseditoren), gemeint wohl als *ēsso-*, so hss. supin. *essum essū* sowie *essūrus essitāre essurīre*; *essitāre* auch Cato agr. 157, 10. – Zu *comedo to-*Ptc. *-esus -essus* und *-estus*, Thes. sub *comedo* p. 1763, 76sqq.

d) Die umstrittene Quantitätsdifferenz in den orthographischen Homonymenformen prs. *es est estis* von *edo esse* 'essen' und von *sum esse* 'sein'. Zu *edo* 2. sing. *es* aus *ess aus *ed-si; aber 3. sing. *ed-ti und 2. plur. *ed-te mußten rein lautlich Formen mit *ss* (statt *st*) ergeben; also steht 3. sing. *est* durch Formzwang für *ess. Aber unabhängig davon bleibt das Problem der Quantität des *e* bestehen. Antike Zeugnisse für *ē*: zweideutiges *esset* in Ter. Andr. 81 *secum ut esset* enthält *ē*, weil zu *edo*, nach Donat zur Stelle; *ēst* bezeugt eine Papyrusschreibung *ést* Verg. Aen. 4, 66; *comēse* mit einfachem *s* hinter *ē* verlangt ein Grammatiker Nisus (ca. 70ᵖ); ησσε 'essen' in einer Tab. defix. Diese Zeugnisse sind nicht sehr stark und lassen sich in philologischer Sicht natürlich entwerten, etwa als erfundene „differentia" für Homogramme (*Vollmer*, Gl. 1, 113–116 und 11, 221–224). – Doch bestehen auch außerlateinische Zeugnisse für *ēd-* im athem. Singular: altlit. *ĕdmi* (*ĕmi*) *ĕsti* (Zeugnisse bei *Specht*, KZ 62, 86–88), entsprechend aksl. *jamь* 3. sing. *jastъ*. Danach ist auch fürs Latein *ē* in 2. 3. sing. *ēs ēst* anzunehmen; weiter analogisch *ēstis ēsse*.

Zus.: Theorien zur idg. Verteilung der Dehnstufe *ēd-*: *Bonfante*, La quantité de *ĕdō ēs ēst*, Gl. 22, 289–295 (mit Lit. und Zeugnissen; *ēd-* in den athem. Formen der halbthemat. Flexion). Unter Berufung auf *Narten*, Festschr. Kuiper 13 f. könnte man *ēd-* unter proterodynam. Akzent im Singular, *ed-* hysterodynam. im Plural des Indik. prs. ansetzen. – Unglaubhaft *Georgiev*, Krat. 10, 216: Wurzel mit anl. Laryngal $H_1 ed$, prs.

redupliziert 1. sing. *$H_1e\text{-}H_1d\text{-}mi$ > *$ēdmi$ (diese Erklärung von ēd- ist nur einleuchtend für perf. ēdī, § 435 A 3; der Vokal der Praesensreduplikation ist i). S. auch *Kuryłowicz*, Apoph. 307 f. - Zu ē in ēsca s. § 304, 4. - Im Osk. 3. sing. *ist* 'er ist' (sic!), lautlich wohl ēst, s. *Schwyzer*, IF 27, 293.

2. Wz. *bher* lat. *fer-* 'tragen' nur als Praesensstamm, ohne eigenes Perfekt. Im Indik. prs. auch hier themat. *fer-o -imus -unt*, aber ohne Themavokal *fers fert fertis*, auch imper. *fer fertō ferte*, infin. *ferre* (mit *ferrem -ēs*); aber konj. prs. wie bei themat. Verben mit $ā$ (auch umbr. pass. 3. sing. *fera-r*). - In den anderen Sprachen besteht normales themat. Praesens, gr. φέρω ai. *bharati* av. *baraiti*, got. *baíra*, aksl. *berǫ*; daneben nur ganz vereinzelte Formen ohne Themavokal, gr. imper. 2. plur. φέρτε Hom. I 171, altind. 3. sing. *bharti* (RV 2 Stellen, dazu av. imper. *barətū*); üblich ist hier neben *bharati* nur redupl. athem. *bi-bhar-ti*. Man kann also lat. *fers fert fertis* zwar als bewahrte Altertümlichkeit ansehen (so *Bonfante*, Word 1, 138 f.; *Wackernagel*, Kl. Schr. 1260; auch *Strunk*, IF 73, 187); aber die Erklärung durch jüngere lat. Synkope (*fere-te* > *ferte*) ist bei weitem vorzuziehen (so *Sommer*, KE 159 nr. 133; *Szemerényi*, Sync. 190 u. 195–199). Danach also imper. *fer* aus *fere* wie *dīc* aus *dīce* (§ 98a); dazu *Skutsch*, Kl. Schr. 80 Fußn.

Suppletiv im Latein Wz. *telə* (gr. τελα- ταλα- τλη-) in perf. *tulī*, alt *tetulī*, und in *to-*Ptc. (*t*)*lātus* (§ 63 u. § 406, 2 Zus.); im Griech. Wz. ἐνεγκ- in aor. ἤνεγκον perf. ἐνήνοχα; im Altindischen ist perf. *jahāra* von Wz. *hr̥* 'nehmen usw.' nach Wz. *bhr̥* zu *jabhāra* umgestaltet.

3. *fīo* 'ich werde', lat. Wz. *fī* nur Praesensstamm, mit *f-* aus *bh-* (auch in osk. *fiiet* 'fiunt'; vgl. altir. *biu biid*, auch vielleicht aksl. *bimь* 'ich wäre'); *bhī-* wohl aus *bhu̯-ī-* zu Wz. *bhū* in *fuī*; s. zuletzt *Lejeune*, Homm. Renard I 536, *Reznikowa*, Zs. Phon. 24, 507–514. Die Ähnlichkeiten in der Flexion von *fīo fīerī* mit *scio scīre* und *eo īre* sind erst sekundär zustande gekommen. - Prs. indik.: themat. *fīo fīunt*, athem. *fīs fit fītis* und auch *fīmus*; diese vier sind kaum erst nach der Vokalschwächung durch Kontraktion aus themat. *fīis *fīit *fīimus entstanden. Nach dem Indik. auch imper. *fī* (Plt., Hor. sat. 2, 5, 38), *fītō, fīte*; weiter pass. *fītur* Cato or. frg. 9, 2, *fītum est* Liv. Andr. Od. 30. - Alle übrigen Formen des Praesensstammes wie bei themat. Verben (3. Konjug.): *fiam fiēbam fierem*; ptc. *fient-* erst seit Itala für gr. γενόμενος und ὤν (Thes. s. *facio* p. 84, 77). Infin. *fiere* nur Enn. ann. 15 Laev. frg. 9. - Passivformen nach der Passivfunktion von *fīo* (für prs. *facior*; *faciatur* s. Thes. p.83,6): *fītur* u. *fītum est* s. oben, *fiēbantur* Cato; als Normalform einzig infin. *fierī* (*fī-* und *fi-* Plt.) aus *fiere* (etwa nach *scīrī* neben *scīre*); im Hexameter aus Verszwang nur *fĭerī* seit Enn.

Zusätze. a) Die Verteilung von *fī-* und *fĭ-* ist unregelmäßig; *fĭ-* fast nur in *fĭerī*; *fī-* steht sonst auch vor Vokal, gegen § 118. Nach *Sommer* 543 f. soll in klass.-lat. *fīo fīunt fīam* usw. das ī aus *fīs fīmus fītis* übernommen sein (bei *scio* nichts Entsprechendes trotz *scīmus*). *Safarewicz*, Studia 217 f. will den Wechsel ī/ĭ mit Streben nach „binärem Rhythmus" (s. dazu Allg. Teil 63* f.) erklären. - b) *fīo* vertritt das Passivum von *facio* 'mache' nur im Praesenssystem. Umgekehrt dient *factum est* als Perfekt zu *fīo fit*, daneben auch wohl *fuit*, Knecht, Gymn. 77, 211–217; und selbst *-fore* als Futur, *cōn-fore* Ter. Andr. 167, sachlich gleich *cōnfectum īrī*. - c) Altlat. Komposita. 3. sing. *in-fit* (*dicere* sim.) 'beginnt', Plt., Enn. ann. 394 (*-ĭt*), usw., s. Thes. - Sachlich *-fit* wie *-est* in *dē-fit* und *super-fit* (vgl. Plt. Men. 221 *neque dēfiat neque supersit*). *dēfit* Plt. Enn. scen. 354 usw. (Thes. s.

Praesensstämme: *ferre, fieri; vomere; aio, inquit*

dēficio p. 326, 47). *superfit* Plt. – Als Passiva zu *-facio* und (selten, nur altlat., für *-ficior*) zu *-ficio*: *calĕfīerī* Plt. Pers. 105 (zum Verbaltypus s. § 418 II C 3). *cōn-fit*: Plt. Trin. 408 (sc. *argentum*), Ter., Lucr. *cōnfīerī*, usw. (Thes. s. *cōnficio* p. 194, 61 ff.). *effīerī* Plt. Pers. 761. *interfīerī* 'interīre' Plt. Trin. 532, Lucr. 3, 872. – Passivformen von *facio*: konj. *parvī* ... *faciātur* Titin. com. 97, anders Petr. 71, 10. *satisfacitur* Varro Men. 82. Konj. *calfaciantur* Vitr.

4. Vollständigen Übergang aus idg. athem. Praesensflexion in die lat. 3. Konjug. zeigen im Gefolge der lat. Vokalschwächung die idg. *nā-* Praesentien wie *lino sterno* (§ 406, 2) sowie das vereinzelte Schwā-Praesens *vomo -ere* (vgl. *Watkins*, Evidence 200): altind. prs. 1. sing. plur. *vami-mi -mas*, absol. *vami-tvā*, idg. *wemə- > lat. *vomă- > vomi- in vomi-s -t -mus*, mit supin. *vomi-tum*; vgl. gr. ἐμέω (für *Ϝέμε-μι) mit ὁ ἔμετος. – Zu *-děre* 3. Konjug. in *ad-dere* und *ab- con-dere* s. § 402b.

5. Die Verba defectiva *aio* 'ich sage' und *inquam* 'sage ich'.

a) *aio*, defektiv, Flexion im Kern thematisch. Gebräuchliche Formen (altlat. und klass.-lat.): *aio ais ait aiunt*; durchflektiert konj. *aiam* und imperf. *aiēbam*, nur altlat. auch *aibam*. – Zu Flexion und Prosodie. *aio* bzw. *ai̯i̯o* (§ 138, 1) aus *ăg-i̯ō; ăi̯-* vor Vokal in *aio aiunt aiēbam* ist also prosodische Länge; 2. 3. sing. *ai̯i̯is -it > ăis ăit*, so die Daktyliker (Catull 4, 2; 53, 4, Verg.); altlat. *aibam* ist zweisilbig, also mit Diphthong *ai*; zu *ain* s. unten. – Bei Grdf. *ag-i̯ō* erwartet man „halbthemat." Flexion nach Typus *capio -is* (§ 398 c), also 2. 3. sing. *agi-s *agi-t*, die wohl wegen *ag-is -it* (aus *-es -et*) zu *ago agere* durch themat. *ai̯-is -it* ersetzt werden. – Altlat. *ais ait*: zweisilbig *ăīs ăīt*: *quid ais* ⏑⏑ ⏑ Plt. Amph. 364 Asin. 371 Aul. 717 usw.; also auch *quid ăis, pater?* (Versausgang ⏑⏑ –́ ⏑ —) Asin. 899; *ăit* im Senarausgang Asin. 285. Daneben *ais ait* als Hebung oder als Senkung, so Asin. 347, 865 Men. 480 (zwei- oder einsilbig), ebenso fragendes *ain*, aus *ais-ne* 'sagst du?'; meist steht es als Gesprächs-Einwurf im Versanfang von troch. Septenaren, so *ain tu* Epid. 699, 717; für allenfalls zweisilbige Aussprache *ăĭn* mag man *vĭděn* vergleichen (§ 121). Zweisilbiges *āīn* Amph. 284, 344 (*aīn* Lds.) ist wohl fehlerhaft. – Dazu imper. *aī* Naev. scen. 125 *vél ai vél negá* (kaum *vell ai*, zu *vell* s. § 401, 1 c). – Imperfekt *aiēbas* —́ — und —́ — —́ Amph. 383/387, ebenso *aiēbat*. Daneben altlat., metrisch gesichert, *aibās -at -ant* (*aieb-* codd.) Amph. 807 Asin. 208 usw., wohl aus *a-ībat*, wie *scībat* usw., § 428 I C 1. – Perfekt 2. sing. *aistī* ⏑ — — Ov. epist. 11, 59, hinzugebildet zur 3. sing. *ait*, die zum Praeteritum umgedeutet war in *haec ait* als Abschluß einer Rede, etwa Verg. Aen. 1, 297; 4, 630.

b) *inquit* 'sagt er', defektives *io*-Praesens des Typus *capio*; fast alle Formen nur enklitisch hinter Wiedergabe von kurzer direkter Rede oder deren Anfangswort. Praes. 3. sing. *inquit* seit Plautus häufig; 2. sing. *-is* Cic. usw.; 1. plur. *-imus* Hor. sat. 1, 3, 66; imper. *-e -itō* Plt. Vom *io*-Stamm deutlich: *-iunt* Cic.; *-iēs* Plt. Amph. 912; bei Cic. *-iat -iēbat -iet*. – Perf. Die 3. sing. praes. *inquit* war sachlich oft als Praeteritum, also als Perfektform auffaßbar; dazu als Neuerungen einerseits 2. sing. *inquistī* Cic. de orat. 2, 259, andrerseits 1. sing. *inquiī* (Konjektur) Catull. 10, 27. – Singulär ist als Indikativform 1. sing. praes. *inquam*; formal ist es *ā*-Konjunktiv 'möchte ich sagen', doch nicht vom (jüngeren?) *io*-Praesens, sondern nach Typus *attigam* § 425 B 1. Zu Gebrauch und Wortstellung vgl. Plt. Amph. 356 '*hīc, i., habito*', 362 '*ita*' *i*. – Zur etymologischen Vergleichung mit gr. imper. ἔννεπε (Hom. Od. 1, 1) s. § 215 a Zus.

404. Wurzelverben mit Praesensstamm auf starres *ā ē* (lat. *a e* aus *ā ē* vor *nt nd* und vor Vokal) flektieren wie normale Verben der lat. 1. und 2. Konjug. So die *ā*-Verben *stāre nāre flāre*, dep. *fārī fātus sum* (gr. athemat. mit Ablaut φη-μί φα-μέν, und hom. φά-το; zu lat. *fāteor* s. § 415 D 2 e), und die *ē*-Verben *flēre nēre im-plēre*, dep. *rērī*. Für reine Beschreibung sind alle Praesensformen athematisch mit Ausnahme der 1. sing. auf *-ō -or*, so *stō* aus **stā-ō* (umbr. *stahu*), *fleo reor*. Sprachhistorisch können sich der einen oder andern auch kontrahierte thematische Formen von *i̯o*-Praesentien verbergen; s. dazu § 420.

Lat. praes. *stāre* 'stehen' (1. sing. *stō* aus **sta-ō*; vgl. umbr. *stahu*) ist als Zustandspraesens (§ 418 I D 2) eine italische Neubildung angesichts der Funktionsverteilung bei den Erbformen redupl. praes. lat. kompos. -*sistere* 'hintreten' (§ 433 A 1 Zus.), griech. perf. ἕστη(κα) 'stehe' und aor. ἔστην 'trat hin'. Nach einer neuen Behandlung von *Cowgill* ist *stāre* ein unerkennbar gewordenes *ē*-Praesens, also parallel zu *sed-ēre* 'sitzen'. Nach osk. 3. sing. *stahít* (*i* für *ē*, § 10), plur. *stahínt, ee-stínt* ist für lat. *stō stās* usw. vorausgesetzt **sta-eō -ēs -ēt* infin, -*ēre*; und erst durch frühe Kontraktion *āē > ā* wird es in die *ā*-Konjugation eingegliedert. – Damit werden die älteren Verknüpfungen und Deutungen als *i̯o*-Praesens 1. sg. **stā-i̯ō* oder als athem. Praesens 2. sg. **stā-si* usw. hinfällig. So ausführlich *Cowgill*, The source of latin *stāre*, JIES 1, 271-303.

2. VERBEN DER LAT. 3. KONJUGATION AUS IDG. PRAESENSBILDUNGEN

405. Thematische Praesentien ohne Suffix, in der 3. Konjugation.

a) Stamm gleich Wurzel; die meisten wohl ererbt, auch wo anderssprachige Entsprechungen fehlen. Erste Einteilung nach dem (idg.) Wurzelvokal *e a o, ē ā ō* usw.; davor beliebiger kons. Anlaut. Hauptanordnung, unter Beschränkung auf die geläufigeren Verben, nach den Elementen hinter dem Vokal. **Kurzer Vokal vor einfachem Vschll. oder** *s* (*s >* lat. *r*). *e*: *lego rego tego peto meto strepo clepo, coquo* (§ 163 b α); dep. *sequor; veho; gero,* dep. *queror;* dazu vor zwei Kons. *texo, mergo* § 206, *pĕdo* aus **pezdō. a*: *ago cado scato scabo traho. o*: dep. *loquor.* – **Vokal plus Resonant** (also idg. Diphthong) **vor Vschll. oder** *s. ei* (> lat. *ī*): *dīco fīdo, meio* (§ 168 Zus. a). *ai* (> lat. *ae*): *caedo laedo baeto, quaero. oi* (> lat. *ū*, § 65): *lūdo,* dep. *ūtor. eu* (> lat. *ou > ū*): *dūco ē-rūgo nūbo ūro. au*: *claudo. ar* er: *carpo tergo vergo verto serpo. el* (*eld > ell,* § 218a): *per-cello. al*: *scalpo, sallo. en*: *pendo dē-fendo frendo, tingu̯o* gr. τέγγω. *an*: *scando, accendo* (*cando), *ango. on*: *ungu̯o.* – **Vokal vor Resonant** (zu *ew >* lat. *u* s. § 143). *er*: *fero, sero* (ptc. *sertus*). *el*: *colo* (**quelō,* § 145a); *occulo* (*celo); *al*: *alo; ol*: *molo* (got. *malan* 'mahlen'). *em*: *emo gemo premo tremo. en*: *sono -ĕre* (**swen-,* § 43b); altlat. *geno* 'gigno' Varro Lucr., Formel *si mihi filius genitur* (nach gr. aor. ἐγενόμην zur Not auf themat. Aorist rückführbar); *an*: *cano.* – **Langvokal** meist vor Vschll. (einige *ī ū* vielleicht aus idg. *ei eu*). *ē*: *cēdo rēpo. ā*: *rādo vādo, cāro* Plt. 'kremple (Wolle)', dep. *lābor. ō*: *rōdo,* ? *plōdo. ī*: *scrībo, fīgo* (*fīvo* § 157, 1 b), *frīgo* 'dörre', *flīgo* (*aflecta* D 88), *strīdo,* dazu *vīvo. ū*: *trūdo glūbo cūdo sūgo.* – Zu Laryngal vor Anlautvokal s. § 38c, zu „Trilitteralität" ursprünglicher Wurzeln nach *Benveniste* s. § 250 Zus. u. Allg. Teil S. 14*.

b) **Reduplizierte thematische Praesentien** sind in der Flexion wohl normalisiert aus älteren athematischen Praesentien; der Flexionswechsel erfolgte individuell. Der Reduplikationsvokal ist *i*; zur Behandlung des kons. Anlauts s. beim Perfekt, § 433 A 1. – Die Funktion ist perfektiv; sie wurden wie die *sco*-Praesentien zu einfachen perfektiven Aoristen hinzugebildet zum Ausdruck von deren Aktionsart in der Gegenwart, vgl. gr. prs. δίδωμι δίδομεν zu aor. 1. pl. ἔ-δομεν. S. zur Aktionsart *Vendryes*, MSL 20, 117, *Specht*, KZ 62, 49–52, *Cardona*, Lang. 37, 421f. mit Fußn. 421[17]; auch *Schwyzer* I 690 Ziff. b. – So lat. (*cōn-*)*sīdo* 'setze mich', *si-sd-ō (§ 206) zu Wz. *sed;* (*re-*)*sisto* (umbr. *sestu*) 3. sg. *sistit* ai. *tiṣṭhati* gegen athem. gr. ἵστημι; *di-dō in *re-ddo,* § 402c.

Zu *bibo* s. § 163 b β, zu *sero* (perf. *sē-vī*) aus **si-sō* § 50 a; *gigno* akt. 'erzeuge' zu gr. med. γίγνομαι 'entstehe, werde geboren', dazu als idg. Imperf. altind. „Kausativ-Aorist" *ajījanat* 'er erzeugte' (*Leumann*, Festschr. Brown 152–159); vgl. auch zu gr. praes. γι--γνώ-σκω § 407 II A 2 Zus. Zu *iuv-* aus redupl. **i-ew-* oder **i-aw-* s. § 437 I C 3.

406. Nasalpraesentien. Der Nasal gehört nicht zur Wurzel, sondern nur zum Praesensstamm. Die drei idg. Typen haben folgende Kennzeichen: (1) **infigierten** Nasal, so lat. *n* in *findo* neben perf. *fid-ī* ptc. *fissus*; idg. *ne/n*, Typus **yu-ne-g- yu-n-g-* ai. 3. sg. *yunak-ti*, 1. pl. *yuñj-mas*, 3. pl. *yuñj-anti*, dazu lat. *iungere*; (2) suffigiertes *nā/nə*, so gr. δάμ-νη-μι -να-μεν, med. μάρ-να-μαι, dazu lat. *linere*; (3) suffigiertes *neu/nu* (gr. νῦ/νῠ in ὄρ-νῡ-μι -νῠ-μεν); über die ursprüngliche Einheit der drei Typen s. unten. Alle drei hatten als athematische Indikative Vokalablaut in der Silbe vor den Personalendungen nach § 398a; der Übergang zu thematischer Flexion unter Aufgabe des Ablautes erfolgte über die schwundstufigen Personalformen (aktiver Plural, ganzes Medium bzw. lat. Deponens). – Die Verbalwurzel selbst steht in der Schwundstufe.

1. Die *n*-**infigierenden** Praesentien, Wurzelvokal meist *i*, *u* oder *r̥*.

a) Im **Latein** ist diese Praesenskatagorie, nur in thematischer Flexion, ziemlich gut erhalten, vgl. *vinco relinquo rumpo fundo*, ohne Nasal in Perf. und *to-*Ptc. (*vīcī rūpī* und *victus ruptus*). Doch erfolgt häufig Verschleppung des Nasals und damit Aufstieg des Praesens zur Zentralform des Verbums: die Wurzel zu *iungo* ist *yug/yeug*, so noch in lat. *iugum* § 41 und plur. *con-iug-ēs* 'Gatten'; die zu prs. *iungo* gehörigen *iūnxi iūnctus* (auch nomin. sing. *coniūnx*, § 336, 1 Zus. δ) ersetzen ältere perf.** ioux-* ptc. **iuctus*, *coniux* (gr. ἔζευξα, ai. *yuktas*, gr. σύ-ζυξ).

Der Bestand im Latein. Anordnung nach dem idg. Stammvokal; die lat. Vokaldehnung vor *-ct-* für *-gt-*, vor *-ns-* und vor *-nct- -nx-* bleibt in diesem Abschnitt ausnahmsweise unbezeichnet. Nasal nur im Praesensstamm. *vinco* (auch osk.) neben *vĭc-ī vĭc-tus*, ebenso *re-linquo, ningu̯it* neben *niv-*, *nīvit* Pacuv. praet. 4, dep. *ringor* neben *ric-tu-*; *findo scindo* (*-ĭdī -issum*); *pinso* 'zerstampfe im Mörser' (*pis-tum, pis-tor*). – *fundo* (*fūdī fūsus*), *rumpo, in-cumbo* (*-cubuī, cubāre, cubīle*). – *tango* (*tetigī tactus; contāgio*), ebenso *pango; frango* (*frēgī fractus, fragilis, nau-fragus*); dep. **nancor* (*-īscor* § 407 B 1 b) *nactus* (auch *nanctus*). – Nasal **verschleppt**. Nur ins *to-*Ptc.: *pungo punctus, tundo tunsus* (perf. *pupugī tutudī*); dep. *fungor functus*. Nur ins *s-*Perfekt: *fingo finxi, aber fictus* (auch *figūra effigiēs*), ebenso *pingo stringo* (zu *mingo* gehört *micturio* Iuv.). In *s-*Perfekt und *to-*Ptc. *dis- ex-stinguo -inxī -inctus* (auch umbr. *an-stintu*) *mingo*; *lingo* (gr. λείχω; vgl. *ligurrio*), auch *pol-lingo* (dazu *-inctor* Plt.). *iungo;* ebenso *ē-mungo*; **vinco *sanco*, dafür von *s-*Perfekt *vinxī sanxī* aus retrograd *io-*Prs. der 4. Konjug. *vincio* 'fessele' *sancio* 'setze fest', *sanctus* (auch osk. § 126 a β), aber adj. *sac-ro-*. – Mit *n-*Infix auch wohl *lambo* (wegen ahd. *laffan* 'lecken'), *plango*, *pre-hendo* (wegen *praeda* § 132 und *hedera*). Aber *pando* (PPP *passus* in *ūva passa*, daneben *pansus*) wohl aus **patnō* (vgl. gr. πίτνημι; s. § 200 b β). – Mit wurzelhaftem *n* etwa *ango* (§ 256e), *dē-fendo*, *ungu̯o*.

b) **Bezeugung in anderen Sprachen**. Von den eben genannten Praesentien haben im Altindischen mit *i-* oder *u-*Vokal unmittelbare Entsprechungen in athem. Flexion (ai. VII. Praesensklasse, Typus *yunakti*) die folgenden: *linquo* als (*ric*) *riṇakti* 3. pl. *riñcanti*, *findo scindo pinso* (*bhid chid piṣ*) und *iungo fungor* (*bhuj*, med. 3. sg. *bhuṅkte*); dazu in thematischer Flexion 3. sg. *pingit* ai. *piṃśati* (zum Guttural s. § 158b), *rumpit* ai. *lumpati* und *tundit* ai. *tundate*. – Der thematische Typus ist im Litauischen recht verbreitet, etwa *limpù* (*lipaũ lìpti*) 'kleben', *juntù* (*jutaũ jùsti*) 'etwas erfühlen'; dem lat. *ninguit* entspricht *sniñga* (*snìgo snìgti*).

Aus dem Griechischen sind die mit -άνω erweiterten Praesentien zu themat. Aoristen zu vergleichen: θιγγ-άνω, aeol. λιμπ-άνω, τυγχ-άνω πυνθ-άνομαι zu aor. ἔθιγον usw., also λιμπ- gleich lat. *linqu-* (abgelehnt von *Specht*, KZ 66, 22[1]). – Aus dem Germanischen kann man nur Beispiele anführen, in denen *n* vor *h* bzw. urgerm. χ geschwunden sein müßte (zum Lautlichen vgl. § 125 b); so kann man got. *fāhan* 'fangen', *leiƕan* 'leihen', *weihan* 'kämpfen' (got. *ei* bezeichnet *ī*) mit lat. *pangere, linquere, vincere* morphologisch gleichsetzen. Das Gegenargument, daß bei athematischer Flexion nach dem Vernerschen Gesetz (§ 27 Zus.) *g* statt *h* verlangt wäre, versagt bei *fāhan* neben *fangen*; wohl wären die beiden anderen auch direkt auf themat. *e*-Praesentien rückführbar (*leiƕa* gleich gr. λείπω), doch sind sie wohl nach Schwund des *n* vor der Sonorisierung akzentuell dem Typus *-teihan* 'zeihen' (gleich lat. *dīcere*) angeglichen worden.

c) Die idg. Funktion wurde als terminativ bestimmt von *Vendryes* und *Poultney*. – Die Stammform **yuneg-* mit silbischem *-ne-* ist nur im Indoiranischen bezeugt (altind. *yunakti*), und dazu mit *-ni-* (für kons. Wechselform *n* steht *nin*) und kausativer Funktion auch im Hethitischen (*harnikzi* **Hr̥nek-ti* kaus. zu *hark* 'zugrunde gehen'). – Nach *Strunk* ist die Vollstufe *ne* (> *na*) in *yunakti* eine Neuerung des Indoiranischen; dann ist die hethit. Infigierung *ninK* (wohl Anpassung von *nK* an sing. *niK*) noch rätselhafter.

2. Lat. thematische *n*-Praesentien wie *lino sterno* als Überrest der idg. *nā*-Praesentien mit Suffix *nā/nə*: altind. IX. Klasse auf *nā/nī* (1. sing. 1. 3. plur. *-nā-mi -nī-mas -n-anti*), *kṣi* (*kṣi-ṇāmi*) 'zerstören', *pū* (*pŭ-nāmi*) 'reinigen', *str̥* 'streuen, ausbreiten', *aś* 'essen'; griech. δάμ-νη-μι hom. πίτ-νη-μι -να-μεν. Im Latein am deutlichsten bei Wurzeln auf *i* (Vollstufe *ei*). Wz. *li/lei* in PPP *li-tus* perf. *lē-vī* (*ē* aus *ei* vor *v*, § 72), prs. *li-no linere* 'bestreichen' (altind. Grammatiker *li-nā-ti*); Wz. *si* (**ksi*, § 179b β) in *si-tus sī-vī* (*ī* statt *ē*, § 72), prs. *si-no* 'lasse' (dazu prs. *dē-sino*, **po-sinō* > **posnō* > *pōno*, neben *-situs* und alt perf. *-sīvī*, § 438 II C 2c mit Zus.); **cri-tos* (> *certus*) *dē-crēvī* mit prs. **cri-nō* (> *cerno*, § 149aα); vgl. gr. ἄ-κρι-τος prs. **κρι-νω* für **κρι-νᾱμι*, mit *-jo-* erweitert zu **κρίνjω* > κρίνω.

Zus. Viele Komplikationen bei Wurzeln auf *r̥ l̥* (> lat. *or ol*) bzw. *r̥̄ l̥̄* (*r̥ə l̥ə*) und auf *m̥* (> lat. *em*): *str̥* (ai. *str̥-ṇāmi*), lat. *er* in *sternō*, mit *strā-tus -vī* (*rā* aus idg. *r̥̄*, § 63); *sperno* mit *sprē-tus -vī* (für *sprā-*); *tollo* aus **tol-nō* (§ 216 b) < **tl̥-nāmi* (dazu (*t*)*lātus* < **tl̥tos* 'getragen'; *con-tem-no* vgl. gr. τέμνω τάμνω mit τμητός. Mit Wurzel auf nichtsonoren Kons. (wie gr. δάκ-νω zu ἔδακον): *dē-gŭnere* aus *-gusn-*, § 206. Als Basis zu altlat. *frūn-īscor -ītus sum* ist vorausgesetzt dep. **frūg-nor* (perf. altlat. in Gesetzen *frūctus sum*), vgl. § 407 I B 1 b, mit Wz. *frūg-* in plur. *frūg-ēs*, vgl. got. *brūkjan* 'brauchen'; zu *ūgn* > *ūn* vgl. *aprūnus* § 200a, zu prs. *fruor* s. § 410, 3 c. Ebenso **quegnō* als Basis von *conquīnīscor*, wie bei *frūnīscor*. – Zu 3. plur. *danunt* 'dant' s. § 394 Zus. c. – Allenfalls hierher auch *dē-* und *prae-stināre* mit *-āre* für *-ēre* nach Typus *occupāre* § 413a (zu *stāre, sistere*).

3. Als einziges idg. *nu*-Praesens ist im Latein themat. *sternuo* 'niese' bewahrt, vgl. gr. athem. πτάρνυμαι zu aor. ἔπταρον; lat. *st-* und gr. πτ- vereinigen sich unter lautmalendem *pst-*. Verschlepptes *nu* in perf. *sternuī* und in iter. *sternūtāre* Petr. 98, 4. – Nicht hierher *minuo*, s. § 410, 3c.

4. Zur Vorgeschichte der idg. Nasalpraesentien. Die drei Typen lassen sich auf einen einzigen zurückführen: das Infix *ne/n* steht (1) deutlich vor Vschll. oder *s* (**yu-ne-g-/yu-n-g-*); (2) entstellt oder verdeckt vor Schwä:

$ne\text{-}\rho/n\text{-}\partial > n\bar{a}/n\partial$; ein Schwā oder Laryngal als Wurzelauslaut ist vielfach gesichert; (3) vor $\underset{\circ}{u}$ bzw. u (idg. w): $ne\text{-}u/n\text{-}u$, ganz deutlich nur in altind. *śr̥ṇomi śr̥ṇumas* idg. **k'l̥-ne-u-mi k'l̥-nu-mes*, Wz. *śru* idg. *k'lu* 'hören' in *śrutas* gr. κλυτός ἔ-κλυ-ον. – Begründer dieser Auffassung war *de Saussure* (Mém. 239 = Rec. 223 ff.). Mit der Neuinterpretation und Zerlegung des Schwā in mannigfaltige kons. Laryngale erhielt die Analyse noch einige teilweise beängstigende Aspekte, so bei *Puhvel*.

Diese Infigierung ist in den idg. Sprachen eine singuläre Erscheinung; morphologisch läßt sie sich, etwa bei **yu-ne-g-*, zur Not als Suffigierung des *ne* an eine einfachere Wurzel *yu-* zu *yune-* mit nachträglicher Erweiterung beider Stämme durch ein Wurzeldeterminativ, hier *g*, zu *yu-g* und *yune-g* erklären. Eine rein lautliche Erklärung durch Kontaktmetathese *gn > ng* (wie etwa *dn > nd*, § 200 b β) versagt gegenüber dem silbischen *ne*. – *Strunk* anerkennt nach Früheren in allen drei Typen nur das vokallose *n* als Infix, so in Typus (3) ai. impf. *aśr̥ṇot* gegen (Basisform) Wurzelaorist *aśrot* als idg. **e-k'l̥-n-eut* gegen **e-k'leut*; Typus (1) ai. *yunakti* will er als junge Analogiebildung deuten.

Lit.: *F. B. J. Kuiper*, Die idg. Nasalpraesentien, Amsterdam 1937 [Gl. 28, 12]. *Poultney*, Lang. 13, 163–176. *Puhvel*, Laryngeals and the i.-e. Verb (Univ. of Calif. Publications in Linguistics 21), 1960. *Watkins* in: Evidence 192 ff. (zum *nā*-Prs.; dazu *Cardona*, Lang. 37, 416 ff.). *Kronasser*, SB Wien 235, 2, 1960. *Szemerényi*, Trends 164. – *Strunk*, Nasalpraesentien und Aoriste, 1967; ders., KZ 83, 216–226 (zur Genesis und Struktur des Typus ai. *yunakti*: Vollstufe *ne* ist hier analogische Neuerung, das *e* gehörte in allen *n*-Praesentien ursprünglich zur Wurzel, Basisform für die Infigierung des *n* ist der Wurzelaorist). – *Specht*, KZ 62, 113 ff. (Typus (1) bei den Schnurkeramikern). *Szemerényi*, KZ 70, 58 ff. (zum *e* von *sterno sperno*). – *Schwyzer* I 690 ff. *Thumb-Hauschild* I 2, 228 f. *Brugmann* II 3, 272 u. 277. *Delbrück*, Synt. II 40 ff. – S. noch *Specht*, Urspr. 283 ff.; *Strunk*, IF 78, 51–74.

407. Die *sco*-Praesentien zeigen im Latein eine starke Differenzierung. Die Anordnung des Materials ergibt zunächst mehrere formale Typen. Sie gestattet aber, anschließend die sprachhistorische Entfaltung zu skizzieren.

I. Das Material des Lateins.

A. Lat. *-sco* (idg. **-sk'ō*) hinter einsilbiger Wurzel, Beispiele ererbt oder doch altertümlich. – 1. Hinter schwundstufiger Wurzel auf Konsonant (erst im Latein durch Lautwandel hinter kurzem Vokal): *posco* zu Wz. *prek'* in *prec-ēs* (§ 32), Grdf. idg. prs. **pr̥k'-sk'ō > *pr̥sk'ō* (§ 203 b α); diese Form auch in altind. *pr̥chati* und Basis zu *ā*-Fem. ahd. *forska* 'Frage' (davon ahd. *forskōn* nhd. *forschen*); Lautentwicklung **pr̥skō > *porscō > posco*. *compesco* 'schränke ein' (dazu *dis-p.*), zu *compercere* mit perf. *comparsit* Ter. (also perf. zu *parco*, § 436 A 2 f). *e(s)-scit* zu *es-se* 'sein', § 400 A 2 (vgl. gr. imperf. ἔσκε). **mi(g)-scō* (noch imper. *misc*? D 780), erweitert zu *misc-eo*, vgl. gr. μίσγω neben μείγνυμι. *di(c)-sco* zu perf. *didicit*, s. § 433 A 2 a. – Vgl. dazu *Brugmann* II 3, 350 ff., *Schwyzer* I 707[1]. – 2. Hinter langem Wurzelvokal (bzw. hinter Laryngal): *(g)nō-sco* neben *(g)nō-tus (g)nō-vī*; danach *scī-sco*, nahezu konativ neben prs. *scīre*. *hī-scere* 'klaffen' (*ī* Ablaut zu *i̯ā > iā* in *hiāre*). *glī-scere* 'erglühen' (*Sommer*, KE 56 f.). *pā-sco* (aksl. *pasǫ*), vgl. *pā-vī pā-bulum*. – Als Ergänzung zu *to*-Ptc. oder *to*-Adj. *(con-)crētus quiētus vietus (cōn-)su̯ētus (g)nātus* lat. prs. *crē-sco quiē-sco viē-sco* (neben prs. *viēre*) *su̯ē-sco nā-scor* (zu *nāscitur* für *gignitur und ptc. *gnātus* s. § 448 Vorbem.). Auch *īrāscor* zu *īrātus*.

B. *sc* hinter zweisilbigem Verbalstamm auf $\bar{\imath}$ $\bar{e}$ $\bar{a}$.

1. *-īsco -īscor*. a) Neben einfachem Perf. auf *-īvī* (prs. *-io -īre* und *-io -ĕre*) : *obdormīsco* und *perprūrīsco* Plt. (danach nur zu *-īre persentīsco* Ter.); nach *cupīvī* (prs. *-ĕre*) *concupīsco*; entsprechend zu *sapīvī* (*sapio*) *resipīsco* Plt. Ter. (*resipīvī* Afran. 16). – b) Ohne einfaches Praesens, fast nur Deponentia mit „aktivem" *to*-Ptc., Typus *ad-ipīscor* (*ap-īscor*) neben *ad-eptus sum*, so *nanc- pac- ulc- profic- dē-fet-* (*re- com-*) *min-* und *oblīv-īscor* neben *nānctus* (und *nactus*) *pactus ultus profectus dēfessus -mentus* und **oblīvitus* > *oblītus*. Zu *dēfetīscor dē-fessus* Simplex *fatīscor* 'rissig werden'.

Zus. Einige Spuren primärer Praesentien. *apio*, ptc. *aptus* perf. *co-ēpī*. *-pacunt* XII tab., auch akt. *pacīsco* Plt. Bacch. 870 f. – 3. sg. *nancitor* (i. *-tur*) XII tab. und *renancitur* (bei Fest., angeblich '*nactus erit*' bzw. '*reprehenderit*'), auch zu postulieren als *n*-prs., also **nancor nactus sum*. – Zu prs. **frūnor* als Basis für altlat. *frūnīscor -ītus sum* s. § 406, 2 Zus. Entsprechend zu *oc- con-quīnīsco* perf. *conquexī* 'niederkauern' Basisform 1. sg. **-quīnō* < **-quīgno* < **-quegnō* (*egn* > *ign* nach § 42a; Wurzel k^w*eg'* in aksl. *čeznǫti*); in *conquiniscam* Plt. Cist. 657 ergibt sich *ī ī* aus hs. *ei* in *quom que mei sciam*. – Neben ptc. *herctum* 'Erbgut' steht *hercīscunda familia* Cic. 'zu verteilendes Erbe', inschr. *erceisc*-Lex Rubr. II 55.

2. *-āsco*. a) Deverbativ incho. zu *-āvī -āre*: *col-labāsco* Plt.; *hiāsco*; *adsūdāscit* Plt. Cas. 361, *dēsūdāscitur* Bacch. 66; *albicāsco* Matius frg. 9 (wohl zu *-āre* nach *rubēsco* neben *-ēre*); *gemm-* und *pullul-āscere* Colum. – b) Denomin. (oder deverb.) von Subst. und Adjj. 'werden zu': *puell-* und *re-puer-* Varro Men. 44, *puer-* Suet. Cal. 7; dazu *generāscere* 'zum *genus* werden' (nicht von *generāre*) Lucr. 3, 745, wohl in Anlehnung an *tenerāscere* 'zart werden' ib. 765. *inveterāscere* seit Ter. Hec. 12 (*-ātus* Cic.), *purpurāscit unda maris* Cic. ac. 2 p. 21, 2 Plb. (von *purpurātus* aus).

3. *-ēsco*, lebendig besonders in der Dichtung und in Fachsprachen (Landwirtschaft); s. § 415 D zur Ausbreitung im Einzelnen neben *-ēre*. Typen: a) Deverbativa, als Inchoativa neben Zustandsverben auf *-ēre* (perf. meist *-uī*) : *cal- val- tac-ēre* und *cal- conval- contic-ēscere*. – b) Denominativ 'das und das werden': von Sachsubstantiven (meist ohne perf.), *frond- ign- aur-ēscere*; von Adjektiven (vorwiegend seit dem klass. Latein), *alb- flacc- miser- grand-ēscere*, nur teilweise neben *-ēre* (*albēre miserēre*). – Von Altersstufen *iuven-* und *sen-ēsco*, s. § 415 D 3.

II. Vorgeschichte, Funktion und lat. Entfaltung.

A. Die idg. Funktion oder „Aktionsart" der *skō*-Praesentien ist nicht eindeutig bestimmbar.

1. Im Hethitischen sind sie vor allem iterativ, im Tocharischen kausativ. Im Griechischen sind am auffälligsten die ionischen Iterativ-Praeterita wie hom. πίνεσκε 'gebrauchte als Trank' Π 226, δόσκον I 331 (*Schwyzer* I 710 f.). Danach bestimmt man die idg. Aktion als iterativ-intensiv, so *Benveniste*, Festschr. Hirt II 231. „Stoßweise erfolgende Handlung", etwa in lat. *posco* neben *precor*, erschloß *Porzig*, IF 45, 154–167 [Gl. 18, 259]. Für die lat. Entwicklung ist daraus wenig zu gewinnen. – Die im Latein dominierende Funktion ist die „inchoativ-intransitive" 'in einen Zustand übergehen', etwa *calēscere* 'warm werden', *senēscere* 'ein Greis werden'. Im Griechischen trifft man sie nur vereinzelt, etwa in γηράσκειν 'altern'.

Hermann, IF 45, 226 definiert sie als „terminativ-durativ", so *obdormīscere* 'allmählich dem Einschlafen näher kommen' [Gl. 18, 259]. Nach *Mignot* 213 ist „valeur progressive" des *-sco* der Ausdruck progressiver Zustandsänderung. Vgl. auch *Szantyr*, Synt. 298 litt. b; *Nicolau*, StCl. 7, 137–141; *Dressler*, Sb. Wien 259, Heft 1, Teil III.

2. Aus den Praesensbildungen zur idg. Wurzel *g'nō* 'erkennen' ergibt sich folgendes. Ererbt sind der Wurzelaorist, 3. sg. **g'nō-t* (gr. ἔγνω, aksl. *zna*) und das *to*-Partizip (lat. (*g*)*nōtus* gr. γνωτός altind. *jñātas*); dazu kommt das *-sk'ō*-Praesens **g'nō-sk'ō*, in lat. (*co-*)*gnōsco* und altpers. *xšnāsa-*, vgl. auch gr. γιγνώσκω. – Danach ist **g'nō-sk'ō* als „imperfektives" Prs. 'bin beschäftigt mit Erkennen, lerne kennen' vom Wurzelaorist **(e-)g'nōt* abgeleitet zur Umsetzung von dessen Aktionsart in die Gegenwart. – Hiernach wird im Folgenden *gnōsco* als Repräsentant des lat. Typus I A 2 benutzt; das Verhältnis von lat. *nōsco* zu *nōtus nōvī* genügt zur Verdeutlichung des Ursprungs der lat. Entwicklung.

Zusatz. Gr. γιγνώσκω ist kontaminiert aus idg. **g'nōsk'ō* und idg. **g'i-g'nō-mi*, einer zweiten Ableitung vom Wurzelaorist mit gleicher Funktion. Dieses reduplizierte **g'i-g'nōmi* ist auch Basis des indoiran. *s*-Desiderativums ai. *jijñāsati* avest. *zixšnā̊h-*, des Urbildes dieser Desiderativa (*Insler*, IF 73, 61 f.). – Zu angeblich gr. dial. γνώσκω s. *Forssman*, MSS 23, 14. – Das Indoiranische zeigt noch ein weiteres Prs. **źānāti* 'kennt' (ai. *jānāti*, ap. imperf. *adānā*; zur Formbildung s. *Leumann*, Festschr. Kuiper 59); dieses aber ist als duratives Praesens zum Aorist geschaffen, für eine Funktion, die im Latein das „perfectum praesens" (*g*)*nōvī* als Fortsetzung des idg. Perfektums erfüllt. – Zu gr. γνῶναι als bei Homer primär aoristischem Verb vgl. *Snell*, Journ. Hell. Studies 93, 172 f.

B. Die lat. Entfaltung hinter Langvokal, soweit durchschaubar.

1. Wege der Neubildung. a) Mit *nō-sco* 'erkenne' neben *nō-tus nō-vī* ist soeben erläutert, daß auch deverbative neue Formen genetisch an lebendige Verbalformen anzuknüpfen sind, nicht an abstrahierte Verbalwurzeln. – b) Als Neuerung steht im Latein, rein formal gesehen, eine *sco*-Bildung (*-āsco -ēsco -īsco*) ohne eigenes Perfekt neben dem einfachen Verbum mit Perfekt, etwa *pallēsco* (ev. perf. *palluī*) neben *palleo* perf. *-uī*; das Perfekt bildet also das Vermittlungsglied zwischen *-ēre* und *-ēscere*. Nur vereinzelt ist das Normalpräsens als entbehrlich verschollen, so im Typus I B 1b *adipīscor*. – c) Die neuen *sco*-Inchoativa sind geschaffen worden als Praesensergänzungen solcher Perfekta von imperfektiven Verben wie *timeo* 'bin in Furcht', deren aoristischer Aspekt durch ein Praeverb noch zusätzlich perfektiviert war (§ 418 I D 1 a); also Reihenfolge: *timeo* 'bin in Furcht' → perf. imperfektiv *timuī* 'war in Furcht' → durch Praeverb perfektiviert *ex-timuī* 'geriet in Furcht' → prs. incho. *extimēsco* 'erschrecke (intr.)'; entsprechend *rubēre* 'rot sein', *ērubuit* 'errötete', Plt. Ter. Enn. ann. 352, prs. *ērubēscit* 'errötet' seit Cic., *rubēscit* erst Verg. aus metrischem Zwang.

Weitere Beispiele: *langueo relanguēsco* (Caes., perf. *relanguī*), *lateo dēlitēsco*, *lūceo illūcēsco*, *niteo ēnitēsco*, *stupeo obstupēsco*, *taceo conticēsco*, *doleo condolēsco*, *valeo convalēsco* (Varro Cic.; *convaluit* schon Cato; *convaleo* erst Cod. Just.), *paveo expavēsco* mit perf. *expāvī*. Im Prinzip gleich auch bei *cupio concupīsco* und *sapio resipīsco*, sowie bei *-īvī -īre* und bei *-āre: dormio obdormīsco*; *rēs labat, itidem amīcī collabāscunt* Plt. Stich. 521 sq. – Zu den älteren Bildungen gehören nach Ausweis der Vokalschwächung *dēlitesco conticēsco* sowie *adolēsco* und *resipīsco adipīscor*.

Nach *Watkins*, Statives 64 f. wären die *-ēsco*-Praesentien wie *calēsco* eine bereits frühindogermanische Ableitung von den Zustandsverben des Typus *calēre*.

2. **Vervollständigungen** der Paradigmen erfolgten meist erst in klassischer Zeit, besonders bei Daktylikern unter metrischem Druck. a) Praes. *-ēre* in perfektiven Komposita: *obticet* Ter. Eun. 820, *conticeant* Calp. ecl. 4, 98, *renīdet* Lucr., *recalent* Verg. Aen. 12, 35, *ēnitet* ib. 4, 150, *intepet* Prop. 4, 1, 124; auch *ingemit* Lucr. 3, 489, *exhorret* Liv. – b) *-ēscere* ohne Praeverb: ohne *con-*: *tac-* und *val-ēscere*, *tāb-* Lucr. Cic. (*con-* Plt., *dis-* Cato); ohne *ex-* bzw. *ē-*: *rub- ard- cand- pall- horr-ēscere*; ohne *ob-*: *stup-*; *dormīscere* nur von Priscian angesetzt. – c) Ganz ohne Praeverb *-ēscere* neben *-ēre*: *lūc-* Plt. (danach *fulg-*), *marc-* Ov. Liv., *vir-* Lucr. bzw. Cic.; weiter etwa *mac- ranc- squāl- ūm-*. – d) *-ēscere* ohne *-ēre*: *co-aluī* mit *-ēsco* Lucr. Sall. (zu *alēre* s. unten 3 c). Nur perf. *-uī*: *īnsonuit* Val. Fl. neben *sonuī* (prs. *-ĕre* u. *-āre*). – e) Bei den Denominativen von Adjektiven wie *albēre albēscere* sind fast keine Praeverbien im Gebrauch, aber auch kaum Perfekta auf *-uī*; nach Mustern wie *albus albēscere* ist das *sco*-Praesens oft unmittelbar vom Adjektiv abgeleitet ohne Vermittlung von *-ēre*, etwa *rār- dūr- dulc-ēscere*; oder *-ēre* trat erst sekundär als Rückableitung zu *-ēscere*.

Zusatz. Die Simplicia der Inchoativa wie *valēscere* sind also genetisch jünger als die Komposita wie *convalēscere*. Daher stammt das Dilemma der Lexikographen: sie müssen ein Lemma des Typus *conticēsco* als Kompositum eines erst viel später bezeugten *tacēsco* und als Ableitung von einem viel jüngeren *conticeo* bezeichnen und gegebenenfalls ein perf. *conticuī* zwischen *conticeo* und *conticēsco* aufteilen.

3. **Die Verzweigung der Gruppenbildungen.** Nach Typus *nō-tus nō-vī* und *nō-sco* wird *-sco* auch auf zweisilbige Vokalstämme übertragen; erste Vermittlungsglieder für *-āsco -ēsco -īsco* sind teils *to*-Partizipien, teils *vī*-Perfekta. – a) *-īsco* zu *-īvī* bei *obdormīsco concupīsco*; dann zu *-īre* bei *persentīsco*. – Sondergruppe (oben I B 1 b) bei Verben der 3. Konjug., besonders Deponentien: Nach *cupio: concupīsco* semasiologisch bedingt ('begehren' ~ 'erlangen'): zu **apio nancor *proficior* (ptc. „aktiv" **aptus nactus profectus*) als zweite Praesentien *ap- nanc- profic-īscor*. Dann nach formalem Muster *aptus apīscī* auch **ulc-tus ulc-īscī* usw. – b) *-āsco* (oben I B 2) kaum entwickelt, teilweise in Anlehnung an *-ēsco*. Nach *-āvī* und *-āre hiāsco collabāsco*; auch denominativ (wohl über denomin. *-āre* oder *-ātus*): von Subst. nach *senēsco* auch von *ā*-Nomen *puellāsco*; hiernach *puerāsco*; von Adj. bei Ter. *integrāscit, inveterāscit*. – c) *-ēsco*: reichste Entfaltung, als Inchoativa, zweite Praesentien, neben den Zustandsverben wie *calēre* und deren Anhang. Nach perf. *-ēvī*: *adolēsco* und *obsolēsco*; perf. *adolēvī* trotz *to*-Adj. *adultus* (zu einfachem prs. **alēre* s. § 415 B); prs. *obsolēsco* zu *-ēvī* 'veralten' (mit adj. *obsolētus*), das einfache Verb ist *solēre* 'üblich sein'. – Weiter direkt zu *-ēre* (perf. *-uī*, auch *s*-perf. *exarsī*): *calēsco conticēsco* usw.; auch zu einigen *uī*-Perfekta der 3. Konjug. nach semasiologischen Vorbildern: *contrem-uī -ēsco* Cic. (*tremēsco* Varro Lucr. Verg., Metrum!), *ingem-uī -ēsco* Cic. häufig (prs. *ingemit* Lucr.). – Sondergruppe denomin. *-ēscere* von Adjektiven und Sachsubstantiven (*flāv- frond-ēscere*), entfaltet in Verbindung mit *-ēre*, und daher bei *-ēre* in § 415 D mitbehandelt.

Einzelheiten und Literatur. α) Zur Vokallänge vor *sc* (*Mignot* 177): *quiēsco calēsco* Gell. 7, 15, 3; inschr. *nótēsc-* § 415 D 1 b; für *-īsc-* Schreibung *-eisc-* in inschr. *erceisc-* (und hschr. *conqueineisc-*) oben I B 1 b Zus.; s. auch *Osthoff*, Perf. 257[1]. Vgl. § 418

II C 3 zu *calē-fit* nach *calē-scit*. – Hschr. *-isc-* (als *-ĭsc-*?) bei *trem- ingem-* (und *revīv-*) neben Verben auf *-ĕre*, wohl junge Ableitungen. Inschr. *luciscet* Act. lud. saec. Aug. 41. – Für das Latein unfruchtbare Verknüpfungen von *ē* und *ī* (nach gr. εὑρή-σω εὑρί-σκω) als Ablautformen von idg. *ēi*; s. dazu *Schwyzer* I 709 Ziff. 4. – β) Zum Praeverbgebrauch bei den Inchoativa s. *Canedo*, Gl. 24, 257–266; 26, 14–28 (nicht genügend geordnetes Material); *Osthoff*, Perf. 157; *Specht*, KZ 62, 64; auch *Wackernagel*, Syntax II 190f. – γ) Es existiert nur intr. *-ēscere*, neben Typus *calēre*; daher auch zu trs. *augēre* nur intr. *augēscere* 'wachsen, zunehmen', altlat. gebraucht von *famēs, aegritūdo, audācia*, auch *rēs Rōmāna* Enn. ann. 466; dazu (nicht zu *augeo*) perf. *rēs eōrum auxit* Cato orig. 20. – δ) Zu den *sco*-Praesentien in der Grundsprache s. oben II A.

408. Die *io*-Praesentien (idg. *yo*-Praesentien) scheiden sich in primäre und denominative; bei den Primärverben auf Konsonant kennt das Latein nur die „halbthematische" *i/yo*-Flexion wie lat. *capio*, s. § 398d und § 421. – In beiden Gruppen konnte das *-i̯o-* hinter Vokal oder hinter Konsonant antreten; diese Stellung ist entscheidend für die lat. Lautentwicklung (§ 137) und damit für die Gestaltung der lat. Verbalstämme und Konjugationen. Zwischen Vokalen schwindet *i̯*; daher werden Praesentien auf *-ā-i̯o -ē-i̯ō -ĕ-i̯ō* und *-i-i̯ō* zu Verben der lat. 1. 2. und 4. Konjugation: primär *nā-i̯ō *plē-i̯ō *monei̯ō und *scĭ-i̯ō > *naō nō pleo moneo und scio*; denomin. *-ā-i̯ō > -aō > -ō* in *koisā-i̯ō > cūro* mit *-āre, *fīnī̆-i̯ō fīnio* mit *-īre*. Nur hinter *u* bleiben die *i̯o*-Praesentien rein thematisch, also lat. *-uo -uere* (vgl. § 410, 3c): *i̯o*-Praes. der beiden idg. *ū*-Wurzeln *sū* 'nähen' und *spū* 'speien' (§ 136c); lautlich *sū-i̯ō > *sui̯ō > sŭo*; denomin. *statu-o* mit *-ere*.

Das *i̯* ist nur Praesenszeichen, im Praesensstamm ist es also hier zwischen Vokalen geschwunden, im *v*-Perfekt und im *to*-Partizip dieser Verben war es, nach Muster der primären Verben auf *ā ē ī*, nie vorhanden; in diesen Formen erscheinen *i* und *u* als Länge, *fīnīvī -ītum* und *statūvī* (> *statuī*) *statūtum*; zur Dehnung s. § 253c. – Zu den Denominativa der Grundsprache s. auch *Brugmann* II 3, 204ff.; zu denen des Lateins s. allgemein *Mignot*, Les verbes dénominatifs latins, Paris 1969 (dazu *Forssman*, Gn. 44, 666–672); im Einzelnen auch unten § 412 A *-āre*, § 415 D *-ēre*, § 417 A *-īre*, § 410, 3c *-uere*.

409. Lat. *t*-Praesentien bilden als ursprüngliche „Verben des Haarordnens" eine kleine Gruppe: *plecto* (erst Vulg.; alt *plexus*, dep. *am- com-plector*) ist ererbt, gleich nhd. *flechte*, mit *t*-Erweiterung gegenüber lat. *com-plic-āre* gr. πλέκω; *pecto* 'kämme' (dazu *pecten* § 322 C 2) gegen gr. πέκω; danach weiter *necto flecto*; zu den *to*-Partizipien auf *-xus*, also *complexus* usw., s. § 448 I A 2 a. S. *Lommel*, KZ 53, 309; *Peruzzi*, Riv. fil. 40, 394–408, früher *Güntert*, Reimwortbildungen 167. – Andersartig pass. *plector* 'gestraft werden (leide Strafe durch Schläge)' Plt. Cic., vielleicht gr. hell. *πλήκτομαι (für πληττ- πλησσ-); *sterto* 'schnarche'; auch *mitto* und *ūtor* gelten vielfach als *t*-Praesentien. – Unsichere Kombinationen zu *t*-Praesentien bei *Brugmann*, IF 15, 77; 28, 374; 37, 241; *Thurneysen*, IF 39, 199.

Zu den *s*-Praesentien *vīso* und *quaeso* s. § 451, 1 Zus.

3. STAMMBILDUNGSGRUPPEN IN DEN LAT. VIER KONJUGATIONEN

410. Ererbte Typen in der lat. 1. bis 4. Konjugation.

Die lat. Verben sind nach ihren Praesensstämmen in vier Konjugationen (*ordines*) aufgeteilt; bei dreien endet der Stamm auf langen Vokal (infin. *-āre -ēre -īre*, also lat. 1. 2. 4. Konjug.). Die Anordnung stammt aus dem

Altertum (*Jeep*, Redeteile 245; vgl. auch oben § 398). Abgesehen von der Reihenfolge ist die Einteilung angemessen, wenn man – für das Latein durchaus richtig – das Praesens als Zentrum des Verbums betrachtet; mit kleinen Modifikationen ist sie auch auf das Oskisch-Umbrische anwendbar; andere idg. Sprachen haben abweichende Ordnungen entwickelt, in reinerer Gliederung zeigt das Gotische wohl die ähnlichste. Die vom sprachhistorischen Blickpunkt aus altertümlichsten idg. Flexionen sind in der lat. 3. Konjugation zusammengeflossen; hinzu kommen die primären Verben der 4. Konjug. wie *venio* und *sentio*, ziemlich viele in der 2., sowie die Verben mit einsilbigem Stamm auf Langvokal der 1. 2. und 4. Konjug. (*nāre -plēre scīre*).

    Die den Praesentien jeweils zugeteilten lat. Perfektbildungen sind mannigfaltig, aber meist formal unabhängig vom Praesensstamm (s. § 440). – Dem Oskisch-Umbrischen fehlt das *v*-Perfekt; dafür zeigt das Oskische bei den *ā*-Verben ein *tt*-Perfekt, *prūfatted* 'probavit' usw. (§ 392 III). – Unabhängig von Praesens- und Perfektstamm, also von der „Wurzel" abgeleitet ist von finiten Verbalformen der vorwiegend altlat. Typus *capso ausim*, § 450. Spuren einer vom Praesensstamm unabhängigen Bildung findet man auch beim *ā*-Konjunktiv, etwa *fuam attigam*, § 425 B 1, und beim *nt*-Ptc., *par-entēs* zu *pario* ptc. *pariēns*, § 431 A 2 b.

    Hauptgruppen von Praesensbildungen in den vier Konjugationen.

    1. Erste oder *ā*-Konjugation. Zum Praesens gehören einige Wurzelverben mit Auslaut *ā*, so *stāre flāre nāre*, *in-trāre* (vgl. ptc. als Praepos. *trāns*; hier lat. *trā* aus idg. *tr̥̄*, ai. *tiratī* 'überschreitet'), dep. *fārī* 3. sg. *fātur*, *hiāre* lit. *žióti* (1. sg. *žió-ju*); nur als Anhängsel auch *dăre* 1. pl. *dămus*. Flexion ursprünglich als *i̯o*-Praesens, teilweise auch rein athematisch, vgl. ai. *snā-si* 'du schwimmst', gr. φη-μί (und dep. hom. 3. sg. impf. φά-το); Ablautform *ă* (aus *ə*) im Latein noch in *dă-mus* pass. *dă-tur*, sonst nur noch im *to*-Ptc. (mit Ableitungen), so *dătus, stătu-, făteor, nătāre*. Weiter einige Verben mit zweisilbigem Stamm auf *ā/ə* und *to*-Ptc. auf *-itus*, nomen agentis auf *-itor* (*i* < *a* < *ə*), Muster *domāre domitum domuī* (vgl. § 411, 1); mit sekundärem Ausgleich in den anderen Stämmen *lavāre, arāre* (auch *arā-trum* gegen gr. ἄρο-τρον); zu *cubāre* s. § 413, auch § 418 B 2; zu *iuvāre* § 437 I C 3. – Den Hauptbestand bilden die denominativen *ā*-Verben, entstanden wohl als Ableitungen von *ā*-Feminina, wie noch lat. *eūrāre* von *cūra*, aber dann bei beliebigen Nomina gebraucht, s. dazu § 412 A.

    2. Zweite Konjugation, infin. *-ēre*, eine komplizierte Mischklasse. Zu den *ē*-Verben aller Gruppen außer (a) und (b α) gehört normalerweise ein Perf. auf *-uī* und gegebenenfalls ein *to*-Ptc. auf *-itus*.

    a) Wurzelverben auf *ē* (perf. *-ē-vī*) wie *nēre* 'spinnen', (*im-*) *-plēre, flēre*, dep. *rērī* (perf. *ratus sum*). Entsprechungen anderer Sprachen sind teilweise noch athemat. Formen, gr. 3. sg. impf. ἔννη Hsd. (Wz. *snē*), aor. med. hom. πλῆ-το, teils bereits *i̯o*-Praesentien, gr. νέω ahd. *nājan* 'nähen' oder aksl. *blě-jǫ* 'blöke'. Vgl. allgemein *Schwyzer* I 675 Ziff. 3 a.

    b) Kausativa und Intensiva, Typen lat. *moneo* und *mordeo*, idg. Praesensstamm mit themat. *-ey-ō* abgeleitet, im Verbalstamm *o*-Vokal. Ein Zusammenhang mit den Nomina des Typus *procus toga* (§ 265 ab; vgl. § 415 D) ist im Latein nicht zu erkennen (s. dazu *Kuryłowicz*, Apoph. 86 ff.

§ 8, aber auch § 415 D die Notiz über *Redard*). Scheidung der Beispiele nach den beiden Funktionen ist selten möglich; zum *to*-Ptc. s. unten. In der Grundsprache noch ohne Aor. und Perf. – Kausativa 'veranlassen, daß jmd. etwas tut', Typus nhd. *senken* zu *sinken*; besonders entfaltet im Altindischen, *vāhayati* zu *vahati* (lat. *vehit*), und im Germanischen, hier als schwache *jan*-Verben, got. *dragkjan* nhd. *tränken* zu *drigkan trinken*, so auch nhd. *legen setzen* zu *liegen sitzen* usw. Lat. *moneo* 'erinnere an' zu *meminī* Wz. *men* 'denken an' (vgl. *reminīscor*); *doceo* zu *deceo*; altlat. trans. *lūceo* *loukeyō (ai. *rocayati*, auch avest.) 'mache leuchten, zünde an' (*facem* Plt. Cas. 118, Curc. 9, vgl. Enn. ann. 156; ebenso *allūcēre* Plt. Pers. 515); wohl auch *noceo* (vgl. *nex* 'Tod'), *torreo* § 181a, *faveo* nach *Gonda* (s. Gl. 36, 146); vielleicht auch *augeo* 'mache wachsen' neben themat. got. -*aukan* 'wachsen', *su̯ādeo* 'mache gefallen, rate' neben gr. aor. ἕαδε 'gefiel'. – Intensiva. Stark entfaltet im Griechischen (*Schwyzer* I 717 nr. 7): φορέω πορθέω φοβέομαι zu φέρω 'trage' πέρθω 'zerstöre' φέβομαι 'bin ängstlich', ποτέομαι 'flattere' zu πέτομαι 'fliege', ὀχέομαι (aus Foχ-) 'reite, fahre' zu lat. dep. *vehor*. Lat. *mordeo*; *torqueo* zu gr. τρέπω (?), *spondeo* 'gelobe' zu gr. σπένδω 'spende' (als Vertragszeremonie), *tongeo* (Enn.; '*noscere*' Fest.; mit praenestin. *tongitio*) got. *þagkjan* nhd. *denken*, *tondeo* (zu *tendo*); auch wohl *sorbeo* gr. ῥοφέω, *caveo* gr. κοέω § 47a, sowie *toveo moveo (§ 142a).

Zusätze. α) Perf. und *to*-Ptc. – Bei den Kausativen PPP auf ai. -*itas* got. -*iþs* lat. -*itus* (*monitus*), also idg. -*itos*, *Wn.-Dbr.* 573 § 431 (kaum -*etos*, so *Specht*, KZ 59, 68), demgemäß lat. perf. -*uī* wie *monuī* aus -*i-u̯ī*, Allg. Teil 56* litt. δ; mehrfach Schwund des *i* durch Synkope, zu *doctus* s. § 102, zu *cautus* § 103 b; vgl. auch zu *portāre* § 412 B 3 b. – Die Intensiva sind dagegen, auch vom Latein aus gesehen, auf den Praesensstamm beschränkt, wie sie es im Idg. waren; als *to*-Partizipien (*morsus*, *spōnsus*) und teilweise als Perfekta sind ihnen die entsprechenden Ableitungen von den verschollenen Grundverben zugeordnet, als letztere entweder ein redupliziertes Perfekt, so bei *mordeo tondeo spondeo* (s. § 433 B Zus.), ein *s*-Perfekt bei *torqueo* mit *tor(qu̯)tus* **tr̥k*ʷ*tos* und *tor(qu̯)sī* (mit Vokalangleichung statt *tersī), oder ein jüngeres *uī*-Perfekt zu -*ēre* bei *torreo* mit *to(r)stus* (§ 214c). Hieran fügt sich der altlat. Formenbau von *iūbeo*: praes. alt *ioubeo* (*ioubeatis* SCBacch.), aber direkt von Wurzel *yudh (§ 171 b β) ptc. *iussus* und perf. altlat. *iousit*, § 80; erst nach ptc. *iussus* und abl. *iussū* wurde dann *ŭ* in *iussī* und *iubeo* eingeführt; s. zu *iousit* auch *Solmsen*, Gl. 2, 80f.; *Leumann*, Gl. 29, 167f. zu *Frisk*. – β) Im Altkirchenslavischen flektieren solche Kausative nach Kl. IVa (Leskien), infin. -*iti* (*i* als Länge aus *ī* oder *ei*), prs. 3. sing. -*itъ* mit halbthemat. *i*-Flexion: *voziti* -*itъ* 'führen' zu *vesti vezetъ* (gleich lat. *vehit*), *ložiti* -*itъ* 'legen' zu *lešti legǫ* 'liegen' (idg. *legh*, gr. λέχος λέκτο, lat. in *lectus* 'Bett', nhd. *liegen*); *buditi* -*itъ* (~ ai. *bodhayati*) 'wecken'. Dem *strašiti* entspricht umbr. *tursī-* (*tursitu* '*terrētō*'); lat. *terr-* statt **torr-* (vgl. ἔτερσεν · ἐφόβησεν Hes., Wz. τερσ-); umbr. *i* entspricht eher dem lat. *ē* als dem aksl. *i*.

c) Primärverben mit *ē* als Stammerweiterung: *vid-ē-* 'sehen'; besonders Zustandsverben („verba essiva", engl. „statives") oder *ē*-Durativa des Typus *calēre*, diese mit -*uī*-Perfekt und -*idus*-Adjektiv, sachlich statt -*itus*-Ptc.; dies immerhin bei den Impersonalia wie *libitum est*, § 415 C, so auch bei *tacēre* adj. *tacitus*. Die italischen Dialekte zeigen Entsprechungen zu lat. *habēre*, **potē-* § 400 C 4, *sedēre*, *licēre*, *tacēre* mit *tacitus*. – Evidente Entsprechungen bestehen sonst nur im Germanischen und im Balto-Slavischen. Im Germanischen ahd. *ē* in Verben der 2. schwachen Klasse, ahd. *habēn* 1. plur. *habē-mēs* (got. *haban -aida*, 3. sg. *habaiþ*; got. *ai* wohl aus *ei̯e*).

Wortgleichungen: got. *þahan ana-silan witan* m. dat. 'achten auf' lat. *tacēre silēre vidēre*; zu got. *haban* neben lat. *habēre* s. § 176 II b. – Im Balto-Slavischen entspricht Typus aksl. *bъděti* (lit. *budėti* < *bhudh-ē-*) 'wachen', *gorěti* 'brennen', Klasse IV (Leskien): infin. *-ěti*, prs. aber auch hier halbthemat. 3. sing. *-itъ* (aber lit. Wechsel *ē* : *i̯*, Typus *turėti* 'haben', *sėdėti* 'sitzen', 1. sing. *turiù*, 3. sing. *sėdi*). Wortgleichung *rubēre* ahd. *rotēn* aksl. *rъděti sę* lit. *rudėti* (aber prs. *rudė-ju*). Vergleichbar sind auch aksl. *sěděti viděti* (*weidē-*) lat. *sedēre vidēre*. Bei etymologisch verschiedenen Verben für 'haben' findet sich eine *-ē-*Erweiterung: lat. *habēre*, ahd. *habēn*, aksl. *imėti*, lit. *turėti*. Im Latein ist das *ē* auf den Praesensstamm beschränkt, im Balto-Slavischen steht es nur außerhalb des Praesensstammes; also gemeinsam *ē* nur im Infin.

Aus dem Griechischen lassen sich nur zu lat. *algēre frīgēre* als Entsprechungen praes. ἀλγέω ῥῑγέω (anl. *sr-*, § 194) anführen, diese mit normalisierter Flexion der ἑω-Verben. – Mit dem lat. Praesens-*ē* der Zustandsverben lassen sich die griechischen *ē* des intr. bzw. passiven Aorists des Typus φανῆ-ναι (neben prs. φαίνω -ομαι aus *φανι̯-*) und des nichtpraesentischen εὑρη- neben prs. εὑρί-σκω höchstens indirekt in Verbindung bringen.

Lit. zu den idg. *ē*-Verben. *Saussure*, Recueil 353–369; *Brugmann* III 147 § 92; 179–193; *v. Planta* II 238ff. In neuerer Zeit: *W. P. Schmid*, Studien zum balt. und idg. Verbum 82ff. (vgl. *K. H. Schmidt*, Krat. 9, 149f.); *H. Wagner*, Zs. f. celt. Philol. 25, 161–173; *Polomé*, Festschr. Pokorny 83–92 (*tacēre* got. *þahan* idg. athem. Prs.; gr. η als Aoristzeichen, syntaktisch motiviert); *Specht*, Zur Geschichte der Verbalklasse auf *ē*, KZ 62, 29 ff., zum Latein bes. 31–61 u. 101 [Gl. 26, 91]. *Vendryes*, Mél. Ernout 369–376 (auch *vidēre iubēre* usw. als alte Zustandsverben [Gl. 34, 215]). – Zum vermuteten Ablaut *ē/i/i* *Sommer* 497f.; *Schmid* l. c. – Nach *Puhvel*, Laryngeals 52 ist das *ē* der Zustandsverben älteres *eE^y*, wobei *E^y* einen „palatalisierten Laryngal" symbolisiert. – Im *calē* vom *calē-re calefacere* vermutet *Hermann* ein altes *ē*-Nomen, s. § 418 II C. – Zu den Typen von *ē*-Verben s. auch Gl. 27, 84 f. über *van Daele*. Zu den Problemen der idg. *ē*-Verben s. auch *Watkins*, Statives (Titel s. § 415 D).

d) **Intransitive Denominativa von Adjj. und Subst.**: *albēre aegrēre* und *senēre frondēre*. Die Gleichsetzung mit Typus gr. φιλέω und οἰκέω κοσμέω, auch altind. *devayáti*, ist naheliegend, aber unhaltbar; lat. *-ēre* ist hier als Zustandsverbum Ergänzung zu älterem inchoativem *-ēscere*. – Genaueres zu den Denominativa s. § 415 D.

3. **Dritte Konjugation**, infin. *-ĕre*.

a) Praesens normal thematisch *-o -is -it -imus -itis -unt*, mit *i* und *u* aus idg. *e* bzw. *o* (§ 86 II). Verschiedene Perfektbildungen ohne klare Zuordnung. Praesensstamm einsilbig, ausgenommen bei *-ēscere -essere* und *-uere*. – Als Stamm (vgl. § 405a): Wurzel auf Kons., etwa ererbt *ago ūro* dep. *sequor* gr. ἄγω εὕω med. ἕπομαι, *vīvo* dep. (*re-*)*vertor* ai. *jīvati* med. *vartate* (akt. intr. got. *wairþan* nhd. *werden* in Ausgleich zum intr. Perfekt *ward/wurde* wie lat. perf. *re-vertī*, § 442 Vorbem.); *dūco* got. *tiuha* § 66. – Ferner Verben mit Praesenssuffixen, die in §§ 406–409 besprochenen *n- sc- t-* und *s-*Praesentien, ehemalige athem. Praesentien wie *edere/esse* § 403, 1, auch reduplizierte wie *bibere sistere* § 405b und das Schwā-Verbum *vomere*, § 403, 4.

b) **Halbthemat.** *i̯o*-Praesentien (§ 398c) wie *cap-io* (lat. *i* vor Vokal aus postkons. *i̯*, § 137c), mit kurzer Stammsilbe auf Kons. Verschiedene andere idg. Sprachen zeigen hier aber durchgehende thematische *i̯o*-Flexion; genannt seien die Entsprechungen *rapio* gr. ἐρέπτομαι (πτ aus *pi̯*) und **specio -it* ai. *paśyati* gr. med. σκέπτομαι (§ 163a); s. § 421 B 1.

c) *-ŭĕre*. Unter den Primärverben sind die drei Typen *pluo struo suo* zu unterscheiden. Verben mit *-uo*, meist Komposita, aus *-eu̯ō* (*-ew-ō*, § 143aα), *to-*Ptc. ursprünglich auf *-ŭ-tus*: *dī-ruo -rŭtus*, (*im- com- per-*) *pluo* (ai. med. *plavate plu-ta-* 'schwimmen'), *con-gruo*; *cluo* (*in-clŭtus*); mit *-ūtus ind- ex-uo, im-buo*; *abluo* aus *-lăvō*; vgl. auch *solvo volvo* § 141bα. – Verben auf Guttural wegen ptc. *-cto-*: *fluo* (*fluc-tu-*, *g* wegen *cōn-flugēs*?); *struo* (*c* wegen umbr. *struśla*); dep. *fruor* (*frūg-ēs*); lautlich erfolgte Schwund eines intervokal. Gutturals nur bei *gʷ* (§ 157, 1b) mit *-ugʷo-* > *-uu̯o-* > *-uo-*; das Vorbild ist nicht bekannt. – Thematische *i̯o-*Praesentien von Wurzeln auf *ū*: *suo spuo* § 408, ptc. *sū-tus spū-tum*. – Denominativa von *u-*Stämmen (vgl. *Mignot* 232 ff., der aber wenig überzeugend mit Rückbildung aus denominativem *-ūtus*, etwa *statū-tus* → *statuo*, rechnet): *-uo* aus *-u-i̯ō* oder *-ū-i̯ō*, *to-*Ptc. *-ū-tus*, perf. *-uī* aus *-ū-u̯ī* § 437 I C 1c: von Substantiven *metuo statuo futuo tribuo*, dazu wohl *dē-libūtus* (*ī*?) 'bestrichen, gesalbt' Plt. Von verschollenen *u-*Adjektiven (§ 317b): *acuo, arguo*, vielleicht *minuo*, mit *to-*Adjektiven (aus PPP) *acūtus argūtus minūtus*. – Dazu *nu-*prs. *sternuo* § 406, 3. – *minuo* (auch osk. infin. *menvum*) ist nicht *nu-*prs. gleich ai. *minoti*, *Wackernagel*, Kl. Schr. 419; Grundwort entweder lat. ntr. *minus* 'weniger' oder allenfalls adj. **minu-*, vgl. gr. μανύ Hes., so *Specht*, KZ 65, 200.

4. Vierte Konjugation, infin. *-īre*. Im Praesenssystem *ī* vor Kons. (*-ī-s -ī-mus -ī-re*, altlat. noch *-ī-bam -ī-bo*), *i* aus *i̯* oder *ii̯* (für *ī*) vor Vokal (*-i-o -i-unt -i-am* usw.), also ebenfalls „halbthematische" Flexion; ursprünglich nur bei Primärverben wie *sent-io sarc-io*, hier meist hinter langer Stammsilbe (gegenüber Typus *cap-io -ĕre* oben 3b). a) Wurzelverben auf *ī*, teilweise nur unvollständig in die 4. Konjug. integriert: *īre* § 399a, *fīo fīs* § 403, 3, *suf-fīre* § 191, *ac-cīre* (neben *ciēre*), *scīre* (mit altlat. *scībam scībo* neben *sciēbam sciam*); zu *polīre* s. § 163cδ. – b) Primärverben auf *-īre* wie *sentīre*, mit langer Stammsilbe auf Kons. (mit kurzer nur auf *r l n*); mit *s-*Perfekt und mit *to-*Ptc. ohne *ī* direkt von der Wurzel, also *i̯o/ī-*Praesens zu Primärverben: *sentio farcio fulcio haurio* mit *s-*Perf. **sent-sī* usw.; zu *n* in *vincio sancio* s. § 406, 1a; *salio* (gr. ἅλλομαι aus **sali̯-*, § 60) perf. *saluī*, iter. *saltāre*; *sepelio* (ai. *saparyati* 'verehren') *sepul-tus*, vgl. *sepul-crum*; *re-perio* (**re-peperī* § 102) *-īre* gegen Simplex 3. Konjug. *pario peperī parere*; *ap-(v)erio -ertus*; *venio* perf. *vēnī* (vgl. § 137c); dep. *ordior to-*Ptc. *orsus*. Über eventuelle Sachgruppen s. Gl. 27, 68 f. zu *Brender*. Kaum hierzu *auddorm- cond-īre* wegen *-īvī -ītus*. – c) Denominativa als „regelmäßige" Verben der 4. Konjug. mit *-īvī -ītum*, entstanden als Ableitungen von *i-*Nomina, so noch *fīnīre vestīre sitīre* und *mollīre grandīre*; zur Ausbreitung und zu weiteren Gruppen s. § 417.

411. Wechsel von Praesensflexionen bzw. von Konjugationen.
Sie werden in der traditionellen und normativen Grammatik geordnet nach Normalformen der vier Konjugationen und Abweichungen; gelegentlich folgen dem Praesenswechsel auch Perfekt und PPP. Sprachgeschichtlich liegen die Fälle sehr verschieden: Nebenformen des Altlateins sind meist die ursprünglichen Formen; spätlateinische Abweichungen, oft durch das Romanische als vulgärlateinisch erwiesen, sind natürliche

Neuerungen; soweit erkennbar, sind sie durch formale oder individuelle semantische Assoziationen ausgelöst, seltener rein durch einen Lautwandel; durch die Funktion bestimmt ist etwa *-ēre* für *-ĕre* in *fervēre* usw. – Material bei N.-W. III 243–293; s. auch *Sommer* 507 ff.

1.: 3. und 1. Konjug., *-ĕre* neben *-āre*. Die „unregelmäßigen" Verben auf *-āre* mit perf. *-uī* und ptc. *-tus* bzw. *-ĭtus*, auch *tu*-Abstrakta auf *-ĭtu-* (§ 316 A 1 c) sind als Primärverben zu betrachten, die man in der 3. Konjug. erwartet. Genannt seien: *tonāre* (vgl. *attonitus, tonitru-*), *sonāre* und *crepāre* mit *-itu-*, *necāre* mit adj. *ēnectus* (neben *necātus*; vgl. auch *internecio*), *secāre, ap- ex- im-plicāre, vetāre* (älter *vot-*, § 44), *domāre, lavāre* (*lāvī lautum; lav-* aus *lov-* § 47a), *iuvāre* (*ad-iūvī -iūtum*, vgl. § 437 I C 3), *cubāre* (vgl. § 418 I D 2). Tatsächlich bestehen bei einigen auch noch Praesentien auf *-ĕre*: *tonimus* Varro Men. 132, *sonere* infin. Acc. 225, 470, Lucr. (*resonit* Pacuv. 114, *sonunt* Enn. ann. 389; vgl. altind. *svanati*, § 43b), *lavēre abluere*. – Nicht alle Beispiele müssen gleicher Art sein. Möglicherweise *-ĕre* lautlich aus *-āre* (wie in *vomere linere ad-dere*, § 402a), doch hier an *ā*-Praesentien angeschlossen; s. dazu *Watkins*, Evidence 195f. (mit Kritik von *Cardona*, Lang. 37, 415ff.). Lat. prs. *domā-* neben *nā-*Prs. gr. δάμνημι ist Entsprechung zu altind. Praesenstypus (*gr̥bh-*)*āyati* neben *-n̥āti*. Prs. *ap-plicāre* für **plec-ĕre* (§ 409) vielleicht nach Typus *occupāre* § 413. Zu *Kalendae* neben *calāre* s. § 119a Zus. α. – Spät *-āre* als geläufigste Konjugation für *-ĕre*: *Solmsen*, IF 31, 469 (*meiāre*); *Pokrowskij*, ALL 15, 273.

2.: 2. für 3. Konjug. a) Klass.-lat. *fervēre fulgēre* für altlat. *-ĕre*. Alt infin. *fervĕre* Naev. Afran., dazu Lucr. Verg. (auch *effervĕre*); dazu prs. *-it* und fut. *-et* Lucil. 357, perf. *dēfervisse* Ter. Ad. 152; später perf. *ferbuī* (§ 146b) zu prs. *ferveo*. S. *Leumann*, Festschr. Pisani 637–639. – Alt infin. *fulgĕre* (s. Thes.): Pacuv. Acc. Lucr. Verg. (auch *effulgere* Aen. 8, 677); gesicherte Formen der 2. Konjug. seit Cic. Arat., Catull 66, 61, Lucr. Verg. (ebenso *fulgidus* und *fulgor*); eine Scheidung nach der Aktionsart zwischen *-ĕre* ʽaufblitzen' und *-ēre* ʽleuchten' läßt sich trotz Lucr. 6, 165 gegen 6, 213 (und 2, 27) nicht durchführen. – Bei *olēre* und *olĕre* ʽnach etwas (Akk.) riechen, Geruch verbreiten' sind Formen beider Flexionen seit Plautus metrisch gesichert. Seit dem klass. Latein ist *olēre* allein gebraucht. – Der Übergang zur 2. Konjug. erfolgte bei allen drei Verben offenbar als Eingliederung in den Typus *calēre*, so z. B. *Specht*, KZ 62, 80 f. – Auch neben *scatēre* ʽsprudeln' und *stridēre* ʽzischen' stehen Formen nach der 3. Konjug. – b) Neben *tueor -ērī* ʽbetrachten' und ʽschützen' (nur dies in Prosa) besteht seit Plautus *tuor -ī* (Catull *tuitur*, Lucr. *tuimur* usw.), auch mit den Praeverbien *con- in- ob-*, *indotuētur* Enn. mit *tu*-Abstrakten *intuitu-* zu *-tueor* und *obtūtu-* Cic. zu *-tuor*. Angesichts von adj. bzw. PPP *tūtus*, iter. *tūtārī* und nom. ag. *tūtor* müßte *tuor* die ältere Flexion sein. Unhaltbar *Meillet*, MSL 13, 363: prs. *tuor* und infin. *tuērī* nach alter idg. Gruppierung, also älter als lat. 2. Konjug. – Vgl. unten *cieo* und *con-cio*. – *abnueo* Enn. ann. 279 für *abnuo* nach *prohibeo*. – c) Spätlat. roman. **sapēre* (3. plur. inschr. *sapent* im Hexameter Gl. 42, 86 Mitte), italien. *sapere* frz. *savoir* ʽetwas (infin.) verstehen' ist ein Sonderfall, vielleicht aufgekommen in Anlehnung an **potēre* ʽposse' § 400 C 4. – Vereinzelt inschr. *votum solvent* (prs.), Diehl Christ. III 408 sub *soluo*.

3.: 3. für 2. Konjug. Inschr. 3. plur. *-unt* für *-ent*, weil das in der häufigeren 3. Konjug. als Futurform dient: *lūgunt* CE 1173, *pendunt* 468 u. 1490. – Zu Typus intr. *iacēre* neben trs. *iacĕre* s. § 415 B; dort auch über *cluēre* für *cluĕre*.

4.: 2. und 4. Konjug. a) Neben Simplex *ciēre* ʽin Bewegung setzen, kommen lassen usw.' steht in Komposita *-cīre* (*ac- con- ex-* usw.); s. N.-W. III 286. Wurzelform *cĭ* in *to*-Ptc. als Adj. *citus* ʽschnell', mit iter. *citāre* (auch *con- ex- in- re- sus-*); *prōcitāre* Paul. Fest.); dazu *solli-citus, concitor* Liv. und *imbri-citor* Enn. (§ 336, 4a). Normalisiertes *ī* nur in *accītus* (nach perf. *-īvī*?. S. bes. E.-M. – Nach Analogie von perf. *-ēvī* (aus *-ei-v-*) neben PPP *litus *critus* (>*certus*, § 149 a α) erwartet man als Perfekt **cēvī* (statt *cīvī*, § 72); prs. *-cio* wohl nach perf. *cīvī* (vgl. *scio scīvī*). Nach *Sommer* 509 (dazu KE 140 nr. 124) ist *cio* verkürzt aus *cieo* durch Vereinfachung der Dreivokalgruppe: *cieo -am* > *cio -am*. Rein äußerlich ist die Situation ähnlich bei *tueor* und *tuor*. – b) Roman. *flōrīre* (frz. *fleurir*) für *-ēre*: fut. *floriet* Itala ps. 131, 18 für *-ēbit* wird durch Augustin als unersetzbar im Psalm anerkannt, s. Thes. s. *floreo* p. 916, 58, wo weitere Formen nach der 4. Konjug. – Aufgekommen wohl im Konj. prs. durch Lautwandel $ea > ia$ (§ 42f), vgl. inschr. *nocias polliciārus pāriat*, auch *doliās, habiās -at* (Thes.). Danach dann weitere Formen nach der 4. Konjug.: 3. plur. *doliunt* (inschr. *doleunt* CE 820), ptc. *doliēns habiēns, libiēns* VI 32596, infin. *flōrīre* Diosc., perf. *flōrīvit* CE 216.

5. Wechsel bei $i̯o$-Praesentien. a) *-io -ĕre* und *-io -īre* nebeneinander, literarisch seit dem Altlatein die bekannten Beispiele: *pario -ĕre* und *-īre* u. *reperīre, orior -ĭtur* und *-īrī, morior morī* und *-īrī; cupio -ĕre* und *-īre* (nach *-īvī -ītum*); s. dazu § 421 A. Ferner: Infin. pass. *fodīrī* Cato agr. 2, 4 (akt. *-ere* 43, 2 al.). Seit der Kaiserzeit (Vitr., Col.) *linīre* neben *linere*; Muster noch nicht erkannt. – Infin. *-īre* und perf. *-īvī* bzw. *-iī* wie bei *cupio*: *fugīvī* und *fodīvī* Itala. – b) *-io -iunt* statt *-o -unt* (über *-īs -it -īmus*): *serpio* Prob. IV 185, 36; inschr. *disciunt* VI 12128.

6. Neue Praesensformen zu perf. praes.: zu *meminī* außer imper. *mementō* (ererbt, § 433 B) nach 3. sing. quasi-praesentisch *meminit* auch ptc. *meminēns* Laev. frg. 3, infin. *-ĕre* Bened. reg. 2; ebenso bei *ōdī -isse* zu 3. sing. *ōdit* konj. inschr. *ōdiat* D 801[1] p. 86; dazu perf. *ōdīvit* Antonius nach Cic. Phil. 13, 42 (Muster wohl *cup-it -īvit*). S. *Leumann*, Mél. Benveniste 383.

7. Über griech. Verben in den lat. Konjugationen s. § 414 Ziff. 9.

Sondergruppen in der 1. Konjugation (§§ 412–414)

412. Abgeleitete Verben auf *-āre*.

A. Die Denominativa auf *-āre* sind als Typus ererbt. Grundlage für idg. *-ā-yō* nach § 408 waren offenbar idg. *ā*-Feminina, nach Muster lat. *cūra multa cēna* für *cūrāre multāre cēnāre* (diese auch osk.-umbr., paelign. perf. *coisatens* § 65, umbr. *kuratu*, osk. infin. *moltaum*; zu vergleichen umbr. *çersnatur* 'cēnātī'), gr. νίκη (dor. -ᾱ) für νικάω, altind. *pr̥tanā* 'Kampf' für *-ā-yáti*, germ. *salba* für got. *salbōn*. – Im Latein ist *-āre* – ähnlich wie die Adjektivsuffixe *-ānus* und *-ālis* – als vereinheitlichtes Denominativsuffix für fast alle Nominalstämme gebraucht worden; über *-īre -ēre* und *-uere* s. § 408. – Formal tritt *-āre* hierbei an den letzten Konsonanten des Nomens, so bei Kons.-Stämmen in *iūdic-āre nōmin-āre vulner-āre iūr-āre*, bei *o-* und *i*-Stämmen unter Vernachlässigung des *o* und *i* in *dōn-āre prob-āre* und *grav-āre*; bei *u-*Stämmen ist *-uāre* (*fluctuāre*) jünger als *-uĕre* (*statuere*).

Eine Anordnung der Beispiele nach den Stammformen des Nomens findet man bei *Stolz*, HG 589–594; sie ist insofern wenig ergiebig, als die Ausbreitung in erster Linie nach bedeutungsmäßigen, nicht nach formalen Vorbildern erfolgte. – Eine Gesamtbehandlung gibt *Mignot* 245–296; 367f. (conclusion); 370–380 (Liste der altlat. Bildungen).

Die lat. Beispiele scheinen auf den ersten Blick einer unüberschaubaren und ungeordneten Mannigfaltigkeit von Funktionen zu dienen; doch liegen ihr einige Hauptfunktionen zu Grunde, die sich aus der Natur der Stammwörter ergeben. Nach diesen sind daher die folgenden Beispiele geordnet unter Aufteilung in Personalnomina, Sachsubstantive und Sachadjektive; die Verbalflexionen scheiden sich in Aktiva und Deponentia. – Wie weit die osk.-umbr. Entsprechungen als Entlehnungen aus dem Latein zu betrachten sind, ist schwer zu entscheiden.

1. Grdw. Personalsubstantiv oder -adjektiv, Bedeutung 'sich betätigen, benehmen als', 'das und das sein' („Habitiva" nach *Paucker* 300, auch wohl „Essiva" genannt), besonders im militärischen und sozialen Bereich; zu den griech. Lehnwörtern s. bes. § 414, 9 A. – a) akt. *-āre*: *equit- exul- mendīc- mīlit- ministr- rēmig- vigil- vīlic-āre*; zu *iūdic-* vgl. osk. *medic-ā-*.

Von Adjektiven: *frequent- lūdific- propinqu̯-* (bes. Vergil), *memor-, altern- super-āre*; *ignōrāre* wohl nach *ignōtus* umgestaltete Ableitung von *ignārus*. – Zu *aegrōtāre* s. bei den Lehnwörtern sub A 4. – b) dep. *-ārī* (viel häufiger; Gräzismus?): *aemul- arbitr- aucup- augur- auspic- caupōn- comit- dīvīn- domin- fūr- (per-)graec- hospit-* Petr. *interpret- iuven-* Hor. *medic- test- vad-ārī*; *popul-ārī*; *nūtrīc-ārī*. Von Lehnwörtern (gr. -εῖν): *parasīt- sȳcophant- philosoph-ārī*, danach *poēt-ārī* Enn.; für gr. -ᾶσθαι: *moech-ārī* Catull μοιχᾶσθαι LXX; ptc. (dep.!) *bacchantēs* (gr. *-ᾶσθαι). Von Adjektiven: *advers- indign- laet- miser-*, auch *grav-ārī*; zu *grātulārī* s. § 414, 4.

2. Grdw. **Sachsubstantiv**; Subjekt des Verbums Person, oder persönlich gedacht, etwa *fluctuat mare* Plt. Rud. 903, ähnlich *aestuāre*. Bedeutung 'sich handelnd abgeben mit', 'sich beschäftigen mit'; sekundär oft transitive Verwendung und manche Spezialisierungen. a) akt. *-āre*, sehr häufig: *bāsi- cēn- exāmin- fraud- fūm- hībern- hiem- honōr- iūr-* (s. § 447 II C 1) *labōr- laud- lūstr- not- numer- rēgn- sēmin- spēr-* (s. § 330 C Zus. 3) *spoli- unguent- verber-āre*; *plāgāre* Vulg. (§ 85 B 2a). Mit Entsprechungen im Osk.-Umbr.: *cūr-* § 65 s. *oi, dōn-* § 53 (venet. *donasto* Allg. Teil 31* § 22b), *mult-* § 45b, *oper-* § 298 A 1a, *termin-āre* (vgl. dazu auch umbr. *tuderato* 'finitum'). – Bedeutung eher zu deuten als effektiv 'etwas hervorbringen, erschaffen': *lacrim- sībil- somni-, viti- vulner-, form- ordin-āre*. Bedeutung instrumentativ 'etwas als Werkzeug benutzen': *pugn-* (§ 257), *calc- castr- cael- sign- stimul- torn-* (τόρνος) *tribul- mōnstr-āre*. – Zu *-āre* 'ausrüsten mit' (*arm-āre*) s. unten 5a. – b) dep. *-ārī*: *auctiōn- auxili- cōnsili- contiōn- crīmin- epul- fabric- fābul- iacul- īnsidi- ioc- lāment- mor- nūg- nundin- ōmin- oper- (opus) ōscul- prec- proeli- specul- (specula) stomach- tumultu-ārī*. Sonderentwicklung als 'sich etwas beschaffen, erwerben': *merc- lucr- fēner- mūtu-* (ntr. subst. *mūtuum*); *pisc-* (gleich got. akt. *fiskōn*, dies wohl Lehnübersetzung); *praed- cōpi-ārī* (vgl. § 316 A 2aβ). – Lehnwort *māchinārī*.

3. Grdw. Adjektiv, vorwiegend **Sachadjektiv**, Bedeutung faktitiv, *sān-āre* 'sanum facere, reddere'; Typus vielleicht schon ererbt, vgl. gr. νεάω heth. *newahh-* (Benveniste, Hitt. 21 u. 24; aber lat. *agrum novāre* ist Lehnübersetzung von gr. ἀγρὸν νεᾶν). Von *o*-Adjektiven. Auch osk. sind *prīv-* § 70, *prob-* § 170, *sacr-āre* § 298 A 1a, umbr. *pi-āre*. Weiter etwa lat. (auch von Komposita wie *pro-fānus*): *aequ̯- apt- commod-* (von adj. *-us*!), *cruent- dēns- firm- honest- līber- mutil- profān- pūblic- put-* 'reinigen', *satur- sauci- sollicit- vari- vāst-āre*. Dazu von den *to*-Partizipia die Iterativa wie *gest-āre*, s. unten Abschn. B. – Auch von *i*-Adjektiven (unter Übergehung des *i*): *grav-* und *lev-āre, turp-* Enn., *celebr- illūstr- simul-āre*; von Kons.-Stämmen *dīt- locuplēt- particip- praecipit-āre*.

Zus. Scheinbare Ableitung auf *-iāre* (s. auch *Mignot* 309): *ampliāre* von Kompar. ntr. *amplius* aus (*Wackernagel*, Kl. Schr. 734), entsprechend wohl *breviāre* Manil. Quint. (nicht von Stamm *brevi-*); *satiāre* von *satius*. Von ntr. plur. *paria* aus: *pariāre* Jur. – *cruciāre* wohl von dat. *crucī* (*affīgere* Plt. Pers. 295); das Adj. *crucius* (nur Lucil. 1146 *vīnum*) ist Rückableitung aus *-āre*. – *peierāre* ursprünglich 'verschlechtern' von kompar. *peius*, dann verquickt mit *periūr-āre* u. *-ium* und mit *iūs* (Hor. carm. 2, 8, 1 *iuris peierati*), danach *dēiērat* Plt. Men. 814; *ēierāre* (bei Cic., aber *ēiūrāre* Plt.); das *-i̯er-* von *peierāre* läßt sich lautlich nicht mit *iūs iūris* verknüpfen.

4. Andere Grundwörter. a) Lautäußerungen (behandelt wie Sachsubstantiva). *coax-āre* Sueton. (*quaxāre* Fest.; κοάξ Ar. Frösche 209). *baubāre -ārī* Lucr. (von Hunden) gr. βαῦ βαῦ, vgl. nhd. *wau wau*. *ulul-āre murmur-āre*, s. § 332 I. – b) „Delokutiva", Ableitungen von einer *locūtio*: *quirīt-āre* vom Hilferuf *quirītēs*! (daraus italien. *gridare* frz. *crier* 'schreien'; vgl. *Leumann*, Ling. Posn. 8, 4 f.). *parent-āre* 'Totenopfer darbringen', vom Abschiedsruf *parens, vale*! bei der Bestattung. Auch wohl *salūt-āre* '*salūtem dare*' und *neg-āre* '*nec* sagen'. Alles, auch der neue Terminus, nach *Benveniste*, Ling. gén. 277–285. – c) Adverbien, Bedeutung faktitiv: *iter-āre* 'wiederholen' von *iterum. frustrāre*. – Zu *intrāre* (nicht von *intrā*) s. § 410, 1.

5. Einzelheiten. a) Verba mit Sachsubstantiven im Stamm wie *armāre dōtāre* und der Sonderbedeutung 'mit etwas ausrüsten, ausstatten' sind nicht als Denominativa entstanden, sondern als verbale Vervollständigungen zu besitzanzeigenden *-ātus*; s. §§ 257 B 3 c u. 299, 1 a, auch § 447 II C 1 zu „aktivem" *cēnātus iūrātus*. – b) Zu besitzanzeigendem *-ant-* in *comant- gemmant- stellant-*, scheinbar isolierten Ptc. praes. ohne finite Formen, s. § 431 A 2 c. – c) *nuntiāre* 'melden' wohl nach 1a von *nuntius* 'Bote'; Bedeutung 'Botschaft' sekundär (als mask.!) wohl durch Umdeutung etwa in *nuntius vēnit*; ähnliches Problem: umgekehrt bei gr. ἀγγελίη(ς), s. *Leumann*, Hom. Wörter 168–173. – d) *sorōriāre* ('*tumēscere*' Fest.) ist wohl von griech. ἠβυλλιάω inspiriert (s. zu diesem *Leumann*, Kl. Schr. 242[8]). – e) Zu den „Parasyntheta" wie *expectorāre* und *exossāre* s. § 418 I C. – f) Zu lat. *-āre* in entlehnten griechischen Verben s. § 414, 9.

Lit.: *Mignot* 272–279; *Stolz*, HG 589–594; 600 § 270 (Bedeutungen); *Kniffka*, Prolegomena einer deskriptiven Wortbildungslehre: Die zu Adjj. und Advv. abgeleiteten Verben (der 1. Konjug.), Diss. Bonn 1972 (529 S.).

B. Die Iterativa oder Frequentativa und die Intensiva auf *-tāre* als Bezeichnungen wiederholter oder energisch durchgeführter Handlung. Nach ihrer Bildung auf *-tāre* (*-ssāre -itāre*) sind sie entstanden als Ableitungen von *to-*Partizipien, etwa *gestāre pressāre territāre* von *gestus pressus territus* (zu *gerere premere terrēre*); damit ist ihre Stammgestalt festgelegt, vgl. § 448. Sie sind also morphologisch nur eine Untergruppe der Faktitiva von Adjektiven (oben A 3) wie *novāre* 'neu machen' von *novus*.

Die Kategorie reicht historisch weit zurück, fremde Entsprechungen haben *gustāre portāre* und vielleicht auch *itāre* von *īre*. So haben Iterativa wie *gustāre* schon vorhistorisch die einfachen Verben ersetzt, auch etwa *optāre nictāre cūnctārī*; andere folgen in historischer Zeit, wie *occultāre nūtāre*; im Romanischen wurden lat. *canere adiuvāre* durch *cantāre adiūtāre* abgelöst. – Dem Sprachgefühl galten sie funktionell als Ableitungen von den Grundverben, daher die Deponensflexion von (*cōn-*) *sectārī amplexārī tūtārī* zu *sequī amplectī tuērī*, auch *versārī, fatantur* '*multa fantur*' Paul. Fest., oder die Praesensableitungen wie *agitāre rogitāre* von *agere rogāre*, also mit Suffix *-itāre*.

Nur diese Praesensableitungen besonders von Verben der 3. und 1. Konjugation stellen eine formale Sonderentwicklung dar. Als Muster mag man etwa nennen: für *-ere* nur *vendere* (*venditus* in alter Formel *ex empto vendito* Varro rust. 2, 2, 6 al.) *venditāre* Plt.; für *-ēre terr-, exerc- plac- mer- hab-ēre* (*-itus*) *-itāre* (*habitāre* 'wohnen' zu altlat. *habēre* 'ds.', etwa Plt. Men. 69 *qui Syracusis habet*, sc. etwa *domum*), auch dep. (*pol-*) *lic-ērī* mit *-itārī*; für *-āre cub- crep-āre* (*-itum*) *-itāre* (vgl. Allg. Teil 72* § 62); im Romanischen ist *domāre* (*-itus*) durch *domitāre* (Verg.) frz. *dompter* ersetzt.

1. Von *to-*Partizipien zu Primärverben, eventuell formal von Supinum auf *-tum*. Altbezeugt: neben PPP zu transitiven Verben: *capt-āre coept- dict- duct- gest- iact- nex- press- quass-* (*ē-*)*rūct- tract- vect-āre; dăt- pŏt- spūt- adiūt-āre; *rutāre* in *rutābulum* (§ 285, 4, vgl. *ē- dī-rŭtus*); *trūsāre* in *trūsātilis*

§ 311, 2 a. *-ītāre* von Verben der 4. Konjug., *mūn-* (*viam*) Cic., *dorm-*. – Zu Intransitiven (ohne *to-*Ptc.): *cess-āre*, (*in- oc-*) *curs-āre*, *năt-āre*, *rēpt-āre*, *salt-āre* (mit *īn-sultāre*); *cassā-bundus* § 298 B 1; *ĭtāre* (mit *vītāre* aus *vi-it-*, § 418 I A 2 c; vgl. gr. ἰτητέον); aber umbr. **eitā-* > *eta-*. – Zu Deponentien: *commentārī* (*-miniscī*), *amplex-ārī*, auch *cūnctārī* § 102. Beachte ptc. *lāpsant-* Plt. zu dep. **-ārī* (erst sekundär akt. *lāpsāre*, zu *-ant-*). Vgl. *mūtuitant-* Plt. zu Grundverb *mūtuārī*.

Von veralteten, wenig gebrauchten oder ganz verschollenen *to-*Partizipien *-t-āre* neben anderem geneuertem PPP: *pult-āre* 'klopfen' (vgl. *dēpultus* Rhet. Her.; daneben *pulsāre* zu *pulsus*), *mantāre* neben *manēre* Plt. Poen. 264, *ommentāns* Liv. Andr. (später *māns-ūrus -iōn-*); *mertāre* (s. § 206 zg); dep. *sectārī* (*sequī*, § 156 d); *grassārī* (zu *gressus* s. § 89 c). – *to-*Ptc. nur in Spuren: *cantāre* nur scheinbar vom prs. abgeleitet: *canta* 'cantāta' Paul. Fest.; *ostentāre* (altlat. ptc. *ostentus*); (*ex-*)*spectāre* (ptc. nur kompos. wie *cōn-spectus*); zu *dē- ob-lectāre* vgl. *lactāre* (s. § 155 b); *ab- an-nūtāre*. Nur als verselbständigtes *to-*Adj. vorhanden bei *aptāre*, *artāre* zu *ar(c)tus*, *certāre* (zur Bedeutung s. Gn. 13, 31); (*con- ex- sus-*) *citāre* (**citus* zu *ciēre*). – Nur Iterativum erhalten: *optāre* § 324 B 2 b; *mactāre*; *nictāre* (*ī?*) s. Gl. 28, 18; *mussāre* (vielleicht zu *muttīre*); weiter *portāre* usw., s. unten. – Nhd. *dichten* ist entlehntes lat. (*versūs*) *dictāre*, durch Umdeutung von Hor. sat. 1, 4, 10.

2. Iterativa auf *-itāre* von Praesensstämmen, Typen *agitāre*, *rogitāre*, *ductitāre*. a) Neben *-ĕre*, 3. Konjug.: *ag-itāre* (mit *cōg- subig-itāre*), *flu-itāre* (*flūtāre* Lucr., § 133 II b), *fug-itāre*, *fund-itāre*; Assoziationsgruppe: *quaer-*, *nōsc-*, *scīsc-* Plt. (*-ārī* Cic.); *vīs-itāre* Plt. (zu *vīsere*, nicht zu *vidēre*); dep. *loquitārī* Plt. Bacch. 803 (ptc. *locūtus*!). – b) Neben *-ēre*, 2. Konjug. (ohne *to-*Ptc.): *lat-* und *pav-itāre*; vielleicht dep. *meditārī* neben *medērī*. – c) Neben *-āre* (1. Konjug.; es gibt kein *-āt-āre* zu ptc. *-ātus*): *rog-itāre*; *clām- culp- muss- neg- voc-itāre*; *vol-itāre*; perf. *obsōnitāvēre* bei Fest.; *hi-etāre* (§ 94; trotz *hiātu-*); dep. *minitārī*. Metri gratia im Hexameter *-itāre* für einfaches *-āre*: *imper-itāre* (*Leumann*, Kl. Schr. 147, *Norden* zu Aen. 6, 122), *eiul-* Lucil. 261, *dis-* und *in-crep-*, *nōmin-itāre* Lucr.; einmal für *-īre*: *imped-ĭtāre* Stat. – d) Ableitung auf *-itāre* von einfachen Iterativen auf *-tāre* und von *to-*Partizipien. – α) Sog. Doppeliterativa, Typus *duct-itāre* Plt. neben *ductāre*: *cant- fact- gest- pōt-itāre* (*factāre* bei Plt.). – β) Ohne einfaches Iterativum, direkt vom PPP abgeleitet. Altlat. Sachgruppe, Muster wohl *pōt-itāre* : *ēs- -itāre* Plt. Cato, *duct-* (vom Trinken) Plt. Epid. 351, *lūs-*, *vīct-*, *ūnct-*, *tōns- -itāre*. Ferner *empt-* und *accers-* Cato, *curs-* Ter., *occīs-itantēs* C. Gracchus (bei Festus); bei Cicero *haes- vent- lēct- scrīpt-itāre*, bei Gell. *ūs-itāre*.

3. Einzelformen und Sonderfälle. a) Zu einfachem *-tāre*: *futāre* Cato pro 'saepius fuisse' posuit Paul. Fest. (die Cato-stelle lautete wohl *futāvit* für 'saepius fuit'); zur Form vgl. *futūrus*, § 400 B 2. (*cōn- re-*) *fūtāre* (wohl zu *fūt-ilis*, § 311, 1 c). *gustāre* gleich ahd. *costōn* nhd. *kosten*, vgl. *gustu-* und *dēgūnere* § 206 sn. Zu *temptāre* vgl. *pedetemptim*, s. § 389 Zus. zu b. Zu *grātārī* s. § 414, 4. – Zu Typus *calfactāre* vgl. § 418 II C 3. – b) Zu *-itāre*. Neben *-ĕre*: *suppeditāre* Plt. für **suppet-itāre* (*-it-* für *-ĭt-*) zu *suppetere* 'zur Verfügung stehen' (vgl. zu diesem *competere*). *palpitāre* 'zucken': **palpere* vorausgesetzt durch *palpebrae* § 285, 5. *sicilicissitāre* s. § 414, 8. Unklar *flāgitāre*; *ōscitāre* 'gähnen' ist wohl zusammengerücktes *ōs citāre*. – Neben *-āre*: *dubat* (retrograd?) 'dubitat' Paul. Fest. *superstitāre* 'übrig bleiben' Plt. Pers. 331 von **super-stāre* 'super-esse' (nicht denomin. von *superstit-*; dagegen *restitāre* Plt. zu *restitī*, *resistere*). Dep. *imitārī* zu **imārī* vgl. *imāgo* § 325 B 3 und *aemulus* § 32. *commētāre* Nov. Atell. 7 für *-me-itāre* (§ 133 I ee). – *-tāre* für *-itāre*: *portāre* umbr. imper. *portatu*, zu **poritos* s. § 410, 2 b α. *hortārī* alt *horitātur* Enn., § 103 b. *cūnctārī* s. § 102.

Anhang. *-itāre* in denominativen Verben (vgl. *Mignot* 326), vielleicht über verschollene Denominativa auf *-āre*. Von Substantiven: *bubulc-itāre* Varro Men. 257 (von **bubulcāre?*); dep. *puell-itārī* Laber. 139. – *febr-ic-itāre*, oft ptc. *-ant-* 'fiebern' seit Cels. Dep. *perĭcl-itārī* Plt. Cic. Cels. (iter. zu *perĭcl-ārī?*, bezeugt *-culātus sum* Cato). – Zu *nōminitāre* s. oben B 2 c. – Von Adjektiven. Faktitiva von drei Adjj. auf *-bilis*: *nōbilitāre* Ter. u. Elog. Scip. D 546; *mōbilitāre* Caecil. Lucr.; *dēbilitāre* Varro Cic.; dazu *vīlitāre* Turpil. 148. Prototyp ist *nōbilitāre* (im Scipionenkreis); gebildet über *nōbilitās -tātis* nach semantischem Muster *honestāre* neben *honestās*, nicht haplologisch aus **nōbili(tā)tāre*. Nicht antik sind *habili- fēlīci-tāre*. – Normale Ableitung ist *stabilīre* von *stabilis*, s. dazu § 417 A 4.

4. Lit. a) Zur lat. Ausbreitung: *Dressler*, Gn. 40, 639. *Fischer*, StCl. 13, 64 (*-itāre* künstlich bei Plautus). *Stolz*, HG 603–608. *Paucker*, KZ 36, 243–261 (Material). *Ernout*, Aspects 162 f. (roman. *cantāre* usw.). *Graur*, Verbe latineşti in *-ito*, StCl. 5, 7–9 (einzelne Typen; mit frz. Résumé). *Mignot* 289–293. *Sjoestedt*, BSL 25, 153 ff., 26, 113 ff. (behandelt vorwiegend die Aktionsart; s. dazu auch *Szantyr*, Synt. 297 § 166 a). – b) Zur Entstehung. Anschluß ans *to*-Ptc. angeblich sekundär: nach *Sjoestedt dictāre* kontaminiert aus *dicāre* und *dictus*; nach *Kuryłowicz*, Apoph. 304 *dictāre* aus *dicāre* mit dem „elargissement" *t* der Wurzelnomina von § 263 C. Nach *Gershewitch*, St. it. 15, 142 ursprünglich von *to*-Substantiven abgeleitet. – In Typus *rogitāre* nach *Brugmann*, IF 38, 126 dissimilatorische Meidung von *-ātāre*. – Als formale Parallele zu lat. *agitāre* neben *agere* entstand auf ganz anderem Wege gr. hom. ναιετάω neben ναίω; zu letzterem s. *Leumann*, Hom. Wörter 182 ff.

413. Die sog. ā-Intensiva, Typus *occupāre* neben *capere*: Verben auf *-āre*, meist Praeverbkomposita, als mit *ā* abgeleitete Deverbativa neben Primärverben der 3. Konjug. Eine Einheitlichkeit ist weder im beschränkten lat. Material zu erkennen noch durch Heranziehung von äußerlich entsprechendem Material anderer idg. Sprachen zu gewinnen. Das gilt für die Funktion des *ā* schon hinsichtlich des Verhältnisses zu den Grundverben (Aktionsart, Intensität usw.), erst recht aber bei Heranziehung der weiteren *ā* in der Morphologie des Verbums (im Latein des *ā* in Konj. *leg-ā-s*, § 425 B 2b, und in Imperf. *er-ā-s*); es gilt auch für die Ablautgestalt des Verbalstammes. Hier muß es genügen, die wichtigsten Beispiele vorzuführen und auf Besonderheiten hinzuweisen.

Die bemerkenswertesten Beispiele eines deverbativen Stammbildungselements *ā* bietet das Slavische; im Aksl. haben manche thematische und *jo*-Praesentien für Infin. usw. einen zweiten Stamm auf *-a*, Typen aksl. *berǫ* 'fero' *bьra-ti*, *jemlǫ* (**em-i̯ō*, zu lat. *emo*) *ima-ti* 'nehme'; als „Iterativbildung" dient bei den meisten Verben *-a-ti* prs. *-a-jǫ*, mit Vokalwechsel im Stamm.

Praeverbkomposita auf *-āre* neben Verben auf *-ĕre*. *af-flīgere prōflīgāre*, *īn-sipere dis-sipāre* (vgl. § 92 A); neben *-ere* mit *io*-Praesens *capio pario specio lacio*: *occupāre*, *comparāre* 'erwerben' (*to*-Ptc. *par-tus* 'erworben'!), dep. *cōn- dē- su(s)-spicārī*, **pellicāre* (*-ātor* 'qui pellicit' Paul. Fest.); zu *-ere* mit Praesenssuffix *nā* (§ 406, 2) *sternere cōn-sternāre*, *spernere a(b)-spernārī*, *pellere ap- com- inter-pellāre*; mit Differenz im Stamm auf *-āre*: *iungere coniugāre* (?), *(ac- in-)cumbere -cubāre*; *dīcere* (*in- dē-*) *dĭcāre* (vgl. osk. perf. *dadikatted*), *dūcere ēdūcāre*, dep. *lābor -ī *collăbāre* (*-āscere*, auch *labāre*); (*ap- ex- im- com-*)*plicāre* zu *plectere* § 409. – Seltener Simplicia. Wohl aus Komposita verselbständigt die eben genannten *dic- lab- cub- plic-āre*, auch *parāre* 'rüsten', vielleicht *ligāre* 'binden', wenn *colligāre* zu *colligere* 'sammeln' gehört (unsicher ist ein aus *lictor* erschlossenes **ligere* 'binden', trotz Liv. 1, 26, 11 u. 8, 7, 19); zu *fodāre* Paul. Fest. vergleiche neben *fodio -ere* auch *fodentes* § 431 A 2b. Dazu osk. **regā-* in *Regaturei*; vielleicht auch die Gruppe *sonere/sonāre* § 411, 1. – Funktionell Faktitiva (Kausativa) neben Intransitiven auf *-ēre*, z. T. mit Dehnstufe: *sēdāre* zu *sĕdēre*, *plācāre* zu *plăcēre*, (*ē-*)*liquāre* zu *liquēre*; nicht faktitiv *cēlāre*.

Zusätze. Adj. *ēlegāns -antis* ist Ptc. von **ē-legāre* gleich *ē-ligere*, als Personaladjektiv zunächst 'auswählend, wählerisch, geschmackvoll', erst sekundär von Sachen (scheinbar passiv), so *poēma* und *opus* Cic.

Kaum gleichartig sind einige *-āre*-Verben mit Nomen statt Praeverb als Vorderglied; die meisten sind zweifellos junge lat. Denominative nach § 412 A 1: *aucupāre auspicārī iūdicāre magnificāre* von *auceps auspex iūdex magnificus*; so auch wohl *ūsurpāre trucīdāre* von **ūsū-rapos *tru(ci)-cīd-*, ebenso wie einige mit Praeverb, *anticipāre* (vgl. *prin-ceps*); *coniugāre* ist morphologisch mehrdeutig. – Gegen unmittelbare Zurückführung des *ā* von *aspernārī* auf die Flexion eines idg. *nā*-Praesens s. *Strunk*, KZ 83, 221[11].

Für ältere Literatur s. v. *Planta* II 237 f., *Walde*, Ital. Sprr. 210 f., *Brugmann* II 3, 160 u. 161 ff.; ferner *Sjoestedt*, BSL 25, 154 (italokeltische *ā*-Iterative); *Thomas*, Rev. phil. 30, 212–216 [Gl. 42, 101 f.]; *Lane*, Lang. 25, 171; *Pisani*, Rendic. Ist. Lomb. 79, 1, 106–112 [Gl. 34, 215]; *Mayer*, Gl. 35, 116; *Kuryłowicz*, Apoph. 303 f.; *W. Wissmann*, Nomina postverbalia in den altgerman. Sprachen, 1932, I 203 ff.

414. Komplexe Suffixe in Verben auf *-āre* (vgl. *Mignot* 306–351).

1. *-igāre* hinter Nomina (*Mignot* 339 *-igāre*, 344 *-īgāre*). a) *rēmig-āre* 'rudern' von *rēmex -igis* '*rēmum agēns*' (§ 336, 1 a; *-āre* nach § 412 A 1 a) nach umgegliedertem *rēm-igāre* (aber Vorbild gleichen Ursprungs vielleicht *nāvigāre*, *Forssman*, Gn. 44, 671). Zu *iūr-igāre > iūrgāre* 'streiten' s. § 103 b; ihm entspricht *līt-igāre.* – b) Hinter Adjektiven, faktitiv. – Prototyp wohl *pūrigāre* Plt. Merc. 739 (> *pūrgāre*) 'reinigen', neben *pūrus*. So weiter *lēvigāre* 'glätten', *mītigāre* 'besänftigen'; alt *clārigāre* 'rituell (Raubgut zurück-) fordern', von *clārus* 'deutlich'. Danach, mit Lautanklang, *gnārigāvit* Liv. Andr. ('*narrāvit*' nach Paul. Fest.) als '*gnārum reddidit*'. – c) Nach *Skutsch* *pūrgāre* ursprünglich nicht von *pūrus*, sondern von idg. **pūr* (gr. πῦρ umbr. *pir*) nhd. 'Feuer'; danach *fūm-igāre* 'räuchern' Varro. S. *Thurneysen*, IF 31, 275–279. – d) Ganz unklar *-īgāre* in den fast reimenden *fat- fast- cast- fūst- vest-īgāre*. Neben *calīgo -inis* 'Finsternis' steht *calīgāre* 'verdunkeln', s. dazu *Ernout*, Philologica I 176.

2. *-icāre*, häufig ptc. *-icant-*, von Verben und Nomina abgeleitet (doppeldeutig *medicārī*); Verwendung sehr verschiedenartig durch Verlust von Zwischengliedern, Herkunft wohl uneinheitlich. S. auch *Mignot* 322; *Stolz*, HG 594 § 259. a) neben *-ĕre*: *fod-* und *vell-icāre* Plt.; *vellicando morsicandoque* Paul. Fest. s. *dagnades* (von Vögeln, s. § 200; *mors-icando* durch Perseveration umgestaltet aus iter. *morsitando*). – b) *claudicāre*, ptc. *-icant-* 'lahmen' neben *claudere* 'hinken' und *claudus* 'lahm'; neben *vārus* ebenso *vāricāre* Varro (*vāricus* Ov. Vitr. ist Rückbildung) mit *prae-vāricārī*. – c) Neben adj. *albus* und ptc. *albent-* (zu *albēre*) *albicāre* Varro, ptc. *-ant-* Hor. (*sub-a.* Varro); *candicant-* Varro Men. 171 (vgl. 97), *mare crispicāns* Flor., *nigricant-* Plin., *splendicāre* Apul. Hiernach wohl von Substantiven *-icāre* (*-icant-*) 'aussehen(d) wie': *pastill-* Plin., *foll-* Apul. – Nicht hierher *rubrīca*. – d) *commūnicāre* und *-ārī*, vielleicht von adj. *commūnis* nach *duplus*: *duplicāre* (von *duplex*), eher aber von adj. **moinicos* (osk. **moiniko-*). Nach diesem **altericāre > altercāre* u. *-ārī* 'streiten'. – *mānicāre* 'ὀρθρίζειν' 'morgens früh kommen' Vulg. von adv. *māne*.

3. *-itāre* denomin. *bubulcitāre* und *nōbilitāre*, s. § 412 B 3 Anhang.

4. *-ulāre -ilāre* und *-illāre*. Die Mehrzahl der Verben auf *-ulāre* und *-illāre* (*scintillāre*) sind einfache Ableitungen auf *-āre* nach § 412 A von Nomina auf *-lo- -li-* und *-illo-*. Doch ist folgendes beizufügen. a) Ein einheitliches *-ulāre* erscheint sowohl deverbativ, etwa in ptc.-adj. *petulant-* 'mutwillig' zu *petere* 'jem. anfallen' (Zwischenglied **petulus* wie *bibulus*?), als auch denominativ, etwa in *pull-ulāre*. Als Muster für Überspringung nomi-

Komplexe Suffixe auf *-are* (*-igare -ulare -cinari* usw.) 551

naler Zwischenglieder boten sich leicht einerseits *speculārī* 'spähen' (von *specula* 'Warte') neben *specio -ere*, andrerseits Denominative von Deminutiven, also *modus iocus*: (*modulus ioculus*:) *modulāre ioculārī*; im Blick auf letztere spricht man abkürzend von „deminutiven Verben" auf *-ulāre*, etwa denominativ *ventilāre nīdulārī ustulāre* (*amb-ustulātus* Plt. Rud. 770) und vermutlich deverbativ *vertilā-bundus* 'taumelnd' Varro Men. 108 (kaum Kompositum mit *lābundus* von *lābī*), *sorbilāre* (Ter. Ad. 589, zu adv. *sorbillō* Plt.?), **cantilāre* als Basis von *cantilēna* § 294, 2 c. – Vereinzeltes: *obvāgulātum īre* XII tab. 2, 3 von **vāg-ulus* zu *-īre*, vgl. *garr-ulus* von *-īre*. – *ambulāre* zu *amb-īre*? – Nicht deverbativ *violāre*, zu *vīs*, beachte adj. *violentus*. – Onomatopoetisch (§ 332 I) *ululāre* 'heulen'; *eiulāre* 'wehklagen' kontaminiert aus Weheruf *ei* und *ululāre*; *sībilāre*; *vītulārī* 'frohlocken'. – *grātulor* aus **grāti-tulor* (sc. *deīs*) ist Gegenstück zu *opitulor* von *opi-tulus* scil. *Iuppiter*, Rückbildung daraus ist *grātārī* (s. dazu Leumann, Kl. Schr. 197 [Gl. 28, 16]). – Zu *postulāre* s. § 209 c. – Nach *-illo-* neben *-ulo-* beim Nomen kühn *cōn-scrīb-illent* Catull 25, 11 (dazu Varro Men. 76). – b) *-iculāre*, Vorbild wohl *-āre* von einem Instrumentalnomen auf *-culum*, etwa *adminicul-āre -ārī* 'stützen', daher deverbativ; wenig Belege, von denen die scheinbar von *to*-Partizipien abgeleiteten zu Iterativen auf *-āre* gehören: *pandiculant-* 'sich streckend' Plt. (*-ārī* nach Paul. Fest.), *missiculāre* Plt., *fissiculāre exta* Terminus der Opfertechnik, *gesticulārī* Petr., *pēnsiculāre* 'erwägen' Gell., vgl. *pēnsāre*. – Lit.: Samuelsson, Gl. 6, 225–270 (*-ulāre -ilāre*); Haas, Die Spr. 3, 152 (*-ulāre*; *ambulāre* zu sakral **ambi-lātor* 'qui circum-fert' [Gl. 42, 101; 105]); Mignot 314, 318, 319 (*-ulāre*, *-illāre*, *-iculāre*); Funck, ALL 4, 66–87; 223–246 (*-illāre*); Stolz, HG 596 f.

5. *-ināre, -īnāre* (vgl. Mignot 312). Man erkennt für die wenigen schon altlat. Beispiele weder einen Zusammenhang mit Denominativen wie *nōmin- ordin-āre domin-ārī* noch sonst eine einleuchtende Anknüpfung. *coquināre* (metrisch *ĭ*, nicht aus *ī* durch Iambenkürzung) 'als *coquus* arbeiten' Plt.; nach *dapināre*? (zu diesem s. § 88 a); *bovīnātur* (*ī*?) 'convīciātur' Paul. Fest., *lancināre* 'discerpere, lacerāre' Catull. Sen. – Mit *-īn-* (zu *-īn-/-iōn-* s. § 324 C): ptc. *carīnant-* 'schmähend' Enn. ann. 563; *festīnāre* 'eilen'; dep. *-īnārī*: *opīn-* (vgl. *opīnio -ōnis*), *nātīn-* Cato (*-nātio* 'negōtiātio' Paul. Fest.), vielleicht **navātīn-* zu *navāre* (dies von *nāvus* oder aus *novāre* nach § 47 a?) 'etwas betreiben'; *mūgīn-* '?' Cic. ('*nūgārī*' Paul. Fest.). Zu *agināre* s. unten 9 (unter A 2). – *farcināre* Mart. Cap. für *farcīre*, wohl nach *sagīnāre*, also *farcīn-*.

6. *-cinārī*, vorwiegend altlat. Ableitungen von Personalnomina. Von solchen auf *-o -ōnis*: *-ō-cinārī* 'sich betätigen als', vielleicht haplologisch für *-ōni-cinārī*, mit Abstrakta auf *-ium* als *-ō-cin-ium*: als Typus von *latro* 'Söldner' (§ 322 A 5) *latrō-cinārī* Plt., *-cinium* Varro Cic. (nach letzterem direkt *tīrō-cinium* Bell. Afr., Liv.); dann *lēnō-cinārī* Cic., *-cinium* Plt. Von *lurco* 'Schlemmer' das durch *lurcinābundus* Cato (vgl. Quint. 1, 6, 42) vorausgesetzte **lurcinārī*, offenbar haplologisch verkürzt aus **lurcō-cinārī*, ebenso wohl *tuburcinārī* Plt. Pers. 122; auch (*h*)*alucinārī* 'phantasieren usw.' mag auf **aluco* **ἀλύκων* (von medizin. ἀλύκη, zu ἀλύσσω) zurückgehen. – Von *patrōnus patrō-cinārī* Ter. mit *-cinium* Cic. – Hybrides *mantis-cinārī* Plt. Capt. 896 von gr. nomin. μάντις zeigt, daß Plautus *latrō* in *latrō-cinārī* als Nomin. sing. empfand. – Ferner von zwei Abstrakten auf *-ōn-*: *sermō-cinārī* Cato, *ratiō-cinārī* Plt. mit *-cinium* Colum. – Vorbild war zweifellos **vāti-cinium* 'quod vātēs canit', ein Kompositum wie *galli-cinium* (nach § 275 C 2 b); daraus erst *-cinārī* Plt.; plur. akk. *librōs vāticiniōs* Liv. 25, 1, 12 hat Livius falsch umgesetzt aus nomin. *librī* mit gen. sing. *vāticinīī* (*-cinī*). – S. Ernout, Philologica I 73–82, teilweise anders zur Entfaltung (vgl. Nehring, Gl. 16, 242); ihm folgend Mignot 347–351; Niedermann, Contrib. 22: *-ōcinārī* aus *-ōnicinārī*.

7. *-erāre*. Denominatives *-er-āre* (nach § 412 A) von *-er*(*o*)-Adjektiven, so *līber- macer- super-āre*, auch von Adverbien *iter- proper-āre*, sowie von *es*-Neutra, so *gener- temper- vulner-āre*, auch *oper- vener-ārī*, *moder-āre* (vgl. § 330 A 3). Zu *peierāre* s. § 412 A 3 Zus. – Anscheinend verselbständigtes *-erāre* neben Verbalstämmen, Muster unerkennbar: *recuperāre* neben *recipere*, *lamberāre* 2. sing. Plt. Psd. 743 *-ās* (kaum plqpf. von *lambere*), *tolerāre* (von **tolus* < **telos*?, zu perf. *tetulī*, *tulī*). – *penetrāre* zu adv. *penitus* nach *intrāre* neben *intus*. – S. Mignot 307; Stolz, HG 593; Graur, Rev. phil. 63, 270 f.

8. Altlat. *-issāre* ist Latinisierung von gr. *-ίζειν*, etwa *attic- cyath- patr-issāre* gr. ἀττικ-κυαθ- **πατρ-ίζειν*; *graec-issāre* für ἑλληνίζειν; auch iter. *sicilicissitat* im Senarausgang

Plt. Men. 12. – Zu lat. *ss* für gr. ζ s. § 181 b β. – *Leumann*, Kl. Schr. 156–170; *Mignot* 330-339; *Mignot*, Word 24, 290–294; *Stolz*, HG 598 § 266; *Forssman*, Gn. 44, 671 (*graecissāre*). – Merkwürdig Konj. prs. lat. *exopīnissent* Petron. 62, 14.

9. **Entlehnte griechische Verben** aller Flexionen werden, wenige Sonderfälle abgerechnet, ins Latein im Praesensstamm übernommen und als *ā*-Verben flektiert, also in die Normalkonjugation der Verben mit mehrsilbigem Stamm eingegliedert. Anordnung nach den griechischen Stämmen.

A. Griech. Praesentien als lat. *ā*-Praesentien. 1. Gr. -άω infin. -ᾶν. Altlat.: *gubernāre* § 158 c, *dapināre* § 88 a, *nauseāre* *ναυσιᾶν (vgl. § 50 f), *harpagāre* *ἁρπαγᾶν; gr. med. -ᾶσθαι lat. dep. -*ārī*: *māchinārī* § 88 a, *stomachārī* Ter. Cic. 'sich ärgern', wohl *-ᾶσθαι. Seit klassischer Zeit: *strangulāre* § 91 a β; *calāre* χαλᾶν § 165 a α; dep. *moechārī* § 412 A 1 b. Lat. Ableitungen von gr. Nomina: *lacrimāre plāgāre* Vulg.; *paedīcāre* Catull (gr. τὰ παιδικά, lat. *ī* unerklärt), *coaxāre* § 412 A 4 a. – 2. Gr. -έω infin. -εῖν. Altlat. (*ex-*)*ancláre* § 160 b; *obsōnāre* ὀψωνεῖν § 196, 3 b γ; *thermopotāre* θερμοποτεῖν (vgl. *hōroscopāre* Manil. -σκοπεῖν). Später: *saccāre* 'seihen' Lucr. σακκεῖν Hdt.; *blasphēmāre* Itala; *agināre* (*ī*?) Petr. 61, 9 ἀγῑνέω? – Dep. *parasītārī* usw. s. § 412 A 1 b. – 3. Gr. -όω infin. -οῦν. Von Adjektiven faktitiv: (*ex-*)*hilarāre* Cic., *liāre* (λειόω) Apic. Tert. Von Substantiven: *exenterāre* Plt., *tornāre* 'drechseln' Cic.; seit Itala *zēlāre gȳrāre mastīgāre* (umgekehrt φραγελλόω NT für lat. *flagellāre*). S. auch *-ātus* für gr. -ωτός § 299, 1 d. – 4. Einfache gr. themat. Verba, infin. -ειν. *prōpināre* Plt. προπίνειν; *cleptāre* Cypr. Gall. κλέπτειν; -*izāre* -*issāre* gr. -ίζειν, vgl. oben Ziff. 8. Unsicherer: *inclīnāre* gr. ἐγκλίνειν (lat. *ī* ist anders kaum zu erklären). Adj. *aegrōtus* 'krank' ist m. E. retrogradiert aus *aegrōtāre*; dies aber reproduzierte ein gr. Krankheitsverbum *αἰγρώττειν als hybride Ableitung von lat. adj. *aegro-*. S. *Leumann*, Kl. Schr. 177 f. [Gl. 34, 226]; anders *Specht*, Gn. 3, 655–657. – Christl. *prophētāre* für gr. προφητεύειν.

B. Sonderfälle. 1. Aus gr. s-Aorist lat. -s-*āre*: *kámpsai campsāre* Enn.; *táxai taxāre* Sen. (*-ātio* Cic.) mit *dum-taxat* Plt. (§ 182.b); *malaxāre* Laber.; *charaxāre* Apic. Zu *pausāre* s. § 365 A 4 c. – 2. Lat. themat. -*ere*: nur *depsere* 'kneten' Cato und *psallere* Sall., gr. δέψειν ψάλλειν. – 3. -*īre* für gr. -εῖν (lautlich -*īn*): βομβεῖν vom Summen der Bienen, spät *bombīre* (nach *hinnīre* usw., § 417 B 1). Imper. ὑμνεῖτε LXX übernommen als *hymnīte*, dann vereinzelt *hymnīre*. – 4. -*āre* in Ableitungen von gr. Indeclinabilia: *coaxāre* § 412 A 4 a; *ūrīnāre* (daraus retrograd *ūrīna*) Latinisierung von infin. οὐρεῖν, s. § 296 II Zus.

Lit.: *Leumann*, Die Eingliederung entlehnter gr. Verben ins Latein, StCl. 10, 7–12; ders., Kl. Schr. 176[2] (*harpagāre*); ders., Mus. Helv. 25, 243–247 (*taxāre* und *dumtaxat*).

Sondergruppen in der 2., 3. und 4. Konjugation (§§ 415–417)

415. Zweite Konjugation: Ableitungsgruppen. Von den in der 2. Konjug. zusammengeflossenen ererbten Flexionstypen kamen allein die **Zustandsverben** zu eigener Entfaltung; in Zusammenhang mit diesen sind auch die Inchoativa auf *-ēscere* zu erläutern.

A. Intransitive *ē*-Verben als Bezeichnungen natürlicher physikalischer Zustände von Sachen, Primärverben mit *ē*-Erweiterung, Muster *calēre* 'warm sein'; weitere Beispiele etwa *tep- frīg-, mad- liqu̯-, langu̯- rig- tum- vig-, cand- splend- nit-ēre*. Bei Anwendung auf Menschen bezeichnen sie zunächst Erscheinungsformen des Körpers, etwa *pallēre* 'bleich sein'; insofern diese als Begleiterscheinungen seelischer Zustände auftreten, werden sie auf diese übertragen, so *pallēre* 'sich ängstigen', entsprechend *stupēre* 'starr sein' > 'stutzen', *torpēre* 'starr sein, auch vor Angst', *līvēre* 'bleifarbig sein' und 'neidisch sein'. Ihre Sonderstellung im Sprachgefühl ist gekennzeichnet durch die Ausbildung des morphologischen Suffixverbandes (§ 297) von (infin.) *cal-ēre* mit (abstr.) *-or -ōris* und (adj.) *-idus*, und mit den Inchoativbildungen auf *-ē-scere* mit und ohne Praeverb (bei gemeinsamem Perfekt der beiden auf *-uī*), samt deren Derivat auf *-ē-facio*; virtuell gilt für jedes dieser Verben die Reihe *cal- stup-* : *-ēre, -or -ōris* (§ 330 B), *-idus* (§ 297 A), *con-cal--ēsco ob-stup-ēsco* mit perf. *-uī, calē-facio* mit *-fīo -factus* (§ 418 II C3).

B. Intr. 2. Konjug. *-ēre* neben trs. (faktitiv) 3. Konjug. *-ĕre*, Typus *i̯acēre* : *i̯acĕre* (prs. *-io*) : *iacēre* 'liegen' als 'geworfen sein' (*Schulze*, Kl. Schr., Nachträge 861 = KZ 63, 117). Ebenso *candēre* 'leuchten' neben **candĕre* 'leuchten machen' in *accendere facem, pendēre* neben *pendĕre*. Neben *alere* stand einst **alēre* 'aufwachsen', vorausgesetzt durch *alēscere* Varro rust. 1, 44, 4 mit *adolē-scere* (auch *alētūdo* § 325 A 2 Zus. a, *subolēs* § 306 b, *ad-ultus* neben adj. u. ptc. *altus*; vgl. *Persson*, Eranos 20, 76); *liquēre* 'flüssig sein' steht neben dep. *līquitur* 'zerfließt' (s. dazu *liquidus* § 130 II B 1); *oportet* aus **op-u̯o-* (§ 201), **vortēre* 'sich wenden' zu *vertere* nach *Meillet, Brugmann*, IF 24, 163. Vgl. auch unten D 1c zu *scabrēre*; zu *patēre* neben *pandere* s. § 200 b β. Vielleicht hierzu auch altlat. *cluēre* Plt. 'berühmt sein, gehört werden', zu **cluĕre* (gr. ἔκλυον, κλύω) 'hören' mit *inclutus*; für *cluēre* künstlich junges *cluĕre* seit Seneca.

C. Die Impersonalia als Sondertypus; vgl. *Szantyr*, Synt. 416 litt. b.

1. *piget pudet taedet paenitet, oportet decet licet lubet placet*; perf. *-uit*, daneben besonders im Altlatein auch *-itum est* (*pig- pud- plac- lic- lib-*); so auch *solet -itum est*, wonach in Anlehnung an persönliches *soleo* das Semideponens *soleo -itus sum* entstand; neben *taeduit* steht auch (*per-*)*taesum est*. – Der Gebrauch als Impersonale ist vermutlich, wie später bei *iuvat*, eine junge Sonderentwicklung aus persönlichem Gebrauch, evident neben *placeo, pudeo, deceo* 'ziere', beginnend mit *id* usw. als Subjekt, Plt. Epid. 107 *idne pudet te, quia*, Men. 131 *sic hoc decet: dari verba*; dann mit Umgliederung des *id*-Pronomens zum Infinitiv und weiter mit seiner Weglassung: Bacch. 1156 *quid est quod pudeat* (sc. *dīcere*); vgl. auch Mil. 624 *si . . . te quidquam quod faxis pudet*, Ter. Ad. 754. *non te haec pudent?* – Auch *dolet mihi* (für *doleo*) mit Subjekt *id* (Thes. s. *doleo* p. 1827, 65 sqq.) entspricht den Vorstufen der Impersonalia, Plt. Cist. 496 *si quid tibi dolebit*, Trag. inc. 21 *hoc dolet, pudet, piget*.

2. Impers. *miseret* entstand zu *misereo* etwa nach *dolet pudet* neben *-eo*; Basis der Gruppe *miseret -eo -eor* war das denominative aktive *miser-eo* 'bin mitleidig', selten, etwa Enn. scen. 197. Dazu impers. *miseret* (häufig), trag. 45 *tui me miseret, mei piget*, Plt. Trin. 431 *tui* (scil. *te*) *nec miseret nec pudet*, mit impers. perf. Trin. 430 *me eius miseritum est*, auch Ter. mehrfach. Entsprechend danach pers. *miseritus sum* (selten): Afran. 417 (*-rtus* Scip. min. bei Val. Max. 7, 4, 3). – Zu diesem periphrastischen Perfekt neu ein deponentiales Praesens, pers. *misereor*, erst im klassischen Latein häufig (wohl durch *laetor* sim. gefördert), impers. *miserētur* selten, Pacuv. 354, Turpil. 55. – Inchoativa nur zu den Aktiva, impers. (*com-*)*miserēscit* selten, Plt. Trin. 354 *ut te . . . -escat, ne . . . alios misereat*, pers. *miserēsco* poetisch, seit Catull 64, 138 und Vergil.

D. Denominativa auf *-ēre*, in Verbindung mit denen auf *-ēscere*: sie haben sich entwickelt als Abzweigung von den primären Zustandsverben auf *-ēre* und deren deverbativen Inchoativen auf *-ēscere*, so von adj. *albus alb-ēre* u. *-ēscere*, von subst. *frond-* 'Laub' *frond-ēre* u. *-ēscere* 'weiß, belaubt sein bzw. werden'. Trotz des äußeren Anscheins besteht keine genetische Verbindung mit den Denominativen von *o*-Stämmen auf gr. -έω und auf altind. *-ayáti* (s. § 410, 2d). Zum Material s. *Mignot* 81–144 (*-ēre*) und 145–228, speziell 180 ff. (*-ēscere*), für denomin. *-ēre* auch *Stolz*, HG 608 mit weiterer Literatur. – *Redard*, Festschr. Chantraine 183–189 führt auch die ererbten deverbativen Iterativa und Intensiva (§ 410, 2b) auf idg. Denominativa zurück; *cēnsēre* soll denominativ sein nach *Szemerényi*, Fachtagg. 182.

Watkins, Studies in the denominative statives in *ē*, Transactions Philol. Soc. 1971, 51–93 (zu denomin. lat. -*ēre* und -*ēscere* 59–66 u. 66–70), will die Ursprünge dieser Denominative bis in die Grundsprache zurückversetzen.

1. Von **Adjektiven**; perf. -*uī* nur bezeugt, wo angegeben.

a) Von **Farbadjektiven** -*ēre* (häufig ptc. -*ent*-) und -*ēscere*, vorwiegend bei Dichtern. *alb*-: *caelo albente* (aus Enn. ?) Sisenna Caes., -*ēre* Verg., vgl. *albidus* Ov.; -*ēscere* Cic. Lucr. Verg. *cān*-: -*ēre* u. -*ent*- Verg.; -*ēscere* Scaev. Verg.; -*uī* Ov. *clār*-: -*et* Enn. ann. 372; -*ēscere* seit Lucr.; -*uī* später. *flāv*-: -*ent*- Catull Verg., -*ēre* Ov., vgl. *flāvidus* Plin.; -*ēscere* Cato agr. 151, 2, Verg. ecl. *nigr*-: -*ēre* Pacuv. 89 Acc. 260; -*ēscere* Verg. *russ-ēscunt frondēs* Enn. ann. 261.

b) Von **anderen Adjektiven**. Altlat. -*ēre*: *miser-ēre* usw. s. oben C 2. *ardēre* wohl aus *ārēre* umgestaltet nach *āridus*, ebenso *audēre* aus *avēre* nach *avidus*; ähnlich vielleicht *gaudēre* (s. auch *Forssman*, Gn. 44, 668); *pigr-ēre* Enn. ann. 425 Acc. 31 (-*ēscere* Plin.). *flacc-ēre* Enn. Afran. Cic., vgl. -*idus* in -*idior turbo* Lucr. (-*ēscere* Pacuv.). *lent-ēre* Lucil. (-*ēscere* Verg.). Altlat. nur -*ēscere* bezeugt: *ag-grav-ēsc*- Ter. (*in*- Cic., *grav*- Lucr. Verg.); *mīt*- u. *celebr-ēsc*- Pacuv. Acc.; *sānct*- u. *vāst-ēsc*- Acc.; *ē-vān-ēsc*- Ter.; *incurv-ēsc*- Trag. inc. – Zu *squālus* neben -*ēre* s. § 297 A 2c. – Klass.-lat. -*ēscere* (daneben -*ēre* nur, wo angegeben): Lucr.: *aegr-ēscere* (und -*ēre*); *rār*- *spiss*-; *tard*-. Cic.: *dulc*-, *dūr*-, *in-crēbr*-, *re-crūd*- (Simplex -*ēsc*- in *crēbr*- u. *crūd*- Verg.). Weiter: *grand*- Lucr. Cic., *hilar*- Varro, *mātūr*- Cic. Caes., *moll*- Catull Lucr., *nōt*- Catull Tac. (*nótēscunt* VI 1527a 18; dazu *in-nōt-ēsco* Val. Max. mit -*uī* Ov. Liv.), *pingu̯*- Verg., *conque pŭtrēscunt* Lucr. 3, 343, *vetust*- Nigid. frg. 3 Fun. Dazu -*ēsco* mit *ob*- seit Cic.: *obdūr*- und *obmūt*- (mit -*uī* Ter. Andr. 257; vgl. *ommūt*- § 200c), *obbrūt*- Lucr., sowie *obsurduī*.

c) Ergänzungen. *vīv-ēsco* Cels. (und *re-vīv*- Cic., perf. *revīxī* Liv.) eher von adj. *vīvus* als von *vīvere*, vgl. *re-sān*- Ov. – *opulēsco* Furius frg. 6, zu *opulentus*, wohl über -*entia* nach *insolēsco* Sall. neben -*entia*. – Von *salvēre* bestehen bei Plautus nur die Grußformeln *salv-ē* -*ētō* -*ēte* und -*ēre iubeo* (neben *salvos* u. -*a sīs*); Muster war *valē* (nach § 121); die Grundform war vok. *salvĕ* (gleich homer. „imper." οὖλε, ω 402); s. W.-H. u. E.-M.). Als Adverb von *salvus* wird *salvē* interpretiert bei Plt. Men. 776(?), Trin. 1177, worin *Pisani*, AGI 32, 1940, 89 die Ursprungsform sieht; nach *Specht*, KZ 64, 22 eher altes *ē*-Denominativum. – Ganz isoliert faktitiv *dēnsēre* 'dicht machen' (Lucr. 1, 395 pass. *dēnsērier*; daneben *dēnsāre*), wohl aus Mißdeutung einer Enniuswendung entstanden. – *mācerēscit* 'wird durchfeuchtet' Cato agr. 92 und faktitiv *mācerāre* setzen wohl beide ein Adj. **mācer* 'feucht' voraus. – *pigro*- und *pigēre*. Neben mehreren -*ēre*-Verben stehen *ro*-Adjektive wie Primärableitungen, so auch *rubro*- *taetro*- *macro*- neben *rubēre* *taedet macēre* (Plt. Aul. 564, dazu *macēscere* Capt. 134); andrerseits sind von *pigro*- *scabro*- *nigro*- denominative -*ēre*-Verben abgeleitet: *pigrēre* Enn. ann. 425 Acc. 31, *scabrēre* Enn. Pacuv. Acc., *nigrēre* Pacuv. Acc. Nun ist *pūtēre* zweifellos nach *putris* zu *putrēre* umgestaltet; in gleicher Weise darf man wohl ein **nigēre* und **scabēre* für *nigro*- *scabro*- erschließen. Dazu ist **nigēre* auch zu postulieren für **nigidus* im Gentilnamen *Nigidius* (vgl. § 273 A 1 c Zus.); und zu *macro*- *maciēs* (§ 270 b) *macēre* stellt sich *scabro*- *scabiēs* **scabēre*, dies auch als Zustandsverbum zu trs. *scabĕre*, nach Typus *iacēre/iacĕre*, oben B. – Altlat. adj. *flōrus* (§ 286 b) ist Rückbildung aus *flōrēre*, etwa nach *albus albēre*.

2. **Denominativa auf *-ēscere* von Sachsubstantiven.** Neben einigen Zustandsverben auf *-ēre* stehen Wurzelnomina oder sonst einfache Nomina, die man nicht als deren Grundwörter ansehen kann: *flōs*, *lūx*, plur. *frac-ēs (ā?) sordēs tābēs*, *callum mūcus* neben *flōr-ēre* und *-ēscere* usw.; in diesen muß man die Vorbilder sehen. – a) Gruppe *flōrēscere* 'erblühen, Blüten treiben usw.' (zu *-ēre* vgl. Lucr. 5, 214 *frondent atque . . . florent*; beide auch bei Cato), *efflōrēsco -uī* Cic., *-ēre* erst Vulg. So *-ēscere* seit Cic. in *flōr-* (Trag. bei Cic.), *frond- herb- silv-ēscere*; bei Plin. 'werden zu' in *arbor- frutic- gemm- lapid- stirp-ēscere*. – b) Gruppe *ignēsco aurēsco* 'werden zu': *āēr aurēscit* Varro ling. 7, 83 (als Etymologie für *aurōra*); *ignēsco* Cic. Varro (dep. *-itur* im Senarausgang Laber. 26, danach CE 1866); *flammēsco* Lucr. 6, 669 (*caelum* beim Aetna-Ausbruch); *omnia noctēscunt* Furius frg. 2, *vīrēscit volnere virtūs* (von *vīr-ēs*) ib. 3; *nigrēscit* usw. s. Gruppe 1 c. – *fracēscit terra* Cato (*frac-ēs* 'Ölhefe'; vgl. *fra-cēre* bei Paul. Fest., mit *-idus* Cato von Früchten, *cōnfracuit* Varro); *lactēscere* Cic. nat. deor. 2, 128; *spūmēscere* 'schäumen' Ov.; *lutēscere* Furius frg. 1 Colum.; bei Plinius *ferment- mūc- ser-ēscere*.

Die Bedeutung verschiedener Beispiele läßt Ableitung von Stoffadjektiven auf *-eus* vermuten, etwa *aurēsco* als **aure-ēsco* wie *alb-ēsco*, so besonders *purpur- lign- corn-ēscere* Plin. und *plūm-ēscere* 'flügge werden' Plin. (*cornēsco* 'hart werden' von *corneus* zu *cornus* 'Kornelkirschenbaum'); beachte *purpur-āscit* (§ 407 B 2). – Ganz isoliert ist ptc. *lact-ent-* 'saugend'; künstlich *lactentia frūmenta* Verg.

3. **Denominativa von Personalnomina (Lebensstufen):** *sen-ēre* (gen. *sen-is* zu *senex*) bezeugt nur Pacuv. 275 u. 304 Acc. 612 Catull. 4, 26; danach *anēre* (*anus*) Plt. Merc. 755 (zur parallelen Ableitung vergleiche auch *anīlis* nach *senīlis*). Die Wortgleichung *sen-ēre* lit. *sen-ėti -ėju* ist eine Zufälligkeit; lat. *senēre* ist retrogradiert aus *senēscere* Cic. (*cōn-senēsco -nuī* Plt.); dies aber ist wie *iuvenēscere* Hor. Ov. eine Nachbildung zu *adolēscere* (neben *adolēscēns*); weiter *pūbēscere* Enn. scen. 152 (übertragen auf *vītēs*) von adj. *pūbēs -eris*, mit ptc. *pūbent-* Verg. (s. dazu auch § 363 B 2a).

4. *făteor* muß denomin. Praes. sein als Ableitung von ptc. **făt*us (zu dep. *fārī*, vgl. § 404); ihm ist als *to-*Ptc. zugeordnet *fassus*, wie von einer Wurzel **făt* abgeleitet; man wird notgedrungen klangliche Anlehnung an *fatīscor* **fassus* (§ 407 I B 2) annehmen.

416. Dritte Konjugation. Außer den paar Denominativen auf *-uere* (§ 410, 3c) und den zunächst deverbativen Inchoativen auf *-ēscere* usw. (§ 415 D) sind als junge Gruppe nur die seit Plt. oder Enn. belegten Deverbativa auf *-essere -issere* und die auf *-āssere* zu nennen: *expetisso, incipisso, capesso, facesso, lacesso* zu *peto -ere* und zu *capio facio lacio -ere*. Die kurzlebigen Formen auf *-āssere* wie *impetr-āssere* zu *-āre* sind im Altlatein junge und verständliche Bildungen (§ 452 A 3). Man darf wohl *incipisso facesso expetisso* als semantisch motivierte Nachbildungen zu *occeptāsso impetrāsso* deuten: nach 3. sg. *-āt*: infin. *-āssere* auch **(pet-)ĕt : -essere, (incip-) -it : -issere*, mit Verallgemeinerung von *-essere*. S. dazu Thomas, Sur les désidératifs . . . en *-esso*, Rev. phil., 9, 280–287 [Gl. 27, 69 f.]; auch Sommer 585. – Nebenform *incessere* seit Verg. Liv. zu *incēdere*; zum Gebrauch s. Köstermann, Gl. 21, 56–62; entstanden als Umdeutung von perf. 3. plur.

incessēre Sallust Jug. 41, 3 (mit singulärer Verwendung von *incēdere*) zum Infin. (hist.) *incessĕre* nach *Leumann*, Festschr. Safarewicz 125.

417. Vierte Konjugation: Ableitungen und Sekundärverben, mit -īvī -ītum.

A. Denominativa, in allen Gruppen ursprünglich von *i*-Nomina abgeleitet; *custōd-io -īre* wird, zu Unrecht, als Muster eines idg. denomin. *i̯o*-Praesens von Kons.-Stamm interpretiert; vgl. unten 3 a. Bei der Gruppierung bleiben manche Unsicherheiten; s. auch *Mignot* 17–78 und *Stolz* HG 610–612; *Graur*, BSL 40, 129–150. – Zu denomin. Typus *crīnī-tus* s. § 299, 1b. – 1. Von Sachsubstantiven. a) akt. *-īre* von *i*-Stämmen: *fīnīre*; *sitīre*; *dis-* u. *im-pertīre* (von *parti-* 'Teil'); *vestīre*; *mūnīre* (ntr. plur. *moenia*, § 74a, danach wohl als Reimwort *pūnīre* von *poena*); *ir-rētīre*; dub. *ef-fūtīre*. – Von anderen Stämmen: *fulgorīvit* Naev., *-ītae arborēs* Plt. Trin. 539 (Muster *ignī-tus?*). *comped-īre* (nach *irrētīre?*), danach oder von **peda* (vgl. gr. πέδη) 'Fessel' *im-* und *ex-ped-īre*. *ē-bullīre* wohl nach *scaturrīre*. – b) dep. *-īrī* von *i*-Stämmen: *sort- part-īrī* (Rückbildungen aus *-to-*Ableitung *-ī-tus?*); *ment-* (s. *Schwyzer*, RhM. 72, 435); *mōl-*; *ex-per-* (vgl. *perī-culum*, § 285, 2; *to-*Ptc. *expertus* äußerlich nach *compertus*, gegen adj. *perī-tus*); *mēt-* (**mēti-* 'Maß', vgl. gr. μητί-σασθαι; ptc. *mēnsus* ist mehrdeutig). – 2. Speziell von Fehlern oder Beschwerden des Körpers *-īre* 'leiden an': *sit- tuss- rav-īre*; *febr-* Cels. Von Nicht-*i*-Stämmen: *singult-īre* Cels. nach *tuss-*; *cūnīre* 'stercus facere' Paul. Fest. (von *cūnae* 'Wiege'); *prūrīre* (**prousā*, von Wz. *prus* altind. *pruṣ*); *dent-īre* Plt.; von adj. *lippus* (genauer von *lippus oculus*, vgl. 3b) scherzhaft *lipp-īre* Plt.; dazu *gest-īre* Plt. 'krankhaft begehren' von *gestu-*. – Wohl nach *prūrīre* auch *catulīre* Varro, *equīre* Plin. (unhaltbarer Vergleich mit altind. *putrīyáti* 'wünscht einen Sohn', *Thumb-Hauschild* I 2, 356). – 3. Von Personalnomina, vorwiegend von *o*-Adjektiva, 'sich benehmen als'. a) von Subst. akt. *-īre*: *nūtrīre* (von **noutrī-*, § 329, 3a); *serv-īre* 'dienen', von *servus* 'Hüter' (§ 264, 3), danach *custōd-īre*. – b) von *o*-Adjektiven, für Körperfehler und geistige Abweichungen, anfänglich wohl wie *lippīre* zu Gruppe 2 gehörig: von *luscus* 'nachtblind' **luscīre* mit *-ītio* Paul. Fest. und *-ītiōsus* Plt. Most. 321/2 (§ 305, 1b); dazu *caecūtīre* Varro, *balbūtīre* Cic. (zu **-ūtus* vgl. *cān-ūtus* § 299, 1c). – Speziell für geistige Besonderheiten: *saev-īre* 'wüten', *superb-*, *lascīv-* (*-ī-bundus* Plt. Stich. 288), *inept-* Ter., *īnsān-*, *vēsān-* Catull 25, 13; dazu *dēment-*, *ferōc-* Gell. Vielleicht auch *fastīd-īre* 'verschmähen, sich ekeln vor', wenn von **fastīdus* aus **fasti-tīdus* (zu *taedet*). – c) dep. *-īrī*: von *o*-Adjj. *bland-* und *larg-īrī* (dies nach *partīrī*). Zu *potīrī* neben *potis* 'Herr' s. *Szemerényi*, Sync. 365 ff., auch zu *compotīre* als Faktitivum von *compos*. – 4. Von Sachadjektiven, faktitiv. Von *i*-Adjj. *-īre*: *moll- grand-* Plt., *lēn- stabil- ināri-* Lucr., dazu *ērudīre* von *rudis*. Von *o*-Adjj. (Vorbilder nicht deutlich): *art-īre* Cato; *gnār-īvisse* 'narrāsse' Paul. Fest. (von *gnārus*, als 'kundig machen'). Merkwürdig *ūnīre* Tert., Vorstufe *ūnīta corpora* (für *ūnitās corporum*) in 'philosophorum lingua' nach Sen. nat. 2, 2, 4. – Intr. *grandīre* 'groß werden, wachsen' Cato agr. 141, 2 (Gebet).

B. Sonstige Gruppen. 1. Schallverben auf *-īre*, meist onomatopoetisch von Tierlauten: *gannīre* 'kläffen', *hinnīre* 'wiehern', *gingrīre* 'schnattern', *glōcīre* von der Henne (vgl. gr. κλώζειν, nhd. *Glucke*). Zum *nn* s. § 184 b δ. – Lat. prs. *grunnio* 'grunze', älter *grundio* (§ 220 a), läßt sich zur Not mit gr. prs. γρύζω < **grunzdō* < **grund-i̯ō* gleichsetzen; aber aor. ἔγρυξα mit Guttural. – Zu *gluttīre* s. *Specht*, KZ 55, 6. – 2. Deverbativ -*urrīre*, die Verbalbedeutung steigernd: *ligurrīre* Plt. 'lecken', vgl. *lingere* Plt. (zum *g* vgl. § 168 Zus. a). *scalpurrīre ungulīs* 'scharren (vom Hahn)' Plt. Aul. 467, vgl. *scalpere* 'kratzen'. *scaturrīre* 'sprudeln' neben *scatere*. – 3. Desiderativa auf -*tŭrīre* von Verben bzw. auf -*ŭrīre* von *to*-Partizipien: *part-urio, ēs- empt- cant-urio* usw. Prototyp (nach *Risch*) *ēs-urīre* 'essen wollen' aus 'hungrig sein' als Konträrbildung zu **satur-īre* (zu Gruppe A 3 b) 'gesättigt sein'. – Denominative Sonderbildung: *sullāturit animus eius et prōscrīpturit* Cic. Att. 9, 10, 6. *incipio adulēscenturīre* Laber. 137, 'Jüngling sein wollen'. Vgl. *Mignot* 79. – 4. Sonstiges. *sōpīre* 'einschläfern' ist funktionell ein Kausativum, vgl. zur Etymologie *sŏpor somnus* ai. prs. *svapiti* und zur Bildung die aksl. *i*-Kausativa, § 410, 2 b Zus. β. – Altlat. Glossenwort bei Festus *hostīre* '*aequāre*' und '*ferīre*' (dies wegen *hostia*), mit Zitaten; dazu *redhostīre* und *hostī-mentum*. – *impetrīre* 'zu erlangen suchen' Plt., quasi-desiderativ neben *impetrāre*; perf. -*īvī* umgestaltet aus -*āvī* nach *petīvī cupīvī*, *Vogt*, Symb. Osl. 8, 88 [Gl. 20, 281]. – -*ītus* für älteres -*tus* bei Primärverben: *sancītus* Lucr.; *sepelītus* (nach -*īvī*) CE 613, 3 al.

Zusatz zu -*tŭrīre*. Lit.: *Risch*, IF 61, 187–195 [Gl. 42, 101]; *Szantyr*, Synt. 298 litt. c; *Stolz*, HG 612 f. – Ältere unhaltbare Erklärungen: (*can-*)*turio* = gr. (μαρ-)τύρομαι (so zuletzt *Grošelj*, s. Gl. 42, 101); Ableitung von nom. ag. (*can-*)*tŏr-* (mit Lautstufe -*tor-* wie gr. δω-τορ-, *Thurneysen*), oder von ptc. fut. (*can-*)*tūrus* aus **-tŭrus*, so *Kretschmer*, KZ 31, 464. Noch anders *Juret*, Manuel 262; *Lagercrantz* (nach *Benveniste*, Orig. 72[1]).

4. DIE FORMEN DER VERBALKOMPOSITA

418. I. Praeverb-Komposita. Die Verba composita im engeren Sinn haben als Vorderglied eine sog. Praeposition, die in dieser Verwendung richtiger als Praeverb bezeichnet wird; diese Funktion behält das Vorderglied auch in deverbativen nominalen Ableitungen, s. § 333 IV B 4. Die Vorderglieder waren ursprünglich reine Lokaladverbien; als solche dienten sie der näheren Bestimmung der Verbalhandlung, am deutlichsten bei Verben der Bewegung im Raum.

Sprachgeschichtlich sind also die Verbalkomposita als Zusammenrückungen entstanden, vgl. dazu § 333 IV B. Nahezu alle idg. Einzelsprachen zeigen solche Verbalkomposita in reicher Entfaltung; viele des Lateins haben ihre Entsprechungen im Oskisch-Umbrischen und in anderen Sprachen. Doch war in der Grundsprache die Bindung an das Verb vielfach erst bis zu einer lockeren Bedeutungseinung gelangt, nicht zu fester formaler Worteinung: im Hethitischen werden die Praeverbien noch getrennt geschrieben; im Rigveda und bei Homer sind ,,Distanzkomposita" noch geläufig; in der ,,Tmesis" bildet häufig das Praeverb den Satzanfang, das finite Verbum bildet den Schluß, etwa Hom. A 142 ἐς δ' ἑκατόμβην / θείομεν, ι 150 ἐκ δὲ καὶ αὐτοὶ βῆμεν (attisch wäre εἰσθῶμεν 'stellen wir hinein', ἐξέβημεν 'wir gingen hinaus'). Daß freilich oft funktionell Einheit bestand, erweisen nominale Ableitungen wie idg. **ni-sdos* (lat. *nīdus* nhd. *Nest*, § 30) zu *ni-sed* 'nieder-sitzen'. S. dazu *Szantyr*, Synt. 214f. § 114; *Kuryłowicz*, Categ. Chap. VI; *Delbrück*, Synt. I 647ff.

Als Praeverbien erscheinen im Prinzip die gleichen Wortgebilde, die auch in enger Verbindung mit einem Nomen als Praepositionen fungieren. Doch sind im Latein manche ausgestorben, wie eben *ni-* 'nieder' oder **wi-* (*vi-*) 'auseinander' in *dī-vi-dere*, andere nur als Praeverbien verwendet wie *dis-* oder *re-*; noch andere wie *ambi-* sind nur in Resten bewahrt, s. unten Abschn. A 2 c.

Das Verwachsen von Praeverb und Verb hatte mancherlei lautliche und semantische Auswirkungen.

A. Lautliche Veränderungen (nur kurze Hinweise; mit *1* werden Verben der 1. Konjug. auf *-āre* kenntlich gemacht).

1. Am Verbum als Schlußglied. a) Vokalschwächung in der Stammsilbe als zweiter Wortsilbe (nach §§ 86–95): *a > i*: *perficio exhibeo contingo*. *a > e*: *reperio*, infin. *addere*; *refello condemno 1*. *a > u*: *exsulto 1, exsculpo*. *ae > ī (ai > ei > ī)*: *inquīro exīstimo 1. au > ū*: *inclūdo accūso 1. e > i*: *obsideo colligo*, perf. *restitī*. – b) Synkope (nach §§ 102a, 103a, c): des Stammsilbenvokals: **per-r(e)go > pergo*, vgl. *surgo*; **po-s(i)no > pōnō*; des Reduplikationsvokals: *re-d(i)do, re-p(e)perī, con-t(e)tulī oc-c(e)cidī* usw. – c) Vokalkontraktion bei Hiat (§ 132): *cōgo dēbeo, prōmo cōmo dēmo* (zu *emo*). – d) Anl. *h-* unberücksichtigt am Praeverb: *dir- co- red-hibeo*. Über anl. *i̯-* von *iacio* s. § 138, 2b.

2. Am Praeverb als Anfangsglied. Entsprechungen zu lat. (praepos.) *ab ob sub in ex ante* sind gr. ἀπό ἐπί ὑπό ἐν ἐξ ἀντί; das Keltische hat Entsprechungen zu lat. *dē- com-*. Beim Lautzusammenstoß in der Fuge ist meist der Ausgang des Praeverbs gefährdet, als Vokal vor Vokal, als Kons. vor Kons.; ohne lautliche Veränderung sind etwa *dē-cerno prae-fero*, auch *anti-sto 1*, und *ex-eo*, sowie *dis-cerno ex-tendo*.

a) Bei kons. Auslaut Praeverbassimilation. Für das Praeverb gilt als Normalform die der entsprechenden Praeposition, soweit vorhanden, also *ab ob sub, ad, ex*, vorhistor. *com* statt *cum*; über Nebenformen s. unter b. – Der erste Lautvorgang am Auslautkonsonanten (außer *r m n* in *per- com- in-*) ist vor Kons. die progressive Angleichung des Stimmtons; so ergeben sich *p t s* vor den Stimmlosen (*p t c, s f*), und *b d z* vor den Stimmhaften (*b d g, r l m n, i̯ u̯*); diese Assimilationen sind mitsamt ihren weiteren Folgen bei den Konsonantengruppen behandelt, im Überblick in §§ 186 und 196, 3. Doch sind in der Schrift die Normalformen oft restituiert, nach Schultradition der Stilistik. – Es folgen die einzelnen Praeverbien.

α) *ad-*: meist Vollassimilation (vgl. § 196, 3a): *aggredior attendo appeto accēdo, as-sisto a(s)-scendo -spicio, affero*; *arrigo allicio annuo*. Altlat. *ar-* vor *f v*, inschr. *arfuise arvorsum*, § 162 b β.

β) *ab- ob- sub-*, als Praeverbien vor Kons. in verschiedenem Ausmaß auch *abs- obs- subs-* bzw. *aps- ops- sups-* (> *as- os- sus-* vor Tenues); s. dazu § 163c. – Im Einzelnen: *ob-*: *ob-dūco*, als lautlich *op-* in *ob-tineo -sequor -sto 1*; *op-pōno oc-cīdo og-gannio, ommoveo* Cato (§ 200c), *of-fero*; *ops-trūdo*; *os-tendo*. – *sub-*: *sub-do -traho -sisto -struo -lātus -levo 1, -(i̯)icio -venio*; *sup-plico 1, suc-cēdo, sug-gero, sur-ripio -rogo 1, -rēxī* mit *surgo*; *sum-m-* neben *sub-m-* in *-mitto -moveo*; *suf-f-* (aus *sub-f-* oder *sups-f-*, vgl. unten *ex-f-*) in *-ficio -fīgo -fero -fīre*; *sups- > sus-*: *-pendo -tineo -tulī -cipio -cēnseo -cito 1*; *su(s)-spicio*. Zu *sūmo* s. § 210 b. – *ab-*: bei voller Assimilation ergäbe sich Zusammenfall mit *ad-*Komposita; daher ist entweder *ab-* bewahrt oder *abs-* substituiert. *ab-*: *ab-do -solvo -sum -scindo -ripio -luo -nuo*; *abs-cēdo -tineo -tulī*; *as-porto 1, -pello, a(s)-spernārī*. Zu *abs- > ā-* vor Stimmhaften s. § 205 a. Zu *au-fero* s. unten c.

γ) *dis-* (nicht Praeposition), *ex* bzw. *ecs, trāns*, also mit Auslaut *-s*, dazu *abs*. Vor Tenues unverändert: *dis-puto 1, -traho -cerno, ex-pleo -tendo -cerpo -quīro; trāns-pōno -tulī*. – Vor *s-* und *f-*: *dis-sero, di(s)-scindo -scrībo -stinguo -sto 1* (zu *di(s)-sc-* usw. vgl. § 196, 1 b β); *dif-fero*. – *ex-s-*, also *ecs-s-*, > *ec-s-*, orthographisch teils *ex-s-*, teils *ex-*, so *ex(s)isto ex(s)ulto 1, exequiae* zu *ex-sequī*; vor gedecktem *s- ex(s)pecto 1, ex(s)tinguo, ex(s)cindo*; beachte *ec(s)-scendo > ēscendo* (zu *scando*, s. § 203 b α). Zu vulglat. Wechsel von *sp-* und *esp-* aus *ex-sp-* s. § 116 Zus. b. – *ex-f-*, also *ecs-f- > esf- > eff-* in *ef-fero -fundo*

Formen der Verbalkomposita (§ 418 I A)

-fringo -fluo; daneben auch (jünger?) ecs-f- > ec-f-, altlat. ecfero, ecfātus Enn. ann. 59; s. § 213. - trans-s-: trān(s)silio trān(s)-scendo -scrībo -spīro 1. trāns-f- > *trā(n)f-fero > trā-fero. - Vor Stimmhaften (b d g, r l m n, i̯ u̯) wird -s stimmhaft (umschrieben als z) und schwindet, soweit möglich unter Ersatzdehnung, s. § 205. Daher dis- > diz- > dī- (aber vor Vokalen dir- in dir-imo -(h)ibeo, § 180 b): dī-do, -rigo -ligo -mitto -verto (-versus -vortium) -iungo (zu dis-(i̯)icio, auch dissice Verg. s. § 138, 2 b). - ex- ecs- > egz- > ez- > ē-: ē-dūco -gredior -rumpo -licio -mineo -venio -i̯ēcī. - trā(n)s- > trāz- > trā-: -dūco, -lātus, -meo 1, -no 1, -volo 1, -iēcī. - So auch abs- > abz- > az- > ā-: ā-mitto -mōlior -verto; aber ab-dō ab-lātus.

δ) in- und com-. in- aus en- § 42d; com- auch osk.-umbr. und kelt. (als Praeposition lat. cum). Die Verschiedenheit der Endkonsonanten manifestiert sich beim Praeverbgebrauch nur vor Vokal mit in- gegen com- > co-, §§ 132 u. 228 II b Zus. β. Vor Konsonanten führen die progressiven Assimilationen zum gleichen Ergebnis, weshalb man auch wohl von Praeverb con- spricht. Voraus ging com- > con- vor den Dentalen t d n r l, vor s f (§ 125b), vor i̯ (con-iēcī, con-i̯icio, § 217 a und § 138, 2 b Zus. α). - im- com- vor p b m; in- con- vor t- d- n- s- f-; im- com- vor c- qu- g- (geschrieben in- con-, § 219a); zu i(n)gn-co(n)gn- (ignōsco cognōsco) s. §§ 192 u. 200a, zu cō-n- aus *com-kn- (conīveo) § 222, aus con-sn- (cōnubium) § 211e. - Volle Assimilation vor m- n- sowie vor r- l-: irruo illicio, corrumpo colligo.

ε) Mit Auslaut -r per-, inter-, auch por- (s. dazu unten c). Nur vereinzelt -rl- > -ll- (s. § 216 a): pel-lego -licio; intel-lego; pol-liceor -lingo -lūceo -luo. - Zu peiero 1 s. § 412 A 3 Zus.

b) Praeverbien mit vokalischem Auslaut sind dē- prae- prō- sē- rĕ- und, nur vor Vokal, co-. Vor vokalischem Anlaut des Verbums tritt Hiatbehandlung ein bei dē- prae- und co-, vereinzelt auch bei prō-. Für sē- und re- stehen antevokalisch die Nebenformen sēd- und red-; das Praeverb prō- erscheint vor Vokal meist als prōd-, außerdem aber vor Konsonant in Versen vereinzelt als prŏ-.

α) Lautbehandlung vor Vokal (zu co- aus com- s. § 228 II b Zus. β). Zu den Vokalkontraktionen s. § 132; die Vokalqualität des Praeverbs dominiert dank ihrer Stellung in erster Wortsilbe. Kleine Auswahl genügt. dē-: ēa > ē in dēgo dēbeo; ēe > ē: dēmo, dēsse dēst, dērrāsse. - prō-: prōmo aus prō-emo. - co-: co- aus co-a- co-e- in cōgo cōmo; aus co-o- in cōpertus Cato, cōnestat (co-hon-) Acc. 445. Dazu coe-: coepī aus co-ēpī, coeptus altlat. coepio aus co-ep- (< co-ap-); coetus -ūs aus *co-itu-. - prae-: praebeo *prai + hab- (? prai(h)ib-); zu prae-esse inschr. 3. sg. praest praerat praerit; pre-hendo s. § 118 Ende. - Vokalkürzung nach § 118: dĕ- in jungen Komposita: dĕ-amo Plt.; dĕ-ūro Lucil. 1037. prŏ-hib- s. § 118. Ferner cŏ- ohne Kontraktion: co-alēsco, -arguo, -aequo 1, -haereo; co- -erceo -hibeo; co-emo 'kaufe zusammen' Ter.; co-āctus co-ēgī alt co-ēpī, § 133 II b Zus. β; co-orior -hortor 1 -opto 1.

β) Die d-Formen sēd- und red-.
Das seltene Praeverb sē- 'weg, ab-' lautete einst sēd-, daher noch vor Vokal sēd-itio (s. Allg. Teil 67* unten: von *sēd-īre); daraus vor Kons. sē- in sē-cerno -paro 1 usw. Gesichert ist sēd als ursprüngliche Form bei der Verwendung als Praepos. sē 'ohne, abseits von' (auch verbaut in sēdulō sēcūrus, § 196, 1 b γ), alt noch inschr. sed fraude Lex repett. 64 u. 69, Lex agr. 42, nach sē(d) fraude Lex XII tab. 3, 6 und 10, 8; dieses sēd fraude wurde durch sine fraude abgelöst, darauf bezieht sich 'sed pro sine' Paul. Fest. - Vielleicht ist das Praeverb sēd- 'weg-' aus abl. sēd (sē) 'von sich weg' entstanden, und daraus durch proklitische Verkürzung die Konjunktion sed 'aber'. Die Zugehörigkeit von sĕ- > sŏ- in solvo § 43c ist lautlich kaum zu rechtfertigen.

re- red-, nur Praeverb. Das -d von red- ist nicht fest, im Gegensatz zu dem von ad-, vgl. re-sisto -cipio usw. gegen as-sisto ac-cipio. Das d des red- vor Vschll. (eventuell assimiliert) erweist sich bei alten Verbalformen als konsonantischer Rest einer Reduplikationssilbe nach Synkopierung von deren Vokal (s. §§ 102; 433 A 3 a): prs. re-d(i)dō § 402c, perf. re-c(e)cidī, re-t(e)tulī (altlat. Simplex tetulī); re-p(e)perī (gegen prs. re-perio); also ist *re-* die Ursprungsform. Aber in *reddo* (als *red-do* nach *ad-do* aufgefaßt) wurde *red-* als Praeverb abstrahiert und zunächst in die anderen Stammformen *red-didī red-ditus* eingeführt. Dann folgte die Ausbreitung nach dem Vorbild von *ad-*, einerseits allgemein vor Vokal, so *red-eo -igo -hibeo*, andrerseits vereinzelt (nicht nur als metrische Hilfe) vor Konsonant: *reccidere* Lucr. 1, 857 (*reccidēbant* Plt. Poen. 485 ist Konjektur für *acc-*); *reddūco* (nach *reddo*) metrisch gesichert Plt. Merc. 980 Pers. 659 Ter. Hec. 665 Lucr. 1, 228 Hor. sat. 2, 3, 191, auch inschr. Name *Redducta*; *rellātus* neben *allātus* Ter. Phorm. 21 (also zu *rettulī*), auch inschr. Lex agr. 80; dann *rell-* für *rel-* als metrische Freiheit in *re⟨l⟩licta* Lucil. 1012, *relliquiae* und *relligione* Lucr. Verg. (auch inschr. in Hexametern D 615 und CE 302, 6); zu *ll* wie gr. λλ vgl. § 130 I A 2. Die hs. Zeugnisse für solche Formen mit *cc ll* sind nicht einheitlich; doch manche dienen auch *rē-* (*rēligio Szemerényi*, Sync. 149) nicht in Frage. – Spät *rennuo* nach *annuo, Niedermann* Gl. 1, 267. Zu *re(į̆)icit* — ⏑ ⏑ s. § 138, 2 Zus. β. Zu *redivīvus* s. § 281 d. – Ein anderes *rē-* in *rē-fert*, s. unten II B. – Zur Herkunft. Das Praeverb *re-* ist sonst nur im Umbrischen bezeugt. Ich habe folgenden Ursprung vorgeschlagen: Lat. perf. *līquit* (zu *linquo*), mit *ī* aus *oi* nach § 95, ist idg. Perfektform; ein idg. redupliziertes Perfekt *leloikʷe* ist bezeugt durch gr. λέλοιπε, ai. *rireca*, auch got. *láiƕ*; aus dessen lat. Entsprechung *lelīquit* entstand *relīquit* durch Ferndissimilation (§ 232 A 1), und darin wurde *re-* zu einem Praeverb *re-* ausgedeutet. Vom perf. aus erfolgte die Übertragung des *re-* auf *re-lictus -linquo* und weiter auf *re-vertī* usw. – Zuerst Andeutung dieser Herleitung in dieser Grammatik 5. Aufl. 1928 p. 852 (Neudruck p. 346) zu S. 92[1]; danach *A. Mayer*, Gl. 32, 264f. – Weitere Lit.: *E.-M.* s. *re-*; *W.-H.* s. *re-*; *Sommer* 207 f. (dazu KE 78 nr. 63); *Safarewicz*, Et. 41[1]. – *Vollmer*, Prosodie der Komp. mit *pro-* und *re-*, SB München 1922 4. Abh.; *Marx*, Moloss. 34–45 (mit unrichtiger Beurteilung).

γ) Idg. **prŏ*, lat. *pro* und *prō prōd-* 'vorwärts, vor, fort', Praeposition und Praeverb.

γ 1) *pro* und *prō* sind beide ererbt, auch in der Verwendung als Praefix und als Stammglied von Ableitungen. Für **pro* vgl. gr. πρό, altind. *pra-* got. *fra-*; umbr. postpos. *-per* 'für' in *totaper Iouina* wohl aus *-pro*. Zeugnisse für **prō* sind aksl. *pra-* lat. *prō*, auch wohl osk. *pru pro*; ferner **prō-ter* § 387b, lat. *prō-nus* § 290f, auch gr. πρώ-ιος, sowie Praefix in *prō-nūper -porrō -palam* gr. πρω-πέρυσι. Am einfachsten faßt man **pro* als bereits idg. Kürzung aus **prō*. – Im Latein ist *prō-* die Normalform des Praeverbs, bei Plautus steht *prō-* in Hebung vor kurzer wie vor langer Silbe, etwa *prōrogātur* Aul. 531, *prōsequī* Cas. 783, *prōvocās* Psd. 638 (*-ātur* Bacch. 444), *prō(į̆)icī* § 138, 2 b und *prōcessit* Amph. 463 (vgl. Pers. 115), *prōcūrent* Stich. 200, *prōgignō* Psd. 492 (vgl. *-ētur* Truc. 699); auch natürlich in zugehörigen Nomina wie *prōgeniēs*. Demgemäß wird griech. προ- in Lehnwörtern zu *prō-* latinisiert, *prōpīnō* Plt. Stich. 425, *prōpōla* Lucil. 198, *prōlogus* Ter. Andr. 5 aus gr. προπίνειν, προπώλης πρόλογος, entsprechend auch *Prŏ-* und *Prō-serpina* Περσεφόνη, beides bei Horaz, mag genannt sein. – So bedarf nur *prŏ-* als Nebenform des Praeverbs einer Erläuterung; an indirekte Zeugnisse wie *per-* in *expergīscor* und vielleicht *por-* in *portendo* sei nur kurz erinnert, ebenso an *prŏhibeo* § 118. – In den metrischen Zeugnissen der Daktyliker von Ennius bis Vergil ist *prŏ-* beschränkt auf wenige Verben und dazu bei langer Stammsilbe fast ganz auf die Wortform ⏑ — — im Versausgang, vgl. Lucr. 4, 194 *prōvehat atque prŏpellat*, dagegen 1028 *prŏpellat*, auch *prŏpulit* Plt. Rud. 672, *prŏpellere* Lucil. 259; eine Wortform ⏑ — — ist bloß im Versausgang möglich, nur ⏑ — ⏑ auch im Versinnern. Die zwei Musterverben für Doppelmessung sind *prŏfundere* und *prŏpāgāre*. Im Versinnern mit *prŏ-* in Senkung *prŏfūdit* Catull 64, 202, im Versausgang mit *prŏ- prŏfundo -is -it -fūdit -fūsus* Lucil. 1000 u. 119, Lukrez passim, Verg. Aen. 12, 154: *prŏfundo* wurde gewagt in formaler Anlehnung an adj. *prŏfundus*, das seit Enn. ann. 546 im Versausgang, doch nie im Versinnern begegnet. Bei Lukrez zeigen *prŏpāgāre* und subst. *prŏpāgo -inis* im Versinnern *prŏ-*, in Hebung 1, 195 Verseingang *prŏpāgāre* (auch Trag. inc. 103), in Senkung 5, 850 *ut prŏpāgandō possint prŏcūdere saecla* (und Verg. gg. 2, 26 *prŏpāginis*); dagegen *prŏ-* im Versausgang, *prŏpāgent* sim. 1, 20 u. 280; 2, 173 und subst. *prŏpāgo* 1, 42, auch Verg. Aen. 6, 870; 12, 827, vgl. *prŏpāgmen* Enn. ann. 160; nach der Metrik also subst. nomin. *prŏpāgo* gen. *prŏpāginis*. Genannt seien noch: im Versausgang *prŏfātus* Enn. ann. 563, *prŏfātur* Lucr. Verg., dazu mit kurzer Stammsilbe *prŏfitēmur* Ov. ars 2, 639, gegen infin. *prŏfitērī* Plt. Men. 643 (auch wohl Capt. 480), Enn. trag. 293 *prŏfitēr(ī) et prŏloquī*. Einziges Verbum mit durchgehen-

Formen der Verbalkomposita (§ 418 I A 2)   561

dem *prŏ-* ist *prŏfĭcīscor prŏfectus sum* 'breche auf, gehe fort' (im Gegensatz zu *prōficio prōfēcī* 'mache vorwärts', Lucil. 1021 *non prōficis hīlum*): *prŏficiscor* Plt. Merc. 939, 946 und sonst, *prŏfectus* im Versausgang Lucr. 1, 979 al. Verg. – Anhangsweise seien Nomina mit *prŏ-* genannt. Deverbativ *prŏfŭgus* Verg., nach griech. hom. προφυγών? Nominalkomposita (mit Praepos. *prō*!): *prŏfānus* Catull. 64, 260 Verg. (s. § 340 A); adv. *prŏfectō* aus *prō factō Lucr. Verg.; *prŏfēstus* Lucil. 1228; *prŏtervus* Hor. epod. 16, 22 (*-ĭtās* carm. 1, 19, 7) gegen *prōtervus* (oder *proptervus*?) Plt. Amph. 837 Pacuv. 147. – Sofern man den komplizierten Befund in Regeln zu fassen versucht, steht normal als Praefix *prŏ-* und als Praeverb *prō-* (mit einziger Ausnahme von *prŏfĭcīscor*). Verbalformen mit *pro-* vor zwei Längen stehen im Hexameterausgang mit *prŏ-* als ‿ — —, aber nicht primär durch sprachliche oder metrische Kürzung des verlangten *prō-* (s. dazu § 130 I B), sondern als metrische Freiheit in Anlehnung an Praefixbildungen wie *prŏfundus*.

γ 2) *prō-* und *prōd-* vor Vokal: die Form *prōd-* ist jung; in alten Bildungen stand *prō-* auch vor Vokal, entweder mit Kontraktion wie in *prōmo*, oder gekürzt, so in *prŏhibeo*, s. oben b α. Die Form *prōd-* entstand nach Muster des antevokal. *red-*, etwa *prōd-eo -igo* als Konträrbildungen zu *red-eo -igo*; übertragen *prōd-* neben *prō-* in *prōd-est -esse* neben *prō-sum -fui*; vgl. *Safarewicz*, Et. 41¹. Zu *prōde* durch Tmesis s. § 261. – Nachbildung wohl *praed-* für *prae-* in *praedotiont* § 324 B 2 b. – Erwähnt seien hier auch mit *d*-Erweiterung: *antid-eo -īre* Plt., *antid-hāc postid-eā* Plt.; zur Bildung s. *post-eā* § 377 C 2 b.

Lit. zu *pro- prō-*: *Wackernagel*, Sprachl. Unters. 238f.; *Wackernagel*, Synt. II 237–240; *Kurylowicz*, Acc.² 381f.; *Lindsay*, ELV 151 (*prŏfĭciscor*); *Vollmer*, SBMünchen 1922, 4. Abh. (zu *pro-* 14ff.; ursprünglich *prō-* bzw. *rĕ-*; *prŏ-* Kürzung durch Tonanschluß, nach § 122 c); *Marx*, Moloss. 47–51 (Kürzung des *prō-* in molossischen Wörtern, — — ‿ > ‿ — ‿).

c) Nur noch in Resten bewahrte Praeverbien und Praeverbienformen. *ambi-* (*amb- am- an-* s. § 102 Zus.) gr. ἀμφι- 'beidseits, ringsum': als Praeverb und in Verbalnomina: *amb-īre, -igere, -edo -ēdī* Plt. (Merc. 239/241), *-ūro* mit *-ustus* (dazu *combūro*, § 132); *amp-truāre* § 199 a α Zus.; *am-plector, -puto 1* ('*circump.*' Paul. Fest.); *amicīre* mit *amĭculum* 'Umwurf, Mantel' (zu *iacere*, s. §§ 138, 2b u. 421 A); *an-culus* § 91 a β; *an-quīro*; *ān-frāctus -ūs* 'Krümmung'; *an-caesa* (*vāsa* Paul. Fest.), *an-cīsus* Lucr. 3, 660, *ancīlia* 'ab ambecīsū' Varro ling. 7, 43. – *an-* gleich gr. ἀνα- in *an-hēlāre* zu *hālāre*, § 209 b. – *an-* aus *anti-* in *antestārī*, § 234. – *ar-* aus *ad-* in *arvorsum arf-* § 162 b β. – *au-* für *ab-* vor *f-* in *au-fero -fugio* (§ 66); aber jünger *ā-fuī ā-fore* zu *ab-esse*; *abfuat* Fronto (§ 400 B 2). – *ce-* in *ce-do* 'gib her' (§ 402 c), auch osk. *ce-bnust* 'advenerit'; vgl. § 372, 1 b. – *indu* s. unten. – ² *in-* aus **enu-*, s. *ignōsco* unten II A 1. – *po-* in *po-situs, polīre* und *porcēre*, s. § 163 c δ. – *por-* (zur Form s. §§ 59 u. 112; umbr. *por-* in *pur-douitu* 'porricitō') 'hin- dar-(reichen)' in *por-tendo -rigo pol-liceor -luo* usw., s. § 216 a; *porricio* *poriạciō s. § 217 a, § 138, 2 b. – Zu *pot- pos-* in *possum* und *possideo* s. unten II B. – *vi-* 'auseinander' wohl in *dī-vi-do*, s. § 402 b, und *vītāre*, § 412 B 1, dazu *vitium*, § 275 D.

indu (*indo, endo*) verlangt eine Erläuterung; zum Material s. Thes. s. v. p. 1227, auch *Szantyr*, Synt. 273. Die altlat. Daktyliker verwenden *indu* als metrische Aushilfe für *in*, so als Praeposition mit Abl. *indu foro, mari, locis, muco* (μυχῷ), *manu* (Enn. ann. 238; 445, Lucil. 970; 1075, Lucr. 2, 1096), mit Akk. *endo suam do* Enn. ann. 576; ebenso als Praeverb: *indo-tuētur* und *induperātor -antum* Enn. ann. 70; 326; 427, *indu-gredī* und, an beiden Versrändern, *indu-pedīta* Lucr. Ferner steht es in archaischen oder künstlich archaisierten Texten, als Praepos. *endo eo* und *endo dies* XII tab. 3, 3 u. 4, *endo caelo* Cic. leg. 2, 19, *endo procinctu* Paul. Fest. (und wohl als Postpos. *ted endo* Dųenosinschr., s. § 5 a); als Praeverb oder Praefix *manum endo iacito* und *endoque plorato* XII tab. 8, 13, *endo-itium* Paul. Fest., einiges weitere in Glossen wie *endo-decarit*

(s. *Sommer*, KE nr. 139), *endo-clūsa*. Künstlich bei Plt. *ind-audiverit* Merc. 941/944 und *ind-ipiscor* (vgl. *ad- red-ip.*) mit iter. *indeptare* 'consequi' Paul. Fest. In normalem Gebrauch sind *indu- indi- ind-* nur benutzt in *indo-struus* (§ 336, 2 b), *indi-gena, ind-igeo* (*egeo*), ? *ind-āgo, ind-olēs* (vgl. *sub-olēs*), *ind-uo* (angelehnt an gr. ἐν-δύω, vgl. *ex-uo* gegen gr. ἐx-δύω). – Ich fasse *indu- endo-* als entlehntes Praefix, entnommen aus *indi-gena* gr. ἐνδο-γενής (s. dazu § 268 C 1 a); danach durch Anklang *indigēre*, und im Latein zuerst verwendet in *indostruus*.

B. Reaktionen auf die Worteinung der Komposita.

1. Am Verb als Schlußglied. a) Gegen die Vokalschwächung. Rückgängigmachung oder Nichtdurchführung aufgrund etymologischen Bewußtseins (s. § 86 I Zus.): *exaestimo 1* und *conquaesiuerit* Lex repett. 15 u. 34; zu *pertaesum* s. § 339, 3b, auch unten II A 3. Ferner roman. *re-négo*. – Daneben natürlich jüngere, erst nach der Zeit der Vokalschwächung gebildete Komposita, etwa *ad-amo 1, co-arguo, circum-dăre*. – b) Verselbständigung von Schwächungsformen als neue Simplicia (s. Allg. Teil 71* unten; *Solmsen*, Stud. 130 f.): *sculpo* aus *ex-sculpo* (aus *ex-scalpo*); so auch (*con-*)*clūdo, bīto* Plt. für *baeto*; mit *u* für *ov* (§§ 143aβ u. 410, 3c) *pluo fluo*, intr. (*ir-*)*ruo*, trs. (*ē-*)*ruo*; mit *i* für *e* (§ 42h) *spicit* Plt. Mil. 694, (*re-*)*minīscitur* Paul. Fest., (*com-*)*plico 1* Lucr. 6, 1087 (zu *plecto*, § 409). Auch andere Stammformen: nach Verlust der Reduplikation perf. *tulī*, auch ohne Vokaländerung *scidī*, § 433 A 3c; *to-*Ptc. und *tu-*Nomen mit *e* für *a*: (*dē-*)*fessus* § 407 I B 1b; *pariter gressī* Verg. Aen. 6, 633 (aber iterat. *grassārī*), wohl für *parī gressū* (*gressus -ūs* poetisch, Acc. Lucr. Verg.). – c) Künstlich neue Simplicia (vgl. *Wackernagel*, Synt. I 186 ff.) aus sprachlich isolierten echten Verbalkomposita oder aus Dekomposita usw., ohne Bedeutungsänderung, meist bei Dichtern: (*con-*)*temno* 'verachte', (*ob-*)*tempero 1* 'gehorche', (*ex-*)*stinguo* Lucr., (*cōn-*)*fūtāre* Paul. Fest., *clīnātus* Cic. Arat. Ferner (*con-*)*grego 1* Stat., (*ob-*)*secundo 1* 'gehorche' (von **obsecundus* zu *obsequī*, § 298 A 1b). Vgl. auch *per-dăgo 1* nach *ind-āgo 1* (*Schwyzer*, RIGI 17, 211). – Zu Simplex statt Kompositum als Stilmittel s. *Szantyr*, Synt. 298 f. – d) Tmesis der Verbalkomposita; vgl. § 130 I C 2a, § 261, 2b; *Szantyr*, Synt. 217 § 114d; *E. Bernard*, Die Tmesis der Praeposition in lat. Verbalkomposita, Zürcher Diss. Winterthur 1960; *Wackernagel*, Synt. II 171. Ganz alter Typus, mit zwischengeschobenem enklitisch gestelltem Personalpronomen, *ob- vos -sacro* und *sub- vos -placo* Fest. (aus Gebeten); ebenso *dē- mē -hortātur* Enn. ann. 381. Sonst nur künstlich jüngerer Typus in der alten Dichtung (und danach in der Überlieferung der XII Tafeln), meist einfach durch *-que* gespalten: *transque dato* bei Fest., *distraxissent disque tulissent* Plt. Trin. 833 (in Anapaesten, vielleicht nach Ennius, s. *Fraenkel*, Plautin. 200), *data deque dicata* Lucil. 997, häufig nur bei Lukrez, besonders in der Struktur des Plautusbeispiels: *disiectis disque sipatis, seiungi seque gregari, complexa ... conque globata, pertundere perque forare, prostrata ... proque voluta* (1, 651, 452; 2, 154; 5, 1268; 6, 1264). Bei Vergil nur mit den zweisilbigen *inter- super- circum-*, s. § 130 I C 2a; bei Horaz als „Enjambement" zwischen zwei Hexametern *inter/noscere, inter/est, circum/spectans*. – Künstlich Sidon. epist. 1, 9, 7 *moneo praeque denuntio*. – Zu spätlat. *inter- non -est* Peregr. Aeth. 49, 2, *prode illis est* 8, 3 (*prōd-est* wie *ūsuī est* gefaßt; danach auch *prōde fit*) s. *Löfstedt*, Komm. 184–188. – Zu *per- -velim*

Cic. s. unten II A 3. – e) Simplicia verschollen. In Spuren erhalten: *lacio* und *lacto 1* neben *il-licio dē- ob-lecto 1* (s. § 155b); *specere* Varro ling. 6, 82 (*-itur* Plt., *-iunt* Cato, *spexit* Enn.); (*ex-*)*tendo*, (*re-*)*linquo*, (*com-*)*pleo* (*plentur* Fest.); zu *dis-sipāre* s. § 92 A. – Ptc. prs. *prae- ab-sēns*, Simplex *esse* ohne Ptc., § 400 A 3. – Ganz verschollen: -*dĕre* 'stellen, setzen' in *ab-dere*, § 402b; *novo -ere zu *an- ab-nuo* (vgl. *nū-tus nū-men*); *cando in *ac-cendo* § 415 B; *celo in *oc-culo* § 91aβ; (*dē-*)*fendo*; *pre-hendo* § 132; (*af-*)*flīgo*; (*ex-*)*cello*, vgl. *celsus* und *excelsus*; *verio in *ap- operio* § 201; (*ex-*)*perior*, vgl. *perī-culum* § 285, 2; (*ē- im-*)*mineo*; (*dī- ē-*)*mico 1* usw. – Bei *emere* ist nicht das formale Simplex verschollen, wohl aber die ursprüngliche Bedeutung 'nehmen', die noch alle alten Komposita zeigen wie *ex- dir- ad-imo* und *dēmo prōmo sūmo*; zur jüngeren Bedeutung 'kaufen' s. Gn. 13, 30 unten. – Zum Fehlen eines Simplex *tacēsco beim Typus *conticēsco* s. unten D 1; zu *cōn-sternāre oc-cupāre* neben *sternere capere* s. § 413a.

2. Am Praeverb besteht weithin die etymologische Restitution der Lautform, d. h. Rückgängigmachung der Lautassimilationen des Auslautes, s. § 196, 3b. In alten Inschriften des Amtsstils *ex-deicendum* und *com-u̯ou̯ise* SCBacch., *ex-ferto* Lex Spol. D 256, *in-mittere* Sent. Minuc. 41. – Daran schließen sich volksetymologische, also pseudohistorische Restitutionen von Praeverbien und entsprechenden Praefixen, sog. Praefixeinmischung, etwa *Inlyricus* für *Ill-*; s. dazu § 196, 3bγ. – Richtige Umsetzungen sind lat. *in-prō-* für gr. ἐν- προ-, vgl. *prōlogus* oben A 2bγ 1; vgl. auch *in-* für gr. ἀ- priv. in *im-pūne* § 310, 2 Zus. a.

C. Unter dem Sammelnamen „verbale **Praefix-Komposita**" seien hier vereinigt diejenigen Typen von Verben auf *-āre*, die syntaktisch und genetisch **nicht** Praeverbkomposita sind, trotzdem sie, wie etwa *extermināre exossāre* oder *profānāre*, als Denominativa formal einen Nominalstamm hinter „Praeverb" zeigen; denn sie sind genetisch nicht Komposita zu Simplicia *termināre* *ossāre oder *fānāre.

profānāre ist ein normales Denominativum von Adj. *profānus*, also Typus *sānāre novāre* von *sānus novus* (§ 412 A 3), nur eben von einem Kompositum als Grundwort; es ist also ein „Verbum decompositum" (*de composito* abgeleitet). Für *extermināre* ist ein *ex terminis* 'aus dem Bereich' vorauszusetzen; *exossāre* ist etwa zu verstehen als *ossa eximere*. – Die Praefixe, scheinbar Praeverbien, gehen also funktionell entweder auf Praepositionalgebrauch oder, bei *exossāre*, auf altes Lokaladverb zurück. – Daraus ergeben sich Schwierigkeiten der Einteilung und der Terminologie. Man bezeichnet diese Komposita meist als Parasyntheta (*Forssman*, Gn. 44, 670f. schlägt „Praepositionalverba" vor), auch wohl als synthetische Verbalkomposita (verbale Zusammenbildungen, wie beim Nomen, § 256 c); *Mignot* 299–305 scheidet sie als Parasyntheta in innere, Typus *expectorāre*, und äußere, Typus *exossāre*.

1. Zusammenbildungen auf *-āre* aus praepositionalen Syntagmen; sie entsprechen als Verben den mit Suffixen abgeleiteten Nomina gleicher Art in § 256c. a) Typus *expectorāre* (*pavōrem* Acc.), *extermināre*, faktitiv, von adverbialem *ex pectore, ex terminīs* (sc. etwa *mittere, movēre*; daher auch wohl „elliptische Komposita" genannt), '(*rem*) *ex pectore* heraus(-machen, -bewegen)' wie etwa *novāre* von Sachadjektiv *novus* (§ 412 A 3); die sinnvolle Gliederung ist also *ex=pector-āre, ex=termin-āre*. Die Muster entstanden wohl

durch Überspringung eines Mittelgliedes, etwa nach *prō fānō* → (*profānus*) → *profānāre*. Beispiele: mit Körperteilen *expectorāre*, *dēcollāre* Caecil. 116, *ingurgitāre* Naev. Plt., *insinuāre incarnāre* Eccl. Sonstiges: *ēlīmināre* Enn., *ēlīmit- extermin-āre*; *illaqueāre* (ebenso *irrētīre*), *in-* und *ac-cūsāre* (zu *causa* 'Rechtsstreit'), roman. **inodiāre* (frz. *ennuyer*) zu *in odium*; *sē=greg-āre* (**sē grege* 'abseits der Herde'); *ex=hērēd-āre* Cic. (s. § 333 IV B 3a), ähnlich *dē=virgin-āre* Petr. – b) Typus *peragrāre*, von adverbialem *per agrōs* (sc. *versārī*, *īre*, 'sich bewegen oder befinden'), als Zustands- oder Bewegungsverben ursprünglich intransitiv und subjektsbezogen, wie von Personalnomina (§ 412 A 1); so weiter *dēlīrāre dēgenerāre* (retrograd adj. *dēlīrus dēgener*, s. § 340 A), *exorbitāre* Tert.; *exūberāre* seit Acc. 504 *sub eo saxo exuberans scatebra* eqs. (ob wohl daraus *über* als Adj. 'reichlich' Plt. retrogradiert?).

2. Typus *exossāre exstirpāre* '*ossa, stirpem ex-imere*' faktitiv; mit den nominalen Possessivkomposita wie *ē-linguis* (§ 337 C) zu verbinden. Mit *ex-* : *ēdentāre* Plt., *exossāre* Ter. (adj. **ē-dent-* in demin. fem. *ēdentula* Plt. und *exos* Lucr. 3, 721 sind Rückbildungen); *ēviscerāre ēnervāre exanimāre* ('*animam eximere*'); *ēnucleāre ērādīcāre excōdicāre exstirpāre*. Mit *dē-* 'etwas außen abstreifen, abnehmen': *dē-artuāre* Plt., *-squām- -plūm- -lumb-, -libr-* (*liber* 'Bast') Caes., *-spūm-* Verg. Mit *in-* : *inoculāre* 'einsetzen, okulieren'. Mit Subst. als Instr. *coniugāre* '*iugō coniungere*'.

D. Komposition und Tempusstamm. Die perfektivierende Wirkung der Praeverbien, an sich eine Angelegenheit der Syntax (*Szantyr*, Synt. 304 § 169; *Wackernagel*, Synt. II 181), hat in zwei Fällen eine morphologische Konsequenz, die Zuweisung einer einzigen Perfektform (ohne bzw. mit Praeverb) zu zwei verschiedenen Praesensstämmen, einem durativen einfachen Simplex und einem abgeleiteten Praesens meist mit Praeverb, Typen (*ex-*)*timuī* zu *timeo* und *extimēsco*, (*ac-*)*cubuī* zu *cubāre* und *accumbere*.

1. Die historisch jüngere und durchsichtigere Gruppe sind die Inchoativa auf *-ēscere* als Komposita neben Zustandsverben auf *-ēre* ohne Praeverb, Typus *extimēsco* neben *timeo*: der Normalbestand der Formen ist *timeo timuī* und *extimēsco extimuī*; zur Ausbildung des Typus *extimēsco* und zur nachträglichen Nivellierung s. § 407 II B. – 2. Eine kleine rein semasiologische Gruppe bilden die Verben für durativ 'stehen, sitzen, liegen' und perfektiv (momentan) 'sich stellen, – setzen, – legen': *stāre stetī* und *-sistere -stitī* (*ad- con- ab- re- ex-*), *sedēre sēdī* (*sessum*) und *-sīdere -sēdī -sessum* (mit *ad- cōn-*), *cubāre cubuī* und *-cumbere -cubuī* (*ad- con-*); s. dazu *Canedo*, Gl. 24, 257–263. Die Entwicklung ist unklar, so viel läßt sich sagen: ererbt ist der perfektive Gebrauch der beiden reduplizierten Praesentien *-sisto* (gr. sekundär med. ἵσταμαι) und *-sīdo* (**si-sd-ō*, gr. hom. ἵζω att. καθ-ίζω, ai. *sīdati*); Neuerung ist der transitive kausative Gebrauch des Simplex *sistere* 'stellen' (wie gr. ἱστάναι), bedingt durch die mediale Funktion des aktiven Perfekts, vgl. *reverti* zu *revertor* (§ 442). Zu praes. *stāre* s. § 404.

II. Andere Vorderglieder in Verbalkomposita, fast nur Einzelfälle. Auch Wörter anderer Wortarten gerieten gelegentlich in eine so enge Bindung zu einem bestimmten Verbum, daß diese zur Worteinung führen konnte, etwa die Partikel *ne* in *ne-scio*. – Nur in isolierten Beispielen findet sich ein Nomen in Kasusform als Vorderglied, etwa in *rē-fert*. Dabei ist folgendes zu beachten: Verben auf *-āre* mit nominalem Vorderglied sind genetisch nicht Verbalkomposita, *iūdicāre* beispielsweise ist nicht entstanden aus *iūs-dicāre 'Recht-sprechen', sondern es ist Ableitung von iūdex < *i̯ous-dic- 'Recht-weiser' (nach § 412 A 1a). – Verbalstämme als Vorderglied findet man in scī-licet und in Typus calē-facio. – Dazu einige Erläuterungen.

A. Adverbialia und Partikeln. 1. Negation ne- nec- neg-, dazu in- privativum. – ne- in ne-scio; zu velle altlat. ne-vīs ne-volt (dazu nōlle, §401, 2); zu nequeo s. § 399b ε. – nec- neg- (zu nec gleich 'nōn', s. § 333 IV A 1): nec-escit; nec-opīnārī; neg-lego.

in- priv. kann keine finiten Verbalformen negieren, sowenig wie seine Entsprechungen altind. a-, gr. ἀ- oder nhd. un- (§ 333 IV A 2). Vereinzelte Versuche: nōn indecent Plin. epist. 3, 1, 2 nach ptc.-adj. indecēns; akt. perf. indēsignāvērunt spät (nach pass. indēsignātum est), s. Bulhart, WSt. 67, 154. Ähnliches im Griechischen: hom. οὐδ' ἀπίθησε nach πίθησε, s. Szemerényi, Sync. 69f. – improbāre ist Ableitung von improbus und wurde erst durch Bedeutungswandel zur Negierung von probāre als 'nicht-billigen' (vgl. Plt. Mil. 1174, Gracchus bei Cic. orat. 233 und Lex par. Put. III 11/12). Entsprechend wohl indignārī. Zu ignōrāre s. § 412 A 1 a. – ignōscere 'verzeihen' ist nicht mit in- negiertes (g)nōscere, etwa als 'nicht zur Kenntnis nehmen' (trotz Immisch, Specht, KZ 69, 124 und anderen [Gl. 42, 110]), sondern enthält das idg. Praeverb *enu 'nach, gemäß', vgl. altind. anu-jñā 'zu-stimmen', so Wackernagel, Kl. Schr. 1314–1321. Dasselbe in- wohl in invideo, nach Vendryes, Mél. Ernout 371, und in invenio; s. auch Leumann, Gn. 13, 33 u. Gl. 23, 141; aber īn-stāre īn-sistere nach gr. ἐν-ίστασθαι. – Merkwürdig īn-fitērī 'nōn fatērī' Paul. Fest., wohl durch Anlehnung an īnfitiās īre bzw. īnfitiārī 'leugnen'.

2. Adverbien. magis in māvolo, §§ 208 u. 401, 2b. – satis (eher wie plūs nomin. akk. sing. ntr. als adv.): satis est; satis-facio, sat-ago. – bene- und male-facio; bene-dīco.

3. Intensives per-, besonders vor Affektverben: per-libet -placet -taesum est, per-velim -cupio, per-gaudeo -doleo. Zum Ursprung dieses steigernden per- und zur Tmesis s. § 339, 3b.

B. Nomen in Kasusform (bei den Neutra der 3. und 4. Dekl. Akkus. gleich Stamm; Stammform als Vorderglied ist auf Nominalkomposita beschränkt, s. § 333 I A und C). Nomin. in praedikativer Verwendung: potissum (> pos-sum, § 400 C), vielleicht pos-sideo, vgl. Gl. 28, 13 zu Juret (anders Szemerényi, Sync. 368³). praestō 1 'leiste Gewähr' als praes stō. Akkus. crēdo als Erbwort, s. § 171 c. Durch Elision der Endungen -um -am (s. § 228 I b) scheinbare Stammkomposita: anim(um)-adverto, inschr. abl. cūr(am)-agente; vēn(um)-īre 'verkauft werden, auch circu-īre, § 260 A 2. Zu ōs-citāre 'gähnen' s. § 412 B 3b. Spät genu-flectere. tergi-versārī Cic. (aus Kompos. -ātio; erst daraus wohl gr. νωτο-στροφεῖν). – Zu vindicit XII tab. und vin-dicta s. § 257 A 2b. – Abl. manū-mitto 'entlasse aus der manus, der Gewalt', manū-missus 'freigelassen' (s. Thes. s. v. p. 339, 38). rē-fert in meā rē-fert 'es betrifft mich'; die Bedeutung ist unerklärt (vgl. Szantyr, Synt. 84 mit Lit.; Skutsch, Kl. Schr. 321–327).

Ableitungen können die vorausgegangene Worteinung bestätigen, so manū-missio -missor, animadversio, fideiussio (zu fide-iubeo; immerhin gibt es auch direkte Determinativkomposita mit Verbalsubstantiven wie ūsū-capio dom-ūsio). – Das verbale Stammkompositum mān-su̯ēsco ist retrogradiert aus to-Ptc. mān-su̯ētus 'hand-gewohnt' (s. Gn. 13, 29). Spät tri-pertīre aus tri-pertītus 'drei-geteilt' Cic. – Zu vēli-volāns s. § 336, 2 a.

C. Verbalstamm, auch Imperativ. 1. Imper. in *vale-dīco* Sen. ep. 17, 11.
– 2. Vor *licet*: *ī-licet scī-licet*, *vidĕ-licet* (§ 121): im Muster *ī-licet* war *ī-* vermutlich nicht der Imper. *ī* 'geh', sondern der verkürzte Infin. *īre*; so ist jedenfalls die lat. Auffassung bei *ī-licet vidē-licet* Plt. Capt. 469 Asin. 599. S. *Timpanaro*, Riv. fil. 91, 323–337 mit Lit., Gl. 36, 140 zu *Hahn*. – 3. Der singuläre Typus *calē-facio* 'erwärme', Vorderglieder fast nur Praesensstämme der 2. Konjugation; durch Iambenkürzung *tepĕ-factus* usw., dann hinter *l* Synkope *cal- ol-facio*. Vereinzelt Tmesis seit *fervē- bene -facitō* Cato, weiteres bei Varro rust. 1, 9, 2; 2, 9, 13; 3, 4, 1; sogar *facit ārē* Lucr. 6, 962; noch *obstupe- iam -factus* Comm. inst. I 25, 13. Passiv *-fīo -factus sum*. Keine Vokalschwächung in *-facio -factus*, gegen *per-ficio -fectus*. Nach allen diesen Indizien handelt es sich sprachgeschichtlich um einen jungen Typus. – Nach meiner Auffassung (Kl. Schr. 277–279) entstand *calē-fit* als Variation zum Inchoativum *calēscit*, das als *calē-(e)scit* interpretiert worden war im Zusammenhang mit der Ablösung von *super-escit* (Enn. ann. 494) durch *super-fit*; zu *calē-fit* weiter *cale-factus* (mit *-factāre*), erst letzter Schritt aktiv *cale-facio*.

Andere Deutungsversuche für das Vorderglied *calē-*: Praesensstamm; Imperativ (zuletzt *E. A. Hahn*, TAPhA 78, 331 ff. [Gl. 36, 140]); Ptc. *calēns* (-*fīo Skutsch*, Kl. Schr. 214 u. 285); Infin. **calēsi (Hoffmann)* bzw. *calēre (Kretschmer*, Gl. 17, 54 f.); gleiches Gebilde wie in imperf. *calē-bam legē-bam* (zu diesem s. § 428 II B); Casus indefinitus oder Nomin. eines *ē*-Nomens (*Hirt*; *Hermann* [Gl. 18, 258]). Kurze Übersicht bei *Resnikowa*, Gl. 42, 186–191, mit dem sprachhistorisch bescheidenen Ergebnis, daß dieses *calē* „einst ein apartes selbständiges Wort" war. – S. auch *Mignot* 361 f.

Zusatz. Roman. **calfāre* (frz. *chauffer* 'heizen'), nach den Romanisten über 3. sing. *cálfacit* > **calfat* (*Meyer-Lübke*, Roman. Gr. II 117; *v. Wartburg*, FEW s. v.), ist neues Praesens zu **calfātus*, einer Einpassung von *calfactus* (> **calfattus* ?) in die geläufigen *to*-Partizipien.

B. FLEXIONSFORMEN DES PRAESENSSTAMMES

419. Die vom Praesensstamm gebildeten Formen bilden das Praesenssystem; es sind die in § 390, 2 u. 4 aufgezählten Tempora und Modi (aktiv und deponens-passiv), dazu Infinitiv (akt. und dep.-pass.), *nt*-Partizipium (nur Aktivform, auch für Deponens gebraucht), Gerundium und Gerundivum. Ererbte Formen des Praesenssystems (akt. und dep.-medial) sind nur prs. Indikativ und Imperativ, dazu das *ē*-Futur als idg. Konj. praes., der lat. *ī*-Konj. (*sim velim*) als idg. athem. Optativ; ferner das *nt*-Partizipium.

a) Indikativ praesens (§§ 420–421)

420. Indik. praes. Die größten Unklarheiten für die Formerklärung bestehen bei Indik. und Imper. praes. der lat. vokalischen Konjugationen, und zwar im Hinblick auf eventuelles Nachleben von idg. athem. Praesensformen. Einfach ist nur die rein themat. Flexion in der 3. Konjug. bei Verbalstamm auf Konsonant (Typen *ago iungo nōsco*). Ererbte Endung der 1. sing. ist *-ō*, lat. *ago* aus *agō* wie gr. ἄγω. In den anderen Formen, *ag-is -it*

-*imus* -*itis* -*unt* steht zwischen Verbalstamm *ag*- und allgemeiner Personalendung -*s* -*t* -*mus* usw. ein Vokal, der „Themavokal" *e/o*, der im Latein durch Vokalschwächung als *i* oder *u* erscheint (§ 398a, § 86 II), idg. *e* (als lat. *i*) in 2. 3. sing. 2. plur. -*e-si* -*e-ti* -*e-τe* nach got. -*is* -*iþ* -*iþ* und gr. 2. plur. -ετε lat. -*is* -*it* -*itis*, idg. *o* (als lat. *i* bzw. *u*) nach gr. o in dor. ἄγ-ο-μες ἄγ-ο-ντι bzw. got. *a* in *bairam* -*and* lat. -*imus* -*unt*, alt -*ont*(*i*) noch in *tremonti cosentiont* -*uont* § 394 Zus. b. – Vielleicht athem. -*ent*- in pass. marruc. *ferenter* Vetter nr. 218.

1., 2., 4. Konjugation. In den langvokaligen Konjugationen auf infin. -*āre* -*ēre* -*īre* ist die morphologische Stammbildung verantwortlich für die Flexion. Vom Latein aus gesehen ist sie eine Mischung aus athemat. und themat. Formen, s. §§ 398b u. 404 zum Grundsätzlichen und § 410 zur Aufteilung der Verben in jeder Konjugation. In der 1. sing. ist die Endung -*ō* der themat. -*i̯o*-Flexion durchgeführt, -*eo* aus -*ei̯-ō* -*ēi̯-ō*, ähnlich -*io*; bei -*āre* -*o* aus -*ā*(*i̯*)-*ō* (zu lat. *stō* vgl. umbr. *stahu* <*staō*; zu praes. *stāre* s. aber § 404). Die fünf anderen Personalendungen: das *ā* von -*ā-s* *-ā-t* usw. ist bei den paar athem. Wurzelverben wie *flāre* Bestandteil der Wurzel (entsprechend dem *ă* von *dă-mus* -*tis* bei *dăre* 'geben'); bei Denominativen wie *cūrāre* ist themat. *i̯o*-Flexion und anschließend Vokalkontraktion *ā*(*i̯*)*e* > *ā* bzw. *ā*(*i̯*)*o* > *ā* anzunehmen, also 2. sing. -*ās* aus -*ăi̯e-si* usw. – In der 2. Konjug. bestehen für das *ē* von 2. sing. -*ē-s* usw. je nach Stammbildung drei Grundformen: athem. -*ē-si* (-*plē-s*), themat. -*ēi̯e-si* und -*ei̯e-si* (*caleo mordeo*), mit Kontraktion *ĕ*(*i̯*)*e* > *ē*; das *ē* für *ĕo* in der 1. 3. plur. entstand aber eher analogisch im Paradigmaausgleich als lautlich durch Kontraktion. Auch in der 4. Konjug. flektierten die Denominativa wie *vestio sitio* ursprünglich als themat. -*i-i̯o*-Verben, so 3. plur. -*iunt*; zu eventueller Kontraktion *ie* > *ī* in 2. 3. sing. -*īs* *-īt* usw. s. § 133 II Zus. γ. – Die entsprechenden Auffassungen gelten im Imperativ für die *ā ē ī*.

Zusätze. a) Zur Kürzung in 3. sing. und plur. -*āt* -*ēt* -*īt* > -*at* -*et* -*it* und -*ānt* -*ēnt* > -*ant* -*ent* s. §§ 123 u. 119 a. – b) In 2. Konjug. 3. plur. *neunt* Tib. 3 (Lygd.), 3, 36 zu *nēre*, etwa nach *eo eunt* (*īre*) oder nach *scio sciunt*. Zu 3. plur. *doleunt* s. § 411, 4 b. – c) Im Griechischen sind bei den Verben auf -άω -έω die athemat. Flexion und die kontrahierende themat. Flexion (att. τιμῶ φιλῶ) nicht nach Herkunftstypen, sondern nach Dialekten geschieden (*Schwyzer* I 728 litt. γ). – d) S. auch *Mignot* 100–112 u. 251–263 (für 2. u. 1. Konjug.).

421. Die primären *i̯o*-Praesentien der lat. 3. und 4. Konjug., Typen 3. Konjug. *capio* -*ĭs*, 1. plur. -*ĭmus* (infin. -*ere*) und 4. Konjug. *sāgio* -*īs*, -*īmus* (infin. -*īre*). Ihre Flexion ist in § 398c als „halbthematisch" erläutert, themat. 1. sg. 3. pl. -*io* -*iunt*, übrige vier Personen athematisch mit Stämmen auf *ĭ* (*capi-mus*) und *ī* (*sāgī-mus*); ich unterscheide sie hier als *ĭ*- und *ī*-Praesentien bzw. *ĭ*- und *ī*-Flexion. Die beiden Hauptprobleme sind: Verteilung der beiden im Latein nach der Quantität der Stammsilbe, und Verhältnis dieser „halbthemat." Flexion zu der reinthemat. *i̯o*-Flexion anderer Sprachen.

A. Zur Verteilung (vgl. *Berneker*, IF 8, 297–299). Die *ĭ*-Flexion steht nach kurzer Stammsilbe, so hinter Verschlußlaut in *iacio* -*ĕre*, *quatio rapio fugio fodio*. Die ī-Flexion steht hinter langer Stammsilbe (oder hinter zwei Kürzen als Verbalstamm), so in *sāg-io -īre*, *saep-*, *haur-* (*r* aus *s*), *farc-*, *sent-io*, dep. *ord-ior*; *sepel-io*; weitere Beispiele s. unten. Man beachte -*ere* im Simplex gegen -*īre* im Kompositum mit kurzem Praeverb: *parere reperīre, sapere resipīre, iacere amicīre* (§ 138, 2b), dep. *orior -ĭtur adorior -ītur*; vgl. auch *ap-* und *operīre* (§ 201). — Außerdem steht ī-Flexion nach kurzer Stammsilbe auf *r l n* (aus *m*) und *u̯*: *ferio -īre, salio venio* und *pavio -īre*. — Das Oskisch-Umbrische zeigt, soweit faßbar, vorwiegend ī-Praesentien; die ĭ-Flexion ist implicite bezeugt durch Synkope eines ĭ in osk. Imper. **faki-tōd* > *factud*; s. v. Planta II 248 ff. — Weitere Einzelheiten sind zu nennen.

   1. Weitere Beispiele. a) Zu -*io -ĕre*: *lac- spec- cap- cup-, fac-* § 402 b; dep. *pat- grad--ior*; hinter *r pario* (vgl. lit. *periù*, infin. *perĕti* 'brüten'), dep. vermutlich **horitur* zu iter. *hor(i)tātur* (§ 412 B 3 b). — b) Zu -*io -īre*: *vāg-īre, prūr-* (-*ūr-* aus -*eus-*)*, sarc- fulc-, sent-, sanc-* und *vinc-* (vgl. § 406, 1 a); dep. (denomin.?, § 417 A 1 b) *mētīrī*. — c) Hinter Kürze auf *r* ist die Regelung nicht stabilisiert, es steht teils -*io -ĕre*: *pario*, dep. *morior* (infin. *morī*), *orior* (nur infin. *orīrī*), teils -*io -īre*: *fer- sar-io*. — 2. Mischflexion (vgl. N.-W. III 243 u. 253). ī-Formen, bes. infin. -*īre -īrī* seit dem Altlatein, neben normaler ĭ-Flexion: pass. *fodīrī* Cato agr. 2, 4 (*exfodīrī* Plt. Mil. 315, 374; Meidung von *fŏdī*?); *morīmur* Enn., -*īrī* Plt. Capt. 732 al., *ē-morīrī* Plt. Ter. (aber *morītur*; roman. **morīre*, frz. *mourir*); infin. *orīrī* als Standardform; bei Plautus *gradī-*: *aggredīmur* As. 680 Rud. 299, -*īrī* Truc. 251; *prōgred-īrī -īrier*, fut. -*ībor*, imper. -*īminō* § 423 B 2, aber indik. 2. 3. sing. -*ere -ĭtur*; ferner *parīre* 'gebären' Enn. ann. 10 (vgl. fut. *parībis*, § 428 I C 1); *cupīret* Lucr. (Ausgleich mit *cup-īvī -ītum*). — Zu *potīre* und *potīrī* s. *Szemerényi*, Sync. 365 ff.

B. Erklärungen und Verknüpfungen.

1. Voraussetzungen der anderen Sprachen; Wortgleichungen. Altindisch, Griechisch und Germanisch (Gotisch) kennen nur themat. *i̯o*-Praesentien; im Gotischen sind sie sekundär nach der Silbenquantität des Stammes in zwei Flexionen zerfallen (s. unten 2b). Das Baltoslavische kennt nebeneinander themat. *i̯o*-Praesentien und halbthemat. Flexion, doch mit Beschränkung der ĭ-Flexion auf das Baltische (Litau.), der ī-Flexion auf das Slavische. — Nach rein deskriptiver Betrachtung kennt das Latein keine primären *i̯o*-Praesentien, sondern nur die halbthemat. ĭ- und ī-Flexion. — Als Wortgleichungen zwischen lat. ĭ-Praesentien und sonstigen reinthemat. *i̯o*-Praesentien seien genannt (vgl. § 137c): für lat. ĭ-Flexion *specio* avest. *spasyeiti* usw. (§ 163a), *rapio* gr. ἐρέπτομαι, *capio* got. *hafjan* (nhd. *heben*), *cupio* ai. *kupyati* 'sich erregen, zürnen', *morior* ai. *mriyate* (§ 60 Zus. b); für lat. ī-Flexion: *venīre* gr. βαίνειν (§ 137c Zus.), *salīre* gr. med. ἅλλομαι, *sāgīre* got. *sōkjan* (nhd. *suchen*), *sepelīre* ai. *saparyati*; zu *aperīre* beachte lit. *i̯o*-Praes. *àt-veriu* § 201. Zu lit. *i*-Praes. *miniù* s. unten 3b.

2. Die Erklärungen der ĭ-Flexion im Rahmen des Lateins (aus themat. *i̯o*-Flexion oder aus ī-Flexion usw.) sind alle anfechtbar.

   a) Eine Anknüpfung an die idg. themat. *i̯o*-Flexion muß die vier athematischen Formen als Entstellungen betrachten. Bei der ĭ-Flexion wären -*is -ĭt -ĭmus -itis* von der themat. Flexion *ag-is* usw. erst nach der Vokalschwächung übernommen, unzureichend sind jedenfalls rein lautliche Erklärungen, sei es durch Synkope des *e/o* mit Samprasāraṇa (nach § 103 b Ende), **cap-i̯esi -i̯omos* > *cap-is(i) -imus*, oder durch Vokalschwächung des *e/o* zu *i* mit nachfolgendem Schwund des *i̯* vor *i*, **cap-i̯esi* > **capi̯is(i)* > *capis*; denn postkons. *i̯* in *pi̯* war schon vor der Vokalschwächung zu *i*-Vokal geworden (§ 137 c). Bei der ī-Flexion müßte man die umstrittene Kontraktion (*ii̯e* >) *ie* > *ī* (nach § 133 II

Zus. γ) heranziehen, die man für Praesentien der 4. Konjug. auch wohl benutzt hat (*Szemerényi*, Gl. 38, 117). Aber mit Verschmelzung einer athem. und einer themat. Flexion ist ohnehin in allen drei Konjugationen mit Langvokal zu rechnen. - b) Die lautliche Erklärung verschiebt sich bei Beachtung der Parallele des Gotischen; nach dem Sievers-Edgertonschen Gesetz (idg. postkons. *yo* als lautlich *i̯o* hinter kurzer, *ii̯o* hinter langer Silbe, § 136 b) wechselt hier *ji* und *ei*, zu *hafjan* und *sōkjan* 2. 3. sing. (und 2. plur.) *hafjis -jiþ* und *sōkeis -eiþ*, also nach kurzer Silbe *ji* aus idg. *i̯e*, nach langer *ī* (geschrieben *ei*) aus *ie* > *ii*. Die Anwendung auf die lat. *i̯/ī*-Flexion erfordert bei 2. sing. *capĭs* Synkope (wie oben), bei *sāgĭs* die Kontraktion *ie* > *ī*. - Eine etwas andere Ausnützung bei *Burger*, Etudes 15 [Gl. 19, 236]. Über den Versuch, die Stammsilben auf *r l n* (*ferīre salīre venīre*) gegenüber denen auf Verschlußlaut als phonetisch länger zu erweisen, s. *Niedermann*, Mél. Saussure 43, auch IFAnz. 22, 64; ähnlich *Juret*, MSL 19, 215. - c) *ĭ*-Flexion junge Abzweigung aus der athem. *ī*-Flexion: 2. 3. sing. *capīs -īt > *capĭs -ĭt* durch Iambenkürzung ◡ — > ◡ ◡, daher *ĭ*-Flexion nur bei kurzer Stammsilbe; dem lautlichen Zusammenfall mit themat. 2. 3. sing. *agĭs -ĭt* folgen analogisch die 1. 2. plur.: so *Skutsch*, Kl. Schr. 208-211 (auch Gl. 2, 367 f.) und ihm folgend *Sommer* 505 f. Aber nach der altlat. Zeugnissen wirkte die Iambenkürzung nur bei aktuellem Gespräch in einzelnen Flexionsformen, ohne auf andere Paradigmaformen (hier *capĭmus -ĕre*) überzugreifen. - Umgekehrt ist nach *Graur*, BSL 47, 11-20 [Gl. 34, 215] die *ī*-Flexion der Primärverben eine Umgestaltung der allein alten *ĭ*-Flexion nach den Denominativen auf *-īre*.

3. Halbthemat. Flexion als Erbstück. Eine *ĭ*-Flexion besteht sonst nur im Baltischen (also im Litauischen), eine *ī*-Flexion nur im Slavischen; doch sind die beiden da insofern eine Einheit, als sie auch durch Wortgleichungen, Intransitivität und „zweiten Stamm" auf *ē* (für Infin. und Praeteritum) zusammengehalten sind; aber eine Motivierung für die Verteilung ist nicht ersichtlich. a) Unter Beachtung der Lautentsprechungen idg. *ĭ* lit. *i* aksl. ь und idg. *ī* lit. *y* aksl. *i* ergeben sich bei Verwendung von lit. *mylėti* 'lieben' und aksl. *vidėti* 'sehen' die Flexionsentsprechungen für 1. 2. plur.: *ĭ*-Praesens lat. *cap-ĭmus -ĭtis* lit. *mýl-ime -ite*, und *ī*-Praesens lat. *sāg-īmus -ītis* aksl. *vid-imъ -ite*. - Diese Gleichsetzung der Flexionen, auch mit 1. sing., doch ohne 3. plur., ist die am wenigsten angreifbare Annahme; sie hat freilich zur Voraussetzung, daß in den anderen Sprachen die *ĭ*-Flexion in der *i̯o*-Flexion aufgegangen ist. - b) *i*-Praesens neben *ē*-Stamm. Eine Wortentsprechung mit *i-/i̯o*-Praesens liefert die idg. Wurzel *men* 'denken': balto-slav. *i-/ī*-Praesens 1. 3. sing. lit. *miniù mìni* aksl. *mьnjǫ mьnitъ*, dazu *ē*-Infin. *minėti* bzw. *mьněti*, in anderen Sprachen deponentiales *i̯o*-Praesens, 3. sing. altind. *manyate* gr. μαίνεται (mit aor. μανῆναι, also Gruppierung *i̯o/ē*), altir. *domoinethar*, 1. sing. *-niur*; die lat. Entsprechung (*menĭtur oder *-ītur*?, 1. sing. *menior) fehlt leider, sie ist durch incho. dep. *-mīniscitur* (§ 407 I B 1 b) ersetzt. - Sonst aber entsprechen diesen balto-slav. *i*-Praesentien mit *ē*-Infinitiv und *ē*-Praeteritum die lat. *ē*-Verben, auch diese meist intransitiv: gegenüber lat. *vĭdēre sĕdēre* mit anderer Ablautstufe im Verbalstamm (idg. *ei*, *ē*) aksl. prs. *vidĭtъ sedĭtъ*, infin. *-ěti*. Man vergleicht, auch wegen der Bedeutung, lit. *guliù -ėti* 'liegen', aksl. 3. sing. *ležitъ* infin. **-ěti* > *-ati* 'liegen' oder lit. *turiù -ėti* mit lat. *iacēre habēre*; dem aksl. *ī*-Praes. *ležitъ* entspricht das got. *ja*-Praesens *ligjan* (Wz. *legh*). Daran schließen sich weitreichende Kombinationen über einheitliches idg. *ē* in der Verbalstammbildung trotz funktioneller Differenzen: *i* (*i̯o*) und *ē* in lat. *taci-tus tacē-re* stehen übers Kreuz mit gr. μαίνομαι μανῆναι lit. *guliù gulėti*.

Lit.: *Hermann*, Silbenbild. 222ff. (mit Nachweisen); *Sommer* 505; ders., KE 133 nr. 123; *Brugmann* II 3, 178 ff.; *Mignot* 40–49 (*-io*), 101–112 (*-eo*), 251–263 (*-o -ās*); *Devoto*, Adattamento 36 f.; *Pariente*, Sobre las diferencias de tipo *facio*: *venio*, Emerita 14, 1–81 (73–75: hinter Sonanten *ni̯o* > *nii̯o*; *capi̯esi* > *capis* durch Synkope). S. auch *Vendryes*, IF 27, 134–138. – Zu *capit/sāgīt*: nach dem Sieversschen Gesetz wie im Gotischen: *Schmitt-Brandt* 74; wie balto-slav. *i/ī*-Flexion: *Streitberg*, IF 6, 152. *Mezger*, KZ 62, 259 (gegen Gleichung *sāgio* got. *sōkja*). – S. ferner *Seebold*, Das System der idg. Halbvokale, Heidelberg 1972, 130 ff.; *Horowitz*, Sievers' Law 20 ff. u. 67.

b) Imperative (§§ 422–423)

422. Imperativ. Imperative werden im Latein nur von Praesensstämmen gebildet; ältere Erbstücke sind imper. perf. *mementō* gleich gr. hom. 3. sing. μεμάτω (§ 433 B) und vielleicht imper. aor. *cedo* (§ 402 c). Mit Personalformen ist der Imperativ seiner Funktion gemäß nur unvollkommen ausgestattet: ein Befehl (Aufforderung) richtet sich als Gesprächsform an eine anwesende Person, also sind obligatorische Formen die der 2. sing. und 2. plur. Als Imperativ-ersatz für die 1. plur. und 1. sing. dient der (ad)hortative bzw. volitive Konjunktiv, etwa *eāmus* 'laßt uns gehen', s. *Szantyr*, Synt. 335 § 186. Für die 3. sing. und plur. sind die *tō*-Formen des sog. Imperativus futuri entwickelt worden. – Vereinzelt werden auch hier Deponensformen passivisch gebraucht.

2. sing. und 2. plur. als Formen des „Imperativus praesentis".

Aktivum. Als 2. sing. dient der reine Praesensstamm, die einzige endungslose Form des Verbums, und insofern Entsprechung zum Vokativ sing. beim Nomen (§ 345); formal unterscheidet er sich also von der Indikativform nur durch das Fehlen der Endung lat. *-s*. Bei athem. Praesentien (§ 399–404): *ī* (alt *ei*) zu *īre*, *es* (auch *ad-es*) zu *esse*, wohl auch *fu* (*fū?*) Arvallied; aor. **dō* in *cedo* (zu *dăre*). Ferner *laudā*, *im-plē vidē*, *sāgī audī*; bei *ĭ*-Praesentien (3. Konjug. 1. sing. *-io*) *cape face* (altlat.) aus **capi *faci*. Bei themat. Praesentien (indik. *-is* aus *-e-s*): *lege age* gr. λέγε ἄγε, *vehe* ai. *vaha*; zu *dīc dūc fac* s. § 98a. – 2. plur. Endung idg. *-te* (gr. -τε altind. *-ta*), lat. *-te* (gegenüber indik. lat. *-tis*): athem. *es-te* gr. ἐσ-τέ, *īte* (ai. ved. *éta*, also **ei-te*; daneben mit *ĭ* gr. ἴτε ai. *itá*), *dă-te*. Ferner *laudāte vidēte audīte*, auch *capite* usw. Entsprechend themat. *legite agite vehite* gr. λέγετε ἄγετε ai. *vahata*. – Diese 2. plur. mit Sekundärendung *-te* ist ursprünglich Injunktivform, § 390, 2b Zus.

Deponens. 2. sing. (Injunktivform) *sequere* aus idg. **sek^we-so*, wie gr. ἕπου aus ἕπεο. – 2. plur. *sequi-minī*. S. dazu § 397, 2 u. 3. – Zu 3. sing. *-tō*, *-tor*, *-minō* und plur. *-nto -ntor* s. § 423 B.

Zusätze. 1. Zur 2. sing. akt.: a) Nur *scī-tō*, in Vermeidung des einsilbigen **scī*; im Spätlatein *estō* für *es*, *vāde* (frz. *va*) für *ī*; s. *Wackernagel*, Kl. Schr. 182, *Hofmann*, IF 43, 96, *Löfstedt*, Komm. 287. – b) Zu imper. *nōlī* s. § 401, 2 a. – c) Eine Endung idg. *-dhi*, ursprünglich sicher angetretene Partikel, bei athem. Flexion in gr. ἴ-θι 'geh', ἴσ-θι 'sei', ἴσ-θι ai. *vid-dhi* 'wisse', aor. στῆ-θι usw. fehlt im Latein. – 2. plur. synkopiert *cante* Salierlied, für *canite* nach Varro ling. 7, 27. – Über *ītis fertis* statt *-te* als Imper. s. *Baehrens*, Gl. 5, 79, *Hofmann*, IF Anz. 28, 59.

2. Zum Passivgebrauch des Imperativs. Alle deponentialen Imperativformen werden auch vereinzelt passivisch verwendet, wenigstens in dem Umfang, in dem

Befehle auch passivisch formuliert werden können. Dabei ist zwischen 2. und 3. Person zu scheiden; vermutlich ist der Gebrauch in der 3. sing. dep. auf *-tō* aufgekommen. – Die 2. sing., rein formal gleichlautend mit dem aktiven Infin., wird am zweckmäßigsten mit 'laß dich ...' übersetzt, etwa Prop. 3, 22, 6 *movēre*, 4, 11, 24 (Tantalus:) *corripere ore liquor! (corripiare* codd.). Die bekannten Beispiele der Vulgata (NT) sind Übersetzungen von gr. Aoristformen auf -θητι, etwa Mc. 1, 41 *mundāre* καθαρίσθητι, 7, 34 *adaperīre* ἀνοίχθητι; dem *illūmināre* Is. 60, 1 (also VT) 'werde hell' entspricht gr. φωτίζου. – In der 3. Person, vorwiegend in der Gesetzessprache, ist der Inhalt ein generelles Gebot. Ein Sonderfall ist pass. *cēnsērī* 'geschätzt werden, sich schätzen lassen, sich selbst einschätzen', so einmal imper. Lex repett. 77 *censento* (alte Dep.-form) 'sie sollen sich schätzen lassen' (vgl. osk. Lex Bant. 2, 17 *censamur* 'er werde geschätzt'); künstlich archaisierend imper. fut. pass. 3. sing. auf *-minō* als 3. plur. Cic. leg. 3, 8 *appellāminō* 'sie sollen genannt werden'. – Die ganze Entwicklung hatte ihr Vorbild in der griechischen Gesetzessprache, ich zitiere aus der Mysterieninschrift von Andania (*Schwyzer*, Del. 74) als reflexiv-medial στεφανούσθωσαν 'sollen sich bekränzen' § 3 l. 15, ἀλειφέσθω § 22 l. 109; als passiv (von Personen) ἀγέσθω und μαστιγούσθω § 14 l. 76, (von Sache) ἐπιτελείσθω § 25 l. 176. S. dazu *Schwyzer* II 241 nr. 10 („kausatives Passivum"); *Kühner-Gerth* I 192 litt. γ (εἰρήσθω).

423. Die lat. *tō*-Formen, sog. Imperativus futuri.

A. Endungen aktiv: 2. 3. sing. *-tō* (*es-tō agi-tō laudā-tō* usw.), plur. 2. *-tōte*, 3. *-ntō* (*suntō aguntō laudantō*). Ferner Erbform sing. *mementō* zu perf. praes. *meminī* (§ 433 B).

1. Formales. Ererbt ist nur *-tō*, altlat. und idg. *-tōd*, für 2. und auch 3. sing.; im Griechischen ist -τω auf die 3. sing. beschränkt worden. Entsprechungen 3. sing. *estō(d) agitō(d)* gr. ἔστω ἀγέτω. Altlat. Belege für *-tōd* s. § 230 a. – Die übrigen Formen sind im Latein von *-tō* aus neu geschaffen in Anlehnung an geläufige Formen: zu 2. sg. *estō agitō* auch 2. plur. *estō-te agitō-te* nach imper. praes. *es/es-te* bzw. *age *age-te* (> *agite*); zu 3. sing. imper. *estō agitō*, analysiert als *est-ō agit-ō*, neben indik. *est agit* auch 3. plur. *suntō aguntō*. – S. aber unten 2b Zus.

Zusätze. a) Kürze *-tŏ* nach § 122 b seit Prop. 4, 5, 77 *caeditŏ*. – b) Der Anklang von imper. *-ātō -ītō* an PPP *-ātus -ītus* führte im Spätlatein bei der 3. Konjug. zu Neubildungen wie *trītō permixtō* Chiron, s. *Löfstedt*, Gl. 3, 32. – c) Mißbildungen bei späten Grammatikern (VI 436, 6. 439, 22. 440, 38) *amentō scrībentō* sind Kontaminationen aus Konj. oder Fut. und *tō*-Imper. – d) Zu *-tōd* gehören auch die umstrittenen Konjunktivformen des altlat. Haingesetzes D 257 (Luceria in Apulien) auf *-ātīd* zu *-āre* und *-itād* zu *-ĕre* in *stircus ne quis fundatīd neụe cadaụer proiecitad neụe parentatīd*; nach der prohibitiven Satzfunktion sind es im Prinzip Umgestaltungen von *tōd*-Formen nach Konjunktiven auf *-at -it* (vorhistor. *-ād -īd*); zur Syntax vergleiche man als Prohibitive (*Szantyr*, Synt. §§ 186–188) XII tab. 10, 1 *ne sepelito ... neve urito* und *nē* mit Konj. praes., also *proiecitād* kontaminiert aus *-itōd* und *-iād* (*-iat*), *parentātīd* wohl aus *-ātōd* und *-āīd* (nach osk. konj. *deiụaid*, § 425 C); *fundātīd* wie von *fundāre* statt von *fundĕre*. – Andere Erklärungen bei *Hermann*, KZ 48, 119.

2. Zu Herkunft und Gebrauch.

a) Die sonstigen Zeugnisse für *-tōd* sind auf drei Sprachen beschränkt. Italische Dialekte (2. 3. sing.): osk. *-tūd* in *estud, actud* 'agitō', *factud, deiụatud* usw., umbr. *-tu* sehr reich bezeugt, etwa *etu* 'ītō', *fertu, futu, pihatu, portatu*; dazu eigene Neubildungen im Plural (s. *v. Planta* II 303–308). Griechisch: -τω nur als 3. sing., ἔστω ἀγέτω; in 3. plur. (und im Medium) verschiedene dialektische Neubildungen, darunter ἀγόντω wie lat. *aguntō* (s. *Schwyzer* I 801 f.). Altindisch: nur *-tāt* (*-tād*), etwa *vittāt* gleich griech.

(3. sing.) ἴστω (zu οἶδα), *gacchatāt*; üblich, soweit ich sehe, nur als 2. sing. bis in die Brāhmaṇas; ganz vereinzelt ist *-tāt* auch für 3. sing. und 2. du. plur. gebraucht, nach meiner Meinung in mißbräuchlicher Verwendung einer veralteten Form (nicht ererbter idg. Gebrauch); die Belege s. *Macdonell*, Ved. Grammar 318 § 418b.

b) Dieses Element *tōd* war ursprünglich, ebenso wie die Endung *-dhi* (altind. meist *-hi*) eine selbständige Partikel, vgl. ai. *brū-hi* und *brū-tāt* 'sprich'; formal war **tōd* der alte Ablativ von pron. *to-* (§ 373,1), als 'von dann an'.

Die Worteinung hatte bei themat. Praesentien zwei Folgen. Funktionell wurde bei **age tōd* 'führe dann' die Ausführung des Befehls in die Zukunft verschoben; der lat. *tō*-Imperativ 2. sing. zielte auf eine erst später auszuführende Handlung, so noch deutlich besonders im Altindischen und auch im Altlatein beim Nebeneinander der beiden Imperativformen, Plt. Psd. 647 *epistulam hanc a me accipe atque illi dato* (*Szantyr*, Synt. 340 § 188); und für diese Funktion ist die syntaktische Benennung Imperativus futuri geschaffen, trotz seiner formalen Ableitung vom Praesensstamm. Und morphologisch ergab sich bei 2. sing. **age-tōd*, zumal neben indik. 3. sing. **age-ti* (lat. *agit*), die Umwertung des Imper. *age* zum Praesensstamm, die auch die sekundäre Verwendung von **agetōd* als imper. 3. sing. begünstigte; für eine solche entstand ein Bedürfnis im Hinblick auf allgemein gültige Vorschriften (Cato agr. 5, 6 ff.) und Anweisungen, Gesetze usw. – Vgl. *Wackernagel*, Synt. I 218; *Delbrück*, Grdr. IV 360; *Hoffmann*, MSS 2, 134.

Zusatz. Entfaltung der *tōd*-Formen erfolgte schon in der Grundsprache nach *Szemerényi*, RevBelge 39, 937–954: Idg. Paradigma (von *bher* 'tragen') Imper. 2. sing. plur. *bhere bherete*; Injunktivformen als 3. sing. plur. *bhere-t bhero-nt*. Hiernach von 2. sing. *bhere-tōd* aus vollständiges *tōd*-Paradigma: 2. plur. *bherete-tōd* > *bheretōd*, 3. sing. *bheret-tōd* > *bheretōd*, 3. plur. *bheront-tōd* > *bherontōd*; daher die drei Funktionen von idg. *bheretōd* ai. *bharatāt* als 2. 3. sing. 2. plur.

B. Deponens, 2./3. sing. und 3. plur.

1. Im Altlatein dient noch das *-tō -ntō* des Aktivums auch für die Deponentien, so sing. 3. *obsequito*, 2. *utito* Cato agr. 5, 6 u. 107, 2; *nitito* Cic. rep. frg. 2, *arbitrato* nat. deor. 2, 74; plur. *utunto* Lex Term. (Bruns, Fontes p. 93) I 8; diese Formen imitiert Cicero in seinen Gesetzesentwürfen (leg. 3, 7 u. 11) mit *tuento patiunto partiunto*. Zu pass. *censento* s. § 422 B.

2. Eine formale Charakterisierung als Deponensformen erfolgte auf zwei Wegen, formal als Typus *ūtitor ūtuntor* und morphologisch als Typus **ūtiminō*. a) In der Umgangssprache wurden, nach dem Schwund des ausl. *-d*, die *-tō -ntō* durch Anfügung von *-r* gemäß dem *-tur -ntur* der anderen Modi ins Deponens eingeordnet, unter lautlicher Kürzung von *-ōr* zu *-or* (gemäß § 123), so schon altlat. 2. sing. *patitor* u. *utitor* Plt. As. 375 Ep. 263, *loquitor* Ter. Haut. 828. Das klassische Latein gebraucht nur solche Formen auf *-tor -ntor*. – b) Im Rahmen der Rechtssprache war schon zur Zeit des Zwölftafelgesetzes (um 450[a]) aus 2. plur. *-minī* eine 2./3. sing. auf *-minō* gebildet worden, offenbar mit dem *-ō(d)* von akt. *-tō(d)*; d. h. im Bereich der bestehenden Imperativformen wurde gemäß einer durch das *t* der Endungen ausgelösten Gruppierung *-te/-tō* von akt. 2. plur. praes. *es-te agi-te* zu 2./3. sing. fut. *es-tō agi-tō* als Entsprechung zu dep. plur. *-minī* ein sing. *-minō* gebildet.

Wichtigste Belege: *antestāminō* XII tab. 1, 1, *prōgredīminō* Plt. Psd. 859 (parodierend, im Versausgang), *praefāminō* Cato agr. 141, 2 (auch *fāminō* 'dīcitō' Paul. Fest.); inschr.

fruimino Sent. Minuc. 32, *profitemino* Lex Iul. munic. 3, 5, 8, 11. Zu Ciceros pass. plur. *appellāminō* s. § 422 Zus. 2.

Bei späten Grammatikern stehen, in Paradigmen, auch Formen auf *-minor* (N.-W. III 210), natürlich als 3. sing.; Vorbild *-tor* für älteres dep. *-tō*. Ebenda auch auf Konj. praes. der 1. Konjug. aufgebautes *amēminor*, in Ergänzung zu *amentor* oben.

c) Die Konjunktive (§§ 424–426)

424. Indogermanischer Konjunktiv und Optativ. Die formal verschiedenartigen lat. Konjunktive sind nur zu einem kleinen Teil formale Fortsetzer der beiden idg. Modi obliqui. So sind zuerst diese letzteren kurz zu besprechen.

1. Der idg. Konjunktiv hatte das Moduskennzeichen *e/o*. a) Zu athem. Indikativ war er „kurzvokalig" und hatte daher im Praesens die gleiche Gestalt wie der themat. Indikativ, so noch griech. hom. konj. (adhort.) 1. plur. praes. ἴομεν und *s*-Aorist (*H* 332–341) κατακήομεν χεύομεν δείομεν und parallel κυκλήσομεν ποιήσομεν ὀρύξομεν, nur diese letzteren gleichlautend mit dem *s*-Futur (s. *Schwyzer* I 790ff., auch zu Dialektformen). Im Latein sind Reste solcher idg. kurzvokaliger Konjunktive die Futura auf *-o* (ohne *-bo*): der Futurtypus *faxo*, beim Verbum 'sein' fut. *er-o -is -it -unt* (ai. konj. *asā-ni asas(i) asat(i) asan(ti)*, idg. **es-ō -es(i)* usw.; vgl. § 400 A 2), auch *concrēduo* (§ 402d); dazu fut. ex. *fuero fēcero*. Neben allen diesen stehen idg. *ī*-Optative als lat. Konjunktive auf *-im*: *faxim sim fuerim*. – b) Neben thematischen Indikativen erscheint der idg. Konjunktiv mit gedehntem Themavokal *ē/ō* (wohl aus *ee oo*) als sog. langvokaliger Konjunktiv, so griech. λέγ-ω-μεν λέγ-η-τε gegen indik. λέγ-ο-μεν λέγ-ε-τε. Sehr wahrscheinlich gehört hierher das lat. *ē*-Futur der lat. 3. und 4. Konjug., 2. plur. *leg-ē-tis* wie gr. λέγ-η-τε, vielleicht Konj. prs. der 1. Konjug. 2. sg. *am-ē-s*, kaum aber Konj. imperf. u. plqpf. *amār-ēs amāviss-ēs*. – Einen Rest der 1. sing. praes. dieses idg. Konjunktivs mag man sehen in deliberativen oder konsultativen Fragen *eō-ne?*, *quid ago?* (*eō* zu athem. *īre* kurzvok., *ago* langvok. Konj.), s. *Speijer*, IF 31, 117; *Brugmann*, II 3, 528; *Thurneysen*, BB 8, 269.

Zum genetischen Verhältnis von idg. themat. indik. *e/o* zu athem. konj. *e/o* s. *Kuryłowicz*, I-E. and I-E.ans 422–430; *Risch*, Festschr. Kuryłowicz 235–242.

2. Der idg. Optativ. a) Bei athem. Flexionen hatte er das Moduszeichen *yē*, ablautend *i̯ē/ī*, d. h. im aktiven Singular vollstufig *i̯ē* (bzw. *iē* nach § 136b), im Plural schwundstufig *ī* (so 1. 2. pers.; 3. vor Endung *-ent* als *ii̯* bzw. *i̯*). Im Latein ist er fortgesetzt durch die *ī*-Konjunktive; der Ablautwechsel ist nur noch erhalten in altlat. Nebenform *siem siēs siet* plur. *sīmus sītis*, sonst ist *ī* im ganzen Paradigma durchgeführt, auch in *sim sīs sit*. Die hergehörigen Formen sind alle Konjunktive mit 1. sing. *-im* (2. sing. *-īs*), also die zu athem. Praesentien, *sim velim edim* (§ 425 A), die des Perfekts auf *-erim* wie *fēcerim* (§ 445, 1) und der Typus *faxim ausim amāssim* (§ 450). – b) Bei thematischen Verben ist im Idg. das Moduszeichen *ī* mit dem Themavokal *o* zum Diphthongen *oi* verschmolzen: gr. ἄγοιμι *-οις -οι*, got. 2. 3. sing. *bairáis -ái*. Diese Bildung fehlt im Latein; die frühere Rückfüh-

rung des *ē* von fut. *leg-ē-s* auf idg. *oi* ist lautlich unmöglich. Im Italischen ist der *oi*-Optativ ersetzt durch den *ā*-Konjunktiv. Entsprechungen zum *ā*-Konjunktiv besitzt das Keltische; zum Altirischen s. *Thurneysen*, Hdb. des Altir. 356.

3. Es sind also der idg. *ī*-Optativ bei athem. Indikativen und die italokelt. Sonderbildung mit *ā* bei themat. Indikativen im Italischen syntaktisch zu einem einzigen Modus, dem ital. Konjunktiv praes. verschmolzen. – Der idg. Konjunktiv ist nur im lat. Futur sicher fortgesetzt, in *ero faxo* und auch wohl im *ē*-Futur.

<small>S. *Szemerényi*, Trends 166; weitere Lit. bei *Szantyr*, Synt. 329 f.; früher *Thurneysen*, BB 8, 269 ff.; *Meillet*, MSL 13, 359 ff.; *Brugmann* II 3, 523. – Auf der Modussyntax liegt das Hauptgewicht bei *Gonda*, The character of the I.-E. moods, 1956; *E. A. Hahn*, Subjunctive and Optative, their origine as futures, Philol. Monogr. Amer. Philol. Assoc. 16, New York 1953. – Komplizierter über die idg. Vorstufen von *faxo amāsso Puhvel* 50 (Desiderativa mit *-Hs-*). S. auch *St. John*, KZ 88, 147–153.</small>

425. Die lat. Konjunktive des Praesens. Die Kennvokale der drei Formen sind *ī*, *ā* und *ē*.

A. Der *ī*-Konjunktiv ist ererbt als idg. *i̯ē/ī*-Optativ zu athematischen Indikativen, s. § 424, 2 a. Die hergehörigen Formen *siem siēs* bzw. *sim sīs* plur. *sīmus* usw., *velim -īmus*, *duim* und *edim* sind mit ihren Entsprechungen behandelt in §§ 400 A 3; 401, 1 b, 402 d und 403, 1 a.

<small>Als lat. *ī*-Konjunktive wurden wenig glaubhaft auch einige isolierte altlat. 3. sing. auf *-it* erklärt: *tulit* XII tab. 12, 3 (Fest. s. *vindiciae*) nach *Sommer*, KE 171 nr. 139. – *fuit* in alter Formel, angeblich konj. gleich osk. konj. *fuid* Tab. Bant. nach *v. Blumenthal*, RhM 87, 267 [Gl. 29, 170]. – *verberit* in Lex regia Serv. Tull. 6 (Fest. s. *plorare*) *si parentem puer verberit, ast olle plorassit parens*; es kann offensichtlich nicht konj. praes. von *verberāre* sein; vermutlich konj. perf. von **verbo -ĕre* perf. **verbī* (also im Prinzip wie *vert-erit* von perf. *vertī* zu *verto -ere*), so *Szemerényi*, Festschr. Altheim I 179 f. – Zu *parentatid* s. § 423 A 1 Zus. d.</small>

B. Der *ā*-Konjunktiv der 2. 3. 4. Konjugation.

1. Gestalt und Verbreitung. Typen 2. sing. *videās legās audiās*, mit Personalendungen aktiv *-am -ās -at -āmus -ātis -ant*, dep. u. pass. *-ar -āris* usw.; die 1. sing. dient in der 3. und 4. Konjug. auch als Futurform, s. § 427 Zus. b. Diese Bildung ist als Konjunktiv praes. gemeinitalisch, vgl. osk. *pútiad pútians* (s. § 400 C 3), *deicans* 'dīcant'; osk. *fakiiad* umbr. volsk. *façia* 'faciat'; umbr. *dirsa* aus **didāt* 'det' (zu **didō*, § 402 c), *emantur* formal gleich lat. *emantur*. – Sie ist auch keltisch, vgl. altir. *-bera* 'ferat', und wahrscheinlich auch tocharisch (*Krause*, Westtochar. Gramm. 130).

<small>Sonderformen. Ableitungen direkt von der Wurzel (eventuell also von einem Aorist, jedenfalls nicht vom Praesensstamm): altlat. 2. sing. *fuās* (Wz. *fu*, § 400 B 2 Zus.), *attigās* (*tagās*, zu *tangere*), 3. sing. *attulat*, *ēvenat*. Zu gleichartiger Ableitung des *nt*-Partizips in *parentēs* s. § 431 A 2 b. – Syntaktisch sind *fuās* und *attigās* fast nur im Prohibitivus gebraucht hinter *nē* (oder *cavē*), wo im Idg. sicher der Injunktiv stand; man kann insofern *fuā-* als Verbalstamm und das *ā* als Wurzelerweiterung bezeichnen (vgl. unten 2 a).

Belege. *nē fuās*: Liv. Andr. scen. 23 Plt. Capt. 443 (431 *cave fuās*); *nē fuat* Plt. Aul. 405 Mil. 492, Bacch. 156 *metuo nē fuam* (gleich *nē fīam*); potential Psd. 432 *fors fuat an* cod. A (vgl. Ter. Hec. 610; *fors sit an* cod. P, also *forsitan*). – *nē attigās*: Plt. Bacch. 445</small>

al. (Most. 468 -*ātis*), Ter. Andr. 789, inschr. D 749 u. 750; *cave attigās* Plt. Pers. 816 Acc. 304; dazu weiter Pacuv. 165 *nisi tagam*; in potentialem Relativsatz (neben *siet*) Lex repett. 10 *attigat* (danach noch künstlicher konj. imperf. 21 *attigeret*), aber *attingat* 20, 24, 25. – *attulat* (wohl künstlich zu perf. *attulit* nach *attigat* neben perf. *attigit*): Pacuv. 228 *ne vim qui attulat neve attigat*; danach Nov. Atell. 87; Acc. 102 *nisi... tulat opem* (nach *opi-tulus*). – *ēvenat* (metrisch gesichert im Versausgang, *-niat* codd.): Plt. Curc. 39 al., Epid. 321 *-ant*; ebenso *advenat* Psd. 1030; *pervenat* Rud. 626, *-ant* Trin. 93.

2. Zur Vorgeschichte. Durch den Besitz eines *ā*-Konjunktivs bei thematischen Praesentien sind Italisch und Keltisch eng verbunden; vielleicht ist auch das Tocharische anzuschließen. Funktionell entspricht ihm bei athem. Praesentien der lat. *ī*-Konjunktiv, d. h. der idg. *ī*-Optativ. Demgemäß kann man ihn mit *Trubetzkoy*, Festschr. Kretschmer 267–274 [s. Gl. 18, 257] als funktionale westidg. Entsprechung zum themat. *oi*-Optativ der anderen Sprachen bezeichnen. Die weitere Anknüpfung dieses *ā* führt ins Ungewisse.

a) Einfache formale Erklärung. Die Flexion auf *ā* mit Sekundärendungen (1. sing. *-m*, osk. 3. sing. *-d*, plur. *-ns*) entspricht formal der des lat. imperf. *eram* aus **es-ā-m* oder der 2. 3. sing. eines aksl. Praeteritums wie *bera*. Ein solches *ā*-Praeteritum (einen „zweiten Stamm" auf *ā*) besitzen im Baltoslavischen zahlreiche Primärverben; eine formale Wortgleichung bildet lit. praet. *bùv-o* 'er war' mit lat. konj. *fuat* 'er sei'; der Stammvokal differiert bei aksl. *bera* lat. *ferat*. Danach pflegt man das *ā* als Wurzelerweiterung zu definieren. – Die Modalfunktion des *ā* im lat. Konjunktiv wäre danach zu verstehen aus idg. Injunktivgebrauch (§ 390, 2 b); freilich entspricht funktionell der Injunktiv am ehesten einem idg. Konjunktiv; der lat. *ā*-Konjunktiv aber steht für den idg. *oi*-Optativ. – S. dazu etwa die Literatur zu § 424; weiter *Claflin*, Lang. 12, 23–34 [Gl. 27, 84]; *Safarewicz*, Studia 220–223 [= Eos 46, 102 f.]; früher *Meillet*, BSL 19, 95 ff. – Nicht idg. *ā*-Aorist, sondern *ā*-Praesens indik. setzt wegen des Tocharischen *Lane* voraus, Lang. 35, 157–164. – Zur formalen Gleichung 1. sing. praes. indik. aksl. *berǫ* gleich konj. lat. *feram* s. *Sommer*, IF 45, 49. – Nach *Benveniste*, BSL 47, 11–20 [Gl. 34, 215 f.] wäre umgekehrt die Trubetzkoysche Optativfunktion von lat. *feram* das Primäre; aus ihr erst entwickelte sich die Praeteritumsbedeutung; angebliche Parallelen biete beim *oi*-Optativ des Avestischen die Nebenfunktion und das Griechische mit Opt. als Iterativ der Vergangenheit. – Ausführlicher *Lane*, Tocharian Evidence (für den *ā*-Konj.), Lang. 38, 245–253 zu den *ā*-Funktionen. Zum *ā*-Konj. im „Italo-Keltischen" ablehnend *Watkins*, It.-C. 41 f.

b) Auch das deverbative *ā* der lat. *ā*-Intensiva (Typus *occupāre, cēlāre*, § 413) und das der slav. Iterativa ist morphologisch eine Wurzelerweiterung. Eine Intensivfunktion wie im Typus *occupāre*, einen „sens d'effort" glaubt *Thomas* auch im *ā*-Konjunktiv als Volitiv zu erkennen, Rev. phil. 30, 204 ff. [Gl. 42, 101 f.]. – *Marstrander*, Symb. Osl. 2, 26 kombiniert sogar das Nominalsuffix *ā* von lat. *advena* mit dem *ā* von Konj. *advenat*. – Ebenso erfolglos waren ältere Versuche, das lat. Konjunktiv-*ā* mit dem *ā*-Auslaut von athem. Praesensstämmen (*si-stā- li-nā-*) direkt oder indirekt zu verbinden, so *Wackernagel*, Kl. Schr. 211; s. dagegen *Thurneysen*, KZ 31, 87 f.

C. Einen *ē*-Konjunktiv zeigt die 1. Konjug. mit *amem -ēs* usw.; das lat. *ē* muß bei einem Praesensstamm auf *ā* aus *āē* kontrahiert sein. Die Bildung ist gemeinitalisch nach Ausweis von osk. *deiuaid* 'iuret', pass. *sakraitir* 'sacrētur', auch *sakahiter*; das osk. *ai* bzw. *aí* gibt lautlich *āē* oder *aē* wieder; zu umbr. *portaia* s. unten. – Für *ē* als Moduszeichen bestehen zwei idg. Vergleichsmöglichkeiten: das durchgeführte *ē* des langvokal. Konjunktivs (lat. fut. *leg-ē-s*) und das *ē* (von *i̯ē*) im Singular des athem. Optativs (§ 424). Da syntaktisch eine Optativform wahrscheinlicher ist, muß man *amēs* als opt. **amā-i̯ē-s* auffassen mit Verschleppung des *i̯ē* für *ī* auch in den Plural.

Mit 2. sg. *stēs* verglich man gr. aor. opt. σταίης (mit bewahrtem ι). – Dem *ai* aus *aē* von osk. *deivaid* entspricht das *ai* (> *a̧i̧*) von umbr. 3. sg. *portaia kuraia*; das *-a* (aus *-ād*) ist angefügtes *ā* des *ā*-Konjunktivs, zum Ausgleich mit dem *ā* der anderen Konjugationen.

<small>Erklärung als *i̯ē*-Opativ bei *Bréal*, MSL 6, 411; *v. Planta* II 299; *Wackernagel*, Synt. I 241; *Benveniste*, BSL 47, 15; neuere Literatur bei *Szemerényi*, Festschr. Altheim I 178, mit Fußnoten. – *ē*-Injunktiv nach *Mayer*, Gl. 35, 130.

Lit. zum lat. Konjunktiv: *Thomas*, Recherches sur le subj. latin, histoire et valeur des formes, Paris 1938 [bes. syntaktisch, s. Gl.29, 169].</small>

426. Der sog. **Konjunktiv des Imperfekts** hat das Moduskennzeichen *-rē-*, aus älter *-sē-*, in *legerem amārem essem*, 2. sing. *-ēs*. Als gemeinitalisch ist dieser *sē*-Konjunktiv erwiesen durch osk. *fusid* gleich lat. *foret*, Grdf. **fu-sēd*; paelign. *upsaseter*, Vetter nr.216b, wäre lat. pass. *operārētur* 'daß gebaut werde'.

A. **Stellung.** Er steht weder formal noch syntaktisch (von der Consecutio temporum abgesehen) in Zusammenhang mit dem Indik. imperf., dessen Kennzeichen *bā*, älter und oskisch *fā* ist. Dagegen geht die Stammgestalt im Latein durchweg zusammen mit dem Infin. praes. akt., vgl. 2. sing. *amā-rēs lege-rēs* und infin. *amā-re lege-re*, ebenso *es-sēs vellēs ferrēs forēs* und *esse* usw., auch vom Perfektstamm Konj. plqpf. *fuissēs* und infin. *fuisse*. Doch ist auch hier kein syntaktischer Zusammenhang zu erkennen; und im Oskischen ist kein entsprechender Infinitiv nachzuweisen.

B. **Erklärungsversuche.** Eine gesicherte Herleitung besteht nicht, die Voraussetzungen weisen in zwei verschiedene Richtungen. Ein *s* zeigt in der idg. Tempusstammbildung nur der *s*-Aorist (griech. ἔδειξα), und vielleicht das *se/o-* Futur (δείξω), dieses freilich nur, falls wirklich selbständig und nicht wie altlat. *faxo dīxo* nur aus dem kurzvokal. Konjunktiv des *s*-Aorists verselbständigt. Und im Italischen ist ein aus idg. *ē/ō* normalisiertes *ē* im lat. *ē*-Futur fortlebendes Kennzeichen des idg. themat. Konjunktivs.

<small>1. Vom Latein ausgehend betrachtet man daher notgedrungen seit *Thurneysen*, BB 8, 275 den *sē*-Modus als *ē*-Konjunktiv von einem *s*-Aorist, trotz gewichtiger Einwände. Das *s* tritt nur in *es-sē-s vellēs* ebenso wie in perf. *dīxī* und in fut. *faxo capso* ohne Zwischenvokal an den kons. Wurzelauslaut. Man müßte also die Formen der 3. Konjug. wie *ageres* als Nachbildungen zu *amārēs* usw. an Hand der Infinitive *amāre agere* betrachten. Und sprachgeschichtlich gehört zum *s*-Aorist ein kurzvokaliger Konjunktiv.

2. Geht man vom Oskischen aus und betrachtet man dessen *se/o*-Futur als ererbte Futurform, so bildet **fus-ē-d* den normalen langvokaligen Konjunktiv (nur mit Durchführung des *ē*) zu indik. fut. (als desideratives Praesens) *fust* aus themat. **fus-e-ti*. – Eine Entsprechung zum lat. *-e-sē-* der themat. Verben ist im Oskischen wohl zufällig nur unsicher belegt durch *patensins* 'aperīrent', das man zusammen mit lat. *panderent* auf eine Grdf. **patne-sē-nt* zurückführt (s. § 200 b β). Dann würde hier der themat. Praesensstamm auf *-e* statt des Verbalstammes auf Kons. zur Überbrückung schwieriger Konsonantenfugen verwendet sein. – Jedenfalls steht auch im osk.-umbr. Futur ein *e* vor dem *se/o* bei den Verbalstämmen auf Kons. (3. Konjug. des Lateins), etwa 3. sing. *-est* aus *-e-se-ti* in osk. *did-est* § 402 c, *pert-em-est*, umbr. *fer-est*, auch 3. plur. *stah-er-en* 'stabunt'.

3. Weitere Bemerkungen. a) Zum osk.-umbr. *-e-se*-Futur. Auch das Griechische (att. und ion.) zeigt ein Futur auf *-e-(s)ō*, also *-έω > -ῶ*, weiter *-εῖς -εῖ -οῦμεν*, speziell bei Verben</small>

auf Liquida oder Nasal, φθερῶ στελῶ κτενῶ νεμῶ (*Schwyzer* I 784 f.). – Über lat. *-er-* im Perfektsystem aus *-is-* in plqpf. *fu-er-am fu-is-sem* s. § 444; ebenda über altind. *-iṣ-* aus *-əs-* im sog. *-iṣ*-Aorist. – Vermutlich handelt es sich überall um einzelsprachliche Sonderentfaltungen. – b) Andersartige Vorschläge: *Hirt*, IF 35, 140: Gleichsetzung von 1. sing. **-s-ēm* mit gr. opt. *s*-Aorist *-σεια (erschlossen aus 2. 3. sing. -σειας -σειε) unter Grdf. *-sei̯-m̥*. – *Brugmann*, IF 30, 349–360: Worteinung aus lat. infin. auf *-re* und (idg.) imperf. von Wz. *ei* 'gehen', 1. sing. **ei̯-em* > *-e-em* > *-ēm*.

Lit.: *Sommer*, KE 145–150 nr. 126; *Szantyr*, Synt. 333 oben; *Porzig*, Festschr. W. Krause 183; *Brugmann* II 3, 507 u. 886; *v. Planta* II 315–317 (Konj. imperf.); 318–326 (*s*-Futur); *van Wijk*, IF 17, 472–474; *Pedersen*, Les formes sigmatiques du verbe latin (Medd. Danske Akad. III 5, 1921) 27. *Puhvel*, Laryngeals and the i.-e. verb (Univ. of Calif. 1960), 41–52.

d) Futurum und Imperfektum; die *b*-Tempora (§§ 427–428)

427. Das *ē*-Futur der 3. und 4. Konjug., 2. sing. *leg-ēs capi-ēs audi-ēs* ist ursprünglich langvokaliger (themat.) idg. Konjunktiv, mit Durchführung des *ē* statt *ō* auch in der 1. u. 3. plur., s. § 424, 1 b.

Zusätze zur 1. sing. akt. a) Die themat. 1. sing. **agō* (gr. konj. ἄγω) als Futur hat sich neben praes. indik. *ago* nicht gehalten; doch vgl. *quid ago?*. – b) Ihre Funktion wurde mitübernommen von der 1. sing. des lat. *ā*-Konj. *agam*: in der 1. sing. ist der volitive Konjunktiv funktionell dem nichtmodalen Futur überlegen; vgl. dazu auch *Wackernagel*, Synt. I 198 f. – c) Formal erwartet man im Paradigma als 1. sing. entweder **legē* bei durchgeführtem *ē* statt Wechsel *ē/ō* oder allenfalls **legēm* (> **legĕm*) neben 2. sing. *legēs* (nach *legerem* neben *-erēs*). Formen auf *-e*, lautlich natürlich *-ē*, statt *-am* (fut., nicht konj. praes.) werden speziell dem Cato oder allgemein den Antiqui zugeschrieben: *dice facie recipie* bzw. (Paul. Fest.) *attinge ostende*; Quintilian 1, 7, 23 und 9, 4, 39 scheint dafür *dicae faciae* zu bezeugen, an zweiter Stelle mit der Erläuterung „*m litterā in e mollitā*". Man hat in *-ae* statt *-am* das *e* schriftgeschichtlich als Verlesung für *m* erklären wollen, entweder aus zweistrichigem *m* (nach § 228 I e), so *Klotz*, RhM 80, 137–143, oder aus umgekipptem *m* (also *E* aus Ϻ), so *Niedermann*, Précis 146 [Gl. 23, 125] und *Kent*, Sounds 38.

428. Die *b*-Tempora: Imperfekt aller vier Konjugationen auf *-bā-* und Futur 1. u. 2. Konjug. auf *-bo*; dazu *eram* und *ero* zu *esse*.

I. Der Formenbestand.

A. Das lat. *bā*-Imperfekt entspricht zwar funktionell annähernd dem idg. Imperfekt, ist aber formal als italische Neubildung ohne jeden Zusammenhang mit jenem (vgl. § 392 II B 1). Es ist im Oskischen durch éine Form bezeugt: 3. plur. *fufans* (wäre lat. **fubant*) steht neben konj. imperf. 3. sing. *fusíd* (lat. *foret*, § 426 B, § 400 B 2 Zus.) wie lat. *dăbam ībam* neben *dărem īrem*. Lat. *bā* und osk. *fā* vereinigen sich unter idg. *bhā*. Die lat. Personalendungen sind normal, daher *-bam -bās* usw.; ursprünglich Sekundärendungen nach lat. 1. sing. *-m* und osk. 3. pl. *-ns*. Tempusstämme in den Konjugationen: 1. *amā-bā-*, 2. *vidē-bā-*; in der 3. und 4., mit merkwürdigem *ē*, *legē-bā- capiē-bā- audiē-bā-*; dazu *ī-bam scī-bam*, selten *audī-bam*, ferner *dă-bam*.

B. Das lat. *b*-Futur. Das Tempuszeichen steht hinter langem Vokal des Praesensstammes *ā ē ī*, so in der 1. und 2. Konjug. *amā-bo vidē-bo*, dazu *ībo* (*ī* aus *ei*), *scībo*, vereinzelt in der 4. etwa *audībo*; hinter kurzem Vokal nur in *dă-bo* (dazu *reddĭbo* Plt.). Das Faliskische bietet *carefo* 'carēbo' und *pafo*, *pipafo 'bibam'* (s. Allg. Teil § 21 Zus.). Also auch hier lat. *b* aus (idg.) *bh*. – Außer dem Latino-Faliskischen besitzt noch das Keltische ein *b*-Futur, genauer gesagt ein *b-/bā*-Futur. – Dagegen fehlt es dem Osko-Umbrischen; dort steht allgemein ein *s*-Futur, etwa osk. *deiu̯ast 'iūrābit', didest 'dabit'* usw. – Die Flexion ist thematisch, also formal wie die des Praesens der 3. Konjug. oder des athem. Konjunktivs: *dabo -is* . . . *-unt* wie *ago -is* . . . *-unt* oder *ero -is* . . . *-unt.*

C. Sonderformen. 1. Ausgang *-ībam -ībo* und Verwandtes. Zu *īre* nur *ībam ībo*. Zu *scīre* bei Plt. imperf. nur *scībam*, aber fut. *scībo* seltener als *sciam -ēs*. Zu *aio* altlat. *aibam*, § 403, 5a. – In der 4. Konjug. *-ībam -ībo* nur vereinzelt im Altlatein und später bei Dichtern, formal wohl Neuerung zu *-īre -īvī* nach *-ābam* neben *-āre -āvī*.

Belege. Bei Plautus metrisch gesichert: *servīre*: Capt. 247 *servībās mihī/*, ebenso Versausgänge fut. *-ībō tibī* sim. Men. 1101 Merc. 546 Pers. 628 (aber 617 *serviēs/*). Weiter As. 315 *gestībant mihī/*; Epid. 239 *exaudībam*; Afran. 206 *oboedībō tibī/*. Zu *opperīrī* '(er-)warten': *-ībor* Psd. 323 Truc. 208, *-ībere* Bacch. 48 Ter. Hec. 833 (vgl. 824 *experībere*); doch häufig *opperiar*, etwa Asin. 827 *domī/*, Aul. 805. – Häufig *-ībo* bei Pompon. Atell.: *venībo* 65 (vgl. 25, 159), *ēsurībis* 22, *reperībitur* 9; auch von *pario -ĕre* 'gebären' *parībis* 19. (vgl. infin. *parīre* Enn., s. § 421 A 2). Bei Daktylikern archaisierend, aber metrisch unentbehrlich, so *-ībat* usw., Enn. ann. 43 *stabil-*; Lucr. 5, 1003 *saev-*, 6, 1240 *poen-*; Catull. 64, 319 *custōd-*, 84, 8 *aud-*; Verg. Aen. 6, 468 *lēn-*, 8, 415 *pōl-*, 10, 538 *redim-ībat*. Weiteres Material bei N.-W. III 317 u. 322; *Siegel, audibam* und *audibo*, 1910. – Formen nach der 4. Konjug. bei Komposita von *īre*: bei *ambīre* durchgeführt (nicht mehr als Kompositum aufgefaßt), sonst nur vereinzelt: fut. *trānsiet* Tib. 1, 4, 27; imperf. inschr. *exiebat* X 6977, *transiebat* Pap. Corp. 320. – Bei Verben der 3. Konjug. vereinzelt fut. *-ēbo* nach imperf. *-ēbam*: *exsūgēbo* Plt. Epid. 187 (aber *exsūgam* Poen. 614); *dīcēbo* u. *vīvēbo* Nov. Atell. 8 u. 10; inschr. *infereu̯it* (i. *-bit*) VIII 19174.

2. In den romanischen Sprachen ist das *b*-Futur untergegangen bzw. durch synthetisches *amāre habeo* (frz. *j'aimerai*) ersetzt. Die frühroman. Entsprechungen zum lat. *b*-Imperfekt aber sind *b*-lose Formen des Typus **agē-am *habē-am* (*Gröber*, ALL 1, 228; 7, 62), offenbar durch anomalen Schwund des intervokal. *b*, nicht, trotz *Pisani* (und früher *Meyer-Lübke*), als (unbezeugte) Formen bereits der alten lat. Volkssprache; s. dazu auch unten II C.

3. Falisk. *pafo* und *pipafo 'bibam'* (also *p* für *b*) auf Schaleninschriften in zwei Fassungen (s. §5a Ende; Vetter nr. 244). Man führt *pipafo* zu Unrecht, mit *ā*, auf ein Praes. *pipāre* bzw. *bibāre* zurück unter Vergleich von *fodāre* neben *fodere*. Neben redupl. praes. vorhistor. **didĕre* (§ 402c) mit fut. **dăfō* erwartet man zu *bibere* ein fut. **păfō*; nachträglich wurde dies nach prs. **pipō* zu *pipafō* verdeutlicht, wie etwa gr. δώσω zu (hom.) διδώσω. S. *Jacobsohn*, BPhW 1911, 463 [dazu *Hartmann*, Gl. 5, 316 f.]. – Rückführung auf **pipāre*: zu *Sittig* s. Gl. 23, 132. S. auch *Nacinovich* I 190–194 (*ā*, in einem Saturnier).

4. *eram* und *ero* zu Wz. *es* 'sein'. Zu *ero* als idg. Konjunktiv s. § 424, 1a, zu *eram -ās* als Praeteritum mit Wurzelerweiterung *ā* s. § 425 B 2a. S. auch *Benveniste*, BSL 47, 19, *Lane*, Lang. 38, 245. – Unhaltbare Vorschläge: *erat* aus **esā-yet*, *Kuryłowicz*, Intern. Journal of Slavic Linguistics and Poetics 1, 1959, 1; *erat* gleich gr. el. ἔα, *Pisani*, Rc. Ist. Lomb. 73, 2, 50 [Gl. 34, 216].

5. Das rätselhafte $\bar{e}$ von imperf. -$\bar{e}$-bam der 3. Konjug., $ag\bar{e}$-bam $capi\bar{e}$-bam, dazu 4. Konjug. $audi\bar{e}$-bam. Formal gehört es weder zum Suffix -$b\bar{a}$- noch zum Verbalstamm ag- cap- oder zum Praesensstamm $ag\bar{e}$- $cap\breve{\imath}$- $aud\bar{\imath}$-. In der 1. und 2. Konjug. sind $b\bar{a}$-Imperfekt und bo-Futur ebenso gekoppelt wie $eram$ und ero; in der 3./4. Konjug. steht dem -$\bar{e}b\bar{a}$-Imperfekt sicher nicht zufällig ein $\bar{e}$-Futur zur Seite; vermutlich wurde auf Basis des $\bar{e}$-Futurs dieses -$\bar{e}$-$b\bar{a}$-Imperfekt geschaffen.

II. **Herkunft und Vorgeschichte**. Zwei Bemerkungen zu diesem vielbehandelten Problem seien vorausgeschickt. Nach traditioneller Auffassung ist das b/f Rest der idg. Wurzel $bh\bar{u}$, also formal -bam älteres *$bh\underset{\smile}{u}\bar{a}m$ (*$bh\underset{\smile}{u}$-$\bar{a}$-m), vgl. ir. $bá$ 'ich war'; und die außerhalb des Rahmens der vier lat. Konjugationen stehenden Formen $d\breve{a}$-bam $\bar{\imath}$-bam und osk. $fufans$ sowie lat. $eram$ sind vermutlich urtümlicher als die normalisierten Paradigmaformen.

A. Die **Tempusmerkmale** $b\bar{a}$ und be/o. Morphologisch -$b\bar{a}$- aus -$bh\underset{\smile}{u}$-$\bar{a}$-, mit $\bar{a}$ als Wurzelerweiterung, im Italischen verwendet für Praeteritum d. h. Imperfectum, im Keltischen für Futur (*Pedersen*, Kelt. Gramm. II 357) als Injunktiv; -be/o- aus -$bh\underset{\smile}{u}e/o$-, nur lat.-faliskisch (und teilweise keltisch) für Futur, themat. Flexion. – Die ältere Form ist wohl imperf. -$b\bar{a}$-, weil bei allen lat. Verben und auch keltisch; jünger fut. -be/o-, weil im Latein bei den ererbten themat. Primärverben fehlend, die vielmehr altes $\bar{e}$-Futur benutzten. Das Vorbild für das b-Futur ergibt sich dabei aus der Gleichung $d\breve{a}b$-am : dab-o = $eram$: ero. – Über sonstige Deutungen des b s. am Schluß. Den keltischen b-Formen gegenüber fühle ich mich inkompetent.

B. Die **Verbalstämme** $am\bar{a}$- $vid\bar{e}$- $ag\bar{e}$- usw. Wenn -bam richtig als finite Verbalform *$bh\underset{\smile}{u}$-$\bar{a}m$ 'ich war' gedeutet ist, so muß der Verbalstamm davor Umgestaltung einer selbständigen Nominalform sein. Von den zahlreichen Vorschlägen ist keiner voll befriedigend; die meisten wurden zugleich benutzt für das Vorderglied $cal\bar{e}$- des Typus $cal\bar{e}$-$facio$ (§ 418 II C 3). – 1. **Ptc. praes.**: $ag\bar{e}bam$ aus $ag\bar{e}(n)s$ + $b\bar{a}m$, Schwund des s vor stimmhaftem b (nach § 205), so *Skutsch*, Kl. Schr. 283–292; es fügen sich nicht $d\breve{a}bam$ wegen $\breve{a}$ und $\bar{\imath}bam$ wegen ptc. $i\bar{e}ns$. Verbessert von *Kretschmer* 48 (mit b-Futur als Ausgangspunkt): *$am\bar{a}ns$ $f\bar{o}$ zu *$am\bar{a}$-$f\bar{o}$ umgestaltet nach dem (fehlenden, nach Kr. verschollenen) s-Futur *$am\bar{a}$-$s\bar{o}$. – 2. **Infinitiv oder Verbalsubstantiv**. a) Infin. *$am\bar{a}$-si *age-si als alter Lokativ 'beim Lieben, beim Führen', also *$am\bar{a}si$-$f\bar{a}m$ > *$am\bar{a}s$-bam > $am\bar{a}bam$, so *Hoffmann*, RhM 73, 222. Es widersprechen $d\breve{a}bam$ und osk. $fufans$. Noch anders: *$am\bar{a}re$-bam verkürzt zu $am\bar{a}$-bam wie $sc\bar{\imath}re$ $licet$ zu $sc\bar{\imath}$-$licet$ (zu diesem s. § 418 II C 2). S. auch *Dressler*, Krat. 10, 195. – b) Verbalstamm als Infinitiv (die Schwierigkeit wird verdeckt durch eine Definition): *Hermann*, KZ 69, 71 ff. [Gl. 34, 216]; *Benveniste*, Origines 133 f. Versagt für $\bar{e}$ in $ag\bar{e}$-bam neben Stamm $ag\bar{e}$-. – c) Verbalsubst. auf $\bar{e}$, als Nomin. -$\bar{e}$ (nicht -$\bar{e}s$), nur für Impersonalia der 2. Konjug. wie $piget$ $pudet$: *$taed\bar{e}$ $b\bar{a}t$ 'Ekel war'; so *Hermann*, Gött. Nachr. 1926, 284 [Gl. 18, 258]. Lok. auf -$\bar{e}$ eines ei-Stammes in $ag\bar{e}$-bam nach *Streitberg*, IFAnz. 2, 169 f. Noch anders *Machek*, Zitat s. hierunter.

C. **Sonstige Erklärungen** von b/f bzw. -$bh\bar{a}$-. Osk. $fufans$ nicht Imperf., sondern redupl. Plqpf. als Umgestaltung aus *fe-fu-$\bar{a}$-nt nach *Petersen*, Lang. 3, 175–186; 8,

133–137 [Gl. 18, 258; 23, 132]; s. aber *Lejeune*, BSL 59, 77–81. – Im Osk.-Umbr. besteht auch ein *f*-Perfekt, etwa 3. plur. *fufens*; s. *Olzscha*, Gl. 41, 290–299, zu *fufens* auch *Leumann* 279 f. – Osk. *fuf*- in *fufans* aus idg. *bhudh* 'gebieten' nach *Pisani*, KZ 78, 101–103; ablehnend *Lejeune*. – Zu lat. imperf. *-bā-* aus *-dhwā-* stellt sich das litau. Imperfektsuffix 3. sing. *-davo* aus *-dhəwā(t)*, von Wz. *dhē*, Bedeutung 'machte', Vorderglied ein Verbalnomen aus vorflexivischer Zeit. So *Machek*, Charisteria Novotny 101–106 [Gl. 42, 101]. – Nach *Pisani*, Preist. 627 [Gl. 24, 151] ist das *b* im Imperfekt eine hochsprachliche lat. Neuerung: er kombiniert das *b*-lose romanische *ā*-Imperfekt, Typus themat. *agē-am (oben I C 2), unmittelbar mit dem aksl. *a*-Imperfekt *nesě-a-chъ* (zu themat. prs. *nesǫ* 'tragen'; *-achъ* aus *-ā-s-om*) zur Rekonstruktion eines „zentralidg." themat. *ā*-Imperfekts auf *-ē-ām*, parallel zu athem. *-ām* in lat. *er-am*; Muster für das Eindringen des *b* in lat. *-ēbam -ābam* usw. sei das *b*-Futur gewesen (das aber gerade in der lat. 3. Konjug. fehlt). – Das ital. *b/f* und das altir. *b* des *b*-Futurs führt *Pisani*, Festschr. Tovar 383–391 lautlich auf idg. *-sw-* zurück (vgl. § 206), dessen verbale Flexion er an das *-su-* der altind. *u*-Adjektiv von *s*-Desiderativen wie *dit-s-u-* zu *dā-* 'geben' anknüpfen zu können glaubt (also verbal flektiertes Adjektiv!); doch sind diese *u*-Adjektive eine junge Entwicklung des Indoiranischen, *Leumann*, Mél. Renou 467. – Wertlos *Zimmermann*, PhW 1927, 1023 und *Rogge*, PhW 1928, 718 [Gl. 18, 257].

Lit.: *Güntert*, Zu Herkunft und Bildung des lat. Imperfekts, Sb Heidelberg 1917, 8. Abh. *Leumann*, Die ital. *f*- und *b*-Tempora, IF 42, 60–74 [= Kl. Schr. 275 ff., bes. 281–286]. *Kretschmer*, Gl. 17, 46–56 (lat. *b*-Tempora [Gl. 18, 257 f.]). *Pisani*, Preist., VIII L'imperfetto latino 80–91 (bzw. 624–635). *Mayer*, Das lat. Imperfekt, Gl. 35, 114–133; *van Daele*, Mél. O. Navarre 421–424 (lat. *ba*-Imperfekt [Gl. 27, 85]).

e) Infinitive und Partizipien (§§ 429–430)

429. Die Infinitive sind – wie noch deutlicher die Supina und das Gerundium – ursprünglich oblique Singularkasus von Verbalsubstantiven. Doch sind sowohl der grammatikalische Gebrauch als Infinitiv wie die Zuteilung von *-re* zum Aktivum, von *-ī -ier* bzw. *-rī -rier* zum Deponens Entwicklungen des Lateins. Vgl. *Brugmann* II 3, 888 mit Lit.

Infin. praes. akt.: Endung *-re* in *dăre fore, amāre vidēre audīre*, 3. Konjug. *agere capere*. Das *r* geht auf *s* zurück wegen *es-se*, auch *velle*, § 180b; vgl. auch infin. perf. *-isse* § 445, 3. – Ursprünglich ist in der 3. Konjug. *agere leg-ere* aus *-es-i* Lokativ eines *-es*-Neutrums, § 330 A 1 b; man pflegt als Muster infin. *genere* (bezeugt sind *gen-it -unt -itur -untur* und infin. pass. *genī*, nur bei Varro und Lucr.) als Ablativ von *genus -eris* zu verdeutlichen. – Das *e* von *-esi* (> *-ere*) wurde bei thematischen Verben vom Sprachgefühl mit dem Themavokal identifiziert; daraus ergab sich einfaches *-si* bzw. *-re* als Infinitivendung und wurde so auf alle Praesensstämme übertragen, daher *amā-re* usw.

Zusätze. a) Formal hat der Infinitiv die gleiche Gestalt wie der Stamm des Konj. imperf.: *esse fore* und *-em*, ebenso *legere amāre* und *-em* usw.; s. § 426 A. – b) Eine unsichere Spur der Endungsform *-si* ist *dasi*, s. unten § 430 Zus. α. – Die Gleichsetzung von lat. infin. *-plēre* mit altind. rigved. imper. *prāsi* (*Bartholomae*, IF 2, 271) ist unhaltbar; zu diesen *si*-Imperativen s. zuletzt *Cardona*, Lang. 41, 1–18 und *Szemerényi*, Lang. 42, 1–6. – c) Die Messung *-erĕ* bei Plautus ist an bestimmte Versstellen wie die letzte Diaerese des Senars gebunden (*fingerĕ fallaciam/* Asin. 250) und somit eine metrische Erscheinung (*Jacobsohn*, Quaestiones Plautinae 40, mit Lit.); dadurch wie auch durch *-e* statt *-ī* verbietet sich die Gleichsetzung von *vivere* mit altind. infin. *jīvase* als idg. Dativ (*Solmsen*, IF 4, 250). – d) Vereinzelt findet sich Abfall des *-e* von *-ere*: inschr. *tanger* § 98 a, *facer* VI 18282, *vender* 20989; auch *biber darī* Cato. – Aber spätlat. plur. fem. *biberēs* (akk. Bened. reg. 35) setzt die vulglat. Interpretation von (*dare*) *bibere* als akk. *bibere(m)* voraus (vgl. inschr. *septe(m)* usw., § 228 I f). Für Belege s. *Heraeus*, Kl. Schr. 195 f. Fußn., *Löfstedt*, Coniect. 129. – Nicht hierher adv. *īnstar* 'gleichwie', s. *Alt*, Mus. Helv. 16, 159–162. – Zu *biber* und *īnstar* s. auch *Szantyr*, Synt. 343 litt. α und 218 oben. – e) Über *ī-licet* und angeblich **amā *vidē* als in *amā-bam vidē-bam* verbaute Infinitive s. § 428 II B 2 b. – f) Das Oskisch-Umbrische hat sich einen Infinitiv praes. auf *-om* (akk. sing.) geschaffen: osk. *ezum* umbr. *erom* 'esse' (vgl. dazu § 449, 2 zu lat. *-tūrum*), osk. *deikum*, *moltaum*, umbr. *façiu*; vielleicht auch für Deponens gebraucht, wenn osk. *fatium* 'reden' auch in der Diathese dem lat. *fatērī* entspricht. – Faßt man *-om* als Akkus.-Endung der osk. 3. Dekl., so steht osk. infin. *acum* akk. neben lat. (pass.) *agei* dat.

430. Infin. praes. dep. und pass.

1. **Endung -ī und -rī. a)** In der 3. Konjug. ist die Endung *-ī*, so *sequī agī*; auch bei den *io*-Praesentien *morī capī* (beachte aber *orīrī fodīrī* § 421 A 2). – Das *-ī* aus *-ei* ist Dativendung, also ist *ag-ī* formal Dativ eines Wurzelnomens *ag-* (§ 263 B 1 a). – Man versuchte, die Zuteilung dieser Bildung zum Deponens zu erläutern als Anlehnung an das *-ai > -ei* der medialen Personalendungen (nur im Falisk. bezeugt 1. sg. perf. akt. *-ai*, § 443, 1), so *Bartholomae*, IF 2, 284, *Wackernagel*, Kl. Schr. 740. – b) In den anderen Konjugationen, also bei langem Vokal *ā ē ī* als Stammauslaut, hinter welchem *-ei* bzw. *-ī* schwer verwendbar war, ist die Endung *-rī*, so *amā-rī vidē-rī audī-rī*. Offenbar bilden die aktiven Infinitive auf *-āre -ēre -īre* die Grundlage; sie erhielten eine passive Zusatzform durch Anfügung des *-ī* von infin. *agī*, also morphologisch *-ār-ī -ēr-ī -īr-ī*; man vergleiche pass. *ferr-ī* und später *fier-ī* für *fiere* (§ 403, 3). Danach auch bei Deponentien ohne nebenstehenden aktiven Infinitiv, etwa *fā-rī rē-rī*.

Zusätze. α) Aktives *dari* in einer alten Formel bei Varro ling. 6, 86; Glosse *dasi* 'darī' Paul. Fest.; beides merkwürdig. Emendationen an beiden Stellen von *dari* zu *dare* sind naturgemäß unsicher. – β) Die Deutung von *pakari* der Duenosinschrift (§ 5 a) als infin. pass. mit *-ri* statt *-sei* (trotz *s* für jüngeres *r* in *iouesat*) scheint mir lautlich unmöglich; s. auch *Thurneysen*, KZ 35, 210.

2. Eine zweite Endung ist *-ier*, als Nebenform zum *-ī* aller Formen, also *agier* und *-ārier* usw. Sie ist im Altlatein geläufig, hält sich aber später nur noch in Gesetzen (Lex repett. 71) sowie als Poetismus bei Daktylikern. Alte Belege: inschr. *figier* und *gnoscier* SCBacch.; *testarier* XII tab. 8, 22, *peragier* Cato, *loquier* Epitaph. Naev. 64 p. 28 Morel, *ūtier* usw. Plt. (s. unten). – Offenbar ist das *-ier* als Nebenform zu *-ī* zunächst bei Verben der 3. Konjug. wie *ago figo loquor* beheimatet; danach wurde auch in *-ārī -ērī -īrī* das *-ī* nach Bedarf oder Neigung durch *-ier* ersetzt.

a) Belege. Zur Bezeugung von *-ier* in der Literatur. Bei Plautus häufig, doch fast nur in Versausgängen auf — ∪ — (gegen *-ī* im Versinnern): *dīc-ier, fung- adnīt- praevort- adipīsc- nancīsc- īrāsc-ier*; entsprechend *ferrier* und neben *-īrī -ērī -ārī* auch *-īrier* in *exper- aggred-īrier, -ērier* in *cēns- mon- obtu- praeb- vid-ērier*; *-ārier* in *cūr- mor- vad- vocārier* und *arbitr- fābul- imit- īnspūt- minit-ārier* usw. – Im Hexameter etwa Lucr. 1, 207 *prōferrier*, Catull nur in Gedicht 61 (glyc.) sowie 68, 141 *compōnier*, Verg. z. B. gg. 1, 454 *immiscērier*, Aen. 4, 493 *accingier*, 11, 242 *farier infit*. – S. auch N.-W. III 225 ff.; *Jacobsohn*, Quaest. Plaut. 9.

b) Herkunft. Die Nebenform *-ier* ist unerklärt; nach *Nacinovich* soll sie in Rom „sabinisch" sein gegenüber latin. *-ī*. – Natürlich möchte man im *-ier* eine Erweiterung der Endung *-ī* mit dem *-r* der finiten Deponentialendungen sehen. Rein lautlich geht das nur, wenn man das *-ī* von *agī* nicht auf *-ei*, sondern so wie das *-ī* von vok. *fīlī* (§ 133 II Zus. γ) auf -*ie* zurückführt; so seinerzeit *Thurneysen*, Verben auf -*io* 46. – Am wahrscheinlichsten ist mir noch immer die Annahme, ein aus infin. *fīere* verkürztes *fier habe als Muster für *agier capier* gedient, so *Henry*, MSL 6, 62 (auch *Kent*, Lang. 6, 306, doch mit schwachen Argumenten); dagegen *Lundström*, Eranos 56, 57–70. – Für andere Vorschläge s. *Sommer* 593 f., *Nacinovich* II 254/5 Fußnote; *Pedersen*, Groupement 40. Zu *fier-* s. auch § 320 a Zus. über *Benveniste*.

431. *nt*-Partizipium; -*ndo*-Nomina.

A. Das *nt*-Partizip ist als Ptc. praes. akt. ererbt. Die Verwendung bei Deponentien, also *sequent- orient-*, ist eine lat. Neuerung. Im Hethitischen hat es bei transitiven Verben passive Bedeutung, *adant-* 'gegessen' (also hier Ersatz für *to-* Ptc.), gegen akt. *asant-* 'seiend, wahr'.

1. Suffixform und lat. Flexion: -*ent-/-ont-*. Bei thematischen Praesentien stehen sich lat. -*ent-* und sonstiges -*ont-* (gr. -οντ-, got. -*and-*, baltoslav. -*ont-*) gegenüber: lat. *agent- ferent-* gegen gr. ἀγοντ- φεροντ- got. *bairand-*; bei athem. Praesentien steht im Latein sowohl -*ent-* als auch -*ont-* : -*ent-* in *volent-, praesent-*, nomin. *iēns* zu *īre* (und *dent-* 'Zahn') gegen gr. ὀντ- (und ὀδοντ-); -*ont-* (> -*unt-*) in Spuren: **velont-* in *voluntās* (§ 328, 1b), adj. *sont-* (§ 400 A 3), *eunt-* zu *īre* (wohl nach 3. pl. prs. *eunt*); dazu ohne Verbum *flexuntēs, apud veteres* 'equitēs' Varro frg. 122 Fun.; nur entfernt ähnlicher *e/o*-Wechsel bei -*endo-/-undo-* (§ 298 A 1c). – Nur bei thematischen Verben kann man das *e/o* als Themavokal betrachten, also vom Suffix abtrennen. Merkwürdig ist im Latein der Gegensatz ptc. -*ent-* gegen prs. 3. plur. -*onti* > -*unt*; in den anderen Sprachen decken sich die beiden Formen im Vokal *o*, vgl. gr. dor. φέροντι got. -*and* aksl. -*ǫtъ*, heth. -*anzi*; nur bei athem. Verben zeigt auch das Griechische einen Gegensatz, freilich umgekehrt: 3. pl. -*enti* in 3. pl. εἰσί dor. ἐντί *senti gegen ptc. ὀντ- ἐοντ- und auch gegen -*onti* in lat. *sunt*. Offenbar ist ursprünglicher komplizierter Ablautwechsel durch verschiedene Normalisierungen beseitigt. – Das Altindische, in dem alte *e* und *o* durch Zusammenfall in *a* nicht zu unterscheiden sind, zeigt -*ant-*, aber nur in den sog. starken Kasus; das -*at-* in den anderen setzt idg. Schwundstufe -*n̥t-* fort. Nun kann lat. -*ent-* sowohl idg. -*ent-* als -*n̥t-* fortsetzen; so wird man lat. -*ent-* gegenüber sonstigem -*ont-* auf idg. -*n̥t-* zurückführen (vgl. gen. *ferent-is* mit altind. *bharat-as* idg. **bhern̥t-es*), nicht auf idg. -*ent-*. – Zu -*āre* ptc. -*ant-* aus -*ā-nt-* vgl. got. -*ōnd-s* zu infin. -*ōn*; s. auch § 420. Zu *īnfant-* von athem. *fārī* vgl. gr. φαντ-; lat. *fant-* ist kein Zeugnis für -*nt-* bei Deponentien.

Zur *Flexion*. Die *nt*-Partizipien sind ursprünglich Konsonantstämme; zum Teil entstellt. Zu Nomin. sing. (lat. einer Endung) dreigeschlechtig -*ēns* (und -*āns*) s. § 354 C 4c; zu griech. mask. -ων statt -οντ-ς -ους s. *Schwyzer* I 566 f. Zur Formenverteilung in den *i*-Kasus, sing. abl. -*ī* und -*e*, gen. pl. -*ium* und -*um*, ntr. pl. -*ia* (und -*a*) s. § 357 A 3.

Lit.: *Güntert*, IF 37, 69 f. (Wechsel *e/o* im Idg. akzentbedingt); *Schwyzer* I 525; *Brugmann* II 1, 454; *Wn.-Dbr.* II 2, 167 mit Lit. – Zu *iēns* gen. *euntis* s. *Sommer*, KE 176 nr. 144. – Zu german. **sanþ-/sund-* (also **sónt-/sn̥t-* ́-) s. *Seebold*, Die Spr. 15, 14 ff.

2. Im Wortstamm abweichende *nt*-Bildungen sind verschiedener Herkunft, meist Abzweigungen von den Partizipien.

a) Ohne bezeugtes Verbum: *frequēns*, adv. *recēns*, adv. *repente* Plt. (zu gr. ῥέπειν, § 195; adj. erst Cic.). Zu *petulāns* s. § 414, 4 a, zu *ēlegāns* § 413 Zus., zu *piēns* 'pius' § 384; zu *potēns* § 400 C 3. – b) Ableitung im Idg. vereinzelt von der Verbalwurzel bzw. einem Aoriststamm (vgl. *ā*-Konjunktiv in *attigās* § 425 B 1 Zus.), so noch lat. *parentēs* 'Eltern', trotz praes. *pario* (zum Singular s. § 269 A 4 c und *Meister*, EN 124); *client*-, s. *Wackernagel*, Kl. Schr. 329; vgl. auch *Specht*, KZ 63, 215 u. 221. Aber zu Enn. ann. 504 *fodentēs* liegt die Konjektur *fodantēs* nahe wegen *fodāre* § 413 a. Zu *sententia* von *sentiēns* s. § 233 A. – c) Denominative Adjektive auf -*ant*-, formal Partizipia. Possessiv-Adjektive, meist poetisch, Typus *comant*- 'behaart', *stellāns* 'gestirnt', *animāns* 'beseelt' (subst. mask. ntr. 'Lebewesen'; aus *ūn-animāns* Plt.?), von *coma stella anima*. Vorbild war (*Leumann*, Kl. Schr. 154³) das griech. Beiwort hom. ptc. plur. κομόωντες, mit κομᾶν seit Hdt.: lat. *comāns* seit Vergil, so *colla equōrum* Aen. 12, 6 (vgl. Hom. N 24 ἵππῳ); von Pflanzen (wie bei Alexandrinern) gg. 4, 122 *narcissus*, vom Kometen Ov. met. 15, 749 *stella* (Arat. ἀστέρες). Danach weiter *stellāns* Cic. Arat. 19 u. 36, *flammāns* seit Lucr. 1, 73, Prop., Manil. (nicht ptc. zu trs. *flammāre*!), *gemmāns* 'mit Edelsteinen besetzt' Lucr. 2, 319 Ov. met. 3, 264 (nicht ptc. zu *gemmāre* 'Knospen treiben', von den Reben, Cic. Varro; s. Thes. s. *gemmāns* und *gemmo*); *prāta herbantia* Apul.; *rōstrante vōmere* Plin.; *gladiantēs* CE 1319. – S. auch *Stolz*, HG 562 f. – Die Herleitung dieses -*ant*- aus -*ā-u̯ent*- (*Brugmann* II 1, 464 f.), nach gr. hom. -η-(*F*)εντ- von ὕλη τιμή, mit Suffix idg. -*u̯ent*- (§ 327, 3 b) ist unhaltbar. – d) Rätselhaft *quadrāns -antis* 'Viertel', zu *quadrus* (-*a* -*um*) 'Viereck', aber nicht ptc. zu *quadrāre* 'passen'. Alte Münznamen sind, als Teile eines As zu 12 Unzen, *quadrāns sextāns* und *triēns* '¼, ⅙, ⅓ As', d. h. '3, 2, 4 *unciae*' (Varro ling. 5, 171); griech. Lehnübertragungen sind schon V^a (vgl. οὐγκία '*uncia*', Allg. Teil 29* § 22 a Mitte) τετρᾶς, ἑξᾶς (demin. ἑξάντ-ιον Epicharm) und τριᾶς, *Schwyzer* I 528 nr. 5; vgl. *Frei-Korsunsky* s. *tetrans*; *H. Chantraine*, Jbb. für Numismatik 12, 1962, 51–64. – e) Von Farbadjektiven -*ant*- in der Dichtersprache: *prae-viridant-* Laber., *viridant-* CE 468, 3 (daraus ib. 3. sing. *viridat*), *nigrant-* Varro rust. Lucr. Verg., *rutilantia sidera* CE, *pūnicāns* und *purpurāns* Apul. Vgl. *albicant-* § 412, 2 (neben *albent-*, § 415 D 1 a). – f) Zu den Völkernamen auf -*nt*- wie *Pīcentēs* s. § 309 A 1 c.

B. Zum Ptc. praes. der Deponentien. 1. Im Latein gelten die Deponentien nach der bezeichneten Verbalhandlung als Aktiva; daher wurde bei ihnen das ursprüngliche mediale -*menos* durch das aktive -*nt*- ersetzt: *sequent*- zu *sequor* gegen gr. ἑπόμενος zu ἕπομαι; dagegen diente für passive Verbalfunktion nur das *to*-Ptc. – Wohl aber wird -*nt*- auch gebraucht bei mediopassiver Verwendung eines Verbums neben dessen aktivem transitivem *nt*-Partizip, etwa bei *vertitur* 'wendet sich' neben *vertit* 'wendet'; solche Verben haben also im Latein zwei gleichlautende *nt*-Partizipien, 'wendend' und 'sich wendend' (was vielfach zu Unrecht als primäre Diathesen-Unbestimmtheit des *nt*-Ptc. betrachtet wird). So *vertens* zu *vertitur*: Plt. Pers. 628 *mensis*, Cic. rep. 6, 24 *annus* (vgl. gr. hom. περιπλομένων ἐνιαυτῶν); *volvens* 'sich drehend' zu *volvitur*: Verg. gg. 1, 163 *plaustra*, Aen. 1, 234 *anni* (vgl. auch unten *volvendus*); *gignentia* 'Gewächse' Sall. Jug. 79, 6; *līquens* mit *ī* gehört zu *līquitur*, § 130 II B 1. Auch zu unbezeugtem mediopass. -*ārī* neben akt. -*āre*: zu *quassārī* 'wackeln' *quassanti capite* neben trs. akt. *quid quassas caput?* (Plt. Asin. 403 Bacch. 305 Trin. 1169); vgl. auch § 412 B 1 zu *lāpsant-*, Thes. zu *gallant-* (nach *bacchant*-). S. dazu *Szantyr*, Synt. 290 litt. δ (mit zu genereller Behandlung). – 2. Im Idg. war die Endung -*m(e)nos*, so gr. -μενος. Isolierte Reste im Latein: medial *fēmina*, passiv *alumnus*, s. § 293. – Eine ältere Funktion des lat. Gerundivsuffixes -*ndo*- war die eines Ptc. prs. dep.: *secundus* zu *sequī*, *oriundus*, *volvendus*, s. § 298 A 1b.

C. Die -*ndo*-Bildungen, Gerundium als Infinitiv-Ersatz in den obliquen Kasus, Endungen -*ndī* -*ndō*; Gerundivum als Verbaladjektiv auf

-*ndo*-. Lautlich in der 3. Konjug. neben -*endo*- auch -*undo*- (aus *-*ondo*-). Formaler Ursprung des Suffixes -*ndo*- und Prioritätsverhältnis der beiden Verwendungen sind ungeklärt; die Hauptprobleme betreffen die Syntax. – S. ausführlicher § 298 A.

VII. PERFEKTSYSTEM

A. PERFEKTSTÄMME

432. Die Perfektstämme. Man unterscheidet wie in anderen idg. Sprachen traditionell starke und schwache Stämme. Die sog. starken sind gebildet entweder mit praefigierter Reduplikationssilbe (*pe-pend-it* zu praes. *pend-it* 'wägt') oder mit Wechsel der Stammgestalt gegenüber dem Praesens (*sēd-it cēp-it rūp-it* neben praes. *sĕdeo capio rumpo*); alle reduplikationslosen lat. starken Perfekta scheinen letzten Endes lautliche Ersatzformen für ältere reduplizierte Perfekta zu sein. Die sog. schwachen Stämme sind gekennzeichnet durch ein suffigiertes Lautelement, mit postkons. *s* als *s*-Perfekta (*carp-sī* zu *carpo*) oder mit postvokal. *v* als *v*-Perfekta, zu denen auch die Perfekta auf -*uī* gehören (*scī-vī, doc-uī* zu *scio doceo*). – Unter die lat. Perfektformen haben sich als idg. Aoristformen gemischt die *s*-Aoriste als *s*-Perfekta und das Praeteritum *fēcit* gleich gr. ἔϑηκε; über idg. thematische Aoriste als lat. Perfekta (*scidit*) s. § 434. – Nichtmarkierte Perfektstämme, also gleiche Stammformen in Perfekt und Praesens (wie 3. sing. *vert-it dēfend-it solv-it statu-it*) beruhen auf sekundärem Verlust eines Perfektmerkmals, s. § 439.

Als Grundlage der Perfektstammbildung dient bei Primärverben von der Grundsprache her die Verbalwurzel, nicht der Praesensstamm; demgemäß sind die Perfektstämme unabhängig von den Praesentien, nach denen die vier lat. Konjugationen festgelegt sind. – Die Denominativa, die in der Grundsprache wohl überhaupt nur den mit -*yō* (-*i̯ō*) gebildeten Praesensstamm besaßen, erhielten im Latein das *v*-Perfekt; damit entwickelt sich dieses zum Normalperfekt der lat. 1. und 4. Konjugation: *cūrā-vī, fīnī-vī*. Äußerlich freilich sehen viele lat. Perfekta aller Typen aus wie Ableitungen vom Praesensstamm, etwa *dīxī* (*dīc-sī*) neben *dīc-o, flē-vī scī-vī* neben *flē-o sci-o* (2. sing. *flē-s scī-s*). Bei den meisten Verben der lat. 2. und 4. Konjug. hat eine solche Auffassung freilich zur Voraussetzung, daß man die *ē* bzw. *ī* im Praesens (2. sing. -*ēs* -*īs*, infin. -*ēre* -*īre*) nur als Flexionszeichen ansieht; aber das entspricht jedenfalls dem sprachhistorisch unbelasteten Sprachgefühl sowohl der Römer wie auch der modernen Betrachter: *mān-sī cal-uī* zu oder von -*ēre, saep-sī aper-uī* zu oder von -*īre*. Vgl. dazu auch § 440 C über die Entwicklung des Praesens zum Zentrum des Verbalsystems.

Lit.: *Sommer* 546–590; *Brugmann* II 3, 427–496; *Kuryłowicz*, Categ. 56 ff.; *Belardi*, Ric. Ling. 1, 93–139; *Mayer*, Die Entstehung des lat. Perfektsystems, Gl. 32, 261–282 [Gl. 36, 141]. *Narten*, Zur Flexion des lat. Perfekts, MSS 31, 133–150 (Etappen des Synkretismus). – Viele Einzelprobleme in: *Osthoff*, Zur Gesch. des Perfekts . . . mit bes. Rücksicht auf Griech. u. Lat., 1884; *Collitz*, Schwaches Praeteritum 189 ff.; *Burger*, Etudes 101–128 [vgl. *Hofmann*, IF (Anz.) 49, 305–307].

433. Das idg. reduplizierte Perfekt im Latein, Muster *tetendī pepulī momordī*.

A. Gestalt der Reduplikationssilbe im Perfekt (und im Praesens): es handelt sich nur um eine partielle Verdoppelung der Verbalwurzel: die praefigierte Silbe besteht nur aus dem Anlautkonsonanten der Wurzel, im Perfekt mit Vokal idg. *e*, vgl. gr. λέλοιπα γέγονα, ai. *papāta cakāra* (*ca-* aus **ke-*, § 154 Zus. α).

1. Anlautkonsonanz. Einfacher kons. Anlaut *c t d p f m*: *cecidī cecīdī cecinī cucurrī*; altlat. *tetinī* u. *tetulī, tetigī tutudī tetendī totondī*; *dedī*; *pepigī pupugī pependī pepercī pepēdī* (*pēdo* aus *pezdō), *peperī* (falisk. *pe:parai*), *poposcī*; *fefellī* (zu inl. *f* s. § 173a), praenestin. (osk.) *vhe:vhaked* (§ 5a); *meminī momordī*; wegen *l* s. § 418 I A 2bβ zu *relīquī*. Nur in Praesensreduplikation (mit Vokal *i*, s. § 405b; vgl. gr. δίδωμι, μίμνω γίγνομαι zu Wz. *men gen*) mit Anlaut *g b s*: *gigno, bibo*, *si-sō > *sero* (perf. *sē-vī*), *sīdo* aus *si-sd-ō.

Zus. Die anl. *s*-Gruppen *sk st sp* traten im Idg. zunächst wie einfache Konsonanten in die Reduplikation, mit nachträglichen Vereinfachungen in den Einzelsprachen (*Brugmann*, IF 31, 89–94). Nur das Gotische bewahrt oder restituiert die *s*-Gruppe, *staistald skaiskáiþ* (zu *ga-staldan, skáidan*); in den anderen Sprachen ist dissimilatorisch der eine Verschlußlaut oder das eine *s* geschwunden, hier in ( ) gesetzt: für den idg. Perfektstamm **ste-stā-* zu *stā* 'stehen' erscheint griech. ἕστα-μεν, also **s(t)e-stā-*, altind. *tasthā-*, also **(s)te-stā-*, lat. *stetī*, also **ste-(s)tā-*. Entsprechend altlat. *sci-(s)cidī spe-(s)pondī*. – Im Praesens, mit *i*-Vokal, war idg. **sti-stā-* wohl schon vereinfacht zu idg. **si-stā-*, gr. ἵστημι, lat. *sisto*, av. *hišta-*; einzelsprachlich verändert altind. *tiṣṭhati* < **ti-stā-*, wohl nach perf. *tasthā-*. – Für Muta cum liquida fehlen Beispiele im Latein. – Zur verschwundenen Reduplikation bei vokal. Anlaut (perf. *ēdī ēmī*) s. § 435 A 3.

2. Zum Reduplikationsvokal: normal *e*, s. oben *cecidī* usw. Nur durch Assimilation an den folgenden Stammvokal auch *i, u* und *o*. a) *i* und *u*. *sci-cid-ī* Naev. (für **sce-(s)cid-*, zu *scindo*), *tutudī pupugī* (zu *tundo pungo*), dazu *cucurrī*; doch belegt Gellius 6, 9 noch *pepugī cecurrī*. Diese Assimilation wirkt nicht mehr bei den aus *a e o* geschwächten *i* bzw. *u*, daher ist *e* bewahrt in *cecinī cecidī tetigī* zu Wz. *can cad tag* (auch in *cecīdī* Wz. *caid*), in *tetinī meminī* zu *ten men* (bzw. aus *-ton- -mon-*) und in *pepulī tetulī*. – *didicī* setzt anscheinend eine Wz. *dik* voraus, prs. *disco* aus *dic-scō; bei Annahme der Wz. *dek* (kaus. *doceo*) wäre *disco* redupliziertes *sc*-Praesens *di-dc-scō, und perf. *didicī* statt *dedicī hätte *di-* nach prs. *disco*. – b) *o*-Angleichung: *momordī totondī spopondī* und *poposcī*; auch hier belegt Gellius noch *e*-Reduplikation mit altlat. *memordī spepondī* und *peposcī*; dazu inschr. IIᵖ *spepondit* VI 10241 (= Bruns, Fontes nr. 136) 30; *depeposcit* Mon. Ancyr. V 4. Zu diesen Perfekta s. auch § 410, 2b Zus. α.

Die *i*-Angleichung auch in falisk. *fifiked* (*k* für *g*) 'fīnxit' Vetter nr. 257 und offenbar in osk. fut. ex. *fifikus* (nach *Lejeune* 'fēceris' Grdf. *fi-fēk-*; aber ein doppelt charakterisiertes *fi-fēk-* ist neben osk. fut. ex. *fefacust* 'fēcerit' kaum denkbar und erklärt auch nicht *fi-* statt *fe-*); s. *Lejeune*, Festschr. Sommer 145–153 [Gl. 36, 142]. – Die Angleichung fehlt im Umbrischen: *dersicust* aus *de-dic-ust 'dīxerit'. – Die *i*- und *u*-Angleichung ist auch indoiranisch: altind. *cicchidima tutudima* sind genaue Entsprechungen zu lat. **scicidimus tutudimus*; doch handelt es sich um getrennte Entwicklung angesichts von altlat. *pepugī* und *oc-cecurrī* (Gellius, vgl. inschr. *cecurrit* VIII 16566); das Griechische zeigt nur *e*, etwa hom. πεπιθ- ϝεϝικ- neben sing. πέποιθα ϝέϝοικα oder πεφυγ-μένος πέπυσται, bzw.

κεκλι-μένος πεφύ-ᾱσι; zur Reduplikation im Griechischen s. *Schwyzer* I 648 ff. - In den schwachen Perfektformen (mit *i u* im Stamm) soll die Angleichung ererbt sein nach *Kretschmer*, Einl. 139 f., *Pisani*, Rc. Accad. Lincei IV 2, 331-335 [vgl. *Slotty*, Idg. Jb. 12, 27 nr. 21]; auch *Benveniste*, Festschr. Kuryłowicz 264.

3. Schwund von Reduplikationsvokal und Reduplikationssilbe.

a) Der *e*-Vokal allein ist durch Synkope geschwunden in einigen *re*-Komposita (vgl. §§ 102 und 418 I A 2b β): perf. *repperī* mit *pp*, gegen *p* in praes. *reperio* und neben Simplex perf. *peperī*, also für **re-peperī*; entsprechend *reppulī* neben *repello* und *pepulī*, *rettulī* (Simplex noch *tetulī* Plt. Enn.), *reccidī* Plt.; auch Schwund des *i* in praes. *reddo* aus **re-didō* (§ 402c).

b) Durch Synkope, kaum durch Haplologie, geht wohl auch perf. *attulī* auf **at-tetulī* zurück, also *att(e)t-* > *att-*, und entsprechend *appulī comperī*. Daraus erwuchs das Gefühl, in Komposita könne oder müsse die Perfektreduplikation fehlen; das ergab die Regelung *occidī attigī contudī* (Enn. ann. 395) und *occīdī accurrī attendī impendī refellī* gegenüber den reduplizierten Perfekta der Simplicia *cecidī* usw. und *cecīdī* usw. So auch bei Plautus noch *abstinī* Amph. 926, *continī* (*-nui* cod.) As. 582 neben alt *tetinī* Pacuv.; zu *tenuī* und *-cinuī* s. § 437 IB 3. Rekomposition wie in *re-cucurrī* ist selten.

c) Vereinzelt wurden aus den Komposita neue Simplexperfekta ohne Reduplikation abstrahiert, so sicher *tulī*, *scidī* (§ 434); s. auch § 439a zu perf. *scandī*. Zu spätem Abfall von Reduplikation s. *Rönsch*, Itala u. Vulg. 288.

4. Einzelheiten. a) Perf. *tutrūsit*, als Barbarismus zitiert von Consentius (ed. Niedermann p. 11, 7), ist Kontamination aus *tutudit* und *trūsit*. - b) Bei Wurzeln auf Langvokal schmilzt im Perfekt die Wurzel auf den kons. Anlaut zusammen, so daß die Reduplikationssilbe gewissermaßen gleichzeitig die Stammsilbe vertritt: perf. *de-d-ī* zu *dăre*, *ste-t-ī* zu *stāre*; bei deren Komposita bleibt daher die Reduplikationssilbe erhalten, vgl. *prōdidī exstitī*. - c) In perf. *bibī* scheinbar *i*-Reduplikation, für **be-b-ī* (wie *de-d-ī* zu praes. **di-d-ō*), verdeutlicht nach praes. *bibo* (zu diesem s. § 163 b β). - Ein perf. *stitī* zu *sisto* besteht nicht; Catos *stitisset* (sc. akk. *vadimonium*, bei Gell. 2, 14) ist künstlich verkürztes *praestitisset*; vermutlich ging im Text *praestāre* voraus. Doch mag vulglat. *estitit* (aus *exstitit*) als *stitit* aufgefaßt worden sein, vgl. § 116 Zus. b.

Zusatz. Die vulglat. *-didī*-Perfekta, meist auf *-endidī* von Praesentien auf *-endo -endere*, mit Fortleben im Romanischen, sind entstanden als Reimwörter zu *vendo vendidī*, einem undurchsichtig gewordenen Kompositum von *dăre* (§ 228 I b): *dēscendidit* Val. Ant. 62; inschr. *adcendederunt* Act. Arv. a. 240, *impendidī* VIII 21538; *prandiderint* Itin. Silv. 27, 9 (danach *ēdidit* zu *ed-* 'essen' Itala, auch III 13308, s. Thes. s. *edo* p. 99, 53 sqq.); auch *respondidī*, verurteilt von Caper gramm. VII 103, 7 (später Beleg Gl. 21, 184). - Umgekehrt *abscondī* seit Sen. rhet. für *-condidī*, danach später ptc. *abscōnsus* seit Tert. - Lit.: N.-W. III 351; *Löfstedt*, Komm. 300; *Labhardt*, Contributions 96 ff.; *Svennung*, Kl. Beitr. 54¹; *Leumann*, Mél. Benv. 378; *Ettmayer* (bei *Walde*, Ital. Sprr.) 271.

B. Vokalgestaltung in der Stammsilbe. In der Grundsprache zeigte der Stamm beim Indik. perf. akt. im Singular Vollstufe, und zwar bei *e*-Wurzeln *o*-Stufe (1. sing. wohl *e*-Stufe), sonst Schwundstufe; er verhält sich also, von *o* für *e* abgesehen, wie im athem. Praesens (§ 398a); auf idg. aktiven Konjunktiv und Ptc. perf. act. wird hier nicht eingegangen. Man vergleiche im Griechischen den Wechsel οι/ι und ον/α (idg. *on*/η) in hom. πέποιθα/ἐπέπιθμεν und μέμονα/μέμαμεν (auch imper. 3. sing. μεμάτω gleich lat. *mementō*, ptc. μεμα(F)ώς). Im Latein ist davon direkt nichts mehr sichtbar, teils durch

Ausgleich im Paradigma, teils durch die Vokalschwächung in zweiten Wortsilben. Wurzeln auf Konsonant zeigen folgendes Bild. 1. Bei Wurzelvokal (und auch Praesensvokal) *a* ist auch im Perfekt *a* (nicht *o*) vorausgesetzt, dies gesichert durch fremde Entsprechungen und durch lat. *e* vor zwei Konsonanten: osk. *fefac-* praenestin. *vhevhaked*, altir. *cechan* gleich lat. *cecinit*, zu *cano*, falisk. *peparai* gleich lat. *peperī*, vielleicht *tetigī* neben gr. ptc. τεταγών (doch s. § 434); weiter *pepercī fefellī*; entsprechend also *cecidī pepigī*, auch *cecīdī* zu *caedo* (§ 95). – 2. Bei Wurzelvokal *i* (*ei*) und *u* (*eu*) ist im Perfekt die im Plural zuständige Schwundstufe durchgeführt, *didicimus pupugimus* (vgl. oben A 2a); anerkennt man Endung *-ī* als idg. Medialendung, so sind auch *scicidī* und *tutudī* abgesehen vom Reduplikationsvokal mit altind. med. 1. sing. *cicchide tutude* gleichzusetzen; zu *ī ū* in den nichtreduplizierten Perfekten *vīdī fūgī* s. § 435 B. – 3. Wurzelvokal *e* ist in offener Silbe vertreten durch *i* (durch *u* vor *l*), vermutlich aus idg. *o*: *meminit* gleich gr. μέμονε (zu Wz. *men* in *reminīscitur*, § 407 IB 1b), so auch lat. *tetinī pepulī*.

Zusätze. a) Problematisch und widersprüchlich sind die Verben mit *en on* und *er or* zwischen Konsonanten; es sei davon abgesehen, daß *on or* des Perfekts in zweiter Wortsilbe ein restituiertes *o* (statt *u*, § 87) zeigen. Im Hinblick auf Ablaut im Perfekt kann lat. *en* rein lautlich nur idg. *en* oder *n̥* fortsetzen, lat. *or* aber nur idg. *or* oder *r̥* (§§ 59 u. 61; § 32). Also *en* statt *on* in perf. *tetendī pependī* entweder durch Vokalausgleich mit prs. *tendo pendo* oder aus idg. *n̥*. Bei *or* ist *poposcī* eindeutig Schwundstufenform; es ist zwar im *sc* statt *rc* Angleichung an prs. *posco* (aus **pr̥k'-sk'ō*, § 407 I A 1), aber es ist Ersatzform eines vorhistorischen **peporḱ-*, nach Ausweis von umbr. fut. ex. 3. pl. *pepurkurent*: hier kann *-pork-* nur auf *-pr̥k'-* zurückgehen, zu Vollstufe *prek'-*, mit *o*-Stufe *prok'-* in *procus* (§ 265 b). Die drei Perfekta *totondī spopondī* und *momordī*, funktionell zu den lat. Intensiven *tondeo* usw. gehörig, sind rein formal Ableitungen von deren Grundverben *tendo*, **spendō* und **merdō*, ebenso wie auch die *to*-Partizipien *tōnsus spōnsus* (diese mit sekundärem *on* statt *en* aus *n̥*) und *morsus* (vgl. § 410, 2 b α). Rein lautlich erlaubt also das altlat. *memord-*, im Gegensatz zu **pepork-*, die doppelte Gleichsetzung 3. sing. *memordit* ai. *mamarda* (idg. *or*) und 1. pl. *memordimus* ai. *mamr̥dima* (idg. *r̥*, § 59); bei den parallelen *totondī spopondī* kann *on* ablautmäßig nur die *o*-Stufe des Singulars fortsetzen. Man wird unter solchen Umständen bei allen diesen Verben die Angleichung an den Praesensvokal mit in Rechnung stellen.

b) Nur Schwundstufe des Stammvokals ist im Latein zu beobachten bei Wurzeln auf Langvokal bzw. Laryngal: in 1. plur. *de-di-mus* ai. *da-di-ma* Stamm *di* aus idg. *də* (lat. > *dă*) zu Wurzel *dō*; s. § 443.

434. Thematische Aoriste unter den lat. Perfekta? Im Idg. bestanden als eigene Formkategorie themat. Aoriste, einfache und mit *e* reduplizierte (*Schwyzer* I 746–749); vom Sonderfall *fēcit* abgesehen (§ 435 A 2), sind lateinische Beispiele sehr unsicher. Allenfalls mag man aus lat. perf. *pepulī tetigī* und griech. hom. ptc. redupl. Aor. ἀμ-πεπαλών 'schwingend', τεταγών 'fassend' auf eine gemeinsame idg. Aoristform schließen. – Sicher aber besteht keine sprachhistorische Beziehung zwischen den Bildungen von lat. Intensivum *mordeo* zu primärem perf. *memordī* und von altind. Kausativum *janayati* 'erzeugt' zu aor. *ajījanat* mit *i*-Reduplikation; zu letzterem s. *Leumann*, Der altind. kausative Aorist *ajījanat*, Festschr. W. N. Brown 152–159. – Als einfache themat. Aoriste des Typus gr. ἔλιπον ἔφυγον hat man zu Unrecht lat. perf. *scidit* gedeutet. Zwar decken sich lautlich lat. *scidit* und altind. aor. *acchidat*; beide sind als Erbformen; beide sind jung. Alt ist lat. perf. *scicidit* (Enn., Acc., bei Gell. 6, 9, 16); *scĭdit* (seit Lucan.) aber ist herausgelöst nach § 433 A 3 c aus Kompos. *di(s)-scĭdit* (Ter. Ad. 120, Lucr. 6, 436 usw.); zu altind. *acchidat* s. *Wackernagel*, Kl. Schr. 339. Und bei der Reimwortbindung *scindo* *chinatti* und *findo bhinatti* ist, trotz altind. aor. *abhidat*, ebenso für lat. perf. *fidit* (seit Cels.) ein altes lat. perf. *fifidit vorauszusetzen; *fidit* geht zurück auf Kompos. *dif-fidit* Cic. Verg. S. bes. Sommer 553. – Osk. perf. *kúm-b ěned 'con-vēnit'* setzt, mit sekundärer themat. Flexion (wie avest. *jimat*) einen idg. athem. Wurzelaorist fort, altind. ved. sing. *agam-am agan(-s) agan(-t)*. Andersartige osk. einfache Perfektstämme, in Futura exacta, sind osk. *dic-ust* (gegen umbr. *dedic-ust), *pert-em-ust*, umbr. *fak-ust* (gegen osk. *fefac--ust*), *eisc-urent*, *pro-can-urent* (aus **pro-cecan-?*, zu lat. *cecinī*).

435. Langvokaliges Perfekt. Zwei Gruppen von lat. Perfekta mit Langvokal als „innerem Morph" sind zu unterscheiden, die mit *ē ā ō* und die mit *ī ū* (*vīcī fūgī*).

A. Die langvokaligen Perfekta im engeren Sinn, früher als dehnstufige Perfekta bezeichnet, finden sich bei Wurzeln bzw. Verben mit Stammvokal *e a o* vor einfachem Konsonant, meist Verschlußlaut, also *lēgī scābī fōdī* zu *lĕgo scăbo fŏdio*, auch *cēpī* zu *căpio*; es empfiehlt sich eine Aussonderung der Formen mit vokalischem Anlaut, wie *ēmī* zu *emo*.

1. **Längen *ā ē ō* zu Kürzen *a e o*.** a) **Die Perfekta mit *ē*.** Ähnliche Länge *ē* im Praeteritum neben sonstigem *ĕ* begegnet auch im Baltoslavischen. Unmittelbare Formentsprechungen und zugleich einen Zusammenhang mit dem reduplizierten Perfekt zeigt nur das Germanische, etwa 1. pl. got. *sētum* wie lat. *sēdimus*. Als got. Entsprechungen sind Formen der 1. plur. benutzt, die in einem reduplizierten Perfekt eigentlich Schwundstufe erwarten lassen; im Singular zeigen sie Vokal *a* aus idg. *o*, also *o-*Ablaut, doch ohne Reduplikation, etwa 1. 3. sing. *sat*, 1. pl. *sētum* zu idg. *sed* 'sitzen'. Zu den Vokalentsprechungen beachte man: got. *e* und *o* sind Längen und werden hier mit *ē* und *ō* umschrieben; german. *ē* erscheint als nhd. *a* (aus ahd. *ā*); germ. *a* kann idg. *a* und *o* fortsetzen, german. *ō* die Längen idg. *ā* und *ō*. Got.-lat. **Formgleichungen der 1. plur.:** zu lat. *sĕdēre*, *clĕpere*, *vĕnīre* und zu *frangere* (s. dazu unten): *sēdimus* got. *sētum* (nhd. *saßen*), *ē* auch in baltoslav. ptc. praet. (idg. perf.) aksl. *sědъ -ъša* lit. *sédęs -usjo* (aber altind. *sēdima* mit *-ēd-* aus *-azd-*, idg. redupl. *se-zd-*); *clēpimus* (3. sing. perf. *clēpit* [sic] Pacuv. 185) got. *hlēfum*; *vēnimus* got. *qēmum* (nhd. *kamen*; zu lat. *n* statt *m* s. § 137c Zus., zu osk. *kum-běned* s. § 434); *frēgimus* germ. *brēkum (nhd. *brachen*; prs. got. *brikan* nhd. *brechen*); ohne Entsprechungen lat. *lēgimus* zu *lego*, umbr. fut. ex. *pru-sik-urent* zu Wz. sek. – b) Selten Wechsel lat. *a/ā* und *o/ō*: *scăbo/scābī* wie got. *skaban/*skōf*; so auch got. *hafjan/hōf*, doch gegen lat. *a/ē* in *capio cēpī*. Lat. *fŏdio/fōdī*. – Zu den langvokaligen Perfekta *mōvī cāvī iūvī* s. § 437 I C 2 u. 3.

2. **Wechsel lat. *a/ē*** in *capio cēpī*; ebenso *ē* neben praes. *a* in *fēcī iēcī* und *co-ēpī ēgī* sowie in *frēgī*. Bei *fēcī iēcī* beruht lat. *a : ē* auf idg. *ə : ē*; dabei bestehen als Wortgleichungen *fēcit iēcit* und gr. ἔθηκε (hom.) ἕηκε (alte *k-*Aoriste, nicht griech. κ-Perfekta); s. § 402b, auch zu praes. *facio*. Und *facio fēcī* bildete wohl das Muster für *capio cēpī* (statt *cāpī), *-apio -ēpī* (in *coepio, co-ēpī > coepī*, § 75c). Umgekehrt ist *frango* (statt *frego, got. *brikan*) wohl als neues Praesens zu ptc. *fractus* gebildet nach *tango* neben *tactus* (bzw. *-āctus*, nach § 129). Nach *cōn-fringo -frēgī* dann auch zu *compingo* perf. *compēgī* Plt. Cic. (dazu *op-pēgī* Plt.), gegen Simplex *pango pepigī*. – Auch im

Osk.-Umbr. besteht der Wechsel $a:\bar{e}$ (mit osk. i für $\bar{e}$) : osk. *hip-* (zu lat. *habeo*) in fut. ex. *hipust*, ptc. perf. act. *sipus* (zu lat. *sapio*, vgl. § 446a).

3. Die vokalisch anlautenden Wurzeln zeigen formal die gleichen Bildungen wie die unter Ziff. 1: Wechsel $e:\bar{e}$ und $o:\bar{o}$ in *edo ēdī, emo ēmī* und **ŏdeo ōdī* (Wz. *od-* in *ŏd-ium*, § 275 B 3a); zu *ēd-imus* vgl. german. **ēt-um* (nhd. *aßen*; *ēd-* auch in gr. ptc. perf. mit sekundärer Reduplikation ἐδ-ηδ-ώς); zu *ēmī* vgl. lit. praet. *ė́mė* 'er nahm' zu *im̃ti*. Wechsel $a:\bar{e}$ in *ago ēgī* und Wz. *ap-* perf. *co-ēpī*. – Unter der Annahme, daß dem Anlautvokal ursprünglich ein Laryngal voranging (§ 38c), lassen sich *ēd ēm* des Plurals als reduplizierte schwundstufige Stämme der Wurzeln $ə_1ed$, $ə_1em$ auffassen (*Benveniste*, Arch. Ling. 1, 16–19 [Gl. 36, 141]; *Kuryłowicz*, Apoph. 212 Fußn. 2 Ziff. 2): wie zu griech. Wz. πετ-α- in πετάννυμι Perfektstamm πέ-πτ-α(-μαι), so zu idg. Wz. $ə_1ed$ 'essen' Perfektstamm $ə_1e$-$ə_1d$- > (lat.) *ēd-*. Nach Schwund der Laryngale wurde in *ēdī ēmī ōdī* die Vokaldehnung als Perfektkennzeichen empfunden und auf Wurzeln mit stabilem kons. Anlaut übertragen, daher *lēg- sēd- vēn-* usw., sowie *scāb- fōd-*. – Der Wechsel $a/\bar{e}$ dagegen ist von *facio fēcī* aus verschleppt worden, auch in *ago ēgī*.

<small>Die früheren Versuche, *ēd- sēd-* usw. ohne Laryngale auf reduplizierte Stämme *e-ed- se-sd-* zurückzuführen, waren in verschiedener Hinsicht unbefriedigend; man findet sie bei *Walde*, Ital. Sprr. 218 f. (Problemgeschichte bis 1914). – Weitere Literatur: *Osthoff*, Perf. 122 ff., 155 ff.; *Brugmann* II 3, 26 u. 433; ders., MU IV 411 (**eed-*); *Hirt*, Vok. 43; 221; *v. Planta* II 334; *Bartholomae*, KZ 27, 354; ders., IF 3, 45 f.; *Fortunatov*, KZ 36, 49–54; *Specht*, KZ 62, 67 (lat. *sēd-* aus *se-zd-*); *Sverdrup*, Festschr. H. Falk, 1927, 316–320 [Gl. 18, 258 f.]; *Polomé*, Proc. IX. Int. Congress of Linguists, 1964, 870–880.</small>

B. Perfekta mit Stammvokal lat. $\bar{\imath}\ \bar{u}$ gegenüber $\breve{\imath}\ \breve{u}$ in der Wurzel bzw. im Praesensstamm, Muster *vĭdeo vīdī, fugio fūgī*; meist bei *n*-infigierenden Praesentien (§ 406, 1), so *vīcī relīquī* und *fūdī rūpī*. Lat. $\breve{\imath}/\bar{\imath}$ und $\breve{u}/\bar{u}$ setzen normalerweise den idg. Ablautwechsel *i/ei* bzw. *u/eu* fort (§ 32). Rechnet man im Latein und auch im Gotischen mit der Möglichkeit eines vorhistorischen Verlustes der Reduplikation, dann geht lat. $\bar{u}$ auf idg. *ou* zurück und stellt die im Singular des Perfekts zuständige *o*-Stufe zu idg. *u/eu* (lat. *fŭgio*/gr. φεύγω) dar; zu lat. *fūdit fūgit* vgl. got. *gaut baug* (plur. *gutum bugum*) nhd. *goß bog*; gr. perf. πέφευγε steht sicher für älteres **πέφουγε (mit ου als Diphthong *ou*). Bei den *i/ei*-Wurzeln darf man also *oi* erwarten (vgl. gr. πέποιθα zu πείθομαι ἐπιθόμην); aus *oi* ergibt sich lat. *ei* > $\bar{\imath}$ in nichtersten Silben und hinter *l- v-* auch in Anfangssilben (vgl. §§ 95 u. 65); also lat. *vīcit* aus **(we-)woike* vgl. got. *wáih*, entsprechend *relīquit* (aus **le-l-*, § 418 IA 2bβ) gleich gr. λέλοιπε; auch *cō-nīvit* (aus *con-cn-*, § 192) wie got. *hnáiw*, zu praes. *cōnīveo*. Die Rückführung von Typus *vīcī rūpī* auf idg. Wurzelaoriste durch *Cardona* (Diss. Yale 1960, ungedruckt) scheint mir verfehlt. – Das Latein bietet keine starken Argumente zugunsten der Annahme, die Reduplikation sei im idg. Perfekt nicht obligatorisch gewesen; vgl. dazu auch § 439.

Abschließend sei noch dies gesagt. Alle starken Perfekta bilden im Prinzip insofern eine Einheit, als die langvokaligen offenbar nur eine frühe Sonderentwicklung aus den reduplizierten Perfekten darstellen; sie haben sich im

Lateinischen und im Germanischen am stärksten oder doch am deutlichsten entfaltet.

436. Das lat. *s*-Perfekt setzt morphologisch den idg. *s*-Aorist fort; dem lat. perf. *dīxī* zu *dīco* entspricht griech. aor. ἔδειξα zu δείκνυμι.

Modusformen des idg. *s*-Aorists sind verselbständigt im lat. Typus *faxo faxim* (§ 450). – Zur Deutung anderer morphologischer *s* bzw. *r* als Zeichen des idg. *s*-Aorists s. zu *is/er* § 444a; zu perf. 3. plur. *-ĕrunt* § 443 (Ziff. 2); zu den „Kurzformen" *dīxtī nōstī amārunt* § 438 II D 2; zu Konj. *monerint* und *sīrīs* §§ 437 I C 4 u. 438 II C 2 c; zu Konj. Imperf. *essem legerem* § 426 B.

A. Lateinische Verbreitung. Im Latein wird es nur von primären Verben auf Konsonant gebildet; die Praesentien können der 2., 3. oder 4. Konjug. angehören.

1. Normale Bildungen. Zu den Lautveränderungen in den Gruppen Kons. + *s* s. §§ 196, 2b; 197a, e; 203a.

Anordnung nach den Schlußkonsonanten der Verbalstämme; die Zusetzung von 2 bzw. 4 bezeichnet die Praesenskonjugation. – a) Labiale. *p*: *saepsī* 4, *carpsī*, *scalpsī*. *b* (idg. *bh*): *scrīpsī nūpsī*, *sorpsī* 2. – b) Gutturale (*-x-* gilt als *-cs-*; zu Vokallänge in *-īnx- -ūnx-* s. § 126a). *c*: *cōnspexī, illexī, dīxī, dūxī, lūxī* 2, *coxī* (*qu*), *conquexī* (vgl. § 407 I B 1 b). *g*: *rēxī tēxī, (af-)flīxī, frīxī* 2 Liv. Andr. Od. 17, *auxī* 2, *tursī* 2 (Enn. ann. 321), *ūnxī* (*gu̯*). *h* (aus idg. *gh*): *vexī, traxī, cōnīxī* (zu *cōnīveo*, idg. *gu̯h*, § 169). Weiter *-nx-* mit verschlepptem Nasal: *nc* in *vīnxī* 4, *sānxī* 4; für *ng-s* in Nasalpraesentien der 3. Konjug. (§ 406, 1 a): *cīnxī, tīnxī, ex- īn-stīnxī* (*gu̯*), *iūnxī, ē-mūnxī, plānxī*; *ng* aus *ngh*: *mīnxī, fīnxī* (mit *pīnxī*). – *rs ls* für *rcs lcs. rs* für *rcs*: *farsī* 4, *sarsī* 4, *torsī* (*rqu̯s*) 2, *parsī* Plt.; für *rgs*: *sparsī, tersī* 2, *ursī* 2, *mersī* jung (zu *mergo* aus **mezgō*, § 206). *ls* für *lcs*: *fulsī* 4, *mulsī* 2; für *lgs*: *fulsī* 2, *indulsī* 2, *alsī* 2. – c) Dentale (mit *s* und *n*). *t-s d-s s-s* > *ss* § 198; *-ss-* verkürzt zu *-s-* hinter langem Vokal, § 182, oder *r n*; zur Vokaldehnung vor *ns* s. § 125 b. *t*: *concussī* (Simplex *quassī*), *mīsī* (*mitto*), *sēnsī* 4. *d*: *ē-vāsī, rāsī, rōsī, su̯āsī* (?) *lūsī, laesī, clausī, plausī*; (aus *dh*) altlat. *ious-* zu *iūbeo* 2, klass. *iūssī* (§ 410, 2 b α), *dīvīsī* (*dīvīdo* s. § 402 b), *arsī* 2. *s* (praes. intervokal. > *r*): *gessī ussī, haesī* 2, *hausī* 4, **quaes-sī* (s. unten). – d) Nasale. *n* in *mānsī* 2. *m* in *contempsī* zu *n*-Praes. *con-tem-no*, zu *-ms-* > *-mps-* s. § 215 b γ; zu *dēmpsī* usw. s. Ziff. 2 d.

2. Besonderheiten. a) *quaes-īvī* mit *-ītum* ist erweitert nach *cup- pet-īvī -ītum* (§ 437 I A 2) aus perf. **quaes-sī*, vgl. *quaes-tor -tu- -tio* von *quaero*. – b) Zu *vīxī* (mit *vīctu-*) von *vīvere* war das Vorbild *fīxī* neben altlat. *fīvere* (§ 157, 1 b), falls man nicht für *vīvo* aus idg. **gu̯īu̯ō* eine fernassimilierte Zwischenstufe **gu̯īgu̯ō* ansetzen will. – Nach diesem Vorbild allenfalls *fluxī fluctu-* zu praes. **flu̯u̯ō*, Vorstufe von *fluo*; s. aber auch § 410, 3 c zu *struo* u. *fluo*. – c) Lat. *pressit* steht neben prs. *premo* wie gr. hom. aor. τρέσσε neben prs. τρέμω 'zittere'; an sich gehört τρέσ-σε zu idg. prs. **tres-ō* in altind. *trasati*. Von lat. *tremo* ist perf. *trem-uī* eine junge Ableitung (vgl. *fremo -uī*); vielleicht bestand aber einst, als Vorbild für *pressit*, auch ein lat. Praeteritum **tressit*. In idg. **trem-* und **tres-* betrachtet man *m* und *s* als Wurzeldeterminative. – Unglaubhaft über lat. *pressī* aus **prem-sī* durch Ferndissimilation Lewy, KZ 56, 140 Ziff. 2. – d) Zu *emo* gehört der langvokal. Perfekt *ēmī*, ebenso zu den Komposita auf alt *-emo* jünger *-imo* (*ad- dir- ex- per- red-imo* perf. *-ēmī*, dazu altlat. *sur-ēmit*), überall mit Wahrung der Quantitätsdifferenz *e* : *ē*. Dagegen steht statt *-ēmī* ein *s*-Perfekt auf *-mpsī* (§ 215 b γ) bei den vier Komposita mit Vokallänge durch Kontraktion oder Ersatzdehnung auch im Praesens *cōmo dēmo prōmo* (aus *co- dē- prō-emo*) und *sūmo* (aus **subs-(e)mō*, § 210 b Zus.), also *cōmpsī dēmpsī* usw.; dadurch wurde Lautgleichheit von Praesensstamm und Perfektstamm umgangen. – e) Zu *lego* 'sammle usw.' (gr. λέγω) mit *col- ē-ligo* gehört perf. *-lēgī*. Die Komposita mit perf. *-lēxī*, also *dī-ligo, neg-* und *intel-lego*, sowie **re-lego* als Grundwort für *religio* (§ 324 A 1) gehören zu einem andern Verbum **legō* gleich gr. ἀλέγω. – f) Zu altlat. *parsī* vgl.

§ 441. – g) Zu den Komposita auf -licio (Simplex lacio, § 155 b) mit assimiliertem -l-lic- gehört ein s-Perfekt, so il- al- pel-lexī, und ein to-Ptc. -lectus, vgl. dēlectāre. Dagegen, sicher als Neuerung wegen ptc. -itus, ē-licio -uī; Anklang an licuit licitum? – h) Vereinzelt jüngere s-Perfekta. Statt sorbuī zu sorbeo in der Kaiserzeit sorpsī seit Val. Max., absorpsī Lucan.; daraus im späten Vulgärlatein sorsī. Inschr. lexerit III 12484 zu lego; akt. funxit XII 1381 für dep. fūnctus est, formal nach iūnxit iūnctus, zu vulg. praes. *fungo für dep. fungor.

B. Zur idg. Stammgestalt. Im lat. s-Perfekt hatte schon Bopp den griech. s-Aorist erkannt; übrigens hatte bereits der Grammatiker Didymos Chalkenteros (I^a) im Hinblick auf gr. ψ und lat. ps für beliebige Labiale plus s die beiden Bildungen verglichen (frg. 3 p. 448 Funaioli). Der s-Aorist ist im Indogermanischen eine junge Formkategorie; er lebt in den meisten Sprachen noch fort, doch fehlt er im Hethitischen, Germanischen und Litauischen; von den italischen Sprachen zeigt ihn außer dem Oskisch-Umbrischen (osk. upsed, uupsens) das Venetische mit donasto (s. Allg. Teil § 22b) und mit faχsto (s. Szemerényi, Festschr. Altheim I 176[10]; d. i. faxto; zu lat. facio). Zu lat. faxo und faxim s. § 450 f.

Einige Erläuterungen verlangt die Flexion und der Stammvokal.

1. Flexion des s-Aorists. Das lat. s-Perfekt ist auf konsonantische Verbalstämme beschränkt im Gegensatz zum s-Aorist der anderen Sprachen. Der idg. s-Aorist war athematisch flektiert; die Personalendungen treten also direkt an das s an, auch mit kons. Anlaut, so 2. 3. sing. -s-s (> -s), -s-t (> -s), 1. plur. -s-me; im lat. s-Perfekt sind sie durch die Perfektendungen mit vokal. Anlaut ersetzt. Auch die griechische -σα-Flexion statt s-Flexion ist eine Neuerung; das s hinter Vokalstämmen (ἔπλησα ἐτίμησα) ist hierbei dem Wandel zu h entgangen, es ist entweder bei der Umgestaltung der alten 2. 3. sing. als Wortauslaut bewahrt geblieben oder allenfalls nach Muster der postkons. -σα-Aoriste wiederhergestellt worden.

2. Zur Gestalt des Stammvokals. Die Frage der ursprünglichen Ablautstufe ist verwickelt, aber das Latein trägt wenig zur Klärung bei. In den meisten Einzelsprachen ist eine gewisse Normalisierung in Anlehnung an den Praesensstamm nicht zu verkennen. Im Allgemeinen setzte man, auf das Altindische sich stützend, Dehnstufe als idg. Vorform an.

a) Zum Verständnis sei hier wenigstens für die s-Aoriste von Verbalstämmen auf Konsonant aus den anderen Sprachen Folgendes angeführt. Nur das Altindische bzw. das Indoiranische zeigt Ablaut im Indikativ, und zwar im ganzen Aktivum Dehnstufe (ursprünglich wohl nur im Singular), im Medium Voll- oder Schwundstufe: aktiv ā (idg. ē), auch ai au (für ēi ēu; diese nicht belegt im Rigveda), so altind. avākṣam (3. sing. avāṭ) adaikṣam und ayaukṣam als Entsprechungen zu lat. vexī (veho), dīxī (dīco) und gr. ἔζευξα. Das Altkirchenslavische zeigt bei e-Wurzeln ē in s-Aorist 1. sing. něsъ věsъ rěchъ zu nesǫ vedǫ rekǫ (nesti vesti rešti). Das Griechische zeigt meist Vollstufe, d. h. in praxi den Vokal des Praesensstammes (Schwyzer I 751), vielleicht gemäß junger Entfaltung, etwa Vollstufe ε α ει ευ in ἔλεξα ἔταξα ἔδειξα ἔζευξα, Schwundstufe ι υ in ἔνιψα (νίζω) ἔτυψα, starres ῑ in ἔρρῑψα usw., doch immerhin ει in ἔτεισα zu prs. *τινϝω > τίνω.

b) Für das Latein geht es also um spezielle Vokallängen im Perfektstamm; aber deren Nachweis ist nur beschränkt zu erbringen, da der Vokal immer vor zweifacher Konsonanz steht oder stand, vor *ps*, *x* oder *ss*. Für Vokalquantitäten in geschlossenen Silben zeugen einige Spracherscheinungen. Zeugnisse für Vokalkürze *ă ĕ ŏ* sind die *ss*-Perfekta *quăssī* (mit *concŭssī*), *gĕssī prĕssī cĕssī* und *ŭssī* (zu *iŭssī* s. § 410, 2 b α); für Kürze *ă* auch die Vokalschwächung zu *e* in Kompos. *illĕxī* (zu *lăxī*, *lacio*, § 155b); für *ĕ* unsicher *coxī* wegen des Wandels *que-* > *quŏ-* > *cŏ-* § 43b. Zeugnisse für Vokallänge (vgl. § 22) sind: im Schriftbild alt inschr. *ei* für *ī*, *ou* für *ū* (*deix- doux-* für *dīx- dūx-*), Apex in *rēxī tēxī trāxī*; im Lautbild *s* statt *ss* (§ 182a): *sųāsī rīsī lūsī*, neben praes. *ā ī ū* (*ū* aus *oi* in *lūdo* wegen *loidos* 'lūdus' § 65), doch auch neben praes. *ĭ* in *mīsī dīvīsī* (zu *mĭtto* s. § 184c, zu *dīvĭdo* § 402b); vielleicht Fehlen der Synkope in *per- sur-rexī* (also *-rēxī*) gegenüber prs. *per(re)go surgo* (§ 196, 1b β); roman. *i* für lat. *ī* (§ 57b) in *dīxī vīxī scrīpsī* (und *mīsī*). Als Ersatzzeugnis für Länge vor *x* des Perfekts mag bezeugte Länge vor *-ct-* des zugehörigen *to*-Ptc. gelten, so inschr. *afleicta* und *poloucta* D 88 für perf. *af-flīxī pol-lūxī* (aber nicht umgekehrt: *dīxī* trotz *dĭctus*). Priscian II 466, 17 bezeugt *ē* vor *x* in den *s*-Perfekta; vgl. aber auch § 129 Zus. wegen sekundärer Vokaldehnung vor *x*.

c) Für Dehnstufe eines *e a o* im *s*-Aorist läßt sich keine der bezeugten lat. Vokallängen verwerten, nur allenfalls das osk. anl. *ō* von *uupsens* **ōpsent* zu Wz. *op* (in lat. *opus* 'Werk'). Lat. *ē* in *tēxī rēxī* erklären sich im Anschluß an *tēctus rēctus* nach dem Lachmannschen Gesetz (*ag-t* > *āct*, § 129). Den Längen vor *s* aus *ss* entsprechen auch Längen der Wurzel im Praesens. – Weder die echten *ī ū* noch die aus *ei ou* monophthongierten sind nach ihrer Natur Dehnstufenvokale. Zeugnisse für Vokalkürze sind *gessī ussī* und *illexī*. – *trāxī* ist merkwürdig; trotz des bewahrten *a* in *contraxī contractus* zeugen die Iterativa wie *contrectare* für kurzes *a*.

C. Zur morphologischen Erklärung des idg. *s*-Aorists. Nach *Lane*, Lang. 45, 340 ff. Praeteritum eines *s*-Praesens. – Glottogonische Erwägungen: *Kretschmer*, SB Öst. 225, 447 deutete mit schwachen Argumenten das *s* des *s*-Aorists und das *v* des lat. *v*-Perfekts als Pronominalstämme (idg. *so sā* bzw. *au*); sie seien in Akkusativfunktion dem Verb inkorporiert worden; daher der Aufsatztitel „Objektive Konjugation". – *Bopp*, der Begründer der Sprachvergleichung, sah im *s* von *s*-Aorist und *s*-Futur das Verbum *es* 'sein', s. *Benfey*, Gesch. d. Sprachwiss. 498 u. 509.

Zusatz. Die inschriftlichen Belege für Langmessung des Vokals *ē*: *tēxit* I² 698, *rēxit* V 875, 9. – *ā*: *trāxit* X 2311, 18. – *ī*: *deixsistis* D 264, vgl. 406 Lex repett. 47 u. 65, meiss- 'mīsit' s. § 182 a. ųeix- 'vīxit' D 614; 649. – *ū*: *a(d)douxet* 'addūxit' I² 2438 (s. Apparat zu D 294). *dēdúxī* MA. *iousit* ('iūssit') SCBacch. usw. (s. § 80); umgestaltet zu klass.-lat. *iŭssit* s. § 410, 2 b α.

Lit.: *Sommer* 554–557; *Brugmann* II 3, 390 ff.; *Meillet*, Mél. de Saussure 95 ff.; ders., BSL 26, 70; *Solmsen*, Stud. 128 f. Fußn. (zu *struo struxi*). – Zur lautlichen oder morphologischen Erklärung der Dehnstufe im *s*-Aorist (vgl. § 37b): *Streitberg*, IF 3, 392; *Kuryłowicz*, Apoph. 159–165 (dazu *H. Berger*, OLZ 1958, 27). – S. ferner: *Narten*, Die sigmat. Aoriste im Veda, 1964; auch *Insler*, MSS 30, 56 f. – *Watkins*, I.-E. origins of the Celtic Verb: I The sigm. Aorist, 1962 (zum Ursprung speziell 97 ff.). – Zu venet. *donasto Prosdocìmi*, La lingua venetica, 1967, II 64–67, mit reicher Literatur.

437. *v*-Perfekt und *u*-Perfekt, 1. sing. auf *-vī* bzw. *-uī*, bilden morphologisch eine Einheit: Das *v*-Element, immer hinter langem Vokal wie in *amāvī audīvī*, ist nur in dieser Stellung unverändert bewahrt. Aus kurzem Vokal plus *-vī*, also aus *-iv-(ī)* in zweiter Wortsilbe, ergab sich *-u-(ī)*, das daher scheinbar die postkons. Form von *-v-(ī)* darstellt; s. dazu Allg. Teil 56* litt. δ. – Das *v*-Perfekt ist eine Sonderentwicklung des Lateins; es fehlt auch im Oskisch-Umbrischen. Es wurde zum Normalperfekt bei Verbalstämmen auf Vokal, speziell bei den lat. Denominativen auf *-āre* und *-īre*. Zur Ausbreitung des *v*-Perfekts s. auch *Narten*, MSS 31, 136 f.

I. Bestand und Verbreitung, Zuordnung zum *to*-Ptc.; Vorgeschichte aus innerer Rekonstruktion.

A. Das *v*-Perfekt hinter langem Vokal. 1. Verbalstamm einsilbig, bei fast allen Wurzeln auf Langvokal. Neben *to*-Ptc. mit anderer Stammform: *sē-vī* (*să-tus*, *sē-men*; prs. *sero* § 405b); (*dē-*) *sī-vī* altlat. *posīvī* (*si-tus*; prs. *sino*; vgl. § 438 II C 2c Zus.); *ac-cī-vī* (*ci-tus*, § 411, 4a); *dē-crē-vī* (neben *cer-tus*, § 149 aα). – Neben *to*-Ptc. mit gleichem Stamm: *nō-vī* wie *nō-tus*; ebenso *flā- flē- (im-)plē- quiē- (cōn-)su̯ē-*; *strā- sprē- (dē-)crē-, (con-)crē-*; *trī-(tero)*, *scī-vī* und *-tus*. – Zugehörige Praesensbildungen: selten nur einfache wie bei *flāre (im-)plēre scīre*. Zu den meisten Wurzeln auf Langvokal gehören Nasal- oder *sco*-Praesentien (§§ 406, 2; 407 I A 2), vgl. *cerno sterno* und *nōsco crēsco*. – 2. Verbalstamm mehrsilbig, auf *ā* und *ī* mit *-vī* und *-tus* in der 1. und 4. Normalkonjugation. Meist Denominativa wie *cūrā- multā-vī* und *fīnī- mūnī-vī* und *-tus*; nichtdenominativ etwa *amā-* und *audī- condī-vī*. Ferner *-īvī -ītus* neben prs. *-io* und *-o* der 3. Konjug., *cupī-vī -tum*, danach bei Verben des Begehrens auf *-o expet-* Plt. (*pet-* Lucr.), *quaesīvī* (erweitert aus **quaes-sī*, vgl. *quaes-tu-*, § 436 A 2a) *arcess-īvī -ītum*; dann *capess- lacess-*. Zu praes. *-īre sepel-īvī* trotz *sepul-tus*; Simplex *sapīvī* zu *sapio -ere* wohl nach Kompos. *resipīre*, vgl. auch § 438 II D 2a Zus. – Vereinzelt *-ē-vī* sekundär bei *-ēre* und *-ēscere*, neben *-ētus* in *dēlē-vī* und *obsolēvī* zu *-ēsco* (adj. *obsolētus* 'veraltet'; zu *solēre*), dazu Gegenstück *adolēvī* (oder nach *crēvī*, Sommer 560; trotz *adultus*); *exolēvī* Liv. – Zu *-ūtus -ūvī* s. unten C 1.

B. Das *-uī*-Perfekt, nur hinter Verbalstamm auf Kons. In alten Bildungen gekoppelt mit Ptc. auf *-ĭtus*, also aus *-ĭvī* entstanden. Später als bequeme Bildung besonders zu Praesentien der 3. Konjug. auf *r l m n* benutzt, wo das *s*-Perfekt wohl aus lautlichen Schwierigkeiten vermieden wurde. 1. *-uī* neben *-itus*: in 3. Konjug. *genuī vomuī, gemuī fremuī strepuī*; 1. Konjug. (vgl. § 411, 1): *son- ton- crep- cub- explic- vet-uī* und *-itu- -ito-*. 2. Konjug.: *mon- terr-*; *hab-, mer-, co-* und *ex-erc-, lic-* 'bieten'; *tac-* (adj. *tacitus*); *licuit libuit* usw. (s. § 415 C). – 2. *-uī* ohne *-itus*, meist junge Ableitungen vom Praesensstamm. Neben *-tus*: 3. Konjug. *col-uī cul-tus, occuluī, cōnsuluī*; ursprünglich *aluī*; *dē-* u. *cōn-ser-uī*; *tex-uī*; dazu *voluī* (*velle*), zu 1. sing. praes. *volo* nach *colo coluī*. 4. Konjug. *aper-uī* (adj. *apertus*), *sal-uī* (vgl. Plt. Rud. 75; iter. *salt-āre*); 1. Konjug. *sec-uī*; *ēmic-uī* (ohne PPP). – 2. Konjug. Neben *-tus* scheinbar: *doc-uī* (zu **doci-tos*, § 410, 2ba), *torr-uī* (zu *to(r)stus* s. § 214c); *misc-uī* (comm. Plt. Rud. 487; praes. **misc-ĕre*, § 407 I A 1, *mixtus* aus **misc-tos*). Reguläres Perfekt zu *-ēre* (ohne *-itus*); bei Zustandsverben auf *-ēre*, meist neben *-idus*, dazu in deren Komposita auf *-ēscere* (§ 407 II B 1c): (*con-*)*cal-uī* (*ob-*)*stup-uī*, dazu *co-al-uī*; zu perf. *cōn-ferbuit*

Hor., *re-languit* Ov., *licuit* Cic. für *ferv-ŭit *langṷ-uit *liqṷ-ŭit s. § 145 e γ; dann *sil-uī vig-uī* usw. Spät *maeruī* (IVᵖ; alt adj. *maes-tus*); inschr. *arduerint* VI 2107, 16. – 3. Sonderfälle. 3. Konjug. Neu zu *-itus pos-uī*, § 438 II C 2c Zus., *con-crēd-uī* Plt. Cas. 479; unklar *ē-lic-uī* mit *-itus* (gegen *il-lexī -lectus*). Neu vom Praesensstamm, öfters zuerst in Komposita; normalisierend, besonders bei starker Differenz des alten Perfektstammes zum Praesens (*sīvī trīvī sēvī coēgī*): *sinuissent* CE 474, 8, *dēsinuit* Comm., *atteruisse* Tib. 1, 4, 48, *seruit* Enn. var. 33, *cōguit* CE 1086, 8; *parcuit* nur Naev. com. 69. Zur Differenzierung gegen Praesensstamm: Komposita von *canere* (vgl. unten zu *tenuī*) *incinuērunt* Varro ling. 7, 37 (auch *occ.*, *conc.*, *praec.* Tib. 1, 5, 12); auch wohl inschr. *conṷertuit* Orat. imp. Hadr. Erweiterungen alter Perfektformen mit *-uī*: *nex-uī* zu *necto* (vgl. *flecto flexī* und *texo texuī*); *mess-uī* (Paul. Fest. s. *sacrima* und spät) für *messī (zu *meto*, vgl. subst. *messis*); inschr. *lēgueris* VIII 20395. Erstmalig: *excelluī* Gell. 14, 3, 7. *tremuī* wohl aus Kompos. *con-tremuit* Enn. ann. 541 zu *-isco*, § 407 II B 3c. 2. Konjug. *tenuī abstinuī* (Plt.) für älter *tetinī abstinī* (vgl. § 433 A 3b). Weiteres bei *Heraeus*, Kl. Schr. 128[1].

C. Sonderformen des lat. *v*-Perfekts.

1. *-uī* neben *-ūtus* setzt älteres *-ūvī* fort; vgl. dazu auch § 438 II A. Typische Beispiele sind *statuī* und *ex-uī*; zu deren Praesentien auf *-uere* s. § 410, 3c. a) Denominativa von *u*-Stämmen, perf. *statuī tribuī minuī arguī acuī* zu *-uo*, dazu *dē-minūtus co-argūtus* und als Adj. *minūtus argūtus acūtus*; ohne *-to-* *metuī*. – Jünger ist der Typus auf *-uāre*, etwa *aestu- tumultu- -āre*. – b) Primärverben mit perf. *-uī* und ptc. *-ūtus*, praes. lat. *-uo* (meist Komposita, aus *-ovō* < *-ewō*): *ex- ind-uo, im-buo, ab- ad-nuo, ab- dī-luo, cor- dī- ob-ruo* (*-rŭtus*); *pluit*; dazu mit *-luo* > *-lvo* und *-luī* > *-lvī* (§ 141 b α): in *solvo -ī* und *volvo -ī* mit *-ūtus*. Dazu *ū*-Wurzeln *suo spuo*, auch perf. *fuit*. – c) *-uī* und *-ūtus*. Alt ist *-ūtus* bei den Denominativen und den *ū*-Verben *suo spuo*; bei den anderen steht *-ūtus* für *-ŭtus* durch nachträgliche Normalisierung. Zu *-ū-tus* gehört ein Perfekt auf *-ū-vī* > lat. *-ūī*, belegt noch vereinzelt im Altlatein, *īnstituī* Plt. Epid. 363 Most. 85, *cōnstituit* Titin. 43 und *adnūit* Enn. ann. 133, so auch *plūerat* Plt. Men. 63, *fūit* Capt. 555 (s. § 400 B 2). Auch für perf. *volvī* neben *volū-tus* ist *volū-vī vorauszusetzen, vgl. dazu *secūtus* § 156 d.

Zusatz. Die Gleichheit von Praesensstamm und Perfektstamm *solv- volv-* ist also sekundär. Übrigens enthalten alle Perfekta auf *-luī* normalisiertes *-uī*, so *aluī coluī voluī*. – Zu *ex-evō > *exuo* und zu *-ūvī* > *-uī* s. § 143 a und c.

2. Perfekttypus *mōvī*. Verben mit Stammauslaut *v* der 2. Konjug. bilden ihren Perfektstamm rein äußerlich gesehen durch Dehnung des Stammvokals *o* oder *a*: *mōvī cāvī* zu *mŏveo căveo*; so weiter *fōvī vōvī* und *fāvī expāvī* (§ 407 II B 1c), dazu *lāvī* zu *lav-ĕre* bzw. *-āre*. Lautlich sind sie nicht sicher erklärt trotz morphologischer Durchsichtigkeit. Als Perfekta in der 2. Konjug. müssen sie zu den *-uī*-Perfekta gehören; vereinfacht formuliert steht *mōvī* für *mŏv-uī aus *movivī, ebenso wie *mōtus* für *movitos, § 142a. Im antekons. *au* von adj. *cautus lautus* und nom. ag. *fautor* neben perf. *cāvī* usw. ist das wurzelhafte *-av-* noch zu erkennen. – Lautlich kann

man zur Not von *movi-vei zu mōvī gelangen mit -vi̯v- > -vov- und -ovo- > -oo- > -ō- (vgl. §§ 143aα und 144); bei cāvī ergäbe sich ā durch Kontraktion aus ao < avo.

Zusatz. a) Wenn, nach *Szemerényi* (s. § 47a), das āv von cāvī usw. auf ōv zurückgeht, und ihm das av für ov von caveo angeglichen ist, so bleiben doch noch die Schwierigkeiten des au von cautus und der Bewahrung des ōv in mōvī.

b) Weitere Erklärungen. *Petersen*, Lang. 4, 191–199 [Gl. 19, 240]: mōvī langvokal. Perfekt, wie in der 3. Konjug. fōdī (§ 435 A 1 b), und Vorbild für die v-Perfekta, gnō-vī nach mōvī [Gl. 19, 240]. *Burger*, Et. 105 [Gl. 19, 241]: lāvis- in lāvis-tī und lāver-it entspricht dem altind. dehnstufigen Stamm des iṣ-Aorists, etwa in 1. sing. a-pāviṣ-am zu Wz. pū; s. dazu § 444 a.

3. Die Perfekta adiūvī und fuī. Das System praes. iuvo -āre, perf. (ad-)iūvī, ptc. ad-iūtus (mit iter. adiūtāre und adj. iū-cundus) ist vieldeutig; entfernte Entsprechungen sind natürlich mōvī mōtus und suī sūtus (Wz. sū). Nach inschr. i̯ou̯ent D 122, adi̯ou̯anto Gl. 36, 126 geht ad-iuvo auf *ad-iovō zurück; u im Simplex iuvo stammt aus ad-iuvo; nach exuo würde man *ad-i̯ŭo erwarten, zu -uv- mit v s. § 143 c. Die hier zu nennende etymologische Verknüpfung mit der altind. Seṭ-Wurzel av 'helfen', av-ati -ū-ta- avi-tave, ist zwar kompliziert, aber einleuchtend (*Specht*, KZ 68, 52–57; vgl. auch *Szemerényi*, Trans. Phil. Soc. 1950, 178[1] u. im Thesaurus sub iuvo); danach entspricht dem ai. ptc.-ūta- lat. *i̯ūtos, mit echtem ū (trotz inschr. ou in imper. adiouta D 89) und mit verschlepptem i̯- aus dem Praesens; das i̯- wäre verdunkelte Reduplikation bei laryngalem Anlaut (hier bezeichnet durch H): *Hi-Hew-ō > *i̯eu̯ō > i̯ovō. Erst nach iū-tus auch perf. iū-vī (nicht nach *Specht* aus *i̯ou̯a-u̯ai). Danach gehört also iuvo zu einer ū-Wurzel, doch mit anderer Praesensbildung als suo spuo und daher mit Bewahrung des v in perf. iūvī. – Das Perfektum fuī steht im Latein ohne Praesens und to-Ptc.; seine Wurzel idg. bhū 'werden' zeigt im Altindischen die gleichen Stammformen wie av, also bhavati bhūta- bhavitum. Man erwartet also perf. *fū-vī wie iūvī; und so, zwar ohne v, aber noch mit ū, heißt es noch altlat. fūimus Enn., fūit Plt.; s. dazu § 400 B 2.

Zusatz. Nach *Sommer* 558 f. ist 3. sing. fū-it nicht als v-Perfekt entstanden, sondern als Umgestaltung der idg. Aoristform *bhūt mit Endung -it; doch wurde es mit Übergangslaut u̯ als *fūu̯it gesprochen; freilich ist ein solches nur phonetisches u̯ sonst nicht phonemisiert worden, und vor Vokal zerlegt sich ū sonst in uu̯. – Dieses fuu̯it, analysiert als *fū-vit, war nach *Sommer* die Urform des lat. v-Perfekts. – Zur allmählichen Ausbreitung des v-Perfekts s. *Narten*, MSS 31, 136.

4. iŭverint und monerint. In altlat. iŭverit -int bzw. iŭerit -int, zu iuvāre, und ebenso in monerint zu monēre sieht die Indogermanistik seit *Thurneysen*, KZ 35, 202 f. Formen des s-Aorists, Grdf. *i̯uu̯-əs- bzw. *mon-is-, genauer also des iṣ-Aorists der altind. Grammatiker. – Richtig scheint mir freilich die ältere mehr philologische Auffassung von iŭverim als Nebenform von iūverim, nach Muster fŭerim neben alt *fūverim, so *Solmsen*, Stud. 167 und zuletzt *Godel*, Stud. ling. 7, 57. Ausgangspunkt war wohl die Formel dī tē (ad)iŭverint; vgl. Catull ita me dīvī ... iuverint. – In monĕrint sehe ich eine einmalige Nachbildung zu iŭverint in der Formel di monerint meliora (Pacuv. 112, Lucil. 653); dies benutzte Pacuvius für sein moneris: 30 quod me moneris, effectum da⟨bo⟩.

Metrische Belege zu iŭver- (in den alten Hss. nur iuuer-, also i̯ŭver-). adiŭver- (von Venus) Plt. Rud. 305, dann Ter. Phorm. 537 Enn. ann. 335; iŭver- Catull. 66, 18 Prop. 2, 23, 22; die modernen Ausgaben schreiben meist iuer-, wohl zur Unterscheidung von iūver-. Eine Textkorrektur iūr- (so E.-M. [4]331 b) ist unmöglich: bei Catull steht iŭverint im Ausgang des Pentameters. – iŭverit etwa Plt. Most. 691, Verg. Aen. 10, 23.

II. Zur Herkunft des v-Perfekts. Sieht man von den beiden kaum haltbaren Rückführungen auf perf. mō-vit und auf fū-vit ab (oben I C 2 u. 3), so bestehen die Ursprungserklärungen vorwiegend in der Verknüpfung des lat. v mit einem Kennlaut u̯ oder u in beliebigen Verbalformen anderer idg. Sprachen.

A. Idg. -*u̯* als Personalendung. Lat. *gnōu̯ī* als Prototyp und altind. 1. 3. sing. *jajñau*. Die urtümlichsten lat. *u̯*-Perfekta sind die von Wurzeln auf Langvokal abgeleiteten, mit dem zugehörigen *to*-Partizip als Leitform; und unter diesen ist *gnōu̯ī* auch syntaktisch besonders altertümlich als bewahrtes perfectum praesens; so mag es hier als Muster dienen. – Im Altindischen bilden die Wurzeln auf -*ā* (idg. *ē*, *ō*, *ā*) ihr redupliziertes Perfekt 1. 3. sing. auf -*au*, also *ta-sthau* zu *sthā* (lat. *stā*), *da-dau* zu *dā* (idg. *dō*, lat. *dăre*); so lassen sich mit lat. *gnōu̯-ī plēu̯-ī* vergleichen altind. *jajñau paprau*, ins Idg. rückversetzt *g̑e-g̑'nōu̯* *pe-plēu̯* (oder -*ōu̯*); diese Verknüpfung stammt von *Fick*, GGA 1883, 564; dieses ai. -*au* bzw. idg. -*ōu̯* ist als Personalform eine Tatsache ohne rechte Erklärung. Zur Verknüpfung ist folgendes zu beachten. Von den beiden Merkmalen, Reduplikation und Endung, zeigen im Latein die wenigen entsprechenden Wurzeln auf *ē ō ā* nur entweder die Reduplikation, so *ded-ī stet-ī*, oder nur das *u̯* (*u*), so *gnōu̯-ī plēu̯-ī*; in beiden Fällen wurden verdeutlichend die Personalendungen -*ī* bzw. -*it* angefügt; zu *dedī* altind. med. *dade* s. § 443. – Durch neue Analyse *gnō-u̯ī* neben *gnō-tus* wurde das *u̯* zum Kennzeichen des Perfektstammes. – Zur 2. sing. (*g*)*nōstī* s. § 438 II D 2.

B. *u̯* als Wurzelerweiterung; Verbalwurzel auf *u*-Diphthong lang oder kurz. Die aus altind. *jajñau tasthau* eventuell zu gewinnenden Wurzelformen *g̑'nōu̯ *stāu̯ (neben *g̑'nō *stā) stützt man mit ags. *cnāwan* (*g̑'nōu̯*-) praet. *cnéow* 'kennen', aksl. iter. *znav-ati*, kaus. *stav-iti*, lit. *stov-ėti* 'stehen'; doch stammt auch hier das zusätzliche *u̯* vielleicht von den Perfektformen auf -*u̯*. Für ags. *cnāwan* s. *Hirt*, IF 17, 281 f.; 35, 142–146, für baltoslav. *stāv-ētī Specht*, KZ 62, 41; vgl. auch Gl. 19, 240 zu *Otrębski*. – Mit *sprēu̯ī strāu̯ī* (dies aus *strōu̯*- nach § 56, 1 b) und mit kurzdiphthongischen Wurzelformen *spreu- streu-* (in gr. στόρνυμι ai. *str̥ṇomi*) operiert *Szemerényi*, KZ 70, 72–76.

C. *u/u̯* in anderen idg. Sprachen. Das lat. *u̯*-Perfekt dient weiter als Anknüpfungspunkt für *u̯* oder *u* einer praeteritalen 1. 3. sing. in schwachbezeugten idg. Sprachen, aufgezählt bei *Hofmann*, IF (Anz.) 49, 307, so für gall. *ieuru* 'er machte', messap. *hadive* 'er setzte' (dazu *de Simone*, Krat. 7, 123), tochar. A *prakwā* 'ich bat' (Wz. in lat. *prec-ēs*), hethit. 1. sing. -*un* (*Benveniste*, Festschr. Hirt II 230). Aufgrund des tochar. Gebrauchs von 1. sing. -*wā* erklärt *Krause* als Prototyp der lat. *u̯*-Perfekta den Typus *monuī* zu Kausativen auf idg. -*eyō*. Weitere Literatur bei *Dressler*, Die Spr. 10, 99[2,3].

Zusatz. *u̯* als sonstiges Element der Verbalflexion in abwegiger Verknüpfungen. α) Mit part. perf. act. auf -*wes*-/-*wot*- (§ 446a) wollte *Schulze*, Kl. Schr. 434–441 die 1. plur. *nōvimus* aus *g̑'nōwes smos* 'kennend sind wir' herleiten; unhaltbar wegen *ĭm* statt *esm > ēm* und wegen des Ptc. in reiner Stammform. – β) Verknüpfung mit aksl. *u̯*-Iterativen und mit Denominativen auf -*ū-jǫ* -*ov-ati* bei *K. H. Meyer*, IF 61, 29–39 [Gl. 34, 216; 36, 142]. – γ) Unverwertbar ist die Zusammenstellung des *u̯* von perf. *lēvī* mit dem von adj. *lēvis* 'glatt' (zu gr. λεῖος, § 72) bei *Muller*, Altit. Wb. s. v. bzw. Woordverkl. 38.

D. „Laryngalperfekt", lautliche Rückführung des lat. *u̯* auf einen idg. labialisierten Laryngal (Umschrift H^w, x^w, vgl. § 38 c), und weitere Gleichsetzung mit den Kernkonsonanten der „schwachen" Praeterita anderer idg. Sprachen: *Martinet*, Word 9, 253 ff., bes. 258 f.: *u̯* aus H^w; *Adrados*, Homm. Niedermann 17–33: das *u* in -*uī* aus vokal. H̥ [zu beiden s. Gl. 36, 141 f.]; *Hamp*, Word 11, 399–403: lat. *u̯* und osk. *f* (des *f*-Perfekts) aus x^w; ablehnend *Watkins*, Evidence 190 [Gl. 42, 83]; nach *Rosén*, Laryngalreflexe und das [!] idg. schwache Perfekt, Lingua 6, 354–373, ist ein idg. Laryngalperfekt fortgesetzt durch lat. *u̯*-Perfekt, griech. ϰ-Perfekt und german. *d*-Praeteritum.

Weitere Literatur. *Brugmann*, KVG II 3, 457 (altind. *dadau*), 473 (lat. *u̯*-Perfekt). *Brugmann*, KVG 546. *Walde*, It. Spr. 220 f., *Mayer*, Gl. 32, 278–281. – Zu *u̯* als ursprünglichem Wurzelauslaut: Muster *mōu̯-ī* als langvokaliges Perf. zu *mŏu̯-eo*, gefaßt als *mō-u̯ī* neben *mō-tus*: *Osthoff*, Perf. (1884!) 250–264; seither spezialisiert mit manchen Varianten,

s. etwa *Ribezzo*, RIGI 2, 129–137; 3, 67–77 (s. das Exzerpt von *Schwyzer*, Idg. Jb. 8, 25 n. 24); *Szemerényi*, KZ 70, 51–61 u. 72–76 (speziell zu *cāvī strāvī sprēvī*; ebd. 74[1] über andere Deutungen). – Zu altind. *dadau* gehörig: *Thumb-Hauschild* § 527; auch *Burger*, Et. 110 ff. (vgl. *Hofmann*, IF 49, 306 f.). – Zu *fū(v)-it*: *Sommer*, KE nr. 136 p. 161–166. – Lat. *monuī* aus *moniwai* wie osttochar. Kaus. 1. sing. praet. auf *-wā*: *Krause*, Festschr. Sommer 137–144. S. dazu auch *Narten*, MSS 31, 146 n. 9.

438. Kurzformen bei den *s*- und *v*-Perfekten.

I. *s*-Perfekt: Kurzformen seit Plt. nur neben Vollformen mit *-sis-*, 2. sing. perf. *dīxtī*, konj. plqpf. *dīxem*, infin. *dīxe* neben den vollen Formen *dīxistī* usw., bei *x ps ss* (> *s*) des Perfektstammes hinter Vokal oder Nasal; nicht bei *rs ls* aus *rc-s lc-s* (*fulsī*, § 436 A 1) oder bei *-n-s-* (*mānsī*). – Daß die Kurzformen mit *s* aus den Vollformen mit *-sis-* verkürzt sind, ergibt sich aus dem Fehlen von Kurzformen bei der *er*-Gruppe der Endungen mit *-er-* aus älterem *-is-*: es besteht kein **dīxam* für *dīxeram*. Man möchte zwar annehmen, die Verkürzung sei rein lautlich durch artikulatorischen Sprung vom ersten zum zweiten *s* erfolgt, bei vorausgesetzter vorhistorischer Anfangsbetonung; doch ist eine solche Art von Haplologie eigentlich ohne Parallele (vgl. § 234). – Ich betrachte als Ausgangspunkt konj. plqpf. *dīxem*, in dem ich eine Umgestaltung von *dīxissem* sehe in Angleichung an konj. (aor.) *dīxim*, einer im Altlatein sehr verbreiteten Flexionskategorie (s. § 450).

Beispiele aus einzelnen Autoren (weitere bei N.-W. III 500 ff.): Plautus nur wenig: *dīxtī* Merc. 658, *dīxe* Poen. 961; *dētraxe* Trin. 743; zu *mittere mīsī*: *prōmīstī* Curc. 705 u. 709, *admīsse* Mil. 1287 (vgl. *mīstī* Catull. 14, 14). Enn. trag. 173 *scrīpstis*. Lucr. 1, 233 *cōnsūmpse*. Catull. 66, 21 *lūxtī* (*lūgēre*). Vergil Aeneis (kein *dīxtī dīxe*): *dērēxtī, traxe, exstīnxem, accestis*. Horaz (cf. ed. Vollmer p. 342) nur in sat.: *surrēxe* 1, 9, 73, *ērēpsēmus* 1, 5, 79, *percustī* 2, 3, 273, *ēvāstī* 2, 7, 68, *dīvīsse* 2, 3, 169. – S. noch *Untermann*, Gedenkschr. Brandenstein 171 mit Anm. 43 (gegen Haplologie); *Cardona* (zitiert in § 234) 49 ff.

II. Beim *v*-Perfekt sind zu allen Stammformen (*-āv- -ēv-* usw.) und für alle Endungen (*is-* und *er*-Gruppe) in verschiedenem Umfang auch Kurzformen im Gebrauch, gekennzeichnet durch das Fehlen des *v*, meist mit dadurch ermöglichter Vokalkontraktion; Muster in der 1. Konjug. *amāstī amāram* für *amāvistī amāveram*. Kurzformen werden nur dort fast ganz vermieden, wo lautlicher Zusammenfall mit der Praesensform erfolgt wäre, also in 1. plur. perf. nur *-āvimus*, oder wo Vokalkontraktion schwierig war, in 1. sing. nur *amāvī*; doch beachte unten 3. sing. *-āt -īt*. In den Kurzformen bleibt *ss* hinter langem Vokal erhalten, so in infin. *-āsse -ēsse nōsse*, s. § 182b. – Zum *-er-* aus *-is-* von *-eram -ero -erim* s. § 444a. Die Kurzformen gehören seit Plautus der Umgangssprache an; vgl. Cic. orat. 157 zu *nōsse iūdicāsse* und Quint. 1, 6, 17 u. 21 zu pedantischem *scīvisse audīvisse* und *cōnservāvisse*. – Reichere Belege bei N.-W. III 479–494.

A. *-ūvī -ōvī -ēvī* seien vorausgenommen. Bei den *-ūvī*-Perfekta ist das *v* der Vollformen hinter *ū* gerade vor Beginn der Literatur rein lautlich geschwunden; für *-ūvī* in **statūvī* usw. steht nur *-uī*, entsprechend für *-ūverim* nur *-uerim*. So fällt die Flexion äußerlich zusammen mit den normalen *-uī*-Perfekta mit *-uī* aus *-ivī* und erscheint uns nicht mehr als Kurzform-Flexion. S. oben § 437 I C 1 und 3 zu perf. *statuī exuī iuvī* und *fuī*.

1. Die -ōvī-Perfekta. Bei nōvī sind Kurzformen neben Vollformen seit Plautus, bei cognōvī seit Terenz immer im Gebrauch gewesen, also nōstī nōssem nōsse und nōrunt nōram nōrim. Künstlich perf. 1. plur. nōmus (!) Enn. scen. 160 (= trag. 139).

Verben mit Wurzel auf v, perf. mōvī (zu moveo; s. § 437 I C 2), wohl nach Vorbild nōvī: commōrat Ter. Phorm. 101 Turpil. 30 (s. auch Hor. sat. 2, 1, 71); admōrunt Verg. Aen. 4, 367, commōrit Rhet. Her. 4, 60, Hor. sat. 2, 1, 45; remōsse Lucr. (com- Cic. Mil. 85 fam. 7, 18, 3), summōssēs Hor. sat. 1, 9, 48, commōsset Cic. Verr. II 3, 45. Zu perf. vōvī: dēvōrō Acc. praet. 15 (aber SCBacch. comu̯ou̯ise). Zu fōvī keine Kurzformen.

2. Zu -ēvī-Perfekten (N.-W. III 480), von einsilbigen Verbalstämmen auf ē (Praesens meist -ēsco), vorwiegend in der klassischen Dichtung; keine Kurzformen zu sēvī sprēvī.

Bei Plautus cōnsu̯ērunt Poen. 612, īnsu̯ēram Capt. 306; dēcrēro Curc. 703. – Zu -su̯ēvī (Simplex und Komposita, meist cōn-) weiter: Varro ling. 9, 68 -ērunt und -ēssent, Lucc. Cic. fam. 5, 14, 1 -ēstī, Caes. Gall. 2, 31, 5 -ēssent; Hor. sat. 1, 7, 34 -ēris, vgl. 2, 2, 109. Dazu 1. plur. perf. Prop. 1, 7, 5 -ēmus, sowie Simplex scheinbar praes. Lucr. 1, 60 su̯ēmus, 1, 301 su̯ēmus. – Zu quiēvī: Verg. Aen. -ērunt und -ērant (auch re-qu. ecl. 8, 4). Hor. sat. 1, 6, 22 -ēssem; schließlich praes. inschr. requientibus Gl. 18, 248. – Infin. crēsse (zu crēsco) Laev., Lucr. 3, 683, vgl. Ov. met. 7, 416. – Zu flēvī: in Prosa dē-flērās Cic. Planc. 86, flēsse Liv. 30, 44, 7; in Dichtung: flērunt seit Verg. gg. 4, 461; flēstī u. flēsse Ov. Beachte 1. plur. perf.(!) flēmus Prop. 2, 7, 2. – Zu -plēvī (in- com- ex-): (im-) -plērunt häufig seit Lucr. 6, 197 Verg. ecl. 6, 48; -ēsse Lucr. 4, 171; -ēram -ēssem -ēsse Verg.; -ēstī Hor. epod. 6, 9; -ēssent auch Liv. 1, 33, 2; 8, 26, 3. – Zu dēlēvī: dēlēsse usw. bei Cic. und Liv. – adolēsse Ov. epist. 6, 11.

B. Bei -āvī-Perfekta der 1. Konjug. (also ohne cāvī fāvī expāvī und lāvī) kann ā für āve und āvi stehen, also amāram amāro und amāstī amāssem. Bei Plautus sind noch die Kurzformen seltener als die Vollformen; zur weiteren Verteilung s. *Stolz*, KZ 38, 429.

Formennachweis (Auswahl). Plautus: -āstī: Bacch. 121 put-, 727 par-; -āstis Cas. 14 prob-; -āssem -ēs: Most. 242 loc-, Truc. 140 serv-, Men. 694 voc-; infin. -āsse: Most. 175 laud-, Aul. 828 prob-; -āro -ārim usw.: As. 720 optāro, 572 neg-, Stich. 203 par-. Altlat. Inschriften. coniourase SCBacch.; superases D 542; perf. 3. plur. -arunt: D 404 prob-, 414 loc-, 698 laud-; -arit -arint: Lex repett. 24 iur-, 49 neg-, 54 prononti-, D 620 ambulareis. Horaz in carmina etwa 1, 10, 3 formāstī, probāris usw. 1, 4, 17; 1, 11, 3; 3, 2, 27. – Auch zu perf. strāvī von sterno: cōnstrārunt Varro ling. 9, 9, prōstrāsse Ov. trist. 3, 5, 33, strāsset Varro bei Non. p. 86, 6. – Perf. 3. sing. -āt für -āvit: Lucr. 1, 70 irrītāt, 6, 587 disturbāt; s. dazu unten C 3.

Zusatz. Vulglat. Vollformen ohne v: Perf. 1. sing. -āī, 3. sing. -āit. Probus (IVᵖ) gramm. IV 160, 14 läßt die Formen (prob-) -āī -āistī -āit -āimus nicht gelten, ebenso 182, 11 über calcāī für calcāvī; also kannte er als umgangssprachliche Formen -āī und -āit; diese Endungen sind in den romanischen Sprachen fortgesetzt. Inschriftlich -āit in laborait X 216, dedicait VIII 5667. – Das v (vulglat. b̌) ist nicht nach § 145 f lautlich geschwunden. Neben -āvī -āvit bestanden keine Kurzformen, so traten zu 2. sing. -āstī als Ergänzungen -āī -āit, nach -iī -iit (-iī -iit, vgl. unten C 3) neben -īstī; vgl. noch *Niedermann* Ltl.³ 139 [Gl. 23, 125]: -āit zu -ātus nach -īit neben -ītus. Literar. 3. sing. -āt für -āvit wohl ähnlich nach -īt neben -īvit; s. auch dazu C 3. – Zu inschr. σεγναι 'signāvī' s. *Sommer*, KE 165f. – Zu den Formen im Romanischen s. *Meyer-Lübke*, ZRPh. 9, 223ff. – Ganz anders über Formen ohne v *Bonfante*, s. unten D 2 a Zus.

Inschr. -aut, für -āvit, in Pompeji: pedicaut IV 1691 p. 211, vgl. -aud 2048; donaut VI 24481, militaut 32695, pugnaut 33983 usw.; vereinzelt auch -iut für -īvit, so petiut usw. (*Diehl*, Vulglat. Inschr. 182–184). – Erklärung durch Synkope des i ist kaum mehr als eine Beschreibung.

C. Bei den -īvī-Perfekta der 4. und 3. Konjug. erscheinen seit Plautus die Kurzformen ohne *v* in folgender Gestalt: bei *is*-Endungen zeigen sie -ī(v)is- > -īs-, so *audīstī -īsse*; bei *er*-Endungen steht *-ĭer-* für *-īver-*, also *aud-ierim -ieram -iero*; dazu perf. 3. plur. *-iērunt*, auch *-iĕrunt*. Im Indik. perf. 1. 3. sing. und 1. plur. stehen als Kurzformen *-iī -iit -iimus*; doch sind im klassischen Latein nur *dēsiī petiī* sowie *per-iī red-iī* usw. in normalem Gebrauch. Für ausführliche Belege s. N.-W. III 431–478. – Es folgen Einzelheiten.

1. Zum Gebrauch bei mehrsilbigen Verbalstämmen. Plautus bevorzugt im Allgemeinen die Vollformen, doch bei *audīre* die Kurzformen; beide nebeneinander bei (*ob-*)*dormīre* mit *-īvisse -īvisset* Amph. 272 Rud. 899 und *-īssēmus* Rud. 591 *dormĭĕrunt* Poen. 21. Sonst seien genannt: Lex repett. *-ierit*: 32 *aud-*, 62 *quaes-*. Vergil: von *petiī* alle Kurzformen: perf. indik. *-iī, -īstī -īstis, -iērunt* und *-iēre*; inf. *-iisse* (!), aber metrisch *quaesīsse*; weiter etwa *fīnīssem* Tibull 2, 6, 19, *īnsānīsse* Hor. sat. 2, 3, 134.

2. Bei einsilbigen Verbalstämmen auf *-ī* finden sich Kurzformen vorwiegend in Komposita, etwa *excierat* Verg. Aen. 5, 107, vgl. 790; *nequiit* Liv. *nequīsse* Catull (s. § 399 b β). Bei *trīvī* fehlen Kurzformen. Am auffälligsten ist im Altlatein der Gegensatz zwischen *scīre*, fast nur mit Vollformen, und *īre*, fast nur Formen ohne *v*.

a) Zu *scīre*. Bei Plautus fast nur Vollformen: *scīv-ī* (auch *nescīvī* Poen. 629) *-istī -it -imus -ērunt, -issem* Merc. 993, *-erant, nescīv-erīs* Mil. 572. Kurzformen: nur *sciero* Pers. 218 und vielleicht perf. 1. plur. *postquam sciimus* (*scīmus*, praes., var. lect.) Curc. 325. Später zu *re-scīsco -ierint* Ter. Eun. 387; zu *dē-scīsco* 'falle ab' *desciit* Nep. Dat. 7, 1, *descierit* Planc. Cic. fam. 10, 21, 6, *descīsse* und *descīstis* Liv.

b) Perfekt von *īre* (mit Komposita *ex- ab- red-* usw.). Normal *iī iistī -ieram* usw. seit Plautus, also wie die Kurzformen der 4. Konjug.; *ii-* teils offen, teils kontrahiert zu *ī-*: *iistī* Psd. 1175 und *īstī* Trin. 939 Bacch. 577; *exiissem* Rud. 534 und *exīssem* Stich. 743. Mit *ī- īero* Capt. 194 und *īerant* Ter. Ad. 27 (*īv-* viele Editionen), aber ständig *rediero -is -it* usw. – Perfektstamm *īv-* (wohl Neuerung): *exīvī* Stich. 459, *īvisse* Most. 842. Später etwa *īvit* Cato orig. 82 CE 1559, 13, *īvī* Varro bei Gell. 13, 12, 6, *obīvit* Verg. Aen. 6, 801; *redīvit* Pap. Corp. II 26 I 4; *īverat* Catull 66, 12. – Perf. indik. 3. sing. in Verg. Aen.: meist *īĭt*, so in Senkung (*exiit* 2, 497) oder mit *-it* in Hebung; kontrahiert in Hebung *exīt* 5, 492, *īt* in Senkung 9, 418; dagegen praes. 3. sing. natürlich *ĭt*, bezeugt nur in Komposita, *subĭt* 1, 171, *redĭt* 2, 275, *adĭt* 10, 149. – Merkwürdig ist für *ii* auf alten Inschriften die Schreibung *ie iei*: *adiese -sent* SCBacch., *interieisti* D 603, *rediedit* 91, *ueniedit* (d. i. *vēn-iit*, sc. *ager*) Lex agr. 58, 65, 67, 91; das *ei* als alte Vokallänge oder als Diphthong zu interpretieren, scheint unmöglich. – Der Perfektstamm *i-* ist umstritten, vermutlich gekürzt aus *ī-*: ein reduplizierter Stamm in der schwachen Form würde *ī-* (aus *i-i-*) lauten, vgl. altind. 3. plur. *īy-ur*. Unergiebig *Sommer*, KE 166 nr. 137.

c) Kurzform *sīrīs* zu perf. *sīvī* von *sinere* 'lassen'. Neben normalem Konjunktiv 2. sing. *sīverīs* (Plt. Most. 401 *cave . . . sīverīs*, Merc. 323 *nē dī sīverint*) steht als Kurzform statt *siĕrīs* meist *sīrīs*: *cave sīrīs* Bacch. 402 Epid. 400; öfters in Beschwörungen oder Gebeten, so Bacch. 468 *nē dī sīrint*, Poen. 953 *ut mē sīrītis* (vgl. Trin. 521), Brief der Cornelia mater Gracchorum *nē sīrit Iuppiter*; archaisierend Liv. 1, 32, 7 al. In diesem *sīrī-*, aus **sei-sī-*, glaubt man als Optativform den Rest eines *s*-Aorists zu sehen. Nun lautet die normale Kurzform *siī*, Ter. Ad. 104 *siit*, vgl. Plt. Mil. 1072 *sīstī*; für *dēsīvī* (Cato agr. 88 u. 125) zu *dē-sinere* 'aufhören' steht als normale Perfektform *dēsiī* Varro Cic. Lucr. (*dēsīssem* Catull 36, 5). So scheint es mir empfehlenswerter, auf diese Altertümlichkeit eines postvokal. *s*-Aorists, zu dem man auch *sīstī* stellen könnte (s. unten D 2 a), zu verzichten, und mit *Bauer*, -*ēre* 45[16] *sīrim* aus normalem *sierim* (*sierit* XII Tab. 8, 22) herzuleiten, mit anormaler Kontraktion *ie* > *ī* in Beschwörungen; zu lat. *ie* > *ī* siehe im Übrigen § 133 II Zus. γ.

Zusatz. Zu *sino sīvī* gehört **po-sino* (> *pōno*, s. Allg. Teil § 44 Ende), perf. alt *po-sīvī* (Plt. Rud. 1281 Trin. 145, auch Curc. 356 *op-p.*, Catull. 34, 8, inschr. *poseiu̯ei* D 430), dazu Kurzform *posīī* (Plt. Most. 434 *imposīsse*, inschr. *deposierunt* I² 1214, 15, 3. sing. *poseit* D 589, *posit* I² 1780/82). Das perf. *posuī*, seit Enn. ann. 260 Lucil. 768 (Lucr. 6, 26; auch Mon. Ancyr. 4, 54), ist aus *posīī* umgebildet als Ergänzungsform zu *positus*, § 437 I B 3.

3. Perf. indik. 1. und 3. sing. -*īī* -*iit* und -*ī* -*īt* (Belege für alle vier zu *audīre* s. Thes. s. v. p. 1262). Formen ohne *v* sind selten: 1. sing. *exaudīī* Afran. 393, *audīī* Varro, inschr. *petieī* D 546; 3. sing. üblich *petiit dēsiit* sowie *ab- red-iit*; bei Vergil häufig *audiit*. Kontrahiert -*ī*: inschr. *audī* auf Memnonstatue (I/IIᵖ); -*īt*: inschr. *per-eit* I² 1680, *poseit* oben 2c Zus., *seru̯eit* VI 11712; metrisch *exīt* s. oben 2b. – Dazu schreibt Prisc. II 130, 1 Endakzent vor für perf. *audīt* (Prop. 4, 9, 39?), *cupīt* und auch für *fūmāt* (Verg. Aen. 3, 3); diese Akzentuation perf. *audít cupít fumát* gegenüber praes. *aúdit* usw. ist sicher von Grammatikern differentiae causa für Dichterinterpretation in der Schule festgelegt (vgl. § 237, 1d); also faßten sie *audit* als verkürztes *audīvit*, d. h. als kontrahiertes *audíit*, nicht *aúdiit* .

D. Als Erklärung sucht man entweder die Urtypen der Kurzformen abzuleiten oder einzelne Kurzformen, z. B. 2. sing. *nōstī* oder fut. *amāro*, unmittelbar in die Grundsprache zurückzuprojizieren. In jedem Fall ist dazu weithin mit analogischer Ausbreitung nach individuellen Musterformen zu rechnen.

1. Lautliche Herleitung der Kurzformen aus den Vollformen durch Schwund des *v* ist der nächstliegende und auch wohl glaubhafteste Lösungsversuch. Als regelrechte Paradigmenformen sind nur die Kurzformen der *ā*- und der *ī*-Verben zu bezeichnen, die der ersteren mit durchgehendem *ā* in -*āstī* -*āsse* und in -*āram* -*āro*, die anderen zwar mit -*īstī* -*īsse* aber mit -*ieram* -*iero*. Nun besteht Ausfall eines *v* nur zwischen qualitativ gleichen Vokalen (§ 144); damit lassen sich nur *īi* > *ī* für *īvi* und *ēe* > *ē* für *ēve* rechtfertigen, etwa -*īstī* -*īsse* oder -*plēram*, aber nicht -*āstī* -*āram* der *ā*-Verben. Dies und alles weitere wäre also durch Paradigmenausgleich zu erklären. – Geht man hiernach von den *ī*-Verben aus, so hätte sich an *īvi* > *īi* als erster Ausgleich *īve* > *īe* angeschlossen; dann folgte einerseits *īi* > *ī* mit -*īstī* -*īsse*, andrerseits Vokalkürzung *īe* > *ĭe* mit -*ieram* -*iero*; diese zweite Entwicklung mag durch das Perfekt (*ex-*)*iī* unterstützt worden sein, das wie ein Prototyp der Kurzformen erscheint. – Bei Anerkennung dieser Entwicklung dienten die *ī*-Verben weiter als Muster für die Kurzformen aller anderen Stämme, also mit -*īstī* -*īsse* neben -*īre* für -*āstī* -*āsse* neben -*āre*, und ebenso mit -*ieram* für *-*āeram* (> -*āram*). – S. auch *Stolz*, KZ 38, 124; *Nehring*, Gl. 14, 117 f.; *Touratier*, BSL 67, 164.

2. Formen des *s*-Aorists als scheinbare Kurzformen. Bei solchen Deutungen werden die kürzeren Formen zumeist aus ihrer zuständigen lat. Ordnung herausgerissen. Für Anknüpfungen bietet das Altindische mit seiner reichen, freilich zumeist erst sondersprachlichen Entfaltung von *s*-Aoristen manche Verleitung. Zum idg. *s*-Aorist s. § 436 B.

a) **Perf. 2. sing. auf** -*stī*. Die „Kurzformen" *nōstī* (*sīstī* oben C 2c) und *dīxtī* ohne das *vi* bzw. *is* oder *si* des lat. *v*- und *s*-Perfekts lassen sich deuten als Formen des *s*-Aorists idg. **g'nō-s-s* **deik'-s-s*, nur *nōstī* auch als Form des Wurzelaorists, gr. ἔ-γνω-ς; die lat. Formen wären nachträglich mit der Endung -*tī* verdeutlicht worden; ähnliches gilt auch für die lat. 2. plur. auf -*s-tis* als *s*-Aorist. Als Variation mag man *nōstī* auch mit altind. med. 2. sing. *a-jñās-thās* (Ath.-V.) gleichsetzen bis auf eine Umgestaltung im Auslaut. Entsprechend dem *nōstī* kann man auch bei den *ā*-Verben etwa *dōnāstī* beurteilen unter Hinweis auf venet. (med.?) 3. sing. *donasto* (s. Allg. Teil 31* § 22b). – Das aus den zwei *v*-Formen *nōvī nōvit* und den zwei *s*-Formen *nōstī nōstis* komponierte System wäre dann durch Formenausgleich in die zwei Paradigmen zerfallen, das *v*-Perfekt, vervollständigt durch *nōvērunt nōveram nōvistī* usw., und das ohne *v*, dies erweitert durch *nōrunt nōram nōsse* usw.; und diese gaben dann das Muster ab für die *ā*-Perfekta. – S. dazu auch *Narten*, MSS 31, 136–138.

Schlecht vereinbar mit der *s*-Aorist-Erklärung ist bei *dīxtī* das Fehlen von *dīksam neben *dīxeram*, bei *nōstī* die sonstige lat. Beschränkung des *s*-Aorists auf konsonantische Verbalstämme; übrigens war auch das einzige Muster *nōstī*, wenn als Aoristform erklärt, wenig geeignet für Eingliederung in ein perfectum praesens.

Zusatz. Nach *Burger* soll ein ursprüngliches zweigestaltiges Paradigma *nōv-ī nō-stī* noch im Romanischen nachwirken in der Flexion italien. praet. 1. sing. *ebbi seppi* <lat. *habuī sapuī*, 2. sing. *avesti sapesti* < **hab-istī sap-istī*. Aber mit lat. *sapuī sapistī* zu *sapio -ere* ist diese Interpretation nicht zu stützen: perf. *sapuī* ist erst kaiserzeitlich; *sapistī* Mart. 3, 2, 6 al. und *sapisset* Plt. Rud. 899 haben *ī* (-*istī*, -*isset*) als Kurzformen zu unbezeugtem *sapīvī*, vgl. dafür *resipīsco* perf. -*īvī* Afran. 16 mit Kurzformen -*istī* Plt. Mil. 1345, -*isse* Ter. Haut. 844, -*isset* Cic. Sest. 80, gegen *resipuī* Att. 4, 5, 1. – Lit.: *Burger*, Et. 120ff. (zu *nōstī sapistī*); dazu *Hofmann*, IF 49, 306, *Leumann*, Gl. 19, 242. – *Bonfante*, The Latin and Romance weak perfect, Lang. 17, 201–211, rekonstruiert unter Benutzung von vulglat. perf. 1. 3. sing. -*āī* -*āit* und vereinzelt -*āt* -*īt* (s. oben B Zus. und C 3) eine vorhistorische Flexion -*āī* -*āstī* -*āit* bzw. -*ī* -*istī* -*īt*; s. dazu Gl. 34, 216.

b) -*ā*-*r*- aus -*ā*-*s*-: 3. plur. perf. *dōn-ārunt* aus -*ās-ont* wie gr. aor. ἐ-τίμη-σ-αν; fut. ex. 1. sing. -*ā-ro* aus -*ā-sō* wie gr. konj. aor. (oder *s*-Futur) τιμή-σω, also wie Typus lat. *faxo* mit *s* hinter Kons. (§ 450). – So zuerst *Stolz*, Zur lat. Verbalflexion 28; s. dazu *Solmsen*, Stud. 176. Danach erweitert: dieses *amāsō auch Grundform für Typus *amāsso*, mit *ss* durch expressive Konsonantendehnung, so *Burger* 131 nach *Benveniste*; s. § 452.

439. Nichtmarkierte Perfekta, Perfektstamm gleich Praesensstamm. Die lat. Perfektstämme sind an sich, wie beschrieben, durch lautliche Merkmale, sog. Morphe oder Morpheme, charakterisiert und dadurch auf alle Fälle von den Praesensstämmen unterschieden, ganz abgesehen davon, daß sie ursprünglich nicht vom Praesens abgeleitet sind. Doch gibt es auch nichtmarkierte Perfekta bei manchen Verben, natürlich nur bei solchen der 3. Konjug.; bei diesen fallen zwei Indikativformen lautlich mit denen des Praesens zusammen, 3. sing. und 1. plur., vgl. etwa 3. sing. *vertit solvit*; doch gilt das für die 3. sing. erst seit der Zeit, als im Perfekt das ältere -*ed* durch -*it* ersetzt wurde. Morphologisch ist die Perfektflexion bei diesen Verben nicht etwa auf das idg. Imperfekt zurückzuführen (so als Möglichkeit *Brugmann* II 3, 49); vielmehr ist der Perfektstamm durch Verlust des Perfektzeichens dem Praesensstamm gleichgeworden. Es sind mehrere Gruppen zu unterscheiden; ich benutze nur die 3. sing. a) Die Gruppe *scandit dēfendit osten-*

dit. Hierzu *scandit* mit Komposita *a(d)- e(x)- cōn-scendit; pandit, mandit;* *candit *fendit *hendit nur in Komposita *ac- in-cendit* (zu *candēre,* § 415 B), *dē- of-fendit, pre-hendit.* Nun verlieren bei den reduplizierten Perfekta die Komposita die Reduplikationssilbe, vgl. *ostendī dispendī* neben *tetendī pependī* (§ 433 A 3 b); also sind wie bei *ostendit occidit* usw. auch hier zu den Simplicia von perf. *cōn-scendit in-cendit dē-fendit pre-hendit* reduplizierte Perfektstämme **sce-(s)cand-* **ce-cand-* und **fe-fend-* **he-hend-* vorauszusetzen. Simplex *scandī* stammt wohl aus den Komposita; es diente als Muster für *pandī mandī lambī.* – b) Gruppe *-uere,* Beispiele *statuit ex-uit.* Hier perf. *-uī* aus *-ūv-ī*; dazu auch *solvit volvit* mit *-lvit* aus *-luit,* § 437 I C 1. – c) Varia. Zu *vertit* bzw. *vortit* s. § 44 Zus. *vellit* wohl nach *refellit.* Zu *bibit* und *abscondit* s. § 433 A 4 c, d. Zur Ersetzung von *dēmit durch *dēmpsit* s. § 436 A 2 d. Zu *ait inquit* auch als Perfektformen gefaßt s. § 403, 5. – d) Kurzformen des *v*-Perfekts gleich Praesensformen. 3. sing. *-āt -īt* s. § 439 II C 3; 1. plur. *-ēmus* s. § 438 II A 2 *(flēmus).* – e) Sonstiger zufälliger Zusammenfall von Flexionsformen: *exstīnxit* perf. und altlat. Fut. bzw. Konj. (Typus *faxo,* s. § 451, 1). – *incessere* als perf. 3. plur. *(-ēre)* und infin. s. § 416. – S. Leumann, Mél. Benveniste 377 ff.

440. Gegenseitige Zuordnung der verschiedenen Perfektbildungen und der vier Konjugationen; Praesens als Zentrum des Verbalsystems. Die verschiedenen Perfektbildungen sind oben behandelt; die vier Konjugationen sind in § 410 nach ihren Beständen aufgeteilt. Hier sollen nur die Hauptpunkte über die Gruppierung im klassischen Latein kurz zusammengefaßt werden.

A) Verteilung der Perfektbildungen auf die vier Konjugationen.

1. Ererbt als Perfekta sind die eine Einheit bildenden drei Typen der reduplizierten und der beiden langvokaligen (also *cecinī; lēgī; vīdī rūpī*), dazu als Anhängsel die nichtmarkierten des Typus *scandī dēfendī.* Dazu kommt das als idg. *s*-Aorist ererbte *s*-Perfekt. Diese sind insgesamt gemäß ihrer Ableitung von primären Verbalstämmen oder Wurzeln unabhängig von deren Praesensstämmen; insofern sind sie im Latein einzelnen individuellen Praesentien der vier Konjugationen zugeteilt; sie erweisen aber diese Praesentien als Primärverben.

2. Das *s*-Perfekt konnte, als ehemaliger Aorist, zusammen mit *fēcī* in die lat. Perfektkategorie erst Aufnahme finden, als die alten Perfekta funktionell zu Praeterita geworden waren; daß mit dem *s*-Perfekt aoristische Aktionsart besonders zum Ausdruck komme, läßt sich nicht erkennen. Es ist im Latein nur bei Wurzeln auf Konsonant gebraucht und zwar fast nur bei langsilbigen auf Verschlußlaut oder *s.* So stehen *s*-Perfekta neben einfachen thematischen Praesentien der 3. Konjugation, etwa neben *dīco dūco nūbo rōdo laedo claudo carpo spargo cingo* und *gero*; nur neben diesen waren sie als Praesensableitungen auffaßbar und sind zum Teil sicher auch als solche entstanden, so nachweisbar *dēmpsī.* Doch stehen sie auch neben *io*-Praesentien der 3. und 4. Konjug., so in *-spexī il-lexī con-cussī* und in *saepsī hau(s)sī farsī fulsī sānxī,* und neben *ē*-Praesentien der 2. Konjug. in *rīsī suāsī hae(s)sī auxī fulsī,* und, sicher als junge Neubildungen, in *arsī torsī.* – Über vermutete Verwendung hinter Vokal in Flexionsformen wie *amāstī amāro* s. § 438 II D 2.

3. Das nurlateinische *v*-Perfekt ist zusammen mit seiner Nebenform, dem *u*-Perfekt, die einzige wirklich produktive Perfektbildung. Die *v*-Perfekta sind gebraucht hinter Verbalstämmen auf Langvokal. Dazu gehören in erster Linie die einsilbigen Wurzeln von Primärverben auf *ā ē ī ō*; die zugehörigen Praesentien sind oft, wie bei *nōvī crēvī sprēvī,* abgeleitete *sco-* oder *n*-Praesentien, bei denen die reine Wurzel am deutlichsten im *to*-Partizip *nōtus con-crētus sprētus* erkennbar war; seltener sind sie einfache Praesentien wie die zu *flāvī flēvī scīvī,* die als Vorbilder für Praesensableitungen dienen konnten. Und so gehören dazu weiter die mehrsilbigen Verbalstämme der Denominativa auf *-āre* und *-īre*; bei ihnen ist das *v*-Perfekt sicher vom Praesens abgeleitet, da sie ursprünglich nur als Praesensstämme existierten. Und da diese Denominativa allmählich zum Hauptbestand der 1. und 4. Konjug. wurden, so entwickelten sich *-āvī -ātum -āre* und *-īvī -ītum -īre* gewissermaßen zu den Normalkonjugationen mit dem Praesens als Zentrum des Verbalsystems.

4. Das -uī-Perfekt, mit -uī aus -i-vī, war entstanden als v-Perfekt von Verben mit zweisilbigem Stamm auf kurzen Vokal; da dieser im to-Partizip noch als i sichtbar blieb (*domitus genitus monitus*, neben *domuī genuī monuī*), kann man das Partizip auf -*itus* als Leitform für die weitere Ausbreitung von -*uī* ansehen. Die neue Form -*uī* war aber nach ihrer Entstehung auf die Stellung hinter Kons. beschränkt; und so verselbständigte sie sich zu einer zweiten postkons. Perfektendung, für Ableitung von Praesensstämmen. Nach ihren Musterformen wurde sie vorwiegend hinter $r\ l\ m\ n$ verwendet, dies im Gegensatz zu -*uī* aus -*ūvī* in *statuī tribuī arguī*. Das neue -*uī*-Perfekt findet sich in allen Konjugationen; nur in der 2. hat es gewissermaßen die Stellung eines Normalperfekts erlangt.

Zus. Nach *Mayer*, Die Entstehung des lat. Perfektsystems, Gl. 32, 261–282, ist die Unordnung in der Verteilung dadurch bedingt, daß undeutlich gewordene Ablautformen alter Perfekta durch deutlichere Ableitungen ersetzt wurden [Gl. 36, 141].

B) Die lat. vier Konjugationen mit den ihnen zugeordneten Perfektbildungen. Die vier lat. Konjugationen, mindestens die 2., 3. und 4., sind eigentlich nur Praesenskonjugationen; sie sind allein definiert durch ihre Praesensstämme oder Infinitive. Nun sind aber in den Konjugationen jeweils verschiedene formale Praesensbildungen vereinigt, etwa die Typen *lego sisto capio nōsco lino* in der 3., die Typen *moneo -pleo caleo* in der 2.; so waren die Perfektbildungen anfangs keineswegs den (jungen) Konjugationen zugeteilt, sondern bestenfalls, soweit formell bestimmt, zu deren Gruppen und Untergruppen. Mit dieser Einschränkung sei über die Zuteilung der Perfektstämme folgendes gesagt.

1. Zur 1. und 4. Konj. ist wenig zu bemerken, weil die Denominativa auf -*āre* und -*īre* mit dem v-Perfekt das Bild bestimmen. Als „unregelmäßig" gelten in der 1. Konjug. die Verben mit anderen Perfekta: redupl. *dedī stetī* zu *dăre stăre*; -*uī*-Perfekt in der Gruppe *sonuī domuī* (§ 411, 1), wo die Unregelmäßigkeit eher beim Praesens -*āre* (statt -*ĕre*) als beim Perfekt liegt. – In der 4. Konjug. sind die Primärverben erkennbar an den alten Perfektbildungen, langvokalig *vēnī*, ehemals redupl. *repperī*, s-Perfekt *saepsī sēnsī sānxī fulsī hau(s)sī*; v-Perfekt nur in *sepelīvī*, trotz *sepultus sepul-crum*.

Unrichtig über -*xī* als Meidung von -*c-īvī Safarewicz*, Eos 33, 331ff. [Gl. 23, 132f.].

2. Die 3. Konjug. enthält, als Fortführung der Verben mit idg. themat. Praesentien wie *ago lego nōsco*, fast nur Primärverben; dem entspricht die Mannigfaltigkeit der Perfektbildungen. Die alten Perfekte sind wohl vertreten, *cecinī, lēgī ēmī, vīcī rūpī*, auch mit Verlust der Reduplikation *ostendī dēfendī*, neben io-Praesens *peperī fōdī cēpī fūgī*. – Das s-Perfekt, bei manchen Verbalstämmen ererbt, so in *vexī dīxī*, wird auch bei Neubildungen nur von thematischen Praesentien mit Stamm auf Verschlußlaut oder s gebildet; neben einem io-Praesens nur *illexī*. – Das v-Perfekt in *nōvī sēvī sīvī* usw.; ferner -*ūvī* > -*uī* bei den einzigen Denominativen der 3. Konjug., *statuī* zu *statuo*, daher hier Lautgleichheit der beiden Tempusstämme. – Die Ausbreitung des -*uī*-Perfekts erfolgte in der 3. Konjug. anfangs als Ergänzung zu -*itus*, später als Verdeutlichung in Neubildungen zu themat. Praesentien mit Stamm auf $r\ l\ m$, -*seruī coluī fremuī*; merkwürdig *rapuī* zu *rapio* (gegenüber *cēpī* zu *capio*; zu *sapiī* und *sapuī* s. § 438 II D 2 a). – Zu den -*uī*-Perfekta des Typus *ob-stupuī* wurden erst sekundär die Inchoativa auf -*ēscere* hinzugebildet.

3. In der 2. Konjug. sind verschiedene primäre und deverbative Praesensgruppen vereinigt, auch solche, deren ē-Flexion schwer zu verstehen ist; als Normalperfekt darf man hier -*uī* bezeichnen. Nur in dieser Konjugation ergibt sich aber über die formalen Merkmale der Wurzelgestalt hinaus in beschränktem Umfang auch eine Zuteilung einzelner Perfekttypen zu funktionellen Praesensgruppen. Ererbte langvokal. Perfekta *sēdī* und *vīdī*. – Die reduplizierten Perfekta *momordī spopondī* gehören ebenso wie die zugeordneten to-Ptc. *morsus spōnsus* rein morphologisch zu den verschollenen themat. Praesentien **merdō *spendō*, die im Latein durch ihre Intensiva *mordeo spondeo* ersetzt sind; daher die Zuteilung von *momordī* zu praes. *mordeo*. Erst als Ersatz für ein redupl. Perfekt wurde bei *torqueo* in Anlehnung an *tor(qu̯)tus* das s-Perfekt *tor(qu̯)sī* gebildet. Im Übrigen dient das s-Perfekt als Ersatzform zu allen Klassen mit langer Stammsilbe, so bei Zustandsverben in *hae(s)sī arsī alsī fulsī lūxī* (*lūceo* und *lūgeo*), aber auch bei *rīsī su̯āsī auxī*. – Das v-Perfekt steht normal bei Wurzeln auf ē, in *flēvī -plēvī*. – Das *uī*-Perfekt ist morphologisch zuständig als Ergänzung zu Verben mit to-Ptc. auf -*itus*. Das sind zu-

nächst die Kausativa, also *moneo* mit *-itus -uī*; dazu der lautlich entstellte Typus *mōtus mōvī* neben *moveo*; weitere andere Verben mit *-itus* wie *habeo mereo*, auch *taceo* mit adj. *tacitus*, Impersonalia wie *libet libuit libitum est*. Dagegen steht *-uī* ohne *-itus*, freilich meist neben adj. *-idus*, in der großen Gruppe der Zustandsverben vom Typus *caleo stupeo*.

Zus. Nach *Burger*, Et. Kap. I 3, ist in der 2. Konjug. die Verwendung der Perfektbildungen durch das Streben nach binärem Rhythmus bestimmt: *-sī* nach langer Silbe, *-uī* nach kurzer; zur Kritik s. *Hofmann*, IF 49, 304.

C. Praesens als Zentrum. Das aktive Praesens bildete im historischen Latein und schon lange vorher den Schwerpunkt und damit das Zentrum des Verbalsystems; das ist das Ergebnis einer komplizierten Entwicklung. Uns gilt dieser Zustand freilich als selbstverständlich. Das Praesens dient als Nennform des Verbs in Wörterbuch und Grammatik, nicht die Wurzel wie im Altindischen; nach ihm erfolgte die Einteilung der Verben in vier Konjugationen. Doch bildete es auch schon den festen Punkt bei der Neugestaltung des ganzen Verbalsystems, zuerst beim Aufbau eines neuen Praesenssystems mit Vergangenheits- und Zukunftsform, und dann mit diesem beim Aufbau eines entsprechenden Perfektsystems.

Als Ergebnis beruht die gesamte Verbalflexion auf den drei Stämmen von Praesens, Perfekt und Supinum bzw. *to*-Partizipium. In der Grundsprache waren diese drei formal von einander unabhängig, und nur durch die Verbalwurzel verknüpft. Die historische Entwicklung bis hin zum klassischen Latein hat dazu geführt, daß die vom Praesensstamm abgeleiteten Perfektstämme ständig zunahmen, ohne freilich für die Paradigmen in den vier Konjugationen verbindlich zu werden. Die mannigfaltigen alten Perfektformen waren bei den vielgebrauchten Primärverben der 3. Konjug. offenbar durch die lebendige Tradition so fest im Gedächtnis verankert, daß sie nur vereinzelt durch bequemere Neubildungen ersetzt wurden. Für solchen Ersatz waren nur die „schwachen" Perfekta verfügbar, nämlich als Ableitungen von Praesensstämmen vermittels der Endungen *-sī -uī* und *-vī*; denn dafür bestanden Vorbilder in denjenigen Perfekta, neben denen von Anbeginn an einfache thematische Praesentien standen, so *s*-Perfekta wie *dīxī* neben *dīco*, alte *-uī*-Perfekta (nach *-i-tus*) wie *moluī vomuī* neben *molo vomo*.

Daß darüber hinaus der Praesensstamm sein Gewicht auch in der Umgestaltung von Perfektstämmen zu erkennen gab, ist an manchen Beispielen aufgezeigt; perf. *poposcī* für **peporc-* nach praes. *posco*, perf. *iūnxī* für **iūxī* nach praes. *iungo*. Nach ihm richteten sich auch manche *to*-Partizipien wie *iūnctus*. – In der 1. Konjug. sind sowohl *-āre* als *-āvī* eindeutige Konjugationszeichen; so findet man hier im späteren Latein auch neues perf. *praestāvī -ātus* bei Juristen für *praestitī* zu *praestāre* 'verbürgen'.

441. Das Nebeneinander mehrerer Perfekta bei einem Verbum ist nicht ausgenutzt für eine funktionelle Differenzierung, auch nicht bei altem Perfekt neben *s*-Perfekt; es ist lediglich Ergebnis der Ersetzung alter Formen. Jüngere Praesensableitungen mit *-sī* oder *-uī* treten besonders dann auf, wenn das alte Perfekt, redupliziert oder langvokalig, vom Praesensstamm formal stärker abwich oder nur selten gebraucht war. Das Nebeneinander mehrerer Perfektformen besteht wohl für den Grammatiker, der seine Beispiele aus einer Literatur mehrerer Jahrhunderte zusammensucht; es bestand – Sonderfälle des „passiven" Wortschatzes abgerechnet – nicht für die einzelnen Sprecher oder Autoren oder sozialen Sprachgruppen. Muster sei *parco* mit altem perf. *pepercī* (bei Plautus nur Aul. 381): die Neubildungen *parcuī* Naev. und *parsī* Plt. Ter. Cato Petron. vermochten sich hier nicht durchzusetzen; *parsī* (oder *to*-Ptc. **parsus*) ist vorausgesetzt von *parsimōnia*, § 276 B 2. – Das Nebeneinander kann sich natürlich auch zwischen Simplex und Kompositum zeigen.

Junges *s*-Perfekt. *pepigī* und *pānxī*, auch *com- op-pēgī. pupugī* und *interpūnxī. contūdit* (zu *tutud-*) und *contūdit* (wie *corrūpit*) Enn. ann. 395 u. 449. *(ad-)ēmī* und *dēmpsī*. Spät *sorpsī (sorsī)* für *sorbuī*. – Jüngeres *uī*-Perfekt. *tetinī* und *tenuī. cecinī* und *occinuī* (auch *prae-* und *con-*, Tib. 2, 5, 10 u. 74). *trīvī* und *opteruī* (*at-* Tib. 1, 4, 48). *al-lexī* und *ē-licuī*. – S. auch *Banta*, Abweichende spät- und vulgärlat. Perfektbildungen, Diss. Bern 1952.

Vgl. auch ohne direkte Beziehung auf den Praesensstamm das Nebeneinander von: *sapiī* und *sapuī*, von *posīvī posiī* und *posuī*, von (Aorist) *fēcit* und Neubildung (osk.) *fefac-*.

B. FLEXIONSFORMEN DES PERFEKTSTAMMES

442. Vorbemerkungen zur Flexion des idg. Perfekts (Indikativ). Das idg. „aktive" Perfekt des erreichten Zustandes war im Indikativ als Tempus eine Gegenwartsform, so im Latein noch *meminī ōdī nōvī su̯ēvī*, und hinsichtlich seiner Diathese ein Medium oder mindestens ein Intransitivum; so gehören noch lat. *meminī revertī* funktionell zu den Deponentia (*re-*)*miniscor revertor*, ebenso wie gr. γέγονα 'ich bin' und ὄλωλα 'ich bin verloren' zu praes. med. γίγνομαι 'ich werde' und ὄλλυμαι 'ich gehe zugrunde' gehören; vgl. § 391a, *Szantyr*, Synt. 289 litt. α. Danach ist gar nicht zu erwarten, daß das Perfekt Aktivendungen hat. Tatsächlich sind nur in der 1. und 2. plur. die aktiven *-mus* und *-tis* im Gebrauch; die übrigen Endungen sind zwar nicht zwingend als medial zu erweisen, und mediale Endungen sind vielleicht erst nachträglich, der Perfektfunktion entsprechend, aus dem Praesens übernommen. Jedenfalls aber waren eigene Endungen für das Perfekt im Gebrauch. Die Singularendungen der Grundsprache sind noch im Griechischen repraesentiert durch das Verbum (Ϝ)οἶδα οἶσθα οἶδε 'wissen', entsprechend altind. *veda vettha veda*, also 1. *-a*, 2. *-tha*, 3. *-e* (nicht *-e-t*, vgl. noch ohne *t* nhd. *er weiß*).

Über die Herkunft der idg. Perfektendungen und über ihre Einordnung in ein System der Personalendungen bestehen verschiedenartige nicht verifizierbare Theorien, die besonders durch die Heranziehung von Endungen des Hethitischen und des Tocharischen neue Aspekte eröffnen; s. etwa Glotta 29, 168 zu *Safarewicz*, Les désinences moyennes primaires de l'Indo-européen, Studia 45–50. Gegen hethit. *hi*-Praesens (*pahhi*) als Entsprechung zum idg. Perfekt Bedenken bei *Risch*, Akten 5. Fachtagg. Regensburg 250. – Eine gewisse Ähnlichkeit der Ausgänge zumal in der 2. sing. kann man sich zurechtlegen zwischen lat. *gnōvī gnōstī gnōvit*, hethit. (tempus praesens) *pahhi pāisti pāi* und tochar. *takāwa takāsta tāk*; zu *gnōstī* neben *gnōvistī* vgl. auch § 438 II D 2.

Lit.: *Meillet*, Les désinences du parfait, BSL 25, 95–97; *Götze*, Kulturgesch. des Alten Orients, in Hdb. d. Alt.-Wiss. III, I. Band 3, 56; s. im übrigen die Literatur am Ende von § 393.

443. Personalendungen des Indik. perf. im Latein.

1. sing. Endung *-ī*, in archaischer Schreibung inschr. noch *-ei* (D 430 *fecei poseiuei redidei*, 546 *petiei*), dazu falisk. *-ai* in *pe:parai*. Nach einfachster Auffassung ist dies die idg. primäre Medialendung *-ai* (*-oi*); ein gleicher Diphthong ist in der völlig isolierten aksl. Form *vědě* 'ich weiß' bewahrt, der wenigstens formal das lat. *vīdī* entspricht (§ 65a); also lat. *dedī* gleich altind. perf. med. *dade*. – Aktive Perfektendung nach *Sturtevant*, Lang. 10, 6 [Gl. 26, 88] und *Safarewicz* [Gl. 29, 168].

2. sing. *-istī*. Zum *is* von *-istī* s. unten § 444a. Dem lat. *-tī* (inschr. alt *-tei*, *gesistei* D 542, *restitistei* 583) entspricht das idg. *-tha* von gr. οἶσθα, also wieder Auslaut lat. *-ei* gegen altind.-griech. *-a*, und demgemäß analoge Deutungen wie zur 1. sing. Zu lat. *st* gr. σϑ s. § 176, 2a. – Zur Auswertung der Kurzform *nōstī* s. oben § 438 II D 2; zu *interieisti* ib. C 2b.

3. sing. Idg. *-e* wurde im Italischen als Form des zum Praeteritum gewordenen Perfekts mit der Sekundärendung *-d* (aus *-t*) nach § 394 zu *-ed*

verdeutlicht; Muster aor. *fēced* oder sonst ein thematischer Aorist. Altlat. inschr. *feced*, praenestin. *vhevhaked* D 719 ff.; dann *-et* in *dedet fuet* neben *cepit* D 541.

Zusätze. a) Abfall des *-d* in inschr. *dede* D 742 al. wie in umbr. *dede*. Die bewahrte idg. Endung *-e* vermutet darin *Bonfante*, RcIstLomb. 65, 961 [Gl. 23, 132]. – b) Nur im Oskisch-Umbrischen entspricht der 3. sing. *-ed* als Sekundärendung auch eine 3. plur. perf. auf *-ens* (aus *-n̥t?*), *fufens*, *s*-Perf. *uupsens*, *t*-Perf. bei *ā*-Verben *prúfattens*, paelign. *coisatens*; Belege s. § 394 Zus. a. – Das Faliskische zeigt *-od* aus *-ont* in *fifiqod*, vielleicht einem redupl. themat. Aorist. – c) Eine zweite Endung *-īt* bzw. *-eit* setzt man an nach inschr. *-eit* in *fuueit* D 615, *posedeit* Sent. Minuc. 28, hinter *i* in *redieit vēn-ieit* und *posieit* (s. oben § 438 II C, 2 b u. 3) und nach ganz vereinzelten metrischen *-īt* vor Vokal in Hebung (s. N.-W. III 426), so bei Plautus Capt. 9 *vendidīt*, 34 *ēmīt*, Poen. 1059 *ēmīt*, Psd. 311 *vīxīt* Ter. Phorm. 9 *stetīt*; dazu Enn. ann. 120 *cōnstituīt*, 617 *voluīt* (sonst immer *-ĭt*, 89–92 usw.), Catull. 64, 20, Verg. gg. 2, 211 *ēnituīt*, Hor. carm. 1, 3, 36 *perrūpīt*. Sofern man die Länge als sprachlich anerkennt, wird man *-īt*, alt *-eit* mit *Brugmann* als Angleichung an die 1. sing. *-ī* als *-ei* auffassen. Doch ist die Sachlage wohl verwickelter. Jedenfalls kann man das *-ieit* wohl nicht losgelöst von 2. sing. *interieisti* und infin. *adiese* betrachten; hier kann *-ieisti* (Verschreibung für *-iistei?*) deswegen keinen Diphthong *ei* enthalten, weil schon bei Plautus kontrahierte 2. sing. *īstī* von *īre* vorkommt; danach sind *iei* und *ie* eher orthographische Versuche, eine Schreibung *ii* für lautlich *ī* zu vermeiden. – Bei 3. sing. *-iit* 1. sing. *-ii* zu Komposita von *īre* und in den Kurzformen der Perfekta auf *-īvī* ist überdies an die auf den Wandel *ei > ī* gefolgte sporadische Kontraktion von *-iit -ii* zu *-īt -ī* zu erinnern; offenbar ergab sich daraus zunächst ein orthographisches Durcheinander bei der 1. sing. *-iei -ii* und *-i*, das sich auch auf 3. sing. *-iit* übertrug. – Ob man schließlich die prosodischen *-īt* des Plautus wie *ēmīt vīxīt* als vollwertige Zeugnisse für eine Endung *-eit* auswerten darf, ist mir zweifelhaft; als Muster für Länge könnte das Nebeneinander von alt *-īt* und jünger *-it* der 3. sing. praes. der 4. Konjug. (§ 123) gedient haben. – d) *Untermann* (in: Probleme 266–277) erklärt die Vorstufen der lat. Singularendungen *-ī -tī -īt* als die mit medialem *-i* erweiterten idg. Perfektendungen *-a -tha -e* (so in griech. οἶδα οἶσθα οἶδε) bzw. in Laryngaltransposition, dazu mit *-i*, als 1. *-ə₂e-i*, 2. *-tə₂e-i*, 3. *-e-i*; in 3. sing. weiter *-ei-t*; ebenda 3. plur. lat. *-ēre* aus *-ēr-i* bzw. *-eər-i*.

Lit.: *Lindsay-Nohl* 606: ursprünglich nur *-īt*. *Brugmann*, IF 28, 383: *-eit* nach 1. sing. *-ei*. *Vendryes*, REIE 1, 9–11.

1. und 2. plur. sind wie in anderen Sprachen mit den normalen Endungen gebildet, also hier mit lat. *-mus* und *-tis*. Die idg. Grundformen sind unbestimmbar. Zum *-is-* von *-istis* s. § 444a.

Das *i* von *-imus* ist nicht Themavokal wie im praes. *agimus* aus **ago-mos*. Die Flexion ist athematisch, das *i* war schwundstufiger Wurzelauslaut *ə* (> lat. *a* > *i*) von Wurzeln auf *ē ā ō*: lat. *dedi-mus steti-mus* wie gr. δέδο-μεν ἕστα-μεν altind. *dadi-ma tasthi-ma*; vgl. auch *sēd-imus* got. *sēt-um*. – *-imus* nicht aus *-ismos* nach Anleitung von *-istis*, mit **smos* gleich jünger lat. *sumus* 'wir sind'; so seinerzeit *J. Schmidt*, KZ 27, 327 und noch neuerdings *Grünenthal*, KZ 63, 133. – S. auch *v. Bradke*, IF 8, 138 u. 156; *Brugmann* II 3, 437.

3. plur. Drei Endungen sind seit Plautus im Gebrauch.

1. Verbreitung. Die Standardform der Literatursprache ist *-ērunt*. – Die Form *-ēre* gehört nur dem gehobenen Stil an; das ist durch den Gebrauch in den Annalen des Ennius vorbestimmt, einerseits für die Hexametersprache, andererseits für die Annalisten und die Historiker der silbernen Latinität seit Livius 1. Dekade. Sie fehlt bei Caesar und Cicero; vgl. dazu Cic. orat. 157 zu *scrīpsēre* (Enn. ann. 213) und Quint. 1, 5, 42 f.: *-ēre* nicht dualisch, sondern „mollītum" aus *-ērunt*. Im SCBacch. steht *cēnsuēre*

neben *cōnsoluērunt*. – -*ěrunt*, nur im Vers zu erkennen, ist gegenüber -*ērunt* sehr selten und im Hexameter meist metrumsbedingt.

Einzelheiten. a) Bei Plautus ist -*ēre* ziemlich häufig, meist mit Elision des -*e*, etwa Bacch. 936 *mīsēr(e) Achīvī*. Aus dieser Beobachtung und aus Quintilians Bemerkung erwuchs die Meinung, daß -*ēre* metrumsbedingt (*Havet*, RPh. 31, 230) und als Abschwächung von -*ērunt* zu verstehen sei (so *Muller*). – b) Belege für -*ěrunt*: Plt. (im Versausgang) Bacch. 928 *subēgěrunt*, Most. 281 *meruěrunt*; Ter. Eun. 20 *ēměrunt*; Laber. 99 *potuěrunt*; D 647, 3 *statuěrunt*; Soldatenvers Suet. Caes. 80, 2 *sūmpsěrunt*. Im Hexameter *cōnstitěrunt* Lucr. 5, 415 Verg. Aen. 3, 681; bei Horaz sat. 1, 10, 45 *adnuěrunt*, epist. I, 4, 7 *deděrunt*; epod. 9, 17 *vertěrunt*. – Dazu wohl altlat. inschr. *dedron* -*ot* -*o* '*deděrunt*' D 79; 117; 163. – Im Romanischen ist nur -*ěrunt* fortgesetzt, italien. *dissero fecero* frz. (*ils*) *dirent firent*; und dazu die Kurzform -*ārunt*. – Zu inschr. vulglat. -*erun* -*eru* -*ero* usw. s. § 225 II b α Zus.

[margin: Lucr. auch an and. Stellen]

Lit.: *Muller*, Mnem. 56, 329–389: Gebrauch bis Livius [Gl. 19, 242f.]. *Ch. Fr. Bauer*, The Latin perfect endings -*ere* and -*erunt*, Language Diss. 13, 1933 [Gl. 24, 151]; darin 15–28 Plt. u. Ter. alle Belege; 64–75 The use ... in later times. *Steele*, AJPh. 32, 328–352 (im Hexameter, nur statistisch; vgl. Gl. 5, 321). *Hagendahl*, Skrifter Vet. Samf. Uppsala 22, 3, 1923 (-*ēre* und -*ērunt* in der spätlat. Kunstprosa).

2. Zum Ursprung der Formen. Jedenfalls ist -*ērunt* eine junge Umgestaltung von -*ēre*, als deutlichere Kennzeichnung einer 3. plur.; ob mit oder ohne Einfluß von -*ěrunt*, bleibe dahingestellt. – -*ēre* findet im Latein selbst nirgends Anschluß; es muß ererbt sein. Darin ausl. -*re* lautlich wohl aus -*ro*, als sekundäre Medialendung 3. plur. (vgl. § 396 b); das *ē* wohl schon idg. *ē* (nicht *ei* oder *oi*). Doch sind hier in erster Linie aktive *r*-Endungen zu vergleichen: 3. plur. altind. perf. -*ur* (für -*r̥*), toch. *weñāre* und hethit. praet. -*er* bzw. -*ir* (dazu *Neu*, IF 72, 226; *Risch*, Akten 5. Fachtagg. 252). S. auch *Bader*, BSL 62, 87–105 (lat. Verteilung der Endungen und Vorgeschichte; -*runt* aus -*ro* + *nt*). – Für -*ěrunt* ist am einfachsten die Herleitung aus -*is-ont*, mit dem gleichen als aoristisch betrachteten *is* wie in 2. plur. -*is-tis*; dabei würde man freilich die Sekundärendung -*ent* (aus -*n̥t*) erwarten.

Andere Vorschläge: *Bauer* 58 § 56 betrachtet -*ěrunt* nach der Art seines altlat. Auftretens als ganz junge Neubildung: aus -*āvērunt* der *ā*-Verben entstand die Kurzform -*ārunt*; sie wurde nach plqpf. -*āvěrant* neben -*ārant* zu perf. -*āvěrunt* zerdehnt. Danach müßte, worüber *B*. sich nicht ausspricht, *amāv-ěrunt* neben -*ěrunt* oder -*ěrant* als Vorbild für die Perfekta ohne Kurzformen gedient haben, etwa für *fēc-ěrunt*. – *Burger*, Et. 114 will das -*runt* mit altind. 3. plur. -*ran* in rigved. aor. *a-sr̥g-ran* gleichsetzen; aber -*ran* ist eine indische Erweiterung aus -*ra* (idg. -*ro*), einer medialen Sekundärendung (s. *Leumann*, Morphol. Neuer. 10 ff.).

Lit.: *Brugmann*, IF 28, 379–389 (lat. *fuēre, fuěrunt, fuěrunt*); *Sommer* 579; ders., KE 170 nr. 138 (zu -*ēre*); *Bauer* s. oben.

444. Stamm der Perfektableitungen auf *is/er*.

a) Das gemeinsame Kennzeichen aller Perfektnebentempora und -modi ist antevokal. *er* bzw. antekons. *is*, so in *fēc-er-am* -*er-o* -*er-im* bzw. *fēc-is-sem*, auch infin. -*is-se*; das gleiche Element ist nach unsicherer Vermutung auch im Indik. perf. in 3. plur. -*ěr-unt* und 2. sing. u. plur. -*is-tī* -*is-tis* enthalten. Durch antekons. *is* ergibt sich *i* als ursprünglicher Vokal; danach wird man auch antevokal. *er* auf *is* zurückführen, nicht auf *es*; zu *r* aus *s* s. § 180, zu *er* für *is* vgl. § 86 III. – Das *is* steht nach üblicher Auffassung in Verbindung mit dem idg. *s*-Aorist; doch ist noch keine im Einzelnen befriedigende Anknüpfung gefunden. So bleibt nur übrig, die Gedankengänge kurz zu charakterisieren.

Man erklärt natürlich das *i* von *is* ebenso wie das von perf. 1. plur. *dedi-mus* durch Umgliederung eines kurzen Wurzelauslautvokals; zur Orientierung wird der altind. *iṣ*-Aorist benutzt. Als Musterbeispiel dient der traditionellen Auffassung plqpf. *vīderam*; den Stamm **veidis-* (>*vīder-*) setzt man gleich mit denen von gr. plqpf. ἠ-(ϝ)είδε(σ)-α und von altind. *iṣ*-Aorist *a-vediṣ-am*; danach bestimmt man lat. **veidis-* als mit Aorist-*s* ausgestattete Basis **weidi-*, Ablautform zu postuliertem Verbalstamm **widēi-* von lat. *vidē-re* (aksl. **weidē-* in *viděti*). – Gegen diese Ansetzungen bestehen freilich gewichtige Bedenken. Die beiden verglichenen Formen gehören nicht direkt zu Wz. *wid* 'sehen' (gr. aor. (ϝ)ιδεῖν, ai. praes. *vindati* 'findet'), sondern zunächst zum verselbständigten perf. idg. **woida* (gr. (ϝ)οἶδα, nhd. *ich weiß*); zudem ist ai. *avediṣam* gar nicht von perf. *veda* abgeleitet, sondern von dessen junger Normalisierung praes. *vet-ti*. Dazu kommt die Vokaldifferenz: das *i* des ai. *iṣ*-Aorists geht nicht auf idg. *i* zurück, sondern auf idg. *ə* (woraus lat. *a* > *e* sowohl vor *r* wie vor *ss*); bestenfalls lassen sich immer nur je zwei der drei Formen lautlich einwandfrei vereinigen (mittels Grdf. *i* oder *ə* oder *e*); der Einwand trifft auch die Zusammenstellung lat. *lāvis-* ai. *pāviṣ-* § 437 I C 2 Zus. b. – Absolut unhaltbar ist bei lat. *s*-Perfekten wie *dīxī* die Gleichsetzung von **deik-s-is-* in *dīxeram* mit dem Stamm des altind. sog. *siṣ*-Aorists (*Bartholomae*, BB 17, 112); dieser ist eine ganz junge Kategorie, anzuknüpfen an die 2. 3. sing. *-sī-s -sī-t* des *s*-Aorists (*Leumann*, Morphol. Neuer. 42). – Vgl. zum Problem des *is* noch *Wackernagel*, Verm. Beitr. 44; *von Planta* II 323¹; *Hirt*, IF 10, 29; *van Wijk*, IF 17, 474; *Pedersen*, Formes sigm. 25; *Meillet*, BSL 34, 127–130 [Gl. 24,152]. Nach *Narten*, MSS 31, 133 ff. wurden zu *moni-tus* die Perfektstämme *moni-v-* und *moni-s-* (*monerint*, § 437 I C 4) gebildet; aus beiden verschränkt ist **monivis-* in *monuis-tī* usw.

b) Der volle Ausbau eines Perfektsystems neben dem Praesenssystem ist eine Besonderheit der italischen Sprachen (§ 392 I A); freilich ist das lat. *is/er* der Perfektnebentempora im Oskisch-Umbrischen nicht nachweisbar, war dort auch kaum je vorhanden. Geht man vom lat. Bestand aus nach rückwärts, so entsprechen dem plqpf. *fueram* und fut. ex. *fuero* im Praesenssystem formal nur die singulären imperf. *eram* und fut. *ero*. Also war der Ausbau des Perfektsystems, ausgehend etwa von perf. 3. sg. *fūit*, mindestens in den beiden Nebentempora zur Gegenwart mit **fŭerat *fŭerit* (jünger *fŭ-*) nach dem Vorbild *est erat erit* bzw. *es-t *es-āt *es-et(i)* (genauer vielleicht nach pass. *captus est erat erit*) erfolgt, aber morphologisch natürlich nicht als Zusammensetzung aus Wz. *fū* und finiter Verbalform *erat erit*. – Auch konj. perf. *fuerim* ist dabei – trotz konj. *sim* – leicht verständlich, als Korrelat zu *fuero* etwa nach Muster des alten Typus *capso capsim*. – Dagegen ist für die Vokaldifferenz zwischen *-issem -isse* und *essem esse* keine Rechtfertigung zu ersehen.

445. Die einzelnen Nebentempora und -Modi des Perfektstammes.

1. **Futurum exactum** (Futurum II), mit *ĭ*, *fēcero -ĭs -ĭt -ĭmus -ĭtis -int*, und **Conjunctivus perfecti**, von der 2. sing. an gleichlautend, doch ursprünglich mit *ī*, also *fēcerim -īs -it -īmus -ītis -int*. Die beiden sind formal kurzvokal. Konj. und *ī*-Optativ (zu athem. Indikativ), wie sie zum idg. *s*-Aorist gehören, vgl. *faxo faxim*, § 424. Der Quantitätsunterschied *ĭ/ī* ist im Altlatein schon weithin und im klass. Latein ganz aufgegeben zugunsten der vereinheitlichten Kürze *ĭ*; der Ausgleich war wohl vorbereitet durch die rein lautliche Kürzung des *ī* in 3. sing. plur. *-ĭt -ĭnt* des Konj. perf. – Im Fut.

ex. ist die abweichende 3. plur. *-erint* gegenüber fut. *erunt* vermutlich vom konj. perf. *-erint* bezogene Ersatzform; *-erunt* wurde als fut. ex. unverwendbar, weil *-ĕrunt* auch im Indik. perf. neben *-ērunt* im Gebrauch war, *Meillet*, MSL 13, 359. – Im klassischen Latein sind also die beiden Paradigmen gleichlautend mit kurzem *ĭ* als *-erĭs -erit* usw., bis auf die 1. sing. *-ero* bzw. *-erim*; die *ī*-Formen leben nur mehr weiter als poetische Lizenz.

Belege für vereinzelte altlat. Länge *ī* im Konj. perf. Bei Plautus 2. sing. *amārīs* Men. 1101 (vgl. inschr. *ambulareis* D 620), 3. sing. *allūxerīt* Merc. 924, 1. plur. *vēnerīmus* Bacch. 1132 (in Baccheen), *nē dīxerītis* Mil. 862, *sīrītis* Poen. 953; dazu Enn. ann. 194 *dederītis*. – Im klass. Latein *ī*-Formen: s. N.-W. III 428; 603; 613.

Zusätze. a) Fut. ex. (oder Indik. perf.?) *-ĕrunt* in Plt. Rud. 168 *dēvītāverunt* (sic cod., *-erint* edd.). – b) Fut. *erint*. Dem *-erint* des Fut. ex. in *fuerint fēcerint* folgt in der Sprache der kaiserzeitlichen Juristen das einzige einfache Futur dieses Baues, nämlich *erunt*, und zwar zunächst in den rhythmisch gleichen dreisilbigen Komposita: *poterint* (nach *potuerint*) Test. Leon. (X 214) 35, auch CE 610, 10; *aderint* Lex Urson. § 96; dann *erint* VI 10239, 17. – c) Nach *fu-eram -ero -erim* auch beim Praesensstamm zu *poteram -erø* als Ergänzung konj. *poterim -erit* Ulp. dig. 5, 6, 3 pr. und 1, 23, 4.

2. **Plusquamperfectum Indik.** *fĕceram -ās* usw., athem. Flexion mit Tempuszeichen *ā*, gleich wie *eram -ās*, also im Prinzip auch gleicher Herkunft. Zu *eram* s. § 425 B 2.

3. **Plusquamperfectum Konj.** *fĕcissem -ēs* usw. und **Infin. perf.** *fĕcisse*. Die Infinitivendung *-se* wie beim Praesensstamm in *es-se*, § 429. Im Konj. plqpf. Stamm gleichlautend mit Infin. perf. und athem. Flexion mit Moduszeichen *ē*, beides wie im Praesenssystem mit *essem -ēs* oder *legerem -ēs*; zu diesen s. § 426.

446. Die infiniten Formen im Perfektsystem.

a) Das idg. Ptc. perf. akt. mit Suffix *-wos-/-us-* am Perfektstamm ist im Latein nicht bewahrt; doch ist es hier zu erwähnen im Hinblick auf vermutete Reste im Wortschatz. Im Altindischen und Griechischen ist es erhalten, stark vereinfacht im Baltoslavischen. Die idg. Flexion ist kompliziert, auch abgesehen vom Vokalwechsel im Stamm. Die Formen des Suffixes sind hauptsächlich *-wot-*, *-wos-* und *-us-* (mit fem. *-us-yā-*). Als Muster dient das Ptc. zu **woida* 'ich weiß' (ai. *veda* gr. (ϝ)οῖδα): altind. *vidvat- -vāṃs- -uṣ-*, fem. *-uṣī*, griech. vor Schwund des Digamma ϝειδ-ϝοτ-, ntr. -ϝός, fem. -υῖα, zu perf. hom. μέμονα (lat. *meminī*) *μεμα-ϝώς, -ϝότ-ος fem. -υῖα (statt *μεμν-υῖα). Im Baltoslavischen nur nomin. *-us* (verschleppt), oblique Kasus *-us-ja-* (nach fem. *-us-yā-*).

Im Latein ist es untergegangen. Restformen: osk. *sipus* 'sciens' Tab. Bant. (nomin. auf *-us*, nicht o-Stamm), auch entlehnt altlat. *sībus* ('*callidus* sive *acutus*' Fest.) Naev. com. 116, Plt. frg. inc. 18 *nil deconciliare sibus, nisi qui per-sibus sapis*, zweifellos als **sēp-us* zu einem lat. perf. **sēpī* zu *sapio* (wie *cēpī* zu *capio*, s. § 435 A 2). – Lat. Adj.-Stamm *memor-* 'gedenkend' aus **memus-*, so durch Angleichung an perf. *meminī* (Plt. Psd. 940 *quod memor meminit*) für **me-mn-us-*. – Sehr unsicher ist Suffix *-ver-* aus *-ves-* (idg. **-wes-*) in *papāver* 'Mohn', *cadāver* 'Leichnam' (anders dazu *Pisani*, s. Allg. Teil 32* unten bzw. Gl. 42, 74). In reduplikationslosen Nomina Suffixe *-ut-* in *caput*, ntr. *-us-* > lat. *-ur-* in *augur, rōbur* ntr. (aber *rōbus-tus*!), ausl. *-us* in adv. *tenus secus, -vot* > *-ud* in praepos. *apud*, zu Wz. *ap* (*apīscor*) 'erlangen'.

Lit.: *Brüch*, IF 40, 214 (*sipus*). *Sommer*, IF 11, 63 u. 66 (*tenus, secus*); *Bammesberger*, MSS 28, 5–8 (*memor*); *Mahlow*, KZ 58, 53 u. 76 (*rōbur, cadāver*; daneben ganz Abwegiges) [Gl. 21, 191]. Ferner W.-H., E.-M. s. vv.

Zum lat. Infin. perf. auf *-isse* s. § 445, 3.

b) Das passive Perfektsystem ist periphrastisch gebildet aus dem *to*-Ptc. mit den Formen des Praesenssystems von *esse*, also perf. indik. *amātus* (*-a -um*) *sum es est, amātī* (*-ae -a*) *sumus estis sunt*; entsprechend plqpf. mit *eram*, usw.; infin. mit *esse*. Das Oskisch-Umbrische zeigt die gleiche Bildung, Belege s. Zus. γ. – Zur Bildung des *to*-Partizips s. § 448.

Gegenüber den „synthetischen Formen" des aktiven Perfekts sind diese „analytischen" des Passivs offenbar ein jüngeres Verfahren. Voraussetzung dafür war hier die volle Inkorporierung der *to*-Verbaladjektive ins Verbalsystem als Partizipien. Das Griechische zeigt eine entsprechende Aushilfe nur in der 3. plur. indik. perf. pass. mit γεγραμμένοι εἰσί für älteres undeutliches γεγράφ-αται.

Zusätze. α) Aus der Umschreibung mit *est* hat sich weiter die Umschreibung mit *fuit* herausgebildet, das sog. verschobene Perfekt, Typus plqpf. dep. *mercātus fueram* (Plt. Merc. 232 Ter. Eun. 569) usw. Man vergleiche als Praeteritum des einfachen Perfekts etwa Lex agr. 77 *factei sunt fueruntue*, Liv. 22, 23, 3 *pugnatum fuerat*, Petron. 58, 12 (Cena; dep.) *fuero persecutus*. S. dazu *Szantyr*, Synt. 322 litt. b, 324 litt. γ; Belege s. N.-W. III 135-151. – Doch hat sich erst in den romanischen Sprachen eine feste Paradigmaform gebildet: frz. *il fut pris* wäre lat. *prēnsus fuit*; im Gefolge davon wurde frz. *il est pris* zum Praesens des Passivs. – β) Die gleiche Bildung dient auch für die Deponentien: *nātus, ortus, secūtus* (*-a -um*) *sum, eram, ero* usw. Das Bestehen des passiven Perfekts war dafür Voraussetzung; *nātus, ortus sum* ist auch insofern eine Neuerung, als in der Grundsprache das „aktive" Perfekt (gr. perf. γέγονα, ὄρωρα) funktionell zum idg. Medium gehörte, das im lat. Deponens fortgesetzt ist. – γ) Belege aus den italischen Dialekten: osk. **teremnatust** '*terminatast* (*-ta est*)', plur. fem. *scriftas set* (umbr. ntr. *screihtor sent*) '*scriptae* (*-a*) *sunt*'; umbr. *kuratu si* (*eru*) '*curatum sit* (*esse*)', *pihaz fust* '*piatus erit*'.

C. NOMINALE
T-FORMEN

447. Das *to*-Partizipium im Latein: Funktionen.

I. Vorgeschichte: Funktion und Gebrauch. Das *to*-Partizipium, oft a potiori als Part. perf. pass. (PPP) bezeichnet, ist als Verbaladjektiv ererbt. Von Verben abgeleitete *to*-Adjektive nicht partizipialer Funktion wie gr. κλυ-τός 'berühmt' sind wohl in allen Sprachen anzutreffen.

A. Bei transitiven aktiven Verben. Wie im Latein ist die *to*-Ableitung als normalerweise passives Partizipium ins Verbalsystem integriert auch im Altindischen (daneben -*no*- bei einigen Wurzeln) und im Litauischen; im Germanischen sind -*no*- und -*to*- verteilt auf starke und schwache Verben; im Altslavischen ist -*no*- die übliche Form, -*to*- auf eine kleine formale Gruppe beschränkt; im Latein ist -*no*- nur in adjektivischem Gebrauch erhalten, etwa in *plē-nus dig-nus* (§ 290b).

Im Griechischen spricht man, deskriptiv richtig, nur von Verbaladjektiven auf -τός' weil sie nämlich nicht von allen Verben gebildet werden und daher im Lexikon selbständig aufgeführt sind. Nun stellt die lat. Verwendung des *to*-Ptc. zur Bildung des umschriebenen Perfekts wie in *captus est* eine rein italische Neuerung dar; im attributivem Gebrauch aber besteht gegenüber dem Latein kein grundsätzlicher Unterschied bei den homerischen Zeugnissen (man überblickt sie bei *Risch*, Wortbild. § 10, s. auch *Ammann*, Mnemes charin I 16). Man beachte die Handwerksausdrücke τρητὸς λίθος, ξεστὴ τράπεζα, πηκτὸν ἄροτρον, πλεκτὸς τάλαρος Σ 568, στρεπτὸς χιτών, ὑφαντὸς (ἐσθής, εἷμα), στρωτὸν λέχος Hsd. theog. 798 (vgl. Plt. Bacch. 756 *ubi nunc sunt lecti strati*); die von Praeverbkomposita wie ἀμφί-ρρυτος und die Zusammenrückungen (Typus lat. *manū-missus*) wie δουρί-κτητος ἀρηί-φατος πολύ-πλαγκτος, weiter auch κληῗδι κρυπτῇ Ξ 168, ἄκρητος οἶνος, ῥητὸς μισθός Φ

445; idg. *g'nōtos 'bekannt' in γνωτόν H 401 gleich lat. (g)nōtum est, ai. ptc. jñātas (vgl. auch got. kunds nhd. kund). Offenbar bewahrt auch das homerische Griechisch noch die Spuren des bereits idg. partizipialen Gebrauchs; dieser ging erst verloren mit der Schaffung des von einem neuen finiten Perf. pass. abgeleiteten Partizipiums, Typus λελυμένος; die umgekehrte Chronologie von λυτός und λελυμένος vertritt Brugmann; aber in der Grundsprache bestand noch kein perf. pass. und beim Verbum finitum noch kein Passiv als grammatische Kategorie; jedoch waren die to-Ableitungen offensichtlich geeignet zum Ausdruck passiver Funktion, natürlich nur bei transitiven Verben; für die aktive Funktion bestand ein Ptc. praes. und ein Ptc. perf. act.

Man pflegt seit Brugmann die idg. to-Bildungen als ursprünglich diathesen-indifferent zu betrachten; lat. Beispiele wie cēnātus sind dafür keine Zeugnisse. S. dazu Brugmann, IF 5, 89 ff. (zur Chronologie 107); Szantyr, Synt. 290 § 162 c ε; 391 f. § 209; allgemein Debrunner, Mus. Helv. 1, 41 ff.; zu -τός im Griechischen Meillet, Don. nat. Schrijnen 635 bis 639. – Benveniste, Noms d'agent 163–168, versucht sogar alle idg. to-Suffixe (auch in quar-tus, iūs-tus, gr. κράτ-ισ-τος) als Einheit zu fassen: idg. -tos war Ausdruck des „accomplissement de la notion dans l'objet".

B. Bei Deponentien ist die Bedeutung des to-Ptc. „aktiv" im Hinblick auf die zugeordnete Praesensform, indem sie für das Perfekt benutzt wird, etwa secūtus, veritus sum zu sequor vereor; dieser Ausbau des Verbalsystems hatte offenbar das Bestehen des passiven Perfekts captus sum zu praes. capior zur Voraussetzung. Es besteht also beim to-Ptc. die gleiche Funktion neben transitiven und intransitiven Deponentien (nactus sum wie ortus sum), auch bei den Denominativen auf -ārī (§ 412 A 1b u. 2b). – Einige Deponenspraesentien sind sekundär zu ursprünglich passiven to-Ptc. hinzugebildet, so nāscor (§ 407 I A 2) und proficīscor zu nātus profectus.

Die grundsprachliche Situation ist unklar; ob zu morior fungor sequor im Idg. ein to-Ptc. gehörte, ist unsicher; secta ist Rückbildung aus sectārī, s. § 156 d, auch zu secūtus. Zu mortuus (§ 59) vgl. auch venet. murtuwoi. Jedenfalls gehört zu lat. morior als Ptc. mortuus, wohl ererbt (s. § 140 c; ablehnend Trost, Die Spr. 13, 59); wie ein Gegensatzpaar erscheinen lat. mortuus und altind. janitva- 'nasciturus'.

Zu pass. com-mentus 'erdacht' (vgl. comment-īcius § 279, 2 a; subst. ntr. commentum) neben prs. dep. com-minīscor sind pass. altind. matas 'gedacht' gr. αὐτό-ματος zu vergleichen. Lat. fēta, effēta setzen wohl ein idg. mediales Praesens voraus. – Sicher jung sind (pass.) cōnātum 'Versuch' Cic., inopīnātus 'unvermutet'.

II. Übersicht über die lat. Gebrauchsweisen der to-Partizipien, besonders derer von Primärverben; neben Transitiven ist grundsätzlich passiver Gebrauch vorausgesetzt, aktiver verlangt Erläuterung. Häufig ist die Adjektivierung. Beobachtungen der antiken Grammatiker s. bei N.-W. III 110–124.

A. Passiver Gebrauch neben transitiven Verben. Ererbt nach Wortgleichungen sind etwa: captus got. adj. hafts 'gefangen'; re-lictus pistus (pīnsere) ustus altind. riktas piṣṭas uṣṭas; tentus gr. τατός ai. tatas § 61; vorsus ai. vṛttas, § 44 Zus.; gnātus '*erzeugt' > 'geboren' (zu gignere, § 448 Vorbem.); *vītus 'gewunden' (in vītilis, § 311, 2a) lit. vytas aksl. vitъ. – Verb nur in der Grundsprache nachweisbar, daher to-Ptc. im Latein adjektiviert: castus 'keusch' (wenn gleich altind. śiṣṭas 'belehrt', doch vgl. § 180b), catus 'schlau' § 33, lātus 'breit' s. § 63; altlat. ē-nectus 'erschöpft' (vgl. ē-nicāre).

Zusatz. Adjektiviert neben lat. Verben (sehr häufig): Neben Primärverben: altus 'hoch', ar(c)tus 'eng', certus (vgl. dē-cerno; s. § 149 a α), citus 'schnell' (mit solli-citus § 139, 1 b und cūnctī § 102), falsus, rēctus, salsus mit īn-sulsus, sānctus, situs § 179 b β, sparsus 'verstreut' mit *dispersus, strictus, tūtus*. Mit Praeverb: *apertus* (vgl. § 201), *contentus, dēcrepitus, expedītus* (konträr zu *imped*.), *prōmptus*; *prōpēnsus*; *ēlātus* und *submissus*; *prōductus* 'lang' und *correptus* 'kurz' (Vokale); *obtūsus*; *praeditus* § 402 b; sicher auch *dēlibūtus* und *dēlicātus* (zu *dēliciae*?, schwierig wegen *laqu̯-* § 155 b). Beachte auch *invīsus* '*cui invidetur*', *dēspērātus* '*de quo desperatur*', *dēvōtus* '*quī sē dēvōvit*'. Neben Denomin. *acūtus, minūtus*; *beātus* zu *beāre* 'beglücken'. – Ohne Verb: *mactus, spissus, sublestus, tōtus* § 142 a; auch wohl *frētus, īnfestus* (s. dazu § 171 c) und *manu-festus, īn-fēnsus*. – Zu *grātus*: Bedeutung 'erwünscht' in *hoc mihi gratum est* aus 'gepriesen', daneben *grātēs* (altlat. *deīs agere*) 'Dank' aus 'Lobpreis', vgl. altind. *gūrtas gūrtis* (Wz. *gar*, prs. *gurati gr̥ṇāti*), also idg. Wz. $g^u\bar{r}$ § 63; als Personaladj. (*in-*)*grātus* '(un-)dankbar' aus '(un)lieb' durch Anlehnung an (*in-*)*grātia* '(Un-)Dankbarkeit'; plur. *grātiae* 'Dank' ist Ersatz für älteres *grātēs*, Ursprung ist viersilbiges *ingrātia* (§ 274 A 1 e); s. dazu auch Leumann, Kl. Schr. 196 f. – Etwas anders Frisk, Kl. Schr. 248–252.

B. **Aktiver Gebrauch neben Intransitiven.** 1. Zu Bewegungsverben und Zustandsverben, im Latein wenige, meist deutlich junge Bildungen; fest gebräuchlich nur im Altindischen, *ga-tas* 'gegangen', *sthi-tas* 'stehend', *sru-tas* 'fließend'; dagegen nur pass. lat. *status* gr. στατός 'gestellt' zu trs. *sistere* ἱστάναι; pass. ἀμφί-ρρυτος (zu gr. plur. πρόβατα s. § 263 C). *sōl occāsus* XII tab. (*ante solem occ.* Plt.), Vorbild *sōl ortus*, neben *tu*-Abstr. *ortu- occāsu-*. Nur mit Praeverbien **i-tus* zu *īre*: *praeter-itus* 'vergangen', *sub-itus* 'heimlich genaht, plötzlich', *ob-itus* 'verstorben' Laev. frg. 19 (zu *mortem obīre*), *interitus* Quadrig. 96. Inschr. auch *ex-itus* nach *tu*-Abstr. *exitu-* 'Tod'. Zu *-cēdere*: Cael. hist. 32 *custodibus dis-cessis*; *suc-cessus* 'gut verlaufen' (zu *rēs succēdit mihi*) Cic. fil. Cic. fam. 16, 21, 2; vgl. dazu Plt. Men. 964 *prō-ventum est* und ntr. subst. *ē-ventum* 'Ereignis'. Weiteres bei Svennung, Wortst. 137. – Adjektiviert: *con-crētus*, dazu opp. *dē-crētus* Laev. frg. 2; (*ex-*)*celsus* neben *excellere*; *fluxus* 'fließend, unsicher' seit Plt. – 2. Neben **Verben der 2. Konjug.**, bes. Zustandsverben, meist als Adjektiva. Auf *-tus*: *maestus* s. § 180 b, *stultus* (zu **stolēre*, s. § 297 A 1 am Ende); *cautus*; *ad-ultus* (zu **alēre*, § 415 B); altlat. *per-taesus* zu impers. *taedet* (vgl. § 95, § 339, 3 b), ähnlich (*per-*) *ōsus, exōsus* Verg., auch altlat. perf. *ōsus sum* (Plt. Amph. 900; C. Gracchus, bei Festus), ohne Praesens. Zu *in-vītus* s. § 401, 1 c. – Auf *-ĭtus*: *tacitus, licitus libitus placitus* § 415 C 1, *solitus sum* zu *soleō* (Semidep.).

C. **Aktiver Gebrauch bei Transitiven.**

1. *cēnātus* und *iūrātus* waren ursprünglich possessive *to*-Adjektive zu *cēna* bzw. *iūs*, wurden dann auch als aktive Partizipien von *cēnāre iūrāre* benutzt; s. § 299, 1 a; *Szantyr*, Synt. 290 litt. ε; dazu N.-W. III 110 f. – Zu *cēnātus* vgl. auch *in-cēnātus* Plt. Aul. 368; selten *cēnātus sum* (wie bei einem Semidep.); als Latinismus umbr. fut. ex. 3. plur. *çersnatur furent*. Erst nach Muster *cēnātus* auch *pōtus* (transitiv) Varro Men. 319 (vgl. Plt. *postquam cenati atque appoti*) und *prānsus* Cato Varro Hor. – *iūrātus* 'durch ein *iūs* (*iūrandum*) gebunden' (als perf. *iūrātus sum* Plt. Rud. 1373, 1398). Entsprechend plur. *foederātī*, vgl. plur. (wegen *con-*) *con-iūrātī* 'gemeinsam durch Eid gebundene, Verschworene'; Rückbildungen sind *foederāre coniūrāre*. Danach auch „aktiv" *cōn-spīrātī* Caes. civ. 3, 46, 5; *cōn-spōnsī* (gegen pass. *spōnsa* 'Braut', § 269 C 1); im SCBacch. steht *inter se coniourase conspondise*.

2. Bei manchen Verben des Erwägens, Planens usw. ist neben der passiven Verwendung eine scheinbar aktive zu beobachten: *circumspectus* (*canis, homo*), *cautus* 'vorsichtig', *argūtus* 'schlau' (mit *argūtārī*), *disertus* 'beredt' (§ 180 e α), *scītus* 'klug', *incōgitātus animus* Plt. Bacch. 612; *attentus* und *intentus, obstinātus.* – Muster für die Verschiebung sei *cōnsīderātus* 'besonnen, überlegend', etwa Cic. Quinct. 11 *una in re paulo minus cons.* Die Wörterbücher scheiden passives *cōns.* '(wohl) überlegt, erwogen' als Attribut zu Plänen oder Äußerungen (*ratio, cōnsilium*) und aktives *cōns.* 'überlegend' als Attribut zu Personen; letzteres ist individuelle Neuerung durch Übertragung der Charakterisierung von Plänen auf deren Urheber ('besonnene Handlung' → 'besonnener Täter'); sie war wohl auch unterstützt durch den Adverbialgebrauch *cōnsīderātē agere*, vgl. *scītē* und *scītus*; man beachte Verbindungen wie *cōnsīderātē sapienterque, cautē et cōgitātē.* – Ähnlich *argūta sententia* (pass.), *argūtus homo* (akt.).

Zusatz. *cōnsultus* (*iuris c.*) 'kundig' ist nicht aktiv 'beratend', sondern passiv '(als Kenner) befragt'. – Zu *fertus* Avien. für *fertilis* s. § 311, 1 c.

D. Substantivierungen. Personalnomina: mask. (*g*)*nātus* 'Sohn', *praefectus*; fem. *spōnsa* (§ 257 A 1 a); *nupta.* – Neutra (zahlreich): *dēcrētum ēdictum plēbis scītum īnstitūtum mandātum*; entstanden aus impersonalem Passiv *dēcrētum est illud fīerī* (s. Leumann, Kl. Schr. 287[1], auch zu *fātum*). *vōtum prōmissum respōnsum prōpositum, tribūtum*; *scrīptum dictum,* (*bene*) *factum, cōnātum* (zu dep.). *dēlictum, meritum* (dep.?). *ostentum. ēventum* (intr.) – *subiectum* ὑποκείμενον, *praedicātum* κατηγορούμενον usw. – Konkreta: *spūtum*; *acētum*?; *tēctum, bustum, strātum* 'Decke, Bett'; *pēnsum*; plur. *serta*; ohne lat. Verb *mulsum, dēfrutum.* Zu plur. *exta* s. § 234 Zus. ε. – Feminina: Konkreta: *fossa* (sc. *cavea*) 'Graben'; roman. **strāta* (*via*), daraus nhd. *Straße*; schwierig *īnstita* 'Binde'. – Sonstiges: *prōsa* (*ōrātio*, aus **prō-versa*, § 214 b). *impēnsa* (*pecūnia*). Vielleicht retrograd aus Verben (nach § 258 B 4 b) *offēnsa repulsa.* Zu *vindicta* s. § 257 A 2 b; zu *secta* s. oben Abschn. I am Ende.

448. Formale Gestaltung der *to*-Partizipien.

Vorbemerkung zum Stammvokal. Die *to*-Partizipien und die *tu*-Supina sind bei Primärverben nach ihrer Stammgestalt vom Praesens unabhängig. Für die Ablautstufe der Verbalwurzel hat sich im Latein bei sämtlichen deverbativen *t*-Ableitungen eine einzige Vokalstufe durchgesetzt, und zwar fast durchweg die bei den *to*-Partizipien ererbte Schwundstufe.

Im Verbalstamm gehen also mit ihnen noch folgende nominale Ableitungen zusammen: die Verbalabstrakte auf *-tu-* mitsamt den Supina auf *-tum* und *-tū* und den Ptc. fut. auf *-tūrus* und den Abstrakta auf *-tūra* (§ 287), die Nomina agentis auf *-tōr-*, und die Verbalabstrakta auf *-ti-* und *-tiōn-* wie *messis* oder *dictio ratio* (§§ 308 u. 324 B); ferner alle die Bildungen, die im Rahmen des Lateins nur als Ableitungen vom *to*-Ptc. definiert werden können, das sind die Adjektiva auf *-tīcius -tīvus -tilis* (§§ 279, 2; 281, 1; 311, 2) und die Iterativa von Primärverben auf *-tāre* (§ 412 B). – Für die *-tōr*-Nomina und für die *tu*-Abstrakta und Supina (§§ 319 u. 316 A 1) galt in der Grundsprache nach Ausweis des Altindischen die Vollstufe, dagegen für die *to*-Partizipia, die *ti*-Abstrakta und alles andere galt die Schwundstufe, also zu *dīcere* (*deik-*) ursprünglich **deiktōr *deiktum*, aber **dīk-tos* lat. *dictus.* – Eine Nachwirkung davon ist im Latein die Aufteilung von *gignere* 'erzeugen' (vgl. § 405 b; Wz. idg. *g'enə*) in zwei Verben: ursprünglich *geni-tor* und supin. *geni-tum*, aber *to*-Ptc. *gnā-tus* (§ 63); dann nach supin. *geni-tum* auch *geni-tus*, und zu *gnā-tus* 'erzeugt' → 'geboren' neu prs. *gnā-scor* (§ 407 I A 2), wie zu altind. ptc. *jātas* neu prs. *jā-yate.* – Man kann also für die deverbativen *t*-Ableitungen sowohl *tu*-Supinum als *to*-Partizipium als Leitform in der lat. Lautgestaltung betrachten; beim Fehlen beider (bei

Intransitiven) erfolgt Ableitung vom Praesensstamm, etwa *fugi-tūrus*. Im übrigen ist auch die Schwundstufe, falls stark abweichend oder undeutlich, schon früh durch Vollstufe oder Praesensstamm ersetzt worden.

Ablaut als Schwundstufe der Wurzel im *to*-Ptc.: In geschlossenen Silben $\bar{\imath}$ $\bar{u}$ gegen sonst $\bar{\imath}$ $\bar{u}$ ($\bar{\imath}$ < idg. *ei oi*; $\bar{u}$ < idg. *eu ou*; s. § 31): praes. $\bar{\imath}$ $\bar{u}$ bei *dĭctus dīco, dŭctus dūco*; perf. $\bar{\imath}$ $\bar{u}$ (§ 435 B) bei *re-lĭctus -līquī, rŭptus rūpī*; wohl *or* < idg. ŗ gegen *er* in *vorsus verto* (§ 44 Zus.), vgl. auch § 410, 2 b α zu *tortus*, § 214 c zu *tostus*. Ablaut *a* : *ē* in *factus fēcī*, § 435 A 2. – In offenen Silben *li-tus lē-vī, gnā-tus geni-tor* und die weiteren Beispiele in Abschn. I B.

Zu den jüngeren lat. Vokaldehnungen vor *ns gt nct* s. §§ 125–129. Zur Vokalschwächung *e* aus *a* in Komposita s. § 87 a.

Stammgestaltung vor dem Suffix *-to-*.

I. Einsilbige lat. Stämme von Primärverben vor *-tus* (Praesentien in allen vier Konjugationen).

A. Kons. Stammausgang (zu den Lautassimilationen vgl. § 196, 2b; zu *rct lct* > *rt lt* s. § 221b).

1. Verschlußlaute und *s*. a) Gutturale: *ct* bei Stämmen auf *c qu̯ g gu̯* (mit *u̯ u(u̯)*) und *h*. -*c*-*t*-: *factus victus sānctus*; *ē-nectus sec-tus* (prs. -*āre*). – *qu̯-t* > *ct*: *relictus coctus sectārī*. – *rct* (*rqu̯-t*) > *rt*: *fartus sartus*, adj. *ar(c)tus* 'eng', *tortus* (§ 410, 2bα); *lct* > *lt*: *ultus fultus mult-īcius*. – -*g-t*- > *ct* (**ag-tos* > *āctus* § 129): *āctus tēctus iūnctus fūnctus*; *gu̯-t* > *ct*: *ūnctus*; zu *fīgere* alt *fīvere* (§ 157, 1b) -*fīctus* (*cōn*- Scaur. hist. 5, *dē*- Varro rust. 3, 7, 7), sonst *fīxus*, nach perf. *fīxī*; neben Praesentien auf -*vo* -*u(u̯)o tu*-Abstr. *vĭctus frŭctus fluctus* (adj. *fluxus* Plt. Capt. 439; vgl. § 410, 3 c, § 436 A 2b). *h + t* > *ct* (prs. *h* aus *g'h, ng* aus *ng'h*, § 168 Zus. a): *vectus tractus, fictus mictum*. – b) Labiale. *pt*: *ad-eptus captus ruptus, rēpt-āre* und -*ilis, saeptus, sculptus*. Neben *b* (aus idg. *bh*): *scrīptus*; *nūpta*. – c) Dentale. *d-t t-t* > lat. *ss* (§ 198); -*ss*- > -*s*- hinter langem Vokal (einschließlich Diphthong) und hinter Kons. (zu *rss* > *rs* s. § 196, 1bβ). -*t-t*- > *ss*: *quassus, cōn- prō-fessus, dē-fessus* § 407 IB 1b; *ūsus*; *versus* (alt *vorsus*), *sēnsus, mēnsus* (*mētīrī*, § 152 f). *ct + t* > *x*: *flexus nexus amplexus*, s. Zus. α. – -*d-t*- > *ss*: *fissus scissus, passus* (*pandere*), *ob-sessus* (*dh + t* in *con-gressus grass-ārī* und in *iussus*, § 171c). Weiter (*dt* >) *ss* > *s*: *vīsus* (danach *gāvīsus*, § 103b), *ōsus* (perf. *ōdī*), *cāsu-, trūsus*; *caesus laesus clausus, frausus est* (Plt. As. 286 *fraudem*, Paul. Fest.; depon. perf. ohne praes. **fraudor-ī*); *fīsus* (*dh*). *rss lss nss* > *rs ls ns*: *morsus, salsus* § 218a; *tēnsus pēnsus dēfēnsus incēnsus, spōnsus tōnsus* (vgl. § 410, 2bα), vielleicht *fūsus* (*fundo*), adj. *obtūsus* neben -*ūnsus*. – d) Bei Ausgang *s*: -*s-tus*. Postkons. *s*: *textus* § 203bβ; *to(r)stus *tr̥s-tos* §§ 214c; 410, 2bα. Postvokal. *s*: *pistus* (*n*-praes. *pīnsere*), *gust-āre* § 412b; im Praesens intervokal. *r* aus *s* (§ 180b): *gestus* zu *gero, questus, ustus, haustus*; *quaes-tu- -tor*, adj. *maestus*.

2. Ausgänge *r l m n* (meist mit Vokal des Praesensstammes; als Schwundstufe auffaßbar *ul* < *l̥, en* < *n̥*). *rt*: *ortus* umbr. *ortom, partus* 'erworben' (*parere* durch *parāre* ersetzt, § 413). *lt*: *cultus* (*colere*, § 43c), *occultus* (*occulere* § 91aα), alt *pult-āre* § 412 B 1; *altus* mit *ad-ultus*; *sepultus*. *mpt*: *emptus* §§ 126b, 215 b γ, 219. *nt*: *com-mentus*, adj. *con-tentus* zu *con-tinēre* (auch *at-in-tentus*, im Praesens *d*-Erweiterung in *tendere*); *canta* 'cantāta' Paul. Fest.;

mant-āre § 412 B 1. Ausgang *v* : *-ctus* (*vīvere, fīvere*), s. oben bei den Gutturalen.

Zusatz. Postkons. *-sus* für *-tus*, zunächst in Anlehnung an perf. *-sī*, nach Vorbildern bei Dentalverben wie *laesus* neben *laesī*. a) *-xus*, scheinbar lautlich aus *-ct-tus* in (*per-, com-*)*plexus* (mit *am-plex-ārī*), *nexus flexus* neben praes. *-ctere*; aber das *t* ist nur Praesenszeichen, § 409; man erwartet **plectus* wie gr. πλεκτός, so noch lat. *plect-ilis* gegen *flex-ilis*, § 311, 2 a. - *-xus* für *-ctus* in *fīxus fluxus*, s. oben. - *-psus* für *-ptus* in *lāpsus* zu dep. *lābitur*. - b) *-rsus -lsus -nsus* sind lautlich berechtigt nur bei Dentalstämmen, also bei den oben genannten auf *-rt -rd* (*versus morsus*), auf *-ld* > *-ll* (*salsus*), und auf *-nd* (*dēfēnsus* usw.). Nach solchen Mustern bei Verben auf *-rg -lg* zu perf. *-r*(*g*)*-sī -l*(*g*)*-sī* auch *-sus*: *tersus* (alt *aerea terta nitet galea* Varro Men. 169, *tertus* App. Probi, s. dazu Baehrens, Komm. 116; nicht zu *tero*, dazu gehört nur *trītus*), *mersus* (alt *mert-āre*; s. aber § 206 sub *zg*), *sparsus* mit *aspersus*; *ē-mulsus* Catull. 68, 110 u. 80, 8 (*ē-mulsio* ist nicht antik). - *-lsus* bei Verben auf *-ello* mit *ll* aus *ln* (vgl. § 216 b): *pulsus, vulsus*; gleichartig wohl adj. *falsus*, kaum (*ex-*)*celsus*. - *-nsus*. Für *-ns-tus*: zu *cēns-ēre* plur. subst. *accēnsī* 'eine Bürgerklasse', *cēnsu- cēnsor re-cēnsio* (aber osk. *an-censto- censtur*). Ähnlich *-so-* für *-s-to-*: *haesum adhaesio* iter. *haesitāre* zu perf. *hae*(*s*)*-sī* prs. *haereo*. - Weitere solche Formen im Latein der Kaiserzeit: *sorsus* (zu *sorbeo*, Svennung, Eranos 32, 94 [Gl. 26, 92]), *sculsus*; *abscōnsus* Ps. Quint. zu prs. *-ndo* mit neuem perf. *-ndī*, also wie bei *dēfendo*; *farsus* Petr. (mit *farsilis* Apic.). - Für *-n-to-*: *māns-ūrus -iōn-* nach perf. *mān-sī* (alt *mant-āre om-mentāns* § 412 B 1).

B. Stamm (= Wurzel schwundstufig) auf kurzen Vokal. *-ă-tus* (lat. *a* aus idg. *ə*, Schwundstufe zu idg. *ē, ō, ā*, §§ 33, 41; in Komposita > *-ĭtus*, § 88): *datus* mit *prō-ditus* usw.; auch *ab- crē-ditus* (für **fa-tos*, osk. *prúftu*, § 402b). *să-tus* zu *sē-vī*, *sē-men*. *ră-tus* zu *rē-rī* (dep.), mit *ir-ritus*. *stătu-* zu *stā-re* (*stătus* zu *sistere*). Adj. *cătus*. Iter. *nătāre* zu *nāre*. Merkwürdig *agcognĭtus* gegenüber (*g*)*nōtus*. - *-ĭ-tus* (Ablaut *i* : *ei*): *praeter-itus, ex-itu-*, iter. *itāre* zu *īre* (§ 399a). *sĭtus* 'gelegen' § 179b β (mit *po-situs*, synkopiert *postus* Lucr. 3, 857 u. 871, *repostus* Verg.). *lĭtus* Verg. gg. 4, 99 (zu *lino lēvī*), *ob-litus* Cato agr. 110 Hor. epist. 2, 1, 204. - *-ŭ-tus* (§ 410, 3c): *dī-rŭtus*, adj. *in-clutus*. - Angeblich griechisch *-grĕtus* in *adgrĕtus fārī* Enn. ann. 588 und *ēgretus* Paul. Fest.; also nicht rein lautlich für *-gressus*; vgl. gr. hom. νήγρετον.

C. Stamm auf langen Vokal im Latein. Lat. *ā* in *rā lā nā* aus idg. *r̥̄ l̥̄ n̥̄* (vgl. § 63): *strā-tus* (*sterno*), adj. *grā-tus* (vgl. *grā-tēs*), *lātus* < **tlā-tos* (*fero*) zu *tulī* (§ 403, 2 Zus.), (*g*)*nā-tus* zu *gigno*. - Längen als durchgeführte Vollstufen bzw. als starre Vokale. *fātus* u. *fātum, flātus*. - *com-plētus concrētus quiētus viētus suētus*; *fēta*; *sprētus, dē- sē- dis-crētus* zu perf. *-crē-vī* (prs. *-cerno*). - *gnōtus, pōtus* (mit *pōt-āre*). - *vīt-ilis* (*vītis* 'Rebe'); *fītum est* § 403, 3. - *sūtus, spūtum* (*ū*-Wurzeln, § 136c); *ū* in *rūta caesa* bezeugt Varro ling. 9, 94; iter. *futāre* (wohl *ŭ*, § 400 B 2b); *re-fūtāre*. - *ī* und *ū* verschiedener oder unsicherer Herkunft: *scītus*; *ir-rīt-āre*; *trītus* (zu *tero*); *nūtu-* (*ad nūtum*) *nūt-āre*; *imbūtus, ex-ūtus*; adj. *tūtus*; *exfutī* (*ū*?) 'effūsī' Paul. Fest. (dazu *fūtilis*?; gr. χὔ-τός zu χέω).

II. Zweisilbiger Stamm auf Vokal vor *-tus* bei Primärverben und Deverbativen.

A. *-ĭ-tus*. Vollstufiger Stamm, neben *-itus* steht perf. *-uī* aus *-i-vī* : *i* aus lat. *a* aus idg. *ə*: *genitus* (für *gnātus*, s. oben), *domitus* nach *domi-tor* (aber gr. δμη-τός gegen παν-δαμά-τωρ); *vomitum* § 403, 4; *molitum*. Weiter hierher die *-itu*-Gruppe bei der 1. Konjug.: *spīritu-* § 316 A 1c, mit iter. *crepit-āre* (vgl. § 410, 1; § 411, 1). – *-itus* idg. *-itos* bei Kausativen der 2. Konjug. : *monitus*, s. § 410, 2bα. Ferner *-itus* bei anderen Verben der 2. Konjug., *licitus placitus solitus*, adj. *tacitus* (vgl. § 415 C 1), auch iter. *licit-ārī*. – Postuliert *-itus* bei *oblītus* < *oblīvitus*, und ebenso iter. *-it-āre* bei einigen Iterativen auf *-tāre* wie *portāre*, s. § 412 B 3b am Ende.

Viele Neubildungen, besonders in der Kaiserzeit. Neben oder zu perf. *-uī*: *ēlicitus -uī* gegenüber *allectus allexī* (*-licio*, Simplex *lacio*). *alitus* Liv., Val. Max. (*alere*). *pīnsitus*. Zu isolierterem Perf.: *fefellitus* Petr. 61, 8; *pepercitus* spät (auch *pepertus* Pap.). *tulitus* Diehl Chr. 2767 (auch *tultus* Gloss.). Vom Praesens aus: chr. (s. Thes.) *gignitus* (aus *genitus* plus *gigno*). Zu Dep.: *fruitus* Jur. u. Vulg.; *vesciti sunt* Act. Arv. a. 240 (s. *Heraeus*, Kl. Schr. 228²).

Zusatz. Gleichartig schon früher part. fut. auf *-itūrus* vom Praesensstamm (meist bei Verben ohne *to*-Ptc. oder Supinum): *moritūrus* Enn. Cic., *paritūra* fem. Plt. Cic., *oritūrus* Hor. epist. 2, 1, 17, *fugitūrus* Ov. (vgl. *fugitīvus* seit Plt.). *obrui-*; *vinci-* Petron. 45, 10, *abnui-* Gell., *cōnstrui-* Ven. Fort., *consequi-* IX 1681. Von Verben der 2. Konjug. (meist neben *-uī*-Perfekt): *taci-tūrus, noci- doli- vali- pāri-tūrus*. Als Namen inschr. *Crēscitūrus*, auch *Gauditūrus* X 3699, 1 u. 24. Von Praesensstämmen mit infin. *-āre -īre* (bei abweichendem *to*-Ptc.): *iuvā-* Sall., *sonā-* Hor.; *haurī-* Iuvenc. *quiē-* bei Cic. fam. 11, 2,3. – Beachte auch N.-W. III 581.

B. *-tus* hinter Langvokal, bei Primärverben oder nach deren Muster. *-ītus* als Neubildung, zu *-īvī* (vgl. § 437 I A 2) : *cup- quaes- pet- arcess-ītus*; zu *-īre* : *sanc-ītus* Lucr. 1, 587; *sepelītus* Inschr. Sonstiges: *dolītus* Thes. zu *dolāre* (nach *polītus*?); *probītus* VI 2977 al. (Muster?). – *-ūtus* : *volūtus solūtus*; danach *secūtus locūtus*, § 156 d. – *-ētus* zu Intransitiven auf *-ēsco* : *ex-olētus*, dazu *prōlēt-ārius* (etymologisch zu *ad-olēsco*); *obsolētus* 'veraltet' (zu *ob-solēsco*, *soleo*). *dē-lētus* zu *dē-lēvī* (zu *dē-linere*; praes. *dēlēre* retrograd, nicht zu griech. δηλέομαι). *olētum* 'stercus humanum' Paul. Fest., Pers. 1, 112. Zugehörigkeit unsicher von subst. *temētum*, Göttin *Monēta*. *valētūdo* nicht von **valētus*, sondern nach *cōnsu̯ētūdo* neben *-ēsco* von *valēsco*.

III. *-tus* hinter Langvokalen in den mehrsilbigen Denominativa. *-ī-tus* in *fīnī- mūnī- mōlī-tus* usw. *-ū-tus* in *tribū- statū- minū-tus* usw. *-ā-tus* in *cūr- termin- pi-ātus* umbr. *kuratu termnas pihaz*. – Zu ĭ ŭ bei ĭ- ŭ-Nomina s. § 253c. Vgl. auch § 299, 1 zu denomin. Suffix *-tus* in *-ātus -ītus -ūtus*.

Anhang. Sonstige Nomina auf *-to-* und *-so-*, deverbative und unableitbare; man vergleiche dazu die etymologischen Wörterbücher. Adjektiva. Auf *-tus* (Personaladjektive, meist für Körperfehler): *laetus paetus lentus mūtus, curtus brūtus plautus*; ferner *multus* (angeblich zu *mel-ior* gr. μάλα), *vāstus*. – Auf *-sus -ssus* (allenfalls *ss* aus *t-t* nach § 198): *bassus cassus crassus lassus, russus*, spät *grossus*. – Auf *-xus*: *laxus, ē-* und *prō-lixus, luxus, pexus, con-* u. *dē-vexus*; die Partizipien *nexus fīxus fluxus* sind oben genannt. – Zu *dēnsus* s. § 317b. – Substantiva. Auf *-to- -ta*: Mask. *hortus* 'Einzäunung, Garten' (Erbwort, gr. χόρτος usw., § 168); *lectus*; *cubitus, digitus* (§ 232 C). Ntr. *mentum* 'Kinn' § 61; *palātum*; *mustum*; *scūtum*; *scortum*; *prātum*; *lētum*; *lūtum*. – Fem. *amita* 'Tante'; wohl deverbativ *mēnsa* (*Kretschmer*, Gl. 8, 79), *porta, testa* 'Schale'. Ferner *crīsta crusta planta, antae* § 64 c, *mēta. multa; causa* (*caussa*). *Vesta* (Erbwort, vgl. gr. Ἑστία); *Morta, Monēta*. – Zu *vīta* s. § 301 a, zu *vindicta* § 257 A 2 b, zu retrograden *secta lucta* § 258 B 4 b. – Fem. auf *-sa*: *capsa*; *noxa, rixa*. – S. dazu *Manessy-Guitton* (Titel § 331 Ende) 133 ff.

449. Part. fut. auf *-tūrus.* – **Infin. fut. akt. auf** *-tūrum esse.* – **Infin. fut. pass. auf** *-tum īrī.*

1. Das lat. Ptc. fut. akt. auf *-tūrus* ist morphologisch unabhängig von den einfachen Futura des Praesensstammes, Typen *legam -ēs* und *amābo*, im Gegensatz zum Griechischen mit ptc. λύσοντ- und infin. λύσειν als Ableitungen von fut. λύσω wie im Praesens λύοντ- λύειν von λύω. Das Suffix *-tūrus* ist ohne Entsprechung in anderen Sprachen; formal ist es vom Verbalstamm bzw. der Verbalwurzel abgeleitet; im Paradigma erscheint es demgemäß wie eine Ableitung auf *-ūrus* vom *to-*Ptc. oder auf *-rus* vom Supinum; letzteres dürfte auch die sprachgeschichtliche Erklärung sein.

Zusätze. a) Bei intransitiven Verben der 3. Konjug. ohne *to-*Ptc. oder Supinum und auch in anderen Notfällen steht *-i-tūrus*, etwa *fugitūrus moritūrus*, s. § 448 II A Zus.; zu *fūtūrus* s. § 400 B 2 b. – b) Zur Suffixgestalt vgl. § 287 Zus. b zu Suffix *-tūra* in *nātūra* usw. Unhaltbare Herleitungen: aus *-teusos*, zu gr. -τέος, nach *Lagercrantz*, s. *Benveniste*, Orig. 72[1]; Ableitung von nom. ag. auf *-tor -tōris*, die traditionelle Auffassung, s. dagegen *Kretschmer*, KZ 31, 463.

2. Conjugatio periphrastica auf *-tūrus sum*. Im wesentlichen ist *-tūrus* im Gebrauch beschränkt auf die Verbindung mit der Copula *est*. Mit dem Praesenssystem von *esse* bildet *-tūrus* ein eigenes, allerdings lockeres Futursystem als Ergänzung zum Praesens- und Perfektsystem (§ 390, 4 Zus. a), die sog. Coniugatio periphrastica. So seit dem Altlatein *daturus sum, sim, eram* usw., auch sogar *ero* und *fuī*; dazu infin. *-tūrum esse* für Umsetzung von *-tūrus sum* in den Acc. c. inf. nach Verba dicendi usw. – Einige Belege aus Plautus: Rud. 1085 u. 1419 *daturus sum, sim*, Most. 62 *daturi-ne estis?*, Cist. 153 *eram dicturus*, auch Most. 437 *quod crediturus tibi fui*, Pers. 296 *quid dicturus fuerim*; dann *dicturus ero*, z. B. Cato agr. 30, Lex Iul. munic. 148, Lex Malac. 1, 14, vgl. Lex Urson. 132, 17 *petet petiturus-ue erit*. Vgl. *Szantyr*, Synt. 390, zu *-tūrus ero* 312. Material bei N.-W. III 159 ff.

3. Der Infin. fut. akt. auf *-tūrum esse* ist also zwar seiner Herkunft nach der Infinitiv der Coniug. periphr., aber im Gebrauch verselbständigt. Wie beim Infin. perf. pass. *dictum esse* fehlt im Altlatein oft das *esse*, vielfach auch das *sē* bzw. *mē* des Subjektsakkusativs; Belege kann man bei *Bennett* I 367 ff. finden. Das praedikative Ptc. auf *-tūrum* richtet sich in Genus und Numerus nach dem Subjekt des Acc. c. inf., also *-tūrum -am -ōs -ās esse*; vgl. Plt. Psd. 1314 *negabas daturum esse te mihi* (sc. *argentum*); Men. 1043 *ait se allaturum marsuppium*; Merc. 746 *nos confido redituros*; Ter. Phorm. 777 *nuntia hanc venturam*; Andr. 174 *nuptias futuras esse audivit*.

Daneben steht, freilich nur im Altlatein, starres *-tūrum esse* auch für fem. und plur., besonders in Prosa bei Annalisten: Cato orig. 104 *polliciti sese facturum omnia*. Seit *Postgate* betrachtet man diesen starren Infin. *-tūrum esse* als eine Altertümlichkeit, unter Anerkennung der dazu gebotenen Herleitung von *-tūrum*; mir scheint diese Lösung ganz unmöglich. Von den Einwänden ist der gewichtigste der, daß dann das Ptc. *-tūrus -a -um* erst aus geneuertem unstarrem *-tūrum -am -ōs -ās esse* verselbständigt wäre und damit die Coniug. periphr. ermöglicht hätte. – Nach meiner Meinung ist das starre *-tūrum* neben flektiertem *-tūrus -a -um* eine Nachahmung des griech. starren Infin. fut. -σειν neben flektiertem ptc. fut. -σων; s. MSS 31, 129 f.

Zusatz. Das Problem ist von *Postgate*, IF 4, 252, sorgfältig entwickelt worden. Er erklärt, von starrem *-tūrum* ausgehend, diesen Infinitiv als Dat. auf *-tū* mit infin. **erom* (osk. *ezum*) 'esse', mit nachträglicher Adjektivierung nach dem Perf. pass. Die Deutung fand weithin Zustimmung, ungeachtet schwerer Bedenken: osk. Infin. für lat. Flexionsform („sabinisch" in Rom nach *Nacinovich*, IF 54, 47 [Gl. 27, 84]); lat. Dat. oder Lok. auf *-ū*; Futurbedeutung für *datūrum* aus 'zum (beim) Geben sein'. – Weitere Lit.: *Löfstedt*, Synt. I², 11–14; *Szantyr*, Synt. 342/3 Zus. a; *van der Heyde*, Mnem. 3, 279 [s. *Kroll*, Gl. 27, 43 f.]; *Leumann*, MSS 31, 129 f.

Zum Infin. fut. auf *-āssere* zu Verben auf *-āre* s. § 452 A 3.

4. Ein Infin. fut. pass. wird gebildet auf *-tum īrī*, mit starrem *-tum*, etwa mit Fem. als Subjekt des Acc. c. inf. Plt. Cas. 699 (*Casina*) *nisi se sciat vilico non datum iri*, Ter. Hec. 40 *datum iri gladiatores*. Diese Futurumschreibung besteht formal aus dem Supinum auf *-tum* und dem Infin. pass. von *īre* 'gehen'; sie ist also eine Weiterentwicklung aus dem alten Supingebrauch des Typus *cubitum īre*, mit trs. Verb. Plt. Poen. 512 *ire ... operam datum*, Pers. 63 *ire ... ereptum bona*. Zu den Zwischenstufen s. § 316 A 2aγ und (etwas abweichend) *Szantyr*, Synt. 381 § 204, 2. Abs. Material bei N.-W. III 176.

VIII. FINITE
FORMEN AUSSERHALB DES SYSTEMS:
TYPUS *FAXO AMASSO*

450. Altlat. Typus fut. *faxo* und konj. *faxim*: Vorbemerkungen zum Tempusstamm.

1. Zur Form. Der Typus *faxo*, zu *facio*, wird gebildet von Verben mit Verbalstamm auf Kons., also meist der 3. Konjug.; ihm entspricht bei Verben der 1. Konjug. mit Stamm auf *ā* der Typus *amāsso*. Funktionell und in der Flexion bilden die beiden eine Einheit; doch erfordert der Typus *amāsso* im Hinblick auf seinen Ursprung eine Besprechung für sich.

Der Kennlaut *s* bei *faxo -im*, *dīxo -im* ist das Zeichen des idg. *s*-Aorists (vgl. § 436 B). In der Flexion stimmen indik. *faxo -ĭs* und konj. *faxim -īs* überein mit fut. ex. und konj. perf. *fēcero -im*, *dīxero -im*; durch die paarige Bindung sind sie als athem. Konjunktiv und Optativ des idg. *s*-Aorists zu bestimmen (vgl. § 424). Als Ableitungen vom Verbalstamm stehen diese *s*-Bildungen außerhalb des lat. Verbalsystems mit seinen finiten Formen von Praesens- und Perfektstämmen (§ 390, 4 Zus.); in der Stammform gehen sie also mit den *to*-Partizipien zusammen. Sie stehen auch, trotz *dīxo -im* neben perf. *dīxī*, als eigenständige Bildung in keiner funktionellen Verbindung mehr mit dem lat. *s*-Perfekt; man beachte *faxo ausim* gegen perf. *fēcī ausus sum*. – Für das Sprachgefühl gehörten sie zum Praesenssystem; nur so erklären sich Passivformen auf *-tur* wie *iussitur* und die Infinitive auf *-āssere*.

Zus. a. Rein formal könnte man, unter Hinweis auf das osk.-umbr. *s*-Futur, z. B. *fust 'erit'*, das lat. *dīxo* auch mit griech. fut. δείξω gleichsetzen und daraus auf ein idg. thematisches *s*-Futur bzw. ein futurisch oder desiderativ gebrauchtes *s*-Praesens schließen; als Flexionskategorie ist ein idg. *s*-Futur aber nicht zu erweisen. Und nach der lat. Koppelung *faxo ~ faxim* erweist sich die *so*-Form als Konj. des *s*-Aorists. Daher ist auch die Bezeichnung von *faxo* als *s*-Futur zwar nach der Funktion begründet, aber hinsichtlich der Form irreführend; man sollte sie zum mindesten durch „Typus *faxo*" oder als „lat. *s*-Futur" verdeutlichen. – Zu Typus *dīxo* als idg. *s*-Futur oder *-əs*-Desiderativum (altind. fut. *-iṣyati*) – wobei Typus *dīxim* isoliert wird – s. Fr. *Thomas*, Recherches sur le subjonctif latin, Paris 1938 [Gl. 29, 169], ders., Rev. phil. 30, 204 ff.,*Puhvel*, Laryngeals [Gl. 42, 101 f.].

Zus. b. Die Zuteilung der Formen zu Futur und Konjunktiv ist in der 1. sing. durch die Endungen *-o* und *-im* gegeben; in den anderen Personen ist sie fast nur nach der Syntax möglich. In den folgenden Belegen wird nach der Satzfunktion geschieden: fut. *-so*, also 2. sing. *-sis*, meist in Sätzen mit *sī* 'wenn', vgl. 1. sing. *sī id capso* Plt. Ba. 712, *sī ... reconciliāsso* Capt. 576, *sī ... amāsso ... aut occepso* Cas. 1001; konj. 2. sing. *-sīs* meist in Prohibitivsätzen wie *nē dīxīs*. – S. dazu auch *Delbrück*, Grdr. IV 322–326 u. 377.

2. Zum Gebrauch von *faxo -im* und *amāsso -im*. Im umgangssprachlichen Altlatein der Komödie, speziell des Plautus, ist diese Flexion durchaus lebendig; *faxo* ist gebraucht als Futur, *faxim* als Konjunktiv, also wie

im Altlatein auch *fēcero* und *fēcerim* gebraucht sind. In der Umgangssprache der klassischen Zeit sind nur noch als 1. sing. *faxo*, *faxim* und *haud ausim* bewahrt geblieben; andere Formen sind vereinzelt in archaisierender Manier gebraucht.

Zur Verbreitung. Gesetzessprache. Alte Gesetze: (*sī*) *plōrāssit* (Fest s. *plorare*). XII Tab. 8, 12 *sī im occīsit*; ferner *-āssit* in *lēg-* 5, 3, *nuncup-* 6, 1, *excant-* 8, 8, *nī sam* (*viam*) *dīlapidāssint* 7, 7; vgl. D 256 *sei ... u̯iolasit*, Plt. As. 794 *sī occepsit*, Paul. Fest. (sub *publica pondera*) *sī faxit iussitve fīerī*, Lex coll. aq. (inschr., Bruns, Fontes nr. 178) 20 u. 23 *ni iudicassit.* – Cicero in seinen Gesetzesentwürfen leg. 2, 19–22 u. 3, 6–11: *clepsit rapsitve* 2, 22, *sī senātus iussit* 2, 21, *nēmo habēssit* 2, 19, *prohibēssit* 3, 6 u. 10; ferner *-āssit -int* in *cre- imper- inrog- iūdic- loc- migr- rog-*, und pass. *turbāssitur.* – In Segenswünschen der Umgangssprache, als Bitte an die Götter: (*ita*) *dī faxint* Plt. Ter. Cic. epist., *dī tē servāssint* Plt., *ut fortūnāssint*, *precor* Afran. 83, *āmentiam āverruncāssint meam* Pacuv. 112. Als Unglückswunsch Enn. trag. 288 *illum dī ... magnō mactāssint malō* (danach Afran. 264 Pompon. 137). – In Gebeten: (*ut*) *prohibēssīs* (Aul. 611 *Fidēs*, Cato agr. 141, 2 *Mārs*, Enn. trag. 239 *Sōl*); *auxitis* und *faxitis* (grammatisch beide *-ītis*) Liv. 29, 27, 3; *bene spōnsīs beneque volueris* Messala augur (bei Fest.). – Aus Plautus: 2. sing. *-īs* prohibitiv hinter *nē* oder *cave*: so *dīxīs faxīs parsīs* mehrfach; *nē ... comessīs* (-*ēs* cod.) Men. 611; auch *-āssīs* (*cūr-* Poen. 553, *immūt-* Aul. 585, *indic-* Aul. 608, *occup-* Most. 1097 usw., *supplic-* As. 467; *appell-* Ter. Phorm. 742); ebenso 3. sing. *nē ... excussit* Bacch. 598 usw. – Im Altlatein ist hiernach über *faxo* und *ausim* hinaus diese Formkategorie reich belegt.

Aus einzelnen Autoren seien weiter genannt: Ennius ann. 319 *capsit*; mit *-āss-* 317 *perpetuāssint*, 335 *levāsso*; auch wohl *īnsexit*. Aus klassischer Zeit etwa: Cic. epist. *dī faxint*, leg. *clepsit* usw., s. oben. Varro Men. 304 *nē ... tāxīs*; 378 *dēvorāssit* (*-et* codd.). Lucr. *ausīs* (2, 982; 6, 412 al.; auch Paul. Fest. '*audeās*'). Catull *accepso*; *ausit* 61, 65 u. 66, 28. Verg. Aen. 11, 467 *iusso*. Prop. 2, 9, 47 *ēdūximus* (nicht indik. perf.). Liv. *dēfexit*; *clepsit* u. *faxit* 22, 10, 5 u. 6; *faxītis* u. *auxītis*.

451. Die Einzelformen.

1. Zur Stammbildung bei Typus *faxo*, mit Belegen aus Plautus und Terenz. Manche der Formen stehen neben lat. *s*-Perfekten (aus idg. *s*-Aoristen); bei diesen ist 3. sing. *-it* gleichlautend mit indik. perf. *-it*: neben perf. *dīxī aspexī* stehen *dīxo -im*, *-spexo -im*, alle mit 3. sing. *-it*; so fut. 3. sing. *sī ... aspexit* As. 770, dies neben 2. sing. *-is* in *sī ... respexis* Aul. 58 bzw. *-īs* in *cave respexīs* Most. 523. Weitere Beispiele für 3. sing.: Truc. 524 *nē nōs exstīnxit famēs*, Bacch. 598 *nē ... excussit*; für 2. sing. *-īs*: Capt. 149 (*nē*) *indūxīs* neben *dīxīs*; auch *nē* bzw. *cave parsīs* Psd. 79 Bacch. 910 (neben perf. *parsī* Plt., vgl. § 441); *cave ... āmīssīs* Bacch. 1188 (*ss* statt *s*, perf. *āmīsī*); *cave ... excessīs* Ter. Andr. 760. – Dazu *serpsit pro serpserit* Fest.

Unter diesen muß das Muster für weitere Ausbreitung zu suchen sein; am ehesten wird man dafür *dīxo -im* neben *dīxī* in Anspruch nehmen. Denn der Typus *faxo* bildet eine eigene Flexionskategorie mit Neubildungen auch bei Verben auf Kons.-Stamm ohne idg. *s*-Aorist und lat. *s*-Perfekt, so *ad-āxint* oder *faxo*. Formal sind diese – etwa nach Muster *dīxo* ~ *dictus* – an die *to*-Partizipien angelehnt; ich ordne die Beispiele nach dem Stammauslaut. *faxo -im*, dazu *sī effexis* Cas. 708 Poen. 428 (*sī dēfexit* Liv. 1, 24, 8 in einem Gebet); *cave obiexīs* Cas. 404, *iniexit manum* Pers. 70; *quae ēgī, ago, āxim* Pacuv. 297, *utinam adāxint* Aul. 50; *nē . . . tāxīs* Varro; *īnsexit* Enn. inc. 36 ('*dīxerit*' Paul. Fest.; zu *īnsece*, s. Thes. 1. *īnseco*). – *sī id capso* Bacch. 412 (*-ĭmus* Rud. 304, *-it* Enn., auch '*prenderit*' Paul. Fest.), *accepso* Pacuv. 325, *sī occepso -it* Amph. 673 As. 794, *recepso* Catull. 44, 19, *incepsit* Paul. Fest.; *nē . . . sēsurrepsit* (*rapio*) Mil. 333; *clepsit* Cic. Liv.; *sī . . . adempsit* (*adimo*) Epid. 363, *surempsit* '*sustulerit*' Paul. Fest. s. § 210b. – *excussit*; *amīssīs*; *occīsit*; *incēnsit* '*incenderit*' Paul. Fest. – 2. Konjug. (nach *to*-Ptc. oder *s*-Perfekt): *auxītis* Liv.; *iusso* Verg. (mit pass. *iussitur*); *ausim -īs -it*; *spōnsīs*. Ohne formale Anlehnung (außer an subst. *noxa*): *nē boa noxit* Lucil. 1195.

Zusatz. Zu Typus *faxo* gehören morphologisch auch die Praesentien *quaeso* und *vīso -ere*. *quaeso* (*-ss-* CE 420, 8) 'bitte', aus höflichem 'ich will fragen' (so noch etwa Plt. As. 735 *quid id est, quaeso*, Rud. 1304), **quais-sō* neben perf. **quaes-sī* zu *quaero* (erweitert zu *quaesīvī*, § 437 I A 2). Nur 1. sing. sehr häufig, so bei Plautus; andere Formen: infin. *-ere* Bacch. 179; 1. plur. *-umus* (zu *u* aus *o* s. § 92 A) in Gebetsstil bei Cic. fam. 11, 3, 4 und Liv. 28, 39, 16. Enn.: 3. sg. *-it* trag. 199 (auch Lucr. 5, 1229); ptc. *-ent-* ann. 145; gerv. scen. 129 *līberōrum . . . quaes[ec]undum gratia* (vgl. 120). – *vīso -ere* seit Plt. 'besuchen' aus 'sehen wollen' (Stamm nach *to*-Ptc. *vīsus*; älter vielleicht wegen umbr. *revestu* imper. '*revīsitō*'; got. *ga-weisōn* 'ἐπισκέπτεσθαι' ist ein *ā*-Verbum.

2. Zu den Flexionsformen.

a) **Aktiv.** Bei *faxo amāsso* und *faxim amāssim* entspricht die Scheidung zwischen *ĭ* und *ī* im Prinzip derjenigen bei *fēcero* und *fēcerim*, § 445, 1, also ursprünglich *ĭ* aus idg. *ĕ* bzw. *ŏ* im Paradigma lat. fut. *faxo*, dagegen ererbtes *ī* in *faxim*; doch kann das *ī* des konj. *faxim* wegen der Vokalkürzung vor *-m -t -nt* lautlich nur in 2. sing. *-īs*, 1. 2. plur. *-īmus -ītis* und eventuell in Passivformen in Erscheinung treten. Und nur 2. sing. *-īs* ist durch äußere Zeugnisse nachweisbar: metrisch *faxīs* (?) in Plt. Mil. 1417 *sī id nōn faxīs* (die Skenikermetrik ist für solche Nachweise wenig geeignet), inschriftlich durch *-eis* in D 92, 4 *ut . . . faxseis* (Mummiusepigramm; archaisierend auch Act. arv. unter Claudius, s. Thes. sub *facio*), interpretatorisch *capsīs* aus der Deutung von Cicero orat. 154 als 'nimm bitte', imper. *cap(e)* mit *sīs* '*sī vīs*'. – Für 1. und 2. plur. nur wenig Belege. Rud. 304 *nisi . . . capsimus*; Truc. 60 durch metrische Emendation *sī faxīmus* (*facinius* cod.). – Liv. (in Gebeten) 6, 41, 12 *quod faxitis* (34, 4, 2); 23, 11, 2 *sī f.*; zu *fax- aux-ītis* s. oben § 450, 2. Ferner *-āssĭtis* nur im Versausgang, nach *sī, nī*: Mil. 163 *mulc-*, Rud. 731 *exocul-*, 811 *invīt-*.

b) **Passivformen.** Cato agr. 14, 1 *uti* ('wie') *iussitur* '*iussus erit*' (s. Gl. 27, 71). Liv. 22, 10, 6 *sī faxitur*. Cic. leg. 3, 11 *ast quid turbāssitur*. Als Deponens Lex agr. 71 *mercāssitur*.

452. Zur Stammform des Typus *amāsso amāssim*.

A. **Bestand:** *amāsso*; *prohibēssīs*; *impetrāssere*. 1. *-āsso -āssim* von Verben auf *-āre*. Bei weitem die meisten Beispiele findet man bei Plautus, in allen Formen und von über dreißig Verben; genannt seien hier noch *amāsso*, *-īs* (Mil. 1007), *-int, peccāsso -is -it*; weiter *nīl mē cūrāssīs* Most. 526, *nī* . . . *ēnicāsso* Most. 212, 223, *sī mē irrītāssis* Pers. 828, *haud negāssim* Asin. 503, *nisi* . . . *ōrāssis* Epid. 728. Inschr. D 256 *sei quis u̯iolasit*. Bei Paul. Fest. *amāsso* 'amāvero', *dĭcāssit* 'dīxerit'. – 2. Danach auch *-ēsso* vom Praesensstamm auf *ē* bei Verben der 2. Konjug. ohne postkons. *to*-Partizip: *prohibēssīs -it -int* in Gebeten, *nēmo habēssit* Cic. leg. 2, 19; *sī licēssit* Plt. As. 603. Dazu vielleicht *vallesit* 'perierit' Paul. Fest., wenn verschrieben und falsch aus Festus verkürzt für ⟨nōn⟩ *valēssit* (zu *valēre*). – Zu *ambīre* syntaktisch gefordert *ambīssit -int* (*-et -ent* cod.) Plt. Amph. 69, 71. – 3. Zum desiderativ-praesentisch gefaßten Futur auf *-āsso* wurde ein Infinitiv auf *-āssere* gebildet. Belege, bei Skenikern nur im Versausgang; bei Plautus: *impetrāssere* etwa 'erlangen können' (4 Stellen); *reconcili-* Capt. 168, *oppugn-* Amph. 210. Sonst nur Pacuv. 236 *possum* . . . *āverruncāssere*; Lucil. 682 f. drei Infinitive. – Vgl. auch die Bemerkung zu *expetissere facessere* § 416. – *recitāsserit* Pap. (Bruns, Fontes nr. 69 l. 1, unter Octavian) ist kontaminiert aus *-āssit* und *-āverit*.

B. Zur Herkunft der Form *-āsso -āssim*. Zu bewahrtem *ss* hinter Länge *ā* vgl. § 182b. Die Hauptschwierigkeit liegt im *ss*: nach *dīc-so cap-so -sim* erwartet man **amā-sō -sim* > *amāro -rim*. Nun sind im lat. Formensystem *amāro -im* die „Kurzformen" für *amāvero -verim*, nicht aber unmittelbar Formen eines *s*-Tempus. Das Doppel-*s* kann – zumal neben dem einfachen *s* > *z* > *r* in *amāro* – bei solcher Annahme nur mit Kunstgriffen gerechtfertigt werden, entweder als nach *capso* aus *z* restituiertes *s* > *ss*, so *Sturtevant*, ClPh. 6, 221, oder als „expressive" Konsonantendehnung, so *Benveniste*, BSL 23, 36 ff., bes. 53 (vgl. § 438 II D 2b; *Burger*, Et. 129 ff.); und dazu kennt man im Latein sichere Fortsetzer des *s*-Aorists überhaupt nur von Verbalstämmen auf Konsonant, s. § 436 B. – Wenn der Typus *amāsso*, als offensichtlich junge nur-lat. Bildung, nicht direkt im Idg. anzuknüpfen ist, so muß er irgendwie vom Typus *dīxo faxo* abgezweigt sein. Nach meiner Auffassung bildet das Nebeneinander der beiden Typen von Kurzformen des Perfektsystems *dīxem dīxe* und *amāssem amāsse* (§ 438 I und II B) die Brücke von *dīxo dīxim* zu *amāsso amāssim*. S. dazu auch *Debrunner*, IF 46, 89.

<small>Andere kaum haltbare Ansätze zu Erklärungen: *Brugmann*, IF 15, 78: *-āsso* aus *-āt-sō*, von einem *t*-Praesens (!). Überholte Zusammenstellungen von lat. aor. *-āss-* mit griechischen Aoristen auf hom. -σσα oder dem altind. *siṣ*-Aorist: *Bartholomae*, BB 17, 112; *Hoffmann*, BB 26, 43, *Mahlow*, KZ 26, 586; diese *s*-Formen sind junge Sonderbildungen der drei Sprachen; zum gr. σσ-Aorist s. *Schwyzer* I 752 litt. γ, zum altind. *siṣ*-Aorist *Leumann*, Morphol. Neuer. 42ff. (114 ff.). – Mit Deutung von *amāssim* durch Worteinung aus *amāns sim* (wie bei imperf. *amābam* aus *amāns bām*, § 428 II B 1) hatte seinerzeit *Skutsch*, Gl. 3, 103 (= Kl. Schr. 450) viel Anklang gefunden. – S. ferner *Narten*, Sigmat. Aoriste 70 ff.; *J. St. John*, KZ 88, 147–153.</small>

REGISTER

SACHVERZEICHNIS

Die großen Ziffern bedeuten die Seiten, die beigefügten kleinen Ziffern ^{1} ^{2} ^{3} ^{4} bezeichnen die Seitenviertel von oben nach unten. Die mit hochgestelltem Stern ausgezeichneten Ziffern wie 4* verweisen auf den Allgemeinen Teil.

ā-Deklination 417–422
ā-Intensiva (*occupare*) 549–550
ā-Konjugation, Verben 540$^{2.\ 3}$
ā-Konjunktiv 574^3–575^4
Ablativ: idg. (Separ.) 405^2; lat. 405^2 411^1
Ablaut der Kürzen 31–33 37^2–38; der Längen 34–36 39
Ablautsystem 29–41
Ablauttheorie 36^4
Adjektive der 3. Dekl.: Nomin. dreier Endungen 432–433; Flexion 437^3–438^3
Adjektivierung von Adverbien 269^4 72*^{4}; vgl. Hypostase
Adstratwirkung 247^3 13*^{3} 31*^{4}
Adverbiale Erstarrung 270$^{1.\ 2}$
Adverbien als Suffixableitungen 499–502
Affrikata, Affrizierung 130^3
Aktionsarten 508$^{2.\ 3}$ 532^4 537^1
Akzent 234^4; Akut, Gravis 244$^{1-3}$; Idg.A. 37^3 246$^{2.\ 3}$; vgl. Betonung, Wortton
Akzentuierende Metrik 237^1 252$^{1-3}$
Akzentverschiebungen im Vulglat. 243$^{3.\ 4}$
Allegroformen 99^1
Allophon 27^3 64*^{3}; vgl. Phonemik
Alphabet 3–12; vgl. Schrift
Altlat. Texte 6–8
Analogiebildung 264^3 70*^{4} 71*^{4} 73*^{4}
Analogie und Lautgesetz 61*^{4}
Analytisch: s. Synthetisch
Anaptyktische Vokale 102–104 243^2
Anfangsbetonung 246^4–248 253^2
Aorist im Idg. 508$^{2.\ 3}$ 510^4
Aoristformen im lat. Perfekt 511^2 588^4 591^1; vgl. *s*-Aorist
Apex 13^4 14$^{1.\ 2}$
Aphaerese 123^2–124^2
Apokope 91^4 93^2
Appellative (~ Eigennamen) 280^2 324^4 404^2
Appendix Probi 8*^{2}
Archaismen 448^1 40*^{3} 42*$^{3.\ 4}$ 43*^{4}
Aristokratischer Wortschatz des Idg. 257^3 21*^{1} 83*^{1}; vgl. Wortschatz
Arsis 236^3
Artikulationsart u. -stelle der Kons. 185^2 193^2 63*^{1}
Asigmatisch (nom. *pater*) 433^4

Aspekte beim Verbum 509^2
Assibilation 154$^{2.4}$
Assimilation (vgl. Progressiv): von Vokalen 100^2–101^2; von Kons. (Kontaktass. in Binnenfugen) 24$^{1.\ 2}$ 191^2 195^2 62*^{4} 63*^{1}; des Stimmtons 191^2. S. auch Fernwirkungen
Athemat. Flexion (beim Verbum) 518$^{3.\ 4}$ 519^1 532^4
Augment 506^3 508^2 510^4 511^4
Augmentativa 363^2
Aussprache der Laute 16 18; Sonderfälle: intervokal. *ĭ* 129$^{1.\ 2}$ und *i̯* 127$^{2.\ 3}$; *V u* und *υ* 9^3 139$^{2.3}$; *r* 140^2; *l* 140^4–141^4; *ce ci* 10$^{1.\ 2}$ 16^2 19^1 152^3; *qu* 150$^{1-3}$; *f* 173^1; *h* 173^3; *gn* 200$^{1.\ 2}$; *ae* 67^4; *oe* 67^1; -*um* 225; -*umus*/-*imus* 89$^{1.\ 2}$; *y* 9^1; *z* 9^3. S. auch Nasalierung

b-Tempora 577–580
Bahuvrīhi 385^4
Bartholomaesches Gesetz 164^3
Basis (neben Wurzel) 259^3
Bedeutungslehnwörter 38*^{2}
Bedeutungswandel 268^4 79*
Besitzkomposita s. Possessivkomp.
Betazismus 159^3
Betonung: musikal. oder exspir. 37^3 236^2 248^3–250 (vgl. Pitch); Bet. und Metrik 249^3 252$^{1-4}$; Bet. griechischer Namen im Latein 244–245. S. auch Akzent
Bildungslehnwörter 38*^{3}
Binärer Rhythmus 530^4 63*^{4}
Bindestrich 406^2; doppelter 265^1 383$^{3.\ 4}$
Bindevokal 389^4 431^2 507$^{1.\ 2}$
Buchstaben s. Schrift
Buchstaben, neue des Claudius 12$^{1.\ 2}$
Buchstabennamen 4$^{3.\ 4}$ 10$^{1.\ 2}$ 12^3; *pe* 4^2 78^3; *ha* und *ach* 175^2

Cognomina als Suffixableitungen von Namen: -*inus* 326$^{3.\ 4}$, -*illa* u. -*ina* 284^4; -*ianus* 325^4; -*osus* 342^1; -*io* 364^4 365^2. Fem. Appellativa als männliche Cognomina 279^4 280^1
Columna rostrata: Inschr. 7^2
Cursus (Klauseln) 252^4

Dehnstufe 31¹ 38¹; im Stamm des s-Perfekts 592⁴
Dehnung von Vokalen 112²–114⁴; metrische 115; s. auch Ersatzdehnung
Deixis 466⁴
Deklinationen, 1. bis 5. 417–447; Gliederung in 5 Dekl. 416⁴–417²; 3. Dekl. und i-Stämme 417¹ 430–431
Dekomposita: Nomina 383⁴ 389²·³; Verben 563³
Delocutiva: Verben 547¹; adj. perfidus 402⁴
Deminutiva 263¹·² 305–310; von Adjj. 308³–309³; griech. auf -ium 296¹, -ărium 300¹; Verba deminutiva 551¹
Demonstrativpronomina 466³·⁴ 467–470
Denominativa: Nomina 260–263¹·²; Verba der 1. 2. 4. Konjug. 539²·³; -are 545–549² (§ 412); -ēre -ēscere 553⁴–555⁴ (§ 415 D); -uere 543²; -ire 556¹⁻⁴ (§ 417 A)
Dentale 153³–156³ 167³–169¹
Deponens 505⁴–506¹ 510⁴; mit formal aktivem Ptc. (volvent-) 583³
Desiderativa auf -turire 557¹
Determinativkomposita: Substantiva 385⁴ 398³–400¹ 403¹⁻³; Adjektiva 400¹–402²
Deverbativa: Nomina 260³ 389³·⁴; von komponierten Verben 389⁴
Deverbative Verba: Intensiva auf -are 549²; Kausativa und Intensiva auf -ēre 540⁴–541²; Inchoativa auf -ascere -escere 536²·³; Desiderativa auf -essere -assere 555⁴
Dezimalsystem 484⁴
Diathese (Genus verbi) 505⁴
Dichtersprache, -wörter 257²; vgl. Poetismen
Digamma 3³ 9²; in Lehnwörtern als lat. ϱ 132³
Diphthonge, im Idg. 26¹ 27³ 28² 31⁴–32² 35¹; idg. D. im Latein 32³·⁴ 60⁴–62¹, im Altlat. 62²; D. im histor. Lat.: ei 62³–65¹, oi oe 65¹–67¹, ai ae 67²–69³, ou 69⁴, eu 70⁴–71⁴, au 71⁴–73⁴; neue lat. D.: ei 118⁴ 121² 128⁴ 129¹, ai (aibam, ain) 531², ae 120⁴, eu 70¹⁻³, au (aunculus) 138¹; ui 60³, vgl. cui huic 478²⁻⁴
Diphthongschreibung für Vokallänge 13²·³
Diphthongstämme, idg. 356³
Distanzkomposita 557⁴ (Verben)
Doppelkonsonanz s. Geminatae
Doppelschreibung langer Vokale 12⁴
Dreinamensystem 291², vgl. 288⁴–289²
Dreisilbenbetonung (-akzent) 237³·⁴ 248¹⁻³ 253⁴
Dual beim Nomen 405¹ 485²·³; beim Verbum 510⁴ 515³·⁴

Dụenosinschrift 6³·⁴ 7³ 10³

ē-Deklination 444–447
Elision 122²⁻⁴ 224¹
Elliptische Verbalkomposita (exossare) 563⁴
Elliptischer Plural (Castores) 283¹·²
Endsilben 79¹ 91–95 98²⁻⁴ 107⁴–111
Enklise 240⁴–241²
Ennius 243¹·² 257² 42*¹
Erbwörter, ererbt 257³ 67*³
Ersatzdehnung 112¹ 145³ 186¹ 204³
Erstarrung von Flexionsformen zu Adverbien 270¹·²
Essiva (Verba) 541⁴ 545⁴
Ethnika: Suffixe -co- 338²·³, -ani 324²·³, -itani 324³·⁴, -ini 326⁴ 327¹, -ates 345³·⁴, -enses 352³·⁴
Etrusker, -isch 247³·⁴ 33*¹
Euphonische Laute 185⁴ 63*²
Exozentrika 261⁴ 386¹ (dazu Endoz. 263³)
Expressive Vokaldehnung 261⁴
Expressive Konsonantendehnung 182³·⁴ 624³ (amasso); e. Aspirierung 172¹

Faktitiva 546³ 550¹
Faliskisch 412³ 28*⁴; Inschriften 8¹, Trinkschalen 7¹
Fernwirkungen, konsonantische 230–235
Foruminschrift 6³·⁴ 7¹ 10² 23¹·²
Fremdwörter 258²
Frequentativa 547³
Fuciner Bronze 6³ 7¹·⁴
Fuge, morphologische im Wortinneren 169³ 191² 192⁴ 226¹ 389⁴ 406² 408¹ 412³ 518³ 558²; vgl. Junctore

Gallische (Kelt.) Wörter 59³ 179¹ 277³ 492¹ 35*⁴ 36*¹
Gemeinitalisch 27*¹
Geminatae (Doppelkonsonanzen), Schreibung 14²; Laute 26⁴ 182–183 191–192
Genera des Verbums (Diathesen) 505⁴
Gentilicia auf -ius 288⁴–289³
Geschlecht der Nomina (Genus und Sexus) 404²·³; vgl. Motion. Geschlechtig u. ungeschlechtig (Pronomina) 461¹
Göttinnen: Namen auf -a 279³, auf -ona 323⁴ 324¹
Grassmannsches Gesetz 164⁴ 230³
Griechisch 10*⁴ 23*²·³ 37*–38*; Alphabet 3–4, lat. Translitteration 19²·³; Wiedergabe in Lehnwörtern: Vokale 74–79, Konsonanten 124¹, Flexion Nomina 453–459, Verba 552¹⁻³; lat. Betonung von gr. Namen 244⁴–245². - Gr. Wiedergabe von lat. qui als xu 53¹, von lat. ϱ

Sachverzeichnis

als ου usw. 139³· ⁴, von lat. *ce ci* als κε κι 153¹, von *f* als φ 162²; von *L.* als Λεύκιος 70⁴; von *M.* als Μααρκος 13¹
Gutturale 146⁴–153³ 164⁴–166
Gutturalproblem 146⁴ 147¹

Halbthemat. Flexion: Typus *capio* 519¹· ² 539² 542⁴ 543³ 567⁴–570¹; praes. *est vult fert* 519³ 522² 526¹ 528⁴ 530¹
Haplologie 234
Heteroklisie: idg. *r/n*-Neutra 359⁴–360⁴; lat. Flexionsformen 447⁴ 448–452
Hethitisch 11*²–12*²
Hiat (Binnenhiat in Fugen) und Vokalkontraktion 117⁴–118¹; Hiat (ib Wörterfuge) und Elision 122²–123¹, bei *-um -am* 223⁴ 224–226; prosodischer Hiat 105⁴
Hypokoristika 305³ 310²
Hypostase (Adjektivierung adverbialer Ausdrücke) 269⁴ 386³ 388³ 72*⁴

i-Kasus in der 3. Dekl. 430³· ⁴ 437–440
i-Stämme 342⁴ 429⁴ 430²· ³
i-Flexion in 3. u. 4. Konjug. (*capio venis sentio*) 519¹; s. Halbthemat. Flexion
Iambenkürzung 108–109; 249² 418¹· ²
Identitätspronomen (*idem*) 467³· ⁴
Iktus 236³ 250¹ 251¹
Imparisyllaba 343¹ 431³ 433²
Imper. fut. auf *-to* 570² 571²
Imperativkomposita 396⁴
Imperfekt auf *-bam* 577³· ⁴
Impersonalia der 2. Konjug. 553²
Inchoativa auf *-ascere -escere* 536²· ³
Indefinitpronomina 473⁴–474³
Indogermanisch 10*–15*
Infectum (Praesens) 509¹
Infinitiv 580³–581⁴
Infix (im Nasalpraesens) 260¹ 533²⁻⁴
Injunktiv 506²· ³
Innersprachliche Vergleichung 193⁴ 55*–56*
Inschriften, älteste 6³–7⁴
Instrumentalis: idg. 405³ 410⁴; lat. 405² 472⁴ (*qui*)
Intensiva: auf *-are* (*occupare*) 549²–550¹, auf *-ēre* (*spondeo torqueo*) 540⁴–541²
Interaspiration 175⁴
Interrogativpronomen 472²· ³
Interversion 101³ 143³· ⁴
Italische Dialekte 25*
Italische Sprachen 21*³ 25*
Iterativa auf *-tare -itare* 547³–549²

Jambenkürzung s. Iambenkürzung
Jotazismus 130¹ 154²
Juncture 'Fuge' 122²

Kasus: Kategorie und System 405²· ³
Kasusendungen (Flexion), idg. 405⁴ 406² 408¹–416³
Kasuskomposita 385¹
Kategorien: des Nomens 404–405; des Verbums 505³–506⁴
Kausativa (*moneo*) 540⁴–541⁴
Keltisch 35*⁴ 36*¹; vgl. Gallische Wörter
Kennlaut, Kennvokal (eines Suffixes) 273² 275³ 304¹ 68*⁴
Kentumsprachen (und Satemsprachen) 146⁴ 147⁴ 164² 491¹ 21* 22*
Klauseltechnik 252⁴
Kollektiva auf *-ātu-* 355³
Komitativus 405³
Komparation der Adjektiva 495³–499³
Komparativ 496¹–497²
Komplexivkomposita 399³
Komposita, nominale 383–403; echte 384³· ⁴; synthetische s. Synthetisch
Komposita, verbale 557–566 (§ 418)
Kompositionssuffixe 264⁴
Kompositionsvokal 389⁴ 390¹⁻²
Konjugation, analyt. u. synthet. 611¹
Konjugationen: 4 im Latein 518⁴–519³; zugehörige Verben 539⁴–543 (§ 410), dazu *-are* 545³–552³, *-ēre* 552³–555³, *-ere* (themat.) 555⁴ u. 527³ 528⁴ 532–539, *-ire* 556¹–557²; Praesensflexion 566³–570¹
Konsonanten: Ordnung 124³ 185² 63*¹
Korrelative Pronomina 473³ 481⁴–484³
Kritische *i*-Kasus (*-im -ī -īs*) 437² 439³–440⁴
Kurzformen beim *s*-Perfekt 598¹· ², beim *v*-Perfekt 598³–602³, vgl. 606³
Kürzung, metrische 115⁴ 116¹
Kürzung durch Tonanschluß 110⁴ 249²
Kürzung von Vokalen 105³–111⁴

Labiale 156³–159³ 169¹· ²;
Labiovelare 26³ 146⁴ 147⁴ 148³ 150⁴ 164²
Laryngale 27¹⁻³ 35²
Laryngaltheorie 39⁴–40²; Einzeldeutungen 41*¹, 172¹, 358¹ *res*, 375⁴ *senatus*, 590¹· ² perf. *emi*; 597⁴ Laryngalperfekt
Latinus (lingua l.) 28*³· ⁴
Laudatio Turiae 15⁴
Lautbestand, idg. 26–29
Laute: s. Aussprache, Phoneme, Diphthonge, Konsonanten
Lautentsprechungen in den verwandten Sprachen 28
Lautgesetze 57*⁴ 61*²
Lautverschiebung, german. 29¹
Lautvertretungen in den Einzelsprachen 23⁴ 28
Lautwandel, kombinatorischer in Kons.-Gruppen 24² 185² 191²; 130³ (*į*)

Lautwechsel 178² 55*¹
Lautwerte s. Aussprache
Lehnbedeutungen 38*²
Lehnübersetzungen 38*²
Lehnwörter 258² 37*². ³ 38*¹ 80*¹
Lexem 257³ 264⁴ 406²
Ligurer: -asca 340⁴ 34*³ 35*¹
Lokativ, idg. 411³; lat. 426²⁻⁴

m/bh-Endungen 416¹
-m im Auslaut 223-226
Mamillagesetz 184²
Maniosinschrift 6³ 28*⁴
Mediae aspiratae 163⁴-171³
Medium 505⁴
Metaplasmus 448¹
Metathese (Fernwirkung) 230²; vgl. 101⁴ (Interversion)
Metrische Dehnung u. Kürzung 115²-116¹
Metrik, quantitierend 236³· ⁴ 249⁴; akzentuierend 237¹ 249⁴
Mischungskomposita 399¹
Mittelmeerwörter 32*²
Mittelsilben 78-91 95³-98¹ 98⁴-99³
Modi des Verbums 506²· ³
Monophthongierung von ae 67⁴, von oi zu ū 60⁴, von oe zu ē 66³, von au zu ō 72¹-73¹
Monumentum Ancyranum 15⁴
More (Silbenmaß) 336¹
Morph u. Morphem 260² 263² 264⁴ 405⁴ 406² 407² 602⁴; inneres Morph 589¹
Morphonologie 406² 64*³
Motion, sexuelle 281⁴
Münznamen usw. 489¹⁻³
Muta cum Liquida (M. c. L.) positionsbildend für Vokalschwächung, Wortakzent und Metrum 20² 22³· ⁴ 83³ 150² 242⁴ 243²
Mutata (Komposita) 386¹

Namensystem 273³; vgl. Praenomina, Gentilicia, Cognomina, Signa
Nasalierung der Vokale: vor ns nf 112⁴ 145³; vor mp usw. 18⁴ 216²; in ausl. -am -um 225⁴
Nasalpraesentien 533-535
Negationen: Verwendung bei Nomina 386⁴-388¹; bei Verba 565¹· ², dazu 395²
Neoprimitiva 266² 268³
Neubildungen 257¹
Nichtmarkierte Perfekta 602⁴ 603¹
Nomen agentis, N. actionis, N. rei actae 262⁴
Nominalflexion, idg. 408¹-416³
Nominalkomposita 383-403
Normalaussprache 18¹⁻⁴; vgl. Aussprache

o-Deklination 422-429
Objektive Konjugation 593³

Onomasiologie 268⁴ 82*¹
Onomatopoetische Wörter: 382¹ (turtur), 547¹ (coaxare), 556⁴ (glocire); 170¹ (sifilus)
Optativ 506² 573⁴ 574¹
Ordinalzahlwörter 492-493
Oskisch-Umbrisch 25*
Orthographie 15⁴ 194¹
Osthoffsches Gesetz 106⁴

Palatale Aussprache des l 141¹
Palatalisierung 130¹ 142² 152³
Paradigmazwang 86² 198¹ 212² 429³ (vgl. P.-druck 120³, Systemzwang)
Parasyntheta (exossare) 265⁴ 563⁴
Pari- und Imparisyllaba 342⁴ 431³ 433⁴ 448-451
Part. praes. act. bei Deponentien 583³
Passivum 505⁴ 506¹
Perfectum historicum 510²· ³
Perfectum praesens (memini) 508⁴ 509¹
Perfekt, idg.: quasi-medial 508⁴ 509¹; redupl. 585² 586¹ 589² 590⁴; ptc. perf. act. 610³· ⁴
Perfekt, lat. 585 ff.
Perfektstämme, lat. 585²; starke (redupl. 586, langvokal. 589, Aoriste 588⁴) u. schwache (s-Perf. 591, v- u. u-Perf. 594 ff.), Typus movi 595⁴, nichtmarkierte 602⁴ 603¹, -didi-Perf. 587³. – Zuordnung zu Praesensstämmen 603²-605¹. – Passives Perfekt 611¹
Perfektflexion: Indik. 606-608; Modi: -is- -er- 608⁴-609³, Flexion 609⁴-610³; Kurzformen s- u. v-Perfekt 598¹-602³
Perfektische Aktionsart 508³ 509¹ 510³
Perfektive Aktionsart 509¹ 532⁴
Perfektivierung durch Praeverbien 564³
Periphrastische Konjug. -turus sum 507⁴ 508¹ 618¹· ²
Personalendungen: idg. 512¹-513² 513³-518²
Personalnomina 263³ 360⁴ 545⁴
Personalpronomina 460⁴-466²
Phoneme: idg. y w 9¹, vgl. 19³ 125²; lat. Diphthonge 60³, qu 150¹· ³, h 173², ct für gt 191³
Phonemik, Phonologie 18¹ 27¹⁻³ 64*²·³
Pitch u. Stress 236² 237² 248⁴ 253-254
Plautus 41*³
Plusquamperfectum, lat. u. gr. 508⁴ 510³
Poetismen, Poet. Wörter 43*²
Positionsbildung 20³; s. Muta cum Liquida
Positionslänge 22³ 237⁴
Possessivkomposita 385¹· ⁴ 397-398; mit Suffixen 265²· ³
Possessivpronomina (meus) 465¹-466¹

Postverbalia 268⁴ 388⁴ 71*³
praedesinentiell 406⁴ 407¹
Praefix 259⁴ 260¹ 384⁴
Praefix ~ Praepos. ~ Praeverb 241¹ 259⁴ 388¹⁻⁴ 563³
Praefixeinmischung 194³ 563² 70*³; ferner 73⁴, 76⁴ *remulco*, 146² *Insidi*, 157³ *absis*, 169³ *infimus*, 194³ *Inlyricus adstatus*; vgl. 318² *posthumus*
Praeneste: Glossen 28*⁴
Praenomina: s. Wörterverzeichnis *Aulus, Gaius, Gnaeus, Kaeso, Mamercus, Marcus, Postumus, Publius*; *lucius, spurius, titus*; *Cesula* (*Caesulla*), *Gemella Maio*; als Basis von Gentilicia 288⁴ 289¹ 493²; Abkürzungen *M'* 8³, *C, Cn Q K* 10¹
Praepositionen: proklitisch 23³ 239¹ 241¹⁻³. Vgl. auch Praefix
Praesens: Zentrum des lat. Verbalsystems 509²⁻⁴ 605¹⁻³; zugeordnete Perfekta 603²⁻⁴
Praesenssystem 505² 566³
Praesensstämme 521 ff.: s. Konjugationen
Praesuffixale Dehnung 261³·⁴
Praeverb 388²; vgl. Praefix
Praeverbkomposita 557³–564³; verlieren im Perfekt die Reduplikationssilbe 587² 603¹
Primär/sekundär: Suffixe 260³ 69*¹; idg. Personalendungen 512¹–513²
Primärverben (Gegensätze: denominative u. deverbative) 543³ 585³ usw.
Progressive u. regressive Assimilationen 100³–101² 185³ 230⁴
Pronomina: geschlechtige (*is, -hic*) 461¹ 466³·⁴ 467 ff.; ungeschlechtige (*ego, nos*) 461–465; indefinite 473⁴–474³. Vgl. Deixis
Prosodischer Hiat 105⁴
Prothetischer Vokal vor *st-* 104³ 243⁴

r-Endungen 515⁴–517¹
r-Sprachen 516¹
Reduplikation in Wortstämmen von Nomen und Verbum 381⁴–382³
Reduplikation des Verbalstammes im Perfekt 586¹–589¹; Vokale *e* im Perf. und *i* im Praes. 586²·³; andere 586³·⁴; Vereinfachung bei *st- sc-* 230³ 233¹ 586²; fehlt im Perfekt der Verbalkomposita 587² 603¹
Reflexivpronomen *se*: Stamm 461³ 465⁴; Kasus 461³–463¹
Regressiv s. Progressiv
Rekomposition 79⁴ (562¹) 61*³ 70*³
Rekonstruktion 34¹ 35²·³ 177³ 13*¹
Relativpronomen 472² 473¹⁻³ 474³

Rektionskomposita: praepositionale 386³ 388³ 402²–403³; verbale 384³ 385³ 393–396
Relative Chronologie 99¹ 118³ 56*⁴
Restriktive Adjektive 263³ 309¹
Retrograde Ableitung 266² 268¹⁻⁴ 388⁴ 389¹ 71*²
Reziproke Metathese (*r – l*) 232³
Rhotazismus 176¹ 178¹
Rückbildung, Rückläufige Ableitung s. Retrograd

s mobile 176³
s-Aorist idg. 592¹·² 621²
s-Futur idg. 621³·⁴, lat. 621² 622–623
s-Nominativ idg. 408³·⁴; in lat. 3. Dekl. 433²⁻⁴; für Ntr. u. Fem. der Adjektiva 432³–433¹
s-Perfekt 591–593 598¹⁻³ 621³; vgl. *s*-Aorist
s-Stämme, nominale 377⁴–380⁴
-sco-Praesentien 535³–539¹
Sabinismen in Rom 36*³·⁴
Sabin. *l* 155³
Sakrales *u* 26⁴ 276² 353⁴
Samprasāraṇa 32¹·³ 95⁴ 97¹ 98³
Sandhi 91³ 105¹ 122² 144² 157³ 186² 215⁴ 222⁴ 223²; vgl. Satzphonetik
Satemsprachen s. Kentumsprachen
Saturnier (Vers) 251⁴ 252¹ 40*²·⁴
Satzphonetik 125³ 176⁴
SCBacch, Senatusconsultum de Bacchanalibus 7³·⁴ 14³ 23²
Schrift, lat. *A* bis *X* nach griech. Vorbild 3–15. Beachte: *I i*, auch *i̯* 8⁴, und *V* (gr. Y) *u*, auch *u̯* bzw. *ṿ* 9¹·², 125¹·²; *C c* (gr. Γ gamma, vgl. *C.* 'Gaius') 9⁴ 10²; *C c K k ♀ q* 9⁴ 10¹⁻⁴; *G g* 10²; *X x* 'ks' und *H h* 3³, *F f* (gr. Ϝ 'Digamma' bzw. *VH vh*) 3³ 4¹ 9³·⁴ Zusatzbuchstaben *y* 9⁴ 51⁴, *z* 11¹·² 130³. – *I* longa (*í*) 13³. – Silben- und Worttrennung 21⁴–23³. – Zu osk. *i ú* s. 26*¹. – Vgl. Buchstabennamen
Schwā, idg. (ə) 26³ 34¹ 35²–36¹ 39²⁻⁴ 44¹ 60¹ 62³.
Schwache Kasus s. Starke K.
Schwebeablaut 37⁴
Scipionenelogien 7³ 23²
Sekundär s. Primär
Semantik, Semasiologie 77*⁴
Senarausgang: Wortformen 301⁴ 523⁴ 624¹
Separativus (Abl.) 405² 411¹
Seṭ-Wurzel 36³
Sexus 404²; vgl. Geschlecht
Sicilicus 15¹
Sieverssches Gesetz 125³ 569¹
Sigmatischer Nomin. s. *s*-Nomin.

Signa (Zusatznamen) 291$^{1.\ 2}$
Silbengrenze 22^4–23^3 218^4 219^3; s. Muta cum Liquida
Simplicia (Verben) für Komposita 562$^{2.\ 3}$
Singulativ 266^3 384^2
Sizilische Wörter lateinischer Form (*lepus* λέπορις, *uncia*) 29*$^{2.\ 3}$; s. auch Λογινα
Sonanten, idg. (vokalische $r\ l\ m\ n$, Kürzen und Längen) 25^1 26^2 (Resonants) 32$^{1-4}$ 35^3 57–59; ital. 142^3 143^3
Soziativ (Instr.) 405^3
Sprachbund 13*^{3}
Sprachvergleichung 56*^{4}
Sprachverwandtschaft mehrdeutig 13*
Sproßvokal (anaptykt.) 102^1
Stammbaumtheorie 16*–17*
Stark u. Schwach: idg. Kasusformen 406$^{3.\ 4}$; lat. Perfektstämme 585^2
Stativa (Zustandsverben) 541^4
Stimmhaft, Stimmlos 191^2
Suffixableitungen, nominale 262^4 273–381; Anordnung 273^2
Suffixe 260^1, als Elemente der Wortableitung 260^1–266^1 68*$^{3.\ 4}$; denominative und deverbative (Sekundär- u. Primärsuffixe) 260$^{2.\ 3}$ 262^4–263^3 69*^{1}; deren Funktionen Haupt-, Grund-, Gesamtfunktion 262$^{1.\ 2}$ 69$^{3.\ 4}$; Gliederung 262^4–264^1; Kompositionssuffixe 264^4–265^2 73*, in synthetischen Komposita 265$^{3.\ 4}$ 69*^{2}
Suffixkonglomerat 72*^{2}
Suffixverband (Suffixkomplex) 265^4 266^1 329^1 552^4
Superlativ 497^2–498^2
Superstrat 31*^{4}
Supina 354^3–355^1
Suppletivwesen 496^3 524^1 68*^{2}
Synaloephe 77^2 122^4
Synchronisch u. Diachronisch 56*^{2} 62*^{4}
Synizese 118^1 120^3 121^3 128^4
Synkope 95^3–99^3
Synthet. u. analyt. Flexion 3*^{2} 611^1
Synthetische Komposita: Nomina 265^3 386^2 73*^{2}; Verba 563^4
Systemzwang 145^2 153^2 247$^{3.\ 4}$ 529^2; vgl. Formzwang 529^3, Paradigmazwang

to-Partizip 611^3–617^4 55$^{3.\ 4}$; *t*-Ableitungen 614$^{3.\ 4}$
to-Partizip aktiv bei Intr. 613^2, bei Transit. 613^4 614^1
Tatpuruṣa 398^3
Tenues aspiratae 171^4–172^4
Themat. Genetiv 'der *o*-Dekl.' 413^4
Thematische Flexion (3. Konjug.) 518$^{3.\ 4}$ 519^1 532^4; von Nomina gleich *o*-Dekl.

Themat. Vokal, Themavokal 507^1 518^3 567^1
Themat. u. athem. Verbalflexion 507^1
Thesaurus linguae Latinae 257^2 273^3 74*–75*
Tmesis 116^3 271^1 384^2 401^3 557^4 562^3
Trilitteral s. Wurzel

u-Deklination 441–444
Umgekehrte Aussprache und Schreibung 54*$^{3.\ 4}$ 55*^{1}
Uvulare 39^1

Velare, reine 147^1
Venetisch 31*$^{1.\ 2}$
Verbale Rektionskomposita (Nomina) 385^3 393–396
Verbalflexion im Praesenssystem 566–584, im Perfektsystem 606–611, im Typus *faxo* 623$^{3.\ 4}$
Verbalkomposita 557^3–566^3 (§ 418)
Verbalsystem, idg. 508$^{2-4}$; lat. 505$^{1.\ 2}$ 507$^{3.\ 4}$ 510^2–511^4; *t*-Ableitungen 614$^{3.\ 4}$
Vernersches Gesetz 29^1 164^3 247^4
Versus quadratus 252$^{2-4}$
Viersilbler im Hexameterausgang 250$^{3.\ 4}$; vgl. Fünfsilbler 395^4 396^1
Vokalkontraktion 117^4–122^2
Vokalschwächung 80–91
Vorderglied der Komposita, Form des Auslauts 389^4–391^3
Vulgärlatein 17 43^4 55^3–57^1 72^1 242^4 243^1 47*^{4} 48*^{1}

Wort 'Lexem' 257^3
Worteinung 383$^{2.\ 4}$ 557^3 562^1
Wortfuge 169^3 191^2
Wortkern 405^4 406^1 407$^{3.\ 4}$
Wortschatz, idg. 258^4 67*; aristokratischer 15*^{3} 21*^{1} 58*^{3} 83*^{1}
Wortstamm 259^1 405^4 406^1 407$^{3.\ 4}$
Wortton vor enklit. -*que* 238$^{3.\ 4}$ 240$^{2.\ 3}$ 241^4
Worttrennung 23$^{1.\ 2}$
Wurzel 258^4 259$^{2-4}$ 384^3 509$^{3.\ 4}$; trilitterale W. 38^4 14*^{2}
Wurzelnomina 273^4–275^2

Zahlwörter: Kardinalia 484–491; Ordinalia 491–493; Multiplikativa und Distributiva 494–495^2
Zahlzeichen 5$^{1-4}$
Zusammenbildungen (synthetische) 265^3; verbale auf -*are* 563^4–564^2
Zusammenrückungen 270^2 271^1 383$^{2.\ 4}$ 386^2; Verben 557$^{3.\ 4}$ 563^4
Zustandsverba auf -*ēre* 541^4 542^3 569^4

WÖRTERVERZEICHNIS

a praepos. s. ab
aara 13[1]
aarmi- 21[1]
aastutieis 13[1]
ab abs- ā praepos. u. praeverb. 157[4] 158[1] 199[1] 205[1] 558[2.3]; vgl. abs-
abacus 457[1]
abante 270[3]
abavus 403[2]
abbas -atis 460[1]
abbena 'advera' 202[1]
abdomen 370[2]
Abelese 146[1] 352[3]
Abeona 324[1]
abfuat 'absit' 524[1]
abhinc 270[3] 482[3]
abiegineus 104[2] 287[3]
abiegneus 287[2]
abiegnus 129[4] 321[2]
abies -etis 373[1]; abiéte 129[4]; vgl. aries
ablegmina pl. 370[2]
abluo -ere 135[1] 543[1]
abnepos 403[2]
abnueo 544[3]
Aborigines 402[3]
abs- 157[4] 204[4] 558[4]; abs te 157[4]
abscondo -ere 383[3]; perf. -ndi 587[4]; ptc. absconsus 587[4] 616[2]
absentivus 304[3]
absimilis 400[3]
absis -idis 157[3] 194[3]
absque 203[4]
abstinax 376[1]
abstineo: perf. -tinui 595[2], -tini 587[2]
absumedo 367[3]
absurdus 400[3]
abunde 398[3]
ac 93[2] 196[2]
accendo -ere 532[3] 553[1]; perf. -ndi 603[1]
accentus 249[1]
acceptor 'accipiter' 155[3]
Accherunt- 82[1] 160[3] 183[1] 258[3] 457[4]
accipiter 155[3] 346[4]
Accius 182[4]

acctum 219[1]
accubare 549[4]
accusare 91[2] 564[1]
acedia 78[4]
acer acris acre, Stamm acri- 31[3] 143[1] 347[3] 432[1.3]
acerbus 100[1]
acernus 321[2]
Acerra 280[1]
acetabulum 314[3.4]
acetum 152[4] 335[3]
Achaia 74[4] 129[2] 160[4] 245[2] 292[4]
Achilles 444[2]; gen. -i -ei -is 447[2-4] 458[2.3]
Achivi 64[4] 91[2]
acidus 329[2]
acies 31[3] 44[1] 285[2]; gen. -ie -iae 446[4]
aclhetico 154[1] 162[1]
Acmemeno 104[1] 457[3]
acqua 219[3.4]
acri- s. acer; ntr. acrum 450[1]
Actemerus 98[2]
actitare 114[2]
activus 304[2]
actus (ā) 114[2]
actutum 334[2]
acua 'aqua' 133[2]
acucula 306[4]
aculeus 287[2]
Acume 103[1]
acumen 370[2]
acuo -ere 31[3] 543[2]
acupedius 34[3] 265[2] 290[4] 356[1]
acus -ūs fem. 356[1]
acutus 543[2] 595[2] 613[1]
'Ακύλας 'Aquila' usw. 53[1.2]
ad praepos., ad- (ac- as- ar- usw.) praeverb. 192[2] 193[2.3] 195[1] 558[3]; 399[4] 400[3] 402[3]
adaeque 400[3]
adagio 365[4]
adagium 295[1]
adaxint (zu ago) 114[4] 201[3] 622[4] 623[1]
Adelphasium 309[3]
Adelphoe 77[1]
adeo adv. 270[3] 483[1]; adéo 240[1]
adeps 156[2]

adessint 523[4]
adhuc 175[3] 483[1]; adhúc 239[2]
adiese 'adiisse' 51[2]
adiouta (imper.) 596[2]
adiovanto 596[2]
adipiscor 536[1] 537[4]
adiutabilis 349[1]
adiutare 547[3] 548[1]
adiuvo -uvi -utum 135[4] 596[2]
adminiculare 551[2]
adminiculum 313[4]
administer 399[4]
admissarius 299[3]
admodum 241[4] 270[3]
adnuo: perf. adnūit 595[3]
adolesco -ere 85[3] 537[4] 538[1.4] 553[1]; -endus 331[2]; perf. adolevi 594[3]; vgl. adultus
adoptaticius 301[4]
adoptio 366[3]
adprimus 239[4] 241[4]
Adria s. Hadria
adsidelae 312[3]
adsimilis 400[3]
adstatus 'hastatus' 174[1] 194[3] 204[2]
adulescens 85[3] 141[2]
adulter 294[1]
adulterinus 326[3]
adulterium 294[1]
adultus 85[3] 553[1] 613[3]
aduncus 400[3]
adusque 483[1]
adverbium 295[4]
adversarius 299[3]
advosem 211[2]
adzutor 114[4] 130[4]
Aeacus 77[1]
aedes sing. 60[4] 167[4] 343[4]
aedicla 98[1]
aedificare 294[1]; 38*[3]
aedificium 295[1]
aedilicius 301[3]
aedilis 350[2]
aedituent- 396[1]
aeditumus 318[4]
aedituus 318[4] 394[4]
aegrimonia 297[3]
aegrotare 552[2]
aegrotus 552[2]
Aegypta 'Αἰγυπτᾶς' 454[3]

Register

Aegyptini 327¹
aemidus 329⁴
Aemilius, -ianus 289² 325³·⁴
aemulus 33⁴
Aenea nomin. 279⁴ 454³
aēn- s. *ahen-*
aequalis 350¹ 483³
aequinoctium 295³
aequiter 500¹
aequiternus 322¹
aequor 49³ 94⁴ 378⁴
aera -ae 'Aera' 452²
aera -orum 451⁴ 457¹·¹
āera ntr. pl. s. *aethera*
aeramen 370⁴
aerarium 298³
aereus 286²
aeruca 340¹
aerugo 368² 369⁴
aerumna 322⁴
aes aeris 121⁴ 378³; dat. *aere flando* 435³
Aesculapius 69¹ 75²·⁴ 102⁴
aesculneus 287³
aestas -atis 374⁴
aestivus 304³
aestuare 546¹ 595²
aestumare 88²
aestus -ūs 168³
aetas -atis 374²
aeternus 322¹
aethera ntr. pl. 452³ 453³
Aetna 171² 29*⁴
aevitas 374²
aeviternus 322¹
aevum 60⁴ 276¹
af 'ab' 158¹
Afenodorus 161²
affatim 241⁴ 270³ 345¹
agaso 362¹
Agaue 77³
agceps 'anceps' 15¹
agea 78⁴
agellus 143² 306¹
ager, Stamm *agro-* 142⁴ 144¹
aggredior 83⁴
agilis 347⁴
aginare 552²
agitare 547⁴ 548² 549²
agitatoria 288⁵ 300⁴
agmen 199³ 370¹·²
agnatus 188²
agnomen 371¹
agnosco 188²
agnus 151¹
agnus castus 174¹

ago -ere 44¹ 150⁴ 532²; *ago* 1. sing. als konj. 573³ 577²; perf. *egi* 590²; ptc. *actus* 114²
agolum 311²
agrestis 351⁴ 352¹; gen. pl. *-um* 439²
agricola 280² 281³ 384³ 385² 395³
agricultura 384¹
Agrigentinus 326⁴
Agrigentum 74³ 81³ 152¹ 457¹·¹
Agrippa 398²
Agrippina 284⁴ 326⁴
agurium 'aug-' 73³
Agustus 73³·⁴
Ahala 174⁴ 207⁴
aheneus 286²
Ahenobarbus 390² 392³ 397²
ahenus 112² 121⁴ 126¹ 174³ 206¹ 321²
Aiax 77² 127² 376² 38*¹
aibam s. *aio*
aidicola 86¹
aidilis 67⁴
aiio 127³
ain 93¹ 531²; vgl. *aio*
Aineia 7¹
aio ais ait 126³ 127¹⁻³ 531²·³, vgl. *ain;* imperf. *aibam* 67³ 531³; perf. 2. sg. *aisti* 531³
Aisclapios 69¹·² 77¹ 86⁴
Aiscolapio- 86¹ 102⁴
Αἰσχυλ -'Esquil-' 53²
Aius 277²
Aiutor 130⁴
ala 112² 207¹ 210²
alacris -cre 83² 90³ 432²
albanus 324²
albeo -ēre 542³ 554¹
albescere 536³ 538² 553⁴ 554¹
albeus 'alveus' 139³
albicapillus 397²
albicare 550⁴
albicascere 536²
albidus 329²·⁴
albineus 286²
Albinus 326³
Albius 289²
albogalerus 390³
Alb(e)si 12³ 352³
albus 167¹
alcedo 367³
Alcumena 75²
Alcumeus 457³
aleator 359¹

alebris 102⁴ 231³ 348⁴ 349²
Alei 'Ἠλεῖοι' 75⁴ 78³
Alemona 284¹ 297³ 323⁴
aleo -onis 361³
*aleo -ēre 553¹
Aleria 74³ 81⁴ 231³
ales -itis 372⁴; gen. pl. *-uum* 452³
alescere 553¹
aletudo 368¹
Alexander, -drus 456¹
Alexandrea u. *-ia* 75³·⁴; *-inus* 327¹
algeo -ēre 542²
algidus 329⁴
alias adv. 270¹ 419²
alibi 150¹ 471⁴
alibilis 349¹
alicubi 149⁴
alicunde 482³
alid s. *alis*
Alidensis 352³
alienus 54⁴ 323²
Aliesi- 'Alliensis' 146¹
alimones pl. 297³ 371⁴
alipes 'adeps' 156²
alis alid 471⁴
Alis -idos 78³
aliter adv. 500¹·²
aliunde 150¹
alius 44¹ 126⁴ 214³ 278¹ 471⁴ 472¹; *aliud* 94¹; gen. *alii* 480³, *ali-* u. *alius-modi* 479⁴
aliuta 150¹ 482³
praenest. *Alixentros* 198³
Alliensis 352³
alluvies 285²
almus 319⁴
alo -ere 553¹; perf. *alui* 594⁴ 595⁴; ptc. *altus* 615⁴, *alitus* 617¹; vgl. **alēre*
Aloepus 76³
sabin. *alpus* 167¹
alsius 211¹ 217⁴ 381³
altanus 325²
altare 350⁴
alted adv. 426²
alter pron. 96⁴ 317⁴ 472¹ 500²; gen. *alterius* 479²
altercari 550⁴
alternus 494⁴
alterutrum akk. 472²
altilis 348¹
alti-tonans, -volans 396¹
altrinsecus 482⁴
altus adj. 612⁴
alucinari 551³

Wörterverzeichnis

alumnus 82¹ 322³ 583⁴
alunnus 214¹
alvus 101⁴
am- 'ambi-' 96² 561²
amabilis 348³
amantes plur. 283¹
amanuensis 353¹
Amaranthus 163²
amare: Sonderformen: -ento -emino 571³ 573¹; perf. Kurzformen amasti -arunt 598³ 599³; vgl. fut. amasso mit amaro 602³ 624²
amarities 296³
amaror 379¹
amasiunculus 308¹
amasius 300²
amasso -im 621².⁴ 623⁴–624⁴
amatorculus 307¹
amb- ambi- praeverb. u. praefix. 44¹ 96².³ 488² 561²
ambactus 36*¹
ambages 344¹
ambegnus 90⁴ 96³ 391² 397⁴
ambest (edere) 529³
ambestrices 197⁴
ambiguus 303³
ambio -ire 96³ 578³
ambissit -int 624¹
ambitiosus 341³
ambo 485² 486¹
ambulacrum 314¹
ambulare 551¹·²
ambulareis konj. 2. sg. 599³ 610¹
amburvare 96³ 276¹
amendula 197¹
amentum 201³
amfora 162³
amia (piscis) 454¹
Amianthus 163³
amicio -ire 96³ 128³ 561³ 568¹
amiculum 313⁴
amicus 339⁴
amiddula 197¹
amiectum 128³
Amiternum 82² 96³
ammentum 201³
ammirari 200³
amne(n)sis 352⁴
amoenus 65⁴
amor 379³
amorabundus 332⁴
ampendix 377²
Amphitruo 52⁴
amphora 456³; gen. pl. -um 421²

Ampĭo 106¹ 238³
ampla 311⁴
amplector -i 47³ 86³; 539³; ptc. -plexus 615³ 616¹
amplexari 547³
ampliare 546⁴
ampliter 500¹
amplitudo 367⁴
ampora 160² 162³ 453²
amptermini 96³
amptruare 198²
ampulla 74³ 82¹ 143³ 160² 306² 453²
amputare 96³ 561³
amsegetes plur. 96³ 397⁴
Amucos 52³
amuletum 335³
amurca 49³ 74³ 82¹ 152¹ 453⁴
amussim 204¹
amygdala 197¹
an- Praeverbien 561³
an- 'ambi-' 96² 561³
an- 'anti-' 234³
an- '*ana-' 208²
analecta 454²
anas -atis, -itis 60¹ 100³ 343²
anas (-ātis, zu anus -ūs) 374⁴
ancaesa 208¹ 561³
anceps 386¹ 451¹; vgl. ancipes
Anchises, akk. -en gen. -ae 458³
ancile 208¹; pl. gen. -iorum 451⁴
ancilla 143³ 284³ 310²
ancipes -ipitis 96².³ 215³ 397⁴; -i -ia -ium 438²
anclabris 348⁴ 349²
anclare 153⁴
Ancona 455¹
ancora 56³ 76⁴
anculus '*Diener' 85³ 96³
anculus 'Onkel' 73³
anculus 'anniculus' 86¹
ancus 31⁴ 151⁴
anēre (zu anus -ūs) 555³
anfractus -ūs 561³
angina 74³ 82⁴ 320⁴
angiportus 356² 390² 399²
ango -ere 44¹ 144⁴ 165²
angor 379³
anguimanus 392³ 397³
anguineus 286³
anguis 166³
angulus 151⁴
angustus 165² 381¹·³

anhelare 173² 174¹ 175² 208² 561³
anhelus 268³
anicula 306⁴
Anienus 208² 279¹
anilis 350³ 555³
animadvertere 565³
animaequus 397³
animal 350⁴ 434³
animus 34⁴ 82³ 319³ 583¹
Anio -enis 364¹
anites pl. zu anas 100³
anitūs -ūtis (zu anus -ūs) 375²
annalis 350³
anniculus 308²
Annona 323⁴
annosus 342¹
annotinus 321⁴
annuclus 86¹
annus 200⁴ 201¹
annuus 303¹
anquina 77²
Anquira ''Αγκυρα' 53²
anquirere 96³
ansa 212³
anser -eris 145⁴ 173⁴ 380⁴; nomin. -ar 100³
antae pl. 60¹
Antamoenides 76³
antarius 299³
ante 44¹ 92² 93² 11*³
antea 270³ 483²
antehac 121¹
antelucanus 265¹ 325²
antemeridianus 265¹
antemnae 322⁴
antennae 214¹
antepagmenta pl. 371¹
antepes 399⁴
anterior 317³
antesignani 325²
antestari 234²; imper. -amino 572⁴
antiae 290²
Antias -atis 345⁴
Anticato 403¹
anticipare 550²
anticus 340²
antid-hac 483²
antid-eo -ire 561²
antioper 278¹
antiquitus 500⁴
antiquus 340³
antistes 80² 93⁴ 393³
antistita 284¹
Antoniaster 319¹
anucla 86¹ 98¹

anulus 218³
anus -ūs 356²; vok. *-us* 441³;
  gen. *-uis* 442²
anus mask. 218² 320²
anxia 292¹
anxifer 390⁴
anxitudo 367⁴
anxius 381³
Apella mask. 453³
aper apri 149³
aperberit (*rb* für *rv*) 133³
aperio -ire 202¹ 543⁴ 563¹
  568¹·⁴; perf. *aperui* 594⁴;
  zu *apertus* s. 613¹
apiastrum 319¹
apica 74³ 82⁴ 455³
**apio* (zu *aptus*) 67¹ 536¹
Apirensis 75⁴
apis 'Biene': gen. pl. *apum*
  439¹
apiscor (zu **apio*) 536¹ 538³
aplustre 74⁴
Apollineus 287¹
Apollo -inis 457³
appa 182⁴
appellare 549⁴; pass. imper.
  -amino 571¹
Appell- 184⁴
appendix 377²
Appietas 374²
Appius 182⁴
Appollo 232²
approbus 241⁴
Aprhod- 162¹
apricus 340²
Aprilis 350²
apru(g)nus 200²
aprunculus 308¹
aprus 'nomin. *aper*' 423⁴
  448⁴
Aptho- ''Αφθο-' 161³
apua (*piscis*) 160²
apud 154² 610⁴
  mars. *apur finem* 7¹ 155²
aqua 148³
aquaelicium 393⁴
aquagium 295¹
aquatilis 348²
aquatum ire 354⁴
aquiductium 295²
aquiductus 399¹
aquila 86³
aquilex 393⁴
aquilo 361¹
aquilus adj. 86³ 311⁴
ar- 'ad-' 155²
ara 279²

Arabia (*ā-*) 115³
aranea 209³
arare 540³
arator 358⁴
aratrum 31¹ 312³·⁴ 540³
arbiter 155²
arbitrari 546¹
arbitrarius 297⁴
arbitrium 293²·⁴
arbor, auch *arbos* 178² 179⁴
  379⁴
arboretum 334⁴
arboreus 286³
arbuscula 307²
arbustum adj., *-um* subst.
  178²·³ 334³·⁴ 381¹
arbutus 80⁴
arcanus 325¹
fal. *arcentelom* 10³ 309³
arcessere 155² (555⁴); perf.
  -ivi 594³
ἀρχεπτορεμ 155³
Archilinem akk. 460¹
architectura 315⁴
architectus 456⁴
archivum 138² 304⁴
arctous 278⁴
arcuballista 395⁴
arcubii plur. 234³
arcus -ūs 138⁴; plur. abl.
  -ubus 444¹
ardeo -ēre 107⁴; perf. *arsi*
  603³; *arduerint* 'arserint'
  595¹
arduitur 528³
arduus 60² 168¹
arena 173⁴
arenatio 366³
ares 'aries' 243⁴
arferius 155² 290³
**arfet* 330²
arfuise 155²
ar-gallicum 231²
argentarius 298²
argentum 58⁴
arger 155³ 8*·²
Argēus 78³
Argi s. *Argos*
argiletum 335²·³
argilla 455³
Argivi 138²
Argos plur. akk. 'τὸ ''Άργος'
  456²; lok. *Argeis* 428⁴
Argōus 278³
argumentum 370⁴
arguo -ere 356² 543³; perf.
  argui 595³

argutiae 291³
argutus 543³ 595³ 614¹·²
Ariagne 201²
aries -etis 122¹ 129⁴ 373¹
  433³; abl. *-ēte -ētibus* 115⁴
  243⁴
ariex 'aries' 221⁴
arma pl., *ā-* 21¹ 114¹
armamenta pl. 370⁴
armá-que 240²
armare 333⁴ 547¹
armarium 298³
armatura 315⁴
armentum 371¹
armicustor 358⁴
armicustos, -or 398⁴
armillae 307³
armilusor 395⁴
armilustrium 295¹
armites pl. 372⁴
armus 60¹ 407¹
Arnensis 352³
Arpinas -atis 98⁴ 239¹ 345³
  346¹
arquatus 133¹
arquitenens 133¹ 390² 395⁴
  397¹
arquites pl. 133¹ 372³
Arquitius 289²
arra 382⁴
ars artis 98³ 193¹ 345¹
arsineum 211³
artare 548¹
Artavazdes 11⁴ 205²
Artemona 283²
artifex 93⁴ 393²
artificium 295¹
Artio dea 177²
artire 556⁴
Artlaus 154¹
artopta 453⁴
artus adj. 217¹ 612⁴ 615²
artūs -uum plur. 354¹; dat.
  -ubus 443⁴
Aruz 'Arruns' 11¹
arva -orum 303³
arvehere 155²
Arvina 280¹
arvorsum 33² 48¹ 155²
arvus (*ager*) 303²·³
as assis: nomin. 220³
as- 'abs-' 157⁴
ascendibilis 349¹
ascla 208³
ascultare 73³
Asellio 365²
asellus 143³ 306¹

sabin. *asena* 'arena' 178³
aser 'Blut' 179² 360¹
Asiagenus 390³
Asiaticus 338³ 339¹
Asinius 289²
asinus 179³
asper 203²
aspernari 549⁴ 550²
fut. *aspexit* 622⁴
asportare 203²
aspratilis 348¹
assaratum 360¹
assarius 'as' 298³
assiduus 303³
assula 208³
assum 'ptc. und *ad-sum*' 194³ 303³
assyr 360¹
ast 203³
astu 334² 354²
astula 208³
astuli 'abs-tuli' 204¹
astutus 334²
at- für *ad-* 194³ 228⁴
Atacinus 327¹
atanuium 136¹
Athana 75⁴
Atheniensis 352⁴
Atlas vok. *Atla* 455³
atnatus 'agn-' 200³
atnis 'annis' 200³
atque 93² 270⁴
atqui 270⁴ 271¹ 472⁴
Atria 198⁴
Atrides 121²
atriensis 352⁴ 353¹·²
atriplex 393⁴
atrox 207¹ 377²
atrusca 340¹
atta 182⁴
atticissare 11⁴ 180⁴ 551⁴
konj. *attigam -as -at* 508¹ 540² 574⁴ 575¹
Attila 310¹; gen. *-anis* 460¹
attonitus 544¹
attuli perf. 587²; konj. *attulat* 574⁴ 575¹
au- praeverb. 561³
Aubia 'Albia' 142²
auca 267⁴
aucella 143³ 306¹
auceps -cupis 93⁴ 393¹
auctarium 299³
auctoritas 374¹
aucupari 546¹
audacia 291³
audacter 98¹ 99¹ 500¹

audax 108³ 376¹
audeo -ēre 71⁴ 554²
audientia 291⁴
audio 66² 543⁴; perf. *audivi* 594², *audii audisse* 600¹⁻³, *audīt* 601²
auditorium 301¹
aufero, aufugio 61⁴
augeo -ēre 61⁴ 541²
auger 'augur' 81¹
augescere intr. 539¹; perf. *auxit* 539¹
augificare 396³
augmen 199³ 370¹·²
augmentum 370¹
augur 379¹ 610⁴
auguraculum 313³
auguratus -ūs 355²
augurium 293⁴
Augusteus 287¹
augustus 379¹ 381¹
aula, aulla 72³ 141⁴
Αὐλήριος 232³
aulicocta pl. 394¹
aulicus 337²
auliquoquibus 137³ 394¹
auloedus 69³
Aulus 307⁴
aunculus 121² 138²
auratura 315⁴
aureae 72⁴
aureax 72⁴ 94²
Aureius 142²
aurescere 536³ 555¹·²
aureus 286¹·³
aurichalcum 72⁴ 70*³
auricomus 397³
auricula 306⁴
aurifodina 328¹
auriga 73¹
auris 61⁴ 343³
auritus 261⁴ 333⁴
aurora 178¹ 179²
aurugo 368²
aurum 178² 179¹
Aurunci 338² 29*¹; vgl. Αὔσονες
Aurunculeius 309²
aus 'avus' 138²
ausculari 'osc-' 72⁴ 73⁴
auscultare 101³
Auseli(us) 179¹
ausim konj. 621³-622³
Αὔσονες 31*¹
auspex 71⁴ 93⁴ 391¹ 393²
auster 318⁴
austium 'ost-' 72⁴ 73¹

austrinus 121² 327³
austroafricus 399¹
sabin. *ausum* 179³ 35*⁴
ausu's 14² 124¹
aut 61⁴ 92³
authepsa 453⁴
au(c)tione fa(c)ta 196⁴
autor 196⁴
autumare 88²
autumnitas 374⁴
autumnus 322⁴
Auxentius 291²
auxilium 61⁴ 296¹ 381³
auxilla 208¹
Auximum 498¹
perf. *auxit* intr. s. *augescere*
konj. *auxit* 622² 623¹
avarus 315²
ave 174²
Aventinus 373²·³
Avernus 47⁴ 48¹
averruncassere, -ssit 622² 624²
averta 47⁴ 48¹ 49³
avia (zu *avus*) 282¹ 283³
aviaticus 339³
*avica 310¹
avidus 329³
avis 343¹; abl. *-e -i* 437²
avitium 296⁴
avitus 334¹ 500⁴
avius 284⁴
avunculus 49¹ 307⁴
axilla 143² 207⁴ 306²
konj. *axim* (zu *ago*) 623¹
axis 148² 343¹
axitiosus 341³
axungia 194³ 292³
azutor 11⁴ 130⁴

Bacae 'Bacchae' 160³
Bacanal 14¹ 160³
Bacchanal 350⁴; plur. gen. *-liorum* 451⁴
bacchantes ptc. 546¹
baceolus 75⁴
baculum 153⁴ 158² 313⁴
Baculus cogn. 280¹
badius 156²
balbulus 382²
balbus 158²
balbutire 334² 556³
baliscus 459²
ballaena 158⁴
ballaenaceus 287⁴
balneae 279³
balneum 65¹ 84⁴ 95⁴ 99² 106²
βανιατορ 130²

Bantinus 327¹
baplo 'vapulo' 97³ 159³
baptidiare 130⁴
barba 168¹
barbar nomin. 456¹
barbarismus 319⁴
barbatoria 280²
barbatus 333²
bargina 280²
basilice adv. 333² 455⁴
basis 179³ 180³; akk. -*im* 439⁴ 440¹·⁴
bassis 180³
baubare 547¹
beatus 613¹
belena 'ballaena' 158⁴
bellaria pl. 351¹
bellarius 299¹
bellicosus 341⁴
bellicum 337³
bellicus 337²
Bellius 'Duilius' 131⁴
Bellona 323⁴ 324¹
bellum 131⁴; lok. -*i* 412¹ 413³
bellus 96³ 101¹ 143³ 306² 308⁴
beluosus 341³
belutus 334²
beluus 266³
bene 101¹ 109¹ 229³
benedicere 395² 565²
benedicentior 498⁴
beneficium 293² 395²
beneficus 395¹·²; -*issimus*, -*entior*, -*entia* 395²
benemorius 234⁴; -*ientissimus* 499¹
benevolens, -*entior*, -*volus* 395¹ 498⁴
benignus 21¹ 113⁴ 277³
bessis 489²·³
bestia 21³
bi- 391³ 484⁴; *bi-*Komposita 487⁴ 488²
bibax 376¹
biber infin. 92⁴ 580⁴ 581¹
biberes plur. 580⁴
bibo -ere 157¹ 230² 533¹ 586²; perf. *bibi* 587³
bibosus 341⁴
bibulus 311¹ 312¹
bicornis 346⁴
bidellium 104²
bidens 131³ 386¹ 397²
biennis 346⁴ 392¹
biennium 292²
bifariam, -*us* 229⁴ 300¹

bifidus 395³
bigae 129¹
bignae 277³
bilychnis 488²
bimaris (gen.) 397²
bimus 165¹ 278² 391³
bini pl. 206¹ 494³
bis 44³ 131³ 132¹ 176³ 494¹
bisaccium 295³ 488¹
bisomum 132¹
bissextus 488²
bitere 'baetere' 562²
bivium 295³ 488¹
blandiloquus u. -*ens* 396¹
blandiri 556⁴
blandus 190⁴
boare 151²
boarius 139¹ 298¹
boia 77²
bombire 552³
Bonifatius 290⁴ (-*cius* 154³)
Bonosus 342¹
bonus 101¹ 320³
borinus 121² 327³
bos bovis 44² 151³ 356³·⁴ 357¹·² 358²; nomin. *bovis* 448⁴; abl. -*id* 436²; plur. gen. *bovom boum* 49² 138¹ 357² 436⁴, *boverum* 451³; dat. *bobus bubus* 357² 431²
Bosporanus 323⁴
botruo 363²·³
botrus 456³
bovatim 501⁴
bovile 350²
bovillus 306³
bracchium 183¹ 219³ 456⁴
brattea 164⁴
breviare 546⁴
breviarium 298⁴
brevis 47¹ 165³ 190³ 346³; adv. 500¹
Brittanni 184⁴
Bruges pl. 52⁴ 158⁴
bruma 498²
Brundisium 239⁴; lok. 426³
brutis 158³ 36*²
bubile 159³
bubulcitare 549³
bubulus 311⁴
bucaeda 391¹
bucca 182⁴
buccina 183³
bucco, Bucco 361²
bucetum 335²
bucina 391¹
bucula 306⁴ 357²

bufo 169⁴ 363²
bulbus 74⁴
bumamma fem. 397⁴
bumastus 397⁴
burgo 'virgo' 52¹
burgus 158³
burranicus 338⁴
Burria 52⁴ 140³
burrus, Burrus 52⁴ 75¹ 140³ 158⁴
bustirapus 394⁴
bustuarium 299²
butro 363³
butumen 101²
buxus 52⁴ 75¹ 158⁴
byblio- 52¹
byr, byrgo 'vir, virgo' 52¹

caballus 282³
cacare 382²
cachinnus 172³
cacla 'cloaca' 121²
cacula 280²
cacumen 370³ 70*²
cadamitas 'cal-' 156²
cadaver 610⁴ 32*⁴
cadivus 304⁴ 305¹
Cadmogena 390³
caduceator 359¹
caduceum, -*us* 75⁴ 78⁴ 155³
caducus 340¹
Caeculus 54³
caecus 60⁴
caecutire 556³
caedes 343⁴; pl. gen. -*um* 439²
caedo -ere: perf. *cecidi* 91¹ 586¹ 588¹
caeduus 303³
Caecilis '-ius' 423³
cael 'caelum' 382⁴
caelestis 351⁴ 352¹·¹·²; gen. pl. -*um* 439²
caelicola 280²; gen. pl. -*um* 421²
caeligena 280⁴
caelipotens 396¹
caelites plur. 372⁴
caelitus 500²
caelum 'Meißel' 199² 311³
caelum 'Himmel': plur. mask. -*i* 423²
caementicius 13³ 301⁴
caementum 200³ 370³
caerifolium 160¹
Caerites plur. 345³
caeruleus 286³

caerulus 311⁴
Caesar 67³ 84¹ 94² 100³; gen. *-eris* 84¹
Caesareus 287¹
Caesariani 325³
caesaries 149¹ 285² 360²
Caesario (-ion) 364³·⁴
Caesonius 288⁴
Caesulla 284³
Cafatia (f/h) 169¹
calabra 314⁴
calamistrum 313²
calamitas 100² 374¹
calamitosus 341³
calare 160¹
calautica 338¹
Calbophorus 231²
calcar 434³
calcarius 298¹
Calchas abl. *-ā* 455³
calcidicum 160³
calcitrare 83³ 313²
calcitro -onis 361⁴
calcitrosus 341⁴ 342⁴
calcosteis 76¹ 153¹
calculus 305⁴ 307²
calda (aqua) 97¹ 330¹
caldarium 298³
caldicerebrius 290⁴
caldor 379³
caldus, calda 97¹
calecandam 160¹
calefacio 109² 248³ 566¹ 579³
calefit 566²; *calfacio* 109²
calendae 107²; s. *Kalendae*
caleo -ēre 541⁴ 542³ 552⁴; perf. *calui* 594⁴
calesco -ere 21¹ 536³ 537⁴ 538⁴ 566²
calicata 160¹
calidus 329² 330²·²
calidus 'weißstirnig' 330²
caligare 550³
caligo 369²
Caligula 280¹
calix 375⁴
callidus 329³
Callifae 330²
calligo 184¹
cals 'calx Kalk' 221³
caltula 311⁴
calumniae 322⁴
calvaria 299¹
calvaster 319¹
calvitium 296⁴ 297¹
calvus 302⁴
calx 'Ferse' 221³

calx 'χάλιξ' 'Kalk' 75² 97¹ 160¹; 'Spielstein' 307²
Calypsonem akk. 457⁴
Camenae 165⁴ 205⁴
camera 74³ 81⁴
camilla 205⁴
camilla (herba) 234⁴
camillus 238² 239³
cammara 'camera' 100⁴ 184¹
camox 377³
Campanicus 338³
Campans 324³
Campanus 144³
campestris 351³ 352¹·² 432²
campsare 552²
camus 76¹
canalis 184² 350³
cancelli plur. 382²
cancer 231⁴ 382²
candela 312⁴
candelabrum (-brus) 314³·⁴
candēre 553¹
candidatorius 300⁴
candidatus 333⁴
candidus 329²
canentas 374³
canes 'canis' 343⁴ 344²
canicae 338¹
canicula 306⁴ 307¹
Caninius 289² 326³
canis 59¹ 149² 266³
canistrum 74⁴ 313²
Cannensis 352³
cano -ere 532³; perf. *cecini* 82² 586¹ 588¹ 589¹; *-cinui* 595¹ 605⁴; ptc. s. *canta*; s. auch *cante*
Canopus 158³
canor -oris 379³
canorus 278³
canta 'cantata' 548¹ 615⁴
cantare 547³ 548¹ 549¹
cante imper. 2. pl. 97² 570⁴
cantherinus 326²
canticum 337³
cantilena 312² 323²
cantitare 548³
cantus -ūs 354¹
Canumedes 52³
canus 112² 206¹ 320²
canutus 334²
capedo 372²
capella 306¹
caper s. *capro-*
capessere 555⁴; perf. *-ivi* 594³
capillus 32*⁴
capio -onis 365⁴

capio -ere 126⁴ 172² 567⁴ bis 569¹; perf. *cepi* 589²·⁴
capis 372²
capistrum 313²
capitalis 350²
capitibus — ⏑⏑ 97⁴
capitium 295⁴·⁴
capito, Capito 361²
Capitolinus 327¹
capitulum 305⁴
capo -onis 361¹
caprea 286⁴
capreaginus 287³
capreolus 285¹
capricornus 392⁴
caprificus 399¹
caprimulgus 394⁴
capso, -im -imus 623¹·³
captivus 303⁴ 304¹
caput -itis 80⁴ 229⁴ 610⁴
caputalem 80⁴
carbasus 158⁴
carbunculus 107⁴
carcer 382²
carcophorus 232²
carduelis 54⁴ 350³
carectum 335¹
fal. *carefo* 7¹ 169² 577⁴ 28*⁴
carinare 551²·³
caristia pl. 78⁴ 160¹
carmen 231³ 360³ 370²
Cario 365¹
carnivorus 394⁴
carnufex 88¹
caro carnis 58² 363⁴; nomin. *-nis* 449¹
caroenum 78¹
carpo -ere 50³
carrago 369⁴
Carthaginiensis 352⁴
Carthago 163¹ 232² 233⁴; lok. *-gini* 427¹ 431³
cartilago 369³
casa 179³
cascus 206¹
praen. *Casentera* 198³
caseus 149²
casmenae 205⁴
Casmillus 205⁴
casresis 207¹
cassabundus 332³
cassare 332⁴
cassida 455²
cassita 334¹
cassus 'casus -ūs' 181¹
castellum 306¹
castigare 550³

Castores plur. 283²
castoreum 286⁴
castra -ae 452²
castra plur. 313¹
castrare 313¹ 546²
castrensis 352⁴
castud abl. 443¹
castus 612⁴
casus -ūs 114² 354¹
Catamitus 152¹
catapulta 74³ 85³
cataracta 454¹
catasta 382⁴
catecra 198³ 232²
catellus 306¹
caterva 303⁴
Catilina 82⁴ 142¹ 327⁴ 60*³
Catilinarii 298³
Cato 361¹
catulaster 319¹
catulire 556³
catus 34³ 44¹ 612⁴ 616³
cauculus 142² 231³
caudex 73²
Caudinus 327¹
caulis 343³
caupo -onis 284¹
caupona 284¹ 328¹
caussa 181¹
cautela 312³
cautes pl. 72⁴ 73¹
cautim 501²
cavaedium 295² 399²
caveo -ēre 49⁴ 541²; imper. *cavĕ* 109³; perf. *cavi* 595⁴ 596¹ 598¹; vgl. *cautum* 97², *cautus* 595⁴ 613³ 614¹
caverna 49⁴
cavitio 97²
cavus 49⁴
ce- praeverb. 561³
-ce deikt. Partikel (in *hic* usw.) 468³·⁴
cĕdo 109² 468³ 528¹·² 570²; vgl. *cette*
ceivis 'civis' 60⁴ 63¹
celare 550¹
celeber adj. 98³
celer adj. 380⁴ 432² (auch ntr. *-re*); superl. adv. *celerrime, -rissime* 498³
celox 377³
celsus 613³
Cemelus 'Gemellus' 10⁴
cena 112² 209⁴
cenaculum 313³ 314¹
cenare 545² 546²

cenatorius 300⁴
cenatus (akt.) 333⁴ 613⁴
censeo -ēre 211¹ 554¹ 571¹; *-ento* imper. pass. 571¹; ptc. *ac-census* 616²
Censorinus 326⁴ 328²·⁴
censorius 288³
censura 315¹
centaurea 78³
centesimus 493³
centimanus 397²
cento -onis 172³
centum 58³ 148² 491¹·²
centuria 292¹
centurio 361²
cepicius 302¹
cera, ceratum 334²
cerdo 362³·⁴
Cerealis 180²
cerebrum 206³·⁴
cere- -brum 271²
Ceres Cereris 178² 380⁴
cerineus 286²
cernuus 210⁴
certamen 370³
certare 548²
certus 142⁴ 535³ 612⁴
cerussa 21² 453⁴
cervia 283³
cervical 350⁴
cervus 303¹
cesna 'cena' 192¹ 207² 209⁴
cesquit 'qu(i)escit' 152² 233³
cessicius 301⁴
Cesula 'Caesulla' 68¹
ceteri u. *-um* 317⁴
Céthegus 162⁴ 163² 238² 239¹
cette 96¹ 196² 468³ 528¹; vgl. *cedo*
cetus -i 'τὸ κῆτος' 456²
ceu 64⁴
charitas 'car-' 163¹
charta 454¹
chartarius 300¹
cheragra 78²
Chiteris 'Κυθηρίς' 75¹ 161¹
Chius adj. 106¹ 120²
chommoda 163¹
choragium 76¹
chorea 78³
chorona 163¹
chors -rtis 'cohors' 119² 163² 174³ 392²
Chremes Flexion 458³
Christiani 325⁴
cibora pl. (*cibus*) 450²
cicatrix 377¹

cicendula 382²
Cicero 16² 19¹ 153¹ 361³
Ciceronianus 325³
cicindela 100⁴ 382²
ciconia 382²·³
ciēre / -cīre 544⁴
cilium 294⁴
cilliba 455³
cima -ae 'τὸ κῦμα' 76²
cimiterium 76²
Cincinnatus 333⁴
cincinnus 233¹ 321¹
cinctutus 334¹
cingulum 311²
ciniflo 362¹
cinips 75² 104²
cinis -eris 51¹ 101¹ 178² 380²
cinque 113² 230⁴ 486⁴
cippus 183³
sabin. *cipro-* 315³
circensis 352⁴
circiter 500³
circites pl. 372⁴
circitor 224²
circuire, -itus -ūs 224² 565³
circum 241²·³ 270¹
circumcellio 402³
circumdare 562⁴
circum- -dati 116³
circumspectus akt. 614¹
cisium 179²
cistella 306¹
cistellatrix 359²
cisterna 322²
cistiberes pl. 402³
citare 544⁴
citer, citimus 317²
citerior 317² 318¹
cito adv. 109¹
citocacia 292³
citra 318¹
citrosus 342²
citrus 198² 32*²
citto 183⁴
citus 544⁴ 612⁴
civicus 337¹·² 338¹
civilis 261³ 350²
civis 60⁴ 343³; abl. *-i* 440²·⁴; plur. akk. *-is* 440⁴
civitas 374¹; gen. pl. *-um, -ium* 375¹ 437² 439³
clades -is 59³
clam 33³
clamitare 548³ 72*²
clamor 379³
clamosus 341³ 342³
clamus 'χλαμύς' 456³

clanculum 309²
clandestinus 327⁴
clarigare 550³
clarimus 498³
clarus 315¹
classicum 337²
clatri 69³ 76¹ 160¹
claudicare 550³
claudigo -inis 369¹
Claudius 289²
claudo -ere 97²
claustritumus 318⁴
claustrum 197⁴ 313¹
clavis 76¹
clemens 373²
clepo -ere 140⁴
cleptare 552²
Clhoe 162¹
cliens 583¹
clienta 283⁴
clientela 312²
clinatus 562³
Clinia 454³
Clio 78³
clipeus 89⁴
clitellae 313¹
clivis adj. 268²
clivus 61² 276⁴
cloaca 99⁴ 340¹
Clodianus 325³
Clodius 72³·⁴ 73¹
clovaca, cluaca 99⁴
cludo -ere 73² 562²
clueo -ēre 553²
clunaculum 314¹
clunis 343¹
cluo -ere 543¹ 553²
clupeus 89⁴
Cn. 'Gnaeus' 10⁴
cnason- 76¹ 188³ 457²
pael. *cnatois* 59³ 428⁴
Cnossos 180³
co- 'com-' 226¹
coacla 'cloaca' 233²
coagulare 311²
coalescere 538¹; perf. *coalui* 594⁴
coaxare 547¹
coccineus 286² 321³
coccinus 321³
cochlea 287¹ 454¹
cocio 154³
coclacae 76¹ 455¹
Cocles 459¹
coda 'cauda' 72²·⁴
codiugi 'coiugi' 130³
χοδράντης, *Codratus* 50²

coelum 66³
coena, coenalia 66³
co-epi coepi, -ptus 67¹ 119² 536¹ 589⁴
coepio -ere 67¹ 117²
coera 65²
coeraveron 61¹ 65²
coetus 67¹
cogitare 548²
cognatus 218³
cognomen, -mentum 370⁴ 371¹
cognomines adj. pl. 371¹ 397⁴
cognosco -ere 218³; ptc. *cognitus* 616³
cogo -ere 119¹; perf. *coegi*, ptc. *coactus* 119² 121⁴; perf. *coguit* 595¹
cohibere 174⁴
cohors 165¹ 173² 345¹ 389⁴
co(i)icere 214³
coiiug- 214²
coiravere 61¹ 65¹·²
pael. *coisatens* 61¹ 514² 607¹
coiug- 214²
colis 'caulis' 72⁴
colitor 358⁴
collabascere 536² 537⁴
collactaneus 265³
collacteus 286⁴ 288²
collare ntr. 350⁴
collectaneus 288¹
collectivus 304²
collega 280³
collegium 293²
colliciae 148⁴
collis 213²
collum -us 180¹ 276¹
colo -ere 33³ 47²; perf. *colui* 594⁴ 595⁴; ptc. *cultus*, zu *quoltos* s. 54* ⁴
colonus 323⁴
coloquinta 53²
color, colos 101¹ 379¹
colorius 290²
colpa 48³
colpus 'κόλαφος' 75²
columbar 350⁴
columbares pl. 155¹
columbus 266³ 285¹
columella 306¹
columen 370²
colurnus 97⁴ 232³ 321²
colyphium 76³
com 'cum' 137² 226¹
com- con- co- praeverb. 137² 193³ 226¹ 558² 559¹·²; in

Komposita vor Nomina 397⁴ 399⁴ 400³ 402³
comans 547² 583¹
comatorius 301²
combennones pl. 361³
comburere 119¹
comedo -ere 84¹ 226²
comes -itis 94³ 226² 275¹
comestus 529³
com-ire 226²
comis 205⁴
com(is) incommodus 382⁴
comissari 74⁴
comitatus -ūs 355³
comitium 292³
comitivus 304³
commeatus -ūs 354¹
commendaticius 301⁴
commentariensis 353¹
commentarius 298⁴ 299²
commentor -ari 548¹
commentus pass. 612³
commercium 295¹
commers 221³ 399⁴
commetare (-meitare) 119⁴
commilito -onis 361⁴
comminus 204⁴
commodo adv., *commodum* ntr., *commodus* adj. 402³
communicare 550⁴
communio 366¹ 367¹
communis 60¹ 397⁴
commurere 'comb-' 216¹
como -ere 119¹; perf. *compsi* 591⁴
comodo 'quo-' 137²
comoedia 69³
comoinem 14⁴ 60⁴
compages 344¹
companio -onis 361³ 398²
compar 282³
compara 400³
comparare 549⁴
comparativus 304²
comparilis 400³
compedes plur. 397⁴
compendium 294³
comperco -ere 535⁴
comperio perf. *comperi* 587²
compesco -ere 535⁴
complures 400³, gen. *-ium* 438¹
compluries 494²
complusculi 309¹
compos -otis 94³ 392³ 394¹
compromesise 64¹ 181¹
comu̯ou̯ise 139² 194² 563²

con- praeverb. s. com-
conatum subst. 612³
conca 160¹
concavus 400³
concentus 231⁴ 383⁴ 389³
concilium 82³ 295¹
concinnus 268³ 398³
conclave 392³ 399⁴; gen. pl. -iorum 451⁴
concors 397⁴
perf. concredui 595¹
concretus 613³
conctos 'cunctos' 48⁴
concubina 284⁴ 327⁴
concubinus 285¹
concubius 290³
concupiscere 536¹ 538³
concutere 90⁴ 150³
condensus 400³
condicio 365⁴ 366¹
condictaneus 288¹
condignus 400³
conditio '-icio' 154³
conditorium 301¹
condo -ere 527³
conducticius 301⁴
condulus 74³
condumnare 88²
condus 277²
praenest. conea 235¹ 382³
conexus 218³
confestim 501⁴
confit 531¹; dazu confore 530⁴
conflug- 393³ 543¹
confragosus 341³
confugela 312²
conger 143¹ 152¹
congesticius 302¹
congiarium 298⁴
congius 152¹ 172³
congnatus 200¹
Congrio 365¹
congruus 395¹
con(i)icio -ere 82³ 128¹⁻⁴
coniectura 389³
coniugare 549⁴ 550² 564²
coniunx -ugis 115¹ 388³ 394¹ 533³; nomin. -nx 394¹
coniurati pl. akt. 613⁴
coniveo 166³ 188³ 218³; perf. conivit u. conixit 591²
conlata 'κολλητά' 213¹
conlega 194¹
conopium 78⁴
conquinisco -ere 534⁴ 536² 538⁴

consacrare 79⁴
consanguineus 265³ 286⁴
conscius 395¹
conscrībillare 116¹ 551¹
consecrare 83³ 243²
consentaneus 287⁴
consentes plur. 346¹ 523³
conservus 388⁴ 389² 399⁴
Consevius 11¹
consilium 293² 294²
consimilis 400³
consiptum 91¹
consistorium 234⁴ 301²
consol 146¹
consortio 361³·⁴
conspicari 549⁴
conspirati pl. akt. 613⁴
consternare 549⁴
Consualia pl. 276³ 350⁴
consuetudo 368¹·²
consul 393³
consularis 351²
consulatus -ūs 355²
consultus (iuris) 614²
contagia pl. 294³
contaminare 208⁴ 371¹
contemnificus 396³ 397¹
contemno -ere 534³; perf. -mpsi 591³
contemporaneus 265³
contentus 613⁴ 615⁴
conterraneus 288¹
conticeo -ēre 538¹
conticescere 536³ 537⁴·⁴ 538²
conticinium 295²
contini perf. zu -tineo 587²
continuus 303²·³·⁴
contio 133⁴ 134² 226²
contiuncula 307¹
contra 110²
contrarius 299³
contrectare 593³
contro- 318¹ 483¹
contubernalis 87⁴ 388²
contubernium 265³ 293³
contumax 376²
contumelia 350³
contundere: perf. -tud- u. -tūd- 605⁴
conubium 115³ 116¹ 210¹ 294²
convaleo u. -esco perf. -ui 536³ 537⁴
conventiculum 314¹
convertuit perf. 595¹
convicium 293³
conviva 280²

convivium 293²
convolvulus 311²
cōp- (co-op-) adj. 119¹ 397⁴
copa, copo 72⁴ 284¹
copia 119¹ 292¹
copula 119¹ 311²
coquina 151³
coquinare 551²
coquo -ere 29³ 47² 156⁴ 532²; perf. coxi 148³ 591² 593¹; ptc. coctus 615²
coquus 277¹
cor cordis 57³ 221³
coram 119²
praen. coraveron 61¹ 66⁴
corcot- 75² 101³
Corculum 217⁴ 280¹ 307¹
cordatus 333⁴
cordicitus 264²
cordolium 295² 391¹
coriandrum 459²
Corintheus 287¹
lok. Corinthi 426²
corium 295⁴
cornescere 555²
corneus 286²
cornic- 'cornicen' 235¹
Cornificius 289²
cornifrons 397³
Corniscas 340⁴ 421⁴
cornīx 377²
cornu 57³; nomin. -ū 441⁴; gen. -u 442²
cornucopia 399²
cornuficius 87³
cornus 57³
cornutus 261³·⁴ 334¹
corolla 21³ 306³
corollarium 298⁴
corona 163¹ 324¹
dat. Coronicei 104¹ 435²
corpulentus 336¹
corpus 57³
corpusculum 307²
correptus 'kurz' 613¹
corruptela 312²
cors -rtis 'cohors' 119² 174³; vgl. chors
Corsica 338⁴
corulum, -us 276²
corumbus 52³
coruptus ? 184³
corus 'caurus' 72³·⁴
cos cotis 34³ 275¹; vgl. cotes
cos. 112⁴ 145³
cosmis 6⁴ 10³ 205⁴
cosmittere 190¹ 205⁴ 209³

con- praeverb. s. com-
conatum subst. 612³
conca 160¹
concavus 400³
concentus 231⁴ 383⁴ 389³
concilium 82³ 295¹
concinnus 268³ 398³
conclave 392³ 394⁴; gen. pl.
 -iorum 451⁴
concors 397⁴
perf. concredui 595¹
concretus 613³
conctos 'cunctos' 48⁴
concubina 284⁴ 327⁴
concubinus 285¹
concubius 290³
concupiscere 536¹ 538³
concutere 90⁴ 150³
condensus 400³
condicio 365⁴ 366¹
condictaneus 288¹
condignus 400³
conditio '-icio' 154³
conditorium 301¹
condo -ere 527³
conducticius 301⁴
condulus 74³
condumnare 88²
condus 277²
praenest. conea 235¹ 382³
conexus 218³
confestim 501⁴
confit 531¹; dazu confore
 530⁴
conflug- 393³ 543¹
confragosus 341³
confugela 312²
conger 143¹ 152¹
congesticius 302¹
congiarium 298⁴
congius 152¹ 172³
congnatus 200¹
Congrio 365¹
congruus 395¹
con(i̯)icio -ere 82³ 128¹⁻⁴
coniectura 389³
coniugare 549⁴ 550² 564²
coniunx -ugis 115¹ 388³ 394¹
 533³; nomin. -nx 394¹
coniurati pl. akt. 613⁴
coniveo 166³ 188³ 218³; perf.
 conivit u. conixit 591²
conlata 'κολλητά' 213¹
conlega 194¹
conopium 78⁴
conquinisco -ere 534⁴ 536²
 538⁴

consacrare 79⁴
consanguineus 265³ 286⁴
conscius 395¹
conscrībillare 116¹ 551¹
consecrare 83³ 243²
consentaneus 287⁴
consentes plur. 346¹ 523³
conservus 388⁴ 389² 399⁴
Consevius 11¹
consilium 293² 294²
consimilis 400³
consiptum 91¹
consistorium 234⁴ 301²
consol 146¹
consortio 361³·⁴
conspicari 549⁴
conspirati pl. akt. 613⁴
consternare 549⁴
Consualia pl. 276³ 350⁴
consuetudo 368¹·²
consul 393³
consularis 351²
consulatus -ūs 355²
consultus (iuris) 614²
contagia pl. 294³
contaminare 208⁴ 371¹
contemnificus 396³ 397¹
contemno -ere 534³; perf.
 -mpsi 591³
contemporaneus 265³
contentus 613⁴ 615⁴
conterraneus 288¹
conticeo -ēre 538¹
conticescere 536³ 537⁴·⁴ 538²
conticinium 295²
contini perf. zu -tineo 587²
continuus 303²·³·⁴
contio 133⁴ 134² 226²
contiuncula 307¹
contra 110²
contrarius 299³
contrectare 593³
contro- 318¹ 483¹
contubernalis 87⁴ 388²
contubernium 265³ 293³
contumax 376²
contumelia 350³
contundere: perf. -tud- u.
 -tūd- 605⁴
conubium 115³ 116¹ 210¹
 294²
convaleo u. -esco perf. -ui
 536³ 537⁴
conventiculum 314¹
convertuit perf. 595¹
convicium 293³
conviva 280²

convivium 293²
convolvulus 311²
cōp- (co-op-) adj. 119¹ 397⁴
copa, copo 72⁴ 284¹
copia 119¹ 292¹
copula 119¹ 311²
coquina 151³
coquinare 551²
coquo -ere 29³ 47² 156⁴ 532²;
 perf. coxi 148³ 591² 593¹;
 ptc. coctus 615²
coquus 277¹
cor cordis 57³ 221³
coram 119²
praen. coraveron 61¹ 66⁴
corcot- 75² 101³
Corculum 217⁴ 280¹ 307¹
cordatus 333⁴
cordicitus 264²
cordolium 295² 391¹
coriandrum 459²
Corintheus 287¹
lok. Corinthi 426²
corium 295⁴
cornescere 555²
corneus 286²
cornic- 'cornicen' 235¹
Cornificius 289²
cornifrons 397³
Corniscas 340⁴ 421⁴
cornīx 377²
cornu 57³; nomin. -ū 441⁴;
 gen. -u 442²
cornucopia 399²
cornuficius 87³
cornus 57³
cornutus 261³·⁴ 334¹
corolla 21³ 306³
corollarium 298⁴
corona 163¹ 324¹
dat. Coronicei 104¹ 435²
corpulentus 336¹
corpus 57³
corpusculum 307²
correptus 'kurz' 613¹
corruptela 312²
cors -rtis 'cohors' 119² 174³;
 vgl. chors
Corsica 338⁴
corulum, -us 276²
corumbus 52³
coruptus ? 184³
corus 'caurus' 72³·⁴
cos cotis 34³ 275¹; vgl. cotes
cos. 112⁴ 145³
cosmis 6⁴ 10³ 205⁴
cosmittere 190¹ 205⁴ 209³

clanculum 309²
clandestinus 327⁴
clarigare 550³
clarimus 498³
clarus 315¹
classicum 337²
clatri 69³ 76¹ 160¹
claudicare 550³
claudigo -inis 369¹
Claudius 289²
claudo -ere 97²
claustritumus 318⁴
claustrum 197⁴ 313¹
clavis 76¹
clemens 373²
clepo -ere 140⁴
cleptare 552²
Clhoe 162¹
cliens 583¹
clienta 283⁴
clientela 312²
clinatus 562³
Clinia 454³
Clio 78³
clipeus 89⁴
clitellae 313¹
clivis adj. 268²
clivus 61² 276⁴
cloaca 99⁴ 340¹
Clodianus 325³
Clodius 72³,⁴ 73¹
clovaca, cluaca 99⁴
cludo -ere 73² 562²
clueo -ēre 553²
clunaculum 314¹
clunis 343¹
cluo -ere 543¹ 553²
clupeus 89⁴
Cn. 'Gnaeus' 10⁴
cnason- 76¹ 188³ 457²
pael. cnatois 59³ 428⁴
Cnossos 180³
co- 'com-' 226¹
coacla 'cloaca' 233²
coagulare 311²
coalescere 538¹; perf. coalui 594⁴
coaxare 547¹
coccineus 286² 321³
coccinus 321³
cochlea 287¹ 454¹
cocio 154³
coclacae 76¹ 455¹
Cocles 459¹
coda 'cauda' 72²,⁴
codiugi 'coiugi' 130³
κοδράντης, Codratus 50²

coelum 66³
coena, coenalia 66³
co-epi coepi, -ptus 67¹ 119² 536¹ 589⁴
coepio -ere 67¹ 117²
coera 65²
coeraveron 61¹ 65²
coetus 67¹
cogitare 548²
cognatus 218³
cognomen, -mentum 370⁴ 371¹
cognomines adj. pl. 371¹ 397⁴
cognosco -ere 218³; ptc. cognitus 616³
cogo -ere 119¹; perf. coegi, ptc. coactus 119² 121⁴; perf. coguit 595¹
cohibere 174⁴
cohors 165¹ 173² 345¹ 389⁴
co(i)icere 214³
coiiug- 214²
coiravere 61¹ 65¹,²
pael. coisatens 61¹ 514² 607¹
coiug- 214²
colis 'caulis' 72⁴
colitor 358⁴
collabascere 536² 537⁴
collactaneus 265³
collacteus 286⁴ 288²
collare ntr. 350⁴
collectaneus 288¹
collectivus 304²
collega 280³
collegium 293²
colliciae 148⁴
collis 213²
collum -us 180¹ 276¹
colo -ere 33³ 47²; perf. colui 594⁴ 595⁴; ptc. cultus, zu *quoltos s. 54* ⁴
colonus 323⁴
coloquinta 53²
color, colos 101¹ 379¹
colorius 290²
colpa 48³
colpus 'κόλαφος' 75²
columbar 350⁴
columbares pl. 155¹
columbus 266³ 285¹
columella 306¹
columen 370²
colurnus 97⁴ 232³ 321²
colyphium 76³
com 'cum' 137² 226¹
com- con- co- praeverb. 137² 192³ 226¹ 558² 559¹,²; in

Komposita vor Nomina 397⁴ 399⁴ 400³ 402³
comans 547² 583¹
comatorius 301²
combennones pl. 361³
comburere 119¹
comedo -ere 84¹ 226²
comes -itis 94³ 226² 275¹
comestus 529³
com-ire 226²
comis 205⁴
com(is) incommodus 382⁴
comissari 74⁴
comitatus -ūs 355³
comitium 292³
comitivus 304³
commeatus -ūs 354¹
commendaticius 301⁴
commentariensis 353¹
commentarius 298⁴ 299²
commentor -ari 548¹
commentus pass. 612³
commercium 295¹
commers 221³ 399⁴
commetare (-meitare) 119⁴
commilito -onis 361⁴
comminus 204⁴
commodo adv., commodum ntr., commodus adj. 402³
communicare 550⁴
communio 366¹ 367¹
communis 60¹ 397⁴
commurere 'comb-' 216¹
como -ere 119¹; perf. compsi 591⁴
comodo 'quo-' 137²
comoedia 69³
comoinem 14⁴ 60⁴
compages 344¹
companio -onis 361³ 398²
compar 282³
compara 400³
comparare 549⁴
comparativus 304²
comparilis 400³
compedes plur. 397⁴
compendium 294³
comperco -ere 535⁴
comperio perf. comperi 587²
compesco -ere 535⁴
complures 400³, gen. -ium 438¹
compluries 494²
complusculi 309¹
compos -otis 94³ 392³ 394¹
compromesise 64¹ 181¹
comůoůise 139² 194² 563²

cosol 48⁴ 141² 146¹; abl. *-ed* 436¹
cossim 501⁴
cotes plur. 72⁴
cotoneum 50⁴ 51³
cottidie 137² 183¹ 270⁴ 271¹ 426⁴
coturnix 116¹ 322³ 377²
couraverunt 66⁴
coventionid 146¹ 436²
coxa 148² 79*·³
coxendix 377²
coxim 501⁴
coxo 361²
Cozeulodorieso 11¹
Cozmus 114⁴ 205²
cozus 'coniux' 130³ 214³
fal. *cra* 7¹ 227³ 28*·⁴
crabro 206⁴
cracli 154¹ 232³
crapula 69¹ 74³ 85³
Crassupes 88¹ 390² 397²
crassus 182⁴ 183²
crastinus 321⁴
crater 75³
cratera 455¹
crates -is 59³ 345²
craticius 301⁴
creare 106²
crebro- 314⁴
credo -ere 168³ 527³ 565³ 23*¹
credulus 311¹·³
creduam, -duim 528³
Creisita 76² 455²
cremia plur. 294⁴
crepare 544¹; perf. *crepui* 594⁴
creperus 188³ 278¹
crepida 76⁴
crepīdo 76⁴ 363³
crepitare 547⁴ 72*·²
crepundia plur. 331³
crepusculum 188³ 308² 378²
crescere 21³ 535⁴; perf. *crevi* 594²; ptc. *con-cretus;* ptc. fut. *Cresciturus* 617²
creterra 76¹ 455¹
Crh- 'Χρ-' 161⁴
cribrum 312⁴ 314³
crimen 370²
crinitus 261³ 333⁴
Crisida 160³ 455²
Crisita 76²
crocota 334²
Crocotium 296² 309³
cruciare 546⁴
cruciarius 299⁴

crucius 268² 546⁴
crudivus 304²
crudus 231³ 330¹
cruentus 360²
cruor 147¹ 380¹
crupta 52³
Cruscellio 365²
Crusipus 75³ 160³
fal. *cuando* 6¹ 10⁴ 150²
cubare cubitum 544; perf. *cubui* zu *cubare* u. *-cumbere* 564⁴
cubiculum 313³
cubile 350²
cubitorius 300⁴
cubitum ire 354³
cubuclarius 86¹
cubuclum 103²
cubus 52⁴
cucumis 382²
cucurbitivus 304³
cu-i 'cui' 478³·⁴
cuias -atis 98⁴ 345⁴; vgl. *quoiatis*
cuimodi, cuicuimodi 479⁴
cuius gen. 137² 477²·⁴ 478¹; zu gen. pl. *cuium* s. 481³; vgl. *quoius*
cuius -a -um adj. poss. 477¹·⁴ 481²·³; vgl. *quoius -a -um* gen. *Culcidis* 48³
culigna 52⁴ 199⁴
culmen 370²
culmus 319⁴
culter 313¹
cultura 315²
cum praepos. 94³ 137² 226¹ 241²
cum konj. 'als' 94³ 137² 481¹
Cumae 75³
Cumanus 324²
cumatium 75³
cumba 52⁴ 53²
-cumbere 533³
cumerus 98³
-cumque 474⁴ 475¹
cunabula pl. 314³
cunae 320²
fal. *cuncaptum* 84³
cunctari 96² 217³ 547³
cuncti pl. 48⁴ 96² 217³
cunila 74⁴
cunnus 320²
cuntellum 215¹ 231³
cupa 76²
fal. *cupat* 513⁴
cupido 367³

cupidus 329³
Cupiennius 201¹ 289²
cupio -ere 568³; perf. *cupivi* 594²·³; ptc. *cupitus* 617²; infin. *cupire* 568²
cuppedo 367³
cuppes adj. 182⁴ 372²
cupressus 32*²
dial. *cupro-* 315²·³
cupr(i)um 52⁴ 130²
cur 55² 111² 137² 484²
cura 61¹ 178¹
curagente abl. 565³
curare 539² 540³ 545² 546²
curculio 231³ 382²
curia 134² 226² 291⁴
curiatim 501³
curio 361²
curionus 266⁴
curiosus 341³
curriculum 313⁴
curro -ere 57⁴; perf. *cecurri, cucurri* 586⁴ 587³
currus -ūs 355⁴; gen. pl. *currum* 443³
cursim 501²
cursrix 197⁴
curulis 184² 350²
curvor 379³
curvus 48² 57⁴
custodela 312³
custodia 292²
custodire 556¹⁻³
custor 358⁴
custos 168²
cuticula 306⁴
cygnus 53² 199⁴
cyma -ae 76² 454⁴

da, dabam, dabo s. *do dare*
dacrima, -uma 155⁴ 319⁴
Dafine 75² 104²
Dafne 162²
dagnades pl. 199⁴
damnas esto 346¹
dampnare 214¹
Danae -enis 459⁴
Danahe 174³
Danai, gen. pl. *-um* 428³
danista 21² 63⁴ 78²
danunt 'dant' 514³·³
dapaticus 339³
dapinare 74³ 82³
dapsilis 74³ 458¹
dare s. *do dare*
Dares, akk. *-en* u. *-eta* 460²
dativus 304²

dator 358⁴ (359¹)
Daunus 167³
dautia pl. 155³
Davos 49² 138³
de- praeverb. u. praefix.
 118⁴ 119¹ 398¹ 400³ 558²
 559². ³
dea 283⁴; dat. pl. -abus 422¹
Deana 53⁴
deartuare 564²
debeo -ēre 118⁴ 174³
debilis adj. 158² 398¹;
 nomin. debil 449³
debilitare 549¹
gall. decametos 492¹ 493¹
decem 58³ 148² 487¹
decemprimus, decemvir 266⁴
decentia 291⁴
decernere: perf. decrevi 534³;
 fut. ex. decrero 599²
decet, deceo 553³
decimus 493¹
Decius 493²
decor 379⁴
decorus 278³
decretum ntr. 614²
Decumates pl. 345⁴
decures pl. 489¹
decuria 292¹ 489¹
decurio 361²
decurionus 266⁴
decus -oris 378¹ 379⁴
decussis 489²
deda 515³
dedecus 389¹ 399⁴
dediticius 301⁴
dedron dedrot 'dederunt' 97³
 221². ³ 608¹
defendere 166³ 533⁴; perf.
 defendi 602⁴ 603¹
defenstrix 197⁴
defetiscor -i 536¹; ptc. de-
 fessus 83⁴ 536¹
definitivus 304²
defit (fio) 530⁴
defrudare 91²
defūnctus 113¹
defuntus 217³
degener 268³
degenerare 564¹
dego -ere 118⁴
degunere 80⁴ 206¹ 534³
de- -hortatur 562³
deicerent (ei) 33¹ 44⁴ 60⁴ 63¹
de(i)icio -ere 128¹ 129¹
deierare 546⁴
dein 93¹

deina u. dinai 'divin-' 138³
deinceps adv. 118⁴ 270¹ 394²;
 adj. akk. -ipem 270¹ 394²
deinde 106² 118⁴ 239⁴ 270³
 482⁴
de-intus 270³
deivinais 63³
deivos 'deus' 6¹ 7¹ 60⁴
delectare 81² 148⁴ 548²
delenificus 396⁴
deleo -ēre, ptc. deletus 617³
deletilis 348²
delībrare 564²
delibutus 543²
delicia (zu liquēre) 148⁴
deliciae 148⁴ 292³ 394¹
delictum ntr. 614²
delicuit pf. zu deliquescere
 138⁴
delinire '-lēn-' 54³
deliquium 294³
delirare 564¹
delirium 294¹
delirus 64³ 294¹ 402³
delitescere 537⁴. ⁴
delphinus 457¹
delubro- adj. 89⁴
delubrum 314³
-dem Identitätspartikel
 467³. ⁴
Demipho 82⁴
demo -ere 118⁴ 212²; perf.
 dempsi 591⁴ 603³ 605⁴;
 ptc. demptus 113³
demonstrativus 304²
demum adv., -us adj. 317². ⁴
denarius 299³ 300¹ 495²
deni 'je 10' 495¹
denique 240³ 320³
dens -ntis 343² 529²
denseo -ēre 554²
densus 58⁴ 276³ 356²
Dentatus 333⁴
dentifricium 295¹
Dentio 361²
dentionem akk. zu dentitio
 234³
dentio -ire 556³
denuo 135¹. ⁴ 241³
deorsum 48¹ 106² 119¹ 137³
deosum 211²
depetigo 271² 369¹
depilis 346⁴ 398¹
depossio 154³
depso -ere 552³
depultus (zu depello) 548¹
depuvio -ire 88¹ 135² 136¹

-dere in Komposita (con-
 dere) 527³ 563¹
descendere: perf. -scendi
 603¹; -scendidi 587³
deses -idis 292³ 393²
desiderare 381²
desiderium 293⁴ 389⁴
desidia 292³ 394¹
desidiabulum 314³
desino -ere 534³; perf. desii
 600⁴; desinui 595¹
despumare 564²
desse 'de-esse' 118⁴
destina 268⁴
destinare 534⁴
desuluerunt (desilio) 85³
deterior 316⁴; deterrimus
 498² 68*⁴
detrimentum 370³
deunx 489³
deus 64⁴ 106²; gen. pl. deum
 428². ³; vgl. divus
devas gen. sing. 63⁴; vgl.
 419²
deversorium 301¹
devirginare 564¹
devorsorius 300⁴
devotus 613²
dextans 489³
dexterior, dextimus 317³ 499²
dextro- 95³ 97³ 148² 203⁴
 318¹; abl. pl. fem. -abus
 422³.³
dextrorsum 317³
dī- s. dis-
dia adj. 136⁴
 akk. diademam 454⁴
Dialis 350⁴ 357⁴
Diana 106¹ 116¹ 325² 358¹
Diano 'Iano' 126²
diarium 298⁴
dibus 'deis' 452⁴
dic imper. s. dico
dicaculus 305⁴
dicare 549⁴
dicio 365²
dicis (gen.) 274³
dico -ere 33¹ 44³ 60⁴ 148²;
 imper. dic, dice 93¹.³; fut.
 dicae (?) 577³, dicebo 578³;
 perf. dixi 591¹ 592⁴
 593¹. ²,⁴; 2. sg. dixti usw.
 598¹.²; ptc. dictus 615¹.
 Vgl. dixo dixim
dictare 547⁴ 548² 549²
 abl. dictatored 436¹
dictatura 315⁴

Wörterverzeichnis

cosol 48⁴ 141² 146¹; abl. -ed 436¹
cossim 501⁴
cotes plur. 72⁴
cotoneum 50⁴ 51³
cottidie 137² 183¹ 270⁴ 271¹ 426⁴
coturnix 116¹ 322³ 377²
couraverunt 66⁴
coventionid 146¹ 436²
coxa 148² 79*³
coxendix 377²
coxim 501⁴
coxo 361²
Cozeulodorieso 11¹
Cozmus 11⁴ 205²
cozus 'coniux' 130³ 214³
fal. cra 7¹ 227³ 28*⁴
crabro 206⁴
cracli 154¹ 232³
crapula 69¹ 74³ 85³
Crassupes 88¹ 390² 397²
crassus 182⁴ 183²
crastinus 321⁴
crater 75³
cratera 455¹
crates -is 59³ 345²
craticius 301⁴
creare 106²
crebro- 314⁴
credo -ere 168³ 527³ 565³ 23*¹
credulus 311¹·³
creduam, -duim 528³
Creisita 76² 455²
cremia plur. 294⁴
crepare 544¹; perf. crepui 594⁴
creperus 188³ 278¹
crepida 76⁴
crepīdo 76⁴ 363³
crepitare 547⁴ 72*²
crepundia plur. 331³
crepusculum 188³ 308² 378²
crescere 21³ 535⁴; perf. crevi 594²; ptc. con-cretus; ptc. fut. Cresciturus 617²
creterra 76¹ 455¹
Crh- 'Χρ-' 161⁴
cribrum 312⁴ 314³
crimen 370²
crinitus 261³ 333⁴
Crisida 160³ 455²
Crisita 76²
crocota 334²
Crocotium 296² 309³
cruciare 546⁴
cruciarius 299⁴

crucius 268² 546⁴
crudivus 304²
crudus 231³ 330¹
cruentus 360²
cruor 147¹ 380¹
crupta 52³
Cruscellio 365²
Crusipus 75³ 160³
fal. cuando 6¹ 10⁴ 150²
cubare cubitum 544; perf. cubui zu cubare u. -cumbere 564⁴
cubiculum 313³
cubile 350²
cubitorius 300⁴
cubitum ire 354³
cubuclarius 86¹
cubuclum 103²
cubus 52⁴
cucumis 382²
cucurbitivus 304³
cu-i 'cui' 478³·⁴
cuias -atis 98⁴ 345⁴; vgl. quoiatis
cuimodi, cuicuimodi 479⁴
cuius gen. 137² 477²·⁴ 478¹; zu gen. pl. cuium s. 481³; vgl. quoius
cuius -a -um adj. poss. 477¹·⁴ 481²·³; vgl. quoius -a -um gen. Culcidis 48³
culigna 52⁴ 199⁴
culmen 370²
culmus 319⁴
culter 313¹
cultura 315²
cum praepos. 94³ 137² 226¹ 241²
cum konj. 'als' 94³ 137² 481¹
Cumae 75³
Cumanus 324²
cumatium 75³
cumba 52⁴ 53²
-cumbere 533³
cumerus 98³
-cumque 474⁴ 475¹
cunabula pl. 314³
cunae 320²
fal. cuncaptum 84³
cunctari 96² 217³ 547³
cuncti pl. 48⁴ 96² 217³
cunila 74⁴
cunnus 320²
cuntellum 215¹ 231³
cupa 76²
fal. cupat 513⁴
cupido 367³

cupidus 329³
Cupiennius 201¹ 289²
cupio -ere 568³; perf. cupivi 594²·³; ptc. cupitus 617²; infin. cupire 568²
cuppedo 367³
cuppes adj. 182⁴ 372²
cupressus 32*²
dial. cupro- 315²·³
cupr(i)um 52⁴ 130²
cur 55² 111² 137² 484²
cura 61¹ 178¹
curagente abl. 565³
curare 539² 540³ 545² 546²
curculio 231³ 382²
curia 134² 226² 291⁴
curiatim 501³
curio 361²
curionus 266⁴
curiosus 341³
curriculum 313⁴
curro -ere 57⁴; perf. cecurri, cucurri 586⁴ 587³
currus -ūs 355⁴; gen. pl. currum 443³
cursim 501²
cursrix 197⁴
curulis 184² 350²
curvor 379³
curvus 48² 57⁴
custodela 312³
custodia 292²
custodire 556¹⁻³
custor 358⁴
custos 168²
cuticula 306⁴
cygnus 53² 199⁴
cyma -ae 76² 454⁴

da, dabam, dabo s. do dare
dacrima, -uma 155⁴ 319⁴
Dafine 75² 104²
Dafne 162²
dagnades pl. 199⁴
damnas esto 346¹
dampnare 214¹
Danae -enis 459⁴
Danahe 174³
Danai, gen. pl. -um 428³
danista 21² 63⁴ 78²
danunt 'dant' 514³·³
dapaticus 339³
dapinare 74³ 82³
dapsilis 74³ 458¹
dare s. do dare
Dares, akk. -en u. -eta 460²
dativus 304²

41*

dator 358⁴ (359¹)
Daunus 167³
dautia pl. 155³
Davos 49² 138³
de- praeverb. u. praefix.
  118⁴ 119¹ 398¹ 400³ 558²
  559². ³
dea 283⁴; dat. pl. -abus 422¹
Deana 53⁴
deartuare 564²
debeo -ēre 118⁴ 174³
debilis adj. 158² 398¹;
  nomin. debil 449³
debilitare 549¹
gall. decametos 492¹ 493¹
decem 58³ 148² 487¹
decemprimus, decemvir 266⁴
decentia 291⁴
decernere: perf. decrevi 534³;
  fut. ex. decrero 599²
decet, deceo 553³
decimus 493¹
Decius 493²
decor 379⁴
decorus 278³
decretum ntr. 614²
Decumates pl. 345⁴
decures pl. 489¹
decuria 292¹ 489¹
decurio 361²
decurionus 266⁴
decus -oris 378¹ 379⁴
decussis 489²
deda 515³
dedecus 389¹ 399⁴
dediticius 301⁴
dedron dedrot 'dederunt' 97³
  221². ³ 608¹
defendere 166³ 533⁴; perf.
  defendi 602⁴ 603¹
defenstrix 197⁴
defetiscor -i 536¹; ptc. defessus 83⁴ 536¹
definitivus 304²
defit (fio) 530⁴
defrudare 91²
defúnctus 113¹
defuntus 217³
degener 268³
degenerare 564¹
dego -ere 118⁴
degunere 80⁴ 206¹ 534³
de- -hortatur 562³
deicerent (ei) 33¹ 44⁴ 60⁴ 63¹
de(i)icio -ere 128¹ 129¹
deierare 546⁴
dein 93¹

deina u. dinai 'divin-' 138³
deinceps adv. 118⁴ 270¹ 394²;
  adj. akk. -ipem 270¹ 394²
deinde 106² 118⁴ 239⁴ 270³
  482⁴
de-intus 270³
deivinais 63³
deivos 'deus' 6¹ 7¹ 60⁴
delectare 81² 148⁴ 548²
delenificus 396⁴
deleo -ēre, ptc. deletus 617³
deletilis 348²
delībrare 564²
delibutus 543²
delicia (zu liquēre) 148⁴
deliciae 148⁴ 292³ 394¹
delictum ntr. 614²
delicuit pf. zu deliquescere
  138⁴
delinire '-lēn-' 54³
deliquium 294³
delirare 564¹
delirium 294¹
delirus 64³ 294¹ 402³
delitescere 537⁴. ⁴
delphinus 457¹
delubro- adj. 89⁴
delubrum 314³
-dem Identitätspartikel
  467³. ⁴
Demipho 82⁴
demo -ere 118⁴ 212²; perf.
  dempsi 591⁴ 603³ 605⁴;
  ptc. demptus 113³
demonstrativus 304²
demum adv., -us adj. 317². ⁴
denarius 299³ 300¹ 495²
deni 'je 10' 495¹
denique 240³ 320³
dens -ntis 343² 529²
denseo -ēre 554²
densus 58⁴ 276³ 356²
Dentatus 333⁴
dentifricium 295¹
Dentio 361²
dentionem akk. zu dentitio
  234³
dentio -ire 556³
denuo 135¹. ⁴ 241³
deorsum 48¹ 106² 119¹ 137³
deosum 211²
depetigo 271² 369¹
depilis 346⁴ 398¹
depossio 154³
depso -ere 552³
depultus (zu depello) 548¹
depuvio -ire 88¹ 135² 136¹

-dere in Komposita (condere) 527³ 563¹
descendere: perf. -scendi
  603¹; -scendidi 587³
deses -idis 292³ 393²
desiderare 381²
desiderium 293⁴ 389⁴
desidia 292³ 394¹
desidiabulum 314³
desino -ere 534³; perf. desii
  600⁴; desinui 595¹
despumare 564²
desse 'de-esse' 118⁴
destina 268⁴
destinare 534⁴
desuluerunt (desilio) 85³
deterior 316⁴; deterrimus
  498² 68*⁴
detrimentum 370³
deunx 489³
deus 64⁴ 106²; gen. pl. deum
  428². ³; vgl. divus
devas gen. sing. 63⁴; vgl.
  419²
deversorium 301¹
devirginare 564¹
devorsorius 300⁴
devotus 613²
dextans 489³
dexterior, dextimus 317³ 499²
dextro- 95³ 97³ 148² 203⁴
  318¹; abl. pl. fem. -abus
  422³. ³
dextrorsum 317³
dī- s. dis-
dia adj. 136⁴
  akk. diademam 454⁴
Dialis 350⁴ 357⁴
Diana 106¹ 116¹ 325² 358¹
Diano 'Iano' 126²
diarium 298⁴
dibus 'deis' 452⁴
dic imper. s. dico
dicaculus 305⁴
dicare 549⁴
dicio 365²
dicis (gen.) 274³
dico -ere 33¹ 44³ 60⁴ 148²;
  imper. dic, dice 93¹.³; fut.
  dicae (?) 577³, dicebo 578³;
  perf. dixi 591¹ 592⁴
  593¹. ². ⁴; 2. sg. dixti usw.
  598¹.²; ptc. dictus 615¹.
  Vgl. dixo dixim
dictare 547⁴ 548² 549²
  abl. dictatored 436¹
dictatura 315⁴

dicteria plur. 21²
dictu supin. 355¹
Dido -onis 457⁴
diecula 307²
Dieniensis 54²
dies 125²; Flexion 356–357, 444–447; gen. *dies* 447³
Diespiter 357³·⁴ 447³·⁴
differitas 116⁴ 374² 70*²
difficilis 400³
digero -ere 205³
digitus 232²
dignitossus 341³ 342¹
dignus 45² 199⁴ 320² 611⁴
diligenter adv. 500¹
diligo -ere, dilexi 591⁴
dilucidus 389⁴
dimidiatus 82⁴
dimidius 268¹ 392¹ 400³
dingua 155³
dino- 'divino-' 136³
diocisis 77³
diota 455³
Diov- 49² 126²; vgl. *Iuppiter*
dipthongus 161³
dirhibeo 173² 174¹
dirimo -ere 51²
dirrumpere 207¹
dis adj. *'dives'*: nomin. *dis, ditis, dite* mit *ditia* 449²
Dis Ditis, vok. *Dite* 449²
dis- dī- Praeverb 125⁴ (*dwis-*); 132¹ 192² 204⁴ 397⁴ 400³ 558⁴ 559¹
discessus akt. 613²
discidit perf. zu *dis-scindo* 588⁴
discidium 294¹·²
disciplina 98² 328¹
discipulus 311²
disco -ere 31² 203² 535⁴; perf. *didici* 587³ 588¹
discolor 397⁴
discolorius 290²
discors 397⁴
discrimen 370²
disertim 501⁴
disertus 179² 614¹
disparilis 400³
dispendium 294³
dispennite 201²
displicina 233³
dissipare 87³
disque -sipatis 562⁴
dissimilis 400³
dissolŭo 133²
dissulcus 389²

dissupare 87³ 549⁴
disque -tulissent 271² 562⁴
dit- für *divit-* (in *ditiae ditior* usw.) 120¹ 136³; vgl. *dis* adj.
ditare 546⁴
diu 'lange' 357⁴ 358¹
diu 'bei Tage' 357⁴ 412²; dazu *sub diu* 357⁴ 358²
Diuei dat. 135³, zu *Iuppiter* 357⁴
dium fulgur 357⁴ 358²
diurnus 322¹·²
dius adj. 136⁴ 357⁴
Dius 'Iuppiter' 357⁴
diutinus 321⁴
diutius adv. 322²
Diuturna 'Iu-' 126²
diuturnus 109³ 322¹
diverbium 295⁴
divertium 48²
dives -itis 373¹ 438¹; vgl. *dis* adj. und *dit-*
divido -ere 527³ 557⁴
divinitus 500⁴
divinor -ari 546¹
divinus adj. 54¹ 136⁴ 326²; vgl. *deivinais, deina*
divinus subst. 'Wahrsager' 268³ 327³
divitiae 136⁴ 291³
divortium 48¹ 297³
divus (vgl. *deus*) 60⁴ 154⁴ 423²; plur. *di dis* 46¹ 136³ 138¹; gen. *deum, divom* 49² 428²
fut. *dixo*, konj. *dixim* 621³ 622²·⁴
do dedi datum dare 34³ 527¹ bis 528⁴ 540²·³; *-dere -didi -ditum* (*con-* usw.) 167⁴ 527³; *dabam dabo* 577⁴; perf. *dedi* 586¹ 587³ 588³ 597², *-imus* 588³ 607⁴; 3. pl. *dedron dedrot*; konj. *dederītis* 610¹. Vgl. auch *duim*
doceo -ēre 541¹; perf. *docui* 594⁴; ptc. *doctus* 96² 541³
docilis 347⁴
doctrina 328¹
documentum 87³ 370³
dodrans 489³·³
Dolabella 280¹ 314⁴
dolabra 314⁴
dolentia 291⁴
dolet, doleo 553³

doleunt 3. plur. 545¹
dolitus ptc. zu *dolare* 617²
dolium 'dolor' 294⁴
dolor 379³; fem. 380¹
dolus 'dolor' (s. Löfstedt, Komm. 192)
domare/-itare 544¹ 547⁴
domare -ui -itum 540³; ptc. *domitus* 616⁴
domesticus 339²·⁴
domi lok. 412¹ 413³ 420² 426²
domicilium 293³
domicurius 291¹
domina 283⁴; *-abus* 422²
dominaedius 399²
dominari 546¹
dominicus 338²
dominium 293⁴
dominus 320³
domitare 547⁴
Domitius 289²
domitor 358⁴
domnus, -a 96³
domuitio 224²
domuncula 308¹
domus -ūs fem. 48⁴ 276⁴; gen. *-os* 442¹; vgl. lok. *domi*
domuscula 307²
domusio 399¹ 565⁴
donare 53⁴ 546²
donasto venet. 592² 593⁴ 602¹ 31*²
donaticus 339¹
donec 93⁴ 224²
donicum 224² 270⁴ 320³
donum 34³ 53⁴ 320¹·⁴ 360¹
dormitare 547⁴ 548¹
dormitorium 301¹
dorsum 211²
dos dotis 275¹
dossuarius 299²
dossum 211²
Dossuo 211² 299² 361²
dotare 267³ 547¹
doviad fal. 514¹ 528²·³
drachma, gen. pl. *-um* 421¹
draco 184¹ 457²
dracuma 75² 103¹ 156³
dragma 199³
Drance vok. 444⁴
drapeta 75³
druppa 52⁴ 75² 96¹ 156³ 454¹
Drusilla 284⁴ 306²
dubat, dubitare 548⁴
dubius 278¹
duceni pl. 495¹

ducenti, ntr. *-um* 491²
duco -ere 33¹ 61³; imper. *duc* 93¹; perf. vgl. *dédúxi* 593⁴; ptc. *ductus* 615¹
ductitare 548³
ductu supin. 355²
duellicus 337²
duellum 131⁴ 132²
Duelonai 14³ 131⁴
Duenos 6⁴ 9² 131⁴ 410⁴
dui- s. *dui-* und *bi-*
Duilius 7² 9² 131⁴
duim (zu *dare*) 528²
duis 9²; s. *dvis*, *bis*
dulcamarus 400²
dulcedo 367³
dulcis 101³
dulcium 452¹
dulcoreloquus 270⁴ 271¹ 385¹
-dum enklit. Partikel 242¹
dumecta plur. 335¹
dumetum 205⁴ 335².³
dumtaxat 552².³
dumus 205⁴
dumvir 120²
duo 109² 110².³ 485². ³; Flexion 485³–486¹; dat. *duobus duabus* 416¹·¹
duodecim 403³ 487²
duomvir 266⁴ 436⁴; plur. nom. *-res* 49²
duonus 131⁴; *duonoro* 428¹
duplio 366¹
duplus 488¹
dupondium, *-us* 488¹ 489²
dupundi 82¹ 101²
durabilis 349³
duracinus 397³
durco -onis 29¹ 48³ 74⁴
dureta 66³
dusmo (abl.) 205⁴ 319⁴
dux 33¹ 274⁴
Dvenos s. *Duenos*
dvidens 131³
dvis 'bis' 131³ 132¹ 494¹
dze noine 6⁴ 11¹

e praepos. s. *ex*
eā, *ead* adv. 483²
easte 470⁴ 471¹
ebria 292¹
ebriacus 338⁴ 340¹
ebriosus 341⁴
eburneus 286² 287²
eburnus 321¹
ecastor 242¹
ecce 468³

ec-ficio usw. 210³
eco 'ego' 10⁴ (fal. *eko* 7² 412³); vgl. *eqo* 10³
eculeus 287²
edentare 564²
edentulus 308³ 398¹ 564²
edictum 614²
edo, edere u. *esse* 56² 154⁴ 528⁴–530¹; konj. *edim* 573¹ 574²; perf. *edi* 530¹ 590¹·², *edidi* 587³; ptc. *esus*, infin. *esse*, 3. sing. *est* 530²⁻⁴
edo -onis 362¹
educare 549⁴
edulis 205³ 350²
fut. *eduximus* (zu *educere*) 622³
efferus 268¹ 388⁴ 400³
effervere 544²
efficax 376¹ 389⁴
effieri 531¹
effigia 285³
effigies 165⁴ 285².³ 533³
egelidus 400⁴
egenus 321²
egestas 374³
Eglectus 199²
ego pron. 1. sing. 461³–463³; ferner *ego* 44² 109² 110².³ (vgl. *eco*, *eo*); *me med* 6³·⁴ 229¹; *mehe* 174²; dat. *mihi* 46³ 109² (vgl. *mi*, *michi*, *mici*, *migi*); gen. *mei* 464³ 465¹
egomet 264² 461² 464²
egregius 290⁴ 402⁴
egretus 616³
ei (interj.) 63⁴
eia (interj.) 78²
eierare 546⁴
eiius 13³ 22² 127²; vgl. *is*
Eilluricus 21²
eira 'ira' u. 'era' 63⁴ 64¹
eiulare 551¹
electilis 348²
elegans 550¹
elephantus 457¹
elicio: perf. *elicui* u. ptc. *-itus* 592¹ 595¹ 617¹
eliminare 564¹
elix pl. *elices* 393⁴
elogium 70*³
eluacrus 314¹
elucubrare 314⁴
eluo -ere 135¹
em 'eum' 467¹
em Partikel, aus * *eme* 93¹

emax 376¹
emem 'eundem' 467³
emicui perf. (zu *-are*) 594⁴
eminulus 311²
eminus 204⁴
emo -ere ('*nehme' 563¹, 'kaufe' 68*¹; perf. *emi* 590¹·² 591⁴ 607¹⁻³; ptc. *emptus* 113³ (*é*), 215³ (*mpt*); vgl. *em*
emolumentum 371¹
emortualis 351¹
Emporiae 279³
empos 45⁴
empticius 264³ 301⁴
emptitare 548³
emungere 533⁴
en 'in' 45⁴
ēn 'estne' 93² 209⁴
endo 6⁴ 45⁴ 332¹ 561³; vgl. *indu*
enectus ptc. 544¹ 612⁴
enim 94³
enitēre 538¹
enitiom 46¹
Ennius 182⁴
enormis 204⁴ 346⁴
enos 8¹ 463⁴
ens (ptc. zu *esse*) 523³
ensis 58⁴
eo is it, ire Flexion 521¹⁻⁴; ferner 33¹ 37⁴; 3. pl. *int* 514³; *ibam ibo* 577⁴ 578¹; perf. *ii* u. *ivi* 600¹·³; 3. sg. *-īt* in Komposita, vgl. *redieit, venieit* 600³, *pereit* 601²; 2. sg. *interieisti* u. infin. *adiese* 600³ 607²
eo 'ego' 153¹
eo- Stamm zu *eum eam* 467¹·²; s. *is*
eorunt 'eorum' 221⁴
eous 278⁴
ephoebus 66³, *ephybus* 76³
epilenticus 216⁴
epistula 86⁴ 87¹
epolonos 266⁴
Epona 148³ 151²
epotus 204⁴
epulae 279³
epulari 546³
epulo -onis 361⁴
equa 283⁴
eques -itis 372³·⁴
equestris 351⁴ 352¹ 432²
equidem 110⁴ 461²
equifer 399³

Wörterverzeichnis

dicteria plur. 21²
dictu supin. 355¹
Dido -onis 457⁴
diecula 307²
Dieniensis 54²
dies 125²; Flexion 356–357, 444–447; gen. *dies* 447³
Diespiter 357³· ⁴ 447³·⁴
differitas 116⁴ 374² 70*²
difficilis 400³
digero -ere 205³
digitus 232²
dignitossus 341³ 342¹
dignus 45² 199⁴ 320² 611⁴
diligenter adv. 500¹
diligo -ere, dilexi 591⁴
dilucidus 389⁴
dimidiatus 82⁴
dimidius 268¹ 392¹ 400³
dingua 155³
dino- 'divino-' 136³
diocisis 77³
diota 455³
Diov- 49² 126²; vgl. *Iuppiter*
dipthongus 161³
dirhibeo 173² 174¹
dirimo -ere 51²
dirrumpere 207¹
dis adj. *'dives'*: nomin. *dis, ditis, dite* mit *ditia* 449²
Dis Ditis, vok. *Dite* 449²
dis- dī- Praeverb 125⁴ (**dwis-*); 132¹ 192² 204⁴ 397⁴ 400³ 558⁴ 559¹
discessus akt. 613²
discidit perf. zu *dis-scindo* 588⁴
discidium 294¹·²
disciplina 98² 328¹
discipulus 311²
disco -ere 31² 203² 535⁴; perf. *didici* 587³ 588¹
discolor 397⁴
discolorius 290²
discors 397⁴
discrimen 370²
disertim 501⁴
disertus 179² 614¹
disparilis 400³
dispendium 294³
dispennite 201²
displicina 233³
dissipare 87³
disque -sipatis 562⁴
dissimilis 400³
dissolŭo 133²
dissulcus 389²

dissupare 87³ 549⁴
disque -tulissent 271² 562⁴
dit- für *divit-* (in *ditiae ditior* usw.) 120¹ 136³; vgl. *dis* adj.
ditare 546⁴
diu 'lange' 357⁴ 358¹
diu 'bei Tage' 357⁴ 412²; dazu *sub diu* 357⁴ 358²
Diuei dat. 135³, zu *Iuppiter* 357⁴
dium fulgur 357⁴ 358²
diurnus 322¹·²
dius adj. 136⁴ 357⁴
Dius 'Iuppiter' 357⁴
diutinus 321⁴
diutius adv. 322²
Diuturna 'Iu-' 126²
diuturnus 109³ 322¹
diverbium 295⁴
divertium 48²
dives -itis 373¹ 438¹; vgl. *dis* adj. und *dit-*
divido -ere 527³ 557⁴
divinitus 500⁴
divinor -ari 546¹
divinus adj. 54¹ 136⁴ 326²; vgl. *deivinais, deina*
divinus subst. 'Wahrsager' 268³ 327³
divitiae 136⁴ 291³
divortium 48¹ 297³
divus (vgl. *deus*) 60⁴ 154⁴ 423²; plur. *di dis* 46¹ 136³ 138¹; gen. *deum, divom* 49² 428²
fut. *dixo*, konj. *dixim* 621³ 622²·⁴
do dedi datum dare 34³ 527¹ bis 528⁴ 540²·³; *-dere -didi -ditum (con-* usw.) 167⁴ 527³; *dabam dabo* 577⁴; perf. *dedi* 586¹ 587³ 588³ 597², *-imus* 588³ 607⁴; 3. pl. *dedron dedrot*; konj. *dederītis* 610¹. Vgl. auch *duim*
doceo -ēre 541¹; perf. *docui* 594⁴; ptc. *doctus* 96² 541³
docilis 347⁴
doctrina 328¹
documentum 87³ 370³
dodrans 489³·³
Dolabella 280¹ 314⁴
dolabra 314⁴
dolentia 291⁴
dolet, doleo 553³

doleunt 3. plur. 545¹
dolitus ptc. zu *dolare* 617²
dolium 'dolor' 294⁴
dolor 379³; fem. 380¹
dolus 'dolor' (s. Löfstedt, Komm. 192)
domare/-itare 544¹ 547⁴
domare -ui -itum 540³; ptc. *domitus* 616⁴
domesticus 339²·⁴
domi lok. 412¹ 413³ 420² 426²
domicilium 293³
domicurius 291¹
domina 283⁴; *-abus* 422²
dominaedius 399²
dominari 546¹
dominicus 338²
dominium 293⁴
dominus 320³
domitare 547⁴
Domitius 289²
domitor 358⁴
domnus, -a 96³
domuitio 224²
domuncula 308¹
domus -ūs fem. 48⁴ 276⁴; gen. *-os* 442¹; vgl. lok. *domi*
domuscula 307²
domusio 399¹ 565⁴
donare 53⁴ 546²
donasto venet. 592² 593⁴ 602¹ 31*²
donaticus 339¹
donec 93⁴ 224²
donicum 224² 270⁴ 320³
donum 34³ 53⁴ 320¹·⁴ 360¹
dormitare 547⁴ 548¹
dormitorium 301¹
dorsum 211²
dos dotis 275¹
dossuarius 299²
dossum 211²
Dossuo 211² 299² 361²
dotare 267³ 547¹
doviad fal. 514¹ 528²·³
drachma, gen. pl. *-um* 421¹
draco 184¹ 457²
dracuma 75² 103¹ 156³
dragma 199³
Drance vok. 444⁴
drapeta 75³
druppa 52⁴ 75² 96¹ 156³ 454¹
Drusilla 284⁴ 306²
dubat, dubitare 548⁴
dubius 278¹
duceni pl. 495¹

ducenti, ntr. *-um* 491²
duco -ere 33¹ 61³; imper. *duc* 93¹; perf. vgl. *dédúxi* 593⁴; ptc. *ductus* 615¹
ductitare 548³
ductu supin. 355²
duellicus 337²
duellum 131⁴ 132²
Duelonai 14³ 131⁴
Duenos 6⁴ 9² 131⁴ 410⁴
dui- s. *dṿi-* und *bi-*
Duilius 7² 9² 131⁴
duim (zu *dare*) 528²
duis 9²; s. *dṿis, bis*
dulcamarus 400²
dulcedo 367³
dulcis 101³
dulcium 452¹
dulcoreloquus 270⁴ 271¹ 385¹
-dum enklit. Partikel 242¹
dumecta plur. 335¹
dumetum 205⁴ 335²·³
dumtaxat 552²·³
dumus 205⁴
dumvir 120²
duo 109² 110²·³ 485²·³; Flexion 485³–486¹; dat. *duobus duabus* 416¹·¹
duodecim 403³ 487²
duomvir 266⁴ 436⁴; plur. nom. *-res* 49²
duonus 131⁴; *duonoro* 428¹
duplio 366¹
duplus 488¹
dupondium, -us 488¹ 489²
dupundi 82¹ 101²
durabilis 349³
duracinus 397³
durco -onis 29¹ 48³ 74⁴
dureta 66³
dusmo (abl.) 205⁴ 319⁴
dux 33¹ 274⁴
Dṿenos s. *Duenos*
dṿidens 131³
dṿis 'bis' 131³ 132¹ 494¹
dze noine 6⁴ 11¹

e praepos. s. *ex*
eā, ead adv. 483²
easte 470⁴ 471¹
ebria 292¹
ebriacus 338⁴ 340¹
ebriosus 341⁴
eburneus 286² 287²
eburnus 321⁴
ecastor 242¹
ecce 468³

ec-ficio usw. 210³
eco 'ego' 10⁴ (fal. *eko* 7² 412³); vgl. *eqo* 10³
eculeus 287²
edentare 564²
edentulus 308³ 398¹ 564²
edictum 614²
edo, edere u. *esse* 56² 154⁴ 528⁴–530¹; konj. *edim* 573⁴ 574²; perf. *edi* 530¹ 590¹·², *edidi* 587³; ptc. *esus*, infin. *esse*, 3. sing. *est* 530²⁻⁴
edo -onis 362¹
educare 549⁴
edulis 205³ 350²
fut. *eduximus* (zu *educere*) 622³
efferus 268¹ 388⁴ 400³
effervere 544²
efficax 376¹ 389⁴
effieri 531¹
effigia 285³
effigies 165⁴ 285²·³ 533³
egelidus 400⁴
egenus 321²
egestas 374³
Eglectus 199²
ego pron. 1. sing. 461³–463³; ferner *ego* 44² 109² 110²·³ (vgl. *eco, eo*); me *med* 6³·⁴ 229¹; *mehe* 174⁴; dat. *mihi* 46³ 109² (vgl. *mi, michi, mici, migi*); gen. *mei* 464³ 465¹
egomet 264¹ 461² 464²
egregius 290⁴ 402⁴
egretus 616³
ei (interj.) 63⁴
eia (interj.) 78²
eierare 546⁴
eiius 13³ 22² 127²; vgl. *is*
Eilluricus 21²
eira 'ira u. *era'* 63⁴ 64¹
eiulare 551¹
electilis 348²
elegans 550¹
elephantus 457¹
elicio: perf. *elicui* u. ptc. *-itus* 592¹ 595¹ 617¹
eliminare 564¹
elix pl. *elices* 393⁴
elogium 70*³
eluacrus 314¹
elucubrare 314⁴
eluo -ere 135¹
em 'eum' 467¹
em Partikel, aus * *eme* 93¹

emax 376¹
emem 'eundem' 467³
emicui perf. (zu *-are*) 594⁴
eminulus 311²
eminus 204⁴
emo -ere ('*nehme*' 563¹, '*kaufe*' 68*¹; perf. *emi* 590¹·² 591⁴ 607¹⁻³; ptc. *emptus* 113³ (*é*), 215³ (*mpt*); vgl. *em*
emolumentum 371¹
emortualis 351¹
Emporiae 279³
empos 45⁴
empticius 264³ 301⁴
emptitare 548³
emungere 533⁴
en 'in' 45⁴
ēn 'estne' 93² 209⁴
endo 6⁴ 45⁴ 332¹ 561³; vgl. *indu*
enectus ptc. 544¹ 612⁴
enim 94³
enitēre 538¹
enitiom 46¹
Ennius 182⁴
enormis 204⁴ 346⁴
enos 8¹ 463⁴
ens (ptc. zu *esse*) 523¹
ensis 58⁴
eo is it, ire Flexion 521¹⁻⁴; ferner 33¹ 37⁴; 3. pl. *int* 514³; *ibam ibo* 577⁴ 578¹; perf. *ii* u. *ivi* 600¹·³; 3. sg. *-īt* in Komposita, vgl. *redieit, venieit* 600³, *pereit* 601²; 2. sg. *interieisti* u. infin. *adiese* 600³ 607²
eo 'ego' 153¹
eo- Stamm zu *eum eam* 467¹·²; s. *is*
eorunt 'eorum' 221⁴
eous 278⁴
ephoebus 66³, *ephybus* 76³
epilenticus 216⁴
epistula 86⁴ 87¹
epolonos 266⁴
Epona 148³ 151²
epotus 204⁴
epulae 279³
epulari 546³
epulo -onis 361⁴
equa 283⁴
eques -itis 372³·⁴
equestris 351⁴ 352¹ 432²
equidem 110⁴ 461²
equifer 399³

equila 'Stute' 86³
equinus 326²
equiso 362¹
equitare 545⁴
equitatus -ūs 355³
equitium 296⁴
equos 148³
er 'Igel' 274¹
eradicare 564²
erceiscunda 21² 536² 538⁴;
  vgl. *hercisc-*
Erebus -i 456²
erĕmus 56³
ergastulum 231² 253⁴
ergó 238¹ 244¹
ericius 302¹
erilis 350²
erinaceus 287⁴
eritudo 367⁴
ero fut. zu *esse*: 515¹ 523¹ 573²
errabundus 332⁴
errare 180¹
erro -onis 361⁴
error 379³
erubesco -ui 537⁴
Erucina 52³
erudire 556⁴
erus 276³
ervum 150⁴ 276¹
es- 'sein' Flexion 522–523;
  prs. 34⁴ 40²; 2. sing. *es ess*
  220³ 515², Aphaerese *-u's*
  -ust 123²; imper. *esto sunto*
  571³ 572²; zu fut. *ero* 3. pl.
  erint 523¹
esa 'era' 178³
esca 341¹
escelsus 204²
escendere 203²
escit 'erit' 523² 535⁴
esculentus 336² 341¹
esitare 529³ 548³
espátha 243⁴
espiritus 104⁴
Esquiliae 291³
Esquilinus 203²
Esricatus 207¹
ess 'es' 522³; vgl. *es-*
essentia 264² 291⁴ 523³
essis 'es' 522³
perf. *estiti* 587³
Estricatus 204²
esum 'sum' 523¹
esuries 285²
esurigo 368⁴
esurio -onis 362¹

esurire 529³ 557¹
et 44² 92³
etiam 19¹ 126⁴
Etruscus 101³
Euander, -drus 456¹
Euclio 364⁴
euge 77⁴
Euhelpistus 175⁴
euhoe 77⁴ 175⁴
fal. *Euios* 47¹
euoe 77⁴
Eupropet- 390³
Euripides, gen. *-i* und *-is*
  444² 447²
evanescere 554²
evanidus 389⁴ 400⁴
konj. *evenat* (zu *evenire*)
  508¹ 574⁴ 575¹
eventum 613²
eviscerare 564²
evoe 77⁴
ex, ē 'aus, heraus'; praepos.
  u. praeverb. 388². ³. Laut-
  lich *ex- ē- es- ef-* usw. 192²
  193² 203⁴ 204⁴, dazu 558⁴
  559¹. Praeverb 557⁴ 568⁴
  563⁴–564². Vorderglied von
  Nominalkomposita 389¹
  398¹ 400⁴ 402⁴ 403³
exádversum 239⁴
exaestimare 562¹
examen 114⁴ 208⁴ 371¹
exanclare 153⁴
exanimalis 400⁴
exanimare 564²
exanimis, -us 389¹ 398³
excantassit 622¹
excellente ntr. 432⁴
excello, perf. *-ui* 595²
excelsus 613³
excidium 294¹
excipiabulum 314²
exdeic- 563²
execiae 148⁴
exemplum 45³ 213¹ 311⁴
exercitium 293⁴ 294²
exercitus -ūs 354¹
exferto imper. 210³ 229¹ 563²
exfociont 104⁴ 51¹
exfuti 616⁴
exhedra 175⁴
exheredare 389¹ 564¹
exheres 268¹ 388⁴
exiguus 303³
exilis 347¹ 398¹
exilium 293²
exim 93¹ 482⁴

eximius 290³
exinde 283³ 239⁴ 482⁴
existumare 91¹
exitiabilis 349³
exoletus 617³
exopinissent 552¹
exorabilis 349¹. ³
exorabulum 349¹
exorbitare 564¹
exordium 294¹
exos adj. 564²
exossare 563³ 564²
exoticus 339¹
expavi perf. 595⁴
expavidus 389⁴ 400⁴
expectara 104¹. ⁴ 204²
expectorare 563⁴
expeditus 613¹
expergiscor 97¹
experior -iri 556², ind. 2.
  sing. *-irus* 517⁴; ptc.
  expertus 556²
expers 392¹ 398¹
expetissere 555⁴
explendidus 104⁴ 204²
explodo -ere 72⁴
expraefectus 403³
exsanguis 398¹
*exsensus o-*Ädj. 398¹
exsequiae 292²
ex(s')isto -ere 192²
exstare 'stare' 105¹. ² 203⁴
exstinguo/-ngo 152²
exstirpare 564²
exstrad 15² 229¹ 265¹ 420¹
fut. *exsugebo* 578³
exta plur. 235³
extaris 233⁴ 350⁴
extemplo 270²; *-ulo* 103²
extemporalis 265¹ 351¹
exterior 499²
exterminare 563³. ⁴
externus 320⁴
extero- 203⁴ 317² 495⁴
extimesco -ui 537³ 564³
extimus 316³ 317² 495⁴
extivus 'aestivus' 204²
extorris 31² 82¹ 346⁴ 391⁴
  392³ 402⁴
extra 97³ 483³; vgl. *exstrad*
extraordinarius 299³
extremus 317⁴; *-ior -issimus*
  499²
extrinsecus -a -um adj. 269⁴
exuberare 564¹
exuo -ere 135¹. ² 595³
exuviae 136¹ 285³

faba 167¹ 168⁴ 279²
fabaginus 287³
faber 167²
fabre adv. 411³
fabula 206⁴ 314²
fabulum 307³
faces 'fax' 344²
facessere 555⁴
facies: gen. -ii 446¹, -ies 447³; plur. 445¹⁻³
facilis 97⁴ 251³ 347⁴
facillimus 143¹ 497²·⁴; adv. facilumed 88³ 229¹ 411² 426²
facinus -oris 378²
facio -ere, feci 34² 527⁴; imper. fac face 92⁴ 570³; perf. fecit 34² 167³ 527⁴ 585² 589⁴ 605³, feced 6⁴ 229² 514¹. Vgl. con-do -dere -ditus 34² 527³; auch osk. fefac-, venet. faχsto. Dazu faxo, faxim; calefacere
factiosus 341³
factum 'fatum' 197¹
facul adv. 92³ 144¹
facultas 97¹ 143¹ 144¹ 374²
faculter adv. 500¹
facundus 332⁴
faenisex (fen-) 393²
faenisicei pl. 68³
faenum 68³
faenus (fenus) -oris 68³ 378²
fagineus 287²·³
faginus adj. 321³; -īnus 327²
fagus fem. 167¹ 276²·³ 79*¹
fagutalis 276³
fa(v)illa 139¹
falco -onis 361²
falcula 153⁴
Falerii 51² 80³ 178¹
Falernus 97⁴
Falesce 51³, Falisci 80³ 169¹
falla 279³
fallax 376¹
fallo -ere 162³ 172²; perf. fefelli 81³ 141² 169³ 586¹ 588¹; ptc. fefellitus 617¹, vgl. adj. falsus
falsiiurius 290⁴
falsimonia, -ium 297²
falsus adj. 616²
falx 153⁴
fama 34³ 167¹ 319³·⁴
osk. famel 94⁴
fames 'Hunger' 444¹ 447¹·²; gen. -i 444¹ 446⁴; abl. -ē 444⁴ 448¹

famelicus 337³ 350³
familia 85² 292²; gen. -as 410¹
familiaris 350⁴
famino imper. 572⁴
famul nomin. 94²·⁴
famuletium 296⁴
fanari dep. 267⁴
fanaticus 339³
fanestris 351³
fanum 34³ 206¹
fa(v)or 139¹
far farris 220³ 221¹ 378³
faras 'foras' 100⁴
farcio -ire: ptc. fartus 217¹ 615²; farsus 616²
farfarus 382³
fari, *for 34³ 53³ 111³ 167¹ 531¹ 540²; infin. farier 581⁴
farina 184² 327⁴
fariolus 'har-' 168⁴
farrago 369³
farreus 180¹ 286²
*fars gen. fartis 217¹ 345¹
fartilis 348¹
fas ntr. indecl. 380²
fascinum 167²
sabin. fasena 168⁴ 178³
fastidire 556⁴
fastigare 294¹
fastus 334³ 381¹; plur. fasti und fastūs 354¹ 450²
Fa(u)stus, -ina 73⁴
fatantur (fatari) 547⁴
fateor, fassus 34³ 540³ 555³
fatigare 122¹ 345¹ 550³
fatiscor -i 536¹
fatum 34² 614² 78*²
fatus 'fatum' 404⁴
fatuus 303²
fauces (sing. faux) 169¹
Faunus 167³
Faurianus 120⁴
Faussianus 154³
faustus 334³ 381¹
faveo -ēre 49⁴ 541¹
favissae 49⁴ 341²
favor 379³
favorabilis 349³
fax facis 165²
faxo, faxim 573²·⁴ 574² 622² 623¹; faxseis 623³, faxitis 622² 623⁴; pass. faxitur 515⁴ 623⁴
venet. faχsto 592²
februarius 133²
febricitare 549¹

febricula 307¹
febriculosus 341⁴
febris 166⁴ 168⁴; -im -i 439⁴ 440⁴
februum 303¹
feced, fecit s. facio
fecundus 332⁴ 333²
osk. perf. fefac- 586⁴ 588¹ 589¹ 605⁴
fel fellis 169¹ 213² 220³
felare 36¹ 167³
Felena 169¹
Felicio 364⁴
Felicla 98¹ 284³
felix 108⁴ 377¹
fellare 182⁴ 183⁴
femina 36¹ 53³ 62¹ 167³ 322³ 583⁴; adj. 282³
femineus 287¹
femininus 326³
femur -inis 359⁴
fenestra 162² 239³ 313²
fenile ntr. 350²
fenisex s. faenisex
fenus -oris s. faenus
fera subst. 165²
feralia pl. 117³ 350⁴
ferbui (zu ferveo) 138⁴
Fercles 102⁴ 169¹
ferctum 217²
ferculum 313⁴
fere 109²
feretrum 312⁴
feriae 34³; vgl. fesiae
feriferae plur. 399³
ferina 327⁴
ferinunt 514³
ferme 45³
fero fers, ferre 140¹ 160⁴ 530¹·²; infin. pass. ferri, -ier 581²·⁴
feroculus 305⁴
ferox 377²
ferramenta plur. 370⁴
ferrarius 298¹
ferratilis 348¹
ferruginus 287³
ferrugo -inis 368²·³
ferrum 211¹
ferruminatus 370³
osk. fertalis 351²
fertilis 347⁴
pael. fertlid abl. 486²
fertum 217² 312⁴
fertus 'fertilis' 347⁴
ferus 269³ 285¹
ferve- -facio 566¹

fervēre/-ĕre; perf. *ferbui/
ferui* 544²
fervura 315⁴
fescemnoe 427²
fesiae 178³
fessus 'ermattet' 83⁴ 114⁴
  562²
festinare 366⁴ 551²
festinus 268³ 327³ 328⁴
festivus 304² 305¹
fe(n)stra 239³
feta 612³
fetialis 345¹
fetus -ūs
fetura 316¹
fh 9²
fhefhaked s. *vhevhaked*
fiber -bri 167²
Fibrenus 328³
fibrinus 326²
fibula 136³ 314³
ficatum 56³
ficedula 312¹ 391³
ficitas -atis 374⁴
ficitor 359²
fictilis 348¹
ficulneus, -nus 287³
ficus 32*²
fidelis 350³
Fidenae 115⁴ 116¹
fides, Fides -ei 33¹ 344¹;
  Flexion 444¹, vok. *-es* 444⁴;
  gen. *-ei -i -e* 445⁴–446⁴
fides plur. 'Saiten' 162³ 172²
fidicina 284¹ 394²
Fidiculanus s. *Fific-
Fidius* 290²
fido -ere 33¹ 60⁴ 167⁴ 532²
fiducia 340¹
fidus adj. 277³
fidus 'foedus' u. *fidustus* 378¹
Fifeltares pl. 169⁴
Fificulanus (u. *Fidic-*) 169⁴
osk. *fifikus* 586⁴
fal. *fifiqod* 10³ 513⁴ 586⁴ 607¹
figel 'figulus' 94⁴ 142¹·³
figlina 98² 328¹
figlinus 326³
figo -ere (vgl. *fivo*) 150⁴; *figier*
  63¹; perf. *fixi* 591³; ptc.
  fīctus 615²; vgl. *fixus*
figulus 165² 311²
figura 165⁴ 315⁴ 316¹ 533³
fiios 'filios' 142²·³
filiabus dat. pl. 422¹
filiaster -ater 319¹·²
filiolus 85¹ 242⁴ 243³ 305³

filius -a 36¹ 54³ 167² 290²
fillius 219¹
Filopopulitanus 390³
fimarium 300¹
findo -ere 167¹ 533¹⁻⁴; perf.
  fidi 44³ 589¹; ptc. *fissus*
  114³ 615³
fingo -ere 29³ 165² 535³;
  perf. *finxi* 581²
finio -ire 539² 543⁴ 556¹
finis mask. 343³; nom. pl. *-īs*
  440³
finitimus 318⁴
fio fieri 530³·⁴; infin. *fiere,
  -ri* 581² 582¹; ptc. *fient-*
  530³; pass. *fitur* 530⁴, ptc.
  fitus 616⁴
fiola 'φιάλη' 85⁴
fircus 'hircus' 168⁴
firmare 546⁴
firmus 45³
fissilis 348¹
fistuca 46³
fivo -ere 132⁴ 150⁴; vgl. *figo*
fixus 615¹ 616¹
flabrum 231³ 314³
Fláca 13⁴
flaccidus 329⁴
flaccus 182⁴ 190⁴ 207¹
flagellum 306¹
flagitium 293⁴; gen. *-ti* 424⁴
  425¹·³
flagrare 33³ 35³
flagritriba 280⁴
flagrum 311³
flamen 199³ 371⁴
flaminica 284⁴
Flaminius 289² 325³
flamma 199³ 209¹
flammans 583¹
flamonium 293² 371⁴
Flanatica 338³
Flaurus 72⁴
flaveo, -esco 554²
flavidus 329⁴
Flavius 289²
flavus 55¹ 302⁴
Flazio (dat.) 153²
flebilis 348³ 349²
flecto -ere 207¹ 539³; ptc.
  flexus 615³ 616¹
fleo flere 540⁴; perf. *flevi*
  594², Kurzformen *flerunt
  flemus* (!) *flesse* 599²
fleum- 'φλεγμ-' 199⁴
flexanimus 396⁴
flexibilis 348⁴

flexilis 348¹
flexipes 396⁴
flexuntes pl. 582²
floccus 341¹
floreo, -esco 555¹
floridus 329²
florīre, perf. *-ivi* 544⁴ 545¹
florus 315² 554⁴
flos 167¹ 220³
floscellus 306¹ 307²
flosculus 381²
flovius 135²
fluctuare 545³
fluctus -ūs 615²·³
fluentum 278⁴ 436⁴ 438⁴
fluidus, fluvidus 117³ 135³
  329²
fluitare 548²; vgl. *flutare*
fluius s. *fluvius*
flumen 371¹
fluo -ere 135³; perf. *fluxi*
  591⁴; vgl. *fluxus*
sabin. *Flusare* 179³ 351²
flustrum 313²
fluta 121³
flutare 121³; vgl. *fluitare*
fluvidus s. *fluidus*
fluvius 135²·⁴ 136¹ 290³
fluxus 613³ 615³ 616¹
focale (fauces) 72² 350⁴
foculum (fovere) 133⁴ 313⁴
fŏculus (focus) 313⁴
fodare 'fodere' 550¹
ptc. *fodentes (fodere)* 583¹
fodina 328¹
fodio -ere 61¹ 65³ 66¹ 197²;
  infin. *fodiri* 545¹ 568²; perf.
  fodi 589²·⁴ 590²
foederatus 613⁴; vgl. *foide-
  ratei*
foedifragus 390⁴
foedus adj. 65³
foedus -eris 33¹ 378¹·⁴; gen.
  pl. *foedesum* 179³
foetēre 65⁴
foetus -ūs 'fetus' 66³
foetutinus 327³
foideratei 33¹ 61¹ 63¹
fal. *foied* 7¹ 126³ 169¹ 444⁴
  468² 28*⁴
folium 44³ 172³
folus 'holus' 168⁴
Folvius 48³
fomentum 133⁴ 370³
*for s. *fari*
forago -inis 369²
  oras 167³ 270¹ 279²

foras-egerones pl. 362¹
Foratia 'Hor-' 169¹
forcipes pl. (*forceps*) 391¹ 393⁴
forctis adj. 168⁴
forctus 168⁴ 347²
forda 168⁴ 330²
fordicidia plur. 295²
fore, forem 50⁴ 506¹ 524³
forensis 353¹
fores plur. 50⁴ 167³
foresia pl. (*-ensis*) 146¹
foris adv. 270¹ 279²
forma 21¹ 114¹ 162²
formare 546²
formaster 319²
formica 191¹
formido -inis 191¹ 367³
formidulosus 341⁴
formidus 329⁴
formio 363³
formosus, -onsus 341¹·²
formucapes plur. 84³ 393⁴
formus adj. 29² 166²
fornax 376³
fornicari 172⁴
fornus 320²
Foro-Iuliensis 384¹
forpex -icis 233³
fors -rtis 33³ 57³ 345¹
forsitan 22¹ 192¹ 383³
*fortia -ae 'la force' 269³ 452²
fortis 168⁴ 347²
fortitudo 367⁴
fortuitus 133¹ 334¹ 354²
fortuna 323¹·²
fortunatim 502¹
fortunium 268¹
forum 167³
fossa 614²
fossicius 301⁴
fossilis 348¹
fossrix 197⁴
fostis 'hostis' 168⁴
fove imper. 'fave' 49⁴
fracēre, -escere 555²
fraces plur. 190³ 555²
fragellum 'flag-' 231²
fragilis 50³ 347⁴ 533³
fragium 268¹ 294⁴
fragmen 116⁴ 199³ 370¹
fragmentum 370¹
fragor -oris 162³
fragosus 341³
fragum 189⁴
fragrare 166⁴
frango -ere 167¹ 533³ 589⁴;
  perf. *fregi* 589³

frater 53³ 140¹ 163⁴
fratria 283³
fratrissa 284²
fratruelis 350³
fraumentum 'fragm-' 199⁴
frausus est dep. perf. 615³
fraxinus 287³ 321²
fremo -ere 190³; vgl. *fremitus -ūs* 344¹
frena plur. 320²
fricium 268¹ 294⁴
frigdor -oris 379³
frigedo 367²
frigeo -ēre 189⁴ 542²
frigidus 329²
frigus -oris 378¹
frondeo -ēre 542³ 555¹
frondescere 536³ 538⁴ 555¹
frons -ntis 343²
fronto, Fronto 361²
fructus ptc. 534⁴
fructus -ūs 354¹ 615³
frugalior 350⁴
fruges plur. 274³
frugi 270¹ 274³
frugiferens 396¹
frumentum 370⁴
fruniscor -i 200² 534⁴ 536²
fruns 'frons' 'Laub' 49¹
fruor -i 543¹; perf. *fruitus sum* 617¹; vgl. *fruniscor* und *fructus* ptc.
frustra 110²
frustrare 547¹
frutectum 80³ 335¹
fruticetum 335¹·³
fu- 'werden' 524³. Praesenssystem: konj. *fuam* 524³ 540² 574⁴ 575²; imper. *fu* 524² 570³; imperf. ind. *fubant (osk. *fufans*) 577⁴ 580¹; konj. s. *forem*. – Perf. *fui* 523⁴–524³ 530⁴ 595³ 596²·³, *fuimus* 106² 524². Vgl. *futare, futurus*
Fucens 345¹
fucus 162¹ 456²
Fufetioeo 412⁴ 425⁴
fuga 44⁴ 167¹ 277¹
fugax 376¹·³
fugio -ere 44⁴ 519¹ (568¹);
  perf. *fugi* 590³; *fugivi* 545¹;
  ptc. fut. *fugiturus* 615¹ 617²
fui s. *fu-*
fulcio -īre 203¹; perf. *fulsi* 591³; ptc. *fultus* 217¹

fulcipedia 291¹ 396⁴
fulcrum 311³ 313¹·²
Fulgentius 291²
fulgeo 33³; *-ēre/-ĕre* 544²;
  perf. *fulsi fulxi* 203¹ 591³
fulgerator 83²
fulgidus 329²
fulgorivit 83² 556²
fulgur 48³ 83² 378⁴ 379¹
fulgus 378⁴
fuligo 368⁴
fulmen 218¹ 370²
fulmentum 218¹ 370³
fulvaster 319²
Fulvius 289²
fulvus 302⁴
fumāt perf. 3. sing. 601² 602³
fumidus 330¹·³
fumigare 550³
fumus 29² 54¹ 167³
funambulus 391² 394⁴
funda 162³ 170²
fundamentum 370⁴
fundatid 571³·⁴
fundibulum 314³
funditor 359³
funditus 500³·⁴
fundo -ere 165² 533²; perf. *fudi* 590³
fundus 200⁴
funebris 206³
funerepus 390²
funestus 381¹
fungor -i 167¹ 533³·⁴; ptc. *functus*; perf. *funxit* 506¹ 592¹
fungus 162³ 172² 32*³
funus -eris 378²
fur furis 33³ 111²
furari 546¹
furax 376¹·³
furca 153⁴
furcifer 277² 394²·³
furcula 153⁴
furfur 382²
furia 292⁴
furibundus 332⁴
furiosus 341³
Furius 178⁴ 289¹
furmica 48³ 320²
furnus 48²
furor -oris 379³
furtim 502¹
furtivus 304³
furunculus 308¹
furvus 50⁴ 206²
fusilis 348¹

Fusius 178⁴
fustis 21³
fustitudinus 326³
Fusus 179¹
futare 548⁴; vgl. *fu-*
futilis 347⁴ 616⁴
futis 345¹
futurus 524²; vgl. *fu-*
fuveit 'fuit' 135⁴ 524² 607¹
fy- 'fi-' (*Fydes Fyrmus*) 51⁴ 52¹

Gabini 327¹
Gabinius 289²
Gaipor 134³
Gāius 9¹ 102¹ 129¹ 138³; vok. *Gāī* 426¹
gaius 'Häher' 269²
galatus 'κάλαθος' 151⁴
galbanum 151⁴
galea 287³ 79*²
gallantes plur. 583⁴
Gallia 292⁴
gallicinium 295²
Gallicus 337¹
gallina 284⁴ 327⁴
gallinaceus 285¹ 287⁴
Gallograeci 399¹
gamba 151⁴
ganeo 361³
gannire 183¹ 556⁴
garrire 183¹
garrulus 311²
garulus 184⁴
gau(dium) 382⁴
gaudeo, gavisus sum 71⁴ 97² 554²
gaudia plur. 116³ 294³
gaudimonium 297²
gaudium 294³
gaudivigent- 390⁴ 396¹
gaunaca 151⁴
gaza -*orum* ntr. pl. 452³
gelare 47³
gelidus 329⁴ 330³
gelu 151¹
Gemela '-*ella*' 289²
gemellus 143³
gemitus -*ūs* 354²
gemmans 583¹
gemmasco 536²
gena 279²
gener 275⁴ 315¹
generatim 501³
genetivus 84¹
genetrix 83³ 376⁴
genitor 359¹

geno -*ere* 532²
gens gentis 345¹
genticus 338¹
gentilicius 301³
gentilis 350²
genu 355⁴ 407¹ 409²; nom. -*ū* 441⁴
Genuates 345³
genuclum 86¹
genuflectere 565⁴
genuinus 327² 355⁴
genus -*eris* 83¹ 150⁴ 377⁴ 378¹ 406³
Germania 292⁴
germanus 325¹
germen 231³ 370²
gero -*ere* 178²; *gessi* 591³ 593¹
gerulifigulus 403⁴
Geryonaceus 287⁴
gestare 547¹
gesticulari 551²
gestire 556³
Geta 'Γέτης (-ας)' 454³
geumatis 'γεύμασιν' 456⁴
gibber 182⁴ 183²
Giddenenem (akk.) 459⁴
gignentia ntr. pl. 583⁴
gigno -*ere* 36³ 44³ 533¹ 586²; *genitus* 616⁴; *gignitus* 617¹
Ginaeus 104²
gingiva 231¹
gingrire 382²
girus 76⁴
Glabrio 364⁴
glabro- 166¹·²
gladians 583²
gladiator 359¹
glando 'glans' 451²
glandula 305⁴
glans 151¹
Glaucia 454³
akk. *glaucumam* 76² 454⁴
*glemus 101¹
gliris 'glis' 448⁴
gliscere 535⁴
glocire 556⁴
glömere 115³
gloria 187³
glorificus 390⁴
gloriosus 341³
glos 'γάλως' 187³ 380²
glossa 180³
glossarium 300¹
glubere 187³
gluma 201³ 319⁴
glus 'gluten' 451²

gluten, -*inum* 372¹ 451²
gluttire 183¹
Gnaeus 137⁴ 187⁴
Gnaivod 137⁴ 411¹ 426¹
gnarigare 188² 550³
gnarivisse 556⁴
gnarures 347³
gnarus 59⁴ 188²
gnascor s. *nascor*
Gnatho 361²
gnatus 27² 36² 188¹ 353³ 612⁴ 614² 615¹
Gnidus 188³
gnitor 'nitor -i' 188³
gnobilis 188¹ 349⁴
gnosco 53⁴ 150⁴ 535⁴ 537¹⁻³; *gnoscier* 150⁴ 188¹; *gnovi* 594² 597¹. Vgl. *nosco novi*
Gnosus 21³ 180³ 188³
gobio 363³
gobius 151⁴
goela 76³
goerus 76³
*golfus 152¹ 162⁴
grabatus 151⁴ 152¹
Gracchanus 325⁴
Gracchus 161¹·³ 182³ 183¹
gracila fem. 284²
gracilentus 336¹
graculus 311²
gradarius 299⁴
gradatim 501³
gradior 83⁴ 166¹
Gradivus 115⁴
akk. pl. *grados* 443³ 450²
gradus -*ūs* 50³ 83⁴ 116¹·² 355⁴
Graecanicus 338⁴
Graecia 292⁴
graecissare 551⁴
Graeculio 365¹
Graeculus 305³
Graecus 127⁴ 338³
Graiugena 83¹ 390³
Graius pl. *Grai* 77² 127²·³
grallae 208² 311⁴
gramen 370²
grammatica -*ae* u. -*ice* -*es* 453³
granarium 298³
grandaevus 391²
grandiculus 308⁴
grandire 556⁴
granum 59³ 320¹
graphice 338² 455⁴
graphium 106¹
grassari 50³ 83⁴ 548¹

gratari 551¹
grates 151¹ 344⁴ 23*¹
gratia 292¹
gratis (aus -*iis*) 429³
gratuitus 133¹ 334¹
gratulor -ari 234³ 551¹
gratus 59³ 613² 616³
gravare 545³ 546³·⁴
gravastellus 166¹ 319¹
gravedo 367³
gravesco 554²
gravida 329⁴ 330²
gravis 150⁴
gregare 562³
ptc. *gressus* u. *gressus -ūs* 83⁴ 168³ 562²
grex 382³
grillus 75¹
gromaticus 55²
gruma 55²
grundire 216¹
grunnire 216¹ 557¹
*grupta 152¹
grus 151¹ 274² 356² 429⁴; nom. *gruis* 449¹
gubernaculum, -clum 102⁴ 313³
gubernare 52⁴ 151⁴ 32*³
gubernum, pl. *-a* 52⁴ 267⁴
gula 138⁴ 151¹
guminasium 52⁴ 75² 104¹
gummi 152¹
gurdus 57⁴ 138⁴ 151¹ 276³
gurges 57⁴ 382³
gurgustium 382²
gustare 547³ 548⁴
gustatorium 301¹·²
gustui dare 355¹
gustus -ūs 353⁴ 354¹
guttatim 501³
guttur 83⁴
gutturnium 296² 322⁴
gyla 52²
gypsatus 334³
gyrare 552²

h-/f- 19² 168⁴
habenae 320² 323³
habeo -ēre 171⁴ 172² 541⁴ 542¹; *habui* 594⁴
habessit 622¹
habilis 347³
habitare 547¹
habitudo 368¹
hac-tenus 483²
Hades 69³
Hadria 174² 198⁴ 279³ 454²

Hadriaticus 339²
haedilia 284⁴
haedinus 326²
haedus 165¹ 168⁴
haereo -ēre 181²; *haesum* 616²
haesitare 548³
halare 174¹ 208²
halitus -ūs 354²
hamatilis 348²
hamotrahones plur. 396²
hamus 172²
Hannibal -alis 111⁴
harena (*f-/h-*) 168⁴
harpaga 453⁴
harpagare 74³ 552¹·³
harpago -onis 363²
harpyiae (*-yi-*) 78¹
haruspex 58²
Hasdrubal 207¹
hasta 168²
hastatus 333³; vgl. *adstatus*
haud 229²
haurio -ire 174² 178² 181²
haustrum 313¹
have 174²
havelod 47³
hebetudo 368²
hebris '*f-*' 168⁴
Hecoba 88¹ 89³
Hectoreus 286⁴
Hecuba 74³ 88¹
hedera 315¹
heice 'hier' 469²
heia 78²
heisce s. *hisce*
Helio- nam -gabalus 271²
Helpis 175³; gen. *-inis* 459⁴
helusa 'holera' 47² 165¹ 178³
helvus 141⁴ 302⁴
Hemina cogn. 280¹
hemonem 101¹ 364¹
Heraes 77¹ 121²
herbidus 330¹
herbilis 347⁴
herciscunda 536²; vgl. *erceisc-*
Hercele, Hercle 22⁴ 102⁴ 107³
Hercolei 86¹ 102⁴
Hercules 75² 76⁴ 86¹ 107³ 141² 175⁴; Fl. 444², vok. *-e* 444⁴, gen. *-ei -i -is* 447²⁻⁴; *Herculent-* 451¹
Hercynia 156⁴
here s. *heri*
heredipeta 280³ 390⁴
hereditas 374¹
Herennius 201¹

heres -edis 391³ 395²; akk. *herem* 450⁴
heri, here 89² 109² 125⁴ 177² 427¹
hermae pl. 454¹
Hernici 337²
herous 278⁴
herus 174¹
hesternus 125⁴ 322¹
heu u. *heus* 70²
hiare 535⁴ 540²
hiasco 536² 538³
hibernacula pl. 313³
hibernus 322¹·²
hic haec hoc: Flexion 468¹–469² 475⁴–476² 476⁴–478⁴
hīc 'hier' 468² 469¹
hiems 29² 90⁴ 165¹ 212² 221¹ (*-mps*); 364²
hietare 90⁴ 548³
hilaris 74² 175⁴ 347²
hilarus 81⁴ 347²
hilla 306³
hinc 469¹ 482⁴
Hinnad abl. 14³ 420¹
hinnire 183¹ 556⁴
hinnuleus 287²
hinsidias 174¹
hippago 369³
Hipponeregiensis 384¹; vgl. 457²
hir 'Hand' 206⁴
hircosus 342²
hircus 168⁴ 341¹
Hirrutus 211²
hirsutus 334²
hisce heisce nom. pl. 427²·³·⁴ 468⁴ 476² 37*¹
Hispallus 306²
hister, histricus 338²
hiulcus 337³
hocannivus 304³
hocc, hoccine 220⁴
hodie 110⁴ 126³ 468²
hodiernus 322¹·² 468³
holitor 359²
holitorius s. *olit-*
holus -eris 47² 165¹ 168⁴
holusatrum gen. *-i* 384¹
homicida 390⁴
homo 109³ 110²·³ 360⁴ 363⁴ 364¹; akk. *-onem* 364¹
homullus 143³ 306²
homuncio 364³
homunculus 107² 306² 307¹
honce 'hunc' 93²
honestare 549¹

honestas 234⁴ 374³
honestus 379⁴ 381¹
honor 179⁴ 379³·⁴; vgl. honos
honorabilis 349¹
honorare 381²
honorarius 298⁴
Honorius 291²
honos 179³·⁴ 220³
horctum 168⁴
horda 'forda' 168⁴
Hordeonius 289² 361³
hordeum 168⁴ 210⁴
hordiator 354⁴
horitur 'hortatur' 96⁴
horno, hornotinus 321⁴ 468³
hornus 128¹ 322¹·²
horridus 329² 330³
horrificus 396²⁻⁴
horrisonus 396³
horror 379³
horsum 483²
hortesia pl. 146¹
hortor -ari 96⁴ 548⁴
hortus 44² 165¹ 617⁴
hospes -itis 82⁴ 94⁴ 96² 385⁴ 391¹ 392¹·³ 398⁴
hospita subst. 283⁴
hospita (-us) adj. 269³ 278⁴
hospitalis 350³
hostia 268³
hosticapas 281¹
hosticus 338¹
hostilis 350²
hostire 557¹
hostis 44² 165¹ 168⁴
hue 61¹ 483¹·²
hu-ic 'huic' 478³·⁴
huiusque '-ce' 152²
humaniter 499⁴
humanus 117² 324⁴ 364¹
humectus 335¹
humerus 174¹; vgl. umerus
humi 59¹ 364² 410²
humidus 329²
humilis 59¹ 347⁴
humor 174¹, vgl. umor
humus 48⁴ 59¹ 177² 356¹
huzus 'huius' 11⁴ 130³
Hydruntum 239⁴
Hygia 120²
Hyginus 120² 327³
hymnire 552³

iaceo 553¹ 558⁴
iacēre und iacĕre 553¹
iacio: in Komposita -icio 128¹–129¹; ieci 34² 589⁴

iaculum 311²·³
iaientaculum 54¹
iaiunus 54²
Iamblichus 213¹
iambus 74⁴ 129³
iamiam 270⁴ 403⁴
Ianarius 133³
ianitor 359²; -tos 179⁴
ianitrices 60¹ 377¹
ianua 276² 278¹
Ianuarius 133³ 219¹
Ianuius, -ulus 136¹
Ianus: o- und u- St. 276²
iatrolipta 390³
ibi, ibei 63¹ 109² 168¹ 482²
iccirco 196²
ictus -ūs 354¹
īdem eadem īdem 112² 205¹ 229⁴; Flexion 467³·⁴ 468¹
identitas 374³
ideo 270⁴
idolatria 234⁴
idŏlum 56³·⁴
idubus abl. zu idūs 443⁴
idulis 350²
iecunanum 325¹
iecur 57⁴ 103³ 126¹ 137¹ 221¹ 359⁴ 360¹
iecusculum 307²
ieientare 54²
ieiunus 54²
iendem 'eundem' 468¹
ientare 54²
ienua, -uarius 54¹·²
igitur 82²
ignarus 188²
ignavus 188² 302⁴
ignesco 536³
ignis 45²; abl. -i 440²·⁴
ignobilis 349⁴
ignominia 371¹
ignorare 546¹
ignoscere 565²
ignotus 218³
Iguvinus 327¹
ilicet 566¹
ilico 82⁴ 208³ 241³
iligneus 287³
ilignus 199⁴ 321²
illaqueare 564¹
ille illa illud pron. Flexion 470² (mit -ce 469²⁻⁴); 475⁴ –476²; 479¹·⁴; gen. illi, dat. illo illae, illui 480⁴–481²
illecebrae 314⁴
illic 239²
illicio illexi 592¹ 593¹·³

illim 482⁴
illinc 215³
illotus 73³
illúe 239²
illustris 203³ 213² 346⁴; nom. -ter 432²
illutus 73³ 91²
illuvies 387⁴
im 'eum' 467¹
imago 369³
imbalnities 296³
imber 45³ 58³ 343³
imboluclum 232¹
imbrex 375³
imbricitor 358⁴ 395⁴ 544⁴
imbricus 337³
imitari 33⁴ 548⁴
immaginifer 184¹
immemoris nom. 449¹
immensus 146² 387³
immerito 388¹
immoderatio 387⁴
immunis 347¹ 398²
impedire 556²
impedimentum 370⁴
impelimenta 155⁴
imperitare 116⁴ 548³
imperium 293⁴
impete abl. 452⁴
impetigo 369¹; inque -petigo 271²
impetix 369¹
impetrabilis 349¹
impetrassere 555⁴ 621³ 624²
impetrire 557²
impetus -ūs 354²
impinguis 400⁴
impluvium 294¹
impomenta 371¹
imporcitor 359³
importunus 387⁴
impos 94⁴ 392³ 394¹
imprimis 215² 270³
improbare 388¹ 565²
impune 65⁴ 66¹ 91² 347¹
impunitas 347¹ 374¹
imus -a -um 318¹
in praepos. und in- prae-verb. 45⁴ 193² 195¹ 241² 315² 388² 559¹; vor Ädjj. steigernd? (vgl. incanus) 400⁴
in- priv. 33⁴ 45⁴ 58⁴ 193² 195¹ 386⁴ 387²⁻⁴ 398² 400¹ 565²; für griech. ἀ- priv. 563²

inaccessus 392⁴
inapparatio 387⁴
inaures plur. 386⁴ 388³ 402⁴
incantassit 84³
incanus 268³ 388⁴
incendium 294¹
incendo: perf. *incendi* 603¹
incessere 555⁴
inchoare 163³
incipissere 555⁴
incitega 233⁴
inclinare 552²
inclitus 80⁴
inclutus 80⁴ 553²
inclytus 52²
incohare 173²
incola 86³ 87¹ 280² 281³ 389³ 395³
incolumis 86³ 374¹
incommodesticus 337⁴
incommodum 388¹
inconsultu 355²
incorruptela 387⁴
increbesco 232⁴
incrementum 370¹
in-cultus -ūs 387⁴
incunabula plur. 314³
incurvicervic-(us?) 383³ 397²
incurvus 400⁴
incus -udis 393⁴
indago fem. 363⁴
inde 480³ 482⁴; *ind'* 93²
indecent 3. plur. 267³ 565¹ 71*³
indecoris nomin. 449¹
indeptare 562¹
indicare 549⁴
indicativus 304²
indicium 293⁴
indiciva 304⁴
indigena 74³ 82⁴ 280⁴ 562¹
indigites 373¹
indignari 565²
indoles 562¹
indostruus 390¹ 395¹ 562¹
indotuetur 544³
indu (indo indi- ind- endo-) praepos. u. praeverb. 45⁴ 561⁴ 562¹
inducula 313³
indugredi 116⁴ 561⁴
induo -ere 543¹ 562¹ 595³; *induor -i* 505⁴
induperator 88¹ 116⁴ 390²
indusium 296¹
industria 292¹

industrius 82¹ 395¹; kompar. *-strior* 498³
ineptiae 291³
ineptus 387³
inermis 346⁴, *-us* 347¹
iners 347¹ 392¹ 398²
ineuscheme 455⁴
infandus 387³
infans 387³ 582³
inferior 317¹
inferius adj. 290³
inferus (infer), plur. *inferi* 54⁴ 169³ 316³; nomin. *-rus* 423⁴
infestus 168³
inficetus 387³
infimatis 345⁴
infimus 45⁴ 169³ 317¹
infiteri 565²
infitiae 292³·⁴
infortunium 398²
infra 169³
infula 169³
infumus 89¹
ingemisco 539¹
ingemo -ere 538¹·⁴
ingenium 295¹
ingenuus 303³
inger imper. 93¹
ingloria 292¹
inglorius 398²
ingnis 200¹
ingratis (-iis) 388¹
inguen -inis 45¹ 58⁴ 150⁴ 372¹
inhospita, -us 387⁴
in-ibi 482³
inimicus 387³
iniquus 91¹ 387³ 392¹
initium 293³
iniurius 290⁴
iniurus 278²
iniussu 355² 387³
iniustitia 383⁴
inlēx 21¹
inlex 93⁴ 393³
plur. *inlices* 148⁴
Inlyricus 194³
in-mortalis 194²
innocuus 303³
innoxior kompar. 498³
inoculare 564²
*inodiare 564¹
inopinus 327³
inops 386² 387² 398²; gen. pl. *-um* 438²
inorata re 387³

inperium (-np-) 194²
inquam, inquit usw. 45¹ 212¹ 515¹ 531³·⁴
inque-merentes 116³
inque -peditus 271²
inque -salutatus 271²
inquies subst. 387⁴; adj. 398²
inquilinus 87¹ 326³ 54*⁴
inquit s. *inquam*
insanire 556³
insciens 387³
inscius 395²
insece imper. 212¹
insentibus 523³
insexit 622³ 623¹
insidiae 292³ 394¹
insidiantes 129⁴
insignis u. *-itus* 347¹
insinuare 564¹
insipere 87⁴ 549⁴
insipiens 387³
insistere 565²
insitivus 304¹
insolens 387⁴
insomnium 295³
insons 387⁴ 523³
insonuit perf. 538¹
instabilis 349⁴
instar 581¹
institor 358⁴
instrumentum 370³
insula 211⁴
insulsus 84³
int 'eunt' 514³
intactus -ūs 387⁴
integro- 81³ 83³ 315²
integumentum 88¹ 89⁴
intellego 212⁴
intemperies 285²
inter 45⁴ 140¹ 316² 318¹ 500³ 559² 562¹
intercolumnium 265⁴ 295⁴
intercus -utis 403¹
interdiu 357⁴
interduatim 502¹
interea 483²·³
inter- -est 271² 562⁴
intergerivus 304⁴
interim 482⁴
interior 316³
internecio 366¹
internecivus 304⁴
internus 320⁴
interpetrari 233²
inter- -pretantur 116³
interrex 403²
intertrigo 368³ 369³·⁴

intervallum 402⁴
intervias 419²
intestinus 327⁴
intimus 316³ 495⁴
intolerabilis akt. 350²
intra 97³ 316³
intrare 540²
intrinsecus 212²
intro adv. 316³ 483¹
intuitus -ūs 544³
intus 500³
invenire 565²
inveterascere 536³
invicem 270³
invideo 565²
invidia 292³
invidus 395¹
invisus 613¹
invitus 526². ⁴
involucrum 314¹
involvulus 311²
iocineris gen., *iocur* nom. s. *iecur*
iocundus 51¹
Iōnes pl. 129³
Iŏnius 129³
iosum 'deorsum' 130⁴
ioubeatis 541³
ioudicare 69⁴
iousit usw. 14⁴ 69⁴ 181¹ 541³ 591³; vgl. *iubeo*
iouxmenta 6⁴ 33² 44⁴ 69⁴ 207² 208⁴ 370⁴ 381³
iovent 596²; s. *iuvo*
iovesat 6⁴ 134¹
iovestod 7¹ 134¹ 378³ 426¹
Iov-is -i s. *Iuppiter*
Iovis nomin. 448⁴
ioviste 134¹
Iovius 288³. ⁴ 357³
Iovos 'Iuppiter' 435²
ipse 471¹⁻³ 479²⁻⁴; gen. fem. *-aeius -eius*, mask. *-uius* 481¹. ²
ipsemet 464²
ipsimus, ipsissimus 471²
iracundus 332⁴
irasci, iratus 333⁴
irreligio 387⁴
irretire 564¹
irriguus 303³
irritus 387³ 616²
irus 'idus' 155¹
is ea id pron., Flexion 466⁴–467², 476⁴–479¹ (*eius, ei*), 480⁴ 482¹; vgl. *eiius*; dat. fem. *eae* 480⁴

isdem 'idem' 205¹ 467⁴
Ismurna 104⁴
Ispesina 326⁴
Ispeti dat. zu *Spes* 460³
ispiritus 104³
iste -a -ud pron. 466⁴ 470³–471¹ (mit *-ce* 469²⁻⁴); 475⁴ 479⁴ 480³; gen. *istimodi* 477³ 479³. ⁴
Istefanus 104⁴
istentina pl. 233⁴
Istrahel 207¹
ita 92¹ 109² 482³
Itali Italia 82³ 115³. ⁴ 116¹ 132³ 292⁴ 25*⁴
Italicus 337¹ 338³
Italus 85⁴ 115³
itá-que 240². ³
itaque 238³
itare 547³ 548¹
item 467³
iter itineris 103³ 359⁴ (auch *itiner*, gen. *iteris*) 360¹
iterare 547¹
iterum 317⁴ 482²
Ithacensis 352⁴
itidem 82² 92¹ 467⁴
itinerarium 298⁴
iuba 279²
iubar -aris 84¹ 94²
iubeo -ēre 167⁴ 541³ 542²; *iussi*; vgl. *iousit, ioubeatis*; *iussus* 168³; vgl. fut. *iusso -it -itur*
iucundus 332⁴
iudaeidiant '-izant' 130⁴
Iudaeus 74⁴ 129³
iudex 94³ 205³ 391¹ 393²
iudicare 545⁴ 564⁴
iudicium 293². ⁴
iuenis, iuentas 135⁴
iuerint s. *iŭverint*
iugere 129³
iugerum, pl. *-a* 33² 266⁴ 267¹ 378³
plur. *iuges* 268¹ 394¹
adj. *iugis -e* 347²
iuglans 134¹ 399¹
iugra 'iugera' 97³
iugulum 311²
iugulus 103¹
iugum 33² 44⁴ 126¹ 11*³
iugumentum 370³
Iugurthinus 326³
Iulius, Iulus 129³
iumentum 44¹ 208⁴; vgl. *iouxmenta*

iuncinus 321³
iungo -ere 533². ⁴ 535⁴; *iunxi* 591²; *iunctus* 113²
iunior 363⁴ 497¹
Iunius 362²; *Iuniis* abl. pl. 429³. ⁴
iunix 363⁴ 377¹
Iuno 70¹ 362¹. ²
Iuppiter Iovis 31³ 183² 356³; Flexion 357³ 358² 384¹; gen. pl. *Ioverum* 451³; auch *Diov-*; vgl. *Iovis, Iovos*
iurare 381² 545³; vgl. *iovesat*
iuratus 333⁴ 613⁴
iurgare 96⁴ 391² 392²; vgl. *iurigare*
iurgium 21¹ 293⁴
iuridicus 391¹ 394³
iurigare 96¹ 391² 550²; vgl. *iurgare*
ius iuris 'Recht' 134¹ 378³ 379¹ 23*¹; dat. *iure* (*dicundo*) 435³; *iure peritus* 228²
ius iuris 'Brühe' 54¹ 380²
iuscellum, -culum 307²
iusiurandum 384¹
fut. *iusso -it -itur* (zu *iubeo*) 515⁴ 621³ 622¹. ³ 623¹
iussu 355²
iustitia 296²
iustitium 192² 295² 391¹
iustus 21³ 134¹. ² 334³ 381¹
iuur- iuus 12⁴ 13¹
iuvare s. *iuvo*
iuvat 553²
iuvencus 45² 58⁴ 125⁴
iuvenesco 555³
iuvenilis 350³
iuvenis 44⁴ 83⁴ 125⁴ 135⁴ 363⁴
iuvenix 377¹
iuventa 335⁴ 375²
iuventas 374² 375²
iuventus 375². ³ 69*²
iŭverint 596³. ⁴
*iuvo, iuvi, *iutus iuvare* (vgl. *adiuvare*) 135³ 544¹; *iuvaturus* 617²; vgl. *iovent, iŭverint*
iuxta 110² 203⁴ 241² 347³ 498¹
iuxtim 502¹
ixi 'ipsi' 204²
iynx 129³
Izophilus 161²

K. 'Kaeso' 10⁴
Kaeso 361¹
Kaesoninus 326³
fal. gen. Kaisiosio 7¹ 412³ 28*⁴
kalandae 107²
kalatorem 6⁴ 10²
Kalendae 10⁴ 107² 331³ 419²
gen. Kastorus 435¹
Κουιγκτος 53¹
Κυρεινος 'Quirinus' 53¹
Κυρηνιος 'Quirinius' 53²

Labeo 361²
labidus 329²
labilis 347³ 349³
*labina 328¹
laboriosus 341³
labos 'labor' 179⁴ 379³
labosus 341⁴
labrum 'lavabrum' 136³ 314⁴
labrum 'Lippe' 315¹
labsus 'lapsus' 196⁴
labundus 331¹
lac lactis 187³ 221²; nomin. lact lacte 449²; akk. -em 404⁴
lacessere 555⁴; -ivi 594³
lacrima, -uma 52⁴ 87³ 165⁴ 319⁴
lacrimabilis 349². ³
Lactantius 291²
lactare (zu lacio; vgl. delectare) 563¹
lactens 555²
lacticulosus 341⁴
lactineus 286²
lactuca 187⁴ 340¹
lacuna 323¹
lacus: abl. pl. -ubus 443⁴
lacusculus 307²
laena 161³
laetamen 370³
laetare 267²
laetari 546¹
laetificus 396²
laetitia 296²; nom. pl. -as 420³
laetrosum 317³
laetrum 317³
laevus 60⁴
lagoena, laguna 76³ 455³
lallare 182⁴ 382²
lamberare 551⁴
lambere 533⁴
lamella 306¹
lamentabilis 349²

lamentum 370³
lamina 322⁴
lampada 455¹
lana 59³ 320¹· ²
landica 187⁴ 215⁴ 340¹
lanestris 351³
langueo 189⁴; perf. -gŭi 138⁴
languidus 329²
laniena 54⁴ 323²
lanifica 394²
lanio -onis 361⁴
lanista 458⁴
lanitia 296³
lanitium 296⁴
lanoculus 397³
lanterna 216⁴ 322³
lanugo 368³
Lanu(v)ium 136²
lapa 382⁴
lapicida 235¹
lapicidina 328¹
lapillus 306²
lapis -idis 94³ 372²; abl. lapi 450⁴
lapsant- 548¹
laptuca 197¹
Lar 179⁴ 380¹; vgl. Lases
largiri 556⁴
largiter adv. 500¹
Lariscolus 385¹
Larius 288³
larix 375⁴
fal. gen. Lartos 435²
larua, larva 132⁴
lascivire 556³
lascivus 190⁴ 341¹
Lases plur. 8¹ 380²; -ibus 178³; vgl. Lar
latebrae 314⁴
lateo latēre 154² 172³
lateramina pl. 370⁴
Laterensis 353¹
latericius 301⁴
latex 93⁴ 375⁴
latibulum 314²
laticlavius 290⁴
latifundium 295³
Latinus 41² 63¹ 327¹ 328². ⁴
latitare 548²
Latium 187⁴
latomiae pl. 77³
Latona 75⁴ 284¹ 457⁴; gen. -as 419²
Latous 278⁴
latrare 313¹
latrina 119⁴ 136³ 328¹
latro -onis 362³· ⁴ 457² 79*²

latrocinari, -cinium 551³
latrunculus 307¹
lattuca 197¹
latus 'breit' 59³ 189² 612⁴
latus (zu ferre) 59³ 187⁴ 530² 534³ 616³
laudabilis 348³ 349²
Laudicea 77⁴
laudicenus 77⁴ 396⁴
Laurentes 343³· ⁴ 346¹ 373²
Lauretum 335²· ³
laurinus 321³
lautia 155³· ⁴
lautumiae pl. 74³ 77² 88¹
lautus 595⁴
lavabrum 314⁴
lavacrum 314¹
lavare/lavĕre 49⁴ 540³ 544¹
Lăvini pl. 115⁴ 116¹
Laviniạ 129⁴; abl. pl. -nis 428⁴
lavor dep. 505⁴
lax (lacio) 148⁴ 274³
lea 'Löwin' 284¹
Leber 'Liber' 61²
lectisternium 265³ 295¹ 386³ 37*³
lectus 'Bett' 165⁴ 541⁴
legare 267³
legativus 304²
legatorius 300⁴
legatus 280³
legerupa 81⁴ 280³ 390¹
legerupio 365⁴
legio 365⁴ 366¹
legionarius 298²
legitimus 318⁴
lego -ere: pf. legi 589²· ³ 590² 591⁴
*lego (in neglego): pf. -lexi 591⁴
leguleius 289¹ 290¹
legulus 311²
lembus 189²
Lemūria pl. ntr. 115⁴
lena 284¹
lenire 556¹
lenis adj. 347³
*lenis 'ληνος' 76¹
leno 285¹
lentigo 369¹
lepidus 190³ 329²
sizil. λέπορις 179² 29*³
lepos 179⁴ 379²
lepus -oris 379¹ 29*³
leriquiae 230² 232³
Lesbous 278⁴

Wörterverzeichnis

Leucesie 71¹
Λευχιος 'Lucius' 71³
Levana 325²
lĕvare 546⁴
levenna 321¹
levi perf. s. lino
levidensis 353²
lēvigare 550³
levir 68² 155³·⁴
lĕvis 47¹ 64³ 155³ 165³ 346³
lēvis 19⁴ 64³ 347²
lēvor -oris 379³
lex 274³
Lezbia 11⁴ 205²
liare 552²
libare 61¹
libenter 500¹
liber adj. 'frei' 61¹⁻³ 167⁴;
 plur. liberi 'Kinder' 31*²;
 gen. -um 428²·³
liberalis 350⁴
liberare 546⁴
libertas 61² 98¹ 374²
libertinus 326³
libertus 61² 335⁴ 336¹ 374⁴
 71*²
libet 89⁴ 90¹; libitum 553² 613³
libido 367³
libra 168² 171²
libripend- 393²
libum 61² 172³
licet, dazu licitum 553² 613³
 617¹
lictor 21¹ 550¹
licuit pf. s. liquet
lien 81⁴ 107³ 165³ 174² 189¹
 223³ 364¹
lienosus 341² 364¹
ligare 'binden' 549⁴
lignatio 366³
lignum 45² 200¹ 320²
Ligures 178²
ligurrio -ire 165³ 557¹
*Ligusticus 339³ 34*⁴
limax 376³
limpidus 156¹ 330¹
limus 61¹
linea 286⁴
lines s. *lenis
lingere 165³ 533³
lingua 58⁴ 155³·⁴
linguax 376³
lingulaca 340¹·²
linio -ire 545¹
lino -ere 533¹ 534²·³; pf. levi
 64³ 140⁴ 148³ 594² 597⁴;
 ptc. litus 534³ 615¹ 616³

linquo -ere 533²⁻⁴ 534¹·¹
lippire 556³
lippus 182⁴
(e-)liquare 550¹
liquet -ēre 553¹; perf. liquit,
 licuit 138¹
līquidus 117²
liquiritia 187³
līquitur 117² 553²; ptc.
 līquens 583⁴
liquor (i und ī) 117²
lis litis 189²; vgl. stlis
lītera (lei-) 183³
litigare 550²
littera 183³
litterator 359²
litteratura 315⁴
litterio 365²
litus ptc. s. lino
livēre, livens 189⁴ 302⁴ 552⁴
lividus 329²
lixabundus 332⁴
lixivus 304²
locuples 275¹ 390²
locus 189¹; vgl. ilico
Loebasium 178⁴
loebertatem 61²
loebesum 178³
loedus 65³
fal. loferta 61³ 64⁴ 169²
sizil. Λογινα 327⁴ 328³
loidos 61¹
fal. gen. Loifirtato 61² 227¹
 435¹
lolligo 369¹
longinquus 45¹ 340³
longurio 364⁴
longurius 291¹
longus 49¹ 187⁴
loquela 312²
loquitari 548²
loquor: ptc. locutus 150³
lorum 34³ 190³
praen. Losna 33² 66⁴ 69⁴
 207² 209³; vgl. luna
lotus 73²
Loucanam 71³ 324³
loucarid abl. 436²
Loucilios 71³
Loucina 328²
loucos 64³
Lovella/Luella 99⁴ 100¹
Lu- 'gr. Λυ-' 52³
Lua 279³
lubet 89⁴ 167¹
lubricus 158³ 189⁴
Luca bos 324³

Lucani 70⁴ 71³ 324³
lucanus (zu lux) 265²
luceo intr. 33² 149¹
luceo trans. 541¹
lucescit 538¹
Lucetius 71¹
luci claro lok. 427¹
lucidus 329² 330³
lucificus 396³
Lucilius 122¹
Lucina 70¹ (Lou-), 326⁴
Lucius 70¹·⁴ 269²
lucius 'Hecht' 269²
lucrius 290²
lucrum 314¹
lucta 268⁴
luculentus 336²
Lucullus 70⁴
lucunculus 308¹
lucuns 187³
lucus 33² 61³
ludibrium 314⁴
ludicrus 314¹
ludificare 394⁴
ludio 365¹
ludius (Λύδιος) 290² 365¹
ludus 65²
lumbago 369³
lumbifragium 295¹
lumecta ntr. pl. 335¹
lumen 208⁴
lumpa 89⁴ 156¹
Lumphieis 156¹ 429²
luna 33² 209³ 210² 381³; vgl.
 Losna
lunaticus 339³
lupanar 350⁴
luperci 337⁴
lupus 101⁴ 151³
Luqorcos 52³
lurcinabundus 551³
lurco 361⁴
luridus 166¹ 329²
luror 379²
luscitio 556³
luscitiosus 341³ 556³
lustrare 203³ 313²
lŭstrum 'Morast' 313²
lūstrum 21¹·² 203³ 313²
Lusumacus 74³ 87³
lutra 198²
lūtum 166¹
lux 21¹·³ 33² 108⁴ 221² 244¹;
 lok. luci 427¹ 431³
lympha 156¹
lymphare 267⁴
lymphaticus 156¹ 339³

M' 'Manius' 8³
Maarcus 13¹
macer 285² 315²
macerare, maceresco 554⁴
macēre, -escere 554⁴
machina 74³ 75⁴ 82¹ 84²
machinari 82³ 552¹
macies 285²
macilentus 336²
Macolnia 10⁴
macri 'matri' 154¹
Macstrna 203³; vgl. *Mastarna*
mactassint 622²
madibus 'manibus' 232²
Maecenas 345⁴
maereo 33⁴ 178²
maeror 379³
maesoleum 77⁴
maestus 178² 613³
magis 33¹ 496¹
magister 80² 317⁴ 318¹ 496¹; nom. pl. *-eis* 427³
magistratus 355²; abl. *-ud* 443¹·²
magnalia ntr. pl. 351¹
magnanimus 386² 397²; gen. pl. *-um* 428³
magnates pl. 345⁴
Magnentius 291²
magnificus 396⁴; adv. *-e* 395²; *-entia* 291⁴; kompar. *-entior* und *-ficior* 498⁴ 499¹
magnopere 270²
magnus 50² 320²
Mahes 175⁴; gen. *-ei* 447³, dat. *-eti* 460³
Maia 'Μαῖα' 77¹ 127²
Maia altind. *Mahī* 126³ 283²
maiestas 33¹ 374² 496¹
maiestus 336¹
maiior 127²
praen. *Maio* fem. praenomen 227³ 28*⁴
maior maius 33¹ 50² 126³ 179⁴ 496¹·²
maiosibus 33¹ 178³
Maius 126³
maiusculus 308⁴ 309¹
malacia 453⁴
malae 207⁴ 208¹ 311³
malaxare 180³ 552³
male adv. 109¹ 229³
maleficus 395¹·²
malesuada 395²
malevolus vgl. *benevolus*
malle (-ll- 141⁴) s. *malo*

malluviae 391¹
malluvium 136¹ 212⁴ 292³ 295¹
malo mavis malle 112² 137⁴ 207³ 526⁴ 527¹; vgl. *mavolo*
malum 'Apfel' 76¹ 276²
malus 'Apfelbaum' 276²
malus 'Mast' 155⁴
malva 279²
mama 382³; dat. *-ani* 460¹
Mamercinus 326³
Mamercus 121⁴ 338³
Mamers 121³·⁴ 232⁴
Μαμερσα 121³
Mamertini 121⁴ 326³
mamilla 184²·³
mamma 'Brust' 200³
mamma 'Mutter' 182⁴·⁴; 282³
mamphur 172³
man- 'manu-' 391¹·²
manalis 351¹
manceps 393²·³
Mancia 454³
mancipium -cupium 87⁴; gen. *-pi* 424⁴ 425³
mandibulae 314²
manducus 340¹
mane-dum 242¹
maneo -ēre 59¹; *mansi* 591³; *mansurus* 616²
mango -onis 362³
manibiae 87⁴
manica 80⁴ 307⁴ 337³
manicare 550⁴
manicula 307⁴
manifestus s. *manuf-*
Manios 6⁴
manip(u)lus 394⁴
Manlius 213¹
mansio 211⁴ 616²
mansues 275²; akk. *-suem* 450⁴
mansuesco 565⁴
mansuetus 391¹
mantare 548¹
mantele 207³
mantiscinari 551³
mantissa 341²
manubiae 87⁴ 285³ 292³
manubrium 88²
manuclus 86²
manufestus 87³ 390²
manuleatus 287²
manumitto 565⁴
manuplus 86¹; vgl. *manipulus*

manus 'Hand' 356¹; vgl. *man-*
Marcias 'Martias' 152⁴
Marcio 364⁴
marculus 153⁴ 313⁴
Marcus 114¹ 121⁴ 338³; vgl. *Maarcus*
mare 92² 93³; abl. *-i -id* 436¹ 438³, abl. *-e* 439²; plur. gen. *-um/-ium* 439²
margarita 334¹
Mariani 325⁴
marinus 326⁴
marita 283⁴
maritimus 318⁴
maritus 334¹; plur. 'Ehepaar' 283¹
Marpor 114¹ 134³ 399¹
Mars 114¹ 121³; vgl. *Mavors*
Marspiter 384¹ 385³; vgl. *Maspiter*
marsua 52³ 454³
marsuppium 74⁴
Marsus 121⁴ 154⁴
martellus 153⁴
Martiaticus 339²
Martius 288³
mars. *Martses* 7¹ 121⁴ 154⁴
mas maris 178¹ 263⁴ 380²
mascel 94⁴ 142¹·³
masculinus 326³
masculus 307² 308¹ 380²
Maspiter 211⁴
massa 11⁴ 180⁴
Massilia 74³
Massiliensis 352⁴
Massili- -tanus 271²
Mastarna 203³ 322³
mastigare 552²
mastigia 75³ 293¹
mater 53³
materia, -ies 59⁴ 285²·³
maternus 321¹
matertera 318³ 319²
matrastra 319¹
matrimonium 297¹
matrimus 319⁴
matrix 377¹
matrona 323⁴; *mă-* 56²; plur. *-a* 227⁴
mattea 51³ 75¹
maturesco 554³
maturrime 498²
maturus 316¹
matus 156²
Matuta 316¹

Wörterverzeichnis

matutinus 326³
Maurtia 7¹ 71⁴ 82¹ 120⁴ 121³
mausoleum 77⁴ 78³
mavolo, mavis usw. *mavelim -vellem* 207³ 526⁴ 565²; vgl. *malo malle*
Mavors 48¹ 121³
Maxentius 291²
maxilla 207⁴ 208¹
Maximilianus 233⁴
maximitas 374²
Maximosus 342¹
maximus 89² 497²⁻⁴
fal. *Maxomo* 88⁴ 89³
me, med s. *ego*
meatus -ūs 354¹
meddix 338¹ 393²
medialis 155² 234³ 350⁴
medianus 324⁴
mediastinus 327⁴
medicari 550³
medicina 328¹
medicus 337³
medidie 155²
mediocris 391² 403¹
medioximus 498¹
meditari 548²
mediterraneus 287² 403¹
mediterreus 286⁴ 288¹
Meditrinalia 350⁴
meditullium 31² 295³ 391⁴ 403¹
medius 29² 126⁴ 167⁴ 278¹
Mediusfidius 290² 357²
Megalesia 146² 352⁴
mehe 'me' 174⁴ 463²
mehercules 270⁴
meiare 544²
meio -ere 127¹ 165⁴ 174²; imper. 2. pl. *mēite* 127⁴
mel mellis 213² 360³
Mela 'Μέλας' 455¹
Melerpanta 160³ 454³
meletric(-em) 231²
melior, -ius 50⁴ 496²·³
meliusculus 309¹
melligo 368⁴
melo -onis 363²
melum 'Apfel' 76¹
melus -i 'τὸ μέλος' 456²
membrum 45³ 206⁴
memento 33³ 571² 587⁴
memini 33³ 44² 81² 508⁴ 510² 586³ 588² 606¹; ptc. *-ens*, infin. *-ere* 545¹
memor 610⁴
memoratui 355¹

memordi perf. 586⁴
Mena 'Μηνᾶς' 454³
mendaciloquus 390⁴
mendax 376²
mendicus 339⁴
Menelavos 132³ 138³
fal. *Menerva* 46¹ 51³
mens -ntis 33³ 58¹ 98³ 193¹ 344⁴
mensa 197⁴ 617⁴
mensarius 298²
mensis 266³ 380³; gen. pl. *-um* 112³ 439³; *-uum, -orum* 452³; *-erum* 445² 451³
menstruus 303¹
mensura 146²
menta 160²
mentigo 369¹
mentio 366²·³
mentior -iri 556²
mentula 172³
mentum 'Kinn' 58⁴
meracus 340¹
mercari 546³
mercassitur 623⁴
mercatorius 288³ 300³
*mercedo 367³
mercennarius 200⁴
mercimonium 297³
Mercuris '-ius' 423⁴
merenda 331³
merent.ti 22³
meretrix 376⁴
merges 372⁴
mergo -ere 205³; pf. *mersi* 591³, ptc. *mersus* 616¹
mergus 276³
meridianus 325²
meridie 155¹·² 231⁴ 232⁴ 426⁴
meridies 267¹
meridionalis 264²
merito 270¹
Mero 'Nero' 361³
mers 'merx' 221³
mertare 205³ 548¹ 616¹
mesa 'mensa' 146²
Messala 324³
Messalina 326⁴
Messalla 184⁴
messis 29³ 197² 344⁴ 345¹
messor 197³
-met (in *me-met nos-met*) 464²
metior -iri 345¹ 556³
metreta 454¹
metuculosus 341⁴
metuo -ere 543²

metus -ūs 355⁴
meus 465¹; vok. *mi* 463²·³; *meo-pte* 466¹
mi 'mihi' 174³
mica 190¹ 279²
michi 173³ 174⁴
mici 175¹
micturire 533³
mieis 'meis' 46¹
migi 175¹
migrare 151¹
mihei, mihi s. *ego*
miles 63³ 372⁴; nomin. *-ess* 222², *-ex* 221⁴
milipeda 284¹
militare 545⁴
militaris 230¹ 231³ 350⁴ 351²
militia 292²; lok. *-ae* 412¹ 420²
milium 101¹
mille 63³ 491⁴; plur. *milia* (*millia*) 141³; sing. μείλιον 452¹
miluus, milvus 21³ 132⁴
mina 'μνᾶ' 75² 103¹ 190⁴
minărium 300¹
Minatius 289¹
minerrimus 498²
Minerva 179¹
mingo -ere 165³ 533³
minimissimus 499²
minimus 497¹
miniscitur 46³, 536¹ 562² 569⁴
minister 317⁴ 318¹
minitari 548³
minor, minus 497¹
Minous 278³
minuere 543³
minusculus 309¹
minutalia pl. 51¹
minutus 543³ 595²
Mircurius 45²
mirimodis 399³
mirus 190¹
misc imper. 93¹
miscellaneus 288¹
miscellus 309¹
misceo 203² 535⁴; *mixtus* 203⁴ 594⁴
miscix 377¹
misellus 306¹ 308⁴
miseret, -etur, -eo, -eor, -escit 553³·⁴
misericors 397² 4*¹
miserinus 327²
misero- (miser -era) 179²

misertus 96⁴ 97⁴ 553³
missicius 301⁴
missiculare 551²
missilis, -e 348²
misticius 204²
mitigare 550³
mitto, misi, missum 181²
 184³ 201² 539⁴ (vgl. *cosm-*);
 perf. 2. sg. *misti* 598²
mius 'meus' 46²
mo- 'meus' 465². ³
mobilitare 549¹
moderare 378⁴ 381²
modernus 322¹
modestus 378⁴ 381¹
modicus 337²
modius 290²
modo adv. 109¹
modulare 551¹
modus 378⁴
moechari 546¹
moechocinaedus 399¹
Moelattensis 76³
moenia pl. 65⁴
moenire 65³. ⁴
mo(v)ere 139¹
moerus 65³. ⁴
moestus 66³
moinicipieis 60⁴
moiros 65⁴
mola 44³
molecula 344²
moles 343⁴ 344². ³
molestus 100¹
molina 328¹
molior -iri 556²
molitor 359²
mollicellus 308³
mollire 543⁴ 556⁴
mollis 58¹
mollusca 340³
molo -ere 140⁴ 532⁴
Molossicus 337⁴
molta 'multa' 48³ 217¹
molucrum 314¹
momen 370¹
momentaneus 288¹
momentum 133⁴
moneo -ēre 31² 539² 540⁴
 541¹; perf. *monui* 594⁴
 597³; ptc. *monitus* 541²
monerint 596³. ⁴
monstrare 546²
monstrum 313² 381³
monstruosus 341³
montanus 324⁴
montuosus 341³

monumentum (moni-, mone-)
 87³ 89³ 370³
mora 238¹
mŏratus 13⁴
morbidus 330¹. ³
morbus 330³
mordeo: Formensystem
 604⁴; perf. *momordi, -imus*
 57³ 586⁴, *memordi* 588³. ⁴;
 ptc. *morsus* 541³ 588³
mordicus 337³
moribundus 332⁴ 333¹
morigerus 394³
morio -onis 364⁴
morior mori 57² 144¹, dep.
 506¹; prs. 1. plur. -*īmur*,
 inf. -*īri* -*īre* 568²; ptc. *mortuus* 57³, 132¹ 612³; *moriturus* 617²
mors 57³ 98³ 144¹ 342⁴ 344⁴
 345¹
morsicando 550³
mortalis 350⁴
mortarium 299⁴
morticinus 327³
mortualia pl. 350⁴
mortus '-tuus' 120²
mortuva 136² 303²
mos moris 379³
Mostellaria 146¹
moveo -ēre 541²; perf. *movi*
 133⁴ 595⁴ 597⁴; dazu *moram* usw. 599¹; ptc. *motus*
 133⁴
mucidus 329²
mucro 363¹
mulceo: pf. *mulsi* 203¹
mulctrum, mulctus 217² 313¹
mulgeo: pf. *mulsi; mulxi*
 203¹; ptc. (*e-*) *mulsus* 616¹
muliebris 206³
mulier 58³; vulglat. *muli̯ér-*
 242⁴ 243³
muliercula 307¹
mulio 365²
mulomedicus 390³ 398⁴
multa 190⁴ 217¹
multicius 217¹
multiforus 395³
multigenus -a 392⁴
multimodis 399³
multoties 494²
multumloquax 385¹
multus 'viel' 617⁴
mulus 207⁴
mundanus 324⁴
mundialis 351¹

mundities 296³
mundus adj. 201¹. ²
munia plur. 65⁴; abl. -*iis*
 451⁴
municipium 60⁴
munificior kompar. 498⁴
munimen 370¹
munimentum 370⁴
munio -īre 65⁴ 556³
munis adj. 268¹ 347³
munitare 548¹
†*muntu* 'multum' 215¹
munus -eris 378²
muraena 69² 75³
murcidus, murcus 329⁴
Murena 69²
murmillo 74⁴ 75¹ 361⁴
murmurare 57⁴ 74⁴
murra 52⁴
murrinus 321³
murtus 52⁴
murus 65⁴ 315²
mus 38¹ 41¹ 54¹ 220³ 244¹
Musa 'Μουσᾶς' 454³
musca 44⁴ 341¹
muscella (zu *mulus*) 207⁴
muscerda 192² 390⁴ 399¹
muscipula 311³ 390⁴
musculus 307¹. ³
museum 304⁴
musimo 103¹
musivum 'Mosaik' 304⁴ 305¹
mussare 548²
mustae 'μύσται' 52³
mustum 203³
mutilus 86³
mutuari 546³
mutuitari 548¹
mutuus 303². ⁴ 29*²
my- für lat. *mi-* 52¹

-*n(e)* Fragepart. 93¹. ²
nacca 454²
Naepor 134³ 188¹ 399¹
Naeus 188¹
Naevius 288⁴
naevus, Naevus 188¹ 302⁴
Nahartes 174³
nam 223⁴; (bei *quis*) 473⁴
nanciscor 533³ 536¹
nancitor 516¹ 536¹
nanna 182⁴
Nar 111²
nare (no, nas) 190¹ 531⁴
nares 343³
narita 76¹
narrare 183⁴

Nartes 174³
narus 188²
nascor 21²·³ 535⁴ 612² 614⁴, *natus* 36² 59³ 616³; vgl. *gnatus*
nasturtium 295²
Nasutus 334¹
natalicius 301³
natare 540³ 548³
natinare 551²
natio 366²·³ praen. *nationu* 227¹ 435¹
nativus 304¹
natrix 376⁴
natu (maior) 355²
natura 315³ 316¹
Naucrate abl. 447²
naufragium 293² 295¹
naufragus 391¹ 394⁴
Nauportus 399¹
nausea 77³ 180³
nauseare 552¹
naustibulum 391¹ 392¹ 399¹
nauta 453² 454²
navifragus 391¹
navigare 550²
navis 266³ 273⁴ 356³; abl. -*i* 440²
navita 454²
navus 55¹ 188² 302⁴
ne- n- 'nicht-' 33⁴ 44² 91⁴ 242¹ 386⁴ 387¹; vor Verben 565¹
nē zu gr. μή 70*³
-*ne* interrog. 91⁴ 92⁴
nē- 'nicht-' 33⁴
Neapolitanus 324³
lanuv. *nebrundines* 166¹ 169⁴
nebula 167¹
nebulo 361³
nec 'ne-que' 93²
nec- 'non-' 387¹·² 468³
necare 544¹
nec-erim 467²
necessarius 299³; kompar. -*rior* 498³
necesse 345²
nec-eunt 387²
necmancipi 387²
necopinans 387²
nec-recte 387²
necto -ere 539³; *nexui* 595¹; *nexus* 615³ 616¹
necubi, necunde 149⁴
nefandus 387¹
nefarius 178³ 290⁴ 299⁴

nefas, nefastus 387¹
nefrendes 387¹ 393⁴
praen. *nefrones* 166⁴ 169²·³
nefrundines 166⁴
neg- 'nec-' 387²
negare 387² 547¹
negibundus 332⁴ 387²
negitare 548¹
neglego 199² 232¹ 387² 565¹; pf. *neglexi* 591⁴
negotium 387² 81*³
negumare 387²
neive 'nē-ve' 64⁴
nemestrinus 351³
nemo 101¹ 110³ 174³
Nemorensis 353¹
nemp' 93²
nemus 378¹
neo, nēre 53⁴ 531⁴ 540⁴
nepos 144³ 406⁴
nepotia 283³
neps 'neptis' 449³
neptia 283³ 284¹
neptis 283³ 406⁴ 429⁴; akk. -*im* abl. -*i* 439⁴ 440⁴
Neptunus 354²
nepus 387¹
nequalia plur. 133⁴
nequam 33⁴
nequaquam 474¹ 483²
nequeo -ire (vgl. *queo*) 521³·⁴; *nequinont* 514³ 521⁴; pass. *nequitur* 521⁴
nequiquam 472⁴
Nerba 'Nerva' 139³
Nereus -ei 456³
Nero 361¹
nervus 101⁴
ne-sapius 395²
nescio 110³ 565¹
nescius 395²
nespila 144³
neu 64⁴ 70¹ 93²
neunt 3. pl. zu *nere* 567³
neụen '9' 7¹ 46⁴ 47¹ 487¹
neuna 7¹ 71¹ 133⁴ 492⁴ 493¹
ne-uter 70² 150¹; Fl. 472¹; gen. -*tri* 472² 480³
neven s. *neụen*
ne-vis ne-volt 526²
nex 274²·³
ni- (-*hil* -*mis* -*si*) 101¹
Nicaenus 120⁴
Nicepor 456¹
Niceros -onis 459⁴
nichil 174⁴
Nicias dat. -*ati* 460³

nictare 547³ 548²
nidor 188³
nidus 31² 112²
**nigēre* 554⁴
Nigidius 289²
nihil 101¹ 109² 224²; -*i* -*o* -*um* 424³
nil 174³
nimbus 45³
nimis 101¹ 109²
nimius 278¹
plur. *ningues* 274³
ninguit 166³ 533³ 534¹ (vgl. *nivit*)
ningulus 387²
nisi 101¹ 109² 179³ 387¹
nitor, nisus (nixus) 188³
niveus 286³
nivit 166³ 274³ 533³
nix nivis 190¹ 221¹ 274³ 55*²; akk. *nivem* 29³ 166³
nobilis 349⁴
nobilitare 549¹
nocentia 268¹
noceo -ēre 31² 44² 541¹
nocivus 304⁴
noctiluca 394⁴
noctu 357⁴
noctua 278¹ 283¹ 302¹
noctuabundus 332⁴
nocturnus 322¹·²
noctuvigila 284¹
nocuus 303³
noenu(m) 67² 472¹
no(v)icia 139¹
nolo, non vis, nolle 526⁴ 527¹; *nolim* 31²; imper. *noli*, ptc. *nolent-* 526⁴; *nolle* 141⁴
noltis 'ne voltis' 527¹
nomen 58⁴ 103³ 360³ 371¹; gen. *nominus* 435¹
nominatim 501³
nominitare 548³
nomus 'novimus' 599¹
non 67¹ 224² 424³
nonaginta 490²·⁴
nondin- 134¹
nonleba 'nolebam' 526⁴
nonne 92²
non-sensus -ūs 387⁴
nontiare 134²
nonus 133⁴ 492⁴
nos, dat. *nobis* 463⁴ 464¹·²; gen. *nostrum nostri* 464³-465¹
noscitare 548²

nosco novi (vgl. *gnosco*) 188¹;
  perf. *novi* 508⁴ 510² 594²;
  Kurzformen *nosti, nosse,
  noram nomus* 598⁴ 599¹
  602²; *notus* 612¹; *nosse*
  181³ 599¹
nos-cum 464¹
nostras -atis 345⁴ 346¹
nostratim 501⁴
nostro-, nom. *noster* 97³ 317⁴
  463³ 465⁴ 466¹
notesco 538⁴ (ē)
notitia 296³
notor 358²
nounas 133⁴
noundinum 69⁴ 134¹ 421²·³;
  vgl. *nundinae*
nountios 134²
no-us 'novus' 138¹
noutrix 69⁴
novacula 190¹ 313³
novarca 100⁴
novare 546³
novellus 308⁴
novem 487¹
novendialis 357⁴
novensides, -les 155⁴
noverca 315¹ 337⁴
novicius 307⁴
Noviodunum 493³
novitas 374¹
Novius 46⁴ 289³ 493²
novus 29¹ 131² 11*³
nox noct- 44² 149¹ 221³ 11*³
nox adv. 'nachts' 431³
noxia 292¹
konj. *noxit* 623²
noxius 290⁴
nubilis 347³
nubilus 86³ 311⁴
nubo -ere 190¹
nucifrangibula plur. 314²
  399¹
nucleus 287²
nudiustertius 357⁴
nudus 134² 330²
Nuember 135²
nugax 376³
nullus 119⁴ 306³ 472¹; gen. *-i*
  480³
praen. *Numasioi* 6³ 84³ 410⁴
numen 371¹
numerus 98³
Numidae 48⁴ 74³ 82³ 455¹
nummus 74⁴ 319²
nunc 468³
nunciam 126⁴

nuncupare 49¹ 107¹
nundinae, -um 134¹ 399³
  421³
nunquam 482³
nuntiare 547²
nuntius 107³ 134² 547²
-nuo -ere 563¹
nuper 401³; *nuperrime* 498²
nuperus 269⁴
nupta 614²
nuptiae 292²
nuptum dare 354³
nurua 284¹
nurus 50⁴ 178³ 276³ 356²
  76*⁴
nusquam 482⁴
nutare 547³
nutirices 104¹
nutricio 364³
nutricius 288³
nutrire 376⁴ 556³
nutrix 376⁴
nux 188⁴

ob praepos., *ob- obs-* praeverb. 157²⁻⁴ 204¹ 400⁴ 558³
obbripilatio 194³ 70*⁴
obdormisco 536¹ 537¹ 538³
obex u. *obiex*, gen. *obicis*
  128²⁻⁴ 393⁴
obiter 500³
obitorunt '-rum' 221⁴
obitus akt. 613²
oblitterus 268³ 398³
  plur. *oblivia* 116³ 294³
oblivio 366¹
obliviscor 136³·⁴ 536¹;
  oblitus 536¹ 617¹
oblivius 290³
obnoxiosus 342¹
obnoxius 290⁴ 400⁴
oboedio -ire 65⁴ 66²
obrussa 11⁴ 52⁴ 180⁴
obs- 157⁴ 558⁴
ob- -sacro 562³
obscaenus 68³
Obsce 203⁴
obscoenus 66³
obscultat 'auscultat' 72⁴
  194³
obsecundare 'obsequi' 331²
  562³
obsequela, -ella 312²
obses -idis 393⁴
obsetrix 232⁴
obsidio 366¹
obsidium 294³

obsolesco 86³ 538⁴; *-evi* 594³;
  -etus 617³
obsonatu redire 354⁴
obsonium 157³ 194³ 296¹
obstaculum 313³ 389⁴
obstetrix 376⁴
obstupesco 537⁴; perf. *-pui*
  87³
obticeo 538¹
obtusus 615⁴
obtutus -ūs 544³
obvagulare 551¹
obviam 270³
obvius 386³ 388³
occa 268⁴
occansio 146²
occantassit 84³
occasio 366²
occasus ptc. (*sol*) 613³
occiduus 303³
occipitium 87⁴ 295⁴
occiput 295⁴
occulo 33³ 85⁴ 532³
occultare 547³
occultus 85³
occupare 549²·⁴ 575³
ocimum 498¹
ocior -ius 34³ 53⁴ 496²
oclus 97³ 103¹
ocris 31³ 343²
Octavianus 325⁴
octavus 55¹ 492⁴
octemo 'optimo' 197¹
octo 44² 62¹ 148² 485² 487¹
Octrobres 230² 233¹
oculeus 286³
oculus 44² 148² 311²
odarium 300¹
odefacit 155⁴
odeum 69³ 78³
odi -isti -isse 31³ 508⁴ 510²
  590¹·²
odiosicus 337⁴
odiossus 181¹ 341³
odire 545¹
odium 31³ 294³
odor (odos) 31³ 377⁴
odorus 278³
Oedipus 456⁴
oenigenos 65³ 395³
oeti, oesus 61¹ 65²·³
ofella 184² 306¹
offendix 167⁴
offensa 614³
officina 96² 328¹
officiperda 280³ 390⁴
officium 96² 210³ 293²

Ognus 199⁴
oino- 'uno-' 61¹
Oinomavos 138³
Oinumama 61¹
oinuorsei 48¹ 61¹ 135¹·²
pael. oisa aetate 65¹
oitile 61¹ 65¹
olea 138¹; s. oliva
oleaginus u. -neus 287³
oleaster 319¹
olefacio 109²
oleitas 374⁴
oleo -ēre 155⁴
olēre/olĕre 544³
olesco 86³
oletas 374⁴
oletum 'olivetum' 335²
oletum (olere) 335³ 617³
oleum 47² 65¹ 106²
olfacio 109² 155⁴
oli 'olim' 224⁴
olim 470³ 482⁴
Olipor 134³ 399¹
olitanus 470³
olitorius 'hol-' 300⁴
oliv-/ole- 138¹
oliva 47² 65¹ 84² 141²
olivitas 374⁴
olla 'aula' 20⁴ 72² 141⁴
olle 'ille', mit nom. ollus,
  dat. olli ollis; ollaber:
  470²·³; vgl. olim
ollicox 72³ 394¹
ab oloes 95² 416² 428⁴
Olus 'Aulus' 72²
omen 371¹; vgl. osmen
omines 'omnes' 104²
omitto 184²
ommentans 201³ 548¹
ommoveo 201³
omnia 129⁴
omnigenus 399³
omnino 327³ 499⁴
omnipotens 396¹
omnis 201⁴ 347³; plur. nom.
  -īs 440³, akk. -īs 440²
onus 378¹
onustus 381¹
opacus 157² 340²
opeinod 'opinor' 223¹
opera fem. 279² 452²
operculum 313⁴
operio 202¹
opifex 393²
opificium 96²
opilio 134³ 365²
opimus 319⁴

opinari 366⁴
opinio 366¹
opinus 268³ 328⁴
opiparus 390¹ 394⁴
Opis nom. sg. 449¹
opitulus 384³ 390² 394⁴
opituma 'optuma' 318²
oportet 202¹ 553²
oportunus 323¹
opos 44³ 94²
opperibor fut. 578²
oppidanus 324⁴
oppodum 100⁴
opportunus 323¹·¹
Opscus 203⁴
opsideo 157³
optare 547³
optimates 345⁴
optimus 89² 316⁴ 318²
optio mask. 366³
optio fem. 366³
optumo 88³
opulentus 336¹·³
opulesco 554³
opus 378¹
oquoltod 'occulto' 33³ 49³ 87¹
  137³ 194²; 54*⁴
ora 279²
oraculum 313³
orata 72³
Orbona 324¹
orbs 'orbis' 449³
orbus 44² 140¹ 167¹
Orcus 175⁴
ordia prima 271² 294⁴
ordo 114¹ 360⁴ 363⁴
oreae 72⁴
Orestilla 284⁴
Orfeus 162²
oricilla 72²
oricula 'aur-' 72³
oridurius 290⁴
origa 'aur-' 73¹
originatio 366³
origo 368³·⁴
Orion: ŏ- 115⁴ 116¹
orior -iri 568²; -ĭtur/-īrī 545¹;
  oriturus 617²
ŏrĭundi 129⁴
oriundus 331¹ 332¹ 583⁴
ornare 97⁴ 218³
ornus 96³ 99² 321²
Orucleius 'Auruncul-' 72³
orum 'aurum' 72³
os ossis 44² 149³ 172² 220³
  11*³
ōs ōris 380²

oscedo 367³
oscen 93⁴ 157⁴
oscitare 548⁴
Osculana 'Ausc-' 72³
osculari 307³
osculum 307³ 381²
Oscus 203⁴
Osdroes, -eni 207¹
osmen 'omen' 205⁴
ospicatur 72⁴
ossifraga 390²
plur. ossua 452⁴
ostendo -ere 157⁴; perf. -endi
  602⁴ 603¹
Ost(i)ensis 130²
ostentare 548²
Ostia 279²; -ensis 352³
ostiarius 298²
ostiatim 501³
ostigo 369¹
ostium (ō-) 21²
ostrinus 121² 327³
Ostroene 207¹
ostrum 268²
Otho 162⁴ 163¹·³
otimo 'opt-' 197¹
Ottobres 196⁴
*ova (zu ovare) 268⁴
ovalis 72*³
ovare 46⁴ 74⁴
ovile 350²
Ovios osk. Praen. 47¹ 139⁴
ovis 44²·⁴ 131² 343²; abl.
  -i/-e 437²
ovum 34³
oxa 'ossa' 204¹
oxime 498¹
oze 'hodie' 11⁴ 130⁴ 173⁴

paastores 13¹
pabulum 206⁴ 314² 535⁴
paciscor 34⁴ 151⁴ 536¹
pacunt 536¹
Pacu(v)ius 136²
Padanus (zu Padus) 265²
paedicare 552¹
paelex 69²
paene 68⁴
paenitentia 291⁴
paenitudo und -turum 234³
paenula 86¹ 160² 454¹
paenularium 300¹
fal. pafo 7¹ 577⁴ 578³·⁴ 28*⁴
paganicus 338³
paganismus 319⁴
paganus 325¹
pagatim 501³

pageius 289⁴
pa(v)imentum 139¹
Painsscos 69² 219¹ 309³;
  vgl. *Paniscus*
pakari 6⁴ 10³ 581³
Palatinus 327¹
palea 58²
palleo, -esco, pf. *pallui* 537³ 538¹ 552⁴
pallidus 329²
pallium 296²
pallor 379². ³
palma 60¹
palm(is) et crinibus 382⁴
palmipes 403⁴
Palostica 339²
palpare 186⁴
palpebrae 198³ 548⁴
palpetrae 198³ 231¹
palpitare 314⁴ 548⁴
pălus 207⁴
palūs: nomin. *-ŭs* 109²
palustris 351³
panacea 78³
pancratice 455⁴
Panda 279³
pando -ere 200⁴ 201⁴; ptc. *passus* 114³ 615¹
pango -ere 151⁴ 533³ 534¹; perf. *pepigi, panxi, (com-) pegi* 605⁴
Panhormus 175⁴
panicum 338¹
panis 209⁴ 210²
Paniscus 309³
panna 201²
pannus 320²; abl. *-ibus* 452⁴
Panormitanus 324³
pa(v)or 138¹
papaver 610⁴
papertatem 73⁴
papilio 382²
papilla 382²
Papirius/-isius 178⁴
pappare 182⁴ 382²
papula 382²
par 220⁴; *pariter* 500¹
paramma 454⁴
parare 'rüsten' 549⁴
pararium aes 299²
parasitaster 319¹· ²
parcarpus 232¹
parco -ere: perf. 605⁴; *peperci* 586¹ 588¹; *parcui* 595¹; *parsi* 203¹; ptc. *pepercitus* 617¹; konj. *ne parsis* 622². ⁴

parcus 277³
parens sing. 266⁴; plur. 283² 583¹; gen. *-um/-ium* 437²
parentare 547¹; *-atid* 571³· ⁴
parentela 312²
paricida 180² 183⁴ 280³ 281¹
paricidas 281¹
paricidium 293²
paries 132²; Formen: nom. *-ens* 146³ 373¹; akk. *parietem* 242⁴ 243⁴, vgl. plur. *paretes* 130², auch *aries*
Parilia pl. 231² 350²
parilis 347⁴ 70*²
pario -ere 58³ 545¹; inf. *parire* 545¹ 568², fut. *-ibo* 578²; perf. *peperi* 568¹, vgl. fal. *peparai*; ptc. *partus* 'erworben' 615⁴, *paritura* 617²; dazu *parens, parentes*
parochia 77³
parra 99² 180² 186⁴
pars 60² 345¹; akk. *-im*, abl. *-i* 440⁴· ⁴, plur. gen. *-um* 439¹
parsimonia 297³
partecta 382⁴
particeps 384³ 392⁴
particulo -onis 361³
partim adv. 501¹· ²
partior -iri 556²
partitudo 367⁴
parturire 557¹
parum 138¹
parumper 401³
parvulus 49² 85⁴ (*-vol-*) 86⁴ 308³
parvus 49² 101⁴
pasceolus 75⁴ 160²
pasco -ere 535⁴
pascua pl., adj. *-uus* 303³
passar 100³
passim 501²; *passi(m)* 224⁴
passivus 304²
passus (uva) 114³
passus -ūs 354¹; plur. gen. *-um* 443⁴, nom. *-i* 450²
pastillus 143² 306²
pastor 358⁴, vgl. *paastor*
pastoricius 301³
Patavinus 327¹
patella 306¹
pateo -ēre 50³
pater 31³ 44¹ 359²; nomin. 38¹
patera 306¹

paterculus 307¹
paternus 321¹
patibilis 349¹ 71*¹
patibulum 314²
patina 74³ 306¹ 320⁴ 29*²
patraster 319¹
patria 292⁴
patricius 301³ 338¹
patrimonium 297¹
patrimus 319⁴
patriota 334³
patrissare 551⁴
patritus 334¹
patrius 288³
Patro u. *-on* 457⁴
patrocinium -cinari 551³
patronus 323⁴
patruelis 54⁴ 350³
patruus 303¹· ²
patulus 311²
pauciens 494²
paucus 61⁴ 340⁴
paulatim 501³
paulisper 401³
paullo-/paulo- 141⁴
paullus 141⁴ 207⁴ 306²
Paullus 72² 141⁴
paulum 61⁴
pauper: fem. *-a*, mask. *-o-* 284²
pauperies 285²
paupertas 374²
paupertinus 327³
pausa 455³
pauxillus -um 208¹ 309¹
paveo -ēre 49⁴
pavidus 329³
pavimentum 370⁴
pavio -ire 568¹
pavitare 548²
pavo 363¹
pax 34⁴ 274⁴
paxillus 207⁴
pē 'πεῖ littera' 4³ 78³
peccare 196²
pecten 363⁴
pecto -ere 539³
pecu 44⁴ 148²; nomin. *-ū* 409² 441⁴
peculatus -ūs 354¹
peculium 350²
pecunia 323¹
pecus -udis 392¹
pedaneus 268⁴ 288¹
pedes -itis 275¹ 372⁴ 391²
pedestris 351⁴ 352¹
pedetemptim 501²· ⁴

Wörterverzeichnis

pedica 307⁴
pēdis 'Laus' 205³
pedisequus 394³
peditastellus 319¹
pedo -ere 205³ 532²
peierare 546⁴
peior peius 126³ 496²·³
pelagus -i 74² 456¹
pelegrinus 230¹ 231²
Pelides 121²
pellacia 376²
Pellaeo (ae kurz) 77¹ 106³
pellax 376²
pellego -ere 212⁴
pellicator 549⁴
pellio -onis 361³
pelliris 231³ 350² 351²
pellis 213³; pl. nom. *-eis* 440³
pello -ere 213²; pf. *pepuli* 586³ 588²·⁴; ptc. *pulsus* 616²
pelluvium 391¹
peluis, pelvis 132⁴ 429⁴; akk. *-im* 439⁴ 440⁴
peminosus 370²
pena 'poena' 66³
penates 345⁴
pendēre/-ĕre 553¹; pf. *pependi* 586¹ 588²
pendulus 311²
penes 378² 412²
penetrabilis 349³
penetrare 551⁴
penita offa 333⁴
penitus adv. 500⁴
penitus adj. 269⁴
penna 200⁴ 209⁴
pensilis 348²
fal. *pe-parai* 22¹ 84³ 95¹ 586¹ 588¹ 606³
pequnia 10³
per- praeverb. 559²
per- Praefix 'sehr' vor Adj. und einigen Verben 401²
-per (parum-per nu-per usw.) 401³
peragrare 564¹
percellere 214⁴
percolopare 75² 88¹ 160²
percupere 401³ 565³
perdagare 562³
perdo -ere 167⁴ 527³
perduellis 131⁴ 346⁴
perduim konj. 528³
peregre, -i 426⁴
peregrinus 327³
perendinus 321⁴

perennis 346⁴ 402⁴
perenniservus 399²
peres 'pedes' 155¹
perfacilis 79⁴ 401³
perficus 395¹
perfidus 402²
Pergamenus 323³
pergo -ere, perrexi 96⁴ 558¹
pergraecari 546¹
periclitari 549¹
periclum 20³ 104³
periculosus 341⁴
periculum 313³
perihodus 175⁴
periurare 546¹
periurium 293² 295³
periurus 402⁴
perlibet 401³ 565³
permixto imper. 571³
perna 107⁴ 210⁴
pernicies 285²
pernio 365³
pernix 377¹
pernonida 362⁴
pero -onis 363²
per-opus est 401³
Perpenna 213²
perperitudo 269⁴
Perpertua 233¹
perperus 269⁴
perpes -etis 394¹
perpetior 83⁴
perpetuus 303³
perplacet 565³
perquam 401³
persentiscere 536¹ 538³
persolla 306³
persona 117³ 324¹
perspicax 376¹
perspicuus 303³
pertaesum est 553²
perterricrepus 396³
perterritus, -rreo 401³
pertica 338¹
pertinax 401³
pertisum 91¹ 6*¹
pervelim, per- -velim 401⁴ 565³
pervicus 395¹
pervigil 400⁴
pes pedis 31² 156³ 274³
pesestas 374⁴
pesna 207² 209⁴
pessica 211²
pessimus 496² 497³
pessulus 74⁴ 85⁴
pessum (ire, dare) 354⁴

pestilens 336³
pestilis 268² 347⁴
pestilitas 116⁴ 374²
petaur- -eur- 77⁴
peto -ere: perf. *-ivi* 594³; *-ii* 600¹·² 601¹; ptc. *-itus* 617² *petorritum* 50² 486³ 489¹ 32*¹
Petreius 151³
Petrucorii 50² 489¹
petulans 337³ 550⁴
petulcus 337³
peuma 'πῆγμα' 199⁴
Phaethon 120⁴
phalerae 74³ 81⁴
pharétra 242¹
phaseolus 75⁴
Phasianus 323⁴
Philadespotus 390³
Philematio -onis 458¹
Philhetaerus 175⁴
Philippeus 286⁴; vgl. *Philippus* 239⁴
phimus 75³
Phorcus 456³
Photus 'Πόθος' 161¹ 233²
Phrates 119⁴
phrygio 101³ 365¹
Phutio 'Πυθίῳ' 161¹
phyrgio 101³
piacularis 350⁴
piaculum 313³
piare 546³
picea 286⁴
Picentes 345³ 346¹ 373²⁻⁴
picus 275⁴
piens mit Superl. 499¹
pietas 82² 374¹
pigerrimus 497³·⁴ 498²
pigmentum 370³
pignus 378²; plur. *pignosa* 179³
pigro- adj. 315²
piissimus 499¹
pilani 325¹
Pilotaerus 390³
pilum 63³ 208³
pilumnoe poploe 322⁴
pincerna 21² 120² 454²
pingo -ere 151⁴ 533³·⁴ 70*²
pinguedo 367³
pinguis 165³ 32*²
pinso -ere 533³·⁴; ptc. *pistus* 615⁴, *pinsitus* 617¹
Pinus cogn. 120¹
fal. *pipafo* 7¹ 578¹·³·⁴ 28*⁴
pipare 382³

piper: ī 55⁴ 56²
piperatorium 301²
pipio-onis und *pipio-ire* 382³
pipita 133³
Piraeus 456³
pirata 78²
piraticus 338²
pirus 51²
Pisatilis 348²
Pisaurese 146¹ 227⁴ 352³
Pisaurum 239⁴
piscari 546³
piscatorius 300⁴
piscicapus 394³·⁴
piscina 328¹
piscosus 341³ 342¹
pisculentus 336²
pisinnus 320⁴
Piso 363¹
pistillum 208³
Pistorienses 352³
pistrina, -um 328¹·²
pistrix 233²
Pithecium 309³
pitsinnus 181³
pituita 334¹
piissimus 90⁴
pius 106¹ 187²; superl. *pix* 274¹
placare 550¹
placenta 455¹
placeo -ēre, -et 553³; ptc. *placitus* 613³ 617¹
plaga 76¹
plagare 76¹ 546²
plagipatida 394⁴ 458⁴
planities 296³
planta 172³ 201¹
plantago 369³
planus 320²
platea 65¹ 287¹
Plato nomin. 457³
plaudo -ere 72⁴
plaustrum 72⁴
Plautinus 326³
plebeius 289³
plebes 285² 343⁴ 344²; gen. *-i -ei* und *-is* 444¹ 446⁴ 447¹·²; vgl. *plebs*
plebitas 374²
plebs 221⁴ 266³; nomin. 447²·⁴ 449⁴; vgl. *plebes*
plectilis 348¹
plecto -ere 190⁴ 539³; ptc. *plexus* 616¹
plector -i 'gestraft werden' 539³

plenus 320¹ 611⁴
plenu(s) fidei 227²
pleo (meist Kompos.) *plere* 531⁴ 539² 540¹·⁴ 563¹; perf. *plevi* 594² 597¹; Kurzformen 599²
pleores 496⁴
plerique 384²
plerus 315² 384²
Plhegusa 162¹
plicare 46⁴ 549⁴ 562²
plisima 496⁴
plodite 72⁴
ploeres 496⁴
ploirume 88³ 427² 496⁴
plorare 231² 315²; fut. *plorassit* 622¹
plostrum 21³ 72⁴
Plotus 72³
plouruma 66⁴ 496⁴ 497¹
plous s. *plus*
plovebat 135²
plumescere 555²
pluo -ere 135² 543¹ 562²; perf. *plūit* 595³
plurativus 304³
plures 497¹; ntr. *plura* 436³; plur. gen. *-ium* 438¹
plurimi 496⁴ 497¹
pluriores 499²
plus, alt *plous* 496⁴ 497¹
plusculum 308⁴; plur. *-uli* 267² 309¹
plusima 179³ 496⁴ 497¹
plusscius 395²
pluvia 292⁴
pluvius 136¹ 290³
po- praeverb. 158² 561³
pocillum 143²
poclum 102³
pocolom 86¹
poculum 29³ 36² 53⁴ 62¹ 86¹ 102²·³ 103¹ 153⁴ 313³
podager 456¹
Podlouquei-que 7¹ 71⁴ 152²
poella 51¹
poematis 'ποιήμασιν' 456⁴
poena 65³ 66¹ 151²·³
Poeni 65³ 160² 235²
poenitet 66³
poeta 77³ 454²
pol 71⁴ 242¹ 269⁴
Pola 72² 141⁴; vgl. *Polla*
Polcer 48³
polenta 184² 334⁴
polio -ire 158²; pf. *polivi* 64⁴
Polla 20⁴ 72² 141⁴

pollex 375⁴
polliceri 212⁴
polliciarus 46² 517⁴ 545¹
pollicitari 547⁴
pollinctor 213³
pollingere 213³ 533⁴
Pollio 72² 141⁴ 364⁴; gen. *Póllionis* 13⁴ 21²
Pollitta 284³
pollubrum 314³
polluceo: perf. *polluxi* ptc. *poloucta* 21² 593²
Polluces 71²·⁴ 215¹; vgl. *Pollux*
pollulum 72²·³ 141⁴
Pollux nomin. 108⁴ 266³ 449³
Poloces 69⁴
Polouces 71⁴
poloucta s. *polluceo*
polubrum 158² (vgl. aber *poll.*)
polypus 76² 456⁴
pomerium 91² 209² 295⁴
Pompe(i)i 289⁴
Pompeiani 324²
Pompeius 127² 151³ 289⁴; vok. *-ei* 424²
Pomponius 288⁴
Pomptinus 215⁴
Pomptius 493²
pondo 378⁴
pondus 31² 378⁴
pone adv. 209¹ 238³·⁴ 239¹ 320³
pono -ere 97⁴ 99² 206¹ 534³; perf. *posii, posui* 601¹ 605⁴, *poseit* 600²; *po-sivi* 64⁴ 594² 606³; ptc. *positus* 158² 179³ 616³, *postus* 96² 616³
pons -ntis 172¹
Pontius 151³
pontufex 87³ 393²
popina 151²
poples, plur. *-ites* 382²
poplicus 103² 117² 338¹
poplifugia 295²
poplus 86⁴ 103²; dat. *-oi* 426¹; *-oe* 95² 414² 427¹
populari 546¹
popularis 350⁴ 351²
populeus 286²
populneus 287³
populnus 97⁴ 321²
por- praeverb. 559¹ 561³
-por 'puer' 134³
porca 282³

porcacla 154¹ 233²
porcellus 143². ³ 306¹ 309⁴
porceo -ēre 158²
Porcius 289²
porculetum 335²
porculus 143² 309³
porcus 275⁴
porgere: imper. *porge -ite* 214²
porod 426¹
porricio -ere 214² 82*²
porrigo -ere 369¹; vgl. *porgo*
porro adv. 140³ 426¹
porrum 57³
Porsenna 279⁴
portare 96⁴ 547³ 548⁴
portentuosus 341³
porticus 356¹
portio 366³
portitor 359²
portorium 234³ 301²
portulaca 340¹
**portulaceus* 287⁴
Portunus 323¹ 354¹
portus -ūs 57³ 354¹
pos 'post' 209³
posca 341¹
posco -ere 33³ 57³. ⁴ 203² 211³ 535³ 536⁴; perf. *poposci, peposci* 586¹. ⁴ 588²
poscinummius 396⁴
Posilla 72³
posimirium 91²
positio 366²
positura 315³
posmeridianus 209²
possibilis 348⁴
possidere 565³
possum potest posse 522¹ 524⁴ 525¹ (vgl. *potesse*); perf. *potui* 525³
post, poste 92³ 70*²
postea 483²
posteicuus 340² 443³
posteria 290³
posterior 316⁴
posthac 239² 270³ 483²
posthumus 318²
posticus 340²
postidea 561²
postilena 323³
postilla 270³
postis 343²
postliminium 189² 295⁴
postquam 270⁴ 484³
postremus 317⁴
postremissimus 499²

postridie 97³ 384² 426⁴ 444⁴
postulare 154¹ 208³
postularia ntr. pl. 299⁴ 351¹
Postumius 288⁴
postumus, Postumus 88³ 318¹. ²
potare 548¹
pote, potest usw. 525¹
pote fuisset 525³
*potens, *potēre* 525³
potentia 291³
poterint fut. 523¹
potesse potest 525¹
potestas 374³
potestur pass. 525³
Pothinus 327³
potin, potisne 239². ³ 525¹. ²
potior, -ius 496²
potis (sum) 44² 156³ 466² 496² 565³
potorium 301¹
potus 36²; akt. 613⁴
poublicom 69⁴
poumilionom 69⁴
poveri 'pueri' 135³
prae 60⁴ 95² 106³
prae- vor Adjj. 400⁴ 401¹
prae- praeverb. 559². ³ 561²
praebere 119³
praeceps, praecipes gen. *-ipitis* 87⁴ 94³ 388² 392¹. ⁴ 397⁴ 451¹; Kasus *-i -ia -ium* 438²; abl. *praecipe* 451¹
praecipuus 303³
praeclarus 315²
praeco -onis 96² 361⁴
praecordia pl. 295⁴
praecox 393³
praeda 119³
praedabundus 333¹
praedari 546³
praeditus 527³
praedivinus 268³
praedo 361³
praedotiont 366³ 561²
praefamino 572⁴
praefectianus 326¹
praefectorius 301¹
praefectura 315⁴
praefica 395¹
praefiscini 81³
praegnant- 146³ 451¹
praegnare 267³ 77*³
praegnas -atis 345¹ 398¹; ntr. plur. *-ia* 438²
praegnata fem. 284²

praegnax -acis 221⁴
praeiudicium 399⁴
praemium 119³ 293³ 80*⁴
Praenestinus 327¹
praenomen 371¹
praenuntius 268³ 400⁴
praepet- 394¹
praeposterus 398¹
praerogativus 304¹
praes -dis 119³ 136³ 392² 399⁴
praesens 294³ 523³
praesentaneus 288¹
praesentarius 299³
praesertim 440¹ 501⁴
praeses 393¹. ³
praesidium 294¹. ³
praesse 'prae-esse' usw. 119³
praestigiae 232⁴
praestit- 275²
praesto 'praes sto' 565³; perf. *praestavi* 605³
praesul 393³
praeter 316⁴ 500³
praeterea 483²
praeteritus 613²
praeterquam 484³
praetor 119³
praetoriani 325¹
praetoricius 301³
praetorium 301¹
praetorius 288³
praetura 315⁴
praeut 270³
praeverbium 295⁴
praevides pl. 119³
praifectos 60⁴ 67²
Prancatius 233²
prandēre: perf. *prandidi* 587³
prasiniani 326¹
pravicordius 290⁴
preces plur. 33³ 274³
precula 101³ 102¹
prehendo -ere 106³ 119³ 165¹ 173² 315¹ 533⁴; perf. *prehendi* 603¹
preivatod 63¹
prelum 208² 212² 311³
premere: perf. *pressi* 591⁴ 593¹
prendo -ere 106³ 120¹ 174³
pretium 278¹
pretod 6⁴ 68¹ 223¹; *pretor* 68¹
Prhonimus 162¹
pridem 317⁴ 467⁴; *pride* 224⁴
Prifernum 170¹
priic 'pridie' 130⁴

primanus 325¹
primarius 299²
primatus -ūs 355³
primicerius 290⁴
primigenia 290⁴
primipilus 399³
primiscrinius 399³
primitiae 296³ 304³
primitivus 304³
primitus adv. 500⁴
primogenia 390²
primordium 295¹
primores plur. 386³ 497²
primulum 309²; vgl. adj.
  primulus 308³
primus 317⁴ 492¹ 497³
princeps 93⁴ 97¹ 107³ 215³
  390² 391¹ 394² 80*⁴
principatus -ūs 355³
principium 293²
prior 317⁴ 496¹⁻³
priscus 21² 317⁴ 340³
pristinarius 233²
pristinus 317⁴ 321⁴ 496¹
prius ntr. 317⁴
priusquam 484³
privare 546³
privatim 501³
privatus 501³
privera 315¹
Privernum 170¹
priviclioes 428⁴
privignus 113⁴ 277³ 494⁴
privilegium 295³ 494⁴
privus 302⁴ 494⁴
prō- prŏ- (prōd-) 106³ 560²⁻⁴
  561²: praeverb. u. praepos.
  111¹ 156³ 559²·³ 560²·⁴
  561²; *prō-* für gr. προ-
  560³ 563²
proauctor 403²
proavus 106³ 403²
probare 546³
prōbēre 'pro-hibere' 119²
probus 276³
procare, procax 376³
proceres plur. 70*²
procerus 315²
procestria plur. 295⁴
procitare 544⁴
proclivis 398¹
proconsul 386⁴ 388³·³ 403²
procurvus 388⁴
procus 33² 44² 277¹
prod- 560² 561¹
prode (est, fit) 271² 562⁴
prodigium 294³

prodigivus 304⁴
prodigus 277³
prodiguus 303³
prodinunt 514³·⁴
proelium 65⁴
profanare 563³ 564¹
profanus 402⁴
profecto 241³ 270³ 561¹
proficisci 536¹ 538³ 561¹ 612²
profligare 549⁴
profluvium 294²
profugus 395¹
profundus 398¹ 560⁴
progenies 285²
prognatus 188²
Progne 199⁴
progrediri 568²; *-imino* 572⁴
proh 173² 175³
prohibeo 106³
prohibessis 622¹·² 624²
proiecitad 128² 571³·⁴
pro(i)icere 128¹·⁴
proin proinde 119²
proles 119² 343⁴ 392²
proletarius 298³
prologus 74⁴ 277² 560³
prolubium 295¹
promerces 403²
promereor, -itus 403¹·²
promo -ere 119²; perf.
  prompsi 591⁴
promptuarius 299³
promptus 113³ 119³ 613¹
promunturium 301²
promus 277²
promuscis 74³ 231⁴
promutuus 403¹
pronepos 403²
pronomen 403²
pronus 320³
propagare 560⁴
propages 344¹
propago -inis 363⁴ 560⁴
propalam 401¹
prope 157¹
propediem 270⁴
properies 285²
propin 120²
propinare 552² 560³
propinquare 546¹
propinquus 340³
propitius 296¹
propius 'proprius' 230¹
Propoētides plur. 77³
propola 560³
propritim 501⁴
propter 96² 316⁴ 500³

propterea 483²·³
propudium 295¹
Proqilia 10³
prora u. *proreta* 69³
prorsus 114¹ 119² 136³
prosa 119² 136³ 211² 614³
Prosamus 75⁴
proscaenium 295⁴
proseda 393³ 394²
Proserpina 82⁴ 233¹ 560³
prosper 395¹
prostibulum 402⁴
prostrare (zu *prostratus*) 267³
prosum, prodesse 522¹
Protemus 76³ 160³
protervus 561¹
Protesi-Laodamia 234⁴ 403³
prothymiae 75³
protinam, -nus 82⁴ 321⁴
prout 121²
provincia 292⁴
proximior 499²
proximitas 374²
proximus 498¹
pubent- 451¹ 555³
pubes -is 344³
pubes -eris 344³ 380⁴
pubescere 555³
publicanus 325¹
publicus 117²
pudet, -itum est 553²·³
pudicitia 109³ 248³
pudicus 339⁴
pudor 379³
puella 284³ 307³ 310²
puellatorius 301¹
puer 93¹ 98³ 135⁴; fem. 282³;
  vok. *puere* 424¹
puerascere 536²
puerilis 350²
pueritia 296³
puerpera 81³ 97⁴ 391¹ 394⁴
puerperium 383⁴
puertia 98¹
pugil 94⁴
pugilice adv. 455⁴
pugillus 143² 306²
pugio -onis 365³
pugna 266² 268⁴
pugnare 266² 546⁴
pugnax 376³
pugnus 320²
Pulades 52³
pulchralia 351¹
pulchro- 163¹·²
pulcrho- 162¹
pulex 186⁴

pullicenus 327³
pullities 296³
pullitro- 318³
pullus 208²
pulmentum 48³ 218² 370²
pulmo 101³ 371⁴
puls pultis 74⁴
pultare 548¹
Pultiphagonides 362³
pultiphagus 394⁴
pulvillus 306³
pulvinar 350⁴
pulvinus 321²
pulvis 380²
pumex 375⁴
Pumilio 365²
pungo -ere 533³; perf. *pupugi, pepugi* 587³· ⁴ 588¹
Punicanus 324³
puniceus 286³
Punicus 65⁴ 66¹ 235²
punio -ire 65³· ⁴ 66¹
pupilla 143³
pupus 382²
purgare 96⁴ 550³
purigare 96⁴
purime 498¹· ³
purpura 52⁴ 74⁴ 160²
purpurascit 536³
purpurescere 555²
purpureus 286³
purpurissum 456⁴
purulentus 336²
pus puris 380²
pusio -onis 364⁴
pută imper. 109³
putare 546⁴
puteo -ēre 154²
Puteólis 243³ 305³
putidus 329³
putrere 554⁴
putridus 329²
Pyragmon 199³
Pyrrhus 140³
pytissare 232⁴

qoi 6⁴ 10³ 476¹
quactilis 133²
quad 'quoad' 121¹
quadrag-esimus -eni -ies 492¹
quadraginta 198³ 490²· ³
quadrans 489³ 583²
quadratus 198³
quadriennis 391³
quadriga 129¹
quadru- 50² 87³ 198³; 488⁴

quadruped- 386¹ 390² 392¹ 397² 489¹
quadrupedant- 396¹
quadrus 488⁴
quaero -ere 178²; perf. **quaessi, quaesivi* 591³ 594³; ptc. **quaestus, quaesitus* 617²
quaeritare 548³
quaeso, -umus 623²
quaestor 358⁴
quaestus -ūs: gen. *-i* 442³ 448¹
quaglator 133²
qualis 350¹ 483³
qualitas 483⁴
qualus, quallus 208¹· ²
quam 484¹· ²
quamde 482⁴
quamquam 474³ 484²
quansei 'quasi' 110⁴ 212²
quantus 483⁴
quaraginta, quaranta 199¹
quare 270²
quartus 114¹ 492²· ³
quassare 548¹; ptc. *-ans* 583⁴
quasi 109² 110⁴
quasillus 184²· ³ 208¹
quatenus 495²
quater 50² 198³ 494¹
quaternio 495²
quatio -ere 172³; perf. *quassi* 591³ 593¹
quatriduo 198⁴
quattor 133³
quattuor 50² 131⁴ 133¹ 219³· ⁴ 486²
quattus 486²
quaxare 133² 547¹
-que 23² 44² 91⁴ 92² 148³ 240²· ⁴ 241⁴
queentia 521⁴
Queinctius 217²
queistores 68¹
queo quire 521³-522¹; 2. sg. *quis*; pass. *(ne)quitur* usw.
quercetum 276³ 335³
quercus 156⁴
querela 312²· ³
querimonia 297³
querneus 287³
quernus 218² 321²
queror, questus sum 131³ 148² 178²
querquera 382²
querquetulanus zu *querquetum -ulum* 276³ 335²

querulus 311¹
qu(i)esco, qu(i)etus 130²
-quetrus 488⁴
qui quae quod, o-Stamm, Rel.-pron.: Funktion und Flexion 472²-473⁴; *qui quae* 476¹, *cuius cui* 476⁴-478¹; korrel. (zu *to-*) 482¹ 483¹-484³. Sonderformen: sing. nom. *qoi quoi, quai, si qua* 476¹· ²; *quoius quoiei* usw. s. bei *quis*; dat. *quo*, gen. fem. *quaeius* 480⁴ 481¹; plur. dat. abl. *quīs* 473²; vgl. Fragepron. *quis*
qui- gr. κυ- 53¹· ²
quia, quianam 473¹
quiathus 53²
quicumque 474⁴-475⁴
quidam 205¹ 474²
quidem 467⁴
Quidonia māla 53¹
quidquidcadiae 292³
quies -etis 125² 345¹; abl. *quie* 285⁴
quiesco -ere 535⁴; perf. *quievi* 594², 3. pl. *quierunt -rant* 599²
quiliacus 'κοιλιακός' 53²
quilibet 267² 474³
quin 387¹ 472⁴
quincentum 113² 491³
Quinctius 217² 492⁴
quincunx 489³
quincuplex 138⁴
quincussis 489²
quindecim 96² 113² 391¹ 487²
quini 218² 494⁴ 495¹
quinquaginta 490³
quinque 29³ 45¹ 113² 150³ 156⁴ 486³
quinquertio 361²
quinquertium 295³
Quintilis 350³
Quintipor 134³ 384¹
quintus 113² 217² 492⁴
Quintus 288⁴ 493²
quippe 193² 196³
Quirilla 'Κυρίλλα' 53²
Quirinus 327¹
quiritare 547¹
quirites -ium 133² 345² 346¹; gen. *-um* 439²
quirquir 8² 473¹ 474³ 484²
quis quid i-Stamm 44³ 429⁴ 472³; Funktion u. Flexion

472²–474⁴; *quis* indefin.
242³ 472³; *cuius cui* 476⁴–
478¹, plur. *ques* ntr. *quia*
472⁴–473³. Sonderformen:
gen. *quoius quoiius*, dat.
quoiei 477². ⁴ 478¹. ² 481¹,
fem. *quaeius* 481²; dat. *cŭĭ*
478³; instr. *qui* 411¹ 472⁴;
plur. *ques*, ntr. *quia* 472⁴
473¹; dat.-abl. *quibus, quīs*
14² 473²; gen. *quoium
cuium* 481³. Korrel. zu *is*
481⁴ 482¹. ² 483³
quis 2. sg. zu *queo* 521⁴
quispiam 474²
quisquam 474¹
quisquanst 123³
quisque 474⁴–475⁴
quisquis 474¹. ²
quivis 267² 474³
quo 'wohin' 483¹
quo-ad 241² 483¹
Quobuldeus 202¹
quŏd 'quo-ad' 121¹
Quodratus 50²
quoi 'qui' 6⁴ 10² 476¹
quoiatis 345⁴; vgl. *cuias*
quoius gen. 476⁴ 477¹; vgl.
 cuius
quoius -a -um adj. s. *cuius*
quoivismodi 479⁴
quolundam 137¹
quom konj. 'cum' 'als' 49³
 137² 484¹
quom praepos. 'cum' 'mit'
 49³ 137² 54*⁴
quominus 270³
-quomque s. *-cumque*
quondam 49³ 215⁴ 484¹
quoniam 49³ 126⁴ 137²
quoque ~ *coque* 137³
quor 484²
quorsum 483¹
fal. *Quorta* 492²
quot 92³ 483⁴
quotannis 137² 270⁴
quoteni (*nescio-qu.*)495²
quotiens 494². ³
quotmensibus 271¹
quotumus 493²
quotus 277⁴ 278¹
quotusquisque 475³
quousque 270⁴
qurois 7¹ 428⁴

rabidus 329³
rabies 285²; gen. *-es* 447³

rabiosus 341³
rabo 'arrabo' 382³
radicitus 500⁴
radius 172⁴
radix 59³
rallum 199² 311³
rallus adj. 306²
ramenta pl. 370³
ranunculus 307³
rapacida 458⁴
rapax 376¹
rapicius 302¹
rapidus 329²
rāpina 328¹
răpina 327⁴ 328³
rapio -ere 126⁴ 543¹ 568³
rarenter 264² 500¹
rarescere 554³
rasilis 348²
rastrum 313¹
ratio 18³ 19¹ 366³. ⁴
ratiocinari 551³
ratus s. *reor*
raucus 337¹ 340⁴
raudus ntr. 73²
Raudusculana 73²
ravis fem. 341¹
ravistellus s. *gravastellus*
ravus adj. 55¹ 166¹ 302⁴
re- s. *red-*
reapse 471². ³
Reatinus 327¹
reatus -ūs 354³
rebellio 366¹
rebellis 346⁴
recalent 3. pl. 538¹
recalvus, -aster 319¹
reccidi perf. 96¹ 587¹
recens 270¹ 583¹
recessim 501²
reciprocus 340²
recitasserit 624²
rected 6⁴ 426²
recuperare 87⁴ 551⁴
recurvus 388⁴ 401¹
red- re- 559². ⁴ 560¹. ²
redantruare 198²
reddo -ere 96¹ 527⁴ 532⁴ 560¹
 587¹; fut. *reddibo* 527²
redducere 560¹
redhibere 173² 174⁴
redimiculum 313³
redinunt (*redire*) 514³
redivivus 304⁴
reduviae pl. 304⁴
redux 393³
refert 565⁴

refertus 217¹
refugium 294¹. ²
regalior 350⁴
regia 292⁴
regifice 395²
regillus 306³
regimen 103⁴
regimentum 370³
regina 284⁴ 327⁴
Regium 140³
regius 288³
regnum 21². ³ 113⁴ 320²
rego -ere 140¹; perf. *rexi*
 593¹. ². ⁴; ptc. *rectus* 114²
re(*ĭ*)*icio -ere* 128²⁻⁴ 129¹
reiculus 311³
relicuus 136¹
religio 365⁴ 591⁴
religiosus 341³
relinquo -ere 533³; perf. *reli-
 qui* 560² 590³. ⁴; ptc. *relic-
 tus* 148³ 615¹
reliquiae 136¹ 292¹
reliquus 136²
rellatus 560¹
relligion- 560¹
relliquiae 560¹
remedium 294¹
remeligines pl. 369²
remex 93⁴ 114⁴ 393³
remigare 550²
reminiscor 33³ 536¹ 541¹
remivagus 395¹
remulco 76⁴
remus 209⁴
renancitur 536¹
renégo -are 79⁴ 562¹
rennuo -ere 184¹ 560¹
reno -onis 190²
reor reri 531⁴ 540⁴; ptc. *ratus*
 34² 44¹ 540⁴ 616²
repente 190² 583¹
repentino 327³ 42*⁴
reperio -ire 543¹ 545¹ 568¹;
 perf. *repperi* 96¹ 587¹
reppuli perf. 587¹
reprobus 268³
reptilis 348²
repudiare 392¹
repudium 83¹ 293³ 392¹
repulsa subst. 614³
requient(*ibus*) 599²
requies, abl. *-ie* 285⁴; gen. *-ie*
 446⁴
res rei 358¹. ² 444–447; akk.
 rem 225²
resina 140³ 180³

resipiscere 536¹ 537⁴·⁴ 568¹;
  perf. *-pui*, 2. sing. *-pisti*
  602³
resmo- 'remus' 207² 209²
respondeo: perf. *-ndi* 234⁴,
  -ndidi 587⁴
responsum subst. 614²
restaurare 61⁴
restio 361³
restitare 548⁴
restitori dat. 234³
Restutus 234⁴
retiarius 298²
retinaculum 313³
retro 317²
rettuli perf. 96¹ 587¹
retundus 401¹
revertor -i 505⁴; perf. *revorti*
  509¹ 542⁴ 606¹
reviviscere 539¹ 554³
rex 53⁴ 140¹ 274⁴ 23*¹
Rhadamanthus 456⁴
Rhaeti, Rhegium, Rheginus
  327¹
Rhenus 140³
rictus -ūs 354¹
rideo -ēre 190² 205³
ridibundus 332⁴
ridiculum 313³
ridiculus 313⁴ 314¹
rigidus 329²
ringor -i 533³
rivus 302⁴, *rius* 138²
robigo 69⁴ 368⁴
robosem 379³·⁴
robur 83² 378⁴ 610⁴
robus 69⁴ 378⁴
robusteus 286²
robustus 378⁴ 381¹
rodo -ere 190²
rodus 73²
roga 268⁴
rogitare 547³ 548³ 549²
rogus 276⁴
Romae lok. 412¹ 420²
Romanensis 352⁴
Romanus 259⁴ 261¹·⁴ 324²
  326³; pl. gen. *Romano* 224³
Romuleus 287¹
roridus 330¹
rosa 180³
roscidus 330¹
rosmarinus gen. *-i* 384¹
rostrans -antis 583²
rostrum 197⁴ 313¹
rota 172³ 277¹
rotundus 331² 332²

rubellio 365³
rubēre 537⁴
rubidus 329³
rubro- (ruber) 44⁴ 140¹ 168¹
  171³
rudectus 335¹
rŭdentem 116¹
Rudinus 327¹
rudus, plur. *-era* 73² 166¹
rudusculum 73²
rufus 44⁴ 169⁴
ruina 328¹
rumen 371¹
rumentum 201³
rumpia 48⁴ 74⁴ 77² 160²
rumpo -ere 533²⁻⁴; perf. *rūpi*
  590³, ptc. *rŭptus* 615¹
rumpotinus 327³
runcina 82³ 233¹
rursus 119⁴
rus ruris 134¹ 378³ 379¹;
  lok. *ruri* 427¹ 431³
russeus 286³
rusticus 134¹ 339²
ru(r)sus 211²
rutabulum 314²
rutilans 583²
rutilus 86³ 171³; vgl. *Rutuli*
rutramina plur. 198³·⁴ 370⁴
rutrum 312⁴
Rutuli 86³ 171³ 29*⁴
rutundus 101²

Sabast- 101²
Sabini 170¹ 327¹ 25*³
sabulo 363³
sabulum 186³
saccare 552²
sacciperio 363³
sacciperium 296¹
sacellum 306²
sacellus (zu *saccus*) 184²
sacerda 283⁴
sacerdos 34² 97¹ 143¹ 275¹
  391¹·⁴ 393²; fem. 282³
sacoma 76¹
sacrarium 298³
Sacrativir 266⁴
sācri- adj. 31³ 347³
sacrificare 394⁴
sacrificium 293⁴
sacrilegus 391¹ 394⁴
sacro- 31³ 315²; vgl. *sakros*
sacrosanctus 384¹ 402² 533⁴
saeclum, saeculum 102³ 313³
saepicule adv. 309²
saeps nomin. 449³

saeta 68³
Saeturnus 54²
sagio -ire 568⁴ 570¹
sagmen 370²
Saguntum 160¹
sakros 6¹ 10² 142⁴
sal salis 140⁴ 220⁴ 274¹
salarium 298⁴
salebrae 314⁴
salictum 80² 335¹
salignus 199⁴ 321²
salinae 328¹·³
Salinator 359¹
salinum 328²
salio -ire 44¹ 58³ 543³ 568⁴
sallo -ere 214⁴; ptc. *salsus*
  197² 612⁴
salmus 'ps-' 186³
saltare 543³ 548¹
saltus -ūs 'Waldschlucht'
  354¹
salubris 348⁴ 349²
salus -utis 98⁴ 345² 349²;
  gen. *Salutus* 435¹
saluto -are 547¹
salvēre 554³·⁴
salvus 58²
Sambatius 216³
samentum 208⁴ 370⁴
Samnites 122¹ 170⁴ 345³
Samnium 25*³
sanare 546³
Sanates plur. 345⁴
sancio -ire 532⁴; ptc. *sancitus* 557² 617²
Sanctipe 217³
sanctuarium 299²
sanctus 113¹⁻³ 217³ 384¹
  533⁴ 612⁴
Sancus (-o-, -u-) 276²; vgl.
  Sangus
sanguen ntr. vok. 434²
sanguis -inis 360¹ 372¹ 433³;
  nomin. *-īs, -ĭs* 145¹; akk.
  -guem 451¹
sanguisuga 390⁴
sangunculus 308¹
Sangus 10⁴
sannio 365¹ 457³
Sanqualis 133¹ 276²
sansugia 235¹
santus 217³
**sapēre* 544³
sapidus 329³
sapio -ere: perf. *sapivi* 594³;
  sapii sapui 602³ 605⁴;
  **sepi* 610⁴

*sapius 395²
saplutus 180⁴
sapsa 471³·³
sarctus 217²
sarculum 313⁴
Sardous 278⁴
sarmentum 218¹ 370³
sartophagus 232¹
sartus 217²
sat 92⁴
satagere 92³ 565²
satiare 92⁴ 546⁴
satias 345¹ 374²
satira 52¹
satis 345¹
satisfacere 79⁴ 565²
satius 92⁴
Saturnalicius 301³
Saturninus 326³
satus s. sero sevi
Saufeius 289⁴
sauma 199⁴
Sauracte 72³
saurex 72⁴
saxatilis 348²
saxetum 335²
scabies 285²
scabillum 143² 306²
scabo -ere 149¹; perf. scabi 589². ⁴ 590²
scabrēre, *scabēre 554⁴
scabrities 285²
scabro- 315²
scaena 68⁴
scaeptrum 68⁴
scaevus 60⁴
scaina 68⁴
scalae 207² 208¹ 311³
scalpium 294⁴
scalprum 311³ 313²
scalpurrire 557¹
scamnum 201⁴
scando: perf. scandi 602⁴ 603¹
scap(u)la 233³ 311³
Scaptensula 146²
scarabaeus 127¹ 170¹
scatebra 314⁴
scaturrex 375³
scaturrigo 368⁴
scaturrire 557¹
scauria 72². ⁴
sceleratus 333⁴
scelerus 278²
scelestus 381¹
scelus 47³ 172² 378¹
sceptrum 22² 313²

schĕma fem. 76⁴ 454⁴
scilicet 566¹
scindo -ere 172² 533³·⁴; perf. scidi 44³ 588⁴, scicidi 586²⁻⁴ 588¹·⁴
scinifes pl. 104²
scio scire: imper. scito 570⁴; scibam -bo 578¹; perf. scivi scii 600²·³; ptc. scitus akt. 614¹
Scipio 365³
scisco -ere 535⁴
sciscitare 548²
scius 395²
sclis 'lis' 189²
scobis 31³
scopulus 85⁴
scoria 72². ⁴
scoriscus 176⁴
scorpio 363³
scrautum 73²
scriba 280³
scriblita 188⁴ 334¹
scribo -ere 189¹ 196³·⁴; scribundo 332¹
scrofa 169⁴
scrotum 73²
scrutillus 73²
sculna 280²
sculpo -ere 85³ 562²; ptc. scultus 217¹, sculsus 616²
scurra 280²
scurrilis 350³
scutica 52⁴ 160¹
scutula 'σκυτάλη' 85⁴
scutula 'Schüssel' 267⁴
scytalo-sagitti-pelliger 390³ 403³·⁴
se, sed Refl.-pron. akk. abl. 229¹ 461³–462²; dat. sibi, sibei 462³
se- sed- praeverb., auch praepos. 192³ 559²·⁴
sebum 68³
secivus 305¹
secta 268⁴ 612³
sectari 148³ 547³ 548¹ 615¹
sectarius 299³
sectilis 348¹
sectio 366²
fal. secula 311³
secundum praepos. 270¹
secundus 49³ 82¹ 137¹ 331¹·² 333² 492¹ 583⁴
secunnus 216¹
securis 343³; -im -i 439⁴
securus 192³ 392³ 402²

secus 317⁴ 610⁴
secutuleia 289⁴
secutus 150³; s. sequor
sed 'sondern' 559⁴
sed s. se
sed- s. se-
sedare 550¹
sedecim 205¹ 487²
sedeo -ēre 569⁴; perf. sedi 589²·³ 590²; auch zu sidere 564³·⁴
sedes -is 344¹·²; gen. pl. sedum 439²
sedile 205³ 350²
seditio 366²
sedulo 85⁴ 87¹ 192³ 241³ 392¹
seges -etis 345²
segmentum 199³
σεγναι 'signavi' 599⁴
segregare 564¹
segrex 268³
seic, seice s. sic
seine 'sine' 64²
seinq. 113⁴
Seispitei 64¹
selibra 116¹ 399²
sella 199² 311³
sem- 'semi-' 391³
semanimus 347¹
semel 59¹ 141⁴ 494¹
semen 53⁴ 370² 371³
semenstris 205¹ 352²
sementis 345²
sementivus 304³
*semetipsimum 464²
semi- 53³; semi-Kpp. 488²
seminarium 298⁴
seminium 294¹
semis '½' 488² 494¹
semis 'semissis' 489²
semissis 489²
semivivus 488²
Semo 371³
semodius 234¹ 290²·⁴ 399²
semol 48⁴
semper 434³ 485²
sempiternus 322¹
senaculum 314¹ 359²
senarius 299³ 495²
senator 359²
senatorius 300⁴
senatus -ūs 355³ 375⁴; gen. -uis 442¹, -uos 49² 435¹ 442², -i 355³ 441³ 442³ 448¹; dat. -u 442⁴
Senecio 365¹
senecta (aetas) 335⁴

senectus -utis 375²
seneo -ēre 542³ 555². ³
senescere 555³; -endus 331²
senex 375⁴ 377³
seni 'je 6' 112² 205¹ 495¹
senica (m., ironisch) 375⁴
senilis 350³
senior 375⁴ 497¹
senium 293²
sententia 230⁴ 232⁴ 291⁴
senticetum 335³
seorsum 48¹ 117¹ 137³ 190³
separ 268³
sepelio -ire 543³ 568¹·⁴ 23*¹;
  perf. -ivi 594³ 604²; ptc.
  sepultus 615⁴, sepelitus 557²
  617²
seperare 81⁴
se-pse 471³
septem 58³ 487³
Septembri- 206³ 352²
septentrio 212¹; in Tmesis
  271¹
Septimilla 309²
Septimius 288⁴
septimontium 295³ 390⁴
septimus 432⁴
septuaginta 490⁴; -zinta 153²
sepulchrum 163²
sepulcretum 335²
sepulcrhum 161⁴
sepulcrum 65³ 161¹ 163¹ 314¹
sequester 317⁴ 352²
sequor -i 44² 148³ 506¹; prs.
  2. pl. sequimini 517⁴ 518¹,
  3. pl. secuntur 138²; imper.
  sequere 92² 517³ 570⁴; ptc.
  sequens 583³, secundus
  331¹, secutus 150³ 617³
serenus 186⁴ 323²
serescere 186⁴
series 285²
serius 189³
sermo 189³
sermocinari 551³
sero sevi satus: prs. 34² 51¹
  594²; perf. sevi 586², serui
  595¹; ptc. satus 34² 616²
seror- 'soror-' 100¹
serpens 156³
serperastra plur. 313²
serps 'serpens' 449⁴
serpula 311²
serracum 207¹
serum 276¹
servare 276³
servilis 350²

servire 556³; impf. -ibam
  578²
servitium 296⁴ 297¹
servitus -utis 375²
servus 276³
sescentum, -i 203² 491³·³
sescuncia 488³
sesque, sesqui- 488²
sessibulum 314³
sestertium 267¹ 428²
sestertius 97² 212² 428² 488²
Sestius 203³
sesuma 88¹
Setus 11⁴ 160³ 180⁴
seu 64³ 70¹ 93²
severus 47¹
sevir 205¹ 266⁴ 384²
sex 125⁴ 486⁴
sextans 489³ 583²
sextus 203⁴ 492⁴
si, sei 470¹
sibei 62⁴ 63¹ 64²
sibi 88¹ 109² 167¹ 462³·⁴
sibilus 268³
sibus 610⁴
Sibyllinus 326³
sic 468³; seice 470¹
Sīcania 115³
siccoculus 397²
siccus 337¹
Sicilia 82⁴ 85² 292⁴
sicilicissitat 551⁴
sicilicus 338³
Siciliensis 352⁴
sicine 82⁴ 93² 469³
sicubi, sicunde 149⁴
sicut 149⁴ 484⁴
sido -ere 31² 112² 205³ 532⁴
  564⁴
sidus -eris 189³
siem, sies, simus 125² 523²·⁴
  573⁴ 574²
sifilus 170¹
sigillum 143² 306²
signum 113⁴ 320²
Silanus 75⁴
silenta loca 278⁴ 336³
silentium 293²
sileo -ēre 542¹
silex 149³ 375⁴
siligo 369²
siliqua 101¹ 149³
siliquastrum 319¹
silŭa 133³
Silvanus 324⁴
silvaticus 339²
simia 283¹ 293¹ 454¹

similago 369³
similis 101¹ 347⁴ 483³
simillimus 498³
simius 266³ 285¹
simplex 45³ 393⁴ 487⁴
simpludiarea 213¹
simpu(v)ium 45³ 136¹
simulacrum 314¹
simultas 374²
simus 'sumus' 522⁴
simus adj. 319⁴
sin 93¹
sinapi 56³
sinciput 97¹
sine 187¹ 239¹
singilio 495²
singnifer 200¹
singuli 45¹ 277³ 494⁴
singultire 556²
singultus -ūs 354²
sinistimus 317³
sinistro- 101¹ 317³
sinnum 'signum' 200²
sino -ere 534²·³ (vgl. ponere);
  perf. sivi, sii 600⁴, konj.
  sirim 600⁴; sinuissent 595¹;
  ptc. situs 177² 616¹
sinus -ūs 355⁴
sipo 160², sipho 457²
sipunculus 160²
osk. sipus 590¹ 610⁴
siquidem 110⁴
siremps(e) 93¹ 471³
Sireno-Circa 403³
sirim 'siverim' 600⁴
sirpus 149³
sis 'bitte' 136³
sis 'suis' 465²·⁴
sisto -ere 34³ 44³ 176² 230³
  518⁴ 532³·⁴ 564⁴ 586²;
  perf. steti -stiti 564³·⁴;
  ptc. status 613² 616³
sistrum 22²
siticulosus 341⁴
sitire 543⁴ 556²
sitis 98³ 344⁴; akk. -im 439⁴
sittacus 186²
situs adj. 612⁴ 616³
situs -ūs 'Lage' 177²
situs -ūs 'Vermodern' 177²
  354¹
smaragdus 199⁴
*so pron. 408² 470¹ 471³
so 'sum' 523¹
so- 'suus' 465²·⁴
sobrinus 206³ 326³ 328³·⁴
  406⁴

socciorum 219¹
soccus 75¹ 160¹
socer 47¹ 81¹ 98³; nomin.
 -erus 98³
socerio 364³
sociennus 321¹
societas 374¹
sociofraudus 83¹ 390² 394⁴
socius 126⁴ 148⁴ 172³; gen.
 pl. *-um* 428¹·³
socrua 284¹
socrus 284⁴ 356²
sodalicium 301³
sodes 130²
sol 111² 360²
solacium 293³ 376²
solarium 298³·⁴
solennis 214¹
solēre 553²; ptc. *solitus*
 617¹
solidus 329²
solino, -unt 514³
solitarius 299¹
solitaurilia 403³
solium 31¹ 155⁴ 295⁴
sollemnis 214³
sollers 214³ 397²; adv. *-rter*
 500¹
sollicitudo 234⁴
sollicitus 214³ 400² 544⁴
solliferrea pl. 214³
sollistimus 214⁴ 317³ 499²
sollus 58² 214³
solstitium 295²
solvo 47² 132⁴; perf. *solvi*
 593³ 602⁴ 603¹; ptc. *solutus* 617³
somniare 546²
somniculose 341⁴
somnium 295⁴
somnurnus 322¹
somnus 33² 47¹ 360² 407¹
sonare 547¹ 550¹; perf. *sonui*
 594⁴; vgl. *sono*
sonarium 300¹
sonitus -ūs 354²
sono -ere 47² 544¹
sonorus 278³
sons -ntis 523³
sont 'sunt' 522²
sonticus 337³ 523³
sonus 137³
sopio -ire 33² 53⁴ 137³ 557¹
sopor 33² 47¹ 360² 379³
Soracte 72³
sorbeo -ēre 541²; perf. *sorpsi*
 592¹ 605⁴; vgl. *sorsi*

sorbilare 551¹
sorbilis 347³
sordes pl. 137³ 343⁴ 344²;
 gen. *-erum* 451²
sordidus 329²
sorditudo 368¹
sorex 72⁴
soror 47¹ 359³
sororcula 107⁴ 307¹
sororiare 547²
sors -rtis 57³ 345¹; nomin.
 sors u. *sortis* 449³
sorsi (perf. zu *sorbeo*) 217⁴
 592¹; ptc. *sorsus* 616²,
sortus 217¹
Sosia 'Σωσίας' 453²
Sospita 284²
Sota 'Σωτᾶς' 454³
sovos s. *suus*
Spania 'Hisp-' 104⁴ 105¹
spargo -rsi 591³; ptc. *sparsus* 612⁴ 616¹
Spartani 324³
spatiarus 2. sing. 93² 435²
 517⁴
spatium 294³
species 285²·⁴ 445¹ 446⁴·⁴
specimen 370²
specio -it 126⁴ 156³ 543¹ 563¹
 568³ 68*¹
speclararius 232⁴
spectaculum 313³
spectare 548²
spectrum 313¹
speculari 551¹
speculum 153⁴ 311⁴ 313⁴
specus -ūs 355⁴
spelunca 52⁴ 152¹ 455¹
spepondi s. *spondeo*
sperare 380³ 546²
sperno -ere 172² 534³ 535²;
 perf. *sprevi* 594² 597³ 598¹;
 ptc. *spretus* 534³
spes 380³ 445¹; akk. *spĕm*
 225²; plur. *spes* u. *speres*
 445¹⁻³
Spes gen. *-etis -enis -entis*
 380³; *-en-* 460¹, *-ent-* 451¹
Spesina 326⁴
spicilegium 295¹
spicit 562²; vgl. *specio*
spinter mask. 160³
spinter ntr. 160² 217³
Spintria 454³
spinturnieium 296¹
spinturnix 322³
spiritus -ūs 354²

splendeo 189²
spondeo 31² 44² 541²; Formensystem 604⁴; perf. *spopondi* 586⁴ 588³, *spepondi*
 586²·⁴; ptc. *sponsus* 588³
sponsa 'Braut' 71*²
bene sponsis 622² 623²
sponsus 266³ 284⁴ 541³ 71*²
spontaneus 288¹
spontivus 304³
sporta 50⁴ 75² 455²
spuo -ere 125⁴ 176⁴ 543¹
spurius 291¹
sputare 547⁴
sputatilicus 348²
sputum 125⁴ 614⁴
Spyche 186³
squales 343⁴; abl. *-e* 444⁴
squalidus 329²
squalitudo 368¹
squalus 311⁴ 329⁴
squilla 53¹·²
sructor 207¹
Stabiae 169⁴
stabilire 549¹ 556⁴; imperf.
 -ibat 578²
stabilis 349³·⁴
stabulum 102⁴ 168¹ 171¹ 312⁴
 314²
stagnum 320²
stamen 370² 371³
stannum 200³
stare, sto steti 34³ 172¹·² 176⁴
 514⁴ 531⁴ 532¹; perf. *steti*
 230³ 586² 597², 1. pl. *-imus*
 82² 607³; *steti -stiti* auch zu
 sistere 564³·⁴
statera 455¹
staticulum 314¹
statim 501¹·²
stativus 304¹
statua 303²
statumen 370³
statuo -ere 539² 543⁴; perf.
 -ui 595² 598⁴ 603¹ 604³
statura 315³
status ptc. zu *sisto* 613²
status -ūs 354¹ 616²
statutus adj. 334²
-staurare 315¹
stella 21³
stellans 583¹
Stellatina 21³
stellumicans 390² 396¹
stentina pl. 233⁴
stercus 137¹
sterila fem. 284²

sterno -ere 176² 534²⁻⁴ 535²;
  perf. *stravi* 594² 597³ 598¹;
  ptc. *stratus* 611⁴ 616³
sternutare 534⁴
sterquilinium 327²
sterteia 289⁴ 290¹
sterto -ere 539⁴
stetim adv. 501⁴
Stigio 'Στυγίῳ' 75¹
stigmam akk. 454⁴
stilla 306³
stillatim 501³
stillicidium 295²
Stilo 361³
-stinguo -ere 562³
stipendium 90¹ 295¹
stiricidium 295²
stirpitus adv. 500⁴
stirps, -pes, -pis nomin.
  344²
stlataria fem. 189²
stlatta 183² 189²
stlembus 189¹
stlis 189²
stlocus 189¹
stloppus 189²
sto steti s. *stare*
stolidus 329³
stomachari 552¹
storax 50⁴ 75¹
strabonus 323⁴ 457¹
stragulum 311²
stramen 370²
stramenticius 301⁴
strangulare 74³ 85⁴
strebula plur. 188⁴
strena 320³
stribiligo 369¹
strictus 114³ 613¹
stridēre/-ĕre 544³
stridor 379³
strittavus 188⁴
strues 343⁴
strufertarius 403⁴
struix 377²
strumentum 'instr-' 104¹
struo 543¹; perf. *struxi* 593⁴
struppearia plur. 28*⁴
struppus 160²
studium 294³
stultus 48³ 613³
stupendia pl. 90¹
stupeo -ēre 552¹
stupidus 329³
stupor 379³
stylus 52¹
suabus 'suīs fem.' 422¹

suad 'sic' 420¹ 465²
suada 268¹ 395²
suadela 312²
suadeo -ēre 131³ 132²
suadus 71*⁴
suasum 211¹
suatim adv. 501⁴
suavis 53³ 131³· ⁴ 346³
sub sub- subs- 157²⁻⁴ 186⁴
  194¹ 558⁴; praeverb. 558²·³;
  praefix. vor Subst. 399⁴,
  vor Adjj. 388⁴ 401¹· ²
subbasilicanus 265² 325²
subdialis 403¹
subidus 329³
subina 90¹
subitaneus 283¹
subitus adj. 613²
subiugius 290⁴
sublecet- 'sollicit-' 194³
sublimis 347¹
suboles 86³ 343⁴
sub- vos -placo 562³
subrufus 388⁴
subsicivus 304⁴
subsidium 294¹ 394¹
subsolanus 265² 325²
substantivus 304³
subtemen 208⁴ 370²
subter adv. 157³ 196³ 316⁴
  500³
subterraneus 265¹ 288¹
subtilis 54³
subtus adv. 157³ 196³ 500³
subula 102⁴ 125³ 314²
subulo 362¹
suburbanus 265¹ 325² 383⁴
  403¹
subverbustus 401¹
suc cura 197¹
succus 183³
sucerda 390⁴ 399¹
Sucessus 184²
sucidus 330¹
sucula 306⁴
sudarium 299¹; vgl. 300¹
sudor 137³ 379⁴
suecerio 364³
suesco -ere 131³ 132²; perf.
  suevi -isse 510² 594² 606¹,
  plur. *suemus suerunt* 132²
  599²
Suevi 132²
suffimentum 370³
suffio -ire 187²
suffocare 72⁴
suffragium 293⁴

suggero -ere 196³
suibus 452³, *suieis* 429²,
  beide dat. pl. 'suis'
suillus 306³
suinus 326²
sulcus 48³ 276⁴
sulfur 162⁴
Sulla 52⁴
sullaturire 557¹
sultis 'si vultis' 526³
sum es est, esse, Flexionsformen 522–523, s. *es-*.
  Perf. *fui* usw. 524f.; s. *fusumen* 371¹
sumiacente 202¹
summates plur. 345⁴
summoveo 201³
summus 201³ 317⁴
sumo -ere 205¹ 209¹; perf.
  sumpsi 591⁴, ptc. *sumptus*
  113², *sumtus* 216⁴
sumpse akk. zu *ipse* 471³
sumptus -ūs 354¹; gen. *-i*
  442³ 448¹
sunhodus 52³ 175⁴
sunnavi (syn-) pl. 138³
suo -ere 125³ 539² 543¹
suovetaurilia 350² 403³· ⁴
supellex 212⁴ 348²
super 140¹ 186⁴
supera adv. 104¹
superare 546¹
superbus 132¹ 276³
supercilium 294⁴ 295¹
superescit 523²
superficies 403²
superfit 530⁴ 531¹
superi 315³ 318¹ (sing. 318¹)
superne 320³
supernus 278¹ 320³
superstens -entis 451¹
superstes -itis 34³ 275²
superstitare 548⁴
supervacaneus 287⁴ 303³
supervacuus 303³
supinus 157² 327³ 328¹
suppeditare 548⁴
suppetiae 292³ 394¹
supplex 393³ 81*¹
supplicare 81*¹·⁴
supra 97³ 98⁴ 99¹ 241² 316³
  483³
suprad 228⁴ 229¹ 420¹
supremus 317⁴
surdaster 319¹
suregit 209²
suremit -empsit 209¹ 623¹

surgo -ere 558¹; perf. *surrexi* 593²
surpuit 96⁴
surripio: surrupuit 87⁴, *surruptus* 88²
Surus 'Σύρος' 52⁴
sus suis 37¹ 54¹ 135⁴ 176² 244¹ 274¹ 356² 429⁴; *suem* 434⁴; pl. dat. *sūbus* 431² 437¹, *sŭbus, suibus* 437¹
sus- 'subs-' 157⁴
suscriptio 204²
suspendo, suspicio 203²
suspīcio -onis 53³·⁴
susque 203⁴
sustuli 204¹
susum 211²
susurrare 382²·³
sutela 312²
sutor/-tr- 406⁴
sutrina 328¹
suus, alt *sovos,* 46⁴ 135¹·³ 242² 465²⁻⁴, gen. pl. *sovom* 49²
Sybaritani 324³
sybus 'suis' 452⁴
Syche 'Ps-' 186³
Sylla 52²
sylva 52¹
synaloephe, -liphe 77²
synnavi pl. 138³
Syracusanus 324³

tabanus 170¹
tabella 306¹
taberna 322³
tabernaculum 307³
tabes 343⁴; abl. *-e* 444⁴
tabidus 329²
tabitudo 368¹
tabula 103²
taceo -ēre 541⁴ 542¹; *tacui* 594⁴
taciturnus 322¹·²
tacitus 613³ 617¹
tadro 'trado' 230² 233²
taeda 69³ 455²
taedet 553²
taedium 294³
taenis 'taeniis' abl. pl. 429³
taetro- 198² 315²
talassio 365²
talentum 74³ 81³ 84²
talio -onis 366¹
talis 350¹ 483³; gen. *-ius* 479³
talitrum 313²

talpa 282⁴
talus 207⁴
tam 470² 483⁴ 484¹
tame 484²
tamen 467³ 468¹
tamine 484²
tamquam 484¹
tandem 467⁴
tango -ere 533³; perf. *tetigi* 586¹ 588¹⁻⁴
tanne 'tam-ne' 213⁴
tantó-n 239²
tantulum 309¹
tantus 467⁴ 483³
tapete, pl. *-ia* 296¹
tardigenuclus 86² 397¹
Tarentinus 326⁴
Tarentum 74³ 81³ 373³ 457¹
Ταρχύνιος 53²
tarpezita 75² 101³
tata mask. 282³ 382³; dat. *-ani* 460¹
taureus 286²
taurus 35¹ 61⁴ 101⁴
taxare, (dum-)taxat 552²·³
taxillus 207⁴
ne *taxis* (zu *tangere*) 623¹
taxus 276²
techina 103¹
tectorium 301²
tectum 614²
Tecumessa 22² 75² 103¹
teges -etis 345² 373¹
tegimen 103⁴
tegmen 199³ 370²
tego -ere 44² 151¹ 176⁴ 532²; perf. *texi* 593¹⁻⁴
tegula 274³
tela 207² 311³
Tellumo 371⁴
Teloboae 390³
temerarius 299³
temere adv. 378²
temeritas 374¹
temno 'contemno' 562³
temperare 83¹; gleich *obtemperare* 562³
temperi 83¹ 378² 427¹ 431³
temperies 285²
tempestas 374³
tempestivus 304³
tempestus 83¹ 378²
tempestūs -ūtis 375²
templum 45³ 213¹
temptare 501⁴ 548⁴
tempus 378²
tenax 376¹

tendo -ere: perf. *tetendi* 586¹ 588²
tenebrae 206³·⁴ 243¹·²
tenebricosus 342¹
tenebricus 337⁴
tenebrio 365²
teneo -ēre: perf. *tenui* 595² 605⁴, *tetini* 586¹; vgl. *tentus, contentus*
tenerascere 536²
tennitur 216¹
tenor 379³
tentigo 368⁴
tentorium 301²
tentus 59¹ 612⁴
tenuis 59¹ 144³; vgl. auch *tenvis*
tenus adv. 378² 610⁴
tenvis usw. 133¹
tepor 379²·³
ter 142⁴ 221¹ 494¹
terebra 314⁴
Terentina 'Tar-' 101²
teres -etis adj. 373¹
tergiversari 565⁴
tergo -ere: ptc. *tertus, -tersus* 616¹
tergum, tergus 137¹ 166³; *tergibus* 452⁴
termen 371⁴
termentum 370¹
terminus 371⁴
termo 371³
terni 'je 3' 142⁴ 210⁴ 494⁴
ternio 495²
tero -ere; perf. *trivi* 594², *op-terui* 605⁴; ptc. *tritus* 33⁴; vgl. *trito*
terra 180¹ 279²
terraneus 288²
terrenus 287² 321²
terreo -ēre 180¹ 541⁴
terrestris 351³ 352¹
terribilis 349²
terrificus u. *-are* 396³
terrimotium 295²
territare 547³
territorium 301²
terticeps 390⁴
tertius 492²
tertullus 52²
tertus s. *tergo*
ter(r)uncius 142⁴ 399³ 489³
tesiai 476³
tesqua pl. 341¹
tesserae 37*⁴
testa 'Hirnschale, Kopf' 269¹

testaceus 287⁴
testamentum 370⁴
testimonium 87³ 269¹ 297²
testis 142⁴ 275² 343³
testor -ari 546¹
testu 355⁴
testuacius 287⁴
testudineus 286³
testudo 368⁴
tetini perf. s. *teneo*
tetrachmum 234⁴
tetragmum 199³
tetuli perf. 85⁴ 530²
texo -ere 177¹; perf. *texui* 594⁴; ptc. *textus* 203⁴
textatum 'test-' 204²
textilis 203⁴ 348¹
Thalia 78³
Thebanus 324³
thensaurus 146²
Thessandrus 211²
Thetis: dat. *-ti* 458¹
Thracus 279¹
Thraex 69²
Thrax 69³
Threx, Thressa 68³
Thybris 90¹
tiara 454¹
tibei 62⁴ 64²
Tiberis 29*⁴; *-im -i* 439⁴
tibi dat. (zu *tu*) 95¹ 109² 167¹ 242² 462³· ⁴
tibicen 41² 90⁴ 122¹
tibicina 284¹
Tiburtes pl. 345³
Tifernum 169⁴
tignuarius 299²
tignum 200¹ 320⁴
tilia 186³
timeo: perf. *timui,* auch zu *timesco* 537³
timidus 329³
tintinnare 382²
Tiresia nomin. 454³
tis (gen. zu *tu*) 462²· ³
tis 'tuis' 465²
tisana 186³
tisicus 186³
titio -onis 365⁴
titubare 382³
titus 'Taube' 269²
to- pron. dem. 470¹ 476³; in Korrelation 481¹ 482³–484²
to- 'tuus' 465²· ⁴
tocullio 52⁴ 362³· ⁴
toga 44² 277¹
togatus 333⁴

tolerare 551⁴
toles 208²
tollo -ere 213² 534³ 68*¹
toloneum 47²
tolutilis 348²
tolutim 501⁴
tomentum 133⁴ 370²
tonare/-ěre 176⁴ 544¹; perf. *tonui* 594⁴
tondeo -ēre 541²; perf. *totondi* 586⁴ 588³; ptc. *tonsus* 541³ 588³
Tondrus 75¹
tongeo -ēre 49¹ 541²
tonitrus 83³ 356¹; *-truum* 452¹
tonotru 100⁴
tonsilis 348¹
tonsillae 208²
tonstrina 197⁴ 328²
topiaria fem. 299¹
topper 196³ 470² 476¹
torculum 313⁴
tormentum 218¹
tornare 546²
torpedo 367²· ²
torpeo -ēre 552⁴
torpor 379³
torqueo -ēre 541²; perf. *torsi* 203¹ 541³ 591² 603² 604⁴; ptc. *tortus* 217¹ 541³
torquis 344¹
torreo -ēre 31² 44² 180¹ 541¹· ³; perf. *torrui* 594⁴; ptc. *tostus* 211³ 541³
torres 343³
torridus 329²
torus 276⁴
torvus 150⁴
tostus s. *torreo*
tot 92³ 483⁴
totidem 92³ 467⁴ 483⁴
totiens 145² 494²· ³
tottus 133³· ⁴
totus 134⁴ 183⁴ 472¹
**tovos* 'tuus' 46⁴ 465²
tra- 'trans-' 204⁴ 559¹
trabica 337²
trabs nomin. 158³ 449³
tradux 393³
tragantus 235²
tragicomoedia 234³
traha 279³
traho -ere 173² 196⁴; perf. *traxi* 591³ 593¹· ³· ⁴; ptc. *tractus* 593³ 615³
tra(i)ice (zu *iacere*) 129¹

tralaticius 301⁴
trama 319⁴
trames -itis 209³ 393³
tranquillus 212¹
trans praepos. und *transtra-* praeverb. 145² 204⁴ 540² 559¹
transfretanus 325²
translativus 304²
transtrum 313²
trasenna 321¹
trebibos 'tribubus' 51³ 87³ 94² 443⁴
trecenti 491²
tredecim 205¹ 487²
treiectus 54²
tremesco -isco 538⁴ 539¹
tremonti 3. pl. 92⁴ 94¹ 514² 567¹
tremor -oris 379³
tremui perf. 591⁴ 595²
tremulus 311¹
trepidare, trepidus 329³
tres Stamm *tri-* 29² 126¹ 429⁴ 436² 486¹; *tria* 436⁴, *trium* 44³ 436⁴, akk. *tris* 415¹ 440²
tressis 489¹· ²
tresviri 384²
Trhaso 162¹
tri- '3-' 391³ 400² 487⁴
triambi 488³
triatrūs pl. 356¹
tribulis adj. 261³ 350²
tribulum 314²
tribunatus -ūs 355³
tribunicius 301³
tribunus 261³ 320³ 323¹
tribuo -ere 543²
tribus -ūs 274⁴; dat. pl. *-ubus* 443⁴; vgl. *trebibos*
tributim 501³· ³
trichilinium 102⁴ 163²
tric-ies -esimus -eni 493⁴ 494² 495¹
Tricipitinus 488³
triclinium 295³
trico -onis 361³
tricoscinare 234³
triduum 117³ 135¹ 357³ 399³
triens 489³ 494² 583¹
trienta 'triginta' 153²
trientabulum 314³
trieres u. *-is* 458¹
tri-fur 400²
trigeminus 400³
triginta 110¹ 238³ 490¹· ⁴ 491¹

trigo -onis (ludus) 457²
trimus 391³
trini 494⁴
Trinummus 397³
triparcus 400² 488³
tripedaneus 288¹
tripertire 267³ 565⁴
tripudium 31² 88¹ 392¹
triquetrus 198³
triresmos 209²
trissare 180⁴
tristimonia u. -um 297². ³
tritavus 188⁴ 488⁴
triticum 338¹
trito (imper. zu tero) 571³
triumphus 88² 158⁴ 163¹ 32*¹
triumvir 266⁴
trivium 295³ 399³
trochlea 51³ 75²
Troge 'Troiae' 130³
Troia 77¹ 127²; abl. -ad 420¹
Troianus 324³
Troiugena 83¹ 90³ 280³
Troǐus 9¹ 129²
trophaeum 161¹
trucidare 234³ 550¹
tructa 55² 76²
truculentus 336²
truncus adj. 268³
Trupo 52³ 160³ 457³; vgl. Trypho
trusatilis 348² 547⁴
gall. Trutiknos 277³
trutina 74³ 82³
trux 274²
trygonus 457¹
Trypho 362²
tu pron., auch tute 461²; te ted 461⁴–462²; dat. s. tibi tibei; gen. tis 462³, tui 465¹
tuatim 501³
Tubero 361³
Tubertus 334⁴
tubicen 384³ 393³
tubocantius 291¹
tuburcinabundus 332⁴
Tudertes pl. 345⁴
tudes -itis 372⁴
tuditare 372⁴
tueor tueri 544³. ⁴
Tulelasca 340⁴ 34*⁴
tuli perf. 530² 562² 587²; vgl. tetuli
Tullianus 325³
Tulliola 309²
Tullius 289¹
tum adv. 470² 484¹

tumultuosus 341³
tumultus 354²
tumulus 311²
tunc adv. 468³
tundo -ere 176⁴ 533³. ⁴; perf. tutudi 586²
tunica 186³
tunicopallium 399¹
tuor, tuitur: ptc. tutus 544³. ⁴
tuquidem 110⁴
turbassitur 622² 623⁴
turbella 312²
turbidus 329²
turbo -inis 363⁴
turdus 210⁴
turibulum 314³
Turnus 210⁴
turpilucricupidus 383³ 399³
Turpio 361¹
turris 180²; -im -i 439⁴
tursus 'θύρσος' 160¹
turtur 382¹
turunda 331³
tus turis 160¹ 380²
Tuscus 211³ 338²
tussedo 367³
tussilago 369³
tussire 556²
tussis 114³ 345¹
Tutana 325²
tutela 312²
Tuticanus 115⁴ 338¹
osk. tuticus 338¹
tutor 544³
tutrusit 587³
tutus 544³ 613¹
tuus 46⁴ 135³ 465²⁻⁴
Tyrseni 323³

ubei 63¹ 64²
uber -eris ntr. 167⁴ 171¹ 360¹
uber -eris adj. 269³ 564²
ubertas 374²
ubertim 501⁴
ubertus 336¹ 374⁴
ubi 109² 149³ 168¹ 482²; vgl. ubei
ubi/-cubi 149⁴
ubicumque 475¹. ³
ubique 475¹
udus/uvidus 330¹
Ufens 169⁴
ulciscor 536¹ 538³; ptc. ultus 217¹
ulcus 47³ 378¹
uligo 155⁴ 368²

Ulixes 156¹ 180³ 458²; gen. -i -ei -e-i 444² 447²⁻⁴
ullaber 8²
ullus 67¹ 96³ 306³ 308⁴ 472¹
ulna 96³ 213³. ³
uls 220⁴
ulterior 317²
ultimus 318¹
ultra, ultro 317² 470³ 483¹
ultroneus 288¹
ultuma 88³
uluca 340¹. ²
ulula 382¹
ululare 547¹ 551¹
ululitremulus 396³
umbilicus 48⁴ 167¹
umbraculum 313³ 314¹
umbraticus 339²
umbratilis 348²
Umbro 361¹
umectus s. humectus
umerus 48⁴ 98³ 144¹ 212³ 407¹
umidus: humidus 329²
umor 174¹ 379³; s. humor
unanimans 583¹
uncia 29*²
uncinus 268²
unctitare 113¹ 548³
uncus 31⁴ 48⁴ 144⁴ 151⁴ 276⁴
unde/-cunde 149⁴
undecim 21³ 94³ 107³ 487²
undique 240³
ungo 'unguo' 152²
unguen 144⁴ 150⁴ 372¹
unguentum 372¹
unguis 49¹ 172⁴ 343²
ungula 307³
ungulaster 319¹
ungulus 151⁴ 311⁴
unguo -ere 533⁴
unicus 337¹
Unimammia 61¹ 292⁴
unio mask. 495²
unio fem. 366¹
unio -ire 556⁴
uniter adv. 500¹
univira 397²
univiria 290⁴ 397²
unoculus 397²
unquam 149⁴ 482³
unus 61¹ 472¹ 485¹; Flexion sing. -ius -i 472¹ 479¹–480²; gen. -i, fem. -aes 480³ 481¹; in Komposita 487⁴
unusquisque 475³
upilio 134³

upupa 382¹
urbanatim 501⁴
urbanus 324⁴
urbicus 338¹
uredo 367³
urgeo -ēre 57⁴ 138⁴
urgueo 152²
urina 328² 552³
urinare 552³
urna 218²
fal. *urnela* 309³
uro -ere 33¹ 61⁴ 178² 532²; perf. *ussi* 591³ 593¹; ptc. *ustus* 612⁴
ursus 48³ 57⁴ 177²⁻⁴ 211¹
usitare 549³
usquam, usque 482⁴
ustulare 551¹
usucapio -onis 565⁴
usura 65² 315³
usurpare 97⁴ 550¹
ut s. *uti*
utcumque 475¹˙ ³
utei 63¹ 64²; s. *uti*
utensilis 347⁴
uter, utro- 'πότερος' 149⁴ 472¹
uterinus 327²
uterque 482²; fem .*utráque* 240²
uti, ut 482³; vgl. *utei*
utilis 61¹ 347⁴
utique 475³
utor uti 61¹ 181² 539⁴; infin. *utier* 65²; imper. *utito* u. *-tor* 572³·⁴; ptc. *usus* 197²; vgl. *oisa*
utpote 466² 525²
utrasque adv. 419²
utriclarius 298²
utrimque 215³ 482⁴
utris, Stamm *utri-* 198²
utut 474³
uva 135⁴ 150⁴
uvidus 329² 330¹
Uxama 498¹
uxor 359³

Vacalis 175¹
vacca 183²
Vachalis 175¹
vacivus 304⁴
vaclus 'baculum' 159²
vacuus 303³·⁴
Vadimo 297²
vadimonium 297²
vae 'vobis' 464¹
vafer 169⁴

vagor -oris 379⁴
vagulus 308³
vagus 268¹
vah 173²·³
Vahalis 175¹
valde 97¹ 98⁴ 99¹
valedicere 566¹
Valerius/-esius 11² 178⁴ 289¹; vok. *Váleri,* gen. *Valéri* 240¹
Vale(n)s 146²
valescere 538²
Valesius s. *Valerius*
valetudo 368¹ 617³
valle 'vale' 184¹
vallesit 624¹
vallis 180¹
vallum 'Wall' 276¹
vallum 'vannus' 200⁴
vallus 276¹
vannus fem. 200⁴
vanus 320²
vapidus 329³
vapor 149² 379³
vapularis 72*⁴
varicare 550³
varicus 337⁴ 550⁴
variegare 90⁴
varietas 374¹
varius 290²
Varro 182³ 183² 361¹
varus subst. 57² 276¹
vas vasis ntr. 220³ 380²; sing. *vasum* 452¹; plur. *vasa -orum* 451⁴; abl. *vas-argenteis* 228³
vasculum 307²
vates 343⁴ 344²; nomin. *-is* 344¹; pl. gen. *-um/-ium* 439²
Vaticanus 115⁴
vaticinari, -cinius 551⁴
vatillum 200⁴
-ve 'oder' 93² 241⁴
ve- praefix. 399⁴ 401⁴ 402¹
veclus 'vetulus' 17³ 153⁴
vecors 402¹
Vediovis 399⁴ 402¹
vegetus 100²
veha 174⁴
**vehes* (?), akk. *-em* 274³ 344¹
vehemens 173² 373²
vehiclum 83³ 98¹
vehiculum 313⁴
veho -ere 165¹ 196⁴; perf. *vexi* 165⁴ 591² 592⁴; ptc. *vectus* 165² 615³

vehor -i 505⁴ 541²
veiatura 315⁴
veicinei 61¹
Veientes 345³ 346¹ 373²·³
Veiovis s. *Vediovis*
Veĭus 129² 290³
vel 142¹ 220⁴ 526³
velabrum 314⁴
velatura 315⁴
veles, pl. *-ites* 377³
Velia 132³
Veliternus 321³
velivol-us u. *-ant-* 394⁴ 396¹
vellannonam 399²
velle s. *volo vis*
vellicare 550³
vellit 'velit' 184¹ 526²
vello -ere: perf. *velli* 603¹
velox 47³ 377²
velum 207⁴
vemens 174³ 402¹
Venafrum 314⁴
venaticus 339¹
venditare 547⁴
vendo -ere 107³ 224²; ptc. *venditus* 547⁴
veneficus 390⁴ 394⁴
venenum 321²
vēneo -ire (als Passiv zu *vendere*) 224² 565⁴; perf. *venieit* 600³
Venereus 287¹
Venerius 288³
venio -ire 59² 126⁴ 150⁴ 543⁴; praes. 568¹–570¹; perf. *veni* 589³ 590²
vēnīre s. *vēneo*
venter 359³
ventilabrum 314⁴
ventilare 551¹
ventosus 341² 342¹
ventriosus 341³
ventus 107²
venum (-dare) 206¹; dat. *venui* 450²
*Venus, *venus -eris* 378²; gen. *Venerus* 435¹
venustas 374³
venustus 334³ 381¹
vepretum 335³
ver veris 206⁴ 360¹
Veraglasca 340⁴
veratrum 313¹
verax 376³
verbena 323³
verbera plur. 378¹
verberit 574³

verbero -onis 361³
verbum 47⁴ 168¹ 171¹
verecundus 332⁴
veredus 47⁴
veretrum 313¹
vermina plur. 218² 370²
vermis 57³
vernaculus 308²
vernilis 350³
vernus 321⁴ 322²
verres 343⁴ 344³
verro -ere 47⁴
verruca 340¹
Verrucosus 341² 342¹
versari 547³
versicolor 396⁴ 397³
versoria 301²
versus -ūs 353³
versutus 334¹
vertex 47⁴ 375³
verticordia 291¹ 396⁴
vertigo 368⁴ 369⁴
vertilabundus 551¹
verto -ere 33⁴ 48¹ 131²; perf. verti 602⁴ 603¹; ptc. versus 192¹; vgl. vorto,
vertor dep. ptc. vertens 583³
Vertumnus 47⁴ 322⁴
veru 150⁴ 334¹
verúm Partikel 239¹
verus 131² 315²
vervactum, vervagere 267³
vervactus -ūs 354²
vesanus 401⁴
vescor vesci: ptc. vescitus 617¹
vescus 401⁴
vespa 202¹
Vespasianus 325⁴
vesper 47⁴ 176² 315¹; lok. -ri 412¹
vesperna 321⁴
vespertilio 231⁴ 365³
vespertinus 327³
vesperugo 368³
Vesta 617³
vestibulum 314²
vestigare 294¹
vestio -ire 543⁴
vestis 131² 345¹
vestispica 284¹ 394²; mask. -spicus 266³
vestro- 317⁴ 463³ 465¹ 466¹; vgl. vostro-
vetare 47⁴ 544¹
veter sing. nom. 449⁴ 498²
veteramentarius 370⁴
veteranus 325¹ 326¹

veterator 358²
veteretum 335²
veterinus 327²
veternus 321⁴ 322¹
vetitare 544¹
vetulus 308¹
Veturius 47⁴
vetus -eris adj. 269³ 374³; veterior -errimus 498²
vetustas 374³
vetustus 334³ 378²; -ior 498²
vexillum 143² 207⁴
praen. vhevhaked 'fecit' 6³ 10³ 22¹ 84³ 169³ 514¹ 588¹ 607¹ 31*² 37*¹
vi- praeverb. 561⁴
viasius 179³ 300²
viaticum 339²
viator 359²
Vibenna 279⁴
vicarius 299³
viceni 495¹
vicesimus 145³ 493³
vicies 494²
vicinus 326⁴
vicissim 100⁴ 234³
vicomagister 390³
victor 358⁴
victoria 292⁴ 301²
victricia arma 269³
victrix 31³
victus -ūs 354¹ 615²
vicus 61¹
videlicet 109²
viden 'videsne' 93² 109² 205² 227³ 239² 60*¹
video -ēre 44³ 131² 541⁴ 542¹·² 568⁴; perf. vidi 69² 590³, plqpf. videram (-er-) 609¹; ptc. visus 114² 181²
vidua 135¹ 167⁴
viduertas 374²
viduus 266³ 284⁴
vieo viēre 35²; ptc. vįētus 130², vgl. vitilis
vigeo 46³
vigil 94⁴ 100² 360²; gen. pl. vigulum 86³
viginti 100⁴ 490¹
vilicus 141³ 142³ 338¹
villum (zu vinum) 306³
vimen 370²
vin 'visne' 93¹ 108³ 205² 227³
vinaceus 287⁴
Vincemalus 396⁴
vincio -īre 533⁴; ptc. vinctus 217³

vincipes 385³ 396⁴
vinco -ere 533²·³ 534¹; perf. vici 590³·⁴; ptc. fut. vinciturus 617²
vinculum 153⁴ 311² 313⁴
vindemia 97² 107³ 292³ 391¹
vindemitor 359³
vindex, vindicare 267²
vindiciae 292³
vindicit, vindicta 267¹·²
vinea 286⁴
vinitor 359²
fal. vino 7¹ 61²
vinolentus 85⁴ 336²
vinosus 342²
vinti 'viginti' 153² 491¹
vinum 61²; mask. -us 404⁴
viocurus 83¹ 390² 395¹
violare 551¹
violasid 622¹ 624¹
violens, adv. -nter 336²·³
violentus 85⁴ 336¹·²
vipera 81³ 394⁴
vir 41² 98³ 117² 424¹
vira 283⁴
virago 369³
virdis 96⁴
virecta pl. 335¹
vires s. vis
virga 171¹
virginesvendonides 385¹
virgineus 287¹
virginitas 374¹
virgo 360⁴ 362² 363⁴
virgultum 335¹
viridans, -are 583²
viridis 329³ 347²
virilis 350²
viritim 501³
virtus 96⁴ 375² 69*²
virus 'Gift' 450⁴
vis, plur. vires 54¹ 380³; akk. vim 225² 439⁴
vis 2. sing. 526²·³; s. volo
viscera plur. 378¹; -um 450⁴
viscus mask. 276¹
visitare 548²
viso -ere 623²
vita 63¹ 335⁴
Vitellius 289²
viteus 286²
vitiare 546²
vitigineus 287³
vitilis 35² 348¹ 612⁴
vitilitigare 390⁴
vitis 344⁴

vitisator 385² 395⁴
vitium 296¹
vitricus 337⁴
vitulus 46³
vituperare 87² 390⁴
vituperium 293⁴
vivarium 298³
vividus 329⁴
vivo -ere 54¹ 532³ 542⁴; perf.
  vixi 591³ 593². ⁴; *vixs-* usw.
  15². ³, *vissit* 204¹
vivus 150⁴ 277³ 302⁴
vo- für *ve-* in altlat. *vorK-*
  vosK- vot- 47⁴ 48¹. ²
vocabulum 314²
vocare 31²
vocatio 'vac-' 50¹
vocivus 50¹ 303⁴
vois 6⁴, vgl. *velle* 526³
Volaterrae 47³
volaticus 339¹
volatilis 348²
Volesus 179¹ 289¹
volK- (*volg- voln- volt-* usw.)
  49¹⁻³ 139¹
volis -imus zu *velle* 526³
volo velle 47² 525⁴–526³;
  ol/el 141²; *volē-* 141²; *volŏ*
  110³, *vult* 47³ 49¹; konj.
  velim 573⁴ 574²; perf. *volui*
  594⁴
volo -onis 362¹
Volsci 49¹. ³ 388²
Volturnus 49¹

volucres plur. 242⁴ 243²
volumen 370²
Volumnius 47³
volumptas volumtas 216⁴
voluntarius 235¹ 299¹
voluntas 374³ 526² 582³
volup 223²
voluptabilis 349³
voluptarius 299¹
voluptas 374³
voluptuarius 299²
voluptuosus 341³
volvo -ere 47² 132⁴; perf.
  volvi 595³. ³ 603¹; ptc. *vo-*
  lutus 617³
volvor -itur dep.; dazu *vol-*
  vens 583³, *volvendus* 331¹
  583⁴
vomica 337³
vomo -itum -ere 101¹ 531¹
  fal. *vootum* 5⁴ 13¹
vopiscus 340⁴
vopte 466²
vorago 369³
vorare 150⁴
vorax 376³
vorsutus 48¹
vortex 47⁴ 48¹. ² 375³
vorto -ere: vortant 48¹; ptc.
  vorsus 47⁴ 48¹ 57³ 612⁴;
  vgl. *verto*
Vortumnus 47⁴
vos, dat. *vobeis -is* 463³. ⁴
vostro-, nom. *voster* 47⁴ 463³

465⁴; gen. *vestrum vestri*
  464³–465¹; vgl. *vestro-*
votare 'vetare' 47⁴
votivus 304¹
votum ntr. 614²
Voturius 47⁴
voveo -ēre: vovi 595⁴, *votus*
  134². ³
vox 31² 53⁴ 148⁴ 274³
vulK-: vgl. *volK-*
vulgaris 351²
vulgo adv. 450³
vulgus ntr. u. mask. 450³
vulnificus 390⁴
vulnus 378²
vulpecula 344²
vulpes 151³ 343⁴ 344²
vulta ntr. pl. 450⁴
vultus -ūs 354¹
vyr, vyrga, vyrgo 51⁴ 52¹

xantus 'sanctus' 233³
ξέστης 'sextarius' 300¹

zabulus 130⁴
zamia 76¹
Zanuarius 130³
zebus 'diebus' 11⁴ 130⁴
zelare 552²
fal. *zenatuo* 6⁴
zerax 'ἱέραξ' 75¹
fal. *Zextoi* 11¹
zmaragdus, Zmyrna 11⁴
Zorte 130³